DROIT SOCIAL APPLIQUÉ AUX PROCÉDURES COLLECTIVES

DALLOZ ACTION

DROIT SOCIAL APPLIQUÉ AUX PROCÉDURES COLLECTIVES

DEUXIÈME ÉDITION
À JOUR
AU 1[ER] JUIN 2025

PAR

PIERRE-MICHEL LE CORRE
Professeur agrégé des universités

LAURENCE FIN-LANGER
Professeur agrégé des universités

CHRISTINE GAILHBAUD
Maître de conférences et avocat

LÉA VECCHIONI-BEN CHEIKH
Docteur en droit privé

Lefebvre Dalloz

ISBN 978-2-247-24098-2
Tour Lefebvre Dalloz
CS 90358
10, Place des Vosges
92072 Paris La Défense Cedex
SERVICE CLIENTÈLE
+33 (0)1 83 10 10 10
src@lefebvre-dalloz.fr

www.lefebvre-dalloz.fr

SOUS LA DIRECTION DE
Pierre-Michel Le Corre

CETTE ŒUVRE COLLECTIVE A ÉTÉ RÉDIGÉE PAR
[Les numéros renvoient aux livres]

PIERRE-MICHEL LE CORRE
Professeur agrégé

0 Présentation générale

CHRISTINE GAILHBAUD
Maître de conférences et avocat

1 Les salariés dans la prévention | 2 Les organes représentant les salariés dans les procédures collectives

LAURENCE FIN-LANGER
Professeur agrégé

3 Le sort des salariés pendant la période d'observation | 4 Le sort des salariés à l'issue des plans | 5 Le sort des salariés en liquidation judiciaire | 8 Les instances prud'homales

LÉA VECCHIONI-BEN CHEIKH
Docteur en droit privé

6 Créances salariales | 7 Garantie des créances salariales – AGS

Sommaire

	Nos	P.
Table des matières		XI
Livre 0. Présentation générale		
Titre 01. Les sources		
Chap. 011. Textes codifiés	011.11 à 011.31	
Chap. 012. Juridictions et jurisprudence	012.11 à 012.31	
Chap. 013. Bibliographie	013.11 à 013.51	
Chap. 014. Évolution historique	014.11 à 014.25	
Titre 02. Les enjeux du droit des entreprises en difficulté pour les salariés		
Chap. 021. Appréhension générale des salariés par le droit des entreprises en difficulté	021.11 à 021.12	
Chap. 022. Enjeux limités de la prévention pour les salariés	022.11 à 022.32	
Chap. 023. Enjeux majeurs des procédures collectives pour les salariés	023.11 à 023.81	
Chap. 024. Enjeux inexistants des procédures non collectives pour les salariés	024.11 à 024.25	
Titre 03. Les créances des salariés et la discipline collective		
Chap. 031. Présentation générale de la discipline collective	031.11 à 031.43	
Chap. 032. Soumission de principe des créances salariales à la discipline collective	032.11 à 032.92	
Chap. 033. Aménagement des règles de la discipline collective pour les créances salariales	033.11 à 033.52	
Chap. 034. Situation des salariés au regard des actions en responsabilité contre les tiers	034.11 à 034.33	
Titre 04. Présentation générale du traitement du contrat de travail en droit des entreprises en difficulté		
Chap. 041. Principe de continuation du contrat de travail	041.11 à 041.14	
Chap. 042. Cession du contrat de travail	042.11 à 042.24	
Chap. 043. Règles générales de rupture des contrats de travail	043.11 à 043.62	
Chap. 044. Remise en cause du contrat de travail par le jeu des nullités de la période suspecte	044.11 à 044.52	

LIVRE 1. LES SALARIÉS DANS LA PRÉVENTION

Titre 11. Présentation générale

Chap. 111. Présentation générale de la représentation élue du personnel dans l'entreprise .... 111.11 à 111.22

Chap. 112. Détection des difficultés .... 112.11 à 112.27

Titre 12. Les représentants du personnel dans le cadre des mesures préventives

Chap. 121. Information et consultation du CSE dans la prévention .... 121.11 à 121.33

Chap. 122. Modalités d'information du CSE en conciliation .... 122.11 à 122.21

LIVRE 2. LES ORGANES REPRÉSENTANT LES SALARIÉS DANS LES PROCÉDURES COLLECTIVES

Titre 21. Les représentants du personnel dans les procédures collectives (comité social et économique)

Chap. 211. Introduction .... 211.11 à 211.12

Chap. 212. Désignation du ou des représentants du comité social et économique .... 212.11 à 212.42

Chap. 213. Audition du ou des représentants du comité social et économique .... 213.11 à 213.42

Chap. 214. Information et consultation du comité social et économique .... 214.11 à 214.52

Chap. 215. Voies de recours exercées par les représentants du personnel .... 215.11 à 215.31

Titre 22. Le représentant des salariés

Chap. 221. Désignation du représentant des salariés .... 221.11 à 221.33

Chap. 222. Fonctions du représentant des salariés .... 222.11 à 222.43

Chap. 223. Statut du représentant des salariés .... 223.11 à 223.32

LIVRE 3. LE SORT DES SALARIÉS PENDANT LA PÉRIODE D'OBSERVATION

Titre 31. La gestion du personnel

Chap. 311. Gestion du personnel pendant la période d'observation d'une sauvegarde .... 311.11 à 311.92

Chap. 312. Gestion du personnel pendant la période d'observation d'un redressement .... 312.11 à 312.92

Titre 32. Le licenciement du personnel

Chap. 321. Licenciement du personnel pendant la période d'observation d'une sauvegarde .... 321.11 à 321.142

Chap. 322. Licenciement pour motif économique pendant la période d'observation d'un redressement .... 322.11 à 322.152

LIVRE 4. LE SORT DES SALARIÉS À L'ISSUE DES PLANS

Titre 41. Le sort des salariés dans le plan de sauvegarde

Chap. 411. Sort des salariés dans le plan de sauvegarde .... 411.11 à 411.102

Titre 42. Le sort des salariés dans le plan de redressement

Chap. 421. Sort des salariés dans le plan de redressement .... 421.11 à 421.102

Titre 43. Le sort des salariés en cas de cession de l'entreprise

Chap. 431. Sort des salariés en cas de plan de cession .... 431.11 à 431.84

Chap. 432. Sort des salariés dans les autres formes de cession d'entreprise en difficulté .... 432.11 à 432.81

LIVRE 5. LE SORT DES SALARIÉS EN LIQUIDATION JUDICIAIRE

Titre 51. Le sort des salariés en cas de liquidation judiciaire

Chap. 511. Sort des salariés en liquidation judiciaire sans maintien provisoire de l'activité .... 511.11 à 511.132

Chap. 512. Sort des salariés en liquidation judiciaire avec maintien provisoire de l'activité .... 512.11 à 512.122

LIVRE 6. CRÉANCES SALARIALES

Titre 61. Identification des créances salariales

Chap. 611. Fait générateur des créances salariales .... 611.11 à 611.42

Chap. 612. Vérification des créances salariales .... 612.11 à 612.51

Titre 62. Sort des créances salariales antérieures

Chap. 621. Catégories de créances salariales antérieures .... 621.11 à 621.31

Chap. 622. Paiement des créances salariales antérieures .... 622.11 à 622.101

Titre 63. Sort des créances salariales postérieures

Chap. 631. Catégories de créances salariales postérieures .... 631.11 à 631.51

Chap. 632. Paiement des créances salariales postérieures .... 632.11 à 632.41

LIVRE 7. GARANTIE DES CRÉANCES SALARIALES – AGS

Titre 71. Présentation générale de l'AGS

Chap. 711. Missions de l'AGS .... 711.11 à 711.36

Chap. 712. Employeurs concernés par l'AGS .... 712.11 à 712.33

Chap. 713. Bénéficiaires de la garantie AGS .... 713.11 à 713.56

Chap. 714. Ouverture d'une procédure d'insolvabilité transnationale .... 714.11 à 714.51

Titre 72. Domaine de la garantie de l'AGS

Chap. 721. Intervention de l'AGS dans les procédures collectives .... 721.11 à 721.122

Chap. 722. Nature des créances couvertes par l'AGS .... 722.11 à 722.103

Chap. 723. Nature des créances exclues de la garantie de l'AGS .... 723.11 à 723.52

Titre 73. Modalités d'intervention de l'AGS

Chap. 731. Caractère subsidiaire des avances de l'AGS .... 731.11 à 731.64

Chap. 732. Refus par l'AGS d'intervenir en garantie .... 732.11 à 732.83

Chap. 733. Règlement des avances par l'AGS .... 733.11 à 733.72

Chap. 734. Plafonnement de la garantie des salaires .... 734.11 à 734.44

Titre 74. Remboursement des avances de l'AGS

Chap. 741. Nature des privilèges de l'AGS dans la procédure collective .... 741.11 à 741.63

Chap. 742. Mise en œuvre des privilèges de l'AGS dans la procédure collective .... 742.11 à 742.114

LIVRE 8. LES INSTANCES PRUD'HOMALES

Titre 81. Les instances prud'homales en cours au jour du jugement d'ouverture

Chap. 811. Particularités des instances prud'homales .... 811.11 à 811.51

Chap. 812. Conséquences de l'ouverture de la procédure collective sur les instances prud'homales en cours .... 812.11 à 812.52

Titre 82. Les instances prud'homales ouvertes après le jugement d'ouverture

Chap. 821. Contentieux portant sur le relevé des créances et sur le refus de garantie de l'AGS .... 821.11 à 821.81

Chap. 822. Autres contentieux ouverts après le jugement d'ouverture ..... 822.11 à 822.52

PRINCIPALES ABRÉVIATIONS UTILISÉES 677

INDEX ALPHABÉTIQUE 681

Table des matières

Sommaire VII

LIVRE 0. Présentation générale 1

TITRE 01. Les sources 2

Chap. 011. Textes codifiés 3
Sect. 1. Code de commerce 3
Sect. 2. Code du travail 4
Sect. 3. Code civil 5

Chap. 012. Juridictions et jurisprudence 6
Sect. 1. Décisions des juridictions judiciaires 6
Sect. 2. Décisions des juridictions administratives 6
Sect. 3. Décisions constitutionnelles 6

Chap. 013. Bibliographie 8
Sect. 1. Sources éditées 8
Sect. 2. Thèses 8
Sect. 3. Encyclopédies 9
Sect. 4. Ouvrages 9
Sect. 5. Articles généraux 10

Chap. 014. Évolution historique 12
Sect. 1. Situation générale des salariés dans la législation avant la loi du 25 janvier 1985 12
Sect. 2. Situation des salariés depuis la loi du 25 janvier 1985 14

TITRE 02. Les enjeux du droit des entreprises en difficulté pour les salariés 18

Chap. 021. Appréhension générale des salariés par le droit des entreprises en difficulté 19
Sect. unique Statut des salariés 19

Chap. 022. Enjeux limités de la prévention pour les salariés 21
Sect. 1. Mandat *ad hoc* 21
Sect. 2. Conciliation classique 23
Sect. 3. Conciliation et le « *prepack cession* » 27

Chap. 023. Enjeux majeurs des procédures collectives pour les salariés 30
Sect. 1. Sauvegardes 30
§ 1. Sauvegarde de droit commun 30
§ 2. Sauvegarde accélérée 37

Sect. 2. **Redressement judiciaire** 38
§ 1. *Présentation générale* 38
§ 2. *Plan de redressement* 41
§ 3. *Plan de cession* 42
§ 4. *Extension de la procédure* 43
Sect. 3. **Liquidation judiciaire** 43
§ 1. *Présentation générale* 43
§ 2. *Extension de la liquidation* 45

Chap. 024. ENJEUX INEXISTANTS DES PROCÉDURES NON COLLECTIVES POUR LES SALARIÉS 46
Sect. 1. **Sauvegarde accélérée** 46
Sect. 2. **Rétablissement professionnel** 47

TITRE 03. **LES CRÉANCES DES SALARIÉS ET LA DISCIPLINE COLLECTIVE** 50

Chap. 031. PRÉSENTATION GÉNÉRALE DE LA DISCIPLINE COLLECTIVE 52
Sect. 1. **Concept de discipline collective** 52
Sect. 2. **Contenu de la discipline collective** 52
Sect. 3. **Domaine de la discipline collective** 54
§ 1. *Domaine d'application* 54
§ 2. *Énoncé des créances couvertes* 56

Chap. 032. SOUMISSION DE PRINCIPE DES CRÉANCES SALARIALES À LA DISCIPLINE COLLECTIVE 59
Sect. 1. **Interdiction des paiements** 59
§ 1. *Présentation générale* 59
§ 2. *Créances salariales antérieures au jugement d'ouverture* 61
§ 3. *Non-assimilation des cotisations sociales aux créances salariales* 61
§ 4. *Créances salariales postérieures au jugement d'ouverture* 62
Sect. 2. **Interdiction des poursuites individuelles** 67
Sect. 3. **Interdiction des mesures d'exécution** 68
Sect. 4. **Arrêt du cours des inscriptions de sûretés** 70
Sect. 5. **Arrêt du cours des intérêts** 71
Sect. 6. **Soumission aux délais du plan de sauvegarde et de redressement** 73

Chap. 033. AMÉNAGEMENT DES RÈGLES DE LA DISCIPLINE COLLECTIVE POUR LES CRÉANCES SALARIALES 76
Sect. 1. **Paiements des créances super privilégiées** 77
Sect. 2. **Absence de déclaration des créances** 78
Sect. 3. **Inapplication de la règle de l'interruption des poursuites individuelles** 79
Sect. 4. **Inapplication de la règle de l'interdiction de reprise des poursuites individuelles après clôture pour insuffisance d'actif** 80
Sect. 5. **Interdiction variable d'imposer des délais de paiement pour certaines créances salariales dans les plans de sauvegarde et de redressement** 81

Chap. 034. SITUATION DES SALARIÉS AU REGARD DES ACTIONS EN RESPONSABILITÉ CONTRE LES TIERS 83
Sect. 1. **Situation générale des créanciers au regard des actions en responsabilités contre les tiers** 83
Sect. 2. **Salariés invoquant une perte de leur créance salariale** 86
Sect. 3. **Salariés invoquant un préjudice autre que la perte de leur créance salariale** 86

TITRE 04. **PRÉSENTATION GÉNÉRALE DU TRAITEMENT DU CONTRAT DE TRAVAIL EN DROIT DES ENTREPRISES EN DIFFICULTÉ** 88

Chap. 041. PRINCIPE DE CONTINUATION DU CONTRAT DE TRAVAIL 89
Sect. unique **Principe de continuation du contrat de travail** 89

Chap. 042. CESSION DU CONTRAT DE TRAVAIL 93
Sect. 1. **Cession du contrat de travail dans les cessions d'actifs isolées en liquidation judiciaire** 93
Sect. 2. **Cession des contrats de travail et plan de cession** 95

Chap. 043. RÈGLES GÉNÉRALES DE RUPTURE DES CONTRATS DE TRAVAIL 98
Sect. 1. Droit commun applicables aux licenciements pour faute 99
Sect. 2. Licenciements économiques et sauvegarde 99
Sect. 3. Licenciements économiques en période d'observation du redressement judiciaire 100
Sect. 4. Licenciements économiques et plan de redressement 101
Sect. 5. Licenciements économiques et plan de cession 102
Sect. 6. Licenciements économiques et liquidation judiciaire 103

Chap. 044. REMISE EN CAUSE DU CONTRAT DE TRAVAIL PAR LE JEU DES NULLITÉS DE LA PÉRIODE SUSPECTE 106
Sect. 1. Règles générales intéressant les nullités de la période suspecte 106
Sect. 2. Nullité de droit des contrats de travail déséquilibrés 107
Sect. 3. Nullité de droit du contrat commutatif déséquilibré en lien avec les contrats de travail 110
Sect. 4. Effets de la nullité des contrats commutatifs déséquilibrés 111
Sect. 5. Paiements reçus par les salariés susceptibles d'annulation 111

LIVRE 1. LES SALARIÉS DANS LA PRÉVENTION 113

TITRE 11. PRÉSENTATION GÉNÉRALE 114

Chap. 111. PRÉSENTATION GÉNÉRALE DE LA REPRÉSENTATION ÉLUE DU PERSONNEL DANS L'ENTREPRISE 115
Sect. 1. Brève présentation des représentants du personnel élus dans l'entreprise 116
Sect. 2. Présentation générale des attributions du CSE 119

Chap. 112. DÉTECTION DES DIFFICULTÉS 121
Sect. 1. Droit à l'information du comité social et économique 123
Sect. 2. Droit d'alerte économique du comité social et économique 127

TITRE 12. LES REPRÉSENTANTS DU PERSONNEL DANS LE CADRE DES MESURES PRÉVENTIVES 133

Chap. 121. INFORMATION ET CONSULTATION DU CSE DANS LA PRÉVENTION 134
Sect. 1. Identification des dispositions relatives à l'obligation d'information et de consultation du CSE en prévention 136
Sect. 2. Termes du débat sur l'obligation d'information et de consultation du CSE dans la prévention 137
Sect. 3. Application des dispositions sur l'obligation d'information et de consultation du CSE dans la prévention 140

Chap. 122. MODALITÉS D'INFORMATION DU CSE EN CONCILIATION 143
Sect. 1. Contenu de l'information du CSE en conciliation 144
Sect. 2. Obligation de confidentialité 144

LIVRE 2. LES ORGANES REPRÉSENTANT LES SALARIÉS DANS LES PROCÉDURES COLLECTIVES 145

TITRE 21. LES REPRÉSENTANTS DU PERSONNEL DANS LES PROCÉDURES COLLECTIVES (COMITÉ SOCIAL ET ÉCONOMIQUE) 146

Chap. 211. INTRODUCTION 147
Sect. unique Évolution de la représentation collective des salariés dans les procédures collectives 147

Chap. 212. DÉSIGNATION DU OU DES REPRÉSENTANTS DU COMITÉ SOCIAL ET ÉCONOMIQUE 150
Sect. 1. Moment de la désignation du ou des représentants du comité social et économique 151
Sect. 2. Périmètre de désignation du ou des représentants du comité social et économique (CSE) 152

Sect. 3. Nombre de représentants du comité social et économique à désigner 153
Sect. 4. Modalités de désignation du ou des représentants du comité social et économique 154

Chap. 213. Audition du ou des représentants du comité social et économique 155
Sect. 1. Toilettage des textes et sens des termes « comité social et économique » 157
Sect. 2. Cas d'audition du ou des représentants du comité social et économique 158
Sect. 3. Modalités d'audition du ou des représentants du comité social et économique 160
Sect. 4. Sanction de l'obligation d'audition du représentant du comité social et économique 161

Chap. 214. Information et consultation du comité social et économique 163
Sect. 1. Présentation générale 165
Sect. 2. Règles d'information et de consultation issues du droit des procédures collectives 165
Sect. 3. Règles d'information et de consultation issues du droit du travail 168
Sect. 4. Modalités d'information et de consultation du comité social et économique en procédure collective 169
Sect. 5. Sanction de l'information et de la consultation du comité social et économique 170

Chap. 215. Voies de recours exercées par les représentants du personnel 171
Sect. 1. Voies de recours des représentants du personnel contre les jugements de la procédure collective 172
Sect. 2. Voies de recours des représentants du personnel contre les ordonnances du juge-commissaire 173
Sect. 3. Exercice des voies de recours au nom du comité social et économique ou de la délégation du personnel 174

TITRE 22. Le représentant des salariés 175

Chap. 221. Désignation du représentant des salariés 176
Sect. 1. Règles de désignation du représentant des salariés 177
Sect. 2. Règles de remplacement du représentant des salariés 179
Sect. 3. Contentieux de la désignation et du remplacement du représentant des salariés 180

Chap. 222. Fonctions du représentant des salariés 182
Sect. 1. Présentation générale du rôle du représentant des salariés 183
Sect. 2. Fonctions de vérification des créances 184
Sect. 3. Fonctions de suppléance du comité social et économique 184
Sect. 4. Fonctions procédurales 186

Chap. 223. Statut du représentant des salariés 187
Sect. 1. Exercice du mandat de représentant des salariés 188
Sect. 2. Terme du mandat 189
Sect. 3. Protection contre le licenciement 189

LIVRE 3. Le sort des salariés pendant la période d'observation 191

TITRE 31. La gestion du personnel 192

Chap. 311. Gestion du personnel pendant la période d'observation d'une sauvegarde 193
Sect. 1. Organe chargé de la gestion du personnel 194
§ 1. Partage de compétence entre l'administrateur et le débiteur 194
§ 2. Sanctions du non-respect de ces règles 195
Sect. 2. Recrutements réalisés malgré l'ouverture d'une sauvegarde 195
§ 1. Recrutements réalisés avant l'ouverture d'une sauvegarde 195
§ 2. Recrutements réalisés pendant la période d'observation 196

Sect. 3. Poursuite des contrats de travail en cours 198
§ 1. Poursuite des contrats de travail aux mêmes conditions 198
§ 2. Conséquences de cette poursuite du contrat aux mêmes conditions 198
Sect. 4. Poursuite des relations collectives 201
§ 1. Poursuite du fonctionnement des instances représentatives du personnel 201
§ 2. Poursuite des négociations collectives 203
Sect. 5. Mesures du droit du travail permettant d'affronter les difficultés justifiant l'ouverture d'une sauvegarde 206

Chap. 312. GESTION DU PERSONNEL PENDANT LA PÉRIODE D'OBSERVATION D'UN REDRESSEMENT 208
Sect. 1. Organe chargé de la gestion du personnel 209
§ 1. Partage de compétence entre l'administrateur et le débiteur 209
§ 2. Sanctions du non-respect de ces règles 210
Sect. 2. Recrutements réalisés malgré l'ouverture d'un redressement judiciaire 211
§ 1. Recrutements réalisés avant l'ouverture du redressement judiciaire 211
§ 2. Recrutements réalisés pendant la période d'observation 212
Sect. 3. Poursuite des contrats de travail en cours 214
§ 1. Poursuite des contrats de travail aux mêmes conditions 214
§ 2. Conséquences de cette poursuite du contrat aux mêmes conditions 214
Sect. 4. Poursuite des relations collectives 216
§ 1. Poursuite du fonctionnement des instances représentatives du personnel 216
§ 2. Poursuite des négociations collectives 218
Sect. 5. Mesures du droit du travail permettant d'affronter les difficultés justifiant l'ouverture d'un redressement 220

TITRE **32.** LE LICENCIEMENT DU PERSONNEL 222

Chap. 321. LICENCIEMENT DU PERSONNEL PENDANT LA PÉRIODE D'OBSERVATION D'UNE SAUVEGARDE 223
Sect. 1. Présentation générale 226
Sect. 2. Mesures destinées à éviter ou à accompagner les licenciements économiques 231
§ 1. Obligation de reclassement 231
§ 2. Contrat de sécurisation professionnelle 235
§ 3. Plan de sauvegarde de l'emploi 238
§ 4. Autres mesures à respecter 244
Sect. 3. Mise en œuvre des licenciements économiques pendant la période d'observation d'une sauvegarde 244
§ 1. Mesures communes à respecter 244
§ 2. Vade-mecum des licenciements de moins de dix salariés 248
§ 3. Vade-mecum des licenciements de dix salariés et plus 249
Sect. 4. Recherche d'indemnisation dans les groupes de sociétés 250
§ 1. Co-emploi 250
§ 2. Responsabilité délictuelle de la société mère 253
Sect. 5. Autres modes de rupture 255
§ 1. Utilisation possible des autres modes de rupture du CDI 255
§ 2. Rupture des contrats de travail suspendus 256
§ 3. Rupture des contrats de travail des salariés protégés 258
§ 4. Rupture des contrats autres que le CDI 261

Chap. 322. LICENCIEMENT POUR MOTIF ÉCONOMIQUE PENDANT LA PÉRIODE D'OBSERVATION D'UN REDRESSEMENT 263
Sect. 1. Nécessité d'une autorisation du juge-commissaire 266
§ 1. Auteur des licenciements économiques 267
§ 2. Autorisation du juge-commissaire 268
§ 3. Ordonnance du juge-commissaire 269
§ 4. Sanction en cas de non-respect de cette demande d'autorisation 272

Sect. 2. **Démarches préalables à la demande d'autorisation** 272
§ 1. *Consultation des représentants du personnel* 272
§ 2. *Information de l'administration et obligation de reclassement* 275
§ 3. *Dispositions spécifiques aux licenciements de dix salariés et plus dans une entreprise de cinquante salariés et plus* 276
Sect. 3. **Démarches subséquentes à la demande d'autorisation** 280
§ 1. *Dispositions communes à tous les licenciements mis en œuvre en vertu de l'ordonnance* 280
§ 2. *Règles spécifiques aux licenciements inférieurs à dix* 286
Sect. 4. **Rupture particulière de certains contrats de travail** 288
§ 1. *Rupture des contrats de travail suspendus* 288
§ 2. *Rupture des contrats de travail des salariés titulaires d'un mandat* 289
§ 3. *Rupture des contrats de travail autres que le CDI* 293
Sect. 5. **Contentieux possible des licenciements prononcés pendant la période d'observation** 294
§ 1. *Contentieux porté devant le Conseil des prud'hommes* 294
§ 2. *Autres contentieux possibles* 295

LIVRE 4. LE SORT DES SALARIÉS À L'ISSUE DES PLANS 297

TITRE **41. LE SORT DES SALARIÉS DANS LE PLAN DE SAUVEGARDE** 298

Chap. 411. SORT DES SALARIÉS DANS LE PLAN DE SAUVEGARDE 299
Sect. 1. **Présentation du plan de sauvegarde** 301
§ 1. *Préparation du plan de sauvegarde* 301
§ 2. *Adoption du plan de sauvegarde* 303
Sect. 2. **Mise en œuvre des licenciements envisagés par le plan de sauvegarde** 304
§ 1. *Application du droit commun* 304
§ 2. *Mesures communes à respecter après le jugement adoptant le plan de sauvegarde* 306
§ 3. *Vade-mecum des différentes procédures de licenciement pour motif économique sans PSE* 311
§ 4. *Vade-mecum des différentes procédures de licenciement pour motif économique avec PSE* 313
§ 5. *Exécution du plan de sauvegarde* 315
Sect. 3. **Rupture des contrats de travail particuliers** 316
§ 1. *Rupture des contrats de travail suspendus* 316
§ 2. *Rupture des contrats de travail des salariés titulaires d'un mandat* 318
§ 3. *Rupture des contrats de travail autres que le CDI* 321

TITRE **42. LE SORT DES SALARIÉS DANS LE PLAN DE REDRESSEMENT** 323

Chap. 421. SORT DES SALARIÉS DANS LE PLAN DE REDRESSEMENT 324
Sect. 1. **Présentation du plan de redressement** 326
§ 1. *Préparation du plan de redressement* 326
§ 2. *Préparation du volet social du plan de redressement* 328
§ 3. *Adoption du plan de redressement* 332
Sect. 2. **Mise en œuvre des licenciements prévus par le plan de redressement** 333
§ 1. *Mesures communes à respecter après le jugement adoptant le plan de redressement* 333
§ 2. *Mesures spécifiques aux licenciements de moins de dix salariés* 339
§ 3. *Mesures spécifiques aux licenciements de dix salariés et plus* 342
§ 4. *Exécution du plan de redressement* 344
Sect. 3. **Rupture des contrats de travail particuliers** 345
§ 1. *Rupture des contrats de travail suspendus* 345
§ 2. *Rupture des contrats de travail des salariés titulaires d'un mandat* 347
§ 3. *Rupture des contrats de travail autres que le CDI* 350

TITRE **43. LE SORT DES SALARIÉS EN CAS DE CESSION DE L'ENTREPRISE** 352

Chap. 431. SORT DES SALARIÉS EN CAS DE PLAN DE CESSION 353
Sect. 1. **Particularités du plan de cession** 354
§ 1. *Particularités du plan de cession en procédure collective* 354
§ 2. *Particularités du plan de cession au regard du droit du travail* 358

Sect. 2. **Sort des salariés licenciés en vertu du plan de cession** ... 359
§ 1. *Mise en œuvre de la procédure de licenciement pour motif économique* ... 359
§ 2. *Contentieux des licenciements prononcés à l'occasion du plan de cession* ... 366
Sect. 3. **Sort des salariés transférés suite à l'adoption du plan de cession** ... 368
§ 1. *Conséquences du plan de cession sur les relations individuelles* ... 368
§ 2. *Conséquences du plan de cession sur les relations collectives* ... 374
§ 3. *Conséquences de la résolution du plan de cession sur les salariés repris* ... 377

Chap. 432. Sort des salariés dans les autres formes de cession d'entreprise en difficulté ... 379
Sect. 1. **Sort des salariés d'une entreprise en difficulté cédée avant le jugement d'ouverture** ... 380
§ 1. *Conditions de cession du contrat de travail* ... 380
§ 2. *Sort des salariés transférés en cas de cession d'une entreprise en difficulté en dehors des procédures préventives* ... 380
§ 3. *Sort des salariés transférés dans le cadre d'un « prepack cession »* ... 382
Sect. 2. **Transfert des salariés en cas de cession d'une entreprise en procédure collective sans plan de cession** ... 385
§ 1. *Application possible de l'article L. 1224-1 du Code du travail* ... 385
§ 2. *Conséquences de l'application de l'article L. 1224-1 du Code du travail* ... 389
Sect. 3. **Sort des salariés en cas de cession d'entreprise excluant l'application de l'article L. 1224-1 du Code du travail** ... 390
§ 1. *Présentation générale* ... 390
§ 2. *Cas particulier du transfert d'entreprise aux salariés* ... 390
§ 3. *Cas particulier du transfert consenti par le salarié* ... 392

LIVRE 5. Le sort des salariés en liquidation judiciaire ... 393

TITRE 51. **Le sort des salariés en cas de liquidation judiciaire** ... 394

Chap. 511. Sort des salariés en liquidation judiciaire sans maintien provisoire de l'activité ... 395
Sect. 1. **Rupture des contrats de travail des salariés d'une entreprise en liquidation judiciaire** ... 398
§ 1. *Possibilité de licencier pour motif économique les salariés embauchés en contrat à durée indéterminée* ... 398
§ 2. *Dispositions communes relatives à la mise en œuvre des licenciements économiques* ... 400
§ 3. *Procédure des licenciements économiques sans mise en place d'un PSE* ... 412
§ 4. *Procédure des licenciements économiques avec mise en place d'un PSE* ... 414
Sect. 2. **Rupture particulière de certains contrats de travail** ... 419
§ 1. *Rupture des contrats de travail suspendus* ... 419
§ 2. *Rupture des contrats de travail des salariés titulaires d'un mandat* ... 421
§ 3. *Rupture des contrats de travail autres que le CDI* ... 425
Sect. 3. **Mesures d'accompagnement des salariés suite au jugement de liquidation judiciaire** ... 426
§ 1. *Rôle des représentants du personnel* ... 426
§ 2. *Intervention de l'AGS* ... 428
§ 3. *Portabilité des garanties de mutuelle et de prévoyance* ... 429
§ 4. *Reprise possible des poursuites en cas de clôture pour insuffisance d'actifs* ... 430
§ 5. *Action contre la société mère* ... 430

Chap. 512. Sort des salariés en liquidation judiciaire avec maintien provisoire de l'activité ... 433
Sect. 1. **Présentation du maintien provisoire de l'activité** ... 436
Sect. 2. **Licenciements économiques en cas de maintien provisoire de l'activité** ... 437
§ 1. *Nécessité d'une autorisation du juge-commissaire* ... 437
§ 2. *Démarches préalables à l'autorisation du juge-commissaire communes à tous les licenciements* ... 439
§ 3. *Démarches préalables à l'autorisation du juge-commissaire spécifiques aux licenciements de dix salariés et plus dans une entreprise de cinquante salariés et plus* ... 441

§ 4. *Demande d'autorisation au juge-commissaire* ... 444
§ 5. *Démarches subséquentes à l'autorisation du juge-commissaire* ... 445
Sect. 3. **Rupture particulière de certains contrats de travail** ... 452
§ 1. *Rupture des contrats de travail suspendus* ... 452
§ 2. *Rupture des contrats de travail des salariés titulaires d'un mandat* ... 454
§ 3. *Rupture des contrats de travail autres que le CDI* ... 458
Sect. 4. **Sort des salariés non licenciés pendant le maintien provisoire de l'activité** ... 459
§ 1. *Gestion des relations individuelles* ... 459
§ 2. *Gestion des relations collectives* ... 461

LIVRE 6. CRÉANCES SALARIALES ... 465

TITRE 61. IDENTIFICATION DES CRÉANCES SALARIALES ... 466

Chap. 611. FAIT GÉNÉRATEUR DES CRÉANCES SALARIALES ... 467
Sect. 1. **Primauté du fait générateur sur l'exigibilité de la créance consacré par le droit des entreprises en difficulté** ... 467
Sect. 2. **Naissance de la créance fixée au stade de l'exécution du contrat de travail** ... 468
Sect. 3. **Naissance de la créance fixée au stade de l'inexécution du contrat de travail** ... 470
Sect. 4. **Naissance de la créance fixée au stade de la rupture du contrat de travail** ... 470

Chap. 612. VÉRIFICATION DES CRÉANCES SALARIALES ... 471
Sect. 1. **Principe de vérification du passif social** ... 471
Sect. 2. **Établissement du relevé de créances salariales** ... 473
Sect. 3. **Visa du juge-commissaire** ... 474
Sect. 4. **Information du salarié** ... 476
Sect. 5. **Information des tiers** ... 476

TITRE 62. SORT DES CRÉANCES SALARIALES ANTÉRIEURES ... 477

Chap. 621. CATÉGORIES DE CRÉANCES SALARIALES ANTÉRIEURES ... 478
Sect. 1. **Créances superprivilégiées** ... 479
Sect. 2. **Créances privilégiées** ... 481
Sect. 3. **Créances chirographaires** ... 483

Chap. 622. PAIEMENT DES CRÉANCES SALARIALES ANTÉRIEURES ... 484
Sect. 1. **Modalités de paiement des créances superprivilégiées** ... 485
§ 1. *Paiement immédiat des créances superprivilégiées* ... 485
§ 2. *Concours des créances superprivilégiées avec les créances postérieures méritantes* ... 486
§ 3. *Absence de soumission des créances superprivilégiées aux délais du plan* ... 487
§ 4. *Classement des créances superprivilégiées avec les autres créanciers* ... 487
Sect. 2. **Modalités de paiement des créances privilégiées** ... 487
§ 1. *Interdiction de régler des créances salariales antérieures privilégiées* ... 487
§ 2. *Absence de soumission des salariés aux délais du plan* ... 488
§ 3. *Classement des créances privilégiées avec les autres créanciers* ... 488
Sect. 3. **Modalités de paiement des créances chirographaires** ... 490
§ 1. *Interdiction de régler des créances salariales antérieures chirographaires* ... 490
§ 2. *Soumission des salariés aux délais du plan pour les créances chirographaires* ... 490
§ 3. *Classement des créances chirographaires avec les autres créanciers* ... 491

TITRE 63. SORT DES CRÉANCES SALARIALES POSTÉRIEURES ... 492

Chap. 631. CATÉGORIES DE CRÉANCES SALARIALES POSTÉRIEURES ... 493
Sect. 1. **Créances salariales éligibles au traitement préférentiel** ... 494
§ 1. *Présentation du privilège de procédure* ... 494
§ 2. *Éligibilité des créances salariales au privilège de procédure* ... 495
§ 3. *Conséquences de l'absence d'éligibilité au traitement préférentiel* ... 496
§ 4. *Articulation des différents privilèges attribués aux créances salariales* ... 496
Sect. 2. **Créances salariales nées postérieurement à l'adoption d'un plan de sauvegarde ou de redressement judiciaire** ... 497

Chap. 632. PAIEMENT DES CRÉANCES SALARIALES POSTÉRIEURES 498
Sect. 1. **Modalités de paiement des créances salariales éligibles au traitement préférentiel** 499
§ 1. *Paiement à l'échéance* 499
§ 2. *Paiement par privilège* 499
§ 3. *Paiement des créances postérieures non éligibles au traitement préférentiel* 501
Sect. 2. **Modalités de paiement des créances salariales nées postérieurement à l'adoption d'un plan de sauvegarde ou de redressement judiciaire** 501

LIVRE 7. GARANTIE DES CRÉANCES SALARIALES – AGS 503

TITRE 71. **PRÉSENTATION GÉNÉRALE DE L'AGS** 504

Chap. 711. MISSIONS DE L'AGS 505
Sect. 1. **Historique et évolution de l'AGS** 506
Sect. 2. **Observations de l'AGS sur la désignation du mandataire et de l'administrateur judiciaire** 509
Sect. 3. **Désignation de droit de l'AGS en tant que contrôleur** 511

Chap. 712. EMPLOYEURS CONCERNÉS PAR L'AGS 516
Sect. 1. **Assujettissement à la cotisation AGS** 516
Sect. 2. **Exclusion du versement de la cotisation AGS** 517
Sect. 3. **Application de la législation relative à l'AGS dans l'espace** 517

Chap. 713. BÉNÉFICIAIRES DE LA GARANTIE AGS 519
Sect. 1. **Titulaires d'un contrat de travail** 519
Sect. 2. **Contrats de travail spécifiques** 521
Sect. 3. **Statuts particuliers des salariés** 521
Sect. 4. **Ayants droit du salarié** 523
Sect. 5. **Absence de qualité de salarié** 523

Chap. 714. OUVERTURE D'UNE PROCÉDURE D'INSOLVABILITÉ TRANSNATIONALE 526
Sect. 1. **Législations applicables aux créances salariales en droit communautaire** 527
Sect. 2. **Législation applicable à la désignation de l'institution de garantie compétente en droit communautaire** 527
Sect. 3. **Désignation de l'AGS comme institution de garantie compétente en droit communautaire** 529
§ 1. *Désignation de l'AGS à titre principal* 529
§ 2. *Désignation de l'AGS à titre complémentaire* 531
Sect. 4. **Ouverture d'une procédure d'insolvabilité transnationale en dehors de l'Union européenne** 532

TITRE 72. **DOMAINE DE LA GARANTIE DE L'AGS** 533

Chap. 721. INTERVENTION DE L'AGS DANS LES PROCÉDURES COLLECTIVES 534
Sect. 1. **Nécessité d'ouverture d'une procédure collective** 535
Sect. 2. **Intervention différenciée selon les procédures collectives** 536
§ 1. *Les sauvegardes* 536
§ 2. *Le redressement judiciaire* 537
§ 3. *La liquidation judiciaire* 538
Sect. 3. **Aménagement de l'intervention de l'AGS pour les salariés protégés** 540
Sect. 4. **Intervention de l'AGS en cas de conversion de procédure** 542
§ 1. *Conversion de la procédure de sauvegarde en redressement ou en liquidation judiciaire* 542
§ 2. *Conversion de la procédure de redressement en liquidation judiciaire* 544
Sect. 5. **Intervention de l'AGS en cas de résolution d'un plan de sauvegarde ou de redressement judiciaire** 545
Sect. 6. **Intervention de l'AGS en cas de cession d'entreprise** 545
§ 1. *Cession en redressement judiciaire* 545
§ 2. *Cession en liquidation judiciaire* 546

Sect. 7. Intervention de l'AGS en cas d'extension de la procédure collective 546
Sect. 8. Intervention de l'AGS en cas de clôture de la procédure collective pour insuffisance d'actifs 547

Chap. 722. Nature des créances couvertes par l'AGS 549
Sect. 1. Rappel des règles juridiques applicables 550
§ 1. Loi 550
§ 2. Jurisprudence 551
Sect. 2. Sommes dues en exécution du contrat de travail 551
§ 1. Articulation de la garantie avec les procédures collectives 551
§ 2. Nature des sommes couvertes par l'AGS 553
Sect. 3. Créances résultant de la rupture du contrat de travail 556
§ 1. Articulation de la garantie avec les procédures collectives 556
§ 2. Nature des indemnités résultant de la rupture du contrat de travail couvertes par l'AGS 560
Sect. 4. Aides au retour à l'emploi 562
§ 1. Mesures d'accompagnement garanties dans le cadre d'un plan de sauvegarde de l'emploi 562
§ 2. Contrat de sécurisation professionnelle 563
Sect. 5. Créances indemnitaires résultant d'un contentieux 563
§ 1. Exécution fautive ou inexécution du contrat de travail 563
§ 2. Remise en cause de la rupture du contrat de travail 565

Chap. 723. Nature des créances exclues de la garantie de l'AGS 568
Sect. 1. Cadre juridique 569
Sect. 2. Créances extracontractuelles 569
Sect. 3. Sommes dues aux salariés non garanties 569
Sect. 4. Indemnités de rupture du contrat de travail non garanties 570
Sect. 5. Dettes de l'employeur dues à un organisme social 573

TITRE 73. Modalités d'intervention de l'AGS 575

Chap. 731. Caractère subsidiaire des avances de l'AGS 576
Sect. 1. Principe de la subsidiarité des avances 577
§ 1. Notion d'insuffisance de fonds disponibles 577
§ 2. Subsidiarité des avances en présence d'une sauvegarde 578
§ 3. Subsidiarité des avances en présence d'un redressement ou d'une liquidation judiciaire 578
Sect. 2. Subsidiarité des avances en cas de cession d'entreprise 580
Sect. 3. Subsidiarité en présence d'un tiers solvable responsable 581
§ 1. Existence d'un tiers légalement tenu au paiement des créances salariales 581
§ 2. Reconnaissance judiciaire d'un tiers responsable du paiement des créances salariales 582

Chap. 732. Refus par l'AGS d'intervenir en garantie 585
Sect. 1. Contestation du relevé de créances salariales 586
§ 1. Consécration du droit de refus de l'AGS 586
§ 2. Motifs de contestation ouverts à l'AGS 587
§ 3. Motifs de contestation fermés à l'AGS 588
§ 4. Modalités entourant la contestation de l'AGS 591
Sect. 2. Contestation des décisions de justice exécutoires 592
§ 1. Principe d'opposabilité des décisions de justice à l'AGS 592
§ 2. Contestation par l'AGS des décisions de justice rendues antérieurement au jugement d'ouverture de la procédure collective 593
Sect. 3. Contentieux résultant du refus de l'AGS de procéder à des avances 593
§ 1. Contestation judiciaire du refus de garantie opposé par l'AGS 593
§ 2. Issue de l'action engagée par le salarié 595

Chap. 733. RÈGLEMENT DES AVANCES PAR L'AGS 596

Sect. 1. **Transmission des relevés de créances à l'AGS** 597

§ 1. *Intervention conditionnée à la réception d'un relevé de créances salariales* 597

§ 2. *Versement des fonds entre les mains du mandataire judiciaire* 598

Sect. 2. **Paiement des salariés par le mandataire judiciaire suite aux avances de l'AGS** 599

§ 1. *Émancipation des salariés de la règle de l'interdiction des paiements* 599

§ 2. *Délai de paiement des créances salariales* 600

Sect. 3. **Déclaration de créance de l'AGS** 600

§ 1. *Créances concernées par la déclaration* 600

§ 2. *Délai de la déclaration de créances de l'AGS* 601

Sect. 4. **Déclaration à l'administration fiscale des sommes versées par l'AGS** 602

Chap. 734. PLAFONNEMENT DE LA GARANTIE DES SALAIRES 603

Sect. 1. **Consécration du plafond de garantie** 604

§ 1. *Évolution du plafonnement des avances* 604

§ 2. *Conformité du mécanisme de plafonnement aux normes suprêmes* 607

Sect. 2. **Mise en œuvre du plafond de garantie** 607

§ 1. *Méthode d'appréciation du plafond individuel du salarié* 607

§ 2. *Assiette de calcul du plafond de garantie* 609

TITRE 74. **REMBOURSEMENT DES AVANCES DE L'AGS** 610

Chap. 741. NATURE DES PRIVILÈGES DE L'AGS DANS LA PROCÉDURE COLLECTIVE 611

Sect. 1. **Principe de récupération des avances** 612

Sect. 2. **Subrogation de l'AGS dans les droits des salariés** 613

§ 1. *Subrogation légale* 613

§ 2. *Subrogation de l'AGS dans la procédure de sauvegarde* 615

§ 3. *Subrogation de l'AGS dans les procédures de redressement et de liquidation judiciaires* 617

Sect. 3. **Neutralisation de la subrogation de l'AGS dans les droits des salariés** 619

§ 1. *Création d'une fiction juridique pour le remboursement des autres avances* 619

§ 2. *Avances concernées par l'absence de subrogation* 621

Chap. 742. MISE EN ŒUVRE DES PRIVILÈGES DE L'AGS DANS LA PROCÉDURE COLLECTIVE 622

Sect. 1. **Absence de concours de l'AGS avec un créancier titulaire d'un droit de rétention** 624

§ 1. *Créanciers titulaires d'un droit de rétention* 624

§ 2. *Efficacité du droit de rétention* 625

Sect. 2. **Absence de concours de l'AGS avec un créancier titulaire d'une sûreté-propriété** 627

§ 1. *Fiducie sûreté* 627

§ 2. *Clause de réserve de propriété* 627

§ 3. *Crédit-bail* 628

Sect. 3. **Concours de l'AGS avec les créanciers postérieurs méritants** 628

§ 1. *Paiement sur les premières de fonds du superprivilège face au paiement à l'échéance des créanciers postérieurs méritants* 628

§ 2. *Prix de la course entre créanciers postérieurs payés à l'échéance* 629

§ 3. *Classement des créanciers postérieurs payés par privilège* 629

Sect. 4. **Concours de l'AGS avec les autres créanciers** 630

§ 1. *Concours de l'AGS avec les salariés* 630

§ 2. *Concours du superprivilège avec les autres créanciers* 631

§ 3. *Concours du privilège général des salaires avec les autres créanciers* 634

LIVRE 8. LES INSTANCES PRUD'HOMALES 637

TITRE 81. **LES INSTANCES PRUD'HOMALES EN COURS AU JOUR DU JUGEMENT D'OUVERTURE** 638

Chap. 811. PARTICULARITÉS DES INSTANCES PRUD'HOMALES 639

Sect. 1. **Particularités des instances prud'homales au regard de la procédure civile** 640

§ 1. *Précisions sur la compétence du Conseil des prud'hommes* 640

§ 2. *Règles de procédure spécifiques au Conseil des prud'hommes* 642

Sect. 2. **Particularité au regard des autres instances en cours au jour du jugement d'ouverture** 644
§ 1. *Existence d'une règle dérogatoire* 644
§ 2. *Conditions de l'absence d'interruption des instances prud'homales en cours* 645
§ 3. *Conséquences de l'absence d'interruption des instances prud'homales en cours* 646

Chap. 812. CONSÉQUENCES DE L'OUVERTURE DE LA PROCÉDURE COLLECTIVE SUR LES INSTANCES PRUD'HOMALES EN COURS 647
Sect. 1. **Conditions de la poursuite régulière de l'instance prud'homale en cours** 648
§ 1. *Information du Conseil des prud'hommes de l'existence d'une procédure collective en cours* 648
§ 2. *Mise en cause des organes de la procédure* 649
§ 3. *Mise en cause de l'AGS* 651
Sect. 2. **Effets de la décision prud'homale rendue** 653
§ 1. *Absence de condamnation au paiement* 653
§ 2. *Exécution de la décision prud'homale* 654

TITRE 82. LES INSTANCES PRUD'HOMALES OUVERTES APRÈS LE JUGEMENT D'OUVERTURE .. 656

Chap. 821. CONTENTIEUX PORTANT SUR LE RELEVÉ DES CRÉANCES ET SUR LE REFUS DE GARANTIE DE L'AGS 657
Sect. 1. **Présentation générale** 658
§ 1. *Compétence du Conseil des prud'hommes prévue par le Code de commerce* 658
§ 2. *Règles de procédures aménagées par le Code de commerce* 660
Sect. 2. **Particularités du contentieux portant sur le relevé des créances salariales** 662
§ 1. *Parties au litige* 662
§ 2. *Délai de forclusion* 662
§ 3. *Voies de recours* 664
Sect. 3. **Particularités du contentieux portant sur le refus de garantie de l'AGS** 664
§ 1. *Parties au litige* 664
§ 2. *Délai de prescription* 665
§ 3. *Voies de recours* 665

Chap. 822. AUTRES CONTENTIEUX OUVERTS APRÈS LE JUGEMENT D'OUVERTURE 666
Sect. 1. **Présentation générale** 667
§ 1. *Typologie des autres contentieux possibles* 667
§ 2. *Maintien de la compétence du Conseil des prud'hommes* 668
Sect. 2. **Difficultés procédurales** 672
§ 1. *Présentation du problème* 672
§ 2. *Application des aménagements procéduraux prévus par le Code de commerce* 673
§ 3. *Refus d'appliquer les aménagements procéduraux prévus par le Code de commerce* 673

PRINCIPALES ABRÉVIATIONS UTILISÉES 677

INDEX ALPHABÉTIQUE 681

LIVRE

0. PRÉSENTATION GÉNÉRALE

PIERRE-MICHEL LE CORRE
PROFESSEUR AGRÉGÉ

SECTION 0
ORIENTEUR

0.00 Sommaire du livre.

Titre 01 Les sources
Chap. 011 Textes codifiés
Chap. 012 Juridictions et jurisprudence
Chap. 013 Bibliographie
Chap. 014 Évolution historique
Titre 02 Les enjeux du droit des entreprises en difficulté pour les salariés
Chap. 021 Appréhension générale des salariés par le droit des entreprises en difficulté
Chap. 022 Enjeux limités de la prévention pour les salariés
Chap. 023 Enjeux majeurs des procédures collectives pour les salariés
Chap. 024 Enjeux inexistants des procédures non collectives pour les salariés
Titre 03 Les créances des salariés et la discipline collective
Chap. 031 Présentation générale de la discipline collective
Chap. 032 Soumission de principe des créances salariales à la discipline collective
Chap. 033 Aménagement des règles de la discipline collective pour les créances salariales
Chap. 034 Situation des salariés au regard des actions en responsabilité contre les tiers
Titre 04 Présentation générale du traitement du contrat de travail en droit des entreprises en difficulté
Chap. 041 Principe de continuation du contrat de travail
Chap. 042 Cession du contrat de travail
Chap. 043 Règles générales de rupture des contrats de travail
Chap. 044 Remise en cause du contrat de travail par le jeu des nullités de la période suspecte

TITRE

01. Les sources

SECTION 0

ORIENTEUR

01.00 Sommaire du titre.

Chap. 011 Textes codifiés
Sect. 1 Code de commerce
Sect. 2 Code du travail
Sect. 3 Code civil
Chap. 012 Juridictions et jurisprudence
Sect. 1 Décisions des juridictions judiciaires
Sect. 2 Décisions des juridictions administratives
Sect. 3 Décisions constitutionnelles
Chap. 013 Bibliographie
Sect. 1 Sources éditées
Sect. 2 Thèses
Sect. 3 Encyclopédies
Sect. 4 Ouvrages
Sect. 5 Articles généraux
Chap. 014 Évolution historique
Sect. 1 Situation générale des salariés dans la législation avant la loi du 25 janvier 1985
Sect. 2 Situation des salariés depuis la loi du 25 janvier 1985

CHAPITRE

011. Textes codifiés

SECTION 0
ORIENTEUR

011.00 **Sommaire du chapitre.**

Sect. 1 Code de commerce 011.11 à 011.17
Sect. 2 Code du travail 011.21 à 011.23
Sect. 3 Code civil 011.31

SECTION 1
CODE DE COMMERCE

011.11 Conciliation.

art. L. 611-6, al. 5 [Possibilité pour le président du tribunal ayant ouvert une procédure de conciliation d'obtenir communication de tout renseignement lui permettant d'apprécier la situation économique, financière, sociale et patrimoniale du débiteur et ses perspectives de règlement par les membres et représentants du personnel]

art. L. 611-8-1 [Information du CSE par le débiteur du contenu de l'accord lorsque celui-ci demande l'homologation]

011.12 Sauvegarde.

art. L. 621-1, al. 1 [Communication de tout renseignement au président du tribunal lui permettant d'apprécier la situation économique, financière, sociale et patrimoniale du débiteur et ses perspectives de règlement, par les membres et représentants du personnel]

art. L. 621-4, al. 2 [Invitation du tribunal à désigner un représentant des salariés]

art. L. 621-4, al. 5 [Observations de l'AGS sur la désignation de l'administrateur judiciaire et du mandataire judiciaire lorsque le débiteur emploie au moins cinquante salariés]

art. L. 621-6 [Élection du représentant des salariés]

art. L. 621-7, al. 7 [Remplacement du représentant des salariés]

art. L. 621-10, al. 2 [Désignation de l'AGS en qualité de contrôleur]

art. L. 622-13, VI [Inapplication des règles de continuation des contrats en cours au contrat de travail]

art. L. 622-17, III, 1° [Classement du superprivilège des salaires]

art. L. 622-24, al. 5 [Déclaration de créance de l'AGS]

art. L. 622-27 [Discussion des créances autres que salariales]

art. L. 623-2 [Informations données par les représentants du personnel sur la situation économique, financière, sociale et patrimoniale du débiteur]

art. L. 623-3, al. 4 [Information de l'administrateur sur l'avancement de ses travaux du CSE]

art. L. 625-1 [Relevés des créances résultant d'un contrat de travail]

art. L. 625-2 [Vérification des relevés des créances résultant d'un contrat de travail]

art. L. 625-3 [Instances prud'homales en cours]

art. L. 625-4 [Refus de prise en charge des créances salariales par l'AGS]

art. L. 625-5 [Litiges soumis au Conseil de prud'hommes]

art. L. 625-6 [Visa des relevés des créances résultant d'un contrat de travail et établissement de l'état des créances]

art. L. 625-7 [Privilège garantissant les créances salariales]

art. L. 625-8 [Paiement du superprivilège des salaires]

art. L. 625-9 [Garantie des créances salariales par l'AGS]

art. L. 626-2, al. 3 et 5 [Contenu du projet de plan en matière sociale – Licenciements économiques]

art. L. 626-5, al. 1 [Communication des propositions pour le règlement des dettes par l'administrateur au CSE]

art. L. 626-8 [Information et consultation du comité social et économique sur les mesures que le débiteur envisage de proposer dans le projet de plan]

art. L. 626-9 [Audition par le tribunal des représentants du comité d'entreprise ou, à défaut, des délégués du personnel, avant de statuer sur le projet de plan]

art. L. 626-22, al. 1 [Superprivilège des salaires et vente d'un bien grevé de sûreté en cours d'exécution du plan]

art. L. 626-30, IV [Absence de soumission des créances résultant du contrat de travail par le plan avec classes de parties affectées]

011.13 Redressement judiciaire.

art. L. 631-1, al. 3 [Finalité du plan de redressement]

art. L. 631-6 [Possibilité pour les membres du CSE de communiquer au président du tribunal ou au ministère public tout fait révélant la cessation des paiements du débiteur] art. L. 631-10-2 [Information des personnes désignées par le CSE par l'administrateur ou, à défaut, le mandataire judiciaire des modalités de mise en œuvre des mesures conservatoires prises en application de l'article L. 621-2]

art. L. 631-13, al. 2 [Information par l'administrateur informe de la ou des personnes désignées par le CSE ou le représentant des salariés de la possibilité qu'ont les salariés de soumettre une ou plusieurs offres de reprise de l'entreprise]

art. L. 631-15, II, al. 1 et 2 [Possibilité à tout moment de la période d'observation d'ordonner la cessation partielle de l'activité]

art. L. 631-17 [Licenciements économiques en période d'observation]

art. L. 631-18, al. 2 [Consultation du CSE sur les mesures que l'administrateur envisage de proposer]

art. L. 631-18, al. 4 à 7 [Instances prud'homales en cours]

art. L. 631-19, III [Licenciements économiques dans les plan de redressement]

011.14 Liquidation judiciaire.

art. L. 640-6 [Possibilité pour les membres du comité social et économique de communiquer au président du tribunal ou au ministère public tout fait révélant la cessation des paiements du débiteur]

art. L. 641-1, II, al. 4 [Observations de l'AGS sur la désignation du liquidateur à partir de cinquante salariés]

art. L. 641-1, II, al. 5 [Désignation du représentant des salariés]

art. L. 641-1-1, al. 7 [Remplacement du représentant des salariés]

art. L. 641-2, al. 1 [Liquidation judiciaire simplifiée si le débiteur emploie au plus cinq salariés]

art. L. 641-4, al. 5 [Licenciements économiques en liquidation judiciaire]

art. L. 641-6 [Incompatibilité et désignation du représentant des salariés]

art. L. 641-8, al. 2 [Déclaration à l'administration fiscale par le liquidateur des sommes versées aux salariés par l'AGS]

art. L. 641-10, al. 3 [Licenciements économiques en cas de poursuite provisoire de l'activité en liquidation]

art. L. 641-14 [Instances prud'homales en cours]

art. L. 642-1, al. 1 [Finalités du plan de cession]

art. L. 642-2, II [Contenu de l'offre de cession]

art. L. 642-5, al. 1, 5 et 6 [Adoption du plan de cession après avoir recueilli l'avis de la ou des personnes désignées par le CSE]

art. L. 642-6, al. 2 [Audition de la ou des personnes désignées par le comité social et économique en cas de demande de modification substantielle dans les moyens du plan]

art. L. 642-13, al. 2 [Autorisation de la conclusion d'un contrat de location-gérance dans le jugement adoptant le plan de cession après audition de la ou des personnes désignées par le CSE]

art. L. 642-17, al. 2 [Audition de la ou des personnes désignées par le comité social et économique en cas d'impossibilité pour le locataire-gérant d'acquérir l'entreprise aux conditions initialement prévues]

art. L. 643-8, I [Classement du superprivilège des salaires et du privilège des salaires]

art. L. 644-3 [Vérification obligatoire des créances résultant d'un contrat de travail dans la liquidation judiciaire simplifiée]

011.15 Rétablissement personnel.

art. L. 645-1 [Conditions d'ouverture du rétablissement professionnel subordonnées à l'absence de salarié et d'instance prud'homale en cours]

art. L. 645-11, al. 1 [Absence d'effacement des créances salariales]

011.16 Sanctions pénales.

art. L. 654-17 [Saisine de la juridiction répressive sur constitution de partie civile du représentant des salariés]

art. L. 654-19 [Frais de la poursuite pénale intentée par le représentant des salariés]

011.17 Voies de recours et autres modalités procédurales.

art. L. 661-1 [Voies de recours ouvertes au CSE ou à défaut au représentant des salariés]

art. L. 661-10 [Obligation pour les membres du comité social et économique de désigner parmi eux la personne habilitée à exercer en leur nom les voies de recours]

art. L. 662-4 [Licenciement du représentant des salariés]

SECTION 2
CODE DU TRAVAIL

011.21 Cession du contrat de travail.

art. 1224-1 [Modification dans la situation juridique de l'employeur]

art. 1224-2 [Exception au principe pour le nouvel employeur d'être tenu, à l'égard des salariés dont les contrats de travail subsistent, aux obligations qui incombaient à l'ancien employeur à la date de la modification, en cas de procédure de sauvegarde, de redressement ou de liquidation judiciaire]

011.22 Licenciements pour motif économique dans les procédures de sauvegarde, de redressement et de liquidation judiciaires.

art. L. 1233-58 [Licenciements économiques en cas de redressement ou de liquidation judiciaire]

art. L. 1233-59 [Inapplication des délais prévus à l'article L. 1233-15 pour l'envoi des lettres de licenciement prononcé pour un motif économique en cas de redressement ou de liquidation judiciaire]

art. L. 1233-60 [Information de l'autorité administrative avant de procéder à des licenciements pour motif économique en cas de redressement ou de liquidation judiciaire]

art. L. 1233-60-1 [Modification d'un élément essentiel du contrat de travail pour motifs économiques en cas de redressement ou de liquidation judiciaire]

011.23 Privilèges et assurance des créances salariales.

art. L. 3253-2 [Plafond du superprivilège des salaires]

art. L. 3253-3 [Créances garanties par le superprivilège des salaires]
art. L. 3253-4 [Règles applicables aux indemnités de congés payés]
art. L. 3253-5 [Privilège du façonnier]
art. L. 3253-6 [Obligation d'assurance des employeurs contre le risque de non-paiement des créances salariales]
art. L. 3253-7 [Droit du salarié garanti indépendamment de l'observation d'assurance des employeurs contre le risque de non-paiement des créances salariales]
art. L. 3253-8 [Créances garanties par l'AGS]
art. L. 3253-9 [Couverture par l'AGS des créances résultant du licenciement des salariés bénéficiaires d'une protection particulière relative au licenciement]
art. L. 3253-10 [Couverture par l'AGS des sommes dues aux titres de l'intéressement, de la participation des salariés aux fruits de l'expansion ou d'un fonds salarial]
art. L. 3253-11 [Couverture par l'AGS des arrérages de préretraite]
art. L. 3253-12 [Conditions de couverture par l'AGS des sommes dues aux titres de l'intéressement, de la participation des salariés aux fruits de l'expansion ou d'un fonds salarial et des arrérages de préretraite]
art. L. 3253-13 [Absence de couverture par l'AGS des sommes qui concourent à l'indemnisation du préjudice causé par la rupture du contrat de travail dans le cadre d'un licenciement pour motif économique, en application d'un accord d'entreprise ou d'établissement ou de groupe, d'un accord collectif validé ou d'une décision unilatérale de l'employeur homologuée conformément à l'article L. 1233-57-3, lorsque l'accord a été conclu et déposé ou la décision notifiée moins de dix-huit mois avant la date du jugement d'ouverture de la procédure de sauvegarde, de redressement ou de liquidation judiciaire, ou l'accord conclu ou la décision notifiée postérieurement à l'ouverture de la procédure de sauvegarde, de redressement ou de liquidation judiciaire]
art. L. 3253-14 [Statut de l'AGS]
art. L. 3253-15 [Modalités des avances de l'AGS]
art. L. 3253-16 [Cas de subrogation de l'AGS dans les droits des salariés]
art. L. 3253-17 [Plafond des avances de l'AGS]
art. L. 3253-18 [Financement de l'AGS]
art. L. 3253-18-1 à L. 3253-18-9 [Dispositions applicables à l'employeur établi dans un autre État membre]
art. L. 3253-19 [Établissement des relevés de créances salariales]
art. L. 3253-20 [Subsidiarité des avances de l'AGS]
art. L. 3253-21 [Délais de versement des avances par l'AGS]

SECTION 3
CODE CIVIL

011.31 Créances salariales garanties par des privilèges.

art. 2331 [Privilège général des salaires sur les meubles]
art. 2377 [Privilège général des salaires sur les immeubles]

CHAPITRE

012. Juridictions et jurisprudence

SECTION 0
ORIENTEUR

012.00 Sommaire du chapitre.

Sect. 1 Décisions des juridictions judiciaires 012.11
Sect. 2 Décisions des juridictions administratives 012.21
Sect. 3 Décisions constitutionnelles 012.31

012.03 Bibliographie indicative.

> **Articles.** P.-M. Le Corre, « Questions prioritaires de constitutionnalité et droit des entreprises en difficulté », *LXB, Revues*, 4 sept. 2014, n° 581 – J.-E. Gicquel et M. Rousille, « Le nouveau droit des entreprises en difficulté à l'épreuve du droit constitutionnel », interv. Colloque Besançon 10 oct. 2014, *Gaz. Pal.* 31 déc. 2014, n° 365, 32.

SECTION 1
DÉCISIONS DES JURIDICTIONS JUDICIAIRES

012.11 Cour de cassation et juges du fond. L'essentiel des décisions de la Cour de cassation, en matière de sauvegarde, de redressement et de liquidation judiciaires émane de la chambre commerciale. Cependant, en ce qui concerne spécifiquement le droit social appliqué au droit des entreprises en difficulté, majoritairement, les décisions émanent de la Chambre sociale de la Cour de cassation. Il en est ainsi spécialement pour les licenciements économiques et la couverture par l'Assurance de garantie des salaires (AGS) des sommes dues aux salariés. La chambre commerciale n'est amenée à statuer que pour l'application des textes spécifiques du droit des entreprises en difficulté figurant dans le livre VI du Code de commerce.

Les décisions intéressant le droit social des procédures collectives, au stade des juges du fond, émanent en première instance des conseils des prud'hommes et en appel des chambres spécialisées des cours d'appel.

SECTION 2
DÉCISIONS DES JURIDICTIONS ADMINISTRATIVES

012.21 Décisions des juridictions administratives. Il existe en matière de droit du travail un contrôle administratif. Certaines autorisations sont ainsi données par l'autorité administrative, par exemple l'autorisation de licencier des salariés protégés. De même, l'autorité administrative intervient dans la procédure de plan de sauvegarde de l'emploi. Les juridictions administratives sont donc appelées à statuer sur les recours formés dans ces cadres. En première instance, il s'agit des tribunaux administratifs, qui statuent à charge d'appel devant les cours administratives d'appel. Enfin, le Conseil d'État peut connaître des recours formés contre les décisions de ces cours d'appel.

SECTION 3
DÉCISIONS CONSTITUTIONNELLES

012.31 Questions prioritaires de constitutionnalité. Nombreuses sont les dispositions attaquées devant les tribunaux pour non-conformité à la Constitution. Très majoritairement, les questions ont été jugées non sérieuses. Pourtant le Conseil constitutionnel a été amené à plusieurs reprises à considérer comme non conformes à la Constitution certains textes du droit des entreprises en difficulté. Ces Questions prioritaires de constitutionnalité (QPC) seront fidèlement indiquées tout au long de l'ouvrage.

Ces QPC deviennent des sources négatives du droit en emportant abrogation dans notre législation de certains textes.

Mais parfois, elles sont aussi des sources positives du droit, lorsqu'il est procédé par rejet de la question. Il en est ainsi lorsque le texte présenté comme non conforme à la Constitution, n'est pas interprété à la lettre par la Cour de cassation. Ce faisant, la question prioritaire de constitutionnalité fabrique positivement le droit.

CHAPITRE

013. Bibliographie

SECTION 0

Orienteur

013.00 **Sommaire du chapitre.**

Sect. 1 Sources éditées 013.11

Sect. 2 Thèses 013.21

Sect. 3 Encyclopédies 013.31

Sect. 4 Ouvrages 013.41

Sect. 5 Articles généraux 013.51

SECTION 1

Sources éditées

013.11 **Code des procédures collectives.**

Collectif, *Code des procédures collectives 2025*, annoté et commenté, Dalloz, 23e éd., 2025.

013.12 **Codes de commerce.**

Pétel Ph. (dir.), *Code de commerce 2025, annoté*, LexisNexis, 2024.

Rontchevsky N., Chevrier E. et Pisoni P., *Code de commerce 2023, annoté*, Dalloz, 2022.

013.13 **Codes du travail.**

Radé Ch., Gadrat M. et Dechristé C., *Code du travail 2023, annoté, commenté en ligne*, Dalloz, 2023.

Teyssié B., *Code du travail 2026, annoté*, Dalloz, 121e éd., 2025.

013.14 **Codes civil.**

Collectif, *Code civil 2026, annoté*, Dalloz, 125e éd., 2025.

Leveneur L. (dir.), *Code civil 2026, annoté*, LexisNexis, 2025.

SECTION 2

Thèses

013.21 **Thèses publiées.**

Bezert A., *Les effets de l'extension de la procédure collective pour confusion des patrimoines*, « Bibliothèque de droit des entreprises en difficulté », t. 21, LGDJ, 2021.

Ferrari B., *Le dessaisissement du débiteur en liquidation judiciaire – contribution à l'étude de la situation du débiteur sous procédure collective*, « Bibliothèque de droit des entreprises en difficulté », t. 23, LGDJ, 2021.

Ghandour B., *Le traitement judiciaire des entreprises en difficulté*, « Bibliothèque de droit des entreprises en difficulté », t. 14, LGDJ, 2018.

Lebel Ch., *L'élaboration du plan de continuation de l'entreprise en redressement judiciaire*, PUAM, 2000.

Monsérié M.-H., *Les contrats dans le redressement et la liquidation judiciaires des entreprises*, « Bibliothèque de droit de l'entreprise », t. 33, Litec, 1994.

Reille F., *La notion de confusion des patrimoines, cause d'extension des procédures collectives*, « Bibliothèque de droit de l'entreprise », t. 74, Litec, 2006.

Rizzi A., *La protection des créanciers à travers l'évolution des procédures collectives*, « Bibliothèque de droit privé », t. 459, LGDJ, 2007.

Ronet-Yague D., *Les creances de sécurité sociale et l'entreprise en difficulté*, « Centre de droit social », PUAM, 2012.

Sénéchal M., *L'effet réel de la procédure collective*, « Bibliothèque de droit de l'entreprise », t. 59, Litec, 2002.

Vallens J.-L., *L'insolvabilité des entreprises en droit comparé*, « Pratique des affaires », Joly – Lextenso, 2011.

013.22 **Thèses non publiées.**

Blanc A., *Les métamorphoses de la garantie des créances salariales*, Th. Paris II, 2016.

Neuville S., *Le plan en droit privé*, Th. Toulouse, 1994.

Ondze S., *La garantie des salariés en cas d'insolvabilité de l'employeur*, Th. Paris Nanterre, 2012.

Staës O., *Droit judiciaire privé et procédures collectives*, Th. Toulouse, 1995.

Vecchioni Ben Cheikh L., *Les avances de l'AGS*, Th. Nice, 2019.

Viala Y., *Le principe d'égalité entre les créanciers dans le redressement et la liquidation judiciaires des entreprises*, Th. Toulouse, 2001.

SECTION 3
ENCYCLOPÉDIES

013.31 Répertoire Dalloz.

Rép. com., v° *Entreprise en difficulté : salariés*, par J.-F. Cesaro et G. Duchange, 2018.

013.32 Juris-Classeurs.

J.-Cl. Procédures collectives, fasc. 2240 : Sauvegarde, redressement et liquidation judiciaires – Organes – Représentant des salariés, par L. Fin-Langer, 2016.

J.-Cl. Procédures collectives, fasc. 2440 : Sauvegarde, redressement et liquidation judiciaires – Vérification des créances salariales, par L. Fin-Langer, 2016.

J.-Cl. Procédures collectives, fasc. 2450 : Sauvegarde, redressement et liquidation judiciaires – Privilèges des salariés et garanties de paiement, par A. Jacquemont, mis à jour par D. Jacotot, 2018.

J.-Cl. Procédures collectives, fasc. 2430 : Sauvegarde, redressement et liquidation judiciaires – Situation des salariés, par N. Vignal, 2021.

SECTION 4
OUVRAGES

013.41 Traités.

> Postérieurs à la législation du 10 juin 1994 et antérieurs à la loi de sauvegarde des entreprises du 26 juillet 2005

Soinne B., *Traité des procédures collectives*, 2e éd., Litec, 1995.

Ripert G. et Roblot R., *Traité de droit commercial*, t. II, *Effets de commerce, banque, contrats commerciaux, procédures collectives* par Ph. Delebecque et M. Germain, 17e éd., LGDJ, 2004.

> Postérieurs à la loi du 26 juillet 2005

Guinchard S. (dir.), *Droit et pratique de la procédure civile 2021/2022*, « Dalloz Action », 10e éd., 2021.

Guinchard S. et Moussa T. (dir.), *Droit et pratique des voies d'exécution*, 9e éd., « Dalloz Action », 2018/2019.

Le Corre, P.-M. *et alii*, Droit et pratique des procédures collectives 2025/2026, « Dalloz Action », 13e éd., 2024.

Loiseau G., Lokiec P., Pécaut-Rivolier L et Verkindt P.-Y., *Droit de la représentation du personnel 2023/2024*, « Dalloz Action », 2e éd., *2023*.

Menjucq M., Saintourens B., Soinne B. (dir.), *Traité des procédures collectives*, LexisNexis, 3e éd., 2021.

Ripert G. et Roblot R., *Traité de droit commercial*, t. IV, *Effets de commerce et entreprises en difficulté*, par Ph. Delebecque, N. Binctin et L. Andreu, 18e éd., LGDJ-Lextenso, 2018.

013.42 Monographies.

Cérati-Gauthier A., Perruchot-Triboulet V. (dir.), *Les procédures collectives complexes*, « Pratique des affaires », Joly éd., 2017.

Decoopman N. (dir.), *Entreprises en difficulté et droit du travail*, « Ceprisca », Puf, 2007.

Le Corre P.-M. (dir.), *Mesures d'exécution et procédures collectives, Confrontation des règles de l'exécution et du droit des entreprises en difficulté*, Bruylant, 2012.

Roussel-Galle, P. (dir), *Entreprises en difficulté*, « Droit 360 », LexisNexis, 2012.

Vallens J.-L., *L'insolvabilité des entreprises en droit comparé*, « Pratique des affaires », Joly – Lextenso, 2011.

013.43 Actes de colloque et journées d'étude.

Dumont-Lefrand M.-P. et Lisanti C. (dir.), *Groupe de sociétés et procédures collectives : de l'autonomie patrimoniale des sociétés groupées à l'unité patrimoniale du groupe*, Colloque Montpellier 2 juin 2017, « Actualités de droit de l'entreprise n° 34 », LexisNexis, 2018.

Henry L.-C. (dir.), *Droit des sociétés et procédures collectives*, Colloque Crajefe Nice 2016, L'Harmattan, 2018.

Macorig-Vénier F. (dir.), *Le droit des entreprises en difficulté après 30 ans, droit dérogatoire, précurseur ou révélateur*, colloque Toulouse 2017, Puf – Univ. Toulouse 1 Capitole, 2017.

Le Corre P.-M. (dir.), *Les grands concepts du droit des entreprises en difficulté*, « Thèmes et commentaires », Dalloz, 2018.

013.44 Manuels.

> Antérieurs à la législation du 10 juin 1994

Derrida F., Godé P. et Sortais J.-P., avec la collab. d'Honorat A., *Redressement et liquidation judiciaires des entreprises*, 3e éd., Dalloz, 1991.

> Postérieurs à la législation du 10 juin 1994 et antérieurs à la loi de sauvegarde des entreprises du 26 juillet 2005

Bolard G. (dir.), *Diligences des mandataires de justice et recommandations*, IFPPC, 5e éd., 1999.

Chaput Y., *Droit des entreprises en difficulté et faillite personnelle*, « Droit fondamental », Puf, 1996.

Guyon Y., *Droit des affaires, t. II, Entreprises en difficulté, redressement judiciaire, faillite*, 8e éd., « Droit des affaires et de l'entreprise », Economica, 2001.

Le Cannu P., Lucheux P., Pitron M. et Sénéchal J.-P., *Entreprises en difficulté : Prévention, redressement et liquidation judiciaires*, « Pratique des affaires », GLN Joly, 1995.

> Postérieurs à la loi de sauvegarde des entreprises du 26 juillet 2005 et antérieurs à l'ordonnance du 18 décembre 2008

Le Cannu P., *Droit commercial : Entreprises en difficulté*, 7e éd., « Précis », Dalloz, 2006.

Roussel Galle Ph., *La réforme du droit des entreprises en difficulté par la loi de sauvegarde des entreprises du 26 juillet 2005*, « Carré droit », Litec, 2005.

Roussel Galle Ph., *Réforme du droit des entreprises en difficulté : De la théorie à la pratique*, 2e éd., « Litec professionnels », Litec, 2007.

> Postérieurs à l'ordonnance du 18 décembre 2008 et antérieurs à l'ordonnance du 12 mars 2014

Gibirila D., *Droit des entreprises en difficulté, Defrénois* – Lextenso, 2009.

Le Corre P.-M, *La réforme du droit des entreprises en difficulté : Commentaire de l'ordonnance du 18 décembre 2008 et du décret du 12 février 2009*, Dalloz, 2009.

Nabet P., *La coordination des procédures d'insolvabilité en droit de la faillite internationale*, « BDE » LexisNexis, 2010.

Roussel Galle Ph. (dir.), *Entreprises en difficulté*, « *Droit 360°* », LexisNexis, 2012.

Vallansan J., Cagnoli P. et Fin-Langer L., *Difficultés des entreprises : Commentaire article par article du livre VI du Code de commerce*, 6e éd., « Droit et professionnels », LexisNexis, 2012.

Vidal D., *Droit de l'entreprise en difficulté*, 3e éd., « Manuels », Gualino, 2010.

Voinot D., *Procédures collectives*, « Cours », LGDJ-Lextenso, 2013.

> Postérieurs à l'ordonnance du 12 mars 2014

Antonini-Cochin L. et Henry L.-C., « *Droit des entreprises en difficulté* », « Mémentos LMD », Gualino, 2018.

Coquelet M.-L., *Entreprises en difficulté – Instruments de paiement et de crédit*, 6e éd., « Hypercours », Dalloz, 2017.

Cuniberti G., Nabet P., Raimon M., *Droit européen de l'insolvabilité – Règlement (UE) 2015/848 du 20 mai 2015 relatif aux procédures d'insolvabilité*, LGDJ 2017.

Dammann R. et Sénéchal M., *Le droit de l'insolvabilité internationale*, éd. Joly, 2018.

Delattre Ch., *Le cadre d'intervention du ministère public en droit des entreprises en difficulté*, éd. Joly, 2018.

Jacquemont A., Borga N. et Mastrullo Th., *Droit des entreprises en difficulté*, 11e éd., « Manuel », LexisNexis, 2019.

Le Cannu P. et Robine D., *Droit des entreprises en difficulté*, 8e éd., « Précis », Dalloz, 2020.

Lienhard A., *Procédures collectives 2020/2021*, 9e éd., « Encyclopédie Delmas », 2020.

Lucas F.-X., *Manuel de droit de la faillite*, « Droit fondamental », Puf, 2e éd., 2018.

Pérochon F., *Entreprises en difficulté*, 10e éd., « Manuel », LGDJ-Lextenso, 2014.

Pételx Ph., *Procédures collectives*, 9e éd., « Cours », Dalloz, 2017.

Saint-Alary-Houin C., *Droit des entreprises en difficulté*, 11e éd., « Domat », LGDJ-Lextenso, 2018.

Sautonie-Laguionie L. (dir.), *Règlement UE n° 2015/848 du 20 mai 2015 relatif aux procédures d'insolvabilité : Commentaire article par article*, « Trans Europe Experts », Société de législation comparée, 2015.

Vallansan J., avec la collab. Fin-Langer L., *Guide des procédures collectives*, LexisNexis, 2020/2021.

Vallens J.-L., *Lamy Droit commercial* (partie relative au redressement et à la liquidation judiciaires), Lamy, 2017.

Vidal D. et Giorgini G.-C., *Cours de droit des entreprises en difficulté*, « Amphi LMD », Gualino – Lextenso, 2e éd., 2016.

> Postérieurs à l'ordonnance du 15 septembre 2021

Antonini-Cochin L. et Henry L.-C., *Droit des entreprises en difficulté*, 7e éd., Gualino, « Mémentos », 2024.

Coquelet M.-L., *Entreprises en difficulté*, 7e éd., « Hypercours », Dalloz, 2022.

Jacquemont A., Borga N. et Mastrullo Th., *Droit des entreprises en difficulté*, 13e éd., « Manuel », LexisNexis, 2024.

Le Cannu P. et Robine D., *Droit des entreprises en difficulté*, 10e éd., « Précis », Dalloz, 2024.

Lucas F.-X., *Manuel de droit de la faillite*, 5e éd., « Droit fondamental », PuF, 2024.

Pérochon F., avec le concours de Laroche M., Reille F., Favario Th., Donnette A., *Entreprises en difficulté*, 12e éd., « Manuel », LGDJ-Lextenso, 2024.

Pétel Ph., *Procédures collectives*, 11e éd., « Cours », Dalloz, 2023.

Saint-Alary-Houin C., avec la collab. Houin-Bressand C. et Monsèrié-Bon M. H., *Droit des entreprises en difficulté*, 14e éd., « Domat », LGDJ-Lextenso, 2024.

Vallansan J., avec la collab. Fin-Langer L., *Guide des procédures collectives 2025/2026*, LexisNexis, 2025.

SECTION 5
ARTICLES GÉNÉRAUX

013.51 Droit social et procédures collectives.

Boyer A., « Un droit social contre-productif dans les entreprises en difficulté », *Gaz. Pal.* 16 et 17 avr. 2010, nos 106, 107, p. 8.

Delattre Ch., « Le ministère public, garant du respect du droit social », *Rev. proc. coll.* 2012, dossier 9, p. 68.

Donette-Boissière A., « Les relations de travail et le droit des procédures collectives. Pour un droit du travail des entreprises en difficulté », *JCP E* 2021. 1190.

Fin-Langer L., « Les risques subis par les salariés », *Rev. proc. coll.* 2010, § 10, p. 93.

Morvan P., « Le droit social dans la réforme du droit des entreprises en difficulté », *JCP E* 2005, n° 42, 1511.

Saint Alary Houin C., « Le droit social dans les procédures collectives : entre inadaptation, idéalisme et dévoiement », résumé des interventions à la journée d'étude de l'*AJDE*, Toulouse, 14 oct. 2011, *BJE* nov.-déc. 2011, comm. 163, p. 302.

Saintourens B. et Duprat C., « Les droits des salariés dans l'ordonnance du 18 décembre 2008 portant réforme du droit des entreprises en difficulté », *Gaz. Pal.* 8-10 mars 2009, n° sp. p. 40.

Sénéchal M., Chriqui H., Météyé Th. et Clerc A., « Les procédures collectives et les droits des salariés », *Rev. proc. coll.* 2011, table ronde 3, p. 65.

Taquet F., « Aperçu rapide des modifications en matière sociale résultant de l'ordonnance n° 2008-1345 du 18 décembre 2008 portant réforme du droit des entreprises en difficulté », *Rev. proc. coll.* 2009, p. 96.

Vatinet R., « Le volet social de la loi de sauvegarde des entreprises précisé par son décret d'application », *JCP S* 2006. 1205.

CHAPITRE

014. Évolution historique

SECTION 0
ORIENTEUR

014.00 **Sommaire du chapitre.**

Sect. 1 Situation générale des salariés dans la législation avant la loi du 25 janvier 1985 014.11 à 014.12

Sect. 2 Situation des salariés depuis la loi du 25 janvier 1985 014.21 à 014.25

014.03 **Bibliographie.**

> **Articles.** M. Delteil et L. Lautrette, « Le sort des contrats de travail dans la loi de sauvegarde des entreprises », *LPA* 17 févr. 2006, n° 35, p. 42 – A. Donnette, « Droit des entreprises en difficulté et droit du travail : tentative de clarifications », *BJE* mai 2014. 203 – H. Fremont (de), « Droit du travail et procédure collective : une réforme impossible ? », *BJE* mars 2014. 123 – L.-C. Henry, « La réforme oubliée, la protection des salariés face à l'insolvabilité de l'employeur », *D.* 2014. 2410 – D. Jacotot, « La loi Macron et le droit social », *Rev. proc. coll.* 2015, ét. 17 – D. Jacotot et L. Fin-Langer, « La naissance d'un droit social des entreprises en difficulté ? », *Rev. proc. coll.* 2014, dossier 24 – N. Kerouaz, J. Cabooter, Th. Météyé, R. Pétavy, M. Menjucq, « Les conséquences des ordonnances relatives au droit du travail sur les procédures collectives », *Rev. proc. coll.* janv.-févr. 2018, table ronde 1 – P. Morvan, « Le droit social dans la réforme du droit des entreprises en difficulté », *JCP E* 2005, n° 42, 1511 – B. Saintourens et Ph. Duprat, « Les droits des salariés dans l'ordonnance du 18 décembre 2008 portant réforme du droit des entreprises en difficulté », *Gaz. Pal.* 8-10 mars 2009, n° spéc. p. 40 – F. Taquet, « Aperçu rapide des modifications en matière sociale résultant de l'ordonnance n° 2008-1345 du 18 décembre 2008 portant réforme du droit des entreprises en difficulté », *Rev. proc. coll.* 2009/1, p. 96.

SECTION 1
SITUATION GÉNÉRALE DES SALARIÉS DANS LA LÉGISLATION AVANT LA LOI DU 25 JANVIER 1985

014.11 **Avant la loi du 25 janvier 1985.** L'étude du sort et des droits des salariés dans les procédures collectives est très récente. Que l'on songe, par exemple, qu'aucune entrée dans l'index de l'ouvrage de Percerou et Desserteaux de 1935[1] n'existe au mot « salariés » ou encore à l'expression « contrat de travail ». La chose est suffisamment surprenante pour être remarquée. Il est seulement fait état du privilège des commis et ouvriers étudiés au sein d'un chapitre consacré aux créanciers privilégiés ou hypothécaires[2].

De cela, il faut comprendre que les salariés ne sont pris en compte, à l'époque, que comme titulaires de créances. Sous cette réserve de l'octroi d'un privilège, qui relève au demeurant du seul Code civil[3], les personnes liées au débiteur par un contrat de louage de services ne font l'objet d'aucune attention particulière.

Au début des années 1970, on trouve dans les ouvrages la justification de l'octroi de privilèges reconnus aux salariés. Le pluriel devient de mise à partir

1. J. Percerou, *Des faillites et banqueroutes et des liquidations judiciaires*, 2e éd., collab. M. Desserteaux, Librairie Arthur Rousseau, Paris, 1935.
2. *Ibid.*, t. 2, p. 314 s.
3. Privilège général sur les meubles du débiteur pour « les salaires des gens de service » (C. civ., art. 2101, créé par L. 19 mars 1804, promulguée 29 mars 1804 ; devenu art. 2331, ord. n° 2006-346, 23 mars 2006 relative aux sûretés, *JO* 24 mars, n° 29, art. 9) et privilège général sur les immeubles du débiteur pour les « salaires des gens de service » (C. civ., art. 2104, créé par L. 19 mars 1804, promulguée 29 mars 1804 ; devenu art. 2375, ord. n° 2006-346, 23 mars 2006 relative aux sûretés, *JO* 24 mars, n° 29, art. 14, puis art. 2377, Ord. n° 2021-1192, 15 sept. 2021 portant réforme du droit des sûretés, *JO* 16 sept., n° 19, art. 13).

de 1935, du fait du renforcement du privilège des salaires, connu sous le nom de superprivilège des salaires [1], institué spécialement pour l'hypothèse d'une procédure collective de l'employeur et aujourd'hui codifié dans le Code du travail [2]. Ces privilèges [3] sont octroyés aux salariés pour prendre en compte « la modestie fréquente et le caractère alimentaire des ressources des salariés » [4].

Argenson et Toujas signalent déjà en 1973 que l'assiette du superprivilège des salaires [5] s'est accrue au fur et à mesure de l'évolution des textes relatifs à la faillite et au règlement judiciaire [6]. Ce sera une constante de la matière, d'augmenter la protection des salariés contre le risque de non-paiement de leurs créances.

On constate toujours dans cet ouvrage l'absence d'entrée dans l'index à l'expression « contrat de travail » ou encore au mot « licenciements ».

C'est assez dire si cette problématique est peu prégnante dans le droit des entreprises en difficulté de l'époque.

La situation va considérablement évoluer dans les ouvrages du droit des entreprises en difficulté à partir de la loi du 25 janvier 1985 [7]. Des développements particuliers sont alors consacrés au contrat de travail et aux licenciements [8], à l'AGS [9], ainsi qu'aux représentants du personnel, qu'il s'agisse des institutions représentatives du personnel [10] ou du représentant des salariés [11], création de la loi du 25 janvier 1985.

La donne a changé. Les grandes crises liées au pétrole avec leurs cohortes de licenciements économiques, sont passées par là, à partir de 1973, année charnière pour le droit social appliqué aux procédures collectives.

014.12 Création de l'AGS : tournant dans la protection des créances salariales. La loi du 27 décembre 1973 [12] institue une assurance des salariés contre l'insolvabilité de l'employeur, destinée à leur garantir le paiement des créances salariales. Cette loi est la réaction directe aux conflits sociaux qui se sont élevés dans l'affaire LIP. Pour éviter à l'avenir que les salariés ne soient confrontés à l'impossibilité d'obtenir paiement de leurs salaires en cas de difficultés financières de l'employeur, le privilège des salariés et le superprivilège des salaires ayant démontré leurs limites, éviter aussi que ces mêmes salariés puissent être tentés de se payer par la captation des stocks de l'entreprise, de façon anarchique et en marge de toute légalité, il a été estimé indispensable de créer un organisme financé par des cotisations sociales et permettant une prise en charge rapide des créances salariales en cas d'insolvabilité de l'employeur.

À l'origine, le mécanisme devait s'appliquer à la prise en charge, au moyen d'avances, des sommes « dues en exécution du contrat de travail à la date de la décision prononçant le règlement judiciaire ou la liquidation des biens » [13]. Les créances couvertes par la garantie de l'AGS n'ont cessé de croître en diversité et en volume au risque de mettre l'équilibre du système en péril. Si le législateur est intervenu à plusieurs reprises pour étendre le champ des créances garanties [14], celles-ci n'ont cessé de croître en volume au fil de l'évolution de la jurisprudence sociale. L'interprétation prétorienne du domaine de la couverture des sommes « dues en exécution du contrat de travail », s'agissant des créances antérieures au jugement d'ouverture de la procédure collective, a ainsi permis la prise en charge de créances indemnitaires très variées, allant du préjudice d'anxiété du salarié à la réparation du harcèlement sexuel imputé à l'employeur, loin de ce qu'avait pu imaginer, au départ, le législateur. Un véritable dévoiement de la garantie a pu ainsi être constaté.

Ce mécanisme a cependant rapidement fait ses preuves en tant qu'amortisseur social et a été logiquement exporté. L'Union Européenne a considéré le mécanisme de l'AGS comme un modèle devant être appliqué dans tous les États membres. Il importe

1. Décr.-L., 8 août 1935 tendant à assurer le payement des salaires en cas de faillite ou de liquidation judiciaire de l'employeur, *JO* 9 août, p. 8697 et 8698, créant un article 47 a) dans le titre III (« Du salaire ») du livre 1er du Code du travail, sous un chapitre II : « Des privilèges et garanties de la créance de salaire ».
2. C. trav., art. L. 3253-2 à L. 3253-4.
3. *J.-Cl. Procédures collectives*, fasc. 2450 : Sauvegarde, redressement et liquidation judiciaires – Privilèges des salariés et garanties de paiement, par A. Jacquemont, mis à jour par D. Jacotot, 2018.
4. J. Argenson et G. Toujas, *Règlement judiciaire, liquidation des biens et faillite*, 4e éd., Litec, 1973, n° 881, p. 810.
5. Les quinze derniers jours de travail pour les ouvriers et les trente derniers jours pour les employés (Décr.-L., 8 août 1935, préc.) devenus soixante derniers jours de travail (L. n° 67-563, 13 juill. 1967 sur le règlement judiciaire, la liquidation des biens, la faillite personnelle et les banqueroutes, *JO* 14 juill. 1967, p. 7059, s., art. 155).
6. J. Argenson et G. Toujas, *op. cit.*, n° 881, p. 810.
7. L. n° 85-98, 25 janv. 1985 relative au redressement et à la liquidation judiciaire des entreprises, *JO* 26 janv., p. 1097.
8. J. Argenson, G. Toujas et B. Soinne, *Traité théorique et pratique des procédures collectives*, Litec 1987, nos 658 s.
9. J. Argenson, G. Toujas et B. Soinne, *op. cit.*, nos 1050 s.
10. J. Argenson, G. Toujas et B. Soinne, *op. cit.*, nos 429 s.
11. J. Argenson, G. Toujas et B. Soinne, *op. cit.*, nos 420 s.
12. L. n° 73-1194, 27 déc. 1973 tendant à assurer, en cas de règlement judiciaire ou de liquidation de biens le paiement des créances résultant du contrat de travail, *JO* 30 déc., p. 14145 ; *D.* 1974, lég. 36.
13. L. n° 73-1194, 27 déc. 1973, préc., art. 1er et 5.
14. Spéc. L. n° 85-98, 25 janv. 1985 relative au redressement et à la liquidation judiciaire des entreprises, *JO* 26 janv., p. 1097 ; – T. Météyé, « L'évolution du champ d'intervention de l'AGS (De la sécurité juridique à l'insécurité juridique et économique) », *Rev. proc. coll.* 2011, n° 1, dossier 4.

immédiatement de préciser que, si le modèle a été exporté, la générosité du système français reste aujourd'hui exceptionnelle.

SECTION 2

SITUATION DES SALARIÉS DEPUIS LA LOI DU 25 JANVIER 1985

014.21 Loi du 25 janvier 1985 : changement de paradigme pour le droit social appliqué aux entreprises en difficulté. Jusqu'à la loi du 25 janvier 1985[1], les procédures de règlement judiciaire et de liquidation des biens s'analysaient comme des procédures collectives de paiement. Le but premier était de satisfaire au mieux les créanciers. Dans cette logique, la procédure de sauvetage qui avait été instituée par la loi du 13 juillet 1967[2], le concordat, reposait sur un vote majoritaire des créanciers chirographaires, qui accordait ainsi au débiteur le droit de payer ses dettes avec des délais, voire des remises. La poursuite d'activité décidée en règlement judiciaire était assurée dans l'intérêt des créanciers, celui de la masse des créanciers. Le concordat avait donc pour objectif prioritaire de payer les créanciers, non de sauver l'entreprise. Quant à la liquidation des biens, il s'agissait d'une procédure collective d'exécution n'ayant pour but que la satisfaction des créanciers.

La loi du 25 janvier 1985[3] marque clairement une rupture dans le traitement de la défaillance d'entreprise. Comme l'indique l'article premier de cette loi qui prend le soin de définir les objectifs de la législation, la procédure de redressement judiciaire a pour but d'assurer la sauvegarde de l'entreprise, des emplois et de payer les créanciers. L'objectif premier revendiqué par la loi est donc le sauvetage de l'entreprise et des emplois qui y sont attachés. L'ère des procédures collectives de paiement est terminée. On est entré dans l'ère du droit des entreprises en difficulté. Logiquement, comme le note un auteur : « C'est avec la loi n° 85-98 du 25 janvier 1985 que la question de la situation des salariés est devenue une problématique à part entière du droit des procédures collectives[4]. » Les salariés cessent d'être des créanciers comme les autres[5].

Le sauvetage de l'entreprise pourra être obtenu de deux façons. Le débiteur pourra obtenir un plan de continuation de son entreprise. Mais l'entreprise pourra aussi être cédée à un tiers, par le canal du plan de cession. Tout est pensé par rapport à l'entreprise, qui devient centrale dans la préoccupation législative, le législateur ayant presque oublié la présence du débiteur.

Dans ce contexte, on comprend la place essentielle que vont occuper les salariés. Ils ne sont plus, comme dans les législations précédentes, de simples porteurs de créances privilégiées, comme le seraient des créanciers hypothécaires. Ce sont beaucoup plus que des créanciers : ce sont les partenaires indispensables au sauvetage de l'entreprise.

Cette idée va se traduire immédiatement par une prise de position du législateur qui énonce, ce que n'avaient pas fait les législations précédentes[6], que les règles relatives à la continuation des contrats en cours sont sans application au contrat de travail. Ce contrat, contrairement aux autres, se poursuit de plein droit et, par conséquent, la réglementation qui est posée ne concerne que sa rupture.

On imagine aussi que le contrat de travail devra se poursuivre avec le repreneur de l'entreprise et c'est pourquoi il n'y a pas ici, comme pour les autres contrats nécessaires à la poursuite de l'activité de l'entreprise, une cession judiciaire du contrat, mais bien un transfert légal par application d'une disposition mythique du droit du travail, l'article L. 122-12, devenu aujourd'hui l'article 1224-1 du Code du travail.

De façon plus générale, toute cession d'activités auxquelles seraient liés des salariés entraîne transfert de plein droit du contrat de travail affecté à l'activité cédée, ce qui, au demeurant, n'est pas sans poser des difficultés sérieuses pour la reprise de fonds de commerce en liquidation judiciaire. Et l'on mesure là, sans doute, l'une des marques évidentes du manque d'adaptation du droit du travail à la logique spécifique du droit des entreprises en difficulté, le droit du travail méritant peut-être une malléabilité plus grande lorsqu'il est question d'envisager des cessions d'actifs en liquidation judiciaire emportant transfert de contrat de travail.

On est très loin du compte en matière de flexibilité du droit du travail face au droit des entreprises en difficulté. Mais l'affirmation n'est guère surprenante, dès lors que, en dehors même du droit des entreprises en difficulté, le manque de flexibilité du droit du travail est présenté comme un risque de défaillance économique[7].

1. L. n° 85-98, 25 janv. 1985, préc.
2. L. n° 67-563, 13 juill. 1967 sur le règlement judiciaire, la liquidation des biens, la faillite personnelle et les banqueroutes, *JO* 14 juill., p. 7059.
3. L. n° 85-98, 25 janv. 1985 relative au redressement et à la liquidation judiciaire des entreprises, *JO* 26 janv., p. 1097.
4. *J.-Cl. Procédures collectives*, fasc. 2430 : Sauvegarde, redressement et liquidation judiciaires – Situation des salariés, par N. Vignal, 2021, n° 1.
5. Rép. com., v° *Entreprise en difficulté : salariés*, par J.-F. Cesaro et G. Duchange, 2018, n° 1.
6. J. Argenson, G. Toujas et B. Soinne, *op. cit.*, n° 658.
7. C. Gailhbaud, « L'absence de flexibilité du droit du travail, un risque de défaillance économique ? », *Rev. proc. coll.* mars/avr. 2024, Dossier 12, p. 52.

014.22 Prérogatives confiées aux représentants du personnel. Le changement de logique, qui a inspiré la loi du 25 janvier 1985 poursuivant le but de sauver les entreprises et les emplois, a conduit aussi le législateur à confier d'importantes prérogatives aux institutions représentatives du personnel, le comité d'entreprise et les délégués du personnel dans un premier temps, puis, aujourd'hui, le comité social et économique. Ces institutions interviennent aux principales étapes de la procédure par des mécanismes d'information et d'avis sur consultation. En outre, de nombreuses voies de recours sont ouvertes à ces institutions, ce qui les a conduites à devenir de véritables parties aux décisions fondamentales intéressant la procédure collective, leur ouvrant par voie de conséquence l'appel.

Les salariés sont individuellement dispensés d'avoir à faire reconnaître leurs droits de créances. Une procédure particulière a été mise en place, celle de l'établissement du relevé des créances salariales[1]. Dans le cadre de cet établissement, le législateur a décidé de créer un organe spécifique aux procédures collectives de paiement, le représentant des salariés. Cet organe porte relativement mal son nom car, contrairement aux institutions représentatives du personnel, il ne représente pas les salariés. Son rôle principal consiste à vérifier le passif salarial aux côtés du mandataire judiciaire et du débiteur, et d'assister ou de représenter les salariés devant le Conseil des prud'hommes en cas de contestation du relevé des créances[2]. Cependant, lorsque l'employeur n'est pas doté d'un comité social et économique, le représentant des salariés se voit conférer les prérogatives que le livre VI du Code de commerce accorde aux institutions représentatives du personnel, et notamment la possibilité d'exercer des voies de recours.

014.23 Plans et salariés. Jusqu'à la loi du 25 janvier 1985[3], les salariés n'existent pas en tant que catégorie particulière dont la créance mériterait un traitement particulier dans la procédure de sauvetage de l'entreprise. La loi du 13 juillet 1967[4] se contente d'exclure les créanciers privilégiés des délibérations concordataires et du vote sur le concordat.

Plus précisément, cette loi n'interdit pas aux créanciers privilégiés de voter les propositions concordataires, mais ils doivent absolument s'en abstenir sous peine de perdre leur droit de préférence. Et c'est pourquoi, les salariés, titulaires de créances privilégiées, ne participent jamais au vote concordataire. Mais rien n'interdisait, en théorie, à l'époque de les associer à ce vote au titre de leurs créances chirographaires, même si tel n'avait pas été la pratique.

Il faut attendre la loi du 25 janvier 1985 pour envisager les salariés autrement que comme des créanciers et cette façon de procéder a conduit le législateur à les exclure expressément des consultations préparatoires au plan de continuation.

La solution a été conservée sous l'empire de la loi du 26 juillet 2005[5] excluant toujours les salariés du vote sur les propositions de plans de sauvegarde et de redressement. C'est là une façon de faire comprendre que les salariés ne doivent jamais subir, au titre de leurs créances, les aléas de l'entreprise.

L'ordonnance du 15 septembre 2021[6] a remplacé les comités de créanciers par des classes de parties affectées. Dans les procédures collectives avec comité de créanciers, les salariés ne faisaient partie d'aucun des deux comités, puisqu'ils ne pouvaient se voir imposer des remises ou des délais. Pas davantage, l'ordonnance du 15 septembre 2021 n'a considéré que les salariés devaient être membres des classes de parties affectées. Ces classes sont ainsi appelées car leurs membres ont vocation à être payés de leurs créances dans des conditions différentes de celles qui existent au jour de l'ouverture de la procédure collective. Autrement dit, les stipulations du contrat sont ici écartées pour permettre le sauvetage de l'entreprise. Fidèle à la solution posée depuis la loi du 25 janvier 1985, le législateur a considéré que les salariés ne devaient pas être touchés par les solutions de restructuration financières de l'entreprise et, par conséquent, ne pourront pas être membres des classes de parties affectées. C'est aussi là comprendre que les créances des salariés n'ont pas de valeur marchande, contrairement aux créances des fournisseurs ou des établissements de crédit, qui peuvent circuler et sont susceptibles de cession sur le marché de la dette.

014.24 Licenciements économiques. Depuis 1973 et les premières crises pétrolières, le droit des procédures collectives, devenu aujourd'hui le droit des entreprises en difficulté, n'a plus vocation seulement à s'adresser à des boutiquiers, mais concerne des entreprises de très grande taille. Dans ce contexte, chaque fois qu'une entreprise de taille importante est confron-

1. *J.-Cl. Procédures collectives*, fasc. 2440 : Sauvegarde, redressement et liquidation judiciaires – Vérification des créances salariales, par L. Fin-Langer, 2016.
2. *J.-Cl. Procédures collectives*, fasc. 2240 : Sauvegarde, redressement et liquidation judiciaires – Organes – Représentant des salariés, par L. Fin-Langer, 2016, n°s 27 à 30.
3. L. n° 85-98, 25 janv. 1985 relative au redressement et à la liquidation judiciaire des entreprises, *JO* 26 janv., p. 1097.
4. L. n° 67-563, 13 juill. 1967 sur le règlement judiciaire, la liquidation des biens, la faillite personnelle et les banqueroutes, *JO* 14 juill., p. 7059.
5. L. n° 2005-845, 26 juill. 2005 de sauvegarde des entreprises, *JO* 27 juill., p. 12187.
6. Ord. n° 2021-1193,15 sept. 2021 portant modification du livre VI du Code de commerce, *JO* 16 sept., n° 21.

tée à une procédure de sauvetage, des licenciements économiques massifs peuvent s'imposer.

Le droit du travail, face aux vagues de licenciements économiques massives, a institué le mécanisme de l'autorisation administrative de licencier. Ce mécanisme du droit commun du droit du travail avait pleine vocation à s'appliquer en cas de licenciements économiques s'inscrivant dans des procédures collectives. Il a été par principe supprimé. Le mécanisme est toutefois maintenu lorsqu'il est question de licencier des salariés protégés.

Le législateur a fait le choix, en 2005, en créant la procédure de sauvegarde, procédure collective de paiement ouverte au bénéfice d'un débiteur qui n'est pas en état de cessation des paiements, de ne pas réglementer spécialement les licenciements économiques dans cette procédure. Par conséquent, les licenciements économiques, dans une procédure de sauvegarde, obéissent au droit commun.

En revanche, en redressement judiciaire, et comme cela était déjà le cas depuis la loi du 25 janvier 1985, les procédures de licenciements économiques ont été aménagées par le législateur. Il s'est agi de rendre plus facile et plus rapide de tels licenciements. C'est ainsi que, si des licenciements économiques s'imposent en période d'observation du redressement judiciaire, le juge-commissaire pourra les autoriser par voie d'ordonnance, dès lors qu'ils sont urgents, inévitables et indispensables. On mesure cependant, que par la redondance des trois adjectifs utilisés, ces licenciements sont envisagés par le législateur comme devant rester exceptionnels.

Dans les plans, le législateur, d'une manière pudique, oblige le débiteur en plan de redressement et le repreneur en plan de cession, à préciser le niveau d'emploi conservé. D'une manière plus prosaïque, c'est dire que les licenciements interviendront en exécution du plan de redressement ou de cession.

Au stade de la liquidation judiciaire, on aurait pu s'attendre à une certaine souplesse. On aurait ainsi pu considérer que la cessation d'activité, inhérente par principe à l'ouverture ou au prononcé d'une liquidation judiciaire, entraînerait rupture du contrat de travail. Tel n'a pas été l'option législative retenue. Le contrat de travail se poursuit et il appartient au liquidateur d'effectuer les licenciements dans des délais stricts, qui conditionnent la prise en charge par l'AGS des conséquences financières de ces licenciements.

En outre, les salariés protégés bénéficient d'un mécanisme tiré du droit commun du droit du travail, à savoir l'autorisation administrative de licencier qui peut conduire à des licenciements très tardifs par rapport à la cessation d'activité.

Sans doute est-ce sur le terrain de la rupture des contrats de travail en liquidation judiciaire que le législateur pourrait porter son attention dans l'avenir pour simplifier la législation, car il n'est guère cohérent de maintenir des contrats de travail, alors que le travail ne peut plus être fourni aux salariés du fait de la cessation d'activité. Ce maintien entraîne l'accroissement du passif social et réduit les possibilités de désintéresser des créanciers. En outre, en prévoyant une rupture de plein droit de ces contrats par l'effet de l'arrêt de l'activité en cas de liquidation judiciaire, on pourrait faire l'économie de l'indemnisation des erreurs commises lors de ces licenciements, alors que le versement d'indemnités de rupture devraient suffire à la satisfaction des salariés. La procédure collective devient, dans une certaine mesure, un jackpot pour les salariés, qui obtiennent souvent plus que ce à quoi ils ont droit dans une rupture en dehors de toute procédure colelctive.

014.25 Obligation de reclassement et plan de sauvegarde de l'emploi. Le droit social connaît divers mécanismes de protection des salariés dans le cadre de leur procédure de licenciement. Il existe une obligation individuelle de reclassement des salariés préalable à tout licenciement économique, qui se trouve énoncée à l'article L. 1233-4 du Code du travail.

S'agissant du licenciement économique d'au moins dix salariés sur une période de trente jours dans les entreprises d'au moins cinquante salariés, l'employeur, même en procédure collective[1], doit établir un plan de sauvegarde de l'emploi comprenant un plan de reclassement. Une évolution de cet autre mécanisme protecteur résulte de la loi du 14 juin 2013[2].

Ces obligations génèrent un contentieux particulièrement important lorsque le licenciement économique s'inscrit dans une procédure collective de paiement. Les contraintes inhérentes au respect de l'obligation de reclassement, d'une part, et à l'élaboration du plan de sauvegarde de l'emploi, d'autre part, s'inscrivent dans un laps de temps très court, et sont compliquées à respecter compte tenu de l'obligation de respecter des délais courts pour licencier pour permettre la prise en charge des indemnités de rupture par l'AGS. La Cour de cassation a en effet jugé que, alors même que le débiteur, l'administrateur ou le liquidateur, selon la procédure, doit procéder aux licenciements dans des délais compatibles avec ceux de couverture de l'AGS, l'obligation de reclassement doit être respectée[3]. Cette contrainte constitue une source importante de difficultés pour les praticiens des procédures collectives. Le caractère particulièrement évolutif de la législation en la matière n'est pas sans ajouter de la complexité à la complexité et il est

1. *J.-Cl. Procédures collectives*, fasc. 2430 : Sauvegarde, redressement et liquidation judiciaires – Situation des salariés, par N. Vignal, 2021, n° 3.
2. L. n° 2013-504, 14 juin 2013 relative à la sécurisation de l'emploi, *JO* 16 juin 2013, n° 1.
3. Soc. 28 avr. 2000, n° 98-40.282, P.

bien certain que, aujourd'hui, les administrateurs judiciaires et les liquidateurs judiciaires consacrent une grande partie de leur temps à essayer de respecter une législation du droit du travail rigide et complexe, qui s'accommode assez mal des contraintes d'une procédure collective de paiement. Au surplus, tout manquement en la matière conduit à des condamnations à des dommages-intérêts qui représentent des sommes considérables conduisant à une spoliation des créanciers de la procédure collective, alors que les fautes commises ne portent pas toujours à conséquences préjudiciables pour les salariés.

Ici encore, le législateur pourrait intervenir. Sans prétendre écarter la nécessaire protection des salariés, le carcan formaliste des règles du droit du travail pourrait être allégé afin d'éviter des condamnations qui apparaissent parfois bien lourdes par rapport au manquement constaté, et surtout par rapport au préjudice effectif subi par les salariés.

C'est au prix de ces réformes de la rupture du contrat de travail dans le cadre du droit des entreprises en difficulté que l'on pourra considérer que la France s'est dotée d'un droit social des entreprises en difficulté.

Pour l'heure, il n'est question que d'une application du droit social au droit des entreprises en difficulté avec des adaptations ponctuelles.

TITRE

02. Les enjeux du droit des entreprises en difficulté pour les salariés

SECTION 0

ORIENTEUR

02.00 Sommaire du titre.

Chap. 021	Appréhension générale des salariés par le droit des entreprises en difficulté
Sect. unique	Statut des salariés
Chap. 022	Enjeux limités de la prévention pour les salariés
Sect. 1	Mandat *ad hoc*
Sect. 2	Conciliation classique
Sect. 3	Conciliation et le « *prepack cession* »
Chap. 023	Enjeux majeurs des procédures collectives pour les salariés
Sect. 1	Sauvegardes
Sect. 2	Redressement judiciaire
Sect. 3	Liquidation judiciaire
Chap. 024	Enjeux inexistants des procédures non collectives pour les salariés
Sect. 1	Sauvegarde accélérée
Sect. 2	Rétablissement professionnel

CHAPITRE

021. Appréhension générale des salariés par le droit des entreprises en difficulté

SECTION 0
ORIENTEUR

021.00 **Sommaire du chapitre.**

Sect. unique Statut des salariés 021.11 à 021.12

021.03 **Bibliographie**

> **Articles.** A. Boyer, « Un droit social contre-productif dans les entreprises en difficulté », *Gaz. Pal.* 16-17 avr. 2010, n°s 106-107, p. 8 – A. Charbin, « La situation des salariés de l'entreprise en difficulté », *RJS* 1999. 743 – L. Fin-Langer, « Le statut particulier des salariés », *BJE* oct. 2019 : « Que reste-t-il du principe d'égalité des créanciers dans les procédures collectives », colloque (Montpellier, 20 juin 2019), p. 42 ; « Les risques subis par les salariés », *Rev. proc. coll.* 2010/6, § 10, p. 93 ; « Le juge et les salariés d'une entreprise en difficulté », *Liber amicorum J.-L. Vallens*, éd. Joly, 2017, p. 45 ; « L'adaptation du droit du travail au droit des entreprises en difficulté », *Rev. proc. coll.* janv.-févr. 2018, dossier 11 – L. Fin-Langer et D. Jacotot, « La loi "Travail" et le droit des procédures collectives », *Rev. proc. coll.* 2016, sept.-oct. 2016, ét. 17, p. 17 – Ch. Gailhbaud, « Les dispositions relatives aux salariés dans l'ordonnance n° 2014-326 du 12 mars 2014 », *Gaz. Pal.* 6 avr. 2014, n° 96, p. 52 ; « Les dispositions concernant les salariés de l'ordonnance du 12 mars 2014 », *D.* 2014. 755 – Ch. Gailhbaud et D. Jacotot, « Apports de la réforme du livre VI du Code de commerce en matière de droit du travail », *Gaz. Pal.* 5 oct. 2014, n° 278, p. 11 – D. Jacotot, « Le traitement des difficultés de l'entreprise à l'épreuve de la loi sur la sécurisation de l'emploi : adaptations à prévoir », *BJE* sept. 2013. 325 ; « Les apports de la loi de sécurisation de l'emploi applicables aux entreprises en difficulté », *Rev. proc. coll.* 2013, ét. 24 ; « La nouvelle procédure de licenciement collectif : procédure simplifiée ou complexifiée », *BJE* sept.-oct. 2016. 371 – V. Leloup-Thomas et D. Jacotot, « Le droit social des entreprises en difficulté », *Rev. proc. coll.* 2014, dossier 38 – N. Maggi-Germain, « La dualité contentieuse, tribunal de commerce – conseil de prud'hommes, dans le règlement des défaillances d'entreprises », *LPA* 12 août 1998, p. 3 – A. Mazeaud, « Faillite et droit du travail », *in Le Code de commerce 1807-2007 : Livre du bicentenaire*, Dalloz, 2006, p. 561 – C. Saint-Alary-Houin, « Le droit social dans les procédures collectives : entre inadaptation, idéalisme et dévoiement », résumé des interventions à la journée d'étude de l'*AJDE* (Toulouse, 14 oct. 2011), *BJE* nov.-déc. 2011, comm. 163, p. 302 – M. Sénéchal, H. Chriqui, Th. Météyé et A. Clerc, « Les procédures collectives et les droits des salariés », *Rev. proc. coll.* 2011, table ronde 3, p. 65 – G. Teboul, « Le Code du travail : un divorce avec le droit des entreprises en difficulté ? », *LPA* 1er-2 janv. 2008, n°s 1-2, p. 7.

SECTION UNIQUE
STATUT DES SALARIÉS

021.11 **Association des salariés aux procédures collectives.** Le droit des entreprises en difficulté associe très étroitement les salariés au traitement des procédures collectives. Pour la première fois, la loi du 25 janvier 1985 a intégré un véritable volet social dans les procédures collectives [1]. La solution n'a plus ensuite été remise en cause. Au contraire, cette tendance s'est accentuée en même temps que cette branche du droit est devenue de plus en plus un élément central du droit économique, ce qui a conduit dans le même temps à associer plus étroitement également à ces procédures le ministère public, pour les mêmes raisons.

Le caractère judiciaire marqué du droit des entreprises en difficulté, du moins hors du cadre préventif où la remarque est moins vraie, ne doit pas faire oublier son caractère économique. Il a été relevé à cet égard la modification de la fonction du juge [2], et l'apparition d'une magistrature économique, caractérisée par un dirigisme judiciaire, qui permet de constater un arbitrage entre les intérêts en présence et leur constante hiérarchisation.

1. A. Lienhard, *Procédures collectives 2020/2021*, « Encyclopédie Delmas », 9e éd., 2020, n° 071.11.
2. B. Ghandour, *Le traitement judiciaire des entreprises en difficulté*, « Bibliothèque de droit des entreprises en difficulté », LGDJ, 2018, n°s 254 s.

Il faut retenir ici trois éléments essentiels. La hiérarchisation des intérêts en droit des entreprises en difficulté conduit à accorder une place de choix aux salariés dans le traitement des difficultés des entreprises. Ce traitement est orienté prioritairement vers le maintien de l'activité et des emplois qui y sont attachés. Le paiement des créanciers a été assez largement relégué au second rang, dans les procédures curatives.

L'idée de sauvegarde des emplois conduit à associer très étroitement, en dehors du mandat *ad hoc* et de la procédure de conciliation, les salariés aux grandes décisions qui vont concerner le sort de l'entreprise, et c'est pourquoi ils doivent être présents, consultés et convoqués à toutes les étapes importantes de la procédure collective, via leurs institutions représentatives du personnel, lesquelles conservent leurs attributions de droit commun. Pour cela, elles doivent désigner une personne qui aura également qualité à exercer en leur nom les voies de recours. Les salariés sont collectivement des parties à la plupart des décisions scellant la vie de l'entreprise.

Un organe spécifique est obligatoirement désigné, s'il y a des salariés dans l'entreprise, le représentant des salariés. Il porte en réalité assez mal son nom dans la mesure où il ne représente pas collectivement les créanciers. Son rôle essentiel se limite en effet à assister le mandataire judiciaire dans l'établissement du relevé des créances salariales. Toutefois, et statistiquement ce sera le plus souvent le cas, en l'absence d'institutions représentatives du personnel, le représentant des salariés se verra attribuer les missions spécifiques confiées par le droit des entreprises en difficulté.

Enfin, les salariés ne sont traités, par le droit des entreprises en difficulté, ni comme des créanciers standards, ni comme des cocontractants classiques. La solution est justifiée par le besoin particulier de protection[1], inhérent au caractère alimentaire d'une partie du salaire[2]. Ils sont dans une situation particulière, mieux protégés que les partenaires classiques d'une entreprise et qui conservent lors des licenciements économiques, les prérogatives et les protections qui sont les leurs en dehors des procédures collectives. Par conséquent, la procédure collective les atteint immédiatement moins que les partenaires classiques, à cette réserve importante que l'atteinte s'inscrit ici dans le temps : perdre son emploi peut être toute autre chose que perdre une créance, voire un marché.

021.12 Conséquences sur les sources utilisées dans l'ouvrage et sur sa nature. Le droit social appliqué à la matière des procédures collectives reste pour l'essentiel celui du Code du travail. Il est question avant tout d'appliquer, en droit des entreprises en difficulté, le droit commun du travail.

Il existe cependant quelques textes spécifiques contenus dans le livre VI du Code de commerce, qui méritent la plus grande attention, compte tenu des aménagements ou dérogations qu'ils sont susceptibles d'apporter au droit commun du travail.

Ainsi, les sources sont-elles doubles : Code du travail et livre VI du Code de commerce.

L'étude de la portée exacte des règles posée par le livre VI du Code de commerce en matière de droit social est délicate pour de purs spécialistes du droit des entreprises en difficulté, tout comme elle peut l'être pour de purs spécialistes de droit du travail. De même, l'absence de coordination entre les deux sources de règles peut être sources d'hésitation. Et c'est bien pourquoi il a fallu tenter d'associer des talents multiples pour parvenir à l'étude entreprise, ceux de fins connaisseurs du droit social dans ses liens avec le droit des entreprises et un spécialiste du droit des entreprises en difficulté.

Ces remarques nous permettent d'apporter une réponse à une question : peut-on parler de droit social des procédures collectives ? Sans doute, est-ce encore trop tôt, et c'est pourquoi on se contentera d'évoquer la « Pratique du droit social appliquée au droit des entreprises en difficulté ». Mais l'évolution pourrait conduire à modifier la réponse. C'est en tout cas un vœu formulé par les auteurs de cet ouvrage, associés en cela à nombre d'autres spécialistes du droit des entreprises en difficulté[3], mais aussi du droit social[4], estimant nécessaire d'adapter plus que cela n'est fait aujourd'hui le droit social à la matière du droit des entreprises en difficulté. Peut-être sera-ce au final, dans l'intérêt bien compris de la sauvegarde des entreprises et, par conséquent, des emplois.

1. A. Jacquemont, N. Borga et Th. Mastrullo, *Droit des entreprises en difficulté*, 12e éd., « Manuel », LexisNexis, 2022, no 1178.
2. F. Pérochon, avec le concours de M. Laroche, F. Reille, Th. Favario, A. Donnette, *Entreprises en difficulté*, 11e éd., « Manuel », LGDJ-Lextenso, 2022, no 1183.
3. *Ibid.* ; F.-X. Lucas, obs. *Rev. proc. coll.* 2006. 218.
4. M. Driguez, obs. *BJE* juill. 2013. 207 ; D. Jacotot, obs. *Rev. proc. coll.* 2013/5, ét. 24 ; H. Frémont (de), obs. *BJE* mars 2014. 125 ; A. Donette-Boissière, « Les relations de travail et le droit des procédures collectives. Pour un droit du travail des entreprises en difficulté », *JCP E* 2021. 1190 ; – *Adde* les réf. citées *in* F. Pérochon, avec le concours de M. Laroche, F. Reille, Th. Favario, A. Donnette, *op. cit.*, no 1183, note 559.

CHAPITRE

022. Enjeux limités de la prévention pour les salariés

SECTION 0
ORIENTEUR

022.00 **Sommaire du chapitre.**

Sect. 1 Mandat *ad hoc* 022.11 à 022.12
Sect. 2 Conciliation classique 022.21 à 022.28
Sect. 3 Conciliation et le « *prepack cession* » 022.31 à 022.32

022.01 **Textes applicables.**

• **C. com.**

art. L. 611-6, al. 5 [Possibilité pour le président du tribunal ayant ouvert une procédure de conciliation d'obtenir communication de tout renseignement lui permettant d'apprécier la situation économique, financière, sociale et patrimoniale du débiteur et ses perspectives de règlement par les membres et représentants du personnel]

art. L. 611-8-1 [Information du CSE par le débiteur du contenu de l'accord lorsque celui-ci demande l'homologation]

022.03 **Bibliographie.**

> **Articles.** Ch. Gailhbaud, « Ouverture du mandat *ad hoc* et de la conciliation : faut-il associer les salariés », *Rev. proc. coll.* 2014, Dossier 7 – N. Malherbe, « Ouverture de conciliation ou désignation d'un mandataire *ad hoc*. Vers un meilleur compromis entre secret et transparence au profit des salariés », *JCP E* 2017, ét. 1300.

SECTION 1
MANDAT *AD HOC*

022.11 **Présentation générale.** La pratique judiciaire de nomination d'un mandataire *ad hoc* a été consacrée par le législateur[1].

Le mandat *ad hoc* est une technique de recours à l'institution judiciaire par laquelle le chef d'entreprise sollicite du président du tribunal la nomination d'un mandataire *ad hoc* pour l'aider à régler une difficulté précise.

Le mandat *ad hoc* ne peut recevoir l'appellation de procédure, faute de réglementation véritable : on n'ouvre pas un mandat *ad hoc*, on désigne un mandataire *ad hoc*. En effet, la nomination du mandataire *ad hoc* n'est enfermée dans aucune condition ni aucun délai. Elle n'est même pas inconciliable avec l'état de cessation des paiements du débiteur, dès lors que ce dernier n'existe pas depuis plus de quarante-cinq jours, ancienneté à partir de laquelle la demande d'ouverture d'un redressement judiciaire est obligatoire. Il faut immédiatement observer toutefois que l'ouverture du mandat *ad hoc*, contrairement à l'ouverture d'une conciliation, n'a pas pour effet d'interrompre le délai de quarante-cinq jours[2]. Il importera donc que le mandataire *ad hoc* nommé se préoccupe au plus vite de trouver un accord avec les principaux créanciers sur un moratoire ayant pour effet de différer l'exigibilité des dettes et de faire ainsi disparaître l'état de cessation des paiements.

Le mandat *ad hoc* peut être décidé pour toute personne morale de droit privé, commerçante ou non, ainsi que pour les entreprises commerciales, artisanales et les professionnels indépendants exploitant sous forme individuelle.

La nomination du mandataire *ad hoc* dépendra d'une initiative en ce sens du débiteur qui saisira par requête le président du tribunal de commerce s'il est commerçant ou artisan, le président du tribunal de grande instance dans les autres cas.

Les salariés ne peuvent solliciter en ce sens le président du tribunal, car la lettre de l'article L. 611-3 du Code de commerce l'interdit, alors même, a-t-il

1. C. com., art. L. 611-3.

2. Sous l'empire de la L. n° 85-98, 25 janv. 1985 : Com. 10 mai 2005, n° 04-11.554, NP ; – D. Vidal et G. C. Giorgini, *Cours de droit des entreprises en difficulté*, « Amphi LMD », Gualino-Lextenso, 2e éd., 2016, n° 372.

été relevé, que leur initiative en ce sens aurait pu être utile pour résoudre un conflit social[1].

Le président du tribunal choisit librement la personne du mandataire *ad hoc*, sous réserve d'incompatibilités créées par la loi de sauvegarde des entreprises, afin d'assurer une indépendance du mandataire. Le débiteur peut proposer au président du tribunal le nom d'un mandataire *ad hoc*.

Le mandataire *ad hoc* n'est mandataire ni du débiteur, ni des créanciers, mais bien du président du tribunal[2]. Le président du tribunal détermine librement la mission du mandataire *ad hoc*. L'ordonnance de nomination du mandataire *ad hoc* définit l'objet de sa mission.

Le mandat *ad hoc* présente un caractère contractuel. En conséquence, rien ne pourra être imposé aux créanciers. Le mandat *ad hoc* permet une négociation. Rien ne peut être imposé aux créanciers, ce que rappelle la Cour de cassation en énonçant qu'« un créancier appelé à négocier dans le cadre d'une procédure de mandat *ad hoc* n'est pas tenu d'accepter les propositions du mandataire *ad hoc* ; en retenant que la banque pouvait sans faute de sa part refuser son accord, la Cour d'appel [...] a également justifié sa décision[3] ».

Le mandat *ad hoc*, du fait de sa nature purement contractuelle, ne permettant pas d'imposer des solutions à des créanciers réfractaires, semble idéal pour un passif bancaire, mais ne semble pas adapté à un passif social et fiscal, car la saisine de la Commission des chefs de services financiers (CCSF) ne permettra qu'un étalement du passif social et fiscal sur au maximum quarante-huit mois. Il faudra donc que de tels délais soient suffisants pour tirer profit d'un mandat *ad hoc* en présence d'un tel passif.

Lorsque les prestations de l'entreprise sont échelonnées dans le temps, ce qui est le cas par exemple pour une entreprise de bâtiments et de travaux public, la confiance des partenaires contractuels est de première importance. Le mandat *ad hoc* est alors beaucoup plus adapté que la sauvegarde, du fait de sa confidentialité. En revanche, lorsque le débiteur fournit des prestations instantanées, par exemple s'il exerce son activité dans le secteur de la restauration, la confidentialité importe moins et le débiteur pourra alors choisir la procédure qui lui semble le mieux répondre à ses besoins.

La technique du mandat *ad hoc* semble inadaptée si l'entreprise connaît des difficultés structurelles. Le temps de la restructuration doit être un temps de répit, que seul l'arrêt des poursuites individuelles autorise. Or le mandat *ad hoc* n'entraîne pas l'arrêt des poursuites individuelles. La procédure de sauvegarde sera alors préférable.

Cette technique ne peut avoir pour objet une mission comparable à celle attribuée par la loi à un administrateur judiciaire car les restrictions de pouvoirs du débiteur ou des dirigeants de la personne morale débitrice supposent un texte de loi qui n'existe pas ici.

La durée de la mission du mandataire *ad hoc* est librement fixée par le président du tribunal. Elle pourra être, le cas échéant, prorogée.

Faute de disposition contraire, et afin d'augmenter les délais de négociation, il est fréquent en pratique de poursuivre un mandat *ad hoc* par une procédure de conciliation, voire une sauvegarde.

Le mandataire *ad hoc* devra rendre compte de sa mission, par le biais d'un rapport, au président du tribunal et informer le chef d'entreprise de ses constatations et conclusions sur les difficultés de l'entreprise. Il informera le président du tribunal de toute fraude commise par l'entreprise ou l'un de ses partenaires, ainsi que de tout événement nouveau ou nouvellement connu de lui, qui serait susceptible d'entraîner modification ou fin de sa mission, notamment l'état de cessation des paiements.

La confidentialité du mandat *ad hoc* a été clairement affirmée, à l'instar de la procédure de conciliation, dans le nouvel article L. 611-15 du Code de commerce et la Cour de cassation la protège efficacement[4], en obligeant même les parties à la conciliation à la respecter[5].

On retiendra surtout ici que l'obligation de confidentialité liée à la désignation d'un mandataire *ad hoc* permet même de tenir en échec l'obligation d'information des institutions représentatives du personnel[6].

1. A. Jacquemont, N. Borga et Th. Mastrullo, *Droit des entreprises en difficulté*, 12e éd., « Manuel », LexisNexis, 2022, no 87.
2. P. Le Cannu, *Droit commercial : Entreprises en difficulté*, 7e éd., « Précis », Dalloz, 2006, no 80.
3. Com. 22 sept. 2015, no 14-17.377, P, no 777 F-P+B ; *Gaz. Pal.* 19 janv. 2016, no 3, p. 57, note Th. Montéran ; *Act. proc. coll.* 2015/17, comm. 263, note B. Saintourens ; *BJE* 2015. 360, note Th. Favario ; *Rev. sociétés* 2015. 761, note Roussel Galle ; *Act. proc. coll.* 2016/2, comm. 14, note Y. Chaput ; *LPA* 7 avr. 2016, no 70, 10, note N. Morelli ; *RTD com.* 2016. 189, no 1, note F. Macorig-Venier ; *Rev. proc. coll.* 2016, comm. 98, note A. Martin-Serf ; *LXB hebdo* 15 oct. 2015, no 440, note P.-M. Le Corre – *Adde :* M.-H. Monsèrié-Bon, « Mandat *ad hoc* et conciliation : un fragile équilibre à préserver », *BJE* déc. 2015. 345.
4. Com. 15 déc. 2015, no 14-11.500, P, no 1076 FS-P+B+I ; *D.* 2016, actu 5, note A. Lienhard ; *JCP E* 2016. 1085, note Th. Stefania ; *Rev. proc. coll.* 2016, comm. 1, note Ch. Delattre ; *Rev. sociétés* 2016. 193, note Ph. Roussel Galle ; *BJE* 2016. 92, note S. Doray ; *RTD com.* 2016. 191, no 2, note F. Macorig-Venier.
5. Com. 5 oct. 2022, no 21-13.108, F-B.
6. Soc. 9 oct. 2019, no 18-15.305, P ; *Gaz. Pal.* 14 janv. 2020, no 2, p. 82, note Ch. Gailhbaud ; *Act. proc. coll.* 2019/18, comm. 249, note L. Fin-Langer ; *Rev. sociétés* 2019. 778, note L.-C. Henry.

022.12 **Absence d'incidence sur les salariés.** La nomination d'un mandataire *ad hoc* n'exerce aucune incidence sur les salariés. Le mandat *ad hoc* a une nature contractuelle. Rien ne peut être imposé aux créanciers. Rien ne pourra davantage être imposé aux salariés. Le mandat *ad hoc* ne fait pas régner une discipline collective.

Les règles du droit du travail ne connaissent, en cas de désignation d'un mandataire *ad hoc*, aucune inflexion.

Rien n'interdit cependant au mandataire *ad hoc* de rechercher un accord avec les salariés. Ce peut même être l'objet principal de sa mission. Mais tout sera alors négocié.

Le mandat *ad hoc* n'est clairement pas conçu pour opérer des restructurations sociales. Si elles interviennent néanmoins, le Code du travail sera seul applicable, aucune règle du droit des entreprises en difficulté ne venant les modifier, fût-ce à la marge.

Le seul impact détectable du Code de commerce sur le droit du travail tient à l'obligation de confidentialité liée au mandat *ad hoc*, qui permet de tenir en échec l'obligation d'information des institutions représentatives du personnel.

L'article L. 2312-17 du Code du travail impose d'informer les institutions représentatives du personnel sur « les orientations stratégiques [...], la situation économique et financière [...], la politique sociale de l'entreprise, les conditions de travail et l'emploi ». Or assez rares seront les hypothèses où un mandat *ad hoc* pourra avoir des répercussions sur ces aspects du fonctionnement de l'entreprise, ce qui conduit à minimiser la portée de la mise à l'écart de l'obligation d'information des institutions représentatives du personnel.

SECTION 2
CONCILIATION CLASSIQUE

022.21 **Présentation générale.** La conciliation est une procédure volontariste, en ce double sens qu'elle repose uniquement sur l'initiative du chef d'entreprise et qu'elle n'est pas obligatoire. Cette vision théorique ne correspond cependant pas exactement à la réalité car, souvent, les établissements de crédit érigent en condition d'une négociation avec le débiteur l'ouverture d'une conciliation, voulant inscrire leur action dans un cadre sécurisé, avec l'intercession d'un professionnel du mandat de justice et sous le contrôle du juge.

C'est une véritable procédure du fait d'une réglementation précise, de nature contractuelle. Elle est de nature essentiellement contractuelle même si elle nécessite le recours au juge pendant tout son déroulement.

La procédure de conciliation est applicable à toutes les personnes physiques exerçant une activité commerciale ou artisanale et à tous les professionnels indépendants, y compris les professionnels libéraux, ainsi qu'à toutes les personnes morales de droit privé, à l'exclusion des syndicats de copropriétaires. Elle est également applicable à l'entrepreneur individuel à responsabilité limitée pour lui permettre de traiter les difficultés de son entreprise à patrimoine affecté, indépendamment de son patrimoine non affecté.

Le débiteur peut seul saisir le président du tribunal en exposant par requête les difficultés juridiques, économiques ou financières qui la motivent, ainsi que les besoins de financement.

Il doit être dans une situation légalement déterminée : il doit éprouver une difficulté juridique, économique ou financière avérée ou prévisible et ne pas être en cessation des paiements depuis plus de quarante-cinq jours [1]. La procédure est ainsi accessible malgré une cessation des paiements récente et a donc un domaine plus large que celui de la sauvegarde.

La juridiction territorialement compétente, pour connaître d'une procédure de conciliation, est celle dans le ressort duquel le débiteur, personne morale, a son siège ou le débiteur, personne physique, a déclaré l'adresse de son entreprise ou de son activité. À défaut de siège en territoire français, le tribunal compétent est celui dans le ressort duquel le débiteur a le centre principal de ses intérêts en France.

Les personnes exerçant une activité commerciale ou artisanale relèvent des tribunaux de commerce. Les personnes morales de droit privé non commerçantes, ainsi que les professionnels indépendants, relèvent du tribunal judiciaire. À titre expérimental, la loi du 20 novembre 2023 [2] a créé le tribunal des activités économiques (TAE). Par cette création, le législateur entend, par principe, dépasser la délimitation classique entre le tribunal de commerce et le tribunal judiciaire, en concentrant le contentieux du droit des entreprises en difficulté devant une unique juridiction, sans que cela emporte, cependant, de conséquences sur la compétence du conseil des prud'hommes.

Le président du tribunal nomme un conciliateur, s'il considère fonder la demande qui lui est présentée et ne constate pas une cessation des paiements depuis plus de quarante-cinq jours.

Le choix du conciliateur est libre, sous deux réserves :

– la loi a posé un certain nombre d'incompatibilités pour assurer une indépendance du conciliateur ;

– le chef d'entreprise peut suggérer la désignation de telle ou telle personne.

1. C. com., art. L. 611-4.
2. L. n° 2023-1059, 20 nov. 2023 d'orientation et de programmation du ministère de la justice 2023-2027, *JO* 21 nov., n° 2, art. 26.

Le conciliateur sera le plus souvent un mandataire de justice inscrit sur les listes professionnelles.

L'article L. 611-4 du Code de commerce prévoit qu'il appartient au président du tribunal de déterminer la mission du conciliateur en l'enfermant, cependant, dans un cadre précis. Le conciliateur doit rechercher la conclusion d'un accord avec les principaux créanciers, voire avec des cocontractants, alors même qu'ils ne seraient pas créanciers. Contrairement à un administrateur judiciaire, le conciliateur n'est pas un véritable organe. Il ne représente, ni même n'assiste le débiteur.

La désignation d'un conciliateur intervient pour une durée maximale de quatre mois, renouvelable dans une limite totale de cinq mois. Cette durée ne s'applique pas à l'obtention du constat ou de l'homologation de l'accord, dès lors que la demande en ce sens a été présentée avant l'expiration du délai de la procédure.

La mission du conciliateur peut concerner le périmètre de l'activité et peut induire des dispositions sociales de compression d'effectifs[1]. Il conviendra ici de respecter tout le droit commun des licenciements économiques, faute de dispositions particulières dans le livre VI du Code de commerce. Les coûts des mesures tant de licenciements économiques que d'accompagnement ne pourront être avancés par l'AGS, l'entreprise débitrice en supportant seule le coût, ce qui peut les rendre compliquées et conduire le chef d'entreprise à s'orienter, comme cela a été souligné, vers une procédure collective permettant l'intervention de l'AGS[2]. La procédure de conciliation semble bien inadaptée, en termes de trésorerie, pour effectuer des compressions d'effectifs.

022.22 **Déroulement.** La procédure de conciliation n'est pas une procédure collective de paiement. Aucune des règles classiques de cette dernière n'existe ici. Les pouvoirs du débiteur ne sont pas réduits, le conciliateur n'assistant ni *a fortiori* ne représentant le débiteur. Les droits individuels des créanciers ne sont pas restreints : ils ne sont pas soumis à une discipline collective : pas d'interdiction des paiements, pas d'arrêt des poursuites individuelles et des mesures d'exécution et pas d'obligation de déclaration des créances au passif. Tout au plus est-il prévu que si un créancier met en demeure ou poursuit le débiteur pendant la recherche de l'accord de conciliation, le président du tribunal qui a ouvert la conciliation pourrait, à la demande du débiteur, solliciter des délais de grâce.

1. C. Saint-Alary-Houin et M.-H. Monsèrié-Bon, *Prévention et traitement amiable des difficultés des entreprises*, LGDJ, 2018, n° 599.
2. *Ibidem*, n° 599.

L'article L. 611-15 du Code de commerce prévoit que « toute personne qui est appelée à la conciliation ou qui, par ses fonctions, en a connaissance, est tenue à une obligation de confidentialité », sanctionnée sur le terrain de la responsabilité civile, à laquelle veille vigoureusement la jurisprudence.

La conciliation repose sur un accord entre les créanciers et le débiteur.

Les organismes sociaux et fiscaux, qui sont des créanciers comme les autres, peuvent accorder des remises portant sur le principal de la dette, dans des conditions particulières de consultation. En matière fiscale, la remise ne peut porter que sur des impôts directs. Des abandons de sûretés ou des cessions de rang peuvent aussi être consentis.

Si le conciliateur est parvenu à obtenir des principaux créanciers un accord sur des délais ou des remises, celui-ci sera consigné dans un écrit.

On est ici en présence d'une convention à laquelle doivent s'appliquer toutes les règles de droit commun. Les créanciers qui acceptent l'accord devront donc le signer.

Le débiteur, sans doute guidé par ses créanciers, aura le choix de faire procéder au *constat de l'accord* ou à l'*homologation de l'accord*. Dans les deux cas, il existe un organe facultatif de surveillance de l'exécution de l'accord de conciliation : sur demande du débiteur, le conciliateur est nommé mandataire à l'exécution de l'accord ; il doit faire rapport au président du tribunal sur les difficultés d'exécution de sa mission.

022.23 **Échec de la conciliation.** L'échec de la conciliation résultera de l'absence d'accord avec les principaux créanciers.

Rien n'interdit au débiteur de solliciter l'ouverture d'une autre conciliation. Toutefois, il devra impérativement attendre l'expiration d'un délai de trois mois à compter de la fin de la précédente procédure de conciliation pour obtenir l'ouverture d'une autre conciliation.

L'échec de la conciliation n'est pas une cause d'ouverture d'une procédure collective. Deux observations s'imposent toutefois.

Si, au sortir de la conciliation sans accord, le débiteur est en état de cessation des paiements, le président du tribunal met fin à la mission du conciliateur et transmet la décision au ministère public afin que ce dernier saisisse le tribunal aux fins d'ouverture d'un redressement ou d'une liquidation judiciaire.

Si le débiteur n'est pas en cessation des paiements, le débiteur peut solliciter l'ouverture d'une procédure de sauvegarde. Lorsque, pendant le cours de la conciliation, il a préparé un projet de plan susceptible de recueillir un accord rapide de la part de ses créanciers, il peut solliciter l'ouverture d'une sauvegarde accélérée et cela même s'il est en état de cessation des paiements.

022.24 **Constat de l'accord.** Le débiteur et les créanciers, parties à l'accord, doivent présenter une requête conjointe au président du tribunal qui a ouvert la conciliation, aux fins de constat de l'accord de conciliation.

Le débiteur doit fournir une attestation aux termes de laquelle il n'est pas ou n'est plus – du fait de l'accord – en cessation des paiements. Il s'agit d'un contrôle formel portant sur l'existence d'un accord, auquel il est conféré force exécutoire.

Les créanciers seront tenus par les termes de l'accord. La décision constatant l'accord ne fait l'objet d'aucune publicité et n'est susceptible d'aucun recours. La confidentialité est donc ici totale.

L'accord constaté interrompt ou interdit toute action en justice et arrête ou interdit toute poursuite individuelle tant sur les meubles que les immeubles du débiteur dans le but d'obtenir le paiement des créances qui en font l'objet.

Les effets d'un constat de la conciliation sont toutefois limités. Rien n'interdira ultérieurement, dans le cadre d'un redressement ou d'une liquidation judiciaire, le report de la date de cessation des paiements antérieurement à cette décision et même à l'ouverture de la conciliation.

Les créanciers appelés à la conciliation, mais non parties à l'accord parce qu'ils l'auraient refusé, pourront se voir imposer par le président du tribunal les mesures de l'article 1343-5 du Code civil, c'est-à-dire les délais de grâce, s'ils poursuivent ou mettent en demeure le débiteur pendant l'exécution de l'accord. Ces mesures ne bénéficient pas aux garants.

Aucun privilège n'est accordé aux créanciers ayant consenti des efforts.

En revanche, le bénéfice des dispositions de l'accord bénéficiera aux garants, personnes physiques ou morales, c'est-à-dire à ceux qui sont des coobligés, des personnes ayant consenti une sûreté personnelle ou ayant affecté ou cédé un bien en garantie.

022.25 **Homologation de l'accord.** Le débiteur, en pratique incité par ses créanciers, peut demander au tribunal – et non à son président – l'homologation de l'accord sous trois conditions cumulatives[1] :

1) Le débiteur n'est pas en cessation des paiements ou l'accord conclu y met fin.

2) Les termes de l'accord sont de nature à assurer la pérennité de l'activité de l'entreprise.

3) L'accord ne porte pas atteinte aux intérêts des créanciers non-signataires.

Le jugement d'homologation est publié, comme un jugement d'ouverture, au *Bodacc*, ce qui assure une large diffusion auprès du public. La procédure cesse donc d'être confidentielle, même si le contenu de l'accord n'est pas divulgué dans cette publication. Il faut toutefois réserver les garanties qui assurent l'exécution de l'accord et surtout le montant des créances couvertes par le privilège de la conciliation, qui sont mentionnées dans le jugement déposé au greffe et accessible à tout intéressé.

L'homologation de l'accord produit des effets énergiques, dont les principaux sont les suivants.

Elle interrompt ou interdit toute action en justice et arrête ou interdit toute poursuite individuelle tant sur les meubles que sur les immeubles du débiteur dans le but d'obtenir le paiement des créances qui en font l'objet ; notons, au contraire, que les créanciers appelés à la conciliation mais qui n'ont pas signé l'accord, ne sont évidemment pas tenus par celui-ci. Toutefois, ils pourront se voir imposer par le président du tribunal les mesures de l'article 1343-5 du Code civil, c'est-à-dire les délais de grâce, s'ils poursuivent ou mettent en demeure le débiteur pendant l'exécution de l'accord. Les garants ne pourront s'en prévaloir.

Elle profite aux personnes physiques ou morales, qui sont des coobligés ou des personnes ayant consenti une sûreté personnelle ou ayant affecté ou cédé un bien en garantie.

Elle interdit la remontée, avant la décision passée en force de chose jugée homologuant l'accord, de la date de cessation des paiements si ultérieurement un redressement ou une liquidation judiciaire est ouvert.

L'effet le plus remarquable de l'homologation tient à l'instauration d'un privilège dit de la conciliation, appelé aussi dans un franglais douteux et peu précis le privilège de la *new money*. Ce privilège profite aux personnes qui, dans le cadre de la conciliation ayant donné lieu à l'accord homologué, auront apporté au débiteur, en vue d'assurer la poursuite d'activité de l'entreprise et sa pérennité, un nouvel apport en trésorerie ou un nouveau bien ou service. Ce privilège aura l'occasion de s'exercer, en cas d'ouverture ultérieure d'une sauvegarde, d'un redressement ou d'une liquidation judiciaire, par le canal d'une déclaration de créance indiquant l'existence de ce privilège. Le créancier qui en est titulaire ne sera primé que par le super-privilège des salaires et les frais de justice utiles au déroulement de la procédure, mais l'emportera sur les créanciers postérieurs à l'ouverture de la procédure collective, sous réserve des frais de justice utiles au déroulement de la procédure. En outre, le créancier titulaire du privilège de la conciliation sera traité, en cas de plan de sauvegarde ou de redressement ultérieur, comme les salariés titulaires du superprivilège ou du privilège général des salaires :

1. C. com., art. L. 611-8, II.

il échappera aux remises imposées du plan de sauvegarde et de redressement. Ces créanciers seront, en conséquence, payés à l'échéance, si, dans le cadre de la consultation, ils n'acceptent pas les propositions de plan prévoyant les délais et/ou remises.

022.26 **Inexécution de l'accord.** L'inexécution de l'accord peut entraîner *résolution de l'accord obtenu* et peut déboucher sur *l'ouverture d'une procédure collective.*

En cas d'inexécution des engagements résultant de l'accord, financiers ou non, le tribunal, en cas d'accord homologué, le président du tribunal en cas d'accord constaté, peut prononcer la résolution de l'accord, ainsi que la déchéance de tous délais de paiement accordés.

Le tribunal ou, selon le cas, le président du tribunal, ne peut être saisi que par un créancier, qui a été une partie à l'accord.

Dans cette décision, il pourra être décidé de supprimer les délais de grâce imposés soit pendant la recherche de l'accord, soit en cours d'exécution de l'accord.

Le Code de commerce ne prévoit pas que l'inexécution de l'accord entraîne l'ouverture d'une procédure collective.

Si le débiteur est en état de cessation des paiements, le président du tribunal communiquera les informations au ministère public pour que ce dernier assigne aux fins d'ouverture d'un redressement, voire, si les conditions sont réunies, d'une liquidation judiciaire.

À défaut de cessation des paiements, le débiteur peut demander, sans en avoir l'obligation, l'ouverture d'une procédure de sauvegarde. Il peut aussi rester en dehors du giron des procédures collectives et notamment solliciter l'ouverture d'une nouvelle conciliation. Il devra toutefois attendre trois mois par rapport à la fin de la précédente conciliation.

Il se peut aussi que, pendant l'exécution de l'accord de conciliation, une procédure collective s'ouvre. Elle met alors fin de plein droit à l'accord[1]. La Cour de cassation juge qu'elle le rend caduc. Les créanciers retrouvent les sûretés qui garantissaient les créances avant la conciliation. En revanche, du fait de la caducité, ils perdent les sûretés consenties dans le cadre de la conciliation et notamment les cautionnements[2], sous réserve du privilège de conciliation spécialement prévu pour l'hypothèse d'une procédure collective faisant suite à un accord de conciliation homologué non complètement exécuté. L'ordonnance du 15 septembre 2021[3] est cependant venue au secours des créanciers, en pratique des établissements de crédit, en prévoyant que « La caducité ou la résolution de l'accord amiable ne prive pas d'effets les clauses dont l'objet est d'en organiser les conséquences[4] ».

022.27 **Confidentialité de la conciliation et salariés.** L'ouverture d'une conciliation n'exerce aucune incidence sur les salariés. Par principe, ils ne sont pas associés à celle-ci, même si rien ne l'interdit.

Ils n'ont pas à être informés de l'ouverture de la conciliation, qui présente une nature confidentielle. Plusieurs amendements déposés par l'opposition parlementaire, lors de l'élaboration de la loi de sauvegarde, envisageaient la possibilité d'informer les salariés dès l'ouverture de la conciliation. Ils ont tous été rejetés[5]. Si la loi ne prévoit pas l'obligation d'entendre les salariés ni d'informer ceux-ci lors de l'ouverture de la procédure de conciliation, et même pendant l'élaboration de l'accord, rien n'interdit cependant au conciliateur, s'il l'estime nécessaire, d'entendre les salariés[6].

Il a été objecté que le délit d'entrave pourrait être constitué dans la mesure où l'article L. 2323-6 du Code du travail visait « les questions intéressant l'organisation, la gestion et la marche générale de l'entreprise[7] » (l'article L. 2312-17[8] vise désormais « les orientations stratégiques [...], la situation économique et financière [...], la politique sociale de l'entreprise, les conditions de travail et l'emploi »).

L'ordonnance du 12 mars 2014[9] a apporté des précisions. Son article 7 insère un article L. 611-8-1 dans le Code de commerce qui indique que « le comité d'entreprise ou, à défaut, les délégués du personnel [devenus Comité social et économique (CSE)] sont informés par le débiteur du contenu de l'accord lorsque celui-ci demande son homologation ». Il nous sem-

1. C. com., art. L. 611-12.
2. Com. 25 sept. 2019, n° 18-15.655, P, n° 748 FS-P+B ; *D.* 2019. 533, note R. Dammann ; *Gaz. Pal.* 14 janv. 2020, n° 2, p. 52, note G. C. Giorgini ; *Act. proc. coll.* 2019/18, comm. 250, note A. Bennini ; *BJE* nov.-déc. 2019. 1, note F. Pérochon ; *Leden* nov. 2019, comm. 112x2, note F.-X. Lucas ; *Rev. sociétés* 2019. 779, note L.-C. Henry ; *RTD civ.* 2019. 863, note H. Barbier ; *JCP E* 2019, chron. 1551, n° 5, obs. approb. Ph. Pétel – V. critiques : H. Bourbouloux, Ch. Fort et Th. Fornacciar, « Il faut sauver les sûretés en conciliation », *BJE* janv.-févr. 2020. 12.
3. Ord. n° 2021-1193, 15 sept. 2021 portant modification du livre VI du Code de commerce, *JO* 16 sept., n° 21.
4. C. com., art. L. 611-10, IV.
5. NOT. : Amend. n° 455, *JOAN CR*, 2e séance du 2 mars 2005, p. 1590-1591.
6. Interv. Xavier de Roux, *JOAN CR*, 1re séance du 3 mars 2005, p. 1602.
7. J.-E. Kuntz, « De la prévention des difficultés des entreprises, du mandat *ad hoc* et de la procédure de conciliation », *LPA* n° spéc., 8 févr. 2006, n° 28, p. 5 s., spéc. p. 11 – *Adde* : C. Saint-Alary-Houin, « La procédure de conciliation », *Rev. proc. coll.* 2006/2, p. 169 s., spéc. p. 171, n° 12.
8. Créé par Ord. n° 2017-1386, 22 sept. 2017 relative à la nouvelle organisation du dialogue social et économique dans l'entreprise et favorisant l'exercice et la valorisation des responsabilités syndicales, *JO* 23 sept., n° 31, art. 1.
9. Ord. n° 2014-326, 12 mars 2014 portant réforme de la prévention des difficultés des entreprises et des procédures collectives, *JO* 14 mars, p. 5249.

ble donc qu'il y a, du fait de l'interprétation à donner au texte, une permission de la loi, élément justificatif de l'infraction du délit d'entrave, à ne pas informer les salariés de l'ouverture de la procédure de conciliation, ni même de son constat [1]. En revanche, l'information devient obligatoire si le débiteur entend obtenir l'homologation de l'accord. L'information portera alors non seulement sur l'existence de la conciliation, mais encore sur son contenu. C'est donc, *a priori*, le tout ou rien qui prévaut en la matière : silence total ou information totale. Mais cette lecture du texte n'est pas unanimement admise [2].

Toute incertitude nous semble enfin supprimée par la loi de modernisation de la justice du XXIe siècle [3], texte qui modifie l'alinéa 3 à l'article L. 611-6 du Code de commerce, pour préciser que « le débiteur n'est pas tenu d'informer le comité d'entreprise ou, à défaut, les délégués du personnel [devenus CSE] de l'ouverture de la procédure ».

022.28 **Effets de l'accord de conciliation sur les salariés.** La conciliation a une nature contractuelle. Rien ne peut être imposé aux créanciers. Rien ne pourra davantage être imposé aux salariés. La conciliation ne fait pas régner une discipline collective.

Il faut cependant réserver l'hypothèse d'un salarié poursuivant son employeur pendant la recherche de l'accord. Rien n'interdirait de l'appeler à la conciliation. Dans ce cas, et faute de texte contraire, rien ne semble interdire de lui imposer le sort commun réservé aux créanciers qui poursuivent le débiteur pendant la recherche de l'accord, à savoir les délais de grâce de l'article 1343-5 du Code civil.

Les règles du droit du travail ne connaissent, en cas d'ouverture d'une conciliation, aucune inflexion.

Rien n'interdit cependant au conciliateur de rechercher un accord avec les salariés. Mais tout sera alors négocié.

La conciliation n'est clairement pas conçue pour opérer des restructurations sociales. Si elles interviennent néanmoins, le Code du travail sera seul applicable, aucune règle du droit des entreprises en difficulté ne venant les modifier, fût-ce à la marge.

L'homologation de l'accord de conciliation est susceptible d'avoir une incidence sur les créances salariales en cas d'ouverture d'une procédure collective faisant suite à l'inexécution de l'accord. L'effet de l'accord de conciliation homologué se fera sentir pour les salariés si des créances sont couvertes par le privilège de la conciliation. Elles restent, dans la procédure collective subséquente, primées par les créances super privilégiées de salaires. En revanche, les créances couvertes par le privilège général des salaires seront primées par le privilège de la conciliation.

SECTION 3
CONCILIATION ET LE « *PREPACK CESSION* »

022.31 **Présentation générale.** L'article 5, 1° de l'ordonnance du 12 mars 2014 [4] complète la disposition de l'article L. 611-7 du Code de commerce, en prévoyant que le conciliateur « peut être chargé, conformément à la demande du débiteur et après avis des créanciers participants, d'une mission ayant pour objet l'organisation d'une cession partielle ou totale de l'entreprise ».

Il faut ici comprendre que la demande en ce sens sera présentée par le débiteur dans la requête aux fins d'ouverture de la conciliation [5]. Mais rien ne semble interdire au débiteur de présenter ultérieurement cette demande, sous les contraintes temporelles de la conciliation, toutefois, comme permet de s'en convaincre l'article R. 611-26-2 du Code de commerce. La possibilité de cession partielle ne faisait guère difficulté. La nouveauté, « petite révolution culturelle [6] » réside dans la possibilité d'envisager une cession totale. Cette consécration officialise une « liaison, voire une porosité, entre les mécanismes [7] ». C'est le « *prepack cession* [8] », la cession étant préparée en amont de la procédure collective qui la mettra en œuvre.

1. RAPPR. : F.-X. Lucas, « Présentation de l'ordonnance portant réforme de la prévention des difficultés des entreprises et des procédures collectives », *BJE* mars 2014. 111, spéc. p. 112 ; Ch. Delattre et E. Étienne-Martin, « Prévention : le mandat *ad hoc* et la conciliation plus efficaces et plus accessibles », *Rev. proc. coll.* 2014, dossier 15, n° 9 ; Ph. Pétel, « Entreprises en difficulté : encore une réforme ! », *JCP E* 2014. 1223, n° 5 ; Ph. Roussel-Galle, « La réforme du droit des entreprises en difficulté par l'ordonnance du 12 mars 2014 », *Rev. sociétés* 2014. 351 s., spéc. p. 353, n° 10.
2. Ch. Gailhbaud, « Les dispositions concernant les salariés de l'ordonnance du 12 mars 2014 », *D.* 2014. Chron. 755.
3. L. n° 2016-1547, 18 nov. 2016 de modernisation de la justice du XXIe siècle, dite loi J21, *JO* 19 nov., n° 269, NOR : JUSX1515639L.
4. Ord. n° 2014-326, 12 mars 2014, préc.
5. A. Lesaulnier, « Le greffier du tribunal de commerce et la conciliation après la réforme des procédures collectives », *LPA* 18 févr. 2015, n° 35, p. 5.
6. S. Gorrias, « L'ordonnance du 12 mars 2014 et les modifications intéressant la nomination des organes », *Gaz. Pal.* 6 avr. 2014, n° 96, p. 39 s. et spéc. p. 40.
7. B. Thuillier, « La conciliation après l'ordonnance du 12 mars 2014 : jamais pareille mais toujours plus proche des procédures collectives », *BJE* mai 2014. 174 s., sp. 175.
8. F.-X. Lucas, « Vade mecum de la réforme du livre VI », Leden déc. 2013, comm. 182 ; F.-X. Lucas, « *Présentation de l'ordonnance portant réforme de la prévention des difficultés des entreprises et des procédures collectives* », *BJE* mars 2014. 111, spéc. p. 113 ; C. Vincent, « La faillite du plan de cession (ou les incidences du prepack-cession) », *D.* 2015. 577 ; Th. Montéran et M. Mieulle, « Le *vade-mecum* du plan de cession "prepack" », *BJE* mai 2015. 164 ; Ch. Gorins, « Évolution de la cession judiciaire d'entreprise en prévention et en procédure collective », *BJE* mai 2015. 185.

La cession pourra être mise en œuvre, le cas échéant, dans le cadre d'une procédure ultérieure de sauvegarde – si elle est partielle et volontaire –, de redressement judiciaire ou de liquidation judiciaire. Cette disposition est en lien direct avec la possibilité nouvelle, issue de l'ordonnance du 12 mars 2014, de ne pas ouvrir de délais de présentation des offres de cession, dès lors qu'elles auront été présentées pendant la procédure de conciliation.

L'article L. 642-2, I, alinéa 2, du Code de commerce prévoit que le tribunal peut tenir compte des démarches effectuées par le mandataire *ad hoc* ou le conciliateur, après avoir recueilli l'avis du ministère public. Il faut donc comprendre que si le mandataire *ad hoc*, sans qu'il soit nécessaire que le mandat *ad hoc* soit suivi d'une conciliation[1], ou le conciliateur ont reçu des offres de reprise remplissant les conditions prévues au II de l'article L. 642-2, le tribunal peut ne pas prévoir de délai de présentation de nouvelles offres de cession[2]. Il n'y aura pas alors place aux mesures de publicité prévues à l'article R. 642-40, alinéa 2.

Compte tenu de la gravité potentielle de cette solution, l'alinéa 4 de l'article R. 642-40[3] précise que lorsque le tribunal a fait application du second alinéa de l'article L. 642-2, le tribunal s'assure que, compte tenu de la nature de l'activité en cause, les démarches effectuées par le mandataire *ad hoc* ou le conciliateur désigné en application de l'article L. 611-3 ou L. 611-6 ont assuré une publicité suffisante de la préparation de la cession. La loi de modernisation de la justice du XXIe siècle[4], dont la solution est inapplicable aux procédures en cours au jour de sa publication, modifie le second alinéa du I de l'article L. 642-2 pour venir préciser que le mandataire *ad hoc* ou le conciliateur devront rendre compte au tribunal des démarches effectuées en vue de recevoir des offres de reprise, nonobstant le caractère confidentiel du mandat *ad hoc* ou de la conciliation. Comme cela a été énoncé, « le caractère confidentiel de la conciliation fait que le projet de cession sera noué sans appel d'offres préalable. Lorsque le temps de la procédure collective sera venu, il sera même possible de s'en affranchir[5] ».

Cette mesure, que l'on peut comprendre sur le terrain de l'efficacité économique, devrait permettre d'obtenir une cession de l'entreprise à des conditions intéressantes en termes d'exploitation pour le repreneur. Pour les créanciers, il a été écrit que les conditions devraient également être meilleures[6]. La solution est loin d'être certaine, du fait de la faiblesse en matière de transparence dans le choix des offres[7] et, par voie de conséquence, d'émulation entre les candidats. Le seul garde-fou tient à l'avis du ministère public. L'opacité dénoncée en 1994 risque de faire un net retour, ce qui ne saurait, au regard de la morale des affaires, constituer une avancée. En somme, à nos yeux, une fausse bonne idée. L'efficacité économique ne doit pas se faire exclusivement sur le dos des créanciers...

Les premières expériences de « *prepack cession* » – et notamment le dossier Fram – ont démontré l'utilité d'une certaine publicité. Une juridiction du fond a cru devoir ordonner une publicité, à la demande du ministère public, et contrairement à ce que souhaitait l'administrateur judiciaire[8].

Des juridictions du fond ont décidé du renvoi de l'affaire « afin d'assurer la transparence et d'analyser la marque d'intérêt formulée par un éventuel offrant dans un message électronique la veille de l'audience »[9]. Dans une autre décision, le ministère public, lors de la décision ouvrant le redressement judiciaire, a sollicité et obtenu qu'une nouvelle publicité soit faite pour qu'il y ait une totale transparence[10]. Il s'agit ici clairement d'éviter des cessions d'entreprise « en catimini ».

Intelligemment, il a été suggéré de modifier les textes pour prévoir que, à la demande du débiteur et du conciliateur, la confidentialité soit levée si l'heure est à la cession de l'entreprise[11]. La logique de la prévention et celle de la cession ne sont en effet plus les mêmes.

Quoi qu'il en soit, le tribunal peut décider de ne pas faire application du premier alinéa du I de l'article L. 642-2 du Code de commerce. En ce cas, précise l'article R. 642-1, alinéa 3, il fixe la date de l'audience d'examen des offres. D'autres offres de reprise peuvent parvenir au liquidateur ou à l'administrateur

1. F. Pérochon, avec le concours de M. Laroche, F. Reille, Th. Favario, A. Donnette, *Entreprises en difficulté*, « Manuel », 11e éd., LGDJ-Lextenso, 2022, no 182.
2. AUSSI : A. Lienhard, « Réforme issue de l'ordonnance du 12 mars 2014 », *in Code des procédures collectives commenté*, Dalloz, 2014, p. 62.
3. C. com., R. 642-40, mod. par Décr. no 2014-736, 30 juin 2014, art. 102.
4. L. no 2016-1547, 18 nov. 2016, préc.
5. B. Thuillier, « La conciliation après l'ordonnance du 12 mars 2014 : jamais pareille mais toujours plus proche des procédures collectives », *BJE* mai 2014. 174 s., spéc. 175.
6. F. Legrand, « Les enjeux de la réforme du droit des entreprises en difficulté », *Rev. proc. coll.* 2014, table ronde 2, p. 58.
7. Rappr. : Th. Montéran, « L'ordonnance du 12 mars 2014 et la prévention », *Gaz. Pal.* 6 avr. 2014, no 96, p. 7 s., spéc. p. 8 ; P. Pétel, « Entreprises en difficulté : encore une réforme ! », *JCP E* 2014. 1223, no 9.
8. T. com. Lille Métropole, 5 sept. 2017, RG no 2017012499, *Leden* janv. 2018, no 111f3, note Ch. Delattre.
9. T. mixte com. Cayenne, 24 avr. 2018, RG no 2018/419 ; *BJE* sept.-oct. 2018. 353, note Ch. Delattre.
10. T. com. Lille Métropole, 22 mai 2018, no 2018006960 ; *BJE* sept.-oct. 2018. 353, note Ch. Delattre.
11. M.-H. Monsèrié-Bon, « Les ventes dans le plan de cession » *RLDA* mai 2003, no 60, p. 5 ; M.-H. Monsèrié-Bon, B. Amizet, G. Azam et Ch. Cavigloli, « Le prepack-cession FRAM : expériences et enseignements », *BJE* 2016. 144 s., spéc. p. 146.

s'il en a été désigné, au plus tard huit jours ouvrés avant cette date.

022.32 **Effets sur les salariés.** Alors que tout avait commencé par la technique du mandat *ad hoc* ou la procédure de conciliation, qui ont des effets quasi inexistants pour les salariés, brutalement, les choses prennent une tout autre tournure susceptible d'avoir des effets majeurs pour les salariés.

Lorsqu'un plan de cession classique est adopté, le tribunal choisit, parmi les offres, celle « qui permet dans les meilleures conditions d'assurer le plus durablement l'emploi attaché à l'ensemble cédé, le paiement des créanciers et qui présente les meilleures garanties d'exécution [1] ». Par conséquent, l'aspect social de l'offre de reprise est un élément très important. Or, avec le mécanisme du « *prepack cession* », si le tribunal décide de ne pas organiser de publicité pour chercher des candidats à la reprise, il va retenir la seule offre qui éventuellement lui a été présentée dans un contexte de relative opacité. Il n'est pas certain que ce soit la meilleure solution pour l'entreprise et spécialement ses salariés.

La question se pose dès lors de savoir si le mécanisme même du « *prepack cession* », qui mélange mandat *ad hoc* ou conciliation et plan de cession doit conserver la confidentialité prévue par les textes au stade de la prévention. Ne faut-il pas plutôt décider que la confidentialité à l'égard des salariés doit prendre fin dès l'instant que le président du tribunal a accepté de confier une mission de « *prepack cession* » ? Il apparaît anormal, alors que l'entreprise va être cédée et que se préparent des licenciements collectifs, que les institutions représentatives du personnel ne soient pas informées. Le législateur doit intégrer la donne en modifiant le texte de l'article L. 611-15 du Code de commerce. Après avoir énoncé que « toute personne qui est appelée à la procédure de conciliation ou à un mandat *ad hoc* ou qui, par ses fonctions, en a connaissance est tenue à la confidentialité », il faudrait ajouter un alinéa ainsi rédigé : « Toutefois, lorsqu'il a été confié au mandataire *ad hoc* ou au conciliateur une mission ayant pour objet mission ayant pour objet l'organisation d'une cession partielle ou totale de l'entreprise qui pourrait être mise en œuvre, le cas échéant, dans le cadre d'une procédure ultérieure de sauvegarde, de redressement judiciaire ou de liquidation judiciaire, le Conseil social économique doit en être informé ».

Il ne semble pas y avoir de difficulté, en droit français qui réglemente le « *prepack cession* », à admettre le transfert des contrats de travail au repreneur. En effet, les articles 3 et 4 de la directive 2001/23 du Conseil de l'Europe du 12 mars 2001, dite « directive transfert », prévoit le transfert au repreneur des contrats de travail. L'article 5 permet d'écarter les articles 3 et 4, par une disposition spéciale de la législation de l'État membre, en cas de procédure collective du cédant. Or cette disposition contraire n'existe pas en droit français [2].

1. C. com., art. L. 642-5, al. 1.

2. Sur cette problématique en droit néerlandais : L. Fin-Langer, note s[s] CJUE, 3e ch., 22 juin 2017, *Federatie Nederlandse Vakvereniging e.a.*, aff. C-126/16, *Rec.* N ; *Act. proc. coll.* 2017/13, comm. 210 ; *Rev. proc. coll.* mai/juin 2018, comm. 107, p. 64, note M. Menjucq.

CHAPITRE

023. Enjeux majeurs des procédures collectives pour les salariés

SECTION 0
ORIENTEUR

023.00 **Sommaire du chapitre.**

Sect. 1 Sauvegardes 023.11 à 023.21

§ 1 Sauvegarde de droit commun 023.11 à 023.18

§ 2 Sauvegarde accélérée 023.21

Sect. 2 Redressement judiciaire 023.31 à 023.61

§ 1 Présentation générale 023.31 à 023.34

§ 2 Plan de redressement 023.41 à 023.42

§ 3 Plan de cession 023.51

§ 4 Extension de la procédure 023.61

Sect. 3 Liquidation judiciaire 023.71 à 023.81

§ 1 Présentation générale 023.71 à 023.74

§ 2 Extension de la liquidation 023.81

023.03 **Bibliographie.**

> **Articles.** A. Arséguel et Th. Méteyé, « Les aspects sociaux de la procédure de sauvegarde », *Rev. proc. coll.* 2008/2, p. 117 – G. Auzéro, « Le comité social et économique », *BJE* 2018. 131 – S. Béal, M. Marguerite, « Le comité social et économique : attributions », *JCP E* 2017, ét. 1587 – L. Fin-Langer, « Le statut de représentant des salariés », *Rev. proc. coll.* mai 2013, étude 14 – P. Le Cohu, « Le comité social et économique : définition, mise en place et fonctionnement », *Gaz. Pal.* 2017, n° 43, p. 74 – L. Serfati-Apter et Ph. Lafarge, « Le représentant des salariés de la loi du 25 janvier 1985 », *Gaz. Pal.* 1986. II. Doctr. 657 – B. Teyssié, « Les représentants des salariés dans les procédures de redressement et de liquidation judiciaires », *JCP* 1986. I. 329 – B. Veyssière, « Les plans et la situation financière des salariés », *Rev. proc. coll.* 2015, dossier 45, p. 87.

SECTION 1
SAUVEGARDES

§ 1
Sauvegarde de droit commun

023.11 **Critères d'éligibilité.** La sauvegarde est une procédure collective de traitement judiciaire des difficultés ouverte au bénéfice d'une personne qui n'est pas en état de cessation des paiements, mais qui rencontre des difficultés qu'elle n'est pas en mesure de surmonter sans l'intervention judiciaire. Il s'agit donc d'une procédure collective préventive.

Elle est accessible à tout débiteur, personne physique, professionnel indépendant en activité, et à toute personne morale de droit privé, qui continue son activité, à l'exclusion des syndicats de copropriété.

Notons que deux catégories de salariés peuvent bénéficier des procédures collectives : les associés en nom collectif et les micro-entrepreneurs, qui seraient également salariés.

Le critère d'accès à la sauvegarde est très souple. Il suffit que le débiteur rencontre des difficultés, de quelque nature qu'elle soit. Il peut donc s'agir de difficultés économiques, financières ou juridiques.

Il ne doit pas être en état de cessation des paiements, ce qui distingue la procédure de sauvegarde de la procédure de redressement judiciaire, mais aussi de la procédure de conciliation, laquelle est accessible à un débiteur, même s'il est en état de cessation de paiement, dès lors que cet état ne préexiste pas depuis plus de quarante-cinq jours.

Le débiteur ne doit pas être en mesure de surmonter seul ses difficultés. Il importe peu, en présence d'une société, que le débiteur fasse partie d'un groupe florissant, que sa société mère ou d'autres filiales soit en excellente santé économique et financière. L'autonomie des personnes morales justifie la solution selon laquelle l'existence de difficultés s'apprécie en la seule personne du débiteur concerné par la procédure dont il sollicite le bénéfice[1]. Il n'en irait différemment que si la société en question bénéficiait d'un engagement par signature, du type lettre d'intention, de la part de sa société mère, auquel cas les créanciers pourraient contester l'ouverture de la procédure de sauvegarde en faisant valoir que la société débitrice pourrait surmonter ses difficultés par la mise en œuvre de la garantie fournie par la société-mère.

La procédure de sauvegarde est une procédure facultative puisque ses critères d'ouverture ne donnent pas lieu à la saisine obligatoire d'une juridiction. Elle est donc déclenchée par un chef d'entreprise responsable, qui anticipe le traitement de ses difficultés, et c'est pourquoi lui seul à la qualité pour saisir le tribunal aux fins d'ouverture de cette procédure, à l'identique de la solution retenue pour la procédure de conciliation.

023.12 Particularisme des procédures intéressant un entrepreneur individuel. Il importe de noter que, depuis la loi du 14 février 2022[2], applicable aux procédures collectives ouvertes à compter du 15 mai 2022, l'entrepreneur individuel est obligatoirement titulaire de deux patrimoines. Il en résultera que les salariés du débiteur ne pourront espérer leur paiement que sur ce patrimoine professionnel, non sur le patrimoine personnel,

Le principe sera celui de l'ouverture d'une procédure collective dont l'effet sera limité au seul patrimoine professionnel. Par exception, parce qu'il y a surendettement des particuliers au titre du patrimoine personnel, le tribunal pourra ouvrir une procédure collective embrassant les deux patrimoines. Cela sera possible lorsque le débiteur aura au moins un créancier professionnel pouvant se faire payer sur le patrimoine personnel, ce qui sera courant, soit parce que le débiteur n'aura pas strictement respecté la dissociation entre ses deux patrimoines, soit parce que le débiteur a au moins un créancier professionnel en droit de se faire payer sur le patrimoine personnel. Mais, même en ce cas de procédure collective ouverte sur les deux patrimoines (procédure dire bi patrimoniale), les salariés ne pourront être payés que sur le patrimoine personnel.

023.13 Déroulement général. Le tribunal statue sur l'ouverture de la procédure de sauvegarde après avoir entendu le débiteur, les institutions représentatives des salariés s'il en existe. L'article L. 2312-53 du Code du travail rend en effet obligatoire l'information et la consultation du comité social et économique en cas de procédure collective. Pour permettre cette audition, le greffier doit inviter le chef d'entreprise à réunir le Conseil social et économique pour désigner les personnes qui seront entendues et qui pourront ultérieurement exercer des recours.

Le tribunal entend également l'ordre ou l'autorité compétente auxquelles le débiteur est soumis s'il est professionnel libéral.

La désignation d'un représentant des salariés est obligatoire, indépendamment de l'existence des institutions représentatives du personnel. L'article L. 621-4 du Code de commerce dispose que, dans le jugement d'ouverture, le tribunal invite le comité social et économique ou, à défaut de ceux-ci, les salariés, à désigner, au sein de l'entreprise, un représentant des salariés.

Son rôle essentiel est d'assister, dans l'établissement des relevés de créances salariales, le mandataire judiciaire. Il porte donc très mal son nom[3]. Toutefois, en absence d'institutions représentatives du personnel, ce qui est majoritairement le cas des entreprises au bénéfice desquelles une procédure collective est ouverte, le représentant des salariés à des fonctions de suppléance[4], en exerçant la mission dévolue à ces institutions, par le livre VI du Code de commerce. Il exercera notamment les voies de recours ouvertes à ces institutions.

Salarié protégé, non pas en tant que candidat au poste, mais seulement à compter de son élection[5], son licenciement est encadré. Pour autant, « parce qu'il ne dispose que d'attributions limitées aux seuls actes relatifs à la procédure collective ouverte à l'égard de l'entreprise », il ne devient pas une institution représentative des salariés[6], même s'il exerce les mis-

1. Com. 26 juin 2007, n° 06-20.820, P IV, n° 177 ; n° 1005 FSP+B+R+I ; *D.* 2007. AJ 1864, obs. A. Lienhard ; *D.* 2008. Pan. 570, obs. F.-X. Lucas ; *Gaz. proc. coll.* 2007/4, p. 20, note Ch. Lebel ; *Act. proc. coll.* 2007/13, n° 145, note J. Vallansan ; *JCP E* 2007. 2120, note J. Vallansan ; *RD banc. fin.* juill.-août 2007, p. 23, n° 158, note F.-X. Lucas ; *Dr. sociétés* 2007, n° 177, note J.-P. Legros ; *Rev. proc. coll.* 2007/4, p. 223, n° 4, obs. B. Saintourens ; *JCP E* 2008. Chron. 1207, n° 2, obs. crit. Ph. Pétel ; *RJ com.* 2007. 359, note Ph. Roussel Galle ; *Defrénois* 2007. 38675, p. 1575, n° 11, note D. Gibirila ; *Rev. proc. coll.* 2008, p. 50, note G. Sonier et N. Ghalimi ; *RJDA* 2008/2, p. 103, note H. Guyader ; *Dr. et patr.* 2008, n° 172, p. 103, note C. Saint-Alary-Houin ; *Bull. Joly* 2007. 1165, note C. Régnaut-Moutier ; *LXB hebdo* n° 269, 18 juill. 2007, n° N9341BBL, note P.-M. Le Corre.
2. L. n° 2022-172, 14 févr. 2022 en faveur de l'activité professionnelle indépendante, *JO* 15 févr., n° 2.
3. F.-X. Lucas, *Manuel de droit de la faillite*, « Droit fondamental », 4e éd., Puf, 2022, n° 175, évoquant une "dénomination déceptive".
4. J. Vallansan, avec la collab. L. Fin-Langer, *Guide des procédures collectives 2022/2023*, LexisNexis, 2022, p. 410, n° 1045.
5. Soc. 1er mars 2005, n° 02-44.293, P V, n° 74.
6. Soc. 27 juin 2002, n° 00-41.893, P V, n° 223 ; *Act. proc. coll.* 2002/14, n° 176 ; *Rev. proc. coll.* civ. et com. 2002, p. 290, n° 4, obs. F. Taquet ; – Soc. 4 févr. 2003, n° 00-45.820, P V, n° 39 ; *Act. proc. coll.* 2003/9, n° 109, obs. Ch. Lebel ; *Rev. proc. coll.* 2003, p. 159, n° 14, obs. F. Taquet ; – Soc. 4 juin 2003, n° 01-40.202, NP ; *Rev. proc. coll.* 2003, p. 248, n° 10, obs. F. Taquet.

sions qui sont dévolues à ces institutions par le livre VI du Code de commerce.

La procédure de sauvegarde débute par une période d'observation pendant laquelle l'activité se poursuit de plein droit. Seul le débiteur pourrait solliciter une réduction du périmètre de l'activité c'est-à-dire une cessation partielle de l'activité. De même, seul le débiteur pourrait envisager une cession partielle de son entreprise, ni la cession totale ni la cession partielle imposée par le tribunal n'étant ici concevable.

La période d'observation dure au maximum six mois, mais peut être renouvelée une fois pour une durée identique et, à la demande exclusive du ministère public, de manière exceptionnelle, une seconde fois pour la même durée. Si le débiteur est un agriculteur, la période d'observation doit s'inscrire dans l'année culturale afin que cette période d'observation ne cesse pas alors que les récoltes ne sont pas effectuées ou que le cycle d'élevage n'est pas terminé.

La période d'observation est destinée, comme son nom l'indique, à observer l'entreprise, pour en déterminer les difficultés, l'origine et leur importance. C'est l'objet du bilan économique et social, lequel ne s'impose toutefois que si un administrateur judiciaire a été désigné. La période d'observation a surtout pour objet de tenter le sauvetage de l'entreprise par l'élaboration d'un plan de sauvegarde.

À partir de vingt salariés ou de trois millions d'euros de chiffre d'affaires hors taxes par an, le tribunal doit nommer un administrateur judiciaire. En deçà de ces seuils, la nomination de l'administrateur judiciaire est facultative.

Cet organe a des pouvoirs propres, c'est-à-dire des pouvoirs qui sont indépendants de la mission qui lui sera confiée par le tribunal. C'est ainsi que lui seul se prononcera sur la continuation des contrats en cours ou sur les demandes en revendications ou en restitutions qui lui seront présentées par des propriétaires de meubles. C'est lui qui fera fonctionner les comptes bancaires dans l'hypothèse où le chef d'entreprise aura fait l'objet d'une interdiction d'émettre des chèques. Dans la procédure de sauvegarde, l'administrateur assiste le débiteur pour l'élaboration du projet de plan.

À côté de ses pouvoirs invariables, l'administrateur a des pouvoirs qui dépendent de la mission que lui a confiée le tribunal. Dans une procédure de sauvegarde, l'administrateur judiciaire peut avoir une mission de surveillance ou d'assistance.

Le tribunal peut d'abord choisir de confier à l'administrateur une mission de simple surveillance. Dans cette hypothèse, ce dernier se contente de vérifier la gestion du chef d'entreprise et n'intervient donc qu'*a posteriori*. Son intervention aux actes n'est pas obligatoire pas plus qu'il n'a à intervenir aux actions en justice, tant en demande qu'en défense.

Le tribunal peut choisir de confier à l'administrateur judiciaire une mission d'assistance. En cette hypothèse, il existe une cogestion entre l'administrateur et le chef d'entreprise. Les actes juridiques sont passés conjointement. Les actions en justice tant en demande qu'en défense sont exercées conjointement. Les comptes bancaires fonctionnement sous la double signature. Le non-respect des règles de l'assistance, c'est-à-dire l'absence aux actes soit de l'administrateur judiciaire soit du débiteur, est sanctionné par une inopposabilité à la procédure collective des actes accomplis. La solution peut se vérifier par exemple s'il est question de licencier pour faute des salariés. Ce licenciement devrait être l'œuvre commune de l'administrateur judiciaire et du débiteur. Si le licenciement est l'œuvre du seul débiteur, le licenciement est inopposable à la procédure collective. Il en résultera des conséquences quant à la prise en charge des conséquences de ce licenciement par l'AGS. Les actions en justice menées au mépris des règles de l'assistance sont irrecevables.

L'inopposabilité des actes accomplis au mépris des règles de l'assistance sera toutefois écartée lorsque l'acte en question pourra recevoir la qualification d'actes de gestion courante et que le cocontractant du débiteur sera de nonne foi, c'est-à-dire aura ignoré la restriction de pouvoirs atteignant celui-ci [1]. L'acte de gestion courante apparaît comme l'acte permettant à l'entreprise de fonctionner au quotidien. C'est ainsi par exemple qu'il a pu être jugé que l'embauche d'un salarié, chauffeur livreur, pour une courte période, afin de faire face à une surchauffe ponctuelle d'activité, était un acte de gestion courante, ce qui a permis de considérer que l'embauche du salarié ne devait pas être frappée d'inopposabilité à la procédure collective [2]. Mais la solution générale est inverse : l'embauche d'un salarié, par principe, n'est pas un acte de gestion courante. De même, le licenciement d'un salarié n'est pas un acte de gestion courante.

Pendant la période d'observation, les actes de dispositions étrangers à la gestion courante sont interdits. L'accomplissement de tels actes, par exemple le fait de vendre le fonds de commerce du débiteur, est sanctionné par une nullité de l'acte, qui doit être sollicitée dans les trois ans de son accomplissement ou de sa publicité, s'il est soumis à publicité.

023.14 **Issue de la période d'observation.** L'issue normale de la période d'observation est trouvée dans

1. Com. 13 sept. 2011, n° 10-24.126, NP ; n° 815 F-D ; *Gaz. Pal. entr. diff.* 21 janv. 2012, n° 20, p. 15, note Ch. Bidan ; *BJE* janv. 2012, comm., p. 6, 12, note Ph. Delmotte.
2. Soc. 21 sept. 2005, n° 03-41.598, P V, n° 261 ; *D.* 2006. Somm. 79, obs. P.-M. Le Corre ; *JCP E* 2006. Chron. 1066, p. 71, n° 2, obs. Ph. Pétel ; *RJ com.* 2006/1, p. 41, note J.-P. Sortais ; *LXB* n° N6356AKM, note P.-M. Le Corre ; – Lyon, ch. soc. C, 19 mai 2017, RG n° 16/01583 ; *Rev. proc. coll.* nov.-déc. 2017, comm. 43, note Ch. Lebel.

l'adoption d'un plan de sauvegarde. Cependant, d'autres issues sont concevables.

Tout d'abord, il se peut que la procédure de sauvegarde soit convertie en redressement judiciaire. La sauvegarde doit être ouverte au bénéfice d'un débiteur qui n'est pas en état de cessation des paiements. S'il apparaît au tribunal pendant la période d'observation que le débiteur était déjà en état de cessation des paiements avant le jugement d'ouverture, il y a place à conversion pour préexistence de l'état de cessation des paiements. Il y a également place à conversion en redressement judiciaire si la cessation des paiements apparaît pendant la période d'observation. La situation ne sera pas courante parce qu'il faudra supposer que des dettes apparues pendant la période d'observation ne puissent pas être payées, étant entendu que les dettes antérieures au jugement d'ouverture non plus à l'être, à cause de la règle de l'interdiction des paiements. Ainsi, dans deux hypothèses, le tribunal aura-t-il l'obligation de convertir la procédure de sauvegarde en une procédure de redressement judiciaire.

La procédure de sauvegarde peut également prendre fin parce que, au terme de la période d'observation, aucun plan de sauvegarde n'a été adopté. Le débiteur redevient alors maître de ses droits – *in bonis* – et il lui reste à trouver une nouvelle solution pour traiter ses difficultés. Tout dépendra, à la sortie de la procédure de sauvegarde, s'il est ou non en état de cessation des paiements.

Enfin, dans une dernière hypothèse, la procédure de sauvegarde peut prendre fin si les difficultés qui ont conduit à son ouverture ont disparu pendant la période d'observation. Dans cette hypothèse, le chef d'entreprise saisira le tribunal aux fins d'une clôture, le tribunal ayant l'obligation, si les conditions sont réunies, de prononcer la clôture de la procédure de sauvegarde pour disparition des difficultés ayant conduit à son ouverture.

023.15 **Projet de plan de sauvegarde.** Le projet de plan de sauvegarde est préparé pendant la période d'observation. Il intègre trois volets : un volet économique, un volet social, et un volet financier.

Le volet économique a pour objet de déterminer les perspectives de l'activité, notamment en précisant le périmètre de l'activité conservée par le débiteur. Il est précisé que, dans la procédure de sauvegarde, la cessation partielle d'activité ne peut être sollicitée que par le débiteur.

Le volet social a pour objet de déterminer le niveau et les perspectives d'emploi. En d'autres termes, il s'agit de déterminer le nombre de salariés conservés et par conséquent, le nombre de salariés licenciés.

Le volet financier a pour objectif de préciser les conditions dans lesquelles le passif sera payé, ainsi que les garanties fournies pour en assurer l'exécution.

Pour l'élaboration du projet de plan, les créanciers sont consultés quant aux modalités de règlement du passif. Deux possibilités sont concevables.

Le principe est que les créanciers sont consultés individuellement par le mandataire judiciaire, par lettre recommandée avec demande d'avis de réception, sur les délais, les remises et éventuellement les conversions de créances en capital qu'ils entendent consentir au débiteur. Ils disposent d'un délai de trente jours pour répondre à la consultation, leur silence valant acceptation des propositions, sauf en ce qui concerne les conversions de créances en capital, où le silence vaut refus.

Par exception, les créanciers étaient, avant l'ordonnance du 15 septembre 2021[1], réunis en comité. Cette solution s'impose lorsque l'entreprise employait au moins cent cinquante salariés ou a réalisé un chiffre d'affaires hors taxes au moins égal à vingt millions d'euros. En deçà de ses seuils, à la demande du chef d'entreprise, le juge-commissaire pouvait autoriser le recours à la procédure avec comités de créanciers. Deux comités étaient constitués, celui des principaux fournisseurs et celui des établissements de crédit. Ces comités votaient les propositions de plan, comité par comité, et les propositions étaient acceptées dès lors que le comité les avait acceptées à hauteur de deux tiers des votes exprimés en montant de créances. S'il existait des obligataires, une assemblée générale d'obligataires devait ensuite s'exprimer sur les propositions de plan. Les propositions étaient acceptées dès lors que les obligataires avaient voté favorablement à hauteur des deux tiers en montant de créances. Dans le cas contraire, ce vote de l'assemblée constituait un veto empêchant l'adoption du plan après vote des comités de créanciers.

Les créanciers qui n'étaient pas membres des comités votaient sur les propositions de plan dans les conditions classiques.

Cependant, des règles particulières étaient posées en ce qui concernait les remises de dettes pouvaient consentir les créanciers publics.

Notons que les salariés n'étaient pas consultés sur les propositions de règlement du passif que l'on fût dans la procédure avec ou sans comité.

Si le plan n'était pas adopté après vote des comités de créanciers, la période d'observation se poursuivait pour envisager une consultation individuelle des créanciers.

L'ordonnance du 15 septembre 2021 bouleverse complètement les mécanismes régissant la matière. Les comités de créanciers sont remplacés par les

1. Ord. n° 2021-1193,15 sept. 2021 portant modification du livre VI du Code de commerce, *JO* 16 sept., n° 21.

classes de parties affectées. Il n'est plus question de réunir des créanciers en tenant compte de la personne des créanciers, mais de les réunir en tenant compte d'une communauté d'intérêt économique suffisante. L'essentiel tiendra en réalité à la valeur de la créance en tant qu'elle est garantie par une sûreté.

Sont des parties affectées « les créanciers dont les droits sont directement affectés par le projet de plan », c'est-à-dire que le plan doit modifier les prévisions contractuelles convenues entre les parties, ainsi que les détenteurs de capital, si leur participation au capital du débiteur, les statuts ou leurs droits sont modifiés par le projet de plan.

Ne sont jamais des parties affectées les titulaires de créances salariales.

Les créanciers hors classes, et par conséquent les salariés, ne seront pas consultés et ne seront donc pas affectés par le plan. Ils seront payés, pour leurs créances antérieures au jugement d'ouverture, selon les règles de droit commun sitôt le plan adopté.

La constitution des classes de parties affectées n'est réservée qu'à certaines entreprises en sauvegarde et en redressement judiciaire :

– celles atteignant 250 salariés et 20 millions d'euros de chiffre d'affaires net ou « seulement » 40 millions d'euros de chiffre d'affaires net[1] ;

– celles qui détiennent ou contrôlent une autre société et lorsque l'ensemble des sociétés concernées dépassent les seuils précités ;

Le recours aux classes de parties affectées est une faculté pour les débiteurs n'atteignant pas les seuils, le juge-commissaire pouvant autoriser qu'il soit fait application de la constitution des classes de parties affectées.

L'article L. 626-30, II, du Code de commerce prévoit que « la composition des classes de parties affectées est déterminée au vu des créances et droits nés antérieurement à la date du jugement d'ouverture de la procédure ». L'administrateur judiciaire va répartir les parties affectées en « classes représentatives d'une communauté d'intérêt économique suffisante ».

La notion de « communauté d'intérêt économique suffisante » peut s'entendre du plus ou moins grand intérêt pour un créancier ou un groupe de créanciers à la restructuration et à la pérennisation de l'activité du débiteur. Cette communauté d'intérêt économique suffisante repose, pour l'essentiel, sur l'identité de chance d'être payé si l'entreprise est placée en liquidation judiciaire, mais pas seulement.

Au sein d'une classe, il est possible d'intégrer des créanciers publics, mais seuls des délais pourront leur être imposés. En ce qui concerne les remises de dettes, il faut respecter le mécanisme spécifique des remises de dettes publiques. Pour cette raison, il semble que les créanciers publics doivent être isolés au sein d'une classe particulière.

L'administrateur dispose d'une certaine liberté dans la composition des classes, sous réserve de respecter quelques critères objectifs vérifiables. Ainsi, il doit :

– répartir en classes distinctes les créanciers titulaires de sûretés réelles et les autres créanciers ;

– respecter les accords de subordination lors de la répartition en classe. Le but de cette mesure est d'isoler dans la mesure du possible les créanciers « juniors » par rapport aux subordonnés puisque les seconds devront être désintéressés avant les premiers ;

– « isoler » les détenteurs de capital en une ou plusieurs classes distinctes. La classe des détenteurs de capital ne s'impose qu'en présence d'un plan contenant une modification statutaire ou du capital.

Une fois les classes constituées, l'administrateur soumet à chaque partie affectée les modalités de répartition en classes et de calcul des voix correspondant aux créances ou aux droits affectés leur permettant d'exprimer un vote.

En sauvegarde, le débiteur, avec le concours de l'administrateur judiciaire, présente aux classes de parties affectées des propositions en vue d'élaborer le projet de plan[2].

En redressement judiciaire, la présentation du projet aux classes de parties affectées incombe à l'administrateur judiciaire, avec le concours du débiteur[3]. À la différence de la sauvegarde, toute partie affectée peut soumettre un projet de plan concurrent dans le cadre du redressement judiciaire.

Le projet de plan est transmis aux classes pour être soumis au vote. Avant cela, l'administrateur invite le mandataire judiciaire et les représentants de la délégation du personnel du comité social et économique à présenter leurs observations à chacune des classes avant que celles-ci ne se prononcent sur le projet de plan[4].

Le projet peut notamment prévoir des délais de paiement, des remises et, lorsque le débiteur est une société par actions où le risque est limité, des conversions de créances en titres donnant ou pouvant donner accès au capital.

La décision est prise par chaque classe à la majorité des deux tiers des voix détenues par les membres ayant exprimé un vote[5].

Ne peuvent faire l'objet de remises ou de délais qui n'auraient pas été acceptés par leurs titulaires,

1. C. com., art. R. 626-52.

2. C. com., art. L. 626-30-2.
3. C. com., art. L. 631-19-I, mod. par ord. n° 2021-1193, 15 sept. 2021, art. 45.
4. C. com., art. R. 626-59.
5. C. com., art. L. 626-30-2, al. 5.

les créances garanties par le privilège du premier alinéa de l'article L. 611-11, c'est-à-dire celles garanties par le privilège de la conciliation et celles garanties par le privilège de sauvegarde ou de redressement, ce qui suppose que deux plans se succèdent à la suite de la résolution du premier.

Lorsque le projet de plan a été adopté par chacune des classes conformément à ce qui vient d'être présenté, le tribunal statue sur celui.

Le tribunal doit vérifier que :

1) le plan a été adopté dans le respect de la notion de « parties affectées » et dans le respect de la composition « minimale » des classes ;

2) les parties affectées, partageant une communauté d'intérêts suffisante au sein de la même classe, bénéficient d'une égalité de traitement et sont traitées de manière proportionnelle à leur créance ou à leur droit ;

3) la notification du projet de plan a été régulièrement effectuée à toutes les parties affectées ;

4) lorsque des parties affectées ont voté contre le projet de plan, aucune de ces parties affectées ne se trouve dans une situation moins favorable, du fait du plan, que celle qu'elle connaîtrait s'il était fait application soit de l'ordre de priorité pour la répartition des actifs en liquidation judiciaire ou du prix de cession de l'entreprise dans le cadre d'un plan de cession, soit d'une meilleure solution alternative si le plan n'était pas validé ; il s'agit du *best interest*, en français, la *vérification du meilleur intérêt des créanciers*. Il s'agit là de vérifier que le plan ne place pas les créanciers dans une situation moins favorable que celle qui aurait été la leur en cas de liquidation judiciaire ou d'adoption d'un plan de cession.

5) si un nouveau financement est nécessaire pour mettre en œuvre le plan, il ne porte pas une atteinte excessive aux intérêts des parties affectées.

Auparavant, lorsque l'un ou l'autre des comités de créanciers appelés à voter sur le projet de plan avait refusé les propositions faites par le débiteur, la procédure était reprise dans les conditions prévues en l'absence de comités [1].

Cette exigence d'obtenir « l'unanimité » des comités était susceptible de retarder considérablement l'adoption des plans.

Désormais, en procédure de sauvegarde, le I du nouvel article L. 626-32 du Code de commerce prévoit que « lorsque le plan n'est pas approuvé conformément aux dispositions de l'article L. 626-30-2, il peut être arrêté par le tribunal sur demande du débiteur ou de l'administrateur judiciaire avec l'accord du débiteur et être imposé aux classes qui ont voté contre le projet de plan ».

1. C. com., anc. art. L. 626-34.

En procédure de redressement judiciaire, la règle est similaire à ceci près qu'une partie affectée peut également solliciter du tribunal l'arrêté du plan qui n'aurait pas été approuvé à la suite du vote des classes de parties affectées.

La conséquence est la même : imposer le plan aux classes ayant voté contre le projet de plan [2].

Il s'agit, en d'autres termes, d'un accord forcé interclasses.

Reste que cette possibilité d'« accord forcé » suppose que le plan remplisse plusieurs conditions, applicables tant en sauvegarde [3] qu'en redressement judiciaire [4].

Les conditions visées à l'article L. 626-32, I peuvent être, ici encore, scindées en deux catégories : les conditions préalables et les conditions essentielles.

Pour pouvoir prospérer, la demande d'application forcée interclasses suppose que le plan dont l'adoption a échoué respecte les cinq vérifications ci-avant énoncées.

Si cette première condition relative aux cinq vérifications est remplie, le juge vérifiera ensuite les conditions essentielles nécessaires à la mise en œuvre de l'adoption forcée interclasses.

La première condition est relative aux classes ayant voté en faveur du plan. Le plan doit avoir été approuvé par une majorité de classes de parties affectées autorisées à voter, à condition qu'au moins une de ces classes soit une classe de créanciers titulaires de sûretés réelles ou ait un rang supérieur à celui de la classe des créanciers chirographaires.

Si cette première condition ne peut être remplie, il faudra rechercher, le cas échéant, si le plan a été approuvé par au moins une des classes de parties affectées autorisées à voter, autre qu'une classe de détenteurs de capital (ces derniers font l'objet de dispositions spécifiques) ou tout autre classe dont on peut raisonnablement supposer, après détermination de la valeur du débiteur en tant qu'entreprise en activité, qu'elle n'aurait droit à aucun paiement, si l'ordre de priorité des créanciers pour la répartition des actifs en liquidation judiciaire ou du prix de cession de l'entreprise était appliqué.

Le deuxième critère est visé au 3° de l'article L. 626-32, I, du Code de commerce et concerne les classes de créanciers ayant émis un vote défavorable à l'encontre du plan.

L'ordonnance du 15 septembre 2021 a retenu la règle de la priorité absolue (*absolute priority rule*) : une classe doit être intégralement désintéressée par des moyens identiques ou équivalents pour qu'une

2. Ord. n° 2021-1192, 15 sept. 2021, art. 45 et C. com., art. L. 631-19, I, al. 5.
3. C. com., art. L. 626-32, I.
4. C. com., art. L. 631-19, I, al. 5.

classe de rang inférieur puisse avoir droit à un paiement ou conserver un intéressement.

Le 4° de l'article L. 626-32- I du Code de commerce prévoit enfin qu'« aucune classe de parties affectées ne peut, dans le cadre du plan, recevoir ou conserver plus que le montant total de ses créances ou intérêts ».

L'article L. 622-10, alinéa 3, du Code de commerce prévoit qu'à la demande du débiteur ou de l'administrateur, du mandataire ou du ministère public, lorsqu'aucun plan n'a été adopté conformément aux dispositions de l'article L. 626-30-2 (sur présentation du débiteur et vote des classes) ou le cas échéant, de l'article L. 626-32 (adoption forcée interclasses), le tribunal décide la conversion en redressement judiciaire si l'adoption d'un plan de sauvegarde est manifestement impossible et si la clôture de la procédure conduit, de manière certaine et à bref délai, à la cessation des paiements.

Si le tribunal convertit la procédure de sauvegarde en redressement judiciaire, il peut, si nécessaire, modifier la durée de la période d'observation restant à courir ou la prolonger pour une durée maximale de 6 mois. Dans ce cas, les classes déjà constituées avant cette conversion sont conservées avec les mêmes modalités de répartition et de calcul des voix, sans préjudice des recours pendants. En outre, les opérations de constitution des classes se poursuivent nonobstant la conversion[1].

En redressement judiciaire, en l'absence d'adoption du projet de plan directement ou par le biais de l'adoption forcée interclasses, les dispositions relatives aux classes de parties affectées ne sont plus applicables et un nouveau projet de plan est élaboré dans les conditions du droit commun.

023.16 **Plan de sauvegarde.** Le tribunal statue sur l'adoption ou le rejet du plan. Les institutions représentatives du personnel disposent du droit d'interjeter appel de la décision statuant sur le plan de sauvegarde.

Le plan de sauvegarde précise le périmètre de l'activité continuée, le nombre de salariés licenciés et les modalités de règlement du passif. Il détermine également les personnes tenues de l'exécuter.

Le jugement arrêtant le plan précise la durée de celui-ci. En droit commun, sa durée ne peut excéder dix ans. Cette durée peut être portée à quinze ans pour les exploitants agricoles, personnes physiques ou personnes morales.

Le plan donne acte des délais et remises acceptés par les créanciers. Il peut imposer aux créanciers, qui n'ont pas accepté les propositions, des délais de paiement, qui doivent être uniformes et ne peuvent dépasser en droit commun dix ans, quinze ans si le débiteur est un exploitant agricole.

Un organe spécifique est désigné par le tribunal. Il est chargé de veiller à la bonne exécution du plan, le commissaire à l'exécution du plan. En pratique, il s'agira soit de l'ancien mandataire judiciaire, soit de l'ancien administrateur judiciaire.

Le commissaire à l'exécution du plan, outre sa mission générale de veiller à la bonne exécution du plan, de réceptionner de la part du débiteur les dividendes qu'il doit reverser aux créanciers, devient le défenseur de l'intérêt collectif des créanciers, prenant en cela la place du mandataire judiciaire. La durée de sa mission est calée sur la durée du plan.

Le plan prend fin de trois façons : par expiration de sa durée, par la complète exécution, ou encore par la résolution.

L'expiration de la durée du plan marque la fin de la mission du commissaire à l'exécution du plan, et cela même si les dividendes n'ont pas été complètement payés. Les créanciers retrouvent alors leur droit de poursuite individuelle contre le débiteur à compter de la fin du plan, et sont enfermés dans le délai de prescription attachée à leurs créances pour agir, selon les voies du droit commun, contre le débiteur. Il y a là un risque important d'apparition de l'état de cessation des paiements, qui pourrait conduire à un redressement judiciaire.

Le plan peut prendre fin par sa complète exécution. Dans cette hypothèse, le débiteur peut faire constater celle-ci par le tribunal, qui rend une décision constatant la bonne exécution du plan par le débiteur.

Enfin, le plan peut prendre fin par sa résolution.

023.17 **Résolution du plan de sauvegarde.** Le plan de sauvegarde peut être résolu pour deux raisons : soit pour apparition de l'état de cessation des paiements soit pour inexécution.

L'apparition de l'état de cessation des paiements pendant l'exécution du plan de sauvegarde est une cause autonome de résolution du plan. Dans cette hypothèse, le tribunal n'a pas le choix, il doit prononcer la résolution du plan. En outre, puisqu'il y a cessation des paiements, le tribunal est contraint, dans le jugement même qui prononce la résolution du plan, d'ouvrir une seconde procédure collective, qui peut être soit un redressement, lorsque les chances de redressement n'ont pas totalement disparu, soit une liquidation judiciaire.

La résolution du plan peut aussi intervenir pour inexécution. On supposera ici que le débiteur n'est pas en état de cessation des paiements, mais qu'il n'a pas exécuté correctement les obligations mises à sa charge dans le cadre du plan. Peu importe le type d'obligations non exécutées. Il pourrait s'agir du non-respect d'engagements sociaux. La résolution pour

1. C. com., art. L. 622-10, al. 5.

inexécution est facultative. Elle est donc laissée à l'appréciation du tribunal. En ce pas, puisqu'il n'y a pas cessation des paiements, le tribunal prononce la résolution du plan, mais n'ouvre pas une nouvelle procédure collective. Le débiteur redevient donc maître de ses droits. Cependant, en pratique, la résolution du plan, parce qu'elle emporte caducité des délais et des remises du plan, va mécaniquement entraîner la cessation des paiements. Cette dernière ne sera pas la cause de la résolution du plan, mais sa conséquence. Il appartiendra alors au débiteur ou éventuellement à un créancier de demander l'ouverture de la procédure collective qui pourrait être un redressement ou une liquidation judiciaire, en fonction du point de savoir si le débiteur peut encore ou non se redresser.

023.18 Extension d'une procédure de sauvegarde. La procédure ouverte contre un débiteur peut être étendue à une ou plusieurs autres personnes sur deux fondements : la fictivité ou la confusion des patrimoines.

L'extension de procédure entraîne une unité de procédure, une unité de solution et une unité de masses actives et passives.

La procédure collective ouverte contre une personne devient donc commune à une ou plisseurs autres, les organes étant donc uniques.

L'unité de solution emporte cette conséquence que si un plan de sauvegarde ou de redressement est adopté, il ne sera pas possible de décider le placement en liquidation judiciaire de l'une des personnes parties à l'extension de la procédure.

L'unité de masses actives et passives oblige à considérer que les actifs de toutes les personnes doivent répondre des dettes de toutes les personnes parties à l'extension. Les privilèges généraux, notamment ceux accordés aux salariés, pourront être payés grâce aux actifs de toutes les personnes.

En pratique, l'extension de procédure est intéressante pour les salariés. Elle leur permet, grâce à leurs privilèges généraux, de primer les créanciers de la société cible, par exemple les créanciers hypothécaires de la société civile immobilière à laquelle la procédure collective atteignant la société d'exploitation a été étendue.

§ 2
Sauvegarde accélérée

023.21 Règles générales. L'article 48 de l'ordonnance du 12 mars 2014 [1] a créé la sauvegarde accélérée.

La procédure de sauvegarde accélérée est accessible, en application de l'alinéa 2 de l'article L. 628-1 du Code de commerce, à un débiteur engagé dans une procédure de conciliation en cours. Elle n'est accessible qu'aux débiteurs dont les comptes sont certifiés par un commissaire aux comptes ou établis par un expert-comptable. En outre, jusqu'à l'ordonnance du 15 septembre 2021 [2], le débiteur devait employer un certain nombre de salariés, réaliser un certain chiffre d'affaires ou avoir un total de bilan supérieur à des seuils fixés par décret, ou encore établir des comptes consolidés. Les seuils étaient précisés par l'article D. 628-3 : vingt salariés, 3 000 000 euros de chiffre d'affaires hors taxe et 1 500 000 euros pour le total du bilan. Ces critères n'étaient pas cumulatifs.

L'ordonnance du 15 septembre 2021 a supprimé les seuils, ne conservant comme condition d'éligibilité que l'exigence de comptes faibles : les comptes doivent être certifiés par un commissaire aux comptes ou établis par un expert-comptable.

Le législateur a voulu permettre à toutes les personnes ayant bénéficié d'une conciliation et remplissant les autres conditions d'accès à la sauvegarde accélérée, de bénéficier de cette procédure. Il n'a donc pas exclu de cette procédure les personnes qui avaient obtenu l'ouverture d'une procédure de conciliation, alors même qu'elles étaient en état de cessation des paiements, dès lors que cet état ne préexistait pas depuis plus de quarante-cinq jours à l'ouverture de la conciliation.

Pour être éligible à la sauvegarde accélérée, le débiteur doit, en application de l'alinéa 2 de l'article L. 628-1 du Code de commerce, justifier avoir élaboré un projet de plan tendant à assurer la pérennité de l'entreprise et susceptible de recueillir un soutien suffisamment large de la part des créanciers à l'égard desquels l'ouverture de la procédure produira des effets, pour rendre vraisemblable son adoption dans un délai permettant au tribunal d'arrêter le plan.

La saisine aux fins d'ouverture d'une sauvegarde accélérée n'appartient qu'au débiteur.

L'article L. 628-1, alinéa 1, du Code de commerce, dans la rédaction que lui donne l'ordonnance du 12 mars 2014 [3] prévoit que la sauvegarde accélérée est soumise aux règles applicables à la procédure de sauvegarde sous réserve des dispositions du présent chapitre. Par conséquent, les règles relatives à l'option sur la continuation des contrats en cours et les règles régissant les suites de cette option [4] sont inapplicables dans la sauvegarde accélérée. Il en va de même des règles relatives à la revendication des propriétaires de meubles.

1. Ord. n° 2014-326, 12 mars 2014 portant réforme de la prévention des difficultés des entreprises et des procédures collectives, *JO* 14 mars, p. 5249.
2. Ord. n° 2021-1193,15 sept. 2021 portant modification du livre VI du Code de commerce, *JO* 16 sept., n° 21.
3. Ord. n° 2014-326, 12 mars 2014, préc.
4. C. com., art. L. 622-13, III et IV.

En outre, la composition des classes de parties affectées est obligatoire, en sauvegarde accélérée, quelle que soit la taille de l'entreprise et son volume d'activité, ce qui est de nature à faciliter l'adoption d'un plan et par conséquent le sauvetage de l'entreprise.

Le délai d'adoption du plan de sauvegarde accélérée est fixé par l'article L. 628-8, alinéa 1, du Code de commerce à deux mois à compter du jugement d'ouverture. À la demande du débiteur et de l'administrateur judiciaire, le tribunal peut proroger ce délai sans que la durée totale de la procédure ne puisse excéder quatre mois. à trois mois à compter du jugement d'ouverture.

Si le tribunal n'a pas arrêté le plan dans ce délai, il est mis fin à la sauvegarde accélérée[1]. Il n'y aura donc pas ici place à une conversion en une sauvegarde de droit commun. Si une procédure collective s'ouvre ensuite, il y aura bien eu rupture des procédures.

La sauvegarde accélérée a des effets limités aux seuls créanciers qui ont la qualité de parties affectées par le plan. Puisque les salariés ne peuvent être des parties affectées, il convient de retenir que cette procédure n'atteint pas les salariés[2].

SECTION 2
REDRESSEMENT JUDICIAIRE

§ 1
Présentation générale

023.31 Critères d'éligibilité. Le redressement judiciaire est une procédure collective de traitement judiciaire des difficultés ouverte au bénéfice d'une personne, en état de cessation des paiements, et qui a des chances de se redresser. Il s'agit donc d'une procédure collective curative non préventive.

Elle est accessible à tout débiteur, personne physique, professionnel indépendant, en activité ou non, et à toute personne morale de droit privé, à l'exclusion des syndicats de copropriété.

Précisons que pour les procédures collectives intéressant un entrepreneur individuel à compter du 15 mai 2022, il importe de tenir compte de scission patrimoniale : le débiteur a un patrimoine professionnel et un patrimoine non professionnel. Par principe, la procédure collective n'aura pour objet que de traiter les difficultés du patrimoine professionnel et l'état de cessation des paiements ne sera caractérisé qu'à partir de l'actif disponible et du passif exigible professionnels. Les dettes salariales des salariés attachés à l'activité professionnelle seront nécessairement des dettes professionnelles.

Notons que deux catégories de salariés peuvent bénéficier des procédures collectives : les associés en nom collectif et les micro-entrepreneurs, qui seraient également salariés.

Le critère d'accès au redressement judiciaire est conditionné à une situation économique précise, présentant deux caractéristiques. Le débiteur doit d'abord être en état de cessation des paiements, c'est-à-dire dans l'impossibilité de payer avec son actif disponible, le cas échéant augmenté de ses réserves de crédit – concours financiers qu'acceptent de lui accorder ses associés ou des établissements de crédit –, son passif exigible, diminué le cas échéant des dettes objets d'un moratoire qui, par le fait même ne sont plus exigibles. Le débiteur doit ensuite être susceptible de se redresser, soit directement, soit par l'intermédiaire d'un tiers, ce qui supposera alors la cession de l'entreprise à un repreneur.

L'état de cessation des paiements distingue la procédure de redressement judiciaire de celle de sauvegarde. En revanche, pendant un délai de quarante-cinq jours de sa caractérisation, la procédure de redressement judiciaire est concurrente de la procédure de conciliation, puisque cette dernière est accessible à un débiteur, même s'il est en état de cessation de paiement, dès lors que cet état ne préexiste pas depuis plus de quarante-cinq jours.

023.32 Saisine aux fins d'ouverture. La saisine aux fins d'ouverture du redressement judiciaire est attribuée au débiteur, qui a même l'obligation, sous peine de certaines sanctions et recherches de responsabilité pécuniaire, de solliciter l'ouverture de la procédure dans le délai de quarante-cinq jours de l'apparition de l'état de cessation des paiements. La pratique évoque le « dépôt de bilan », expression employée parce que, à sa demande d'ouverture, le débiteur doit joindre un certain nombre de documents dont le bilan.

Cette procédure peut être demandée par tout créancier, que sa créance soit faible ou importante, qu'elle soit chirographaire ou privilégiée. Un salarié peut donc solliciter l'ouverture d'une procédure collective, dès lors qu'il est créancier. Il n'en va pas de même des institutions représentatives des salariés[3], qui elles n'ont pas cette qualité. Elles pourront toutefois informer le ministère public de la situation de l'entreprise.

La créance de la personne qui saisit le tribunal aux fins d'ouverture d'une procédure collective doit être certaine, liquide et exigible. L'assignation, qui

1. C. com., art. L. 628-8, al. 2.
2. A. Lienhard, *Procédures collectives 2020/2021*, 9e éd., « Encyclopédie Delmas », Dalloz, 2020, n° 094.11 ; A. Jacquemont, N. Borga et Th. Mastrullo, *Droit des entreprises en difficulté*, 12e éd., « Manuel », LexisNexis, 2022, n° 769.
3. A. Lienhard, *op. cit.*, n° 035.21.

n'est pas appuyée par des éléments suffisants pour caractériser l'état de cessation des paiements, présente un caractère abusif, source de dommages et intérêts à l'encontre du créancier assignant[1]. L'assignation utilisée comme moyen de pression, en substitut d'une action en paiement, sera source d'engagement de la responsabilité civile délictuelle du créancier[2]. La solution a ainsi été posée pour l'assignation en redressement judiciaire d'un club de football de Ligue 1 par son ancien entraîneur, se prétendant créancier de treize millions d'euros au titre de rappel de salaires et d'une indemnité de licenciement, qui n'était ni certaine, ni liquide, ni exigible, mais au contraire contestée par le club. Pris à contrepied, il est condamné à 300 000 euros de dommages et intérêts pour assignation abusive en redressement judiciaire, du fait du caractère litigieux de sa créance[3].

Le créancier assignant devra démontrer l'existence de l'état de cessation des paiements, ce qui n'est pas chose simple, compte tenu du fait qu'il doit comparer le montant du passif exigible avec celui de l'actif disponible. Or, sur ce dernier élément, il n'a guère d'information et aura des difficultés d'accès à ces informations. Et c'est pourquoi, si le salarié, en qualité de créancier, peut solliciter l'ouverture de la procédure collective, il lui est plutôt conseillé de se rapprocher du procureur de la République pour signaler le fait que les salaires ne sont plus payés par l'employeur, ce qui est évidemment un indice sérieux de l'état de cessation des paiements.

Le créancier n'a pas besoin d'exercer des mesures d'exécution pour obtenir paiement de sa créance avant d'assigner en redressement judiciaire. Son assignation aux fins d'ouverture d'une procédure collective doit être exclusive de toute autre demande[4], sous réserve de la possibilité pour le créancier de demander à titre principal l'ouverture d'un redressement judiciaire et à titre subsidiaire l'ouverture d'une liquidation judiciaire. Elle est tout spécialement exclusive d'une demande de paiement des sommes qui lui sont dues. Le fondement de la règle, qui est d'éviter les assignations-pressions, justifie qu'elle ne soit pas contrariée par une demande de remboursement des frais hors dépens (frais non répétibles) au titre de l'article 700 du Code de procédure civile[5].

La règle de l'interdiction du subsidiaire n'est cependant posée que pour la demande d'ouverture, ce qui semble sous-entendre la demande initiale devant le tribunal. Devant la Cour d'appel, si une autre demande est formée, seule cette dernière est irrecevable, du fait de sa nouveauté. Telle est la solution retenue par la Cour de cassation[6]. Il a ainsi été jugé que, alors que des salariés avaient demandé en première instance l'ouverture de la procédure collective d'une société à associé unique, cette demande ne devenait pas irrecevable au prétexte que, en cause d'appel, ils sollicitaient l'annulation de la transmission universelle du patrimoine de la société à une autre société, seule la demande nouvelle devant être frappée d'irrecevabilité[7].

Enfin, la saisine aux fins d'ouverture d'un redressement judiciaire appartient également au ministère public. Il est à noter que ce dernier peut recevoir des informations précises du président du tribunal, sur lesquelles il s'appuiera pour présenter sa demande.

023.33 **Déroulement général.** Le tribunal statue sur l'ouverture de la procédure du redressement judiciaire après avoir entendu le débiteur, les institutions représentatives des salariés s'il en existe. L'article L. 2312-53 du Code du travail rend en effet obligatoire l'information et la consultation du comité social et économique en cas de procédure collective. Pour permettre cette audition, le greffier doit inviter le chef d'entreprise à réunir le Conseil social et économique pour désigner les personnes qui seront entendues et qui pourront ultérieurement exercer des recours.

Le tribunal entend également l'ordre ou l'autorité compétente auxquelles le débiteur est soumis s'il est professionnel libéral.

La désignation d'un représentant des salariés est obligatoire, indépendamment de l'existence des institutions représentatives du personnel. L'article L. 631-9 du Code de commerce rend applicable en redressement judiciaire l'article L. 621-4, texte qui dispose que, dans le jugement d'ouverture, le tribunal invite le comité social et économique ou, à défaut de ceux-ci, les salariés, à désigner, au sein de l'entreprise, un représentant des salariés[8].

1. Com. 5 déc. 1989, n° 88-10.340, P IV, n° 305 ; *RTD com.* 1990. 108, obs. J.-Ph. Haëhl ; *Defrénois* 1990. 1013, note M. Beaubrun ; *RTD civ.* 1990. 479, obs. J.-J. Mestre ; *Rev. proc. coll.* 1990, p. 127, obs. L. Cadiet ; – Com. 16 mars 1993, n° 90-21.646, NP ; *Dr. sociétés* 1993, n° 115, note Y. Chaput ; *Rev. proc. coll.* 1994, p. 145, obs. A. Liénard ; – sur la question : J.-J. Mestre, « Réflexions sur l'abus du droit de recouvrer sa créance », *Mél. Raynaud*, Dalloz, 1986, p. 139.
2. Com. 1er oct. 1997, n° 95-13.262, P IV, n° 233 ; *JCP E* 1998. Jur. 469, note F.-X. Lucas ; *Rev. proc. coll.* 1998, p. 227, n° 5, obs. M. Cadiou ; – Com. 5 janv. 1999, n° 96-15.478, P IV, n° 5.
3. T. com. Lille Métropole, 5 mars 2018, n° 2018001176, *D.* 2018. 613, note J.-L. Vallens ; *Gaz. Pal.* 17 avr. 2018, 60, note F. Reille ; *Leden* mai 2018, comm. 111p6, note F.-X. Lucas ; *BJE* 2018. 190, note D. Voinot.
4. C. com., art. R. 631-2, al. 2.
5. Com. 17 juin 2020, n° 19-10.464, P, n° 277 F-P+B ; – Com. 1er juill. 2020, n° 18-24.677, NP ; n° 329 F-D.
6. Com. 23 oct. 2019, n° 18-15.475, NP ; n° 774 F-D ; *Gaz. Pal.* 14 janv. 2020, n° 2, p. 67, note Ch. Lebel ; *Rev. proc. coll.* janv.-févr. 2020, repère 1, obs. M. Menjucq.
7. Com. 23 oct. 2019, n° 18-15.475, NP ; n° 774 F-D, préc.
8. Sur son rôle et son statut, v. ss n° 032.12.

La procédure de redressement judiciaire débute par une période d'observation pendant laquelle l'activité se poursuit de plein droit. Toutefois, et contrairement à ce qui se passe pour la sauvegarde, il faut ici tenir compte du fait que le débiteur est en état de cessation des paiements et qu'il présente donc, pour l'environnement économique, un danger par le passif qu'il est susceptible de faire naître sans pouvoir le payer. C'est pourquoi, dans les deux mois de la période d'observation, l'administrateur judiciaire, s'il en est désigné un, le débiteur à défaut, devra présenter un rapport au tribunal sur les capacités du débiteur à faire face aux dettes d'exploitation nées pendant la période d'observation et qui doivent être payées à l'échéance[1]. Un rapport négatif conduira à une conversion en liquidation judiciaire.

Une réduction du périmètre de l'activité, c'est-à-dire une cessation partielle de l'activité, pourra être demandée par l'administrateur judiciaire, s'il en est désigné un. La cession totale ou partielle de l'activité pourra ici être imposée par le tribunal.

La période d'observation dure au maximum six mois, mais peut être renouvelée une fois pour une durée identique et, à la demande exclusive du ministère public, de manière exceptionnelle, une seconde fois pour la même durée. Si le débiteur est un agriculteur, la période d'observation doit s'inscrire dans l'année culturale afin que cette période d'observation ne cesse pas alors que les récoltes ne sont pas effectuées ou que le cycle d'élevage n'est pas terminé.

La période d'observation est destinée, comme son nom l'indique, à observer l'entreprise, pour en déterminer les difficultés, l'origine et leur importance. C'est l'objet du bilan économique et social, lequel ne s'impose toutefois que si un administrateur judiciaire a été désigné. La période d'observation a surtout pour objet de tenter le sauvetage de l'entreprise par l'élaboration d'un plan de redressement.

À partir de vingt salariés ou de trois millions d'euros de chiffre d'affaires hors taxes par an, le tribunal doit nommer un administrateur judiciaire. En deçà de ces seuils, la nomination de l'administrateur judiciaire est facultative.

Cet organe a des pouvoirs propres, c'est-à-dire des pouvoirs qui sont indépendants de la mission qui lui sera confiée par le tribunal. C'est ainsi que lui seul se prononcera sur la continuation des contrats en cours ou sur les demandes en revendications ou en restitutions qui lui seront présentées par des propriétaires de meubles. C'est lui qui fera fonctionner les comptes bancaires dans l'hypothèse où le chef d'entreprise aura fait l'objet d'une interdiction d'émettre des chèques. Dans la procédure de redressement judiciaire, le débiteur assiste l'administrateur pour l'élaboration du projet de plan.

À côté de ses pouvoirs invariables, l'administrateur a des pouvoirs qui dépendent de la mission que lui a confiée le tribunal. Dans une procédure de redressement judiciaire, l'administrateur judiciaire ne peut avoir une mission de simple surveillance. Le tribunal a ici le choix entre la mission d'assistance ou celle de représentation.

Le tribunal peut choisir de confier à l'administrateur judiciaire une mission d'assistance. Elle est, de très loin, la plus fréquente. En cette hypothèse, il existe une cogestion entre l'administrateur et le chef d'entreprise. Les actes juridiques sont passés conjointement. Les actions en justice tant en demande qu'en défense sont exercées conjointement. Les comptes bancaires fonctionnement sous la double signature. Les actions en justice tant en demande qu'en défense sont exercées conjointement. Le tribunal peut confier à l'administrateur judiciaire une mission d'administration, dite aussi mission de représentation. La pratique évoque la « mission 3 ». Le débiteur se trouve alors dans l'impossibilité de gérer son entreprise. La gestion est l'œuvre de l'administrateur judiciaire. Les actes juridiques sont passés par le seul administrateur judiciaire. Les actions en justice tant en demande qu'en défense sont exercées par lui seul. Les comptes bancaires fonctionnement sous sa seule signature.

Le non-respect des règles de l'assistance ou de la représentation, appelée aussi règles de l'administration contrôlée, est sanctionné par une inopposabilité à la procédure collective des actes accomplis. La solution peut se vérifier par exemple s'il est question de licencier pour faute un salarié. En mission d'administration, ce licenciement doit être l'œuvre de l'administrateur judiciaire. Si le licenciement est l'œuvre du débiteur, le licenciement est inopposable à la procédure collective il en résultera des conséquences quant à la prise en charge des conséquences de ce licenciement par l'AGS. Les actions en justice menées au mépris des règles de l'administration contrôlée sont irrecevables.

L'inopposabilité des actes accomplis au mépris des règles de l'administration contrôlée sera toutefois écartée lorsque l'acte en question pourra recevoir la qualification d'actes de gestion courante et que le cocontractant du débiteur sera de bonne foi, c'est-à-dire qu'il aura ignoré la restriction de pouvoirs atteignant celui-ci. Cette question a déjà été étudiée[2].

Pendant la période d'observation, les actes de dispositions étrangers à la gestion courante sont interdits[3].

1. C. com., art. L. 631-15.

2. V. s[s] n° 023.13.
3. V. s[s] n° 023.13.

023.34 Issues de la période d'observation. La période d'observation peut se terminer de diverses façons ; par l'adoption d'un plan de redressement, d'un plan de cession, par une conversion en liquidation et enfin par une clôture anticipée du redressement judiciaire sur démonstration de la possibilité de payer le passif exigible.

L'issue normale de la période d'observation du redressement judiciaire est l'adoption d'un plan de redressement. Il faut qu'il existe des possibilités de redressement de l'entreprise, ce qui présuppose tout à la fois la possibilité de poursuivre l'activité et de payer le passif. Cependant, le redressement envisagé peut aussi n'être que celui du débiteur. En ce cas, l'objet du plan de redressement du débiteur sera exclusivement de payer les dettes, non de poursuivre l'activité.

Si l'entreprise est viable, mais si le débiteur ne peut en assurer personnellement le redressement, une cession d'entreprise est possible à l'issue de la période d'observation. Elle peut être totale ou partielle. Le plan de cession apparaît subsidiaire par rapport au plan de redressement : il n'est envisagé que si le plan de redressement n'est pas possible. Cette subsidiarité est cependant écartée avec le mécanisme du « *prepack cession* ».

Si le redressement de l'entreprise apparaît manifestement impossible, il y a place à conversion du redressement en liquidation judiciaire. Cette conversion peut intervenir à tout moment de la période d'observation.

Enfin, la période d'observation peut se terminer par un jugement de clôture du redressement judiciaire sur démonstration de la capacité du débiteur à payer tout son passif exigible ainsi que les frais de la procédure. Le tribunal saisi par le débiteur appréciera s'il y a lieu à prononcer cette clôture, laquelle n'est donc pas obligatoire.

§ 2
Plan de redressement

023.41 Règles générales. Précisons que les règles relatives aux classes de parties affectées s'appliquent tant en plan de sauvegarde, qu'en plan de redressement. Nous renvoyons le lecteur aux développements consacrés à cette question en plan de sauvegarde[1].

Le tribunal statue sur l'adoption ou le rejet du plan. Notons que les institutions représentatives du personnel disposent du droit d'interjeter appel de la décision statuant sur le plan de redressement.

Le plan de redressement précise le périmètre de l'activité continuée, le nombre de salariés licenciés, les licenciements intervenant en application des dispositions du plan, et les modalités de règlement du passif. Il détermine également les personnes tenues de l'exécuter.

Le jugement arrêtant le plan précise la durée de celui-ci. En droit commun, sa durée ne peut excéder dix ans. Cette durée peut être portée à quinze ans pour les exploitants agricoles, personnes physiques ou personnes morales.

Le plan donne acte des délais et remises acceptés par les créanciers. Il peut imposer aux créanciers, qui n'ont pas accepté les propositions, des délais de paiement, qui doivent être uniformes et ne peuvent dépasser en droit commun dix ans, quinze ans si le débiteur est un exploitant agricole.

Un organe spécifique est désigné par le tribunal. Il est chargé de veiller à la bonne exécution du plan, le commissaire à l'exécution du plan. En pratique, il s'agira soit de l'ancien mandataire judiciaire, soit de l'ancien administrateur judiciaire.

Le commissaire à l'exécution du plan, outre sa mission générale de veiller à la bonne exécution du plan, de réceptionner de la part du débiteur les dividendes qu'il doit reverser aux créanciers, devient le défenseur de l'intérêt collectif des créanciers, prenant en cela la place du mandataire judiciaire. La durée de sa mission est calée sur la durée du plan.

Le plan prend fin de trois façons : par expiration de sa durée, par la complète exécution, ou encore par la résolution.

L'expiration de la durée du plan marque la fin de la mission du commissaire à l'exécution du plan, et cela même si les dividendes n'ont pas été complètement payés. Les créanciers retrouvent alors leur droit de poursuite individuelle contre le débiteur à compter de la fin du plan, et sont enfermés dans le délai de prescription attachée à leurs créances pour agir, selon les voies du droit commun, contre le débiteur.

Le plan peut prendre fin par sa complète exécution. Dans cette hypothèse, le débiteur peut faire constater celle-ci par le tribunal, qui rend une décision constatant la bonne exécution du plan par le débiteur.

Enfin, le plan peut prendre fin par sa résolution.

023.42 Résolution du plan de redressement. Le plan de redressement peut être résolu pour deux raisons : soit pour apparition de l'état de cessation des paiements soit pour inexécution.

L'apparition de l'état de cessation des paiements pendant l'exécution du plan du redressement est une cause autonome de résolution du plan. Dans cette hypothèse, le tribunal n'a pas le choix, il doit prononcer la résolution du plan. En outre, puisqu'il y a cessation des paiements, le tribunal est contraint, dans le jugement même qui prononce la résolution du plan, d'ouvrir une seconde procédure collective,

1. V. s[s] n° 023.15.

qui sera obligatoirement une liquidation judiciaire, peu important que le débiteur ait encore des chances de se redresser.

La résolution du plan peut aussi intervenir pour inexécution. On supposera ici que le débiteur n'est pas en état de cessation des paiements, mais qu'il n'a pas exécuté correctement les obligations mises à sa charge dans le cadre du plan. Peu importe le type d'obligation non exécutée. Il pourrait s'agir du non-respect d'engagements sociaux. La résolution pour inexécution est facultative. Elle est donc laissée à l'appréciation du tribunal. En ce cas, puisqu'il n'y a pas cessation des paiements, le tribunal prononce la résolution du plan, mais n'ouvre pas une nouvelle procédure collective. Le débiteur redevient donc maître de ses droits. Cependant, en pratique, la résolution du plan, parce qu'elle emporte caducité des délais et des remises du plan, va mécaniquement entraîner la cessation des paiements. Cette dernière ne sera pas la cause de la résolution du plan, mais sa conséquence. Il appartiendra alors au débiteur ou éventuellement à un créancier de demander l'ouverture de la procédure collective qui pourra être un redressement ou une liquidation judiciaire, en fonction du point de savoir si le débiteur peut encore ou non se redresser.

§ 3
Plan de cession

023.51 **Règles générales.** Le plan de cession est réglementé par le Code de commerce au stade des opérations de réalisations des actifs d'un débiteur en liquidation judiciaire. Cette présentation ne correspond pas à la réalité statistique : les cessions d'entreprises interviennent le plus souvent en phase de redressement judiciaire. L'article L. 631-22 du Code de commerce prévoit explicitement cette possibilité d'adoption du plan de cession en redressement judiciaire, en rendant applicables en redressement judiciaire les dispositions relatives à la cession d'entreprise posées en liquidation judiciaire.

Présenter le plan de cession comme une opération de redressement correspond d'ailleurs mieux à la finalité du mécanisme : il est en effet question de redresser une entreprise en la cédant à un tiers.

Si le plan de cession est envisagé en situation de redressement judiciaire, un administrateur judiciaire est obligatoirement nommé. Il fixe le délai de présentation des offres de cession.

Ces offres doivent émaner de tiers, c'est-à-dire de personnes qui ne sont ni le débiteur, ni un dirigeant de la personne morale débitrice, ni un parent ou allié au deuxième degré de ces derniers. L'idée est d'empêcher l'équipe dirigeante de reprendre par un plan de cession une activité, en se débarrassant des dettes créées.

L'administrateur fixe un délai de présentation des offres, lesquelles sont, à compter de leur dépôt au greffe, irrévocables et intangibles, sauf si elles sont améliorées ; la chose est possible jusqu'à deux jours ouvrés avant l'audience au cours de laquelle le tribunal va statuer sur les offres.

Le mécanisme du « *prepack cession* » permet d'adopter un plan de cession en redressement judiciaire, qui a été préparé pendant une procédure de conciliation. En ce cas, si l'offre présentée apparaît suffisante, il peut être décidé de ne pas faire d'appel d'offres, l'avis du ministère public étant recueilli.

Le plan de cession peut aussi être adopté en liquidation judiciaire, les offres de cession ayant pu être présentées en redressement judiciaire ou directement en liquidation judiciaire. Il est à noter que si le plan de cession est préparé en liquidation judiciaire, le tribunal décide une poursuite provisoire d'activité et fixe lui-même le délai de réception des offres. Ces dernières seront reçues par le liquidateur, à moins que le tribunal n'ait désigné un administrateur judiciaire, ce qui est obligatoire si le débiteur emploie au moins vingt salariés ou réalise au moins trois millions d'euros de chiffre d'affaires.

Les offres doivent comporter un certain nombre de mentions obligatoires, dont le nombre de salariés, le périmètre de l'activité et les contrats repris, ainsi que le prix de cession.

L'article L. 642-5, alinéa 2, issu de la rédaction que lui donne la loi de sauvegarde des entreprises, prévoit que les débats doivent avoir lieu en présence du ministère public lorsque la procédure est ouverte au bénéfice de personnes physiques ou morales dont le nombre de salariés ou le chiffre d'affaires hors taxes est supérieur à un seuil fixé par décret en Conseil d'État. Le décret fixe à vingt le nombre de salariés et à trois millions d'euros le chiffre d'affaires.

Le tribunal, à l'audience au cours de laquelle les offres de cessions sont examinées, et en entendant les institutions représentatives du personnel, choisit l'offre qui lui permet d'assurer le mieux la poursuite de l'activité, le maintien des emplois et le paiement des créanciers. En pratique, il s'agira de l'offre la plus sérieuse, c'est-à-dire celle qui présente les meilleures garanties d'exécution.

Le débiteur peut interjeter appel du jugement arrêtant le plan de cession. Après avoir curieusement reconnu ce droit, alors même qu'il n'y avait pas intérêt[1], la Cour de cassation a opéré un revirement

1. Com. 12 juill. 2017, n° 16-12.544, P IV ; n° 1040 F-P+B+I ; *Leden* sept. 2017, comm. 110x8, note O. Staes ; *BJE* nov.-déc. 2017. 435, note C. Vincent ; *Rev. proc. coll.* janv.-févr. 2018, comm. 11, note P. Cagnoli ; *Rev. sociétés* 2017. 583, note Henry ; *Act. proc. coll.* 2017, comm. 239, note N. Fricéro ; *JCP E* 2017, chron. 1688, n° 4, obs. Ph. Pétel ; *Rev. proc. coll.* 2017, comm. 104, note G. Berthelot.

de jurisprudence, signalé dans sa décision dans la mesure où la solution de la Cour de cassation avait suscité de vives controverses doctrinales, en considérant que le droit commun de la procédure civile, auquel ne déroge pas l'article L. 661-6, III, du Code de commerce, devait être respecté. Par conséquent, l'appel du débiteur ne sera recevable que s'il a intérêt à exercer le recours [1], ce qui sera rare en pratique.

Le repreneur ne peut interjeter appel que si le tribunal lui a imposé des charges supplémentaires à celles contenues dans son offre. Un arrêt illustre bien la solution. Il rappelle qu'il résulte de l'article L. 642-5 du Code de commerce que le tribunal qui arrête le plan de cession ne peut imposer au cessionnaire des charges qu'il n'a pas souscrites. « Pour condamner les sociétés cessionnaires à verser au liquidateur la moitié de la prime de treizième mois pour l'année 2016, l'arrêt retient que le jugement arrêtant le plan de cession, qui est précis et complet, notamment sur le volet social, indique "13e mois : paiement du 13e mois si le droit est né postérieurement à la cession et sous réserve d'une décision de justice définitive confirmant le droit des salariés à bénéficier d'un 13e mois" et qu'il ne fait pas état d'un paiement *prorata temporis*. En statuant ainsi, après avoir relevé que l'offre de la société Figeac Aéro stipulait, s'agissant de la prime de treizième mois due aux salariés de la société reprise que « celle-ci est due par le repreneur si la créance en résultant est née postérieurement à la cession [...] et que, dans le cas où l'entrée en jouissance doit intervenir pendant le mois de novembre, la demi-mensualité du treizième mois sera payée *prorata temporis* à compter de l'entrée en jouissance » et alors que cette offre n'avait pas été ultérieurement modifiée sur ce point qui n'avait fait l'objet d'aucun débat devant le tribunal, dont le jugement mentionnait une présentation synthétique, et non exhaustive, des offres, la Cour d'appel, en imposant au cessionnaire une charge qu'il n'avait pas proposée dans son offre, a violé le texte susvisé » [2].

Les institutions représentatives du personnel ne disposent pas du droit d'interjeter appel réformation de la décision statuant sur le plan de cession. Elles ne retrouvent le droit à l'appel qu'en cas d'excès de pouvoir : il s'agit alors d'un appel nullité [3].

Enfin, les créanciers ne sont jamais des parties ; ils ne peuvent donc pas faire appel. De surcroît, la tierce opposition est fermée. Ils ne seraient donc recevables qu'en formant une hypothétique tierce opposition nullité, sur démonstration délicate d'un excès de pouvoir rarement admis en jurisprudence.

Il n'existe pas d'organe spécifique de surveillance de l'exécution du plan. Si le débiteur est placé en liquidation judiciaire, peu important que le plan soit adopté en redressement ou en liquidation judiciaire, la surveillance de l'exécution du plan incombe au liquidateur. Si le débiteur obtient un plan de redressement, ce qui est possible, mais très rare en pratique, la surveillance appartient au commissaire à l'exécution du plan.

Le plan prend fin de deux façons : par sa complète exécution, qui conduira à la clôture de la procédure, ou par sa résolution, laquelle interviendra sur le constat de l'inexécution du plan.

§ 4
Extension de la procédure

023.61 **Règles générales.** La procédure ouverte contre un débiteur peut être étendue à une ou plusieurs autres personnes sur deux fondements : la fictivité ou la confusion des patrimoines. La question ne présente pas de particularités par rapport à l'extension d'une sauvegarde [4].

SECTION 3
LIQUIDATION JUDICIAIRE

§ 1
Présentation générale

023.71 **Critères d'éligibilité.** La liquidation judiciaire est une procédure collective de traitement judiciaire des difficultés ouverte au bénéfice d'une personne, est en état de cessation des paiements, et dont les chances de se redresser ont disparu.

Elle est accessible à tout débiteur, personne physique, professionnel indépendant, en activité ou non, et à toute personne morale de droit privé, à l'exclusion des syndicats de copropriété.

Les règles relatives à l'entrepreneur individuel s'appliquent à la liquidation judiciaire [5].

Notons que deux catégories de salariés peuvent bénéficier des procédures collectives : les associés en

1. Com. 23 oct. 2019, n° 18-21.125, P, n° 840 FS-P+B+I ; *Gaz. Pal.* 14 janv. 2020, n° 2, p. 74, note B. Ferrari ; *Act. proc. coll.* 2019/20, comm. 271, note J. Théron ; *BJE* janv.-févr. 2020. 22, note C. Vincent ; *RTD com.* 2019. 1007, note H. Poujade ; *JCP E* 2019, chron. 1551, n° 7, obs. Ph. Pétel ; *Rev. proc. coll.* janv.-févr. 2020, comm. 4, p. 34, note P. Cagnoli ; *LXB* N1109BYQ, 14 nov. 2019, n° 613, note P.-M. Le Corre.
2. Com. 11 sept. 2024, n° 23-19.189, NP.
3. Com. 17 févr. 2015, n° 14-10.279, P IV ; n° 210 FS-P+B ; *JCP E* 2015, chron. 1204, n° 6, obs. Ph. Pétel ; *BJE* 2015. 245, note de C. Lajarte-Moukoko ; *Rev. sociétés* 2015. 411, note L.-C. Henry ; *Rev. proc. coll.* 2015, comm. 84, note P. Cagnoli.
4. V. s^s n° 023.18.
5. V. s^s n° 023.12.

nom collectif et les micro-entrepreneurs, qui seraient également salariés.

Le critère d'accès à la liquidation judiciaire est double. Le débiteur doit d'abord être en état de cessation des paiements, c'est-à-dire dans l'impossibilité de payer avec son actif disponible, le cas échéant augmenté de ses réserves de crédit - concours financiers qu'acceptent de lui accorder ses associés ou des établissements de crédit -, son passif exigible, diminué le cas échéant des dettes objets d'un moratoire qui, par le fait même ne sont plus exigibles. Le débiteur doit ensuite être dans l'impossibilité manifeste de se redresser. En d'autres termes, sa situation est irrémédiablement compromise.

Seule cette impossibilité de se redresser distingue la procédure de liquidation judiciaire de celle de redressement judiciaire.

023.72 Saisine aux fins d'ouverture. La saisine aux fins d'ouverture de la liquidation judiciaire est attribuée au débiteur, qui a même l'obligation, sous peine de certaines sanctions et recherches de responsabilité pécuniaire, de solliciter l'ouverture de la procédure dans le délai de quarante-cinq jours de l'apparition de l'état de cessation des paiements. La pratique évoque le « dépôt de bilan », expression employée par ce que, à sa demande d'ouverture, le débiteur doit joindre un certain nombre de documents dont le bilan.

Cette procédure peut être demandée par tout créancier, dont la créance est certaine, liquide et exigible. La question ne présente pas de particularité par rapport à l'assignation en redressement judiciaire par un créancier[1], sous une réserve importante : outre que le créancier assignant devra démontrer l'existence de l'état de cessation des paiements, il devra également établir que le débiteur a perdu toute chance de ce redressement. Devant cette difficulté, en pratique, les créanciers ont plutôt tendance à assigner à titre principal en ouverture d'un redressement judiciaire et à titre subsidiaire en liquidation judiciaire, ou inversement, ce qu'ils ont le droit de faire[2].

023.73 Fonctionnement général. La liquidation judiciaire peut résulter d'un jugement d'ouverture. Il s'agit de la liquidation judiciaire immédiate, ce qui représente deux tiers environ des procédures collectives ouvertes.

Le tribunal statue sur l'ouverture de la procédure de liquidation judiciaire après avoir entendu le débiteur, les institutions représentatives des salariés s'il en existe. L'article L. 2312-53 du Code du travail rend en effet obligatoire l'information et la consultation du comité social et économique en cas de procédure collective. Pour permettre cette audition, le greffier doit inviter le chef d'entreprise à réunir le Conseil social et économique pour désigner les personnes qui seront entendues et qui pourront ultérieurement exercer des recours.

Le tribunal entend également l'ordre ou l'autorité compétente auxquelles le débiteur est soumis, s'il est professionnel libéral.

La désignation d'un représentant des salariés est obligatoire, indépendamment de l'existence des institutions représentatives du personnel. L'article L. 641-1, II, alinéa 3, du Code de commerce rend applicable en liquidation judiciaire l'article L. 621-4, texte qui dispose que, dans le jugement d'ouverture, le tribunal invite le comité social et économique ou, à défaut de ceux-ci, les salariés, à désigner, au sein de l'entreprise, un représentant des salariés.

La liquidation judiciaire peut ainsi être prononcée, sur conversion d'une sauvegarde ou d'un redressement judiciaire, lorsque toute chance de redressement, qui existait au jour de l'ouverture, a finalement disparu.

Le jugement qui ouvre ou prononce la liquidation désigne un ou plusieurs liquidateurs (cas des entreprises importantes). Le liquidateur a pour mission de défendre l'intérêt collectif des créanciers. Dans ce cadre, il vérifie le passif, introduit les actions en reconstitution de l'actif et réalise les actifs. Il représente également le débiteur, qui est dessaisi de l'administration de ses droits patrimoniaux. Cette représentation doit être bien comprise : elle a pour seul objet de protéger le gage commun, c'est-à-dire l'actif à distribuer aux créanciers. Le débiteur ne devient pas un incapable, mais il perd le droit d'administrer et de disposer des éléments de son patrimoine. Il ne peut plus s'engager dans des actes juridiques intéressant son patrimoine. Les actions en justice sont menées par et contre le liquidateur. Le non-respect des règles du dessaisissement est sanctionné par une inopposabilité à la procédure collective des actes juridiques et une irrecevabilité des actions en justice. Le débiteur conserve toutefois des droits personnels (droits attachés à sa personne), et des droits propres, qui sont en réalité des droits procéduraux lui permettant de se faire entendre pendant la procédure collective et d'exercer des recours contre les décisions rendues dans la procédure collective où il se trouve en conflit d'intérêts avec le liquidateur.

La liquidation judiciaire met fin par principe à l'activité de l'entreprise. Par exception, le tribunal peut autoriser une poursuite provisoire de l'activité, si l'intérêt des créanciers ou l'intérêt public l'exige, ainsi que s'il est envisagé de céder l'entreprise par le canal d'un plan de cession. Les offres de reprise devront alors être formulées pendant la période de poursuite provisoire de l'activité.

1. V. s[s] n° 023.32.
2. V. s[s] n° 023.32.

Avant l'ordonnance du 15 septembre 2021[1], la liquidation judiciaire emportait interdiction pour le débiteur d'exercer une nouvelle activité indépendante. Depuis la loi du 14 février 2022, applicable aux procédures collectives ouvertes à compter du 15 mai 2022, cette ordonnance autorise l'entrepreneur individuel, dès le jugement de liquidation judiciaire, à reprendre une nouvelle activité indépendante, à laquelle pourront être attachés des salariés. Le patrimoine professionnel lié à cette nouvelle activité ne sera pas compris dans la liquidation judiciaire. L'entrepreneur individuel, au regard de cette nouvelle activité, sera considéré comme une personne *in bonis*.

La liquidation judiciaire a pour objectif, comme son nom l'indique, de transformer en liquidité les actifs du débiteur, de les liquéfier. Le liquidateur va donc se charger de vendre les actifs pour en distribuer le prix entre les créanciers, selon leur rang. À cet égard, les salariés figurent au premier rang au titre de leurs créances superprivilégiées et sont relativement bien placés, du moins sur le produit de la vente des immeubles, au titre de leur privilège général.

Pour les entreprises, personnes morales, qui n'ont pas d'actif immobilier, dont le nombre de salaires est au plus de cinq et qui réalisent au plus 750 000 euros de chiffre d'affaires, il existe une modalité particulière de la liquidation judiciaire, la liquidation judiciaire simplifiée. Aucun seuil de salarié n'est exigé pour les entrepreneurs individuels.

En réalité, il s'agit de la modalité la plus appliquée. Elle conduit à ne pas exiger, contrairement au principe posé en liquidation judiciaire, d'autorisation du juge-commissaire pour vendre les actifs du débiteur, lesquels doivent être réalisés en trois mois, afin de parvenir à une clôture très rapide : dans les six mois de la décision d'application de la liquidation judiciaire simplifiée si l'entreprise emploie au plus un salarié et réalise au plus 300 000 euros de chiffre d'affaires, dans l'année si ces seuils sont dépassés tout en restant dans les seuils de la liquidation judiciaire simplifiée. Cette volonté d'aller vite s'explique par l'idée du rebond rapide du débiteur, qui est un impératif socio-économique du législateur contemporain.

023.74 **Clôtures.** La fin de la liquidation judiciaire est marquée par un jugement de clôture. Sous réserves des règles de la liquidation judiciaire simplifiée, le jugement ouvrant ou prononçant la liquidation judiciaire indique la date à laquelle l'affaire sera rappelée pour envisager la clôture. Cette date ne peut être fixée au-delà de deux ans. Passé ce délai, tout créancier peut demander la clôture. À l'intérieur de ce délai, ce droit n'appartient qu'au débiteur et au liquidateur.

Il existe en réalité deux causes de clôture de la liquidation judiciaire : la clôture pour extinction du passif exigible et la clôture pour insuffisance d'actif.

La liquidation judiciaire peut d'abord se clôturer par extinction du passif exigible. Cette forme de clôture est exceptionnelle. Elle suppose soit que tout le passif exigible soit payé, soit qu'il puisse l'être. Depuis l'ordonnance du 12 mars 2014[2], la société débitrice dont la liquidation judiciaire a été clôturée par extinction du passif exigible pourra reprendre son activité.

La liquidation judiciaire peut ensuite se clôturer pour insuffisance d'actif. La poursuite des opérations de liquidation judiciaire est rendue impossible en raison de l'insuffisance de l'actif. Il faut ici supposer soit que la vente de tous les actifs du débiteur est intervenue, soit que les opérations ne peuvent plus être poursuivies, faute de liquidités.

Au fil des réformes, les conditions de clôture pour insuffisance d'actif, en rendant possible la clôture sur la justification que l'intérêt de la poursuite des opérations de liquidation judiciaire est disproportionné par rapport aux difficultés de réalisation des actifs résiduels.

L'assouplissement des conditions de la clôture pour insuffisance d'actif s'est encore accentué, en permettant au tribunal de prononcer la clôture de la procédure tout en désignant un mandataire ayant pour mission de poursuivre les instances en cours et de répartir, le cas échéant, les sommes perçues à l'issue de celles-ci. Cette question fait naître un problème particulier pour l'établissement des relevés de créances salariales[3].

La clôture pour insuffisance d'actif entraîne l'application du principe de non reprise des poursuites individuelles : les créanciers perdent le droit de pouvoir agir en justice pour obtenir la condamnation du débiteur à payer ce qu'il leur doit.

§ 2
Extension de la liquidation

023.81 **Règles générales.** La procédure ouverte contre un débiteur peut être étendue à une ou plusieurs autres personnes sur deux fondements : la fictivité ou la confusion des patrimoines. La question ne présente pas de particularités par rapport à l'extension d'une sauvegarde[4].

1. Ord. n° 2021-1193, 15 sept. 2021, *JO* 16 sept. 2021, texte n° 21, NOR : JUSC2127016R.

2. Ord. n° 2014-326, 12 mars 2014, préc.
3. V. s[s] n° 612.14.
4. V. s[s] n° 023.18.

CHAPITRE

024. Enjeux inexistants des procédures non collectives pour les salariés

SECTION 0

ORIENTEUR

024.00 Sommaire du chapitre.

Sect. 1 Sauvegarde accélérée 024.11 à 024.13

Sect. 2 Rétablissement professionnel 024.21 à 024.25

SECTION 1

SAUVEGARDE ACCÉLÉRÉE

024.11 Critères d'application. L'article 57, I de la loi du 22 octobre 2010 [1], dite de régulation bancaire a institué la procédure de sauvegarde financière accélérée. D'abord réservée aux très grandes entreprises, cette procédure s'est démocratisée avec l'ordonnance du 12 mars 2014, qui a créé la sauvegarde accélérée. L'ordonnance du 15 septembre 2021 supprime facialement la sauvegarde financière accélérée tout en permettant au débiteur de demander au tribunal de limiter le périmètre de la procédure aux seuls créanciers financiers, dès lors que son endettement à traiter dans le cadre de la procédure est de nature financière. On conservera néanmoins l'expression de sauvegarde financière accélérée, qui reste une réalité.

La procédure de sauvegarde accélérée est accessible, en application de l'alinéa 2 de l'article L. 628-1, alinéa 1, du Code de commerce, à un débiteur engagé dans une procédure de conciliation en cours.

Elle est réservée aux débiteurs dont les comptes sont certifiés par un commissaire aux comptes ou établis par un expert-comptable. Dans un premier temps, le débiteur devait employer un certain nombre de salariés, réaliser un certain chiffre d'affaires ou avoir un total de bilan supérieur à des seuils fixés par décret, ou encore établir des comptes consolidés. Les seuils étaient les suivants : vingt salariés, 3 000 000 euros de chiffre d'affaires hors taxe ou 1 500 000 euros pour le total du bilan. Ces critères n'étaient pas cumulatifs. Ces seuils ont été supprimés par l'ordonnance du 15 septembre 2021 [2].

La sauvegarde accélérée peut bénéficier à un débiteur qui était en état de cessation des paiements lors de l'ouverture de la conciliation depuis moins de quarante-cinq jours et qui est resté en état de cessation des paiements au jour de sa demande d'ouverture de la sauvegarde financière anticipée.

Pour être éligible à la sauvegarde accélérée, le débiteur doit justifier avoir élaboré un projet de plan dont l'adoption est vraisemblable par les créanciers mentionnés comme ayant la qualité de classes de parties affectées.

024.12 Fonctionnement général. La sauvegarde accélérée ne présente plus de particularité de fonctionnement par rapport à la sauvegarde accélérée classique, depuis l'ordonnance du 15 septembre 2021. Elle est ouverte pour une durée maximale de deux mois, renouvelable une fois. Au terme de ce délai, soit un plan avec classe de parties affecté a été adopté, soit il est mis à la procédure.

Selon l'article L. 628-6 du Code de commerce, cette procédure ne produit d'effet qu'à l'égard des parties affectées par le plan. Ces créanciers sont en réalité déterminés dès la sortie de la procédure de conciliation. Ce sont les créanciers appelés à la conciliation qui seront les parties affectées par le plan. Il est dès lors possible de considérer que, dès l'ouverture de la sauvegarde accélérée, les créanciers qui n'avaient pas été appelés à la conciliation ne subissent pas les règles de la discipline collective, puisqu'ils ne sont pas des parties affectées.

1. L. n° 2010-1249, 22 oct. 2010 de régulation bancaire et financière, *JO* 23 oct., p. 18984.

2. Ord. n° 2021-1193,15 sept. 2021 portant modification du livre VI du Code de commerce, *JO* 16 sept., n° 21.

Une réserve mérite cependant d'être faite en ce qui concerne la déclaration de créance. Le débiteur établit une liste des parties affectées ayant participé à la conciliation. Cette liste vaut présomption de déclaration de créance pour le compte de ces créanciers [1]. Les créanciers ne figurant pas sur cette liste ne sont pas des parties affectées par le plan et ne sont donc pas astreints à déclarer leur créance au passif.

On signalera enfin que la procédure de déclaration des créances ne concerne que les seuls créanciers financiers et les obligataires, le cas échéant, si le débiteur a demandé que la procédure soit limitée aux seuls créanciers financiers (sauvegarde financière accélérée).

024.13 Absence d'incidence pour les salariés. Dans la sauvegarde accélérée, depuis l'ordonnance du 15 septembre 2021 [2], il y a place à constitution de classes de parties affectées, c'est-à-dire des créanciers dont les conditions de remboursement vont être modifiées par le plan. Ces parties affectées ne peuvent être que des créanciers financiers ou des obligataires.

La procédure est semi-collective : elle n'a d'effet qu'à l'égard des créanciers qui ne sont affectés par le plan, c'est-à-dire qui ne sont pas des parties affectées. Ces personnes qui ne sont pas affectées par le plan ne subiront les contraintes de la procédure que pendant la durée de la période d'observation. Ils ne subiront pas les règles de la discipline collective une fois le plan adopté.

Il en est ainsi des salariés, qui ne peuvent être des parties affectées par le plan. Ils ne devraient, en bonne logique, être soumis à la discipline collective [3] que pendant la courte période d'observation.

En réalité, il nous semble que, dans la mesure où les salariés ne peuvent en aucun cas être des parties affectées par le plan, dès l'ouverture de la procédure on doit les dispenser d'avoir à se soumettre à la discipline collective.

Enfin, si des licenciements devaient intervenir dans le cadre du plan de sauvegarde accélérée, ils ne pourraient qu'être soumis au droit commun, comme cela est au demeurant déjà le cas dans la procédure de sauvegarde.

SECTION 2
RÉTABLISSEMENT PROFESSIONNEL

024.21 Critères d'application. L'article L. 645-1 du Code de commerce prévoit que le rétablissement professionnel est ouvert à tout débiteur, personne physique, mentionné à l'article L. 640-2. Il s'agit de tout professionnel indépendant. Sont donc exclues les personnes morales.

Il importe de noter que, même après le 15 mai 2022, l'entrepreneur individuel sera soumis au rétablissement professionnel pour ses deux patrimoines, le patrimoine professionnel, mais aussi le patrimoine personnel, sans possibilité pour ce dernier de recourir au surendettement de particuliers.

Pour être éligible au rétablissement professionnel, le débiteur ne doit avoir employé aucun salarié au cours des six derniers mois. La procédure ne peut bénéficier à un débiteur dans les liens d'une instance prud'homale. La solution s'explique par le fait que l'intervention de l'AGS suppose une vérification de la créance salariale, inconciliable avec la procédure de rétablissement professionnel.

Enfin, la valeur de l'actif du débiteur doit être inférieure à un seuil fixé par décret à 5 000 euros, seuil porté à 15 000 euros par l'ordonnance du 20 mai 2020 [4]. Depuis l'ordonnance du 15 septembre 2021 [5], il est fait abstraction pour ce seuil des biens insaisissables, notamment la résidence principale.

Cette précision est évidemment de première importance, puisqu'il est question, avec ce mécanisme, de ne pas ouvrir les liquidations judiciaires impécunieuses, c'est-à-dire celles qui ne permettent même pas la prise en charge des frais de justice strictement utiles au déroulement de la procédure.

L'article L. 645-2 du Code de commerce entend éviter l'effacement à répétition des dettes ou les mécanismes voisins. Le texte interdit le recours à ce mécanisme au débiteur qui a connu dans les cinq ans précédents, une clôture de liquidation judiciaire pour insuffisance d'actif, au titre de l'un quelconque de ses patrimoines.

Le texte interdit également le rétablissement professionnel à un débiteur ayant bénéficié dans le délai de cinq ans, d'une telle procédure.

Le débiteur qui est éligible au rétablissement professionnel lorsqu'il sollicite l'ouverture de la liquidation judiciaire, se voit suggérer par le tribunal l'ouverture du rétablissement professionnel. S'il accepte la suggestion, le tribunal procède à l'ouverture de la procédure de rétablissement professionnel et sursoit à statuer sur la demande de liquidation judiciaire.

024.22 Déroulement général. L'ouverture du rétablissement professionnel suppose que soit recueilli l'avis du ministère public. Elle conduit à la désigna-

1. C. com., art. L. 628-7.
2. Ord. n° 2021-1193,15 sept. 2021, préc.
3. Sur cette notion : v. s[s] n°s 031.21 s.
4. Ord. n° 2020-596, 20 mai 2020 portant adaptation des règles relatives aux difficultés des entreprises et des exploitations agricoles aux conséquences de l'épidémie de covid-19, *JO* 21 mai, n° 8.
5. Ord. n° 2021-1193,15 sept. 2021, préc.

tion d'un juge commis chargé de recueillir tous renseignements sur la situation patrimoniale du débiteur, et notamment le montant de son passif et la valeur de ses actifs. Ce juge nomme, pour l'assister, un mandataire judiciaire.

La procédure est ouverte pour une période de quatre mois. Ce délai doit être mis à profit pour établir la consistance de l'actif du débiteur, vérifier l'absence de salarié, et s'assurer qu'aucun cas devant conduire à l'ouverture d'une liquidation judiciaire n'existe.

La procédure de rétablissement professionnel n'est pas une procédure collective de paiement. Il n'y a pas ici assujettissement des créanciers à une discipline collective. Spécialement, ils ne sont pas frappés par la règle de l'interdiction des poursuites individuelles ni à l'obligation de déclarer leurs créances. Le débiteur ne connaît pas de restrictions de pouvoirs : il n'est pas dessaisi. Aucun organe ne défend collectivement l'intérêt des créanciers.

L'article L. 645-8 du Code de commerce prévoit que le mandataire judiciaire doit informer sans délai les créanciers connus d'avoir à lui communiquer dans un délai maximum de deux mois de la réception de l'avertissement le montant de leur créance avec indication des sommes à échoir et de la date de leurs échéances. Il ne s'agit pas pour le mandataire judiciaire de déterminer le passif. Il est d'abord et avant tout question de déterminer précisément, par cette enquête, l'actif pour savoir si la procédure de rétablissement professionnel doit être poursuivie ou si l'on va devoir appliquer, compte tenu du véritable actif apparu après ces opérations, les règles de la liquidation judiciaire.

024.23 Résultats de l'enquête – Solution choisie. Le juge commis peut d'abord demander au tribunal de renvoyer l'affaire devant lui pour qu'il soit procédé à l'ouverture d'une liquidation judiciaire, sur rapport du juge commis et après avis du ministère public.

L'ouverture de la procédure de liquidation judiciaire, en cours de procédure de rétablissement professionnel, pourra intervenir dans de multiples hypothèses, ainsi que le précise l'article L. 645-9 du Code de commerce.

Il en ira d'abord ainsi s'il apparaît que les conditions d'ouverture de cette procédure n'étaient pas réunies à la date à laquelle le tribunal a statué ou ne le sont plus. Il en ira de même si la bonne foi du débiteur qui a demandé le bénéfice de cette procédure peut être mise en cause. Il en ira enfin ainsi s'il ressort de l'enquête des éléments permettant la mise en œuvre de sanctions prévues au titre V du livre VI du Code de commerce, c'est-à-dire des mesures de faillite personnelle ou d'interdiction de gérer, ainsi que des actions en nullités de la période suspecte.

Il ne s'agit pas alors d'une conversion, mais bien de l'ouverture d'une liquidation judiciaire.

Si l'enquête ne fait pas apparaître d'éléments devant conduire à la liquidation judiciaire, sur rapport du mandataire judiciaire et du juge commis et après avis du ministère public, le tribunal décidera de clôturer la procédure de rétablissement professionnel.

L'article L. 645-11 du Code de commerce vient préciser les effets attachés à la clôture de la procédure de rétablissement professionnel. Selon ce texte, la clôture entraîne effacement des dettes. Il faudra d'abord qu'il s'agisse de dettes nées antérieurement à l'ouverture du rétablissement professionnel. En outre, ne seront effacées que les seules dettes portées à la connaissance du juge commis par le débiteur et qui ont fait l'objet de l'information aux créanciers par le mandataire judiciaire, en vertu de l'article L. 645-8.

Sont exclues de l'effacement plusieurs catégories de dettes. Ne peuvent être effacées les dettes mentionnées au 1° du I de l'article L. 643-11 du Code : dettes résultant d'une infraction pénale dont l'auteur est le débiteur. En vertu du 2° du I de l'article L. 643-11 du Code, ne peuvent être effacées, les créances résultant de droits attachés à la personne du créancier. Ne peuvent être effacées, les dettes de remboursement envers les garants visés au 2° du II de l'article L. 643-11. Échappent également à l'effacement, les dettes alimentaires et les dettes salariales.

Depuis l'ordonnance du 15 septembre 2021[1], ne peuvent être effacées les dettes grevant un patrimoine dont la situation n'est pas irrémédiablement compromise. En outre, aucune dette ne peut être effacée lorsqu'il apparaît que le montant du passif total est disproportionné au regard de la valeur de l'actif, biens insaisissables de droit non compris.

024.24 Inconciliabilité de principe du rétablissement professionnel avec la présence de salariés. Comme nous l'avons énoncé, le rétablissement professionnel n'est pas accessible à tous les débiteurs. Outre qu'ils doivent être des personnes physiques indépendantes en situation de bénéficier de la liquidation judiciaire, ayant peu d'actifs, ils ne doivent employer au jour de la demande d'ouverture aucun salarié. Ils ne doivent en outre ne pas en avoir employé dans les six mois qui précédent[2]. Ce délai s'apprécie par rapport à la date à laquelle le tribunal statue.

Le rétablissement professionnel est impossible s'il existe une instance prud'homale en cours[3]. Il faut évidemment sous entendre, compte tenu de la *ratio legis*, que le débiteur doit y avoir la qualité d'employeur.

1. Ord. n° 2021-1193,15 sept. 2021, préc.
2. C. com., art. L. 645-1, al. 1.
3. C. com., art. L. 645-1, al. 3.

Il a même été dit que le débiteur ne devait avoir aucune dette salariale [1].

C'est là ajouter au texte. Un argument permet d'ailleurs de s'en convaincre. Parmi les dettes exclues de l'effacement, figurent les dettes salariales. Le législateur a donc bien envisagé la possibilité d'existence de dettes salariales puisqu'il en a réglé le régime.

024.25 Absence d'effacement de la créance salariale. Puisque le débiteur ne peut avoir employé de salarié dans les six mois précédant l'ouverture d'un rétablissement professionnel, la question de l'existence de dettes salariales sera rare. Et cela d'autant plus que le débiteur, employeur, ne peut non plus être dans les liens d'une instance prud'homale en cours.

Il faut donc supposer un salarié non payé de certaines créances salariales, qui a cessé d'être embauché par le débiteur dans les six mois qui précédent l'ouverture du rétablissement professionnel, et qui n'a pas encore entamé d'action prud'homale contre son employeur au jour de l'ouverture de cette procédure.

En ce cas, la seule question qui se pose est celle du sort de cette créance. Il est précisé par l'article L. 645-11 du Code de commerce. Contrairement au principe en la matière, les dettes salariales ne sont pas effacées. Pour tenir compte du fait que le législateur raisonne sur l'effacement des dettes et non des créances, le texte de l'article L. 645-11 a été retouché par la loi de modernisation de la justice du XXIe siècle, en visant les dettes correspondant aux créances des salariés. Cela n'emporte pas de conséquence sur l'interprétation.

Puisque le salarié conserve sa créance malgré la clôture du rétablissement professionnel, il peut agir contre le débiteur, son employeur, devant le Conseil des prud'hommes pour obtenir un titre. Le rétablissement professionnel n'a pas pour effet d'interdire les poursuites individuelles. Par conséquent, son ouverture n'est pas interruptive de prescription pour le salarié.

Si le principe du non-effacement de la créance salariale est clair, son application pourrait se trouver compliquer par une erreur du jugement prononçant la clôture du rétablissement professionnel. Supposons que ce jugement vienne intégrer, parmi les dettes effacées, une dette salariale. La décision aura autorité de chose jugée, quelque grossière qu'ait été l'erreur commise par la juridiction, qui aurait clairement commis un excès de pouvoir positif en s'arrogeant un pouvoir qu'elle n'avait pas en prononçant l'effacement de la dette salariale.

La question du recours contre cette décision se pose pour le créancier titulaire de la créance salariale effacée à tort. Les textes restent muets sur les voies de recours sur le jugement de clôture emportant effacement des dettes. Faute de texte contraire, il nous semble que cette décision est susceptible de recours de la part du créancier dont la créance aura été effacée.

Il reste à déterminer la voie de recours. Les créanciers ne sont ni des parties, ni des personnes représentées à l'instance de clôture de la procédure. Il faut donc, à notre sens, décider qu'il y a place à une tierce opposition [2], qui rendra inopposable au tiers opposant le jugement de clôture effaçant sa créance, sans remettre en cause le jugement de clôture lui-même, ni l'effacement des autres dettes. Observons que l'article 116 du décret du 30 juin 2014 [3], qui modifie la rédaction de l'article R. 661-2 du Code de commerce, évoque la tierce opposition en matière de rétablissement professionnel.

Il s'agira d'une tierce opposition rétractation classique, et non d'une tierce opposition nullité, malgré l'excès de pouvoir commis. La tierce opposition nullité n'est en effet ouverte que pour autant que la tierce opposition classique est fermée.

1. EN CE SENS : Ph. Roussel Galle, « *Le rétablissement professionnel : de l'effacement des dettes au rebond* », *Gaz. Pal.* 6 déc. 2014, n° 96, p. 32 s., sp. p. 33.
2. AUSSI : F. Pérochon, avec le concours de M. Laroche, F. Reille, Th. Favario, A. Donnette, *Entreprises en difficulté*, 11e éd., « Manuel », LGDJ-Lextenso, 2022, n° 2593.
3. Décr. n° 2014-736, 30 juin 2014 pris pour l'application de l'ordonnance n° 2014-326 du 12 mars 2014 portant réforme de la prévention des difficultés des entreprises et des procédures collectives, *JO* 1 juill., n° 9.

TITRE

03. Les créances des salariés et la discipline collective

SECTION 0 ORIENTEUR

03.00 Sommaire du titre.

Chap. 031 Présentation générale de la discipline collective

Sect. 1 Concept de discipline collective

Sect. 2 Contenu de la discipline collective

Sect. 3 Domaine de la discipline collective

Chap. 032 Soumission de principe des créances salariales à la discipline collective

Sect. 1 Interdiction des paiements

Sect. 2 Interdiction des poursuites individuelles

Sect. 3 Interdiction des mesures d'exécution

Sect. 4 Arrêt du cours des inscriptions de sûretés

Sect. 5 Arrêt du cours des intérêts

Sect. 6 Soumission aux délais du plan de sauvegarde et de redressement

Chap. 033 Aménagement des règles de la discipline collective pour les créances salariales

Sect. 1 Paiements des créances super privilégiées

Sect. 2 Absence de déclaration des créances

Sect. 3 Inapplication de la règle de l'interruption des poursuites individuelles

Sect. 4 Inapplication de la règle de l'interdiction de reprise des poursuites individuelles après clôture pour insuffisance d'actif

Sect. 5 Interdiction variable d'imposer des délais de paiement pour certaines créances salariales dans les plans de sauvegarde et de redressement

Chap. 034 Situation des salariés au regard des actions en responsabilité contre les tiers

Sect. 1 Situation générale des créanciers au regard des actions en responsabilités contre les tiers

Sect. 2 Salariés invoquant une perte de leur créance salariale

Sect. 3 Salariés invoquant un préjudice autre que la perte de leur créance salariale

03.03 Bibliographie.

> **Contributions.** C. Calomili, « L'efficacité du superprivilège des salaires », *in Colloque Sûretés réelles et droit des entreprises en difficulté*, Nice, 20 mars 2010, *LPA* 11 févr. 2011, n° 30, p. 20 – D. Jacotot, « Droit social et droit des entreprises en difficulté. Les créances salariales », *in* Roussel Galle (dir.), *Entreprises en difficulté*, « Droit 360° », LexisNexis, 2012, p. 501 – A. Margraff, « Le juge face à la procédure collective de l'une des parties : l'instance prud'homale », *in Le juge face à la procédure collective de l'une des parties, Les incidences procédurales de l'ouverture d'une procédure collective sur l'instance civile, prud'homale ou pénale*, éd. Ceprisca, « Colloques », 2017, p. 69 – B. Veyssière, « L'instance prud'homale et la garantie AGS », *in Le juge face à la procédure collective de l'une des parties, Les incidences procédurales de l'ouverture d'une procédure collective sur l'instance civile, prud'homale ou pénale*, éd. Ceprisca, « Colloques », 2017, p. 91.

> **Articles.** B. Amizet et L. Fin-Langer, « Le particularisme des créances salariales », *BJE* janv.-févr. 2017. 51 – J. Blanchard, « Le sort des créances salariales dans le cadre des procédures collectives », *Rev. proc. coll.* 2001, p. 242 – L. Fin-Langer, « Le particularisme des instances prud'homales dans les procédures collectives », *Rev. proc. coll.* 2012, dossier 5, p. 56 – Ch. Gailhbaud, « Le juge-commissaire et les créances salariales », *Rev. proc. coll.* nov./déc. 2019, dossier 46, p. 95 – P.-M. Le Corre, « Le créancier nanti sur comptes-titres bénéficiaire d'un paiement provisionnel confronté au superprivilège des salaires », *Gaz. proc. coll.* 2009, 1re partie, nos 303, 304, p. 27 ; « Cotisations sociales de retraite dues par un professionnel libéral et superprivilège des salaires », *LPA* 13 mars 2012, n° 52, p. 3 ; « La règle du paiement à l'échéance des créanciers postérieurs méritants et l'obligation de payer le superprivilège des salaires sur les premières rentrées de fonds », *Rev. proc. coll.* 2012, dossier 10, p. – « L'effet interversif de prescription attaché aux créances salariales figurant sur le relevé de créances salariales porté à l'état des créances », *JCP E* 2014. 1424 – P. Rossi, « La vérification des créances résultant d'un contrat de travail : les faux-amis », *LPA* 5 juill. 2002, n° 134, p. 18 – J.-M. Sportouch, « Les créances sala-

riales : quelles évolutions face aux difficultés actuelles », *BJE* oct. 2012, dossier 171, p. 332 – F. Taquet, « Les nouvelles règles relatives à l'opposabilité des décisions de justice à l'AGS », *Rev. proc. coll.* 2001, p. 244 – R. Vatinet, « La date de naissance des créances en droit du travail », *LPA* 9 nov. 2004, p. 19.

CHAPITRE

031. Présentation générale de la discipline collective

SECTION 0
ORIENTEUR

031.00 Sommaire du chapitre.

Sect. 1 Concept de discipline collective 031.11
Sect. 2 Contenu de la discipline collective 031.21 à 031.23
Sect. 3 Domaine de la discipline collective 031.31 à 031.43
§ 1 Domaine d'application 031.31 à 031.33
§ 2 Énoncé des créances couvertes 031.41 à 031.43

031.01 Textes applicables.

• **C. com.**

art. L. 622-7, I, al. 1 [Interdiction des paiements]

art. L. 622-21, I et II [Arrêt des poursuites individuelles et des mesures d'exécution]

art. L. 622-17, I [Créances postérieures méritantes]

art. L. 622-24, al. 1 et 6 [Déclaration des créances]

SECTION 1
CONCEPT DE DISCIPLINE COLLECTIVE

031.11 Règle de contribution à la protection du gage commun. La discipline collective fait partie du corps de règles du droit substantiel des entreprises en difficulté, qui permet à la procédure de développer ses aspects collectifs.

Ce corps de règles tourne autour d'une règle principale : le gage commun. Il constitue l'*alpha* et l'*omega* de toutes les autres règles.

Le gage commun, qui se distingue du gage de droit commun connu des civilistes, peut être défini comme le gage accessible en théorie à tous les créanciers.

Le gage commun fait l'objet d'une protection qui est confié à un organe : le défenseur de l'intérêt collectif des créanciers.

Cette protection du gage commun est assurée par un corps de règles importantes [1].

Parmi celles-ci, figure la discipline collective.

La discipline collective interdit individuellement aux créanciers d'exercer leurs droits sur le débiteur. Ils ne peuvent plus le faire condamner au paiement. Ils ne peuvent obtenir de lui individuellement paiement de leur créance. Ils ne peuvent plus saisir les biens du débiteur. Ainsi, la discipline collective peut-elle être définie comme l'ensemble des règles restrictives des droits individuels des créanciers, en contrepartie desquelles la défense de l'intérêt collectif des créanciers est assurée par un organe. Cette restriction des droits individuels des créanciers et cette représentation collective par un organe dédié ont pour objectif d'assurer la protection du gage commun. Il s'agit de faire en sorte que les paiements des créanciers soient assurés collectivement, par une répartition du gage commun correspondant aux droits exacts des créanciers, lesquels doivent préalablement faire l'objet d'une vérification.

SECTION 2
CONTENU DE LA DISCIPLINE COLLECTIVE

031.21 Règles remplaçant le droit de poursuite par une fixation des droits de créance. La discipline collective a pour objet d'assurer une prise en compte exacte des droits de chacun afin de leur permettre un accès au gage commun qui conditionnera leur participation aux répartitions liquidatives ou aux dividendes du plan de sauvegarde ou de redressement.

Pour que cette prise en compte des droits de chacun soit véritablement organisée, les prérogatives classi-

1. Sur la question : Le Corre P-M. (dir.), *Les grands concepts du droit des entreprises en difficulté*, « Thèmes et commentaires », Dalloz, 2018.

quement attribuées à des créanciers vont ici leur être confisquées le temps de la procédure collective. Les droits individuels sont transformés en droits collectifs dont la défense est confiée à un organe : le défenseur de l'intérêt collectif des créanciers.

Pendant la période d'observation de la sauvegarde et du redressement judiciaire, cet organe sera le mandataire judiciaire. Après adoption du plan, il s'agira du commissaire à l'exécution du plan. Enfin, en liquidation judiciaire, il s'agira du liquidateur.

La règle phare de la discipline collective est sans conteste la règle de l'arrêt des poursuites individuelles. C'est une règle classique dans les procédures de règlement du passif, dont le fondement doit être recherché dans la volonté d'organiser collectivement la procédure[1], ce qui n'est possible qu'en supprimant les initiatives individuelles qui se traduiraient par le prix de la course[2]. Elle participe de l'organisation d'une discipline collective.

Comme le résume un auteur, dans « un contexte de pénurie..., la cristallisation protège le gage commun des poursuites individuelles provenant de créanciers impayés »[3]. Il n'est dès lors pas étonnant qu'il s'agisse d'une règle de base de toute procédure collective.

La règle de l'arrêt des poursuites individuelles est ainsi formulée par l'article L. 622-21, I, du Code de commerce : « Le jugement d'ouverture interrompt ou interdit toute action en justice de la part de tous les créanciers dont la créance n'est pas mentionnée au I de l'article L. 622-17 et tendant :

1° À la condamnation du débiteur au paiement d'une somme d'argent ;

2° À la résolution d'un contrat pour défaut de paiement d'une somme d'argent ».

Cette règle interdit donc aux créanciers soumis à la discipline collective d'engager une action, mais aussi de la poursuivre, pour obtenir un titre de condamnation au paiement contre le débiteur, une fois la procédure collective ouverte.

Pour autant, il importe que l'on sache combien il est exactement dû à chacun des créanciers. Et c'est pourquoi, à la place de l'action en justice pour faire condamner le débiteur au paiement, le créancier doit faire vérifier son droit de créance, en se soumettant à la procédure obligatoire de déclaration au passif. La déclaration de créance permettra de rendre la créance opposable à la procédure collective une fois qu'elle sera admise au passif, c'est-à-dire une fois qu'elle aura été vérifiée par le mandataire de justice en charge de cette vérification et qu'elle aura fait l'objet d'une décision de justice émanant, par principe, du juge-commissaire.

Ainsi, la déclaration de créance apparaît-elle comme le corollaire immédiat de la règle de l'arrêt des poursuites individuelles.

031.22 Règles assurant une intangibilité du montant de la créance. Une fois la procédure collective ouverte, la créance ne peut plus évoluer quant à son montant : ni à la hausse, ni à la baisse. Deux règles de la discipline collective permettent d'atteindre ce résultat.

Tout d'abord, la créance ne pourra plus évoluer à la baisse grâce à la règle de l'interdiction du paiement des créances autres que celles mentionnées au I de l'article L. 622-17 ou L. 641-13. L'interdiction du paiement des créances antérieures est posée dans la procédure de sauvegarde, par l'article L. 622-7, auquel renvoie, en redressement judiciaire, l'article L. 631-14, alinéa 1, et, en liquidation judiciaire, l'article L. 641-3, alinéa 1.

L'interdiction du paiement des créances antérieures est complétée, depuis la loi de sauvegarde des entreprises, par l'interdiction de payer certaines créances postérieures. En ce sens, l'article L. 622-7, I, alinéa 1, du Code de commerce, après avoir évoqué l'interdiction de « payer toute créance née antérieurement au jugement d'ouverture », prévoit que le débiteur ne peut, après jugement d'ouverture, payer des créances non mentionnées au I de l'article L. 622-17 du Code. La solution est également applicable en redressement judiciaire, du fait du renvoi opéré par l'article L. 631-14, alinéa 1, et en liquidation judiciaire, du fait du renvoi effectué par l'article L. 641-3, alinéa 1. Le paiement des créances antérieures est toujours, par principe, impossible. Mais la législation du 26 juillet 2005[4] prévoit que ce principe d'interdiction s'applique aussi à certaines créances postérieures au jugement d'ouverture : toutes celles qui ne sont pas mentionnées au I de l'article L. 622-17.

Ensuite, la créance ne pourra plus évoluer à la hausse. La solution résulte de la règle de l'arrêt du cours des intérêts posée par l'article L. 622-28, alinéa 1 du Code de commerce : « Le jugement d'ouverture arrête le cours des intérêts légaux et conventionnels, ainsi que de tous intérêts de retard et majorations,

1. B. Soinne, *Traité des procédures collectives*, 2e éd., Litec, 1995, nº 1039 ; Y. Guyon, *Droit des affaires*, t. II, *Entreprises en difficulté, redressement judiciaire, faillite*, 8e éd., « Droit des affaires et de l'entreprise », Economica, 2001, nº 1239 ; F. Derrida, P. Godé et J.-P. Sortais, avec la collab. d'A. Honorat, *Redressement et liquidation judiciaires des entreprises*, 3e éd., Dalloz, 1991, nº 521 ; *J.-Cl. com.*, fasc. 2355 : Situation des créanciers. Arrêt des poursuites individuelles, par J. Vallansan, 2016, nº 3.
2. *J.-Cl. com.*, fasc. 2355 : Situation des créanciers. Arrêt des poursuites individuelles, par J. Vallansan, 2011, nº 3 ; Ph. Pétel, *Procédures collectives*, 11e éd., « Cours », Dalloz, 2023, nº 184.
3. M. Sénéchal, *L'effet réel de la procédure collective*, Litec, 2002, nº 439.
4. L. nº 2005-845, 26 juill. 2005 de sauvegarde des entreprises, *JO* 27 juill., p. 12187.

à moins qu'il ne s'agisse des intérêts résultant de contrats de prêt conclus pour une durée égale ou supérieure à un an ou de contrats assortis d'un paiement différé d'un an ou plus ».

On retiendra spécialement que les intérêts de retard sont arrêtés par l'effet du jugement d'ouverture. L'article L. 622-28, alinéa 1, du Code de commerce est une disposition de la procédure de sauvegarde. Elle s'applique en redressement[1] et en liquidation judiciaire[2].

031.23 Règles assurant une intangibilité de la nature de la créance. Parmi les règles de la discipline collective, il en est une qui permet d'assurer une intangibilité de la nature de la créance : la règle de l'arrêt du cours des inscriptions de sûretés. Elle est posée par l'article L. 622-30, alinéa 1, du Code de commerce en ces termes : « Les hypothèques, gages, nantissements et privilèges ne peuvent plus être inscrits postérieurement au jugement d'ouverture ».

Il faut comprendre de cette règle qu'un créancier qui obtenu avant le jugement d'ouverture une sûreté réelle ne peut plus, après le jugement d'ouverture, en assurer la publication. En conséquence, la créance qui est aux yeux de la procédure collective chirographaire au jour du jugement d'ouverture, restera chirographaire après le jugement d'ouverture, faute pour son titulaire de pouvoir opposer sa publicité à la procédure collective après le jugement d'ouverture.

La règle ne concerne pas la constitution de sûreté après jugement d'ouverture pour garantir une créance antérieure, cette constitution de sûreté réelle après jugement d'ouverture étant régie par l'article L. 622-7, II, alinéa 1, du Code de commerce. La Cour de cassation juge que la constitution d'une sûreté réelle après le jugement d'ouverture pour garantir une créance antérieure est interdite, car elle viole la règle de l'égalité entre les créanciers[3]. Cette solution a été confirmée par la nouvelle rédaction de l'article L. 622-7, II, alinéa 1, du Code, dans la rédaction que lui donne l'ordonnance du 15 septembre 2021[4].

SECTION 3
DOMAINE DE LA DISCIPLINE COLLECTIVE

§ 1
Domaine d'application

031.31 Principe d'application de la discipline collective à toutes les créances autres que celles visées aux articles L. 622-17 et L. 641-13 du Code de commerce. Le Code de commerce soumet à la discipline collective toutes les créances autres que celles visées au I de l'article L. 622-17.

La formule est martelée à trois reprises.

D'abord, lorsqu'il est question de l'interdiction des paiements, l'article L. 622-7, I, alinéa du Code s'exprime ainsi : « Le jugement ouvrant la procédure emporte, de plein droit, interdiction de payer toute créance née antérieurement au jugement d'ouverture, à l'exception du paiement par compensation de créances connexes. Il emporte également, de plein droit, interdiction de payer toute créance née après le jugement d'ouverture, non mentionnée au I de l'article L. 622-17. Ces interdictions ne sont pas applicables au paiement des créances alimentaires ».

Ensuite, l'article L. 622-21, I, du Code de commerce, qui concerne la règle de l'interdiction et de l'interruption des poursuites individuelles indique que « Le jugement d'ouverture interrompt ou interdit toute action en justice de la part de tous les créanciers dont la créance n'est pas mentionnée au I de l'article L. 622-17 et tendant :

1° À la condamnation du débiteur au paiement d'une somme d'argent ;

2° À la résolution d'un contrat pour défaut de paiement d'une somme d'argent.

Le même article L. 622-21, en son II pose quant à lui la règle de l'arrêt des mesures d'exécution. Il énonce que « le jugement d'ouverture – arrête ou interdit également toute procédure d'exécution de la part de ces créanciers tant sur les meubles que sur les immeubles ainsi que toute procédure de distribution n'ayant pas produit un effet attributif avant le jugement d'ouverture ».

Enfin, l'article L. 622-24 du Code de commerce régit la question de la déclaration de créance au passif. Son alinéa 1 dispose qu'« à partir de la publication du jugement, tous les créanciers dont la créance est née antérieurement au jugement d'ouverture, à l'exception des salariés, adressent la déclaration de leurs créances au mandataire judiciaire dans des délais fixés par décret en Conseil d'État ». L'alinéa 6 complète le domaine en indiquant que « Les créances nées régulièrement après le jugement d'ouverture, autres que celles mentionnées au I de l'article L. 622-17 sont soumises aux dispositions du présent article. Les délais courent à compter de la date d'exigibilité de la créance. Toutefois, les créanciers dont les créances résultent d'un contrat à exécution successive déclarent l'intégralité des sommes qui leur sont dues dans des conditions prévues par décret en Conseil d'État ».

Tous ces textes procèdent de la même façon pour déterminer leur domaine d'application : ils concernent les créances antérieures ainsi que les créances postérieures autres que celles visées au I de l'article L. 622-17.

1. C. com., art. L. 631-14, al. 1.
2. C. com., art. L. 641-3, al. 1.
3. Com. 3 avr. 2019, n° 18-11.281, P, n° 274 F-P+B ; *BJE* juill.-août 2019, 117b6, p. 23, note N. Borga ; *JCP E* 2019, chron. 1375, n° 5, obs. A. Tehrani.
4. Ord. n° 2021-1193,15 sept. 2021, préc.

Le I de l'article L. 622-17 du Code de commerce permet aux créanciers qu'ils concernent d'obtenir leur paiement à l'échéance. Il indique que « Les créances nées régulièrement après le jugement d'ouverture pour les besoins du déroulement de la procédure ou de la période d'observation, ou en contrepartie d'une prestation fournie au débiteur pendant cette période, sont payées à leur échéance ».

Il faut donc comprendre que si la créance répond aux trois critères énoncés, elle pourra être payée à l'échéance. Il faut qu'elle soit après le jugement d'ouverture. Il faut qu'elle soit née régulièrement. Il faut enfin qu'elle soit née pour les besoins énoncés à l'article L. 622-17.

La règle du paiement à l'échéance consacre la mise à l'écart de quatre règles de la discipline collective, énoncées ci-dessus : la règle de l'interdiction des paiements, celle de l'arrêt des poursuites individuelles, celle de l'arrêt des mesures d'exécution et celle de la déclaration de créance au passif. La règle du paiement à l'échéance doit donc être comprise comme la règle permettant à un créancier d'être émancipé de la discipline collective.

Seules les créances de l'article L. 622-17 sont, en période d'observation, émancipées de la discipline collective. *A contrario*, toutes les autres créances sont soumises à la discipline collective.

Précisons que les articles L. 622-7, L. 622-17, L. 622-21 et L. 622-24 sont des textes de la sauvegarde ; ils sont applicables en redressement judiciaire[1].

Les articles L. 622-7, L. 622-21 sont également applicables en liquidation judiciaire[2]. L'article L. 622-24 est rendue applicable en liquidation judiciaire par l'alinéa 4 de l'article L. 641-3.

Quant à l'article L. 622-17, I, il fait l'objet d'une adaptation en liquidation judiciaire. C'est l'objet de l'article L. 641-13, I, selon lequel « I. – Sont payées à leur échéance les créances nées régulièrement après le jugement qui ouvre ou prononce la liquidation judiciaire :

– si elles sont nées pour les besoins du déroulement de la procédure ou du maintien provisoire de l'activité autorisé en application de l'article L. 641-10 ;

– si elles sont nées en contrepartie d'une prestation fournie au débiteur pendant le maintien de l'activité ou en exécution d'un contrat en cours régulièrement décidée après le jugement d'ouverture de la procédure de sauvegarde ou de redressement judiciaire, s'il y a lieu, et après le jugement d'ouverture de la procédure de liquidation judiciaire ;

– ou si elles sont nées des besoins de la vie courante du débiteur, personne physique.

En cas de prononcé de la liquidation judiciaire, sont également payées à leur échéance, les créances nées régulièrement après le jugement d'ouverture de la procédure de sauvegarde ou de redressement judiciaire mentionnées au I de l'article L. 622-17 ».

Ainsi, la principale adaptation tient-elle à l'adjonction aux trois critères d'éligibilité au traitement préférentiel posés pour la période d'observation de deux critères spécifiques en liquidation judiciaire, celui des créances nées des besoins de la vie courante du débiteur, personne physique et celui des créances nées en exécution d'un contrat en cours régulièrement décidée après le jugement d'ouverture de la procédure de sauvegarde ou de redressement judiciaire, s'il y a lieu, et après le jugement d'ouverture de la procédure de liquidation judiciaire.

031.32 **Entrepreneur individuel.** En présence d'un entrepreneur individuel, pour les procédures collectives ouvertes à compter du 15 mai 2022, les créanciers ne sont soumis à la discipline collective que de façon distributive, en raisonnant au regard du patrimoine concerné par la procédure collective.

Si la procédure collective, comme cela doit être le principe, ne concerne que le patrimoine professionnel, les règles de la discipline collective n'intéresseront que les créanciers professionnels. Il en ira toujours ainsi si le patrimoine personnel de l'entrepreneur individuel n'est pas en état de surendettement des particuliers. Si le salarié n'est pas rattaché à l'activité professionnelle – cas de l'employé de maison –, il n'est pas concerné par les règles de la discipline collective, cependant qu'il ne peut se faire payer que par le patrimoine personnel.

Il se peut que la procédure collective soit ouverte au titre des deux patrimoines, professionnel et personnel. Ce sera le cas lorsque le débiteur sera surendetté au titre de son patrimoine personnel et que soit il aura au moins un créancier professionnel pouvant se faire payer sur le patrimoine personnel, soit il n'aura pas respecté strictement la dissociation de ses deux patrimoines. En ce cas, les règles de la discipline collective intéresseront tant ses créanciers personnels que ses créanciers professionnels.

Par conséquent, le salarié sera concerné par la discipline collective, si une procédure collective s'ouvre contre son employeur, entrepreneur individuel, dès lors que ce salarié est rattaché à l'activité professionnelle de son employeur, non si c'est un salarié domestique.

Par exception, le salarié rattaché à l'activité professionnelle ne sera pas concerné par la discipline collective si son employeur fait l'objet d'une liquidation judiciaire, au cours de laquelle l'employer a démarré une nouvelle activité professionnelle à laquelle est rattaché le salarié.

Il faut en outre tenir compte des hypothèses où un salarié non attaché à l'activité professionnelle

1. C. com., art. L. 631-14, al. 1.
2. C. com., art. L. 641-3, al. 1.

aura néanmoins le droit d'être payé par le patrimoine professionnel. Ce sera le cas si sa créance est née avant le 15 mai 2022. Il ne pourra en ce cas se voir opposer la distinction entre les deux patrimoines. Cependant, s'il veut accéder au gage du patrimoine professionnel, par hypothèse sous procédure collective, pour être payé, ce ne pourra être qu'en respectant les règles de la discipline collective et notamment en étant soumis aux règles d'établissement de sa créance salariale.

031.33 **Sauvegardes accélérées.** Les sauvegardes accélérées soumettent les créanciers à la discipline collective. Mais il n'en est ainsi que si les créanciers sont des parties affectées par le plan. Dans le cas contraire, ils ne sont soumis à la discipline collective.

Dans la procédure de sauvegarde financière accélérée, les règles de la discipline collective ne concernent que les seuls créanciers financiers, ainsi que les obligataires, dans la procédure de sauvegarde financière accélérée. Elle ne concerne pas les autres créanciers.

Par conséquent, les créanciers publics, les fournisseurs et les salariés ne sont pas concernés par les règles de la discipline collective. Ils doivent considérer qu'ils ont en face d'eux un employeur *in bonis*. Tout le droit commun du Code du travail et rien que ce droit s'applique aux salariés.

De façon générale, les titulaires de créances nées du contrat de travail ne peuvent être intégrées dans les classes de parties affectées. Est-ce à dire que l'AGS devrait échapper aux classes de parties affectées ? Une réponse de principe ne semble pas possible. Selon l'article L. 628-6 du Code de commerce, « L'ouverture d'une procédure de sauvegarde accélérée ne produit d'effet qu'à l'égard des parties mentionnées à l'article L. 626-30 directement affectées par le projet de plan mentionné au deuxième alinéa de l'article L. 628-1 ». Or l'article L. 626-30-IV du Code de commerce énonce, pour sa part que « Les créances résultant du contrat de travail [...] ne sont pas affectées par le plan ».

Lorsque l'AGS est subrogée dans les droits des salariés, elle doit, comme eux, bénéficier de l'impossibilité d'inclusion au sein des classes de parties affectées. Au contraire, lorsqu'elles n'est pas subrogée, elle ne peut être considérée comme détenant des créances de salaires et doit donc pouvoir être intégrée dans les classes de parties affectées[1].

§ 2
Énoncé des créances couvertes

031.41 **Créances antérieures.** Sont d'abord soumises à la discipline collective, les créances nées avant le jugement d'ouverture.

Il importe de noter que l'appréciation ne se fait pas par rapport à la date d'exigibilité de la créance, mais seulement par rapport à son fait générateur. Par conséquent, pour déterminer si une créance est antérieure ou postérieure par rapport au jugement d'ouverture d'une procédure collective de paiement, il convient de se référer au fait générateur de cette créance, c'est-à-dire à l'événement qui engendre la créance[2].

Les créances salariales trouvent leur origine dans le contrat de travail, lequel est un contrat à exécution successive[3]. Il en résulte une conséquence précise dans l'appréhension de la question de la délimitation des créances salariales antérieures et postérieures au jugement d'ouverture d'une procédure collective.

En droit des entreprises en difficulté, il est procédé à une dissociation de la formation du contrat de et son contenu « obligationnel ». Le fait générateur de la créance n'est pas trouvé dans la formation du contrat, mais dans son exécution[4]. C'est la thèse économique, dite aussi matérialiste. Le fait générateur de la créance contractuelle de somme d'argent est ainsi, dans les contrats synallagmatiques à exécution successive, la contrepartie attendue de l'autre partie au contrat, c'est-à-dire pour cette dernière, l'objet de son obligation. Il s'agit plus précisément de la contrepartie caractéristique, c'est-à-dire principale du contrat sur lequel il est raisonné.

Cette solution, appliquée au contrat de travail, conduit à décider que la prestation caractéristique est le travail fourni. Si ce dernier est antérieur au jugement d'ouverture, la créance de salaire est elle-même antérieure. Si le travail est fourni après jugement d'ouverture, la créance est postérieure.

Les règles relatives à la continuation des contrats en cours ne s'appliquent pas au contrat de travail.

Avant la loi du 21 janvier 2008[5], la fiction légale consistant à traiter en créance antérieure l'indemnité de résiliation du contrat poursuivi ne s'applique pas au contrat de travail. En conséquence, en cas de rupture du contrat, si celle-ci intervient après jugement d'ouverture, les indemnités dues en cas de licenciement auront la qualité de créance postérieure[6].

1. TAE Nanterre, ord. J.-C., 14 févr. 2025, RG n° 2025M01057, *Act. proc. coll.* 2025/7, comm. 82, note approb. Fin-Langer.
2. C. Saint-Alary-Houin, « La date de naissance des créances en droit des procédures collectives », interv. Colloque Cedag Paris V, 25 mars 2004 ; *LPA* 9 nov. 2004, n° 224, p. 11 s., n° 3.
3. R. Vatinet, « La date de naissance des créances en droit du travail », *LPA* 9 nov. 2004, p. 19.
4. P. Ancel, « Force obligatoire et contenu obligationnel », *RTD civ.* 1999. 772 ; M.-L. Coquelet, *Entreprises en difficulté. Instruments de paiement et de crédit*, 6e éd., « Hypercours », Dalloz, 2017, n° 288.
5. L. n° 2008-67, 21 janv. 2008 ratifiant l'ordonnance n° 2007-329 du 12 mars 2007 relative au code du travail (partie législative), *JO* 22 janv., p. 1122.
6. C. com., art. L. 621-32 ; – Com. 19 mai 1992, n° 90-16.962, P IV, n° 193 ; *JCP E* 1992. I. 168, n° 19, obs. Ph. Pétel.

Il en ira ainsi même si la rupture est consécutive à l'arrêté d'un plan de cession[1], la rupture ayant alors pour cause la non reprise du salarié par le repreneur.

Depuis la loi du 21 janvier 2008, l'article L. 3253-16, 2°, du Code du travail, issu de la rédaction que lui a donnée cette loi, prévoit que les avances pour lesquelles l'AGS n'est pas subrogée sont remboursées dans les conditions prévues par les dispositions du livre VI du Code de commerce pour le règlement des créances nées antérieurement au jugement d'ouverture de la procédure. Mais la solution ne vaut que pour la seule question du remboursement des avances de l'AGS. La règle de fond posée auparavant n'est donc pas modifiée.

Ajoutons que l'indemnité de congés payés effectivement pris, considérée comme un salaire différé, acquis mois par mois au cours de l'année et donc soumise au même régime, prend naissance au moment où le travail de référence a été accompli[2]. Le droit du salarié à l'indemnisation des congés non pris naît le jour de la résiliation du contrat[3].

La prime de treizième mois, qui n'est due qu'aux salariés présents dans l'entreprise à la date prévue pour son versement, naît de la présence du salarié à cette date[4].

La contrepartie financière de la clause de non-concurrence résulte de la rupture du contrat de travail et naît au moment de celle-ci[5].

La créance d'indemnité réparant le préjudice d'anxiété des salariés exposés à l'amiante naît, selon la Cour de cassation, des troubles psychologiques qu'engendre la connaissance du risque d'exposition à l'amiante, soit au jour de l'arrêté ministériel d'inscription de cette activité sur la liste des établissements permettant la mise en œuvre de l'allocation de cessation d'activité anticipée des travailleurs de l'amiante (Acaata)[6].

031.42 Créances postérieures nées irrégulièrement. En excluant de la soumission à la discipline collective que les seules créances postérieures nées régulièrement, le législateur soumet à la discipline collective les créances postérieures nées irrégulièrement.

L'affirmation est exacte pour trois des quatre règles que nous avons énoncées : la règle de l'interdiction des paiements, celle de l'interdiction des poursuites individuelles et celle de l'arrêt des mesures d'exécution.

En revanche, l'examen de l'article L. 622-24, alinéa 6 du Code de commerce permet de comprendre que les créances postérieures nées irrégulièrement ne sont pas soumises à déclaration au passif. En effet, cette disposition indique que les créances nées régulièrement après le jugement d'ouverture, autres que celles mentionnées au I de l'article L. 622-17, sont soumises aux dispositions du présent article. Il faut donc comprendre que les créances postérieures non mentionnées au I de l'article L. 622-17[7] ne sont pas soumises à déclaration au passif.

Pourquoi cette solution ? La créance postérieure née irrégulièrement est par nature inopposable à la procédure collective[8]. L'absence de déclaration au passif entraîne une inopposabilité de la créance à la procédure collective[9]. Il s'en déduit que la déclaration de créance a pour effet de rendre opposable une créance à la procédure collective. Mais précisément cela est impossible pour une créance qui, par nature, est inopposable à la procédure collective. C'est la raison d'être de l'impossibilité de déclarer au passif une créance née irrégulièrement.

La solution pourrait concerner des créances nées d'un contrat de travail conclu sans respecter les règles de répartition des pouvoirs entre le débiteur et les organes de la procédure collective.

031.43 Créances postérieures nées régulièrement mais non éligibles au traitement préférentiel. La dernière catégorie de créances soumises à la discipline collective est celle des créances postérieures nées régulièrement mais non éligibles au traitement préférentiel.

Il existe deux critères de rattachement aux créances postérieures éligibles au traitement préférentiel : celui des créances nées en contrepartie d'une prestation fournie a débiteur. Le critère permet d'attribuer le traitement préférentiel à toutes les créances salariales nées de l'exécution du contrat de travail pendant la période d'observation. En revanche, le critère

1. Soc. 2 oct. 2001, n° 97-21.827, P V, n° 290 ; *D.* 2001. AJ 3122 ; *Act. proc. coll.* 2001/18, n° 238 ; *JCP E* 2001. Pan. 1750.
2. Com. 19 mai 1992 ; *Bull. civ.* IV, n° 194.
3. Soc. 26 janv. 2005, n° 02-44.341, NP.
4. Com. 14 déc. 1993, n° 92-11.720, P IV, n° 480 ; *RJDA* 1994, n° 579.
5. Soc. 21 févr. 2007, n° 04-46.875.
6. Soc. 2 juill. 2014, n°s 12-29.788 à 12-29.801, P V, n° 160 ; F-P+B ; *Act. proc. coll.* 2014/13, comm. 237, note L. Fin-Langer ; *Rev. proc. coll.* 2014, comm. 128, note L. Fin-Langer et *Rev. proc. coll.* 2015, comm. 111, note C. Saint-Alary-Houin.
7. La règle vaut aussi en liquidation pour les créances non mentionnées au I de l'article L. 641-13.
8. Com. 21 févr. 2012, n° 11-12.235, NP ; n° 218 F-D.
9. Com. 3 nov. 2010, n° 09-70.312, P IV, n° 165 ; n° 1106 FS-P+B ; *D.* 2010. 2645, note A. Lienhard ; *D.* 2011. Pan. 2075, obs. F.-X. Lucas ; *Gaz. Pal. entr. diff.* 7-8 janv. 2011, n°s 7, 8, note E. Le Corre-Broly ; *JCP E* 2011. Chron. 1030, n° 10, obs. M. Cabrillac ; *Rev. sociétés* 2011. 194, note crit. Ph. Roussel Galle ; *Gaz. Pal.* 25-26 févr. 2011, p. 45, note S. Reifegerste ; *BJE* juill.-août 2011, comm. 89, p. 186, note C. Saint-Alary-Houin ; *RTD com.* 2011. 413, n° 2, obs. A. Martin-Serf ; *LXB hebdo* 21 nov. 2010, n° 417, note P.-M. Le Corre ; – Com. 13 mai 2014, n° 13-20.650, NP ; n° 465 F-D.

de la contrepartie de la prestation fournie au débiteur ne permet pas de traiter toutes les créances salariales de la liquidation judiciaire comme étant éligibles au traitement préférentiel. Il n'en est ainsi que pour les seules créances salariales nées pendant la poursuite provisoire de l'activité autorisée en liquidation judiciaire.

L'autre critère de rattachement concerne les indemnités de rupture. Il s'agit du critère des besoins du déroulement de la procédure. Ce critère peut être mis en œuvre pour les indemnités de rupture du contrat de travail intervenant dans les quinze jours de la liquidation judiciaire, ou les vingt-et-un jours en cas de plan de sauvegarde de l'emploi, du fait de l'obligation du liquidateur de licencier dans ces délais pour permettre la prise en charge des indemnités de rupture par l'AGS.

Bien que la question n'ait pas été tranchée par la Cour de cassation, il nous semble possible d'étendre cette solution aux licenciements intervenus en exécution du plan de sauvegarde, de redressement ou de cession, dans le mois de l'adoption de l'un de ces trois types de plan.

En dehors des créances ci-dessus énoncées, les autres créances ne sont pas éligibles au traitement préférentiel et sont donc intégralement soumises à la discipline collective, sous la réserve notable du remplacement de l'obligation de déclaration de la créance par l'établissement des relevés de créances salariales.

CHAPITRE

032. Soumission de principe des créances salariales à la discipline collective

SECTION 0
ORIENTEUR

032.00 **Sommaire du chapitre.**

Sect. 1 Interdiction des paiements 032.11 à 032.46
§ 1 Présentation générale 032.11 à 032.13
§ 2 Créances salariales antérieures au jugement d'ouverture 032.21
§ 3 Non-assimilation des cotisations sociales aux créances salariales 032.31
§ 4 Créances salariales postérieures au jugement d'ouverture 032.41 à 032.46
Sect. 2 Interdiction des poursuites individuelles 032.51 à 032.52
Sect. 3 Interdiction des mesures d'exécution 032.61 à 032.63
Sect. 4 Arrêt du cours des inscriptions de sûretés 032.71 à 032.73
Sect. 5 Arrêt du cours des intérêts 032.81 à 032.83
Sect. 6 Soumission aux délais du plan de sauvegarde et de redressement 032.91 à 032.92

032.01 **Textes applicables.**

> Législation issue de la loi de sauvegarde des entreprises

• C. com.

art. L. 622-7, I, al. 1 [Interdiction des paiements]

art. L. 622-21, I et II [Arrêt des poursuites individuelles et des mesures d'exécution]

art. L. 622-23 [Actions non soumises à l'arrêt des poursuites individuelles et continuées après ouverture de la procédure collective]

art. L. 622-28, al. 1 [Arrêt du cours des intérêts]

art. L. 622-30 [Arrêt du cours des inscriptions de sûretés]

art. L. 626-5 [Consultation sur les propositions de plan]

art. L. 626-18 [Remises et délais du plan]

art. L. 626-20, I [Interdiction des délais du plan pour certaines créances]

art. L. 631-14, al. 1 [Application en redressement judiciaire des règles de la discipline collective posées en sauvegarde]

art. L. 631-19, I [Application au plan de redressement des règles applicables au plan de sauvegarde]

art. L. 641-3, al. 1 [Application en liquidation judiciaire des règles applicables aux missions du mandataire judiciaire en sauvegarde]

art. L. 641-4, al. 4 [Application en liquidation judiciaire des règles applicables aux missions du mandataire judiciaire en sauvegarde]

SECTION 1
INTERDICTION DES PAIEMENTS

§ 1
Présentation générale

032.11 **Énoncé de la règle.** L'interdiction du paiement des créances antérieures est posée dans la procédure de sauvegarde, par l'article L. 622-7, auquel renvoie, en redressement judiciaire, l'article L. 631-14, alinéa 1, et, en liquidation judiciaire, l'article L. 641-3, alinéa 1.

L'interdiction du paiement des créances antérieures est complétée, depuis la loi de sauvegarde des entreprises, par l'interdiction de payer certaines créances postérieures. En ce sens, l'article L. 622-7, I, alinéa 1, du Code de commerce, après avoir évoqué l'interdiction de « payer toute créance née antérieurement au jugement d'ouverture », prévoit que le débiteur ne peut, après jugement d'ouverture, payer des créances non mentionnées au I de l'article L. 622-17 du Code.

La solution est également applicable en redressement judiciaire, du fait du renvoi opéré par l'article L. 631-14, alinéa 1, et en liquidation judiciaire, du fait du renvoi effectué par l'article L. 641-3, alinéa 1. Le paiement des créances antérieures est toujours, par principe, impossible. Mais la législation du 26 juillet 2005 [1] prévoit que ce principe d'interdiction s'applique aussi à certaines créances postérieures au jugement d'ouverture.

La loi du 26 juillet 2005 a, en effet, entendu sélectionner, parmi les créances postérieures, celles qui devaient bénéficier d'un traitement de faveur. Il s'agit des créances nées pour les besoins du déroulement de la procédure, des créances nées pour les besoins de la période d'observation et des créances nées en contrepartie d'une prestation fournie au débiteur, pour son activité, pendant la période d'observation. Les autres créances nées régulièrement après jugement d'ouverture, sont traitées comme des créances antérieures et ne peuvent donc, à la suite d'un amendement présenté par la commission des lois du Sénat [2], être payées par le débiteur. La règle de l'interdiction du paiement des créances antérieures s'applique donc pour ces créances.

Par conséquent, il n'est par principe possible de payer à l'échéance que les seules créances postérieures nées régulièrement et correspondant aux critères téléologiques posés par la loi de sauvegarde.

La loi de sauvegarde des entreprises a fait échapper à la règle de l'interdiction des paiements les créances d'aliments, qu'elles soient antérieures ou postérieures au jugement d'ouverture de la procédure collective, l'interdiction de principe du paiement étant, pour ces dernières, justifiée par le fait qu'il s'agit de créances postérieures non méritantes.

Sauf exceptions expressément posées par le Code de commerce, un débiteur ne peut obtenir l'autorisation du juge-commissaire de payer des créances antérieures. Ainsi, il ne peut se faire autoriser à payer des créances qui avaient fait l'objet d'un moratoire dans le cadre d'une procédure de conciliation [3].

Bien évidemment, il n'est pas purement et simplement interdit à un créancier de se faire payer. Ce qui est prohibé est d'obtenir, pendant la procédure collective, et de celle-ci, un paiement individuel [4], alors que la collectivité des créanciers n'est pas payée. Les créanciers doivent, par principe, être payés dans le cadre de distributions collectives, qui, en plan d'apurement du passif, prennent le nom de dividendes.

La règle participe surtout de l'organisation collective de la procédure, en soumettant les créanciers qu'elle frappe à une discipline collective. L'interdiction facilitera, en outre, la vérification du passif [5], en assurant une intangibilité des créances antérieures.

De plus, la règle permet d'assurer efficacement la poursuite de l'activité pour permettre le sauvetage – sauvegarde ou redressement – de l'entreprise, en interdisant les actes qui pourraient le compromettre [6].

032.12 Indifférence de la nature de la créance. Toutes les créances, quelle que soit leur nature, sont concernées. Peu importe qu'elles soient ou non en rapport avec l'activité de l'entreprise [7] ou qu'il s'agisse de créances en rapport avec une activité nouvelle du débiteur, autre que celle ayant donné lieu à l'ouverture de la procédure [8]. La créance peut être chirographaire ou privilégiée [9], échue ou non [10].

032.13 Règles spéciales au paiement des créances salariales détenues sur un entrepreneur individuel pour les procédures collectives ouvertes à compter du 15 mai 2022. La loi du 14 février 2022 [11] a créé le statut de l'entrepreneur individuel, en dotant ce dernier obligatoirement de deux patrimoines, l'un professionnel, l'autre personnel.

Toutes les créances utiles à l'activité professionnelles sont des créances professionnelles. Le principe est qu'elles ne peuvent être payées que sur le patrimoine professionnel.

En cas d'ouverture d'une procédure collective contre un entrepreneur individuel à compter du 15 mai 2022, cette procédure, par principe, n'intéressera que le patrimoine professionnel. Il sera donc interdit de payer les créances professionnelles antérieures au jugement d'ouverture, ainsi que les créances profes-

1. L. n° 2005-845, 26 juill. 2005 de sauvegarde des entreprises, *JO* 27 juill., p. 12187.
2. Doc. parl., Sénat, *Rapp. J.-J. Hyest*, n° 335, p. 190.
3. T. com. Bordeaux, ord. 21 nov. 2012, RG n° 2012J0813 ; *Rev. proc. coll.* 2014. Chron. 1, n° 14, note M.-L. Sautonie-Laguionie.
4. Rappr. : Ph. Pétel, *Procédures collectives*, 11e éd., « Cours », Dalloz, 2023, n° 168.
5. Y. Chaput, *Droit des entreprises en difficulté et faillite personnelle*, « Droit fondamental », Puf, 1996, n° 333.
6. F. Derrida, P. Godé et J.-P. Sortais, avec la collab. d'A. Honorat, *Redressement et liquidation judiciaires des entreprises*, 3e éd., Dalloz, 1991, nos 31 s.
7. Com. 8 juill. 2014, n° 13-17.765, NP ; n° 666 F-D.
8. Com. 27 nov. 1991, n° 90-11.122, P IV, n° 360 ; *D.* 1992. jur. 81, note F. Derrida ; *LPA* 1er juill. 1992, n° 79, p. 22, note F. Derrida ; *JCP E* 1992. I. 136, n° 3, obs. Ph. Pétel ; *RTD com.* 1992. 684, obs. A. Martin-Serf.
9. Com. 9 avr. 1991, n° 89-17.447, P IV, n° 124 ; *JCP E* 1991. I. 102, n° 19, obs. M. Cabrillac et Ph. Pétel ; *JCP E* 1991. II. 232, note P.-M. Le Corre – Com. 11 avr. 1995, n° 93-16.969, P IV, n° 124 ; *JCP G* 1996. I. 3896, n° 4, obs. Ph. Pétel – Com. 24 oct. 1995, n° 93-10.351, P IV, n° 255 ; *D.* 1996, jur. 155, note F. D. ; *LPA* 28 oct. 1996, n° 130, p. 8, note J.-L. Courtier ; *LPA* 21 août 1996, n° 101, p. 15, note J.-L. Courtier ; *JCP E* 1996. II. 782, note E. Putman – Com. 9 juill. 1996, n° 94-16.191, NP ; *D. Affaires* 1996, 1037.
10. Com. 8 juin 1993, n° 90-13.821, P IV, n° 233.
11. L. 2022-172, 14 févr. 2022, *JO* 15 févr. 2022, NOR : ECOI2122201L.

sionnelles postérieures qui ne sont pas éligibles au traitement préférentiel réservé à certaines créances.

Au contraire, le salarié titulaire d'une créance non professionnelle – par exemple l'employé de maison ou le jardinier – ne sera pas frappé par l'interdiction des paiements. Cependant, il ne pourra être payé que par le patrimoine personnel.

Le salarié qui est titulaire d'une créance née avant le 15 mai 2022 ne peut se voir opposer la distinction entre les deux patrimoines et peut donc, en théorie, être payé sur les deux patrimoines. Cependant, si le patrimoine professionnel est sous procédure collective, le salarié est soumis à la discipline collective s'il veut obtenir paiement de sa créance sur ce patrimoine. Il est donc soumis à la règle de l'interdiction des paiements en tant qu'il s'adresse au patrimoine professionnel.

Par exception, la procédure collective peut être ouverte à l'encontre des deux patrimoines. Cela suppose, d'une part, que le débiteur soit en état du surendettement au titre de son patrimoine personnel et, d'autre part, soit que le débiteur ait au moins un créancier professionnel pouvant se faire payer sur le patrimoine personnel, soit que le débiteur n'ait pas strictement respecté la dissociation entre ses deux patrimoines. Il en serait ainsi de l'employeur payant avec son patrimoine professionnel un employé de maison. Si la procédure collective est ouverte au titre des deux patrimoines, la règle de l'interdiction des paiements s'applique aux deux patrimoines, le créancier étant alors soumis, du chef des deux patrimoines, à la discipline collective.

§ 2
Créances salariales antérieures au jugement d'ouverture

032.21 Interdiction du paiement des créances salariales. Le principe ci-dessus énoncé[1] a pleine vocation à s'appliquer aux créances salariales. Les créances salariales n'échappent donc pas à la règle de l'interdiction des paiements.

Si elles sont antérieures au jugement d'ouverture, il est interdit de les payer. Une seule réserve est faite pour les créances couvertes par le superprivilège des salaires[2].

Si elles sont postérieures, elles ne peuvent pas davantage être payées sauf si elles sont nées régulièrement et correspondent aux critères de finalité des articles L. 622-17 ou L. 641-13 du Code de commerce.

Si les créances salariales sont fixées au passif, qu'un plan de sauvegarde ou de redressement est adopté, il importe qu'elles soient inscrites au plan. Si tel n'est pas le cas, les créanciers dont les créances sont garanties par le privilège ou le superprivilège des salaires, qui ne peuvent en application de l'article L. 626-20, I, du Code de commerce se voir imposer de délais dans le cadre d'un plan, ne peuvent exiger ce paiement sans délai et doivent, pour recouvrer leur droit de poursuite individuelle, attendre le terme du plan.

Par conséquent, une saisie-attribution de leur part ne peut être pratiquée, car elle violerait la règle de l'interdiction des mesures d'exécution[3].

§ 3
Non-assimilation des cotisations sociales aux créances salariales

032.31 Absence d'assimilation des cotisations des organismes de retraite aux créances superprivilégiées. Une difficulté particulière s'est présentée pour les cotisations des organismes de retraite. Faut-il leur reconnaître le bénéfice du superprivilège des salaires ? Une partie de la doctrine avait répondu négativement[4]. Certains estimaient que les organismes de retraite ne pouvaient bénéficier que du privilège général de la sécurité sociale attribué par l'article 2332-2 du Code civil[5]. La solution contraire avait également été posée[6].

La Cour de cassation, pour sa part, à propos de la Carpimko, juge que cet organisme, pour le paiement de ses cotisations, ne peut prétendre que ses créances seraient assimilées à des créances privilégiées de salaires[7]. Si certaines cotisations prennent rang, en application de l'article L. 243-4, alinéa 1, du Code de la sécurité sociale, qui reconnaît un privilège mobilier, concurremment avec le privilège des salaires

1. V. s[s] n° 032.11.
2. V. s[s] n° 033.11.

3. Com. 14 nov. 2019, n° 18-15.522, NP ; n° 817 F-D ; *Gaz. Pal.* 21 avr. 2020, n° 15, p. 86, note L. Ben-Cheikh-Vecchioni.
4. P.-M. Le Corre, « Cotisations sociales de retraite dues par un professionnel libéral et superprivilège des salaires », *LPA* 13 mars 2012, n° 52, p. 3 – F.-X. Lucas, « Soumission des organismes de prévoyance et de sécurité sociale à la discipline de la procédure collective », *BJE* janv. 2012. 6.
5. TGI Montpellier, 2e ch. A, 16 févr. 2012, n° 12/00127 – TGI Bourg-en-Bresse, ch. civ., 1er mars 2012, RG n° 101/01374 ; *D.* 2012. Actu 808.
6. Rennes, 2e ch. com., 29 juin 2010, n° RG n° 09/04288.
7. Com. 9 juill. 2013, n° 12-20.649, P IV, n° 122 ; n° 746 F-P+B+I ; *D.* 2013, actu 1830, note A. Lienhard ; *Gaz. Pal.* 29 sept. 2013, n° 272, p. 34, note Ch. Gailhbaud ; *Rev. sociétés* 2013. 525, note L.-C. Henry ; *JCP E* 2013, Chron. 1679, n° 18, obs. Ph. Delebecque ; *Dr. et pr.* 2013. 218, obs. Ph. Roussel Galle ; *JCP E* 2014, Chron. 1020, n° 11, obs. Ph. Pétel ; *RTD com.* 2013. 808, n° 2, obs. A. Martin-Serf ; *Rev. proc. coll.* 2014, comm. 132, note Ch. Lebel ; *LXB hebdo* 19 sept. 2013, n° 351, note P.-M. Le Corre.

établi par les articles L. 625-7 et L. 625-8 du Code de commerce, il ne s'agit pas pour autant d'assimiler ce privilège au superprivilège des salaires, lequel porte tant sur les meubles que sur les immeubles. Le créancier social ne peut donc prétendre être payé sur les fonds disponibles du redevable ou les premières rentrées de fond[1].

§ 4
Créances salariales postérieures au jugement d'ouverture

032.41 Possibilité de payer à l'échéance les créances salariales postérieures nées régulièrement. Les articles L. 622-17, I, et L. 641-13, I, du Code de commerce énoncent la possibilité pour le titulaire de créances qu'ils définissent d'être payés à l'échéance.

Cette règle signifie beaucoup plus que son simple énoncé pourrait le suggérer. Non seulement, le salarié, qui en bénéficie, peut être payé à l'exact moment où il doit recevoir son salaire, mais encore cela veut dire que si le salarié en question n'est pas payé à l'heure, il dispose des mêmes droits que ceux reconnus à un salarié en dehors d'une procédure collective. Il peut faire condamner son employeur au paiement des sommes qui lui sont dues. Il utilisera la voie du référé-provision porté devant la formation des référés du Conseil des prud'hommes[2]. Puis, sur le fondement de son titre, il pourra procéder à l'exécution forcée contre l'employeur. Tout se passe donc, en réalité, comme si salarié était confronté à un employeur *in bonis*, réserve faite qu'il devra tenir compte, pour diriger son action en paiement, des restrictions de pouvoirs atteignant le débiteur.

Pour pouvoir bénéficier du traitement préférentiel réservé à certaines créances postérieures, les articles L. 622-17 et L. 641-13 du Code de commerce exigent d'abord que les créances salariales soient nées après le jugement d'ouverture.

Il faut ensuite que ces créances soient nées régulièrement. Cela signifie que la personne qui a fait naître la créance devait en avoir le pouvoir. La question se rattache donc à la répartition des pouvoirs entre le débiteur et les organes de la procédure collective. Elle peut être observée à deux stades : celui de l'embauche du salarié, et celui de son licenciement.

S'agissant de l'embauche, le contrat de travail doit être conclu entre le salarié et la personne ayant le pouvoir d'embaucher pendant la procédure collective.

En période d'observation sans administrateur, il s'agira toujours du débiteur, c'est-à-dire l'employeur. Il n'a pas besoin d'autorisation en ce sens du juge-commissaire. La solution vaut également pour la signature d'un avenant au contrat de travail[3].

En liquidation judiciaire, la solution sera rare. Il faudra supposer une poursuite provisoire de l'activité. Le liquidateur procédera à l'embauche, à moins qu'un administrateur n'ait été désigné. En ce cas, ce dernier sera seul apte à conclure le contrat de travail, puisque, en cas de poursuite provisoire de l'activité, l'administrateur a toujours une mission d'administration.

Lorsqu'un administrateur judiciaire aura été désigné, tout dépendra de sa mission.

Dans la procédure de sauvegarde, si l'administrateur a une mission de surveillance, le contrat de travail sera conclu entre le débiteur et le salarié.

Dans la procédure de redressement judiciaire, si l'administrateur a une mission d'administration, le contrat de travail devra être conclu entre l'administrateur et le salarié.

Enfin, si l'administrateur a une mission d'assistance, tant en sauvegarde qu'en redressement judiciaire, le contrat de travail sera conclu conjointement entre d'une part, le salarié, et, d'autre part, l'administrateur et le débiteur.

Si ces règles ne sont pas respectées, le contrat de travail n'est pas conclu régulièrement. Il en résulte que les créances qui en sont issues ne sont pas des créances nées régulièrement. Par conséquent, elles ne peuvent bénéficier du traitement préférentiel réservé à certaines créances et qui ouvre le doit au paiement à l'échéance et, à défaut, au paiement par privilège.

Ces solutions posées pour l'embauche valent aussi pour le licenciement n'ayant pas une cause économique. On pense spécialement au licenciement pour faute.

Les licenciements économiques obéissent quant à eux à des règles particulières posées par les textes.

032.42 Conséquences du non-respect des règles de répartition des pouvoirs entre le débiteur et les organes de la procédure collective. Il convient d'abord

1. Com. 18 juin 2013, n° 12-14.493, P IV, n° 106 ; n° 646 F-P+B ; *D.* 2013, actu 1617, note A. Lienhard ; *Gaz. Pal.* 29 sept. 2013, n° 272, p. 29, note Ph. Roussel Galle ; *JCP E* 2013. 1472, note D. Ronet-Yague ; *JCP E* 2013, Chron. 1679, n° 18, obs. Ph. Delebecque ; *Rev. proc. coll.* 2013, comm. 123, note F. Legrand et M.-N. Legrand ; *BJE* nov. 2013. 368, note F. Macorig-Vénier ; *RTD com.* 2013. 808, n° 2, obs. A. Martin-Serf ; – Com. 9 juill. 2013, n° 12-20.649, P IV, n° 122 ; n° 746 F-P+B+I ; préc. – Pau, 2e ch., 1re sect., 29 avr. 2013, RG n° 12/02494 ; *Rev. proc. coll.* 2013, comm. 123, note F. Legrand et M.-N. Legrand.
2. J. Vallansan, avec la collab. L. Fin-Langer, *Guide des procédures collectives 2022/2023*, LexisNexis, 2022, p. 428, n° 1081.
3. Soc. 6 déc. 2023, n° 22-15.580, P ; *Rev. proc. coll.* janv.-févr. 2024, p. 22, comm. 14, note Jacotot ; *Leden* mars 2024, DED202e5, obs. Dedessus-Le-Moustier ; *JCP E* 2024. 1062, note Blanc.

de préciser que si aucun administrateur judiciaire n'a été désigné, le débiteur peut seul conclure un contrat de travail, conclure un avenant à ce contrat ou encore licencier un salarié pour faute. Il ne s'agit pas là d'acte de disposition étranger à la gestion courante nécessitant une autorisation du juge-commissaire. La solution a été posée pour la conclusion d'un avenant en période d'observation [1]. Elle vaut tout autant pour l'embauche d'un salarié pendant la période d'observation [2]. Il en résulte que l'AGS ne peut prétendre à l'inopposabilité du contrat d'apprentissage à la procédure collective pour refuser ensuite la prise en charge des indemnités de rupture du contrat [3].

Le non-respect de la répartition des pouvoirs entre administrateur judiciaire et débiteur sera sanctionné, non par la nullité de l'acte accompli, mais par son inopposabilité à la procédure collective. En pratique, cela signifie que l'acte ne pourra être invoqué par le partenaire contractuel du débiteur, mais pourra en revanche lui être opposé.

La sanction de l'inopposabilité à la procédure collective a été posée à propos d'un licenciement opéré par le débiteur seul, sans intervention de l'administrateur ayant mission d'assistance [4]. Il en résulte l'absence de prise en charge par l'AGS des créances nées de sa rupture [5]. Le dirigeant social, qui licencie des salariés après le jugement d'ouverture sans l'assistance de son administrateur judiciaire commet une faute, qui engage sa responsabilité à l'égard des tiers, sur le fondement de l'article 1240 du Code civil [6] [anc. art. 1382], du fait des indemnités qu'il convient de verser aux salariés au titre de la rupture fautive des contrats de travail [7]. La sanction de l'inopposabilité, et par voie de conséquence, la mise à l'écart de la nullité, permet également au salarié d'opposer à l'employeur, qui succède au débiteur en redressement judiciaire, la clause de majoration de l'indemnité de licenciement convenue entre le salarié et son employeur, au mépris des règles de l'administration contrôlée. Le nouvel employeur ne pouvait invoquer l'inopposabilité, le juge ayant seulement le pouvoir de réduire l'indemnité manifestement excessive [8].

La sanction de l'inopposabilité vaut pour l'embauche d'un salarié [9], sauf acte de gestion courante. Toutefois, l'administrateur peut ratifier *a posteriori* l'acte inopposable. Tel a été le cas pour un contrat de travail conclu par le débiteur seul, alors qu'il était assisté. La solution est importante pour le salarié : elle l'autorisera à opposer sa créance à la procédure et ainsi à pouvoir faire jouer les avances de l'AGS [10]. La ratification suppose une approbation non équivoque de l'embauche du salarié, qui ne résulte pas du seul fait que l'administrateur ait assuré, en même temps que celles autres salaires, la paie de ce salarié embauché par le débiteur [11].

La sanction de l'inopposabilité s'appliquera pour les contrats conclus par le débiteur en liquidation [12], par exemple un contrat de travail [13]. Le repreneur serait tenu par les contrats de travail conclus par le débiteur au mépris des règles du dessaisissement [14], puisqu'il ne peut se prévaloir de l'irrégularité affectant leur conclusion. Ces contrats restent efficaces *inter partes*, ce qui justifie l'applicabilité de l'article L. 1224-1 du Code du travail.

S'agissant d'une inopposabilité, édictée dans l'intérêt des créanciers [15], leur intérêt collectif, il faut décider

1. Soc. 6 déc. 2023, n° 22-15.580, P ; *Rev. proc. coll.* janv.-févr. 2024, p. 22, comm. 14, note Jacotot ; *Leden* mars 2024, DED202e5, obs. Dedessus-Le-Moustier.
2. Com. 2 oct. 2024, n° 23-11.022, NP.
3. Com. 2 oct. 2024, n° 23-11.022, NP.
4. Soc. 28 juin 2001, n° 00-40.986, NP ; *Act. proc. coll.* 2001/14, n° 175 ; – Soc. 19 sept. 2007, n° 05-45.628, NP ; *Bull. Joly* 2008. 49, § 14, note Ph. Pétel – Soc. 26 nov. 2015, n° 14-19.680, NP ; *Rev. proc. coll.* 2016, comm. 27, note F. Taquet ; *Rev. proc. coll.* 2016, comm. 39, note Ch. Lebel et comm. 56, note D. Jacotot ; *Leden* 2016/1, comm. 012, note G. Dedessus-Le-Moustier ; – Soc. 8 déc. 2016, n° 15-19.172, NP ; *Leden* avr. 2017, comm. n° 110r1, obs. H. de Frémont ; *BJE* mai-juin 2017, 235, note Ch. Gailhbaud ; *Rev. proc. coll.* mai-juin 2017, comm. 76, note D. Jacotot ; – Lyon, ch. soc. A, 6 déc. 2010, RG n° 10/00950 ; – Lyon, ch. soc., sect. B, 1er avr. 2015, RG n° 13/04718, arrêt aimablement communiqué par Me P. Forest, avocat au Barreau de l'Ain ; – Versailles, 15 mars 2016, RG n° 15/01342 ; *Act. proc. coll.* 2016/9, comm. 117 ; – Soc. 22 mars 2023, n° 21-21.315, *BJE* juill. 2023, n° BJE201a9, note A. Donnette.
5. Soc. 26 nov. 2015, n° 14-19.680, préc. ; – Soc. 8 déc. 2016, n° 15-19.172, préc. – Th. Méteyé, « *L'AGS et les actes passés en période suspecte et/ou en période d'observation* », *Gaz. Pal.* 16 janv. 2018, n° 2, p. 49.
6. Depuis le 1er oct. 2016 : Ord. n° 2016-131, 10 févr. 2016 portant réforme du droit des contrats, du régime général et de la preuve des obligations, *JO* 11 févr., n° 26.
7. Paris, 3e ch. A, 7 juin 2005, n° 2004/14373.
8. Soc. 5 nov. 2014, n° 13-19.662, P V, n° 253 ; n° 1982 FS-P+B ; *Gaz. Pal.* 18 janv. 2015, n° 18, p. 32, note Ch. Gailhbaud ; *Leden* 2014, comm. 181, note G. Dedessus-Le-Moustier ; *Act. proc. coll.* 2015, comm. 4, note A. Pédemons ; *Rev. proc. coll.* 2015, comm. 1, note L. Fin-Langer et comm. 21, note Ch. Lebel.
9. Soc. 7 nov. 2007, n° 06-40.896, NP ; n° 2331 F-D ; *RJDA* 2008/4, p. 428, n° 436 ; – Toulouse, 4e ch. soc., 1re sect., 16 mars 2006 ; *Rev. proc. coll.* 2006/3, p. 276, n° 2, obs. G. Blanc ; – Paris, pôle 6, 5e ch., 28 mai 2009, RG n° 07/05433 ; *Rev. proc. coll.* 2009/6, 160, p. 38, note Ch. Lebel ; – Soc. 29 mai 2013, n° 11-22.834, NP ; *Gaz. Pal.* 29 sept. 2013, n° 272, p. 33, note C. Duprat ; *Leden* juill. 2013, comm. 109, note G. Dedessus-Le-Moustier.
10. Soc. 17 oct. 2006, n° 04-45.827, NP ; *Act. proc. coll.* 2007/2, n° 9, note L. Fin-Langer.
11. Soc. 7 nov. 2007, n° 06-40.896, préc.
12. Rouen, ch. civ., 19 avr. 2012, RG n° 11/05166.
13. Soc. 13 nov. 2001, n° 99-46.261, NP ; *Act. proc. coll.* 2002/2, n° 27.
14. Soc. 12 juin 1997, n° 95-40.002, NP ; *Dr. sociétés* 1197, p. 159, obs. Y. Chaput.
15. Civ. 3e, 24 mai 2011, n° 10-12.184, NP ; n° 624 F-D.

que seule la procédure collective, par la voie de son liquidateur, peut s'en prévaloir et non le débiteur[1] ou un créancier de la personne en liquidation judiciaire[2]. Il s'agit désormais d'une inopposabilité à la procédure collective[3], cependant qu'est parfois évoquée une inopposabilité aux créanciers de la procédure collective[4]. Il faut ici noter que la procédure collective est personnifiée, et que la masse des créanciers, que le législateur du 25 janvier 1985 a entendu supprimer, réapparaît sous un autre vocable, un « faux nez »[5]. L'acte reste donc valable *inter partes*. La sanction de la nullité est ainsi écartée entre les parties[6], même si une réponse ministérielle[7] et parfois la jurisprudence des juges du fond[8] posent la solution contraire. *A fortiori*, elle ne peut être mise en œuvre par un tiers[9].

032.43 **Correctif des actes de gestion courante.** L'acte conclu au mépris des règles de répartition de pouvoirs est par principe inopposable à la procédure collective et ne permet pas de faire naître des créances régulières.

Par exception, l'acte ne sera pas inopposable à la procédure collective et autorisera la naissance de créances régulières si, d'une part, il rentre dans la catégorie des actes de gestion courante et si, d'autre part, le partenaire contractuel du concluant de l'acte est de bonne foi. Il convient de définir d'abord l'acte de gestion courante, puis celle de bonne foi.

Positivement, l'acte de gestion courante apparaît comme l'acte permettant à l'entreprise de fonctionner au quotidien. À l'inverse, les actes qui ne présentent pas un caractère répétitif ne peuvent être considérés comme des actes de gestion courante. Ce ne sont pas des actes « courants ».

Il est jugé que n'est pas un acte de gestion courante, l'embauche d'un salarié de haut niveau[10].

Au contraire, il est estimé que l'embauche d'un chauffeur-livreur par une entreprise de transport, pour une période courte afin de faire face à un surcroît de travail, est un acte de gestion courante[11]. De même, est un acte de gestion courante ne nécessitant pas l'autorisation du juge-commissaire la conclusion d'un contrat d'apprentissage[12].

On a justement fait observer que les précautions prises par la Cour de cassation, sur cette dernière solution, semblent accréditer l'idée que la signature d'un contrat de travail ne sera pas, par principe, un acte de gestion courante[13]. Cette solution devait d'ailleurs être posée peu après[14]. Un contrat de travail qui s'inscrit dans une multitude d'embauches justifiées n'est pas un acte de gestion courante[15]. L'engagement d'un salarié selon un contrat de professionnalisation de dix-sept mois n'est pas un acte de gestion courante[16].

Ainsi le principe est-il simple : l'embauche d'un salarié n'est pas un acte de gestion courante, sauf s'il

1. Com. 22 janv. 2002, n° 98-22.206, NP ; *Act. proc. coll.* 2002/8, n° 103 ; *RJDA* 2002/5, n° 532 ; – Com. 7 juin 2005, n° 04-12.739, NP ; *Gaz. proc. coll.* 2005/3, p. 31, obs. D. Voinot ; – Com. 21 nov. 2006, n° 05-18.207, NP ; *Gaz. proc. coll.* 2007/2, p. 36, note D. Voinot ; – Com. 24 avr. 2007, n° 05-21.376, NP ; n° 614 F-D.
2. Civ. 3e, 24 mai 2011, n° 10-12.184, NP ; n° 624 F-D.
3. Com. 23 mai 1995, n° 93-16.930, P IV, n° 150 ; *D.* 1995. 413, note Derrida ; *Dr. sociétés* 1995, n° 165, obs. Y. Chaput ; – Com. 14 oct. 1997, n° 95-10.512, P IV, n° 267 ; *D.* 1998. Somm. 99, obs. A. Honorat ; *RJ com.* 1998. 223, n° 90, obs. C. Saint-Alary-Houin ; – Com. 1er févr. 2000, n° 96-19.456, NP ; *RJDA* 2000/5, n° 577 ; – Com. 26 avr. 2000, n° 97-10.335, P IV, n° 81 ; *D.* 2000. AJ 264, obs. A. Lienhard ; *JCP E* 2000, pan. 971 ; *Act. proc. coll.* 2000/10, n° 126 ; – Com. 20 févr. 2001, n° 97-18.062, NP ; *RJDA* 2001/8-9, n° 883 ; – Com. 5 juill. 2005, n° 03-13.434, NP ; – Com. 24 janv. 2006, n° 02-15.295, NP ; n° 87 F-D ; *Act. proc. coll.* 2006/4, n° 36, note C. Régnaut-Moutier ; *Gaz. proc. coll.* 2006/2, p. 41, obs. Ph. Roussel Galle ; – Com. 21 nov. 2006, n° 05-18.207, NP ; *Gaz. proc. coll.* 2007/2, p. 36, note D. Voinot ; – Amiens, 31 janv. 2002 ; *JCP N* 2003, Aff. 1595, 1698, note F. Vauvillé ; – Paris, 3e ch. A, 9 mars 2004, RG n° 2003/03428 ; – Paris, 3e ch. A, 20 nov. 2007, RG n° 06/18802.
4. Com. 30 mars 2005, n° 03-20.567, NP ; – Civ. 2e, 23 nov. 2006, n° 05-16.983, NP.
5. M. Cabrillac, « L'impertinente réapparition d'un condamné à mort ou la métempsychose de la masse des créanciers », *Mél. Gavalda*, Dalloz, 2001, p. 69.
6. Com. 9 janv. 2001, n° 96-20.161, P IV, n° 3 ; *D.* 2001. AJ 630, obs. A. Lienhard ; – Com. 16 oct. 2012, n° 10-25.387, NP ; n° 1020 F-D.
7. Rép. min. n° 54461, *JOAN Q* 25 mai 1992, p. 2358.
8. Paris, 3e ch. A, 2 déc. 2003, RG n° 2003/07436.
9. Com. 9 janv. 2001, n° 96-20.161, P IV, n° 3 ; *D.* 2001. AJ 630, obs. A. Lienhard ; *JCP E* 2001, Chron. 750, n° 2, obs. M. Cabrillac.
10. Com. 3 avr. 1990, n° 85-46.530, P IV, n° 115 – Com. 5 oct. 1993, n° 91-14.361, P IV, n° 318 ; *D.* 1994. Somm. 81, obs. Honorat – Soc. 30 mai 2001, n° 99-42.769, NP ; *Act. proc. coll.* 2001/16, n° 203, obs. C. Régnaut-Moutier – Soc. 7 nov. 2007, n° 06-40.896, NP ; n° 2331 F-D ; *RJDA* 2008/4, p. 428, n° 436.
11. Soc. 21 sept. 2005, n° 03-41.598, P V, n° 261 ; *D.* 2006. Somm. 79, obs. P.-M. Le Corre ; *JCP E* 2006. Chron. 1066, p. 71, n° 2, obs. Ph. Pétel ; *RJ com.* 2006/1, p. 41, note J.-P. Sortais ; *LXB* n° N6356AKM, note P.-M. Le Corre ; – Lyon, ch. soc. C, 19 mai 2017, RG n° 16/01583 ; *Rev. proc. coll.* nov.-déc. 2017, comm. 43, note Ch. Lebel.
12. Com. 2 oct. 2024, n° 23-11.022, NP ; *RPC* nov./déc. 2024, comm. 169, note Taquet.
13. Obs. Ph. Pétel, ss Soc. 21 sept. 2005, n° 03-41.598, P V, n° 261 ; *JCP E* 2006. Chron. 1066, p. 71, n° 2.
14. Soc. 17 oct. 2006, n° 04-45.827, NP ; *Act. proc. coll.* 2007/2, n° 9, note L. Fin-Langer ; – Soc. 29 mai 2013, n° 12-17.158, NP ; *Rev. proc. coll.* 2014, comm. 58, note Lebel ; – Paris, pôle 6, 5e ch., 28 mai 2009, RG n° 07/05433 ; *Rev. proc. coll.* 2009/6, 160, p. 38, note Ch. Lebel.
15. Reims, ch. soc., 14 déc. 2011, n° 10/02468, *Dpde* sept. 2012, p. 12, note Ph. Roussel Galle.
16. Soc. 26 nov. 2015, n° 14-19.680, NP ; *Rev. proc. coll.* 2016, comm. 27, note F. Taquet ; *Rev. proc. coll.* 2016, comm. 39, note Ch. Lebel et comm. 56, note D. Jacotot ; *Leden* 2016/1, comm. 012, note G. Dedessus-Le-Moustier.

permet à l'entreprise de fonctionner au quotidien et peut avoir une certaine répétitivité.

Il est admis que la signature d'un contrat d'apprentissage est un acte de gestion courante[1], à moins qu'il ne corresponde pas au fonctionnement quotidien de l'entreprise[2].

N'est pas un acte de gestion courante, le licenciement pour faute grave d'un salarié[3].

La seconde notion à définir est celle de tiers de bonne foi. Ce sont, d'après la Cour de cassation, les personnes restées dans l'ignorance de la restriction de pouvoirs atteignant le débiteur, du fait de l'application des règles de l'administration contrôlée[4]. Peu importe donc que l'intéressé ait connu l'ouverture de la procédure s'il ignore la restriction de pouvoirs. La bonne foi est présumée. Par conséquent, l'acte ne sera inopposable à la procédure collective que s'il est démontré contre le salarié qu'il connaissait non seulement le jugement d'ouverture, mais encore l'exacte mission confiée à l'organe de la procédure collective.

Si le salarié embauché sans respecter la restriction de pouvoirs entre le débiteur et les organes de la procédure collective peut bénéficier pour son embauche de la qualification d'acte de gestion courante, son contrat pourra générer des créances nées régulièrement après le jugement d'ouverture.

032.44 Possibilité de payer à l'échéance les créances salariales postérieures nées pour certaines finalités. Il est prévu, dans la procédure de sauvegarde, par l'article L. 622-17, I, du Code de commerce, que ne bénéficieront du traitement préférentiel que les seules créances nées « pour les besoins du déroulement de la procédure ou de la période d'observation, ou en contrepartie d'une prestation fournie au débiteur pendant cette période ». Cette disposition s'applique en redressement judiciaire[5].

L'article L. 641-13, I, pour la procédure de liquidation judiciaire, prévoit, pour sa part, que ne bénéficieront du traitement de faveur que les créances nées « après le jugement qui ouvre ou prononce la liquidation judiciaire, ou dans ce dernier cas, après le jugement d'ouverture de la procédure de sauvegarde ou de redressement judiciaire qui l'a précédée, pour les besoins du déroulement de la procédure, pour les besoins, le cas échéant, de la période d'observation antérieure, ou en raison d'une prestation fournie au débiteur, postérieure à l'un de ces jugements ». L'ordonnance du 12 mars 2014 a ajouté deux autres critères en liquidation judiciaire : bénéficieront du traitement préférentiel, les créances nées en exécution d'un contrat décidé par l'organe compétent ainsi que les créances nées pour les besoins de la vie courante du débiteur personne physique.

En raisonnant spécifiquement sur les créances salariales, deux critères seulement ont vocation à s'appliquer en période d'observation : celui des créances nées en raison d'une prestation fournie au débiteur pendant la période d'observation et celui des créances nées pour les besoins du déroulement de la procédure. En liquidation judiciaire, il y a également deux critères susceptibles d'application : celui des créances nées en raison d'une prestation fournie au débiteur pendant la poursuite provisoire de l'activité et celui des créances nées pour les besoins du déroulement de la procédure.

032.45 Créances nées en raison d'une prestation fournie au débiteur. Le critère des créances nées en raison d'une prestation fournie au débiteur permet de faire bénéficier les créances salariales du régime de l'article L. 622-17 du Code de commerce, pour toutes les créances liées au contrat de travail dès lors qu'il y a prestation fournie par le salarié au débiteur.

Les créances nées en contrepartie d'une prestation fournie au débiteur seront d'abord les créances contractuelles, issues de contrats nouveaux, conclus après le jugement d'ouverture.

Les créances nées en contrepartie d'une prestation fournie au débiteur seront ensuite les créances contractuelles, issues de contrats en cours au jour du jugement d'ouverture. Rentre dans cette catégorie, la contrepartie des contrats continués. Peu importe à cet égard que les contrats de travail soient continués de plein droit et non sur option.

La notion permet d'englober tous les salaires et leurs accessoires afférents au travail fourni pendant la période d'observation. Il en va de même en liquidation judiciaire, mais seulement pendant la poursuite provisoire de l'activité. La solution ne vaut donc pas dans une liquidation judiciaire sans poursuite d'activité pour les salaires dus entre le jugement d'ouverture et le licenciement.

Peu importe que le débiteur ait effectivement profité des prestations dès lors qu'il lui était loisible d'en profiter. Par conséquent, l'offre de prestation équivaut à une prestation[6]. Cette solution de principe peut être appliquée en matière de contrat de travail : dès lors que le salarié est à disposition de son employeur,

1. Rouen, ch. soc., 13 oct. 2009 ; *Rev. proc. coll.* 2010/4, comm. 157, note Ch. Lebel.
2. Poitiers, ch. soc., 28 oct. 2015, RG n° 14/04650 ; *Rev. proc. coll.* 2015, comm. 178, note Ch. Lebel.
3. Versailles, 15 mars 2016, RG n° 15/01342 ; *Act. proc. coll.* 2016/9, comm. 117.
4. Clairement, en ce sens : Com. 13 sept. 2011, n° 10-24.126, NP ; n° 815 F-D ; *Gaz. Pal. entr. diff.* 21 janv. 2012, n° 20, p. 15, note Ch. Bidan ; *BJE* janv. 2012, comm., p. 6, 12, note Ph. Delmotte.
5. C. com., art. L. 631-14, I.
6. Com. 29 mai 2019, n° 17-31.501, NP ; n° 454 F-D ; *Gaz. Pal.* 15 oct. 2019, n° 35, p. 55, note J.-L. Vallens.

son salaire est dû, même s'il ne travaille pas effectivement.

L'indemnité de rupture n'est pas éligible au traitement préférentiel car elle n'est pas la contrepartie d'une prestation. Peu importe à cet égard que l'on raisonne sur un contrat de travail conclu avant ou après le jugement d'ouverture. En revanche, un autre critère peut trouver application pour les indemnités de rupture : celui des créances nées pour les besoins du déroulement de la procédure[1].

032.46 Créances nées pour les besoins du déroulement de la procédure. Par principe, les créances salariales n'ont pas grand-chose à voir avec les besoins du déroulement de la procédure.

En effet, les créances nées pour les besoins du déroulement de la procédure collective sont, par principe, inhérentes à cette même procédure collective, en ce sens qu'elles n'auraient pas pu naître sans l'ouverture de la procédure collective.

Cette notion de « créances inhérentes à la procédure collective », est spécialement intéressante pour les créances qui naissent pendant la liquidation judiciaire, en dehors de toute poursuite provisoire d'activité.

Le simple lien de la créance avec la procédure semble insuffisant[2], car n'est pas visée la créance née pour les besoins de la procédure, mais celle née pour les besoins « du déroulement » de la procédure, ce qui dénote une exigence supplémentaire[3]. Un lien étroit doit exister entre la créance et la procédure collective[4].

Il est indiscutable que seront rangés dans la notion de créances nées pour les besoins du déroulement de la procédure, les frais et honoraires exposés par les intervenants.

Cette notion de créances nées pour les besoins du déroulement de la procédure semble difficilement applicable aux créances salariales, lesquelles naissent tout aussi bien en dehors d'une procédure collective que pendant celle-ci. Ce sont donc des créances contingentes.

Faut-il considérer de façon abstraite que tel type de créance ne peut naître en dehors d'une procédure collective ? Faut-il au contraire admettre, qu'une créance que l'on peut considérer par nature comme contingente par rapport à la procédure collective, peut devenir inhérente à la procédure collective parce que, concrètement, sa naissance ne s'explique dans la procédure collective en cause que par les besoins du déroulement de la procédure ? C'est en ce dernier sens que s'est fixé la jurisprudence.

La Cour de cassation a clairement jugé que la notion de « créances nées pour les besoins du déroulement de la procédure » ne se résume pas aux frais et honoraires des intervenants de la procédure collective. Statuant à propos des indemnités de rupture des contrats de travail, dans les quinze jours de la liquidation judiciaire, la Cour de cassation a considéré que ces créances étaient éligibles au traitement préférentiel réservé aux créances postérieures[5].

Pour poser la solution, la Cour de cassation, implicitement, mais nécessairement, a affirmé l'autonomie conceptuelle de la notion de créances nées pour les besoins du déroulement de la procédure par rapport à celle de créances nées pour les besoins de la poursuite provisoire d'activité autorisée en liquidation judiciaire. En l'espèce, il n'y avait eu aucune poursuite provisoire d'activité en liquidation judiciaire. Les créances ne pouvaient donc se rattacher aux besoins de cette poursuite d'activité en liquidation judiciaire. Elles ne pouvaient bénéficier du traitement préférentiel que pour autant qu'elles pouvaient répondre à un autre critère d'attribution : celui de créances nées pour les besoins du déroulement de la procédure.

Et l'on comprend le raisonnement mené par la Chambre sociale. Ces indemnités de rupture de contrats de travail n'avaient rien de contingent par rapport à la procédure collective. Elles s'inscrivaient étroitement dans celle-ci, compte tenu de l'obligation pesant sur le liquidateur de licencier les salariés dans les quinze jours de l'ouverture ou du prononcé de la liquidation judiciaire, sauf poursuite provisoire d'activité, afin de permettre aux salariés d'être couverts par l'AGS. Il convient de mesurer l'écart[6] entre la position prise par la Chambre sociale de la Cour de cassation à propos des indemnités de rupture des contrats de travail et la solution retenue par la Chambre commerciale de la Cour de cassation en matière d'indemnité de résiliation, refusant systématiquement à ce type de créance la qualification de

1. V. s[s] n° 032.46.
2. A. Lienhard, *Procédures collectives*, 9e éd., « Encyclopédie Delmas », 2020/2021, n° 76.62.
3. RAPPR. : P. Le Cannu et D. Robine, *Droit des entreprises en difficulté*, 9e éd., « Précis », Dalloz, 2022, n° 726.
4. F. Pérochon, « Les créanciers postérieurs et la réforme du 26 juillet 2005 », *Gaz. proc. coll.* 2005, n° sp. 7-8 sept. 2005, p. 57 s., sp. p. 61, n° 28 – L.-C. Henry, « La notion de privilège de procédure dans la loi de sauvegarde », *Rev. proc. coll.* 2008, p. 20, spéc. p. 26, n° 21.
5. Soc. 16 juin 2010, n° 08-19.351, P V, n° 140 ; n° 1272 F-P+B ; *D.* 2010. Actu. 1550, note A. Lienhard ; *D.* 2011. Pan. 2080, note P.-M. Le Corre ; *Gaz. Pal. entr. diff.* 15-16 oct. 2010, p. 27, note L.-C. Henry ; *Rev. proc. coll.* 2010/6, comm. 245, note G. Berthelot ; *BJE* mars-avr. 2011. 25, note F. Macorig-Vénier ; *RTD com.* 2011. 173, n° 5, obs. A. Martin-Serf ; *Rev. proc. coll.* 2012, comm. 47, note C. Saint-Alary-Houin ; *LXB hebdo* 22 juill. 2010, n° 404, note E. Le Corre-Broly.
6. Sur ce constat : J. Vallansan, avec la collab. L. Fin-Langer, *Guide des procédures collectives 2022/2023*, LexisNexis, 2022, p. 426, n° 1075.

créance postérieure éligible au traitement préférentiel[1].

Pour la même raison, la créance de salaire due à un salarié protégé dans l'attente de l'autorisation de licenciement par l'inspection du travail est une créance postérieure méritante, même s'il y a eu cessation d'activité[2], la poursuite d'activité n'étant pas exigée en liquidation judiciaire pour rendre éligible au traitement préférentiel une créance postérieure au titre des créances nées pour les besoins du déroulement de la procédure.

SECTION 2
INTERDICTION DES POURSUITES INDIVIDUELLES

032.51 **Énoncé de la règle.** L'article L. 622-21, I du Code de commerce énonce que « Le jugement d'ouverture interrompt ou interdit toute action en justice de la part de tous les créanciers dont la créance n'est pas mentionnée au I de l'article L. 622-17 et tendant :

1° À la condamnation du débiteur au paiement d'une somme d'argent ;

2° À la résolution d'un contrat pour défaut de paiement d'une somme d'argent ».

Cette règle interdit aux créanciers soumis à la discipline collective d'engager une action, mais aussi de la poursuivre, pour obtenir un titre de condamnation au paiement contre le débiteur, une fois la procédure collective ouverte.

La règle de l'arrêt des poursuites individuelles déborde le simple cadre de la période d'observation.

En plan de sauvegarde ou de redressement, les créanciers sont astreints à l'obligation de respecter les délais du plan. La règle de l'arrêt des poursuites individuelles continue en conséquence à s'appliquer pendant l'exécution du plan[3].

Pendant l'exécution du plan, un créancier ne peut obtenir la condamnation du débiteur à payer une créance antérieure et, sur le fondement de cette condamnation, pratiquer une saisie-attribution.

Ce gel des actions ou « gel des droits »[4] constitue un sacrifice important pour les créanciers.

Faute de mise à l'écart par le texte de l'article L. 622-21, I, du Code de commerce, les salariés sont frappés par la règle de l'arrêt des poursuites individuelles. Ils ne peuvent, après le jugement d'ouverture de la procédure collective, entamer une action tendant à obtenir la condamnation de leur employeur au paiement[5], fût-ce celui des indemnités de rupture du contrat de travail. Ces créances doivent être portées sur le relevé des créances salariales[6].

Le salarié ne peut davantage, pendant l'exécution du plan de sauvegarde ou de redressement, obtenir la condamnation de son employeur pour des créances antérieures au jugement d'ouverture. La solution a été posée pour un rappel de congés payés, une prime de 13e mois et un rappel de salaires[7].

En revanche, l'instance prud'homale en cours au jour du jugement d'ouverture ne se trouve pas interrompue du fait de l'intervention de ce dernier, contrairement à la règle posée par l'article L. 622-21, I, du Code de commerce. Le salarié peut donc continuer son action sans qu'il y ait besoin d'une déclaration de créance[8]. Il devra cependant procéder à la mise en cause des organes de la procédure collective.

Bien que l'instance ne soit pas interrompue, elle ne peut plus tendre au paiement de la créance salariale, du fait de la règle de l'arrêt des poursuites individuelles, mais a pour seul objet de fixer cette créance au passif. La décision sera reportée sur l'état des créances.

Une Cour d'appel ne peut condamner l'employeur au paiement, alors que ce dernier a été placé sous procédure collective pendant l'instance d'appel. La Cour de cassation peut donc accueillir le moyen de pur droit tiré de la violation de l'arrêt des poursuites individuelles, lorsque la Cour d'appel condamne l'employeur au paiement alors qu'elle aurait dû se contenter de déterminer le montant des sommes à inscrire sur l'état des créances[9].

Si l'action est dirigée contre un ancien salarié devenu entrepreneur individuel placé sous procédure collective, elle est identiquement interrompue, même en cas de fraude du débiteur, cette dernière ne constituant qu'un cas de reprise des poursuites individuelles

1. Com. 12 juill. 2016, n° 14-23.668, P IV ; n° 671 F-P+B ; *Gaz. Pal.* 18 oct. 2016, n° 36, p. 54, note D. Boustani ; *Rev. sociétés* 2016. 549, note Henry ; *Act. proc. coll.* 2016/16, comm. 219, note J. Ch. Pagnucco ; *BJE* nov.-déc. 2016. 423, note A. Cérati-Gauthier ; *RTD com.* 2016. 849, n° 8, note A. Martin-Serf ; *Dr. sociétés* déc. 2016, comm. 215, note J.-P. Legros ; *Rev. proc. coll.* nov.-déc. 2017, comm. 144, note C. Houin-Bressand ; – Com. 24 janv. 2018, n° 16-14.705, NP ; n° 63 F-D ; *Gaz. Pal.* 2018, n°s 15, 73, note D. Boustani ; *Act. proc. coll.* 2018, comm. 37, note P. Cagnoli.
2. Soc. 14 juin 2017, n° 16-14.702, NP.
3. Soc. 10 mai 2006, n° 04-42.076, P V, n° 167 ; n° 1137 F-P+B ; *D.* 2006. AJ 1528, obs. A. Lienhard ; *Gaz. proc. coll.* 2006/4, p. 24, note Ph. Roussel Galle ; – Com. 29 avr. 2014, n° 12-24.628, NP ; n° 398 F-D ; *Rev. proc. coll.* 2015, comm. 106, note F. Macorig-Venier.
4. C. Saint-Alary-Houin, avec la collaboration de C. Houin-Bressand et M. H. Monsèrié-Bon, *Droit des entreprises en difficulté*, 13e éd., « Domat », LGDJ-Lextenso, 2022, n° 685.
5. Com. 30 juin 2021, n° 20-15.690, P, n° 568 F-B.
6. Soc. 12 mars 2008, n° 06-45.778, NP.
7. Soc. 28 sept. 2022, n° 20-15.895, F-D.
8. Soc. 30 sept. 1997, n° 94-43.769, P V, n° 295 ; *Rev. proc. coll.* 1999, 156, n° 2, obs. M.-H. Monsèrié.
9. Soc. 10 juill. 2024, n° 22-12.315, NP.

après clôture, non une exception à la règle de l'arrêt des poursuites individuelles[1].

032.52 Particularisme de l'application de la règle de l'arrêt des poursuites individuelles en cas d'ouverture d'une procédure collective contre un entrepreneur individuel. Quelques précisions doivent être apportées en cas de procédure collective ouverte contre un entrepreneur individuel à compter du 15 mai 2022.

Cette procédure, par principe, n'intéressera que le patrimoine professionnel. Il sera donc interdit d'entreprendre ou de poursuivre, après jugement d'ouverture, des poursuites individuelles pour obtenir le paiement d'une créance salariale antérieure au jugement d'ouverture se rattachant à l'activité professionnelle.

Au contraire, le salarié titulaire d'une créance non professionnelle - par exemple l'employé de maison ou le jardinier - ne sera pas frappé par l'arrêt des poursuites individuelles.

Le salarié qui est titulaire d'une créance née avant le 15 mai 2022 ne peut se voir opposer la distinction entre les deux patrimoines et peut donc, en théorie, être payé sur les deux patrimoines. Cependant, si le patrimoine professionnel est sous procédure collective, le salarié est soumis à la discipline collective s'il veut obtenir paiement de sa créance sur ce patrimoine. Il est donc soumis à la règle de l'arrêt des poursuites individuelles en tant qu'il s'adresse au patrimoine professionnel.

Par exception, la procédure collective peut être ouverte à l'encontre des deux patrimoines. Cela suppose, d'une part, que le débiteur soit en état du surendettement au titre de son patrimoine personnel et, d'autre part, soit que le débiteur ait au moins un créancier professionnel pouvant se faire payer sur le patrimoine personnel, soit que le débiteur n'ait pas strictement respecté la dissociation entre ses deux patrimoines. Il en serait ainsi de l'employeur payant avec son patrimoine professionnel un employé de maison. Si la procédure collective est ouverte au titre des deux patrimoines, la règle de l'arrêt des poursuites individuelles s'applique aux deux patrimoines, le créancier étant alors soumis, du chef des deux patrimoines, à la discipline collective.

SECTION 3
INTERDICTION DES MESURES D'EXÉCUTION

032.61 Présentation de la règle. Aux termes de l'article L. 622-21, II, du Code de commerce, le jugement d'ouverture « arrête ou interdit également toute procédure d'exécution de la part de ces créanciers, tant sur les meubles que sur les immeubles ».

En visant « ces créanciers », le texte a vocation à s'appliquer aux mêmes créanciers que ceux visés au I du même article, par la règle de l'arrêt des poursuites individuelles. Par conséquent, tous les créanciers sont concernés, à la seule exception de ceux visés à l'article L. 622-17 du Code de commerce. Il faut donc comprendre que la règle de l'arrêt des mesures d'exécution s'applique à tous les créanciers soumis à la discipline collective.

Précisions toutefois qu'elle ne remet pas en cause les saisies qui ont joué au jour du jugement d'ouverture[2].

La règle de l'arrêt des mesures d'exécution s'applique pendant la période d'observation de la sauvegarde et du redressement judiciaire ainsi que pendant la liquidation judiciaire.

Sous l'empire de la loi du 25 janvier 1985, l'interdiction de procéder à l'exécution des biens du débiteur après jugement d'ouverture subsistait, même après adoption du plan de continuation, des solutions divergentes ayant cependant été posées en jurisprudence[3].

La solution a été reconduite sous l'empire de la loi de sauvegarde, pour le plan de redressement ou de sauvegarde, ainsi que l'a jugé la Cour de cassation : il n'est pas possible de procéder à l'exécution des biens du débiteur après le jugement adoptant le plan de sauvegarde ou de redressement[4].

Le législateur vise tant l'arrêt que l'interdiction des voies d'exécution. Il faut en conséquence décider que les voies d'exécution entamées ne peuvent plus être poursuivies. Elles sont arrêtées. Il faut aussi comprendre que les voies d'exécution nouvelles ne peuvent plus être entreprises puisqu'elles sont interdites[5].

L'exécution de tous les titres se trouve arrêtée. Il pourra donc s'agir de décisions de condamnation au paiement[6].

Les saisies, qui n'ont pas produit leur effet au jour de l'ouverture de la procédure collective, sont arrêtées, et non pas seulement suspendues. Les voies

1. Com. 14 sept. 2022, n° 21-11.642, NP ; n° 486 F-D.

2. Sur cette notion : P.-M. Le Corre, *Droit et pratique des procédures collectives 2023/2024*, 12e éd., « Dalloz Action », 2022, nos 633.511 à 622.531.
3. Dans le sens du texte : Montpellier, 23 juin 1997 ; *Rev. proc. coll.* 1999, 107, n° 19, obs. P. Canet ; – *Contra* : TGI Lyon, Jex, 23 janv. 1996 ; *Rev. proc. coll.* 1999, 107, n° 19, obs. P. Canet.
4. Com. 3 avr. 2019, n° 18-10.645, P, n° 278 F-P+B ; *Act. proc. coll.* 2019/9, comm. 121, note F. Petit ; *BJE* juill.-août 2019, 117b4, p. 33, note G. Jazottes ; *JCP E* 2019 chron. 1375, n° 6, obs. A. Tehrani ; *LXB* N8716BX4, n° 592, 25 avr. 2019, note E. Le Corre-Broly.
5. TGI Fontainebleau, 8 avr. 1987 ; *D.* 1988. Somm. 145.
6. Ainsi pour un jugement : Com. 23 juin 1998, n° 94-16.352, NP ; *Act. proc. coll.* 1998/11, n° 147.

d'exécution exercées, qui ne peuvent être poursuivies, doivent donc faire l'objet d'une mainlevée de la part des créanciers. À défaut d'être volontaire, la mainlevée sera ordonnée par la juridiction de droit commun[1]. Les frais de mainlevée seront à la charge du créancier[2].

Le créancier qui a perçu des sommes d'argent en vertu de saisies irrégulières au regard de la règle de l'arrêt des voies d'exécution doit restituer les sommes reçues. La prescription triennale qui intéresse l'action en restitution du paiement interdit en application des articles L. 621-24 du Code de commerce, avant la loi de sauvegarde des entreprises, et L. 622-7 du Code, depuis la loi de sauvegarde, n'a pas vocation à régir les demandes de restitution de sommes d'argent consécutives à la violation de la règle de l'arrêt des voies d'exécution. La solution a été posée dans le cadre de la restitution de sommes d'argent perçues indûment par le Trésor public, à la suite d'un avis à tiers détenteur effectué au mépris de la règle de l'arrêt des voies d'exécution[3].

032.62 Application de la règle. Les créanciers titulaires de créances salariales sont concernés par la règle de l'arrêt des mesures d'exécution[4], faute d'exclusion par l'article L. 622-21, II, du Code de commerce. Le jugement d'ouverture de la procédure collective oblige à leur mainlevée, que doit ordonner le juge de l'exécution saisi, au besoin d'office[5].

La Cour de cassation a ainsi jugé que le salarié ne peut faire pratiquer une saisie-attribution contre le débiteur[6]. À cette occasion, la Cour de cassation a précisé que les créances salariales, qui ne sont pas fondées sur une obligation alimentaire, n'étant pas assimilables à des créances alimentaires, ne sont pas soustraites à l'interdiction des paiements par l'article L. 622-7, I, alinéa 1, du Code de commerce. Elles ne peuvent donc permettre une saisie-attribution, après le jugement d'ouverture, pour en obtenir le paiement alors qu'elles sont antérieures au jugement d'ouverture.

Les créances salariales, nous l'avons vu[7] n'échappent pas à la règle de l'interdiction des paiements. Si de telles créances sont fixées au passif, qu'un plan de sauvegarde ou de redressement est adopté, il importe qu'elles soient inscrites au plan. Si tel n'est pas le cas, les créanciers dont les créances sont garanties par le privilège ou le superprivilège des salaires, qui ne peuvent en application de l'article L. 626-20, I, du Code de commerce se voir imposer de délais dans le cadre d'un plan, ne peuvent exiger ce paiement sans délai et doivent, pour recouvrer leur droit de poursuite individuelle, attendre le terme du plan. Par conséquent, une saisie-attribution de leur part ne peut être pratiquée, car elle violerait la règle de l'interdiction des mesures d'exécution[8].

032.63 Particularisme de l'application de la règle en cas d'ouverture d'une procédure collective contre un entrepreneur individuel. Quelques précisions doivent être apportées en cas de procédure collective ouverte contre un entrepreneur individuel à compter du 15 mai 2022.

Cette procédure, par principe, n'intéressera que le patrimoine professionnel. Il sera donc interdit de pratiquer, après jugement d'ouverture, des mesures d'exécution pour obtenir le paiement d'une créance salariale antérieure au jugement d'ouverture se rattachant à l'activité professionnelle.

Au contraire, le salarié titulaire d'une créance non professionnelle – par exemple l'employé de maison ou le jardinier – ne sera pas frappé par l'arrêt des mesures d'exécution.

Le salarié qui est titulaire d'une créance née avant le 15 mai 2022 ne peut se voir opposer la distinction entre les deux patrimoines et peut donc, en théorie, être payé sur les deux patrimoines. Cependant, si le patrimoine professionnel est sous procédure collective, le salarié est soumis à la discipline collective s'il veut obtenir paiement de sa créance sur ce patrimoine. Il est donc soumis à la règle de l'arrêt des mesures d'exécution en tant qu'il s'adresse au patrimoine professionnel.

Par exception, la procédure collective peut être ouverte à l'encontre des deux patrimoines. Cela suppose, d'une part, que le débiteur soit en état du surendettement au titre de son patrimoine personnel et, d'autre part, soit que le débiteur ait au moins un créancier professionnel pouvant se faire payer sur le patrimoine personnel, soit que le débiteur n'ait pas strictement respecté la dissociation entre ses deux patrimoines. Il en serait ainsi de l'employeur payant avec son patrimoine professionnel un employé de maison. Si la procédure collective est ouverte au titre des deux patrimoines, la règle de l'arrêt des mesures d'exécution s'applique aux deux patrimoines, le créancier étant alors soumis, du chef des deux patrimoines, à la discipline collective.

1. Les travaux préparatoires de la loi du 25 janvier 1985 sont très clairs sur ce point : Amend. n° 95 et interv. Badinter, *JO Sénat CR. 6 juin* 1984, p. 1347 – *Adde* : Soinne, n° 1045.
2. B. Soinne, *Traité des procédures collectives*, 2e éd., Litec, 1995, n° 1045.
3. Com. 2 oct. 2007, n° 06-15.986, NP ; n° 1041 F-D ; *Gaz. proc. coll.* 2008/1, p. 48, note I. Rohart-Messager ; *Rev. proc. coll.* 2008, p. 71, n° 11, note Ch. Lebel.
4. Com. 30 juin 2021, n° 20-15.690, P, n° 568 F-B ; – Limoges, 20 mai 1997 et Toulouse, 5 mai 1998 ; *Rev. proc. coll.* 1999, 107, n° 19, obs. P. Canet.
5. Com. 30 juin 2021, n° 20-15.690, P, n° 568 F-B.
6. Com. 3 mai 2016, n° 14-24.855, P.
7. V. ss n° 032.21.
8. Com. 14 nov. 2019, n° 18-15.522, NP ; n° 817 F-D ; *Gaz. Pal.* 21 avr. 2020, n° 15, p. 86, note L. Ben-Cheikh-Vecchioni.

SECTION 4 ARRÊT DU COURS DES INSCRIPTIONS DE SÛRETÉS

032.71 **Présentation de la règle.** L'article L. 622-30, alinéa 1, du Code de commerce énonce que « les hypothèques, gages, nantissements et privilèges ne peuvent plus être inscrits postérieurement au jugement d'ouverture ». Ce texte de la procédure de sauvegarde est applicable en redressement judiciaire [1] et en liquidation judiciaire [2].

Le fondement de la règle doit être recherché dans la volonté de « geler le patrimoine du débiteur », comme cela résulte des travaux préparatoires de la loi du 25 janvier 1985 [3]. Ce gel se révélera précieux pour assurer le sauvetage de l'entreprise [4], dans la mesure où le crédit de celle-ci ne pourra plus être entamé après redressement judiciaire par des créanciers antérieurs.

Bien que la règle de l'article L. 622-30 du Code de commerce n'ait pas prioritairement un objectif sécuritaire pour les créanciers [5], elle contribue également à assurer très efficacement le respect de la règle de l'égalité des créanciers [6], en empêchant un créancier chirographaire de pouvoir prétendre, après jugement d'ouverture, à l'égard de la procédure collective, être un créancier privilégié.

L'article L. 622-30 du Code de commerce indique que « Les hypothèques, gages, nantissements et privilèges ne peuvent plus être inscrits postérieurement au jugement d'ouverture. » L'expression « ne peuvent plus » n'est pas équivalente à celle de « ne peuvent pas ». Il y a là un argument de texte permettant de cantonner l'application de la règle aux seules sûretés constituées avant le jugement d'ouverture [7].

Cela ne signifie pas *a contrario* que des sûretés réelles pourront être constituées après le jugement d'ouverture pour garantir des créances antérieures. Mais c'est alors une autre règle qui en interdit la constitution : l'article L. 622-7, II, alinéa 1, du Code de commerce. Il y aurait là en effet un acte de disposition dépassant la gestion courante, qui est prohibé, entraînant, selon la Cour de cassation, violation de la règle de la règle de l'égalité des créanciers [8].

L'article L. 622-30 du Code de commerce édicte un arrêt du cours des inscriptions de sûretés « postérieurement au jugement d'ouverture ». Compte tenu de la rétroactivité du jugement d'ouverture à 0 heure du jour de son prononcé, l'inscription, pour être valable, devra être prise au plus tard la veille du jour du jugement d'ouverture. L'inscription prise le jour du jugement d'ouverture ne sera pas efficace puisqu'elle sera considérée comme prise après le jugement d'ouverture [9].

La sanction frappant l'inscription prise après le jugement d'ouverture au mépris de l'interdiction est, selon la Cour de cassation, l'inopposabilité de la sûreté réelle à la procédure collective [10].

032.72 **Application de la règle.** Faute de restriction contenue à l'article L. 622-30 du Code de commerce, quant aux créanciers concernés, l'interdiction de publier après jugement d'ouverture une sûreté venant garantir une créance antérieure s'applique aux créanciers titulaires de créances salariales.

Les inscriptions de sûretés définitives ne tombent pas sous le coup de l'interdiction dès lors que la sûreté conservatoire a été prise avant le jugement d'ouverture. Un salarié peut donc, s'il a obtenu une sûreté judiciaire provisoire sur son employeur avant le jugement d'ouverture, prendre l'inscription définitive après le jugement d'ouverture. La solution est justifiée par la rétroactivité de la décision définitive à la date de l'inscription provisoire.

Si l'instance au fond a été engagée par le salarié avant jugement d'ouverture, il y aura lieu à application des règles relatives aux instances prud'homales en cours. Le titre sera alors constitué par la décision passée en force de chose jugée obtenue par le créancier, constatant et fixant la créance salariale au passif [11].

Si l'instance au fond n'a pas été engagée avant jugement d'ouverture, l'arrêt des poursuites individuelles interdit son introduction après jugement d'ouverture. Cependant, l'instance au fond pourra alors, en droit commun, être remplacée par la décision d'admission au passif. La Cour de cassation a en effet jugé, sous l'empire de la loi de sauvegarde,

1. C. com., art. L. 631-14, al. 1.
2. C. com., art. L. 641-3, al. 1er.
3. L. n° 85-98, 25 janv. 1985, préc. ; – *Rapp. Gouzes, JO* doc. adm. n° 1872, p. 85 – *Adde* : Soinne, n° 1076.
4. C. Saint-Alary-Houin, avec la collaboration de C. Houin-Bressand et M. H. Monsèrié-Bon, *Droit des entreprises en difficulté*, 13e éd., « Domat », LGDJ-Lextenso, 2022, n° 729.
5. F. Derrida, P. Godé et J.-P. Sortais, avec la collab. d'A. Honorat, *Redressement et liquidation judiciaires des entreprises*, 3e éd., Dalloz, 1991, n° 343.
6. Ch. Lèguevaques, « L'égalité des créanciers dans les procédures collectives : flux et reflux », *Gaz. Pal.* 27-29 janv. 2002, Doctr. 18.
7. Ph. Pétel, *Procédures collectives*, 11e éd., « Cours », Dalloz, 2023, n° 196 ; A. Jacquemont, N. Borga et Th. Mastrullo, *Droit des entreprises en difficulté*, 12e éd., « Manuel », LexisNexis, 2022, n° 493 ; P. Le Cannu et D. Robine, *Droit des entreprises en difficulté*, 9e éd., « Précis », Dalloz, 2022, n° 645.
8. Com. 3 avr. 2019, n° 18-11.281, P, n° 274 F-P+B ; *BJE* juill.-août 2019, 117b6, p. 23, note N. Borga ; *JCP E* 2019, chron. 1375, n° 5, obs. A. Tehrani.
9. Com. 2 oct. 2007, n° 06-20.140, NP ; n° 1045 F-D.
10. Com. 7 nov. 2006, n° 05-11.551, NP ; n° 1194 F-D ; *LXB hebdo* n° 241, 20 déc. 2006, n° N4237A9S, note P.-M. Le Corre.
11. F. Derrida, P. Godé et J.-P. Sortais, avec la collab. d'A. Honorat, *Redressement et liquidation judiciaires des entreprises*, 3e éd., Dalloz, 1991, n° 536.

que « l'ouverture d'une procédure de liquidation judiciaire – la solution vaut pour toute autre procédure collective – ne prive pas d'effet une hypothèque judiciaire provisoire régulièrement inscrite sur un immeuble du débiteur avant jugement d'ouverture et n'interdit pas au créancier de procéder, dans le délai de deux mois courant à compter du jour où la décision d'admission ou de fixation de sa créance est passée en force de chose jugée, à l'inscription définitive [...] »[1]. Le créancier, dans cette hypothèse convertira donc l'inscription provisoire en inscription définitive dans les deux mois du passage en force de chose jugée de la décision d'admission.

Par transposition, le salarié pourra, sur base de l'inscription de sa créance sur le relevé des créances salariales, convertir l'inscription provisoire en inscription définitive. Il le fera dans les deux mois du caractère définitif du relevé des créances.

Bien que le visa du juge-commissaire sur le relevé des créances salariales n'ait pas de valeur juridictionnelle, dès lors que la créance qui y figure ne fait l'objet d'aucune contestation, il a en effet été jugé que le fait que le relevé des créances salariales soit ensuite porté sur l'état des créances, document à valeur juridictionnel, emporte la conséquence de l'admission au passif des créances des salariés. Cette admission au passif a un effet irrévocable[2].

Ce caractère irrévocable sera acquis lorsque le relevé sera déposé au greffe, qu'un avis d'insertion dans un journal d'annonces légales du département de l'employeur sera intervenu, que le salarié sera averti de ce dépôt au greffe par le mandataire judiciaire ou le liquidateur, et que deux mois se seront écoulés depuis et avertissement (C. com., art. R. 625-3).

032.73 Particularisme de l'application de la règle en cas d'ouverture d'une procédure collective contre un entrepreneur individuel. Quelques précisions doivent être apportées en cas de procédure collective ouverte contre un entrepreneur individuel à compter du 15 mai 2022.

Cette procédure, par principe, n'intéressera que le patrimoine professionnel. Il sera donc interdit de publier, après jugement d'ouverture, une sûreté venant garantir une créance salariale antérieure au jugement d'ouverture se rattachant à l'activité professionnelle.

Au contraire, le salarié titulaire d'une créance non professionnelle – par exemple l'employé de maison ou le jardinier – ne sera pas frappé par l'arrêt du cours désinscriptions de sûretés. Il pourra donc prendre cette inscription.

Le salarié qui est titulaire d'une créance née avant le 15 mai 2022 ne peut se voir opposer la distinction entre les deux patrimoines et peut donc, en théorie, être payé sur les deux patrimoines. Cependant, si le patrimoine professionnel est sous procédure collective, le salarié est soumis à la discipline collective s'il veut obtenir paiement de sa créance sur ce patrimoine. Il est donc soumis à la règle de l'arrêt du cours des inscriptions de sûretés en tant qu'il s'adresse au patrimoine professionnel.

Par exception, la procédure collective peut être ouverte à l'encontre des deux patrimoines. Cela suppose, d'une part, que le débiteur soit en état du surendettement au titre de son patrimoine personnel et, d'autre part, soit que le débiteur ait au moins un créancier professionnel pouvant se faire payer sur le patrimoine personnel, soit que le débiteur n'ait pas strictement respecté la dissociation entre ses deux patrimoines. Il en serait ainsi de l'employeur payant avec son patrimoine professionnel un employé de maison. Si la procédure collective est ouverte au titre des deux patrimoines, la règle de l'arrêt du cours des inscriptions de sûretés s'applique aux deux patrimoines, le créancier étant alors soumis, du chef des deux patrimoines, à la discipline collective.

SECTION 5
ARRÊT DU COURS DES INTÉRÊTS

032.81 Énoncé de la règle. Aux termes de l'article L. 622-28, alinéa 1, du Code de commerce, « le jugement d'ouverture arrête le cours des intérêts légaux et conventionnels, ainsi que de tous intérêts de retard ou majorations, à moins qu'il ne s'agisse des intérêts résultant de contrats de prêts conclus pour une durée égale ou supérieure à un an ou de contrats assortis d'un paiement différé d'un an ou plus ».

Les règles relatives à l'arrêt du cours des intérêts posées pour la procédure de sauvegarde sont applicables à la procédure de redressement judiciaire[3] et à la procédure de liquidation judiciaire[4].

La règle de l'arrêt du cours des intérêts doit-elle déborder le cadre de la période d'observation ? Il importe ici de remarquer que l'article L. 622-28 du Code de commerce évoque un « arrêt du cours des intérêts » et non pas une simple suspension[5], laquelle

1. Com. 3 mai 2016, n° 14-21.556, préc.
2. Soc. 21 nov. 2012, n° 11-18.923, P IV, n° 300 ; n° 2358 F-P+B ; *D.* 2012. Actu 2798, note A. Lienhard ; *Gaz. Pal.* 18 janv. 2013, n° 18, p. 35, note Ch. Gailhbaud ; *Act. proc. coll.* 2012/20, comm. 300, note L. Fin-Langer ; *BJE* mars 2013, comm. 37, note Donnette ; *Leden* janv. 2013, comm. 009, obs. G. Dedessus-Le-Moustier ; – Soc. 5 févr. 2014, n°s 12-29.189, 12-29.537, NP ; n° 238 F-D.
3. C. com., art. L. 631-14, al. 1.
4. C. com., art. L. 641-3, al. 1.
5. Sur cette différence de terminologie : F. Derrida, P. Godé et J.-P. Sortais, avec la collab. d'A. Honorat, *Redressement et liquidation judiciaires des entreprises*, 3e éd., Dalloz, 1991, n° 534 ; Ph. Pétel, *Procédures collectives*, 11e éd., « Cours », Dalloz, 2023, n° 206.

autoriserait une reprise du cours des intérêts, après expiration de la période d'observation. En visant un « arrêt du cours des intérêts », le législateur a entendu que le cours des intérêts soit arrêté pendant la procédure collective. C'est en ce sens que s'est prononcée la Cour de cassation, sous l'empire de la loi du 25 janvier 1985. Les intérêts arrêtés en période d'observation ne peuvent reprendre leur cours en phase d'exécution d'un plan de continuation [1]. La solution est évidemment transposable sous l'empire de la loi de sauvegarde et vaut tant pour le plan de sauvegarde que pour le plan de redressement. Elle a été aussi appliquée en liquidation judiciaire [2]. Ainsi, l'arrêt du cours des intérêts est-il définitif, solution applicable même pour le cours des intérêts légaux [3].

Le fondement de la règle de l'arrêt du cours des intérêts est trouvé dans la volonté de simplification du fonctionnement de la procédure collective [4]. L'appréhension du passif, dans le cadre de la vérification des créances, et les répartitions subséquentes, vont s'en trouver singulièrement facilitées [5].

Cette règle de l'arrêt du cours des intérêts s'applique aux créanciers soumis à la discipline collective. Cependant, elle semble inapplicable aux créanciers postérieurs, faute de texte en ce sens. Par conséquent, non seulement les créanciers postérieurs non soumis à la discipline collective sont écartés du champ d'application de la règle, mais encore la règle ne concerne pas les créanciers postérieurs soumis à la discipline collective : créanciers postérieurs dont la créance est née irrégulièrement et créanciers postérieurs dont la créance est née régulièrement mais n'est pas éligible au traitement préférentiel.

L'arrêt du cours des intérêts ne se produisant qu'à compter du jugement d'ouverture, les intérêts échus avant jugement d'ouverture ne pourront être écartés. Ils doivent être comptabilisés au jour le jour [6].

1. Soc. 10 déc. 1996, n° 95-40.485, P V, n° 434 ; *Dr. sociétés* 1997, n° 7, obs. Y. Chaput – Com. 10 déc. 2002, n° 99-20.478, NP ; *Act. proc. coll.* 2003/4, n° 39.
2. Com. 7 févr. 1989, n° 87-14.003, P IV, n° 50 ; *D.* 1989. Somm. 214, obs. Honorat ; *RJ com.* 1990. 39, n° 42, obs. Ch. Gallet ; *RTD com.* 1989. 316, obs. A. Martin-Serf.
3. Com. 21 janv. 2003, n° 99-21.560, NP ; *Act. proc. coll.* 2003/6, n° 69.
4. B. Soinne, *Traité des procédures collectives*, 2e éd., Litec, 1995, n° 1986 ; J. Vallansan, P. Cagnoli et Fin-Langer, *Difficultés des entreprises : Commentaire article par article du livre VI du code de commerce*, 6e éd., « Droit et professionnels », LexisNexis, 2012, p. 164 ; P. Le Cannu et D. Robine, *Droit des entreprises en difficulté*, 9e éd., « Précis », Dalloz, 2022, n° 641.
5. Ph. Pétel, *Procédures collectives*, 11e éd., « Cours », Dalloz, 2023, n° 202.
6. B. Soinne, *Traité des procédures collectives*, 2e éd., Litec, 1995, n° 1988.

La disposition analysée ne concernant que les intérêts, les clauses d'indexation [7], ainsi que les clauses pénales ne seront pas remises en cause par l'effet du jugement d'ouverture [8], dès lors du moins, pour ces dernières, qu'elles n'ont pas été spécialement prévues ou révisées pour l'hypothèse de la sauvegarde, du redressement ou de la liquidation judiciaire, puisqu'elles seraient alors contraires à la règle de l'égalité des créanciers [9].

032.82 **Application.** L'article L. 622-28, alinéa 1, du Code de commerce ne distingue pas selon le type de créances. Il faut donc décider que toutes les créances antérieures, quelle que soit leur nature, sont concernées par la règle de l'arrêt du cours des intérêts, y compris les créances salariales [10].

Il importera peu que la créance soit chirographaire ou privilégiée [11], ou qu'elle résulte d'une décision de justice définitive [12].

7. *Ibid.* ; F. Derrida, P. Godé et J.-P. Sortais, avec la collab. d'A. Honorat, *Redressement et liquidation judiciaires des entreprises*, 3e éd., Dalloz, 1991, note 2405 ; C. Saint-Alary-Houin, avec la collaboration de C. Houin-Bressand et M. H. Monsèrié-Bon, *Droit des entreprises en difficulté*, 13e éd., « Domat », LGDJ-Lextenso, 2022, n° 743 ; P. Le Cannu et D. Robine, *Droit des entreprises en difficulté*, 9e éd., « Précis », Dalloz, 2022, n° 641.
8. Rennes, 28 juill. 1987 ; *Gaz. Pal.* 1987. II. 615, note X. Massart ; – Angers, 27 nov. 1989, *RJ com.* 1990. 344, 1re esp., note J.-M. Calendini ; – B. Soinne, *Traité des procédures collectives*, 2e éd., Litec, 1995, n° 1996 ; C. Saint-Alary-Houin, avec la collaboration de C. Houin-Bressand et M. H. Monsèrié-Bon, *Droit des entreprises en difficulté*, 13e éd., « Domat », LGDJ-Lextenso, 2022, n° 743 ; P. Le Cannu et D. Robine, *Droit des entreprises en difficulté*, 9e éd., « Précis », Dalloz, 2022, n° 641.
9. Com. 10 déc. 1991, n° 90-11.145, P IV, n° 378 ; *JCP E* 1992. I. 138, n° 24, obs. Ph. Pétel ; – Com. 11 mai 1993, n° 91-11.379, P IV, n° 181 ; *D.* 1993. Somm. 368, obs. Honorat ; *Rev. sociétés* 1993. 652, obs. Y. Chaput ; – Com. 11 mai 2010, n° 09-13.106, NP ; n° 520 F-D ; *Rev. proc. coll.* 2012, comm. 44, note C. Saint-Alary-Houin ; – Caen, 1re ch., sect. civ. et com., 7 sept. 2006 ; *Rev. proc. coll.* 2008, p. 75, n° 15, note Ph. Roussel Galle.
10. Soc. 10 déc. 1996, n° 95-40.485, P V, n° 434 ; – Soc. 13 janv. 1999, n° 96-43.431, NP ; *Act. proc. coll.* 1999/4, n° 57 ; – Soc. 23 nov. 1999, n° 97-44.172, NP ; *D. Affaires* 2000. Somm. 116, obs. Derrida ; – Soc. 9 juill. 2003, n° 01-44.196, NP ; – Soc. 10 juill. 2024, n° 22-12.315, NP.
11. C. Saint-Alary-Houin, avec la collaboration de C. Houin-Bressand et M. H. Monsèrié-Bon, *Droit des entreprises en difficulté*, 13e éd., « Domat », LGDJ-Lextenso, 2022, n° 742 – B. Soinne, *Traité des procédures collectives*, 2e éd., Litec, 1995, n° 1988 – A. Jacquemont, N. Borga et Th. Mastrullo, *Droit des entreprises en difficulté*, 12e éd., « Manuel », LexisNexis, 2022, n° 485.
12. Soc. 8 avr. 1992, n° 89-43.284, P V, n° 252 ; – Com. 16 nov. 2010, n° 09-71.935, P IV, n° 175 ; n° 1142 F-P+B ; *D.* 2010. AJ 2902, obs. A. Lienhard ; *Gaz. Pal.* 25-26 févr. 2011, p. 46, note S. Reifegerste ; *Gaz. Pal.* 30/31 mars 2011, p. 18, note F. Dumont ; *JCP E* 2011, Chron. 1263, n° 3, obs. Ph. Pétel ; *LPA* 29 avr. 2011, n° 85, p. 4, note F. Reille ; *Rev. sociétés* 2011. 194, note Ph. Roussel Galle ; *RTD com.* 2011. 637, n° 3, obs. A. Martin-Serf.

Les intérêts susceptibles de concerner les créances salariales seront les intérêts de retard. La règle de l'arrêt du cours des intérêts s'applique en effet tant aux intérêts conventionnels qu'aux intérêts moratoires[1]. Un Conseil des prud'hommes ne peut donc décider que les créances salariales antérieures au jugement d'ouverture porteront intérêt au taux légal à compter de la réception de la convocation devant le bureau de jugement[2].

L'absence de visa à l'article L. 622-28, alinéa 1, des intérêts judiciaires pouvait conduire à les exclure du domaine de la règle et à autoriser, en conséquence, la continuation de leur cours. La Cour de cassation a jugé le contraire, considérant la formule comme absolument générale : les intérêts judiciaires voient donc leurs cours arrêtés au jour du jugement d'ouverture[3].

Le salarié doit donc arrêter le calcul de sa créance d'intérêts moratoires la veille du jugement d'ouverture.

En droit commun des procédures collectives, il a été jugé que la règle de l'arrêt du cours des intérêts a vocation à s'appliquer, que le créancier soit simplement confronté à devoir déclarer au passif, ou soit dans les liens d'une instance en cours au jour du jugement d'ouverture, qu'il poursuit après ledit jugement, après avoir déclaré sa créance au passif, pour faire fixer celle-ci. La juridiction saisie de l'instance doit arrêter le cours des intérêts de la créance au jour du jugement d'ouverture[4]. Elle ne pourra écarter les intérêts échus jusqu'au jour du jugement d'ouverture[5].

La solution peut être transposée au cas du salarié. La solution vaut non seulement pour le salarié confronté à l'établissement de sa créance sur le relevé des créances salariales, mais encore au salarié dans les liens d'une instance prud'homale pour faire fixer sa créance au passif.

032.83 Particularisme en cas d'ouverture d'une procédure collective contre un entrepreneur individuel. Quelques précisions doivent être apportées en cas de procédure collective ouverte contre un entrepreneur individuel à compter du 15 mai 2022.

Cette procédure, par principe, n'intéressera que le patrimoine professionnel. Il sera donc interdit de faire courir après le jugement d'ouverture, des intérêts de retard sur des créances salariales se rattachant à l'activité professionnelle.

Au contraire, le salarié titulaire d'une créance non professionnelle - par exemple l'employé de maison ou le jardinier - ne sera pas frappé par l'arrêt du cours des intérêts. Il pourra donc prétendre au cours des intérêts de retard.

Le salarié qui est titulaire d'une créance née avant le 15 mai 2022 ne peut se voir opposer la distinction entre les deux patrimoines et peut donc, en théorie, être payé sur les deux patrimoines. Cependant, si le patrimoine professionnel est sous procédure collective, le salarié est soumis à la discipline collective s'il veut obtenir paiement de sa créance sur ce patrimoine. Il est donc soumis à la règle de l'arrêt du cours des intérêts en tant qu'il s'adresse au patrimoine professionnel.

Par exception, la procédure collective peut être ouverte à l'encontre des deux patrimoines. Cela suppose, d'une part, que le débiteur soit en état du surendettement au titre de son patrimoine personnel et, d'autre part, soit que le débiteur ait au moins un créancier professionnel pouvant se faire payer sur le patrimoine personnel, soit que le débiteur n'ait pas strictement respecté la dissociation entre ses deux patrimoines. Il en serait ainsi de l'employeur payant avec son patrimoine professionnel un employé de maison. Si la procédure collective est ouverte au titre des deux patrimoines, la règle de l'arrêt du cours des intérêts s'applique aux deux patrimoines, le créancier étant alors soumis, du chef des deux patrimoines, à la discipline collective.

SECTION 6
SOUMISSION AUX DÉLAIS DU PLAN DE SAUVEGARDE ET DE REDRESSEMENT

032.91 Énoncé de la règle. Les règles de la consultation des créanciers préparatoires à l'adoption du plan de sauvegarde sont posées par principe par l'article L. 626-5 du Code de commerce. L'alinéa 1 dispose que : « Les propositions pour le règlement des dettes peuvent porter sur des délais, remises et conversions en titres donnant ou pouvant donner accès au capital. Elles sont, au fur et à mesure de leur élaboration et sous surveillance du juge-commissaire, communiquées par l'administrateur au mandataire judiciaire, aux contrôleurs ainsi qu'au comité d'entreprise [Conseil social économique] ou, à défaut, aux délégués du personnel ».

L'alinéa 2 poursuit en précisant que « Lorsque la proposition porte sur des délais et remises, le mandataire judiciaire recueille, individuellement ou collectivement, l'accord de chaque créancier qui a déclaré sa créance conformément à l'article L. 622-24. En

1. Com. 8 juin 1999, n° 96-21.866, NP ; *Act. proc. coll.* 1999/16, n° 217 ; – Com. 1er avr. 2003, n° 00-11.645, NP.
2. Soc. 7 janv. 1992, n° 88-45.076 P ; *Bull.* V, n° 2.
3. Com. 16 nov. 2010, n° 09-71.935, P IV, n° 175, n° 1142 F-P+B ; préc.
4. Com. 27 oct. 1998, n° 96-14.959, NP ; *Act. proc. coll.* 1998/13, n° 173.
5. Com. 28 mai 2013, n° 12-14.049, P IV, n° 90 ; *Rev. proc. coll.* 2014, comm. 27, note F. Reille.

cas de consultation par écrit, le défaut de réponse, dans le délai de trente jours à compter de la réception de la lettre du mandataire judiciaire, vaut acceptation ».

Enfin, l'alinéa 4 indique que « Le mandataire judiciaire n'est pas tenu de consulter les créanciers pour lesquels le projet de plan ne modifie pas les modalités de paiement ou prévoit un paiement intégral en numéraire dès l'arrêté du plan ou dès l'admission de leurs créances ».

Ces textes permettent de comprendre que les créanciers consultés sur les propositions de plan sont ceux qui déclarent leur créance. Il s'agit en théorie des créanciers antérieurs, mais aussi des créanciers postérieurs dont la créance est née régulièrement, mais n'est pas éligible au traitement préférentiel. En effet, alors que, sous l'empire de la législation antérieure à la loi de sauvegarde des entreprises, seuls les créanciers antérieurs doivent être consultés, l'alignement par la loi de sauvegarde des entreprises du traitement des créanciers postérieurs non éligibles au traitement préférentiel sur le sort des créanciers antérieurs conduit aussi à les consulter[1].

Il faut cependant tenir compte du fait que leur créance étant par hypothèse née après l'ouverture de la procédure, ces créanciers peuvent ne pas exister au jour de la consultation et ne seront pas connus du mandataire judiciaire. Ils seront traités comme des créanciers n'ayant pas accepté les propositions : interdiction des remises, possibilité d'imposer des délais de paiement.

Les créanciers consultés sur les propositions de règlement du passif doivent, s'ils l'ont été par écrit, répondre dans un délai de trente jours à compter de la réception par eux de la lettre de consultation[2]. Le législateur, dans le souci d'améliorer les chances de redressement de l'entreprise, présume de manière irréfragable[3] que le défaut de réponse dans le délai emporte acceptation des propositions de règlement du passif.

L'article L. 626-18, alinéa 1, du Code de commerce énonce que « Le tribunal donne acte des délais et remises acceptés par les créanciers dans les conditions prévues au deuxième alinéa de l'article L. 626-5 et à l'article L. 626-6 du Code de commerce. »

Si les créanciers consultés répondent négativement ou ne répondent pas[4] à la consultation, le tribunal tient de la loi le pouvoir de leur imposer certains sacrifices. L'article L. 626-18, alinéa 4 du Code de commerce énonce en effet que « pour les autres créanciers, le tribunal impose des délais uniformes de paiement ».

1. EN CE SENS AUSSI : F. Pérochon, avec le concours de M. Laroche, F. Reille, Th. Favario, A. Donnette, *Entreprises en difficulté*, 11e éd., « Manuel », LGDJ-Lextenso, 2022, n° 1459.
2. C. com., art. L. 626-5, al. 2.
3. B. Soinne, *Traité des procédures collectives*, 2e éd., Litec, 1995, n° 1478.
4. AUSSI EN CE SENS : J. Vallansan, avec la collab. L. Fin-Langer, *Guide des procédures collectives 2022/2023*, LexisNexis, 2022, p. 113, nos 317.

032.92 Soumission des salariés aux délais du plan de sauvegarde et de redressement. Commençons par indiquer que, dans les plans avec classes de parties affectées, les salariés ne pourront jamais être considérés comme des parties affectées. Par conséquent, ils ne seront jamais soumis à ce type de plan. En effet, l'article L. 626-30, IV, du Code de commerce énonce que « Les créances résultant du contrat de travail [...] ne sont pas affectées par le plan ».

Observons que ce texte devrait permettre à l'AGS d'échapper aux classes de parties affectées, y compris pour les créances pour lesquelles ne joue pas la subrogation dans les droits des salariés.

En ce qui concerne les plans classiques, c'est-à-dire ceux sans constitution des classes de parties affectées, la formule de l'alinéa 2 de l'article L. 626-5 du Code est trompeuse puisque, prise à la lettre, elle conduirait à décider que les salariés ne sont pas concernés par les propositions sur le règlement du passif, dans la mesure où ils ne déclarent pas leur créance. Telle n'est pourtant pas la solution.

La position des salariés face au plan de sauvegarde et de redressement se trouve éclairée par l'article L. 626-20, I, du Code de commerce. Ce texte prévoit que « par dérogation aux dispositions des articles L. 626-18 et L. 626-19, ne peuvent faire l'objet de remises ou de délais » les créances qu'il énumère. Parmi celles-ci figurent des créances salariales. Il s'agit des créances garanties par le privilège établi aux articles L. 3253-2, L. 3253-3, L. 3253-4 et L. 7313-8 du Code du travail, c'est-à-dire le superprivilège. Il est ensuite question des créances résultant des contrats de travail garanties par le privilège prévu au 4° de l'article L. 2331 et 2° de l'article 2375 du Code civil, c'est-à-dire le privilège général des salaires.

Il faut donc comprendre, *a contrario*, que les créances salariales non énumérées par l'article L. 626-20, I, du Code de commerce, c'est-à-dire celles qui ne sont garanties ni par le superprivilège ni par le privilège général des salaires, sont traitées comme des créances classiques[5].

Les salariés sont, en conséquence, consultés sur les délais et remises qu'ils entendent consentir. S'ils acceptent les propositions, conformément à l'article L. 626-18, alinéa 1 du Code de commerce, le tribunal leur en donne acte. S'ils n'acceptent pas les propositions, conformément à l'article L. 626-18, alinéa 4, du Code de commerce, le tribunal leur impose des délais uniformes de paiement.

5. RAPPR. : *Ibid.*, n° 1082.

Notons toutefois qu'un salarié peut avoir fait des avances en compte-courant à son entreprise. En ce cas, il est membre de droit du comité des établissements de crédit, non en tant que salarié, mais en tant que prêteur. Il ne s'agit pas là de traiter sa créance salariale.

CHAPITRE

033. Aménagement des règles de la discipline collective pour les créances salariales

SECTION 0
ORIENTEUR

033.00 Sommaire du chapitre.

Sect. 1 Paiements des créances super privilégiées 033.11

Sect. 2 Absence de déclaration des créances 033.21 à 033.24

Sect. 3 Inapplication de la règle de l'interruption des poursuites individuelles 033.31

Sect. 4 Inapplication de la règle de l'interdiction de reprise des poursuites individuelles après clôture pour insuffisance d'actif 033.41 à 033.42

Sect. 5 Interdiction variable d'imposer des délais de paiement pour certaines créances salariales dans les plans de sauvegarde et de redressement 033.51 à 033.52

033.01 Textes applicables.

• **C. com.**

art. L. 622-24, al. 1 [Principe de déclaration des créances antérieures]

art. L. 625-1 [Relevés des créances résultant d'un contrat de travail]

art. L. 625-2 [Vérification des relevés des créances résultant d'un contrat de travail]

art. L. 625-3 [Instances prud'homales en cours]

art. L. 625-4 [Refus de prise en charge des créances salariales par l'AGS]

art. L. 625-5 [Litiges soumis au conseil de prud'hommes]

art. L. 625-6 [Visa des relevés des créances résultant d'un contrat de travail et établissement de l'état des créances]

art. L. 625-7 [Privilège garantissant les créances salariales]

art. L. 625-8 [Paiement du superprivilège des salaires]

art. L. 625-9 [Garantie des créances salariales par l'AGS]

art. L. 626-20, I [Interdiction d'imposer des délais aux titulaires de certaines créances postérieures]

art. L. 643-11, I [Impossibilité de reprise des poursuites individuelles après clôture de la liquidation judiciaire pour insuffisance d'actif]

art. R. 625-1 à R. 625-7 [Règlement des créances salariales]

033.03 Bibliographie.

> **Contributions.** C. Calomili, « L'efficacité du superprivilège des salaires », *in Colloque Sûretés réelles et droit des entreprises en difficulté*, Nice, 20 mars 2010, *LPA* 11 févr. 2011, n° 30, p. 20 – D. Jacotot, « Droit social et droit des entreprises en difficulté. Les créances salariales », *in* Roussel Galle (dir.), *Entreprises en difficulté*, « Droit 360° », LexisNexis, 2012, p. 501 – A. Margraff, « Le juge face à la procédure collective de l'une des parties : l'instance prud'homale », *in Le juge face à la procédure collective de l'une des parties, Les incidences procédurales de l'ouverture d'une procédure collective sur l'instance civile, prud'homale ou pénale*, éd. Ceprisca, « Colloques », 2017, p. 69 – B. Veyssière, « L'instance prud'homale et la garantie AGS », *in Le juge face à la procédure collective de l'une des parties, Les incidences procédurales de l'ouverture d'une procédure collective sur l'instance civile, prud'homale ou penale*, éd. Ceprisca, « Colloques », 2017, p. 91.

> **Articles.** L. Fin-Langer, « Le particularisme des instances prud'homales dans les procédures collectives », *Rev. proc. coll.* 2012, dossier 5, p. 56 – Ch. Gailhbaud, « Le juge-commissaire et les créances salariales », *Rev. proc. coll.* nov./déc. 2019, dossier 46, p. 95 – P.-M. Le Corre, « Le créancier nanti sur comptes-titres bénéficiaire d'un paiement provisionnel confronté au superprivilège des salaires », *Gaz. proc. coll.* 2009, 1re partie, nos 303, 304, p. 27 ; « Cotisations sociales de retraite dues par un professionnel libéral et superprivilège des salaires », *LPA* 13 mars 2012, n° 52, p. 3 ; « La règle du paiement à l'échéance des créanciers postérieurs méritants et l'obligation de payer le superprivilège des salaires sur les premières rentrées de fonds », *Rev. proc. coll.* 2012, dossier 10 ;

« L'effet interversif de prescription attaché aux créances salariales figurant sur le relevé de créances salariales porté à l'état des créances », *JCP E* 2014. 1424 – P. Rossi, « La vérification des créances résultant d'un contrat de travail : les faux-amis », *LPA* 5 juill. 2002, n° 134, p. 18.

SECTION 1
PAIEMENTS DES CRÉANCES SUPER PRIVILÉGIÉES

033.11 **Autorisation du paiement.** L'article L. 625-8, alinéa 1, du Code prévoit que « Nonobstant l'existence de toute autre créance, les créances que garantit le privilège établi aux articles L. 143-10, L. 143-11, L. 742-6 et L. 751-15 du Code du travail doivent, sur ordonnance du juge-commissaire, être payées dans les dix jours du prononcé du jugement ouvrant la procédure par le débiteur ou, lorsqu'il a une mission d'assistance, par l'administrateur, si le débiteur ou l'administrateur dispose des fonds nécessaires ».

Le juge-commissaire doit être saisi par l'organe ou le débiteur devant effectuer le paiement.

Ainsi, l'habilitation de payer les créances super-privilégiées est-elle donnée par le juge-commissaire, comme cela est le cas lorsque le Code de commerce permet le paiement de certaines créances antérieures[1].

Cette habilitation est obligatoire, cependant on voit mal qu'il puisse refuser de la donner. Autant dire qu'elle est purement formelle[2].

Une fois l'autorisation du juge-commissaire obtenue, le paiement peut intervenir.

Il est l'œuvre du débiteur dans la procédure de sauvegarde, à moins qu'un administrateur n'ait été désigné avec une mission d'assistance.

Ce texte de la sauvegarde est adapté en redressement judiciaire : dans cette procédure, le paiement sera systématiquement l'œuvre de l'administrateur judiciaire s'il en a été désigné un. À défaut d'administrateur, le paiement incombera au débiteur.

En liquidation judiciaire, il sera l'œuvre du liquidateur.

Cependant, pour pouvoir être versées, les sommes dues aux salariés doivent être déterminées. C'est l'objet des relevés de créances salariales.

La difficulté de procéder dans un délai aussi bref à l'établissement des relevés empêchera, en pratique, le jeu de l'article L. 625-8, alinéa 1, du Code de commerce. Anticipant sur cette difficulté, l'alinéa 2 de cette disposition ouvre à l'administrateur ou selon le cas au débiteur, la possibilité de se faire autoriser par le juge-commissaire à verser immédiatement un acompte sur les créances super privilégiées, sur la base du dernier mois de salaire, sans pouvoir dépasser le plafond visé à l'article L. 143-10 du Code du travail.

En liquidation judiciaire, cette demande émane du liquidateur.

La pratique évoque à cet égard le « super superprivilège », cependant qu'il ne s'agit en réalité que du versement d'un acompte provisionnel à valoir sur les créances super privilégiées[3].

Le paiement de l'acompte provisionnel dans le délai de dix jours du jugement d'ouverture des créances super privilégiées suppose l'existence, dans l'entreprise, de disponibilités. Si tel n'est pas le cas, l'administrateur, le débiteur ou le liquidateur, selon le cas, sollicitera l'intervention de l'AGS.

Enfin, l'alinéa 3 complète les solutions en disposant que « À défaut de disponibilités, les sommes dues en vertu des deux alinéas précédents doivent être acquittées sur les premières rentrées de fonds ».

L'article L. 625-9 du Code de commerce indique en effet que sont garanties par l'AGS les créances super privilégiées lorsqu'une procédure de redressement ou de liquidation judiciaire est ouverte. L'ouverture d'une procédure de sauvegarde n'est pas visée. Il en résulte que les créances super privilégiées n'ont pas à être avancées par l'AGS, dans la procédure de sauvegarde, conformément à la règle de principe selon laquelle l'AGS n'a pas, dans la procédure de sauvegarde, à avancer les sommes dues à la date du jugement d'ouverture, car le chef d'entreprise, par hypothèse, n'est pas en état de cessation des paiements.

En cas d'extension de procédure sur le fondement de la confusion des patrimoines, l'existence d'une masse passive et active unique conduit à décider que le privilège sera opposable même sur les biens appartenant à une personne autre que l'employeur[4].

Lorsque l'AGS a fait les avances au titre du superprivilège, elle est subrogée dans les droits des salariés. La Cour de cassation a jugé[5] que « la subrogation dont bénéficient les institutions de garantie ayant pour effet de les investir de la créance des salariés

1. C. com., art. L. 622-7, II, al. 1.
2. B. Soinne, *Traité des procédures collectives*, 2e éd., Litec, 1995, n° 2261 ; P. Le Cannu et D. Robine, *Droit des entreprises en difficulté*, 9e éd., « Précis », Dalloz, 2022, n° 620.
3. Y. Guyon, *Droit des affaires*, t. II, *Entreprises en difficulté, redressement judiciaire, faillite*, 8e éd., « Droit des affaires et de l'entreprise », Economica, 2001, n° 1351.
4. Com. 6 févr. 1996, n° 93-10.333, P IV, n° 35.
5. Com. 17 janv. 2024, n° 22-19.451, P, n° 67 FS-B+R, *D. actu.* 1er févr. 2024, note Gailhbaud ; *D.* 2024, chron. 1691 s, note Lucas ; *JCP E* 2024, Chron. 1116, n° 6, obs. crit. Pétel ; *Act. proc. coll.* 2025/2, comm. 15, note Gailhbaud ; *BJE* mai-juin 2024, 201m9, note Donnette ; – Com. 20 nov. 2024, n° 23-19.085, P, arrêt n° 670 F-B, *D. actu* 4 déc. 2024, note Fin-Langer ; *BJE* janv.-févr. 2025, 201u0, note Donette ; – Com. 15 janv. 2025, n° 23-19.653, NP, arrêt n° 9 F-D ; – Com. 5 févr. 2025, n° 23-22.380, P, Arrêt n° 66 F-B ; – Com. 5 mars 2025, n° 23-23.284, NP, n° 112 F-D.

avec tous ses avantages et accessoires, présents et à venir, c'est à bon droit que la cour d'appel a retenu que le superprivilège garantissant le paiement de leurs créances, lequel n'est pas exclusivement attaché à la personne des salariés, est transmis à l'AGS qui bénéficie ainsi du droit à recevoir un paiement qui, opéré sur les premières rentrées de fonds de la procédure collective et hors le classement des différentes créances sujettes à admission, ne constitue pas un paiement à titre provisionnel opéré sur le fondement de l'article L. 643-3, alinéa 1, du code de commerce et ne peut ainsi donner lieu à répétition ».

Le liquidateur ne peut donc demander à l'AGS la répétition de sommes reçues au titre des premières rentrées de fonds, pour recevoir la totalité de ses émoluments, en invoquant l'application des dispositions de l'article L. 643-8 du Code de commerce (réd. ant. à l'ord. 15 sept. 2021), selon lesquelles le montant de l'actif, distraction faite des frais et dépens de la liquidation judiciaire et des subsides accordés au débiteur, est réparti entre les créanciers [1].

En application de la solution ci-dessus évoquée, l'AGS est recevable à exercer un recours contre une ordonnance autorisant l'administrateur judiciaire et le débiteur à transiger et à payer à un tiers une somme résultant d'une créance antérieure, cette décision affectant ses droits et obligations [2].

SECTION 2
ABSENCE DE DÉCLARATION DES CRÉANCES

033.21 Dispense de déclaration individuelle des créances détenues par les salariés. Il résulte de l'article L. 622-24, alinéa 1, du Code de commerce que, « à partir de la publication du jugement, tous les créanciers dont la créance est née antérieurement au jugement d'ouverture, à l'exception des salariés, adressent la déclaration de leurs créances au mandataire judiciaire dans des délais fixés par décret en Conseil d'État ».

Ainsi, tous les créanciers antérieurs doivent-ils déclarer à la seule exception des salariés.

En outre, l'article L. 622-24, alinéa 6, du même Code précise que « les créances nées régulièrement après le jugement d'ouverture, autres que celles mentionnées au I de l'article L. 622-17 sont soumises aux dispositions du présent article ». Cette disposition est taisante sur le sort des salariés. Pour autant, il ne peut faire de doute que ce qui est vrai pour les créances antérieures détenues par les salariés l'est autant pour les créances postérieures : aucune de ces créances n'est soumise à une déclaration au passif.

Par conséquent, c'est une des règles importantes de la discipline collective qui se trouve écartée pour les salariés, depuis la loi du 25 janvier, dont les solutions ont été reprises par la loi de sauvegarde.

Alors que par principe, ils ne peuvent être payés au titre de leurs créances soumises à la discipline collective, qu'ils ne peuvent, pour ces mêmes créances, obtenir la condamnation au paiement de leur débiteur employeur, les salariés n'ont donc plus à se soumettre à la technique classique de détermination des sommes dues aux créanciers. Cette mesure de faveur a clairement pour objet de leur éviter la forclusion liée au non-respect des délais de déclaration des créances [3].

033.22 Dispense de déclaration des créances limitées aux seules créances salariales. L'article L. 622-24, alinéa 1 du Code de commerce utilise une formule générale : « tous les créanciers [...] à l'exception des salariés » déclarent leur créance. Prise à la lettre, la formule aurait pour effet d'entraîner une dispense de déclaration pour toutes les créances détenues par les salariés. En réalité, le domaine de la dispense s'éclaire par le domaine de l'établissement du relevé des créances salariales. L'article L. 625-1 du Code de commerce évoque le « relevé des créances résultant d'un contrat de travail ».

Or le domaine de la déclaration de créance est alternatif de celui du relevé des créances salariales. Ou bien la créance est soumise au relevé des créances salariales ou bien elle relève du domaine de la déclaration de créance. Il n'y a logiquement pas de vide entre les deux domaines.

C'est pourquoi, malgré une lettre approximative du texte de l'article L. 622-24, alinéa 1, du Code de commerce, la dispense de déclaration des créances n'intéresse pas le salarié, mais seulement les créances salariales qu'il détient. L'opinion contraire a cependant été soutenue [4]. Un argument tiré de la jurisprudence va dans notre sens. En effet, même si l'intéressé n'est plus salarié, pour avoir été licencié avant le jugement d'ouverture, la dispense de déclaration de créance demeure [5]. Pourtant il n'est plus salarié ; il détient une créance salariale.

De cette position, il se déduit que si le salarié détient une créance n'ayant pas une nature salariale, par exemple une créance d'avoir en compte-courant, il n'est nullement dispensé de déclarer cette

1. Com. 20 nov. 2024, n° 23-19.085, P, arrêt n° 670 F-B ; – Com. 5 mars 2025, n° 23-23.284, NP, n° 112 F-D.
2. Com. 6 mars 2024, n° 22-19.741, P ; *D.* 2024 chron. 1691s, note Lucas ; *JCP E* 2024. 1182, note Rouspide-Katchadourian ; *BJE* juill.-août 2024, BJE201m5, note Donnette et BJE201p1, note Macorig-Vénier.
3. C. Saint-Alary-Houin, avec la collaboration de C. Houin-Bressand et M. H. Monsèrié-Bon, *Droit des entreprises en difficulté*, 13e éd., « Domat », LGDJ-Lextenso, 2022, n° 762.
4. J. Vallansan, avec la collab. L. Fin-Langer, *Guide des procédures collectives 2022/2023*, LexisNexis, 2022, n° 1077.
5. Soc. 19 juin 1991, n° 88-40.476 ; *Bull. civ.* V, n° 309.

créance au passif. Elle ne saurait en revanche, faute d'être une créance se rattachant au contrat de travail, figurer sur le relevé des créances salariales.

033.23 Remplacement de la déclaration individuelle des créances détenues par l'établissement du relevé des créances salariales. Bien que les salariés ne soient pas astreints à devoir déclarer leur créance, ils ne sont pas dispensés pour autant de faire fixer leurs créances au passif. Mais, par mesure de faveur, cette fixation ne prend pas la forme d'une initiative individuelle, mais celle de l'établissement collectif du passif salarial au moyen des relevés des créances salariales.

Ainsi, au lieu d'une déclaration individuelle de leur créance permettant d'établir leurs droits à l'égard de la procédure collective, les salariés voient leurs droits établis dans le cadre d'un document intéressant tous les salariés et établi par le mandataire judiciaire ou, en liquidation judiciaire, le liquidateur, organes qui reçoivent l'assistance d'un organe spécifique du droit des entreprises en difficulté, le représentant des salariés.

Notons que le salarié qui déclare sa créance au passif par erreur ne perd pas le bénéfice de la protection attachée aux créances salariales : « dès lors que la créance indemnitaire retenue par la juridiction civile se rattachait à l'exécution du contrat de travail, il revenait au seul mandataire judiciaire qui en avait été informé, de porter cette créance, conformément à l'article L. 625-1 du Code de commerce, sur un relevé des créances résultant du contrat de travail, en vue de l'application de l'article L. 3253-15 du Code du travail de sorte qu'aucune conséquence ne peut être tirée de la déclaration faite par la créancière »[1].

Au surplus, le juge-commissaire excède ses pouvoirs à admettre au passif une créance salariale et la Cour d'appel, qui confirme la décision, commet elle-même un excès de pouvoir : « Vu les articles L. 625-1 à L. 625-6 du Code de commerce, dans leur rédaction antérieure à l'ordonnance du 18 décembre 2008, ensemble les principes régissant l'excès de pouvoir ; attendu qu'il résulte de ces textes qu'excède son pouvoir, le juge-commissaire qui prononce l'admission d'une créance salariale »[2].

Enfin, il a été jugé que le juge-commissaire n'est pas compétent pour statuer sur la prétention d'un salarié figurant sur le relevé à titre chirographaire, alors qu'il prétendait être privilégié[3].

1. Soc. 12 juill. 2016, n° 15-16.087, NP.
2. Com. 6 déc. 2011, n° 10-22.855, NP ; n° 1247 F-D ; *BJE* mars 2012, comm. 44, p. 105, note A. Donnette – Com. 6 déc. 2011, n° 10-22.857, NP ; n° 1248 F-D ; *BJE* mars 2012, comm. 44, p. 105, note A. Donnette – Com. 6 déc. 2011, n° 10-22.860, NP ; n° 1249 F-D ; *BJE* mars 2012, comm. 44, p. 105, note A. Donnette – Com. 6 déc. 2011, n° 10-22.862, NP ; n° 1250 F-D ; *BJE* mars 2012, comm. 44, p. 105, note A. Donnette.

033.24 Particularisme du remplacement de la déclaration individuelle des créances détenues par l'établissement du relevé des créances salariales en cas de procédure collective ouverte contre un entrepreneur individuel. Quelques précisions doivent être apportées en cas de procédure collective ouverte contre un entrepreneur individuel à compter du 15 mai 2022.

Cette procédure, par principe, n'intéressera que le patrimoine professionnel. L'établissement du relevé des créances salariales ne concernera que les créances salariales se rattachant à l'activité professionnelle.

Au contraire, le salarié titulaire d'une créance non professionnelle – par exemple l'employé de maison ou le jardinier – ne sera pas concerné par l'établissement du relevé des créances salariales, puisqu'il a conservé le droit d'être payé, sur le patrimoine personnel.

Le salarié qui est titulaire d'une créance née avant le 15 mai 2022 ne peut se voir opposer la distinction entre les deux patrimoines et peut donc, en théorie, être payé sur les deux patrimoines. Cependant, si le patrimoine professionnel est sous procédure collective, le salarié est soumis à la discipline collective s'il veut obtenir paiement de sa créance sur ce patrimoine. Il est donc soumis aux règles d'établissement du relevé des créances salariales en tant qu'il s'adresse au patrimoine professionnel.

Par exception, la procédure collective peut être ouverte à l'encontre des deux patrimoines. Cela suppose, d'une part, que le débiteur soit en état du surendettement au titre de son patrimoine personnel et, d'autre part, soit que le débiteur ait au moins un créancier professionnel pouvant se faire payer sur le patrimoine personnel, soit que le débiteur n'ait pas strictement respecté la dissociation entre ses deux patrimoines. Il en serait ainsi de l'employeur payant avec son patrimoine professionnel un employé de maison. Si la procédure collective est ouverte au titre des deux patrimoines, la règle de l'établissement des créances salariales par relevé s'applique aux deux patrimoines, le créancier étant alors soumis, du chef des deux patrimoines, à la discipline collective.

SECTION 3
INAPPLICATION DE LA RÈGLE DE L'INTERRUPTION DES POURSUITES INDIVIDUELLES

033.31 Inapplication aux salariés de la règle de l'interruption des poursuites individuelles. Les salariés sont par principe soumis à la discipline collective. Pour cette raison, la règle de l'interdiction des poursuites individuelles posée par l'article L. 622-21, I, du Code de commerce s'applique à eux.

3. Paris, 2 juin 1993, *D.* 1993. IR 245.

En droit commun, le créancier concerné par l'arrêt des poursuites individuelles est aussi concerné par la règle de l'interruption des poursuites individuelles. S'il a entrepris avant le jugement d'ouverture une action contre le débiteur tendant à la condamnation de ce dernier au paiement d'une somme d'argent, cette action se trouve interrompue. Le créancier a ensuite un choix procédural. Il peut d'abord se désister de son instance et poursuivre la fixation de sa créance au passif selon la procédure de vérification des créances. Soit il décide de reprendre son instance. Cette reprise d'instance, interrompue par l'effet du jugement d'ouverture, présuppose deux conditions cumulatives : le créancier doit déclarer sa créance au passif ; ensuite, il doit assigner en intervention forcée les organes de la procédure collective. C'est là le régime de l'article L. 622-22 du Code de commerce. Son action peut alors reprendre, mais elle ne peut plus tendre à la condamnation au paiement ; elle n'aura pour objet que la fixation de la créance au passif.

Cette règle de la reprise de l'instance en cours interrompue par l'effet du jugement d'ouverture est inapplicable aux salariés. En effet, l'action entamée par le salarié contre son employeur avant le jugement d'ouverture de ce dernier n'est ni suspendue ni interrompue par l'effet du jugement d'ouverture. Les dispositions des articles 369 et 372 du nouveau Code de procédure civile ne sont pas applicables à ces instances. Cette solution posée sous l'empire de la loi du 25 janvier 1985 [1] doit être reconduite sous l'empire de la loi de sauvegarde.

Le principe de continuation des instances prud'homales en cours est automatique et ne suppose aucune démarche pour assurer son application. Le créancier n'a évidemment pas à déclarer sa créance au passif, puisqu'il en est légalement dispensé [2]. L'instance se poursuit donc après le jugement d'ouverture. La juridiction est informée de la survenance du jugement d'ouverture par le mandataire judiciaire ou le liquidateur appelé devant elle. C'est au greffier de la juridiction qu'il incombe de convoquer devant elle les organes de la procédure collective et l'AGS, la procédure devant rester gratuite pour le salarié.

SECTION 4

INAPPLICATION DE LA RÈGLE DE L'INTERDICTION DE REPRISE DES POURSUITES INDIVIDUELLES APRÈS CLÔTURE POUR INSUFFISANCE D'ACTIF

033.41 **Énoncé de la règle.** Les créanciers qui sont soumis à la règle de l'arrêt des poursuites individuelles, c'est-à-dire tous les créanciers soumis à la discipline collective, se voient appliquer une règle restrictive de droits lorsque la procédure de liquidation judiciaire est clôturée pour insuffisance d'actif. Elle est posée en ces termes par l'article L. 643-11, I, du Code de commerce : « Le jugement de clôture de liquidation judiciaire pour insuffisance d'actif ne fait pas recouvrer aux créanciers l'exercice individuel de leurs actions contre le débiteur ».

Par conséquent, un créancier qui, avant la clôture de la procédure de liquidation judiciaire, a été frappé par l'arrêt des poursuites individuelles pendant la procédure collective, ne retrouve pas, à la clôture pour insuffisance d'actif, le droit de reprendre ses poursuites contre le débiteur. Il s'agit là d'une purge des dettes, qui n'emporte pas extinction de la créance, mais interdiction des poursuites individuelles. Il ne subsiste qu'une obligation naturelle à la charge du débiteur [3]. L'obligation juridique a disparu.

Le principe de l'absence de reprise des poursuites individuelles interdit à un créancier antérieur d'obtenir un titre de condamnation contre le débiteur. Il lui interdit aussi d'entreprendre l'exécution sur le débiteur. C'est donc logiquement qu'un huissier peut – et même doit – refuser son ministère à un créancier antérieur [4].

L'absence de reprise des poursuites individuelles équivaut, sur un plan économique, à une suppression de la dette. Telle n'est cependant pas la réalité juridique. L'article L. 643-11, alinéa 1, du Code de commerce n'évoque pas une suppression de la dette. Il pose une interdiction de reprise des poursuites.

L'article L. 643-11 du Code de commerce considère que le droit à la purge des dettes se mérite, et c'est pourquoi il exclut de ce bénéfice certains débiteurs peu méritants. En outre, le législateur considère que certaines créances en raison de leur nature, ne peuvent se voir appliquer ce régime. Par considération pour tel ou tel type de créances, le législateur écarte le bénéfice lié à la purge des dettes.

Il en est ainsi, en vertu de l'article L. 643-11, I, 2°, du Code de commerce, « Lorsque la créance trouve son origine dans une infraction pour laquelle la culpabilité du débiteur a été établie ou lorsqu'elle porte sur des droits attachés à la personne du créancier ». La notion qui nous intéresse plus spécialement ici est celle de droits attachés à la personne du créancier.

1. Soc. 24 nov. 2004, n° 02-45.126, P, B. V., n° 300.
2. C. com., art. L. 622-24, al. 1.
3. B. Soinne, *Traité des procédures collectives*, 2e éd., Litec, 1995, n° 2520 ; F. Derrida, P. Godé et J.-P. Sortais, avec la collab. d'A. Honorat, *Redressement et liquidation judiciaires des entreprises*, 3e éd., Dalloz, 1991, n° 572 ; F. Pérochon, avec le concours de M. Laroche, F. Reille, Th. Favario, A. Donnette, *Entreprises en difficulté*, 11e éd., « Manuel », LGDJ-Lextenso, 2022, n° 2456.
4. Com. 28 janv. 2004, n° 02-15.255, NP.

033.42 Exclusion de l'absence du droit de reprise individuelle pour les créances salariales. Les droits attachés à la personne du créancier visés par l'article L. 643-11, I, 2°, du Code de commerce doivent s'entendre à la lumière de l'article 1341-1 du Code civil qui évoque « les droits [...] exclusivement attachés à la personne[1] », même si la disposition ici analysée ne contient pas l'adverbe « exclusivement ».

Cette expression permet d'exclure du jeu de l'action oblique les droits et actions dont l'exercice ne présente pas d'intérêt pour les créanciers, tels les droits et actions à caractère extra patrimonial (droits de la personnalité et état des personnes), les actions à caractère patrimonial, mais dont l'exercice implique des considérations morales prédominantes, par exemple une action en séparation de biens, une liquidation anticipée de créances de participation aux acquêts, ou encore une action en révocation d'une donation entre époux ou pour cause d'ingratitude, ou enfin une action en réduction de pension alimentaire.

La jurisprudence a considéré, en interprétant le texte, que les fautes inexcusables d'un employeur dans l'accident de travail d'un salarié rendaient réparables le préjudice professionnel du salarié, car il s'agissait d'un droit attaché à la personne[2]. Plus largement, la jurisprudence, sous l'empire de la loi du 25 janvier 1985, a estimé que « la créance indemnitaire ou salariale du salarié licencié est une créance attachée à sa personne, de sorte qu'en cas de clôture pour insuffisance d'actif de la liquidation judiciaire de son employeur, il recouvre l'exercice individuel de son action contre le débiteur »[3].

SECTION 5
INTERDICTION VARIABLE D'IMPOSER DES DÉLAIS DE PAIEMENT POUR CERTAINES CRÉANCES SALARIALES DANS LES PLANS DE SAUVEGARDE ET DE REDRESSEMENT

033.51 Interdiction pour certaines créances salariales d'imposer des délais de paiement dans les plans de sauvegarde et de redressement hors classes de parties affectées. L'article L. 626-20, I, du Code de commerce prévoit que « par dérogation aux dispositions des articles L. 626-18 et L. 626-19, ne peuvent faire l'objet de remises ou de délais... ». En conséquence, le tribunal ne saurait donner acte des délais ou remises consentis par ces créanciers. *A fortiori* ne saurait-il leur en être imposé[4]. Certains auteurs s'appuient cependant sur la lettre du texte pour autoriser les conventions avec l'AGS, afin de convenir de délais de remboursement des différentes sommes[5].

Le paiement immédiat n'interviendra qu'autant que la créance est exigible[6]. Dans le cas contraire, le créancier devra attendre l'exigibilité de sa créance. La Cour de cassation admet l'action en paiement des salariés contre le débiteur, puisqu'ils ne peuvent se voir imposer de délais, nonobstant le caractère définitif du jugement arrêtant le plan de continuation[7].

Parmi ces créances, figurent deux catégories de créances salariales. Même si au jour où le tribunal a arrêté le plan, il ne connaissait pas la nature de ces créances, la solution consistant à imposer des délais aux salariés ne peut être appliquée[8]. En effet, ces derniers ne sont pas des parties au plan. Les dispositions du plan leur sont certes opposables, mais elles ne peuvent, à leur égard, produire d'effet contraire à la loi.

L'article L. 626-20, I, 1°, du Code vise tout d'abord les créances garanties par le privilège établi aux articles L. 3253-2, L. 3253-3, L. 3253-4 et L. 7313-8 du Code du travail, c'est-à-dire le superprivilège.

L'article L. 626-20, I, 2°, du Code vise ensuite les créances résultant des contrats de travail garanties par le privilège prévu au 4° de l'article L. 2331 et 2° de l'article 2375 du Code civil, c'est-à-dire le privilège général des salaires, auquel il n'est pas possible d'assimiler le privilège spécial mobilier prévu par l'article L. 3253-22 du Code du travail (dit privilège de pluviôse).

Précisons cependant que les créances salariales n'échappent en effet pas à la règle de l'interdiction des paiements. Si de telles créances sont fixées au passif, qu'un plan de sauvegarde ou de redressement est adopté, il importe qu'elles soient inscrites au plan. Si tel n'est pas le cas, les créanciers dont les créances sont garanties par le privilège ou le superprivilège des salaires, qui ne peuvent en application de l'article L. 626-20, I, du Code de commerce se voir imposer de délais dans le cadre d'un plan, ne peuvent exiger ce paiement sans délai et doivent, pour recouvrer

1. B. Soinne, *Traité des procédures collectives*, 2e éd., Litec, 1995, no 2528 ; F. Derrida, P. Godé et J.-P. Sortais, avec la collab. d'A. Honorat, *Redressement et liquidation judiciaires des entreprises*, 3e éd., Dalloz, 1991, no 571.
2. Soc. 23 mai 1996, no 93-11.621, P V, no 204 ; *Rev. proc. coll.* 1997, 93, obs. F. Taquet.
3. Soc. 29 sept. 2010, no 09-42.679, NP ; – Soc. 8 nov. 2011, no 10-21.776.
4. Soc. 19 févr. 2002, no 99-14.882, P V, no 67 ; *D.* 2002. AJ 1141.
5. B. Soinne, *Traité des procédures collectives*, 2e éd., Litec, 1995, no 1595 ; F. Derrida, P. Godé et J.-P. Sortais, avec la collab. d'A. Honorat, *Redressement et liquidation judiciaires des entreprises*, 3e éd., Dalloz, 1991, no 550.
6. F. Derrida, P. Godé et J.-P. Sortais, avec la collab. d'A. Honorat, *Redressement et liquidation judiciaires des entreprises*, 3e éd., Dalloz, 1991, no 201.
7. Soc. 19 févr. 2002, no 99-14.882, P V, no 67 ; *JCP E* et *A* 2002. Chron. 1380, no 4, obs. M. Cabrillac ; *Act. proc. coll.* 2002/6, no 81, obs. P. Cagnoli.
8. Soc. 19 févr. 2002, no 99-14.882, préc.

leur droit de poursuite individuelle, attendre le terme du plan. Par conséquent, une saisie-attribution de leur part ne peut être pratiquée, car elle violerait la règle de l'interdiction des mesures d'exécution [1].

Pour ces deux types de créances, et par dérogation au principe selon lequel le silence gardé dans le cadre de la consultation vaut acceptation des propositions, l'article R. 626-33, 1, du Code de commerce, issu de la rédaction que lui donne le décret du 30 juin 2014 [2], indique que l'acceptation des délais et remises ne peut ici être qu'expresse.

Ainsi, la consultation des créanciers est-elle possible pour ces types de créances. En revanche, si ces créanciers n'acceptent pas les propositions, rien ne pourra leur être imposé, pas même les délais uniformes qui, classiquement, peuvent être imposés aux créanciers réfractaires.

033.52 Interdiction d'imposer des délais de paiement dans les plans de sauvegarde et de redressement avec classes de parties affectées aux titulaires de créances salariales. Selon l'article L. 626-30, IV, du Code de commerce, dans la rédaction que lui donne l'ordonnance du 15 septembre 2021 [3], « Les créances résultant du contrat de travail [...] ne sont pas affectées par le plan ».

Le texte ne distingue pas selon que ces créances sont chirographaires ou privilégiées. Aucune ne pourra être affectée par le plan. La solution contraste avec celle retenue pour les plans classiques [4] n'excluant que les seules créances salariales privilégiées.

Le texte ne distingue pas davantage selon que la créance a ou non été avancée par l'AGS. Or importe de remarquer que le texte ne vise pas le titulaire de la créance, c'est-à-dire le salarié, mais la nature de la créance, laquelle peut donc être détenue par un autre que le salarié, l'institution ressortant protégée de la réforme. Il faut en conclure que l'AGS doit pouvoir prétendre être remboursée dès l'adoption du plan, ce qui, a-t-il été remarqué, condamnerait toute restructuration en sauvegarde. Il ne resterait alors au débiteur qu'à solliciter une conversion en redressement judiciaire, pour prétendre à l'adoption d'un plan sans classes de parties affectées, le plan avec les classes ayant échoué [5].

1. Com. 14 nov. 2019, n° 18-15.522, NP ; n° 817 F-D ; *Gaz. Pal.* 21 avr. 2020, n° 15, p. 86, note L. Ben-Cheikh-Vecchioni.
2. Décr. n° 2014-736, 30 juin 2014 pris pour l'application de l'ordonnance n° 2014-326 du 12 mars 2014 portant réforme de la prévention des difficultés des entreprises et des procédures collectives, *JO* 1 juill., n° 9, art. 60.
3. Ord. n° 2021-1193,15 sept. 2021 portant modification du livre VI du Code de commerce, *JO* 16 sept., n° 21.
4. V. s[s] n° 033.51.
5. F.-X. Lucas, « Le traitement des créanciers privilégiés dans les classes de parties affectées », *Rev. proc. coll.* sept.-oct. 2022, dossier 32, p. 53 s., sp. p. 54, n° 9.

CHAPITRE

034. Situation des salariés au regard des actions en responsabilité contre les tiers

SECTION 0
ORIENTEUR

034.00 Sommaire du chapitre.

Sect. 1 Situation générale des créanciers au regard des actions en responsabilités contre les tiers 034.11 à 034.16

Sect. 2 Salariés invoquant une perte de leur créance salariale 034.21

Sect. 3 Salariés invoquant un préjudice autre que la perte de leur créance salariale 034.31 à 034.33

034.01 Textes applicables.

• **C. com.**

art. L. 622-20, al. 1 [Défense de l'intérêt collectif des créanciers attitrée au défenseur de l'intérêt collectif des créanciers]

034.03 Bibliographie.

> **Contributions.** J. Vallansan, « L'intérêt collectif vu par la Chambre commerciale de la Cour de cassation », *BJE* 2016. 212 ; « Le gage commun », *in Les grands concepts du droit des entreprises en difficulté*, Le Corre P-M. (dir.), « Thèmes & commentaires », Dalloz, 2018, 19.

> **Articles.** G. Auzéro, « L'intérêt personnel des salariés », *BJE* 2016. 220 – Likillimba, « Le préjudice individuel et/ou collectif en droit des groupements », *RTD com.* 2009. 1 – E. Schlumberger, « La responsabilité délictuelle de l'entité dominante du groupe à l'égard des salariés licenciés », *BJS* mars 2019. 46.

SECTION 1
SITUATION GÉNÉRALE DES CRÉANCIERS AU REGARD DES ACTIONS EN RESPONSABILITÉS CONTRE LES TIERS

034.11 Mandataire judiciaire agissant dans l'intérêt collectif des créanciers. La loi de sauvegarde des entreprises prévoit explicitement que le mandataire judiciaire agit dans l'intérêt collectif des créanciers [1]. Il est donc clair que les créanciers sont réunis en un groupement, une collectivité de créanciers [2], comme a pu le préciser un auteur, à la suite d'un arrêt remarqué de la Cour de cassation [3].

La défense de l'intérêt collectif est centrale dans le droit des entreprises en difficulté. Elle permet d'assurer le principe d'égalité, présenté comme un principe structurant de la matière et qui n'est pas véritablement instrumentalisé au fil des évolutions législatives, tant sa permanence s'impose, quelle que soit la volonté politique affichée par la législation. La situation a été remarquablement résumée ainsi par un auteur : « le caractère collectif de la procédure serait le centre actif du principe de l'égalité des créanciers » [4].

L'article L. 622-20, alinéa 1, du Code de commerce, dispose en effet que « le mandataire judiciaire désigné par le tribunal a seul qualité pour agir au nom et dans l'intérêt collectif des créanciers ». Cette disposition de la procédure de sauvegarde, qui concerne la mission du mandataire judiciaire, nouvelle appellation du représentant des créanciers, est rendue appli-

1. C. com., art. L. 622-20, al. 1.
2. F. Derrida, note s[s] Com. 3 juin 1997, n° 95-13.981 ; *D.* 1997, jur. 517, note F. Derrida ; *LPA* 28 nov. 1997, n° 143, p. 29, note F. Derrida.
3. Com. 3 juin 1997, n° 95-13.981, P IV, n° 161 ; *D.* 1997, jur. p. 517, note F. Derrida ; *LPA* 28 nov. 1997, n° 143, p. 29, note F. Derrida ; *D. Affaires* 1997, 833 ; *JCP E* 1997. II, n° 988, note M. Béhar-Touchais – Com. 2 févr. 1999, n° 96-21.398, NP ; *Rev. proc. coll.* 2000, 223, n° 41, obs. B. Soinne.
4. A. Rizzi, La *protection des créanciers à travers l'évolution des procédures collectives*, « Bibl. dr. privé », t. 459, LGDJ, 2007, p. 394, n° 404.

cable en redressement judiciaire par l'article L. 631-14, I, et en liquidation judiciaire par l'article L. 641-4, alinéa 3. Dans le même sens, l'article L. 641-4, alinéa 1, indique que le liquidateur « peut introduire ou poursuivre les actions qui relèvent de la compétence du mandataire judiciaire ».

034.12 Intérêt collectif et gage commun. L'intérêt collectif désigne « l'intérêt de la collectivité que constituent l'ensemble des créanciers[1] ». Il se distingue de l'addition des intérêts individuels, dans la mesure où l'action tendant à la défense de cet intérêt collectif peut être entreprise contre l'un des créanciers, responsable d'un préjudice occasionné à la collectivité. La défense de l'intérêt collectif des créanciers a pour objet la conservation, la reconstitution ou la mise en œuvre du gage commun, c'est-à-dire le gage que partagent, en théorie au moins, tous les créanciers.

Ce gage commun, notion spécifique au droit des entreprises en difficulté, - et non le gage de droit commun[2], est accessible à tous les créanciers, peu important que, en outre, ils se trouvent dans une situation particulière. En théorie, il est accessible à tous les créanciers. À ainsi accès au gage commun, sur le produit de sa condamnation, le créancier dont le mandataire judiciaire recherche la responsabilité. Il n'y a donc nullement antinomie entre action tendant à la défense de l'intérêt collectif des créanciers et action en responsabilité contre un créancier.

034.13 Caractère attitré de l'action tendant à la défense de l'intérêt collectif des créanciers. La défense de l'intérêt collectif des créanciers est une action attitrée au seul mandataire judiciaire, relayé par le liquidateur. Cet intérêt collectif des créanciers, selon une formule traditionnelle, ne se confond pas avec la somme des intérêts individuels. La solution est identique, qu'il s'agisse de défendre à une action ou de présenter la demande.

Après adoption du plan de sauvegarde ou de redressement, le défenseur de l'intérêt collectif des créanciers devient le commissaire à l'exécution du plan.

De façon générale, le monopole reconnu au défenseur de l'intérêt collectif des créanciers pour défendre cet intérêt conduit à une privation corrélative de ce droit au préjudice des créanciers, dès lors qu'ils ne démontrent pas l'existence d'un préjudice personnel distinct de celui de la collectivité des créanciers[3].

Étant représentés, les créanciers sont privés de la possibilité de mettre en œuvre une action tendant à la défense de l'intérêt collectif[4].

La règle trouve encore application après clôture de la procédure de liquidation judiciaire pour insuffisance d'actif. Le créancier ne peut exercer à l'encontre d'un tiers, une action en responsabilité civile, dès lors que cette action appartenait, pendant la procédure, au monopole du défenseur de l'intérêt collectif des créanciers, mandataire judiciaire ou liquidateur[5].

L'exercice d'une voie de recours pour assurer la défense de l'intérêt collectif des créanciers obéit aux mêmes règles.

L'irrecevabilité de l'action du créancier conduit à une irrecevabilité de son intervention volontaire[6].

034.14 Irrecevabilité de l'action du défenseur de l'intérêt collectif tendant à la protection d'un créancier ou d'un groupe de créanciers. Le mandataire judiciaire et le commissaire à l'exécution du plan substituant dans cette mission le mandataire judiciaire, après adoption du plan, agit pour assurer la défense de l'intérêt collectif des créanciers. Comme l'indique la Cour de cassation, il ne peut agir pour assurer la défense de l'intérêt individuel d'un créancier[7]. Il ne pourrait, par exemple, défendre individuellement un créancier dans le cadre de la vérification du passif[8].

Pas davantage, le mandataire de justice ayant en charge la défense de l'intérêt collectif des créanciers, ne pourrait agir pour assurer la défense d'un groupe de créanciers[9].

C'est ainsi qu'il ne peut agir en paiement contre le loueur d'un fonds de commerce donné en loca-

1. F. Derrida, P. Godé et J.-P. Sortais, avec la collab. d'A. Honorat, *Redressement et liquidation judiciaires des entreprises*, 3e éd., Dalloz, 1991, n° 510.
2. Comp. F. Pérochon, avec le concours de M. Laroche, F. Reille, Th. Favario, A. Donnette, *Entreprises en difficulté*, 11e éd., « Manuel », LGDJ-Lextenso, 2022, n° 907.
3. Com. 28 mars 2000, n° 97-16.315, NP ; *Rev. proc. coll.* 2002, p. 118, n° 3, obs. A. Martin-Serf ; – Com. 23 janv. 2001, n° 97-21.193, NP ; *Rev. proc. coll.* 2002, p. 118, n° 3, obs. A. Martin-Serf ; – Com. 4 déc. 2001, n° 98-19.169, NP ; – Com. 13 nov. 2002, n° 99-10.721, NP ; n° 1866 F-D ; – Com. 16 juin 2004, n° 01-11.095, NP.
4. Com. 14 déc. 1999, n° 97-14.500, P IV, n° 230 ; *Act. proc. coll.* 2000, n° 9 ; – Com. 20 févr. 2001, n° 97-14.256, P IV, n° 40 ; *RJDA* 2001/6, n° 712 ; *Rev. proc. coll.* 2002, p. 118, n° 3, obs. A. Martin-Serf ; – Com. 10 juill. 2001, n° 98-17.317, NP ; *Act. proc. coll.* 2001/17, n° 219 ; – Com. 4 déc. 2001, n° 98-19.169, NP ; *Act. proc. coll.* 2002, n° 30.
5. Com. 16 mai 2006, nos 04-17.362, 04-18.997, NP ; n° 642 FS-D.
6. Com. 8 nov. 2011, n° 10-21.971, NP ; n° 1114 F-D ; – Com. 21 nov. 2018, n° 17-21.624, NP ; n° 944 F-D.
7. Com. 16 mars 1993, n° 90-20.188, P IV, n° 106 ; *D.* 1993, jur. 583, note F. Derrida ; *Rev. proc. coll.* 1993, 424, n° 8, obs. B. Dureuil ; *Rev. proc. coll.* 1993, 547, n° 1, obs. B. Soinne ; *JCP E* 1993. I. 277, obs. M. Cabrillac – Com. 7 janv. 2003, n° 99-10.781, P IV, n° 1 ; *D.* 2003. AJ 274, obs. Lienhard.
8. Com. 7 janv. 2003, n° 99-10.781, P IV, n° 1 ; *D.* 2003. AJ 274, obs. A. Lienhard – Rennes, 8 nov. 1995 ; *Rev. proc. coll.* 1998, 160, n° 2, obs. B. Soinne.
9. Com. 29 avr. 1997, n° 95-15.099, P IV, n° 112 ; *Rev. proc. coll.* 1998, 158, n° 1, obs. B. Soinne ; *Dr. sociétés* 1999, com. 103 – Com. 7 janv. 2003, n° 99-10.781, P IV, n° 1 ; *D.* 2003. AJ 274, obs. A. Lienhard ; *JCP E* 2003, Chron. 760, p. 853, n° 13, obs. M. Cabrillac et Ph. Pételin – Com. 9 nov. 2004, n° 02-13.685, P IV, n° 193 ; *RTD civ.* 2005. 183-184, obs. Perrot.

tion-gérance, sur le fondement de l'article L. 144-7 du Code de commerce instituant une solidarité du loueur du fonds avec le locataire-gérant, car cette solidarité n'a été instituée que dans le seul intérêt des créanciers disposant d'une créance nécessaire à l'exploitation du fonds [1]. La solution contraire avait été posée, dans un premier temps, la Cour de cassation ayant fermé pareille action à un créancier désireux de faire jouer cette solidarité légale à son profit [2]. La solution subsiste en cas de location-gérance occulte [3].

Tirant les conséquences de l'ouverture de l'action tendant à faire jouer la solidarité du loueur du fonds avec le locataire-gérant, une juridiction a pu décider que la règle de l'arrêt des poursuites individuelles ne s'applique pas à l'égard de la personne responsable solidairement des dettes du débiteur [4].

034.15 Définition de la notion d'action tendant à la défense de l'intérêt collectif des créanciers. La Cour de cassation juge que « l'action en réparation des préjudices invoqués par les salariés licenciés, étrangère à la protection et à la reconstitution du gage commun des créanciers, ne relevait pas du monopole du commissaire à l'exécution du plan » [5].

Ainsi, pour la Cour de cassation, l'action tendant à la défense de l'intérêt collectif des créanciers tend à la protection et à la reconstitution du gage commun des créanciers. Par la suite, la Cour de cassation a évoqué un « préjudice qui n'était pas distinct de celui subi par la collectivité des créanciers du fait de l'amoindrissement ou de la disparition du gage commun » pour refuser le droit d'action individuel d'un créancier [6]. Elle a également indiqué que l'action en responsabilité tendant à la reconstitution du gage commun des créanciers est réservée au défenseur de l'intérêt collectif des créanciers [7].

Le fait que l'action tendant à la défense de l'intérêt collectif des créanciers soit engagée contre un créancier ne modifie pas le raisonnement. Sur le produit de sa condamnation, il aura des droits. Il participera donc, faute de texte contraire, à la distribution du gage commun, qu'il a contribué à augmenter du fait de sa condamnation.

L'intérêt collectif ne peut être détaché du gage commun. Dès lors que l'action à exercer ne porte pas sur un élément du gage commun, elle ne peut être mise en œuvre par le défenseur de l'intérêt collectif des créanciers [8]. L'observation justifie la solution adoptée par la Cour de cassation, en matière de déclaration notariée d'insaisissabilité, au préjudice du liquidateur, lorsqu'il existe des créanciers ayant conservé le droit de saisir l'immeuble et des créanciers privés de ce même droit : puisque l'immeuble insaisissable n'est pas un élément du gage commun, le liquidateur ne peut agir sur lui. Corrélativement, les créanciers auxquels l'insaisissabilité est inopposable peuvent continuer à agir sur cet immeuble, malgré la procédure collective atteignant leur débiteur [9].

034.16 Recevabilité de l'action individuelle du créancier recherchant la réparation d'un préjudice non constitutif d'une fraction du gage commun. La jurisprudence, dans une première phase, n'admettait l'action individuelle du créancier que si celui-ci défendait un intérêt propre, distinct de celui de la collectivité des créanciers. À la suite de l'important arrêt du 2 juin 2015 [10], cette notion a été abandonnée au profit d'une autre : l'action individuelle du créancier ne sera recevable que s'il recherche la réparation d'un préjudice non constitutif d'une fraction du gage commun.

Il faut bien apercevoir que les deux notions, celle d'intérêt personnel, distinct de celui de la collectivité des créanciers, et celle de préjudice non constitutif d'une fraction du gage commun, se recoupent assez largement en réalité.

La notion d'intérêt personnel ou de préjudice distinct a été précisée, sous l'empire de la loi du 13 juillet

1. Com. 9 nov. 2004, n° 02-13.685, P IV, n° 193 ; *D.* 2004. AJ 3069, obs. A. Lienhard ; *D.* 2005, pan. 296, obs. P.-M. Le Corre ; *RTD com.* 2005. 247, obs. B. Saintourens ; *Act. proc. coll.* 2004/20, n° 245, note C. Régnaut-Moutier ; *LPA* 13 avr. 2005, p. 4, obs. F.-X. Lucas ; *Dr. et patr.* 2005/4, p. 115, n° 3677, obs. M.-H. Monsèrié-Bon ; *Defrénois* 2005/11, p. 993, Chron. 38177, n° 4, note D. Gibirila ; – Com. 13 déc. 2005, n° 04-18.567, NP ; n° 1617 F-D ; *Gaz. proc. coll.* 2006/2, p. 40, obs. Ph. Roussel Galle.
2. Com. 8 juill. 2003, n° 01-15.532, NP ; *LPA* 18 févr. 2004, n° 35, p. 9, note crit. F.-X. Lucas.
3. Aix-en-Provence, 8e ch. C, 8 sept. 2011, RG n° 10/03677 ; *Act. proc. coll.* 2011/20, comm. 312.
4. Nîmes, 2e ch. B, 18 oct. 2007 ; *Rev. proc. coll.* 2008/3, p. 51, n° 129, note F. Macorig-Venier.
5. Com. 2 juin 2015, n° 13-24.714, P IV ; n° 546 FS-P+B+R+I ; *D.* 2015. actu 1205, note A. Lienhard ; *D.* 2015. pan. 1974, note Le Corre et 1977, note F.-X. Lucas ; *D.* 2015. études. 2207, note Tréard ; *Gaz. Pal.* 21 juill. 2015, n° 200, p. 28, note Gailhbaud ; *Gaz. Pal. entr. diff.* 20 oct. 2015, n° 291, p. 29, note I. Rohart-Messager ; *Act. proc. coll.* 2015/12, comm. 184, note F.-X. Lucas ; *JCP E* 2015, chron. 1422, n° 7, note Ph. Pétel ; *Gaz. Pal.* 2015. 3143, note J. Théron ; *Rev. proc. coll.* 2016, comm. 73, note D. Jacotot ; *LXB hebdo* 16 juill. 2015, n° 432, note P.-M. Le Corre – P.-M. Le Corre, « La notion d'action tendant à la défense de l'intérêt collectif des créanciers », *BJE* sept. 2015, édito. 269.
6. Com. 18 janv. 2017, nos 15-13.392 et 15-14.661, NP ; *Gaz. Pal.* 28 mars 2017, nos 13, 68, note J. Lasserre-Capdeville ; *BJE* mars 2017. 116, note M. Dols-Magneville.
7. Com. 27 sept. 2017, n° 15-24.562, NP ; n° 1249 F-D.
8. RAPPR. J. Vallansan, « *Le gage commun* », *in* Le Corre P-M. (dir.), *Les grands concepts du droit des entreprises en difficulté*, « Thèmes et commentaires », éd. Dalloz 2018, 19 s., sp. p. 25.
9. SUR la question : P.-M. Le Corre, *Droit et pratique des procédures collectives 2023/2024*, 12e éd., « Dalloz Action », 2022, nos 562.151 s.
10. V. ss n° 034.15.

1967[1], par l'assemblée plénière de la Cour de cassation[2]. Il faut qu'il s'agisse d'un préjudice personnel, distinct de celui des autres créanciers[3], et non d'un préjudice inhérent à la procédure collective[4].

SECTION 2
SALARIÉS INVOQUANT UNE PERTE DE LEUR CRÉANCE SALARIALE

034.21 Recevabilité de l'action individuelle du salarié. Le créancier quelconque qui invoque la perte de sa créance ou l'immobilisation de celle-ci du fait de l'ouverture de la procédure collective, ne fait pas état d'un préjudice personnel. Ainsi le créancier est-il irrecevable à agir s'il invoque le fait de l'immobilisation de la créance inhérente à la procédure collective[5] et plus généralement la perte de sa créance[6].

Identiquement, le salarié qui invoque la perte d'une créance salariale par l'effet de l'ouverture de la procédure collective ne démontre pas l'existence d'un préjudice non constitutif d'une fraction du gage commun ou d'un préjudice spécial, distinct de celui subi par la collectivité des créanciers.

Il en résulte qu'il n'a pas qualité à agir en responsabilité contre un tiers qu'il estime responsable de son préjudice.

Le préjudice qu'il subit ne peut être réparé que par l'action du défenseur de l'intérêt collectif des créanciers.

SECTION 3
SALARIÉS INVOQUANT UN PRÉJUDICE AUTRE QUE LA PERTE DE LEUR CRÉANCE SALARIALE

034.31 Préjudice personnel distinct de celui subi par la collectivité des créanciers. À l'époque où le critère jurisprudentiel retenu pour savoir si un créancier pouvait agir individuellement contre un tiers pour faire réparer un préjudice qu'il subissait était celui de l'existence d'un préjudice personnel, spécial, distinct de celui subi par la collectivité des créanciers, c'est-à-dire avant l'arrêt rendu par la Cour de cassation[7], l'existence d'un préjudice personnel a été reconnue au profit de salariés d'une filiale objet d'une cession, qui invoquent la perte de leur emploi ainsi que la diminution de leur droit à participation dans la société mère et la perte d'une chance de bénéficier des dispositions du plan social du groupe[8].

La décision a été saluée comme une première dans la jurisprudence publiée[9]. Il a été dit que « cette décision devrait faire date en ce qu'elle ouvre des perspectives sérieuses d'indemnisation individuelles, réclamées à des tiers responsables, par des salariés victimes de fautes particulières et distinctes à l'origine de la perte de leur emploi ou de leurs pertes financières »[10].

Dans le même ordre d'idées, le préjudice distinct de celui subi par la collectivité des créanciers a été retenu à l'égard de salariés, ayant perdu leur emploi, victimes des agissements d'un fonds d'investissement, qualifié de dirigeant de fait, qui n'avait pas respecté ses engagements[11].

Il importe cependant de préciser que, dès lors que les salariés ont obtenu une indemnisation sur le fondement de l'insuffisance du plan de sauvegarde de l'emploi, ils ne peuvent obtenir une seconde fois l'indemnisation du préjudice subi du fait de la perte de leur emploi par un tiers auquel ils imputeraient leur licenciement[12]. Le principe de réparation intégrale du préjudice ne peut conduire à indemniser deux fois le même préjudice.

034.32 Illustrations de préjudice ne constituant pas une fraction du gage commun. La notion de préjudice non constitutive d'une fraction du gage

1. L. n° 67-563, 13 juill. 1967 sur le règlement judiciaire, la liquidation des biens, la faillite personnelle et les banqueroutes, *JO* 14 juill., p. 7059.
2. Cass., ass. plén., 9 juill. 1993, n° 89-19.211, P, n° 13 ; *D.* 1993, jur. 469, note F. Derrida ; *Quot. Jur.* 1993, n° 76, p. 4, note J.-P. D. ; *LPA* 17 nov. 1993, n° 138, p. 17, note Derrida ; *Rev. proc. coll.* 1993, 135, n° 5, obs. Y. Chaput ; *JCP E* 1993. I. 298, obs. M. Cabrillac ; *JCP E* 1993. I. 302, obs. Ch. Gavalda et G. Stoufflet ; *Dr. sociétés* 1994, n° 26, obs. Y. Chaput.
3. Com. 11 oct. 1994, n° 90-16.309, P IV, n° 281 ; *Quot. Jur.* 8 nov. 1994, note P. M. ; *Rev. huissiers* 1995. 335, note J.-L. Courtier.
4. Cass., ass. plén., 9 juill. 1993, n° 89-19.211, P, n° 13, préc. – Com. 11 oct. 1994, n° 90-12.129, P IV, n° 279 ; *LPA* 16 juin 1995, n° 72, p. 22, note J.-L. Courtier – Com. 27 févr. 1996, n° 94-13.862, NP ; *RJDA* 1996, n° 688 – Com. 29 avr. 1997, n° 95-15.099, P IV, n° 112 ; *Rev. proc. coll.* 1998, 158, n° 1, obs. B. Soinne.
5. Com. 21 juin 2005, n° 02-17.721, NP ; *Gaz. proc. coll.* 2005/3, p. 45, n° 4, obs. R. Routier.
6. Paris, 15e ch. A, 20 juin 2000, *D.* 2000. AJ 382, obs. P. Pisoni.
7. V. ss n° 034.15.
8. Soc. 14 nov. 2007, n° 05-21.239, P V, n° 188 ; n° 2316 FS-P+B ; *D.* 2007. AJ 3075 ; *Rev. proc. coll.* 2008, p. 74, n° 94, note A. Martin-Serf ; *Bull. Joly* mars 2008, p. 223, § 51, note B. Saintourens ; *RJ com.* 2008. 225, note J.-P. Sortais.
9. B. Saintourens, note ss Soc. 14 nov. 2007, n° 05-21.239 ; n° 2316 FS-P+B ; *Bull. Joly* mars 2008, p. 223 s., § 51, sp. p. 225.
10. A. Martin-Serf, note ss Soc. 14 nov. 2007, n° 05-21.239 ; n° 2316 FS-P+B ; *Rev. proc. coll.* 2008, p. 75, n° 94.
11. T. com. Orléans, 1er juin 2012, RG n° 2012/11170 ; *Gaz. Pal. entr. diff.* 3 août 2012, n° 216, p. 19, note L.-C. Henry ; *JCP E* 2012. 1494, note A. Couret et B. Dondéro ; *BJE* juill. 2012, Édito. p. 201, note R. Dammann et M. Boché-Robinet ; *Bull. Joly* sept. 2012, comm. 357, note N. Pelletier.
12. Soc. 27 janv. 2021, n° 18-23.535, FP-P+R+I ; *Rev. proc. coll.* mai-juin 2021, comm. 74, note D. Jacotot.

commun est utilisée depuis l'arrêt du 2 juin 2015[1] de la Cour de cassation. Il s'agit négativement alors d'admettre l'action individuelle d'un créancier ou d'un groupe de créanciers, qui met en œuvre une action n'ayant pas pour objet la protection ou la reconstitution du gage commun.

Il en est ainsi pour des salariés qui font état d'un préjudice résultant de la faute d'une banque ayant mis en place un montage financier, le préjudice invoqué tenant à la perte de leur emploi, entraînant la perte de leur rémunération pour l'avenir et l'atteinte à leur droit de voir leurs chances de retrouver un emploi optimisé, faute d'avoir bénéficié de formations qualifiantes[2].

034.33 Illustrations du rejet de la notion d'intérêt personnel ou de préjudice distinct et de la notion de préjudice non constitutif d'une fraction du gage commun. Il n'y a pas préjudice distinct de celui de la collectivité des créanciers dans la perte par un associé de son apport à la société débitrice[3], fût-il dirigeant[4], même s'il a été financé par un prêt[5]. Cette solution vaut même si l'associé se plaint tout à la fois de la perte de ses apports et de la perte pour l'avenir des rémunérations qu'il aurait pu obtenir, ce qui est là un préjudice spécial, dès lors qu'il ne distingue pas entre ces deux préjudices[6].

1. Com. 2 juin 2015, n° 13-24.714, P IV ; n° 546 FS-P+B+R+I ; *D.* 2015. actu 1205, note A. Lienhard ; *D.* 2015. pan. 1974, note Le Corre et 1977, note F.-X. Lucas ; *Gaz. Pal.* 21 juill. 2015, n° 200, p. 28, note Ch. Gailhbaud ; *Gaz. Pal. entr. diff.* 20 oct. 2015, n° 291, p. 29, note I. Rohart-Messager ; *Act. proc. coll.* 2015/12, comm. 184, note F.-X. Lucas ; *JCP E* 2015, chron. 1422, n° 7, note Ph. Pétel ; *Gaz. Pal.* 2015. 3143, note J. Théron ; *Rev. proc. coll.* 2016, comm. 73, note D. Jacotot ; *LXB hebdo* 16 juill. 2015, n° 432, note P.-M. Le Corre – *Adde*, P.-M. Le Corre, « La notion d'action tendant à la défense de l'intérêt collectif des créanciers », *BJE* sept. 2015, édito 269.
2. Com. 2 juin 2015, n° 13-24.714, préc.
3. Com. 23 nov. 2004, n° 03-15.449, NP.
4. Com. 21 juin 2016, n° 15-10.028, NP ; préc. ; – Com. 18 mai 2017, n°s 15-13.237, 15-13.314 et 15-13.985, NP ; n° 832 F-D.
5. Com. 13 mars 2007, n° 06-13.325, P IV, n° 86 ; n° 486 FS-P+B ; *D.* 2007. AJ 1020, obs. A. Lienhard ; *Act. proc. coll.* 2007/9, n° 107, note Legeais ; *Banque et droit* juill.-août 2007, n° 114, p. 21, note Th. Bonneau ; *Rev. sociétés* 2007. 571, note Th. Granier ; *Rev. proc. coll.* 2007/4, p. 238, n° 2, obs. A. Martin-Serf – *Adde*, Y. Paclot et Roussel Ph. Galle, « *Quelques remarques sur la réparation du préjudice d'une société dissoute par l'effet d'une liquidation judiciaire* », *JCP E* 2008. 2101.
6. Com. 29 sept. 2015, n° 13-27.587, P IV ; *D.* 2015. actu. 2005, note A. Lienhard ; *Act. proc. coll.* 2015/18, comm. 287, note J.-Ch. Pagnucco ; *BJE* 2016. 38, note V. Perruchot-Triboulet ; *Gaz. Pal.* 2015. 3861, note Théron ; *Bull. Joly sociétés* 2015, 661, note I. Parachkévova ; *Rev. proc. coll.* 2016, comm. 15, note F. Reille ; *Dr. sociétés* 2016, comm. 66, note J.-P. Legros.

TITRE

04. Présentation générale du traitement du contrat de travail en droit des entreprises en difficulté

SECTION 0
ORIENTEUR

04.00 **Sommaire du titre.**

Chap. 041 Principe de continuation du contrat de travail

Sect. unique Principe de continuation du contrat de travail

Chap. 042 Cession du contrat de travail

Sect. 1 Cession du contrat de travail dans les cessions d'actifs isolées en liquidation judiciaire

Sect. 2 Cession des contrats de travail et plan de cession

Chap. 043 Règles générales de rupture des contrats de travail

Sect. 1 Droit commun applicables aux licenciements pour faute

Sect. 2 Licenciements économiques et sauvegarde

Sect. 3 Licenciements économiques en période d'observation du redressement judiciaire

Sect. 4 Licenciements économiques et plan de redressement

Sect. 5 Licenciements économiques et plan de cession

Sect. 6 Licenciements économiques et liquidation judiciaire

Chap. 044 Remise en cause du contrat de travail par le jeu des nullités de la période suspecte

Sect. 1 Règles générales intéressant les nullités de la période suspecte

Sect. 2 Nullité de droit des contrats de travail déséquilibrés

Sect. 3 Nullité de droit du contrat commutatif déséquilibré en lien avec les contrats de travail

Sect. 4 Effets de la nullité des contrats commutatifs déséquilibrés

Sect. 5 Paiements reçus par les salariés susceptibles d'annulation

CHAPITRE

041. Principe de continuation du contrat de travail

SECTION 0
ORIENTEUR

041.00 Sommaire du chapitre.

Sect. unique Principe de continuation du contrat de travail 041.11 à 041.14

041.01 Textes applicables.

• **C. com.**

art. L. 622-13, VI [Inapplication des règles de la continuation des contrats en cours au contrat de travail]

041.03 Bibliographie.

> **Contribution.** L. Fin-Langer, « L'adaptation du droit du travail au droit des entreprises en difficulté », *Rev. proc. coll.* janv.-févr. 2018, dossier 11.

> **Article.** M. Delteil et L. Lautrette, « Le sort des contrats de travail dans la loi de sauvegarde des entreprises », *LPA* 17 févr. 2006, n° 35, p. 42.

SECTION UNIQUE
PRINCIPE DE CONTINUATION DU CONTRAT DE TRAVAIL

041.11 Inapplication au contrat de travail des règles relatives à la continuation des contrats en cours. La période d'observation est une phase préparatoire à l'adoption d'un plan de redressement ou de sauvegarde. Si aucun plan n'est envisageable, il y a en effet lieu au prononcé d'une liquidation judiciaire. Dans ces conditions, la période d'observation s'accompagne naturellement d'une poursuite d'activité qui présuppose la continuation des contrats de travail en cours.

Après avoir énoncé à l'article L. 622-13 du Code de commerce, un certain nombre de règles, dénommées règles de continuation des contrats en cours, le VI de l'article dispose que « les dispositions du présent article ne concernent pas les contrats de travail ». Ce texte de la procédure de sauvegarde est applicable en redressement judiciaire[1].

La première conséquence de la règle est la continuation de plein droit des contrats de travail en cours au jour de l'ouverture de la procédure. La règle, plus protectrice du débiteur que de son cocontractant, apparaît inadaptée pour le contrat de travail.

Il faut déduire de cette disposition qu'il n'est aucun besoin d'une décision du débiteur, de l'administrateur judiciaire, voire du liquidateur, pour continuer un contrat de travail.

Symétriquement, les règles qui régissent l'option relative aux contrats en cours sont sans application pour le contrat de travail Par conséquent, une mise en demeure d'avoir à opter sur le contrat de travail qui serait envoyée par le salarié au débiteur, à l'administrateur judiciaire ou au liquidateur serait dépourvue d'effet. Spécialement, la règle selon laquelle le défaut de réponse à la mise en demeure pendant plus d'un mois entraîne la résiliation de plein droit du contrat est sans application au contrat de travail.

L'idée du législateur se comprend parfaitement si l'on raisonne sur une poursuite d'activité. Puisque la poursuite d'activité ne peut, *a priori*, se faire sans les salariés, les contrats de travail doivent continuer de plein droit, sans qu'il soit besoin d'un dispositif de mise en demeure. Le salarié n'a donc pas à mettre en demeure l'administrateur ou, à son défaut, le débiteur pour savoir s'il y a option pour la continuation de son contrat. Seule la rupture du contrat de travail se trouve ainsi aménagée, laquelle ne résultera pas, contrairement au droit commun des procédures collectives, du jeu d'une option.

Aucune réglementation particulière n'a été posée pour les contrats à durée déterminée. Conformément au droit commun, il en résulte l'impossibilité pour l'employeur de leur rupture avant le terme. Le

1. C. com., art. L. 631-14, al. 1.

redressement judiciaire ne constitue pas un cas de force majeure, au sens de l'article L. 1243-1 du Code du travail, autorisant leur rupture avant le terme. La solution a été posée à propos d'un contrat de qualification [1].

La jurisprudence a posé en règle que l'apprenti a droit à une indemnité égale aux rémunérations qu'il aurait perçues jusqu'à la fin de son contrat [2]. L'article 114 de l'ordonnance du 12 mars 2014 [3] insère un alinéa 3 à l'article L. 6222-18 du Code du travail, pour faire siennes ces solutions. Il prévoit, d'une manière interprétative, que, en cas de liquidation judiciaire sans maintien de l'activité ou lorsqu'il est mis fin au maintien de l'activité et qu'il doit être mis fin au contrat d'apprentissage, le liquidateur notifie la rupture du contrat à l'apprenti. Cette rupture ouvre droit pour l'apprenti à des dommages et intérêts d'un montant au moins égal aux rémunérations qu'il aurait perçues jusqu'au terme du contrat. Une juridiction ne peut limiter ce montant au motif que l'apprenti ne justifiait pas d'un préjudice résultant de la rupture de son contrat de travail [4].

Le contrat de travail simplement suspendu est toujours en cours. Il en est ainsi lorsqu'un salarié est devenu mandataire social [5]. En cas de liquidation judiciaire de son employeur, il est en droit de présenter devant le conseil de prud'hommes des demandes relatives à l'exécution et à la rupture de son contrat de travail [6].

041.12 Continuation du contrat de travail aux mêmes conditions. Le contrat de travail est continué, après le jugement d'ouverture de la procédure collective, aux mêmes conditions conventionnelles et légales que celles existant avant le jugement d'ouverture. Il en résulte l'obligation pour l'administrateur ou l'employeur, selon le cas, de respecter l'article L. 1222-6 du Code du travail relatif à la modification du contrat de travail pour un motif économique.

En droit commun, l'alinéa 2 de l'article L. 1222-6 prévoit que la lettre de notification, qui contient la proposition de modification du contrat de travail, informe le salarié qu'il dispose d'un mois pour faire connaître son refus.

Il a été observé que ce régime, compte tenu de la longueur des délais impartis pour la procédure de modification des contrats de travail, était inadapté aux exigences d'une entreprise en difficulté [7].

La remarque a été entendue et l'article 109 de l'ordonnance du 12 mars 2014 [8] fait passer ce délai à quinze jours si l'entreprise est en redressement ou en liquidation judiciaire.

En droit commun, l'alinéa 3 de l'article L. 1222-6 du Code du travail précise que, à défaut de réponse dans le délai d'un mois, le salarié est réputé avoir accepté la modification proposée.

L'article 109 susvisé raccourcit ce délai à quinze jours si l'entreprise est en redressement ou en liquidation judiciaire.

Observons que dans ces deux textes, l'entreprise sous sauvegarde n'est pas visée. Le droit commun de l'article L. 1222-6 du Code du travail continuera à s'y appliquer. Le salarié sera licencié si la modification proposée au salarié d'un élément essentiel du contrat de travail est refusée.

L'employeur en redressement ou en liquidation judiciaire, qui propose la modification du contrat de travail pour des motifs économiques ou en raison des mutations technologiques, en fait la proposition au salarié par lettre recommandée avec demande d'avis de réception. La lettre de notification informe le salarié qu'il dispose de quinze jours – au lieu du délai d'un mois en droit commun, qui s'applique en sauvegarde [9] – à compter de sa réception pour répondre. À défaut de réponse dans ce délai de quinze jours, le salarié est réputé avoir accepté la modification proposée [10].

Les règles spéciales à la modification des contrats de travail de plus de dix salariés s'imposent également [11]. Il y aura donc place à notifier par lettre recommandée avec demande d'avis de réception la mesure de reclassement liée au plan social, la notification faisant courir le délai du mois ouvert au salarié pour faire connaître son refus [12].

Rien n'interdit cependant au salarié de demander la résiliation du contrat, avant le terme si l'employeur ne satisfait pas à son obligation de fournir à son salarié du travail [13]. Il s'agit de la prise d'acte par le

1. Soc. 18 oct. 1994, n° 91-42.607, NP ; *Rev. proc. coll.* 1995, 335, obs. F. Taquet.
2. Soc. 22 mars 2007, n° 04-46.745, NP ; *Rev. proc. coll.* 2007/3, p. 148, n° 2, obs. F. Taquet ; – Soc. 7 juill. 2009, n° 08-40.870, NP ; *Act. proc. coll.* 2009/17, n° 261, note L. Fin-Langer ; – Soc. 23 nov. 2011, n° 10-26.918, NP.
3. Ord. n° 2014-326, 12 mars 2014, *JO* 14 mars, p. 5249.
4. Soc. 11 mars 2020, n° 18-26.015, NP.
5. Soc. 9 nov. 2004, n° 02-43.063, NP ; *Rev. proc. coll.* 2005/1, p. 47, n° 7, obs. F. Taquet ; – Soc. 25 oct. 2006, n° 04-47.093, NP ; *Rev. proc. coll.* 2007/1, p. 54, obs. F. Taquet.
6. Soc. 9 nov. 2004, n° 02-43.063, NP ; *Rev. proc. coll.* 2005/1, p. 47, n° 7, obs. F. Taquet.
7. Boyer, *Protection des salariés et sauvetage de l'entreprise : quête d'un équilibre*, PUAM, 2006, n° 131.
8. Ord. n° 2014-326, 12 mars 2014, préc.
9. D. Vidal et G. C. Giorgini, *Cours de droit des entreprises en difficulté*, « Amphi LMD », Gualino-Lextenso, 2e éd., 2016, n° 1782.
10. C. trav., art. L. 1233-60-1, créé par Ord. n° 2014-326, 12 mars 2014, art. 111.
11. C. trav., art. L. 321-1-3, mod par L. n° 2005-32, 18 janv. 2005, *JO* 19 janv., p. 864 et abrogé par ord. n° 2007-329, 12 mars 2007, art. 12. devenu art. L. 1233-25.
12. Soc. 28 nov. 2000, n° 98-42.852, P V, n° 393 ; *Act. proc. coll.* 2001/2, n° 22, obs. F. Taquet.
13. Soc. 14 janv. 2004, n° 01-40.489, P V, n° 8.

salarié, laquelle constitue un mode de rupture non régi par le Code du travail, mais reconnu par la Cour de cassation, qui produit les effets d'un licenciement sans cause réelle et sérieuse si les faits invoqués par le salarié sont établis, ceux d'une démission, dans le cas contraire. Le non-paiement des salaires, en raison d'un état de cessation des paiements, a été considéré comme justifiant la prise d'acte du salarié produisant les effets d'un licenciement sans cause réelle et sérieuse [1], ce qui n'est sans incidence sur la garantie due par l'AGS, compte tenu de la date d'effet de la résiliation judiciaire du contrat.

041.13 Maintien du contrat de travail après adoption des plans. Les contrats de travail des salariés non licenciés en exécution du plan se poursuivent sans modification. Seul le Code du travail a ici vocation à jouer.

Il suffit de préciser que la rupture des contrats de travail après adoption du plan ne peut intervenir que dans les conditions fixées au plan. Cela signifie que si des licenciements en nombre doivent intervenir, le débiteur devra respecter la procédure de modifications substantielle dans les moyens du plan.

L'article L. 626-26 du Code de commerce énonce qu'« une modification substantielle dans les objectifs ou les moyens du plan ne peut être décidée que par le tribunal, à la demande du débiteur et sur le rapport du commissaire à l'exécution du plan ».

La disposition analysée énonce les conditions de fond de la demande. La modification du plan envisagée doit être « substantielle ». La notion de modification substantielle n'est guère précise. Elle peut négativement se définir comme toute modification qui n'est pas de détail [2]. Cela ne signifie pas pour autant que toute modification de détail est impossible, mais cette dernière ne nécessitera pas la saisine du tribunal. Le chef d'entreprise la mettra en œuvre [3], en sollicitant cependant le commissaire à l'exécution du plan, qui pourra porter son appréciation sur le caractère substantiel ou non de la modification envisagée [4]. Il en irait ainsi si le chef d'entreprise envisage le licenciement d'un très faible nombre de salariés, par rapport à l'effectif, ce licenciement ne pouvant être considéré comme une modification substantielle dans les moyens du plan.

On rappellera que le plan de redressement tend à la sauvegarde de l'entreprise, des emplois, et à l'apurement du passif. Toute modification affectant l'un de ces trois éléments doit, à notre sens, être considérée comme portant sur les objectifs du plan [5]. Il en est ainsi lorsque des licenciements en nombre important sont envisagés : il est touché à la sauvegarde de l'emploi, laquelle est un objectif du plan. Par conséquent, le débiteur devra passer par une modification substantielle dans les objectifs et les moyens du plan [6].

La modification envisagée ne doit pas permettre de contrarier l'autorité de chose jugée attachée à la décision arrêtant le plan. C'est pourquoi, seul un élément nouveau par rapport aux éléments existant au jour de l'arrêté du plan pourra motiver la modification, solution posée sous l'empire de la loi du 25 janvier 1985 [7] pour le plan de continuation [8] et reconductible en loi de sauvegarde pour le plan de redressement. La nécessité des licenciements devra donc résulter de faits nouveaux par rapport à l'adoption du plan.

041.14 Maintien du contrat de travail en liquidation judiciaire. La liquidation judiciaire ne produit en elle-même aucun effet sur les contrats de travail. Le principe de la continuation de plein droit du contrat de travail, spécialement posé par le législateur pour la période d'observation, peut également se vérifier pendant la liquidation judiciaire. La liquidation judiciaire n'entraîne en effet pas, par elle-même, résiliation des contrats de travail [9], fussent-ils à durée déterminée [10], pas plus d'ailleurs que des contrats d'apprentissage [11].

1. Soc. 30 juin 2010, n° 09-41.456, P V, n° 155 ; FS-P+B ; *Act. proc. coll.* 2010/15, n° 216, note L. Fin-Langer.
2. V. discussion amend. n° 48, débats 2e séance, *JOAN CR*, 9 avr. 1984, p. 1309.
3. Doc parl., AN, Rapp. Gouzes, n° 1872, p. 94 ; Ph. Pétel, *Procédures collectives*, 11e éd., « Cours », Dalloz, 2023, n° 364 ; A. Jacquemont, N. Borga et Th. Mastrullo, *Droit des entreprises en difficulté*, 12e éd., « Manuel », LexisNexis, 2022, n° 828 ; F. Pérochon, avec le concours de M. Laroche, F. Reille, Th. Favario, A. Donnette, *Entreprises en difficulté*, 11e éd., « Manuel », LGDJ-Lextenso, 2022, n° 1745, note 1691.
4. Doc. parl., Sénat, Rapp. Thyraud, n° 332, p. 122 ; Ph. Pétel, *Procédures collectives*, 11e éd., « Cours », Dalloz, 2023, n° 364.
5. AUSSI, EN CE SENS : *J.-Cl. com.*, fasc. 2610 : Plan de sauvegarde – Exécution, par F. Vinckel, 2009, n° 110.
6. AUSSI, EN CE SENS : G. Ripert et R. Roblot, *Traité de droit commercial*, t. IV, *Effets de commerce et entreprises en difficulté*, par Ph. Delebecque, N. Binctin et L. Andreu, 18e éd., LGDJ-Lextenso, 2018, n° 734.
7. L. n° 85-98, 25 janv. 1985, préc.
8. Paris, 3e ch. C, 25 nov. 1994 ; *Rev. proc. coll.* 1995, 145, n° 23, obs. B. Soinne – Paris, 3e ch. A, 10 mai 1995, *D.* 1995. IR 162 ; *Rev. proc. coll.* 1995, 435, n° 24, obs. B. Soinne ; – *Adde* : F. Derrida, P. Godé et J.-P. Sortais, avec la collab. d'A. Honorat, *Redressement et liquidation judiciaires des entreprises*, 3e éd., Dalloz, 1991, n° 535 ; B. Soinne, *Traité des procédures collectives*, 2e éd., Litec, 1995, n° 1543.
9. Civ. 1re, 7 juill. 1998, n° 96-15.280, NP ; – Soc. 24 mai 2000, n° 98-42.343, NP ; – Soc. 3 mai 2001, n° 99-41.387, NP ; *Rev. proc. coll.* 2001, p. 258, n° 8, obs. F. Taquet – Soc. 7 juill. 2004, n° 02-43.382, NP ; *Rev. proc. coll.* 2005/1, p. 48, n° 10, obs. F. Taquet ; – Soc. 1er mars 2006, n° 03-46.356, NP ; *Rev. proc. coll.* 2006/3, p. 286, n° 20, obs. F. Taquet ; – Soc. 22 mars 2007, n° 05-44.591, NP ; *Rev. proc. coll.* 2007/3, p. 148, n° 1, obs. F. Taquet ; – Soc. 26 nov. 2015, n° 14-19.263, NP ; – Soc. 26 nov. 2015, n° 14-14.822, NP ; *Rev. proc. coll.* 2016, comm. 29, note F. Taquet.
10. Soc. 20 juin 2001, n° 99-43.793, NP ; *LXB* n° A6366ATX.
11. Soc. 23 mai 2000, n° 97-45.187, P V, n° 192 ; *Gaz. Pal.* 27-29 janv. 2002. 35, note F. Dumont.

Peu importe que l'employeur fournisse du travail à son salarié, dès lors que ce dernier se tient à sa disposition. En conséquence, les salaires restent dus[1]. Si une instance prud'homale est en cours au jour de la liquidation judiciaire, et qu'elle a débuté pendant le redressement judiciaire précédent, la liquidation judiciaire ne met pas fin au contrat de travail, la résiliation de ce dernier n'intervenant qu'au jour de la décision qui la prononce[2].

Le législateur réglemente les licenciements, ce qui démontre que les contrats ne sont pas résiliés du seul fait de la liquidation judiciaire, nonobstant la cessation d'activité[3]. La solution a pu être critiquée[4]. Et l'on pourrait comprendre, dans une saine vision économique des choses, que la liquidation judiciaire non assortie d'une poursuite d'activité puisse emporter résiliation de plein droit du contrat de travail.

Événement non imprévisible pour le débiteur et non extérieur au débiteur, la liquidation judiciaire n'est pas un cas de force majeure exonératoire de responsabilité pour l'employeur[5]. Elle ne l'autorise donc pas à rompre un contrat de travail à durée déterminée[6].

Le simple fait que l'entreprise soit placée en liquidation judiciaire ne suffit pas à décharger le salarié de son obligation de non-concurrence et il peut donc demander le versement de la contrepartie financière[7].

Par principe, cependant, le maintien des contrats de travail après prononcé de la liquidation judiciaire n'est pas de première utilité pour l'entreprise, puisque celle-ci cesse son activité. C'est pourquoi, d'ailleurs, le législateur invite le liquidateur à procéder rapidement aux licenciements. Il ne dispose que d'un délai bref s'il veut que les conséquences financières en soient prises en charge par l'AGS. Ce délai est cependant augmenté en liquidation judiciaire, sous l'empire de la loi de sauvegarde des entreprises, si est envisagé un plan de cession. En ce cas, les licenciements pourront intervenir dans le mois du jugement arrêtant le plan, l'AGS continuant à devoir sa garantie.

La continuation des contrats de travail est indispensable si le tribunal autorise une poursuite provisoire de l'activité.

En revanche, cette même logique n'existe plus en liquidation judiciaire, spécialement s'il n'y a pas de poursuite d'activité. La logique s'inverse même : sans poursuite d'activité, pourquoi maintenir les contrats de travail ? C'est une question à laquelle le droit français n'a pas répondu pour l'heure, mais qu'il ferait bien de se poser. Ne serait-il pas plus pertinent en effet, que si la liquidation judiciaire entraîne la cessation de l'activité, il soit mis fin de plein droit aux contrats de travail ? La liquidation judiciaire sans poursuite d'activité serait ainsi une cause automatique de rupture des contrats de travail. La solution serait très logique : comment et pourquoi maintenir effectivement un lien contractuel alors que l'employeur n'est plus en mesure de solliciter une prestation de son salarié ? Pourquoi maintenir un salaire alors que le salarié ne fournit plus le travail ? Certes, objectera-t-on, il reste à la disposition de son employeur. Mais il suffit alors de le rendre immédiatement libre de disposer de sa force de travail ailleurs, dès que le jugement de liquidation judiciaire est intervenu, sauf poursuite provisoire de l'activité.

Ce maintien à tout prix du contrat de travail en liquidation judiciaire apparaît comme un non-sens économique et juridique. La seule question est de ne pas laisser démuni le salarié, ce qui sera le cas grâce aux mécanismes de prise en charge par l'AGS des indemnités de rupture, étant entendu que l'on pourrait imaginer une avance sur ces indemnités pour compenser le fait que l'AGS n'aurait plus à garantir des salaires sans travail.

1. Soc. 19 janv. 2012, n° 09-72.019, NP.
2. Soc. 26 nov. 2015, n° 14-19.263, préc. ; *Gaz. Pal.* 19 janv. 2016, n° 3, p. 76, note Ph. Duprat.
3. Soc. 20 juin 2001, n° 99-43.793, NP ; *Act. proc. coll.* 2001/18, n° 240 ; – Soc. 19 mai 2016, n° 14-25.443, NP ; *Rev. proc. coll.* sept.-oct. 2016, comm. 146, p. 45, note L. Fin-Langer.
4. Boyer, « *Un droit social contre-productif dans les entreprises en difficulté* », *Gaz. Pal.* 16-17 avr. 2010, n°s 106, 107, p. 8.
5. Douai, ch. soc., 30 juin 1999 ; *Rev. proc. coll.* 2000, 60, n° 2, obs. F. Taquet.
6. Soc. 16 oct. 2002, n° 00-40.869, NP.
7. Soc. 21 janv. 2015, n° 13-26.374, P V, n° 2.

CHAPITRE

042. Cession du contrat de travail

SECTION 0 ORIENTEUR

042.00 **Sommaire du chapitre.**

Sect. 1 Cession du contrat de travail dans les cessions d'actifs isolées en liquidation judiciaire 042.11 à 042.13
Sect. 2 Cession des contrats de travail et plan de cession 042.21 à 042.24

042.01 **Textes applicables.**

- **C. trav.**

art. L. 1224-1 [Modification dans la situation juridique de l'employeur]

art. L. 1224-2 [Exception au principe pour le nouvel employeur d'être tenu, à l'égard des salariés dont les contrats de travail subsistent, aux obligations qui incombaient à l'ancien employeur à la date de la modification, en cas de procédure de sauvegarde, de redressement ou de liquidation judiciaire]

- **C. com.**

art. L. 642-7, VI [Inapplication des règles de cession judiciaire des contrats au contrat de travail]

042.03 **Bibliographie.**

> **Articles.** P. Bailly, « Le contrat de travail et le transfert de l'entreprise en difficulté », *Gaz. Pal.* 2002. 1359 – S. Béraud, « En finir avec les incertitudes pesant sur le sort des contrats de travail en matière de cession d'unité de production », *Rev. proc. coll.* 2003, p. 91 – J.-F. Césaro, « Procédures collectives et article L. 122-12 alinéa 2 du Code du travail », *in Entreprises en difficulté et droit du travail*, « Ceprisca », Puf, 2007, p. 9 – R. Dammann, G. Podeur, « Le *pré-pack cession* à l'épreuve de la directive "transfert" 2001/23/CE », *D.* 2017. 2242 – F. Dumont, « L'impact pour les salariés de la suggestion de reprise dans les procédures collectives », *Rev. proc. coll.* 2004, p. 297 – L. Fin-Langer, « Les aspects sociaux de l'opération de reprise de l'entreprise en difficulté », *Rev. proc. coll.* 2010/3, comm. 17 – L. Fin-Langer et D. Jacotot, « Les salariés, acteurs de la reprise d'entreprise en difficulté », *Rev. proc. coll.* 2015, dossier 54 – F. Labasque, « Le sort des contrats de travail en cas de cession d'unité de production après le prononcé d'une liquidation judiciaire », *LXB* n° N4505ABH – A. Mazeaud, « Le maintien de l'emploi en cas de transfert de l'entreprise en difficulté 1985-2005 : un bilan, une réforme ? », Lamy affaires mars 2005, suppl. n° 80, p. 83 ; « Les cessions d'entreprise ou de partie d'entreprise depuis la loi du 26 juillet 2005 relative à la sauvegarde de l'entreprise », Dr. social 2006, 12 – Ph. Przemyski, « Transfert des contrats de travail et procédures collectives », *Dr. et pr.* 2004/4, p. 197 – B. Saintourens, « Reprise de l'entreprise par les salariés licenciés et principe du maintien des contrats de travail », *Rev. proc. coll.* 2012, dossier 4, p. 55.

SECTION 1 CESSION DU CONTRAT DE TRAVAIL DANS LES CESSIONS D'ACTIFS ISOLÉES EN LIQUIDATION JUDICIAIRE

042.11 **Principe de cession du contrat de travail en cas de cession du fonds de commerce en liquidation judiciaire.** L'article L. 1224-1 du Code du travail, anciennement L. 122-12, alinéa 2, et qui date de 1928, est applicable à « tout transfert d'une entité économique conservant son identité et dont l'activité est poursuivie et reprise, même en l'absence de lien de droit entre les employeurs successifs[1] ». La solution vaut donc en cas de cession d'un fonds de commerce en liquidation judiciaire[2].

Les juges du fond seront donc censurés s'ils écartent l'application de l'article L. 1224-1 du Code du travail sans rechercher si la cession du fonds de commerce correspond au transfert d'une entité économique autonome ayant conservé son identité[3]. L'application de

1. Cass., ass. plén., 16 mars 1990, n° 89-45.730, n° 86-40.686, P, n° 4, 2 esp. ; *D.* 1990. 305, note G. Lyon-Caen.
2. SUR la question : A. Boyer, *Protection des salariés et sauvetage de l'entreprise : quête d'un équilibre*, PUAM, 2006, n°s 96 à 103.
3. AINSI : Soc. 23 mai 2000, n° 97-44.492, NP ; *RJS* 2000, n° 773, p. 542.

l'article L. 1224-1 du Code du travail est donc ici conditionnelle[1], contrairement à l'automaticité de la solution en cas de plan de cession. Mais contrairement à la situation du repreneur, en plan de cession, qui peut limiter le nombre de salariés repris et jouer ainsi sur l'article L. 1224-1 du Code du travail, l'acquéreur d'un fonds de commerce ne peut limiter son acquisition au fonds ou limiter le nombre de salariés repris. L'article L. 1224-1 du Code du travail lui interdit cette démarche.

Ainsi, peu importe que l'ordonnance du juge-commissaire autorisant la vente du fonds de commerce limite à certains salariés la poursuite de leur contrat de travail puisqu'il n'en a pas le pouvoir[2]. Peu importe encore que le liquidateur ait licencié le salarié avant la cession du fonds de commerce, le salarié pouvant, à son choix, demander au repreneur la poursuite de son contrat de travail[3] ou demander réparation du préjudice résultant de la perte de son emploi à la personne qui l'a licencié[4].

Il en est aussi tiré la conséquence que le cédant, qui exclut de la cession du fonds de commerce un ou plusieurs contrats de travail, est responsable de la rupture de ces contrats. Les créances de ces salariés doivent être intégrées à la procédure de liquidation judiciaire ouverte à l'égard du cédant après la cession[5].

Il y a là un véritable frein à la reprise d'entreprise[6].

Il n'est évidemment pas interdit au repreneur du fonds de commerce de licencier pour faute grave le salarié repris en vertu de l'article L. 1224-1 du Code du travail[7].

042.12 Application du principe en dehors de la cession d'un fonds de commerce. La jurisprudence a rendu sur la question un nombre impressionnant de décisions, pour déterminer le périmètre de cette disposition. Le principe en la matière, depuis que la Cour de cassation s'est mise au diapason de la jurisprudence de la Cour de justice des Communautés européennes, peut être ainsi posé : l'article L. 1224-1 du Code du travail « s'applique à tout transfert d'une entité économique conservant son identité et dont l'activité est poursuivie ou reprise, même en l'absence d'un lien de droit entre les employeurs successifs[8] ».

La cession du droit au bail pose des difficultés. La Cour de cassation oblige à distinguer nettement deux hypothèses. Dans une première situation, le cessionnaire du droit au bail va exercer dans les locaux la même activité. En ce cas, il y a place à application de l'article L. 1224-1 du Code du travail. La solution a été posée à propos d'un garagiste. L'ancien exploitant exerçait l'activité de garagiste en louant l'immeuble. La cession du droit au bail à un nouvel exploitant d'un garage a emporté application de l'article L. 1224-1 du Code du travail[9]. À l'inverse, l'application de l'article L. 1224-1 du Code du travail a été écartée lorsque le cédant d'un droit au bail exploitait une activité de vente de tissus, alors que le cessionnaire tenait un commerce de prêt-à-porter[10]. Le critère d'application de l'article L. 1224-1 du Code du travail, en cas de cession du droit au bail, tient donc exclusivement à la continuation dans les locaux de la même activité.

042.13 Limitation du principe par la loi du 17 juin 2020. L'article 40 de la loi du 17 juin 2020[11] apporte une modification de première importance pratique en précisant que, en cas de vente d'un fonds de commerce en application de l'article L. 642-19 du Code de commerce, l'article L. 1224-1 du Code du travail n'est pas applicables aux contrats de travail rompus en application de la décision ouvrant ou prononçant la liquidation judiciaire. Ce texte a donc pour objet de ne pas remettre en cause les licenciements intervenus en vertu du jugement de liquidation judiciaire. La Cour de cassation, dans le silence des textes sur la question, avait décidé, d'appliquer dans tous les cas l'article L. 1224-1 du Code du travail en cas de cession de fonds de commerce en liquidation judiciaire[12].

La mesure a pour effet de faciliter la cession du fonds de commerce et de donner une valeur financière supérieure au fonds de commerce cédé, puisque cette cession ne s'accompagne plus de l'obligation de reprendre tous les salariés, obligation faisant perdre de la valeur au fonds de commerce si le repreneur considère que le nombre de salariés attachés au fonds est trop important, puisqu'il aura à supporter les conséquences de leur licenciement.

1. A. Boyer, *op. cit.*, n° 96.
2. Soc. 11 oct. 2006, n° 04-45.212, NP ; *Act. proc. coll.* 2007/1, n° 6, note L. Fin-Langer.
3. AINSI : Versailles, 17e ch., 5 févr. 2014, RG n° 13/01258.
4. Soc. 26 juin 2012, nos 11-10.108, 11-21.752, NP ; *Act. proc. coll.* 2012/13, comm. 192, note L. Fin-Langer.
5. Soc. 15 avr. 2008, n° 06-46.495, NP ; *Gaz. proc. coll.* 2008/3, p. 54, note B. Saintourens.
6. F. Legrand, « Les licenciements économiques dans les procédures collectives », *Rev. proc. coll.* 2016, table ronde 1, p. 79 s., sp. 80.
7. Soc. 28 mars 2012, n° 11-10.109, NP.
8. Cass., ass. plén., 16 mars 1990, nos 89-45.730, 86-40.686, P, n° 4, 2 esp. ; *Dr. soc.* 1990, n° 5, p. 399.
9. Soc. 13 juin 1990, nos 86-44.114, 86-44.927, 86-44.921, 86-44.115, P V, n° 276.
10. Soc. 9 mai 1989, n° 85-43.623, NP ; CSB 1989. 151, S. 83.
11. L. n° 2020-734, 17 juin 2020 relative à diverses dispositions liées à la crise sanitaire, à d'autres mesures urgentes ainsi qu'au retrait du Royaume-Uni de l'Union européenne, *JO* 18 juin, n° 1 ; – F.-X. Lucas, « Nouveaux bouleversements du droit de la faillite », *Leden* juill. 2020, 113m8.
12. V. ss n° 042.11.

On observera cependant qu'elle ne neutralise pas le jeu de l'article L. 1224-1 du Code de commerce si les salariés attachés au fonds de commerce n'ont pas été licenciés au jour de la cession.

Cette mesure, qui sert incontestablement les intérêts de la liquidation judiciaire, doit être saluée, et mériterait d'être appliquée bien au-delà de la période pour laquelle son application est prévue : si elle intéresse les procédures collectives en cours au 19 juin 2020 et celles ouvertes ultérieurement, elle ne s'applique qu'aux cessions de fonds de commerce à intervenir avant le 31 décembre 2020. C'est assez dire sa très faible portée pratique.

En revanche, sa portée théorique est fondamentale : Il s'agit là d'une vraie mesure de droit social des procédures collectives, qui doit être saluée comme telle et qui devrait inspirer le législateur pour une inscription dans la durée.

SECTION 2
CESSION DES CONTRATS DE TRAVAIL ET PLAN DE CESSION

042.21 Absence de cession judiciaire des contrats de travail en plan de cession. En plan de cession, ce n'est pas le tribunal qui décide des contrats de travail nécessaires à la poursuite de l'activité, mais le repreneur. Il en résulte que le tribunal, lorsqu'il arrêtera le plan, devra respecter le nombre de contrats de travail que le repreneur veut poursuivre. Cela obligera, corrélativement, le tribunal à autoriser un nombre de licenciements correspondant à la différence entre l'effectif de l'entreprise au jour de la décision arrêtant le plan et le nombre de salariés qu'entend conserver le repreneur. Si le tribunal s'émancipe de cette obligation, il y a augmentation des charges souscrites, qui autorise le repreneur à interjeter appel de la décision arrêtant le plan.

La cession des contrats de travail au repreneur n'intervient pas par application de l'article L. 642-7 du Code de commerce, qui est inapplicable au contrat de travail. La cession intervient en application de l'article L. 1224-1 du Code du travail. Il s'agit d'une application de plein droit de la disposition. Toutefois, contrairement au jeu classique de l'article 1224-1 du Code du travail, tous les salariés attachés à l'ensemble repris ne deviennent pas les salariés du repreneur, mais seulement ceux dont le licenciement n'interviendra pas en vertu des dispositions arrêtant le plan de cession.

Le liquidateur judiciaire qui a procédé au licenciement des salariés dispose, pour le cas où les dispositions de l'article L. 1224-1 du Code du travail seraient applicables, d'un recours en garantie à l'encontre du repreneur ayant refusé de poursuivre les contrats de travail[1].

042.22 Périmètre de la cession légale des contrats de travail déterminé par le repreneur. Si la cession du contrat de travail s'opère de plein droit, il faut cependant apporter une réserve très importante : elle est limitée au nombre de salariés repris dans le jugement arrêtant le plan de cession, en application de l'offre de cession[2]. Autrement dit, l'article L. 1224-1 est inapplicable aux contrats de travail concernés par les licenciements envisagés dans le plan de cession[3].

Mais, pour qu'il en soit ainsi, il faut que le licenciement du salarié soit prévu dans le plan de cession. Il ne suffit donc pas que le repreneur ait indiqué reprendre tel nombre de salariés. Ainsi, le salarié inconnu est-il transféré au repreneur choisi par le tribunal[4]. De même, il importe peu que le salarié figure sur la liste des contrats repris, puisqu'il n'y a pas ici jeu de la cession judiciaire des contrats. De plus, le fait que le bien - un bateau citerne - ne figure pas dans les biens compris dans la cession reste sans conséquence sur la reprise du salarié, conducteur de ce bateau, par le repreneur[5].

Et il faut encore que le jugement arrêtant le plan de cession ait expressément prévu le licenciement des salariés non repris, ainsi que les activités et les catégories professionnelles concernées, comme l'énoncent les textes réglementaires en la matière. À défaut, il y a place au jeu de l'article L. 1224-1 du Code du travail[6].

Est en conséquence transféré de plein droit, nonobstant toute stipulation contraire, le contrat de travail liant un associé majoritaire de Sarl à la société en redressement judiciaire, du fait de son caractère apparent, faute pour le repreneur de démontrer son caractère fictif[7].

1. Soc. 12 juill. 2017, n° 16-12.659, P V ; n° 1296 FS-P+B.
2. Soc. 13 janv. 1999, n° 96-42.536, NP ; *RJS* 1999, n° 161, p. 108 ; – Soc. 6 juill. 1999, n° 97-42.231, P V, n° 322 ; *D.* 2000, n° 1, p. 1, obs. F. Derrida ; *Dr. soc.* 1999, n° 11, p. 959, obs. Ch. Radé.
3. D. Voinot, note ss Cass., ch. mixte, 7 juill. 2006, n° 04-14.788, P, n° 5 ; n° 242 P+B+R+I ; *Gaz. proc. coll.* 2006/4, p. 20 ; – P. Morvan, « Le droit social dans la réforme du droit des entreprises en difficulté », *JCP E* 2005, n° 42, 1511.
4. Soc. 31 mars 2015, n° 13-25.537, NP ; *Rev. proc. coll.* 2015, comm. 57, note L. Fin-Langer.
5. Soc. 22, mars 2011, n° 09-72.751, NP ; n° 298 F-D ; *Rev. proc. coll.* 2011, comm. 186, note J.-J. Fraimout.
6. Soc. 12 févr. 2008, n° 06-45.801, n° 06-45.823, NP ; *Gaz. proc. coll.* 2008/2, p. 35, n° 2, note B. Saintourens – Soc. 15 mars 2011, n° 09-70.801, NP ; *Rev. proc. coll.* 2011, comm. 93, p. 53, note F. Taquet.
7. Soc. 30 avr. 2014, n° 12-35.219, P V, n° 107 ; FS-P+B ; *Leden* juin 2014, comm. 096, note G. Dedessus-Le-Moustier ; *BJE* 2014. 324, note A. Donnette-Boissière ; *Rev. proc. coll.* 2014, comm. 97, note L. Fin-Langer et comm. 166, note J.-J. Fraimout.

La volonté du repreneur conditionne ici l'ampleur des licenciements autorisés par le plan de cession et, en conséquence, le nombre de salariés repris dans le plan de cession.

Les salariés non licenciés dans le cadre du jugement arrêtant le plan de cession sont repris. Il y a en ce cas cession légale des contrats, laquelle joue de plein droit, alors même que le repreneur n'aurait pas eu connaissance du contrat de travail de l'intéressé [1].

Cette cession joue tant en plan de cession totale, qu'en plan de cession partielle. Cela permettra, pour les salariés non repris par le cessionnaire, de faire jouer les règles simplifiées du licenciement économique, même pour les cessions partielles intervenant dans le cadre de la procédure de sauvegarde. Peu importe que les licenciements aient été autorisés par le jugement arrêtant le plan de cession partielle sans continuation. Si une offre de cession est présentée ultérieurement pour la branche d'activité qui n'avait pas fait l'objet de la cession partielle, il y a place à application de l'article L. 1224-1 du Code du travail [2]. En cas de cession partielle, le cessionnaire de l'une des branches d'activité ne peut calculer les indemnités dues au salarié sur une base réduite. Il n'y a donc pas de cession partielle du contrat de travail, ce qui oblige le cessionnaire à assumer le coût intégral du licenciement incluant les droits acquis au sein de l'entreprise, alors même qu'il n'acquiert qu'une partie de l'activité [3]. Il a été jugé que le transfert d'un salarié demandant l'organisation d'élections professionnelles doit être autorisé par les autorités administratives en cas de cession partielle [4].

Le transfert des contrats de travail s'impose aux salariés non licenciés. S'ils ne désirent pas travailler pour le repreneur, leur licenciement par le cédant, pour ce motif, sera sans effet [5]. Le salarié sera alors considéré comme démissionnaire [6].

Dès lors que la poursuite de son contrat de travail lui est proposée par le repreneur, pendant son préavis, qu'il soit ou non exécuté, le salarié ne peut plus être indemnisé en raison de son licenciement à l'occasion du transfert [7].

Les salariés licenciés en application du plan de cession ne font évidemment pas partie de l'effectif du repreneur, et n'ont donc pas à être pris en compte pour le calcul de sièges à pourvoir pour les élections des délégués du personnel [8] ou désormais du CSE.

042.23 Transfert des contrats de travail s'opérant à la date de transfert de propriété des actifs fixée par le tribunal. Le transfert des contrats de travail s'opère à la date de transfert de propriété des actifs fixée par le tribunal. À défaut de fixation de cette date, il s'agira de la date de passation des actes [9]. Cependant, si la gestion de l'entreprise est confiée par l'administrateur au repreneur avant cette date, c'est à compter du transfert de gestion que s'opère le transfert du contrat de travail, le repreneur devenant alors le chef d'entreprise et donc le nouvel employeur [10].

Les obligations du repreneur ne commencent donc, à l'égard des salariés, qu'à cette date. Pour cette raison, le repreneur n'est pas tenu des salaires échus avant la cession [11], pas plus qu'il n'a à supporter la charge des indemnités de repos compensateur [12] ou les indemnités de congés payés pour la période antérieure à son entrée en jouissance, à moins qu'il n'ait contracté cette obligation dans son offre [13]. En ce cas, le tribunal pourrait, dans le jugement arrêtant le plan de cession, fixer provisoirement le montant des sommes dues à ce titre par le repreneur et, dès lors que le principe du support par le repreneur des sommes dues au titre des congés payés est acquis, il est possible ensuite de prononcer une condamnation pour un montant supérieur si les sommes réellement dues sont supérieures au montant provisoirement fixé, sans contrariété à l'autorité de la chose jugée attachée au jugement arrêtant le plan de cession [14].

De façon générale, le repreneur peut s'engager dans le cadre d'un plan de cession à prendre en charge les droits attachés aux contrats de travail transférés, alors pourtant qu'il s'agit de dettes incombant au débiteur. Cet engagement est licite et plein effet doit lui être attaché [15]. Assez souvent, le repreneur s'engage ainsi à reprendre tout ou partie des sommes dues au titre des congés payés. Il s'agit là de charges

1. C. Saint-Alary-Houin, avec la collaboration de C. Houin-Bressand et M. H. Monsèrié-Bon, *Droit des entreprises en difficulté*, 13e éd., « Domat », LGDJ-Lextenso, 2022, n° 1333.
2. Soc. 24 oct. 2006, n° 04-46.022, P V, n° 316 ; n° 2382 FS-P+B ; *D.* 2006. AJ 2789, obs. A. Lienhard ; *Act. proc. coll.* 2007/1, n° 6, note L. Fin-Langer.
3. Soc. 15 févr. 2012, n° 10-20.736, NP ; *Rev. proc. coll.* 2012, comm. 87, note J.-J. Fraimout.
4. Soc. 28 oct. 2015, n° 14-12.598, P ; *Rev. proc. coll.* 2016, comm. 58, note L. Fin-Langer.
5. Soc. 27 juin 2002, n° 00-44.006, P V, n° 221.
6. A. Boyer, *op. cit.*, n° 109.
7. Soc. 4 mai 2011, n° 10-15.393, NP.
8. Soc. 23 mars 2011, n° 10-60.175, NP.
9. Com. 26 janv. 1993, n° 91-40.308, P V, n° 30 ; *RJS* 1993, n° 723, p. 159.
10. Soc. 26 nov. 1996, n° 95-42.006, P V, n° 402 ; *D.* 1998. Somm. 8, obs. F. Derrida.
11. Soc. 23 sept. 2008, n° 07-41.615, NP ; n° 1572 F-D ; *Gaz. proc. coll.* 2009/1, p. 45, n° 1, note B. Saintourens.
12. Soc. 13 mai 2009, n° 07-45.502, NP ; n° 955 F-D.
13. Soc. 16 oct. 2001, n° 98-14.662, NP ; *Act. proc. coll.* 2001/19, n° 253.
14. Com. 20 sept. 2005, n° 04-12.925, NP.
15. AINSI : Soc. 30 juin 2016, n° 14-26.172, P V ; n° 1306 FS-P+B ; *Gaz. Pal.* 18 oct. 2016, n° 36, p. 65, note Ch. Gailhbaud ; *Act. proc. coll.* 2016/15, comm. 209, note L. Fin-Langer ; *Rev. proc. coll.* sept.-oct. 2016, comm. 149, p. 49, note L. Fin-Langer.

augmentatives du prix, dès lors qu'il n'est pas ici question d'une obligation légale à la charge du repreneur. En conséquence, il y a place à perception du droit d'enregistrement sur ces sommes au titre du transfert du fonds de commerce[1].

Puisque les obligations du repreneur ne débutent qu'à compter de son entrée en jouissance, les sommes dues aux salariés avant l'adoption du plan de cession le sont par le débiteur ou, en cas de liquidation judiciaire, par le liquidateur[2].

En revanche, le repreneur est seul tenu de verser les salaires dus à un salarié après le jugement adoptant le plan de cession, alors même que ces salaires correspondent à une prestation de travail fournie avant le transfert et au profit du cédant[3].

Contrairement à une règle de droit commun du droit social, la charge des dommages et intérêts dus au salarié par l'ancien employeur au titre d'un manquement aux obligations nées du contrat de travail n'est pas transmise au repreneur[4]. Il importe de préciser que cette solution est générale en cas d'ouverture d'une procédure collective et dépasse en conséquence la seule hypothèse du plan de cession. Elle intéresse, par exemple, le cas de la cession du fonds de commerce accompagnée de la cession des contrats de travail et, sous l'empire de la législation antérieure à la loi de sauvegarde des entreprises, l'hypothèse de la cession d'unité de production.

Les obligations du cessionnaire à l'égard des salariés passés à son service demeurent à sa charge jusqu'au jour de la résolution du plan. Le cédant ne peut donc être tenu des obligations incombant au repreneur à l'égard du personnel repris avant la résolution du plan. Par conséquent, ne peut être déclaré nul un licenciement pour faute effectué par le repreneur au prétexte de la résolution ultérieure du plan de cession[5].

042.24 Transfert des contrats de travail au nouvel employeur sans modification. Les contrats de travail sont transférés au nouvel employeur sans modification. Le repreneur ne peut s'émanciper du jeu de l'ancienneté du salarié repris[6]. En pratique, cela signifie que la date d'entrée au service de l'employeur figurant sur le bulletin de paie doit être celle du cédant[7]. La reprise d'un salarié à des conditions différentes de celles existant avec le cédant justifie la demande d'indemnisation de licenciement sans cause réelle et sérieuse à l'égard du cédant, dans la mesure où le contrat de travail n'a pas été poursuivi sans modification par le cessionnaire[8].

Le salarié licencié dans le cadre du plan de cession – et la règle était identique en cas de cession d'unité de production – repris par le repreneur, ne pourra se voir opposer les conditions mises à sa reprise par son nouvel employeur[9]. C'est ainsi qu'il pourra obtenir des rappels de salaire, si sa rémunération a été diminuée par son nouvel employeur[10].

Pour la Cour de cassation, les usages, les engagements unilatéraux ou encore les accords atypiques s'imposent au cessionnaire[11], alors même que le repreneur aurait indiqué dans son offre ne pas vouloir les reprendre[12]. Si les sources professionnelles non négociées, au jour du transfert des contrats de travail, ne sont pas dénoncées, elles suivent le sort des contrats de travail[13]. Le repreneur ne sera en revanche pas nécessairement tenu par un accord collectif conclu entre les salariés et l'ancien employeur. Spécialement, l'accord ne s'imposera pas à lui en cas de caducité de l'objet de l'accord, qui s'inscrivait dans des données précises, modifiées par l'ouverture de la procédure collective[14].

Le repreneur est tenu de respecter les coefficients de rémunération correspondant à la nature des fonctions exercées, alors même que le cédant aurait manqué à ses obligations[15]. La solution a été posée pour une personne embauchée comme secrétaire, devenue ensuite adjointe du directeur technique, alors que sa rémunération n'avait guère évolué.

Les contrats de travail ne peuvent être transmis à une autre société que le repreneur, à défaut de substitution autorisée par le tribunal[16].

1. Com. 27 mai 2015, n° 14-14.744, NP.
2. Soc. 24 oct. 2012, n° 11-18.584, NP.
3. Soc. 10 mars 2010, n° 08-44.395, NP.
4. Soc. 2 févr. 2006, n° 04-40.474, P V, n° 54 ; n° 336 F-P+B ; *LPA* 13 sept. 2006, n° 183, p. 10, note M. Vignal ; – Soc. 23 sept. 2008, n° 07-41.615, NP ; n° 1572 F-D ; *Gaz. proc. coll.* 2009/1, p. 45, n° 1, note B. Saintourens.
5. Soc. 4 juill. 2018, n° 17-14.587, P, n° 1101 FS-P+B ; *Gaz. Pal.* 9 oct. 2018, n° 34, p. 81, note Ch. Gailhbaud ; *Act. proc. coll.* 2018/16, comm. 238, note Fin-Langer ; *BJE* 2018. 452, note A. Donnette-Boissière ; *JCP E* 2019. 1000, n° 5, note Ph. Pétel.
6. Soc. 10 oct. 2000, n° 98-42.189, P V, n° 315 ; *Act. proc. coll.* 2000/20, n° 265 ; – Soc. 13 mai 2009, n°s 08-40.447,08-40.898, P V, n° 127 ; n° 938 FS-P+B ; *Rev. proc. coll.* 2009, ét. 19, p. 29, note L. Fin-Langer.
7. A. Boyer, *op. cit.*, n° 111.
8. Soc. 13 mai 2009, n°s 08-40.447, 08-40.898, P V, n° 127 ; n° 938 FS-P+B ; *Rev. proc. coll.* 2009, ét. 19, p. 29, note L. Fin-Langer.
9. Soc. 13 mai 2009, n° 07-40.094, NP ; n° 948 F-D.
10. Soc. 9 mars 2004, n° 02-42.140, NP ; – Soc. 9 mars 2004, n° 02-42.141, NP.
11. A. Boyer, *op. cit.*, n° 113.
12. Soc. 12 mars 2008, n° 06-45.147, P V, n° 59 ; F-P+B ; *Gaz. proc. coll.* 2008/2, p. 35, n° 3, note Ph. Duprat ; *LXB hebdo* 27 mars 2008, n° 298, n° N4673BES, note Ch. Radé.
13. A. Boyer, *op. cit.*, n° 113.
14. Ainsi : Soc. 17 juin 2003, n° 01-15.710, P V, n° 198 ; *Act. proc. coll.* 2003/14, n° 189, obs. L. Fin-Langer.
15. Soc. 13 mai 2009, n° 07-40.094, NP ; n° 948 F-D.
16. Soc. 31 janv. 2024, n° 22-10.276, P ; *RPC* janv./févr. 2025, comm. 24, p. 47, note Jacotot.

CHAPITRE

043. Règles générales de rupture des contrats de travail

SECTION 0
ORIENTEUR

043.00 **Sommaire du chapitre.**

Sect. 1 Droit commun applicables aux licenciements pour faute 043.11

Sect. 2 Licenciements économiques et sauvegarde 043.21

Sect. 3 Licenciements économiques en période d'observation du redressement judiciaire 043.31

Sect. 4 Licenciements économiques et plan de redressement 043.41

Sect. 5 Licenciements économiques et plan de cession 043.51 à 043.52

Sect. 6 Licenciements économiques et liquidation judiciaire 043.61 à 043.62

043.01 **Textes applicables.**

• **C. trav.**

art. L. 1233-58 [Licenciements économiques en cas de redressement ou de liquidation judiciaire]

art. L. 1233-59 [Inapplication des délais prévus à l'article L. 1233-15 pour l'envoi des lettres de licenciement prononcé pour un motif économique en cas de redressement ou de liquidation judiciaire]

art. L. 1233-60 [Information de l'autorité administrative avant de procéder à des licenciements pour motif économique en cas de redressement ou de liquidation judiciaire]

art. L. 1233-60-1 [Modification d'un élément essentiel du contrat de travail pour motifs économiques en cas de redressement ou de liquidation judiciaire]

043.03 **Bibliographie.**

> **Articles.** C. André-Hesse et M.-H. Bourbouloux, « La loi Macron a-t-elle résolu le casse-tête chinois du périmètre de l'application des critères de l'ordre des licenciements », *Rev. dr. et affaires* 2016, 13e éd., p. 132 – I. Aufort-Duprat et Ph. Duprat, « Résiliation judiciaire du contrat de travail et procédures collectives », *Rev. proc. coll.* 2012, dossier 3, p. 53 – P. Bailly, « Les licenciements et les procédures collectives », *Gaz. proc. coll.* 2008/4, p. 3 ; « De quelques ruptures du contrat de travail », *Gaz. Pal.* 2017, n° 43, p. 69 – A. Boyer, « Les conséquences sociales de l'arrêt de l'exécution provisoire de plein droit du jugement de liquidation judiciaire », *Rev. proc. coll.* 2011, Alertes 11, p. 3 ; « La maternité et la liquidation judiciaire », *Rev. proc. coll.* 2012, ét. 14, p. 40 – C. Calomili et C. Gatto, « Les licenciements économiques dans les plans de cession », *LPA* 28 nov. 2008, n° 239, p. 8 – Y. Chagny, « Quelques aspects de la garantie des créances résultant du licenciement pour motif économique par l'entreprise en difficulté », *Gaz. Pal.* 20-21 sept. 2002. Doctr. 56 – H. de Frémont, « Les licenciements et les procédures collectives : un compromis acceptable ? », *Gaz. proc. coll.* 2009/1, p. 11 – L. Driguez, « Un pas de plus vers la sécurisation des licenciements collectifs des entreprises en redressement et liquidation judiciaires », *BJE* 2015. 437 – « Licenciements économique et procédures collectives », *Dr. social* 2013. 995 – « La sécurisation de l'emploi et les procédures collectives font-elles bon ménage ? », *BJE* 2013. 207 – F. Dumont, « La cause économique du licenciement en procédure de sauvegarde : inquiétude quant à la mise en œuvre du régime de droit commun », *Rev. proc. coll.* 2007/2, p. 65 – L. Fin-Langer et D. Jacotot, « Les ordonnances du 22 septembre 2017 et la rupture des contrats de travail dans une entreprise en difficulté », *Rev. proc. coll.* 2017/6, ét. 21 – Ch. Gailhbaud, « La réforme du licenciement économique : analyse en regard du droit des procédures collectives », *Gaz. Pal.* 2018, nos 15, 89 – « La réforme du licenciement économique (analyse en regard du droit des procédures collectives) », *Gaz. Pal.* 17 avr. 2018, n° 15, p. 89 – « Licenciements économiques en redressement et en liquidation judiciaires : les difficultés persistantes et nouvelles après les réformes successives », *BJE* sept.-oct. 2019. 62 – D. Jacotot, « Droit social et droit des entreprises en difficulté. La rupture du contrat de travail », *in* P. Roussel Galle, (dir.), « Droit 360° », LexisNexis, 2012, p. 531 ; « Le licenciement des salariés d'une composante d'un groupe en liquidation judiciaire : entre droit du travail et droit civil », *Rev. proc. coll.* 2012, ét. 17, p. 15 ; « Licenciement économique : quelle évolution pour les entreprises en difficulté »,

Rev. proc. coll. 2016, dossier 18 – N. Kerouaz, Ph. Jeannerot, Th. Météyé, F. Legrand, M. Menjucq, « Les licenciements économiques dans les procédures collectives », *Rev. proc. coll.* 2016, table ronde 1, p. 79 – N. Kerouaz, J. Cabooter, Th. Météyé, R. Pétavy, Menjucq M, « Les conséquences des ordonnances relatives au droit du travail sur les procédures collectives », *Rev. proc. coll.* janv.-févr. 2018, table ronde 1 – M. Menjucq, « Modèles de lettres de licenciement et procédures collectives : quelle cohérence », *Rev. proc. coll.* janv.-févr. 2018, repère 1 – Th. Météyé, G. Dedessus-Le-Moustier, Ph. Jeannerot, R. Raquillet et M.-S. Pellier, « Licenciements et cession : de la préparation à l'exécution », *LPA* 28 mars 2016, n° 62, p. 16, Atelier n° 2, Congrès CNAJMJ, La Colle/Loup 2015 – P. Morvan, « Le contrôle judiciaire des licenciements pour motif économique prononcés au cours d'une procédure collective », *Dr. soc.* 1998. 443, n° 5 ; « Les grands licenciements collectifs au cours d'une procédure collective (loi du 14 juin 2013 et l'ordonnance du 12 mars 2014) », *BJE* 2014. 416 – F. Taquet, « Les nouvelles dispositions relatives au licenciement économique issues de la loi de cohésion sociale (Loi n° 2005-32 du 18 janvier 2005) », *Rev. proc. coll.* 2005/2, p. 114 – J.-L. Vallens, « Le juge et le licenciement pour motif économique, les licenciements économiques et les procédures collectives », *Cah. dr. entr.* 2003, n° 6, p. 14 – P.-Y. Verkindt, « Procédures collectives et licenciements économiques », *in* N. Decoopman (dir.), *Entreprises en difficulté et droit du travail*, « Ceprisca », Puf, 2007, p. 17.

SECTION 1 DROIT COMMUN APPLICABLES AUX LICENCIEMENTS POUR FAUTE

043.11 Règles générales. La rupture des contrats de travail n'est réglementée spécialement par le Code de commerce que pour les licenciements économiques, non pour les licenciements pour faute [1]. Le licenciement pour faute peut intervenir si un salarié ne respecte pas les consignes données par l'administrateur judiciaire. Il en a été ainsi d'un directeur commercial qui n'avait pas informé l'administrateur judiciaire de la société débitrice, ni sollicité son accord préalable avant de conclure une opération promotionnelle à perte pour l'entreprise, contrairement à ce que lui avait demandé l'administrateur [2].

On précisera seulement ici que le licenciement d'un salarié pour faute grave n'est pas un acte de gestion courante. Il supposera donc le respect des règles de l'administration contrôlée, c'est-à-dire les règles régissant la répartition des pouvoirs entre le débiteur et l'administrateur judiciaire, s'il en a été désigné un. En sauvegarde, l'administrateur qui a mission d'assistance doit intervenir aux côtés du débiteur [3]. La solution est la même en redressement judiciaire. Si, dans cette procédure collective, l'administrateur a une mission de représentation, le licenciement sera son œuvre.

SECTION 2 LICENCIEMENTS ÉCONOMIQUES ET SAUVEGARDE

043.21 Application en sauvegarde du droit commun du Code du travail. La procédure de sauvegarde est, en théorie du moins, déclenchée à un stade précoce des difficultés de l'entreprise. Elle n'est donc pas conçue pour avoir un impact majeur sur les salariés. Le principe y est celui du maintien des contrats de travail, qui n'obéissent pas aux règles de la continuation des contrats en cours posées par l'article L. 622-13 du Code de commerce.

Certes, le plan de sauvegarde doit exposer et justifier le niveau et les perspectives d'emploi ainsi que les conditions sociales envisagées pour la poursuite d'activité. Lorsqu'il prévoit des licenciements pour motif économique, « il rappelle les mesures déjà intervenues et définit les actions à entreprendre en vue de faciliter le reclassement et l'indemnisation des salariés dont l'emploi est menacé [4] ». Mais ce n'est là rien d'autre que le droit commun.

L'élément le plus remarquable tient au fait que l'article L. 626-10 du Code de commerce, qui définit le contenu du plan arrêté par le tribunal, ne fait pas mention des licenciements économiques [5]. Le livre VI du Code de commerce ne contient donc aucune disposition relative aux licenciements économiques pendant la procédure de sauvegarde.

Dans le projet de loi de sauvegarde des entreprises, déjà, la procédure de sauvegarde ne bénéficiait d'aucun allégement de procédure par rapport au droit commun du licenciement économique, contrairement au redressement judiciaire.

L'opposition parlementaire est intervenue abondamment, lors des travaux parlementaires, pour faire part de ses inquiétudes en matière de droit des licenciements.

L'idée a germé au sein de la majorité parlementaire, pendant le cours des travaux parlementaires, d'une procédure de licenciement adaptée à la procédure de sauvegarde, dont les délais et formalités seraient moins contraignants que ceux applicables aux licenciements économiques de droit commun, tout en n'étant pas aussi simplifiés et rapides que ceux mis en œuvre dans le cadre du redressement et de la liquidation judiciaires. Il fallait, en quelque

1. AINSI : Soc. 28 mars 2012, n° 11-10.109, NP.
2. Soc. 21 nov. 2012, n° 11-21.651, NP ; *Gaz. Pal.* 1er mai 2013, n° 121, p. 40, note Ph. Duprat.
3. Soc. 22 nov. 2023, n° 21-21.315 ; *BJE* mai juin 2024, BJE201n7, obs. Saintourens.
4. C. com., art. L. 626-2, al. 3.
5. A. Jacquemont, N. Borga et Th. Mastrullo, *Droit des entreprises en difficulté*, 12e éd., « Manuel », LexisNexis, 2022, n° 792.

sorte, trouver une formule intermédiaire entre les licenciements économiques de droit commun et les licenciements économiques réglementés par la législation spécifique du redressement et de la liquidation judiciaires. Le gouvernement a clairement indiqué son désaccord pour que d'autres règles que celles intéressant les licenciements économiques de droit commun soient applicables à la procédure de sauvegarde. Le garde des Sceaux a précisé que, dans son projet tel qu'il l'a présenté à l'Assemblée nationale, le droit commun du licenciement s'applique en cas de sauvegarde[1].

Plus radicalement, le rapporteur au nom de la commission des lois de l'Assemblée nationale, a jugé impossible de parvenir à sauvegarder l'entreprise si les dispositions sociales applicables à la procédure de redressement judiciaire permettant de réduire les coûts salariaux avec des délais plus courts de consultation des instances représentatives des salariés ne pouvaient pas être mises en œuvre[2].

Un amendement a été proposé par le groupe socialiste à l'Assemblée nationale pour faire inscrire dans le texte que les licenciements économiques effectués pendant la procédure de sauvegarde seraient soumis au droit commun des licenciements économiques[3]. L'amendement a été rejeté[4], la discussion sur la question des licenciements économiques n'étant pas encore à l'ordre du jour. Elle a en effet été reportée après l'article 88 du projet de loi de sauvegarde, sans que la position de la majorité parlementaire n'apparaisse clairement. C'est alors que, par effet de surprise, le président de la commission des lois de l'Assemblée nationale a annoncé le retrait de l'amendement n° 127[5], qui contenait l'idée d'une dérogation au droit commun des licenciements économiques, en envisageant soit l'application des règles de consultation du comité d'entreprise prévue par les accords de méthode régis par la loi de cohésion sociale[6], soit, à défaut d'existence d'un tel accord, l'application d'une procédure identique à celle prévue pour les entreprises en situation de redressement judiciaire[7]. La crainte a été aussitôt énoncée par l'opposition parlementaire, du fait de l'existence d'autres amendements prévus après l'article 187 du projet de sauvegarde[8]. L'amendement n° 253, qui avait pour objet d'aligner le régime des licenciements économiques de la procédure de sauvegarde sur celui applicable en redressement judiciaire, a également été retiré[9].

La conséquence du silence du Code de commerce sur les licenciements économiques de la période d'observation de la sauvegarde est donc extrêmement claire : les licenciements économiques dans la procédure de sauvegarde, contrairement aux solutions retenues en redressement et en liquidation judiciaires, obéiront au droit commun. L'autorisation par ordonnance du juge-commissaire n'est donc pas nécessaire pour licencier. L'idée a clairement été ici d'éviter le recours à une procédure préventive pour justifier des licenciements économiques massifs et c'est pourquoi il a été jugé nécessaire de ne pas accorder, en sauvegarde, d'assouplissements aux règles de droit commun des licenciements économiques.

Il faut toutefois faire réserve du cas particulier du licenciement du représentant des salariés, organe spécifique des procédures collectives, dont le licenciement obéit à des règles particulières, qui s'expliquent par son rôle spécifique.

Après dix ans d'application de la loi de sauvegarde, des praticiens ont dénoncé l'application du droit commun en sauvegarde. A ici été dénoncé en doctrine un tabou législatif[10]. Si les professionnels admettent l'idée que l'AGS n'a pas à intervenir pour garantir les licenciements économiques dans une telle procédure, ils se montrent néanmoins favorables à une application des règles du redressement judiciaire aux licenciements économiques en sauvegarde[11], afin de ne plus limiter la sauvegarde aux entreprises ayant des difficultés conjoncturelles et de l'écarter pour celles ayant des difficultés structurelles[12].

SECTION 3
LICENCIEMENTS ÉCONOMIQUES EN PÉRIODE D'OBSERVATION DU REDRESSEMENT JUDICIAIRE

043.31 Licenciements pendant la période d'observation. La période d'observation du redressement judiciaire est une période de poursuite d'activité. Logiquement, les contrats de travail se poursuivent.

La période d'observation est une période préparatoire d'attente, pendant laquelle les grandes décisions ne sont, en général, pas prises. C'est pourquoi, par principe, l'heure n'est pas aux licenciements éco-

1. Interv. Perben, *JOAN CR*, 3e séance du 3 mars 2005, p. 1672.
2. Doc. parl., AN, *Rapp. Xavier de Roux*, n° 2095, p. 178.
3. Amend. n° 553, interv. Alain Viladies, *JOAN CR*, 3e séance du 3 mars 2005, p. 1670.
4. *JOAN CR*, 3e séance du 3 mars 2005, p. 1673.
5. Interv. Xavier de Roux, *JOAN CR*, 2e séance du 8 mars 2005, p. 1748.
6. C. trav., art. L. 320-3 [devenu C. trav., art. L. 1233-21].
7. Doc. parl., AN, *Rapp. Xavier de Roux*, n° 2095, p. 310.
8. Interv. Arnaud Montebourg, *JOAN CR*, 2e séance du 8 mars 2005, p. 1748.
9. *JOAN CR*, 3e séance du 8 mars 2005, p. 1816, 1817.
10. F.-X. Lucas, obs. *Rev. proc. coll.* 2006, 218.
11. Ph. Jeannerot, « *Les licenciements économiques dans les procédures collectives* », *Rev. proc. coll.* 2016, Table ronde 1, p. 79 s., sp. p. 81.
12. G. Ripert et R. Roblot, *Traité de droit commercial*, t. IV, *Effets de commerce et entreprises en difficulté*, par Ph. Delebecque, N. Binctin et L. Andreu, 18e éd., LGDJ-Lextenso, 2018, n° 731.

nomiques passifs. L'idée est de retarder le plan de social au jour où il sera statué sur le sort de l'entreprise, le risque étant que le licenciement massif préjugerait de l'issue de la procédure, alors qu'il faut au contraire s'employer à préserver les forces vives de l'entreprise[1]. Le législateur retraduit cette idée à l'article L. 631-17 du Code de commerce, qui prévoit que, lorsque des licenciements pour motif économique présentent un caractère urgent, inévitable et indispensable, l'administrateur peut être autorisé par le juge-commissaire à y procéder.

Le législateur insiste donc lourdement sur le caractère exceptionnel des licenciements en cette phase.

En période d'observation, la cause économique du licenciement est trouvée dans la décision du juge-commissaire autorisant le licenciement. La lettre de licenciement devra, pour que le licenciement ne soit pas considéré comme étant sans cause réelle et sérieuse, impérativement viser l'ordonnance du juge-commissaire[2], laquelle devra donc être antérieure. Sera irrégulier le licenciement notifié en visant une ordonnance à venir du juge-commissaire[3]. Nécessaire, le renvoi à l'ordonnance du juge-commissaire ayant autorisé le licenciement est aujourd'hui suffisant[4]. La lettre de convocation à l'entretien préalable de licenciement visant l'ordonnance du juge-commissaire suffit à informer le salarié du motif économique de son licenciement antérieurement à son acceptation du contrat de sécurisation professionnelle[5].

L'ordonnance du juge-commissaire autorisant les licenciements économiques n'est pas nominative : l'article R. 631-26, alinéa 1, du Code de commerce prévoit que l'ordonnance rendue par le juge-commissaire indique le nombre des salariés, dont le licenciement est autorisé, ainsi que les activités et catégories professionnelles concernées. L'ordonnance n'a pas à viser nominativement les salariés[6].

Et c'est pourquoi elle ne peut être notifiée aux salariés[7], qui ne peuvent exercer à son encontre un recours. Elle est en revanche notifiée aux institutions représentatives du personnel et, en leur absence, au représentant des salariés[8], lesquels peuvent la frapper d'un recours devant le tribunal dans les dix jours de sa notification.

SECTION 4

LICENCIEMENTS ÉCONOMIQUES ET PLAN DE REDRESSEMENT

043.41 Licenciements en plan de redressement. Le plan de redressement est destiné à assurer la poursuite de l'activité de l'entreprise. Mais il faut tenir compte des difficultés particulières et généralement importantes que traverse l'entreprise débitrice. Si la période d'observation n'est par principe pas celle où interviennent les licenciements, il en va différemment de la période qui va immédiatement suivre l'adoption du plan de redressement.

Le plan de redressement indique en effet le niveau de l'emploi conservé, en prévoyant le nombre de licenciements devant intervenir dans le mois de son arrêté[9]. Le jugement arrêtant le plan doit préciser le nombre de salariés dont le licenciement est autorisé, ainsi que les activités et catégories professionnelles concernées[10]. Le jugement n'est donc pas nominatif quant aux licenciements à intervenir. Cela justifie qu'il n'ait pas à être notifié aux salariés.

Les licenciements économiques interviendront en application du jugement arrêtant le plan et devront être mis en œuvre dans le mois de son adoption. Ce délai est doublement important : d'une part, s'il n'est pas respecté, le licenciement est irrégulier en la forme et justifie l'allocation de dommages et intérêts[11] ;

1. F.-X. Lucas, *Manuel de droit de la faillite*, « Droit fondamental », Puf, 4e éd., 2022, n° 273.
2. Soc. 12 janv. 2000, n° 97-43.401, NP ; *Rev. proc. coll.* 2000, 102, n° 4, obs. F. Taquet ; *Gaz. Pal.* 27-29 janv. 2002. 36, note F. Dumont ; – Soc. 22 févr. 2000, n° 97-43.780, NP ; *Rev. proc. coll.* 2000, 102, n° 4, obs. F. Taquet ; – Soc. 28 mars. 2000, n° 97-43.923, NP ; *Gaz. Pal.* 27-29 janv. 2002. 41, note F. Dumont ; *Rev. proc. coll.* 2001, 101, n° 2, obs. F. Taquet ; – Soc. 28 juin 2000, n° 98-42.969, NP ; *Rev. proc. coll.* 2001, 101, n° 2, obs. F. Taquet – Soc. 26 juin 2001, n° 99-43.078, NP ; *Act. proc. coll.* 2001/16, n° 209 ; – Cass., ass. plén., 24 janv. 2003, n° 00-41.741, P, n° 1 ; *Act. proc. coll.* 2003/4, n° 47, note F. Taquet ; *JCP E* 2003. Chron. 760, p. 853, n° 12, obs. Ph. Pétel ; *Rev. proc. coll.* 2003, p. 158, n° 10, obs. F. Taquet ; *RJ com.* 2003. 1621, p. 274, note J.-L. Courtier ; *LXB* n° N5939AA9, note P.-M. Le Corre ; – Soc. 3 mars 2004, n° 02-43.415, NP ; *Rev. proc. coll.* 2004, p. 251, n° 17, obs. F. Taquet ; *JCP E* 2004. Chron. 1639, p. 1779, n° 16, obs. P. Morvan ; – Soc. 31 mars 2004, nos 03-40.703, 03-40.704, 03-40.705, 03-40.706, NP ; *Rev. proc. coll.* 2004, p. 392, n° 7, obs. F. Taquet ; – Soc. 12 juill. 2010, n° 08-40.740, P V, n° 169 ; *Rev. proc. coll.* 2010/5, comm. 191, note F. Taquet ; *LPA* 20 déc. 2010, n° 252, p. 15, note D. Jacotot – Soc. 27 mai 2020, n° 18-20.153, P, n° 450 F-P+B ; – Soc. 27 mai 2020, nos 17-18.136, 18-20.153 et 18-20.158, P+B, *Leden* juill. 2020, 113n4, obs. G. Dedessus-Le-Moustier ; – Lyon, ch. soc. C, 25 août 2009 ; *Rev. proc. coll.* 2011, comm. 57, p. 61, note F. Taquet.
3. Soc. 11 juill. 2000, n° 98-43.545, NP ; *Act. proc. coll.* 2000/16, n° 213.
4. Soc. 27 janv. 2009, n° 07-42.680, NP ; *RPC* 2009/2, p. 25, n° 22, note Taquet.
5. Soc. 29 mai 2024, n° 22-21.768, NP ; *RPC* sept.-oct. 2024, comm. 134, obs. Taquet.
6. Soc. 18 juin 1997, n° 96-40.279, P V, n° 226 ; *Dr. soc.* 1997. 983, note R. Vatinet.
7. Soc. 5 mars 1997, n° 95-41.230, NP ; *D.* 1997. 522, note Ph. Bailly.
8. C. com., art. R. 631-26, al. 2.
9. C. com., art. L. 631-19.
10. C. com., art. R. 631-36, al. 2.
11. Soc. 10 juill. 2002, n° 00-42.340, P ; *Act. proc. coll.* 2002/14, comm. 182, note C. Régnaut-Moutier.

d'autre part, le respect de ce délai constitue une condition de prise en charge du coût des licenciements par l'AGS.

Les licenciements pour motif économique seront notifiés par l'administrateur judiciaire ou, à son défaut, par l'employeur.

En plan de redressement, la cause économique du licenciement est trouvée dans la décision adoptant le plan de redressement. Pour que les licenciements ne soient pas considérés comme étant sans cause réelle et sérieuse, la lettre de licenciement devra impérativement viser le jugement arrêtant le plan et autorisant les licenciements [1]. La solution vaut identiquement si le licenciement intervient en application du jugement modifiant le plan. Est doublement dépourvu de cause réelle et sérieuse, le licenciement qui intervient, alors que le jugement ne fait pas mention des activités et catégories professionnelles concernées et alors que la lettre de licenciement ne vise pas le jugement modifiant le plan [2]. La lettre de licenciement peut se contenter de se référer au jugement arrêtant le plan, solution posée notamment pour un plan de cession [3]. La référence dans la lettre à une décision du tribunal inexistante, du fait d'une erreur dans l'indication de la date de la décision arrêtant le plan, rend le licenciement sans cause réelle et sérieuse [4].

Au final, les règles du licenciement économique sont un peu assouplies par rapport au droit commun, mais l'assouplissement est considéré par les spécialistes du droit des entreprises en difficulté comme insuffisant au regard de la situation de l'entreprise [5].

SECTION 5
LICENCIEMENTS ÉCONOMIQUES ET PLAN DE CESSION

043.51 Licenciements en plan de cession. Dans le cadre de son offre de reprise, le repreneur a indiqué le nombre d'emplois qu'il entend conserver, ainsi que les catégories professionnelles concernées. Les salariés repris ont pour nouvel employeur le repreneur. Les salariés non repris doivent être licenciés en exécution du plan de cession, par la procédure collective. Ainsi, le Code de commerce tient-il ici en échec l'article 1224-1 du Code du travail, selon lequel les contrats de travail sont transférés de plein droit au repreneur de l'activité transférée. L'article 1224-1 du Code du travail n'aura en effet ici vocation à jouer que pour les seuls salariés non licenciés en exécution du plan de cession.

La mise en œuvre des licenciements doit intervenir dans le mois de l'adoption du plan, le respect de ce délai constituant une condition de prise en charge du coût des licenciements par l'AGS.

Le salarié, qui ne peut être rendu destinataire du jugement arrêtant le plan, faute d'envisager des licenciements nominatifs, n'a pas qualité pour exercer une voie de recours sur le jugement arrêtant le plan de cession.

Mais il importe également de remarquer que les institutions représentatives du personnel n'ont pas davantage qualité à interjeter appel du jugement arrêtant le plan de cession. La solution peut surprendre au regard de la hiérarchisation des intérêts admis dans le droit curatif des entreprises en difficulté, érigeant la protection de l'emploi en un intérêt supérieur.

Si le plan de cession est arrêté en liquidation judiciaire sans administrateur judiciaire, les licenciements seront notifiés par le liquidateur [6].

Si le plan de cession est arrêté en liquidation judiciaire avec un administrateur judiciaire, les licenciements seront notifiés par l'administrateur judiciaire [7].

Si le plan de cession est arrêté en redressement judiciaire, l'article L. 631-22 du Code précise que les dispositions de la section I du chapitre II du titre IV sont applicables. Il en résulte l'applicabilité de l'article L. 642-5, alinéa 3, ci-dessus visé. L'administrateur procédera aux licenciements. L'opinion qui s'appuie sur le fait que ce même article L. 631-22, en son alinéa 2, précise que « l'administrateur reste en fonction pour passer tous les actes nécessaires à la réalisation de la cession », ce qui n'engloberait pas la charge des licenciements, ne peut être suivi [8]. La Cour de cassation a d'ailleurs jugé que, à défaut d'une disposition expresse du jugement de liquidation judiciaire retirant ce pouvoir à l'administrateur judiciaire, c'est à ce dernier qu'il incombe de procéder aux licenciements d'un plan de cession arrêté en redressement judiciaire. Cette solution pragmatique de la Chambre sociale de la Cour de cassation [9] mérite

1. Soc. 22 févr. 2000, n° 97-43.780, NP ; *Gaz. Pal.* 14-16 mai 2000. Pan. 29 ; – Soc. 12 juill. 2010, n° 08-40.740, P V, n° 169 ; *Rev. proc. coll.* 2010/5, comm. 191, note F. Taquet ; *LPA* 20 déc. 2010, n° 252, p. 15, note D. Jacotot.
2. Orléans, ch. soc., 20 sept. 2012, RG n° 11/03566 ; *Rev. proc. coll.* 2013, comm. 22, note J.-J. Fraimout.
3. Soc. 17 mai 2006, n° 04-41.690, NP ; *Rev. proc. coll.* 2006/3, p. 283, n° 10, obs. F. Taquet.
4. Soc. 21 sept. 2005, n° 03-43.849, NP ; *Rev. proc. coll.* 2006/1, p. 69, n° 6, obs. F. Taquet.
5. F. Pérochon, avec le concours de M. Laroche, F. Reille, Th. Favario, A. Donnette, *Entreprises en difficulté*, 11e éd., « Manuel », LGDJ-Lextenso, 2022, n° 1969.
6. C. com., art. L. 642-5, al. 3.
7. *Ibid.*
8. Sur cette difficulté : Ph. Froehlich, « Premiers regards de la profession d'administrateur et mandataire judiciaire sur la réforme du droit des entreprises en difficulté », *Bull. Joly* 2009. 198, sp. 203, § 41.
9. Soc. 12 janv. 2016, n° 14-13.414, P V ; n° 19 FS-P+B ; *Gaz. Pal.* 12 avr. 2016, n° 14, p. 71, note Ch. Gailhbaud ; *Act. proc. coll.* 2016/3, comm. 35, note L. Fin-Langer ; *JCP E* 2016. Chron. 1198, n° 5, note Ph. Pétel ; *Rev. proc. coll.* 2016, comm. 69, note L. Fin-Langer.

entière approbation. En réalité, on ne peut considérer que la mission d'un organe a pris fin alors que certaines obligations mises à sa charge par la loi n'ont techniquement pas pu encore être accomplies.

En plan de cession, la cause économique du licenciement est trouvée dans la décision adoptant le plan de cession. La lettre de licenciement devra donc viser le jugement adoptant le plan de cession.

043.52 **Impact de la résolution du plan de cession sur les salariés.** La législation antérieure à la loi de sauvegarde des entreprises[1], pas plus qu'elle ne prévoit les conséquences de la résolution du plan de cession, ne règle le sort des actes de cession, à la suite de la résolution.

Avant la législation du 10 juin 1994[2], qui a explicitement prévu le cas de la résolution du plan de cession, la jurisprudence avait décidé que la résolution du plan n'opérait pas rétroactivement. Un arrêt très net de la Cour d'appel de Toulouse[3], dont la solution devait être exactement reprise par la Cour de cassation[4], a ainsi posé que la loi distingue les actes de cession, d'un côté, le jugement d'un autre. « Le jugement ayant prononcé la résolution du plan de cession n'avait pas décidé la résolution de la vente du fonds de commerce, acte distinct du jugement arrêtant le plan. » Par principe, la résolution du plan de cession reste donc sans effet sur les actes de cession, à moins que le tribunal ne décide le contraire.

La solution de principe est cependant écartée par la Cour de cassation, en matière de contrat de travail. La résolution du plan de cession emporte retour de l'entité transférée et des contrats de travail y afférents au cédant[5]. Cependant, la résolution n'a pas d'effet rétroactif, ce dont il résulte que les obligations nées entre le plan de cession et sa résolution restent à la charge du cessionnaire[6].

Ultérieurement, il a pu être jugé que la juridiction qui prononce la résolution du plan de cession peut en écarter la rétroactivité. En ce cas, les licenciements effectués en exécution du plan de cession restent efficaces, malgré la résolution dudit plan[7].

La loi de sauvegarde des entreprises, contrastant avec la législation précédente, envisage explicitement la question du sort des actes de cession en prévoyant que « le tribunal peut prononcer la résolution ou la résiliation des actes passés en exécution du plan résolu ». Les biens cédés font ainsi retour dans le patrimoine du débiteur[8], conséquence inéluctable de l'anéantissement des actes de cession. L'expression « actes de cession » semble permettre d'englober les contrats cédés[9], ce qui pourrait, en conséquence, autoriser la reprise du lien contractuel avec le débiteur d'origine, la solution présentant cet intérêt de faire supporter au débiteur d'origine le poids des indemnités de résiliation des contrats cédés. La solution est discutée[10].

SECTION 6
LICENCIEMENTS ÉCONOMIQUES ET LIQUIDATION JUDICIAIRE

043.61 **Conséquences de la cessation d'activité.** Le principe est que la liquidation judiciaire met fin à l'activité de l'entreprise. Par conséquent, faute de pouvoir fournir du travail aux salariés, il est aisé de comprendre que leur licenciement va s'imposer rapidement.

Il importe cependant de préciser que la liquidation judiciaire n'emporte pas rupture des contrats de travail. Le liquidateur doit s'en charger. Le licenciement des salariés doit intervenir dans des délais stricts, pour que les conséquences de la rupture puissent être supportées par l'AGS. Contrairement à la solution retenue en redressement judiciaire, il n'y a pas besoin, pour procéder à des licenciements économiques en liquidation judiciaire, d'autorisation du juge-commissaire, comme en période d'observation du redressement judiciaire, ou de décision du tribunal, comme en de plan de redressement ou de cession. La cessation de l'activité justifie la solution.

Les salariés doivent être licenciés dans les quinze jours du jugement de liquidation judiciaire, ce délai étant porté à vingt et un jours, en cas d'élaboration d'un plan de sauvegarde et de l'emploi. Le respect de ces délais conditionne la prise en charge des indemnités de rupture par l'AGS.

1. L. n° 2005-845, 26 juill. 2005, préc.
2. L. n° 94-475, 10 juin 1994 relative à la prévention et au traitement des difficultés des entreprises, *JO* 11 juin, p. 8440.
3. Toulouse, 14 janv. 1991 ; *Rev. proc. coll.* 1991, 297, obs. B. Soinne.
4. Com. 22 juin 1993, n° 91-13.307, P IV, n° 263 ; *Rev. proc. coll.* 1994, 240, obs. B. Soinne ; *JCP* 1993. I. 3721, obs. M. Cabrillac et Ph. Pétel ; *Dr. sociétés* 1993, p. 9, obs. Y. Chaput.
5. Com. 8 juin 1999, n° 97-12.731, P IV, n° 263 ; *JCP E* et *A* 2000, Chron. 127, n° 7, obs. Ph. Pétel ; *Act. proc. coll.* 1999, n° 176 ; *RTD com.* 1999. 966, obs. C. Saint-Alary-Houin.
6. Com. 8 juin 1999, n° 96-19.437, P IV, n° 124 ; *Act. proc. coll.* 1999, n° 175 ; *JCP E* et *A* 2000, Chron. 128, obs. Ph. Pétel – Soc. 22 mars 2007, n° 05-44.089, NP ; *Act. proc. coll.* 2007/8, n° 95.
7. Soc. 9 juill. 2008, n° 06-40.945, P IV, n° 156 ; FS-P+B ; *Gaz. proc. coll.* 2009/1, p. 47, n° 3, note B. Saintourens ; *Act. proc. coll.* 2008/15, n° 242, note L. Fin-Langer.
8. M.-H. Monsèrié-Bon, « La diversification des liquidations judiciaires », *Rev. proc. coll.* 2005/4, p. 367 s., sp. p. 370.
9. Incertaine : F. Pérochon, avec le concours de M. Laroche, F. Reille, Th. Favario, A. Donnette, *Entreprises en difficulté*, 11e éd., « Manuel », LGDJ-Lextenso, 2022, n° 2326.
10. A. Jacquemont, N. Borga et Th. Mastrullo, *Droit des entreprises en difficulté*, 12e éd., « Manuel », LexisNexis, 2022, n° 979.

En liquidation judiciaire, la cause économique du licenciement est trouvée dans la décision ouvrant ou prononçant sur conversion la liquidation judiciaire. Le liquidateur devra, dans la lettre individuelle de licenciement envoyée au salarié, impérativement viser la décision ouvrant ou prononçant la liquidation judiciaire, faute de quoi le licenciement sera sans cause réelle et sérieuse[1]. Mais, la lettre qui indique que le licenciement intervient en application du jugement de liquidation est suffisamment motivée[2]. Ainsi, le renvoi dans la lettre de licenciement au jugement de liquidation judiciaire est-il à la fois nécessaire et suffisant[3].

En cas de location-gérance, si le locataire-gérant est placé en liquidation judiciaire, la résiliation du contrat entraînera retour du fonds à son propriétaire. En conséquence, il y aura également retour des contrats de travail, par application de l'article L. 1224-1 du Code du travail[4]. Il en ira cependant différemment en cas de ruine du fonds. Les contrats de travail ne feront plus alors retour au bailleur du fonds[5].

043.62 Conséquences de la poursuite provisoire d'activité. Le tribunal peut avoir décidé une poursuite provisoire de l'activité. Au regard de la question des licenciements économiques, tout se passe comme en période d'observation du redressement judiciaire.

Une autorisation du juge-commissaire est ici nécessaire. Elle sera demandée par l'administrateur judiciaire ou à son défaut par le liquidateur. L'article L. 641-10, alinéa 3, du Code, qui envisage les licenciements pendant la période de poursuite provisoire d'activité autorisée en liquidation judiciaire, indique que « dans les conditions prévues à l'article L. 631-17, il [le liquidateur] peut procéder aux licenciements ». Or l'article L. 631-17 pose les conditions des licenciements en période d'observation et exige leur caractère inévitable, urgent et indispensable, outre l'autorisation du juge-commissaire. Le rapprochement avec le texte de l'article L. 622-10, alinéa 2, du Code, sous l'empire de la législation antérieure, permet de constater que ce texte se référait aux conditions des articles L. 1233-60 et L. 1233-58 du Code du travail, non à celles de l'article L. 621-37. Faut-il, dans ces conditions, exiger une intervention du juge-commissaire pour permettre d'opérer en liquidation judiciaire des licenciements économiques pendant la poursuite provisoire de l'activité ? L'examen des travaux parlementaires permet d'apporter une réponse affirmative à la question. Il est en effet indiqué que « le liquidateur disposerait de la faculté » de procéder à des licenciements dans les mêmes conditions que celles prévues en redressement judiciaire. Il pourrait ainsi mettre en œuvre un régime de licenciement pour motif économique simplifié lorsque les licenciements présentent un caractère « urgent, inévitable et indispensable[6] ». Il est donc clair que le législateur a entendu aligner purement et simplement sur le redressement judiciaire les licenciements pendant la poursuite d'activité de la liquidation judiciaire.

L'habilitation du juge-commissaire supposera que ce dernier ait vérifié que les licenciements présentent un caractère urgent, inévitable et indispensable.

Si un administrateur judiciaire est désigné, il aura la charge des licenciements[7]. À défaut, ils incomberont naturellement au liquidateur. Précisons que si l'entreprise atteint l'un des seuils, la désignation d'un administrateur judiciaire est obligatoire. Mais elle ne résulte pas du seul fait que la procédure de sauvegarde ou de redressement judiciaire est convertie en liquidation avec poursuite d'activité, ce qui a des conséquences sur l'auteur des licenciements, qui demeure, en l'absence de désignation effective, le liquidateur[8].

En période de poursuite provisoire de l'activité, la cause économique du licenciement est trouvée dans la décision du juge-commissaire autorisant le licenciement. La lettre de licenciement devra donc viser cette décision du juge-commissaire.

Si les salariés ne sont pas licenciés pendant la poursuite provisoire de l'activité, ils devront l'être à l'issue de cette période. L'autorisation du juge-commissaire n'est plus nécessaire si les licenciements interviennent après expiration de la période de poursuite provisoire de l'activité[9]. Les salariés doivent alors être licenciés dans les quinze jours de la fin de la poursuite provisoire de l'activité, ce délai étant porté à vingt-et-un jours, en cas d'élaboration d'un plan de sauvegarde et de l'emploi. Le respect de ces délais conditionne la prise en charge des indemnités de rupture par l'AGS.

En liquidation judiciaire, la cause économique du licenciement est trouvée dans la décision de liquidation judiciaire. Par conséquent, la lettre de licencie-

1. Soc. 9 juill. 2003, n° 01-43.763, NP.
2. Soc. 2 mars 2004, n°s 02-41.931,02-41.933, 02-41.934, 02-41.935, 02-42.079, 02-42.080, 02-42.081, 02-42.082, NP ; *Act. proc. coll.* 2004/8, n° 104, note F. Taquet ; *Rev. proc. coll.* 2004, p. 250, n° 16, obs. F. Taquet ; *JCP E* 2004. Chron. 1292, p. 1390, n° 15, obs. Ph. Pétel ; – Soc. 6 juill. 2005, n° 03-44.390, NP ; *Rev. proc. coll.* 2006/1, p. 70, n° 7, obs. F. Taquet – Com. 24 mars 2009, n° 08-12.620, NP ; n° 282 F-D.
3. Par ex. : Soc. 2 mars 2004, n° 02-41.932, P.
4. Soc. 25 sept. 2001, n° 99-44.370, NP ; *Act. proc. coll.* 2001/20, n° 261.
5. Soc. 27 nov. 2001, n° 99-45.693, NP ; *Act. proc. coll.* 2002/2, n° 22.
6. Doc. parl., Sénat, *Rapp. J.-J. Hyest*, n° 335, p. 378.
7. C. com., art. L. 641-10.
8. Soc. 15 nov. 2011, n° 10-17.015, P V, n° 263 ; *D.* 2011. Actu. 2863, note A. Lienhard ; *BJE* mars 2012, comm. 45, p. 103, note D. Jacotot ; *Act. proc. coll.* 2011/20, comm. 311.
9. CE 13 févr. 2019, req. n° 404556.

ment devra impérativement viser le jugement de liquidation judiciaire.

Depuis la loi de sauvegarde des entreprises, le plan de cession n'est plus une issue de la procédure du débiteur, mais seulement un événement au cours de celle-ci. Si le plan de cession est adopté en redressement judiciaire et que le débiteur est ensuite placé en liquidation judiciaire, qui du liquidateur ou de l'administrateur a la charge des licenciements ? La question se pose dans la mesure où, par principe, la mission de l'administrateur judiciaire prend fin au jour de la conversion en liquidation judiciaire. On sait que l'administrateur a la charge des licenciements en cas d'adoption d'un plan de cession en redressement judiciaire. À défaut d'une disposition expresse du jugement de liquidation judiciaire retirant ce pouvoir à l'administrateur judiciaire, c'est à ce dernier qu'il incombe de procéder aux licenciements. Cette solution pragmatique de la Chambre sociale de la Cour de cassation[1] mérite entière approbation. En réalité, on ne peut considérer que la mission d'un organe a pris fin alors que certaines obligations mises à sa charge par la loi n'ont techniquement pas pu encore être accomplies.

1. Soc. 12 janv. 2016, nº 14-13.414, P V ; nº 19 FS-P+B ; *Gaz. Pal.* 12 avr. 2016, nº 14, p. 71, note Ch. Gailhbaud ; *Act. proc. coll.* 2016/3, comm. 35, note L. Fin-Langer ; *JCP E* 2016. Chron. 1198, nº 5, note Ph. Pétel ; *Rev. proc. coll.* 2016, comm. 69, note L. Fin-Langer.

CHAPITRE

044. Remise en cause du contrat de travail par le jeu des nullités de la période suspecte

SECTION 0

ORIENTEUR

044.00 **Sommaire du chapitre.**

Sect. 1 Règles générales intéressant les nullités de la période suspecte 044.11 à 044.12

Sect. 2 Nullité de droit des contrats de travail déséquilibrés 044.21 à 044.25

Sect. 3 Nullité de droit du contrat commutatif déséquilibré en lien avec les contrats de travail 044.31 à 044.33

Sect. 4 Effets de la nullité des contrats commutatifs déséquilibrés 044.41

Sect. 5 Paiements reçus par les salariés susceptibles d'annulation 044.51 à 044.52

044.01 **Textes applicables.**

▪ **C. com.**

art. L. 632-1 [Cas de nullité de droit de la période suspecte]

art. L. 632-2 [Cas de nullité facultative de la période suspecte]

art. L. 632-4 [Modalités procédurales de l'action en nullité de la période suspecte]

art. L. 641-14, al. 1 [Application en liquidation judiciaire des règles des nullités de la période suspecte posées en redressement judiciaire]

044.03 **Bibliographie.**

> **Articles.** Th. Méteyé, « L'AGS et les actes passés en période suspecte et/ou en période d'observation », *Gaz. Pal.* 16 janv. 2018, n° 2, p. 49.

SECTION 1

RÈGLES GÉNÉRALES INTÉRESSANT LES NULLITÉS DE LA PÉRIODE SUSPECTE

044.11 **Nécessité d'une période suspecte pour remettre en cause certains actes antérieurs au jugement d'ouverture.** La date de cessation des paiements est fixée soit dans le jugement d'ouverture, soit par un jugement de report. L'action en report est enfermée dans l'année du jugement d'ouverture[1].

Le laps de temps qui s'écoule entre la date de cessation des paiements et le jugement d'ouverture d'une procédure collective prend le nom de période suspecte désigne.

Le législateur limite par principe à dix-huit mois la période suspecte en interdisant de fixer ou de remonter la date de cessation plus de dix-huit mois avant le jugement d'ouverture. Ce jugement sera soit un redressement judiciaire soit une liquidation judiciaire. Par principe, il ne pourra s'agir d'une sauvegarde, puisque cette procédure est ouverte sans cessation des paiements.

1. C. com., art. L. 631-8, al. 4.

Par exception, une période suspecte pourra néanmoins exister lorsqu'une sauvegarde a été ouverte par erreur dans la mesure où la cessation des paiements lui préexistait. En ce cas, si le tribunal convertit la sauvegarde en redressement ou en liquidation judiciaire pour préexistence de la cessation des paiements, il doit fixer une date de cessation des paiements antérieure au jugement d'ouverture de la sauvegarde. La période comprise entre la date de cessation ainsi fixée et le jugement d'ouverture de la sauvegarde constituera la période suspecte.

044.12 Énoncé de la possibilité de remettre en cause certains actes passés pendant la période suspecte. Le législateur édicte à l'article L. 632-1 du Code de commerce douze cas de nullité de droit de la période suspecte. Si le titulaire de l'action en nullité de la période suscite agit, et si le cas de nullité est avéré, le tribunal n'a d'autres possibilités que de prononcer la nullité de l'acte attaqué.

En outre, le législateur a prévu à l'article L. 632-2 du Code de commerce la possibilité d'annuler à titre facultatif les paiements de dettes échus et les actes à titre onéreux intervenus en période suspecte si ceux qui ont traité avec le débiteur connaissaient son état de cessation des paiements. Les saisies-attributions pratiquées en période suspecte peuvent également être annulées à titre facultatif.

L'action en nullité est de la compétence exclusive de la juridiction qui a ouvert la procédure collective.

Elle est attitrée. Peuvent agir : l'administrateur judiciaire, le mandataire judiciaire, le commissaire à l'exécution du plan et le liquidateur. En outre, parce que l'action en nullité tend à la reconstitution du gage commun, cette action tend à la défense de l'intérêt collectif des créanciers [1]. Elle appartient en conséquence aux contrôleurs, en cas d'inaction du défenseur de l'intérêt collectif des créanciers [2].

Cette action en nullité, qui n'est pas ouverte aux parties à une convention, et qui ne peut donc être qualifiée de relative [3], ne se prescrit pas dans le délai quinquennal de l'article 1304 du Code civil [4]. Elle ne se prescrit pas davantage par l'écoulement du délai de la prescription commerciale, cette dernière étant seulement applicable aux obligations nées à l'occasion de leur commerce entre commerçants ou entre non-commerçants [5]. L'action est ainsi recevable tant que ses titulaires sont en fonction [6].

Toutefois, l'admission de la créance pourra constituer, pour une raison tirée de l'autorité de la chose jugée, une date butoir à l'exercice de l'action. En effet, l'admission de la créance est une véritable décision de justice qui, une fois à l'abri des voies de recours, est dotée de l'autorité de la chose jugée. Certaines causes de nullité de la période suspecte, et notamment celle concernant les contrats commutatifs déséquilibrés, contrarient en effet ouvertement la décision d'admission de la créance. Dans l'hypothèse du contrat commutatif déséquilibré, l'annulation conduirait, par voie de conséquence, à anéantir la créance, laquelle aurait pourtant été préalablement admise par décision définitive. En pareille hypothèse, logiquement, la jurisprudence décide que l'autorité de la chose jugée attachée à la décision d'admission de la créance par le juge-commissaire fait obstacle au jeu de la nullité de la période suspecte [7].

SECTION 2
NULLITÉ DE DROIT DES CONTRATS DE TRAVAIL DÉSÉQUILIBRÉS

044.21 Règles générales. Il y a contrat commutatif, au sens de l'article 1108 du Code civil [8] (ex. C. civ., art. 1104 [9]), lorsque « chacune des parties s'engage à donner ou à faire une chose qui est regardée comme l'équivalent de ce qu'on lui donne ou de ce que l'on fait pour elle ». Le contrat commutatif suppose donc la possibilité, dès la conclusion du contrat, d'une évaluation de l'avantage retiré par chacune des parties, au contraire des contrats

1. SUR cette question : P.-M. Le Corre, *Droit et pratique des procédures collectives 2023/2024*, 12e éd., « Dalloz Action », 2022, nos 612.244 et les réf. cit.
2. C. com., art. L. 622-20, al. 1.
3. F. Reille, note ss Com. 21 sept. 2010, no 08-21.030 ; *Act. proc. coll.* 2010, no 261.
4. Paris, 2e ch. B, 20 déc. 2007, RG no 07/2896.
5. Com. 30 mars 2010, no 08-17.556, NP ; no 372 F-D ; *D.* 2010. 1017, note A. Lienhard ; *Gaz. Pal. entr. diff.* 2-3 juill. 2010, nos 183, 184, p. 31, note Ph. Roussel Galle ; *RTD com.* 2010. 432, no 12, note J.-L. Vallens ; *RTD com.* 2010. 614, no 7, obs. A. Martin-Serf ; *Rev. proc. coll.* 2010, no 225, note G. Blanc.
6. Com. 21 sept. 2010, no 08-21.030, P IV, no 140 ; *D.* 2010. Actu. 2221, obs. A. Lienhard ; *Gaz. Pal. entr. diff.* 7-8 janv. 2011, p. 37, note Ph. Roussel Galle ; *Act. proc. coll.* 2010, no 261, note Reille ; *LPA* 20 déc. 2010, no 252, p. 13, note A.-F. Zattara-Gros ; *JCP E* 2010, no 1946, note S. Reifegerste ; *JCP E* 2011. Chron. 1030, no 8, obs. M. Cabrillac ; *BJE* 2011. 136, note Ch. Delattre ; *RTD com.* 2011. 797, no 10, obs. J.-L. Vallens ; *Rev. sociétés* 2011. 311, note Bellot ; *RTD com.* 2011. 419, no 7, obs. A. Martin-Serf ; – Bordeaux, 10 janv. 2018, RG no 17/01837 ; *Rev. proc. coll.* 2019/1, comm. 6, p. 31, note G. Blanc.
7. Com. 12 nov. 1991, no 89-19.454, P IV, no 342 ; *D.* 1992. Somm. 183, obs. A. Honorat ; *JCP E* 1992. I. 136, no 13, obs. M. Cabrillac et Ph. Pétel ; *RTD com.* 1992. 692, obs. A. Martin-Serf ; – Com. 5 avr. 2011, nos 10-14.211, 10-30.593, NP ; no 358 F-D ; *Gaz. Pal.* 9 juill. 2011, no 189, p. 29, note E. Le Corre-Broly ; *RTD com.* 2011. 799, no 8, obs. A. Martin-Serf.
8. C. civ., art. 1108, mod. par Ord. no 2016-131, 10 févr. 2016, art. 2.
9. C. civ., art. 1104, réd. ante Ord. no 2016-131, 10 févr. 2016.

aléatoires. Le caractère aléatoire du contrat est exclusif de ce cas de nullité[1], l'aléa chassant la lésion. Encore faudra-t-il, cependant, que le contrat présenté comme aléatoire, le soit vraiment. Ainsi serait annulée une vente avec rente viagère à un prix ridiculement bas compte tenu de l'âge du crédit-rentier, solution posée sous l'empire de la loi du 13 juillet 1967[2].

Il est ici reproché au cocontractant d'avoir, en période suspecte, conclu un contrat avec le débiteur qui comporte un déséquilibre entre les prestations réciproques, au détriment du débiteur, ce déséquilibre s'appréciant au jour de l'acte[3]. Le déséquilibre envisagé évoque irrésistiblement la lésion. L'article L. 632-1[4], 2°, du Code de commerce, texte applicable en redressement judiciaire auquel renvoie l'article L. 641-14, alinéa 1, pour la procédure de liquidation judiciaire, constitue donc un cas particulier de lésion, mais le déséquilibre n'est pas ici quantitativement réglementé, contrairement aux hypothèses du Code civil, et cela même si l'acte accompli est de ceux auxquels s'applique la lésion du Code civil, par exemple une vente immobilière[5].

Il faut mais il suffit que le déséquilibre soit « notable » pour donner place à la nullité de l'acte, ce qu'apprécient souverainement les juges du fond[6], dans certaines limites cependant que se réserve de contrôler la Cour de cassation.

044.22 **Fréquence des déséquilibres.** La nullité du contrat commutatif déséquilibré est très classiquement rencontrée en matière de contrats de travail. La tentation est grande pour l'employer de gratifier très généreusement une personne, généralement un proche. Il anticipe le fait que lorsqu'il ne paiera plus, l'AGS sera là pour prendre le relais.

L'AGS est la victime directe de tels agissements. De *lege ferenda*, elle devrait se voir reconnaître par le législateur qualité à agir en nullité des contrats de travail sur le terrain des nullités de la période suspecte.

Ces agissements de l'employeur aux abois pénalisent par contrecoup la collectivité des créanciers. En effet, si l'AGS obtient le remboursement de ses avances aux titres de salaires qui n'auraient pas dû être versés, ce sont autant de distributions dont les autres créanciers seront privés.

Le déséquilibre peut aussi intervenir à l'occasion d'un avenant au contrat de travail. Il y a ainsi place à nullité de l'avenant qui crée des conditions d'emploi, de travail et de rémunération particulièrement favorables au salarié, alors que l'employeur était, au moment de sa conclusion, en état de cessation des paiements[7].

Mais, pour encourir la nullité, encore faut-il que l'avenant ait été conclu en période suspecte, non pendant la période d'observation[8]. En outre, si l'avenant est conclu en période d'observation, l'intervention du mandataire judiciaire ne s'impose pas, le débiteur n'étant pas restreint dans ses pouvoirs en l'absence d'administrateur judiciaire[9].

044.23 **Éléments constitutifs des déséquilibres.** La nullité d'un contrat commutatif déséquilibré vient sanctionner des salaires excessifs dans les contrats de travail.

Ce déséquilibre pourra tenir à plusieurs éléments.

Il peut y avoir un déséquilibre :

- par rapport à la prestation fournie[10] ;
- par rapport à la qualification du salarié[11] ;

1. Paris, pôle 5, 8e ch., 29 nov. 2011, RG n° 11/01663 ; *Rev. proc. coll.* 2013, n° 12, note G. Blanc ; – *J.-Cl. com.*, fasc. 2507 : Redressement et liquidation judiciaire. – Nullités de droit. – Libéralités. – Actes à titre gratuit. – Contrats lésionnaires. – Stock-option. – Affectation de biens (EIRL), par C. C. Saint-Alary-Houin et M.-H. Monsérié-Bon, 2012, n° 34.
2. L. n° 67-563, 13 juill. 1967 sur le règlement judiciaire, la liquidation des biens, la faillite personnelle et les banqueroutes, *JO* 14 juill., p. 7059 ; – Douai, 6 févr. 1989 ; *Rev. proc. coll.* 1990, 51, obs. Y. Guyon.
3. Com. 1er déc. 1975, n° 74-11.266, P IV, n° 284 ; – Com. 16 févr. 1981, n° 79-11.837, P IV, n° 82 ; *D.* 1982. IR 4, obs. F. Derrida ; *RJ com.* 1982. 53, note B. Soinne.
4. C. com., art. L. 632-1, créé par L. n° 2005-845, 26 juill. 2005 ; L. 621-107, réd. antérieure à L. 26 juill. 2005 – Anct L. n° 85-98, 25 janv. 1985, art. 107.
5. AINSI : Com. 17 déc. 1974, n° 73-14.240, P IV, n° 328.
6. Soc. 29 oct. 2002, n° 00-45.612, P V, n° 325 ; *Act. proc. coll.* 2002, nos 266 ; *Act. proc. coll.* 2003, n° 102, obs. L. Fin-Langer ; *Rev. proc. coll.* 2004, p. 71, n° 6, obs. G. Blanc ; *RTD com.* 2005. 416, n° 4, obs. A. Martin-Serf – Soc. 7 mai 2003, n° 01-42.337, NP ; *Rev. proc. coll.* 2004, p. 385, n° 6, obs. G. Blanc.
7. Nancy, 5e ch., 3 oct. 2024, RG n° 23/00621 ; *Rev. proc. coll.* janv./févr. 2025, p. 39, comm. 16, note Blanc.
8. Soc. 6 déc. 2023, n° 22-15.580, P, *Rev. proc. coll.* janv./févr. 2024, p. 22, comm. 14, note Jacotot ; *Leden* mars 2024, DED202e5, obs. Dedessus-Le-Moustier ; *JCP E* 2024. 1062, note Blanc ; *BJE* mars-avr. 2024, BJE201k9, note Donnette ; *Act. proc. coll.* 2024/9, alerte 102, note Petit ; *BJE* mai-juin 2024, *BJE* 201n7, obs. Saintourens.
9. Soc. 6 déc. 2023, n° 22-15.580, P.
10. Soc. 21 nov. 2000, n° 98-42.014, NP ; *Act. proc. coll.* 2001, n° 27 ; *Rev. proc. coll.* 2002, p. 273, n° 2, obs. G. Blanc ; – Soc. 19 juin 2001, n° 99-42.738, NP ; *Act. proc. coll.* 2001/15, n° 197 ; *Rev. proc. coll.* 2002, p. 275, n° 5, obs. G. Blanc – Soc. 29 oct. 2002, n° 00-45.612, P V, n° 325 ; *JCP E* 2003. Jur. 1399, p. 1583, note L. Fin-Langer ; *RTD com.* 2005. 416, n° 4, obs. A. Martin-Serf – Soc. 12 sept. 2012, n° 11-20.108, NP ; *Gaz. Pal. entr. diff.* 13 oct. 2012, n° 286, p. 34, note Ch. Gailhbaud ; *RTD com.* 2013. 593, n° 8, obs. A. Martin-Serf – Grenoble, ch. soc., 27 févr. 2008, RG n° 06/04557, *Act. proc. coll.* 2008, n° 161.
11. Nancy, 6 nov. 2007 ; *Rev. proc. coll.* 2008, n° 155, note G. Blanc – Chambéry, 12 janv. 2016, n° 15/01218 ; *Rev. proc. coll.* mars/avr. 2017, comm. 32, note G. Blanc.

– par rapport au poste[1] ;

– par rapport à la grille de la convention collective applicable à l'intéressé[2].

De même, si le salarié perçoit un salaire correspondant à celui d'un chef de chantier alors qu'il exerce une activité de bûcheron et perçoit mille euros de plus qu'un autre salarié bûcheron, il y a contrat commutatif déséquilibré[3].

Pour rapporter la preuve du caractère manifestement déséquilibré, les juges peuvent retenir la disproportion entre la qualification et l'expérience de l'intéressé d'un côté, et le montant du salaire ainsi que des avantages accordés au salarié d'un autre côté, en rapprochant en outre ces éléments de la situation délicate de l'entreprise au moment de la signature du contrat, c'est-à-dire alors qu'elle est déjà en état de cessation des paiements[4].

A fortiori, le contrat de travail sera manifestement déséquilibré si le contrat est fictif[5], puisque dans ce cas, aucun travail n'est accompli par le prétendu salarié, ce que les liens de famille entre le dirigeant social et le salarié prêtent à rencontrer[6].

Il pourra également être question de l'inclusion dans le contrat de travail d'un avenant prévoyant une indemnisation en cas de licenciement non prévue jusqu'alors[7].

Il peut s'agir de la signature d'un contrat de qualification de dix-huit mois désavantageux pour l'employeur[8] ou d'un délai de trois mois de préavis accordé au salarié[9].

Il peut être question de l'embauche d'un salarié alors que la situation de l'entreprise ne le permettait pas, suivie à cinq mois d'intervalle d'un avenant juste antérieur au jugement d'ouverture, élevant le salarié au rang de cadre, augmentant sa rémunération, permettant la reprise de l'ancienneté du salarié chez un précédent employeur alors que l'activité actuelle n'avait aucun rapport avec l'ancienne activité et prévoyant une indemnité contractuelle de licenciement de douze mois[10].

Il en est de même de l'embauche d'un salarié avec l'engagement de verser pendant trois ans une rémunération en constante augmentation[11].

044.24 Appréciation du déséquilibre et situation de l'entreprise. Certaines décisions procèdent à l'annulation du contrat de travail sans caractériser en quoi il y aurait déséquilibre notable entre le contrat et les sommes reçues, et en ne retenant comme seul critère celui de la situation de l'entreprise lors de la conclusion du contrat.

Ainsi, a été annulé un contrat de travail conclu quatre mois avant le jugement d'ouverture, pour une durée de onze mois, et alors qu'aucune prestation n'a été fournie[12].

De la même manière, ont été annulés une trentaine de contrats de travail conclus en période suspecte, certains étant sans rapport avec l'objet de l'entreprise, ni avec les besoins réels de celle-ci[13].

Pour justifier le déséquilibre, certaines juridictions tirent parfois argument du fait que l'embauche est intervenue à un moment inadéquat, le contrat signé pour deux ans ne pouvant compte tenu de la situation aller jusqu'à son terme, ce fait exposant ainsi le débiteur à payer une indemnisation sans même avoir reçu la prestation attendue[14].

Le seul fait d'embaucher, alors que la situation de l'entreprise ne le permettait pas, ne peut permettre le jeu des nullités de la période suspecte[15]. Il en est de même de la conclusion d'un contrat d'apprentissage[16].

Parfois, pour apprécier la disproportion, ce qui a été pris en compte n'est pas la contrepartie fournie,

1. Paris, 21 avr. 2018, RG n° 16/07410 ; *Rev. proc. coll.* mars/avr. 2020, comm. 28, note G. Blanc.
2. Paris, 1er avr. 2010, RG n° 08/00939 ; *Rev. proc. coll.* 2011, n° 132, note G. Blanc ; – Chambéry, 12 janv. 2016, n° 15/01218 ; *Rev. proc. coll.* mars/avr. 2017, comm. 32, note G. Blanc ; – Paris, 4 juill. 2019, RG n° 17/07102 ; *Rev. proc. coll.* mars/avr. 2020, comm. 28, note G. Blanc.
3. Versailles, 30 janv. 2019, RG n° 17/00142 ; *Rev. proc. coll.* mars/avr. 2020, comm. 28, note G. Blanc.
4. Colmar, 25 janv. 2018, RG n° 16/00101 ; *Rev. proc. coll.* 2019/1, comm. 13, p. 35, note G. Blanc.
5. Versailles, 6 juin 2018, RG n° 17/00169 ; *Rev. proc. coll.* 2019/1, comm. 13, p. 35, note G. Blanc.
6. Paris, 10 janv. 2018, RG n° 14/12338 ; *Rev. proc. coll.* 2019/1, comm. 13, p. 35, note G. Blanc.
7. Soc. 14 mars 2000, n° 97-45.899, NP ; *RJS* 2000. 267, n° 367 ; *Rev. proc. coll.* 2002, p. 275, n° 5, obs. G. Blanc.
8. Soc. 15 juin 2004, n° 02-41.623, P V, n° 163 ; *D.* 2004. AJ 2158 ; *JCP E* 2004. Jur. 1603, note N. Louit-Martinod ; *RTD com.* 2005. 416, n° 4, obs. A. Martin-Serf.
9. Douai, 31 oct. 2002 ; *Rev. proc. coll.* 2004, p. 70, n° 3, obs. G. Blanc.
10. Lyon, 8 juin 2018, RG n° 17/01172 ; *Rev. proc. coll.* 2019/1, comm. 13, p. 35, note G. Blanc.
11. Soc. 12 juin 2019, n° 18-10.788, NP ; *Rev. proc. coll.* mars/avr. 2020, comm. 28, note G. Blanc.
12. Lyon, ch. soc., sect. B, 7 avr. 2017, RG n° 15/09308 ; *Rev. proc. coll.* 2018, comm. 34, note G. Blanc.
13. Amiens, 18 déc. 2012, RG n° 11/04903, *JurisData* 031271 ; *Rev. proc. coll.* 2015, comm. 125, note G. Blanc.
14. Metz, 9 nov. 2016, RG n° 15/02481 ; *Rev. proc. coll.* mars/avr. 2017, comm. 32, note G. Blanc.
15. Versailles, 17 oct. 2006 ; *Rev. proc. coll.* 2007, p. 226, n° 2, obs. G. Blanc ; – Dijon, 2e ch., 29 janv. 2009, *Act. proc. coll.* 2009, n° 108 ; – Rappr. : Nancy, 2e ch. com., 21 oct. 2009, RG n° 07/00927 ; *Rev. proc. coll.* 2010, n° 228, note G. Blanc ; – Versailles, 11e ch., 20 nov. 2014, RG n° 13/000006, *JurisData* 028955 ; *Rev. proc. coll.* 2015, comm. 125, note G. Blanc ; – Metz, 3 avr. 2018, RG n° 16/02162 ; *Rev. proc. coll.* 2019/1, comm. 14, p. 37, note G. Blanc ; – Versailles, 5 juill. 2018, RG n° 16/05189 ; *Rev. proc. coll.* 2019/1, comm. 14, p. 37, note G. Blanc.
16. Versailles, 11e ch., 28 sept. 2017, RG n° 16/01270 ; *Rev. proc. coll.* 2018, comm. 34, note G. Blanc.

mais les capacités financières de l'entreprise[1] ou ses résultats et comptes prévisionnels[2]. Apparaît ainsi bien sévère, la décision qui annule un contrat d'apprentissage prévoyant le règlement pendant trente-cinq mois du salaire convenu, même en cas d'ouverture d'une procédure collective, dès lors que le salaire versé correspondait à celui à verser à un apprenti[3]. De même, est sévère l'annulation d'un contrat d'apprentissage au prétexte qu'il prévoyait une rémunération en constante augmentation pendant trois ans[4], alors que c'est la norme en matière d'apprentissage. Ces décisions doivent être rapprochées d'une autre dans laquelle le contrat de travail à durée déterminée conclu dans le cadre d'une convention dite « contrat d'avenir » avec une association a été annulé sur le motif qu'il l'a été quinze jours avant la déclaration de cessation des paiements et qu'il était hautement probable que le contrat n'irait pas jusqu'à son terme[5].

Identiquement, a été annulé un contrat de travail alors que la nécessité d'une embauche peu de temps avant l'ouverture de la procédure collective ne s'imposait pas[6].

Dans ces trois derniers cas, on peine à voir en quoi le contrat était manifestement déséquilibré, seule la décision d'embaucher pouvant être sujette à critique sur le terrain de la faute de gestion du dirigeant. Ces solutions apparaissent alors discutables, au regard du concept de « déséquilibre entre les prestations réciproques ».

044.25 **Absence de déséquilibre.** Il n'y a pas place à nullité du contrat de travail si le salarié se voit attribuer un salaire important, dès lors qu'il est en relation avec son expérience et que le travail est effectif[7].

De même encore, il a pu être jugé, d'une manière sans doute souple, que l'inclusion, dans un contrat de travail « nouvelles embauches » d'une clause de garantie d'emploi par laquelle l'employeur s'oblige à verser au salarié, s'il venait à le licencier, pour tout autre motif que la faute grave ou la force majeure au cours des deux années, une indemnité d'un montant de la rémunération annuelle convenue au contrat, jusqu'au terme de la période de garantie, n'emporte pas caractérisation d'un déséquilibre manifeste, puisque ce contrat permet de licencier le salarié sans avoir à justifier d'une cause réelle et sérieuse[8].

SECTION 3

NULLITÉ DE DROIT DU CONTRAT COMMUTATIF DÉSÉQUILIBRÉ EN LIEN AVEC LES CONTRATS DE TRAVAIL

044.31 **Nullité du prêt de main-d'œuvre à but lucratif.** La convention d'assistance, qui prévoit le détachement de deux salariés, caractérise un prêt de main-d'œuvre à but lucratif prohibé par l'article 8241-1 du Code du travail, lorsque d'une part, la démonstration n'a été rapportée ni de l'effectivité du détachement, ni de la technicité ou d'un savoir-faire particulier, et que, d'autre part, l'organigramme de la société débitrice établit l'existence de personnes ayant, en son sein, la capacité d'assurer la gestion technique et administrative pour laquelle le détachement était prévu. Cette convention déséquilibrée tombe sous le coup des nullités de la période suspecte[9].

044.32 **Transfert au débiteur d'un fonds de commerce et support des charges liées au licenciement des salariés attachés au fonds de commerce.** Le déséquilibre dans le contrat commutatif déséquilibré peut tenir au constat que le transfert au débiteur d'un fonds de commerce, de faible valeur, a eu pour effet de faire supporter au débiteur les charges liées au licenciement des salariés attachés au fonds de commerce[10]. Il faut en effet prendre en compte, pour apprécier le déséquilibre, l'ensemble des obligations mises à la charge du débiteur par la transaction et non pas seulement le prix de cession[11].

044.33 **Résiliation d'un contrat de location-gérance et prise en charge du coût du licenciement des salariés.** Il y a convention déséquilibrée en cas de résiliation d'un contrat de location-gérance, emportant une légère réduction de sommes dues par le locataire-gérant au loueur, cependant que le premier s'engageait à prendre en charge le coût du licenciement des salariés, lesquels auraient dû faire retour

1. Paris, pôle 6, 7e ch., 7 janv. 2010, RG n° S08/11909 ; *Rev. proc. coll.* 2010, n° 228, note G. Blanc – Lyon, 15 sept. 2015, RG n° 14/05827 ; *Rev. proc. coll.* mars/avr. 2017, comm. 32, note G. Blanc ; – Versailles, 30 janv. 2018, RG n° 16/02818 ; *Rev. proc. coll.* 2019/1, comm. 13, p. 35, note G. Blanc.
2. Paris, 6 oct. 2006 ; *Rev. proc. coll.* 2007/4, p. 226, n° 2, obs. G. Blanc.
3. Bourges, ch. civ., 22 nov. 2012, RG n° 12/00129, *JurisData* 031055 ; *Rev. proc. coll.* 2015, comm. 125, note G. Blanc.
4. Soc. 12 juin 2019, n° 18-10.788 ; *Rev. proc. coll.* sept.-oct. 2019, comm. 143, note F. Taquet.
5. Metz, 26 nov. 2014, RG n° 14/00613, *JurisData* 033387 ; *Rev. proc. coll.* 2015, comm. 125, note G. Blanc.
6. Versailles, 16 nov. 2016, RG n° 15/00656 ; *Rev. proc. coll.* mars/avr. 2017, comm. 32, note G. Blanc.
7. Dijon, ch. soc., 29 janv. 2009, *Act. proc. coll.* 2009, n° 108.
8. Dijon, ch. soc., 29 janv. 2009, RG n° 08/00329.
9. Com. 11 avr. 2012, n° 09-12.431, NP ; n° 438 F-D ; *Gaz. Pal. entr. diff.* 13 oct. 2012, n° 286, p. 32, note R. Bonhomme ; *BJE* 2012, n° 117, note R. Bonhomme.
10. Com. 27 juin 2006, n° 04-19.423, NP ; n° 828 F-D ; *Gaz. proc. coll.* 2006/4, p. 24, note Ph. Roussel Galle.
11. Ph. Roussel Galle, note ss Com. 27 juin 2006, n° 04-19.423 ; *Gaz. proc. coll.* 2006/4, p. 24.

au loueur[1]. En réalité, il s'agissait de faire prendre en charge les sommes en question par l'AGS.

SECTION 4
EFFETS DE LA NULLITÉ DES CONTRATS COMMUTATIFS DÉSÉQUILIBRÉS

044.41 **Règles générales.** La nullité des contrats oblige à une remise des parties en l'état antérieur. Ainsi, en cas de nullité d'une vente dans laquelle l'acheteur était le débiteur, le vendeur doit lui restituer le prix.

Il faut cependant tenir compte de l'impossibilité du jeu de la règle en présence de contrats à exécution successive. En effet, l'employeur débiteur ne peut restituer le travail effectué. La rétroactivité attachée à la nullité est alors tempérée[2] par le jeu d'une créance d'indemnité compensatrice qui entre en compensation avec la dette de restitution.

La réforme du droit des obligations, issue de l'ordonnance du 10 février 2016[3], contient désormais une règle précise. Selon l'article 1352-8 du Code civil, « la restitution d'une prestation de service a lieu en valeur. Celle-ci est appréciée par le juge à la date à laquelle elle a été fournie ».

Par conséquent, le salarié, dont le contrat est annulé sur le fondement des nullités de la période suspecte, a droit à une indemnité compensatrice[4], qui ne sera pas nécessairement égale au montant du salaire auquel il aurait pu prétendre[5].

Il importe toutefois de noter que le salarié ne pourrait prétendre obtenir la fixation au passif d'une créance salariale, dès lors que le contrat est annulé sur le fondement des nullités de la période suspecte, mais seulement une indemnité compensatrice qui n'a pas la même nature. S'il demande la fixation d'une créance salariale, il doit être débouté[6], ce qui permettra à l'AGS de ne pas garantir les sommes en question[7].

1. Aix-en-Provence, 24 sept. 2015, RG n° 13/20605, *JurisData* 022234 ; *JCP E* 2015. 936.
2. Terré, Simler et Lequette, *Droit civil : Les obligations*, 10e éd., « Précis », Dalloz, 2009, n° 425.
3. Depuis le 1er oct. 2016 : Ord. n° 2016-131, 10 févr. 2016 portant réforme du droit des contrats, du régime général et de la preuve des obligations, *JO* 11 févr., n° 26.
4. Soc. 7 mai 2003, n° 01-42.337, NP ; *Act. proc. coll.* 2003, n° 200.
5. L. Fin-Langer, note ss Soc. 2 déc. 2009, n° 08-43.104 ; *Act. proc. coll.* 2010, n° 46.
6. Soc. 21 nov. 2018, n° 17-26.810, P, n° 1667 FS-P+B ; *Gaz. Pal.* 2019, nos 15, 74, note L. Ben Cheikh – Vecchioni ; *Rev. proc. coll.* 2019/1, comm. 25, p. 46, note D. Jacotot ; *Act. proc. coll.* 2019/1, comm. 8, note L. Fin-Langer.
7. Soc. 2 déc. 2009, n° 08-43.104, P IV, n° 269 ; *Act. proc. coll.* 2010, n° 46, note L. Fin-Langer.

De même, le salarié, dont le contrat est annulé sur le fondement des nullités de la période suspecte, ne peut prétendre à l'allocation de dommages et intérêts pour inobservation de la procédure de licenciement, pour licenciement abusif et pour travail dissimulé[8].

SECTION 5
PAIEMENTS REÇUS PAR LES SALARIÉS SUSCEPTIBLES D'ANNULATION

044.51 **Nullité du paiement des salaires reçus en connaissance de l'état de cessation des paiements.** L'article L. 632-2 du Code de commerce, texte applicable en redressement judiciaire auquel renvoie l'article L. 641-14, alinéa 1, pour la procédure de liquidation judiciaire, prévoit la nullité facultative des paiements reçus en connaissance de l'état de cessation des paiements de son employeur.

Le texte ne distinguant selon la qualité de la personne recevant le paiement, le salarié recevant paiement de son salaire peut, en théorie, être concerné.

Le caractère simplement facultatif de ce cas de nullité explique logiquement qu'il ne soit pas souvent utilisé contre un salarié. Il serait en effet difficile de demander au salarié de restituer un salaire reçu alors que le travail a été fourni.

Le cas est parfois utilisé lorsque le salarié est également dirigeant. La nullité du paiement de salaires a ainsi été encourue lorsque le paiement effectué intéressait le gérant de fait[9].

Mais le fait d'être le dirigeant social ne constitue qu'un indice sur la connaissance de l'état de cessation de cessation des paiements de la société débitrice. Cette situation ne dispense pas de rapporter la preuve de la connaissance de l'état de cessation des paiements par le demandeur à l'action. Et connaissance des difficultés ne vaut pas connaissance de l'état de cessation des paiements. Une Cour d'appel a ainsi pu juger que l'identité de dirigeant de la société acquéreur et de la société venderesse ne suffisait pas à apporter la démonstration de la connaissance de l'état de cessation des paiements de la part de l'*accipiens*[10].

L'article L. 632-2 du Code de commerce ne fait pas du préjudice subi par le débiteur ou le groupement des créanciers une condition de l'action en nullité.

8. Soc. 22 sept. 2011, n° 10-14.036, NP.
9. Paris, 25 mars 2008, RG n° 06/18142 ; *Rev. proc. coll.* 2008, n° 159, note G. Blanc.
10. Aix-en-Provence, 30 avr. 2008, RG n° 08/252 ; *Rev. proc. coll.* 2009, n° 85, note G. Blanc.

On ajoutera que le paiement peut également être annulé par le mécanisme de l'action en rapport prévue à l'article L. 632-3 du Code de commerce, s'il est fait par chèque.

Ainsi a-t-il pu être jugé que lorsque des fonds du débiteur sont déposés sur le compte Carpa d'un l'avocat, que le paiement intervient au profit d'un bénéficiaire, le salarié, qui connaît l'état de cessation des paiements de son employeur, il y a place à l'action en rapport qui oblige à restitution des sommes perçues en connaissance de l'état de cessation des paiements [1].

044.52 Effets de la nullité des paiements. De manière générale, il convient d'abord d'indiquer que le paiement nul oblige le créancier qui l'a reçu à restituer, outre le principal de la somme reçue, les intérêts au taux légal sur cette somme, non depuis le jugement d'ouverture, mais depuis le jour du paiement, le contraire ayant cependant été jugé [2].

Cette règle suppose cependant que le créancier soit de mauvaise foi, la jurisprudence appliquant ici l'article 1378 du Code civil [3], même si le contraire a été soutenu [4].

1. Com. 24 mai 2023, n° 21-21.424 ; *BJE* mai-juin 2024, *BJE* 201n7, note Duprat.
2. Rennes, 17 nov. 1993, *RJ com.* 1994. 242, note Grua ; *Rev. proc. coll.* 1995, 450, n° 12, obs. B. Lemistre.
3. Com. 22 nov. 1994, n° 92-18.010, NP ; *Rev. proc. coll.* 1995, 450, obs. B. Lemistre ; – Com. 21 nov. 1995, n° 93-21.303, NP ; *Rev. proc. coll.* 1997, 83, obs. J.-J. Mestre et A. Laude.
4. *J.-Cl. com.*, fasc. 2515 : Redressement et liquidation judiciaires. – Action en nullité, 2012, par C. Saint-Alary-Houin et M.-H. Monsèrié-Bon, n° 90.

LIVRE

1. LES SALARIÉS DANS LA PRÉVENTION

CHRISTINE GAILHBAUD
MAÎTRE DE CONFÉRENCES ET AVOCAT

SECTION 0

ORIENTEUR

1.00 Sommaire du livre.

Titre 11 Présentation générale
Chap. 111 Présentation générale de la représentation élue du personnel dans l'entreprise
Chap. 112 Détection des difficultés
Titre 12 Les représentants du personnel dans le cadre des mesures préventives
Chap. 121 Information et consultation du CSE dans la prévention
Chap. 122 Modalités d'information du CSE en conciliation

TITRE

11. Présentation générale

SECTION 0

ORIENTEUR

11.00 **Sommaire du titre.**

Chap. 111 **Présentation générale de la représentation élue du personnel dans l'entreprise**

Sect. 1 Brève présentation des représentants du personnel élus dans l'entreprise

Sect. 2 Présentation générale des attributions du CSE

Chap. 112 **Détection des difficultés**

Sect. 1 Droit à l'information du comité social et économique

Sect. 2 Droit d'alerte économique du comité social et économique

CHAPITRE

111. Présentation générale de la représentation élue du personnel dans l'entreprise

SECTION 0 ORIENTEUR

111.00 **Sommaire du chapitre.**

Sect. 1 Brève présentation des représentants du personnel élus dans l'entreprise 111.11 à 111.15

Sect. 2 Présentation générale des attributions du CSE 111.21 à 111.22

111.01 **Textes applicables.**

• **C. trav.**

art. L. 1111-2 [Règle de l'équivalent temps plein de décompte des effectifs de l'entreprise pour l'application des dispositions du Code du travail]

art. L. 1111-3 [Exclusions dans le décompte des effectifs de l'entreprise pour l'application des dispositions du Code du travail]

art. L. 1233-8 [Consultation du CSE sur le projet de licenciement collectif de moins de dix salariés]

art. L. 1233-29 [Consultation du CSE sur le projet de licenciement collectif d'au moins dix salariés dans l'entreprise de moins de cinquante salariés]

art. L. 1235-15 [Irrégularité de la procédure de licenciement collectif en l'absence de représentants du personnel et de procès-verbal de carence malgré le seuil d'effectif atteint]

art. L. 2301-1 [Règles spécifiques de décompte des effectifs de l'entreprise pour l'application des dispositions du Code du travail en matière d'élections professionnelles]

art. L. 2311-1 [Employeurs de droit privé]

art. L. 2311-2 [Obligation de mettre en place un CSE dès atteinte de l'effectif de onze salariés pendant douze mois consécutifs]

art. L. 2312-1 [Attributions du CSE selon l'effectif de l'entreprise]

art. L. 2312-2 [Évolution attributions CSE en fonction effectif (seuil de cinquante salariés)]

art. L. 2312-5 [Attributions du CSE dans l'entreprise de moins de cinquante salariés]

art. L. 2312-8 [Attributions générales du CSE, en matière économique et professionnelle, dans l'entreprise d'au moins cinquante salariés]

art. L. 2312-9 [Attributions générales du CSE, en matière de santé, sécurité et conditions de travail, dans l'entreprise d'au moins cinquante salariés]

art. L. 2312-17 [Consultations et informations récurrentes du CSE dans l'entreprise d'au moins cinquante salariés]

art. L. 2312-18 [Base de données économiques, sociales et environnementales pour l'information et la consultation du CSE dans l'entreprise d'au moins cinquante salariés]

art. L. 2312-19 [Accord sur la fréquence des consultations récurrentes du CSE]

art. L. 2312-39 [Consultation du CSE sur l'opération projetée dans le cadre de projets de restructuration et de compression d'effectif]

art. L. 2312-59 [Alerte pour atteinte aux droits des personnes]

art. L. 2312-60 [Alerte pour danger grave et imminent]

art. L. 2314-1 [Référent du CSE en matière de lutte contre le harcèlement sexuel et les agissements sexistes]

art. L. 2315-19 [Exercice droits reconnus CSE dans l'entreprise de moins de cinquante salariés]

art. L. 2315-36 [Création de la commission de santé sécurité et conditions de travail au sein du CSE]

art. L. 2317-1 [Délit d'entrave à la constitution ou à la libre désignation des membres du CSE]

art. L. 2335-1 [Délit d'entrave relatif à la constitution du comité de groupe]

111.03 **Bibliographie indicative.**

> **Encyclopédies.** *Rep. com., sociétés, trav.*, v° Entreprises en difficulté : salariés, par J.-F. Cesaro et G. Duchange, oct. 2018, actualisation janv. 2025, n°s 3 à 27 – *J.-Cl. Travail Traité*, fasc. 14-3 : Comité social et économique, Attributions, par J.-Y. Kerbourc'h, août 2022, actualisation avr. 2023 – *Rép. trav.*, v° Comité social et économique : attributions générales en matière économique – Entreprises de 50 salariés et plus, par C. Wolmark, oct. 2024 – *Rép. trav.*, v° Comité social et éco-

nomique : expertise, par F. Signoretto, oct. 2024 – *J.-Cl. Travail Traité*, fasc. 15-51 : Comité social et économique, Expert-comptable, Expert économique, Expert libre, par B. Teyssié, mai 2020, actualisation avr. 2022.

> **Ouvrages généraux de droit du travail.** P.-H. Antonmattei, *Droit du travail*, « Précis », Domat, LGDJ, 4e éd., 2024, nos 843 à 968 – G. Auzero, D. Baugard, E. Dockès, *Droit du travail*, 37e éd., « Précis », Dalloz, 2024, no 1138-1316 – F. Bergeron, F. Gaudu, *Droit du travail 2025*, coll. « Droit privé », 11e éd., Dalloz, 2024, no 540- 583 et 593-654 – G. Duchange, F. Favennec-Hery, P.-Y. Verkindt, *Droit du travail*, 9e éd., LGDJ, 2024, nos 424 à 430 – B. Gauriau, M. Miné, *Droit du travail*, 4e éd., « Sirey », Dalloz, 2020, nos 1074 à 1282 – P. Lokiec, *Droit du travail*, 2e éd., Puf, 2022, nos 972 à 974 – G. Loiseau, P. Lokiec, L. Pécaut-Rivolier, Y. Struillou, P.-Y. Verkindt, *Droit de la représentation du personnel 2023/2024*, 2e éd., « Dalloz Action », 2023, nos 411.00-412.13, 421.00-435.24 – Memento pratique, *Comité social et économique et autres représentants du personnel 2024-2025*, Francis Lefebvre, 2025, nos 10 à 4205 – L. Milet, *Le droit des comités sociaux et économiques et des comités de groupe*, 19e éd., LGDJ, 2024, nos 1281 à 1293 – E. Peskine, C. Wolmark, *Droit du travail 2025*, 18e éd., « HyperCours » Dalloz, 2024, no 1224-1285 – J.-E. Ray, *Droit du Travail, Droit vivant*, 33e éd., Liaisons sociales, 2025 – B. Teyssié, *Droit du travail, Relations collectives*, 13e éd., LexisNexis, 2023, no 1006-1017.

> **Articles.** G. Auzéro, « Le comité social et économique », *BJE* 2018. 131 – S. Béal, M. Marguerite, « Le comité social et économique : attributions », *JCP E* 2017, no 1587 – G. Borenfreund, « La représentation des salariés et l'idée de représentation », *Dr. soc.*, 1991, p. 685 ; « La fusion des institutions représentatives du personnel », *RDT* 2017, p. 608 – F. Favennec-Héry, « Une question qui fâche : le millefeuille des IRP », *Dr. soc.*, 2013, p. 250 – P. Le Cohu, « Le comité social et économique : définition, mise en place et fonctionnement », *Gaz. Pal.* 2017, no 43, p. 74 – F. Petit, « Qu'est-ce qu'une institution représentative du personnel ? », *Dr. soc.*, 2002, p. 1073.

SECTION 1
Brève présentation des représentants du personnel élus dans l'entreprise

111.11 Remplacement du comité d'entreprise, du CHSCT et des délégués du personnel par le comité social et économique. On distingue la représentation[1] collective directe des salariés de leur représentation indirecte : la représentation directe se retrouve dans les délégations élues du personnel, tandis que la représentation indirecte s'exprime par l'intermédiaire des organisations syndicales.

Bien qu'énumérées au titre de la représentation collective directe dans le Code du travail[2], les institutions représentatives du personnel peuvent[3] désigner, de manière large, à la fois la représentation élue et la représentation syndicale dans l'entreprise.

Ne sont envisagées que les institutions représentatives élues et spécialement, le comité social et économique (CSE)[4], qui a remplacé les délégués du personnel, le comité d'hygiène de sécurité et des conditions de travail (CHSCT) et le comité d'entreprise depuis l'une des ordonnances du 22 septembre 2017[5]. Il n'existe plus de délégués du personnel, de comité d'entreprise ni de CHSCT depuis le 1er janvier 2020 dans les entreprises soumises à l'obligation de mise en place d'institutions représentatives du personnel issue du Code du travail[6]. Les employeurs devant mettre en place une représentation collective du personnel ont été invités à constituer un comité social et économique à compter du 1er janvier 2018[7], notamment au moment du renouvellement des institutions représentatives du personnel existantes dans l'entreprise, et au plus tard le 31 décembre 2019[8].

111.12 Brève présentation des institutions représentatives du personnel avant l'ordonnance no2017-1386 du 22 septembre 2017. Les élections professionnelles permettant d'élire les délégués du personnel devaient être organisées dans les entreprises dont l'effectif avait atteint onze salariés[9]. Le comité d'entreprise était mis en place à partir du seuil de cinquante salariés dans l'entreprise, de même que le comité d'hygiène de sécurité et des conditions de travail (CHSCT). Délégués du personnel, comités d'entreprise et CHSCT constituaient les structures de base de la représentation élue des salariés. D'autres structures étaient ensuite déclinées en fonction du périmètre de mise en place de l'institution : notamment, comités d'établissement et comité central d'entre-

1. Sur la notion de représentation : G. Borenfreund, « La représentation des salariés et l'idée de représentation », *Dr. soc.* 1991. 685.
2. C. trav., livre III de la 2e partie du code du travail, « Les institutions représentatives du personnel », depuis la recodification en 2008.
3. Par ex. : L. no 82-915, 28 oct. 1982, relative au développement des institutions représentatives du personnel, *JO* 29 oct., p. 3255, dite Loi Auroux, de même que dans la jurisprudence (Soc. 19 févr. 2002, no 00-40.657) et dans la doctrine : not. F. Petit, « Qu'est-ce qu'une institution représentative du personnel ? », *Dr. soc.* 2002. 1073 ; F. Favennec-Héry, « Une question qui fâche : le millefeuille des IRP », *Dr. soc.* 2013. 250.
4. C. trav., titre 1er du livre III de la 2e partie.
5. Ord. no 2017-1386, 22 sept. 2017 relative à la nouvelle organisation du dialogue social et économique dans l'entreprise et favorisant l'exercice et la valorisation des responsabilités syndicales, *JO* 23 sept., no 31. Sur la fusion des institutions représentatives du personnel : G. Borenfreund, « La fusion des institutions représentatives du personnel », *RDT* 2017. 608.
6. C. trav., art. L. 2311-1 (not. employeurs de droit privé).
7. Date d'entrée en vigueur des dispositions de l'ord. no 2017-1386, 22 sept. 2017, *JO* 23 sept., no 31.
8. Ord. no 2017-1386, 22 sept. 2017, art. 9.
9. C. trav., anciens art. L. 2311-1 à L. 2316-1 (antérieurs à ord. no 2017-1386).

prise en présence d'établissements distincts dans l'entreprise, comité d'entreprise au sein de l'unité économique et sociale.

Ces institutions se distinguaient notamment par leur domaine de compétence et leurs attributions. Les délégués du personnel pouvaient émettre des réclamations auprès de l'employeur et disposaient d'un droit propre à être consultés sur certaines questions[1]. La fonction de suppléance du comité d'entreprise était attribuée aux délégués du personnel en cas de carence de comité d'entreprise, constatée par procès-verbal lors des dernières élections professionnelles[2], dans une entreprise d'au moins cinquante salariés : dans ce cas, les délégués du personnel étaient amenés à remplir les attributions économiques du comité d'entreprise avec des moyens équivalents, tels que le recours autorisé à l'assistance d'un expert-comptable, ou l'exercice du droit d'alerte économique[3].

Le comité d'entreprise disposait, notamment, d'attributions économiques importantes et des moyens pour les exercer : personnalité morale, subvention de fonctionnement versée par l'employeur, recours à l'assistance d'un expert financé par l'employeur... Si le comité d'entreprise ne disposait d'aucun pouvoir de contrôle ou de gestion en matière professionnelle et économique, il devait être informé et consulté avant toute décision de l'employeur dans le domaine de ses attributions (not., gestion et marche générale de l'entreprise, conditions de travail, formation professionnelle, restructuration, compression d'effectif...). Il ne disposait pas, en principe[4], du pouvoir de négocier conventions et accords collectifs dans l'entreprise dans la mesure où ce pouvoir était réservé aux organisations syndicales représentatives représentées par le délégué syndical dans l'entreprise. Le CHSCT était compétent dans le champ qui lui était spécifiquement attribué : celui de la protection de la sécurité et de la santé des travailleurs et des conditions de travail. Il disposait du droit d'agir en justice dans son champ de compétence matérielle. Toute décision de l'employeur relative, notamment, à un projet d'aménagement important modifiant les conditions de santé et de sécurité ou les conditions de travail, devait faire l'objet d'une consultation du CHSCT[5].

1. Not. détermination de la période de congés payés, recherche de reclassement du salarié déclaré inapte par le médecin du travail, licenciement collectif pour motif économique, règlement intérieur...
2. C. trav., anc. art. L. 2313-13 (antérieur à ord. n° 2017-1386).
3. C. trav., anc. art. L. 2313-14 (antérieur à ord. n° 2017-1386).
4. À l'exception, par ex., des accords de participation et d'intéressement.
5. C. trav., anc. art. L. 4612-8-1 (antérieur à ord. n° 2017-1386).

111.13 Présentation des institutions représentatives du personnel après l'ordonnance n°2017-1386 du 22 septembre 2017. Le livre III de la 2e partie du Code du travail, intitulé « les institutions représentatives du personnel », comprend désormais onze titres dont le plus volumineux est le premier portant sur le comité social et économique (CSE), résultant de la fusion du comité d'entreprise, des délégués du personnel et du CHSCT.

Le deuxième titre présente une nouvelle institution, le conseil d'entreprise créé par l'ordonnance du 22 septembre 2017[6], recueillant à la fois les attributions du CSE et celles du délégué syndical de négociation et de conclusion des accords collectifs dans l'entreprise. Le comité de groupe, traité au titre III, n'a pas subi de modification ni de suppression par la réforme des ordonnances du 22 septembre 2017 en dehors des nécessaires adaptations de texte.

Le comité de groupe doit être constitué au sein du groupe formé par une entreprise appelée entreprise dominante, dont le siège social est situé sur le territoire français, et les entreprises qu'elle contrôle dans les conditions définies au livre II du Code de commerce.

Les dispositions sur le comité d'entreprise européen et l'implication des salariés dans la société européenne, la société coopérative européenne, ou les sociétés issues de fusions transfrontalières n'ont pas été modifiées par la réforme des ordonnances du 22 septembre 2017.

111.14 Obligation de mise en place d'un comité social et économique. En droit interne, la présence et l'intervention des représentants du personnel dans l'entreprise reposent sur le droit, à valeur constitutionnelle, des salariés à participer à la gestion de l'entreprise, énoncé à l'alinéa 8 du Préambule de la Constitution du 27 octobre 1946 dans les termes suivants : « Tout travailleur participe, par l'intermédiaire de ses délégués, à la détermination collective des conditions de travail ainsi qu'à la gestion des entreprises. » Pour les employeurs visés à l'article L. 2311-1 du Code du travail, et notamment, les employeurs de droit privé, le Code[7] pose le principe de l'obligation de mettre en place un CSE dès que l'effectif de onze salariés a été atteint pendant douze mois consécutifs.

Les règles de décompte des effectifs sont déterminées à partir, d'une part, des règles générales de décompte des effectifs énoncées pour la mise en œuvre des dispositions du Code du travail[8], et d'autre part, des règles spécifiques de décompte fixées pour la mise en œuvre du livre III de la 2e partie du Code du travail

6. Ord. n° 2017-1386, 22 sept. 2017.
7. C. trav., art. L. 2311-2.
8. C. trav., art. L. 1111-2 et L. 1111-3.

concernant les institutions représentatives du personnel[1]. Ainsi, conformément aux premières, on ne calcule pas un effectif en « âmes » mais en équivalent temps plein en proratisant, par exemple, le temps de travail des salariés à temps partiel et le temps de présence au cours des douze mois précédents des salariés en contrat à durée déterminée[2]. Les titulaires d'un contrat d'apprentissage ou de professionnalisation restent exclus du décompte[3]. En revanche, les règles de décompte spécifiques à l'application des dispositions relatives aux institutions représentatives du personnel[4] prévoient la prise en compte, dans le calcul des effectifs, de certains contrats aidés[5].

Dès lors que le seuil de onze salariés (équivalent temps plein) a été atteint pendant douze mois consécutifs dans l'entreprise, l'employeur doit mettre en place un CSE[6].

Avant la réforme mise en œuvre par les ordonnances du 22 septembre 2017, l'employeur devait mettre en place les délégués du personnel lorsque le seuil d'effectif avait atteint onze salariés pendant douze mois, consécutifs ou non, au cours des trois derniers exercices, et le comité d'entreprise et le CHSCT lorsque le seuil d'effectif de cinquante salariés était atteint selon les mêmes modalités. Désormais, les attributions du CSE, mis en place dans l'entreprise d'au moins onze salariés, évoluent en fonction de l'augmentation des effectifs. Lorsque l'effectif de l'entreprise a atteint le seuil de cinquante salariés pendant douze mois consécutifs, l'article L. 2312-2 du Code du travail prévoit une période transitoire de douze mois[7] pour l'exercice par le CSE de l'intégralité de ses attributions. Le CSE n'exerce l'ensemble des attributions récurrentes d'information et de consultation dans l'entreprise d'au moins cinquante salariés qu'à l'issue de cette période de transition de douze mois. Cela conduit à retenir que les attributions d'information et de consultation ponctuelles, telles que celle liée à un projet de licenciement économique, sont exercées immédiatement.

111.15 Sanctions de l'obligation de mise en place du comité social et économique. L'obligation de mise en place du CSE est sanctionnée en droit pénal comme en droit du travail.

Au plan pénal, l'article L. 2317-1 du Code du travail punit le fait d'apporter une entrave soit à la constitution d'un comité social et économique, d'un comité social et économique d'établissement ou d'un comité social et économique central, soit à la libre désignation de leurs membres d'un emprisonnement d'un an et une amende de 7 500 euros[8]. Ne pas constituer et réunir pour la première fois un comité de groupe, ou apporter une entrave à la désignation de ses membres, peuvent également constituer le délit d'entrave sanctionné par les peines d'emprisonnement d'un an et d'amende de 7 500 euros[9]. Si la caractérisation et la sanction du délit d'entrave à la mise en place du CSE sont rares en pratique, elles ne sont pas hypothétiques[10].

La sanction de l'entrave à la mise en place du CSE peut être de nature civile : les victimes de l'infraction, personnes physiques ou morales, peuvent demander réparation du préjudice consécutif au délit. Sur le plan civil encore, les salariés de l'entreprise concernée par le manquement de l'employeur sont recevables à solliciter réparation de leur préjudice devant le juge du contrat de travail. En effet, l'employeur qui n'a pas accompli, bien qu'il y soit légalement tenu, les diligences nécessaires à la mise en place d'institutions représentatives du personnel, sans qu'un procès-verbal de carence ait été établi, commet une faute qui cause un préjudice aux salariés, privés ainsi d'une possibilité de représentation et de défense de leurs intérêts[11].

L'article L. 1235-15 du Code du travail dit irrégulière toute procédure de licenciement pour motif économique dans une entreprise où le comité social et économique n'a pas été mis en place alors qu'elle est assujettie à cette obligation et qu'aucun procès-verbal de carence n'a été établi. Le texte prévoit le droit pour le salarié à une indemnité qui ne peut être inférieure à un mois de salaire[12].

1. C. trav., art. L. 2301-1.
2. C. trav., art. L. 1111-2.
3. C. trav., art. L. 1111-3.
4. C. trav., art. L. 2301-1.
5. Par ex. : titulaires d'un contrat d'accompagnement dans l'emploi.
6. C. trav., art. L. 2311-2.
7. À compter de la date à laquelle le seuil de cinquante salariés a été atteint pendant douze mois consécutifs ou à compter du renouvellement du CSE si la durée des mandats de ses membres restant à courir est inférieure à un an, ou dans le cas d'une première mise en place du CSE, à compter de sa constitution.
8. Montant maximum de l'amende multiplié par cinq lorsqu'elle est appliquée à une personne morale (C. pén., art. 131-38).
9. C. trav., art. L. 2335-1.
10. Crim. 4 juin 2019, n° 18-82.504 : à propos de faits commis avant l'entrée en vigueur des textes issus des ordonnances du 22 sept. 2017 et en application des dispositions transitoires maintenant en application les textes antérieurs aux ordonnances jusqu'à la mise en place du CSE entre le 1er janv. 2018 et le 31 déc. 2019 ; – Crim. 17 oct. 2023, n° 22-84.021 : concernant la représentation des salariés (pilotes) employés en permanence en France par une société ayant son siège dans un autre État membre de l'Union européenne (compagnie aérienne).
11. Soc. 8 janv. 2020, n° 18-20.591 ; – Soc. 27 janv. 2021, n° 19-15.954 ; – Soc. 25 janv. 2023, n° 21-21.311 – Soc. 28 juin 2023, n° 22-11.699.
12. Pour une illustration sous le régime de l'article L. 1235-15 du Code du travail dans sa version antérieure à l'Ord. n° 2017-1386, 22 sept. 2017, *JO* 23 sept. n° 31 (transposable à l'obligation d'organiser les élections pour mettre en place le CSE) : Soc. 17 oct. 2018, n° 17-14.392 ; – Soc. 9 juin 2021, nos 20-11.798 à 20-11.802.

La question peut se poser des conséquences civiles de l'absence de consultation des représentants du personnel sur la décision qui aurait dû en faire l'objet : pourrait-elle être considérée comme inopposable au salarié ? Sa mise en œuvre par l'employeur peut-elle être suspendue par un juge ? Il ne semble pas que la sanction de l'inopposabilité de la décision au salarié puisse être retenue[1]. En revanche, l'absence de consultation des représentants du personnel avant la mise en œuvre d'un projet dans le cas où elle est légalement obligatoire, a pu être considérée comme constituant un trouble manifestement illicite, justifiant qu'il soit ordonné à l'employeur de procéder à la consultation et de suspendre la mise en œuvre du projet social dans cette attente[2].

SECTION 2
Présentation générale des attributions du CSE

111.21 CSE dans l'entreprise de moins de cinquante salariés. Dans l'entreprise de moins de cinquante salariés, les représentants du personnel au comité social et économique (CSE) exercent individuellement[3] les droits qui sont reconnus au comité. Depuis la réforme issue de l'ordonnance du 22 septembre 2017[4], l'article L. 2312-1 du Code du travail énonce, concernant le comité social et économique dont l'intitulé est le même quelles que soient les attributions confiées, que celles-ci sont définies en fonction de l'effectif de l'entreprise. Lorsqu'un CSE est mis en place dans une entreprise de moins de cinquante salariés, ses membres exercent, de manière schématique, les attributions auparavant remplies par les délégués du personnel. Ainsi, comme les délégués du personnel auparavant, les membres du CSE, dit à « attributions restreintes » ou « attributions réduites », présentent à l'employeur les réclamations individuelles et collectives des salariés relatives, notamment, aux salaires, à l'application des dispositions légales, concernant notamment la protection sociale, ainsi que des conventions et accords applicables dans l'entreprise. Ils peuvent également, comme auparavant, saisir l'inspection du travail à ce titre.

Les attributions consultatives du CSE à attributions réduites sont disséminées dans le Code du travail. À celles remplaçant les consultations du « comité d'entreprise ou à défaut des délégués du personnel » s'ajoutent celles qui ont été créées concomitamment ou postérieurement à la création du CSE. À titre d'illustration pour les premières, la consultation des membres du CSE sur un projet de licenciement collectif pour motif économique s'impose à l'employeur[5]. Des consultations du CSE sont prévues, comme l'était celle des délégués du personnel, en matière de reclassement d'un salarié déclaré inapte par le médecin du travail, en matière de durée du travail ou dans le cadre de l'adoption du règlement intérieur dans l'entreprise (mise en place volontaire du règlement intérieur par l'employeur dans la mesure où le seuil d'effectif déclenchant l'obligation d'élaboration du règlement intérieur dans l'entreprise est passé de vingt salariés à cinquante salariés pendant douze mois consécutifs depuis le 1er janvier 2020 en application de la loi du 22 mai 2019[6]). Parmi les consultations créées depuis l'apparition du CSE, se trouve la consultation sur la charte que peut adopter l'employeur pour mettre en place le télétravail dans l'entreprise en l'absence d'accord collectif.

La compétence du CSE dans l'entreprise de moins de cinquante salariés a été élargie en matière de santé : sa contribution à la promotion de la santé, la sécurité et l'amélioration des conditions de travail est affirmée[7]. En dehors du droit d'alerte en cas d'atteinte aux droits des personnes, à leur santé physique et mentale ou aux libertés individuelles, les délégués du personnel ne disposaient pas d'attributions spécifiques en matière de santé, de sécurité et de conditions de travail. Une telle compétence n'était envisagée qu'en cas de suppléance des délégués du personnel dans l'entreprise d'au moins cinquante salariés dépourvue de CHSCT en présence d'un procès-verbal de carence, ou dans les établissements de moins de cinquante salariés, en l'absence de CHSCT dans l'entreprise d'au moins cinquante salariés. Désormais, le CSE à attributions réduites dispose d'une véritable mission en matière de santé, sécurité et conditions de travail.

Le CSE à attributions réduites dispose désormais du droit d'alerte pour danger grave et imminent[8], s'ajoutant au droit d'alerte en cas d'atteinte aux droits des personnes[9].

Le CSE doit disposer d'un référent, désigné parmi ses membres, en matière de lutte contre le harcèlement sexuel et les agissements sexistes[10] quel que soit l'effectif de l'entreprise.

1. Soc. 18 sept. 2019, n° 17-31.274 – À propos du travail de nuit : Soc. 8 nov. 2017, n° 16-15.584 – À propos de la modification de l'horaire collectif de travail dans l'entreprise : Soc. 7 mai 2024, n° 22-23.032.
2. Soc. 10 juill. 2019, n° 18-10.815 ; – Soc. 27 nov. 2024, n° 23-13.806.
3. C. trav., art. L. 2315-19.
4. Ord. n° 2017-1386.
5. C. trav., art. L. 1233-8 ou L. 1233-29, selon le nombre de salariés dont le licenciement est envisagé.
6. L. n° 2019-486, 22 mai 2019 relative à la croissance et la transformation des entreprises, *JO* 23 mai, n° 2.
7. C. trav., art. L. 2312-5.
8. C. trav., art. L. 2312-60.
9. C. trav., art. L. 2312-59.
10. C. trav., L. 2314-1.

111.22 CSE dans l'entreprise d'au moins cinquante salariés. Tandis que la majeure partie des attributions du CSE dans l'entreprise de moins de cinquante salariés tient dans le seul article L. 2312-5 du Code du travail, les attributions du CSE dans l'entreprise d'au moins cinquante salariés sont détaillées de l'article L. 2312-8 à l'article L. 2312-84 du même Code.

Le comité social et économique (CSE) mis en place dans l'entreprise d'au moins cinquante salariés, CSE à « attributions élargies », exerce toutes les attributions du comité à attributions réduites. À ce champ de compétence s'ajoutent toutes les attributions issues de l'héritage du comité d'entreprise et du CHSCT.

Le CSE dans l'entreprise d'au moins cinquante salariés dispose de la personnalité morale et perçoit, comme le comité d'entreprise auparavant, deux subventions versées par l'employeur, l'une au titre de son fonctionnement et l'autre au titre des activités sociales et culturelles dont il assure la gestion.

Au titre de ses attributions générales, le CSE dans l'entreprise d'au moins cinquante salariés, a pour mission, comme le comité d'entreprise auparavant, d'assurer une expression collective des salariés permettant la prise en compte permanente de leurs intérêts dans les décisions relatives à la gestion et à l'évolution économique et financière de l'entreprise, à l'organisation du travail, à la formation professionnelle et aux techniques de production [1]. Ces attributions s'exercent notamment à travers l'avis recueilli par l'employeur dans le cadre de l'information et de la consultation du CSE.

À ce titre, par exemple, il est « saisi en temps utile des projets de restructuration et de compression des effectifs » [2] et émet un avis sur l'opération projetée et ses modalités d'application. Cette consultation double la consultation sur le projet de licenciement collectif pour motif économique prévue dans les dispositions du Code du travail portant sur le licenciement économique [3].

De manière générale, le CSE est consulté par l'employeur à chaque fois que ce dernier envisage de prendre une décision relative au champ de compétences économique, professionnel et social du comité. Au-delà des consultations ponctuelles relevant de ses attributions générales ou prévues expressément, le CSE dispose d'attributions consultatives récurrentes, prévues annuellement [4], au titre des orientations stratégiques de l'entreprise, de sa situation économique et financière et de sa politique sociale, des conditions de travail et de l'emploi. Dans l'entreprise d'au moins cinquante salariés, l'employeur doit mettre place une base de données économiques, sociales et environnementales (BDESE) destinée à contenir toutes les informations dont doit disposer le CSE pour son information récurrente et sa consultation [5].

En matière de santé, de sécurité et de conditions de travail, le CSE a hérité des missions du CHSCT [6]. Dans les entreprises d'au moins trois cents salariés, une commission santé, sécurité et conditions de travail (CSSCT) est créée [7]. Il ne s'agit aucunement d'une instance distincte du CSE : la CSSCT se voit confier, par délégation du comité social et économique, tout ou partie des attributions du comité relatives à la santé, à la sécurité et aux conditions de travail, à l'exception du recours à un expert et des attributions consultatives du comité. Toute consultation en matière de santé donne donc lieu à un avis du CSE exclusivement.

Le droit d'alerte a été rationalisé à partir de quatre alertes intervenant chacune dans un champ distinct : les alertes exercées par le CSE quelle que soit la taille de l'entreprise (danger grave et imminent et atteinte à la santé et aux droits des personnes [8]) et les alertes dont seul le CSE à attributions élargies dispose, le droit d'alerte économique [9] et le droit d'alerte sociale [10].

Le CSE a attributions élargies peut avoir recours à un expert dont le coût est financé en totalité ou en partie par l'employeur selon le motif du recours ou la consultation dont il s'agit [11].

1. C. trav., art. L. 2312-8.
2. C. trav., art. L. 2312-39 depuis ord. n° 2017-1386, 22 sept. 2017, *JO* 23 sept., n° 31 (anc. art. L. 2323-31, antérieur à ord. n° 2017-1386).
3. C. trav., art. L. 1233-8 et L. 1233-29, par ex.
4. C. trav., art. L. 2312-17 et s. ; – Consultation récurrente annuelle sauf accord fixant une périodicité différente sans pouvoir dépasser trois années : C. trav., art. L. 2312-19.
5. C. trav., art. L. 2312-18.
6. C. trav., art. L. 2312-9.
7. C. trav., art. L. 2315-36.
8. Alerte en cas d'atteinte aux droits des personnes, à leur santé physique et mentale ou aux libertés individuelles dans l'entreprise qui ne serait pas justifiée par la nature de la tâche à accomplir, ni proportionnée au but recherché (C. trav., art. L. 2312-59).
9. Sur le droit d'alerte économique du CSE, v. s^s n°s 112.21 à 112.27.
10. En cas de recours abusif aux contrats à durée déterminée par ex.
11. Sur le recours du CSE à l'expertise, v. s^s n° 112.14.

CHAPITRE

112. Détection des difficultés

SECTION 0 ORIENTEUR

112.00 **Sommaire du chapitre.**

Sect. 1 Droit à l'information du comité social et économique 112.11 à 112.16
Sect. 2 Droit d'alerte économique du comité social et économique 112.21 à 112.27

112.01 **Textes applicables.**

• **C. com.**

art. L. 230-1 [Définition de la taille des entreprises]

art. L. 230-2 [Définition de la taille du groupe de sociétés]

art. L. 232-3 [Information du CSE au sein des sociétés commerciales]

art. L. 232-4 [Information du CSE au sein des sociétés commerciales]

art. L. 232-6-3 [Information du CSE en matière de durabilité au sein de certaines grandes entreprises]

art. L. 233-28-4 [Information du CSE en matière de durabilité dans la société consolidante d'un grand groupe]

• **C. trav.**

art. L. 1233-35-1 [Contestation par l'employeur de la désignation d'un expert par le CSE dans le cadre de la consultation sur un projet de licenciement collectif d'au moins dix salariés]

art. L. 1235-12 [Sanction non-respect des dispositions sur l'information et la consultation du CSE dans la procédure de licenciement collectif]

art. L. 2312-15 [Modalités d'exercice des attributions consultatives du CSE]

art. L. 2312-17 [Consultations et informations récurrentes du CSE dans l'entreprise d'au moins cinquante salariés]art. L. 2312-18 [BDESE]

art. L. 2312-24 [Contenu de l'information et la consultation du CSE sur les orientations stratégiques]

art. L. 2312-25 [Contenu l'information et la consultation du CSE sur la situation économique et financière]

art. L. 2312-36 [Accès aux informations de la BDESE]

art. L. 2312-57 [Information du CSE un mois après chaque élection]

art. L. 2312-63 [Déclenchement et déroulement de la procédure d'alerte économique]

art. L. 2312-64 [Moyens du CSE dans le cadre de la procédure d'alerte économique]

art. L. 2312-65 [Issue de la procédure d'alerte économique]

art. L. 2312-66 [Réponse de l'organe dirigeant saisi par le CSE dans le cadre de la procédure d'alerte]

art. L. 2312-67 [Confidentialité des informations communiquées dans le cadre de l'alerte économique]

art. L. 2312-69 [Information du CSE dans l'entreprise d'au moins 300 salariés]

art. L. 2312-72 [Information des membres du CSE participant aux conseils d'administration ou de surveillance]

art. L. 2312-73 [Information des membres du CSE participant aux conseils d'administration ou de surveillance]

art. L. 2315-3 [CSE tenu au secret professionnel au titre des données relatives aux procédés de fabrication et à une obligation de discrétion]

art. L. 2315-46 [Commission économique du CSE]

art. L. 2315-63 [Formation économique des membres du CSE]

art. L. 2315-78 [Recours du CSE à un expert]

art. L. 2315-80 [Répartition du financement du recours à l'expert par le CSE]

art. L. 2315-86 [Action en contestation par l'employeur du recours à l'expert]

art. L. 2315-92 [Cas de recours à un expert-comptable]

art. L. 2316-3 [Compétence du CSE central dans la désignation d'un expert]

art. L. 2317-1 [Délit d'entrave à la constitution ou à la libre désignation des membres du CSE ainsi qu'au fonctionnement du CSE]

art. R. 2312-7 [Contenu de la BDESE]

art. R. 2312-29 [Procédure d'alerte économique dans les sociétés avec conseil d'administration ou de surveillance]

art. R. 2312-30 [Procédure d'alerte économique dans les sociétés dépourvues de conseil d'administration ou de surveillance]

art. R. 2315-49 [Action en contestation par l'employeur du recours à l'expert]

art. R. 2315-50 [Action en contestation par l'employeur du recours à l'expert]

• **C. pén.**

art. 226-13 [Sanction de la révélation d'une information à caractère secret]

• **C. mut.**

art. L. 114-42 [Droit d'alerte économique du comité d'entreprise au sein d'une mutuelle, union à mission]

112.02 Jurisprudence de référence.

> Il appartient au seul expert-comptable désigné par le comité d'entreprise par application des articles L. 2323-78 et L. 2325-35 du Code du travail de déterminer les documents utiles à l'exercice de sa mission ; la procédure d'alerte étant toujours en cours, le juge de la mise en état peut ordonner la communication à l'expert-comptable des pièces que celui-ci sollicitait

• **Soc. 25 sept. 2013,** n° 11-27.055

> La résolution du comité d'établissement mettant en œuvre la procédure d'alerte, alors qu'il n'est pas investi de cette prérogative, doit être annulée

• **Soc. 26 sept. 2012,** n° 11-12.548

112.03 Bibliographie indicative.

> Encyclopédies. *Rep. com., sociétés, trav.*, v° Entreprises en difficulté : salariés, par J.-F. Cesaro et G. Duchange, oct. 2018, actualisation janv. 2025, n°s 3 à 27 – *J.-Cl. Travail Traité*, fasc. 14-3 : Comité social et économique, Attributions, par J.-Y. Kerbourc'h, août 2022, actualisation janv. 2025 – *Rép. trav.*, v° Comité social et économique : attributions générales en matière économique – Entreprises de 50 salariés et plus, par C. Wolmark, oct. 2024 – *Rép. trav.*, v° Comité social et économique : expertise, par F. Signoretto, oct. 2024 – *J.-Cl. Travail Traité*, fasc. 15-51 : Comité social et économique, Expert-comptable, Expert économique, Expert libre, par B. Teyssié, mai 2020, actualisation mai 2025.

> Ouvrages généraux

Droit du travail. P.-H. Antonmattei, *Droit du travail*, « Précis », Domat, LGDJ, 4e éd., 2024, nos 876-894 – G. Auzero, D. Baugard, E. Dockès, 2024/2025, *Droit du travail*, 37e éd., « Précis », Dalloz, 2023, n° 1273-1315 – F. Bergeron, F. Gaudu, *Droit du travail 2025*, Dalloz, coll. Droit privé, 11e éd., 2024, n° 616-654 – G. Duchange, F. Favennec-Hery, P.-Y. Verkindt, *Droit du travail*, 9e éd., LGDJ, 2024, n° 424-430 – B. Gauriau, M. Miné, *Droit du travail*, 4e éd., « Sirey », Dalloz, 2020, nos 1185 à 1190 – P. Lokiec, *Droit du travail*, 2e éd., Puf, 2022, nos 968-970 – G. Loiseau, P. Lokiec, L. Pécaut-Rivolier, Y. Struillou, P.-Y. Verkindt, *Droit de la représentation du personnel 2023/2024*, 2e éd., « Dalloz Action », 2023, n° 433.31-433.34 – Memento pratique, *Comité social et économique et autres représentants du personnel*, 2024-2025, Francis Lefebvre, 2025, nos 10-4205, 89200-89350 – L. Milet, *Le droit des comités sociaux et économiques et des comités de groupe*, 19e éd., LGDJ, 2024, nos 1281-1293 – B. Teyssié, *Droit du travail, Relations collectives*, 13e éd., LexisNexis, 2023, n° 1006-1017.

Droit des entreprises en difficulté. M.-L. Coquelet, *Entreprises en difficulté*, 7e éd., « Hypercours », Dalloz, 2022, n° 39 – G. C. Giorgini, *Cours de droit des entreprises en difficulté*, 2020/2021, Lextenso, 3e éd. 2020, p. 49-51 – A. Jacquemont, N. Borga et Th. Mastrullo, *Droit des entreprises en difficulté*, 13e éd., « Manuel », LexisNexis, 2024, nos 66 à 70 – P. Le Cannu et D. Robine, *Droit des entreprises en difficulté*, 10e éd., « Précis », Dalloz, 2025, nos 50-57 – P.-M. Le Corre, avec la collaboration de G. Berthelot, D. Boustani-Aufan, P. Cagnoli, B. Ferrari, G. C. Giorgini, M. Guastella, L.-C. Henry, E. Le Corre-Broly, D.-E. Meynet, *Droit et pratique des procédures collectives 2025/2026*, 13e éd., « Dalloz Action », 2024, nos 122.41-122.44 – A. Lienhard, *Procédures collectives 2020/2021*, 9e éd., « Delmas », Dalloz, 2020, n° 014.71 – F.-X. Lucas, *Manuel de droit de la faillite*, 4e éd., « Droit fondamental », Puf, 2022, n° 11 – M. Menjucq, B. Saintourens, B. Soinne (dir.), *Traité des procédures collectives*, LexisNexis, 3e éd., 2021, nos 196-200 – F. Pérochon, avec le concours de F. Reille, M. Laroche, V. Martineau-Bourgninaud, Th. Favario, A. Donnette, *Entreprises en difficulté*, 12e éd., « Manuel », LGDJ-Lextenso, 2024, nos 141-149 – C. Saint-Alary-Houin, avec la collaboration de M.-H. Monsèrié-Bon et C. Houin-Bressand, *Droit des entreprises en difficulté*, 14e éd., « Domat », LGDJ-Lextenso, 2024, nos 180-194 – C. Saint-Alary-Houin et M.-H. Monsèrié-Bon, *Prévention et traitement amiable des difficultés des entreprises*, LGDJ, Droit du paiement, 2018, nos 280 à 306 – J. Vallansan, L. Fin-Langer (collab.), *Guide des procédures collectives 2025/2026*, LexisNexis, 2024, n° 45.

> Articles. I. Desbarats, G. Jazottes, « La directive CSRD : un levier de déploiement pour les représentants des salariés aux conseils ? (Conseils d'administration et de surveillance) », *Dr. soc.* 2024. 957 – A. Donnette, « Droit d'alerte du comité d'entreprise au sein d'une filiale : la société mère peut être concernée », *BJE* 2017, n° 1, p. 43, BJE114c2 ; « Le droit d'alerte du comité d'entreprise », *CSB*. 2015, n° 277, p. 455, CSB116t5 ; « L'alerte du comité d'entreprise : une liberté surveillée », *BJE* juill. 2012, Doctr. 116 ; « Exercice du droit d'alerte et étendue du pouvoir d'appréciation du comité d'entreprise : les doutes dissipés ? », *Lamy dr. aff.* avr. 2011, n° 59, p. 51 – L. Fin-Langer, « Le traitement des signaux faibles en droit du travail », *Rev. proc. coll.*, n° 2, mars-avril 2024, dossier 11 – M. Gandin, « Information et consultation des représentants des salariés dans le cadre de la prévention des difficultés – Loi du 26 juillet 2005 de sauvegarde des entreprises », *JCP E* 2006, n° 2557, p. 1838 – M. Jeantin, « La loi du 1er mars 1984 relative à la prévention et au règlement amiable des difficultés des entreprises », *Dr. soc.* 1984. 599 – M. Morand, « Les représentants du personnel et le déroulement de la procédure d'alerte interne », *JCP E* 1988, n° 15357 – F. Macorig-Venier, « Le droit d'alerte du comité d'entreprise en cas de difficultés de l'entreprise », *RTD com.* 2002. 720 – J.-L. Navarro, « Le CSE et le nouveau rapport de durabilité : un volet de la réforme bien imparfait », *Dr. soc.* 2024. 992 – R. Vatinet, « Les droits des salariés face aux difficultés économiques des entreprises ; un exemple d'interpénétration du droit commercial et du droit du travail », *JCP E* 1985. II. 14546.

112.04 Questions essentielles.

> Qui est titulaire du droit d'alerte économique ?

* V. ss n° 112.22

> Quelle est l'étendue du pouvoir d'appréciation du comité social et économique dans l'exercice de son droit d'alerte ?

* V. ss n° 112.24

SECTION 1
DROIT À L'INFORMATION DU COMITÉ SOCIAL ET ÉCONOMIQUE

112.11 Droit autonome à l'information. Le comité social et économique (CSE) dispose d'un droit propre à l'information : il peut s'agir d'un droit autonome ou d'un droit attaché au motif de sa consultation. Les dispositions relatives à son information relèvent des attributions du CSE dans l'entreprise d'au moins cinquante salariés.

Au titre de son droit propre et autonome à l'information, un mois après chaque élection, l'employeur communique au CSE dans l'entreprise d'au moins cinquante salariés, une documentation économique et financière précisant la forme juridique de l'entreprise et son organisation, les perspectives économiques de l'entreprise telles qu'elles peuvent être envisagées, la position de l'entreprise au sein du groupe le cas échéant et, compte tenu des informations dont dispose l'employeur, la répartition du capital entre les actionnaires détenant plus de 10 % du capital et la position de l'entreprise dans la branche d'activité à laquelle elle appartient[1].

Les membres du CSE participant aux conseils d'administration ou de surveillance de l'employeur ont droit aux mêmes documents que ceux adressés ou remis aux membres de ces instances à l'occasion de leurs réunions[2].

Dans l'entreprise d'au moins trois cents salariés, l'employeur met, chaque trimestre, à la disposition du comité social et économique, des informations sur l'évolution générale des commandes et l'exécution des programmes de production, les éventuels retards de paiement de cotisations sociales par l'entreprise et l'évolution des effectifs et de la qualification des salariés par sexe[3].

En outre, le Code de commerce prévoit, au sein des sociétés commerciales, la communication au « comité d'entreprise » des rapports écrits sur l'évolution de la société, à partir de l'analyse de ses documents comptables[4]. Malgré la modification de l'article L. 232-3 du Code de commerce par la loi du 22 mai 2019[5], les termes « comité d'entreprise » n'ont pas été remplacés par « comité social et économique » (CSE). Il faut toutefois y lire CSE présent dans l'entreprise d'au moins cinquante salariés, c'est-à-dire le CSE à attributions élargies.

1. C. trav., art. L. 2312-57.
2. C. trav., art. L. 2312-73.
3. C. trav., art. L. 2312-69.
4. C. com., art. L. 232-3 et L. 232-4.
5. L. nº 2019-486, 22 mai 2019 relative à la croissance et la transformation des entreprises, *JO* 23 mai, nº 2.

112.12 Droit à l'information du CSE consécutif à ses attributions consultatives. Le CSE est également titulaire d'un droit à l'information corrélé à ses attributions consultatives : il doit disposer à cette fin d'un délai d'examen suffisant et d'informations précises et écrites transmises ou mises à disposition par l'employeur, et de la réponse motivée de l'employeur à ses propres observations[6].

La détection de difficultés par le CSE peut s'effectuer à plusieurs occasions dans le cadre de sa mission consultative : le CSE est en effet consulté annuellement sur les orientations stratégiques de l'entreprise et sur sa situation économique et financière. Plus précisément, lorsqu'il est consulté sur les orientations stratégiques de l'entreprise, le CSE est également consulté sur leurs conséquences sur l'activité, l'emploi, l'évolution des métiers et des compétences, l'organisation du travail, le recours à la sous-traitance, à l'intérim, à des contrats temporaires et à des stages[7].

Les informations que doit transmettre l'employeur au CSE dans le cadre de sa consultation annuelle sur la situation économique et financière de l'entreprise sont également déterminées de manière précise : il s'agit par exemple des informations sur l'activité et sur la situation économique et financière de l'entreprise ainsi que sur ses perspectives pour l'année à venir, à travers notamment les différents documents comptables établis en fonction la forme sociale de l'entreprise[8]. La consultation annuelle sur la situation économique et financière de l'entreprise porte également sur la politique de recherche et de développement technologique de l'entreprise, y compris sur l'utilisation du crédit d'impôt pour les dépenses de recherche. L'employeur remplit son obligation de communiquer les pièces utiles à la consultation annuelle sur les comptes, dès lors qu'il met à disposition du comité d'entreprise, et par suite de l'expert désigné par ce dernier, le détail des éléments de rémunération ou des éléments concernant les fournisseurs relatifs à l'année qui fait l'objet du contrôle et aux deux années précédentes[9]. La décision serait la même s'il s'agissait du CSE. L'information du CSE au titre des consultations récurrentes a été étendue[10] aux informations en matière de durabilité dans les grandes entrepri-

6. C. trav., art. L. 2312-15.
7. C. trav., art. L. 2312-24.
8. C. trav., art. L. 2312-25.
9. Soc. 25 mars 2020, nº 18-22.509.
10. Ord. nº 2023-1142, 6 déc. 2023 relative à la publication et à la certification d'informations en matière de durabilité et aux obligations environnementales, sociales et de gouvernement des sociétés commerciales, *JO* 7 déc., nº 19 (transposition Dir. UE nº 2022/2464 du Parlement européen et du Conseil du 14 déc. 2022) ; J.-L. Navarro, « Le CSE et le nouveau rapport de durabilité : un volet de la réforme bien imparfait », *Dr. soc.* 2024. 992.

ses[1] au sens de l'article L. 230-1 du Code de commerce et dans des sociétés consolidantes au sein d'un grand groupe[2] au sens de l'article L. 230-2 du même code : les informations en matière de durabilité doivent notamment permettre de déterminer les incidences de l'activité de l'entreprise sur les enjeux de durabilité et la manière dont ces enjeux sont susceptibles d'influer sur l'évolution de l'activité et de la situation économique de l'entreprise. Au cours de l'une au moins des trois consultations récurrentes, au choix de l'employeur, le comité social et économique est consulté sur les informations en matière de durabilité[3].

112.13 Modalités d'exercice du droit à l'information du CSE. La loi relative à la sécurisation de l'emploi[4] a créé un outil destiné à contenir les informations qui doivent être communiquées par l'employeur aux représentants du personnel dans l'entreprise d'au moins cinquante salariés : une base de données économiques et sociales (BDES), devenue base de données économiques, sociales et environnementales (BDESE)[5] depuis la loi du 22 août 2021[6]. La base de données « rassemble l'ensemble des informations nécessaires aux consultations et informations récurrentes que l'employeur met à disposition du comité social et économique »[7]. La BDESE permet la mise à disposition des informations nécessaires aux trois consultations récurrentes du CSE. « L'ensemble des informations de la base de données contribue à donner une vision claire et globale de la formation et de la répartition de la valeur créée par l'activité de l'entreprise »[8]. Le Code du travail détaille les thèmes des informations que doit contenir la BDESE : que ce soit, à titre d'exemple, les informations liées aux investissements dont l'investissement matériel et immatériel, les fonds propres et l'endettement, les éléments de rémunération des salariés et dirigeants, la rémunération des financeurs ou les flux-financiers à destination de l'entreprise comprenant les aides publiques et les crédits d'impôts ou encore, le cas échéant, les transferts commerciaux et financiers entre les entités du groupe. En vue, par exemple, de la consultation annuelle sur la situation économique et financière de l'entreprise, l'employeur, société commerciale, met à la disposition du CSE les documents obligatoirement transmis annuellement à l'assemblée générale des actionnaires ou à l'assemblée des associés, les communications et copies transmises aux actionnaires ou associés ainsi que le rapport des commissaires aux comptes et le rapport de certification des informations en matière de durabilité[9].

Ces informations portent sur les deux années précédentes et l'année en cours et intègrent des perspectives sur les trois années suivantes, y compris lorsqu'il s'agit d'informations relatives aux entités ayant participé à une opération de fusion concernant l'employeur[10].

Le CSE à attributions élargies dispose d'un droit d'agir en justice lorsqu'il estime ne pas avoir été suffisamment informé dans le cadre de l'exercice de ses attributions consultatives. Le comité peut, en effet, s'il estime ne pas disposer d'éléments suffisants, saisir le président du tribunal judiciaire statuant selon la procédure accélérée au fond, pour que le juge ordonne la communication par l'employeur des éléments manquants. Cette saisine n'a pas pour effet de prolonger le délai dont dispose le comité pour rendre son avis. Toutefois, en cas de difficultés particulières d'accès aux informations nécessaires à la formulation de l'avis motivé du comité, le juge peut décider la prolongation du délai applicable au CSE pour rendre son avis[11].

112.14 Moyens donnés au CSE pour la compréhension de l'information. Il ne suffit pas de permettre aux membres du CSE d'avoir accès aux informations économiques et financières de l'entreprise. L'information, parfois technique, doit pouvoir être comprise[12]. Le législateur a prévu différents moyens, autrefois mis en œuvre par le comité d'entreprise, destinés à assurer la compréhension de ces informations par le CSE dans l'entreprise d'au moins cinquante salariés pour lui permettre d'exercer ses compétences économiques : une formation économique des membres du comité, la création d'une commission économique dans les entreprises d'au moins mille salariés, un recours à l'expertise et la présence des membres du comité d'entreprise aux réunions du conseil d'administration ou de surveillance de la société employeur.

1. C. com., art. L. 232-6-3 auquel renvoie C. trav. art. L. 2312-17.
2. C. com., art. L. 233-28-4 auquel renvoie C. trav. art. L. 2312-17.
3. C. trav., art. L. 2312-17, mod. L. nº 2025-391, 30 avril 2025 portant diverses dispositions d'adaptation au droit de l'Union européenne en matière économique, financière, environnementale, énergétique, de transport, de santé et de circulation des personnes, *JO* 2 mai, nº 1.
4. L. nº 2013-504, 14 juin 2013 relative à la sécurisation de l'emploi, *JO* 16 juin, nº 1.
5. Sur les limites de la BDESE : L. Fin-Langer, « Le traitement des signaux faibles en droit du travail », *Rev. proc. coll.*, nº 2, mars-avr. 2024, dossier 11, nº 7.
6. L. nº 2021-1104, 22 août 2021, portant lutte contre le dérèglement climatique et renforcement de la résilience face à ses effets, *JO* 24 août, nº 1.
7. C. trav., art. L. 2312-18.
8. C. trav., art. R. 2312-7.
9. C. trav., art. L. 2312-25, mod. par ord. nº 2023-1142, 6 déc. 2023.
10. Soc. 27 nov. 2019, nº 18-22.532.
11. C. trav., art. L. 2312-15.
12. L. Fin-Langer, « Le traitement des signaux faibles en droit du travail », *Rev. proc. coll.*, nº 2, mars-avr. 2024, dossier 11, spéc. nºs 7 et 8.

Dans l'entreprise d'au moins cinquante salariés, les membres titulaires élus pour la première fois au CSE bénéficient d'un stage de formation économique d'une durée maximale de cinq jours[1], pris sur le temps de travail rémunéré par l'employeur. Le temps de formation n'est ainsi pas déduit des heures de délégation. Le financement du stage lui-même est assuré par le budget de fonctionnement du comité. Le stage est destiné à permettre l'acquisition de connaissances élémentaires en comptabilité et en analyse économique et financière.

Une commission économique est créée au sein du CSE dans les entreprises employant au moins mille salariés. Composée de cinq membres du comité maximum, elle se réunit au moins deux fois par an sous la présidence de l'employeur. Elle est chargée notamment d'étudier les documents économiques et financiers recueillis par le comité et toute question que ce dernier lui soumet[2]. La commission économique intervient lorsque le CSE exerce son droit d'alerte économique[3].

La réforme de l'ordonnance du 22 septembre 2017[4] a réuni au sein d'une même sous-section concernant le fonctionnement du CSE dans l'entreprise d'au moins cinquante salariés, l'ensemble des dispositions relatives à l'expertise[5].

L'article L. 2315-78 du Code du travail prévoit la possibilité pour le CSE de décider de recourir à l'assistance d'un expert-comptable. La forme sociale de l'employeur n'a pas d'incidence sur le droit de recours à l'expert[6].

En matière économique et financière, le recours à l'expertise par le CSE est prévu dans le cadre de ses attributions consultatives récurrentes, qu'il s'agisse de la consultation sur les orientations stratégiques ou celle sur la situation économique et financière de l'entreprise[7]. Dans le cadre de l'exercice de ses attributions consultatives ponctuelles, le CSE peut décider d'avoir recours à un expert-comptable lorsqu'il est saisi, d'une opération de concentration, dans le cadre d'une offre publique d'acquisition, d'un projet de licenciement collectif pour motif économique d'au moins dix salariés ou encore dans le cadre de la négociation par les organisations syndicales de l'accord majoritaire portant sur le plan de sauvegarde de l'emploi[8]. Le recours à l'expert-comptable par le CSE est également possible dans le cadre de l'exercice de son droit d'alerte économique[9].

Le titulaire du droit de recourir à l'expertise est le comité social économique. La commission économique, s'il en existe une au sein du CSE, peut avoir proposé un tel recours. Le CSE est toutefois la seule entité à disposer de la capacité juridique et de l'attribution pour décider du recours à expert, non susceptible de délégation.

Quant à l'entreprise composée d'établissements, le Code du travail prévoit la répartition des compétences au sein d'une entreprise comportant des établissements distincts : le comité social et économique central est seul compétent pour décider du recours à l'expert lorsque la consultation porte sur un projet important concernant la situation économique et financière de l'entreprise[10]. Le texte n'empêche donc pas le CSE d'établissement de faire appel à un expert lorsqu'il est compétent conformément aux dispositions du Code du travail[11]. Il ne peut toutefois y avoir double décision de recours à expertise, au niveau central et au niveau de l'établissement, en dehors des cas de double compétence. La jurisprudence adoptée à l'égard du comité central d'entreprise et des comités d'établissements pourrait donc toujours trouver à s'appliquer : l'expert peut être désigné pour l'examen des comptes annuels aussi bien au niveau de l'entreprise qu'au niveau de l'établissement[12].

Les cas de recours à l'expertise financés intégralement par l'employeur sont limitativement énumérés : il s'agit, en matière économique et financière, de l'expertise réalisée dans le cadre de la consultation sur la situation économique et financière de l'entreprise, de celle décidée dans le cadre d'un projet de licenciement collectif pour motif économique d'au moins dix salariés[13]. Les autres cas de recours à expertise prévus par le Code du travail sont financés à 80 % par l'employeur et à 20 % par le CSE sur son

1. C. trav., art. L. 2315-63.
2. C. trav., art. L. 2315-46.
3. Sur le rôle de la commission économique dans le cadre du droit d'alerte : v. s[s] n° 112.25.
4. Ord. n° 2017-1386, 22 sept. 2017.
5. C. trav., art. L. 2315-78 à L. 2315-95.
6. Soc. 8 nov. 2011, n° 09-70.621 : l'application de la jurisprudence adoptée dans le cadre du régime juridique relatif au comité d'entreprise peut être étendue à l'entreprise ayant mis en place un CSE.
7. Soc. 1er juin 2023, n° 21-23.393 : la mission de l'expert désigné au titre de l'examen de la situation économique et financière de l'entreprise peut porter sur la situation et le rôle de l'entreprise au sein du groupe auquel elle appartient ; Soc. 8 janv. 2025, n° 23-19.403 : le juge doit vérifier que l'étendue de la mission de l'expert désigné au titre de la consultation annuelle du CSE sur la situation économique et financière de l'entreprise entre dans le champ légal de la consultation, tel n'est pas forcément le cas de la soutenabilité de la rémunération actuelle et passée des salariés et la rentabilité et les marges des manœuvres de négociation pour les salariés.
8. C. trav., art. L. 2315-92.
9. Sur le recours à l'expert dans le cadre de l'exercice du droit d'alerte économique : v. s[s] n° 112.25.
10. C. trav., art. L. 2316-3.
11. Soc. 25 mars 2020, n° 18-22.509 ; – Soc. 16 févr. 2022, n° 20-17.622 ; – Soc. 2 mai 2024, n° 22-17.929. Sur la charge de la preuve de la compétence du CSE d'établissement pesant sur ce dernier : Soc. 20 sept. 2023, n° 22-11.464.
12. Soc. 23 mars 2011, n° 09-67.512.
13. C. trav., art. L. 2315-80.

budget de fonctionnement. C'est ainsi le cas, par exemple, de l'expertise dans le cadre de la consultation sur les orientations stratégiques, dans le cadre de l'alerte économique ou des consultations ponctuelles du CSE en matière économique et financière. Une exception au partage du financement du coût de l'expertise est prévue lorsque le budget de fonctionnement du CSE ne suffit pas à couvrir ce coût à la condition de l'absence de transfert d'un excédent annuel du budget de fonctionnement vers celui des activités sociales et culturelles au cours des trois années précédentes. En dehors des cas de recours à l'expertise prévus par la loi, le CSE peut faire appel à tout type d'expertise rémunérée sur son propre budget de fonctionnement.

La décision de recours à expertise prise par le CSE peut faire l'objet d'une contestation portée par l'employeur, dans le délai de dix jours courant à compter de la délibération du comité ou de la notification d'informations faisant courir ce délai, calculé en vertu des règles de computation des délais fixées par le Code de procédure civile[1], devant le président du tribunal judiciaire qui doit statuer dans un délai de dix jours à partir de sa saisine, suivant la procédure accélérée au fond. Cette saisine suspend la décision de recours à l'expert et le délai de consultation dans le cadre de laquelle l'expertise a été décidée jusqu'à la notification du jugement[2]. En revanche, la contestation du recours à expertise, dans le cadre de la consultation sur un projet de licenciement collectif pour motif économique d'au moins dix salariés, relève de la compétence de l'ordre administratif. L'employeur qui contesterait la décision du CSE de recours à expertise dans le cadre d'une telle consultation saisirait l'autorité administrative avant toute transmission à cette autorité de la demande de validation de l'accord collectif ou d'homologation du document unilatéral portant plan de sauvegarde de l'emploi (PSE)[3]. La décision, rendue par l'autorité administrative dans un délai de cinq jours, peut être contestée devant les juridictions de l'ordre administratif selon les mêmes modalités que la contestation de la décision administrative relative à l'accord collectif ou au document unilatéral portant PSE[4].

Dans les sociétés, deux membres de la délégation du personnel du CSE (un cadre ou agent de maîtrise et un employé ou ouvrier délégués par le CSE) assistent avec voix consultative à toutes les séances du conseil d'administration ou du conseil de surveillance. Les membres du comité peuvent présenter les vœux du comité au conseil d'administration ou au conseil de surveillance, lequel est tenu d'y apporter une réponse par un avis motivé[5]. Il ne faut pas confondre les représentants du CSE au conseil d'administration ou au conseil de surveillance avec les administrateurs représentant les salariés[6] : la loi relative à la sécurisation de l'emploi[7] a rendu obligatoire la présence d'administrateurs élus par les salariés au sein du conseil d'administration ou de surveillance de certaines sociétés par actions. Les lois du 17 août 2015[8] et du 22 mai 2019[9] ont étendu l'obligation en abaissant les seuils déclencheurs : l'effectif des sociétés anonymes ou sociétés en commandite par actions, déclenchant l'obligation de procéder à la désignation d'administrateurs représentant les salariés au sein du conseil d'administration ou du conseil de surveillance, est d'au moins mille salariés au sein de la société et des filiales directes et indirectes situées sur le territoire national, et au moins égal à cinq mille salariés lorsqu'elles sont situées sur le territoire national et à l'étranger.

112.15 Confidentialité ou secret des informations. Les membres du CSE sont tenus à une obligation de secret professionnel délimitée de manière restrictive et à une obligation de discrétion[10].

L'obligation au secret professionnel tirée de l'article L. 2315-3 du Code du travail s'impose aux membres de la délégation élue du personnel composant le CSE et est limitée aux questions relatives aux procédés de fabrication. La sanction d'un manquement à l'obligation de secret professionnel peut être pénale[11].

L'obligation de discrétion s'impose tant aux membres de la délégation élue du personnel du CSE qu'aux représentants syndicaux. Concernant les informations figurant dans la BDESE, l'obligation de discrétion est étendue aux délégués syndicaux[12].

Le texte de l'article L. 2315-3 du Code du travail pose une double condition à la mise en œuvre de l'obligation de discrétion des représentants du personnel : les informations dont il s'agit doivent revêtir un caractère confidentiel et doivent être présentées comme telles par l'employeur. L'employeur qui omet de préciser les informations qu'il désigne comme confidentielles préalablement ou concomitamment à leur transmission aux représentants du personnel perd le droit de se prévaloir d'un éventuel manquement à l'obligation de discrétion. Il ne suffit cepen-

1. Soc. 5 févr. 2025, n° 22-21.892.
2. C. trav., art. L. 2315-86, R. 2315-49 et R. 2315-50.
3. C. trav., art. L. 1233-35-1.
4. CE 31 oct. 2023, n° 467870.
5. C. trav., art. L. 2312-72 à L. 2312-73.
6. I. Desbarats, G. Jazottes, « La directive CSRD : un levier de déploiement pour les représentants des salariés aux conseils ? », *Dr. soc.* 2024. 957.
7. L. n° 2013-504, 14 juin 2013.
8. L. n° 2015-994, 17 août 2015 relative au dialogue social et à l'emploi, *JO* 18 août, n° 3.
9. L. n° 2019-486, 22 mai 2019.
10. Sanction disciplinaire du manquement à l'obligation de discrétion : Soc. 15 juin 2022, n° 21-10.366.
11. C. pén., art. 226-13.
12. C. trav., art. L. 2312-36.

dant pas, pour l'employeur, de mettre l'ensemble des informations, sans distinction, sous le sceau de la confidentialité, pour qu'elles le soient en totalité ou même partiellement. L'employeur doit identifier précisément les informations qu'il entend qualifier de confidentielles et celles-ci doivent l'être en application de la loi ou en raison de leur nature[1].

La deuxième condition doit ainsi être présente : les informations doivent, par elle-même, pouvoir être considérées comme confidentielles, qu'elles soient réputées comme telles par la loi ou qu'elles soient de nature confidentielle au regard des intérêts légitimes de l'entreprise[2].

En matière économique et financière, la loi répute confidentielles certaines informations communiquées aux représentants du personnel : les informations contenues dans les documents comptables remis au CSE dans le cadre de sa consultation annuelle sur la situation économique et financière de l'entreprise sont réputées confidentielles[3]. C'est le cas également des informations communiquées dans le cadre de la procédure d'alerte économique du CSE[4].

112.16 Sanction du droit à l'information du comité social et économique. Au plan pénal, l'article L. 2317-1 du Code du travail punit le fait d'apporter une entrave au fonctionnement régulier du CSE, du CSE central d'entreprise ou du CSE d'établissement, d'une amende de 7 500 euros. Le défaut d'information et de consultation du CSE, en temps utile avant l'adoption d'une décision par l'employeur, peut constituer l'infraction de délit d'entrave à son fonctionnement[5].

Sur le plan civil, le CSE peut se constituer partie civile afin d'obtenir l'indemnisation du préjudice subi du fait de la commission de l'infraction d'entrave à son fonctionnement[6].

Se pose également la question de la valeur et de la portée de la décision de l'employeur prise sans consultation ou sans consultation régulière du CSE. Il ne semble pas que la sanction de l'inopposabilité de la décision au salarié puisse être retenue[7]. D'ailleurs, en matière de licenciements économiques collectifs, le Code du travail[8] prévoit l'indemnisation du préjudice subi par les salariés compris dans le licenciement collectif, en cas de non-respect par l'employeur des procédures de consultation des représentants du personnel.

En revanche, l'absence de consultation des représentants du personnel avant la mise en œuvre d'un projet dans le cas où elle est légalement obligatoire, ou une consultation irrégulière, pourrait être considérée comme constituant un trouble manifestement illicite, justifiant qu'il soit ordonné à l'employeur de procéder à la consultation et de suspendre la mise en œuvre du projet de décision dans cette attente[9]. La solution pourrait être la même en cas d'insuffisance d'information du CSE dans le cadre de sa consultation lorsque l'insuffisance de l'information donnée par l'employeur à l'institution représentative du personnel ne lui a pas permis de rendre un avis utile[10].

L'article L. 2312-15 du Code du travail prévoit, pour le CSE dans l'entreprise d'au moins cinquante salariés, dans le cadre de sa consultation par l'employeur, qu'il « peut, s'il estime ne pas disposer d'éléments suffisants, saisir le président du tribunal judiciaire statuant selon la procédure accélérée au fond, pour qu'il ordonne la communication par l'employeur des éléments manquants. » Il est prévu que cette saisine n'a pas pour effet de prolonger le délai dont dispose le comité pour rendre son avis mais, en cas de difficultés particulières d'accès aux informations nécessaires à la formulation de l'avis motivé du comité, le juge peut décider la prolongation du délai pour la consultation du CSE.

SECTION 2
DROIT D'ALERTE ÉCONOMIQUE DU COMITÉ SOCIAL ET ÉCONOMIQUE

112.21 Définition et domaine. L'alerte économique du comité économique et social (CSE), héritée de celle du comité d'entreprise, est une procédure lui permettant de solliciter des explications de la part de l'employeur sur un ou plusieurs faits susceptibles d'affecter de manière préoccupante la situation économique de l'entreprise[11]. L'intérêt légitime que portent les salariés au devenir de l'entreprise justifie que le législateur ait prévu un mécanisme permettant

1. Soc. 27 nov. 2019, n° 18-19.237.
2. Soc. 5 nov. 2014, n° 13-17.270.
3. C. trav., art. L. 2312-25.
4. Sur la confidentialité des informations communiquées dans le cadre de l'exercice du droit d'alerte économique : v. s[s] n° 112.26.
5. Concernant l'information et la consultation du comité d'entreprise préalable au dépôt au greffe d'une demande d'ouverture de procédure de redressement ou de liquidation judiciaire : Crim. 26 janv. 2016, n° 13-82.158 ; – Concernant un CHSCT d'établissement : Crim. 30 mars 2016, n° 13-81.784 ; Crim. 28 févr. 2017, n° 14-87.729 ; – Crim. 6 juin 2023, n° 22-83.037.
6. Ex. : un euro symbolique à titre de dommages et intérêts pour préjudice moral : Crim. 26 janv. 2016, n° 13-82.158.
7. Soc. 18 sept. 2019, n° 17-31.274. À propos du travail de nuit : Soc. 8 nov. 2017, n° 16-15.584 – À propos de la modification de l'horaire collectif de travail dans l'entreprise : Soc. 7 mai 2024, n° 22-23.032.
8. C. trav., art. L. 1235-12.
9. Soc. 10 juill. 2019, n° 18-10.815 ; – Soc. 27 nov. 2024, n° 23-13.806.
10. Concernant le CHSCT : Soc. 25 sept. 2013, n° 12-21.747.
11. C. trav., art. L. 2312-63.

d'interroger l'employeur afin qu'il fournisse les explications concernant toute situation préoccupante pour l'entreprise. La loi du 1er mars 1984 relative à la prévention et au règlement amiable des difficultés des entreprises[1] a inséré dans le Code du travail la procédure d'alerte propre au comité d'entreprise[2].

C'est par cette procédure que les représentants du personnel peuvent alerter la direction de l'entreprise dès lors que les réponses apportées à leurs interrogations sont insuffisantes.

Ce droit concerne toutes les entreprises d'au moins cinquante salariés ou comportant un CSE à attributions élargies, quelle que soit la forme juridique de l'employeur : sociétés commerciales, sociétés civiles, groupements d'intérêt économique, associations, caisses de sécurité sociale[3]. Un dispositif équivalent est prévu pour les mutuelles, unions ou fédérations, dans le Code de la mutualité[4].

112.22 Titulaire du droit d'alerte. Le dispositif du droit d'alerte économique attribue au comité social et économique, dans l'entreprise d'au moins cinquante salariés, l'initiative de son exercice. Si une commission économique a été créée au sein du CSE[5], elle n'est pas titulaire du droit d'alerte. Seul le CSE, dans l'entreprise d'au moins cinquante salariés, dispose du droit d'exercer l'alerte. En revanche, la commission[6] intervient dans la rédaction du rapport au cours de la procédure d'alerte.

Faut-il, comme pour de nombreuses attributions, considérer que le comité d'établissement dispose du même droit d'alerte interne s'il a connaissance de faits préoccupants ? La question se pose lorsque l'entreprise contient des établissements distincts, en présence de comités sociaux et économiques d'établissement et d'un comité social et économique central d'entreprise[7]. Le droit d'alerte peut-il être exercé par les CSE d'établissement ou est-il réservé au seul comité central ? Sous l'empire du droit antérieur au CSE, certaines juridictions du fond[8] avaient pu reconnaître au comité d'établissement le droit d'alerte économique. La Cour de cassation a toutefois considéré, de manière constante, que les comités d'établissement n'étaient pas investis de la prérogative du droit d'alerte[9]. Le texte prévoit en effet que les faits permettant d'exercer le droit d'alerte sont susceptibles d'affecter de manière préoccupante la situation économique de l'entreprise. En revanche les juridictions du fond ont pu maintenir leur position lorsque l'exercice du droit d'alerte du comité d'établissement était fondé sur l'inertie du comité central[10]. En principe, cependant, seul le comité social et économique central, en présence de comités d'établissement, a qualité pour exercer le droit d'alerte économique[11], dans la mesure où il est le seul à être investi de cette prérogative. La Cour de cassation maintient sa position sous l'empire de la législation sur le CSE : « Dans les entreprises divisées en établissements distincts, l'exercice du droit d'alerte prévu à l'article L. 2312-63 du Code du travail étant subordonné à l'existence de faits de nature à affecter de manière préoccupante la situation économique de l'entreprise, les comités sociaux et économiques d'établissement ne sont pas investis de cette prérogative qui appartient au seul comité social et économique central. »[12]

Au sein d'une unité économique et sociale (UES), le droit d'alerte peut être exercé par le CSE même si les faits justifiant son exercice ne sont liés qu'à une seule des entités juridiques composant l'UES[13]. Il n'existe en effet aucun motif qui interdirait l'exercice du droit d'alerte économique au CSE mis en place au niveau d'une UES concernant un ou plu-

1. L. n° 84-148, 1er mars 1984, relative à la prévention et au règlement amiable des difficultés des entreprises, *JO* 2 mars, p. 751 – M. Jeantin, « La loi du 1er mars 1984 relative à la prévention et au règlement amiable des difficultés des entreprises », *Dr. soc.* 1984. 599.
2. C. trav. anc. art. L. 432-5, devenu, après plusieurs réformes, art. L. 2312-63, depuis ord. n° 2017-1386, 22 sept. 2017.
3. Soc. 19 févr. 2002, n° 00-14.776 ; *Bull. civ.* V, n° 70 ; *RTD com.* 2002. 720, obs. F. Macorig-Venier.
4. C. mut., art. L. 114-42.
5. C. trav., art. L. 2315-46 : une commission économique est créée au sein du comité social et économique ou du comité social et économique central dans les entreprises d'au moins mille salariés.
6. Cette commission est chargée notamment d'étudier les documents économiques et financiers recueillis par le comité et toute question que ce dernier lui soumet (C. trav., art. L. 2315-46).
7. L. Milet, *Le droit des comités sociaux et économiques et des comités de groupe*, 19e éd., LGDJ, 2024, n° 1282.
8. Paris, 30 janv. 2002, *Air France* ; Lyon, 2 sept. 2002, *SAS Rhodia organique* ; – TGI Lisieux, 23 nov. 2001, *Isoroy*, n° 01/01420.
9. Soc. 1er mars 2005, n° 03-20.429 ; *Dr. soc.* 2005. 587, obs. G. Couturier ; *JCP S* 2005, n° 1377, note C. Neau-Leduc ; – Soc. 6 avr. 2005, n° 02-31.130 ; – Soc. 12 oct. 2005, n° 04-15.794 ; – Soc. 26 sept. 2012, n° 11-12.548.
10. TGI Lisieux, 23 nov. 2001, *Isoroy*, n° 01/01420 ; – Rouen, 10 févr. 1999, *RJS* 5/99, n° 692.
11. Rennes, 14 sept. 2010, n° 09/05232 : la qualité pour faire appel et poursuivre la procédure s'appréciant au jour où l'appel est formé, le comité appelant, devenu comité d'établissement à la suite d'un transfert d'entreprise alors qu'il était comité d'entreprise lors de l'exercice de son droit d'alerte, n'avait pas qualité pour poursuivre, quelle que soit sa dénomination dans la déclaration d'appel ou dans les conclusions postérieures, la procédure initiée en janvier 2009 alors qu'il était devenu comité d'établissement de l'entreprise absorbée. Le comité central d'entreprise devait se substituer à celui-ci dans le cadre de la procédure.
12. Soc. 15 juin 2022, n° 21-13.312 – DANS LE MÊME SENS : Soc. 20 sept. 2023, n° 22-13.391.
13. EN CE SENS : M. Morand, « Les représentants du personnel et le déroulement de la procédure d'alerte interne », *JCP E* 1988, n° 15357.

sieurs faits susceptibles d'affecter de manière préoccupante la situation économique de l'une des entreprises de l'UES, périmètre de mise en place du CSE.

112.23 Conditions de déclenchement de la procédure d'alerte. La loi n'a pas défini « les faits de nature à affecter de manière préoccupante » la situation économique de l'entreprise. La décision d'engager la procédure d'alerte interne appartient, au premier chef, au CSE qui apprécie si les faits relèvent de ceux de nature à affecter de manière préoccupante la situation de l'entreprise. Le législateur avait considéré que l'appréciation du comité d'entreprise, avant la création du CSE, était d'ordre économique plus que comptable [1]. Les termes employés par les textes, « faits de nature à affecter de manière préoccupante la situation économique de l'entreprise », n'ont pas de signification strictement comptable et ne sauraient dès lors être cantonnés à une simple appréciation strictement économique ou comptable [2]. L'appréciation des conditions de déclenchement s'entend ainsi largement. La comparaison des domaines du droit d'intervention du CSE [3] (comme auparavant celui du comité d'entreprise) avec celui du commissaire aux comptes [4] amène à relever que le premier est plus vaste que le second [5].

La diversité des faits de nature à affecter de manière préoccupante la situation économique de l'entreprise, autorisant l'exercice du droit d'alerte, témoigne de l'étendue du domaine d'intervention du CSE à la mesure de celle de sa mission, qui vise la prise en compte de manière permanente de l'intérêt des salariés dans les décisions relatives à la gestion et à l'évolution économique et financière de l'entreprise [6]. A ainsi été admise, la légitimité de l'exercice du droit d'alerte dans le cadre d'un projet de fermeture d'un laboratoire de prothèses dentaires entrainant des suppressions d'emplois et remettant en cause les objectifs et missions traditionnels de la caisse régionale d'assurance maladie, employeur [7]. Il en a été de même pour un projet de stratégie de croissance externe à l'étranger au regard du maintien de l'emploi au sein de l'établissement situé en France [8]. Un nombre inaccoutumé de démissions a pu justifier l'existence de faits de nature à affecter la situation économique de l'entreprise autorisant l'exercice du droit d'alerte [9]. Le caractère déficitaire d'une activité stratégique pour le devenir de l'entreprise, nonobstant la part peu importante qu'elle représente dans le chiffre d'affaires total de l'entreprise, et l'absence de pertinence des réponses de la direction aux questions du comité justifient l'exercice légitime du droit d'alerte par le comité [10].

Le caractère préoccupant de l'incidence des faits relevés par l'institution représentative du personnel conditionne le recours au droit d'alerte économique : l'exigence du caractère préoccupant posé par l'article L. 2312-63 du Code du travail suggère ainsi une gravité suffisante dans l'impact des faits sur la situation économique de l'entreprise. Il a été retenu que l'intervention du comité d'entreprise d'une société ayant pour seul motif l'annonce d'un projet de fusion entre l'employeur et une autre société n'appartenait pas au champ du droit d'alerte économique [11] mais à celui d'une simple consultation liée à ses attributions générales. Toutefois, la connotation subjective du qualificatif « préoccupant » conduit à une appréciation particulièrement souple du critère [12].

112.24 Contrôle juridictionnel du recours à l'alerte. Le contentieux de l'appréciation des conditions d'engagement de l'alerte se noue souvent au moment où le comité sollicite le recours à l'assistance d'un expert-comptable à la charge de l'employeur, totalement [13] avant la réforme du 22 septembre 2017 et à hauteur de 80 % après [14]. Si l'employeur estime que la procédure d'alerte est mal fondée, il peut vouloir contester la désignation de l'expert devant le juge judiciaire [15] : « l'employeur qui saisit le président du tribunal judiciaire selon la procédure accélérée au fond en annulation de la décision de recourir à un

1. R. Badinter, Rep. Min. justice, *JO Sénat* 15 nov. 1983, p. 2886.
2. Paris, 18e ch., 23 oct. 2008, n° 07-13.994, *SAS Pfizer c/ Comité d'entreprise SAS Pfizer*.
3. C. trav., art. L. 2312-63 : « faits de nature à affecter de manière préoccupante la situation économique de l'entreprise ».
4. C. com., art. L. 234-1 : « des faits de nature à compromettre la continuité de l'exploitation ».
5. C. Saint-Alary-Houin, M.-H. Monsèrié-Bon et C. Houin-Bressand, *Droit des entreprises en difficulté*, 14e éd., « Domat », LGDJ-Lextenso, 2024, n° 182.
6. Paris, 18e ch., 23 oct. 2008, n° 07-13.994, préc.
7. Soc. 19 févr. 2002, n° 00-14.776 ; *Bull. civ.* V, n° 70 ; *RTD com.* 2002. 720, obs. F. Macorig-Venier.
8. Soc. 18 janv. 2011, n° 10-30.126, préc. ; *Bull. civ.* V, n° 26 ; *RTD com.* 2011. 411, obs. F. Macorig-Venier ; *RJS* 4/11, n° 344 ; *Act. proc. coll.* 2011/4, n° 68, note L. Fin-Langer.
9. Paris, 14e, ch. A, 7 mai 2003, *Barclays Banque ; Dr. ouvr.* sept. 2004, p. 422, note M. Carles.
10. Soc. 27 nov. 2012, n° 11-21.566.
11. Soc. 30 juin 1993, n° 90-20.158 ; *Bull. civ.* V, n° 190 ; *Dr. soc.* 1993. 765 s., spec. p. 777, note M. Cohen.
12. À titre d'ex. : Versailles, 14e ch., 25 juin 1993, *Saint-Gobain Vitrage France c/ comité central d'entreprise de Saint-Gobain Vitrage France*.
13. C. trav., art. L. 2323-79 et L. 2325-35 dans leur version antérieure à la loi n° 2015-994 du 17 août 2015, *JO* 18 août, n° 3 ; art. L. 2323-51 et L. 2325-35 dans leur version issue de la L. n° 2015-994 du 17 août 2015 et antérieure à l'ord. n° 2017-1386 du 22 sept. 2017, *JO* 23 sept. n° 31.
14. C. trav., art. L. 2312-64, L. 2315-80 et L. 2315-92 dans leur version issue de l'ord. n° 2017-1386 du 22 sept. 2017, *JO* 23 sept. n° 31.
15. Sur la contestation par l'employeur du recours à l'expertise par le CSE, v. ss n° 112.14.

expert-comptable lors de la procédure d'alerte économique prévue à l'article L. 2312-63 du même code, s'il peut contester la nécessité de l'expertise, le choix de l'expert, le coût prévisionnel, l'étendue ou la durée de l'expertise, ainsi que son coût définitif, ne peut remettre en cause par voie d'exception la régularité de la procédure d'alerte économique déclenchée par le comité social et économique »[1].

Sous le régime du droit antérieur à la création du CSE, l'employeur pouvait saisir le juge des référés pour faire juger la demande du comité mal fondée[2]. La jurisprudence a ainsi pu statuer sur l'appréciation des conditions d'engagement de l'alerte, précisant qu'il s'agit d'une question laissée à l'appréciation souveraine des juges du fond[3]. Il s'évince toutefois, tant des décisions rendues par les juridictions du fond que de celles rendues par la Cour de cassation, une conception extensive des conditions justifiant le déclenchement et la poursuite du droit d'alerte. La Haute juridiction a déjà jugé que « le caractère insatisfaisant des réponses apportées par l'employeur aux questions du comité d'entreprise se déduit nécessairement de la poursuite de la procédure »[4]. Par exemple, la réorganisation de l'entreprise, qui concernait son activité ingénierie au niveau mondial, a pu être considérée de nature à affecter la situation de l'entreprise et conduire à relever l'absence d'abus dans l'exercice du droit d'alerte, après avoir constaté que les réponses de la direction aux questions du comité étaient contradictoires, insuffisantes ou incohérentes[5].

L'emploi du verbe « estimer » pour désigner l'appréciation des conditions de déclenchement par le comité d'entreprise, par la Cour de cassation, dans un arrêt rendu le 8 mars 1995[6], laisse une grande liberté d'appréciation à l'institution. L'alerte peut être déclenchée dès lors que les faits dont il s'agit sont de nature à avoir des répercussions sur les effectifs et la situation sociale des salariés, notamment en cas de délocalisation d'un secteur d'activité de l'entreprise à l'étranger[7]. Le contrôle juridictionnel reste cantonné à l'abus de droit[8]. Il n'y a pas lieu de penser que les termes du contrôle juridictionnel changent concernant le CSE.

Il est ajouté que le respect de la procédure de droit d'alerte économique auquel a recours le CSE n'est pas soumis au contrôle de l'administration lors d'une demande d'homologation du document unilatéral portant PSE[9].

112.25 **Déroulement de la procédure d'alerte.** La procédure d'alerte se décompose en trois phases.

La première phase est déclenchée par la motion que peut adopter le comité social et économique (CSE) en réunion ordinaire ou extraordinaire sollicitant des explications à l'employeur sur les faits qu'il estime préoccupants. Le CSE agit dans le cadre de la délégation du personnel : le président du comité ne peut donc pas participer au vote de la motion. Cette « demande est inscrite de droit à l'ordre du jour de la prochaine séance du comité. »[10] Si le vote pour l'exercice du droit d'alerte est évoqué lors d'une réunion dont l'ordre du jour ne le prévoit pas, le « déclenchement » du droit d'alerte fait l'objet d'un vote lors de la réunion suivante[11].

Intervient alors la deuxième phase de la procédure : l'ordre du jour de la séance suivante à la décision d'exercer le droit d'alerte contient la restitution de la réponse de l'employeur même si le procès-verbal de la réunion précédente n'a pas été ratifié. Le président du CSE doit nécessairement inscrire la demande à l'ordre de jour contenu sur la convocation des membres du comité sous peine de commettre un délit d'entrave[12]. Lors de cette réunion, si la réponse de l'employeur est absente, insuffisante ou si elle confirme le caractère préoccupant des faits relevés, le comité, avec l'aide de la commission économique[13] lorsqu'il y en a une[14], établit un rapport. Il appartient au CSE d'apprécier le caractère suffisant ou non de la réponse de l'employeur à partir du moment où il a recours à l'alerte.

C'est au stade de l'établissement du rapport que le comité peut avoir recours, une fois par exercice comptable, à l'assistance de l'expert-comptable dont les honoraires sont pris en charge par l'employeur à hauteur de 80 % et par le CSE à hauteur de 20 % sur son budget de fonctionnement[15]. La mission de l'expert porte sur les faits de nature à confirmer ou

1. Soc. 28 juin 2023, n° 21-15.744 ; – Soc. 11 sept. 2024, n° 23-12.500.
2. Soc. 11 mars 2003, n° 01-13.434 ; *Bull. civ.* V, n° 92 ; *RTD com.* 2003. 807, n° 2, obs. F. Macorig-Venier.
3. Soc. 11 mars 2003, préc.
4. Soc. 11 mars 2003, préc.
5. Soc. 18 janv. 2011, n° 10-30.126 ; *Bull. civ.* V, n° 26 ; *RTD com.* 2011. 411, obs. F. Macorig-Venier ; *RJS* 4/11, n° 344 ; *Act. proc. coll.* 2011/4, n° 68, note L. Fin-Langer.
6. Soc. 8 mars 1995, n° 91-16.002 ; *Dr. soc.* 1995. 393, note M. Cohen.
7. TGI Nanterre, 10 sept. 2004, n° 04-2484, ord. réf. ; *RJS* 1/05, n° 52.
8. Soc. 18 janv. 2011, n° 10-30.126, préc. ; – Paris, 18e ch., 23 oct. 2008, n° 07-13.994 ; – Versailles, 14e ch., 25 juin 1993, préc.
9. CE 4 oct. 2023, req. n° 447057.
10. C. trav., art. L. 2312-63 ; – Soc. 28 juin 2023, n° 22-10.586 : il résulte de l'article L. 2315-30 du Code du travail que seuls les membres de la délégation du personnel au comité social et économique peuvent se prévaloir du délai minimum de communication de l'ordre du jour des réunions du comité par le président (décision rendue dans le cadre de l'exercice du droit d'alerte économique).
11. Versailles, 6 nov. 2014, n° 14/02366.
12. Sur la sanction du droit d'alerte économique, v. ss n° 112.27.
13. Sur la commission économique du CSE, v. ss n° 112.14.
14. C. trav., art. L. 2315-46 : dans les entreprises d'au moins mille salariés.
15. C. trav., art. L. 2315-80.

infirmer la situation préoccupante de l'entreprise, y compris les faits postérieurs [1]. Le comité conserve en effet la faculté de préciser la mission de l'expert et de la compléter lorsque des faits en relation avec ceux ayant justifié le déclenchement de l'alerte sont portés à sa connaissance [2]. Il appartient au seul expert-comptable désigné par le comité de déterminer les documents utiles à l'exercice de sa mission [3], y compris dans le cadre d'un droit d'alerte destiné à l'obtention d'information sur la stratégie de la société mère à l'égard de sa filiale compte tenu de la situation de dépendance de cette dernière [4]. Le juge de la mise en état peut ordonner la communication à l'expert-comptable des pièces que celui-ci sollicitait, la procédure d'alerte étant toujours en cours [5]. Le comité peut également convoquer le commissaire aux comptes et s'adjoindre l'assistance de deux salariés de l'entreprise, en considération de leur compétence, avec voix consultative [6], en vue de l'établissement du rapport. Ces deux salariés disposent d'un crédit de cinq heures chacun pour assister le comité ou la commission économique mais n'acquièrent pas pour autant le statut de salariés protégés. La conclusion du rapport doit permettre au CSE de décider de saisir l'organe chargé de l'administration ou de la surveillance de la société dans les sociétés qui en sont dotées, ou d'informer les associés des autres formes de sociétés ou de groupements (groupement d'intérêt économique), troisième étape de la procédure d'alerte.

C'est dans le cadre de la troisième et dernière phase que le comité décide, en réunion ordinaire ou extraordinaire, s'il y a lieu de saisir le conseil d'administration ou le conseil de surveillance au sein d'une société anonyme, ou d'informer les associés dans les autres formes de sociétés ou dans les groupements d'intérêt économique [7]. Dans les conclusions de son rapport, le comité social et économique émet un avis sur l'opportunité de « saisir de ses conclusions l'organe chargé de l'administration ou de la surveillance dans les sociétés ou personnes morales qui en sont dotées, ou d'en informer les associés dans les autres formes de sociétés ou les membres dans les groupements d'intérêt économique » [8]. En réunion, le CSE peut ainsi décider, à la majorité des membres présents de procéder à cette saisine ou de faire procéder à cette information. Le président du CSE ne participe pas au vote qui concerne les élus du personnel.

Le comité transmet alors le rapport et l'avis de l'expert-comptable le cas échéant soit à l'organe chargé de l'administration ou de la surveillance de la société, soit au gérant ou aux administrateurs de la société ou du groupement.

Le comité social et économique saisit l'organe chargé de l'administration ou de la surveillance dans les sociétés qui en sont pourvues. La demande d'explication sur le caractère préoccupant de la situation économique de l'entreprise est inscrite à l'ordre du jour de la prochaine séance du conseil d'administration ou du conseil de surveillance, à condition que celui-ci ait été saisi au moins quinze jours à l'avance [9]. L'organe saisi doit délibérer sur les conclusions du rapport et la demande d'explication du CSE dans le mois de sa saisine [10] : la réponse de l'employeur est motivée et est transmise au CSE dans le mois qui suit la réunion de cet organe.

Dans les autres formes de sociétés, celles ne disposant pas d'un organe chargé de l'administration ou de la surveillance, le gérant ou les administrateurs communiquent aux associés ou aux membres du groupement le rapport du CSE dans les huit jours de la délibération de ce dernier [11]. Il ne s'agit là que d'une information contrairement à la saisine de l'organe chargé de l'administration ou de la surveillance qui a dû adopter une réponse motivée.

112.26 **Confidentialité des informations.** L'article L. 2312-67 du Code du travail attribue aux informations communiquées dans le cadre de l'alerte un caractère confidentiel et étend l'obligation de discrétion à toute personne pouvant accéder à ces informations. Il faut rappeler que l'obligation de discrétion ne peut être mise en œuvre qu'à la double condition de la nature confidentielle des informations et de la précision expresse de leur caractère confidentiel par l'employeur. Les informations sont, ici, réputées confidentielles par la loi. Il paraît prudent, de la part de l'employeur, de rappeler le caractère confidentiel des informations communiquées dans le cadre de l'alerte afin de remplir la double condition de mise en œuvre de l'obligation de discrétion [12].

1. Soc. 28 oct. 1996, n° 95-10.274 ; *Bull. civ.* V, n° 353 ; Soc. 11 mars 2003, n° 01-13.434 ; *Bull. civ.* V, n° 92 ; *RTD com.* 2003. 807, n° 2, obs. F. Macorig-Venier.
2. Soc. 28 oct. 1996, préc. ; Soc. 29 sept. 2009, n° 08-15.035.
3. Soc. 25 sept. 2013, n° 11-27.055 ; Soc. 21 sept. 2016, n° 15-17.658 ; *RTD com.* 2017. 169, obs. F. Macorig-Venier ; *BJE* 2017, n° 1, p. 43, n° 114c2, note A. Donnette.
4. Soc. 21 sept. 2016, n° 15-17.658, préc.
5. Soc. 25 sept. 2013, préc.
6. C. trav., art. L. 2312-64.
7. Sur la distinction entre la saisine de l'organe chargé de l'administration ou de la surveillance dans la société anonyme et l'information des associés ou membres des autres sociétés ou groupements : M. Jeantin, « La loi du 1er mars 1984 relative à la prévention et au règlement amiable des difficultés des entreprises », *Dr. soc.* 1984. 599, spéc. p. 606 et 607, n° 32.
8. C. trav., art. L. 2312-65.
9. C. trav., art. L. 2312-66.
10. C. trav., art. R. 2312-29.
11. C. trav., art. R. 2312-30.
12. Sur l'obligation de discrétion des représentants du personnel, v. ss n° 112.15.

La sanction de la confidentialité des informations est civile. Dans l'hypothèse où une atteinte à la confidentialité des informations était constatée dans le cadre de l'exercice du droit d'alerte, le régime du manquement à l'obligation de discrétion serait mis en œuvre et pourrait permettre à l'employeur d'exercer son pouvoir disciplinaire à l'égard du représentant fautif[1] à la condition de respecter les conditions propres à la sanction disciplinaire d'un représentant du personnel[2]. La mise en cause de la responsabilité pécuniaire de l'auteur de l'atteinte à la confidentialité des informations devrait pouvoir être mise en œuvre, spécialement si une faute lourde, impliquant la caractérisation d'une intention de nuire de la part de l'auteur de la faute, a été commise.

112.27 Sanction de l'alerte. Le refus par l'employeur de répondre et participer à la procédure d'alerte déclenchée par le CSE ou de prendre en charge sa part des frais de l'assistance de l'expert-comptable, peut être constitutif du délit d'entrave au fonctionnement régulier du comité[3]. Sous le régime du droit antérieur à la création du CSE, la résistance de l'employeur dans le cadre de la procédure d'alerte a pu conduire à sa condamnation à réparer le préjudice subi par le comité d'entreprise du fait de la faute constituée par la résistance abusive[4].

1. Sanction disciplinaire du manquement à l'obligation de discrétion : Soc. 15 juin 2022, n° 21-10.366.
2. L'autorisation de l'inspecteur du travail en cas de licenciement disciplinaire, par ex.
3. C. trav., art. L. 2317-1 ; sur le délit d'entrave, v. s[s] n° 112.16.
4. Soc. 29 sept. 2009, n° 08-15.035, *S[té] Snecma services c/ CCE S[té] Snecma services ; RJS* 12/09, n° 956.

TITRE

12. Les représentants du personnel dans le cadre des mesures préventives

SECTION 0 ORIENTEUR

12.00 **Sommaire du titre.**

Chap.	**121**	**Information et consultation du CSE dans la prévention**
Sect.	1	Identification des dispositions relatives à l'obligation d'information et de consultation du CSE en prévention
Sect.	2	Termes du débat sur l'obligation d'information et de consultation du CSE dans la prévention
Sect.	3	Application des dispositions sur l'obligation d'information et de consultation du CSE dans la prévention
Chap.	**122**	**Modalités d'information du CSE en conciliation**
Sect.	1	Contenu de l'information du CSE en conciliation
Sect.	2	Obligation de confidentialité

CHAPITRE

121. Information et consultation du CSE dans la prévention

SECTION 0 ORIENTEUR

121.00 **Sommaire du chapitre.**

Sect. 1 Identification des dispositions relatives à l'obligation d'information et de consultation du CSE en prévention 121.11 à 121.13

Sect. 2 Termes du débat sur l'obligation d'information et de consultation du CSE dans la prévention 121.21 à 121.22

Sect. 3 Application des dispositions sur l'obligation d'information et de consultation du CSE dans la prévention 121.31 à 121.33

121.01 **Textes applicables.**

• **C. com.**

art. L. 611-3 [Désignation d'un mandataire *ad hoc* par le Président du tribunal compétent]

art. L. 611-4 [Conditions d'ouverture de la conciliation]

art. L. 611-6 [Ouverture de la procédure de conciliation]

art. L. 611-7 [Mission du conciliateur]

art. L. 611-8 [Requête au président du tribunal aux fins de constatation de l'accord en conciliation]

art. L. 611-8-1 [Information du CSE sur le contenu de l'accord en cas de demande d'homologation de l'accord au tribunal en conciliation]

art. L. 611-9 [Audition du ou des représentant(s) du CSE par le tribunal qui statue sur l'homologation]

art. L. 611-15 [Confidentialité du mandat *ad hoc* et de la conciliation]

art. R. 611-39 [Exclusion des représentants du personnel de l'accès au contenu de l'accord constaté par le président du tribunal en conciliation]

art. R. 611-40 [Information des personnes appelées à l'audience d'homologation de l'accord en conciliation]

art. R. 611-42 [Contenu du jugement d'homologation de l'accord en conciliation]

• **C. trav.**

art. L. 1111-2 [Règle de l'équivalent temps plein de décompte des effectifs de l'entreprise pour l'application des dispositions du Code du travail]

art. L. 1111-3 [Exclusions dans le décompte des effectifs de l'entreprise pour l'application des dispositions du Code du travail]

art. L. 2301-1 [Règles spécifiques de décompte des effectifs de l'entreprise pour l'application des dispositions du Code du travail en matière d'élections professionnelles]

art. L. 2312-3 [Passage au seuil de cinquante salariés avant le renouvellement du CSE]

art. L. 2312-8 [Attributions générales de consultation du CSE dans l'entreprise d'au moins cinquante salariés]

art. L. 2312-17 [Obligation d'information et de consultation récurrente du CSE]

art. L. 2312-37 [Obligation d'information et de consultation ponctuelle du CSE]

art. L. 2312-41 [Dérogation à l'information et la consultation préalable du CSE en matière de concentration]

art. L. 2312-49 [Dérogation à l'information et la consultation préalable du CSE en matière d'offre publique d'acquisition]

art. L. 2312-53 [Obligation d'information et de consultation du CSE dans l'entreprise d'au moins cinquante salariés avant le dépôt au greffe d'une déclaration de cessation des paiements]

art. L. 2315-3 [Obligation de discrétion et secret professionnel limité aux procédés de fabrication]

art. L. 2317-1 [Sanction de l'entrave au fonctionnement du CSE]

121.02 **Jurisprudence de référence.**

> Ni la demande de désignation d'un mandataire *ad hoc* en vue de permettre à la juridiction d'apprécier la situation de l'entreprise et de proposer les solutions, ni la décision faisant droit à cette demande n'entrent dans les prévisions de l'article L. 432-1 du Code du travail lorsque, comme tel est le cas en l'espèce, elles ne préjugent en rien les décisions qui pourraient être prises sur des questions intéressant l'organisation, la gestion ou la marche générale de l'entreprise

• **Crim. 4 déc. 1990,** n° 89-84.570

> En application des articles L. 611-3 et L. 611-15 du Code de commerce, doit être respectée une obligation de confidentialité justifiée par la discrétion nécessaire sur la situation de l'entreprise concernée et sur les éventuelles négo-

ciations entre dirigeants, actionnaires, créanciers et garants de celle-ci.

Il résulte tant de ses fondements que de l'objectif même de la procédure de mandat *ad hoc* que son caractère confidentiel s'attache non seulement à la requête mais également aux documents ayant trait à la procédure mise en œuvre, et notamment à la cession envisagée, qui ne mettent pas en cause seulement la société mais aussi les créanciers et les repreneurs éventuels nécessairement impliqués dans cette procédure.

Ne constitue pas un trouble manifestement illicite l'absence de communication des documents, sollicités par l'expert du comité de groupe, qui ont trait au mandat *ad hoc* mis en œuvre par la société, laquelle avait, par ailleurs, transmis à l'expert des informations comptables, financières et sociales du groupe pour lui permettre de remplir sa mission.

• **Soc. 9 oct. 2019,** n° 18-15.305

121.03 Bibliographie indicative.

> **Encyclopédies.** *Rep. com., sociétés, trav.*, v° Entreprises en difficulté : salariés, par J.-F. Cesaro et G. Duchange, oct. 2018, actualisation janv. 2025, n°s 25-27 – *Rep. com.*, v° Entreprise en difficulté : mandat *ad hoc*, conciliation, par M.-H. Monsèrié-Bon, mars 2012, actualisation mars 2025, n°s 9, 114-117 – *J.-Cl. Procédures collectives*, fasc. 2030 : « Procédure de conciliation et concordat amiable », par B. Thullier, avr. 2016, actualisation déc. 2023, n°s 39 à 41, 160, 161.

> **Ouvrages généraux.**

Droit du travail. G. Auzero, D. Baugard, E. Dockès, *Droit du travail*, 2024/2025, 37e éd., « Précis », Dalloz, 2023, n° 1316 – P. Lokiec, *Droit du travail*, 2e éd., Puf, 2022, n° 971 – J.-E. Ray, *Droit du Travail, Droit vivant*, 31e éd., Liaisons sociales, 2023 – B. Teyssié, *Droit du travail, Relations collectives*, 12e éd., LexisNexis, 2020, n° 1018.

Droit des entreprises en difficulté. M.-L. Coquelet, *Entreprises en difficulté*, 7e éd., « Hypercours », Dalloz, 2022, n° 75 – A. Jacquemont, N. Borga et Th. Mastrullo, *Droit des entreprises en difficulté*, 13e éd., « Manuel », LexisNexis, 2024, n°s 87, 102, 120 – P. Le Cannu et D. Robine, *Droit des entreprises en difficulté*, 9e éd., « Précis », Dalloz, 2022, n° 128 – P.-M. Le Corre, avec la collaboration de G. Berthelot, D. Boustani-Aufan, P. Cagnoli, B. Ferrari, G. C. Giorgini, M. Guastella, L.-C. Henry, E. Le Corre-Broly, D.-E. Meynet, *Droit et pratique des procédures collectives 2025/2026*, 13e éd., « Dalloz Action », 2024, n°s 123.12, 123.29, 141.71, 142.41, 144.33 – A. Lienhard, *Procédures collectives 2020/2021*, 9e éd., « Delmas », Dalloz, 2020, n° 021.95 – F.-X. Lucas, *Manuel de droit de la faillite*, 4e éd., « Droit fondamental », Puf, 2022, n° 21 – M. Menjucq, B. Saintourens, B. Soinne (dir.), *Traité des procédures collectives*, LexisNexis, 3e éd., 2021, n° 254 – F. Pérochon, avec le concours de F. Reille, M. Laroche, V. Martineau-Bourgninaud, Th. Favario, A. Donnette, *Entreprises en difficulté*, 12e éd., « Manuel », LGDJ-Lextenso, 2024, n^os^, n°s 192-197 et 358, 359 – C. Saint-Alary-Houin, avec la collaboration de M.-H. Monsèrié-Bon et C. Houin-Bressand, *Droit des entreprises en difficulté*, 14e éd., « Domat », LGDJ-Lextenso, 2024, n°s 285, 304, 335 – C. Saint-Alary-Houin et M.-H. Monsèrié-Bon, *Prévention et traitement amiable des difficultés des entreprises*, LGDJ, Droit du paiement, 2018, n°s 382, 471, 524, 571 – J. Vallansan, L. Fin-Langer (collab.), *Guide des procédures collectives 2025/2026*, LexisNexis, 2024, n°s 52, 65.

> **Articles.** G. Dedessus-Le-Moustier, « Obligation de confidentialité et procédure de mandat *ad hoc* », *Leden* déc. 2019, n° 112y1, p. 2 – A. Fabre, « Aspects sociaux de l'ordonnance n° 2014-326 du 12 mars 2014 réformant le droit des entreprises en difficultés », *RDT* 2014. 259 – L. Fin-Langer, « Confidentialité du mandat *ad hoc* versus information des représentants du personnel : nouvelle victoire de la confidentialité devant la Chambre sociale ! », *Act. proc. coll.* 2019, n° 18, alerte 249 ; « La loi "justice 21" et le droit social des procédures collectives », *Rev. proc. coll.*, 2017, comm. 81 ; L. Fin-Langer et D. Jacotot, « La naissance d'un droit social des entreprises en difficulté ? », *Rev. proc. coll.*, n° 2, mars 2014, n° 11, s. – C. Gailhbaud, « Étendue de l'obligation de confidentialité en mandat *ad hoc* et droit à l'information des représentants du personnel », *GPL* 14 janv. 2020, n° 368g7, p. 82 ; « Ouverture du mandat *ad hoc* et de la conciliation : faut-il associer les salariés ? », *in* Actes du colloque de l'AJDE à Toulouse, 15 nov. 2013, sur « La prévention et le traitement amiable des difficultés des entreprises à la lumière de la réforme », *Rev. proc. coll.* 2014. 93 ; « Les dispositions concernant les salariés de l'ordonnance du 12 mars 2014 », *D.* 2014. 755 – M. Gandin, « Information et consultation des représentants des salariés dans le cadre de la prévention des difficultés – Loi du 26 juillet 2005 de sauvegarde des entreprises », *JCP E* 2006, n°s 43-44, 2557 – L. C. Henry, « Prévention et confidentialité : un nouvel épisode social au feuilleton », *Rev. sociétés*, 2019, p. 778 – F.-X. Lucas, « Présentation de l'ordonnance portant réforme de la prévention des difficultés des entreprises et des procédures collectives », *BJE* avr. 2014, p. 111, n° 111b7, spéc. 112 et 113 – F. Macorig-Venier, « La prévention amiable des difficultés et l'ordonnance portant réforme du livre VI du Code de commerce », *RTD com.* 2021. 914 ; « Incidence de la loi du 18 novembre 2016 sur les dispositions du Code de commerce relatives à la détection et la prévention des difficultés des entreprises : entre précisions nouvelles et clarifications », *RTD com.* 2017. 176 – P. A. Marquet, « L'obligation de confidentialité attachée aux procédures de mandat *ad hoc* et de conciliation est opposable à l'expert-comptable désigné par le comité de groupe », *JCP E* 2020, n° 28, n° 1272 – C. Neau-Leduc, « Brèves remarques d'actualité sur les procédures collectives, les salariés et les groupes de sociétés », *Rev. proc. coll.*, juill.-août 2011, Colloque 5, p. 45 – V. Piccoli, « L'expert-comptable du comité de groupe n'a pas à recevoir les documents relatifs à une procédure de mandat *ad hoc* », *JCP S* 2019, n° 1338 – B. Rolland, « Justice du XXIe siècle : adapter le traitement des entreprises en difficulté », *Procédures*, n° 2, févr. 2017, ét. 13 – R. Vatinet, « Sur l'étendue de l'obligation de confidentialité attachée à la mise en œuvre du mandat *ad hoc* et son opposabilité à l'expert-comptable du comité de groupe », *Rev. sociétés* 2020. 118.

121.04 Questions essentielles.

> Existe-t-il un régime dérogatoire aux attributions consultatives du CSE en prévention des difficultés ?

* V. s^s^ n°s 121.11, 121.12 et 121.13

> Quand et comment faut-il associer les salariés au mandat *ad hoc* ou à la procédure de conciliation ?

* V. s[s] n°s 121.31, 121.32, 122.11

SECTION 1
IDENTIFICATION DES DISPOSITIONS RELATIVES À L'OBLIGATION D'INFORMATION ET DE CONSULTATION DU CSE EN PRÉVENTION

121.11 Obligation d'information et de consultation dans le Code du travail. Le Code du travail ne prévoit pas de disposition spécifique concernant l'exercice des fonctions consultatives des représentants du personnel pour l'entreprise en difficulté bénéficiant d'une mesure ou d'une procédure de prévention. Rien n'a été prévu, en droit du travail, pour appréhender la délicate articulation entre les exigences de célérité et de confidentialité imposées par le traitement amiable des difficultés et le droit, à valeur constitutionnelle[1], des salariés à participer à la gestion de l'entreprise, se traduisant notamment, par l'exercice par le comité d'entreprise, devenu le comité social et économique, de ses attributions économiques[2].

La généralité de la formulation des dispositions régissant les attributions consultatives du comité social et économique, dans l'entreprise d'au moins cinquante salariés[3], invite à penser que ces dispositions de droit commun du travail continuent à régir le droit à l'information et à la consultation du CSE que l'entreprise fasse l'objet ou non d'une mesure de prévention. Notamment, le CSE est informé et consulté sur les questions intéressant l'organisation, la gestion et la marche générale de l'entreprise[4]. L'article L. 2312-8 du Code du travail ne limite pas les cas d'information et de consultation du comité aux seules décisions de nature à affecter le volume ou la structure des effectifs. Qu'aucun licenciement n'ait été envisagé en prévention ne suffirait pas à écarter l'application des attributions consultatives du CSE, dès lors que le projet de décision de l'employeur relève du domaine des attributions économiques du CSE (organisation, gestion et marche générale de l'entreprise). Dans le cadre de ses attributions consultatives récurrentes, le comité social et économique est informé et consulté chaque année sur les orientations stratégiques et la situation économique et financière de l'entreprise[5], notamment. Ainsi, que ce soit à titre ponctuel et à titre récurrent, le CSE est informé et consulté préalablement à toute décision relevant de son champ de compétence économique.

121.12 Obligation d'information et de consultation des représentants du personnel en mandat *ad hoc* dans le Code de commerce. Sur requête du débiteur, le président du tribunal de commerce ou du tribunal judiciaire, selon le cas[6], peut désigner un mandataire *ad hoc* avec mission qu'il détermine[7]. Le mandataire *ad hoc* ne devient aucunement mandataire du débiteur. Il n'est envisagé aucune intrusion dans la gestion de l'entreprise. On comprend ainsi que la jurisprudence n'ait pas retenu le délit d'entrave dans le cas d'absence de consultation du comité d'entreprise avant le dépôt de la requête en désignation et la décision le désignant elle-même[8]. L'obligation d'information et de consultation du CSE, tirée de ses attributions consultatives, pèse exclusivement sur le débiteur. Jusqu'à la loi du 18 novembre 2016[9], le Code de commerce ne contenait aucune dérogation à l'obligation d'information et de consultation des représentants du personnel de l'entreprise en difficulté.

La loi du 18 novembre 2016[10] a inséré une dérogation à l'obligation d'information et de consultation par l'ajout d'un troisième alinéa à l'article L. 611-3 du Code de commerce ainsi libellé : « Le débiteur n'est pas tenu d'informer le comité d'entreprise ou, à défaut, les délégués du personnel de la désignation d'un mandataire *ad hoc*. ». L'ordonnance du 15 septembre 2021[11] a remplacé les termes « comité d'entreprise ou, à défaut, les délégués du personnel » par l'expression « le comité social et économique ». Toute obligation d'informer le CSE de la désignation judiciaire d'un mandataire *ad hoc* est écartée. L'absence d'obligation d'information implique l'absence d'obligation de consultation avant toute décision de saisine du président du tribunal sur requête aux fins de désignation d'un mandataire *ad hoc*. Ainsi, si l'employeur entend solliciter, par requête auprès du président du tribunal compétent, la désignation d'un mandataire *ad hoc*, il n'a pas à en informer le comité social et économique.

1. Préamb. Const. 1946, al. 8.
2. Not. : C. trav., art. L. 2312-8 et L. 2312-17 s. sur l'information et la consultation préalables, récurrentes ou ponctuelles du CSE.
3. Décompte des effectifs conformément aux articles L. 1111-2, L. 1111-3 et L. 2301-1 du Code du travail (équivalent temps plein).
4. C. trav., art. L. 2312-8.
5. C. trav., art. L. 2312-17. Sur l'extension du domaine des informations du CSE aux enjeux de durabilité dans certaines grandes entreprises ou sociétés consolidantes d'un grand groupe, v. s[s] n° 112.12.
6. C. com., art. L. 611-3.
7. SUR le mandat *ad hoc* : P.-M. Le Corre *et alii* Droit et pratique des procédures collectives 2025/2026, 13e éd., « Dalloz Action », 2024, n°s 123.11 à 123.19.
8. Crim. 4 déc. 1990, n° 89-84.570.
9. L. n° 2016-1547, 18 nov. 2016 de modernisation de la justice du XXIe siècle, *JO* 19 nov., n° 1.
10. L. n° 2016-1547, préc.
11. Ord. n° 2021-1193, 15 sept. 2021 portant modification du livre VI du Code de commerce, *JO* 16 sept., n° 21.

121.13 Obligation d'information et de consultation des représentants du personnel en conciliation dans le Code de commerce. En conciliation [1], comme en mandat *ad hoc*, le législateur [2] a prévu une dérogation à l'obligation d'information du CSE en écartant l'obligation d'informer le comité social et économique de l'ouverture de la procédure. Ainsi, « le débiteur n'est pas tenu d'informer le comité social et économique de l'ouverture de la procédure » [3]. S'il est dérogé à l'obligation d'information du CSE concernant l'ouverture de la procédure, le CSE n'a pas non plus à être consulté à ce sujet. Cette exclusion de l'obligation d'information du CSE confirme l'importance de la confidentialité de la procédure de conciliation, lorsqu'elle reste préalable ou exclusive de l'homologation de l'accord qui peut avoir été conclu.

Le Code de commerce prévoit l'intervention des institutions représentatives du personnel lorsque le débiteur choisit de faire homologuer l'accord par le tribunal grâce à l'audition de leur(s) représentant(s) [4] lors de l'audience se tenant en chambre du conseil avant que le tribunal ne statue sur la demande d'homologation de l'accord. Y ajoutant, l'ordonnance du 12 mars 2014 [5] a inséré un article L. 611-8-1 [6] dans le même Code intégrant, dans le dispositif de traitement des difficultés des entreprises, une obligation spécifique d'information des représentants du personnel. Le comité d'entreprise, ou à défaut les délégués du personnel, ne pouvaient, en effet, jusque-là, prendre connaissance du contenu de l'accord qu'au greffe et à certaines conditions [7]. Désormais, « le comité social et économique est informé par le débiteur du contenu de l'accord lorsque celui-ci demande l'homologation » [8].

SECTION 2

TERMES DU DÉBAT SUR L'OBLIGATION D'INFORMATION ET DE CONSULTATION DU CSE DANS LA PRÉVENTION

121.21 Autonomie du droit à l'information du CSE. La qualité d'acteur du « droit économique de l'information » [9] de l'institution représentative du personnel [10] dans l'entreprise d'au moins cinquante salariés [11] n'est plus discutée. Le comité social et économique dans l'entreprise d'au moins cinquante salariés tire ses attributions économiques des dispositions de la section 3 du chapitre II du titre premier, du livre III de la deuxième partie du Code du travail. L'article L. 2312-8 du Code énonce que « le comité social et économique a pour mission d'assurer une expression collective des salariés permettant la prise en compte permanente de leurs intérêts dans les décisions relatives à la gestion et à l'évolution économique et financière de l'entreprise, à l'organisation du travail, (...) ». À ce titre, sauf lorsqu'il s'agit de conclure ou d'appliquer un accord collectif, le CSE est « informé et consulté sur les questions intéressant l'organisation, la gestion et la marche générale de l'entreprise » et notamment sur « la modification de son organisation économique ou juridique », les conditions de travail... [12]. Il l'est également, de manière récurrente, sur les orientations stratégiques et la situation économique et financière de l'entreprise [13], ou de manière ponctuelle sur un projet de restructuration [14], notamment. Le caractère général et impératif de la formulation [15] ne laisse pas de doute sur l'application des attributions consultatives du CSE, et l'obligation d'information qui les conditionnent, dans l'entreprise d'au moins cinquante salariés qu'elle soit ou non en difficulté, soumise ou non à une mesure ou une procédure de prévention.

1. SUR la conciliation : P.-M. Le Corre *et alii*, Droit et pratique des procédures collectives 2025/2026, 13e éd., « Dalloz Action », 2024, nos 140.05 à 145.22.
2. L. no 2016-1547.
3. C. com., art. L. 611-6.
4. C. com., art. L. 611-9.
5. Ord. no 2014-326, 12 mars 2014, portant réforme de la prévention des difficultés des entreprises et des procédures collectives, *JO* 14 mars, no 3 – F.-X. Lucas, « Présentation de l'ordonnance portant réforme de la prévention des difficultés des entreprises et des procédures collectives », *BJE*, avr. 2014, p. 111, no 111b7, spéc. 112 et 113 – L. Fin-Langer et D. Jacotot, « La naissance d'un droit social des entreprises en difficulté ? », *Rev. proc. coll.*, no 2, mars 2014, no 11, s. – A. Fabre, « Aspects sociaux de l'ordonnance no 2014-326 du 12 mars 2014 réformant le droit des entreprises en difficultés », *RDT* 2014. 259 – C. Gailhbaud, « Les dispositions concernant les salariés de l'ordonnance du 12 mars 2014 », *D.* 2014. 755.
6. Ord. no 2014-326, 12 mars 2014, art. 7.
7. C. com., art. R. 611-40 : « Les personnes appelées à l'audience d'homologation en application du premier alinéa de l'article L. 611-9 peuvent prendre connaissance de l'accord au greffe du tribunal. »
8. C. com., art. L. 611-8-1, mod. Ord. no 2021-1193, 15 sept. 2021 portant modification du livre VI du Code de commerce, *JO* 16 sept., no 21.
9. M. Jeantin, « La loi du 1er mars 1984 relative à la prévention et au règlement amiable des difficultés des entreprises », *Dr. soc.* 1984. 599.
10. « Citoyens dans la cité, les travailleurs, doivent l'être aussi dans leur entreprise ». Auroux, rapport « Les droits des travailleurs », La documentation française, sept. 1981, p. 3 ; L. no 82-915, 28 oct. 1982 relative au développement des institutions représentatives du personnel, *JO* 29 oct., p. 3255 ; C. Saint-Alary-Houin, M.-H. Monsèrié-Bon, C. Houin-Bressand, *Droit des entreprises en difficulté*, 14e éd., « Domat », LGDJ-Lextenso, 2024, no 111.
11. Décompte des effectifs conformément aux articles L. 1111-2, L. 1111-3 et L. 2301-1 du Code du travail (équivalent temps plein).
12. C. trav., art. L. 2312-8.
13. C. trav., art. L. 2312-17.
14. C. trav., art. L. 2312-37.
15. Sur les attributions du CSE dans l'entreprise d'au moins cinquante salaries, v. ss no 111.22.

La chambre sociale de la Cour de cassation apprécie largement le domaine de l'obligation d'information et de consultation préalable en retenant qu'un projet, même formulé en termes généraux, doit être soumis à consultation lorsque son objet est assez déterminé pour que son adoption ait une incidence sur l'organisation, la gestion et la marche générale de l'entreprise, peu important qu'il ne soit pas accompagné de mesures précises et concrètes d'application dès lors que la discussion ultérieure de ces mesures n'est pas de nature à remettre en cause, dans son principe, le projet adopté[1].

Rapprochée de l'article L. 611-7 du Code de commerce détaillant la mission du conciliateur, cette conception pouvait conduire à retenir systématiquement l'application de l'obligation d'information et de consultation en conciliation dès le stade du projet de saisine du président du tribunal par le débiteur : le conciliateur « peut également présenter toute proposition se rapportant à la sauvegarde de l'entreprise, à la poursuite de l'activité économique et au maintien de l'emploi » et « il peut être chargé, à la demande du débiteur et après avis des créanciers participants, d'une mission ayant pour objet l'organisation d'une cession partielle ou totale de l'entreprise qui pourrait être mise en œuvre, le cas échéant, dans le cadre d'une procédure ultérieure de sauvegarde, de redressement judiciaire ou de liquidation judiciaire »[2].

L'article 33 du projet de loi n° 1398 relatif à la prévention et au règlement amiable des difficultés des entreprises déposé à l'Assemblée nationale le 6 avril 1983 prévoyait que « lorsque l'ouverture d'un règlement amiable est demandée, l'employeur doit informer le comité d'entreprise de la saisine du président du tribunal, de la nomination du conciliateur, et, dans des conditions précisées par décret, des suites données à cette demande ». Cette information justifiait, dans le projet de loi initial que le secret professionnel, pénalement sanctionné, auquel étaient soumises les parties prenantes au règlement amiable, soit également appliqué aux membres du comité d'entreprise. Les débats parlementaires ont conduit au retrait de ces dispositions. La loi du 1er mars 1984[3] relative à la prévention et au règlement amiable des difficultés des entreprises finalement adoptée ne contient aucune disposition spécifique à l'information du comité d'entreprise dans le cadre du règlement amiable. Pour en expliquer la principale raison, sans doute faut-il rappeler l'un des arguments soulevés lors des débats parlementaires : les dispositions portant sur l'information et la consultation du comité d'entreprise sont libellées de manière suffisamment large pour concerner le règlement amiable sans avoir besoin de prévoir de dispositions spécifiques[4]. C'est bien l'autonomie des attributions de l'institution représentative du personnel en matière d'information et de consultation avant toute décision de l'employeur dans l'ordre économique qui justifie leur application quelle que soit la situation de l'entreprise, sauf dérogation expresse[5] prévue par le législateur depuis.

121.22 Justification de la dérogation à l'obligation d'information et de consultation du CSE en matière de prévention. La place des salariés dans l'entreprise en difficulté fait débat à chaque réforme du livre VI du Code de commerce. Il a été discuté, lors de l'adoption de la loi de sauvegarde[6], de la possibilité d'accorder aux salariés ou à leurs représentants le bénéfice de l'initiative de l'ouverture de la conciliation. L'amendement qui le proposait n'a pas été adopté[7]. A en effet été soulignée, lors des débats parlementaires, la différence entre l'ouverture de la procédure qui, compte tenu de son caractère confidentiel, ne peut être qu'entre les mains du responsable de l'entreprise, et l'homologation de l'accord donnant lieu à une audience au cours de laquelle les représentants du personnel sont entendus. D'ailleurs, c'est bien le sens que l'ordonnance du 12 mars 2014[8] invite à adopter puisqu'un texte spécifique régit à présent l'information des représentants du personnel en conciliation lorsqu'une demande d'homologation de l'accord est faite par le débiteur.

Avant que le législateur[9] n'écarte expressément l'information des représentants du personnel lors de la désignation du mandataire *ad hoc* et lors de l'ouverture de la conciliation, de nombreux auteurs[10] consi-

1. Soc. 12 nov. 1997, n° 96-12.314 ; *Bull. civ.* V, n° 375.
2. C. com., art. L. 611-7.
3. L. n° 84-148, 1er mars 1984, relative à la prévention et au règlement amiable des difficultés des entreprises, *JO* 2 mars, p. 751.
4. Rapp. n° 1526, J. Roger-Machart, déposé à l'Assemblée nationale le 26 mai 1983 – M. Jeantin, « La loi du 1er mars 1984 relative à la prévention et au règlement amiable des difficultés des entreprises », *Dr. soc.* 1984. 599, spéc., p. 612, n° 54.
5. C. com., art. L. 611-3 (mandat *ad hoc*) et L. 611-6 (conciliation).
6. Amendement n° 455 sur « l'ouverture du droit de saisine aux salariés », *JOAN CR*, 2e séance, 2 mars 2005, pp. 1590, 1591.
7. P.-M. Le Corre *et alii*, Droit et pratique des procédures collectives, 2025/2026, 13e éd., « Dalloz Action », 2024, n° 142.41.
8. Ord. n° 2014-326, 12 mars 2014, portant réforme de la prévention des difficultés des entreprises et des procédures collectives, *JO* 14 mars, n° 3.
9. L. n° 2016-1547, 18 nov. 2016 de modernisation de la justice du XXIe siècle, *JO* 19 nov., n° 1.
10. F. Pérochon, *Entreprises en difficulté*, éd. LGDJ, 10e éd. 2014, n° 130 – F.-X. Lucas, « Présentation de l'ordonnance portant réforme de la prévention des difficultés des entreprises et des procédures collectives », *BJE* avr. 2014. 111, n° 111b7, spéc. p. 112, 113 – L. Fin-Langer et D. Jacotot, « La naissance d'un droit social des entreprises en difficulté ? », *Rev. proc. coll.*, n° 2, mars 2014, n° 11, s. – C. Gailhbaud, « Ouverture du mandat *ad hoc* et de la conciliation : faut-il associer les salariés ? », *in* Actes du colloque de l'AJDE à Toulouse, 15 nov. 2013, sur « La prévention et le traitement amiable des difficultés des entreprises à la lumière de la réforme », *Rev. proc. coll.* 2014. 93.

déraient qu'une telle information devait pouvoir être écartée. Il pouvait en effet être considéré que la demande de nomination d'un conciliateur n'intéresse pas directement la marche générale ou la gestion de l'entreprise [1]. Cela est d'autant plus vrai concernant le mandat *ad hoc*. La demande d'ouverture de la procédure de conciliation, comme la demande de désignation d'un mandataire *ad hoc*, peuvent, au demeurant, être rejetées par le président du tribunal [2]. Les difficultés conditionnant l'ouverture de la procédure de conciliation sont d'ordre juridique, économique ou financier. Il n'est nullement fait mention de difficultés sociales bien que le président du tribunal soit saisi par une requête exposant sa situation économique, sociale, financière et patrimoniale [3]. La possibilité pour le président du tribunal de charger un expert d'établir un rapport sur la situation économique, sociale et financière du débiteur, a été déplacée de la phase d'instruction précédant l'ouverture à la période postérieure [4]. Ce déplacement pouvait venir justifier l'absence d'application du droit à l'information préalable à la demande d'ouverture de la procédure. Il appartient d'ailleurs au président du tribunal d'apprécier, après ouverture de la procédure de conciliation, s'il sollicite communication de tout renseignement lui permettant d'apprécier la situation économique, financière, sociale et patrimoniale du débiteur et ses perspectives de règlement auprès des représentants du personnel [5].

L'objectif attribué à la conciliation inviterait à retenir la même conclusion. L'intitulé général de la mission du conciliateur tranche avec celui qu'avait adopté la loi de 1994 [6] modifiant la loi du 1er mars 1984 [7] sur le règlement amiable : le rôle du conciliateur n'est plus celui de « favoriser le fonctionnement de l'entreprise et de rechercher la conclusion d'un accord avec les créanciers » [8] mais se trouve défini comme devant « favoriser la conclusion entre le débiteur et ses principaux créanciers ainsi que (...), ses cocontractants habituels, d'un accord amiable destiné à mettre fin aux difficultés de l'entreprise » [9]. Choisir de ne pas procéder à l'information ou à la consultation du CSE tant qu'aucune mesure susceptible d'affecter le volume des effectifs, l'organisation du travail ou l'emploi, n'est envisagée, pourrait se concevoir. C'est également de la sorte que la décision de la chambre sociale de la Cour de cassation du 12 novembre 1997 [10] pourrait être lue : si un projet envisagé par l'employeur concerne l'organisation de l'entreprise, l'information et la consultation du comité d'entreprise s'imposent s'il est susceptible d'avoir un impact sur l'emploi, les effectifs ou les conditions de travail.

Il n'est pas contesté que le succès du dispositif de prévention des difficultés des entreprises repose sur l'anticipation, la confidentialité et le consensus [11]. Parmi ces exigences, celle relative à la confidentialité est fondamentale. La confidentialité peut en effet constituer une condition du consensus des parties prenantes à la procédure de conciliation ou à la mesure de mandat *ad hoc*, destinée à aboutir à un accord. Elle justifie à elle seule que l'information du CSE, et en conséquence sa consultation, sur la requête, les documents et les informations ayant trait à la mesure de mandat *ad hoc* ou à la procédure de conciliation en dehors de toute demande d'homologation de l'accord, soit ponctuellement écartée.

Il faut rappeler que les représentants ne sont statutairement soumis ni au secret professionnel ni à une obligation de confidentialité mais à une obligation de discrétion dont l'efficacité est conditionnée [12] : l'obligation de discrétion n'est pas une obligation pure et simple de confidentialité. Son efficacité est également limitée : la réalisation du risque de divulgation d'informations confidentielles peut conduire à un dommage dont l'incidence peut mettre en péril la pérennité de l'entreprise alors que la mise en cause des auteurs de l'indiscrétion s'oppose à des obstacles probatoires et juridiques.

Le droit de l'Union européenne en tient compte. La directive du 11 mars 2002 [13] laisse la possibilité aux

1. F. Pérochon, *Entreprises en difficulté*, LGDJ, 9e éd. 2012, n° 125.
2. C. com., art. L. 611-6 pour la conciliation, art. L. 611-3 pour le mandat *ad hoc*.
3. C. com., art. L. 611-6.
4. Ord. n° 2008-1345, 18 déc. 2008 portant réforme du droit des entreprises en difficulté, *JO* 19 déc. 2008, n° 29.
5. C. com., art. L. 611-6.
6. L. n° 94-475, 10 juin 1994 relative à la prévention et au traitement des difficultés des entreprises, *JO* 11 juin, p. 8440.
7. L. n° 84-148, 1er mars 1984, relative à la prévention et au règlement amiable des difficultés des entreprises, *JO* 2 mars, p. 751.
8. C. com., art. L. 611-4, av. L. n° 2005-845, 26 juill. 2005, issu de l'art. 36 de la L. n° 84-148, 1er mars 1984 modifiée par la L. n° 94-475, 10 juin 1994.
9. C. com., art. L. 611-7.
10. Soc. 12 nov. 1997, n° 96-12.314 : « Qu'en statuant comme elle l'a fait, alors qu'elle avait relevé, d'une part, que les projets soumis au conseil d'administration concernaient l'organisation de l'entreprise et étaient susceptibles d'avoir un impact sur les effectifs et les conditions de travail, d'autre part, que le conseil d'administration de la CAF est un organe dirigeant, en vertu de l'article L. 212-2 du Code de la sécurité sociale, ayant le pouvoir de prendre une décision au sens de l'article L. 431-5, la Cour d'appel, qui n'a pas tiré les conséquences légales de ses constatations, a violé les textes susvisés ».
11. Ass. nat., Avis de J. Chartier présenté au nom de la commission des finances sur le projet de loi de sauvegarde des entreprises, n° 2099.
12. C. trav., art. L. 2315-3 ; – Soc. 12 juill. 2006, n° 04-47.558 ; – Soc. 27 nov. 2019, n° 18-19.237.
13. Dir. 2002/14/CE 11 mars 2002 établissant un cadre général relatif à l'information et à la consultation des travailleurs dans la Communauté européenne, cons. 26 du préambule et art. 6, § 2.

États de l'Union européenne de prévoir, dans des cas spécifiques et limités, que l'employeur ne soit pas obligé de communiquer des informations ou de procéder à des consultations lorsque leur nature est telle que, selon des critères objectifs, elles entraveraient gravement le fonctionnement de l'entreprise ou lui porteraient préjudice. La protection du secret des affaires a permis de justifier des dérogations à l'obligation d'information préalable des représentants du personnel. Depuis la loi du 18 janvier 2005 [1], le régime d'information et de consultation de l'offre publique d'acquisition [2] est adapté pour l'employeur qui lance une offre publique d'acquisition portant sur le capital d'une entreprise. Par dérogation à l'obligation de consulter avant toute décision, il n'est pas tenu de consulter le comité social et économique avant ce lancement. L'ordonnance du 22 septembre 2017 [3] a inséré une nouvelle dérogation à l'information préalable du CSE en matière d'opérations de concentration au sens de l'article L. 430-1 du Code de commerce [4].

En prévention, c'est le Code de commerce qui contient les dispositions opposables aux représentants du personnel permettant de protéger la confidentialité de la requête et des documents ayant trait à la mesure de mandat *ad hoc* [5] ou à la procédure de conciliation dont l'ouverture est prononcée.

SECTION 3

APPLICATION DES DISPOSITIONS SUR L'OBLIGATION D'INFORMATION ET DE CONSULTATION DU CSE DANS LA PRÉVENTION

121.31 Information et consultation du comité social et économique en mandat *ad hoc*. En mandat *ad hoc*, la question de l'information et de la consultation des représentants du personnel n'est posée que dans l'entreprise d'au moins cinquante salariés. Aucune disposition, que ce soit dans le Code du travail ou dans le Code de commerce, ne prévoit d'attributions générales en matière d'information ou de consultation du comité social et économique mis en place dans l'entreprise de moins de cinquante salariés. Seules sont en cause, l'information et la consultation du CSE dans l'entreprise d'au moins cinquante salariés, c'est-à-dire en application des dispositions de la section 3, du chapitre II, du titre premier, du livre III, de la deuxième partie du Code du travail, intitulée « Attributions du comité social et économique dans les entreprises d'au moins cinquante salariés ». Dès lors, aucune obligation générale d'information ou de consultation ne pèse sur le débiteur qui n'occupe pas cinquante salariés [6], à l'exception de l'entreprise dont l'effectif serait passé sous le seuil de cinquante salariés avant le renouvellement du CSE mis en place alors que l'effectif était au moins égal à cinquante [7].

L'obligation d'information du comité social et économique est expressément écartée par l'article L. 611-3 du Code de commerce qui dispose que « le débiteur n'est pas tenu d'informer le CSE de la désignation d'un mandataire *ad hoc* ». Il ne fait aucun doute que cette dérogation autorise le débiteur à ne pas informer le CSE du projet de requête au président du tribunal sollicitant la désignation d'un mandataire *ad hoc*, ni de la désignation prononcée. La dérogation à l'information du CSE inclut nécessairement l'obligation de consultation.

La question de l'étendue de la dérogation se pose en revanche. Si l'information du CSE est écartée lors de la désignation du mandataire *ad hoc*, le CSE peut-il exiger d'être informé ou consulté au cours du mandat *ad hoc* ? C'est la question indirectement posée à la Cour de cassation au sujet de la demande de communication à l'expert du comité de groupe de documents ayant trait à la désignation du mandataire *ad hoc*, à la recherche de possibles repreneurs du groupe et aux cessions d'actifs envisagés : dans un arrêt rendu le 9 octobre 2019 [8], la Cour de cassation a rejeté le pourvoi de l'expert du comité de groupe désigné par ce dernier dans le cadre de son information sur les comptes annuels de la société dominante du groupe. La Cour d'appel de Versailles [9] avait constaté que les documents dont la communication était sollicitée par l'expert du comité de groupe « (marques d'intérêts ou lettre d'intention des acquéreurs potentiels, offres fermes éventuelles, calendrier du processus de

1. L. n° 2005-32, 18 janv. 2005 de programmation pour la cohésion sociale, *JO* 19 janv. 2005, n° 1.
2. C. trav., art. L. 2312-49.
3. C. trav., art. L. 2312-41 (nouv.), créé par ord. n° 2017-1386, 22 sept. 2017 et mod. par ord. n° 2017-1718, 20 déc. 2017.
4. R. Vatinet, « Sur l'étendue de l'obligation de confidentialité attachée à la mise en œuvre du mandat *ad hoc* et son opposabilité à l'expert-comptable du comité de groupe » *Rev. sociétés* 2020. 118.
5. Soc. 9 oct. 2019, n° 18-15.305, P.-A. Marquet ; *JCP E* 2020, n° 1272 ; R. Vatinet ; *Rev. sociétés* 2020. 118 ; G. Dedessus-Le-Moustier ; *Leden* déc. 2019, n° 112y1, p. 2 ; L.-C. Henry ; *Rev. sociétés* 2019. 778 ; L. Fin-Langer ; *Act. proc. coll.* 2019, n° 18, alerte 249 ; V. Piccoli, « L'expert-comptable du comité de groupe n'a pas à recevoir les documents relatifs à une procédure de mandat *ad hoc* », *JCP S* 2019, n° 1338.
6. Décompte des effectifs conformément aux articles L. 1111-2, L. 1111-3 et L. 2301-1 du Code du travail (équivalent temps plein).
7. C. trav., art. L. 2312-3.
8. Soc. 9 oct. 2019, n° 18-15.305, préc.
9. Versailles, 15 févr. 2018, n° 17/03962.

cession, *Vendor Due Diligence* éventuels), avaient trait au mandat *ad hoc* qui avait été mis en œuvre en novembre 2016 par la société ». La Cour d'appel avait relevé « qu'en application des articles L. 611-3 et L. 611-15 du Code de commerce, doit être respectée une obligation de confidentialité justifiée par la discrétion nécessaire sur la situation de l'entreprise concernée et sur les éventuelles négociations entre dirigeants, actionnaires, créanciers et garants de celle-ci, qu'il résulte tant de ses fondements que de l'objectif même de la procédure que son caractère confidentiel s'attache non seulement à la requête mais également aux documents ayant trait à la procédure mise en œuvre et notamment à la cession envisagée, qui ne mettent pas en cause seulement la société mais également les créanciers et les repreneurs éventuels nécessairement impliqués dans cette procédure ». La Cour de cassation a ainsi relevé que les constatations de la Cour d'appel lui permettaient de déduire l'absence de trouble manifestement illicite et a rejeté le pourvoi de l'expert.

De l'application combinée des articles L. 611-3 et L. 611-15, est ainsi opposée tant au CSE qu'à l'expert désigné dans le cadre de l'exercice de ses attributions, la confidentialité du mandat *ad hoc* autorisant le débiteur à ne pas informer ou consulter le CSE sur ce qui a trait à la mesure de mandat *ad hoc*.

En revanche, en dehors de ce qui a trait à la mesure préventive, le CSE exerce normalement ses attributions consultatives.

121.32 Information et consultation du comité social et économique en conciliation. En conciliation, la même dérogation à l'information du CSE qu'en mandat *ad hoc* est prévue par le Code de commerce. L'article L. 611-6 dudit Code énonce que « le débiteur n'est pas tenu d'informer le comité social et économique de l'ouverture de la procédure ». Cette dérogation autorise le débiteur à ne pas informer le CSE du projet de requête au président du tribunal sollicitant l'ouverture de la procédure de conciliation, ni de la décision d'ouverture. Comme en mandat *ad hoc*, la dérogation à l'information du CSE inclut nécessairement l'obligation de consultation. La même question de l'étendue de la dérogation à l'information et la consultation du CSE pourrait se poser.

Si la même analyse que celle tenue pour le mandat *ad hoc* issue de l'arrêt de la chambre sociale de la Cour de cassation du 9 octobre 2019[1], peut être tirée de l'application combinée des articles L. 611-6 et L. 611-15 du Code de commerce pour la procédure de conciliation, un argument supplémentaire vient conforter la reconnaissance d'un régime dérogatoire de l'information du CSE en conciliation. Le Code de commerce prévoit un régime spécial d'information du CSE lorsque le débiteur demande l'homologation de l'accord au tribunal. Il faut dès lors distinguer selon qu'une homologation de l'accord est demandée ou non par le débiteur dans le cadre de la procédure de conciliation.

En l'absence d'une demande d'homologation d'un accord formulée par le débiteur auprès du tribunal, c'est-à-dire en cas de requête conjointe des parties de constater l'accord auprès du président du tribunal[2] ou en cas d'absence d'accord, l'application combinée[3] des articles L. 611-6 et L. 611-15 du Code de commerce devrait permettre au débiteur d'opposer la confidentialité de la conciliation aux représentants du personnel pour être autorisé à ne pas les informer sur la procédure, et dès lors à ne pas les consulter. Il est précisé qu'en cas d'accord simplement constaté par ordonnance du président du tribunal, le contenu de l'accord n'est accessible qu'aux parties et aux personnes pouvant s'en prévaloir[4]. Une communication au CSE d'informations sur le contenu de l'accord serait contraire aux dispositions applicables à la procédure de conciliation en cas de constat de l'accord et à l'impératif de confidentialité prévu à l'article L. 611-15.

Que le débiteur soit ou non en cessation des paiements n'a pas d'incidence : il est rappelé que le bénéficiaire d'une procédure de conciliation peut être en cessation des paiements depuis moins de quarante-cinq jours[5]. Le Code du travail prévoit la consultation ponctuelle du CSE dans l'entreprise d'au moins cinquante salariés « avant le dépôt au greffe d'une demande d'ouverture d'une procédure de redressement judiciaire ou de liquidation judiciaire »[6]. La situation de cessation des paiements n'implique pas en tant que telle d'obligation de consultation.

Bien entendu, en dehors de ce qui a trait à la conciliation, le CSE dans l'entreprise d'au moins cinquante salariés exerce ses pleines attributions consultatives.

Lorsque le débiteur saisit le tribunal d'une demande d'homologation de l'accord intervenu en conciliation, le Code de commerce encadre le droit à l'information du CSE et en étend les bénéficiaires. La loi de sauvegarde[7] associe en effet les salariés à la conciliation à travers leurs représentants sans distinction de la taille de l'entreprise : l'article L. 611-9 du Code de commerce prévoit que « le tribunal statue sur l'homologation après avoir entendu ou dûment appelé en

1. Soc. 9 oct. 2019, n° 18-15.305, préc.

2. C. com., art. L. 611-8.
3. Soc. 9 oct. 2019, préc.
4. C. com., art. R. 611-39.
5. C. com., art. L. 611-4.
6. C. trav., art. L. 2312-53.
7. L. n° 2005-845, 26 juill. 2005 de sauvegarde des entreprises, *JO* 27 juill., n° 5.

chambre du conseil le débiteur, les créanciers parties à l'accord, les représentants du comité d'entreprise ou, à défaut, des délégués du personnel, le conciliateur et le ministère public ». L'ordonnance du 15 septembre 2021 [1] a remplacé les termes « comité d'entreprise ou, à défaut, des délégués du personnel » par comité social et économique. Contrairement au Code du travail, le Code de commerce ne distingue pas selon l'instance représentative du personnel : l'expression « comité d'entreprise ou, à défaut, des délégués du personnel » permettait d'inclure les entreprises de onze à quarante-neuf salariés au même titre que les entreprises d'au moins cinquante salariés. Le remplacement de cette formulation par le comité social et économique sans autre précision désigne à la fois le CSE dans l'entreprise de moins de cinquante salariés, ne disposant pas d'attributions consultatives générales, et le CSE dans l'entreprise d'au moins cinquante salariés exerçant des attributions élargies en matière économique notamment. Le décret du 28 décembre 2005 [2] prévoyait que les personnes appelées à l'audience d'homologation avaient la possibilité de prendre connaissance de l'accord au greffe du tribunal. Désormais, l'article R. 611-40 du Code de commerce prévoit cette possibilité. Il est rappelé que l'alinéa 2 de l'article R. 611-42 dudit Code prend soin de préciser que le jugement statuant sur l'homologation ne reprend pas les termes de l'accord. C'est l'ordonnance du 12 mars 2014 [3] qui a inséré un article L. 611-8-1 dans le Code de commerce prévoyant une obligation spécifique d'information des représentants du personnel. Désormais, « le comité social et économique est informé par le débiteur du contenu de l'accord lorsque celui-ci demande l'homologation » [4]. Là encore, tout CSE, quel que soit l'effectif de l'entreprise, bénéficie de ce droit à l'information. Le droit à l'information des représentants du personnel, prévu dans le Code de commerce, en cas d'homologation de l'accord en conciliation va au-delà de la seule obligation d'information tirée du Code du travail.

1. Ord. n° 2021-1193, 15 sept. 2021 portant modification du livre VI du Code de commerce, *JO* 16 sept, n° 21.
2. Décr. n° 2005-1677, 28 déc. 2005 pris en application de la loi n° 2005-845, 26 juill. 2005 de sauvegarde des entreprises, *JO* 29 déc., n° 66, art. 33.
3. Ord. n° 2014-326, 12 mars 2014, art. 7 – F.-X. Lucas, « Présentation de l'ordonnance portant réforme de la prévention des difficultés des entreprises et des procédures collectives », *BJE* avr. 2014. 111, n° 111b7, spéc. 112 et 113 – L. Fin-Langer et D. Jacotot, « La naissance d'un droit social des entreprises en difficulté ? », *Rev. proc. coll.*, n° 2, mars 2014, n° 11, s. – A. Fabre, « Aspects sociaux de l'ordonnance n° 2014-326 du 12 mars 2014 réformant le droit des entreprises en difficultés », *RDT* 2014. 259 – C. Gailhbaud, « Les dispositions concernant les salariés de l'ordonnance du 12 mars 2014 », *D.* 2014. 755.
4. C. com., art. L. 611-8-1, mod. Ord. n° 2021-1193, 15 sept. 2021.

L'entreprise de moins de onze salariés, ne disposant pas de représentants du personnel, ou celle n'en disposant pas malgré son effectif au moins égal à onze, n'est en revanche pas concernée par l'audition, sauf à ce qu'un salarié puisse être entendu comme « toute personne » dont « l'audition parait utile » [5], en cas d'homologation de l'accord. De même, seul le CSE est titulaire du droit à l'information sur l'accord prévu à l'article L. 611-8-1 du Code de commerce. Aucune obligation d'information n'est prévue dans l'entreprise dépourvue de CSE.

121.33 Sanction de l'obligation d'information et de consultation du CSE. Avant l'adoption de dérogations aux attributions consultatives du CSE dans le cadre du mandat *ad hoc et* de la conciliation, retarder la consultation ou ne pas consulter le CSE sur la mesure ou sur la procédure faisait courir un risque sérieux de condamnation pour délit d'entrave [6] au fonctionnement de l'institution représentative du personnel concernée [7]. La décision rendue le 4 décembre 1990 par la chambre criminelle de la Cour de cassation [8], écartant le délit d'entrave en cas d'absence de consultation avant la demande de désignation d'un mandataire *ad hoc*, pouvait fonder l'absence d'obligation à information consultation au stade du dépôt de la requête. Les dérogations au droit à l'information du CSE prévues par le Code de commerce aux articles L. 611-3 concernant la désignation du mandataire *ad hoc* et L. 611-6 concernant l'ouverture de la procédure de conciliation, ont permis d'éviter le risque lié au délit d'entrave au fonctionnement de l'institution représentative du personnel concernant les informations et documents ayant trait à la mesure ou la procédure de prévention.

En revanche, l'obligation d'information du CSE, quel que soit l'effectif de l'entreprise, sur le contenu de l'accord en cas de demande d'homologation formulée par le débiteur auprès du tribunal, est-elle sanctionnée par le délit d'entrave au fonctionnement de l'institution ? La présence de l'obligation dans le Code de commerce pourrait conduire à s'interroger sur l'application des dispositions du Code du travail sur le délit d'entrave. L'alinéa 2 de l'article L. 2317-1 du Code du travail prévoit que « le fait d'apporter une entrave à leur fonctionnement régulier est puni d'une amende de 7 500 euros », quelle que soit la taille de l'entreprise. Ne pas procéder à l'information du CSE, même si celle-ci est prévue par un autre Code que le Code du travail, pourrait être envisagé comme constituant une entrave au fonctionnement régulier de l'institution.

5. C. com., art. L. 611-9.
6. Sur la sanction de l'information du CSE, v. s[s] n° 112.16.
7. Crim. 13 déc. 1994, n° 93-85.092.
8. Crim. 4 déc. 1990, n° 89-84.570.

CHAPITRE

122. Modalités d'information du CSE en conciliation

SECTION 0 ORIENTEUR

122.00 Sommaire du chapitre.

Sect. 1 Contenu de l'information du CSE en conciliation 122.11

Sect. 2 Obligation de confidentialité 122.21

122.01 Textes applicables.

• **C. com.**

art. L. 611-6 [Ouverture de la procédure de conciliation]

art. L. 611-8-1 [Information du CSE sur le contenu de l'accord en cas de demande d'homologation de l'accord au tribunal en conciliation]

art. L. 611-9 [Audition du ou des représentant(s) du CSE par le tribunal qui statue sur l'homologation]

art. L. 611-15 [Confidentialité du mandat *ad hoc* et de la conciliation]

art. R. 611-39 [Exclusion des représentants du personnel de l'accès au contenu de l'accord constaté par le président du tribunal en conciliation]

• **C. trav.**

art. L. 2315-3 [Obligation de discrétion et secret professionnel limité aux procédés de fabrication]

122.03 Bibliographie indicative.

> **Encyclopédies.** *Rep. com., sociétés, trav.*, v° Entreprises en difficulté : salariés, par J.-F. Cesaro et G. Duchange, oct. 2018, actualisation janv. 2025, n°s 25-27 – *Rep. com.*, v° Entreprise en difficulté : mandat *ad hoc*, conciliation, par M.-H. Monsèrié-Bon, mars 2012, actualisation mars 2025, n°s 9, 114-117 – *J.-Cl. Procédures collectives*, fasc. 2030 : Procédure de conciliation et concordat amiable, par B. Thullier, avr. 2016, dernière mise à jour déc. 2023, n°s 39 à 41, 160, 161.

> **Ouvrages généraux.**

Droit du travail. G. Auzero, D. Baugard, E. Dockès, *Droit du travail*, 2024/2025, 37e éd., « Précis », Dalloz, 2023, n° 1316 – P. Lokiec, *Droit du travail*, 2e éd., Puf, 2022, n° 971 – J.-E. Ray, *Droit du Travail, Droit vivant*, 31e éd., Liaisons sociales, 2023 – B. Teyssié, *Droit du travail, Relations collectives*, 12e éd., LexisNexis, 2020, n° 1018.

Droit des entreprises en difficulté. M.-L. Coquelet, *Entreprises en difficulté*, 7e éd., « Hypercours », Dalloz, 2022, n° 75 – A. Jacquemont, N. Borga et Th. Mastrullo, *Droit des entreprises en difficulté*, 13e éd., « Manuel », LexisNexis, 2024, n° 102 – P. Le Cannu et D. Robine, *Droit des entreprises en difficulté*, 9e éd., « Précis », Dalloz, 2022, n° 128 – P.-M. Le Corre, avec la collaboration de G. Berthelot, D. Boustani-Aufan, P. Cagnoli, B. Ferrari, G. C. Giorgini, M. Guastella, L.-C. Henry, E. Le Corre-Broly, D.-E. Meynet, *Droit et pratique des procédures collectives 2025/2026*, 13e éd., « Dalloz Action », 2024, n°s 122.41-122.44, 123.12, 123.29, 141.71, 142.41, 144.33 – A. Lienhard, *Procédures collectives 2020/2021*, 9e éd., « Delmas », Dalloz, 2020, n° 021.95 – F.-X. Lucas, *Manuel de droit de la faillite*, 4e éd., « Droit fondamental », Puf, 2022, n° 21 – M. Menjucq, B. Saintourens, B. Soinne (dir.), *Traité des procédures collectives*, LexisNexis, 3e éd., 2021, n° 254 – F. Pérochon, avec le concours de F. Reille, M. Laroche, V. Martineau-Bourgninaud, Th. Favario, A. Donnette, *Entreprises en difficulté*, 12e éd., « Manuel », LGDJ-Lextenso, 2024, n°s 358, 359 – C. Saint-Alary-Houin, avec la collaboration de M.-H. Monsèrié-Bon et C. Houin-Bressand, *Droit des entreprises en difficulté*, 14e éd., « Domat », LGDJ-Lextenso, 2024, n°s 285, 304, 335 – C. Saint-Alary-Houin et M.-H. Monsèrié-Bon, *Prévention et traitement amiable des difficultés des entreprises*, LGDJ, Droit du paiement, 2018, n°s 382, 524, 571 – J. Vallansan, L. Fin-Langer (collab.), *Guide des procédures collectives 2025/2026*, LexisNexis, 2024, n°s 52, 65.

> **Articles.** A. Fabre, « Aspects sociaux de l'ordonnance n° 2014-326 du 12 mars 2014 réformant le droit des entreprises en difficultés », *RDT* 2014. 259 – L. Fin-Langer, « La loi « justice 21 » et le droit social des procédures collectives », *Rev. proc. coll.*, 2017, comm. 81 ; L. Fin-Langer et D. Jacotot, « La naissance d'un droit social des entreprises en difficulté ? », *Rev. proc. coll.*, n° 2, mars 2014, n°s 11 s. – C. Gailhbaud, « Les dispositions concernant les salariés de l'ordonnance du 12 mars 2014 », *D.* 2014. 755 – M. Gandin, « Information et consultation des représentants des salariés dans le cadre de la prévention des difficultés – Loi du 26 juillet 2005 de sauvegarde des entreprises », *JCP E* 2006, n°s 43-44, 2557 – F.-X. Lucas, « Présentation de l'ordonnance portant réforme de la préven-

tion des difficultés des entreprises et des procédures collectives », *BJE*, avr. 2014, p. 111, nº 111b7, spéc. 112 et 113 – F. Macorig-Venier, « La prévention amiable des difficultés et l'ordonnance portant réforme du livre VI du Code de commerce », *RTD com.* 2021. 914 ; « Incidence de la loi du 18 novembre 2016 sur les dispositions du Code de commerce relatives à la détection et la prévention des difficultés des entreprises : entre précisions nouvelles et clarifications », *RTD com.* 2017. 176 – P. A. Marquet, « L'obligation de confidentialité attachée aux procédures de mandat *ad hoc* et de conciliation est opposable à l'expert-comptable désigné par le comité de groupe », *JCP E* 2020, nº 28, nº 1272 – C. Neau-Leduc, « Brèves remarques d'actualité sur les procédures collectives, les salariés et les groupes de sociétés », *Rev. proc. coll.*, juill/août 2011, Colloque 5, p. 45 – B. Rolland, « Justice du XXIe siècle : adapter le traitement des entreprises en difficulté », *Procédures*, nº 2, févr. 2017, ét. 13.

SECTION 1
CONTENU DE L'INFORMATION DU CSE EN CONCILIATION

122.11 Limitation de l'information au contenu de l'accord. L'application combinée des articles L. 611-6 et L. 611-15 en conciliation conduit à déroger à l'obligation d'information et de consultation du CSE concernant la requête, les informations et documents ayant trait à la mesure ou à la procédure de prévention. En revanche, dès lors que le débiteur décide de solliciter l'homologation de l'accord auprès du tribunal, il doit informer le CSE du contenu de l'accord[1]. L'obligation du débiteur à l'égard du CSE est limitée à l'information du contenu de l'accord. Font défaut les précisions sur les modalités d'information des représentants du personnel sur le contenu de l'accord, alors qu'il reste confidentiel, malgré son homologation par le tribunal : le débiteur doit-il remettre une copie de l'accord au comité dans le cadre de l'exercice de son droit à information ? L'article R. 611-40 du Code de commerce prévoit que le jugement d'homologation ne reprend pas les termes de l'accord. Seules les personnes appelées à être entendues à l'audience au cours de laquelle le tribunal statue sur l'homologation peuvent prendre connaissance du contenu de l'accord au greffe du tribunal sans pouvoir en prendre copie. L'accord n'est pas non plus annexé au jugement d'homologation[2]. Il serait contradictoire qu'une copie de l'accord puisse être délivrée aux représentants du personnel, même dans le cadre de l'exercice de leur droit à l'information. Informer du contenu de l'accord ne devrait pas imposer la communication d'une copie de l'accord.

SECTION 2
OBLIGATION DE CONFIDENTIALITÉ

122.21 Portée de l'obligation de confidentialité. En conciliation, lorsque le débiteur demande l'homologation de l'accord, le CSE est informé du contenu de l'accord[3] et entendu par le tribunal saisi pour homologation de l'accord[4]. À ce titre, l'obligation de confidentialité de l'article L. 611-15 du Code de commerce s'applique aux membres du CSE en leur qualité de personnes appelées à la procédure de conciliation. L'obligation de confidentialité est plus contraignante que l'obligation de discrétion à laquelle sont tenus les membres du CSE au titre de leur statut de représentant du personnel[5].

En dehors de la situation dans laquelle les membres du CSE sont appelés à la procédure, peuvent-ils être considérés comme des personnes qui ont connaissance de la mesure ou de la procédure de prévention par leurs fonctions ? Dans l'affirmative, les membres du CSE seraient en tout état de cause soumis à l'obligation de confidentialité de l'article L. 611-15 du Code de commerce dont l'efficacité n'est pas conditionnée comme l'est l'obligation statutaire de discrétion. Dans le cas contraire, les membres du CSE ne resteraient soumis qu'à l'obligation de discrétion.

1. C. com., art. L. 611-8-1.
2. C. com., art. R. 611-39.
3. C. com., art. L. 611-8-1.
4. C. com., art. L. 611-9.
5. C. trav., art. L. 2315-3.

LIVRE

2. LES ORGANES REPRÉSENTANT LES SALARIÉS DANS LES PROCÉDURES COLLECTIVES

CHRISTINE GAILHBAUD
MAÎTRE DE CONFÉRENCES ET AVOCAT

SECTION 0
ORIENTEUR

2.00 Sommaire du livre.

Titre 21 Les représentants du personnel dans les procédures collectives (comité social et économique)
Chap. 211 Introduction
Chap. 212 Désignation du ou des représentants du comité social et économique
Chap. 213 Audition du ou des représentants du comité social et économique
Chap. 214 Information et consultation du comité social et économique
Chap. 215 Voies de recours exercées par les représentants du personnel
Titre 22 Le représentant des salariés
Chap. 221 Désignation du représentant des salariés
Chap. 222 Fonctions du représentant des salariés
Chap. 223 Statut du représentant des salariés

TITRE

21. Les représentants du personnel dans les procédures collectives (comité social et économique)

SECTION 0
ORIENTEUR

21.00 **Sommaire du titre.**

Chap. 211 **Introduction**

Sect. unique Évolution de la représentation collective des salariés dans les procédures collectives

Chap. 212 **Désignation du ou des représentants du comité social et économique**

Sect. 1 Moment de la désignation du ou des représentants du comité social et économique

Sect. 2 Périmètre de désignation du ou des représentants du comité social et économique (CSE)

Sect. 3 Nombre de représentants du comité social et économique à désigner

Sect. 4 Modalités de désignation du ou des représentants du comité social et économique

Chap. 213 **Audition du ou des représentants du comité social et économique**

Sect. 1 Toilettage des textes et sens des termes « comité social et économique »

Sect. 2 Cas d'audition du ou des représentants du comité social et économique

Sect. 3 Modalités d'audition du ou des représentants du comité social et économique

Sect. 4 Sanction de l'obligation d'audition du représentant du comité social et économique

Chap. 214 **Information et consultation du comité social et économique**

Sect. 1 Présentation générale

Sect. 2 Règles d'information et de consultation issues du droit des procédures collectives

Sect. 3 Règles d'information et de consultation issues du droit du travail

Sect. 4 Modalités d'information et de consultation du comité social et économique en procédure collective

Sect. 5 Sanction de l'information et de la consultation du comité social et économique

Chap. 215 **Voies de recours exercées par les représentants du personnel**

Sect. 1 Voies de recours des représentants du personnel contre les jugements de la procédure collective

Sect. 2 Voies de recours des représentants du personnel contre les ordonnances du juge-commissaire

Sect. 3 Exercice des voies de recours au nom du comité social et économique ou de la délégation du personnel

CHAPITRE

211. Introduction

SECTION 0 ORIENTEUR

211.00 Sommaire du chapitre.

Sect. unique Évolution de la représentation collective des salariés dans les procédures collectives 211.11 à 211.12

211.03 Bibliographie indicative.

> **Encyclopédies.** *J.-Cl. Procédures collectives*, fasc. 2430 : Sauvegarde, redressement et liquidation judiciaires – Situation des salariés, par N. Vignal, 2021, mis à jour mars 2024, n°s 1 à 3.

> **Ouvrages généraux de droit des procédures collectives.** A. Lienhard, *Procédures collectives 2020/2021*, 9e éd., « Delmas », Dalloz, 2020, n° 035.11 – P.-M. Le Corre, avec la collaboration de G. Berthelot, D. Boustani-Aufan, P. Cagnoli, B. Ferrari, G. C. Giorgini, M. Guastella, L.-C. Henry, E. Le Corre-Broly, D.-E. Meynet, *Droit et pratique des procédures collectives 2025/2026*, 13e éd., « Dalloz Action », 2024, n° 391.05 – C. Saint-Alary-Houin, M.-H. Monsèrié-Bon, C. Houin-Bressand, *Droit des entreprises en difficulté*, 14e éd., « Domat », LGDJ-Lextenso, 2024, n° 40.

> **Articles.** H. Blaise, « La sauvegarde des intérêts des salariés dans les entreprises en difficulté. Loi du 25 janvier 1985 relative au redressement et à la liquidation judiciaires des entreprises », *Dr. social*, 1985, n° 6, p. 449-457 – Y. Chagny, « Aperçu général de la place des salariés dans les procédures collectives », *in* A. Lyon-Caen et Q. Urban (dir.), *Les salariés et la défaillance de l'entreprise*, Dalloz, « Thèmes et commentaires », 2007, p. 5 – A. Coeuret, « La représentation du personnel dans l'entreprise en difficulté », *Dr. soc.*, 1986, p. 651 – C. Gailhbaud, « Droit du travail et procédures collectives – Proposition d'un droit spécial », *in Un droit « positif », un droit de progrès*, Mél. C. Saint-Alary-Houin, LGDJ, 2020, p. 209, « L'adaptation des règles de licenciement en procédure collective », *in* A. Cerati, V. Perruchot-Triboulet, D. Ronet-Yague (dir.), *Le droit social des entreprises en difficulté*, LexisNexis, Planet Social, 2023, p. 115 – C. Hannoun, « Les salariés et leurs représentants, acteurs des procédures collectives », *in Les salariés et la défaillance de l'entreprise*, préc., p. 23 – D. Jacotot, « Propos hétérodoxes sur les attributions des instances représentatives du personnel d'une entreprise en difficulté », Mél. J.-L. Vallens, Lextenso, 2017, p. 71 – P. Langlois, « Divorce du droit social et du droit du redressement judiciaire ? », *in Prospectives du droit économique, Dialogues avec Michel Jeantin*, Dalloz, 1999, p. 419 – P. Morvan, « Le comité d'entreprise et ses doubles dans le droit des procédures collectives », *JCP E* 2003, n° 1625 – S. Settepani, « Quelques questions à propos du rôle des salariés dans les nouvelles procédures collectives », *LPA* 7 mai 1986. 20 – F. Taquet, « Aperçu rapide des modifications en matière sociale résultant de l'ordonnance n° 2008-1345 du 18 décembre 2008 portant réforme du droit des entreprises en difficulté », *Rev. proc. coll.*, 2009, n° 1, dossier 13 – Q. Urban, « Quelle est l'implication des institutions représentatives du personnel dans le traitement juridique des difficultés des entreprises depuis la loi du 26 juillet 2005 ? », *Rev. proc. coll.* 2008, ét. 6, p. 35 ; « Les salariés, l'AGS et la réforme du droit des restructurations et de l'insolvabilité », *RDT* 2022. 82 – R. Vatinet, « Les droits des salariés face aux difficultés économiques des entreprises ; un exemple d'interpénétration du droit commercial et du droit du travail », *JCP E* 1985, n° 14546 ; « Sur la place faite aux salariés par la loi de sauvegarde des entreprises du 26 juill. 2005 », *JCP S* 2005, n° 1230 ; « Le volet social de la loi de sauvegarde des entreprises précisé par son décret d'application », *JCP S* 2006, n° 1205.

SECTION UNIQUE ÉVOLUTION DE LA REPRÉSENTATION COLLECTIVE DES SALARIÉS DANS LES PROCÉDURES COLLECTIVES

211.11 Consécration de la représentation collective des salariés avec la loi du 25 janvier 1985. La loi du 25 janvier 1985[1] a donné aux salariés une place à part entière en posant l'objectif de maintien de l'emploi, après celui de la poursuite de l'activité écono-

1. L. n° 85-98, 25 janv. 1985 relative au redressement et à la liquidation judiciaire des entreprises, *JO* 26 janv., p. 1097.

mique et avant celui de l'apurement du passif[1]. L'importance que représente l'emploi dans l'entreprise en difficulté a conduit le législateur de 1985 à attribuer un rôle actif aux représentants du personnel[2]. L'économie générale de la loi du 25 janvier 1985 était de mieux assurer la défense des salariés sous deux aspects : comme partenaires de l'entreprise en difficulté et comme créanciers[3]. C'est pourquoi, dans les procédures collectives, les salariés ont deux organes de représentation.

211.12 Présentation des organes de représentation collective des salariés crées par la loi du 25 janvier 1985. Le premier de ces organes est constitué par la représentation institutionnelle du personnel dans l'entreprise, le comité social et économique, dont le représentant dans la procédure collective est désigné spécialement au jour de l'ouverture de la procédure collective. Le représentant du comité social et économique dans la procédure collective assure la défense du premier aspect : le sort des contrats de travail et plus largement de l'emploi. Ces institutions sont « l'expression collective des salariés dans la prise de décision sur le sort de l'entreprise[4] ».

Le second organe est le représentant des salariés, qui est chargé, à titre principal, de la défense du second aspect : les créances salariales.

À côté des représentant et organe spécifiques aux procédures collectives et dont les fonctions sont détaillées dans les dispositions du livre VI du Code de commerce, le comité social et économique exerce les attributions qui lui sont dévolues dans l'entreprise, *in bonis* ou non, en sa qualité d'institution représentative du personnel. Les dispositions propres aux relations collectives de travail ne sont pas suspendues en procédure collective. Le comité social et économique continue à exercer ses propres attributions, dévolues en application du droit, législatif ou conventionnel du travail, sauf aménagements ou dérogations expressément prévues (comme en droit du licenciement collectif pour motif économique par exemple[5]).

Initialement, la loi du 25 janvier 1985 prévoyait que le représentant des salariés exerçait les fonctions dévolues au comité d'entreprise ou aux délégués du personnel dans les entreprises qui n'atteignaient pas les seuils d'effectif à partir desquels la présence de délégués du personnel était obligatoire. L'ancien article L. 621-135, alinéa 2, du Code de commerce[6], dans la rédaction issue de la loi du 10 juin 1994[7], ajoutait que le représentant des salariés exerçait les fonctions dévolues au comité d'entreprise ou aux délégués du personnel dans les entreprises qui n'en étaient pas dotées[8] par l'ajout de la formule « ou dans les entreprises n'ayant pas d'institutions représentatives du personnel ».

La solution est reprise par l'article L. 621-4, alinéa 2, du Code de commerce, sous l'empire de la législation du 26 juillet 2005. Cette solution de la procédure de sauvegarde s'applique identiquement en redressement judiciaire du fait du renvoi à cette disposition par l'article L. 631-9, et en liquidation judiciaire au titre de l'article L. 641-1, II, du Code de commerce, modifié par l'ordonnance du 12 mars 2014[9]. L'exercice par le représentant des salariés des attributions du comité d'entreprise ou des délégués du personnel, et depuis l'ordonnance du 22 septembre 2017[10], du comité social et économique (CSE), est limité, dans les dispositions du Code de commerce, aux « dispositions du présent titre »[11] en procédure de sauvegarde, en redressement et en liquidation judiciaire[12]. Dès lors, la fonction de suppléance du représentant des salariés est limitée aux seules

1. L. n° 85-98, 25 janv. 1985, préc., art. 1er.
2. C. Saint-Alary-Houin, M.-H. Monsèrié-Bon, C. Houin-Bressand, *Droit des entreprises en difficulté*, 14e éd., « Domat », LGDJ-Lextenso, 2024, n° 40 – H. Blaise, « La sauvegarde des intérêts des salariés dans les entreprises en difficulté. Loi du 25 janvier 1985 relative au redressement et à la liquidation judiciaires des entreprises », *Dr. social*, 1985, n° 6, p. 449.
3. J.-L. Vallens, *Droit commercial*, Entreprises en difficulté, Lamy, 2020, n° 3967.
4. A. Mazeaud, « "Faillite" et droit du travail » *Le code de commerce 1807-2007, livre du bicentenaire*, Dalloz, 2006, p. 561 s., sp. p. 572, n° 16.
5. C. Gailhbaud, « L'adaptation des règles de licenciement en procédure collective », *in* A. Cerati, V. Perruchot-Triboulet, D. Ronet-Yague (dir.), *Le droit social des entreprises en difficulté*, LexisNexis, Planet Social, 2023, p. 115.
6. Anct L. n° 85-98, 25 janv. 1985, art. 139, al. 2.
7. L. n° 94-475, 10 juin 1994 relative à la prévention et au traitement des difficultés des entreprises, *JO* 11 juin, n° 8440.
8. P. Morvan, « Le droit social dans la réforme du droit des entreprises en difficulté », *JCP E* 2005, n° 1511, spéc. n° 5.
9. Ord. n° 2014-326, 12 mars 2014 portant réforme de la prévention des difficultés des entreprises et des procédures collectives, *JO* 14 mars, p. 5249 ; – A. Fabre, « Aspects sociaux de l'ordonnance n° 2014-326 du 12 mars 2014 réformant le droit des entreprises en difficultés », *RDT* 2014. 259 ; C. Gailhbaud, « Les dispositions concernant les salariés de l'ordonnance du 12 mars 2014 », *D.* 2014. 755 ; P.-M. Le Corre, « Premiers regards sur l'ordonnance du 12 mars 2014 », *D.* 2014. 733 ; H.-J. Legrand, « Procédures collectives : une ordonnance bienvenue mais incomplète ? », *Sem. Soc. Lamy*, 2014. 1623 ; A. Lienhard, « Réforme du droit des entreprises en difficulté : présentation de l'ordonnance du 12 mars 2014 », *D.* 2014. 662 ; F.-X. Lucas, « Présentation de l'ordonnance portant réforme de la prévention des difficultés des entreprises et des procédures collectives », *BJE*, mars 2014, p. 111, n° 111b7.
10. Ord. n° 2017-1386, 22 sept. 2017 relative à la nouvelle organisation du dialogue social et économique dans l'entreprise et favorisant l'exercice et la valorisation des responsabilités syndicales, *JO* 23 sept., n° 31.
11. CE 4e-1re ch. réunies, 8 déc. 2021, req. n° 435919 ; *Leden* janv. 2022, n° DED200n5, obs. H. de Frémont ; *Rev. proc. coll.*, n° 2 mars 2022, comm. 37, note D. Jacotot.
12. C. com., art. L. 624-1, L. 631-9 par renvoi, et L. 641-1, II.

fonctions dévolues au CSE par les dispositions du Code de commerce applicables à la procédure collective. Il peut en être déduit que l'intervention du représentant des salariés dans la procédure de licenciement économique ne permettrait pas de couvrir l'irrégularité consécutive à la carence fautive de l'employeur en matière d'élections professionnelles : en l'absence de CSE, la procédure de licenciement[1] est atteinte d'irrégularité[2], lorsqu'aucun procès-verbal de carence[3] ne justifie le défaut de mise en place du CSE. Sans doute est-ce là une conséquence de la nature juridique particulière de l'institution du représentant des salariés : s'agissant d'un organe *ad hoc* des procédures collectives[4], il n'a pas vocation générale à représenter le personnel dans l'entreprise. Une réflexion pourrait être menée sur le rôle de cet organe spécifique du droit des procédures collectives[5] tandis que la carence de représentants du personnel, sans procès-verbal correspondant, ne constitue plus une cause automatique interdisant l'homologation du document unilatéral portant plan de sauvegarde de l'entreprise par l'administration du travail depuis la réforme issue de l'ordonnance du 12 mars 2014[6].

1. C. trav., art. L. 1235-15.
2. Soc. 23 sept. 2008, n° 06-45.528, n° 06-45.529 ; *Bull. civ.* IV, n° 170 ; *Act. proc. coll.* 2008/19, n° 298, note L. Fin-Langer ; *D.* 2008. 2603 ; – Soc. 17 oct. 2018, n° 17-14.392, P ; – Soc. 9 juin 2021, n° 20-11.796, NP.
3. C. trav., art. L. 2314-9.
4. Sur l'absence de qualité d'institution représentative du personnel du représentant des salariés, organe *ad hoc* de la procédure collective, v. s[s] n° 222.11.
5. C. Gailhbaud, « Droit du travail et procédures collectives – Proposition d'un droit spécial », *Mél. C. Saint-Alary-Houin, Un droit « positif », un droit de progrès*, LGDJ, 2020, p. 209, spéc. n° 10.
6. C. trav., art. L. 1233-58, II, mod. par ord. n° 2014-326, 12 mars 2014.

CHAPITRE

212. Désignation du ou des représentants du comité social et économique

SECTION 0 ORIENTEUR

212.00 **Sommaire du chapitre.**

Sect. 1 Moment de la désignation du ou des représentants du comité social et économique 212.11 à 212.12

Sect. 2 Périmètre de désignation du ou des représentants du comité social et économique (CSE) 212.21 à 212.23

Sect. 3 Nombre de représentants du comité social et économique à désigner 212.31 à 212.33

Sect. 4 Modalités de désignation du ou des représentants du comité social et économique 212.41 à 212.42

212.01 **Textes applicables.**

• **C. com.**

art. L. 621-1 [Audition des représentants du CSE par le tribunal statuant sur l'ouverture de la procédure collective]

art. L. 626-9 [Audition des représentants du comité d'entreprise ou à défaut des délégués du personnel (aujourd'hui, du CSE) par le tribunal qui statue sur l'adoption du plan de sauvegarde]

art. L. 631-4 [Ouverture d'une procédure de redressement judiciaire demandée par le débiteur]

art. L. 631-5 [Saisine du tribunal sur requête du ministère public aux fins d'ouverture de la procédure de redressement judiciaire ou sur assignation d'un créancier]

art. L. 640-4 [Ouverture d'une procédure de liquidation judiciaire demandée par le débiteur]

art. L. 640-5 [Saisine du tribunal sur requête du ministère public aux fins d'ouverture de la procédure de liquidation judiciaire ou sur assignation d'un créancier]

art. L. 642-5 [Audition de la ou les personnes désignées par le CSE par le tribunal sur l'offre de reprise et renvoi à l'article L. 1233-58 du C. trav. pour les licenciements économiques]

art. L. 661-1, I [Décisions susceptibles ou non d'appel de la part du CSE ou, dans les entreprises de moins de cinquante salariés, des membres de sa délégation du personnel]

art. L. 661-10 [Désignation par le CSE de la personne habilitée à exercer les voies de recours]

art. R. 621-2 [Avis du greffier, à la demande du président du tribunal, du représentant légal de la personne morale débitrice ou du débiteur personne physique d'avoir à réunir le CSE, pour que soient désignées les personnes habilitées à être entendues par le tribunal et à exercer les voies de recours conformément à l'article L. 661-10]

art. R. 661-5 [Justification de l'habilitation de la personne exerçant une voie de recours au nom de la délégation du personnel du CSE, ou le cas échéant le représentant des salariés, à peine d'irrecevabilité]

• **C. trav.**

art. L. 2312-54 [Cas d'audition par la juridiction compétente de la ou les personnes désignées par le CSE dans l'entreprise d'au moins cinquante salariés en procédures de sauvegarde, de redressement et de liquidation judiciaires]

art. L. 2314-1 [Participation du membre élu du CSE suppléant aux réunions en l'absence du titulaire]

art. L. 2315-1 à L. 2315-22-1 [Modalités d'information et de consultation du CSE dans l'entreprise de moins de cinquante salariés – Règles de fonctionnement]

art. L. 2315-32 [Règles d'adoption des décisions au sein du CSE dans l'entreprise d'au moins cinquante salariés]

212.03 **Bibliographie indicative.**

> **Encyclopédies.** *Rép. com.*, v° Entreprises en difficulté : salariés, par J.-F. Cesaro et G. Duchange, oct. 2018, mis à jour janv. 2025, n°s 31, 32 – *J.-Cl. Procédures collectives*, fasc. 2430 : Sauvegarde, redressement et liquidation judiciaires – Situation des salariés, par N. Vignal, 2021, mis à jour mars 2024, n° 1-3 – Dictionnaire Permanent Difficultés des Entreprises, « Licenciements économiques », n°s 247 et 252.

> **Ouvrages généraux de droit du travail.** G. Auzero, D. Baugard, E. Dockès, *Droit du travail*, 2024/2025, 37e éd., « Précis », Dalloz, 2023, n° 1317-1318 – F. Bergeron, F. Gaudu, *Droit du travail 2025*, Dalloz, coll. Droit privé, 11e éd., 2024, n° 616 – B. Gauriau, M. Miné, *Droit du travail*, 4e éd., « Sirey », Dalloz, 2020, n°s 1172 à 1175 – P. Lokiec, *Droit du travail*, 2e éd., Puf, 2022, n°s 972 à 974 – G. Loiseau, P. Lokiec, L. Pécaut-Rivolier, Y. Struillou, P.-Y. Verkindt, *Droit de la repré-*

sentation du personnel 2023/2024, 2e éd., « Dalloz Action », 2023, nos 432.281, 432.282, 432.341 – Memento pratique, *Comité social et économique et autres représentants du personnel 2025-2025*, Francis Lefebvre, 2024, nos 91005, 91040, 91080 – B. Teyssié, *Droit du travail, Relations collectives*, 12e éd., LexisNexis, 2020, nos 1021 à 1040.

> Ouvrages généraux de droit des procédures collectives. Y. Chaput, *Droit des entreprises en difficulté et faillite personnelle*, « Droit fondamental », Puf, 1996, nos 298 et 299 – Y. Guyon, *Droit des affaires*, t. II, *Entreprises en difficulté, redressement judiciaire, faillite*, 8e éd., « Droit des affaires et de l'entreprise », Economica, 2001, no 1169 – M.-L. Coquelet, *Entreprises en difficulté*, 7e éd., « Hypercours », Dalloz, 2022, no 196 – A. Jacquemont, N. Borga et Th. Mastrullo, *Droit des entreprises en difficulté*, 13e éd., « Manuel », LexisNexis, 2024, no 259 – P. Le Cannu et D. Robine, *Droit des entreprises en difficulté*, 10e éd., « Précis », Dalloz, 2025, nos 416, 522, 1152 – P.-M. Le Corre, avec la collaboration de G. Berthelot, D. Boustani-Aufan, P. Cagnoli, B. Ferrari, G. C. Giorgini, M. Guastella, L.-C. Henry, E. Le Corre-Broly, D.-E. Meynet, *Droit et pratique des procédures collectives 2025/2026*, 13e éd., « Dalloz Action », 2024, nos 391.11, 391.32 – A. Lienhard, *Procédures collectives 2020/2021*, 9e éd., « Delmas », Dalloz, 2020, no 035.22 – F.-X. Lucas, *Manuel de droit de la faillite*, 4e éd., « Droit fondamental », Puf, 2022, no 175 – M. Menjucq, B. Saintourens, B. Soinne (dir.), *Traité des procédures collectives*, LexisNexis, 3e éd., 2021, no 528 – F. Pérochon, F. Reille, M. Laroche, V. Martineau-Bourgninaud, Th. Favario, A. Donnette, *Entreprises en difficulté*, 12e éd., « Manuel », LGDJ-Lextenso, 2024, no 829 – Ph. Pétel, *Procédures collectives*, 11e éd., « Cours », Dalloz, 2023, no 146 – C. Saint-Alary-Houin, avec la collaboration de M.-H. Monsèrié-Bon, C. Houin-Bressand, *Droit des entreprises en difficulté*, 14e éd., « Domat », LGDJ-Lextenso, 2024, no 442 – Vallansan, Fin-Langer (collab.), *Guide des procédures collectives 2025/2026*, LexisNexis, 2024, nos 305, 1073 – J.-L. Vallens, *Droit commercial*, Entreprises en difficulté, Lamy, 2020, nos 3967-3979.

> Articles. H. Blaise, « La sauvegarde des intérêts des salariés dans les entreprises en difficulté. Loi du 25 janvier 1985 relative au redressement et à la liquidation judiciaires des entreprises », *Dr. social*, 1985, no 6, p. 449-457 – Y. Chagny, « Aperçu général de la place des salariés dans les procédures collectives », *in* A. Lyon-Caen et Q. Urban (dir.), *Les salariés et la défaillance de l'entreprise*, Dalloz, « Thèmes et commentaires », 2007, p. 5 – A. Coeuret, « La représentation du personnel dans l'entreprise en difficulté », *Dr. soc.*, 1986, p. 651 – C. Hannoun, « Les salariés et leurs représentants, acteurs des procédures collectives », *in Les salariés et la défaillance de l'entreprise*, préc., p. 23 – N. Houdu, « Les représentants du personnel dans l'entreprise en difficulté », Les cahiers sociaux, 1er sept. 2015, no 277, p. 460, CSB116t9 – D. Jacotot, « Propos hétérodoxes sur les attributions des instances représentatives du personnel d'une entreprise en difficulté », *Mél. J.-L. Vallens*, Lextenso, 2017, p. 71 – P. Morvan, « Le comité d'entreprise et ses doubles dans le droit des procédures collectives », *JCP E* 2003, no 1625 ; « Le droit social dans la réforme du droit des entreprises en difficulté », *JCP E* 2005, nos 42, no 1511 – S. Settepani, « Quelques questions à propos du rôle des salariés dans les nouvelles procédures collectives », *LPA* 7 mai 1986. 20 – Q. Urban, « Quelle est l'implication des institutions représentatives du personnel dans le traitement juridique des difficultés des entreprises depuis la loi du 26 juillet 2005 ? », *Rev. proc. coll.* 2008, ét. 6, p. 35 – R. Vatinet, « Les droits des salariés face aux difficultés économiques des entreprises ; un exemple d'interpénétration du droit commercial et du droit du travail », *JCP E* 1985, no 14546 ; « Sur la place faite aux salariés par la loi de sauvegarde des entreprises du 26 juill. 2005 », *JCP S* 2005, no 1230 ; « Le volet social de la loi de sauvegarde des entreprises précisé par son décret d'application », *JCP S* 2006, no 1205.

SECTION 1
MOMENT DE LA DÉSIGNATION DU OU DES REPRÉSENTANTS DU COMITÉ SOCIAL ET ÉCONOMIQUE

212.11 Avis du greffe au représentant légal de la personne morale débitrice ou au débiteur. Lorsque le tribunal de commerce ou le tribunal judiciaire est saisi d'une demande d'ouverture d'une procédure de sauvegarde [1], d'une procédure de redressement judiciaire [2], ou d'une procédure de liquidation judiciaire [3], il doit statuer sur l'ouverture de la procédure, après avoir entendu ou dûment appelé en chambre du conseil le débiteur et la ou les personnes désignées par le comité social et économique. Pour ce faire, le représentant légal de la personne morale débitrice ou le débiteur doit avoir été avisé, suffisamment tôt avant la date prévue pour l'audience, qu'il doit réunir le comité social et économique (CSE) pour que soient désignées les personnes habilitées à être entendues par le tribunal et à exercer les voies de recours ouvertes aux représentants du personnel par les dispositions du livre VI du Code de commerce. C'est l'objet de l'avis adressé par le greffe au chef d'entreprise avant l'audience à laquelle il est demandé au tribunal de statuer sur l'ouverture de la procédure collective [4]. Il s'agit pour le comité social et économique, si l'entreprise en est pourvue, de désigner son ou ses représentants à la procédure collective. Une entreprise dépourvue de comité social et économique, quelqu'en soit le motif, n'est donc pas concernée par cette désignation.

Cette désignation n'a aucun rapport avec la désignation ultérieure, et en tout état de cause toujours postérieure à l'ouverture de la procédure collective, du représentant des salariés, organe propre au droit des procédures collectives. Une confusion est parfois faite en pratique. La désignation de ou des représen-

1. Demande du débiteur (C. com., art. L. 621-1).
2. Demande du débiteur (C. com., art. L. 631-4), par requête du ministère public ou sur assignation d'un créancier (C. com., art. L. 631-5).
3. C. com., art. L. 640-4 et L. 640-5.
4. C. com., art. R. 621-2.

tants du comité social et économique permet simplement à l'institution représentative du personnel qu'est le CSE d'exercer ses propres attributions dévolues par les dispositions du livre VI du Code de commerce dans la procédure collective.

212.12 Désignation avant qu'il ne soit statué sur l'ouverture de la procédure collective. L'article R. 621-2 du Code de commerce, modifié par le décret du 16 octobre 2021 [1], précise qu'« avant qu'il ne soit statué sur l'ouverture de la procédure, le greffier, à la demande du président du tribunal, avise le représentant légal de la personne morale débitrice ou le débiteur personne physique qu'il doit réunir le comité social et économique, pour que soient désignées les personnes habilitées à être entendues par le tribunal et à exercer les voies de recours conformément à l'article L. 661-10. Une copie de cet avis est adressée par le greffier au secrétaire du comité social ou économique. Le procès-verbal de désignation est déposé au greffe ». La règle était déjà édictée sous l'empire du décret du 27 décembre 1985 [2] et a été reprise sous quelques réserves par la réglementation [3] issue de la loi de sauvegarde [4]. Le nom des personnes désignées devait être communiqué au greffier sous l'empire du décret du 27 décembre 1985, mais cette obligation n'a pas été reprise par le décret du 28 décembre 2005 [5]. L'article R. 621-2 du Code de commerce prévoit ainsi que le procès-verbal est déposé au greffe.

Il importe que cette désignation intervienne au plus tard au jour du jugement d'ouverture car le ou les représentants du comité social et économique doivent être entendus ou dûment appelés pour l'audience à l'issue de laquelle le tribunal statue sur l'ouverture de la procédure [6]. Cette désignation permet également aux représentants du personnel d'exercer les voies de recours qui leur sont ouvertes, spécialement à l'encontre des décisions statuant sur l'ouverture de la procédure de liquidation judiciaire [7].

L'absence de nomination résultant d'une absence de réunion du CSE par le chef d'entreprise pourrait être constitutive du délit d'entrave au fonctionnement du comité social et économique.

1. Décr. n° 2021-1354, 16 oct. 2021 relatif à la procédure de traitement de sortie de crise, *JO* 17 oct., n° 36.
2. Anct. Décr. n° 85-1388, 27 déc. 1985 relatif au redressement et à la liquidation judiciaires des entreprises, *JO* 29 déc., p. 15281, art. 12.
3. Anct. Décr. n° 2005-1677, 28 déc. 2005 pris en application de la loi n° 2005-845 du 26 juillet 2005 de sauvegarde des entreprises, *JO* 29 déc., n° 66, art. 51.
4. SUR les auditions préalables au jugement d'ouverture : P.-M. Le Corre, *et alii*, Droit et pratique des procédures collectives 2025/2026, 13e éd., « Dalloz Action », 2024, nos 233.21 à 233.35.
5. Décr. n° 2005-1677, 28 déc. 2005, préc.
6. C. com., art. L. 621-1.
7. C. com., art. L. 661-1, I, 2°.

SECTION 2
PÉRIMÈTRE DE DÉSIGNATION DU OU DES REPRÉSENTANTS DU COMITÉ SOCIAL ET ÉCONOMIQUE (CSE)

212.21 Absence de coïncidence entre périmètre de mise en place du CSE et périmètre de la procédure collective. La question du périmètre de désignation du représentant du CSE à la procédure collective ne se pose pas tant que le périmètre de mise en place de l'institution représentative du personnel est le même que celui de la procédure collective ouverte. La question peut se poser en revanche lorsque celui de la procédure collective ne coïncide pas avec le cadre de mise en place des représentants du personnel.

C'est le cas, par exemple, lorsque la société, à l'égard de laquelle la procédure collective est ouverte, comporte des établissements distincts. Faut-il tenir compte des comités d'établissements dans la désignation de la représentation du personnel dans la procédure collective ? Quel comité social et économique, comité central ou comités d'établissement, désigne son représentant ?

Dans un autre cas de figure, lorsque le débiteur appartient à une unité économique et sociale (UES) au sein de laquelle a été élu un comité social et économique, la désignation répond-elle aux mêmes règles ?

212.22 Entreprise composée d'établissements distincts. S'agissant du débiteur comportant des établissements distincts [8], des comités sociaux économiques d'établissement ainsi qu'un comité social et économique central d'entreprise ont pu avoir été mis en place. Le cadre de l'institution représentative du personnel est celui de la structure juridique dans son ensemble. L'entité juridique est soumise à la procédure collective et doit rester le périmètre du comité social et économique devant désigner son représentant à la procédure collective, c'est-à-dire le CSE central d'entreprise. Dans la mesure où la procédure collective est ouverte à l'égard de la personne du débiteur, le représentant du comité social et économique devrait être désigné par le comité central d'entreprise [9], c'est-à-dire, le comité social et économique central d'entreprise.

212.23 Entreprise appartenant à une UES. La logique de l'institution d'une unité économique et sociale (UES) pour la désignation du comité social et écono-

8. SUR la définition de la notion d'établissement distinct pour la mise en place de comités sociaux économiques d'établissement : C. trav., art. L. 2313-1 ; Soc. 11 déc. 2019, n° 19-17.298, P ; Soc. 22 janv. 2020, n° 19-12.011, P ; Soc. 9 juin 2021, n° 19-23.745, P ; Soc. 9 juin 2021, n° 19-23.153, P.
9. P. Morvan, « Le comité d'entreprise et ses doubles dans le droit des procédures collectives », *JCP E* 2003, n° 1625, 8.

mique est d'en faire bénéficier les salariés de chaque entité, juridiquement autonome, composant l'UES. Dès lors si une procédure collective est ouverte à l'égard de l'une des entités appartenant à l'UES, la collectivité des salariés de celle-ci bénéficiant de la représentation collective du comité social et économique mis en place au niveau de l'UES doit pouvoir être représentée par le comité. De ce point de vue, il semble pertinent de retenir que dans le cas de l'UES au sein de laquelle se trouve l'entité affectée par la procédure collective, le représentant désigné dans la procédure collective soit celui du comité social et économique mis en place au niveau de l'UES, si l'entité soumise à la procédure collective n'en comporte pas.

Les dispositions du livre VI du Code de commerce prévoyant sa désignation ne mentionnent pas l'obligation d'appartenance du représentant du CSE aux effectifs de l'entreprise, contrairement au représentant des salariés, qui est obligatoirement un salarié de l'entreprise. Cette absence de précision d'appartenance aux effectifs de l'entreprise du représentant du CSE devrait autoriser la désignation d'un membre du comité social et économique de l'UES qui ne serait pas un salarié de la société soumise à la procédure collective.

La question peut être plus délicate à traiter si l'UES comporte elle-même des établissements distincts et si l'entité débitrice, soumise à la procédure collective, appartient au périmètre d'un établissement distinct : le CSE devant désigner son représentant serait-il celui du comité social et économique central, mis en place au niveau de l'UES, ou celui mis en place au niveau de l'établissement distinct ? On serait enclin à retenir le critère de proximité de la représentation de la collectivité des salariés et, en l'espèce, retenir le comité d'établissement au sein de l'UES si son périmètre correspond à l'entité juridique soumise à la procédure collective. Si l'intégralité de l'entité juridique soumise à la procédure collective n'appartient pas à l'établissement distinct (un établissement seulement pourrait appartenir à un établissement distinct d'une UES), le CSE compétent pour désigner son représentant à la procédure collective devrait être le CSE central au sein de l'UES.

SECTION 3

NOMBRE DE REPRÉSENTANTS DU COMITÉ SOCIAL ET ÉCONOMIQUE À DÉSIGNER

212.31 Possibilité d'une pluralité de représentants. À la lecture des dispositions du Code de commerce et du Code du travail, la désignation d'une pluralité de représentants du comité social et économique peut être envisagée. Les dispositions du Code de commerce emploient tant le singulier que le pluriel : est mentionnée, à plusieurs reprises, l'audition du ou des représentants du comité social et économique[1], ou le seul pluriel avec l'audition des représentants du comité social et économique ou du comité d'entreprise ou à défaut des délégués du personnel[2] lorsque le toilettage de l'article depuis la réforme de 2017 n'a pas été fait. Il est bien question des « personnes habilitées à être entendues par le tribunal et à exercer les voies de recours conformément à l'article L. 661-10 » à l'article R. 621-2 du Code de commerce. Le Code du travail, à l'article L. 2312-54, mentionne l'audition de la ou des personnes désignées par le comité social et économique et renvoie aux cas d'audition par le tribunal de la procédure collective prévus par le Code de commerce. La possibilité de désigner plusieurs représentants du CSE ne fait pas de doute.

212.32 Sens de la pluralité de représentants et précaution. Si une pluralité de représentants du comité social et économique est désignée, la question peut se poser des attributions respectives de chacun des représentants et de leur éventuelle répartition.

Il apparaît, à la lecture des textes, qu'à chaque fois que l'exercice des voies de recours est énoncé, seul le singulier est employé pour désigner le représentant du comité social et économique habilité à les exercer. C'est le cas de l'article L. 661-10 du Code de commerce[3] qui mentionne la personne habilitée à exercer les voies de recours. De même, l'article R. 661-5 du Code de commerce exige de la part de « la personne exerçant une voie de recours au nom de la délégation du personnel du comité social et économique » la justification de son habilitation. S'agissant de l'exercice des voies de recours, le Code de commerce n'a pas prévu qu'une pluralité de personnes puissent être habilitées alors que, dans le cadre des auditions devant le tribunal, plusieurs personnes pourraient représenter le comité[4].

Dès lors, si plusieurs représentants du comité social et économique sont désignés, il paraît prudent de n'en désigner qu'un seul qui serait spécialement mandaté pour exercer les voies de recours[5] et disposer, à cet effet, d'une habilitation expresse.

212.33 Possibilité de désignation d'un seul représentant du CSE. De la même manière que la pluralité de représentants du comité social et économique est prévue par les textes, le choix d'un seul représentant

1. C. com., art. L. 621-1, art. L. 642-5.
2. C. com., art. L. 626-9.
3. C. com., art. L. 623-10 dans sa rédaction antérieure à la loi de sauvegarde des entreprises et anc[t] L. n° 85-98, 25 janv. 1985, art. 226.
4. C. Saint-Alary-Houin, avec le concours de C. Houin-Bressand et M.-H. Monsèrié-Bon, *Droit des entreprises en difficulté*, 12e éd., « Domat », LGDJ-Lextenso, 2020, n° 544.
5. C. Saint-Alary-Houin, *op. cit.*, n° *544*.

apparaît avec l'emploi du singulier : l'article L. 2312-54 du Code du travail fait référence à la ou les personnes désignées par le comité social et économique et renvoie aux dispositions du Code de commerce qui prévoient également l'alternative du ou des représentants[1]. Comme le suggèrent dès lors les dispositions de l'article L. 661-10 du Code de commerce, d'une part, et les dispositions des articles R. 621-2 du Code de commerce avec L. 2312-54 du Code du travail, d'autre part, une seule et même personne peut être désignée pour être entendue par le tribunal et exercer les voies de recours au nom du comité social et économique. Il y a toujours lieu de prévoir son habilitation expresse à exercer les voies de recours ouvertes aux représentants du personnel pour qu'elle puisse en justifier[2].

SECTION 4
MODALITÉS DE DÉSIGNATION DU OU DES REPRÉSENTANTS DU COMITÉ SOCIAL ET ÉCONOMIQUE

212.41 Désignation parmi les membres du CSE. Les seules précisions concernant les modalités de désignation du ou des représentant du comité social et économique sont apportées par l'article L. 661-10 du Code de commerce : il fixe les modalités de désignation de la personne habilitée à exercer les voies de recours au nom du comité social et économique. Le texte prévoit que les membres du CSE désignent « parmi eux » leur représentant. Le texte, limité au titre VI sur les dispositions générales de procédure, ne concerne que le rôle du comité social et économique en matière de voies de recours. Aucune autre précision n'est apportée concernant les modalités et règles de désignation.

Toutefois, même si l'application des dispositions de l'article L. 661-10 du Code de commerce est limitée à l'exercice des voies de recours par le comité social et économique, dans la mesure où il s'agit de désigner un représentant du comité, ce dernier ne peut qu'être désigné parmi les membres du comité. En revanche, parmi les membres du comité social et économique, aucune distinction n'est faite. En dehors de la personne de l'employeur, faisant partie du comité social et économique[3], tout membre du comité devrait pouvoir être désigné parmi la délégation élue du personnel.

212.42 Application par défaut des règles de décision propres au CSE. En l'absence d'autres précisions concernant les modalités de désignation du ou des représentants, les règles internes à l'institution représentative du personnel devraient s'appliquer. Devraient ainsi être applicables les modalités d'adoption d'une décision par le comité social et économique. Les modalités d'adoption des décisions varient selon la taille de l'effectif de l'entreprise et les attributions du CSE, selon que le CSE est un comité mis en place dans une entreprise de plus ou moins cinquante salariés (effectif de l'entreprise calculé en équivalent temps plein).

Si le comité social et économique est celui d'une entreprise d'au moins cinquante salariés, il dispose de la personnalité morale et, en principe, d'un règlement intérieur destiné à régir son fonctionnement interne et pouvant prévoir les modalités d'adoption des décisions. Les règles de l'article L. 2315-32 du Code du travail peuvent s'appliquer : les résolutions du comité social et économique sont prises à la majorité des membres présents. Il est rappelé que le secret du vote n'est imposé par la loi que lorsque le comité se prononce sur un projet de licenciement d'un représentant du personnel et sur un projet de nomination ou de licenciement du médecin du travail. En dehors de ces situations, et en l'absence de dispositions spécifiques contraires du règlement intérieur du comité social et économique, le vote à main levée paraît envisageable. Seuls les élus titulaires disposent du droit de vote. D'ailleurs, quelle que soit la taille de l'entreprise il est prévu que le suppléant n'assiste à la réunion du comité social et économique qu'en l'absence du titulaire[4]. Conformément à l'article L. 2315-32 du Code du travail, le président du comité social et économique, représentant l'employeur, ne participe pas au vote lorsqu'il consulte les membres élus du comité en tant que délégation du personnel. La désignation du représentant du comité social et économique à la procédure collective pourrait bien constituer une décision concernant la seule délégation du personnel.

Lorsque le comité social et économique a été mis en place au sein d'une entreprise dont l'effectif est inférieur à cinquante salariés, les représentants du personnel au comité social et économique exercent individuellement les droits qui sont reconnus au comité[5]. Le Code du travail ne prévoit pas de règles particulières d'adoption des décisions, en dehors de la seule participation des élus titulaires aux réunions[6]. Il s'agira seulement, pour l'employeur, de réunir les élus titulaires, seuls élus disposant du droit de vote, pour procéder à la désignation du ou des représentants du comité.

1. C. com., not. art. L. 621-1, L. 642-5, R. 621-2.
2. C. com., art. R. 661-5.
3. C. trav., art. L. 2314-1.
4. C. trav., art. L. 2314-1.
5. C. trav., art. L. 2315-19.
6. C. trav., art. L. 2314-1.

CHAPITRE

213. Audition du ou des représentants du comité social et économique

SECTION 0 ORIENTEUR

213.00 Sommaire du chapitre.

Sect. 1 Toilettage des textes et sens des termes « comité social et économique » 213.11 à 213.12

Sect. 2 Cas d'audition du ou des représentants du comité social et économique 213.21 à 213.22

Sect. 3 Modalités d'audition du ou des représentants du comité social et économique 213.31 à 213.32

Sect. 4 Sanction de l'obligation d'audition du représentant du comité social et économique 213.41 à 213.42

213.01 Textes applicables.

• **C. com.**

art. L. 621-1 [Audition des représentants du comité social et économique par le tribunal statuant sur l'ouverture de la procédure collective]

art. L. 621-12 [Conversion de la procédure de sauvegarde en redressement judiciaire – Débiteur déjà en cessation des paiements]

art. L. 622-10 [Audition de la ou les personnes désignées par le comité social et économique par le tribunal statuant sur la cessation partielle de l'activité ou la conversion de la procédure de sauvegarde en redressement judiciaire ou en liquidation judiciaire]

art. L. 622-12 [Le tribunal met fin à la procédure à la demande du débiteur après avoir entendu le ou les représentants du comité social et économique]

art. L. 626-1 [Référence aux dispositions de la section I du chapitre II du titre IV du livre VI du Code de commerce – Renvoi à art. L. 642-5 en cession partielle en sauvegarde]

art. L. 626-9 [Audition des représentants du comité d'entreprise ou à défaut des délégués du personnel par le tribunal qui statue sur l'adoption du plan de sauvegarde],

art. L. 626-26 [Audition des représentants du CSE par le tribunal qui statue sur la modification substantielle dans les objectifs ou les moyens du plan de sauvegarde]

art. L. 626-27 [Décision qui statue sur la résolution du plan de sauvegarde]

art. L. 631-4 [Ouverture d'une procédure de redressement judiciaire demandée par le débiteur]

art. L. 631-5 [Saisine du tribunal sur requête du ministère public aux fins d'ouverture de la procédure de redressement judiciaire ou sur assignation d'un créancier]

art. L. 631-7 [Renvoi à art. L. 621-1]

art. L. 631-15, II [Audition de la ou des personnes désignées par le CSE lorsque le tribunal statue sur la cessation partielle de l'activité ou sur la conversion en liquidation judiciaire si le redressement est manifestement impossible]

art. L. 631-16 [Lorsque le débiteur dispose des sommes suffisantes pour désintéresser les créanciers et acquitter les frais et les dettes afférents à la procédure de redressement, le tribunal peut mettre fin à celle-ci, après avoir entendu le ou les représentants du comité social et économique par renvoi à l'art. à l'art. L. 631-15, II]

art. L. 631-19, al. 1 [Renvoi aux dispositions du chapitre VI du titre II du livre VI du C. trav. (sauf al. 3 et 4 de l'art. L. 626-1 du C. com.)]

art. L. 631-19-1, al. 3 [Audition du ou des représentants du CSE lorsque le tribunal statue sur le remplacement du ou des dirigeants et le prononcé de l'incessibilité ou la cession forcée les parts sociales détenues par les dirigeants de droit ou de fait]

art. L. 631-19-2 [Audition du ou des représentants du CSE lorsque le tribunal statue sur les mesures destinées à la modification du capital social]

art. L. 631-22 [Renvoi à la section I du chapitre II du titre IV incluant l'art. L. 642-5]

art. L. 641-1, I [Audition des représentants du CSE lorsque le tribunal statue sur la demande de liquidation judiciaire par renvoi à l'art. L. 621-1 du C. com.]

art. L. 642-5 [Audition de la ou les personnes désignées par le CSE par le tribunal sur l'offre de reprise et renvoi à l'article L. 1233-58 du C. trav. pour les licenciements économiques] art. L. 642-6 [Audition de la ou les personnes désignées par le CSE par le tribunal sur la modification substantielle dans les objectifs et les moyens du plan de cession en liquidation judiciaire]

art. L. 642-13 [Audition de la ou les personnes désignées par le CSE par le tribunal qui statue sur la conclusion d'un contrat de location-gérance au profit de la personne qui a présenté l'offre d'acquisition permettant dans les meilleures conditions d'assurer le plus durablement l'emploi et le paiement des créanciers dans le jugement qui arrête le plan de cession]

art. L. 642-17 [Audition de la ou les personnes désignées par le CSE par le tribunal qui statue sur la modification des conditions de la location-gérance dans le cadre du plan de cession]

art. R. 621-2 [Avis du greffier, à la demande du président du tribunal, du représentant légal de la personne morale débitrice ou du débiteur personne physique d'avoir à réunir le CSE, pour que soient désignées les personnes habilitées à être entendues par le tribunal et à exercer les voies de recours conformément à l'article L. 661-10]

art. R. 621-3, al. 1 [Audition de la ou des personnes désignées par le CSE par le tribunal qui statue sur la décision de commettre un juge avant de statuer sur l'ouverture de la procédure]

art. R. 621-3, al. 3 [Information du CSE par le greffier que ses représentants peuvent prendre connaissance du rapport du juge commis avant l'audience statuant sur l'ouverture, au greffe et l'avise en même temps de la date de l'audience]

art. R. 621-26 [Audition des représentants de la délégation du personnel du CSE par le tribunal qui statue sur la conversion de la procédure de sauvegarde en redressement judiciaire – débiteur déjà en cessation des paiements]

art. R. 626-48 [Tribunal qui statue sur résolution du plan (C. com., art. L. 626-27) – Statue dans les conditions de l'art. L. 626-9]

art. R. 631-34-1 [Audition du ou des représentants du CSE lorsque le tribunal statue sur le remplacement du ou des dirigeants et le prononcé de l'incessibilité ou la cession forcée les parts sociales détenues par les dirigeants de droit ou de fait (C. com., art. L. 631-19-1) et lorsqu'il statue sur les mesures destinées à la modification du capital social (C. com., art. L. 631-19-2)]

• **C. trav.**

art. L. 2312-53 [Information et consultation du CSE avant le dépôt de la déclaration de cessation des paiements et dans la procédure collective]

art. L. 2312-54 [Cas d'audition par la juridiction compétente de la ou les personnes désignées par le CSE dans l'entreprise d'au moins cinquante salariés en procédures de sauvegarde, de redressement et de liquidation judiciaires]

213.03 Bibliographie indicative.

> **Encyclopédies.** *Rép. com.*, v° Entreprises en difficulté : salariés, par J.-F. Cesaro et G. Duchange, oct. 2018, mis à jour janv. 2025, 28 à 69 – *J.-Cl. Procédures collectives*, fasc. 2430 : Sauvegarde, redressement et liquidation judiciaires – Situation des salariés, par N. Vignal, 2021, mis à jour mars 2024, n° 1-3 – Dictionnaire Permanent Difficultés des Entreprises, « Licenciements économiques », n° 245.

> **Ouvrages généraux de droit du travail.** G. Auzero, D. Baugard, E. Dockès, *Droit du travail*, 2024/2025, 37e éd., « Précis », Dalloz, 2023, n° 1317-1318 – F. Bergeron, F. Gaudu, *Droit du travail 2025*, Dalloz, coll. Droit privé, 11e éd., 2024, n° 616 – B. Gauriau, M. Miné, *Droit du travail*, 4e éd., « Sirey », Dalloz, 2020, nos 1172 à 1175 – P. Lokiec, *Droit du travail*, 2e éd., Puf, 2022, nos 972 à 974 – G. Loiseau, P. Lokiec, L. Pécaut-Rivolier, Y. Struillou, P.-Y. Verkindt, *Droit de la représentation du personnel 2023/2024*, 2e éd., « Dalloz Action », 2023, nos 432.281, 432.282 – Memento pratique, *Comité social et économique et autres représentants du personnel*, 2024-2025, Francis Lefebvre, 2024, nos 91005, 91040, 91080 – B. Teyssié, *Droit du travail, Relations collectives*, 12e éd., LexisNexis, 2020, nos 1021 à 1040.

> **Ouvrages généraux de droit des procédures collectives.** Y. Chaput, *Droit des entreprises en difficulté et faillite personnelle*, « Droit fondamental », Puf, 1996, nos 298 et 299 – Y. Guyon, *Droit des affaires*, t. II, *Entreprises en difficulté, redressement judiciaire, faillite*, 8e éd., « Droit des affaires et de l'entreprise », Economica, 2001, n° 1169 – M.-L. Coquelet, *Entreprises en difficulté*, 7e éd., « Hypercours », Dalloz, 2022, n° 196 – A. Jacquemont, N. Borga et Th. Mastrullo, *Droit des entreprises en difficulté*, 13e éd., « Manuel », LexisNexis, 2024, 259 – P. Le Cannu et D. Robine, *Droit des entreprises en difficulté*, 10e éd., « Précis », Dalloz, 2025, n° 416 – P.-M. Le Corre, avec la collaboration de G. Berthelot, D. Boustani-Aufan, P. Cagnoli, B. Ferrari, G. C. Giorgini, M. Guastella, L.-C. Henry, E. Le Corre-Broly, D.-E. Meynet, *Droit et pratique des procédures collectives 2025/2026*, 13e éd., « Dalloz Action », 2024, nos 391.11, 391.12 – A. Lienhard, *Procédures collectives 2020/2021*, 9e éd., « Delmas », Dalloz, 2020, n° 035.22 – F.-X. Lucas, *Manuel de droit de la faillite*, 4e éd., « Droit fondamental », Puf, 2022, n° 149 – M. Menjucq, B. Saintourens, B. Soinne (dir.), *Traité des procédures collectives*, LexisNexis, 3e éd., 2021, n° 528 – F. Pérochon, avec le concours de F. Reille, M. Laroche, V. Martineau-Bourgninaud, Th. Favario, A. Donnette, *Entreprises en difficulté*, 12e éd., « Manuel », LGDJ-Lextenso, 2024, nos 829, 2278 – Ph. Pétel, *Procédures collectives*, 11e éd., « Cours », Dalloz, 2023, n° 146 – C. Saint-Alary-Houin, avec la collaboration de M.-H. Monsèrié-Bon et C. Houin-Bressand, *Droit des entreprises en difficulté*, 14e éd., « Domat », LGDJ-Lextenso, 2024, nos 442, 923 – Vallansan, Fin-Langer (collab.), *Guide des procédures collectives 2025/2026*, LexisNexis, 2024, n° 1073 – J.-L. Vallens, *Droit commercial*, Entreprises en difficulté, Lamy, 2020, nos 3967-3979.

> **Articles.** H. Blaise, « La sauvegarde des intérêts des salariés dans les entreprises en difficulté. Loi du 25 janvier 1985 relative au redressement et à la liquidation judiciaires des entreprises », *Dr. social*, 1985, n° 6, p. 449-457 – Y. Chagny, « Aperçu général de la place des salariés dans les procédures collectives », *in* A. Lyon-Caen et Q. Urban (dir.), *Les salariés et la défaillance de l'entreprise*, Dalloz, « Thèmes et commentaires », 2007, p. 5 – A. Coeuret, « La représentation du personnel dans l'entreprise en difficulté », *Dr. soc.*, 1986, p. 651 – C. Hannoun, « Les salariés et leurs représentants, acteurs des procédures collectives », *in Les salariés et la défaillance de l'entreprise*, préc., p. 23 – N. Houdu, « Les représentants du personnel dans l'entreprise en difficulté », Les cahiers sociaux, 1er sept. 2015, n° 277, p. 460, CSB116t9 – D. Jaco-

tot, « Propos hétérodoxes sur les attributions des instances représentatives du personnel d'une entreprise en difficulté », *Mél. J.-L. Vallens*, Lextenso, 2017, p. 71 – P. Morvan, « Le comité d'entreprise et ses doubles dans le droit des procédures collectives », *JCP E* 2003, nº 1625 ; « Le droit social dans la réforme du droit des entreprises en difficulté », *JCP E* 2005, nº 1511 – S. Settepani, « Quelques questions à propos du rôle des salariés dans les nouvelles procédures collectives », *LPA* 7 mai 1986. 20 – Q. Urban, « Quelle est l'implication des institutions représentatives du personnel dans le traitement juridique des difficultés des entreprises depuis la loi du 26 juillet 2005 ? », *Rev. proc. coll.* 2008, ét. 6, p. 35 – R. Vatinet, « Les droits des salariés face aux difficultés économiques des entreprises ; un exemple d'interpénétration du droit commercial et du droit du travail », *JCP E* 1985, nº 14546 ; « Sur la place faite aux salariés par la loi de sauvegarde des entreprises du 26 juill. 2005 », *JCP S* 2005, nº 1230 ; « Le volet social de la loi de sauvegarde des entreprises précisé par son décret d'application », *JCP S* 2006, nº 1205.

SECTION 1
TOILETTAGE DES TEXTES ET SENS DES TERMES « COMITÉ SOCIAL ET ÉCONOMIQUE »

213.11 Sens de l'ancienne formule « comité d'entreprise ou, à défaut, délégués du personnel ». Avant la réforme du 22 septembre 2017 et la fusion des institutions représentatives du personnel (IRP), le Code de commerce faisait systématiquement mention des représentants « du comité d'entreprise ou, à défaut, des délégués du personnel ». En effet, les délégués du personnel exerçaient alors les fonctions dévolues au comité d'entreprise dans le livre VI du Code de commerce en l'absence de comité d'entreprise, qu'un procès-verbal de carence ait été établi ou non. En droit du travail, cela n'aurait pas été le cas dans l'entreprise dont l'effectif était inférieur à cinquante salariés ou dans l'entreprise de cinquante salariés et plus, en l'absence de procès-verbal de carence. La formule « comité d'entreprise ou, à défaut, délégués du personnel » dans le Code de commerce, ne pouvait qu'être appliquée dans son sens étroit : celui des attributions dévolues aux représentants du personnel dans la procédure collective. La rédaction des articles L. 2323-44 (consultation du comité d'entreprise), et L. 2323-45 [1] (audition du représentant du comité d'entreprise) du Code du travail, devenus L. 2323-48 et L. 2323-49 [2] applicables au comité d'entreprise puis L. 2312-53 et L. 2312-54 [3] applicables au CSE dans l'entreprise d'au moins cinquante salariés, parait dès lors maladroite : les attributions auxquelles ils renvoient concernent également les délégués du personnel, soit le CSE dans l'entreprise de moins de cinquante salariés, dans la procédure collective alors que ces articles sont placés dans une section du Code du travail propre aux attributions du seul comité d'entreprise devenu comité social et économique dans l'entreprise d'au moins cinquante salariés.

Pragmatique, le livre VI du Code de commerce, ne connaît pas la subtile distinction entre, d'une part, le comité d'entreprise et, d'autre part, les délégués du personnel exerçant les fonctions du comité d'entreprise en cas de carence de ce dernier aux dernières élections professionnelles, constatée par procès-verbal [4]. Le fondement du droit des salariés à participer à la procédure collective, au moyen de l'audition par la juridiction compétente, ne se trouve pas cantonné au champ d'attributions économiques du comité d'entreprise mais est issu du droit de tout travailleur de participer, par l'intermédiaire de ses délégués, à la gestion de l'entreprise [5], quels que soient l'institution et l'effectif de l'entreprise. Le livre VI du Code de commerce réserve ainsi une place significative aux salariés dans l'entreprise en difficulté puisque le seuil d'effectifs n'influe pas sur le droit d'expression de ces derniers, contrairement aux dispositions du Code du travail. Dès lors que le livre VI du Code de commerce évoque le comité d'entreprise ou les délégués du personnel, leurs attributions sont les mêmes dans la procédure collective. Ces deux institutions représentatives du personnel avaient vocation, l'une autant que l'autre et l'une en l'absence de l'autre, à représenter les salariés dans la procédure collective. La logique n'a pas changé avec la création du comité social et économique quelles que soient ses attributions.

213.12 Remplacement de la formule « comité d'entreprise ou, à défaut, délégués du personnel » par « comité social et économique ». La fusion du comité d'entreprise, des délégués du personnel et du comité d'hygiène de sécurité et des conditions de travail (CHSCT) au sein du comité social et économique devait conduire le législateur à un toilettage de l'ensemble des dispositions du livre VI du Code de commerce y faisant référence. C'est ce qui a été entrepris avec l'ordonnance du 15 septembre 2021 [6] et le décret du 23 septembre 2021 [7]. Tous les articles

1. C. trav., art. L. 2323-44 et L. 2323-45 [av. mod. par L. nº 2015-994, 17 août 2015].
2. C. trav., art. L. 2323-48 et L. 2323-49, mod. par L. nº 2015-994, 17 août 2015 puis abrogés par Ord. nº 2017-1386, 22 sept. 2017.
3. C. trav., art. L. 2312-53 et L. 2312-54, mod. par Ord. nº 2017-1386, 22 sept. 2017.
4. C. trav., art. L. 2313-13, abrogé par Ord. nº 2017-1386, 22 sept. 2017.
5. Const. 27 oct. 1946, préambule, al. 8.
6. Ord. nº 2021-1193, 15 sept. 2021 portant modification du livre VI du Code de commerce, *JO* 16 sept., nº 21.
7. Décr. nº 2021-1218, 23 sept. 2021 portant modification du livre VI du Code de commerce, *JO* 24 sept., nº 14.

du livre VI du Code de commerce n'ont toutefois pas fait l'objet de ce toilettage[1].

Il va de soi que si des articles du livre VI du Code de commerce contiennent encore le libellé des anciennes institutions représentatives du personnel, il y a lieu de lire « comité social et économique » (CSE) à la place. En effet les termes « comité social et économique » désignent indifféremment l'ancien comité d'entreprise (ou CHSCT) ou les anciens délégués du personnel. Désormais, une même formule désigne deux catégories distinctes d'institutions puisque l'une, au sein d'une entreprise d'au moins cinquante salariés, a la personnalité morale et des attributions en matière économique, professionnelle et sociale et l'autre, mise en place dans une entreprise de moins de cinquante salariés, n'est pas un groupement et dispose d'attributions réduites. Il était donc parfaitement logique que le toilettage conduise à remplacer « comité d'entreprise, ou à défaut, délégués du personnel » par la seule formule « comité social et économique ». Il n'en a pas été de même lorsqu'il s'est agi de remplacer « comité d'entreprise ». Le livre VI du Code de commerce fait en effet parfois référence au seul comité d'entreprise[2] : dans cette hypothèse, le remplacement par l'expression « comité social et économique » est erroné. Il faudrait alors préciser qu'il s'agit du comité social et économique avec les attributions du CSE dans l'entreprise d'au moins cinquante salariés.

SECTION 2

CAS D'AUDITION DU OU DES REPRÉSENTANTS DU COMITÉ SOCIAL ET ÉCONOMIQUE

213.21 Cas d'audition prévus par le Code du travail. L'énonciation des cas d'audition, par le tribunal de la procédure collective, du représentant des instances représentatives du personnel dans l'entreprise, auparavant « le comité d'entreprise ou, à défaut, les délégués du personnel », et à présent, le comité social et économique, se trouve désormais à l'article L. 2312-54 du Code du travail[3]. Cet article présente ainsi des cas d'audition, par la juridiction compétente, de la ou des personnes désignées par le comité social et économique dans la procédure collective : ainsi, à l'ouverture de la procédure de sauvegarde[4] ou de la procédure de redressement judiciaire[5], doit être entendue la personne désignée pour représenter le comité social et économique.

En période d'observation en sauvegarde, l'audition du comité social et économique est prévue lorsque le tribunal statue sur l'adoption du plan de sauvegarde[6], sur la cessation partielle de l'activité ou la conversion de la procédure de sauvegarde en redressement judiciaire ou liquidation judiciaire[7], puis après l'adoption du plan, lorsque le tribunal statue sur la modification substantielle dans les objectifs ou les moyens du plan de sauvegarde[8]. En revanche l'article L. 2312-54 du Code du travail ne vise pas le cas d'audition en conversion de la procédure de sauvegarde en procédure de redressement judiciaire s'il apparaît, après l'ouverture de la procédure, que le débiteur était déjà en cessation des paiements au moment du prononcé du jugement[9].

En période d'observation en redressement judiciaire, l'audition du représentant du comité social et économique est prévue lorsque le tribunal statue sur l'adoption du plan de redressement[10], sur l'adoption d'un plan de cession[11], sur la cessation partielle de l'activité ou sur la conversion en liquidation judiciaire si le redressement est manifestement impossible[12], puis après l'adoption du plan de redressement, lorsque le tribunal statue sur la modification substantielle dans les objectifs ou les moyens du plan[13].

Concernant la liquidation judiciaire, aucune mention n'est faite expressément à l'article L. 2312-54 du Code du travail de l'audition des représentants du personnel à l'ouverture de la liquidation mais le Code de commerce complète le dispositif[14]. On aurait pu croire que le motif de l'omission était lié à l'absence de prise en compte de l'évolution de la législation en matière de prononcé de la liquidation judiciaire. L'insertion à l'article L. 432-1 du Code du travail[15] de l'information, de la consultation et de l'audition du comité d'entreprise en procédure collective a été faite par la loi du 25 janvier 1985[16] alors que la liquidation judiciaire ne pouvait pas être prononcée lors de l'ouverture de la procédure collective[17]. Il

1. Par ex. : C. com., art. L. 626-9 et L. 662-4.
2. Ex. : C. com., art. L. 642-5.
3. C. trav., art. L. 2323-45 avant la réforme issue de L. n° 2015-994, 17 août 2015, puis L. 2323-49 à partir de la réforme issue de L. n° 2015-994, 17 août 2015 et avant celle de l'ord. n° 2017-1386, 22 sept. 2017.
4. Mention de C. com., art. L. 621-1.
5. Mention de C. com., art. L. 631-7.
6. C. com., art. L. 626-9.
7. C. com., art. L. 622-10.
8. C. com., art. L. 626-26.
9. C. com., art. L. 621-12 et R. 621-26.
10. Par renvoi de C. com., art. L. 631-19, I.
11. Par renvoi de C. com., art. L. 631-22.
12. C. com., art. L. 631-15, II.
13. C. com., art. L. 626-26 par renvoi de l'art. L. 631-19, I.
14. C. com., art. L. 621-1 par renvoi de l'art. L. 641-1, I.
15. Ancêtre de : C. trav., art. L. 2312-53 et L. 2312-54.
16. L. n° 85-98, 25 janv. 1985 relative au redressement et à la liquidation judiciaire des entreprises, *JO* 26 janv., p. 1097.
17. Sur les modifications de la loi du 25 janv. 1985 par la loi du 10 juin 1994, autorisant le prononcé immédiat de la liquidation judiciaire : P.-M. Le Corre *et alii*, Droit et pratique des procédures collectives 2025/2026, 13e éd., « Dalloz Action », 2024, n° 042.61.

était logique que l'article L. 432-1 du Code du travail, dans sa version issue de la loi du 25 janvier 1985 avant la réforme de la loi du 10 juin 1994 [1], n'évoque pas d'audition en liquidation judiciaire. En revanche, la version de l'article L. 432-1 du Code du travail issue de la loi du 10 juin 1994 prévoyait, fort logiquement, la liquidation judiciaire parmi les cas d'audition. Lors de la recodification du Code du travail [2], les dispositions de l'article L. 432-1 du Code du travail [3] portant sur l'information, la consultation et l'audition du comité d'entreprise ont été réparties entre l'article L. 2323-44 [4], devenu l'article L. 2312-53 du Code du travail, recueillant les cas d'information et de consultation du comité d'entreprise en procédure collective et l'article L. 2323-45 [5], devenu l'article L. 2312-54 du Code du travail, recueillant les cas d'audition du comité d'entreprise en procédure collective. Or, désormais, en liquidation judiciaire, seules les situations liées au plan de cession sont énoncées au titre des cas d'audition du comité social et économique par le tribunal de la procédure collective dans le Code du travail : lorsque le tribunal statue sur une offre de reprise [6], sur une modification substantielle dans les objectifs et les moyens du plan [7], sur la conclusion d'un contrat de location-gérance au profit de la personne qui a présenté l'offre d'acquisition permettant dans les meilleures conditions d'assurer le plus durablement l'emploi et le paiement des créanciers dans le jugement qui arrête le plan de cession [8], et sur la modification des conditions de la location-gérance dans le cadre du plan de cession [9].

Mention de l'article L. 641-1, I, du Code de commerce est faite en revanche, sans doute par erreur, à l'article L. 2312-53 du Code du travail au titre de l'information et de la consultation de l'instance représentative du personnel [10] alors que l'article L. 641-1, I, du Code de commerce n'évoque pas d'information ni de consultation en dehors de l'audition prévue par renvoi à l'article L. 621-1 du Code de commerce.

Les cas d'audition du représentant du comité social et économique par le tribunal de la procédure collective devraient rester réservés au livre VI du Code de commerce. Cela permettrait d'éviter de laisser, dans le Code du travail, un article incomplet et inadapté. L'article L. 2312-54 du Code du travail est incomplet car il n'énonce pas l'intégralité des cas d'audition, par le tribunal, du ou des représentants du comité social et économique, dans la procédure collective. Cet article est inadapté en ce qu'il figure dans la section portant sur les attributions du comité social et économique dans l'entreprise d'au moins cinquante salariés alors qu'il concerne tout autant le comité social et économique dans l'entreprise d'au moins onze et de moins de cinquante salariés. Décorréler du Code du travail l'énonciation des cas d'audition du représentant du comité social et économique dans la procédure collective permettrait également d'éviter une évolution asynchrone des dispositions du Code du travail et de celles du Code de commerce, en cas d'oubli par le législateur de prendre en compte les incidences d'une modification de dispositions du livre VI du Code de commerce dans les autres Codes, notamment le Code du travail.

213.22 Cas d'audition prévus par le Code de commerce. Le livre VI du Code de commerce prévoit les cas où le ou les représentants du comité social et économique doivent être entendus par la juridiction : à l'ouverture de la procédure de sauvegarde [11], à l'ouverture de la procédure de redressement judiciaire [12], et de liquidation judiciaire [13].

L'audition était aussi prévue pour le remplacement des dirigeants ou la cession forcée de leurs parts ou actions en sauvegarde et en redressement [14]. Depuis l'ordonnance du 18 décembre 2008 [15], ces mesures ne sont prévues que dans la procédure de redressement judiciaire [16], et a dès lors disparu de la procédure de sauvegarde. L'ordonnance du 18 décembre 2008 [17] avait omis de retirer, dans les cas d'audition du Code du travail, celui du remplacement des dirigeants ou de la cession forcée des parts sociales en sauvegarde. Il fallait donc abroger ce cas d'audi-

1. L. n° 94-475, 10 juin 1994 relative à la prévention et au traitement des difficultés des entreprises, *JO* 11 juin, p. 8440.
2. Ord. n° 2007-329, 12 mars 2007 relative au code du travail (partie législative), *JO* 13 mars, n° 5 [entrée en vigueur : 1er mai 2008].
3. Ayant entre-temps été complété par des cas d'audition issus de la loi de sauvegarde.
4. C. trav., art. L. 2323-44, version cod. par Ord. n° 2007-329, 12 mars 2007.
5. C. trav., art. L. 2323-45, version cod. par Ord. n° 2007-329, 12 mars 2007.
6. C. com., art. L. 642-5, al. 1.
7. C. com., art. L. 642-6.
8. C. com., art. L. 642-13.
9. C. com., art. L. 642-17.
10. Sur l'information et la consultation du CSE en procédure collective, v. ss nos 214.11 s.
11. C. com., art. L. 621-1, issu L. n° 2005-845, 26 juill. 2005 de sauvegarde des entreprises, *JO* 27 juill., n° 5.
12. C. com., art. L. 631-7 par renvoi à l'article L. 621-1, réd. issue L. n° 2005-845 ; anc. art. L. 621-4, réd. antérieure à L. n° 2005-845 [et anct L. 25 janv. 1985, art. 6, al. 1].
13. C. com., art. L. 641-1, I, par renvoi à l'article L. 621-1 réd. issue L. n° 2005-845 ; art. L. 622-1 réd. antérieure à L. n° 2005-845 [anct L. 25 janv. 1985, art. 148, al. 2]. Sur l'audition du représentant du CSE lors de l'audience statuant sur l'ouverture de la procédure de liquidation judiciaire : Paris, pôle 5, ch. 9, 9 juill. 2020, n° 20/06533.
14. C. com., L. 626-4, al. 3, réd. issue L. n° 2005-845 ; art. L. 621-59, réd. antérieure à L. n° 2005-845 [anct L. 25 janv. 1985, art. 23, al. 3].
15. Ord. n° 2008-1345, 18 déc. 2008 portant réforme du droit des entreprises en difficulté, *JO* 19 déc., n° 29.
16. C. com., art. L. 631-19-1, al. 3, R. 631-34-1.
17. Ord. n° 2008-1345, 18 déc. 2008, préc.

tion, énoncé avant sa disparition à l'article L. 626-4. L'article L. 2312-54 [1] du Code du travail a été toiletté par l'ordonnance du 12 mars 2014 [2], qui supprime dans ce texte, fort logiquement, le visa de l'article L. 626-4 du Code de commerce. Dès lors, en redressement judiciaire, l'audition du ou des représentants du comité social et économique est prévue lorsque le tribunal statue sur le remplacement du ou des dirigeants et le prononcé de l'incessibilité ou la cession forcée des parts sociales détenues par les dirigeants de droit ou de fait [3] et lorsqu'il statue sur les mesures destinées à la modification du capital social [4].

L'audition s'impose lorsque le tribunal statue sur la cessation de l'activité ou la conversion du redressement en liquidation judiciaire [5]. La loi de sauvegarde a prévu le même dispositif lorsqu'en période d'observation en sauvegarde, le tribunal statue sur la cessation partielle d'activité ou la conversion de la procédure de sauvegarde en redressement ou en liquidation judiciaire [6]. De même, « les représentants de la délégation du personnel du comité social et économique » sont entendus ou dûment appelés à l'audience tenue par le tribunal saisi par une requête en conversion de la procédure de sauvegarde en procédure de redressement judiciaire s'il apparaît, après l'ouverture de la procédure, que le débiteur était déjà en cessation des paiements au moment du prononcé du jugement [7].

L'audition est également prévue pour l'adoption d'un plan de sauvegarde ou d'un plan de redressement [8], pour la modification substantielle dans les objectifs ou les moyens du plan de sauvegarde ou de redressement [9].

De même lorsque le tribunal statue sur la résolution du plan de sauvegarde [10] et du plan de redressement [11], il doit se conformer aux dispositions de l'article L. 626-9 [12] du Code imposant l'audition préalable des représentants du comité social et économique.

Lorsque les difficultés qui ont justifié l'ouverture de la procédure de sauvegarde ou de redressement judiciaire ont disparu, le tribunal y met fin à la demande du débiteur après avoir entendu le ou les représentants du comité social et économique [13].

En cas de décision portant cession totale ou partielle de l'entreprise le tribunal doit également préalablement entendre le ou les représentants du comité social et économique, sur l'offre de reprise, que ce soit en redressement judiciaire [14] ou en liquidation judiciaire [15]. En sauvegarde, les cessions partielles [16] qui peuvent être adoptées dans le cadre du plan de sauvegarde arrêté par le tribunal, sont soumises aux dispositions relatives à la liquidation judiciaire [17]. En liquidation judiciaire, l'audition du comité social et économique par le tribunal de la procédure collective est également prévue lorsque le tribunal statue sur une modification substantielle dans les objectifs et les moyens du plan [18], sur la conclusion d'un contrat de location-gérance au profit de la personne qui a présenté l'offre d'acquisition permettant dans les meilleures conditions d'assurer le plus durablement l'emploi et le paiement des créanciers dans le jugement qui arrête le plan de cession [19], et sur la modification des conditions de la location-gérance dans le cadre du plan de cession [20].

SECTION 3
MODALITÉS D'AUDITION DU OU DES REPRÉSENTANTS DU COMITÉ SOCIAL ET ÉCONOMIQUE

213.31 Modalités d'audition lors de l'ouverture de la procédure collective. L'article L. 621-1 du Code de commerce pose l'obligation pour le tribunal

1. Anc. art. L. 2323-45, puis art. L. 2323-49 avec L. n° 2015-994, 17 août 2015, avant réforme Ord. n° 2017-1386, 22 sept. 2017.
2. Ord. n° 2014-326, 12 mars 2014 portant réforme de la prévention des difficultés des entreprises et des procédures collectives, art. 112, *JO* 14 mars, p. 5249.
3. C. com., art. L. 631-19-1.
4. C. com., art. L. 631-19-2.
5. C. com., art. L. 631-15, II, réd. issue L. n° 2005-845 ; C. com., art. L. 621-27, réd. antérieure à L. n° 2005-845 [anc[t] L. 25 janv. 1985, art. 36, al. 2].
6. C. com., art. L. 622-10, al. 3, réd. issue L. n° 2005-845, art. L. 622-10, al. 4, réd. issue ord. n° 2008-1345, 18 déc. 2008, *JO*, 19 déc., n° 29.
7. C. com., art. L. 621-12 et R. 621-26.
8. C. com., art. L. 626-9, réd. L. n° 2005-845, texte de la procédure de sauvegarde applicable en redressement judiciaire par renvoi de C. com., art. L. 631-19 ; anc. C. com., art. L. 621-62 applicable au redressement [anc[t] L. 25 janv. 1985, art. 61, al. 1], réd. ant. à L. n° 2005-845.
9. C. com., art. L. 626-26, réd. L. n° 2005-845, texte de la procédure de sauvegarde applicable en redressement judiciaire par renvoi de C. com., art. L. 631-19 ; anc. C. com., art. L. 621-69 en redressement réd. ant. à L. n° 2005-845 [anc[t] L. 25 janv. 1985, art. 68, al. 2].
10. C. com., art. L. 626-27.
11. Par renvoi de C. com., art. L. 631-19 à l'art. L. 626-27.
12. En application de C. com., art. R. 626-48.
13. C. com., art. L. 622-12 renvoyant à l'art. L. 622-10, en sauvegarde ; C. com., art. L. 631-16 renvoyant à l'art. L. 631-15, II, en redressement.
14. C. com., art. L. 631-22 par renvoi à la sect. I du chap. II du titre IV incluant l'article L. 642-5, visé égal. à C. trav., art. L. 2312-54, 2°.
15. C. com., art. L. 642-5, visé égal. à L. 2312-54, 3°, C. trav.
16. SUR les cessions partielles en sauvegarde : P.-M. Le Corre *et alii* Droit et pratique des procédures collectives 2025/2025, 13e éd., « Dalloz Action », 2024, n° 515.23.
17. C. com., art. L. 642-5 par référence aux dispositions de la sect. I du chap. II du titre IV à l'art. L. 626-1.
18. C. com., art. L. 642-6.
19. C. com., art. L. 642-13.
20. C. com., art. L. 642-17.

d'entendre la ou les personnes désignées par le comité social et économique lors de l'audience au cours de laquelle il doit être statué sur l'ouverture de la procédure collective. Pour ce faire, l'article R. 621-2 du Code de commerce[1], prévoit qu'« avant qu'il ne soit statué sur l'ouverture de la procédure, le greffier, à la demande du président du tribunal, avise le représentant légal de la personne morale débitrice ou le débiteur personne physique qu'il doit réunir le comité social et économique, pour que soient désignées les personnes habilitées à être entendues par le tribunal et à exercer les voies de recours »[2]. L'article 12 du décret du 27 décembre 1985[3] prévoyait déjà que le greffier du tribunal adressait au secrétaire du comité d'entreprise ou à défaut aux délégués du personnel, copie de l'avis adressé au chef d'entreprise. L'article R. 621-2 du Code de commerce[4] prévoit également qu'une copie de l'avis au chef d'entreprise doit être adressée par le greffier au secrétaire du comité social et économique.

Le tribunal, qui envisagerait de commettre un juge avant de statuer sur l'ouverture de la procédure de sauvegarde, procéderait à cette désignation après avoir entendu ou dûment appelé « la ou les personnes désignées par le comité social et économique »[5]. Les constatations du juge commis sont consignées dans un rapport. L'article 13 du décret du 27 décembre 1985[6] prévoyait que le greffier informait le comité d'entreprise ou à défaut les délégués du personnel que leurs représentants pouvaient prendre connaissance du rapport au greffe et les avisait en même temps de la date d'audience. Ce mécanisme n'a pas changé avec la réforme issue de la loi de sauvegarde : l'article R. 621-3 du Code de commerce prévoit que le greffier informe le comité social et économique que « leurs représentants peuvent prendre connaissance du rapport au greffe et l'avise en même temps de la date de l'audience ».

213.32 Modalités d'audition au cours de la procédure collective. Certaines décisions[7] prises, en cours de procédure collective, par le tribunal de la procédure collective sont rendues après avoir entendu ou dûment appelé le ou les représentants désignés par le comité social et économique. Rien n'est précisé sur les modalités d'audition en dehors de l'obligation de convoquer pour être entendu(s), le ou les représentants du comité social et économique. Le greffe dispose du nom du ou des représentants puisque le procès-verbal de désignation a dû y être déposé[8]. Il appartient donc au greffe de convoquer, aux audiences concernées, le ou les représentants du comité social et économique.

SECTION 4
SANCTION DE L'OBLIGATION D'AUDITION DU REPRÉSENTANT DU COMITÉ SOCIAL ET ÉCONOMIQUE

213.41 Évolution de la sanction. Sous l'empire de la législation antérieure à la loi de sauvegarde, les juges du fond estimaient que la procédure ne pouvait être poursuivie sans audition préalable des représentants[9] : l'absence de convocation des institutions représentatives du personnel est source de nullité du jugement d'ouverture[10], que ne peuvent cependant invoquer que les institutions représentatives des salariés, non le débiteur[11]. Le fait que le représentant des salariés, exerçant les fonctions de suppléance du « comité d'entreprise ou de délégué du personnel », n'ait pas été convoqué à l'occasion de l'audience au cours de laquelle devait être débattu le plan de continuation, était une irrégularité que ne pouvait invoquer le débiteur[12]. Ce n'est qu'en l'absence de salariés dans l'entreprise lors du jugement, que la sanction de la nullité peut être écartée[13].

Il a, à cet égard, été jugé que le prononcé de la résolution du plan de redressement et de la liquidation était régulier en dépit de l'absence d'audition des représentants du comité d'entreprise ou des délégués du personnel dans une entreprise au sein de laquelle n'existait ni comité d'entreprise ni délégués du personnel. La juridiction d'appel saisie a considéré régulière la décision attaquée en retenant que le

1. Anct. art. 12 du Décr. n° 85-1388, 27 déc. 1985 relatif au redressement et à la liquidation judiciaires des entreprises, *JO* 29 déc., p. 15281, dans la réglementation antérieure à la loi de sauvegarde des entreprises, puis art. 51 du Décr. n° 2005-1677, 28 déc. 2005 dans la réglementation issue de la loi de sauvegarde des entreprises, *JO*, 29 déc., n° 66.
2. Sur la désignation de la ou des personnes habilitées à être entendues par le tribunal et à exercer les voies de recours avant qu'il ne soit statué sur l'ouverture, v. s^s n° 212.12.
3. Décr. n° 85-1388, 27 déc. 1985, préc., art. 12.
4. Anct. art. 51 du Décr. n° 2005-1677, 28 déc. 2005 pris en application de L. n° 2005-845, 26 juill. 2005 de sauvegarde des entreprises, *JO* 29 déc., n° 66.
5. Par renvoi de C. com., art. R. 621-3 à l'art. L. 621-1.
6. Décr. n° 85-1388, 27 déc. 1985, préc., art. 13.
7. À titre d'ex. : décision de conversion de la procédure de sauvegarde en procédure de redressement judiciaire (C. com., art. L. 621-12 et R. 621-26), d'adoption du plan de sauvegarde (C. com., art. L. 626-9), sur les cas d'audition, v. s^s n°s 213.21 et 213.22.
8. C. com., art. R. 621-2.
9. Versailles, 26 nov. 1986 ; *Gaz. Pal.* 1987. I. 332.
10. Paris, 3e ch. C, 2 juill. 2003, RG n° 2002/12072 ; – Paris, 3e ch. A, 13 juin 1989, RG n° 89/8615 ; *D.* 1989. IR 219.
11. Paris, 3e ch. A, 15 juin 2004, RG n° 2003/22361 ; – Com. 24 oct. 1995, n° 93-11.322 ; *D. affaires* 1995. 202 – Com. 23 mai 1995, n° 92-19.088 ; *Bull. civ.*, IV, n° 154 : arrêt rendu concernant un débiteur dont l'effectif était inférieur à onze salariés.
12. Com. 15 déc. 1992, n° 91-12.468 ; *Bull. civ.* IV, n° 418 ; *RJDA* 1993/5, n° 445.
13. Saint-Denis-de-la-Réunion, 20 mars 1992 ; *Rev. proc. coll.* 1994. 149, obs. A. Lienhard.

débiteur n'exerçait plus d'activité et que « cette formalité ne trouvait plus dès lors à s'appliquer »[1]. Sans doute une décision dans le même sens aurait-elle pu être rendue également sur le fondement de l'absence de qualité du débiteur pour se prévaloir de l'absence d'audition des représentants du personnel[2].

213.42 **Sanction de l'obligation d'audition.** Le législateur n'a pas précisé, dans la loi de sauvegarde, les conséquences d'un défaut d'audition des représentants du personnel. La position de la jurisprudence antérieure a été retenue lors des travaux préparatoires de la loi de sauvegarde : « la jurisprudence sanctionnant de nullité le jugement d'ouverture qui n'aurait pas été prononcé dans le respect de cette procédure devrait donc être maintenue »[3]. Les solutions jurisprudentielles antérieures sont ainsi vouées à être maintenues.

1. Saint-Denis-de-la-Réunion, ch. com., 13 févr. 2012, n° 10/01050.
2. Com. 15 déc. 1992, préc.
3. Doc. parl., Sénat, *Rapport J.-J. Hyest*, n° 335, 11 mai 2005, p. 156.

CHAPITRE

214. Information et consultation du comité social et économique

SECTION 0 ORIENTEUR

214.00 **Sommaire du chapitre.**

Sect. 1 Présentation générale 214.11

Sect. 2 Règles d'information et de consultation issues du droit des procédures collectives 214.21 à 214.23

Sect. 3 Règles d'information et de consultation issues du droit du travail 214.31 à 214.32

Sect. 4 Modalités d'information et de consultation du comité social et économique en procédure collective 214.41 à 214.42

Sect. 5 Sanction de l'information et de la consultation du comité social et économique 214.51 à 214.52

214.01 **Textes applicables.**

• **C. com.**

art. L. 623-3 [Information du CSE de l'avancement des travaux par l'administrateur judiciaire en sauvegarde]

art. L. 626-5 [Communication de l'administrateur judiciaire au CSE des propositions pour le règlement des dettes au fur et à mesure de leur élaboration en période d'observation en sauvegarde]

art. L. 626-8, al. 1 [Information et consultation du CSE sur les mesures que le débiteur envisage de proposer dans le projet de plan au vu des informations et offres reçues]

art. L. 626-8, al. 2 [Information et consultation du CSE sur le bilan économique et social et sur le projet de plan, communiqués par l'administrateur]

art. L. 626-8, al. 3 [Documents adressés à l'autorité administrative compétente en matière de droit du travail]

art. L. 626-25, al. 6 [Information du comité social et économique par le commissaire à l'exécution du plan sur le défaut d'exécution du plan de sauvegarde]

art. L. 631-10-2 [L'information délivrée à la ou les personnes désignées par le comité social et économique par l'administrateur ou, à défaut, le mandataire judiciaire sur les modalités de mise en œuvre des mesures conservatoires prises en application de l'article L. 621-2 du Code de commerce, dans le cadre de l'extension de la procédure collective ouverte à une ou plusieurs autres personnes]

art. L. 631-13 [Information par l'administrateur de la ou les personnes désignées par le CSE ou le représentant des salariés de la possibilité qu'ont les salariés de soumettre une ou plusieurs offres de reprise]

art. L. 631-17 [Renvoi à art. L. 1233-58 du C. trav. pour la mise en œuvre de la procédure de licenciement économique]

art. L. 631-18, al. 1 [Dispositions des chapitres III, IV et V du titre II du présent livre sont applicables à la procédure de redressement judiciaire]

art. L. 631-18, al. 2 [Information du CSE par l'administrateur judiciaire sur l'avancement des travaux en redressement judiciaire par renvoi à l'art. L. 623-3 du C. com.]

art. L. 631-19, al. 1 [Renvoi aux dispositions du chapitre VI du titre II du livre VI du C. trav. (sauf al. 3 et 4 de l'art. L. 626-1 du C. com.)]

art. L. 631-19, al. 2 [Information et consultation du CSE sur les mesures qui sont soumises au vote des classes de parties affectées]

art. L. 631-22 [Renvoi à la section I du chapitre II du titre IV incluant l'art. L. 642-5]

art. L. 641-4 [Renvoi à l'article L. 1233-58 du C. trav. pour les licenciements économiques auxquels procède le liquidateur]

art. L. 641-10 [Renvoi à l'article L. 1233-58 du C. trav. pour les licenciements économiques en cas de maintien provisoire d'activité en liquidation judiciaire]

art. L. 642-5 [Audition de la ou les personnes désignées par le CSE par le tribunal sur l'offre de reprise et renvoi à l'article L. 1233-58 du C. trav. pour les licenciements économiques]

art. L. 642-9 [En cas de cession de l'entreprise, information et consultation du CSE avant que le tribunal ne statue sur la demande d'autorisation de mise en location-gérance des biens acquis par le cessionnaire avant paiement complet du prix de cession]

art. L. 692-7 [Consultation du CSE dans le cadre des procédures relevant du règlement (UE) n° 2015/848 du 20 mai 2015]

art. R. 623-1 [Information et consultation du CSE pendant la période d'observation en sauvegarde] art. R. 626-59 [Mandataire judiciaire et représentants de la délégation du personnel du CSE invité par l'administrateur à présenter leurs observations à chacune des classes avant que celles-ci ne se prononcent sur le projet de plan de sauvegarde – Applicable en redressement judiciaire par renvoi de l'art. R. 631-37 du C. com.]

art. R. 631-37 [Renvoi à l'art. R. 626-59 en redressement judiciaire]

• **C. trav.**

art. L. 1233-58 [Procédures de licenciement collectif pour motif économique en sauvegarde, redressement ou liquidation judiciaire]

art. L. 2312-8 [Attributions générales du CSE dans l'entreprise d'au moins cinquante salariés]

art. L. 2312-9 [Attributions générales en matière de santé, sécurité et conditions de travail, du CSE dans l'entreprise d'au moins cinquante salariés]

art. L. 2312-53 [Information et consultation du CSE dans l'entreprise d'au moins cinquante salariés en procédures de sauvegarde, de redressement et de liquidation judiciaires]

art. L. 2315-1 à L. 2315-22-1 [Modalités d'information et de consultation du CSE dans l'entreprise de moins de cinquante salariés – Règles de fonctionnement]

art. L. 2315-1 à 2315-18 et L. 2315-23 à L. 2315-35 [Modalités d'information et de consultation du CSE dans l'entreprise d'au moins cinquante salariés – Règles de fonctionnement]

art. L. 2315-32 [Règles d'adoption des décisions au sein du CSE dans l'entreprise d'au moins cinquante salariés]

art. L. 2317-1, al. 1 [Sanction du délit d'entrave à la constitution d'un CSE ou à la libre désignation de ses membres]

art. L. 2317-1, al. 2 [Sanction du délit d'entrave au fonctionnement régulier du CSE]

214.03 Bibliographie indicative.

> Encyclopédies. *Rép. com.*, v° Entreprises en difficulté : salariés, par J.-F. Cesaro et G. Duchange, oct. 2018, mis à jour janv. 2025, n°s 28 à 69 – *J.-Cl. Procédures collectives*, fasc. 2430 : Sauvegarde, redressement et liquidation judiciaires – Situation des salariés, par N. Vignal, 2021, mis à jour mars 2024, n° 3 – Dictionnaire Permanent Difficultés des Entreprises, « Licenciements économiques », n°s 242, 243, 247 et 252.

> Ouvrages généraux de droit du travail. G. Auzero, D. Baugard, E. Dockès, *Droit du travail*, 2024/2025, 37e éd., « Précis », Dalloz, 2023, n° 1317-1318 – F. Bergeron, F. Gaudu, *Droit du travail 2025*, Dalloz, coll. Droit privé, 119e éd., 2024, n° 616 – B. Gauriau, M. Miné, *Droit du travail*, 4e éd., « Sirey », Dalloz, 2020, n°s 1172 à 1175 – P. Lokiec, *Droit du travail*, 2e éd., Puf, 2022, n°s 972 à 974 – G. Loiseau, P. Lokiec, L. Pécaut-Rivolier, Y. Struillou, P.-Y. Verkindt, *Droit de la représentation du personnel 2023/2024*, 2e éd., « Dalloz Action », 2023, n°s 431.65, 432.341 – Memento pratique, *Comité social et économique et autres représentants du personnel*, 2024-2025Francis Lefebvre, 2024, n°s 91005, 91040, 91080 – B. Teyssié, *Droit du travail, Relations collectives*, 12e éd., LexisNexis, 2020, n°s 1021 à 1040.

> Ouvrages généraux de droit des procédures collectives. Y. Chaput, *Droit des entreprises en difficulté et faillite personnelle*, « Droit fondamental », Puf, 1996, n°s 298 et 299 – Y. Guyon, *Droit des affaires*, t. II, *Entreprises en difficulté, redressement judiciaire, faillite*, 8e éd., « Droit des affaires et de l'entreprise », Economica, 2001, n° 1169 – A. Jacquemont, N. Borga et Th. Mastrullo, *Droit des entreprises en difficulté*, 13e éd., « Manuel », LexisNexis, 2024, n° 259 – P.-M. Le Corre, avec la collaboration de G. Berthelot, D. Boustani-Aufan, P. Cagnoli, B. Ferrari, G. C. Giorgini, M. Guastella, L.-C. Henry, E. Le Corre-Broly, D.-E. Meynet, *Droit et pratique des procédures collectives 2025/2026*, 13e éd., « Dalloz Action », 2024, n° 391.21 – A. Lienhard, *Procédures collectives 2020/2021*, 9e éd., « Delmas », Dalloz, 2020, n°s 035.22, 035.31 – F.-X. Lucas, *Manuel de droit de la faillite*, 4e éd., « Droit fondamental », Puf, 2022, n° 175 – M. Menjucq, B. Saintourens, B. Soinne (dir.), *Traité des procédures collectives*, LexisNexis, 3e éd., 2021, n°s 862 à 866 – F. Pérochon, F. Reille, M. Laroche, V. Martineau-Bourgninaud, Th. Favario, A. Donnette, *Entreprises en difficulté*, 12e éd., « Manuel », LGDJ-Lextenso, 2024, n°s 2040, 2109, 2277, 2279 – Ph. Pétel, *Procédures collectives*, 11e éd., « Cours », Dalloz, 2023, n° 146 – C. Saint-Alary-Houin, avec la collaboration de M.-H. Monsèrié-Bon et C. Houin-Bressand, *Droit des entreprises en difficulté*, 14e éd., « Domat », LGDJ-Lextenso, 2024, n° 1087 – Vallansan, Fin-Langer (collab.), *Guide des procédures collectives 2025/2026*, LexisNexis, 2024, n° 1072 – J.-L. Vallens, *Droit commercial*, Entreprises en difficulté, Lamy, 2020, n°s 3967-3979.

> Articles. H. Blaise, « La sauvegarde des intérêts des salariés dans les entreprises en difficulté. Loi du 25 janvier 1985 relative au redressement et à la liquidation judiciaires des entreprises », *Dr. social*, 1985, n° 6, p. 449-457 – Y. Chagny, « Aperçu général de la place des salariés dans les procédures collectives », *in* A. Lyon-Caen et Q. Urban (dir.), *Les salariés et la défaillance de l'entreprise*, Dalloz, « Thèmes et commentaires », 2007, p. 5 – A. Coeuret, « La représentation du personnel dans l'entreprise en difficulté », *Dr. soc.*, 1986, p. 651 – C. Hannoun, « Les salariés et leurs représentants, acteurs des procédures collectives », *in Les salariés et la défaillance de l'entreprise*, préc., p. 23 – N. Houdu, « Les représentants du personnel dans l'entreprise en difficulté », Les cahiers sociaux, 1er sept. 2015, n° 277, p. 460, CSB116t9 – D. Jacotot, « Propos hétérodoxes sur les attributions des instances représentatives du personnel d'une entreprise en difficulté », Mél. J.-L. Vallens, Lextenso, 2017, p. 71 – P. Morvan, « Le comité d'entreprise et ses doubles dans le droit des procédures collectives », *JCP E* 2003, n° 1625 ; « Le droit social dans la réforme du droit des entreprises en difficulté », *JCP E* 2005, n° 1511 – S. Settepani, « Quelques questions à propos du rôle des salariés dans les nouvelles procédures collectives », *LPA* 7 mai 1986. 20 – Q. Urban, « Quelle est l'implication des institutions représentatives du personnel dans le traitement juridique des difficultés des entreprises depuis la loi du 26 juillet 2005 ? », *Rev. proc. coll.* 2008, ét. 6, p. 35 – R. Vatinet, « Les droits des salariés face aux difficultés économiques des entreprises ; un exemple d'interpénétration du droit commercial et du droit du travail », *JCP E* 1985, n° 14546 – « Sur la place faite aux salariés par la loi de sauvegarde des entreprises du 26 juill. 2005 », *JCP S* 2005, n° 1230 – « Le volet social de la loi de sauvegarde des entreprises précisé par son décret d'application », *JCP S* 2006, n° 1205.

SECTION 1

PRÉSENTATION GÉNÉRALE

214.11 Textes applicables à l'information et la consultation du CSE. L'obligation d'information et de consultation des institutions représentatives du personnel dans l'entreprise en difficulté se décline, d'une part, à partir des dispositions propres aux procédures collectives, et d'autre part, selon les attributions propres du comité social et économique en droit du travail. S'agissant des dispositions portant sur l'information et la consultation du CSE en droit des procédures collectives, si certaines sont prévues dans le Code du travail, elles se trouvent toutes visées dans le Code de commerce. S'agissant des dispositions portant sur l'information et la consultation du CSE issues du droit du travail et applicables en procédure collective, elles sont attachées tant aux attributions économiques et en matière de santé et sécurité du comité social et économique (CSE) dans l'entreprise d'au moins cinquante salariés [1] qu'aux quelques situations ponctuelles d'information et de consultation du comité social et économique dans l'entreprise de moins de cinquante salariés [2]. La coexistence de ces deux pans distincts de l'obligation d'information et de consultation peut parfois poser des difficultés d'articulation en procédure collective.

En amont de toute procédure de redressement ou de liquidation judiciaire, l'article L. 2312-53 du Code du travail, situé dans la section concernant le CSE dans l'entreprise d'au moins cinquante salariés, prévoit que le comité social et économique est informé et consulté avant le dépôt au greffe d'une demande d'ouverture d'une procédure de redressement ou de liquidation judiciaire. Le même texte prévoit l'information et la consultation du comité à différentes reprises en sauvegarde, en redressement et en liquidation judiciaires. S'agissant de l'information et de la consultation propres à la procédure de licenciement [3], elle sera envisagée dans le cadre des développements sur les licenciements [4].

1. C. trav., art. L. 2312-8, L. 2312-9 s.
2. Ex. : en matière de licenciement collectif pour motif économique (C. trav., art. L. 1233-58).
3. C. trav., art. L. 1233-58.
4. Sur l'information et la consultation du CSE dans le cadre des procédures de licenciement économique, v. s[s] n°s 321.72, 321.81, 321.82 (en sauvegarde) ; s[s] n°s 322.63, 322.81, 322.82 (en redressement judiciaire) ; s[s] n°s 411.52, 411.62 (en plan de sauvegarde) ; s[s] n°s 421.24, 421.25 (en plan de redressement), s[s] n°s 511.28, 511.43, 511.55, 512.31, 512.41 (en liquidation judiciaire).

SECTION 2

RÈGLES D'INFORMATION ET DE CONSULTATION ISSUES DU DROIT DES PROCÉDURES COLLECTIVES

214.21 Principe. Le livre VI du Code de commerce énonce les situations donnant lieu à information et consultation : il en est ainsi à divers stades de la procédure collective. Certains textes ne prévoient que l'information du comité social et économique : à titre d'exemple, information du CSE par l'administrateur judiciaire sur l'avancement de ses travaux en sauvegarde [5] et en redressement judiciaire [6]. D'autres textes du Code de commerce prévoient l'information et la consultation du CSE [7].

L'information et la consultation du CSE, lorsque l'entreprise en est pourvue, sont prévues dans le Code de commerce quelle que soit la taille de l'entreprise. Le droit des procédures collectives ne distingue pas selon que le CSE dispose des attributions propres aux entreprises d'au moins cinquante salariés ou celles attachées aux entreprises occupant moins de cinquante salariés. Dès lors, les cas d'information et de consultation prévus au livre VI du Code de commerce concernent toute entreprise débitrice comportant un comité social et économique, que son effectif soit inférieur à cinquante salariés ou au moins égal à cinquante.

214.22 Information et consultation du CSE au cours de la période d'observation en sauvegarde ou en redressement judiciaire. Les institutions représentatives du personnel sont d'abord informées de l'avancement des travaux de l'administrateur judiciaire dans le cadre de l'élaboration du bilan économique et social [8], et l'éventuel bilan environnemental depuis la loi du 30 juillet 2003 [9], et sont consultées sur les mesures que l'administrateur judiciaire envisage de proposer au vu des informations et offres reçues, en redressement judiciaire, et en sauvegarde [10].

En redressement judiciaire, avant la loi de sauvegarde, le comité d'entreprise ou, à défaut, les délégués du personnel recevaient communication, par l'administrateur judiciaire, des propositions pour le

5. C. com., art. L. 623-3.
6. Par renvoi de C. com., art. L. 631-18.
7. Sur l'information et la consultation du CSE en droit des procédures collectives, v. s[s] n°s 214.22, 214.23.
8. C. com., art. L. 623-3, al. 4, issu de L. n° 2005-845 ; C. com., art. L. 621-56, al. 4, réd. antérieure à L. n° 2005-845 [anc[t] L. 25 janv. 1985, art. 20, al. 4].
9. L. n° 2003-699, 30 juill. 2003 relative à la prévention des risques technologiques et naturels et à la réparation des dommages, *JO* 31 juill., n° 4, modifiant C. com., art. L. 621-54, en vigueur avant L. n° 2003-699.
10. C. com., art. 623-3, al. 4, réd. L. n° 2005-845 ; texte applicable en redressement judiciaire par renvoi : C. com., art. L. 631-18, I.

règlement des dettes au fur et à mesure de leur élaboration [1]. Cette communication de l'administrateur judiciaire, désormais au comité social et économique, est également prévue en sauvegarde [2] et toujours en redressement judiciaire par renvoi [3].

Il était prévu que le comité d'entreprise ou à défaut les délégués du personnel, soient informés et consultés sur le rapport de l'administrateur judiciaire contenant le bilan économique et social [4]. L'ordonnance de 2008 [5] de réforme de la loi de sauvegarde, pour tenir compte du fait qu'en sauvegarde, les mesures de sauvetage de l'entreprise sont l'œuvre du débiteur et organiser l'information et la consultation en amont de l'élaboration du plan, ne prévoit plus la consultation des représentants du personnel sur le rapport de l'administrateur judiciaire.

En sauvegarde, différentes consultations des représentants du personnel sont prévues distinctement : d'abord celle sur les mesures que le débiteur envisage de proposer dans le projet de plan au vu des informations et offres reçues [6] puis celle sur le bilan économique et social et sur le projet de plan, qui leur sont communiqués par l'administrateur [7], ainsi que le détaille l'article R. 623-1 du Code de commerce, issu de la rédaction que lui donne l'article 28 du décret d'application de l'ordonnance de 2008 [8]. L'apport de l'ordonnance de 2008 de réforme de la loi de sauvegarde réside dans l'anticipation de l'implication des représentants du personnel dans l'élaboration du plan : désormais ils sont informés et consultés sur les mesures que le débiteur envisage de proposer dans le projet de plan [9].

En redressement judiciaire, depuis l'ordonnance du 18 décembre 2008 [10], l'article L. 631-19, alinéa 2, du Code de commerce adapte la consultation des représentants du personnel par le débiteur sur les mesures qu'il envisage de proposer dans le projet de plan, prévue en sauvegarde : en redressement judiciaire, sous l'empire de la loi de sauvegarde et de l'ordonnance du 18 décembre 2008, l'information et la consultation portent sur « les mesures que l'administrateur envisage de proposer ». À compter de la réforme modifiant les règles de fonctionnement des comités de créanciers par l'ordonnance du 12 mars 2014 [11], la consultation porte sur « les mesures qui sont soumises au vote des comités de créanciers » [12]. Avec la réforme issue de l'ordonnance du 15 septembre 2021 [13], il a fallu tenir compte de la disparition des comités de créanciers et de la création des classes de parties affectées [14]. La consultation du CSE par l'administrateur judiciaire porte désormais sur « les mesures qui sont soumises au vote des classes de parties affectées » [15].

Que ce soit en sauvegarde ou en redressement judiciaire, l'article R. 626-59 du Code de commerce, dans sa version issue du décret du 23 septembre 2021 [16], prévoit que l'administrateur invite le mandataire judiciaire et les représentants de la délégation du personnel du comité social et économique à présenter leurs observations à chacune des classes avant que celles-ci ne se prononcent sur le projet de plan [17].

L'alinéa 2 de l'article L. 626-8 du Code de commerce prévoyant l'information et la consultation, par l'administrateur judiciaire, des représentants du personnel, soit désormais du comité social et économique, sur le bilan économique et social et le projet de plan, devrait s'appliquer en redressement judiciaire par le renvoi sans réserve par le premier alinéa de l'article L. 631-19 du Code de commerce aux dispositions du chapitre VI du titre II du livre VI du même Code, auquel appartient l'article L. 626-8, alinéa 2.

En sauvegarde, comme en redressement judiciaire, l'administrateur judiciaire, lorsqu'il en a été désigné

1. C. com., art. L. 621-60, réd. antérieure à L. n° 2005-845 [anc[t] L. 25 janv. 1985, art. 24].
2. C. com., art. L. 626-5, réd. L. n° 2005-845.
3. C. com., art. L. 631-18.
4. C. com., art. L. 626-8, al. 1, réd. L. n° 2005-845 ; C. com., art. L. 621-61, réd. antérieure à L. n° 2005-845 [anc[t] L. 25 janv. 1985, art. 25, al. 1].
5. Ord. n° 2008-1345, 18 déc. 2008 portant réforme du droit des entreprises en difficulté, art. 56, *JO* 19 déc., n° 29, modifiant C. com., art. L. 626-8.
6. C. com., art. L. 626-8, al. 1, réd. L. n° 2005-845 et ord. n° 2008-1345, 18 déc. 2008.
7. C. com., art. L. 626-8, al. 2, réd. L. n° 2005-845 et ord. n° 2008-1345, 18 déc. 2008.
8. Décr. n° 2009-160, 12 févr. 2009 pris pour l'application de l'ordonnance n° 2008-1345 du 18 décembre 2008 portant réforme du droit des entreprises en difficulté et modifiant les procédures de saisie immobilière et de distribution du prix d'un immeuble, *JO* 13 févr., n° 13.
9. F. Taquet, « Aperçu rapide des modifications en matière sociale résultant de l'ordonnance n° 2008-1345 du 18 décembre 2008 portant réforme du droit des entreprises en difficulté », *Rev. proc. coll.*, 2009, n° 1, dossier 13, n° 11.
10. Ord. n° 2008-1345, 18 déc. 2008 portant réforme du droit des entreprises en difficulté, *JO* 19 déc., n° 29.
11. Ord. n° 2014-326, 12 mars 2014 portant réforme de la prévention des difficultés des entreprises et des procédures collectives, *JO* 14 mars, p. 5249, art. 54 (mod. par ord. n° 2014-699, 26 juin 2014, *JO* 27 juin, n° 47).
12. C. com., art. L. 631-19, al. 2, version issue Ord. n° 2014-326, 12 mars 2014.
13. Ord. n° 2021-1193, 15 sept. 2021 portant modification du livre VI du Code de commerce, *JO* 16 sept., n° 21.
14. P.-M. Le Corre, *et alii*, Droit et pratique des procédures collectives 2025-2026, 13e éd., Dalloz Action, 2024, n°s 514.05 s. ; L. C. Henry, « La consécration des classes de parties affectées et les nouvelles modalités de vote des plans, une double innovation majeure », *Rev. soc.*, 2022, p. 406.
15. C. com., art. L. 631-19, al. 2, mod. par Ord. n° 2021-1193, 15 sept. 2021.
16. Décr. n° 2021-1218, 23 sept. 2021 portant modification du livre VI du Code de commerce, *JO* 24 sept., n° 14.
17. C. com., art. R. 626-59, en sauvegarde ; application en redressement judiciaire par renvoi de l'art. R. 631-37, mod. par Décr. n° 2021-1218, 23 sept. 2021.

un, après avoir informé et consulté le comité social et économique sur le bilan économique et social et le projet de plan, adresse les documents correspondants simultanément à l'autorité administrative compétente en matière de droit du travail ainsi que le procès-verbal de la réunion à l'ordre du jour de laquelle a été inscrite la consultation du comité social et économique. Le procès-verbal de la réunion de consultation sur le bilan économique et social et le projet de plan est également transmis au tribunal[1].

214.23 Information et consultation ponctuelles des représentants du personnel en droit des procédures collectives. En redressement judiciaire, l'administrateur informe la ou les personnes désignées par le comité social et économique (CSE) ou le représentant des salariés de la possibilité qu'ont les salariés de soumettre une ou plusieurs offres de reprise[2]. Il ne s'agit pas à proprement parlé de l'information ou de la consultation du CSE mais de l'information du ou des membre(s) désigné(s) en qualité de représentant(s) dans la procédure collective.

Il en est de même de l'information délivrée à la ou les personnes désignées par le comité social et économique par l'administrateur ou, à défaut, le mandataire judiciaire sur les modalités de mise en œuvre des mesures conservatoires prises en application de l'article L. 621-2 du Code de commerce, dans le cadre de l'extension de la procédure collective ouverte à une ou plusieurs autres personnes en cas de confusion de leur patrimoine avec celui du débiteur ou de fictivité de la personne morale ou dans le cadre de la réunion d'un ou plusieurs autres patrimoines du débiteur avec le patrimoine visé par la procédure[3].

Sous l'empire de la législation antérieure à la loi de sauvegarde, les institutions représentatives du personnel étaient consultées sur l'autorisation d'une location-gérance en période d'observation[4], et, sur la résolution d'un contrat de location-gérance[5]. La possibilité de mise en location-gérance n'est plus envisagée qu'en cas de cession de l'entreprise. Ainsi, en cas de cession de l'entreprise, le comité social et économique est informé et consulté avant que le tribunal ne statue sur la demande d'autorisation de mise en location-gérance des biens acquis par le cessionnaire avant paiement complet du prix de cession[6].

Le comité social et économique doit aussi recevoir des informations par le commissaire à l'exécution du plan sur le défaut d'exécution du plan, qu'il s'agisse du plan de continuation ou de cession, sous l'empire de la législation antérieure à la loi de sauvegarde des entreprises[7], ou du plan de sauvegarde de l'entreprise, sous l'empire de la loi de sauvegarde des entreprises[8] ou lorsque le repreneur envisage d'aliéner un bien avant complet paiement du prix de cession[9].

Dans le cadre des procédures relevant du règlement européen du 20 mai 2015[10] relatif aux procédures d'insolvabilité, l'engagement, concernant les actifs se trouvant dans l'État membre dans lequel une procédure secondaire pourrait être ouverte et destiné à éviter l'ouverture d'une procédure d'insolvabilité secondaire sur le territoire national, pris par le praticien de l'insolvabilité de la procédure principale, en application de l'article 36 du règlement européen[11], est communiqué au comité d'entreprise, à défaut, aux délégués du personnel, c'est-à-dire au comité social et économique[12]. Le défaut de réponse des salariés et des créanciers publics dans le délai de soixante jours à compter de la réception de la proposition d'engagement vaut refus de l'engagement.

Enfin, le livre VI du Code de commerce renvoie à l'article L. 1233-58 du Code du travail lorsqu'il s'agit de l'information et de la consultation du comité social et économique sur un projet de licenciement économique collectif en procédure collective[13], que ce soit en période d'observation[14] en redressement judiciaire[15], en plan de redressement[16], en plan de cession en liquidation judiciaire[17] et en redressement judiciaire[18], ainsi qu'en liquidation judiciaire[19].

1. C. com., art. L. 626-8, al. 3, réd. L. n° 2005-845, en sauvegarde et en redressement judiciaire ; C. com., art. L. 621-61, réd. antérieure à L. n° 2005-845, en redressement judiciaire [anc[t] L. 25 janv. 1985, art. 25, al. 1].
2. C. com., art. L. 631-13.
3. C. com., art. L. 631-10-2.
4. C. com., art. L. 621-34 [anc[t] L. 25 janv. 1985, art. 42, al. 1].
5. C. com., art. L. 621-35 [anc[t] L. 25 janv. 1985, art. 43, al. 1].
6. C. com., art. L. 642-9, réd. L. n° 2005-845 ; C. com., art. L. 621-91 réd. antérieure à L. n° 2005-845.
7. C. com., art. L. 621-68 [anc[t] L. 25 janv. 1985, art. 67, al. 4].
8. C. com., art. L. 626-25, al. 6, applicable au plan de redressement par renvoi de C. com., art. L. 631-19.
9. C. com., art. L. 642-9, réd. L. n° 2005-845 ; C. com., art. L. 621-91, réd. antérieure à L. n° 2005-845 [anc[t] L. 25 janv. 1985, art. 89, al. 2].
10. Règl. (UE) 2015/848 du parlement et du conseil, 20 mai 2015 relatif aux procédures d'insolvabilité, *JOUE* 5 juin, L141/19.
11. Règl. (UE) 2015/848 du parlement et du conseil, 20 mai 2015.
12. C. com., art. L. 692-7.
13. Sur l'information et la consultation du CSE dans les procédures de licenciement économique en procédure collective v. s[s] n°s 321.72, 321.81, 321.82 (en sauvegarde) ; s[s] n°s 322.63, 322.81, 322.82 (en redressement judiciaire) ; s[s] n°s 411.52, 411.62 (en plan de sauvegarde) ; s[s] n°s 421.24, 421.25 (en plan de redressement), s[s] n°s 511.28, 511.43, 511.55, 512.31, 512.41 (en liquidation judiciaire).
14. En sauvegarde, le droit commun du travail s'applique directement en matière d'information et de consultation des représentants du personnel.
15. C. com., art. L. 631-17.
16. C. com., art. L. 631-19.
17. C. com., art. L. 642-5.
18. C. com., art. L. 642-5 par renvoi de l'art. L. 631-22.
19. C. com., art. L. 641-4 et L. 641-10 en cas de maintien provisoire d'activité.

SECTION 3
RÈGLES D'INFORMATION ET DE CONSULTATION ISSUES DU DROIT DU TRAVAIL

214.31 **Règles applicables à la procédure collective prévues par le Code du travail.** L'article L. 2312-53 du Code du travail détaille expressément les cas dans lesquels l'information et la consultation du comité social et économique (CSE) sont requises. L'article prévoit l'information et la consultation du CSE, d'abord, « avant le dépôt au greffe d'une demande d'ouverture d'une procédure de redressement judiciaire ou de liquidation judiciaire », puis aux différentes étapes de la procédure collective par renvoi au Code de commerce, en sauvegarde[1], en redressement judiciaire[2], et en liquidation judiciaire[3]. Les renvois faits par l'article L. 2312-53 du Code du travail aux articles L. 641-1, I[4], et L. 642-5, alinéa 1, du Code de commerce sont des renvois erronés : ils ne concernent ni l'information ni la consultation du comité social et économique mais l'audition du représentant du CSE avant que le tribunal ne statue sur l'ouverture de la liquidation judiciaire ou sur l'offre de reprise.

Si le cas d'information et de consultation visé au 1° de l'article L. 2312-53 du Code du travail, avant tout dépôt d'une demande d'ouverture de redressement ou de liquidation judiciaire au greffe par l'employeur, est une consultation propre au droit du travail et ne concerne que le comité social et économique pris dans ses attributions élargies, c'est-à-dire du CSE dans l'entreprise d'au moins cinquante salariés, en considération de la place de l'article dans le Code, il n'en va pas de même des cas d'information et de consultation prévus du 2° au 4° de l'article L. 2312-53 dudit Code. Les cas de consultation du CSE visés aux 2°, 3° et 4° de l'article L. 2312-53 du Code du travail renvoient tous aux dispositions du livre VI du Code de commerce. Le renvoi pur et simple aux dispositions du livre VI du Code de commerce, sans en faire des cas de consultation du CSE rattachés au Code du travail, est confirmé par l'emploi de l'expression « dans les situations et les conditions » prévues aux dispositions du Code de commerce pour encadrer l'obligation d'information et de consultation de l'employeur[5].

Les dispositions du livre VI du Code de commerce prévoyant les cas d'information et de consultation du CSE ne distinguent pas selon la taille de l'effectif de l'entreprise. L'exigence d'information et de consultation du CSE est la même pour l'entreprise comptant moins de cinquante salariés que pour celle occupant au moins cinquante salariés dans le livre VI du Code de commerce.

En dehors du cas de consultation du CSE à attributions élargies, spécifique au Code du travail, « avant le dépôt au greffe d'une demande d'ouverture d'une procédure de redressement judiciaire ou de liquidation judiciaire », les cas d'information et de consultation du CSE propres au droit des procédures collectives devraient être réservés au seul Code de commerce pour éviter la confusion que pourrait entretenir l'article L. 2312-53 du Code du travail se trouvant exclusivement placé dans la section relative aux attributions du CSE dans l'entreprise d'au moins cinquante salariés alors que le droit des procédures collectives ne distingue pas selon l'effectif de l'entreprise. Réserver les cas d'information et de consultation propres au droit des procédures collectives au livre VI du Code de commerce permettrait d'éviter trois écueils : le caractère incomplet, les renvois erronés et l'évolution asynchrone des textes du Code du travail et du Code de commerce. En effet, l'article L. 2312-53 du Code du travail ne peut pas recueillir l'ensemble des cas d'information et de consultation du CSE : il ne peut, par exemple, pas contenir les cas d'information du représentant du CSE à la procédure collective puisqu'il ne s'agit pas de l'exercice des attributions d'information et de consultation du CSE en droit du travail. Il comporte également des renvois ne concernant que l'audition du comité social et économique par le tribunal[6].

214.32 **Application du droit commun de l'obligation d'information et de consultation du CSE.** Les cas d'information et de consultation propres aux mesures et décisions relatives à la procédure collective sont prévus par les dispositions du livre VI du Code de commerce auxquelles il est simplement renvoyé par l'article L. 2312-53 du Code du travail. Le Code du travail, en matière de consultation sur les mesures ou décisions de la procédure collective, est le Code suiveur. En revanche, en matière d'information et de consultation du CSE en général, rien n'est

1. C. com., art. L. 623-3, information sur l'avancement des travaux de l'administrateur judiciaire ; art. L. 626-8, consultation par le débiteur sur le projet de plan au vu des informations et offres reçues et par l'administrateur, s'il en a été désigné un, sur le bilan économique et social et sur le projet de plan.
2. C. com., art. L. 631-17 à L. 631-19 et L. 631-22, pour les consultations prévues en sauvegarde, par renvoi, adaptées au redressement et consultation sur les projets de licenciements collectifs en période d'observation, en plan de redressement et en plan de cession.
3. C. com., art. L. 641-4, sur le projet de licenciement collectif, y compris en cas de maintien provisoire d'activité par renvoi à C. com., art. L. 641-10 et en plan de cession par renvoi à l'avant-dernier alinéa de C. com., art. L. 642-5.
4. Renvoyant à C. com., art. L. 621-1.
5. C. trav., art. L. 2312-53, 3°, 4°.
6. Renvois à C. com., art. L. 641-1, I, sur l'ouverture de la procédure de liquidation judiciaire et L. 642-5, alinéa 1, sur l'offre de reprise.

spécifiquement prévu lorsque l'employeur est en procédure collective en dehors de la consultation avant le dépôt au greffe d'une demande d'ouverture d'une procédure de redressement judiciaire ou de liquidation judiciaire par l'employeur[1]. Le droit commun du travail en matière d'attributions du comité social et économique n'est pas écarté en procédure collective[2]. Les aménagements des conditions d'information et de consultation du CSE en procédure collective sont circonscrits à la consultation sur le projet de licenciement collectif pour motif économique en procédure de redressement ou de liquidation judiciaire[3]. La consultation du CSE attachée à ses attributions n'est pas écartée : l'article L. 1233-58 du Code du travail prévoit en effet l'application des dispositions de l'article L. 2323-31 devenu L. 2312-39[4] du même Code portant sur la consultation du CSE sur l'opération projetée en cas de projet de restructuration et de compression d'effectifs. En l'absence d'exclusion, l'application du droit commun de la consultation du CSE s'impose dans le cadre de la poursuite de l'activité du débiteur, tant à l'égard du chef d'entreprise que de l'administrateur judiciaire en mission d'assistance[5], en sauvegarde ou en redressement judiciaire, en mission de représentation[6] en redressement judiciaire, ou du liquidateur judiciaire[7] le cas échéant[8].

Dès lors, s'appliquent parallèlement dans l'entreprise en procédure collective, les dispositions du livre VI du Code de commerce en matière de consultation du CSE sur les mesures ou décisions de la procédure collective et les dispositions du Code du travail au titre des attributions générales et ponctuelles du CSE en matière de consultation, sous réserve des aménagements prévus en matière de consultation sur un projet de licenciement collectif en redressement ou en liquidation judiciaire[9].

SECTION 4
MODALITÉS D'INFORMATION ET DE CONSULTATION DU COMITÉ SOCIAL ET ÉCONOMIQUE EN PROCÉDURE COLLECTIVE

214.41 Information du ou des représentants du comité social et économique désignés à la procédure collective. L'information du ou des représentants du comité social et économique (CSE) désignés à la procédure collective n'est prévue que par les dispositions du Code de commerce[10] ; elle est propre au droit des procédures collectives. Le livre VI du Code de commerce ne précise pas selon quelles modalités particulières le mandataire de justice procède à l'information du ou des représentants du CSE. S'agissant d'une exigence propre à la procédure collective à l'égard du représentant du CSE à la procédure, il n'y a pas lieu de chercher dans le Code du travail des modalités d'information.

214.42 Information ou consultation du comité social et économique en procédure collective. Le livre VI du Code de commerce ne prévoit pas de modalités spécifiques lorsqu'il s'agit d'informer[11] ou de consulter le comité social et économique (CSE). En revanche, l'information et la consultation du CSE dans la procédure collective sont attachées à sa qualité d'instance représentative du personnel au sein de l'entreprise exploitée par le débiteur à la procédure collective. Les seules modalités applicables à l'information et la consultation du CSE devraient être celles prévues par le Code du travail[12], sauf disposition dérogatoire. Elles dépendent dès lors de l'effectif de l'entreprise et varient selon que l'effectif est inférieur[13] ou au moins égal à cinquante salariés[14].

1. C. trav., art. L. 2312-53, 1°.
2. F. Pérochon, avec le concours de F. Reille, M. Laroche, V. Martineau-Bourgninaud, Th. Favario, A. Donnette, *Entreprises en difficulté*, 12e éd., « Manuel », LGDJ-Lextenso, 2024, n° 695.
3. C. trav., art. L. 2312-53, dern. al. et art. L. 1233-58.
4. Ord. n° 2017-1386, 22 sept. 2017 relative à la nouvelle organisation du dialogue social et économique dans l'entreprise et favorisant l'exercice et la valorisation des responsabilités syndicales, *JO* 23 sept., n° 31.
5. C. com., art. L. 622-1 et L. 631-12.
6. Crim. 3 mars 1998, n° 95-85.808.
7. Soc. 4 mai 2017, n° 15-21.732.
8. C. com., art. L. 641-9.
9. C. Gailhbaud, « L'adaptation des règles de licenciement en procédure collective », *in* A. Cerati, V. Perruchot-Triboulet, D. Ronet-Yague (dir.), *Le droit social des entreprises en difficulté*, LexisNexis, Planet Social, 2023, p. 115.
10. Ex. : C. com., art. L. 631-13, sur la possibilité dont disposent les salariés de soumettre une ou plusieurs offres de reprise en redressement judiciaire ; C. com., art. L. 631-10-2, sur les modalités de mise en œuvre des mesures conservatoires prises en application de l'article L. 621-2 du C. com.
11. Ex. : C. com., art. L. 623-3 : information de l'administrateur judiciaire sur l'avancement de ses travaux en sauvegarde et en redressement judiciaire par renvoi C. com., art. L. 631-18.
12. Not. C. trav., art. L. 2315-1 à L. 2315-35.
13. Not. C. trav., art. L. 2315-1 à 2315-22.
14. Not. C. trav., art. L. 2315-1 à 2315-15 et L. 2315-23 à L. 2315-35.

SECTION 5
SANCTION DE L'INFORMATION ET DE LA CONSULTATION DU COMITÉ SOCIAL ET ÉCONOMIQUE

214.51 Consultation des représentants du personnel avant l'ouverture de la procédure collective. L'entité en difficulté et le chef d'entreprise prennent le risque d'une condamnation pénale pour délit d'entrave au fonctionnement du comité d'entreprise, et aujourd'hui du comité social et économique, en ne consultant pas le CSE avant le dépôt au greffe de la demande d'ouverture d'une procédure de redressement ou de liquidation judiciaire tel que l'exige l'article L. 2312-53 du Code du travail[1]. Dans sa décision du 26 janvier 2016, la Chambre criminelle de la Cour de cassation[2] a énoncé que l'article L. 2328-1 du Code du travail, qui prévoyait et réprimait le délit d'entrave au fonctionnement régulier d'un comité d'entreprise[3] était compatible avec les articles 6, § 3 et 7 de la Convention européenne des droits de l'homme.

Cette obligation d'information et de consultation du comité social et économique dans l'entreprise d'au moins cinquante salariés, préalable au dépôt d'une déclaration de cessation des paiements au greffe du tribunal par le chef d'entreprise, peut poser difficulté en pratique lorsque la confidentialité de la situation de l'entreprise en difficulté avant l'ouverture du redressement judiciaire conditionne sa poursuite d'activité en période d'observation. Le chef d'entreprise peut se penser contraint à ne pas procéder, ou à procéder le plus tard possible, à cette consultation si celle-ci risquait, à ce moment-là, de réduire les chances de sauvetage de l'entreprise.

214.52 Consultation des représentants du personnel en procédure collective. L'effectivité de l'exercice des droits collectifs des salariés est assurée, tout au long de la procédure collective, par la menace de l'exercice de poursuites pénales pour délit d'entrave au fonctionnement régulier des institutions représentatives du personnel, à l'encontre des mandataires de justice qui méconnaitraient les obligations qui leur sont faites par les textes du Code du travail. L'absence d'information ou de consultation du comité d'entreprise, des délégués du personnel ou du CHSCT, et depuis l'ordonnance du 22 septembre 2017[4], du comité social et économique (CSE), peut entraîner, à l'encontre de l'administrateur ou du liquidateur judiciaire, notamment en cas de licenciements collectifs pour motif économique[5], constitution du délit d'entrave à leur fonctionnement.

La question pourrait se poser en revanche de savoir si les obligations d'information et de consultation exclusivement prévues par les dispositions du livre VI du Code de commerce, et qui ne seraient pas visées par le Code du travail, seraient également sanctionnées par le délit d'entrave ne figurant qu'à l'article L. 2317-1 du Code du travail : cet article réprime toute entrave au fonctionnement du comité social et économique. Cette sanction paraît propre au fonctionnement du CSE, instance représentative du personnel, que les dispositions portant sur sa mission figurent dans le Code du travail ou ailleurs. L'information et la consultation du comité social et économique prévues par les dispositions du livre VI du Code de commerce ressortissent bien au fonctionnement du CSE ; elles appartiennent à la mission du CSE en procédure collective en exécution du mandat des membres qui le compose, mandat issu des élections professionnelles organisées conformément aux dispositions du Code du travail. La situation des dispositions concernant l'information ou la consultation du CSE dans le livre VI du Code de commerce, pour celles qui ne figureraient pas dans le Code du travail, ne devrait pas avoir d'incidence sur le périmètre d'application du délit d'entrave. C'est bien ce que semble retenir la jurisprudence[6].

La loi du 6 août 2015[7] a supprimé la peine d'emprisonnement prévue en sanction du délit d'entrave au fonctionnement régulier du comité d'entreprise et l'a maintenue pour le délit d'entrave à sa constitution. Une peine d'amende de 7 500 euros est encourue en cas de commission du délit d'entrave au fonctionnement du comité social et économique. Le texte de l'ancien article L. 2328-1 du Code du travail a été repris à l'article L. 2317-1 du Code pour le comité social et économique par l'ordonnance du 22 septembre 2017[8].

1. Crim. 26 janv. 2016, n° 13-82.158, obs. B. Saintourens ; *BJS* avr. 2016, n° 114v6, p. 200.
2. Crim. 26 janv. 2016, préc.
3. Désormais : C. trav., art. L. 2317-1 créé par Ord. n° 2017-1386, 22 sept. 2017 pour le CSE.
4. Ord. n° 2017-1386, 22 sept. 2017, préc.
5. Crim. 29 oct. 1996, n° 95-85.268 ; – Sur les licenciements pour motif économique, v s^s n°s 321.72, 321.81, 321.82 (en sauvegarde) ; s^s n°s 322.63, 322.81, 322.82 (en redressement judiciaire) ; s^s n°s 411.52, 411.62 (en plan de sauvegarde) ; s^s n°s 421.24, 421.25 (en plan de redressement) ; s^s n°s 511.28, 511.43, 511.55, 512.31, 512.41 (en liquidation judiciaire).
6. Pour une application en redressement judiciaire concernant l'exercice des fonctions de délégués du personnel : v. Crim. 30 janv. 1996, n° 94-83.507, NP ; *Rev. proc. coll.* 1996, p. 239, n° 3, obs. B. Soinne.
7. L. n° 2015-990, 6 août 2015 pour la croissance, l'activité et l'égalité des chances économiques, *JO* 7 août, n° 1.
8. Ord. n° 2017-1386, 22 sept. 2017, préc.

CHAPITRE

215. Voies de recours exercées par les représentants du personnel

SECTION 0 ORIENTEUR

215.00 **Sommaire du chapitre.**

Sect. 1 Voies de recours des représentants du personnel contre les jugements de la procédure collective 215.11 à 215.13

Sect. 2 Voies de recours des représentants du personnel contre les ordonnances du juge-commissaire 215.21 à 215.22

Sect. 3 Exercice des voies de recours au nom du comité social et économique ou de la délégation du personnel 215.31

215.01 **Textes applicables.**

• **C. com.**

art. L. 631-17 [Licenciement économique autorisé par ordonnance du juge-commissaire en redressement judiciaire]

art. L. 631-19-2 [Audition du ou des représentants du CSE lorsque le tribunal statue sur les mesures destinées à la modification du capital social]

art. L. 642-5 [Audition de la ou les personnes désignées par le CSE par le tribunal sur l'offre de reprise et renvoi à l'article L. 1233-58 du C. trav. pour les licenciements économiques]

art. L. 661-1, I [Décisions susceptibles ou non d'appel de la part du CSE ou, dans les entreprises de moins de cinquante salariés, des membres de sa délégation du personnel]

art. L. 661-1, III [En l'absence de CSE, exercice par le représentant des salariés des voies de recours ouvertes à ces institutions par le présent article]

art. L. 661-6 [Décisions non susceptibles d'appel de la part du CSE ou, dans les entreprises de moins de cinquante salariés, des membres de sa délégation du personnel]

art. L. 661-10 [Désignation par le CSE de la personne habilitée à exercer les voies de recours]

art. R. 621-21 [Notification des ordonnances du juge-commissaire et recours devant le tribunal dans les dix jours de la notification]

art. R. 631-26 [Notification de l'ordonnance du juge-commissaire autorisant les licenciements économiques en redressement judiciaire]

art. R. 661-5 [Justification de l'habilitation de la personne exerçant une voie de recours au nom de la délégation du personnel du CSE, ou le cas échéant le représentant des salariés, à peine d'irrecevabilité]

art. R. 661-6, 4° [Audition des représentants de la délégation du personnel du CSE, et le cas échéant, le représentant des salariés, lorsqu'ils ne sont pas parties à l'instance d'appel]

215.03 **Bibliographie indicative.**

> **Encyclopédies.** *Rép. com.*, v° Entreprises en difficulté : salariés, par J.-F. Cesaro et G. Duchange, oct. 2018, mis à jour janv. 2025, n°s 28 à 69 – A. Martin-Serf, « Voies de recours », oct. 2024, *J.-Cl. Procédures collectives*, fasc. 2205 : Sauvegarde, redressement et liquidation judiciaires, n°s 41, 79 à 82.

> **Ouvrages généraux de droit du travail.** G. Auzero, D. Baugard, E. Dockès, *Droit du travail*, 2024/2025, 37e éd., « Précis », Dalloz, 2023, n°s 1317-1318 – F. Bergeron, F. Gaudu, *Droit du travail 2025*, Dalloz, coll. Droit privé, 11e éd., 2024, n° 616 – B. Gauriau, M. Miné, *Droit du travail*, 4e éd., « Sirey », Dalloz, 2020, n°s 1172 à 1175 – P. Lokiec, *Droit du travail*, 2e éd., Puf, 2022, n°s 972 à 974 – Memento pratique, *Comité social et économique et autres représentants du personnel 2024-2025*, Francis Lefebvre, 2024, n°s 91005, 91040, 91080 – B. Teyssié, *Droit du travail, Relations collectives*, 12e éd., LexisNexis, 2020, n°s 1021 à 1040.

> **Ouvrages généraux de droit des procédures collectives.** Y. Chaput, *Droit des entreprises en difficulté et faillite personnelle*, « Droit fondamental », Puf, 1996, n°s 298 et 299 – Y. Guyon, *Droit des affaires*, t. II, *Entreprises en difficulté, redressement judiciaire, faillite*, 8e éd., « Droit des affaires et de l'entreprise », Economica, 2001, n° 1169 – A. Jacquemont, N. Borga et Th. Mastrullo, *Droit des entreprises en difficulté*, 13e éd., « Manuel », LexisNexis, 2024, n°s 302, 794, 1195 – P. Le Cannu et D. Robine, *Droit des entreprises en difficulté*, 10e éd., « Précis », Dalloz, 2025, n°s 522, 1152 – P.-M. Le Corre, avec la collaboration de G. Berthelot, D. Boustani-Aufan, P. Cagnoli, B. Ferrari, G. C. Giorgini, M. Guastella, L.-C. Henry, E. Le Corre-Broly, D.-E. Meynet, *Droit et pratique des procédures collectives 2025/2026*, 13e éd., « Dalloz Action », 2024, n°s 391.31, 391.32 – A. Lienhard, *Procédures collectives 2020/2021*, 9e éd., « Delmas », Dalloz, 2020,

n°s 035.41 et 035.51 – F.-X. Lucas, *Manuel de droit de la faillite*, 4e éd., « Droit fondamental », Puf, 2022, n° 154 – M. Menjucq, B. Saintourens, B. Soinne (dir.), *Traité des procédures collectives*, LexisNexis, 3e éd., 2021, n° 642 – F. Pérochon, avec le concours de F. Reille, M. Laroche, V. Martineau-Bourgninaud, Th. Favario, A. Donnette, *Entreprises en difficulté*, 12e éd., « Manuel », LGDJ-Lextenso, 2024, n°s 952, 1979, 2062, 2285, 2288 à 2293 – Ph. Pétel, *Procédures collectives*, 11e éd., « Cours », Dalloz, 2023, n° 146 – C. Saint-Alary-Houin, avec la collaboration de M.-H. Monsèrié-Bon et C. Houin-Bressand, *Droit des entreprises en difficulté*, 14e éd., « Domat », LGDJ-Lextenso, 2024, n° 1263-1267 – Vallansan, Fin-Langer (collab.), *Guide des procédures collectives 2025/2026*, LexisNexis, 2024, n° 1074 – J.-L. Vallens, *Droit commercial*, Entreprises en difficulté, Lamy, 2020, n°s 3967-3979.

> **Articles.** H. Blaise, « La sauvegarde des intérêts des salariés dans les entreprises en difficulté. Loi du 25 janvier 1985 relative au redressement et à la liquidation judiciaires des entreprises », *Dr. social*, 1985, n° 6, p. 449-457 – Y. Chagny, « Aperçu général de la place des salariés dans les procédures collectives », *in* A. Lyon-Caen et Q. Urban (dir.), *Les salariés et la défaillance de l'entreprise*, Dalloz, « Thèmes et commentaires », 2007, p. 5 – A. Coeuret, « La représentation du personnel dans l'entreprise en difficulté », *Dr. soc.*, 1986, p. 651 – C. Hannoun, « Les salariés et leurs représentants, acteurs des procédures collectives », *in Les salariés et la défaillance de l'entreprise*, préc., p. 23 – N. Houdu, « Les représentants du personnel dans l'entreprise en difficulté », Les cahiers sociaux, 1er sept. 2015, n° 277, p. 460, CSB116t9 – D. Jacotot, « Propos hétérodoxes sur les attributions des instances représentatives du personnel d'une entreprise en difficulté », *Mél. J.-L. Vallens*, Lextenso, 2017, p. 71 – P. Morvan, « Le comité d'entreprise et ses doubles dans le droit des procédures collectives », *JCP E* 2003, n° 1625 ; « Le droit social dans la réforme du droit des entreprises en difficulté », *JCP E* 2005, n° 1511 – S. Settepani, « Quelques questions à propos du rôle des salariés dans les nouvelles procédures collectives », *LPA* 7 mai 1986. 20 – Q. Urban, « Quelle est l'implication des institutions représentatives du personnel dans le traitement juridique des difficultés des entreprises depuis la loi du 26 juillet 2005 ? », *Rev. proc. coll.* 2008, ét. 6, p. 35 – R. Vatinet, « Les droits des salariés face aux difficultés économiques des entreprises ; un exemple d'interpénétration du droit commercial et du droit du travail », *JCP E* 1985, n° 14546 ; « Sur la place faite aux salariés par la loi de sauvegarde des entreprises du 26 juill. 2005 », *JCP S* 2005, n° 1230 ; « Le volet social de la loi de sauvegarde des entreprises précisé par son décret d'application », *JCP S* 2006, n° 1205.

SECTION 1
VOIES DE RECOURS DES REPRÉSENTANTS DU PERSONNEL CONTRE LES JUGEMENTS DE LA PROCÉDURE COLLECTIVE

215.11 **Voies de recours ouvertes.** L'intérêt des représentants du personnel pour le sort des contrats de travail et du sauvetage de l'entreprise, en considération de leur mission notamment fondée sur la protection de l'emploi, a conduit le législateur du droit des procédures collectives à leur ouvrir les voies de recours réformation. Les institutions représentatives du personnel, aujourd'hui le comité social et économique ou les membres de sa délégation du personnel selon l'effectif de l'entreprise, occupent la position procédurale de partie : lorsqu'une voie de recours leur est ouverte, c'est la voie de l'appel qui est ouverte aux représentants du personnel[1]. Cela explique que les représentants du personnel aient à désigner parmi eux la personne habilitée à exercer en leur nom les voies de recours, en application de l'article L. 661-10 du Code de commerce[2]. Ainsi, le comité social et économique n'est pas recevable à critiquer le jugement statuant sur la liquidation judiciaire par la voie de la tierce opposition puisque la voie de l'appel lui est ouverte[3].

L'article L. 661-1 du Code de commerce énonce de manière limitative les décisions susceptibles d'appel[4] ou de pourvoi en cassation par les représentants du personnel. La modification issue de l'ordonnance de 2008[5] a conduit à détailler de manière plus explicite les voies de recours réformation dont disposait le comité d'entreprise ou la délégation des délégués du personnel et à étendre ces voies de recours aux décisions portant sur la résolution du plan de sauvegarde ou du plan de redressement. L'ordonnance du 15 septembre 2021[6] a ajouté les jugements statuant sur la valeur de l'entreprise aux jugements susceptibles d'appel par le comité social et économique.

Ainsi, sont susceptibles d'appel par le comité social et économique ou par les membres de sa délégation du personnel dans l'entreprise de moins de cinquante salariés, les décisions statuant sur l'ouverture ou le prononcé de la liquidation judiciaire, sur l'arrêté, la modification ou la résolution du plan de sauvegarde ou de redressement et sur la valeur de l'entreprise ainsi que les décisions statuant sur la désignation d'un mandataire chargé de convoquer l'assemblée compétente et de voter l'augmentation de capital ou

1. SUR la situation procédurale des IRP : P.-M. Le Corre, *et alii*, Droit et pratique des procédures collectives 2025-2026, 13e éd., « Dalloz Action », 2024, n° 323.61.
2. C. com., art. L. 623-10, réd. antérieure à L. n° 2005-845 [anct L. 25 janv. 1985, art. 226] ; – Sur les modalités de désignation, v. ss n°s 212.41, 212.42.
3. Com. 19 oct. 1993, n° 91-17.564 ; *Bull. civ.* IV, n° 345.
4. De manière générale, sur les voies de recours contre les décisions prises dans le cadre des procédures collectives : P.-M. Le Corre, *op. cit.*, n°s 32.05 s., 322.11 s.
5. F. Taquet, « Aperçu rapide des modifications en matière sociale résultant de l'ordonnance n° 2008-1345 du 18 décembre 2008 portant réforme du droit des entreprises en difficulté », *Rev. proc. coll.*, 2009, n° 1, dossier 13, n° 21.
6. Ord. n° 2021-1193, 15 sept. 2021 portant modification du livre VI du Code de commerce, *JO* 16 sept., n° 21.

ordonner cession de tout ou partie de la participation détenue dans le capital par les associés ou actionnaires ayant refusé la modification du capital [1].

215.12 Voies de recours fermées. Les institutions représentatives du personnel sont irrecevables à interjeter appel ou former pourvoi contre les jugements statuant sur l'ouverture de la sauvegarde ou du redressement judiciaire [2], sur la durée de la période d'observation ou sur la poursuite ou la cessation d'activité [3], sur l'extension d'une procédure de sauvegarde, de redressement judiciaire ou de liquidation judiciaire ou la réunion de patrimoines [4], sur la conversion de la procédure de sauvegarde en redressement judiciaire [5] ou sur l'arrêté, la modification ou la résolution d'un plan de cession [6].

La question s'est posée de savoir si les dispositions de l'article L. 661-6, III du Code de commerce, fermant la voie de l'appel au comité d'entreprise contre les décisions statuant sur les plans de cession, étaient conformes au droit, constitutionnellement garanti, à un recours juridictionnel effectif et à l'article 16 de la Déclaration des droits de l'Homme et du citoyen de 1789 : c'est la chambre commerciale de la Cour de cassation qui a tranché cette question prioritaire de constitutionnalité dans sa décision du 2 juillet 2013 [7], en décidant que cet article ne privait pas le comité d'entreprise du droit d'un recours juridictionnel effectif dès lors que la décision arrêtant un plan de cession est prise par le tribunal de la procédure collective après avoir notamment convoqué et entendu le représentant du comité d'entreprise. L'article L. 642-5 du Code de commerce prévoit en effet la convocation et l'audition du représentant désigné pour représenter les institutions représentatives du personnel à l'audience destinée à la présentation des offres de reprise. Dans cette affaire, la Haute juridiction rappelle que si le droit à un recours juridictionnel a une valeur constitutionnelle [8], il n'implique pas le droit à un double degré de juridiction [9]. Il peut cependant être vérifié que la limitation du droit d'appel par les dispositions de l'article L. 661-6 du Code de commerce ne porte pas une atteinte disproportionnée aux droits du comité d'entreprise, en considération des implications constitutionnelles [10] attachées au droit à un double degré de juridiction. La Cour de cassation le vérifie en relevant que le tribunal de la procédure collective statue après avoir notamment convoqué et entendu le représentant du comité d'entreprise [11]. Elle a pu préciser que cette limitation du droit d'appel répond aux impératifs d'efficacité et de célérité de la procédure collective, et ne porte pas une atteinte disproportionnée au regard de l'objectif d'intérêt général poursuivi. La question posée ne pouvait dès lors pas être considérée comme sérieuse. En outre, lorsque les institutions représentatives du personnel sont irrecevables à interjeter appel, le Code de commerce prévoit qu'elles soient convoquées pour être entendues par la Cour d'appel [12].

215.13 Voie de recours nullité. On suppose que, lorsque la voie de l'appel réformation est fermée, celle de l'appel nullité [13] pourrait être formée dans les hypothèses où la juridiction n'aurait pas convoqué ou entendu l'instance représentative du personnel, alors que la loi l'imposait [14], à la condition que l'absence de convocation soit constitutive d'un excès de pouvoir et que l'instance représentative du personnel soit considérée comme ayant intérêt à agir : la place accordée aux représentants du personnel en droit des procédures collectives ne suffit pas à leur conférer la « qualité à agir » (termes employés par la Cour d'appel de Rennes dans sa décision du 5 avril 2011) au sens des articles 4 et 31 du Code de procédure civile [15].

SECTION 2

VOIES DE RECOURS DES REPRÉSENTANTS DU PERSONNEL CONTRE LES ORDONNANCES DU JUGE-COMMISSAIRE

215.21 Notification des ordonnances. S'agissant des ordonnances rendues par le juge-commissaire, l'article R. 621-21 du Code de commerce prévoit que le greffe procède à leur notification aux parties et,

1. C. com., art. L. 631-19-2, 1° et 2°.
2. C. com., art. L. 661-1, I, 1°.
3. C. com., art. L. 661-6, I, 2°.
4. C. com., art. L. 661-1, I, 3° ; – Com. 11 mars 2020, n°s 18-22.960, 18-22.962.
5. C. com., art. L. 661-1, I, 4°.
6. C. com., art. L. 661-6, III, IV et V.
7. Com. 2 juill. 2013, n° 13-40.020, QPC ; *Gaz. Pal.* 14 janv. 2014, n° 161s5, note C. Gailhbaud.
8. Cons. const. 21 janv. 1994, n° 93-335 DC, cons. n° 4, not. ; *JCP* 1994. I. 3761, n°s 9 et 35, obs. E. Picard – Cons. const. 23 juill. 1999, n° 99-416 DC, cons. n° 38-42.
9. Cons. const. 12 févr. 2004, n° 2004-491 DC, Loi complétant le statut d'autonomie de la Polynésie française, cons. n° 4 : « [...] le principe du double degré de juridiction n'a pas, en lui-même, valeur constitutionnelle ».
10. Not. principe d'égalité des citoyens devant la justice, principe de l'exercice des droits de la défense.
11. C. com., art. L. 642-5.
12. C. com., art. R. 661-6, 4°.
13. SUR l'ouverture ou la fermeture d'une voie de recours nullité : P.-M. Le Corre, *op. cit.*, n°s 321.211, 321.212.
14. Com. 17 févr. 2015, n° 14-10.279, P ; *BJE* juill. 2015, n° 112j6, p. 245, note C. de Lajarte Moukoko ; *Gaz. Pal.* 12 mars 2015, n° 216j5, p. 25, note C. Berlaud ; *Gaz. Pal.* 5 mai 2015, n° 223x5, p. 42, note C. Gailhbaud ; – Jurisprudence antérieure : Cass., ch. mixte, 28 janv. 2005, n° 02-19.153, P ; Rennes, 7 juill. 1993 ; *D.* 1996. 7, obs. F. Derrida.
15. Rennes, 5 avr. 2011, n° 11/03928.

depuis la réglementation relative à la loi de sauvegarde des entreprises [1] aux personnes dont les droits et obligations sont affectés. Si le comité social et économique n'est pas partie, il peut, dans certaines situations, répondre à la définition des personnes dont les droits et obligations sont affectés par l'ordonnance.

215.22 Recours du CSE contre l'ordonnance statuant sur les licenciements économiques en redressement judiciaire (ou en liquidation judiciaire pendant le maintien provisoire d'activité). En matière d'ordonnance rendue par le juge-commissaire autorisant les licenciements en cours de période d'observation en redressement judiciaire sur le fondement de l'article L. 631-17 du Code de commerce, le comité social et économique peut être considéré comme appartenant aux personnes dont les droits et obligations sont affectés par l'ordonnance. Il est rappelé que l'audition des représentants du personnel n'est pas prévue devant le juge-commissaire, statuant en matière gracieuse [2] dans ce cas. L'article R. 631-26 du Code de commerce prévoit expressément que l'ordonnance rendue en application de l'article L. 631-17 est notifiée au comité social et économique, ou le cas échéant, au représentant des salariés. Cette notification fera courir le délai de dix jours dont disposent les représentants du personnel [3] pour exercer le recours contre l'ordonnance, en application des dispositions de l'article R. 621-21 du Code de commerce. Cet article, applicable à l'ensemble des ordonnances du juge-commissaire dont la contestation n'est pas expressément limitée, permet l'exercice d'un recours contre l'ordonnance devant le tribunal dans les dix jours de la notification, par déclaration faite contre récépissé ou adressée par lettre recommandée avec demande d'avis de réception au greffe [4]. C'est sur le fondement de ce texte que le comité social et économique peut contester l'ordonnance du juge-commissaire autorisant les licenciements sur le fondement de l'article L. 631-17 [5].

SECTION 3

EXERCICE DES VOIES DE RECOURS AU NOM DU COMITÉ SOCIAL ET ÉCONOMIQUE OU DE LA DÉLÉGATION DU PERSONNEL

215.31 Justification de l'habilitation à exercer des voies de recours. L'article R. 661-5 du Code de commerce [6] prévoit que la personne exerçant une voie de recours au nom de la délégation du personnel du comité social et économique, ou le représentant des salariés en l'absence d'institution représentative du personnel, doit, à peine d'irrecevabilité, justifier de son habilitation. La solution était identique sous l'empire de la législation antérieure à la loi de sauvegarde des entreprises [7]. La loi du 26 juillet 2005 prévoyait que, à défaut de comité d'entreprise ou de délégués du personnel, les voies de recours reconnues à ces institutions représentatives des salariés étaient exercées par le représentant des salariés [8]. La solution est beaucoup plus large que celle posée par l'ancien article L. 621-135 du Code de commerce, dans sa rédaction antérieure à la loi de sauvegarde des entreprises, et qui ne visait que les règles du redressement judiciaire. Il ne s'agit plus, comme dans la législation antérieure, de limiter l'application de la règle au fonctionnement du redressement judiciaire simplifié et qui en rendait impossible l'application en liquidation judiciaire.

Le représentant du comité social et économique peut justifier de son habilitation à exercer les voies de recours au nom du comité en produisant le procès-verbal de la réunion au cours de laquelle il a été désigné. Le procès-verbal doit être signé par le secrétaire du comité social et économique dans l'entreprise d'au moins cinquante salariés. On pourrait supposer que dans l'entreprise de moins de cinquante salariés, le procès-verbal soit signé par le ou les membres titulaires du comité social et économique. Le mandat délivré au représentant du comité doit en outre être spécial.

1. Anct. Décr. n° 2005-1677, 28 déc. 2005 pris en application de la loi n° 2005-845 du 26 juillet 2005 de sauvegarde des entreprises, *JO* 29 déc., n° 66, art. 67.
2. SUR la question de la dualité de nature, gracieuse ou contentieuse, des ordonnances du juge-commissaire : P.-M. Le Corre, *op. cit.*, n° 331.51.
3. Sur la possibilité pour les salariés d'exercer un recours contre l'ordonnance du juge-commissaire autorisant les licenciements : v. s^s^ n° 322.42.
4. SUR les voies de recours contre les ordonnances du juge commissaire : P.-M. Le Corre, *op. cit.*, n°s 332.11 s. ; F. Pérochon, avec le concours F. Reille, M. Laroche, V. Martineau-Bourgninaud, Th. Favario, A. Donnette, Entreprises en difficulté, 112e éd., « Manuel », LGDJ-Lextenso, 20224, n° 860.
5. Pour une illustration : Com. 5 nov. 2013, n° 12-25.362, P ; L. Driguez, « Consécration judiciaire de l'obligation de consultation du comité d'entreprise sur les projets de licenciements économiques en période d'observation d'un redressement judiciaire », *RDT*, 2014, p. 37 ; *Rev. sociétés* 2013. 732, obs. P. Roussel Galle ; *Gaz. proc. coll.*, 12 janv. 2014, p. 36, note C. Gailhbaud.
6. Anct. Décr. n° 2005-1677, 28 déc. 2005, préc., art. 332.
7. Anct. Décr. n° 85-1388, 27 déc. 1985 relatif au redressement et à la liquidation judiciaires des entreprises, art. 159, *JO* 29 déc., p. 15281.
8. C. com., art. L. 661-1, III.

TITRE

22. Le représentant des salariés

SECTION 0

ORIENTEUR

22.00 **Sommaire du titre.**

Chap. 221		**Désignation du représentant des salariés**
Sect.	1	Règles de désignation du représentant des salariés
Sect.	2	Règles de remplacement du représentant des salariés
Sect.	3	Contentieux de la désignation et du remplacement du représentant des salariés
Chap. 222		**Fonctions du représentant des salariés**
Sect.	1	Présentation générale du rôle du représentant des salariés
Sect.	2	Fonctions de vérification des créances
Sect.	3	Fonctions de suppléance du comité social et économique
Sect.	4	Fonctions procédurales
Chap. 223		**Statut du représentant des salariés**
Sect.	1	Exercice du mandat de représentant des salariés
Sect.	2	Terme du mandat
Sect.	3	Protection contre le licenciement

CHAPITRE

221. Désignation du représentant des salariés

SECTION 0 ORIENTEUR

221.00 **Sommaire du chapitre.**

Sect. 1 Règles de désignation du représentant des salariés 221.11 à 221.14

Sect. 2 Règles de remplacement du représentant des salariés 221.21

Sect. 3 Contentieux de la désignation et du remplacement du représentant des salariés 221.31 à 221.33

221.01 **Textes applicables.**

• **C. com.**

art. L. 621-4 [Moment et modalités de désignation du représentant des salariés]

art. L. 621-5 [Incompatibilités à la désignation aux fonctions de représentant des salariés]

art. L. 621-6, al. 1 [Condition d'absence de condamnation prévue à l'article L. 6 du Code électoral pour participer à la désignation du représentant des salariés et pour être éligible]

art. L. 621-6, al. 2 [Compétence du tribunal judiciaire sur les contestations relatives à la désignation du représentant des salariés]

art. L. 621-7, al. 7 [Remplacement du représentant des salariés par le CSE ou, à défaut, par les salariés de l'entreprise]

art. L. 631-9 [Renvoi aux articles L. 621-4, à l'exception de la première phrase du sixième al., ainsi qu'aux articles L. 621-4-1 à L. 621-11 pour l'application des dispositions sur la désignation ou l'élection du représentant des salariés en redressement judiciaire]

art. L. 641-1, II, al. 5 [Désignation et rôle du représentant des salariés en liquidation judiciaire et renvoi aux art. L. 621-4 et L. 621-6 du C. com.]

art. L. 641-1-1, al. 7 [Remplacement du représentant des salariés par le CSE ou, à défaut, les salariés de l'entreprise]

art. L. 641-6 [Incompatibilités à la désignation aux fonctions de représentant des salariés]

art. L. 662-4 [Protection du représentant des salariés contre le licenciement]

art. R. 621-14 [Modalités de désignation du représentant des salariés]

art. R. 621-15 [Règles de procédure du contentieux de la contestation de la désignation du représentant des salariés]

art. R. 621-16 [Renvoi aux art. R. 436-1 à R. 436-8 et à l'article R. 436-10 du C. trav. concernant les règles applicables au licenciement du représentant des salariés]

art. R. 631-7 [Renvoi aux art. R. 621-14 à R. 621-16 du C. com. en redressement judiciaire]

art. R. 641-1 [Renvoi aux art. R. 621-14 à R. 621-16 du C. com. en liquidation judiciaire]

• **C. trav.**

art. L. 2315-32 [Règles d'adoption des décisions au sein du CSE dans l'entreprise d'au moins cinquante salariés]

• **COJ**

art. R. 211-3-18 [Attribution du contentieux électoral]

• **C. élect.**

art. R. 67 [Le résultat est proclamé publiquement par le président du bureau de vote à l'issue du dépouillement]

221.03 **Bibliographie indicative.**

> **Encyclopédies.** *Rép. com.*, v° Entreprises en difficulté : salariés, par J.-F. Cesaro et G. Duchange, oct. 2018, mis à jour janv. 2025, n° 71-75 – L. Fin-Langer, *J.-Cl. Procédures collectives*, 2016, fasc. 2240 : Sauvegarde, redressement et liquidation judiciaires, Organes, Représentant des salariés – *Dictionnaire Permanent Difficultés des Entreprises*, « Licenciements économiques », n°s 226 à 233.

> **Ouvrages généraux de droit du travail.** G. Auzero, D. Baugard, E. Dockès, *Droit du travail*, 2024/2025, 37e éd., « Précis », Dalloz, 2023, n° 1317-1318 – B. Gauriau, M. Miné, *Droit du travail*, 4e éd., « Sirey », Dalloz, 2020, n° 1174 – P. Lokiec, *Droit du travail*, 2e éd., Puf, 2022, n° 975 – L. Milet, *Le droit des comités sociaux et économiques et des comités de groupe*, LGDJ, 19e éd., 2024, n° 1455 – Memento pratique, *Comité social et économique et autres représentants du personnel 2024-2025*, Francis Lefebvre, 2024, nos 91190 à 91245 – B. Teyssié, *Droit du travail, Relations collectives*, 12e éd., LexisNexis, 2020, n° 1041-1047.

> Ouvrages généraux de droit des procédures collectives. Y. Chaput, *Droit des entreprises en difficulté et faillite personnelle*, « Droit fondamental », Puf, 1996, n°s 298 et 299 – Y. Guyon, *Droit des affaires*, t. II, *Entreprises en difficulté, redressement judiciaire, faillite*, 8e éd., « Droit des affaires et de l'entreprise », Economica, 2001, n° 1169 – M.-L. Coquelet, *Entreprises en difficulté*, 7e éd., « Hypercours », Dalloz, 2022, n° 208 – A. Jacquemont, N. Borga et Th. Mastrullo, *Droit des entreprises en difficulté*, 13e éd., « Manuel », LexisNexis, 2024, n°s 282, 855 – P. Le Cannu et D. Robine, *Droit des entreprises en difficulté*, 10e éd., « Précis », Dalloz, 2025, n°s 495, 496 – P.-M. Le Corre, avec la collaboration de G. Berthelot, D. Boustani-Aufan, P. Cagnoli, B. Ferrari, G. C. Giorgini, M. Guastella, L.-C. Henry, E. Le Corre-Broly, D.-E. Meynet, *Droit et pratique des procédures collectives 2025/2026*, 13e éd., « Dalloz Action », 2024, n°s 392.11 à 392.16 – A. Lienhard, *Procédures collectives 2020/2021*, 9e éd., « Delmas », Dalloz, 2020, n° 035.61 – F.-X. Lucas, *Manuel de droit de la faillite*, 4e éd., « Droit fondamental », Puf, 2022, n° 175 – M. Menjucq, B. Saintourens, B. Soinne (dir.), *Traité des procédures collectives*, LexisNexis, 3e éd., 2021, n°s 851 à 854 – F. Pérochon, avec le concours de F. Reille, M. Laroche, V. Martineau-Bourgninaud, Th. Favario, A. Donnette, *Entreprises en difficulté*, 12e éd., « Manuel », LGDJ-Lextenso, 2024, n°s 870 à 872 – Ph. Pétel, *Procédures collectives*, 11e éd., « Cours », Dalloz, 2023, n° 147 – C. Saint-Alary-Houin, avec la collaboration de M.-H. Monsèrié-Bon et C. Houin-Bressand, *Droit des entreprises en difficulté*, 14e éd., « Domat », LGDJ-Lextenso, 2024, n°s 490, 491 – Vallansan, Fin-Langer (collab.), *Guide des procédures collectives 2025/2026*, LexisNexis, 2024, n°s 1066 à 1069 – J.-L. Vallens, *Droit commercial*, Entreprises en difficulté, Lamy, 2020, n°s 3967-3979.

> Ouvrages spéciaux en droit du travail. C. Boetsch, A. Chaloyard, P. Ozenne, H. Rose, Y. Struillou, *Droit du licenciement des salariés protégés*, 6e éd., 2020, Economica, n° 12.7.1.

> Articles. A. Cerati-Gauthier, « Procédures collectives : de la durée du mandat du représentant des salariés », *RLDA* 2007/20, n° 1214 – M. Jeantin, « Le représentant des salariés », *D.* 1986, chron., p. 664 – F. Petit, « Qu'est-ce qu'une institution représentative du personnel ? », *Dr. soc.*, 2002, p. 1073 ; « Le rôle du représentant des salariés dans les procédures de sauvegarde, de redressement et de liquidation judiciaires », *in* N. Decoopman (dir.), *Entreprises en difficulté et droit du travail*, « Ceprisca », Puf, 2007, p. 55 ; « Le représentant des salariés dans les procédures collectives comme institution représentative du personnel », *Dr. soc.*, 2011, p. 1137 – L. Serfati-Apter et P. Lafarge, « Le représentant des salariés de la loi du 25 janvier 1985 », *Gaz. Pal.* 2-4 nov. 1986, II, Doctr. 657 – B. Saintourens et Ph. Duprat, « Les droits des salariés dans l'ordonnance du 18 décembre 2008 portant réforme du droit des entreprises en difficulté », *Gaz. Pal.* 8 à 10 mars 2009, n° sp., p. 40 – B. Teyssié, « Les représentants des salariés dans les procédures de redressement et de liquidation judiciaires », *JCP* 1986. I. 329 – Q. Urban, « Quelle est l'implication des institutions représentatives du personnel dans le traitement des difficultés des entreprises depuis la loi du 26 juillet 2005 ? », *Rev. proc. coll.* 2008, p. 35 « Absence de représentant des salariés : point de départ du délai de contestation du procès-verbal de carence », *JCP S* 2017, n° 1031.

SECTION 1
RÈGLES DE DÉSIGNATION DU REPRÉSENTANT DES SALARIÉS

221.11 Moment de la désignation ou de l'élection. L'article L. 621-4 du Code de commerce, qui intéresse la procédure de sauvegarde, prévoit que, dans le jugement d'ouverture, le tribunal invite le comité social et économique, à désigner, parmi les salariés de l'entreprise, un représentant des salariés. Le même texte prévoit qu'en l'absence de comité social et économique, les salariés élisent leur représentant. Il est rendu applicable en redressement judiciaire par renvoi de l'article L. 631-9 à l'article L. 621-4 du Code de commerce. Et il est renvoyé à cette disposition par l'article L. 641-1, II, en liquidation judiciaire. Cette solution reproduite par la loi du 26 juillet 2005 est issue de la loi du 25 janvier 1985[1]. Le représentant des salariés ne peut pas être élu avant l'ouverture de la procédure[2].

L'article 15, alinéa 1 du décret du 27 décembre 1985 prévoyait l'obligation pour le débiteur, assisté éventuellement de l'administrateur, de convoquer le comité d'entreprise, les délégués du personnel ou, à défaut, les salariés pour l'élection, et ce dans les dix jours du jugement d'ouverture. À défaut d'initiative en ce sens, il était prudent que l'administrateur judiciaire éventuellement nommé, procède aux convocations[3]. À défaut d'administrateur judiciaire, le mandataire judiciaire pouvait veiller au respect des obligations incombant au chef d'entreprise[4], sans pour autant qu'un texte ne le prévoit expressément. Ces mesures sont restées d'actualité sous l'empire de la loi de sauvegarde des entreprises : le décret d'application de la loi reproduit sensiblement dans les mêmes termes la solution. L'article R. 621-14, alinéa 1, du Code de commerce prévoit que « dans les dix jours du prononcé du jugement d'ouverture, le représentant légal de la personne morale débitrice ou le débiteur personne physique, assisté de l'administrateur s'il en a été désigné, réunit le comité social et économique ou, à défaut, les salariés. » Il n'est rien prévu d'autre en liquidation judiciaire : l'article R. 621-14 du Code

1. C. com., art. L. 621-8, al. 1 en redressement judiciaire, et art. L. 622-2 en liquidation judiciaire par renvoi à art. L. 621-8, dans la rédaction antérieure à L. n° 2005-845, 26 juill. 2005 [anc^t^ L. 25 janv. 1985, art. 10, al. 1].
2. Paris, 3e ch. B, 4 juill. 1997 ; *Rev. proc. coll.* 1998, p. 76, n° 14, obs. B. Soinne ; – solution implicite : Soc. 12 nov. 1996, n° 95-61.000 ; *Bull. civ.* V, n° 374 ; *Rev. proc. coll.* 1998, p. 76, n° 14, obs. B. Soinne.
3. IFPPC 1999, recomm. n° 1031-1, p. 14.
4. IFPPC 1999, recomm. n° 1031-3, p. 14.

de commerce s'applique, nonobstant son caractère inadapté en liquidation judiciaire, par renvoi opéré par l'article R. 641-1 du même Code.

221.12 Périmètre de la désignation. Le périmètre de désignation du représentant des salariés est l'entreprise exploitée par la personne soumise à la procédure collective. Le représentant des salariés est un organe de la procédure collective ; sa désignation est donc liée à la personne physique ou l'entité juridique en procédure collective. C'est le jugement d'ouverture de la procédure collective qui fonde l'existence du mandat qui lui est attribué par sa désignation ou son élection. Le cadre de la désignation ou de l'élection est l'entreprise : doit être annulée la désignation d'un représentant des salariés au niveau de l'un des sites de l'entreprise [1]. Une entreprise comprenant plusieurs établissements avec comités d'établissement et comité social et économique central est placée en procédure collective au niveau de la personne ou de l'entité juridique propriétaire de l'entreprise. Les comités d'établissement n'ont pas, en la matière, compétence pour désigner le représentant des salariés au même titre que l'exercice du droit d'alerte ou que la désignation du représentant du comité social et économique.

S'agissant du cadre de l'unité économique et sociale regroupant plusieurs entités juridiquement autonomes, le texte prévoit expressément la désignation par le comité social et économique du représentant des salariés parmi les salariés de l'entreprise qui fait l'objet de la procédure collective. Dès lors, le comité social et économique, mis en place au niveau de l'unité économique et sociale, désignera le représentant des salariés parmi les salariés de l'entité soumise à la procédure collective concernée.

En présence d'un entrepreneur individuel [2], le salarié ne pourra être choisi que dans l'entreprise logée dans le patrimoine concerné par la procédure collective, en application du principe posé par l'article L. 681-2 du Code de commerce, créé par la loi du 14 février 2022 [3], concernant l'entrepreneur individuel et par l'article L. 680-1 du Code de commerce [4] pour l'entrepreneur ayant opté pour le statut d'entrepreneur individuel à responsabilité limitée. Si cette entreprise n'emploie aucun salarié, il n'y a pas place à nomination d'un représentant des salariés, même si l'entrepreneur, au titre d'une entreprise logée dans un patrimoine autre que celui concerné par la procédure collective, emploie un ou plusieurs salariés.

221.13 Modalités de la désignation ou de l'élection. Le comité social et économique (CSE) est chargé de désigner le représentant des salariés parmi les salariés de l'entreprise. Dans ce cas, sans autre précision, il est fait application des règles d'adoption des décisions propres au comité social et économique [5] pour la désignation du représentant des salariés après avoir invité les salariés à se porter candidat à cette désignation. Si le comité social et économique ne parvient pas à désigner un représentant des salariés, seul un procès-verbal de carence peut être établi.

En l'absence de comité social et économique, les salariés élisent leur représentant. Ce n'est en effet qu'en l'absence de comité social et économique qu'il y a lieu d'organiser l'élection du représentant des salariés directement par les salariés. Lorsque la désignation du représentant des salariés est effectuée directement par les salariés, il est procédé par voie d'élection. Rien n'est prévu dans le Code du travail concernant l'élection du représentant des salariés. Le Code de commerce prévoit que l'élection par les salariés a lieu par vote secret au scrutin uninominal à un tour [6], sans autre précision [7]. S'agissant d'une élection, les principes généraux du droit électoral s'appliquent [8]. Dès lors, la désignation du représentant des salariés par les seuls salariés présents lors du vote, en l'absence de toute convocation à cette fin, est nulle [9].

Est éligible, un salarié de l'entreprise, au jour de l'ouverture de la procédure collective, ayant dix-huit ans révolus [10] et ne disposant pas d'une délégation particulière d'autorité [11] ou ne représentant pas l'employeur auprès des institutions représentatives du personnel. Un salarié licencié, en cours d'exécu-

1. Soc. 28 sept. 2005, n° 04-60.484, NP.
2. En considération du statut légal de l'entrepreneur individuel avec un patrimoine professionnel (C. com., art. L. 526-1 à L. 526-5 et L. 526-22 à 526-31, issus de la réforme de L. n° 2022-172, 14 févr. 2022) ou de l'application volontaire du statut d'entrepreneur individuel à responsabilité limitée (C. com., art. L. 526-6 à L. 526-21).
3. L. n° 2022-172, 14 févr. 2022 en faveur de l'activité professionnelle indépendante, *JO* 15 févr., n° 2.
4. Ord. n° 2010-1512, 9 déc. 2010 portant adaptation du droit des entreprises en difficulté et des procédures de traitement des situations de surendettement à l'entrepreneur individuel à responsabilité limitée, *JO* 10 déc., n° 18.
5. Concernant le CSE dans l'entreprise d'au moins cinquante salariés, en application de C. trav., art. L. 2315-32, les résolutions du comité social et économique sont prises à la majorité des membres présents. Le président du CSE ne participe pas au vote lorsqu'il consulte les membres élus du comité en tant que délégation du personnel. Il n'est pas prévu de vote à bulletin secret.
6. C. com., art. L. 621-8, réd. antérieure à L. n° 2005-845 ; – C. com., art. R. 621-14, al. 1 [anc[t] Décr. n° 2005-1677, 28 déc. 2005, art. 57, al. 1], réd. issue de L. n° 2005-845.
7. Pour une élection irrégulière : TI Paris, 28 mars 1986 ; *Gaz. Pal.* 1986. I. 329, note Marchi ; *JCP E* 1986. I. 15774, n° 18, obs. M. Cabrillac et M. Vivant.
8. Soc. 15 juin 2011, n°s 10-60.392 et 10-60.393 ; *Bull. civ.* V, n° 156.
9. TI Paris, 28 mars 1986, préc.
10. C. com., art. L. 621-6.
11. Soc. 13 oct. 2004, n° 03-60.317, NP ; – TI Mantes-la-Jolie, 13 sept. 1991 ; *D.* 1992, somm. 86, obs. F. Derrida.

tion de préavis, pourrait être désigné[1]. La fin du contrat de travail de ce salarié ne met pas fin à ses fonctions de représentant des salariés, dès lors qu'il est le seul salarié[2]. Le licenciement antérieur à sa nomination rend inapplicables les dispositions relatives au statut protecteur du représentant des salariés des articles L. 662-4 et R. 621-16 du Code de commerce.

Le représentant des salariés (ainsi que les salariés participant à sa désignation) ne doit pas, dans la législation antérieure à la loi du 26 juillet 2005, avoir encouru de condamnation par application des articles L. 5 et L. 6 du Code électoral[3]. La loi du 26 juillet 2005 a supprimé la référence à l'article L. 5 du Code électoral, ce texte ayant été modifié par la loi du 16 décembre 1992[4] et ne comportant plus aucune peine. Puis, la loi du 11 février 2005[5] a remplacé ce texte par une impossibilité d'inscription sur les listes électorales des majeurs sous tutelle. En conséquence, n'est plus maintenu, depuis la loi du 26 juillet 2005 que le visa de l'article L. 6 du Code électoral[6], tant au titre des conditions d'éligibilité que celles régissant la qualité d'électeur[7]. La loi de sauvegarde, maladroitement, ne rendait applicable en liquidation judiciaire que l'article L. 621-4, et non l'article L. 621-6 posant les règles d'âge et d'absence de condamnation en matière électorale. L'ordonnance du 18 décembre 2008 répare la malfaçon en posant explicitement ces règles dans une disposition spécifique à la liquidation judiciaire[8].

Aucun parent ou allié jusqu'au quatrième degré inclusivement du débiteur ou des dirigeants de la personne morale débitrice ne peut être nommé représentant des salariés à moins que cette incompatibilité ne rende impossible la désignation du représentant des salariés dans les structures familiales en sauvegarde et en redressement[9]. Le texte de l'article L. 641-6 du Code de commerce, dans sa rédaction issue de l'ordonnance de réforme de la loi de sauvegarde[10], prévoit qu'en liquidation judiciaire, aucun conjoint ou partenaire allié par un pacte de solidarité, aucun parent ou allié, jusqu'au quatrième degré inclusivement, du débiteur, et non plus du chef d'entreprise, ou des dirigeants s'il s'agit d'une personne morale, ne peut être nommé aux fonctions de représentant des salariés. Sont ainsi visées les incompatibilités pour la désignation aux fonctions de représentant des salariés[11], le texte écartant toutefois, également, ces incompatibilités si elles rendent impossible toute désignation[12].

221.14 Issue de la désignation ou de l'élection. Dès la désignation effectuée, il y a lieu de déposer, « immédiatement »[13], au greffe le procès-verbal de désignation, qui fait courir le délai de contestation[14]. En cas d'impossibilité d'organiser la désignation, un procès-verbal de carence doit être établi[15] et déposé immédiatement au greffe du tribunal saisi de la procédure collective[16], ce à quoi doit veiller l'administrateur[17]. Cette solution est rendue applicable dans la procédure de redressement judiciaire par l'article L. 631-9 et en liquidation judiciaire par l'article L. 641-1, II du Code de commerce.

SECTION 2
RÈGLES DE REMPLACEMENT DU REPRÉSENTANT DES SALARIÉS

221.21 Règles de remplacement. Les conditions de remplacement du représentant des salariés sont fixées par les textes. Sous l'empire de la législation antérieure à la loi du 26 juillet 2005, l'article L. 621-10, alinéa 3, du Code de commerce[18], en redressement judiciaire, auquel renvoyait en liquidation judiciaire l'article L. 622-2, alinéa 2, disposait que « le comité d'entreprise ou, à défaut les délégués du personnel ou, à défaut, les salariés de l'entreprise peuvent seuls procéder au remplacement du représentant des salariés ». La solution a été reprise par l'article

1. Soc. 16 janv. 1991, n° 89-61.542 ; *Bull. civ.* IV, n° 22 ; *JCP E* 1991. II. 208, note Serret ; – TGI Paris, 19 oct. 1994 ; *Dr. sociétés* 1994, n° 200, obs. Y. Chaput.
2. TGI Paris, ord. juge instr., 19 oct. 1994 ; *Dr. sociétés* 1994, n° 200, obs. Y. Chaput.
3. C. com., art. L. 621-9, sous l'empire de la lég. antérieure à L. n° 2005-845 [anc[t] L. 25 janv. 1985, art. 11, al. 1].
4. L. n° 92-1336, 16 déc. 1992 relative à l'entrée en vigueur du nouveau code pénal et à la modification de certaines dispositions de droit pénal et de procédure pénale rendue nécessaire par cette entrée en vigueur, *JO* 23 déc., p. 17568.
5. L. n° 2005-102, 11 févr. 2005 pour l'égalité des droits et des chances, la participation et la citoyenneté des personnes handicapées, *JO* 12 févr., n° 1.
6. C. électoral, art. L. 6 : « Ne doivent pas être inscrits sur la liste électorale, pendant le délai fixé par le jugement, ceux auxquels les tribunaux ont interdit le droit de vote et d'élection, par application des lois qui autorisent cette interdiction. »
7. C. com., art. L. 621-6.
8. C. com., art. L. 641-1, II ; – B. Saintourens et P. Duprat, « Les droits des salariés dans l'ordonnance du 18 décembre 2008 portant réforme du droit des entreprises en difficulté », *Gaz. Pal.* 8-10 mars 2009, n° sp., p. 40 s., sp. p. 41.
9. C. com., art. L. 621-5, art. L. 631-9, par renvoi à l'art. L. 621-5.
10. Ord. n° 2008-1345, 18 déc. 2008, préc., art. 99.
11. À l'une des fonctions prévues à l'article L. 641-1 ou L. 641-10 du C. com.
12. B. Saintourens et P. Duprat, *op. cit.*, sp. p. 41.
13. C. com., art. R. 621-14, al. 2.
14. Sur le délai de contestation de la désignation ou de l'élection du représentant des salariés, v. s[s] n° 221.32.
15. C. com., art. L. 621-4.
16. C. com., art. R. 621-14.
17. IFPPC 1999, recomm. n° 1031-2, p. 14.
18. Anct. L. n° 85-98, 25 janv. 1985, art. 12, al. 3.

L. 621-7 du Code de commerce pour la procédure de sauvegarde, auquel renvoient l'article L. 631-9 en redressement judiciaire et l'article L. 641-1, II, en liquidation judiciaire. Désormais, « le comité social et économique ou, à défaut, les salariés de l'entreprise peuvent seuls procéder au remplacement du représentant des salariés ». Malgré le silence des textes, ce remplacement devra intervenir, comme la désignation initiale, par un vote : la jurisprudence a posé le principe de la soumission du remplacement aux mêmes règles que la désignation du représentant des salariés [1].

SECTION 3
CONTENTIEUX DE LA DÉSIGNATION ET DU REMPLACEMENT DU REPRÉSENTANT DES SALARIÉS

221.31 **Compétence juridictionnelle.** Le contentieux relatif à la désignation du représentant des salariés était de la compétence du tribunal d'instance statuant en dernier ressort [2]. Depuis le 1er janvier 2020 [3], les contestations relatives à la désignation du représentant des salariés sont fort logiquement de la compétence du tribunal judiciaire. En l'absence de précision concernant le juge compétent en matière de contentieux du remplacement du représentant des salariés et en considération du parallélisme des modalités de remplacement avec celles de la désignation, le contentieux du remplacement relève également du tribunal judiciaire. Il s'agit du juge du contentieux électoral. Le Code de l'organisation judiciaire prévoit en effet que « le tribunal judiciaire connaît des contestations relatives à la désignation ou à l'élection du représentant des salariés dans les cas prévus par les articles L. 621-4, L. 631-9 et L. 641-1 du Code de commerce. » [4]. Dans la mesure où le CSE procède également à la désignation du représentant des salariés, ou les salariés à son élection, lorsqu'il s'agit de le remplacer, l'article R. 211-3-18 du Code de l'organisation judiciaire s'applique à la désignation initiale comme au remplacement du représentant des salariés.

221.32 **Règles de saisine du tribunal judiciaire.** Le tribunal judiciaire est saisi sur requête [5]. Il doit être saisi dans les deux jours de la désignation du représentant des salariés [6]. La question du point de départ du délai de forclusion de deux jours s'est posée à plusieurs reprises [7] : la Cour de cassation, faisant une application combinée des articles L. 621-4, L. 621-6, L. 621-7 (s'agissant d'une situation de remplacement), R. 621-14, R. 621-15 du Code de commerce et des principes généraux du droit électoral, a retenu que ce délai ne court qu'à compter de la proclamation nominative des résultats de l'élection ou, à défaut, de l'accomplissement de la formalité de dépôt du procès-verbal au greffe [8].

Dans sa décision du 7 décembre 2016, concernant un procès-verbal de carence, la Chambre sociale de la Cour de cassation a retenu que le délai ne court qu'à compter de l'accomplissement de la formalité de dépôt du procès-verbal au greffe. Il est rappelé que l'article 15 du décret du 27 décembre 1985 [9], modifié par le décret du 21 octobre 1994 [10], prévoyait déjà que « le procès-verbal de désignation du représentant des salariés, ou le procès-verbal de carence établi dans les conditions du quatrième alinéa de l'article 10 de la loi du 25 janvier 1985, est immédiatement déposé au greffe du tribunal ». Désormais, l'article R. 621-14 du Code de commerce prévoit que le procès-verbal de désignation du représentant des salariés, ou le procès-verbal de carence établi dans les conditions du deuxième alinéa de l'article L. 621-4, est immédiatement déposé au greffe du tribunal.

Qu'en est-il de la proclamation des résultats comme point de départ du délai de forclusion de deux jours pour agir en contestation de la désignation ou du remplacement du représentant des salariés ? Si l'on maintient l'application des règles issues du droit électoral en considération de la nature juridique de l'opération de désignation ou de remplacement du repré-

1. Soc. 15 juin 2011, nos 10-60.392 et 10-60.393 ; *Bull. civ.* V, no 156 ; *D.* 2011, actu. 1752 ; *Act. proc. coll.*, 2011, no 196, obs. L. Fin-Langer ; *Leden* sept. 2011, p. 7, obs. G. Debedessus-LeMoustier ; *BJE*, nov. 2011, p. 344, no 140, note A. Donnette ; *LPA* 3 janv. 2012, no 2, p. 8, obs. D. Jacotot ; *JCP S* 2011, actu. 271, note L. Dauxerre ; *Gaz. proc. coll.*, 7 oct. 2011, p. 32, note C. Gailhbaud.
2. C. com., art. L. 621-9 [anct L. 25 janv. 1985, art. 11, al. 2], réd. antérieure à L. no 2005-845 ; – C. com., art. L. 621-6, al. 2, réd. L. no 2005-845.
3. Ord. no 2019-964, 18 sept. 2019 prise en application de la loi no 2019-222 du 23 mars 2019 de programmation 2018-2022 et de réforme pour la justice, art. 36, *JO* 19 sept., no 5 [entrée en vigueur : 1er janv. 2020].
4. COJ, art. R. 211-3-18, créé par Décr. no 2019-912, 30 août 2019.
5. C. com., art. R. 621-15.
6. C. com., art. R. 621-15, al. 2.
7. Soc. 15 juin 2011, nos 10-60.392 et 10-60.393, préc. ; – Soc. 28 nov. 2012, no 12-60.147, NP ; no 2518 FS-D [renvoi après cassation par Soc. 15 juin 2011, préc.] ; *Gaz. Pal.* 18 janv. 2013, no 18, p. 38, note P. Duprat ; *BJE* mars 2013, comm. 31, note A. Donnette – Concernant un procès-verbal de carence : Soc. 7 déc. 2016, no 16-10.826, P ; *JCP S* 2017, no 1031, note L. Fin-Langer ; *BJE* mai 2017, no 114r0, p. 237, note A. Donnette.
8. Soc. 15 juin 2011, préc. – Soc. 28 nov. 2012, no 12-60.147, préc.
9. Décr. no 85-1388, 27 déc. 1985 relatif au redressement et à la liquidation judiciaires des entreprises, *JO* 29 déc., p. 15281.
10. Décr. no 94-910, 21 oct. 1994 pris pour l'application de la loi no 94-475 du 10 juin 1994 relative à la prévention et au traitement des difficultés des entreprises, *JO* 22 oct., p. 15019.

sentant des salariés lorsque les salariés votent, il faut rappeler que le droit électoral attribue au bureau de vote la mission de proclamer les résultats. L'article R. 67 du Code électoral énonce en effet qu'à l'issue du dépouillement le résultat est proclamé publiquement par le président du bureau de vote. En l'absence de comité social et économique, l'élection du représentant des salariés par les salariés dans le respect des principes généraux du droit électoral, pourrait donner lieu à proclamation des résultats, indépendamment du dépôt du procès-verbal d'élection au greffe. Les textes du Code de commerce prévoyant le point de départ du délai de deux jours à compter de la désignation n'excluent pas la proclamation des résultats comme point de départ. Il paraît donc logique que la Haute juridiction ait retenu alternativement la proclamation des résultats et le dépôt au greffe du procès-verbal comme point de départ du délai de forclusion de deux jours dans l'hypothèse où les principes généraux droit électoral s'appliquent, c'est-à-dire lorsque les salariés élisent le représentant des salariés. Il pourrait ne pas en être de même lorsque le comité social et économique le désigne : dans ce cas, seul le dépôt du procès-verbal, de désignation ou de carence, au greffe ferait courir le délai de forclusion de deux jours pour le contester. En tout état de cause, en l'absence de proclamation des résultats, le délai de deux jours pour agir court à compter du dépôt du procès-verbal au greffe du tribunal.

221.33 **Règles de procédure.** Le tribunal judiciaire doit statuer dans les cinq jours de sa saisine, en avertissant deux jours à l'avance les parties intéressées[1]. Il statue en dernier ressort. La décision du tribunal judiciaire est notifiée par le greffier dans les deux jours.

Le délai du pourvoi en cassation est de cinq jours. Ce dernier est soumis aux règles des articles 999 à 1008 du Code de procédure civile[2], c'est-à-dire au régime du pourvoi intéressant le contentieux électoral.

Les contestations sur la désignation du représentant des salariés n'ont pas d'effet suspensif. Il pourra donc valablement être consulté malgré la contestation en cours portant sur sa désignation[3].

En cas de désignation illégale d'un représentant des salariés avant l'ouverture de la procédure, les règles de droit commun trouvent application pour la contestation du jugement qui statue sur cette désignation. En effet, l'article 16 du décret du 27 décembre 1985[4], repris par la réglementation consécutive à la loi de sauvegarde des entreprises[5] ne prévoyant la compétence du tribunal d'instance, qui statue en dernier ressort, qu'en ce qui concerne les contestations relatives à l'élection du représentant des salariés ayant lieu dans les dix jours du prononcé du jugement d'ouverture de la procédure de redressement judiciaire, la contestation d'une élection antérieure à l'ouverture de la procédure collective, non prévue par un texte légal, relèverait des règles de procédure de droit commun[6]. Il en résulte que ce jugement serait susceptible d'appel. L'irrégularité affectant cette désignation ne peut toutefois être invoquée dans le cadre de la procédure de licenciement du représentant des salariés, pour prétendre que les règles spéciales de licenciement de ce salarié protégé n'ont pas à être respectées, dès lors que la désignation n'a pas fait l'objet d'une annulation[7].

1. C. com., art. R. 621-15, réd. issue Décr. n° 2005-1677, 28 déc. 2005 en application de la loi de sauvegarde [anc[t] Décr. 27 déc. 1985, art. 16].
2. *Ibid.*
3. Rep. min., QE n° 9836, *JOAN* 10 nov. 1986, p. 4176.
4. Décr. n° 85-1388, 27 déc. 1985, art. 16.
5. C. com., R. 621-15.
6. Soc. 12 nov. 1996, n° 95-61.000 ; *Bull. civ.* V, n° 374.
7. Soc. 23 sept. 2009, n° 08-40.603 ; *Bull. civ.* IV, n° 197 ; *Act. proc. coll.* 2009/17, n° 257, note L. Fin-Langer ; *JCP E* 2010, n° 1011, n° 14, obs. P. Pétel.

CHAPITRE

222. Fonctions du représentant des salariés

SECTION 0 ORIENTEUR

222.00 Sommaire du chapitre.

Sect. 1 Présentation générale du rôle du représentant des salariés 222.11

Sect. 2 Fonctions de vérification des créances 222.21

Sect. 3 Fonctions de suppléance du comité social et économique 222.31 à 222.34

Sect. 4 Fonctions procédurales 222.41 à 222.43

222.01 Textes applicables.

• **C. com.**

art. L. 621-4 [Moment et modalités de désignation du représentant des salariés]

art. L. 625-1 [Rôle du représentant des salariés dans le cadre de l'établissement des relevés de créances salariales par le mandataire judiciaire]

art. L. 625-2 [Rôle du représentant des salariés dans le cadre de la vérification des créances salariales par le mandataire judiciaire]

art. L. 625-4 [Rôle du représentant des salariés en cas de refus de garantie de l'AGS]

art. L. 631-9 [Renvoi aux articles L. 621-4, à l'exception de la première phrase du sixième al., ainsi qu'aux articles L. 621-4-1 à L. 621-11 pour l'application des dispositions sur la désignation ou l'élection du représentant des salariés en redressement judiciaire]

art. L. 631-18 [Dispositions des chapitres III, IV et V du titre II du présent livre sont applicables à la procédure de redressement judiciaire]

art. L. 641-1, II [Désignation et rôle du représentant des salariés en liquidation judiciaire et renvoi aux art. L. 621-4 et L. 621-6 du C. com.]

art. L. 641-14, al. 1 [Renvoi, not., aux art. L. 625-1 s.]

art. L. 642-2, IV [Le liquidateur ou l'administrateur informe le représentant des salariés du contenu des offres reçues.]

art. L. 654-17 [Le représentant des salariés peut se constituer partie civile et saisir la juridiction répressive d'infractions de banqueroute ou de toute autre infraction en rapport avec la situation de l'entreprise]

art. L. 654-19 [Frais de poursuite à la charge du Trésor public en cas de relaxe de l'infraction de banqueroute]

art. L. 661-1, III [En l'absence de CSE, le représentant des salariés exerce les voies de recours ouvertes à ces institutions par le présent article]

art. L. 662-3 [Demande de publicité des débats par le représentant des salariés]

art. R. 625-1, al. 2 [Rôle du représentant des salariés dans le cadre de l'établissement des relevés de créances salariales]

art. R. 631-26 [Notification de l'ordonnance du juge-commissaire au représentant des salariés en l'absence de CSE]

• **C. trav.**

art. L. 1233-58 [Procédures de licenciement collectif pour motif économique en sauvegarde, redressement ou liquidation judiciaire]

art. L. 1235-15 [Sanction de l'irrégularité de la procédure de licenciement pour motif économique dans une entreprise, dépourvue de procès-verbal de carence, où le CSE n'a pas été mis en place alors qu'elle est assujettie à cette obligation]

222.03 Bibliographie indicative.

> **Encyclopédies.** *Rép. com.*, v° Entreprises en difficulté : salariés, par J.-F. Cesaro et G. Duchange, oct. 2018, mis à jour janv. 2025, n° 81-89 – L. Fin-Langer, *J.-Cl. Procédures collectives*, 2016, fasc. 2240 : Sauvegarde, redressement et liquidation judiciaires, Organes, Représentant des salariés – *Dictionnaire Permanent Difficultés des Entreprises*, « Licenciements économiques », n° 234-237.

> **Ouvrages généraux de droit du travail.** G. Auzero, D. Baugard, E. Dockès, *Droit du travail*, 2024/2025, 37e éd., « Précis », Dalloz, 2023, n° 1317-1318 – B. Gauriau, M. Miné, *Droit du travail*, 4e éd., « Sirey », Dalloz, 2020, n° 1174 – P. Lokiec, *Droit du travail*, 2e éd., Puf, 2022, n° 975 – Memento pratique, *Comité social et économique et autres représentants du personne l*2024-2025, Francis Lefebvre, 2024, nos 91240 à 91250 – B. Teyssié, *Droit du travail, Relations collectives*, 12e éd., LexisNexis, 2020, nos 1050, 1053 à 1057.

> **Ouvrages généraux de droit des procédures collectives.** Y. Chaput, *Droit des entreprises en difficulté et faillite personnelle*, « Droit fondamental », Puf, 1996, nos 298 et 299 – Y. Guyon, *Droit des affaires*, t. II, *Entreprises en difficulté*,

redressement judiciaire, faillite, 8e éd., « Droit des affaires et de l'entreprise », Economica, 2001, no 1169 – M.-L. Coquelet, *Entreprises en difficulté*, 7e éd., « Hypercours », Dalloz, 2022, no 208 – A. Jacquemont, N. Borga et Th. Mastrullo, *Droit des entreprises en difficulté*, 13e éd., « Manuel », LexisNexis, 2024, no 283 – P. Le Cannu et D. Robine, *Droit des entreprises en difficulté*, 10e éd., « Précis », Dalloz, 2025, nos 501, 502 – P.-M. Le Corre, avec la collaboration de G. Berthelot, D. Boustani-Aufan, P. Cagnoli, B. Ferrari, G. C. Giorgini, M. Guastella, L.-C. Henry, E. Le Corre-Broly, D.-E. Meynet, *Droit et pratique des procédures collectives 2025/2026*, 13e éd., « Dalloz Action », 2024, nos 392.21 à 392.23 – A. Lienhard, *Procédures collectives 2020/2021*, 9e éd., « Delmas », Dalloz, 2020, no 035.61 – F.-X. Lucas, *Manuel de droit de la faillite*, 4e éd., « Droit fondamental », Puf, 2022, no 175 – M. Menjucq, B. Saintourens, B. Soinne (dir.), *Traité des procédures collectives*, LexisNexis, 3e éd., 2021, nos 851 à 854 – F. Pérochon, avec le concours de F. Reille, M. Laroche, V. Martineau-Bourgninaud, Th. Favario, A. Donnette, *Entreprises en difficulté*, 12e éd., « Manuel », LGDJ-Lextenso, 2024, nos 874 à 876 – Ph. Pétel, *Procédures collectives*, 11e éd., « Cours », Dalloz, 2023, no 147 – C. Saint-Alary-Houin, avec la collaboration de M.-H. Monsèrié-Bon et C. Houin-Bressand, *Droit des entreprises en difficulté*, 14e éd., « Domat », LGDJ-Lextenso, 2024, nos 494 à 496 – Vallansan, Fin-Langer (collab.), *Guide des procédures collectives 2025/2026*, LexisNexis, 2024, nos 1075 à 1079 – J.-L. Vallens, *Droit commercial*, Entreprises en difficulté, Lamy, 2020, nos 3967-3979.

> **Ouvrages spéciaux en droit des procédures collectives.** Boyer, *Protection des salariés et sauvetage de l'entreprise : quête d'un équilibre*, PUAM 2006, no 166.

> **Ouvrages spéciaux en droit du travail.** C. Boetsch, A. Chaloyard, P. Ozenne, H. Rose, Y. Struillou, *Droit du licenciement des salariés protégés*, 6e éd., 2020, Economica, no 12.7.3.

> **Articles.** A. Cerati-Gauthier, « Procédures collectives : de la durée du mandat du représentant des salariés », *RLDA* 2007/20, no 1214 – M. Jeantin, « Le représentant des salariés », *D.* 1986, chron., p. 664 – F. Petit, « Qu'est-ce qu'une institution représentative du personnel ? », *Dr. soc.*, 2002, p. 1073 ; « Le rôle du représentant des salariés dans les procédures de sauvegarde, de redressement et de liquidation judiciaires », *in* N. Decoopman (dir.), *Entreprises en difficulté et droit du travail*, « Ceprisca », Puf, 2007, p. 55 ; « Le représentant des salariés dans les procédures collectives comme institution représentative du personnel », *Dr. soc.*, 2011, p. 1137 – L. Serfati-Apter et P. Lafarge, « Le représentant des salariés de la loi du 25 janvier 1985 », *Gaz. Pal.* 2-4 nov. 1986, II, Doctr. 657 – B. Saintourens et Ph. Duprat, « Les droits des salariés dans l'ordonnance du 18 décembre 2008 portant réforme du droit des entreprises en difficulté », *Gaz. Pal.* 8 à 10 mars 2009, no sp., p. 40 – B. Teyssié, « Les représentants des salariés dans les procédures de redressement et de liquidation judiciaires », *JCP* 1986. I. 329 – Q. Urban, « Quelle est l'implication des institutions représentatives du personnel dans le traitement des difficultés des entreprises depuis la loi du 26 juillet 2005 ? », *Rev. proc. coll.* 2008, p. 35 « Absence de représentant des salariés : point de départ du délai de contestation du procès-verbal de carence », *JCP S* 2017, no 1031.

SECTION 1
PRÉSENTATION GÉNÉRALE DU RÔLE DU REPRÉSENTANT DES SALARIÉS

222.11 Exclusion de la qualité d'institution représentative du personnel. Il a un rôle beaucoup plus restreint que celui du comité d'entreprise ou des délégués du personnel, auparavant, et celui du comité social et économique depuis l'ordonnance du 22 septembre 2017[1]. La Cour de cassation a précisé à plusieurs reprises que le représentant des salariés n'est pas une institution représentative du personnel[2]. De nombreux auteurs excluent la qualité d'institution représentative du personnel au sens du Code du travail en considération de l'absence de pouvoir en dehors des attributions que la loi lui confère de manière limitative[3].

En effet, ses attributions sont limitées aux seuls actes relatifs à la procédure collective de l'entreprise qui l'emploie. Le Conseil d'État l'a rappelé dans un arrêt rendu le 8 décembre 2021 : « Il résulte de ces dispositions que le représentant des salariés désigné ou élu en application de l'article L. 621-4 du Code de commerce dispose d'attributions limitées aux seuls actes relatifs à la procédure collective ouverte à l'égard de l'entreprise et prévus par le Code de commerce »[4]. En témoigne d'ailleurs, l'assistance du salarié dans une procédure de licenciement par un conseiller du salarié, inscrit sur une liste établie par le préfet, en l'absence d'institution représentative du personnel dans l'entreprise malgré la désignation d'un représentant des salariés. Dans sa décision du 15 juin 2011, la Cour de cassation[5] a cassé la décision du tribunal d'instance de Paris ayant dit irrecevable l'intervention volontaire du syndicat au soutien de l'action du salarié en contestation du remplacement du représentant des salariés au motif que le représentant des salariés ne peut être considéré comme une institu-

1. Ord. no 2017-1386, 22 sept. 2017.
2. Soc. 27 juin 2002, no 00-41.893 ; *Bull. civ.* V, no 223 ; *Act. proc. coll.* 2002/14, no 176 ; *Rev. proc. coll.* civ. et com. 2002, p. 290, no 4, obs. F. Taquet ; – Soc. 4 févr. 2003, no 00-45.820 ; *Bull. civ.* V, no 39 ; *Act. proc. coll.* 2003/9, no 109, obs. C. Lebel ; *Rev. proc. coll.* 2003, p. 159, no 14, obs. F. Taquet ; – Soc. 4 juin 2003, no 01-40.202, NP ; *Rev. proc. coll.* 2003, p. 248, no 10, obs. F. Taquet – Paris, 15 janv. 2013, RG no 11/02814 ; *Leden* mai 2013, comm. 077, note G. Dedessus-Le-Moustier.
3. M. Jeantin, « Le représentant des salariés », *Dr. soc.*, 1986, p. 664 – Y. Chagny, « Un organe des procédures collectives : le représentant des salariés », *Dr. soc.*, 2008, p. 1003 – L. Fin-Langer, « Le statut du représentant des salariés », *Rev. proc. coll.* no 5, mai 2013, ét. 14, no 12, s. – Pour une position contraire : F. Petit, « Le représentant des salariés dans les procédures collectives comme institution représentative du personnel », *Dr. soc.*, 2011, p. 1137.
4. CE 4e-1re ch. réunies, 8 déc. 2021, no 435919.
5. Soc. 15 juin 2011, préc.

tion représentative du personnel au sens du Code du travail. Pour autant, par cette décision, la Haute juridiction n'énonce pas que l'action du syndicat serait recevable en considération de la qualité d'institution représentative du personnel (IRP) du représentant des salariés. La Cour de cassation ne fait que reprendre les termes du jugement cassé et annulé. La question posée à la Cour de cassation n'était pas celle de la qualité d'IRP du représentant des salariés mais celle de l'existence d'une atteinte à l'intérêt collectif de la profession dans le cadre de l'élection du représentant des salariés pour que le syndicat justifie d'un intérêt à agir dans le contentieux de la contestation de la désignation ou du remplacement du représentant des salariés. Il n'y avait pas lieu de trancher la question de la qualité du représentant des salariés. La Cour de cassation a considéré que ses fonctions et prérogatives suffisaient pour justifier que la méconnaissance des règles régissant sa désignation ou son remplacement porte atteinte à l'intérêt collectif de la profession.

SECTION 2
FONCTIONS DE VÉRIFICATION DES CRÉANCES

222.21 Vérification des créances salariales. Le représentant des salariés porte relativement mal son nom. Selon une heureuse expression, il doit plutôt être considéré comme un salarié contrôleur[1], son rôle essentiel étant de surveiller l'établissement des créances salariales par le mandataire judiciaire ou le liquidateur. Au même titre que les contrôleurs, le représentant des salariés est informé du contenu des offres reçues par le liquidateur ou l'administrateur lorsque le tribunal estime que la cession partielle ou totale de l'entreprise est envisageable[2].

Il joue un rôle d'intermédiaire entre les salariés et le mandataire judiciaire[3]. À cette fin, sous l'empire de la loi du 25 janvier 1985, l'article L. 621-36 du Code de commerce[4] prévoyait que le représentant des créanciers devait lui communiquer tous documents et informations utiles et qu'en cas de difficultés, le représentant des salariés pouvait s'adresser à l'administrateur et, le cas échéant, saisir le juge-commissaire. En liquidation, l'article L. 622-2 du Code de commerce[5] posait la même obligation pour le liquidateur.

Sous l'empire de la loi de sauvegarde des entreprises c'est l'article L. 625-2 du Code de commerce qui reprend ces dispositions. L'article R. 625-1, alinéa 2, du Code de commerce prévoit que le représentant des salariés appose sa signature sur les relevés de créances salariales, en formulant des réserves ou observations le cas échéant. Le même alinéa prévoit qu'en l'absence de signature, le juge commissaire entende le représentant.

SECTION 3
FONCTIONS DE SUPPLÉANCE DU COMITÉ SOCIAL ET ÉCONOMIQUE

222.31 Mise en place. À côté de ce rôle de contrôleur particulier, des missions spéciales lui ont été confiées par la loi du 25 janvier 1985. Ainsi, dans la procédure de régime général propre à la législation antérieure à la loi de sauvegarde des entreprises, il exerçait la fonction dévolue aux institutions représentatives du personnel, dans les entreprises ayant moins de onze salariés, ou en l'absence d'institutions représentatives du personnel tel qu'ajouté par la loi du 10 juin 1994[6].

La solution est reprise par l'article L. 621-4, sous l'empire de la législation du 26 juillet 2005. Cette solution de la procédure de sauvegarde s'applique identiquement du fait du renvoi à cette disposition par l'article L. 631-9 en redressement judiciaire mais la réforme de la loi de sauvegarde a omis d'en prévoir également l'application en liquidation judiciaire. En liquidation judiciaire, avant l'ordonnance du 12 mars 2014, il n'était pas explicitement renvoyé à l'article L. 621-4, alinéa 2. L'article L. 641-1, II, alinéa 4, se contentait de prévoir que le représentant des salariés exerce la mission prévue à l'article L. 625-2, c'est-à-dire la mission de vérification des créances. Toutefois, l'affirmation était déjà clairement posée que, même en liquidation judiciaire, le représentant des salariés exerçait les fonctions dévolues aux institutions représentatives du personnel en leur absence. L'article 61 de l'ordonnance du 12 mars 2014[7] répare l'oubli, en complétant le 4ᵉ alinéa du II de l'article L. 641-1 par la précision suivante : « En l'absence de comité d'entreprise et de délégués du personnel, le représentant des salariés exerce les fonctions dévolues à ces institutions par les dispositions du présent titre ». Désormais, il s'agit de fonctions de suppléance du comité social et économique pour les actes relatifs à la procédure collective.

1. Y. Guyon, *op. cit.*, n° 1169.
2. C. com., art. L. 642-2, IV.
3. Boyer, *Protection des salariés et sauvetage de l'entreprise : quête d'un équilibre*, PUAM 2006, n° 166.
4. Anct. L. n° 85-98, 25 janv. 1985, art. 44.
5. Anct. L. n° 85-98, 25 janv. 1985, art. 148-1.
6. C. com., art. L. 621-135, réd. antérieure à L. n° 2005-845 [anc[t] L. 25 janv. 1985, art. 139, al. 2].
7. Ord. n° 2014-326, 12 mars 2014 portant réforme de la prévention des difficultés des entreprises et des procédures collectives, *JO* 14 mars, p. 5249.

222.32 Suppléance dans le cadre de l'exercice des voies de recours. La solution de suppléance aux attributions spécifiques du livre VI du Code de commerce des institutions représentatives du personnel est particulièrement importante pour l'exercice des voies de recours. L'article L. 661-1, III du Code de commerce, dans sa rédaction issue de la loi de sauvegarde des entreprises [1], prévoit désormais clairement, dans la loi que le représentant des salariés exerce les voies de recours ouvertes aux institutions représentatives du personnel par le même article. Avant la loi de sauvegarde, seul le décret d'application de la loi du 25 janvier 1985 mentionnait expressément l'intervention du représentant des salariés en tant que suppléant des institutions représentatives de droit commun pour exercer les voies de recours [2].

L'article 63 du décret du 27 décembre 1985 prévoit depuis l'origine la notification de l'ordonnance du juge-commissaire statuant sur les licenciements économiques en redressement judiciaire aux représentants du personnel ou, à défaut, au représentant des salariés. L'article R. 631-26 du Code de commerce reprend le principe de la notification de l'ordonnance au comité social et économique ou, à défaut, au représentant des salariés.

222.33 Suppléance dans l'entreprise en procédure collective. Le représentant des salariés exerce les missions dévolues au comité social et économique (CSE), en son absence, quel que soit le motif d'absence, dans le cadre de la procédure collective. Il s'agit des cas d'audition par le tribunal et d'information et de consultation prévus par le livre VI du Code de commerce. Le cadre des fonctions de suppléance du comité social et économique est strictement délimité aux attributions dévolues par le droit des procédures collectives, exclusivement prévues dans le livre VI du Code de commerce [3] : en sauvegarde le représentant des salariés exerce les fonctions dévolues au comité social et économique par les dispositions du titre II du livre VI du Code de commerce [4]. En redressement, le renvoi à l'article L. 621-4 du Code de commerce est fait à l'article L. 631-9 du Code. En liquidation judiciaire, l'article L. 641-1 du Code de commerce [5] désigne les missions du CSE prévues par les dispositions titre IV du livre VI du Code.

Un auteur évoque très justement les attributions du comité d'entreprise remplies par « ses doubles » [6] qui sont les délégués du personnel en son absence puis le représentant des salariés en l'absence de comité d'entreprise et de délégués du personnel. Le droit des entreprises en difficulté ne fait pas de distinction quant au motif d'absence de l'institution représentative du personnel (IRP).

Dès lors, à chaque fois que le comité social et économique (CSE), ou son représentant désigné à la procédure collective, doit être auditionné, informé ou consulté en application des dispositions spécifiques à la procédure collective, le représentant des salariés remplit son rôle de doublure [7] en exerçant sa mission en l'absence de cette institution au sein de l'entreprise en procédure collective.

La question pourrait se poser de savoir si la fonction de suppléance implique l'obligation pour le débiteur de consulter le représentant des salariés dans le cadre de la procédure de licenciement collectif dans l'entreprise en procédure collective dépourvue d'institution représentative du personnel sans pouvoir justifier d'un procès-verbal de carence, en dehors du cas où le seuil d'effectif explique l'absence d'IRP. Certains auteurs le pensent [8]. Une juridiction l'a déjà retenu [9] même si la consultation du représentant des salariés ne permet pas d'écarter la sanction de l'absence de représentants du personnel, c'est-à-dire l'irrégularité de la procédure de licenciement économique. On pourrait, toutefois, penser que le renvoi aux dispositions de l'article L. 1233-58 du Code du travail concernant l'information et la consultation du CSE dans les procédures de licenciement économique en procédure collective conduit à sortir du cadre des missions dévolues au CSE dans la procédure collective. La limitation des missions dévolues au comité social et économique auquel le représentant des salariés supplée par l'expression « dispositions du présent titre » devrait exclure tout texte du Code du travail même par renvoi dans ces mêmes dispositions. En l'absence de précision de la part du législateur, en pratique, il paraît prudent de procéder à la consultation du représentant des salariés dans le cadre de la procédure de licenciement économique en procédure collective, en l'absence de comité social et économique dans l'entreprise qui aurait pu en être pourvue en considération de la taille de son effectif (au moins onze salariés). Une telle consultation ne permet pas de régulariser la procédure de licenciement en cas de carence fautive de CSE, mais elle peut être attendue par les intervenants de la procédure de licen-

1. Morvan, « Le droit social dans la réforme du droit des entreprises en difficulté », *JCP E* 2005, n° 1511, 19.
2. Décr. n° 85-1388, 27 déc. 1985, préc., art. 159.
3. CE 4e-1re ch. réunies, 8 déc. 2021, req. n° 435919 ; *Leden* janv. 2022, n° DED200n5, obs. H. de Frémont ; *Rev. proc. coll.*, n° 2 mars 2022, comm. 37, note D. Jacotot.
4. C. com., art. L. 621-4 : « dispositions du présent titre ».
5. C. com., art. L. 641-1, mod. par Ord. n° 2014-326, 12 mars 2014.
6. P. Morvan, « Le comité d'entreprise et ses doubles dans le droit des procédures collectives », *JCP E* 2003, n° 1625.
7. *Ibid.*
8. Y. Chagny, « Un organe des procédures collectives : le représentant des salariés », *Dr. soc.*, 2008, p. 1003.
9. Paris, 15 janv. 2013, RG n° 11/02814 ; *Leden* mai 2013, n° EDED-413077-41305, p. 7, note crit. G. Dedessus-Le-Moustier.

ciement économique (juge-commissaire, inspection du travail). La question ne devrait en revanche pas se poser dans l'entreprise dont le seuil d'effectif n'exige pas la mise en place du CSE. D'ailleurs, un tel constat apporte un argument supplémentaire à l'absence d'application des fonctions de suppléance aux consultations en matière de licenciement économique puisque le livre VI du Code de commerce ne distingue jamais selon l'effectif de l'entreprise.

222.34 Absence de régularisation de la carence fautive d'IRP. En tout état de cause, dans les entreprises devant être dotées d'institutions représentatives du personnel et qui n'en sont pas dotées, le représentant des salariés n'exerce pas les fonctions de ces institutions dans le cadre des missions propres au droit du travail[1], c'est-à-dire dans le cadre des missions dévolues aux institutions représentatives du personnel dans l'entreprise. Dans la mesure où ne lui est pas reconnue la nature juridique d'institution représentative du personnel[2], cette solution est logique. Il a ainsi été jugé qu'en cas d'irrégularité dans la procédure de licenciement de salariés pour motif économique en considération de l'absence d'IRP sans justification d'un procès-verbal de carence en application de l'article L. 1235-15 du Code du travail, l'intervention du représentant des salariés n'est pas de nature à couvrir l'irrégularité[3]. La solution n'est pas modifiée par l'ordonnance du 12 mars 2014.

En revanche, l'ordonnance du 12 mars 2014 prévoit que la carence de représentants du personnel, sans procès-verbal correspondant, ne constitue plus une cause automatique interdisant la validation ou l'homologation du plan de sauvegarde de l'entreprise par l'administration du travail[4].

SECTION 4
FONCTIONS PROCÉDURALES

222.41 Assistance dans le cadre d'une instance prud'homale. La fixation d'une créance salariale peut intervenir dans le cadre d'une instance prud'homale. Tenant compte de cet élément, le représentant des salariés a aussi pour mission la possibilité d'assister ou représenter un salarié dans le cadre de sa demande, devant le Conseil des prud'hommes, pour la fixation de sa créance. Ainsi, l'article L. 621-125, alinéa 2, du Code de commerce[5], applicable également en liquidation judiciaire[6], dans la rédaction antérieure à la loi de sauvegarde des entreprises et l'article L. 625-1, alinéa 2, dans la rédaction issue de la loi de sauvegarde des entreprises – applicable également en redressement[7] et en liquidation judiciaires[8] –, prévoient que, sur demande du salarié, il peut assister celui-ci devant le Conseil des prud'hommes pour l'établissement d'une créance salariale ne figurant pas sur le relevé des créances salariales établi par le représentant des créanciers. L'article L. 625-4[9], prévoit également que le salarié peut demander au représentant des salariés de l'assister ou de le représenter devant le Conseil des prud'hommes lorsque l'AGS refuse de régler une créance figurant sur le relevé des créances salariales établi par le mandataire judiciaire. En pratique, cette possibilité d'assistance est peu, voire pas, mise en œuvre.

222.42 Constitution de partie civile. Le représentant des salariés peut aussi, en application de l'article L. 654-17, dans la rédaction issue de la loi de sauvegarde des entreprises[10], se constituer partie civile et saisir la juridiction répressive d'infractions de banqueroute ou de toute autre infraction en rapport avec la situation de l'entreprise, sans qu'il soit *a priori* besoin qu'il rapporte la preuve d'un préjudice causé aux salariés. L'article L. 654-17 du Code de commerce dispose en effet que « la juridiction répressive est saisie (...) sur constitution de partie civile de l'administrateur, du mandataire judiciaire, du représentant des salariés (...) », notamment. Il peut en revanche être difficile pour le représentant des salariés de démontrer que la faute du chef d'entreprise a causé aux salariés un préjudice distinct de celui de la collectivité des créanciers. En cas de relaxe, les frais de la poursuite seront mis à charge du Trésor public[11].

222.43 Demande de publicité des débats devant le tribunal de la procédure collective. L'article L. 662-3 du Code de commerce attribue au représentant des salariés qualité pour solliciter la publicité des débats devant le tribunal de commerce ou le tribunal judiciaire de la procédure collective. Lorsqu'il en fait la demande, la publicité des débats est de droit. Toutefois, le président du tribunal peut décider qu'ils auront lieu ou qu'ils se poursuivront en chambre du conseil s'il survient des désordres de nature à troubler la sérénité de la justice.

1. Soc. 4 juin 2003, n° 01-40.202, NP.
2. Sur l'exclusion de la qualité d'IRP du représentant des salariés, v. s[s] n° 222.11.
3. Soc. 23 nov. 2008, n° 06-45.528 ; *Bull. civ.* V, n° 170 ; *Gaz. proc. coll.* 2009/1, p. 46, n° 2, note B. Saintourens.
4. C. trav., art. L. 1233-58, II.
5. Anct. L. 25 janv. 1985, préc., art. 123, al. 2.
6. C. com., art. L. 622-14 (réd. ant. à L. n° 2005-845).
7. C. com., art. L. 631-18.
8. C. com., art. L. 641-14.
9. C. com., art. L. 625-4, réd. issue de L. n° 2005-845 ; – Applicable également en redressement : C. com., art. L. 631-18 et en liquidation judiciaires : C. com., art. L. 641-14.
10. C. com., art. L. 654-17, réd. ant. à L. n° 2005-845 ; – C. com., art. L. 626-16 [anc[t] L. 25 janv. 1985, art. 125].
11. C. com., art. L. 654-19.

CHAPITRE

223. Statut du représentant des salariés

SECTION 0 ORIENTEUR

223.00 **Sommaire du chapitre.**

Sect. 1 Exercice du mandat de représentant des salariés 223.11 à 223.13

Sect. 2 Terme du mandat 223.21

Sect. 3 Protection contre le licenciement 223.31 à 223.32

223.01 **Textes applicables.**

• **C. com.**

art. L. 625-2 [Rôle du représentant des salariés dans le cadre de la vérification des créances salariales par le mandataire judiciaire et temps passé à sa mission]

art. L. 662-4 [Protection du représentant des salariés contre le licenciement]

art. R. 621-16 [Renvoi aux art. R. 436-1 à R. 436-8 et à l'article R. 436-10 du C. trav. concernant les règles applicables au licenciement du représentant des salariés]

• **C. trav.**

art. L. 2411-1 [Mention du représentant des salariés dans la liste des salariés titulaires d'un mandat bénéficiaires d'une protection contre le licenciement]

art. L. 2411-16 [Renvoi à l'art. L. 662-4 du C. com.]

art. L. 2421-6 [Renvoi à l'art. L. 662-4 du C. com.]

art. L. 2315-3 [Obligation de discrétion]

art. L. 3253-8 [Prolongation du délai de garantie à un mois suivant le jugement de liquidation judiciaire]

223.03 **Bibliographie indicative.**

> **Encyclopédies.** *Rép. com.*, v° Entreprises en difficulté : salariés, par J.-F. Cesaro et G. Duchange, oct. 2018, mis à jour janv. 2025, n° 76-80 – L. Fin-Langer, *J.-Cl. Procédures collectives*, 2016, fasc. 2240 : Sauvegarde, redressement et liquidation judiciaires, Organes, Représentant des salariés – *Dictionnaire Permanent Difficultés des Entreprises*, « Licenciements économiques », n° 238-240.

> **Ouvrages généraux de droit du travail.** G. Auzero, D. Baugard, E. Dockès, *Droit du travail*, 2024/2025, 37e éd., « Précis », Dalloz, 2023, n° 1317-1318 – B. Gauriau, M. Miné, *Droit du travail*, 4e éd., « Sirey », Dalloz, 2020, n° 1174 – P. Lokiec, *Droit du travail*, 2e éd., Puf, 2022, n° 975 – Memento pratique, *Comité social et économique et autres représentants du personnel 2024-2024*, Francis Lefebvre, 2024, nos 91280 à 91320 – B. Teyssié, *Droit du travail, Relations collectives*, 12e éd., LexisNexis, 2020, nos 1051, 1052.

> **Ouvrages généraux de droit des procédures collectives.** Y. Chaput, *Droit des entreprises en difficulté et faillite personnelle*, « Droit fondamental », Puf, 1996, nos 298 et 299 – Y. Guyon, *Droit des affaires*, t. II, *Entreprises en difficulté, redressement judiciaire, faillite*, 8e éd., « Droit des affaires et de l'entreprise », Economica, 2001, n° 1169 – M.-L. Coquelet, *Entreprises en difficulté*, 7e éd., « Hypercours », Dalloz, 2022, n° 208 – A. Jacquemont, N. Borga et Th. Mastrullo, *Droit des entreprises en difficulté*, 13e éd., « Manuel », LexisNexis, 2024, nos 282, 855 – P. Le Cannu et D. Robine, *Droit des entreprises en difficulté*, 10e éd., « Précis », Dalloz, 2025, nos 497, 500 – P.-M. Le Corre, avec la collaboration de G. Berthelot, D. Boustani-Aufan, P. Cagnoli, B. Ferrari, G. C. Giorgini, M. Guastella, L.-C. Henry, E. Le Corre-Broly, D.-E. Meynet, *Droit et pratique des procédures collectives 2025/2026*, 13e éd., « Dalloz Action », 2024, nos 392.21 à 392.23 – A. Lienhard, *Procédures collectives 2020/2021*, 9e éd., « Delmas », Dalloz, 2020, n° 035.61 – F.-X. Lucas, *Manuel de droit de la faillite*, 4e éd., « Droit fondamental », Puf, 2022, n° 175 – M. Menjucq, B. Saintourens, B. Soinne (dir.), *Traité des procédures collectives*, LexisNexis, 3e éd., 2021, nos 851 à 854 – F. Pérochon, avec le concours de F. Reille, M. Laroche, V. Martineau-Bourgninaud, Th. Favario, A. Donnette, *Entreprises en difficulté*, 12e éd., « Manuel », LGDJ-Lextenso, 2024, n° 873 – Ph. Pétel, *Procédures collectives*, 11e éd., « Cours », Dalloz, 2023, n° 147 – C. Saint-Alary-Houin, avec la collaboration de M.-H. Monsèrié-Bon et C. Houin-Bressand, *Droit des entreprises en difficulté*, 14e éd., « Domat », LGDJ-Lextenso, 2024, nos 491, 492 – Vallansan, Fin-Langer (collab.), *Guide des procédures collectives 2025/2026*, LexisNexis, 2024, nos 1081 à 10829 – J.-L. Vallens, *Droit commercial*, Entreprises en difficulté, Lamy, 2020, nos 3967-3979.

> **Ouvrages spéciaux en droit du travail.** C. Boetsch, A. Chaloyard, P. Ozenne, H. Rose, Y. Struillou, *Droit du licenciement des salariés protégés*, 6e éd., 2020, Economica, n° 12.7.2.

> **Articles.** A. Cerati-Gauthier, « Procédures collectives : de la durée du mandat du représentant des salariés », *RLDA* 2007/20, n° 1214 – M. Jeantin, « Le représentant des salariés », *D.* 1986, chron., p. 664 – F. Petit, « Qu'est-ce qu'une institution représentative du personnel ? », *Dr. soc.*, 2002, p. 1073 ; « Le rôle du représentant des salariés dans les procédures de sauvegarde, de redressement et de liquidation judiciaires », *in* N. Decoopman (dir.), *Entreprises en difficulté et droit du travail*, « Ceprisca », Puf, 2007, p. 55 ; « Le représentant des salariés dans les procédures collectives comme institution représentative du personnel », *Dr. soc.*, 2011, p. 1137 – L. Serfati-Apter et P. Lafarge, « Le représentant des salariés de la loi du 25 janvier 1985 », *Gaz. Pal.* 2-4 nov. 1986, II, Doctr. 657 – B. Saintourens et Ph. Duprat, « Les droits des salariés dans l'ordonnance du 18 décembre 2008 portant réforme du droit des entreprises en difficulté », *Gaz. Pal.* 8 à 10 mars 2009, n° sp., p. 40 – B. Teyssié, « Les représentants des salariés dans les procédures de redressement et de liquidation judiciaires », *JCP* 1986. I. 329 – Q. Urban, « Quelle est l'implication des institutions représentatives du personnel dans le traitement des difficultés des entreprises depuis la loi du 26 juillet 2005 ? », *Rev. proc. coll.* 2008, p. 35.

SECTION 1
EXERCICE DU MANDAT DE REPRÉSENTANT DES SALARIÉS

223.11 **Cumul de mandats.** Le mandat de représentant des salariés n'est pas incompatible avec celui de représentant du comité social et économique prévu par l'article L. 661-10 du Code de commerce, non plus qu'avec un autre mandat de représentant des salariés exercé dans une autre entité juridique, fût-elle incluse dans une même unité économique et sociale[1].

223.12 **Exercice des missions.** Le temps passé par le représentant des salariés, dans l'exercice de ses fonctions, est considéré comme temps de travail[2]. L'article L. 625-2 du Code de commerce prévoit expressément que « le temps passé à l'exercice de sa mission tel qu'il est fixé par le juge-commissaire est considéré de plein droit comme temps de travail et payé à l'échéance normale ». Il s'agit plus précisément d'un crédit d'heures fixé par le juge-commissaire et bénéficiant du régime général applicable aux heures de délégation. Le mécanisme des heures de dépassement semble utilisable lorsque le représentant des salariés aura dépassé le crédit d'heures initialement fixé. L'intervention du juge-commissaire s'imposera alors comme le suggère le texte. Il n'est plus précisé, depuis l'ordonnance du 18 décembre 2008, que le paiement sera effectué « par l'employeur, l'administrateur ou le liquidateur, selon le cas ». Cela évitera, a-t-on écrit, de sanctionner l'erreur commise par l'employeur. Il lui suffira, dans tous les cas, de s'adresser à son employeur[3], qui, le cas échéant, répercutera la demande à l'organe compétent, si l'employeur est dessaisi.

Pour tenir compte de la durée de la mission du représentant des salariés, pouvant s'accomplir au-delà du licenciement ou de l'engagement de la procédure de licenciement, la période de garantie de l'AGS pour les sommes dues en liquidation judiciaire a été étendue à un mois pour le représentant des salariés au lieu de quinze ou vingt-et-un jours pour les autres salariés[4].

Il n'a pas de pouvoir général de représentation des salariés et ne peut donc transiger en leur nom, sauf à détenir un pouvoir spécial de chaque salarié, l'homologation ultérieure de la transaction ne permettant pas de suppléer cette absence de pouvoir[5].

Dans l'exercice de sa mission, il est tenu à l'obligation de discrétion de l'article L. 2315-3 du Code du travail, qui peut trouver sa sanction sur le plan civil, mais non sur le plan pénal, puisqu'il n'est pas astreint au secret professionnel[6]. L'article L. 625-2 du Code de commerce fait toujours référence aux anciennes dispositions du Code du travail : « il est tenu à l'obligation de discrétion mentionnée à l'article L. 432-7 du Code du travail ». Il faut lire L. 2315-3 à la place de L. 432-7.

La possibilité pour les salariés d'engager sa responsabilité pourrait être discutée[7]. Toutefois, au même titre que l'exercice des fonctions des représentants du personnel, l'engagement de la responsabilité des organes représentatifs par les salariés de l'entreprise n'a pas donné lieu à débat judiciaire.

223.13 **Sanction des fonctions.** La question pourrait se poser de savoir si, au même titre que les institutions représentatives du personnel, en sa qualité d'organe *ad hoc* de représentation des intérêts financiers des salariés, l'exercice de ses missions se trouverait sanctionné par le délit d'entrave à leur

1. Soc. 5 déc. 2012, n° 11-61.183, NP ; *Leden* févr. 2013, comm. n° 18, obs. G. Dedessus-Le-Moustier.
2. C. com., art. L. 625-2, réd. issue de L. n° 2005-845 ; – C. com., art. L. 621-36, réd. antérieure à L. n° 2005-845 [anc[t] L. 25 janv. 1985, art. 44].
3. B. Saintourens et P. Duprat, « Les droits des salariés dans l'ordonnance du 18 décembre 2008 portant réforme du droit des entreprises en difficulté », *Gaz. Pal.* 8 à 10 mars 2009, n° sp., p. 40 s., sp. p. 45.
4. C. trav., art. L. 3253-8, 5°).
5. Soc. 31 mars 2009, n° 06-46.378 ; *Bull. civ.* V, n° 98 ; *Act. proc. coll.* 2009/9, n° 145, note L. Fin-Langer ; *JCP E* 2009, n° 1814, 12, note P. Pétel.
6. C. com., art. L. 625-2, réd. issue de L. n° 2005-845 ; – C. com., art. L. 621-36 [anc[t] L. 25 janv. 1985, art. 44], réd. antérieure à la loi de sauvegarde des entreprises.
7. P. Cagnoli, « La responsabilité des autres acteurs de la procédure collective », *Rev. proc. coll.* 2010/6, § 13, p. 111 s., sp. p. 114, n°s 15 à 17.

exercice régulier en cas d'obstacle mis par l'employeur ou un mandataire de justice. Aucun des textes spécifiques au représentant des salariés ne fait référence au délit d'entrave à l'exercice de ses fonctions. En l'absence de texte, il ne peut être considéré que l'exercice de sa mission, en tant que telle, est sanctionné par le délit d'entrave.

En revanche, lorsqu'il exerce les missions dévolues au comité social et économique, le représentant des salariés devrait bénéficier de la protection de l'entrave dans la mesure où elle est attachée à l'exercice de ces fonctions : les dispositions de l'article L. 621-4 du Code de commerce précisent expressément qu'il exerce les fonctions « dévolues » à cette institution. L'exercice effectif de ces missions est assuré par la menace de l'action publique au titre de l'infraction de délit d'entrave. En l'espèce la situation pourrait se rapporter à l'entrave au fonctionnement régulier du comité social et économique[1].

SECTION 2
TERME DU MANDAT

223.21 **Fin de mission du représentant des salariés.** Les textes ne prévoient pas la fin du mandat du représentant des salariés mais la cessation de sa protection en distinguant, d'une part, l'exercice des fonctions de vérification des créances et, d'autre part, celui des missions dévolues au comité social et économique dans la procédure collective. La durée de son mandat variera dès lors en fonction du rôle occupé dans l'entreprise en procédure collective : l'article L. 662-4 du Code de commerce prévoit que la protection instituée en faveur du représentant des salariés pour l'exercice de sa mission de vérification des créances en vertu de l'article L. 625-2 du même Code, cesse lorsque toutes les sommes versées au mandataire judiciaire par les institutions mentionnées à l'article L. 3253-14 du Code du travail, l'AGS, ont été reversées aux salariés. Le texte prévoit également que lorsqu'il exerce les fonctions de suppléance du comité social et économique en cas d'absence de celui-ci, sa protection cesse au terme de la dernière audition ou consultation prévue par la procédure collective, la dernière audition ou consultation précédant l'adoption du plan de redressement, par exemple[2]. L'ordonnance du 12 mars 2014[3] portant réforme de la prévention des difficultés des entreprises et des procédures collectives aurait pu être l'occasion d'une modification des dispositions portant sur le terme de la période de protection afin qu'il soit fixé également en liquidation judiciaire. L'article L. 662-4 du Code de commerce n'envisage que le redressement judiciaire.

Une fois que le représentant des salariés a été licencié avec l'autorisation de l'inspecteur du travail, il n'a plus le pouvoir d'agir en cette qualité après l'expiration du préavis qui met fin au mandat[4].

SECTION 3
PROTECTION CONTRE LE LICENCIEMENT

223.31 **Durée de la protection.** Le représentant des salariés est un salarié protégé, à condition que sa nomination soit régulière et n'ait pas fait l'objet d'une contestation devant la juridiction compétente[5]. Même irrégulière, si la désignation du représentant des salariés n'a pas fait l'objet d'une contestation judiciaire et d'une annulation, ce dernier est protégé[6]. L'article L. 662-4, alinéa 4[7] limite la protection particulière contre le licenciement à la durée de ses missions[8].

Le représentant des salariés n'est salarié protégé qu'à compter de son élection, et non en qualité de candidat à ce mandat[9]. Il ne bénéficie pas de la protection contre le licenciement après accomplissement ou cessation de ses missions. Dès lors qu'il démissionne de ses fonctions de représentant des salariés, il cesse d'être protégé.

223.32 **Procédure spéciale de licenciement.** Seul le licenciement donne lieu à une protection spéciale du représentant des salariés : l'article L. 2411-1 du Code du travail est le seul article à mentionner le représentant des salariés dans le cadre des dispositions sur la protection des salariés titulaires d'un mandat. Or cet article ne porte que sur le licenciement des salariés titulaires d'un mandat. Il ne dispose donc pas d'une protection en cas de cessation du contrat de travail à durée déterminée ni d'une protection en cas de transfert partiel du contrat du travail.

1. Pour le comité d'entreprise et les délégués du personnel : P. Morvan, *op. cit.*, n° 6.
2. Soc. 30 janv. 2013, n° 11-22.979, P ; L. Fin-Langer, « Le statut du représentant des salariés », *Rev. proc. coll.*, n° 3, mai 2013, ét. 14 ; *Rev. proc. coll.*, n° 2, mars 2013, comm. 33, comm. Ph. Roussel Galle.
3. Ord. n° 2014-326, 12 mars 2014, préc.
4. Soc. 4 juill. 2007, n° 05-19.112 ; *Bull. civ.* V, n° 115.
5. Soc. 23 sept. 2009, n° 08-40.603 ; *Bull. civ.* IV, n° 197 ; *Act. proc. coll.* 2009/17, n° 257, note L. Fin-Langer ; *JCP E* 2010, n° 1011, 14, obs. P. Pétel.
6. Soc. 23 sept. 2009, n° 08-40.603, P ; – Soc. 5 févr. 2014, n° 13-10.542, NP.
7. Anct. C. com., art. L. 627-5, al. 4, au titre réd. antérieure à L. n° 2005-845.
8. Sur les missions dont il s'agit, v. s^{s} n°s 222.21 et 222.31.
9. Soc. 1er mars 2005, n° 02-44.293 ; *Bull. civ.* V, n° 74.

Il n'existe aucune disposition particulière en droit du travail sur la procédure attachée au licenciement du représentant des salariés en dehors du renvoi à l'article L. 662-4 du Code de commerce par les articles L. 2411-16 et L. 2421-6 du Code du travail.

Le licenciement du représentant des salariés obéit à des règles particulières. Il est soumis à l'autorisation de l'inspection du travail[1] et à des exigences procédurales qui s'ajoutent à celles issues des règles sur le licenciement économique. L'article L. 662-4 du Code de commerce prévoit, comme pour les membres du comité social et économique, la consultation du « comité d'entreprise » avant la saisine de l'inspecteur du travail. Dès lors, le licenciement du représentant des salariés doit être soumis à la consultation du comité social et économique dans l'entreprise d'au moins cinquante salariés[2].

L'article R. 621-16 du Code de commerce renvoie aux articles R. 436-1 à R. 436-8 et R. 436-10 du Code du travail qui détaillaient, lorsqu'ils étaient en vigueur, la procédure de licenciement des salariés titulaires d'un mandat et bénéficiaires d'une protection contre le licenciement, sans viser le représentant des salariés. La procédure découlant de ces textes prévoit l'organisation d'un entretien préalable au licenciement du salarié protégé, devant précéder l'audition devant le comité d'entreprise. L'importance des réformes en cette matière rend la recherche de concordance particulièrement délicate. Sans retranscription efficace de ces textes auxquels l'article R. 621-16 du Code du travail renvoie, aucun texte expressément applicable au représentant des salariés ne prévoit l'organisation d'un entretien préalable.

Par précaution, même si l'article L. 662-4 du Code de commerce ne prévoit pas l'entretien préalable du représentant des salariés dans le cadre de la procédure spéciale de licenciement, il est recommandé de procéder à l'entretien préalable au licenciement, avant de consulter le comité social et économique dans l'entreprise d'au moins cinquante salariés, et avant de saisir l'inspecteur du travail dans tous les cas.

1. Soc. 5 mai 1993, n° 92-40.835 ; *Bull. civ.* V, n° 127 ; *JCP E* 1993, n° 27, Actu. 844.
2. CE 29 déc. 2021, avis n° 453069, *JO* 9 janv. 2022, n° 48.

LIVRE

3. LE SORT DES SALARIÉS PENDANT LA PÉRIODE D'OBSERVATION

LAURENCE FIN-LANGER
PROFESSEUR AGRÉGÉ

SECTION 0
ORIENTEUR

3.00 **Sommaire du livre.**

Titre 31 La gestion du personnel
Chap. 311 Gestion du personnel pendant la période d'observation d'une sauvegarde
Chap. 312 Gestion du personnel pendant la période d'observation d'un redressement
Titre 32 Le licenciement du personnel
Chap. 321 Licenciement du personnel pendant la période d'observation d'une sauvegarde
Chap. 322 Licenciement pour motif économique pendant la période d'observation d'un redressement

TITRE

31. La gestion du personnel

SECTION 0

ORIENTEUR

31.00 **Sommaire du titre.**

Chap. 311	**Gestion du personnel pendant la période d'observation d'une sauvegarde**
Sect. 1	Organe chargé de la gestion du personnel
Sect. 2	Recrutements réalisés malgré l'ouverture d'une sauvegarde
Sect. 3	Poursuite des contrats de travail en cours
Sect. 4	Poursuite des relations collectives
Sect. 5	Mesures du droit du travail permettant d'affronter les difficultés justifiant l'ouverture d'une sauvegarde
Chap. 312	**Gestion du personnel pendant la période d'observation d'un redressement**
Sect. 1	Organe chargé de la gestion du personnel
Sect. 2	Recrutements réalisés malgré l'ouverture d'un redressement judiciaire
Sect. 3	Poursuite des contrats de travail en cours
Sect. 4	Poursuite des relations collectives
Sect. 5	Mesures du droit du travail permettant d'affronter les difficultés justifiant l'ouverture d'un redressement

CHAPITRE

311. Gestion du personnel pendant la période d'observation d'une sauvegarde

SECTION 0 ORIENTEUR

311.00 **Sommaire du chapitre.**

Sect. 1 Organe chargé de la gestion du personnel 311.11 à 311.21
§ 1 Partage de compétence entre l'administrateur et le débiteur 311.11
§ 2 Sanctions du non-respect de ces règles 311.21
Sect. 2 Recrutements réalisés malgré l'ouverture d'une sauvegarde 311.31 à 311.42
§ 1 Recrutements réalisés avant l'ouverture d'une sauvegarde 311.31 à 311.32
§ 2 Recrutements réalisés pendant la période d'observation 311.41 à 311.42
Sect. 3 Poursuite des contrats de travail en cours 311.51 à 311.65
§ 1 Poursuite des contrats de travail aux mêmes conditions 311.51
§ 2 Conséquences de cette poursuite du contrat aux mêmes conditions 311.61 à 311.65
Sect. 4 Poursuite des relations collectives 311.71 à 311.83
§ 1 Poursuite du fonctionnement des instances représentatives du personnel 311.71 à 311.73
§ 2 Poursuite des négociations collectives 311.81 à 311.83
Sect. 5 Mesures du droit du travail permettant d'affronter les difficultés justifiant l'ouverture d'une sauvegarde 311.91 à 311.92

311.01 **Textes applicables.**

• **C. com.**

art. L. 621-4 [Désignation des organes dans le jugement d'ouverture]

art. L. 622-1 [Rôle de l'administrateur au cours de la période d'observation d'une sauvegarde]

art. L. 622-3 [Rôle du débiteur au cours de la période d'observation d'une sauvegarde]

art. L. 622-7 [Actes interdits pendant la période d'observation d'une sauvegarde]

art. L. 622-13 [Régime des contrats en cours en sauvegarde]

art. L. 622-17 [Régime des créances postérieures]

art. L. 623-3 [Bilan économique et social – consultation du CSE]

art. L. 625-8 [Paiement des créances salariales]

art. L. 626-8 [Projet de plan – consultation du CSE]

• **C. trav.**

art. L. 1222-6 [Modification du contrat de travail pour motif économique]

art. L. 1232-2 [Procédure du licenciement pour motif personnel]

art. L. 1237-17 [Rupture conventionnelle collective]

art. L. 1237-18-2 [Congé mobilité]

art. L. 1237-19 [Accord de rupture conventionnelle collective]

art. L. 1237-19-1 [Contenu de l'accord de rupture conventionnelle collective]

art. L. 1237-19-2 [Rupture conventionnelle collective des salariés protégés]

art. L. 1237-19-5 [Procédure d'homologation de l'accord de rupture conventionnelle collective]

art. L. 1237-19-8 [Contentieux de l'homologation de l'accord de rupture conventionnelle collective]

art. L. 1237-19-9 [Obligation de revitaliser le bassin de l'emploi dans la rupture conventionnelle collective]

art. L. 1331-1 [Procédure disciplinaire]

art. L. 2242-10 [Aménagements conventionnels des négociations collectives obligatoires d'entreprise]

art. L. 2242-13 [Calendrier des négociations collectives obligatoires d'entreprise à défaut d'aménagement]

art. L. 2254-2 [Accord de performance collective]

art. L. 2312-2 [Conséquences de la baisse des effectifs sur les fonctions du CSE]
art. L. 2312-19 [Aménagements conventionnels sur les consultations récurrentes du CSE]
art. L. 2312-53 [Liste des informations-consultations du CSE dans les procédures collectives]
art. L. 2312-55 [Aménagements conventionnels des consultations ponctuelles du CSE]
art. L. 2313-10 [Suppression du CSE]
art. L. 2314-10 [Élections partielles]
art. L. 2314-34 [Aménagements conventionnels de la durée des mandats du CSE]
art. L. 3121-41 s. [Régime des heures supplémentaires]
art. L. 3253-8 [Champ de la garantie AGS]
art. L. 3253-13 [Prise en charge des indemnités conventionnelles]
art. L. 5122-1 [Activité partielle]
art. R. 5122-1 [Cas permettant l'activité partielle]
art. R. 5122-2 [Consultation du CSE pour la demande d'activité partielle]
art. R. 5122-4 [Réponse de la Dreets à demande d'activité partielle]
art. R. 5122-16 [Versement des indemnités d'activité partielle dans les mains du mandataire]

• **C. civ.**
art. 1240 [Responsabilité délictuelle]
art. 1341-2 [Action paulienne]
art. 2044 s. [Transaction]

311.02 Jurisprudence de référence.

> La signature d'un contrat de travail pendant la période d'observation n'est ni un acte de disposition nécessitant l'autorisation du juge-commissaire ni un acte de gestion courante, quand il ne relève pas de l'activité habituelle de l'entreprise

• **Soc. 21 sept. 2005,** n° 03-41.598, P V, n° 261
* V. s^s n° 311.41

> Le licenciement d'un salarié pour faute pendant la période d'observation n'est pas un acte de gestion courante. Un licenciement qui serait notifié sans l'assistance de l'administrateur serait ainsi inopposable à la procédure collective

• **Soc. 28 juin 2001,** n° 00-40.986, NP
* V. s^s n° 311.61

> Une transaction peut être conclue pendant la période d'observation par un salarié et le débiteur après avoir obtenu l'autorisation du juge-commissaire

• **Soc. 31 mars 2009,** n° 06-46.378, P. V, n° 98
* V. s^s n° 311.65

311.03 Bibliographie indicative.

> Encyclopédie. *J.-Cl. Procédures collectives*, fasc. 2430 : Sauvegarde, redressement et liquidation judiciaires – Situation des salariés, par N. Vignal, 2021, mis à jour août 2022.

> Monographies. A. Boyer, *Protection des salariés et sauvetage de l'entreprise : quête d'un équilibre*, PUAM 2006.

> Articles. R. Vatinet, « L'entreprise en difficultés et ses salariés », *Sem. Soc. Lamy* 20 oct. 2003, n° 1140, suppl. p. 28 – L. Fin-Langer, « Négociation d'entreprise et entreprises en difficulté », *RJS* févr. 2025, p. 9.

311.04 Questions principales.

> La gestion du personnel pendant la période d'observation suivant un jugement de sauvegarde est-elle assurée par l'administrateur ?
* V. s^s n° 311.11

> Un contrat de travail peut-il être conclu pendant la période d'observation ?
* V. s^s n° 311.41

> Le contrat de travail est-il poursuivi aux mêmes conditions pendant la période d'observation ?
* V. s^s n° 311.61

> Les obligations relatives au CSE et à la négociation collective sont-elles suspendues pendant la période d'observation ?
* V. s^s n° 311.71

> Quels sont les accords d'entreprise utiles en procédure de sauvegarde ?
* V. s^s n° 311.81

SECTION 1
ORGANE CHARGÉ DE LA GESTION DU PERSONNEL

§ 1
Partage de compétence entre l'administrateur et le débiteur

311.11 Compétence résiduelle de l'administrateur. En procédure de sauvegarde, le débiteur reste à la tête de son entreprise. L'article L. 622-1, I, du Code de commerce indique que « l'administration de l'entreprise est assurée par son dirigeant ». Lorsque l'entreprise a moins de vingt salariés et que son chiffre d'affaires hors taxe est inférieur à trois millions d'euros, aucun administrateur ne doit être nommé conformément à l'article L. 621-4 du Code de commerce. Dans cette hypothèse, le dirigeant de l'entreprise reste le seul maître à bord et c'est donc lui qui s'occupe de la gestion de son personnel.

En revanche, au-delà de ces seuils, un administrateur devra être désigné par le tribunal qui a ouvert la procédure de sauvegarde. Il fixe alors sa mission : il pourra être chargé soit de la surveillance de la gestion assurée par le débiteur soit de l'assistance. La surveillance est un contrôle a posteriori de la gestion qui reste donc en principe assurée par le débiteur, alors qu'en cas d'assistance, la gestion sera assurée conjointement par l'administrateur et le débiteur. L'article L. 622-1, II, indique qu'en cas d'assistance, l'administrateur est tenu au respect des obligations légales ou conventionnelles incombant au chef d'entreprise.

Parfois, certains actes, pour être valables, doivent être autorisés par le juge-commissaire, comme les actes de disposition au sens de l'article L. 622-7, II, du Code de commerce. Il en sera ainsi pour la conclusion d'une transaction [1].

Par ailleurs, quelle que soit la mission confiée à l'administrateur, le débiteur peut accomplir seul les actes de gestion courante, qui sont valables à l'égard des tiers de bonne foi sur le fondement de l'article L. 622-3 du Code de commerce.

Enfin, quelle que soit la mission confiée à l'administrateur, ce dernier est parfois le seul compétent pour réaliser certains actes, comme les licenciements économiques [2]. À l'inverse, certains actes seront par ailleurs interdits qu'ils soient effectués par le débiteur ou l'administrateur, comme le paiement des créances antérieures sous réserve de certaines exceptions [3].

Pour chaque acte de gestion du personnel, il faudra ainsi se demander si l'acte est autorisé ou non, et s'il l'est, par qui il peut être réalisé valablement. Aucune règle particulière, autre que celle relative au licenciement pour motif économique, n'existe pour déterminer l'organe chargé de gérer le personnel pendant la période d'observation suivant un jugement de sauvegarde.

L'administrateur, dès sa nomination, aura intérêt à identifier l'ensemble des salariés de l'entreprise, y compris ceux absents, et à vérifier les procès-verbaux des élections professionnelles, l'ensemble des accords collectifs applicables dans l'entreprise et notamment la convention collective de branche, qui ne sont pas suspendus du fait de l'ouverture de la sauvegarde. Ces informations sont parfois difficiles à obtenir, compliquant alors la tâche de l'administrateur.

§ 2
Sanctions du non-respect de ces règles

311.21 **Diversité des sanctions.** Les actes accomplis par le débiteur seul, pendant la période d'observation en méconnaissance des règles précitées, ne sont pas nuls mais inopposables à la procédure collective [4]. Le salarié irrégulièrement recruté ne pourrait donc pas bénéficier de l'éventuelle garantie de l'AGS et du paiement privilégié des créances postérieures dites méritantes prévu par l'article L. 622-17 du Code de commerce. Il en est de même d'un licenciement pour faute lourde décidé par le débiteur, sans le concours de l'administrateur chargé de l'assister [5].

1. Sur la conclusion d'une transaction, v. s^{s} n° 311.65.
2. Sur les licenciements pendant la période d'observation d'une sauvegarde, v. s^{s} n°s 321.11 s.
3. Sur le paiement des créances antérieures, v. s^{s} n°s 622.11 s.
4. Sur l'inopposabilité à la procédure collective, v. s^{s} n° 312.41.

SECTION 2
RECRUTEMENTS RÉALISÉS MALGRÉ L'OUVERTURE D'UNE SAUVEGARDE

§ 1
Recrutements réalisés avant l'ouverture d'une sauvegarde

311.31 **Annulation impossible de ces recrutements sur le fondement des nullités suspectes.** L'employeur qui n'est pas encore en procédure de sauvegarde conserve sa liberté de gestion. Il peut donc valablement recruter son personnel. Les dispositions prévues par le Code de commerce relatives aux nullités de la période suspecte des articles L. 632-1 et suivants ne sont pas applicables à la procédure de sauvegarde en raison de l'absence d'état de cessation des paiements. Le seul moyen de faire remettre en cause ce contrat est d'utiliser le droit commun.

311.32 **Annulation possible de ces recrutements sur le fondement du droit commun.** Il est ainsi possible d'utiliser l'action paulienne prévue par l'article 1341-2 du Code civil, anciennement article 1167 avant la réforme de 2016. Elle permet de rendre inopposable à celui qui agit l'acte réalisé en fraude de ses droits. L'acte demeure alors valable entre les parties.

La Cour de cassation a admis la recevabilité de l'action paulienne intentée par le mandataire judiciaire sur le fondement de l'article 46 de la loi de 1985 devenu l'ancien article L. 621-39 du Code de commerce dans sa rédaction antérieure à la loi de sauvegarde de 2005 et désormais repris dans l'article L. 622-20 [6]. Par ailleurs, un créancier victime d'un acte d'appauvrissement réalisé en fraude de ses droits est également recevable à agir [7].

Cette action ne sera pas très facile à utiliser pour faire annuler un contrat de travail. Les arrêts précités ne le concernent d'ailleurs pas. L'AGS pourrait l'invoquer lorsqu'un dirigeant souhaite devenir salarié pour bénéficier de la protection juste avant la demande d'ouverture de la sauvegarde.

Une autre action semble possible au regard du droit du travail, visant à démontrer le caractère fictif d'un contrat de travail, dès lors qu'il ne correspond pas à la réalisation effective d'une prestation de travail.

5. Soc. 28 juin 2001, n° 00-40.986, NP ; *RPC* 2002, 59, obs. F. Taquet ; *Gaz. Pal.* 10-11 oct. 2001. Pan. 25.
6. Com. 13 nov. 2001, n° 98-18.292 ; *Bull. civ.* IV, n° 178 ; *D.* 2001. AJ 3617, obs. A. Lienhard ; *JCP E* 2002, n° 765, note G. Blanc ; *RTD com.* 2002. 151, obs. C. Saint-Alary-Houin.
7. Com. 8 oct. 1996, n° 93-14.068 ; *Bull. civ.* IV, n° 227 – Com. 2 nov. 2005, n° 04-16.738 ; *Bull. civ.* IV, n° 211 ; *D.* 2005. AJ 2873, obs. A. Lienhard.

Il s'agit alors d'une cause d'annulation du contrat[1]. L'AGS peut ainsi invoquer ce caractère pour refuser sa garantie[2], à condition d'en apporter la preuve[3].

Pourrait également être invoquée la violation des règles relatives au cumul d'un mandat social et d'un contrat de travail. Ainsi un salarié qui devient mandataire social peut perdre son statut de salarié s'il n'exerce plus de fonction technique distincte[4]. De même, le contrat de travail consenti à un administrateur en méconnaissance des règles du droit des sociétés est nul d'une nullité absolue[5].

Rares sont les autres causes d'annulation. La nullité reste encourue en cas de vice du consentement, mais il s'agit de nullité relative. Pour les autres irrégularités, le Code du travail privilégie d'autres formes de sanctions en cas d'irrespect des règles de conclusion du contrat de travail, comme la requalification. Par ailleurs, la Chambre sociale de la Cour de cassation y voit une action qui n'est édictée que dans l'intérêt du salarié, qui peut donc seul l'invoquer[6]. L'AGS ne peut ainsi demander la requalification d'un contrat à durée déterminée en un contrat à durée indéterminée[7].

§ 2
Recrutements réalisés pendant la période d'observation

311.41 Conditions de validité au regard du droit des procédures collectives. Le recrutement d'un salarié pendant la période d'observation peut paraître paradoxal dans un contexte de difficultés ayant justifié l'ouverture d'une procédure de sauvegarde. Pourtant, il est parfois utile voire indispensable de conclure par exemple un contrat à durée déterminée pour remplacer un salarié absent ou pour faire face à de nouveaux besoins. Il ne s'agit pas d'un acte interdit, faute de texte dans le Code de commerce le prévoyant de manière expresse. Qui peut donc le conclure valablement ?

La Cour de cassation a ainsi précisé que la conclusion d'un contrat de travail pendant la période d'observation ne constituait pas un acte de disposition soumis à l'autorisation du juge-commissaire[8], mais ce n'est pas non plus un acte de gestion courante que peut faire seul le débiteur dès lors qu'il ne relève pas de l'activité habituelle de l'entreprise[9]. Dans cette affaire, le salarié avait été embauché pour être mis à disposition d'une autre société, ce qui ne relève pas d'une mission habituelle de l'entreprise, sauf à être une entreprise de travail temporaire. La même solution a été rendue en ce qui concerne l'embauche d'un salarié de haut niveau[10]. Pour une partie de la doctrine, et en raison des précautions prises par la Cour de cassation, la signature du contrat de travail ne serait pas, par principe, un acte de gestion courante[11]. Il semble d'ailleurs que ce soit désormais le principe posé par la Cour de cassation[12]. La plupart des arrêts vont d'ailleurs dans ce sens. Il a été reconnu que n'étaient pas des actes de gestion courante la signature d'un contrat d'apprentissage ne relevant pas de l'activité habituelle de l'entreprise[13] ou celle d'un contrat de professionnalisation de dix-sept mois[14].

Il faut donc une intervention de l'administrateur au moment de la conclusion du contrat voire sa ratification ultérieure[15]. En sauvegarde, il devra co-

1. Soc. 3 déc. 1981 ; *D.* 1982. Inf. Rap. 131.
2. Soc. 10 avr. 2013, n° 12-12.994 ; *RPC* 2013, 138, obs. F. Taquet.
3. Soc. 10 avr. 2013, n° 12-12.994, NP ; *RPC* 2013, 138, obs. F. Taquet – Soc. 11 oct. 2023, n°s 21-25.450 et 22-16.853 ; *RPC* janv. 2024, comm. 7, obs. F. Taquet.
4. Soc. 21 mars 1990, n° 87-14.848 ; *Bull. civ.* V, n° 135.
5. Soc. 7 juin 1974, n° 73-40.155 ; *RTD com.* 1975. 117, obs. R. Houin ; *Rev. sociétés* 1975. 91, note Y. Chartier – Com. 26 janv. 1999, n° 97-10.018 ; *JCP E* 1999, n° 1239, obs. A. Viandier et J.-J. Caussain ; *BJS* 1999, § 145, p. 657, obs. Th. Granier. Il s'agit d'une jurisprudence constante (C. com., art. L. 225-22 pour la SA).
6. Soc. 16 juill. 1987, n° 85-45.258 ; *Bull. civ.* V, n° 481 ; *D.* 1988, somm. 97, obs. J.-M. Béraud.
7. Soc. 18 oct. 2007, n° 06-43.848 ; *Bull. civ.* V, n° 162 ; *Act. proc. coll.* 2007, 229, obs. L. Fin-Langer ; *D.* 2007. Actu. 2733, obs. L. Perrin ; *RJS* 2007, n° 1251 ; *Dr. soc.* 2008. 742, obs. C. Roy-Loustaunau ; *Gaz. Pal.* 23-24 janv. 2008, p. 61, obs. B. Saintourens ; *CSBP* janv. 2007, p. 30, obs. C. Charbonneau ; *JCP S* 2008, n° 1116, obs. F. Bousez.
8. Soc. 21 sept. 2005, n° 03-41.598 ; *Bull. civ.* V, n° 261 ; *JCP E* 2006, chron. 1066, p. 71, n° 2 ; *JCP S* 2005, n° 1352, note P. Morvan ; *D.* 2006. Somm. 79, obs. P.-M. Le Corre, *RJ com.* 2006/1, p. 41, note Sortais ; *LXB* n° N6356AKM, note P.-M. Le Corre.
9. Soc. 17 oct. 2006, n° 04-45.827, NP ; *JCP S* 2006, n° 1944, note L. Drai ; *Act. proc. coll.* 2007, n° 9, comm. L. Fin-Langer.
10. Com. 3 avr. 1990, n° 85-46.530 ; *Bull. civ.* IV, n° 115 – Com. 5 oct. 1993, n° 91-14.361 ; *Bull. civ.* IV, n° 318 ; *D.* 1994, somm. 81, obs. A. Honorat – Soc. 30 mai 2001, n° 99-42.769, NP ; *Act. proc. coll.* 2001/16, n° 203, obs. C. Régnaut-Moutier – Soc. 7 nov. 2007, n° 06-40.896, NP ; *RJDA* 2008/4, p. 428, n° 436.
11. Obs. Ph. Pétel s^s^ Soc. 21 sept. 2005, n° 03-41.598 ; *Bull. civ.* V, n° 261 ; *JCP E* 2006, chron. 1066, p. 71, n° 2 ; *JCP S* 2005, n° 1352, note P. Morvan ; *D.* 2006. Somm. 79, obs. P.-M. Le Corre, *RJ com.* 2006/1, p. 41, note Sortais ; *LXB* n° N6356AKM, note P.-M. Le Corre.
12. Soc. 17 oct. 2006, n° 04-45.827, NP ; *JCP S* 2006, n° 1944, note L. Drai ; *Act. proc. coll.* 2007, n° 9, comm. L. Fin-Langer – Soc. 29 mai 2013, n° 12-17.158, NP ; *RPC* 2014, comm. 58.
13. Poitiers, ch. soc. 28 oct. 2015, RG n° 14/04650 ; *RPC* 2015, comm. 178, note C. Lebel.
14. Soc. 26 nov. 2015, n° 14-19.680, NP ; *RPC* 2016, comm. 27, obs. F. Taquet ; *RPC* 2016, comm. 39, note C. Lebel et comm. 56, note D. Jacotot ; *Leden* janv. 2016, comm. 12, obs. G. Dedessus-Le Moustier ; *Act. proc. coll.* 2016, n° 6.
15. Soc. 17 oct. 2006, n° 04-45.827, NP ; *JCP S* 2006, n° 1944, note L. Drai ; *Act. proc. coll.* 2007, n° 9, comm. L. Fin-Langer.

signer le contrat en cas de mission d'assistance. Il peut aussi ratifier le contrat ultérieurement[1]. Il faut cependant une volonté non équivoque. Ainsi la Cour de cassation a considéré que le règlement du salaire par l'administrateur ne constitue pas, de sa part, une approbation non équivoque de l'acte établi sans son assistance[2].

Il a cependant été admis que dans certaines hypothèses, la conclusion d'un contrat de travail pouvait être un acte de gestion courante. Le débiteur peut conclure seul un tel contrat si la fonction du salarié et sa position dans l'entreprise relèvent de l'activité habituelle de l'entreprise. A ainsi été considérée comme telle la conclusion d'un contrat de travail à durée déterminée de quatre mois en raison d'un surcroît d'activité pour embaucher un chauffeur dans une entreprise de transport[3]. Il en est de même pour la signature d'un contrat d'apprentissage conclu pour les besoins de l'entreprise[4] ou le recrutement d'un chauffeur livreur en CDD pour une entreprise de transport[5].

Cette casuistique peut générer une insécurité juridique qui pourra ensuite avoir des répercussions sur le sort de la créance de salaire. Elle pourrait en effet être considérée comme non régulière et donc bien qu'utile à la procédure et postérieure au jugement d'ouverture, elle ne pourrait pas bénéficier du régime des créances postérieures méritantes. En outre, la conclusion d'un contrat de travail a un impact financier qui peut être important. L'administrateur pourrait d'ailleurs engager sa responsabilité s'il ne s'assure pas des moyens de l'entreprise pour payer les salaires dus[6]. Il pourrait être souhaitable de prévoir une assistance de l'administrateur pour conclure un tel contrat pendant la période d'observation. Le chef d'entreprise doit également intervenir en raison de la liberté dont il dispose dans le choix de ses collaborateurs, d'autant qu'il peut être amené à poursuivre la relation après la fin de la procédure collective. Enfin, on peut se demander si l'appréciation de l'acte de gestion courante ne devrait pas être plus souple en sauvegarde qu'en redressement judiciaire.

Un arrêt rendu par la Cour de cassation le 6 décembre 2023 et ayant été abondamment commenté[7] n'apporte pas une solution aussi claire qu'il n'y paraît, car il a été rendu dans une hypothèse où aucun administrateur n'a été désigné. Il indique : « Lorsqu'aucun administrateur n'a été désigné par le jugement de redressement judiciaire, le débiteur poursuit seul l'activité de l'entreprise et exerce les fonctions dévolues à celui-ci, ce dont il se déduit qu'il a le pouvoir d'embaucher un salarié ou de conclure avec ce dernier un avenant au contrat de travail, sans l'autorisation ni du juge-commissaire, ni de quiconque, de tels actes ne constituant pas un acte de disposition étranger à la gestion courante de l'entreprise ». Il admet ainsi que le débiteur peut faire seul un avenant au contrat de travail, même si la rémunération proposée au salarié correspond à 6 % du chiffre d'affaire réalisé par l'association et il peut donc aussi embaucher seul. Reste à savoir si la conclusion ou la modification du contrat de travail constitue un acte de gestion courante que pourrait faire seul le débiteur en présence d'un administrateur avec une mission d'assistance voire de représentation. Certains considèrent que oui, l'arrêt opérant alors un revirement de jurisprudence[8] ; d'autres pensent au contraire que l'arrêt ne remet pas en cause les solutions antérieures reposant sur l'appréciation souveraine des juges du fond[9].

311.42 Conditions de validité au regard du droit du travail. Il faut rappeler que quel que soit l'auteur du recrutement, il devra respecter les conditions de validité du contrat de travail au regard du droit du travail, notamment pour les contrats à durée déterminée ou le recrutement d'un salarié étranger. Il devra également procéder aux diverses formalités, comme l'inscription sur le registre du personnel et la déclaration préalable de l'embauche auprès de l'URSSAF pour éviter les poursuites pour travail dissimulé. La rédaction du contrat est parfois également nécessaire, pour éviter un contentieux ultérieur en requalification du contrat. L'administrateur reste tenu en cas de mission d'assistance aux obligations légales au même titre que l'employeur en vertu de l'article L. 622-1 du Code de commerce.

1. Soc. 17 oct. 2006, n° 04-45.827, NP ; *JCP S* 2006, n° 1944, note L. Drai ; *Act. proc. coll.* 2007, n° 9, comm. L. Fin-Langer.
2. Soc. 7 nov. 2007, n° 06-40.896, NP ; *RJDA* 2008, n° 436.
3. Soc. 21 sept. 2005, n° 03-41.598 ; *Bull. civ.* V, n° 261 ; *JCP E* 2006, chron. 1006, p. 71, obs. Ph. Pétel ; *JCP S* 2005, n° 1352, note P. Morvan ; *D.* 2006. Somm. 79, obs. P.-M. Le Corre, *RJ com.* 2006/1, p. 41, note Sortais ; *LXB* n° N6356AKM, note P.-M. Le Corre – Lyon, ch. soc. C, 19 mai 2017, RG n° 16/01583 ; *RPC* nov. 2017, comm. 43, C. Lebel.
4. Rouen, 15 mars 2016, RG 15/01342 ; *Act. proc. coll.* 2016, comm. 117.
5. Soc. 21 sept. 2005, n° 03-41.598 ; *Bull. civ.* V, n° 261 ; *JCP E* 2006, chron. 1006, p. 71, obs. Ph. Pétel ; *D.* 2006. Somm. 79, obs. P.-M. Le Corre, *RJ com.* 2006/1, p. 41, note Y. Sortais ; *LXB* n° N6356AKM, note P.-M. Le Corre.
6. I. Perruchot et M.-B. Salgado, *Jcl proc. coll.*, « Organes, Administrateur, Fonctions », Fasc. 2226, n°s 160 s. pour différentes illustrations.
7. Soc. 6 déc. 2023, n° 22-15.580, P ; *RPC* janv. 2024, comm. 14, D. Jacotot ; *Act. proc. coll.* 2024, n° 102, obs. Fl. Petit ; *Gaz. Pal.* 19 mars 2024, p. 64, obs. J.-L. Vallens ; *Leden* mars 2024, p. 5, obs. G. Dedessus-Le Moustier ; *D. actu*, 10 janv. 2024, obs. A. Cerati ; *RTD com.* 2024, p. 173, obs. A. Martin-Cerf ; *BJE* mars 2024. 56, A. Donnette ; *JCP S* 2024, n° 1033, obs. S. Golshani et K. Pagani ; *RPC* mars 2024, n° 34, obs. F. Taquet.
8. V. not. : A. Cerati, *D. actu.* 10 janv. 2024 ; G. Dedessus-Le-Moustier ; *Leden* mars 2024, p. 5 ; A. Donnette, *BJE* mars 2024. 56.
9. Fl. Petit, *Act. proc. coll.* 2024, n° 102.

SECTION 3

POURSUITE DES CONTRATS DE TRAVAIL EN COURS

§ 1

Poursuite des contrats de travail aux mêmes conditions

311.51 Énoncé du principe de continuation de plein droit du contrat de travail. La période d'observation est une phase préparatoire à l'adoption d'un plan de sauvegarde. Si aucun plan n'est envisageable, il y a en effet lieu au prononcé d'une liquidation judiciaire. Dans ces conditions, la période d'observation s'accompagne, par principe, d'une poursuite d'activité qui présuppose la continuation des contrats de travail en cours. L'article L. 621-28 du Code de commerce[1], dans sa rédaction antérieure à la loi de sauvegarde des entreprises[2], retranscrit cette vision en ayant cependant pour les salariés une déférence qu'il n'a pas pour les autres cocontractants. Selon son alinéa 7, « les dispositions du présent article ne concernent pas les contrats de travail ». La solution est reproduite par l'article L. 622-13, alinéa 7 dans la rédaction que lui donne la loi de sauvegarde des entreprises, devenue depuis l'ordonnance du 18 décembre 2008[3], l'article L. 622-13, VI.

Il s'agit d'une continuation de plein droit des contrats de travail en cours au jour de l'ouverture de la procédure. Le salarié n'a pas à mettre en demeure l'administrateur ou, à son défaut, le débiteur pour savoir s'il y a option pour la continuation de son contrat. Seule la rupture du contrat de travail se trouve ainsi aménagée, laquelle ne résultera pas, contrairement au droit commun, du jeu d'une option.

Dès lors que les contrats sont continués, ils doivent ainsi être respectés et être exécutés selon les stipulations initiales. L'article L. 622-1 rappelle qu'en cas de mission d'assistance, l'administrateur reste tenu par les obligations légales et conventionnelles incombant au chef d'entreprise. L'administrateur pourrait d'ailleurs engager sa responsabilité s'il n'exécute pas les obligations conventionnelles. Ainsi il a été reconnu responsable en raison du défaut de paiement des primes dues en vertu d'un contrat d'assurance de groupe imposé par la convention collective[4]. Plusieurs conséquences découlent de ce principe.

1. Anc^t L. n° 85-98, 25 janv. 1985, *JO* 26 janv., p. 1097, art. 37.
2. L. n° 2005-845, 26 juill. 2005, *JO* 27 juill., p. 12187.
3. Ord. n° 2008-1345, 18 déc. 2008, *JO* 19 déc., p. 19462.
4. Com. 11 déc. 2001, n° 98-21.933, NP ; *RJDA* 2002, n° 408 ; *RPC* 2003, 134, obs. B. Soinne.

§ 2

Conséquences de cette poursuite du contrat aux mêmes conditions

311.61 Obligation pour le salarié de respecter son contrat de travail. Le salarié doit donc fournir sa prestation de travail et respecter les consignes données par le débiteur.

La rupture des contrats de travail n'est réglementée spécialement par le Code de commerce que pour les licenciements économiques dans la procédure de redressement judiciaire, non pour les licenciements pour faute[5]. Le licenciement disciplinaire peut donc intervenir si un salarié ne respecte pas les obligations professionnelles qui lui incombent ou les consignes données par l'administrateur judiciaire. Il en a été ainsi d'un directeur commercial qui n'avait pas informé l'administrateur judiciaire de la société débitrice, ni sollicité son accord préalable avant de conclure une opération promotionnelle à perte pour l'entreprise, contrairement à ce que lui avait demandé l'administrateur[6].

On précisera que le licenciement d'un salarié pour faute grave n'est pas un acte de gestion courante. La Cour de cassation l'a ainsi jugé pour un licenciement pour faute lourde prononcé par le débiteur sans le concours de l'administrateur chargé de l'assister[7], comme pour la faute grave[8]. Le licenciement est alors inopposable à la procédure collective, sauf si l'administrateur le ratifie même implicitement. Il lui suffit pour cela de ne pas soulever cette irrégularité dans le cadre d'un procès prud'homal.

Par conséquent, le licenciement pour faute, notifié par le débiteur seul sans l'assistance de l'administrateur chargé de cette mission, est inopposable à la procédure collective[9]. Il en résulte l'absence de prise en charge par l'AGS des créances nées de cette rupture, à savoir uniquement en principe l'indemnité com-

5. AINSI : Soc. 28 mars 2012, n° 11-10.109, NP.
6. Soc. 21 nov. 2012, n° 11-21.651, NP ; *Gaz. Pal.* 1er mai 2013, n° 121, p. 40, note Ph. Duprat.
7. Soc. 28 juin 2001, n° 00-40.986, NP ; *RPC* 2002, 59, obs. F. Taquet ; *Act. proc. coll.* 2001, n° 175.
8. Versailles, 15 mars 2016, RG n° 15/01342 ; *Act. proc. coll.* 2016, comm. 117 – Soc. 22 mars 2023, n° 21-21.315 ; *RPC* juill. 2024, n° 68, obs. D. Jacotot ; *BJE* juill. 2023. 45, obs. A. Donnette.
9. Soc. 28 juin 2001, n° 00-40.986, NP ; *RPC* 2002, 59, obs. F. Taquet ; *Act. proc. coll.* 2001, n° 175 – Soc. 19 sept. 2007, n° 05-45.628, NP ; *BJS* 2008, 49, § 14, note Ph. Pétel – Soc. 26 nov. 2015, n° 14-19.680, NP ; *RPC* 2016, comm. 27, note F. Taquet, comm. 39, note C. Lebel et comm. 56, note D. Jacotot ; *Leden* janv. 2016, comm. 12, G. Dedessus-Le Moustier – Soc. 8 déc. 2016, n° 15-19.172, NP ; *Leden* avr. 2017, p. 7, obs. H. de Frémont ; *BJE* mai 2017. 235, note C. Gailhbaud ; *RPC* 2017, comm. 76, D. Jacotot – Lyon, Ch. soc. A, 6 déc. 2010, RG n° 10/00950 – Versailles 15 mars 2016, RG, n° 15/01342 ; *Act. proc. coll.* 2016, comm. 117.

pensatrice de congés payés [1]. Par ailleurs le dirigeant pourrait engager sa responsabilité sur le fondement de l'article 1240 du Code civil, anciennement article 1382 depuis l'entrée en vigueur de l'ordonnance du 10 février 2016, du fait des indemnités qu'il convient de verser aux salariés au titre de la rupture fautive de leur contrat de travail [2]. La Cour de cassation a déduit également fort logiquement de cette absence de nullité au profit d'une simple inopposabilité à la procédure collective que le salarié pourra opposer à l'employeur qui succède à celui en procédure collective une clause de majoration de l'indemnité de licenciement. Le nouvel employeur ne peut invoquer l'inopposabilité à la procédure collective. En revanche, le juge peut réduire le montant manifestement excessif sur le fondement de la réglementation des clauses pénales [3].

Le débiteur éventuellement assisté de l'administrateur devra en outre respecter la procédure disciplinaire prévue par les articles L. 1331-1 et suivants du Code du travail, à savoir convoquer le salarié à un entretien préalable, faire cet entretien dans un délai raisonnable et notifier la sanction dans un délai de deux jours minimal et d'un mois maximal, sous réserve des dispositions de la convention collective applicable à l'entreprise.

311.62 Obligation pour l'employeur de respecter le contrat de travail. Le débiteur doit également fournir du travail aux salariés et devrait en principe payer les salaires. Cette obligation est-elle encore possible au regard du droit des procédures collectives ? Elle se heurte ainsi à l'interdiction des paiements des créances antérieures et des créances postérieures non « utiles » au sens de l'article L. 622-17 du Code de commerce, à peine de nullité. Il s'agit d'une règle d'ordre public qui vient bloquer l'effet obligatoire du contrat.

Les salariés bénéficient cependant d'un traitement particulier. Les créances couvertes par le super-privilège des salaires, comme les salaires des soixante derniers jours de travail ainsi que les accessoires doivent être payées sur les fonds disponibles ou les premières rentrées de fond dans les dix jours du prononcé du jugement [4], sur décision du juge-commissaire. Cette disposition permet donc de respecter en partie les termes du contrat, toutes les créances n'étant pas concernées par cette disposition. Par ailleurs, les créances postérieures méritantes comme les créances de salaire sont payées normalement à leur échéance, le contrat de travail étant alors respecté [5].

Lorsque l'employeur assisté éventuellement de l'administrateur ne respecte pas ses obligations, le salarié dispose également d'un certain nombre d'actions à sa disposition.

Il pourrait aussi en théorie exercer son droit de poursuite pour obtenir le paiement de certaines créances. Mais s'il a le droit d'obtenir un paiement de certaines créances antérieures, il est soumis comme tous les créanciers à l'arrêt des poursuites en vertu de l'article L. 622-21 du Code de commerce pour les créances antérieures. Les salariés ne peuvent donc pas par exemple pratiquer une saisie-attribution [6] ou obtenir en justice une condamnation au paiement [7].

Ce droit de poursuite individuelle n'est retrouvé que pour les créances postérieures bénéficiant du traitement privilégié en application de l'article L. 622-17 du Code de commerce.

Pourtant, pour la Cour de cassation, le non-paiement des salaires, en raison d'un état de cessation des paiements, a été considéré comme justifiant la prise d'acte du salarié produisant les effets d'un licenciement sans cause réelle et sérieuse [8], ce qui n'est pas sans incidence sur la garantie due par l'AGS, compte tenu de la date d'effet de la résiliation judiciaire du contrat [9]. Cette solution de la chambre sociale de la Cour de cassation pose problème au regard du droit des procédures collectives, car elle autorise une forme de sanction de l'inexécution, bloquée pour les autres créanciers. Ils ne peuvent demander la résiliation de leur contrat que pour le non-paiement des créances postérieures au jugement d'ouverture mais non pour celui des créances antérieures.

Enfin, rien n'interdit au salarié de demander la résiliation du contrat, avant le terme, si l'employeur ne satisfait pas à son obligation de fournir à son salarié du travail [10], cette action, comme toutes celles ne visant pas à obtenir le paiement d'une créance, n'étant pas bloquée par le jugement d'ouverture. Il peut préférer une prise d'acte,

1. Soc. 26 nov. 2015, n° 14-19.680 préc. – Soc. 8 déc. 2016, n° 15-19.172 préc. – T. Météyé, « L'AGS et les actes passés en période suspecte et/ou en période d'observation », *Gaz. Pal.* 16 janv. 2018, n° 2, p. 49.
2. Paris, 3e ch. A, 7 juin 2005, n° 2004/14373.
3. Soc. 5 nov. 2014, n° 13-19.662 ; *Bull. civ.* V, n° 253 ; *Gaz. Pal.* 18 janv. 2015, p. 32, note C. Gailhbaud ; *Leden* 2014, comm. 181, note G. Dedessus-Le Moustier ; *RPC* 2015, comm. 1, note L. Fin-Langer et comm. 21, note C. Lebel ; *D.* 2014. 2294.
4. C. com., art. L. 625-8.
5. Sur le paiement des créances postérieures, v. s[s] n° 032.41.
6. Com. 3 mai 2016, n° 14-24.855 ; *Bull. civ.* V, n° 71 ; *D.* 2016. Actu. 997 ; *RTD com.* 2016. 552, obs. A. Martin-Serf ; *JCP E* 2016, n° 1387, note D. Ronet-Yague ; *JCP E* 2016, n° 1465, n° 12, obs. Ph. Pétel ; *Act. proc. coll.* 2016, n° 121, obs. L. Fin-Langer ; *RPC* 2016, comm. 150, obs. L. Fin-Langer ; *Leden* 7/2016, 7, obs. G. Dedessus-Le Moustier ; *BJE* 2016. 262, note L. Le Mesle.
7. Sur le paiement des créances antérieures, v. s[s] n°s 622.11 s. – Soc. 21 oct. 2018, n° 17-27.091, NP.
8. Soc. 30 juin 2010, n° 09-41.456, P V, n° 155 ; FS-P+B ; *Act. proc. coll.* 2010/15, n° 216, note L. Fin-Langer.
9. Sur la résiliation judiciaire des contrats de travail, v. s[s] n° 321.111.
10. Soc. 14 janv. 2004, n° 01-40.489, P V, n° 8.

laquelle constitue un mode de rupture non régi par le Code du travail, mais reconnu par la Cour de cassation, qui produit les effets d'un licenciement sans cause réelle et sérieuse si les faits invoqués par le salarié sont établis, ceux d'une démission, dans le cas contraire[1].

311.63 Cas particulier des contrats suspendus. Le contrat de travail simplement suspendu est toujours en cours. Il en est ainsi lorsqu'un salarié est devenu mandataire social[2] ou d'une cause légale comme un congé maternité ou un arrêt maladie. Le débiteur, éventuellement assisté de l'administrateur, devra alors respecter le régime qui leur est propre, comme par exemple l'obligation de faire les visites médicales de reprise, de reclassement, de réintégration à l'issue du congé.

311.64 Régime de la modification du contrat de travail. Le contrat de travail étant continué aux mêmes conditions contractuelles, conventionnelles et légales que celles existant avant le jugement d'ouverture, il en résulte l'obligation pour l'administrateur ou l'employeur, selon le cas, de respecter l'article L. 1222-6 du Code du travail relatif à la modification du contrat de travail pour un motif économique.

En droit commun, l'alinéa 2 de l'article L. 1222-6 prévoit que la lettre de notification, qui contient la proposition de modification du contrat de travail, informe le salarié qu'il dispose d'un mois pour faire connaître son refus. Il a été observé que ce régime, compte tenu de la longueur des délais impartis pour la procédure de modification des contrats de travail, était inadapté aux exigences d'une entreprise en difficulté[3].

La remarque a été entendue et l'article 109 de l'ordonnance du 12 mars 2014[4] fait passer ce délai à quinze jours si l'entreprise est en redressement ou en liquidation judiciaire. Observons que dans ces deux textes, l'entreprise sous sauvegarde n'est pas visée. Le droit commun de l'article L. 1222-6 du Code du travail continuera à s'y appliquer. Le salarié sera licencié si la modification proposée au salarié d'un élément essentiel du contrat de travail est refusée. À défaut de réponse dans ce délai d'un mois, le salarié est réputé avoir accepté la modification proposée.

Les règles spéciales à la modification des contrats de travail de plus de dix salariés s'imposent également[5]. Il devra ainsi respecter la procédure de licenciement pour motif économique de plus de dix salariés si plus de dix refusent la modification proposée et établir un PSE[6].

311.65 Régime de la transaction. La transaction est un acte fréquent en droit du travail pour mettre fin à un litige entre les parties. Un salarié licencié pour faute avant le jugement d'ouverture ou pendant la période d'observation pourrait conclure une transaction afin d'éviter par exemple un contentieux portant sur la réalité de la faute et le paiement d'indemnité.

Elle obéit à un régime particulier résultant d'une jurisprudence constante de la Cour de cassation, qui se cumule avec les conditions du droit des contrats à respecter prévues notamment aux articles 2044 s. du Code civil, comme l'exigence de concessions réciproques[7] et d'un consentement non vicié.

Par ailleurs, depuis un arrêt du 29 mai 1996, appelé jurisprudence *Purier*[8], la transaction ne peut être valablement conclue qu'après la rupture du contrat de travail et ne peut pas porter sur l'imputabilité de la rupture. Une transaction conclue avant la rupture serait entachée d'une nullité relative[9]. La Cour de cassation précise qu'est nulle la transaction conclue en l'absence de notification du licenciement par lettre recommandée avec accusé de réception, la remise en main propre étant insuffisante[10]. C'est à l'employeur d'apporter la preuve que la transaction a été conclue postérieurement au licenciement[11]. Elle peut aussi être conclue après l'homologation d'une rupture

1. Soc. 25 juin 2003, n° 01-43.578 ; *Bull. civ.* V, n° 209 ; *D.* 2003. 2396, note J. Pélissier ; *Dr. soc.* 2003. 817, note G. Couturier et E. Ray ; *RJS* 2003, n° 994, note Frouin : il s'agit désormais d'une jurisprudence constante depuis ce revirement de jurisprudence.
2. Soc. 9 nov. 2004, n° 02-43.063, NP ; *Rev. proc. coll.* 2005/1, p. 47, n° 7, obs. F. Taquet – Soc. 25 oct. 2006, n° 04-47.093, NP ; *Rev. proc. coll.* 2007/1, p. 54, obs. F. Taquet.
3. A. Boyer, *Protection des salariés et sauvetage de l'entreprise : quête d'un équilibre*, PUAM, 2006, n° 131.
4. Ord. n° 2014-326, 12 mars 2014, préc.
5. C. trav., art. L. 1233-25.
6. Sur le licenciement économique en période d'observation d'une sauvegarde avec PSE, v. s[s] n°s 321.41 s.
7. Par ex., annulation : Soc. 13 déc. 2007, n° 06-46.302 ; *Bull. civ.* V, n° 211 ; *JCP S* 2008, n° 1220 – Pour un ex. de validité : Soc. 27 janv. 2009, n° 07-41.657, NP ; *JCP S* 2009, n° 1177, note T. Lahalle.
8. Soc. 29 mai 1996, n° 92-45.115 ; *Bull. civ.* V, n° 215 ; *D.* 1997. 49, note J.-P. Chazal ; *Dr. soc.* 1996. 687, note J. Savatier ; *JCP* 1996, n° 22711, note F. Taquet – Soc. 14 juin 2006, n° 04-43.123 ; *Bull. civ.* V, n° 215 ; *JCP S* 2006, n° 1641 ; *D.* 2007, Pan. 183, obs. P.-E. Berthier ; *RDT* 2006. 172, obs. B. Lardy-Pélissier ; *D.* 2007. 179, obs. A. Jeammaud, E. Dockès, C. Mathieu-Géniaut, P. E. Berthier et D. Condemine.
9. Soc. 28 mai 2002, n° 99-43.852 ; *Bull. civ.* V, n° 182 ; *Dr. soc.* 2002. 783, obs. G. Couturier ; *JCP E*, 2002, n° 1469, note D. Corrignan-Carsin, et p. 939, note F. Taquet ; *D.* 2002, somm. 3116, obs. Pousson ; *JCP E*, 2002. 1764, obs. F. Bousez ; *JCP* 2002. II. 10147 ; *D.* 2003. 1464, note Devers, *RTD civ.* 2003. 86, note J. Mestre et B. Fages.
10. Soc. 10 oct. 2018, n° 17-10.066, P ; *D.* 2018. 2025, *JS Lamy* 2018, n° 464-1, obs. J.-Ph. Lhernould ; *JCP S* 2018, n° 1380, obs. L. Drai ; *BJT* 2018, n° 3, p. 174, obs. J. Icard.
11. Soc. 1er juill. 2009, n° 08-43.179 ; *Bull. civ.* V, n° 171 ; *D.* 2009. 2040, obs. L. Perrin.

conventionnelle sur des points relatifs à l'exécution de cette rupture[1], mais non en même temps[2].

Il faut cependant nuancer désormais cette jurisprudence qui était bien établie malgré quelques rares arrêts en sens contraire[3]. En effet, un arrêt du 16 octobre 2019[4] a ainsi admis la validité et l'efficacité d'une transaction conclue pendant l'exécution et portant sur un problème de classification indiciaire. Le contrat se poursuit et la salariée saisit le Conseil des prud'hommes pour discrimination salariale. La Cour de cassation considère que la demande est recevable, non pas parce que la transaction serait nulle mais parce que le fondement de la prétention est né après la transaction pour des faits nés pendant la période d'exécution postérieure et cela malgré une formule très générale de la transaction par laquelle elle renonçait à toute action portant sur l'exécution du contrat né ou à naître. L'effet de la transaction de portée générale sera différent si elle est conclue après la rupture du contrat de travail.

L'ouverture d'une procédure collective va enfin avoir une incidence sur la conclusion de transactions. En effet, en vertu de l'article L. 622-7, II, elle ne peut être valablement conclue qu'après avoir obtenu l'autorisation du juge-commissaire, à peine de nullité[5], la transaction étant considérée comme un acte potentiellement dangereux pour les finances de l'entreprise. Il s'agit d'une nullité absolue[6]. Cette disposition concerne aussi bien les créances antérieures que celles postérieures au jugement d'ouverture[7] et devra être respectée même si cette transaction n'emporte aucun paiement.

Les modalités de la transaction sont fixées par l'article L. 622-7 du Code de commerce, reprenant l'ancien article L. 621-24, complété par l'article R. 622-6. Avant l'ordonnance du 18 décembre 2008, la demande pouvait émaner du chef d'entreprise ou de l'administrateur. Celui qui aura reçu l'autorisation pour transiger signera ensuite seule la transaction. Cette ordonnance de 2008 a modifié la règle en procédure de sauvegarde. Quelle que soit la mission de l'administrateur, la demande émanera toujours du seul débiteur. La requête aux fins de transaction présentée par l'administrateur est donc irrecevable.

Enfin, le représentant des salariés ne peut signer une transaction au nom des salariés que s'il a reçu un mandat spécial des salariés[8].

SECTION 4
POURSUITE DES RELATIONS COLLECTIVES

§ 1
Poursuite du fonctionnement des instances représentatives du personnel

311.71 Absence d'aménagements concernant les relations collectives. L'ouverture d'une sauvegarde n'exonère pas l'employeur de ses obligations relatives aux relations collectives. Ni le Code du travail ni le Code de commerce n'ont envisagé des aménagements dans ce domaine dans l'hypothèse de l'ouverture d'une procédure collective, *a fortiori* en cas de sauvegarde. Par ailleurs, l'article L. 622-1 rappelle qu'en cas de mission d'assistance, l'administrateur reste tenu par les obligations légales et conventionnelles incombant au chef d'entreprise. Cette règle concerne aussi les relations collectives.

Il engagera ainsi sa responsabilité au même titre que l'employeur, y compris sa responsabilité pénale par exemple pour délit d'entrave[9], qui sanctionne le non-respect des obligations liées à leur mise en place mais aussi à leur fonctionnement. Il ne peut pas invoquer l'existence d'une délégation de pouvoirs au profit de l'employeur[10]. Il ne pourrait pas non plus invoquer un cas de force majeure qui n'a été reconnue que de manière exceptionnelle notamment en cas de fermeture imminente de l'entreprise[11]. En cas d'assis-

1. Soc. 26 mars 2014, n° 12-21.136 ; *Bull. civ.*, V, n° 91 ; *JCP S* 2014, n° 1137 ; *D. actu.* 11 avr. 2014, obs. W. Fraisse ; *Dr. soc.* 2014. 760, chron. S. Tournaux ; *RDT* 2014. 330, obs. G. Auzero.
2. Soc. 26 juin 2013, n° 12-15.208 ; *Bull. civ.* V, n° 167 ; *D.* 2013. 1691 ; *Dr. soc.* 2013. 860, obs. S. Tournaux ; *RDT* 2013. 555, obs. G. Auzero, *RTD civ.* 2013. 837, obs. H. Barbier.
3. Soc. 5 avr. 1957 et soc. 10 mars 1998, n° 95-43.094 ; *Bull. civ.* V, n° 131.
4. Soc. 16 oct. 2019, n° 18-18.287, P ; *D.* 2019. 2044 ; *Dr. soc.* 2019. 1089, obs. J. Mouly ; *RDT* 2019. 804, obs. Mraouahi ; *JCP S* 2019, n° 1356, obs. M.-N. Rouspide-Katchadourian.
5. Com. 26 nov. 2002, n° 99-18.007, NP ; *RPC* 2004, p. 49, n° 12, obs. C. Lebel.
6. Com. 29 avr. 2002, n° 99-15.449, NP.
7. P.-M. Le Corre, *Droit et pratique des procédures collectives 2025/2026*, 13e éd., « Dalloz Action », 2024, nos 422.31 s.
8. Soc. 31 mars 2009, n° 06-46.378 ; *Bull. civ.* V, n° 98 ; *D.* 2009. 1146, note B. Inès ; *RDT* 2009. 394, obs. E. Serverin ; *Act. proc. coll.* 2009, n° 145, comm. L. Fin-Langer ; *JCP S* 2009, n° 1284, note L. Fin-Langer ; *JCP E* 2009, n° 1814, n° 12, obs. Ph. Pétel.
9. Crim. 30 janv. 1996, n° 94-83.509 ; *Bull. crim.* n° 54 ; *Dr. pén.* 1996, comm. 196, obs. J.-H. Robert ; *JCP E* 1996. I. 597, obs. J.-F. Césaro ; *Rev. sc. crim.* 1996, p. 870, obs. A. Cerf – *Adde* Crim. 3 mai 1979 ; *Bull. crim.* 1979, n° 158 – Crim. 20 oct. 1987, *Action juridique CFDT* 1988, n° 69, p. 18.
10. Crim. 28 nov. 1995 ; *Dr. pén.* 1996, comm. 164 ; *Dr. pén.* 1998, hors-série, comm. 307 – Crim. 30 janv. 1996, n° 94-83.509 ; *Dr. pén.* 1996, comm. 196, obs. J.-H. Robert ; *JCP E* 1996. I. 597, obs. J.-F. Césaro ; *Rev. sc. crim.* 1996, p. 870, obs. A. Cerf.
11. Rennes, 19 avr. 1989 : la date de fermeture de l'établissement était connue et que sa mise en place d'un nouveau comité pour quelques jours apparaissait particulièrement complexe. – *Adde* Crim. 4 oct. 1977 ; *Bull. crim.* 1977, n° 285.

tance, l'administrateur comme le dirigeant engage leur responsabilité[1]. En cas de simple surveillance, seul le dirigeant peut être poursuivi.

311.72 Conséquences de cette absence d'aménagements sur la mise en place du CSE. Par conséquent, le chef d'entreprise ou l'administrateur en cas de mission d'assistance seront tenus de mettre en place les élections professionnelles, lorsque les mandats du CSE arriveront à échéance pendant la période d'observation et que les conditions d'effectifs sont réunies.

Le licenciement d'une partie des salariés faisant baisser les effectifs en dessous du seuil de onze salariés a-t-il une incidence sur les mandats en cours du CSE ? Contrairement au droit antérieur à la réforme de 2017, la baisse des effectifs en dessous de ce seuil n'a pas d'incidence sur le mandat en cours. Il faudra vérifier qu'à l'expiration du cycle électoral, l'effectif est resté en dessous de onze salariés pendant douze mois consécutifs pour ne pas organiser les élections[2].

Des élections partielles devront également être mises en place si un collège n'est plus représenté ou si le nombre de représentants titulaires est réduit de plus de la moitié. Les licenciements peuvent donc aboutir à la mise en place d'élections partielles dans l'entreprise, y compris pendant la période d'observation[3].

Aucun aménagement du calendrier des élections n'est prévu ni dans le Code de commerce ni dans le Code du travail en cas d'ouverture d'une procédure collective. L'ouverture d'une sauvegarde n'est donc pas une cause de report des élections. À défaut de les organiser, il risque d'engager sa responsabilité pour délit d'entrave. Par ailleurs, les procédures qui supposent cette information-consultation pourraient être considérées comme irrégulières[4].

Des mesures provisoires ont été prises pour permettre ce report. Il en a été ainsi dans le cadre du Covid 2019[5] ou des mesures transitoires des ordonnances du 22 septembre 2017. Certaines entreprises ont utilisé la possibilité donnée par ces ordonnances de différer, par accord, les élections mettant en place le nouveau CSE, en raison précisément de l'ouverture d'une procédure collective[6]. Un accord peut aussi prévoir ce calendrier en cas de transfert d'entreprise pour uniformiser les scrutins entre les deux entreprises. Est-ce alors possible en dehors de ces dispositions spécifiques ?

Pour l'instant, le Code du travail n'autorise que la fixation par un accord de branche, de groupe ou d'entreprise de la durée des mandats, en principe fixée à quatre ans et pouvant être réduite à une durée comprise entre deux et quatre ans[7]. La réponse n'est pas évidente. Mais une réponse positive pourrait être légitime, car justifiée par l'ouverture de la procédure collective et l'atteinte au fonctionnement des instances représentatives resterait proportionnée. En effet, soit le CSE existe déjà et l'instance pourrait continuer de fonctionner, les mandats étant prorogés le temps de la période d'observation. Soit un procès-verbal de carence est établi et les fonctions du CSE, attribuées dans le cadre des procédures collectives, sont exercées par le représentant des salariés désigné, ses compétences pourraient alors être élargies à l'ensemble des missions du CSE. Cela correspond d'ailleurs à un besoin, comme en témoignent certains accords d'entreprises conclus après l'ouverture de la procédure collective, mais pendant la période transitoire des ordonnances de 2017[8]. Il pourrait alors s'agir d'un accord unanime pour éviter une manœuvre frauduleuse au regard des instances représentatives du personnel.

311.73 Conséquences de cette absence d'aménagements sur le fonctionnement du CSE. Ils devront également procéder aux informations-consultations récurrentes du CSE lorsque l'entreprise a cinquante salariés et plus. Il faut noter que la baisse des effectifs notamment en raison d'un licenciement collectif pendant la période d'observation au cours du mandat n'a pas pour effet de lui faire perdre ses missions spécifiques. Il ne les perdra qu'au moment du renouvellement si cette baisse a duré douze mois consécutifs précédant le renouvellement[9].

Tous les ans, il convient de procéder à cette consultation sur les orientations stratégiques, la situation économique et financière, la politique sociale, les conditions de travail et d'emploi. L'article L. 2312-19 du Code du travail autorise des aménagements conventionnels par un accord majoritaire ou conclu avec une majorité des membres du CSE. Est-il possible de prévoir une suspension de ces consultations en cas de période d'observation par le biais de cet

1. Crim. 28 nov. 1995 ; *Dr. pén.* 1996, comm. 88 ; *Bull. crim.* 1995, n° *361*.
2. C. trav., art. L. 2313-10.
3. C. trav., art. L. 2314-10.
4. L'article L. 1233-58, II, du Code du travail n'autorise un aménagement que pour la validité du PSE qui peut être homologué par la Dreets malgré l'absence de PV de carence. Cet alinéa ne précise pas les procédures concernées et peut donc s'appliquer en sauvegarde, en redressement et en liquidation judiciaire.
5. Ord. 1er avr. 2020, n° 2020-389 a suspendu à juste titre le processus électoral. E. Fabriès-Lecéa et L. Fin-Langer, « Aspects de droit social », *in* « Dispositions COVID : quelles mesures pérenniser ? », *BJE* janv. 2021. 72.
6. Par ex. : accord de l'UES GMS dont deux sociétés étaient en redressement, en date du 20 sept. 2018, n° T06718001028.
7. C. trav., art. L. 2314-34.
8. Par ex. : Accord 23 nov. 2018, entreprise Desmazières Logistique, n° 59L19004525 ; Accord 30 août 2019, entreprise Alpine Aluminium, n° T07419001770 ; Accord 20 mars 2019, entreprise Procédo Private Security SARL, n° T09419002384.
9. C. trav., art. L. 2312-2.

accord ? Les dispositions d'ordre public interdisent d'aller au-delà de trois ans et l'accord peut porter sur la périodicité. Il est actuellement difficile de répondre avec certitude à cette question. À défaut d'accord, il est en revanche certain que ces obligations sont maintenues.

Les consultations ponctuelles tant en matière économique qu'en matière de santé doivent également être réalisées. À ce titre et suite à l'ouverture d'un redressement judiciaire, il conviendra d'informer et de consulter le CSE en cas de mise en place d'une procédure de licenciement pour motif économique mais aussi dans le cadre de son bilan économique, sur les perspectives de redressement [1] et sur le projet de plan de sauvegarde [2] par renvoi de l'article L. 2312-53 du Code du travail [3].

L'ordonnance du 15 septembre 2021, n° 2021-1193 a mis à jour le Code de commerce en remplaçant le comité d'entreprise ou à défaut les délégués du personnel par « CSE ». Elle a cependant oublié de préciser que l'article L. 2312-53 du Code du travail relatif à ces attributions ne concerne que les entreprises de cinquante salariés et plus. Qu'en est-il des entreprises de moins de cinquante salariés ? Soit on maintient cette compétence, comme le précisaient les anciens textes du Code de commerce, mais alors cette lecture entre en contradiction avec l'article L. 2312-53. Soit on écarte cette compétence en appliquant l'article L. 2312-53, mais alors on assiste à un recul des missions des représentants du personnel.

Si les consultations ponctuelles peuvent aussi faire l'objet d'aménagements conventionnels, notamment sur les délais, le contenu des informations en vertu de l'article L. 2312-55 du Code du travail, ces dispositions spécifiques relèvent de l'ordre public et ne pourront pas être écartées par voie conventionnelle.

§ 2
Poursuite des négociations collectives

311.81 Négociation collective en période d'observation suivant un jugement de sauvegarde. L'administrateur ou le chef d'entreprise est tenu de respecter les obligations en termes de négociation obligatoire portant par exemple sur les salaires, l'égalité homme-femme, etc. [4]

Leur périodicité peut faire l'objet d'accord d'entreprise [5]. Peuvent-ils par accord suspendre les négociations obligatoires en cas d'ouverture d'une sauvegarde ? Cela semble possible et a été utilisé en raison par exemple de la crise sanitaire ou de l'ouverture d'une sauvegarde [6]. La négociation collective permet alors de combler un vide du Code de commerce et du Code du travail, qui n'ont pas prévu ce report. Or devant l'incertitude de la situation économique et financière, cela semble utile.

La difficulté qui se pose est de savoir si les partenaires de la négociation que sont en principe les syndicats voudront négocier avec un interlocuteur qu'ils ne connaissent pas. Par ailleurs, l'administrateur a-t-il le temps, les moyens de mener à bien une telle négociation ? Si en théorie, ces négociations doivent avoir lieu, en pratique, de nombreuses difficultés apparaissent, sans parler de l'incertitude de la situation et des marges de manœuvres réduites en raison de la présence de difficultés qui ont justifié l'ouverture de la sauvegarde. L'intervention de l'administrateur peut aussi être une opportunité, étant un tiers neutre qui peut aider à la pacification des relations. Enfin, il faut signaler que cela dépendra de la mission attribuée dans le jugement d'ouverture. En cas de simple mission de surveillance, l'employeur pourra négocier seul avec les partenaires sociaux dans l'entreprise, que sont en principe les syndicats représentatifs, même si des formes subsidiaires existent en leur absence. En cas d'assistance, il devra co-signer l'accord.

Au-delà de ces négociations obligatoires, certains accords d'entreprise pourraient être utiles. Plusieurs accords peuvent être utilisés dans le cadre d'une procédure de sauvegarde, les textes les instaurant n'ayant prévu aucune exclusion dans ce contexte. Il en ainsi par exemple des accords relatifs au temps de travail, une réduction pouvant être envisagée par exemple en raison de la baisse d'activité pendant la période d'observation [7], voire après l'adoption d'un plan de sauvegarde pour pérenniser la maîtrise des coûts et dans l'attente d'un redémarrage de l'activité [8].

311.82 Négociation collective des accords de performance collective en procédure de sauvegarde. On pense tout d'abord aux accords dits de performance collective mis en place par les ordonnances du 22 septembre 2017, ratifiées par la loi du 29 mars 2018 et remplaçant une kyrielle d'accords antérieurs [9]. Il s'agit

1. C. com., art. L. 623-3.
2. C. com., art. L. 626-8.
3. Sur le rôle du CSE dans la procédure de sauvegarde, v. s[s] n°s 023.13, 311.73, 321.72, 321.81, 321.82, 411.13.
4. C. trav., art. L. 2242-13 s.
5. C. trav., art. L. 2242-10 s.
6. Par ex. : Accord 7 déc. 2017, Établissements Zilli SA, n° A06918013756.
7. Par ex. : Accord 4 déc. 2020, Entreprise Annecy Technology, n° T07421003712.
8. Par ex. : Accord 10 janv. 2018, Entreprise Koba, n° A07518031410.
9. C. trav., art. L. 2254-2 – L. Aluome, « Accord de performance collective et le consentement du salarié », *JCP S* 2019, n° 1138 – H. Cavat, « Les accords de performance collective », *RDT* 2020. 165 (analyse empirique) – A. Teissier, « L'*APC* : quelques points de repère », *JCP S* 2020, n° 3029 – « Controverse : L'accord de performance collective : un instrument adéquat pour gérer une crise conjoncturelle », *RDT* 2020. 584.

d'accord d'entreprise voire de groupe de droit commun, soumis à la condition d'une majorité de 50 % et un possible référendum en cas de conclusion à une majorité de 30 %. Le Conseil constitutionnel semble cependant écarter la possibilité d'un référendum [1]. À défaut de syndicats, ils peuvent être conclus comme les autres accords soit par référendum soit par des salariés élus ou non élus, les modalités variant selon la taille de l'entreprise. En revanche, ce sont des accords qui ne sont pas destinés à être publiés dans la base de données, par exception.

Ils ont trois objectifs possibles, à savoir répondre aux nécessités liées au fonctionnement de l'entreprise, préserver l'emploi ou enfin développer l'emploi. Le préambule rappelle ces objectifs mais aucune sanction n'a été prévue en cas d'absence ou d'insuffisance de précision de son contenu. Le Conseil constitutionnel, dans sa décision du 21 mars 2018 a cependant précisé qu'il reviendra au juge de contrôler la pertinence des motifs ayant justifié l'accord, motifs susceptibles donc de contentieux. Leur remise en cause pourrait avoir pour sanction indirecte l'absence de la cause réelle et sérieuse du licenciement [2], alors précisément qu'elle est présumée exister pour éviter son contentieux.

Leur contenu peut porter sur la durée du travail, ses modalités d'organisation, la rémunération, tout en respectant les *minimas* conventionnels depuis la loi de ratification et les conditions de la mobilité géographique ou professionnelle. Lorsque l'accord module le temps de travail, il devra respecter le décompte des heures supplémentaires [3], l'information des salariés sur le changement dans la répartition de leur durée [4], le contenu des accords prévu par l'article L. 3121-44 et le délai de prévenance des salariés [5]. Plusieurs précisions ont été apportées par la loi de ratification : ils peuvent indiquer les efforts demandés aux dirigeants salariés, aux actionnaires, aux mandataires sociaux et les modalités pour concilier la vie professionnelle et personnelle, l'accompagnement des salariés. Au final, ce sont des accords qui ont vocation à régir toute l'organisation collective de l'entreprise, voire à se substituer aux accords de droit commun.

Si le salarié accepte la modification de son contrat, les stipulations de l'accord se substituent de plein droit aux clauses contractuelles contraires et incompatibles, y compris en termes de salaire à condition cependant de respecter les minimas légaux ou conventionnels de la branche. Plusieurs interrogations restent cependant en suspens : le silence vaut-il acceptation ? Ce n'est pas prévu, mais il est indiqué que le refus doit être formulé par écrit. On peut donc penser que l'acceptation pourra être tacite. *Quid* à l'issue de la période d'exécution de l'accord ? Est-ce que le contrat retrouve sa force ? *Quid* des salariés recrutés après la conclusion d'un tel accord ? *A priori*, ils devraient être soumis à l'accord sans que leur consentement leur soit demandé.

Le salarié peut aussi refuser : son refus doit être écrit et le salarié a un mois pour donner sa réponse à compter de la date à laquelle il a été informé de l'existence et du contenu de l'accord. Cette information n'est pas nécessairement individuelle : elle peut être collective. En cas de refus, il peut être licencié pour un motif spécifique qui repose sur une cause réelle et sérieuse. L'employeur doit alors respecter la procédure du licenciement pour motif personnel, le texte renvoyant aux articles L. 1232-2 et suivants, ce qui exclut les obligations de reclassement et d'établissement de PSE. La loi de ratification impose à l'employeur d'engager cette procédure dans les deux mois qui suivent la notification du refus du salarié, pour faire suite à la réserve du Conseil constitutionnel qui souhaitait un délai raisonnable. L'employeur n'est donc pas obligé d'attendre l'expiration du délai d'un mois pour engager la procédure. Il reçoit ensuite les indemnités de licenciement, de préavis et de congés payés et les documents liés à la rupture du contrat de travail.

Qu'en est-il en procédure de sauvegarde ? Il est tout à fait possible de les conclure soit avant le jugement d'ouverture soit pendant la période d'observation, d'autant qu'ils portent sur de nombreux points permettant un aménagement des conditions de travail, en termes de temps de travail, de rémunération, de mobilité.

Les conséquences sont également intéressantes, puisqu'en cas de refus, cela évite d'engager et de suivre la procédure de licenciement pour motif économique et de mettre en place d'un PSE. En sauvegarde, cela ne remettrait pas en cause les dispositions du Code de commerce, puisque les licenciements sont soumis au droit commun. Il faut également souligner qu'ils ne sont pas soumis à une homologation de la Dreets. Ils offrent donc une réponse intéressante tout en évitant le PSE. Ils permettent enfin le recrutement des salariés notamment grâce à des CDD pour accroissement temporaire d'activité lorsque l'activité se développe à nouveau. En effet, l'article L. 1242-5 du Code du travail interdit la conclusion d'un tel contrat, uniquement dans les six mois qui suivent un licenciement pour motif économique. Une inter-

1. B. Gauriau, « L'accord de performance collective est-il un accord majoritaire ? », *JCP S* 2019, n° 64.
2. Pour un raisonnement similaire suivi pour les anciens accords de maintien de l'emploi : Soc. 2 déc. 2020, n°s 19-11.986 à 19-11.994 ; *RDT* 2021. 104, obs. I. Meftah ; *D.* 2021. 1152, obs. S. Vernac et Y. Ferkane ; *Dr. soc.* 2021. 346, étude P.-H. Antonmattei, L. Enjolras et C. Mariano ; *BJT* janv. 2021, n° 114r9, p. 23, obs. J. Icard ; *Gaz. Pal.* 2021. 39, note C. Berlaud ; *JCP E* 2021, n° 1102, obs. Y. Pagnerre.
3. C. trav., art. L. 3121-41.
4. C. trav., art. L. 3121-42.
5. C. trav., art. L. 3121-47.

prétation littérale du texte devrait donc les autoriser en cas d'accord de performance collective.

Quid de la prise en charge par l'AGS des indemnités de rupture qui peuvent être majorées dans ce type d'accord ? Si l'article L. 3253-8 du Code du travail ne distingue pas les modes de rupture, la Cour de cassation a cependant précisé que seules les ruptures à l'initiative de l'administrateur et/ou du débiteur et à l'exclusion de celles émanant du salarié sont prises en charge[1]. Au même titre que les indemnités légales de rupture[2] et à condition d'établir l'absence de fonds disponibles, l'AGS prend en charge ces indemnités conventionnelles à condition que l'accord a été conclu plus de dix-huit mois avant le jugement d'ouverture[3] et sans fraude aux droits de l'AGS[4]. Par conséquent, elle devrait garantir les indemnités légales mais non les *supra*-légales lorsque l'accord est conclu pendant la période d'observation.

311.83 Négociation collective des accords de rupture conventionnelle collective en procédure de sauvegarde. L'article 10 de l'ordonnance n° 2017-1387 du 22 septembre 2017 met en place des accords collectifs portant rupture conventionnelle collective des contrats de travail sans appliquer les règles du licenciement pour motif économique. Il intègre les articles L. 1237-17 et suivants dans le Code du travail. Deux modalités différentes sont prévues.

La première ne concerne que les entreprises de plus de trois cents salariés soumises à l'obligation de négocier tous les trois ans un accord de gestion des emplois et des parcours professionnels. Ces entreprises peuvent alors prévoir les modalités pratiques d'un congé mobilité[5]. Si le salarié accepte ce congé, le contrat est alors rompu d'un commun accord.

La seconde modalité vise toutes les entreprises : un accord collectif peut déterminer le contenu d'une rupture conventionnelle collective[6]. La Dreets est informée sans délai de l'ouverture de telles négociations.

Il doit contenir les modalités d'information mais non de consultation du comité social et économique, le nombre maximal de départs envisagés, la durée de mise en œuvre, les conditions que doit remplir le salarié pour en bénéficier, les critères de départage entre les potentiels candidats au départ, les indemnités de rupture correspondant au minimum aux indemnités légales, les mesures visant le reclassement externe et les modalités de suivi[7].

L'accord est transmis par l'employeur à la Dreets territorialement compétente[8] pour validation. Elle a quinze jours pour rendre sa décision à compter de la réception de l'accord collectif. Le silence vaut acceptation[9]. La décision est ensuite notifiée au comité social et économique et aux organisations syndicales représentatives et est communiquée aux salariés par tout moyen donnant une date certaine et mentionnant les voies et délais de recours.

Selon l'article L. 1237-19-8, le recours portant sur l'accord, son contenu et la régularité de la procédure est porté devant le tribunal administratif, comme pour le PSE.

Les salariés remplissant les conditions prévues par l'accord déposent leur candidature qui, lorsqu'elle est acceptée par l'employeur, emporte rupture d'un commun accord du contrat.

Les salariés protégés peuvent en bénéficier sous réserve d'obtenir une autorisation de l'inspection du travail[10].

Ces salariés sont éligibles aux allocations-chômage[11].

Lorsque l'entreprise a au moins mille salariés et qu'elle ne fait pas l'objet d'un redressement ou d'une liquidation judiciaire, elle doit contribuer à revitaliser le bassin d'emploi[12].

Ces nouvelles ruptures résultant d'un accord ont vocation à s'appliquer dans le cadre d'une procédure collective et précisément pendant la période d'observation d'une sauvegarde, puisqu'aucune exclusion n'est prévue. Les ruptures de droit commun restent en effet applicables dans un tel contexte.

Il faut cependant préciser que ce mode de rupture n'est pas possible en cas de fermeture de site, car il s'agirait alors d'un moyen de contourner les règles du licenciement pour motif économique[13].

S'agissant d'une rupture d'un commun accord, se pose également la question de la prise en charge des indemnités par l'AGS. En effet, si la rupture a bien lieu pendant la période d'observation, la difficulté provient du fait que pour la chambre sociale de la

1. Soc. 20 déc. 2017, n° 16-19.517, P ; *RPC* janv. 2018, comm. 46, note F. Taquet ; *JCP S* 2018, n° 1072, note L. Fin-Langer – Soc. 19 avr. 2023, n° 21-20.651 ; *RPC* juill. 2024, n° 67, obs. D. Jacotot ; *Act. proc. coll.* 2023, n° 138 ; *Leden* juin 2023, p. 7, obs. F. Joly.
2. C. trav., art. L. 3253-8.
3. C. trav., art. L. 3253-13 – Soc. 16 déc. 2020, n° 18-15.532, P ; *JCP S* 2021, n° 1035, note L. Fin-Langer.
4. Sur la garantie AGS, v. s[s] n°s 722.11 s. – Soc. 29 sept. 2009, n° 08-41.723, NP ; *Act. proc. coll.* 2009, n° 263.
5. C. trav., art. L. 1237-18-2.
6. C. trav., art. L. 1237-19.
7. C. trav., art. L. 1237-19-1.
8. C. trav., art. L. 1237-19-5.
9. C. trav., art. L. 1237-19-4.
10. C. trav., art. L. 1237-19-2.
11. C. trav., art. L. 5421-1.
12. C. trav., art. L. 1237-19-9 s.
13. CAA Versailles, 20 oct. 2021, 21VE02220 ; *Act. proc. coll.* 2021, n° 274 – CE 21 mars 2023, req. n° 459626, *RPC* mai 2023, n° 52, obs. F. Taquet ; *RDT* 2023. 415, obs. F. Géa ; *JSL* 2023, n° 563-1, obs. M. Hautefort ; *SSL* 2023, n° 2040, p. 20, obs. H. Cavat ; *SSL* 2023, n° 2047, p. 10, note O. Duteillet de Lamothe ; *JCP S* 2023, n° 1123, obs. P. Morvan ; *Leden* mai 2023, p. 6, obs. G. Dedessus-Le Moustier.

Cour de cassation l'article L. 3253-8 du Code du travail ne concerne que les ruptures à l'initiative de l'administrateur et/ou du débiteur[1]. Qu'en est-il des ruptures d'un commun accord ? Pour l'instant, le doute reste permis, malgré la décision de la CJUE qui a jugé contraire au droit de l'Union cette interprétation visant à exclure de la garantie les indemnités dues au salarié en cas de prise d'acte. Pour la CJUE, la prise d'acte bien que décidée par le salarié est imputable à l'employeur en raison de ses manquements graves à ses obligations. Elle place alors le salarié dans une situation comparable à celle d'un salarié licencié[2]. La Cour de cassation a adopté la même solution pour la prise d'acte et la résiliation judiciaire[3], mais, il est raisonnable de penser que la garantie restera écartée pour les ruptures d'un commun accord.

SECTION 5
MESURES DU DROIT DU TRAVAIL PERMETTANT D'AFFRONTER LES DIFFICULTÉS JUSTIFIANT L'OUVERTURE D'UNE SAUVEGARDE

311.91 Mesure d'activité partielle. Les salariés sont placés en activité partielle lorsqu'ils subissent une perte de rémunération imputable soit à une fermeture temporaire d'activité soit à une réduction temporaire des horaires pratiqués dans l'entreprise. Cette réduction d'activité n'est possible que pour les causes limitativement énumérées à l'art. R. 5122-1 du Code du travail : conjoncture économique, difficultés d'approvisionnement, intempéries et sinistre comme un incendie, catastrophe naturelle, transformation, restructuration ou modernisation de l'entreprise ou toute autre circonstance exceptionnelle qui n'est plus nécessairement imprévisible.

Cette mesure doit présenter un caractère temporaire et doit concerner un groupe de salariés identifiés, comme les salariés d'un service. Cette mesure a donc une dimension collective. Les salariés perçoivent une indemnité horaire et l'entreprise est en partie remboursée par une allocation dont le montant est fixé par décret.

1. Soc. 20 déc. 2017, préc.
2. CJUE 22 févr. 2024, C-125/23 ; *JCP S* 2024, n° 1117, obs. J.-Ph. Lhernould ; *BJE* mai 2024. 55, obs. A. Donnette ; *Europe* avr. 2024, p. 36, note L. Driguez ; *Act. proc. coll.* 2024, n° 81, obs. L. Fin-Langer.
3. Soc. 8 janv. 2025, n° 20-18.484 et Soc. 8 janv. 2025, n° 23-11.417 ; *Act. proc. coll.* 2025, n°s 52 et 55, obs. C. Gailhbaud ; *D. Actu* 22 janv. 2025, P. Dumortier ; *RDT* 2025. 175, note H. Nassom-Tissandier ; *JCP S* 2025, n° 1023, obs. J.-Ph. Lhernould ; *Leden* févr. 2025, p. 6, obs. H. de Frémont ; *BJT* mars 205, p. 26, obs. S. Riancho ; *BJE* mars 2025. 26, obs. A. Donnette ; *SSL* 24 mars 2025, n° 2131, obs. L. Fin-Langer.

311.92 Demande possible pendant la période d'observation de la sauvegarde. En procédure de sauvegarde, il est tout à fait possible d'utiliser ce dispositif. L'employeur assisté éventuellement de l'administrateur devra respecter la procédure prévue aux articles L. 5122-1 s. du Code du travail.

L'employeur devait consulter le comité d'entreprise, ou à défaut les délégués du personnel en leur communiquant au préalable les raisons de ce recours, les salariés concernés, la durée prévisible de mise en activité partielle et depuis la loi de 2013 les actions de formation qui pourront être proposées pendant cette durée. Avec l'entrée en vigueur du CSE, ce sera le CSE pour les entreprises de cinquante salariés et plus uniquement[4]. En son absence mais aussi dans les entreprises de moins de cinquante salariés, l'employeur doit informer les salariés.

Il doit ensuite faire une demande d'activité partielle au préfet du département au titre de l'aide publique avant le recours effectif au chômage partiel, sauf en cas d'intempérie ou de sinistre, la demande devant être présentée dans les trente jours qui suivent. Cette demande est faite auprès de la Dreets dont dépend l'établissement concerné au moyen d'un formulaire spécifique mentionnant la raison, le nombre de salariés concernés, la durée de cette mise en activité partielle et doit être accompagnée de l'avis préalable des représentants du personnel. Depuis 2014, cette demande est nécessairement faite par voie dématérialisée[5]. Lorsque l'entreprise a déjà été placée en activité partielle au cours des trois années précédentes, il doit mentionner dans sa demande d'autorisation les engagements pris vis-à-vis des salariés en termes de garantie d'emploi, d'actions spécifiques de formation, en matière de GPEC ou visant à rétablir la situation de l'entreprise.

La Dreets a quinze jours pour notifier sa réponse et le silence vaut acceptation implicite de la demande depuis la loi du 14 juin 2013[6]. La décision peut faire l'objet d'un recours gracieux ou hiérarchique auprès du Ministre. L'autorisation est accordée pour six mois, renouvelable.

La Dreets peut fixer des engagements dans la décision d'autorisation, vus comme des contreparties en termes d'emploi, de formation en tenant compte de la situation de l'entreprise, d'un accord collectif d'entreprise éventuel et des propositions faites. Elle contrôle aussi désormais le respect des engagements et peut demander le remboursement des sommes versées sauf si cela est incompatible avec la situation de l'entreprise. Le décret du 26 juin 2013 a supprimé l'obligation de l'employeur de conserver le personnel

4. C. trav., art. R. 5122-2.
5. C. trav., art. R. 5122-2.
6. C. trav., art. R. 5122-4.

pendant une période égale au double de la durée de prise en charge, cette obligation étant souvent une des raisons du non-recours au chômage partiel.

Une fois l'accord obtenu, l'employeur peut adresser à la Dreets une demande d'indemnisation au titre de l'allocation spécifique. Après la réponse indiquant la durée et le nombre d'heures indemnisées, l'employeur doit afficher les nouveaux horaires dans l'entreprise et adresser une copie à l'inspection du travail.

Un décret du 26 juin 2020 permet le paiement de l'indemnité non pas dans les mains du salarié lorsque l'entreprise est *in bonis* mais dans celles du mandataire ou de l'AGS si elle prend en charge le paiement. Cette règle vaut pour les entreprises placées en procédure collective, y compris en sauvegarde [1].

1. C. trav., art. R. 5122-16.

CHAPITRE

312. Gestion du personnel pendant la période d'observation d'un redressement

SECTION 0 ORIENTEUR

312.00 **Sommaire du chapitre.**

Sect. 1 Organe chargé de la gestion du personnel 312.11 à 312.21

§ 1 Partage de compétence entre l'administrateur et le débiteur 312.11

§ 2 Sanctions du non-respect de ces règles 312.21

Sect. 2 Recrutements réalisés malgré l'ouverture d'un redressement judiciaire 312.31 à 312.42

§ 1 Recrutements réalisés avant l'ouverture du redressement judiciaire 312.31 à 312.32

§ 2 Recrutements réalisés pendant la période d'observation 312.41 à 312.42

Sect. 3 Poursuite des contrats de travail en cours 312.51 à 312.64

§ 1 Poursuite des contrats de travail aux mêmes conditions 312.51

§ 2 Conséquences de cette poursuite du contrat aux mêmes conditions 312.61 à 312.64

Sect. 4 Poursuite des relations collectives 312.71 à 312.83

§ 1 Poursuite du fonctionnement des instances représentatives du personnel 312.71 à 312.73

§ 2 Poursuite des négociations collectives 312.81 à 312.83

Sect. 5 Mesures du droit du travail permettant d'affronter les difficultés justifiant l'ouverture d'un redressement 312.91 à 312.92

312.01 **Textes applicables.**

• **C. com.**

art. L. 621-4 [Désignation des organes dans le jugement d'ouverture]

art. L. 622-1 [Rôle de l'administrateur au cours de la période d'observation d'une sauvegarde]

art. L. 622-3 [Rôle du débiteur au cours de la période d'observation d'une sauvegarde]

art. L. 622-7 [Actes interdits pendant la période d'observation d'une sauvegarde]

art. L. 622-13 [Régime des contrats en cours en sauvegarde]

art. L. 622-17 [Régime des créances postérieures]

art. L. 625-8 [Paiement des créances salariales]

art. L. 631-8 [Date de l'état de cessation des paiements]

art. L. 631-9 [Liste des textes de la sauvegarde applicables à la période d'observation d'un redressement judiciaire]

art. L. 631-12 [Rôle de l'administrateur au cours de la période d'observation d'un redressement]

art. L. 631-13 [Offres de reprise au cours de la période d'observation d'un redressement]

art. L. 631-14 [Liste des textes de la sauvegarde applicables à la période d'observation d'un redressement judiciaire]

art. L. 631-15 [Durée de la période d'observation d'un redressement judiciaire et conversion]

art. L. 631-18 [Liste des textes de la sauvegarde applicables au redressement judiciaire]

art. L. 631-19 [Élaboration du plan de redressement – consultation du CSE]

art. L. 631-22 [Cession d'une entreprise en redressement]

art. L. 632-1 [Nullités de plein droit de la période suspecte]

art. L. 632-2 [Nullités facultatives de la période suspecte]

• **C. trav.**

art. L. 1222-6 [Modification du contrat de travail pour motif économique]

art. L. 1232-2 [Procédure du licenciement pour motif personnel]

art. L. 1237-17 [Rupture conventionnelle collective]

art. L. 1237-18-2 [Congé mobilité]

art. L. 1237-19 [Accord de rupture conventionnelle collective]

art. L. 1237-19-1 [Contenu de l'accord de rupture conventionnelle collective]

art. L. 1237-19-2 [Rupture conventionnelle collective des salariés protégés]

art. L. 1237-19-5 [Procédure d'homologation de l'accord de rupture conventionnelle collective]
art. L. 1237-19-8 [Contentieux de l'homologation de l'accord de rupture conventionnelle collective]
art. L. 1237-19-9 [Obligation de revitaliser le bassin de l'emploi dans la rupture conventionnelle collective]
art. L. 1331-1 [Procédure disciplinaire]
art. L. 2242-10 [Aménagements conventionnels des négociations collectives obligatoires d'entreprise]
art. L. 2242-13 [Calendrier des négociations collectives obligatoires d'entreprise à défaut d'aménagement]
art. L. 2254-2 [Accord de performance collective]
art. L. 2312-2 [Conséquences de la baisse des effectifs sur les fonctions du CSE]
art. L. 2312-19 [Aménagements conventionnels sur les consultations récurrentes du CSE]
art. L. 2312-53 [Liste des informations-consultations du CSE dans les procédures collectives]
art. L. 2312-55 [Aménagements conventionnels des consultations ponctuelles du CSE]
art. L. 2313-10 [Suppression du CSE]
art. L. 2314-10 [Élections partielles]
art. L. 2314-34 [Aménagements conventionnels de la durée des mandats du CSE]
art. L. 3121-41 s. [Régime des heures supplémentaires]
art. L. 3253-8 [Champ de la garantie AGS]
art. L. 3253-13 [Prise en charge des indemnités conventionnelles]
art. L. 5122-1 [Activité partielle]
art. R. 5122-1 [Cas permettant l'activité partielle]
art. R. 5122-2 [Consultation du CSE pour la demande d'activité partielle]
art. R. 5122-4 [Réponse de la Dreets à demande d'activité partielle]
art. R. 5122-16 [Versement des indemnités d'activité partielle dans les mains du mandataire]

• **C. civ.**
art. 1240 [Responsabilité délictuelle]
art. 1341-2 [Action paulienne]
art. 2044 s. [Transaction]

312.02 **Jurisprudence de référence.**

> Les contrats comme le contrat de travail ou une transaction, conclus pendant la période suspecte peuvent être annulés par le juge de la procédure collective et non le Conseil des prud'hommes sur le fondement des articles L. 632-1 s. du Code de commerce

• **Soc. 12 juin 2019,** n° 17-26.197, P V
* V. s^s n° 312.31

> La signature d'un contrat de travail pendant la période d'observation n'est ni un acte de disposition nécessitant l'autorisation du juge-commissaire ni un acte de gestion courante, quand il ne relève pas de l'activité habituelle de l'entreprise

• **Soc. 21 sept. 2005,** n° 03-41.598, P V, n° 261
* V. s^s n° 312.41

> Le licenciement d'un salarié pour faute pendant la période d'observation n'est pas un acte de gestion courante. Un licenciement qui serait notifié sans l'assistance de l'administrateur serait ainsi inopposable à la procédure collective

• **Soc. 28 juin 2001,** n° 00-40.986, NP
* V. s^s n° 312.61

312.03 **Bibliographie indicative.**

> Encyclopédie. *J.-Cl. Procédures collectives*, fasc. 2430 : Sauvegarde, redressement et liquidation judiciaires – Situation des salariés, par N. Vignal, 2021, mis à jour août 2022.

> Monographies. A. Boyer, *Protection des salariés et sauvetage de l'entreprise : quête d'un équilibre*, PUAM 2006.

> Articles. R. Vatinet, « L'entreprise en difficultés et ses salariés », *Sem. Soc. Lamy* 20 oct. 2003, n° 1140, suppl. p. 28 – L. Fin-Langer, « Négociation d'entreprise et entreprises en difficulté », *RJS* févr. 2025, p. 9.

312.04 **Questions principales.**

> La gestion du personnel pendant la période d'observation suivant un jugement de redressement est-elle assurée par l'administrateur ?
* V. s^s n° 312.11

> Un contrat de travail ou une transaction conclue pendant la période suspecte peuvent-ils être annulés ?
* V. s^s n° 312.31

> Un contrat de travail peut-il être conclu pendant la période d'observation ?
* V. s^s n° 312.41

> Le contrat de travail est-il poursuivi aux mêmes conditions pendant la période d'observation ?
* V. s^s n° 312.61

> Les obligations relatives au CSE et à la négociation collective sont-elles suspendues pendant la période d'observation ?
* V. s^s n° 312.71

> Quels sont les accords d'entreprise utiles en procédure de redressement ?
* V. s^s n° 312.81

SECTION 1
ORGANE CHARGÉ DE LA GESTION DU PERSONNEL

§ 1
Partage de compétence entre l'administrateur et le débiteur

312.11 **Implication plus importante de l'administrateur dans la gestion du personnel.** L'article L. 631-12 du Code de commerce prévoit que la mission de l'administrateur est fixée par le jugement d'ouverture. Il a soit une mission d'assistance avec le débiteur, les actes devant alors être cosignés par le débiteur et l'administrateur soit une mission de représentation, l'administrateur intervenant alors seul. Le débiteur ne peut donc gérer seul l'entreprise sauf pour les actes de gestion courante.

Comme en sauvegarde, lorsque l'entreprise a moins de vingt salariés et que son chiffre d'affaires hors taxe est inférieur à trois millions d'euros, aucun administrateur ne doit être nommé conformément à l'article L. 621-4 du Code de commerce, applicable par renvoi de l'article L. 631-9. Dans cette hypothèse, le dirigeant de l'entreprise reste le seul maître à bord et c'est donc lui qui s'occupe de la gestion de son personnel. Il pourrait ainsi par exemple prononcer un licenciement pour motif disciplinaire [1].

L'article L. 631-12 indique « dans sa mission, l'administrateur est tenu au respect de ses obligations légales et conventionnelles incombant au débiteur », le texte ne faisant aucune distinction entre la mission d'assistance et celle de représentation. Par ailleurs, l'article L. 622-1 pose la même règle en sauvegarde lorsque l'administrateur a une fonction d'assistance. En redressement, elle s'applique donc dans tous les cas, l'administrateur pouvant alors seul ou avec le débiteur engager sa responsabilité.

Il faut rappeler que comme en sauvegarde, certains actes, pour être valables, doivent être autorisés par le juge-commissaire, comme les actes de disposition au sens de l'article L. 622-7, II, du Code de commerce par renvoi de l'article L. 631-14. Il en sera ainsi pour la conclusion d'une transaction [2]. Il faut cependant préciser que contrairement à la sauvegarde, il revient à l'administrateur, et non au débiteur, de demander cette autorisation de transiger [3].

Par ailleurs, quelle que soit la mission confiée à l'administrateur, le débiteur peut accomplir seul les actes de gestion courante, qui sont valables à l'égard des tiers de bonne foi sur le fondement de l'article L. 622-3 du Code de commerce par renvoi de l'article L. 631-13.

Un arrêt rendu par la Cour de cassation le 6 décembre 2023 et ayant été abondamment commenté [4] n'apporte pas une solution aussi claire qu'il n'y paraît, car il a été rendu dans une hypothèse où aucun administrateur n'a été désigné. Il indique : « Lorsqu'aucun administrateur n'a été désigné par le jugement de redressement judiciaire, le débiteur poursuit seul l'activité de l'entreprise et exerce les fonctions dévolues à celui-ci, ce dont il se déduit qu'il a le pouvoir d'embaucher un salarié ou de conclure avec ce dernier un avenant au contrat de travail, sans l'autorisation ni du juge-commissaire, ni de quiconque, de tels actes ne constituant pas un acte de disposition étranger à la gestion courante de l'entreprise ». Il admet ainsi que le débiteur peut faire seul un avenant au contrat de travail, même si la rémunération proposée au salarié correspond à 6 % du chiffre d'affaire réalisé par l'association et il peut donc aussi embaucher seul. Reste à savoir si la conclusion ou la modification du contrat de travail constitue un acte de gestion courante que pourrait faire seul le débiteur en présence d'un administrateur avec une mission d'assistance voire de représentation. Certains considèrent que oui, l'arrêt opérant alors un revirement de jurisprudence [5] ; d'autres pensent au contraire que l'arrêt ne remet pas en cause les solutions antérieures reposant sur l'appréciation souveraine des juges du fond [6].

Enfin, quelle que soit la mission confiée à l'administrateur, ce dernier est parfois le seul compétent pour réaliser certains actes, comme les licenciements économiques [7]. À l'inverse, certains actes seront par ailleurs interdits qu'ils soient effectués par le débiteur ou l'administrateur, comme le paiement des créances antérieures sous réserve de certaines exceptions [8].

Pour chaque acte de gestion du personnel, il faudra ainsi se demander si l'acte est autorisé ou non, et s'il l'est, par qui il peut être réalisé valablement. Aucune règle particulière, autre que celle relative au licenciement pour motif économique, n'existe pour déterminer l'organe chargé de gérer le personnel pendant la période d'observation suivant un jugement de redressement.

L'administrateur, dès sa nomination, aura intérêt à identifier l'ensemble des salariés de l'entreprise, y compris ceux absents, et à vérifier les procès-verbaux des élections professionnelles, l'ensemble des accords collectifs applicables dans l'entreprise et notamment la convention collective de branche, qui ne sont pas suspendus du fait de l'ouverture du redressement. Ces informations sont parfois difficiles à obtenir, compliquant alors la tâche de l'administrateur.

§ 2
Sanctions du non-respect de ces règles

312.21 Diversité des sanctions. L'acte qui serait réalisé par le débiteur seul sans l'assistance de l'admi-

1. Soc. 21 déc. 2006, n° 04-48.151, NP ; *JCP S* 2007, n° 1422.
2. Sur la conclusion d'une transaction, v. s[s] n° 311.65.
3. C. com., art. L. 631-14.
4. Soc. 6 déc. 2023, n° 22-15.580, P ; *RPC* janv. 2024, comm. 14, D. Jacotot ; *Act. proc. coll.* 2024, n° 102, obs. Fl. Petit ; *Gaz. Pal.* 19 mars 2024, p. 64, obs. J.-L. Vallens ; *Leden* mars 2024, p. 5, obs. G. Dedessus-Le Moustier ; *D. actu.* 10 janv. 2024, obs. A. Cerati ; *RTD com.* 2024, p. 173, obs. A. Martin-Cerf ; *BJE* mars 2024. 56, A. Donnette ; *JCP S* 2024, n° 1033, obs. S. Golshani et K. Pagani ; *RPC* mars 2024, n° 34, obs. F. Taquet.
5. V. not. : A. Cerati, *D. actu.* 10 janv. 2024 ; G. Dedessus-Le Moustier ; *Leden* mars 2024, p. 5 ; A. Donnette, *BJE* mars 2024. 56.
6. Fl. Petit, *Act. proc. coll.* 2024, n° 102.
7. Sur les licenciements pendant la période d'observation d'un redressement judiciaire, v. s[s] n°s 322.11 s.
8. Sur le paiement des créances antérieures, v. s[s] n°s 622.11 s.

nistrateur serait alors inopposable à la procédure collective, dès lors qu'il ne s'agit pas d'un acte de gestion courante. Il en est ainsi par exemple du licenciement pour faute grave d'un salarié [1]. Il revient alors ensuite au juge de vérifier éventuellement l'existence de la cause réelle et sérieuse [2]. Ce licenciement serait également inopposable à l'AGS [3].

Le dirigeant social, qui licencie des salariés après le jugement d'ouverture sans l'assistance de son administrateur judiciaire commet une faute, qui engage sa responsabilité à l'égard des tiers, sur le fondement de l'article 1382 du Code civil, devenu l'article 1240 [4], du fait des indemnités qu'il convient de verser aux salariés au titre de la rupture fautive des contrats de travail [5]. La sanction de l'inopposabilité, et par voie de conséquence, la mise à l'écart de la nullité, permet également au salarié d'opposer à l'employeur, qui succède à l'employeur en redressement judiciaire, la clause de majoration de l'indemnité de licenciement convenue entre le salarié et son employeur, au mépris des règles de l'administration contrôlée. Le nouvel employeur ne pouvait invoquer l'inopposabilité, le juge ayant seulement le pouvoir de réduire l'indemnité manifestement excessive [6].

SECTION 2 Recrutements réalisés malgré l'ouverture d'un redressement judiciaire

§ 1 Recrutements réalisés avant l'ouverture du redressement judiciaire

312.31 Annulation possible de ces recrutements sur le fondement des nullités suspectes. Des contrats de travail peuvent être annulés sur le fondement des nullités de la période suspecte, lorsque l'état de cessation des paiements existait avant le jugement d'ouverture. Cette date, fixée dans le jugement d'ouverture ou dans un jugement de report [7], peut précéder l'ouverture du redressement judiciaire de dix-huit mois maximum. Il est à noter qu'en cas de conversion d'un redressement en liquidation judiciaire, la période d'observation ayant suivi le jugement d'ouverture ne peut être considérée comme une période suspecte et les actes conclus pendant cette période ne peuvent être annulés sur ce fondement, le jugement de conversion n'ouvrant pas une nouvelle procédure [8].

S'ils sont conclus pendant cette période, ils peuvent en effet être sanctionnés en tant qu'acte commutatif déséquilibré sur le fondement de l'article L. 632-1 [9]. Il s'agit alors d'une nullité de plein droit, que le juge doit prononcer sans disposer d'un quelconque pouvoir d'appréciation. Le déséquilibre notable entre les droits et les obligations doit exister au jour de la conclusion du contrat.

Les critères retenus par la Cour de cassation peuvent être le montant du salaire à verser en contrepartie de la prestation fournie [10], mais aussi les indemnités à verser en raison de la rupture du contrat ou bien encore l'objet du contrat au regard de l'activité et des besoins de l'employeur [11]. Caractérise aussi le déséquilibre significatif le versement d'un salaire au-delà des dispositions de la convention collective de branche applicable [12] ou le non-respect du principe « à travail égal, salaire égal » [13]. De même, un contrat de travail est annulé si un salaire est versé alors que la prestation n'est pas fournie [14].

Encore faut-il caractériser ce déséquilibre. Il n'est pas établi lorsque l'apprenti est recruté avec un salaire de 40 % puis de 50 % du SMIC [15] ou lorsque le salaire correspond à la tâche à accomplir et est

1. Soc. 22 mars 2023, n° 21-21.315.
2. Soc. 19 sept. 2007, n° 05-45.628, NP ; *Bull. Joly* 2008. 49, § 14, note Ph. Pétel – Lyon, ch. soc. A, 6 déc. 2010, RG n° 10/00950.
3. Lyon, ch. soc. B, 1er avr. 2015, RG n° 13/04718 ; décision aimablement communiquée par Me P. Forest, avocat au barreau de l'Ain.
4. Depuis le 1er oct. 2016 : Ord. n° 2016-131, 10 févr. 2016, *JO* 11 févr.
5. Paris, 3e ch. A, 7 juin 2005, RG n° 2004/14373.
6. Soc. 5 nov. 2014, n° 13-19.662, P V, n° 253 ; n° 1982 FS-P+B ; *Gaz. Pal.* 18 janv. 2015, n° 18, p. 32, note C. Gailhbaud ; *Leden* 2014, comm. 181, note G. Dedessus-Le Moustier ; *Act. proc. coll.* 2015, comm. 4, note A. Pédemons ; *RPC* 2015, comm. 1, note L. Fin-Langer et comm. 21, note C. Lebel.
7. C. com., art. L. 631-8.
8. Soc. 6 déc. 2023, n° 22-15.580, F-B ; *RPC* janv. 2024, comm. 14, D. Jacotot ; *Act. proc. coll.* 2024, n° 102, obs. Fl. Petit ; *Gaz. Pal.* 19 mars 2024, p. 64, obs. J.-L. Vallens ; *Leden* mars 2024, p. 5, obs. G. Dedessus-Le Moustier ; *D. actu.* 10 janv. 2024, obs. A. Cerati ; *RTD com.* 2024, p. 173, obs. A. Martin-Cerf ; *BJE* mars 2024. 56, A. Donnette ; *JCP S* 2024, n° 1033, obs. S. Golshani et K. Pagani ; *RPC* mars 2024, n° 34, obs. F. Taquet.
9. Bourges, ch. civ., 22 nov. 2012, n° 12/00129, Metz, ch. soc., 26 nov. 2014, n° 14/00613, n° 12/03737, Amiens, 5e ch. soc., cabinet A, 18 déc. 2012, n° 11/04903 ; *RPC* juill. 2015, comm. 125, G. Blanc.
10. Par ex. : Nancy, 5e ch., 3 oct. 2024, n° 23/00621 ; *RPC* janv. 2025, n° 16, obs. G. Blanc.
11. Soc. 15 juin 2004, n° 02-41.623 ; *Bull. civ.* V, n° 163 ; *D.* 2004. AJ 2158 ; *JCP E* 2004, n° 1603, note N. Louit-Martinod ; *RTD com.* 2005. 416, obs. A. Martin-Serf : annulation d'un contrat de qualification sans que la Cour de cassation explique les raisons.
12. Paris, 21 nov. 2019, n° 16/07410 ; *RPC* mars 2020, comm. 28, G. Blanc.
13. Versailles, 30 janv. 2019, n° 17/00142 ; *RPC* mars. 2020, comm. 28, G. Blanc.
14. Soc. 19 juin 2001, n° 99-42.738, NP.
15. Versailles, 11e ch., 20 nov. 2014, n° 13/00006 ; *RPC* juill. 2015, comm. 125, G. Blanc – AUSSI : Versailles, 11e ch., 28 sept. 2017, n° 16/01270 ; *RPC* janv. 2018, comm. 34, G. Blanc.

conforme aux dispositions de la convention collective de branche applicable dans l'entreprise [1].

Est parfois retenu un autre critère, à savoir les capacités financières de l'entreprise à rémunérer le salarié à hauteur des dispositions prévues au contrat [2] ou les difficultés de rompre un contrat particulier entraînant un coût financier pour l'entreprise [3]. En effet, la finalité de cette disposition n'est pas de lutter contre les déséquilibres significatifs ni protéger une partie faible au contrat. Il s'agit de reconstituer le gage commun des créanciers appauvri par ce contrat. Il faut noter qu'il peut s'agir d'autres contrats commutatifs, telle qu'une transaction [4].

Ces contrats pourraient aussi être annulés sur le fondement des nullités facultatives dans l'hypothèse où ils ne sont pas manifestement déséquilibrés [5]. Dans ce cas, il faudrait que le salarié connaisse l'état de cessation des paiements, preuve difficile à apporter. Le juge dispose alors d'un pouvoir d'appréciation et peut refuser la demande d'annulation.

Que l'acte soit annulé de plein droit ou de manière facultative, le régime juridique est le même. L'article L. 632-4 dresse la liste limitative des titulaires de l'action, à savoir le mandataire, l'administrateur, le ministère public et le commissaire à l'exécution du plan. L'ordonnance du 18 mars 2008 a rayé le liquidateur, mais il reste bien évidemment titulaire de l'action en liquidation judiciaire en tant que défenseur de l'intérêt collectif. Il en résulte que l'AGS, bien qu'ayant un intérêt à agir, n'en a pas la qualité [6]. Faute de délai prévu, l'action peut être intentée tant que les organes de la procédure sont en fonction. Enfin, la juridiction compétente est le tribunal de la procédure collective et non le Conseil des prud'hommes, sur le fondement de l'article R. 662-3 du Code de commerce [7].

Enfin, il faut signaler qu'en cas d'annulation, le salarié doit être indemnisé du fait de cette prestation effectuée sans pouvoir réclamer les salaires prévus [8].

312.32 Annulation possible de ces recrutements sur le fondement du droit commun. Comme en matière de sauvegarde, il est possible d'utiliser l'action paulienne prévue par l'article 1341-2 du Code civil, anciennement article 1167 avant la réforme de 2016. Elle permet de rendre inopposable à celui qui agit l'acte réalisé en fraude de ses droits. L'acte demeure alors valable entre les parties. Il pourrait aussi être utile de démontrer le caractère fictif du contrat de travail ou la violation des règles relatives au cumul d'un mandat social et d'un contrat de travail [9].

§ 2
Recrutements réalisés pendant la période d'observation

312.41 Conditions de validité au regard du droit des procédures collectives. Comme en sauvegarde [10], le recrutement d'un salarié pendant la période d'observation peut paraître paradoxal dans un contexte de difficultés ayant justifié l'ouverture d'une procédure de redressement. Pourtant, il est parfois utile voire indispensable de conclure par exemple un contrat à durée déterminée pour remplacer un salarié absent ou pour faire face à de nouveaux besoins. Il ne s'agit pas d'un acte interdit, faute de texte dans le Code de commerce le prévoyant de manière expresse. Qui peut donc le conclure valablement ?

La Cour de cassation a ainsi précisé que la conclusion d'un contrat de travail pendant la période d'observation ne constituait pas un acte de disposition soumis à l'autorisation du juge-commissaire [11], mais ce n'est pas non plus un acte de gestion courante que peut faire seul le débiteur dès lors qu'il ne relève pas de l'activité habituelle de l'entreprise [12]. Cela a pu être rappelé par exemple pour la conclusion d'un contrat d'apprentissage [13] ou CDD extras conclus par le débiteur seul [14]. Ces contrats conclus par le

1. Paris, 13 févr. 2019, n° 16/14213, Versailles, 10 janv. 2019, n° 18/02637 ; *RPC* mars 2020, comm. 28, G. Blanc.
2. Versailles, 11 avr. 2019, n° 17/02729 ; *RPC* mars 2020, comm. 28, G. Blanc.
3. Soc. 29 oct. 2002, n° 00-45.612 ; *Bull. civ.* V, n° 325 ; *JCP E* 2003, n° 1399, note L. Fin-Langer.
4. Soc. 12 juin 2019, n° 17-26.197, P ; *D.* 2019. Actu 1277 ; *JCP S* 2019, n° 1217, note L. Fin-Langer ; *BJE* 2019. 46, note A. Donnette-Boissière ; *RPC* 2019, n° 142, obs. F. Taquet ; *RTD com.* 2019. 996, obs. A. Martin-Serf ; *JCP E* 2019, n° 1446, note D. Jacotot ; *Leden* 9/2019, 4, obs. F. Joly ; *Act. proc. coll.* 2019, n° 211, obs. L. Fin-Langer ; *RPC* 2019, n° 127, obs. P. Cagnoli.
5. C. com., art. L. 632-2.
6. Soc. 2 déc. 2009, n° 08-43.104 ; *Bull. civ.* V, n° 269 ; *Act. proc. coll.* 2010, n° 46, note L. Fin-Langer ; *RPC* janv. 2010, p. 36, obs. G. Blanc ; *D.* 2010. AJ 13 ; *Leden* févr. 2010, p. 4, obs. F.-X. Lucas ; *JCP S* 2010, n° 1092, note A. Barège ; *Dr. soc.* 2010. 1160, note L. Gratton.
7. Soc. 12 juin 2019, n° 17-26.197 préc. – V. *contra* avant : Soc. 20 mai 1992, n° 90-44.061 ; *Bull. civ.* V, n° 323.
8. Soc. 20 mars 2019, n° 18-12.582, P ; *D. actu.* 10 avr. 2019, obs. H. Ciray ; *D.* 2019. Actu. 594 ; *JCP S* 2019, n° 1145, obs. S. Brissy ; *Gaz. Pal.* 22 juill. 2019, p. 59, obs. H. Herman.
9. Sur l'utilisation du droit commun en sauvegarde, v. s[s] n° 311.32.
10. Sur les conditions de validité des recrutements réalisés pendant la période d'observation d'une sauvegarde, v. s[s] n° 311.41.
11. Soc. 21 sept. 2005, n° 03-41.598 ; *Bull. civ.* V, n° 261 ; *JCP E* 2006, chron. 1066, p. 71, n° 2 ; *JCP S* 2005, n° 1352, note P. Morvan ; *D.* 2006. Somm. 79, obs. P.-M. Le Corre, *RJ com.* 2006/1, p. 41, note Sortais ; *LXB* n° N6356AKM, note P.-M. Le Corre.
12. Soc. 17 oct. 2006, n° 04-45.827, NP ; *JCP S* 2006, n° 1944, note L. Drai ; *Act. proc. coll.* 2007, n° 9, comm. L. Fin-Langer.
13. Poitiers, ch. soc., 28 oct. 2015, n° 14/04650 ; *RPC* nov. 2015, comm. 178, obs. C. Lebel – Versailles, 11e ch, 17 déc. 2015, n° 13/01558.
14. Amiens, 30 avr. 2020, n° 18/03558 ; *RPC* juill. 2020, comm. 99, F. Taquet.

débiteur seul sont alors déclarés inopposables à la procédure collective. Les créances postérieures au jugement d'ouverture ne bénéficient pas du privilège prévu par l'article L. 622-7, les créances n'étant pas régulières.

Tout dépendra alors de la mission attribuée par le jugement d'ouverture à l'administrateur. S'il a une mission d'assistance, il devra co-signer le contrat. S'il a une mission de représentation, il devra alors signer seul le contrat. Pour éviter l'inopposabilité, l'administrateur peut aussi ratifier ultérieurement le contrat[1]. Il faut cependant une volonté non équivoque. Ainsi la Cour de cassation a considéré que le règlement du salaire par l'administrateur ne constitue pas, de sa part, une approbation non équivoque de l'acte établi sans son assistance[2].

Il a cependant été admis que dans certaines hypothèses, la conclusion d'un contrat de travail pouvait être un acte de gestion courante. Le débiteur peut conclure seul un tel contrat si la fonction du salarié et sa position dans l'entreprise relèvent de l'activité habituelle de l'entreprise. A ainsi été considérée comme telle la conclusion d'un contrat de travail à durée déterminée de quatre mois en raison d'un surcroît d'activité pour embaucher un chauffeur dans une entreprise de transport[3]. Il en est de même pour la signature d'un contrat d'apprentissage conclu pour les besoins de l'entreprise[4] ou le recrutement d'un chauffeur livreur en CDD pour une entreprise de transport[5]. On retrouve les risques d'insécurité juridique liée à cette casuistique. L'assistance du débiteur pourrait être organisée dans le Code de commerce.

Un arrêt rendu par la Cour de cassation le 6 décembre 2023 et ayant été abondamment commenté[6] n'apporte pas une solution aussi claire qu'il n'y paraît, car il a été rendu dans une hypothèse où aucun administrateur n'a été désigné. Il indique : « Lorsqu'aucun administrateur n'a été désigné par le jugement de redressement judiciaire, le débiteur poursuit seul l'activité de l'entreprise et exerce les fonctions dévolues à celui-ci, ce dont il se déduit qu'il a le pouvoir d'embaucher un salarié ou de conclure avec ce dernier un avenant au contrat de travail, sans l'autorisation ni du juge-commissaire, ni de quiconque, de tels actes ne constituant pas un acte de disposition étranger à la gestion courante de l'entreprise ». Il admet ainsi que le débiteur peut seul faire un avenant au contrat de travail, même si la rémunération proposée au salarié correspond à 6 % du chiffre d'affaire réalisé par l'association et il peut donc aussi embaucher seul[7]. Reste à savoir si la conclusion ou la modification du contrat de travail constitue un acte de gestion courante que pourrait faire seul le débiteur en présence d'un administrateur avec une mission d'assistance voire de représentation. Certains considèrent que oui, l'arrêt opérant alors un revirement de jurisprudence[8] ; d'autres pensent au contraire que l'arrêt de remet pas en cause les solutions antérieures reposant sur l'appréciation souveraine des juges du fond[9]. En redressement simplifié, sans désignation d'un administrateur, le débiteur poursuit seul l'activité de l'entreprise et il peut donc embaucher un salarié sans l'autorisation du juge-commissaire[10].

312.42 Conditions de validité au regard du droit du travail. Il faut rappeler que quel que soit l'auteur du recrutement, il devra respecter les conditions de validité du contrat de travail au regard du droit du travail, notamment pour les contrats à durée déterminée ou le recrutement d'un salarié étranger. Il devra également procéder aux diverses formalités, comme l'inscription sur le registre du personnel et la déclaration préalable de l'embauche auprès de l'URSSAF pour éviter les poursuites pour travail dissimulé. La rédaction du contrat est parfois également nécessaire, pour éviter un contentieux ultérieur en requalification du contrat. L'administrateur reste tenu, en cas de mission d'assistance ou de représentation, aux obligations légales au même titre que l'employeur en vertu de l'article L. 631-12 du Code de commerce. Par ailleurs, cela est rappelé aussi en sauvegarde par l'article L. 622-1 pour sa mission d'assistance. Elle lui incombe donc par une argumentation *a fortiori* en cas de représentation.

1. Soc. 17 oct. 2006, n° 04-45.827, NP ; *JCP S* 2006, n° 1944, note L. Drai ; *Act. proc. coll.* 2007, n° 9, comm. L. Fin-Langer.
2. Soc. 7 nov. 2007, n° 06-40.896, NP ; *RJDA* 2008, n° 436.
3. Soc. 21 sept. 2005, n° 03-41.598 ; *Bull. civ.* V, n° 261 ; *JCP E* 2006, chron. 1006, p. 71, obs. Ph. Pétel ; *JCP S* 2005, n° 1352, note P. Morvan ; *D.* 2006. Somm. 79, obs. P.-M. Le Corre, *RJ com.* 2006/1, p. 41, note Sortais ; *LXB* n° N6356AKM, note P.-M. Le Corre – Lyon, ch. soc. C, 19 mai 2017, RG n° 16/01583 ; *RPC* nov. 2017, comm. 43, C. Lebel.
4. Rouen, 15 mars 2016, RG 15/01342 ; *Act. proc. coll.* 2016, comm. 117.
5. Soc. 21 sept. 2005, n° 03-41.598 ; *Bull. civ.* V, n° 261 ; *JCP E* 2006, chron. 1006, p. 71, obs. Ph. Pétel ; *D.* 2006. Somm. 79, obs. P.-M. Le Corre, *RJ com.* 2006/1, p. 41, note Y. Sortais ; *LXB* n° N6356AKM, note P.-M. Le Corre.
6. Soc. 6 déc. 2023, n° 22-15.580, P ; *RPC* janv. 2024, comm. 14, D. Jacotot ; *Act. proc. coll.* 2024, n° 102, obs. Fl. Petit ; *Gaz. Pal.* 19 mars 2024, p. 64, obs. J.-L. Vallens ; *Leden* mars 2024, p. 5, obs. G. Dedessus-Le Moustier ; *D. actu.* 10 janv. 2024, obs. A. Cerati ; *RTD com.* 2024, p. 173, obs. A. Martin-Cerf ; *BJE* mars 2024. 56, A. Donnette ; *JCP S* 2024, n° 1033, obs. S. Golshani et K. Pagani ; *RPC* mars 2024, n° 34, obs. F. Taquet.
7. Solution confirmée : Com. 2 oct. 2024, n° 23-11.022 ; *Act. proc. coll.* 2024, n° 211 ; *Rev. sociétés* 2024. 744, note L. C. Henry ; *RPC* nov. 2024, comm. 169, F. Taquet.
8. V. not. : A. Cerati, *D. actu.* 10 janv. 2024 ; G. Dedessus-Le Moustier ; *Leden* mars 2024, p. 5 ; A. Donnette, *BJE* mars 2024. 56.
9. Fl. Petit, *Act. proc. coll.* 2024, n° 102.
10. Soc. 29 mai 2013, n° 12-17.158, NP.

SECTION 3
POURSUITE DES CONTRATS DE TRAVAIL EN COURS

§ 1
Poursuite des contrats de travail aux mêmes conditions

312.51 Énoncé du principe de continuation de plein droit du contrat de travail. La période d'observation est une phase préparatoire à l'adoption d'un plan de redressement. Si aucun plan n'est envisageable, il y a en effet lieu au prononcé d'une liquidation judiciaire[1]. Dans ces conditions, la période d'observation s'accompagne, par principe, d'une poursuite d'activité qui présuppose la continuation des contrats de travail en cours. L'article L. 621-28 du Code de commerce[2], dans sa rédaction antérieure à la loi de sauvegarde des entreprises[3], retranscrit cette vision en ayant cependant pour les salariés une déférence qu'il n'a pas pour les autres cocontractants. Selon son alinéa 7, « les dispositions du présent article ne concernent pas les contrats de travail ». La solution est reproduite par l'article L. 622-13, alinéa 7 dans la rédaction que lui donne la loi de sauvegarde des entreprises, devenu depuis l'ordonnance du 18 décembre 2008[4], l'article L. 622-13, VI. Il est applicable à la procédure de redressement judiciaire par renvoi de l'article L. 631-14 du Code de commerce.

Il s'agit d'une continuation de plein droit des contrats de travail en cours au jour de l'ouverture de la procédure. Le salarié n'a pas à mettre en demeure l'administrateur ou, à défaut, le débiteur pour savoir s'il y a option pour la continuation de son contrat. Seule la rupture du contrat de travail se trouve ainsi aménagée, laquelle ne résultera pas, contrairement au droit commun, du jeu d'une option. À la différence de la sauvegarde, le licenciement pour motif économique pendant la période d'observation est soumis à une procédure spécifique prévue à l'article L. 631-17 du Code de commerce[5].

Dès lors que les contrats sont continués, ils doivent ainsi être respectés et être exécutés selon les stipulations initiales. L'article L. 631-12 rappelle que l'administrateur reste tenu par les obligations légales et conventionnelles incombant au chef d'entreprise, sans préciser la mission d'assistance ou de représentation. L'administrateur pourrait d'ailleurs engager sa responsabilité s'il n'exécute pas les obligations conventionnelles. Ainsi il a été reconnu responsable en raison du défaut de paiement des primes dues en vertu d'un contrat d'assurance de groupe imposé par la convention collective[6]. Plusieurs conséquences découlent de ce principe.

1. C. com., art. L. 631-15.
2. Anc^{t} L. n° 85-98, 25 janv. 1985, *JO* 26 janv., p. 1097, art. 37.
3. L. n° 2005-845, 26 juill. 2005, *JO* 27 juill., p. 12187.
4. Ord. n° 2008-1345, 18 déc. 2008, *JO* 19 déc., p. 19462.
5. Sur le licenciement pendant la période d'observation d'un redressement judiciaire, v. s^{s} n°s 322.11 s.

§ 2
Conséquences de cette poursuite du contrat aux mêmes conditions

312.61 Obligation pour le salarié de respecter son contrat de travail. Le salarié doit donc fournir sa prestation de travail et respecter les consignes données par le débiteur et/ou l'administrateur.

La rupture des contrats de travail n'est réglementée spécialement par le Code de commerce que pour les licenciements économiques, non pour les licenciements pour faute[7]. Un licenciement disciplinaire peut donc intervenir si un salarié ne respecte pas les obligations professionnelles qui lui incombent ou les consignes données. Il en a été ainsi d'un directeur commercial qui n'avait pas informé l'administrateur judiciaire de la société débitrice, ni sollicité son accord préalable avant de conclure une opération promotionnelle à perte pour l'entreprise, contrairement à ce que lui avait demandé l'administrateur[8].

On précisera que le licenciement d'un salarié pour faute grave n'est pas un acte de gestion courante. La Cour de cassation l'a ainsi jugé pour un licenciement pour faute lourde prononcé par le débiteur sans le concours de l'administrateur chargé de l'assister[9], comme pour la faute grave[10]. Le licenciement est alors inopposable à la procédure collective, sauf si l'administrateur le ratifie même implicitement. Il lui suffit pour cela de ne pas soulever cette irrégularité dans le cadre d'un procès prud'homal.

Par conséquent, le licenciement pour faute, notifié par le débiteur seul sans l'assistance de l'administrateur chargé de cette mission, est inopposable à la procédure collective[11]. Il en résulte l'absence de prise en charge

6. Com. 11 déc. 2001, n° 98-21.933, NP ; *RJDA* 2002, n° 408 ; *RPC* 2003. 134, obs. B. Soinne.
7. AINSI : Soc. 28 mars 2012, n° 11-10.109, NP.
8. Soc. 21 nov. 2012, n° 11-21.651, NP ; *Gaz. Pal.* 1er mai 2013, n° 121, p. 40, note Ph. Duprat.
9. Soc. 28 juin 2001, n° 00-40.986, NP ; *RPC* 2002, 59, obs. F. Taquet ; *Act. proc. coll.* 2001, n° 175.
10. Versailles, 15 mars 2016, RG n° 15/01342 ; *Act. proc. coll.* 2016, comm. 117 – Soc. 22 mars 2023, n° 21-21.315 ; *RPC* juill. 2024, n° 68, obs. D. Jacotot ; *BJE* juill. 2023. 45, obs. A. Donnette.
11. Soc. 28 juin 2001, n° 00-40.986, NP ; *RPC* 2002, 59, obs. F. Taquet ; *Act. proc. coll. PC* 2001, n° 175 – Soc. 19 sept. 2007, n° 05-45.628, NP ; *BJS* 2008, 49, § 14, note Ph. Pétel – Soc. 26 nov. 2015, n° 14-19.680, NP ; *RPC* 2016, comm. 27, note F. Taquet, comm. 39, note C. Lebel et comm. 56, note D. Jacotot ; *Leden* janv. 2016, comm. 12, G. Dedessus-Le Moustier – Soc. 8 déc. 2016, n° 15-19.172, NP ; *Leden* avr. 2017, p. 7, obs. H. de Frémont ; *BJE* mai 2017. 235, note ▶

par l'AGS des créances nées de cette rupture, qui en principe se limitent à l'indemnité compensatrice de congés payés, le salarié ne touchant ni l'indemnité de licenciement ni celle compensatrice de préavis[1]. Par ailleurs le dirigeant pourrait engager sa responsabilité sur le fondement de l'article 1240 du Code civil, anciennement article 1382, depuis l'entrée en vigueur de l'ordonnance du 10 février 2016, du fait des indemnités qu'il convient de verser aux salariés au titre de la rupture fautive de leur contrat de travail[2]. La Cour de cassation a déduit également fort logiquement de cette absence de nullité au profit d'une simple inopposabilité à la procédure collective que le salarié pourra opposer à l'employeur qui succède à celui en procédure collective une clause de majoration de l'indemnité de licenciement. Le nouvel employeur ne peut invoquer l'inopposabilité à la procédure collective. En revanche, le juge peut réduire le montant manifestement excessif sur le fondement de la réglementation des clauses pénales[3].

L'employeur et/ou l'administrateur devra respecter la procédure disciplinaire prévue par les articles L. 1331-1 et suivants du Code du travail, à savoir convoquer le salarié à un entretien préalable, faire cet entretien dans un délai raisonnable et notifier la sanction dans un délai de deux jours minimal et d'un mois maximal, sous réserve des dispositions de la convention collective applicable à l'entreprise.

312.62 Obligation pour l'employeur de respecter le contrat de travail. Le débiteur doit également fournir du travail aux salariés et devrait en principe payer les salaires. Cette obligation est-elle encore possible au regard du droit des procédures collectives ? Elle se heurte ainsi à l'interdiction des paiements des créances antérieures et des créances postérieures non « utiles » au sens de l'article L. 622-17 du Code de commerce, à peine de nullité. Il s'agit d'une règle d'ordre public qui vient bloquer l'effet obligatoire du contrat. Ce texte est applicable au redressement judiciaire par renvoi de l'article L. 631-14.

Les salariés bénéficient cependant d'un traitement particulier. Les créances couvertes par le super-privilège des salaires, comme les salaires des soixante derniers jours de travail ainsi que les accessoires doivent être payées sur les fonds disponibles ou les premières rentrées de fond dans les dix jours du prononcé du jugement[4], sur décision du juge-commissaire. Cette disposition permet donc de respecter en partie les termes du contrat, toutes les créances n'étant pas concernées par cette disposition. Par ailleurs, les créances postérieures méritantes comme les créances de salaire sont payées normalement à leur échéance, le contrat de travail étant alors respecté[5].

Lorsque l'employeur assisté ou représenté par l'administrateur ne respecte pas ses obligations, le salarié dispose également d'un certain nombre d'actions à sa disposition.

Il pourrait aussi en théorie exercer son droit de poursuite pour obtenir le paiement de certaines créances. Mais s'il a le droit d'obtenir un paiement de certaines créances antérieures, il est soumis comme tous les créanciers à l'arrêt des poursuites en vertu de l'article L. 622-21 du Code de commerce pour les créances antérieures, applicable au redressement judiciaire par renvoi de l'article L. 631-14. Les salariés ne peuvent donc pas par exemple pratiquer une saisie-attribution[6] ou obtenir en justice une condamnation au paiement[7].

Ce droit de poursuite individuelle n'est retrouvé que pour les créances postérieures bénéficiant du traitement privilégié en application de l'article L. 622-17 du Code de commerce, applicable au redressement par renvoi de l'article L. 631-14.

Pourtant, pour la Cour de cassation, le non-paiement des salaires, en raison d'un état de cessation des paiements, a été considéré comme justifiant la prise d'acte du salarié produisant les effets d'un licenciement sans cause réelle et sérieuse[8], ce qui n'est sans incidence sur la garantie due par l'AGS, compte tenu de la date d'effet de la résiliation judiciaire du contrat[9]. Cette solution de la chambre sociale de la Cour de cassation pose problème au regard du droit des procédures collectives, car elle autorise une forme de sanction de l'inexécution, bloquée pour les autres créanciers. Ils ne peuvent demander la résiliation de leur contrat que pour le non paiement des créances

▶ C. Gailhbaud ; *RPC* 2017, comm. 76, D. Jacotot – Lyon, Ch. soc. A, 6 déc. 2010, RG n° 10/00950 – Versailles 15 mars 2016, RG, n° 15/01342 ; *Act. proc. coll.* 2016, comm. 117.

1. Soc. 26 nov. 2015, n° 14-19.680 préc. – Soc. 8 déc. 2016, n° 15-19.172 préc. – T. Météyé, « L'AGS et les actes passés en période suspecte et/ou en période d'observation », *Gaz. Pal.* 16 janv. 2018, n° 2, p. 49.
2. Paris, 3e ch. A, 7 juin 2005, n° 2004/14373.
3. Soc. 5 nov. 2014, n° 13-19.662 ; *Bull. civ.* V, n° 253 ; *Gaz. Pal.* 18 janv. 2015, p. 32, note C. Gailhbaud ; *Leden* 2014, comm. 181, note G. Dedessus-Le Moustier ; *RPC* 2015, comm. 1, note L. Fin-Langer et comm. 21, note C. Lebel ; *D.* 2014. 2294.
4. C. com., art. L. 625-8, applicable au redressement judiciaire par renvoi de l'article L. 631-18.
5. Sur le paiement des créances postérieures, v. ss n° 032.41.
6. Com. 3 mai 2016, n° 14-24.855 ; *Bull. civ.* V, n° 71 ; *D.* 2016. Actu. 997 ; *RTD com.* 2016. 552, obs. A. Martin-Serf ; *JCP E* 2016, n° 1387, note D. Ronet-Yague ; *JCP E* 2016, n° 1465, n° 12, obs. Ph. Pétel ; *Act. proc. coll.* 2016, n° 121, obs. L. Fin-Langer ; *RPC* 2016, comm. 150, obs. L. Fin-Langer ; *Leden* 7/2016, 7, obs. G. Dedessus-Le Moustier ; *BJE* 2016. 262, note L. Le Mesle.
7. Sur le paiement des créances antérieures, v. ss nos 622.11 s. – Soc. 21 oct. 2018, n° 17-27.091, NP.
8. Soc. 30 juin 2010, n° 09-41.456, P V, n° 155 ; FS-P+B ; *Act. proc. coll.* 2010/15, n° 216, note L. Fin-Langer.
9. Sur la résiliation judiciaire des contrats de travail, v. ss n° 321.111.

postérieures au jugement d'ouverture mais non pour celui des créances antérieures.

Enfin, rien n'interdit au salarié de demander la résiliation du contrat, avant le terme si l'employeur ne satisfait pas à son obligation de fournir à son salarié du travail[1], cette action, comme toutes celles ne visant pas à obtenir le paiement d'une créance, n'étant pas bloquée par le jugement d'ouverture. Il peut préférer une prise d'acte, laquelle constitue un mode de rupture non régi par le Code du travail, mais reconnu par la Cour de cassation, qui produit les effets d'un licenciement sans cause réelle et sérieuse si les faits invoqués par le salarié sont établis, ceux d'une démission, dans le cas contraire[2].

312.63 Cas particulier des contrats suspendus. Le contrat de travail simplement suspendu est toujours en cours. Il en est ainsi lorsqu'un salarié est devenu mandataire social[3] ou d'une cause légale comme un congé maternité ou un arrêt maladie. Le débiteur et/ou l'administrateur devra alors respecter le régime qui leur est propre, comme par exemple l'obligation de faire les visites médicales de reprise, de reclassement, de réintégration à l'issue du congé. Aucun aménagement n'a été prévu en cas d'ouverture d'un redressement judiciaire.

312.64 Régime de la modification des contrats de travail. Le contrat de travail étant continué aux mêmes conditions conventionnelles et légales que celles existant avant le jugement d'ouverture, il en résulte l'obligation pour l'administrateur ou l'employeur, selon le cas, de respecter l'article L. 1222-6 du Code du travail relatif à la modification du contrat de travail pour un motif économique. Il doit en faire la proposition par lettre recommandée avec accusé de réception.

En droit commun, l'alinéa 2 de l'article L. 1222-6 prévoit que la lettre de notification, qui contient la proposition de modification du contrat de travail, informe le salarié qu'il dispose d'un mois pour faire connaître son refus. Il a été observé que ce régime, compte tenu de la longueur des délais impartis pour la procédure de modification des contrats de travail, était inadapté aux exigences d'une entreprise en difficulté[4]. La remarque a été entendue et l'article 109 de l'ordonnance du 12 mars 2014[5] fait passer ce délai à quinze jours si l'entreprise est en redressement ou en liquidation judiciaire. En droit commun et en procédure de sauvegarde, l'alinéa 3 de l'article L. 1222-6 du Code du travail précise que, à défaut de réponse dans le délai d'un mois, le salarié est réputé avoir accepté la modification proposée. L'article 109 susvisé raccourcit ce délai à quinze jours si l'entreprise est en redressement. C'est la seule particularité mise en place dans le Code du travail.

SECTION 4
POURSUITE DES RELATIONS COLLECTIVES

§ 1
Poursuite du fonctionnement des instances représentatives du personnel

312.71 Absence d'aménagements concernant les relations collectives. L'ouverture d'un redressement judiciaire n'exonère pas l'employeur de ses obligations relatives aux relations collectives. Ni le Code du travail ni le Code de commerce n'ont envisagé des aménagements dans ce domaine dans l'hypothèse de l'ouverture d'une telle procédure collective. Par ailleurs, l'article L. 631-12 rappelle que l'administrateur reste tenu par les obligations légales et conventionnelles incombant au chef d'entreprise sans préciser la mission d'assistance ou de représentation. Cette règle concerne aussi les relations collectives.

Il engagera ainsi sa responsabilité au même titre que l'employeur, y compris sa responsabilité pénale par exemple pour délit d'entrave[6], qui sanctionne le non-respect des obligations liées à leur mise en place mais aussi à leur fonctionnement. Il ne peut pas invoquer l'existence d'une délégation de pouvoirs au profit de l'employeur[7]. Il ne pourrait pas non plus invoquer un cas de force majeure qui n'a été reconnue que de manière exceptionnelle notamment en cas de fermeture imminente de l'entreprise[8]. En cas d'assistance, l'administrateur comme le dirigeant

1. Soc. 14 janv. 2004, nº 01-40.489, P V, nº 8.
2. Soc. 25 juin 2003, nº 01-43.578 ; *Bull. civ.* V, nº 209 ; *D.* 2003. 2396, note J. Pélissier ; *Dr. soc.* 2003. 817, note G. Couturier et E. Ray ; *RJS* 2003, nº 994, note J.-Y. Frouin : il s'agit désormais d'une jurisprudence constante depuis ce revirement de jurisprudence.
3. Soc. 9 nov. 2004, nº 02-43.063, NP ; *Rev. proc. coll.* 2005/1, p. 47, nº 7, obs. F. Taquet – Soc. 25 oct. 2006, nº 04-47.093, NP ; *Rev. proc. coll.* 2007/1, p. 54, obs. F. Taquet.
4. A. Boyer, *Protection des salariés et sauvetage de l'entreprise : quête d'un équilibre*, PUAM, 2006, nº 131.
5. Ord. nº 2014-326, 12 mars 2014, préc.
6. Crim. 30 janv. 1996, nº 94-83.509 ; *Bull. crim.* nº 54 ; *Dr. pén.* 1996, comm. 196, obs. J.-H. Robert ; *JCP E* 1996. I. 597, obs. J.-F. Césaro ; *Rev. sc. crim.* 1996, p. 870, obs. A. Cerf – *Adde* : Crim. 3 mai 1979 ; *Bull. crim.* 1979, nº 15 – Crim. 20 oct. 1987, *Action juridique CFDT* 1988, nº 69, p. 18.
7. Crim. 28 nov. 1995 ; *Dr. pén.* 1996, comm. 164 ; *Dr. pén.* 1998, hors-série, comm. 307 – Crim. 30 janv. 1996, nº 94-83.509 ; *Dr. pén.* 1996, comm. 196, obs. J.-H. Robert ; *JCP E* 1996. I. 597, obs. J.-F. Césaro ; *Rev. sc. crim.* 1996, p. 870, obs. A. Cerf.
8. Rennes, 19 avr. 1989 : la date de fermeture de l'établissement était connue et que sa mise en place d'un nouveau comité pour quelques jours apparaissait particulièrement complexe – *Adde* : Crim. 4 oct. 1977 ; *Bull. crim.* 1977, nº 285.

engagent alors leur responsabilité[1]. En cas de représentation, seul l'administrateur peut être poursuivi.

312.72 Conséquences de cette absence d'aménagements sur la mise en place du CSE. Par conséquent, le chef d'entreprise et/ou l'administrateur seront tenus de mettre en place les élections professionnelles, lorsque les mandats du CSE arriveront à échéance pendant la période d'observation et que les conditions d'effectifs sont réunies.

Le licenciement d'une partie des salariés faisant baisser les effectifs en dessous du seuil de onze salariés a-t-il une incidence sur les mandats en cours du CSE ? Contrairement au droit antérieur à la réforme de 2017, la baisse des effectifs en dessous de ce seuil n'a pas d'incidence sur le mandat en cours. Il faudra vérifier qu'à l'expiration du cycle électoral, l'effectif est resté en dessous de onze salariés pendant douze mois consécutifs pour ne pas organiser les élections[2].

Des élections partielles devront également être mises en place si un collège n'est plus représenté ou si le nombre de représentants titulaires est réduit de plus de la moitié. Les licenciements peuvent donc aboutir à la mise en place d'élections partielles dans l'entreprise, y compris pendant la période d'observation[3].

Aucun aménagement du calendrier des élections n'est prévu ni dans le Code de commerce ni dans le Code du travail en cas d'ouverture d'une procédure collective. L'ouverture d'un redressement n'est donc pas une cause de report des élections. À défaut de les organiser, il risque d'engager sa responsabilité pour délit d'entrave. Par ailleurs, les procédures qui supposent cette information-consultation pourraient être considérées comme irrégulières[4].

Des mesures provisoires ont été prises pour permettre ce report. Il en a été ainsi dans le cadre du Covid 2019[5] ou des mesures transitoires des ordonnances du 22 septembre 2017. Certaines entreprises ont utilisé la possibilité donnée par ces ordonnances de différer, par accord, les élections mettant en place le nouveau CSE, en raison précisément de l'ouverture d'une procédure collective[6]. Un accord peut aussi prévoir ce calendrier en cas de transfert d'entreprise pour uniformiser les scrutins entre les deux entreprises. Est-ce alors possible en dehors de ces dispositions spécifiques ?

Pour l'instant, le Code du travail n'autorise que la fixation par un accord de branche, de groupe ou d'entreprise de la durée des mandats, en principe fixée à quatre ans et pouvant être réduite à une durée comprise entre deux et quatre ans[7]. La réponse n'est pas évidente. Mais, une réponse positive pourrait être légitime, car justifiée par l'ouverture de la procédure collective. Par ailleurs, l'atteinte au fonctionnement des instances représentatives resterait proportionnée. En effet, soit le CSE existe déjà et l'instance pourrait continuer de fonctionner, les mandats étant prorogés le temps de la période d'observation. Soit un procès-verbal de carence est établi et les fonctions du CSE, attribuées dans le cadre des procédures collectives, sont exercées par le représentant des salariés désigné, ses compétences pourraient alors être élargies à l'ensemble des missions du CSE. Cela correspond d'ailleurs à un besoin, comme en témoignent certains accords d'entreprises conclus après l'ouverture d'un redressement judiciaire, mais pendant la période transitoire des ordonnances de 2017[8]. Il pourrait alors s'agir d'un accord unanime pour éviter une manœuvre frauduleuse au regard des instances représentatives du personnel.

312.73 Conséquences de cette absence d'aménagements sur le fonctionnement du CSE. Ils devront également procéder aux informations-consultations récurrentes du CSE lorsque l'entreprise a cinquante salariés et plus. Il faut noter que la baisse des effectifs notamment en raison d'un licenciement collectif pendant la période d'observation au cours du mandat n'a pas pour effet de lui faire perdre ses missions spécifiques. Il ne les perdra qu'au moment du renouvellement si cette baisse a duré douze mois consécutifs précédant le renouvellement[9].

Tous les ans, il convient de procéder à cette consultation sur les orientations stratégiques, la situation économique et financière, la politique sociale, les conditions de travail et d'emploi. L'article L. 2312-19 du Code du travail autorise des aménagements conventionnels par un accord majoritaire ou conclu avec une majorité des membres du CSE. Est-il possible de prévoir une suspension de ces consultations en cas de période d'observation par le biais de cet accord ? Les dispositions d'ordre public interdisent d'aller au-delà de trois ans et l'accord peut porter

1. Crim. 28 nov. 1995 ; *Dr. pén.* 1996, comm. 88 ; *Bull. crim.* 1995, n° *361*.
2. C. trav., art. L. 2313-10.
3. C. trav., art. L. 2314-10.
4. L'article L. 1233-58, II, du Code du travail n'autorise un aménagement que pour la validité du PSE qui peut être homologué par la Dreets malgré l'absence de PV de carence. Cet alinéa ne précise pas les procédures concernées et peut donc s'appliquer en sauvegarde, en redressement et en liquidation judiciaire.
5. Ord. 1er avr. 2020, n° 2020-389 a suspendu à juste titre le processus électoral. E. Fabriès-Lecéa et L. Fin-Langer, Aspects de droit social, *in* « Dispositions COVID : quelles mesures pérenniser ? », *BJE* janv. 2021. 72.
6. Par ex. : accord de l'UES GMS dont deux sociétés étaient en redressement, en date du 20 sept. 2018, n° T06718001028.
7. C. trav., art. L. 2314-34.
8. Par ex. : Accord 23 nov. 2018, entreprise Desmazières Logistique, n° 59L19004525 ; Accord 30 août 2019, entreprise Alpine Aluminium, n° T07419001770 ; Accord 20 mars 2019, entreprise Procédo Private Security SARL, n° T09419002384.
9. C. trav., art. L. 2312-2.

sur la périodicité. Il est actuellement difficile de répondre avec certitude à cette question. À défaut d'accord, il est en revanche certain que ces obligations sont maintenues.

Les consultations ponctuelles tant en matière économique qu'en matière de santé doivent également être réalisées. À ce titre et suite à l'ouverture d'un redressement judiciaire, il conviendra d'informer et de consulter le CSE avant même l'ouverture de la procédure de redressement judiciaire, en cas de mise en place d'une procédure de licenciement pour motif économique mais aussi dans le cadre de son bilan économique, sur les perspectives de redressement[1], sur le projet de plan de redressement[2], en cas de demande de conversion en liquidation judiciaire[3] ou en cas de cession partielle ou totale[4] par renvoi de l'article L. 2312-53 du Code du travail[5].

L'ordonnance du 15 septembre 2021, nº 2021-1193 a mis à jour le Code de commerce en remplaçant le comité d'entreprise ou à défaut les délégués du personnel par « CSE ». Elle a cependant oublié de préciser que l'article L. 2312-53 du Code du travail relatif à ces attributions ne concerne que les entreprises de cinquante salariés et plus. Qu'en est-il des entreprises de moins de cinquante salariés ? Soit on maintient cette compétence, comme le précisaient les anciens textes du Code de commerce, mais alors cette lecture entre en contradiction avec l'article L. 2312-53. Soit on écarte cette compétence en appliquant l'article L. 2312-53, mais alors on assiste à un recul des missions du CSE.

Si les consultations ponctuelles peuvent aussi faire l'objet d'aménagements conventionnels, notamment sur les délais, le contenu des informations en vertu de l'article L. 2312-55 du Code du travail, ces dispositions spécifiques relèvent de l'ordre public et ne pourront pas être écartées par voie conventionnelle.

§ 2
Poursuite des négociations collectives

312.81 Négociation collective en période d'observation suivant un redressement judiciaire. L'administrateur peut être amené à négocier des accords de droit commun soit en assistant le débiteur soit en le représentant. Ainsi, il devra co-signer l'accord collectif en cas de mission d'assistance, sa signature suffisant en cas de mission de représentation. Ce rôle peut être un frein à la négociation, car ce n'est pas nécessairement sa priorité et il ne connaît pas les partenaires sociaux de l'entreprise. Mais cela peut être une chance également, notamment en cas d'assistance pour apaiser les conflits.

Le chef d'entreprise et/ou l'administrateur est tout d'abord tenu de respecter les obligations en termes de négociation obligatoire portant par exemple sur les salaires, l'égalité homme-femme[6], etc.

Leur périodicité peut faire l'objet d'accord d'entreprise[7]. Peuvent-ils par accord suspendre les négociations obligatoires en cas d'ouverture d'un redressement ? Cela semble possible et a été utilisé en raison par exemple de la crise sanitaire ou de l'ouverture d'un redressement judiciaire[8]. La négociation collective permet alors de combler un vide du Code de commerce et du Code du travail, qui n'ont pas prévu ce report. Or devant l'incertitude de la situation économique et financière, cela semble utile.

Le chef d'entreprise et/ou l'administrateur peut aussi conclure un certain nombre d'accords, facultatifs qui peuvent apporter des solutions temporaires en cas de période d'observation suivant un jugement de redressement. Il peut tout d'abord être envisagé de reporter le calendrier des négociations collectives obligatoires en termes de salaire par exemple ou de qualité de vie au travail, en raison de l'incertitude de la situation[9], voire de ne pas demander d'augmentation de salaire pour ne pas obérer les chances de redressement de l'entreprise[10] ou de reporter le calendrier des entretiens professionnels[11]. Il peut s'agir d'accord prévoyant le report des élections professionnelles pour assurer la continuité des interlocuteurs[12]. Ces accords peuvent aussi avoir pour objet d'imposer la prise des congés par les salariés suite à des arrêts d'activité pour accompagner la prise en charge des indemnités par l'AGS[13]. Certains accords permettent de préparer l'éventuelle reprise en faisant le point par exemple sur les catégories professionnelles à présenter aux repreneurs intéressés[14] ou d'accompagner professionnellement ou psychologiquement les salariés[15].

1. C. com., art. L. 631-18.
2. C. com., art. L. 631-19.
3. C. com., art. L. 631-15.
4. C. com., art. L. 631-22.
5. Sur le rôle du CSE dans la procédure de redressement judiciaire, v. ss nos 111.21, 111.22, 312.73, 322.61, 322.63, 322.81.
6. C. trav., art. L. 2242-13 s.
7. C. trav., art. L. 2242-10 s.
8. Par ex. : Accord 8 juill. 2020, Société Alteo Gardanne, le, nº T01320008627.
9. Par ex. : Accord 1er nov. 2020, Société Alteo Gardanne, le, nº T01320009585.
10. Par ex. : Accord 19 nov. 2018, Société Éditions SEDRAP, nº T03118001743.
11. Par ex. : Accord 21 sept. 2021, Société Ludendo Commerce France, nº T09322008538.
12. Par ex. : Accord 23 nov. 2018, Société SARL DESMAZIERES LOGISTIQUE, nº T59L19004525.
13. Par ex. : Accord 8 oct. 2019, SAS Thomas Cook, nº T09219014135.
14. Par ex. : Accord 20 juill. 2020, Société Alteo Gardanne, nº T01320008765.
15. Par ex. : Accord 28 mars 2018, Société SA Ballis, nº T09322008538.

312.82 Négociation collective des accords de performance collective en procédure de redressement judiciaire. Comme en sauvegarde[1], un accord de performance collective peut à première vue être conclu pendant la période d'observation qui suit un jugement d'ouverture d'un redressement judiciaire. Aucune exclusion n'est en effet prévue. Ils permettent ainsi d'aménager la main d'œuvre aux besoins de l'entreprise qui connaît une période difficile.

Les conséquences sont également intéressantes, puisqu'en cas de refus, cela évite d'engager et de suivre la procédure de licenciement pour motif économique et de mettre en place d'un PSE. En effet, il ne s'agit pas de licenciement pour motif économique, puisque le licenciement repose sur une cause *sui generis*, présumée constituer une cause réelle et sérieuse et l'administrateur doit ensuite appliquer la procédure pour motif personnel. Faut-il alors demander l'autorisation préalable au juge-commissaire ? L'article L. 631-17 du Code de commerce ne concerne que les licenciements pour motif économique. Il semblerait donc que cet article ne s'applique pas et que ces licenciements pourraient être notifiés sans demander l'autorisation préalable du juge-commissaire. Par ailleurs, cette procédure n'incombe pas nécessairement à l'administrateur mais peut également incomber au débiteur en fonction de la mission confiée à l'administrateur dans le jugement d'ouverture.

L'AGS prend-elle alors en charge ces indemnités ? L'article L. 3253-8 du Code du travail prévoit que l'AGS prend en charge les indemnités de rupture intervenant pendant la période d'observation qui suit un jugement de redressement. Le texte ne précise pas la nature de la rupture, mais la Cour de cassation a indiqué qu'il s'agissait des ruptures uniquement à l'initiative de l'administrateur, excluant les ruptures à l'initiative du salarié[2]. Cette solution a évolué en raison d'une décision de la CJUE rendue en 2024 qui a jugé contraire au droit de l'Union cette interprétation visant à exclure de la garantie les indemnités dues au salarié en cas de prise d'acte. Pour la CJUE, la prise d'acte bien que décidée par le salarié est imputable à l'employeur en raison de ses manquements graves à ses obligations. Elle place alors le salarié dans une situation comparable à celle d'un salarié licencié[3]. La Cour de cassation a suivi ce raisonnement et a opéré un revirement de jurisprudence pour la prise d'acte et la résiliation judiciaire[4]. Quel sera son impact dans le cadre des ruptures résultant d'un accord de performance collective ? Il est trop tôt pour le dire.

Par ailleurs, si l'accord prévoit une indemnité *supra*-légale, elle ne devrait pas être prise en charge, l'accord étant conclu pendant la période d'observation. L'article L. 3253-13 permet cette prise en charge uniquement pour les accords conclus plus de dix-huit mois avant le jugement d'ouverture, car elle concoure à l'indemnisation du préjudice[5] et seulement pour indemniser un préjudice résultant d'un licenciement pour motif économique.

Si le nombre de licenciements n'est pas suffisant, ils pourraient être prévus dans le plan de redressement. En revanche, si le nombre correspond aux objectifs et que l'activité reprend, les recrutements sont à nouveau possibles et notamment des CDD pour accroissement temporaire d'activité sans attendre la période de six mois, normalement prévu en cas de licenciement économique en vertu de l'article L. 1242-5 du Code du travail.

312.83 Négociation collective des accords de rupture conventionnelle collective en procédure de redressement. Toutes les ruptures de droit commun restent possibles en cas de procédure collective, faute d'exclusion expresse résultant du Code de commerce ou du Code du travail, notamment pendant la période d'observation suivant un redressement judiciaire. Il en est ainsi des ruptures conventionnelles collectives, mises en place en 2017. Il faut noter que n'étant pas un licenciement pour motif économique, l'administrateur n'a pas le monopole pour notifier les ruptures. Il faudra regarder sa mission pour savoir s'il représente le débiteur ou s'il ne fait que l'assister, une co-signature étant alors nécessaire.

En revanche, un certain nombre de difficultés inexistantes en sauvegarde ou de particularités apparaissent dans ce contexte[6].

Tout d'abord, l'article L. 1237-19.9, l'accord n'a pas à prévoir des mesures visant à revitaliser le bassin de l'emploi.

1. Sur l'accord de performance collective en sauvegarde, v. s[s] n° 311.82.
2. Soc. 20 déc. 2017, n° 16-19.517, P ; *RPC* janv. 2018, comm. 46, note F. Taquet ; *JCP S* 2018, n° 1072, note L. Fin-Langer – Soc. 19 avr. 2023, n° 21-20.651 ; *RPC* juill. 2024, n° 67, obs. D. Jacotot ; *Act. proc. coll.* 2023, n° 138 ; *Leden* juin 2023, p. 7, obs. F. Joly.
3. CJUE 22 févr. 2024, C-125/23 ; *JCP S* 2024, n° 1117, obs. J.-Ph. Lhernould ; *BJE* mai 2024. 55, obs. A. Donnette ; *Europe* avr. 2024, p. 36, note L. Driguez ; *Act. proc. coll.* 2024, n° 81, obs. L. Fin-Langer.
4. Soc. 8 janv. 2025, n° 20-18.484 – Soc. 8 janv. 2025, n° 23-11.417 ; *Act. proc. coll.* 2025, n°s 52 et 55, obs. C. Gailhbaud ; *D. actu* 22 janv. 2025, P. Dumortier ; *RDT* 2025. 175, note H. Nassom-Tissandier ; *JCP S* 2025, n° 1023, obs. J.-Ph. Lhernould ; *Leden* févr. 2025, p. 6, obs. H. de Frémont ; *BJT* mars 205, p. 26, obs. S. Riancho ; *BJE* mars 2025. 26, obs. A. Donnette ; *SSL* 24 mars 2025, n° 2131, obs. L. Fin-Langer.
5. Soc. 16 déc. 2020, n° 18-15.532, P ; *JCP S* 2021, n° 1035, note L. Fin-Langer.
6. Sur la description de leur régime, v. s[s] n° 311.83.

Par ailleurs, faut-il obtenir l'autorisation du juge-commissaire pour les ruptures intervenant pendant la période d'observation ? Deux arguments pourraient écarter ce contrôle. Les textes, tel que l'article L. 631-17 du Code de commerce, ne visent expressément que le licenciement pour motif économique. Par ailleurs, l'ordonnance distingue clairement ces ruptures du licenciement. Mais une lecture extensive, par analogie, fondée sur la nécessité d'un contrôle judiciaire permettant au juge commercial de vérifier l'ensemble des intérêts en jeu, pourrait être retenue. Mais alors comment concilier cette faculté de négocier notamment sur le nombre maximal de départs avec le fait qu'en redressement, le juge-commissaire fixe le nombre et les catégories socioprofessionnelles concernées par les licenciements ? Il pourrait être envisagé que l'accord ne porte pas sur ce point, étant tenu de respecter la décision judiciaire. Faut-il que le projet d'accord soit soumis au contrôle du juge ou que les négociations ne commencent qu'après la décision du juge commercial ? Cette lecture extensive semble pour l'instant inapplicable et il faudrait une modification des textes pour que cette autorisation soit nécessaire.

S'agissant d'une rupture d'un commun accord, se pose également la question de la prise en charge des indemnités par l'AGS. En effet, si la rupture a bien lieu pendant la période d'observation, la difficulté provient du fait que pour la chambre sociale de la Cour de cassation l'article L. 3253-8 du Code du travail ne concerne que les ruptures à l'initiative de l'administrateur et/ou du débiteur [1]. Qu'en est-il des ruptures d'un commun accord ? Pour l'instant, le doute reste permis malgré la décision précitée de la CJUE rendue en 2024 relative à la prise d'acte et les décisions de la Cour de cassation du 8 janvier 2025 [2].

SECTION 5
MESURES DU DROIT DU TRAVAIL PERMETTANT D'AFFRONTER LES DIFFICULTÉS JUSTIFIANT L'OUVERTURE D'UN REDRESSEMENT

312.91 **Mesure d'activité partielle.** Les salariés sont placés en activité partielle lorsqu'ils subissent une perte de rémunération imputable soit à une fermeture temporaire d'activité soit à une réduction temporaire des horaires pratiqués dans l'entreprise. Cette réduction d'activité n'est possible que pour les causes limitativement énumérées à l'art. R. 5122-1 du Code du travail : conjoncture économique, difficultés d'approvisionnement, intempéries et sinistre comme un incendie, catastrophe naturelle, transformation, restructuration ou modernisation de l'entreprise ou toute autre circonstance exceptionnelle qui n'est plus nécessairement imprévisible.

Cette mesure doit présenter un caractère temporaire et doit concerner un groupe de salariés identifiés, comme les salariés d'un service. Cette mesure a donc une dimension collective. Les salariés perçoivent une indemnité horaire et l'entreprise est en partie remboursée par une allocation dont le montant est fixé par décret.

312.92 **Demande possible pendant la période d'observation d'un redressement.** En procédure de redressement, il est tout à fait possible d'utiliser ce dispositif. L'employeur assisté voire représenté par l'administrateur devra respecter la procédure prévue aux articles L. 5122-1 s. du Code du travail.

L'employeur et/ou l'administrateur devait consulter le comité d'entreprise, ou à défaut les délégués du personnel en leur communiquant au préalable les raisons de ce recours, les salariés concernés, la durée prévisible de mise en activité partielle et depuis la loi de 2013 les actions de formation proposées pendant cette durée. Avec l'entrée en vigueur du CSE, ce sera le CSE pour les entreprises de cinquante salariés et plus uniquement [3]. En son absence mais aussi dans les entreprises de moins de cinquante salariés, l'employeur doit informer les salariés.

Il doit ensuite faire une demande d'activité partielle au préfet du département au titre de l'aide publique avant le recours effectif au chômage partiel, sauf en cas d'intempérie ou de sinistre, la demande devant être présentée dans les trente jours qui suivent. Cette demande est faite auprès de la Dreets dont dépend l'établissement concerné au moyen d'un formulaire spécifique mentionnant la raison, le nombre de salariés concernés, la durée de cette mise en activité partielle et doit être accompagnée de l'avis préalable des représentants du personnel. Depuis 2014, cette demande est nécessairement faite par voie dématérialisée [4]. Lorsque l'entreprise a déjà été placée en activité partielle au cours des trois années précédentes, il doit mentionner dans sa demande d'autorisation les engagements pris vis-à-vis des salariés en termes de garantie d'emploi, d'actions spécifiques de formation, en matière de GPEC ou visant à rétablir la situation de l'entreprise.

La Dreets a quinze jours pour notifier sa réponse et le silence vaut acceptation implicite de la demande depuis la loi du 14 juin 2013 [5]. La décision peut faire l'objet d'un recours gracieux ou hiérarchique auprès du Ministre. L'autorisation est accordée pour six mois, renouvelable.

1. Soc. 20 déc. 2017, préc.
2. Sur l'apport de ces décisions, v. s[s] n° 312.82.
3. C. trav., art. R. 5122-2.
4. C. trav., art. R. 5122-2.
5. C. trav., art. R. 5122-4.

La Dreets peut fixer des engagements dans la décision d'autorisation, vus comme des contreparties en termes d'emploi, de formation en tenant compte de la situation de l'entreprise, d'un accord collectif d'entreprise éventuel et des propositions faites. Elle contrôle aussi désormais le respect des engagements et peut demander le remboursement des sommes versées sauf si cela est incompatible avec la situation de l'entreprise. Le décret du 26 juin 2013 a supprimé l'obligation de l'employeur de conserver le personnel pendant une période égale au double de la durée de prise en charge, cette obligation étant souvent une des raisons du non-recours au chômage partiel.

Une fois l'accord obtenu, l'employeur et/ou l'administrateur peut adresser à la Dreets une demande d'indemnisation au titre de l'allocation spécifique. Après la réponse indiquant la durée et le nombre d'heures indemnisées, l'employeur et/ou l'administrateur doit afficher les nouveaux horaires dans l'entreprise et adresser une copie à l'inspection du travail.

Un décret du 26 juin 2020 permet le paiement de l'indemnité non pas dans les mains du salarié lorsque l'entreprise est *in bonis* mais dans celles du mandataire ou de l'AGS si elle prend en charge le paiement. Cette règle vaut pour les entreprises placées en procédure collective, comme le redressement[1].

1. C. trav., art. R. 5122-16.

TITRE

32. Le licenciement du personnel

SECTION 0

Orienteur

32.00 **Sommaire du titre.**

Chap. 321 **Licenciement du personnel pendant la période d'observation d'une sauvegarde**

Sect. 1 Présentation générale

Sect. 2 Mesures destinées à éviter ou à accompagner les licenciements économiques

Sect. 3 Mise en œuvre des licenciements économiques pendant la période d'observation d'une sauvegarde

Sect. 4 Recherche d'indemnisation dans les groupes de sociétés

Sect. 5 Autres modes de rupture

Chap. 322 **Licenciement pour motif économique pendant la période d'observation d'un redressement**

Sect. 1 Nécessité d'une autorisation du juge-commissaire

Sect. 2 Démarches préalables à la demande d'autorisation

Sect. 3 Démarches subséquentes à la demande d'autorisation

Sect. 4 Rupture particulière de certains contrats de travail

Sect. 5 Contentieux possible des licenciements prononcés pendant la période d'observation

CHAPITRE

321. Licenciement du personnel pendant la période d'observation d'une sauvegarde

SECTION 0

ORIENTEUR

321.00 Sommaire du chapitre.

Sect. 1 Présentation générale 321.11 à 321.14

Sect. 2 Mesures destinées à éviter ou à accompagner les licenciements économiques 321.21 à 321.51

§ 1 Obligation de reclassement 321.21 à 321.23

§ 2 Contrat de sécurisation professionnelle 321.31 à 321.32

§ 3 Plan de sauvegarde de l'emploi 321.41 à 321.47

§ 4 Autres mesures à respecter 321.51

Sect. 3 Mise en œuvre des licenciements économiques pendant la période d'observation d'une sauvegarde 321.61 à 321.82

§ 1 Mesures communes à respecter 321.61 à 321.65

§ 2 *Vade-mecum* des licenciements de moins de dix salariés 321.71 à 321.72

§ 3 *Vade-mecum* des licenciements de dix salariés et plus 321.81 à 321.82

Sect. 4 Recherche d'indemnisation dans les groupes de sociétés 321.91 à 321.103

§ 1 Co-emploi 321.91 à 321.95

§ 2 Responsabilité délictuelle de la société mère 321.101 à 321.103

Sect. 5 Autres modes de rupture 321.111 à 321.142

§ 1 Utilisation possible des autres modes de rupture du CDI 321.111 à 321.112

§ 2 Rupture des contrats de travail suspendus 321.121 à 321.124

§ 3 Rupture des contrats de travail des salariés protégés 321.131 à 321.137

§ 4 Rupture des contrats autres que le CDI 321.141 à 321.142

321.01 Textes applicables.

- **C. com.**

art. L. 233-1 s. [Critères du groupe de sociétés]

art. L. 620-1 [Finalités de la sauvegarde]

art. L. 621-3 [Durée de la période d'observation d'une sauvegarde]

art. L. 622-1 [Mission de surveillance ou d'assistance confiée à l'administrateur]

art. L. 622-13 [Régime des contrats en cours]

art. L. 631-17 [Autorisation du juge-commissaire de licencier pour motif économique en période d'observation d'un redressement]

art. L. 662-4 [Licenciement du représentant des salariés]

- **C. com.**

art. R. 621-16 [Licenciement du représentant des salariés]

art. R. 621-21 [Régime des ordonnances du juge-commissaire]

- **C. trav.**

art. L. 1222-6 [Modification du contrat pour motif économique]

art. L. 1225-4 [Licenciement de la salariée enceinte]

art. L. 1226-9 [Licenciement d'un salarié victime d'un accident du travail]

art. L. 1232-4 [Entretien individuel d'un salarié licencié]

art. L. 1233-3 [Définition du motif économique]

art. L. 1233-4-1 [Licenciement pour motif économique dans un groupe de société]

art. L. 1233-5 [Critères d'ordre des licenciements pour motif économique]

art. L. 1233-8 [Procédure de consultation du CSE en cas de licenciement collectif de moins de dix salariés]

art. L. 1233-11 s. [Entretien préalable des salariés licenciés dans des licenciements collectifs de moins de dix salariés]

art. L. 1233-15 s. [Notification du licenciement]

art. L. 1233-21 s. [Procédure de licenciement collectif de dix salariés et plus]

art. L. 1233-24-1 à L. 1233-24-4 [PSE]

art. L. 1233-30 s. [Procédure de consultation du CSE en cas de licenciement collectif de dix salariés et plus]
art. L. 1233-33 [Aménagement de la procédure de consultation par accord]
art. L. 1233-38 [Absence d'entretien individuel en cas de licenciement collectif de dix salariés et plus]
art. L. 1233-57 s. [Intervention de l'autorité administrative pour valider le PSE]
art. L. 1233-58 [Dispositions des licenciements économiques à respecter en cas de procédure collective]
art. L. 1233-59 [Inapplication des délais de notification des lettres de licenciement économique en cas de procédure de redressement ou de liquidation judiciaire]
art. L. 1233-60 [Information de l'autorité administrative en cas de licenciement économique en redressement et en liquidation judiciaire]
art. L. 1233-60-1 [Modification du contrat pour motif économique en cas de redressement et de liquidation judiciaire]
art. L. 1233-61 s. [Contenu du PSE]
art. L. 1233-65 s. [Contrat de sécurisation professionnelle]
art. L. 1233-75 [Congé reclassement]
art. L. 1233-84 [Obligation de revitaliser les bassins de l'emploi]
art. L. 1234-1 s. [Préavis à respecter en cas de licenciement]
art. L. 1234-5 [Indemnité compensatrice de préavis]
art. L. 1234-9 [Indemnité de licenciement]
art. L. 1234-20 [Reçu pour solde de tout compte]
art. L. 1235-2 [Procédure de demande de précision du motif de licenciement]
art. L. 1235-3 [Indemnité pour défaut de cause réelle et sérieuse]
art. L. 1235-10 [Sanctions des irrégularités relatives au PSE]
art. L. 1235-11 [Nullité du licenciement et réintégration du salarié en cas d'irrégularité du PSE]
art. L. 1235-16 [Conséquences de l'annulation de la décision de validation du PSE]
art. L. 1243-1 [Causes de rupture du CDD]
art. L. 1331-1 s. [Pouvoir disciplinaire de l'employeur]
art. L. 2242-10 [Négociation collective obligatoire dans l'entreprise]
art. L. 2411-1 s. [Licenciement des salariés protégés, dotés d'un mandat représentatif]
art. L. 3253-6 [Principe d'une assurance contre le risque de non-paiement des salaires en cas de procédure collective]
art. L. 3253-8 [Sommes garanties par l'AGS]
art. L. 3253-9 [Prise en charge des indemnités de rupture par l'AGS des salariés bénéficiant d'une protection relative au licenciement]
art. L. 3253-13 [Prise en charge des sommes versées aux salariés licenciés en vertu d'un PSE ou d'un accord collectif]
art. L. 5122-1 s. [Activité partielle]
art. L. 6222-18 [Rupture du contrat d'apprentissage]

• **C. trav.**

art. R. 1233-7 [Information de la Dreets du jugement d'ouverture]
art. D. 1233-2-1 [Contenu des offres de reclassement]
art. R. 1234-2 [Montant de l'indemnité de licenciement]
art. R. 2421-8 [Consultation préalable du CSE en cas de licenciement d'un salarié protégé]
art. R. 5122-1 s. [Activité partielle]

321.02 Jurisprudence de référence.

> Il est possible de contester la cause réelle et sérieuse d'un licenciement prononcé pendant la période d'observation d'une sauvegarde

• **Soc. 24 mai 2018,** nº 17-12.560, P V, nº 85
* V. s^s nº 321.12

> La notion de co-employeur permet de faire peser sur la société mère l'obligation de reclassement

• **Soc. 6 juill. 2016,** nº 14-27.266, P – **Soc. 25 nov. 2020,** nº 18-13.771, P
* V. s^s nº 321.91

> Des salariés peuvent engager la responsabilité de la société mère en cas de faute de cette dernière ayant entraîné leur licenciement

• **Soc. 8 juill. 2014,** nº 13-15.573, P V, nº 180
* V. s^s nº 321.101

321.03 Bibliographie indicative.

> Encyclopédie. *J.-Cl. Procédures collectives*, fasc. 2430 : Sauvegarde, redressement et liquidation judiciaires – Situation des salariés, par N. Vignal, 2021, mis à jour août 2022.

> Monographies. A. Boyer, *Protection des salariés et sauvetage de l'entreprise : quête d'un équilibre*, PUAM 2006.

> Contributions. N. Decoopman, « Entreprises en difficulté et droit du travail », *in Entreprises en difficulté et droit du travail*, « Ceprisca », Puf, 2007 – L. Fin-Langer, « Le juge et les salariés d'une entreprise en difficulté », *Liber amicorum J.-L. Vallens*, éd. Joly 2017, p. 45 – D. Jacotot, « Quelques modifications intéressant les salariés », interv. Colloque Besançon 10 oct. 2014, *Gaz. Pal.* 31 déc. 2014, nº 365, 29 – D. Jacotot, « Droit social et droit des entreprises en difficulté. La rupture du contrat de travail », Ph. Roussel Galle (dir.), « Droit 360° », LexisNexis, 2012, p. 531 – C. Gailhbaud, « Le plan de sauvegarde de l'emploi en procédure collective », Journées d'études de la Colle/Loup, 15 et 16 juin 2017, *BJE* 2017. 380 – A. Mazeaud, « Faillite et droit du travail », *in Le Code de commerce 1807-2007 : Livre du bicentenaire*, Dalloz, 2006, p. 561 – P.-Y. Verkindt, « Procédures collectives et licenciements économiques », *in Entreprises en difficulté et droit du travail*, « Ceprisca », Puf, 2007, p. 17.

> Articles.

Étude d'ensemble. A. Arséguel et T. Méteyé, « Les aspects sociaux de la procédure de sauvegarde », *RPC* 2008/2, p. 117 s. – A. Boyer, « Un droit social contre-productif dans les entreprises en difficulté », *Gaz. Pal.* 16-17 avr. 2010, nºs 106, 107, p. 8 – H. de Frémont, « Droit du travail et procédure collective : une réforme impossible ? », *BJE* mars 2014. 123 – M. Delteil et L. Lautrette, « Le sort des contrats de travail dans la loi de sauvegarde des entreprises », *LPA* 17 févr. 2006, nº 35, p. 42 – A. Donnette, « Droit des entreprises en difficulté et droit du travail : tentative de clarifications », *BJE* mai 2014. 203 – L. Driguez, « La sécurisation de l'emploi et les procédures collectives font-elles bon ménage », *BJE* juill.

2013, éclairage p. 207 – L. Fin-Langer, « Les risques subis par les salariés », *RPC* 2010/6, § 10, p. 93 ; « L'adaptation du droit du travail au droit des entreprises en difficulté », *RPC* janv./févr. 2018, dossier 11 – L. Fin-Langer et D. Jacotot, « La loi "Travail" et le droit des procédures collectives », *RPC* 2016, sept./oct. 2016, ét. 17, p. 17 – C. Gailhbaud, « Les dispositions relatives aux salariés dans l'ordonnance n° 2014-326 du 12 mars 2014 », *Gaz. Pal.* 6 avr. 2014, n° 96, p. 52 ; « Les dispositions concernant les salariés de l'ordonnance du 12 mars 2014 », – C. Gailhbaud et D. Jacotot, « Apports de la réforme du livre VI du Code de commerce en matière de droit du travail », *Gaz. Pal.* 5 oct. 2014, n° 278, p. 11 – D. Jacotot, « Le traitement des difficultés de l'entreprise à l'épreuve de la loi sur la sécurisation de l'emploi : adaptations à prévoir », *BJE* sept. 2013. 325 ; « Les apports de la loi de sécurisation de l'emploi applicables aux entreprises en difficulté », *RPC* 2013, ét. 24 ; « La nouvelle procédure de licenciement collectif : procédure simplifiée ou complexifiée », *BJE* sept.-oct. 2016. 371 – Th. Hollande et L. Richard, « Les indicateurs comptables ont-ils effacé le pouvoir d'appréciation du juge des difficultés économiques ? », *RDT* 2023. 304 – D. Jacotot et L. Fin-Langer, « La naissance d'un droit social des entreprises en difficulté ? », *RPC* 2014, dossier 24 ; « La loi Macron et le droit social », *RPC* 2015, ét. 17 – V. Leloup-Thomas et D. Jacotot, « Le droit social des entreprises en difficulté », *RPC* 2014, dossier 38 – P. Morvan, « Le droit social dans la réforme du droit des entreprises en difficulté », *JCP E* 2005, n° 42, 1511 – D. Ronet-Yague, « Liquidation judiciaire et portabilité des couvertures de frais de santé et de prévoyance : les juges divisés », *Gaz. Pal.* 10 oct. 2017, n° 34, p. 45 – C. Saint-Alary Houin, « Le droit social dans les procédures collectives : entre inadaptation, idéalisme et dévoiement », résumé des interventions à la journée d'étude de l'*AJDE*, Toulouse 14 oct. 2011, *BJE* nov.-déc. 2011, comm. 163, p. 302 – B. Saintourens et Ph. Duprat, « Les droits des salariés dans l'ordonnance du 18 décembre 2008 portant réforme du droit des entreprises en difficulté », *Gaz. Pal.* 8-10 mars 2009, n° sp. p. 40 – F. Taquet, « Aperçu rapide des modifications en matière sociale résultant de l'ordonnance n° 2008-1345 du 18 décembre 2008 portant réforme du droit des entreprises en difficulté », *RPC* 2009/1, p. 96 – G. Teboul, « Le Code du travail : un divorce avec le droit des entreprises en difficulté ? », *LPA* 1er et 2 janv. 2008, nos 1, 2, p. 7.

Licenciements. C. André-Hesse et H. Bourbouloux, « La loi Macron a-t-elle résolu le casse-tête chinois du périmètre de l'application des critères de l'ordre des licenciements », *Rev. dr. et affaires* 2016, 13e éd., p. 132 – I. Aufort-Duprat et Ph. Duprat, « Résiliation judiciaire du contrat de travail et procédures collectives », *RPC* 2012, dossier 3, p. 53 – P. Bailly, « Les licenciements et les procédures collectives », *Gaz. proc. coll.* 2008/4, p. 3 ; « De quelques ruptures du contrat de travail », *Gaz. Pal.* 2017, n° 43, p. 69 – C. De Girval, « Mettre en œuvre un plan de sauvegarde de l'emploi dans une entreprise en redressement judiciaire », *BJE* nov.-déc. 2016. 443 – Y. Chagny, « Quelques aspects de la garantie des créances résultant du licenciement pour motif économique par l'entreprise en difficulté », *Gaz. Pal.* 20-21 sept. 2002, Doctr. 56 – H. de Frémont, « Les licenciements et les procédures collectives : un compromis acceptable ? », *Gaz. proc. coll.* 2009/1, p. 11 – R. Dammann et B. Gallo, « La loi de sécurisation de l'emploi et le droit des procédures collectives ne font pas bon ménage », *BJE* 2014, édito 281 – L. Driguez, « Un pas de plus vers la sécurisation des licenciements collectifs des entreprises en redressement et liquidation judiciaires », *BJE* 2015. 437 – F. Dumont, « La cause économique du licenciement en procédure de sauvegarde : inquiétude quant à la mise en œuvre du régime de droit commun », *RPC* 2007/2, p. 65 s. – L. Fin-Langer et D. Jacotot, « Les ordonnances du 22 septembre 2017 et la rupture des contrats de travail dans une entreprise en difficulté », *RPC* 2017/6, étude 21 – C. Gailhbaud, « La réforme du licenciement économique : analyse en regard du droit des procédures collectives », *Gaz. Pal.* 2018, nos 15, 89 ; *D.* 2014. 755 ; « La réforme du licenciement économique (analyse en regard du droit des procédures collectives) », *Gaz. Pal.*, 17 avr. 2018, nos 15, 89 ; « Licenciement économique : quelle évolution pour les entreprises en difficulté », *RPC* 2016, dossier 18 – E. Jeansen, « Les difficultés économiques justifiant un licenciement », *JCP S* 2017, n° 1055 – M. Menjucq, « Modèles de lettres de licenciement et procédures collectives : quelle cohérence », *RPC* janv./févr. 2018, repère 1 – P. Morvan, « Le contrôle judiciaire des licenciements pour motif économique prononcés au cours d'une procédure collective », *DS* 1998. 443, n° 5 ; « Les grands licenciements collectifs au cours d'une procédure collective (loi du 14 juin 2013 et l'ordonnance du 12 mars 2014) », *BJE* 2014. 416 – F. Taquet, « Les nouvelles dispositions relatives au licenciement économique issues de la loi de cohésion sociale (Loi n° 2005-32 du 18 janvier 2005) », *RPC* 2005/2, p. 114 – « Modèles de lettres de notification de licenciement : une intention louable non dénuée de critiques », *JCP S* 2018, n° 11 – J.-L. Vallens, « Le juge et le licenciement pour motif économique, les licenciements économiques et les procédures collectives », *Cah. dr. entr.* 2003, n° 6, p. 14.

Plan de sauvegarde de l'emploi. P. Bailly, « La sanction de l'insuffisance d'un plan de sauvegarde de l'emploi dans une procédure collective », *Sem. soc. Lamy* 6 févr. 2006, n° 1247 – A. Boyer, « Contenu et financement du PSE et nouvelles mesures d'accompagnement », *LPA* 22 avr. 2010, n° 80, p. 12 – C. Frouin et J.-Y. Frouin, « La sanction de l'insuffisance d'un plan de sauvegarde de l'emploi établi dans le cadre d'une procédure collective », *RJS* 2006. 251 – C. Gailhbaud et D. Jacotot, « Les plans et le maintien de l'emploi », *RPC* 2015, dossier 46, p. 89 – Ph. Pétel, « Groupes de sociétés et plan de sauvegarde de l'emploi », *JCP E* 2007, n° 1423, p. 33.

Reclassement. L. Fin-Langer, « L'obligation de reclassement à l'étranger », *RPC* 2009/1, 3, p. 13 – C. Gailhbaud, « le reclassement des salariés », *RPC* 2012, dossier 7, p. 64 – E. Gall-Heng, « Une "subtilité complémentaire" dans l'analyse de l'obligation de reclassement : la théorie du co-employeur », *RPC* 2012, dossier 8, p. 66 – D. Jacotot, « Obligation de reclassement des salariés et liquidation judiciaire : les frontières entre le possible et l'impossible », *LPA* 18 juill. 2011, n° 141, p. 4 – J.-J. Savenier, « L'obligation de reclassement », *RPC* 2001, p. 224.

Groupes de sociétés Ch. Neau-Leduc, « Brèves remarques d'actualité sur les procédures collectives, les salariés et les groupes de sociétés », *RPC* 2011, Colloque 5, p. 45 – Ph. Roussel Galle, H. Bourbouloux et G. Couturier, « Le groupe de sociétés en procédure collective », *LPA* 22 avr. 2010, n° 80,

p. 54 s., sp. p. 59, n°s 26 s. – E. Schlumberger, « La responsabilité délictuelle de l'entité dominante du groupe à l'égard des salariés licenciés », *BJS* mars 2019, 46.

Co-emploi. A. Arséguel, « Droit du travail, droit décapants : à propos du co-employeur », *RPC* 2012, dossier 6, p. 62 – P. Bailly, « Le co-emploi, une situation exceptionnelle », *JCP S* 2013, n° 1441 – R. Dammann et S. François, « Le co-emploi : la fin de l'exception française », *BJS* 2016, 209 – S. François, « Du coemploi à la responsabilité civile : la mécanique se grippe (À propos de l'arrêt du 27 janvier 2021) », *DO* avr. 2021, p. 222 – Ch. Gailhbaud, « De la théorie du co-employeur à la notion de co-emploi », *Gaz. Pal. entr. diff.* 3 août 2012, n° 216, p. 11 – E. Gall-Heng, « Une "subtilité complémentaire" dans l'analyse de l'obligation de reclassement : la théorie du co-employeur », *RPC* 2012, dossier 8, p. 66 – B. Géniaut, « Le co-emploi en quête de sens », *BJS* oct. 2016, 600 – Y. Pagnerre, « Comment une société mère peut-elle se retrouver co-employeur de salariés des filiales », *Dr. et patr.* mai 2017, n° 269.

> Tables rondes. M. Sénéchal, H. Chriqui, Th. Météyé et A. Clerc, « Les procédures collectives et les droits des salariés », *RPC* 2011, table ronde 3, p. 65 – N. Kerouaz, Ph. Jeannerot, Th. Météyé, F. Legrand, M. Menjucq, « Les licenciements économiques dans les procédures collectives », *RPC* 2016, table ronde 1, p. 79 – N. Kerouaz, J. Cabooter, Th. Météyé, R. Pétavy, M. Menjucq, « Les conséquences des ordonnances relatives au droit du travail sur les procédures collectives », *RPC* janv./févr. 2018, table ronde 1.

321.04 Questions principales.

> Une autorisation du juge-commissaire est-elle nécessaire pour licencier pour motif économique des salariés pendant la période d'observation d'une sauvegarde ?

* V. s^s n°s 321.11 s.

> À quelles conditions est-il possible de contester la cause réelle et sérieuse du licenciement pour motif économique notifié pendant la période d'observation ?

* V. s^s n° 321.12

> À quelles conditions est-il possible d'engager la responsabilité de la société mère dans un groupe de sociétés ?

* V. s^s n°s 321.91 s.

SECTION 1
PRÉSENTATION GÉNÉRALE

321.11 Application du droit commun pour les licenciements économiques pendant la procédure de sauvegarde. La loi de sauvegarde des entreprises[1] ne contient aucune disposition relative aux licenciements économiques pendant la procédure de sauvegarde. Il faut également rappeler que l'entreprise n'est pas en état de cessation des paiements, l'entreprise devant seulement établir des difficultés insurmontables[2]. Par conséquent, aucune raison d'urgence ne justifie la mise en œuvre d'une procédure particulière comme celle existant en redressement judiciaire[3]. La période d'observation est d'une durée maximale de six mois, renouvelable une fois, par décision « spécialement motivée » depuis l'ordonnance du 15 septembre 2021, n° 2021-1193[4].

Dans le projet de loi de sauvegarde des entreprises, déjà, la procédure de sauvegarde ne bénéficiait d'aucun allégement de procédure par rapport au droit commun du licenciement économique, contrairement au redressement judiciaire.

L'opposition parlementaire est intervenue abondamment, lors des travaux parlementaires, pour faire part de ses inquiétudes en matière de droit des licenciements.

L'idée a germé au sein de la majorité parlementaire, pendant le cours des travaux parlementaires, d'une procédure de licenciement adaptée à la procédure de sauvegarde, dont les délais et formalités seraient moins contraignants que ceux applicables aux licenciements économiques de droit commun, tout en n'étant pas aussi simplifiés et rapides que ceux mis en œuvre dans le cadre du redressement et de la liquidation judiciaires. Il fallait, en quelque sorte, trouver une formule intermédiaire entre les licenciements économiques de droit commun et les licenciements économiques réglementés par la législation spécifique du redressement et de la liquidation judiciaires. Le gouvernement a clairement indiqué son désaccord pour que d'autres règles que celles intéressant les licenciements économiques de droit commun soient applicables à la procédure de sauvegarde. Le garde des Sceaux a précisé que, dans son projet tel qu'il l'a présenté à l'Assemblée nationale, le droit commun du licenciement s'applique en cas de sauvegarde[5].

Plus radicalement, le rapporteur au nom de la commission des lois de l'Assemblée nationale, a jugé impossible de parvenir à sauvegarder l'entreprise si les dispositions sociales applicables à la procédure de redressement judiciaire permettant de réduire les coûts salariaux avec des délais plus courts de consultation des instances représentatives des salariés ne pouvaient pas être mises en œuvre[6].

Un amendement a été proposé par le groupe socialiste à l'Assemblée nationale pour faire inscrire dans le texte que les licenciements économiques effectués pendant la procédure de sauvegarde seraient soumis au droit commun des licenciements économiques[7].

1. L. n° 2005-845, 26 juill. 2005, préc.
2. C. com., art. L. 620-1.
3. Sur les licenciements en période d'observation d'un redressement, v. s^s n°s 322.11 s.
4. C. com., art. L. 621-3.
5. Interv. Perben, *JOAN CR*, 3e séance du 3 mars 2005, p. 1672.
6. *Rapp. Xavier de Roux*, n° 2095, p. 178.
7. Amend. n° 553, interv. Alain Viladies, *JOAN CR*, 3e séance du 3 mars 2005, p. 1670.

L'amendement a été rejeté[1], la discussion sur la question des licenciements économiques n'étant pas encore à l'ordre du jour. Elle a en effet été reportée après l'article 88 du projet de loi de sauvegarde, sans que la position de la majorité parlementaire n'apparaisse clairement. C'est alors que, par effet de surprise, le président de la commission des lois de l'Assemblée nationale a annoncé le retrait de l'amendement n° 127[2], qui contenait l'idée d'une dérogation au droit commun des licenciements économiques, en envisageant soit l'application des règles de consultation du comité d'entreprise prévue par les accords de méthode régis par la loi de cohésion sociale[3], soit, à défaut d'existence d'un tel accord, l'application d'une procédure identique à celle prévue pour les entreprises en situation de redressement judiciaire[4]. La crainte a été aussitôt énoncée par l'opposition parlementaire, du fait de l'existence d'autres amendements prévus après l'article 187 du projet de sauvegarde[5]. L'amendement n° 253, qui avait pour objet d'aligner le régime des licenciements économiques de la procédure de sauvegarde sur celui applicable en redressement judiciaire, a également été retiré[6].

La conséquence est donc extrêmement claire : les licenciements économiques dans la procédure de sauvegarde, contrairement aux solutions retenues en redressement et en liquidation judiciaires, obéiront au droit commun. Il faut considérer que l'ordonnance du juge-commissaire n'est pas nécessaire. En revanche, la lettre de licenciement devra impérativement, conformément au droit commun, comporter deux précisions, à défaut desquelles le licenciement sera dépourvu de cause réelle et sérieuse. La première précision est relative à la mesure concrète à l'origine des licenciements (suppression ou transformation d'emplois, modification du contrat de travail non acceptée). La seconde tient à la raison économique (difficultés économiques, restructurations, mutations technologiques, par exemple). Ainsi, la lettre de licenciement ne pourra se contenter de se référer, comme en cas de liquidation judiciaire, au jugement ouvrant la procédure[7].

Après plusieurs décennies d'application de la loi de sauvegarde, des praticiens ont dénoncé l'application du droit commun en sauvegarde et, s'ils admettent l'idée que l'AGS n'a pas à intervenir pour garantir les licenciements économiques dans une telle procédure, se montrent favorables à une application des règles du redressement judiciaire aux licenciements économiques en sauvegarde[8], afin de ne plus limiter la sauvegarde aux entreprises ayant des difficultés conjoncturelles et de l'écarter pour celles ayant des difficultés structurelles.

Le fait que la procédure de sauvegarde tende à la réorganisation de l'entreprise et que la réorganisation de l'entreprise effectuée pour sauvegarder la compétitivité de celle-ci justifie le licenciement économique a pu faire considérer à un auteur que le licenciement économique s'en trouverait facilité dans la sauvegarde[9]. Le tribunal n'a-t-il pas, par avance, justifié le caractère économique du licenciement ? La réponse à la question dépendra du point de savoir si la procédure de sauvegarde en cause va ou non tendre à la réorganisation de l'entreprise. De même, le fait que le plan de sauvegarde, à la suite du projet de plan, doive exposer et justifier le niveau et les perspectives d'emploi, ainsi que les conditions sociales envisagées pour la poursuite d'activité, a pu accréditer l'idée chez un auteur que le salarié pourrait difficilement discuter du caractère économique de son licenciement, si celui-ci s'inscrit dans le cadre du plan[10].

Il faut cependant tenir compte du cas particulier de la cession partielle intervenant en sauvegarde. En cette hypothèse, en effet, l'article L. 626-1, alinéa 2 prévoit que « les cessions faites en application du présent article sont soumises aux dispositions de la section I du chapitre II du titre IV ». S'appliquent en conséquence les règles du plan de cession arrêtées en liquidation judiciaire et notamment les règles relatives à la détermination des salariés repris par le repreneur. Le jeu de l'article L. 1224-1 du Code du travail est écarté et les salariés non repris doivent être licenciés. Le problème est alors de faire supporter au débiteur le coût de ces licenciements, ce qui viendra grever lourdement son plan de sauvegarde[11].

321.12 Conséquence de l'application du droit commun des licenciements en sauvegarde : un contentieux possible de la cause réelle et sérieuse.

1. *JOAN CR*, 3e séance du 3 mars 2005, p. 1673.
2. Interv. Xavier de Roux, *JOAN CR*, 2e séance du 8 mars 2005, p. 1748.
3. C. trav., art. L. 320-3 [devenu C. trav., art. L. 1233-21].
4. *Rapp. Xavier de Roux*, n° 2095, p. 310.
5. Interv. Arnaud Montebourg, *JOAN CR*, 2e séance du 8 mars 2005, p. 1748.
6. *JOAN CR*, 3e séance du 8 mars 2005, p. 1816, 1817.
7. A. Arséguel et Th. Méteyé, « Les aspects sociaux de la procédure de sauvegarde », *RPC* 2008/2, p. 117 s., sp. p. 119, n° 14.
8. Ph. Jeannerot, *in* « Les licenciements économiques dans les procédures collectives », N. Kerouaz, Ph. Jeannerot, Th. Météyé, F. Legrand et M. Menjucq ; *RPC* 2016, Table ronde 1, p. 79 s., sp. p. 81.
9. F. Dumont, « La cause économique du licenciement en procédure de sauvegarde : inquiétude quant à la mise en œuvre du régime de droit commun », *RPC* 2007/2, p. 65 s., sp. p. 66, n° 3.
10. F. Dumont, art. préc., sp. p. 68, 69, nos 9, 10.
11. F. Dumont, « La cause économique du licenciement en procédure de sauvegarde : inquiétude quant à la mise en œuvre du régime de droit commun », *RPC* 2007/2, p. 65 s., sp. p. 70, n° 14 – Sur le licenciement en cas de plan de cession, v. ss nos 431.11 s.

L'application, en sauvegarde, du droit commun des licenciements emportera cette conséquence fondamentale que le motif économique du licenciement pourra être discuté devant le Conseil des prud'hommes [1]. Les licenciements économiques intervenus pendant la période d'observation de la sauvegarde peuvent être jugés sans cause réelle et sérieuse dans les conditions du droit commun.

L'article L. 1233-3 du Code du travail définit le licenciement pour motif économique. Il s'agit d'un motif non inhérent à la personne du salarié, reposant sur une situation économique particulière ayant pour conséquence la suppression d'un poste ou sa modification. L'article fait la liste des différentes situations économiques concernées.

La loi du 8 août 2016 [2], dite loi Travail, est venue compléter et préciser cette liste. Avant cette loi, l'article ne citait que deux hypothèses : l'existence de difficultés économiques ou des mutations technologiques. Mais la jurisprudence avait admis deux autres causes, à savoir la fermeture totale et définitive de l'entreprise [3] et la réorganisation de l'entreprise nécessaire à la sauvegarde de sa compétitivité [4]. Ce dernier motif peut d'ailleurs être invoqué par une association, même si son objet n'est pas de réaliser des bénéfices [5]. La loi Travail consacre ces solutions jurisprudentielles. En sauvegarde, deux motifs sont particulièrement intéressants : les difficultés économiques et la réorganisation de l'entreprise nécessaire à la sauvegarde de sa compétitivité.

Concernant les difficultés économiques, la loi Travail donne désormais des critères objectifs pour les définir et apprécier leur gravité : elles sont caractérisées soit par l'évolution significative d'au moins un indicateur économique telle qu'une baisse des commandes ou du chiffre d'affaires, des pertes d'exploitation ou une dégradation de la trésorerie ou de l'excédent brut d'exploitation, soit par tout autre élément de nature à justifier ces difficultés. La baisse significative est définie par un nombre de trimestres successifs, variant en fonction de la taille de l'entreprise. Seul un critère temporel est donc pris en compte.

Pour autant, de nombreuses questions apparaissent à la lecture de cette disposition.

Tout d'abord, le texte ne précise pas toujours « l'évolution significative » : aucun seuil n'est ainsi donné pour les pertes d'exploitation, la dégradation de l'excédent brut d'exploitation ou celle de la trésorerie. Faut-il être au bord de l'état de cessation des paiements ? Le caractère significatif n'est précisé que pour les commandes et le chiffre d'affaires en fonction de la durée et des effectifs de l'entreprise. Pour autant, quel est son volume, le pourcentage de baisse ? À quel moment faut-il se placer ? Le juge sera-t-il tenu par ces critères ? Certains le pensent [6]. Pourra-t-il par exemple dire que la baisse a effectivement duré au moins un mois dans l'entreprise de moins de onze salariés mais qu'elle n'a pas atteint un niveau suffisant ? Que faire lorsque l'entreprise connaît une légère reprise et qu'elle ne peut pas invoquer trois trimestres consécutifs ? La Cour de cassation, dans un arrêt du 1er juin 2022, a répondu à cette question, estimant que cette légère reprise avait pour effet d'écarter cette succession de trimestres et rendait le licenciement sans cause réelle et sérieuse, car la gravité des difficultés s'apprécie au jour du licenciement [7]. Il a par ailleurs été confirmé que lorsqu'est invoquée la baisse de l'excédent brut d'exploitation, il n'est pas nécessaire de vérifier le nombre de trimestres consécutifs, variable en fonction des effectifs. En revanche, cette baisse doit être durable et sérieuse [8].

Ensuite, cette liste d'indicateurs en soi pertinents, n'est pas limitative, puisque qu'il est indiqué également « par tout autre élément de nature à justifier ces difficultés ». Il pourrait s'agir, par exemple, de la perte d'un ou plusieurs clients importants ou d'une baisse de production. Mais ne sont-ils pas inclus dans les critères légaux ?

Enfin, certains indices sont imprécis : que faut-il entendre par baisse des commandes ? Est-ce en nombre ou en valeur ? *Quid* si l'employeur refuse volontairement certains clients et donc certaines commandes ? Cette précision du niveau de difficultés n'est donc pas totale.

Par ailleurs, comme en droit commun, le licenciement est dépourvu de cause réelle et sérieuse, lorsqu'il

1. Ph. Pétel, « La réforme des plans de redressement », *LPA* 10 juin 2004, n° 117, p. 36.
2. L. n° 2016-1088, 8 août 2016 relative au travail, à la modernisation du dialogue social et à la sécurisation des parcours professionnels, *JO* 9 août ; *Act. proc. coll.* 2016/16, comm. 207, note L. Fin-Langer.
3. Soc. 16 janv. 2001, n° 98-44.647, *Bull. civ.* V, n° 10 ; *D.* 2001. 2170, obs. C. Boissel ; *DS* 2001, p. 413, note J. Savatier.
4. Soc. 5 avr. 1995, Thomson Tubes, n° 93-42.690 ; *Bull. civ.* V, n° 123 ; *DS* 1995, p. 482 ; *D.* 1995. 503, note F. Keller – Soc. 16 déc. 2008, n° 07-41.953 ; *Bull. civ.* V, n° 152 ; *RDT* 2009. 103, obs. J.-Y. Frouin ; *D.* 2009. AJ 233 ; *Dr. soc.* 2009. 243, obs. G. Couturier – Soc. 27 mai 2009, n° 08-42.019, P ; *JCP S* 2009, n° 1404.
5. CE 3 avr. 2024, req. n° 471271 ; *JCP S* 2024, n° 1182, obs. J.-Y. Kerbourc'h ; *BJT* juin 2024, p. 35, obs. C. Mariano ; *Act. proc. coll.* 2024, n° 130.
6. E. Jeansen, « Les difficultés économiques justifiant un licenciement », *JCP S* 2017, n° 1055, n° 2.
7. Soc. 1er juin 2022, n° 20-19.957, P ; *Act. proc. coll.* 2022, n° 168, note L. Fin-Langer ; *JCP S* 2022, nos 1184 et 1278, note P. Morvan.
8. Soc. 1er févr. 2023, n° 20-19.661 ; *Act. proc. coll.* 2023, n° 83 ; *Leden* mars 2023, p. 6, obs. F. Joly ; *Gaz. Pal.* 19 sept. 2023, p. 67, obs. B. Veyssière ; *BJT* mars 2023, p. 17, obs. S. Riancho – V. la controverse : Th. Hollande et L. Richard, « Les indicateurs comptables ont-ils effacé le pouvoir d'appréciation du juge des difficultés économiques ? », *RDT* 2023. 304.

résulte d'une faute de gestion ou d'une légèreté blâmable de l'employeur, que le salarié doit établir. La Cour de cassation fait la distinction entre la faute de gestion et la simple erreur de gestion [1]. Cette solution a d'ailleurs été jugée conforme au droit de l'Union car elle ne remet pas en cause le droit de licencier et la liberté d'appréciation de l'employeur [2]. Il en est ainsi si les difficultés financières ayant abouti à l'ouverture de la sauvegarde puis aux licenciements ont pour cause des remontées de dividendes des filiales dans des proportions anormales. Les licenciements économiques résultaient par conséquent d'agissements fautifs allant au-delà de simples erreurs de gestion [3].

Il a été enfin précisé que le juge doit tenir compte de l'ensemble des éléments versés au dossier pour apprécier la cause réelle et sérieuse [4].

À défaut de cause réelle et sérieuse, le salarié pourra obtenir l'indemnisation fixée par l'article L. 1235-3 du Code du travail et modifiée par l'ordonnance du 22 septembre 2017. Ce barème « Macron » comprenant un minimum et un maximum en fonction de l'ancienneté du salarié a été validé par la Cour de cassation, qui a estimé qu'il respectait le principe d'une réparation adéquate posé par plusieurs conventions internationales [5]. Un salarié ayant moins d'un an d'ancienneté a droit à cette indemnité, même si l'article L. 1235-3 ne fixe aucun minimum [6]. Par ailleurs, la Cour de cassation refuse aux juges du fond le pouvoir de fixer un montant de dommages-intérêts au-delà du maximum, y compris en cas de circonstances exceptionnelles [7].

La Cour de cassation limite également désormais la possibilité pour le salarié de cumuler plusieurs indemnités qui répareraient la perte injustifiée d'emploi. Ainsi, s'ils ont obtenu une indemnité sur le défaut de cause réelle et sérieuse, ils ne peuvent plus obtenir la réparation par exemple pour les critères d'ordre [8].

321.13 Conséquences en sauvegarde de la modification du périmètre d'appréciation du motif économique du licenciement par l'ordonnance du 22 septembre 2017. Si l'entreprise ne fait pas partie d'un groupe, les difficultés, les mutations technologiques ou la nécessité de sauvegarder la compétitivité s'apprécient au niveau de cette entreprise, excluant ainsi, comme l'avait décidé la Cour de cassation, une appréciation à un niveau inférieur, c'est-à-dire l'établissement [9]. La suppression des emplois est elle aussi appréciée à ce niveau. Ce sont donc tous les critères du motif économique qui sont appréciés au niveau de l'entreprise.

Si elle appartient à un groupe, ces critères sont en revanche appréciés au niveau du secteur d'activité des entités du groupe auquel elle appartient. Contrairement au redressement et à la liquidation judiciaire, cette appartenance à un groupe de sociétés a donc une incidence en sauvegarde.

Cette solution a été consacrée et précisée par l'une des ordonnances du 22 septembre 2017 [10], applicable à partir du 24 septembre 2017.

Dans la présente réforme, le périmètre d'appréciation du motif économique est retouché à plusieurs titres, et cela à l'article L. 1233-3 du Code du travail.

Il est d'abord procédé à une définition de la notion de groupe comprenant le secteur d'activité d'appréciation du motif économique.

Les auteurs de la réforme ont intégré, en droit positif, la définition du groupe retenue, récemment, par la jurisprudence [11]. Désormais, la définition

1. Soc. 4 nov. 2020, n° 18-23.029 ; *RDT* 2021. 50, obs. T. Sachs ; *JCP S* 2020, n° 3093, obs. Q. Chatelier ; *D.* 2020. 2175 ; *Dr. soc.* 2021. 34, étude R. Dalmasso ; *JCP* 23/11/2020, n° 48, note G. Dedessus-Le Moustier – Soc. 24 nov. 2021, n°s 20-10.007 et 20-12.236 ; *Act. proc. coll.* 2022, 34.
2. Soc. 17 mars 2021, n° 19-12.025 ; *JCP S* 2021, n° 1134, note P. Morvan ; *RPC* mai 2021, n° 77, comm. F. Taquet ; *Act. proc. coll.* 2021, n° 113, note M.-N. Rouspide-Katchadourian.
3. Soc. 24 mai 2018, n° 17-12.560, P ; *D.* 2018. 1158, obs. W. Fraisse ; *RDT* 2018. 523, obs. S. Vernac ; *Rev. sociétés* 2018. 604, note A. Couret ; *Act. proc. coll.* 2018, 185.
4. Soc. 21 sept. 2022, n° 20-18.511, *Act. proc. coll.* 2022, n° 262, note L. Fin-Langer ; *Leden* nov. 2022, p. 5, note F. Joly.
5. Soc. 11 mai 2022, n° 21-14.490, P et Soc. 11 mai 2022, n° 21-15.247, P. *Act. proc. coll.* 2022, n° 146 ; *D.* 2022, Pan. 1283, obs. S. Vernac ; *D.* 2022. 1088, entretien P. Lokiec, *RTD civ.* 2022. 861, obs. F. Marchadier ; *RDT* 2022. 361, note C. Wolmar ; *JCP* 2022, n° 643, note G. Dedessus-Le-Moustier ; *JCP* 2022, n° 753, note Y. Pagnerre – V. déjà : Cass., ass. plén., avis, 17 juill. 2019, n°s 19-70.010 et 19-70.011 ; *D.* 2019. 1916, note T. Sachs, *RTD civ.* 2019. 569, note G. Bargain ; *JCP S* 2019, n° 289, note G. Loiseau, *RTD civ.* 2020. 59, obs. P. Deumier ; *BJT* 2019, p. 18, note G. Duchange.
6. Soc. 12 juin 2024, n° 23-11.825, P, *Act. proc. coll.* 2024, n° 174 ; *JSL* 2024, n° 588-4, obs. J. Ph. Lhernould.
7. Soc. 7 mai 2024, n° 22-24.594 ; *RPC* juill. 2024, comm. 94, F. Taquet.
8. Soc. 19 déc. 2018, n° 17-26.132 ; *Act. proc. coll.* 2019, n° 44, C. Gailhbaud ; *JCP S* 2019, n° 1030, note L. Fin-Langer – Ainsi, si les salariés ont déjà été indemnisés sur le fondement de défaut de cause réelle et sérieuse, (insuffisance d'un PSE établi dans une procédure collective), ils ne peuvent plus demander la réparation pour perte de leur emploi et perte de chance en raison des moyens insuffisants du PSE auprès d'un tiers, en l'espèce une banque poursuivie pour crédit ruineux (Soc. 27 janv. 2021, n° 18-23.535 ; *RDT* 2021. 241 ; *JCP S* 2021, n° 1059) – AUSSI : Soc. 16 févr. 2022, n° 20-14.969 ; *JCP S* 2022, n° 1139, aff. Mory Ducros ; *Act. proc. coll.* 2022, 92, obs. L. Fin-Langer ; *RPC* juill. 2022, comm. 66, note D. Jacotot ; *Leden* mars 2022, p. 6, obs. H. de Frémont.
9. Soc. 26 juin 2012, n° 11-13.736 ; *Bull. civ.* V, n° 197 ; *D.* 2013. 1026, obs. P. Lokiec et J. Porta ; *JCP S* 2012, n° 1448, obs. J. Daniel ; *RPC* sept. 2012, n° 142, obs. F. Taquet.
10. Ord. n° 2017-1387, 22 sept. 2017 relative à la prévisibilité et la sécurisation des relations de travail, *JO* 23 sept.
11. Soc. 16 nov. 2016, n° 14-30.063, P V : « Mais attendu que la cause économique d'un licenciement s'apprécie au niveau de l'entreprise ou, si celle-ci fait partie d'un groupe, au niveau ▶

qu'il faut retenir du groupe est celle du groupe de sociétés tel que le livre II du Code de commerce le caractérise. Le périmètre d'appréciation du motif économique concerne donc l'entreprise appartenant à un groupe constitué autour d'une entreprise dominante, c'est-à-dire, l'entreprise dominante comme l'une des entités du groupe, et non pas au seul niveau de l'entreprise dominante [1].

L'article L. 1233-3 du Code du travail, tel que modifié par les ordonnances du 22 septembre et du 20 décembre 2017 [2], pose le principe de l'appréciation du motif économique au niveau du secteur d'activité des entités du groupe auquel appartient l'entreprise concernée, groupe défini dans les conditions fixées aux articles L. 233-1, L. 233-3, I et II, et L. 233-16 du Code de commerce.

Il résulte de ces dispositions que l'entreprise est considérée comme dominante, permettant ainsi de caractériser l'existence d'un groupe auquel appartient l'entité au sein de laquelle les licenciements économiques sont effectués, lorsqu'elle contrôle d'autres entreprises dans les conditions définies :

– à l'article L. 233-1 du Code de commerce : il vise les filiales, c'est-à-dire les sociétés dont plus de la moitié du capital est détenue par une autre société ;

– à l'article L. 233-3, I et II, du Code de commerce, il présente les conditions dans lesquelles une personne, physique ou morale, est considérée comme en contrôlant une autre, à savoir :

• détention directe ou indirecte d'une fraction du capital conférant la majorité des droits de vote dans les assemblées générales de la société contrôlée ;

• majorité des droits de vote dans la société contrôlée en vertu d'un accord conclu avec d'autres associés ou actionnaires, qui n'est pas contraire à l'intérêt de la société ;

• détermination en fait, par les droits de vote dont elle dispose, des décisions des assemblées générales de la société contrôlée ;

• qualité d'associée ou d'actionnaire de cette société et pouvoir de nommer ou de révoquer la majorité des membres des organes d'administration, de direction ou de surveillance de cette société ;

– et à l'article L. 233-16 du Code de commerce définissant, pour l'obligation d'établissement de comptes consolidés, les critères du contrôle exclusif ou conjoint d'une société par une autre.

L'entreprise dominante peut donc être une personne morale, quelle qu'elle soit, ou une personne physique.

L'entreprise au sein de laquelle est apprécié le motif économique doit donc désormais pouvoir constituer une entité d'un groupe de sociétés au sens des dispositions du livre II du Code de commerce, que l'entreprise dominante soit située sur le territoire français ou à l'étranger.

La réforme a ensuite procédé à une restriction du périmètre d'appréciation du motif économique au territoire national.

Lorsque l'entreprise dominante du groupe n'est pas située sur le territoire français, le groupe est constitué par l'ensemble des entreprises implantées sur le territoire français. L'abandon de la référence à l'article L. 2331-1 du Code du travail pour ne viser que les articles du livre II du Code de commerce permet d'appliquer la même définition du groupe et du périmètre d'appréciation du motif économique aux seules entités implantées sur le territoire français, que l'entreprise dominante soit située sur le territoire national ou en dehors.

La réforme a également posé la définition du secteur d'activité. Il « est caractérisé, notamment, par la nature des produits, biens ou services délivrés, la clientèle ciblée, les réseaux et modes de distribution, se rapportant à un même marché ». La définition n'est toutefois pas limitative ; l'emploi de l'adverbe notamment laisse aux juges une marge d'appréciation dans sa définition pour l'adapter aux activités qui ne répondraient pas à ces critères de définition. La Cour de cassation a précisé que la spécialisation d'une entreprise dans le groupe ne suffit pas à exclure son rattachement à un secteur d'activité plus étendu [3].

L'ordonnance du 20 décembre 2017 a inséré les termes « ainsi que » après ceux de « la clientèle ciblée ».

Ces textes tentent donc de mettre fin à des incertitudes jurisprudentielles qui existaient dans ce domaine, certains arrêts regardant la branche d'activité alors que d'autres regardaient le marché concurrentiel.

Il revient à l'employeur d'apporter la preuve de ce secteur d'activité et le risque est supporté par l'employeur seul [4].

▶ du secteur d'activité du groupe dans lequel elle intervient ; que le périmètre du groupe à prendre en considération à cet effet est l'ensemble des entreprises unies par le contrôle ou l'influence d'une entreprise dominante dans les conditions définies à l'article L. 2331-1 du code du travail, sans qu'il y ait lieu de réduire le groupe aux entreprises situées sur le territoire national » – AUSSI : Soc. 16 nov. 2016, n°s 15-19.927 à 15-19.939, P V.

1. C. Gailhbaud, « La réforme du licenciement économique (analyse en regard du droit des procédures collectives) », *Gaz. Pal.* 17 avr. 2018, n° 15, 89.
2. Ord. n° 2017-1718, 20 déc. 2017 visant à compléter et mettre en cohérence les dispositions prises en application de la loi n° 2017-1340 du 15 septembre 2017 d'habilitation à prendre par ordonnances les mesures pour le renforcement du dialogue social, *JO* 21 déc.
3. Soc. 26 juin 2024, n° 23-15.503, P, *Act. proc. coll.* 2024, n° 173.
4. Soc. 31 mars 2021, n° 19-26.054 ; *RDT* 2021. 385, obs. M. Kocher ; *D.* 2021. 701 ; *RPC* 2021, 75, obs. F. Taquet, *Lettre ch. soc.* mars 2021, p. 15.

La loi de ratification des ordonnances n° 2018-17 du 29 mars 2018, a inséré l'exclusion de la fraude dans l'appréciation du motif économique au niveau du secteur d'activité des entités, situées sur le territoire national, du groupe auquel appartient l'entreprise concernée, sans en préciser les conséquences.

321.14 **Fin de la période d'observation.** À l'expiration de la période d'observation dont la durée est de six mois en principe pouvant aller jusqu'à douze mois[1], plusieurs issues sont possibles et le sort des salariés sera alors bien différent.

Au mieux, l'entreprise ne connaît plus les difficultés qui ont été résolues grâce à l'ouverture de la procédure de sauvegarde. Par conséquent, la procédure de sauvegarde est clôturée et les salariés se retrouvent alors dans une situation de droit commun.

Il se peut aussi qu'un plan de sauvegarde soit décidé à l'issue de la période d'observation, permettant de réorganiser l'entreprise, en comportant un volet économique, social et financier. Il convient alors d'appliquer les règles applicables au plan de sauvegarde[2].

La sauvegarde peut être convertie en redressement judiciaire, si l'entreprise se trouve en état de cessation des paiements ou si l'adoption d'un plan de sauvegarde est manifestement impossible et si la clôture de la procédure conduit, de manière certaine et à bref délai, à cette cessation des paiements[3]. Dans ce cas, ce sont les règles du redressement judiciaire qui vont s'appliquer avec les exceptions prévues. Si la procédure de licenciement économique n'a pas abouti avant le jugement de conversion, il faut recommencer la procédure de consultation du CSE qui aurait pu être engagée pendant la période d'observation de la sauvegarde[4].

Enfin, la sauvegarde peut être convertie en liquidation judiciaire si la situation révèle un état de cessation des paiements et un redressement manifestement impossible[5]. Dans ce cas, le tribunal met fin à la période d'observation et à la mission de l'administrateur qui aurait pu être désigné. Il revient alors au liquidateur de mettre en œuvre la procédure de licenciement, même si le jugement de conversion ne précise pas le sort de l'administrateur[6]. Il devra également recommencer la procédure de consultation du CSE et ce sont les règles du licenciement économique applicables à la liquidation judiciaire qui vont régir le sort des salariés[7].

SECTION 2
MESURES DESTINÉES À ÉVITER OU À ACCOMPAGNER LES LICENCIEMENTS ÉCONOMIQUES[8]

§ 1
Obligation de reclassement

321.21 **Objet de l'obligation de reclassement.** Les entreprises faisant l'objet d'une procédure collective, comme celles qui n'y sont pas soumises, sont, à l'occasion de licenciements économiques, assujetties à l'obligation de reclassement des salariés licenciés prévue à l'article L. 1233-4 du Code du travail. La Cour de cassation a eu l'occasion de rappeler que cette obligation incombe à l'employeur bénéficiant d'une procédure de sauvegarde[9].

L'obligation de reclassement[10] a pour objet de proposer aux salariés, dont le licenciement est envisagé, les emplois devenus disponibles dans la même catégorie professionnelle ou des emplois équivalents. La loi du 18 mai 2010[11] ajoute que le reclassement doit s'opérer à rémunération équivalente.

La mise en place d'un plan de sauvegarde de l'emploi n'exonère pas l'employeur de son obligation de reclassement[12].

321.22 **Mise en œuvre de l'obligation de reclassement.** L'ordonnance du 22 septembre 2017[13] assouplit les modalités d'exécution de l'obligation de reclassement. Le décret du 21 décembre 2017[14], qui définit les nouvelles modalités de mise en œuvre de l'obligation de reclassement, s'applique aux procédures de licenciement engagées à compter du

1. C. com., art. L. 621-3.
2. Sur les licenciements en cas de plan de sauvegarde, v. s[s] n°s 411.31 s.
3. C. com., art. L. 622-10.
4. Sur la procédure de consultation, v. s[s] n° 321.82 – Com. 5 nov. 2013, n° 12-25.362 ; *Bull. civ.* IV, n° 161 ; *Act. proc. coll.* 2013, n° 294, obs. L. Fin-Langer ; *D.* 2013. Actu. 2642 ; *Rev. sociétés* 2013. 732, obs. Ph. Roussel Galle ; *DP diff. entr. ; Bull.* n° 353, obs. J.-P. Rémery ; *Leden* 12/2013, n° 3, obs. E. Mouial-Bassilana ; *Gaz. Pal.* 12-14 janv. 2014, p. 36, obs. C. Gailhbaud ; *RDT* 2014. 37, obs. L. Driguez ; *RPC* janv. 2014, n° 36, obs. F. Taquet.
5. C. com., art. L. 622-11.
6. Soc. 15 nov. 2011, n° 10-17.015 ; *Bull. civ.* V, n° 263 ; *D.* 2011. Actu. 2863, obs. A. Lienhard ; *Leden* 1/2012, 7, obs. G. Dedessus-Le Moustier ; *BJE* 2012. 103, note D. Jacotot ; *RPC* 2012, n° 27, obs. Lebel ; *JCP S* 2012, n° 1057, comm. S. Brissy.
7. Sur le licenciement en liquidation judiciaire, v. s[s] n°s 511.11 s.
8. A. Boyer, « Contenu et financement du PSE et nouvelles mesures d'accompagnement », *LPA* 22 avr 2010, n° 80, p. 12.
9. Soc. 15 déc. 2010, n° 09-41.024.
10. C. Gailhbaud, « Le reclassement des salariés », *RPC* 2012, dossier 7, p. 64.
11. L. n° 2010-499, 18 mai 2010, *JO* 19 mai, p. 9009 ; *Act. proc. coll.* 2010/12, n° 174, note L. Fin-Langer.
12. Soc. 13 juill. 2017, n°s 16-20.334, 16-20.339, NP ; *RPC* 2017, comm. 111, note F. Taquet.
13. Ord. n° 2017-1387, 22 sept. 2017, préc.
14. Décr. n° 2017-1725, 21 déc. 2017 relatif à la procédure de reclassement interne sur le territoire national en cas de licenciements pour motif économique, *JO* 22 déc.

23 décembre 2017 en considération de la publication du décret au *Journal officiel* du 22 décembre.

Alors que l'exécution de l'obligation de reclassement exigeait que les propositions de poste, écrites et précises, soient faites aux salariés de manière nominative et personnalisée, l'entrée en vigueur de la réforme permet de procéder à la diffusion collective des offres de reclassement : l'employeur est désormais autorisé à diffuser, par tout moyen à l'ensemble des salariés, une liste des postes disponibles. S'il peut toujours adresser des offres écrites et personnalisées aux salariés dont le licenciement est envisagé, il n'est plus contraint d'y procéder. Il peut s'en tenir à la diffusion, par tout moyen conférant date certaine, d'une liste des postes disponibles à l'ensemble des salariés dans les conditions définies par le décret du 21 décembre 2017 modifiant l'article D. 1233-2-1 du Code du travail.

Le contenu des offres de reclassement est précisé : elles doivent contenir l'intitulé du poste, le nom de l'employeur, la nature du contrat de travail, la localisation du poste, le niveau de rémunération et la classification du poste. L'imprécision ou le caractère incomplet est sanctionné comme un défaut de cause réelle et sérieuse[1].

Les conditions de diffusion de la liste sont énoncées également : la liste de postes disponibles sur le territoire national doit préciser les critères de départage entre salariés en cas de candidatures multiples sur un même poste et le délai de réponse du salarié qui ne peut être inférieur à quinze jours francs à compter de la publication de la liste, le délai étant ramené à quatre jours francs pour les entreprises en redressement ou en liquidation judiciaire. Faute de précision pour la sauvegarde, ce délai est donc de quinze jours. Le silence à l'expiration du délai vaut refus des offres par le salarié. Il est donc important de fixer une date certaine à cette liste de diffusion. Aucune sanction n'est prévue par les textes mais la jurisprudence applique le défaut de cause réelle et sérieuse, notamment en cas d'absence des critères de départage[2], considérant qu'il s'agit d'un manquement à l'obligation de reclassement.

Ces nouvelles modalités de diffusion des postes disponibles ne modifient pas les exigences de loyauté et de sérieux dans la recherche de reclassement. En revanche, jusqu'à présent, la jurisprudence exigeait que les offres faites à chaque salarié soient compatibles avec leurs compétences et leur expérience sous peine de priver le licenciement de cause réelle et sérieuse. La possibilité de diffuser à l'ensemble des salariés la liste les postes disponibles, sans notification individualisée, ne permettra plus de vérifier la coïncidence entre les compétences professionnelles du salarié et les exigences du poste. Cette mesure allège considérablement la charge de l'obligation de reclassement de l'employeur et réduit le risque de requalification de la rupture en licenciement dépourvu de cause réelle et sérieuse.

À défaut de respect de l'obligation de reclassement, le salarié reste recevable à élever des prétentions relatives à sa situation individuelle et peut donc demander une indemnisation pour la violation de l'obligation de reclassement[3]. Le non-respect des modalités relatives aux propositions de reclassement conduit à considérer comme sans cause réelle et sérieuse le licenciement opéré[4]. Le salarié peut ainsi demander l'application des indemnités plafonnées par le barème « Macron », prévu à l'article L. 1235-3 du Code du travail. Ainsi, « pas de licenciement économique sans reclassement »[5]. Est jugée insuffisante, pour valoir respect de l'obligation de reclassement, une simple information par voie d'affichage des emplois disponibles dans la région[6].

L'obligation de reclassement est respectée, dès lors qu'il n'y a pas, dans l'entreprise, de poste disponible en rapport avec les compétences et les aptitudes du salarié au moment du licenciement, peu important que l'entreprise ait ensuite recruté des salariés d'un grade très inférieur, dès lors que le salarié n'a pas sollicité la priorité de réembauchage[7].

Un administrateur judiciaire respecte son obligation de reclassement en licenciant un directeur technique entretien d'une compagnie aérienne, sans lui proposer d'autres postes, qui auraient nécessité l'obtention d'agrément administratif et une formation relativement longue[8].

Lorsqu'il n'est pas démontré que les salariés licenciés n'avaient pas la capacité requise pour occuper des postes similaires à ceux supprimés, le licenciement doit être déclaré sans cause réelle et sérieuse[9].

1. Soc. 23 oct. 2024, n° 23-19.629 ; *Act. proc. coll.* 2024, n° 224 ; *JCP E* 2025, n° 1035, note M. N. Katchadourian ; *JCP S* 2024, n° 1393, note Th. Lahalle ; *RPC* janv. 2025, comm. 29, F. Taquet.
2. Soc. 8 janv. 2025, n° 22-24.724, P ; *Act. proc. coll.* 2025, n° 30 ; *D. actu.* 20 janv. 2025, obs. L. Malfettes ; *JCP S* 2025, n° 1066, note C. Terrenoire ; *Leden* févr. 2025, p. 6, obs. F. Joly.
3. Soc. 1er mars 2000, n° 97-45.977, NP ; *Gaz. Pal.* 2000. Pan. 14 à 16 mai 2000, p. 28.
4. Soc. 6 juin 2000, nos 98-42.860, 98-42.861, P V, n° 219 ; *RPC* 2001, 45, n° 28, obs. F. Taquet – Soc. 15 févr. 2023, n° 21-19.711.
5. Soc. 1er avr. 1992, n° 89-43.494, P V, n° 228.
6. Soc. 21 sept. 2011, n° 10-19.836, NP.
7. Soc. 25 oct. 2011, n° 10-19.015, NP ; *Act. proc. coll.* 2011/19, comm. 295, note L. Fin-Langer. La solution a été rendue pour une entreprise en redressement judiciaire, mais elle vaut pour une entreprise bénéficiant d'une sauvegarde.
8. Soc. 28 sept. 2011, n° 09-43.375, NP ; *Act. proc. coll.* 2011/19, comm. 295, note L. Fin-Langer.
9. Soc. 7 juill. 2009, n° 08-40.637, NP ; n° 1612 F-D ; *Gaz. proc. coll.* 2009/4, 2e partie, nos 305 à 307, p. 32, n° 2, note Ph. Duprat.

Même quand un plan de sauvegarde de l'emploi a été établi, il appartient à tout employeur, de rechercher s'il existe des possibilités de reclassement, prévues ou non dans le plan, et de proposer aux salariés dont le licenciement est envisagé, des emplois disponibles [1]. Il faut donc comprendre que, dans les entreprises tenues de mettre en place un plan de sauvegarde de l'emploi, deux obligations coexistent : l'obligation de reclassement et l'obligation d'élaborer un plan de sauvegarde de l'emploi.

Encore faut-il tenir compte des dispositions de l'article L. 1235-7-1 du Code du travail. Selon ce texte, le document élaboré par l'employeur, le contenu du plan de sauvegarde de l'emploi, les décisions prises par l'administration au titre de l'article L. 1233-57-5 et la régularité de la procédure de licenciement collectif ne peuvent faire l'objet d'un litige distinct de celui relatif à la décision de validation ou d'homologation mentionnée à l'article L. 1233-57-4, qui relève de la compétence, en premier ressort, du tribunal administratif, à l'exclusion de tout autre recours administratif ou contentieux. Si le juge judiciaire demeure compétent pour apprécier le respect par l'employeur de l'obligation indiviuelle de reclassement, cette appréciation ne peut, en application des dispositions de l'article L. 1235-7-1 du Code du travail, méconnaître l'autorité de la chose décidée par l'autorité administrative ayant homologué le document élaboré par l'employeur par lequel a été fixé le contenu du plan de reclassement intégré au plan de sauvegarde de l'emploi. Par conséquent, une Cour d'appel ne peut se fonder sur l'appréciation du contenu du plan de sauvegarde de l'emploi pour conclure à l'absence de cause réelle et sérieuse du licenciement, au motif du caractère insuffisant du plan de reclassement, sans méconnaître l'autorité de la chose décidée par l'autorité administrative ayant homologué le document unilatéral contenant plan de sauvegarde de l'emploi [2].

321.23 Périmètre de l'obligation de reclassement. Sauf dispositions conventionnelles étendant le périmètre de l'obligation de reclassement, l'employeur n'est pas tenu de rechercher des reclassements extérieurs à l'entreprise [3]. Ainsi, l'obligation de reclassement n'a pas à être mise en œuvre au niveau des sous-traitants de l'entreprise débitrice [4]. En revanche, l'engagement pris dans le cadre du plan de sauvegarde et de l'emploi, qui étend le périmètre de l'obligation de reclassement, lie l'employeur. Son non-respect entraîne un manquement à l'obligation de reclassement préalable au licenciement économique [5].

Par ailleurs, lorsque l'employeur est tenu de saisir une commission territoriale de l'emploi, en vertu d'une obligation prévue par des accords collectifs, cette obligation doit être respectée même en cas de redressement judiciaire de cet employeur [6]. À défaut de cette saisine, il y a manquement à l'obligation préalable de reclassement et le licenciement est privé de cause réelle et sérieuse [7]. En revanche, lorsque l'employeur n'a adhéré à aucune organisation patronale ayant signé un accord interprofessionnel, la saisine de cette commission ne s'impose pas [8].

Lorsque les dispositions conventionnelles applicables à un projet de licenciement collectif d'ordre économique prévoient que la commission paritaire nationale de l'emploi est informée par la direction de l'entreprise intéressée et que le secrétariat de ladite commission est assuré par une fédération patronale, l'obligation de l'employeur se limite à informer la commission paritaire nationale de l'emploi dont le secrétariat est assuré par la fédération patronale [9].

Il faut en outre réserver l'hypothèse d'une autre société du groupe ayant pris des engagements au titre du reclassement des salariés. Si elle ne les respecte pas, elle engage sa responsabilité extracontractuelle [10].

Par ailleurs, l'obligation de reclassement s'impose au niveau du groupe auquel appartient la société débitrice [11]. Dans une première phase, cette obligation s'imposait pour les sociétés situées à l'étranger [12], peu important qu'elles appartenaient au

1. Soc. 1er juill. 2015, nos 14-15.852, 14-15.853, NP ; *RPC* 2015, comm. 152, note F. Taquet.
2. Soc. 21 nov. 2018, nos 17-16.766 et 17-16.767, FS-P+B+R+I ; *Gaz. Pal.* 15 janv. 2019, n° 2, p. 80, note C. Gailhbaud ; *RPC* mars/avr. 2019, comm. 41, note F. Taquet ; *JCP S* 2018, n° 1418, note A. Bugada ; *JCP* 2018, n° 1305, note G. Dedessus-Le Moustier ; *Act. proc. coll.* 2019, n° 6, *Procédures* 2019, n° 15, note A. Bugada ; *D.* 2018. Actu. 2240, *D.* 2019. 963, obs. P. Lokiec et J. Porta ; *Dr. soc.* 2019. 353, étude M. Galy ; *RDT* 2019. 41, obs. Ranc ; *RDT* 2019. 252, obs. F. Géa.
3. Soc. 15 juin 2010, n° 08-70.391, P V, n° 135 – Soc. 15 déc. 2010, 2010, n° 09-42.795, préc.
4. Soc. 23 oct. 2012, n° 11-15.530, P V, n° 272 ; n° 2212 FS-P+B ; *Gaz. Pal.* 18 janv. 2013, n° 18, p. 36, note C. Gailhbaud ; *Act. proc. coll.* 2012/20, comm. 299, note L. Fin-Langer ; *LPA* 15 avr. 2013, n° 75, p. 14, note D. Jacotot.
5. Soc. 30 sept. 2013, n° 12-13.439, P V, n° 221.
6. Soc. 30 sept. 2013, nos 12-15.940 à 12-15.943, P V, n° 223 ; FS-P+B ; *Leden* déc. 2013, comm. 194, note G. Dedessus-Le Moustier.
7. Soc. 26 sept. 2012, n° 10-24.104 NP – Soc. 26 sept. 2012, nos 10-25.926, 10-26.501, 10-27.954, NP.
8. Soc. 27 mai 2015, nos 13-26.968, P V ; *BJE* sept. 2015. 315, note A. Donnette-Boissière ; *Act. proc. coll.* 2015/12, comm. 191, note L. Fin-Langer.
9. Soc. 29 mai 2019, n° 17-28.806, NP ; *Gaz. Pal.* 15 oct. 2019, n° 35, p. 63, note C. Gailhbaud.
10. Soc. 15 févr. 2012, n° 10-13.897, NP ; *BJE* juill. 2012, comm. 112, note A. Donnette.
11. Soc. 7 juill. 2009, n° 07-45.584, NP ; n° 1614 F-D ; *Gaz. proc. coll.* 2009/4, 2e partie, nos 305 à 307, p. 32, n° 2, note Ph. Duprat ; *Act. proc. coll.* 2009/16, n° 248, note L. Fin-Langer.
12. Soc. 7 oct. 1998, n° 96-42.812, P V, n° 407 – *Adde*, sur la question : L. Fin-Langer, « L'obligation de reclassement à l'étranger », *RPC* 2009/1, 3, p. 13.

même secteur d'activité[1] et peu important l'absence de lien étroit entre les diverses sociétés du groupe[2].

Encore faut-il s'entendre sur le périmètre du reclassement, qui, selon la Cour de cassation, est celui du groupe de reclassement. Il n'était pas ici question de regarder les liens capitalistiques entre sociétés, mais seulement de déterminer si, comme l'énonce la Cour de cassation, l'organisation du réseau de distribution auquel appartenait l'entreprise permettait entre les sociétés adhérentes la permutation de tout ou partie de leur personnel[3]. La jurisprudence n'a pas cessé d'élargir le périmètre de l'obligation de recherche de reclassement sur le fondement du seul critère de la permutabilité des salariés d'une entité à une autre : le texte de l'article L. 1233-4 du Code n'évoquait que la recherche de reclassement au sein du groupe auquel appartenait l'entreprise, sans autre précision, permettant aux juges de concevoir une notion extensible du groupe à tout ensemble de structures juridiques sans exigence de liens capitalistiques, ni même contractuels, entre elles, sur le seul fondement de la permutabilité des salariés d'une entité à une autre. Dès lors qu'une permutation des salariés pouvait être caractérisée, à partir de conditions de travail et d'emploi similaires, d'une structure à une autre, sans lien de droit entre ces entités, la recherche de reclassement devait s'opérer au sein de ces structures[4].

C'est ainsi que la Cour de cassation a pu retenir que le groupe dans lequel la recherche de reclassement devait s'opérer pouvait être constitué de groupements appartenant à un réseau de franchises[5], exerçant sous une même enseigne de distribution[6] ou liés à une même fédération nationale[7].

La réforme du 22 septembre 2017[8], dont les solutions sont applicables aux procédures de licenciement économique engagées postérieurement à sa publication, soit à partir du 24 septembre 2017, modifie le périmètre de l'obligation de reclassement individuel. Ce pan de la réforme intéresse tout particulièrement les entreprises en difficulté. L'exécution de l'obligation de reclassement individuel, dont les exigences sont sanctionnées par l'absence de cause réelle et sérieuse du licenciement, peut s'avérer particulièrement contraignante pour les organes de la procédure.

Désormais, la notion de groupe au sein duquel la recherche de reclassement doit être effectuée à partir du critère de permutabilité des salariés d'une entité à une autre, ressortit aux dispositions du livre II du Code de commerce. La même définition du groupe de sociétés que pour le périmètre d'appréciation du motif économique est retenue, par référence aux articles L. 233-1, I et II, L. 233-3 et L. 233-16 du Code de commerce[9], insérés par l'ordonnance du 20 décembre 2017[10] à l'article L. 1233-4 du Code du travail à la place de la référence à l'article L. 2331-1, I, du même Code, initialement adoptée par les auteurs de la réforme.

Lorsque l'entreprise dominante du groupe n'est pas située sur le territoire français, le groupe est constitué par l'ensemble des entreprises implantées sur le territoire français.

Il en résulte que la recherche de reclassement concerne uniquement les entreprises unies par le contrôle d'une entreprise dominante au sens des articles L. 233-1, I et II, L. 233-3 et L. 233-16 du Code de commerce, parmi lesquelles seules celles « dont l'organisation, les activités ou le lieu d'exploitation assurent la permutation de tout ou partie du personnel », situées sur le territoire national, constituent le périmètre de la recherche de reclassement.

La Cour de cassation a fait une application anticipée de ce texte et a refusé de reconnaître l'existence d'un groupe pour un ensemble de sociétés dominé par une société de gestion de fonds commun de placement[11].

Il ne sera plus possible d'élargir le périmètre de l'obligation de reclassement à des associations ou à des sociétés non liées à une entreprise dominante.

La réforme ne modifie pas en revanche l'extension du périmètre de recherche de reclassement à la commission paritaire de l'emploi de la branche d'acti-

1. Soc. 12 mars 2014, nos 12-28.508, 12-28.509, NP ; *RPC* 2014, comm. 119, note F. Taquet.
2. Soc. 1er févr. 2017, n° 15-25.405, NP ; *RPC* mai-juin 2017, comm. 80, note F. Taquet.
3. Soc. 16 nov. 2016, n° 14-30.063, P V ; F+B+R+I, *D.* 2017. 239, note R. Salomon ; *Act. proc. coll.* 2017/1, comm. 9, note L. Fin-Langer ; *RPC* mai-juin 2017, comm. 79, note L. Fin-Langer – *Adde* P. Bailly, « Les deux visages du groupe », *Gaz. Pal.* 2017. 1594.
4. Soc. 1er févr. 2017, n° 15-25.405, NP : « Le périmètre à prendre en considération pour l'exécution de l'obligation de reclassement se comprend de l'ensemble des entreprises du groupe dont les activités, l'organisation ou le lieu d'exploitation leur permettent d'effectuer la permutation de tout ou partie du personnel, peu important l'absence de lien de droit entre les différentes entités. »
5. Soc. 19 févr. 2014, n° 12-22.709, NP (réseau Intermarché).
6. Soc. 27 nov. 2013, n° 12-18.470, NP (enseigne Promocash).
7. Soc. 9 mars 2017, n° 15-23.256, NP : réseau d'associations seulement structuré à partir d'une fédération nationale, sans lien les unes avec les autres, en retenant simplement que l'« organisation intégrée rendait possible la permutation du personnel entre toutes les entités faisant partie du réseau ».
8. Ord. n° 2017-1387, 22 sept. 2017, préc.
9. V. détails précités des dispositions du Livre II du Code de commerce.
10. Ord. n° 2017-1718, 20 déc. 2017, préc.
11. Soc. 20 mars 2019, n° 17-19.595, P ; *RDT* 2019. 332 ; *JCP S* 2019, n° 1198, note Y. Pagnerre ; *Leden* mai 2019, p. 7, obs. G. Dedessus-Le Moustier ; *Gaz. Pal.* 16 avr. 2019, p. 40, note C. Berlaud ; *Act. proc. coll.* 2019, n° 108 ; *JCP E* 2019, n° 1279, Fl. Aubonnet – Soc. 20 mars 2019, n° 17-19.598, NP.

vité à laquelle appartient l'entreprise, lorsque la convention collective applicable l'exige [1].

L'article 290 de la loi du 6 août 2015 [2] dite loi Macron a ensuite limité l'obligation de reclassement aux seules sociétés situées en France. Lorsque l'entreprise disposait d'établissements situés à l'étranger ou appartenait à un groupe dont certaines des entités étaient situées à l'étranger, l'article L. 1233-4-1 du Code du travail, tel qu'il résultait de la loi du 6 août 2015 [3], posait l'obligation pour l'employeur d'informer le salarié de la faculté de recevoir des offres de reclassement dans ces établissements ou entités. La règle nouvelle s'appliquait aux licenciements engagés à compter du 7 août 2015. Cet article mettait en place une procédure d'information du salarié encadrée par des délais fixés par décret. Le décret du 10 décembre 2015 [4] aménageait les règles relatives aux offres de reclassement à l'étranger, en cas de licenciement économique.

La réforme du 22 septembre 2017 [5] a tiré les conséquences de la restriction du périmètre de recherche de reclassement au territoire national issue de la réforme de la loi du 6 août 2015 en supprimant, par abrogation de l'article L. 1233-4-1 du Code du travail, la procédure d'information du salarié applicable en cas d'implantation de sociétés du groupe à l'étranger. Il en résulte que le périmètre de l'obligation de reclassement est désormais cantonné au territoire français, évitant des démarches le plus souvent inutiles, le salarié pouvant refuser toutes ces propositions.

Une fois le périmètre du reclassement bien déterminé, il revient alors de consulter toutes les sociétés, l'employeur ou l'administrateur ne pouvant se contenter de contacter qu'un nombre conséquent de sociétés [6].

§ 2
Contrat de sécurisation professionnelle

321.31 **Évolution historique.** Divers dispositifs d'accompagnement des licenciements économiques se sont succédés. La loi du 30 décembre 1986 [7] relative aux procédures de licenciements obligeait à proposer aux salariés licenciés pour motif économique une convention de conversion. Cette obligation subsistait, nonobstant l'ouverture d'une procédure de redressement ou de liquidation judiciaire [8]. En redressement judiciaire, l'administrateur ou, à son défaut, le débiteur – la solution étant identique en cas de plan de redressement –, et en liquidation judiciaire le liquidateur, devait proposer aux salariés licenciés pour motif économique une convention de conversion. Cette convention devait être proposée avant l'expiration des périodes de garanties couvertes par l'AGS [9]. En pratique, elle était proposée à l'occasion de l'entretien préalable aux licenciements, du moins si celui-ci avait lieu. Le salarié disposait d'un délai de réflexion de quinze jours pour manifester son accord ou son refus.

Le fait pour le salarié d'accepter le bénéfice de la convention ne le privait pas de la possibilité de contester le caractère réel et sérieux de son licenciement, l'ordre des licenciements [10] ou encore le motif économique du licenciement [11].

L'article L. 321-13-1 du Code du travail prévoyait le versement à l'Assedic d'une contribution égale à un mois de salaire brut, calculée sur la moyenne des douze derniers mois de travail, en cas de non-respect de la procédure de convention de conversion.

L'ordonnance du 24 juin 2004 [12] supprime, en son article 13, I, les conventions de conversion [13]. Le système a été remplacé par le Pré-Pare, rapidement abandonné. Depuis la loi de cohésion sociale du 18 janvier 2005 [14], il y a obligation de proposer aux salariés licenciés pour motif économique une convention de reclassement personnalisé, telle que prévue à l'article L. 1233-65. Le dispositif s'applique aux salariés concernés par une procédure de licenciement pour motif économique engagée à compter du 31 mai 2005.

La convention de reclassement personnalisé doit être proposée à l'issue de la dernière réunion des instances représentatives du personnel. La Cour d'appel d'Aix-en-Provence a jugé que la convention devait être proposée au plus tard lors de l'entretien préalable [15]. Pour sa part, la Cour d'appel de Paris a

1. Sur les conditions d'extension à la commission paritaire de l'emploi de la branche : Soc. 8 mars 2017, n°s 15-24.149 à 15-24.168, NP – Soc. 11 juill. 2016, n° 15-12.752, P V – Soc. 16 nov. 2017, n°s 16-14.572 à 16-14.585, 16-14.587 à 16-14.602, 16-14.604 à 16-14.606, 16-14.608 et 16-14.609, P V ; *Gaz. Pal.* 16 janv. 2018, n° 2, 78, note C. Gailhbaud.
2. L. n° 2015-990, 6 août 2015, *JO* 7 août, p. 13537, dite loi Macron – L. Fin-Langer ; *Act. proc. coll.* 2015/13, comm. 228 – L. Driguez, « Un pas de plus vers la sécurisation des licenciements collectifs des entreprises en redressement et liquidation judiciaires », *BJE* 2015. 437.
3. L. n° 2015-990, 6 août 2015, *JO* 7 août, p. 13537, dite loi Macron – L. Fin-Langer ; *Act. proc. coll.* 2015/13, comm. 228 – L. Driguez, art. préc. ; *BJE* 2015. 437.
4. Décr. n° 2015-1638, 10 déc. 2015, *JO* 12 déc., p. 22977.
5. Ord. n° 2017-1387, 22 sept. 2017, préc.
6. Soc. 9 oct. 2024, n° 22-21.371 ; *RPC* nov. 2024, comm. 172, F. Taquet ; *JCP S* 2025, n° 1082, note E. Noirot et A. Lallement.
7. L. n° 86-1320, 30 déc. 1986, *JO* 31 déc., p. 15885.
8. Soc. 10 mai 1999, n° 97-40.060, P V, n° 203 ; *D.* 2000. Somm. 8, obs. F. Derrida.
9. Sur la garantie AGS, v. s^{s} n°s 721.11 s.
10. Caen, 3e ch., sect. soc., 19 févr. 2001 ; *Act. proc. coll.* 2002/13, n° 171.
11. Soc. 14 janv. 2009, n° 07-43.644, NP ; *RPC* 2009/2, p. 27, n° 26, note F. Taquet.
12. Ord. n° 2004-602, 24 juin 2004, préc.
13. L. Fin-Langer ; *Act. proc. coll.* 2004/17, n° 211.
14. L. n° 2005-32, 18 janv. 2005, préc.
15. Aix-en-Provence, 9e ch. C, 10 févr. 2009 ; *RPC* 2011, comm. 66, p. 66, note F. Taquet.

jugé que les recherches de reclassement devaient être antérieures à la saisine du juge-commissaire aux fins d'autoriser, en période d'observation, les licenciements économiques [1]. En conséquence, les démarches entreprises par l'employeur ou l'administrateur, selon le cas, devront être jointes à la requête présentée au juge-commissaire en redressement judiciaire.

La proposition s'effectue par la remise, contre récépissé, du document de présentation de la convention de reclassement personnalisé. Le salarié complète, date et signe le récépissé et le remet à l'employeur. La date de proposition, mentionnée sur le récépissé, fait courir le délai de réflexion de quatorze jours [2]. Ainsi, est jugée insuffisante, pour valoir respect de l'obligation de reclassement, une simple information par voie d'affichage des emplois disponibles dans la région [3] ou l'envoi aux salariés d'une liste de postes à pourvoir ouverts à l'ensemble des salariés de l'entreprise [4]. En présence d'offres de reclassement transmises aux salariés fixant un délai de réponse de quatre jours, sans informer le salarié de la possibilité de prolonger le délai de réflexion, une Cour d'appel peut estimer insuffisant le délai [5].

La Cour de cassation est venue préciser dans quel document l'employeur, l'administrateur ou le liquidateur, selon le cas, doit préciser le motif économique de la rupture du contrat de travail, lorsque le salarié a accepté la convention de reclassement personnalisé. Il peut s'agir soit du document écrit d'information sur cette convention remis obligatoirement au salarié concerné par le projet de licenciement, soit de la lettre qu'il est tenue d'adresser au salarié, lorsque le délai de réponse pour accepter la convention expire après le délai d'envoi de la lettre de licenciement, soit lorsqu'il n'est pas possible d'envoyer cette lettre avant l'acceptation par le salarié de la convention, de tout autre document écrit remis ou adressé au salarié au plus tard au moment de son acceptation [6].

Une Cour d'appel a pu, d'une manière critiquée [7], juger que le salarié qui a accepté la convention de reclassement personnalisé ne peut plus contester le caractère économique du licenciement [8]. La jurisprudence dominante est clairement en sens contraire : l'adhésion du salarié à la convention de reclassement personnalisé ne le prive pas du droit de contester le caractère économique du licenciement [9]. Sauf fraude de l'employeur ou vice du consentement, les salariés licenciés pour motif économique qui ont personnellement adhéré à une convention passée entre leur employeur et l'État, laquelle, compte tenu de l'impossibilité de les reclasser, leur assure jusqu'à la retraite le versement d'une allocation spéciale, ne peuvent remettre en cause la légitimité de la rupture de leur contrat de travail. Il en va spécialement ainsi lorsque la convention leur a été proposée dans le cadre d'un plan de sauvegarde de l'emploi [10]. En revanche, en l'absence de motif économique de licenciement, la convention de reclassement personnalisé devient sans cause, de sorte que l'employeur est tenu au paiement du préavis et des congés payés, le contrat de travail se poursuivant jusqu'à son terme [11]. L'employeur est également tenu de rembourser les indemnités de chômage, sous déduction de la contribution prévue à l'article L. 1233-69 du Code du travail [12].

L'article L. 3253-8, 3°, prévoit que les créances résultant de la rupture du contrat de travail des salariés auxquels a été proposé par l'administrateur, l'employeur, ou le liquidateur, la convention de reclassement personnalisé, sont prises en charge par l'AGS, si la proposition a été faite dans certains délais [13]. L'indemnisation allouée aux salariés en cas d'insuffisance du plan social est garantie par l'AGS en vertu de l'article L. 3253-8, 2°, du Code du travail, peu important que cette insuffisance soit imputable à l'organe de la procédure auteur des licenciements [14].

La convention de reclassement personnalisé a été remplacée par le contrat de sécurisation professionnelle par la loi du 28 juillet 2011 [15], mais a continué à s'appliquer en théorie jusqu'au 1er septembre 2011, date d'entrée en vigueur du contrat de sécurisation professionnelle [16]. En réalité, un arrêté du 1er septembre 2011 relatif à la mise en œuvre du contrat de

1. Paris, 18e ch. E, 11 juin 2004, RG n° 03/31485.
2. *Bull. IFPPC* août 2005, n° 6.
3. Soc. 21 sept. 2011, n° 10-19.836, NP.
4. Soc. 9 avr. 2014, nos 13-13.360 à 13-13.367, NP ; *RPC* 2014, comm. 116, note F. Taquet.
5. Soc. 19 févr. 2014, n° 12-28.404, NP ; *RPC* 2014, comm. 117, note F. Taquet.
6. Soc. 26 janv. 2012, n° 10-27.245, NP.
7. F. Taquet, obs. ss Douai, ch. soc., 23 févr. 2007, RG n° 06/01057 ; *RPC* 2007/3, p. 150, n° 6.
8. Douai, ch. soc., 23 févr. 2007, RG n° 06/01057 ; *RPC* 2007/3, p. 150, n° 6, obs. F. Taquet.
9. Soc. 23 juin 2009, n° 08-42.907, NP ; n° 1433 F-D ; *Gaz. proc. coll.* 2009/4, 2e partie, nos 305 à 307, p. 35, n° 5, note C. Gailhbaud – Soc. 10 févr. 2010, n° 08-44.663, NP ; *RPC* 2010/3, comm. 107, note F. Taquet – Soc. 19 janv. 2011, n° 09-43.522, NP ; *RPC* 2011, comm. 88, p. 51, note F. Taquet – Soc. 12 juin 2012, n° 10-14.632, P V, n° 176 ; *RPC* 2012, comm. 146, note F. Taquet – Soc. 12 juin 2012, n° 11-19.641, P V, n° 177 ; *RPC* 2012, comm. 146, note F. Taquet.
10. Soc. 7 juill. 2009, n° 08-42.896, NP ; n° 1585 F-D ; *Gaz. proc. coll.* 2009/4, 2e partie, nos 305 à 307, p. 36, n° 6, note C. Gailhbaud – Soc. 27 nov. 2012, n° 11-18.921, NP ; *RPC* 2013, comm. 54, note F. Taquet.
11. Soc. 28 janv. 2014, n° 12-23.206, NP ; *RPC* 2014, comm. 65, note F. Taquet.
12. Soc. 17 déc. 2014, n° 13-26.905, NP ; *RPC* 2015, comm. 4, note F. Taquet.
13. V. ss n° 722.81.
14. Soc. 28 juin 2006, nos 04-44.599,04-44.600, 04-44.964, 04-44.965, NP ; n° 1664 F-D.
15. L. n° 2011-893, 28 juill. 2011, *JO* 29 juill., p. 12914.
16. Soc. 3 févr. 2016, n° 14-23.633, P V ; n° 267 P+B.

sécurisation professionnelle est intervenu, mais n'a été publié au *JO* que le 23 septembre 2011. Le dispositif n'est en conséquence applicable qu'aux licenciements intervenus postérieurement à cette date du 23 septembre 2011 [1].

321.32 Contrat de sécurisation professionnelle. La loi du 28 juillet 2011 [2] a remplacé l'obligation de reclassement personnalisé par le contrat de sécurisation professionnelle, effectivement à compter du 1er septembre 2011 [3]. L'adhésion du salarié à ce contrat emporte rupture du contrat de travail [4] et donne droit à l'indemnité de licenciement ou à toute indemnité conventionnelle qui lui aurait été due en cas de licenciement.

Il est alors considéré comme stagiaire de la formation continue. Pendant douze mois, le salarié perçoit une allocation spécifique correspondant à 75 % de son salaire depuis le 1er février 2015, un suivi plus personnalisé et intensifié auprès de France Travail par rapport à une prise en charge classique.

Il est à noter que lorsque le salarié adhère à la CRP, il renonce alors à l'obligation de reclassement et l'employeur peut alors proposer le poste à un autre salarié, quand bien même le délai de réflexion de vingt-et-un jours ne serait pas écoulé [5]. Il bénéficie enfin de la priorité de réembauchage [6].

On peut penser que les solutions rendues par la Cour de cassation à l'occasion de la CRP seront maintenues. Ainsi s'il apparaît, après examen de son dossier, que le salarié n'est pas éligible à la CRP, cela n'a pas pour effet de rendre sans cause réelle et sérieuse son licenciement [7].

De plus, malgré cette acceptation, le salarié peut, dans les douze mois qui suivent, contester son licenciement [8] ainsi que les critères d'ordre [9]. Si le motif économique n'existe pas, la CRP signée devient sans cause [10]. L'employeur doit délivrer un écrit comportant le motif précis qui a justifié la mise en place de la procédure de licenciement [11]. L'employeur indique ce motif soit dans le document d'information qu'il doit remettre avant la réponse du salarié, soit dans la lettre remise au salarié après l'expiration du délai de réponse, soit dans tout autre document écrit remis au plus tard au moment de son acceptation [12]. Cette information peut être faite par courrier électronique [13]. Si la forme est assez souple, la Cour de cassation exige une précision du motif : à défaut d'avoir une information complète du motif économique, le salarié peut demander des dommages-intérêts pour défaut de cause réelle et sérieuse. L'employeur éventuellement assisté de l'administrateur a en réalité une double obligation : proposer ce contrat et informer le salarié du motif économique.

Comme elle l'avait fait pour la convention de reclassement personnalisé, la Cour de cassation admet la possibilité pour le salarié ayant accepté d'adhérer au contrat de sécurisation professionnelle, de contester la procédure de licenciement pour motif économique. Le contrat de travail étant rompu à l'issue du délai de réflexion de vingt-et-un jours, le délai de prescription de l'action en contestation de la rupture et de son motif commence à courir le lendemain de l'expiration de ce délai [14].

La lettre de convocation à l'entretien préalable est obligatoire et revêt ici un caractère particulier. L'envoi d'un courrier électronique suffisamment complet permet à l'employeur de satisfaire à son obligation d'infor-

1. Soc. 21 sept. 2016, n° 15-10.310, P V.
2. L. n° 2011-893, 28 juill. 2011, préc.
3. Soc. 3 févr. 2016, n° 14-23.633.
4. C. trav., art. L. 1233-67.
5. Soc. 28 sept. 2011, n° 10-23.703 ; *Bull. civ.* V, n° 198 ; *JCP S* 2012, n° 1029, note A. Louvet ; *RDT* 2011. 637, obs. F. Géa ; *D.* 2011. 2478 ; *D. actu.* 21 oct. 2011, obs. L. Perrin.
6. Soc. 30 nov. 2011, n° 09-43.183 ; *Bull. civ.* V, n° 282 ; *D.* 2011. 3003 ; *D.* 2012. 901, obs. P. Lokiec et J. Porta ; *RDT* 2012. 34, obs. A. Fabre ; *JCP S* 2012, n° 1086, obs. F. Dumont – Soc. 22 sept. 2015, n° 14-16.218 ; *Bull. civ.* V, n° 208 ; *JCP S* 2016, n° 1461, note A. Louvet ; *D. actu.* 21 oct. 2015, obs. W. Fraisse ; *D.* 2015. Actu. 1958 ; *CSBP* févr. 2016, p. 82, note J. Icard ; *RPC* janv. 2016, comm. 19, F. Taquet.
7. Soc. 8 oct. 2014, n° 13-13.995 ; *RDT* 2014. 685, obs. M. Ines ; *JCP S* 2014, n° 1463, note L. Drai ; *D. actu.* 2014, 2054.
8. Soc. 17 mars 2015, n° 13-2.6941 ; *Bull. civ.* V, n° 51 ; *RDT* 2015. 328, obs. A. Fabre ; *JCP S* 2015, n° 1192, note Th. Lahalle ; *D. actu.* 2 avr. 2015, obs. M. Ines ; *D.* 2015. Actu. 736 ; *Act. proc. coll.* 2015, n° 121 ; *RPC* mai 2015, comm. 45, obs. F. Taquet.
9. Soc. 5 mars 2008, n° 07-41.964 ; *Bull. civ.* V, n° 47 ; *JCP S* 2008, n° 1334, note F. Dumont ; *D.* 2008. 856, obs. M. Ines ; *D.* 2008. 2306, obs. B. Reynès ; *RDT* 2008. 385, obs. E. Durlach ; *DS* 2008. 617, obs. G. Couturier ; *CSBP* juin 2008, p. 256, note F.-J. Pansier ; *JCP E* 2008, n° 1525, note F. Taquet ; *JCP* 2008. II. 10084, note D. Corrignan-Carsin.
10. Soc. 5 mai 2010, n° 08-43.652 ; *Bull. civ.* V, n° 104 ; *D. actu.* 28 mai 2010, obs. L. Perrin ; *D.* 2010. 1290 ; *JCP S* 2010, n° 1300, note D. Corrignan-Carsin ; *RDT* 2010. 437, obs. A. Fabre ; *RPC* sept. 2010, comm. 187, note F. Taquet.
11. Soc. 27 mai 2009, n° 08-43.137 ; *Bull. civ.* V, n° 139 ; *D. actu.* 12 juin 2009, obs. Maillard ; *JCP S* 2009, n° 1373, note B. Bossu ; *RPC* sept. 2009, comm. 134, F. Taquet.
12. Soc. 14 avr. 2010, nos 08-45.399 et 09-40.987 ; *Bull. civ.* V, n° 98 ; *RDT* 2010. 437, obs. A. Fabre ; *JCP S* 2010, n° 1299, note F. Dumont ; *JCP E* 2010, n° 1514, note F. Taquet ; *D. actu.* 11 mai 2010, obs. L. Perrin – Soc. 22 sept. 2015, n° 14-16.218 ; *Bull. civ.* V, n° 208 ; *JCP S* 2016, n° 1461, note A. Louvet ; *D. actu.* 21 oct. 2015, obs. W. Fraisse ; *D.* 2015. Actu. 1958 ; *CSBP* févr. 2016, p. 82, note J. Icard ; *RPC* janv. 2016, comm. 19, F. Taquet.
13. Soc. 13 juin 2018, n° 16-17.865 ; *Bull. civ.* V, n° 115 ; *RPC* sept. 2018, comm. 157, obs. F. Taquet ; *Act. proc. coll.* 2018, 187 ; *D.* 2018. 1317 ; *D. actu.* 9 juill. 2018, obs. J. Cortot.
14. Orléans, 14 févr. 2017, RG n° 15/01984 ; *RPC* mai-juin 2017, comm. 72, note F. Taquet.

mation du salarié avant son acceptation du contrat de sécurisation professionnelle[1].

L'irrégularité de cette lettre de convocation à l'entretien préalable peut être source d'indemnisation. L'information du salarié sur le caractère économique de son licenciement doit impérativement se faire au plus tard au moment de son acceptation du contrat de sécurisation professionnelle[2]. Mais la notification du licenciement avant l'expiration du délai accordé au salarié pour donner sa réponse aux offres de reclassement et au contrat de sécurisation professionnelle n'est pas irrégulière[3]. Il faut donc comprendre que la lettre de licenciement ne vaut licenciement qu'en cas de refus de ces propositions. Dans les faits, la lettre est souvent notifiée à titre conservatoire et permet ainsi de respecter les délais de notification particuliers dans les procédures collectives pour permettre la prise en charge des indemnités par l'AGS.

De façon générale, et comme cela est le cas en matière de convention de reclassement personnalisé, en l'absence de motif économique de licenciement, le contrat de sécurisation professionnelle devient sans cause. En ce cas, l'employeur est tenu à l'obligation du préavis et des congés payés afférents, sauf à tenir compte des sommes déjà versées à ce titre en vertu dudit contrat[4]. L'employeur est aussi tenu de rembourser les indemnités chômage sous déduction de la contribution prévue à l'article L. 1233-69 du Code du travail dans sa version applicable au litige[5].

L'employeur qui ne remet pas au salarié licencié pour motif économique le formulaire relatif au contrat de sécurisation professionnelle crée un préjudice au salarié qu'il doit réparer[6]. La solution est évidemment transposable à l'organe de la procédure collective en charge des licenciements.

A été jugée régulière, la procédure de licenciement économique suivie par un administrateur judiciaire qui avait convoqué neuf salariés à un entretien individuel, après consultation des délégués du personnel, et alors que l'administrateur avait remis le même jour, en mains propres, une lettre exposant les raisons économiques de leur licenciement en invitant à faire part de leur adhésion à un contrat de sécurisation professionnelle, ce que les salariés avait accepté. La position de la Cour d'appel exigeant l'envoi d'un pli recommandé avant l'expiration d'un délai de vingt-et-un jours n'a pas été suivie[7].

L'article 293 de la loi du 6 août 2015[8], dite loi Macron, précise que la proposition doit avoir lieu pendant l'entretien individuel, si le licenciement est individuel, après la notification par la Dreets de sa décision de validation ou d'homologation du plan de sauvegarde de l'emploi, lorsqu'il y a place à un tel plan. Ces règles s'appliquent aux licenciements engagés à compter du 7 août 2015[9].

§ 3
Plan de sauvegarde de l'emploi

321.41 Critères d'application du plan de sauvegarde de l'emploi. La mise en œuvre d'un plan de sauvegarde de l'emploi remplace, sous un vocable plus pudique, le plan social, concept « médiatiquement chargé de toute l'horreur économique »[10] depuis la loi du 14 juin 2013 de sécurisation de l'emploi[11]. Par ailleurs, cette loi a modifié la forme du PSE, qui peut toujours être un acte unilatéral mais également un accord collectif négocié avec les syndicats représentatifs de l'entreprise. Ce PSE est désormais soumis à une homologation de la part de la Dreets, son contrôle variant en fonction de la forme[12]. Cette étape est indispensable pour notifier les licenciements. Enfin, le contentieux de sa validité ne relève plus des juridictions judiciaires mais du tribunal administratif qui a une compétence exclusive en la matière[13].

Dans les entreprises employant au moins cinquante salariés et lorsque les licenciements économiques sont au moins au nombre de dix, deux obligations se superposent[14] : l'obligation de reclassement et la mise en œuvre d'un plan de sauvegarde de l'emploi[15].

1. Soc. 13 juin 2018, n° 16-17.865 ; *Bull. civ.* V, n° 115 ; *D. actu.* 9 juill. 2018, obs. J. Cortot ; *D.* 2018. Actu. 1317 ; *RPC* sept.-oct. 2018, comm. 157, note F. Taquet.
2. Soc. 22 sept. 2015, n° 14-16.218, P IV ; *RPC* 2016, comm. 19, note F. Taquet – Soc. 30 nov. 2017, n°s 16-24.228, 16-18.684, 16-23.496, 16-24.227, NP ; *RPC* janv.-févr. 2018, comm. 42, note F. Taquet – Soc. 17 janv. 2018, n° 16-22.426 ; *RPC* mai/juin 2018, comm. 117, p. 74, note F. Taquet.
3. Soc. 17 mars 2015, n° 13-26.941, P V, n° 51.
4. Soc. 16 nov. 2016, n° 15-17.449, NP ; *Leden* févr. 2017, comm. 110k9, obs. G. Dedessus-Le Moustier.
5. Soc. 22 févr. 2017, n° 15-11.081, NP ; *RPC* mai-juin 2017, comm. 72, note F. Taquet – Soc. 23 nov. 2022, n° 21-17.483.
6. Soc. 7 mars 2017, n° 15-23.038, P V ; *RPC* mai-juin 2017, comm. 72, note F. Taquet.
7. Soc. 15 juin 2017, n°s 16-11.721 à 16-11.723, 16-12.398, 16-12.400, 16-12.401, NP ; *Leden* nov. 2017, n° 111c0, note H. de Frémont ; *RPC* 2017, comm. 106, note F. Taquet.
8. L. n° 2015-990, 6 août 2015, préc.
9. D. Jacotot et L. Fin-Langer, « La loi Macron et le droit social », *RPC* 2015, ét. 17.
10. A. Mazeaud, « Faillite et droit du travail », *Le code de commerce 1807-2007 : Livre du bicentenaire*, Dalloz, 2006, p. 561 s., sp. p. 562.
11. L. n° 2013-504, 14 juin 2013.
12. Sur ces deux formes et le rôle de la Dreets, v. s^{s} n° 321.45.
13. Sur le contentieux administratif, v. s^{s} n° 321.47.
14. Soc. 14 mars 2012, n° 10-26.613, NP ; *RPC* 2012, comm. 150, note F. Taquet.
15. C. trav., art. L. 1233-10 – F. Taquet ; *RPC* 2005/2, p. 145, n° 6 – Sur la compétence pour contrôler le plan de sauvegarde de l'emploi : A. Boyer, *Protection des salariés et sauvetage de l'entreprise : quête d'un équilibre*, PUAM, 2006, n° 83.

Dans une entreprise qui comprend moins de cinquante salariés au jour de l'engagement de la procédure de licenciement, le plan de sauvegarde volontairement mis en place par l'employeur n'a pas à satisfaire aux exigences des dispositions des articles L. 1233-61 et L. 1233-62 du Code du travail [1].

Le respect par le débiteur d'un premier plan de sauvegarde de l'emploi, alors que l'entreprise était *in bonis*, ne dispense pas l'administrateur judiciaire de mettre en place un second plan de sauvegarde de l'emploi, dès lors qu'il envisage un nouveau licenciement collectif d'au moins dix salariés et alors que l'entreprise emploie au moins cinquante salariés [2].

En ce qui concerne spécialement le plan de sauvegarde de l'emploi, les critères s'apprécient, par principe, au niveau de l'entreprise que dirige l'employeur, et cela à la date de l'engagement de la procédure de licenciement [3].

Toutefois, la Cour de cassation juge qu'il en va autrement lorsque la décision de licencier a été prise, dans le cadre d'une unité économique et sociale. En ce cas, les conditions imposant l'établissement d'un plan de sauvegarde de l'emploi doivent être vérifiées au niveau de cette unité [4]. Encore faut-il que son existence ne soit pas discutée [5].

Il y a fraude à l'obligation d'établir un plan de sauvegarde de l'emploi, si la décision de restructuration est prise au niveau du groupe, lorsque l'échelonnement dans le temps des diverses cessions et fusions des entreprises composant l'unité économique et sociale n'avait d'autre but que de réduire le périmètre et le nombre de salariés composant l'unité économique et sociale pour s'affranchir de l'établissement d'un plan de sauvegarde de l'emploi [6].

321.42 Appréciation de la pertinence d'un plan de sauvegarde de l'emploi avant la loi du 6 août 2015, n° 2015-990, dite loi Macron. De façon générale, le Conseil d'État [7] et la Cour de cassation [8] jugent que la pertinence d'un plan de sauvegarde de l'emploi doit être appréciée en fonction des moyens dont disposent l'entreprise et le groupe dont elle fait partie pour maintenir les emplois ou faciliter le reclassement.

L'appréciation de la pertinence du plan de sauvegarde de l'emploi doit être effectuée en fonction des moyens dont dispose l'entreprise et partant de la situation de cette dernière. Le juge de la procédure collective n'a pas le pouvoir de se prononcer sur le contenu de la valeur d'un plan social au regard des moyens de l'entreprise, une telle vérification ne relevant que du juge social à l'époque compétent [9]. Dès lors, le juge prud'homal ne peut être privé du pouvoir de se prononcer sur la valeur du plan social au regard des moyens de l'entreprise pour la seule raison que l'ordonnance du juge-commissaire a arrêté le montant des fonds que l'administrateur judiciaire était autorisé à affecter au financement du plan social et qu'à la suite de cette décision l'administrateur judiciaire a dû réduire le contenu du plan au détriment des salariés menacés de licenciement [10].

S'agissant des moyens financiers du groupe, la pertinence doit s'apprécier compte tenu des moyens de l'ensemble des entreprises unies par le contrôle ou l'influence d'une entreprise dominante dans les conditions définies à l'article L. 2331-1 du Code du travail [11]. Ainsi pour apprécier la validité d'un plan de sauvegarde de l'emploi, la chambre sociale de la Cour de cassation a une approche du groupe de sociétés à la fois par des critères du droit des sociétés, c'est-à-dire les liens capitalistiques, mais aussi par des critères économiques de permanence et d'importance des relations permettant d'établir l'appartenance à un même ensemble économique [12].

Le fait que le contrôle soit assuré par une personne physique en qualité de dirigeant de sociétés ne fait pas obstacle à la réunion des conditions du contrôle effectif [13].

1. Soc. 10 juin 2015, n°s 14-10.031 à 14-10.038, P V ; *Leden* 2015, comm. 124, note G. Dedessus-Le Moustier.
2. Soc. 13 févr. 2013, n° 11-26.070, NP.
3. Soc. 13 juill. 2010, n° 09-65.182, NP ; *RPC* 2011, comm. 65, p. 65, note F. Taquet.
4. Soc. 16 nov. 2010, n° 09-69.485, P V, n° 258 ; FS P I B I R ; *RPC* 2011, comm. 64, p. 65, note F. Taquet.
5. Soc. 28 sept. 2022, nos 21-19.093 et 21-19.092 ; *Act. proc. coll.* 2022, 261, obs. L. Fin-Langer : la solution a été rendue alors que la société membre de l'UES était en liquidation judiciaire. Le liquidateur n'avait pas établi de PSE, car il n'avait pas tenu compte, dans son calcul des effectifs, de l'UES, en raison d'un recours pendant contestant la décision judiciaire l'ayant établie. V. déjà : Soc. 17 mars 2021, n° 18-16.947 ; *JCP S* 2021, n° 1109, obs. G. Auzero.
6. Soc. 30 nov. 2017, nos 15-14.303 à 15-14.308, NP ; *Leden* févr. 2018, n° 111h6, note H. de Frémont.
7. CE 4 mai 2016, req. n° 384094, NP ; *RPC* sept.-oct. 2016, comm. 144, p. 43, note D. Jacotot – CE 24 oct. 2018, req. n° 397900 ; *Leden* janv. 2019, n° 112e3, note H. de Frémont.
8. ainsi ; Soc. 16 nov. 2017, nos 16-14.586, 16-14.603, 16-14.607, NP ; *RPC* janv.-févr. 2018, comm. 41, note F. Taquet.
9. Soc. 14 oct. 1997, n° 96-18.876, P V, n° 312.
10. Soc. 2 févr. 2006, nos 05-40.037 à 05-40.048, 05-40.050 à 05-40.155, P V, n° 58.
11. Soc. 16 nov. 2016, nos 15 15.190, 15 15.204, 15 15.208, 15-15.222, 15-15.225, 15-15.229 à 15-15.231, 15-15.233, 15-15.235, 15-15.238, 15-15.243, 15-15.268, 15-15.270, 15-15.278, 15-15.287, P V ; FS-P+B+R+I, *D.* 2016. Actu. 2407, *D.* 2017. 239, note Salomon ; *Act. proc. coll.* 2017/1, comm. 9, note L. Fin-Langer ; *BJE* mars 2017, comm. 136, note A. Donnette-Boissière ; *RPC* 2017, comm. 49, note F. Taquet et 79, note L. Fin-Langer – *Adde* P. Bailly, « Les deux visages du groupe », *Gaz. Pal.* 2017. 1594.
12. L. Fin-Langer, note sous Soc. 16 nov. 2016, n° 15-15.190 ; *Act. proc. coll.* 2017/1, comm. 9.
13. Soc. 21 sept. 2017, nos 16-23.223, P V ; *Leden* déc. 2017, n° 111d4, note H. de Frémont ; *Act. proc. coll.* 2017, comm. 292, note L. Fin-Langer ; *BJE* 2017. 671, note G. Auzéro.

La réforme de 2017 n'a pas défini le groupe dans ce contexte. Il faut donc s'attendre à un contentieux pour savoir si le Conseil d'État, désormais compétent, appliquera la nouvelle définition retenue pour le reclassement[1] ou s'il maintiendra les solutions jurisprudentielles antérieures. Il serait souhaitable d'avoir un alignement des solutions.

Le Conseil d'État a censuré une Cour d'appel administrative, qui avait annulé la demande d'homologation d'un plan de sauvegarde de l'emploi en se contentant de prendre en compte le montant de l'enveloppe destinée au financement des mesures d'accompagnement, en l'estimant insuffisant, alors qu'il lui appartenait de rechercher si, compte tenu des moyens du groupe, les différentes mesures, prises dans leur ensemble, étaient propres à satisfaire aux objectifs de maintien dans l'emploi et de reclassement des salariés[2].

321.43 Appréciation de la pertinence du plan de sauvegarde de l'emploi depuis la loi du 6 août 2015[3]. La solution a été modifiée par la loi du 6 août 2015, qui prévoit que lorsque l'entreprise fait l'objet d'un redressement ou d'une liquidation judiciaire, le contenu du plan social ne s'apprécie plus au niveau du groupe, mais seulement au niveau de l'entreprise. Il faut cependant apporter deux nuances importantes à cette réforme. En redressement et en liquidation, l'administrateur reste tenu de rechercher les moyens du groupe, ce n'est que la Dreets qui est dispensée de ce contrôle[4]. Par ailleurs, lorsque l'entreprise bénéficie d'une sauvegarde, le périmètre reste le groupe, faute de dérogation expresse. Les solutions antérieures sont donc susceptibles d'être reconduites dans ce contexte.

Les postes disponibles s'entendent de postes en rapport avec les compétences des salariés, au besoin en les faisant bénéficier d'une formation d'adaptation. Il ne suffit donc pas que l'emploi soit disponible pour qu'il soit proposé au reclassement[5].

Le plan de sauvegarde doit comporter, dès sa présentation au CSE, des mesures précises et concrètes susceptibles d'assurer le reclassement des salariés à l'intérieur du groupe auquel la société appartient et, à défaut de postes disponibles, de favoriser les départs à l'extérieur du groupe[6]. Le plan de sauvegarde de l'emploi a pu être validé, en l'absence de reclassement dans le groupe, dont la situation était très difficile, dès lors que le mandataire-liquidateur avait prévu des dispositifs légaux spécifiques à certains salariés et avait ajouté la prise en charge par l'entreprise d'une cellule de reclassement à hauteur de 40 000 euros[7]. De même, a été validé le plan de sauvegarde de l'emploi, dans lequel l'administrateur judiciaire avait trouvé un financement à hauteur de 265 000 euros pour deux cent trente et un salariés licenciés, mis en place une cellule de reclassement confiée à un organisme social choisi par le comité d'entreprise et proposé aux salariés le rachat de machines de l'entreprise à un prix symbolique pour qu'ils puissent créer de nouvelles activités. Il n'existait, en l'espèce, aucune possibilité de reclassement dans le groupe, toutes les sociétés de celui-ci ayant été placées en redressement judiciaire[8].

Il a été démontré le caractère inconciliable du droit des entreprises en difficulté, qui apprécie la situation au niveau de la société employeur, ce qui justifie que la société mère ne peut être condamnée à abonder à un plan de sauvegarde de l'emploi, et le droit social qui impose de prendre en compte les moyens financiers du groupe pour apprécier le caractère suffisant ou non du plan de sauvegarde de l'emploi[9].

321.44 Démarches jugées insuffisantes pour assurer un plan de sauvegarde de l'emploi. La Cour de cassation, sur un plan formel, exige que la preuve soit apportée que le plan de sauvegarde comporte en annexe une liste des postes disponibles pour assurer le reclassement des salariés et que cette liste a bien été communiquée aux représentants du personnel[10].

Le plan social qui ne contient que des mesures financées par le FNE, ne comporte aucune indication précise sur le nombre, la nature et la localisation des emplois pouvant être proposés pour un reclassement, alors que, malgré la situation de l'entreprise, il existe des postes de reclassement, est insuffisant au regard des moyens de l'entreprise[11]. De même, le

1. Sur la définition du groupe en matière de reclassement, v. s[s] n° 321.23.
2. CE 17 oct. 2016, req. n° 386306, *Lebon T.* ; *BJS* janv. 2017, 45, note G. Dedessus-Le Moustier ; *Leden* févr. 2017, comm. 110k5, obs. H. de Frémont.
3. L. n° 2015-990, 6 août 2015, dite Loi Macron.
4. L. Fin-Langer ; *Act. proc. coll.* 2015/13, comm. 229 ; L. Driguez, « Un pas de plus vers la sécurisation des licenciements collectifs des entreprises en redressement et liquidation judiciaires », *BJE* 2015. 437 ; D. Jacotot et L. Fin-Langer, « La loi Macron et le droit social », *RPC* 2015, ét. 17.
5. Soc. 27 mai 2015, n°s 14-10.766 à 14-10.771, 14-10.773, 14-10.774, P V ; *Act. proc. coll.* 2015/12, comm. 190, note L. Fin-Langer.
6. Soc. 7 juin 2011, n°s 10-11.085 à 10-11.251, NP ; *BJE* nov.-déc. 2011, comm. 153, p. 342, note C. Gailhbaud ; *RPC* 2011, comm. 196, note F. Taquet – Soc. 9 avr. 2014, n°s 13-10.844 à 13-10.851, NP ; *RPC* 2014, comm. 120, note F. Taquet.
7. Soc. 28 sept. 2011, n° 10-17.718, NP ; *Act. proc. coll.* 2011/19, comm. 295, note L. Fin-Langer (cité par erreur comme étant un arrêt du 25 octobre 2011).
8. Soc. 5 juin 2012, n°s 11-10.780,11-10.782, NP – Soc. 5 juin 2012, n°s 11-10.781,11-10.783, NP.
9. R. Dammann et B. Gallo, « La loi de sécurisation de l'emploi et le droit des procédures collectives ne font pas bon ménage », *BJE* 2014, édito 281.
10. Soc. 15 avr. 2008, n° 06-46.129, NP ; *Gaz. proc. coll.* 2008/3, p. 55, note B. Saintourens.
11. Soc. 28 juin 2006, n°s 04-44.599,04-44.600, 04-44.964, 04-44.965, NP ; n° 1664 F-D – RAPPR. : Soc. 11 oct. 2006, 2006, n°s 04-47.950 à 04-47.954, P V, n° 304 ; n° 2268 F-P+B.

plan social ne prévoyant que la conclusion de conventions de conversion est insuffisante [1].

Ni les conventions de conversion, ni les conventions ASFNE, ni le bilan de compétences ne doivent être retenus pour apprécier l'adéquation du plan social aux moyens dont dispose l'entreprise et le groupe auquel elle est éventuellement intégrée [2].

Les moyens tirés de ce que la société et son administrateur judiciaire n'avaient disposé que de peu de temps pour procéder aux diligences qui leur incombaient depuis l'ouverture de la procédure collective jusqu'à la date du plan de cession sont inopérants [3].

Désormais, tous les PSE doivent contenir des actions visant à favoriser la reprise de tout ou partie des activités [4]. Cette mesure particulière est écartée dans la procédure de redressement et de liquidation, en raison des règles spécifiques en termes de recherche d'un repreneur. En revanche, aucune exception n'a été envisagée dans le cadre de la sauvegarde.

Il faut noter que le PSE doit contenir des mesures de nature différente à celle du reclassement. En effet, il est désormais acquis que l'entreprise doit rechercher systématiquement si ce projet de grand licenciement comporte des risques-psychosociaux et le cas échéant prévoir toutes les mesures pour y faire face, au nom de l'obligation de prévention des risques professionnels. La Dreets en vérifie désormais le respect, sous le contrôle du juge administratif. Cette démarche concerne également les cessations définitives d'activité, y compris en liquidation judiciaire [5]. Ce contrôle prévu au départ pour les PSE unilatéraux a été étendu aux PSE conclus par accord collectif [6]. En pratique, est mis à jour le document unique d'évaluation des risques professionnels (DUERP) et sont mis en place un numéro vert, une assistance psychologique [7] ou le remboursement de séances. Un dialogue constructif avec le CSE doit être engagé pour identifier les risques et envisager les mesures à prendre, même si un avis spécifique précédé d'un vote n'est pas nécessaire [8].

Reste à savoir s'il faudra aussi que le PSE envisage les conséquences environnementales de cette décision. En effet, la loi Climat et résilience du 22 août 2021 a modifié l'article L. 2312-8 du Code du travail relatif aux compétences générales du CSE dans les entreprises de 50 salariés et plus, mais n'a pas modifié ceux précisant cette compétence dans le cadre du licenciement pour motif économique, comme l'article L. 1233-31. Les juges administratifs sont pour l'instant divisés [9].

321.45 Modalités pratiques de mise en place du PSE. Il a deux possibilités en théorie.

Il peut tout d'abord négocier un accord collectif avec les partenaires sociaux puis faire valider cet accord auprès de la Dreets. Il s'agit d'un accord spécifique, validé depuis 2013 à une majorité de 50 %, sans aucune autre forme de négociation subsidiaire possible. L'autorité administrative doit vérifier que l'accord majoritaire a été signé par des syndicats représentatifs [10] et signée par une personne ayant qualité pour engager l'employeur [11]. Le caractère majoritaire de l'accord s'apprécie en additionnant les différentes audiences des syndicats signataires, représentatifs au niveau de l'entreprise, peu important le caractère catégoriel ou non de leurs statuts [12]. Le seul fait que la Dreets n'ait pas opéré ces vérifications est insuffisant pour entrainer l'annulation de la décision de validation [13].

Une cour administrative d'appel a jugé que, faute pour un accord collectif majoritaire de contenir les modalités de suivi par le comité d'entreprise (aujourd'hui CSE) de la mise en œuvre des mesures de reclassement prévues par le plan de sauvegarde de l'emploi, ou d'être complété par un document unilatéral portant sur ses modalités, l'administration ne

1. Soc. 28 juin 2006, n°s 05-41.685 à 05-41.702, 05-41.957, NP ; n° 1665 F-D.
2. Soc. 28 juin 2006, n° 05-40.572, NP ; n° 1670 F-D.
3. Soc. 16 nov. 2017, n°s 16-14.572, P V ; *Gaz. Pal.* 16 janv. 2018, n° 2, p. 78, note C. Gailhbaud ; *Leden* janv. 2018, n° 111f4, note H. de Frémont.
4. C. trav., art. L. 1233-62 issu de la loi Travail du 8 août 2016.
5. CE 21 mars 2023, req. n°s 460660 et 460924 ; *RDT* 2023. Controverse 377, note de L. Montvalon, Ph. Rozec et Th. Le Gall ; *RDT* 2023. 476, obs. L. de Montvalon ; *JSL* 2023, n° 564-2, obs. M. Hautefort ; *SSL* 2023, n° 2040, p. 5, concl. J.-F. de Montgolfier, obs. A. Stocki ; *JCP S* 2023, n° 1124, obs. B. Gauriau ; *D. actu.* 6 avr. 2023, obs. S. Norval-Grivet ; *RPC* juill. 2023, n° 70, obs. D. Jacotot ; *Act. proc. coll.* 2023, n° 136 ; *Gaz. Pal.* 19 sept. 2023, p. 66, obs. C. Gailhbaud ; *Leden* mai 2023, p. 6, obs. H. de Frémont.
6. CE 19 déc. 2023, req. n° 458434 ; *AJDA* 2023. 2369 ; *RJS* 2/2024, n° 86.
7. CE 15 oct. 2024, req. n° 488496, ACIAM ; *RPC* janv. 2025, n° 30, obs. D. Jacotot ; *JCP E* 2025, n° 1028, note D. Jacotot ; *Act. proc. coll.* 2025, n° 8, obs. M. N. Katchadourian ; *RDT* 2024. 665, note M. Kocher.
8. CE 15 oct. 2024, req. n° 488496, ACIAM ; *RPC* janv. 2025, n° 30, obs. D. Jacotot ; *JCP E* 2025, n° 1028, note D. Jacotot ; *Act. proc. coll.* 2025, n° 8, obs. M. N. Katchadourian ; *RDT* 2024. 665, note M. Kocher.
9. TA Montreuil, 2 mai 2022, n° 2202445 : aucun obstacle à l'homologation du PSE – TA Cergy-Pontoise, 10 mars 2022, *RDT* 2023. 553 : solution contraire.
10. CE, ass., 22 juill. 2015, req. n° 385668, *Lebon* – CE 4e et 1re ch. réunies, 12 juin 2019, req. n° 420084 ; *Leden* sept. 2019, comm. 112t9, note G. Dedessus-Le Moustier.
11. CE 4e et 1re ch. réunies, 12 juin 2019, req. n° 420084, préc.
12. CE, sect., 5 mai 2017, req. n° 389620, *Lebon ; Leden* sept. 2017, comm. 110y1, note H. de Frémont.
13. CE 4e et 1re ch. réunies, 12 juin 2019, req. n° 420084, préc.

pouvait valider un tel accord [1]. Une autre cour administrative d'appel a adopté la position inverse [2].

Le défaut de transmission aux représentants du personnel des réponses aux observations de la Dreets constitue une irrégularité substantielle eu égard à la nature et à l'importance des éléments ainsi portés à la connaissance des membres du comité d'entreprise justifiant la nullité du plan de sauvegarde de l'emploi [3].

Pendant la période d'observation qui suit une sauvegarde, la négociation du PSE ne rencontre pas les mêmes obstacles que ceux existant dans un redressement judiciaire [4].

Il peut aussi l'établir unilatéralement et ensuite le faire homologuer par la Dreets, le contrôle étant plus approfondi au-delà des règles de validité formelle. L'administration doit notamment veiller à ce que la définition des catégories professionnelles au sein desquelles seront mis en œuvre les critères pour définir l'ordre des licenciements soit conforme aux règles applicables [5]. L'autorité administrative saisie d'une demande d'homologation d'un document unilatéral fixant le contenu d'un plan de sauvegarde de l'emploi doit s'assurer que la procédure d'information et de consultation des représentants du personnel a été régulière [6]. Elle va ensuite vérifier le contenu du PSE en termes de reclassement interne et externe. L'administration doit vérifier, au regard de l'importance du projet, si les mesures sont concrètes et précises, et si elles peuvent satisfaire les objectifs de reclassement en fonction des moyens de l'entreprise et des efforts de formation et d'adaptation déjà réalisés par l'employeur [7]. Il appartient à l'autorité administrative d'apprécier si le montant de l'enveloppe destinée au financement des mesures d'accompagnement des salariés licenciés n'apparaît pas insuffisant au regard des moyens financiers dont le groupe disposait à la date d'établissement du plan de sauvegarde de l'emploi [8]. De façon plus générale, l'administration doit apprécier si les mesures d'accompagnement prévues par le plan de sauvegarde de l'emploi sont suffisantes [9] et adaptées [10]. Le PSE doit donc être consistant, pertinent et proportionné et comprendre toutes les mesures de reclassement possibles, sans que le reclassement externe soit une obligation [11]. Son absence pourra cependant être prise en compte pour apprécier son caractère suffisant. Il lui revient aussi de contrôler la conformité du PSE aux accords de branche imposant des règles particulières, en matière de reclassement externe par exemple [12].

Le contrôle apparaît plus sévère pour les PSE unilatéraux. Le Conseil d'État admet ainsi qu'un accord collectif de PSE puisse prévoir, pour fixer des critères d'ordre, des considérations étrangères aux fonctions occupées par le salarié, alors qu'un PSE unilatéral ne peut les envisager [13]. Dans l'arrêt Fnac, il avait déjà admis le contrôle des critères d'ordre fixés dans le PSE unilatéral : ils doivent regrouper tous les salariés exerçant des fonctions de même nature supposant une formation professionnelle commune [14]. Quand ils sont fixés unilatéralement par l'employeur, le Conseil d'État vérifie alors qu'ils ont fait l'objet d'une information-consultation réelle [15].

La décision de la Dreets homologuant le document unilatéral comportant un plan de sauvegarde doit être suffisamment motivée [16], sous peine d'annulation [17]. Cette décision doit énoncer les éléments de droit et de fait qui en constituent le fondement, de

1. CAA Paris, 4 août 2016, n° 16PA01718 ; *Leden* nov. 2016, comm. 110e0, obs. G. Dedessus-Le Moustier.
2. CAA Douai, 17 nov. 2016, n° 16DA01513 ; *Leden* févr. 2017, comm. 110k6, obs. H. de Frémont.
3. CAA Marseille, 7e ch., 15 avr. 2014, req. n° 14MA00387 ; *BJE* 2014. 325, note C. Gailhbaud ; *Leden* juin 2014, comm. 97, note G. Dedessus-Le Moustier ; *RPC* 2014, comm. 100, note D. Jacotot.
4. Sur la mise en place d'un PSE en redressement judiciaire, v. ss n° 322.83.
5. CAA Versailles, 8 oct. 2015, req. n° 15V02312 ; *Leden* 2015/11, comm. 171, note G. Dedessus-Le Moustier – CAA Versailles, 4e ch., 22 févr. 2017, n° 16VE03480 ; *Leden* juin 2017, comm. 110u3, note G. Dedessus-Le Moustier.
6. CAA Versailles, 16 nov. 2016, n° 16VE02769 ; *RPC* 2017, comm. 50, note F. Taquet.
7. CE 22 juill. 2015, *Calaire Chimie*, req. n° 383481 ; *D. actu.* 24 juill. 2015, obs. D. Poupeau ; *AJDA* 2015. 1632, chron. J. Lessi et L. Dutheillet de Lamothe ; *AJDA* 2016. 1866, chron. L. Dutheillet de Lamothe ; *RDT* 2015. 514, concl. G. Dumortier ; *D.* 2016. Pan. 807, obs. P. Lokiec ; *RPC* janv. 2016, comm. 22, F. Taquet. Pour les entreprises *in bonis*, la Dreets contrôle aussi les moyens du groupe ou de l'UES.
8. TA Rennes, 12 déc. 2014, req. n° 1404182 ; *Leden* 2015/3, comm. 046, note G. Dedessus-Le Moustier.
9. CAA Nantes, 1re ch., 9 oct. 2014, req. n° 14NT01839 ; *RPC* 2015, comm. 11, note D. Jacotot.
10. CAA Nancy, 27 nov. 2014, req. n° 14NC01730 ; *RPC* 2015, comm. 11, note D. Jacotot.
11. CE 30 mai 2016, *société Milonga*, req. n° 384114 ; *RDT* 2016. 456, obs. C. Dechristé ; *Leden* sept. 2016, p. 6, note G. Dedessus-Le Moustier.
12. CE 13 avr. 2018, req. n° 404090 ; *RDT* 2018. 452 ; *JCP S* 2018, n° 1207, note S. Poncet ; *Leden* juin 2018, p. 7, note H. de Frémont.
13. CE 7 févr. 2018, req. n° 404077 ; *RPC* sept. 2019, comm. 146, note D. Jacotot ; *JCP S* 2018, n° 1087, note Kerbourc'h ; *JCP S* 2018, n° 1086, note S. Poncet et F. Renaud.
14. CE 30 mai 2016, *FNAC*, req. n° 387798 ; *RPC* sept. 2016, comm. 142, note D. Jacotot ; *Leden* sept. 2016, p. 7, note H. de Frémont ; *RDT* 2016. 485 ; *JSL* 2016, n° 414-4, obs. M. Hautefort ; *AJDA* 2016. 1149 ; *AJDA* 2016. 1866, chron. L. Dutheillet de Lamothe et G. Odinet.
15. CE 7 févr. 2018, req. n° 403001 ; *RPC* sept. 2019, 146, note D. Jacotot ; *RDT* 2018. 213, note F. Géa ; *D.* 2018. 823, note P. Lokiec et J. Porta ; *JCP S* 2018, n° 1086, obs. S. Poncet et F. Renaud ; *SSL* 2018, n° 1803, p. 6, interview Piveteau ; *SSL* 2018, n° 1803, p. 9, concl. S.-J. Lieber.
16. AINSI : CAA Marseille, 24 oct. 2014, req. n° 14MA03521 ; *RPC* 2015, comm. 53, note D. Jacotot.
17. TA Cergy-Pontoise, 22 avr. 2014, req. n° 1400989 ; *RPC* 2014, comm. 99, note D. Jacotot.

sorte que les personnes auxquelles cette décision est notifiée puissent à sa seule lecture en connaître les motifs[1]. Lorsqu'elle refuse l'homologation, l'administration satisfait à son obligation de motivation lorsqu'elle énonce les éléments de droit et de fait qui fondent son refus[2].

L'article L. 1233-58 du Code du travail n'a pas prévu un délai particulier pour l'examen par la Dreets du PSE établi pendant la période d'observation qui suit un jugement d'ouverture de sauvegarde, contrairement à ceux établis suite à l'adoption d'un plan de sauvegarde[3]. Par conséquent, il convient d'appliquer les délais de droit commun : quinze jours en cas d'accord collectif et vingt-et-un jours en cas d'acte unilatéral à compter de la réception de l'accord conformément à l'article L. 1233-57-4 du Code du travail. Le silence gardé par l'autorité administrative pendant les délais visés à l'alinéa 1 de l'article L. 1233-57-4 du Code, vaut, en application de l'alinéa 3 du même article, acceptation.

321.46 Absence de sanction spécifique de l'absence ou de l'insuffisance du plan de sauvegarde de l'emploi. En dehors du droit des entreprises en difficulté, la jurisprudence a décidé qu'il y a place à nullité des licenciements en cas d'absence ou d'insuffisance du plan social[4]. Cette solution a été consacrée par la loi du 14 juin 2013. Au contraire, si les licenciements économiques concernent une entreprise sous procédure collective, la nullité des licenciements n'est plus encourue en cas d'insuffisance d'un plan social. Désormais, cette solution est également inscrite aux articles L. 1235-10, L. 1235-11 et L. 1235-16.

En sauvegarde, l'aménagement de la sanction n'a pas été prévu : il est réservé aux redressements et à la liquidation judiciaire. Par conséquent, il convient d'appliquer le droit commun.

Depuis 2013, la nullité du licenciement n'est désormais encourue que si le licenciement est notifié à défaut de décision de la Dreets validant le PSE ou lorsque cette décision de validation est annulée par le tribunal administratif pour défaut ou insuffisance de PSE. En cas d'annulation du licenciement, le salarié peut obtenir sa réintégration à condition cependant d'avoir au moins deux ans d'ancienneté[5]. Pour les autres motifs d'annulation de la décision administrative, la réintégration supposera l'accord de l'employeur car le licenciement n'est pas nul[6]. Ainsi n'est pas nul le licenciement lorsque la décision administrative est annulée en raison d'un accord de PSE qui n'était pas majoritaire[7]. Il faut donc distinguer l'annulation de la décision administrative de validation du PSE de l'annulation du licenciement subséquent, car le licenciement n'est pas toujours annulé : la Cour de cassation fait une application littérale des articles L. 1235-10 et 11.

Par ailleurs, depuis la loi Macron du 6 août 2015, applicable uniquement aux licenciements engagés après son entrée en vigueur, l'annulation n'est plus encourue si la raison est l'insuffisance de motivation de la décision administrative et si elle reprend une décision correctement motivée dans les quinze jours[8]. À défaut de réintégration, il a droit une indemnité de six mois de salaire depuis l'ordonnance du 22 septembre 2016[9]. Ces sanctions ont été jugées conformes à la Constitution[10].

321.47 Contentieux de la contestation de la décision de l'administration du travail confié au juge administratif. La loi du 14 juin 2013 confie le contentieux de la contestation de la décision de l'administration du travail au juge administratif et l'encadre dans des délais courts. Le recours contre la décision explicite ou implicite de l'administration doit être engagé dans le délai de droit commun de deux mois de la notification de la décision de la Dreets à l'employeur, à compter de la date à laquelle cette décision est portée à la connaissance des syndicats et des salariés.

Le tribunal administratif doit statuer dans un délai de trois mois, la Cour d'appel et le Conseil d'État étant soumis au même délai par la suite. Dès lors, à l'expiration du délai de recours contentieux, le plan de sauvegarde de l'emploi ne pourra plus faire l'objet de contestations sur sa validité. Aucune appréciation ne devant être portée par l'administration du travail sur le motif économique des licenciements, les juridictions judiciaires restent toutefois compétentes pour apprécier la validité des licenciements, au titre du respect de l'obligation de reclassement individuel par exemple. À la « procéduralisation » du licenciement pour motif économique s'ajoute ainsi le dualisme juridictionnel que l'entreprise en diffi-

1. CE 1er févr. 2017, req. nº 391744, *Lebon ; Leden* mai 2017, comm. 110s6, obs. H. de Frémont ; *RPC* mai-juin 2017, comm. 82, note D. Jacotot.
2. CE 24 nov. 2017, req. nº 389443, *Lebon* T ; *Leden* févr. 2018, nº 111h5, note H. de Frémont.
3. Sur le délai accordé à la Dreets en cas de plan de sauvegarde, v. ss nº 411.61.
4. Soc. 13 févr. 1997, *Samaritaine*, nº 95-16.648, P V, nº 63 ; *D.* 1997. 171, note A. Lyon-Caen.
5. C. trav., art. L. 1235-10.
6. C. trav., art. L. 1235-16.
7. Soc. 13 janv. 2021, nº 19-12.522, P ; *D. actu.* 8 févr. 2021, obs. L. De Montvalon ; *RDT* 2021. 183, obs. F. Géa ; *RDT* 2021. 193, obs. H. Cavat ; *JSL* 2021, nº 515-3, obs. M. Hautefort ; *JCP S* 2021, nº 1029, obs. L. Urbani-Schwartz et L. Vincent-Carrière ; *Act. proc. coll.* 2021, nº 50.
8. Soc. 9 janv. 2019, nº 17-22.101, NP ; *JCP S* 2019, nº 1080, note A. Mannes.
9. C. trav., art. L. 1235-16 et L. 1235-11.
10. C. const. 7 sept. 2018, nº 2018-729, QPC ; *Leden* nov. 2018, nº 111z4, note G. Dedessus-Le Moustier.

culté connaît déjà à travers la situation des salariés protégés.

Il résulte des dispositions de l'article L. 1235-7-1 du Code du travail que le document élaboré par l'employeur, le contenu du plan de sauvegarde de l'emploi, les décisions prises par l'administration au titre de l'article L. 1233-57-5 et la régularité de la procédure de licenciement collectif ne peuvent faire l'objet d'un litige distinct de celui relatif à la décision de validation ou d'homologation mentionnée à l'article L. 1233-57-4, qui relève de la compétence, en premier ressort, du tribunal administratif, à l'exclusion de tout autre recours administratif ou contentieux. Si le juge judiciaire demeure compétent pour apprécier le respect par l'employeur de l'obligation individuelle de reclassement, cette appréciation ne peut, en application des dispositions de l'article L. 1235-7-1 du Code du travail, méconnaître l'autorité de la chose décidée par l'autorité administrative ayant homologué le document élaboré par l'employeur par lequel a été fixé le contenu du plan de reclassement intégré au plan de sauvegarde de l'emploi. Par conséquent, une Cour d'appel ne peut se fonder sur l'appréciation du contenu du plan de sauvegarde de l'emploi pour conclure à l'absence de cause réelle et sérieuse du licenciement, au motif du caractère insuffisant du plan de reclassement, sans méconnaître l'autorité de la chose décidée par l'autorité administrative ayant homologué le document unilatéral contenant plan de sauvegarde de l'emploi [1].

Indiquons enfin que le Conseil constitutionnel a rejeté une question prioritaire de constitutionnalité intéressant l'interprétation de l'article L. 1235-11 du Code du travail en considérant que la sanction de la nullité du licenciement s'applique aussi bien en l'absence ou en cas de refus de validation/homologation du plan de sauvegarde de l'emploi, qu'en cas d'annulation de la décision de la Dreets pour insuffisance du plan de sauvegarde de l'emploi [2].

§ 4
Autres mesures à respecter

321.51 Application des autres mécanismes destinés à préserver les emplois. Faute de dérogation au droit commun, il revient à l'employeur éventuellement assisté de l'administrateur de proposer le congé reclassement [3] et de mettre en œuvre les mesures de revitalisation des bassins de l'emploi [4].

1. Soc. 21 nov. 2018, n°s 17-16.766 et 17-16.767, FS-P+B+R+I ; *Gaz. Pal.* 15 janv. 2019, n° 2, p. 80, note C. Gailhbaud ; *RPC* mars/avr. 2019, comm. 41, note F. Taquet ; *JCP S* 2018, n° 1418, note A. Bugada ; *JCP* 2018, n° 1305, note G. Dedessus-Le Moustier ; *Act. proc. coll.* 2019, n° 6, *Procédures* 2019, n° 15, note A. Bugada ; *D.* 2018. Actu. 2240, bid. 2019, 963, obs. P. Lokiec et J. Porta ; *Dr. soc.* 2019. 353, étude M. Galy ; *RDT* 2019. 41, obs. S. Ranc ; *RDT* 2019. 252, obs. F. Géa.
2. Cons. Const. 7 sept. 2018, n° 2018-729 QPC ; *Leden* nov. 2018, n° 111z4, note G. Dedessus-Le Moustier.

SECTION 3

Mise en œuvre des licenciements économiques pendant la période d'observation d'une sauvegarde

§ 1
Mesures communes à respecter

321.61 Organe chargé de procéder aux licenciements pour motif économique. Il revient à l'employeur et non à l'administrateur de procéder aux licenciements en appliquant le droit commun du licenciement économique prévu par le Code du travail. En effet, le débiteur reste à la tête de son entreprise conformément à l'alinéa 1 de l'article L. 622-1 du Code de commerce. Aucun texte particulier ne donne cette compétence à un organe de la procédure, contrairement à ce qui existe pour le redressement judiciaire [5].

Par ailleurs, l'article L. 622-13 relatif à la poursuite des contrats en cours, et qui attribue cette compétence d'opter ou non pour la résiliation à l'administrateur, exclut expressément de ce régime les contrats de travail sans pour autant préciser leur régime.

Cependant, il faut tenir compte de la mission qui a été accordée à l'administrateur dans le jugement d'ouverture. En effet, l'administrateur peut être chargé d'une mission de surveillance ou d'assistance [6]. Le débiteur pourrait alors être amené à faire seul des actes de gestion courante [7]. Il semble peu probable que le licenciement pour motif économique soit considéré comme tel. Si l'administrateur a une mission d'assistance, il reviendra à l'employeur assisté de l'administrateur de procéder à l'ensemble de la procédure de licenciement pour motif économique.

321.62 Notification des licenciements pour motif économique. Cette étape est indispensable pour rompre effectivement le contrat de travail et obtenir la prise en charge des indemnités de rupture par l'AGS dès lors que les notifications interviennent pendant la période d'observation.

3. C. trav., art. L. 1233-75.
4. C. trav., art. L. 1233-84.
5. Sur le rôle de l'administrateur en redressement, v. s^s^ n°s 322.21 et 322.22 – C. com., art. L. 631-19.
6. C. com., art. L. 622-1, al. 2.
7. Sur la notion d'acte de gestion courante, v. s^s^ n°s 311.11 et 311.41.

Pour éviter le contentieux de la cause réelle et sérieuse, il est nécessaire de préciser le motif économique dans cette lettre. Le jugement d'ouverture de la sauvegarde pourra évidemment être mentionné, mais ne devrait pas suffire pour éviter ce contentieux [1].

Par ailleurs, le gouvernement a voulu limiter le contentieux dans les entreprises *in bonis* en prévoyant la mise en place de modèles de lettres de licenciement grâce aux ordonnances du 22 septembre 2017 en renvoyant dans un premier temps à décret. Ce sont les annexes IV à VI du décret n° 2017-1820 du 29 décembre 2017 qui proposent des modèles pour les licenciements pour motif économique, selon le nombre de salariés licenciés. Il fait certes référence aux procédures collectives, puisque dans les modèles qui précisent le motif économique, il est fait mention du jugement adoptant le plan. L'employeur, éventuellement assisté de l'administrateur, peut donc s'y référer. Ce décret laisse perplexe de manière générale [2], y compris dans le cadre des procédures collectives en raison des erreurs parfois commises.

Enfin, depuis cette même ordonnance, le motif pourra désormais être précisé à la demande de chaque partie, dont les modalités sont prévues par un décret du 15 décembre 2017.

Le nouvel art. R. 1233-2-2 du Code du travail précise que dans les quinze jours qui suivent la notification du licenciement, le salarié peut, par lettre recommandée avec accusé de réception ou remise contre récépissé, demander des explications à l'employeur qui a aussi quinze jours après réception de la demande pour y répondre selon les mêmes formes. L'employeur peut aussi, de sa propre initiative, le faire dans les mêmes formes dans les quinze jours suivant la notification.

Ce dispositif est applicable pour les licenciements prononcés après la publication du décret. Il ne s'agit que d'une simple précision : l'employeur ne peut pas compléter, ajouter ou substituer un motif.

Cette procédure soulève plusieurs interrogations. *Quid* si les délais ne sont pas respectés ? Le silence de l'employeur a-t-il des conséquences ? Qu'en est-il en procédure collective ? Aucune exception n'a été envisagée lorsque le motif résulte d'un jugement ouvrant la sauvegarde. Il semble pour le moins discutable d'avoir un tel mécanisme en procédure collective [3], sauf à permettre à l'employeur de compléter sa lettre par exemple en cas d'oubli de la référence à ce jugement. Il est à noter que ce dispositif n'a semble-t-il pas vocation à s'appliquer dans le cadre de l'acceptation du contrat de sécurisation professionnelle [4].

Enfin, si le salarié ne formule pas une telle demande, l'insuffisance de motivation ne suffit plus désormais pour priver le licenciement de cause réelle et sérieuse. Par conséquent, si une telle cause existe, il s'agira d'une simple irrégularité de forme sanctionnée par une indemnité d'un mois de salaire maximum [5]. En revanche, si cette insuffisance correspond à une absence effective de cause réelle et sérieuse, il y aura application du nouvel article L. 1235-3, qui limite le montant des dommages-intérêts.

Faute de dérogation aux délais de notification en sauvegarde dans l'article L. 1233-59 du Code du travail, il convient d'appliquer les délais de droit commun qui varient selon la procédure engagée [6].

321.63 **Fixation des critères d'ordre.** L'employeur, éventuellement assisté de l'administrateur, doit déterminer quels sont les salariés licenciés et pour cela doit établir les critères d'ordre dès lors qu'un choix doit être opéré. Il doit alors respecter l'article L. 1233-5 du Code du travail [7].

Lorsqu'un PSE a été mis en place, dans les entreprises de cinquante salariés et plus et pour des licenciements de dix salariés et plus, ces critères sont fixés dans le PSE.

Pour les licenciements sans PSE et à défaut d'accord collectif les prévoyant [8], il revient au débiteur de les déterminer après avoir consulté le CSE.

L'article L. 1233-5 du Code du travail cite les charges de famille, l'ancienneté du salarié, leur situation rendant leur réinsertion professionnelle difficile ou les qualités professionnelles [9], dont le contenu peut varier selon les catégories professionnelles [10]. Cette liste n'est pas limitative. Ont ainsi pu être ajoutés les sanctions disciplinaires [11] ou les résultats aux évaluations annuelles mises en place dans

1. Sur le contentieux possible de la cause réelle et sérieuse, v. s^s n° 321.12.
2. Pour une note critique : F. Taquet, « Modèles de lettres de notification de licenciement : une intention louable non dénuée de critiques », *JCP S* 2018, n° 11.
3. D. Jacotot et L. Fin-Langer, « Les ordonnances du 22 septembre 2017 et la rupture des contrats de travail dans une entreprise en difficulté », *RPC* nov. 2017, étude 21.
4. Sur le contrat de sécurisation professionnelle, v. s^s n° 321.32.
5. C. trav., art. L. 1235-2.
6. Sur les délais de notification, v. s^s n°s 321.71 et 321.82.
7. Com. 26 juin 1991 ; *RJDA* 10/91, n° 847 – Soc. 8 avr. 1992 ; *JCP E* 1992, pan. 787.
8. Un accord collectif peut fixer avant tout licenciement ces critères. Il ne s'agit donc pas nécessairement de l'accord majoritaire de PSE, mais un accord de droit commun d'entreprise ou de branche : CE 10 juill. 2017, req. n° 398256 ; *RDT* 2017. 701, concl. F. Dieu ; *CSBP* oct. 2017, p. 477, obs. Fl. Canut.
9. L'employeur est seul juge de ces qualités professionnelles : Soc. 22 sept. 2021, n° 19-23.679 ; *Act. proc. coll.* 2021, n° 276.
10. CE 31 oct. 2023, req. n° 456091 ; *Act. proc. coll.* 2024, n° 31 ; *JCP E* 2024, n° 1005, obs. C. Terrenoire ; *RPC* janv. 2024, n° 16, obs. D. Jacotot ; *Leden* févr. 2024, p. 7, obs. H. de Frémont.
11. Soc. 19 mai 2000, n° 09-40.103, NP ; *JCP S* 2010, n° 1345, obs. J.-F. Cesaro.

l'entreprise, mais non le fait que le salarié travaille à temps partiel[1] ou bien encore l'existence d'un diplôme. Un de ces critères peut être privilégié, mais il faudra tenir compte également des autres[2]. Un système de pondération peut ainsi être instauré.

Ces critères s'appliquent à l'intérieur d'une catégorie professionnelle, qui regroupe des fonctions de même nature et supposant une formation professionnelle commune[3]. Le périmètre des catégories professionnelles peut être fixé par un accord collectif de droit commun. Si l'intégralité d'une catégorie professionnelle est supprimée, ces dispositions n'ont pas à être respectées.

Le non-respect de ces dispositions n'a pas pour effet d'engendrer un licenciement sans cause réelle et sérieuse, mais elle cause un préjudice au salarié qui peut ainsi en demander la réparation[4].

321.64 Versement des indemnités de rupture. Tout salarié licencié pour motif économique a droit à l'indemnité légale de licenciement dès lors qu'il a huit mois d'ancienneté depuis les ordonnances du 22 septembre 2017. Pour savoir si le salarié a droit à cette indemnité, il est tenu compte de son ancienneté au jour de la notification du licenciement.

Ensuite, son montant sera calculé à l'expiration du délai de préavis, même s'il est dispensé de l'exécuter. Il faut cependant préciser que si le salarié commet une faute grave pendant cette période, cette faute interrompt le délai ainsi que l'ancienneté, car elle met fin au contrat[5].

Le montant est désormais identique depuis la loi du 25 juin 2008 pour le motif personnel et économique[6]. Elle est calculée en fonction de la rémunération brute moyenne des trois derniers mois. En contrepartie du plafonnement des indemnités pour défaut de cause réelle et sérieuse, la réforme du 22 septembre 2017 a prévu une revalorisation du montant de l'indemnité de licenciement, prévu par le nouvel art. R. 1234-2 issu d'un décret du 25 septembre 2017, applicable immédiatement à tous les licenciements notifiés après son entrée en vigueur. Elle a été revalorisée dans les termes suivants :

« L'indemnité de licenciement ne peut être inférieure aux montants suivants :

1° Un quart de mois de salaire par année d'ancienneté pour les années jusqu'à dix ans ;

2° Un tiers de mois de salaire par année d'ancienneté pour les années à partir de dix ans. »

Les accords collectifs peuvent l'augmenter[7], l'indemnité conventionnelle se substituant alors à l'indemnité légale sans pouvoir se cumuler.

Les parties peuvent également avoir mis en place des « golden parachute » qui sont des indemnités contractuelles de départ, d'un montant en général élevé. La Cour de cassation les valide sous réserve de ne pas faire échec à la faculté de résiliation unilatérale. À la différence des indemnités conventionnelles, les indemnités contractuelles peuvent alors être modifiées par le juge, même d'office, si elles sont d'un montant excessif sur le fondement de l'ancien article 1152 du Code civil, devenu avec la réforme de 2016, l'article 1231-5, la Cour les assimilant à une clause pénale[8].

L'employeur doit en principe respecter la durée du préavis conformément au droit commun[9]. Il pourrait aussi dispenser les salariés de leur préavis, même si cela semble moins probable qu'en liquidation judiciaire, puisque l'activité se poursuit. Dans ce cas, il devra verser l'indemnité compensatrice de préavis.

Il devra également verser l'indemnité compensatrice de congés payés pour les congés restant dus[10]. C'est à l'employeur d'apporter la preuve que le salarié n'a pas été en mesure de prendre effectivement ses congés, qu'ils soient d'origine légale ou conventionnelle[11].

1. Soc. 4 juill. 2012, n° 11-12.045 ; *Bull. civ.* n° 211 ; *D.* 2012. 1894 ; *D.* 2013. 1026, obs. P. Lokiec et J. Porta ; *JCP S* 2012, n° 1407, note S. Béal et M. Marguerite ; *RPC* sept. 2012, comm. 151, F. Taquet.
2. Soc. 14 janv. 1997 ; *Bull. civ.* 1997, V, n° 16 ; *DS* 1997. 159, concl. A. Lyon-Caen, note J. Savatier ; *CSBP* 1997, 79 – Soc. 11 oct. 2006, n° 04-47.168 ; *Bull. civ.* V, n° 302 ; *JCP S* 2007, n° 1021, note P.-Y. Verkindt ; *JCP E* 2006, n° 2847, note S. Béal et C. Terrenoire ; *RDT* 2007. 32, obs. Ph. Waquet.
3. CE 30 mai 2016, *FNAC*, req n° 387798 ; *Leden* sept. 2016, p. 7 ; *AJDA* 2016. 1866, chron. L. Dutheillet de Lamothe et G. Odinet ; *JSL* 2016, n° 414-4, obs. M. Hautefort ; *RPC* sept. 2016, comm. 142, D. Jacotot : reprenant la position de la Cour de cassation.
4. Soc. 14 janv. 1997, n° 95-44.366 ; *Bull. civ.* V, n° 16 ; *DS* 1997. 159, concl. A. Lyon-Caen, note J. Savatier ; *RJS* 1997. 92, n° 131 ; *CSBP* 1997. 79, arrêt Belkacem.
5. Soc. 11 sept. 2019, n° 18-12.606 ; *JCP S* 2019, n° 1285, obs. L. Drai ; *D.* 2019. 1767 ; *DS* 2019, 981, note J. Mouly.
6. C. trav., art. L. 1234-9.
7. Par ex. : Soc. 17 oct. 2012, n° 10-28.006 ; *Bull. civ.* V, n° 262 ; *RDT* 2012. 669.
8. Soc. 18 déc. 1979, n° 78-40.996 ; *Bull. civ.* V, n° 1009 ; *DS* 1980, 370 ; *D.* 1980. Inf. Rap. 352, note Ph. Langlois ; *JCP* 1980. II. 19432, note A. Lyon-Caen – Pour un ex. : Soc. 5 mars 2014, n° 12-23.106 ; *Bull. civ.* V, n° 68 ; *DS* 2014, p. 481, note J. Mouly ; *JCP S* 2014, n° 1215 ; *D.* 2014. 1115, note P. Lokiec et J. Porta, *RTD civ.* 2014. 644, obs. H. Barbier – Soc. 16 mars 2016, n° 14-23.861 ; *JCP S* 2016, n° 1174, obs. G. François ; *D.* 2016. Actu 720 ; *DS* 2016, 470, note J. Mouly.
9. C. trav., art. L. 1234-1.
10. C. trav., art. L. 3141-24 – Soc. 5 juin 2008, n° 06-46.366 ; *Bull. civ.* V, n° 125 ; *RDT* 2008. 608, obs. Fl. Canut ; *JCP S* 2008, n° 1423, note S. Brissy – Soc. 24 févr. 2009, n° 07-44.749 ; *Bull. civ.* V, n° 48 ; *D.* 2009. 816, obs. M. Ines ; *JCP S* 2009, n° 1230, S. Brissy.
11. Soc. 21 sept. 2017, n° 16-18.898 ; *Bull. civ.* V, n° 159 ; *JCP S* 2017, n° 1358, note N. Chabrier et L. Chabaud ; *Act. proc. coll.* 2017, n° 290 ; *Gaz. Pal.* 6 févr. 2018, p. 47, note V. Orif : revirement.

Les parties peuvent également avoir prévu une clause de non-concurrence qui produit ses effets après la rupture du contrat et qui oblige le salarié, en échange d'une contrepartie financière, à ne pas travailler pour une entreprise concurrente. La date de la rupture peut avoir des conséquences aussi sur la possibilité de renoncer unilatéralement à cette clause. Ainsi, si le préavis est exécuté, l'employeur peut y renoncer au plus tard à la date du départ effectif de l'entreprise, et donc à la fin du préavis exécuté. Si le préavis n'est pas exécuté, il faut regarder le délai prévu dans la clause. Si l'inexécution vient du fait du salarié, la renonciation peut se réaliser au cours du préavis [1].

Ces indemnités de rupture sont garanties par l'AGS dans la limite des plafonds de garantie, dès lors que les licenciements sont notifiés pendant la période d'observation qui suit l'ouverture de la sauvegarde [2]. Il en va de même de la contrepartie de la clause de non-concurrence [3]. Il faut cependant préciser que l'indemnité *supra*-légale de licenciement ainsi que toutes les sommes qui concourent à la réparation du préjudice subi par les salariés en raison de la rupture du contrat, prévue par un accord collectif conclu moins de dix-huit mois avant le jugement d'ouverture ou celle fixée par le PSE pendant la période d'observation ne sont désormais plus garanties par l'AGS [4]. En effet, la Cour de cassation a clairement inclus dans ces sommes indemnitaires l'indemnité *supra*-légale fixée par le PSE, sans forcément trancher le sort des autres sommes versées qui pourraient être prises en charge si elles sont considérées comme des mesures d'accompagnement, garanties, quelle que soit la date du PSE en vertu de l'article L. 3253-8, 4° du Code du travail [5].

321.65 Rédaction des documents de fin de contrat. L'employeur, éventuellement assisté de l'administrateur, remet trois documents au salarié au moment de la rupture du contrat.

Le reçu pour solde de tout compte, facultatif, est un écrit par lequel le salarié reconnaît avoir reçu les sommes indiquées. Il a une valeur probatoire mais aussi libératoire, qui avait été momentanément supprimée par la loi de modernisation sociale du 17 janvier 2002. En l'absence de dénonciation par le salarié dans les six mois qui suivent sa signature, cette signature rend irrecevable toute action en justice de la part du salarié ayant pour objet la contestation des sommes qui y sont mentionnées. Ce délai de six mois ne court que si le reçu comporte une date certaine, qui n'a cependant pas besoin d'être écrite de la main du salarié [6].

Si la Cour a pu juger que ce caractère libératoire existait, peu important qu'il soit rédigé en termes généraux [7], elle a aussi jugé que cet effet disparaissait si le reçu ne mentionnait qu'une somme globale, en faisant référence à une annexe, en l'espèce le bulletin de paye, détaillant les sommes [8]. Il est donc indispensable de mentionner le détail des sommes pour éviter un contentieux futur.

Le certificat de travail doit être établi par l'employeur, éventuellement assisté de l'administrateur, quelle que soit la rupture du contrat. Il atteste des emplois occupés par le salarié dans l'entreprise. Il ne peut comporter que les mentions suivantes : le nom et l'adresse de l'employeur et du salarié, la date d'entrée et de sortie, les emplois occupés avec les périodes correspondantes. Depuis le 1er juin 2014, il doit également mentionner le bénéfice du maintien des garanties frais de santé et de prévoyance qui sont portables depuis la loi du 14 juin 2013.

L'attestation France Travail permet au salarié de bénéficier des allocations-chômage. Elle doit être établie et remise en même temps que le dernier bulletin de paye. Depuis 2017, le salarié doit établir son préjudice pour obtenir une réparation en cas de remise tardive de ses documents [9].

1. Soc. 21 mars 2018, n° 16-21.021 ; *Bull. civ.* V, n° 42 ; *D.* 2018. 2326, obs. Centre de droit de la concurrence Yves Serra ; *DS* 2018. 653, étude S. Tournaux ; *RDT* 2018. 447, obs. C. Dupouey-Dehan ; *JCP S* 2018, n° 1183, note M.-N. Rouspide-Katchadourian ; *JCP* 9 avr. 2018. Actu. 422, obs. D. Corrignan-Carsin.
2. C. trav., art. L. 3253-8.
3. Soc. 20 juin 2006, n° 04-48.523 ; *Bull. civ.* V, n° 218 ; *DS* 2006, 1054, obs. C. Radé ; *JCP S* 2006, n° 1950, note R. Vatinet.
4. C. trav., art. L. 3253-13 – V. *contra* avant pour des indemnités *supra*-légales prévues par des PSE établis pendant la période d'observation : Soc. 30 sept. 2009, n° 08-42.076 ; *Bull. civ.* V, n° 213 ; *D.* 2009. AJ 2423 ; *JCP S* 2009. 1506, note P. Morvan ; *Act. proc. coll.* 2009, n° 262 ; *RPC* janv. 2010, n° 37, obs. F. Taquet ; *Leden* nov. 2019, p. 6, obs. S. Gorrias.
5. Soc. 16 déc. 2020, n° 18-15.532 ; *JCP S* 2021, n° 1035, note L. Fin-Langer ; *Act. proc. coll.* 2021, n° 46, obs. L. Fin-Langer ; *Leden* mars 2021, p. 7, obs. G. Dedessus-Le Moustier ; *Gaz. Pal.* 9 mars 2021, p. 75, obs. D. Ronet-Yague – Sur la garantie AGS, v. ss nos 721.11 s.
6. Soc. 20 févr. 2019, n° 17-27.600, P ; *D. actu.* 20 mars 2019, obs. W. Fraisse ; *D.* 2019. Pan. 973, obs. P. Lokiec ; *JCP S* 2019, n° 1109, note Paoli ; *BJT* avr. 2019, p. 13, obs. J. Icard ; *Gaz. Pal.* 26 mars 2019, p. 43, obs. C. Berlaud ; *RPC* mars 2019, com. 43, obs. F. Taquet.
7. Soc. 18 déc. 2013, n° 12-24.985 ; *D.* 2014. 88 ; *RDT* 2014. 83 ; *DS* 2014, p. 176, note J. Mouly ; *CSBP* févr. 2014, n° 112r0, obs. J. Icard.
8. Soc. 14 févr. 2018, n° 16-16.617 ; *Bull. civ.* V, n° 21, *D. actu.* 21 mars 2018, obs. J. Cortot ; *D.* 2018. Actu. 463 ; *DS* 2018. 481, note J. Mouly ; *RJS* 4/2018, n° 256 ; *RJS* 4/2018, p. 294, avis J.-P. Rémery ; *JCP S* 2018, n° 1114, obs. M.-N. Rouspide-Katchadourian ; *RPC* mai 2018, comm. 119, F. Taquet ; *Rev. proc.* avr. 2018, comm. 113, A. Bugada ; *CSBP* avr. 2018, p. 204, note J. Icard.
9. Soc. 22 mars 2017, n° 16-12.930, NP ; *D. actu.* 26 avr. 2017, obs. M. Roussel. V. contra avant : Soc. 21 janv. 2015, NP ; n° 13-25.675.

§ 2
Vade-mecum des licenciements de moins de dix salariés

321.71 Procédure de licenciement d'un seul salarié. Après avoir déterminé les critères d'ordre [1], l'employeur, éventuellement assisté de l'administrateur, devra procéder au reclassement interne du salarié dans l'entreprise ou les autres entreprises du groupe situées sur le territoire français permettant la permutation du personnel. Le groupe est défini de la même manière que pour déterminer la cause du licenciement [2]. Cette obligation préalable est obligatoire dans tous les licenciements économiques quel que soit le nombre de salariés licenciés [3]. Depuis l'ordonnance du 22 septembre 2017, n° 2017-1387, il peut adresser de manière personnalisée les offres de reclassement à ce salarié ou diffuser une liste des postes disponibles à l'ensemble des salariés [4].

Puis, il devra convoquer le salarié à un entretien préalable [5]. Cette convocation est faite par lettre recommandée avec accusé de réception ou remise en main propre contre décharge. Cependant, cette formalité n'est pas impérative. La Cour de cassation admet d'autres formes dès lors qu'elle permet d'éviter toute contestation sur la date de réception de la convocation, comme la convocation par Chronopost [6] ou la remise par voie d'huissier de justice [7]. La lettre de convocation doit préciser le lieu de l'entretien, qui est soit le lieu d'exécution du contrat soit le siège social de l'entreprise. Un autre endroit est possible à condition pour l'employeur de justifier d'un intérêt légitime [8].

L'employeur doit respecter un délai de cinq jours ouvrables minimum pour permettre au salarié de préparer sa défense et auquel le salarié ne peut renoncer [9]. Aucun aménagement du délai de convocation n'a été prévu en cas de licenciement prononcé pendant la période d'observation qui suit un jugement de sauvegarde. Pour savoir si ce délai est respecté, il ne faut pas tenir compte de la date de présentation de la lettre de convocation [10]. Par ailleurs, l'employeur n'est pas tenu de reporter la date de cet entretien à la demande du salarié. En revanche, lorsqu'il le fait, le délai de cinq jours court à compter de la présentation de la première lettre [11]. Le non-respect de ce délai cause nécessairement un préjudice au salarié qui doit être réparé, même si ce dernier a décidé de ne pas venir à l'entretien [12].

La lettre de convocation doit enfin mentionner la possibilité pour le salarié de se faire assister soit par un personnel de son choix appartenant à l'entreprise et à défaut de représentant du personnel, par un conseiller inscrit sur une liste dont les coordonnées doivent être transmises au salarié. La présence du représentant des salariés ne suffit pas pour écarter cette disposition [13]. Au cours de cet entretien, il devra lui proposer le contrat de sécurisation professionnelle [14].

Enfin, il devra lui notifier son licenciement pendant la période d'observation pour permettre la prise en charge des sommes versées par l'AGS [15].

L'article L. 1233-59 du Code du travail écarte les délais de droit commun des notifications prévus par l'article L. 1233-15 uniquement en cas de redressement ou de liquidation judiciaire. N'étant pas écartés en sauvegarde, il convient de respecter ces dispositions pour les licenciements prononcés pendant la période d'observation qui suit l'ouverture d'une sauvegarde. Il faut ainsi respecter un délai minimum de sept jours après l'entretien quand il a lieu, délai augmenté à quinze jours en cas de personnel cadre.

La Dreets devra enfin être informée dans les huit jours qui suivent la notification des licenciements [16]. Il faut préciser que la Dreets n'est pas informée de l'existence de la procédure de sauvegarde, à la différence du jugement d'ouverture d'un redressement [17].

1. Sur les critères d'ordre, v. s^s^ n° 321.63.
2. Sur la définition du groupe, v. s^s^ n°s 321.13 et 321.23.
3. C. trav., art. L. 1233-4.
4. Sur l'obligation de reclassement, v. s^s^ n°s 321.21 s.
5. C. trav., art. L. 1233-11.
6. Soc. 8 févr. 2011, n° 09-40.027 ; *Bull. civ.* V, n° 45 ; *JCP S* 2011, n° 1199, obs. F. Dumont ; *CSBP* avr. 2011, p. 105, F.-J. Pansier ; *RPC* mai 2011, comm. 92, F. Taquet, *D. actu.* 3 mars 2011, C. Dechristé ; *D.* 2011. 599.
7. Soc. 30 mars 2011, n° 09-71.412 ; *Bull. civ.* V, n° 83 ; *D.* 2011. 1088, obs. J. Siro ; *JCP S* 2011, n° 1258, obs. F. Dumont ; *RPC* mai 2011, comm. 92, note F. Taquet ; *CSBP* mai 2011, p. 152, note F.-J. Pansier ; *LPA* 30 juin 2011, p. 11, obs. L. Cantois.
8. Soc. 9 mai 2000, n° 97-45.294 ; *Bull. civ.* V, n° 171 ; *D.* 2000. IR 157 ; *JCP* 2000. II. 10373, note D. Corrignan-Carsin ; *RJS* 2000, n° 650.
9. Soc. 20 déc. 2006, n° 04-47.853 ; *Bull. civ.* V, n° 396 ; *JCP S* 2007, n° 1349, note B. Bossu, *D. actu.* 5 févr. 2007, obs. J. Cortot – Soc. 3 juin 2015, n° 14-12.245, *D. actu.* 21 juill. 2015, obs. J. Siro ; *D.* 2015. Actu. 1278 ; *RDT* 2015. 761, obs. M. Véricel ; *RJS* 8-9/2015, n° 574 ; *JCP S* 2015, n° 1311, obs. F. Dumont.
10. Soc. 20 févr. 2008, n° 06-40.949 ; *Bull. civ.* V, n° 396 ; *D. actu.* 5 mars 2008, obs. M. Ines ; *JCP S* 2008, n° 1252, note J.-Y. Kerbouc'h ; *CSBP* juin 2008, p. 264, obs. J. Lohard.
11. Soc. 24 nov. 2010, n° 09-66.616 ; *Bull. civ.* V, n° 267 ; *JCP S* 2011, n° 1080, note L. Drai ; *D.* 2010. 2915.
12. Soc. 20 janv. 2015, n° 13-21.565, NP ; *RPC* mai 2015, comm. 54, F. Taquet ; *RPC* sept. 2015, comm. 156, F. Taquet.
13. Soc. 27 juin 2002, n° 00-41.893 ; *Bull. civ.* V, n° 233 ; *D.* 2002. IR 2234 ; *DS* 2002, 1073, note F. Petit. L'arrêt ne précise pas la nature de la procédure collective ouverte.
14. Sur le contrat de sécurisation professionnelle, v. s^s^ n° 321.32.
15. Sur la notification, v. s^s^ n° 321.62 – Sur la garantie AGS, v. s^s^ n°s 721.11 s.
16. C. trav., art. D. 1233-3.
17. C. trav., art. 1233-7.

321.72 Procédure de licenciement portant sur deux à neuf salariés. Il s'agit de la même procédure que celle applicable au licenciement d'un seul salarié[1], mais si l'entreprise est dotée d'un CSE, il est nécessaire de le consulter préalablement à la mise en œuvre de cette procédure sur le projet de licenciement[2]. La convocation doit avoir lieu trois jours avant la première réunion.

Le CSE est informé et consulté sur le nombre de salariés concernés, le motif économique, les critères d'ordre, les mesures de reclassement préalable, le calendrier[3]. L'avis doit être rendu dans un délai qui ne peut être supérieur à un mois à compter de la date de la première réunion. À l'issue de ce délai, il est réputé avoir été consulté pour éviter les blocages[4]. L'ensemble de la procédure doit être réalisé avant la fin de la période d'observation pour permettre la garantie de l'AGS.

§ 3
Vade-mecum des licenciements de dix salariés et plus

321.81 Conséquences de l'application du droit commun sur les consultations du CSE. L'application des dispositions de la loi de programmation pour la cohésion sociale du 18 janvier 2005[5] s'imposera. Les allégements au titre des réunions et consultation des représentants du personnel, qui existent en redressement judiciaire, seront ici inapplicables. Les licenciements devront être notifiés à l'autorité administrative compétente dans les conditions de l'article L. 1233-46 du Code du travail. Sans contestation possible, la solution ne sera pas neutre dans le choix des procédures et pourrait gravement pénaliser la sauvegarde par rapport au redressement judiciaire[6].

Toutes les réunions qui doivent classiquement être tenues dans le droit commun des licenciements économiques s'imposeront, ce qui est extrêmement pénalisant pour l'entreprise qui a besoin de se réorganiser. Il faut cependant réserver la possibilité d'utiliser les accords de méthode, en amont de l'ouverture de la procédure ou même pendant celle-ci, cette utilisation permettant de gagner du temps par rapport aux réunions obligatoires que nécessite la procédure de licenciement économique de droit commun[7].

Les règles régissant l'élaboration de l'ordre du jour des réunions du comité d'entreprise ou le comité social et économique doivent être respectées. Même si sont en cause des consultations rendues obligatoires par la loi, comme cela est le cas en matière de licenciements économiques, le principe demeure celui de l'élaboration conjointe de l'ordre du jour. Le chef d'entreprise ne peut donc fixer unilatéralement l'ordre du jour de la réunion du comité d'entreprise qu'après une tentative d'élaboration conjointe. La violation de cette règle entraîne, pour la Cour de cassation, violation de la procédure de licenciement économique collectif, justifiant le versement d'une indemnité[8].

Faute d'avoir procédé aux élections et faute de PV de carence, la Cour de cassation considère que les salariés peuvent demander une indemnisation pour irrégularité de procédure, ce manquement causant un préjudice nécessaire aux salariés[9]. Cette solution rendue dans un contexte de liquidation judiciaire est transposable à la sauvegarde. Cette théorie du « préjudice nécessaire » remise en cause par la Cour en 2016[10] connaît un certain nombre d'exceptions, comme en l'espèce, ce qui facilite l'indemnisation des salariés. Par ailleurs, peu importe que les organes de la procédure collective n'aient pas le temps d'organiser de telles élections.

Parce que, dans la procédure de sauvegarde, les licenciements économiques obéissent au droit commun, contrairement aux règles posées en redressement judiciaire, la Cour de cassation a considéré que la consultation pour avis du comité d'entreprise, effectuée en période d'observation de la sauvegarde, ne valait pas consultation dudit comité dans la procé-

1. Sur la procédure du licenciement individuel, v. s[s] n° 321.71.
2. C. trav., art. L. 1233-8 s.
3. C. trav., art. L. 1233-10.
4. C. trav., art. L. 1233-8.
5. L. n° 2005-32, 18 janv. 2005, préc.
6. R. Vatinet, « Sur la place faite aux salariés par la loi de sauvegarde des entreprises du 26 juillet 2005 », *JCP S* oct. 2005, n° 7 ; F.-X. Lucas, « Du plan de sauvegarde », *LPA* n° sp., 8 févr. 2006, n° 28, sp. p. 75 ; P. Morvan, « Le droit social dans la réforme du droit des entreprises en difficulté », *JCP E* 2005, n° 1511, p. 1751 s., sp. p. 1755, n°s 21 à 23 – RAPPR. : G. Teboul, « Le code du travail : un divorce avec le droit des entreprises en difficulté ? », *LPA* 1er et 2 janv. 2008, n°s 1, 2, p. 7 s., sp. p. 8.
7. A. Arséguel et Th. Météyé, « Les aspects sociaux de la procédure de sauvegarde », *RPC* 2008/2, p. 117 s., sp. p. 118, n° 10.
8. Soc. 12 juill. 2010, n° 08-40.740, P V, n° 169 ; *RPC* 2010/5, comm. 191, note F. Taquet ; *LPA* 20 déc. 2010, n° 252, p. 15, note D. Jacotot.
9. Soc. 9 juin 2021, n°s 20-11.796 et 20-11.798 ; *Act. proc. coll.* 2021, 166 – AUSSI : Soc. 4 nov. 2020, n° 19-12.775 ; *BJT* déc. 2020, p. 36, note G. François ; *JCP S* 2020, n° 3094, note J.-Y. Kerbourc'h – Soc. 22 mars 2023, n° 21-21.276, F-D.
10. Soc. 13 avr. 2016, n° 14-28.293 – Soc. 25 mai 2016, n° 14-20.578 2 – Soc. 17 mai 2016, n° 14-23.138 – Soc. 22 mars 2017, n° 16-12.930 – L. Gratton, « Le dommage déduit de la faute », *RTD civ.* 2013. 275 ; B. Bauduin, A. Brousse, « Controverse : Un préjudice nécessaire, pour quoi faire ? » *RDT* 2022. 209 ; H. Gali, « La nécessité du préjudice en droit du travail », *D.* 2022. 908 – Controverse : « La fin du préjudice nécessaire met-elle en danger l'efficacité des sanctions du droit du travail ? », *RDT* 2017. 374 ; G. Duchange, « Le préjudice (social) nécessaire », *BJT* févr. 2021, p. 64.

dure de redressement judiciaire prononcée sur conversion de la sauvegarde. Il en résulte que la procédure d'autorisation des licenciements économiques de la procédure de redressement judiciaire, qui repose sur une autorisation du juge-commissaire donnée au vu d'un avis du comité d'entreprise, n'a pas été respectée[1].

321.82 Procédure de licenciement portant sur dix salariés et plus dans une entreprise de cinquante salariés et plus. Dans les entreprises de moins de cinquante salariés, l'employeur devra respecter l'obligation de reclassement[2]. Si l'entreprise dispose d'au moins cinquante salariés, l'employeur devra établir un Plan de sauvegarde de l'emploi, dit PSE en vertu de l'article L. 1233-58, III, du Code du travail[3].

La Dreets homologue le PSE dans les délais de droit commun, à savoir quinze jours si le PSE est établi sous la forme d'un accord ou vingt-et-un jours s'il s'agit d'un PSE unilatéral.

Quant à la procédure, l'employeur doit consulter le CSE pour lui proposer le projet de licenciement, le PSE[4]. Dans les entreprises de moins de cinquante salariés, deux consultations espacées d'un délai maximum de quatorze jours doivent avoir lieu[5]. Dans les entreprises de cinquante salariés et plus, il doit au moins faire deux consultations, espacées d'un délai minimum de quinze jours, voir une troisième si le CSE demande le recours à une expertise, ouverte uniquement pour les licenciements de dix salariés dans une entreprise de cinquante salariés et plus[6]. Cette décision doit nécessairement être prise lors de la première réunion d'information - consultation du CSE. Cependant la désignation nominative de l'expert peut intervenir après la première réunion quand les circonstances le justifient[7]. La Dreets doit s'assurer que l'expert-comptable a bien été mis en mesure d'exercer sa mission dans des conditions permettant aux institutions représentatives du personnel concernées de formuler des avis en connaissance de cause.

Le recours à une expertise peut soulever des difficultés de délais, car aucun aménagement n'a été prévu dans le cadre de la sauvegarde, l'article L. 1233-58, I, n'écartant ces dispositions qu'en redressement et liquidation. Il faudra donc en tenir compte pour que les licenciements puissent être notifiés avant la fin de la période d'observation : dans les dix jours qui suivent sa désignation, l'expert demande les informations à l'employeur qui a huit jours pour répondre. L'expert doit remettre son rapport au plus tard quinze jours avant les délais maximums fixés à l'article L. 1233-30 (deux mois si le nombre de salariés licenciés est inférieur à 100, trois mois pour un nombre compris entre 100 et 250 et quatre mois au-delà de 250).

Le nouveau régime juridique de la contestation par l'employeur de la désignation d'un expert par le CSE dans les grands licenciements économiques collectifs se trouve défini à l'article L. 1233-35-1 du Code du travail : désormais, la contestation doit être soulevée devant le Dreets avant dépôt de la demande de validation ou d'homologation du plan de sauvegarde de l'emploi (PSE). L'autorité administrative dispose d'un délai de cinq jours pour se prononcer sur la contestation. Il est ensuite renvoyé aux dispositions sur la contestation contentieuse de la décision de validation ou d'homologation du PSE pour le recours contre la décision prise par le Dreets concernant la désignation de l'expert. Le tribunal administratif saisi a trois mois pour statuer. Un recours est possible devant la cour administrative d'appel qui a le même délai pour statuer, avant de former un pourvoi devant le Conseil d'État.

Il faut noter que la Dreets est informée, désormais par voir dématérialisée, de la procédure dès le lendemain de la première consultation du CSE[8].

Une fois la procédure de consultation réalisée et la validation ou homologation du PSE par la Dreets obtenue, l'employeur peut notifier les licenciements. L'article L. 1233-59 du Code du travail écarte les délais de droit commun des notifications prévus par l'article L. 1233-15 uniquement en cas de redressement ou de liquidation judiciaire. N'étant pas écartées en sauvegarde, il convient de respecter ces dispositions pour les licenciements prononcés pendant la période d'observation qui suit l'ouverture d'une sauvegarde. Il faut donc ainsi respecter un délai minimum de trente jours après la notification de la décision de la Dreets.

SECTION 4
RECHERCHE D'INDEMNISATION DANS LES GROUPES DE SOCIÉTÉS

§ 1
Co-emploi

321.91 Notion de co-employeur avant l'arrêt du 25 novembre 2020[9]. S'il est de principe que l'obli-

1. Com. 5 nov. 2013, n° 12-25.362, P IV, n° 161 ; n° 1049 FS-P+B ; *Gaz. Pal.* 12 janv. 2014, p. 36, note C. Gailhbaud, *Rev. sociétés* 2013. 732, note Ph. Roussel Galle ; *BJE* janv. 2014. 21, note D. Jacotot ; *Act. proc. coll.* 2013/20, comm. 294, note L. Fin-Langer ; Dpde nov. 2013, p. 2.
2. Sur l'obligation de reclassement, v. s[s] n°s 321.21 s.
3. Sur le PSE, v. s[s] n°s 321.41 s.
4. C. trav., art. L. 1233-28 s.
5. C. trav., art. L. 1233-29.
6. C. trav., art. L. 1233-34 s.
7. CE 23 nov. 2016, req. n° 388855, *Lebon T.* ; *Leden* mars 2017, comm. 110n8, note G. Dedessus-Le Moustier.
8. C. trav., art. L. 1233-46 et D. 1233-4 s.
9. P. Bailly, « Le co-emploi, une situation exceptionnelle », *JCP S* 2013, n° 1441.

gation de reclassement incombe à l'employeur, il faut encore réserver l'hypothèse de la caractérisation de la qualité de co-employeur [1] sur la tête de la société mère. Cette seule qualité de société mère est insuffisante [2]. Il faut caractériser la confusion d'intérêts, d'activités et de direction [3], qui se manifeste par l'immixtion de la société mère dans la gestion du personnel de la filiale, mais aussi par la relation de dépendance économique entre les deux sociétés, sans qu'il soit besoin de caractériser le lien de subordination des salariés de la filiale à l'égard de la société mère [4].

Ainsi, hors l'existence d'un lien de subordination, une société faisant partie d'un groupe ne peut être considérée comme co-employeur à l'égard du personnel employé par une autre que s'il existe entre elles, au-delà de la nécessaire coordination des actions économiques entre les sociétés appartenant à un même groupe et de l'état de domination économique que cette appartenance peut engendrer, une confusion d'intérêts, d'activités et de direction se manifestant dans une immixtion dans la gestion économique et sociale de cette dernière [5]. La direction de fait peut cependant être prise en compte pour faire supporter à l'actionnaire les conséquences financières du plan de sauvegarde de l'emploi [6].

La confusion d'intérêts, d'activités et de direction a pu être retenue en présence de contrats de travail de deux sociétés conclus par le même dirigeant et prévoyant surtout que les salariés devaient rendre leurs comptes et recevoir leurs instructions des mêmes personnes [7], ce qui caractérise bien l'immixtion dans la gestion du personnel justifiant la qualité de co-employeur.

En présence d'une société mère organisant ses filiales en de simples « business units », si intégrées qu'elles ne possèdent aucune autonomie juridique permet de caractériser la confusion des patrimoines lorsqu'il y a immixtion dans la gestion économique et sociale par le transfert des équipes informatiques, comptables et surtout des ressources humaines notamment dans la formation, la mobilité et le recrutement [8].

321.92 Indices du co-emploi avant l'arrêt du 25 novembre 2020. Comme l'indique un auteur avisé, « le coemployeur, c'est une mère abusive » [9]. Il résume ainsi les indices majeurs du co-emploi :

« - une subordination collective des dirigeants et cadres dirigeants de la filiale à la direction du groupe ;

- des choix stratégiques décidés par la société mère qui assure aussi la gestion des ressources humaines et, le cas échéant, la gestion administrative, comptable, financière, commerciale, technique ou juridique de la filiale ;

- une perte d'autonomie industrielle, commerciale et administrative et une dépendance économique de la filiale en conséquence des décisions prises par la société mère » [10].

S'il n'y a pas, de la part de la société mère, une gestion commune du personnel, la qualité de co-employeur doit être écartée [11].

Sont ainsi jugés insuffisants à caractériser le co-emploi :

- le fait d'avoir placé un cadre dirigeant de la société mère à la tête de la filiale et d'avoir donné des instructions aux autres sociétés du groupe pour indiquer les postes disponibles [12] ;

1. C. Gailhbaud, « De la théorie du co-employeur à la notion de co-emploi », *Gaz. Pal. entr. diff.* 3 août 2012, n° 216, p. 11.
2. Soc. 29 mai 2013, n° 12-13.943, NP.
3. Soc. 20 févr. 2013, n° 11-19.305, NP ; *Leden* avr. 2013, comm. 52, note G. Dedessus-Le Moustier – Soc. 13 mars 2013, n° 11-26.089, NP ; *Leden* mai 2013, comm. 75, note N. Pelletier – Soc. 25 sept. 2013, n° 12-14.353, NP ; *BJS* déc. 2013, p. 824, note P. Morvan – Soc. 9 juin 2015, n°s 13-26.558 à 13-26.566, NP ; *RPC* 2016, comm. 71, note D. Jacotot – Soc. 10 déc. 2015, n°s 14-19.316 à 14-19.474, P V ; *Act. proc. coll.* 2016/2, comm. 22, note M.-N. Rouspide-Katchadourian ; *RPC* 2016, comm. 71, note D. Jacotot ; *BJS* 2016, 115, note B. Géniaut ; *Leden* 2016/1, comm. 016, note F.-X. Lucas ; *LPA* 2 juin 2016, n° 110, p. 13 ; *BJE* 2016. 125, note N. Tagliarino-Vignal – *Adde* : Cons. prud. Compiègne, 30 août 2013, RG n° F12/00162 ; *Leden* nov. 2013, comm. 73, note crit. G. Dedessus-Le Moustier – Paris, 24 oct. 2013, RG n° 11/12394 ; *Leden* févr. 2014, comm. 26, note G. Dedessus-Le Moustier.
4. Soc. 22 juin 2011, n° 09-69.021, NP – Soc. 28 sept. 2011, n° 10-12.278, NP ; *Act. proc. coll.* 2011/19, comm. 295, note L. Fin-Langer ; *BJS* janv. 2012, comm. 17, p. 59, note N. Morelli ; *JCP E* 2011, Chron. 1000, n° 10, obs. Ph. Pétel – Comp. : Soc. 3 nov. 2011, n° 10-17.533, NP ; *Act. proc. coll.* 2011/19, comm. 295, note L. Fin-Langer ; *BJS* avr. 2012, comm. 127, note G. Dedessus-Le Moustier – Soc. 20 févr. 2013, n° 11-19.305, NP ; *Act. proc. coll.* 2013/5, comm. 65 – Soc. 2 juill. 2014, n° 13-15.208, P V, n° 159 ; *D.* 2014. Pan. 2153, note F.-X. Lucas ; *Leden* 2014, comm. 136, note F.-X. Lucas et 129, note G. Dedessus-Le Moustier ; *RPC* 2014, comm. 170, note D. Jacotot ; *JCP E* 2014, n° 1637, n° 9, note Ph. Pétel – Soc. 7 mars 2017, n°s 15-16.865 à 15-16.867, P V ; FS-P+B.
5. Soc. 6 juill. 2016, n° 14-27.266, P V ; *BJE* 2016. 305, note R. Dammann et G. François ; *BJS* 2016. 597, note J.-P. Laborde – Soc. 13 juill. 2017, n°s 16-13.699, NP ; *BJE* 2017. 668, note Ch. Neau-Leduc.
6. Nîmes, ch. civ., 13 déc. 2011, RG n° 11/02640 ; *BJS* avr. 2012, comm. 170, note N. Morelli.
7. Soc. 23 sept. 2015, n° 14-16.538, NP ; *BJS* 2015. 631, note G. Auzero.
8. Soc. 6 juill. 2016, n° 15-15.481, P V ; *BJE* 2016. 305, note R. Dammann et G. François ; *BJS* 2016. 597, note J.-P. Laborde.
9. P. Morvan, note s^s Soc. 25 sept. 2013, n° 12-14.353 ; *BJS* déc. 2013, p. 824.
10. P. Morvan, note s^s Soc. 25 sept. 2013, n° 12-14.353, préc.
11. Soc. 16 mai 2013, n° 11-25.711, NP ; *BJS* sept. 2013, p. 581, note N. Pelletier.
12. Soc. 25 sept. 2013, n° 12-14.353, préc.

– l'existence d'une équipe dirigeante identique dans les trois filiales, la mise en œuvre concomitante des licenciements dans les trois filiales, la mise à disposition de moyens nécessaires à la mise en œuvre de la cessation d'activités par la société mère [1] ;

– le seul fait de constater des rapports d'affaires entre une holding et l'employeur, la première assurant par définition l'unité de direction et le contrôle des activités de deux sociétés, dès lors que chacune de ces sociétés dispose d'une clientèle propre et d'une autonomie de gestion et qu'il n'est pas démontré de la part de la holding qu'elle s'intéressait directement aux décisions managériales de ces deux sociétés [2] ;

– le fait que les dirigeants de la filiale proviennent du groupe et que la société mère ait pris, dans le cadre de la politique du groupe, des décisions affectant le devenir de la filiale et se soit engagée à fournir les moyens nécessaires au financement des mesures sociales liées à la fermeture du site et à la suppression des emplois [3] ;

– le fait que la mère ait, dans les quelques mois suivant la prise de contrôle de la filiale, pris des décisions visant à sa réorganisation dans le cadre de la politique du groupe, puis ait renoncé à son concours financier destiné à éviter la liquidation judiciaire de sa filiale, tout en s'impliquant dans les recherches de reclassement des salariés au sein du groupe [4] ;

– les décisions tenant à l'investissement par le groupe et la diversification de la production d'une filiale, de même que la mise en place d'une trésorerie commune. Il s'agit là non d'actes d'immixtion dans la gestion économique de la filiale, mais de la domination de la société mère en vue de mettre en cohérence les activités économiques de chacune des sociétés du groupe. La société mère ne peut donc être traitée de co-employeur, faute de s'être immiscée globalement et de façon permanente dans la gestion économique de la filiale au point de la priver du pouvoir de décision et de direction sur ses salariés [5] ;

– le fait de s'immiscer dans la gestion de la filiale, en fixant ses objectifs, en établissant le montant des provisions annuelles qu'elle lui versait et qui conditionnait directement sa viabilité, en appliquant les stratégies qu'elle seule élaborait, en décidant de sa dissolution, en intervenant au contrat de travail en souscrivant au profit du salarié une assurance couvrant le risque accidents du travail et accidents privés [6]. Ces éléments ne caractérisent pas une immixtion dans la gestion du personnel de la filiale ;

– l'existence de liens capitalistiques, l'identité de dirigeant entre les deux sociétés, l'identité de siège social et de papier à en-tête utilisé par le supérieur hiérarchique du salarié [7] ;

– le fait que les dirigeants de la filiale proviennent du groupe et soient en étroite collaboration avec la société dominante, que cette dernière ait apporté un important soutien financier et que pour le fonctionnement de la filiale aient été signées avec la société dominante une convention de trésorerie ainsi qu'une convention générale d'assistance moyennant rémunération [8] ; le fait que la filiale avait conservé son autonomie décisionnelle dans ses fonctions de production et le respect des réglementations, dans sa gestion comptable et dans celle des ressources humaines pour le personnel non cadre exclut le co-emploi. Sont insuffisants à caractériser le co-emploi les éléments tenant à l'intervention de la société mère dans la nomination des instances dirigeantes et du contrôle de leur action ou l'attribution d'une prime exceptionnelle aux cadres dirigeants, ainsi que l'intervention de la société mère dans la gestion financière de la filiale par le biais d'une convention d'assistance technique et de gestion de trésorerie, dès lors que cela n'excède pas la nécessaire coordination des actions économiques entre deux sociétés appartenant à un même groupe [9].

Auraient identiquement dû être jugés insuffisants l'existence de conventions conclues entre les sociétés du groupe ayant favorisé une imbrication des comptes et mis directement en cause les prérogatives comptables de la filiale, laquelle ne disposait plus en la matière de la moindre autonomie, et le fait qu'existent entre les patrimoines des diverses sociétés du groupe des relations financières anormales. La juridiction du fond [10] ayant retenu le co-emploi a ici commis, nous semble-t-il, une confusion avec la confusion des patrimoines, cause d'extension de procédure.

La qualité de co-employeur n'est toutefois pas exclusive de celle de personne physique, mais le simple

1. Soc. 9 juin 2015, n°s 13-26.558 à 13-26.566, NP.
2. Soc. 15 sept. 2015, n° 14-10.060, NP ; *BJS* 2015. 579, note G. Auzero.
3. Soc. 22 oct. 2015, n°s 14-15.780, 14-15.783, 14-15.786, NP ; *BJS* 2016. 87, note G. Auzero.
4. Soc. 10 déc. 2015, n°s 14-19.316 à 14-19.474, P V ; *Act. proc. coll.* 2016/2, comm. 22, note M.-N. Rouspide-Katchadourian ; *RPC* 2016, comm. 71, note D. Jacotot ; *BJS* 2016, 115, note B. Géniaut ; *Leden* 2016/1, comm. 016, note F.-X. Lucas ; *LPA* 2 juin 2016, n° 110, p. 13 ; *BJE* 2016. 125, note N. Tagliarino-Vignal.
5. Sur renvoi après cassation : Bordeaux, 16 déc. 2015, RG n° 14/06191, aff. Molex ; *Leden* 2016/1, comm. 016, note F.-X. Lucas.
6. Soc. 4 févr. 2016, n° 14-24.050, NP ; *BJS* 2016. 209, note R. Dammann et G. François.
7. Soc. 12 févr. 2016, n° 14-19.723, NP ; *BJS* 2016. 209, note R. Dammann et G. François.
8. Soc. 7 mars 2017, n°s 15-16.865 à 15-16.867, P V ; FS-P+B ; *RPC* mai-juin 2017, n° 78, note L. Fin-Langer.
9. Soc. 24 mai 2018, n° 17-15.630 ; *Bull. civ.* V, n° 86 ; *JCP E* 2018, chron. 1573, n° 4, note N. Vignal ; *D. actu.* 13 juin 2018, obs. W. Fraisse ; *JCP* 2018, n° 672, p. 1169, obs. G. Dedessus-Le Moustier.
10. Douai, 29 sept. 2017, n° 15/011771 ; *Leden* déc. 2017, n° 111d6, note crit. H. de Frémont.

mandat social sera insuffisant. Ici encore, il faudra démontrer le co-emploi [1], comme cela est le cas pour une société mère.

321.93 Évolution des critères du co-emploi dans un arrêt du 25 novembre 2020. La Cour de cassation dans un arrêt du 25 novembre 2020 [2] est venu entériner un peu plus cette solution, en modifiant les critères. Désormais, une société appartenant à un même groupe ne peut être qualifiée de co-employeur que s'il existe une immixtion permanente dans la gestion économique et sociale conduisant à la perte totale d'autonomie d'action de cette dernière. Ces critères sont cumulatifs et encore plus difficiles à caractériser. Est abandonnée l'immixtion anormale, appréciée qualitativement au profit d'une immixtion permanente, appréciée quantitativement [3]. Cette notion peut désormais être établie, avec les mêmes critères, dans un réseau de distribution [4].

321.94 Application de la loi de l'État régissant la relation de travail pour la demande de reconnaissance de la qualité de co-employeur. C'est la loi de l'État qui régit la relation de travail, qui doit s'appliquer, pour la demande de reconnaissance de la qualité de co-employeur formulée à l'encontre de la société mère de droit français [5]. L'application de la qualification de co-employeur, contre une société étrangère, permet à des salariés français de rechercher une indemnisation en France, mais aussi dans le pays du co-employeur [6]. De même, les juridictions françaises sont compétentes pour connaître de l'action du salarié d'une société étrangère dirigée contre une société française qu'il prétend être son co-employeur [7].

321.95 Compétence du juge judiciaire pour la demande de reconnaissance de la qualité de co-employeur. Le juge judiciaire est compétent pour statuer sur la situation de co-emploi, même si elle est invoquée par un salarié protégé licencié avec l'autorisation de l'inspection du travail [8]. De même, le juge judiciaire reste compétent pour se prononcer sur une situation de co-emploi, dès lors que la décision administrative qui a autorisé le licenciement du salarié ne s'était pas prononcée sur cette situation, peu important que le salarié l'ait soutenu devant le ministre du Travail, lors de l'examen du recours hiérarchique qui a confirmé l'autorisation de licenciement [9]. De manière plus précise, il s'agit du Conseil des prud'hommes [10]. Le délai de prescription de cette action en reconnaissance est de 5 ans à compter de la découverte notamment de la fraude [11].

§ 2
Responsabilité délictuelle de la société mère

321.101 Recours préférable à la responsabilité civile délictuelle. La création prétorienne du co-emploi doit être manipulée avec précaution, si l'on ne veut pas en faire un « redoutable épouvantail à investisseurs » [12]. Elle permet, en effet, de faire supporter au co-employeur, comme s'il était l'employeur, les conséquences financières des licenciements économiques, tout spécialement en cas d'insuffisance des plans de sauvegarde de l'emploi.

Apparaît préférable le recours à la responsabilité civile délictuelle pour condamner une société dominante du groupe [13], qui, privilégiant son actionnaire unique, concourt par ses décisions à la déconfiture de sa filiale et au licenciement de ses salariés [14]. En effet, l'action en responsabilité contre un tiers présente plusieurs avantages. Tout d'abord, le délai de prescription est de cinq ans et non de douze mois comme en matière de contestation du licenciement sans cause réelle et sérieuse. Le montant des indem-

1. Soc. 24 juin 2014, n° 10-19.776, P V, n° 152 ; FS-P+B ; *Leden* 2014, comm. 130, note G. Dedessus-Le Moustier.
2. Soc. 25 nov. 2020, n° 18-13.771, P ; *D.* 2020. 2348 ; *Dr. soc.* 2021. 182, obs. J. Mouly ; *JSL* 2021, n° 512-4, obs. J.-Ph. Lhernould ; *JCP S* 2021, n° 1013, obs. J.-Y. Kerbourc'h, *JCP S* 2021, n° 1019, obs. Y. Pagnerre ; *RDT* 2020. 749 ; *BJT* janv. 2021, n° 114q6, p. 37, note G. Auzero ; *Act. proc. coll.* 2021, n° 10.
3. Y. Pagnerre, « Le reflux du coemploi, toujours vivant mais un peu plus mort », *JCP S* 2021, n° 1019.
4. Soc. 9 oct. 2024, n° 23-10.488 ; *Act. proc. coll.* 2024, n° 225 ; *JCP S* 2024, n° 1392, note Y. Pagnerre ; *BJT* déc. 2024, p. 20, note S. Ranc ; *BJT* janv. 2025, p. 57, note S. Riancho.
5. Soc. 8 févr. 2012, n° 10-28.537, P V, n° 63.
6. Soc. 30 nov. 2011, n°s 10-22.964, 10-22.985, 10-22.994, P IV, n° 284 ; *Act. proc. coll.* 2012/2, comm. 19, note F. Mélin.
7. Soc. 28 janv. 2015, n°s 13-22.994, 13-22.995, 13-23.003 à 13-23.006, P V, n° 17 ; *BJS* 2015. 222, note F. Jault-Seseke.
8. Soc. 30 sept. 2015, n° 13-27.872, P V ; *RPC* 2016, comm. 72, note L. Fin-Langer.
9. Soc. 22 sept. 2015, n° 14-17.837, P V ; *Leden* 2015, comm. 165, note G. Dedessus-Le Moustier.
10. Soc. 24 mai 2018, n° 16-18.621, arrêt Funkwerk ; *Leden* 7/2018, 7, obs. de H. de Frémont ; *RPC* 2018, n° 156, obs. D. Jacotot ; *D. actu.* 13 juin 2018, obs. W. Fraisse. Voir sur ce contentieux, n° 322.141.
11. Soc. 15 janv. 2025, n° 23-11.765, P ; *Procédures* avr. 2025, comm. 91, A. Bugada ; *JCP S* 2025, n° 1073, note Y. Pagnerre ; *BJT* févr. 2025, p. 14, obs. S. Ranc.
12. F.-X. Lucas, obs. s^s^ Toulouse, 7 févr. 2013, RG n° 12/04150 ; *Leden* avr. 2013, comm. 060.
13. Schlumberger, « La responsabilité délictuelle de l'entité dominante du groupe à l'égard des salariés licenciés », *BJS* mars 2019, 46.
14. Soc. 8 juill. 2014, n° 13-15.573, P V, n° 180 – Soc. 8 juill. 2014, n° 13-15.845, NP ; *D.* 2014. Pan. 2154, note F.-X. Lucas ; *Leden* 2014, comm. 136, note F.-X. Lucas et 132, note G. Dedessus-Le Moustier ; *RPC* 2014, comm. 171, note D. Jacotot ; *BJE* 2014. 381, note G. Auzero – Soc. 8 juill. 2014, n° 13-15.470, P V, n° 179 ; *BJE* 2014. 381, note G. Auzero – *Adde* : R. Dammann et G. François, « Le co-emploi : la fin de l'exception française », *BJS* 2016, 209.

nités dépend du préjudice subi et n'est pas enfermé dans le barème des indemnités pour défaut de cause réelle et sérieuse, sous réserve cependant d'établir la faute et le préjudice distinct, non déjà réparé. La Cour de cassation semble réceptive à ces actions, y compris à l'encontre de sociétés qui ne sont pas les actionnaires directs[1].

La compétence pour connaître de cette action en responsabilité n'est pas celle du Conseil des prud'hommes, car l'action n'est pas née à l'occasion du contrat de travail. Pas davantage, il ne s'agit du tribunal de la faillite, car les fautes reprochées ne sont pas nées de la faillite. Il faut retenir la compétence du tribunal de grande instance (désormais tribunal judiciaire), s'agissant d'une action personnelle et mobilière civile dépassant le taux de compétence du tribunal d'instance[2].

Si la société mère assignée est étrangère, les principes de droit international privé conduisent à décider que, en matière de responsabilité civile extracontractuelle, le tribunal compétent est celui du lieu du dommage[3].

La jurisprudence a ainsi décidé qu'une société mère peut être condamnée sur ce fondement pour avoir pris, dans l'intérêt de son actionnaire principal, des décisions dommageables pour sa filiale en état de dépendance économique, qui ont aggravé sa situation économique et l'ont privée de toute capacité d'agir conformément à son intérêt social[4].

321.102 Conditions de fond de l'action en responsabilité. Pour engager la responsabilité de la société mère, il sera nécessaire d'établir une faute, un préjudice réparable et un lien de causalité conformément à l'article 1240 du Code civil[5].

La responsabilité de la société mère, actionnaire principal du groupe et de l'employeur, a été retenue, en retenant que cette société avait pris, par l'intermédiaire d'autres sociétés du groupe, des décisions préjudiciables à la filiale. Ont été ainsi retenus, le transfert à titre gratuit de la licence de marque, le fait qu'elle a donné en garantie d'un emprunt contracté par un autre membre du groupe l'immeuble de la filiale, ou encore le fait que diverses factures émises par la filiale française à l'endroit d'autres sociétés du groupe n'aient été que partiellement payées par ces dernières[6]. Après avoir succombé sur le terrain du co-emploi, un liquidateur n'a toutefois pas davantage obtenu gain de cause, sur le terrain de la direction de fait, dans le cadre d'une action en responsabilité pour insuffisance d'actif, les notions étant proches, la société-mère ne pouvant recevoir cette qualification à l'égard de sa filiale à 100 %, dès lors que celle-ci est restée maîtresse de sa gestion, que la société mère ne s'est pas immiscée dans la conduite de la fermeture de l'usine, ni dans la conduite du plan de sauvegarde de l'emploi, sa participation s'étant limitée à en assurer le financement[7]. De même a été reconnue fautive une société mère qui avait déclaré au passif d'une filiale une créance, correspondant au financement d'un PSE adopté dans un redressement qui a été par la suite converti en liquidation[8].

En revanche, n'est pas en elle-même fautive la décision de l'actionnaire d'un groupe intégré de sociétés de cesser le soutien à une filiale en difficulté quand le maintien d'un tel soutien serait de nature à l'exposer au risque de soutien abusif ou à fragiliser l'ensemble des sociétés du groupe en menaçant la totalité des emplois[9].

De même, la responsabilité de la société mère à l'égard des salariés de la filiale est écartée dès lors que le préjudice résulte directement de la défaillance du repreneur[10].

1. Soc. 24 mai 2018, *Lee Cooper France*, n° 16-22.881 ; *Bull. civ.* V, n° 88 ; *RDT* 2018. 570 ; *Rev. sociétés* 2018. 604, note A. Couret ; *D.* 2018. 1158 ; *JCP E* 2018, n° 1434, note J. Grangé, Fl. Aubonnet et Fl. Terroux-Sfar ; *Act. proc. coll.* 2018, n° 189 ; *RPC* sept. 2018, n° 156, obs. D. Jacotot ; *Rev. sociétés* 2018. 604, note A. Couret ; *Dr. sociétés* nov. 2018, comm. 195, note J.-P. Legros ; *JCP E* 2018, chron. 1573, n° 4, note N. Vignal.
2. Soc. 13 juin 2018, n°s 16-25.873 à 16-25.883, P ; *Bull. civ.* V, n° 117 ; *D.* 2018. Actu. 1308 ; *Rev. sociétés* 2018. 740, note A. Couret ; *Act. proc. coll.* 2018/13, comm. 188, note L. Fin-Langer ; *Dr. sociétés* nov. 2018, comm. 196, note J.-P. Legros.
3. L. Fin-Langer, note sous Soc. 13 juin 2018, n°s 16-25.873 à 16-25.883, P ; *Act. proc. coll.* 2018, comm. 188.
4. Douai 31 janv. 2017, n° 13/03934 et 15/01578 ; *Leden* juill. 2017, comm. 110w4, note H. de Frémont.
5. Anc. Art. 1382 avant la réforme du 10 févr. 2016.
6. Soc. 24 mai 2018, n°s 16-22.881 à 16-22.908 ; *Bull. civ.* V, n° 88 ; *RDT* 2018. 570 ; *Rev. sociétés* 2018. 604, note A. Couret ; *D.* 2018. 1158 ; *JCP E* 2018, n° 1434, note J. Grangé, Fl. Aubonnet et Fl. Terroux-Sfar ; *Act. proc. coll. PC* 2018, n° 189 ; *RPC* sept. 2018, n° 156, obs. D. Jacotot ; *Dr. sociétés* nov. 2018, comm. 195, note J.-P. Legros ; *JCP E* 2018, chron. 1573, n° 4, note N. Vignal.
7. Com. 11 oct. 2016, n° 14-26.901, NP ; *Gaz. Pal.* 10 janv. 2017, n° 12, p. 76, note C. Gailhbaud ; *BJS* janv. 2017, note E. Mouial-Bassilana.
8. Soc. 1er juin 2023, n° 21-22.857, P ; *D. actu.* 21 juin 2023, obs. L. Malfettes ; *Gaz. Pal.* 2023, n° 20, p. 26, obs. C. Berlaud ; *JCP S* 2023, n° 1183, note J.-Y. Kerbourc'h ; *RPC* sept. 2023, n° 83, obs. F. Taquet ; *Act. proc. coll.* 2023, n° 194, obs. L. Fin-Langer ; *Leden* sept. 2023, p. 6, obs. H. de Frémont ; *BJS* sept. 2023, p. 20, obs. G. Auzero.
9. Paris, pôle 5, 8e ch., RG n° 14/02820 ; *BJS* 2015. 667, note E. Mouial-Bassilana.
10. Paris, pôle 5, 8e ch., RG n° 14/02820, préc. – Pour un autre ex. d'absence de faute : Com. 1er mars 2023, n° 21-14.787, P ; *BJS* mai 2023, p. 33, obs. L. Fin-Langer ; *Rev. sociétés* 2023. 443, note N. Morelli ; *RDT* 2023. 333, chron. M. Kocher et K. Magnier-Merran ; *RTD civ.* 2023. 352, obs. H. Barbier ; *Leden* avr. 2023, p. 1, obs. F.-X. Lucas ; *Gaz. Pal.* 20 juin 2023, p. 54, obs. M. Caffin-Moi ; *Act. proc. coll.* 2023, n° 74 ; *Dr. sociétés* juin 2023, comm. 68, obs. R. Mortier ; *RPC* juill. 2023, Études 6, O. Debeine et G. Rupin.

En plus des difficultés d'établir la faute, des difficultés apparaissent aujourd'hui pour établir le préjudice réparable. En effet, un arrêt rendu le 27 janvier 2021[1] interroge sur le fait de savoir s'il est encore utile d'assigner en responsabilité la société mère lorsque les salariés ont été indemnisés pour défaut de cause réelle et sérieuse. La Cour estime qu'il est alors impossible de réparer plusieurs fois le préjudice subi, à savoir la perte injustifiée de leur emploi et la perte de chance d'un retour à l'emploi en raison de l'insuffisance du PSE. Dans cette affaire, il s'agissait d'une société placée en procédure collective ayant donné lieu à un plan de cession et la banque avait été assignée pour soutien abusif. Or, les salariés licenciés suite au plan de cession avaient déjà été indemnisés pour défaut de cause réelle et sérieuse en raison de l'insuffisance du PSE. Quelle est alors l'utilité d'assigner la mère sauf à établir un préjudice distinct ? Les règles de la responsabilité limitant la réparation au préjudice qui n'a pas encore été réparé peuvent limiter l'utilité d'une telle action.

321.103 Action irrecevable en cas de procédure collective ouverte à l'encontre de la société mère. La Cour de cassation[2] affirme que l'action du salarié à l'encontre de la société mère, placée en procédure collective, fondée sur la responsabilité extracontractuelle, est irrecevable au regard du principe de l'interdiction des poursuites individuelles applicable à tous les créanciers. Par conséquent, cette action n'a d'intérêt que si la société mère est *in bonis*.

SECTION 5
AUTRES MODES DE RUPTURE

§ 1
Utilisation possible des autres modes de rupture du CDI

321.111 Application du droit commun. Il est bien évidemment possible pour un salarié de rompre son contrat de travail selon les modalités du droit commun. On pense alors à la démission, la prise d'acte, au départ à la retraite, à la rupture conventionnelle individuelle.

Lors de la prise d'acte ou la demande de résiliation judiciaire, le salarié doit établir un manquement grave de l'employeur à ses obligations qui rende impossible le maintien de la relation de travail. Lui est-il possible d'invoquer par exemple le retard dans le paiement de ses salaires en raison des difficultés qui auraient justifié l'ouverture d'une procédure de sauvegarde ? La Cour de cassation a déjà jugé que le simple retard de deux jours dans le paiement des salaires ne suffisait pas[3]. En revanche, le non-paiement du salaire caractérise un manquement suffisamment grave pour justifier la rupture[4], outre le fait que cela pourrait aussi caractériser un éventuel état de cessation des paiements.

L'employeur de son côté peut aussi licencier pour faute ou mettre à la retraite un salarié. Il a pu être jugé que le licenciement pour faute ne pouvait être réalisé par le débiteur seul, dès lors que l'administrateur avait reçu pour mission d'assister le débiteur. La Cour de cassation a écarté la qualification d'acte de gestion courante[5].

321.112 Utilisation de la rupture conventionnelle collective. L'ordonnance du 22 septembre 2017[6] instaure un nouveau mode de rupture pour motif économique : la rupture conventionnelle collective[7]. L'encadrement de la pratique des plans de départ volontaires rend inutile l'élaboration d'un plan de sauvegarde de l'emploi. Elle évite également le contentieux de la cause réelle et sérieuse. Il s'agit de négocier un accord collectif d'entreprise de droit commun qui va déterminer les conditions de la rupture des contrats de travail. Une fois cet accord conclu, les salariés remplissant les conditions vont soumettre leur candidature et en cas d'acceptation par l'employeur, le contrat est rompu d'un commun accord.

La Dreets est informée dès le démarrage des négociations. L'accord doit contenir un certain nombre de mentions obligatoires : modalités d'information du comité social et économique, le nombre maximum de départs envisagés, la durée de mise en œuvre, les conditions que doit remplir le salarié pour en bénéficier, les critères pour départager les candidats au départ – sorte de priorité au départ –, les indemnités de rupture qui ne peuvent être inférieures aux indemnités légales de licenciement, les mesures visant le reclassement externe et les modalités de suivi.

1. Soc. 17 janv. 2021, n° 18-23.535, P ; *RDT* 2021. 241 ; *JCP S* 2021, n° 1059, obs. Q. Chatelier, *D. actu.* 11 févr. 2021, obs. L. De Montvalon ; *D.* 2021. Actu. 288, *D.* 2021. 1152, obs. S. Vernac et Y. Ferkane ; *Dr. soc.* 2021. 516, étude N. Delmas ; *RDT* 2021. 241, obs. L. Bento de Carvalho ; *JSL* 2021, n° 516-2, obs. H. Nassom-Tissandier ; *Dr. ouvrier* 2021. 222, note G. François ; *SSL* 2021, n° 1944, note G. Loiseau.
2. Soc. 2 févr. 2022, n° 20-17.202, NP ; *Act. proc. coll.* 2022, n° 90, obs. L. Fin-Langer.
3. Soc. 19 janv. 2005, n° 03-45.018 ; *Bull. civ.* V, n° 12 ; *Dr. soc.* 2005. 473, obs. F. Favennec-Héry ; *D.* 2005. IR 386, obs. F. Guiomard, *D.* 2005. 2499, obs. B. Lardy-Pélissier et J. Pélissier.
4. Soc. 6 déc. 1994, n° 91-43.012, NP ; *RJS* 1995, n° 5.
5. Soc. 28 juin 2001, n° 00-40.986 ; *RPC* 2002, 59, obs. F. Taquet.
6. Ord. n° 2017-1387, 22 sept. 2017, préc.
7. C. trav., art. L. 1237-19 s.

L'accord est transmis pour validation à la Dreets territorialement compétente, qui a quinze jours pour répondre à compter de la réception du dossier complet, le silence valant acceptation[1]. L'employeur doit transmettre l'accord, le PV de carence des instances représentatives, les informations relatives à la régularité de l'accord collectif. La loi du 10 août 2018, n° 2018-727 pour un État au service d'une société de confiance pourrait remettre en cause cette règle. Le nouvel art. L. 114-5-1 du Code des relations entre le public et l'administration prévoit que désormais, l'administration ne peut plus suspendre l'instruction d'une demande si le dossier n'est pas complet, sauf s'il s'agit d'une pièce indispensable à cette demande. L'administration se prononce alors sans la pièce et le droit accordé ne sera effectif qu'après réception de la pièce manquante. L'absence d'accord pourrait être considérée comme une pièce essentielle, à la différence du PV de carence. La Dreets vérifie le contenu, la régularité de la procédure d'information et la validité de l'accord.

La décision est ensuite notifiée au CSE et aux organisations syndicales, ce qui apparaît difficile si la Dreets ne répond pas. Il est communiqué aux salariés par tout moyen donnant une date certaine. Les recours contre la décision sont portés devant les juridictions administratives.

Les salariés remplissant les conditions prévues par l'accord déposent leur candidature qui, lorsqu'elle est acceptée par l'employeur, emporte rupture d'un commun accord du contrat. Les salariés protégés peuvent en bénéficier sous réserve d'obtenir une autorisation de l'inspection du travail[2]. En cas de pluralité de candidats répondant aux critères, l'employeur respectera les critères de départage prévus, qui *a priori* peuvent être choisis librement sans avoir à respecter les critères d'ordre applicables en matière de licenciement économique. La durée de mise en œuvre fixée dans l'accord doit être respectée par les parties.

Cette nouvelle possibilité fait naître un certain nombre de difficultés en cas de redressement judiciaire en raison des dispositions spécifiques encadrant les licenciements pour motif économique[3]. En sauvegarde et faute de dispositions particulières entourant les licenciements pour motif économique, son utilisation ne devrait pas poser des difficultés particulières. Deux réserves sont cependant à apporter.

La première concerne la possibilité de négocier un tel accord dans un contexte de difficultés économiques et de suppression potentielle d'emplois. La Cour administrative d'appel de Versailles a admis la validité d'un tel accord conclu même si la suppression des postes repose sur un motif économique : elle précise qu'aucun licenciement n'était contraint et que le salarié avait un véritable choix. *A contrario*, en l'absence de choix, l'accord ne pourrait pas être homologué. Cette lecture a été confirmée par un arrêt du Conseil d'état rendu le 21 mars 2023, qui interdit le recours à ce mode de rupture en cas de cessation définitive d'activité pour éviter de contourner les règles du licenciement pour motif économique[4]. Pendant la durée d'exécution de l'accord, l'employeur ne peut pas licencier[5].

La deuxième réserve concerne les conséquences en cas de nombre de ruptures inférieur à celui prévu. L'articulation avec le licenciement économique se pose nécessairement, pour éviter d'en détourner les règles. Certains pensent qu'il n'est pas possible de faire un PSE pendant la durée prévue pour mettre en œuvre la rupture conventionnelle collective. D'autres considèrent que cela reste aussi un problème après son exécution, car les salariés ayant accepté la rupture n'ont pas pu bénéficier du PSE établi ultérieurement. Peut-on conclure un nouvel accord ? Peut-on encore envisager de faire des plans de départ volontaires ou ont-ils vocation à disparaître, comme la Cour de cassation semble le dire pour les accords amiables écartés au profit des ruptures conventionnelles individuelles ? Peut-on alors envisager des licenciements dans le cadre du plan de sauvegarde ? Pour l'instant, ces questions sont restées sans réponse.

§ 2
Rupture des contrats de travail suspendus

321.121 Maintien du régime de la suspension en sauvegarde. Lorsque le contrat de travail est suspendu pour une cause légitime, telle que la maternité, la maladie, un congé parental, etc., des règles spécifiques sont parfois prévues pour encadrer sa rupture.

Aucun aménagement n'a été prévu dans le cadre des procédures collectives et ces règles spécifiques ont donc vocation à continuer à s'appliquer pour les licenciements prononcés pendant la période d'observation, suivant un jugement de sauvegarde.

1. C. trav., art. L. 1237-19-4.
2. C. trav., art. L. 1237-19-2.
3. Sur l'utilisation des ruptures conventionnelles collectives en redressement judiciaire, v. s^{s} n° 322.12 – L. Fin-Langer et D. Jacotot, « Les ordonnances du 22 septembre 2017 et la rupture des contrats de travail dans une entreprise en difficulté », *RPC* 2017/6, ét. 21, p. 26 s., sp. p. 30, n° 24.
4. CE 21 mars 2023, req. n° 459626, *RPC* mai 2023, n° 52, obs. F. Taquet ; *RDT* 2023. 415, obs. F. Géa ; *JSL* 2023, n° 563-1, obs. M. Hautefort ; *SSL* 2023, n° 2040, p. 20, obs. H. Cavat ; *SSL* 2023, n° 2047, p. 10, note O. Duteillet de Lamothe ; *JCP S* 2023, n° 1123, obs. P. Morvan ; *Leden* mai 2023, p. 6, obs. G. Dedessus-Le Moustier.
5. CAA Versailles, 14 mars 2019, 18VER04158 ; *JCP S* 2019, n° 1136.

Cela n'empêche pas leur licenciement mais plusieurs précautions vont devoir être prises par l'employeur chargé de procéder à leur licenciement, assisté éventuellement de l'administrateur.

Tout d'abord, l'employeur doit respecter les critères d'ordre[1]. Si parmi les salariés concernés par ces licenciements, sont inclus des salariés dont le contrat est suspendu, il va devoir respecter également la procédure spécifique dépendant de la cause de la suspension, qui se cumule avec celle du licenciement pour motif économique.

321.122 Régime de la suspension pour accident du travail et maladie professionnelle. Ainsi, un salarié victime d'un accident du travail ne peut être licencié en vertu de l'article L. 1226-9 du Code du travail que pour une faute grave, inapplicable dans ce contexte, ou un motif étranger à l'accident du travail qui rend impossible la poursuite du contrat de travail. L'employeur doit donc vérifier cette impossibilité et ne peut se contenter de viser dans la notification du licenciement le jugement d'ouverture de la sauvegarde. À défaut de respecter cette réglementation, le salarié licencié peut demander la nullité de son licenciement. Ce licenciement ne prendra effet qu'à l'issue de la période de suspension[2].

À la fin de la période de suspension, l'employeur devra ensuite respecter l'obligation de reclassement en cas d'inaptitude constatée par le médecin du travail. Ce n'est que si le reclassement est impossible que le licenciement pourra être autorisé, le délai étant d'un mois après la déclaration d'inaptitude. Un licenciement pour motif économique n'est possible qu'en cas de fermeture définitive de l'entreprise et d'impossibilité de reclassement, si l'entreprise ne fait pas partie d'un groupe[3].

L'article L. 3253-9 du Code du travail prévoit que les salariés bénéficiant d'un régime protecteur contre le licenciement sont couverts par l'AGS dès lors que l'employeur manifeste son intention de licencier pendant la période d'observation d'une sauvegarde. Il en est ainsi d'un salarié victime d'un accident du travail qui bénéficie d'une protection particulière en matière de licenciement prévue à l'article L. 1226-9 nouveau du Code du travail[4].

321.123 Régime de la suspension pour cause de maternité. Pour une femme enceinte, ce régime s'applique avant son congé maternité *stricto sensu* et après son retour, pendant une période de dix semaines depuis l'entrée en vigueur de la loi Travail du 8 août 2016, contre quatre semaines auparavant. Cette période de dix semaines est désormais reportée à la reprise effective lorsque la salariée prend ses congés payés à la fin de son congé maternité[5], non en cas d'arrêt maladie[6]. La notification de son licenciement est possible mais uniquement pour les deux motifs précédemment évoqués. Comme pour le salarié en accident du travail, il faudra donc que l'employeur explique en quoi son maintien dans l'entreprise est impossible[7]. Il s'agit d'une période de protection relative.

Mais le régime de protection est encore plus sévère pendant le congé maternité : non seulement, le motif réside dans une faute grave ou un motif étranger à la maternité rendant impossible la poursuite de la relation de travail, mais l'article L. 1225-4 du Code du travail interdit même toute notification du licenciement pendant le congé maternité. À défaut de respecter ces mesures, le licenciement est nul[8]. Il s'agit ici d'une période de protection absolue.

La Cour de cassation, s'appuyant sur le droit communautaire et pour éviter une éventuelle discrimination, a également interdit tous les actes préparatoires, tels qu'un entretien individuel, pendant cette période[9]. Il faut cependant nuancer cette solution car la Cour a admis que n'était pas considéré comme un acte préparatoire le fait de préparer un plan de départ volontaire[10].

1. Sur la fixation des critères d'ordre, v. s^s n° 321.63.
2. Ass. plén., 28 janv. 2005, n° 01-45.924 ; *Bull.* n° 1 ; *D.* 2005. 581, note G. Couturier ; *D.* 2005. 387, obs. E. Chevrier ; *D.* 2005. 2499, obs. B. Lardy-Pélissier et J. Pélissier ; *CSBP* avr. 2005, p. 186, note F.-J. Pansier ; *JCP* 2005. II. 10063, note D. Corrignan-Carsin ; *JCP E* 2005, n° 659, note S. Béal et A. Giroud.
3. Soc. 15 sept. 2021, n° 19-25.613, FS-B ; *Leden* nov. 2021, n° 200j8, p. 7, obs. F. Joly – Soc. 26 oct. 2022, n° 20-17.501 ; *Leden* déc. 2022, p. 7, obs. F. Joly.
4. Soc. 2 oct. 2001, n° 99-45.346 ; *Bull. civ.* V, n° 295 ; *D.* 2001. IR 3090. La solution rendue pour une liquidation judiciaire est applicable à la sauvegarde.
5. Soc. 30 avr. 2014, n° 13-12.321 ; *Bull. civ.* V, n° 111 ; *D.* 2014. 1043 ; *D.* 2015. 829, obs. J. Porta et P. Lokiec ; *RDT* 2014. 547, obs. D. Gardes ; *JCP S* 2014, n° 1333, note D. Everaert-Dumont ; *CSBP* juin 2014, P. 361, note J. Icard ; *JCP E* 2014, n° 1358, note G. Vachet.
6. Soc. 8 juill. 2015, n° 14-15.979, P ; *D. actu.* 22 juill. 2015, obs. M.-C. Peyronnet ; *D.* 2015. Actu. 1545 ; *SSL* 2015, n° 1687, p. 13, obs. A. Fabre ; *JSL* 2015, n° 394-1, obs. M. Hautefort ; *JCP S* 2015, n° 1365, obs. D. Everaert-Dumont.
7. Soc. 21 janv. 2009, n° 07-41.841 ; *Bull. civ.* V, n° 22 ; *D.* 2009. 435 ; *CSBP* mai 2009, p. 129, obs. F.-J. Pansier.
8. Soc. 21 janv. 2009, n° 07-41.841 ; *Bull. civ.* V, n° 22 ; *D.* 2009. 435 , *CSBP* mai 2009, p. 129, obs. F.-J. Pansier : la Cour rappelle l'obligation pour l'administrateur de motiver de manière spécifique le licenciement de la femme enceinte malgré l'autorisation donnée dans le jugement adoptant le plan de cession. L'arrêt ne dit cependant rien sur l'interdiction de procéder à ce licenciement pendant le congé maternité.
9. Soc. 15 sept. 2010, n° 08-643.299 ; *Bull. civ.* V, n° 182 ; *JCP S* 2011, n° 1005, note B. Bossu ; *RDT* 2011. 31, obs. M. Mercat-Bruns ; *D.* 2010. 2166, obs. L. Perrin ; *Dr. soc.* 2010. 1256, obs. F. Favennec-Héry ; *CSBP* oct. 2010, p. 342, note F.-J. Pansier.
10. Soc. 14 sept. 2016, n° 15-15.943, P ; *CSBP* déc. 2016, p. 596, note J. Icard, *D. actu.* 2016, 1864 ; *RJS* 11/2016, n° 685 ; *JCP* 2016, n° 1046, obs. G. Dedessus-Le Moustier ; *JCP S* 2016, n° 1382, obs. L. Dauxerre.

Ce régime a vocation à s'appliquer pendant la période d'observation qui suit un jugement de sauvegarde, empêchant ainsi la notification du licenciement du licenciement, tant qu'elle est en congé maternité.

Cela n'empêchera pas la prise en charge par l'AGS dans la mesure où il suffit que l'administrateur manifeste son intention de la licencier pendant la période d'observation, conformément à l'article L. 3253-9 du Code du travail. La jurisprudence communautaire et l'interdiction des actes préparatoires ne devraient pas s'appliquer dans ce cas dans la mesure où cela se retournerait contre la femme enceinte. En pratique, une lettre lui est envoyée mentionnant l'intention de la licencier, licenciement notifié et prenant effet après la fin de la période de protection.

321.124 **Autres causes de suspension.** Pour un salarié en arrêt maladie pour une raison non professionnelle, le Code du travail n'a pas prévu un régime spécifique. Une cause économique est donc possible. Il en est de même des autres causes de suspension, tel que le congé parental d'éducation, le congé pour création d'entreprise, etc.

§ 3 Rupture des contrats de travail des salariés protégés

321.131 **Salariés concernés par cette protection**[1]. L'article 227 de la loi du 25 janvier 1985[2] (disposition non codifiée), modifiant les articles L. 412-18, L. 425-1 et L. 436-1 du Code du travail[3] - cette dernière disposition ayant été modifiée par l'ordonnance du 24 juin 2004[4] - oblige au respect de la procédure spéciale de licenciement des salariés protégés, exerçant un mandat de représentation des salariés.

L'article L. 2411-1 du Code du travail, dans la rédaction que lui donne l'ordonnance du 22 septembre 2017[5], énonce que « bénéficie de la protection contre le licenciement prévue par le présent chapitre, y compris lors d'une procédure de sauvegarde, de redressement ou de liquidation judiciaire, le salarié investi de l'un des mandats suivants... ». Le texte procède ensuite à une énumération relativement longue de personnes bénéficiant de la protection.

Il s'agit notamment des membres élus du CSE, les délégués syndicaux, des représentants de section syndicale, des représentants syndicaux au CSE, des représentants de proximité et du représentant des salariés[6].

Elle s'applique aussi aux salariés exerçant un mandat à l'extérieur de l'entreprise, comme des fonctions de conseiller prud'homal un conseiller du salarié figurant sur la liste établie par la préfecture[7].

Pour ces derniers, pendant de nombreuses années, cette protection s'imposait, alors même que les organes de la procédure ignoraient son existence, la protection du conseiller du salarié prenant effet à compter de son inscription sur la liste, indépendamment de la mesure de publicité qui doit en être faite[8].

Désormais, le salarié ne peut s'en prévaloir qu'à la condition qu'il prévienne le liquidateur au plus tard lors de l'entretien préalable[9], suite à une réserve d'interprétation du Conseil constitutionnel[10]. Un arrêt rendu en dehors de procédures collectives vient préciser le moment de cette connaissance, à savoir celui de l'envoi de la convocation à l'entretien préalable[11]. Cette solution devrait être transposée aux entreprises en sauvegarde. L'information sur le ou les mandats peut être fournie par le salarié ou par tout autre moyen. Il a ainsi été jugé que le liquidateur ayant eu connaissance du mandat prud'homal lors d'une réunion du comité d'entreprise ayant précédé son entretien préalable était informé de l'existence de ce mandat[12]. Si l'administrateur n'est pas informé préalablement, la protection ne joue plus[13].

1. G. Teboul, « Des rapports entre le droit des entreprises en difficulté et le droit social », *Gaz. Pal.* 31 oct. à 4 nov. 2010, p. 6.
2. L. n° 85-98, 25 janv. 1985, préc.
3. Devenus art. L. 2411-1, L. 2411-3 et L. 2421-3 avec la recodification en 2017.
4. Ord. n° 2004-602, 24 juin 2004, préc.
5. Ord. n° 2017-1386, 22 sept. 2017, préc.
6. Sur la protection applicable au représentant des salariés, v. s[s] n°s 321.136 et 321.137.
7. C. trav., art. L. 1232-4 et D. 1234-4 s.
8. Soc. 22 sept. 2010, n° 08-45.227, P V, n° 190 FS-P+B+R ; *Act. proc. coll.* 2010/18, n° 254, note L. Fin-Langer ; *D.* 2010. Actu. 2297 ; *Leden* nov. 2010, p. 7, obs. G. Dedessus-Le Moustier ; *JCP S* 2010, n° 1487, note J.-Y. Kerbouc'h. La solution a été rendue en liquidation judiciaire mais elle avait vocation à s'appliquer à la sauvegarde.
9. Soc. 14 sept. 2012, n° 11-21.307 ; *Bull. civ.* V, n° 230 ; *D.* 2012. 2179 ; *D. actu.* 27 sept. 2012, obs. J. Siro ; *RDT* 2013. 48, obs. Verdier, *Constitutions* 2012, 624, obs. C. Radé ; *JCP S* 2012, n° 1468, note D. Boulmier ; *CSBP* oct. 2012, p. 303, note F.-J. Pansier – Soc. 26 mars 2013, n° 11-28.269 ; *Bull. civ.* V, n° 229, *Constitutions* 2012, 624, obs. C. Radé ; *JCP S* 2013, n° 1252, note D. Boulmier ; *Dr. soc.* 2013. 363, note G. Dumortier ; *CSBP* mai 2013, 110K0, note Fl. Canut.
10. C. const. 14 mai 2012, n° 2012-242, QPC ; *Act. proc. coll.* 2012, comm. 210, note L. Fin-Langer ; *D.* 2012. 2622, obs. P. Lokiec et J. Porta ; *Dr. soc.* 2012. 796, note Bonnet, *Constitutions* 2012, 459, chron. C. Radé, *RSC* 2012. 871, obs. A. Cerf-Hollender ; *JCP S* 2012, n° 1311, note D. Boulmier.
11. Soc. 13 janv. 2021, n° 19-17.489, P ; *D. actu.* 16 févr. 2021, obs. Cl. Couëdel ; *JCP S* 2021, n° 1047, Th. Lahalle ; *BJT* mars 2021, p. 22, note G. Auzero ; *Dr. soc.* 2021. 286, note F. Petit.
12. CE 4e et 1re ch. réunies, 24 juill. 2019, req. n° 411058 ; *Leden* oct. 2019, comm. 112u9, note F. Joly.
13. Soc. 1er juin 2017, n° 16-12.221, P V ; *Leden* oct. 2017, comm. n° 111a0, note H. de Frémont ; *RPC* 2017, comm. 107, note F. Taquet. La solution a été rendue dans le cadre d'une liquidation judiciaire mais a vocation à s'appliquer en sauvegarde – Soc. 7 nov. 2018, n° 16-24.089, NP ; *RPC* 2019/1, comm. 20, p. 42, note F. Taquet.

La preuve de la connaissance du mandat extérieur incombe au salarié protégé[1].

Cette protection va parfois au-delà de l'exercice du mandat et peut concerner d'anciens représentants du personnel pendant les six mois qui suivent l'expiration du mandat, délai porté à douze mois pour les délégués syndicaux s'ils ont exercé leur mandat pendant au moins un an[2] ainsi que pour les candidats aux élections pendant les six mois qui suivent l'envoi de leur candidature. Dans les entreprises de moins de cinquante salariés, seul un délégué du personnel et désormais un membre élu titulaire du CSE peut-être désigné comme délégué syndical. Dans ce cas, il n'est protégé que pendant les six mois qui suivent la fin de son mandat[3]. Cette extension de la protection ne vaut pas pour le représentant des salariés, car ni l'article L. 662-4 du Code de commerce ni le Code du travail n'en font mention[4].

À quelle date s'apprécie la qualité de salarié protégé ? Dans un premier temps, la qualité avait été appréciée au jour où l'autorité administrative était amenée à statuer[5]. À la suite d'un revirement, il a ensuite été décidé de porter cette appréciation à la date de l'envoi par l'employeur de la convocation du salarié à l'entretien préalable au licenciement[6].

Cette mesure continue de s'appliquer en cas de procédure collective, comme le prévoit expressément l'article L. 2411-1 du Code du travail et donc y compris en cas de licenciement notifié pendant la période d'observation suivant un jugement de sauvegarde.

321.132 ***Vade-mecum* de la procédure de licenciement spécifique.** Cette procédure est un peu particulière et elle se cumule avec celle du licenciement pour motif économique.

Elle consiste en une consultation préalable du CSE pour les membres du CSE uniquement et en une demande d'autorisation de l'inspection du travail. Le même régime existait avant les ordonnances de 2017 pour les délégués du personnel et les élus du comité d'entreprise. Il y a place à retrait de l'autorisation administrative de licencier si la consultation a lieu, alors que le mandat des représentants du comité d'entreprise est expiré sans prorogation expresse, peu important l'impossibilité matérielle d'organiser à temps de nouvelles élections[7].

À défaut de comité d'entreprise et désormais de CSE, ces textes indiquent que l'inspecteur du travail est saisi directement.

L'article R. 2421-8 précise par ailleurs que la consultation des représentants du personnel doit avoir lieu après l'entretien individuel du salarié. Cette disposition a fait l'objet d'une interprétation jurisprudentielle en cas de licenciement collectif, dans la mesure où en principe, il n'y a pas d'entretien individuel. Pourtant la Cour de cassation a estimé que cet entretien devait toujours avoir lieu, y compris dans les grands licenciements collectifs et malgré l'ouverture d'une procédure collective[8]. La Cour de cassation a cependant réduit la portée de cette jurisprudence aux seuls représentants élus et non aux candidats, faute de disposition en ce sens[9].

L'employeur éventuellement assisté de l'administrateur va ensuite demander cette autorisation. L'inspection du travail ne peut pas autoriser ce licenciement si l'employeur le saisit après la fin de la période d'observation. En revanche, s'il le saisit avant la fin de la période d'observation, l'inspection du travail peut rendre sa décision après son terme[10]. Cela ne posera pas de problème pour la garantie AGS puisqu'en vertu de l'article L. 3253-9 du Code du travail, il suffit de manifester son intention de le licencier pendant cette période d'observation.

L'inspecteur du travail va non seulement vérifier l'absence de motif discriminatoire, le respect de la procédure et de l'obligation de reclassement mais aussi la cause réelle et sérieuse, l'absence de lien avec les fonctions. Lorsqu'une autorisation administrative de licencier a été accordée à l'employeur, le juge judiciaire ne peut, sauf à violer le principe de la séparation des pouvoirs, apprécier le caractère réel et sérieux de la cause du licenciement, ni la régularité de la procédure antérieure à la saisine de l'inspection du travail[11].

321.133 **Prise en charge des indemnités de rupture par l'AGS.** Il faut noter que dès lors que l'employeur, éventuellement assisté de l'administrateur, manifeste son intention de licencier le salarié protégé pendant la période d'observation qui suit le jugement d'ouverture de la sauvegarde, l'AGS pren-

1. Angers, 4 févr. 2021, n° 17/00227 ; *Act. proc. coll.* 2021, 127.
2. C. trav., art. L. 2411-3.
3. Soc. 4 nov. 2020, n° 19-12.279, P ; *D. actu.* 23 nov. 2020, obs. L. Malfettes ; *BJT* janv. 2021, p. 34, G. Auzero.
4. Sur la durée de cette protection, v. s[s] n° 321.137 – Par ex. : Soc. 1er mars 2005, n° 02-44.293 ; *Bull. civ.* V, n° 74.
5. CE 28 févr. 1997, req. n° 153547.
6. CE 23 nov. 2016, req. n° 392059, *Lebon ; Leden* mars 2017, comm. 110n6, obs. H. de Frémont.
7. CE réunies, 9 mai 2011, req. n° 333241 ; *Act. proc. coll. PC* 2011/10, comm. 152.
8. Soc. 10 mai 1999, n° 97-40.510 ; *Bull. civ.* V, n° 207 ; *D.* 1999. IR 148 ; *JCP* 1999. II. 10137, note D. Corrignan-Carsin.
9. Soc. 6 avr. 2016, n° 14-12.724 ; *Bull. civ.* V, n° 66, *D. actu.* 3 mai 2016, obs. J. Cortot ; *JCP S* 2016, n° 1233, note J.-Y. Kerbourc'h ; *CSBP* mai 2016, p. 248, note Fl. Canut.
10. CE 12 juin 2019, *S[té] Vitembal Tarascon*, req. n° 410987 ; *RJS* 10/2019, n° 580 et p. 687, concl. F. Dieu ; *RPC* sept. 2019, comm. 147, F. Taquet.
11. Soc. 3 mars 2010, n° 08-42.526, P V, n° 50 ; *Act. proc. coll.* 2010/7, n° 103 – Soc. 20 sept. 2018, n° 17-11.602 ; *Bull. civ.* 2018, V, n° 161 ; *RPC* 2019/1, comm. 21, p. 43, note D. Jacotot ; *D.* 2018. Actu. 1870 ; *JCP S* 2018, n° 1382, note J.-Y. Kerbourc'h.

dra en charge les indemnités de licenciement en application de l'article L. 3253-9 du Code du travail. Encore faut-il qu'il le fasse[1]. Peu importe la date de notification. Peu importe également le refus de l'inspecteur du travail d'autoriser le licenciement[2].

321.134 **Sanction du licenciement irrégulier d'un salarié protégé.** À défaut de respecter cette procédure d'autorisation et faute de dispositions spécifiques, il convient d'appliquer les règles de droit commun. Le salarié protégé irrégulièrement licencié pourra invoquer la nullité de son licenciement et doit être en principe réintégré, si cette réintégration est possible.

Le salarié peut également souhaiter ne pas être réintégré. En ce cas, il sera indemnisé du préjudice résultant de cette rupture irrégulière, à savoir une somme correspondant aux salaires dus entre son éviction et sa réintégration effective, sans déduction des revenus de remplacement[3].

Au plan pénal, il peut y avoir commission du délit d'entrave aux fonctions du comité d'entreprise ou des délégués du personnel[4] et désormais du comité social et économique en vertu de l'article L. 2317-1 du Code du travail.

321.135 **Faute grave du salarié protégé.** En cas de faute grave, la mise à pied immédiate peut être décidée dans l'attente de la décision de l'inspection du travail. En cas de refus, le salarié est réintégré, la mise à pied étant annulée[5].

321.136 **Règles particulières au représentant des salariés.** Le représentant des salariés[6] est au rang des salariés protégés. La solution résulte de l'article L. 2411-1 du Code du travail, qui prévoit que la protection contre le licenciement profite à un certain nombre de salariés, y compris lors d'une procédure de sauvegarde, de redressement ou de liquidation judiciaire. Cet article énonce les salariés concernés par cette protection. Au 11°, figure le représentant des salariés. Le texte précisait que cette protection s'appliquait lors d'un redressement ou d'une liquidation judiciaire. La précision, d'une part, faisait partiellement double emploi avec l'énoncé de principe, et, d'autre part, elle était incomplète, puisqu'elle ne visait pas la sauvegarde. L'article 113 de l'ordonnance du 12 mars 2014[7] toilette le texte et supprime au 11° de l'article la précision « lors d'un redressement ou d'une liquidation judiciaire ».

Le représentant des salariés a été également rangé parmi les salariés protégés[8], en application de l'article L. 627-5, alinéa 2 du Code, dans la rédaction antérieure à la loi du 26 juillet 2005, celle de l'article L. 662-4, alinéa 2 dans la rédaction issue de la loi du 26 juillet 2005[9] et de l'article R. 621-16.

Il a d'abord été jugé que la réglementation protectrice ne s'appliquera qu'autant qu'il aura été régulièrement désigné[10] et seulement pendant la période de protection qui lui est accordée par la loi, ainsi que cela est expliqué ci-après. Il a ensuite été estimé que la protection joue même si sa désignation est irrégulière, pour être intervenue avant le jugement d'ouverture, dès lors qu'elle n'a pas été annulée[11].

La protection ne joue pas pour le simple candidat à l'élection de représentant des salariés[12]. Le licenciement de ce dernier n'est pas soumis à l'avis du CSE ni à l'autorisation de l'inspection du travail.

Le licenciement du représentant des salariés, qu'il émane du chef d'entreprise, ou de l'administrateur, suppose un avis du comité d'entreprise et désormais du CSE, en application de l'article L. 627-5, alinéa 1, du Code, dans la rédaction antérieure à la loi du 26 juillet 2005[13], de celle de l'article L. 662-4, alinéa 1, dans la rédaction issue de la loi du 26 juillet 2005. L'article 17 du décret du 27 décembre 1985[14], sous l'empire de la législation antérieure à la loi de sauvegarde des entreprises et l'article R. 621-16 du Code de commerce[15], sous l'empire de la législation issue de la loi de sauvegarde des entreprises, prévoient que le licenciement du représentant des salariés est régi par les dispositions des articles R. 2421-8, R. 2421-6 et R. 2421-14, R. 2421-15 du Code du travail.

1. Soc. 18 déc. 1991, n° 89-42.188 ; *Bull. civ.* V, n° 591 ; *D.* 1992. IR 47 ; *CSBP* 1992, 45.
2. Soc. 13 déc. 2017, n° 16-21.773, P. ; *Gaz. Pal.* 17 avr. 2018, p. 80, obs. L. Cheikh Vecchioni ; *Ledcn* avr. 2018, p. 1, note F.-X. Lucas et G. Dedessus-Le Moustier ; *D.* 2018, actu 6 ; *JCP S* 2018, n° 1014, L. Fin-Langer ; *Act. proc. coll.* 2018, 11, L. Fin-Langer : la solution a été rendue en liquidation judiciaire mais elle a vocation à s'appliquer en sauvegarde.
3. France Travail pouvait demander le remboursement de cette somme (Soc. 19 nov. 2014, n° 13-23.643 ; *Bull. civ.* V, n° 268 ; *JCP S* 2014, n° 1044, note J.-Y. Kerbouc'h ; *DS* 2015, p. 93, obs. J. Mouly ; *D.* 2014. 2412). Un arrêt du 4 novembre 2020 remet en cause cette action de France Travail : soc. 4 nov. 2020, n° 19-11.865, P ; *JCP S* 2020, n° 3099, note K. Pagani et J. Pellissier.
4. Crim. 17 mars 1992, n° 91-81.360, P n° 117 – Crim. 30 janv. 1996, n° 94-83.510, NP ; *Dr. trav.* 1996, n° 5, p. 11, § 214.
5. C. com., art. L. 627-5, al. 3 du code, dans la rédaction antérieure à la loi du 26 juillet 2005 – C. com., art. L. 662-4, al. 3, dans la rédaction issue de la loi du 26 juillet 2005.
6. Sur le représentant des salariés, v. s^s n°s 221.11 s.
7. Ord. n° 2014-326, 12 mars 2014, préc.
8. Ifppc 1999, recomm. n°s 2060-6, 6015-6, p. 53, 138.
9. Soc. 5 mai 1993, n° 92-40.835, P V, n° 127.
10. Soc. 12 févr. 2003, n° 00-45.764, NP ; *Act. proc. coll.* 2003/7, n° 80.
11. Soc. 23 sept. 2009, n° 08-40.603, P V, n° 197 ; n° 1804 FS-P+B ; *Act. proc. coll.* 2009/17, n° 257, note L. Fin-Langer.
12. Soc. 1er mars 2005, n° 02-44.293, P V, n° 74 ; *Act. proc. coll.* 2005/6, n° 67 ; *Bull. Ifppc* nov. 2005, n° 7, p. 9, note Tourmanoff.
13. L. n° 2005-845, 26 juill. 2005, préc.
14. Décr. n° 85-1388, 27 déc. 1985, préc.
15. Anc^t Décr. n° 2005-1677, 28 déc. 2005, art. 59.

321.137 Durée de la protection du représentant des salariés. La protection accordée au représentant des salariés cesse, par principe, lorsque toutes les sommes versées au mandataire judiciaire par l'AGS auront été reversées aux salariés [1].

Sous l'empire de la législation antérieure à la loi de sauvegarde des entreprises, dans la procédure de redressement judiciaire du régime simplifié, le représentant des salariés exerçait le rôle dévolu aux institutions représentatives des salariés. La protection qui lui était accordée cessait au terme de la dernière audition ou consultation prévue par la procédure de sauvegarde [2]. Cette mesure a été reprise par la loi de sauvegarde du 26 juillet 2005. Désormais, si le représentant des salariés exerce également les fonctions du CSE, la protection cesse au terme de la dernière audition ou consultation précédant l'adoption d'un plan de sauvegarde [3].

Cette durée de protection doit être coordonnée avec celle prévue à l'alinéa précédent, qui concerne le versement des sommes par l'AGS : c'est la plus tardive des dates qui doit être évidemment prise en compte.

§ 4
Rupture des contrats autres que le CDI

321.141 Rupture par anticipation des CDD. Aucune réglementation particulière n'a été posée pour les contrats à durée déterminée. L'article L. 622-13, VI, du Code de commerce écarte expressément du régime des contrats en cours tous les contrats de travail, sans préciser leur nature. Par conséquent, seules les règles prévues par le Code du travail ont vocation à s'appliquer.

Conformément au droit commun, il en résulte l'impossibilité pour l'employeur de les rompre avant leur terme, sauf dans les cas limitativement énumérés à l'article L. 1243-1 du Code du travail. Son alinéa 1 indique « Sauf accord des parties, le contrat de travail à durée déterminée ne peut être rompu avant l'échéance du terme qu'en cas de faute grave, de force majeure ou d'inaptitude constatée par le médecin du travail ». N'est pas citée expressément l'ouverture d'une procédure collective, quelle qu'elle soit. Ce texte a été qualifié d'ordre public et il est impossible pour les parties de prévoir dans une clause du contrat d'autres causes [4].

Les employeurs ont alors invoqué la force majeure justifiant la rupture anticipée du contrat à durée déterminée. Pourtant, pour la Cour de cassation, le redressement judiciaire ne constitue pas un cas de force majeure, au sens de l'article L. 1243-1 du Code du travail, autorisant leur rupture avant le terme. La solution vaut pour tous les contrats à durée déterminée, y compris les contrats de qualification [5]. La solution vaut *a fortiori* pour la sauvegarde.

L'administrateur ne peut pas non plus demander la résiliation judiciaire du CDD, ce mode de rupture étant réservé au salarié [6].

À défaut d'une telle possibilité, le contrat est rompu de manière anticipée pour une cause injustifiée. En vertu de l'article L. 1234-4 du Code du travail, le salarié peut donc obtenir une indemnité correspondant aux salaires qu'il aurait perçus jusqu'au terme du contrat, se cumulant avec l'indemnité dite de précarité.

Cette indemnité est-elle garantie par l'AGS ? Est admise la prise en charge des indemnités dues à un apprenti en cas de rupture anticipée [7]. L'article L. 3253-8 du Code du travail vise les ruptures des contrats de travail sans précision. La Cour de cassation exige cependant que l'administrateur, mais non le salarié, soit à l'origine de la rupture [8]. Il faut donc en déduire que dès lors que le CDD est rompu pendant la période d'observation, le salarié a droit à cette prise en charge, y compris pour les ruptures anticipées injustifiées.

321.142 Rupture par anticipation des contrats d'apprentissage. Le contrat d'apprentissage est un contrat de travail à durée déterminée très particulier, tant dans ses conditions de formation que dans ses modes de rupture. Ces derniers sont régis par l'article

1. C. com., art. L. 627-5, al. 4 du code, dans la rédaction antérieure à la loi du 26 juillet 2005 – C. com., art. L. 662-4, al. 4, dans la rédaction issue de la loi du 26 juillet 2005.
2. C. com., art. L. 627-5, al. 4.
3. C. com., art. L. 662-4, al. 2 – Soc. 30 janv. 2013, n° 11-22.979, P V, n° 23 ; n° 164 FS-P+B ; *Gaz. Pal.* 1er mai 2013, n° 121, p. 39, note Ph. Duprat ; *Act. proc ; coll.* 2013/5, comm. 58, note D. Jacotot ; *RPC* 2013, comm. 33, note Ph. Roussel Galle.
4. Soc. 16 déc. 1998, n° 95-45.341 ; *Bull. civ.* V, n° 552 ; *JCP E* 1999, n° 1298, note J. Mouly ; *D.* 2000. 30, note F. Alaphilippe ; *Dr. soc.* 1999. 397, obs. J.-P. Karaquillo ; *Dr. soc.* 1999. 285, obs. C. Roy-Loustaunau.
5. Soc. 18 oct. 1994, n° 91-42.607, NP ; *RPC*1995, 335, obs. F. Taquet – Soc. 6 mai 1998, n° 96-40.867 – F. Derrida, « La mise en redressement judiciaire ne constitue pas en soi un cas de force majeure », *D.* 2000. 5.
6. Soc. 15 juin 1999, n° 98-44.295 ; *Bull. civ.* V, n° 277 ; *D.* 1999. 623, note C. Radé ; *Dr. soc.* 1999. 836, obs. C. Roy-Loustaunau – Soc. 4 déc. 2001, n° 99-46.364 ; *Bull. civ.* V, n° 369 ; *Dr. soc.* 2002. 406, obs. C. Roy-Loustaunau ; *D.* 2002. 2361, note J. Mouly.
7. Sur la rupture des contrats d'apprentissage, v. s[s] n° 321.142.
8. Soc. 20 déc. 2017, n° 16-19.517 ; *JCP S* 2018, n° 1072, note L. Fin-Langer ; *RDT* 2018. 209, note D. Bondat ; *RPC* 2018, comm. 46, obs. F. Taquet, *D*, 2018, actu 6 ; *JCP E* 2018, n° 1159, n° 20, obs. Ph. Pétel ; *Leden* mars 2018, 7, obs. H. de Frémont ; *BJE* 2018. 126, note D. Jacotot ; *Act. proc. coll.* 2018, comm. 25 ; *Gaz. Pal.* 17 avr. 2018, p. 81, note L. Cheikh-Vecchioni – Soc. 19 avr. 2023, n° 21-20.651 ; *RPC* juill. 2024, n° 67, obs. D. Jacotot ; *Act. proc. coll.* 2023, n° 138 ; *Leden* juin 2023, p. 7, obs. F. Joly.

L. 6222-18 du Code du travail, qui admet la rupture unilatérale pendant les deux premiers mois d'apprentissage. Ce délai a été porté à quarante-cinq jours, consécutifs ou non, de formation pratique par la loi du 17 août 2015. Mais au-delà de cette période, jusqu'à l'ordonnance du 12 mars 2014, seuls un accord de rupture amiable ou, à défaut, une résiliation judiciaire pour manquement grave de l'une des parties à ses obligations ou pour inaptitude de l'apprenti pouvaient entraîner la rupture du contrat d'apprentissage.

L'ordonnance du 12 mars 2014 a apporté une précision uniquement en cas de liquidation judiciaire au-delà de ce délai, en autorisant la rupture par le liquidateur moyennant le versement d'une indemnité correspondant aux salaires qui auraient dû être versés jusqu'au terme du contrat. Cette ordonnance n'apporte aucune précision en revanche lorsque l'entreprise fait l'objet d'une sauvegarde. Il faut en conclure que l'administrateur est tenu de respecter l'article L. 6222-18 du Code du travail.

CHAPITRE

322. Licenciement pour motif économique pendant la période d'observation d'un redressement

SECTION 0 ORIENTEUR

322.00 **Sommaire du chapitre.**

Sect. 1 Nécessité d'une autorisation du juge-commissaire 322.11 à 322.51

§ 1 Auteur des licenciements économiques 322.21 à 322.22

§ 2 Autorisation du juge-commissaire 322.31 à 322.33

§ 3 Ordonnance du juge-commissaire 322.41 à 322.42

§ 4 Sanction en cas de non-respect de cette demande d'autorisation 322.51

Sect. 2 Démarches préalables à la demande d'autorisation 322.61 à 322.84

§ 1 Consultation des représentants du personnel 322.61 à 322.63

§ 2 Information de l'administration et obligation de reclassement 322.71 à 322.72

§ 3 Dispositions spécifiques aux licenciements de dix salariés et plus dans une entreprise de cinquante salariés et plus 322.81 à 322.84

Sect. 3 Démarches subséquentes à la demande d'autorisation 322.91 à 322.102

§ 1 Dispositions communes à tous les licenciements mis en œuvre en vertu de l'ordonnance 322.91 à 322.96

§ 2 Règles spécifiques aux licenciements inférieurs à dix 322.101 à 322.102

Sect. 4 Rupture particulière de certains contrats de travail 322.111 à 322.132

§ 1 Rupture des contrats de travail suspendus 322.111 à 322.114

§ 2 Rupture des contrats de travail des salariés titulaires d'un mandat 322.121 à 322.127

§ 3 Rupture des contrats de travail autres que le CDI 322.131 à 322.132

Sect. 5 Contentieux possible des licenciements prononcés pendant la période d'observation 322.141 à 322.152

§ 1 Contentieux porté devant le Conseil des prud'hommes 322.141

§ 2 Autres contentieux possibles 322.151 à 322.152

322.01 **Textes applicables.**

- **C. com.**

art. L. 233-1 s. [Critères du groupe de sociétés]

art. L. 631-17 [Autorisation du juge-commissaire de licencier pour motif économique en période d'observation]

art. L. 662-4 [Licenciement du représentant des salariés]

art. R. 621-16 [Licenciement du représentant des salariés]

art. R. 621-21 [Régime des ordonnances du juge-commissaire]

art. R. 631-26 [Contenu et communication de l'ordonnance du juge-commissaire autorisant les licenciements pendant la période d'observation ou le maintien provisoire]

- **C. trav.**

art. L. 1222-6 [Modification du contrat pour motif économique]

art. L. 1225-4 [Licenciement de la salariée enceinte]

art. L. 1226-9 [Licenciement d'un salarié victime d'un accident du travail]

art. L. 1232-4 [Entretien individuel d'un salarié licencié]

art. L. 1233-3 [Définition du motif économique]

art. L. 1233-4-1 [Licenciement pour motif économique dans un groupe de société]

art. L. 1233-5 [Critères d'ordre des licenciements pour motif économique]

art. L. 1233-8 [Procédure de consultation du CSE en cas de licenciement collectif de moins de dix salariés] art. L. 1233-11 s. [Entretien préalable des salariés licenciés dans des licenciements collectifs de moins de dix salariés]

art. L. 1233-15 s. [Notification du licenciement]

art. L. 1233-21 s. [Procédure de licenciement collectif de dix salariés et plus]

art. L. 1233-24-1 à L. 1233-24-4 [PSE]

art. L. 1233-30 s. [Procédure de consultation du CSE en cas de licenciement collectif de dix salariés et plus]

art. L. 1233-33 [Aménagement de la procédure de consultation par accord]

art. L. 1233-38 [Absence d'entretien individuel en cas de licenciement collectif de dix salariés et plus]

art. L. 1233-57 s. [Intervention de l'autorité administrative pour valider le PSE]

art. L. 1233-58 [Dispositions des licenciements économiques à respecter en cas de procédure collective]

art. L. 1233-59 [Inapplication des délais de notification des lettres de licenciement économique en cas de procédure de redressement ou de liquidation judiciaire]

art. L. 1233-60 [Information de l'autorité administrative en cas de licenciement économique en redressement et en liquidation judiciaire]

art. L. 1233-60-1 [Modification du contrat pour motif économique en cas de redressement et de liquidation judiciaire]

art. L. 1233-61 s. [Contenu du PSE]

art. L. 1233-65 s. [Contrat de sécurisation professionnelle]

art. L. 1233-75 [Congé reclassement]

art. L. 1233-84 [Obligation de revitaliser les bassins de l'emploi]

art. L. 1234-1 s. [Préavis à respecter en cas de licenciement]

art. L. 1234-5 [Indemnité compensatrice de préavis]

art. L. 1234-9 [Indemnité de licenciement]

art. L. 1234-20 [Reçu pour solde de tout compte]

art. L. 1235-2 [Procédure de demande de précision du motif de licenciement]

art. L. 1235-3 [Indemnité pour défaut de cause réelle et sérieuse]

art. L. 1235-10 [Sanctions des irrégularités relatives au PSE]

art. L. 1235-11 [Nullité du licenciement et réintégration du salarié en cas d'irrégularité du PSE]

art. L. 1235-16 [Conséquences de l'annulation de la décision de validation du PSE]

art. L. 1243-1 [Causes de rupture du CDD]

art. L. 1331-1 s. [Pouvoir disciplinaire de l'employeur]

art. L. 2242-10 [Négociation collective obligatoire dans l'entreprise]

art. L. 2411-1 s. [Licenciement des salariés protégés, dotés d'un mandat représentatif]

art. L. 3253-6 [Principe d'une assurance contre le risque de non-paiement des salaires en cas de procédure collective]

art. L. 3253-8 [Sommes garanties par l'AGS]

art. L. 3253-9 [Prise en charge des indemnités de rupture par l'AGS des salariés bénéficiant d'une protection relative au licenciement]

art. L. 3253-13 [Prise en charge des sommes versées aux salariés licenciés en vertu d'un PSE ou d'un accord collectif]

art. L. 5122-1 s. [Activité partielle]

art. L. 6222-18 [Rupture du contrat d'apprentissage]

art. R. 1233-7 [Information de la Dreets du jugement d'ouverture]

art. D. 1233-2-1 [Contenu des offres de reclassement]

art. R. 1234-2 [Montant de l'indemnité de licenciement]

art. R. 2421-8 [Consultation préalable du CSE en cas de licenciement d'un salarié protégé]

art. R. 5122-1 s. [Activité partielle]

322.02 Jurisprudence de référence.

> Une fois l'ordonnance du juge-commissaire passée en force de chose jugée, le caractère économique du licenciement ordonné en période d'observation ne pourra plus être discuté

• **Soc. 9 juill. 1996,** n° 93-41.877, P V, n° 268

* V. s^s n° 322.42

> La lettre de licenciement devra, pour que le licenciement en période d'observation ne soit pas considéré comme étant sans cause réelle et sérieuse, impérativement viser l'ordonnance du juge-commissaire

• **Cass., ass. plén., 24 janv. 2003,** n° 00-41.741, P, n° 1

* V. s^s n° 322.93

322.03 Bibliographie indicative.

> Encyclopédie. *J.-Cl. Procédures collectives*, fasc. 2430 : Sauvegarde, redressement et liquidation judiciaires – Situation des salariés, par N. Vignal, 2021, mis à jour août 2022.

> Monographie. A. Boyer, *Protection des salariés et sauvetage de l'entreprise : quête d'un équilibre*, PUAM 2006.

> Contributions. N. Decoopman, « Entreprises en difficulté et droit du travail », *in Entreprises en difficulté et droit du travail*, « Ceprisca », Puf, 2007 – L. Fin-Langer, « Le juge et les salariés d'une entreprise en difficulté », *Liber amicorum J.-L. Vallens*, éd. Joly 2017, p. 45 – D. Jacotot, « Quelques modifications intéressant les salariés », interv. Colloque Besançon 10 oct. 2014, *Gaz. Pal.* 31 déc. 2014, n° 365, 29 – D. Jacotot, « Droit social et droit des entreprises en difficulté. La rupture du contrat de travail », Ph. Roussel Galle (dir.), « Droit 360° », LexisNexis, 2012, p. 531 – C. Gailhbaud, « Le plan de sauvegarde de l'emploi en procédure collective », Journées d'études de la Colle/Loup, 15 et 16 juin 2017, *BJE* 2017. 380 – A. Mazeaud, « Faillite et droit du travail », *in Le Code de commerce 1807-2007 : Livre du bicentenaire*, Dalloz, 2006, p. 581 – P.-Y. Verkindt, « Procédures collectives et licenciements économiques », *in Entreprises en difficulté et droit du travail*, « Ceprisca », Puf, 2007, p. 17.

> Articles.

Étude d'ensemble. A. Boyer, « Un droit social contre-productif dans les entreprises en difficulté », *Gaz. Pal.* 16-17 avr. 2010, n°s 106, 107, p. 8 – H. de Frémont, « Droit du travail et procédure collective : une réforme impossible ? », *BJE* mars 2014. 123 – M. Delteil et L. Lautrette, « Le sort des contrats de travail dans la loi de sauvegarde des entreprises », *LPA* 17 févr. 2006, n° 35, p. 42 – A. Donnette, « Droit des entreprises en difficulté et droit du travail : tentative de clarifications », *BJE* mai 2014. 203 – L. Driguez, « La sécurisation de l'emploi et les procédures collectives font-elles bon ménage », *BJE* juill. 2013, éclairage p. 207 – L. Fin-Langer, « Les risques subis par les salariés », *RPC* 2010/6, § 10, p. 93 ; « L'adaptation du droit du travail au droit des entreprises en difficulté », *RPC* janv./févr. 2018, dossier 11 – L. Fin-Langer et D. Jacotot, « La loi "Travail" et le droit des procédures collectives », *RPC* 2016, sept./oct. 2016, ét. 17, p. 17 – C. Gailhbaud, « Les dispositions relatives aux salariés dans l'ordonnance n° 2014-326 du 12 mars 2014 », *Gaz. Pal.* 6 avr. 2014, n° 96, p. 52 ; « Les dispositions concernant les salariés de l'ordonnance du 12 mars 2014 », – C. Gailhbaud et D. Jacotot, « Apports de la réforme du livre VI du Code de commerce en matière de droit du travail », *Gaz. Pal.* 5 oct. 2014, n° 278, p. 11 – D. Jacotot, « Le traitement des difficultés de l'entreprise à l'épreuve de la loi sur la sécurisation de l'emploi : adaptations à prévoir », *BJE* sept. 2013. 325 ; « Les apports de la loi de sécurisation de l'emploi applicables aux entreprises en difficulté », *RPC* 2013, ét. 24 ; « La nouvelle procédure de licenciement collectif : procédure simplifiée ou complexifiée », *BJE* sept.-oct. 2016. 371 – D. Jacotot et L. Fin-Langer, « La naissance d'un droit social des entreprises en difficulté ? », *RPC* 2014, dossier 24 ; « La loi Macron et le droit social », *RPC* 2015, ét. 17 – V. Leloup-Thomas et D. Jacotot, « Le droit social des entreprises en difficulté », *RPC* 2014, dossier 38 – P. Morvan, « Le droit social dans la réforme du droit des entreprises en difficulté », *JCP E* 2005, n° 42, 1511 – D. Ronet-Yague, « Liquidation judiciaire et portabilité des couvertures de frais de santé et de prévoyance : les juges divisés », *Gaz. Pal.* 10 oct. 2017, n° 34, p. 45 – C. Saint-Alary Houin, « Le droit social dans les procédures collectives : entre inadaptation, idéalisme et dévoiement », résumé des interventions à la journée d'étude de l'*AJDE*, Toulouse 14 oct. 2011, *BJE* nov.-déc. 2011, comm. 163, p. 302 – B. Saintourens et Ph. Duprat, « Les droits des salariés dans l'ordonnance du 18 décembre 2008 portant réforme du droit des entreprises en difficulté », *Gaz. Pal.* 8-10 mars 2009, n° sp. p. 40 – F. Taquet, « Aperçu rapide des modifications en matière sociale résultant de l'ordonnance n° 2008-1345 du 18 décembre 2008 portant réforme du droit des entreprises en difficulté », *RPC* 2009/1, p. 96 – G. Teboul, « Le Code du travail : un divorce avec le droit des entreprises en difficulté ? », *LPA* 1er et 2 janv. 2008, nos 1, 2, p. 7.

Licenciements. C. André-Hesse et H. Bourbouloux, « La loi Macron a-t-elle résolu le casse-tête chinois du périmètre de l'application des critères de l'ordre des licenciements », *Rev. dr. et affaires* 2016, 13e éd., p. 132 – I. Aufort-Duprat et Ph. Duprat, « Résiliation judiciaire du contrat de travail et procédures collectives », *RPC* 2012, dossier 3, p. 53 – P. Bailly, « Les licenciements et les procédures collectives », *Gaz. proc. coll.* 2008/4, p. 3 ; « De quelques ruptures du contrat de travail », *Gaz. Pal.* 2017, n° 43, p. 69 – C. De Girval, « Mettre en œuvre un plan de sauvegarde de l'emploi dans une entreprise en redressement judiciaire », *BJE* nov.-déc. 2016. 443 – Y. Chagny, « Quelques aspects de la garantie des créances résultant du licenciement pour motif économique par l'entreprise en difficulté », *Gaz. Pal.* 20-21 sept. 2002, Doctr. 56 – H. de Frémont, « Les licenciements et les procédures collectives : un compromis acceptable ? », *Gaz. proc. coll.* 2009/1, p. 11 – L. Driguez, « Un pas de plus vers la sécurisation des licenciements collectifs des entreprises en redressement et liquidation judiciaires », *BJE* 2015. 437 – L. Fin-Langer et D. Jacotot, « Les ordonnances du 22 septembre 2017 et la rupture des contrats de travail dans une entreprise en difficulté », *RPC* 2017/6, étude 21 – C. Gailhbaud, « La réforme du licenciement économique : analyse en regard du droit des procédures collectives », *Gaz. Pal.* 2018, nos 15, 89 – *D.* 2014. 755 ; « La réforme du licenciement économique (analyse en regard du droit des procédures collectives) », *Gaz. Pal.*, 17 avr. 2018, nos 15, 89 ; – « Licenciements économiques en redressement et en liquidation judiciaires : les difficultés persistantes et nouvelles après les réformes successives », *BJE* sept.-oct. 2019. 62 ; – « Licenciement économique : quelle évolution pour les entreprises en difficulté », *RPC* 2016, dossier 18 – M. Menjucq, « Modèles de lettres de licenciement et procédures collectives : quelle cohérence », *RPC* janv./févr. 2018, repère 1 – P. Morvan, « Le contrôle judiciaire des licenciements pour motif économique prononcés au cours d'une procédure collective », *DS* 1998. 443, n° 5 ; « Les grands licenciements collectifs au cours d'une procédure collective (loi du 14 juin 2013 et l'ordonnance du 12 mars 2014) », *BJE* 2014. 416 – F. Taquet, « Les nouvelles dispositions relatives au licenciement économique issues de la loi de cohésion sociale (Loi n° 2005-32 du 18 janvier 2005) », *RPC* 2005/2, p. 114 – J.-L. Vallens, « Le juge et le licenciement pour motif économique, les licenciements économiques et les procédures collectives », *Cah. dr. entr.* 2003, n° 6, p. 14.

Plan de sauvegarde de l'emploi. P. Bailly, « La sanction de l'insuffisance d'un plan de sauvegarde de l'emploi dans une procédure collective », *Sem. soc. Lamy* 6 févr. 2006, n° 1247 – A. Boyer, « Contenu et financement du PSE et nouvelles mesures d'accompagnement », *LPA* 22 avr. 2010, n° 80, p. 12 – C. Frouin et J.-Y. Frouin, « La sanction de l'insuffisance d'un plan de sauvegarde de l'emploi établi dans le cadre d'une procédure collective », *RJS* 2006. 251 – C. Gailhbaud et D. Jacotot, « Les plans et le maintien de l'emploi », *RPC* 2015, dossier 46, p. 89 – Ph. Pétel, « Groupes de sociétés et plan de sauvegarde de l'emploi », *JCP E* 2007, n° 1423.

Reclassement. L. Fin-Langer, « L'obligation de reclassement à l'étranger », *RPC* 2009/1, 3, p. 13 – C. Gailhbaud, « le reclassement des salariés », *RPC* 2012, dossier 7, p. 64 – D. Jacotot, « Obligation de reclassement des salariés et liquidation judiciaire : les frontières entre le possible et l'impossible », *LPA* 18 juill. 2011, n° 141, p. 4 – E. Gall-Heng, « Une "subtilité complémentaire" dans l'analyse de l'obligation de reclassement : la théorie du co-employeur », *RPC* 2012, dossier 8, p. 66 – J.-J. Savenier, « L'obligation de reclassement », *RPC* 2001, p. 224.

Groupes de sociétés. Ch. Neau-Leduc, « Brèves remarques d'actualité sur les procédures collectives, les salariés et les groupes de sociétés », *RPC* 2011, Colloque 5, p. 45 – Ph. Roussel Galle, H. Bourbouloux et G. Couturier, « Le groupe de sociétés en procédure collective », *LPA* 22 avr. 2010, n° 80, p. 54 s., sp. p. 59, nos 26 s. – E. Schlumberger, « La responsabilité délictuelle de l'entité dominante du groupe à l'égard des salariés licenciés », *BJS* mars 2019, 46.

Co-emploi. A. Arséguel, « Droit du travail, droit décapant : à propos du co-employeur », *RPC* 2012, dossier 6, p. 62 – P. Bailly, « Le co-emploi, une situation exceptionnelle », *JCP S* 2013, n° 1441 – Ch. Gailhbaud, « De la théorie du co-employeur à la notion de co-emploi », *Gaz. Pal.* entr. diff. 3 août 2012, n° 216, p. 11 – E. Gall-Heng, « Une "subtilité complémentaire" dans l'analyse de l'obligation de reclassement : la théorie du co-employeur », *RPC* 2012, dossier 8, p. 66 – B. Géniaut, « Le co-emploi en quête de sens », *BJS* oct. 2016, 600 – Y. Pagnerre, « Comment une société mère peut-elle se retrouver co-employeur de salariés des filiales », *Dr. et patr.* mai 2017, n° 269.

> **Tables rondes.** M. Sénéchal, H. Chriqui, Th. Météyé et A. Clerc, « Les procédures collectives et les droits des salariés », *RPC* 2011, table ronde 3, p. 65 – N. Kerouaz, Ph. Jeannerot, Th. Météyé, F. Legrand, M. Menjucq, « Les licenciements économiques dans les procédures collectives », *RPC* 2016, table ronde 1, p. 79 – N. Kerouaz, J. Cabooter, Th. Météyé, R. Pétavy, M. Menjucq, « Les conséquences des ordonnances relatives au droit du travail sur les procédures collectives », *RPC* janv./févr. 2018, table ronde 1.

322.04 **Question principale.**

> À quelles conditions le juge-commissaire peut-il autoriser les licenciements pour motif économique en période d'observation ?

* V. s[s] n°s 322.11 s.

SECTION 1
NÉCESSITÉ D'UNE AUTORISATION DU JUGE-COMMISSAIRE

322.11 **Présentation générale.** Selon l'article L. 631-17 du Code de commerce, il revient à l'administrateur de procéder aux licenciements pour motif économique pendant la période d'observation qui suit un jugement de redressement judiciaire après avoir obtenu l'autorisation du juge-commissaire qui va contrôler leur caractère urgent, inévitable et indispensable. Ce texte a été introduit par la loi du 25 janvier 1985 pour éviter les licenciements massifs [1].

Il s'agit d'un régime doublement dérogatoire. Tout d'abord, ce texte prévoit des règles de licenciement pour motif économique dérogatoires au droit du travail. Cette autorisation judiciaire n'existe pas pour les entreprises *in bonis*. Par ailleurs, l'article L. 1233-58 du Code du travail précise les règles applicables dans ce contexte en écartant les règles de droit commun applicables aux entreprises *in bonis*. La procédure est en quelque sorte allégée.

Ce régime déroge également au régime des contrats en cours régi par l'article L. 622-13 du Code de commerce, applicable par renvoi de l'article L. 631-14 au redressement judiciaire. Le VI de ce texte écarte expressément de son champ d'application les contrats de travail.

Ce dispositif ne concerne que la rupture des contrats à durée indéterminée [2]. Par ailleurs, il ne concerne que les licenciements pour motif économique.

322.12 **Cas particulier des ruptures conventionnelles collectives pendant la période d'observation.** L'ordonnance du 22 septembre 2017 [3] instaure un nouveau mode de rupture pour motif économique : la rupture conventionnelle collective [4]. L'encadrement de la pratique des plans de départ volontaires rend inutile l'élaboration d'un plan de sauvegarde de l'emploi. Elle évite également le contentieux de la cause réelle et sérieuse. Il s'agit de négocier un accord collectif d'entreprise de droit commun qui va déterminer les conditions de la rupture des contrats de travail. Une fois cet accord conclu, les salariés remplissant les conditions vont soumettre leur candidature et en cas d'acceptation par l'employeur, le contrat est rompu d'un commun accord.

La Dreets est informée dès le démarrage des négociations. L'accord doit contenir un certain nombre de mentions obligatoires : modalités d'information du comité social et économique, le nombre maximum de départs envisagés, la durée de mise en œuvre, les conditions que doit remplir le salarié pour en bénéficier, les critères pour départager les candidats au départ – sorte de priorité au départ –, les indemnités de rupture qui ne peuvent être inférieures au minimum des indemnités légales de licenciement, les mesures visant le reclassement externe et les modalités de suivi.

L'accord est transmis pour validation à la Dreets territorialement compétente, qui a quinze jours pour répondre à compter de la réception du dossier complet, le silence valant acceptation [5]. L'employeur doit transmettre l'accord, le PV de carence des instances représentatives, les informations relatives à la régularité de l'accord collectif. La loi du 10 août 2018, n° 2018-727 pour un État au service d'une société de confiance pourrait remettre en cause cette règle. Le nouvel art. L. 114-5-1 du Code des relations entre le public et l'administration prévoit que désormais, l'administration ne peut plus suspendre l'instruction d'une demande si le dossier n'est pas complet, sauf s'il s'agit d'une pièce indispensable à cette demande. L'administration se prononce alors sans la pièce et le droit accordé ne sera effectif qu'après réception de la pièce manquante. L'absence d'accord pourrait être considérée comme une pièce essentielle, à la différence du PV de carence. La Dreets vérifie le contenu, la régularité de la procédure d'information et la validité de l'accord.

1. Voir pour une critique du système antérieur : F. Derrida, « Licenciement et droit des faillites », *Dr. soc.* n° spéc. 1978, p. 64 – H. Blaise, « La sauvegarde des intérêts des salariés dans les entreprises en difficulté », *Dr. soc.* 1985. 440.
2. Sur la rupture des contrats à durée déterminée, v. s[s] n° 322.131.
3. Ord. n° 2017-1387, 22 sept. 2017, préc.
4. C. trav., art. L. 1237-19 s.
5. C. trav., art. L. 1237-19-4.

La décision est ensuite notifiée au CSE et aux organisations syndicales, ce qui apparaît difficile si la Dreets ne répond pas. Il est communiqué aux salariés par tout moyen donnant une date certaine. Les recours contre la décision sont portés devant les juridictions administratives.

Les salariés remplissant les conditions prévues par l'accord déposent leur candidature qui, lorsqu'elle est acceptée par l'employeur, emporte rupture d'un commun accord du contrat. Les salariés protégés peuvent en bénéficier sous réserve d'obtenir une autorisation de l'inspection du travail[1]. En cas de pluralité de candidats répondant aux critères, l'employeur respectera les critères de départage prévus, qui *a priori* peuvent être choisis librement sans avoir à respecter les critères d'ordre applicables en matière de licenciement économique. La durée de mise en œuvre doit être respectée par les parties.

Cette nouvelle possibilité fait naître un certain nombre de difficultés en cas de redressement judiciaire en raison des dispositions spécifiques encadrant les licenciements pour motif économique[2]. Plusieurs réserves sont à apporter.

La première concerne la possibilité de négocier un tel accord dans un contexte de difficultés économiques. La Cour administrative d'appel de Versailles a admis la validité d'un tel accord conclu même si la suppression des postes repose sur un motif économique : elle précise qu'aucun licenciement n'était contraint et que le salarié avait un véritable choix. *A contrario*, en l'absence de choix, l'accord ne pourrait pas être homologué. Pendant la durée d'exécution de l'accord, l'employeur ne peut pas licencier[3]. Pourtant, il faut signaler que cette rupture ne peut être utilisée pour contourner les règles du licenciement pour motif et donc en cas de cessation définitive de l'activité, qui conduit inévitablement à la rupture des contrats de travail[4].

La deuxième réserve concerne l'articulation avec les dispositions du Code de commerce. Faudra-t-il que le juge-commissaire intervienne en période d'observation comme il le fait pour les licenciements ? Quel est l'organe qui aura la charge de la transmission à la Dreets, en période d'observation ? Deux interprétations sont possibles : appliquer les règles de l'administration contrôlée ou les règles propres aux licenciements économiques, auxquels l'accord collectif se substitue.

La troisième concerne le cas où le nombre de rupture du contrat ne serait pas atteint. L'articulation avec le licenciement économique se pose nécessairement, pour éviter d'en détourner les règles. Certains pensent qu'il n'est pas possible de faire une PSE pendant la durée prévue pour mettre en œuvre la rupture conventionnelle collective. D'autres considèrent que cela reste aussi un problème après son exécution, car les salariés ayant accepté la rupture n'ont pas pu bénéficier du PSE établi ultérieurement. Peut-on conclure un nouvel accord ? Peut-on encore envisager de faire des plans de départ volontaires ou ont-ils vocation à disparaître, comme la Cour de cassation semble le dire pour les accords amiables écartés au profit des ruptures conventionnelles individuelles ? Pourrait-on prévoir ces licenciements dans le plan de redressement ? Pour l'instant, ces questions sont restées sans réponse.

§ 1
Auteur des licenciements économiques

322.21 Compétence exclusive de l'administrateur. Selon l'article L. 631-17 du Code de commerce, il revient à l'administrateur de procéder aux licenciements pour motif économique pendant la période d'observation qui suit un jugement de redressement judiciaire. Peu importe les pouvoirs qui lui ont été octroyés par le jugement d'ouverture : il peut très bien n'avoir qu'un rôle d'assistance[5].

Il est en outre impossible pour l'administrateur de déléguer ses pouvoirs pour se décharger de sa responsabilité pénale, en raison de la nature particulière des fonctions de l'administrateur[6].

Cela concerne alors toutes les étapes de la procédure : la consultation préalable du CSE, l'information de la Dreets, la mise en place de l'obligation de reclassement et ou du PSE, la saisine du juge-commissaire en vue d'obtenir l'autorisation et la notification des lettres de licenciement.

Cette compétence exclusive ne concerne cependant que les licenciements pour motif économique. Pour les autres types de licenciement, tel qu'un licenciement pour faute, il faudra regarder le rôle qui

1. C. trav., art. L. 1237-19-2.
2. L. Fin-Langer et D. Jacotot, « Les ordonnances du 22 septembre 2017 et la rupture des contrats de travail dans une entreprise en difficulté », *RPC* 2017/6, ét. 21, p. 26 s., sp. p. 30, n° 24.
3. CAA Versailles, 14 mars 2019, 18VER04158 ; *JCP S* 2019, n° 1136.
4. CE 21 mars 2023, req. n° 459626, *RPC* mai 2023, n° 52, obs. F. Taquet ; *RDT* 2023. 415, obs. F. Géa ; *JSL* 2023, n° 563-1, obs. M. Hautefort ; *SSL* 2023, n° 2040, p. 20, obs. H. Cavat ; *SSL* 2023, n° 2047, p. 10, note O. Duteillet de Lamothe ; *JCP S* 2023, n° 1123, note P. Morvan ; *Leden* mai 2023, p. 6, obs. G. Dedessus-Le Moustier.
5. Crim. 28 nov. 1995, n° 93-85.808 ; *Bull. crim.* n° 361 ; *Dr. pén.* 1996, comm. 88, obs. J.-H. Robert.
6. Crim. 28 nov. 1995, n° 93-85.808 ; *Bull. crim.* n° 361 ; *Dr. pén.* 1996, comm. 164 – Crim. 30 janv. 1996, n° 94-83.509 ; *Bull. crim.* n° 54 ; *Dr. pén.* 1996, comm. 196 ; *Rev. Sc. Crim.* 1996, p. 870, note A. Cerf ; *JCP E* 1997. I. 645, n° 7, obs. J.-F. Cesaro.

aura été confié à l'administrateur dans le jugement d'ouverture. Seront ici appliquées les règles de l'administration contrôlée, qui distribuent les pouvoirs entre le débiteur et l'administrateur judiciaire, sauf s'il s'agit d'un acte de gestion courante[1].

En régime simplifié sans administrateur, la saisine du juge-commissaire sera l'œuvre du débiteur. Cette solution de la législation antérieure à la loi du 26 juillet 2005[2] est reprise par la loi de sauvegarde des entreprises. L'article L. 631-21, alinéa 2 indique en effet que le débiteur « exerce les prérogatives dévolues à l'administrateur par l'article L. 631-17 ». Cela concerne les entreprises ayant un chiffre d'affaires hors taxe inférieur à trois millions et employant moins de vingt salariés[3], lorsque le tribunal n'aura pas, comme il en a la faculté, désigné un administrateur judiciaire. Il revient alors au débiteur de procéder aux opérations de licenciement dans cette procédure simplifiée de redressement judiciaire.

322.22 Sanction en cas de procédure engagée par le débiteur en présence d'un administrateur judiciaire. La question de la sanction soulève de nombreuses interrogations, car cela suppose de concilier deux corps de règles différentes : les sanctions prévues par le Code de commerce, souvent peu protectrices des intérêts des salariés, et celles établies par le Code du travail, adaptées au contrat de travail.

La Cour de cassation a ainsi parfois admis que le licenciement notifié par le débiteur était inopposable à la procédure collective, mais qu'il continuait de produire ses effets entre les parties[4]. Cette solution est préjudiciable au salarié qui ne pourra se prévaloir de la garantie AGS.

Elle a également parfois admis qu'il s'agissait d'une irrégularité de procédure qui permettait au salarié de demander des dommages-intérêts, sans qu'il s'agisse d'un défaut de cause réelle et sérieuse[5]. Cette irrégularité de procédure cause alors nécessairement un préjudice au salarié. Cette solution s'applique même si le salarié a accepté la convention de reclassement personnalisé[6].

Enfin, le défaut de pouvoir de l'auteur d'un licenciement est parfois sanctionné comme un défaut de cause réelle et sérieuse, permettant d'appliquer le barème Macron prévu à l'article L. 1235-3 du Code du travail[7].

Une incertitude demeure donc quant aux conséquences, même si la Chambre sociale a tendance à appliquer les sanctions propres au droit du travail et à écarter celles prévues par le Code de commerce.

§ 2
Autorisation du juge-commissaire

322.31 Présentation générale de la procédure d'autorisation des licenciements en période d'observation du redressement judiciaire. Pendant la période d'observation du redressement judiciaire, l'article L. 631-17 du Code de commerce[8] prévoit que, lorsque des licenciements pour motif économique présentent un caractère urgent, inévitable et indispensable, l'administrateur peut être autorisé par le juge-commissaire à y procéder.

La réglementation établie ne concerne que les licenciements pour motif économique. Pour les licenciements ayant une autre cause, le droit commun doit être respecté[9], aucune autorisation ne sera donc exigée.

Du fait de la rétroactivité du jugement de redressement judiciaire à zéro heure de sa date, le licenciement effectué le jour du jugement d'ouverture est réputé être intervenu après jugement d'ouverture. Il en résulte qu'il est irrégulier s'il n'a pas été autorisé par le juge-commissaire[10].

322.32 Caractère préalable de l'autorisation du juge-commissaire. L'autorisation doit en effet être antérieure au licenciement. Le licenciement qui intervient alors que l'ordonnance du juge-commissaire est postérieure est privé de cause réelle et sérieuse et justifie, en conséquence, l'allocation de dommages et intérêts[11]. Peu importe en revanche que la procédure de licenciement ait été entamée avant l'autorisation du juge-commissaire, dès lors que la lettre de notification du licenciement est postérieure à l'ordonnance[12].

La Cour de cassation a étendu cette solution lorsqu'une convention de conversion a été proposée au salarié. La procédure de licenciement peut être

1. Sur le rôle de l'administrateur, v. s[s] n° 312.11.
2. C. com., anc. art. L. 621-137, al. 2.
3. C. com., art. L. 631-9 renvoyant à l'article L. 621-4. Les seuils sont fixés aux art. R. 621-11 et R. 631-9 du Code de commerce.
4. Soc. 28 juin 2001, n° 00-40.986 ; *RPC* 2002, 59, obs. F. Taquet.
5. Soc. 11 juin 2008, n° 07-40.352 ; *Bull. civ.* V, n° 131 ; *Gaz. proc. coll.* 2009/1, p. 48, n° 4, note Ph. Duprat ; *Gaz. Pal.*, 22 janv. 2009, p. 48, note Ph. Duprat et B. Saintourens ; *Act. proc. coll.* 008/14, n° 224, note crit. L. Fin-Langer ; *D.* 2008. AJ 1834 ; *JCP S* 2008, n° 1540, note L. Drai.
6. Soc. 17 déc. 2013, n° 12-23.726, P V, n° 305 ; *Act. proc. coll.* 2014/3, comm. 43, note L. Fin-Langer ; *BJE* mars 2014. 84, note D. Jacotot.
7. Soc. 28 sept. 2022, n° 20-22.498 ; *Act. proc. coll.* 2022, 263.
8. Anc[t] L. n° 85-98, 25 janv. 1985, art. 45, al. 1, recodifié à l'article L. 621-37 dans le Code de commerce sans sa version antérieure à la loi de sauvegarde des entreprises.
9. A. Boyer, *Protection des salariés et sauvetage de l'entreprise : quête d'un équilibre*, PUAM 2006, n° 20.
10. Soc. 12 mai 1998, n° 96-40.606, P V, n° 243 ; *D.* 1998. IR 148.
11. Soc. 3 mai 2001, n° 99-41.813, P V, n° 151 ; *JCP E* 2001. Pan. 1075.
12. Soc. 18 juin 1997, n° 96-40.279, P V, n° 226 ; *RPC* 1997, 352, obs. F. Taquet.

entamée sans attendre l'expiration du délai de réponse du salarié, dès lors que ce délai expire avant l'ordonnance du juge-commissaire [1]. Cette solution devrait être maintenue en cas d'acceptation du contrat de sécurisation professionnelle qui a remplacé les conventions de conversion.

Si le jugement d'ouverture ou d'extension, sur le fondement duquel est rendue l'ordonnance du juge-commissaire autorisant le licenciement, est réformé ou anéanti, le licenciement consécutif est privé de cause réelle et sérieuse [2].

322.33 Portée du contrôle du juge-commissaire : caractères « urgent, inévitable et indispensable » des licenciements. Le motif du licenciement est particulier, puisque l'entreprise connaît des difficultés économiques incontestables, l'état de cessation des paiements étant nécessairement caractérisé sauf l'hypothèse exceptionnelle de conversion d'une sauvegarde en redressement judiciaire sans état de cessation des paiements. Le juge-commissaire doit vérifier trois caractères cumulatifs, à savoir leur caractère « urgent, inévitable et indispensable » pour le redressement de l'entreprise. Il peut très bien refuser cette demande, s'il estime que les critères ne sont pas réunis [3].

Ce motif est propre à l'entreprise placée en redressement judiciaire ; peu importe alors son appartenance à un groupe de sociétés. Sera ainsi écartée la vérification des difficultés du secteur d'activité du groupe, pourtant prévue pour les entreprises *in bonis* [4].

Le fait que la procédure de licenciement ait été entamée avant le jugement d'ouverture ne supprime pas l'obligation pesant sur le juge-commissaire de vérifier que les critères énoncés sont respectés [5]. Ces critères doivent être appréciés par rapport à la productivité et à l'origine des difficultés [6].

Le caractère redondant des adjectifs utilisés a été mis en avant par la doctrine pour souligner le caractère exceptionnel des licenciements à opérer en période d'observation [7]. Le caractère « urgent » des licenciements semble être inconciliable avec l'idée de procéder à des licenciements préparatoires à un plan de continuation ou de redressement. Mais la solution, au regard de l'objectif de sauvetage de l'entreprise, n'est pas logique. Aussi est-il préférable de considérer que des licenciements pourront intervenir en période d'observation s'ils sont une condition *sine qua non* du plan de redressement. Il faut donc que ce dernier soit envisagé. Cette exigence vise également à limiter les licenciements pendant cette période d'observation.

Même s'ils ont été autorisés par une ordonnance du juge-commissaire, les licenciements des salariés en période d'observation du redressement sont dépourvus de cause réelle et sérieuse si les salariés licenciés sont immédiatement remplacés dans leur emploi. L'ordonnance a alors été obtenue par fraude [8].

§ 3
Ordonnance du juge-commissaire

322.41 Ordonnance d'autorisation des licenciements en période d'observation. À l'appui de sa requête au juge-commissaire, l'administrateur, en vertu de l'article L. 631-17 [9], doit joindre l'avis recueilli du CSE et les justifications des diligences effectuées en vue de faciliter l'indemnisation et le reclassement des salariés. En cas d'établissement d'un PSE, il devra également joindre à sa demande la décision de l'administration validant ou homologuant le PSE [10].

L'article R. 631-26, alinéa 1, du Code de commerce [11] prévoit que l'ordonnance rendue par le juge-commissaire indique le nombre des salariés, dont le licenciement est autorisé, ainsi que les activités et catégories professionnelles concernées.

L'ordonnance, qui énonce nominativement les salariés licenciés sans préciser les activités et catégories professionnelles concernées, est irrégulière [12]. Il s'agit d'une autorisation collective et non individuelle de licencier.

1. Soc. 18 juill. 2000, n° 98-42.929, NP ; *RPC* 2001, 38, n° 6, obs. F. Taquet.
2. Soc. 24 juin 2008, n°s 07-41.972, 07-41.976, P V, n° 139 ; n° 1242 FS P+B ; *Gaz. proc. coll.* 2009/1, p. 49, n° 6, note Ph. Duprat ; *Act. proc. coll.* 2008/12, n° 197 ; *LXB hebdo* n° 313, 16 juill. 2008, note Auzéro.
3. Par ex., dans le contexte du Covid 19 : TC Coutances, 23 avr. 2021, n° 2021-000474 ; *Act. proc. coll.* 2021, 123, note L. Fin-Langer.
4. C. trav., art. L. 1233-3 – La solution a été posée pour la liquidation judiciaire, mais elle est transposable au redressement judiciaire : Soc. 16 mai 2018, n° 17-11.296, NP ; *Act. proc. coll.* 2018, 186 – H. Nasom-Tissandier, « L'attraction progressive du droit des entreprises en difficulté sur le droit du travail : constat et enjeux », *RDT* 2019. 320.
5. Soc. 12 mai 1998, n° 96-40.606, P V, n° 243 ; *D.* 1998. IR 148.
6. A. Boyer, *Protection des salariés et sauvetage de l'entreprise : quête d'un équilibre*, PUAM, 2006, n° 19.
7. C. Saint-Alary-Houin, M.-H. Monsérié-Bon et C. Houin-Bressand, *Droit des entreprises en difficulté*, LGDJ, 13e éd., n° 1123.
8. Soc. 17 mars 2015, nos 13-26.602 à 13-26.617, NP ; *RPC* 2015, comm. 48, note L. Fin-Langer.
9. L'article L. 631-17 reprend l'ancien article 63 du décret du 27 décembre 1985, n° 85-1388, 27 déc. 1985, *JO* 29 déc., p. 15281.
10. Sur l'obligation de mettre en place un PSE, v. ss n° 322.83.
11. Anct Décr. n° 2005-1677, 28 déc. 2005, *JO* 29 déc., p. 20324, art. 194, al. 1. Il reprend l'ancien article 63, alinéa 1 du décret du 27 décembre 1985, n° 85-1388.
12. Soc. 18 juin 1997, n° 96-40.279 ; *Bull. civ.* V, n° 226 ; *RPC* 1997. 357, obs. F. Taquet ; *D.* 1997. IR 162 ; *Dr. soc.* 1997. 983, obs. R. Vatinet – Soc. 27 oct. 1998, n° 95-42.220 ; *Bull. civ.* V, n° 452 ; *D.* 1998. IR 247 ; *D.* 2000. 7, obs. F. Derrida ; *Dr. soc.* 1999. 202, obs. R. Vatinet.

Est également irrégulière, l'ordonnance du juge-commissaire qui ne détermine pas elle-même le nombre de salariés dont le licenciement est autorisé, et les activités et catégories professionnelles concernées, mais se contente de renvoyer à une annexe [1].

Le dispositif de l'ordonnance doit absolument mentionner l'autorisation de licencier. À peine de nullité, elle doit aussi être signée par le juge-commissaire et porter l'indication de son nom. Elle doit enfin, comme toute décision, être motivée et expliquer en quoi ces licenciements sont urgents, inévitables et indispensables, conformément à l'article 455 du Code de procédure civile. À l'inverse, si le juge-commissaire rejette la demande d'autorisation, il devra expliquer pour quelle raison.

Il faut noter que le juge-commissaire doit rendre sa décision dans un délai raisonnable conformément à l'article R. 621-21 du Code de commerce. À défaut, le tribunal peut être saisi par une partie pour suppléer la carence du juge-commissaire. C'est là le jeu classique de l'article R. 621-21, alinéa 2 du Code de commerce [2].

Sous l'empire de la législation de sauvegarde des entreprises, il est prévu que l'ordonnance autorisant les licenciements doit être transmise au ministère public et aux mandataires de justice [3], ainsi qu'aux représentants du personnel, ce que ne prévoyait pas la législation antérieure. En revanche, elle n'est pas notifiée aux salariés.

322.42 Recours à l'encontre de l'ordonnance autorisant les licenciements. L'ordonnance doit être notifiée au comité d'entreprise ou à défaut aux délégués du personnel, désormais au CSE et, dans les entreprises ayant au plus dix salariés, au représentant des salariés [4]. Cette notification doit comporter les délais et les modalités des voies de recours conformément à l'article 680 du Code de procédure civile.

Ces derniers peuvent donc former à son encontre un recours devant le tribunal [5], encore que l'opinion contraire ait pu être émise [6], dans les conditions classiques, c'est-à-dire, notamment, dans le délai de dix jours. L'article R. 621-21, alinéa 4, du Code de commerce précise que ce recours est porté « par déclaration faite contre récépissé ou adressée par lettre recommandée avec demande d'avis de réception au greffe ».

Sous l'empire de la législation antérieure à la loi de sauvegarde des entreprises [7], le jugement qui statue sur le recours sur l'ordonnance n'était susceptible ni d'appel ni de pourvoi en cassation [8]. Cette solution est abandonnée par la loi de sauvegarde des entreprises qui autorise, par principe, l'appel à l'encontre du jugement statuant sur le recours contre l'ordonnance du juge-commissaire.

Dans le cadre de ce recours, la discussion ne pourra porter sur les conséquences individuelles des licenciements, mais seulement sur la régularité de la procédure de licenciement au regard des dispositions de l'article L. 621-37 du Code de commerce [9], dans la rédaction antérieure à la loi de sauvegarde des entreprises, de l'article L. 631-17, dans la rédaction issue de la loi de sauvegarde des entreprises.

La décision à intervenir ne sera pas susceptible d'appel réformation [10], sous l'empire de la législation antérieure à la loi de sauvegarde des entreprises, mais seulement d'appel nullité en cas d'excès de pouvoir.

Sous l'empire de la législation issue de la loi de sauvegarde des entreprises, l'appel réformation est ouvert sur le jugement statuant sur le recours formé à l'encontre d'une ordonnance du juge-commissaire [11].

En revanche, les syndicats sont sans qualité pour exercer un recours devant le tribunal à l'encontre de l'ordonnance du juge-commissaire [12].

De même, les salariés, n'étant pas parties à l'ordonnance ne peuvent en conséquence la frapper de recours devant le tribunal [13], l'opinion contraire ayant toutefois été émise [14] avant semble-t-il d'avoir été abandonnée. Ils ne peuvent davantage former un appel à son encontre, encore que l'opinion contraire ait pu être soutenue [15], car l'ordonnance n'a pas à être noti-

1. Soc. 23 mars 2016, nos 14-13.426, 14-22.950, NP ; *RPC* juill.-août 2016, comm. 131, note F. Taquet ; *RDT* 2016. 263, note A. Fabre ; *JCP S* 2016, no 1179, note L. Fin-Langer.
2. SUR cette possibilité, P.-M. Le Corre, *Droit et pratique des procédures collectives 2025/2026*, 13e éd., « Dalloz Action », 2024, no 331.81.
3. C. com., art. R. 631-26, al. 2 – Anct Décr. 28 déc. 2005, art. 194, al. 2.
4. C. com., art. R. 631-26, al. 2 – Anct Décr. 28 déc. 2005, art. 194, al. 2, reprenant D. 27 déc. 1985, art. 63, al. 2.
5. T. com. Paris, 14 janv. 1988 ; *Gaz. Pal.* 1989. I. 354, note J.-P. Marchi qui a admis le recours du représentant des salariés.
6. Urban, « Quelle est l'implication des institutions représentatives du personnel dans le traitement des difficultés des entreprises depuis la loi du 26 juillet 2005 ? », *RPC* 2008, p. 35 s., sp. p. 39, no 30.
7. L. no 2005-845, 26 juill. 2005, préc.
8. Com. 4 oct. 2005, no 03-19.455, NP.
9. Anct L. 25 janv. 1985, art. 45.
10. Soc. 9 juill. 1996, no 93-41.877, P V, no 268.
11. P.-M. Le Corre, *Droit et pratique des procédures collectives 2024/2025*, 13e éd., « Dalloz Action », 2024, nos 333.11 s., le principe étant inversé depuis l'entrée en vigueur de la loi de sauvegarde.
12. T. com. Lille, 30 janv. 1989 ; *LPA* 29 mars 1989.
13. P.-M. Le Corre, *Droit et pratique des procédures collectives 2024/2025*, 13e éd., « Dalloz Action », 2024, nos 332.31 s.
14. A. Jacquemont, N. Borga et Th. Mastrullo, *Droit des entreprises en difficulté*, 11e éd., LexisNexis, no 1152.
15. Delteil et Lautrette, « Le sort des contrats de travail dans la loi de sauvegarde des entreprises », *LPA* 17 févr. 2006, no 35, p. 42 s., sp. p. 46.

fiée aux salariés[1]. Ce qui peut *a priori* apparaître singulier est pourtant non seulement logique, mais aussi incontournable. En effet, l'ordonnance qui doit préciser le nombre de salariés dont le licenciement est autorisé ainsi que les catégories professionnelles concernées, n'a pas à viser nominativement les salariés[2]. Il en résulte qu'elle ne peut leur être notifiée[3].

Cette ordonnance peut faire l'objet d'un recours en interprétation, en omission de statuer et en rectification d'erreur matérielle sur le fondement des articles 461, 462 et 463 du Code de procédure civile.

Comment dans ces conditions garantir un recours effectif des salariés licenciés en vertu de cette ordonnance du juge-commissaire ?

Il a été affirmé depuis un arrêt du 3 octobre 1989 que le Conseil des prud'hommes restait compétent pour toutes « les demandes individuelles présentées par les salariés licenciés pendant la période d'observation sur autorisation du juge-commissaire »[4]. Cette décision reconnaît pour la première fois la possibilité d'un recours devant le Conseil des prud'hommes pour toutes les demandes individuelles[5], voire en contestation de la cause réelle et sérieuse.

Le Conseil des prud'hommes pourra évidemment allouer une indemnité aux salariés qui auraient été licenciés sans autorisation du juge-commissaire, pour défaut de cause réelle et sérieuse[6]. Il en sera de même si l'autorisation a été obtenue par fraude[7] ou si cette ordonnance est irrégulière[8].

En revanche, une fois l'ordonnance passée en force de chose jugée, le caractère économique du licenciement ne pourra plus être discuté[9]. Le Conseil d'État adopte la même solution désormais pour les salariés protégés[10]. Le caractère économique du licenciement et la régularité de l'ordonnance ne peuvent être discutés devant l'administration[11], et cela même si le licenciement concerne un salarié protégé pour lequel l'autorisation administrative de licencier est en outre nécessaire.

Il faut enfin signaler que le recours contre le PSE devant les juges administratifs reste possible depuis l'entrée en vigueur de la loi du 14 juin 2013[12]. Ainsi, cette ordonnance du juge-commissaire qui autorise les licenciements économiques, en énonçant les catégories professionnelles concernées, envisagés par le plan de sauvegarde, n'interdira pas de contester pour excès de pouvoir la légalité de la décision d'homologation du plan de sauvegarde par la Dreets[13]. L'ordonnance du juge-commissaire n'a pas autorité de chose jugée par rapport à la décision de la Dreets. Il n'y a pas identité de parties, la Dreets n'étant pas présente devant le juge-commissaire. Surtout, a-t-il été relevé[14], l'ordonnance du juge-commissaire et la décision de la Dreets n'ont pas le même objet. Le juge-commissaire ne statue pas sur la validité de la décision d'homologation de la Dreets, et donc des catégories professionnelles et ne tranche pas de litige.

La solution était identique sous l'empire du droit antérieur à la loi du 14 juin 2013. L'autorité de chose jugée attachée à cette ordonnance ne supprimait pas la possibilité pour un syndicat de rechercher, devant le tribunal de grande instance, la nullité d'un plan social. Cette compétence de droit com-

1. Soc. 5 mars 1997, n° 95-41.230, NP ; *D.* 1997. 522, note P. Bailly.
2. Soc. 18 juin 1997, n° 96-40.279, P V, n° 226 ; *Dr. soc.* 1997. 983, note R. Vatinet.
3. AINSI : Versailles, 6e ch. soc., 20 févr. 2001 ; *Gaz. Pal.* Somm. 12-13 oct. 2001, p. 30.
4. Soc. 3 oct. 1989, n° 88-42.835 ; *Bull. civ.* V, n° 559 ; *D.* 1989. IR 277 ; *RJS* 1989, n° 875, p. 521 ; *RPC* 1990, n° 3, p. 289.
5. Soc. 6 mars 1990, n° 89-40.028 ; *Bull. civ.* V, n° 92 ; *D.* 1990, somm. 218, obs. A. Honorat ; *RPC* 1991, n. 2, p. 243, obs. E. Kerchove.
6. Soc. 30 mai 1990, n° 89-42.075 ; *Bull. civ.* V, n° 258 ; *D.* 1990. IR 176 – Soc. 3 mai 2001, n° 99-41.813 ; *Bull. civ.* V, n° 151 ; *JCP E* 2001, n° 26, p. 1075 dans une procédure simplifiée.
7. Par ex., quand le salarié a été immédiatement remplacé : Soc. 27 oct. 1998, nos 95-42.220 et 95-42.221 ; *Bull. civ.* V, n° 452 ; *D.* 2000 7, obs. F. Derrida ; *Dr. soc.* 1999. 203, obs. R. Vatinet ; *JCP E* 1999, n° 1721, note Ph. Coursier – Soc. 17 mars 2015, n° 13-26.617 ; *RPC* 2015, comm. 48 – Soc. 4 juill. 2018, n° 16-27.922 P ; *D.* 2018. Actu. 1487 ; *RPC* sept. 2018, comm. 155, note D. Jacotot ; *Act. proc. coll.* 2018, n° 237, obs. L. Fin-Langer ; *JCP S* 2018, n° 1321, note L. Fin-Langer ; *BJT* oct. 2018, p. 110, note J. Icard ; *BJE* 2018. 452, note A. Donnette-Boissière ; *JCP* 2018, n° 1475, note G. Dedessus-Le Moustier ; *Leden*, sept. 2018, p. 7, H. de Frémont ; *Gaz. Pal.* 31 juill. 2018, p. 44, obs. C. Berlaud : il s'agit d'une présentation erronée des faits à l'origine des difficultés économiques faite par le dirigeant de l'entreprise devant le juge-commercial.
8. Soc. 23 mars 2016, n° 14-22.950 ; *Bull. civ.* V, n° 52 ; *D.* 2016. Actu. 701, *D. actu.* 22 avr. 2016, obs. M. Ines ; *RDT* 2016. 263, note A. Fabre ; *Act. proc. coll.* 2016, n° 124, obs. L. Fin-Langer ; *JCP S* 2016, n° 1179, note L. Fin-Langer ; *Leden* 5/2016. 5, obs. H. de Frémont ; *Gaz. Pal.* 28 juin 2016, p. 49, obs. C. Gailhbaud ; *RPC* 2016, n° 124, obs. F. Taquet.
9. Soc. 9 juill. 1996, n° 93-41.877, P V, n° 268 ; *JCP* 1997. I. 4004, n° 9, obs. Ph. Pétel – Soc. 5 mars 1997, n° 95-41.230, NP ; *D.* 1997. 522, note P. Bailly – Soc. 26 mai 1999, n° 97-40.803, P V, n° 235 – Soc. 5 oct. 1999, n° 96-40.746, P V, n° 367, n° 3389-P.
10. CE 3 juill. 2013, *Élixens France (Sté)*, req. n° 361066, *Lebon T.* ; *AJDA* 2013. 2129 ; *RDT* 2013. 551, concl. G. Dumortier ; *RPC* 2014, comm. 54, note D. Jacotot.
11. Soc. 23 mars 2016, nos 14-22.950, 14-22.960, 14-22.961, 14-22.963, P V ; n° 623 FS-P+B+I ; *Gaz. Pal.* 28 juin 2016, n° 24, p. 49, note C. Gailhbaud ; *Act. proc. coll.* 2016/9, comm. 124, note L. Fin-Langer ; *Gaz. Pal.* 14 juin 2016, n° 22, p. 67, note D. Ronet-Yague ; *RPC* juill.-août 2016, comm. 124, note F. Taquet.
12. Sur le recours devant le TA, v. ss n° 322.151.
13. CE 22 mai 2019, req. n° 407401 ; *Act. proc. coll.* 2019/15, comm. 212, note L. Fin-Langer ; *RJS* 7/2019, p. 519, concl. S.-J. Lieber.
14. L. Fin-Langer, note sous CE 22 mai 2019, n° 407401 ; *Act. proc. coll.* 2019/15, comm. 212.

mun doit être respectée, dès lors que le litige aurait pu naître indépendamment de l'ouverture du redressement judiciaire[1].

§ 4
Sanction en cas de non-respect de cette demande d'autorisation

322.51 Sanction du licenciement effectué sans demander l'autorisation judiciaire. Les licenciements notifiés sans demander l'autorisation peuvent être contestés devant la juridiction prud'homale : le salarié pourra demander des dommages-intérêts pour défaut de cause réelle et sérieuse[2]. Ainsi, dès lors que le jugement d'ouverture a été rendu, il est nécessaire de respecter cette procédure spécifique. Un employeur qui aurait engagé la procédure avant ce jugement, ne peut plus notifier le licenciement dès lors qu'il a été rendu sans avoir obtenu au préalable cette autorisation[3].

Par ailleurs, le salarié pourrait engager la responsabilité de l'administrateur devant le tribunal judiciaire, anciennement le tribunal de grande instance[4].

SECTION 2
DÉMARCHES PRÉALABLES À LA DEMANDE D'AUTORISATION

§ 1
Consultation des représentants du personnel

322.61 Consultations préalables des institutions représentatives du personnel avant la loi du 14 juin 2013[5], dite de sécurisation de l'emploi. Avant la loi du 14 juin 2013, en redressement, l'autorité administrative en matière de travail devait être informée et les institutions représentatives du personnel consultées.

L'administrateur judiciaire ou, à son défaut, le débiteur consultait, dans les conditions de l'article L. 1233-58 du Code du travail, le comité d'entreprise et à défaut les délégués du personnel. À défaut d'institutions représentatives du personnel, la consultation était celle du représentant des salariés.

La consultation des institutions représentatives ne devait pas être purement formelle. Dès lors, les exigences légales n'étaient pas respectées si la déléguée du personnel n'a été consultée que la veille du jour de la notification des licenciements[6].

Cette consultation devait être faite préalablement à la saisine du juge-commissaire[7].

322.62 Consultations préalables des institutions représentatives du personnel depuis la loi du 14 juin 2013[8], dite de sécurisation de l'emploi. La loi du 14 juin 2013, dite de sécurisation de l'emploi, s'intéresse à la procédure de licenciement collectif pour motif économique. Cette législation du licenciement économique est entrée en vigueur le 1er juillet 2013. Plus exactement, les procédures de licenciement dont la date d'envoi de la convocation à la première réunion du comité d'entreprise est postérieure au 1er juillet 2013 sont concernées par le nouveau dispositif. Cette loi transpose l'Accord national interprofessionnel du 11 janvier 2013[9].

Cette loi a modifié la rédaction de l'article L. 1233-58. Il résulte de l'alinéa 1 du I de ce texte que, en cas de redressement, l'employeur, ou l'administrateur, selon le cas, qui envisage des licenciements économiques, met en œuvre un plan de sauvegarde de l'emploi dans les conditions prévues aux articles L. 1233-24-1 à L. 1233-24-4. L'alinéa 2 ajoute que l'employeur ou l'administrateur, selon le cas, réunit et consulte le comité d'entreprise ou, à défaut, les délégués du personnel, dans les conditions prévues aux articles :

1° L. 1233-8, pour un licenciement collectif de moins de dix salariés ;

2° L. 1233-59, alinéa 1, pour un licenciement d'au moins dix salariés dans une entreprise de moins de cinquante salariés ;

3° L. 1233-30, I, à l'exception du dernier alinéa, et des deux derniers alinéas du II, pour un licenciement d'au moins dix salariés dans une entreprise d'au moins cinquante salariés ;

4° L. 1233-34 et L. 1233-35, alinéa 1 (réd. ord. 12 mars 2014[10], art. 110), et le cas échéant,

1. Soc. 14 oct. 1997, n° 96-18.876, P V, n° 312 ; *JCP E* 1998. Chron. 32, n° 13, obs. Ph. Pétel ; *JCP E* 1998, n° 11, p. 424, note F. Duquesne.
2. Soc. 30 mai 1990, n° 89-42.075 ; *Bull. civ.* V, n° 258 ; *D.* 1990. IR 176 – Soc. 3 mai 2001, n° 99-41.813 ; *Bull. civ.* V, n° 151 ; *JCP E* 2001, n° 26, p. 1075 dans une procédure simplifiée.
3. Soc. 12 mai 1998, n° 96-40.606 ; *Bull. civ.* V, n° 243 ; *D.* 1998. Inf. Rap. 148 ; *RPC* 1999, 39, obs. F. Taquet – Soc. 11 juill. 2000, n° 98-43.545 ; *Act. proc. coll.* 2000, n° 213 – Soc. 3 mai 2001, n° 99-41.813 ; *Bull. civ.* V, n° 151 ; *JCP E* 2001, n° 26, p. 1075.
4. Soc. 12 févr. 1992, n° 89-44.630, NP : responsabilité d'un liquidateur qui avait licencié un salarié sans respecter les délais. La solution est transposable au nom de l'obligation de prudence et de diligence incombant à l'administrateur dans l'exercice de sa mission.
5. L. n° 2013-504, 14 juin 2013, préc.
6. Soc. 16 déc. 2008, nos 07-43.285 à 07-43.297, P V, n° 253.
7. SUR cette exigence et les critiques qu'elle soulève : A. Boyer, *Protection des salariés et sauvetage de l'entreprise : quête d'un équilibre*, PUAM, 2006, n° 18.
8. L. n° 2013-504, 14 juin 2013, préc.
9. ANI 11 janv. 2013, pour un nouveau modèle économique et social au service de la compétitivité des entreprises et de la sécurisation de l'emploi et des parcours professionnels des salariés. L'ANI ne contient aucune mesure concernant les entreprises en difficulté.
10. Ord. n° 2014-326, 12 mars 2014, préc.

L. 4612-8 et L. 2323-27 du Code du travail relatifs au recours à l'expert ;

5° L. 1233-31 à L. 1233-33, L. 1233-48 et L. 1233-63, relatifs à la nature des renseignements et au contenu des mesures sociales adressées aux représentants du personnel et à l'autorité administrative [1] ;

6° L. 1233-49, L. 1233-61 et L. 1233-62, relatifs au plan de sauvegarde de l'emploi [2] ;

7° L. 1233-57-5 et L. 1233-57-6, pour un licenciement d'au moins dix salariés dans une entreprise d'au moins cinquante salariés [3].

Il fallait donc consulter le comité d'entreprise ou à défaut les délégués du personnel [4] ou à défaut le représentant des salariés [5] et cela avant de demander l'autorisation au juge-commissaire, pour tous les licenciements collectifs. À défaut de joindre l'avis du comité d'entreprise, la demande d'autorisation auprès du juge-commissaire est irrecevable [6].

La loi de modernisation sociale du 19 janvier 2000 imposait l'obligation de deux réunions si l'entreprise avait au moins cinquante salariés et était dotée d'un comité d'entreprise : celle prévue par le livre III du Code du travail relative au projet de restructuration [7] et celle prévue par le livre IV relative au projet de licenciement économique lui-même [8] alors que la jurisprudence antérieure avait admis la possibilité de concentrer en une seule réunion ces deux consultations [9]. La loi n° 2005-32 du 18 janvier 2005 de cohésion sociale consacre cette jurisprudence et revient ainsi à la faculté de procéder à ces opérations de manière concomitante [10]. Cette possibilité n'est pas posée par les textes, lorsque l'entreprise emploie moins de cinquante salariés où il n'y a que des délégués du personnel [11]. Il faut cependant signaler que l'article L. 1233-58 du Code du travail ne renvoyait pas au dernier alinéa du I de l'article L. 1233-30 et à l'alinéa 2 de l'article L. 1233-29 qui fixent cette double consultation. Elle était donc écartée lorsque l'entreprise était en redressement judiciaire. Un seul avis devait donc être rendu, sauf en cas de recours éventuel à une expertise par le comité d'entreprise.

La question se posait de savoir s'il fallait également consulter le CHSCT. La consultation sur les incidences du projet de licenciement sur la santé, la sécurité et les conditions de travail était limitée au champ d'attribution du CHSCT (ou les délégués du personnel en suppléance) et ne concernait donc que les entreprises d'au moins cinquante salariés.

322.63 Consultations préalables des institutions représentatives du personnel depuis l'ordonnance du 22 septembre 2017. L'article 4 de l'ordonnance du 22 septembre 2017 [12], qui a procédé à la fusion du comité d'entreprise, des délégués du personnel et du CHSCT en une seule et unique institution, le comité social et économique, modifie, en son 22°, l'article L. 1233-58 du Code du travail. Les mots : « comité d'entreprise ou, à défaut, les délégués du personnel » sont remplacés par les mots : « comité social et économique » et les mots : « comité d'entreprise » sont remplacés par les mots : « comité social et économique ».

Dès la mise en place du CSE, elle aura, dans n'importe quelle procédure de licenciement collectif pour motif économique (petit ou grand) quelle que soit sa taille, à le consulter. À défaut, le représentant des salariés devrait toujours être consulté en vertu de l'article L. 631-9 du Code de commerce qui renvoie à l'article L. 621-4.

Faute d'avoir procédé aux élections et faute de PV de carence, la Cour de cassation considère que les salariés peuvent demander une indemnisation pour irrégularité de procédure, ce manquement causant un préjudice nécessaire aux salariés [13]. Cette solution rendue dans un contexte de liquidation judiciaire est transposable au redressement. Cette théorie du « préjudice nécessaire » remise en cause par la Cour en 2016 [14] connaît un certain nombre d'exceptions, comme en l'espèce, ce qui facilite l'indemnisation des sala-

1. Anc[t] 4° avant ord. 12 mars 2014, art. 110.
2. Anc[t] 5° avant ord. 12 mars 2014, art. 110.
3. Anc[t] 6° avant ord. 12 mars 2014, art. 110.
4. Soc. 29 mai 2013, n° 12-12.952 ; *Bull. civ.* V., n° 137 ; *D.* 2013. 1416, *D. actu.* 14 juin 2013, obs. M. C. Peyronnet ; *JCP S* 2013, n° 1409, note A. Martinon ; *Act. proc. coll.* 2013, n° 174.
5. Paris, 15 févr. 2013, n° 11/02814 ; *Leden* mai 2013, n° 77.
6. Com. 5 nov. 2013, n° 12-25.362 ; *Bull. civ.* IV, n° 161 ; *D.* 2013. Actu. 2642 ; *Rev. sociétés* 2013. 732, obs. Ph. Roussel Galle ; *RDT* 2014. 37, obs. L. Driguez ; *Act. proc. coll.* 2013, n° 294, obs. L. Fin-Langer ; *RJDA* 2014, n° 50 ; *Gaz. Pal.* 12-14 janv. 2014, p. 36, obs. C. Gailhbaud ; *BJE* 2014. 21, note D. Jacotot ; *DP diff. entr. Bull.* n° 353, obs. J.-P. Rémery ; *Leden* déc. 2013, p. 3, obs. E. Mouial-Bassilana.
7. C. trav., art. L. 321-2,1° [devenu C. trav., art. L. 1233-8 et L. 1233-19].
8. C. trav., art. L. 432-1 [devenu C. trav., art. L. 2323-15].
9. Soc. 17 juin 1997, n° 95-18.904, P V, n° 223 ; *RJS* 1997/8-9, n° 990.
10. C. trav., art. L. 321-3, al. 2 [devenu C. trav., art. L. 1233-30].
11. C. trav., art. L. 1233-29, al. 2.
12. Ord. n° 2017-1386, 22 sept. 2017 relative à la nouvelle organisation du dialogue social et économique dans l'entreprise et favorisant l'exercice et la valorisation des responsabilités syndicales, *JO* 23 sept.
13. Soc. 9 juin 2021, n°s 20-11.796 et 20-11.798 ; *Act. proc. coll.* 2021, 166 – AUSSI : Soc. 4 nov. 2020, n° 19-12.775 ; *BJT* déc. 2020, p. 36, note G. François ; *JCP S* 2020, n° 3094, note J.-Y. Kerbourc'h – Soc. 22 mars 2023, n° 21-21.276, F-D.
14. Soc. 13 avr. 2016, n° 14-28.293 – Soc. 25 mai 2016, n° 14-20.578 – Soc. 17 mai 2016, n° 14-23.138 – Soc. 22 mars 2017, n° 16-12.930 – L. Gratton, « Le dommage déduit de la faute », *RTD civ.* 2013. 275 ; B. Bauduin, A. Brousse, « Controverse : Un préjudice nécessaire, pour quoi faire ? » *RDT* 2022. 209 ; H. Gali, « La nécessité du préjudice en droit du travail », *D.* 2022. 908 – Controverse : « La fin du préjudice nécessaire met-elle en danger l'efficacité des sanctions du droit du travail ? », *RDT* 2017. 374 ; G. Duchange, « Le préjudice (social) nécessaire », *BJT* févr. 2021, p. 64.

riés. Par ailleurs, peu importe que les organes de la procédure collective n'aient pas le temps d'organiser de telles élections.

L'article L. 1233-58 du Code du travail ne renvoie toujours pas au dernier alinéa du I de l'article L. 1233-30 relatif à la consultation du CSE dans les entreprises de cinquante salariés et plus et à l'alinéa 2 de l'article L. 1233-29 pour les entreprises de moins de cinquante salariés qui obligent à procéder à une double consultation du CSE sur le projet de licenciement pour motif économique. Cette exigence est donc écartée lorsque l'entreprise est en redressement judiciaire. Un seul avis doit donc être rendu. Cette règle connaît cependant une exception pour les entreprises de cinquante salariés et plus, quand le CSE souhaite recourir à une expertise [1].

Du fait de la fusion des instances, le CSE sera également consulté sur les conséquences des licenciements projetés sur la santé, la sécurité et les conditions de travail. Cette consultation fait donc désormais partie des éléments dont le CSE doit recevoir information dans le cadre de la note d'information sur le projet de licenciement. Il est cependant à noter que ces attributions n'ont été attribuées que pour les CSE des entreprises de cinquante salariés et plus. La formule « le cas échéant » vient limiter l'obligation d'information et de consultation aux cas dans lesquels le projet de licenciement a des conséquences sur la santé, la sécurité et les conditions de travail. Reste à savoir dans quels cas une procédure de licenciement n'aurait pas d'incidence sur la santé, la sécurité et les conditions de travail.

Il a été relevé que l'ordonnance n° 2017-1387 [2] a ajouté un alinéa à cet article, applicable dès la mise en place du CSE dans l'entreprise : le CSE dispose d'un délai qui ne peut être supérieur à un mois à compter de la date de sa première réunion pour rendre son avis, dans le cadre de la procédure de licenciement concernant deux à neuf salariés. En l'absence d'avis dans ce délai, il est réputé avoir été consulté.

Cela implique l'obligation d'attendre le délai d'un mois à partir de la date de la première réunion du CSE avant de le considérer comme avoir été consulté et de mettre en œuvre la procédure. Or, l'article L. 1233-58 du Code du travail, qui énonce, de manière limitative, les seules règles applicables lorsque l'entreprise est en redressement, renvoie à l'article L. 1233-8 dans son intégralité puisqu'il ne comportait qu'un seul alinéa avant la réforme. Sans retouche de l'article L. 1233-58, les entreprises en redressement judiciaire et qui auront à procéder à des licenciements collectifs, seront contraintes d'attendre l'expiration du délai d'un mois après la première réunion de consultation avant de poursuivre la procédure de licenciement. Un tel délai n'est pas incompatible avec les délais dans lesquels les licenciements doivent intervenir pendant la période d'observation, puisque la consultation a lieu avant l'autorisation du juge-commissaire.

Parce que, dans la procédure de sauvegarde, les licenciements économiques obéissent au droit commun, contrairement aux règles posées en redressement judiciaire, la Cour de cassation a considéré que la consultation pour avis du comité d'entreprise, effectuée en période d'observation de la sauvegarde, ne valait pas consultation dudit comité dans la procédure de redressement judiciaire prononcée sur conversion de la sauvegarde. Il en résulte que la procédure d'autorisation des licenciements économiques de la procédure de redressement judiciaire, qui repose sur une autorisation du juge-commissaire donnée au vu d'un avis du comité d'entreprise, n'a pas été respectée [3]. La solution est évidemment transposable au CSE.

Lorsque plusieurs sociétés concernées par des licenciements font partie d'un groupe, les comités d'entreprise, et désormais les CSE, de chacune d'elles doivent être consultés, à moins qu'une seule représentation du personnel ait été mise en place par un jugement ou un accord collectif de groupe reconnaissant une unité économique et sociale [4].

En présence d'un administrateur, celui-ci réunira le représentant de l'entreprise et les représentants du personnel. Un procès-verbal de la réunion sera dressé et signé des divers participants [5]. L'intégralité de la procédure doit être suivie, faute de restriction du texte, ce qui oblige à respecter les délais de convocation et à convoquer tous les membres du comité d'entreprise ou tous les délégués du personnel [6] et désormais les membres du CSE.

L'ordonnance du 22 septembre 2017 a ouvert le champ de la négociation collective. L'article L. 2312-55 du Code du travail autorise les entreprises à négocier un accord avec les syndicats représentatifs à une majorité de 50 %, sans possibilité de faire un référendum auprès des salariés en cas de signature à une majorité de 30 %. Mais une autre modalité de négociation subsidiaire a été prévue, à savoir un accord conclu avec les membres du CSE, adopté à la majorité

1. Sur le recours à une expertise, v. s^s n° 322.82.
2. Ord. n° 2017-1387, 22 sept. 2017, préc.
3. Com. 5 nov. 2013, n° 12-25.362 ; *Bull. civ.* IV, n° 161 ; *D.* 2013. Actu. 2642 ; *Rev. sociétés* 2013. 732, obs. Ph. Roussel Galle ; *RDT* 2014. 37, obs. L. Driguez ; *Act. proc. coll.* 2013, n° 294, obs. L. Fin-Langer ; *RJDA* 2014, n° 50 ; *Gaz. Pal.* 12-14 janv. 2014, p. 36, obs. C. Gailhbaud ; *BJE* 2014. 21, note D. Jacotot ; *DP diff. entr. Bull.* n° 353, obs. J.-P. Rémery ; *Leden* déc. 2013, p. 3, obs. E. Mouial-Bassilana.
4. Soc. 26 sept. 2012, n° 10-27.184, NP – Soc. 26 sept. 2012, n° 10-27.306, NP.
5. Ifppc 1999, recomm. n° 2060-1, p. 53.
6. Versailles, 19 sept. 1989, *D.* 1991. Somm. 107, obs. F. Derrida.

des membres titulaires du CSE. Le champ de la négociation est également précisé. Il est impossible d'écarter les informations consultations fixées par l'article L. 2312-53 du Code du travail intervenant dans le cadre des procédures collectives, ce texte étant d'ordre public. En revanche, l'accord peut préciser le contenu de ces consultations, les délais de transmission des avis ainsi que les modalités pratiques de ces consultations, comme le délai de convocation ou le calendrier. Certaines entreprises, comme La Halle[1] et Thomas Cook[2] ont utilisé ce dispositif pour aménager la procédure de consultation dans ce cadre.

§ 2
Information de l'administration et obligation de reclassement

322.71 Information de l'autorité administrative. Dès le lendemain du jugement ouvrant le redressement judiciaire, il convient d'informer la Dreets sur l'existence de cette procédure en lui transmettant le jugement en application de l'article R. 1233-7 du Code du travail.

Par ailleurs, l'article L. 1233-60 du Code du travail impose, en cas d'ouverture d'un redressement judiciaire, à l'administrateur ou au débiteur d'informer l'autorité administrative avant de procéder aux licenciements pour motif économique prévus par l'article L. 631-17 du Code de commerce. Elle est donc informée dès le début de la procédure des risques de licenciement.

322.72 Recherche de reclassement préalable. L'article L. 631-17 du Code de commerce impose à l'administrateur ou au débiteur de joindre à l'appui de sa demande d'autorisation la justification de ses démarches en vue de « faciliter l'indemnisation et le reclassement des salariés ». Il doit donc faire cette démarche avant de demander l'autorisation.

Ainsi, il est de jurisprudence constante que l'obligation de reclassement préalable consacrée par l'article L. 1233-4 du Code du travail doit être respectée en cas de redressement ou de liquidation judiciaire[3]. Le non-respect est sanctionné par le défaut de cause réelle et sérieuse, qui donne droit aux indemnités désormais plafonnées par les ordonnances du 22 septembre 2017 et fixées à l'article L. 1235-3 du Code du travail.

Cette obligation existe dans tous les licenciements pour motif économique quel que soit le nombre de salariés concernés. Elle sera intégrée dans le PSE dans les licenciements de dix salariés dès lors que l'entreprise comporte cinquante salariés.

Certains aménagements ont été apportés, notamment par les ordonnances du 22 septembre 2017.

L'ordonnance n° 2017-1387 entend simplifier la procédure de reclassement car elle offre une alternative à l'employeur : soit il adresse de manière personnalisée les offres de reclassement à chaque salarié (le droit antérieur était en ce sens), soit il diffuse par tout moyen une liste des postes disponibles à l'ensemble des salariés. C'est cette pratique que l'on rencontrait fréquemment en présence notamment d'une entité en procédure collective, mais celle-ci était sanctionnée. Le décret n° 2017-1725 du 21 décembre 2017 fixe le contenu des offres de reclassement et valide désormais la pratique antérieure[4].

Qu'il s'agisse d'offres personnalisées écrites ou de la diffusion d'une liste des offres, elles précisent le poste, le nom de l'employeur, la nature du contrat, la localisation, la rémunération et la classification. L'imprécision ou le caractère incomplet est sanctionné comme un défaut de cause réelle et sérieuse[5].

Lorsqu'il s'agit d'une liste des offres, elle mentionne également les critères de départage entre les salariés qui postuleraient sur un même poste et le délai pour présenter sa candidature. Ce délai ne peut être inférieur à quinze jours, délai réduit à quatre jours francs à compter de la publication de la liste en cas de redressement judiciaire. Le silence à l'expiration du délai vaut refus des offres par le salarié. Il est donc important de fixer une date certaine à cette liste. Aucune sanction n'est prévue par les textes mais la jurisprudence applique le défaut de cause réelle et sérieuse, notamment en cas d'absence des critères de départage[6], considérant qu'il s'agit d'un manquement à l'obligation de reclassement.

Cette obligation est limitée au reclassement dit interne : c'est-à-dire dans l'entreprise mais aussi dans le groupe si l'entreprise fait partie d'un groupe. La

1. Accord de méthode 14 mai 2020, concernant les modalités d'information et de consultation des représentants du personnel de la société La Halle dans le cadre de la procédure collective : cet accord conclu dans le cadre d'une sauvegarde permet d'augmenter les heures de délégation, de prévoir une dispense d'activité des membres du CSE, de fixer un délai de remise du procès-verbal, d'articuler les consultations avec le CSE central.
2. Accord de méthode 4 oct. 2019, relatif à la procédure de redressement judiciaire : cet accord concerne toutes les consultations du CSE et précise, pour le licenciement économique, la répartition du personnel dans les catégories professionnelles.
3. Soc. 10 mai 1999, n° 97-40.060 ; *Bull. civ.* V, n° 203 ; *D.* 2000, somm. 8, obs. F. Derrida.
4. C. trav., art. D. 1233-2-1.
5. Soc. 23 oct. 2024, n° 23-19.629 ; *Act. proc. coll.* 2024, n° 224 ; *JCP E* 2025, n° 1035, note M. N. Katchadourian ; *JCP S* 2024, n° 1393, note Th. Lahalle ; *RPC* janv. 2025, comm. 29, F. Taquet.
6. Soc. 8 janv. 2025, n° 22-24.724, P ; *Act. proc. coll.* 2025, n° 30 ; *D. actu.* 20 janv. 2025, obs. L. Malfettes ; *JCP S* 2025, n° 1066, note C. Terrenoire ; *Leden* févr. 2025, p. 6, obs. F. Joly.

Cour de cassation précise cependant que ce reclassement interne doit s'effectuer uniquement dans les entreprises dont les activités ou l'organisation ou le lieu leur permettent d'effectuer la permutation de tout ou partie du personnel[1]. Ce groupe de reclassement était apprécié largement et a ainsi pu être reconnu par exemple entre des entreprises qui exploitent un fonds de commerce sous la même enseigne[2], aucune condition de contrôle n'étant nécessaire.

L'article 16 de l'ordonnance n° 2017-1387 ne consacre que partiellement cette jurisprudence : le groupe est défini par référence à l'article au I de l'article L. 2331-1 du Code du travail relatif au comité de groupe et renvoyant au Code de commerce. Il faut établir soit une détention majoritaire du capital[3] soit une détention des droits de vote par capital ou en raison d'un accord conclu avec d'autres associés voire résultant d'une situation de fait[4]. La Cour de cassation a fait une application anticipée de ce texte et a refusé de reconnaître l'existence d'un groupe pour un ensemble de sociétés dominé par une société de gestion de fonds commun de placement[5].

Parmi ces entreprises, il faut limiter le périmètre du reclassement aux seules entreprises situées en France. En effet, l'art. L. 1233-4-1 qui organisait le reclassement à l'étranger est définitivement abrogé. Seuls des emplois disponibles en France peuvent ainsi être proposés. Cette absence de reclassement à l'étranger va simplifier les démarches des administrateurs. Enfin, il faudra vérifier uniquement les possibilités parmi les entreprises qui permettent une permutation du personnel.

§ 3
Dispositions spécifiques aux licenciements de dix salariés et plus dans une entreprise de cinquante salariés et plus

322.81 Consultation du CSE dans les licenciements de dix salariés au moins sur une période de trente jours. Si le nombre de licenciements devant intervenir dans une même période de trente jours est supérieur ou égal à dix, l'obligation de réunion et de consultation des institutions représentatives du personnel se substitue à l'entretien préalable de licenciement, l'article L. 1233-38 écartant expressément cette exigence. Cela suppose toutefois que les institutions représentatives du personnel ne soient pas défaillantes[6]. Il faut noter qu'en présence d'un procès-verbal de carence de CSE, le représentant des salariés devra suppléer cette carence.

L'administrateur doit consulter le CSE avant de demander l'autorisation au juge-commissaire de licencier, puisqu'il doit joindre cet avis à sa demande.

Le délai de transmission du procès-verbal du comité d'entreprise a été réduit à un jour par le décret du 12 avril 2016[7], en cas de redressement en présence d'un grand licenciement économique. Rappelons que, en droit commun, ce délai de transmission à l'employeur est de quinze jours, ramené à trois jours en cas de grand licenciement économique. L'ancien article D. 2325-3-1 du Code du travail ne prévoyait cette exception que dans le cadre de l'application de l'article L. 1233-30 régissant la procédure de consultation du grand licenciement économique. La mise en œuvre du CSE ne changera pas la solution, puisque le nouvel article D. 2315-26 reprend exactement la même règle.

Reste une question relative aux articles L. 1233-21 s. du Code du travail. Dans ces licenciements, il est possible de conclure un accord qui va organiser la procédure de licenciement, les délais de consultation, le cadre du recours à une expertise. L'article L. 1233-33 prévoit qu'il ne peut pas déroger « aux règles de consultation applicables lors d'un redressement ou d'une liquidation judiciaire, prévues à l'article L. 1233-58 ». Comment interpréter cette disposition ? Est-ce à dire que l'accord qui aurait pu être conclu est totalement écarté en cas de procédure collective ? Ou est-ce à dire qu'il est applicable dès lors qu'il reste compatible avec l'article L. 1233-58 ? Cette deuxième interprétation pourrait compliquer la mission des administrateurs mais peut apporter des solutions et fixer un calendrier plus précis notamment en cas de recours à une expertise.

322.82 Possibilité pour le CSE de recourir à une expertise dans les entreprises de cinquante salariés et plus dans les licenciements de dix salariés et plus. Les nouveaux articles L. 1233-34 et L. 1233-35 sont applicables en cas de procédure collective par renvoi de l'article L. 1233-58 du Code du travail. Dans les entreprises de plus de cinquante salariés et dès lors que le projet de licenciement concerne au moins dix salariés sur une période de trente jours, obligeant à

1. Soc. 25 juin 1992, n° 90-41.244 ; *Bull. civ.* V, n° 420 ; *Dr. soc.* 1992. 710 et 826, concl. R. Kessous ; *D.* 1992. 209 ; *Dr. soc.* 1993. 272, note Q. Urban ; *JCP E* 1992. I. 197, n° 5, obs. Ph. Coursier.
2. Soc. 27 nov. 2013, n° 12-18.470, NP ; *RPC* mai 2014, comm. 72, obs. D. Jacotot.
3. C. com., art. L. 233-1.
4. C. com., art. L. 233-3.
5. Soc. 20 mars 2019, n° 17-19.595, P ; *RDT* 2019. 332 ; *JCP S* 2019, n° 1198, note Y. Pagnerre ; *Leden* mai 2019, p. 7, obs. G. Dedessus-Le Moustier ; *Gaz. Pal.* 16 avr. 2019, p. 40, note C. Berlaud ; *Act. proc. coll.* 2019, n° 108 ; *JCP E* 2019, n° 1279, Fl. Aubonnet.
6. A. Boyer, *Protection des salariés et sauvetage de l'entreprise : quête d'un équilibre*, PUAM, 2006, n° 66.
7. Décr. n° 2016-453, 12 avr. 2016, *JO* 14 avr.

mettre en place un PSE, le CSE peut décider de recourir à une expertise.

Ce droit existait déjà [1] mais il porte désormais « sur les domaines économique et comptable ainsi que sur les effets potentiels du projet sur les conditions de travail », ce qui était discuté à propos de la consultation du CHSCT.

Ce recours supposera alors de réaliser deux consultations successives, dans la mesure où ce n'est qu'après la remise du rapport que l'avis pourra être donné sur le projet de licenciement. L'article L. 1233-35 prévoit également la possibilité pour l'expert de demander des informations à l'employeur et encadre les délais à respecter. Le Conseil d'État a indiqué qu'effectivement, une deuxième réunion du CSE est nécessaire et que l'expert doit avoir un délai suffisant pour rendre son rapport, sous le contrôle de l'autorité administrative et en tenant compte de la procédure collective. En l'espèce, le délai entre les deux réunions de vingt-cinq jours a été jugé suffisant [2]. L'article L. 1233-58 renvoie à ce texte qui s'applique donc.

L'article L. 1233-35 prévoit également la possibilité pour l'expert de demander des informations à l'employeur et encadre les délais à respecter. L'article L. 1233-58 renvoie à ce texte qui s'applique donc. L'expert peut demander des informations à l'employeur dans les dix jours qui suivent sa désignation. L'employeur a huit jours pour répondre. Une nouvelle demande est possible dans les mêmes délais. Le rapport doit ensuite être remis au plus tard quinze jours avant l'expiration du délai mentionné à l'article L. 1233-30. Il semble qu'il faille toujours respecter le délai prévu par le Code de commerce, à savoir que l'avis doit être rendu au plus tard le jour ouvré précédent l'audience du juge-commissaire. Cela allonge en réalité la procédure préalable à la demande d'autorisation du juge-commissaire. Il est donc nécessaire d'anticiper cette possibilité.

Le coût de l'expertise reste pris en charge par l'employeur en matière de licenciement économique. Il devrait s'agir d'une créance postérieure utile, née pour les besoins de la procédure collective. Il s'agit donc d'un coût supplémentaire pour l'entreprise en difficulté.

L'article L. 1233-58 ne renvoie pas, en revanche, à l'article L. 1233-35-1 du Code du travail, nouvellement créé, qui prévoit que le contentieux de ces expertises relève de la Dreets puis des juridictions administratives dans le cadre du contrôle du plan de sauvegarde de l'emploi.

1. Soc. 7 juill. 1998, n° 96-21.205 ; *Bull. civ.* V, n° 371 ; *D.* 1998. 199.
2. CE 16 avr. 2021, req. n° 426287 ; *Act. proc. coll.* 2021, 137 et 133, obs. J. Béot-Rabiot ; *RPC* 2021, 140, note D. Jacotot, *D. actu.* 10 mai 2021, obs. S. Norval-Grivet ; *Leden* juill. 2021, p. 7, H. de Frémont.

L'article L. 1233-35-1 du Code n'est pas visé à l'article L. 1233-58, conduisant à s'interroger sur son application en redressement ou en liquidation judiciaire. Dans l'affirmative, ces délais de recours contentieux ne sont pas compatibles avec ceux de la procédure collective. Le régime juridique de la contestation de la désignation de l'expert par le CE ou le CHSCT portait, jusqu'à la réforme, le contentieux devant le juge judiciaire dans des délais devant être rapides mais, en pratique, difficiles à tenir par les juridictions judiciaires. Le taux de contestation du recours à l'expert en procédure collective était déjà faible. L'incompatibilité, à présent évidente, des délais du contentieux de la contestation de la désignation d'un expert, avec les délais de la procédure collective, n'encouragera pas les mandataires de justice à tenter de s'opposer aux décisions des représentants du personnel [3].

Quelle sera alors la juridiction compétente ? Tout d'abord, plusieurs décisions visent à éviter un éclatement du contentieux du licenciement économique. La compétence des juridictions administratives en matière de PSE englobe aussi des questions périphériques, écartant le juge judiciaire. Cela concerne tout d'abord les expertises du comité d'entreprise et désormais du CSE, expertises demandées dans le cadre d'un licenciement pour motif économique. Avant les ordonnances du 22 septembre 2017, aucun texte ne prévoyait expressément la compétence des juridictions administratives pour ce contentieux. La Cour de cassation a donc interprété les articles L. 1233-57-5 et L. 1235-7-1 du Code du travail de manière à englober dans le contentieux administratif du PSE celui des expertises et plus généralement celui de toutes les décisions de la Dreets enjoignant l'employeur de fournir tous les éléments d'information relatifs à la procédure en cours, ainsi que toutes celles relatives à la régularité de la procédure du licenciement collectif. Elle indique que ce contentieux « ne peut faire l'objet d'un litige distinct de celui relatif à la décision d'homologation relevant de la compétence, en premier ressort, du tribunal administratif, à l'exclusion de tout autre recours administratif ou contentieux » [4]. L'entrée en vigueur des ordonnances du 22 septembre 2017 ne devrait pas changer la solution, bien au contraire. En effet, le nouvel article L. 1233-35-1 prévoit expressément ce recours pour

3. C. Gailhbaud, « La réforme du licenciement économique (analyse en regard du droit des procédures collectives) », *Gaz. Pal.* 17 avr. 2018, n° 15, 89, sp. 93, n° 10.
4. Soc. 28 mars 2018, n° 15-21.372 ; *Bull. civ.* V, n° 46 ; *Act. proc. coll.* 2018, 124, *D. actu.* 14 mai 2018, obs. M. Ines ; *SSL* 2018, n° 1811, p. 11, obs. F. Champeaux ; *JCP S* 2018, n° 1164, note A. Bugada ; *Leden* mai 2018, p. 7, obs. G. Dedessus-Le Moustier ; *BJE* sept. 2018. 368, note A. Donnette-Boissière ; *Gaz. Pal.* 15 janv. 2019, p. 80, note C. Gailhbaud.

le contentieux de l'expertise demandé par le CSE dans le cadre de l'examen d'un licenciement économique avec mise en place d'un PSE. Il faut espérer que la même solution sera retenue en cas de procédure collective, car l'article L. 1233-58 prévoyant les textes à respecter dans ce cadre précis n'opère pas de renvoi à ce texte.

322.83 **Obligation d'établir un PSE.** Si l'entreprise dispose d'au moins cinquante salariés, l'administrateur devra établir un Plan de sauvegarde de l'emploi, dit PSE en vertu de l'article L. 1233-58, II, du Code du travail[1]. Les conditions d'effectifs sont appréciées au niveau de l'entreprise par principe. Mais lorsqu'elle fait partie d'une Unité économique et sociale (UES) dont l'existence n'est pas discutée et que la décision de licencier est prise au niveau de l'UES, alors les effectifs sont calculés au niveau de l'UES[2].

Il a deux possibilités en théorie.

Il peut tout d'abord négocier un accord collectif avec les partenaires sociaux puis faire valider cet accord auprès de la Dreets. Il s'agit d'un accord spécifique, validé depuis 2013 à une majorité de 50 %, sans aucune autre forme de négociation subsidiaire possible.

Il peut aussi l'établir unilatéralement et ensuite le faire homologuer par la Dreets, le contrôle étant plus approfondi au-delà des règles de validité formelle. Elle va en effet vérifier le contenu du PSE en termes de reclassement interne et externe. L'administration doit vérifier, au regard de l'importance du projet, si les mesures sont concrètes et précises, et si elles peuvent satisfaire les objectifs de reclassement en fonction des moyens de l'entreprise et des efforts de formation et d'adaptation déjà réalisés par l'employeur[3]. Le PSE doit donc être consistant, pertinent et proportionné et comprendre toutes les mesures de reclassement possibles, sans que le reclassement externe soit une obligation[4]. Son absence pourra cependant être prise en compte pour apprécier son caractère suffisant. Il lui revient aussi de contrôler la conformité du PSE aux accords de branche imposant des règles particulières, en matière de reclassement externe par exemple[5].

Le contrôle apparaît plus sévère pour les PSE unilatéraux. Le Conseil d'État admet ainsi qu'un accord collectif de PSE puisse prévoir, pour fixer des critères d'ordre, des considérations étrangères aux fonctions occupées par le salarié, alors qu'un PSE unilatéral ne peut les envisager[6]. Dans l'arrêt Fnac, il avait déjà admis le contrôle des critères d'ordre fixés dans le PSE unilatéral : ils doivent regrouper tous les salariés exerçant des fonctions de même nature supposant une formation professionnelle commune[7]. Quand ils sont fixés unilatéralement par l'employeur, le Conseil d'État vérifie alors qu'ils ont fait l'objet d'une information-consultation réelle[8].

Malgré ce contrôle renforcé, il est fort probable que ce soit le mode utilisé en cas de procédure collective pour plusieurs raisons. Tout d'abord, il est difficile pour un administrateur, qui ne connaît pas l'entreprise et qui n'a pas nécessairement le temps pour mettre en place un tel processus, de négocier un accord avec les syndicats. Ensuite, en l'absence de syndicats représentatifs, il n'est pas prévu de négocier de tels accords, les formes subsidiaires de négociation étant par conséquent écartées. Pour autant, cela peut être envisagé dans le cadre d'une période d'observation, le délai pour procéder au licenciement étant moins contraint qu'en liquidation judiciaire par exemple.

Cette décision administrative doit être communiquée au juge-commissaire avant de statuer sur la demande d'autorisation. Cette chronologie pose problème, car le PSE est réalisé sans savoir combien de salariés seront licenciés. Ensuite, on peut se demander si le juge-commissaire pourrait refuser d'autoriser des licenciements alors que le PSE a été validé ou homologué par la Dreets.

Si cette obligation est maintenue, elle fait cependant l'objet de plusieurs aménagements en raison de

1. Sur la présentation générale du PSE, v. s[s] n°s 321.41 s.
2. Soc. 28 sept. 2022, n°s 21-19.093 et 21-19.092 ; *Act. proc. coll.* 2022, 261, obs. L. Fin-Langer : la solution a été rendue alors que la société membre de l'UES était en liquidation judiciaire. Le liquidateur n'avait pas établi de PSE, car il n'avait pas tenu compte, dans son calcul des effectifs, de l'UES, en raison d'un recours pendant contestant la décision judiciaire l'ayant établie – Déjà : Soc. 17 mars 2021, n° 18-16.947 ; *JCP S* 2021, n° 1109, note G. Auzero.
3. CE 22 juill. 2015, *Calaire Chimie*, req. n° 383481 ; *D. actu.* 24 juill. 2015, obs. D. Poupeau ; *AJDA* 2015. 1632, chron. J. Lessi et L. Dutheillet de Lamothe ; *AJDA* 2016. 1866, chron. L. Dutheillet de Lamothe ; *RDT* 2015. 514, concl. G. Dumortier ; *D.* 2016. Pan. 807, obs. P. Lokiec ; *RPC* janv. 2016, comm. 22, F. Taquet. Pour les entreprises *in bonis*, la Dreets contrôle aussi les moyens du groupe ou de l'UES.
4. CE 30 mai 2016, *société Milonga*, req. n° 384114 ; *RDT* 2016. 456, obs. C. Dechristé ; *Leden* sept. 2016, p. 6, note G. Dedessus-Le Moustier.
5. CE 13 avr. 2018, req. n° 404090 ; *RDT* 2018. 452 ; *JCP S* 2018, n° 1207, note S. Poncet ; *Leden* juin 2018, p. 7, note H. de Frémont.
6. CE 7 févr. 2018, req. n° 404077 ; *RPC* sept. 2019, comm. 146, note D. Jacotot ; *JCP S* 2018, n° 1087, note J.-Y. Kerbourc'h ; *JCP S* 2018, n° 1086, note S. Poncet et F. Renaud.
7. CE 30 mai 2016, *Fnac*, req. n° 387798 ; *RPC* sept. 2016, comm. 142, note D. Jacotot ; *Leden* sept. 2016, p. 7, note H. de Frémont ; *RDT* 2016. 485 ; *JSL* 2016, n° 414-4, obs. M. Hautefort ; *AJDA* 2016. 1149 ; *AJDA* 2016. 1866, chron. L. Dutheillet de Lamothe et G. Odinet.
8. CE 7 févr. 2018, req. n° 403001 ; *RPC* sept. 2019, 146, note D. Jacotot ; *RDT* 2018. 213, note F. Géa ; *D.* 2018. 823, note P. Lokiec et J. Porta ; *JCP S* 2018, n° 1086, note S. Poncet et F. Renaud ; *SSL* 2018, n° 1803, p. 6, interview Piveteau ; *SSL* 2018, p. 9, concl. S.-J. Lieber.

l'ouverture de la procédure de redressement judiciaire.

Il importe de souligner tout d'abord la réduction des délais laissés à l'administration du travail pour valider l'accord majoritaire ou homologuer le plan de sauvegarde de l'emploi. Le délai de droit commun prévu par le nouvel article L. 1233-57-4, alinéa 1, du Code du travail pour valider l'accord majoritaire, prévu à l'article L. 1233-24-1 est de quinze jours à compter de la réception de l'accord collectif. Pour homologuer le plan de sauvegarde de l'emploi, le délai de droit commun prévu par l'article L. 1233-57-4, alinéa 1, est de vingt-et-un jours à compter de la réception du document complet[1] élaboré par l'employeur. Le délai est réduit, à compter de la dernière réunion du CSE, à huit jours en cas de redressement judiciaire. Ce délai s'applique qu'il s'agisse d'un acte unilatéral ou d'un accord collectif. Le silence gardé par l'administration dans ce délai vaut acceptation.

En outre, il est prévu, en redressement judiciaire, depuis l'ordonnance du 12 mars 2014 un moyen de sauver des PSE, lorsque l'entreprise n'a pas mis en place son CSE et qu'elle n'a pas établi un procès-verbal de carence. En principe, la procédure de licenciement devrait être irrégulière. Mais l'article L. 1233-58, II du Code du travail permet à l'autorité administrative de valider malgré tout le PSE de « manière exceptionnelle, au vu des circonstances », non précisées. Encore faut-il que la Dreets motive sa décision de couvrir cette irrégularité[2].

Ensuite, la Dreets ne contrôle plus les moyens du groupe, à la différence cependant de l'administrateur qui reste tenu par cette obligation. En effet, depuis la loi Macron du 6 août 2015, le PSE est désormais validé au regard des seuls moyens de l'entreprise, mais l'administrateur doit encore rechercher les moyens dans le groupe auquel l'entreprise appartient[3]. Le Conseil d'État a refusé de transmettre une QPC sur ce point[4]. La question que soulève alors cette disposition réside dans la détermination du juge compétent pour savoir si l'administrateur a ou non cherché les reclassements dans le groupe, dans la mesure où la Dreets ne fait pas ce contrôle.

Il faut noter que le PSE doit contenir des mesures de nature différente à celle du reclassement. En effet, il est désormais acquis que l'entreprise doit rechercher systématiquement si ce projet de grand licenciement comporte des risques-psychosociaux et le cas échéant prévoir toutes les mesures pour y faire face, au nom de l'obligation de prévention des risques professionnels. La Dreets en vérifie désormais le respect, sous le contrôle du juge administratif. Cette démarche concerne également les cessations définitives d'activité, y compris en liquidation judiciaire[5]. Ce contrôle prévu au départ pour les PSE unilatéraux a été étendu aux PSE conclus par accord collectif[6]. En pratique, est mis à jour le document unique d'évaluation des risques professionnels (DUERP) et sont mis en place un numéro vert, une assistance psychologique[7] ou le remboursement de séances. Un dialogue constructif avec le CSE doit être engagé pour identifier les risques et envisager les mesures à prendre, même si un avis spécifique précédé d'un vote n'est pas nécessaire[8].

Reste à savoir s'il faudra aussi que le PSE envisage les conséquences environnementales de cette décision. En effet, la loi Climat et résilience du 22 août 2021 a modifié l'article L. 2312-8 du Code du travail relatif aux compétences générales du CSE dans les entreprises de 50 salariés et plus, mais n'a pas modifié ceux précisant cette compétence dans le cadre du licenciement pour motif économique, comme l'article L. 1233-31. Les juges administratifs sont pour l'instant divisés[9].

322.84 Sanction spécifique relative à l'obligation d'établir un PSE. En outre, la jurisprudence puis la loi ont aménagé la sanction. En effet, en droit commun, en cas d'insuffisance ou d'absence de PSE, le salarié peut demander la nullité du licenciement et sa réintégration dans l'entreprise en vertu des articles L. 1235-10 et L. 1235-11 du Code du travail[10]. Il est à noter cependant que la nullité n'est pas encourue lorsque d'autres irrégularités sont avancées tel que le non-respect des conditions de majo-

1. C. trav., art. L. 1233-24-4.
2. CE 8 déc. 2021, req. n° 435919 ; *Leden* janv. 2022, p. 6, H. de Frémont ; *RPC* mars 2022, n° 37, obs. D. Jacotot.
3. C. trav., art. L. 1233-58.
4. CE 4 sept. 2019, req. n° 431463, QPC ; *RDT* 2019. 716, note A. Fabre ; *BJE* janv. 2020. 50, note E. Fabriès-Lecea ; *Leden* oct. 2019, p. 6, note H. de Frémont.
5. CE 21 mars 2023, req. n°s 460660 et 460924 ; *RDT* 2023. Controverse 377, note de L. Montvalon, Ph. Rozec et Th. Le Gall ; *RDT* 2023. 476, obs. L. de Montvalon ; *JSL* 2023, n° 564-2, obs. M. Hautefort ; *SSL* 2023, n° 2040, p. 5, concl. J.-F. de Montgolfier, obs. A. Stocki ; *JCP S* 2023, n° 1124, note B. Gauriau ; *D. actu.* 6 avr. 2023, obs. S. Norval-Grivet ; *RPC* juill. 2023, n° 70, obs. D. Jacotot ; *Act. proc. coll.* 2023, n° 136 ; *Gaz. Pal.* 19 sept. 2023, p. 66, obs. C. Gailhbaud ; *Leden* mai 2023, p. 6, obs. H. de Frémont.
6. CE 19 déc. 2023, req. n° 458434 ; *AJDA* 2023. 2369 ; *RJS* 2/2024, n° 86.
7. CE 15 oct. 2024, req. n° 488496, ACIAM ; *RPC* janv. 2025, n° 30, obs. D. Jacotot ; *JCP E* 2025, n° 1028, note D. Jacotot ; *Act. proc. coll.* 2025, n° 8, obs. M. N. Katchadourian ; *RDT* 2024. 665, note M. Kocher.
8. CE 15 oct. 2024, req. n° 488496, ACIAM ; *RPC* janv. 2025, n° 30, obs. D. Jacotot ; *JCP E* 2025, n° 1028, note D. Jacotot ; *Act. proc. coll.* 2025, n° 8, obs. M. N. Katchadourian ; *RDT* 2024. 665, note M. Kocher.
9. TA Montreuil, 2 mai 2022, n° 2202445 : aucun obstacle à l'homologation du PSE – TA Cergy-Pontoise, 10 mars 2022, *RDT* 2023. 553 : solution contraire.
10. Sur son application en sauvegarde, v. s^s n° 321.46.

rité de l'accord de PSE[1]. À défaut d'être réintégré, il peut demander une indemnisation qui était de douze mois pour ce motif avant les ordonnances de septembre 2017, et qui est désormais de six mois, comme pour les autres irrégularités possibles du PSE[2].

La Cour de cassation avait écarté la nullité en cas de procédure collective[3], ce qu'a consacré la loi du 14 juin 2013 : l'article L. 1235-10 exclut expressément la nullité en cas de redressement et de liquidation judiciaire. L'article L. 1235-16 prévoyant l'indemnisation pour les autres irrégularités est également inapplicable en vertu de l'article L. 1233-58. Le Conseil constitutionnel a validé cette différence de traitement[4].

Le salarié peut recevoir une indemnité minimale de six mois de salaires en cas de nullité de la décision d'homologation ou de validation par les juridictions administratives.

La Cour de cassation a précisé que cela valait pour toutes les causes d'annulation du PSE : en l'occurrence le non-respect des règles relatives aux critères d'ordre[5]. Il s'agit d'une indemnité minimale, qui ne peut être assimilée à celle due pour défaut de cause réelle et sérieuse. Elle n'est donc pas soumise au plafonnement mis en place par les ordonnances du 22 septembre 2017. Elle permet ainsi au juge de tenir compte de l'ancienneté du salarié, de ses éventuelles difficultés à intégrer le marché du travail. En revanche, elle ne pourra pas se cumuler avec des indemnités qui répareraient la perte d'emploi injustifiée[6].

La Cour de cassation admet que cette indemnité puisse se cumuler avec l'indemnité de licenciement, mais ce cumul est écarté avec l'indemnité compensatrice de préavis et celle de congés payés y afférents[7]. Il s'agit donc d'une sanction spécifique dans ce contexte particulier.

Rappelons que la décision de l'administration peut être contestée dans les deux mois devant le tribunal administratif. Indiquons que l'ordonnance du juge-commissaire, qui autorise en redressement judiciaire, les licenciements économiques, en énonçant les catégories professionnelles concernées, envisagés par le plan de sauvegarde, n'interdira pas de contester pour excès de pouvoir la légalité de la décision d'homologation du plan de sauvegarde par la Dreets[8]. L'ordonnance du juge-commissaire n'a pas autorité de chose jugée par rapport à la décision de la Dreets. Il n'y a pas identité de parties, la Dreets n'étant pas présente devant le juge-commissaire. Surtout, a-t-il été relevé[9], l'ordonnance du juge-commissaire et la décision de la Dreets n'ont pas le même objet. Le juge-commissaire ne statue pas sur la validité de la décision d'homologation de la Dreets, et donc des catégories professionnelles et ne tranche pas de litige.

SECTION 3
DÉMARCHES SUBSÉQUENTES À LA DEMANDE D'AUTORISATION

§ 1
Dispositions communes à tous les licenciements mis en œuvre en vertu de l'ordonnance

322.91 Respect de l'ordonnance par l'administrateur. L'administrateur doit s'en tenir strictement au contenu de l'ordonnance. Tout licenciement intervenant en marge de l'ordonnance est dépourvu de cause réelle et sérieuse. La solution a été posée à propos du licenciement d'une directrice, alors que seul était autorisé, par l'ordonnance, le licenciement de la directrice adjointe[10].

Il est recommandé à l'administrateur de ne procéder aux licenciements des dirigeants que sous réserve de la validité de leur contrat de travail au regard des règles de cumul du contrat de travail avec un mandat social[11].

1. Soc. 27 janv. 2021, nº 18-23.535, P ; *D.* 2021. 288 ; *JCP S* 2021, nº 1059, note Q. Chatelier ; *Act. proc. coll.* 2021, 47 ; *BJT* mars 2021, p. 13, note G. Duchange ; *Leden* mars 2021, p. 6, obs. G. Dedessus-Le Moustier.
2. C. trav., art. L. 1235-10, L. 1235-11 et L. 1235-16.
3. Soc. 2 févr. 2006, nº 04-40.773 ; *Bull. civ.* V, nº 58 ; *D.* 2006. 467, obs. E. Chevrier ; *JCP S* 2006, nº 1137, note M. Morand ; *Act. proc. coll.* 2006, nº 49 ; *SSL* 2006, nº 1247, p. 5 – Soc. 28 juin 2006, NP ; nº 05-41.685 ; *RDT* 2006. 244, obs. Ph. Waquet.
4. C. const. 28 mars 2013, nº 2013-299, QPC ; *BJE* juill. 2013. 248, note N. Tagliarino-Vignal ; *Leden* mai 2013, p. 7, obs. G. Dedessus-Le Moustier ; *D.* 2013. Actu. 925 ; *D.* 2013. 1148, note D. Jacotot, *Constitutions* 2013. 238, obs. C. Radé et P. Gervier.
5. Soc. 19 déc. 2018, nº 17-26.132, P ; *JCP S* 2019, nº 1030, note L. Fin-Langer ; *Act. proc. coll.* 2019, comm. 44, obs. C. Gailbhaud ; *Gaz. Pal.* 16 avr. 2019, p. 81, obs. L. Cheikh-Vecchioni ; *D.* 2019. Actu. 19 ; *Leden* mars 2019, p. 7, obs. G. Dedessus-Le Moustier.
6. Soc. 16 févr. 2022, nºs 20-14.969 et 20-21.516 ; *Act. proc. coll.* 2022, 92, obs. L. Fin-Langer ; *RPC* juill. 2022, nº 66, comm. D. Jacotot – Soc. 27 janv. 2021, nº 18-23.535.
7. Soc. 25 mars 2020, nº 18-23.698 ; *JCP S* 2020, nº 2056, note L. Fin-Langer ; *Act. proc. coll.* 2020, 157, obs. L. Fin-Langer, *D. actu.* 7 mai 2020, obs. L. Malfettes ; *RPC* juill. 2020, comm. 104, obs. F. Taquet.
8. CE 22 mai 2019, req. nº 407401 ; *Act. proc. coll.* 2019/15, comm. 212, note L. Fin-Langer.
9. L. Fin-Langer, note sous CE 22 mai 2019, req. nº 407401 ; *Act. proc. coll.* 2019/15, comm. 212.
10. Paris, pôle 6, 11e ch., 30 sept. 2010, RG nº 06/12501 ; *RPC* 2011, comm. 6, note C. Lebel.
11. Ifppc 1999, recomm. nº 1040-6, p. 16.

322.92 Proposition de la convention de sécurisation professionnelle. La loi du 28 juillet 2011 [1] remplace la convention de reclassement personnalisé dite CRP et le contrat de transition professionnelle, qui avaient déjà remplacé la convention de conversion, par le contrat de sécurisation professionnelle pour les entreprises de moins de mille salariés lorsqu'elles sont *in bonis* et celles qui sont en procédure collective quel que soit leur effectif [2]. Ce dispositif doit donc être proposé aux salariés licenciés pendant la période d'observation qui suit un jugement de redressement judiciaire.

Ce contrat doit être proposé par écrit au cours de l'entretien préalable ou après la notification de la décision du Dreets validant le PSE dans les grands licenciements économiques depuis la loi Macron. Le salarié dispose de vingt-et-un jours de réflexion pour donner sa réponse dans lequel il doit être reçu par France Travail. Son acceptation emporte rupture du contrat et donne droit à l'indemnité de licenciement ou à toute indemnité conventionnelle qui lui aurait été due en cas de licenciement.

Il est alors considéré comme stagiaire de la formation continue. Pendant douze mois, le salarié perçoit une allocation spécifique correspondant à 75 % de son salaire depuis le 1er février 2015, un suivi plus personnalisé et intensifié auprès de France Travail par rapport à une prise en charge classique.

On peut penser que les solutions rendues par la Cour de cassation à l'occasion de la CRP seront maintenues. Ainsi s'il apparaît, après examen de son dossier, que le salarié n'est pas éligible à la CRP, cela n'a pas pour effet de rendre sans cause réelle et sérieuse son licenciement [3].

De plus, malgré cette acceptation, le salarié peut, dans les douze mois qui suivent, contester son licenciement [4] ainsi que les critères d'ordre [5]. Si le motif économique n'existe pas, la CRP signée devient sans cause [6]. L'employeur doit délivrer un écrit comportant le motif précis qui a justifié la mise en place de la procédure de licenciement [7]. L'employeur indique ce motif soit dans le document d'information qu'il doit remettre avant la réponse du salarié, soit dans la lettre remise au salarié après l'expiration du délai de réponse, soit dans tout autre document écrit remis au plus tard au moment de son acceptation [8]. La Cour de cassation a admis que le salarié avait bien été informé avant de l'accepter, de ce motif si la lettre convoquant le salarié a un entretien préalable reprend l'ordonnance rendue par le juge-commissaire [9]. Cette information peut être faite par courrier électronique [10]. Si la forme est assez souple, la Cour de cassation exige une précision du motif : à défaut d'avoir une information complète du motif économique, le salarié peut demander des dommages-intérêts pour défaut de cause réelle et sérieuse. L'administrateur a en réalité une double obligation : proposer ce contrat et informer le salarié du motif économique.

La Cour de cassation a eu l'occasion de préciser que l'information, donnée éventuellement dans une note, doit viser l'ordonnance du juge-commissaire et ne peut se contenter de rappeler le jugement d'ouverture du redressement judiciaire [11]. Cette décision du 27 mai 2020 confirme que cette information ne peut être par conséquent donnée qu'après l'ordonnance du juge-commissaire. La sanction est lourde, sans que l'on puisse utiliser la possibilité de compléter le motif du licenciement prévu par l'article L. 1235-2 du Code du travail qui ne concerne que la notification du licenciement *stricto sensu*. Le salarié peut obtenir les dommages-intérêts pour défaut de cause réelle et sérieuse et l'entreprise devra contribuer au financement du CSP par une contribution correspondant à l'indemnité de préavis, dans la limite de

1. L. nº 2011-893, *JO* 29 juill. ; *JCP S* 2011, nº 316, nº 1383, nº 1396 ; *RDT* 2011. 570.
2. C. trav., art. L. 1233-65 s.
3. Soc. 8 oct. 2014, nº 13-13.995 ; *RDT* 2014. 685, obs. M. Ines ; *JCP S* 2014, nº 1463, note L. Drai ; *D.* 2014. Actu. 2054.
4. Soc. 17 mars 2015, nº 13-2.6941 ; *Bull. civ.* V, nº 51 ; *RDT* 2015. 328, obs. Fabre ; *JCP S* 2015, nº 1192, note T. Lahalle ; *D. actu.* 2 avr. 2015, obs. M. Ines ; *D.* 2015. Actu. 736 ; *Act. proc. coll.* 2015, nº 121 ; *RPC* mai 2015, comm. 45, obs. F. Taquet.
5. Soc. 5 mars 2008, nº 07-41.964 ; *Bull. civ.* V, nº 47 ; *JCP S* 2008, nº 1334, note F. Dumont ; *D.* 2008. 856, obs. M. Ines ; *D.* 2008. 2306, obs. B. Reynès ; *RDT* 2008. 385, obs. E. Durlach ; *Dr. soc.* 2008. 617, obs. G. Couturier ; *CSBP* juin 2008, p. 256, note F.-J. Pansier ; *JCP E* 2008, nº 1525, note F. Taquet ; *JCP* 2008. II. 10084, note D. Corrignan-Carsin.
6. Soc. 5 mai 2010, nº 08-43.652 ; *Bull. civ.* V, nº 104 ; *D. actu.* 28 mai 2010, obs. L. Perrin ; *D.* 2010. 1290 ; *JCP S* 2010, nº 1300, note D. Corrignan-Carsin ; *RDT* 2010. 437, obs. A. Fabre ; *RPC* sept. 2010, comm. 187, note F. Taquet.
7. Soc. 27 mai 2009, nº 08-43.137 ; *Bull. civ.* V, nº 139 ; *JCP S* 2009, nº 1373, note B. Bossu ; *RPC* sept. 2009, comm. 134, F. Taquet.
8. Soc. 14 avr. 2010, nºs 08-45.399 et 09-40.987 ; *Bull. civ.* V, nº 98 ; *RDT* 2010. 437, obs. A. Fabre ; *JCP S* 2010, nº 1299, note F. Dumont ; *JCP E* 2010, nº 1514, note F. Taquet ; *D. actu.* 11 mai 2010, obs. L. Perrin – Soc. 22 sept. 2015, nº 14-16.218 ; *Bull. civ.* V, nº 208 ; *JCP S* 2016, nº 1461, note A. Louvet, *D. actu.* 21 oct. 2015, obs. W. Fraisse ; *D.* 2015. Actu. 1958 ; *CSBP* févr. 2016, p. 82, note J. Icard ; *RPC* janv. 2016, comm. 19, F. Taquet.
9. Soc. 29 mai 2024, nº 22-21.768, *RPC* sept. 2024, comm. 134, F. Taquet.
10. Soc. 13 juin 2018, nº 16-17.865 ; *Bull. civ.* V, nº 115 ; *RPC* sept. 2018, comm. 157, obs. F. Taquet ; *Act. proc. coll.* 2018, 187 ; *D.* 2018. 1317, *D. actu.* 9 juill. 2018, obs. J. Cortot.
11. Soc. 27 mai 2020, nº 18-20.153, P ; *D. actu.* 10 juin 2020, obs. L. Malfettes ; *Act. proc. coll.* 2020, comm. 208, D. Jacotot ; *RPC* 2020, comm. 127, obs. F. Taquet ; *JCP S* 2020, nº 2063, note E. Jeansen ; *Leden* 2020-7, p. 6, obs. G. Dedessus-Le Moustier ; *BJT* juill. 2020, p. 11, note G. Duchange.

trois mois de salaire majoré des charges en vertu de l'article L. 1233-69 du Code du travail.

Il est à noter que lorsque le salarié adhère à la CRP, il renonce alors à l'obligation de reclassement et l'employeur peut alors proposer le poste à un autre salarié, quand bien même le délai de réflexion de vingt-et-un jours ne serait pas écoulé[1]. Il bénéficie enfin de la priorité de réembauchage[2].

322.93 Notification des licenciements par lettre en mentionnant l'ordonnance du juge-commissaire autorisant les licenciements. L'administrateur ou à défaut le débiteur devra notifier les licenciements.

Dans quel délai ? L'article L. 1233-59 du Code du travail écarte les délais de notification des lettres de licenciement pour motif économique prévus à l'article L. 1233-15 en cas de redressement et de liquidation. Selon ce texte, le délai est de sept jours, porté à quinze pour les cadres, à compter de l'entretien individuel pour le licenciement individuel ou celui de moins de dix sur une période de trente jours. Aucun texte ne prévoit expressément une telle dérogation pour les licenciements de dix salariés et plus, le délai de trente jours étant prévu à l'article L. 1233-39. Faut-il également l'écarter ? La Cour de cassation, dans un arrêt du 17 mai 2023[3], y répond en cassant, pour violation des articles L. 1233-39, L. 3253-8, 2° et L. 631-17 du Code de commerce, un arrêt de Cour d'appel qui a condamné un employeur placé en redressement judiciaire à indemniser un salarié licencié pendant la période d'observation sur autorisation du juge-commissaire pour non-respect du délai de notification pour les grands licenciements économiques, faute de dérogation expresse dans l'article L. 1233-59 du Code du travail. Pour la Cour de cassation, il résulte de l'article L. 3253-8 organisant la prise en charge par l'AGS des indemnités de licenciement pour motif économique notifiés notamment pendant la période d'observation que « les délais prévus à l'article L. 1233-39 du Code du travail (...) ne sont pas applicables en cas de redressement ou de liquidation judiciaire ». La Cour, par cette interprétation extensive, évite une incompatibilité entre les différents textes, qui pourrait faire obstacle à la garantie AGS. L'article L. 3253-8, 2°, a du Code du travail prévoit un délai souple pour que la garantie de l'AGS puisse jouer, à savoir une notification pendant la période d'observation. Elles doivent donc être effectuées avant la fin de cette période.

La lettre de licenciement devra, pour que le licenciement ne soit pas considéré comme étant sans cause réelle et sérieuse, impérativement viser l'ordonnance du juge-commissaire[4], laquelle devra donc être antérieure. Le simple visa des formalités légales dans la lettre de licenciement ne vaut pas visa de l'ordonnance du juge-commissaire[5].

Sera irrégulier le licenciement notifié en visant une ordonnance à venir du juge-commissaire[6]. De même, le licenciement sera irrégulier si la lettre de licenciement se borne à faire état d'une autorisation du juge-commissaire, sans préciser sa nature, ni sa date[7].

Nécessaire, le renvoi à l'ordonnance du juge-commissaire ayant autorisé le licenciement est aujourd'hui suffisant[8]. Il a ainsi été jugé que la lettre de licenciement qui se réfère au jugement de redressement judiciaire et mentionne qu'il en résulte que l'intégralité des postes de travail est supprimée est motivée conformément aux exigences légales[9]. La jurisprudence ancienne selon laquelle la lettre de licenciement devait contenir une motivation sur les causes économiques justificatives du licenciement[10] est abandonnée. Le

1. Soc. 28 sept. 2011, n° 10-23.703 ; *Bull. civ.* V, n° 198 ; *JCP S* 2012, n° 1029, note A. Louvet ; *RDT* 2011. 637, obs. F. Géa ; *D.* 2011. 2478, *D. actu*, 21 oct. 2011, obs. L. Perrin.
2. Soc. 30 nov. 2011, n° 09-43.183 ; *Bull. civ.* V, n° 282 ; *D.* 2011. 3003 ; *D.* 2012. 901, obs. P. Lokiec et J. Porta ; *RDT* 2012. 34, obs. A. Fabre ; *JCP S* 2012, n° 1086, note F. Dumont – Soc. 22 sept. 2015, n° 14-16.218 ; *Bull. civ.* V, n° 208 ; *JCP S* 2016, n° 1461, note A. Louvet, *D. actu.* 21 oct. 2015, obs. W. Fraisse ; *D.* 2015. Actu. 1958 ; *CSBP* févr. 2016, p. 82, note J. Icard ; *RPC* janv. 2016, comm. 19, F. Taquet.
3. Soc. 17 mai 2023, n° 21-21.041 ; P ; *D. actu.* 2023. 1015 ; *Act. proc. coll.* 2023, n° 182, obs. L. Fin-Langer ; *RPC* juill. 2023, n° 69, obs. D. Jacotot ; *SSL* 2023, n° 2052, p. 1, obs. P. Bailly ; *JCP S* 2023, n° 1180, note B. Bossu.
4. Soc. 12 janv. 2000, n° 97-43.401, NP ; *RPC* 2000, 102, n° 4, obs. F. Taquet ; *Gaz. Pal.* 27-29 janv. 2002. 36, note F. Dumont – Soc. 22 févr. 2000, n° 97-43.780, NP ; *RPC* 2000, 102, n° 4, obs. F. Taquet – Soc. 28 mars. 2000, n° 97-43.923, NP ; *Gaz. Pal.* 27-29 janv. 2002. 41, note F. Dumont ; *RPC* 2001, 101, n° 2, obs. F. Taquet – Soc. 28 juin 2000, n° 98-42.969, NP ; *RPC* 2001, 101, n° 2, obs. F. Taquet – Soc. 26 juin 2001, n° 99-43.078, NP ; *Act. proc. coll. PC* 2001/16, n° 209 – Cass., ass. plén., 24 janv. 2003, n° 00-41.741, P, n° 1 ; *Act. proc. coll.* 2003/4, n° 47, note F. Taquet ; *Gaz. Pal.* jur. 21-22 févr. 2003, p. 33, note F.-J. Pansier ; *JCP E* 2003. Chron. 760, p. 853, n° 12, obs. Ph. Pétel ; *RPC* 2003, p. 158, n° 10, obs. F. Taquet ; *RJ com.* 2003. 1621, p. 274, note Courtier ; *LXB* n° N5939AA9, note P.-M. Le Corre – Soc. 3 mars 2004, n° 02-43.415, NP ; *RPC* 2004, p. 251, n° 17, obs. F. Taquet ; *JCP E* 2004. Chron. 1639, p. 1779, n° 16, obs. P. Morvan – Soc. 31 mars 2004, n°s 03-40.703, 03-40.704, 03-40.705, 03-40.706, NP ; *RPC* 2004, p. 392, n° 7, obs. F. Taquet – Soc. 12 juill. 2010, n° 08-40.740, P V, n° 169 ; *RPC* 2010/5, comm. 191, note F. Taquet ; *LPA* 20 déc. 2010, n° 252, p. 15, note D. Jacotot – Lyon, ch. soc. C, 25 août 2009 ; *RPC* 2011, comm. 57, p. 61, note F. Taquet.
5. Soc. 19 mars 2003, n° 01-44.376, P V, n° 104 ; *Act. proc. coll.* 2003/8, n° 101.
6. Soc. 11 juill. 2000, n° 98-43.545, NP ; *Act. proc. coll.* 2000/16, n° 213.
7. Com. 4 juin 2003, n° 01-42.100, NP ; *RPC* 2003, p. 246, n° 5, obs. F. Taquet.
8. Soc. 27 janv. 2009, n° 07-42.680, NP ; *RPC* 2009/2, p. 25, n° 22, note F. Taquet.
9. Com. 26 sept. 2012, n° 10-27.306, NP ; *RPC* 2012, comm. 203, note F. Taquet.
10. Soc. 21 févr. 1996, n° 93-41.310, NP ; *D.* 1997. 60, note P. Bailly ; *JCP E* 1996. II. 862, note J.-J. Serret.

caractère fluctuant de la jurisprudence en la matière conduit, par prudence, à recommander à l'administrateur, pour la détermination du caractère réel et sérieux du motif de licenciement, de qualifier précisément les faits [1].

Le visa de l'ordonnance du juge-commissaire autorisant les licenciements économiques pendant la période d'observation doit également impérativement être mentionné dans un écrit remis au salarié au plus tard au moment de l'acceptation de la convention de reclassement personnalisé. À défaut, le licenciement est dépourvu de cause réelle et sérieuse [2].

Le salarié peut prétendre à l'irrégularité de la procédure [3], ce qui lui permettra de faire juger que son licenciement est dépourvu de cause réelle et sérieuse, notamment si l'ordonnance qui autorise son licenciement est irrégulière. Il en est ainsi, par exemple, d'une ordonnance qui énonce nominativement les salariés licenciés, sans préciser les activités et catégories professionnelles concernées [4].

Le gouvernement a voulu limiter le contentieux dans les entreprises *in bonis* en prévoyant la mise en place de modèles de lettres de licenciement grâce aux ordonnances du 22 septembre 2017 en renvoyant dans un premier temps à décret. Le décret n° 2017-1820 du 29 décembre 2017 qui fixe les modèles de lettre de licenciement laisse perplexe de manière générale [5], mais aussi son application dans le cadre des procédures collectives.

Ce sont les annexes IV à VI qui proposent des modèles pour les licenciements pour motif économique, selon le nombre de salariés licenciés. Il fait certes référence aux procédures collectives, puisque dans les modèles qui précisent le motif économique, il est fait mention de l'ordonnance du juge-commissaire rendue pendant la période d'observation et du jugement adoptant le plan, décisions judiciaires autorisant le licenciement des salariés.

Le texte consacre donc la jurisprudence selon laquelle cette décision fixe le motif économique, qui ne pourra plus être contesté dès lors que la notification y fait référence. Cependant, il faut souligner que c'est la seule spécificité. Ainsi, est indiquée désormais, comme dans toutes les lettres de licenciement, la possibilité qu'a le salarié de demander des précisions sur les motifs de licenciement. Ensuite, est également maintenue la mention du congé reclassement pourtant écarté en cas de redressement et de liquidation judiciaire [6]. Il faut enfin noter que dans l'annexe VI relative aux grands licenciements, est rappelée l'existence d'un entretien individuel, qui pourtant n'a pas lieu.

La loi de ratification des ordonnances du 19 mars 2018 a modifié notamment l'article L. 1233-16 prévoyant ces modèles, en renvoyant non plus à un décret mais à un arrêté du ministre, qui n'a pas été pris et n'a donc pas corrigé les modèles.

Quid aussi de la possibilité de compléter le motif ? En effet, depuis cette même ordonnance, le motif pourra désormais être précisé à la demande de chaque partie, dont les modalités sont prévues par un décret du 15 décembre 2017.

Le nouvel art. R. 1233-2-2 du Code du travail précise que dans les quinze jours qui suivent la notification du licenciement, le salarié peut par lettre recommandée avec accusé de réception ou remise contre récépissé, demander des explications à l'employeur qui a aussi quinze jours après réception de la demande pour y répondre selon les mêmes formes. L'employeur peut aussi, de sa propre initiative, le faire dans les mêmes formes dans les quinze jours suivant la notification.

Ce dispositif est applicable pour les licenciements prononcés après la publication du décret. Il ne s'agit que d'une simple précision : l'employeur ne peut pas compléter ou ajouter ou substituer un motif.

Cette procédure soulève plusieurs interrogations. *Quid* si les délais ne sont pas respectés ? Le silence de l'employeur a-t-il des conséquences ? Qu'en est-il en procédure collective ? Aucune exception n'a été envisagée lorsque le motif résulte d'une décision du juge-commissaire ou du tribunal de la procédure. Il semble pour le moins discutable d'avoir un tel mécanisme en procédure collective [7], sauf à permettre à l'administrateur de compléter sa lettre par exemple en cas d'oubli de la référence à l'ordonnance. Il est à noter que ce dispositif n'a semble-t-il pas vocation à s'appliquer dans le cadre de l'acceptation du contrat de sécurisation professionnelle [8].

Enfin, si le salarié ne formule pas une telle demande, l'insuffisance de motivation ne suffit plus désormais pour priver le licenciement de cause réelle et sérieuse. Par conséquent, si une telle cause existe, il s'agira d'une simple irrégularité de forme sanctionnée par une indemnité d'un mois de salaire maximum [9]. En

1. Ifppc 1999, recomm. n° 2060-3, p. 53.
2. Soc. 21 mai 2014, n° 13-10.840, NP ; *RPC* 2014, comm. 115, note F. Taquet.
3. Soc. 3 mars 1998, n°s 95-45.201, 95-45.203, P V, n° 112 ; *D.* 1998. 418, note P. Bailly ; *JCP E* 1998, n° 1363, note J.-J. Serret.
4. Soc. 5 oct. 2004, n° 02-42.111, P V, n° 244 ; *D.* 2004. AJ 2716 ; *D.* 2005. Pan. 293, obs. P.-M. Le Corre ; *Act. proc. coll.* 2004/18, n° 220, note C. Masquefa-Leduc ; *RPC* 2005/1, p. 46, n° 2, obs. F. Taquet.
5. Pour une note critique : F. Taquet, « Modèles de lettres de notification de licenciement : une intention louable non dénuée de critiques », *JCP S* 2018, n° 11.
6. C. trav., art. L. 1233-75.
7. D. Jacotot et L. Fin-Langer, « Les ordonnances du 22 septembre 2017 et la rupture des contrats de travail dans une entreprise en difficulté », *RPC* nov. 2017, étude 21.
8. Sur la proposition de CSP, v. s^{s} n° 322.92.
9. C. trav., art. L. 1235-2.

revanche, si cette insuffisance correspond à une absence effective de cause réelle et sérieuse, il y aura application du nouvel article L. 1235-3, qui limite le montant des dommages-intérêts.

322.94 Versement des indemnités de rupture. Tout salarié licencié pour motif économique a droit à l'indemnité légale de licenciement dès lors qu'il a huit mois d'ancienneté depuis les ordonnances du 22 septembre 2017. Pour savoir si le salarié a droit à cette indemnité, il est tenu compte de son ancienneté au jour de la notification du licenciement.

Ensuite, son montant sera calculé à l'expiration du délai de préavis, même s'il est dispensé de l'exécuter. Il faut cependant préciser que si le salarié commet une faute grave pendant cette période, cette faute interrompt le délai ainsi que l'ancienneté, car elle met fin au contrat[1].

Le montant est désormais identique depuis la loi du 25 juin 2008 pour le motif personnel et économique[2]. Elle est calculée en fonction de la rémunération brute moyenne des trois derniers mois.

En contrepartie du plafonnement des indemnités pour défaut de cause réelle et sérieuse, la réforme du 22 septembre 2017 a prévu une revalorisation du montant de l'indemnité de licenciement, prévu par le nouvel art. R. 1234-2 issu d'un décret du 25 septembre 2017, applicables immédiatement à tous les licenciements notifiés après en entrée en vigueur. Elle a été revalorisée dans les termes suivants :

« L'indemnité de licenciement ne peut être inférieure aux montants suivants :

1° Un quart de mois de salaire par année d'ancienneté pour les années jusqu'à dix ans ;

2° Un tiers de mois de salaire par année d'ancienneté pour les années à partir de dix ans. »

Les accords collectifs peuvent l'augmenter[3], l'indemnité conventionnelle se substituant alors à l'indemnité légale sans pouvoir se cumuler.

Les parties peuvent également avoir mis en place des « golden parachute » qui sont des indemnités contractuelles de départ, d'un montant en général élevé. La Cour de cassation les valide sous réserve de ne pas faire échec à la faculté de résiliation unilatérale. À la différence des indemnités conventionnelles, les indemnités contractuelles peuvent alors être modifiées par le juge, même d'office, si elles sont d'un montant excessif sur le fondement de l'ancien article 1152 du Code civil, devenu avec la réforme de 2016, l'article 1231-5, la Cour les assimilant à une clause pénale[4].

L'administrateur judiciaire qui procède au licenciement économique d'un salarié peut le dispenser d'exécuter son préavis[5]. Il devra alors lui verser une indemnité correspondant au salaire versé pendant cette durée s'il avait été exécuté[6].

Il devra également verser l'indemnité compensatrice de congés payés pour les congés restant dus[7]. C'est à l'employeur d'apporter la preuve que le salarié n'a pas été en mesure de prendre effectivement ses congés, qu'ils soient d'origine légale ou conventionnelle[8].

Les parties peuvent également avoir prévu une clause de non-concurrence qui produit ses effets après la rupture du contrat et qui oblige le salarié, en échange d'une contrepartie financière, de ne pas travailler pour une entreprise concurrente. La date de la rupture peut avoir des conséquences aussi sur la possibilité de renoncer unilatéralement à cette clause. Ainsi, si le préavis est exécuté, l'employeur peut y renoncer au plus tard à la date du départ effectif de l'entreprise, et donc à la fin du préavis exécuté. Si le préavis n'est pas exécuté, il faut regarder le délai prévu dans la clause. Si l'inexécution vient du fait du salarié, la renonciation peut se réaliser au cours du préavis[9].

La Chambre sociale, dans un arrêt du 16 juin 2010 considère que ces indemnités de rupture constituent

1. Soc. 11 sept. 2019, n° 18-12.606, P ; *JCP S* 2019, n° 1285, note L. Drai ; *D.* 2019. 1767 ; *Dr. soc.* 2019. 981, obs. J. Mouly ; *RPC* nov. 2019, comm. 171, F. Taquet.
2. C. trav., art. L. 1234-9.
3. Par ex. : Soc. 17 oct. 2012, n° 10-28.006 ; *RDT* 2012. 669.
4. Soc. 18 déc. 1979, n° 78-40.996 ; *Bull. civ.* V, n° 1009 ; *D.* 1980. IR 352, obs. Ph. Langlois ; *Dr. soc.* 1980. 370 ; *JCP* 1980. II. 19432, obs. A. Lyon-Caen – Par ex. : Soc. 5 mars 2014, n° 12-23.106 ; *Bull. civ.* V, n° 68 ; *D.* 2014. 671 ; *D.* 2014. 1115, obs. P. Lokiec et J. Porta ; *Dr. soc.* 2014. 481, obs. J. Mouly ; *Dr. soc.* 2014. 760, chron. S. Tournaux, *RTD civ.* 2014. 644, obs. H. Barbier ; *JCP S* 2014, n° 1215, note G. François ; *CSBP* avr. 2014, p. 245, obs. J. Icard – Soc. 16 mars 2016, n° 14-23.861, P ; *D. actu.* 8 avr. 2016, obs. M. Ines ; *D.* 2016. Actu. 720 ; *Dr. soc.* 2016. 470, note J. Mouly ; *JCP S* 2016, n° 174, note G. François ; *CSBP* mai 2016, p. 235, J. Icard.
5. Soc. 22 oct. 2008, n° 07-42.140, P V, n° 199 ; F-P+B ; *Gaz. proc. coll.* 2009/2, p. 37, n° 1, note B. Saintourens ; *Act. proc. coll.* 2009/2, n° 35.
6. C. trav., art. L. 1234-5.
7. C. trav., art. L. 3141-24 – Soc. 5 juin 2008, n° 06-46.366 ; *Bull. civ.* V, n° 125 ; *RDT* 2008. 608, obs. Fl. Canut ; *JCP S* 2008, n° 1423, note S. Brissy – Soc. 24 févr. 2009, n° 07-44.749 ; *Bull. civ.* V, n° 48 ; *D.* 2009. 816, obs. M. Ines ; *JCP S* 2009, n° 1230, S. Brissy.
8. Soc. 21 sept. 2017, n° 16-18.898 ; *Bull. civ.* V, n° 159 ; *JCP S* 2017, n° 358, note N. Chabrier et L. Chabaud ; *Act. proc. coll.* 2017, n° 290 ; *Gaz. Pal.* 6 févr. 2018, p. 47, note V. Orif (revirement).
9. Soc. 21 mars 2018, n° 16-21.021 ; *Bull. civ.* V, n° 42 ; *D.* 2018. 2326, obs. Centre de droit de la concurrence Yves Serra ; *Dr. soc.* 2018. 653, étude S. Tournaux ; *RDT* 2018. 447, obs. C. Dupouey-Dehan ; *JCP S* 2018, n° 1183, note M.-N. Rouspide-Katchadourian ; *JCP* 2018. Actu. 422, obs. D. Corrignan-Carsin.

des créances postérieures utiles et bénéficient donc du traitement privilégié[1]. L'arrêt a été rendu dans le cadre de la liquidation judiciaire mais la solution est transposable au redressement. Par ailleurs, l'attendu vise les « créances indemnitaires » dues en cas de rupture. Il ne précise pas le détail des sommes. La lecture du moyen en annexe nous apprend qu'il s'agit de l'indemnité légale de licenciement, de préavis et de congés payés. Qu'en est-il alors des indemnités conventionnelles voire contractuelles et de la contrepartie de la clause de non-concurrence ? Une distinction pourrait être opérée entre ces indemnités légales et les indemnités contractuelles, qui s'ajoutent aux obligations prévues par le Code du travail, d'autant que la Chambre commerciale n'a pas la même analyse pour les indemnités de rupture des autres partenaires de l'entreprise[2].

Ces indemnités de rupture sont garanties par l'AGS dans la limite des plafonds de garantie, dès lors que les licenciements sont notifiés pendant la période d'observation. Il en va de même de la contrepartie de la clause de non-concurrence[3]. Il faut cependant préciser que l'indemnité *supra*-légale de licenciement ainsi que toutes les sommes qui concourent à la réparation du préjudice subi par les salariés en raison de la rupture du contrat, prévue par un accord collectif conclu moins de dix-huit mois avant le jugement d'ouverture ou celle fixée par le PSE pendant la période d'observation ne sont désormais plus garanties par l'AGS[4]. En effet, la Cour de cassation a clairement inclus dans ces sommes indemnitaires l'indemnité *supra*-légale fixée par le PSE, sans forcément trancher le sort des autres sommes versées qui pourraient être prises en charge si elles sont considérées comme des mesures d'accompagnement, garanties, quelle que soit la date du PSE en vertu de l'article L. 3253-8, 4° du Code du travail[5].

322.95 Rédaction des documents de fin de contrat. L'employeur remet trois documents au salarié au moment de la rupture du contrat. En cas de licenciement notifié par l'administrateur, il revient à ce dernier de les établir et de les communiquer au salarié. À défaut, il pourrait engager sa responsabilité[6].

Le reçu pour solde de tout compte, facultatif, est un écrit par lequel le salarié reconnaît avoir reçu les sommes indiquées. Il a une valeur probatoire mais aussi libératoire, qui avait été momentanément supprimée par la loi de modernisation sociale du 17 janvier 2002. En l'absence de dénonciation par le salarié dans les six mois qui suivent sa signature, cette signature rend irrecevable toute action en justice de la part du salarié ayant pour objet la contestation des sommes qui y sont mentionnées. Ce délai de six mois ne court que si le reçu comporte une date certaine, qui n'a cependant pas besoin d'être écrite de la main du salarié[7].

Si la Cour a pu juger que ce caractère libératoire existait, peu important qu'il soit rédigé en termes généraux[8], elle a aussi jugé que cet effet disparaissait si le reçu ne mentionnait qu'une somme globale, en faisant référence à une annexe, en l'espèce le bulletin de paye, détaillant les sommes[9]. Il est donc indispensable de mentionner le détail des sommes pour éviter un contentieux futur.

Le certificat de travail doit être établi par l'employeur, quelle que soit la rupture du contrat. Il atteste des emplois occupés par le salarié dans l'entreprise. Il ne peut comporter que les mentions suivantes : le nom et l'adresse de l'employeur et du salarié, la date d'entrée et de sortie, les emplois occupés avec les périodes correspondantes. Depuis le 1er juin 2014, il doit également mentionner le bénéfice du

1. Soc. 16 juin 2010, n° 08-19.351 ; *Bull. civ.* IV, n° 140 ; *D.* 2010. AJ 1550, obs. A. Lienhard ; *D.* 2011. Pan. 2080, obs. P.-M. Le Corre ; *RPC* 2010, n° 245, obs. G. Berthelot et *RPC* 2012, n° 47, obs. C. Saint-Alary-Houin ; *Gaz. Pal.* 15-16 oct. 2011, p. 27, obs. L.-C. Henry ; *BJE* mars 2011. 25, obs. F. Macorig-Venier ; *RTD com.* 2011. 173, obs. A. Martin-Serf.
2. Com. 5 oct. 2010, n° 09-70.249, NP ; *D.* 2010. 2428, obs. A. Lienhard ; *D.* 2011. 406, obs. P. Crocq ; *D.* 2011. 2069, obs. P.-M. Le Corre et F.-X. Lucas ; *RTD com.* 2011. 173, obs. A. Martin-Serf ; *Gaz. Pal.* 7-8 janv. 2011, p. 28, obs. Henry ; *RPC* 2011, n° 7, obs. Ph. Roussel Galle ; *BJE* mars 2011. 25, obs. F. Macorig-Venier. Il s'agissait d'une indemnité due pour rupture abusive.
3. Soc. 20 juin 2006, n° 04-48.523 ; *Bull. civ.* V, n° 218 ; *Dr. soc.* 2006. 1054, obs. C. Radé ; *JCP S* 2006, n° 1950, note R. Vatinet.
4. C. trav., art. L. 3253-13 – V. *contra* avant pour des indemnités *supra*-légales prévues par des PSE établis pendant la période d'observation : Soc. 30 sept. 2009, n° 08-42.076 ; *Bull. civ.* V, n° 213 ; *D.* 2009. AJ 2423 ; *JCP S* 2009, n° 1506, note P. Morvan ; *Act. proc. coll.* 2009, n° 262 ; *RPC* janv. 2010, n° 37, obs. F. Taquet ; *Leden* nov. 2019, p. 6, obs. S. Gorrias.
5. Sur la garantie AGS, v. ss nos 722.71 s. – Soc. 16 déc. 2020, n° 18-15.532 ; *JCP S* 2021, n° 1035, note L. Fin-Langer ; *Act. proc. coll.* 2021, n° 46, obs. L. Fin-Langer ; *Leden* mars 2021, p. 7, obs. G. Dedessus-Le Moustier ; *Gaz. Pal.* 9 mars 2021, p. 75, obs. D. Ronet-Yague.
6. Sur l'action en responsabilité, v. ss n° 822.24.
7. Soc. 20 févr. 2019, n° 17-27.600, P ; *D. actu.* 20 mars 2019, obs. W. Fraisse ; *D.* 2019. Pan. 973, obs. P. Lokiec ; *JCP S* 2019, n° 1109, note Paoli ; *BJT* avr. 2019, p. 13, obs. J. Icard ; *Gaz. Pal.* 26 mars 2019, p. 43, obs. C. Berlaud ; *RPC* mars 2019, com. 43, obs. F. Taquet.
8. Soc. 18 déc. 2013, n° 12-24.985 ; *D.* 2014. 88 ; *RDT* 2014. 83 ; *DS* 2014, p. 176, note J. Mouly ; *CSBP* févr. 2014, n° 112r0, obs. J. Icard.
9. Soc. 14 févr. 2018, n° 16-16.617 ; *Bull. civ.* V, n° 21, *D. actu.* 21 mars 2018, obs. J. Cortot ; *D.* 2018. Actu. 463 ; *Dr. soc.* 2018. 481, note J. Mouly ; *RJS* 4/2018, n° 256, *RJS* 4/2018, p. 294, avis J.-P. Rémery ; *JCP S* 2018, n° 1114, note M.-N. Rouspide-Katchadourian ; *RPC* mai 2018, comm. 119, F. Taquet ; *Rev. proc.* avr. 2018, comm. 113, A. Bugada ; *CSBP* avr. 2018, p. 204, note J. Icard.

maintien des garanties frais de santé et de prévoyance qui sont portables depuis la loi du 14 juin 2013.

L'attestation France Travail permet au salarié de bénéficier des allocations-chômage. Elle doit être établie et remise en même temps que le dernier bulletin de paye. Depuis 2017, le salarié doit établir son préjudice pour obtenir une réparation en cas de remise tardive de ses documents [1].

322.96 Inapplication de certaines mesures. Dès lors que l'entreprise est en redressement judiciaire, sont écartés plusieurs mécanismes du droit commun : le congé reclassement [2] et l'obligation de revitaliser les bassins de l'emploi [3].

§ 2 Règles spécifiques aux licenciements inférieurs à dix

322.101 Détermination des critères d'ordre. Pour la mise en œuvre des licenciements, une distinction s'impose, en application de l'article L. 1233-38 du Code du travail, selon que les licenciements économiques à intervenir sur une même période de trente jours, sont inférieurs à dix ou supérieurs ou égaux à ce chiffre. Pour les licenciements supérieurs à dix, la procédure a été réalisée en réalité en grande partie avant la demande d'autorisation du juge-commissaire. Lorsqu'un PSE a été mis en place, dans les entreprises de cinquante salariés et plus et pour des licenciements de dix salariés et plus, ces critères sont fixés dans le PSE. Une fois l'ordonnance rendue, l'administrateur n'a plus qu'à les appliquer pour ensuite notifier les licenciements aux salariés effectivement licenciés. En revanche, pour les licenciements concernant moins de dix salariés, la procédure doit être mise en œuvre après l'ordonnance du juge-commissaire.

L'ordonnance du juge-commissaire ne dressant pas de liste nominative mais ne mentionnant que le nombre et les catégories professionnelles des licenciements envisagés, il revient donc à l'administrateur ou au débiteur de déterminer les salariés qui seront licenciés. Il devra alors fixer des critères d'ordre et appliquer l'article L. 1233-5 du Code du travail [4].

Pour les licenciements sans PSE et à défaut d'accord collectif les prévoyant [5], il revient à l'administrateur ou au débiteur selon les cas de les déterminer après avoir consulté le CSE.

L'article L. 1233-5 du Code du travail cite les charges de famille, l'ancienneté du salarié, leur situation rendant leur réinsertion professionnelle difficile ou les qualités professionnelles, dont le contenu peut varier selon les catégories professionnelles [6]. Cette liste n'est pas limitative. Ont ainsi pu être ajoutés les sanctions disciplinaires [7] ou les résultats aux évaluations annuelles mises en place dans l'entreprise, mais non le fait que le salarié travaille à temps partiel [8] ou bien encore l'existence d'un diplôme. Un de ces critères peut être privilégié, mais il faudra tenir compte également des autres [9]. Un système de pondération peut ainsi être instauré.

Ces critères s'appliquent à l'intérieur d'une catégorie professionnelle, qui regroupe des fonctions de même nature et supposant une formation professionnelle commune [10]. Le périmètre des catégories professionnelles peut être fixé par un accord collectif de droit commun, qui peut d'ailleurs être négocié pendant la période d'observation [11]. Si l'intégralité d'une catégorie professionnelle est supprimée, ces dispositions n'ont pas à être respectées.

Le non-respect de ces dispositions n'a pas pour effet d'engendrer un licenciement sans cause réelle et sérieuse, mais elle cause un préjudice au salarié qui peut ainsi en demander la réparation [12].

1. Soc. 22 mars 2017, n° 16-12.930, NP ; *D. actu.* 26 avr. 2017, obs. M. Roussel. V. contra avant : Soc. 21 janv. 2015, NP ; n° 13-25.675.
2. C. trav., art. L. 1233-75.
3. C. trav., art. L. 1233-84.
4. Soc. 3 déc. 1996, n° 94-22.163 ; *Bull. civ.* V, n° 410 ; *Gaz. Pal.* 1997. I. 64, note Philbert ; *JCP* 1997. II. 22786, note F. Duquesne ; *Dr. soc.* 1997. 105, obs. J. Savatier ; *RJS* 1997. 28, n° 23 ; *RJS*, 14, concl. A. Lyon-Caen ; *BJS* mars 1997, p. 232, obs. A. Arséguel et P. Fadeuilhe – Soc. 10 mai 1999, n° 96-19.828 ; *Bull. civ.* V, n° 202 ; *JCP* 2000. II. 10230, note F. Duquesne ; *D.* 1999. IR 157.
5. Un accord collectif peut fixer avant tout licenciement ces critères. Il ne s'agit donc pas nécessairement de l'accord majoritaire de PSE, mais un accord de droit commun d'entreprise ou de branche : CE 10 juill. 2017, req. n° 398256 ; *RDT* 2017. 701, concl. F. Dieu ; *CSBP* oct. 2017, p. 477, obs. Fl. Canut.
6. CE 31 oct. 2023, n° 456091 ; *Act. proc. coll.* 2024, n° 31 ; *JCP E* 2024, n° 1005, note C. Terrenoire ; *RPC* janv. 2024, n° 16, obs. D. Jacotot ; *Leden* févr. 2024, p. 7, obs. H. de Frémont.
7. Soc. 19 mai 2000, n° 09-40.103, NP ; *JCP S* 2010, n° 1345, note J.-F. Cesaro.
8. Soc. 4 juill. 2012, n° 11-12.045 ; *Bull. civ.* n° 211 ; *D.* 2012. 1894 ; *D.* 2013. 1026, obs. P. Lokiec et J. Porta ; *JCP S* 2012, n° 1407, note S. Béal et M. Marguerite ; *RPC* sept. 2012, comm. 151, F. Taquet.
9. Soc. 14 janv. 1997 ; *Bull. civ.* 1997, V, n° 16 ; *Dr. soc.* 1997. 159, concl. A. Lyon-Caen, note J. Savatier ; *CSBP* 1997, 79 – Soc. 11 oct. 2006, n° 04-47.168 ; *Bull. civ.* V, n° 302 ; *JCP S* 2007, n° 1021, note P.-Y. Verkindt ; *JCP E* 2006, n° 2847, note S. Béal et C. Terrenoire ; *RDT* 2007. 32, obs. Ph. Waquet.
10. CE 30 mai 2016, *FNAC*, req. n° 387798 ; *Leden* sept. 2016, p. 7 ; *AJDA* 2016. 1866, chron. L. Dutheillet de Lamothe et G. Odinet ; *JSL* 2016, n° 414-4, obs. M. Hautefort ; *RPC* sept. 2016, comm. 142, D. Jacotot : reprenant la position de la Cour de cassation.
11. Par ex. : Accord 20 juill. 2020, Alteo Gardanne, n° T01320008765.
12. Soc. 14 janv. 1997, n° 95-44.366 ; *Bull. civ.* V, n° 16 ; *Dr. soc.* 1997. 159, concl. A. Lyon-Caen, note J. Savatier ; *RJS* 1997. 92, n° 131 ; *CSBP* 1997. 79, arrêt Belkacem.

322.102 **Entretiens individuels et notification des licenciements.** Si le nombre de licenciements devant intervenir dans une même période de trente jours est inférieur à dix, l'administrateur ou le débiteur, selon le cas, devra convoquer les salariés dont le licenciement a été autorisé à un entretien individuel préalable[1].

Le salarié doit être convoqué à un entretien préalable et individuel par lettre recommandée avec accusé de réception ou par lettre simple remise en main propre contre décharge. Cependant, cette formalité n'est pas impérative. La Cour de cassation admet d'autres formes dès lors qu'elle permet d'éviter toute contestation sur la date de réception de la convocation, comme la convocation par Chronopost[2] ou la remise par voie d'huissier de justice[3].

La lettre de convocation doit préciser le lieu de l'entretien, qui est soit le lieu d'exécution du contrat soit le siège social de l'entreprise. Un autre endroit est possible à condition pour l'employeur de justifier d'un intérêt légitime[4]. Il est alors possible d'organiser ces entretiens dans les locaux des administrateurs. Est-il possible de remplacer l'entretien physique par une visio-conférence ? Cette question s'est notamment posée pendant la crise sanitaire du printemps 2020, car les déplacements étaient interdits. Ni le Code du travail ni les mesures Covid n'ont autorisé ce dispositif, alors que les délais des procédures de licenciement notamment pour motif économique n'étaient pas suspendus au titre de l'article 2 de l'ordonnance du 25 mars 2020[5]. Leur validité pose problème, car la Cour de cassation, suivie par certaines cours d'appel, refuse ce remplacement[6], contrairement à d'autres juridictions du fond[7]. Il est donc nécessaire que le législateur prenne position et les encadre. Plusieurs contraintes sont à prendre en compte. Il faut ainsi s'assurer de l'identité des personnes présentes[8]. Il serait également souhaitable de demander l'accord du salarié, de vérifier qu'il a bien été informé de l'ensemble de ses droits. Reste posée la question de l'enregistrement de cet entretien et de l'exigence d'un motif légitime pour y recourir, comme un cas de suspension légitime du contrat de travail, le salarié étant dans l'impossibilité de se déplacer.

Elle indique également la date de l'entretien : l'employeur doit respecter un délai de cinq jours ouvrables minimum pour permettre au salarié de préparer sa défense et auquel le salarié ne peut renoncer[9]. Pour savoir si ce délai est respecté, il ne faut pas tenir compte de la date de présentation de la lettre de convocation[10]. Par ailleurs, l'employeur n'est pas tenu de reporter la date de cet entretien à la demande du salarié. En revanche, lorsqu'il le fait, le délai de cinq jours court à compter de la présentation de la première lettre[11]. Le non-respect de ce délai cause nécessairement un préjudice au salarié qui doit être réparé, même si ce dernier a décidé de ne pas venir à l'entretien[12]. Aucun aménagement de ce délai n'a été prévu dans le cadre des procédures collectives. Il convient donc de le respecter.

Elle doit enfin mentionner la possibilité pour le salarié de se faire assister soit par un personnel de son choix appartenant à l'entreprise et à défaut de représentant du personnel, par un conseiller inscrit sur une liste dont les coordonnées doivent être transmises au salarié. La présence du représentant des salariés ne suffit pas pour écarter cette disposition[13].

1. C. trav., art. L. 1233-11.
2. Soc. 8 févr. 2011, n° 09-40.027 ; *Bull. civ.* V, n° 45 ; *JCP S* 2011, n° 1199, note F. Dumont ; *CSBP* avr. 2011, p. 105, F.-J. Pansier ; *RPC* mai 2011, comm. 92, F. Taquet, *D. actu.* 3 mars 2011, C. Dechristé ; *D.* 2011. 599.
3. Soc. 30 mars 2011, n° 09-71.412 ; *Bull. civ.* V, n° 83 ; *D.* 2011. 1088, obs. J. Siro ; *JCP S* 2011, n° 1258, note F. Dumont ; *RPC* mai 2011, comm. 92, note F. Taquet ; *CSBP* mai 2011, p. 152, note F.-J. Pansier ; *LPA* 30 juin 2011, p. 11, obs. L. Cantois.
4. Soc. 9 mai 2000, n° 97-45.294 ; *Bull. civ.* V, n° 171 ; *D.* 2000. IR 157 ; *JCP* 2000. II. 10373, note D. Corrignan-Carsin ; *RJS* 2000, n° 650.
5. Ord. n° 2020-306, 25 mars 2020 relative à la prorogation des délais échus pendant la période d'urgence sanitaire et à l'adaptation des procédures pendant cette même période, *JO* 26 mars, n° 9.
6. Soc. 25 nov. 1991, n° 90-44.195, NP – Aix-en-Provence, Ch. 3-4, 14 févr. 2020, RG n° 17/10274 – Poitiers, Ch. soc., 2 déc. 2015, RG n° 14/03363 – Grenoble, Ch. soc., section A, 7 janv. 2020, RG n° 17/02442.
7. Versailles 4 juin 2020, n° 17/04940 ; *BJT* oct. 2020, p. 10 pour un salarié expatrié.
8. Bourges, Ch. soc., 15 janv. 2019, RG n° 18/00201, Mme Le B. /c. Adef Résidences.
9. Soc. 20 déc. 2006, n° 04-47.853 ; *Bull. civ.* V, n° 396 ; *JCP S* 2007, n° 1349, note B. Bossu, *D. actu.* 5 févr. 2007, obs. J. Cortot – Soc. 3 juin 2015, n° 14-12.245, *D. actu.* 21 juill. 2015, obs. J. Siro ; *D.* 2015. Actu. 1278 ; *RDT* 2015. 761, obs. M. Véricel ; *RJS* 8-9/2015, n° 574 ; *JCP S* 2015, n° 1311, note F. Dumont.
10. Soc. 20 févr. 2008, n° 06-40.949 ; *Bull. civ.* V, n° 396, *D. actu.* 5 mars 2008, obs. M. Ines ; *JCP S* 2008, n° 1252, note J.-Y. Kerbouc'h.
11. Soc. 24 nov. 2010, n° 09-66.616 ; *Bull. civ.* V, n° 267 ; *JCP S* 2011, n° 1080, note L. Drai ; *D.* 2010. 2915.
12. Soc. 20 janv. 2015, n° 13-21.565, NP ; *RPC* mai 2015, comm. 54, F. Taquet ; *RPC* sept. 2015, comm. 156, F. Taquet. Il n'est pas certain que cette solution soit maintenue, la Cour de cassation ayant abandonné pour partie la théorie du préjudice nécessaire : Soc. 13 avr. 2016, n° 14-28.293 – Soc. 25 mai 2016, n° 14-20.578 – Soc. 17 mai 2016, n° 14-23.138 – Soc. 22 mars 2017, n° 16-12.930 – L. Gratton, « Le dommage déduit de la faute », *RTD civ.* 2013. 275 ; B. Bauduin, A. Brousse, « Controverse : Un préjudice nécessaire, pour quoi faire ? » *RDT* 2022. 209 ; H. Gali, « La nécessité du préjudice en droit du travail », *D.* 2022. 908 – Controverse : « La fin du préjudice nécessaire met-elle en danger l'efficacité des sanctions du droit du travail ? », *RDT* 2017. 374 – G. Duchange, « Le préjudice (social) nécessaire », *BJT* févr. 2021, p. 64.
13. Soc. 27 juin 2002, n° 00-41.893 ; *Bull. civ.* V, n° 233 ; *D.* 2002. IR 2234 ; *DS* 2002, 1073, note F. Petit.

Il n'en est pas de même pour le délai à respecter entre l'entretien et la notification du licenciement. Avant l'ordonnance du 24 juin 2004[1], l'administrateur ou le débiteur, selon le cas, devait ensuite notifier par lettre recommandée avec avis de réception, leur licenciement aux intéressés, dans le délai d'un jour franc à compter de l'entretien préalable. Ce délai a été porté par l'ordonnance précitée à deux jours ouvrables. Les dispositions de l'article L. 1233-15 du Code du travail, qui imposent le respect de délais entre la date de l'entretien préalable et la date d'envoi de la lettre de licenciement sont inapplicables en cas de redressement et de liquidation judiciaires[2], car elles sont souvent inconciliables avec les délais de licenciement impartis pour la prise en charge par l'AGS des indemnités de rupture.

SECTION 4
RUPTURE PARTICULIÈRE DE CERTAINS CONTRATS DE TRAVAIL

§ 1
Rupture des contrats de travail suspendus

322.111 Maintien du régime de la suspension en redressement judiciaire. Lorsque le contrat de travail est suspendu pour une cause légitime, telle que la maternité, la maladie, un congé parental, etc., des règles spécifiques sont parfois prévues pour encadrer sa rupture.

Aucun aménagement n'a été prévu dans le cadre des procédures collectives et ces règles spécifiques ont donc vocation à continuer à s'appliquer pour les licenciements prononcés pendant la période d'observation, suivant un jugement de redressement judiciaire.

Cela n'empêche pas leur licenciement mais plusieurs précautions vont devoir être prises par l'administrateur chargé de procéder à leur licenciement.

Tout d'abord, l'ordonnance autorisant le licenciement de salariés ne peut fixer une liste limitative[3]. Par conséquent, l'administrateur doit respecter les critères d'ordre[4]. Si parmi les salariés concernés par ces licenciements, sont inclus des salariés dont le contrat est suspendu, l'administrateur va devoir respecter également la procédure spécifique dépendant de la cause de la suspension, qui se cumule avec celle du licenciement pour motif économique.

1. Ord. n° 2004-602, 24 juin 2004, *JO* 26 juin.
2. C. trav., art. L. 1233-59.
3. Sur le contenu de l'ordonnance du juge-commissaire, v. s[s] n° 322.41.
4. Sur la détermination des critères d'ordre, v. s[s] n° 322.101.

322.112 Régime de la suspension pour accident du travail et maladie professionnelle. Ainsi, un salarié victime d'un accident du travail ne peut être licencié en vertu de l'article L. 1226-9 du Code du travail que pour une faute grave, inapplicable dans ce contexte, ou un motif étranger à l'accident du travail qui rend impossible la poursuite du contrat de travail. L'administrateur doit donc vérifier cette impossibilité et ne peut se contenter de viser dans la notification du licenciement l'ordonnance du juge commissaire[5]. À défaut de respecter cette réglementation, le salarié licencié peut demander la nullité de son licenciement. Ce licenciement ne prendra effet qu'à l'issue de la période de suspension[6].

À la fin de la période de suspension, l'administrateur devra ensuite respecter l'obligation de reclassement en cas d'inaptitude constatée par le médecin du travail. Ce n'est que si le reclassement est impossible que le licenciement pourra être autorisé, le délai étant d'un mois après la déclaration d'inaptitude. Un licenciement pour motif économique n'est possible qu'en cas de fermeture définitive de l'entreprise et d'impossibilité de reclassement, si l'entreprise ne fait pas partie d'un groupe[7].

L'article L. 3253-9 du Code du travail prévoit que les salariés bénéficiant d'un régime protecteur contre le licenciement sont couverts par l'AGS dès lors que le liquidateur manifeste son intention de licencier pendant les quinze jours qui suivent la liquidation. Il en est ainsi d'un salarié victime d'un accident du travail qui bénéficie d'une protection particulière en matière de licenciement prévue à l'article L. 1226-9 nouveau du Code du travail. Le salarié est donc pris en charge si le liquidateur manifeste son intention de licencier dans ce délai de quinze jours porté à vingt-et-un jours en cas de PSE[8].

322.113 Régime de la suspension pour cause de maternité. Pour une femme enceinte, ce régime s'applique avant son congé maternité *stricto sensu* et après son retour, pendant une période de dix semaines depuis l'entrée en vigueur de la loi Travail du 8 août 2016, contre quatre semaines auparavant. Cette période de dix semaines est désormais reportée à la

5. Soc. 12 mars 1997, n° 95-40.514 ; *Bull. civ.* V, n° 102 – Soc. 30 avr. 2014, n° 13-10.152, NP – Soc. 23 mai 2017, n° 16-12.232, NP.
6. Cass., ass. plén., 28 janv. 2005, n° 01-45.924, *Bull.* n° 1 ; *D.* 2005. 581, note G. Couturier ; *D.* 2005. 387, obs. E. Chevrier ; *D.* 2005. 2499, obs. B. Lardy-Pélissier et J. Pélissier ; *CSBP* avr. 2005, p. 186, note F.-J. Pansier ; *JCP* 2005. II. 10063, note D. Corrignan-Carsin ; *JCP E* 2005, n° 659, note S. Béal et A. Giroud.
7. Soc. 15 sept. 2021, n° 19-25.613, FS-B ; *Leden* nov. 2021, n° 200j8, p. 7, obs. F. Joly – Soc. 26 oct. 2022, n° 20-17.501 ; *Leden* déc. 2022, p. 7, obs. F. Joly.
8. Soc. 2 oct. 2001, n° 99-45.346 ; *Bull. civ.* V, n° 295 ; *D.* 2001. IR 3090.

reprise effective lorsque la salariée prend ses congés payés à la fin de son congé maternité[1], non en cas d'arrêt maladie[2]. La notification de son licenciement est possible mais uniquement pour les deux motifs précédemment évoqués. Comme pour le salarié en accident du travail, il faudra donc que l'administrateur explique en quoi son maintien dans l'entreprise est impossible[3]. La Cour de cassation a eu l'occasion d'indiquer que l'existence d'une ordonnance du juge-commissaire autorisant ces licenciements ne suffisait pas pour justifier la rupture du contrat de travail d'une salariée enceinte[4]. Il s'agit d'une période de protection relative.

Mais le régime de protection est encore plus sévère pendant le congé maternité : non seulement, le motif réside dans une faute grave ou un motif étranger à la maternité rendant impossible la poursuite de la relation de travail, mais l'article L. 1225-4 du Code du travail interdit même toute notification du licenciement pendant le congé maternité. À défaut de respecter ces mesures, le licenciement est nul[5]. Il s'agit ici d'une période de protection absolue.

La Cour de cassation, s'appuyant sur le droit communautaire et pour éviter une éventuelle discrimination, a également interdit tous les actes préparatoires, tels qu'un entretien individuel, pendant cette période[6]. Il faut cependant nuancer cette solution car la Cour a admis que n'était pas considéré comme un acte préparatoire le fait de préparer un plan de départ volontaire[7].

Ce régime a vocation à s'appliquer pendant la période d'observation qui suit un jugement de redressement judiciaire, empêchant ainsi la notification du licenciement du licenciement, malgré l'ordonnance du juge-commissaire tant qu'elle est en congé maternité.

Cela n'empêchera pas la prise en charge par l'AGS dans la mesure où il suffit que l'administrateur manifeste son intention de la licencier pendant la période d'observation, conformément à l'article L. 3253-9 du Code du travail. La jurisprudence communautaire et l'interdiction des actes préparatoires ne devraient pas s'appliquer dans ce cas dans la mesure où cela se retournerait contre la femme enceinte. En pratique, une lettre lui est envoyée mentionnant l'intention de la licencier, licenciement notifié et prenant effet après la fin de la période de protection.

322.114 Autres causes de suspension. Pour un salarié en arrêt maladie pour une raison non professionnelle, le Code du travail n'a pas prévu un régime spécifique. Une cause économique est donc possible, notamment en cas d'autorisation dans l'ordonnance du juge-commissaire. Il en est de même des autres causes de suspension, tel que le congé parental d'éducation, le congé pour création d'entreprise, etc.

§ 2
Rupture des contrats de travail des salariés titulaires d'un mandat

322.121 Salariés concernés par cette protection. Les salariés titulaires d'un mandat de représentation du personnel font également partie des salariés dits protégés. La liste figure aux articles L. 2411-1 et suivants du Code du travail : il s'agit notamment des membres élus du CSE, les délégués syndicaux, des représentants de section syndicale, des représentants syndicaux au CSE, des représentants de proximité et du représentant des salariés[8]. Leur licenciement est subordonné à l'autorisation de l'inspection du travail.

Elle s'applique aussi aux salariés exerçant un mandat à l'extérieur de l'entreprise, comme des fonctions de conseiller prud'homal un conseiller du salarié figurant sur la liste établie par la préfecture[9].

Pour ces derniers, pendant de nombreuses années, cette protection s'imposait, alors même que les organes de la procédure ignoraient son existence, la protection du conseiller du salarié prenant effet à compter de son inscription sur la liste, indépendamment de la mesure de publicité qui doit en être faite[10].

1. Soc. 30 avr. 2014, n° 13-12.321 ; *Bull. civ.* V, n° 111 ; *D.* 2014. 1043 ; *D.* 2015. 829, obs. J. Porta et P. Lokiec ; *RDT* 2014. 547, obs. D. Gardes ; *JCP S* 2014, n° 1333, note D. Everaert-Dumont ; *CSBP* juin 2014, P. 361, note J. Icard ; *JCP E* 2014, n° 1358, note G. Vachet.
2. Soc. 8 juill. 2015, n° 14-15.979, P ; *D. actu.* 22 juill. 2015, obs. M. C. Peyronnet ; *D.* 2015. Actu. 1545 ; *SSL* 2015, n° 1687, p. 13, obs. A. Fabre ; *JSL* 2015, n° 394-1, obs. M. Hautefort ; *JCP S* 2015, n° 1365, note D. Everaert-Dumont.
3. Soc. 21 janv. 2009, n° 07-41.841 ; *Bull. civ.* V, n° 22 ; *D.* 2009. 435 ; *CSBP* mai 2009, p. 129, obs. F.-J. Pansier.
4. Soc. 28 sept. 2004, n° 02-40.055, NP.
5. Soc. 21 janv. 2009, n° 07-41.841 ; *Bull. civ.* V, n° 22 ; *D.* 2009. 435 ; *CSBP* mai 2009, p. 129, obs. F.-J. Pansier : la Cour rappelle l'obligation pour l'administrateur de motiver de manière spécifique le licenciement de la femme enceinte malgré l'autorisation donnée dans le jugement adoptant le plan de cession. L'arrêt ne dit cependant rien sur l'interdiction de procéder à ce licenciement pendant le congé maternité.
6. Soc. 15 sept. 2010, n° 08-643.299 ; *Bull. civ.* V, n° 182 ; *JCP S* 2011, n° 1005, note B. Bossu ; *RDT* 2011. 31, obs. M. Mercat-Bruns ; *D.* 2010. 2166, obs. L. Perrin ; *Dr. soc.* 2010. 1256, obs. F. Favennec-Héry ; *CSBP* oct. 2010, p. 342, note F.-J. Pansier.
7. Soc. 14 sept. 2016, n° 15-15.943, P ; *CSBP* déc. 2016, p. 596, note J. Icard, *D. actu.* 2016, 1864 ; *RJS* 11/2016, n° 685 ; *JCP* 2016, n° 1046, note G. Dedessus-Le Moustier ; *JCP S* 2016, n° 1382, note L. Dauxerre.
8. Sur le statut du représentant des salariés, v. s[s] n°s 322.126 s. et 223.11 s.
9. C. trav., art. L. 1232-4 et D. 1234-4 s.
10. Soc. 22 sept. 2010, n° 08-45.227, P V, n° 190 ; FS-P+B+R ; *Act. proc. coll.* 2010/18, n° 254, note L. Fin-Langer ; *D.* 2010. Actu. 2297 ; *Leden* nov. 2010, p. 7, obs. G. Dedessus-Le Moustier ; *JCP S* 2010, n° 1487, note J.-Y. Kerbouc'h. La solution a été rendue en liquidation judiciaire mais elle avait vocation à s'appliquer au redressement judiciaire.

Désormais, le salarié ne peut s'en prévaloir qu'à la condition qu'il prévienne le liquidateur au plus tard lors de l'entretien préalable [1], suite à une réserve d'interprétation du Conseil constitutionnel [2]. Un arrêt rendu en dehors de procédures collectives vient préciser le moment de cette connaissance, à savoir celui de l'envoi de la convocation à l'entretien préalable [3]. Cette solution devrait être transposée aux entreprises en redressement judiciaire. L'information sur le ou les mandats peut être fournie par le salarié ou par tout autre moyen. Il a ainsi été jugé que le liquidateur ayant eu connaissance du mandat prud'homal lors d'une réunion du comité d'entreprise ayant précédé son entretien préalable était informé de l'existence de ce mandat [4]. Si l'administrateur n'est pas informé préalablement, la protection ne joue plus [5]. La preuve de la connaissance du mandat extérieur incombe au salarié protégé [6].

Cette protection va parfois au-delà de l'exercice du mandat et peut concerner d'anciens représentants du personnel pendant les six mois qui suivent l'expiration du mandat, délai porté à douze mois pour les délégués syndicaux s'ils ont exercé leur mandat pendant au moins un an [7] ainsi que pour les candidats aux élections pendant les six mois qui suivent l'envoi de leur candidature. Dans les entreprises de moins de cinquante salariés, seul un délégué du personnel et désormais un membre élu titulaire du CSE peut être désigné comme délégué syndical. Dans ce cas, il n'est protégé que pendant les six mois qui suivent la fin de son mandat [8]. Cette extension de la protection ne vaut pas pour le représentant des salariés, car ni l'article L. 662-4 du Code de commerce ni le Code du travail n'en font mention [9].

À quelle date s'apprécie la qualité de salarié protégé ? Dans un premier temps, la qualité avait été appréciée au jour où l'autorité administrative était amenée à statuer [10]. À la suite d'un revirement, il a ensuite été décidé de porter cette appréciation à la date de l'envoi par l'employeur de la convocation du salarié à l'entretien préalable au licenciement [11].

Cette mesure continue de s'appliquer en cas de procédure collective, comme le prévoit expressément l'article L. 2411-1 du Code du travail et donc y compris en cas de licenciement notifié pendant la période d'observation suivant un jugement de redressement judiciaire [12].

322.122 ***Vade-mecum* de la procédure de licenciement spécifique.** Cette procédure est un peu particulière et elle se cumule avec celle du licenciement pour motif économique. C'est ainsi, par exemple, que si le licenciement du salarié protégé intervient pendant la période d'observation, outre l'autorisation de l'inspection du travail, il faudra celle du juge-commissaire.

Elle consiste en une consultation préalable du CSE pour les membres du CSE uniquement et en une demande d'autorisation de l'inspection du travail. Le même régime existait avant les ordonnances de 2017 pour les délégués du personnel et les élus du comité d'entreprise. Il y a place à retrait de l'autorisation administrative de licencier si la consultation a lieu, alors que le mandat des représentants du comité d'entreprise est expiré sans prorogation expresse, peu important l'impossibilité matérielle d'organiser à temps de nouvelles élections [13].

À défaut de comité d'entreprise et désormais de CSE, ces textes indiquent que l'inspecteur du travail est saisi directement.

L'article R. 2421-8 précise par ailleurs que la consultation des représentants du personnel doit avoir lieu après l'entretien individuel du salarié. Cette disposition a fait l'objet d'une interprétation jurisprudentielle en cas de licenciement collectif, dans la mesure où en principe, il n'y a pas d'entretien individuel. Pourtant la Cour de cassation a estimé que cet entretien devait toujours avoir lieu, y compris dans les

1. Soc. 14 sept. 2012, nº 11-21.307 ; *Bull. civ.* V, nº 230 ; *D.* 2012. 2179 ; *D. actu.* 27 sept. 2012, obs. J. Siro ; *RDT* 2013. 48, obs. J.-M. Verdier, *Constitutions* 2012, 624, obs. C. Radé ; *JCP S* 2012, nº 1468, note D. Boulmier ; *CSBP* oct. 2012, p. 303, note F.-J. Pansier – Soc. 26 mars 2013, nº 11-28.269 ; *Bull. civ.* V, nº 229, *Constitutions* 2012, 624, obs. C. Radé ; *JCP S* 2013, nº 1252, note D. Boulmier ; *Dr. soc.* 2013. 363, note G. Dumortier ; *CSBP* mai 2013, 110K0, note Fl. Canut.
2. C. const. 14 mai 2012, nº 2012-242, QPC ; *Act. proc. coll.* 2012, comm. 210, note L. Fin-Langer ; *D.* 2012. 2622, obs. P. Lokiec et J. Porta ; *Dr. soc.* 2012. 796, note J. Bonnet, *Constitutions* 2012, 459, chron. C. Radé, *RSC* 2012. 871, obs. A. Cerf-Hollender ; *JCP S* 2012, nº 1311, D. Boulmier.
3. Soc. 13 janv. 2021, nº 19-17.489, P ; *D. actu.* 16 févr. 2021, obs. Cl. Couëdel ; *JCP S* 2021, nº 1047, note T. Lahalle ; *BJT* mars 2021, p. 22, note G. Auzero ; *Dr. soc.* 2021. 286, note F. Petit.
4. CE 4e et 1re ch. réunies, 24 juill. 2019, req. nº 411058 ; *Leden* oct. 2019, comm. 112u9, note F. Joly.
5. Soc. 1er juin 2017, nº 16-12.221, P V ; *Leden* oct. 2017, comm. nº 111a0, note H. de Frémont ; *RPC* 2017, comm. 107, note F. Taquet. La solution a été rendue dans le cadre d'une liquidation judiciaire mais a vocation à s'appliquer en redressement judiciaire. – Soc. 7 nov. 2018, nº 16-24.089, NP ; *RPC* 2019/1, comm. 20, p. 42, note F. Taquet.
6. Angers, 4 févr. 2021, nº 17/00227 ; *Act. proc. coll.* 2021, 127.
7. C. trav., art. L. 2411-3.
8. Soc. 4 nov. 2020, nº 19-12.279, P ; *D. actu.* 23 nov. 2020, obs. L. Malfettes ; *BJT* janv. 2021, p. 34, G. Auzero.
9. Sur la durée de la protection, v. s[s] nº 322.127 – Par ex. : Soc. 1er mars 2005, nº 02-44.293 ; *Bull. civ.* V, nº 74.
10. CE 28 févr. 1997, req. nº 153547.
11. CE 23 nov. 2016, req. nº 392059, *Lebon ; Leden* mars 2017, comm. 110n6, obs. H. de Frémont.
12. CE 30 oct. 1995 ; *LPA* 15 déc. 1995, p. 14, note J. Arrighi de Casanova.
13. CE réunies, 9 mai 2011, req. nº 333241 ; *Act. proc. coll.* 2011/10, comm. 152.

grands licenciements collectifs et malgré l'ouverture d'une procédure collective[1]. La Cour de cassation a cependant réduit la portée de cette jurisprudence aux seuls représentants élus et non aux candidats, faute de disposition en ce sens[2].

L'administrateur va ensuite demander cette autorisation après avoir obtenu l'ordonnance du juge-commissaire. L'inspection du travail ne peut pas autoriser ce licenciement si l'administrateur le saisit après la fin de la période d'observation, l'ordonnance rendue par le juge-commissaire n'ayant plus vocation à s'appliquer. En revanche, si l'administrateur le saisit avant la fin de la période d'observation, l'inspection du travail peut rendre sa décision après son terme[3]. Cela ne posera pas de problème pour la garantie AGS puisqu'en vertu de l'article L. 3253-9 du Code du travail, il suffit de manifester son intention de le licencier pendant cette période d'observation.

La question s'est posée de savoir quelle sanction trouvait application lorsque l'administrateur omettait de mentionner l'existence d'un mandat dans sa demande d'autorisation. La Cour de cassation répond que l'omission emporte annulation de la décision d'autorisation du licenciement. Cependant, elle ne place pas le salarié dans la situation d'un salarié licencié en l'absence d'autorisation administrative[4]. Le licenciement n'est donc pas nul. Il peut demander sa réintégration dans son emploi et, sous certaines conditions, dans son mandat. S'il ne le fait pas, il peut conserver ou obtenir les indemnités de licenciement et demander la réparation de son préjudice matériel et moral.

L'inspecteur du travail va non seulement vérifier l'absence de motif discriminatoire, le respect de la procédure et de l'obligation de reclassement mais aussi le contenu de l'ordonnance. En revanche, il sera tenu par l'ordonnance du juge-commissaire quant à l'examen de la cause économique et la régularité de cette ordonnance : il ne peut donc pas exercer son contrôle sur la réalité d'une cause réelle et sérieuse[5]. De même, dès lors que le licenciement est autorisé par une ordonnance du juge-commissaire, qui ne peut prendre en compte que la situation économique de l'entreprise débitrice, non celle du groupe auquel elle appartient, l'inspecteur du travail ne peut apprécier le caractère économique du licenciement en se référant à la situation économique du groupe[6].

La Cour de cassation en a déduit que le juge administratif n'était pas compétent pour apprécier la régularité de cette ordonnance[7]. Dans cette décision du 23 mars 2016, la Cour admet la compétence du juge prud'homal en raison d'une irrégularité particulière de l'ordonnance, à savoir le fait que la précision des catégories concernées par les licenciements était indiquée non dans l'ordonnance mais dans l'annexe.

322.123 Prise en charge des indemnités de rupture par l'AGS. Il faut noter que dès lors que l'administrateur manifeste son intention de licencier le salarié protégé pendant la période d'observation qui suit le jugement de redressement judiciaire, l'AGS prendra en charge les indemnités de licenciement en application de l'article L. 3253-9 du Code du travail. Encore faut-il qu'il le fasse[8]. Peu importe la date de notification. Peu importe également le refus de l'inspecteur du travail d'autoriser le licenciement[9].

322.124 Sanction du licenciement irrégulier d'un salarié protégé. À défaut de respecter cette procédure d'autorisation et faute de dispositions spécifiques, il convient d'appliquer les règles de droit commun. Le salarié protégé irrégulièrement licencié pourra invoquer la nullité de son licenciement et doit être en principe réintégré, si cette réintégration est possible.

Le salarié peut également souhaiter ne pas être réintégré. En ce cas, il sera indemnisé du préjudice résultant de cette rupture irrégulière, à savoir une

1. Soc. 10 mai 1999, n° 97 40.510 ; *Bull. civ.* V, n° 207 ; *D.* 1999. IR 148 ; *JCP* 1999. II. 10137, note D. Corrignan-Carsin.
2. Soc. 6 avr. 2016, n° 14-12.724 ; *Bull. civ.* V, n° 66, *D. actu.* 3 mai 2016, obs. J. Cortot ; *JCP S* 2016, n° 1233, note J.-Y. Kerbourc'h ; *CSBP* mai 2016, p. 248, note Fl. Canut.
3. CE 12 juin 2019, *Sté Vitembal Tarascon*, req. n° 410987 ; *RJS* 10/2019, n° 580 et p. 687, concl. F. Dieu ; *RPC* sept. 2019, comm. 147, F. Taquet.
4. Soc. 3 févr. 2016, n° 14-17.886, P V ; *Act. proc. coll.* 2016/6, comm. 76, note L. Fin-Langer.
5. CE 3 juill. 2013, *Sté Elixens France*, req. n° 361066 ; *RDT* 2013. 551, concl. G. Dumortier ; *RPC* 2014, 2104, comm. 54, D. Jacotot ; *Act. proc. coll.* 2014, n° 290, obs. D. Jacotot ; *BJE* nov. 2013, n° 110n3, obs. A. Donnette – CE 12 juin 2019 ; *RJS* 10/19, n° 580.
6. CE 3 juill. 2013, *Élixens France (sté)*, req. n° 361066, *Lebon ; Act. proc. coll.* 2013/20, comm. 290, note D. Jacotot ; *AJDA* 2013. 2129 ; *RDT* 2013. 551, concl. G. Dumortier.
7. Soc. 23 mars 2016, n° 14-22.950, P ; *D.* 2016. Actu. 701, *D. actu.* 22 avr. 2016, obs. M. Ines ; *RDT* 2016. 263, note A. Fabre ; *JCP S* 2016, n° 1179, note L. Fin-Langer ; *RPC* 2016, comm. 124, F. Taquet ; *Act. proc. coll.* 2016, 124, comm. L. Fin Langer ; *Leden* mai 2016, 5, obs. H. de Frémont ; *Gaz. Pal.* 28 juin 2016, p. 49, obs. C. Gailhbaud – V. *contra* avant : Soc. 14 févr. 2007, n° 05-40.213 ; *Bull. civ.* V, n° 23 ; *DS* 2007, p. 557, note P.-Y. Verkindt et rapp. P. Bailly ; *JCP S* 2007, n° 1319, note L. Dauxerre ; *JCP E* 5 avr. 2007, n° 1467, note F. Taquet.
8. Soc. 18 déc. 1991, n° 89-42.188 ; *Bull. civ.* V, n° 591 ; *D.* 1992. IR 47 ; *CSBP* 1992, 45.
9. Sur l'intervention de l'AGS, v. ss n° 721.51 – Soc. 13 déc. 2017, n° 16-21.773, P. ; *Gaz. Pal.* 17 avr. 2018, p. 80, obs. L. Cheikh-Vecchioni ; *Leden* avr. 2018, p. 1, note F.-X. Lucas et G. Dedessus-Le Moustier ; *D.* 2018, actu 6 ; *JCP S* 2018, n° 1014, note L. Fin-Langer ; *Act. proc. coll.* 2018, 11, L. Fin-Langer : la solution a été rendue en liquidation judiciaire mais elle a vocation à s'appliquer en redressement.

somme correspondant aux salaires dus entre son éviction et sa réintégration effective, sans déduction des revenus de remplacement[1].

Au plan pénal, il peut y avoir commission du délit d'entrave aux fonctions du comité d'entreprise ou des délégués du personnel[2] et désormais du comité social et économique en vertu de l'article L. 2317-1 du Code du travail.

322.125 **Faute grave du salarié protégé.** En cas de faute grave, la mise à pied immédiate peut être décidée dans l'attente de la décision de l'inspection du travail. En cas de refus, le salarié est réintégré, la mise à pied étant annulée[3].

322.126 **Règles particulières au représentant des salariés.** Le représentant des salariés[4] est au rang des salariés protégés. La solution résulte de l'article L. 2411-1 du Code du travail, qui prévoit que la protection contre le licenciement profite à un certain nombre de salariés, y compris lors d'une procédure de sauvegarde, de redressement ou de liquidation judiciaire. Cet article énonce les salariés concernés par cette protection. Au 11°, figure le représentant des salariés. Le texte précisait que cette protection s'appliquait lors d'un redressement ou d'une liquidation judiciaire. La précision, d'une part, faisait partiellement double emploi avec l'énoncé de principe, et, d'autre part, elle était incomplète. L'article 113 de l'ordonnance du 12 mars 2014[5] toilette le texte et supprime au 11° de l'article la précision « lors d'un redressement ou d'une liquidation judiciaire ».

Le représentant des salariés a été également rangé parmi les salariés protégés[6], en application de l'article L. 627-5, alinéa 2, du Code, dans la rédaction antérieure à la loi du 26 juillet 2005, celle de l'article L. 662-4, alinéa 2, dans la rédaction issue de la loi du 26 juillet 2005[7].

Il a d'abord été jugé que la réglementation protectrice ne s'appliquera qu'autant qu'il aura été régulièrement désigné[8] et seulement pendant la période de protection qui lui est accordée par la loi, ainsi que cela est expliqué ci-après. Il a ensuite été estimé que la protection joue même si sa désignation est irrégulière, pour être intervenue avant le jugement d'ouverture, dès lors qu'elle n'a pas été annulée[9].

La protection ne joue pas pour le simple candidat à l'élection de représentant des salariés[10]. Le licenciement de ce dernier n'est pas soumis à l'avis du comité d'entreprise ni à l'autorisation de l'inspection du travail.

Le licenciement du représentant des salariés, qu'il émane du chef d'entreprise, ou de l'administrateur, suppose un avis du comité d'entreprise et désormais du CSE, en application de l'article L. 627-5, alinéa 1 du Code, dans la rédaction antérieure à la loi du 26 juillet 2005[11], de celle de l'article L. 662-4, alinéa 1 dans la rédaction issue de la loi du 26 juillet 2005. L'article 17 du décret du 27 décembre 1985[12], sous l'empire de la législation antérieure à la loi de sauvegarde des entreprises et l'article R. 621-16 du Code de commerce[13], sous l'empire de la législation issue de la loi de sauvegarde des entreprises, prévoient que le licenciement du représentant des salariés est régi par les dispositions des articles R. 2421-8, R. 2421-6 et R. 2421-14, R. 2421-15 du Code du travail.

322.127 **Durée de la protection du représentant des salariés.** La protection accordée au représentant des salariés cesse, par principe, lorsque toutes les sommes versées au mandataire judiciaire ou au liquidateur par l'AGS auront été reversées aux salariés[14].

Sous l'empire de la législation antérieure à la loi de sauvegarde des entreprises, dans la procédure de redressement judiciaire du régime simplifié, le représentant des salariés exerce le rôle dévolu aux institutions représentatives des salariés. La protection qui lui est accordée cesse au terme de la dernière audition ou consultation prévue par la procédure de redressement judiciaire[15]. Cette mesure a été reprise par la loi de sauvegarde du 26 juillet 2005. Désormais, si le représentant des salariés exerce également les fonctions du CSE, la protection cesse au terme de la dernière audition ou consul-

1. France Travail pouvait demander le remboursement de cette somme (Soc. 19 nov. 2014, n° 13-23.643 ; *Bull. civ.* V, n° 268 ; *JCP S* 2014, n° 1044, note J.-Y. Kerbouc'h ; *DS* 2015, p. 93, obs. J. Mouly ; *D.* 2014. 2412). Un arrêt du 4 novembre 2020 remet en cause cette action de France Travail : soc. 4 nov. 2020, n° 19-11.865, P ; *JCP S* 2020, n° 3099, note K. Pagani et M. Pellissier.
2. Crim. 17 mars 1992, n° 91-81.360, P n° 117 – Crim. 30 janv. 1996, n° 94-83.510, NP ; *Dr. trav.* 1996, n° 5, p. 11, § 214.
3. C. com., art. L. 627-5, al. 3 du code, dans la rédaction antérieure à la loi du 26 juillet 2005 – C. com., art. L. 662-4, al. 3, dans la rédaction issue de la loi du 26 juillet 2005.
4. Sur le représentant des salariés, v. s[s] n°s 221.11 s.
5. Ord. n° 2014-326, 12 mars 2014, préc.
6. Ifppc 1999, recomm. n°s 2060-6, 6015-6, p. 53, 138.
7. Soc. 5 mai 1993, n° 92-40.835, P V, n° 127.
8. Soc. 12 févr. 2003, n° 00-45.764, NP ; *Act. proc. coll.* 2003/7, n° 80.
9. Soc. 23 sept. 2009, n° 08-40.603, P V, n° 197 ; n° 1804 FS-P+B ; *Act. proc. coll.* 2009/17, n° 257, note L. Fin-Langer.
10. Soc. 1er mars 2005, n° 02-44.293, P V, n° 74 ; *Act. proc. coll.* 2005/6, n° 67 ; *Bull. Ifppc* nov. 2005, n° 7, p. 9, note Tourmanoff.
11. L. n° 2005-845, 26 juill. 2005, préc.
12. Décr. n° 85-1388, 27 déc. 1985, préc.
13. Anc[t] Décr. n° 2005-1677, 28 déc. 2005, art. 59.
14. C. com., art. L. 627-5, al. 4 du code, dans la rédaction antérieure à la loi du 26 juillet 2005 – C. com., art. L. 662-4, al. 4, dans la rédaction issue de la loi du 26 juillet 2005.
15. C. com., art. L. 627-5, al. 4.

tation précédant l'adoption d'un plan de redressement[1].

Cette durée de protection doit être coordonnée avec celle prévue à l'alinéa précédent, qui concerne le versement des sommes par l'AGS : c'est la plus tardive des dates qui doit être évidemment prise en compte.

§ 3
Rupture des contrats de travail autres que le CDI

322.131 Rupture par anticipation des CDD. Aucune réglementation particulière n'a été posée pour les contrats à durée déterminée. L'article L. 622-13, VI, du Code de commerce applicable par renvoi de l'article L. 631-14 au redressement judiciaire écarte expressément du régime des contrats en cours tous les contrats de travail, sans préciser leur nature. Par conséquent, seules les règles prévues par le Code du travail ont vocation à s'appliquer.

Conformément au droit commun, il en résulte l'impossibilité pour l'employeur de les rompre avant leur terme, sauf dans les cas limitativement énumérés à l'article L. 1243-1 du Code du travail. Son alinéa 1 indique « Sauf accord des parties, le contrat de travail à durée déterminée ne peut être rompu avant l'échéance du terme qu'en cas de faute grave, de force majeure ou d'inaptitude constatée par le médecin du travail ». N'est pas cité expressément l'ouverture d'une procédure collective, y compris la liquidation judiciaire. Ce texte a été qualifié d'ordre public et il est impossible pour les parties de prévoir dans une clause du contrat d'autres causes[2].

Les administrateurs ont alors invoqué la force majeure justifiant la rupture anticipée du contrat à durée déterminée. Pourtant, pour la Cour de cassation, le redressement judiciaire ne constitue pas un cas de force majeure, au sens de l'article L. 1243-1 du Code du travail, autorisant leur rupture avant le terme. La solution vaut pour tous les contrats à durée déterminée, y compris les contrats de qualification[3].

L'administrateur ne peut pas non plus demander la résiliation judiciaire du CDD, ce mode de rupture étant réservé au salarié[4].

À défaut d'une telle possibilité, le contrat est rompu de manière anticipée pour une cause injustifiée. En vertu de l'article L. 1234-4 du Code du travail, le salarié peut donc obtenir une indemnité correspondant aux salaires qu'il aurait perçus jusqu'au terme du contrat, se cumulant avec l'indemnité dite de précarité.

Cette indemnité est-elle garantie par l'AGS ? La Cour de cassation admet cette prise en charge pour les ruptures anticipées antérieures au jugement d'ouverture[5]. Elle admet aussi la prise en charge des indemnités dues à un apprenti en cas de rupture anticipée[6]. L'article L. 3253-8 du Code du travail vise les ruptures des contrats de travail sans précision. La Cour de cassation exige cependant que l'administrateur, mais non le salarié, soit à l'origine de la rupture[7]. Il faut donc en déduire que dès lors que le CDD est rompu pendant la période d'observation, le salarié a droit à cette prise en charge, y compris pour les ruptures anticipées injustifiées.

322.132 Rupture par anticipation des contrats d'apprentissage. Le contrat d'apprentissage est un contrat de travail à durée déterminée très particulier, tant dans ses conditions de formation que dans ses modes de rupture. Ces derniers sont régis par l'article L. 6222-18 du Code du travail, qui admet la rupture unilatérale pendant les deux premiers mois d'apprentissage. Ce délai a été porté à quarante-cinq jours, consécutifs ou non, de formation pratique par la loi du 17 août 2015. Mais au-delà de cette période, jusqu'à l'ordonnance du 12 mars 2014, seuls un accord de rupture amiable ou, à défaut, une résiliation judiciaire pour manquement grave de l'une des parties à ses obligations ou pour inaptitude de l'apprenti pouvaient entraîner la rupture du contrat d'apprentissage.

L'ordonnance du 12 mars 2014 a apporté une précision uniquement en cas de liquidation judiciaire au-delà de ce délai, en autorisant la rupture par le liquidateur moyennant le versement d'une indemnité correspondant aux salaires qui auraient dû être versés

1. C. com., art. L. 662-4, al. 2 – Soc. 30 janv. 2013, n° 11-22.979, P V, n° 23 ; n° 164 FS-P+B ; *Gaz. Pal.* 1er mai 2013, n° 121, p. 39, note Ph. Duprat ; *Act. proc ; coll.* 2013/5, comm. 58, note D. Jacotot ; *RPC* 2013, comm. 33, note Ph. Roussel Galle.
2. Soc. 16 déc. 1998, n° 95-45.341 ; *Bull. civ.* V, n° 552 ; *JCP E* 1999, n° 1298, note J. Mouly ; *D.* 2000. 30, note F. Alaphilippe ; *Dr. soc.* 1999. 397, obs. J.-P. Karaquillo ; *Dr. soc.* 1999. 285, obs. C. Roy-Loustaunau.
3. Soc. 18 oct. 1994, n° 91-42.607, NP ; *RPC*1995, 335, obs. F. Taquet – Soc. 6 mai 1998, n° 96-40.867 – F. Derrida, « La mise en redressement judiciaire ne constitue pas en soi un cas de force majeure », *D.* 2000. 5.
4. Soc. 15 juin 1999, n° 98-44.295 ; *Bull. civ.* V, n° 277 ; *D.* 1999. 623, note C. Radé ; *Dr. soc.* 1999. 836, obs. C. Roy-Loustaunau – Soc. 4 déc. 2001, n° 99-46.364 ; *Bull. civ.* V, n° 369 ; *Dr. soc.* 2002. 406, obs. C. Roy-Loustaunau ; *D.* 2002. 2361, note J. Mouly.
5. Soc. 12 mars 2002, n° 99-44.222 ; *Bull. civ.* V, n° 86 ; *D.* 2002. IR 1596.
6. Sur la rupture du contrat d'apprentissage, v. ss n° 322.132.
7. Soc. 20 déc. 2017, n° 16-19.517 ; *JCP S* 2018, n° 1072, note L. Fin-Langer ; *RDT* 2018. 209, note D. Bondat ; *RPC* 2018, comm. 46, obs. F. Taquet, *D*, 2018, actu 6 ; *JCP E* 2018, n° 1159, n° 20, note Ph. Pétel ; *Leden* mars 2018, 7, obs. H. de Frémont ; *BJE* 2018. 126, note D. Jacotot ; *Act. proc. coll.* 2018, comm. 25 ; *Gaz. Pal.* 17 avr. 2018, p. 81, note L. Cheikh-Vecchioni – Soc. 19 avr. 2023, n° 21-20.651 ; *RPC* juill. 2024, n° 67, obs. D. Jacotot ; *Act. proc. coll.* 2023, n° 138 ; *Leden* juin 2023, p. 7, obs. F. Joly.

jusqu'au terme du contrat. Cette ordonnance n'apporte, en revanche aucune indication lorsque l'entreprise fait l'objet d'un redressement judiciaire. Il faut en conclure que l'administrateur est tenu de respecter l'article L. 6222-18 du Code du travail.

SECTION 5
CONTENTIEUX POSSIBLE DES LICENCIEMENTS PRONONCÉS PENDANT LA PÉRIODE D'OBSERVATION

§ 1
Contentieux porté devant le Conseil des prud'hommes

322.141 Contentieux résiduel devant le Conseil des prud'hommes. Sur le fond, le contentieux de la cause réelle et sérieuse est très réduit en raison de l'autorisation du juge-commissaire sous réserve de la fraude ou de l'absence de référence à cette ordonnance dans la notification du licenciement[1]. En cas de défaut de cause réelle et sérieuse, le salarié a droit aux indemnités du barème Macron fixé à l'article L. 1235-3 du Code du travail et variant selon l'ancienneté du salarié dans l'entreprise[2].

En revanche, il reste possible de contester devant le Conseil des prud'hommes le non-respect de l'obligation de reclassement[3], des critères d'ordre[4] et de leur éventuel respect[5], de la procédure suivie[6].

Il est parfois tentant pour les salariés de rechercher la responsabilité de la société mère lorsque l'entreprise en redressement judiciaire fait partie d'un groupe. La jurisprudence a admis la compétence du Conseil des prud'hommes pour reconnaître à cette société mère la qualité de co-employeur afin de dédommager les salariés notamment sur le terrain de l'obligation de reclassement[7].

La caractérisation du co-emploi repose sur des critères appréciés restrictivement.

Avant 2020, il fallait caractériser une triple confusion d'intérêts, d'activité et de direction, se manifestant par une immixtion dans la gestion de l'entreprise. En revanche, il était inutile de rechercher un lien de subordination[8]. Cette jurisprudence[9] a été remise par un arrêt important en date du 25 novembre 2020[10]. Une société appartenant à un même groupe ne peut être qualifiée de co-employeur que si existe une immixtion permanente dans la gestion économique et sociale. La Cour abandonne ainsi le critère de l'immixtion anormale appréciée qualitativement pour une appréciation quantitative, à savoir le caractère permanent. Par ailleurs, cette immixtion doit conduite à la perte totale d'autonomie d'action de cette dernière. Les critères sont donc désormais cumulatifs et semblent encore plus difficiles à établir qu'auparavant.

La procédure à suivre fera alors l'objet d'un certain nombre d'aménagements[11].

1. Sur la notification du licenciement, v. s^s n° 322.93.
2. Sur le barème Macron, v. s^s n° 321.12.
3. Soc. 3 mars 1998, n°s 95-45.201 et 95-45.203 ; *Bull. civ.* V, n° 112 ; *D.* 1998. 418, note P. Bailly ; *Dr. soc.* 1998. 508, obs. R. Vatinet – Soc. 12 janv. 1999, n° 96-41.756 ; *Bull. civ.* V, n° 11 ; *JCP E* 1999, n° 18-19, p. 812, obs. Ph. Pétel, *JCP E* 1999, n° 44-45, p. 1773, obs. Ph. Coursier ; *D.* 1999. 40.
4. Soc. 18 juin 1997, n° 96-40.279 ; *Bull. civ.* V, n° 226 ; *RPC* 1997. 357, obs. F. Taquet ; *D.* 1997. IR 162 ; *Dr. soc.* 1997. 983, obs. R. Vatinet – Soc. 16 sept. 2020, n° 19-14.078, NP ; *Act. proc. coll.* 2020, n° 229.
5. Soc. 12 nov. 2008, n° 07-41.870, NP.
6. Soc. 12 janv. 1999, n° 96-41.756 ; *Bull. civ.* V, n° 11 ; *JCP E* 1999, n° 18-19, p. 812, obs. Ph. Pétel, *JCP E* 1999, n° 44-45, p. 1773, obs. Ph. Coursier ; *D.* 1999. 40.
7. Soc. 24 mai 2018, n° 16-18.621, *Funkwerk ; Bull. civ.* V, n° 87 ; *D. actu.* 13 juin 2018, obs. W. Fraisse ; *RPC* sept. 2018, 156, D. Jacotot ; *JCP S* 2018, n° 165, G. Loiseau ; *BJT* oct. 2018, p. 113, obs. J. Icard ; *Leden* juill. 2018, p. 7 H. de Frémont ; *BJS* 2016. 597, note J.-P. Laborde ; *D.* 2018. Actu. 1159 ; *JCP E* 2018, n° 1573, n° 4, note N. Vignal.
8. Soc. 18 déc. 2013, Sodimédical, n° 12-25.686 ; *Bull. civ.* V, n° 312 ; *D.* 2014. 89, *D. actu.* 21 janv. 2014, obs. F. Mélin ; *CSBP* 2014. 117, note J. Icard ; *Leden* mars 2014, p. 6, obs. G. Dedessus-Le Moustier – Soc. 2 juill. 2014, *Molex*, n° 13-15.208 ; *Bull. civ.* V, n° 159 ; *RDT* 2014. 625, obs. M. Kocher ; *Rev. sociétés* 2014. 709, note A. Couret et M.-P. Schramm ; *D.* 2014. Actu. 1502 ; *D.* 2014, Pan. 2153, obs. F.-X. Lucas ; *D.* 2014. 2147, obs. P.-M. Le Corre et F.-X. Lucas ; *JCP E* 2014, n° 1637, n° 9, note Ph. Pétel ; *CSBP* sept. 2014, p. 511, note J. Icard ; *Leden* sept. 2014, p. 1, obs. F.-X. Lucas ; *Leden* sept. 2014, p. 6, obs. G. Dedessus-Le Moustier ; *BJS* oct. 2014, p. 394, note Pelletier ; *RPC* nov. 2014, comm. 170, D. Jacotot ; *JCP S* 2014, n° 1311, note G. Loiseau – Soc. 6 juill. 2016, n° 14-26.541, FS-P+B, Société Proma ; *Bull. civ.* V, n° 145 et Soc. 6 juill. 2016, n°s 14-27.266 s., FS-P+B, Société Continental France ; *Bull. civ.* V, n° 146 et Soc. 6 juill. 2016, n°s 15-15.481 s., FS-P+B, Société 3 Suisses France ; *Bull. civ.* V, n° 147 ; *RDT* 2016. 650, note S. Vernac ; *D.* 2016. 2096, note R. Dammann et G. François ; *BJS* oct. 2016, p. 597, note J.-P. Laborde ; *Leden* oct. 2016, p. 6, obs. G. Dedessus-Le Moustier ; *D.* 2016. Actu. 1504 ; *JCP G* 2016, n° 960, note Y. Pagnerre ; *Act. proc. coll.* 2016, n° 221 – Soc. 28 juin 2018, n° 14-26.618, NP ; *BJE* nov. 2018. 455, obs. A. Donnette-Boissière – Soc. 7 févr. 2018, n° 14-24.061, NP ; *BJE* mars 2018. 128 – Soc. 24 mai 2018, *Lee Cooper France*, n° 16-22.881 ; *Bull. civ.* V, n° 88 ; *D.* 2018. 1158 ; *Rev. sociétés* 2018. 604, note A. Couret ; *RDT* 2018. 570, note A. Fabre ; *JCP S* 2018. Actu. 167, G. Loiseau ; *JCP S* 2018, n° 252, note Y. Pagnerre, *Droit des sociétés*, nov. 2018, comm. 195, note J.-P. Legros ; *RPC* sept. 2018, comm. 156, obs. D. Jacotot ; *JCP E* 2018, n° 1434, note J. Grangé, Fl. Aubonnet et Fl. Terroux-Sfar ; *BJS* sept. 2018, p. 522, obs. E. Mouial-Bassilana ; *Leden* juill. 2018, p. 7, H. de Frémont ; *BJT* oct. 2018, p. 113, obs. J. Icard.
9. Sur les explications du co-emploi, v. s^s n°s 321.91 s.
10. Soc. 25 nov. 2020, n° 18-13.769, FP-P+B+R+I ; *RDT* 2020. 749, obs. M. Kocher et S. Vernac ; *D.* 2020. Actu. 2348 ; *BJE* mars 2021. 57, note C. Gailhbaud ; *BJT* janv. 2021, p. 21, obs. G. Duchange ; *BJS* janv. 2021, p. 25, note J.-F. Barbiéri ; *Leden* janv. 2021, p. 66, H. de Frémont ; *JCP S* 2021, n° 1019, Y. Pagnerre ; *RPC* janv. 2021, comm. 14, D. Jacotot.
11. Sur les aménagements procéduraux, v. s^s n°s 822.11 s.

§ 2
Autres contentieux possibles

322.151 Contentieux du PSE devant les juridictions administratives. Depuis la loi du 14 juin 2013 [1], le tribunal administratif est également compétent pour apprécier la validité de la décision de la Dreets validant ou homologuant les plans de sauvegarde de l'emploi, mis en place en cas de licenciement économique, y compris en présence d'une procédure collective. Un bloc de compétences a été attribué aux juridictions administratives, au détriment des juridictions judiciaires auparavant compétentes [2].

322.152 Contentieux en responsabilité contre la société mère. Le TGI devenu tribunal judiciaire depuis le 1er janvier 2020 est également compétent pour statuer sur une demande des salariés en responsabilité délictuelle dirigée contre la société mère dans un groupe de sociétés [3]. La Cour de cassation a apporté cette précision dans un arrêt important du 13 juin 2018 [4].

La Cour de cassation considère qu'il ne faut pas prendre en compte le préjudice subi par les salariés, à savoir la perte de leur contrat suite à la liquidation judiciaire mais l'existence de fautes antérieures à l'ouverture de la procédure collective. Sur le fond, pour engager la responsabilité de la société mère, il faut caractériser la faute [5], le préjudice et le lien de causalité [6]. La faute de la « grand-mère », actionnaire indirect de la société placée en liquidation judiciaire, a pu être reconnue dans l'arrêt Lee Cooper France [7], en raison de prêts injustifiés, de transfert à titre gratuit de licence, factures non acquittées par les autres sociétés du groupe, constitution de garantie pour des dettes d'autres sociétés. Ce cas d'espèce a vocation à s'appliquer en cas de redressement judiciaire, si les conditions de fond sont respectées [8]. Elle a en revanche été écartée dans le cadre d'une cession de contrôle, la société cédante n'ayant aucune obligation de s'assurer de la viabilité du projet de reprise réalisée un peu plus d'un mois avant l'ouverture de la procédure collective de la société cible [9].

Dans tous les cas, cette action reste pourtant difficile. Par ailleurs, la réparation ne doit concerner que le préjudice et non aller au-delà. Ne peut ainsi pas être réparée la perte injustifiée de l'emploi par les dommages-intérêts, dès lors que les salariés ont pu obtenir les indemnités pour défaut de cause réelle et sérieuse [10].

1. Loi du 14 juin 2013, n° 2013-504 relative à la sécurisation de l'emploi. Avant cette loi, le contentieux du plan social relevait soit du Conseil des prud'hommes lorsqu'il s'agissait d'un contentieux individuel intenté après la notification du licenciement soit du tribunal de grande instance lorsqu'il s'agissait d'un conflit collectif avant cette notification.
2. Sur ce contentieux, v. s[s] n° 811.14 – C. trav., art. L. 1235-7-1 donnant une compétence exclusive au tribunal administratif à l'exclusion des autres recours – R. Vatinet, « Sur le devenir des contentieux des PSE », *JCP S* 2013, n° 1210.
3. G. Loiseau, « Le coup de grâce », *JCP S* 2018. Actu. 167 – Y. Pagnerre, « Une mère indigne », *JCP S* 2018, n° 252 ; A. Fabre, « De la faute retrouvée dans la contestation des suppressions d'emplois », *RDT* 2018. 570.
4. Soc. 13 juin 2018, *DMI*, n° 16-25.873, P ; *Dr. soc.* nov. 2018, comm. 196, J.-P. Legros ; *JCP S* 2018, n° 1291, note A. Bugada ; *Procédures* n° 8-9, Août 2018, comm. 259, note Rolland ; *Act. proc. coll.* 2018, 188, note L. Fin-Langer ; *Leden* sept. 2018, p. 7, obs. G. Dedessus-Le Moustier ; *Gaz. Pal.* 24 juill. 2018, p. 30, obs. C. Berlaud ; *BJT* oct. 2018, p. 113, note J. Icard.
5. Pour un autre ex. où la faute a été reconnue : pour avoir déclaré au passif d'une filiale une créance, correspondant au financement d'un PSE adopté dans un redressement qui a été par la suite converti en liquidation : Soc. 1er juin 2023, n° 21-22.857, P ; *D. actu.* 21 juin 2023, obs. L. Malfettes ; *Gaz. Pal.* 2023, n° 20, p. 26, obs. C. Berlaud ; *JCP S* 2023, n° 1183, note J.-Y. Kerbourc'h ; *RPC* sept. 2023, n° 83, obs. F. Taquet ; *Act. proc. coll.* 2023, n° 194, obs. L. Fin-Langer ; *Leden* sept. 2023, p. 6, obs. H. de Frémont ; *BJS* sept. 2023, p. 20, obs. G. Auzero.
6. E. Schlumberger, « La responsabilité délictuelle de l'entité dominante du groupe à l'égard de ses salariés », *BJS* mars 2019, p. 46.
7. Soc. 24 mai 2018, n° 16-22.881 ; *D.* 2018. 1158 ; *Rev. sociétés* 2018. 604, note A. Couret ; *D.* 2018. 1158 ; *BRDA* 13/18, n° 2 ; *RJDA* 11/2018, n° 839 ; *JCP E* 2018, n° 1434, note J. Grangé, Fl. Aubonnet et Fl. Terroux-Sfar, *Droit des sociétés* n° 11, nov. 2018, comm. 195, obs. J.-P. Legros ; *BJS* 2018/9, p. 552, note E. Mouial-Bassilana ; *RPC*, sept. 2018, comm. 156, note D. Jacotot.
8. Sur une présentation générale de ce contentieux, v. s[s] n° 321.101.
9. Com. 1er mars 2023, n° 21-14.787, P ; *BJS* mai 2023, p. 33, obs. L. Fin-Langer ; *Rev. sociétés* 2023. 443, note N. Morelli ; *RDT* 2023. 333, chron. M. Kocher et K. Magnier-Merran ; *RTD civ.* 2023. 352, obs. H. Barbier ; *Leden* avr. 2023, p. 1, obs. F.-X. Lucas ; *Gaz. Pal.* 20 juin 2023, p. 54, obs. M. Caffin-Moi ; *Act. proc. coll.* 2023, n° 74 ; *Dr. sociétés* juin 2023, comm. 68, obs. R. Mortier ; *RPC* juill. 2023, Études 6, O. Debeine et G. Rupin.
10. Soc. 24 mai 2018, n° 16-18.307, NP ; *RPC*, nov. 2018, comm. 196, F. Taquet.

LIVRE

4. LE SORT DES SALARIÉS À L'ISSUE DES PLANS

LAURENCE FIN-LANGER
PROFESSEUR AGRÉGÉ

SECTION 0
ORIENTEUR

4.00 Sommaire du livre.

Titre	41	Le sort des salariés dans le plan de sauvegarde
Chap.	411	Sort des salariés dans le plan de sauvegarde
Titre	42	Le sort des salariés dans le plan de redressement
Chap.	421	Sort des salariés dans le plan de redressement
Titre	43	Le sort des salariés en cas de cession de l'entreprise
Chap.	431	Sort des salariés en cas de plan de cession
Chap.	432	Sort des salariés dans les autres formes de cession d'entreprise en difficulté

TITRE

41. Le sort des salariés dans le plan de sauvegarde

SECTION 0
ORIENTEUR

41.00 **Sommaire du titre.**

Chap. 411 Sort des salariés dans le plan de sauvegarde
Sect. 1 Présentation du plan de sauvegarde
Sect. 2 Mise en œuvre des licenciements envisagés par le plan de sauvegarde
Sect. 3 Rupture des contrats de travail particuliers

CHAPITRE

411. Sort des salariés dans le plan de sauvegarde

SECTION 0
ORIENTEUR

411.00 **Sommaire du chapitre.**

Sect. 1 Présentation du plan de sauvegarde 411.11 à 411.23
§ 1 Préparation du plan de sauvegarde 411.11 à 411.14
§ 2 Adoption du plan de sauvegarde 411.21 à 411.23
Sect. 2 Mise en œuvre des licenciements envisagés par le plan de sauvegarde 411.31 à 411.73
§ 1 Application du droit commun 411.31 à 411.34
§ 2 Mesures communes à respecter après le jugement adoptant le plan de sauvegarde 411.41 à 411.47
§ 3 Vade-mecum des différentes procédures de licenciement pour motif économique sans PSE 411.51 à 411.52
§ 4 Vade-mecum des différentes procédures de licenciement pour motif économique avec PSE 411.61 à 411.62
§ 5 Exécution du plan de sauvegarde 411.71 à 411.73
Sect. 3 Rupture des contrats de travail particuliers 411.81 à 411.102
§ 1 Rupture des contrats de travail suspendus 411.81 à 411.84
§ 2 Rupture des contrats de travail des salariés titulaires d'un mandat 411.91 à 411.97
§ 3 Rupture des contrats de travail autres que le CDI 411.101 à 411.102

411.01 **Textes applicables.**

• **C. com.**

art. L. 233-1 s. [Critères du groupe de sociétés]

art. L. 621-4 [Rôle de suppléance du représentant des salariés]

art. L. 623-1 [Bilan économique et social en sauvegarde]

art. L. 623-3 [Information du CSE]

art. L. 626-1 [Réglementation du plan de sauvegarde]

art. L. 626-2 [Préparation du plan de sauvegarde – impossibilité d'une cession totale]

art. L. 626-8 [Consultation du CSE sur le projet de plan de sauvegarde]

art. L. 626-9 [Adoption par le tribunal du plan de sauvegarde]

art. L. 626-9 [Durée du plan de sauvegarde]

art. L. 626-20 [Contenu du plan de sauvegarde – créances salariales]

art. L. 626-23 [Cession partielle en plan de sauvegarde]

art. L. 626-25 [Rôle du commissaire à l'exécution du plan]

art. L. 626-26 [Modification du plan de sauvegarde]

art. L. 626-27 [Résolution du plan de sauvegarde]

art. L. 626-28 [Inexécution du plan de sauvegarde]

art. L. 631-19 [Réglementation du plan de redressement – licenciement]

art. L. 631-19-1 [Remplacement du dirigeant dans le plan de redressement]

art. L. 631-19-2 [Augmentation de capital dans le plan de redressement]

art. L. 661-1 [Voie de recours du jugement adoptant le plan de redressement]

art. R. 626-21 [Notification du jugement adoptant le plan de sauvegarde]

• **C. trav.**

art. L. 1222-6 [Modification du contrat pour motif économique]

art. L. 1225-4 [Licenciement de la salariée enceinte]

art. L. 1226-9 [Licenciement d'un salarié victime d'un accident du travail]

art. L. 1232-4 [Entretien individuel d'un salarié licencié]

art. L. 1233-3 [Définition du motif économique]

art. L. 1233-4-1 [Licenciement pour motif économique dans un groupe de société]

art. L. 1233-5 [Critères d'ordre des licenciements pour motif économique]

art. L. 1233-8 [Procédure de consultation du CSE en cas de licenciement collectif de moins de dix salariés]

art. L. 1233-11 s. [Entretien préalable des salariés licenciés dans des licenciements collectifs de moins de dix salariés]

art. L. 1233-15 [Notification du licenciement]

art. L. 1233-16 [Modèles de lettres de licenciement]

art. L. 1233-21 s. [Procédure de licenciement collectif de dix salariés et plus]

art. L. 1233-24-1 à L. 1233-24-4 [PSE]

art. L. 1233-30 s. [Procédure de consultation du CSE en cas de licenciement collectif de dix salariés et plus] art. L. 1233-33 [Aménagement de la procédure de consultation par accord]

art. L. 1233-35 [Expertise du CSE]

art. L. 1233-35-1 [Contentieux des expertises du CSE]

art. L. 1233-38 [Absence d'entretien individuel en cas de licenciement collectif de dix salariés et plus]

art. L. 1233-57 s. [Intervention de l'autorité administrative pour valider le PSE]

art. L. 1233-58 [Dispositions des licenciements économiques à respecter en cas de procédure collective]

art. L. 1233-59 [Inapplication des délais de notification des lettres de licenciement économique en cas de procédure de redressement ou de liquidation judiciaire]

art. L. 1233-60 [Information de l'autorité administrative en cas de licenciement économique en redressement et en liquidation judiciaire]

art. L. 1233-60-1 [Modification du contrat pour motif économique en cas de redressement et de liquidation judiciaire]

art. L. 1233-61 s. [Contenu du PSE]

art. L. 1233-65 s. [Contrat de sécurisation professionnelle]

art. L. 1233-75 [Congé reclassement]

art. L. 1233-84 [Obligation de revitaliser les bassins de l'emploi]

art. L. 1234-1 s. [Préavis à respecter en cas de licenciement]

art. L. 1234-5 [Indemnité compensatrice de préavis]

art. L. 1234-9 [Indemnité de licenciement]

art. L. 1234-20 [Reçu pour solde de tout compte]

art. L. 1235-2 [Procédure de demande de précision du motif de licenciement]

art. L. 1235-3 [Indemnité pour défaut de cause réelle et sérieuse]

art. L. 1235-10 [Sanctions des irrégularités relatives au PSE]

art. L. 1235-11 [Nullité du licenciement et réintégration du salarié en cas d'irrégularité du PSE]

art. L. 1235-16 [Conséquences de l'annulation de la décision de validation du PSE]

art. L. 1243-1 [Causes de rupture du CDD]

art. L. 1331-1 s. [Pouvoir disciplinaire de l'employeur]

art. L. 2232-16 [Accord collectif aménageant la consultation du CSE]

art. L. 2242-10 [Négociation collective obligatoire dans l'entreprise]

art. L. 2312-53 [Compétence du CSE en procédure collective dans les entreprises de cinquante salariés et plus]

art. L. 2411-1 s. [Licenciement des salariés protégés, dotés d'un mandat représentatif]

art. L. 3253-6 [Principe d'une assurance contre le risque de non-paiement des salaires en cas de procédure collective]

art. L. 3253-8 [Sommes garanties par l'AGS]

art. L. 3253-9 [Prise en charge des indemnités de rupture par l'AGS des salariés bénéficiant d'une protection relative au licenciement]

art. L. 3253-13 [Prise en charge des sommes versées aux salariés licenciés en vertu d'un PSE ou d'un accord collectif]

art. L. 6222-18 [Rupture du contrat d'apprentissage]

• **C. trav.**

art. R. 1233-7 [Information de la Dreets du jugement d'ouverture]

art. D. 1233-2-1 [Contenu des offres de reclassement]

art. R. 1233-2-2 [Procédure de demande de précision du motif]

art. R. 1234-2 [Montant de l'indemnité de licenciement]

art. R. 2315-25 [Délai de transmission du PV des délibérations du CSE]

art. D. 2315-26 [Délai de transmission du PV des délibérations du CSE en cas de grand licenciement économique]

art. R. 2421-8 [Consultation préalable du CSE en cas de licenciement d'un salarié protégé]

411.03 Bibliographie indicative.

> **Encyclopédie.** *J.-Cl. Procédures collectives*, fasc. 2430 : Sauvegarde, redressement et liquidation judiciaires – Situation des salariés, par N. Vignal, 2021, mis à jour août 2022.

> **Monographies.** A. Boyer, *Protection des salariés et sauvetage de l'entreprise : quête d'un équilibre*, PUAM 2006.

> **Contributions.** D. Jacotot, « Droit social et droit des entreprises en difficulté. La rupture du contrat de travail », Roussel Galle (dir.), « Droit 360° », LexisNexis, 2012, p. 531 – P.-Y. Verkindt, « Procédures collectives et licenciements économiques », *in Entreprises en difficulté et droit du travail*, « Ceprisca », Puf, 2007, p. 17.

> **Articles.**

Généralité. C. André-Hesse et M.-H. Bourbouloux, « La loi Macron a-t-elle résolu le casse-tête chinois du périmètre de l'application des critères de l'ordre des licenciements », *Rev. dr. et affaires* 2016, 13e éd., p. 132 – I. Aufort-Duprat et Ph. Duprat, « Résiliation judiciaire du contrat de travail et procédures collectives », *RPC* 2012, dossier 3, p. 53 – P. Bailly, « Les licenciements et les procédures collectives », *Gaz. proc. coll.* 2008/4, p. 3 ; « De quelques ruptures du contrat de travail », *Gaz. Pal.* 2017, n° 43, p. 69 – Y. Chagny, « Quelques aspects de la garantie des créances résultant du licenciement pour motif économique par l'entreprise en difficulté », *Gaz. Pal.* 20-21 sept. 2002. Doctr. 56 – F. Dumont, « La cause économique du licenciement en procédure de sauvegarde : inquiétude quant à la mise en œuvre du régime de droit commun », *RPC* 2007, p. 65, n° 10 – H. de Frémont, « Les licenciements et les procédures collectives : un compromis acceptable ? », *Gaz. proc. coll.* 2009/1, p. 11 – L. Driguez, « Licenciement économique et procédures collectives : une nouvelle articulation gage de sécurisation », *DS* 2013, 995 – L. Fin-Langer, « Négociation d'entreprise et entreprises en difficulté », *RJS* févr. 2025, p. 9 – L. Fin-Langer et D. Jacotot, « Les ordonnances du 22 septembre 2017 et la rupture des contrats de travail dans une entreprise en difficulté », *RPC* 2017/6, ét. 21 – Ch. Gailhbaud, « La réforme du licenciement économique : analyse en regard du droit des procédures collectives », *Gaz. Pal.* 2018, n° 15, 89 ; « Licenciements économiques en redressement et en liquidation judiciaires : les difficultés persistantes et nouvelles après les réformes successives », *BJE* sept.-oct. 2019. 62 – D. Jacotot, « Licenciement économique : quelle évolution pour les entreprises en difficulté », *RPC* 2016, dossier 18 – N. Kerouaz, Ph. Jeannerot, Th. Météyé, F. Legrand,

M. Menjucq, « Les licenciements économiques dans les procédures collectives », *RPC* 2016, table ronde 1, p. 79 – M. Menjucq, « Modèles de lettres de licenciement et procédures collectives : quelle cohérence », *RPC* janv./févr. 2018, repère 1 – P. Morvan, « Le contrôle judiciaire des licenciements pour motif économique prononcés au cours d'une procédure collective », *Dr. soc.* 1998. 443, n° 5 ; « Le droit social dans la réforme du droit des entreprises en difficulté », *JCP E* 2005. I, n° 151, p. 1751 – « Les grands licenciements collectifs au cours d'une procédure collective (loi du 14 juin 2013 et l'ordonnance du 12 mars 2014) », *BJE* 2014. 416 – N. Nasom-Tissandier, « L'attraction progressive du droit des entreprises en difficulté sur le droit du travail ; Constats et enjeux », *RDT* 2019. 320 – F. Taquet, « Les nouvelles dispositions relatives au licenciement économique issues de la loi de cohésion sociale (Loi n° 2005-32, 18 janv. 2005) », *RPC* 2005/2, p. 114 – J.-L. Vallens, « Le juge et le licenciement pour motif économique, les licenciements économiques et les procédures collectives », *Cah. dr. entr.* 2003, n° 6, p. 14 – R. Vatinet, « Sur la place faite aux salariés par la loi de sauvegarde des entreprises du 26 juillet 2005 », *JCP S* 2005, n° 1230 – « Le volet social de la loi de sauvegarde des entreprises précisé par son décret d'application », *JCP S* 2006, n° 11, p. 9 – S. Vernac, « Le droit du licenciement dans la procédure de sauvegarde », *RDT* 2006. 434.

Plan de sauvegarde de l'emploi. P. Bailly, « La sanction de l'insuffisance d'un plan de sauvegarde de l'emploi dans une procédure collective », *Sem. soc. Lamy* 6 févr. 2006, n° 1247 – A. Boyer, « Contenu et financement du PSE et nouvelles mesures d'accompagnement », *LPA* 22 avr. 2010, n° 80, p. 12 – C. Frouin et J.-Y. Frouin, « La sanction de l'insuffisance d'un plan de sauvegarde de l'emploi établi dans le cadre d'une procédure collective », *RJS* 2006. 251 – Ch. Gailhbaud, « Le plan de sauvegarde de l'emploi en procédure collective », Journées d'études de la Colle/Loup, 15 et 16 juin 2017, *BJE* 2017. 380 – Ch. Gailhbaud et D. Jacotot, « Les plans et le maintien de l'emploi », *RPC* 2015, dossier 46, p. 89 – Ph. Pétel, « Groupes de sociétés et plan de sauvegarde de l'emploi », *JCP E* 2007, n° 1423, p. 33.

Reclassement. L. Fin-Langer, « L'obligation de reclassement à l'étranger », *RPC* 2009/1, 3, p. 13 – Ch. Gailhbaud, « Le reclassement des salariés », *RPC* 2012, dossier 7, p. 64 – E. Gall-Heng, « Une "subtilité complémentaire" dans l'analyse de l'obligation de reclassement : la théorie du co-employeur », *RPC* 2012, dossier 8, p. 66 – D. Jacotot, « Obligation de reclassement des salariés et liquidation judiciaire : les frontières entre le possible et l'impossible », *LPA* 18 juill. 2011, n° 141, p. 4 – J.-J. Savenier, « L'obligation de reclassement », *RPC* 2001, p. 224.

SECTION 1
PRÉSENTATION DU PLAN DE SAUVEGARDE

§ 1
Préparation du plan de sauvegarde

411.11 Présentation générale du plan de sauvegarde. Le plan de sauvegarde vise à assurer la continuité de l'entreprise et est régi par les articles L. 626-1 et suivants du Code de commerce. Contrairement au plan de redressement[1], il est préparé par le débiteur, toujours à la tête de son entreprise avec le concours de l'administrateur en vertu de l'article L. 626-2 du Code de commerce.

Ce texte indique que le projet de plan de sauvegarde contient les perspectives de redressement de l'entreprise compte tenu notamment de la situation du marché, des capacités de financement, puis les modalités d'apurement du passif et enfin un volet social précisant le niveau d'emploi mais aussi les conditions sociales envisagées pour la poursuite de l'activité.

À la différence du plan de redressement, l'adoption du plan de sauvegarde ne peut plus être subordonnée au remplacement du dirigeant depuis l'ordonnance du 18 décembre 2018. Par ailleurs, aucune cession totale n'est possible[2]. Enfin, il est impossible d'imposer aux associés ou aux actionnaires de financer l'augmentation de capital[3].

411.12 Contenu du plan de sauvegarde. Le plan de sauvegarde comporte un volet financier, un volet réorganisation et enfin un volet social.

Concernant le volet financier, il faut rappeler que le plan de sauvegarde ne peut imposer des délais pour les créances privilégiées et super-privilégiées[4], les salariés devant donner leur accord depuis l'ordonnance du 12 mars 2014, contrairement aux autres créanciers qui peuvent se voir imposer des délais uniformes. Les salariés doivent également donner leur accord pour subir des remises portant sur ces mêmes créances.

Le volet réorganisation peut envisager des cessions d'éléments d'actifs ou au contraire des clauses d'inaliénabilité. En sauvegarde, l'accord du débiteur est nécessaire pour céder ses biens. Un plan de cession partielle mais non totale à la différence du plan de redressement est alors possible, les règles applicables étant alors celles du plan de cession[5].

Quant au volet social, il peut éventuellement envisager des mesures de licenciement pour motif économique. Lorsqu'il s'accompagne d'un PSE, l'article L. 626-1, alinéa 4, renvoie au III de l'article L. 1233-58 du Code du travail. C'est donc en principe le droit commun du licenciement pour motif économique qui s'applique sous réserve de petits aménagements prévus au III de l'article L. 1233-58, à la différence des règles applicables au plan de redresse-

1. Sur le plan de redressement, v. s[s] n°s 421.11 s.
2. C. com., art. L. 626-2 et L. 626-23, à comparer avec l'article L. 631-22.
3. Sur le contenu du plan de redressement, v. s[s] n° 421.11.
4. C. com., art. L. 626-20.
5. Sur le régime du plan de cession, v. s[s] n°s 431.11 s.

ment[1]. Le projet de plan doit alors rappeler les mesures qui ont déjà été prises notamment pendant la période d'observation et il va définir les actions à entreprendre pour faciliter le reclassement des salariés et leur indemnisation[2]. À la différence du plan de redressement, le jugement adoptant le plan de sauvegarde n'autorise pas expressément le licenciement de ces salariés[3].

Quelles sont les autres conséquences du plan de redressement sur les salariés ? Peut-on envisager d'autres mesures ? Quels accords collectifs négociés ?

Comme pour le plan de redressement, il semble possible que le débiteur propose à ses salariés une modification de leur contrat de travail en respectant l'article L. 1222-6 du Code du travail. Il doit ainsi envoyer une lettre recommandée laissant un délai de réflexion d'un mois, l'article précité n'ayant réduit ce délai à quinze jours qu'en cas de redressement ou de liquidation judiciaire[4]. Le silence vaut alors acceptation. En cas de refus, le salarié est alors licencié pour motif économique. Il faut donc noter que le plan ne peut directement imposer aux salariés une modification de leur contrat de travail.

Par ailleurs un certain nombre d'accords collectifs peut être conclu selon les modalités de droit commun. Il s'agit alors d'un outil d'adaptation au service de la restructuration conjoncturelle voire structurelle. Ainsi, la société Annecy Technologie a conclu un accord de réduction du temps de travail et de révision de l'accord instaurant les 35 heures pour réduire son activité et éviter la conversion de la sauvegarde en redressement, dans un contexte de crise sanitaire suite à l'épidémie de Covid 19[5]. Cela peut aussi être l'occasion de réorganiser l'entreprise et notamment les métiers, de favoriser la mobilité professionnelle pour sortir de la crise, en renégociant un accord de gestion des emplois et des parcours professionnels (dit accord GPEC)[6]. Il a parfois aussi été conclu des accords prorogeant les mandats des représentants du personnel, notamment suite à l'adoption des ordonnances de 2017 opérant la fusion des instances représentatives du personnel[7]. Il pourrait également s'agir d'accords de droit commun, comme les accords de performance collective.

1. Sur les licenciements en plan de redressement, v. s[s] n°s 421.21 s.
2. C. com., art. L. 626-2.
3. Sur cette autorisation du plan de redressement, v. s[s] n°s 421.22 et 421.32.
4. Sur la modification du contrat de travail résultant du plan de redressement, v. s[s] n° 421.12.
5. Par ex. : Accord 4 déc. 2020, Société Annecy Technologie, réf. T07421003712.
6. Par ex. : Accord 17 nov. 2021, Société Célio France, réf. T09322008538.
7. Par ex. : Accord 27 févr. 2019, Société Protec Service, réf. T08719000693.

411.13 Consultation du CSE dans la préparation du plan de sauvegarde. L'entrée en vigueur des ordonnances du 22 septembre 2017 instaurant le CSE n'a pas modifié au fond les dispositions relatives à la consultation des représentants du personnel. Le nouvel article L. 2312-53 du Code du travail issu de l'ordonnance du 22 septembre 2017[8] confie les compétences attribuées au comité d'entreprise et à défaut aux délégués du personnel, sans les modifier[9], au comité social et économique.

L'ordonnance du 15 septembre 2021 vient quant à elle mettre à jour les articles du Code de commerce, sans cependant spécifier s'il s'agit des entreprises de cinquante salariés et plus ou s'il s'agit des entreprises de moins de cinquante. Or le Code du travail fait cette distinction et n'attribue des compétences en matière économique, notamment en cas de procédure collective, que pour les premières. L'article L. 2312-53 du Code du travail issu des ordonnances du 22 septembre 2017 fait ainsi la liste des informations consultations du CSE en cas de procédure collective et ne concerne que les entreprises de cinquante salariés et plus. Il renvoie en matière de sauvegarde à deux hypothèses : l'article L. 623-3 et L. 626-8, qui eux citaient le comité d'entreprise ou à défaut les délégués du personnel, présents dans les entreprises de moins de cinquante salariés. Cette contradiction des textes risque de soulever un certain nombre d'interrogations. À défaut de CSE, le représentant des salariés devrait toujours être consulté en vertu de l'article L. 621-4 du Code de commerce.

Selon l'article L. 2312-53, il est ainsi informé et consulté sur le projet de plan et notamment sur l'avancement des travaux, au fur et à mesure de ces propositions grâce au renvoi à l'article L. 623-3. Le débiteur les informe de son projet de plan au vu des informations et offres reçues conformément à l'article L. 626-8. Il l'est également sur le bilan économique et social, phase préalable à l'élaboration de ce plan grâce à ce renvoi à l'article L. 626-8.

Des accords collectifs d'entreprise peuvent aménager la procédure de consultation sur le fondement de l'article L. 2232-16 du Code du travail. Ils peuvent ainsi organiser les délais de convocation et de transmission de l'ordre du jour à trois jours par exemple, prévoir des réunions communes entre le CSE central et les CSE d'établissements pour accélérer la procédure, autoriser la transmission des informations en début de séance unique-

8. Ord. n° 2017-1386, 22 sept. 2017 relative à la nouvelle organisation du dialogue social et économique dans l'entreprise et favorisant l'exercice et la valorisation des responsabilités syndicales, *JO* 23 sept., n° 31.
9. Comp. avec l'anc. art. L. 2323-48.

ment[1], ou encore la prise en charge des frais de transport ou de secrétariat des séances du CSE[2].

411.14 Prise de contact avec la Dreets et l'AGS. Des différences notables sont à signaler par rapport à la procédure de redressement judiciaire. En effet, si la Dreets est informée de l'existence de la procédure de redressement dès le début, puisque le jugement d'ouverture lui est transmis en application de l'article R. 1233-7 du Code du travail, il n'en est pas de même pour le jugement d'ouverture de la sauvegarde. En effet, l'article R. 1233-7 ne prévoit que la transmission du jugement adoptant le plan de sauvegarde, par le renvoi à l'article L. 626-11 du Code de commerce.

Cependant, l'article L. 626-8 prévoit que les informations permettant la préparation du plan communiquées au CSE sont également transmises à la Dreets ainsi que le procès-verbal du CSE.

Par ailleurs, l'article L. 1233-60 du Code du travail impose, en cas d'ouverture d'un redressement judiciaire, à l'administrateur ou au débiteur d'informer l'autorité administrative avant de procéder aux licenciements pour motif économique prévus par l'article L. 631-19 du Code de commerce, c'est-à-dire des licenciements autorisés par le plan de redressement. Cet article L. 1233-60 ne vise pas le jugement adoptant le plan de sauvegarde. L'implication de la Dreets est donc moins importante en sauvegarde qu'en redressement judiciaire. Elle conserve en revanche son rôle en cas de licenciement pour motif économique grâce à l'application du droit du travail.

Le débiteur, éventuellement assisté de l'administrateur, prend également contact avec l'AGS pour savoir dans quelle mesure elle peut intervenir dans la prise en charge des indemnités de rupture, sachant cependant que cette avance supposera que le mandataire établisse l'absence de fonds disponibles au moment de sa demande de prise en charge[3].

§ 2 Adoption du plan de sauvegarde

411.21 Procédure d'adoption du plan de sauvegarde. Le tribunal adopte le plan de sauvegarde après avoir entendu le débiteur, l'administrateur, le mandataire, les contrôleurs mais aussi les représentants du CSE conformément à l'article L. 626-9 du Code de commerce visé expressément à l'article L. 2312-54 du Code du travail, et cela même si le plan ne contient aucun licenciement.

Les représentants du CSE sont convoqués par le greffe du tribunal de la procédure collective dès le dépôt au greffe du projet de plan par le débiteur[4].

411.22 Contenu du jugement adoptant du volet social du plan de sauvegarde. L'article L. 626-10 indique que le plan expose et justifie le niveau et les perspectives d'emploi ainsi que les conditions sociales envisagées pour la poursuite d'activité. Le texte est donc rédigé d'une manière différente de l'article L. 631-19 puisqu'il ne précise pas les licenciements autorisés. Ainsi, il n'a pas à fixer le nombre, les catégories professionnelles et les activités concernées[5]. *A fortiori* aucune liste nominative de salariés licenciés n'a à être dressée.

Faute d'autorisation spécifique, le licenciement pour motif économique devrait donc être justifié au regard de l'article L. 1233-3 du Code du travail[6].

411.23 Voie de recours du jugement adoptant le plan de sauvegarde. On rappellera que le salarié n'a pas qualité pour exercer une voie de recours à l'encontre du jugement arrêtant le plan de sauvegarde, car le jugement d'arrêté de plan ne règle pas la situation individuelle du salarié. Celle-ci n'est ouverte, en vertu de l'article L. 661-1 du Code de commerce, qu'au comité d'entreprise, aux délégués du personnel, et désormais au CSE par l'intermédiaire du salarié désigné à cette fin. À défaut, le représentant des salariés peut exercer cette voie de recours. Il en est de même à l'encontre des décisions statuant sur la modification et la résolution du plan de sauvegarde.

L'article R. 626-21 du Code de commerce, modifié par l'ordonnance du 15 septembre 2021 prévoit que le jugement arrêtant le plan de sauvegarde est notifié aux représentants du CSE, sans prévoir la notification aux salariés.

En revanche, les salariés peuvent contester leur licenciement devant le Conseil des prud'hommes conformément au droit commun[7].

1. Par ex. : Accord conclu au sein de l'UES Thomas CooK SAS placée en redressement judiciaire, n : T09219014114.
2. Par ex. : Accord de méthode pour la société Tooandre conclu pendant la crise sanitaire du Covid, n° T03820005227.
3. C. trav., art. L. 3253-20 – L. Fin-Langer, « Être ou ne pas être subsidiaire et subrogée, telle est la question posée à l'AGS ! », *RDT* 2023. 167 – Sur le caractère subsidiaire de l'AGS, v. s[s] n°s 731.11 s.
4. C. com., art. R. 626-17.
5. Pour le redressement : C. com., art. R. 631-36, aucun texte équivalent n'étant d'ailleurs prévu pour le plan de sauvegarde.
6. Sur le contentieux de la cause réelle et sérieuse, v. s[s] n° 411.32.
7. Sur le contentieux prud'homal ouvert après le jugement d'ouverture, v. s[s] n°s 822.11 s.

SECTION 2
MISE EN ŒUVRE DES LICENCIEMENTS ENVISAGÉS PAR LE PLAN DE SAUVEGARDE

§ 1
Application du droit commun

411.31 Continuation du contrat de travail en plan de sauvegarde. Le principe de la continuation de plein droit du contrat de travail, spécialement posé par le législateur pour la période d'observation, peut également se vérifier au jour de l'arrêté des plans de sauvegarde. Ces plans ne constituent pas des causes de résiliation des contrats de travail.

L'article L. 621-63, alinéa 2, du Code de commerce[1], dans sa rédaction antérieure à la loi de sauvegarde des entreprises[2], dispose que « le plan expose et justifie le niveau et les perspectives d'emploi ». L'alinéa 3 de ce même article indique que « les personnes qui exécuteront le plan [...] ne peuvent pas se voir imposer des charges autres que les engagements souscrits au cours de sa préparation ». La solution est reproduite par l'article L. 626-10, alinéa 2 et alinéa 3, résultant de la loi de sauvegarde des entreprises. Il résulte de ces dispositions que les personnes qui exécuteront le plan détermineront le nombre de contrats de travail qu'elles continueront. Le tribunal ne pourra leur en imposer davantage.

Le plan de sauvegarde peut envisager des licenciements pour motif économique comme le prévoit expressément l'article L. 626-2. Il n'a cependant pas à les autoriser.

411.32 Contentieux possible de la cause réelle et sérieuse. En raison de l'application du droit commun, la question se pose de savoir si le licenciement doit ou non avoir une cause réelle et sérieuse, conformément à l'article L. 1233-3 du Code du travail, faute d'autorisation judiciaire expresse dans le jugement adoptant le plan de sauvegarde. Dans ce cas, le salarié pourrait obtenir l'indemnisation fixée par l'article L. 1235-3 du Code du travail et modifiée par l'ordonnance du 22 septembre 2017. Ce barème « Macron » comprenant un minimum et un maximum en fonction de l'ancienneté du salarié a été validé par la Cour de cassation, qui a estimé qu'il respectait le principe d'une réparation adéquate posé par plusieurs conventions internationales[3].

Pour les entreprises dites *in bonis*, l'article L. 1233-3 du Code du travail définit le licenciement pour motif économique par un certain nombre de critères, comme la réorganisation de l'entreprise afin d'en assurer la compétitivité ou l'existence de difficultés économiques, caractérisées par un certain nombre d'éléments caractéristiques relativement précis (comme la baisse du chiffre d'affaires sur un nombre de trimestres consécutifs variant en fonction des effectifs de l'entreprise). Le juge dispose cependant d'un pouvoir d'appréciation au vu de l'ensemble des éléments versés au dossier[4].

Malgré l'application du droit commun, le plan de sauvegarde fixant les perspectives d'emploi et envisageant donc la possibilité de licencier des salariés, le pouvoir d'appréciation du juge prud'homal quant à l'existence d'une cause réelle et sérieuse pourrait être réduit selon certains auteurs, sous réserve que les notifications des licenciements y fassent référence comme en matière de plan de redressement[5]. Cette analyse pourrait aussi se rapprocher de celle relative à la liquidation judiciaire, puisque dans ce cas également, il ne s'agit pas d'une autorisation *stricto sensu*[6].

Cette position doctrinale, qui aurait le mérite d'éviter un contentieux comme en redressement judiciaire[7], ne semble cependant pas être suivie en jurisprudence. Ainsi, dans l'affaire *Keyria*, les licenciements ont été déclarés sans cause réelle et sérieuse en raison de la faute de l'employeur qui a fait procéder à des remontées de dividendes de la part de ses filiales, dans des proportions anormales, causant des difficultés ayant entraîné l'ouverture de la liquidation judiciaire des filiales et par ricochet la sauvegarde de la Holding[8]. Le simple fait de faire un LBO ne suffit

1. Anc[t] L. n° 85-98, 25 janv. 1985 relative au redressement et à la liquidation judiciaire des entreprises, *JO* 26 janv., p. 1097, art. 62, al. 2.
2. L. n° 2005-845, 26 juill. 2005 de sauvegarde des entreprises, *JO* 27 juill., n° 5.
3. Soc. 11 mai 2022, n° 21-14.490, P et Soc. 11 mai 2022, n° 21-15.247, P ; *Act. proc. coll.* 2022, n° 146 ; *D.* 2022, Pan. 1283, obs. S. Vernac ; *D.* 2022, Pan. 1088, entretien P. Lokiec ; *RTD civ.* 2022. 861, obs. F. Marchadier ; *RDT* 2022. 361, note C. Wolmar ; *JCP* 2022, n° 643, note G. Dedessus-Le-Moustier ; *JCP* 2022, n° 753, note Y. Pagnerre – V. déjà : Ass. plén., avis, 17 juill. 2019, n°s 19-70.010 et 19-70.011 ; *D.* 2019. 1916, note T. Sachs ; *RTD civ.* 2019. 569, note G. Bargain ; *JCP S* 2019, n° 289, note G. Loiseau ; *RTD civ.* 2020. 59, obs. P. Deumier ; *BJT* 2019, p. 18, note G. Duchange.
4. Soc. 21 sept. 2022, n° 20-18.511 ; *D. actu.* 12 oct. 2022, obs. Cl. Couëdel ; *RDT* 2022. 711, obs. F. Géa ; *JCP S* 2022, n° 1278, note P. Morvan ; *RPC* nov. 2022, comm. 106, F. Taquet – Soc. 26 oct. 2022, n° 20-17.501 ; *Act. proc. coll.* 2022, n° 262, comm. L. Fin-Langer ; *D. actu.* 16 nov. 2022, obs. Cl. Couëdel ; *DS* 2023, 91, obs. J. Mouly ; *RDT* 2022. 704, chr. O. Guillemot.
5. EN CE SENS : R. Vatinet, « Sur la place faite aux salariés par la loi de sauvegarde des entreprises du 26 juillet 2005 », *JCP S* 2005, n° 1230, n° 9.
6. Sur la cause du licenciement prononcé en liquidation judiciaire, v. s[s] n° 511.13.
7. Sur l'absence de contentieux de la cause réelle et sérieuse pour les licenciements prononcés en vertu du plan de redressement, v. s[s] n° 421.47.
8. Soc. 24 mai 2018, n° 17-12.560, *Keyria ; Bull. civ.* V, n° 85 ; *RDT* 2018. 523, note S. Vernac ; *JCP S* 2018, n° 1252 ; *D.* 2018. 1158.

pas pour caractériser cette faute, qui se distingue de la simple erreur d'appréciation du risque[1]. Par ailleurs, la comparaison avec la liquidation judiciaire n'est pas totalement convaincante, car la situation économique (cessation des paiements rendant manifestement impossible son redressement, la cessation d'activité étant la seule issue à défaut de cession) n'est en réalité pas comparable.

La question pourrait également se poser en cas d'appartenance de la société à un groupe. En redressement ou en liquidation judiciaire, l'autorisation judiciaire évite cette interrogation. En droit commun et donc en sauvegarde, lorsque l'entreprise fait partie d'un groupe, l'appréciation de ces difficultés s'effectue au niveau du secteur d'activité du groupe auquel elle appartient.

La notion de groupe a été définie par l'ordonnance du 20 décembre 2017 : elle le définit comme « le groupe formé par une entreprise appelée entreprise dominante et les entreprises qu'elle contrôle dans les conditions définies à l'art. L. 233-1, aux I et II de l'art. L. 233-3 et à l'art. L. 233-16 du Code de commerce », soit au seul I. de l'art. L. 2331-1 du Code du travail, une participation au capital des filles étant nécessaire. La loi de ratification a réintroduit cependant une exception, sous l'influence du Conseil constitutionnel, à savoir la fraude. Cependant, de nombreuses interrogations apparaissent à la lecture du texte qui ne donne aucune définition de la fraude. Comment sera-t-elle caractérisée ? Sera-t-elle admise lorsque la fermeture de la société est décidée au niveau du groupe pour améliorer la rentabilité de ce dernier ou de la société mère ? Le Conseil constitutionnel, dans sa décision du 21 mars 2018, cite l'organisation artificielle de difficultés au sein de la filiale (considérants n°s 78 s.). Dans ce cas, quelles sont les conséquences ? Faut-il apprécier les difficultés de l'ensemble des entreprises y compris celles situées à l'étranger ? Faut-il au contraire considérer que le licenciement est sans cause réelle et sérieuse ?[2]

L'ordonnance du 22 septembre 2017 circonscrit l'existence de ce secteur au seul territoire national, alors que la Cour de cassation avait une vision internationale du groupe[3]. Il faut donc rechercher ces entreprises, puis regarder celles qui sont situées en France et enfin déterminer leur secteur d'activité commun pour délimiter ce périmètre.

Cette même ordonnance apporte également des précisions relatives à la définition du secteur d'activité par une série de critères non exhaustifs, à savoir la nature des produits ou services délivrés, la clientèle ciblée, les réseaux et modes de distribution se rapportant à un même marché. Elle tente donc de mettre fin à des incertitudes jurisprudentielles qui existaient dans ce domaine, certains arrêts regardant la branche d'activité alors que d'autres regardaient le marché concurrentiel.

Il revient à l'employeur d'apporter la preuve de ce secteur d'activité et le risque est supporté par l'employeur seul[4].

Il reviendra à la Cour de cassation de trancher cette question.

Le gouvernement a voulu limiter le contentieux dans les entreprises *in bonis* en prévoyant la mise en place de modèles de lettres de licenciement grâce aux ordonnances du 22 septembre 2017 en renvoyant dans un premier temps à décret. Le décret du 29 décembre 2017[5] qui fixe les modèles de lettre de licenciement laisse perplexe de manière générale[6], mais aussi dans le cadre des procédures collectives.

Ce sont les annexes IV à VI qui proposent des modèles pour les licenciements pour motif économique, selon le nombre de salariés licenciés. Il fait certes référence aux procédures collectives, puisque dans les modèles qui précisent le motif économique, il est fait mention du jugement adoptant le plan. L'employeur peut donc s'y référer.

Enfin, depuis cette même ordonnance, le motif pourra désormais être précisé à la demande de chaque partie, dont les modalités sont prévues par un décret du 15 décembre 2017.

Le nouvel art. R. 1233-2-2 du Code du travail précise que dans les quinze jours qui suivent la notification du licenciement, le salarié peut, par lettre recommandée avec accusé de réception ou remise contre récépissé, demander des explications à l'employeur qui a aussi quinze jours après réception de la demande pour y répondre selon les mêmes formes. L'employeur peut aussi, de sa propre initiative, le faire dans les mêmes formes dans les quinze jours suivant la notification.

Ce dispositif est applicable pour les licenciements prononcés après la publication du décret. Il ne s'agit

1. Soc. 24 nov. 2021, n°s 20-10.007 et 20-12.326 ; *Act. proc. coll.* 2022, 34 – Pour des ex. récents de faute : Soc. 17 mars 2021, n° 19-10.237 ; *Act. proc. coll.* 2021, 113, note M.-N. Katchadourian.
2. Soc. 1er févr. 2011, n° 10-30.045, Gooidyear ; *Bull. civ.* V, n° 42 ; *JCP S* 2011, n° 1095 ; *Dr. ouvrier* 2011. 584 ; *RTD civ.* 2011. 172, note F. Géa ; *DS* 2011. 379, note G. Couturier ; *D.* 2012. 901, obs. P. Lokiec et J. Porta.
3. Soc. 12 juin 2001, n° 99-41.571 ; *Bull. civ.* V, n° 214 ; *DS* 2001. 894, note C. Masquefa ; *D.* 2001. 2560.
4. Soc. 31 mars 2021, n° 19-26.054 ; *RDT* 2021. 385, obs. M. Kocher ; *D.* 2021. 701 ; *RPC* 2021, 75, obs. F. Taquet ; *Lettre ch. soc.* Mars 2021, p. 15.
5. Décr. n° 2017-1820, 29 déc. 2017 établissant des modèles types de lettres de notification de licenciement, *JO* 30 déc., n° 83.
6. Pour une note critique : F. Taquet, « Modèles de lettres de notification de licenciement : une intention louable non dénuée de critiques », *JCP S* 2018, n° 11.

que d'une simple précision : l'employeur ne peut pas compléter, ajouter ou substituer un motif.

Cette procédure soulève plusieurs interrogations. *Quid* si les délais ne sont pas respectés ? Le silence de l'employeur a-t-il des conséquences ? Qu'en est-il en procédure collective ? Aucune exception n'a été envisagée lorsque le motif résulte d'un jugement adoptant le plan de sauvegarde. Il semble pour le moins discutable d'avoir un tel mécanisme en procédure collective[1], sauf à permettre à l'employeur de compléter sa lettre par exemple en cas d'oubli de la référence à ce jugement. Il est à noter que ce dispositif n'a semble-t-il pas vocation à s'appliquer dans le cadre de l'acceptation du contrat de sécurisation professionnelle[2].

Enfin, si le salarié ne formule pas une telle demande, l'insuffisance de motivation ne suffit plus désormais pour priver le licenciement de cause réelle et sérieuse. Par conséquent, si une telle cause existe, il s'agira d'une simple irrégularité de forme sanctionnée par une indemnité d'un mois de salaire maximum[3]. En revanche, si cette insuffisance correspond à une absence effective de cause réelle et sérieuse, il y aura application du nouvel article L. 1235-3, qui limite le montant des dommages-intérêts en fonction de l'ancienneté.

411.33 Application du droit commun du licenciement en plan de sauvegarde. Les licenciements économiques doivent obéir, dans la procédure de sauvegarde, au droit commun, faute de dispositions particulières dans le Code de commerce ou le Code du travail, sous réserve de quelques exceptions[4]. Il faut toutefois réserver les licenciements effectués dans le cadre d'une cession partielle accompagnant un plan de sauvegarde. Cette cession partielle obéit en effet aux règles du plan de cession[5].

Contrairement au redressement et à la liquidation judiciaire, l'employeur devra aussi respecter le congé reclassement[6] et l'obligation de revitaliser le bassin de l'emploi[7].

La procédure de licenciement devrait donc se dérouler après le jugement adoptant le plan de sauvegarde.

411.34 Aménagement des délais relatifs au PSE. Il faut cependant noter une particularité inscrite en partie à l'article L. 1233-58, III, du Code du travail et impliquant la mise en place d'un PSE.

Tout d'abord, en cas d'établissement d'un PSE et donc d'un licenciement d'au moins dix salariés dans une entreprise de cinquante salariés et plus, l'article 110 de l'ordonnance du 12 mars 2014 prévoit désormais que la Dreets a un délai de huit jours pour se prononcer sur la validité du PSE, l'article L. 1233-58, III, écartant expressément les délais prévus par l'article L. 1233-57-4, à savoir un délai de quinze ou de vingt-et-un jours selon la forme du PSE.

Par ailleurs, en cas de refus de la Dreets de valider ou d'homologuer le PSE, des délais raccourcis ont été prévus pour qu'elle puisse à nouveau examiner la demande. Le CSE est consulté dans un délai de trois jours et la Dreets, une fois l'avenant transmis, a également un délai de trois jours pour se prononcer.

§ 2
Mesures communes à respecter après le jugement adoptant le plan de sauvegarde

411.41 Organe chargé de procéder aux licenciements pour motif économique. Il revient à l'employeur et non à l'administrateur de procéder aux licenciements en appliquant le droit commun du licenciement économique prévu par le Code du travail. En effet, le débiteur reste à la tête de son entreprise. Aucun texte particulier ne donne cette compétence à un organe de la procédure, contrairement à ce qui existe pour le redressement judiciaire[8].

Par ailleurs, une fois le plan adopté, l'entreprise redevient *in bonis*. En outre, le commissaire à l'exécution du plan n'est chargé que de la surveillance de l'exécution du plan. L'article L. 626-24 du Code de commerce permet au tribunal de charger l'administrateur d'effectuer certains actes précis nécessaires à la mise en œuvre du plan. Il serait donc possible de confier à l'administrateur la mission de licencier le personnel. Mais à défaut de précision dans le jugement adoptant le plan, il revient au chef d'entreprise de procéder à ces licenciements après l'adoption du plan.

411.42 Maintien de l'obligation préalable de reclassement. L'employeur doit rechercher, avant de notifier le licenciement, des postes disponibles en raison du maintien de l'obligation de reclassement prévue à l'article L. 1233-4 du Code du travail, y compris pour les licenciements prononcés en vertu d'un plan de redressement[9] et *a fortiori* des plans de

1. D. Jacotot et L. Fin-Langer, « Les ordonnances du 22 septembre 2017 et la rupture des contrats de travail dans une entreprise en difficulté », *RPC* nov. 2017, étude 21.
2. Sur le contrat de sécurisation professionnelle, v. s[s] n° 411.44.
3. C. trav., art. L. 1235-2.
4. Sur l'aménagement du délai d'examen du PSE, v. s[s] n° 411.34.
5. C. com., art. L. 626-1 – N. Vignal, note s[s] Soc. 2 févr. 2006, n° 04-40.474 ; n° 336 F-P+B ; *LPA* 13 sept. 2006, n° 183, p. 10 s., sp. p. 14 – Sur les licenciements dans le plan de cession, v. s[s] n°s 431.11 s.
6. C. trav., art. L. 1233-75.
7. C. trav., art. L. 1233-84.
8. C. com., art. L. 631-19 – Sur l'auteur des licenciements prononcés en vertu du plan de redressement, v. s[s] n° 421.41.
9. Soc. 10 mai 1999, n° 96-44.647 ; *Bull. civ.* V, n° 204 ; *RTD com.* 1999. 965, note C. Saint-Alary-Houin : solution donnée pour un plan de redressement par voie de cession.

sauvegarde. Le non-respect est sanctionné par le défaut de cause réelle et sérieuse, qui donne droit aux indemnités désormais plafonnées par les ordonnances du 22 septembre 2017 et fixées à l'article L. 1235-3 du Code du travail.

Cette obligation existe dans tous les licenciements pour motif économique quel que soit le nombre de salariés concernés. Elle sera intégrée dans le PSE dans les licenciements de dix salariés dès lors que l'entreprise comporte cinquante salariés [1].

Certains aménagements ont été apportés, notamment par les ordonnances du 22 septembre 2017.

L'ordonnance du 22 septembre 2017 [2] entend simplifier la procédure de reclassement car elle offre une alternative à l'employeur : soit il adresse de manière personnalisée les offres de reclassement à chaque salarié (le droit antérieur était en ce sens), soit il diffuse par tout moyen une liste des postes disponibles à l'ensemble des salariés. C'est cette pratique que l'on rencontrait fréquemment en présence notamment d'une entité en procédure collective, mais celle-ci était sanctionnée. Le décret du 21 décembre 2017 [3] fixe le contenu des offres de reclassement et valide désormais la pratique antérieure [4].

Qu'il s'agisse d'offres personnalisées écrites ou de la diffusion d'une liste des offres, elles précisent le poste, le nom de l'employeur, la nature du contrat, la localisation, la rémunération et la classification. L'imprécision ou le caractère incomplet est sanctionné comme un défaut de cause réelle et sérieuse [5].

Lorsqu'il s'agit d'une liste des offres, elle mentionne également les critères de départage entre les salariés qui postuleraient sur un même poste et le délai pour présenter sa candidature. Ce délai ne peut être inférieur à quinze jours, la réduction du délai à quatre jours n'étant prévu que pour le redressement ou la liquidation judiciaire [6]. Le silence à l'expiration du délai vaut refus des offres par le salarié. Il est donc important de fixer une date certaine à cette liste. Aucune sanction n'est prévue par les textes mais la jurisprudence applique le défaut de cause réelle et sérieuse, notamment en cas d'absence des critères de départage [7], considérant qu'il s'agit d'un manquement à l'obligation de reclassement.

Cette obligation est limitée au reclassement dit interne : c'est-à-dire dans l'entreprise mais aussi dans le groupe si l'entreprise fait partie d'un groupe. La Cour de cassation précise cependant que ce reclassement interne doit s'effectuer uniquement dans les entreprises dont les activités ou l'organisation ou le lieu leur permettent d'effectuer la permutation de tout ou partie du personnel [8]. Ce groupe de reclassement était apprécié largement et ainsi pu être reconnu par exemple entre des entreprises qui exploitent un fonds de commerce sous la même enseigne [9], aucune condition de contrôle n'étant nécessaire.

L'article 16 de l'ordonnance du 22 septembre 2017 [10] ne consacre que partiellement cette jurisprudence : le groupe est défini par référence à l'article au I de l'article L. 2331-1 du Code du travail relatif au comité de groupe et renvoyant au Code de commerce. Il faut établir soit une détention majoritaire du capital [11] soit une détention des droits de vote par capital ou en raison d'un accord conclu avec d'autres associés voire résultant d'une situation de fait [12]. La Cour de cassation a fait une application anticipée de ce texte et a refusé de reconnaître l'existence d'un groupe pour un ensemble de sociétés dominé par une société de gestion de fonds commun de placement [13].

Parmi ces entreprises, il faut limiter le périmètre du reclassement aux seules entreprises situées en France. En effet, l'art. L. 1233-4-1 qui organisait le reclassement à l'étranger est définitivement abrogé. Seuls des emplois disponibles en France peuvent ainsi être proposés. Cette absence de reclassement à l'étranger va simplifier les démarches des administrateurs. Enfin, il faudra vérifier uniquement les possibilités parmi les entreprises qui permettent une permutation du personnel.

La charge de la preuve du périmètre de reclassement incombe à l'employeur, mais le juge l'apprécie en

1. Sur le PSE, v. s^s n° 421.61.
2. Ord. n° 2017-1387, 22 sept. 2017 relative à la prévisibilité et la sécurisation des relations de travail, *JO* 23 sept., n° 33.
3. Décr. n° 2017-1725, 21 déc. 2017 relatif à la procédure de reclassement interne sur le territoire national en cas de licenciements pour motif économique, *JO* 22 déc., n° 70.
4. C. trav., art. D. 1233-2-1.
5. Soc. 23 oct. 2024, n° 23-19.629 ; *Act. proc. coll.* 2024, n° 224 ; *JCP E* 2025, n° 1035, note M. N. Katchadourian ; *JCP S* 2024, n° 1393, note Th. Lahalle ; *RPC* janv. 2025, comm. 29, F. Taquet.
6. C. trav., art. D. 1233-2-1.
7. Soc. 8 janv. 2025, n° 22-24.724, P ; *Act. proc. coll.* 2025, n° 30 ; *D. actu.* 20 janv. 2025, obs. L. Malfettes ; *JCP S* 2025, n° 1066, note C. Terrenoire ; *Leden* févr. 2025, p. 6, obs. F. Joly.
8. Soc. 25 juin 1992, n° 90-41.244 ; *Bull. civ.* V, n° 420 ; *DS* 1992, p. 710 et 826 ; *D.* 1992. 209 ; *DS* 1993. 272, note Q. Urban ; *JCP E* 1992. I. 197, n° 5, obs. Ph. Coursier.
9. Soc. 27 nov. 2013, n° 12-18.470, NP ; *RPC* Mai 2014, comm. 72, obs. D. Jacotot.
10. Ord. n° 2017-1387, 22 sept. 2017.
11. C. com., art. L. 233-1.
12. C. com., art. L. 233-3.
13. Soc. 20 mars 2019, n° 17-19.595, P ; *RDT* 2019. 332 ; *JCP S* 2019, n° 1198, note Y. Pagnerre ; *Leden* mai 2019, p. 7, obs. G. Dedessus-Le Moustier ; *Gaz. Pal.* 16 avr. 2019, p. 40, note C. Berlaud ; *Act. proc. coll.* 2019, n° 108 ; *JCP E* 2019, n° 1279, Fl. Aubonnet.

fonction des éléments apportés par les deux parties au litige[1].

411.43 Détermination des critères d'ordre. Faute de liste nominative dans le plan de sauvegarde, l'employeur doit déterminer quels sont les salariés licenciés et pour cela doit établir les critères d'ordre dès lors qu'un choix doit être opéré. Il doit alors respecter l'article L. 1233-5 du Code du travail[2].

Lorsqu'un PSE a été mis en place, dans les entreprises de cinquante salariés et plus et pour des licenciements de dix salariés et plus, ces critères sont fixés dans le PSE.

Pour les licenciements sans PSE et à défaut d'accord collectif les prévoyant[3], il revient au débiteur de les déterminer après avoir consulté le CSE.

L'article L. 1233-5 du Code du travail cite les charges de famille, l'ancienneté du salarié, leur situation rendant leur réinsertion professionnelle difficile ou les qualités professionnelles, dont le contenu peut varier selon les catégories professionnelles[4]. L'employeur est le seul juge des qualités professionnelles, sauf erreur manifeste de sa part[5]. Cette liste n'est pas limitative. Ont ainsi pu être ajoutés les sanctions disciplinaires[6] ou les résultats aux évaluations annuelles mises en place dans l'entreprise, mais non le fait que le salarié travaille à temps partiel[7] ou bien encore l'existence d'un diplôme. Un de ces critères peut être privilégié, mais il faudra tenir compte également des autres[8]. Un système de pondération peut ainsi être instauré.

Ces critères s'appliquent à l'intérieur d'une catégorie professionnelle, qui regroupe des fonctions de même nature et supposant une formation professionnelle commune[9]. Le périmètre des catégories professionnelles peut être fixé par un accord collectif de droit commun. Si l'intégralité d'une catégorie professionnelle est supprimée, ces dispositions n'ont pas à être respectées.

Le non-respect de ces dispositions n'a pas pour effet d'engendrer un licenciement sans cause réelle et sérieuse, mais elle cause un préjudice au salarié qui peut ainsi en demander la réparation[10].

411.44 Proposition du contrat de sécurisation professionnelle. La loi du 28 juillet 2011[11] remplace la convention de reclassement personnalisé dite CRP et le contrat de transition professionnelle, qui avaient déjà remplacé la convention de conversion, par le contrat de sécurisation professionnelle pour les entreprises de moins de mille salariés lorsqu'elles sont *in bonis* et celles qui sont en procédure collective quel que soit leur effectif[12]. Ce dispositif doit donc être proposé aux salariés licenciés en vertu du jugement adoptant le plan de sauvegarde.

Ce contrat doit être proposé par écrit au cours de l'entretien préalable ou après la notification de la décision du Dreets validant le PSE dans les grands licenciements économiques depuis la loi Macron. Le salarié dispose de vingt-et-un jours de réflexion pour donner sa réponse dans lequel il doit être reçu par France Travail. Son acceptation emporte rupture du contrat et donne droit à l'indemnité de licenciement ou à toute indemnité conventionnelle qui lui aurait été due en cas de licenciement.

Il est alors considéré comme stagiaire de la formation continue. Pendant douze mois, le salarié perçoit une allocation spécifique correspondant à 75 % de son salaire depuis le 1er février 2015, un suivi plus personnalisé et intensifié auprès de France Travail par rapport à une prise en charge classique.

On peut penser que les solutions rendues par la Cour de cassation à l'occasion de la CRP seront maintenues. Ainsi s'il apparaît, après examen de son dossier, que le salarié n'est pas éligible à la CRP, cela n'a pas pour effet de rendre sans cause réelle et sérieuse son licenciement[13].

De plus, malgré cette acceptation, le salarié peut, dans les douze mois qui suivent, contester son licen-

1. Soc. 31 mars 2021, n° 19-17.300 ; *Act. proc. coll.* 2021. 124 ; *RDT* 2021. 385, note M. Kocher.
2. Com. 26 juin 1991 ; *RJDA* 10/91, n° 847 – Soc. 8 avr. 1992 ; *JCP E* 1992, pan. 787.
3. Un accord collectif peut fixer avant tout licenciement ces critères. Il ne s'agit donc pas nécessairement de l'accord majoritaire de PSE, mais un accord de droit commun d'entreprise ou de branche : CE 10 juill. 2017, req. n° 398256 ; *RDT* 2017. 701, concl. F. Dieu ; *CSBP* oct. 2017, p. 477, obs. Fl. Canut.
4. CE 31 oct. 2023, n° 456091 ; *Act. proc. coll.* 2024, n° 31 ; *JCP E* 2024, n° 1005, note C. Terrenoire ; *RPC* janv. 2024, n° 16, obs. D. Jacotot ; *Leden* févr. 2024, p. 7, obs. H. de Frémont.
5. Soc. 22 sept. 2021, n° 19-23.679 ; *Act. proc. coll.* 2021, 276.
6. Soc. 19 mai 2000, n° 09-40.103, NP ; *JCP S* 2010, n° 1345, note J.-F. Cesaro.
7. Soc. 4 juill. 2012, n° 11-12.045 ; *Bull. civ.* n° 211 ; *D.* 2012. 1894 ; *D.* 2013. 1026, obs. P. Lokiec et J. Porta ; *JCP S* 2012, n° 1407, note S. Béal et M. Marguerite ; *RPC* sept. 2012, comm. 151, F. Taquet.
8. Soc. 14 janv. 1997 ; *Bull. civ.* 1997, V, n° 16 ; *DS* 1997. 159, concl. A. Lyon-Caen, note J. Savatier ; *CSBP* 1997, 79 – Soc. 11 oct. 2006, n° 04-47.168 ; *Bull. civ.* V, n° 302 ; *JCP S* 2007, n° 1021, note P.-Y. Verkindt ; *JCP E* 2006, n° 2847, note S. Béal et C. Terrenoire ; *RDT* 2007. 32, obs. Ph. Waquet.
9. CE 30 mai 2016, *FNAC*, req. n° 387798 ; *Leden* sept. 2016, p. 7 ; *AJDA* 2016. 1866, chron. L. Dutheillet de Lamothe et G. Odinet ; *JSL* 2016, n° 414-4, obs. M. Hautefort ; *RPC* sept. 2016, comm. 142, D. Jacotot : reprenant la position de la Cour de cassation.
10. Soc. 14 janv. 1997, n° 95-44.366 ; *Bull. civ.* V, n° 16 ; *DS* 1997. 159, concl. A. Lyon-Caen, note J. Savatier ; *RJS* 1997. 92, n° 131 ; *CSBP* 1997. 79, arrêt Belkacem.
11. L. n° 2011-893, 28 juill. 2011 pour le développement de l'alternance et la sécurisation des parcours professionnels, *JO* 29 juill., n° 2 ; *JCP S* 2011, n° 316, n° 1383, n° 1396 ; *RDT* 2011. 570.
12. C. trav., art. L. 1233-65 s.
13. Soc. 8 oct. 2014, n° 13-13.995 ; *RDT* 2014. 685, obs. M. Ines ; *JCP S* 2014, n° 1463, note L. Drai ; *D.* 2014. Actu. 2054.

ciement[1] ainsi que les critères d'ordre[2]. Si le motif économique n'existe pas, la CRP signée devient sans cause[3]. L'employeur doit délivrer un écrit comportant le motif précis qui a justifié la mise en place de la procédure de licenciement[4]. L'employeur indique ce motif soit dans le document d'information qu'il doit remettre avant la réponse du salarié, soit dans la lettre remise au salarié après l'expiration du délai de réponse, soit dans tout autre document écrit remis au plus tard au moment de son acceptation[5]. Cette information peut être faite par courrier électronique[6]. Si la forme est assez souple, la Cour de cassation exige une précision du motif : à défaut d'avoir une information complète du motif économique, le salarié peut demander des dommages-intérêts pour défaut de cause réelle et sérieuse. L'administrateur a en réalité une double obligation : proposer ce contrat et informer le salarié du motif économique.

La Cour de cassation a eu l'occasion de préciser que l'information, donnée éventuellement dans une note, doit viser l'ordonnance du juge-commissaire et ne peut se contenter de rappeler le jugement d'ouverture du redressement judiciaire[7]. Cette décision du 27 mai 2020 confirme que cette information ne peut être par conséquent donnée qu'après l'ordonnance du juge-commissaire. La sanction est lourde, sans que l'on puisse utiliser la possibilité de compléter le motif du licenciement prévu par l'article L. 1235-2 du Code du travail qui ne concerne que la notification du licenciement *stricto sensu*. Le salarié peut obtenir les dommages-intérêts pour défaut de cause réelle et sérieuse et l'entreprise devra contribuer au financement du CSP par une contribution correspondant à l'indemnité de préavis, dans la limite de trois mois de salaire majoré des charges en vertu de l'article L. 1233-69 du Code du travail. On peut penser que cette solution sera reprise dans le cadre des licenciements prononcés en vertu du plan de sauvegarde.

Il est à noter que lorsque le salarié adhère à la CRP, il renonce alors à l'obligation de reclassement et l'employeur peut alors proposer le poste à un autre salarié, quand bien même le délai de réflexion de vingt-et-un jours ne serait pas écoulé[8]. Il bénéficie enfin de la priorité de réembauchage[9].

411.45 Notification des licenciements. Quel que soit le nombre de salariés licenciés, il convient de notifier les licenciements aux salariés. Ces notifications doivent intervenir dans le délai d'un mois à compter du jugement adoptant le plan pour permettre la prise en charge des créances par l'AGS à défaut de fonds disponibles en vertu de l'article L. 3253-8 du Code du travail. Il faut cependant noter une difficulté. En effet, l'article L. 1233-59 du Code du travail écarte les délais de droit commun des notifications prévus par l'article L. 1233-15 uniquement en cas de redressement[10] ou de liquidation judiciaire. N'étant pas écartés en sauvegarde, il convient de respecter les dispositions du Code du travail pour les licenciements prononcés en vertu du plan de sauvegarde. Le délai est de sept jours, porté à quinze pour les cadres, à compter de l'entretien individuel pour le licenciement individuel ou celui de moins de dix sur une période de trente jours. Pour les grands licenciements collectifs, le délai est de trente jours minimal en vertu de l'article L. 1233-39, à compter de la notification de la décision administrative validant le PSE. Cette dernière disposition peut poser des difficultés d'application au regard de la garantie AGS. Comment alors respecter ces textes contradictoires ? Aucune réponse n'est aujourd'hui donnée, même si le délai prévu pour la garantie AGS devrait primer

1. Soc. 17 mars 2015, n° 13-2.6941 ; *Bull. civ.* V, n° 51 ; *RDT* 2015. 328, obs. A. Fabre ; *JCP S* 2015, n° 1192, note T. Lahalle ; *D. actu.* 2 avr. 2015, obs. M. Ines ; *D.* 2015. Actu. 736 ; *Act. proc. coll.* 2015, n° 121 ; *RPC* mai 2015, comm. 45, obs. F. Taquet.
2. Soc. 5 mars 2008, n° 07-41.964 ; *Bull. civ.* V, n° 47 ; *JCP S* 2008, n° 1334, note F. Dumont ; *D.* 2008. 856, obs. M. Ines ; *D.* 2008. 2306, obs. B. Reynès ; *RDT* 2008. 385, obs. E. Durlach ; *DS* 2008, 617, obs. G. Couturier ; *CSBP* juin 2008, p. 256, note F.-J. Pansier ; *JCP E* 2008, n° 1525, note F. Taquet ; *JCP* 2008. II. 10084, note D. Corrignan-Carsin.
3. Soc. 5 mai 2010, n° 08-43.652 ; *Bull. civ.* V, n° 104 ; *D. actu.* 28 mai 2010, obs. L. Perrin ; *D.* 2010. 1290 ; *JCP S* 2010, n° 1300, note D. Corrignan-Carsin ; *RDT* 2010. 437, obs. A. Fabre ; *RPC* sept. 2010, comm. 187, note F. Taquet.
4. Soc. 27 mai 2009, n° 08-43.137 ; *Bull. civ.* V, n° 139 ; *JCP S* 2009, n° 1373, note B. Bossu ; *RPC* sept. 2009, comm. 134, F. Taquet.
5. Soc. 14 avr. 2010, n°s 08-45.399 et 09-40.987 ; *Bull. civ.* V, n° 98 ; *RDT* 2010. 437, obs. A. Fabre ; *JCP S* 2010, n° 1299, note F. Dumont ; *JCP E* 2010, n° 1514, note F. Taquet ; *D. actu.* 11 mai 2010, obs. L. Perrin – Soc. 22 sept. 2015, n° 14-16.218 ; *Bull. civ.* V, n° 208 ; *JCP S* 2016, n° 1461, note A. Louvet ; *D. actu.* 21 oct. 2015, obs. W. Fraisse ; *D.* 2015. Actu. 1958 ; *CSBP* févr. 2016, p. 82, note J. Icard ; *RPC* janv. 2016, comm. 19, F. Taquet.
6. Soc. 13 juin 2018, n° 16-17.865 ; *Bull. civ.* V, n° 115 ; *RPC* sept. 2018, comm. 157, obs. F. Taquet ; *Act. proc. coll.* 2018, 187 ; *D.* 2018. 1317 ; *D. actu.* 9 juill. 2018, obs. J. Cortot.
7. Soc. 27 mai 2020, n° 18-20.153, P ; *D. actu.* 10 juin 2020, obs. L. Malfettes ; *D.* 2020. 1746, obs. Prache ; *Act. proc. coll.* 2020, comm. 208, D. Jacotot ; *RPC* 2020, comm. 127, obs. F. Taquet ; *JCP S* 2020, n° 2063, note E. Jeansen ; *Leden* 2020-7, p. 6, obs. G. Dedessus-Le Moustier ; *BJT* juill. 2020, p. 11, note G. Duchange.
8. Soc. 28 sept. 2011, n° 10-23.703 ; *Bull. civ.* V, n° 198 ; *JCP S* 2012, n° 1029, note A. Louvet ; *RDT* 2011. 637, obs. F. Géa ; *D.* 2011. 2478 ; *D. actu.* 21 oct. 2011, obs. L. Perrin.
9. Soc. 30 nov. 2011, n° 09-43.183 ; *Bull. civ.* V, n° 282 ; *D.* 2011. 3003 ; *D.* 2012. 901, obs. P. Lokiec et J. Porta ; *RDT* 2012. 34, obs. A. Fabre ; *JCP S* 2012, n° 1086, note F. Dumont – Soc. 22 sept. 2015, n° 14-16.218 ; *Bull. civ.* V, n° 208 ; *JCP S* 2016, n° 1461, note A. Louvet ; *D. actu.* 21 oct. 2015, obs. W. Fraisse ; *D.* 2015. Actu. 1958 ; *CSBP* févr. 2016, p. 82, note J. Icard ; *RPC* janv. 2016, comm. 19, F. Taquet.
10. Sur l'application de cette dérogation en cas de plan de redressement, v. s^s^ n° 421.46.

dans ce contexte particulier, le spécial dérogeant au général.

La méconnaissance du délai d'un mois prévue pour la garantie AGS constitue une irrégularité de forme qui sera sanctionnée par l'octroi de dommages et intérêts aux salariés irrégulièrement licenciés [1]. Elle n'a en revanche pas pour effet de priver le licenciement de cause réelle et sérieuse [2]. Pour les salariés disposant d'un régime de protection en termes de licenciement, il suffit que l'administrateur manifeste sa volonté de licencier ces salariés protégés dans le délai d'un mois à compter du jugement adoptant le plan pour que la garantie AGS puisse fonctionner [3].

411.46 Versement des indemnités de rupture. Tout salarié licencié pour motif économique a droit à l'indemnité légale de licenciement dès lors qu'il a huit mois d'ancienneté depuis les ordonnances du 22 septembre 2017. Pour savoir si le salarié a droit à cette indemnité, il est tenu compte de son ancienneté au jour de la notification du licenciement.

Ensuite, son montant sera calculé à l'expiration du délai de préavis, même s'il est dispensé de l'exécuter. Il faut cependant préciser que si le salarié commet une faute grave pendant cette période, cette faute interrompt le délai ainsi que l'ancienneté, car elle met fin au contrat [4].

Le montant est désormais identique depuis la loi du 25 juin 2008 pour le motif personnel et économique [5]. Elle est calculée en fonction de la rémunération brute moyenne des trois derniers mois. En contrepartie du plafonnement des indemnités pour défaut de cause réelle et sérieuse, la réforme du 22 septembre 2017 a prévu une revalorisation du montant de l'indemnité de licenciement, prévu par le nouvel art. R. 1234-2 issu d'un décret du 25 septembre 2017, applicable immédiatement à tous les licenciements notifiés après son entrée en vigueur. Elle a été revalorisée dans les termes suivants :

« L'indemnité de licenciement ne peut être inférieure aux montants suivants :

1° Un quart de mois de salaire par année d'ancienneté pour les années jusqu'à dix ans ;

2° Un tiers de mois de salaire par année d'ancienneté pour les années à partir de dix ans. »

Les accords collectifs peuvent l'augmenter [6], l'indemnité conventionnelle se substituant alors à l'indemnité légale sans pouvoir se cumuler.

Les parties peuvent également avoir mis en place des « golden parachute » qui sont des indemnités contractuelles de départ, d'un montant en général élevé. La Cour de cassation les valide sous réserve de ne pas faire échec à la faculté de résiliation unilatérale. À la différence des indemnités conventionnelles, les indemnités contractuelles peuvent alors être modifiées par le juge, même d'office, si elles sont d'un montant excessif sur le fondement de l'ancien article 1152 du Code civil, devenu avec la réforme de 2016, l'article 1231-5, la Cour les assimilant à une clause pénale [7].

L'employeur doit en principe respecter la durée du préavis conformément au droit commun [8]. Il pourrait aussi dispenser les salariés de leur préavis, même si cela semble moins probable qu'en liquidation judiciaire, puisque l'activité se poursuit. Dans ce cas, il devra verser l'indemnité compensatrice de préavis.

Il devra également verser l'indemnité compensatrice de congés payés pour les congés restant dus [9]. C'est à l'employeur d'apporter la preuve que le salarié n'a pas été en mesure de prendre effectivement ses congés, qu'ils soient d'origine légale ou conventionnelle [10].

Les parties peuvent également avoir prévu une clause de non-concurrence qui produit ses effets après la rupture du contrat et qui oblige le salarié, en échange d'une contrepartie financière, de ne pas travailler pour une entreprise concurrente. La date de la rupture peut avoir des conséquences aussi sur la possibilité de renoncer unilatéralement à cette clause. Ainsi, si le préavis est exécuté, l'employeur peut y renoncer au plus tard à la date du départ effectif de l'entre-

1. Soc. 10 juill. 2002, n° 00-42.340, P V, n° 242 ; *Act. proc. coll.* 2002/14, n° 182, obs. C. Régnaut-Moutier ; *D.* 2002. AJ 2678, obs. A. Lienhard ; *JCP E* 2003. Chron. 194, p. 219, n° 2, obs. Ph. Pétel – Soc. 5 janv. 2022, n° 18-26.257, NP ; *Act. proc. coll.* 2022, n° 37.
2. Soc. 21 sept. 2005, n°s 04-40.529, 04-40.534, préc.
3. Sur la rupture des contrats des salariés protégés, v. s^s^ n°s 411.91 s.
4. Soc. 11 sept. 2019, n° 18-12.606 ; *JCP S* 2019, n° 1285, note L. Drai ; *D.* 2019. 1767 ; *DS* 2019, 981, note J. Mouly.
5. C. trav., art. L. 1234-9.
6. Par ex. : Soc. 17 oct. 2012, n° 10-28.006 ; *Bull. civ.* V, n° 262 ; *RDT* 2012. 669.
7. Soc. 18 déc. 1979, n° 78-40.996 ; *Bull. civ.* V, n° 1009 ; *DS* 1980. 370 ; *D.* 1980. Inf. Rap. 352, note Ph. Langlois ; *JCP* 1980. II. 19432, note A. Lyon-Caen – Par ex. : Soc. 5 mars 2014, n° 12-23.106 ; *Bull. civ.* V, n° 68 ; *DS* 2014, p. 481, note J. Mouly ; *JCP S* 2014, n° 1215 ; *D.* 2014. 1115, note P. Lokiec et J. Porta ; *RTD civ.* 2014. 644, obs. H. Barbier – Soc. 16 mars 2016, n° 14-23.861 ; *JCP S* 2016, n° 1174, note G. François ; *D.* 2016. Actu 720 ; *DS* 2016. 470, note J. Mouly.
8. C. trav., art. L. 1234-1.
9. C. trav., art. L. 3141-24 – Soc. 5 juin 2008, n° 06-46.366 ; *Bull. civ.* V, n° 125 ; *RDT* 2008. 608, obs. Fl. Canut ; *JCP S* 2008, n° 1423, note S. Brissy – Soc. 24 févr. 2009, n° 07-44.749 ; *Bull. civ.* V, n° 48 ; *D.* 2009. 816, obs. M. Ines ; *JCP S* 2009, n° 1230, S. Brissy.
10. Soc. 21 sept. 2017, n° 16-18.898 ; *Bull. civ.* V, n° 159 ; *JCP S* 2017, n° 1358, note N. Chabrier et L. Chabaud ; *Act. proc. coll.* 2017, n° 290 ; *Gaz. Pal.* 6 févr. 2018, p. 47, note V. Orif : revirement.

prise, et donc à la fin du préavis exécuté. Si le préavis n'est pas exécuté, il faut regarder le délai prévu dans la clause. Si l'inexécution vient du fait du salarié, la renonciation peut se réaliser au cours du préavis [1].

Ces indemnités de rupture sont garanties par l'AGS dans la limite des plafonds de garantie, dès lors que les licenciements sont notifiés dans le mois qui suit le jugement adoptant le plan de sauvegarde [2]. Il en va de même de la contrepartie de la clause de non-concurrence [3]. Il faut cependant préciser que l'indemnité *supra*-légale de licenciement ainsi que toutes les sommes qui concourent à la réparation du préjudice subi par les salariés en raison de la rupture du contrat, prévue par un accord collectif conclu moins de dix-huit mois avant le jugement d'ouverture ou celle fixée par le PSE pendant la période d'observation ne sont désormais plus garanties par l'AGS [4]. En effet, la Cour de cassation a clairement inclus dans ces sommes indemnitaires l'indemnité *supra*-légale fixée par le PSE, sans forcément trancher le sort des autres sommes versées qui pourraient être prises en charge si elles sont considérées comme des mesures d'accompagnement, garanties, quelle que soit la date du PSE en vertu de l'article L. 3253-8, 4° du Code du travail [5].

411.47 Rédaction des documents de fin de contrat. L'employeur remet trois documents au salarié au moment de la rupture du contrat.

Le reçu pour solde de tout compte, facultatif, est un écrit par lequel le salarié reconnaît avoir reçu les sommes indiquées. Il a une valeur probatoire mais aussi libératoire, qui avait été momentanément supprimée par la loi de modernisation sociale du 17 janvier 2002. En l'absence de dénonciation par le salarié dans les six mois qui suivent sa signature, cette signature rend irrecevable toute action en justice de la part du salarié ayant pour objet la contestation des sommes qui y sont mentionnées. Ce délai de six mois ne court que si le reçu comporte une date certaine, qui n'a cependant pas besoin d'être écrite de la main du salarié [6].

Si la Cour a pu juger que ce caractère libératoire existait, peu important qu'il soit rédigé en termes généraux [7], elle a aussi jugé que cet effet disparaissait si le reçu ne mentionnait qu'une somme globale, en faisant référence à une annexe, en l'espèce le bulletin de paye, détaillant les sommes [8]. Il est donc indispensable de mentionner le détail des sommes pour éviter un contentieux futur.

Le certificat de travail doit être établi par l'employeur, quelle que soit la rupture du contrat. Il atteste des emplois occupés par le salarié dans l'entreprise. Il ne peut comporter que les mentions suivantes : le nom et l'adresse de l'employeur et du salarié, la date d'entrée et de sortie, les emplois occupés avec les périodes correspondantes. Depuis le 1er juin 2014, il doit également mentionner le bénéfice du maintien des garanties frais de santé et de prévoyance qui sont portables depuis la loi du 14 juin 2013.

L'attestation France Travail permet au salarié de bénéficier des allocations-chômage. Elle doit être établie et remise en même temps que le dernier bulletin de paye. Depuis 2017, le salarié doit établir son préjudice pour obtenir une réparation en cas de remise tardive de ses documents [9].

§ 3
Vade-mecum des différentes procédures de licenciement pour motif économique sans PSE

411.51 Procédure de licenciement d'un seul salarié. Après avoir déterminé éventuellement les critères d'ordre, l'employeur devra procéder au reclassement interne du salarié dans l'entreprise ou les autres entreprises du groupe situées sur le territoire

1. Soc. 21 mars 2018, n° 16-21.021 ; *Bull. civ.* V, n° 42 ; *D.* 2018. 2326, obs. Centre de droit de la concurrence Yves Serra ; *DS* 2018. 653, étude Tournaux ; *RDT* 2018. 447, obs. C. Dupouey-Dehan ; *JCP S* 2018, n° 1183, note M.-N. Rouspide-Katchadourian ; *JCP* 9 avr. 2018, 422, obs. D. Corrignan-Carsin.
2. C. trav., art. L. 3253-8.
3. Soc. 20 juin 2006, n° 04-48.523 ; *Bull. civ.* V, n° 218 ; *DS* 2006, 1054, obs. C. Radé ; *JCP S* 2006, n° 1950, note R. Vatinet.
4. C. trav., art. L. 3253-13 – V. *contra* avant pour des indemnités *supra*-légales prévues par des PSE établis pendant la période d'observation : Soc. 30 sept. 2009, n° 08-42.076 ; *Bull. civ.* V, n° 213 ; *D.* 2009. AJ 2423 ; *JCP S* 2009, n° 1506, note P. Morvan ; *Act. proc. coll.* 2009, n° 262 ; *RPC* janv. 2010, n° 37, obs. F. Taquet ; *Leden* nov. 2019, p. 6, obs. S. Gorrias.
5. Sur la garantie AGS, v. ss nos 721.11 s. – Soc. 16 déc. 2020, n° 18-15.532 ; *JCP S* 2021, n° 1035, note L. Fin-Langer ; *Act. proc. coll.* 2021, n° 46, obs. L. Fin-Langer ; *Leden* mars 2021, p. 7, obs. G. Dedessus-Le Moustier ; *Gaz. Pal.* 9 mars 2021, p. 75, obs. D. Ronet-Yague.
6. Soc. 20 févr. 2019, n° 17-27.600, P ; *D. actu.* 20 mars 2019, obs. W. Fraisse ; *D.* 2019. Pan. 973, obs. P. Lokiec ; *JCP S* 2019, n° 1109, note L. Paoli ; *BJT* avr. 2019, p. 13, obs. J. Icard ; *Gaz. Pal.* 26 mars 2019, p. 43, obs. C. Berlaud ; *RPC* mars 2019, com. 43, obs. F. Taquet.
7. Soc. 18 déc. 2013, n° 12-24.985 ; *D.* 2014. 88 ; *RDT* 2014. 83 ; *DS* 2014, p. 176, note J. Mouly ; *CSBP* févr. 2014, n° 112r0, obs. J. Icard.
8. Soc. 14 févr. 2018, n° 16-16.617 ; *Bull. civ.* V, n° 21 ; *D. actu.* 21 mars 2018, obs. J. Cortot ; *D.* 2018. Actu. 463 ; *DS* 2018, 481, note J. Mouly ; *RJS* 4/2018, n° 256 ; *RJS* 4/2018, p. 294, avis Ph. Rémery ; *JCP S* 2018, n° 1114, note M.-N. Rouspide-Katchadourian ; *RPC* mai 2018, comm. 119, F. Taquet ; *Rev. proc.* avr. 2018, comm. 113, A. Bugada ; *CSBP* avr. 2018, p. 204, note J. Icard.
9. Soc. 22 mars 2017, n° 16-12.930, NP ; *D. actu.* 26 avr. 2017, obs. M. Roussel – V. *contra* avant : Soc. 21 janv. 2015, NP ; n° 13-25.675.

français permettant la permutation du personnel. Le groupe est défini de la même manière que pour déterminer la cause du licenciement[1]. Cette obligation préalable est obligatoire dans tous les licenciements économiques quel que soit le nombre de salariés licenciés[2].

Depuis l'ordonnance du 22 septembre 2017[3], il peut adresser de manière personnalisée les offres de reclassement à ce salarié ou diffuser une liste des postes disponibles à l'ensemble des salariés.

Puis, il devra convoquer le salarié à un entretien préalable[4]. Cette convocation est faite par lettre recommandée avec accusé de réception ou remise en main propre contre décharge. Cependant, cette formalité n'est pas impérative. La Cour de cassation admet d'autres formes dès lors qu'elle permet d'éviter toute contestation sur la date de réception de la convocation, comme la convocation par Chronopost[5] ou la remise par voie d'huissier de justice[6]. La lettre de convocation doit préciser le lieu de l'entretien, qui est soit le lieu d'exécution du contrat soit le siège social de l'entreprise. Un autre endroit est possible à condition pour l'employeur de justifier d'un intérêt légitime[7].

L'employeur doit respecter un délai de cinq jours ouvrables minimum pour permettre au salarié de préparer sa défense et auquel le salarié ne peut renoncer[8]. Aucun aménagement du délai de convocation n'a été prévu en cas de licenciement prononcé en vertu du jugement adoptant le plan de sauvegarde. Pour savoir si ce délai est respecté, il ne faut pas tenir compte de la date de présentation de la lettre de convocation[9]. Par ailleurs, l'employeur n'est pas tenu de reporter la date de cet entretien à la demande du salarié. En revanche, lorsqu'il le fait, le délai de cinq jours court à compter de la présentation de la première lettre[10]. Le non-respect de ce délai cause nécessairement un préjudice au salarié qui doit être réparé, même si ce dernier a décidé de ne pas venir à l'entretien[11].

La lettre de convocation doit enfin mentionner la possibilité pour le salarié de se faire assister soit par un personnel de son choix appartenant à l'entreprise et à défaut de représentant du personnel, par un conseiller inscrit sur une liste dont les coordonnées doivent être transmises au salarié. La présence du représentant des salariés ne suffit pas pour écarter cette disposition[12]. Au cours de cet entretien, il devra lui proposer le contrat de sécurisation professionnelle[13].

Enfin, il devra lui notifier son licenciement dans un délai maximal d'un mois à compter du jugement adoptant le plan de sauvegarde pour permettre la prise en charge des sommes versées par l'AGS[14].

La Dreets devra enfin être informée dans les huit jours qui suivent la notification des licenciements[15].

411.52 Procédure de licenciement portant sur deux à neuf salariés. Il s'agit de la même procédure que celle applicable au licenciement d'un seul salarié, mais si l'entreprise est dotée d'un CSE, il est nécessaire de le consulter préalablement à la mise en œuvre de cette procédure sur le projet de licenciement[16]. La convocation doit avoir lieu trois jours avant la première réunion.

Le CSE est informé et consulté sur le nombre de salariés concernés, le motif économique, les critères d'ordre, les mesures de reclassement préalable, le calendrier[17]. L'avis doit être rendu dans un délai qui ne peut être supérieur à un mois à compter de la date de la première réunion. À l'issue de ce délai, il est réputé avoir été consulté pour éviter les blocages[18]. Ce calendrier s'avère incompatible avec le fait que les licenciements doivent être notifiés dans un délai d'un mois à compter du jugement adoptant le plan de sauvegarde. Il est donc indispensable de prévoir par accord collectif un aménagement de ce délai.

1. Sur la notion de groupe pour déterminer la cause réelle et sérieuse, v. s^{s} n° 411.32.
2. C. trav., art. L. 1233-4.
3. Ord. n° 2017-1387, 22 sept. 2017.
4. C. trav., art. L. 1233-11.
5. Soc. 8 févr. 2011, n° 09-40.027 ; *Bull. civ.* V, n° 45 ; *JCP S* 2011, n° 1199, note F. Dumont ; *CSBP* avr. 2011, p. 105, F.-J. Pansier ; *RPC* mai 2011, comm. 92, F. Taquet ; *D. actu.* 3 mars 2011, C. Dechristé ; *D.* 2011. 599.
6. Soc. 30 mars 2011, n° 09-71.412 ; *Bull. civ.* V, n° 83 ; *D.* 2011. 1088, obs. J. Siro ; *JCP S* 2011, n° 1258, note F. Dumont ; *RPC* mai 2011, comm. 92, note F. Taquet ; *CSBP* mai 2011, p. 152, note F.-J. Pansier ; *LPA* 30 juin 2011, p. 11, obs. L. Cantois.
7. Soc. 9 mai 2000, n° 97-45.294 ; *Bull. civ.* V, n° 171 ; *D.* 2000. IR 157 ; *JCP* 2000. II. 10373, note D. Corrignan-Carsin ; *RJS* 2000, n° 650.
8. Soc. 20 déc. 2006, n° 04-47.853 ; *Bull. civ.* V, n° 396 ; *JCP S* 2007, n° 1349, note B. Bossu ; *D. actu.* 5 févr. 2007, obs. J. Cortot – Soc. 3 juin 2015, n° 14-12.245 ; *D. actu.* 21 juill. 2015, obs. J. Siro ; *D.* 2015. Actu. 1278 ; *RDT* 2015. 761, obs. M. Véricel ; *RJS* 8-9/2015, n° 574 ; *JCP S* 2015, n° 1311, note F. Dumont.
9. Soc. 20 févr. 2008, n° 06-40.949 ; *Bull. civ.* V, n° 396 ; *D. actu.* 5 mars 2008, obs. M. Ines ; *JCP S* 2008, n° 1252, note J.-Y. Kerbouc'h ; *CSBP* juin 2008, p. 264, obs. J. Lohard.
10. Soc. 24 nov. 2010, n° 09-66.616 ; *Bull. civ.* V, n° 267 ; *JCP S* 2011, n° 1080, note L. Drai ; *D.* 2010. 2915.
11. Soc. 20 janv. 2015, n° 13-21.565, NP ; *RPC* mai 2015, comm. 54, F. Taquet ; *RPC* sept. 2015, comm. 156, F. Taquet.
12. Soc. 27 juin 2002, n° 00-41.893 ; *Bull. civ.* V, n° 233 ; *D.* 2002. IR 2234 ; *DS* 2002, 1073, note F. Petit. L'arrêt ne précise pas la nature de la procédure collective ouverte.
13. Sur le contrat de sécurisation professionnelle, v. s^{s} n° 411.44.
14. Sur la notification des licenciements, v. s^{s} n° 411.45.
15. C. trav., art. D. 1233-3.
16. C. trav., art. L. 1233-8 s.
17. C. trav., art. L. 1233-10.
18. C. trav., art. L. 1233-8.

§ 4
Vade-mecum des différentes procédures de licenciement pour motif économique avec PSE

411.61 Obligation d'établir un PSE pour les licenciements portant sur dix salariés et plus dans une entreprise de cinquante salariés et plus. Dans les entreprises de moins de cinquante salariés, l'employeur devra respecter l'obligation de reclassement[1]. Si l'entreprise dispose d'au moins cinquante salariés, l'employeur devra établir un Plan de sauvegarde de l'emploi, dit PSE en vertu de l'article L. 1233-58, III, du Code du travail. La mise en place d'un plan de sauvegarde de l'emploi n'exonère pas l'employeur de son obligation de reclassement[2].

Il a deux possibilités en théorie pour établir ce PSE.

Il peut tout d'abord négocier un accord collectif avec les partenaires sociaux puis faire valider cet accord auprès de la Dreets. Il s'agit d'un accord spécifique, validé depuis 2013 à une majorité de 50 %, sans aucune autre forme de négociation subsidiaire possible.

Il peut aussi l'établir unilatéralement et ensuite le faire homologuer par la Dreets, le contrôle étant plus approfondi au-delà des règles de validité formelle. Elle va en effet vérifier le contenu du PSE en termes de reclassement interne et externe. L'administration doit vérifier, au regard de l'importance du projet, si les mesures sont concrètes et précises, et si elles peuvent satisfaire les objectifs de reclassement en fonction des moyens de l'entreprise et des efforts de formation et d'adaptation déjà réalisés par l'employeur[3].

Par ailleurs, l'employeur doit respecter son obligation de prévention des risques professionnels lors de l'élaboration du PSE. Le Conseil d'État l'a admis alors que l'employeur cessait son activité en raison de la liquidation judiciaire. Il en est de même en cas de réorganisation résultant du plan de sauvegarde. L'autorité administrative peut, pendant la procédure d'établissement du PSE, adresser des observations, faire des propositions afin que l'employeur prenne en compte les conséquences sur la santé physique et mentale des salariés de cette réorganisation. Il doit d'ailleurs fournir au CSE tous les éléments relatifs à l'identification et l'évaluation de ces conséquences et en leur présence, les actions entreprises pour arrêter ces conséquences. Par ailleurs, au moment de l'homologation du document unilatéral, l'autorité administrative va vérifier, sous le contrôle du juge de l'excès de pouvoir, le respect par l'employeur de cette obligation, ainsi que toutes les informations transmises au CSE et les mesures prises[4].

Le PSE doit donc être consistant, pertinent et proportionné et comprendre toutes les mesures de reclassement possibles, sans que le reclassement externe soit une obligation[5]. Son absence pourra cependant être prise en compte pour apprécier son caractère suffisant. Il lui revient aussi de contrôler la conformité du PSE aux accords de branche imposant des règles particulières, en matière de reclassement externe par exemple[6].

Le contrôle apparaît plus sévère pour les PSE unilatéraux. Le Conseil d'État admet ainsi qu'un accord collectif de PSE puisse prévoir, pour fixer des critères d'ordre, des considérations étrangères aux fonctions occupées par le salarié, alors qu'un PSE unilatéral ne peut les envisager[7]. Dans l'arrêt Fnac, il avait déjà admis le contrôle des critères d'ordre fixés dans le PSE unilatéral : ils doivent regrouper tous les salariés exerçant des fonctions de même nature supposant une formation professionnelle commune[8]. Quand ils sont fixés unilatéralement par l'employeur, le Conseil d'État vérifie alors qu'ils ont fait l'objet d'une information-consultation réelle[9].

La Dreets homologue le PSE après le jugement adoptant le plan de sauvegarde conformément à l'article L. 1233-58, III, « dans les huit jours qui suivent la réception de la demande de validation ou d'homologation qui est postérieure au jugement arrêtant le plan ». Le silence gardé par l'administration vaut acceptation.

Ce délai de huit jours commence « à compter de la date de la réception de la demande qui est postérieure au jugement arrêtant le plan ». Cette chrono-

1. Sur l'obligation de reclassement, v. s[s] n° 411.42.
2. Soc. 13 juill. 2017, n°s 16-20.334, 16-20.339, NP ; *RPC* 2017, comm. 111, note F. Taquet.
3. CE 22 juill. 2015, *Calaire Chimie*, req. n° 383481 ; *D. actu.* 24 juill. 2015, obs. D. Poupeau ; *AJDA* 2015. 1632, chron. J. Lessi et L. Dutheillet de Lamothe ; *AJDA* 2016. 1866, chron. L. Dutheillet de Lamothe ; *RDT* 2015. 514, concl. G. Dumortier ; *D.* 2016. Pan. 807, obs. P. Lokiec ; *RPC* janv. 2016, comm. 22, F. Taquet. Pour les entreprises *in bonis*, la Dreets contrôle aussi les moyens du groupe ou de l'UES.
4. CE 21 mars 2023, req. n° 460660.
5. CE 30 mai 2016, s[té] *Milonga*, req. n° 384114 ; *RDT* 2016. 456, obs. C. Dechristé ; *Leden* sept. 2016, p. 6, note G. Dedessus-Le Moustier.
6. CE 13 avr. 2018, req. n° 404090 ; *RDT* 2018. 452 ; *JCP S* 2018, n° 1207, note S. Poncet ; *Leden* juin 2018, p. 7, note H. de Frémont.
7. CE 7 févr. 2018, req. n° 404077 ; *RPC* sept. 2019, comm. 146, note D. Jacotot ; *JCP S* 2018, n° 1087, note J.-Y. Kerbouc'h ; *JCP S* 2018, n° 1086, note S. Poncet et F. Renaud.
8. CE 30 mai 2016, *Fnac*, req. n° 387798 ; *RPC* sept. 2016, comm. 142, note D. Jacotot ; *Leden* sept. 2016, p. 7, note H. de Frémont ; *RDT* 2016. 485 ; *JSL* 2016, n° 414-4, obs. M. Hautefort ; *AJDA* 2016. 1149 ; *AJDA* 2016. 1866, chron. L. Dutheillet de Lamothe et G. Odinet.
9. CE 7 févr. 2018, req. n° 403001 ; *RPC* sept. 2019, 146, note D. Jacotot ; *RDT* 2018. 213, note F. Géa ; *D.* 2018. 823, note P. Lokiec et J. Porta ; *JCP S* 2018, n° 1086, note S. Poncet et F. Renaud ; *SSL* 2018, n° 1803, p. 6, interview Piveteau ; *SSL* 2018, p. 9, concl. S.-J. Lieber.

logie particulière est facteur d'un risque de contradiction : qu'en est-il si la Dreets ne valide pas le PSE et que les licenciements pourtant envisagés par le tribunal ne puissent pas être notifiés ?[1] Pour limiter ce risque, l'ordonnance du 12 mars 2014 a permis une procédure accélérée permettant de demander une nouvelle décision de la Dreets : le CSE est consulté dans les trois jours et le document modifié ainsi que cet avis sont à nouveau transmis à la Dreets qui se prononce là encore dans les trois jours[2].

Ensuite, contrairement au redressement judiciaire et conformément au droit commun, la Dreets contrôle toujours les moyens du groupe[3].

Il faut noter que le PSE doit contenir des mesures de nature différente à celle du reclassement. En effet, il est désormais acquis que l'entreprise doit rechercher systématiquement si ce projet de grand licenciement comporte des risques-psychosociaux et le cas échéant prévoir toutes les mesures pour y faire face, au nom de l'obligation de prévention des risques professionnels. La Dreets en vérifie désormais le respect, sous le contrôle du juge administratif. Cette démarche concerne également les cessations définitives d'activité, y compris en liquidation judiciaire[4]. Cette solution a vocation à s'appliquer pour les licenciements prononcés en vertu d'un plan de sauvegarde. Ce contrôle prévu au départ pour les PSE unilatéraux a été étendu aux PSE conclus par accord collectif[5]. En pratique, est mis à jour le document unique d'évaluation des risques professionnels (DUERP) et sont mis en place un numéro vert, une assistance psychologique[6] ou le remboursement de séances. Un dialogue constructif avec le CSE doit être engagé pour identifier les risques et envisager les mesures à prendre, même si un avis spécifique précédé d'un vote n'est pas nécessaire[7].

Reste à savoir s'il faudra aussi que le PSE envisage les conséquences environnementales de cette décision. En effet, la loi Climat et résilience du 22 août 2021 a modifié l'article L. 2312-8 du Code du travail relatif aux compétences générales du CSE dans les entreprises de 50 salariés et plus, mais n'a pas modifié ceux précisant cette compétence dans le cadre du licenciement pour motif économique, comme l'article L. 1233-31. Les juges administratifs sont pour l'instant divisés[8]. En outre, la jurisprudence puis la loi ont aménagé la sanction. En effet, en droit commun, en cas d'insuffisance ou d'absence de PSE, le salarié peut demander la nullité du licenciement et sa réintégration dans l'entreprise en vertu des articles L. 1235-10 et L. 1235-11 du Code du travail. Il est à noter cependant que la nullité n'est pas encourue lorsque d'autres irrégularités sont avancées telles que le non-respect des conditions de majorité de l'accord de PSE[9]. À défaut d'être réintégré, il peut demander une indemnisation qui était de douze mois pour ce motif avant les ordonnances de septembre 2017, et qui est désormais de six mois, comme pour les autres irrégularités possibles du PSE[10].

La Cour de cassation avait écarté la nullité en cas de procédure collective[11], ce qu'a consacré la loi du 14 juin 2013 : l'article L. 1235-10 exclut expressément la nullité en cas de redressement et de liquidation judiciaire. L'article L. 1235-16 prévoyant l'indemnisation pour les autres irrégularités est également inapplicable en vertu de l'article L. 1233-58. Le Conseil constitutionnel a validé cette différence de traitement[12]. L'aménagement n'est cependant pas prévu pour les procédures de sauvegarde : il convient donc d'appliquer le droit commun, le salarié pourra ainsi demander la nullité de son licenciement prononcé en vertu du plan de sauvegarde.

411.62 Procédure des licenciements portant sur dix salariés et plus dans une entreprise de cinquante salariés et plus. Une fois le PSE établi, l'employeur doit respecter la procédure suivante.

1. C. Gailhbaud, « Les dispositions concernant les salariés de l'ordonnance du 12 mars 2014 », *D.* 2014. 755.
2. C. trav., art. L. 1233-58, III.
3. Sur le contrôle du PSE en redressement judiciaire, v. s[s] n° 421.61.
4. CE 21 mars 2023, req. n°s 460660 et 460924 ; *RDT* 2023. Controverse 377, note de L. Montvalon, Ph. Rozec et Th. Le Gall ; *RDT* 2023. 476, obs. L. de Montvalon ; *JSL* 2023, n° 564-2, obs. M. Hautefort ; *SSL* 2023, n° 2040, p. 5, concl. J.-F. de Montgolfier, obs. A. Stocki ; *JCP S* 2023, n° 1124, note B. Gauriau ; *D. actu.* 6 avr. 2023, obs. S. Norval-Grivet ; *RPC* juill. 2023, n° 70, obs. D. Jacotot ; *Act. proc. coll.* 2023, n° 136 ; *Gaz. Pal.* 19 sept. 2023, p. 66, obs. C. Gailhbaud ; *Leden* mai 2023, p. 6, obs. H. de Frémont.
5. CE 19 déc. 2023, req. n° 458434 ; *AJDA* 2023. 2369 ; *RJS* 2/2024, n° 86.
6. CE 15 oct. 2024, req. n° 488496, ACIAM ; *RPC* janv. 2025, n° 30, obs. D. Jacotot ; *JCP E* 2025, n° 1028, note D. Jacotot ; *Act. proc. coll.* 2025, n° 8, obs. M. N. Katchadourian ; *RDT* 2024. 665, note M. Kocher.
7. CE 15 oct. 2024, req. n° 488496, ACIAM ; *RPC* janv. 2025, n° 30, obs. D. Jacotot ; *JCP E* 2025, n° 1028, note D. Jacotot ; *Act. proc. coll.* 2025, n° 8, obs. M. N. Katchadourian ; *RDT* 2024. 665, note M. Kocher.
8. TA Montreuil, 2 mai 2022, n° 2202445 : aucun obstacle à l'homologation du PSE – TA Cergy-Pontoise, 10 mars 2022, *RDT* 2023. 553 : solution contraire.
9. Soc. 27 janv. 2021, n° 18-23.535, P ; *D.* 2021. 288 ; *JCP S* 2021, n° 1059, note Q. Chatelier ; *Act. proc. coll.* 2021. 47 ; *BJT* mars 2021, p. 13, note G. Duchange ; *Leden* mars 2021, p. 6, obs. G. Dedessus-Le Moustier.
10. C. trav., art. L. 1235-10, L. 1235-11 et L. 1235-16.
11. Soc. 2 févr. 2006, n° 04-40.773 ; *Bull. civ.* V, n° 58 ; *D.* 2006. 467, obs. N. Chevrier ; *JCP S* 2006, n° 1137, note P. Morand ; *Act. proc. coll.* 2006, n° 49 ; *SSL* 2006, n° 1247, p. 5 – Soc. 28 juin 2006, n° 05-41.685, NP ; *RDT* 2006. 244, obs. Ph. Waquet.
12. C. const. 28 mars 2013, n° 2013-299, QPC ; *BJE* juill. 2013. 248, note N. Tagliarino-Vignal ; *Leden* mai 2013, p. 7, obs. G. Dedessus-Le Moustier ; *D.* 2013. Actu. 925 ; *D.* 2013. 1148, note D. Jacotot ; *Constitutions* 2013. 238, obs. C. Radé et P. Gervier.

Il doit consulter le CSE pour lui proposer le projet de licenciement, le PSE[1]. Dans les entreprises de moins de cinquante salariés, deux consultations espacées d'un délai maximum de quatorze jours doivent avoir lieu[2]. Dans les entreprises de cinquante salariés et plus, il doit au moins faire deux consultations, espacées d'un délai minimum de quinze jours, voir une troisième si le CSE demande le recours à une expertise, ouverte uniquement pour les licenciements de dix salariés dans une entreprise de cinquante salariés et plus[3].

Le recours à une expertise peut soulever des difficultés de délais, car aucun aménagement n'a été prévu dans le cadre de la sauvegarde, l'article L. 1233-58, I, n'écartant ces dispositions qu'en redressement et liquidation. Or il est impossible de respecter le droit commun : dans les dix jours qui suivent sa désignation, l'expert demande les informations à l'employeur qui a huit jours pour répondre. L'expert doit remettre son rapport au plus tard quinze jours avant les délais maximums fixés à l'article L. 1233-30 (deux mois si le nombre de salariés licenciés est inférieur à cent, trois mois pour un nombre compris entre cent et deux cent cinquante et quatre mois au-delà de deux cent cinquante). On le voit, ces délais sont plus longs que le délai de notification des lettres de licenciement, à savoir un mois à compter du jugement adoptant le plan. Il semble nécessaire d'adapter cette procédure et ce calendrier. Un accord de méthode peut d'ailleurs être conclu en ce sens en vertu des articles L. 1233-21 et suivants du Code du travail.

Il faut enfin noter que la Dreets est informée, désormais par voir dématérialisée, de la procédure dès le lendemain de la première consultation du CSE[4].

Par ailleurs, en cas de refus de la Dreets de valider ou d'homologuer le PSE, des délais raccourcis ont été prévus pour qu'elle puisse à nouveau examiner la demande. Le CSE est consulté dans un délai de trois jours et la Dreets, une fois l'avenant transmis, a également un délai de trois jours pour se prononcer.

Enfin, l'employeur doit notifier les licenciements, dans un délai minimum de trente jours après la notification de la décision de la Dreets selon le droit commun mais au plus tard dans le mois qui suit le jugement adoptant le plan de sauvegarder pour permettre la prise en charge des indemnités par l'AGS[5].

1. C. trav., art. L. 1233-28 s.
2. C. trav., art. L. 1233-29.
3. C. trav., art. L. 1233-34 s.
4. C. trav., art. L. 1233-46 et D. 1233-4 s.
5. Sur les délais de notification, v. s[s] n° 411.45.

§ 5
Exécution du plan de sauvegarde

411.71 Contrôle de l'exécution du plan de sauvegarde. Une fois le plan arrêté, le débiteur redevient *in bonis* et libre de gérer son entreprise sous réserve de respecter les engagements prévus par le plan de sauvegarde.

Le commissaire à l'exécution du plan est chargé de surveiller la bonne exécution du plan de sauvegarde. La durée du plan est fixée par le tribunal et elle ne peut en principe excéder dix ans, sauf en matière agricole[6]. Dans le cas où il constate que le plan n'est pas correctement exécuté, il informe le CSE et il en rend compte au président du tribunal[7].

Différentes conséquences sont possibles en cas d'inexécution par le débiteur de ses engagements.

411.72 Sanctions autres que la résolution du plan. Plusieurs conséquences résultent de l'inexécution par le débiteur de ses engagements. Tout d'abord, il est possible d'obtenir une forme d'exécution forcée grâce à l'action en recouvrement. Seul le commissaire à l'exécution du plan en dispose. Ce monopole lui a été octroyé par l'ordonnance du 18 décembre 2008. Les créanciers, tels que les salariés, ne peuvent donc pas exercer les poursuites en paiement jusqu'au terme du plan.

En revanche, les salariés peuvent invoquer ce non-paiement des salaires dus pendant cette période pour justifier une grève et exiger le paiement des jours de grève, la Cour de cassation ayant considéré qu'il s'agissait alors d'un manquement délibéré de l'employeur à son obligation de verser les salaires malgré l'existence de ce plan[8].

Quid en cas de garantie d'emploi souscrite par le débiteur dans le plan de sauvegarde ? On peut considérer que les licenciements prononcés en violation de cette garantie soient considérés comme sans cause réelle et sérieuse. Le non-respect permet en tout cas d'être indemnisés en raison du préjudice subi[9].

Il est également possible pour le débiteur ou le commissaire à l'exécution du plan de demander la modification substantielle du plan. Le tribunal statue alors sur la modification de ce plan après avoir entendu le débiteur, le commissaire à l'exécution du

6. C. com., art. L. 626-12.
7. C. com., art. L. 626-28.
8. Soc. 7 juin 2006, n° 04-46.664 ; *Bull. civ.* V, n° 205 ; *JCP S* 2006, n° 1648, note R. Vatinet.
9. Soc. 12 nov. 2005, n° 14-16.489 ; *RPC* mars 2016, comm. 59, note L. Fin-Langer : solution rendue pour une clause insérée dans un plan de cession mais transposable au plan de sauvegarde.

plan mais aussi le représentant du CSE conformément à l'article L. 626-26.

Quid des licenciements notifiés après l'adoption du plan et non prévus ? S'agit-il d'une modification substantielle du plan ?

Un arrêt de la Cour d'appel de Nancy a donné une réponse positive à cette question en raison du nombre de salariés licenciés trois mois après l'arrêté du plan, à savoir quatre sur treize[1]. Il faudrait alors demander une modification substantielle du plan pour pouvoir notifier de nouveaux licenciements, dès lors que le nombre et le calendrier des licenciements initial est modifié[2]. Il faudrait alors à nouveau respecter la procédure décrite précédemment, certains faisant partir le délai de notification d'un mois à compter du jugement initial, ce qui de fait rend sans intérêt cette modification[3].

Est-ce à dire alors que l'employeur se trouve privé de la possibilité de licencier selon le droit commun pendant toute la durée du plan de sauvegarde ? Tout dépendra de la cause de ce licenciement. Il peut en effet licencier pour un motif personnel ou pour faute, sans qu'il s'agisse d'une modification du plan.

411.73 Résolution du plan de sauvegarde. Le plan peut être résolu en cas de cessation des paiements. Le tribunal n'a pas d'autre choix que de prononcer la liquidation judiciaire dès lors que cet état est caractérisé[4].

Il peut également l'être en raison de l'inexécution par le débiteur de ses obligations[5]. Selon l'article L. 626-27 du Code de commerce, le tribunal peut être saisi par le ministère public, le commissaire à l'exécution du plan ou un créancier. Les représentants du personnel n'ont donc pas la qualité pour agir en ce sens. Il en est de même des salariés, sauf s'ils agissent en qualité de créancier, ce qui est peu probable leurs créances étant souvent payées par l'AGS au moins en partie.

Cette sanction peut être prononcée quelle que soit la nature de l'obligation inexécutée. Le tribunal dispose ici d'un pouvoir d'appréciation[6].

1. Nancy, 3 avr. 1996 ; *JCP E*, n° 7/8 1998, Pan. Rap. p. 250.
2. Pour la même approche : Ph. Delebecque, N. Bictin et L. Andreu, *Traité de droit des affaires, Effets de commerce et entreprises en difficulté*, LGDJ, 18e éd, n° 734.
3. A. Boyer, *Protection des salariés et sauvetage de l'entreprise : quête d'un équilibre*, PUAM, n° 26 : citant une proposition du professeur Vatinet.
4. Com. 8 mars 2017, n° 15-17.691, NP – Com. 8 janv. 2020, n° 18-16.295 ; *RTD com.* 2020. 181, obs. C. Saint-Alary-Houin.
5. C. com., art. L. 626-27, I.
6. Com. 28 févr. 2018, n° 17-10.289 ; *RTD com.* 2018. 1024, obs. H. Poujade ; *Gaz. Pal.* 10 juill. 2018, p. 57, obs. G. C. Giorgini.

SECTION 3

RUPTURE DES CONTRATS DE TRAVAIL PARTICULIERS

§ 1

Rupture des contrats de travail suspendus

411.81 Maintien du régime de la suspension en sauvegarde. Lorsque le contrat de travail est suspendu pour une cause légitime, telle que la maternité, la maladie, un congé parental, etc., des règles spécifiques sont parfois prévues pour encadrer sa rupture.

Aucun aménagement n'a été prévu dans le cadre des procédures collectives et ces règles spécifiques ont donc vocation à continuer à s'appliquer pour les licenciements prononcés en vertu du plan de sauvegarde.

Cela n'empêche pas leur licenciement mais plusieurs précautions vont devoir être prises par l'employeur chargé de procéder à leur licenciement.

Tout d'abord, le jugement adoptant le plan de sauvegarde ne peut fixer une liste limitative[7]. Par conséquent, l'employeur doit respecter les critères d'ordre[8]. Si parmi les salariés concernés par ces licenciements, sont inclus des salariés dont le contrat est suspendu, l'employeur va devoir respecter également la procédure spécifique dépendant de la cause de la suspension, qui se cumule avec celle du licenciement pour motif économique.

411.82 Régime de la suspension pour accident du travail et maladie professionnelle. Ainsi, un salarié victime d'un accident du travail ne peut être licencié en vertu de l'article L. 1226-9 du Code du travail que pour une faute grave, inapplicable dans ce contexte, ou un motif étranger à l'accident du travail qui rend impossible la poursuite du contrat de travail. L'employeur doit donc vérifier cette impossibilité. L'application des critères d'ordre ne suffit pas[9] et il ne peut se contenter de viser dans la notification du licenciement le jugement adoptant le plan[10]. À défaut de respecter cette réglementation, le salarié licencié peut demander la nullité de son licencie-

7. Sur le contenu du jugement adoptant le plan de sauvegarde, v. s[s] n° 411.22.
8. Sur la détermination des critères d'ordre, v. s[s] n° 411.43.
9. Soc. 21 nov. 2000, n° 98-42.509 ; *Bull. civ.*, n° 381 ; *DS* 2000, p. 198, note J. Savatier.
10. Soc. 12 mars 1997, n° 95-40.514 ; *Bull. civ.* V, n° 102 – Soc. 30 avr. 2014, n° 13-10.152, NP – Soc. 23 mai 2017, n° 16-12.232, NP. Les solutions ont été rendues pour les licenciements prononcés pendant la période d'observation sur autorisation du juge-commissaire, mais la solution devrait être la même.

ment. Ce licenciement ne prendra effet qu'à l'issue de la période de suspension[1].

À la fin de la période de suspension, l'employeur devra ensuite respecter l'obligation de reclassement en cas d'inaptitude constatée par le médecin du travail. Ce n'est que si le reclassement est impossible que le licenciement pourra être autorisé, le délai étant d'un mois après la déclaration d'inaptitude.

L'article L. 3253-9 du Code du travail prévoit que les salariés bénéficiant d'un régime protecteur contre le licenciement sont couverts par l'AGS dès lors que l'employeur manifeste son intention de licencier pendant le mois qui suit le jugement adoptant le plan de redressement[2]. Il en est ainsi d'un salarié victime d'un accident du travail qui bénéficie d'une protection particulière en matière de licenciement prévue à l'article L. 1226-9 nouveau du Code du travail.

411.83 Régime de la suspension pour cause de maternité. Pour une femme enceinte, ce régime s'applique avant son congé maternité *stricto sensu* et après son retour, pendant une période de dix semaines depuis l'entrée en vigueur de la loi Travail du 8 août 2016, contre quatre semaines auparavant. Cette période de dix semaines est désormais reportée à la reprise effective lorsque la salariée prend ses congés payés à la fin de son congé maternité[3], non en cas d'arrêt maladie[4]. La notification de son licenciement est possible mais uniquement pour les deux motifs précédemment évoqués. Comme pour le salarié en accident du travail, il faudra donc que l'employeur explique en quoi son maintien dans l'entreprise est impossible[5]. La Cour de cassation a eu l'occasion d'indiquer que l'existence d'une ordonnance du juge-commissaire autorisant ces licenciements ne suffisait pas pour justifier la rupture du contrat de travail d'une salariée enceinte[6]. Le même raisonnement doit s'appliquer pour les licenciements prononcés en vertu du plan de sauvegarde, d'autant que c'est le droit commun qui s'applique et qu'il ne contient pas une autorisation de licencier comparable à celle donnée par le jugement adoptant le plan de redressement. Il s'agit d'une période de protection relative.

Mais le régime de protection est encore plus sévère pendant le congé maternité : non seulement, le motif réside dans une faute grave ou un motif étranger à la maternité rendant impossible la poursuite de la relation de travail, mais l'article L. 1225-4 du Code du travail interdit même toute notification du licenciement pendant le congé maternité. À défaut de respecter ces mesures, le licenciement est nul[7]. Il s'agit ici d'une période de protection absolue.

La Cour de cassation, s'appuyant sur le droit communautaire et pour éviter une éventuelle discrimination, a également interdit tous les actes préparatoires, tels qu'un entretien individuel, pendant cette période[8]. Il faut cependant nuancer cette solution car la Cour a admis que n'était pas considéré comme un acte préparatoire le fait de préparer un plan de départ volontaire[9].

Ce régime a vocation à s'appliquer *a fortiori* pour un licenciement prononcé en vertu d'un plan de sauvegarde, notamment parce que l'activité de l'entreprise sera poursuivie grâce à ce plan et il faudra ainsi expliquer en quoi cette décision rend impossible le maintien de la relation de travail. Seul le droit commun a par ailleurs vocation à s'appliquer.

Cela n'empêchera pas la prise en charge par l'AGS dans la mesure où il suffit que l'employeur manifeste son intention de la licencier pendant la période d'observation, conformément à l'article L. 3253-9 du Code du travail. La jurisprudence communautaire et l'interdiction des actes préparatoires ne devraient pas s'appliquer dans ce cas dans la mesure où cela se retournerait contre la femme enceinte. En pratique, une lettre lui est envoyée mentionnant l'intention de la licencier, licenciement notifié et prenant effet après la fin de la période de protection.

1. Cass., ass. plén., 28 janv. 2005, n° 01-45.924, *Bull.* n° 1 ; *D.* 2005. 581, note G. Couturier ; *D.* 2005. 387, obs. N. Chevrier ; *D.* 2005. 2499, obs. B. Lardy-Pélissier et J. Pélissier ; *CSBP* avr. 2005, p. 186, note F.-J. Pansier, *JCP* 2005. II. 10063, note D. Corrignan-Carsin ; *JCP E* 2005, n° 659, note S. Béal et A. Giroud.
2. Soc. 8 févr. 2012 ; *RJS* 4/12, n° 346 : visant le plan de sauvegarde, de redressement et de cession.
3. Soc. 30 avr. 2014, n° 13-12.321 ; *Bull. civ.* V, n° 111 ; *D.* 2014. 1043 ; *D.* 2015. 829, obs. J. Porta et P. Lokiec ; *RDT* 2014. 547, obs. D. Gardes ; *JCP S* 2014, n° 1333, note D. Everaert-Dumont ; *CSBP* juin 2014, P. 361, note J. Icard ; *JCP E* 2014, n° 1358, note G. Vachet.
4. Soc. 8 juill. 2015, n° 14-15.979, P ; *D. actu.* 22 juill. 2015, obs. M.-C. Peyronnet ; *D.* 2015. Actu. 1545 ; *SSL* 2015, n° 1687, p. 13, obs. A. Fabre ; *JSL* 2015, n° 394-1, obs. M. Hautefort ; *JCP S* 2015, n° 1365, note D. Everaert-Dumont.
5. Soc. 24 oct. 2000, n° 98-41.937 ; *Bull. civ.* V, n° 343 ; *D.* 2000. 303 – Soc. 21 janv. 2009, n° 07-41.841 ; *Bull. civ.* V, n° 22 ; *D.* 2009. 435 ; *CSBP* mai 2009, p. 129, obs. F.-J. Pansier.
6. Soc. 28 sept. 2004, n° 02-40.055, NP.
7. Soc. 21 janv. 2009, n° 07-41.841 ; *Bull. civ.* V, n° 22 ; *D.* 2009. 435 ; *CSBP* mai 2009, p. 129, obs. F.-J. Pansier : la Cour rappelle l'obligation pour l'administrateur de motiver de manière spécifique le licenciement de la femme enceinte malgré l'autorisation donnée dans le jugement adoptant le plan de cession. L'arrêt ne dit cependant rien sur l'interdiction de procéder à ce licenciement pendant le congé maternité.
8. Soc. 15 sept. 2010, n° 08-643.299 ; *Bull. civ.* V, n° 182 ; *JCP S* 2011, n° 1005, note B. Bossu ; *RDT* 2011. 31, obs. M. Mercat-Bruns ; *D.* 2010. 2166, obs. L. Perrin ; *DS* 2010. 1256, obs. F. Favennec-Héry ; *CSBP* oct. 2010, p. 342, note F.-J. Pansier.
9. Soc. 14 sept. 2016, n° 15-15.943, P ; *CSBP* déc. 2016, p. 596, note J. Icard ; *D. actu.* 2016, 1864 ; *RJS* 11/2016, n° 685 ; *JCP* 2016, n° 1046, note G. Dedessus-Le Moustier ; *JCP S* 2016, n° 1382, note L. Dauxerre.

411.84 **Autres causes de suspension.** Pour un salarié en arrêt maladie pour une raison non professionnelle, le Code du travail n'a pas prévu un régime spécifique. Une cause économique est donc possible, notamment en cas de jugement adoptant un plan de sauvegarde et envisageant des licenciements. Il en est de même des autres causes de suspension, tel que le congé parental d'éducation, le congé pour création d'entreprise, etc.

§ 2
Rupture des contrats de travail des salariés titulaires d'un mandat

411.91 **Salariés concernés par cette protection.** Les salariés titulaires d'un mandat de représentation du personnel font également partie des salariés dits protégés. La liste figure aux articles L. 2411-1 et suivants du Code du travail : il s'agit notamment des membres élus du CSE, les délégués syndicaux, des représentants de section syndicale, des représentants syndicaux au CSE, des représentants de proximité et du représentant des salariés[1]. Leur licenciement est subordonné à l'autorisation de l'inspection du travail.

Elle s'applique aussi aux salariés exerçant un mandat à l'extérieur de l'entreprise, comme des fonctions de conseiller prud'homal ou de conseiller du salarié lors des entretiens individuels de licenciement, figurant sur la liste établie par la préfecture[2].

Pendant de nombreuses années, cette protection s'imposait, alors même que les organes de la procédure ignoreraient son existence, la protection du conseiller du salarié prenant effet à compter de son inscription sur la liste, indépendamment de la mesure de publicité qui doit en être faite[3].

Désormais, le salarié ne peut s'en prévaloir qu'à la condition qu'il prévienne le liquidateur au plus tard lors de l'entretien préalable[4], suite à une réserve d'interprétation du Conseil constitutionnel[5]. Un arrêt rendu en dehors de procédures collectives vient préciser le moment de cette connaissance, à savoir à celui de l'envoi de la convocation à l'entretien préalable[6]. Cette solution devrait être transposée aux entreprises en sauvegarde. L'information sur le ou les mandats peut être fournie par le salarié ou par tout autre moyen. Il a ainsi été jugé que le liquidateur ayant eu connaissance du mandat prud'homal lors d'une réunion du comité d'entreprise ayant précédé son entretien préalable était informé de l'existence de ce mandat[7]. Si l'administrateur ou l'employeur n'est pas informé préalablement, la protection ne joue plus[8].

Cette protection va parfois au-delà de l'exercice du mandat et peut concerner d'anciens représentants du personnel pendant les six mois qui suivent l'expiration du mandat, délai porté à douze mois pour les délégués syndicaux s'ils ont exercé leur mandat pendant au moins d'un an[9] ainsi que pour les candidats aux élections pendant les six mois qui suivent l'envoi de leur candidature. Dans les entreprises de moins de cinquante salariés, seul un délégué du personnel et désormais un membre élu titulaire du CSE peut être désigné comme délégué syndical. Dans ce cas, il n'est protégé que pendant les six mois qui suivent la fin de son mandat[10]. Cette extension de la protection ne vaut pas pour le représentant des salariés, car ni l'article L. 662-4 du Code de commerce ni le Code du travail n'en font mention[11].

À quelle date s'apprécie la qualité de salarié protégé ? Dans un premier temps, la qualité avait été appréciée au jour où l'autorité administrative était amenée à statuer[12]. À la suite d'un revirement, il a ensuite été décidé de porter cette appréciation à la date de l'envoi par l'employeur de la convocation du salarié à l'entretien préalable au licenciement[13].

1. Sur le statut du représentant des salariés, v. s[s] n°s 223.11 s.
2. C. trav., art. L. 1232-4 et D. 1234-4 s.
3. Soc. 22 sept. 2010, n° 08-45.227, P V, n° 190 ; FS-P+B+R ; *Act. proc. coll.* 2010/18, n° 254, note L. Fin-Langer ; *D.* 2010. Actu. 2297 ; *Leden* nov. 2010, p. 7, obs. G. Dedessus-Le Moustier ; *JCP S* 2010, n° 1487, note J.-Y. Kerbouc'h. La solution a été rendue en liquidation judiciaire mais elle avait vocation à s'appliquer à la sauvegarde.
4. Soc. 14 sept. 2012, n° 11-21.307 ; *Bull. civ.* V, n° 230 ; *D.* 2012. 2179 ; *D. actu.* 27 sept. 2012, obs. J. Siro ; *RDT* 2013. 48, obs. J.-M. Verdier ; *Constitutions* 2012, 624, obs. C. Radé ; *JCP S* 2012, n° 1468, note D. Boulmier ; *CSBP* oct. 2012, p. 303, note F.-J. Pansier – Soc. 26 mars 2013, n° 11-28.269 ; *Bull. civ.* V, n° 229 ; *Constitutions* 2012. 624, obs. C. Radé ; *JCP S* 2013, n° 1252, note D. Boulmier ; *DS* 2013, 363, note G. Dumortier ; *CSBP* mai 2013, 110K0, note Fl. Canut.
5. C. const. 14 mai 2012, n° 2012-242, QPC ; *Act. proc. coll.* 2012, comm. 210, note L. Fin-Langer ; *D.* 2012. 2622, obs. P. Lokiec et J. Porta ; *DS* 2012, 796, note J. Bonnet ; *Constitutions* 2012. 459, chron. C. Radé ; *RSC* 2012. 871, obs. A. Cerf-Hollender ; *JCP S* 2012, n° 1311, D. Boulmier.
6. Soc. 13 janv. 2021, n° 19-17.489, P ; *D. actu.* 16 févr. 2021, obs. Cl. Couëdel ; *JCP S* 2021, n° 1047, T. Lahalle ; *BJT* mars 2021, p. 22, note G. Auzero ; *DS* 2021, p. 286, note F. Petit.
7. CE 4e et 1re ch. réunies, 24 juill. 2019, req. n° 411058 ; *Leden* oct. 2019, comm. 112u9, note F. Joly.
8. Soc. 1er juin 2017, n° 16-12.221, P V ; *Leden* oct. 2017, comm. n° 111a0, note H. de Frémont ; *RPC* 2017, comm. 107, note F. Taquet. La solution a été rendue dans le cadre d'une liquidation judiciaire mais a vocation à s'appliquer en sauvegarde – Soc. 7 nov. 2018, n° 16-24.089, NP ; *RPC* 2019/1, comm. 20, p. 42, note F. Taquet.
9. C. trav., art. L. 2411-3.
10. Soc. 4 nov. 2020, n° 19-12.279, P ; *D. actu.* 23 nov. 2020, obs. L. Malfettes ; *BJT* janv. 2021, p. 34, G. Auzero.
11. Sur la durée de la protection du représentant des salariés, v. s[s] n° 411.97 – Par ex. : Soc. 1er mars 2005, n° 02-44.293 ; *Bull. civ.* V, n° 74.
12. CE 28 févr. 1997, req. n° 153547.
13. CE 23 nov. 2016, req. n° 392059, *Lebon ; Leden* mars 2017, comm. 110n6, obs. H. de Frémont.

Cette mesure continue de s'appliquer en cas de procédure collective, comme le prévoit expressément l'article L. 2411-1 du Code du travail et donc y compris en cas de licenciement notifié pendant la période d'observation suivant un jugement de redressement judiciaire[1]. Cette solution devrait évidemment la même pour les licenciements prononcés en vertu d'un plan de sauvegarde, puisque cette protection s'applique jusqu'à la disparition complète de l'entreprise[2].

411.92 ***Vade-mecum* de la procédure de licenciement spécifique.** Cette procédure est un peu particulière et elle se cumule avec celle du licenciement pour motif économique. C'est ainsi que si le licenciement du salarié protégé intervient sur le fondement du plan de sauvegarde, il faudra également demander l'autorisation de l'inspection du travail. La procédure sera alors postérieure au jugement adoptant le plan de sauvegarde.

Elle consiste en une consultation préalable du CSE pour les membres du CSE uniquement et en une demande d'autorisation de l'inspection du travail. Le même régime existait avant les ordonnances de 2017 pour les délégués du personnel et le comité d'entreprise. Il y a place à retrait de l'autorisation administrative de licencier si la consultation a lieu, alors que le mandat des représentants du comité d'entreprise est expiré sans prorogation expresse, peu important l'impossibilité matérielle d'organiser à temps de nouvelles élections[3].

À défaut de comité d'entreprise et désormais de CSE, ces textes indiquent que l'inspecteur du travail est saisi directement.

L'article R. 2421-8 précise par ailleurs que la consultation des représentants du personnel doit avoir lieu après l'entretien individuel du salarié. Cette disposition a fait l'objet d'une interprétation jurisprudentielle en cas de licenciement collectif, dans la mesure où en principe, il n'y a pas d'entretien individuel. Pourtant la Cour de cassation a estimé que cet entretien devait toujours avoir lieu, y compris dans les grands licenciements collectifs et malgré l'ouverture d'une procédure collective[4]. La Cour de cassation a cependant réduit la portée de cette jurisprudence aux seuls représentants élus et non aux candidats, non prévu dans le texte[5].

L'employeur va ensuite demander cette autorisation après avoir obtenu le jugement adoptant le plan de sauvegarde et ne pourra notifier le licenciement qu'après l'avoir obtenue, même si le délai d'un mois depuis ce jugement est écoulé. Cela ne posera pas de problème pour la garantie AGS puisqu'en vertu de l'article L. 3253-9 du Code du travail, il lui suffit de manifester son intention de le licencier pendant ce délai d'un mois[6].

L'inspecteur du travail va non seulement vérifier l'absence de motif discriminatoire, le respect de la procédure et de l'obligation de reclassement mais aussi le contenu du jugement adoptant le plan. En revanche, il sera tenu par l'ordonnance du juge-commissaire quant à l'examen de la cause économique et la régularité de cette ordonnance : il ne peut donc pas exercer son contrôle sur la réalité d'une cause réelle et sérieuse[7]. Cette solution devrait être étendue en cas de jugement adoptant le plan de sauvegarde et le juge administratif ne devrait donc pas être compétent pour apprécier la régularité du jugement adoptant le plan comme en matière d'ordonnance du juge-commissaire[8].

411.93 **Prise en charge des indemnités de rupture par l'AGS.** Il faut noter que dès lors que l'employeur manifeste son intention de licencier le salarié protégé dans le mois qui suit le jugement adoptant le plan de sauvegarde, l'AGS prendra en charge les indemnités de licenciement en application de l'article L. 3253-9 du Code du travail. Encore faut-il qu'il le fasse[9]. Peu importe la date de notification. Peu importe également le refus de l'inspecteur du travail d'autoriser le licenciement[10].

411.94 **Sanction du licenciement irrégulier d'un salarié protégé.** À défaut de respecter cette procédure d'autorisation et faute de dispositions spécifiques, il convient d'appliquer les dispositions de droit commun. Le salarié protégé irrégulièrement licencié pourra invoquer la nullité de son licenciement et doit être en principe réintégré, si cette réintégration est possible.

Le salarié peut également souhaiter ne pas être réintégré. En ce cas, il sera indemnisé du préjudice

1. CE 30 oct. 1995 ; *LPA* 15 déc. 1995, p. 14, note J. Arrighi de Casanova.
2. Crim. 20 oct. 1980 – Soc. 25 janv. 1979 ; *DS* 1979, p. 427, note J. Savatier.
3. CE réunies, 9 mai 2011, req. n° 333241 ; *Act. proc. coll.* 2011/10, comm. 152.
4. Soc. 10 mai 1999, n° 97-40.510 ; *Bull. civ.* V, n° 207 ; *D.* 1999. IR 148 ; *JCP* 1999. II. 10137, note D. Corrignan-Carsin.
5. Soc. 6 avr. 2016, n° 14-12.724 ; *Bull. civ.* V, n° 66 ; *D. actu.* 3 mai 2016, obs. J. Cortot ; *JCP S* 2016, n° 1233, note J.-Y. Kerbourc'h ; *CSBP* mai 2016, p. 248, note Fl. Canut.
6. Soc. 8 févr. 2012 ; *RJS* 4/12, n° 346.
7. CE 3 juill. 2013, *Sté Elixens France*, req. n° 361066 ; *RDT* 2013. 551, concl. G. Dumortier ; *RPC* 2014, 2104, comm. 54, D. Jacotot ; *Act. proc. coll.* 2014, n° 290, obs. D. Jacotot ; *BJE* nov. 2013, n° 110n3, obs. A. Donnette.
8. Sur l'autorisation donnée par le juge-commissaire en période d'observation, v. ss n° 322.122.
9. Soc. 18 déc. 1991, n° 89-42.188 ; *Bull. civ.* V, n° 59 ; *D.* 1992. IR 47 ; *CSBP* 1992, 45.
10. Soc. 13 déc. 2017, n° 16-21.773, P ; *Gaz. Pal.* 17 avr. 2018, p. 80, obs. L. Cheikh-Vecchioni ; *Leden* avr. 2018, p. 1, note Lucas et G. Dedessus-Le Moustier ; *D.* 2018, actu 6 ; *JCP S* 2018, n° 1014, note L. Fin-Langer ; *Act. proc. coll.* 2018, 11, L. Fin-Langer : la solution a été rendue en liquidation judiciaire mais elle a vocation à s'appliquer en sauvegarde.

résultant de cette rupture irrégulière, à savoir une somme correspondant aux salaires dus entre son éviction et sa réintégration effective, sans déduction des revenus de remplacement[1].

Au plan pénal, il peut y avoir commission du délit d'entrave aux fonctions du comité d'entreprise ou des délégués du personnel[2] et désormais du comité social et économique.

411.95 **Faute grave du salarié protégé.** En cas de faute grave, la mise à pied immédiate peut être décidée dans l'attente de la décision de l'inspection du travail. En cas de refus, le salarié est réintégré, la mise à pied étant annulée[3].

411.96 **Règles particulières au représentant des salariés.** Le représentant des salariés[4] est au rang des salariés protégés. La solution résulte de l'article L. 2411-1 du Code du travail, qui prévoit que la protection contre le licenciement profite à un certain nombre de salariés, y compris lors d'une procédure de sauvegarde, de redressement ou de liquidation judiciaire. Cet article énonce les salariés concernés par cette protection. Au 11°, figure le représentant des salariés. Le texte précisait que cette protection s'appliquait lors d'un redressement ou d'une liquidation judiciaire. La précision, d'une part, faisait partiellement double emploi avec l'énoncé de principe, et, d'autre part, elle était incomplète. L'article 113 de l'ordonnance du 12 mars 2014[5] toilette le texte et supprime au 11° de l'article la précision « lors d'un redressement ou d'une liquidation judiciaire ».

Le représentant des salariés a été également rangé parmi les salariés protégés[6], en application de l'article L. 627-5, alinéa 2, du Code, dans la rédaction antérieure à la loi du 26 juillet 2005, celle de l'article L. 662-4, alinéa 2, dans la rédaction issue de la loi du 26 juillet 2005[7].

Il a d'abord été jugé que la réglementation protectrice ne s'appliquera qu'autant qu'il aura été régulièrement désigné[8] et seulement pendant la période de protection qui lui est accordée par la loi, ainsi que cela est expliqué ci-après. Il a ensuite été estimé que la protection joue même si sa désignation est irrégulière, pour être intervenue avant le jugement d'ouverture, dès lors qu'elle n'a pas été annulée[9].

La protection ne joue pas pour le simple candidat à l'élection de représentant des salariés[10]. Le licenciement de ce dernier n'est pas soumis à l'avis du CSE ni à l'autorisation de l'inspection du travail.

Le licenciement du représentant des salariés suppose un avis du comité d'entreprise et désormais du CSE, en application de l'article L. 627-5, alinéa 1 du Code, dans la rédaction antérieure à la loi du 26 juillet 2005[11], de celle de l'article L. 662-4, alinéa 1 dans la rédaction issue de la loi du 26 juillet 2005. L'article 17 du décret du 27 décembre 1985[12], sous l'empire de la législation antérieure à la loi de sauvegarde des entreprises et l'article R. 621-16 du Code de commerce[13], sous l'empire de la législation issue de la loi de sauvegarde des entreprises, prévoient que le licenciement du représentant des salariés est régi par les dispositions des articles R. 2421-8, R. 2421-6 et R. 2421-14, R. 2421-15 du Code du travail.

411.97 **Durée de la protection du représentant des salariés.** La protection accordée au représentant des salariés cesse, par principe, lorsque toutes les sommes versées au mandataire judiciaire ou au liquidateur par l'AGS auront été reversées aux salariés[14].

Toutefois, si le représentant des salariés exerce également les fonctions du comité d'entreprise ou, à défaut, des délégués du personnel ou désormais du CSE, la protection cesse au terme de la dernière audition ou consultation prévue par la procédure de redressement judiciaire[15]. Ce texte ne vise que le redressement judiciaire et non la sauvegarde. Est-ce à dire alors que la durée de la protection n'est déterminée que par le versement des avances par

1. France Travail pouvait demander le remboursement de cette somme (Soc. 19 nov. 2014, n° 13-23.643 ; *Bull. civ.* V, n° 268 ; *JCP S* 2014, n° 1044, note J.-Y. Kerbouc'h ; *DS* 2015, p. 93, obs. J. Mouly ; *D.* 2014. 2412). Un arrêt du 4 novembre 2020 remet en cause cette action de France Travail : soc. 4 nov. 2020, n° 19-11.865, P ; *JCP S* 2020, n° 3099, note K. Pagani et J. Pellissier.
2. Crim. 17 mars 1992, n° 91-81.360, P n° 117.
3. C. com., art. L. 627-5, al. 3 du code, dans la rédaction antérieure à la loi du 26 juillet 2005 – C. com., art. L. 662-4, al. 3, dans la rédaction issue de la loi du 26 juillet 2005.
4. Sur le statut du représentant des salariés, v. s[s] n°s 223.11 s.
5. Ord. n° 2014-326, 12 mars 2014 portant réforme de la prévention des difficultés des entreprises et des procédures collectives, *JO* 14 mars, n° 3.
6. Ifppc 1999, recomm. n°s 2060-6, 6015-6, p. 53, 138.
7. Soc. 5 mai 1993, n° 92-40.835, P V, n° 127.
8. Soc. 12 févr. 2003, n° 00-45.764, NP ; *Act. proc. coll.* 2003/7, n° 80.
9. Soc. 23 sept. 2009, n° 08-40.603, P V, n° 197 ; n° 1804 FS-P+B ; *Act. proc. coll.* 2009/17, n° 257, note L. Fin-Langer.
10. Soc. 1er mars 2005, n° 02-44.293, P V, n° 74 ; *Act. proc. coll.* 2005/6, n° 67 ; *Bull. Ifppc* nov. 2005, n° 7, p. 9, note Tourmanoff.
11. L. n° 2005-845, 26 juill. 2005 de sauvegarde des entreprises, *JO* 27 juill., n° 5.
12. Décr. n° 85-1388, 27 déc. 1985 relatif au redressement et à la liquidation judiciaires des entreprises, *JO* 29 déc., p. 15281.
13. Anc[t] Décr. n° 2005-1677, 28 déc. 2005 pris en application de la loi n° 2005-845 du 26 juillet 2005 de sauvegarde des entreprises, *JO* 29 déc., p. 20324, art. 59.
14. C. com., art. L. 627-5, al. 4 du code, dans la rédaction antérieure à la loi du 26 juillet 2005 – C. com., art. L. 662-4, al. 4, dans la rédaction issue de la loi du 26 juillet 2005.
15. C. com., art. L. 662-4, al. 5 – Soc. 30 janv. 2013, n° 11-22.979, P V, n° 23 ; n° 164 FS-P+B ; *Gaz. Pal.* 1er mai 2013, n° 121, p. 39, note Ph. Duprat ; *Act. proc. coll.* 2013/5, comm. 58, note D. Jacotot ; *RPC* 2013, comm. 33, note Ph. Roussel Galle.

une lecture stricte des textes ? Ou au contraire peut-on raisonner par analogie, puisque le représentant des salariés exerce également cette mission supplétive en sauvegarde[1] ? Cette lecture a notre préférence, en raison de la similitude de situation.

§ 3
Rupture des contrats de travail autres que le CDI

411.101 Rupture par anticipation des CDD. Aucune réglementation particulière n'a été posée pour les contrats à durée déterminée. L'article L. 622-13 du Code de commerce VI écarte expressément du régime des contrats en cours tous les contrats de travail, sans préciser leur nature. Par conséquent, seules les règles prévues par le Code du travail ont vocation à s'appliquer à la rupture des contrats à durée déterminée.

Conformément au droit commun, il en résulte l'impossibilité pour l'employeur de les rompre avant leur terme, sauf dans les cas limitativement énumérés à l'article L. 1243-1 du Code du travail. Son alinéa 1 indique « Sauf accord des parties, le contrat de travail à durée déterminée ne peut être rompu avant l'échéance du terme qu'en cas de faute grave, de force majeure ou d'inaptitude constatée par le médecin du travail ». N'est pas citée expressément l'ouverture d'une procédure collective, quelle que soit sa nature. Ce texte a été qualifié d'ordre public et il est impossible pour les parties de prévoir par une clause du contrat d'autres causes[2].

Les administrateurs ont alors invoqué la force majeure pour justifier la rupture anticipée du contrat à durée déterminée. Pourtant, pour la Cour de cassation, le redressement judiciaire ne constitue pas un cas de force majeure, au sens de l'article L. 1243-1 du Code du travail, autorisant leur rupture avant le terme. Cette solution vaut donc *a fortiori* pour la sauvegarde. Elle vaut pour tous les contrats à durée déterminée, y compris les contrats de qualification[3].

L'employeur ne peut pas non plus demander la résiliation judiciaire du CDD, ce mode de rupture étant réservé au salarié[4].

À défaut d'une telle possibilité, le contrat est rompu de manière anticipée pour une cause injustifiée. En vertu de l'article L. 1234-4 du Code du travail, le salarié peut donc obtenir une indemnité correspondant aux salaires qu'il aurait perçus jusqu'au terme du contrat, se cumulant avec l'indemnité dite de précarité.

Cette indemnité est-elle garantie par l'AGS ? La Cour de cassation admet cette prise en charge pour les ruptures anticipées antérieures au jugement d'ouverture[5]. Elle admet aussi la prise en charge des indemnités dues à un apprenti en cas de rupture anticipée[6]. L'article L. 3253-8 du Code du travail vise les ruptures des contrats de travail sans précision. La Cour de cassation exige cependant que l'administrateur, mais non le salarié, soit à l'origine de la rupture[7]. Il faut donc en déduire que dès lors que le CDD est rompu sur le fondement du plan de sauvegarde dans le mois qui suit, le salarié a droit à cette prise en charge, y compris pour les ruptures anticipées injustifiées.

411.102 Rupture par anticipation des contrats d'apprentissage. Le contrat d'apprentissage est un contrat de travail à durée déterminée très particulier, tant dans ses conditions de formation que dans ses modes de rupture. Ces derniers sont régis par l'article L. 6222-18 du Code du travail, qui admet la rupture unilatérale pendant les deux premiers mois d'apprentissage. Ce délai a été porté à quarante cinq jours consécutifs ou non de formation pratique par la loi du 17 août 2015. Mais au-delà de cette période, jusqu'à l'ordonnance du 12 mars 2014, seuls un accord de rupture amiable ou, à défaut, une résiliation judiciaire pour manquement grave de l'une des parties à ses obligations ou pour inaptitude de l'apprenti pouvaient entraîner la rupture du contrat d'apprentissage.

L'ordonnance du 12 mars 2014 a apporté une précision uniquement en cas de liquidation judiciaire au-delà de ce délai, en autorisant la rupture par le liquidateur moyennant le versement d'une

1. C. com., art. L. 621-4, al. 2 – Sur la mission supplétive du représentant des salariés, v. s[s] n° 222.31.
2. Soc. 16 déc. 1998, n° 95-45.341 ; *Bull. civ.* V, n° 552 ; *JCP E* 1999, n° 1298, note J. Mouly ; *D.* 2000. 30, note F. Alaphilippe ; *DS* 1999, 397, obs. J. P. Karaquillo ; *DS* 1999, 285, obs. C. Roy-Loustaunau.
3. Soc. 18 oct. 1994, n° 91-42.607, NP ; *RPC* 1995, 335, obs. F. Taquet – Soc. 6 mai 1998, n° 96-40.867 – F. Derrida, « La mise en redressement judiciaire ne constitue pas en soi un cas de force majeure », *D.* 2000. 5.
4. Soc. 15 juin 1999, n° 98-44.295 ; *Bull. civ.* V, n° 277 ; *D.* 1999. 623, note C. Radé ; *DS* 1999. 836, obs. C. Roy-Loustaunau – Soc. 1 déc. 2001, n° 99-16.361 ; *Bull. civ.* V, n° 369 ; *DS* 2002, 406, obs. C. Roy-Loustaunau ; *D.* 2002. 2361, note J. Mouly.
5. Soc. 12 mars 2002, n° 99-44.222 ; *Bull. civ.* V, n° 86 ; *D.* 2002. IR 1596.
6. Sur le contrat d'apprentissage, v. s[s] n° 411.102.
7. Soc. 20 déc. 2017, n° 16-19.517 ; *JCP S* 2018, n° 1072, note L. Fin-Langer ; *RDT* 2018. 209, note D. Bondat ; *RPC* 2018, comm. 46, obs. F. Taquet ; *D.* 2018, actu 6 ; *JCP E* 2018, n° 1159, n° 20, note Ph. Pétel ; *Leden* mars 2018, 7, obs. H. de Frémont ; *BJE* 2018. 126, note D. Jacotot ; *Act. proc. coll.* 2018, comm. 25 ; *Gaz. Pal.* 17 avr. 2018, p. 81, note L. Cheikh-Vecchioni – Soc. 19 avr. 2023, n° 21-20.651 ; *RPC* juill. 2024, n° 67, obs. D. Jacotot ; *Act. proc. coll.* 2023, n° 138 ; *Leden* juin 2023, p. 7, obs. F. Joly.

indemnité correspondant aux salaires qui auraient dû être versés jusqu'au terme du contrat. Cette ordonnance n'apporte aucune précision en revanche lorsque l'entreprise fait l'objet d'une sauvegarde. Il faut en conclure que l'employeur est tenu de respecter l'article L. 6222-18 du Code du travail.

TITRE

42. Le sort des salariés dans le plan de redressement

SECTION 0
ORIENTEUR

42.00 **Sommaire du titre.**

Chap. 421	Sort des salariés dans le plan de redressement
Sect. 1	Présentation du plan de redressement
Sect. 2	Mise en œuvre des licenciements prévus par le plan de redressement
Sect. 3	Rupture des contrats de travail particuliers

CHAPITRE

421. Sort des salariés dans le plan de redressement

SECTION 0
ORIENTEUR

421.00 Sommaire du chapitre.

Sect. 1 Présentation du plan de redressement 421.11 à 421.34

§ 1 Préparation du plan de redressement 421.11 à 421.13

§ 2 Préparation du volet social du plan de redressement 421.21 à 421.26

§ 3 Adoption du plan de redressement 421.31 à 421.34

Sect. 2 Mise en œuvre des licenciements prévus par le plan de redressement 421.41 à 421.73

§ 1 Mesures communes à respecter après le jugement adoptant le plan de redressement 421.41 à 421.49

§ 2 Mesures spécifiques aux licenciements de moins de dix salariés 421.51 à 421.52

§ 3 Mesures spécifiques aux licenciements de dix salariés et plus 421.61 à 421.62

§ 4 Exécution du plan de redressement 421.71 à 421.73

Sect. 3 Rupture des contrats de travail particuliers 421.81 à 421.102

§ 1 Rupture des contrats de travail suspendus 421.81 à 421.84

§ 2 Rupture des contrats de travail des salariés titulaires d'un mandat 421.91 à 421.97

§ 3 Rupture des contrats de travail autres que le CDI 421.101 à 421.102

421.01 Textes applicables.

• **C. com.**

art. L. 233-1 s. [Critères du groupe de sociétés]

art. L. 621-4 [Rôle de suppléance du représentant des salariés]

art. L. 623-1 [Bilan économique et social en sauvegarde]

art. L. 623-3 [Information du CSE]

art. L. 626-1 [Réglementation du plan de sauvegarde]

art. L. 626-2 [Préparation du plan de sauvegarde – impossibilité d'une cession totale]

art. L. 626-8 [Consultation du CSE sur le projet de plan de sauvegarde]

art. L. 626-9 [Adoption par le tribunal du plan de sauvegarde]

art. L. 626-9 [Durée du plan de sauvegarde]

art. L. 626-20 [Contenu du plan de sauvegarde – créances salariales]

art. L. 626-23 [Cession partielle en plan de sauvegarde]

art. L. 626-25 [Rôle du commissaire à l'exécution du plan]

art. L. 626-26 [Modification du plan de sauvegarde]

art. L. 626-27 [Résolution du plan de sauvegarde]

art. L. 626-28 [Inexécution du plan de sauvegarde]

art. L. 631-13 [Préparation de la cession pendant la période d'observation d'un redressement]

art. L. 631-18 [Bilan économique et social en redressement]

art. L. 631-19 [Réglementation du plan de redressement – Licenciement]

art. L. 631-19-1 [Remplacement du dirigeant dans le plan de redressement]

art. L. 631-19-2 [Augmentation de capital dans le plan de redressement]

art. L. 631-21 [Organe chargé de procéder aux licenciements autorisés par le plan de redressement]

art. L. 631-22 [Cession de l'entreprise dans le plan de redressement]

art. L. 661-1 [Voie de recours du jugement adoptant le plan de redressement]

art. R. 626-21 [Notification du jugement adoptant le plan de sauvegarde]

art. R. 631-36 [Dépôt du projet de plan de redressement]

• **C. trav.**

art. L. 1222-6 [Modification du contrat pour motif économique]

art. L. 1225-4 [Licenciement de la salariée enceinte]

art. L. 1226-9 [Licenciement d'un salarié victime d'un accident du travail]

art. L. 1232-4 [Entretien individuel d'un salarié licencié]

art. L. 1233-3 [Définition du motif économique]

art. L. 1233-4-1 [Licenciement pour motif économique dans un groupe de société]

art. L. 1233-5 [Critères d'ordre des licenciements pour motif économique]

art. L. 1233-8 [Procédure de consultation du CSE en cas de licenciement collectif de moins de dix salariés]

art. L. 1233-11 s. [Entretien préalable des salariés licenciés dans des licenciements collectifs de moins de dix salariés]

art. L. 1233-15 [Notification du licenciement]

art. L. 1233-16 [Modèles de lettres de licenciement]
art. L. 1233-21 s. [Procédure de licenciement collectif de dix salariés et plus]
art. L. 1233-24-1 à L. 1233-24-4 [PSE]
art. L. 1233-30 s. [Procédure de consultation du CSE en cas de licenciement collectif de dix salariés et plus]
art. L. 1233-33 [Aménagement de la procédure de consultation par accord]
art. L. 1233-35 [Expertise du CSE]
art. L. 1233-35-1 [Contentieux des expertises du CSE]
art. L. 1233-38 [Absence d'entretien individuel en cas de licenciement collectif de dix salariés et plus]
art. L. 1233-57 s. [Intervention de l'autorité administrative pour valider le PSE]
art. L. 1233-58 [Dispositions des licenciements économiques à respecter en cas de procédure collective]
art. L. 1233-59 [Inapplication des délais de notification des lettres de licenciement économique en cas de procédure de redressement ou de liquidation judiciaire]
art. L. 1233-60 [Information de l'autorité administrative en cas de licenciement économique en redressement et en liquidation judiciaire]
art. L. 1233-60-1 [Modification du contrat pour motif économique en cas de redressement et de liquidation judiciaire]
art. L. 1233-61 s. [Contenu du PSE]
art. L. 1233-65 s. [Contrat de sécurisation professionnelle]
art. L. 1233-75 [Congé reclassement]
art. L. 1233-84 [Obligation de revitaliser les bassins de l'emploi]
art. L. 1234-1 s. [Préavis à respecter en cas de licenciement]
art. L. 1234-5 [Indemnité compensatrice de préavis]
art. L. 1234-9 [Indemnité de licenciement]
art. L. 1234-20 [Reçu pour solde de tout compte]
art. L. 1235-2 [Procédure de demande de précision du motif de licenciement]
art. L. 1235-3 [Indemnité pour défaut de cause réelle et sérieuse]
art. L. 1235-10 [Sanctions des irrégularités relatives au PSE]
art. L. 1235-11 [Nullité du licenciement et réintégration du salarié en cas d'irrégularité du PSE]
art. L. 1235-16 [Conséquences de l'annulation de la décision de validation du PSE]
art. L. 1243-1 [Causes de rupture du CDD]
art. L. 1331-1 s. [Pouvoir disciplinaire de l'employeur]
art. L. 2232-16 [Accord collectif aménageant la consultation du CSE]
art. L. 2242-10 [Négociation collective obligatoire dans l'entreprise]
art. L. 2312-53 [Compétence du CSE en procédure collective dans les entreprises de cinquante salariés et plus]
art. L. 2411-1 s. [Licenciement des salariés protégés, dotés d'un mandat représentatif]
art. L. 3253-6 [Principe d'une assurance contre le risque de non-paiement des salaires en cas de procédure collective]
art. L. 3253-8 [Sommes garanties par l'AGS]
art. L. 3253-9 [Prise en charge des indemnités de rupture par l'AGS des salariés bénéficiant d'une protection relative au licenciement]
art. L. 3253-13 [Prise en charge des sommes versées aux salariés licenciés en vertu d'un PSE ou d'un accord collectif]
art. L. 6222-18 [Rupture du contrat d'apprentissage]

• **C. trav.**

art. R. 1233-7 [Information de la Dreets du jugement d'ouverture]
art. D. 1233-2-1 [Contenu des offres de reclassement]
art. R. 1233-2-2 [Procédure de demande de précision du motif]
art. R. 1234-2 [Montant de l'indemnité de licenciement]
art. R. 2315-25 [Délai de transmission du PV des délibérations du CSE]
art. D. 2315-26 [Délai de transmission du PV des délibérations du CSE en cas de grand licenciement économique]
art. R. 2421-8 [Consultation préalable du CSE en cas de licenciement d'un salarié protégé]

421.02 Jurisprudence de référence.

> Seuls les licenciements autorisés par le jugement adoptant le plan de redressement sont autorisés

• **Soc. 3 févr. 1998,** n° 95-44.921, P V, n° 58
* V. s^s n° 421.32

> Les licenciements doivent être notifiés par l'administrateur dans le mois qui suit le jugement adoptant le plan. Le non-respect de ce délai constitue une irrégularité de forme, sanctionnée par des dommages-intérêts

• **Soc. 10 juill. 2002,** n° 04-40.529, P V, n° 267
* V. s^s n° 421.47

> Les notifications doivent nécessairement viser le jugement adoptant le plan de redressement pour éviter le contentieux de la cause réelle et sérieuse

• **Soc. 21 sept. 205,** n° 04-40.529, P V, n° 267
* V. s^s n° 421.47

> Il revient à l'administrateur de respecter les obligations relatives au reclassement et à la mise en place d'un PSE pour mettre en œuvre les licenciements autorisés dans le plan de redressement

• **Soc. 10 mai 1999,** n° 96-44.647, P V, n° 204
* V. s^s n° 421.51

421.03 Bibliographie indicative.

> Encyclopédie. *J.-Cl. Procédures collectives*, fasc. 2430 : Sauvegarde, redressement et liquidation judiciaires – Situation des salariés, par N. Vignal, 2021, mis à jour août 2022.

> Monographie. A. Boyer, *Protection des salariés et sauvetage de l'entreprise : quête d'un équilibre*, PUAM 2006.

> Contributions. D. Jacotot, « Droit social et droit des entreprises en difficulté. La rupture du contrat de travail », Roussel Galle (dir.), « Droit 360° », LexisNexis, 2012, p. 531 – P.-Y. Verkindt, « Procédures collectives et licenciements économiques », *in Entreprises en difficulté et droit du travail*, « Ceprisca », Puf, 2007, p. 17.

> Articles.

Généralité. C. André-Hesse et M.-H. Bourbouloux, « La loi Macron a-t-elle résolu le casse-tête chinois du périmètre de l'application des critères de l'ordre des licenciements », *Rev. dr. et affaires* 2016, 13e éd., p. 132 – I. Aufort-Duprat et Ph. Duprat, « Résiliation judiciaire du contrat de travail et procédures collectives », *RPC* 2012, dossier 3, p. 53 – P. Bailly, « Les licenciements et les procédures collectives », *Gaz. proc. coll.* 2008/4, p. 3 ; « De quelques ruptures du contrat de travail », *Gaz. Pal.* 2017, n° 43, p. 69 – C. De Girval, « Mettre en œuvre un plan de sauvegarde de l'emploi dans une entreprise en redressement judiciaire », *BJE* nov.-déc. 2016. 443 – Y. Chagny, « Quelques aspects de la garantie des créances résultant du licenciement pour motif économique par l'entreprise en difficulté », *Gaz. Pal.* 20-21 sept. 2002. Doctr. 56 – H. de Frémont, « Les licenciements et les procédures collectives : un compromis acceptable ? », *Gaz. proc. coll.* 2009/1, p. 11 – L. Driguez, « Licenciement économique et procédures collectives : une nouvelle articulation gage de sécurisation », *DS* 2013, 995 – L. Driguez, « Un pas de plus vers la sécurisation des licenciements collectifs des entreprises en redressement et liquidation judiciaires », *BJE* 2015. 437 – L. Fin-Langer, « Négociation d'entreprise et entreprises en difficulté », *RJS* févr. 2025, p. 9 – L. Fin-Langer et D. Jacotot, « Les ordonnances du 22 septembre 2017 et la rupture des contrats de travail dans une entreprise en difficulté », *RPC* 2017/6, ét. 21 – Ch. Gailhbaud, « La réforme du licenciement économique : analyse en regard du droit des procédures collectives », *Gaz. Pal.* 2018, nos 15, 89 ; « Licenciements économiques en redressement et en liquidation judiciaires : les difficultés persistantes et nouvelles après les réformes successives », *BJE* sept.-oct. 2019. 62 – D. Jacotot, « Licenciement économique : quelle évolution pour les entreprises en difficulté », *RPC* 2016, dossier 18 – N. Kerouaz, Ph. Jeannerot, Th. Météyé, F. Legrand, M. Menjucq, « Les licenciements économiques dans les procédures collectives », *RPC* 2016, table ronde 1, p. 79 – M. Menjucq, « Modèles de lettres de licenciement et procédures collectives : quelle cohérence », *RPC* janv./févr. 2018, repère 1 – P. Morvan, « Le contrôle judiciaire des licenciements pour motif économique prononcés au cours d'une procédure collective », *Dr. soc.* 1998. 443, n° 5 ; « Les grands licenciements collectifs au cours d'une procédure collective (loi du 14 juin 2013 et l'ordonnance du 12 mars 2014) », *BJE* 2014. 416 – N. Nasom-Tissandier, « L'attraction progressive du droit des entreprises en difficulté sur le droit du travail ; Constats et enjeux », *RDT* 2019. 320 – F. Taquet, « Les nouvelles dispositions relatives au licenciement économique issues de la loi de cohésion sociale (Loi n° 2005-32, 18 janv. 2005) », *RPC* 2005/2, p. 114 – J.-L. Vallens, « Le juge et le licenciement pour motif économique, les licenciements économiques et les procédures collectives », *Cah. dr. entr.* 2003, n° 6, p. 14.

Plan de sauvegarde de l'emploi. P. Bailly, « La sanction de l'insuffisance d'un plan de sauvegarde de l'emploi dans une procédure collective », *Sem. soc. Lamy* 6 févr. 2006, n° 1247 – A. Boyer, « Contenu et financement du PSE et nouvelles mesures d'accompagnement », *LPA* 22 avr. 2010, n° 80, p. 12 – C. Frouin et J.-Y. Frouin, « La sanction de l'insuffisance d'un plan de sauvegarde de l'emploi établi dans le cadre d'une procédure collective », *RJS* 2006. 251 – Ch. Gailhbaud, « Le plan de sauvegarde de l'emploi en procédure collective », Journées d'études de la Colle/Loup, 15 et 16 juin 2017, *BJE* 2017. 380 – Ch. Gailhbaud et D. Jacotot, « Les plans et le maintien de l'emploi », *RPC* 2015, dossier 46, p. 89 – Ph. Pétel, « Groupes de sociétés et plan de sauvegarde de l'emploi », *JCP E* 2007, n° 1423, p. 33.

Reclassement. L. Fin-Langer, « L'obligation de reclassement à l'étranger », *RPC* 2009/1, 3, p. 13 – Ch. Gailhbaud, « Le reclassement des salariés », *RPC* 2012, dossier 7, p. 64 – E. Gall-Heng, « Une "subtilité complémentaire" dans l'analyse de l'obligation de reclassement : la théorie du co-employeur », *RPC* 2012, dossier 8, p. 66 – D. Jacotot, « Obligation de reclassement des salariés et liquidation judiciaire : les frontières entre le possible et l'impossible », *LPA* 18 juill. 2011, n° 141, p. 4 – J.-J. Savenier, « L'obligation de reclassement », *RPC* 2001, p. 224.

421.04 Question essentielle.

> À quelles conditions des licenciements pour motif économique peuvent être mis en œuvre suite à l'adoption du plan de redressement ?

* V. ss nos 421.21 s.

SECTION 1 PRÉSENTATION DU PLAN DE REDRESSEMENT

§ 1 Préparation du plan de redressement

421.11 Présentation générale du plan de redressement. L'article L. 631-19 du Code de commerce régit le plan de redressement en renvoyant pour partie aux dispositions relatives au plan de sauvegarde[1]. Il vise à assurer la continuité de l'activité par le débiteur. Il remplace, depuis l'entrée en vigueur de la loi de sauvegarde du 26 juillet 2005, le plan de continuation qui existait sous l'empire de la loi de 1985. Un certain nombre de spécificités existent cependant.

Ainsi, il revient à l'administrateur de préparer, pendant la période d'observation, le plan de dressement avec le concours du débiteur, alors qu'en sauvegarde, il revient au débiteur de le faire avec l'aide de l'administrateur[2]. Pour le concevoir, l'administrateur doit élaborer avec l'aide du débiteur le bilan économique et social, voire un bilan environnemental lorsque l'entreprise comprend des installations classées.

Plusieurs différences relatives au contenu existent également. Tout d'abord, son adoption peut être subordonnée au remplacement du dirigeant à la demande du ministère public[3], l'ordonnance du 18 décembre 2018 ayant supprimé cette possibilité pour le plan

1. C. com., art. L. 626-1 s.
2. C. com., art. L. 626-2.
3. C. com., art. L. 631-19-1.

de sauvegarde afin de préserver l'attractivité de cette procédure volontaire[1]. Par ailleurs, l'entreprise en redressement judiciaire est à vendre dès la période d'observation[2] et une cession totale, impossible en sauvegarde, est autorisée[3]. Il est également possible d'imposer aux associés ou actionnaires de financer l'augmentation de capital[4]. Enfin, le plan de redressement peut entrainer la réalisation de licenciements pour motif économique selon une procédure simplifiée[5].

421.12 Contenu du projet de plan. Le projet de plan contient tout d'abord les perspectives de redressement de l'entreprise compte tenu notamment de la situation du marché, des capacités de financement. Ce volet réorganisation peut envisager des cessions d'éléments d'actifs ou au contraire des clauses d'inaliénabilité. Un plan de cession partielle voire totale est possible, les règles applicables étant alors celles du plan de cession[6]. La jurisprudence a cependant admis qu'un plan de redressement pouvait avoir pour objet exclusif l'apurement du passif, dans une hypothèse cependant particulière où le débiteur personne physique avait arrêté son activité[7].

Il contient ensuite les modalités d'apurement du passif. Concernant le volet financier, le plan de redressement ne peut imposer des délais pour les créances privilégiées et super-privilégiées, les salariés devant donner leur accord depuis l'ordonnance du 12 mars 2014, contrairement aux autres créanciers qui peuvent se voir imposer des délais uniformes. Les salariés doivent également donner leur accord pour subir des remises portant sur ces mêmes créances. L'article L. 631-19 du Code commerce renvoie en effet à l'article L. 626-20 relatif au plan de sauvegarde[8].

Enfin, il comprend un volet social précisant le niveau d'emploi mais aussi les conditions sociales envisagées pour la poursuite de l'activité. Même si la procédure collective vise à garantir les emplois, il peut aussi projeter des licenciements pour motif économique, mais qui contrairement à la procédure de sauvegarde seront soumis à une procédure dérogatoire du droit commun, l'article L. 631-19 renvoyant expressément à l'article L. 1233-58 du Code du travail. La procédure est simplifiée pour faciliter et accélérer les ruptures des contrats de travail, dans le but d'augmenter les chances de succès du plan de redressement.

Le projet de plan doit alors rappeler les mesures qui ont déjà été prises notamment pendant la période d'observation et il va définir les actions à entreprendre pour faciliter le reclassement des salariés et leur indemnisation[9].

Quelles sont les autres conséquences du plan de redressement sur les salariés ? Peut-on envisager d'autres mesures ? Quels accords collectifs négociés ?

Il est également possible que l'administrateur propose, en vertu du plan de redressement, des modifications du contrat de travail. Un arrêt ancien a ainsi décidé que l'administrateur devait respecter l'article L. 1222-6 du Code du travail[10] : il doit envoyer une lettre recommandée laissant un délai réduit à quinze jours en cas de redressement, le silence gardé au bout de ce délai valant acceptation. En cas de refus, le salarié est alors licencié pour motif économique[11]. Les règles spécifiques aux licenciements décrites ultérieurement devraient alors s'appliquer.

Pour préparer ou accompagner le plan de redressement adopté par le tribunal, un certain nombre d'accords collectifs peuvent également être conclus. Il peut s'agir d'accord portant sur le temps de travail pour permettre d'adapter les horaires en fonction de la réduction de la production à venir[12].

Certains accords peuvent aussi être conclus après l'adoption du plan de redressement, soit pour permettre son accompagnement et assurer son efficacité soit pour faire un geste envers les salariés qui auraient fait des efforts dans ce contexte, en sécurisant par exemple le salaire fixe et en accordant de nouvelles primes, en tenant compte des moyens financiers de l'entreprise[13].

421.13 Consultation préalable des représentants du personnel. L'entrée en vigueur des ordonnances du 22 septembre 2017 instaurant le CSE n'a pas modifié au fond les dispositions relatives à la consultation des représentants du personnel. Le nouvel article

1. L'ordonnance du 18 décembre 2008 a ainsi abrogé l'ancien art. L. 626-4 prévoyant cette possibilité.
2. C. com., art. L. 631-13.
3. C. com., art. L. 631-22. Comp. art. L. 626-2 et L. 626-23.
4. C. com., art. L. 631-19 et L. 631-19-2.
5. C. com., art. L. 631-19, III – Sur la procédure de licenciement, v. s^s n°s 431.21 s.
6. Sur le plan de cession, v. s^s n°s 431.11 s.
7. Com. 4 mai 2017, n° 15-25.046 ; *Bull. civ.* IV, n° 64 ; *Act. proc. coll.* 2017, n° 179 ; *Rev. Sociétés* 2017. 385 ; *RTD com.* 2017. 703, obs. J.-L. Vallens ; *D.* 2017. 974, note A. Lienhard ; *Rev. sociétés* 2017. 345, note Ph. Roussel-Galle ; *BJE* 2017, 114x9, p. 258, obs. H. Poujade ; *Leden* juin 2017, 110u7, obs. F.-X. Lucas ; *RTD com.* 2018. 202, n° 10, obs. C. Saint-Alary-Houin ; *Gaz. Pal.* 2017. I. jurispr. p. 1934, 297z8, obs. C. Lebel.
8. Sur le volet financier du plan de sauvegarde, v. s^s n° 411.12.
9. C. com., art. L. 626-2.
10. Anc. art. L. 321-1-2.
11. Soc. 28 nov. 2000, n° 98-42.852 ; *Bull. civ.* V, n° 393 ; *Act. proc. coll.* 2001, n° 22, obs. F. Taquet.
12. Par ex. : Accord conclu dans la société SKTB Aluminium, le 28 juin 2018 avec l'assistance de l'administrateur, réf. n° T05418000202.
13. Par ex. : Accord 24 mai 2019, Entreprise Desmazières Logistique, n° T59L19006883 – AUSSI : Accord 19 oct. 2018, Entreprise Environnement SA, n° T97218000236 : certaines dispositions visent à éviter un éventuel redressement URSSAF en réintégrant une partie des primes de salissure dans le salaire de base.

L. 2312-53 du Code du travail issu de l'ordonnance du 22 septembre 2017[1] confie les compétences attribuées au comité d'entreprise et à défaut aux délégués du personnel, sans les modifier[2], au comité social et économique. L'ordonnance du 15 septembre 2021 met à jour les dispositions du Code de commerce dans ce sens, sans pour autant préciser s'il s'agit des entreprises de moins de cinquante salariés ou celles employant cinquante salariés et plus. À défaut, le représentant des salariés devrait toujours être consulté en vertu de l'article L. 621-4 du Code de commerce[3].

Le CSE est tout d'abord consulté sur le bilan économique et social, phase préalable à l'élaboration du plan de redressement, l'article L. 2312-53 du Code du travail renvoyant à l'article L. 631-18 du Code de commerce, renvoyant lui-même à l'article L. 623-1 prévoyant ce bilan.

Dans le cadre du plan de sauvegarde, le CSE est informé et consulté sur le projet de plan de sauvegarde en vertu de l'article L. 626-8 du Code de commerce et L. 2312-53 du Code du travail. Il est également auditionné par le tribunal avant qu'il se prononce sur le plan de sauvegarde et sur son adoption[4]. Qu'en est-il du plan de redressement ? L'article L. 2312-53 du Code du travail prévoit l'information consultation du CSE en renvoyant à l'article L. 631-19, ce qui pourrait supposer par une lecture rapide que le CSE n'est consulté que si le projet de plan de redressement envisage des licenciements. En réalité, l'article L. 631-19, I, fait un renvoi général aux dispositions du chapitre VI du Titre II et donc à l'article L. 626-8 non exclu. Il faut donc le consulter sur le projet de plan de redressement quel que soit son contenu. Il s'agit donc d'associer les représentants du personnel aux mesures sociales, ce qui représente une particularité du droit français[5].

L'administrateur doit également informer le CSE de l'état d'avancement de ses travaux en vertu de l'article L. 623-3 du Code de commerce. Par ailleurs, il faudra aussi envisager sa consultation, de manière spécifique, sur le projet de licenciement éventuel dans les conditions prévues au III de l'article L. 631-19[6].

Des accords collectifs d'entreprise peuvent aménager la procédure de consultation sur le fondement de l'article L. 2232-16 du Code du travail. Il peut ainsi organiser les délais de convocation et de transmission de l'ordre du jour à trois jours par exemple, prévoir des réunions communes entre le CSE central et les CSE d'établissements pour accélérer la procédure, autoriser la transmission des informations en début de séance uniquement[7], ou encore la prise en charge des frais de transport ou de secrétariat des séances du CSE[8].

§ 2
Préparation du volet social du plan de redressement

421.21 Continuation du contrat de travail en plan de redressement. Le principe de la continuation de plein droit du contrat de travail, spécialement posé par le législateur pour la période d'observation, peut également se vérifier au jour de l'arrêté des plans de redressement. Ces plans ne constituent pas des causes de résiliation des contrats de travail.

L'article L. 621-63, alinéa 2 du Code de commerce[9], dans sa rédaction antérieure à la loi de sauvegarde des entreprises[10], disposait que « le plan expose et justifie le niveau et les perspectives d'emploi ». L'alinéa 3 de ce même article indiquait que « les personnes qui exécuteront le plan [...] ne peuvent pas se voir imposer des charges autres que les engagements souscrits au cours de sa préparation ».

La solution est reproduite par l'article L. 626-10, alinéa 2 et alinéa 3, résultant de la loi de sauvegarde des entreprises, applicable en redressement judiciaire[11]. Il résulte de ces dispositions que les personnes qui exécuteront le plan détermineront le nombre de contrats de travail qu'elles continueront. Le tribunal ne pourra leur en imposer davantage.

421.22 Présentation générale des règles de licenciement pour motif économique. Le plan de redressement peut autoriser des licenciements pour motif économique dans le cadre de son volet social. Cette mesure existait déjà sous l'empire de la loi du 25 janvier 1985 pour les plans de continuation[12], texte recodifié à l'ancien article L. 621-64 du Code de commerce.

1. Ord. n° 2017-1386, 22 sept. 2017 relative à la nouvelle organisation du dialogue social et économique dans l'entreprise et favorisant l'exercice et la valorisation des responsabilités syndicales, *JO* 23 sept., n° 31.
2. C. trav., anc. art. L. 2323-48.
3. Solution admise par la Paris, 15 févr. 2013, n° 11/02814 ; *Leden* 2 mai 2013, n° 077.
4. Sur la consultation du CSE avant l'adoption du plan de sauvegarde, v. s[s] n° 411.13.
5. C. Saint-Alary-Houin, M.-H. Monsérié-Bon et C. Houin-Bressand, *Droit des entreprises en difficulté*, 12e éd. n° 1199.
6. Sur la consultation du CSE sur le volet licenciement, v. s[s] n° 421.24.
7. Par ex. : Accord conclu au sein de l'UES Thomas Cook SAS placée en redressement judiciaire, n° T09219014114.
8. Par ex. : Accord de méthode pour la société TOOANDRE conclu pendant la crise sanitaire du Covid, n° T03820005227.
9. Anc[t] L. n° 85-98, 25 janv. 1985 relative au redressement et à la liquidation judiciaire des entreprises, *JO* 26 janv., p. 1097, art. 62, al. 2.
10. L. n° 2005-845, 26 juill. 2005 de sauvegarde des entreprises, *JO* 27 juill., n° 5.
11. C. com., art. L. 631-19, al. 1.
12. L. n° 85-98, 25 janv. 1985 relative au redressement et à la liquidation judiciaire des entreprises, *JO* 26 janv., p. 1097, art. 63.

Depuis l'entrée en vigueur de la loi de sauvegarde des entreprises, leur régime est prévu à l'article L. 631-19, II, alinéa 2 du Code, devenu III par l'ordonnance du 12 mars 2014 qui a également procédé à une réécriture du texte [1].

La procédure de licenciement pour motif économique fait l'objet de nombreux aménagements. Le plan doit préciser les licenciements qui doivent intervenir dans le délai d'un mois de l'arrêté du plan. Les licenciements interviendront alors en application de l'article L. 631-19, III, du Code de commerce, qui renvoie à l'article L. 1233-58 du Code du travail, même si l'article L. 631-19 prévoit qu'ils interviennent sur simple notification, la procédure se décomposant en réalité en plusieurs étapes. Conformément à cet article, une partie de la procédure se déroule avant l'adoption du plan (la consultation du CSE) et une autre après (notamment la préparation du PSE). De nombreux aménagements ont été prévus au regard du droit commun.

421.23 Consultation préalable des instances représentatives sur le projet de licenciement avant l'entrée en vigueur du CSE. Si des licenciements pour motif économique sont envisagés dans le cadre d'un plan de redressement, le tribunal doit en être informé. Pour cela, l'article R. 631-36 du Code de commerce [2], prévoit que l'administrateur doit joindre au rapport sur le projet de plan déposé au greffe, un procès-verbal de délibération du comité d'entreprise ou à défaut des délégués du personnel sur les licenciements envisagés.

En effet, si un plan de redressement prévoit des licenciements pour motif économique, l'administrateur aura dû procéder à la consultation de ces institutions représentatives du personnel, de manière spécifique, sur le projet de licenciement et cela avant même que le tribunal ait adopté le plan de redressement [3]. Cette consultation peut cependant avoir lieu en même temps que la consultation portant sur l'intégralité du plan, l'ordre du jour précisant alors ce double aspect. C'est la loi de cohésion sociale du 18 janvier 2005 qui a prévu cette double consultation pour accélérer la procédure.

En présence d'un administrateur, celui-ci réunira le représentant de l'entreprise et les représentants du personnel. Un procès-verbal de la réunion sera dressé et signé des divers participants [4]. L'intégralité de la procédure doit être suivie, faute de restriction du texte, ce qui oblige à respecter les délais de convocation et à convoquer tous les membres du comité d'entreprise ou tous les délégués du personnel [5].

Le fait de consulter les représentants du personnel la veille de l'audience et de l'expiration de la période d'observation constitue une irrégularité, car les juges ont estimé que la consultation n'avait pas eu lieu en temps utile et ne leur avait pas permis de faire valoir utilement leurs observations [6].

L'article 54 de l'ordonnance du 12 mars 2014, qui procède à une nouvelle rédaction de l'alinéa 1 du III de l'article L. 631-19 du Code de commerce, a précisé que l'avis du comité d'entreprise et, le cas échéant, celui du comité d'hygiène et de sécurité des conditions de travail et de l'instance de coordination étaient rendues au plus tard le jour ouvré avant l'audience du tribunal qui statue sur le plan de redressement. L'absence de remise du rapport de l'expert technique ne pouvait avoir pour effet de reporter ce délai.

421.24 Consultation préalable du CSE au jugement adoptant le plan de redressement sur le projet de licenciement économique depuis l'entrée en vigueur de l'ordonnance du 22 septembre 2017. L'article 4 de l'ordonnance du 22 septembre 2017 [7], qui a procédé à la fusion du comité d'entreprise, des délégués du personnel et du CHSCT en une seule et unique institution, le comité social et économique, modifie, en son 22°, l'article L. 1233-58 du Code du travail. Les mots : « comité d'entreprise ou, à défaut, les délégués du personnel » sont remplacés par les mots : « comité social et économique » et les mots : « comité d'entreprise » sont remplacés par les mots : « comité social et économique ». L'ordonnance du 15 septembre 2021 actualise le Code de commerce dans ce sens.

Dès lors qu'un CSE est mis en place, l'entreprise devra, dans n'importe quelle procédure de licenciement collectif pour motif économique (petit ou grand) quelle que soit sa taille, le consulter. À défaut, le représentant des salariés devrait toujours être consulté en vertu de l'article L. 621-4 du Code de commerce [8].

1. réd. Ord. n° 2014-326, 12 mars 2014, art. 54.
2. Anc. art. 64 du Décr. n° 85-1388, 27 déc. 1985.
3. C. com., art. L. 631-19 – Anc[t] L. 25 janv. 1985, art. 63, al. 1er ; C. com., anc. art. L. 621-14 réd. antérieure à la loi de sauvegarde des entreprises.
4. Ifppc 1999, recomm. n° 2060-1, p. 53.
5. Versailles, 19 sept. 1989 ; *D.* 1991. Somm. 107, obs. F. Derrida.
6. Soc. 12 sept. 2007, n° 06-13.667 ; *Bull. civ.* V, n° 125 ; *JCP* 2007, n° 10208, note L. Drai ; *JCP S* 2007, n° 1880, note L. Drai ; *Act. proc. coll.* 2007, n° 202, obs. L. Fin-Langer ; *Gaz. Gal.* 23-14 janv. 2008, p. 61, note B. Saintourens ; *D.* 2007. AJ 2308, obs. A. Lienhard ; *DS* 2007, p. 1328, obs. P.-Y. Verkindt.
7. Ord. n° 2017-1386, 22 sept. 2017 relative à la nouvelle organisation du dialogue social et économique dans l'entreprise et favorisant l'exercice et la valorisation des responsabilités syndicales, *JO* 23 sept., n° 31.
8. Solution admise par la Paris, 15 févr. 2013, n° 11/02814 ; *Leden* 2 mai 2013, n° 077 : la Cour d'appel admet cette consultation pour le projet de licenciement. La question se pose car la consultation des instances représentatives du personnel sur le projet de licenciement n'est pas spécifique à la procédure collective.

Du fait de la fusion des instances, le CSE sera également consulté sur les conséquences des licenciements projetés sur la santé, la sécurité et les conditions de travail. Cette consultation fait donc désormais partie des éléments dont le CSE doit recevoir information dans le cadre de la note d'information sur le projet de licenciement. Il est cependant à noter que ces attributions n'ont été attribuées, par l'article L. 2312-53 du Code du travail, que pour les CSE des entreprises de cinquante salariés et plus. L'ordonnance du 15 septembre 2021 qui a tenu compte de la réforme de 2017 en actualisant les articles du Code de commerce ne précise pas ce seuil des effectifs et laisse donc en suspens cette question [1].

Il a été relevé que l'ordonnance du 22 septembre 2017 [2] a ajouté un alinéa à l'article L. 1233-8 du Code du travail (applicable dès mise en place du CSE dans l'entreprise) : le CSE dispose d'un délai qui ne peut être supérieur à un mois à compter de la date de sa première réunion pour rendre son avis, dans le cadre de la procédure de licenciement concernant deux à neuf salariés. En l'absence d'avis dans ce délai, il est réputé avoir été consulté.

Cela implique l'obligation d'attendre le délai d'un mois à partir de la date de la première réunion du CSE avant de le considérer comme avoir été consulté et de mettre en œuvre la procédure.

Or, l'article L. 1233-58 du Code du travail, qui énonce, de manière limitative, les seules règles applicables lorsque l'entreprise est en redressement, renvoie à l'article L. 1233-8 dans son intégralité puisqu'il ne comportait qu'un seul alinéa avant la réforme. Sans retouche de l'article L. 1233-58, les entreprises en redressement judiciaire et qui auront à procéder à des licenciements de moins de dix salariés sur trente jours, seront contraintes d'attendre l'expiration du délai d'un mois après la première réunion de consultation avant de poursuivre la procédure de licenciement. Un tel délai n'est pas incompatible avec les délais dans lesquels les licenciements doivent intervenir dans les plans, puisque les consultations ont lieu, pendant la période d'observation, avant le jugement arrêtant les plans. Il ne s'agit, sans doute, que d'un oubli des auteurs de la réforme. L'ordonnance du 20 décembre 2017 [3] ne l'a pas corrigé [4].

Le délai de transmission du procès-verbal du comité d'entreprise, et désormais du CSE, a été réduit à un jour par le décret du 12 avril 2016 [5], en cas de redressement ou de liquidation judiciaire, en présence d'un grand licenciement économique. Rappelons que, en droit commun, ce délai de transmission à l'employeur est de quinze jours [6], ramené à trois jours en cas de grand licenciement économique [7].

Le CSE doit rendre son avis, au plus tard, le jour ouvré avant l'audience qui statue sur le plan et l'absence de remise du rapport de l'expert ne peut avoir pour conséquence de reporter ce délai [8].

Lorsque plusieurs sociétés concernées par des licenciements font partie d'un groupe, les CSE, de chacune d'elles doivent être consultés, à moins qu'une seule représentation du personnel ait été mise en place par un jugement ou un accord collectif de groupe reconnaissant une unité économique et sociale [9].

Reste une question relative aux articles L. 1233-21 s. du Code du travail. Dans ces licenciements, il est possible de conclure un accord qui va organiser la procédure de licenciement, les délais de consultation, le cadre du recours à une expertise. L'article L. 1233-33 prévoit qu'il ne peut pas déroger « aux règles de consultation applicables lors d'un redressement ou d'une liquidation judiciaire, prévues à l'article L. 1233-58 ». Comment interpréter cette disposition ? Est-ce à dire que l'accord qui aurait pu être conclu est totalement écarté en cas de procédure collective ? Ou est-ce à dire qu'il est applicable dès lors qu'il reste compatible avec l'article L. 1233-58 ? Cette deuxième interprétation pourrait compliquer la mission des administrateurs mais peut apporter des solutions et fixer un calendrier plus précis notamment en cas de recours à une expertise.

421.25 Possibilité pour le CSE de recourir à une expertise dans les entreprises de cinquante salariés et plus dans les licenciements de dix salariés et plus. Les nouveaux articles L. 1233-34 et L. 1233-35 sont applicables en cas de procédure collective par renvoi de l'article L. 1233-58 du Code du travail. Dans les entreprises de plus de cinquante salariés et dès lors que le projet de licenciement concerne au moins dix salariés sur une période de trente jours, obligeant à mettre en place un PSE, le CSE peut décider de recourir à une expertise.

1. E. Fabriès-Lecéa et L. Fin-Langer, « Le renforcement des droits individuels et collectifs des salariés », Colloque Toulouse, 15 oct. 2021 ; *BJE* mars 2022. 82.
2. Ord. n° 2017-1387, 22 sept. 2017 relative à la prévisibilité et la sécurisation des relations de travail, *JO* 23 sept., n° 33.
3. Ord. n° 2017-1718, 20 déc. 2017 visant à compléter et mettre en cohérence les dispositions prises en application de la loi n° 2017-1340 du 15 septembre 2017 d'habilitation à prendre par ordonnances les mesures pour le renforcement du dialogue social, *JO* 21 déc., n° 46.
4. C. Gailhbaud, « La réforme du licenciement économique (analyse en regard du droit des procédures collectives) », *Gaz. Pal.* 17 avr. 2018, n° 15, 89 s., sp. 93.
5. Décr. n° 2016-453, 12 avr. 2016 relatif à certaines modalités de déroulement des réunions des institutions représentatives du personnel, *JO* 14 avr., n° 26.
6. C. trav., art. R. 2315-25.
7. C. trav., art. D. 2315-26.
8. C. com., art. L. 631-19, III – Sur le recours à une expertise, v. s[s] n° 421.25.
9. Soc. 26 sept. 2012, n° 10-27.184, NP – Soc. 26 sept. 2012, n° 10-27.306, NP.

Ce droit existait déjà [1] mais il porte désormais « sur les domaines économique et comptable ainsi que sur les effets potentiels du projet sur les conditions de travail », ce qui était discuté à propos de la consultation du CHSCT.

Ce recours supposera alors de réaliser deux consultations successives, dans la mesure où ce n'est qu'après la remise du rapport que l'avis pourra être donné sur le projet de licenciement. L'article L. 1233-35 prévoit également la possibilité pour l'expert de demander des informations à l'employeur et encadre les délais à respecter. Le Conseil d'État a indiqué qu'effectivement, une deuxième réunion du CSE est nécessaire et que l'expert doit avoir un délai suffisant pour rendre son rapport, sous le contrôle de l'autorité administrative et en tenant compte de la procédure collective. En l'espèce, le délai entre les deux réunions de vingt cinq jours a été jugé suffisant [2].

L'article L. 1233-58 renvoie à ce texte qui s'applique donc. L'expert peut demander des informations à l'employeur dans les dix jours qui suivent sa désignation. L'employeur a huit jours pour répondre. Une nouvelle demande est possible dans les mêmes délais. Le rapport doit ensuite être remis au plus tard quinze jours avant l'expiration du délai mentionné à l'article L. 1233-30. Il semble qu'il faille toujours respecter le délai prévu par le Code de commerce, à savoir que l'avis doit être rendu au plus tard le jour ouvré précédent l'audience du tribunal qui statue sur le plan conformément à l'article L. 631-19, III. Cela allonge en réalité la procédure préalable à cette décision d'adoption du plan. Il est donc nécessaire d'anticiper cette possibilité, d'autant que l'article L. 631-19 précise que l'absence de remise du rapport de l'expert dans les délais ne peut avoir pour effet de reporter la date de l'audience.

Le coût de l'expertise reste pris en charge par l'employeur en matière de licenciement économique. Il devrait s'agir d'une créance postérieure utile, née pour les besoins de la procédure collective. Il s'agit donc d'un coût supplémentaire pour l'entreprise en difficulté.

L'article L. 1233-58 ne renvoie pas, en revanche, à l'article L. 1233-35-1 du Code du travail, nouvellement créé, qui prévoit que le contentieux de ces expertises relève de la Dreets puis des juridictions administratives dans le cadre du contrôle du plan de sauvegarde de l'emploi. Quelle sera alors la juridiction compétente ? Tout d'abord, plusieurs décisions visent à éviter un éclatement du contentieux du licenciement économique. La compétence des juridictions administratives en matière de PSE englobe aussi des questions périphériques, écartant le juge judiciaire [3]. Cela concerne tout d'abord les expertises du CSE, expertises demandées dans le cadre d'un licenciement pour motif économique. Avant les ordonnances du 22 septembre 2017, aucun texte ne prévoyait expressément la compétence des juridictions administratives pour ce contentieux. La Cour de cassation a donc interprété les articles L. 1233-57-5 et L. 1235-7-1 du Code du travail de manière à englober dans le contentieux administratif du PSE celui des expertises et plus généralement celui de toutes les décisions de la Dreets enjoignant l'employeur de fournir tous les éléments d'information relatifs à la procédure en cours, ainsi que toutes celles relatives à la régularité de la procédure du licenciement collectif. Elle indique que ce contentieux « ne peut faire l'objet d'un litige distinct de celui relatif à la décision d'homologation relevant de la compétence, en premier ressort, du tribunal administratif, à l'exclusion de tout autre recours administratif ou contentieux » [4]. L'entrée en vigueur des ordonnances du 22 septembre 2017 ne devrait pas changer la solution, bien au contraire. En effet, le nouvel article L. 1233-35-1 prévoit expressément ce recours pour le contentieux de l'expertise demandé par le CSE dans le cadre de l'examen d'un licenciement économique avec mise en place d'un PSE. Il faut espérer que la même solution sera retenue en cas de procédure collective, car l'article L. 1233-58 prévoyant les textes à respecter dans ce cadre précis n'opère pas de renvoi à ce texte.

421.26 **Prise de contact avec la Dreets et l'AGS.** Il faut rappeler que la Dreets est informée sur l'existence de la procédure de redressement judiciaire, puisque le jugement d'ouverture doit lui être transmis en application de l'article R. 1233-7 du Code du travail.

Par ailleurs, l'article L. 1233-60 du Code du travail impose, en cas d'ouverture d'un redressement judiciaire, à l'administrateur ou au débiteur d'informer l'autorité administrative avant de procéder aux licenciements pour motif économique prévus par l'article L. 631-19 du Code de commerce. Elle est donc informée dès le début de la procédure des risques de licenciement.

Par conséquent, l'administrateur devra joindre au rapport déposé au tribunal portant sur le projet de

1. Soc. 7 juill. 1998, n° 96-21.205 ; *Bull. civ.* V, n° 371 ; *D.* 1998. 199.
2. CE 16 avr. 2021, req. n° 426287 ; *Act. proc. coll.* 2021, 137 et 133, obs. J. Béot-Rabiot ; *RPC* 2021, 140, note D. Jacotot, *D. actu.* 10 mai 2021, obs. S. Norval-Grivet ; *Leden* juill. 2021, p. 7, H. de Frémont.
3. Sur le contentieux administratif du PSE, v. s[s] n°s 321.47 et 811.14.
4. Soc. 28 mars 2018, n° 15-21.372 ; *Bull. civ.* V, n° 46 ; *Act. proc. coll.* 2018, 124, *D. actu.* 14 mai 2018, obs. M. Ines ; *JCP S* 2018, n° 1164, note A. Bugada ; *Leden* mai 2018, p. 7, obs. G. Dedessus-Le Moustier ; *BJE* sept. 2018. 368, note A. Donnette-Boissière ; *Gaz. Pal.* 15 janv. 2019, p. 80, note C. Gailhbaud.

plan la copie de la lettre d'information de l'autorité administrative[1].

Il faudra également prendre contact avec l'AGS pour savoir dans quelle mesure elle pourra financer les indemnités de rupture et dans quel cas elle souhaite obtenir le remboursement des avances qu'elle aura préalablement faites[2].

§ 3
Adoption du plan de redressement

421.31 Procédure d'adoption du plan de redressement. Le tribunal adopte le plan de sauvegarde après avoir entendu le débiteur, l'administrateur, le mandataire, les contrôleurs mais aussi les représentants du CSE conformément à l'article L. 626-9 du Code de commerce visé expressément à l'article L. 2312-54 du Code du travail. Le 2°) de ce texte concerne le redressement et renvoie au I de l'article L. 631-19 renvoyant lui-même aux dispositions du chapitre VI du Titre II et donc à l'article L. 626-9 du Code de commerce. Le tribunal adoptant le plan de redressement doit donc également auditionner le représentant du CSE.

421.32 Contenu du jugement adoptant du volet social du plan de redressement. Le jugement adoptant le plan de redressement fixe le nombre de salariés ainsi que les activités et les catégories professionnelles concernés par les licenciements conformément à l'article R. 631-36 du Code de commerce[3]. On peut en déduire, à l'instar des solutions rendues en matière de plan de cession, qu'il n'est pas possible de dresser une liste nominative des salariés licenciés[4].

Dès lors que ces licenciements sont autorisés, seuls ces licenciements peuvent être prononcés[5]. Faute d'autorisation, le licenciement devrait être réputé sans cause réelle et sérieuse[6], sauf à respecter le droit commun du licenciement[7].

Le fait que la consultation sur le projet de plan ait été effectuée en présentant comme existant un motif économique en réalité défaillant n'a pas pour effet d'entraîner la nullité des licenciements, mais conduit seulement à les considérer comme sans cause réelle et sérieuse et ouvre donc droit, au profit des salariés abusivement licenciés, à des dommages et intérêts[8], calculés désormais selon le barème Macron posé à l'article L. 1235-3.

Si le jugement « ordonne » le licenciement sans se contenter de l'autoriser, le licenciement reste valable s'il précise le nombre, les activités et les catégories professionnelles[9].

421.33 Nature juridique du plan de redressement. Le plan de redressement, même s'il est préparé avec le concours des créanciers, a une nature juridictionnelle en raison de son adoption par un jugement du tribunal de commerce et des pouvoirs dont ce dernier dispose : il s'agit « d'un acte judiciaire produit par une décision à caractère juridictionnel, cette décision “absorbant” tous les éléments de nature contractuelle apparus lors de la préparation du projet de plan »[10].

421.34 Voie de recours du jugement adoptant le plan de redressement. On rappellera que le salarié n'a pas qualité pour exercer une voie de recours sur le jugement arrêtant le plan de redressement, car le jugement d'arrêté de plan ne règle pas la situation individuelle du salarié, mais uniquement la situation collective. C'est également vrai en cas de licenciement économique, le jugement adoptant le plan n'autorisant qu'un volume de licenciements et les catégories concernées. Le salarié n'a donc ni qualité à agir ni intérêt à agir à ce stade.

Le salarié ne pourrait pas non plus le faire en invoquant sa qualité de créancier, la Cour de cassation ayant déclaré irrecevable l'appel-nullité d'un créancier[11]. En revanche, les créanciers peuvent, depuis la loi de sauvegarde du 16 juillet 2005, intenter une tierce-opposition en vertu de l'article L. 661-3 contre la décision arrêtant le plan de redressement, sous réserve de respecter les conditions prévues à l'article 583 du Code de procédure civile, à savoir l'exis-

1. C. com., art. R. 631-36.
2. Sur le remboursement des avances de l'AGS, v. s[s] n°s 741.11 s.
3. L'art. R. 631-36 reprend l'anc. art. 204 du décr. 28 déc. 2005, n° 2005-1677 et art. 64 du décr. 27 déc. 1985, n° 85-1388.
4. Sur l'interdiction d'une liste nominative dans le plan de cession, v. s[s] n° 431.31 – Soc. 16 mars 1999, n° 96-44.843 ; *Bull. civ.* V, n° 116.
5. Soc. 3 févr. 1998, n°s 95-44.921 à 95-44.928 ; *Bull. civ.* 1998, V, n° 58 ; *RJS* 1998, n° 294 ; *DS* 1998, p. 296, obs. R. Vatinet – Soc. 12 déc. 2001, n° 99-45.960 ; *Bull. civ.* V, n° 382 ; *JCP E* 2002. I. 144, p. 1133, obs. Ph. Pétel.
6. A. Boyer, *Protection des salariés et sauvetage de l'entreprise : quête d'un équilibre*, PUAM 2006, n° 25 : analyse réalisée pour le plan de cession mais qui peut être suivie dans le cadre du plan de redressement.
7. P. Morvan, *Droit des restructurations*, LexisNexis, 5e éd., n° 1519.
8. Soc. 3 mai 2012, n° 11-20.741, P V, n° 129 ; FS-P+B+R+I ; *Act. proc. coll.* 2012/11, comm. 158, note L. Fin-Langer ; *D.* 2012. 1277, obs. P. Lokiec ; *DS* 2012, p. 606, note E. Dockès ; *DS* 2012, p. 600, note J. Savatier.
9. Soc. 5 janv. 2022, n° 20-14.410, NP ; *Act. proc. coll.* 2022, n° 38, obs. L. Fin-Langer ; *Gaz. Pal.* 19 avr. 2022, p. 67, obs. G. Berthelot : la solution est rendue pour le plan de cession, mais est transposable au plan de redressement, les textes étant rédigés dans les mêmes termes.
10. P. Le Cannu et D. Robine, *Droit des entreprises en difficulté*, Précis Dalloz, 8e éd., n° 1022.
11. Com. 2 oct. 2012, n° 11-21.896 ; *BJE* 2013. 34, note C. Lajarte-Moukoko ; *Gaz. Pal.* 18-19 janv. 2013, p. 28, obs. C. Lebel.

tence d'une fraude à leurs droits ou un moyen qui leur est propre[1].

Celle-ci n'est ouverte, en vertu de l'article L. 661-1 du Code de commerce, qu'au comité d'entreprise, aux délégués du personnel, et désormais au CSE par l'intermédiaire du salarié désigné à cette fin. L'ordonnance du 15 septembre 2021 a modifié le texte en ce sens. À défaut, le représentant des salariés peut exercer cette voie de recours en vertu de l'article L. 661-1, III, du Code de commerce. Il en est de même à l'encontre des décisions statuant sur la modification et la résolution du plan de redressement.

Il faut d'ailleurs indiquer que le jugement adoptant le plan de redressement est notifié au débiteur mais aussi aux représentants du personnel conformément à l'article R. 626-21 du Code de commerce dans les huit jours qui suivent la date du jugement. Il n'est pas notifié aux salariés. Les salariés peuvent cependant contester les décisions individuelles et leur licenciement en découlant, en saisissant le Conseil des prud'hommes[2].

SECTION 2
MISE EN ŒUVRE DES LICENCIEMENTS PRÉVUS PAR LE PLAN DE REDRESSEMENT

§ 1
Mesures communes à respecter après le jugement adoptant le plan de redressement

421.41 Organe chargé de procéder aux licenciements pour motif économique. Avant la loi de sauvegarde, il revenait à l'administrateur judiciaire ou à défaut, au débiteur assisté par le commissaire à l'exécution du plan de procéder aux licenciements[3].

Désormais, l'article L. 631-19 du Code de commerce précise qu'il s'agit de l'administrateur, peu importe la mission que lui aura attribuée le jugement d'ouverture du redressement judiciaire. À défaut d'administrateur, ce rôle incombe au débiteur qui n'a plus à être assisté du commissaire à l'exécution du plan[4]. L'article L. 1233-58, I, du Code du travail reprend d'ailleurs la même règle, citant expressément l'administrateur.

Il faut noter que ce rôle n'a pas été attribué au commissaire à l'exécution du plan pourtant nommé dans le jugement adoptant le plan de redressement et dont la mission consiste dans la surveillance de l'exécution du plan[5].

Ce n'est pas non plus le débiteur qui pourtant redevient *in bonis* après l'adoption du plan.

Se pose alors la question de la sanction en cas de non-respect de ces dispositions, comme pour les licenciements notifiés pendant la période d'observation[6].

421.42 Mesures de droit commun écartées. Du fait de l'ouverture du redressement, sont écartés plusieurs dispositifs normalement applicables en cas de licenciement pour motif économique. Il s'agit du congé reclassement[7] et de l'obligation de revitaliser le bassin de l'emploi[8].

421.43 Respect du jugement adoptant le plan par l'administrateur. L'administrateur doit s'en tenir strictement au contenu du jugement adoptant le plan. Tout licenciement intervenant en marge de ce jugement devrait être dépourvu de cause réelle et sérieuse, à l'instar de la solution rendue en matière de licenciements prononcés pendant la période d'observation qui suit l'ouverture d'un redressement judiciaire[9].

421.44 Détermination des critères d'ordre. Faute de liste nominative, l'administrateur doit déterminer quels sont les salariés licenciés et pour cela, il doit établir les critères d'ordre dès lors qu'un choix doit être opéré. Il doit alors respecter l'article L. 1233-5 du Code du travail[10].

Cette exigence a pu être discutée, certains estimant que l'administrateur devait être totalement libre de déterminer les salariés licenciés[11].

Lorsqu'un PSE a été mis en place, dans les entreprises de cinquante salariés et plus et pour des licenciements de dix salariés et plus, ces critères sont fixés dans le PSE.

Pour les licenciements sans PSE et à défaut d'accord collectif les prévoyant[12], il revient à l'administra-

1. Com. 15 nov. 2017, n° 16-14.630 ; *Act. proc. coll.* 2017, n° 314, obs. J. Vallansan ; *Leden* 2018, n° 1, p. 3, obs. L. Camensuli-Feuillard ; *BJE* 2018. 43, note H. Poujade ; *D. actu.* 2017. 2366 ; *RTD com.* 2018. 1024, obs. H. Poujade.
2. Sur le contentieux prud'homal ouvert après le jugement d'ouverture, v. s^s n° 822.11 s.
3. Anc^t L. 25 janv. 1985, art. 147 – C. com., anc. art. L. 621-143.
4. C. com., art. L. 631-21.
5. C. com., art. L. 626-25.
6. Sur la sanction du défaut de pouvoir de l'auteur du licenciement, v. s^s n° 322.22.
7. C. trav., art. L. 1233-75.
8. C. trav., art. L. 1233-84.
9. Sur le respect de l'ordonnance du juge-commissaire, v. s^s n° 322.91 – A. Boyer, *Protection des salariés et sauvetage de l'entreprise : quête d'un équilibre*, PUAM 2006, n° 25.
10. Com. 26 juin 1991 ; *RJDA* 10/91, n° 847 ; Soc. 8 avr. 1992 ; *JCP E* 1992, pan. 787.
11. Soc. 6 mars 1990, n° 89-43.288 ; *Bull. civ.* V, n° 260 ; *RPC* 1991-2, p. 244, obs. E. Kerckhove.
12. Un accord collectif peut fixer avant tout licenciement ces critères. Il ne s'agit donc pas nécessairement de l'accord majoritaire de PSE, mais un accord de droit commun d'entreprise ou de branche : CE 10 juill. 2017, req. n° 398256 ; *RDT* 2017. 701, concl. F. Dieu ; *CSBP* oct. 2017, p. 477, obs. Fl. Canut.

teur, ou au débiteur selon les cas, de les déterminer après avoir consulté le CSE.

L'article L. 1233-5 du Code du travail cite les charges de famille, l'ancienneté du salarié, leur situation rendant leur réinsertion professionnelle difficile ou les qualités professionnelles, dont le contenu peut varier selon les catégories professionnelles[1]. Cette liste n'est pas limitative. Ont ainsi pu être ajoutés les sanctions disciplinaires[2] ou les résultats aux évaluations annuelles mises en place dans l'entreprise, mais non le fait que le salarié travaille à temps partiel[3] ou bien encore l'existence d'un diplôme. Un de ces critères peut être privilégié, mais il faudra tenir compte également des autres[4]. Un système de pondération peut ainsi être instauré.

Ces critères s'appliquent à l'intérieur d'une catégorie professionnelle, qui regroupe des fonctions de même nature et supposant une formation professionnelle commune[5]. Le périmètre des catégories professionnelles peut être fixé par un accord collectif de droit commun. Si l'intégralité d'une catégorie professionnelle est supprimée, ces dispositions n'ont pas à être respectées.

Le non-respect de ces dispositions n'a pas pour effet d'engendrer un licenciement sans cause réelle et sérieuse, mais elle cause un préjudice au salarié qui peut ainsi en demander la réparation[6].

421.45 Proposition du contrat de sécurisation professionnelle. La loi du 28 juillet 2011[7] remplace la convention de reclassement personnalisé dite CRP et le contrat de transition professionnelle, qui avaient déjà remplacé la convention de conversion, par le contrat de sécurisation professionnelle pour les entreprises de moins de mille salariés lorsqu'elles sont *in bonis* et celles qui sont en procédure collective quel que soit leur effectif[8]. Ce dispositif doit donc être proposé aux salariés licenciés en vertu du jugement adoptant le plan de redressement.

Ce contrat doit être proposé par écrit au cours de l'entretien préalable ou après la notification de la décision du Dreets validant le PSE dans les grands licenciements économiques depuis la loi Macron. Le salarié dispose de vingt-et-un jours de réflexion pour donner sa réponse dans lequel il doit être reçu par France Travail. Son acceptation emporte rupture du contrat et donne droit à l'indemnité de licenciement ou à toute indemnité conventionnelle qui lui aurait été due en cas de licenciement.

Il est alors considéré comme stagiaire de la formation continue. Pendant douze mois, le salarié perçoit une allocation spécifique correspondant à 75 % de son salaire depuis le 1er février 2015, un suivi plus personnalisé et intensifié auprès de France Travail par rapport à une prise en charge classique.

On peut penser que les solutions rendues par la Cour de cassation à l'occasion de la CRP seront maintenues. Ainsi s'il apparaît, après examen de son dossier, que le salarié n'est pas éligible à la CRP, cela n'a pas pour effet de rendre sans cause réelle et sérieuse son licenciement[9].

De plus, malgré cette acceptation, le salarié peut, dans les douze mois qui suivent, contester son licenciement[10] ainsi que les critères d'ordre[11]. Si le motif économique n'existe pas, la CRP signée devient sans cause[12]. L'employeur doit délivrer un écrit comportant le motif précis qui a justifié la mise en place de la procédure de licenciement[13]. L'employeur indique ce motif soit dans le document d'information qu'il doit remettre avant la réponse du salarié, soit

1. CE 31 oct. 2023, req. n° 456091 ; *Act. proc. coll.* 2024, n° 31 ; *JCP E* 2024, n° 1005, note C. Terrenoire ; *RPC* janv. 2024, n° 16, obs. D. Jacotot ; *Leden* févr. 2024, p. 7, obs. H. de Frémont.
2. Soc. 19 mai 2000, n° 09-40.103, NP ; *JCP S* 2010, n° 1345, note J.-F. Cesaro.
3. Soc. 4 juill. 2012, n° 11-12.045 ; *Bull. civ.* n° 211 ; *D.* 2012. 1894 ; *D.* 2013. 1026, obs. P. Lokiec et J. Porta ; *JCP S* 2012, n° 1407, note S. Béal et M. Marguerite ; *RPC* sept. 2012, comm. 151, F. Taquet.
4. Soc. 14 janv. 1997 ; *Bull. civ.* 1997, V, n° 16 ; *DS* 1997. 159, concl. Lyon-Caen, note J. Savatier ; *CSBP* 1997, 79 – Soc. 11 oct. 2006, n° 04-47.168 ; *Bull. civ.* V, n° 302 ; *JCP S* 2007, n° 1021, note P.-Y. Verkindt ; *JCP E* 2006, n° 2847, note S. Béal et C. Terrenoire ; *RDT* 2007. 32, obs. Ph. Waquet.
5. CE 30 mai 2016, *FNAC*, req. n° 387798 ; *Leden* sept. 2016, p. 7 ; *AJDA* 2016. 1866, chron. L. Dutheillet de Lamothe et G. Odinet ; *JSL* 2016, n° 414-4, obs. M. Hautefort ; *RPC* sept. 2016, comm. 142, D. Jacotot : reprenant la position de la Cour de cassation.
6. Soc. 14 janv. 1997, n° 95-44.366 ; *Bull. civ.* V, n° 16 ; *DS* 1997. 159, concl. A. Lyon-Caen, note J. Savatier ; *RJS* 1997. 92, n° 131 ; *CSBP* 1997. 79, arrêt Belkacem.
7. L. n° 2011-893, 28 juill. 2011 pour le développement de l'alternance et la sécurisation des parcours professionnels, *JO* 29 juill., n° 2 ; *JCP S* 2011, n° 316, n° 1383, n° 1396 ; *RDT* 2011. 570.
8. C. trav., art. L. 1233-65 s.
9. Soc. 8 oct. 2014, n° 13-13.995 ; *RDT* 2014. 685, obs. M. Ines ; *JCP S* 2014, n° 1463, note L. Drai ; *D.* 2014. Actu. 2054.
10. Soc. 17 mars 2015, n° 13-26.941 ; *Bull. civ.* V, n° 51 ; *RDT* 2015. 328, obs. A. Fabre ; *JCP S* 2015, n° 1192, note T. Lahalle ; *D. actu.* 2 avr. 2015, obs. M. Ines ; *D.* 2015. Actu. 736 ; *Act. proc. coll.* 2015, n° 121 ; *RPC* mai 2015, comm. 45, obs. F. Taquet.
11. Soc. 5 mars 2008, n° 07-41.964 ; *Bull. civ.* V, n° 47 ; *JCP S* 2008, n° 1334, note F. Dumont ; *D.* 2008. 856, obs. M. Ines ; *D.* 2008. 2306, obs. B. Reynès ; *RDT* 2008. 385, obs. E. Durlach ; *DS* 2008. 617, obs. G. Couturier ; *CSBP* juin 2008, p. 256, note F.-J. Pansier ; *JCP E* 2008, n° 1525, note F. Taquet ; *JCP* 2008. II. 10084, note D. Corrignan-Carsin.
12. Soc. 5 mai 2010, n° 08-43.652 ; *Bull. civ.* V, n° 104 ; *D. actu.* 28 mai 2010, obs. L. Perrin ; *D.* 2010. 1290 ; *JCP S* 2010, n° 1300, note D. Corrignan-Carsin ; *RDT* 2010. 437, obs. A. Fabre ; *RPC* sept. 2010, comm. 187, note F. Taquet.
13. Soc. 27 mai 2009, n° 08-43.137 ; *Bull. civ.* V, n° 139 ; *D. actu.* 12 juin 2009, obs. Maillard ; *JCP S* 2009, n° 1373, note B. Bossu ; *RPC* sept. 2009, comm. 134, F. Taquet.

dans la lettre remise au salarié après l'expiration du délai de réponse, soit dans tout autre document écrit remis au plus tard au moment de son acceptation[1]. Cette information peut être faite par courrier électronique[2]. Si la forme est assez souple, la Cour de cassation exige une précision du motif : à défaut d'avoir une information complète du motif économique, le salarié peut demander des dommages-intérêts pour défaut de cause réelle et sérieuse. L'administrateur a en réalité une double obligation : proposer ce contrat et informer le salarié du motif économique.

La Cour de cassation a eu l'occasion de préciser que l'information, donnée éventuellement dans une note, doit viser l'ordonnance du juge-commissaire et ne peut se contenter de rappeler le jugement d'ouverture du redressement judiciaire[3]. Cette décision du 27 mai 2020 confirme que cette information ne peut être par conséquent donnée qu'après l'ordonnance du juge-commissaire. La sanction est lourde, sans que l'on puisse utiliser la possibilité de compléter le motif du licenciement prévu par l'article L. 1235-2 du Code du travail qui ne concerne que la notification du licenciement *stricto sensu*. Le salarié peut obtenir les dommages-intérêts pour défaut de cause réelle et sérieuse et l'entreprise devra contribuer au financement du CSP par une contribution correspondant à l'indemnité de préavis, dans la limite de trois mois de salaire majoré des charges en vertu de l'article L. 1233-69 du Code du travail. On peut penser que cette solution sera reprise dans le cadre des licenciements prononcés en vertu du plan de redressement.

Il est à noter que lorsque le salarié adhère à la CRP, il renonce alors à l'obligation de reclassement et l'employeur peut alors proposer le poste à un autre salarié, quand bien même le délai de réflexion de vingt-et-un jours ne serait pas écoulé[4]. Il bénéficie enfin de la priorité de réembauchage[5].

421.46 Délai de notification des licenciements. L'article L. 631-19 indique que les licenciements interviennent dans un délai d'un mois après le jugement sur « simple notification de l'administrateur ». En réalité, ce sont toutes les démarches qui doivent être effectuées dans ce délai, la notification constituant la dernière étape de cette procédure.

Sans préjudice des droits de préavis prévus par la loi, les conventions ou accords collectifs du travail[6], l'administrateur ou le débiteur, selon le cas, notifiera par lettre recommandée avec avis de réception, leur licenciement aux intéressés, dans le mois du jugement arrêtant le plan[7].

L'article L. 1233-59 du Code du travail écarte les délais de notification des lettres de licenciement pour motif économique prévus à l'article L. 1233-15 en cas de redressement et de liquidation. Selon ce texte, le délai est de sept jours, porté à quize pour les cadres, à compter de l'entretien individuel pour le licenciement individuel ou celui de moins de dix sur une période de trente jours. Aucun texte ne prévoit expressément une telle dérogation pour les licenciements de dix salariés et plus, le délai de trente jours étant prévu à l'article L. 1233-39. Faut-il également l'écarter ? La Cour de cassation, dans un arrêt du 17 mai 2023[8], y répond en cassant, pour violation des articles L. 1233-39, L. 3253-8, 2° et L. 631-17 du Code de commerce, un arrêt de Cour d'appel qui a condamné un employeur placé en redressement judiciaire à indemniser un salarié licencié pendant la période d'observation sur autorisation du juge-commissaire pour non-respect du délai de notification pour les grands licenciements économiques, faute de dérogation expresse dans l'article L. 1233-59 du Code du travail. Pour la Cour de cassation, il résulte de l'article L. 3253-8 organisant la prise en charge par l'AGS des indemnités de licenciement pour motif économique notifiés notamment pendant la période d'observation que « les délais prévus à l'article L. 1233-39 du Code du travail [...] ne sont pas applicables en cas de redressement ou de liquidation judiciaire ». La Cour, par cette interprétation extensive, évite une incompatibilité entre les différents textes, qui pour-

1. Soc. 14 avr. 2010, n°s 08-45.399 et 09-40.987 ; *Bull. civ.* V, n° 98 ; *RDT* 2010. 437, obs. A. Fabre ; *JCP S* 2010, n° 1299, note F. Dumont ; *JCP E* 2010, n° 1514, note F. Taquet ; *D. actu.* 11 mai 2010, obs. L. Perrin – Soc. 22 sept. 2015, n° 14-16.218 ; *Bull. civ.* V, n° 208 ; *JCP S* 2016, n° 1461, note A. Louvet ; *D. actu.* 21 oct. 2015, obs. W. Fraisse ; *D.* 2015. Actu. 1958 ; *CSBP* févr. 2016, p. 82, note J. Icard ; *RPC* janv. 2016, comm. 19, F. Taquet.
2. Soc. 13 juin 2018, n° 16-17.865 ; *Bull. civ.* V, n° 115 ; *RPC* sept. 2018, comm. 157, obs. F. Taquet ; *Act. proc. coll.* 2018. 187 ; *D.* 2018. 1317 ; *D. actu.* 9 juill. 2018, obs. J. Cortot.
3. Soc. 27 mai 2020, n° 18-20.153, P ; *D. actu.* 10 juin 2020, obs. L. Malfettes ; *D.* 2020. 1746, obs. Prache ; *Act. proc. coll.* 2020, comm. 208, D. Jacotot ; *RPC* 2020, comm. 127, obs. F. Taquet ; *JCP S* 2020, n° 2063, note E. Jeansen ; *Leden* 2020-7, p. 6, obs. G. Dedessus-Le Moustier ; *BJT* juill. 2020, p. 11, note G. Duchange.
4. Soc. 28 sept. 2011, n° 10-23.703 ; *Bull. civ.* V, n° 198 ; *JCP S* 2012, n° 1029, note A. Louvet ; *RDT* 2011. 637, obs. F. Géa ; *D.* 2011. 2478 ; *D. actu.* 21 oct. 2011, obs. L. Perrin.
5. Soc. 30 nov. 2011, n° 09-43.183 ; *Bull. civ.* V, n° 282 ; *D.* 2011. 3003 ; *D.* 2012. 901, obs. P. Lokiec et J. Porta ; *RDT* 2012. 34, obs. A. Fabre ; *JCP S* 2012, n° 1086, note F. Dumont – Soc. 22 sept. 2015, n° 14-16.218 ; *Bull. civ.* V, n° 208 ; *JCP S* 2016, n° 1461, note A. Louvet ; *D. actu.* 21 oct. 2015, obs. W. Fraisse ; *D.* 2015. Actu. 1958 ; *CSBP* févr. 2016, p. 82, note J. Icard ; *RPC* janv. 2016, comm. 19, F. Taquet.
6. C. com., art. L. 621-64, al. 2.
7. C. com., art. L. 631-19 III – Anc. Art. L. 621-64, al. 2, réd. antérieure à la loi de sauvegarde des entreprises.
8. Soc. 17 mai 2023, n° 21-21.041 ; P ; *D. actu.* 2023. 1015 ; *Act. proc. coll.* 2023, n° 182, obs. L. Fin-Langer ; *RPC* juill. 2023, n° 69, obs. D. Jacotot ; *SSL* 2023, n° 2052, p. 1, obs. P. Bailly ; *JCP S* 2023, n° 1180, note B. Bossu.

rait faire obstacle à la garantie AGS. Cette solution est transposable aux licenciements prononcés en vertu d'un plan de redressement, le délai étant d'un mois en vertu des articles L. 631-19 du Code de commerce et L. 3253-8 du Code du travail.

Ce délai d'un mois pour notifier les licenciements économiques pourrait se trouver prolongé en cas d'appel du jugement arrêtant le plan si l'exécution provisoire est arrêtée. En effet, en ce cas, la durée de la période d'observation sera prolongée jusqu'à l'arrêt de la cour. Mais il n'en sera ainsi que si le premier président de la Cour d'appel, saisi d'une demande d'arrêt de l'exécution provisoire, y fait droit. Dans le cas contraire, le délai d'un mois pour procéder à la notification des licenciements devra être respecté[1]. Il importe que ce délai soit respecté, puisqu'il conditionne la prise en charge par l'AGS des indemnités de licenciements conformément à l'article L. 3253-8 du Code du travail[2].

La méconnaissance du délai d'un mois constitue une irrégularité de forme qui sera sanctionnée par l'octroi de dommages et intérêts aux salariés irrégulièrement licenciés[3]. Elle n'a en revanche pas pour effet de priver le licenciement de cause réelle et sérieuse[4], dès lors d'une part que le jugement arrêtant le plan a autorisé les licenciements et, d'autre part, que la lettre de licenciement vise bien le jugement qui arrête le plan et autorise les licenciements. Elle permet également aux salariés d'engager la responsabilité de l'administrateur pour réparer le préjudice subi, le licenciement n'étant pas annulé.

Pour les salariés disposant d'un régime de protection en termes de licenciement, la procédure de protection s'ajoute à celle applicable à tous les salariés licenciés. En revanche, il suffit que l'administrateur manifeste sa volonté de licencier ces salariés protégés dans le délai d'un mois à compter du jugement adoptant le plan pour que la garantie AGS puisse fonctionner conformément au dernier alinéa de l'article L. 631-19.

421.47 Contenu des notifications des licenciements. En effet, pour que les licenciements ne soient pas considérés comme étant sans cause réelle et sérieuse, la lettre de licenciement devra impérativement viser le jugement arrêtant le plan et autorisant les licenciements[5]. La solution vaut identiquement si le licenciement intervient en application du jugement modifiant le plan. La lettre de notification est suffisamment motivée si elle fait référence au jugement adoptant le plan de redressement et autorisant les licenciements[6].

Cependant, le renvoi de la lettre de licenciement au jugement arrêtant le plan n'est possible que si le plan prévoit des licenciements[7].

Est ainsi doublement dépourvu de cause réelle et sérieuse, le licenciement qui intervient, alors que le jugement ne fait pas mention des activités et catégories professionnelles concernées et alors que la lettre de licenciement ne vise pas le jugement modifiant le plan[8]. La référence dans la lettre à une décision du tribunal inexistante, du fait d'une erreur dans l'indication de la date de la décision arrêtant le plan, rend également le licenciement sans cause réelle et sérieuse[9].

En raison de cette autorisation du jugement adoptant le plan de redressement, le salarié ne pourra pas contester devant le Conseil des prud'hommes la cause réelle et sérieuse de son licenciement. Il ne pourra pas non plus, devant le Conseil des prud'hommes, discuter de la régularité de son licenciement, au regard de l'article L. 621-64 du Code de commerce[10], dans sa rédaction antérieure à la loi de sauvegarde des entreprises, ou de l'article L. 631-19, II, dans la rédaction de la loi de sauvegarde des entreprises. Le salarié qui aura reçu notification de son licenciement ne pourra invoquer devant le Conseil des prud'hommes que les questions relatives à sa situation individuelle[11], par exemple celle de l'ordre des licenciements[12], dans les mêmes conditions que celles

1. Soc. 21 sept. 2005, n°s 04-40.529,04-40.534, P V, n° 267 ; *Act. proc. coll.* 2005/17, n° 217, note J. Vallansan ; *RPC* 2006/1, p. 69, n° 5, obs. F. Taquet.
2. Sur la garantie AGS, v. s^s^ n°s 721.11 s.
3. Soc. 10 juill. 2002, n° 00-42.340, P V, n° 242 ; *Act. proc. coll.* 2002/14, n° 182, obs. C. Régnaut-Moutier ; *D.* 2002. AJ 2678, obs. A. Lienhard ; *JCP E* 2003. Chron. 194, p. 219, n° 2, obs. Ph. Pétel – Soc. 5 janv. 2022, n° 18-26.257, NP ; *Act. proc. coll.* 2022, n° 37.
4. Soc. 21 sept. 2005, n°s 04-40.529,04-40.534, préc.
5. Soc. 22 févr. 2000, n° 97-43.780, NP ; *Gaz. Pal.* 14-16 mai 2000. Pan. 29 – Soc. 12 juill. 2010, n° 08-40.740, P V, n° 169 ; *RPC* 2010/5, comm. 191, note F. Taquet ; *LPA* 20 déc. 2010, n° 252, p. 15, note D. Jacotot.
6. Soc. 10 juill. 2002, n° 00-42.340 ; *JCP G* 2003, chron. 194, n° 2, obs. Ph. Pétel ; *Act. proc. coll.* 2002, comm. 182, obs. C. Regnaut-Moutier ; *D.* 2002, act. jurispr., p. 2678, obs. A. Lienhard – Soc. 21 sept. 2005, n° 04-40.529 ; *Bull. civ.* V, n° 267 ; *D.* 2006. AJ 2446, obs. A. Lienhard ; *D.* 2006, Pan 81, obs. P.-M. Le Corre ; *Act. proc. coll.* 2005, n° 217, obs. J. Vallansan – Soc. 17 mai 2006, n° 04-41.690, NP ; *RPC* 2006/3, p. 283, n° 10, obs. F. Taquet : solution rendue pour le plan de cession.
7. Soc. 29 mai 2002, n° 00-41.965, NP ; *RPC* civ. et com. 2002, p. 291, n° 9, obs. F. Taquet.
8. Orléans, ch. soc., 20 sept. 2012, RG n° 11/03566 ; *RPC* 2013, comm. 22, note J.-J. Fraimout.
9. Soc. 12 déc. 2001 ; *JCP E* 2002. 807, n° 13, obs. Ph. Pétel – Soc. 21 sept. 2005, n° 03-43.849, NP ; *RPC* 2006/1, p. 69, n° 6, obs. F. Taquet ; *JCP S* 2005, n° 1335, note R. Vatinet.
10. Anc^t^ L. 25 janv. 1985, art. 63.
11. Soc. 3 oct. 1989, n° 88-42.835, P V, n° 559 ; *Dr. ouvrier* 1990. 289, note Rochoix.
12. Soc. 17 oct. 2007, n° 05-41.531, NP ; *Gaz. proc. coll.* 2008/1, p. 62, note B. Saintourens – Cons. prud'h. Caen, 11 sept. 2007, 2007, RG n° F04/034 ; *Act. proc. coll.* 2007/18, n° 206, note L. Fin-Langer.

exposées pour les licenciements en période d'observation [1].

Cette absence de contrôle de la cause réelle et sérieuse est contestée par certains auteurs qui considèrent qu'ici le contrôle du tribunal de commerce est différent de celui qui existe pour le juge-commissaire. Le tribunal qui adopte le plan de redressement ne contrôlerait pas l'existence d'un motif économique au sens de l'article L. 1233-3 du Code du travail [2]. On peut cependant objecter que ce volet social permet de redresser l'entreprise et pourrait correspondre à la réorganisation pour la sauvegarde de la compétitivité de l'entreprise. Par ailleurs, un contrôle par le juge prud'homal pourrait ruiner la réussite de l'intégralité du plan, adopté en fonction d'une analyse globale et collective.

Plusieurs dispositions visent à limiter le contentieux dans les entreprises *in bonis* en prévoyant la mise en place de modèles de lettres de licenciement grâce aux ordonnances du 22 septembre 2017 en renvoyant dans un premier temps à décret. Le décret du 29 décembre 2017 [3] qui fixe les modèles de lettre de licenciement laisse perplexe de manière générale [4], mais aussi son application dans le cadre des procédures collectives.

La loi de ratification des ordonnances du 19 mars 2018 a modifié notamment l'article L. 1233-16 prévoyant ces modèles, en renvoyant non plus à un décret mais à un arrêté du ministre, qui n'a pas été pris et n'a donc pas corrigé les modèles.

Ce sont les annexes IV à VI qui proposent des modèles pour les licenciements pour motif économique, selon le nombre de salariés licenciés. Un des modèles fait référence au jugement adoptant le plan, décision judiciaire autorisant le licenciement des salariés. Le texte consacre donc la jurisprudence selon laquelle cette décision fixe le motif économique, qui ne pourra plus être contesté dès lors que la notification y fait référence. Pourtant, ces modèles soulèvent un certain nombre d'interrogations dans un tel contexte. Ainsi, Or, il paraît difficile d'appliquer cette règle lorsque le motif réside précisément dans le jugement adoptant le plan de redressement. Ensuite, est également maintenue la mention du congé reclassement pourtant écarté en cas de redressement et de liquidation judiciaire [5]. Il faut noter que dans l'annexe VI relative aux grands licenciements, est rappelée l'existence d'un entretien individuel, qui pourtant n'a pas lieu. Enfin, est indiquée désormais, comme dans toutes les lettres de licenciement, la possibilité qu'a le salarié à demander des précisions sur les motifs de licenciement.

En effet, depuis cette même ordonnance, le motif pourra désormais être précisé à la demande de chaque partie, dont les modalités sont prévues par un décret du 15 décembre 2017.

Le nouvel art. R. 1233-2-2 du Code du travail précise que dans les quinze jours qui suivent la notification du licenciement, le salarié peut, par lettre recommandée avec accusé de réception ou remise contre récépissé, demander des explications à l'employeur qui a aussi quinze jours après réception de la demande pour y répondre selon les mêmes formes. L'employeur peut aussi, de sa propre initiative, le faire dans les mêmes formes dans les quinze jours suivant la notification.

Ce dispositif est applicable pour les licenciements prononcés après la publication du décret. Il ne s'agit que d'une simple précision : l'employeur ne peut pas compléter ou ajouter ou substituer un motif.

Cette procédure soulève plusieurs interrogations. *Quid* si les délais ne sont pas respectés ? Le silence de l'employeur a-t-il des conséquences ? Qu'en est-il en procédure collective ? Aucune exception n'a été envisagée lorsque le motif résulte d'un jugement adoptant le plan de redressement et autorisant les licenciements des salariés. Il semble pour le moins discutable d'avoir un tel mécanisme en procédure collective [6], sauf à permettre à l'administrateur de compléter sa lettre par exemple en cas d'oubli de la référence à ce jugement. Il est à noter que ce dispositif n'a semble-t-il pas vocation à s'appliquer dans le cadre de l'acceptation du contrat de sécurisation professionnelle [7].

Enfin, si le salarié ne formule pas une telle demande, l'insuffisance de motivation ne suffit plus désormais pour priver le licenciement de cause réelle et sérieuse. Par conséquent, si une telle cause existe, il s'agira d'une simple irrégularité de forme sanctionnée par une indemnité d'un mois de salaire maximum [8]. En revanche, si cette insuffisance correspond à une absence effective de cause réelle et sérieuse, il y aura application du nouvel article L. 1235-3, qui limite le montant des dommages-intérêts.

Il a été jugé que l'employeur n'avait pas l'obligation d'informer le salarié de cette possibilité et des

1. Sur le contentieux du licenciement en période d'observation, v. s^{s} n°s 322.141 s.
2. P. Morvan, *Restructurations en droit social*, LexisNexis, 5e éd., n° 1506.
3. Décr. n° 2017-1820, 29 déc. 2017 établissant des modèles types de lettres de notification de licenciement, *JO* 30 déc., n° 83.
4. Pour une note critique : F. Taquet, « Modèles de lettres de notification de licenciement : une intention louable non dénuée de critiques », *JCP S* 2018, n° 11.
5. C. trav., art. L. 1233-75.
6. D. Jacotot et L. Fin-Langer, « Les ordonnances du 22 septembre 2017 et la rupture des contrats de travail dans une entreprise en difficulté », *RPC* nov. 2017, étude 21.
7. Sur le contrat de sécurisation professionnelle, v. s^{s} n° 421.45.
8. C. trav., art. L. 1235-2.

modalités pratiques de cette procédure visant à préciser le motif du licenciement[1].

421.48 Versement des indemnités de rupture. Tout salarié licencié pour motif économique a droit à l'indemnité légale de licenciement dès lors qu'il a huit mois d'ancienneté depuis les ordonnances du 22 septembre 2017. Pour savoir si le salarié a droit à cette indemnité, il est tenu compte de son ancienneté au jour de la notification du licenciement.

Ensuite, son montant sera calculé à l'expiration du délai de préavis, même s'il est dispensé de l'exécuter. Il faut cependant préciser que si le salarié commet une faute grave pendant cette période, cette faute interrompt le délai ainsi que l'ancienneté, car elle met fin au contrat[2].

Le montant est désormais identique depuis la loi du 25 juin 2008 pour le motif personnel et économique[3]. Elle est calculée en fonction de la rémunération brute moyenne des trois derniers mois. En contrepartie du plafonnement des indemnités pour défaut de cause réelle et sérieuse, la réforme du 22 septembre 2017 a prévu une revalorisation du montant de l'indemnité de licenciement, prévu par le nouvel art. R. 1234-2 issu d'un décret du 25 septembre 2017, applicable immédiatement à tous les licenciements notifiés après son entrée en vigueur. Elle a été revalorisée dans les termes suivants :

« L'indemnité de licenciement ne peut être inférieure aux montants suivants :

1° Un quart de mois de salaire par année d'ancienneté pour les années jusqu'à dix ans ;

2° Un tiers de mois de salaire par année d'ancienneté pour les années à partir de dix ans. »

Les accords collectifs peuvent l'augmenter[4], l'indemnité conventionnelle se substituant alors à l'indemnité légale sans pouvoir se cumuler.

Les parties peuvent également avoir mis en place des « golden parachute » qui sont des indemnités contractuelles de départ, d'un montant en général élevé. La Cour de cassation les valide sous réserve de ne pas faire échec à la faculté de résiliation unilatérale. À la différence des indemnités conventionnelles, les indemnités contractuelles peuvent alors être modifiées par le juge, même d'office, si elles sont d'un montant excessif sur le fondement de l'ancien article 1152 du Code civil, devenu avec la réforme de 2016, l'article 1231-5, la Cour les assimilant à une clause pénale[5].

L'administrateur judiciaire doit en principe respecter la durée du préavis, comme le rappelle expressément l'article L. 631-19 du Code de commerce. Il pourrait aussi dispenser les salariés de leur préavis, même si cela semble moins probable qu'en liquidation judiciaire, puisque l'activité se poursuit.

Il devra également verser l'indemnité compensatrice de congés payés pour les congés restant dus[6]. C'est à l'employeur d'apporter la preuve que le salarié n'a pas été en mesure de prendre effectivement ses congés, qu'ils soient d'origine légale ou conventionnelle[7].

Les parties peuvent également avoir prévu une clause de non-concurrence qui produit ses effets après la rupture du contrat et qui oblige le salarié, en échange d'une contrepartie financière, de ne pas travailler pour une entreprise concurrente. La date de la rupture peut avoir des conséquences aussi sur la possibilité de renoncer unilatéralement à cette clause. Ainsi, si le préavis est exécuté, l'employeur peut y renoncer au plus tard à la date du départ effectif de l'entreprise, et donc à la fin du préavis exécuté. Si le préavis n'est pas exécuté, il faut regarder le délai prévu dans la clause. Si l'inexécution vient du fait du salarié, la renonciation peut se réaliser au cours du préavis[8].

Ces indemnités de rupture sont garanties par l'AGS dans la limite des plafonds de garantie, dès lors que les licenciements sont notifiés dans le mois qui suit le jugement adoptant le plan de redressement[9]. Il en va de même de la contrepartie de la clause de non-concurrence[10]. Il faut cependant préciser que

1. Soc. 29 juin 2022, n° 20-22.220 ; *D.* 2022. 2245, note S. Vernac et Y. Ferkane ; *JCP S* 2022, n° 1200, note S. Miara ; *RTD* 2022, p. 505, note A. Fabre ; *RPC* sept. 2022, n° 83, obs. F. Taquet.
2. Soc. 11 sept. 2019, n° 18-12.606 ; *JCP S* 2019, n° 1285, note L. Drai ; *D.* 2019. 1767 ; *DS* 2019, 981, note J. Mouly.
3. C. trav., art. L. 1234-9.
4. Par ex. : Soc. 17 oct. 2012, n° 10-28.006 ; *Bull. civ.* V, n° 262 ; *RDT* 2012. 669.
5. Soc. 18 déc. 1979, n° 78-40.996 ; *Bull. civ.* V, n° 1009 ; *DS* 1980. 370 ; *D.* 1980. Inf. Rap. 352, note Ph. Langlois ; *JCP* 1980. II. 19432, note A. Lyon-Caen – Par un ex. : Soc. 5 mars 2014, n° 12-23.106 ; *Bull. civ.* V, n° 68 ; *DS* 2014, p. 481, note J. Mouly ; *JCP S* 2014, n° 1215 ; *D.* 2014. 1115, note P. Lokiec et J. Porta ; *RTD civ.* 2014. 644, obs. H. Barbier – Soc. 16 mars 2016, n° 14-23.861 ; *JCP S* 2016, n° 1174, note G. François ; *D.* 2016. Actu. 720 ; *DS* 2016, 470, note J. Mouly.
6. C. trav., art. L. 3141-24 – Soc. 5 juin 2008, n° 06-46.366 ; *Bull. civ.* V, n° 125 ; *RDT* 2008. 608, obs. Fl. Canut ; *JCP S* 2008, n° 1423, note S. Brissy – Soc. 24 févr. 2009, n° 07-44.749 ; *Bull. civ.* V, n° 48 ; *D.* 2009. 816, obs. M. Ines ; *JCP S* 2009, n° 1230, S. Brissy.
7. Soc. 21 sept. 2017, n° 16-18.898 ; *Bull. civ.* V, n° 159 ; *JCP S* 2017, n° 1358, note N. Chabrier et L. Chabaud ; *Act. proc. coll.* 2017, n° 290 ; *Gaz. Pal.* 6 févr. 2018, p. 47, note V. Orif : revirement.
8. Soc. 21 mars 2018, n° 16-21.021 ; *Bull. civ.* V, n° 42 ; *D.* 2018. 2326, obs. Centre de droit de la concurrence Yves Serra ; *DS* 2018. 653, étude S. Tournaux ; *RDT* 2018. 447, obs. C. Dupouey-Dehan ; *JCP S* 2018, n° 1183, note M.-N. Rouspide-Katchadourian ; *JCP* 2018. Actu. 422, obs. D. Corrignan-Carsin.
9. C. trav., art. L. 3253-8.
10. Soc. 20 juin 2006, n° 04-48.523 ; *Bull. civ.* V, n° 218 ; *DS* 2006, 1054, obs. C. Radé ; *JCP S* 2006, n° 1950, note R. Vatinet.

l'indemnité *supra*-légale de licenciement ainsi que toutes les sommes qui concourent à la réparation du préjudice subi par les salariés en raison de la rupture du contrat, prévue par un accord collectif conclu moins de dix-huit mois avant le jugement d'ouverture ou celle fixée par le PSE pendant la période d'observation ne sont désormais plus garanties par l'AGS[1]. En effet, la Cour de cassation a clairement inclus dans ces sommes indemnitaires l'indemnité *supra*-légale fixée par le PSE, sans forcément trancher le sort des autres sommes versées qui pourraient être prises en charge si elles sont considérées comme des mesures d'accompagnement, garanties, quelle que soit la date du PSE en vertu de l'article L. 3253-8, 4° du Code du travail[2].

421.49 Rédaction des documents de fin de contrat. L'employeur remet trois documents au salarié au moment de la rupture du contrat. En cas de licenciement notifié par l'administrateur, il revient à ce dernier de les établir et de les communiquer au salarié. À défaut, il pourrait engager sa responsabilité[3].

Le reçu pour solde de tout compte, facultatif, est un écrit par lequel le salarié reconnaît avoir reçu les sommes indiquées. Il a une valeur probatoire mais aussi libératoire, qui avait été momentanément supprimée par la loi de modernisation sociale du 17 janvier 2002. En l'absence de dénonciation par le salarié dans les six mois qui suivent sa signature, cette signature rend irrecevable toute action en justice de la part du salarié ayant pour objet la contestation des sommes qui y sont mentionnées. Ce délai de six mois ne court que si le reçu comporte une date certaine, qui n'a cependant pas besoin d'être écrite de la main du salarié[4].

Si la Cour a pu juger que ce caractère libératoire existait, peu important qu'il soit rédigé en termes généraux[5], elle a aussi jugé que cet effet disparaissait si le reçu ne mentionnait qu'une somme globale, en faisant référence à une annexe, en l'espèce le bulletin de paye, détaillant les sommes[6]. Il est donc indispensable de mentionner le détail des sommes pour éviter un contentieux futur.

Le certificat de travail doit être établi par l'employeur, quelle que soit la rupture du contrat. Il atteste des emplois occupés par le salarié dans l'entreprise. Il ne peut comporter que les mentions suivantes : le nom et l'adresse de l'employeur et du salarié, la date d'entrée et de sortie, les emplois occupés avec les périodes correspondantes. Depuis le 1er juin 2014, il doit également mentionner le bénéfice du maintien des garanties frais de santé et de prévoyance qui sont portables depuis la loi du 14 juin 2013.

L'attestation France Travail permet au salarié de bénéficier des allocations-chômage. Elle doit être établie et remise en même temps que le dernier bulletin de paye. Depuis 2017, le salarié doit établir son préjudice pour obtenir une réparation en cas de remise tardive de ses documents[7].

§ 2
Mesures spécifiques aux licenciements de moins de dix salariés

421.51 Maintien de l'obligation préalable de reclassement. L'administrateur doit rechercher avant de notifier le licenciement des postes disponibles en raison du maintien de l'obligation de reclassement, y compris pour les licenciements prononcés en vertu d'un plan de redressement[8]. Le non-respect est sanctionné par le défaut de cause réelle et sérieuse, qui donne droit aux indemnités désormais plafonnées par les ordonnances du 22 septembre 2017 et fixées à l'article L. 1235-3 du Code du travail.

Cette obligation existe dans tous les licenciements pour motif économique quel que soit le nombre de salariés concernés. Elle sera intégrée dans le PSE dans les licenciements de dix salariés dès lors que l'entreprise comporte cinquante salariés[9].

1. C. trav., art. L. 3253-13 – V. *contra* avant pour des indemnités *supra*-légales prévues par des PSE établis pendant la période d'observation : Soc. 30 sept. 2009, n° 08-42.076 ; *Bull. civ.* V, n° 213 ; *D.* 2009. AJ 2423 ; *JCP S* 2009, n° 1506, note P. Morvan ; *Act. proc. coll.* 2009, n° 262 ; *RPC* janv. 2010, n° 37, obs. F. Taquet ; *Leden* nov. 2019, p. 6, obs. S. Gorrias.
2. Sur la garantie AGS, v. ss nos 721.11 s. – Soc. 16 déc. 2020, n° 18-15.532 ; *JCP S* 2021, n° 1035, note L. Fin-Langer ; *Act. proc. coll.* 2021, n° 46, obs. L. Fin-Langer ; *Leden* mars 2021, p. 7, obs. G. Dedessus-Le Moustier ; *Gaz. Pal.* 9 mars 2021, p. 75, obs. D. Ronet-Yague.
3. Sur l'action en responsabilité des organes de la procédure, v. ss n° 822.24.
4. Soc. 20 févr. 2019, n° 17-27.600, P ; *D. actu.* 20 mars 2019, obs. W. Fraisse ; *D.* 2019. Pan. 973, obs. P. Lokiec ; *JCP S* 2019, n° 1109, note L. Paoli ; *BJT* avr. 2019, p. 13, obs. J. Icard ; *Gaz. Pal.* 26 mars 2019, p. 43, obs. C. Berlaud ; *RPC* mars 2019, com. 43, obs. F. Taquet.
5. Soc. 18 déc. 2013, n° 12-24.985 ; *D.* 2014. 88 ; *RDT* 2014. 83 ; *DS* 2014, p. 176, note J. Mouly ; *CSBP* févr. 2014, n° 1120, obs. J. Icard.
6. Soc. 14 févr. 2018, n° 16-16.617 ; *Bull. civ.* V, n° 21 ; *D. actu.* 21 mars 2018, obs. J. Cortot ; *D.* 2018. Actu. 463 ; *DS* 2018. 481, note J. Mouly ; *RJS* 4/2018, n° 256 ; *RJS* 4/2018, p. 294, avis Ph. Rémery ; *JCP S* 2018, n° 1114, note M.-N. Rouspide-Katchadourian ; *RPC* mai 2018, comm. 119, F. Taquet ; *Rev. proc.* avr. 2018, comm. 113, A. Bugada ; *CSBP* avr. 2018, p. 204, note J. Icard.
7. Soc. 22 mars 2017, n° 16-12.930, NP ; *D. actu.* 26 avr. 2017, obs. F. Roussel – V. *contra* avant : Soc. 21 janv. 2015, NP ; n° 13-25.675.
8. Soc. 10 mai 1999, n° 96-44.647 ; *Bull. civ.* V, n° 204 ; *RTD com.* 1999. 965, note C. Saint-Alary-Houin : solution donnée pour un plan de redressement par voie de cession.
9. Sur le PSE, v. ss n° 421.61.

Certains aménagements ont été apportés, notamment par les ordonnances du 22 septembre 2017.

L'ordonnance du 22 septembre 2017[1] entend simplifier la procédure de reclassement car elle offre une alternative à l'employeur : soit il adresse de manière personnalisée les offres de reclassement à chaque salarié (le droit antérieur était en ce sens), soit il diffuse par tout moyen une liste des postes disponibles à l'ensemble des salariés. C'est cette pratique que l'on rencontrait fréquemment en présence notamment d'une entité en procédure collective, mais celle-ci était sanctionnée. Le décret du 21 décembre 2017[2] fixe le contenu des offres de reclassement et valide désormais la pratique antérieure[3].

Qu'il s'agisse d'offres personnalisées écrites ou de la diffusion d'une liste des offres, elles précisent le poste, le nom de l'employeur, la nature du contrat, la localisation, la rémunération et la classification.

Lorsqu'il s'agit d'une liste des offres, elle mentionne également les critères de départage entre les salariés qui postuleraient sur un même poste et le délai pour présenter sa candidature. Ce délai ne peut être inférieur à quinze jours, délai réduit à quatre jours francs à compter de la publication de la liste en cas de redressement judiciaire. Le silence à l'expiration du délai vaut refus des offres par le salarié. Il est donc important de fixer une date certaine à cette liste. Aucune sanction n'est prévue par les textes mais la jurisprudence applique le défaut de cause réelle et sérieuse, notamment en cas d'absence des critères de départage[4], considérant qu'il s'agit d'un manquement à l'obligation de reclassement.

Cette obligation est limitée au reclassement dit interne : c'est-à-dire dans l'entreprise mais aussi dans le groupe si l'entreprise fait partie d'un groupe. La Cour de cassation précise cependant que ce reclassement interne doit s'effectuer uniquement dans les entreprises dont les activités ou l'organisation ou le lieu leur permettent d'effectuer la permutation de tout ou partie du personnel[5]. Ce groupe de reclassement était apprécié largement et ainsi pu être reconnu par exemple entre des entreprises qui exploitent un fonds de commerce sous la même enseigne[6], aucune condition de contrôle n'étant nécessaire.

L'article 16 de l'ordonnance du 22 septembre 2017[7] ne consacre que partiellement cette jurisprudence : le groupe est défini par référence à l'article au I de l'article L. 2331-1 du Code du travail relatif au comité de groupe et renvoyant au Code de commerce. Il faut établir soit une détention majoritaire du capital[8] soit une détention des droits de vote par capital ou en raison d'un accord conclu avec d'autres associés voire résultant d'une situation de fait[9]. La Cour de cassation a fait une application anticipée de ce texte et a refusé de reconnaître l'existence d'un groupe pour un ensemble de sociétés dominé par une société de gestion de fonds commun de placement[10].

Parmi ces entreprises, il faut limiter le périmètre du reclassement aux seules entreprises situées en France. En effet, l'art. L. 1233-4-1 qui organisait le reclassement à l'étranger est définitivement abrogé. Seuls des emplois disponibles en France peuvent ainsi être proposés. Cette absence de reclassement à l'étranger va simplifier les démarches des administrateurs. Enfin, il faudra vérifier uniquement les possibilités parmi les entreprises qui permettent une permutation du personnel. Une fois le périmètre bien déterminé, il revient alors de consulter toutes les sociétés, l'employeur ou l'administrateur ne pouvant se contenter de contacter qu'un nombre conséquent de sociétés[11].

421.52 **Convocation aux entretiens individuels.** L'administrateur judiciaire[12] doit procéder aux licenciements. Pour cela, il devra respecter les obligations de convocation ou d'entretien préalable pour les licenciements de moins de dix personnes[13].

Le salarié doit être convoqué à un entretien préalable et individuel par lettre recommandée avec accusé de réception ou par lettre simple remise en main propre contre décharge. Cependant, cette formalité n'est pas impérative. La Cour de cassation admet d'autres formes dès lors qu'elle permet d'éviter toute contestation sur la date de réception de la convoca-

1. Ord. nº 2017-1387, 22 sept. 2017 relative à la prévisibilité et la sécurisation des relations de travail, *JO* 23 sept., nº 33.
2. Décr. nº 2017-1725, 21 déc. 2017 relatif à la procédure de reclassement interne sur le territoire national en cas de licenciements pour motif économique, *JO* 22 déc., nº 70.
3. C. trav., art. D. 1233-2-1.
4. Soc. 8 janv. 2025, nº 22-24.724, P ; *Act. proc. coll.* 2025, nº 30 ; *D. actu.* 20 janv. 2025, obs. L. Malfettes ; *JCP S* 2025, nº 1066, note C. Terrenoire ; *Leden* févr. 2025, p. 6, obs. F. Joly.
5. Soc. 25 juin 1992, nº 90-41.244 ; *Bull. civ.* V, nº 420 ; *DS* 1992, p. 710 et 826 ; *D.* 1992. 209 ; *DS* 1993. 272, note Q. Urban ; *JCP E* 1992. I. 197, nº 5, obs. Ph. Coursier.
6. Soc. 27 nov. 2013, nº 12-18.470, NP ; *RPC* Mai 2014, comm. 72, obs. D. Jacotot.
7. Ord. nº 2017-1387, 22 sept. 2017.
8. C. com., art. L. 233-1.
9. C. com., art. L. 233-3.
10. Soc. 20 mars 2019, nº 17-19.595, P ; *RDT* 2019. 332 ; *JCP S* 2019, nº 1198, note Y. Pagnerre ; *Leden* mai 2019, p. 7, obs. G. Dedessus-Le Moustier ; *Gaz. Pal.* 16 avr. 2019, p. 40, note C. Berlaud ; *Act. proc. coll.* 2019, nº 108 ; *JCP E* 30 mai 2019, nº 1279, Fl. Aubonnet.
11. Soc. 9 oct. 2024, nº 22-21.371 ; *RPC* nov. 2024, comm. 172, F. Taquet ; *JCP S* 2025, nº 1082, note E. Noirot et A. Lallement.
12. Avant la loi de sauvegarde, il s'agissait du débiteur assisté par le commissaire à l'exécution du plan : anc. art. L. 621-143, anc. art. 147 L. 25 janv. 1985 – Sur l'organe chargé de procéder au licenciement, v. s^s nº 421.41.
13. C. trav., art. L. 1233-11.

tion, comme la convocation par Chronopost[1] ou la remise par voie d'huissier de justice[2].

La lettre de convocation doit préciser le lieu de l'entretien, qui est soit le lieu d'exécution du contrat soit le siège social de l'entreprise. Un autre endroit est possible à condition pour l'employeur de justifier d'un intérêt légitime[3]. Il est alors possible d'organiser ces entretiens dans les locaux des administrateurs. Est-il possible de remplacer l'entretien physique par une visio-conférence ? Cette question s'est notamment posée pendant la crise sanitaire du printemps 2020, car les déplacements étaient interdits. Ni le Code du travail ni les mesures Covid n'ont autorisé ce dispositif, alors que les délais des procédures de licenciement, notamment pour motif économique, n'étaient pas suspendus au titre de l'article 2 de l'ordonnance du 25 mars 2020[4]. Leur validité pose problème, car la Cour de cassation, suivie par certaines cours d'appel, refuse ce remplacement[5], contrairement à d'autres juridictions du fond[6]. Il est donc nécessaire que le législateur prenne position et les encadre. Plusieurs contraintes sont à prendre en compte. Il faut ainsi s'assurer de l'identité des personnes présentes[7]. Il serait également souhaitable de demander l'accord du salarié, de vérifier qu'il a bien été informé de l'ensemble de ses droits. Reste posée la question de l'enregistrement de cet entretien et de l'exigence d'un motif légitime pour y recourir, comme un cas de suspension légitime du contrat de travail, le salarié étant dans l'impossibilité de se déplacer.

Elle indique également la date de l'entretien : l'employeur doit respecter un délai de cinq jours ouvrables minimum pour permettre au salarié de préparer sa défense et auquel le salarié ne peut renoncer[8]. Aucun aménagement du délai de convocation n'a été prévu en cas de licenciement prononcé en vertu du jugement adoptant le plan de redressement. Pour savoir si ce délai est respecté, il ne faut pas tenir compte de la date de présentation de la lettre de convocation[9]. Par ailleurs, l'employeur n'est pas tenu de reporter la date de cet entretien à la demande du salarié. En revanche, lorsqu'il le fait, le délai de cinq jours court à compter de la présentation de la première lettre[10]. Le non-respect de ce délai cause nécessairement un préjudice au salarié qui doit être réparé, même si ce dernier a décidé de ne pas venir à l'entretien[11]. Aucun aménagement de ce délai n'a été prévu dans le cadre des procédures collectives. Il convient donc de le respecter.

Elle doit enfin mentionner la possibilité pour le salarié de se faire assister soit par un personnel de son choix appartenant à l'entreprise et à défaut de représentant du personnel, par un conseiller inscrit sur une liste dont les coordonnées doivent être transmises au salarié. La présence du représentant des salariés ne suffit pas pour écarter cette disposition[12]. Au cours de cet entretien, il devra lui proposer le contrat de sécurisation professionnelle[13].

Il n'en est pas de même pour le délai à respecter entre l'entretien et la notification du licenciement. Avant l'ordonnance du 24 juin 2004[14], l'administrateur ou le débiteur, selon le cas, devait ensuite notifier par lettre recommandée avec avis de réception, leur licenciement aux intéressés, dans le délai d'un jour franc à compter de l'entretien préalable. Ce délai a été porté par l'ordonnance précitée à deux jours ouvrables. Les dispositions de l'article L. 1233-15 du Code du travail, qui imposent le respect de délais entre la date de l'entretien préalable et la date d'envoi de la lettre de licenciement (sept ou quinze jours selon la qualité de cadre ou non) sont inapplicables en cas de redressement et de liquidation judiciaires en vertu de l'article L. 1233-59, car elles sont souvent inconciliables avec les délais de licenciement impartis pour la prise en

1. Soc. 8 févr. 2011, n° 09-40.027 ; *Bull. civ.* V, n° 45 ; *JCP S* 2011, n° 1199, note F. Dumont ; *CSBP* avr. 2011, p. 105, F.-J. Pansier ; *RPC* mai 2011, comm. 92, F. Taquet ; *D. actu.* 3 mars 2011, C. Dechristé ; *D.* 2011. 599.
2. Soc. 30 mars 2011, n° 09-71.412 ; *Bull. civ.* V, n° 83 ; *D.* 2011. 1088, obs. J. Siro ; *JCP S* 2011, n° 1258, note F. Dumont ; *RPC* mai 2011, comm. 92, note F. Taquet ; *CSBP* mai 2011, p. 152, note F.-J. Pansier ; *LPA* 30 juin 2011, p. 11, obs. L. Cantois.
3. Soc. 9 mai 2000, n° 97-45.294 ; *Bull. civ.* V, n° 171 ; *D.* 2000. IR 157 ; *JCP* 2000. II. 10373, note D. Corrignan-Carsin ; *RJS* 2000, n° 650.
4. Ord. n° 2020-306, 25 mars 2020 relative à la prorogation des délais échus pendant la période d'urgence sanitaire et à l'adaptation des procédures pendant cette même période, *JO* 26 mars, n° 9.
5. Soc. 25 nov. 1991, n° 90-44.195, NP – Aix-en-Provence, Ch. 3-4, 14 févr. 2020, RG n° 17/10274 – Poitiers, Ch. soc., 2 déc. 2015, RG n° 14/03363 – Grenoble, Ch. soc., section A, 7 janv. 2020, RG n° 17/02442.
6. Versailles 4 juin 2020, n° 17/04940 ; *BJT* oct. 2020, p. 10 pour un salarié expatrié.
7. Bourges, Ch. soc., 15 janv. 2019, RG n° 18/00201, Mme Le B. / c. Adef Résidences.
8. Soc. 20 déc. 2006, n° 04-47.853 ; *Bull. civ.* V, n° 396 ; *JCP S* 2007, n° 1349, note B. Bossu ; *D. actu* 5 févr. 2007, obs. J. Cortot – Soc. 3 juin 2015, n° 14-12.245 ; *D. actu.* 21 juill. 2015, obs. J. Siro ; *D.* 2015. Actu. 1278 ; *RDT* 2015. 761, obs. M. Véricel ; *RJS* 8-9/2015, n° 574 ; *JCP S* 2015, n° 1311, note F. Dumont.
9. Soc. 20 févr. 2008, n° 06-40.949 ; *Bull. civ.* V, n° 396 ; *D. actu.* 5 mars 2008, obs. M. Ines ; *JCP S* 2008, n° 1252, note J.-Y. Kerbouc'h.
10. Soc. 24 nov. 2010, n° 09-66.616 ; *Bull. civ.* V, n° 267 ; *JCP S* 2011, n° 1080, note L. Drai ; *D.* 2010. 2915.
11. Soc. 20 janv. 2015, n° 13-21.565, NP ; *RPC* mai 2015, comm. 54, F. Taquet ; *RPC* sept. 2015, comm. 156, F. Taquet.
12. Soc. 27 juin 2002, n° 00-41.893 ; *Bull. civ.* V, n° 233 ; *D.* 2002. IR 2234 ; *DS* 2002, 1073, note F. Petit. L'arrêt ne précise pas la nature de la procédure collective ouverte.
13. Sur le contrat de sécurisation professionnelle, v. s^s^ n° 421.45.
14. Ord. n° 2004-602, 24 juin 2004 relative à la simplification du droit dans les domaines du travail, de l'emploi et de la formation professionnelle, *JO* 26 juin, n° 8.

charge par l'AGS des indemnités de rupture. Cette notification devra intervenir dans le délai d'un mois à compter du jugement adoptant le plan [1].

§ 3
Mesures spécifiques aux licenciements de dix salariés et plus

421.61 Obligation d'établir un PSE. L'article L. 631-19, III, prévoit expressément que l'administrateur établit ce plan de sauvegarde de l'emploi après le jugement adoptant le plan de redressement, à la différence de ce qui est prévu pendant la période d'observation. Cela n'a pas toujours été le cas, la Dreets se prononçait précédemment avant. Cette nouvelle chronologie peut constituer un obstacle à la réalisation du plan, à défaut de validation ou d'homologation du plan par la Dreets, bloquant ainsi l'exécution du plan [2].

Si l'entreprise dispose d'au moins cinquante salariés et que le nombre de salariés licenciés est de dix au moins, l'administrateur devra établir un Plan de sauvegarde de l'emploi, dit PSE en vertu de l'article L. 1233-58, II, du Code du travail. Le calcul des effectifs se fait en application des articles L. 1111-1 du Code du travail, la loi Pacte du 22 mai 2019 [3] renvoyant au Code de la sécurité sociale n'étant pas applicable dans ce domaine. Les conditions d'effectifs sont appréciées au niveau de l'entreprise par principe. Mais lorsqu'elle fait partie d'une Unité économique et sociale (UES) dont l'existence n'est pas discutée et que la décision de licencier est prise au niveau de l'UES, alors les effectifs sont calculés au niveau de l'UES [4].

Il a deux possibilités en théorie.

Il peut tout d'abord négocier un accord collectif avec les partenaires sociaux puis faire valider cet accord auprès de la Dreets. Il s'agit d'un accord spécifique, validé depuis 2013 à une majorité de 50 %, sans aucune autre forme de négociation subsidiaire possible.

Il peut aussi l'établir unilatéralement et ensuite le faire homologuer par la Dreets, le contrôle étant plus approfondi au-delà des règles de validité formelle. Elle va en effet vérifier le contenu du PSE en termes de reclassement interne et externe. L'administration doit vérifier, au regard de l'importance du projet, si les mesures sont concrètes et précises, et si elles peuvent satisfaire les objectifs de reclassement en fonction des moyens de l'entreprise et des efforts de formation et d'adaptation déjà réalisés par l'employeur [5].

Il faut noter que le PSE doit contenir des mesures de nature différente à celle du reclassement. En effet, il est désormais acquis que l'entreprise doit rechercher systématiquement si ce projet de grand licenciement comporte des risques-psychosociaux et le cas échéant prévoir toutes les mesures pour y faire face, au nom de l'obligation de prévention des risques professionnels. La Dreets en vérifie désormais le respect, sous le contrôle du juge administratif. Cette démarche concerne également les cessations définitives d'activité, y compris en liquidation judiciaire [6]. *A fortiori*, elle s'applique en cas de licenciements prononcés en vertu du plan de redressement. Ce contrôle prévu au départ pour les PSE unilatéraux a été étendu aux PSE conclus par accord collectif [7]. En pratique, est mis à jour le document unique d'évaluation des risques professionnels (DUERP) et sont mis en place un numéro vert, une assistance psychologique [8] ou le remboursement de séances. Un dialogue constructif avec le CSE doit être engagé pour identifier les risques et envisager les mesures à prendre, même si un avis spécifique précédé d'un vote n'est pas nécessaire [9].

Reste à savoir s'il faudra aussi que le PSE envisage les conséquences environnementales de cette décision. En effet, la loi Climat et résilience du 22 août 2021 a modifié l'article L. 2312-8 du Code du travail

1. Sur le délai de notification, v. s[s] n° 421.46.
2. F. Pérochon et a., *Entreprises en difficulté*, LGDJ, 11e éd. 2022, n° 1971 ; D. Jacotot et L. Fin-Langer, « La naissance d'un droit social des entreprises en difficulté ? », *RPC* mars 2014, doss. 24, n° 76.
3. L. n° 2019-486, 22 mai 2019 relative à la croissance et la transformation des entreprises, *JO* 23 mai, n° 2.
4. Soc. 28 sept. 2022, n°s 21-19.093 et 21-19.092 ; *Act. proc. coll.* 2022. 261, obs. L. Fin-Langer : la solution a été rendue alors que la société membre de l'UES était en liquidation judiciaire. Le liquidateur n'avait pas établi de PSE, car il n'avait pas tenu compte, dans son calcul des effectifs, de l'UES, en raison d'un recours pendant contestant la décision judiciaire l'ayant établie – V. déjà : Soc. 17 mars 2021, n° 18-16.947 ; *JCP S* 2021, n° 1109, note G. Auzero.
5. CE 22 juill. 2015, *Calaire Chimie*, req. n° 383481 ; *D. actu.* 24 juill. 2015, obs. D. Poupeau ; *AJDA* 2015. 1632, chron. J. Lessi et L. Dutheillet de Lamothe ; *AJDA* 2016. 1866, chron. L. Dutheillet de Lamothe ; *RDT* 2015. 514, concl. G. Dumortier ; *D.* 2016. Pan. 807, obs. P. Lokiec ; *RPC* janv. 2016, comm. 22, F. Taquet. Pour les entreprises *in bonis*, la Dreets contrôle aussi les moyens du groupe ou de l'UES.
6. CE 21 mars 2023, req.n° 460660 et 460924 ; *RDT* 2023. Controverse 377, note de L. Montvalon, Ph. Rozec et Th. Le Gall ; *RDT* 2023. 476, obs. L. de Montvalon ; *JSL* 2023, n° 564-2, obs. M. Hautefort ; *SSL* 2023, n° 2040, p. 5, concl. J.-F. de Montgolfier, obs. A. Stocki ; *JCP S* 2023, n° 1124, note B. Gauriau ; *D. actu.* 6 avr. 2023, obs. S. Norval-Grivet ; *RPC* juill. 2023, n° 70, obs. D. Jacotot ; *Act. proc. coll.* 2023, n° 136 ; *Gaz. Pal.* 19 sept. 2023, p. 66, obs. C. Gailhbaud ; *Leden* mai 2023, p. 6, obs. H. de Frémont.
7. CE 19 déc. 2023, req. n° 458434 ; *AJDA* 2023. 2369 ; *RJS* 2/2024, n° 86.
8. CE 15 oct. 2024, req. n° 488496, ACIAM ; *RPC* janv. 2025, n° 30, obs. D. Jacotot ; *JCP E* 2025, n° 1028, note D. Jacotot ; *Act. proc. coll.* 2025, n° 8, obs. M. N. Katchadourian ; *RDT* 2024. 665, note M. Kocher.
9. CE 15 oct. 2024, req. n° 488496, ACIAM ; *RPC* janv. 2025, n° 30, obs. D. Jacotot ; *JCP E* 2025, n° 1028, note D. Jacotot ; *Act. proc. coll.* 2025, n° 8, obs. M. N. Katchadourian ; *RDT* 2024. 665, note M. Kocher.

relatif aux compétences générales du CSE dans les entreprises de 50 salariés et plus, mais n'a pas modifié ceux précisant cette compétence dans le cadre du licenciement pour motif économique, comme l'article L. 1233-31. Les juges administratifs sont pour l'instant divisés [1].

L'autorité administrative peut, pendant la procédure d'établissement du PSE, adresser des observations, faire des propositions afin que l'employeur prenne en compte les conséquences sur la santé physique et mentale des salariés de cette réorganisation. Il doit d'ailleurs fournir au CSE tous les éléments relatifs à l'identification et l'évaluation de ces conséquences et en leur présence, les actions entreprises pour arrêter ces conséquences. Par ailleurs, au moment de l'homologation du document unilatéral, l'autorité administrative va vérifier, sous le contrôle du juge de l'excès de pouvoir, le respect par l'employeur de cette obligation, ainsi que toutes les informations transmises au CSE et les mesures prises [2].

Le PSE doit donc être consistant, pertinent et proportionné et comprendre toutes les mesures de reclassement possibles, sans que le reclassement externe soit une obligation [3]. Son absence pourra cependant être prise en compte pour apprécier son caractère suffisant. Il lui revient aussi de contrôler la conformité du PSE aux accords de branche imposant des règles particulières, en matière de reclassement externe par exemple [4].

Le contrôle apparaît plus sévère pour les PSE unilatéraux. Le Conseil d'État admet ainsi qu'un accord collectif de PSE puisse prévoir, pour fixer des critères d'ordre, des considérations étrangères aux fonctions occupées par le salarié, alors qu'un PSE unilatéral ne peut les envisager [5]. Dans l'arrêt Fnac, il avait déjà admis le contrôle des critères d'ordre fixés dans le PSE unilatéral : ils doivent regrouper tous les salariés exerçant des fonctions de même nature supposant une formation professionnelle commune [6]. Quand ils sont fixés unilatéralement par l'employeur, le Conseil d'État vérifie alors qu'ils ont fait l'objet d'une information-consultation réelle [7].

Malgré ce contrôle renforcé, il est fort probable que ce soit le mode utilisé en cas de procédure collective pour plusieurs raisons. Tout d'abord, il est difficile pour un administrateur, qui ne connaît pas l'entreprise et qui n'a pas nécessairement le temps pour mettre en place un tel processus, de négocier un accord avec les syndicats. Ensuite, en l'absence de syndicats représentatifs, il n'est pas prévu de négocier de tels accords.

La Dreets homologue le PSE après le jugement adoptant le plan de redressement. En effet, l'article L. 631-19, III, du Code de commerce indique que la Direccte (et désormais la Dreets) a huit jours pour se prononcer, que ce soit un PSE unilatéral ou un PSE adopté par accord collectif. Les délais de droit commun [8] sont donc écartés expressément par les articles L. 631-19, III, du Code de commerce et L. 1233-58, II, du Code du travail. Le silence gardé par l'administration vaut acceptation.

Ce délai de huit jours commence « à compter de la date de la réception de la demande qui est postérieure au jugement arrêtant le plan ». Cette chronologie particulière est facteur d'un risque de contradiction : qu'en est-il si la Dreets ne valide pas le PSE et que les licenciements pourtant autorisés par le tribunal ne puissent pas être notifiés ? [9] Pour limiter ce risque, l'ordonnance du 12 mars 2014 a permis une procédure accélérée permettant de demander une nouvelle décision de la Dreets : le CSE est consulté dans les trois jours et le document modifié ainsi que cet avis sont à nouveau transmis à la Dreets qui se prononce là encore dans les trois jours [10].

En outre, il est prévu en redressement judiciaire, depuis l'ordonnance du 12 mars 2014, un moyen de sauver des PSE, lorsque l'entreprise n'a pas mis en place son CSE et qu'elle n'a pas établi un procès-verbal de carence. En principe, la procédure de licenciement devrait être irrégulière. Mais l'article L. 1233-58, II du Code du travail permet à l'autorité administrative de valider malgré tout le PSE de « manière exceptionnelle, au vu des circonstances », non précisées. Encore faut-il que la Dreets motive sa décision de couvrir cette irrégularité [11].

1. TA Montreuil, 2 mai 2022, n° 2202445 : aucun obstacle à l'homologation du PSE – TA Cergy-Pontoise, 10 mars 2022, *RDT* 2023. 553 : solution contraire.
2. CE 21 mars 2023, req. n° 460660.
3. CE 30 mai 2016, *société Milonga*, req. n° 384114 ; *RDT* 2016. 456, obs. C. Dechristé ; *Leden* sept. 2016, p. 6, note G. Dedessus-Le Moustier.
4. CE 13 avr. 2018, req. n° 404090 ; *RDT* 2018. 452 ; *JCP S* 2018, n° 1207, note S. Poncet ; *Leden* juin 2018, p. 7, note H. de Frémont.
5. CE 7 févr. 2018, req. n° 404077 ; *RPC* sept. 2019, comm. 146, note D. Jacotot ; *JCP S* 2018, n° 1087, note Kerbourc'h ; *JCP S* 2018, n° 1086, note S. Poncet et F. Renaud.
6. CE 30 mai 2016, *Fnac*, req. n° 387798 ; *RPC* sept. 2016, comm. 142, note D. Jacotot ; *Leden* sept. 2016, p. 7, note H. de Frémont ; *RDT* 2016. 485 ; *JSL* 2016, n° 414-4, obs. M. Hautefort ; *AJDA* 2016. 1149 ; *AJDA* 2016. 1866, chron. L. Dutheillet de Lamothe et G. Odinet.
7. CE 7 févr. 2018, req. n° 403001 ; *RPC* sept. 2019, 146, note D. Jacotot ; *RDT* 2018. 213, note F. Géa ; *D.* 2018. 823, note P. Lokiec et J. Porta ; *JCP S* 2018, n° 1086, note S. Poncet et F. Renaud ; *SSL* 2018, n° 1803, p. 6, interview Piveteau ; *SSL* 2018. 9, concl. S.-J. Lieber.
8. C. trav., art. L. 1233-57-4 : quinze jours pour un accord majoritaire selon l'article L. 1233-24-1 et vingt-et-un jours pour un acte unilatéral selon l'article L. 1233-24-4.
9. C. Gailhbaud, « Les dispositions concernant les salariés de l'ordonnance du 12 mars 2014 », *D.* 2014. 755.
10. C. trav., art. L. 1233-58 II et III.
11. CE 8 déc. 2021, req. n° 435919 ; *Leden* janv. 2022, p. 6, H. de Frémont ; *RPC* mars 2022, n° 37, obs. D. Jacotot.

Ensuite, la Dreets ne contrôle plus les moyens du groupe, à la différence cependant de l'administrateur qui reste tenu par cette obligation. En effet, depuis la loi Macron du 6 août 2015, le PSE est désormais validé au regard des seuls moyens de l'entreprise, mais l'administrateur doit encore rechercher les moyens dans le groupe auquel l'entreprise appartient[1]. Le Conseil d'État a refusé de transmettre une QPC sur ce point[2]. La question que soulève alors cette disposition réside dans la détermination du juge compétent pour savoir si l'administrateur a ou non cherché les reclassements dans le groupe, dans la mesure où la Dreets ne fait pas ce contrôle. Elle doit se contenter de vérifier que l'administrateur a fait ses recherches[3].

421.62 Sanction spécifique relative à l'obligation d'établir un PSE. La jurisprudence puis la loi ont aménagé la sanction. En effet, en droit commun, en cas d'insuffisance ou d'absence de PSE, le salarié peut demander la nullité du licenciement et sa réintégration dans l'entreprise en vertu des articles L. 1235-10 et L. 1235-11 du Code du travail. Il est à noter cependant que la nullité n'est pas encourue lorsque d'autres irrégularités sont avancées telles que le non-respect des conditions de majorité de l'accord de PSE[4]. À défaut d'être réintégré, il peut demander une indemnisation qui était de douze mois pour ce motif avant les ordonnances de septembre 2017, et qui est désormais de six mois, comme pour les autres irrégularités possibles du PSE[5].

La Cour de cassation avait écarté la nullité en cas de procédure collective[6], ce qu'a consacré la loi du 14 juin 2013 : l'article L. 1235-10 exclut expressément la nullité en cas de redressement et de liquidation judiciaire. L'article L. 1235-16 prévoyant l'indemnisation pour les autres irrégularités est également inapplicable en vertu de l'article L. 1233-58. Le Conseil constitutionnel a validé cette différence de traitement[7].

Le salarié peut recevoir une indemnité minimale de six mois de salaires en cas de nullité de la décision d'homologation ou de validation par les juridictions administratives.

La Cour de cassation a précisé que cela valait pour toutes les causes d'annulation du PSE : en l'occurrence le non-respect des règles relatives aux critères d'ordre[8]. Il s'agit d'une indemnité minimale, qui ne peut être assimilée à celle due pour défaut de cause réelle et sérieuse. Elle n'est donc pas soumise au plafonnement mis en place par les ordonnances du 22 septembre 2017. Elle permet ainsi au juge de tenir compte de l'ancienneté du salarié, de ses éventuelles difficultés à intégrer le marché du travail.

La Cour de cassation admet que cette indemnité puisse se cumuler avec l'indemnité de licenciement, mais ce cumul est écarté avec l'indemnité compensatrice de préavis et celle de congés payés y afférents[9]. Par ailleurs, elle ne pourra pas se cumuler avec des indemnités qui répareraient déjà la perte d'emploi injustifiée[10].

§ 4
Exécution du plan de redressement

421.71 Contrôle de l'exécution du plan de redressement. Une fois le plan arrêté, le débiteur redevient *in bonis* et libre de gérer son entreprise sous réserve de respecter les engagements prévus par le plan de redressement.

Le commissaire à l'exécution du plan est chargé de surveiller la bonne exécution du plan de redressement. La durée du plan est fixée par le tribunal et elle ne peut en principe excéder dix ans, sauf en matière agricole[11]. Dans le cas où il constate que le plan n'est pas correctement exécuté, il informe le CSE et il en rend compte au président du tribunal[12].

Différentes conséquences sont possibles en cas d'inexécution par le débiteur de ses engagements.

1. C. trav., art. L. 1233-58.
2. CE 4 sept. 2019, req. n° 431463, QPC ; *RDT* 2019. 716, note A. Fabre ; *BJE* janv. 2020. 50, note E. Fabriès Lecea ; *Leden* oct. 2019, p. 6, note H. de Frémont.
3. Solution rendue en liquidation mais transposable au redressement : CAA Versailles, 4 déc. 2019, n° 19VE03162 ; *RPC* mai-juin 2020, n° 60, obs. D. Jacotot.
4. Soc. 27 janv. 2021, n° 18-23.535, P ; *D.* 2021. 288 ; *JCP S* 2021, n° 1059, note Q. Chatelier ; *Act. proc. coll.* 2021. 47 ; *BJT* mars 2021, p. 13, note G. Duchange ; *Leden* mars 2021, p. 6, obs. G. Dedessus-Le Moustier.
5. C. trav., art. L. 1235-10, L. 1235-11 et L. 1235-16.
6. Soc. 2 févr. 2006, n° 04-40.773 ; *Bull. civ.* V, n° 58 ; *D.* 2006. 467, obs. N. Chevrier ; *JCP S* 2006, n° 1137, note Morand ; *Act. proc. coll.* 2006, n° 49 ; *SSL* 2006, n° 1247, p. 5 – Soc. 28 juin 2006, n° 05-41.685, NP ; *RDT* 2006. 244, obs. Ph. Waquet.
7. C. const. 28 mars 2013, n° 2013-299, QPC ; *BJE* juill. 2013. 248, note N. Tagliarino-Vignal ; *Leden* mai 2013, p. 7, obs. G. Dedessus-Le Moustier ; *D.* 2013. Actu. 925 ; *D.* 2013. 1148, note D. Jacotot ; *Constitutions* 2013. 238, obs. C. Radé.
8. Soc. 19 déc. 2018, n° 17-26.132, P ; *JCP S* 2019, n° 1030, note L. Fin-Langer ; *Act. proc. coll.* 2019, comm. 44, obs. C. C. Gailhbaud ; *Gaz. Pal.* 16 avr. 2019, p. 81, obs. L. Cheikh-Vecchioni ; *D.* 2019. Actu. 19 ; *Leden* mars 2019, p. 7, obs. G. Dedessus-Le Moustier.
9. Soc. 25 mars 2020, n° 18-23.698 ; *JCP S* 2020, n° 2056, note L. Fin-Langer ; *Act. proc. coll.* 2020, 157, obs. L. Fin-Langer ; *D. actu.* 7 mai 2020, obs. L. Malfettes ; *RPC* juill. 2020, comm. 104, obs. F. Taquet ; *JCP E*, 2020, n° 1259, note J. Grangé et Fl. Aubonnet.
10. Soc. 16 févr. 2022, n°s 20-14.969 et 20-21.516 ; *Act. proc. coll.* 2022, 92, obs. L. Fin-Langer ; *RPC* juill. 2022, n° 66, comm. D. Jacotot – Soc. 27 janv. 2021, n° 18-23.535.
11. C. com., art. L. 626-12.
12. C. com., art. L. 626-28.

421.72 Sanctions autres que la résolution du plan. Plusieurs conséquences résultent de l'inexécution par le débiteur de ses engagements. Tout d'abord, il est possible d'obtenir une forme d'exécution forcée grâce à l'action en recouvrement. Seul le commissaire à l'exécution du plan en dispose. Ce monopole lui a été octroyé par l'ordonnance du 18 décembre 2008. Les créanciers, tels que les salariés, ne peuvent donc pas exercer les poursuites en paiement jusqu'au terme du plan.

En revanche, les salariés peuvent invoquer ce non-paiement des salaires dus pendant cette période pour justifier une grève et exiger le paiement des jours de grève, la Cour de cassation ayant considéré qu'il s'agissait alors d'un manquement délibéré de l'employeur à son obligation de verser les salaires malgré l'existence de ce plan [1].

Quid en cas de garantie d'emploi souscrite par le débiteur dans le plan de redressement ? On peut considérer que les licenciements prononcés en violation de cette garantie soient considérés comme sans cause réelle et sérieuse. Le non-respect permet en tout cas d'être indemnisés en raison du préjudice subi [2].

Il est également possible pour le débiteur ou le commissaire à l'exécution du plan de demander la modification substantielle du plan. Le tribunal statue alors sur la modification de ce plan après avoir entendu le débiteur, le commissaire à l'exécution du plan mais aussi le représentant du CSE conformément à l'article L. 626-26 applicable au plan de redressement par renvoi de l'article L. 631-19.

Quid des licenciements notifiés après l'adoption du plan et non prévus ? S'agit-il d'une modification substantielle du plan ?

Un arrêt de la Cour d'appel de Nancy a donné une réponse positive à cette question en raison du nombre de salariés licenciés trois mois après l'arrêté du plan, à savoir quatre sur treize [3]. Il faudrait alors demander une modification substantielle du plan pour pouvoir notifier de nouveaux licenciements, dès lors que le nombre et le calendrier des licenciements initial est modifié [4]. Il faudrait ensuite respecter la procédure décrite précédemment, certains faisant partir le délai de notification d'un mois à compter du jugement initial, ce qui de fait rend sans intérêt cette modification [5].

Est-ce à dire alors que l'employeur se trouve privé de la possibilité de licencier selon le droit commun pendant toute la durée du plan de redressement ? Tout dépendra de la cause de ce licenciement. Il peut en effet licencier pour un motif personnel ou pour faute, sans qu'il s'agisse d'une modification du plan.

421.73 Résolution du plan de redressement. Le plan peut être résolu en cas de cessation des paiements. Le tribunal n'a pas d'autre choix que de prononcer la liquidation judiciaire dès lors que cet état est caractérisé [6]. Il peut également l'être en raison de l'inexécution par le débiteur de ses obligations [7].

Selon l'article L. 626-27 du Code de commerce applicable par renvoi de l'article L. 631-19 au plan de redressement, le tribunal peut être saisi par le ministère public, le commissaire à l'exécution du plan ou un créancier. Les représentants du personnel n'ont donc pas la qualité pour agir en ce sens. Il en est de même des salariés, sauf s'ils agissent en qualité de créancier, ce qui est peu probable leurs créances étant souvent payées par l'AGS au moins en partie.

Cette sanction peut être prononcée quel que soit la nature de l'obligation inexécutée. Le tribunal dispose ici d'un pouvoir d'appréciation [8].

SECTION 3
RUPTURE DES CONTRATS DE TRAVAIL PARTICULIERS

§ 1
Rupture des contrats de travail suspendus

421.81 Maintien du régime de la suspension en redressement judiciaire. Lorsque le contrat de travail est suspendu pour une cause légitime, telle que la maternité, la maladie, un congé parental, etc., des règles spécifiques sont parfois prévues pour encadrer sa rupture.

Aucun aménagement n'a été prévu dans le cadre des procédures collectives et ces règles spécifiques ont donc vocation à continuer à s'appliquer pour les licenciements prononcés en vertu du plan de redressement.

1. Soc. 7 juin 2006, nº 04-46.664 ; *Bull. civ.* V, nº 205 ; *JCP S* 2006, nº 1648, note R. Vatinet.
2. Soc. 12 nov. 2005, nº 14-16.489 ; *RPC* mars 2016, comm. 59, note L. Fin-Langer : solution rendue pour une clause insérée dans un plan de cession mais transposable au plan de redressement.
3. Nancy, 3 avr. 1996 ; *JCP E*, nº 7/8 1998, Pan. Rap. p. 250.
4. Pour la même approche : Ph. Delebecque, N. Bictin et L. Andreu, *Traité de droit des affaires, Effets de commerce et entreprises en difficulté*, LGDJ, 18e éd, nº 734.
5. A. Boyer, *Protection des salariés et sauvetage de l'entreprise : quête d'un équilibre*, PUAM, nº 26 citant une proposition du professeur Vatinet.
6. Com. 8 mars 2017, nº 15-17.691, NP – Com. 8 janv. 2020, nº 18-16.295 ; *RTD com.* 2020. 181, obs. C. Saint-Alary-Houin.
7. C. com., art. L. 626-27, applicable au redressement par renvoi de l'article L. 631-19.
8. Com. 28 févr. 2018, nº 17-10.289 ; *RTD com.* 2018. 1024, obs. H. Poujade.

Cela n'empêche pas leur licenciement mais plusieurs précautions vont devoir être prises par l'administrateur chargé de procéder à leur licenciement.

Tout d'abord, le jugement adoptant le plan de redressement et autorisant le licenciement de salariés ne peut fixer une liste limitative[1]. Par conséquent, l'administrateur doit respecter les critères d'ordre[2]. Si parmi les salariés concernés par ces licenciements, sont inclus des salariés dont le contrat est suspendu, l'administrateur va devoir respecter également la procédure spécifique dépendant de la cause de la suspension, qui se cumule avec celle du licenciement pour motif économique.

421.82 Régime de la suspension pour accident du travail et maladie professionnelle. Ainsi, un salarié victime d'un accident du travail ne peut être licencié en vertu de l'article L. 1226-9 du Code du travail que pour une faute grave, inapplicable dans ce contexte, ou un motif étranger à l'accident du travail qui rend impossible la poursuite du contrat de travail. L'administrateur doit donc vérifier cette impossibilité. L'application des critères d'ordre ne suffit pas[3] et il ne peut se contenter de viser dans la notification du licenciement le jugement adoptant le plan[4]. À défaut de respecter cette réglementation, le salarié licencié peut demander la nullité de son licenciement. Ce licenciement ne prendra effet qu'à l'issue de la période de suspension[5].

À la fin de la période de suspension, l'administrateur devra ensuite respecter l'obligation de reclassement en cas d'inaptitude constatée par le médecin du travail. Ce n'est que si le reclassement est impossible que le licenciement pourra être autorisé, le délai étant d'un mois après la déclaration d'inaptitude.

L'article L. 3253-9 du Code du travail prévoit que les salariés bénéficiant d'un régime protecteur contre le licenciement sont couverts par l'AGS dès lors que le liquidateur manifeste son intention de licencier pendant le mois qui suit le jugement adoptant le plan de redressement[6]. Il en est ainsi d'un salarié victime d'un accident du travail qui bénéficie d'une protection particulière en matière de licenciement prévue à l'article L. 1226-9 nouveau du Code du travail.

421.83 Régime de la suspension pour cause de maternité. Pour une femme enceinte, ce régime s'applique avant son congé maternité *stricto sensu* et après son retour, pendant une période de dix semaines depuis l'entrée en vigueur de la loi Travail du 8 août 2016, contre quatre semaines auparavant. Cette période de dix semaines est désormais reportée à la reprise effective lorsque la salariée prend ses congés payés à la fin de son congé maternité[7], non en cas d'arrêt maladie[8]. La notification de son licenciement est possible mais uniquement pour les deux motifs précédemment évoqués. Comme pour le salarié en accident du travail, il faudra donc que l'administrateur explique en quoi son maintien dans l'entreprise est impossible[9]. La Cour de cassation a eu l'occasion d'indiquer que l'existence d'une ordonnance du juge-commissaire autorisant ces licenciements ne suffisait pas pour justifier la rupture du contrat de travail d'une salariée enceinte[10]. Le même raisonnement doit s'appliquer pour les licenciements prononcés en vertu du plan de redressement. Il s'agit d'une période de protection relative.

Mais le régime de protection est encore plus sévère pendant le congé maternité : non seulement, le motif réside dans une faute grave ou un motif étranger à la maternité rendant impossible la poursuite de la relation de travail, mais l'article L. 1225-4 du Code du travail interdit même toute notification du licenciement pendant le congé maternité. À défaut de respecter ces mesures, le licenciement est nul[11]. Il s'agit ici d'une période de protection absolue.

La Cour de cassation, s'appuyant sur le droit communautaire et pour éviter une éventuelle discrimina-

1. Sur le contenu du plan de redressement, v. s^s n° 421.32.
2. Sur les critères d'ordre, v. s^s n° 421.44.
3. Soc. 21 nov. 2000, n° 98-42.509 ; *Bull. civ.*, n° 381 ; *DS* 2000, p. 198, note J. Savatier.
4. Soc. 12 mars 1997, n° 95-40.514 ; *Bull. civ.* V, n° 102 – Soc. 30 avr. 2014, n° 13-10.152, NP – Soc. 23 mai 2017, n° 16-12.232, NP. Les solutions ont été rendues pour les licenciements prononcés pendant la période d'observation sur autorisation du juge-commissaire, mais la solution devrait être la même.
5. Cass., ass. plén., 28 janv. 2005, n° 01-45.924, *Bull.* n° 1 ; *D.* 2005. 581, note G. Couturier ; *D.* 2005. 387, obs. N. Chevrier ; *D.* 2005. 2499, obs. B. Lardy-Pélissier et J. Pélissier ; *CSBP* avr. 2005, p. 186, note F.-J. Pansier ; *JCP* 2005. II. 10063, note D. Corrignan-Carsin ; *JCP E* 2005, n° 659, note S. Béal et A. Giroud.
6. Soc. 8 févr. 2012 ; *RJS* 4/12, n° 346 visant le plan de sauvegarde, de redressement et de cession.
7. Soc. 30 avr. 2014, n° 13-12.321 ; *Bull. civ.* V, n° 111 ; *D.* 2014. 1043 ; *D.* 2015. 829, obs. J. Porta et P. Lokiec ; *RDT* 2014. 547, obs. D. Gardes ; *JCP S* 2014, n° 1333, note D. Everaert-Dumont ; *CSBP* juin 2014, P. 361, note J. Icard ; *JCP E* 2014, n° 1358, note G. Vachet.
8. Soc. 8 juill. 2015, n° 14-15.979, P ; *D. actu.* 22 juill. 2015, obs. M.-C. Peyronnet ; *D.* 2015. Actu. 1545 ; *SSL* 2015, n° 1687, p. 13, obs. A. Fabre ; *JSL* 2015, n° 394-1, obs. M. Hautefort ; *JCP S* 2015, n° 1365, note D. Everaert-Dumont.
9. Soc. 24 oct. 2000, n° 98-41.937 ; *Bull. civ.* V, n° 343 ; *D.* 2000. 303 – Soc. 21 janv. 2009, n° 07-41.841 ; *Bull. civ.* V, n° 22 ; *D.* 2009. 435 ; *CSBP* mai 2009, p. 129, obs. F.-J. Pansier.
10. Soc. 28 sept. 2004, n° 02-40.055, NP.
11. Soc. 21 janv. 2009, n° 07-41.841 ; *Bull. civ.* V, n° 22 ; *D.* 2009. 435 ; *CSBP* mai 2009, p. 129, obs. F.-J. Pansier : la Cour rappelle l'obligation pour l'administrateur de motiver de manière spécifique le licenciement de la femme enceinte malgré l'autorisation donnée dans le jugement adoptant le plan de cession. L'arrêt ne dit cependant rien sur l'interdiction de procéder à ce licenciement pendant le congé maternité.

tion, a également interdit tous les actes préparatoires, tels qu'un entretien individuel, pendant cette période[1]. Il faut cependant nuancer cette solution car la Cour a admis que n'était pas considéré comme un acte préparatoire le fait de préparer un plan de départ volontaire[2].

Ce régime a vocation à s'appliquer pour un licenciement prononcé en vertu du plan de redressement, malgré cette décision, notamment parce que l'activité de l'entreprise sera poursuivie grâce à ce plan et il faudra ainsi expliquer en quoi cette décision rend impossible le maintien de la relation de travail.

Cela n'empêchera pas la prise en charge par l'AGS dans la mesure où il suffit que l'administrateur manifeste son intention de la licencier pendant la période d'observation, conformément à l'article L. 3253-9 du Code du travail. La jurisprudence communautaire et l'interdiction des actes préparatoires ne devrait pas s'appliquer dans ce cas dans la mesure où cela se retournerait contre la femme enceinte. En pratique, une lettre lui est envoyée mentionnant l'intention de la licencier, licenciement notifié et prenant effet après la fin de la période de protection.

421.84 **Autres causes de suspension.** Pour un salarié en arrêt maladie pour une raison non professionnelle, le Code du travail n'a pas prévu un régime spécifique. Une cause économique est donc possible, notamment en cas de jugement adoptant un plan de redressement et prévoyant des licenciements. Il en est de même des autres causes de suspension, tel que le congé parental d'éducation, le congé pour création d'entreprise, etc.

§ 2
Rupture des contrats de travail des salariés titulaires d'un mandat

421.91 **Salariés concernés par cette protection.** Les salariés titulaires d'un mandat de représentation du personnel font également partie des salariés dits protégés. La liste figure aux articles L. 2411-1 et suivants du Code du travail : il s'agit notamment des membres élus du CSE, les délégués syndicaux, des représentants de section syndicale, des représentants syndicaux au CSE, des représentants de proximité et du représentant des salariés[3]. Leur licenciement est subordonné à l'autorisation de l'inspection du travail.

Elle s'applique aussi aux salariés exerçant un mandat à l'extérieur de l'entreprise, comme des fonctions de conseiller prud'homal ou de conseiller du salarié lors des entretiens individuels de licenciement, figurant sur la liste établie par la préfecture[4].

Pendant de nombreuses années, cette protection s'imposait, alors même que les organes de la procédure ignoreraient son existence, la protection du conseiller du salarié prenant effet à compter de son inscription sur la liste, indépendamment de la mesure de publicité qui doit en être faite[5].

Désormais, le salarié ne peut s'en prévaloir qu'à la condition qu'il prévienne le liquidateur au plus tard lors de l'entretien préalable[6], suite à une réserve d'interprétation du Conseil constitutionnel[7]. Un arrêt rendu en dehors de procédures collectives vient préciser le moment de cette connaissance, à savoir à celui de l'envoi de la convocation à l'entretien préalable[8]. Cette solution devrait être transposée aux entreprises en redressement judiciaire. L'information sur le ou les mandats peut être fournie par le salarié ou par tout autre moyen. Il a ainsi été jugé que le liquidateur ayant eu connaissance du mandat prud'homal lors d'une réunion du comité d'entreprise ayant précédé son entretien préalable était informé de l'existence de ce mandat[9]. Si l'administrateur n'est pas informé préalablement, la protection ne joue plus[10].

Cette protection va parfois au-delà de l'exercice du mandat et peut concerner d'anciens représen-

1. Soc. 15 sept. 2010, n° 08-643.299 ; *Bull. civ.* V, n° 182 ; *JCP S* 2011, n° 1005, note B. Bossu ; *RDT* 2011. 31, obs. M. Mercat-Bruns ; *D.* 2010. 2166, obs. L. Perrin ; *DS* 2010. 1256, obs. F. Favennec-Héry ; *CSBP* oct. 2010, p. 342, note F.-J. Pansier.
2. Soc. 14 sept. 2016, n° 15-15.943, P ; *CSBP* déc. 2016, p. 596, note J. Icard ; *D. actu.* 2016, 1864 ; *RJS* 11/2016, n° 685 ; *JCP* 2016, n° 1046, note G. Dedessus-Le Moustier ; *JCP S* 2016, n° 1382, note L. Dauxerre.
3. Sur le statut du représentant des salariés, v. s[s] n°s 223.11 s.
4. C. trav., art. L. 1232-4 et D. 1234-4 s.
5. Soc. 22 sept. 2010, n° 08-45.227, P V, n° 190 ; FS-P+B+R ; *Act. proc. coll.* 2010/18, n° 254, note L. Fin-Langer ; *D.* 2010. Actu. 2297 ; *Leden* nov. 2010, p. 7, obs. G. Dedessus-Le Moustier ; *JCP S* 2010, n° 1487, note J.-Y. Kerbouc'h. La solution a été rendue en liquidation judiciaire mais elle avait vocation à s'appliquer au redressement judiciaire.
6. Soc. 14 sept. 2012, n° 11-21.307 ; *Bull. civ.* V, n° 230 ; *D.* 2012. 2179 ; *D. actu.* 27 sept. 2012, obs. J. Siro ; *RDT* 2013. 48, obs. J.-M. Verdier ; *Constitutions* 2012. 624, obs. C. Radé ; *JCP S* 2012, n° 1468, note D. Boulmier ; *CSBP* oct. 2012, p. 303, note F.-J. Pansier – Soc. 26 mars 2013, n° 11-28.269 ; *Bull. civ.* V, n° 229 ; *Constitutions* 2012. 624, obs. C. Radé ; *JCP S* 2013, n° 1252, note D. Boulmier ; *DS* 2013. 363 ; *CSBP* mai 2013, 110K0, note Fl. Canut.
7. C. const. 14 mai 2012, n° 2012-242, QPC ; *Act. proc. coll.* 2012, comm. 210, note L. Fin-Langer ; *D.* 2012. 2622, obs. P. Lokiec et J. Porta ; *Constitutions* 2012, 459, chron. C. Radé ; *RSC* 2012. 871, obs. A. Cerf-Hollender ; *JCP S* 2012, n° 1311, D. Boulmier.
8. Soc. 13 janv. 2021, n° 19-17.489, P ; *D. actu.* 16 févr. 2021, obs. Cl. Couëdel ; *JCP S* 2021, n° 1047, T. Lahalle ; *BJT* mars 2021, p. 22, note G. Auzero ; *DS* 2021, p. 286, note F. Petit.
9. CE 4e et 1re ch. réunies, 24 juill. 2019, req. n° 411058 ; *Leden* oct. 2019, comm. 112u9, note F. Joly.
10. Soc. 1er juin 2017, n° 16-12.221, P V ; *Leden* oct. 2017, comm. n° 111a0, note H. de Frémont ; *RPC* 2017, comm. 107, note F. Taquet. La solution a été rendue dans le cadre d'une liquidation judiciaire mais a vocation à s'appliquer en redressement judiciaire – Soc. 7 nov. 2018, n° 16-24.089, NP ; *RPC* 2019/1, comm. 20, p. 42, note F. Taquet.

tants du personnel pendant les six mois qui suivent l'expiration du mandat, délai porté à douze mois pour les délégués syndicaux s'ils ont exercé leur mandat pendant au moins d'un an[1] ainsi que pour les candidats aux élections pendant les six mois qui suivent l'envoi de leur candidature. Dans les entreprises de moins de cinquante salariés, seul un délégué du personnel et désormais un membre élu titulaire du CSE peut être désigné comme délégué syndical. Dans ce cas, il n'est protégé que pendant les six mois qui suivent la fin de son mandat[2]. Cette extension de la protection ne vaut pas pour le représentant des salariés, car ni l'article L. 662-4 du Code de commerce ni le Code du travail n'en font mention[3].

À quelle date s'apprécie la qualité de salarié protégé ? Dans un premier temps, la qualité avait été appréciée au jour où l'autorité administrative était amenée à statuer[4]. À la suite d'un revirement, il a ensuite été décidé de porter cette appréciation à la date de l'envoi par l'employeur de la convocation du salarié à l'entretien préalable au licenciement[5].

Cette mesure continue de s'appliquer en cas de procédure collective, comme le prévoit expressément l'article L. 2411-1 du Code du travail et donc y compris en cas de licenciement notifié pendant la période d'observation suivant un jugement de redressement judiciaire[6]. Cette solution devrait évidemment la même pour les licenciements prononcés en vertu d'un plan de redressement, puisque cette protection s'applique jusqu'à la disparition complète de l'entreprise[7].

421.92 ***Vade-mecum* de la procédure de licenciement spécifique.** Cette procédure est un peu particulière et elle se cumule avec celle du licenciement pour motif économique. C'est ainsi que si le licenciement du salarié protégé intervient sur le fondement du plan de redressement, il faudra également demander l'autorisation de l'inspection du travail. La procédure sera alors postérieure au jugement adoptant le plan de redressement.

Elle consiste en une consultation préalable du CSE pour les membres du CSE uniquement et en une demande d'autorisation de l'inspection du travail. Le même régime existait avant les ordonnances de 2017 pour les délégués du personnel et le comité d'entreprise. Il y a place à retrait de l'autorisation administrative de licencier si la consultation a lieu, alors que le mandat des représentants du comité d'entreprise est expiré sans prorogation expresse, peu important l'impossibilité matérielle d'organiser à temps de nouvelles élections[8].

À défaut de comité d'entreprise et désormais de CSE, ces textes indiquent que l'inspecteur du travail est saisi directement.

L'article R. 2421-8 précise par ailleurs que la consultation des représentants du personnel doit avoir lieu après l'entretien individuel du salarié. Cette disposition a fait l'objet d'une interprétation jurisprudentielle en cas de licenciement collectif, dans la mesure où en principe, il n'y a pas d'entretien individuel. Pourtant la Cour de cassation a estimé que cet entretien devait toujours avoir lieu, y compris dans les grands licenciements collectifs et malgré l'ouverture d'une procédure collective[9]. La Cour de cassation a cependant réduit la portée de cette jurisprudence aux seuls représentants élus et non aux candidats, non prévu dans le texte[10].

L'administrateur va ensuite demander cette autorisation après avoir obtenu le jugement adoptant le plan de redressement et ne pourra notifier le licenciement qu'après l'avoir obtenue, même si le délai d'un mois depuis ce jugement est écoulé. Cela ne posera pas de problème pour la garantie AGS puisqu'en vertu de l'article L. 3253-9 du Code du travail, il lui suffit de manifester son intention de le licencier pendant ce délai d'un mois[11].

L'inspecteur du travail va non seulement vérifier l'absence de motif discriminatoire, le respect de la procédure et de l'obligation de reclassement mais aussi le contenu du jugement adoptant le plan. En revanche, il sera tenu par l'ordonnance du juge-commissaire quant à l'examen de la cause économique et la régularité de cette ordonnance : il ne peut donc pas exercer son contrôle sur la réalité d'une cause réelle et sérieuse[12]. Cette solution devrait être étendue en cas de jugement adoptant le plan de redressement et le juge administratif ne devrait donc pas être compétent pour apprécier la régularité du jugement

1. C. trav., art. L. 2411-3.
2. Soc. 4 nov. 2020, n° 19-12.279, P ; *D. actu.* 23 nov. 2020, obs. L. Malfettes ; *BJT* janv. 2021, p. 34, G. Auzero.
3. Sur la durée de la protection du représentant des salariés, v. s[s] n° 421.97 – Par ex. : Soc. 1er mars 2005, n° 02-44.293 ; *Bull. civ.* V, n° 74.
4. CE 28 févr. 1997, req. n° 153547.
5. CE 23 nov. 2016, req. n° 392059, *Lebon ; Leden* mars 2017, comm. 110n6, obs. H. de Frémont.
6. CE 30 oct. 1995 ; *LPA* 15 déc. 1995, p. 14, note J. Arrighi de Casanova.
7. Crim. 20 oct. 1980 ; Soc. 25 janv. 1979 ; *DS* 1979, p. 427, note J. Savatier.
8. CE, ch. réunies, 9 mai 2011, req. n° 333241 ; *Act. proc. coll.* 2011/10, comm. 152.
9. Soc. 10 mai 1999, n° 97-40.510 ; *Bull. civ.* V, n° 207 ; *D.* 1999. IR 148 ; *JCP* 1999. II. 10137, note D. Corrignan-Carsin.
10. Soc. 6 avr. 2016, n° 14-12.724 ; *Bull. civ.* V, n° 66 ; *D. actu.* 3 mai 2016, obs. J. Cortot ; *JCP S* 2016, n° 1233, note J.-Y. Kerbourc'h ; *CSBP* mai 2016, p. 248, note Fl. Canut.
11. Soc. 8 févr. 2012 ; *RJS* 4/12, n° 346.
12. CE 3 juill. 2013, *S[té] Elixens France*, req. n° 361066 ; *RDT* 2013. 551, concl. G. Dumortier ; *RPC* 2014, 2104, comm. 54, D. Jacotot ; *Act. proc. coll.* 2014, n° 290, obs. D. Jacotot ; *BJE* nov. 2013, n° 110n3, obs. A. Donnette.

adoptant le plan comme en matière d'ordonnance du juge-commissaire[1].

421.93 Prise en charge des indemnités de rupture par l'AGS. Il faut noter que dès lors que l'administrateur manifeste son intention de licencier le salarié protégé pendant la période d'observation qui suit le jugement de redressement judiciaire, l'AGS prendra en charge les indemnités de licenciement en application de l'article L. 3253-9 du Code du travail. Encore faut-il qu'il le fasse[2]. Peu importe la date de notification. Peu importe également le refus de l'inspecteur du travail d'autoriser le licenciement[3].

421.94 Sanction du licenciement irrégulier d'un salarié protégé. À défaut de respecter cette procédure d'autorisation et faute de dispositions spécifiques, il convient d'appliquer les dispositions de droit commun. Le salarié protégé irrégulièrement licencié pourra invoquer la nullité de son licenciement et doit être en principe réintégré, si cette réintégration est possible.

Le salarié peut également souhaiter ne pas être réintégré. En ce cas, il sera indemnisé du préjudice résultant de cette rupture irrégulière, à savoir une somme correspondant aux salaires dus entre son éviction et sa réintégration effective, sans déduction des revenus de remplacement[4].

Au plan pénal, il peut y avoir commission du délit d'entrave aux fonctions du comité d'entreprise ou des délégués du personnel[5] et désormais du comité social et économique.

421.95 Faute grave du salarié protégé. En cas de faute grave, la mise à pied immédiate peut être décidée dans l'attente de la décision de l'inspection du travail. En cas de refus, le salarié est réintégré, la mise à pied étant annulée[6].

421.96 Règles particulières au représentant des salariés. Le représentant des salariés[7] est au rang des salariés protégés. La solution résulte de l'article L. 2411-1 du Code du travail, qui prévoit que la protection contre le licenciement profite à un certain nombre de salariés, y compris lors d'une procédure de sauvegarde, de redressement ou de liquidation judiciaire. Cet article énonce les salariés concernés par cette protection. Au 11°, figure le représentant des salariés. Le texte précisait que cette protection s'appliquait lors d'un redressement ou d'une liquidation judiciaire. La précision, d'une part, faisait partiellement double emploi avec l'énoncé de principe, et, d'autre part, elle était incomplète. L'article 113 de l'ordonnance du 12 mars 2014[8] toilette le texte et supprime au 11° de l'article la précision « lors d'un redressement ou d'une liquidation judiciaire ».

Le représentant des salariés a été également rangé parmi les salariés protégés[9], en application de l'article L. 627-5, alinéa 2, du Code, dans la rédaction antérieure à la loi du 26 juillet 2005, celle de l'article L. 662-4, alinéa 2, dans la rédaction issue de la loi du 26 juillet 2005[10].

Il a d'abord été jugé que la réglementation protectrice ne s'appliquera qu'autant qu'il aura été régulièrement désigné[11] et seulement pendant la période de protection qui lui est accordée par la loi, ainsi que cela est expliqué ci-après. Il a ensuite été estimé que la protection joue même si sa désignation est irrégulière, pour être intervenue avant le jugement d'ouverture, dès lors qu'elle n'a pas été annulée[12].

La protection ne joue pas pour le simple candidat à l'élection de représentant des salariés[13]. Le licenciement de ce dernier n'est pas soumis à l'avis du CSE ni à l'autorisation de l'inspection du travail.

Le licenciement du représentant des salariés, qu'il émane du chef d'entreprise, ou de l'administrateur, suppose un avis du comité d'entreprise et désormais du CSE, en application de l'article L. 627-5, alinéa 1 du Code, dans la rédaction antérieure à la loi du 26 juillet 2005[14], de celle de l'article L. 662-4, alinéa 1 dans la rédaction issue de la loi du 26 juillet 2005. L'article 17 du décret du 27 décembre 1985[15],

1. Sur l'autorisation donnée par le juge-commissaire en période d'observation, v. s[s] n° 322.122.
2. Soc. 18 déc. 1991, n° 89-42.188 ; *Bull. civ.* V, n° 591 ; *D.* 1992. IR 47 ; *CSBP* 1992, 45.
3. Soc. 13 déc. 2017, n° 16-21.773, P ; *Gaz. Pal.* 17 avr. 2018, p. 80, obs. L. Cheikh-Vecchioni ; *Leden* avr. 2018, p. 1, note F.-X. Lucas et G. Dedessus-Le Moustier ; *D.* 2018, actu 6 ; *JCP S* 2018, n° 1014, L. Fin-Langer ; *Act. proc. coll.* 2018, 11, L. Fin-Langer : la solution a été rendue en liquidation judiciaire mais elle a vocation à s'appliquer en redressement.
4. France Travail pouvait demander le remboursement de cette somme (Soc. 19 nov. 2014, n° 13-23.643 ; *Bull. civ.* V, n° 268 ; *JCP S* 2014, n° 1044, note J.-Y. Kerbouc'h ; *DS* 2015, p. 93, obs. J. Mouly ; *D.* 2014. 2412). Un arrêt du 4 novembre 2020 remet en cause cette action de France Travail : soc. 4 nov. 2020, n° 19-11.865, P ; *JCP S* 2020, n° 3099, note K. Pagani et J. Pellissier.
5. Crim. 17 mars 1992, n° 91-81.360, P n° 117.
6. C. com., art. L. 627-5, al. 3 du code, dans la rédaction antérieure à la loi du 26 juillet 2005 – C. com., art. L. 662-4, al. 3, dans la rédaction issue de la loi du 26 juillet 2005.
7. Sur le statut du représentant des salariés, v. s[s] n°s 223.11 s.
8. Ord. n° 2014-326, 12 mars 2014 portant réforme de la prévention des difficultés des entreprises et des procédures collectives, *JO* 14 mars, n° 3.
9. Ifppc 1999, recomm. n°s 2060-6, 6015-6, p. 53, 138.
10. Soc. 5 mai 1993, n° 92-40.835, P V, n° 127.
11. Soc. 12 févr. 2003, n° 00-45.764, NP ; *Act. proc. coll.* 2003/7, n° 80.
12. Soc. 23 sept. 2009, n° 08-40.603, P V, n° 197 ; n° 1804 FS-P+B ; *Act. proc. coll.* 2009/17, n° 257, note L. Fin-Langer.
13. Soc. 1er mars 2005, n° 02-44.293, P V, n° 74 ; *Act. proc. coll.* 2005/6, n° 67 ; *Bull. Ifppc* nov. 2005, n° 7, p. 9, note Tourmanoff.
14. L. n° 2005-845, 26 juill. 2005 de sauvegarde des entreprises, *JO* 27 juill., n° 5.
15. Décr. n° 85-1388, 27 déc. 1985 relatif au redressement et à la liquidation judiciaires des entreprises, *JO* 29 déc., p. 15281.

sous l'empire de la législation antérieure à la loi de sauvegarde des entreprises et l'article R. 621-16 du Code de commerce[1], sous l'empire de la législation issue de la loi de sauvegarde des entreprises, prévoient que le licenciement du représentant des salariés est régi par les dispositions des articles R. 2421-8, R. 2421-6 et R. 2421-14, R. 2421-15 du Code du travail.

421.97 **Durée de la protection du représentant des salariés.** La protection accordée au représentant des salariés cesse, par principe, lorsque toutes les sommes versées au mandataire judiciaire ou au liquidateur par l'AGS auront été reversées aux salariés[2].

Toutefois, si le représentant des salariés exerce également les fonctions du comité d'entreprise ou, à défaut, des délégués du personnel ou du CSE, la protection cesse au terme de la dernière audition ou consultation précédant l'adoption d'un plan de redressement[3].

Cette durée de protection doit être coordonnée avec celle prévue à l'alinéa précédent, qui concerne le versement des sommes par l'AGS : c'est la plus tardive des dates qui doit être évidemment prise en compte.

§ 3
Rupture des contrats de travail autres que le CDI

421.101 **Rupture par anticipation des CDD.** Aucune réglementation particulière n'a été posée pour les contrats à durée déterminée. L'article L. 622-13 du Code de commerce VI applicable par renvoi de l'article L. 631-14 au redressement écarte expressément du régime des contrats en cours tous les contrats de travail, sans préciser leur nature. Par conséquent, seules les règles prévues par le Code du travail ont vocation à s'appliquer à la rupture des contrats à durée déterminée.

Conformément au droit commun, il en résulte l'impossibilité pour l'employeur de leur rupture avant le terme, sauf dans les cas limitativement énumérés à l'article L. 1243-1 du Code du travail. Son alinéa 1 indique « Sauf accord des parties, le contrat de travail à durée déterminée ne peut être rompu avant l'échéance du terme qu'en cas de faute grave, de force majeure ou d'inaptitude constatée par le médecin du travail ». N'est pas citée expressément l'ouverture d'une procédure collective, y compris le redressement judiciaire. Ce texte a été qualifié d'ordre public et il est impossible pour les parties de prévoir par une clause du contrat d'autres causes[4].

Les administrateurs ont alors invoqué la force majeure pour justifier la rupture anticipée du contrat à durée déterminée. Pourtant, pour la Cour de cassation, le redressement judiciaire ne constitue pas un cas de force majeure, au sens de l'article L. 1243-1 du Code du travail, autorisant leur rupture avant le terme. La solution vaut pour tous les contrats à durée déterminée, y compris les contrats de qualification[5].

L'administrateur ne peut pas non plus demander la résiliation judiciaire du CDD, ce mode de rupture étant réservé au salarié[6].

À défaut d'une telle possibilité, le contrat est rompu de manière anticipée pour une cause injustifiée. En vertu de l'article L. 1234-4 du Code du travail, le salarié peut donc obtenir une indemnité correspondant aux salaires qu'il aurait perçus jusqu'au terme du contrat, se cumulant avec l'indemnité dite de précarité.

Cette indemnité est-elle garantie par l'AGS ? La Cour de cassation admet cette prise en charge pour les ruptures anticipées antérieures au jugement d'ouverture[7]. Elle admet aussi la prise en charge des indemnités dues à un apprenti en cas de rupture anticipée[8]. L'article L. 3253-8 du Code du travail vise les ruptures des contrats de travail sans précision. La Cour de cassation exige cependant que l'administrateur, mais non le salarié, soit à l'origine de la rupture[9]. Il faut donc en déduire que dès lors que le CDD est

1. Anc^{t} Décr. n° 2005-1677, 28 déc. 2005 pris en application de la loi n° 2005-845 du 26 juillet 2005 de sauvegarde des entreprises, *JO* 29 déc., p. 20324, art. 59.
2. C. com., art. L. 627-5, al. 4 du code, dans la rédaction antérieure à la loi du 26 juillet 2005 – C. com., art. L. 662-4, al. 4, dans la rédaction issue de la loi du 26 juillet 2005.
3. C. com., art. L. 662-4, al. 5 – Soc. 30 janv. 2013, n° 11-22.979, P V, n° 23 ; n° 164 FS-P+B ; *Gaz. Pal.* 1er mai 2013, n° 121, p. 39, note Ph. Duprat ; *Act. proc. coll.* 2013/5, comm. 58, note D. Jacotot ; *RPC* 2013, comm. 33, note Ph. Roussel-Galle.
4. Soc. 16 déc. 1998, n° 95-45.341 ; *Bull. civ.* V, n° 552 ; *JCP E* 1999, n° 1298, note J. Mouly ; *D.* 2000. 30, note F. Alaphilippe ; *DS* 1999, 397, obs. J.-P. Karaquillo ; *DS* 1999, 285, obs. C. Roy-Loustaunau.
5. Soc. 18 oct. 1994, n° 91-42.607, NP ; *RPC* 1995, 335, obs. F. Taquet – Soc. 6 mai 1998, n° 96-40.867 – F. Derrida, « La mise en redressement judiciaire ne constitue pas en soi un cas de force majeure », *D.* 2000. 5.
6. Soc. 15 juin 1999, n° 98-44.295 ; *Bull. civ.* V, n° 277 ; *D.* 1999. 623, note C. Radé ; *DS* 1999. 836, obs. C. Roy-Loustaunau – Soc. 4 déc. 2001, n° 99-46.364 ; *Bull. civ.* V, n° 369 ; *DS* 2002, 406, obs. C. Roy-Loustaunau ; *D.* 2002. 2361, note J. Mouly.
7. Soc. 12 mars 2002, n° 99-44.222 ; *Bull. civ.* V, n° 86 ; *D.* 2002. IR 1596.
8. Sur le contrat d'apprentissage, v. s^{s} n° 421.102.
9. Soc. 20 déc. 2017, n° 16-19.517 ; *JCP S* 2018, n° 1072, note L. Fin-Langer ; *RDT* 2018. 209, note D. Bondat ; *RPC* 2018, comm. 46, obs. F. Taquet, *D*, 2018, actu 6 ; *JCP E* 2018, n° 1159, n° 20, note Ph. Pétel ; *Leden* mars 2018, 7, obs. H. de Frémont ; *BJE* 2018. 126, note D. Jacotot ; *Act. proc. coll.* 2018, comm. 25 ; *Gaz. Pal.* 17 avr. 2018, p. 81, note L. Cheikh-Vecchioni – Soc. 19 avr. 2023, n° 21-20.651 ; *RPC* juill. 2024, n° 67, obs. D. Jacotot ; *Act. proc. coll.* 2023, n° 138 ; *Leden* juin 2023, p. 7, obs. F. Joly.

rompu sur le fondement du plan de redressement dans le mois qui suit, le salarié a droit à cette prise en charge, y compris pour les ruptures anticipées injustifiées. Il faut enfin rappeler que seul le salarié peut demander l'éventuelle requalification d'un CDD en un CDI, ce qui exclut l'action de l'AGS, sauf fraude [1] ou celle des organes de la procédure collective [2] en ce sens.

421.102 **Rupture par anticipation des contrats d'apprentissage.** Le contrat d'apprentissage est un contrat de travail à durée déterminée très particulier, tant dans ses conditions de formation que dans ses modes de rupture. Ces derniers sont régis par l'article L. 6222-18 du Code du travail, qui admet la rupture unilatérale pendant les deux premiers mois d'apprentissage. Ce délai a été porté à quarante-cinq jours consécutifs ou non de formation pratique par la loi du 17 août 2015. Mais au-delà de cette période, jusqu'à l'ordonnance du 12 mars 2014, seuls un accord de rupture amiable ou, à défaut, une résiliation judiciaire pour manquement grave de l'une des parties à ses obligations ou pour inaptitude de l'apprenti pouvaient entraîner la rupture du contrat d'apprentissage.

L'ordonnance du 12 mars 2014 a apporté une précision uniquement en cas de liquidation judiciaire au-delà de ce délai, en autorisant la rupture par le liquidateur moyennant le versement d'une indemnité correspondant aux salaires qui auraient dû être versés jusqu'au terme du contrat. Cette ordonnance reste en revanche silencieuse lorsque l'entreprise fait l'objet d'un redressement judiciaire. Il faut en conclure que l'administrateur est tenu de respecter l'article L. 6222-18 du Code du travail.

La Cour de cassation estime que la résiliation intervient au jour où le juge la prononce si le salarié ou l'apprenti est toujours au service de l'employeur, sans se fonder sur le nouvel article 1229 du Code civil qui donne plus de liberté au juge pour fixer cette date [3].

1. Soc. 4 déc. 2002, n° 00-43.750 ; *DS* 2003, p. 297, avis av. gén. P. Lyon-Caen – Soc. 18 oct. 2007, n° 06-43.848 ; *Bull. civ.* V, n° 162.
2. Soc. 23 nov. 2022, n° 21-16.221 ; *Act. proc. coll.* 2022, n° 266 ; *RPC* janv. 2023, comm. 9, obs. D. Jacotot : solution rendue pour le liquidateur mais transposable au mandataire.
3. Par ex. : Soc. 20 oct. 2021, n°s 19-25.700 et 19-22.705 ; *Act. proc. coll.* 2021, 275. La solution a été rendue en liquidation, mais elle vaut aussi en cas de redressement.

TITRE

43. Le sort des salariés en cas de cession de l'entreprise

SECTION 0
ORIENTEUR

43.00 **Sommaire du titre.**

Chap. 431	**Sort des salariés en cas de plan de cession**
Sect. 1	Particularités du plan de cession
Sect. 2	Sort des salariés licenciés en vertu du plan de cession
Sect. 3	Sort des salariés transférés suite à l'adoption du plan de cession
Chap. 432	**Sort des salariés dans les autres formes de cession d'entreprise en difficulté**
Sect. 1	Sort des salariés d'une entreprise en difficulté cédée avant le jugement d'ouverture
Sect. 2	Transfert des salariés en cas de cession d'une entreprise en procédure collective sans plan de cession
Sect. 3	Sort des salariés en cas de cession d'entreprise excluant l'application de l'article L. 1224-1 du Code du travail

CHAPITRE

431. Sort des salariés en cas de plan de cession

SECTION 0 ORIENTEUR

431.00 **Sommaire du chapitre.**

Sect. 1 Particularités du plan de cession 431.11 à 431.22

§ 1 Particularités du plan de cession en procédure collective 431.11 à 431.17

§ 2 Particularités du plan de cession au regard du droit du travail 431.21 à 431.22

Sect. 2 Sort des salariés licenciés en vertu du plan de cession 431.31 à 431.43

§ 1 Mise en œuvre de la procédure de licenciement pour motif économique 431.31 à 431.39

§ 2 Contentieux des licenciements prononcés à l'occasion du plan de cession 431.41 à 431.43

Sect. 3 Sort des salariés transférés suite à l'adoption du plan de cession 431.51 à 431.84

§ 1 Conséquences du plan de cession sur les relations individuelles 431.51 à 431.60

§ 2 Conséquences du plan de cession sur les relations collectives 431.71 à 431.73

§ 3 Conséquences de la résolution du plan de cession sur les salariés repris 431.81 à 431.84

431.01 **Textes applicables.**

• **C. com.**

art. L. 621-4 [Consultation du représentant des salariés]

art. L. 642-1 [Réglementation du plan de cession]

art. L. 642-2 [Présentation des offres]

art. L. 642-5 [Autorisation du licenciement dans le plan de cession]

art. L. 642-8 [Gestion temporaire de l'activité en cas de plan de cession]

art. L. 642-11 [Sanction en cas de non-respect par le repreneur de ses engagements]

• **C. com.**

art. R. 642-1 s. [Réglementation du plan de cession]

• **C. trav.**

art. L. 1222-6 [Modification du contrat pour motif économique]

art. L. 1224-1 [Transfert d'entreprise]

art. L. 1224-2 [Garantie des dettes en cas de transfert d'entreprise]

art. L. 1224-3 [Transfert à un repreneur public]

art. L. 1225-4 [Rupture du contrat de travail suspendu pour maternité]

art. L. 1226-9 [Rupture du contrat de travail suspendu pour accident du travail]

art. L. 1233-58 [Dispositions du licenciement économique à respecter en procédure collective]

art. L. 1233-5 [Critères d'ordre du licenciement économique]

art. L. 2411-1 [Liste des salariés protégés en cas de rupture du contrat de travail]

art. L. 2312-53 [Information-consultation du CSE en procédure collective]

art. L. 3253-8 [Créances prises en charge par l'AGS]

art. L. 2261-14 [Mise en cause des accords collectifs en cas de transfert d'entreprise]

art. L. 7112-5 [Clause de conscience des journalistes]

431.02 **Jurisprudence de référence.**

> Le CSE peut intenter un appel nullité à l'encontre du jugement adoptant le plan de cession

• **Com. 17 févr. 2015,** n° 14-10.279, P IV, n° 210

* V. s[s] n° 431.17

> Les licenciements par le liquidateur sont privés d'effet lorsque l'entité est transférée à un repreneur, en vertu de l'article L. 1224-1 du Code du travail applicable en procédure collective

• **Soc. 11 mars 2003,** arrêt Voisin, n° 01-41.842, P V, n° 86

* V. s[s] n° 431.21

> Les licenciements prononcés à l'occasion du transfert sont sans effet

• **Soc. 20 mars 2002,** arrêt Maldonado, n° 00-41.651, P V, n° 94

* V. s[s] n° 431.42

> Il revient à l'administrateur désigné dans le cadre d'une liquidation judiciaire de notifier les licenciements prévus dans le jugement adoptant le plan de cession, sauf si une disposition expresse de ce jugement lui retire cette mission

• **Soc. 12 janv. 2016,** n° 14-13.414, P

* V. s[s] n° 431.32

> Le règlement intérieur n'est pas transféré à une société nouvellement créée pour reprendre une entité économique autonome

• **Soc. 17 oct. 2018,** n° 17-16.465, P

* V. ss n° 431.72

431.03 **Bibliographie indicative.**

> Encyclopédie. *J.-Cl. Procédures collectives*, fasc. 2430 : Sauvegarde, redressement et liquidation judiciaires – Situation des salariés, par N. Vignal, 2021, mis à jour août 2022.

> Contribution. J.-F. Césaro, « Procédures collectives et article L. 122-12, alinéa 2 du Code du travail », *in Entreprises en difficulté et droit du travail*, « Ceprisca », Puf, 2007, p. 9.

> Articles. P. Bailly, « Le contrat de travail et le transfert de l'entreprise en difficulté », *Gaz. Pal.* 2002. 1359 – S. Béraud, « En finir avec les incertitudes pesant sur le sort des contrats de travail en matière de cession d'unité de production », *RPC* 2003, p. 91 – C. C. Calomiliet Gatto, « Les licenciements économiques dans les plans de cession », *LPA* 28 nov. 2008, p. 8 – R. Dammann, G. Podeur, « Le *pré-pack cession* à l'épreuve de la directive "transfert" 2001/23/CE », *D.* 2017. 2242 – G. Dedessus-Le-Moustier, « Licenciements et cession : de la préparation à l'exécution », *LPA* mars 2016, p. 16 – H. de Frémont, « Les licenciements et les procédures collectives : un compromis acceptable ? », *Gaz. Pal.* 22 janv. 2009, p. 11 – F. Dumont, « L'impact pour les salariés de la suggestion de reprise dans les procédures collectives », *RPC* 2004, p. 297 – L. Fin-Langer, « Les aspects sociaux de l'opération de reprise de l'entreprise en difficulté », *RPC* 2010/3, comm. 17 – L. Fin-Langer, « La cession d'une entreprise en difficulté, à la croisée des chemins », *RDT* 2017. 116 – L. Fin-Langer, « Négociation d'entreprise et entreprises en difficulté », *RJS* févr. 2025, p. 9 – L. Fin-Langer et D. Jacotot, « Les salariés, acteurs de la reprise d'entreprise en difficulté », *RPC* 2015, dossier 54 – J. Grangé, « La cession de l'entreprise en difficulté », *Cah. soc.* sept. 2015, p. 476 – F. Labasque, « Le sort des contrats de travail en cas de cession d'unité de production après le prononcé d'une liquidation judiciaire », *LXB*, n° N4505ABH – A. Mazeaud, « Le maintien de l'emploi en cas de transfert de l'entreprise en difficulté 1985-2005 : un bilan, une réforme ? », *Lamy Affaires* mars 2005, suppl. n° 80, p. 83 – Ph. Przemyski, « Transfert des contrats de travail et procédures collectives », *Dr. et pr.* 2004/4, p. 197 – D. Saintourens, « Reprise de l'entreprise par les salariés licenciés et principe du maintien des contrats de travail », *RPC* 2012, dossier 4, p. 55 – N. Tagliarino-Vignal, « Les obligations sociales du repreneur d'une entreprise soumise à une procédure collective », *Lamy Affaires*, juill. 2008, p. 236.

431.04 **Question principale.**

> À quelles conditions le jugement adoptant le plan de cession peut-il autoriser des licenciements permettant de déroger à l'article L. 1224-1 du Code du travail ?

* V. ss n° 431.31

SECTION 1
PARTICULARITÉS DU PLAN DE CESSION

§ 1
Particularités du plan de cession en procédure collective

431.11 **Rôle du plan de cession.** Depuis la loi de sauvegarde des entreprises du 25 juillet 2005[1], le plan de cession est envisagé, par principe, comme une technique liquidative, consistant à vendre les actifs du débiteur pour apurer son passif[2]. Il n'est plus une issue de la procédure collective, mais seulement un évènement dans cette procédure. Pourtant malgré ce glissement dans les règles de la liquidation judiciaire, le plan de cession reste d'abord et avant tout un instrument de restructuration des entreprises défaillantes[3]. Les dispositions régissant le plan de cession sont donc prévues aux articles L. 642-1 et suivants du Code de commerce, dans le chapitre 2 relatif à la réalisation de l'actif du Titre 4 portant sur la liquidation judiciaire du livre 6 du Code de commerce.

L'article L. 642-1 du Code de commerce indique que « la cession de l'entreprise a pour but d'assurer le maintien d'activités susceptibles d'exploitation autonome, de tout ou partie des emplois qui y sont attachés et d'apurer le passif ». Elle peut être totale ou partielle : « dans ce dernier cas, elle porte sur un ensemble d'éléments d'exploitation qui forment une ou plusieurs branches complètes et autonomes d'activités »[4].

Le plan de cession peut aussi, en vertu de l'article L. 631-22 du Code de commerce, être décidé en redressement judiciaire[5], à condition qu'un plan de redressement ne puisse pas être adopté[6]. Une entreprise en redressement judiciaire est à vendre dès le jugement d'ouverture. Une hiérarchie est donc posée entre le plan de redressement et le plan de cession, ce dernier étant subsidiaire depuis l'ordonnance du 12 mars 2014[7]. Mais le choix relève de l'appréciation souve-

1. Voir pour le transfert des salariés avant cette loi : A. Mazeaud, « Transfert d'entreprise, Aspects individuels », *Rép. Trav. Dalloz*, 2010, n° 84 – A. Mazeaud, « Le transfert d'entreprise dans le cadre des procédures collectives », *Dr. soc.* 2005. 133.
2. Ph. Froehlich, « L'ambivalence du plan de cession totale dans la loi de sauvegarde des entreprises », *D.* 2005. 2878 ; B. Soinne, « Problématique de la nouvelle cession », *RPC* 2006, p. 313.
3. G. Couturier, « Le plan de cession, instrument de restructuration des entreprises défaillantes », *BJS* févr. 2008, n° 2, p. 142.
4. C. com., art. L. 642-1, al. 2.
5. C. com., art. L. 631-22.
6. Com. 4 nov. 2014, n° 13-21.703 ; *Bull. civ.* IV, n° 162 ; *D.* 2014. Actu. 2294 ; *Leden* déc. 2014, p. 2, obs. E. Mouial-Bassilana ; *BJE* janv. 2015. 15, obs. Gorins ; *Act. proc. coll.* 2014, n° 337, obs. J. Vallansan.
7. C. Lebel, « La consécration législative de la primauté du plan sur la cession de l'entreprise », *JCP E* 2016, n° 1582.

raine des juges du fond, qui doivent d'abord étudier le plan de redressement avant d'examiner le plan de cession. La Cour a même admis que le plan de cession puisse être proposé avant la fin de la période d'observation et donc avant même que le débiteur soit en mesure de proposer un plan de redressement, dès lors qu'il était évident qu'il ne serait pas en mesure de sauver son entreprise[1].

Il peut également l'être en sauvegarde, à tout moment de la période d'observation[2] sous réserve de n'être que partiel et volontaire. Le plan de sauvegarde peut ainsi comporter la cession partielle de l'entreprise[3]. Il est alors fait application des dispositions prévues dans la liquidation judiciaire, ce qui n'est pas sans poser problème notamment pour les licenciements pour motif économique qui en découleraient[4].

Le plan de cession obéit à un régime particulier, d'ordre public et dérogatoire au droit commun de la vente, dont la finalité est le maintien au moins partiel de l'activité[5].

431.12 **Adoption du plan de cession.** En redressement judiciaire, l'administrateur judiciaire est obligatoirement désigné si un plan de cession est envisagé. Il lui appartient de fixer le délai de présentation des offres de cession.

Le tribunal qui ouvre ou prononce la liquidation judiciaire fixe en principe la date ultime à laquelle les offres doivent être déposées. Des offres anticipées sont également possibles, les tiers pouvant dès l'ouverture de la procédure de redressement judiciaire soumettre à l'administrateur des offres de cession totale ou partielle[6].

Le tribunal doit alors choisir parmi les offres présentées celle qu'il va retenir en fonction de différents critères. Il va tout d'abord vérifier la légalité de l'offre, les incompatibilités existant notamment au regard du candidat repreneur[7]. Il va ensuite apprécier son caractère sérieux, l'auteur de l'offre devant par exemple joindre ses comptes annuels relatifs aux trois derniers exercices et ses comptes provisionnels[8]. La faisabilité de son projet sera donc étudiée[9]. L'offre doit être écrite et préciser son contenu, qu'il s'agisse des contrats et/ou des biens concernés par la cession, le prix de cession et les modalités de règlement, les engagements pris par le repreneur ainsi que le nombre de salariés repris et les perspectives d'emploi[10].

Pour l'éclairer dans son choix, outre le rapport établi par l'administrateur ou le liquidateur, le Code de commerce a prévu plusieurs auditions, les débats ayant lieu en chambre du conseil[11]. Il doit ainsi recueillir l'avis du débiteur, du ministère public, de certains contractants et du CSE qui est auditionné par l'intermédiaire de son représentant[12].

Le choix du tribunal va dépendre de plusieurs critères : le prix de cession qui va permettre de désintéresser les créanciers, le nombre d'emplois maintenus, qui pourrait contrebalancer une offre monétaire moins importante et enfin la solidité financière et les capacités du repreneur à poursuivre l'activité. L'article L. 642-5 du Code de commerce semble poser une hiérarchie entre les différents intérêts à préserver, l'intérêt des créanciers étant relégué à la dernière place. Cette position est cependant contestée par une partie de la doctrine qui considère ces critères archaïques[13] et par certains juges du fond, qui ont parfois retenu l'offre qui désintéressait mieux les créanciers, tout en supprimant des emplois[14]. À l'inverse, le tribunal peut être enclin à retenir celle qui favorise le maintien d'un plus grand nombre d'emplois, même si elle est moins avantageuse pour les créanciers.

Le nombre de licenciements a également une conséquence financière, puisqu'ils donnent lieu à une indemnisation à la charge de l'entreprise débitrice. Même si les indemnités de licenciement sont prises en charge par l'AGS[15], cette dernière peut en demander le remboursement, l'AGS étant bien classée sur le prix de cession. Il est donc également dans l'intérêt des créanciers que le nombre de licenciements ne soit pas trop important, puisque cela réduit leur quote-part sur le prix de cession. Il est donc neutre pour les créanciers que le prix de cession soit minoré du coût des licenciements évités[16]. Le caractère sérieux de l'offre doit tenir compte de tous ces paramètres[17].

1. Com. 3 mai 2016, n° 14-24.865 ; *Bull. civ.*, IV, n° 850 ; *D.* 2016. Actu. 997 ; *BJE* juill. 2016. 251, obs. C. Vincent ; *Leden* juill. 2016, p. 3, note P. Rubellin ; *RJ com.* 2016. 655, obs. C. Lebel ; *Dr. sociétés* 2016, comm. 133, note J.-P. Legros.
2. C. com., art. L. 622-10.
3. C. com., art. L. 626-1 – A. Mazeaud, « Les cessions d'entreprise ou de partie d'entreprise depuis la loi du 26 juillet 2005 relative à la sauvegarde des entreprises », *Dr. soc.* 2006. 12.
4. Sur les licenciements en liquidation judiciaire, v. s[s] n°s 511.11 s. et 512.11 s.
5. C. com., art. L. 642-1 – Com. 22 oct. 1996, n° 94-10.356 ; *D.* 1997. III. Obs. F. Derrida ; *RTD com.* 1998. 929, obs. C. Saint-Alary-Houin.
6. C. com., art. L. 631-13.
7. C. com., art. L. 642-3.
8. C. com., art. R. 642-2.
9. « L'élaboration des plans », Table Ronde ; *RPC* janv. 2019, p. 53, spéc. p. 62 s.
10. C. com., art. L. 642-2.
11. C. com., art. L. 662-3.
12. C. com., art. L. 642-5.
13. A. Rizzi, *La protection des créanciers à travers l'évolution des procédures collectives*, LGDJ, « Bibliothèque de droit privé », t. 459, 2007, n° 390, p. 384.
14. T. com. Paris, 20 mai 1986, *RJ com.* 1986. 265 – Versailles, 23 juill. 1986 ; *Gaz. Pal.* 1986. II. 781.
15. Sur la prise en charge des indemnités de licenciement par l'AGS, v. s[s] n°s 722.51 s.
16. Bordeaux, 2e ch. civ., 12 juin 2007.
17. P. M. Le Corre, *Droit et pratique des procédures collectives 2025/2026*, 13e éd., « Dalloz Action », 2024, n° 571.71.

Par ailleurs, puisqu'il faut tenir compte de l'offre qui assure l'emploi le « plus durablement possible », le mieux-disant en matière d'emplois ne sera pas forcément celui qui propose de reprendre le plus grand nombre d'emplois : la stabilité des emplois dans la durée entre aussi en ligne de compte, voire la potentialité de création d'emplois par le repreneur[1].

431.13 Contournement des règles d'information des salariés. Il faut cependant signaler que cette procédure conduit à exclure un certain nombre de dispositions du Code du travail relatives à l'information des salariés.

Est tout d'abord écartée la règle introduite par la loi du 31 juillet 2014 relative à l'économie sociale et solidaire, modifiée par loi du 6 août 2015, qui impose une obligation d'information des salariés lorsque le propriétaire d'un fonds de commerce qui emploie jusqu'à cinquante personnes décide de le vendre, afin que les salariés intéressés puissent présenter une éventuelle offre de reprise. Le propriétaire ne peut alors vendre son fonds qu'après avoir reçu les éventuelles offres des salariés.

L'article L. 141-27 du Code de commerce écarte expressément ce dispositif quand la cession porte sur une entreprise qui fait l'objet d'une procédure de conciliation, de sauvegarde, de redressement ou de liquidation judiciaire.

Dans les autres formes de cession d'entreprise au sens de l'article L. 1224-1 du Code du travail, il n'existe aucune obligation d'information des salariés, faute pour la France d'avoir transposé la directive européenne et faute d'invocabilité directe de cette directive[2].

431.14 Contournement des règles d'information-consultation du CSE en question. Se pose ensuite le problème de l'information-consultation du CSE, depuis l'entrée en vigueur des ordonnances du 22 septembre 2017 et qui ont fusionné les délégués du personnel, le comité d'entreprise et le CHSCT. Cette difficulté existait déjà auparavant. Les textes du Code de commerce ne sont pas compatibles avec ceux du Code du travail.

Le droit du travail organise en principe une information-consultation du CSE de l'entreprise cédée et du repreneur en cas de cession d'entreprise, avant la mise en place des opérations du transfert sur le fondement de la compétence générale du CSE dans les entreprises d'au moins cinquante salariés[3]. Cette information-consultation peut d'ailleurs être transférée au comité de groupe en vertu de l'article L. 2312-56 du Code du travail depuis les ordonnances de 2017.

Lorsque l'entreprise est en procédure collective, l'article L. 2312-53 du Code du travail dresse la liste des informations-consultations à respecter[4]. Il reprend à l'identique l'ancien article L. 2323-48 relatif au comité d'entreprise. L'article L. 2312-54 indique ensuite les hypothèses dans lesquelles le tribunal doit auditionner les représentants du personnel. Aucun texte clair ne prévoit une information-consultation du CSE sur les offres de reprise.

Elle n'est prévue par ce texte spécifique que lorsque le plan de cession envisage des licenciements pour motif économique. Cette information-consultation s'inscrit en réalité dans la procédure du licenciement pour motif économique et cet avis du CSE doit être rendu au plus tard le jour ouvré avant l'audience du tribunal qui statue sur le plan. En réalité, le CSE doit alors rendre un avis sur chaque offre de reprise dès lors qu'elle projette des licenciements[5].

L'article L. 642-2, IV, du Code de commerce n'a prévu la transmission des offres qu'au représentant des salariés, mais non au CSE. En revanche, ce dernier peut les consulter, puisque le liquidateur ou l'administrateur les dépose au greffe où tout intéressé peut en prendre connaissance. C'est donc au CSE de faire la démarche d'aller consulter ces offres.

Si on applique strictement les textes du Code de commerce, l'information-consultation du CSE n'est à effectuer que pour les projets de plan de cession envisageant des licenciements mais non sur toutes les offres de reprise. Si on applique le droit commun du travail, il faudrait informer et consulter le CSE sur toutes les offres de reprise. Le droit communautaire pourrait justifier cette interprétation. En effet l'article 7 de la directive n° 2001/123/CE du 12 mars 2001 concernant le rapprochement des législations des États membres relatives au maintien des droits des travailleurs en cas de transfert d'entreprises impose une information-consultation des représentants du

1. Poitiers, 2e ch. civ., 25 mars 2009, RG n° 09/00530 ; *RPC* 2010/6, comm. 236, note J.-J. Fraimout.
2. Soc. 17 déc. 2013, n° 12-13.503 ; *D.* 2014. 24 ; *D.* 2014. 1115, obs. P. Lokiec et J. Porta ; *Dr. soc.* 2014. 760, chron. S. Tournaux ; *RDT* 2014. 182, obs. N. Moizard ; *JCP S* 2014, n° 1151, note P. Morvan.
3. C. trav., art. L. 2312-8 reprenant l'ancien article L. 2323-1 et L. 2323-33 : ce dernier article précisait ce qu'il fallait entendre par « modification de son organisation économique ou juridique », repris dans le nouvel article L. 2312-8 en citant « notamment en cas de fusion, de cession, de modification importante des structures de production de l'entreprise ». On peut en déduire que ces solutions antérieures seront maintenues avec l'entrée en vigueur du CSE. Il faut cependant noter une différence majeure, puisque cela ne concerne que les entreprises d'au moins cinquante salariés. Or avant l'entrée en vigueur de ces ordonnances de 2017, les délégués du personnel devaient également être consultés sur ce point par le renvoi effectué par l'ancien article L. 2313-13 du Code du travail.
4. Sur les informations-consultations du CSE, v. ss nos 214.11 s.
5. C. com., art. L. 642-5, IV – Soc. 19 mai 2015, n° 13-26.669 ; *D.* 2015. 1152 ; *RDT* 2015. 610, G. Dedessus-Le Moustier ; *JCP S* 2015, n° 1291, note L. Fin-Langer ; *Gaz. Pal.* 20 oct. 2015, p. 32, obs. C. Gailhbaud.

personnel sur les raisons, la date et les conséquences du transfert. Aucune exception n'a été prévue en cas de procédure collective.

En l'absence de CSE, il faudra consulter le représentant des salariés sur le fondement de l'article L. 621-4, alinéa 2, du Code de commerce. Il appartient à l'administrateur ou au liquidateur de s'assurer que l'entreprise est à jour de ses obligations au regard des représentants du personnel ou qu'elle dispose d'un procès-verbal de carence, qui sera notamment demandé pour faire valider le PSE.

431.15 Contenu du jugement adoptant le plan de cession. Une fois l'offre retenue, le jugement adoptant le plan de cession contient un dispositif qui précise l'offre retenue et indique précisément quels sont les biens, les contrats cédés, le prix de cession, les modalités de paiement, le nombre de licenciements autorisés, les activités et les catégories professionnelles concernées, la désignation du repreneur et ses éventuels engagements.

431.16 Recours du jugement adoptant le plan de cession par les salariés. Le jugement adoptant le plan de cession ne peut faire l'objet d'un appel que du débiteur, du ministère public et du cessionnaire, si le jugement arrêtant le plan de cession lui impose des charges supplémentaires au regard de son offre[1]. Serait considérée comme une charge supplémentaire le fait pour un tribunal de lui imposer la cession judiciaire d'un contrat non mentionné dans son offre[2]. Il pourrait s'agir d'un salarié supplémentaire, dont le licenciement n'aurait pas été autorisé par exemple.

Se pose ainsi la question de l'appel de ce jugement par les salariés. Leur appel a été jugé irrecevable[3] et il ne pourrait pas invoquer leur qualité de créancier, qui ne rend pas l'appel recevable, n'étant pas partie au jugement adoptant le plan. Pourraient-ils invoquer leur qualité de cocontractant ? Les contractants peuvent faire appel de ce jugement mais seulement pour la partie du jugement emportant cession de leur contrat et non pour l'intégralité de la décision[4]. Par ailleurs, ils ne sont pas recevables à agir lorsque leur contrat n'a pas été transféré au repreneur[5]. L'appel doit cependant leur être fermé car les cocontractants auxquels l'appel est ouvert sont seulement ceux pour lesquels il y a eu cession judiciaire des contrats, ce qui n'est pas le cas des salariés.

431.17 Recours du jugement adoptant le plan de cession par les représentants du personnel. Se pose aussi la question de l'appel de ce jugement par les représentants des salariés. N'étant pas cités à l'article L. 661-6 du Code de commerce, ils ne sont pas recevables à interjeter appel du jugement. Les solutions rendues concernent les délégués du personnel et les membres du comité d'entreprise[6], mais ont vocation à s'appliquer au CSE depuis l'entrée en vigueur des ordonnances du 22 septembre 2017.

Une question prioritaire de constitutionnalité a été posée à propos de la fermeture de l'appel aux institutions représentatives du personnel. La question n'a pas été jugée sérieuse. Elle avait pour fondement le recours juridictionnel effectif. Pour la Cour de cassation, ce fondement n'implique pas le double degré de juridiction, dès lors que la décision est prise par le tribunal qui statue après avoir convoqué et entendu le représentant du comité d'entreprise. La limitation du droit d'appel répond à des impératifs d'efficacité et de célérité de la procédure collective et ne porte pas une atteinte disproportionnée au regard de l'objectif d'intérêt général poursuivi[7].

En outre, seul l'appel réformation est fermé. Demeure l'appel nullité. La Cour de cassation a ainsi admis que le comité d'entreprise ou les délégués du personnel puissent invoquer l'appel nullité contre le jugement adoptant le plan de cession, à condition d'établir un excès de pouvoir[8]. Cet arrêt du 17 février 2015 met un terme à des hésitations des juges du fond[9]. Seul le CSE a cette qualité pour l'invoquer dans les entreprises de cinquante salariés et plus[10]. Le CSE devrait pouvoir invoquer cette jurisprudence, à condition d'établir cet excès de pouvoir qui est loin d'être facile. Tel n'est pas le cas, et l'appel nullité est irrecevable, lorsque le tribunal a retenu une offre de

1. C. com., art. L. 661-6, III. (anc. art. L. 623-6).
2. Com. 15 déc. 2009, n° 08-21.235 ; *D.* 2010. AJ 11, note A. Lienhard ; *Procédures* 2010, comm. 42, note B. Rolland ; *RPC* 2010/3, comm. 96, note P. Cagnoli ; *LXB hebdo* 21 janv. 2010, n° 379, note E. Le Corre-Broly.
3. Paris, 13 janv. 1987 ; *D.* 1987. IR 42 ; *Gaz. Pal.* 1987. I. 199, note J.-P. Marchi – Versailles 9 févr. 1989 ; *D.* 1990. Somm. 3, obs. F. Derrida.
4. Limoges, 13 août 1986 ; *D.* 1987. 44, note F. Derrida ; *JCP* 1986. II. 20693, note R. Cabrillac ; *Gaz. Pal.* 1986. II. 722, note D. Martin.
5. Com. 22 nov. 1994, n° 93-19.484 ; *Bull. civ.* IV, n° 346 ; *D.* 1997. Somm. 7, obs. F. Derrida.
6. Paris, 13 janv. 1987 ; *Gaz. Pal.* 1987. I. 199, note J.-P. Marchi – Paris 6 févr. 1987 ; *D.* 1987. IR 42 – Amiens 9 févr. 1989 ; *D.* 1990, somm. 3, obs. F. Derrida – Paris 22 févr. 1989 ; *D.* 1989. IR 91.
7. Com. 2 juill. 2013, n° 13-40.020, QPC, NP ; *Gaz. Pal.* 12 janv. 2014, p. 37, note C. Gailhbaud.
8. Com. 17 févr. 2015, n° 14-10.279 ; *Bull. civ.* IV, n° 210 ; *JCP E* 2015, chron. 1204, n° 6, obs. Ph. Pétel ; *BJE* 2015. 245, note C. de Lajarte-Moukoko ; *Rev. sociétés* 2015. 411, note L. C. Henry ; *RPC* 2015, comm. 84, note P. Cagnoli.
9. V. des arrêts rejetant l'appel-nullité : Limoges, 13 août 1986 ; *D.* 1987. 44, note F. Derrida ; *JCP* 1986. II. 20693, note R. Cabrillac ; *Gaz. Pal.* 1986. II. 722, note D. Martin – Amiens, 7 nov. 2013, RG 13/03853 ; *Leden* déc. 2013, comm. 191, note G. Dedessus-Le Moustier – V. des arrêts déclarant recevable l'appel-nullité : Rennes, 7 juill. 1993 ; *D.* 1996, somm. 7, obs. F. Derrida.
10. Douai, 9 juill. 2021, n° 21/02159 ; *Act. proc. coll.* 2021, n° 197, note K. Salhi.

cession moins avantageuse qu'une autre, sur le terrain de la conservation des emplois[1] ou d'avoir ordonné la cession de fonds non détenu par le débiteur[2]. En outre, l'appel ne peut être exercé à l'encontre d'une décision du tribunal qui déclare recevable une offre, sans statuer sur le fond[3]. Cependant, si le représentant des salariés a demandé la conversion du redressement judiciaire en liquidation judiciaire, il retrouve qualité pour interjeter appel, sur la partie du jugement ayant rejeté sa demande de liquidation judiciaire[4]. En revanche, l'excès de pouvoir semble devoir être retenu si les institutions représentatives du personnel ne sont pas consultées ou le sont dans des conditions telles que leur information n'a pu être effective.

§ 2
Particularités du plan de cession au regard du droit du travail

431.21 Première dérogation au Code du travail : des licenciements possibles. L'article L. 1224-1 du Code du travail organise la cession de plein droit et d'ordre public des contrats de travail en cas de cession d'une entité économique autonome. Lorsqu'il s'applique, tous les licenciements prononcés à l'occasion du transfert sont sans effet[5]. Cette solution a été étendue par l'arrêt Voisin en cas de cession d'entreprise intervenant dans le cadre d'une liquidation judiciaire[6]. Il est alors impossible de licencier tout ou une partie du personnel pour faciliter la reprise d'entreprise.

Cette règle d'ordre public ne peut ainsi pas être écartée par une clause prévue dans la cession, y compris en cas de procédure collective. La Cour de cassation a ainsi jugé que la clause de la convention de cession d'une entité économique autonome appartenant à une entreprise en liquidation judiciaire, qui ne prévoit que la reprise d'une partie des salariés, doit être réputée non écrite car contraire aux dispositions d'ordre public de l'art. L. 122-45, al. 2 [art. L. 1132-2 nouv.] ; mais cela n'affecte pas la validité de l'acte de cession dans son entier[7].

L'article L. 642-5 du Code de commerce, pour faciliter la reprise d'une entreprise en difficulté, a prévu une première dérogation à ce mécanisme. Le jugement adoptant le plan de cession peut autoriser un certain nombre de licenciements, en fonction de l'offre retenue par le tribunal. Seuls les salariés dont le licenciement n'est pas autorisé sont transférés de plein droit au repreneur. Ils seront alors soumis aux dispositions du Code du travail organisant le transfert d'entreprise[8].

Ce texte est-il conforme au droit communautaire ? En effet, la directive n° 77/187 CEE du 14 février 1977 reprise par la directive n° 2001/123/CE du 12 mars 2001 rappelle le transfert de plein droit des salariés au repreneur. Mais son article 4 autorise les licenciements « pouvant intervenir pour des raisons économiques, techniques ou d'organisation impliquant des changements sur le plan de l'emploi ». L'article 5 prévoit quant à lui une exception à ce transfert lorsque le cédant fait l'objet d'une procédure de faillite ou d'insolvabilité analogue ouverte en vue de la liquidation des biens et se trouvant sous le contrôle d'une autorité publique compétente. *A priori*, l'article L. 642-5 entre dans l'exception. Il paraît même plus protecteur dans la mesure où le droit français impose une autorisation judiciaire, non exigée par le droit de l'Union.

Mais pour la CJUE, une procédure visant à la poursuite de l'activité de l'entreprise n'entre pas dans le champ d'application de l'article 5[9], texte qui est d'interprétation stricte[10], ce qui inclut la liquidation judiciaire. Mais qu'en est-il quand le plan de cession est adopté dans le cadre d'un redressement ou d'une sauvegarde[11] ? Le fait d'inscrire les règles de la cession dans la liquidation judiciaire suffit-il pour rendre le droit français compatible avec le droit européen ? Faut-il considérer que l'article L. 642-5 est finalement conforme non pas à l'article 5 mais à l'article 4 qui autorise les licenciements pour motif économique justifiés en raison des changements sur l'emploi ?[12] Cet article 4 autorise en réalité des licenciements de manière plus large que notre droit interne et cette fois pour toutes les entreprises qu'elles soient en procédure collective ou qu'elles soient *in bonis*.

1. Paris, pôle 5, 8e ch., 5 avr. 2011, RG n° 11/02641 ; *RPC* 2011, comm. 189, note J.-J. Fraimout.
2. Douai, 9 juill. 2021, n° 21/02159 ; *Act. proc. coll.* 2021, n° 197, note K. Salhi.
3. Paris, pôle 5, 8e ch., 5 avr. 2011, RG n° 11/03928 ; *Rev. proc. coll.* 2011, comm. 189, note J.-J. Fraimout.
4. Com. 1er oct. 1997, n° 95-17.113, NP ; *Rev. proc. coll.* 1998, 245, n° 46, obs. M. Cadiou.
5. Soc. 20 mars 2002, n° 00-41.651, *Maldonado ; Bull. civ.* V, n° 94 ; *JCP E* 2002. I. 1764, n° 3, obs. P. Morvan ; *D.* 2003. 14, chron. G. Pignarre ; *Dr. soc.* 2002. 516. Chron. A. Mazeaud ; *D.* 2002. 2096, obs. M. C. Escande-Varniol.
6. Soc. 11 mars 2003, n° 01-41.842, *Voisin ; Bull. civ.* V, n° 86 ; *DS* 2003, 474, rapp. Bailly et note A. Mazeaud ; *D.* 2003. 945 ; *JCP* 2004. I. 145, n° 5, obs. P. Morvan.
7. Cass., ch. mixte, 7 juill. 2006 ; *RDT* 2006. 388, obs. Ph. Waquet ; *Dr. soc.* 2006. 1064, obs. A. Mazeaud ; *RJS* 2006. 768, n° 1029 ; *JSL* 2006, n° 197-4.
8. Sur le sort des salariés transférés à la suite de l'adoption du plan de cession, v. ss nos 431.31 s.
9. CJCE 25 juill. 1991, aff. C-326/89, d'Urso – CJCE 7 déc. 1995, aff. C-472/93, Spano – CJUE 22 juin 2017, n° C-126/16, Smallsteps ; *Europe* 2017, comm. 317, obs. L. Driguez.
10. CJUE 16 mai 2019, aff. C-509/17, Plessers ; *Europe* 2019, comm. 293, obs. L. Driguez.
11. O. Buisine, « Jurisprudence de la CJUE en matière de transfert d'entreprise : l'avenir incertain du *prepack cession* et du plan de cession », *RPC* nov. 2019, étude 23, nos 63 s.
12. Pour cette analyse : L. Driguez, « Transfert d'entreprise et entreprise en faillite », *Europe* 2019, comm. 293.

431.22 Seconde dérogation au Code du travail : l'absence de garantie légale au paiement des créances antérieures. L'article L. 1224-2 du Code du travail a été intégré par la loi du 28 juin 1983 pour mettre en conformité notre droit à la directive communautaire n° 77/187/CEE du 14 février 1977 : le salarié transféré peut demander le paiement de ses créances antérieures au transfert au repreneur, ce dernier pouvant ensuite se retourner contre le premier employeur pour être remboursé. Les salariés peuvent agir indifféremment contre l'un ou l'autre, le juge prononçant alors une condamnation *in solidum*[1].

Ce texte prévoit une exception lorsque la modification de l'employeur intervient dans le cadre d'une sauvegarde depuis la loi de 2005, du redressement ou de liquidation judiciaire. En d'autres termes, lorsque le cédant fait l'objet d'une procédure collective, le repreneur n'a pas à payer aux salariés leurs créances antérieures au transfert, sauf en cas d'engagement de sa part. Cette exception est expressément prévue par l'article 5, 2 a de la directive CE 2001/23 du 12 mars 2001. Ce texte prévoit cependant une condition, à savoir la prise en charge des créances par une instance telle que l'AGS, dans les conditions définies par la loi.

Il faut rappeler que l'AGS peut prendre en charge les salaires dus pendant le maintien provisoire de l'activité permettant de préparer la cession dans le cadre uniquement d'une liquidation judiciaire, dans la limite d'un mois et demi de salaire en vertu de l'article L. 3253-8, 5° du Code du travail. Cette garantie n'est pas prévue en cas de cession préparée pendant la période d'observation qui suit un jugement de redressement ou de sauvegarde, à défaut de liquidation judiciaire postérieure[2].

En conséquence, le repreneur n'a pas à leur verser l'indemnité compensatrice de congés payés dues pour la fraction antérieure au transfert[3], l'AGS garantissant cette somme[4]. Il ne devra leur payer que les sommes dues après le transfert[5] et notamment la fraction postérieure à l'engagement du salarié de cette indemnité[6]. De même, la prime de treizième mois incombe au repreneur, car elle naît au 31 décembre de l'année pour laquelle elle est due[7]. Cette prise en charge des créances postérieures au transfert vaudra jusqu'à la résolution du plan[8]. Il n'aura pas non plus à leur verser des dommages-intérêts pour des manquements du cédant à des obligations nées du contrat de travail, comme un défaut d'affiliation à une caisse de retraite[9].

Cette règle s'explique par le fait que les créances salariales bénéficient d'un traitement particulier, grâce à l'octroi de certains privilèges[10] et de la garantie AGS[11] sous certaines conditions. Par ailleurs, le repreneur ne paye qu'un prix de cession et n'est pas tenu, sauf clause contraire, de payer les créanciers antérieurs[12].

En revanche, si la procédure collective est ouverte après la cession de l'entreprise, la garantie de paiement par le repreneur s'appliquera[13].

SECTION 2
SORT DES SALARIÉS LICENCIÉS EN VERTU DU PLAN DE CESSION

§ 1
Mise en œuvre de la procédure de licenciement pour motif économique

431.31 Autorisation des licenciements dans le jugement adoptant le plan de cession. Le jugement

1. Soc. 6 avr. 2011, n° 10-16.203 ; *D.* 2011. Actu 1222 ; *JCP S* 2011, n° 1327, note C. Puigelier ; *CSBP*, juin 2011, n° 231, p. 175, F. J. Pansier.
2. Sur la garantie des créances de salaire pendant la période d'observation, v. s[s] n° 722.32.
3. Pour des illustrations : Soc. 19 févr. 1992, n° 89-45.112 ; *Bull. civ.*, 1992, V, n° 93 – Soc. 1er juill. 1992, n°s 91-44.262 à 91-44.264 ; *Bull. civ.*, 1992, V, n° 432 ; *D.* 1992. IR 232 – Soc. 18 nov. 1992, n° 90-44.395, NP – Soc. 2 févr. 2006, n° 04-40.474 ; *Bull. civ.* V, n° 54 ; *LPA* 2006, n° 183, p. 10, note N. Vignal ; *CSBP* juin 2006, p. 292, obs. Gillier ; *JCP S* 2006, n° 1519, note P. Morvan ; *D.* 2006. 466 ; *RDT* 2006. 26, obs. Ph. Waquet – Soc. 13 mai 2009, n° 07-45.502, NP.
4. Soc. 8 nov. 2023, n° 21-19.764 ; P ; *Act. proc. coll.* 2024, n° 47, obs. M.-N. Rouspide-Katchadourian ; *BJE* mars 2024. 54, obs. A. Donnette ; *Leden* janv. 2024, p. 6, obs. G. Dedessus-Le Moustier ; *RPC* janv. 2024, n° 13, obs. D. Jacotot ; *RPC* mars 2024, n° 36, obs. F. Taquet ; *JCP S* 2023, n° 1356, note H. Revillon.
5. Pour un rappel : Soc. 27 mai 2020, n° 19-12.471, P ; *D.* 2020. 1178 : la Cour précise cependant « sauf collusion frauduleuse ».
6. Soc. 19 févr. 1992, n° 89-45.112 ; *Bull. civ.* V, n° 93 ; *RJS* 1992. 241, n° 411 – Soc. 1er juill. 1992, n° 91-44.262, P ; *D.* 1992. IR 232 ; *RJS* 1992. 602, n° 1076 – Soc. 9 oct. 2001 ; *D.* 2001. IR 3170 ; *RJS* 2001. 951, n° 1401.
7. Soc. 11 mars 1992, n° 88-43.447, P V, n° 169 ; *RJS* 1992, n° 410, p. 240.
8. Soc. 4 juill. 2018, n° 17-14.587, P ; *D.* 2018. Actu. 1488 ; *RTD com.* 2018. 1027, obs. C. Saint-Alary-Houin ; *JCP E* 2018, n° 1526, note L. Fin-Langer ; *JCP E* 2019, n° 1000, n° 6, note Ph. Pétel ; *Leden* oct. 2018, 7, obs. H. de Frémont ; *Gaz. Pal.* 9 oct. 2018, p. 81, obs. C. Gailhbaud ; *BJE* 2018. 453, note A. Donnette-Boissière.
9. Soc. 2 févr. 2006, n° 04-40.474 ; *Bull. civ.* V, n° 54 ; *LPA* 2006, n° 183, p. 10, note N. Vignal ; *JCP S* 2006, n° 1519, note P. Morvan ; *D.* 2006. 466 ; *RDT* 2006. 26, obs. Ph. Waquet.
10. Sur le privilège des salaires, v. s[s] n°s 621.21 s.
11. Sur l'AGS, v. s[s] n°s 721.11 s.
12. Com. 30 nov. 1993, n° 91-19.478, NP ; *Dr. sociétés* 1994, n° 28 – Com. 17 mai 1994, n° 92-13.216 ; *D.* 1996, somm 221, obs. F. Pérochon ; *RTD com.* 1996. 130, obs. A. Martin-Serf.
13. Sur cette question : Soc. 24 sept. 2002, n° 00-44.939, P V, n° 274 ; *Act. proc. coll.* 2002, n° 222, obs. L. Fin-Langer.

adoptant le plan de cession va fixer le nombre de salariés licenciés ainsi que les activités et les catégories professionnelles concernées en fonction de l'offre retenue par le tribunal [1]. Doivent nécessairement apparaître ces trois mentions (nombre, activités et catégories) [2] ainsi que l'autorisation expresse de licencier dans le dispositif du jugement.

En aucun cas, il ne s'agit d'une liste nominative de salariés licenciés ou repris [3]. Le plan ne peut pas non plus envisager le licenciement de tous les salariés pour ensuite organiser la reprise d'une partie d'entre eux par le repreneur [4] ou subordonner la cession à la condition suspensive du maintien nominatif d'un salarié. Le dispositif du jugement adoptant le plan doit être précis et mentionner expressément cette autorisation de licencier. En principe, il ne peut s'agir d'un ordre de licencier. Mais si le jugement adoptant le plan ordonne le licenciement des salariés non repris, leur licenciement reste valable s'il mentionne aussi le nombre, les activités et les catégories [5].

431.32 Détermination de l'organe chargé de mettre en œuvre la procédure de licenciement pour motif économique autorisé dans le plan de cession. L'article L. 642-5 du Code de commerce indique qu'il revient au liquidateur ou à l'administrateur lorsqu'il en a été désigné un de mettre en œuvre la procédure du licenciement pour motif économique en respectant la procédure prévue au I de l'article L. 1233-58 du Code du travail. Le texte vise le liquidateur, puisqu'il est inscrit dans le titre IV relatif à la liquidation judiciaire. Tout dépend en réalité de la procédure qui sera ouverte.

En procédure de sauvegarde et de redressement, seul un administrateur sera nommé. Il lui reviendra donc de mettre en œuvre la procédure et cela quelle que soit la mission qui lui aura été attribuée dans le jugement d'ouverture.

En liquidation judiciaire, il revient en principe au liquidateur d'administrer l'entreprise en application de l'article L. 641-10 du Code de commerce. Dans ce cas, c'est alors à lui qu'il revient de mettre en œuvre la procédure de licenciement pour motif économique. Mais un administrateur peut être nommé, lorsque le nombre de salariés est supérieur ou égal à vingt et le chiffre d'affaires à trois millions [6]. L'administrateur sera alors chargé de procéder aux licenciements.

Il arrive parfois que les jugements soient confus. Ainsi dans un arrêt rendu le 12 janvier 2016 [7], le tribunal rend le même jour deux jugements, notifiés le même jour aux différentes parties. Le premier adopte le plan de cession et prévoit que les licenciements seront notifiés par l'administrateur qui avait été désigné dans le redressement judiciaire. Le second prononce la liquidation judiciaire, met fin à la période d'observation et aux fonctions de l'administrateur [8]. La Cour de cassation valide le raisonnement de la Cour d'appel et considère que c'est à l'administrateur de notifier les licenciements, car aucune disposition expresse dans le jugement de liquidation judiciaire ne lui a retiré ce pouvoir. Une solution contraire est donc possible si le jugement de liquidation retire expressément ce pouvoir à l'administrateur. Elle se fonde sur l'article L. 642-5 du Code commerce.

Pour éviter le contentieux, il peut être utile de faire co-signer les lettres de licenciement par le liquidateur expressément désigné et l'administrateur, lorsqu'il y a un doute sur le maintien ou non de sa fonction. La même problématique pourrait exister lorsque l'entreprise emploie des salariés protégés dont la demande d'autorisation a été faite avec l'adoption du plan mais qui arrive après.

Quelle est alors la sanction en cas de notification par une personne qui n'a pas la qualité pour le faire ? La doctrine hésite entre la nullité, faute de pouvoir et de capacité [9], et l'inopposabilité de l'acte à la

1. C. com., art. R. 642-3 qui renvoie pour partie à l'art. R. 631-36 qui détaille les informations à transmettre avant l'audience. Les deux textes sont rédigés dans des termes identiques et il est donc possible par analogie d'étendre la solution rendue en matière d'ordonnance du juge-commissaire interdisant les listes nominatives au jugement adoptant le plan de cession : Soc. 23 mars 2016, n° 14-22.950 ; *Act. proc. coll.* 2016, comm. 124, L. Fin-Langer ; *JCP S* 2016, n° 1179 ; *RDT* 2016. 263, note A. Fabre ; *Gaz. Pal.* 28 juin 2016, n° 269, p. 49, note C. Gailhbaud.
2. P. Morvan, *Restructurations en droit social*, 5e éd., LexisNexis, 2020, n° 151.
3. Soc. 26 juin 1991, n° 90-46.055 ; *Bull. civ.* V, n° 328 ; *JCP E* 1992. II. 274, note J.-J. Serret ; *D.* 1991. IR 213 – Soc. 16 mars 1999 ; *Bull. civ.* V, n° 116 – Soc. 10 juill. 2001, n° 99-44.466 ; *Bull. civ.* V, n° 254 ; *D.* 2001. IR 2458 ; *Act. proc. coll.* 2001, n° 93, obs. J. Vallansan – Soc. 24 mars 2010, n° 09-40.645 ; *Act. proc. coll.* 2010, n° 133, obs. L. Fin-Langer.
4. Soc. 30 juin 1992, n° 90-44.057 ; *Bull. civ.* V, n° 427 ; *Dr. soc.* 1992. 837.
5. Soc. 5 janv. 2022, n° 20-14.410 ; *Act. proc. coll.* 2022, n° 38, obs. L. Fin-Langer ; *Gaz. Pal.* 19 avr. 2022, p. 67, obs. G. Berthelot.
6. C. com., art. L. 641-11, R. 641-19, renvoyant à l'art. R. 621-11.
7. Soc. 12 janv. 2016, n° 14-13.414, P ; *JCP S* 2016, n° 1080, note L. Fin-Langer ; *RPC* mars 2016, comm. 69, L. Fin-Langer ; *D.* 2016. Actu. 198 ; *JCP E* 2016, n° 1198, n° 6, obs. Ph. Pétel ; *Act. proc. coll.* 2016, n° 35, obs. L. Fin-Langer ; *Leden* 3/2016. 6, obs. H. de Frémont ; *Gaz. Pal.* 12 avr. 2016, p. 71, obs. C. Gailhbaud ; *RJDA* 2016, n° 556, 10. Voir pour une approbation aussi de cette décision.
8. Cette pratique existe car les voies de recours du jugement de liquidation judiciaire ne sont pas les mêmes que celles relatives au jugement adoptant le plan de cession : elle évite ainsi d'ouvrir le recours contre le plan de cession qui serait partie intégrante du jugement de liquidation : F. Pérochon, *Entreprises en difficulté, Exercices pratiques, LGDJ*, 7e éd. 2013, p. 152.
9. J. Vallansan, *Difficultés des entreprises*, LexisNexis, 6e éd. 2012, p. 83.

procédure collective[1], solution qui semble retenue par la chambre commerciale de la Cour de cassation[2]. Cette inopposabilité a, par exemple, été prononcée à l'encontre d'un contrat de travail conclu par le débiteur sans l'assistance de l'administrateur judiciaire[3]. Pourtant, lorsqu'il s'agit d'un licenciement, les solutions manquent de cohérence.

La chambre sociale raisonne alors uniquement en termes de droit du travail et non au regard des règles des procédures collectives. Certains arrêts considèrent que le licenciement est sans cause réelle et sérieuse[4]. D'autres indemnisent les salariés pour défaut de procédure[5]. Cette sanction présente plusieurs intérêts puisque le montant des indemnités est plus faible, pour un licenciement qui, au fond, est finalement justifié. Par ailleurs, une régularisation est également possible si elle reste utile.

Pourtant, la chambre sociale ne se prononce pas sur son opposabilité à la procédure collective. Deux situations sont alors concevables.

Selon la première, les deux sanctions pourraient être exclusives l'une de l'autre. Dans ce cas, l'indemnité due au salarié de six mois ou d'un mois de salaire devrait être prise en compte dans le passif du débiteur et éventuellement prise en charge par l'AGS.

Selon la seconde, les deux sanctions pourraient se cumuler : le licenciement pourrait être jugé sans cause réelle et sérieuse ou irrégulier, mais l'indemnité pourrait être déclarée inopposable à la procédure collective et ne pas être prise en charge bi par le débiteur tant que la procédure est en cours ni par l'AGS. Le salarié pourrait cependant obtenir réparation de son préjudice auprès de l'organe de la procédure qui aurait prononcé irrégulièrement le licenciement et qui engagerait donc sa responsabilité pour ce fait. Cette solution serait alors cohérente au regard du droit des procédures collectives et du droit du travail.

431.33 Détermination des critères d'ordre de licenciement par l'administrateur. L'organe chargé de la mise en œuvre des licenciements devra ensuite fixer les critères d'ordre en respectant l'article L. 1233-5 du Code du travail. En effet, le jugement adoptant le plan de cession ne pouvant dresser une liste nominative[6], mais uniquement un nombre de salariés licenciés et les catégories professionnelles, il est nécessaire de procéder à un choix dès lors que ce n'est pas l'intégralité de cette catégorie qui est supprimée. À plusieurs reprises, la Cour de cassation a donc rappelé cette exigence de respecter les critères d'ordre fixés par l'administrateur et donc le cédant, le cessionnaire ne choisissant pas finalement les salariés qu'il reprend, malgré le caractère *intuitu personae* du contrat de travail[7].

À défaut d'accord collectif les prévoyant, qui n'est pas nécessairement l'accord majoritaire de PSE[8], il revient à l'administrateur ou au liquidateur selon les cas de les déterminer après avoir consulté le CSE.

L'article L. 1233-5 du Code du travail cite les charges de famille, l'ancienneté du salarié, leur situation rendant leur réinsertion professionnelle difficile ou les qualités professionnelles, dont le contenu peut varier selon les catégories professionnelles[9]. Cette liste n'est pas limitative. Ont ainsi pu être ajoutés les sanctions disciplinaires[10] ou les résultats aux évaluations annuelles mises en place dans l'entreprise, mais non le fait que le salarié travaille

1. F. Pérochon, M. Laroche, Fl. Reille, Th. Favario et A. Donnette, *Entreprises en difficulté*, LGDJ, 11e éd. 2022, nos 1128 à 1131.
2. Com. 23 mai 1995, no 93-16.930 ; *Bull. civ.* IV, no 150 ; *D.* 1995. 413, note F. Derrida ; *Dr. sociétés* 1995, no 165, obs. Chaput ; *RPC* 1995. 345, obs. Dureuil ; *JCP E* 1995, no 513, no 7 – C. Saint-Alary-Houin, M. H. Monsérié-Bon et C. Houin-Bressand, *Droit des entreprises en difficulté*, LGDJ, 11e éd., no 570.
3. Soc. 5 nov. 2014, no 13-19.662 ; *D.* 2014. 2294 ; *Leden* déc. 2014, p. 7, obs. G. Dedessus-Le Moustier ; *RPC* 2015, comm. 21, note C. Lebel ; *JCP S* 2015, no 1136, note F. Dumont.
4. Soc. 15 nov. 2011, no 10-17.015 ; *Bull. civ.* V, no 163 ; *D.* 2011. Actu. 2863, obs. A. Lienhard ; *BJE* mars 2012. 103, note D. Jacotot ; *Leden* janv. 2012, p. 7, obs. G. Dedessus-Le Moustier ; *CSBP* janv. 2012, p. 22, obs. F. J. Pansier ; *RPC* 2012, comm. 27, note C. Lebel ; *JCP S* 2012, no 1057, note S. Brissy : pour un licenciement prononcé par un liquidateur alors autorisation donnée à l'administrateur qui n'était plus en fonction suite à la conversion du redressement en liquidation judiciaire – Soc. 28 sept. 2022, no 20-22.498 ; *Act. proc. coll.* 2022, no 263.
5. Soc. 11 juin 2008, no 07-40.352 ; *Bull. civ.* V, no 131 ; *Act. proc. coll.* 2008, no 224, obs. L. Fin-Langer ; *JCP S* 2008, no 1540, note L. Drai ; *D.* 2008. AJ 1834 ; *Gaz. Pal.* 21-22 janv. 2009, p. 48, obs. Ph. Duprat ; *CSBP* nov. 2008, p. 366, obs. F. J. Pansier ; *Leden* mars 2014, p. 6, obs. G. Dedessus-Le Moustier – Soc. 17 déc. 2013, no 12-23.726 ; *Bull. civ.* V, no 305 ; *RPC*, no 3, mai 2014, comm. 64, L. Fin-Langer ; *BJE* mars 2014. 84, obs. D. Jacotot ; *Leden* mars 2014, p. 6, obs. G. Dedessus-Le Moustier ; *JCP S* 2014, no 1116, note G. François ; *D.* 2014. 23.
6. Soc. 26 juin 1991, no 90-46.055 ; *Bull. civ.*, V, no 328 ; *JCP E* 1992. II. 274, note J.-J. Serret ; *D.* 1998. IR 247 – Soc. 16 mars 1999, no 96-44.843 ; *Bull. civ.*, V, no 116.
7. Soc. 17 oct. 2007, no 05-41.531, NP ; *RPC* janv. 2008, p. 91, no 46, obs. F. Taquet ; *JCP S* 2008, no 1034, O. Fardoux ; *Gaz. Pal.* 24 janv. 2008, p. 62, obs. B. Saintourens ; *CSBP* janv. 2007, p. 37, obs. A. Charbonneau – Soc. 29 janv. 2008, no 06-42.712 ; *Bull. civ.* V, no 26 ; *DS* 2008, 501, obs. A. Mazeaud ; *Act. proc. coll.* 2008, no 132, obs. L. Fin-Langer ; *Gaz. Pal.* 27-29 avr. 2008, p. 34, obs. B. Saintourens ; *RDT* 2008. 310, note A. Fabre ; *RDT* 2008. 237, obs. Ph. Waquet ; *JCP S* 2008, no 1410, note P. Morvan ; *D.* 2008. AJ, 1832, obs. M. Ines.
8. CE 10 juill. 2017, req. no 398256 ; *RDT* 2017. 701, concl. Dieu ; *CSBP* oct. 2017, p. 477, obs. Fl. Canut.
9. CE 31 oct. 2023, req. no 456091 ; *Act. proc. coll.* 2024, no 31 ; *JCP E* 2024, no 1005, note C. Terrenoire ; *RPC* janv. 2024, no 16, obs. D. Jacotot ; *Leden* févr. 2024, p. 7, obs. H. de Frémont.
10. Soc. 19 mai 2000, no 09-40.103, NP ; *JCP S* 2010, no 1345, note J.-F. Cesaro.

à temps partiel[1] ou bien encore l'existence d'un diplôme. Un de ces critères peut être privilégié, mais il faudra tenir compte également des autres[2]. Un système de pondération peut ainsi être instauré.

Ces critères s'appliquent à l'intérieur d'une catégorie professionnelle, qui regroupe des fonctions de même nature et supposant une formation professionnelle commune[3]. Si l'intégralité d'une catégorie professionnelle est supprimée, ces dispositions n'ont pas à être respectées.

Le non-respect de ces dispositions n'a pas pour effet d'engendrer un licenciement sans cause réelle et sérieuse, mais elle cause un préjudice au salarié qui peut ainsi en demander la réparation[4].

431.34 Procédure de licenciement pour motif économique sans mise en place d'un PSE. Il revient à l'administrateur de mettre en œuvre ensuite la procédure de licenciement en fonction de ce nombre fixé par le jugement adoptant le plan. Avant l'adoption du plan par le tribunal, l'administrateur ou le liquidateur a déjà consulté le CSE sur les différents projets de licenciement correspondant aux différentes offres. Cela concerne les entreprises de onze salariés et plus. L'article L. 642-5 du Code de commerce renvoie ainsi à la consultation prévue par le I de l'article L. 1233-58. Cet avis est rendu au plus tard le jour ouvré avant l'audience qui statue sur le plan.

Après l'adoption du plan, l'article L. 642-5 indique que les licenciements interviennent sur simple notification dans le délai d'un mois à compter du jugement sous réserve du préavis. Cette formule « sur simple notification » ne correspond pas à la réalité. L'article L. 1233-58 du Code du travail indiquant les règles à suivre en cas de licenciement pour motif économique ne concerne que les licenciements collectifs. La Cour de cassation continue d'appliquer le droit commun, sous réserve des textes contraires en se fondant notamment sur l'article L. 631-12 du Code de commerce qui impose à l'administrateur de respecter les obligations légales et conventionnelles incombant au chef d'entreprise dans le cadre de sa mission.

En effet, l'administrateur doit fixer les critères d'ordre pour déterminer quels seront les salariés licenciés au sein d'une même catégorie professionnelle, comme rappelé précédemment[5].

Il doit aussi procéder à l'obligation préalable de reclassement prévue à l'article L. 1233-4 du Code du travail. La Cour de cassation a ainsi rappelé que cette obligation n'incombait pas au repreneur[6], car elle est à la charge de l'administrateur[7]. L'administrateur ne peut invoquer les délais très courts de notification pour s'exonérer de sa responsabilité[8].

Il doit enfin convoquer les salariés à un entretien individuel avant de notifier les licenciements.

Le seul aménagement prévu pour les licenciements individuels est relatif aux délais de notification, puisque l'article L. 1233-59 écarte l'article L. 1233-15.

431.35 Procédure de licenciement pour motif économique avec mise en place d'un PSE. Les textes sont un peu plus précis lorsqu'il s'agit d'un licenciement de dix salariés et plus avec l'obligation de mettre en place un plan de sauvegarde de l'emploi, l'entreprise employant cinquante salariés.

En effet, l'alinéa 5 de l'article L. 642-5 du Code de commerce renvoie à la procédure décrite au II de l'article L. 1233-58 du Code de commerce.

C'est à la date où le projet de plan est établi qu'il faut calculer les effectifs pour déterminer s'il faut ou non consulter le CSE et établir un PSE[9]. Faute d'établir un PSE, le licenciement sera considéré comme sans cause réelle et sérieuse. En l'absence de CSE, il faudra consulter le représentant des salariés sur le fondement de l'article L. 621-4, alinéa 2 du Code de commerce.

La Dreets est associée avant même le jugement adoptant le plan de cession pour préparer les différents PSE correspondant à chaque offre de reprise. De même, le CSE est informé et consulté sur les incidences sociales de chaque offre. Il doit rendre

1. Soc. 4 juill. 2012, n° 11-12.045 ; *Bull. civ.* n° 211 ; *D.* 2012. 1894 ; *D.* 2013. 1026, obs. P. Lokiec et J. Porta ; *JCP S* 2012, n° 1407, note S. Béal et M. Marguerite ; *RPC* sept. 2012, comm. 151, F. Taquet.
2. Soc. 14 janv. 1997 ; *Bull. civ.* 1997, V, n° 16 ; *Dr. soc.* 1997. 159, concl. Lyon-Caen, note J. Savatier ; *CSBP* 1997, 79 – Soc. 11 oct. 2006, n° 04-47.168 ; *Bull. civ.* V, n° 302 ; *JCP S* 2007, n° 1021, note P.-Y. Verkindt ; *JCP E* 2006, n° 2847, note S. Béal et C. Terrenoire ; *RDT* 2007. 32, obs. Ph. Waquet.
3. CE 30 mai 2016, *FNAC*, req. n° 387798 ; *Leden* sept. 2016, p. 7 ; *AJDA* 2016. 1866, chron. Dutheillet de Lamothe et Odinet ; *RPC* sept. 2016, comm. 142, D. Jacotot : reprenant la position de la Cour de cassation.
4. Soc. 14 janv. 1997, n° 95-44.366 ; *Bull. civ.* V, n° 16 ; *Dr. soc.* 1997. 159, concl. Lyon-Caen, note J. Savatier ; *RJS* 1997. 92, n° 131 ; *CSBP* 1997. 79, arrêt Belkacem.
5. Sur les critères d'ordre, v. s^{s} n° 431.33.
6. Soc. 4 juill. 2006, n° 04-43.976, NP ; *RDT* 2006. 243, obs. Ph. Waquet.
7. Soc. 20 mars 2001, n° 99-41.395, NP ; *Gaz. Pal.* 5 juill. 2001, p. 13, obs. Ghilain – Versailles, 18 mai 2020, n° 19/03022.
8. Com. 6 mars 2019, n° 17-26.450, NP ; *Leden* mai 2019, p. 7, obs. H. de Frémont ; *BJE* mai 2019. 61, note C. Gailhbaud Voir pour d'autres hypothèses de responsabilité : TGI Paris, 4 sept. 2014, 12/14423 ; *Leden* nov. 2014, p. 7, obs. G. Dedessus-Le Moustier.
9. Soc. 19 mai 2015, n°s 13-26.669 à 13-26.677, n° 810 ; *Bull. civ.* V, n° 98 ; *Act. proc. coll.* 2015-12, comm. 197, obs. L. Fin-Langer ; *JCP S* 2015, n° 1291, note L. Fin-Langer, *BJE* sept. 2015. 316, obs. A. Donnette-Boissière ; *Gaz. Pal.* 20 oct. 2015, p. 32, note C. Gailhbaud ; *Leden* juill. 2015, p. 6, G. Dedessus-Le Moustier ; *D.* 2015. 1152 ; *RDT* 2015. 610, obs. G. Dedessus-Le Moustier.

son avis au plus tard le jour ouvré précédant l'audience adoptant le plan de cession. Il se réunit une fois mais en cas de recours à une expertise qui est ouverte dans cette hypothèse aux frais de l'employeur et donc de la procédure collective, une deuxième réunion du CSE sera nécessaire. Cette expertise n'est possible que pour les entreprises de 50 salariés et plus. L'article L. 642-5 du Code de commerce indique que l'absence de remise du rapport de l'expert ne peut avoir pour effet de reporter le délai.

L'employeur doit également respecter son obligation de prévention des risques professionnels pour la période allant jusqu'à la cession [1]. La Dreets en vérifie désormais le respect, sous le contrôle du juge administratif. Cette démarche concerne également les cessations définitives d'activité, y compris en liquidation judiciaire [2]. La cession de l'entreprise va sans aucun doute avoir des conséquences sur la santé mentale des salariés licenciés. Ce contrôle prévu au départ pour les PSE unilatéraux a été étendu aux PSE conclus par accord collectif [3]. En pratique, est mis à jour le document unique d'évaluation des risques professionnels (DUERP) et sont mis en place un numéro vert, une assistance psychologique ou le remboursement de séances. Il faut noter que cette obligation incombera au repreneur pour les salariés repris.

Reste à savoir s'il faudra aussi que le PSE envisage les conséquences environnementales de cette décision. En effet, la loi Climat et résilience du 22 août 2021 a modifié l'article L. 2312-8 du Code du travail relatif aux compétences générales du CSE dans les entreprises de 50 salariés et plus, mais n'a pas modifié ceux précisant cette compétence dans le cadre du licenciement pour motif économique, comme l'article L. 1233-31. Les juges administratifs sont pour l'instant divisés [4]. Une fois le jugement adopté, il revient désormais à l'administrateur ou au liquidateur de mettre en place le PSE correspondant à l'offre retenue. Le contenu du PSE est le même qu'en droit commun. En théorie, il peut soit négocier le PSE avec les partenaires sociaux soit établir unilatéralement le PSE. Il est fort probable que ce soit un acte unilatéral dans un contexte de procédure collective. Il doit ensuite soumettre le PSE à la Dreets pour validation ou homologation selon la nature du PSE.

Mais il faut noter deux particularités. Tout d'abord, la première concerne les délais d'examen par la Dreets qui ne dépendent pas de la forme du PSE, mais du type de procédure collective ouverte. Les textes manquent ici de clarté. En effet l'article L. 642-5 du Code de commerce ne prévoit que le délai de quatre jours, applicable en cas de liquidation judiciaire. Ce délai court alors de manière spécifique à compter de la réception de la demande de l'administrateur, qui ne peut être que postérieure au jugement adoptant le plan. Le problème est que l'article L. 1233-58 prévoit un délai d'examen différent, ramené à huit jours en cas de sauvegarde ou de redressement judiciaire. Mais alors qu'en est-il lorsque le plan de cession est adopté en sauvegarde ou en redressement ? Le délai est-il de quatre jours ou de huit jours ? On peut penser qu'il serait de huit jours. Le silence gardé pendant ce délai vaut décision implicite de validation ou d'homologation du PSE.

Ensuite, la seconde particularité concerne l'étendue du contrôle par la Dreets lorsqu'il s'agit d'un PSE unilatéral. En effet, le contrôle du PSE unilatéral est en principe plus approfondi puisqu'il porte non seulement sur la procédure de consultation mais également sur le contenu au regard des moyens de l'entreprise mais aussi du groupe auquel elle appartient. L'administrateur et le liquidateur reste tenu de rechercher ces moyens du groupe. Mais, la Dreets n'appréciera la validité du PSE qu'au regard des moyens de l'entreprise et non du groupe contrairement à son contrôle pour les entreprises *in bonis*, mettant ainsi un terme à une jurisprudence contraire [5]. Cet allégement du contrôle a été introduit par la loi Macron du 8 août 2015 qui a modifié l'article L. 1233-58 du Code du travail. Par ailleurs, depuis l'ordonnance du 12 mars 2014, l'administration peut valider un PSE en l'absence de procès-verbal de carence, à titre exceptionnel et au vu des circonstances qui justifient l'absence de ce document. Cela ne concerne que le redressement et la liquidation judiciaire. La Dreets doit motiver sa décision de couvrir cette irrégularité [6].

En cas de rejet de la demande, une procédure de secours a été mise en place en vertu de l'article L. 1233-58 du Code du travail. Il faut à nouveau consulter le CSE dans les trois jours. L'administrateur ou le liquidateur présente une nouvelle demande accompagnée

1. CAA Paris, 3e ch., 30 juin 2021, n° 21PA02439 ; *Act. proc. coll.* 2021, n° 206.
2. CE 21 mars 2023, req. n°s 460660 et 460924 ; *RDT* 2023. Controverse 377, note de L. Montvalon, Ph. Rozec et Th. Le Gall ; *RDT* 2023. 476, obs. L. de Montvalon ; *JSL* 2023, n° 564-2, obs. M. Hautefort ; *SSL* 2023, n° 2040, p. 5, concl. J.-F. de Montgolfier, obs. A. Stocki ; *JCP S* 2023, n° 1124, note B. Gauriau ; *D. actu.* 6 avr. 2023, obs. S. Norval-Grivet ; *RPC* juill. 2023, n° 70, obs. D. Jacotot ; *Act. proc. coll.* 2023, n° 136 ; *Gaz. Pal.* 19 sept. 2023, p. 66, obs. C. Gailhbaud ; *Leden* mai 2023, p. 6, obs. H. de Frémont.
3. CE 19 déc. 2023, req. n° 458434 ; *AJDA* 2023. 2369 ; *RJS* 2/2024, n° 86.
4. TA Montreuil, 2 mai 2022, n° 2202445 : aucun obstacle à l'homologation du PSE – TA Cergy-Pontoise, 10 mars 2022, *RDT* 2023. 553 : solution contraire.
5. Soc. 16 nov. 2017, n° 16-14-572, P ; *JCP S* 2017, n° 1420, note F. Dumont ; *Leden* janv. 2018, p. 6, H. de Frémont ; *Gaz. Pal.* 16 janv. 2018, p. 78, obs. C. Gailhbaud.
6. CE 8 déc. 2021, req. n° 435919 ; *Leden* janv. 2022, p. 6, H. de Frémont ; *RPC* mars 2022, n° 37, obs. D. Jacotot.

du nouvel avis du CSE. La Dreets a alors trois jours pour se prononcer à nouveau sur la demande.

Une fois cette décision administrative rendue et seulement après avoir obtenu une décision de validation, il lui revient de notifier la lettre de licenciements dans le mois qui suit le jugement adoptant le plan de cession pour que les salariés licenciés puissent bénéficier de la garantie AGS.

431.36 Notification des licenciements dans le délai d'un mois à compter du jugement adoptant le plan de cession. L'article L. 642-5 du Code de commerce déroge au Code du travail en prévoyant un délai de notification particulier, à savoir un mois à compter du jugement adoptant le plan de cession. Ce délai vaut aussi bien pour les licenciements de moins de dix salariés et de plus de dix salariés avec obligation de mettre en place un PSE. Ce délai permet la prise en charge des indemnités de licenciement par l'AGS en vertu de l'article L. 3253-8 du Code du travail[1].

Ce délai est indépendant de celui de la prise d'effet de la cession : la notification effectuée dans le délai d'un mois est régulière, même si la cession produit immédiatement son effet, en cas par exemple de gestion confiée immédiatement par le tribunal au cessionnaire[2].

Le non-respect de ce délai n'est pas sanctionné par la nullité du licenciement, mais a des incidences sur la prise en charge des indemnités de licenciement par l'AGS. Par conséquent, les salariés pourraient être indemnisés[3]. La Cour analyse ce manquement comme une irrégularité de forme[4]. Cela ne prive pas pour autant l'autorisation de licencier de son effet et donc le licenciement de cause réelle et sérieuse[5]. Les salariés pourraient engager la responsabilité de l'administrateur ou du liquidateur qui ne l'aurait pas respecté.

Ce délai d'un mois pose un problème pour les salariés dits protégés pour lesquels par exemple il est nécessaire de demander l'autorisation de l'inspection du travail. Il s'agit notamment des membres du comité social et économique, des délégués syndicaux, etc. Depuis l'ordonnance du 18 décembre 2008, il suffit que l'administrateur ou le liquidateur manifeste son intention de licencier le salarié dans ce délai d'un mois pour que la garantie opère. Cette règle est expressément indiquée dans le dernier alinéa de l'article L. 642-5 du Code de commerce.

431.37 Maintien de la priorité de réembauchage. Les salariés licenciés pour motif économique bénéficient d'une priorité de réembauchage dans l'année qui suit la notification de leur licenciement en vertu de l'article L. 1233-45 du Code du travail. Cette règle continue de s'appliquer aux entreprises en procédure collective. Dans le cadre du plan de cession, cette obligation pèsera alors sur le cessionnaire[6].

431.38 Cas particulier des licenciements de salariés bénéficiant d'un régime protecteur. Deux régimes protecteurs peuvent exister.

Le premier concerne les salariés titulaires d'un mandat de représentation du personnel. La liste figure aux articles L. 2411-1 et suivants du Code du travail : il s'agit notamment des membres élus du CSE, les délégués syndicaux, des représentants de section syndicale, des représentants syndicaux au CSE, des représentants de proximité et du représentant des salariés[7]. Leur licenciement est subordonné à l'autorisation de l'inspection du travail.

Cette mesure continue de s'appliquer en cas de procédure collective, comme le prévoit expressément l'article L. 2411-1 du Code du travail et donc y compris en cas de licenciement notifié en vertu du jugement adoptant le plan de cession. L'inspection du travail va non seulement vérifier l'absence de motif discriminatoire, le respect de la procédure et de l'obligation de reclassement mais aussi dans ce cadre précis le contenu du jugement adoptant le plan de cession, à savoir l'autorisation de licencier, le nombre de salariés licenciés, les activités et les catégories professionnelles concernées[8].

Cette protection va parfois au-delà de l'exercice du mandat et peut concerner d'anciens représentants du personnel pendant les six mois qui suivent l'expiration du mandat, délai porté à douze mois pour les délégués syndicaux s'ils ont exercé leur mandat pendant au moins un an[9] ainsi que pour les candidats aux élections pendant les six mois qui suivent l'envoi de leur candidature. Cette extension de la protection ne vaut pas pour le représentant des

1. Sur la garantie AGS, v. s[s] n°s 721.11 s.
2. Soc. 5 nov. 2009, n° 08-44.30, NP.
3. Soc. 10 juill. 2002, n° 00-42.340 ; *Bull. civ.*, V, n° 242, p. 237 ; *D.* 2002. 2678, obs. A. Lienhard ; *Act. proc. coll.* 2002, n 182, obs. C. Regnaut-Moutier ; *JCP E* 2003, n° 5, p. 219, obs. Ph. Pétel.
4. Soc. 5 janv. 2022, n° 18-26.257 ; *Act. proc. coll.* 2022, n° 37.
5. Soc. 21 sept. 2005, n° 04-40.529 ; *Bull. civ.* V, n° 267 ; *D.* 2005. AJ 2446, obs. A. Lienhard ; *D.* 2006. Pan. 81, obs. Le Corre ; *Act. proc. coll.* 2005, n° 217, obs. J. Vallansan ; *JCP S* 2005, n° 1335, note Vatinet.
6. Soc. 5 févr. 2002, n° 99-46.345 ; *Bull. civ.* V, n° 52 ; *Dr. soc.* 2002. 561, obs. J. Savatier – Soc. 9 juill. 2008, n° 06-40.945 ; *Bull. civ.* V, n° 156 ; *RDT* 2008. 664 ; *CSBP* déc. 2008, p. 396, note F.-J. Pansier ; *RDT* 2008. 664, note Frouin ; *JCP S* 2008, n° 1630, note Barège et B. Bossu ; *Act. proc. coll.* 2008, n° 242, obs. L. Fin-Langer ; *Gaz. Pal.* 21-22 janv. 2009, p. 47, obs. B. Saintourens.
7. Sur le statut du représentant des salariés, v. s[s] n°s 223.11 s.
8. CE 15 nov. 2010, req. n° 324323 ; *Dr. soc.* 2011. 181, concl. G. Dumortier.
9. C. trav., art. L. 2411-3.

salariés, car ni l'article L. 662-4 du Code de commerce ni le Code du travail n'en font mention [1].

Lorsque l'inspection du travail refuse le licenciement du salarié protégé, en raison par exemple d'un défaut de reclassement [2], ce dernier devrait être transféré au repreneur en application de l'article L. 1224-1 et le cessionnaire devrait donc reprendre le salarié, sous réserve de l'autorisation en cas de transfert partiel [3]. Malheureusement, le repreneur refuse parfois cette reprise et le salarié saisit alors le juge pour obtenir la résiliation judiciaire de son contrat de travail. Dans cette hypothèse, la Cour de cassation a admis que l'AGS devait garantir les indemnités de rupture dès lors que l'administrateur a manifesté son intention de licencier le salarié dans le délai de prise en charge, quinze jours après le jugement de liquidation ou un mois après le jugement adoptant le plan de cession [4]. Cela est désormais inscrit dans le dernier alinéa de l'article L. 642-5 du Code de commerce.

Le deuxième régime protecteur concerne les salariés dont le contrat est suspendu en raison par exemple d'un arrêt maladie ou d'une grossesse. Dès lors que le contrat est suspendu, il est encore en cours. Le régime du licenciement dépend alors de la cause de la suspension du contrat de travail et continue de s'appliquer malgré l'existence d'une procédure collective. Cela n'empêche pas leur licenciement mais plusieurs précautions vont devoir être prises par l'administrateur ou le liquidateur chargé de procéder à leur licenciement.

Tout d'abord, le jugement adoptant le plan de cession ne peut prévoir le transfert des contrats de travail des seuls « salariés dont le contrat est en cours d'exécution ». Cela revient à faire une liste nominative des salariés licenciés en visant *a contrario* les salariés dont le contrat est suspendu. Il faut donc respecter les critères d'ordre [5] et le tribunal ne peut autoriser expressément leur licenciement [6]. Si parmi les salariés concernés par ces licenciements, sont inclus des salariés dont le contrat est suspendu, l'administrateur va devoir respecter également la procédure spécifique dépendant de la cause de la suspension, qui se cumule avec celle du licenciement pour motif économique.

Ainsi, un salarié victime d'un accident du travail ne peut être licencié en vertu de l'article L. 1226-9 du Code du travail que pour une faute grave, inapplicable dans ce contexte, ou un motif étranger à l'accident du travail qui rend impossible la poursuite du contrat de travail. L'administrateur doit donc vérifier cette impossibilité et ne peut se contenter de viser dans la notification du licenciement le jugement adoptant le plan de cession [7]. Ce licenciement ne prendra effet qu'à l'issue de la période de suspension [8].

Pour une femme en congé maternité, le régime est encore plus sévère : non seulement, le motif réside dans une faute grave ou un motif étranger à la maternité rendant impossible la poursuite de la relation de travail, mais l'article L. 1225-4 du Code du travail interdit même toute notification du licenciement pendant le congé maternité. À défaut de respecter ces mesures, le licenciement est nul [9].

La Cour de cassation, s'appuyant sur le droit communautaire et pour éviter une éventuelle discrimination, a également interdit tous les actes préparatoires, tels qu'un entretien individuel, pendant cette période [10]. Il faut cependant nuancer cette solution car la Cour a admis que n'était pas considéré comme un acte préparatoire le fait de préparer un plan de départ volontaire [11].

Par ailleurs, après le congé maternité, la salariée continue d'être protégée contre le licenciement pendant une période de dix semaines depuis l'entrée en vigueur de la loi Travail du 8 août 2016, contre quatre semaines auparavant. La notification de son licenciement est désormais possible mais uniquement pour les deux motifs précédemment évoqués. Comme pour le salarié en accident du travail, il faudra donc que l'administrateur explique en quoi son maintien dans l'entreprise est impossible [12]. Il s'agit d'une période de protection relative et non plus absolue.

1. Par ex. : Soc. 1er mars 2005, n° 02-44.293 ; *Bull. civ.* V, n° 74 – Sur le représentant des salariés, v. ss nos 221.11 s.
2. CE 30 oct. 1995, req. n° 134009 ; *JCP E* 1995, n° 1310.
3. Sur le transfert partiel, v. ss n° 431.52.
4. Soc. 13 déc. 2017, n° 16-21.773 ; *Leden* avr. 2018, p. 1, obs. Lucas et G. Dedessus-Le Moustier ; *Act. proc. coll.* 2018, 11, obs. L. Fin-Langer ; *Gaz. Pal.* 17 avr. 2018, p. 80, note L. Ben-Cheikh-Vecchioni ; *JCP S* 2018, n° 1014, note L. Fin-Langer.
5. Sur les critères d'ordre, v. ss n° 431.33.
6. Soc. 24 mars 2010, n° 09-40.645, NP ; *Act. proc. coll.* 2010, comm. 133, obs. L. Fin-Langer.
7. Soc. 17 janv. 2018, n° 16-23.126, NP ; *BJE* mars 2018. 128, note D. Jacotot ; *Act. proc. coll.* 2018, comm. 82 – Soc. 5 janv. 2022, n° 19-24.813.
8. Cass., ass. plén., 28 janv. 2005, n° 01-45.924, *Bull.* n° 1 ; *D.* 2005. 581, note G. Couturier ; *D.* 2005. 2499, obs. B. Lardy-Pélissier et J. Pélissier ; *CSBP* avr. 2005, p. 186, note F.-J. Pansier ; *JCP* 2005. II. 10063, note D. Corrignan-Carsin ; *JCP E* 2005, n° 659, note S. Béal et A. Giroud.
9. Soc. 21 janv. 2009, n° 07-41.841 ; *Bull. civ.* V, n° 22 ; *D.* 2009. 435 ; *CSBP* mai 2009, p. 129, obs. F. J. Pansier : la Cour rappelle l'obligation pour l'administrateur de motiver de manière spécifique le licenciement de la femme enceinte malgré l'autorisation donnée dans le jugement adoptant le plan de cession. L'arrêt ne dit cependant rien sur l'interdiction de procéder à ce licenciement pendant le congé maternité.
10. Soc. 15 sept. 2010, n° 08-43.299 ; *Bull. civ.* V, n° 182 ; *JCP S* 2011, n° 1005, note B. Bossu ; *RDT* 2011. 31, obs. M. Mercat-Bruns ; *D.* 2010. 2166, obs. L. Perrin ; *Dr. soc.* 2010. 1256, obs. Fr. Favennec-Héry ; *CSBP* oct. 2010, p. 342, note F.-J. Pansier.
11. Soc. 14 sept. 2016, n° 15-15.943, P ; *CSBP* déc. 2016, p. 596, note J. Icard ; *D.* 2016. Actu. 1864 ; *RJS* 11/2016, n° 685 ; *JCP* 2016, n° 1046, note G. Dedessus-Le Moustier ; *JCP S* 2016, n° 1382, note L. Dauxerre.
12. Soc. 21 janv. 2009, n° 07-41.841 ; *Bull. civ.* V, n° 22 ; *D.* 2009. 435 ; *CSBP* mai 2009, p. 129, obs. F. J. Pansier.

Il faut enfin noter que cette période de dix semaines est désormais reportée à la reprise effective lorsque la salariée prend ses congés payés à la fin de son congé maternité[1], non en cas d'arrêt maladie[2].

Pour un salarié en arrêt maladie pour une raison non professionnelle, le Code du travail n'a pas prévu un régime spécifique. Une cause économique est donc possible, notamment en cas d'autorisation dans le plan de cession.

Dès lors qu'il existe un régime particulier en matière de licenciement, le délai d'un mois après le jugement adoptant le plan de cession est celui dans lequel l'intention de rompre a été manifestée en vertu du dernier alinéa de l'article L. 642-5 du Code de commerce. Cette disposition vaut donc pour la femme enceinte ou pour le salarié victime d'un accident du travail.

431.39 Cas particuliers des licenciements prononcés en vertu d'un plan de cession partielle. En cas d'adoption d'un plan de cession partielle, seuls les salariés travaillant dans l'entité transférée sont concernés par ces éventuels licenciements. Les autres salariés, travaillant dans la partie non transférée, restent alors salariés du cédant[3]. Tout dépendra alors de la solution complémentaire qui sera adoptée. Ce plan peut s'accompagner d'un plan de sauvegarde ou de redressement[4] ou d'un jugement de liquidation judiciaire en cas d'impossibilité de poursuivre l'activité[5]. Les salariés ne travaillant pas dans l'entité transférée pourraient alors être licenciés dans cette solution complémentaire[6].

Pour les salariés titulaires d'un mandat, il convient de demander parfois une double autorisation à l'inspection du travail, lorsque l'entreprise n'est transférée que partiellement. La première vise à autoriser leur transfert puis éventuellement, en cas d'absence de transfert, pour autoriser leur licenciement. Cette double protection prévue pour les entreprises *in bonis*[7] s'applique en cas de plan de cession partielle[8]. Le non-respect de la procédure spécifique d'autorisation entraîne, au plan civil, nullité du licenciement, ce qui obligera à la réintégration du salarié protégé. Cette règle s'impose même au repreneur, alors pourtant que le poste du salarié protégé n'était pas repris dans l'offre de cession[9]. Si l'autorisation n'a pas été donnée, les salariés seront repris contre la volonté du cessionnaire, dont l'offre était précise et excluait la reprise de ces salariés[10]. Il est à noter ici que la décision judiciaire fixant le nombre de salarié repris, bien que couverte par l'autorité de la chose jugée, doit s'incliner devant une autorisation administrative[11]. La reprise du salarié par le repreneur s'imposera également en cas d'annulation de l'autorisation administrative[12]. Toutefois, le salarié peut, par transaction, renoncer à sa réintégration[13]. Le repreneur est en droit de se prévaloir de cette renonciation[14]. En outre, il n'y aura pas place à réintégration du salarié, et par là même à reprise par le repreneur si, au jour de la notification du licenciement, la protection dont bénéficie l'intéressé n'existe plus[15].

§ 2
Contentieux des licenciements prononcés à l'occasion du plan de cession

431.41 Absence de contentieux de la cause réelle et sérieuse du licenciement notifié en vertu du jugement adoptant le plan de cession. Le licenciement étant autorisé par le jugement adoptant le plan de cession, il ne peut en principe être remis en cause pour défaut de cause réelle et sérieuse. Il faut cependant que l'administrateur ou le liquidateur mentionne ce jugement dans les lettres de notification[16]. Il en est de même des critères d'ordre fixés dans le jugement adoptant le plan, cette disposition ayant autorité de la chose jugée pour le juge prud'homal[17].

Il peut cependant être remis en cause en cas de fraude. La Cour de cassation a ainsi jugé que « la

1. Soc. 30 avr. 2014, n° 13-12.321 ; *Bull. civ.* V, n° 111 ; *D.* 2014. 1043 ; *D.* 2015. 829, obs. J. Porta et P. Lokiec ; *RDT* 2014. 547, obs. D. Gardes ; *JCP S* 2014, n° 1333, note D. Everaert-Dumont ; *CSBP* juin 2014, P. 361, note J. Icard ; *JCP E* 2014, n° 1358, note G. Vachet.
2. Soc. 8 juill. 2015, n° 14-15.979, P ; *D. actu.* 22 juill. 2015, obs. M. C. Peyronnet ; *D.* 2015. Actu. 1545 ; *SSL* 2015, n° 1687, p. 13, obs. A. Fabre ; *JCP S* 2015, n° 1365, note D. Everaert-Dumont.
3. Sur le transfert des contrats de travail en cas de cession partielle, v. s^s n° 431.52.
4. P.-M. Le Corre, *Droit et pratique des procédures collectives 2025/2026*, 13e éd., « Dalloz Action », 2024, n°s 572.51 s.
5. A. Lienhard, *Procédures collectives 2019-2020*, 8e éd., « Delmas », Dalloz, 2018, n°s 116.28 s.
6. Sur le licenciement prononcé en vertu d'un plan de redressement, v. s^s n°s 421.41 s.
7. C. trav., art. L. 2414-1 et L. 2421-9 – Par ex. : soc. 15 nov. 2011, n° 10-15.294 ; *Bull. civ.* V, n° 265 ; *JCP S* 2012, n° 1182, note J.-Y. Kerbouc'h ; *DS* 2012, p. 304, obs. A. Mazeaud, *D. actu.* 5 déc. 2011, note J. Siro.
8. Crim. 30 janv. 1996, n° 94-83.509, P, n° 54.
9. Soc. 30 mars 1993, n° 91-41.433, NP ; *Rev. proc. coll.* 1993, 311, obs. B. Soinne.
10. Soc. 16 oct. 2001, n° 99-21.586, NP ; *Act. proc. coll.* 2002/2, n° 21.
11. rappr. : A. Boyer, *Protection des salariés et sauvetage de l'entreprise : quête d'un équilibre*, PUAM, 2006, n° 117.
12. Soc. 26 févr. 2003, n° 01-41.482, P V, n° 68 ; *Act. proc. coll.* 2003/8, n° 103.
13. Soc. 5 févr. 2002, n° 99-45.861, P V, n° 54.
14. Soc. 20 nov. 2013, n° 10-28.582, P V, n° 277 ; P+B ; *BJE* mars 2014. 106, note A. Donnette.
15. Soc. 1er oct. 2003, n° 01-42.299, P V, n° 250.
16. Soc. 18 nov. 1998, n° 96-42.378 ; *Bull. civ.* V, n° 500.
17. Soc. 18 mai 2022, n° 20-10.953.

Cour d'appel, qui a constaté que les salariées licenciées avaient immédiatement été remplacées dans leurs emplois, par du personnel spécialement recruté à cette fin, a ainsi fait ressortir que les licenciements avaient été obtenus par fraude ; qu'elle en a exactement déduit qu'ils étaient dépourvus de cause réelle et sérieuse »[1].

431.42 Sanction des licenciements irréguliers post-plan de cession. Les salariés licenciés en dehors de ces conditions peuvent invoquer une violation de l'article L. 1224-1 du Code du travail. Les juges sont partagés sur la sanction encourue.

Ainsi, ils ont pu considérer que les licenciements étaient sans cause réelle et sérieuse dans une hypothèse où le jugement adoptant le plan de cession ne prévoyait pas, dans son dispositif, le nombre précis de licenciements autorisés et les catégories professionnelles concernées[2]. Les salariés peuvent alors obtenir une indemnité, prise en charge par l'AGS[3].

Le licenciement est parfois considéré comme sans effet, conformément à la jurisprudence Maldonado de 2002[4]. L'hypothèse est différente de la précédente : les salariés ont été licenciés conformément au plan de cession qui prévoyait effectivement leur nombre et les catégories concernées. Mais le cessionnaire décide alors de reprendre les salariés avant la fin de leur période de préavis. La Cour de cassation considère alors que les licenciements sont sans effet, le cédant n'ayant pas à verser les indemnités de licenciement qui n'ont donc pas à être prises en charge par l'AGS[5]. Une exception est à noter en cas de collusion frauduleuse entre les deux employeurs successifs.

431.43 Problème des licenciements prononcés avant l'adoption du plan de cession. Il est fréquent qu'en liquidation judiciaire, le liquidateur licencie les salariés sans savoir que l'entreprise va ensuite faire l'objet d'un plan de cession. Il ne faut pas oublier que le licenciement doit intervenir dans les quinze jours suivant le jugement de liquidation, délai porté à vingt-et-un jours en cas de mise en place d'un PSE, pour que l'AGS garantisse les indemnités de rupture. Que se passe-t-il si l'entreprise fait ensuite l'objet d'un plan de cession ? Ces licenciements de précaution peuvent-ils être remis en cause ?

En effet, les juges ont pu considérer qu'ils étaient prononcés à l'occasion du transfert et que par conséquent, en application de la jurisprudence Maldonado de 2002[6], ils étaient dépourvus d'effet.

Dès lors que le repreneur propose de poursuivre le contrat de travail, le salarié ne peut plus obtenir le paiement de son indemnité : il est alors considéré comme repris par le repreneur, même si les conditions de travail ont été modifiées[7]. L'AGS peut alors demander le remboursement des sommes avancées.

En revanche, si le repreneur ne propose pas la reprise des salariés, son licenciement pourra produire ses effets, le salarié ayant le choix de demander une indemnisation au cédant ou d'être repris par le repreneur. Le cessionnaire pourrait aussi être tenu d'indemniser le salarié en cas de collusion frauduleuse ou s'il reprend les salariés en modifiant les conditions ou s'il s'oppose à la reprise[8].

Ce problème devrait être de moins en moins fréquent, dans la mesure où le législateur n'a envisagé l'adoption du plan de cession que dans le cadre du maintien provisoire de l'activité conformément à l'article L. 641-10 issu de la loi du 26 juillet 2005. Dans ce cadre particulier, les licenciements sont possibles avec l'autorisation du juge-commissaire pendant cette période, laissant alors plus de liberté pour licencier les salariés tout en garantissant la prise en charge de leurs indemnités de rupture par l'AGS[9]. Aucun délai n'est alors contraignant, si ce n'est la fin de la période de maintien provisoire de l'activité.

Reste à savoir si un plan de cession peut être adopté sans maintien provisoire de l'activité en raison du silence du texte. La doctrine est divisée[10] et faute de

1. Soc. 2 juin 2004, n° 02-47.257, NP – Pour d'autres ex. : Soc. 8 déc. 2004, n° 02-44.045 ; *Bull. civ.* V, n° 320 ; *RJS* 2005, n° 145 ; *CSBP* mars 2005, p. 133, note F.-J. Pansier.
2. Soc. 3 mars 2009, n° 08-40.091, NP ; *RPC* 2009, comm. 23, F. Taquet ; *CSBP* juin 2009, p. 158, obs. F. J. Pansier.
3. Soc. 5 déc. 2006, n° 05-45.697 ; *Bull. civ.* IV, n° 367 ; *D.* 2007. AJ 229 ; *Act. proc. coll.* 2007, n° 30, obs. C. Neau-Leduc (1re esp.) ; *JCP S* 2007, n° 1277, note L. Drai.
4. Soc. 20 mars 2002, n° 00-41.651, *Maldonado ; Bull. civ.* V, n° 94 ; *JCP E* 2002. I. 1764, n° 3, obs. P. Morvan ; *D.* 2003. 14, chron. G. Pignarre ; *Dr. soc.* 2002. 516. Chron. A. Mazeaud ; *D.* 2002. 2096, obs. M. C. Escande-Varniol.
5. Soc. 4 nov. 2015, n° 14-22.193, NP ; *RPC* 2016, comm. 70, obs. L. Fin-Langer.
6. Soc. 20 mars 2002, n° 00-41.651, *Maldonado ; Bull. civ.* V, n° 94 ; *JCP E* 2002. I. 1764, n° 3, obs. P. Morvan ; *D.* 2003. 14, chron. G. Pignarre ; *Dr. soc.* 2002. 516, Chron. A. Mazeaud ; *D.* 2002. 2096, obs. M. C. Escande-Varniol.
7. Soc. 3 avr. 2001, nos 99-40.841, 99-40.874 ; *Bull. civ.* 2001, V, n° 119 ; *D.* 2001. AJ 1618, obs. A. Lienhard – Soc. 4 mai 2011, n° 10-15.393, NP ; *Act. proc. coll.* 2011, n° 158 ; *Dr. soc.* 2011. 997, note A. Mazeaud – Soc. 13 mai 2009, n° 08-40.447 ; *Bull. civ.* V, n 127, *Act. proc. coll.* 2009, 206, obs. L. Fin-Langer ; *D.* 2009. AJ 1542, obs. Perrin , *JCP S* 2010, n° 1011, note B. Bossu ; *RDT* 2009. 514, note H. Guyader ; *Leden* juill. 2009, p. 7, note S. Gorrias.
8. Soc. 22 juin 2011, n° 09-41.229, NP ; *Act. proc. coll.* 2011, n° 202 – Soc. 6 mars 2012, n° 09-41.586 ; *Act. proc. coll.* 2012, n° 134.
9. Sur la prise en charge des indemnités de licenciement, v. ss nos 722.51 s.
10. C. Vincent, « L'adoption d'un plan de cession sans poursuite d'activité », *BJE* sept. 2014. 331 qui admet cette possibilité, tout comme le professeur Pérochon, M. Laroche, Fl. Reille, T. Favario et A. Donnette, *Entreprises en difficultés*, 11e éd., n° 2194 – V. *contra* : P.-M. Le Corre, *Droit et pratique des procédures collectives 2025/2026*, 13e éd., « Dalloz Action », 2024, nos 571. 59 et 571-60.

position de la Cour de cassation sur ce point, le problème reste posé. Si l'adoption du plan de cession restait possible, le contentieux antérieur serait toujours présent.

SECTION 3
SORT DES SALARIÉS TRANSFÉRÉS SUITE À L'ADOPTION DU PLAN DE CESSION

§ 1
Conséquences du plan de cession sur les relations individuelles

431.51 Transfert de plein droit des contrats de travail en application de l'article L. 1224-1 du Code du travail dans le cadre du plan de cession. L'article L. 1224-1 du Code du travail (anc. art. L. 122-12) est applicable dès lors qu'une entité économique autonome est transférée et que son activité est maintenue par le repreneur. Ce texte a vocation à s'appliquer au plan de cession qui organise précisément la cession judiciaire de l'entreprise, en d'autres termes celle d'une entité économique autonome.

La Cour de cassation a ainsi jugé que « que, dès lors, et s'il n'en est autrement décidé par le jugement arrêtant le plan, le transfert des biens et droits compris dans le plan s'opère à la date de passation des actes précités, la modification qui en résulte dans la situation juridique de l'employeur se produisant également à cette date »[1]. Cette décision datant de 1993 prévoit ainsi que la modification de la situation juridique, qui était à l'époque le critère d'application de l'article L. 122-12 du Code du travail, s'applique au plan de cession, dont l'adoption entraîne donc le transfert au repreneur des salariés non licenciés.

Elle précise également à quelle date il faut se placer, c'est-à-dire au jour où les actes permettant cette cession ont été réalisés, sauf en cas de disposition contraire du jugement adoptant le plan de cession, comme la disposition prévoyant une gestion provisoire de l'entreprise au repreneur dans l'attente de la passation de ces actes.

Cette solution doit évidemment être maintenue dans la mesure où l'alinéa 2 de l'article L. 642-1 définit précisément la cession partielle comme celle « portant sur un ensemble d'éléments d'exploitation qui forment une ou plusieurs branches complètes et autonomes ». Cette définition dans le Code de commerce correspond à la définition retenue par la Cour de cassation pour appliquer l'article L. 1224-1 du Code du travail portant sur l'entité économique autonome : ce texte s'applique « à tout transfert d'une entité économique conservant son identité et dont l'activité est poursuivie ou reprise, même en l'absence d'un lien de droit entre les employeurs successifs »[2].

Enfin, il faut noter que seul le repreneur expressément désigné dans le jugement adoptant le plan de cession est considéré comme le nouvel employeur des salariés. Il ne peut invoquer le transfert auprès d'une autre société, dès lors que la substitution n'a pas été prévue dans le jugement ou par une décision modifiant le plan de cession[3].

Le principe est que le plan de cession emporte transfert des contrats de travail, sauf pour les licenciements qui ont été expressément autorisés : dès lors que les salariés ne sont pas concernés par le licenciement expressément autorisé, ils sont de plein droit transférés au repreneur qui devient, à compter de l'entrée en vigueur de la cession, leur nouvel employeur. L'article L. 1224-1 du Code du travail retrouve ainsi toute son application. Ce transfert légal est alors fondé sur l'article L. 1224-1 du Code du travail et non en application de l'article L. 642-7 du Code de commerce[4].

Les salariés peuvent ainsi exiger la poursuite de leur contrat de travail, même si le repreneur ignorait l'existence de leur contrat de travail ou si le salarié avait été licencié auparavant par le mandataire-liquidateur, sans que cela soit autorisé par le jugement adoptant le plan de cession[5]. Les salariés irrégulièrement licenciés pourront s'adresser au cessionnaire pour obtenir leur réintégration dans l'entreprise ou des dommages-intérêts, si ce dernier ne désire pas poursuivre la relation de travail en cause[6].

1. Com. 26 janv. 1993, n° 91-40.308 ; *Bull. civ.* IV, n° 30 – Pour d'autres arrêts antérieurs à la loi de sauvegarde : Soc. 13 janv. 1999, n° 96-42.536, NP – Soc. 6 juill. 1999, n° 97-42.231 ; *Bull. civ.* V, n° 322 – Soc. 18 juill. 2000, n° 98-41.031, NP.
2. Cass., ass. plén., 16 mars 1990, n°s 89-45.730, 86-40.686, P, n° 4, 2 esp. ; *Dr. soc.* 1990, n° 5, p. 399.
3. Soc. 31 janv. 2024, n° 22-10.276 ; *Leden* mars 2024, p. 6, note H. de Frémont ; *Gaz. Pal.* 20 févr. 2024, p. 24, note C. Berlaud, *JCP S* 2024, n° 1088, note L. Fin-Langer ; *Act. proc. coll.* 2024, obs. L. Fin-Langer ; *RPC* janv. 2025, n° 24, obs. D. Jacotot.
4. Soc. 30 avr. 2014, n° 12-35.219 ; *Bull. civ.* V, n° 107, *D. act.* 2014, p. 1044, obs. M. Inès ; *RPC* juill. 2014, 31, note L. Fin-Langer ; *BJE* sept. 2014. 324, obs. A. Donnette-Boissière ; *RPC* nov. 2014, comm. 106, J.-J. Fraimout ; *JCP S* 2014, n° 1340, note C. Puigelier.
5. Soc. 22 avr. 1992, n° 90-44.566 ; *Bull. civ.* V, n° 291 – Soc. 19 avr. 2005, n° 03-43.240 ; *Bull. civ.* V, n° 143 ; *JCP S* 2005, n° 1011, note P. Morvan ; *D.* 2005. AJ 1352, obs. A. Lienhard – Soc. 21 févr. 2006, n° 03-48.243, NP.
6. Soc. 13 mai 2009, nos 08-40.447 et 08-40.898 ; *Bull. civ.* V, n° 127 ; *D.* 2009. AJ 1542, obs. L. Perrin ; *RDT* 2009. 514, note H. Guyader ; *Dr. soc.* 2010. 125, obs. A. Mazeaud ; *Act. proc. coll.* 2009, n° 209, obs. L. Fin-Langer ; *JCP S* 2010, n° 1011, note B. Bossu ; *Leden* juill. 2009, p. 7, note S. Gorrias ; *CSBP*, sept. 2009, note F.-J. Pansier, p. 217, V. également : L. Fin-Langer, « Salariés, liquidation judiciaire et plan de cession : quelques éléments nouveaux [au sujet de l'arrêt de la Cour de cassation du 13 mai 2009] », *RPC* 2009, 29, n° 4.

Les salariés ne peuvent pas non plus s'opposer à la reprise de leur contrat de travail par le repreneur, contrairement au droit de l'Union[1]. Pour la Cour de cassation, le salarié qui refuse le transfert est considéré comme démissionnaire[2], ce qui implique l'absence de versement d'indemnité de rupture, à l'exception de l'indemnité compensatrice de congés payés et l'absence en principe d'allocations chômage.

Il est à noter que l'AGS ne peut invoquer la violation de ce texte sauf en cas de fraude de la part du salarié, difficile à caractériser[3]. Le non-respect de l'article L. 1224-1 du Code du travail est considéré comme un droit propre du salarié. Il pourrait être établi par exemple que l'ancien dirigeant est devenu, grâce à la nomination d'un nouveau dirigeant de droit de complaisance, salarié de l'entreprise juste avant le jugement d'ouverture et donc le transfert pour éventuellement bénéficier de ce dispositif. Il est à noter qu'un syndicat ne peut pas non plus, pour la même raison, revendiquer le transfert[4].

431.52 **Cas particulier des contrats de travail transférés en vertu d'un plan de cession partielle.** L'adoption d'un plan de cession partielle peut poser deux questions particulières en droit du travail.

Tout d'abord, en cas de transfert partiel de l'entreprise, le transfert d'un salarié protégé suppose l'autorisation de l'inspection du travail en application des articles L. 2414-1 et L. 2421-9 du Code du travail. Cela ne concerne que certains mandats et ne vise pas le représentant des salariés, faute de précision dans le Code de commerce et dans le Code du travail dans ce sens[5]. L'inspection du travail vérifie alors que le transfert n'est pas une mesure discriminatoire à l'égard de ce représentant du personnel.

Ensuite, le transfert partiel pose des difficultés pour les salariés qui travaillent à la fois pour l'entité transférée et pour l'entité non cédée. En effet, la Cour de cassation a posé un critère particulier : lorsque le salarié travaille pour l'essentiel dans le secteur d'activité repris, c'est l'ensemble de son contrat de travail qui est transféré au repreneur. Il n'est donc pas à première vue licencié par le cédant[6].

Elle ne précise pas, en revanche, quels indices retenir pour caractériser l'activité essentielle du salarié. Il pourrait s'agir du temps de travail, du chiffre d'affaires réalisé. Le repreneur doit alors ensuite proposer des modifications au salarié repris qui peut alors les refuser. Il revient alors au repreneur d'en tirer les conséquences et donc d'engager la procédure de licenciement[7].

En revanche, lorsque l'activité essentielle se réalise dans la partie non cédée, il est impossible juridiquement de démembrer le contrat et de licencier partiellement le salarié : son contrat n'est pas divisé. Il faut d'ailleurs souligner que l'article L. 642-5 du Code de commerce s'oppose au démembrement du contrat de travail[8]. Est-il alors licencié par le cédant dans le cadre de la procédure collective ? Il ne le sera pas en vertu du plan de cession, mais pourrait l'être en cas de liquidation judiciaire sans poursuite d'activité. Tout dépendra alors de la solution qui sera adoptée en complément du plan de cession partielle.

Cette jurisprudence a évolué, dans la mesure où la CJUE a écarté l'indivisibilité du contrat, comme étant contraire aux intérêts du cessionnaire, qui se retrouve à reprendre un salarié à temps complet alors que ses fonctions ne correspondent pas à un tel poste. Pour la CJUE, il faut transférer le salarié au prorata de ses fonctions, à condition que cette scission du contrat soit possible et qu'elle ne porte pas atteinte aux droits des travailleurs. Dans ce cas, la résiliation du contrat serait intervenue du fait du cessionnaire, mais non du cédant[9]. Cette question n'étant pas réglée par les textes, il a fallu attendre une nouvelle position de la Cour de cassation sur cette question.

Dans un arrêt du 30 septembre 2020[10], la Cour de cassation a fait évoluer sa solution en se fondant explicitement sur cette décision de la CJUE. Désormais, elle prévoit que le contrat de travail est partagé en deux au prorata des fonctions de chaque activité : il est transféré pour la partie de l'activité qu'il consacre au secteur cédé. Mais elle prévoit des exceptions, si cette scission au prorata des fonctions exercées est impossible ou si cela entraîne une détérioration des

1. CJCE 16 déc. 1992, *Katsikas*, aff. C. 132/91, C. 138/91 et C. 139/91 : la liberté de ne pas poursuivre le contrat de travail avec le cessionnaire est considérée comme un droit fondamental pour le salarié.
2. Soc. 10 oct. 2006, n° 04-40.325 ; *Bull. civ.* V, n° 295 ; *D.* 2007. 472, note J. Mouly ; *Dr. soc.* 2006. 1191, obs. A. Mazeaud ; *RDT* 2006. 390, obs. Ph. Waquet, *RDC* 2007. 297, note C. Radé.
3. Soc. 8 déc. 2016, n° 14-28.401 ; *JCP S* 2017, n° 1032, note L. Fin-Langer ; *RPC* mai 2017, comm. 77, note D. Jacotot ; *BJE* mai 2017. 232, note A. Donnette-Boissière ; *Leden* mars 2017, p. 7, note G. Dedessus-Le Moustier ; *D.* 2016. Actu. 2577.
4. Soc. 12 juill. 2017, n° 16-10.460, P ; *D.* 2017. 1534 ; *D. actu.* 7 sept. 2017, obs. Cortot ; *D.* 2017. 2270, obs. P. Lokiec et J. Porta ; *Dr. soc.* 2017. 879, obs. J. Mouly ; *CSBP* sept. 2017, p. 409, obs. Fl. Canut ; *Leden* sept. 2017, p. 7, note G. Dedessus-Le Moustier.
5. Sur le statut du représentant des salariés, v. ss nos 223.11 s.
6. Soc. 30 mars 2010, n° 08-42.065 ; *Bull. civ.* V, n° 78 ; *JCP S* 2010, n° 1297, note P. Morvan.
7. Soc. 30 mars 2010, n° 08-44.227 ; *Bull. civ.* V, n° 79 ; *JCP S* 2010, n° 1297, note P. Morvan.
8. Pour une illustration : TGI Valenciennes, 1re ch. civ., 26 mars 2015, n° 14/03278 ; *Gaz. Pal.* 5 mai 2015, p. 43, note C. Gailhbaud.
9. CJUE 26 mars 2020, n° C344/18 ; *BJT* juin 2020, p. 24, note J. Icard ; *RDT* 2020. 401, note N. Mihman.
10. Soc. 30 sept. 2020, n° 18-24.881 ; *JCP S* 2020, n° 3037, note P. Morvan ; *JCP* 2020, n° 1174, note Dedessus-Le Moustier G ; *JCP E* 2020, n° 1550, note D. Jacotot.

conditions de travail ou si cela porte atteinte au maintien des droits garantis par la directive. Elle abandonne le critère « pour l'essentiel » qui bloquait la divisibilité. Elle ne précise cependant pas le critère « au prorata des fonctions », qui prend en compte notamment le temps de travail, ni les conséquences en cas d'impossibilité de partager le contrat.

431.53 Transfert des contrats de travail en application de l'article L. 1224-1 du Code du travail au cessionnaire dans le cadre d'une gestion temporaire. L'article L. 642-8 du Code de commerce permet au tribunal de confier la gestion de l'entreprise au cessionnaire dans l'attente de la passation de tous les actes nécessaires à la cession, passation qui conditionne en principe le transfert de l'entité économique autonome au cessionnaire. Pendant la période intermédiaire entre le jugement adoptant le plan et la réalisation de ces actes, il est désormais possible légalement de prévoir une gestion provisoire par le repreneur à sa demande et sous sa responsabilité.

La Cour de cassation a ainsi pu juger que « l'administrateur en confiant, sous sa responsabilité, la gestion de l'entreprise au cessionnaire, lui a transféré une entité économique ayant conservé son identité et dont l'activité est poursuivie, d'où il suit que le cessionnaire est devenu l'employeur »[1]. Cette solution est toujours d'actualité, même si ce pouvoir appartient désormais au tribunal.

Le cessionnaire devenant l'employeur dès le jugement adoptant le plan dans cette hypothèse particulière, il est alors tenu de payer les salaires et les cotisations sociales qui en découlent. Ces dernières ne bénéficient plus du régime des créances postérieures privilégiées[2]. Il est ainsi assujetti aux obligations de l'employeur[3] et peut conclure des transactions avec les salariés[4].

À défaut d'une telle disposition, l'entreprise continue d'être gérée par l'administrateur ou le liquidateur dans l'attente de la réalisation de la cession. Dans ce cas, c'est à lui qu'il revient de respecter les obligations légales incombant à l'employeur et les créances de salaires sont alors considérées comme des créances postérieures privilégiées.

431.54 Diversité des contrats de travail transférés au repreneur. Tous les contrats de travail en cours au jour du transfert et dont le licenciement n'a pas été autorisé par le jugement adoptant le plan de cession sont de plein droit transférés au repreneur. Il peut s'agir de contrats à durée indéterminée ou déterminée, suspendus[5]. Le repreneur doit alors respecter le régime de la suspension du contrat[6].

Il faut préciser que pour les victimes d'accident du travail ou de maladie professionnelle, l'article L. 1226-6 du Code du travail indique que « les dispositions de la présente section ne sont pas applicables aux rapports entre un employeur et son salarié victime d'un accident du travail ou d'une maladie professionnelle, survenu ou contractée au service d'un autre employeur ». En principe, seul l'employeur responsable de l'accident est tenu d'en assumer les conséquences. Cependant, cette règle a été écartée par la jurisprudence en cas de transfert d'entreprise sur le fondement de l'article L. 1224-1 du Code du travail[7] et donc dans le cadre d'un plan de cession.

Il en est de même pour les salariés titulaires d'un mandat de représentation du personnel. Il peut être transféré soit parce qu'il ne faisait pas partie des salariés licenciés, soit parce que l'autorisation de licencier n'a pas été accordée par l'inspecteur du travail. Dans ce cas particulier, cela peut alourdir les charges car il sera trop tard pour licencier un autre salarié.

La protection ne disparaît pas avec l'adoption du plan de cession, mais en fonction des causes de droit commun d'expiration du statut protecteur. Ainsi, le mandat peut être maintenu si l'entité autonome transférée a conservé son autonomie[8].

En cas d'absence de maintien du mandat, le statut protecteur ne s'arrête pas en principe immédiatement. Ils continuent d'en bénéficier pendant les six mois qui suivent l'expiration du mandat, délai porté

1. Soc. 26 nov. 1996, n° 95-42.006 ; *Bull. civ.* V, n° 402 ; *D.* 1998. Somm. 8, obs. F. Derrida ; *LPA* 20 mars 1998, p. 25, F. Derrida ; *SSL*, 13 janv. 1997, p. 7 ; *Rev. sociétés* 1997. 883, obs. Caronna. Dans le même sens : Com. 26 janv. 1993, n° 91-40.308 ; *Bull. civ.* IV, n° 30 ; *D.* 1993. IR 45 ; *D.* 1993. 205, note F. Derrida, *Bull. Dict. perm. diff. entrep.* n° 102, p. 8012 ; *JCP E* 1993. n° 4, p. 275, obs. R. Cabrillac et Ph. Pétel, *Defrénois* 1994. 564, obs. Sénéchal.
2. Com. 31 mars 1998, n° 95-21.740 ; *Bull. civ.* IV, n° 121, *D. Affaires* 1998, 764 ; *RTD com.* 1998. 942, obs. A. Martin-Serf ; *JCP E* 1998. n° 36, p. 1357, obs. R. Cabrillac ; *RPC* 1998. 384, obs. B. Soinne.
3. Soc. 8 juin 1999, n° 96-43.933 ; *Bull. civ.* V, n° 264 ; *Act. proc. coll.* 1999, n° 194 ; *D.* 2000. Somm. 4, obs. F. Derrida ; *JCP E* 2000. n° 4, p. 127, obs. Ph. Pétel.
4. Soc. 26 nov. 1996, n° 95-42.006 ; *RJDA* 8-9/1997, n° 111 ; *Rev. sociétés* 1997. 883, obs. Caronna ; *D.* 1998. Somm. 8, obs. F. Derrida ; *LPA* 20 mars 1998, p. 25, obs. F. Derrida.
5. Soc. 8 févr. 1989, n° 86-10.761 ; *Bull. civ.* V, n° 103 ; *D.* 1990. 194, obs. X. Prétot – Soc. 13 nov. 2001, n° 99-43.016 ; *Bull. civ.* V, n° 341 ; *Dr. soc.* 2002. 115, obs. G. Couturier – Soc. 30 avr. 2014, n° 12-35.219 ; *Bull. civ.* V, n° 107, *D. act.* 2014, p. 1044, obs. M. Inès ; *RPC* juill. 2014, 31, note L. Fin-Langer ; *BJE* sept. 2014. 324, obs. A. Donnette-Boissière ; *RPC* nov. 2014, comm. 106, J. J. Fraimout ; *JCP S* 2014, n° 1340, note C. Puigelier : cas d'une suspension en raison d'un mandat social.
6. Soc. 27 mai 2009, n° 08-42.555 ; *Bull. civ.* V, n° 136 ; *D.* 2009. AJ 1617 ; *JCP S* 2009, n° 1357, note P. Morvan, pour un congé sans solde.
7. Soc. 9 juill. 1992, n° 91-40.015, NP – Soc. 20 janv. 1993, n° 91-41.500 ; *Bull. civ.* V, n° 14 ; *Dr. soc.* 1993. 300 – Soc. 3 mars 2004, n° 02-40.542, NP.
8. Sur les conséquences du plan de cession sur les instances représentatives du personnel, v. s^s^ n° 431.73.

à douze mois pour les salariés mandatés pour négocier un accord collectif[1], pour les délégués syndicaux et les représentants des sections syndicales s'ils ont exercé leurs fonctions pendant au moins un an[2]. Ainsi, la Cour de cassation a appliqué cette disposition pour un ancien délégué syndical[3].

En revanche, pour le représentant des salariés, la solution est différente, car son mandat s'achève soit quand l'ensemble des créances salariales ont été reversées aux salariés soit quand la dernière consultation à titre supplétif du CSE a été réalisée. Il ne bénéficie plus de la protection après la fin de son mandat, aucun délai supplémentaire n'ayant été prévu ni dans le Code de commerce ni dans le Code du travail[4]. Tant qu'il est en cours, le repreneur devra demander l'autorisation à l'inspection du travail[5].

431.55 Problème de la modification des contrats de travail par le repreneur. En cas de transfert d'entreprise *in bonis*, ce sont les contrats de travail qui étaient en cours qui sont transférés au repreneur tels qu'ils étaient : il ne peut donc pas proposer de modifier le contrat de travail et conditionner la reprise à une telle modification, cette modification serait considérée comme une fraude à l'article L. 1224-1 du Code du travail[6]. Les salariés transférés au repreneur doivent également conserver leur ancienneté[7], qui a souvent des incidences sur le montant des salaires, des primes et différentes indemnités[8].

Qu'en est-il lorsqu'il s'agit d'une entreprise en difficultés ? L'article 5, 2b, de la directive n° 2001/23/CE du 12 mars 2001 autorise les états à organiser la modification du contrat pour « préserver l'emploi en assurant la survie de l'entreprise », par l'intermédiaire des représentants des salariés. Mais le législateur français n'a prévu aucun aménagement ni dans le Code de commerce ni dans le Code du travail. Par conséquent, le repreneur, qui reprend les salariés, ne peut, à l'occasion du plan de cession modifier les contrats de travail et imposer cette modification aux salariés. Cela peut parfois conduire à la liquidation judiciaire sans cession.

Ainsi, le TGI de Valenciennes a converti un redressement judiciaire en liquidation, en raison des difficultés soulevées par une offre de reprise. Le repreneur souhaitait modifier les contrats de travail des salariés repris pour les passer à temps partiel. Cette possibilité suppose l'accord des salariés donné individuellement et non collectivement. Les salariés ayant tous refusé, le tribunal ne pouvait que rejeter l'offre, puisqu'elle ne pouvait plus être modifiée et ne pouvait que prononcer la liquidation judiciaire. L'intérêt individuel des salariés prive donc la procédure collective et l'entreprise d'une solution qui aurait pu satisfaire la plupart des intérêts, au prix d'un éventuel sacrifice : celui des créanciers qui auraient pu être désintéressés dans de meilleures conditions grâce à un prix de cession sérieux même s'il était insuffisant, celui de l'entreprise qui perdurait au moins en partie et celui des salariés repris, mais à des conditions différentes[9].

Si cet aménagement n'existe pas, il faut cependant signaler que la modification du contrat peut intervenir, sous réserve d'obtenir l'accord de chaque salarié concerné, dans plusieurs hypothèses.

La première concerne les journalistes, en cas de cession du journal, en vertu de leur « clause de conscience » prévue par l'article L. 7112-5 du Code du travail. Ils peuvent ainsi rompre le contrat de travail sans motif et rendre imputable la rupture à l'employeur, rupture qui produira ainsi les effets d'un licenciement. La Cour de cassation a estimé que cette disposition s'appliquait en cas de cession d'un journal intervenant dans le cadre d'une procédure collective, via donc par exemple le plan de cession, peu important d'ailleurs que le cessionnaire exploitait déjà le journal depuis plusieurs années en vertu d'un contrat de licence[10].

La seconde est prévue par l'article L. 1224-3 du Code du travail issu de l'article 20 de la loi du 26 juillet 2005 portant diverses mesures de transposition du droit communautaire. Lorsque le repreneur est une personne morale de droit public, il doit proposer aux salariés repris sous le statut de droit privé un contrat de droit public, mais ce contrat doit maintenir la rémunération précédente[11] ainsi que l'ancienneté[12]. Le salarié doit donner son accord à cette modification, accord qui n'est soumis à aucune forme particulière[13]. En cas de refus, il sera alors licencié par le repreneur public

1. C. trav., art. L. 2411-4.
2. C. trav., art. L. 2411-3.
3. Soc. 3 avr. 2019, n° 17-28.880, NP ; *Act. proc. coll.* 2019, 126.
4. Sur le statut protecteur du représentant des salariés, v. s[s] n°s 223.11 s.
5. Soc. 5 déc. 2007, n° 06-44.073, NP pour le représentant des salariés.
6. Soc. 9 mars 2004, n° 02-42.140, NP ; *LPA* 1er juin 2004, p. 11.
7. Soc. 4 oct. 1995, n° 93-46.181 ; *Bull. civ.* V, n° 261 – Soc. 10 oct. 2000, n° 98-42.189 ; *Bull. civ.* V, n° 315 ; *D.* 2000. 279 – Soc. 21 juin 2005, n° 02-45.918 ; *Bull. civ.* V, n° 211 ; *CSBP* nov. 2005, p. 470, note F.-J. Pansier – Soc. 30 avr. 2014, n° 12-35.219 ; *Bull. civ.* V, n° 107, *D. act.* 2014, p. 1044, obs. M. Inès ; *RPC* juill. 2014, 31, note L. Fin-Langer ; *BJE* sept. 2014. 324, obs. A. Donnette-Boissière ; *RPC* nov. 2014, comm. 106, J.-J. Fraimout ; *JCP S* 2014, n° 1340, note C. Puigelier : y compris l'ancienneté acquise avant la suspension du contrat de travail.
8. Paris, 3 déc. 1996 ; *D.* 1997. IR 29.
9. TGI Valenciennes, 26 mars 2015, n° 14/03278 ; *RPC* 2015, comm. 58.
10. Soc. 26 févr. 2002, n° 00-40.763 ; *Bull. civ.* V, n° 80.
11. CE, avis, 21 mai 2007, *RJS* 2007. 808, n° 1023 – CE 25 juill. 2013 ; *AJDA* 2013. 1597.
12. CJUE 6 sept. 2011, n° C-108/10 ; *AJDA* 2011. 2339 ; *RDT* 2011. 701, obs. F. Géa.
13. Soc. 12 mars 2025, n° 22-20.627 ; *D. actu.* 21 mars 2025, obs. S. Norval-Grivet ; *JCP S* 2025, n° 1105, note J. P. Lhernould.

selon les règles du Code du travail, le refus étant à lui seul une cause de licenciement[1]. Tant que le licenciement n'est pas notifié, le repreneur public doit continuer à verser les salaires[2]. La Cour de cassation dans un arrêt rendu le 6 mars 2024 a précisé les conséquences lorsque le repreneur public se trouve dans l'impossibilité, notamment statutaire de proposer un tel contrat. Là encore, il doit continuer à rémunérer le salarié jusqu'à son licenciement[3].

Ces transferts peuvent exister dans le cadre d'une procédure collective dans la mesure où l'article L. 642-3 du Code de commerce fixant la liste des incompatibilités ne vise pas les personnes morales de droit public, comme un établissement public[4] ou une collectivité locale qui pourrait reprendre par exemple l'activité d'une association sportive ou d'accueil d'enfants.

Le repreneur public doit alors proposer la modification du contrat. Il faut envisager différentes options.

La première concerne le cas où le repreneur propose cette modification après l'adoption du plan. Cette décision ne concerne alors plus les procédures collectives, puisque le salarié a été transféré au repreneur public qui ne fait qu'appliquer l'article L. 1224-3 du Code du travail. Il lui revient alors de procéder à la notification des licenciements aux salariés qui refuseraient cette modification[5].

Mais, la Cour de cassation a accepté que la proposition de modification du contrat soit présentée par le repreneur avant le transfert afin que les licenciements soient notifiés à la date effective du transfert. Cette décision peut surprendre en droit du travail, puisque le repreneur public n'est pas encore l'employeur des salariés. Pourtant, il peut, au nom de la continuité du service public, anticiper ce changement[6].

Cette seconde hypothèse permettant au repreneur de proposer la modification avant l'adoption du plan doit être conciliée avec le droit des procédures collectives. La Cour de cassation a déjà admis la recevabilité d'offres soumises à des conditions[7]. Elle pourrait ainsi être conditionnée au fait que les salariés doivent donner leur réponse dans les quinze jours, à compter de la proposition en vertu de l'article L. 1222-6 du Code du travail, lorsque la modification est proposée en redressement ou en liquidation, le délai étant d'un mois en cas de sauvegarde. Il faudrait attendre ce délai pour que le tribunal statue sur le choix des offres. Le repreneur, s'il était choisi par le tribunal, devrait alors procéder aux licenciements. S'il s'agit d'un salarié protégé, il est nécessaire de demander l'autorisation de l'inspection du travail[8].

431.56 Possibilité pour le repreneur de licencier les salariés repris. Le transfert d'entreprise va jouer un rôle sur la possibilité pour le repreneur de licencier le personnel repris. Certes, comme tout employeur, le repreneur doit pouvoir rompre leur contrat de travail. Mais plusieurs limites doivent être signalées.

Tout d'abord le licenciement ne doit pas être prononcé à l'occasion du transfert, le licenciement étant en vertu de la jurisprudence Maldonado de 2002 sans effet[9]. Cela fait l'objet d'une interprétation jurisprudentielle très large. Ainsi, l'employeur ne peut invoquer des difficultés économiques qui ont justifié l'ouverture de la procédure collective du cédant. Ces difficultés doivent lui être propres et sont appréciées au jour de la notification du licenciement. Ainsi a été jugé sans cause réelle et sérieuse le licenciement pour motif économique réalisé deux ans après l'adoption du plan de cession, par le repreneur qui invoquait les difficultés qui ont justifié la cession[10].

Ensuite, le licenciement ne doit pas constituer un manquement du repreneur à ses engagements qu'il aurait pu prendre dans le cadre du plan de cession, comme une garantie d'emploi. Elle peut d'ailleurs être assortie d'une clause pénale[11].

Enfin, si le repreneur peut licencier pour faute, il faut préciser que la Cour de cassation a affirmé que le délai de prescription pour engager des poursuites disciplinaires court à compter de la connaissance des faits non pas par le repreneur mais par le cessionnaire[12].

431.57 Transfert au repreneur des accessoires au contrat de travail. L'article L. 1224-1 du Code du

1. Soc. 30 sept. 2009, n° 08-40.846 ; *Bull. civ.* V, n° 212 ; *D.* 2009. AJ 2493, obs. L. Perrin ; *DS* 2010, 404, Rapp. Bailly ; *JCP S* 2010, n° 1028, note B. Bossu ; *CSBP* janv. 2010, p. 21, note F.-J. Pansier.
2. Soc. 1er juin 2010, n° 09-40.679 ; *Bull. civ.* V, n° 120 ; *CSBP* sept. 2010, p. 305, obs. F.-J. Pansier.
3. Soc. 6 mars 2024, n° 22-22.315, P ; *D. actu.* 12 mars 2024, obs. S. Norval-Grivet ; *Act. proc. coll.* 2024, n° 140 ; *JCP S* 2024, n° 1118, note F. Pinatel.
4. Par ex., un plan de cession adopté suite au redressement d'une clinique au profit d'un établissement public hospitalier : Com. 14 mai 1996, n° 93-18.453, NP ; *D.* 1996. IR 187 ; *RPC* 1996, 369, obs. B. Soinne.
5. Soc. 8 déc. 2016, n° 15-17.176, P ; *D.* 2016, actu 2577 ; *Dr. soc.* 2017. 79, obs. J. Mouly ; *JCP S* 2017, n° 1060, note F. Dumont ; *CSBP* févr. 2017, p. 73, note J. Icard.
6. Soc. 26 juin 2013, n° 12-19.208, NP ; *DS* 2013, 755, obs. A. Mazeaud.
7. Com. 14 mai 1996, n° 93-18.453, NP ; *D.* 1996. IR 187 ; *RPC* 1996, 369, obs. B. Soinne.
8. CE 6 juin 2018, req. n° 391860, *D. actu* 13 juin 2018, obs. M.-C. de Montecler, *RDT* 2018. 435, concl. S.-J. Lieber ; *JCP S* 2018, n° 1250, note M. Morand ; *Dr. soc.* 2018. 752, obs. J. Mouly.
9. Sur l'interdiction de licencier à l'occasion du transfert, v. ss n° 431.42.
10. Soc. 26 janv. 2010, n° 08-44.119, NP ; *Act. proc. coll.* 2010, 90, obs. L. Fin-Langer.
11. « L'élaboration des plans, Table Ronde », *RPC* janv. 2019, p. 53, spéc. p. 63.
12. Soc. 27 mai 2009, n° 06-46.293 ; *Bull. civ.* V, n° 137 ; *D.* 2009. 1615, obs. M. Inès ; *JCP S* 2009, n° 1338, P. Morvan ; *JCP E* 2009, n° 1831, note S. Béal ; *CSBP* nov. 2009, p. 256, A. Charbonneau.

travail ne prévoit que le transfert de plein droit des contrats de travail des salariés travaillant dans l'entité économique autonome. Mais la Cour de cassation fait une interprétation très large de ce texte et admet aussi le transfert au repreneur des accessoires au contrat de travail.

Cette interprétation a vocation à s'appliquer également dans le cas des cessions des entreprises en difficulté.

Ainsi sont également transférés les usages [1], les engagements unilatéraux [2] ou le contrat d'assurances d'indemnités de fin de carrière [3], mais non le compte-épargne-temps, sauf clause contraire dans le plan de cession [4]. Le repreneur doit donc les respecter. Il a ainsi précisé que le plan de cession ne peut pas remettre en cause ces usages ou ces engagements unilatéraux [5]. Le repreneur ne peut s'opposer à octroyer aux salariés repris ses propres engagements unilatéraux portant sur le même objet dès lors qu'ils sont plus favorables sous prétexte du transfert de ceux applicables dans l'entreprise reprise [6].

Lorsqu'un salarié protégé a conclu, après son licenciement, une transaction avec le cédant par laquelle, il renonce à contester son licenciement et à demander sa réintégration suite à l'annulation de son licenciement, le repreneur peut se prévaloir de cette transaction pour ne pas réintégrer ce salarié [7].

431.58 Absence de prise en charge des créances antérieures au transfert. Il convient de rappeler que le repreneur n'est tenu que par le versement du prix de cession et qu'il n'a donc pas à verser aux salariés des sommes correspondant aux créances antérieures au transfert. L'article L. 1224-2 du Code du travail prévoit expressément une exception dans ce cadre [8].

431.59 Engagements supplémentaires du repreneur vis-à-vis des salariés repris. Le cessionnaire peut prévoir dans son offre de reprise des engagements particuliers, et en aucun cas, il ne peut être tenu au-delà des charges qu'il aurait souscrites (C. com., art. L. 642-5) [9]. Le repreneur peut tout d'abord s'engager à garantir l'emploi des salariés repris. Il s'agit d'un critère parfois retenu pour choisir parmi les différentes offres celle qui présente les meilleures perspectives d'emploi. Mais le repreneur, malgré cette garantie d'emploi, peut licencier pour faute un salarié repris [10].

Le repreneur peut également s'engager à prendre en charge tout ou partie du passif salarial, notamment les indemnités de congés payés. Ainsi, les salariés transférés ont pu demander au repreneur qui s'était engagé dans le plan de cession à garantir les droits attachés aux contrats de travail de garantir le versement des sommes dues au titre des heures supplémentaires, des congés payés, des astreintes ou jours de réduction de temps de travail pour la période antérieure à la cession [11]. On peut analyser ces engagements comme étant une stipulation pour autrui.

Le plan étant opposable *erga omnes*, les salariés transférés peuvent donc s'en prévaloir et leur violation peut donner lieu à une indemnisation au profit des salariés indemnisés. Cette indemnisation ne sera pas prise en charge par l'AGS en cas de liquidation judiciaire prononcée ultérieurement à l'encontre du cessionnaire, cette créance ne résultant pas de l'inexécution du contrat de travail mais de l'engagement pris dans le cadre du plan de cession [12]. Le risque est alors que le plan soit résilié à titre de sanction sur le fondement de l'article L. 642-11 du Code de commerce en cas de non-respect par le repreneur de l'un de ses engagements [13].

1. Soc. 19 janv. 1999, n° 96-44.688 ; *Bull. civ.* V, n° 34 ; *DS* 1999, p. 315, note Ph. Langlois.
2. Soc. 21 sept. 2005, n° 03-43.532 ; *Bull. civ.* V, n° 260 ; *JCP S* 2005, n° 1371, note P. Morvan – Soc. 12 mars 2008, n° 06-45.147 ; *Bull. civ.* V, n° 59 ; *RDT* 2008. 387, note A. Fabre ; *JCP S* 2008, n° 320, note F. Dumont ; *D.* 2008. 753 ; *Dr. soc.* 2008. 753, obs. A. Mazeaud ; *Gaz. Pal.* 29 avr. 2008, p. 35, Ph. Duprat et B. Saintourens.
3. Soc. 18 janv. 2011, n° 10-12.005 ; *Bull. civ.* V, n° 6 ; *Act. proc. coll.* 2011, 75, L. Fin-Langer ; *D.* 2011. Actu. 370 ; *JCP E* 2011, n° 1263, n° 4, obs. Ph. Pétel ; *Gaz. Pal.* 1er-2 avr. 2011, p. 40, obs. C. Gailhbaud ; *RJDA* 2011, n° 260 ; *RPC* 2011, n° 51, obs. J. J. Fraimout ; *BJS* mai 2011, P. Le Cannu.
4. Soc. 7 avr. 2010, n° 09-40.015 ; *Bull. civ.* V, n° 85 ; *Act. proc. coll.* 2010, 141, C. Neau-Leduc ; *CSBP* juin 2010, p. 220, obs. F. J. Pansier.
5. Soc. 12 mars 2008, n° 06-45.147 ; *Bull. civ.* V, n° 59 ; *RDT* 2008. 387, note A. Fabre ; *D.* 2008. 753 ; *JCP S* 2008, n° 1321, note F. Dumont ; *Dr. soc.* 2008. 753, obs. A. Mazeaud ; *Gaz. Pal.* 29 avr. 2008, p. 35, note Ph. Duprat et B. Saintourens.
6. Soc. 22 mai 2024, n° 22-14.984, FS-B ; *D. actu.* 3 juin 2024, obs. L. Malfettes ; *JCP S* 2024, n° 1223, note P. Morvan ; *SSL* 2024, n° 2098, obs. L. Fin-Langer.
7. Soc. 20 nov. 2013, n° 10-28.582 ; *Bull. civ.* V, n° 277 ; *BJE*, mars 2014. 106, obs. A. Donnette ; *Leden* janv. 2014, p. 6, obs. G. Dedessus-Le Moustier, *RDC* 2014. 243, obs. S. Pellé ; *Gaz. Pal.* 2014. 248, obs. J.-M. Garinot ; *JCP S* 2014, n° 20, p. 41, comm. A. Bugada.
8. Sur l'absence de garantie au paiement des dettes antérieures, v. ss n° 431.22.
9. Pour un rappel concernant le paiement d'une prime de 13e mois : Com. 11 sept. 2024, n° 23-19.189 ; *Act. proc. coll.* 2024, n° 218.
10. Soc. 17 mai 2011, n° 09 43.003 ; *Bull. civ.* V, n° 110 ; *D.* 2011. 2249 ; *Rev. proc. coll.* 2011, 64, note J.-J. Fraimout ; *CSBP* 2011, 200, note F.-J. Pansier ; *D.* 2011. Actu. 1493 ; *Act. proc. coll.* 2011, n° 188, obs. L. Fin-Langer ; *BJS* 2011. 826, note N. Morelli ; *JCP S* 2011, n° 1401, note C. Vincent et Beljean ; *Leden* juill. 2011, p. 7, note G. Dedessus-Le Moustier.
11. Soc. 30 juin 2016, n° 14-26.172, P ; *D.* 2016. Actu. 1495 ; *CSBP* sept. 2016, p. 427, note J. Icard ; *JCP S* 2016, n° 1341, L. Fin-Langer ; *Act. proc. coll.* 2016, comm. 209, L. Fin-Langer ; *RPC* sept. 2016, comm. 149, L. Fin-Langer ; *Leden* sept. 2016, 4, obs. N. Pelletier ; *Leden* oct. 2016, p. 7, obs. G. Dedessus-Le Moustier ; *Gaz. Pal.* 18 oct. 2016, p. 65, obs. C. Gailhbaud.
12. Soc. 12 mai 2009, n° 07-44.960, NP ; *Gaz. Pal.* 3 nov. 2009, p. 33, note Ph. Duprat et C. Gailhbaud.
13. Sur la résolution du plan de cession, v. ss n° 431.81.

Lorsque l'offre de cession est assortie d'une faculté de substitution, celle-ci ne décharge pas l'auteur de l'offre initiale qui reste tenu des obligations souscrites en vertu de l'article L. 642-9 du Code de commerce. Il s'agit ainsi d'une garantie d'exécution du plan et des engagements que le repreneur aurait pu prendre, telle qu'une garantie d'emploi [1]. Encore faut-il que l'engagement soit expressément pris. Ainsi, l'auteur de l'offre n'engage pas sa responsabilité, faute d'avoir garanti expressément le maintien des emplois [2].

431.60 Intervention de l'AGS au profit des salariés transférés. Le repreneur ne prend pas en charge, sauf engagement particulier de sa part, les créances antérieures au transfert en vertu de l'exception expressément prévue par l'article L. 1224-2 du Code du travail. Une des raisons repose sur l'intervention de l'AGS.

L'AGS devra en effet sa garantie pour le passif salarial dans les conditions de droit commun prévues à l'article L. 3253-8 du Code du travail [3]. Elle pourrait ainsi prendre en charge les créances antérieures au jugement d'ouverture de redressement ou de liquidation, mais non en cas de plan de cession partielle adoptée dans une procédure de sauvegarde.

La Cour a interprété ce texte pour les droits acquis au titre du compte-épargne temps. En effet, ce compte n'est pas transmis au repreneur en principe. Si aucune clause du plan ne prévoit cette prise en charge, le salarié doit pouvoir bénéficier de ces droits qui seront liquidés. Le problème est que cette liquidation n'était prévue qu'en cas de rupture du contrat, inexistante en l'espèce en raison du transfert. La Cour a donc interprété largement ce texte et permis la prise en charge de ces droits par l'AGS malgré l'absence de rupture du contrat de travail [4].

Pour les créances dues après le jugement d'ouverture, l'AGS n'intervient que de manière exceptionnelle en cas de liquidation judiciaire. Ainsi, elle prend en charge les salaires dus en cas de maintien provisoire de l'activité dans la limite d'un mois et demi de salaire. Il en est de même des salaires dus pendant la période d'observation mais à condition que le redressement soit converti en liquidation. En l'absence de liquidation judiciaire, l'AGS ne prend pas en charge les salaires dus pendant la période d'observation [5].

Les salariés risquent donc de ne pas pouvoir être payés de certaines créances dues avant le transfert, sans pouvoir invoquer le bénéfice de la garantie de paiement instauré par l'article L. 1224-2 du Code du travail.

§ 2
Conséquences du plan de cession sur les relations collectives

431.71 Mise en cause des accords collectifs. L'article L. 1224-1 du Code du travail ne se prononce pas sur le transfert des accords collectifs qui étaient en vigueur dans l'entreprise reprise. Il faut se référer à l'article L. 2261-14 qui prévoit qu'en cas de modification dans la situation juridique de l'employeur, l'accord collectif survit de manière provisoire pendant le temps nécessaire à sa renégociation en vue de conclure un accord de substitution et au plus tard pendant au maximum les quinze mois qui suivent le transfert. Il s'agit d'une hypothèse de mise en cause des accords collectifs qui produit ses effets automatiquement. Aucune dérogation n'est prévue dans le Code de commerce lorsqu'il s'agit d'une entreprise en difficulté : ce régime a donc vocation à s'appliquer dans le cadre du plan de cession.

Il faut noter tout d'abord que cela peut ne concerner que les accords d'entreprise. En effet, si l'activité principale de l'entreprise transférée ne change pas, elle reste soumise à la convention de branche dont elle relevait auparavant. Tout dépendra alors du repreneur et de son activité principale préexistante. Si elle correspond à l'activité de l'entreprise en difficulté reprise, cette mise en cause n'a pas lieu d'être. Dans le cas contraire, ce régime a vocation à s'appliquer car les salariés repris risquent de changer de convention collective suite à ce transfert. Tout dépendra de l'activité principale qui va résulter de cette reprise.

Avant la loi Travail du 8 août 2016, cette négociation de l'accord de substitution ne pouvait alors lieu qu'après le transfert. Les salariés transférés peuvent continuer à bénéficier des accords mis en cause, mais ils peuvent aussi invoquer les accords applicables chez le repreneur dès lors qu'ils sont plus favorables [6]. Les salariés du repreneur restent soumis aux accords

1. Soc. 14 mars 2012, n° 07-44.941, NP ; *Act. proc. coll.* 2012, n° 136 ; *BJE*, mai 2012, p. 150, note C. Vincent ; *Leden* mai 2012, p. 6, note G. Dedessus-Le Moustier ; *RDT* 2012. 361, obs. M. Kocher – Soc. 12 nov. 2015, n° 14-18.489 ; *RPC* 2016, comm. 59, note L. Fin-Langer ; *Leden* mars 2016, p. 7, note H. de Frémont – Soc. 14 sept. 2016, n° 15-15.335, NP ; *BJE* janv. 2017. 18, note C. Vincent.
2. Com. 2 févr. 2022, n° 19-19.525 ; *Act. proc. coll.* 2022, n° 83, *RTD com.* 2022. 875, note C. Saint-Alary-Houin.
3. M. H. Monsérié-Bon, « Plan de cession et AGS », *RPC* mars 2019, art. 9, p. 77. Sur la prise en charge des créances par l'AGS, v. s^s n°s 721.11 s.
4. Soc. 7 avr. 2010, n° 09-40.015 ; *Bull. civ.* V, n° 85, *D. actu.* 27 avr. 2010, L. Perrin ; *Act. proc. coll.* 2010, comm. 141, C. Neau-Leduc ; *CSBP* juin 2010, p. 220, note F.-J. Pansier.
5. Soc. 6 mars 2012, n° 10-27.847, NP ; *Act. proc. coll.* 2012, 100.
6. Soc. 24 janv. 1996, n° 93-40.745, NP ; *RJS* 3/96, n° 315 – Soc. 10 févr. 2010, n° 08-44.454 ; *Bull. civ.* V, n 36 ; *Dr. soc.* 2010. 476, obs. C. Radé ; *D.* 2010. 586, obs. L. Perrin ; *CSBP* mai 2010, p. 185, note F.-J. Pansier ; *JCP S* 2010, n° 1171, note A. Martinon.

qui étaient normalement applicables avant le transfert.

Une première période de trois mois s'ouvre pendant laquelle la négociation va avoir lieu avec les personnes pouvant négocier des accords collectifs. Même si un accord de substitution est conclu, il ne produira ses effets qu'au bout de ces trois mois. Les accords mis en cause ne sont plus applicables, les salariés repris bénéficiant alors des accords du repreneur ainsi que de l'accord de substitution négocié.

Une seconde période de douze mois s'ouvre si à la fin de ces trois mois, aucun accord de substitution n'est conclu. Dans ce cas, dès qu'il est conclu, il entre immédiatement en vigueur, sans attendre la fin de ces douze mois. Les accords mis en cause ne sont plus applicables. Si les négociations n'ont débouché sur aucun accord de substitution, les accords mis en cause ne sont plus applicables mais les salariés repris vont conserver leur rémunération au sens de l'article L. 242-1 du Code de la sécurité sociale dont ils bénéficiaient auparavant. Il est cependant possible pour le nouvel employeur de maintenir de manière unilatérale en l'absence d'accord de substitution tout ou partie des textes en vigueur sous réserve de respecter le principe de faveur[1]. Avant la loi Travail du 8 août 2016, ils conservaient leurs droits individuels acquis, notion qui a suscité un contentieux abondant pour préciser son contenu.

La loi Travail a apporté une nouveauté qui a vocation en théorie à s'appliquer aux cessions d'entreprises en difficulté mais qui en pratique sera difficile à mettre en œuvre. En effet, cette loi permet de négocier, par anticipation et donc avant le transfert un accord de substitution avec les deux employeurs et les partenaires de l'entreprise cédée ou un accord de révision, impliquant aussi les partenaires du repreneur. Si cette négociation anticipée aboutit, elle évite la période de survie provisoire pendant les quinze mois qui suivent le transfert. La Cour de cassation n'avait admis qu'avec réserve cette négociation anticipée[2]. En cas de procédure collective, il est difficile d'appliquer ce mécanisme puisque tant que le tribunal n'a pas adopté le plan de cession, personne ne connaît le repreneur qui sera choisi. Il faudrait alors négocier avec les différents repreneurs potentiels. Par ailleurs, cela impliquerait l'administrateur ou le liquidateur, qui n'est sans doute pas le mieux placé et le plus disponible pour négocier des accords d'entreprise. Cette négociation anticipée est cependant parfois possible lorsque le seul repreneur potentiel conditionne son offre à la conclusion d'un accord de substitution, négociée en amont. Ainsi la société Doux placée en liquidation judiciaire, représentée par son DRH assisté des administrateurs judiciaires, a négocié un accord « de continuité économique et sociale » le 14 mai 2018, pour permettre de renouer avec une compétitivité suffisante, à la demande d'un potentiel repreneur qui a conditionné son offre de reprise à cette conclusion. Cet accord écarte une partie de la convention de branche pour donner plus de flexibilité en matière d'horaires de travail. Il précise aussi le futur statut régissant les relations professionnelles et le sort des accords de participation et d'intéressement. Il est conclu sous la condition suspensive de la reprise prononcée par le tribunal de commerce[3].

431.72 **Problème du transfert du règlement intérieur.** L'article L. 1224-1 du Code du travail ne se prononce pas sur le transfert du règlement intérieur, qui encadre notamment le pouvoir disciplinaire du chef d'entreprise et qui fixe les conditions d'hygiène et de sécurité dans l'entreprise. Aucune solution n'était donc posée et la doctrine semblait divisée[4].

Il a fallu attendre un arrêt de 2018[5] pour indiquer que « le règlement intérieur s'imposant aux salariés avant le transfert de plein droit de leurs contrats de travail, aux termes de l'article L. 1224-1 du Code du travail, vers une société nouvellement créée n'était pas transféré avec ces contrats de travail, dès lors que ce règlement constitue un acte réglementaire de droit privé dont les conditions sont encadrées par la loi et que l'article R. 1321-5 du même Code impose à une telle entreprise nouvelle d'élaborer un règlement intérieur dans les trois mois de son ouverture ».

Le règlement intérieur n'est donc pas transféré au repreneur, mais la portée de la décision pose problème dans la mesure où il vise précisément le cas d'un transfert au profit d'une société nouvellement créée, qui est soumise à une obligation de mettre en place un règlement intérieur dans les trois mois de son ouverture. Il est possible d'étendre cette solution à toutes les formes de cession, la Cour insistant sur la nature réglementaire de droit privé de ce règlement. Elle pourrait éviter un cumul de règlement

1. Soc. 24 mars 2021, n° 19-15. 920 ; *Dr. soc.* 2021. 665, obs. C. Radé ; *JCP S* 2021, n° 1110, note L. Aluome.
2. Soc. 13 oct. 2010, n° 09-13.109 ; *Bull. civ.* V, n° 230 ; *RDT* 2010. 715, obs. F. Géa ; *D.* 2010. 2586 ; *D.* 2011. 1246, obs. G. Borenfreund et a. ; *JCP S* 2011, n° 1047, note B. Bossu – Soc. 28 oct. 2015, n° 14-16.043, *D. actu.* 23 nov. 2015, obs. J. Siro ; *RDT* 2016. 50, obs. I. Odoul-Asorey ; *JCP S* 2016, n° 1006, note Y. Pagnerre ; *JCP E*, 2015, n° 1638, note S. Béal et M. Marguerite.
3. Accord conclu au sein de la Société Doux, 14 mai 2018, noA05618004515.
4. Pour le transfert du règlement : Y. Aubrée, v° Transfert d'entreprise : Aspects collectifs, Rép. trav. Dalloz, oct. 2015, n°s 185 s. Pour une opinion contraire : J. Mouly, note sous Soc. 17 oct. 2018, n° 17-16.465 ; *Dr. soc.* 2019. 90.
5. Soc. 17 oct. 2018, n° 17-16.465, P ; *Act. proc. coll.* 2018, comm. 281, L. Fin-Langer ; *BJT* nov. 2018, p. 167, obs. J. Icard ; *D.* 2018. 2143 ; *Dr. soc.* 2019. 90, obs. J. Mouly ; *JSL* 2018, n° 465-466-4, obs. Ph. Lhernould ; *JCP S* 2018, n° 1389, note P. Morvan ; *Rev. Sociétés* 2019, p. 482, note J.-M. Moulin.

intérieur lorsque le repreneur a déjà mis en place un tel document. Tous les salariés sont alors soumis aux mêmes dispositions. Mais cette solution peut créer un vide, puisque le règlement disparaît du jour au lendemain, sauf si le repreneur, non doté d'un tel document, applique volontairement ce règlement. Il a d'ailleurs été jugé que si le règlement est obligatoire en raison du seuil d'effectifs, l'employeur ne pourra pas prononcer de sanctions disciplinaires autres que le licenciement, en l'absence de ce règlement[1]. La Cour de cassation a étendu la solution rendue en 2018 à toutes les hypothèses de transfert dans une décision rendue en 2021[2].

Il faut enfin rappeler que depuis la loi Pacte du 23 mai 2019, le seuil des effectifs rendant obligatoire ce document est passé de 20 à cinquante salariés. En outre, le seuil doit être dépassé pendant douze mois consécutifs, et non plus trois mois comme dans l'arrêt de 2018.

Il est alors fréquent que le repreneur modifie le règlement intérieur pour tenir compte des nouvelles conditions de travail. Il doit alors appliquer la procédure prévue par l'article L. 1321-4 du Code du travail. Il doit ainsi consulter le CSE de l'établissement ou de l'entreprise, le communiquer à l'inspecteur du travail qui doit depuis la loi du 10 août 2018[3] se prononcer sur sa conformité à certaines dispositions[4], le déposer au secrétariat-greffe du Conseil des prud'hommes et le diffuser dans les locaux de l'entreprise.

La consultation du CSE est importante, car à défaut de le consulter[5] ou si est consulté le CSE mis en place dans un autre périmètre[6], le règlement intérieur est inopposable aux salariés. Il est donc indispensable de savoir si suite à la cession, l'entité conserve ou non son autonomie et reste un établissement distinct. Dans ce cas, devra être consulté le CSE d'établissement.

431.73 Conséquences du transfert sur les instances représentatives du personnel. Lorsque l'entité transférée conserve son autonomie, les mandats des instances représentatives sont également transférés jusqu'à leur terme[7], sauf en cas de prorogation ou de réduction de leur durée pour tenir compte de la date habituelle des élections chez le repreneur.

Avant l'entrée en vigueur de l'ordonnance du 22 septembre 2017, les représentants du personnel transférés gardaient leur mandat si l'entité transférée conservait son autonomie juridique[8]. Dans ce dernier arrêt de 2011, la Cour de cassation a repris les termes de la CJUE pour définir l'autonomie : les pouvoirs accordés aux responsables de cette entité sont le pouvoir d'organiser de manière relativement libre et indépendante le travail au sein de l'entité, de donner des ordres, de distribuer les tâches, de décider de l'emploi des moyens, sans intervention des autres dirigeants. L'entité pourrait être autonome sans être nécessairement un établissement distinct au sein de la nouvelle structure (ex : une personne physique cède son fonds de commerce à une autre, qui n'en exploitait pas d'autre). Si l'entité était déjà un établissement distinct, il faudra vérifier si elle le reste. Enfin, elle peut le devenir.

Le nouvel article L. 2314-35 du Code du travail prévoit désormais le sort du CSE en cas de transfert d'entreprise. Le mandat des élus du CSE subsiste lorsque l'entreprise conserve son autonomie. Le critère n'a donc pas changé. Si elle devient un établissement distinct, les mêmes mandats demeurent également.

Il a été déduit que lorsqu'elle conserve son autonomie, le repreneur peut se prévaloir du PV de carence qui a été établi par l'ancien employeur avant le transfert[9]. Cela évite ainsi les sanctions qui pourraient survenir résultant de l'absence des instances représentatives et donc de l'absence d'informations consultations. Il pourra ainsi, par exemple, dénoncer régulièrement un usage sans faire cette consultation ou licencier un salarié inapte sans avoir à consulter le CSE sur les propositions de reclassement. Cela

1 Soc. 23 mars 2017, nº 15-23.090, P : *D. actu.* 4 avr. 2017, obs. M. C. Peyronnet ; *D.* 2017. Actu. 766 ; *Dr. soc.* 2017. 573, obs. J. Mouly ; *JCP S* 2017, nº 1151, note F. Dumont.
2. Soc. 31 mars 2021, nº 19-12.289 ; *RDT* 2021. 388, P. Adam ; *Act. proc. coll.* 2021, nº 128.
3. L. nº 2018-727, 10 août 2018 pour un État au service d'une société de confiance, *JO* 11 août, nº 1.
4. C. trav., art. L. 1322-1-1.
5. Soc. 9 mai 2012, nº 11-13.687 ; *Bull. civ.* V, nº 134 ; *JCP S* 2012, nº 1416, note F. Bousez ; *D.* 2012. 1340 ; *CSBP* juill. 2012, p. 235, obs. F. J. Pansier ; *RDT* 2012. 564, obs. V. Pontif – Soc. 11 févr. 2015, nº 13-16.457 ; *Bull. civ.* V, nº 30 ; *JCP S* 2015, nº 1148, J.-B. Cottin ; *RDT* 2015. 262, obs. F. Duquesne ; *D.* 2015. Actu 435 ; *D.* 2015. 2340, obs. P. Lokiec et J. Porta.
6. CE 20 mars 2017, req. nº 391226, *CSPB* mai 2017, p. 253 ; *JCP S* 2017, nº 1172, note J.-Y. Kerbouc'h ; *Dr. soc.* 2017. 571, obs. J. Mouly.
7. C. trav., art. L. 2314-35 pour les membres du CSE. La règle existait déjà sous l'empire du droit antérieur aux ordonnances de 2017 organisant la fusion des instances représentatives du personnel : C. trav., anc. art. L. 2314-28 pour les délégués du personnel et art. L. 2324-26 pour le comité d'entreprise. La solution est la même pour le délégué syndical : seule une autonomie de fait mais non nécessairement une autonomie juridique est exigée : Soc. 18 déc. 2000, nº 99-60.381 ; *Bull. civ.* V, nº 433 ; *D.* 2001. IR, 358 ; *DS* 2001, 326, obs. J. Savatier.
8. C. trav., anc. art. L. 2143-10, L. 2314-26, L. 2324-26 – Soc. 17 déc. 2008, nº 07-42.839 ; *JCP S* 2009, nº 1117, note J.-Y. Kerbouc'h – Soc. 13 janv. 2009, nº 06-46.364 ; *JCP S* 2009, nº 1127, note J.-Y. Kerbouc'h ; *D.* 2099. 300, note L. Perrin – Soc. 15 nov. 2011, nº 10-23.609 ; *JCP S* 2012, nº 1060, note M. Morand.
9. Soc. 6 mars 2019, nº 17-28.478, FPB ; *BJT* mai 2019, p. 23, obs. Fl. Bergeron-Canut, *D. actu.* 21 mars 2019, obs. L. Malfettes ; *JCP S* 2019, nº 1107, note M. Babin.

évite aussi au repreneur d'organiser rapidement les élections puisque ce PV de carence produira ses effets jusqu'à la date prévue initialement pour les prochaines élections.

En revanche, lorsqu'elle perd son autonomie, les mandats cessent[1].

§ 3
Conséquences de la résolution du plan de cession sur les salariés repris

431.81 Prononcé de la résolution du plan de cession. L'article L. 642-11 du Code de commerce permet au tribunal de prononcer la résolution du plan et la résiliation des actes passés en exécution du plan résolu en cas de manquement du cessionnaire à ses obligations. Il peut s'agir du non-paiement du prix de cession, mais aussi de tous les autres engagements pris par ce dernier, comme le paiement d'une créance antérieure[2] ou l'embauche de certains salariés ou la garantie d'emploi pendant un certain temps des salariés repris[3].

La loi du 26 juillet 2005 a élargi les titulaires de cette demande de résolution à tout intéressé. Il pourrait donc s'agir d'un salarié par exemple en cas de non-respect par le repreneur de ses engagements sociaux.

Si le cessionnaire ne respecte pas ses engagements, le tribunal peut prononcer la résiliation du plan, décider la résolution ou la résiliation des actes passés en exécution du plan résolu et condamner l'employeur à verser des dommages-intérêts[4]. Plusieurs sanctions sont donc possibles.

Pour les éviter, il devrait être possible de demander la modification du plan au tribunal lorsqu'il s'agit d'une modification substantielle sur le fondement de l'article L. 642-6 du Code de commerce. Elle ne peut concerner le prix mais pourrait viser les engagements en matière d'emploi.

431.82 Conséquences de la résolution du plan de cession. Avant la loi du 26 juillet 2005, le Code de commerce ne précisait pas les effets de la résolution et se posait donc la question de son effet rétroactif ou non[5], qui avait été écarté par la chambre commerciale de la Cour de cassation[6].

La chambre sociale a été dans le même sens en considérant que les licenciements prononcés en vertu du plan de cession n'étaient pas remis en cause malgré la résolution du plan[7]. Cependant, le tribunal pouvait par une disposition spéciale, écarter l'effet rétroactif de la résolution s'agissant notamment des licenciements en décidant que ceux-ci ne seraient pas remis en cause en cas de résolution du plan de cession[8].

Mais la chambre sociale a affirmé que la résolution du plan, en raison de l'absence de signature des actes de cession par le repreneur, emportait retour au cédant de l'entité transférée et donc des contrats de travail affectés, par application de l'article L. 1224-1 du Code du travail[9]. Cela n'était cependant possible que si le débiteur, personne morale, n'avait pas disparu suite à la liquidation judiciaire. Cependant, les obligations nées entre le plan de cession et sa résolution, telles que des créances de salaires, demeuraient à la charge du cessionnaire[10].

La loi de sauvegarde du 26 juillet 2005 a apporté une précision inscrite à l'alinéa 3 de l'article L. 642-11 du Code de commerce : « Le tribunal peut prononcer la résolution ou la résiliation des actes passés en exécution du plan résolu. Le prix payé par le cessionnaire reste acquis ». Le tribunal dispose donc d'une option pour déterminer la rétroactivité ou non de la résolution. À défaut de mention dans le jugement statuant sur cette demande, aucun effet rétroactif n'aura lieu : la résiliation n'aura d'effet que pour l'avenir. Ainsi, la Cour d'appel de Chambéry a admis la résolution d'un plan de cession adopté trois ans avant, le repreneur n'ayant pas respecté ses engagements, à savoir le développement des activités indus-

1. Soc. 17 déc. 2008, n° 07-42.839, NP ; *JCP S* 2009, n° 1117, note J.-Y. Kerbouc'h.
2. Com. 24 avr. 2007, n° 05-20.151, NP ; *Act. proc. coll.* 2007, n° 132 ; *Gaz. Pal.* 21 juill. 2007, p. 38, obs. D. Voinot.
3. Com. 28 mars 2000, n° 98-12.074 ; *Bull. civ.* IV, n° 73 ; *JCP E* 2000, n° 1562, n° 40, note Ph. Pétel ; *Act. proc. coll.* n° 108, obs. J. Vallansan ; *D.* 2000. AJ 210, obs. A. Lienhard ; *RJDA* 2000. 594, concl. Piniot ; *RTD com.* 2000. 727, obs. J.-L. Vallens ; *RTD com.* 2001. 222, obs. C. Saint-Alary-Houin, *RDBF* 2000, n° 72, obs. F.-X. Lucas.
4. V. déjà, sous l'empire des anciennes dispositions : Soc. 30 janv. 1991, n° 88-40.936 ; *Bull. civ.* V, n° 46 ; *D.* 1991. IR 55 ; *JCP E* 1991. I. 73, n° 21, obs. Ph. Pétel et R. Cabrillac.
5. Seube, « Réflexions sur les effets de la résolution des plans de redressement dans les procédures collectives », *JCP E* 1999, n° 564, n° 13.
6. Com. 22 juin 1993, n° 91-13.307 ; *Bull. civ.* IV, n° 263 ; *RPC* 1994, 240, obs. B. Soinne ; *RJDA* 1/1994, n° 97 ; *JCP* 1994. IV. 2181 ; *D.* 1993. IR 186 ; *RPC* 1993. 506, obs. B. Soinne ; *Dr. sociétés* 1993, n° 183, obs. Y. Chaput.
7. Soc. 9 juill. 2008, n°s 06-40.915 s., NP ; *Gaz. Pal.* 22 janv. 2009, p. 47, obs. B. Saintourens.
8. Soc. 9 juill. 2008, n° 06-40.945 ; *Bull. civ.* V., n° 156 ; *Act. proc. coll.* 2008, n° 242, obs. L. Fin-Langer ; *Gaz. Pal.* 22 janv. 2009, p. 47, note Ph. Duprat et B. Saintourens ; *RDT* 2008. 664, note R. Frouin ; *JCP S* 2008, n° 1630, note A. Barège et B. Bossu.
9. Soc. 8 juin 1999, n° 97-12.731 ; *Bull. civ.* IV, n° 263 ; *JCP E* 2000, Chron. 127, n° 7, obs. Ph. Pétel ; *Act. proc. coll.* 1999, n° 176 ; *RTD com.* 1999. 966, obs. C. Saint-Alary-Houin ; *D.* 2000. Somm. 4, obs. F. Derrida – AUSSI les obs. S. Chatelon et F. Grillier, « Les conséquences incertaines de la résolution plan de cession », *RPC* 2002-1, p. 47 s.
10. Soc. 8 juin 1999, n° 96-43.933 ; *Bull. civ.* V, n° 264 ; *Act. proc. coll.* 1999, n° 194 ; *D.* 2000. Somm. 4, obs. F. Derrida ; *JCP E* 2000, n° 4, p. 127, obs. Ph. Pétel.

trielles, la création de 31 emplois et le maintien des institutions représentatives du personnel. Elle en a également déterminé les effets, à savoir l'absence de remise en cause des licenciements prononcés en vertu du jugement adoptant le plan de cession et du transfert des salariés repris, le coût des licenciements devant alors revenir au repreneur[1].

Le repreneur était et reste donc l'employeur des salariés transférés entre la prise d'effet du plan de cession et la résiliation du plan. Ainsi un salarié qui aurait été transféré puis licencié pour faute par le repreneur avant la résiliation du plan reste valablement licencié et ni le cédant ni l'AGS n'ont à prendre en charge les éventuelles indemnités à lui verser[2].

La question reste posée de savoir si cette résolution emporte retour au cédant de l'entité transférée. Comme avant 2005, cette question n'a d'intérêt que si le cédant a toujours une existence juridique et n'a pas fait l'objet d'une liquidation judiciaire.

431.83 Sanctions alternatives à la résolution du plan de cession. Il est également possible d'engager la responsabilité du repreneur. Cette solution avait été admise par la jurisprudence[3] et est consacrée par la loi du 26 juillet 2005, l'article L. 642-11 indiquant que le tribunal peut prononcer la résolution « sans préjudice de dommages-intérêts ». Certains salariés ont ainsi pu être indemnisés en raison des manquements du repreneur à ses obligations[4].

L'exécution forcée a également été très vite admise par la jurisprudence[5]. Elle semble toujours possible aujourd'hui, mais elle connaît un certain nombre de limites liées à la nature des engagements non respectés, à savoir des obligations de nature personnelle. Ainsi, il est admis que cette exécution forcée est écartée en cas de garantie d'emploi et d'embauche de salariés, cette sanction portant une atteinte disproportionnée à la liberté d'entreprendre[6].

431.84 Demande de modification substantielle du plan de cession. Pour éviter ces différentes sanctions, il est possible de demander la modification du plan au tribunal lorsqu'il s'agit d'une modification substantielle sur le fondement de l'article L. 642-6 du Code de commerce. Elle ne peut concerner le prix mais pourrait viser les engagements en matière d'emploi. Elle ne peut être faite qu'à la demande du cessionnaire.

Pour protéger les intérêts notamment des salariés, il est prévu que le tribunal doit, avant de statuer, avoir entendu ou dûment appelé le liquidateur, l'administrateur, les contrôleurs mais aussi le représentant du CSE et avoir obtenu l'avis du Ministère public.

En cas d'acceptation de la demande, la décision peut faire l'objet d'un appel que du ministère public et du cessionnaire. Ni les salariés ni le CSE n'ont, en vertu de l'article L. 661-6, IV, du Code de commerce, qualité pour exercer cette voie de recours.

1. Chambéry, 1re ch., 23 mai 2023, n° 22/01754, *RPC* sept. 2023, n° 79, obs. K. Lafaurie.
2. Soc. 4 juill. 2018, n° 17-14.587, FSPB ; *D.* 2018. Actu. 1488 ; *RTD com.* 2018. 1027, obs. C. Saint-Alary-Houin ; *Gaz. Pal.* 9 oct. 2018, p. 81, C. Gailhbaud ; *BJE* nov. 2018. 453, note A. Donnette-Boissière ; *Act. proc. coll.* 2018, comm. 238, obs. L. Fin-Langer ; *JCP S* 2018, n° 1295, note L. Fin-Langer ; *JCP E* 2018, n° 1526, note L. Fin-Langer ; *BJT* nov. 2018, p. 173, note J. Icard.
3. Com. 28 mars 2000, n° 98-12.074 ; *Bull. civ.* IV, n° 73 ; *JCP E* 2000, n° 1562, n° 40, obs. Ph. Pétel ; *Act. proc. coll.* 2000, n° 108, obs. J. Vallansan ; *D.* 2000. AJ 210, obs. A. Lienhard ; *RJDA* 2000. 594, concl. Piniot ; *RTD com.* 2000. 727, obs. J.-L. Vallens ; *RTD com.* 2001. 222, obs. C. Saint-Alary-Houin, *RDBF* 2000, n° 72, obs. F.-X. Lucas.
4. Versailles, 12 avr. 2005, RG n° 04/03647.
5. Com. 12 févr. 1991, n° 89-15.845 ; *Bull. civ.* IV, n° 73 ; *Rev. proc. coll.* 1991, p. 291, obs. B. B. Soinne ; *BJS* 1991, p. 633, note Ph. Pétel ; *D.* 1994. 8, obs. F. Derrida.
6. Com. 6 mai 1997, n° 94-19.017 ; *Bull. civ.* IV, n° 124 ; *JCP E* 1997, pan. 700 ; *D.* 1998, somm., n° 6, obs. F. Derrida ; *LPA* 27 févr. 1998, p. 19, note F. Derrida ; *JCP E* 1997. II. 996, note D. Legeais ; *RTD com.* 1997. 488, obs. R. Cabrillac.

CHAPITRE

432. Sort des salariés dans les autres formes de cession d'entreprise en difficulté

SECTION 0
ORIENTEUR

432.00 **Sommaire du chapitre.**

Sect. 1 Sort des salariés d'une entreprise en difficulté cédée avant le jugement d'ouverture 432.11 à 432.33

§ 1 Conditions de cession du contrat de travail 432.11

§ 2 Sort des salariés transférés en cas de cession d'une entreprise en difficulté en dehors des procédures préventives 432.21 à 432.22

§ 3 Sort des salariés transférés dans le cadre d'un « prepack cession » 432.31 à 432.33

Sect. 2 Transfert des salariés en cas de cession d'une entreprise en procédure collective sans plan de cession 432.41 à 432.52

§ 1 Application possible de l'article L. 1224-1 du Code du travail 432.41 à 432.45

§ 2 Conséquences de l'application de l'article L. 1224-1 du Code du travail 432.51 à 432.52

Sect. 3 Sort des salariés en cas de cession d'entreprise excluant l'application de l'article L. 1224-1 du Code du travail 432.61 à 432.81

§ 1 Présentation générale 432.61 à 432.62

§ 2 Cas particulier du transfert d'entreprise aux salariés 432.71 à 432.73

§ 3 Cas particulier du transfert consenti par le salarié 432.81

432.01 **Textes applicables.**

• **C. com.**

art. L. 141-27 [Information des salariés en cas de cession du fonds de commerce]

art. L. 611-7 [Mécanisme du prepack cession]

art. L. 642-2 [Présentation des offres]

art. L. 642-5 [Autorisation du licenciement dans le plan de cession]

• **C. trav.**

art. L. 1224-1 [Transfert d'entreprise]

art. L. 1224-2 [Garantie des dettes en cas de transfert d'entreprise]

art. L. 1224-3 [Transfert à un repreneur public]

art. L. 1233-57-9 [Obligation de chercher un repreneur en cas de fermeture d'entreprise]

art. L. 1233-61 [Contenu du PSE]

432.02 **Jurisprudence de référence.**

> **L'article L. 1224-1 du Code du travail organisant le transfert des contrats de travail a vocation à s'appliquer dans le cadre d'une cession isolée d'actifs dès lors qu'elles portent sur une entité économique autonome**

• **Soc. 7 juill. 1998,** arrêt MGEN, n° 96-21.451, P V, n° 363
* V. s[s] n° 432.42

> **Le liquidateur dispose d'une action en garantie contre le repreneur ayant refusé la poursuite des contrats de travail et d'une action en référé probatoire pour obtenir les documents permettant de savoir si l'achat d'actifs caractérise le transfert d'une entité économique autonome**

• **Soc. 12 juill. 2017,** n° 16-12.659, P
* V. s[s] n° 432.52

> **L'article L. 1224-1 du Code du travail n'a pas vocation à s'appliquer en cas de reprise d'une entreprise en difficulté par les salariés**

• **Soc. 3 mai 2011,** n° 09-70.813, P V, n° 103
* V. s[s] n° 432.72

432.03 **Bibliographie indicative.**

> **Encyclopédie.** *J.-Cl. Procédures collectives*, fasc. 2430 : Sauvegarde, redressement et liquidation judiciaires – Situation des salariés, par N. Vignal, 2021, mis à jour août 2022.

> **Articles.** P. Bailly, « Le contrat de travail et le transfert de l'entreprise en difficulté », *Gaz. Pal.* 2002. 1359 – S. Béraud, « En finir avec les incertitudes pesant sur le sort des contrats de travail en matière de cession d'unité de production », *RPC* 2003, p. 91 – J.-F. Césaro, « Procédures collectives et article

L. 122-12, alinéa 2 du Code du travail », *in Entreprises en difficulté et droit du travail*, « Ceprisca », Puf, 2007, p. 9 – R. Dammann, G. Podeur, « Le *pré-pack cession* à l'épreuve de la directive "transfert" 2001/23/CE », *D.* 2017. 2242. G. Dedessus-Le-Moustier, « Licenciements et cession : de la préparation à l'exécution », *LPA* mars 2016, p. 16 – F. Dumont, « L'impact pour les salariés de la suggestion de reprise dans les procédures collectives », *RPC* 2004, p. 297 – L. Fin-Langer, « Les aspects sociaux de l'opération de reprise de l'entreprise en difficulté », *RPC* 2010/3, comm. 17 – L. Fin-Langer, « La cession d'une entreprise en difficulté, à la croisée des chemins », *RDT* 2017. 116 – L. Fin-Langer et D. Jacotot, « Les salariés, acteurs de la reprise d'entreprise en difficulté », *RPC* 2015, dossier 54 – J. Grangé, « La cession de l'entreprise en difficulté », *Cah. soc.* sept. 2015, p. 476 – F. Labasque, « Le sort des contrats de travail en cas de cession d'unité de production après le prononcé d'une liquidation judiciaire », *LXB*, n° N4505ABH – A. Mazeaud, « Le maintien de l'emploi en cas de transfert de l'entreprise en difficulté 1985-2005 : un bilan, une réforme ? », *Lamy Affaires* mars 2005, suppl. n° 80, p. 83 – Ph. Przemyski, « Transfert des contrats de travail et procédures collectives », *Dr. et pr.* 2004/4, p. 197 – B. Saintourens, « Reprise de l'entreprise par les salariés licenciés et principe du maintien des contrats de travail », *RPC* 2012, dossier 4, p. 55 – N. Tagliarino-Vignal, « Les obligations sociales du repreneur d'une entreprise soumise à une procédure collective », *Lamy Affaires*, juill. 2008, p. 236.

432.04 Question principale.

> L'article L. 1224-1 du Code du travail a-t-il vocation à s'appliquer en cas de transfert d'une entreprise faisant l'objet d'une procédure collective en dehors du plan de cession ?

* V. ss n° 432.11

SECTION 1
SORT DES SALARIÉS D'UNE ENTREPRISE EN DIFFICULTÉ CÉDÉE AVANT LE JUGEMENT D'OUVERTURE

§ 1
Conditions de cession du contrat de travail

432.11 Rappel des conditions d'application de l'article L. 1224-1 du Code du travail. Il ne peut y avoir cession légale du contrat de travail que si les conditions d'application de l'article L. 1224-1 du Code du travail existent.

Ce texte datant de 1928 fait une liste des différentes hypothèses entraînant le transfert des contrats de travail, comme la cession du fonds de commerce. Mais, il a fait l'objet d'une interprétation jurisprudentielle sous l'impulsion notamment de la CJCE puis de la CJUE qui ont interprété les directives 77/187/CEE du Conseil du 14 février 1977 et 2001/23/CE du Conseil du 12 mars 2001. L'article 1, 1, b définit le transfert comme étant « celui d'une entité économique maintenant son identité, entendue comme un ensemble organisé de moyens, en vue de la poursuite d'une activité économique, que celle-ci soit essentielle ou accessoire ».

La jurisprudence a rendu sur la question un nombre impressionnant de décisions, pour déterminer le périmètre de cette disposition. Le principe en la matière, depuis que la Cour de cassation s'est mise au diapason de la jurisprudence de la Cour de justice des Communautés européennes, peut être ainsi posé : l'article L. 1224-1 du Code du travail « s'applique à tout transfert d'une entité économique conservant son identité et dont l'activité est poursuivie ou reprise, même en l'absence d'un lien de droit entre les employeurs successifs »[1].

Il s'agit avant tout d'un critère purement factuel, qui ne tient pas compte du montage juridique et qui a vocation à s'appliquer y compris lorsque l'entreprise connaît des difficultés qui peuvent ou non justifier l'ouverture d'une procédure préventive voire collective. Il s'agit alors d'un transfert légal des contrats de travail au repreneur, ce texte du Code du travail étant d'ordre public. Il est donc impossible d'écarter son application en dehors du plan de cession organisé par l'article L. 642-5 du Code de commerce[2].

Il faut cependant préciser que l'article L. 1224-1 n'est applicable que si l'entreprise à transférer se trouve dans le champ d'application territorial du Traité sur le Fonctionnement de l'Union Européenne[3].

§ 2
Sort des salariés transférés en cas de cession d'une entreprise en difficulté en dehors des procédures préventives

432.21 Mécanismes incitatifs en vue de favoriser la reprise d'une entreprise en difficulté en dehors du Code de commerce. L'article L. 1224-1 du Code du travail a vocation à concerner toutes les entreprises, y compris celles qui ont des difficultés économiques, financières. Aucun obstacle à l'application de ce texte n'existe.

Il faut même y voir une alternative à la fermeture définitive de l'entreprise et au licenciement de tous les salariés pour motif économique. Le législateur encourage d'ailleurs les entreprises à rechercher un repreneur pour éviter un licenciement pour motif

1. Cass., ass. plén., 16 mars 1990, nos 89-45.730, 86-40.686, P, n° 4, 2 esp. ; *Dr. soc.* 1990, n° 5, p. 399.
2. Sur l'étude du plan de cession, v. ss nos 431.11 s.
3. Soc. 14 nov. 2019, n° 17-26.822, P ; *Act. proc. coll.* 2020, n° 10, *JCP S* 2020, n° 1013, note Ph. Coursier ; *BJT* janv. 2020, p. 10, obs. G. Duchange. En l'espèce, l'entité était située à Monaco. La Cour de cassation refuse d'appliquer ce texte en se fondant sur la directive du 12 mars 2001.

économique. Plusieurs dispositifs ont été mis en place dans ce sens.

Il faut tout d'abord rappeler le mécanisme instauré par la loi Florange du 29 mars 2014[1] visant à reconquérir l'économie réelle. Suite à sa censure partielle par le Conseil constitutionnel[2], elle a été modifiée par la loi du 31 juillet 2014[3]. Les articles L. 1233-57-9 et suivants du Code du travail imposent l'obligation de rechercher un repreneur avant la fermeture d'un établissement, défini comme étant celui qui nécessite la mise en place d'un CSE d'établissement. Cette fermeture d'établissement peut être décidée pour différentes raisons, comme des difficultés économiques ou juridiques, la volonté de se restructurer, de faire des économies, de se recentrer sur son cœur de métier.

Cette obligation de rechercher un repreneur ne concerne que les entreprises d'au moins mille salariés ou celles situées en France et appartenant à un groupe, qui emploie mille salariés également qui décident de fermer un établissement. La notion de fermeture d'établissement est assez large, puisqu'elle inclut également la fusion de plusieurs établissements en dehors de leur zone d'emploi ou le transfert d'un établissement en dehors de cette zone, qui ne disparaît pas[4].

Une procédure d'information et de consultation bien précise a été mise en place pour associer le CSE dans cette recherche du repreneur éventuel, dans le but d'éviter des licenciements. Il est informé des raisons du projet de fermeture, des actions engagées pour trouver un repreneur et des possibilités qu'ont les salariés de déposer une offre de reprise. La Dreets et le maire de la commune sur laquelle est situé l'établissement fermé sont également informés de ce projet de fermeture.

Une fois cette information réalisée, l'employeur doit rechercher des repreneurs potentiellement intéressés en leur fournissant les informations nécessaires pour qu'ils puissent se prononcer en toute connaissance de cause, sous réserve de certaines données confidentielles.

Lorsqu'il reçoit des offres, il doit informer le CSE dans les huit jours de leur réception, qui peut ensuite émettre un avis avec l'aide d'un expert. L'employeur n'est pas tenu de suivre cet avis. Il doit également adresser à chaque candidat une réponse motivée. S'il retient une offre, il doit consulter à nouveau le CSE en lui indiquant les raisons qui l'ont conduit à cette réponse positive, notamment au regard des garanties relatives à la pérennité de l'activité et des emplois. Cet avis du CSE clôture la procédure de recherche du repreneur.

À défaut d'offres reçues ou de réponses positives dans un délai allant de deux à quatre mois en fonction du nombre de licenciements envisagés, l'employeur établit un rapport présenté au CSE et à la Dreets mentionnant les actions engagées en vue de rechercher un repreneur et les raisons des refus. En cas de licenciement subséquent, cette recherche est désormais appréciée par le Dreets dans sa décision d'homologation ou de validation du PSE. Il s'agit donc d'une obligation de moyens mais l'employeur doit justifier de sa démarche pour éviter une absence de validation de son PSE subséquent. L'employeur pourrait également être tenu de rembourser les aides publiques perçues au cours des deux années précédentes.

Cette obligation de rechercher un repreneur est écartée en cas de redressement ou de liquidation judiciaire, mais reste donc à la charge de l'entreprise en cas de sauvegarde, de conciliation ou de mandat *ad hoc*.

Le deuxième mécanisme a été amélioré par la loi Travail du 8 août 2016 qui a modifié l'article L. 1233-61 du Code du travail relatif au contenu du PSE. Désormais, tous les PSE doivent contenir des actions visant à favoriser la reprise de tout ou partie des activités. La loi Travail a voulu mettre en place dans les PSE une nouvelle mesure dérogeant aux règles relatives aux transferts d'entreprise lorsque ce transfert d'une ou plusieurs entités économiques autonomes est nécessaire à la sauvegarde d'une partie des emplois.

Toutes les entreprises n'étaient pas concernées en raison d'une pluralité de critères : il s'agissait de cibler uniquement les entreprises de plus de mille salariés, en visant l'article L. 1233-71 du Code du travail, qui envisageaient la fermeture d'un établissement, en faisant référence à l'article L. 1233-57-19 et donc au mécanisme Florange précédemment décrit.

L'article 19 de l'ordonnance du 22 septembre 2017[5] supprime ces deux restrictions : ce sont donc désormais toutes les entreprises, quel que soit leur effectif, qui sont visées dès lors qu'elles sont soumises à l'obligation d'établir un PSE. Il s'agit de favoriser la reprise de l'entreprise, puisque l'article L. 1224-1 ne s'applique que dans la limite des emplois non supprimés à la suite des licenciements. Ce dispositif pourra être précédé du mécanisme Florange.

1. L. n° 2014-384, 29 mars 2014 visant à reconquérir l'économie réelle, *JO* 1er avr., n° 3.
2. C. const. 27 mars 2014, 2014-692, DC, *JO* 1er avr. 2014, p. 6232 ; *D.* 2014. 1101, chron. J.-P. Chazal ; *D.* 1287, chron. L. d'Avout ; *Dr. soc.* 2014. 574, P. H. Antonmattéi ; *CSBP* avr. 2014, p. 216, note A. Martinon ; *Act. proc. coll.* 2014, n° 138, obs. L. Fin-Langer.
3. C. trav., art. L. 1233-57-9 s. – Th. Meiers, « En question : retour sur l'obligation de rechercher un repreneur », *JCP S* 2018. Actu. 249.
4. C. trav., art. L. 1233-15.
5. Ord. n° 2017-1387, 22 sept. 2017 relative à la prévisibilité et la sécurisation des relations de travail, *JO* 23 sept., n° 33.

432.22 **Risques encourus par le cédant.** Dès lors que la cession de l'entreprise ou d'un établissement a eu lieu, les contrats de travail sont transférés au repreneur qui devient ainsi leur employeur, le cédant devenant quant à lui tiers à cette relation. Cependant, il n'est pas à l'abri d'éventuelles actions si la reprise se passe mal finalement et que le repreneur vient à déposer son bilan[1].

En effet, plusieurs moyens permettent aux salariés d'engager la responsabilité du cédant, malgré leur prise en charge dans la procédure collective ouverte à l'encontre du cessionnaire. Dans l'affaire Samsonite, le TGI de Béthune a ainsi admis la recevabilité de l'action en responsabilité engagée par d'anciens salariés contre l'actionnaire qui avait fait un apport partiel d'actifs à une société et a annulé pour fraude cet apport, puis la cession de titres de la société bénéficiaire de l'apport. La fraude a été retenue car la filialisation de l'activité avait été réalisée pour la céder ensuite à un repreneur qui avait été choisi manifestement volontairement pour ensuite liquider l'activité, faute d'avoir vérifié le caractère sérieux et réaliste du projet de reprise[2]. L'affaire UPS en 2014 a été dans le même sens[3].

On peut aussi envisager une action en responsabilité, fondée sur l'article 1240 du Code civil, contre l'actionnaire, y compris en procédure collective[4], permettant aux salariés d'être indemnisés suite au préjudice subi[5].

§ 3
Sort des salariés transférés dans le cadre d'un « prepack cession »

432.31 **Présentation du « prepack cession ».** Lorsqu'une conciliation est ouverte, est nommé un conciliateur dont la mission consiste avant tout à rechercher un accord avec les principaux créanciers. Mais depuis l'ordonnance du 12 mars 2014, il peut être chargé par le tribunal de préparer une cession totale ou partielle de l'entreprise : il s'agit du « prepack cession[6] ». Il le fait à la demande du débiteur, après avis des créanciers participants à la conciliation[7]. Il en est de même pour le mandat *ad hoc*.

La cession sera ensuite réalisée pendant la procédure collective ouverte ultérieurement. Il convient d'informer et de consulter le CSE avant l'audience statuant sur les différentes offres, dans les délais impartis par le Code du travail. Les offres reçues par le conciliateur ou le mandataire *ad hoc* sont soumises pour avis au ministère public et aux créanciers.

Une des questions soulevées est de savoir si cette ouverture est nécessaire. Si la cession a lieu en dehors de la procédure collective, on peut considérer qu'il s'agirait alors d'une cession amiable, sans aucune particularité et non d'un « prepack cession[8] ». L'adoption dans le cadre de la procédure collective offre un cadre plus contraignant mais peut être plus sécurisé[9]. Il faudra en effet respecter les règles de l'offre du plan de cession. L'offre devra respecter par exemple les conditions de forme posées par l'article L. 642-2, II, du Code de commerce.

Cette préparation de la cession, avant l'ouverture de la procédure collective, a pu être dénoncée par certains comme remettant en cause la fonction première du mandataire *ad hoc* et du conciliateur qui est de trouver un accord avec les créanciers pour mettre fin aux difficultés[10].

Par ailleurs, se pose la question de la confidentialité caractérisant la procédure de conciliation[11] et de la nécessité de donner un certain nombre d'informations pour trouver un repreneur et éviter l'opacité de l'opération. Il est possible de mettre en place

1. F.-X. Lucas, « Le risque social lié à la cession d'une entreprise en difficulté », *CSBP* sept. 2015, p. 418.
2. TGI Béthune, 24 juin 2008, Samsonite ; *BJS* 2008, p. 555, obs. F.-X. Lucas.
3. Paris, P. 6, ch. 2, 18 déc. 2014, n° 14/01828, UPS ; *Leden* 2015, n° 114, obs. F.-X. Lucas.
4. Com. 2 juin 2015, n° 13-24.714 ; *Bull. civ.* IV, n° 94 ; *D.* 2015. Actu. 1205, obs. A. Lienhard, et Pan. 1970, obs. P. M. Le Corre et F.-X. Lucas ; *Leden* 2015, n° 102, obs. G. Loiseau ; *JCP* 2015, n° 30-35, p. 888, note F. Dumont ; *JCP E* 2015. 1422, n° 7, obs. Ph. Pétel ; *JCP E* 2015, n° 1522, note S. Le Gac-Pech ; *Gaz. Pal.* 19-21 juill. 2015, p. 28, obs. C. Gailhbaud ; *Act. proc. coll. PC* 2015, n° 199, obs. Lucas ; *RPC* mars 2016, comm. 73, note D. Jacotot ; *CSBP* oct. 2015, p. 494, note J. Icard ; *Gaz. Pal.* 22 sept. 2015, p. 19, note Théron ; *BJE* sept. 2015. 313, note A. Donnette-Boissière.
5. Pour des ex. : TC Orléans, 1er juin 2012, n° 2010-11170 ; *BJE* août 2012, n° 135, note R. Damann et M. Boché-Robinet ; *Leden* juill. 2012, p. 1, obs. F.X. Lucas ; *Gaz. Pal.* 4 août 2012, n° 217, p. 1, obs. L. C. Henry ; *JCP E* 2012, n° 1494, note A. Couret et B. Dondero.
6. C. com., art. L. 611-7, al. 1.
7. C. com., art. R. 611-26-2.
8. C. Vincent, « La faillite du plan de cession (ou les incidences du *prepack cession*) », *D.* 2015. 577 – B. Thullier, « Procédure de conciliation et concordat amiable », *J.-Cl. proc. coll.* Fasc. 2030, n° 122.
9. C. Vincent, « La faillite du plan de cession (ou les incidences du *prepack cession*) », *D.* 2015. 577, nos 19 s.
10. P. Guyomarc'h, « Les risques du « *prepack cession* » », *BJE* nov. 2015. 389.
11. Ce caractère a été rappelé par la Cour de cassation pour faire obstacle à sa mention dans les médias, sauf en cas de nécessité d'informer le public sur une question d'intérêt général : Com. 15 déc. 2015, n° 14-11.500 ; *Bull. civ.* IV, n° 169 ; *D.* 2016. Actu. 5, obs. A. Lienhard ; *D.* 2016. 1895, obs. F.-X. Lucas ; *Rev. sociétés* 2016. 193, obs. Ph. Roussel Galle ; *RTD com.* 2016. 191, obs. F. Macorig-Venier ; *JCP E* 2016, n° 1085, note Th. Stefania ; *Leden* janv. 2016, 2, obs. P. Rubellin ; *BJE* déc. 2015. 345, obs. M. H. Monsérié-Bon ; *BJE* mars 2016. 92, note S. Doray ; *Act. proc. coll.* févr. 2016, comm. 14, ▶

des data room et des engagements de confidentialité. Le ministère public a également un rôle à jouer pour éviter des reprises en *catimini*[1]. Il est également envisagé de lever la confidentialité de la procédure de conciliation[2].

En outre, le débiteur n'est pas certain que le repreneur qu'il a choisi soit finalement celui retenu par le tribunal : aucune exclusivité n'est prévue dans les textes[3] et des offres concurrentes peuvent apparaître soit en raison d'un appel d'offres ou de manière spontanée, puisque l'offre doit être déposée au greffe où tout intéressé peut en prendre connaissance[4].

D'autres y voient, au contraire, un moyen de céder plus facilement, plus rapidement et dans de meilleures conditions l'entreprise[5]. En effet, la cession se prépare alors que l'entreprise n'est pas en procédure collective et les délais d'adoption seront réduits, pour permettre de préserver la valeur de l'entreprise et de mieux désintéresser les créanciers[6]. Une amélioration des offres est également possible en cas d'offres concurrentes, comme a pu le démontrer l'affaire Fram[7]. La pratique nuance cependant cette rapidité, car il faut parfois du temps pour négocier la reprise et l'adoption d'un plan de cession sans « prepack » peut aussi être réalisée dans des délais relativement courts[8].

Cette technique a également pu être utilisée dans un contexte différent : un débiteur bénéficiant d'un plan de redressement, mais n'arrivant pas à faire face à une annuité, a pu obtenir l'ouverture d'une conciliation pour trouver un repreneur avant l'ouverture d'une liquidation judiciaire[9].

432.32 Mise en place du prepack cession. Dans cette procédure, le débiteur est associé dès le début à la recherche d'un repreneur. Il doit en effet donner son accord et en raison du caractère confidentiel de ces procédures préventives, il est quasi impossible d'avoir des offres déposées spontanément. Il faut rappeler, à l'inverse, que lorsque la cession est envisagée dans les procédures collectives, elle peut être imposée et est alors souvent mal vécue par les dirigeants qui la considèrent comme une expropriation[10]. Le « prepack cession » permet de protéger la réputation du débiteur et d'éviter la perte de confiance des créanciers.

Il convient également d'informer et de consulter le CSE avant l'audience statuant sur les différentes offres, dans les délais impartis par le Code du travail. Cette consultation n'est pas prévue par le Code de commerce mais relève du droit commun. En effet, le CSE doit donner son avis sur les modifications de l'organisation économique ou juridique, notamment en cas de fusion ou de cession[11]. Il peut dans ce cadre recourir à une expertise, qui va allonger les délais de consultation. Le CSE est également informé et consulté sur la demande d'ouverture d'une procédure de redressement ou de liquidation judiciaire, cette consultation faisant débat pour la procédure de sauvegarde n'étant pas expressément prévue par l'article L. 2312-53[12].

Certains recommandent également d'associer l'AGS notamment en cas de licenciements subséquents[13].

Plusieurs mesures favorisent la recherche d'un repreneur dans un tel contexte.

Tout d'abord, la loi n'impose aucune obligation de procéder à la publicité de l'intention de vendre l'entreprise, à la différence des mesures prévues par l'article L. 642-2 du Code de commerce. Mais le tribunal doit s'assurer qu'une publicité suffisante a été entreprise[14] et que les offres reçues sont satisfaisantes.

▶ obs. Chaput ; *JCP E* 2016. Actu. 216, obs. G. Loiseau ; *Act. proc. coll.* mai 2018, comm. 126, obs. Ch. Delattre, B. Gandhour et D. Voinot – Com. 13 févr. 2019, n° 17-18.049, P ; *D.* 2019. Pan. 1903, obs. F.-X. Lucas ; *Rev. sociétés* 2019. 691, note Fl. Reille ; *RTD com.* 2019. 978, obs. F. Macorig-Venier ; *Act. proc. coll.* 2019, n° 73, obs. B. Thullier ; *Leden* avr. 2019, 2, obs. J. Cavelier ; *RJDA* 2019, n° 351 ; *Gaz. Pal.* 16 avr. 2019, p. 58 ; *BJE* mai 2019. 12, obs. M. H. Monsérié-Bon ; *RPC* nov. 2019, comm. 157, Ch. Delattre ; *JCP E* 2019, n° 343, Ph. Roussel-Galle – G. Teboul, « La confidentialité de la prévention : absolue ou à géométrie variable ? », *Gaz. Pal.* 3 mars 2020, p. 15.

1. T. com. Lille Métropole, 5 sept. 2017, n° 2017012499 ; *Leden*, janv. 2018, p. 2, obs. Ch. Delattre ; *RTD com.* 2018. 457, note F. Macorig-Venier.
2. T. com. Lille Métropole, 5 sept. 2017, n° 2017-699 ; *BJE* nov. 2017. 410, obs. Dubois ; *RTD com.* 2018, note F. Macorig-Venier.
3. G. Teboul, « Le *prepack cession* : quoi de neuf ? », *RPC* nov. 2016, étude 23, n°s 5 s.
4. C. Vincent, « La faillite du plan de cession (ou les incidences du prepack cession) », *D.* 2015. 577, n° 33.
5. Th. Montéran et M. Mieulle, « Le *vade-mecum* du plan de cession "prepack" », *BJE* mai 2015. 164.
6. S. Sabathier et C. Cavigliolì, « La cession dans les différentes procédures : prepack, redressement et liquidation judiciaires », *RPC* nov. 2015, dossier 55, n° 11.
7. G. Teboul, « Le *prepack cession* : quoi de neuf ? », *RPC* nov. 2016, étude 23, n° 10 ; M. H. Monsérié-Bon et B. Amizet, « Le *prepack cession* FRAM : expériences et enseignements », *BJE* mars 2016. 144.
8. « L'élaboration des plans, Table Ronde », *RPC* janv. 2019, p. 53, spéc. p. 54.
9. T. com. Lille Métropole, 5 sept. 2017, n° 2017-699 ; *BJE* nov. 2017. 410, obs. C. Dubois ; *RTD com.* 2018, note F. Macorig-Venier.
10. « L'élaboration des plans, Table Ronde », *RPC* janv. 2019, p. 53, spéc. p. 55.
11. C'était déjà le cas avant les ordonnances de 2017 : le comité d'entreprise devait être consulté sur le fondement de l'anc. art. L. 2323-19 du C. trav.
12. Sur les informations consultations du CSE, v. s^s n°s 121.11 s.
13. G. Teboul, « Le *prepack cession* : quoi de neuf ? », *RPC* nov. 2016, étude 23, n° 6.
14. C. com., art. R. 642-40. Voir pour une critique de ce dispositif : P. Guyomarc'h, « Les risques du "*prepack cession*" », *BJE* nov. 2015. 389.

Le seul garde-fou dans cette hypothèse d'absence d'appel d'offres réside dans l'avis du ministère public[1]. Dans ce cas, il fixe une date d'audience d'examen des offres, avec un délai incompressible de quinze jours[2] pour convoquer les cocontractants dont le contrat est susceptible d'être transféré en vertu de l'article L. 642-7 du Code de commerce. Cela peut alors faciliter la reprise en cas d'urgence.

Mais il est également possible de faire un nouvel appel d'offres, en toute transparence, pour recevoir des offres concurrentes et mieux-disantes en termes de prix de cession ou de maintien de l'emploi. Le tribunal va alors fixer un délai supplémentaire pour déposer des offres, ce qui va allonger la procédure d'adoption, parfois inutilement comme dans l'affaire William Saurin[3]. Cette démarche serait fréquente en pratique[4].

Est également écartée l'obligation d'informer les salariés en cas de cession du fonds de commerce, mais uniquement dans le cadre de la conciliation, le mandat *ad hoc* ne faisant pas partie des exceptions dressées à l'article L. 141-27 du Code de commerce issu de la loi du 31 juillet 2014. Cette loi a en effet voulu organiser une information, complémentaire à celle du CSE, au profit des salariés pour qu'ils puissent proposer une offre de reprise en cas de cession du fonds de commerce. Si cette mission est confiée au mandataire *ad hoc* et qu'aucune procédure collective n'est par la suite ouverte, il faudra donc informer les salariés. Cela pose une difficulté pratique, car l'information des salariés est préalable et il est difficile de savoir si au final une procédure collective sera ou non ouverte. Pour sécuriser l'opération en mandat *ad hoc*, il semble donc indispensable de transformer au moins en conciliation ou d'ouvrir une procédure de sauvegarde.

La cession bénéficie également d'une liberté contractuelle plus importante que si la cession avait été préparée dans le cadre de la procédure collective. Certains ont parfois soutenu que les incompatibilités établies par l'article L. 642-3 du Code de commerce dans le choix du repreneur étaient inapplicables au stade de la conciliation ou du mandat *ad hoc*. Il semblerait cependant qu'elles doivent être vérifiées lorsque le plan est finalement adopté dans le cadre de la procédure collective ouverte ultérieurement[5]. La mise en œuvre pratique du plan dépendra de la procédure ouverte, sauvegarde, redressement ou liquidation judiciaire[6].

432.33 Incertitudes du *prepack cession* quant au sort des salariés. Une incertitude apparaît concernant le sort des salariés. Dans le cadre d'une question préjudicielle posée par une juridiction néerlandaise, la CJUE a indiqué que les salariés devaient bénéficier de la protection accordée par les articles 3 et 4 de la directive n° 2001/23 du 12 mars 2001, à savoir l'interdiction des licenciements prononcés à l'occasion du transfert. La Cour a écarté l'exception prévue par l'article 5 de la directive dans la mesure où les conditions relatives à la finalité de la procédure d'insolvabilité et au contrôle d'une autorité publique ne sont pas réunies dans le mécanisme néerlandais du « *prepack cession*[7] ». Suite au renvoi devant les juridictions néerlandaises, une nouvelle décision de la CJUE est intervenue modifiant la solution rendue en 2017. Elle considère qu'il y a effectivement un contrôle d'une autorité publique. Par ailleurs, elle indique qu'il convient de faire une analyse globale et pragmatique de ce mécanisme. Le but principal reste le désintéressement des créanciers, mais il peut s'accompagner accessoirement d'un maintien de l'activité[8].

Se pose alors la question pour le droit français.

Trois conditions doivent être réunies pour que l'exception joue, et donc pour que des licenciements soient autorisés. Il faut que le cédant fasse l'objet d'une procédure collective, ce qui est le cas. Il faut ensuite que la procédure soit sous le contrôle d'une autorité publique[9], ce qui est également le cas, puisque l'offre finalement retenue dépendra de la décision du tribunal, qui peut très bien écarter l'offre présentée par le débiteur et peut d'ailleurs procéder à un appel d'offres. Est enfin exigée une finalité particulière, à savoir la liquidation des actifs[10].

Or, comme pour le droit néerlandais, il s'agit au contraire de mettre fin aux difficultés, d'assurer la continuité de l'entreprise et de maintenir les emplois conformément à l'article L. 611-7 du Code de commerce. Cette condition pourrait ainsi également faire

1. C. Delattre, « Le ministère public garant de la transparence en matière de *prepack cession* », *BJE* sept. 2018. 353.
2. C. com., art. R. 642-7 et R. 631-19 pour le redressement judiciaire.
3. « L'élaboration des plans, Table Ronde », *RPC* janv. 2019, p. 53, spéc. p. 54.
4. « L'élaboration des plans, Table Ronde », *RPC* janv. 2019, p. 53, spéc. p. 54.
5. S. Sabathier et C. Caviglioli, « La cession dans les différentes procédures : prepack, redressement et liquidation judiciaires », *RPC* nov. 2015, dossier 55, n°s 18 s.
6. Th. Montéran et M. Mieulle, « Le *vade-mecum* du plan de cession prepack », *BJE* mai 2015. 164.
7. CJUE, 22 juin 2017, n° C-126/16 ; *Act. proc. coll.* 2017, comm. 210, L. Fin-Langer ; *D.* 2017. 2242, obs. R. Dammann et G. Podeur ; *Leden* oct. 2017, p. 6, obs. G. Dedessus-Le Moustier ; *BJE* nov. 2017. 442, note L. C. Henry ; *RPC* 2018, comm. 107, obs. M. Menjucq.
8. CJUE 28 avr. 2022, n° C-237/20 ; *Act. proc. coll.* 2022, 149, note L. Fin-Langer.
9. Condition prévue par CJCE 12 mars 1998, *Dethier Équipement*, n° C-319/94, EU : C : 1998 : 99. Elle a été intégrée par la directive du 12 mars 2001.
10. CJCE 25 juill. 1991, *Urso*, n° C-362/89, EU : C : 1991 : 326, spéc. points 31 et 32 – CJCE 7 déc. 1995, arrêt Spano, n° C-472/93, EU : C : 1995 : 421, point 25.

défaut pour autoriser les licenciements[1]. Il faut cependant nuancer cette solution, car l'article 4 de la directive du 12 mars 2001 autorise les licenciements pour motif économique ou pour motif technique dans le cadre du transfert du contrat de travail.

Notre droit interne, à savoir l'article L. 1224-1 tel qu'interprété par la Cour de cassation, est plus restrictif que le droit européen, puisque les licenciements pour motif économique ne sont autorisés que dans le cadre du plan de cession. Par ailleurs, la directive autorise également les états à prévoir la modification des conditions de travail pour préserver l'emploi. Or, là encore, notre droit interne n'envisage pas cette possibilité. Il y a donc une insécurité au regard de cette possibilité. Le fait d'ouvrir une procédure collective pourrait apporter une solution grâce à l'application de l'article L. 642-5 du Code de commerce[2].

L'action dont l'objet est de savoir si le contrat de travail est ou non transféré dans le cadre d'un prepack cession n'est pas une action connexe à la procédure collective. Il convient par conséquent d'appliquer le règlement Bruxelles I *Bis* pour déterminer la juridiction compétente en cas de contentieux international[3].

SECTION 2
TRANSFERT DES SALARIÉS EN CAS DE CESSION D'UNE ENTREPRISE EN PROCÉDURE COLLECTIVE SANS PLAN DE CESSION

§ 1
Application possible de l'article L. 1224-1 du Code du travail

432.41 Cession des contrats de travail dans la cession d'unité de production avant la loi de sauvegarde. Avant la loi de sauvegarde du 25 juillet 2005, la Cour de cassation a appliqué l'ancien article L. 122-12 du Code du travail, aux cessions d'unité de production.

La continuation des contrats de travail était utile si, sous l'empire de la législation antérieure à la loi de sauvegarde des entreprises[4], une cession d'unité de production, dans les conditions de l'article L. 622-17 du Code de commerce[5] était envisagée[6]. En ce cas, l'article L. 622-17, alinéa 3, du Code prévoyait que l'offre de cession devait comporter notamment les indications prévues à l'article L. 621-85, 4° du Code[7], c'est-à-dire, « le niveau et les perspectives d'emploi ». Le repreneur aurait donc pu ainsi contrôler, comme cela était le cas en matière de plan de cession, le nombre de salariés repris, compte tenu des souhaits exprimés dans l'offre de reprise.

La cession n'était pas judiciaire, à l'identique de la solution retenue en cas de plan de cession, avec cette justification supplémentaire ici que le dispositif de cession judiciaire des contrats institués par l'article L. 621-88 du Code de commerce[8] était inapplicable en cas de cession d'unité de production.

Les contrats de travail ont alors fait l'objet d'une cession légale, de plein droit, en application de l'article L. 1224-1 du Code du travail. La chambre sociale de la Cour de cassation, a posé en principe que la cession d'unité de production entraîne de plein droit le transfert d'une entité économique autonome conservant son identité, et, par voie de conséquence, la poursuite avec le cessionnaire des contrats de travail des salariés de l'unité de production transférée[9].

Cette cession légale jouait même au profit d'un salarié de l'entreprise débitrice qui exerçait un mandat social dans la société repreneur[10]. Cette cession légale ne pouvait être tenue en échec par une demande d'autorisation de licencier un salarié protégé présentée par l'ancien employeur après la cession[11].

1. CJUE, 22 juin 2017, n° C-126/16 ; *Act. proc. coll.* 2017, comm. 210, L. Fin-Langer – O. Buisine, « Jurisprudence de la CJUE en matière de transfert d'entreprise : l'avenir incertain du *prepack cession* et du plan de cession », *RPC* nov. 2019, étude 23, n° 62.
2. Sur l'étude du plan de cession, v. s[s] n°s 431.11 s.
3. Soc. 8 déc. 2021, n° 20-13.905 ; *Act. proc. coll.* 2022, n° 23, obs. V. Legrand ; *RPC* 2022, n° 35, obs. D. Jacotot ; *RPC* 2022, n° 69, obs. Th. Mastrullo ; *JCP E* 2022, n° 1163, n° 2, note A. Tehrani ; *BJS* févr. 2022, 41, note D. Robine et F. Jault-Seseke – Soc. 20 déc. 2023, n° 21-18.146 et s. ; P ; *Act. proc. coll.* 2024, n°s 52 et 57, obs. E. Fabriès-Lecéa ; *BJS* 3/2024. 44, obs. Th. Mastrullo ; *Gaz. Pal.* 19 mars 2024, p. 55, obs. G. C. Giorgini ; *JCP S* 2024, n° 1024, note J.-Ph. Tricoit ; *JCP E* 2024, n° 1116, n° 18, note A. Tehrani. La Cour de cassation a retenu le même critère pour en déduire que la loi applicable à ce litige ne relève pas du règlement Insolvabilité.
4. L. n° 2005-845, 26 juill. 2005 de sauvegarde des entreprises, *JO* 27 juill., n° 5.
5. Anc[t] L. 25 janv. 1985, art. 155.
6. Béraud, « En finir avec les incertitudes pesant sur le sort des contrats de travail en matière de cession d'unités de production », *RPC* 2003, p. 91.
7. Anc[t] L. 25 janv. 1985, art. 83, 4°.
8. Anc[t] L. 25 janv. 1985, art. 86.
9. Soc. 27 oct. 1999, n° 97-43.194, P V, n° 415 ; *Rev. proc. coll.* 2000, 65, n° 14, obs. F. Taquet – Soc. 27 avr. 2000, n° 98-40.064, P V, n° 156 ; *Gaz. Pal.* 27-29 janv. 2002. 34, note F. Dumont – Soc. 28 juin 2000, n° 97-43.606, P V, n° 254 ; *LXB*, n° A8741AH9 – Soc. 10 mai 2001, n° 99-41.391, P V, n° 162 ; *Act. proc. coll.* 2001/12, n° 156 – Soc. 20 juin 2002, n° 00-43.610, NP ; *Act. proc. coll.* 2002/16, n° 212 – Soc. 26 févr. 2003, n° 01-41.482, P V, n° 68 ; *LXB*, n° A2925A7H – Soc. 5 nov. 2003, n°s 01-45.161, 01-45.162, 01-45.163, NP ; *LXB*, n° A0679DAE.
10. Soc. 30 avr. 2002, n° 00-41.262, NP ; *Act. proc. coll.* 2002/14, n° 183.
11. Soc. 10 mai 2001, n° 99-41.391, P V, n° 162 ; *Act. proc. coll.* 2001/12, n° 156.

Le fait que l'activité ait cessé avant que ne soit autorisée la cession de l'unité de production n'empêchait pas le jeu de l'article L. 1224-1 du Code du travail[1]. Cependant, le repreneur devait continuer l'activité du débiteur. À défaut, aucune entité économique n'était transférée et l'article L. 1224-1 du Code du travail était inapplicable[2]. En outre, il ne pouvait y avoir cession légale du contrat de travail que s'il y avait transfert d'unité économique, ce que n'était pas le simple rachat de stocks du débiteur[3].

Cette jurisprudence désastreuse, qui n'avait sans doute pas d'autre objectif que d'interdire toute cession d'unité de production, du fait des risques qu'elle faisait courir aux salariés, faute de sanction du repreneur en cas d'inexécution, contrairement aux règles régissant le plan de cession, a été vivement critiquée[4]. Il en a, en tout cas, été tiré un certain nombre de conséquences découlant de l'application de cette disposition d'ordre public.

Tout d'abord, la cession légale des contrats de travail s'opérait même si les salariés avaient été licenciés par le mandataire-liquidateur avant la cession[5].

Si les salariés avaient été licenciés par le liquidateur puis embauchés par le repreneur, leur ancienneté était appréciée par rapport à leur entrée au service de leur précédent employeur en liquidation judiciaire[6]. En conséquence, le licenciement prononcé par le liquidateur, sur la demande du repreneur pour déroger aux règles de l'article L. 1224-1 de ce Code, spécialement pour mettre à l'écart les règles relatives à l'ancienneté des salariés finalement repris, était privé d'effet[7].

La chambre sociale avait encore précisé qu'un salarié licencié avant la cession d'unité de production était, du fait de la cession de l'unité de production, repris par le repreneur. Son licenciement prononcé avant la cession était en conséquence dépourvu d'effet[8], alors même que le contrat de travail aurait été à durée déterminée[9], et cela quelque que soit la volonté des intéressés[10]. Les salariés concernés ne pouvaient obtenir leur indemnisation par l'AGS[11] et, s'ils l'avaient obtenu à la suite du licenciement effectué par le liquidateur, ils devaient rembourser l'AGS, leur licenciement étant privé d'effet du fait de la cession d'unité de production[12].

La Cour de cassation a ensuite offert un choix au salarié. Si, du fait de la cession, le licenciement était privé d'effet, le salarié pouvait demander la poursuite de son contrat de travail au repreneur ou la réparation de son préjudice à l'entreprise débitrice, son ancien employeur[13]. Lorsque la perte de l'emploi résultait à la fois du cédant qui l'a licencié – en l'occurrence le liquidateur – et du cessionnaire, qui a refusé de poursuivre le contrat de travail ainsi rompu, le salarié pouvait diriger son action contre l'un et l'autre, sauf un éventuel recours entre eux[14]. Si, au contraire, le cessionnaire notifiait au salarié son intention de poursuivre le contrat de travail avant l'expiration du délai de préavis, le choix n'existait plus pour le salarié, qui ne pouvait plus alors demander de dommages et intérêts au débiteur cédant[15] et, en conséquence, l'intervention de l'AGS. Il fallait toutefois que le contrat de travail ne subisse pas une modification substantielle. En ce cas, le salarié était libre de ne pas accepter la modification et le contrat ne sera pas transféré[16].

Le cessionnaire de l'unité de production n'était pas tenu du paiement de l'indemnité de congés payés afférente à la période antérieure à la cession[17], à moins qu'il n'ait contracté cette obligation dans son offre[18].

La chambre mixte de la Cour de cassation, saisie de la difficulté, n'a pas voulu s'engager dans la voie d'un revirement, sans doute guidée par l'idée que ce revirement serait bien tardif, alors que la loi de sauve-

1. Soc. 27 avr. 2000, n° 98-40.064, P V, n° 156 ; *LXB*, n° A8184AG9 – Soc. 20 juin 2002, n° 00-43.610, NP ; *Act. proc. coll.* 2002/16, n° 212.
2. Soc. 12 mars 2003, n° 01-40.174, NP ; *Act. proc. coll.* 2003/11, n° 144.
3. Metz, ch. soc., 18 juin 2002, RG n° 97/03805 ; *RPC* 2003, p. 346, n° 3, obs. C. Lebel.
4. P. Morvan et Moreuil, « Cession d'unité de production après liquidation judiciaire et transfert des contrats de travail : un revirement ou une réforme s'impose », *JCP E* 2004. I. 1897.
5. Soc. 19 avr. 2005, n° 03-43.240, P V, n° 143 ; *D.* 2005. AJ 1352, obs. A. Lienhard ; *D.* 2005. Somm. 2017, obs. F.-X. Lucas – Soc. 21 févr. 2006, n°s 03-48.243, 03-48.244, NP – Soc. 13 mai 2009, n°s 08-41.434, 08-41.453, NP ; n° 954 F-D.
6. Soc. 27 avr. 2000, n° 98-40.064, P V, n° 156 ; *Gaz. Pal.* 27-29 janv. 2002. 34, note F. Dumont.
7. Soc. 15 déc. 1998, n° 96-44.233, P V, n° 549 – *Adde* : Ifppc 1999, recomm. n°s 6100-3, 6100-4, p. 177.
8. Soc. 19 avr. 2005, n° 03-43.240, P V, n° 143 – Soc. 24 oct. 2006, n° 04-46.022, P V, n° 316 ; n° 2382 FS-P+B ; *D.* 2006. AJ 2789, obs. A. Lienhard ; *Act. proc. coll.* 2007/1, n° 6, note L. Fin-Langer – Soc. 13 mai 2009, n°s 08-41.434, 08-41.453, NP ; n° 954 F-D.
9. Soc. 24 sept. 2002, n° 00-41.643, NP ; *Act. proc. coll.* 2002/19, n° 255.
10. Soc. 28 juin 2000, n° 97-43.606, P V, n° 254 ; *LXB*, n° A8741AH9.
11. Soc. 20 juin 2002, n° 00-43.610, NP ; *Act. proc. coll.* 2002/16, n° 212.
12. Soc. 26 févr. 2003, n° 01-41.482, P V, n° 68 ; *LXB*, n° A2925A7H – Soc. 5 nov. 2003, n°s 01-45.161, 01-45.162, 01-45.163, NP ; *LXB*, n° A0679DAE.
13. Soc. 13 mai 2009, n°s 08-41.434, 08-41.453, NP ; n° 954 F-D.
14. Soc. 13 mai 2009, n°s 08-41.434, 08-41.453, NP ; n° 954 F-D.
15. Soc. 11 mars 2003, n° 01-41.842, P V, n° 86 – Soc. 30 mai 2007, n° 05-45.104, NP ; *Act. proc. coll.* 2007/14, n° 166, note L. Fin-Langer.
16. L. Fin-Langer, note s^{s} Soc. 30 mai 2007, n° 05-45.104, NP ; *Act. proc. coll.* 2007/14, n° 166.
17. Soc. 9 oct. 2001, n° 99-43.217, P V, n° 302 ; *Act. proc. coll.* 2001/19, n° 252.
18. Sur cette solution, en plan de cession : Soc. 16 oct. 2001, n° 98-14.662, NP ; *Act. proc. coll.* 2001/19, n° 253.

garde des entreprises a supprimé le mécanisme de la cession d'unité de production[1]. Et c'est pourquoi, dans le prolongement de cette jurisprudence, elle a décidé que la clause de la convention de cession d'une entité économique, qui ne prévoyait que la reprise d'une partie des salariés, contraire aux dispositions d'ordre public de l'article L. 1224-1 du Code du travail, devait être réputée non écrite, sans qu'en soit affectée entre les parties la validité de la convention de cession[2].

La loi de sauvegarde a supprimé cette forme de cession, mais la question demeure pour d'autres formes de cession.

432.42 Cession des contrats de travail en cas de cession isolée d'actifs. La vente des éléments d'actifs de l'entreprise en difficulté peut se faire de différentes manières en dehors du plan de cession, notamment en cas d'ordonnance du juge-commissaire. La Cour de cassation reconnait ainsi l'application de l'article L. 1224-1 dans le cadre de ces cessions isolées dès qu'elles portent sur une entité économique autonome[3]. Encore faut-il vérifier l'ensemble des conditions, à savoir le transfert d'un ensemble organisé de moyens permettant la poursuite de l'activité, le maintien de l'identité et la poursuite de l'activité par le repreneur.

La cession d'un fichier clients entraîne-t-elle application de l'article L. 1224-1 du Code du travail ? La solution posée par la Cour de cassation, depuis l'arrêt *MGEN*, même s'il ne portait pas sur la question précise, semble permettre d'apporter une réponse. Il importe qu'il y ait cession d'une entité économique. Or cette dernière se définit comme « un ensemble organisé de personnes et d'éléments corporels ou incorporels permettant l'exercice d'une activité économique qui poursuit un objectif propre »[4]. Comme un auteur a pu le relever, à la lecture de cette définition, « l'entité économique doit être dotée d'une certaine organisation, de l'activité, de personnes et d'éléments corporels ou incorporels »[5]. Dès lors, la simple cession d'un fichier clients ne doit pas permettre l'application de l'article L. 1224-1 du Code du travail, à moins que derrière cette cession de fichier clients, ne soit dissimulée la véritable cession d'une entité économique. Cela supposera, en pratique, la cession d'autres éléments.

La cession des dossiers d'un cabinet d'avocat a ainsi été analysée en une entité économique autonome imposant le jeu de l'article L. 1224-1 du Code du travail[6].

Pour qu'il n'y ait pas lieu à application de l'article L. 1224-1 du Code du travail, les juges du fond doivent vérifier si l'exploitation – en l'occurrence d'ambulancier-taxi – n'avait pas été poursuivie dans les locaux et si les licences et agréments transférés n'emportaient pas accès à la clientèle de l'activité de transport, caractérisant ainsi le transfert des moyens corporels ou incorporels nécessaires à l'exploitation. Ainsi, la cession d'éléments d'actifs isolés pouvait cacher le transfert d'une activité économique autonome[7].

La reprise des marchés d'une société en liquidation judiciaire par une autre oblige également au respect de l'article L. 1224-1 du Code du travail[8].

La question est plus délicate pour la cession d'encours de production. Il faut en réalité distinguer selon que cette cession s'accompagne ou non des moyens nécessaires à la réalisation de l'activité. Dans l'affirmative, il y a bien là, ainsi que cela a été relevé dans l'arrêt *MGEN*, une organisation de moyens permettant une activité autonome, donc une entité économique, dont la cession nous semble imposer le jeu de l'article L. 1224-1 du Code du travail.

La cession du droit au bail pose également des difficultés. La Cour de cassation oblige à distinguer nettement deux hypothèses.

Dans une première situation, le cessionnaire du droit au bail va exercer dans les locaux la même activité. En ce cas, il y a place à application de l'article L. 1224-1 du Code du travail. La solution a été posée à propos d'un garagiste. L'ancien exploitant exerçait l'activité de garagiste en louant l'immeuble. La cession du droit au bail à un nouvel exploitant d'un garage a emporté application de l'article L. 1224-1 du Code du travail[9].

À l'inverse, l'application de l'article L. 1224-1 du Code du travail a été écartée lorsque le cédant d'un droit au bail exploitait une activité de vente de tissus, alors que le cessionnaire tenait un commerce de prêt-à-porter[10]. Le critère d'application de l'article L. 1224-1 du Code du travail, en cas de cession du

1. Obs. A. Lienhard, s[s] Cass., ch. mixte, 7 juill. 2006, n° 04-14.788, P, n° 5 ; n° 242 P+B+R+I ; *D.* 2006. AJ 1954.
2. Cass., ch. mixte, 7 juill. 2006, n° 04-14.788, P n° 5 ; n° 242 P+B+R+I ; *D.* 2006. AJ 1954, obs. A. Lienhard ; *Gaz. proc. coll.* 2006/4, p. 20, note D. Voinot ; *JCP E* 2007. Chron. 1004, p. 22, n° 8, obs. Ph. Pétel ; *Act. proc. coll.* 2006/14, n° 171, note C. Régnaut-Moutier.
3. Soc. 24 oct. 2006, n° 04-45.673 ; *Bull. civ.* V, n° 316 ; *D.* 2006. 2789, note A. Lienhard ; *CSBP* févr. 2007, p. 82, note F. J. Pansier ; *Act. proc. coll.* 2007, n° 6, obs. L. Fin-Langer ; *JCP S* 2007, n° 1186, note R. Vatinet – Soc. 14 oct. 2020, NP ; n° 18-24.311 ; *Act. proc. coll.* 2020, n° 244.
4. Soc. 7 juill. 1998, n° 96-21.451, P V, n° 363 ; *Dr. soc.* 1998, n° 11, p. 948, note A. Mazeaud.
5. A. Boyer, *Protection des salariés et sauvetage de l'entreprise : quête d'un équilibre*, PUAM, 2006, n° 97, p. 168.
6. Soc. 25 sept. 2007, n° 06-41.892, NP ; *Gaz. Pal.* 21-23 oct. 2007.
7. Soc. 17 avr. 2019, n° 17-22.541, NP.
8. Soc. 23 sept. 2014, n° 13-21.303, NP.
9. Soc. 13 juin 1990, n°s 86-44.114, 86-44.927, 86-44.921, 86-44.115, P V, n° 276.
10. Soc. 9 mai 1989, n° 85-43.623, NP ; CSB 1989. 151, S. 83.

droit au bail, tient donc exclusivement à la continuation dans les locaux de la même activité.

De même, le simple rachat de stocks du débiteur n'emporte pas transfert d'unité économique[1].

432.43 Cession des contrats de travail en cas de cession d'un fonds de commerce ou d'éléments d'actifs en liquidation judiciaire. L'article L. 1224-1 du Code du travail est applicable à « tout transfert d'une entité économique conservant son identité et dont l'activité est poursuivie et reprise, même en l'absence de lien de droit entre les employeurs successifs »[2]. La solution vaut en cas de cession d'un fonds de commerce en liquidation judiciaire[3]. Les juges du fond seront donc censurés s'ils écartent l'application de l'article L. 1224-1 du Code du travail sans rechercher si la cession du fonds de commerce correspond au transfert d'une entité économique autonome ayant conservé son identité[4]. L'application de l'article L. 1224-1 du Code du travail est donc ici conditionnelle[5], contrairement à l'automaticité de la solution en cas de plan de cession.

Il est à noter que l'article 40 de la loi du 17 juin 2020[6] relative à diverses dispositions liées à la crise sanitaire a prévu une exception temporaire : l'article L. 1224-1 du Code du travail n'est pas applicable aux contrats de travail rompus en application de la décision ouvrant ou prononçant la liquidation lorsque la cession du fonds de commerce est décidée dans le cadre de l'article L. 642-19 du Code de commerce. Cette disposition ne s'applique qu'aux procédures en cours à la date de la publication de la loi jusqu'au 31 décembre 2020.

Il en est de même en cas de résiliation du contrat de location-gérance par le liquidateur, le transfert au profit du propriétaire du fonds de commerce s'opérant alors dès son retour dans le patrimoine du propriétaire et non au jour de la remise des clés. La seule condition est de vérifier que le fonds n'est pas en ruine.[7] Encore faut-il que les conditions d'application de l'article L. 1224-1 du Code du travail soient réunies, à savoir le transfert d'une entité économique autonomie dont l'activité est poursuivie par le repreneur[8].

432.44 Cession des contrats de travail en cas de reprise de fait de l'activité de l'entreprise en difficulté. En cas de reprise de fait de l'activité d'une personne morale débitrice en liquidation judiciaire, il y a place à application de l'article L. 1224-1 du Code du travail.

La solution a été posée en cas de reprise de fait de l'activité d'un locataire-gérant placé en liquidation judiciaire, à la suite d'un détournement de clientèle[9]. En cas de liquidation judiciaire atteignant le locataire-gérant, si l'activité du fonds de commerce est poursuivie par des personnes désireuses d'acquérir le fonds, ces dernières sont tenues des obligations des contrats de travail des salariés, lors de la cessation de leur activité par suite de l'abandon du projet d'acquisition, dès lors que le contrat de location-gérance n'avait pas pris fin[10].

La solution a également été posée pour la reprise de fait par une commune de l'activité d'une association placée en liquidation judiciaire[11]. Il s'agit désormais d'une jurisprudence constante : une collectivité locale, personne morale de droit public, peut décider, pour assurer la continuité du service public, de reprendre l'activité auparavant assurée par des personnes morales de droit privé, comme des associations. Il peut également s'agir d'un syndicat mixte reprenant l'activité d'enseignement d'une activité sportive. Le fait que ce syndicat ne soit pas affilié à une fédération sportive ne remet pas en cause l'identité de l'entité[12].

La reprise de fait par un repreneur public pose un certain nombre de difficultés. En effet, le repreneur public doit alors proposer aux salariés repris un contrat de droit public de même nature que son contrat de droit privé (CDD ou CDI), avec le maintien de son ancienneté et de sa rémunération en vertu de l'article L. 1224-3 du Code du travail. Il s'agit bien évidemment d'une modification importante du contrat que le salarié est en droit de refuser. S'il accepte cette proposition, il passe sous un statut de droit public[13].

1. Metz, ch. soc., 18 juin 2002, RG n° 97/03805 ; *Rev. proc. coll.* 2003, p. 346, n° 3, obs. C. Lebel.
2. Cass., ass. plén., 16 mars 1990, n° 89-45.730, n° 86-40.686, P, n° 4, 2 esp. ; *D.* 1990. 305, note A. Lyon-Caen.
3. Sur la question : Boyer, *Protection des salariés et sauvetage de l'entreprise : quête d'un équilibre*, PUAM, 2006, n°s 96 à 103.
4. AINSI : Soc. 23 mai 2000, n° 97-44.492, NP ; *RJS* 2000, n° 773, p. 542.
5. A. Boyer, *Protection des salariés et sauvetage de l'entreprise : quête d'un équilibre*, PUAM, 2006, n° 96.
6. L. n° 2020-734, 17 juin 2020 relative à diverses dispositions liées à la crise sanitaire, à d'autres mesures urgentes ainsi qu'au retrait du Royaume-Uni de l'Union européenne, *JO* 18 juin, n° 1.
7. Soc. 3 avr. 2024, n°s 22-10.261 à 22-10.267, P ; *Act. proc. coll.* 2024, n°s 115 et 121, obs. B. Saintourens ; *JCP S* 2024, n° 1186, note J.-Ph. Lhernould ; *Leden* mai 2024, p. 6, note H. de Frémont ; *SSL* 2024, n° 2090, obs. L. Fin-Langer.
8. Pour un ex. où les conditions ne sont pas réunies : Douai, ch. réunies, 17 nov. 2022, n° 20/04158.
9. Soc. 16 déc. 2009, n°s 08-41.196, 08-41.197, 08-41.677, 08-41.678, NP ; *Act. proc. coll.* 2010/3, n° 49.
10. Soc. 19 déc. 2012, n° 10-12.010, NP.
11. Soc. 23 oct. 2007, n° 06-45.289, P V, n° 170 ; FS-P+B ; *Act. proc. coll.* 2008/1, n° 15, note L. Fin-Langer.
12. Soc. 11 déc. 2024, n° 22-20.260, NP ; *Act. proc. coll.* 2025, n° 33.
13. Sur la modification du contrat en cas de reprise par un repreneur public, v. s^{s} n° 431.55.

Mais en cas de refus, le repreneur procède à son licenciement en conformité avec les dispositions légales et conventionnelles du droit privé, relatives notamment au préavis, à l'exception de l'article L. 1232-2 du Code du travail, imposant la convocation à l'entretien préalable en cas de licenciement pour motif personnel[1]. Il doit ainsi notifier le licenciement, à défaut le salarié peut demander réparation de son préjudice[2].

Lorsqu'il s'agit d'un salarié protégé, le repreneur doit demander l'autorisation à l'inspection du travail, qui va contrôler non seulement la régularité de la procédure, l'absence de lien avec son mandat, mais aussi que le contrat proposé reprend les clauses substantielles du précédent contrat[3].

432.45 **Contentieux.** Le contentieux de l'application de l'article L. 1224-1 du Code du travail relève du Conseil des prud'hommes. Lorsqu'il s'agit d'un salarié protégé, le Conseil des prud'hommes n'est compétent que si le transfert a lieu après l'autorisation de l'inspection du travail. La Cour a précisé que le délai de prescription est celui de deux ans relatif à l'exécution du contrat, même si cette demande a pour conséquence la remise en cause du licenciement subséquent[4].

§ 2
Conséquences de l'application de l'article L. 1224-1 du Code du travail

432.51 **Transfert automatique de tous les contrats de travail en cours au jour de la cession.** L'application de ce texte a pour effet le transfert automatique de l'ensemble des salariés travaillant dans l'entité transférée. Il s'agit d'une règle d'ordre public, qui s'impose aussi bien au cédant, au cessionnaire qu'aux salariés concernés. Ce seront ainsi les mêmes effets que ceux présentés dans le cadre d'un plan de cession pour les salariés qui ne sont pas licenciés[5]. Il faut cependant noter une différence majeure, puisque les licenciements ne sont pas autorisés.

432.52 **Impossibilité d'envisager des licenciements à l'occasion du transfert.** Dès lors que l'article L. 1224-1 du Code du travail s'applique, les salariés sont alors transférés de plein droit au repreneur sans qu'il puisse prévoir des licenciements. À la différence du plan de cession, l'ordonnance de cession isolée de l'actif ne peut déroger à l'article L. 1224-1 au Code du travail. La présence de salariés travaillant pour un fonds de commerce est donc souvent un critère pour savoir s'il convient ou non de mettre en place un plan de cession.

Ainsi, contrairement à la situation du repreneur, en plan de cession, qui peut limiter le nombre de salariés repris sur le fondement de l'article L. 642-5 du Code de commerce et jouer ainsi sur l'article L. 1224-1 du Code du travail, l'acquéreur d'un fonds de commerce ne peut limiter son acquisition au fonds ou limiter le nombre de salariés repris. L'article L. 1224-1 du Code du travail lui interdit cette démarche[6].

Les salariés ne peuvent obtenir la condamnation du cédant à leur verser une indemnité pour perte d'emploi, alors que la relation de travail s'est poursuivie avec le repreneur. En outre, le cédant n'est pas, en principe, responsable des modifications apportées par le cessionnaire aux contrats transférés[7].

Ainsi, peu importe que l'ordonnance du juge-commissaire autorisant la vente du fonds de commerce limite à certains salariés la poursuite de leur contrat de travail puisqu'il n'en a pas le pouvoir[8]. Peu importe encore que le liquidateur ait licencié le salarié avant la cession du fonds de commerce, le salarié pouvant, à son choix, demander au repreneur la poursuite de son contrat de travail[9] ou demander réparation du préjudice résultant de la perte de son emploi à la personne qui l'a licencié[10].

Les licenciements qui auraient pu être prononcés avant l'ordonnance pendant le maintien provisoire de l'activité à titre préventif pourraient ainsi être remis en cause sur ce fondement.

Il en résulte que le repreneur du fonds de commerce, qui n'entend reprendre qu'une partie du personnel, doit garantir le cédant des indemnités mises à sa charge en réparation de préjudices résultant de licenciements dépourvus de cause réelle et sérieuse. En effet, ces licenciements prononcés à la suite de

1. Soc. 10 janv. 2017, n° 15-14.775, P ; *D.* 2017. Actu. 165 ; *Dr. soc.* 2017. 375, obs. J. Mouly ; *JCP S* 2017, n° 1051, note K. Pagani ; *CSBP* févr. 2017, p. 73, note J. Icard ; *Gaz. Pal.* 31 janv. 2017, p. 35, note C. Berlaud – Soc. 1er févr. 2017, nos 15-18.480 et 15-18-481, P ; *AJDA* 2017. 256 ; *D.* 2017. 356 ; *Dr. soc.* 2017. 375, obs. J. Mouly ; *JCP S* 2017, n° 1153, note K. Pagani, *CSPB* avr. 2017, p. 185, note J. Icard.
2. Soc. 8 déc. 2016, n° 15-17.176, P ; *D.* 2016, actu 2577 ; *DS* 2017, 79, obs. J. Mouly ; *JCP S* 2017, n° 1060, F. Dumont.
3. CE 6 juin 2018, req. n° 391860, *D. actu.* 13 juin 2018, obs. M. C. De Montecler ; *RDT* 2018. 435, concl. S.-J. Lieber ; *JCP S* 2018, n° 1250, note M. Morand.
4. Soc. 21 avr. 2022, n° 20-17.496 ; *Act. proc. coll.* 2022, n° 150, note L. Fin-Langer, *D. actu*, 16 mai 2022, obs. Cl. Couëdel ; *JCP S* 2022, n° 1186, note F. Gabroy ; *RPC* 2022. Comm. 65, note D. Jacotot.
5. Sur le sort des salariés transférés suite à l'adoption du plan de cession, v. ss nos 431.51 s.
6. rappr. : Jacquemont, 6e éd., n° 1094.
7. Soc. 27 nov. 2013, n° 12-18.470, NP ; *Rev. proc. coll.* 2014, comm. 72, note D. Jacotot.
8. Soc. 11 oct. 2006, n° 04-45.212, NP ; *Act. proc. coll.* 2007/1, n° 6, note L. Fin-Langer.
9. AINSI : Versailles, 17e ch., 5 févr. 2014, RG n° 13/01258.
10. Soc. 26 juin 2012, nos 11-10.108, 11-21.752, NP ; *Act. proc. coll.* 2012/13, comm. 192, note L. Fin-Langer.

l'ordonnance du juge-commissaire autorisant la cession du fonds de commerce ont pour origine les conditions insérées dans son offre de reprise par le cessionnaire[1].

Ce principe a été repris par la Cour de cassation, qui juge que le liquidateur qui a procédé au licenciement des salariés dispose d'un recours en garantie à l'encontre du repreneur ayant refusé de poursuivre les contrats de travail, dès lors que les dispositions de l'article L. 1224-1 du Code du travail sont applicables[2]. Dans cet arrêt du 12 juillet 2017, le liquidateur a pu intenter un référé probatoire pour obtenir des documents à l'encontre d'une société qui avait racheté des navires sur lesquels travaillaient des salariés, pour savoir si cet achat caractérisait ou non un transfert d'entité économique autonome et par conséquent un manquement du repreneur à ses obligations.

Il en est aussi tiré la conséquence que le cédant, qui exclut de la cession du fonds de commerce un ou plusieurs contrats de travail, est responsable de la rupture de ces contrats. Les créances de ces salariés doivent être intégrées à la procédure de liquidation judiciaire ouverte à l'égard du cédant après la cession[3].

Il y a là un véritable frein à la reprise d'entreprise[4].

Il n'est évidemment pas interdit au repreneur du fonds de commerce de licencier pour faute grave le salarié repris en vertu de l'article L. 1224-1 du Code du travail[5].

Lorsque le salarié est licencié sous réserve d'une éventuelle cession du fonds, le repreneur doit l'informer de ses intentions à son égard. Le salarié n'est tenu de changer d'employeur que si le cessionnaire l'informe avant la fin de son préavis de son intention de poursuivre, sans modification, son contrat de travail. En l'absence d'une telle information, le cessionnaire manque à son obligation de poursuivre le contrat de travail et la rupture du contrat de travail lui est alors imputable[6].

Reste à préciser une règle particulière concernant la garantie de paiement des créances salariales au transfert. Contrairement au transfert d'une entreprise *in bonis*, l'article L. 1224-2 du Code du travail a écarté cette garantie de paiement incombant au repreneur au profit des salariés transférés. Cette règle s'explique par le fait que le repreneur dans le cadre de la cession isolée d'un actif paye un prix de cession, mais ne prend pas en charge les créances du débiteur. C'est la même solution qu'en présence d'un plan de cession[7].

SECTION 3
Sort des salariés en cas de cession d'entreprise excluant l'application de l'article L. 1224-1 du Code du travail

§ 1
Présentation générale

432.61 Hypothèses. Il se peut tout d'abord que les conditions de l'article L. 1224-1 du Code du travail ne soient pas réunies, comme c'est le plus souvent le cas lors des cessions isolées d'actifs, tels qu'un immeuble, ou d'une machine, ou sans reprise d'activité par le cessionnaire[8].

Il en est de même pour les hypothèses de reprise interne, via par exemple une cession d'actions ou de parts sociales[9], la personne morale restant identique. Cette jurisprudence constante pour les entreprises *in bonis* a vocation à s'appliquer lorsqu'il s'agit d'une cession décidée dans le cadre d'une procédure collective.

432.62 Conséquences. Faute d'application de l'article L. 1224-1 du Code du travail, les salariés ne sont pas transférés au repreneur qui n'a donc aucune obligation à leur égard. Ils sont ainsi licenciés selon les règles précédemment décrites selon qu'il s'agisse d'une sauvegarde, d'un redressement ou d'une liquidation judiciaire avec ou sans maintien provisoire de l'activité.

§ 2
Cas particulier du transfert d'entreprise aux salariés

432.71 Des mécanismes incitatifs à la reprise des entreprises par les salariés. La reprise de l'entreprise peut se faire au profit des salariés par l'intermédiaire par exemple d'une SCOP. Cette forme de reprise « interne » est encouragée par le législateur.

1. Soc. 4 juill. 2006, n°s 04-45.466, 04-45.467, NP ; n° 1736 F-D.
2. Soc. 12 juill. 2017, n° 16-12.659, FS-P+B. ; *D.* 2017. 1534 ; *JCP S* 2017, n° 1331, L. Fin-Langer ; *Leden* janv. 2018, p. 7, H. de Frémont.
3. Soc. 15 avr. 2008, n° 06-46.495, NP ; *Gaz. proc. coll.* 2008/3, p. 54, note B. Saintourens.
4. F. Legrand, *in* « Les licenciements économiques dans les procédures collectives », N. Kerouaz, Ph. Jeannerot, Th. Météyé, F. Legrand et M. Menjucq ; *RPC* 2016, table ronde 1, p. 79 s., sp. 80.
5. Soc. 28 mars 2012, n° 11-10.109, NP.
6. Com. 22 juin 2011, n° 09-41.229, NP.
7. Sur l'absence de garantie légale au paiement des créances antérieures, v. s^s n° 431.22.
8. Soc. 5 juill. 1983, n° 81-41.328 ; *Bull. civ.* V, n° 391.
9. Soc. 19 déc. 1990, n° 87-44.669 ; *Bull. civ.* V, n° 678 – Soc. 29 oct. 2002, n° 00-45.166 ; *Bull. civ.* V, n° 321 – Soc. 3 mai 2007, n° 05-45.315, NP ; *JCP S* 2007, n° 1544.

En dehors des procédures collectives, plusieurs mécanismes sont à rappeler. Tout d'abord, l'obligation d'information mise en place par la loi du 31 juillet 2014 en cas de vente d'un fonds de commerce ou de cession de parts sociales. Cette obligation d'information est cependant écartée en cas de redressement, de sauvegarde, de liquidation et de conciliation. Par ailleurs, il faut signaler qu'il ne s'agit pas d'un droit de préemption, qui serait contraire au droit de l'Union [1]. Ensuite, la loi du 30 décembre 2006 [2] a réintroduit un mécanisme indirect facilitant une reprise interne grâce au plan d'épargne entreprise et la mise en place d'un LBO, permettant un rachat de titres d'une société cible [3].

Dans le cadre des procédures collectives, cette reprise est également possible [4] et encouragée. L'article L. 631-13 du Code de commerce prévoit ainsi que l'administrateur informe les représentants du CSE depuis le 1er janvier 2020 ou le représentant des salariés que les salariés ont la possibilité de soumettre une ou plusieurs offres de reprise [5].

Elle est aussi parfois privilégiée par les juges, notamment en raison de la compétence particulière des salariés et de leur savoir-faire qui peut être un gage pour la survie de l'entreprise [6].

432.72 Une exception jurisprudentielle. Pour renforcer cette solution, la Cour de cassation a depuis quelques années posé une exception à l'application de l'article L. 1224-1 du Code du travail lorsque la reprise est effectuée au profit des salariés qui, grâce à leur indemnité de licenciement pour motif économique versé suite à la liquidation judiciaire de leur entreprise, ont constitué une société destinée à reprendre l'entreprise [7].

La Cour de cassation a déjà rendu cette solution dans le cadre d'une SCOP [8], mais aussi pour d'autres formes de sociétés [9]. Elle pourrait aller au-delà de la forme sociétale et concerner le salarié qui devient entrepreneur individuel ou commerçant. La forme de la structure importe peu dès lors que c'est le salarié, directement ou non, qui reprend l'activité. Le statut de la SCOP est particulier puisque les salariés doivent détenir au moins 51 % du capital, tout en détenant 65 % des droits de vote [10].

Le Conseil d'État adopte d'ailleurs la même solution pour les salariés protégés [11] et y compris lorsque la société n'avait pas déposé son bilan mais connaissait des difficultés [12].

Elle contredit cependant la volonté du législateur français puisque le ministre du travail en 1982 [13] avait souligné que cette dérogation n'était pas envisagée et qu'elle remettrait en cause la finalité initiale des indemnités de licenciement qui est de réparer le préjudice subi par les salariés en raison de leur perte d'emploi et non de financer une nouvelle société.

Sauf dans l'arrêt rendu le 3 mai 2011, la Cour de cassation s'appuie sur le fait que le contrat des salariés n'était plus en cours au jour du transfert en raison du licenciement prononcé auparavant, qui n'est donc pas remis en cause. Précisément, c'est grâce à cette indemnité de licenciement que la société qui reprend les salariés a pu voir le jour. Elle reste d'ailleurs prise en charge par l'AGS dans la limite de ses plafonds.

432.73 Une solution favorisant la reprise d'une entreprise en difficultés. Cette solution présente plusieurs avantages. Tout d'abord, c'est parfois la seule forme de reprise possible.

Ensuite, la société créée par ces salariés est libre de conclure de nouveaux contrats de travail, de faire redémarrer l'ancienneté à la conclusion de ces contrats, de ne reprendre qu'une partie des salariés et de déterminer selon les règles de droit commun les usages

1. CJUE, 19 déc. 2019, aff. C 465/18.
2. L. n° 2006-1770, 30 déc. 2006 pour le développement de la participation et de l'actionnariat salarié et portant diverses dispositions d'ordre économique et social, *JO* 31 déc., n° 1.
3. LBO : Leverage Management Buy-Out, P. Morvan, *Restructurations en droit social*, LexisNexis, 5e éd., 2020, n° 200 ; S. Lacroix-Sousa, « Le rachat de l'entreprise par les salariés : une stratégie payante ? », *Dr. soc.* 2014. 517.
4. L. Fin-Langer et D. Jacotot, « Les salariés, acteurs de la reprise d'entreprise en difficulté », *RPC* 2015, dossier n° 54, p. 59 s. ; B. Saintourens, « Reprise de l'entreprise par les salariés licenciés et principe de maintien des contrats de travail », *RPC* 2012, dossier 4.
5. L. Fin-Langer et D. Jacotot, « Les salariés, acteurs de la reprise d'entreprise en difficulté », *RPC* 2015, dossier n° 54, p. 59 s.
6. Chambéry, ch. civ. sect. 1, 4 déc. 2012, n° 12/02406 ; *BJE* mars 2013, comm. 46, p. 87, obs. Couard.
7. Soc. 7 mars 1989, n° 86-40.424 ; *Bull. civ.* V, n° 180 ; *JCP E* 1989. II. 15578, spéc. n° 13, note Ph. Pétel – Soc. 12 nov. 1997, n° 95-42.533 ; *Bull. civ.* V, n° 364 ; *Dr. soc.* 1998. 93, note R. Vatinet – Soc. 20 déc. 2006, n° 04-44.787 ; *Bull. civ.* V, n° 388 ; *JCP S* 2007, n° 1054, note P. Morvan, *D. actu.* 26 mai 2011, note M. Inès ; *Act. proc. coll.* 2007, n° 65 – Soc. 20 déc. 2006, n° 04-19.829 ; *Bull. civ.* V, n° 389 ; *Dr. soc.* 2007. 374, obs. A. Mazeaud ; *JCP S* 2007, n° 1054, note P. Morvan – Soc. 3 mai 2011, n° 09-70.813 ; *Bull. civ.* V, n° 103 ; *D.* 2011. Actu. 1356, obs. M. Inès ; *RJS* 2011. 535, n° 580 ; *DS* 2011, 865, obs. A. Mazeaud ; *Act. proc. coll.* juin 2011, n° 159, obs. L. Fin-Langer ; *BJS* déc. 2011, p. 999, note B. Saintourens ; *Leden* juin 2011, p. 7, note G. Dedessus-Le Moustier.
8. Soc. 20 déc. 2006, n° 04-44.787 ; *Bull. civ.* V, n° 388 ; *JCP S* 2007, n° 1054, note P. Morvan, *D. actu.* 26 mai 2011, note M. Inès ; *Act. proc. coll.* 2007, n° 65 – Soc. 7 mars 1989, n° 86-40.424 ; *Bull. civ.* 1989, V, n° 180.
9. Soc. 12 nov. 1997, n° 05-42.533 ; *Bull. civ.* V, n° 364 – Soc. 20 janv. 1998, n° 95-41.553, NP ; *RJS* 3/1998, n° 281.
10. M. Keim-Bagot, « Le salarié coopérateur : le modèle de la SCOP », *DS* 2014, p. 523.
11. CE 3 mai 2006, req. n° 277079 ; *JCP S* 2006, n° 1544, note J.-Y. Kerbourc'h.
12. CE 29 déc. 2000, req. n° 199320 ; *RJS* 4/2001, n° 474.
13. *BJS* 1982, p. 153 ; *RTD com.* 1982. 104.

et accords collectifs applicables à cette nouvelle structure.

De plus, elle écarte de la reprise les salariés qui ne sont pas associés à une telle entreprise. S'ils ont été licenciés, ils ne peuvent remettre en cause leur licenciement et demander leur réintégration auprès du repreneur.

Elle remet cependant en cause l'égalité des salariés en fonction de la personne du repreneur. Si les salariés repreneurs sont acteurs de cette reprise, il n'en est pas de même pour les autres salariés éventuellement repris. Ils subissent alors une différence de régime importante qu'ils n'auraient pas connue s'ils avaient été repris par un autre repreneur. Elle remet aussi en cause l'égalité des repreneurs potentiels qui ne sont pas soumis aux mêmes contraintes.

Il faut enfin noter que cette forme de reprise n'est pas toujours un gage de réussite, les salariés n'étant pas toujours formés correctement à la gestion, d'autant que l'entreprise connaît parfois des difficultés structurelles. Elle peut ainsi à son tour être en procédure collective, comme en témoigne l'affaire de la SCOP Seafrance[1].

§ 3
Cas particulier du transfert consenti par le salarié

432.81 Transfert du contrat de travail subordonné à l'accord du salarié en l'absence des conditions d'application de l'article L. 1224-1 du Code du travail. Précisons enfin que si les conditions d'application de l'article L. 1224-1 du Code du travail ne sont pas réunies, le transfert du contrat de travail ne peut intervenir qu'avec le consentement exprès du salarié. Ce principe n'est toutefois édicté que dans l'intérêt du salarié, ce dont il se déduit que la méconnaissance de ce principe ne peut être soulevée que par le salarié. Elle ne peut l'être, par exemple, par le dirigeant social de l'entreprise placée en liquidation judiciaire, qui avait personnellement continué le contrat de travail. Il est donc seul responsable de sa rupture[2].

Cette règle trouve désormais un fondement dans l'article 1216 du Code civil, qui organise la cession du contrat dès lors que toutes les parties (les employeurs successifs et le salarié) donnent leur accord.

En vertu de cette disposition, issue de la réforme du droit des contrats résultant de l'ordonnance du 10 février 2016, la cession doit être constatée par écrit, à peine de nullité. Le cédant, le premier employeur, est libéré de ses obligations envers le salarié si ce dernier y consent expressément. À défaut de consentement dans ce sens, le cédant est tenu solidairement de l'exécution du contrat de travail envers le cédé.

Cette disposition apporte ainsi une solution qui présente cependant deux limites importantes. En effet, il s'agit d'une disposition applicable à la cession individuelle d'un contrat de travail : chaque salarié concerné doit alors donner son consentement. Par ailleurs, elle n'a aucune conséquence sur les relations collectives dans l'entreprise.

1. Soc. 12 juill. 2017, n° 16-12.659, P ; *D.* 2017. 1534 ; *JCP S* 2017, n° 1331, note L. Fin-Langer ; *Leden* janv. 2018, p. 7, H. de Frémont.

2. Soc. 10 avr. 2008, n° 06-45.835, NP ; *Gaz. proc. coll.* 2008/3, p. 57, note Ph. Duprat – Soc. 10 avr. 2008, n° 06-45.836, NP ; *Gaz. proc. coll.* 2008/3, p. 57, note Ph. Duprat ; *Act. proc. coll.* 2008/12, n° 196, note L. Fin-Langer – Soc. 10 avr. 2008, n° 06-45.839, NP ; *Gaz. proc. coll.* 2008/3, p. 57, note Ph. Duprat.

LIVRE

5. LE SORT DES SALARIÉS EN LIQUIDATION JUDICIAIRE

LAURENCE FIN-LANGER
PROFESSEUR AGRÉGÉ

SECTION 0
ORIENTEUR

5.00 **Sommaire du livre.**

Titre	51	**Le sort des salariés en cas de liquidation judiciaire**
Chap.	511	Sort des salariés en liquidation judiciaire sans maintien provisoire de l'activité
Chap.	512	Sort des salariés en liquidation judiciaire avec maintien provisoire de l'activité

TITRE

51. Le sort des salariés en cas de liquidation judiciaire

SECTION 0

ORIENTEUR

51.00 **Sommaire du titre.**

Chap. 511		**Sort des salariés en liquidation judiciaire sans maintien provisoire de l'activité**
Sect.	1	Rupture des contrats de travail des salariés d'une entreprise en liquidation judiciaire
Sect.	2	Rupture particulière de certains contrats de travail
Sect.	3	Mesures d'accompagnement des salariés suite au jugement de liquidation judiciaire
Chap. 512		**Sort des salariés en liquidation judiciaire avec maintien provisoire de l'activité**
Sect.	1	Présentation du maintien provisoire de l'activité
Sect.	2	Licenciements économiques en cas de maintien provisoire de l'activité
Sect.	3	Rupture particulière de certains contrats de travail
Sect.	4	Sort des salariés non licenciés pendant le maintien provisoire de l'activité

CHAPITRE

511. Sort des salariés en liquidation judiciaire sans maintien provisoire de l'activité

SECTION 0 ORIENTEUR

511.00 Sommaire du chapitre.

Sect. 1 Rupture des contrats de travail des salariés d'une entreprise en liquidation judiciaire 511.11 à 511.55

§ 1 Possibilité de licencier pour motif économique les salariés embauchés en contrat à durée indéterminée 511.11 à 511.13

§ 2 Dispositions communes relatives à la mise en œuvre des licenciements économiques 511.21 à 511.32

§ 3 Procédure des licenciements économiques sans mise en place d'un PSE 511.41 à 511.43

§ 4 Procédure des licenciements économiques avec mise en place d'un PSE 511.51 à 511.55

Sect. 2 Rupture particulière de certains contrats de travail 511.61 à 511.83

§ 1 Rupture des contrats de travail suspendus 511.61 à 511.64

§ 2 Rupture des contrats de travail des salariés titulaires d'un mandat 511.71 à 511.77

§ 3 Rupture des contrats de travail autres que le CDI 511.81 à 511.83

Sect. 3 Mesures d'accompagnement des salariés suite au jugement de liquidation judiciaire 511.91 à 511.132

§ 1 Rôle des représentants du personnel 511.91 à 511.92

§ 2 Intervention de l'AGS 511.101 à 511.102

§ 3 Portabilité des garanties de mutuelle et de prévoyance 511.111

§ 4 Reprise possible des poursuites en cas de clôture pour insuffisance d'actifs 511.121 à 511.122

§ 5 Action contre la société mère 511.131 à 511.132

511.01 Textes applicables.

• **C. com.**

art. L. 233-1 s. [Critères du groupe de sociétés]

art. L. 641-4 [Licenciements pour motif économique prononcés par le liquidateur après un jugement de liquidation judiciaire]

art. L. 641-11-1 [Résiliation des contrats en cours en cas de liquidation judiciaire]

art. L. 641-13 [Créances postérieures privilégiées en cas de liquidation judiciaire]

art. L. 641-14 [Particularités des instances prud'homales en cours en cas de liquidation judiciaire]

art. L. 643-8 [Ordre de paiement des créances en liquidation judiciaire]

art. L. 662-4 [Licenciement du représentant des salariés]

• **C. com.**

art. R. 621-16 [Licenciement du représentant des salariés]

• **C. trav.**

art. L. 1222-6 [Modification du contrat pour motif économique]

art. L. 1225-4 [Licenciement de la salariée enceinte]

art. L. 1226-9 [Licenciement d'un salarié victime d'un accident du travail]

art. L. 1232-4 [Entretien individuel d'un salarié licencié]

art. L. 1233-3 [Définition du motif économique]

art. L. 1233-4-1 [Licenciement pour motif économique dans un groupe de société]

art. L. 1233-5 [Critères d'ordre des licenciements pour motif économique]

art. L. 1233-8 [Procédure de consultation du CSE en cas de licenciement collectif de moins de dix salariés]

art. L. 1233-11 s. [Entretien préalable des salariés licenciés dans des licenciements collectifs de moins de dix salariés]
art. L. 1233-15 s. [Notification du licenciement]
art. L. 1233-21 s. [Procédure de licenciement collectif de dix salariés et plus]
art. L. 1233-24-1 à L. 1233-24-4 [PSE]
art. L. 1233-30 s. [Procédure de consultation du CSE en cas de licenciement collectif de dix salariés et plus]
art. L. 1233-33 [Aménagement de la procédure de consultation par accord]
art. L. 1233-38 [Absence d'entretien individuel en cas de licenciement collectif de dix salariés et plus]
art. L. 1233-57 s. [Intervention de l'autorité administrative pour valider le PSE]
art. L. 1233-58 [Dispositions des licenciements économiques à respecter en cas de procédure collective]
art. L. 1233-59 [Inapplication des délais de notification des lettres de licenciement économique en cas de procédure de redressement ou de liquidation judiciaire]
art. L. 1233-60 [Information de l'autorité administrative en cas de licenciement économique en redressement et en liquidation judiciaire]
art. L. 1233-60-1 [Modification du contrat pour motif économique en cas de redressement et de liquidation judiciaire]
art. L. 1233-61 s. [Contenu du PSE]
art. L. 1233-65 s. [Contrat de sécurisation professionnelle]
art. L. 1233-75 [Congé reclassement]
art. L. 1233-84 [Obligation de revitaliser les bassins de l'emploi]
art. L. 1234-1 s. [Préavis à respecter en cas de licenciement]
art. L. 1234-5 [Indemnité compensatrice de préavis]
art. L. 1234-9 [Indemnité de licenciement]
art. L. 1234-20 [Reçu pour solde de tout compte]
art. L. 1235-2 [Procédure de demande de précision du motif de licenciement]
art. L. 1235-3 [Indemnité pour défaut de cause réelle et sérieuse]
art. L. 1235-10 [Sanctions des irrégularités relatives au PSE]
art. L. 1235-11 [Nullité du licenciement et réintégration du salarié en cas d'irrégularité du PSE]
art. L. 1235-16 [Conséquences de l'annulation de la décision de validation du PSE]
art. L. 1243-1 [Causes de rupture du CDD]
art. L. 2411-1 s. [Licenciement des salariés protégés, dotés d'un mandat représentatif]
art. L. 3253-6 [Principe d'une assurance contre le risque de non-paiement des salaires en cas de procédure collective]
art. L. 3253-8 [Sommes garanties par l'AGS]
art. L. 3253-9 [Prise en charge des indemnités de rupture par l'AGS des salariés bénéficiant d'une protection relative au licenciement]
art. L. 3253-13 [Prise en charge des sommes versées aux salariés licenciés en vertu d'un PSE ou d'un accord collectif]
art. L. 6222-18 [Rupture du contrat d'apprentissage]

• **C. trav.**

art. R. 1233-7 [Information de la Dreets du jugement d'ouverture]
art. D. 1233-2-1 [Contenu des offres de reclassement]
art. R. 1234-2 [Montant de l'indemnité de licenciement]
art. R. 2421-8 [Consultation préalable du CSE en cas de licenciement d'un salarié protégé]

511.02 Jurisprudence de référence.

> Le contrat de travail n'est pas résilié du seul fait de la liquidation judiciaire

• **Soc. 20 juin 2001,** n° 99-43.793, NP
* V. ss n° 511.11

> La lettre qui indique que le licenciement intervient en application du jugement de liquidation est suffisamment motivée

• **Soc. 2 mars 2004,** n° 02-41.932, P V, n° 67
* V. ss n° 511.13

> L'obligation de reclassement préalable doit être respectée en cas de liquidation judiciaire

• **Soc. 10 mai 1999,** n° 97-40.060, P V, n° 203
* V. ss n° 511.25

> Le licenciement peut être privé de cause réelle et sérieuse si la liquidation judiciaire a pour cause la légèreté blâmable de l'employeur

• **Soc. 8 juill. 2020,** n° 18-26.140, P
* V. ss n° 511.13

> Le liquidateur ne peut notifier le licenciement d'une femme pendant son congé maternité ni repousser la prise d'effet à la fin du congé

• **Soc. 19 mars 2008,** n° 07-40.599, P V, n° 69
* V. ss n° 511.63

> La liquidation judiciaire ne constitue pas un cas de force majeure, au sens de l'article L. 1243-1 du Code du travail, même lorsqu'elle entraîne la fermeture de l'entreprise

• **Soc. 20 oct. 1993,** n° 91-43.922, P V, n° 240
* V. ss n° 511.82

511.03 Bibliographie indicative.

> Encyclopédie. *J.-Cl. Procédures collectives*, fasc. 2430 : Sauvegarde, redressement et liquidation judiciaires – Situation des salariés, par N. Vignal, 2021, mis à jour août 2022.

> Monographies. A. Boyer, *Protection des salariés et sauvetage de l'entreprise : quête d'un équilibre*, PUAM 2006.

> Contributions. N. Decoopman, « Entreprises en difficulté et droit du travail », *Entreprises en difficulté et droit du travail*, « Ceprisca », Puf, 2007 – L. Fin-Langer, « Le juge et les salariés d'une entreprise en difficulté », *Liber amicorum J.-L. Vallens*, éd. Joly 2017, p. 45 – D. Jacotot, « Quelques modifications intéressant les salariés », interv. Colloque Besançon 10 oct. 2014, *Gaz. Pal.* 31 déc. 2014, nos 365, 29 – D. Jacotot, « Droit social et droit des entreprises en difficulté. La rupture du contrat de travail », Ph. Roussel Galle (dir.), « Droit 360° », LexisNexis, 2012, p. 531 – C. Gailhbaud, « Le plan de sauvegarde de l'emploi en procédure collective », Journées d'études de la Colle/Loup, 15 et 16 juin 2017, *BJE* 2017. 380 – A. Mazeaud, « Faillite et droit du travail », *Le Code de commerce 1807-2007 : Livre du bicentenaire*, Dalloz, 2006,

p. 561 – T. Météyé, S. Gorrias, A. Merly et F. Farmine, « Plan de sauvegarde de l'emploi et plan de cession », *BJE* nov. 2012, Dossier 209, « Entreprises en difficulté : les bonnes pratiques des professionnels », congrès CNAJMJ La Colle/Loup 14-15 juin 2012 – P.-Y. Verkindt, « Procédures collectives et licenciements économiques », *Entreprises en difficulté et droit du travail*, « Ceprisca », Puf, 2007, p. 17.

> Articles.

Étude d'ensemble. A. Boyer, « Un droit social contre-productif dans les entreprises en difficulté », *Gaz. Pal.* 16-17 avr. 2010, n°s 106, 107, p. 8 – H. de Frémont, « Droit du travail et procédure collective : une réforme impossible ? », *BJE* mars 2014. 123 – M. Delteil et L. Lautrette, « Le sort des contrats de travail dans la loi de sauvegarde des entreprises », *LPA* 17 févr. 2006, n° 35, p. 42 – A. Donnette, « Droit des entreprises en difficulté et droit du travail : tentative de clarifications », *BJE* mai 2014. 203 – L. Driguez, « La sécurisation de l'emploi et les procédures collectives font-elles bon ménage », *BJE* juill. 2013, éclairage p. 207 – L. Fin-Langer, « Les risques subis par les salariés », *RPC* 2010/6, § 10, p. 93 ; « L'adaptation du droit du travail au droit des entreprises en difficulté », *RPC* janv./févr. 2018, dossier 11 – L. Fin-Langer et D. Jacotot, « La loi "Travail" et le droit des procédures collectives », *RPC* 2016, sept./oct. 2016, ét. 17, p. 17 – C. Gailhbaud, « Les dispositions relatives aux salariés dans l'ordonnance n° 2014-326 du 12 mars 2014 », *Gaz. Pal.* 6 avr. 2014, n° 96, p. 52 ; « Les dispositions concernant les salariés de l'ordonnance du 12 mars 2014 », – C. Gailhbaud et D. Jacotot, « Apports de la réforme du livre VI du Code de commerce en matière de droit du travail », *Gaz. Pal.* 5 oct. 2014, n° 278, p. 11 – D. Jacotot, « Le traitement des difficultés de l'entreprise à l'épreuve de la loi sur la sécurisation de l'emploi : adaptations à prévoir », *BJE* sept. 2013. 325 ; « Les apports de la loi de sécurisation de l'emploi applicables aux entreprises en difficulté », *RPC* 2013, ét. 24 ; « La nouvelle procédure de licenciement collectif : procédure simplifiée ou complexifiée », *BJE* sept.-oct. 2016. 371 – D. Jacotot et L. Fin-Langer, « La naissance d'un droit social des entreprises en difficulté ? », *RPC* 2014, dossier 24 ; « La loi Macron et le droit social », *RPC* 2015, ét. 17 – V. Leloup-Thomas et D. Jacotot, « Le droit social des entreprises en difficulté », *RPC* 2014, dossier 38 – P. Morvan, « Le droit social dans la réforme du droit des entreprises en difficulté », *JCP E* 2005, n°s 42, 1511 – D. Ronet-Yague, « Liquidation judiciaire et portabilité des couvertures de frais de santé et de prévoyance : les juges divisés », *Gaz. Pal.* 10 oct. 2017, n° 34, p. 45 – C. Saint-Alary Houin, « Le droit social dans les procédures collectives : entre inadaptation, idéalisme et dévoiement », résumé des interventions à la journée d'étude de l'*AJDE*, Toulouse 14 oct. 2011, *BJE* nov.-déc. 2011, comm. 163, p. 302 – B. Saintourens et Ph. Duprat, « Les droits des salariés dans l'ordonnance du 18 décembre 2008 portant réforme du droit des entreprises en difficulté », *Gaz. Pal.* 8-10 mars 2009, n° sp. p. 40 – F. Taquet, « Aperçu rapide des modifications en matière sociale résultant de l'ordonnance n° 2008-1345 du 18 décembre 2008 portant réforme du droit des entreprises en difficulté », *RPC* 2009/1, p. 96 – G. Teboul, « Le Code du travail : un divorce avec le droit des entreprises en difficulté ? », *LPA* 1er et 2 janv. 2008, n°s 1, 2, p. 7.

Licenciements. C. André-Hesse et H. Bourbouloux, « La loi Macron a-t-elle résolu le casse-tête chinois du périmètre de l'application des critères de l'ordre des licenciements », *Rev. dr. et affaires* 2016, 13e éd., p. 132 – I. Aufort-Duprat et Ph. Duprat, « Résiliation judiciaire du contrat de travail et procédures collectives », *RPC* 2012, dossier 3, p. 53 – P. Bailly, « Les licenciements et les procédures collectives », *Gaz. proc. coll.* 2008/4, p. 3 ; « De quelques ruptures du contrat de travail », *Gaz. Pal.* 2017, n° 43, p. 69 – A. Boyer, « Les conséquences sociales de l'arrêt de l'exécution provisoire de plein droit du jugement de liquidation judiciaire », *RPC* 2011, Alertes 11, p. 3 ; « La maternité et la liquidation judiciaire », *RPC* 2012, étude 14, p. 40 – Y. Chagny, « Quelques aspects de la garantie des créances résultant du licenciement pour motif économique par l'entreprise en difficulté », *Gaz. Pal.* 20-21 sept. 2002, Doctr. 56 – H. de Frémont, « Les licenciements et les procédures collectives : un compromis acceptable ? », *Gaz. proc. coll.* 2009/1, p. 11 – L. Driguez, « Un pas de plus vers la sécurisation des licenciements collectifs des entreprises en redressement et liquidation judiciaires », *BJE* 2015. 437 – L. Fin-Langer et D. Jacotot, « Les ordonnances du 22 septembre 2017 et la rupture des contrats de travail dans une entreprise en difficulté », *RPC* 2017/6, étude 21 – C. Gailhbaud, « La réforme du licenciement économique : analyse en regard du droit des procédures collectives », *Gaz. Pal.* 2018, n°s 15, 89 – *D.* 2014. 755 ; « La réforme du licenciement économique (analyse en regard du droit des procédures collectives) », *Gaz. Pal.*, 17 avr. 2018, n°s 15, 89 – « Licenciements économiques en redressement et en liquidation judiciaires : les difficultés persistantes et nouvelles après les réformes successives », *BJE* sept.oct. 2019. 62 – « Le licenciement des salariés d'une composante d'un groupe en liquidation judiciaire : entre droit du travail et droit civil », *RPC* 2012, ét. 17, p. 15 ; « Licenciement économique : quelle évolution pour les entreprises en difficulté », *RPC* 2016, dossier 18 – M. Menjucq, « Modèles de lettres de licenciement et procédures collectives : quelle cohérence », *RPC* janv.-févr. 2018, repère 1 – P. Morvan, « Le contrôle judiciaire des licenciements pour motif économique prononcés au cours d'une procédure collective », *DS* 1998. 443, n° 5 ; « Les grands licenciements collectifs au cours d'une procédure collective (loi du 14 juin 2013 et l'ordonnance du 12 mars 2014) », *BJE* 2014. 416 – F. Taquet, « Les nouvelles dispositions relatives au licenciement économique issues de la loi de cohésion sociale (Loi n° 2005-32 du 18 janvier 2005) », *RPC* 2005/2, p. 114 – J.-L. Vallens, « Le juge et le licenciement pour motif économique, les licenciements économiques et les procédures collectives », *Cah. dr. entr.* 2003, n° 6, p. 14.

Plan de sauvegarde de l'emploi. P. Bailly, « La sanction de l'insuffisance d'un plan de sauvegarde de l'emploi dans une procédure collective », *Sem. soc. Lamy* 6 févr. 2006, n° 1247 – A. Boyer, « Contenu et financement du PSE et nouvelles mesures d'accompagnement », *LPA* 22 avr. 2010, n° 80, p. 12 – C. Frouin et J.-Y. Frouin, « La sanction de l'insuffisance d'un plan de sauvegarde de l'emploi établi dans le cadre d'une procédure collective », *RJS* 2006. 251 – C. Gailhbaud et D. Jacotot, « Les plans et le maintien de l'emploi », *RPC* 2015, dossier 46, p. 89 – Ph. Pétel, « Groupes de sociétés et plan de sauvegarde de l'emploi », *JCP E* 2007, n° 1423, p. 33.

Reclassement. L. Fin-Langer, « L'obligation de reclassement à l'étranger », *RPC* 2009/1, 3, p. 13 – C. Gailhbaud, « le reclassement des salariés », *RPC* 2012, dossier 7, p. 64 – D. Jacotot, « Obligation de reclassement des salariés et liquidation judiciaire : les frontières entre le possible et l'impossible », *LPA* 18 juill. 2011, n° 141, p. 4 – J.-J. Savenier, « L'obligation de reclassement », *RPC* 2001, p. 224.

Groupes de sociétés. A. Arséguel, « Droit du travail, droit décapants : à propos du co-employeur », *Rev. proc. coll.* 2012, dossier 6, p. 62 – P. Bailly, « Le co-emploi, une situation exceptionnelle », *JCP S* 2013, n° 1441 – Ch. Gailhbaud, « De la théorie du co-employeur à la notion de co-emploi », *Gaz. Pal.* entr. diff. 3 août 2012, n° 216, p. 11 – E. Gall-Heng, « Une "subtilité complémentaire" dans l'analyse de l'obligation de reclassement : la théorie du co-employeur », *Rev. proc. coll.* 2012, dossier 8, p. 66 – B. Géniaut, « Le co-emploi en quête de sens », *BJS* oct. 2016, 600 – Y. Pagnerre, « Comment une société mère peut-elle se retrouver co-employeur de salariés des filiales », *Dr. et patr.* mai 2017, n° 269 – E. Schlumberger, « La responsabilité délictuelle de l'entité dominante du groupe à l'égard des salariés licenciés », *BJS* mars 2019, 46.

> **Tables rondes.** M. Sénéchal, H. Chriqui, Th. Météyé et A. Clerc, « Les procédures collectives et les droits des salariés », *RPC* 2011, table ronde 3, p. 65 – N. Kerouaz, Ph. Jeannerot, Th. Météyé, F. Legrand, M. Menjucq, « Les licenciements économiques dans les procédures collectives », *RPC* 2016, table ronde 1, p. 79 – N. Kerouaz, J. Cabooter, Th. Météyé, R. Pétavy, M. Menjucq, « Les conséquences des ordonnances relatives au droit du travail sur les procédures collectives », *RPC* janv./févr. 2018, table ronde 1.

511.04 **Questions essentielles.**

> La liquidation judiciaire entraîne-t-elle rupture des contrats de travail ?

* V. s[s] n° 511.11

> La réglementation relative aux salariés protégés s'applique-t-elle dans le redressement et la liquidation judiciaire ?

* V. s[s] n° 511.61

> L'obligation de reclassement s'impose-t-elle en cas de licenciement intervenant en liquidation judiciaire ?

* V. s[s] n° 511.25

SECTION 1
RUPTURE DES CONTRATS DE TRAVAIL DES SALARIÉS D'UNE ENTREPRISE EN LIQUIDATION JUDICIAIRE

§ 1
Possibilité de licencier pour motif économique les salariés embauchés en contrat à durée indéterminée

511.11 **Principe de continuation du contrat de travail en liquidation judiciaire.** Le principe de la continuation de plein droit du contrat de travail, spécialement posé par le législateur pour la période d'observation, peut également se vérifier pendant la liquidation judiciaire. La liquidation judiciaire n'entraîne en effet pas, par elle-même, résiliation des contrats de travail[1], fussent-ils à durée déterminée[2], pas plus d'ailleurs que des contrats d'apprentissage[3]. Peu importe que l'employeur fournisse du travail à son salarié, dès lors que ce dernier se tient à sa disposition. En conséquence, les salaires restent dus[4]. Si une instance prud'homale est en cours au jour de la liquidation judiciaire, et qu'elle a débuté pendant le redressement judiciaire précédent, la liquidation judiciaire ne met pas fin au contrat de travail, la résiliation de ce dernier n'intervenant qu'au jour de la décision qui la prononce[5].

Le législateur réglemente les licenciements, ce qui démontre que les contrats ne sont pas résiliés du seul fait de la liquidation judiciaire, nonobstant la cessation d'activité[6]. La solution a pu être critiquée[7]. Et l'on pourrait comprendre, dans une saine vision économique des choses, que la liquidation judiciaire non assortie d'une poursuite d'activité puisse emporter résiliation de plein droit du contrat de travail.

Événement non imprévisible pour le débiteur et non extérieur au débiteur, la liquidation judiciaire n'est pas un cas de force majeure exonératoire de responsabilité pour l'employeur[8]. Elle ne l'autorise donc pas à rompre un contrat de travail à durée déterminée[9]. De même, le simple fait que l'entreprise soit placée en liquidation judiciaire ne suffit pas à décharger le salarié de son obligation de non-concurrence et il peut donc demander le versement de la contrepartie financière[10]. Dès lors que la liquidation ne constitue pas un cas de force majeure, l'employeur ne peut invoquer l'article L. 1234-12 du

1. Civ. 1re, 7 juill. 1998, n° 96-15.280, NP – Soc. 24 mai 2000, n° 98-42.343, NP – Soc. 3 mai 2001, n° 99-41.387, NP ; *RPC* 2001, p. 258, n° 8, obs. F. Taquet – Soc. 7 juill. 2004, n° 02-43.382, NP ; *RPC* 2005/1, p. 48, n° 10, obs. F. Taquet – Soc. 1er mars 2006, n° 03-46.356, NP ; *RPC* 2006/3, p. 286, n° 20, obs. F. Taquet – Soc. 22 mars 2007, n° 05-44.591, NP ; *RPC* 2007/3, p. 148, n° 1, obs. F. Taquet – Soc. 26 nov. 2015, n° 14-19.263, NP – Soc. 26 nov. 2015, n° 14-14.822, NP ; *RPC* 2016, comm. 29, note F. Taquet.
2. Soc. 20 juin 2001, n° 99-43.793, NP ; *LXB*, n° A6366ATX.
3. Soc. 23 mai 2000, n° 97-45.187, P V, n° 192 ; *Gaz. Pal.* 27-29 janv. 2002. 35, note F. Dumont.
4. Soc. 19 janv. 2012, n° 09-72.019, NP.
5. Soc. 26 nov. 2015, n° 14-19.263, préc. ; *Gaz. Pal.* 19 janv. 2016, n° 3, p. 76, note Ph. Duprat.
6. Soc. 20 juin 2001, n° 99-43.793, NP ; *Act. proc. coll.* 2001/18, n° 240 – Soc. 19 mai 2016, n° 14-25.443, NP ; *RPC* sept.-oct. 2016, comm. 146, p. 45, L. Fin-Langer.
7. A. Boyer, « Un droit social contre-productif dans les entreprises en difficulté », *Gaz. Pal.* 16-17 avr. 2010, n°s 106, 107, p. 8.
8. Douai, ch. soc., 30 juin 1999 ; *RPC* 2000, 60, n° 2, obs. F. Taquet.
9. Soc. 16 oct. 2002, n° 00-40.869, NP.
10. Soc. 21 janv. 2015, n° 13-26.374, P V, n° 2.

Code du travail qui l'exonère du paiement de l'indemnité de licenciement et du préavis, d'autant que la simple cessation d'activité ne justifie pas cette double décharge conformément aux articles L. 1234-7 et L. 1234-9 du Code du travail.

Par principe, cependant, le maintien des contrats de travail après prononcé de la liquidation judiciaire n'est pas de première utilité pour l'entreprise, puisque celle-ci cesse son activité. C'est pourquoi d'ailleurs, le législateur invite le liquidateur à procéder rapidement aux licenciements. Il ne dispose que d'un délai bref s'il veut que les conséquences financières soient prises en charge par l'AGS, à savoir quinze jours [1]. Ce délai est cependant augmenté, sous l'empire de la loi de sauvegarde des entreprises, si est envisagé un plan de cession. En ce cas, les licenciements pourront intervenir dans le mois du jugement arrêtant le plan, l'AGS continuant à devoir sa garantie [2].

La continuation des contrats de travail est en revanche indispensable si le tribunal autorise une poursuite provisoire de l'activité [3].

511.12 Présentation générale des licenciements économiques en liquidation judiciaire. Comme en redressement judiciaire, le contrat de travail n'est pas soumis au régime des contrats en cours applicable aux autres cocontractants. L'ordonnance du 18 décembre 2008 a ainsi inséré l'article L. 641-11-1 dans le Code de commerce qui règlemente le régime des contrats en cours et qui précise dans son VI qu'il n'est pas applicable aux contrats de travail. Il faut en effet se référer à l'article L. 641-4, alinéa 5 [4] qui contient les dispositions relatives au licenciement pour motif économique en cas de liquidation judiciaire. Il a été plusieurs fois modifié depuis l'entrée en vigueur de la loi du 26 juillet 2005, notamment par l'ordonnance du 18 décembre 2008, la loi du 14 juin 2013 et l'ordonnance du 12 mars 2014.

L'article L. 641-4, alinéa 5, réglemente les licenciements en phase liquidative, que celle-ci intervienne après une période d'observation ou immédiatement. Le fait qu'une procédure de sauvegarde ait précédé la liquidation judiciaire reste sans incidence. Il importait également peu, sous l'empire de la législation antérieure à la loi de sauvegarde des entreprises, qu'une décision de poursuite provisoire de l'activité intervienne ou non [5]. Sous l'empire de la loi de sauvegarde des entreprises, l'application des règles de la liquidation judiciaire simplifiée n'exerce aucune incidence sur la réglementation applicable aux licenciements.

Il n'y a pas, pour procéder à des licenciements économiques en liquidation judiciaire, besoin d'autorisation du juge-commissaire, comme en période d'observation ou de maintien provisoire de l'activité, ou de décision du tribunal, comme en situation de plan. La cessation de l'activité immédiatement, ou à court terme, justifie la solution. L'entreprise ayant vocation à cesser son activité définitivement, l'ensemble des salariés doit donc être licencié.

L'article L. 641-4, alinéa 6, du Code de commerce [6], tel qu'il résultait de la rédaction issue de la loi de sauvegarde des entreprises, prévoyait que « Les licenciements auxquels procède le liquidateur en application de la décision prononçant la liquidation sont soumis aux dispositions des L. 1233-60 et L. 1233-58 du Code du travail ».

Le texte de l'alinéa 4 de l'article L. 641-4 du Code de commerce, dans sa rédaction issue de l'article 98 de l'ordonnance du 18 décembre 2008 [7], ne vise plus spécifiquement les licenciements en application de la décision prononçant la liquidation judiciaire. Il vise, désormais, les licenciements auxquels procède le liquidateur en application de la décision ouvrant ou prononçant la liquidation judiciaire. Cette modification est interprétative, dans la mesure où maladroitement le texte ancien ne visait que l'hypothèse du jugement prononçant la liquidation judiciaire – hypothèse de la conversion –, alors qu'il n'y avait aucune raison de ne pas appliquer la solution au cas du jugement ouvrant – liquidation judiciaire immédiate – la liquidation judiciaire.

511.13 Cause des licenciements économiques en liquidation judiciaire. En liquidation judiciaire, la cause économique du licenciement est trouvée dans la décision de liquidation judiciaire. En droit commun, l'article L. 1233-3 du Code du travail prévoit d'ailleurs que la cessation définitive de l'activité de l'entreprise est un motif économique [8]. Pour autant,

1. Sur la prise en charge des indemnités de licenciement par l'AGS, v. s[s] n°s 722.51 s.
2. Sur la prise en charge des indemnités de licenciement par l'AGS en cas de plan de cession, v. s[s] n°s 722.54, 431.36 et 431.38.
3. Sur la continuation des contrats de travail en cas de maintien de l'activité, v. s[s] n° 512.21.
4. Dans sa rédaction antérieure à la loi de sauvegarde du 26 juillet 2005, il s'agissait de l'article L. 622-5, alinéa 4 du Code de commerce, anciennement art. 148-4 de la L. n° 85-98, 25 janv. 1985.
5. C. com., art. L. 622-10, anc[t] L. 25 janv. 1985, art. 153, al. 2, réd. antérieure à la loi de sauvegarde des entreprises.
6. Lors de l'adoption de la loi n° 2005-845 du 26 juillet 2005, l'article L. 641-4 comportait six alinéas, le dernier concernant les licenciements. L'ordonnance du 18 décembre 2008, n° 2008-1345 a abrogé l'alinéa 5.
7. Ord. n° 2008-1345, 18 déc. 2008 portant réforme du droit des entreprises en difficulté, *JO* 19 déc., n° 29.
8. Il n'est d'ailleurs pas besoin d'en rechercher les causes et cette situation ne s'apprécie qu'au niveau de la filiale si elle fait partie d'un groupe : Soc. 20 sept. 2023, n° 22-13.485 ; P ; *RPC* janv. 2024, n° 9, obs. F. Taquet ; *Act. proc. coll.* 2023, n° 251 ; *RDT* 2023. 6983, obs. S. Vernac ; *BJS* déc. 2023, obs. D. Baugard, p. 12 ; *JCP S* 2023, n° 1258, note J.-Ph. Lhernould.

ce jugement ne constitue pas une cause automatique de rupture des contrats de travail[1]. Il ne s'agit pas non plus d'une autorisation judiciaire, telle que l'ordonnance du juge-commissaire nécessaire pendant le maintien provisoire de l'activité[2]. Le dispositif de ce jugement ne contient donc pas l'autorisation de licencier, ni le nombre et les catégories professionnelles concernés. Il faut noter que si le jugement ouvrant la liquidation judiciaire est infirmé en appel, les licenciements fondés sur le jugement restent valables, dès lors que la Cour d'appel ouvre elle-même la liquidation judiciaire du débiteur[3].

Il revient au liquidateur de respecter la procédure de licenciement économique aménagée dans un tel contexte et de mentionner, dans les notifications des licenciements, le jugement ouvrant ou prononçant la liquidation judiciaire. Cette notification est alors suffisamment motivée et le contentieux de la cause réelle et sérieuse n'aura pas lieu d'être en principe[4]. Par conséquent, l'absence de preuve des difficultés du groupe auquel appartient l'entreprise est un motif inopérant pour apprécier le caractère économique du licenciement[5]. Il s'agit d'un critère autonome, différent de celui posé par l'article L. 1233-3 du Code du travail[6].

Cependant, la faute de l'employeur, à l'origine de l'ouverture de la liquidation judiciaire, peut être invoquée par le salarié pour contester la cause réelle et sérieuse de son licenciement qui découlerait de l'ouverture de la procédure collective[7]. Si cette affirmation théorique a été posée, en pratique, elle a peu de chances d'aboutir, puisqu'il revient au salarié d'établir cette faute[8].

1. Soc. 22 mars 2007, n° 05-44.591, NP ; *RPC* 2007, p. 148.
2. Sur l'autorisation du juge-commissaire, v. s[s] n° 512.51.
3. Soc. 22 nov. 2023, n°s 20-23.640 et 21-13.945 ; FS-B ; *Act. proc. coll.* 2024, n° 35, obs. L. Fin-Langer ; *JCP E* 2024, n° 1116, n° 2, obs. P. Pétel ; *D.* 2024. 186, obs. S. Vernac et Y. Ferkane ; *Leden* févr. 2024, p. 6, obs. G. Dedessus-Le Moustier.
4. Soc. 2 mars 2004, n°s 02-41.931 et 02-41.932 ; *Bull. civ.* V, n°s 66 et 67 ; *D.* 2004. IR 733 ; *Act. proc. coll.* 2004, n° 104, obs. F. Taquet ; *JCP E* 2004, n° 37, p. 1390, obs. Ph. Pétel ; *JCP* 2004. I. 183, n° 16, obs. P. Morvan.
5. Soc. 16 mai 2018, n° 17-11.296, NP ; *Act. proc. coll.* 2018. 186.
6. Sur l'étude de la cause économique en droit commun applicable en sauvegarde, v. s[s] n°s 321.12 s.
7. Soc. 8 juill. 2020, n° 18-26.140 ; *Act. proc. coll.* 2020. 206 ; *RDT* 2020. 676, obs. V. Ilieva ; *Gaz. Pal.* 13 oct. 2020, p. 78, C. Gailhbaud ; *BJS* nov. 2020, p. 50, D. Baugard ; *Leden* oct. 2020, p. 6, obs. H. de Frémont ; *JCP S* 2020, n° 3010, note L. Fin-Langer ; *RPC* mars 2021, 43, obs. F. Taquet – Soc. 19 avr. 2023, n° 21-10.133 ; *RPC* sept. 2023, n° 82, obs. F. Taquet.
8. Soc. 16 déc. 2020, n° 19-11.125 ; *Act. proc. coll.* 2021. 49 – Toulouse, 4e ch. soc., 2e sect., 19 mars 2021, 19/02793 ; *Act. proc. coll.* 2021, 125 : illustration.

§ 2
Dispositions communes relatives à la mise en œuvre des licenciements économiques

511.21 Présentation générale des procédures de licenciement économique en liquidation judiciaire. L'alinéa 5 de l'article L. 641-4 du Code de commerce indique que « les licenciements auxquels procède le liquidateur en application de la décision ouvrant ou prononçant la liquidation, le cas échéant au terme du maintien provisoire de l'activité autorisé par le tribunal, sont soumis aux dispositions de l'article L. 1233-58 du Code du travail ». Ce texte dresse la liste des dispositions à respecter. Cette liste n'est cependant pas complète puisqu'elle ne précise pas les modalités du licenciement individuel par exemple. Certains renvois n'apparaissent pas, comme par exemple l'obligation de reclassement.

Pour déterminer la procédure applicable, il convient de déterminer quel est le nombre de salariés à licencier. En principe, ce sont tous les salariés de l'entreprise. Si le licenciement concerne dix salariés et plus dans une entreprise de cinquante salariés et plus, il faudra ainsi mettre en place un plan de sauvegarde de l'emploi dit PSE. En dessous de ce seuil, cette obligation disparaît. Le calcul des effectifs se fait en application des articles L. 1111-1 du Code du travail, la loi Pacte du 22 mai 2019[9] renvoyant au Code de la sécurité sociale n'étant pas applicable dans ce domaine. Il s'effectue au jour du jugement prononçant la liquidation judiciaire sans poursuite d'activité[10]. Les conditions d'effectifs sont appréciées au niveau de l'entreprise par principe. Mais lorsqu'elle fait partie d'une Unité économique et sociale (UES) dont l'existence n'est pas discutée et que la décision de licencier est prise au niveau de l'UES, alors les effectifs sont calculés au niveau de l'UES[11].

Mais certaines dispositions sont communes à l'ensemble des licenciements pour motif économi-

9. L. n° 2019-486, 22 mai 2019 relative à la croissance et la transformation des entreprises, *JO* 23 mai, n° 2.
10. Soc. 16 janv. 2008, n° 06-46.313 ; *Bull. civ.* V, n° 8 ; *D. actu.* 1er févr. 2008, obs. M. Ines ; *D.* 2008. 423, obs. M. Ines ; *RDT* 2008. 236, obs. Ph. Waquet ; *RPC* avr. 2008, 81, obs. F. Taquet ; *CSBP* avr. 2008, p. 184, note F.-J. Pansier : les effectifs sont appréciés à la date de l'engagement de la procédure. Or en cas de liquidation judiciaire, le point de départ de la procédure est le jugement de liquidation judiciaire.
11. Soc. 28 sept. 2022, n°s 21-19.093 et 21-19.092 ; *Act. proc. coll.* 2022, 261, obs. L. Fin-Langer : la solution a été rendue alors que la société membre de l'UES était en liquidation judiciaire. Le liquidateur n'avait pas établi de PSE, car il n'avait pas tenu compte, dans son calcul des effectifs, de l'UES, en raison d'un recours pendant contestant la décision judiciaire l'ayant établie. V. déjà : Soc. 17 mars 2021, n° 18-16.947 ; *JCP S* 2021, n° 1109, note G. Auzero.

que. Il faut rappeler que toute la procédure a lieu après le jugement prononçant la liquidation judiciaire.

511.22 Auteur des licenciements économiques en liquidation judiciaire. Dès lors qu'un jugement de liquidation est rendu, un liquidateur va être nommé. Il est chargé de procéder aux opérations de liquidation, de gérer les biens du débiteur en vertu de la règle du dessaisissement prévue à l'article L. 641-9 du Code de commerce et d'exercer les missions en principe dévolues à l'administrateur et au mandataire en vertu de l'article L. 641-4 du Code de commerce. L'article L. 641-4 indique qu'il lui revient de procéder aux licenciements des salariés.

Mais il se peut que la liquidation judiciaire ait été précédée d'un redressement judiciaire. En principe, le jugement de conversion en liquidation met fin à la mission de l'administrateur en vertu de l'article L. 622-11 du Code de commerce. Par conséquent, le licenciement prononcé par l'administrateur dont la mission a pris fin avec ce jugement de conversion est dépourvu de cause réelle et sérieuse [1].

Cette solution pose parfois difficulté notamment lorsqu'un plan de cession a été adopté pendant le redressement judiciaire. Qui du liquidateur ou de l'administrateur a la charge des licenciements ? La question se pose dans la mesure où, par principe, la mission de l'administrateur judiciaire prend fin au jour de la conversion en liquidation judiciaire. On sait que l'administrateur a la charge des licenciements en cas d'adoption d'un plan de cession en redressement judiciaire. À défaut d'une disposition expresse du jugement de liquidation judiciaire retirant ce pouvoir à l'administrateur judiciaire, c'est à ce dernier qu'il incombe de procéder aux licenciements. Cette solution pragmatique de la Chambre sociale de la Cour de cassation [2] mérite entière approbation. En réalité, on ne peut considérer que la mission d'un organe a pris fin alors que certaines obligations mises à sa charge par la loi n'ont techniquement pas pu encore être accomplies.

Une difficulté similaire existe lorsqu'il y a maintien provisoire de l'activité, puisque la désignation d'un administrateur est alors parfois obligatoire notamment en vue de préparer la cession [3].

511.23 Dispositions du Code du travail écartées en cas de liquidation judiciaire. Un certain nombre d'aménagements a été instauré pour faciliter leur mise en œuvre, l'entreprise n'ayant plus les moyens de survivre. Ainsi n'ont pas à être appliquées les dispositions relatives au congé reclassement [4], à l'obligation de revitaliser les bassins de l'emploi [5], à l'obligation de rechercher un repreneur.

L'article L. 1233-5 du Code du travail impose la fixation des critères d'ordre dès lors que des licenciements pour motif économique sont envisagés [6]. Cependant, la Cour de cassation a précisé que ces règles ne s'appliquent que si l'employeur doit opérer un choix parmi les salariés à licencier. Elles sont donc écartées quand les licenciements concernent tous les salariés appartenant à la même catégorie professionnelle [7] et donc *a fortiori* lorsque ce sont tous les salariés de l'entreprise en liquidation judiciaire qui sont concernés. La solution est évidemment différente lorsqu'il s'agit de mettre en place un plan de cession [8].

511.24 Information de la Dreets. Dès le lendemain du jugement de liquidation judiciaire, il revient en principe au liquidateur d'informer la Dreets du jugement prononçant la liquidation judiciaire en application de l'article R. 1233-7 du Code du travail. Il doit ainsi lui transmettre le jugement.

Il doit également l'informer préalablement à la mise en œuvre du licenciement sur ce projet en application de l'article L. 1233-60 qui renvoie aux licenciements prononcés en application de l'article L. 641-4 du Code de commerce. La Dreets est associée dès le début de la procédure dans la mise en œuvre de ce licenciement, selon des modalités qui peuvent varier selon le nombre de salariés à licencier.

511.25 Obligation de reclassement préalable. Il est de jurisprudence constante que l'obligation de reclassement préalable consacrée par l'article L. 1233-4 du Code du travail doit être respectée en cas de liquidation judiciaire [9]. Le non-respect est sanctionné par le défaut de cause réelle et sérieuse, qui donne

1. Soc. 15 nov. 2011, n° 10-17.015 ; *Bull. civ.* V, n° 263 ; *D.* 2011, actu 2863, obs. A. Lienhard ; *Leden* janv. 2012, 7, obs. G. Dedessus-Le-Moustier ; *BJE* 2012. 103, obs. D. Jacotot ; *RPC* mars 2012, n° 27, p. 60, note Lebel ; *CSBP* janv. 2012, p. 22, note F.-J. Pansier ; *JCP S* 2012, n° 1057, note S. Brissy.
2. Soc. 12 janv. 2016, n° 14-13.414, P V ; n° 19 FS-P+B ; *Gaz. Pal.* 12 avr. 2016, n° 14, p. 71, note C. Gailhbaud ; *Act. proc. coll.* 2016/3, comm. 35, note L. Fin-Langer ; *JCP E* 2016, Chron. 1198, n° 5, note Ph. Pétel ; *RPC* 2016, comm. 69, note L. Fin-Langer.
3. Sur l'auteur de la procédure de licenciement pendant le maintien provisoire de l'activité, v. s[s] n° 512.23.
4. C. trav., art. L. 1233-75.
5. C. trav., art. L. 1233-84.
6. Soc. 3 déc. 1996, n° 94-22.163 ; *Bull. civ.* V, n° 410 ; *Dr. soc.* 1997. 105, J. Savatier ; *JCP* 1997. II. 22786, note F. Duquesne ; *BJS* mars 1997, p. 232, note A. Arséguel et P. Fadeuilhe – Soc. 10 mai 1999, n° 96-19.828 ; *Bull. civ.* V, n° 202 ; *JCP* 2000. II. 10230, note F. Duquesne ; *D.* 1999. IR 157.
7. Soc. 27 mai 1997, n° 95-42.419, NP ; *Dr. soc.* 1997. 744, obs. J. Savatier.
8. Sur les critères d'ordre pour les licenciements prononcés en application d'un plan de cession, v. s[s] n° 431.33.
9. Soc. 10 mai 1999, n° 97-40.060 ; *Bull. civ.* V, n° 203 ; *D.* 2000, somm. 8, obs. F. Derrida.

droit aux indemnités désormais plafonnées par les ordonnances du 22 septembre 2017.

Cette obligation existe dans tous les licenciements pour motif économique quel que soit le nombre de salariés concernés. Elle sera intégrée dans le PSE dans les licenciements de dix salariés et que l'entreprise comporte cinquante salariés[1].

Cette obligation pose de nombreux problèmes en liquidation judiciaire. En effet, le fait que le délai pour notifier les licenciements soit réduit ne permet pas d'exonérer le liquidateur de sa responsabilité et le maintien de cette obligation a été jugé conforme à la Constitution[2].

La Cour de cassation a en effet rejeté la question prioritaire de constitutionnalité, qui lui a été posée, et visant l'atteinte aux droits et libertés garantis par la Constitution au regard de l'article VI de la Déclaration des droits de l'homme et du citoyen établissant le principe d'égalité des citoyens devant la loi, au motif que le principe d'égalité ne s'oppose pas à ce que le législateur règle de façon différente des situations différentes ni à ce qu'il déroge à l'égalité pour des raisons d'intérêt général, pourvu que la différence de traitement qui en résulte soit en rapport direct avec l'objet de la loi qui l'établit. Que tel est le cas de la situation de l'employeur en liquidation judiciaire, qui est tenu à la même obligation de reclassement qu'un employeur *in bonis*, alors que le salarié doit être licencié dans les quinze jours de la liquidation judiciaire. Cette différence de traitement est justifiée par le fait que les sommes dues au titre de la rupture sont prises en charge par l'AGS et que la réduction de la période couverte par la garantie satisfait à des raisons d'intérêt général[3]. On ne peut qu'être dubitatif devant une telle position, qui ne prend pas en compte l'impossibilité matérielle du liquidateur de respecter l'obligation de reclassement qui pèse sur lui, dans le temps qui lui est imparti pour licencier. Que l'on traite différemment des situations différentes est une chose. Que l'on se voile la face sur une impossibilité de respecter une législation en est une autre ! Dans ce contexte, il faut approuver certaines juridictions du fond, qui tiennent compte du faible délai laissé au liquidateur pour licencier, afin de porter un regard sur les obligations de moyens qui sont les siennes, lorsqu'il tente de respecter les obligations de reclassement[4].

511.26 Périmètre de l'obligation de reclassement préalable. Cette obligation est limitée au reclassement dit interne : c'est-à-dire dans l'entreprise mais aussi dans le groupe si l'entreprise fait partie d'un groupe. De fait, lorsque l'entreprise n'appartenant pas à un groupe cesse définitivement son activité, les possibilités de reclassement sont nulles. Ainsi, en l'absence d'appartenance à un groupe, l'employeur, qui cesse son activité, et par-devers lui le liquidateur, n'est pas tenu de rechercher des reclassements à l'extérieur de l'entreprise[5].

Il faut d'ailleurs préciser que les emplois maintenus pour les besoins de la liquidation au sein d'une cellule liquidative ne peuvent être considérés comme des emplois disponibles pour le reclassement[6].

La difficulté surgit lorsque l'entreprise fait partie d'un groupe. La Cour de cassation précise cependant que ce reclassement interne doit s'effectuer uniquement dans les entreprises dont les activités ou l'organisation ou le lieu leur permettent d'effectuer la permutation de tout ou partie du personnel[7]. Ce groupe de reclassement était apprécié largement et ainsi pu être reconnu par exemple entre des entreprises qui exploitent un fonds de commerce sous la même enseigne[8], aucune condition de contrôle n'étant nécessaire. Il a été relevé que la notion de groupe est ici entendue plus largement qu'en droit des sociétés[9]. Il suffit que la permutabilité de tout ou partie du personnel soit envisageable[10]. En revanche, il a été jugé que la seule détention d'une partie du capital d'une société par une autre n'implique pas la possibilité d'effectuer entre elles la permutation de tout ou partie du personnel et ne caractérise pas l'existence d'un groupe

1. Sur l'obligation de mettre en place un PSE, v. s^s n° 511.51.
2. Soc. 6 oct. 2011, n°s 11-40.056 et 11-40.057, QPC ; *Bull. civ.* V, n° 229 ; *Act. proc. coll.* 2011, comm. 194, obs. L. Fin-Langer ; *JCP E* 2012, n° 1000, n° 11, obs. Ph. Pétel ; *Leden* juin 2011, 6, obs. G. Dedessus-Le Moustier ; *Gaz. Pal.* 20-21 janv. 2012, p. 39, obs. C. Gailhbaud ; *BJE* 2012. 102, note A. Donnette ; *JCP S* 2011, n° 1582, note F. Dumont ; *CSBP* déc. 2011, p. 327, note F.-J. Pansier.
3. Soc. 6 oct. 2011, n° 11-40.056 QPC, P V, n° 229 ; n° 2225 F-P+B ; *D.* 2011. Actu. 2467, note A. Lienhard ; *Gaz. Pal. entr. diff.* 21 janv. 2012, n° 20, p. 39, note C. Gailhbaud ; *Act. proc. coll.* 2011/19, comm. 294, note L. Fin-Langer ; *JCP E* 2011. Chron. 1000, n° 11, obs. Ph. Pétel ; *BJE* mars 2012, comm. 39, p. 102, note A. Donnette ; *LPA* 15 juin 2012, n° 120, p. 18, note D. Jacotot – Soc. 6 oct. 2011, n° 11-40.057 QPC, P V, n° 230 ; n° 2226 F-P+B ; *Act. proc. coll.* 2011/19, comm. 294, note L. Fin-Langer – *Adde* : Soc. 19 avr. 2013, n° 13-40.006 QPC, P V, n° 105 ; *Leden* juin 2013, comm. 94, note G. Dedessus-Le Moustier.
4. AINSI : Orléans, ch. soc., 20 sept. 2012, RG n° 11/02570 ; *Rev. proc. coll.* 2013, comm. 60, note F. Taquet.
5. Soc. 15 déc. 2010, n° 09-42.795, NP ; *Rev. proc. coll.* 2011, comm. 59, p. 62, note F. Taquet.
6. Soc. 15 juin 2010, n° 08-70.391 ; *Bull. civ.* V, n° 135 ; *Act. proc. coll.* 2010, 219, note L. Fin-Langer ; *D. actu.* 2010. 1721.
7. Soc. 25 juin 1992, n° 90-41.244 ; *Bull. civ.* V, n° 420 ; *Dr. soc.* 1992. 710 et 826, concl. R. Kessous ; *D.* 1992. 209 ; *Dr. soc.* 1993. 272, note Q. Urban ; *JCP E* 1992. I. 197, n° 5, obs. Ph. Coursier.
8. Soc. 27 nov. 2013, n° 12-18.470, NP ; *RPC* mai 2014, comm. 72, obs. D. Jacotot.
9. A. Boyer, *Protection des salariés et sauvetage de l'entreprise : quête d'un équilibre*, PUAM, 2006, n° 38.
10. Soc. 18 nov. 2003, n° 01-44.671, NP ; *RJS* 2004, n° 18, p. 38 – Soc. 3 nov. 2011, n°s 10-11.262 à 10-11.266, NP.

au sein duquel l'obligation de reclassement s'impose [1]. En outre, il a été jugé que la société de gestion d'un fonds commun de placement à risque, société qui ne possède aucune part du capital d'une société d'exploitation, et qui n'exerce que les droits appartenant à d'autres, en vertu du mandat qui lui a été confié, ne contrôle pas personnellement la société d'exploitation et ne fait pas partie d'un éventuel groupe auquel appartiendrait la société d'exploitation, au sens des besoins du reclassement des personnels concernés par un projet de licenciement [2].

L'article 16 de l'ordonnance du 22 septembre 2017 [3] ne consacre que partiellement cette jurisprudence : le groupe est défini par référence à l'article au I de l'article L. 2331-1 du Code du travail relatif au comité de groupe et renvoyant au Code de commerce. Il faut établir soit une détention majoritaire du capital [4] soit une détention des droits de vote par capital ou en raison d'un accord conclu avec d'autres associés voire résultant d'une situation de fait [5]. La Cour de cassation a fait une application anticipée de ce texte et a refusé de reconnaître l'existence d'un groupe pour un ensemble de sociétés dominé par une société de gestion de fonds commun de placement [6].

Parmi ces entreprises, il faut limiter le périmètre du reclassement aux seules entreprises situées en France. En effet, l'art. L. 1233-4-1 qui organisait le reclassement à l'étranger est définitivement abrogé. Seuls des emplois disponibles en France peuvent ainsi être proposés. Cette absence de reclassement à l'étranger va simplifier les démarches des liquidateurs. Enfin, il faudra vérifier uniquement les possibilités parmi les entreprises qui permettent une permutation du personnel.

Pour les salariés protégés, l'obligation de reclassement n'existait cependant, selon la jurisprudence, que dans les sociétés ayant leur siège en France [7]. À la suite d'une évolution, les salariés protégés bénéficient de la faculté de reclassement même dans les sociétés situées à l'étranger [8].

Indépendamment des évolutions du périmètre de l'obligation de reclassement, l'existence d'un conflit entre la société dont la liquidation judiciaire a été prononcée et les autres sociétés du groupe ne dispense pas le liquidateur de se soumettre à l'obligation de reclassement des salariés au sein du groupe, même s'il est acquis que les autres sociétés refuseront de prêter leur concours à tout reclassement [9].

L'obligation de reclassement suppose des recherches sérieuses et actives que ne constitue pas l'envoi d'une lettre unique au dirigeant de la société holding au lieu d'une lettre adressée à chacune des sociétés du groupe [10].

Dès lors que le liquidateur, en fonction des moyens dont il disposait et du délai qui lui était imparti par l'article L. 3253-8 du Code du travail a procédé à une recherche de reclassement parmi les entreprises du groupe et qu'il n'existait pas de possibilité de reclassement au sein du groupe, le licenciement du salarié n'est pas dépourvu de cause réelle et sérieuse [11]. Ainsi, la chambre sociale de la Cour de cassation fixe au moment du licenciement l'appréciation de l'exécution par le liquidateur de son obligation de reclassement. Dès lors qu'il n'y a aucun emploi disponible, peu importe que le liquidateur n'ait pas mentionné nominativement les salariés en interrogeant les autres sociétés du groupe [12].

Au contraire, le liquidateur manque à son obligation de reclassement s'il notifie les licenciements sans attendre les réponses des sociétés du groupe sur les postes disponibles [13].

Cette obligation de reclassement au niveau du groupe n'est pas sans faire naître des difficultés, bien mises en évidence par un auteur [14]. L'employeur qui procède aux licenciements, son administrateur ou son liquidateur, doit solliciter le concours de son groupe. La question se pose, dans ces conditions, de savoir si l'inexécution par le groupe de ses obligations de reclassement, doit rejaillir sur l'employeur des salariés concernés, c'est-à-dire sa procédure collective ou sur le groupe. Sans ambiguïté, la réponse apportée à la question est que l'inexécution ne peut être sanctionnée que sur la tête de l'employeur, le plus souvent insolvable, ce qui reviendra à la faire supporter par la collectivité via l'AGS [15]. La solution est pleinement justifiée. Le groupe n'a pas la person-

1. Com. 1er déc. 2010, n° 09-68.380, NP ; *Gaz. Pal. entr. diff.* 7-8 janv. 2011, p. 41, note C. Gailhbaud.
2. Douai, 27 nov. 2009 ; *Bull. Joly* 2010. 265, comm. 60, note A. Couret et B. Dondéro.
3. Ord. n° 2017-1387, 22 sept. 2017 relative à la prévisibilité et la sécurisation des relations de travail, *JO* 23 sept., n° 33.
4. C. com., art. L. 233-1.
5. C. com., art. L. 233-3.
6. Soc. 20 mars 2019, n° 17-19.595, P ; *RDT* 2019. 332 ; *JCP S* 2019, n° 1198, note Y. Pagnerre ; *Leden* mai 2019, p. 7, obs. G. Dedessus-Le Moustier ; *Gaz. Pal.* 16 avr. 2019, p. 40, note C. Berlaud ; *Act. proc. coll.* 2019, n° 108 ; *JCP E* 2019, n° 1279, note Fl. Aubonnet.
7. CE 22 mai 1995, req. n° 157427, NP.
8. CE 4 févr. 2004, req. n° 255956, *Lebon ; Rev. proc. coll.* 2004, p. 251, n° 19, obs. F. Taquet.
9. Soc. 7 juill. 2009, nos 07-45.584 à 07-45.586, NP ; n° 1614 F-D ; *Gaz. proc. coll.* 2009/4, 2e partie, nos 305 à 307, p. 32, n° 2, note Ph. Duprat ; *Act. proc. coll.* 2009/16, n° 248, note L. Fin-Langer.
10. Soc. 4 juill. 2018, n° 16-21.844 ; *Rev. proc. coll.* sept.-oct. 2018, comm. 161, note F. Taquet.
11. Soc. 2 avr. 2008, n° 06-44.525, NP ; *Gaz. proc. coll.* 2008/3, p. 54, note B. Saintourens.
12. Soc. 10 juin 2015, nos 14-10.031 à 14-10.038, P V.
13. Soc. 28 mai 2015, n° 14-12.015, NP.
14. Ph. Pétel, « Groupes de sociétés et plan de sauvegarde de l'emploi », *JCP E* 2007, n° 1423, p. 33.
15. Ph. Pétel, préc., sp. p. 34, n° 11.

nalité morale. Il ne peut donc commettre de faute et encore moins être condamné à les réparer[1]. On pourrait alors tenter de faire supporter la réparation par la société dominante du groupe. L'idée a été émise[2] et la solution parfois posée en jurisprudence, dès lors du moins que la filiale, l'employeur en liquidation judiciaire, était sous la dépendante totale de la société mère[3]. La difficulté tient alors au fondement légal de pareille solution, certes économiquement opportune. Aucun texte n'édicte pareille dérogation au droit de la responsabilité civile, qui présuppose l'identification du responsable pour le condamner[4].

Le débiteur de l'obligation de reclassement reste toutefois, par principe, la société employeur, non les autres sociétés du groupe[5]. Il en résulte que les autres sociétés ne peuvent être responsables d'une insuffisance des mesures de reclassement[6]. La Cour de cassation n'exclut toutefois pas la responsabilité délictuelle de différentes sociétés d'un groupe pour indemniser les salariés licenciés pour motif économique, en raison de l'insuffisance du reclassement[7]. Une Cour d'appel a prononcé cette condamnation contre deux sociétés anglaises qui, par leur comportement, ont instrumentalisé le droit des faillites pour éviter de supporter le coût de la faillite annoncée de la filiale française, en la fermant, non pour sauvegarder sa compétitivité, mais pour réaliser des économies et améliorer la rentabilité du groupe, ce qui prive de cause réelle et sérieuse le motif économique tiré de la cessation d'activité de la société débitrice[8].

Il ressort de la jurisprudence que si les organes de la procédure ne veulent pas voir engager leur responsabilité, il est prudent qu'ils prennent contact avec la société mère et qu'ils la sollicitent afin de savoir si de tels postes existent[9]. Une fois le périmètre bien déterminé, il semble même nécessaire de consulter toutes les sociétés, le liquidateur ou l'administrateur ne pouvant se contenter de contacter qu'un nombre conséquent[10].

Par ailleurs, la société mère peut engager sa responsabilité, si elle est reconnue co-employeur des salariés[11].

La Cour de cassation a indiqué que si la preuve de l'exécution de l'obligation de reclassement incombe à l'employeur, il appartient au juge, en cas de contestation sur l'existence ou le périmètre du groupe de reclassement, de former sa conviction au vu de l'ensemble des éléments qui lui sont soumis par les parties[12]. Cette solution devrait s'appliquer au liquidateur.

511.27 Contenu des offres de reclassement préalable. L'ordonnance du 22 septembre 2017[13] entend simplifier la procédure de reclassement car elle offre une alternative à l'employeur : soit il adresse de manière personnalisée les offres de reclassement à chaque salarié (le droit antérieur était en ce sens), soit il diffuse par tout moyen une liste des postes disponibles à l'ensemble des salariés. C'est cette pratique que l'on rencontrait fréquemment en présence d'une entité en procédure collective, mais celle-ci était sanctionnée. Le décret du 21 décembre 2017[14] fixe le contenu des offres de reclassement et valide la pratique antérieure[15].

Qu'il s'agisse d'offres personnalisées écrites ou de la diffusion d'une liste des offres, elles précisent le poste, le nom de l'employeur, la nature du contrat, la localisation, la rémunération et la classification. L'imprécision ou le caractère incomplet est sanctionné comme un défaut de cause réelle et sérieuse[16].

Lorsqu'il s'agit d'une liste des offres, elle mentionne également les critères de départage entre les salariés qui postuleraient sur un même poste et le délai pour présenter sa candidature. Ce délai ne peut être inférieur à quinze jours, délai réduit à quatre jours francs à compter de la publication de la liste en cas de liquidation judiciaire. Le silence à l'expiration du délai vaut refus des offres par le salarié. Il est donc important de fixer une date certaine à cette

1. Ph. Pétel, préc., sp. p. 34.
2. P. Morvan, « le droit social dans la réforme des entreprises en difficulté », *JCP E* 2005, n° 1511, n° 28.
3. Rouen, ch. soc., 22 mars 2005, RG n°s 04/02545, 04/02549.
4. Ph. Pétel, « Groupes de sociétés et plan de sauvegarde de l'emploi », *JCP E* 2007, n° 1423, p. 33 s., sp. p. 17.
5. Soc. 13 janv. 2010, n° 08-15.776, P V, n° 5 ; *D.* 2010. Pan. 2032, obs. B. Reynès ; *Act. proc. coll.* 2010/4, n° 63, note L. Fin-Langer ; *JCP E* 2010. Chron. 1296, n° 13, obs. Ph. Pétel.
6. Soc. 13 janv. 2010, n° 08-15.776, préc. (v. s^s^ prés^t^ n°).
7. Com. 28 sept. 2010, n° 09-41.243, NP ; *Act. proc. coll.* 2010/18, n° 255, note L. Fin-Langer ; *Gaz. Pal.* 15-16 déc. 2010, note B. Dondéro.
8. Versailles, 31 oct. 2011, RG n° 10/00578 ; *Act. proc. coll.* 2012/1, comm. 11, note L. Fin-Langer – *Adde* : D. Jacotot, « Le licenciement des salariés d'une composante d'un groupe en liquidation judiciaire : entre droit du travail et droit civil », *Rev. proc. coll.* 2012, ét. 17, p. 15.
9. Com. 18 mai 2022, n° 21-12.188 ; *Act. proc. coll.* 2022. 140 ; *D. actu.* 25 oct. 2022, obs. C. Gailhbaud – Sur renvoi, la CA d'Amiens a confirmé la responsabilité du liquidateur (Amiens, 21 Mars 2023, n° 22/03663).
10. Soc. 9 oct. 2024, n° 22-21.371 ; *RPC* nov. 2024, comm. 172, F. Taquet ; *JCP S* 2025, n° 082, note E. Noirot et A. Lallement.
11. Sur la notion de co-employeur, v. s^s^ n°s 321.51 s.
12. Soc. 31 mars 2021, n° 19-17.300 ; *Act. proc. coll.* 2021. 124.
13. Ord. n° 2017-1387, 22 sept. 2017 relative à la prévisibilité et la sécurisation des relations de travail, *JO* 23 sept., n° 33.
14. Décr. n° 2017-1725, 21 déc. 2017 relatif à la procédure de reclassement interne sur le territoire national en cas de licenciements pour motif économique, *JO* 22 déc., n° 70.
15. C. trav., art. D. 1233-2-1.
16. Soc. 23 oct. 2024, n° 23-19.629 ; *Act. proc. coll.* 2024, n° 224 ; *JCP E* 2025, n° 1035, note M. N. Katchadourian ; *JCP S* 2024, n° 1393, note Th. Lahalle ; *RPC* janv. 2025, comm. 29, F. Taquet.

liste[1]. Aucune sanction n'est prévue par les textes mais la jurisprudence applique le défaut de cause réelle et sérieuse, notamment en cas d'absence des critères de départage[2], considérant qu'il s'agit d'un manquement à l'obligation de reclassement.

511.28 Consultation du CSE dans les entreprises de onze salariés et plus. L'article 4 de l'ordonnance du 22 septembre 2017[3], qui a procédé à la fusion du comité d'entreprise, des délégués du personnel et du CHSCT en une seule et unique institution, le comité social et économique, modifie, en son 22°, l'article L. 1233-58 du Code du travail. Les mots : « comité d'entreprise ou, à défaut, les délégués du personnel » sont remplacés par les mots : « comité social et économique » et les mots : « comité d'entreprise » sont remplacés par les mots : « comité social et économique ».

La mise en place d'un CSE est obligatoire dès que l'entreprise dispose de onze salariés et plus, sur une période de douze mois consécutifs. Il faut cependant préciser que les moyens mis à sa disposition et ses attributions diffèrent selon que l'entreprise a moins de cinquante salariés ou cinquante salariés et plus.

Il est à noter que si l'entreprise est dépourvue de CSE et qu'un procès-verbal de carence a été établi, le représentant des salariés désigné exercera de manière supplétive les fonctions du CSE en vertu de l'article L. 641-1 du Code de commerce. Le liquidateur ou l'administrateur sera alors tenu de consulter le représentant des salariés au lieu et place du CSE[4].

La technique de renvoi mise en œuvre par l'article L. 1233-58 du Code du travail qui liste de manière impérative les dispositions à respecter dans les licenciements pour motif économique pose parfois un certain nombre de problèmes. Sa consultation est obligatoire pour les licenciements collectifs petits ou grands, mais les modalités peuvent varier selon le nombre de salariés à licencier et/ou de l'effectif de l'entreprise. Une simplification serait la bienvenue.

Commençons par le délai de convocation du CSE.

La procédure de convocation du CSE doit être mise en œuvre par le liquidateur. Il doit non seulement le convoquer mais aussi transmettre l'ordre du jour. Faute d'aménagement particulier dans le Code de commerce, il doit respecter les délais de convocation de droit commun. Il faut ainsi préciser qu'aucun délai spécifique n'existe en ce qui concerne la procédure de consultation dans le cadre du licenciement. Il s'agit donc du délai de droit commun prévu pour toutes les consultations. L'article L. 2315-30 du Code du travail prévoit ainsi un délai de trois jours, mais uniquement pour les entreprises de cinquante salariés et plus. Aucun délai impératif n'existe pour les entreprises de moins de cinquante salariés.

Ensuite les informations à transmettre.

L'article L. 1233-58 renvoie aux articles L. 1233-31 et 32 du Code du travail qui précise le contenu des informations à transmettre dans le cadre de la consultation spécifique du licenciement économique. Il s'agit de la raison du projet de licenciement, le nombre et les catégories professionnelles concernés, le calendrier contraint en raison de la liquidation judiciaire, les mesures économiques envisagées, les mesures de reclassement prévues voire le PSE quand il est obligatoire. Ces informations sont adressées avec la convocation à la réunion.

Par ailleurs, elle aura, dans n'importe quelle procédure de licenciement collectif pour motif économique (petit ou grand) quelle que soit sa taille, à le consulter, le cas échéant, sur les conséquences des licenciements projetés sur la santé, la sécurité et les conditions de travail. Cette consultation fait donc désormais partie des éléments dont le CSE doit recevoir information dans le cadre de la note d'information sur le projet de licenciement. La question existait déjà sous l'empire du droit antérieur et il avait été jugé qu'en cas de fermeture de l'entreprise, le CHSCT n'avait pas à être consulté par le liquidateur[5]. Il faut cependant noter une précision importante : cette attribution ne concerne que les entreprises de cinquante salariés et plus. En effet, elle est prévue par l'article L. 1233-30, applicable à la liquidation judiciaire par renvoi de l'article L. 1233-58. Elle n'est pas prévue pour les entreprises de moins de cinquante salariés visées par l'article L. 1233-29, applicable à la liquidation judiciaire par renvoi de l'article L. 1233-58. La nouvelle rédaction de l'article L. 1233-30 suscite la même réserve qu'auparavant dans la mesure où elle précise « le cas échéant ».

Il a été relevé que l'ordonnance du 22 septembre 2017[6] a ajouté un alinéa à l'article L. 1233-8 qui vise les licenciements collectifs de moins de dix salariés sur une période de trente jours : le CSE dispose d'un délai qui ne peut être supérieur à un mois à compter de la date de sa première réunion pour rendre son avis. En l'absence d'avis dans ce délai, il est réputé avoir été consulté.

Cela implique l'obligation d'attendre le délai d'un mois à partir de la date de la première réunion du CSE avant de le considérer comme avoir été consulté

1. C. trav., art. D. 1233-2-1.
2. Soc. 8 janv. 2025, n° 22-24.724, P ; *Act. proc. coll.* 2025, n° 30 ; *D. actu.* 20 janv. 2025, obs. L. Malfettes ; *JCP S* 2025, n° 1066, note C. Terrenoire ; *Leden* févr. 2025, p. 6, obs. F. Joly.
3. Ord. n° 2017-1386, 22 sept. 2017 relative à la nouvelle organisation du dialogue social et économique dans l'entreprise et favorisant l'exercice et la valorisation des responsabilités syndicales, *JO* 23 sept., n° 31.
4. Paris, 15 janv. 2013, n° 11/02814 ; *Leden* mai 2013, n° 77.
5. TA Paris, 22 juill. 2014 ; *RPC* 2014, n° 121.
6. Ord. n° 2017-1387, 22 sept. 2017 relative à la prévisibilité et la sécurisation des relations de travail, *JO* 23 sept., n° 33.

et de procéder aux entretiens préalables aux licenciements et à la notification des licenciements.

Or, l'article L. 1233-58 du Code du travail, qui énonce, de manière limitative, les seules règles applicables lorsque l'entreprise est en liquidation judiciaire, renvoie à l'article L. 1233-8 dans son intégralité puisqu'il ne comportait qu'un seul alinéa avant la réforme. Sans retouche de l'article L. 1233-58, les entreprises en liquidation judiciaire, qui auront mis en place un CSE, et qui auront à procéder à des licenciements de moins de dix salariés sur trente jours, seront contraintes d'attendre l'expiration du délai d'un mois après la première réunion de consultation avant de poursuivre la procédure de licenciement. Un tel délai semble difficilement applicable et compatible avec les exigences de la liquidation judiciaire. En effet, le CSE doit rendre son avis dans le délai de douze jours de la décision prononçant la liquidation judiciaire en application de l'article L. 641-4 du Code de commerce. Par ailleurs, les licenciements doivent être notifiés dans un délai de quinze jours si aucun PSE n'est mis en œuvre et de vingt-et-un jours en présence d'un PSE suivant le jugement de liquidation pour permettre la prise en charge des indemnités de rupture par l'AGS conformément à l'article L. 3253-8, 2° du Code du travail. Il ne s'agit, sans doute, que d'un oubli des auteurs de la réforme. L'ordonnance du 20 décembre 2017[1] ne l'a malheureusement pas corrigé[2].

Quel est le nombre de réunions à réaliser ?

L'article L. 1233-58 du Code du travail ne renvoie toujours pas au dernier alinéa du I de l'article L. 1233-30 relatif à la consultation du CSE dans les entreprises de cinquante salariés et plus et à l'alinéa 2 de l'article L. 1233-29 pour les entreprises de moins de cinquante salariés qui obligent à procéder à une double consultation du CSE sur le projet de licenciement pour motif économique. Elle est donc écartée lorsque l'entreprise est en liquidation judiciaire. Un seul avis doit donc être rendu. Cette règle connaît cependant une exception pour les entreprises de cinquante salariés et plus, quand le CSE souhaite recourir à une expertise[3].

Les suites de la réunion d'information-consultation.

Un procès-verbal de cette réunion sera alors rédigé. Le délai de transmission du procès-verbal du comité d'entreprise, et désormais du CSE, a été réduit à un jour par le décret du 12 avril 2016[4], en cas de liquidation judiciaire, en présence d'un grand licenciement économique. Rappelons que, en droit commun, ce délai de transmission à l'employeur est de quinze jours, ramené à trois jours en cas de grand licenciement économique. L'ancien article D. 2325-3-1 du Code du travail ne prévoyait cette exception que dans le cadre de l'application de l'article L. 1233-30 régissant la procédure de consultation du grand licenciement économique et uniquement dans les entreprises de cinquante salariés et plus. La mise en œuvre du CSE ne changera pas la solution, puisque le nouvel article D. 2315-26 reprend exactement la même solution. Il ne faut pas oublier que ce document doit être joint à la demande d'homologation ou de validation du PSE. Il est donc important que ce délai soit respecté. Il doit également être joint à la Dreets pour les licenciements de moins de dix salariés[5].

511.29 **Proposition du CSP.** La loi du 28 juillet 2011[6] remplace la convention de reclassement personnalisé dite CRP et le contrat de transition professionnelle, qui avaient déjà remplacé la convention de conversion, par le contrat de sécurisation professionnelle pour les entreprises de moins de mille salariés lorsqu'elles sont *in bonis* et celles qui sont en procédure collective quel que soit leur effectif[7]. Ce dispositif doit donc être proposé aux salariés licenciés suite à un jugement de liquidation judiciaire.

Ce contrat doit être proposé par écrit au cours de l'entretien préalable ou après la notification de la décision du Dreets validant le PSE dans les grands licenciements économiques depuis la loi Macron. Le salarié dispose de vingt-et-un jours de réflexion pour donner sa réponse dans lequel il doit être reçu par France Travail. Son acceptation emporte rupture du contrat et donne droit à l'indemnité de licenciement ou à toute indemnité conventionnelle qui lui aurait été due en cas de licenciement.

Il est alors considéré comme stagiaire de la formation continue. Pendant douze mois, le salarié perçoit une allocation spécifique correspondant à 75 % de son salaire depuis le 1er février 2015, un suivi plus personnalisé et intensifié auprès de France Travail par rapport à une prise en charge classique.

On peut penser que les solutions rendues par la Cour de cassation à l'occasion de la CRP seront maintenues. Ainsi s'il apparaît, après examen de son dossier, que le salarié n'est pas éligible à la CRP, cela

1. Ord. n° 2017-1718, 20 déc. 2017 visant à compléter et mettre en cohérence les dispositions prises en application de la loi n° 2017-1340 du 15 septembre 2017 d'habilitation à prendre par ordonnances les mesures pour le renforcement du dialogue social, *JO* 21 déc., n° 46.
2. C. Gailhbaud, « La réforme du licenciement économique (analyse en regard du droit des procédures collectives) », *Gaz. Pal.* 17 avr. 2018, nos 15, 89 s., sp. 93.
3. Sur le recours à une expertise, v. ss n° 511.53.
4. Décr. n° 2016-453, 12 avr. 2016 relatif à certaines modalités de déroulement des réunions des institutions représentatives du personnel, *JO* 14 avr., n° 26.
5. C. trav., art. L. 1233-20.
6. L. n° 2011-893, 28 juill. 2011 pour le développement de l'alternance et la sécurisation des parcours professionnels, *JO* 29 juill., n° 2 ; *JCP S* 2011, n° 316, n° 1383, n° 1396 ; *RDT* 2011. 570.
7. C. trav., art. L. 1233-65 s.

n'a pas pour effet de rendre sans cause réelle et sérieuse son licenciement[1].

De plus, malgré cette acceptation, le salarié peut, dans les douze mois qui suivent, contester son licenciement[2] ainsi que les critères d'ordre[3]. Si le motif économique n'existe pas, la CRP signée devient sans cause[4].

L'employeur doit délivrer un écrit comportant le motif précis qui a justifié la mise en place de la procédure de licenciement[5]. L'employeur indique ce motif soit dans le document d'information qu'il doit remettre avant la réponse du salarié, soit dans la lettre remise au salarié après l'expiration du délai de réponse, soit dans tout autre document écrit remis au plus tard au moment de son acceptation[6]. Cette information peut être faite par courrier électronique[7]. Si la forme est assez souple, la Cour de cassation exige une précision du motif : à défaut d'avoir une information complète du motif économique, le salarié peut demander des dommages-intérêts pour défaut de cause réelle et sérieuse. Le liquidateur a en réalité une double obligation : proposer ce contrat et informer le salarié du motif économique.

La Cour de cassation, dans une décision du 27 mai 2020 a eu l'occasion de préciser que l'information, donnée éventuellement dans une note, doit viser l'ordonnance du juge-commissaire et ne peut se contenter de rappeler le jugement d'ouverture du redressement judiciaire[8]. Cette solution doit être adaptée en cas de liquidation judiciaire, puisqu'il n'y a pas, à la différence de cette hypothèse, d'autorisation judiciaire[9]. Il devrait ainsi pouvoir se contenter de viser le jugement de liquidation et la cessation d'activité en résultant. La sanction est lourde, sans que l'on puisse utiliser la possibilité de compléter le motif du licenciement prévu par l'article L. 1235-2 du Code du travail qui ne concerne que la notification du licenciement *stricto sensu*. Le salarié peut obtenir les dommages-intérêts pour défaut de cause réelle et sérieuse et l'entreprise devra contribuer au financement du CSP par une contribution correspondant à l'indemnité de préavis, dans la limite de trois mois de salaire majoré des charges en vertu de l'article L. 1233-69 du Code du travail.

Il est à noter que lorsque le salarié adhère à la CRP, il renonce alors à l'obligation de reclassement et l'employeur peut alors proposer le poste à un autre salarié, quand bien même le délai de réflexion de vingt-et-un jours ne serait pas écoulé[10]. Il bénéficie enfin de la priorité de réembauchage[11].

511.30 **Lettre individuelle de licenciement.** Avant comme après la loi du 14 juin 2013[12], dite de sécurisation de l'emploi, le liquidateur devra, dans la lettre individuelle de licenciement envoyée au salarié, impérativement viser la décision ouvrant ou prononçant la liquidation judiciaire, faute de quoi le licenciement sera sans cause réelle et sérieuse[13]. Mais, la lettre qui indique que le licenciement intervient en application du jugement de liquidation est suffisamment motivée[14]. Ainsi, le renvoi dans la lettre de

1. Soc. 8 oct. 2014, n° 13-13.995 ; *RDT* 2014. 685, obs. M. Ines ; *JCP S* 2014, n° 1463, note L. Drai ; *D.* 2014. Actu. 2054.
2. Soc. 17 mars 2015, n° 13-2.6941 ; *Bull. civ.* V, n° 51 ; *RDT* 2015. 328, obs. A. Fabre ; *JCP S* 2015, n° 192, note T. Lahalle ; *D. actu.* 2 avr. 2015, obs. M. Ines ; *D.* 2015. Actu. 736 ; *Act. proc. coll.* 2015, n° 121 ; *RPC* mai 2015, comm. 45, obs. F. Taquet.
3. Soc. 5 mars 2008, n° 07-41.964 ; *Bull. civ.* V, n° 47 ; *JCP S* 2008, n° 1334, note F. Dumont ; *D.* 2008. 856, obs. M. Ines ; *D.* 2008. 2306, obs. B. Reynès ; *RDT* 2008. 385, obs. E. Durlach ; *Dr. soc.* 2008. 617, obs. G. Couturier ; *CSBP* juin 2008, p. 256, note F.-J. Pansier ; *JCP E* 2008, n° 1525, note F. Taquet ; *JCP* 2008. II. 10084, note D. Corrignan-Carsin.
4. Soc. 5 mai 2010, n° 08-43.652 ; *Bull. civ.* V, n° 104 ; *D. actu.* 28 mai 2010, obs. L. Perrin ; *D.* 2010. 1290 ; *JCP S* 2010, n° 1300, note D. Corrignan-Carsin ; *RDT* 2010. 437, obs. A. Fabre ; *RPC* sept. 2010, comm. 187, note F. Taquet.
5. Soc. 27 mai 2009, n° 08-43.137 ; *Bull. civ.* V, n° 139 ; *JCP S* 2009, n° 1373, note B. Bossu ; *RPC* sept. 2009, comm. 134, F. Taquet.
6. Soc. 14 avr. 2010, n°s 08-45.399 et 09-40.987 ; *Bull. civ.* V, n° 98 ; *RDT* 2010. 437, obs. A. Fabre ; *JCP S* 2010, n° 1299, note F. Dumont ; *JCP E* 2010, n° 1514, note F. Taquet ; *D. actu.* 11 mai 2010, obs. L. Perrin – Soc. 22 sept. 2015, n° 14-16.218 ; *Bull. civ.* V, n° 208 ; *JCP S* 2016, n° 1461, note A. Louvet ; *D. actu.* 21 oct. 2015, obs. W. Fraisse ; *D.* 2015. Actu. 1958 ; *CSBP* févr. 2016, p. 82, note J. Icard ; *RPC* janv. 2016, comm. 19, F. Taquet.
7. Soc. 13 juin 2018, n° 16-17.865 ; *Bull. civ.* V, n° 115 ; *RPC* sept. 2018, comm. 157, obs. F. Taquet ; *Act. proc. coll.* 2018. 187 ; *D.* 2018. 1317 ; *D. actu.* 9 juill. 2018, obs. J. Cortot.
8. Soc. 27 mai 2020, n° 18-20.153, P ; *D. actu.* 10 juin 2020, obs. L. Malfettes ; *Act. proc. coll.* 2020, comm. 208, D. Jacotot ; *RPC* 2020, comm. 127, obs. F. Taquet ; *JCP S* 2020, n° 2063, note E. Jeansen ; *Leden* 2020-7, p. 6, obs. G. Dedessus-Le Moustier ; *BJT* juill. 2020, p. 11, note G. Duchange.
9. Sur l'autorisation du juge-commissaire, v. s^s^ n°s 511.12 et 511.13.
10. Soc. 28 sept. 2011, n° 10-23.703 ; *Bull. civ.* V, n° 198 ; *JCP S* 2012, n° 1029, note A. Louvet ; *RDT* 2011. 637, obs. F. Géa ; *D.* 2011. 2478 ; *D. actu.* 21 oct. 2011, obs. L. Perrin.
11. Soc. 30 nov. 2011, n° 09-43.183 ; *Bull. civ.* V, n° 282 ; *D.* 2011. 3003 ; *D.* 2012. 901, obs. P. Lokiec et J. Porta ; *RDT* 2012. 34, obs. A. Fabre ; *JCP S* 2012, n° 1086, note F. Dumont – Soc. 22 sept. 2015, n° 14-16.218 ; *Bull. civ.* V, n° 208 ; *JCP S* 2016, n° 1461, note A. Louvet ; *D. actu.* 21 oct. 2015, obs. W. Fraisse ; *D.* 2015. Actu. 1958 ; *CSBP* févr. 2016, p. 82, note J. Icard ; *RPC* janv. 2016, comm. 19, F. Taquet.
12. L. n° 2013-504, 14 juin 2013 relative à la sécurisation de l'emploi, *JO* 16 juin, n° 1.
13. Soc. 9 juill. 2003, n° 01-43.763, NP.
14. Soc. 2 mars 2004, n°s 02-41.931,02-41.933, 02-41.934, 02-41.935, 02-42.079, 02-42.080, 02-42.081, 02-42.082, NP ; *Act. proc. coll.* 2004/8, n° 104, note F. Taquet ; *RPC* 2004. 250, n° 16, obs. F. Taquet ; *JCP E* 2004. Chron. 1292, p. 1390, n° 15, obs. Ph. Pétel – Soc. 6 juill. 2005, n° 03-44.390, NP ; *RPC* 2006/1, p. 70, n° 7, obs. F. Taquet – Com. 24 mars 2009, n° 08-12.620, NP ; n° 282 F-D.

licenciement au jugement de liquidation judiciaire est-il à la fois nécessaire et suffisant[1]. Dès lors, les exigences s'écartent singulièrement de celles existant pour la motivation de la lettre de licenciement intervenant en dehors d'une procédure collective.

Ne peut être suivie la décision d'une Cour d'appel qui considère comme sans cause réelle et sérieuse les licenciements intervenus en application du jugement de liquidation judiciaire sans poursuite d'activité, au motif d'une faute du dirigeant social, qui pouvait expliquer la situation économique[2]. En effet, d'une part, le Conseil des prud'hommes et à sa suite la Cour d'appel, ne peuvent discuter du caractère économique du licenciement intervenu sur le fondement du jugement de liquidation judiciaire, seul un recours des institutions représentatives du personnel pouvant être exercé à l'encontre du jugement de liquidation judiciaire permettant de discuter du caractère économique du licenciement. D'autre part, la cessation d'activité résultant obligatoirement de la liquidation judiciaire sans poursuite d'activité justifie à elle seule le caractère économique du licenciement.

Pourtant, la Cour de cassation semble admettre que le licenciement puisse être privé de cause réelle et sérieuse si la liquidation judiciaire a pour cause la légèreté blâmable de l'employeur. Évidemment, si cette preuve n'est pas rapportée, le licenciement n'est pas dépourvu de cause[3]. Certains juges du fond ont également admis ce contentieux possible[4]. La Cour de cassation, dans une décision du 8 juillet 2020 vient de poser un attendu de principe très clair : « le fait que la cessation d'activité de l'entreprise résulte de sa liquidation judiciaire ne prive pas le salarié de la possibilité d'invoquer l'existence d'une faute de l'employeur à l'origine de la cessation d'activité, de nature à priver le licenciement de cause réelle et sérieuse »[5]. Elle n'a cependant pas reconnu l'existence d'une telle faute dans cette décision.

Les licenciements réalisés en liquidation judiciaire doivent être considérés comme sans cause réelle et sérieuse, dès lors que le jugement ayant ouvert ou prononcé la liquidation judiciaire est réformé ou annulé, si la Cour d'appel n'ouvre pas elle-même la liquidation judiciaire[6].

Le salarié, qui après le prononcé de la liquidation judiciaire, retrouve un emploi dans l'attente de son licenciement, ne manifeste pas, selon une vision extrêmement compréhensive de la chambre sociale de la Cour de cassation, une volonté claire et non équivoque de démissionner. En conséquence, le licenciement qu'effectue le liquidateur de ce salarié après une nouvelle embauche ne doit pas être annulé[7].

Il est recommandé au liquidateur de ne procéder aux licenciements des dirigeants que sous réserve de la validité de leur contrat de travail au regard des règles de cumul du contrat de travail avec un mandat social[8].

L'article L. 1233-59 du Code du travail écarte les délais de notification des lettres de licenciement pour motif économique prévus à l'article L. 1233-15 en cas de redressement et de liquidation[9]. Selon ce texte, le délai est de sept jours, porté à quinze pour les cadres, à compter de l'entretien individuel pour le licenciement individuel ou celui de moins de dix sur une période de trente jours. Aucun texte ne prévoit expressément une telle dérogation pour les licenciements de dix salariés et plus, le délai de trente jours étant prévu à l'article L. 1233-39. Faut-il également l'écarter ? La Cour de cassation, dans un arrêt du 17 mai 2023[10], y répond en cassant, pour violation des articles L. 1233-39, L. 3253-8, 2° et L. 631-17 du Code de commerce, un arrêt de Cour d'appel qui a condamné un employeur placé en redressement judiciaire à indemniser un salarié licencié pendant la période d'observation sur autorisation du juge-commissaire pour non-respect du délai de notification pour les grands licenciements économiques, faute de dérogation expresse dans l'article L. 1233-59 du Code du travail. Pour la Cour de cassation, il résulte de l'article L. 3253-8 organisant la prise en charge par l'AGS des indemnités de licenciement pour motif économique notifiés notamment pendant la période d'observation que « les délais prévus à l'article L. 1233-39 du Code du travail (...) ne sont pas applicables en cas de redressement ou de liquidation judiciaire ». La Cour, par cette interprétation extensive, évite une incompatibilité entre les différents textes, qui pourrait faire obstacle à la garantie AGS. Cette notification des licenciements doit être réalisée dans un délai

1. Par ex. : Soc. 2 mars 2004, n° 02-41.932, P.
2. Aix-en-Provence, 18e ch. soc. B, 15 janv. 2016, RG n° 14/08848 ; *LXB hebdo* 19 mai 2016, n° 466, note P.-M. Le Corre.
3. Soc. 6 mars 2019, n° 17-31.149, NP ; *Gaz. Pal.* 2019, n° 25, p. 70, note C. Gailhbaud ; *Leden* juin 2019, p. 7, note H. de Frémont ; *Act. proc. coll.* 2019, alerte 109.
4. Rouen 28 juin 2018, n° 16/0555 ; *BJT* oct. 2018, p. 101, note L. Fin-Langer – Caen, 27 oct. 2017, n° 15/03576.
5. Soc. 8 juill. 2020, n° 18-26.140, FSPB ; *D.* 2020. Actu. 1469 ; *RDT* 2020. 676, obs. Ilieva ; *JCP S* 2020, n° 3010, note L. Fin-Langer ; *Gaz. Pal.* 13 oct. 2020, p. 78, note C. Gailhbaud ; *JCP E* 2020, n° 1405, note D. Jacotot ; *RPC* sept. 2020, 132, obs. F. Taquet ; *Leden* oct. 2020, p. 6, H. de Frémont ; *BJS* nov. 2020, p. 50, note Baugard ; *BJT* sept. 2020, p. 24, note G. Duchange.
6. Soc. 16 déc. 2008, n° 07-43.285, P V, n° 253 ; *Gaz. proc. coll.* 2009/2, p. 38, n° 2, note B. Saintourens.
7. Soc. 13 avr. 2005, n° 03-42.467, P V, n° 136.
8. Ifppc 1999, recomm. n° 6006-6, p. 128.
9. Pour une confirmation : Soc. 24 janv. 2018, n° 16-25.998, NP.
10. Soc. 17 mai 2023, n° 21-21.041 ; P ; *D. actu.* 2023. 1015 ; *Act. proc. coll.* 2023, n° 182, obs. L. Fin-Langer ; *RPC* juill. 2023, n° 69, obs. D. Jacotot ; *SSL* 2023, n° 2052, p. 1, obs. P. Bailly ; *JCP S* 2023, n° 1180, note B. Bossu.

de quinze jours en l'absence de PSE et de vingt-et-un jours en présence d'un CSE à compter du jugement prononçant la liquidation judiciaire pour permettre la garantie de l'AGS, conformément à l'article L. 3253-8, 2° du Code du travail.

Le gouvernement a voulu limiter le contentieux dans les entreprises *in bonis* en prévoyant la mise en place de modèles de lettres de licenciement grâce aux ordonnances du 22 septembre 2017 en renvoyant dans un premier temps à décret. Le décret du 29 décembre 2017 [1] qui fixe les modèles de lettre de licenciement laisse perplexe de manière générale [2], mais aussi son application dans le cadre des procédures collectives.

Ce sont les annexes IV à VI qui proposent des modèles pour les licenciements pour motif économique, selon le nombre de salariés licenciés. Il fait certes référence aux procédures collectives, puisque dans les modèles qui précisent le motif économique, il est fait mention de l'ordonnance du juge-commissaire rendue pendant la période d'observation et du jugement adoptant le plan, décisions judiciaires autorisant le licenciement des salariés. Aucune annexe ne concerne précisément la liquidation judiciaire.

Le texte consacre donc la jurisprudence selon laquelle cette décision fixe le motif économique, qui ne pourra plus être contesté dès lors que la notification y fait référence. Cependant, il faut souligner que c'est la seule spécificité. Ainsi, est indiquée désormais, comme dans toutes les lettres de licenciement, la possibilité qu'a le salarié à demander des précisions sur les motifs de licenciement. Ensuite, est également maintenue la mention du congé reclassement pourtant écarté en cas de redressement et de liquidation judiciaire [3]. Il faut enfin noter que dans l'annexe VI relative aux grands licenciements, est rappelée l'existence d'un entretien individuel, qui pourtant n'a pas lieu.

La loi de ratification des ordonnances du 19 mars 2018 a modifié notamment l'article L. 1233-16 prévoyant ces modèles, en renvoyant non plus à un décret mais à un arrêté du ministre, qui n'a pas été pris et n'a donc pas corrigé les modèles.

Quid aussi de la possibilité de compléter le motif ? En effet, depuis cette même ordonnance, le motif pourra désormais être précisé à la demande de chaque partie, dont les modalités sont prévues par un décret du 15 décembre 2017.

Le nouvel art. R. 1233-2-2 du Code du travail précise que dans les quinze jours qui suivent la notification du licenciement, le salarié peut par lettre recommandée avec accusé de réception ou remise contre récépissé, demander des explications à l'employeur qui a aussi quinze jours après réception de la demande pour y répondre selon les mêmes formes. L'employeur peut aussi, de sa propre initiative, le faire dans les mêmes formes dans les quinze jours suivant la notification.

Ce dispositif est applicable pour les licenciements prononcés après la publication du décret. Il ne s'agit que d'une simple précision : l'employeur ne peut pas compléter ou ajouter ou substituer un motif.

Cette procédure soulève plusieurs interrogations. *Quid* si les délais ne sont pas respectés ? Le silence de l'employeur a-t-il des conséquences ? Qu'en est-il en procédure collective ? Aucune exception n'a été envisagée lorsque le motif résulte de l'ouverture d'une liquidation judiciaire. Il semble pour le moins discutable d'avoir un tel mécanisme en procédure collective [4], sauf à permettre au liquidateur de compléter sa lettre par exemple en cas d'oubli de la référence au jugement de liquidation judiciaire. Il est à noter que ce dispositif n'a semble-t-il pas vocation à s'appliquer dans le cadre de l'acceptation du contrat de sécurisation professionnelle.

Enfin, si le salarié ne formule pas une telle demande, l'insuffisance de motivation ne suffit plus désormais pour priver le licenciement de cause réelle et sérieuse. Par conséquent, si une telle cause existe, il s'agira d'une simple irrégularité de forme sanctionnée par une indemnité d'un mois de salaire maximum [5]. En revanche, si cette insuffisance correspond à une absence effective de cause réelle et sérieuse, il y aura application du nouvel article L. 1235-3, qui limite le montant des dommages-intérêts.

511.31 **Versement des indemnités de rupture.** Tout salarié licencié pour motif économique a droit à l'indemnité légale de licenciement dès lors qu'il a huit mois d'ancienneté depuis les ordonnances du 22 septembre 2017. Pour savoir si le salarié a droit à cette indemnité, il est tenu compte de son ancienneté au jour de la notification du licenciement.

Ensuite, son montant sera calculé à l'expiration du délai de préavis, même s'il est dispensé de l'exécuter. Il faut cependant préciser que si le salarié commet une faute grave pendant cette période, cette faute interrompt le délai ainsi que l'ancienneté, car elle met fin au contrat [6]. Elle est due même si l'entreprise cesse son activité en vertu de l'article L. 1234-9 du

1. Décr. n° 2017-1820, 29 déc. 2017 établissant des modèles types de lettres de notification de licenciement, *JO* 30 déc., n° 83.
2. Pour une note critique : F. Taquet, « Modèles de lettres de notification de licenciement : une intention louable non dénuée de critiques », *JCP S* 2018, n° 11.
3. C. trav., art. L. 1233-75.
4. D. Jacotot et L. Fin-Langer, « Les ordonnances du 22 septembre 2017 et la rupture des contrats de travail dans une entreprise en difficulté », *RPC* nov. 2017, étude 21.
5. C. trav., art. L. 1235-2.
6. Soc. 11 sept. 2019, n° 18-12.606, P ; *JCP S* 2019, n° 1285, note L. Drai ; *D.* 2019. 1767 ; *Dr. soc.* 2019. 981, obs. J. Mouly ; *RPC* nov. 2019, comm. 171, F. Taquet.

Code du travail et donc en cas de liquidation judiciaire sans maintien de l'activité.

Le montant est désormais identique depuis la loi du 25 juin 2008 pour le motif personnel et économique[1]. Elle est calculée en fonction de la rémunération brute moyenne des trois derniers mois ou sur les douze derniers mois, si cette moyenne est plus élevée.

En contrepartie du plafonnement des indemnités pour défaut de cause réelle et sérieuse, la réforme du 22 septembre 2017 a prévu une revalorisation du montant de l'indemnité de licenciement, prévu par le nouvel art. R. 1234-2 issu d'un décret du 25 septembre 2017, applicables immédiatement à tous les licenciements notifiés après en entrée en vigueur. Elle a été revalorisée dans les termes suivants :

« L'indemnité de licenciement ne peut être inférieure aux montants suivants :

1° Un quart de mois de salaire par année d'ancienneté pour les années jusqu'à dix ans ;

2° Un tiers de mois de salaire par année d'ancienneté pour les années à partir de dix ans. »

Les accords collectifs peuvent l'augmenter[2], l'indemnité conventionnelle se substituant alors à l'indemnité légale sans pouvoir se cumuler.

Les parties peuvent également avoir mis en place des « golden parachute » qui sont des indemnités contractuelles de départ, d'un montant en général élevé. La Cour de cassation les valide sous réserve de ne pas faire échec à la faculté de résiliation unilatérale. À la différence des indemnités conventionnelles, les indemnités contractuelles peuvent alors être modifiées par le juge, même d'office, si elles sont d'un montant excessif sur le fondement de l'ancien article 1152 du Code civil, devenu avec la réforme de 2016, l'article 1231-5, la Cour les assimilant à une clause pénale[3].

L'administrateur judiciaire ou le liquidateur doit en principe respecter la durée du préavis, l'article L. 1234-7 du Code du travail refusant de prévoir une exception en cas de cessation d'activité. Dans les faits et compte tenu de l'arrêt de l'activité, le liquidateur va dispenser le salarié de l'exécuter, comme c'est parfois déjà le cas en redressement judiciaire[4]. Il devra alors lui verser une indemnité correspondant au salaire versé pendant cette durée s'il avait été exécuté[5], sauf si le salarié était dans l'impossibilité de l'exécuter en raison d'un arrêt maladie[6].

Il devra également verser l'indemnité compensatrice de congés payés pour les congés restant dus[7]. C'est à l'employeur d'apporter la preuve que le salarié n'a pas été en mesure de prendre effectivement ses congés, qu'ils soient d'origine légale ou conventionnelle[8].

Les parties peuvent également avoir prévu une clause de non-concurrence qui produit ses effets après la rupture du contrat et qui oblige le salarié, en échange d'une contrepartie financière, de ne pas travailler pour une entreprise concurrente. La date de la rupture peut avoir des conséquences aussi sur la possibilité de renoncer unilatéralement à cette clause. Ainsi, si le préavis est exécuté, l'employeur peut y renoncer au plus tard à la date du départ effectif de l'entreprise, et donc à la fin du préavis exécuté. Si le préavis n'est pas exécuté, il faut regarder le délai prévu dans la clause. Si l'inexécution vient du fait du salarié, la renonciation peut se réaliser au cours du préavis[9].

La Chambre sociale, dans un arrêt du 16 juin 2010 considère que ces indemnités de rupture versées suite à la liquidation judiciaire de l'employeur constituent des créances postérieures utiles et bénéficient donc du traitement privilégié[10]. Par ailleurs, l'attendu vise les « créances indemnitaires » dues en cas de rupture. Il ne précise pas le détail des sommes. La lecture

1. C. trav., art. L. 1234-9.
2. Par ex. : Soc. 17 oct. 2012, n° 10-28.006 ; *RDT* 2012. 669.
3. Soc. 18 déc. 1979, n° 78-40.996 ; *Bull. civ.* V, n° 1009 ; *D.* 1980. IR 352, obs. Ph. Langlois ; *Dr. soc.* 1980. 370 ; *JCP* 1980. II. 19432, obs. Lyon-Caen – Par ex. : Soc. 5 mars 2014, n° 12-23.106 ; *Bull. civ.* V, n° 68 ; *D.* 2014. 671 ; *D.* 2014. 1115, obs. P. Lokiec et J. Porta ; *Dr. soc.* 2014. 481, obs. J. Mouly ; *Dr. soc.* 2014. 760, chron. S. Tournaux ; *JCP S* 2014, n° 1215, note G. François ; *CSBP* avr. 2014, p. 245, obs. J. Icard – Soc. 16 mars 2016, n° 14-23.861, P ; *D. actu.* 8 avr. 2016, obs. M. Ines ; *D.* 2016. Actu. 720 ; *Dr. soc.* 2016. 470, note J. Mouly ; *JCP S* 2016, n° 1174, note G. François ; *CSBP* mai 2016, p. 235, J. Icard.
4. Soc. 22 oct. 2008, n° 07-42.140, P V, n° 199 ; F-P+B ; *Gaz. proc. coll.* 2009/2, p. 37, n° 1, note B. Saintourens ; *Act. proc. coll.* 2009/2, n° 35.
5. C. trav., art. L. 1234-5.
6. Soc. 11 mars 2016, n° 15-11.443, NP – V. AUSSI en cas de retrait de permis : Soc. 28 févr. 2018, n° 17-11.334, NP – V. CEPENDANT des solutions contraires : Soc. 31 oct. 2012, n° 11-12.810 ; *Bull. civ.* V, n° 282 ; *RDT* 2012. 668.
7. C. trav., art. L. 3141-24 – Soc. 5 juin 2008, n° 06-46.366 ; *Bull. civ.* V, n° 125 ; *RDT* 2008. 608, obs. Fl. Canut ; *JCP S* 2008, n° 1423, note S. Brissy – Soc. 24 févr. 2009, n° 07-44.749 ; *Bull. civ.* V, n° 48 ; *D.* 2009. 816, obs. M. Ines ; *JCP S* 2009, n° 1230, note S. Brissy.
8. Soc. 21 sept. 2017, n° 16-18.898 ; *Bull. civ.* V, n° 159 ; *JCP S* 2017, n° 1358, note N. Chabrier et L. Chabaud ; *Act. proc. coll.* 2017, n° 290 ; *Gaz. Pal.* 6 févr. 2018, p. 47, note V. Orif : revirement.
9. Soc. 21 mars 2018, n° 16-21.021 ; *Bull. civ.* V, n° 42 ; *D.* 2018. 2326, obs. Centre de droit de la concurrence Yves Serra ; *Dr. soc.* 2018. 653, étude S. Tournaux ; *RDT* 2018. 447, obs. C. Dupouey-Dehan ; *JCP S* 2018, n° 1183, note M.-N. Rouspide-Katchadourian ; *JCP* 2018. Actu. 422, obs. D. Carrignan-Carsin.
10. Soc. 16 juin 2010, n° 08-19.351 ; *Bull. civ.* IV, n° 140 ; *D.* 2010. AJ 1550, obs. A. Lienhard ; *D.* 2011. Pan. 2080, obs. P.-M. Le Corre ; *RPC* 2010, n° 245, obs. G. Berthelot et *RPC* 2012, n° 47, obs. C. Saint-Alary-Houin ; *Gaz. Pal.* 15-16 oct. 2011, p. 27, obs. L.-C. Henry ; *BJE* mars 2011. 25, obs. F. Macorig-Venier ; *RTD com.* 2011. 173, obs. A. Martin-Serf.

du moyen en annexe nous apprend qu'il s'agit de l'indemnité légale de licenciement, de préavis et de congés payés. Qu'en est-il alors des indemnités conventionnelles voire contractuelles et de la contrepartie de la clause de non-concurrence ? Une distinction pourrait être opérée entre ces indemnités légales et les indemnités contractuelles, qui s'ajoutent aux obligations prévues par le Code du travail, d'autant que la Chambre commerciale n'a pas la même analyse pour les indemnités de rupture des autres partenaires de l'entreprise[1].

Ces indemnités de rupture sont garanties par l'AGS dans la limite des plafonds de garantie, dès lors que les licenciements sont notifiés dans les quinze jours ou qui suivent le jugement de liquidation, délai porté à vingt-et-un jours en cas de PSE. Il en va de même de la contrepartie de la clause de non-concurrence[2].

Il faut cependant préciser que l'indemnité *supra*-légale de licenciement ainsi que toutes les sommes qui concourent à la réparation du préjudice subi par les salariés en raison de la rupture du contrat, prévue par un accord collectif conclu moins de dix-huit mois avant le jugement d'ouverture ou celle fixée par le PSE pendant la période d'observation ne sont désormais plus garanties par l'AGS[3]. En effet, la Cour de cassation a clairement inclus dans ces sommes indemnitaires l'indemnité *supra*-légale fixée par le PSE, sans forcément trancher sur les autres sommes versées qui pourraient être prises en charge si elles sont considérées comme des mesures d'accompagnement, garanties, quelle que soit la date du PSE en vertu de l'article L. 3253-8, 4° du Code du travail[4].

511.32 Rédaction des documents de fin de contrat. L'employeur remet trois documents au salarié au moment de la rupture du contrat. En cas de licenciement notifié par l'administrateur ou le liquidateur, il leur revient de les établir et de les communiquer au salarié. À défaut, il pourrait engager sa responsabilité.

Le reçu pour solde de tout compte, facultatif, est un écrit par lequel le salarié reconnaît avoir reçu les sommes indiquées. Il a une valeur probatoire mais aussi libératoire, qui avait été momentanément supprimée par la loi de modernisation sociale du 17 janvier 2002. En l'absence de dénonciation par le salarié dans les six mois qui suivent sa signature, cette signature rend irrecevable toute action en justice de la part du salarié ayant pour objet la contestation des sommes qui y sont mentionnées. Ce délai de six mois ne court que si le reçu comporte une date certaine, qui n'a cependant pas besoin d'être écrite de la main du salarié[5].

Si la Cour a pu juger que ce caractère libératoire existait, peu important qu'il soit rédigé en termes généraux[6], elle a aussi jugé que cet effet disparaissait si le reçu ne mentionnait qu'une somme globale, en faisant référence à une annexe, en l'espèce le bulletin de paye, détaillant les sommes[7]. Il est donc indispensable de mentionner le détail des sommes pour éviter un contentieux futur.

Le certificat de travail doit être établi par l'employeur, quelle que soit la rupture du contrat. Il atteste des emplois occupés par le salarié dans l'entreprise. Il ne peut comporter que les mentions suivantes : le nom et l'adresse de l'employeur et du salarié, la date d'entrée et de sortie, les emplois occupés avec les périodes correspondantes. Depuis le 1er juin 2014, il doit également mentionner le bénéfice du maintien des garanties frais de santé et de prévoyance qui sont portables depuis la loi du 14 juin 2013.

L'attestation France Travail permet au salarié de bénéficier des allocations-chômage. Elle doit être établie et remise en même temps que le dernier bulletin de paye. Depuis 2017, le salarié doit établir son préjudice pour obtenir une réparation en cas de remise tardive de ses documents[8].

1. Com. 5 oct. 2010, n° 09-70.249, NP ; *D.* 2010. 2428, obs. A. Lienhard ; *D.* 2011. 406, obs. P. Crocq ; *D.* 2011. 2069, obs. P.-M. Le Corre et F.-X. Lucas ; *RTD com.* 2011. 173, obs. A. Martin-Serf ; *Gaz. Pal.* 7-8 janv. 2011, p. 28, obs. L.-C. Henry ; *RPC* 2011, n° 7, obs. Ph. Roussel Galle ; *BJE* mars 2011. 25, obs. F. Macorig-Venier. Il s'agissait d'une indemnité due pour rupture abusive.
2. Soc. 20 juin 2006, n° 04-48.523 ; *Bull. civ.* V, n° 218 ; *Dr. soc.* 2006. 1054, obs. C. Radé ; *JCP S* 2006, n° 1950, note R. Vatinet.
3. C. trav., art. L. 3253-13 – Voir contra avant pour des indemnités *supra*-légales prévues par des PSE établis pendant la période d'observation : Soc. 30 sept. 2009, n° 08-42.076 ; *Bull. civ.* V, n° 213 ; *D.* 2009. AJ 2423 ; *JCP S* 2009, n° 1506, note P. Morvan ; *Act. proc. coll.* 2009, n° 262 ; *RPC* janv. 2010, n° 37, obs. F. Taquet ; *Leden* nov. 2019, p. 6, obs. S. Gorrias.
4. Sur la prise en charge par l'AGS, v. ss n° 722.71 – Soc. 16 déc. 2020, n° 18-15.532 ; *JCP S* 2021, n° 1035, note L. Fin-Langer ; *Act. proc. coll.* 2021, n° 46, obs. L. Fin-Langer ; *Leden* mars 2021, p. 7, obs. G. Dedessus-Le Moustier ; *Gaz. Pal.* 9 mars 2021, p. 75, obs. D. Ronet-Yague.
5. Soc. 20 févr. 2019, n° 17-27.600, P ; *D. actu.* 20 mars 2019, obs. W. Fraisse ; *D.* 2019. Pan. 973, obs. P. Lokiec ; *JCP S* 2019, n° 1109, note Paoli ; *BJT* avr. 2019, p. 13, obs. J. Icard ; *Gaz. Pal.* 26 mars 2019, p. 43, obs. C. Berlaud ; *RPC* mars 2019, com. 43, obs. F. Taquet.
6. Soc. 18 déc. 2013, n° 12-24.985 ; *D.* 2014. 88 ; *RDT* 2014. 83 ; *Dr. soc.* 2014. 176, note J. Mouly ; *CSBP* févr. 2014, n° 112r0, obs. J. Icard.
7. Soc. 14 févr. 2018, n° 16-16.617 ; *Bull. civ.* V, n° 21 ; *D. actu.* 21 mars 2018, obs. J. Cortot ; *D.* 2018. Actu. 463 ; *Dr. soc.* 2018. 481, note J. Mouly ; *RJS* 4/2018, n° 256 ; *RJS* 4/2018, p. 294, avis J.-P. Rémery ; *JCP S* 2018, n° 1114, note M.-N. Rouspide-Katchadourian ; *RPC* mai 2018, comm. 119, F. Taquet ; *Rev. proc.* avr. 2018, comm. 113, A. Bugada ; *CSBP* avr. 2018, p. 204, note J. Icard.
8. Soc. 22 mars 2017, n° 16-12.930, NP ; *D. actu.* 26 avr. 2017, obs. Roussel – V. *contra* avant : Soc. 21 janv. 2015, n° 13-25.675, NP.

§ 3
Procédure des licenciements économiques sans mise en place d'un PSE

511.41 **Entreprises concernées.** L'obligation de mettre en place un PSE suppose de vérifier deux conditions cumulatives : un effectif supérieur ou égal à cinquante salariés et un nombre de salariés à licencier d'au moins dix salariés sur une période de trente jours. Cela signifie donc que dès lors que l'entreprise en liquidation judiciaire a moins de cinquante salariés, elle n'a pas l'obligation de mettre en place un PSE. Tout son effectif est amené à être licencié en principe en raison de la cessation d'activité, sauf si un plan de cession est envisagé[1].

Il faut cependant faire une distinction importante selon que l'entreprise est dotée ou non d'un CSE, obligatoire à compter de onze salariés. À défaut, en principe, le représentant des salariés désigné remplit les missions du CSE spécifiques aux procédures collectives. L'article L. 641-1 du Code de commerce prévoit expressément cette fonction de suppléance pour les attributions prévues par les dispositions du présent titre et donc *a priori* pour les licenciements économiques.

Une difficulté demeure pour déterminer quelles sont les entreprises concernées par cette fonction supplétive. Il s'agit sans nul doute des entreprises de onze salariés et plus mais dépourvues de CSE. Un procès-verbal de carence a alors été édicté au moment des élections et le liquidateur judiciaire doit vérifier son existence. Il sera alors tenu de consulter le représentant des salariés au lieu et place du CSE[2]. En revanche, ni les textes ni la Cour de cassation ne se sont prononcés quant à cette fonction pour les entreprises de moins de onze salariés. Or, il faut rappeler que sa présence est organisée quel que soit l'effectif de l'entreprise. Il faut sans doute écarter cette compétence supplétive.

Enfin, il se peut que l'entreprise soit également dépourvue d'un représentant des salariés, cette absence donnant lieu à la rédaction d'un procès-verbal de carence. Il ne s'agit pas d'un obstacle à la poursuite de la liquidation judiciaire.

511.42 **Procédure dans les entreprises dépourvues de CSE et de représentant des salariés.** La procédure décrite sera celle applicable aux licenciements individuels ou aux licenciements collectifs de moins de dix salariés. Elle peut aussi concerner les licenciements de plus de dix, l'entreprise disposant d'un double procès-verbal de carence : un pour le CSE et un pour le représentant des salariés. Dans cette dernière hypothèse, il aurait fallu consulter le CSE et ne plus faire d'entretiens individuels. Mais faute de CSE, il conviendra d'appliquer la procédure suivante et de procéder aux entretiens. En effet, l'article L. 1233-38 qui prévoit l'absence d'entretiens suppose deux conditions cumulatives, dont la présence d'un CSE.

Dès le lendemain du jugement de liquidation judiciaire, le liquidateur doit informer la Dreets sur l'ouverture de cette procédure et sur le projet de licenciement[3]. Il doit ensuite identifier rapidement les salariés de l'entreprise et engager les contacts avec l'AGS. Il devra aussi récupérer les procès-verbaux de carence, et au moins celui relatif au représentant des salariés. Il devra ainsi dès le lendemain le déposer au greffe du tribunal de la procédure.

Il doit également dès le lendemain rechercher les offres de reclassement si l'entreprise fait partie d'un groupe[4].

Il doit ensuite convoquer les salariés en vue de leur entretien préalable. Il doit respecter l'article L. 1233-11 du Code du travail qui prévoit un délai minimum de cinq jours ouvrables après la présentation de la lettre recommandée ou la remise en main propre Aucun aménagement de ce délai n'a été prévu dans le cadre des procédures collectives. Il convient donc de le respecter. La date de l'entretien ne compte pas. Il s'agit de jours ouvrables, le samedi étant donc comptabilisé sauf s'il s'agit d'un jour férié. L'entretien peut avoir lieu le samedi s'il s'agit d'un jour travaillé. Les dimanches et les jours fériés ne sont pas considérés comme des jours ouvrables. Lorsque le délai expire un dimanche ou un jour férié, il est prorogé jusqu'au premier jour ouvrable suivant. Le non-respect de ce délai cause nécessairement un préjudice au salarié qui doit être réparé, même si ce dernier a décidé de ne pas venir à l'entretien[5].

Il faut noter que les entretiens ne peuvent être qu'individuels. Il ne peut en aucun cas procéder à un entretien collectif.

Cette convocation se fait par lettre recommandée avec accusé de réception ou par lettre simple remise en main propre contre décharge. Cependant, cette formalité n'est pas impérative. La Cour de cassation admet d'autres formes dès lors qu'elle permet d'éviter toute contestation sur la date de réception de la convocation, comme la convocation par Chronopost[6] ou la remise par voie d'huissier de justice[7].

1. Sur le sort des salariés en cas de plan de cession, v. s[s] n° 431.11.
2. Paris, 15 janv. 2013, n° 11/02814 ; *Leden* mai 2013, n° 77.
3. Sur l'information de la Dreets, v. s[s] n° 511.24.
4. Sur le périmètre de reclassement, v. s[s] n° 511.26.
5. Soc. 20 janv. 2015, n° 13-21.565, NP ; *RPC* mai 2015, comm. 54, F. Taquet ; *RPC* sept. 2015, comm. 156, F. Taquet.
6. Soc. 8 févr. 2011, n° 09-40.027 ; *Bull. civ.* V, n° 45 ; *JCP S* 2011, n° 1199, note F. Dumont ; *CSBP* avr. 2011, p. 105, F.-J. Pansier ; *RPC* mai 2011, comm. 92, F. Taquet ; *D. actu.* 3 mars 2011, C. Dechristé ; *D.* 2011. 599.
7. Soc. 30 mars 2011, n° 09-71.412 ; *Bull. civ.* V, n° 83 ; *D.* 2011. 1088, obs. J. Siro ; *JCP S* 2011, n° 1258, note F. Dumont ; *RPC* mai 2011, comm. 92, note F. Taquet ; *CSBP* mai 2011, p. 152, note F.-J. Pansier ; *LPA* 30 juin 2011, p. 11, obs. L. Cantois.

La lettre de convocation doit préciser le lieu de l'entretien, qui est soit le lieu d'exécution du contrat soit le siège social de l'entreprise. Un autre endroit est possible à condition pour l'employeur de justifier d'un intérêt légitime[1]. Il est alors possible d'organiser ces entretiens dans les locaux des administrateurs ou des liquidateurs.

Est-il possible de remplacer l'entretien physique par une visio-conférence ? Cette question s'est notamment posée pendant la crise sanitaire du printemps 2020, car les déplacements étaient interdits. Ni le Code du travail ni les mesures Covid n'ont autorisé ce dispositif, alors que les délais des procédures de licenciement notamment pour motif économique n'étaient pas suspendus au titre de l'article 2 de l'ordonnance du 25 mars 2020[2]. Leur validité pose problème, car la Cour de cassation, suivie par certaines cours d'appel, refuse ce remplacement[3], contrairement à d'autres[4]. Il est donc nécessaire que le législateur prenne position et les encadre. Plusieurs contraintes sont à prendre en compte. Il faut ainsi s'assurer de l'identité des personnes présentes[5]. Il serait également souhaitable de demander l'accord du salarié, de vérifier qu'il a bien été informé de l'ensemble de ses droits. Reste posée la question de l'enregistrement de cet entretien et de l'exigence d'un motif légitime pour y recourir, comme un cas de suspension légitime du contrat de travail, le salarié étant dans l'impossibilité de se déplacer.

En l'absence de représentants du personnel, le salarié peut se faire assister par une personne de son choix appartenant au personnel de l'entreprise ou par un conseiller du salarié choisi sur une liste dressée par l'autorité administrative. La lettre de convocation doit mentionner cette possibilité et les coordonnées des services permettant d'avoir cette liste[6]. La présence du représentant des salariés ne suffit pas pour écarter cette disposition[7].

1. Soc. 9 mai 2000, n° 97-45.294 ; *Bull. civ.* V, n° 171 ; *D.* 2000. IR 157 ; *JCP* 2000. II. 10373, note D. Corrignan-Carsin ; *RJS* 2000, n° 650.
2. Ord. n° 2020-306, 25 mars 2020 relative à la prorogation des délais échus pendant la période d'urgence sanitaire et à l'adaptation des procédures pendant cette même période, *JO* 26 mars, n° 9.
3. Soc. 25 nov. 1991, n° 90-44.195, NP – Aix-en-Provence, Ch. 3-4, 14 févr. 2020, RG n° 17/10274 – Poitiers, Ch. soc., 2 déc. 2015, RG n° 14/03363 – Grenoble, Ch. soc., section A, 7 janv. 2020, RG n° 17/02442.
4. Versailles 4 juin 2020, n° 17/04940 ; *BJT* oct. 2020, p. 10 pour un salarié expatrié.
5. Bourges, Ch. soc., 15 janv. 2019, RG n° 18/00201, Mme Le B. /c. ADEF RÉSIDENCES.
6. C. trav., art. L. 1233-13.
7. Soc. 27 juin 2002, n° 00-41.893 ; *Bull. civ.* V, n° 233 ; *D.* 2002. IR 2234 ; *Dr. soc.* 2002. 1073, note F. Petit. L'arrêt ne précise pas la nature de la procédure collective ouverte.

Il doit ensuite faire cet entretien au cours duquel il va exposer le motif économique, les informations relatives au CSP, les mesures d'accompagnement éventuel, et lui remettre tous les documents d'adhésion au CSP et à la portabilité des garanties[8].

Il doit notifier les lettres de licenciement, avant le délai de quinze jours qui suivent le jugement de liquidation[9].

Il doit ensuite déclarer ces licenciements à la Dreets dans les huit jours qui suivent sa mise en œuvre[10]. Il peut le faire après l'expiration du délai de quinze jours permettant la prise en charge de l'AGS.

Enfin, il devra enfin remettre aux salariés les différents documents de fin de contrat[11].

511.43 ***Vade-mecum* des licenciements de moins de cinquante salariés dans les entreprises dotées d'un CSE ou d'un représentant des salariés.** Si l'entreprise placée en liquidation judiciaire est dotée d'un CSE ou qu'elle dispose d'un procès-verbal de carence, mais si un représentant des salariés a été désigné, elle a nécessairement au moins onze salariés qui seront tous licenciés. Il s'agit donc d'un licenciement collectif de plus de dix sur une période de trente jours. N'ayant pas cinquante salariés, elle n'a pas à mettre en place un PSE. Mais la procédure est ici particulière : l'obligation de réunion et de consultation des institutions représentatives du personnel se substitue à l'entretien préalable de licenciement, l'article L. 1233-38 écartant expressément la procédure d'entretien individuel. Cela suppose toutefois que les institutions représentatives du personnel ne soient pas défaillantes[12]. La Cour de cassation a jugé qu'en l'absence d'élections et faute de procès-verbal de carence, les salariés licenciés sans consultation du CSE par le liquidateur sont indemnisés, cette irrégularité causant nécessairement un préjudice aux salariés, quand bien même le liquidateur n'aurait pas le temps d'organiser les élections[13]. Il faut noter qu'en présence d'un procès-verbal de carence de CSE, le représentant des salariés devra suppléer cette carence.

Dès le lendemain du jugement de liquidation judiciaire, le liquidateur doit informer la Dreets sur l'ouverture de cette procédure et sur le projet de licenciement[14]. Il doit ensuite identifier rapidement les salariés de l'entreprise et engager les contacts avec l'AGS.

8. Sur la portabilité, v. s^s^ n° 511.111.
9. Sur la notification des licenciements, v. s^s^ n° 511.30.
10. C. trav., art. L. 1233-19 et D. 1233-3.
11. Sur la remise des documents de fin de contrat, v. s^s^ n° 511.32.
12. A. Boyer, *Protection des salariés et sauvetage de l'entreprise : quête d'un équilibre*, PUAM, 2006, n° 66.
13. Soc. 9 juin 2021, n°s 20-11.796 et 20-11.798 ; *Act. proc. coll.* 2021. 166.
14. Sur l'information de la Dreets, v. s^s^ n° 511.24.

Il doit également dès le lendemain rechercher les offres de reclassement si l'entreprise fait partie d'un groupe[1].

Il doit consulter le CSE en application de l'article L. 1233-29 du Code du travail, ou à défaut le représentant des salariés sur le projet de licenciement et sur les offres de reclassement. Aucun délai de convocation n'est impératif puisque l'entreprise a moins de cinquante salariés. L'article L. 1233-31 et L. 1233-32 fixent les informations à transmettre en même temps que cette convocation. Seule une réunion est obligatoire et le CSE ne peut recourir à une expertise, réservée aux entreprises de cinquante salariés et plus.

Le CSE doit rendre son avis dans les douze jours ouvrables qui suivent le jugement de liquidation en application de l'article L. 641-4 du Code de commerce. Le délai de transmission du procès-verbal reste celui de droit commun, à savoir quinze jours, les aménagements prévus par l'article L. 1233-30 étant inapplicables l'entreprise ayant moins de cinquante salariés.

Reste une question relative à l'article L. 1233-21 s. du Code du travail. Dans ces licenciements, il est possible de conclure un accord qui va organiser la procédure de licenciement, les délais de consultation, le cadre du recours à une expertise. L'article L. 1233-33 prévoit qu'il ne peut pas déroger « aux règles de consultation applicables lors d'un redressement ou d'une liquidation judiciaire, prévues à l'article L. 1233-58 ». Comment interpréter cette disposition ? Est-ce à dire que l'accord qui aurait pu être conclu est totalement écarté en cas de procédure collective ? Ou est-ce à dire qu'il est applicable dès lors qu'il reste compatible avec l'article L. 1233-58 ?

En vertu de l'article L. 1233-46, le liquidateur devra notifier ce projet à l'autorité administrative au plus tôt le lendemain de cette réunion du CSE en lui communicant les mêmes informations, puis le procès-verbal du CSE.

Il doit ensuite notifier les licenciements dans le délai de quinze jours maximum après le jugement de liquidation, ce qui laisse peu de temps après la réunion du CSE.

Enfin, il devra établir les documents de rupture de chaque salarié[2].

Il faut signaler que l'existence du CSE implique la présence de salariés protégés en raison de leur mandat. La procédure est d'autant plus complexe qu'il faudra les convoquer pour faire un entretien préalable en application de l'article R. 2421-8 du Code du travail avant la consultation du CSE. Le CSE devra donner un avis motivé spécifique à ces salariés. Puis après l'avis du CSE, il faudra demander l'autorisation à l'inspection du travail de licencier ses salariés. Une fois cette autorisation donnée, le liquidateur pourra notifier la lettre de licenciement[3]. La même procédure s'applique pour le représentant des salariés en vertu de l'article L. 662-4 du Code de commerce. Même si la notification intervient après le délai de quinze jours, ils pourront bénéficier de la garantie AGS dès lors que le liquidateur a manifesté son intention de les licencier dans ce délai.

§ 4
Procédure des licenciements économiques avec mise en place d'un PSE

511.51 Entreprises et licenciements concernés. Si l'entreprise dispose d'au moins cinquante salariés et qu'elle licencie au moins dix salariés, le liquidateur ou l'administrateur devra établir un plan de sauvegarde de l'emploi, dit PSE en vertu de l'article L. 1233-58, II, du Code du travail. En liquidation judiciaire, c'est l'ensemble des salariés qui est licencié. Le liquidateur n'a pas à prendre en compte, pour déterminer l'effectif de l'entreprise rendant obligatoire le plan de sauvegarde de l'emploi, les salariés licenciés avant l'ouverture de la liquidation judiciaire, et cela même si les licenciements sont ensuite annulés, l'annulation n'entraînant pas à elle seule la réintégration des salariés dans l'entreprise[4].

Par ailleurs, il faut signaler que l'entreprise ayant cinquante salariés et plus, le CSE dispose de missions et de moyens renforcés. Il a ainsi les compétences qu'avait l'ancien CHSCT en matière de santé et de sécurité. Il dispose de la personnalité juridique, d'un budget et peut demander le recours à une expertise dans la procédure de licenciement pour motif économique. Ces particularités liées à la taille de l'entreprise vont avoir des conséquences en cas d'ouverture d'une liquidation judiciaire.

511.52 Obligation d'établir un PSE. La loi du 14 juin 2013 a instauré un contrôle administratif de ce PSE. S'il ne s'agit pas de revenir à la procédure d'autorisation préalable au licenciement économique instaurée par la loi du 3 janvier 1975[5] et supprimée par la loi du 3 juillet 1986, une obligation d'homologation administrative du plan de sauvegarde de l'emploi établi par l'employeur dans le cadre de l'organisation d'un grand licenciement collectif pour motif économique est posée. Cette obligation pèse aussi bien sur les employeurs *in bonis* que sur les

1. Sur le périmètre de l'obligation de reclassement, v. s[s] n° 511.26.
2. Sur la remise des documents de fin de contrat, v. s[s] n° 511.32.
3. Sur le licenciement des salariés protégés, v. s[s] n°s 511.71 s.
4. Soc. 26 nov. 2013, n°s 12-19.247 à 12-19.267, P V, n° 279 ; FS-P+B ; *Rev. proc. coll.* 2014, comm. 67, note D. Jacotot.
5. L. n° 75-5, 3 janv. 1975 relative aux licenciements pour cause économique, *JO* 4 janv., p. 202.

employeurs en redressement ou en liquidation judiciaire[1].

Aucune disposition ne crée une situation de compétence liée de l'autorité administrative pour homologuer le document unilatéral qui lui est soumis, alors même que le jugement de liquidation judiciaire emporte la suppression de tous les postes de travail et qu'un refus d'homologation risque, au regard du délai fixé à l'article L. 3253-8 du Code du travail, de faire obstacle à la mise en œuvre du régime d'assurance de paiement des salaires[2]. On mesure ainsi pleinement le fossé qui sépare les exigences du droit du travail et celles du droit des entreprises en difficulté.

La décision d'homologation peut faire l'objet d'une procédure de référé-suspension. Mais l'urgence doit être caractérisée. Tel n'est pas le cas du seul fait pour des salariés de prétexter un risque de liquidation judiciaire, alors que la décision unilatérale avait été homologuée dans le cadre d'un redressement judiciaire. Au contraire, l'urgence commandait les licenciements pour éviter la liquidation judiciaire[3].

Elle peut aussi faire l'objet d'un contentieux devant les juridictions administratives dans les deux mois. Une Cour d'appel administrative a estimé que le liquidateur n'a pas à afficher la décision de la Dreets dans les locaux de l'entreprise, ce qui serait d'ailleurs inutile si les locaux sont fermés à la suite de l'arrêt d'activité. La cour estime, en ce cas, que le liquidateur doit assurer aux salariés une communication de la décision de la Dreets par tout moyen, seule cette communication faisant courir le délai de deux mois contre les syndicats et les salariés[4].

Le liquidateur a deux possibilités en théorie pour établir le PSE.

Il peut tout d'abord négocier un accord collectif avec les partenaires sociaux puis faire valider cet accord auprès de la Dreets. Il s'agit d'un accord spécifique, validé depuis 2013 à une majorité de 50 %, sans aucune autre forme de négociation subsidiaire possible.

Il peut aussi l'établir unilatéralement et ensuite le faire homologuer par la Dreets, le contrôle étant plus approfondi au-delà des règles de validité formelle. Elle va en effet vérifier le contenu du PSE en termes de reclassement interne et externe. L'administration doit vérifier, au regard de l'importance du projet, si les mesures sont concrètes et précises, et si elles peuvent satisfaire les objectifs de reclassement en fonction des moyens de l'entreprise et des efforts de formation et d'adaptation déjà réalisés par l'employeur[5]. Le PSE doit donc être consistant, pertinent et proportionné aux moyens de l'entreprise, sans inclure les entrées de fonds à venir provenant notamment de la réalisation des actifs[6]. Il doit comprendre toutes les mesures de reclassement possibles, sans que le reclassement externe soit une obligation[7]. Son absence pourra cependant être prise en compte pour apprécier son caractère suffisant. Ainsi, le plan de sauvegarde de l'emploi a pu être jugé insuffisant en cas d'instauration par le liquidateur d'une cellule de reclassement qui n'indique pas le nombre, la nature et la localisation des postes de reclassement disponibles dans le groupe et se contente de poser le principe d'un reclassement externe après avoir pris contact auprès des différents organismes professionnels, mais sans l'assortir d'offre réelle[8].

Il lui revient aussi de contrôler la conformité du PSE aux accords de branche imposant des règles particulières, en matière de reclassement externe par exemple[9].

Par ailleurs, il faut noter que le PSE doit contenir des mesures de nature différente à celle du reclassement. En effet, il est désormais acquis que l'entreprise doit rechercher systématiquement si ce projet de grand licenciement comporte des risques-psychosociaux et le cas échéant prévoir toutes les mesures pour y faire face, au nom de l'obligation de prévention des risques professionnels. La Dreets en vérifie désormais le respect, sous le contrôle du juge admi-

1. Il faut rappeler que les employeurs en règlement judiciaire ou liquidation des biens étaient exclus de l'obligation d'autorisation préalable par la loi du 3 janvier 1975 et soumis à une simple obligation d'information de l'administration du travail.
2. CAA Bordeaux, 23 nov. 2015, req. n° 15BX02968 ; *Leden* 2016, comm. 027, note G. Dedessus-Le Moustier.
3. CE 21 févr. 2014, req. n° 374409, *Comité d'entreprise de la société IPL Atlantique, Lebon T.* ; *AJDA* 2014. 424 ; *D.* 2014. 1115, obs. P. Lokiec et J. Porta ; *RDT* 2014. 353, chron. C. Mayeur Carpentier ; *Leden* avr. 2014, comm. 65, note G. Dedessus-Le Moustier.
4. CAA Marseille, 1er juill. 2014, req. nos 14MA01963 et 14MA01909 ; *Act. proc. coll.* 2014, comm. 334, note L. Fin-Langer.
5. CE 22 juill. 2015, req. n° 383481 ; *D. actu.* 24 juill. 2015, obs. D. Poupeau ; *AJDA* 2015. 1632, chron. J. Lessi et L. Dutheillet de Lamothe ; *AJDA* 2016. 1866, chron. L. Dutheillet de Lamothe ; *RDT* 2015. 514, concl. G. Dumortier ; *D.* 2016, Pan. 807, obs. P. Lokiec ; *RPC* janv. 2016, comm. 22, F. Taquet – Pour les entreprises *in bonis*, la Dreets contrôle aussi les moyens du groupe ou de l'UES.
6. CE 4 oct. 2023, req. n° 447057 ; *RPC* janv. 2024, n° 17, obs. D. Jacotot ; *BJE* juill. 2024. 61, note H. de Frémont ; *DS* 2024, p. 520, obs. R. Chambon.
7. CE 30 mai 2016, *Société Milonga*, req. n° 384114 ; *RDT* 2016. 456, obs. C. Decristé ; *Leden* sept. 2016, p. 6, note G. Dedessus-Le Moustier.
8. Soc. 17 avr. 2013, n° 12-10.210, NP – Soc. 17 avr. 2013, 2013, n° 12-10.211, NP ; *Rev. proc. coll.* 2013, comm. 140, note F. Taquet.
9. CE 13 avr. 2018, req. n° 404090 ; *RDT* 2018. 452 ; *JCP S* 2018, n° 1207, note S. Poncet ; *Leden* juin 2018, p. 7, note H. de Frémont.

nistratif. Cette démarche concerne également les cessations définitives d'activité, y compris en liquidation judiciaire[1]. Ce contrôle prévu au départ pour les PSE unilatéraux a été étendu aux PSE conclus par accord collectif[2]. En pratique, est mis à jour le document unique d'évaluation des risques professionnels (DUERP) et sont mis en place un numéro vert, une assistance psychologique[3] ou le remboursement de séances. Un dialogue constructif avec le CSE doit être engagé pour identifier les risques et envisager les mesures à prendre, même si un avis spécifique précédé d'un vote n'est pas nécessaire[4].

Reste à savoir s'il faudra aussi que le PSE envisage les conséquences environnementales de cette décision. En effet, la loi Climat et résilience du 22 août 2021 a modifié l'article L. 2312-8 du Code du travail relatif aux compétences générales du CSE dans les entreprises de 50 salariés et plus, mais n'a pas modifié ceux précisant cette compétence dans le cadre du licenciement pour motif économique, comme l'article L. 1233-31. Les juges administratifs sont pour l'instant divisés[5].

L'autorité administrative peut, pendant la procédure d'établissement du PSE, adresser des observations, faire des propositions afin que l'employeur prenne en compte les conséquences sur la santé physique et mentale des salariés de cette réorganisation. Il doit d'ailleurs fournir au CSE tous les éléments relatifs à l'identification et l'évaluation de ces conséquences et en leur présence, les actions entreprises pour arrêter ces conséquences. Par ailleurs, au moment de l'homologation du document unilatéral, l'autorité administrative va vérifier, sous le contrôle du juge de l'excès de pouvoir, le respect par l'employeur de cette obligation, ainsi que toutes les informations transmises au CSE et les mesures prises[6]. Cette solution n'a pas toujours été suivie. Ainsi, il a été jugé que la décision d'homologation du plan de sauvegarde de l'emploi par la Dreets n'avait pas à être invalidée au motif de l'absence de consultation du CHSCT, en l'absence d'offre de reprise de l'activité, l'ensemble des postes de travail de l'entreprise débitrice étant supprimé et les licenciements n'intervenant pas de manière séquencée, mesure susceptible d'affecter les conditions de santé et de sécurité dans l'entreprise ou les conditions de travail des salariés appelés à rester temporairement dans l'entreprise[7].

Le contrôle apparaît plus sévère pour les PSE unilatéraux. Le Conseil d'État admet ainsi qu'un accord collectif de PSE puisse prévoir, pour fixer des critères d'ordre, des considérations étrangères aux fonctions occupées par le salarié, alors qu'un PSE unilatéral ne peut les envisager[8]. Dans l'arrêt Fnac, il avait déjà admis le contrôle des critères d'ordre fixés dans le PSE unilatéral : ils doivent regrouper tous les salariés exerçant des fonctions de même nature supposant une formation professionnelle commune[9]. Quand ils sont fixés unilatéralement par l'employeur, le Conseil d'État vérifie alors qu'ils ont fait l'objet d'une information-consultation réelle[10].

Malgré ce contrôle renforcé, il est fort probable que ce soit le mode utilisé en cas de liquidation judiciaire pour plusieurs raisons. Tout d'abord, il est difficile pour un liquidateur qui ne connaît pas l'entreprise et qui n'a pas nécessairement le temps pour mettre en place un tel processus, de négocier un accord avec les syndicats. En effet, le délai est borné par la date fixée pour notifier les lettres de licenciement, à savoir dans ce cas précis, vingt-et-un jours après le jugement de liquidation. Il est donc matériellement impossible de négocier un tel accord, d'autant que les moyens de l'entreprise sont par hypothèse très réduits voire nuls.

Si cette obligation est maintenue, elle fait cependant l'objet de plusieurs aménagements en raison de l'ouverture de la procédure de liquidation judiciaire.

Il importe de souligner tout d'abord la réduction des délais laissés à l'administration du travail pour

1. CE 21 mars 2023, req. n°s 460660 et 460924 ; *RDT* 2023, Controverse 377, note de L. Montvalon, Ph. Rozec et Th. Le Gall ; *RDT* 2023. 476, obs. L. de Montvalon ; *JSL* 2023, n° 564-2, obs. M. Hautefort ; *SSL* 2023, n° 2040, p. 5, concl. J.-F. de Montgolfier, obs. A. Stocki ; *JCP S* 2023, n° 1124, note B. Gauriau ; *D. actu.* 6 avr. 2023, obs. S. Norval-Grivet ; *RPC* juill. 2023, n° 70, obs. D. Jacotot ; *Act. proc. coll.* 2023, n° 136 ; *Gaz. Pal.* 19 sept. 2023, p. 66, obs. C. Gailhbaud ; *Leden* mai 2023, p. 6, obs. H. de Frémont.
2. CE 19 déc. 2023, req. n° 458434 ; *AJDA* 2023. 2369 ; *RJS* 2/2024, n° 86.
3. CE 15 oct. 2024, req. n° 488496, ACIAM ; *RPC* janv. 2025, n° 30, obs. D. Jacotot ; *JCP E* 2025, n° 1028, note D. Jacotot ; *Act. proc. coll.* 2025, n° 8, obs. M. N. Katchadourian ; *RDT* 2024. 665, note M. Kocher.
4. CE 15 oct. 2024, req. n° 488496, ACIAM ; *RPC* janv. 2025, n° 30, obs. D. Jacotot ; *JCP E* 2025, n° 1028, note D. Jacotot ; *Act. proc. coll.* 2025, n° 8, obs. M. N. Katchadourian ; *RDT* 2024. 665, note M. Kocher.
5. TA Montreuil, 2 mai 2022, n° 2202445 : aucun obstacle à l'homologation du PSE – TA Cergy-Pontoise, 10 mars 2022, *RDT* 2023. 553 : solution contraire.
6. CE 21 mars 2023, req. n° 460660.
7. CE 4e et 1re ch. réunies, 13 févr. 2019, req. n° 404556 ; *Leden* 2019/4, n° 112k2, note G. Dedessus-Le Moustier.
8. CE 7 févr. 2018, req. n° 404077 ; *RPC* sept. 2019, comm. 146, note D. Jacotot ; *JCP S* 2018, n° 1087, note J.-Y. Kerbourc'h ; *JCP S* 2018, n° 1086, note S. Poncet et F. Renaud.
9. CE 30 mai 2016, req. n° 387798, *Fnac ; RPC* sept. 2016, comm. 142, note D. Jacotot ; *Leden* sept. 2016, p. 7, note H. de Frémont ; *RDT* 2016. 485 ; *JSL* 2016, n° 414-4, obs. M. Hautefort ; *AJDA* 2016. 1149 ; *AJDA* 2016. 1866, chron. L. Dutheillet de Lamothe et G. Odinet.
10. CE 7 févr. 2018, req. n° 403001 ; *RPC* sept. 2019, 146, note D. Jacotot ; *RDT* 2018. 213, note F. Géa ; *D.* 2018. 823, note P. Lokiec et J. Porta ; *JCP S* 2018, n° 1086, obs. S. Poncet et F. Renaud ; *SSL* 2018, n° 1803, p. 6, interview Piveteau ; *SSL* 2018, p. 9, concl. S.-J. Lieber.

valider l'accord majoritaire ou homologuer le plan de sauvegarde de l'emploi. Le délai de droit commun prévu par le nouvel article L. 1233-57-4, alinéa 1 du Code du travail pour valider l'accord majoritaire de l'article L. 1233-24-1 est de quinze jours à compter de la réception de l'accord collectif. Pour homologuer le plan de sauvegarde de l'emploi, le délai de droit commun prévu par l'article L. 1233-57-4, alinéa 1 est de vingt-et-un jours à compter de la réception du document complet élaboré par l'employeur. En cas de liquidation judiciaire, ce délai a été réduit à quatre jours à compter de la dernière réunion du CSE en vertu de l'article L. 1233-58, II. Il s'applique qu'il s'agisse d'un acte unilatéral ou d'un accord collectif. Le silence gardé par l'administration vaut acceptation.

En outre, il est prévu en liquidation judiciaire, depuis l'ordonnance du 12 mars 2014, un moyen de sauver des PSE, lorsque l'entreprise n'a pas mis en place son CSE et qu'elle n'a pas établi un procès-verbal de carence. En principe, la procédure de licenciement devrait être irrégulière. Mais l'article L. 1233-58, II du Code du travail permet à l'autorité administrative de valider malgré tout le PSE de « manière exceptionnelle, au vu des circonstances », non précisées. Encore faut-il que la Dreets motive sa décision de couvrir cette irrégularité[1].

Ensuite, la Dreets ne contrôle plus les moyens du groupe, à la différence cependant du liquidateur qui reste tenu par cette obligation. En effet, depuis la loi Macron du 6 août 2015, le PSE est désormais validé au regard des seuls moyens de l'entreprise, mais le liquidateur doit encore rechercher les moyens dans le groupe auquel l'entreprise appartient[2]. Le Conseil d'État a refusé de transmettre une QPC sur ce point[3]. La Cour administrative d'appel de Versailles a cependant précisé que la Dreets devait vérifier si le liquidateur avait satisfait à son obligation de rechercher les moyens du groupe[4]. Sa recherche se limite par ailleurs au seul territoire national. Le fait pour le liquidateur de se contenter d'adresser une lettre circulaire accompagnée de la liste nominative du personnel aux sociétés du groupe est insuffisant pour valoir recherche préalable, effective et sérieuse de reclassement des salariés dont les emplois étaient supprimés[5]. Cependant, le Conseil d'état fait preuve d'un certain pragmatisme en raison des exigences de célérité pour permettre la garantie AGS : le liquidateur est tenu de rechercher un soutien financier auprès du groupe mais ce dernier n'est pas tenu d'y contribuer et le liquidateur n'est pas tenu de contacter toutes les filiales[6].

511.53 Possibilité pour le CSE de recourir à une expertise. À l'occasion de l'élaboration du plan de sauvegarde de l'emploi, le CSE peut recourir à un expert-comptable.

Le texte de l'ordonnance du 12 mars 2014 consacre la possibilité pour le comité d'entreprise de recourir à l'expert-comptable[7], dans la liquidation judiciaire, en précisant que l'absence de remise du rapport de l'expert technique ne peut avoir pour effet de reporter ce délai. La décision de recourir à un expert-comptable doit nécessairement être prise lors de la première réunion d'information-consultation du comité d'entreprise, cependant que la désignation nominative de l'expert peut intervenir après la première réunion quand les circonstances le justifient[8]. La réforme de 2017 n'a pas supprimé ce droit accordé désormais aux CSE des entreprises de cinquante salariés et plus. Dans les entreprises de plus de cinquante salariés et dès lors que le projet de licenciement concerne au moins dix salariés sur une période de trente jours, obligeant à mettre en place un PSE, le CSE peut décider de recourir à une expertise.

Les nouveaux articles L. 1233-34 et L. 1233-35 sont applicables en cas de liquidation judiciaire par renvoi de l'article L. 1233-58 du Code du travail.

Ce droit existait déjà[9] mais il porte désormais « sur les domaines économique et comptable ainsi que sur les effets potentiels du projet sur les conditions de travail », ce qui était discuté à propos de la consultation du CHSCT.

Ce recours supposera alors de réaliser deux consultations successives, dans la mesure où ce n'est qu'après la remise du rapport que l'avis pourra être donné sur le projet de licenciement. L'article L. 1233-35 prévoit également la possibilité pour l'expert de demander des informations à l'employeur et encadre les délais à respecter. Le Conseil d'État a indiqué qu'effectivement, une deuxième réunion du CSE est nécessaire et que l'expert doit avoir un délai suffisant pour rendre son rapport, sous le contrôle de l'autorité administrative et en tenant compte de la procédure collective. En l'espèce, le délai entre les deux réu-

1. CE 8 déc. 2021, req. n° 435919 ; *Leden* janv. 2022, p. 6, H. de Frémont ; *RPC* mars 2022, n° 37, obs. D. Jacotot.
2. C. trav., art. L. 1233-58.
3. CE 4 sept. 2019, req. n° 431463, QPC ; *RDT* 2019. 716, note A. Fabre ; *BJE* janv. 2020. 50, note E. Fabriès Lecea ; *Leden* oct. 2019, p. 6, note H. de Frémont.
4. CAA Versailles, 4 déc. 2019, n° 19/VE03162 ; *RPC* mai-juin 2020, n° 60, obs. D. Jacotot.
5. Soc. 27 mai 2008, n° 07-41.128, NP ; *Gaz. proc. coll.* 2008/3, p. 55, note B. Saintourens.
6. CE 15 oct. 2024, req. n° 488496, ACIAM ; *RPC* janv. 2025, n° 30, obs. D. Jacotot ; *JCP E* 2025, n° 1028, note D. Jacotot ; *Act. proc. coll.* 2025, n° 8, obs. M. N. Katchadourian ; *RDT* 2024. 665, note M. Kocher.
7. C. Gailhbaud, « Les dispositions relatives aux salariés dans l'ordonnance n° 2014-326 du 12 mars 2014 », *Gaz. Pal.* 6 avr. 2014, n° 96, p. 52 s., sp. p. 54.
8. CE 23 nov. 2016, req. n° 388855, *Lebon T.* ; *Leden* mars 2017, comm. 110n8, note G. Dedessus-Le Moustier.
9. Soc. 7 juill. 1998, n° 96-21.205 ; *Bull. civ.* V, n° 391 ; *D.* 1998. 199.

nions de vingt-cinq jours a été jugé suffisant[1]. L'article L. 1233-58 renvoie à ce texte qui s'applique donc.

L'expert peut demander des informations à l'employeur dans les dix jours qui suivent sa désignation. L'employeur a huit jours pour répondre. Une nouvelle demande est possible dans les mêmes délais. Le rapport doit ensuite être remis au plus tard quinze jours avant l'expiration du délai mentionné à l'article L. 1233-30. Il semble qu'il faille toujours respecter le délai prévu par le Code de commerce, à savoir que l'avis doit être rendu au plus tard douze jours après le jugement de liquidation judiciaire. L'article L. 641-4 indique d'ailleurs que l'absence de remise du rapport de l'expert ne peut avoir pour effet de reporter ce délai. Il existe ainsi une contradiction manifeste entre le Code du travail et le Code de commerce, les délais du Code du travail ne pouvant être matériellement respectés s'il faut que le CSE donne son avis dans les douze jours après le jugement de liquidation judiciaire.

La Dreets doit s'assurer que l'expert-comptable a bien été mis en mesure d'exercer sa mission dans des conditions permettant aux institutions représentatives du personnel concernées de formuler des avis en connaissance de cause. La procédure d'information-consultation des institutions représentatives du personnel n'est pas viciée si la demande de l'expert-comptable porte sur la production de documents n'existant pas et dont l'établissement n'est pas obligatoire[2]. Seul le liquidateur judiciaire, qui exerce les droits et actions du débiteur concernant son patrimoine en raison du dessaisissement de ce dernier, est tenu de délivrer les documents réclamés par l'expert-comptable mandaté par le comité d'entreprise. Le seul fait que le liquidateur ne détienne pas les documents est insuffisant, dès lors qu'il ne rapporte pas la preuve de l'impossibilité de les produire[3].

Le coût de l'expertise reste pris en charge par l'employeur en matière de licenciement économique. Il devrait s'agir d'une créance postérieure utile, née pour les besoins de la procédure collective. Il s'agit donc d'un coût supplémentaire pour l'entreprise en difficulté.

L'article L. 1233-58 ne renvoie pas, en revanche, à l'article L. 1233-35-1 du Code du travail, nouvellement créé, qui prévoit que le contentieux de ces expertises relève de la Dreets puis des juridictions administratives dans le cadre du contrôle du plan de sauvegarde de l'emploi. La même problématique vue dans le cadre du redressement judiciaire se posera alors en liquidation[4].

511.54 Sanction du défaut de PSE. Comme en redressement judiciaire, le salarié peut contester la régularité du PSE. Mais la sanction a été aménagée par la jurisprudence puis par le législateur, la nullité du licenciement n'étant pas encourue dans ce contexte[5]. Le salarié peut recevoir une indemnité minimale de six mois de salaires en cas de nullité de la décision d'homologation ou de validation par les juridictions administratives[6].

La Cour de cassation a précisé que cela valait pour toutes les causes d'annulation du PSE : en l'occurrence le non-respect des règles relatives aux critères d'ordre[7]. Il s'agit d'une indemnité minimale, qui ne peut être assimilée à celle due pour défaut de cause réelle et sérieuse. Elle n'est donc pas soumise au plafonnement mis en place par les ordonnances du 22 septembre 2017. Elle permet ainsi au juge de tenir compte de l'ancienneté du salarié, de ses éventuelles difficultés à intégrer le marché du travail. En revanche, elle ne pourra pas se cumuler avec des indemnités qui répareraient la perte d'emploi injustifiée[8].

511.55 *Vade-mecum* des licenciements avec PSE. Le liquidateur doit donc respecter un calendrier très serré, qu'il ne maîtrise pas entièrement en raison de la possibilité pour le CSE demander une expertise.

Dès le lendemain du jugement de liquidation judiciaire, le liquidateur doit informer la Dreets sur l'ouverture de cette procédure et sur le projet de licenciement[9]. Il doit ensuite identifier rapidement les salariés de l'entreprise et engager les contacts avec l'AGS.

Il doit dès le lendemain préparer le PSE, contacter les entreprises du groupe, rechercher des mesures de reclassement interne mais aussi externes à l'entreprise conformément aux articles L. 1233-61 et 62 applicables par renvoi, telles que des actions de formation, de reprise d'entreprise. La Dreets est associée à ce projet, puisqu'en vertu des articles L. 1233-57-5 et L. 1233-57-6, là encore applicables par renvoi de l'article L. 1233-58, elle peut faire des observations, des propositions voire enjoindre l'entreprise à fournir des éléments d'information. Le CSE est informé de ces échanges.

1. CE 16 avr. 2021, req. n° 426287 ; *Act. proc. coll.* 2021. 137 et 133, obs. J. Béot-Rabiot ; *RPC* 2021. 140, note D. Jacotot ; *D. actu.* 10 mai 2021, obs. S. Norval-Grivet ; *Leden* juill. 2021, p. 7, H. de Frémont.
2. CAA Versailles, 4e ch., 22 févr. 2017, n° 16VE03398 ; *Leden* juin 2017, comm. 110u3, note G. Dedessus-Le Moustier.
3. Soc. 4 mai 2017, n° 15-21.732, NP ; *Leden* sept. 2017, comm. 110y4, note H. de Frémont ; *BJS* juill.-août 2017. 470, note Barbiéri ; *BJE* nov.-déc. 2017. 440, note A. Donnette-Boissière.
4. Sur ce contentieux, v. ss n° 322.82.
5. Sur cette sanction particulière, v. ss n° 322.84.
6. C. trav., art. L. 1235-10, L. 1235-11 et L. 1235-16.
7. Soc. 19 déc. 2018, n° 17-26.132, P ; *JCP S* 2019, n° 1030, note L. Fin-Langer ; *Act. proc. coll.* 2019, comm. 44, obs. C. Gailbhaud ; *Gaz. Pal.* 16 avr. 2019, p. 81, obs. B. Cheikh-Vecchioni ; *D.* 2019. Actu. 19 ; *Leden* mars 2019, p. 7, obs. G. Dedessus-Le Moustier.
8. Soc. 16 févr. 2022, nos 20-14.969 et 20-21.516 ; *Act. proc. coll.* 2022. 92, obs. L. Fin-Langer ; *RPC* juill. 2022, n° 66, comm. D. Jacotot – Soc. 27 janv. 2021, n° 18-23.535.
9. Sur l'information de la Dreets, v. ss n° 511.24.

Il doit ensuite consulter le CSE en application de l'article L. 1233-30 du Code du travail, ou à défaut le représentant des salariés non seulement sur l'opération projetée mais aussi sur le projet de licenciement ainsi que sur le PSE conformément à l'article L. 1233-32 du Code du travail. Il doit respecter le délai de convocation du CSE de trois jours en vertu de l'article L. 2315-3 du Code du travail. Il doit transmettre toutes ses informations au moment de la convocation. Une seule réunion est en principe obligatoire, sauf si le CSE a décidé de recourir à un expert[1]. Conformément à l'article D. 2315-26 du Code du travail, le CSE a un jour pour transmettre son procès-verbal. Ce document devra être joint à la demande d'homologation du PSE auprès de la Dreets.

La Dreets a quatre jours pour rendre sa décision à compter de la dernière réunion du CSE. Une fois cette décision rendue, le liquidateur devra notifier les licenciements dans un délai de vingt-et-un jours à compter du jugement de liquidation, ce qui laisse peu de temps en réalité, puisque s'imposent déjà trois jours pour la convocation du CSE, douze jours pour son avis, un jour pour établir le PV, et quatre jours pour la Dreets, soit un total de vingt jours si la Dreets utilise ce délai. Il faudra enfin transmettre aux salariés les différents documents de rupture.

Là encore, il faut tenir compte de la présence des représentants du personnel pour lesquels la procédure a été aménagée. Il faudra les convoquer pour faire un entretien préalable en application de l'article R. 2421-8 du Code du travail avant la consultation du CSE. Le CSE devra donner un avis motivé spécifique à ces salariés. Puis après l'avis du CSE, il faudra demander l'autorisation à l'inspection du travail de licencier ses salariés. Une fois cette autorisation donnée, le liquidateur pourra notifier la lettre de licenciement[2]. La même procédure s'applique pour le représentant des salariés. Même si la notification intervient après le délai de vingt-et-un jours, ils pourront bénéficier de la garantie AGS dès lors que le liquidateur a manifesté son intention de les licencier dans ce délai.

SECTION 2
RUPTURE PARTICULIÈRE DE CERTAINS CONTRATS DE TRAVAIL

§ 1
Rupture des contrats de travail suspendus

511.61 Maintien du régime de la suspension en liquidation judiciaire. Lorsque le contrat de travail est suspendu pour une cause légitime, telle que la maternité, la maladie, un congé parental, etc., des règles spécifiques sont parfois prévues pour encadrer sa rupture. Tout dépendra de la cause de la suspension du contrat.

Aucun aménagement n'a été prévu dans le cadre des procédures collectives et ces règles spécifiques ont donc vocation à s'appliquer pour les licenciements prononcés après un jugement de liquidation judiciaire, même si l'activité prend fin.

Le liquidateur va pouvoir les licencier mais en respectant plusieurs précautions. Il doit d'abord recenser ces salariés et la cause de la suspension. Cette première étape pose parfois des difficultés quand l'employeur est défaillant et que le liquidateur est obligé de procéder à une enquête auprès des organismes tels que les caisses de congés payés.

Un arrêt du 27 mai 2020 illustre cette difficulté[3]. En l'espèce, le liquidateur avait eu la liste des salariés par la caisse des congés payés et il avait prévenu la Dreets de son intention de les licencier, en ajoutant que « cette intention vaut également pour tous les salariés dont l'existence ne serait pas connue », ce qui pouvait concerner le salarié en arrêt maladie. Pour la Cour d'appel, cette information de la Dreets permettait de respecter l'article L. 3253-9 du Code du travail. Par ailleurs, « l'AGS ne pouvait sérieusement soutenir que ce courrier aurait dû être adressé au salarié dont le mandataire ignorait l'existence ». La Cour de cassation n'a pas le même raisonnement : elle considère que liquidateur n'avait pas manifesté son intention de rompre le contrat dans le délai de quinze jours suivant le jugement de liquidation, en sorte que la garantie AGS n'était pas due pour les dommages-intérêts pour licenciement sans cause réelle et sérieuse. La solution, si elle paraît fondée en droit, pose des difficultés en pratique, car il n'est pas rare que le liquidateur n'ait pas la liste complète des salariés en temps et en heure pour permettre la garantie de l'AGS. Cette décision précise également que le point de départ du délai de quinze jours est le jugement de liquidation et non sa publication au *Bodacc*.

Ensuite, le liquidateur va devoir respecter également la procédure spécifique dépendant de la cause de la suspension, qui se cumule avec celle du licenciement pour motif économique.

511.62 Régime de la suspension pour accident du travail et maladie professionnelle. Ainsi, un salarié victime d'un accident du travail ne peut être licencié en vertu de l'article L. 1226-9 du Code du travail que pour une faute grave, inapplicable dans ce contexte, ou un motif étranger à l'accident du travail qui rend impossible la poursuite du contrat de travail. Le liquidateur doit donc vérifier cette impossibilité,

1. Sur le recours à une expertise, v. s[s] n° 511.53.
2. Sur le licenciement des salariés protégés, v. s[s] n° 511.71.
3. Soc. 27 mai 2020, n° 18-23.963, NP ; *Act. proc. coll.* 2020, n° 202 ; *Leden* juill. 2020, p. 7, note Q. Urban.

en sachant que le motif économique ne suffit pas pour caractériser cette condition[1]. En revanche, la cessation d'activité peut justifier son licenciement[2]. La Cour semble poser une présomption de validité de ces licenciements lorsque la cessation d'activité est totale et définitive[3]. En cas de liquidation judiciaire, le liquidateur devra non seulement viser dans la notification du licenciement ce jugement ouvrant la liquidation judiciaire, mais expliquer également en quoi cela rend impossible la poursuite du contrat de travail, en raison de la cessation d'activité. À défaut de respecter cette réglementation, le salarié licencié peut demander la nullité de son licenciement. Ce licenciement ne prendra effet qu'à l'issue de la période de suspension[4].

À la fin de la période de suspension, le liquidateur devra ensuite respecter l'obligation de reclassement en cas d'inaptitude constaté par le médecin du travail. Ce n'est que si le reclassement est impossible que le licenciement pourra être autorisé, le délai étant d'un mois après la déclaration d'inaptitude. La Cour de cassation a nuancé sa jurisprudence en présence d'une liquidation judiciaire et considère que le licenciement est justifié, le reclassement étant impossible si l'entreprise a cessé définitivement son activité et qu'elle ne fait pas partie d'un groupe[5]. En effet, si elle fait partie d'un groupe, le liquidateur devra rechercher des offres de reclassement dans le groupe, mais uniquement sur le territoire français depuis l'entrée en vigueur de l'ordonnance du 22 septembre 2017. La notion de groupe est la même que celle désormais utilisée pour le périmètre de l'obligation de reclassement dans le licenciement économique[6]. Elle avait également jugé, à une époque où l'inaptitude devait être confirmée par un deuxième avis du médecin du travail, que le liquidateur dans les mêmes circonstances n'avait pas à réaliser cette deuxième visite médicale[7]. Lorsque l'entreprise ne fait pas partie d'un groupe de sociétés, sa disparition exclut tout reclassement interne. Peu importe la création ultérieure d'une nouvelle société par l'ancien gérant ayant la même activité que la société débitrice employeur[8].

L'article L. 3253-9 du Code du travail prévoit que les salariés bénéficiant d'un régime protecteur contre le licenciement sont couverts par l'AGS dès lors que le liquidateur manifeste son intention de licencier pendant les quinze jours qui suivent la liquidation. Il en est ainsi d'un salarié victime d'un accident du travail qui bénéficie d'une protection particulière en matière de licenciement prévue à l'article L. 1226-9 nouveau du Code du travail. Le salarié est donc pris en charge si le liquidateur manifeste son intention de licencier dans ce délai de quinze jours porté à vingt-et-un jours en cas de PSE[9].

511.63 Régime de la suspension pour cause de maternité. Pour une femme enceinte[10], le même régime s'applique avant son congé maternité *stricto sensu* et après son retour, pendant une période de dix semaines depuis l'entrée en vigueur de la loi Travail du 8 août 2016, contre quatre semaines auparavant. Cette période de dix semaines est désormais reportée à la reprise effective lorsque la salariée prend ses congés payés à la fin de son congé maternité[11], non en cas d'arrêt maladie[12]. La notification de son licenciement est possible mais uniquement pour les deux motifs précédemment évoqués. Comme pour le salarié en accident du travail, il faudra donc que le liquidateur explique en quoi son maintien dans l'entreprise est impossible, la simple mention du jugement de liquidation ne suffisant pas[13]. Il s'agit d'une période de protection relative. Il est ainsi possible de fonder le licenciement sur l'absence de reprise de l'activité en liquidation judiciaire[14].

Mais le régime de protection est encore plus sévère pendant le congé maternité : non seulement, le motif réside dans une faute grave ou un motif étranger à la maternité rendant impossible la poursuite de la rela-

1. Soc. 21 mai 2008, n° 07-41.179 ; *Bull. civ.* V, n° 110 ; *D.* 2008. 1628, obs. L. Perrin ; *JCP S* 2008, n° 1376 ; *CSBP* nov. 2008, p. 351, note F.-J. Pansier.
2. Soc. 15 mars 2005, n° 03-43.083 ; *Dr. soc.* 2005. 695.
3. Soc. 11 sept. 2024, n° 22-18.409, P ; *Act. proc. coll.* 2024, n° 226 ; *JCP S* 2024, n° 1341, note S. Brissy ; *RPC* janv. 2025, comm. 21, D. Jacotot.
4. Cass., ass. plén., 28 janv. 2005, n° 01-45.924, *Bull.* n° 1 ; *D.* 2005. 581, note G. Couturier ; *D.* 2005. 387, obs. E. Chevrier ; *D.* 2005. 2499, obs. B. Lardy-Pélissier et J. Pélissier ; *CSBP* avr. 2005, p. 186, note F.-J. Pansier ; *JCP* 2005. II. 10063, note D. Corrignan-Carsin ; *JCP E* 2005, n° 659, note S. Béal et A. Giroud.
5. Soc. 9 déc. 2014, n° 13-12.535 ; *Bull. civ.* V, n° 280 ; *D. actu.* 13 janv. 2015, obs. M. Ines ; *Act. proc. coll.* 2015. 25, note L. Fin-Langer ; *RPC* janv. 2015, p. 7, F. Taquet ; *Leden* janv. 2015, p. 6, G. Dedessus-Le Moustier – Soc. 4 oct. 2017, n° 16-16.441, P ; *Act. proc. coll.* 2017, n° 291 ; *BJE* mars 2018. 128, obs. D. Jacotot ; *D. actu.* 19 oct. 2017, obs. W. Fraisse ; *D.* 2017. Actu. 2034 ; *JCP S* 2017, n° 1421, note L. Fin-Langer ; *Leden* févr. 2018, p. 6, note G. Dedessus-Le Moustier.
6. Sur le périmètre de l'obligation de reclassement, v. ss n° 511.26.
7. Soc. 9 déc. 2014, n° 13-12.535, préc.
8. Soc. 28 sept. 2011, n° 09-69.782, NP ; *Act. proc. coll.* 2011/19, comm. 295, note L. Fin-Langer.
9. Soc. 2 oct. 2001, n° 99-45.346 ; *Bull. civ.* 2001, V, n° 295 ; *D.* 2001. IR 3090 ; *Act. proc. coll.* 2001, comm. 236.
10. Voir pour une étude plus générale : A. Boyer, « La maternité et la liquidation judiciaire », *RPC* mars 2012, étude 14.
11. Soc. 30 avr. 2014, n° 13-12.321 ; *Bull. civ.* V, n° 111 ; *D.* 2014. 1043 ; *D.* 2015. 829, obs. J. Porta et P. Lokiec ; *RDT* 2014. 547, obs. D. Gardes ; *JCP S* 2014, n° 1333, note D. Everaert-Dumont ; *CSBP* juin 2014, P. 361, note J. Icard ; *JCP E* 2014, n° 1358, note G. Vachet.
12. Soc. 8 juill. 2015, n° 14-15.979, P ; *D. actu.* 22 juill. 2015, obs. M.-C. Peyronnet ; *D.* 2015. Actu. 1545 ; *SSL* 2015, n° 1687, p. 13, obs. A. Fabre ; *JSL* 2015, n° 394-1, obs. M. Hautefort ; *JCP S* 2015, n° 1365, note D. Evaraert-Dumont.
13. Soc. 24 avr. 2013, n° 12-13.035, NP.
14. Soc. 17 oct. 2012, n° 11-22.123, NP ; *Act. proc. coll.* 2012, n° 305.

tion de travail, mais l'article L. 1225-4 du Code du travail interdit même toute notification du licenciement pendant le congé maternité. À défaut de respecter ces mesures, le licenciement est nul et les différentes indemnités sont alors garanties par l'AGS[1]. Il s'agit ici d'une période de protection absolue.

La Cour de cassation, s'appuyant sur le droit communautaire et pour éviter une éventuelle discrimination, a également interdit tous les actes préparatoires, tels qu'un entretien individuel, pendant cette période[2]. Il faut cependant nuancer cette solution car la Cour a admis que n'était pas considéré comme un acte préparatoire le fait de préparer un plan de départ volontaire[3].

La Cour de cassation maintient cette règle malgré la liquidation judiciaire de l'entreprise, le liquidateur ne pouvant pas notifier le licenciement pendant le congé maternité et repousser sa prise d'effet à la fin du congé[4]. Cette mesure devrait cependant être écartée, car elle aboutit à une difficulté majeure : la salariée ne pourra plus travailler dans cette entreprise qui a cessé son activité. Il est difficile de comprendre pourquoi aucune exception n'a été envisagée. Avant et après ce congé maternité *stricto sensu*, cela devrait être possible, la fermeture de l'entreprise ayant été jugé suffisant pour justifier l'impossibilité de maintenir le contrat de travail[5].

Elle devrait pouvoir bénéficier de la garantie AGS en vertu de l'article L. 3253-9 du Code du travail dès lors qu'il a manifesté son intention de la licencier. À l'inverse, ses indemnités ne sont pas garanties si le liquidateur ne manifeste pas sa volonté de licencier dans ce délai[6]. La jurisprudence communautaire et l'interdiction des actes préparatoires ne devrait pas s'appliquer dans ce cas dans la mesure où cela se retournerait contre la femme enceinte. En pratique, une lettre lui est envoyée mentionnant l'intention de la licencier, licenciement notifié et prenant effet après la fin de la période de protection. Le Conseil national des administrateurs judiciaires et des mandataires judiciaires a envoyé un imprimé type aux différentes études, les liquidateurs s'en servant pour prévenir les femmes enceintes et l'AGS[7].

511.64 Autres causes de suspension. Pour un salarié en arrêt maladie pour une raison non professionnelle, le Code du travail n'a pas prévu un régime spécifique. Une cause économique est donc possible, notamment en cas d'ouverture d'une liquidation judiciaire. Il en est de même des autres causes de suspension, tel que le congé parental d'éducation, le congé pour création d'entreprise, etc.

§ 2
Rupture des contrats de travail des salariés titulaires d'un mandat

511.71 Salariés concernés par cette protection. Les salariés titulaires d'un mandat de représentation du personnel font également partie des salariés dits protégés. Cette protection des salariés titulaires d'un mandat continue de s'appliquer en cas de procédure collective, comme le prévoit expressément l'article L. 2411-1 du Code du travail[8] et donc y compris en cas de licenciement notifié suite au jugement de liquidation judiciaire. Il revient donc au liquidateur de demander l'autorisation de licencier à l'inspection du travail.

Cette demande d'autorisation a été présentée comme étant contre-productive[9], voire douteuse[10], pour ne pas dire extrêmement critiquable. La solution mériterait sans doute d'être repensée. À tout le moins, le maintien de la protection des salariés protégés devrait-il, en liquidation judiciaire, être limité au seul représentant des salariés.

Selon le Conseil constitutionnel, la disposition prévoyant que le licenciement d'un salarié exerçant un mandat de membre du conseil ou d'administrateur d'une caisse de sécurité sociale doit être préalablement autorisé par l'inspecteur du travail poursuit un but d'intérêt général. Par conséquent, cette disposition ne porte une atteinte disproportionnée ni à la liberté d'entreprendre, ni à la liberté contractuelle[11].

1. Soc. 18 nov. 2020, nº 19-11.686, P.
2. Soc. 15 sept. 2010, nº 08-643.299 ; *Bull. civ.* V, nº 182 ; *JCP S* 2011, nº 1005, note B. Bossu ; *RDT* 2011. 31, obs. M. Mercat-Bruns ; *D.* 2010. 2166, obs. L. Perrin ; *Dr. soc.* 2010. 1256, obs. Fr. Favennec-Héry ; *CSBP* oct. 2010, p. 342, note F.-J. Pansier.
3. Soc. 14 sept. 2016, nº 15-15.943, P ; *CSBP* déc. 2016, p. 596, note J. Icard ; *D.* 2016. Actu. 1864 ; *RJS* 11/2016, nº 685 ; *JCP* 2016, nº 1046, note G. Dedessus-Le Moustier ; *JCP S* 2016, nº 1382, note L. Dauxerre.
4. Soc. 19 mars 2008, nº 07-40.599 ; *Bull. civ.* V, nº 69 ; *Act. proc. coll.* 2008, nº 162, obs. L. Fin-Langer ; *RDT* 2008. 383, note H. Tissandier ; *JCP S* 2008, nº 1306, note C. Puigelier ; *CSBP* juill. 2008, p. 299, note F.-J. Pansier.
5. Soc. 4 oct. 1995, nº 94-41.162, NP.
6. Soc. 18 déc. 1991, nº 89-42.188 ; *Bull. civ.* nº 591 ; *D.* 1992. IR 47 ; *CSBP* 1992. 45.
7. A. Boyer, « La maternité et la liquidation judiciaire », *RPC* mars 2012, étude 14, nº 6.
8. Ce texte reprend l'ancien article 227 de la loi du 25 janvier 1985, nº 85-98, disposition non codifiée qui avait modifié les anciens articles L. 412-18, L. 425-1 et L. 436-1 du Code du travail en vigueur avant 2008.
9. A. Boyer, « Un droit social contre-productif dans les entreprises en difficulté », *Gaz. Pal.* 16-17 avr. 2010, nºs 106, 107, p. 8 s., sp. p. 9.
10. F. Taquet, obs. *RPC* 1996. 268.
11. Cons. const. 14 mai 2012, déc. nº 2012-242 QPC, *JO* 15 mai, p. 9096 ; *Rec.* 259 ; *Act. proc. coll.* 2012/14, comm. 210, note L. Fin-Langer ; *D.* 2012. 2622, obs. P. Lokiec et J. Porta ; *Dr. soc.* 2012. 796, note J. Bonnet ; *Constitutions* 2012. 459, chron. C. Radé ; *RSC* 2012. 871, obs. A. Cerf-Hollender.

La liste figure aux articles L. 2411-1 et suivants du Code du travail : il s'agit notamment des membres élus du CSE, les délégués syndicaux, des représentants de section syndicale, des représentants syndicaux au CSE, des représentants de proximité et du représentant des salariés [1].

Elle s'applique aussi aux salariés exerçant un mandat à l'extérieur de l'entreprise, comme des fonctions de conseiller prud'homal un conseiller du salarié figurant sur la liste établie par la préfecture [2].

Pendant de nombreuses années, cette protection s'imposait, alors même que les organes de la procédure ignorerait son existence, la protection du conseiller du salarié prenant effet à compter de son inscription sur la liste, indépendamment de la mesure de publicité qui doit en être faite et cela même en liquidation judiciaire [3].

Désormais, le salarié ne peut s'en prévaloir qu'à la condition qu'il prévienne le liquidateur au plus tard lors de l'entretien préalable [4], suite à une réserve d'interprétation du Conseil constitutionnel [5]. Un arrêt rendu en dehors de procédures collectives vient préciser le moment de cette connaissance, à savoir à celui de l'envoi de la convocation à l'entretien préalable [6]. Cette solution devrait être transposée aux entreprises en liquidation. L'information sur le ou les mandats peut être fournie par le salarié ou par tout autre moyen. Il a ainsi été jugé que le liquidateur ayant eu connaissance du mandat prud'homal lors d'une réunion du comité d'entreprise ayant précédé son entretien préalable était informé de l'existence de ce mandat [7]. Si l'administrateur ou le liquidateur n'est pas informé préalablement, la protection ne joue plus [8].

Cette protection va parfois au-delà de l'exercice du mandat et peut concerner d'anciens représentants du personnel pendant les six mois qui suivent l'expiration du mandat, délai porté à douze mois pour les délégués syndicaux s'ils ont exercé leur mandat pendant au moins un an [9] ainsi que pour les candidats aux élections pendant les six mois qui suivent l'envoi de leur candidature. Dans les entreprises de moins de cinquante salariés, seul un délégué du personnel et désormais un membre élu titulaire du CSE peut être désigné comme délégué syndical. Dans ce cas, il n'est protégé que pendant les six mois qui suivent la fin de son mandat [10]. Cette extension de la protection ne vaut pas pour le représentant des salariés, car ni l'article L. 662-4 du Code de commerce ni le Code du travail n'en font mention [11].

À quelle date s'apprécie la qualité de salarié protégé ? Dans un premier temps, la qualité avait été appréciée au jour où l'autorité administrative était amenée à statuer [12]. À la suite d'un revirement, il a ensuite été décidé de porter cette appréciation à la date de l'envoi par l'employeur de la convocation du salarié à l'entretien préalable au licenciement [13].

La liquidation judiciaire d'une association ou la cessation d'activité induite par son placement en liquidation judiciaire, n'entraine pas sa dissolution, que l'on soit avant ou depuis l'ordonnance du 12 mars 2014. Par conséquent, le comité d'entreprise de l'association ne disparaît pas et, par voie de conséquence, la protection légale dont bénéficie un membre et secrétaire du comité ne disparaît pas davantage. Par conséquent, l'autorisation administrative pour licencier cette personne est impérative [14].

La question s'est posée de savoir quelle sanction trouvait application lorsque l'employeur ou le liquidateur omet de mentionner l'existence d'un mandat dans sa demande d'autorisation. La Cour de cassation répond que l'omission emporte annulation de

1. Sur le statut du représentant des salariés, v. s^{s} n°s 223.11 s.
2. C. trav., art. L. 1232-4 et D. 1234-4 s.
3. Soc. 22 sept. 2010, n° 08-45.227, P V, n° 190 ; FS-P+B+R ; *Act. proc. coll.* 2010/18, n° 254, note L. Fin-Langer ; *D.* 2010. Actu. 2297 ; *Leden* nov. 2010, p. 7, obs. G. Dedessus-Le Moustier ; *JCP S* 2010, n° 1487, note J.-Y. Kerbouc'h. La solution a été rendue en liquidation judiciaire.
4. Soc. 14 sept. 2012, n° 11-21.307 ; *Bull. civ.* V, n° 230 ; *D.* 2012. 2179 ; *D. actu.* 27 sept. 2012, obs. J. Siro ; *RDT* 2013. 48, obs. Verdier ; *Constitutions* 2012. 624, obs. C. Radé ; *JCP S* 2012, n° 1468, note D. Boulmier ; *CSBP* oct. 2012, p. 303, note F.-J. Pansier – Soc. 26 mars 2013, n° 11-28.269 ; *Bull. civ.* V, n° 229 ; *Constitutions* 2012. 624, obs. C. Radé ; *JCP S* 2013, n° 1252, note D. Boulmier ; *Dr. soc.* 2013. 363, note G. Dumortier et a. ; *CSBP* mai 2013, 110K0, note Fl. Canut.
5. C. const. 14 mai 2012, n° 2012-242, QPC ; *Act. proc. coll.* 2012, comm. 210, note L. Fin-Langer ; *D.* 2012. 2622, obs. P. Lokiec et J. Porta ; *Dr. soc.* 2012. 796, note Bonnet ; *Constitutions* 2012. 459, chron. C. Radé ; *RSC* 2012. 871, obs. A. Cerf-Hollender ; *JCP S* 2012, n° 1311, note D. Boulmier.
6. Soc. 13 janv. 2021, n° 19-17.489, P ; *D. actu.* 16 févr. 2021, obs. Cl. Couëdel ; *JCP S* 2021, n° 1047, note T. Lahalle ; *BJT* mars 2021, p. 22, note G. Auzero ; *Dr. soc.* 2021. 286, note F. Petit.
7. CE 4e et 1re ch. réunies, 24 juill. 2019, req. n° 411058 ; *Leden* oct. 2019, comm. 112u9, note F. Joly.
8. Soc. 1er juin 2017, n° 16-12.221, P V ; *Leden* oct. 2017, comm. n° 111a0, note H. de Frémont ; *RPC* 2017, comm. 107, note F. Taquet. La solution a été rendue dans le cadre d'une liquidation judiciaire – Soc. 7 nov. 2018, n° 16-24.089, NP ; *RPC* 2019/1, comm. 20, p. 42, note F. Taquet.
9. C. trav., art. L. 2411-3.
10. Soc. 4 nov. 2020, n° 19-12.279, P ; *D. actu.* 23 nov. 2020, obs. L. Malfettes ; *BJT* janv. 2021, p. 34, G. Auzero.
11. Sur la protection du représentant des salariés, v. s^{s} n°s 223.31 et 223.32 – Par ex. : Soc. 1er mars 2005, n° 02-44.293 ; *Bull. civ.* V, n° 74.
12. CE 28 févr. 1997, req. n° 153547.
13. CE 23 nov. 2016, req. n° 392059, *Lebon ; Leden* mars 2017, comm. 110n6, obs. H. de Frémont.
14. Soc. 19 déc. 2018, n° 17-15.503, P ; *D.* 2019, actu 4 ; *Act. proc. coll.* 2019, comm. 48, note M.-N. Rouspide-Katchadourian ; *Leden* mars 2019, p. 6, note G. Dedessus-Le Moustier ; *JCP S* 2019, n° 1060, note T. Lahalle ; *Gaz. Pal.* 16 avr. 2019, p. 82, note C. Gailhbaud ; *BJT* mars 2019, p. 27, note G. Auzero.

la décision d'autorisation du licenciement. Cependant, elle ne place pas le salarié dans la situation d'un salarié licencié en l'absence d'autorisation administrative [1]. Le licenciement n'est donc pas nul. Il peut demander sa réintégration dans son emploi et, sous certaines conditions, dans son mandat. S'il ne le fait pas, il peut conserver ou obtenir les indemnités de licenciement et demander la réparation de son préjudice matériel et moral.

511.72 ***Vade-mecum* de la procédure de licenciement spécifique.** Cette procédure est un peu particulière et elle se cumule avec celle du licenciement pour motif économique.

Elle consiste en une consultation préalable du CSE pour les membres du CSE uniquement et en une demande d'autorisation de l'inspection du travail. Le même régime existait avant les ordonnances de 2017 pour les délégués du personnel et le comité d'entreprise. Il y a place à retrait de l'autorisation administrative de licencier si la consultation a lieu, alors que le mandat des représentants du comité d'entreprise est expiré sans prorogation expresse, peu important l'impossibilité matérielle d'organiser à temps de nouvelles élections [2].

À défaut de comité d'entreprise et désormais de CSE, ces textes indiquent que l'inspecteur du travail est saisi directement.

L'article R. 2421-8 précise par ailleurs que la consultation des représentants du personnel doit avoir lieu après l'entretien individuel du salarié. Cette disposition a fait l'objet d'une interprétation jurisprudentielle en cas de licenciement collectif, dans la mesure où en principe, il n'y a pas d'entretien individuel. Pourtant la Cour de cassation a estimé que cet entretien devait toujours avoir lieu, y compris dans les grands licenciements collectifs et malgré le prononcé d'une liquidation judiciaire [3]. La Cour de cassation a cependant réduit la portée de cette jurisprudence aux seuls représentants élus et non aux candidats, non prévu dans le texte [4].

Le liquidateur devra ensuite demander l'autorisation à l'inspection du travail. Cette formalité va alourdir la procédure et la ralentir dans la mesure où l'entreprise cesse son activité et que le licenciement ne peut être considéré comme une mesure de représailles. L'inspection du travail va ainsi vérifier le respect de la procédure, l'existence des faits invoqués et donc ici l'ouverture de la liquidation judiciaire, les efforts de reclassement, l'absence de lien avec les fonctions.

En revanche, l'inspecteur du travail est évidemment lié par le jugement prononçant la liquidation judiciaire. Par ailleurs, il ne lui appartient pas d'apprécier la validité du plan de sauvegarde de l'emploi [5], puisque l'autorisation de licenciement ne fait pas obstacle à ce que le salarié puisse ultérieurement contester sa validité devant la juridiction compétente. Par ailleurs, le PSE est validé par la Dreets et a une vocation collective au-delà du seul salarié protégé.

511.73 **Prise en charge des indemnités de rupture par l'AGS.** Il faut noter que dès lors que le liquidateur manifeste son intention de licencier le salarié protégé dans les quinze ou vingt-et-un jours qui suivent le jugement de liquidation, l'AGS prendra en charge les indemnités de licenciement en application de l'article L. 3253-9 du Code du travail. Encore faut-il qu'il le fasse [6]. Peu importe la date de notification. Peu importe également le refus de l'inspecteur du travail d'autoriser le licenciement, dès lors que le contrat est ensuite rompu pour résiliation judiciaire [7].

En revanche, ne sont pas garanties les créances de salaire dues au salarié protégé dans l'attente de la décision de l'inspection du travail pour la période postérieure à ce délai de quinze jours [8].

511.74 **Sanction du licenciement irrégulier d'un salarié protégé.** En liquidation judiciaire, le licenciement d'un salarié protégé ne sera pas dépourvu de cause réelle et sérieuse au seul motif que la lettre de licenciement ne contient pas le visa de l'autorisation administrative de licencier, dès lors, d'une part, que cette autorisation a été donnée et, d'autre part, que la lettre vise le jugement de liquidation judiciaire [9].

Jugé en revanche que le seul fait qu'il y ait eu liquidation judiciaire sans poursuite d'activité est insuffisant pour en déduire que le motif économique du

1. Soc. 3 févr. 2016, n° 14-17.886, P V ; *Act. proc. coll.* 2016/6, comm. 76, note L. Fin-Langer.
2. CE réunies, 9 mai 2011, req. n° 333241 ; *Act. proc. coll.* 2011/10, comm. 152.
3. Soc. 10 mai 1999, n° 97-40.510 ; *Bull. civ.* V, n° 207 ; *D.* 1999. IR 148 ; *JCP* 1999. II. 10137, note D. Corrignan-Carsin – Soc. 22 sept. 2010, n° 08-45.227 ; *Bull. civ.* V, n° 190 ; *D.* 2010. Actu. 2297 ; *Act. proc. coll.* 2010. 254, L. Fin-Langer ; *Dr. soc.* 2010. 1268, obs. L. Pécaut-Rivolier ; *JCP S* 2010, n° 1487, note J.-Y. Kerbourc'h ; *Leden* nov. 2010, p. 7, G. Dedessus-Le Moustier.
4. Soc. 6 avr. 2016, n° 14-12.724 ; *Bull. civ.* V, n° 66 ; *D.* 2016. Actu. 843 ; *JCP S* 2016, n° 1233, note J.-Y. Kerbourc'h ; *CSBP* mai 2016, p. 248, obs. Fl. Canut.
5. CE 25 févr. 2015, req. n° 375590, *Lebon T.* ; *Leden* 2015, comm. 60, note G. Dedessus-Le-Moustier.
6. Soc. 18 déc. 1991, n° 89-42.188 ; *Bull. civ.* V, n° 591 ; *D.* 1992. IR 47 ; *CSBP* 1992. 45.
7. Soc. 13 déc. 2017, n° 16-21.773, P ; *D.* 2018, actu 6 ; *JCP S* 2018, n° 1014, note L. Fin-Langer ; *Act. proc. coll.* 2018, n° 1, note L. Fin-Langer ; *Gaz. Pal.* 17 avr. 2018, p. 80, note L. Ben Cheikh-Vecchioni ; *Leden* avr. 2018, p. 1, note crit. F.-X. Lucas et G. Dedessus-Le Moustier.
8. Soc. 2 juin 1992, n° 89-44.415 ; *Bull. civ.* V, n° 358 ; *D.* 1993, somm. 75, obs. A. Honorat.
9. Soc. 25 mai 2004, n°s 03-42.063,03-42.287 à 03-42.290, P V, n° 137 ; *RPC* 2004, p. 249, n° 14, obs. F. Taquet.

licenciement est établi[1]. La solution est justifiée notamment par le fait que le salarié aurait pu ne pas être licencié en cas de cession de d'entreprise ou de fonds de commerce, alors que les délais du licenciement sont inconciliables avec cette vérification.

À défaut de respecter cette procédure d'autorisation, le salarié protégé irrégulièrement licencié pourra invoquer la nullité de son licenciement et doit être en principe réintégré, dans la mesure cependant de la possibilité de réintégration. La réintégration est impossible si l'entreprise, en liquidation judiciaire, a cessé toute activité[2].

Le salarié peut également souhaiter ne pas être réintégré. En ce cas, il sera indemnisé par le cédant, c'est-à-dire l'entreprise débitrice[3]. Cette solution subsiste lorsque l'irrégularité du licenciement résulte de l'annulation ultérieure de l'autorisation de licencier, peu importRant qu'à la date de l'annulation, le salarié soit parti à la retraite[4].

Au plan pénal, il peut y avoir commission du délit d'entrave aux fonctions du comité d'entreprise ou des délégués du personnel[5] et désormais du comité social et économique.

Les salariés protégés, dont le licenciement a été autorisé par l'inspection du travail, pouvaient contester, devant le Conseil des prud'hommes, la régularité du plan de sauvegarde de l'emploi[6]. Désormais, ce contentieux relève du tribunal administratif[7]. Il en va différemment si le salarié protégé a adhéré à la convention FNE. En ce cas, il ne peut remettre en cause la régularité et la légitimité de la rupture de son contrat de travail, ni se prévaloir de l'insuffisance du plan de sauvegarde de l'emploi pour être indemnisé, sauf à établir une fraude à ses droits ou l'existence d'un vice du consentement[8]. Ces mêmes salariés ne peuvent contester devant le juge judiciaire le non-respect d'une obligation de reclassement conventionnelle[9].

En revanche, lorsqu'une autorisation administrative de licencier a été accordée à l'employeur, le juge judiciaire ne peut, sauf à violer le principe de la séparation des pouvoirs, apprécier le caractère réel et sérieux de la cause du licenciement, ni la régularité de la procédure antérieure à la saisine de l'inspection du travail[10].

511.75 Faute grave du salarié protégé. En cas de faute grave, la mise à pied immédiate peut être décidée dans l'attente de la décision de l'inspection du travail. En cas de refus, le salarié est réintégré, la mise à pied étant annulée[11].

511.76 Règles particulières au représentant des salariés. Le représentant des salariés[12] est au rang des salariés protégés. La solution résulte de l'article L. 2411-1 du Code du travail, qui prévoit que la protection contre le licenciement profite à un certain nombre de salariés, y compris lors d'une procédure de sauvegarde, de redressement ou de liquidation judiciaire. Cet article énonce les salariés concernés par cette protection. Au 11°, figure le représentant des salariés. Le texte précisait que cette protection s'appliquait lors d'un redressement ou d'une liquidation judiciaire. La précision, d'une part, faisait partiellement double emploi avec l'énoncé de principe, et, d'autre part, elle était incomplète. L'article 113 de l'ordonnance du 12 mars 2014[13] toilette le texte et supprime au 11° de l'article la précision « lors d'un redressement ou d'une liquidation judiciaire ».

Le représentant des salariés a été également rangé parmi les salariés protégés[14], en application de l'article L. 627-5, alinéa 2, du Code, dans la rédaction antérieure à la loi du 26 juillet 2005, celle de l'article L. 662-4, alinéa 2, dans la rédaction issue de la loi du 26 juillet 2005[15].

Il a d'abord été jugé que la réglementation protectrice ne s'appliquera qu'autant qu'il aura été régulièrement désigné[16] et seulement pendant la période de protection qui lui est accordée par la loi, ainsi que cela est expliqué ci-après. Il a ensuite été estimé que

1. CE 22 mai 2015, *min. Travail, Emploi, Formation professionnelle et Dialogue social*, req. n° 371061, *Lebon T.* ; *Leden* 2015/7, comm. 105, note G. Dedessus-Le Moustier ; *Dr. soc.* 2015. 602, étude M. Gadrat.
2. Soc. 20 juin 2006, n° 05-44.256, P V, n° 221 ; n° 1645 FS-P+B.
3. Soc. 10 déc. 1996, n° 94-43.163, P V, n° 431 ; *Cah. prud'h.* 2000, n° 10, p. 149.
4. Soc. 27 mars 2012, n° 11-11.221, P V, n° 107 ; *Act. proc. coll.* 2012/8, comm. 117, note L. Fin-Langer.
5. Crim. 17 mars 1992, n° 91-81.360, P n° 117.
6. Soc. 24 sept. 2008, n° 06-45.766, NP ; *Act. proc. coll.* 2009/3, n° 55, note L. Fin-Langer.
7. Sur le contentieux administratif, v. s[s] n°s 321.47 et 811.14.
8. Soc. 15 déc. 2010, n° 09-66.040, NP ; *Act. proc. coll.* 2011/4, n° 73 ; *RPC* 2011, comm. 55, p. 59, note F. Taquet.
9. Soc. 27 mai 2015, n°s 13-26.985,13-26.994, 13-26.999, 13-27.003, 13-27.007, 13-27.019, 13-27.020, 13-27.027, 13-27.031, 13-27.036, P V.
10. Soc. 3 mars 2010, n° 08-42.526, P V, n° 50 ; *Act. proc. coll.* 2010/7, n° 103 – Soc. 20 sept. 2018, n° 17-11.602, P ; *RPC* janv. 2019, comm. 21, p. 43, note D. Jacotot ; *D.* 2018. Actu, 1870 ; *JCP S* 2018, n° 1382, note J.-Y. Kerbourc'h ; *Leden* nov. 2018, p. 7, note G. Dedessus-Le Moustier ; *BJT* nov. 2018, p. 179, note G. Auzero ; *Act. proc. coll.* 2018, n° 276.
11. C. com., art. L. 627-5, al. 3 du code, dans la rédaction antérieure à la loi du 26 juillet 2005, L. 662-4, al. 3, dans la rédaction issue de la loi du 26 juillet 2005.
12. Sur le statut du représentant des salariés, v. s[s] n°s 223.11 s.
13. Ord. n° 2014-326, 12 mars 2014 portant réforme de la prévention des difficultés des entreprises et des procédures collectives, *JO* 14 mars, n° 3.
14. Ifppc 1999, recomm. n°s 2060-6, 6015-6, p. 53, 138.
15. Soc. 5 mai 1993, n° 92-40.835, P V, n° 127.
16. Soc. 12 févr. 2003, n° 00-45.764, NP ; *Act. proc. coll.* 2003/7, n° 80.

la protection joue même si sa désignation est irrégulière, pour être intervenue avant le jugement d'ouverture, dès lors qu'elle n'a pas été annulée [1].

La protection ne joue pas pour le simple candidat à l'élection de représentant des salariés [2]. Le licenciement de ce dernier n'est pas soumis à l'avis du comité d'entreprise ni à l'autorisation de l'inspection du travail.

Le licenciement du représentant des salariés, qu'il émane de l'administrateur ou du liquidateur, suppose un avis du comité d'entreprise et désormais du CSE, en application de l'article L. 627-5, alinéa 1, du Code, dans la rédaction antérieure à la loi du 26 juillet 2005 [3], de celle de l'article L. 662-4, alinéa 1, dans la rédaction issue de la loi du 26 juillet 2005. L'article 17 du décret du 27 décembre 1985 [4], sous l'empire de la législation antérieure à la loi de sauvegarde des entreprises et l'article R. 621-16 du Code de commerce [5], sous l'empire de la législation issue de la loi de sauvegarde des entreprises, prévoient que le licenciement du représentant des salariés est régi par les dispositions des articles R. 2421-8, R. 2421-6 et R. 2421-14, R. 2421-15 du Code du travail.

511.77 Durée de la protection du représentant des salariés. Sous l'empire de la législation antérieure à la loi de sauvegarde des entreprises, dans la procédure de redressement judiciaire du régime simplifié, le représentant des salariés exerçait le rôle dévolu aux institutions représentatives des salariés. La protection qui lui est accordée cessait au terme de la dernière audition ou consultation prévue par la procédure de redressement judiciaire [6].

La loi de sauvegarde des entreprises prévoit, pour sa part, que la protection qui lui est accordée cesse lorsque toutes les sommes versées par l'AGS au mandataire judiciaire ont été reversées par lui aux salariés [7]. Cette disposition est applicable aux procédures en cours lors de l'entrée en vigueur, le 1er janvier 2006, de la loi de sauvegarde des entreprises.

Toutefois, si le représentant des salariés exerce également les fonctions du comité d'entreprise ou, à défaut, des délégués du personnel ou désormais du CSE, la protection cesse au terme de la dernière audition ou consultation précédant l'adoption d'un plan de redressement [8]. Le texte ne vise que la procédure de redressement judiciaire. Qu'en est-il alors en liquidation judiciaire ? On peut penser que la solution est désormais identique puisque cette mission de suppléance en liquidation n'avait pas été prévue de manière expresse par la loi de sauvegarde du 26 juillet 2005. Elle a été ajoutée par l'ordonnance du 12 mars 2014 [9], l'ordonnance ayant sans doute oublié de modifier également l'article L. 662-4.

Cette durée de protection doit être coordonnée avec celle prévue à l'alinéa précédent, qui concerne le versement des sommes par l'AGS : c'est la plus tardive des dates qui doit être évidemment prise en compte.

§ 3 Rupture des contrats de travail autres que le CDI

511.81 Problématique. Les articles L. 641-10, L. 641-11 et L. 641-4 du Code de commerce adaptent la procédure du licenciement pour motif économique qui n'est applicable qu'aux contrats à durée indéterminée. Ils ne concernent donc pas les autres contrats qui peuvent exister dans l'entreprise tels que les contrats à durée déterminée ou les contrats d'apprentissage.

Faute de dispositions spécifiques, il revient donc d'appliquer les règles du Code du travail qui ne sont pas nécessairement adaptées à la situation de la liquidation judiciaire.

511.82 Rupture du contrat à durée déterminée. Conformément au droit commun, il en résulte l'impossibilité pour l'employeur de les rompre avant le terme, sauf dans les cas limitativement énumérés à l'article L. 1243-1 du Code du travail. N'est pas citée expressément l'ouverture d'une procédure collective, y compris la liquidation judiciaire.

Comme pour le redressement, les administrateurs ou les liquidateurs ont alors invoqué la force majeure justifiant la rupture anticipée du contrat à durée déterminée. Pourtant, pour la Cour de cassation, la liquidation judiciaire ne constitue pas non plus un cas de force majeure, au sens de l'article L. 1243-1 du Code du travail, même lorsqu'elle entraîne la fermeture de l'entreprise [10].

1. Soc. 23 sept. 2009, n° 08-40.603, P V, n° 197 ; n° 1804 FS-P+B ; *Act. proc. coll.* 2009/17, n° 257, note L. Fin-Langer.
2. Soc. 1er mars 2005, n° 02-44.293, P V, n° 74 ; *Act. proc. coll.* 2005/6, n° 67 ; *Bull. Ifppc* nov. 2005, n° 7, p. 9, note Tourmanoff.
3. L. n° 2005-845, 26 juill. 2005 de sauvegarde des entreprises, *JO* 27 juill., n° 5.
4. Décr. n° 85-1388, 27 déc. 1985 relatif au redressement et à la liquidation judiciaires des entreprises, *JO* 29 déc., p. 15281.
5. Anct Décr. n° 2005-1677, 28 déc. 2005 pris en application de la loi n° 2005-845 du 26 juillet 2005 de sauvegarde des entreprises, *JO* 29 déc., p. 20324, art. 59.
6. C. com., art. L. 627-5, al. 4.
7. C. com., art. L. 662-4, dernier alinéa.
8. C. com., art. L. 662-4, dernier alinéa – Soc. 30 janv. 2013, n° 11-22.979, P V, n° 23 ; n° 164 FS-P+B ; *Gaz. Pal.* 1er mai 2013, n° 121, p. 39, note Ph. Duprat ; *Act. proc. coll.* 2013/5, comm. 58, note D. Jacotot ; *RPC* 2013, comm. 33, note Ph. Roussel Galle.
9. Sur cette suppléance, v. ss nos 222.31 s., 511.92.
10. Soc. 20 oct. 1993, n° 91-43.922 ; *Bull. civ.* V, n° 240 ; *Dr. soc.* 1993. 970 – Soc. 16 oct. 2002, n° 00-40.869, NP.

Le salarié pourra obtenir une indemnité correspondant aux salaires dus jusqu'au terme du contrat accompagnant le cas échéant l'indemnité de précarité. Elle sera prise en charge par l'AGS si la rupture est notifiée au salarié dans les quinze jours qui suivent le jugement de liquidation[1].

511.83 **Rupture du contrat d'apprentissage.** Le contrat d'apprentissage est un contrat de travail à durée déterminée très particulier, tant dans ses conditions de formation que dans ses modes de rupture. Ces derniers sont régis par l'article L. 6222-18 du Code du travail, qui admet la rupture unilatérale pendant les deux premiers mois d'apprentissage. Ce délai a été porté à quarante-cinq jours consécutifs ou non de formation pratique par la loi du 17 août 2015. Mais au-delà de cette période, jusqu'à l'ordonnance du 12 mars 2014, seuls un accord de rupture amiable ou, à défaut, une résiliation judiciaire pour manquement grave de l'une des parties à ses obligations ou pour inaptitude de l'apprenti pouvaient entraîner la rupture du contrat d'apprentissage.

En cas de liquidation judiciaire, le liquidateur devait-il respecter ce texte ? Les arrêts n'ont pas toujours été très clairs. Un arrêt du 23 septembre 2008[2], dans un contexte un peu particulier où le liquidateur avait contacté l'apprenti pour lui proposer une rupture amiable qui avait été refusée, avait indiqué que la Cour d'appel aurait dû statuer sur la demande de résiliation judiciaire. Fort heureusement, cet arrêt est resté isolé et la Cour de cassation a écarté l'article L. 6222-18 du Code du travail.

Elle a autorisé le liquidateur à mettre fin unilatéralement au contrat dans les quinze jours qui suivent le jugement de liquidation, sans saisir le conseil de prud'hommes. Elle estime en effet que le mandataire liquidateur ne fait qu'exécuter le jugement de liquidation[3]. L'apprenti a droit à une indemnité correspondant aux salaires qu'il aurait dû percevoir jusqu'au terme du contrat, indemnité garantie par l'AGS, si la rupture intervient dans les quinze jours qui suivent le jugement de liquidation judiciaire[4]. La Cour de cassation estime que la résiliation intervient au jour où le juge la prononce si le salarié ou l'apprenti est toujours au service de l'employeur, sans se fonder sur le nouvel article 1229 du Code civil qui donne plus de liberté au juge pour fixer cette date[5].

L'article 114 de l'ordonnance du 12 mars 2014[6] insère un alinéa 3 à l'article L. 6222-18 du Code du travail, pour faire siennes ces solutions. Il prévoit, d'une manière interprétative, que, en cas de liquidation judiciaire sans maintien de l'activité ou lorsqu'il est mis fin au maintien de l'activité et qu'il doit être mis fin au contrat d'apprentissage, le liquidateur notifie la rupture du contrat à l'apprenti. Cette rupture ouvre droit pour l'apprenti à des dommages et intérêts d'un montant au moins égal aux rémunérations qu'il aurait perçues jusqu'au terme du contrat.

La procédure de consultation des institutions représentatives est applicable à la rupture d'un contrat d'apprentissage[7].

SECTION 3
MESURES D'ACCOMPAGNEMENT DES SALARIÉS SUITE AU JUGEMENT DE LIQUIDATION JUDICIAIRE

§ 1
Rôle des représentants du personnel

511.91 **Rôle du CSE en liquidation judiciaire.** L'article L. 2312-53 du Code du travail fait la liste des décisions qui doivent faire l'objet d'une information-consultation du CSE par le liquidateur qui administre l'entreprise faisant l'objet d'une liquidation judiciaire[8]. L'article L. 2312-54 énumère ensuite les hypothèses dans lesquelles le représentant du CSE doit être auditionné par le tribunal de la procédure collective. Les deux étapes se suivent parfois.

Ces textes ne concernent que les CSE mis en place depuis l'entrée en vigueur des ordonnances du 22 septembre 2017 dans les entreprises de cinquante salariés et plus. Ils remplacent sans les modifier au fond les anciens articles L. 2323-48 et L. 2323-49 du Code du travail applicables au comité d'entreprise. Il faut cependant préciser que selon le droit antérieur, le délégué du personnel pouvait exercer cette mission au lieu et place du comité d'entreprise dans les entreprises de moins de cinquante salariés en vertu d'une fonction supplétive prévue expressément à l'ancien article L. 2313-1 du Code du travail. Ce renvoi n'existant plus, seules les entreprises de cinquante salariés et plus sont donc concernées. Se posera avec une nouvelle acuité la question de savoir si le représen-

1. Sur la prise en charge par l'AGS des indemnités de rupture, v. s[s] n°s 722.51 s.
2. Soc. 23 sept. 2008, n° 07-41.748 ; *Bull. civ.* V, n° 172 ; *JCP S* 2008, n° 1612, note S. Brissy.
3. Soc. 23 mai 2000, n° 97-40.631 ; *Bull. civ.* 2000, V, n° 192 ; *D.* 2001. Somm. 118, obs. F. Derrida ; *Act. proc. coll.* 2000, n° 153, obs. J. Vallansan ; *Dr. soc.* 2000. 910.
4. Soc. 22 mars 2007, n° 04-46.745, NP ; *RPC* mars 2007, p. 148, n° 2, obs. F. Taquet – Soc. 7 juill. 2009, n° 08-40.870, NP ; *Act. proc. coll.* 2009/17, n° 261, note L. Fin-Langer – Soc. 23 nov. 2011, n° 10-26.918, NP.
5. Par ex. : Soc. 20 oct. 2021, n°s 19-25.700 et 19-22.705 ; *Act. proc. coll.* 2021. 275.
6. Ord. n° 2014-326, 12 mars 2014 portant réforme de la prévention des difficultés des entreprises et des procédures collectives, *JO* 14 mars, n° 3.
7. Soc. 6 déc. 2000, n° 98-44.053, NP ; *Act. proc. coll.* 2001/2, n° 23 – Soc. 15 janv. 2002, n° 99-41.608, P V, n° 11 ; *RPC* 2002, p. 105, n° 3, obs. F. Taquet.
8. Sur le rôle du CSE, v. s[s] n°s 211.11 s.

tant des salariés pourra ou non exercer cette fonction[1].

Il doit ainsi être informé et consulté par le chef d'entreprise avant le dépôt au greffe d'une demande d'ouverture d'une procédure de liquidation judiciaire. Mais le tribunal n'a pas à auditionner son représentant. Il doit également l'être dans le cadre de la procédure de licenciement économique[2].

Il doit ensuite être consulté et auditionné lorsqu'un plan de cession est adopté, lors de la décision de mise en location-gérance de l'entreprise avant cette adoption et en cas de sanction du locataire-gérant qui ne remplirait pas son obligation d'acquisition du fonds en vertu de l'article L. 642-17 du Code de commerce.

Il faut cependant préciser que le CSE n'est pas entendu par le tribunal qui statue sur la demande de maintien provisoire de l'activité. Cela a cependant un impact sur la situation des salariés[3].

Enfin, l'ordonnance du 22 septembre 2017 a ouvert le champ de la négociation collective. L'article L. 2312-55 du Code du travail autorise les entreprises à négocier un accord avec les syndicats représentatifs à une majorité de 50 %, sans possibilité de faire un référendum auprès des salariés en cas de signature à une majorité de 30 %. Mais une autre modalité de négociation subsidiaire a été prévue, à savoir un accord conclu avec les membres du CSE, adopté à la majorité des membres titulaires du CSE. Le champ de la négociation est également précisé. Il est impossible d'écarter les informations consultations fixées par l'article L. 2312-53 du Code du travail intervenant dans le cadre des procédures collectives, ce texte étant d'ordre public. En revanche, l'accord peut préciser le contenu de ces consultations, les délais de transmission des avis ainsi que les modalités pratiques de ces consultations, comme le délai de convocation ou le calendrier. L'ensemble de ces dispositions permettent ainsi d'accélérer la procédure de consultation. Il faut cependant préciser que le liquidateur n'a pas le temps de procéder à cette négociation et elle ne pourrait être utile en réalité que si ces accords ont été conclus en amont, dans un contexte où l'entreprise était encore *in bonis*.

511.92 Fonction supplétive du représentant des salariés reconnus par l'ordonnance du 12 mars 2014. Contrairement au redressement judiciaire, l'article L. 641-1 du Code de commerce ne faisait pas référence à la mission de suppléance du représentant des salariés. Il renvoyait uniquement à l'article L. 625-2 du Code de commerce qui fixait la mission de vérification des créances salariales.

Certains auteurs considéraient par conséquent qu'il ne pouvait remplir les missions dévolues au comité d'entreprise ou aux délégués dans le cadre de la liquidation[4]. Cette solution, bien que fondée sur une interprétation stricte des textes, était cependant contestable dans la mesure où l'ouverture d'une liquidation judiciaire est lourde de conséquences pour les salariés, plus importantes encore que lorsqu'il s'agit d'un redressement ou d'une sauvegarde.

Un raisonnement *a fortiori* pouvait conduire à une autre solution. Certaines contradictions étaient apparues entre la loi de 1985 et les décrets d'application, notamment il était prévu que le représentant des salariés devait donner son avis au liquidateur sur les offres de cession d'unités de production[5] ou qu'il pouvait exercer des voies de recours[6] ou bien encore qu'il était auditionné en instance d'appel[7]. Cela était d'autant plus regrettable que le comité d'entreprise ou à défaut les délégués du personnel jouaient un rôle dans la liquidation judiciaire, rôle désormais assumé par le CSE.

L'ordonnance du 12 mars 2014 reconnaît de manière expresse cette compétence supplétive dans la liquidation judiciaire. Mais elle ne résout pas un problème rencontré dans toutes les procédures collectives. La loi de 1985 avait prévu cette mission supplétive dans le cas où l'entreprise ne remplissait pas les seuils pour avoir des institutions représentatives du personnel, à savoir onze salariés minimum. La question se posait lorsque le seuil était dépassé, mais qu'aucun représentant du personnel n'avait été élu, faute de candidat, faute de *quorum* ou de résultat suffisant. C'est la loi du 10 juin 1994 qui a assimilé les deux situations et a permis une représentation des salariés spécifique aux procédures collectives malgré cette carence des institutions représentatives du personnel. L'article L. 621-4, alinéa 2, ne fait aucune distinction et ne précise pas la cause de cette carence. Si la présence d'un procès-verbal de carence peut justifier cette compétence, elle est en réalité plus discutable pour les entreprises de moins de onze salariés. Se poserait d'ailleurs désormais avec la mise en place du CSE les attributions réellement exercées. Il faudrait en déduire que dans ces entreprises, le repré-

1. Sur la suppléance du représentant des salariés, v. s[s] n°s 222.31 et 511.92.
2. Sur le rôle du CSE dans le licenciement économique, v. s[s] n° 511.28.
3. Sur le statut des salariés dans une liquidation judiciaire avec maintien de l'activité, v. s[s] n°s 512.11 s.
4. Rép. com., v° *Entreprises en difficulté, Salariés*, par J.-F. Cesaro, IV, n° 15 – F. Petit, « Le rôle du représentant des salariés dans les procédures de sauvegarde, de redressement et de liquidation judiciaires », *Entreprises en difficulté et droit du travail*, Actes du colloque Université de Picardie Jules Verne, Puf, 2007, préc. n° 5, p. 74.
5. Décr. n° 85-1388, 27 déc. 1985, art. 139, al. 1er.
6. Décr. n° 85-1388, 27 déc. 1985, art. 159.
7. Décr. n° 85-1388, 27 déc. 1985, art. 161, al. 3.

sentant des salariés ne devrait pas pouvoir exercer cette mission de suppléance.

§ 2
Intervention de l'AGS

511.101 Prise en charge des créances antérieures au jugement de liquidation judiciaire. L'article L. 3253-8 du Code du travail fait la liste des créances garanties par l'AGS en cas de liquidation judiciaire. Il faut noter qu'il s'agit d'une prise en charge la plus large possible, vue la gravité de la situation financière de l'entreprise.

Comme en redressement judiciaire, elle va garantir les créances antérieures au jugement ouvrant ou prononçant la liquidation judiciaire :

« L'assurance mentionnée à l'article L. 3253-6 couvre :

1° Les sommes dues aux salariés à la date du jugement d'ouverture de toute procédure de redressement ou de liquidation judiciaire, ainsi que les contributions dues par l'employeur dans le cadre du contrat de sécurisation professionnelle »[1].

511.102 Prise en charge des créances postérieures au jugement de liquidation judiciaire. La prise en charge est ici plus large puisqu'elle va concerner tout d'abord les indemnités de rupture dès lors que les licenciements sont notifiés dans les quinze jours ou vingt-et-un jours en cas de PSE après le jugement ouvrant ou prononçant la liquidation judiciaire en vertu du 2° de l'article L. 3253-8.

Il est important de rappeler que si le liquidateur dépasse ce délai de quinze ou de vingt-et-un jours, l'AGS ne garantit pas les indemnités de rupture[2]. Il s'agit d'une jurisprudence constante qui peut alors aboutir à une action en responsabilité du liquidateur[3]. Pour les salariés protégés, il suffit que le liquidateur manifeste son intention de les licencier en application de l'article L. 3253-9 du Code du travail[4].

Il s'agit de l'indemnité de licenciement, de préavis et de congés payés[5]. Il en va de même de la contrepartie de la clause de non-concurrence[6]. Il faut cependant préciser que l'indemnité *supra*-légale de licenciement ainsi que toutes les sommes qui concourent à la réparation du préjudice subi par les salariés en raison de la rupture du contrat, prévue par un accord collectif conclu moins de dix-huit mois avant le jugement d'ouverture ou celle fixée par le PSE pendant la période d'observation ne sont désormais plus garanties par l'AGS[7]. En effet, la Cour de cassation a clairement inclus dans ces sommes indemnitaires l'indemnité *supra*-légale fixée par le PSE, sans forcément trancher sur les autres sommes versées qui pourraient être prises en charge si elles sont considérées comme des mesures d'accompagnement, garanties, quelle que soit la date du PSE en vertu de l'article L. 3253-8, 4° du Code du travail[8].

L'AGS va aussi couvrir, contrairement au redressement judiciaire, certaines créances de salaire en vertu du 5° de l'article L. 3253-8 :

« 5° Lorsque le tribunal prononce la liquidation judiciaire, dans la limite d'un montant maximal correspondant à un mois et demi de travail, les sommes dues :

a) Au cours de la période d'observation ;

b) Au cours des quinze jours, ou vingt et un jours lorsqu'un plan de sauvegarde de l'emploi est élaboré, suivant le jugement de liquidation ;

c) Au cours du mois suivant le jugement de liquidation pour les représentants des salariés prévus par les articles L. 621-4 et L. 631-9 du Code de commerce ;

d) Pendant le maintien provisoire de l'activité autorisé par le jugement de liquidation et au cours des quinze jours, ou vingt et un jours lorsqu'un plan de sauvegarde de l'emploi est élaboré, suivant la fin de ce maintien de l'activité. »

Ainsi en cas de conversion d'un redressement en liquidation judiciaire, les salaires dus pendant la période d'observation suivant le redressement seront pris en charge dans la limite d'un mois et demi de salaire. Cette liquidation doit absolument être prononcée[9]. Le sont également les salaires dus pendant que le liquidateur procède à la mise en œuvre de la

1. Sur l'intervention de l'AGS, v. s[s] n°s 722.11 à 722.48.
2. Soc. 10 oct. 1990, n° 88-43.567 ; *Bull. civ.* V, n° 592 – Soc. 25 sept. 2024, n° 23-19.375, *RPC* nov. 2024, comm. 173, F. Taquet.
3. Com. 6 juill. 1993, n° 91-14.707 ; *Bull. civ.* V, n° 281 ; *D.* 1994, somm. 81, obs. A. Honorat ; *JCP* 1993. II. 22153, note C. Larroumet.
4. Sur le licenciement des salariés protégés, v. s[s] n°s 511.71 s. – Soc. 8 févr. 2012, n° 10-12.906 ; *Bull. civ.* V, n° 62 ; *JCP S* 2012, n° 1153, note L. Fin-Langer ; *D.* 2012. Actu. 550 ; *Leden* avr. 2012, 7, obs. G. Dedessus-Le Moustier ; *Act. proc. coll.* 2012, n° 74, obs. L. Fin-Langer ; *Gaz. Pal.* 27-28 avr. 2012, p. 38, obs. Ph. Duprat ; *BJE* 2012. 179, note L. Driguez.
5. Sur les indemnités de rupture, v. s[s] n° 511.31.
6. Soc. 20 juin 2006, n° 04-48.523 ; *Bull. civ.* V, n° 218 ; *Dr. soc.* 2006. 1054, obs. C. Radé ; *JCP S* 2006, n° 1950, note R. Vatinet.
7. C. trav., art. L. 3253-13 – Voir *contra* avant pour des indemnités *supra*-légales prévues par des PSE établis pendant la période d'observation : Soc. 30 sept. 2009, n° 08-42.076 ; *Bull. civ.* V, n° 213 ; *D.* 2009. AJ 2423 ; *JCP S* 2009, n° 1506, note P. Morvan ; *Act. proc. coll.* 2009, n° 262 ; *RPC* janv. 2010, n° 37, obs. F. Taquet ; *Leden* nov. 2019, p. 6, obs. S. Gorrias.
8. Soc. 16 déc. 2020, n° 18-15.532 ; *JCP S* 2021, n° 1035, note L. Fin-Langer ; *Act. proc. coll.* 2021, n° 46, obs. L. Fin-Langer ; *Leden* mars 2021, p. 7, obs. G. Dedessus-Le Moustier ; *Gaz. Pal.* 9 mars 2021, p. 75, obs. D. Ronet-Yague.
9. Soc. 7 févr. 1990, n° 87-40.780 ; *Bull. civ.* V, n° 43 ; *D.* 1990, somm. 217, obs. A. Honorat.

procédure de licenciement dans les quinze ou vingt-et-un jours qui suivent le jugement de liquidation.

§ 3
Portabilité des garanties de mutuelle et de prévoyance

511.111 Problématique du dispositif de portabilité des garanties de mutuelle et de prévoyance d'entreprises en liquidation judiciaire. L'article L. 911-8 du Code de la sécurité sociale régit un mécanisme de maintien pendant une année des garanties, frais de santé et de prévoyance au bénéfice des salariés ayant quitté l'entreprise. Le texte ne dit mot sur la question des salariés licenciés d'entreprises en liquidation judiciaire. Un contentieux a existé sur cette problématique [1], les assureurs essayant de ne pas faire bénéficier du dispositif les salariés licenciés dans le cadre de la liquidation judiciaire de leur employeur.

Les premières décisions rendues sur la question ont estimé que la portabilité devait bénéficier aux salariés des entreprises en liquidation judiciaire, faute de texte posant une solution contraire [2], ce qui a été approuvé [3]. D'autres juridictions ont, au contraire estimé que faute d'employeur, il n'y a pas plus d'obligation [4], ce qui revient à assimiler la liquidation judiciaire à la disparition de l'employeur, ce qui peut être discuté.

Estimant qu'il s'agissait d'une question de droit nouvelle posant une difficulté d'interprétation sérieuse, les juges du fond ont saisi la Cour de cassation d'une demande d'avis sur l'applicabilité de ce mécanisme en liquidation judiciaire.

La Cour de cassation [5], après avoir relevé que les dispositions de l'article L. 911-8 du Code de la sécurité sociale n'opèrent aucune distinction entre les salariés des entreprises *in bonis* et les salariés dont l'employeur a fait l'objet d'une liquidation judiciaire, estime que ces dispositions sont applicables aux anciens salariés licenciés d'un employeur en liquidation judiciaire.

La Cour de cassation émet une réserve au principe de la portabilité des droits de prévoyance. Celle-ci est conditionnée à la poursuite du contrat liant l'employeur à l'organisme assureur. L'article L. 911-8, 3° du Code de la sécurité sociale mentionnant que « les garanties maintenues sont celles en vigueur dans l'entreprise » implique que le contrat de prévoyance ne soit pas résilié.

L'ordonnance du 4 mai 2017 [6] a réglé ce problème. La résiliation des conventions liant l'employeur à l'organisme assureur est désormais soumise au régime général des contrats en cours en cas de procédure collective [7]. La poursuite du contrat est régie par les dispositions de l'article L. 641-11-1 du Code de commerce, lesquelles interdisent au cocontractant d'échapper à ses obligations en tirant profit des difficultés économiques de l'entreprise. Sur ce fondement, il est jugé que les clauses insérées dans les contrats visant à refuser la portabilité en présence d'un grand nombre de salariés licenciés ou de la suppression de l'intégralité des effectifs sont sans effet [8].

La condition posée par la Cour de cassation ne devrait pas ainsi soulever de difficulté, dans la mesure où la liquidation judiciaire n'entraîne pas, *de facto*, rupture des contrats en cours.

La Cour de cassation a confirmé que l'article L. 911-8 du Code de la sécurité sociale s'applique que l'entreprise soit *in bonis* ou qu'elle soit en liquidation judiciaire, à condition toutefois que le liquidateur n'ait pas résilié le contrat de protection sociale au moment du licenciement [9]. La question qui demeure réside dans le financement de ce dispositif, supporté pour l'instant par les compagnies ou les mutuelles, dans la mesure où le liquidateur ne va sans doute pas maintenir le contrat après le licenciement et notamment pendant les douze mois qui suivent. La Cour de cassation a également admis que l'assureur peut, en dépit de la procédure collective, résilier le

1. D. Ronet-Yague, « Liquidation judiciaire et portabilité des couvertures de frais de santé et de prévoyance : les juges divisés », *Gaz. Pal.* 10 oct. 2017, n° 34, p. 45.
2. Lyon, 1re ch. civ., sect. B, 24 janv. 2017, RG n° 15/06017 ; *Act. proc. coll.* 2017/6, comm. 85, note O. Anfray – Lyon 21 févr. 2017, RG n° 15/06038 ; *Leden* avr. 2017, comm. 110r0, obs. G. Dedessus-Le Moustier.
3. Broud, H. Bourbouloux et de Oliveira, « L'impossible mise en œuvre du dispositif de la portabilité des garanties de mutuelle et de prévoyance dans les entreprises en liquidation judiciaire », *BJE* mars 2017. 92.
4. Paris, pôle 1, 3e ch., 13 sept. 2016, RG n° 15/17810 ; *Act. proc. coll.* 2017/6, comm. 85, note O. Anfray.
5. Cass., avis, 6 nov. 2017, nos A1770011, B1770012, C1770013, D1770014, E1770015, ECLI : FR : CCASS : 2017 : AV17013 à 17017 ; *Gaz. Pal.* 16 janv. 2018, nos 2, 57, note L. Vecchioni ; *BJE* 2018. 48, note H. Bourbouloux et F. Broud ; *JCP E* 2018, chron. 1159, n° 19, note A. Tehrani ; *RPC* janv.-févr. 2018, comm. 40, note F. Taquet ; *Act. proc. coll.* 2018, comm. 1, note O. Anfray – P. Morvan, « Portabilité des garanties collectives dans l'entreprise en liquidation judiciaire », *JCP S* 2020, n° 3001.
6. Ord. n° 2017-734, 4 mai 2017 portant modification des dispositions relatives aux organismes mutualistes, *JO* 5 mai.
7. C. com., art. L. 622-13.
8. Paris, 29 oct. 2020, n° 19/07502.
9. Civ. 2e, 5 nov. 2020, n° 19-17.164 ; *Act. proc. coll.* 2021. 1, O. Anfray ; *JCP S* 2020, n° 3112, note Ph. Coursier ; *SSL*, n° 1932, 7 déc. 2020, p. 15, obs. E. Morin ; *RDSS* 2021. 187, obs. F. Kessler ; *BJE* mars 2021. 21, note D. Krajeski ; *LPA* 27 janv. 2021, p. 19, note D. Ronet-Yague – Civ. 2e, 10 mars 2022, n° 20-20.898 ; *Act. proc. coll.* 2022. 114, et 122, obs. O. Anfray ; *JCP S* 2022, n° 1164, note Ph. Coursier ; *Leden* avr. 2022, p. 7, note H. de Frémont ; *BJT* janv. 2023, p. 46, note X. Aumeran.

contrat[1], car le maintien des garanties ne signifie pas maintien du contrat pendant ces 12 mois alors qu'il ne perçoit aucune cotisation. Cette résiliation peut intervenir avant ou après le licenciement des salariés concernés[2]. L'arrêt semble mentionner la résiliation à l'arrivée de l'échéance annuelle (C. ass., art. L. 113-12), mais elle pourrait aussi être fondée sur le fait que les cotisations postérieures au jugement d'ouverture n'ont pas été payées par le liquidateur (C. ass., art. L. 113-2 - C. com., art. L. 641-11-1, III).

§ 4 Reprise possible des poursuites en cas de clôture pour insuffisance d'actifs

511.121 Exception à l'extinction du droit d'agir des créanciers au profit des salariés. L'article L. 643-11 du Code de commerce pose un principe important permettant le rebond du débiteur : le jugement de clôture de la liquidation judiciaire pour insuffisance d'actifs ne fait pas recouvrer aux créanciers leur droit d'agir en justice pour obtenir le paiement de leurs créances.

Ce texte comporte un certain nombre d'exceptions, qui ne visent pas expressément les salariés. Il en est ainsi en cas de créances résultant d'une infraction pénale ou lorsque le débiteur est condamné pour banqueroute ou faillite personnelle. Cependant, la Cour de cassation a interprété très largement ce texte. Les salariés restent ainsi des créanciers particuliers même après le jugement de clôture pour insuffisance d'actifs.

En effet, selon le I, 2°, cette reprise est possible lorsque la créance « porte sur des droits attachés à la personne du créancier ». La Cour de cassation a indiqué « que la créance indemnitaire ou salariale du salarié licencié résulte de droits attachés à sa personne, de sorte qu'en cas de clôture pour insuffisance d'actif de la liquidation judiciaire de son employeur, il recouvre l'exercice individuel de son action contre le débiteur »[3]. Cette décision étend une solution antérieure qui concernait une créance particulière, à savoir la demande d'une indemnité réparant son préjudice professionnel suite à un accident du travail et la reconnaissance d'une faute inexcusable de l'employeur[4].

Il faut cependant indiquer que le V tel qu'il résulte de l'ordonnance du 18 décembre 2008, opère une différence de régime selon que la créance a été ou non admise. Si c'est le cas, le créancier doit avoir obtenu un titre exécutoire pour pouvoir reprendre les poursuites. Dans le cas contraire, et si les créances n'ont pas été vérifiées, ils doivent alors appliquer le droit commun. Quel régime appliquer pour les salariés sachant qu'ils n'ont pas à déclarer leurs créances ? Leur faut-il un titre exécutoire ? Peuvent-ils l'obtenir pendant la procédure collective ? Qu'en est-il ensuite des délais de prescription ? On peut penser qu'ils sont suspendus en raison de la procédure collective et de leur impossibilité d'agir en justice.

511.122 Exception à l'extinction du droit d'agir des créanciers au profit des organismes sociaux. L'article L. 643-11 du Code de commerce prévoit en revanche une exception expresse au profit des organismes de protection sociale mentionnées à l'article L. 114-12 du Code de la sécurité sociale, tels que l'Urssaf ou les caisses de congés payés. Ces organismes recouvrent leur droit de poursuivre le débiteur, malgré le jugement de clôture pour insuffisance d'actifs, lorsque la créance a pour origine des manœuvres frauduleuses du débiteur commises à leur encontre.

L'origine frauduleuse est alors établie soit par une décision de justice soit dans le cadre des sanctions qu'elle peut prononcer en vertu des articles L. 114-17 et L. 114-17-1 du Code de la sécurité sociale. Il s'agit des pénalités dues en cas par exemple d'absence ou de fausses déclarations, de travail dissimulé. La préservation des comptes publics et la sanction de comportements frauduleux justifient cette dérogation à l'impossibilité de reprendre les poursuites, qui a été introduite par l'article 93 de la loi du 21 décembre 2015 de financement de la sécurité sociale pour 2016. Cette réforme contrecarre ainsi la solution de la Cour de cassation qui avait estimé qu'aucun droit n'était attaché à la personne du débiteur lorsqu'une caisse de mutuelle de prévoyance réclamait le paiement de cotisations[5].

§ 5 Action contre la société mère

511.131 Action sur le fondement du co-emploi. Les salariés licenciés cherchent à obtenir la meilleure indemnisation possible. Deux possibilités leur

1. Civ. 2e, 15 févr. 2024, no 22-16.132, P ; *Act. proc. coll.* 2024, nos 101 et 107, obs. O. Anfray ; *RDSS* 2024. 350, obs. T. Tauran ; *BJT* juin 2024, p. 8, obs. X. Aumeran ; *Leden* avr. 2024, p. 6, obs. H. de Frémont ; *RPC* mars 2024, no 32, obs. F. Taquet ; *RCA* avr. 2024, no 101, obs. Ph. Pierre ; *JCP S* 2024, no 1122, note S. Blondeau et L. Lefebvre.
2. Civ. 2e, 19 sept. 2024, no 22-22.190, NP ; *RPC* janv. 2025, no 25, obs. F. Taquet ; *Gaz. Pal.* 26 nov. 2024, p. 39, note B. Waltz-Teracol.
3. Soc. 29 sept. 2010, no 09-42.679, NP ; *JCP S* 2010, no 1511, note T. Lahalle ; *Act. proc. coll.* 2010, no 250 – Soc. 8 nov. 2011, no 10-21.776, NP.
4. Soc. 23 mai 1996, no 93-11.621 ; *Bull. civ.* V, no 204 ; *D.* 1996. Inf. Rap. 157 ; *RPC* 1997. 93, obs. F. Taquet.
5. Soc. 31 mars 1992, no 89-18.114 ; *Bull. civ.* V, no 139 ; *D.* 1992, somm. 373, obs. F. Derrida ; *Defrénois* 1992. 1384, obs. P. Le Cannu – Soc. 11 mars 1993, no 90-11.304 ; *Bull. civ.* V, no 84 ; *D.* 1993. IR 101.

sont ouvertes lorsque leur employeur faisait partie d'un groupe de sociétés.

Ils peuvent tout d'abord agir contre la société mère sur le fondement de la théorie du co-emploi [1].

La jurisprudence a admis la compétence du Conseil des prud'hommes pour reconnaître à cette société mère la qualité de co-employeur pour permettre de dédommager les salariés notamment sur le terrain de l'obligation de reclassement [2]. La procédure à suivre fera alors l'objet d'un certain nombre d'aménagements [3].

La caractérisation du co-emploi repose sur des critères appréciés restrictivement. Il fallait caractériser une triple confusion d'intérêts, d'activité et de direction, se manifestant par une immixtion dans la gestion de l'entreprise. En revanche, il était inutile de rechercher le lien de subordination [4]. Cette jurisprudence a été remise en cause par un arrêt important en date du 25 novembre 2020 [5]. Une société appartenant à un même groupe ne peut être qualifiée de co-employeur que si existe une immixtion permanente dans la gestion économique et sociale. La Cour abandonne ainsi le critère de l'immixtion anormale appréciée qualitativement pour une appréciation quantitative, à savoir le caractère permanent. Par ailleurs, cette immixtion doit conduire à la perte totale d'autonomie d'action de cette dernière. Les critères sont donc désormais cumulatifs et semblent encore plus difficiles à établir qu'auparavant. Cette notion peut désormais être reconnue, avec les mêmes critères, dans un réseau de distribution [6].

511.132 Action sur le fondement de la responsabilité délictuelle. Les salariés peuvent également agir sur le fondement de la responsabilité délictuelle à l'encontre de la société mère [7].

Le Tribunal de grande instance devenu Tribunal judiciaire depuis le 1er janvier 2020 est alors compétent pour statuer sur cette demande [8]. La Cour de cassation a apporté cette précision dans un arrêt important du 13 juin 2018 [9].

La Cour de cassation considère qu'il ne faut pas prendre en compte le préjudice subi par les salariés, à savoir la perte de leur contrat suite à la liquidation judiciaire mais l'existence de fautes antérieures à l'ouverture de la procédure collective. Sur le fond, pour engager la responsabilité de la société mère, il faut caractériser la faute, le préjudice et le lien de causalité [10]. La faute de la « grand-mère », actionnaire indirect de la société placée en liquidation judiciaire, a pu être reconnue dans l'arrêt *Lee Cooper France* [11], en

1. V. la saga Metaleurop : Amiens, 10 oct. 2024, nº 22/04607 ; *Act. proc. coll.* 2024, nº 227.
2. Soc. 24 mai 2018, nº 16-18.621, *Funkwerk ; Bull. civ.* V, nº 87 ; *D. actu.* 13 juin 2018, obs. W. Fraisse ; *RPC* sept. 2018. 156, D. Jacotot ; *JCP S* 2018. Actu. 165, G. Loiseau ; *BJT* oct. 2018, p. 113, obs. J. Icard ; *Leden* juill. 2018, p. 7 H. de Frémont ; *D.* 2018. Actu. 1159 ; *JCP E* 2018, nº 1573, nº 4, note N. Vignal.
3. Sur l'aspect procédural, v. s[s] nº 822.31.
4. Soc. 18 déc. 2013, *Sodimédical*, nº 12-25.686 ; *Bull. civ.* V, nº 312 ; *D.* 2014. 89 ; *D. actu.* 21 janv. 2014, obs. Mélin ; *CSBP* 2014. 117, note J. Icard ; *Leden* mars 2014, p. 6, obs. G. Dedessus-Le Moustier – Soc. 2 juill. 2014, *Molex*, nº 13-15.208 ; *Bull. civ.* V, nº 159 ; *RDT* 2014. 625, obs. Kocher ; *Rev. sociétés* 2014. 709, note A. Couret et Schramm ; *D.* 2014. Actu. 1502 ; *D.* 2014, Pan. 2153, obs. F.-X. Lucas ; *D.* 2014. 2147, obs. P.-M. Le Corre et F.-X. Lucas ; *JCP E* 2014, nº 1637, nº 9, obs. Ph. Pétel ; *CSBP* sept. 2014, p. 511, note J. Icard ; *Leden* sept. 2014, p. 1, obs. F.-X. Lucas ; *Leden* sept. 2014, p. 6, obs. G. Dedessus-Le Moustier ; *BJS* oct. 2014, p. 394, note N. Pelletier ; *RPC* nov. 2014, comm. 170, D. Jacotot ; *JCP S* 2014, nº 1311, note G. Loiseau – Soc. 6 juill. 2016, nº 14-26.541, FS-P+B, *Société Proma ; Bull. civ.* V, nº 145 – Soc. 6 juill. 2016, nºs 14-27.266 s., FS-P+B, *Société Continental France ; Bull. civ.* V, nº 146 – Soc. 6 juill. 2016, nºs 15-15.481 s., FS-P+B, *Société 3 Suisses France ; Bull. civ.* V, nº 147 ; *RDT* 2016. 650, note S. Vernac ; *D.* 2016. 2096, note R. Dammann et G. François ; *BJS* oct. 2016, p. 597, note Laborde ; *Leden* oct. 2016, p. 6, obs. F. Dedessus-Le Moustier ; *D.* 2016. Actu. 1504 ; *JCP G* 2016, nº 960, note Y. Pagnerre ; *Act. proc. coll.* 2016, nº 221 – Soc. 28 juin 2018, nº 14-26.618, NP ; *BJE* nov. 2018. 455, obs. A. Donnette-Boissière – Soc. 7 févr. 2018, nº 14-24.061, NP ; *BJE* mars 2018. 128 – Soc. 24 mai 2018, *Lee Cooper France*, nº 16-22.881 ; *Bull. civ.* V, nº 88 ; *D.* 2018. 1158 ; *Rev. sociétés* 2018. 604, note A. Couret ; *RDT* 2018. 570, note A. Fabre ; *JCP S* 2018. Actu. 167, G. Loiseau ; *JCP S* 2018. Actu. 252, note Y. Pagnerre ; *Droit des sociétés*, nov. 2018, comm. 195, note Legros ; *RPC* sept. 2018, comm. 156, obs. D. Jacotot ; *BJS* sept. 2018, p. 522, obs. E. Mouial-Bassilana ; *Leden* juill. 2018, p. 7, H. de Frémont ; *BJT* oct. 2018, p. 113, obs. J. Icard.
5. Soc. 25 nov. 2020, nº 18-13.769, FP-P+B+R+I ; *RDT* 2020. 749, obs. Kocher s. Vernac ; *D.* 2020. Actu. 2348 ; *BJE* mars 2021. 57, note C. Gailhbaud ; *BJT* janv. 2021, p. 21, obs. G. Duchange ; *BJS* janv. 2021, p. 25, note Barbiéri ; *Leden* janv. 2021, p. 66, H. de Frémont ; *JCP S* 2021, nº 1019, note Y. Pagnerre ; *RPC* janv. 2021, comm. 14, D. Jacotot.
6. Soc. 9 oct. 2024, nº 23-10.488 ; *Act. proc. coll.* 2024, nº 225 ; *JCP S* 2024, nº 1392, note Y. Pagnerre ; *BJT* déc. 2024, p. 20, note S. Ranc ; *BJT* janv. 2025, p. 57, note S. Riancho.
7. Soc. 1er juin 2023, nºs 21-22.906, 21-22.907 – Soc. 1er juin 2023, nºs 22-890 s.
8. G. Loiseau, « Le coup de grâce », *JCP S* 2018. Actu. 167 ; Y. Pagnerre, « Une mère indigne », *JCP S* 2018. Actu. 252 ; A. Fabre, « De la faute retrouvée dans la contestation des suppressions d'emplois », *RDT* 2018. 570.
9. Soc. 13 juin 2018, *DMI*, nº 16-25.873, P ; *Droit des sociétés* nov. 2018, comm. 196, Legros ; *JCP S* 2018, nº 1291, note A. Bugada ; *Procédures* nº 8-9, août 2018, comm. 259, note Rolland ; *Act. proc. coll.* 2018, 188, note L. Fin-Langer ; *Leden* sept. 2018, p. 7, obs. G. Dedessus-Le Moustier ; *Gaz. Pal.* 24 juill. 2018, p. 30, obs. C. Berlaud ; *BJT* oct. 2018, p. 113, note J. Icard.
10. E. Schlumberger, « La responsabilité délictuelle de l'entité dominante du groupe à l'égard de ses salariés », *BJS* mars 2019, p. 46.
11. Soc. 24 mai 2018, nº 16-22.881 ; *D.* 2018. 1158 ; *Rev. sociétés* 2018. 604 ; note A. Couret ; *D.* 2018. 1158 ; *BRDA* 13/18, nº 2 ; *RJDA* 11/2018, nº 839 ; *JCP E* 2018, nº 1434, note J. Grangé, Fl. Aubonnet et Fl. Terroux-Sfar ; *Droit des sociétés* nº 11, nov. 2018, comm. 195, obs. Legros ; *BJS* 2018/9, p. 552, note E. Mouial-Bassilana ; *RPC* sept. 2018, comm. 156, note D. Jacotot.

raison de prêts injustifiés, de transfert à titre gratuit de licence, de factures non acquittées par les autres sociétés du groupe, de constitution de garantie pour des dettes d'autres sociétés. De même a été reconnue fautive la société mère qui avait déclaré au passif d'une filiale une créance, correspondant au financement d'un PSE adopté dans un redressement qui a été par la suite converti en liquidation[1]. En revanche, la faute a été écartée dans le cadre d'une cession de contrôle, la société cédante n'ayant aucune obligation de s'assurer de la viabilité du projet de reprise réalisée un peu plus d'un mois avant l'ouverture de la procédure collective de la société cible[2].

Dans tous les cas, cette action reste difficile. Par ailleurs, la réparation ne doit concerner que le préjudice et non aller au-delà. Ne peut ainsi pas être réparée la perte injustifiée de l'emploi par les dommages-intérêts, dès lors que les salariés ont pu obtenir des indemnités pour défaut de cause réelle et sérieuse[3].

Il est à noter que le liquidateur peut également assigner devant le tribunal de commerce en responsabilité la société mère qui aurait provoqué par son comportement fautif la liquidation de la société, préjudice subi par l'ensemble des créanciers[4].

Cette action sera jugée irrecevable si la société mère est elle-même en procédure collective, en raison de l'interdiction des poursuites à son encontre. Le liquidateur pourra saisir le juge pour statuer sur le principe de cette responsabilité, mais aucune condamnation au paiement ne pourra en résulter. Il ne pourra réclamer qu'une fixation au passif[5].

1. Soc. 1er juin 2023, n° 21-22.857, P ; *D. actu.* 21 juin 2023, obs. L. Malfettes ; *Gaz. Pal.* 2023, n° 20, p. 26, obs. C. Berlaud ; *JCP S* 2023, n° 1183, note J.-Y. Kerbourc'h ; *RPC* sept. 2023, n° 83, obs. F. Taquet ; *Act. proc. coll.* 2023, n° 194, obs. L. Fin-Langer ; *Leden* sept. 2023, p. 6, obs. H. de Frémont ; *BJS* sept. 2023, p. 20, obs. G. Auzero.
2. Com. 1er mars 2023, n° 21-14.787, P ; *BJS* mai 2023, p. 33, obs. L. Fin-Langer ; *Rev. sociétés* 2023. 443, note N. Morelli ; *RDT* 2023. 333, chron. M. Kocher et K. Magnier-Merran ; *RTD civ.* 2023. 352, obs. H. Barbier ; *Leden* avr. 2023, p. 1, obs. F.-X. Lucas ; *Gaz. Pal.* 20 juin 2023, p. 54, obs. M. Caffin-Moi ; *Act. proc. coll.* 2023, n° 74 ; *Dr. sociétés* juin 2023, comm. 68, obs. R. Mortier ; *RPC* juill. 2023, Études 6, O. Debeine et G. Rupin.
3. Soc. 24 mai 2018, n° 16-18.307, NP ; *RPC* nov. 2018, comm. 196, F. Taquet.
4. Soc. 22 janv. 2020, n° 17-31.266 ; *RPC* mai 2020, 61, comm. D. Jacotot ; *Act. proc. coll.* 2020. 54 ; *JCP S* 2020, n° 1058, note S. Brissy ; *Leden* mars 2020, p. 6, note F. Joly ; *Gaz. Pal.* 21 avr. 2020, p. 86, note C. Gailhbaud.
5. Soc. 22 févr. 2022, n° 20-17.202 ; *Act. proc. coll.* 2022, n° 90, note L. Fin-Langer ; *BJS* avr. 2022, p. 47, note L. Fin-Langer.

CHAPITRE

512. Sort des salariés en liquidation judiciaire avec maintien provisoire de l'activité

SECTION 0

ORIENTEUR

512.00 Sommaire du chapitre.

Sect. 1 Présentation du maintien provisoire de l'activité 512.11 à 512.13

Sect. 2 Licenciements économiques en cas de maintien provisoire de l'activité 512.21 à 512.70

§ 1 Nécessité d'une autorisation du juge-commissaire 512.21 à 512.23

§ 2 Démarches préalables à l'autorisation du juge-commissaire communes à tous les licenciements 512.31 à 512.33

§ 3 Démarches préalables à l'autorisation du juge-commissaire spécifiques aux licenciements de dix salariés et plus dans une entreprise de cinquante salariés et plus 512.41 à 512.43

§ 4 Demande d'autorisation au juge-commissaire 512.51 à 512.52

§ 5 Démarches subséquentes à l'autorisation du juge-commissaire 512.61 à 512.70

Sect. 3 Rupture particulière de certains contrats de travail 512.81 à 512.102

§ 1 Rupture des contrats de travail suspendus 512.81 à 512.84

§ 2 Rupture des contrats de travail des salariés titulaires d'un mandat 512.91 à 512.97

§ 3 Rupture des contrats de travail autres que le CDI 512.101 à 512.102

Sect. 4 Sort des salariés non licenciés pendant le maintien provisoire de l'activité 512.111 à 512.122

§ 1 Gestion des relations individuelles 512.111 à 512.116

§ 2 Gestion des relations collectives 512.121 à 512.122

512.01 Textes applicables.

- **C. com.**

art. L. 233-1 s. [Critères du groupe de sociétés]

art. L. 631-17 [Autorisation du juge-commissaire de licencier pour motif économique en période d'observation]

art. L. 641-4 [Licenciements pour motif économique prononcés par le liquidateur après un jugement de liquidation judiciaire]

art. L. 641-10 [Licenciements pour motif économique pendant le maintien provisoire de l'activité – Renvoi à l'art. L. 631-17]

art. L. 641-11-1 [Résiliation des contrats en cours en cas de liquidation judiciaire]

art. L. 641-13 [Créances postérieures privilégiées en cas de liquidation judiciaire]

art. L. 641-14 [Particularités des instances prud'homales en cours en cas de liquidation judiciaire]

art. L. 643-8 [Ordre de paiement des créances en liquidation judiciaire]

art. L. 662-4 [Licenciement du représentant des salariés]

- **C. com.**

art. R. 621-16 [Licenciement du représentant des salariés]

art. R. 621-21 [Régime des ordonnances du juge-commissaire]

art. R. 631-26 [Contenu et communication de l'ordonnance du juge-commissaire autorisant les licenciements pendant la période d'observation ou le maintien provisoire]

- **C. trav.**

art. L. 1222-6 [Modification du contrat pour motif économique]

art. L. 1225-4 [Licenciement de la salariée enceinte]

art. L. 1226-9 [Licenciement d'un salarié victime d'un accident du travail]

art. L. 1232-4 [Entretien individuel d'un salarié licencié]

art. L. 1233-3 [Définition du motif économique]

art. L. 1233-4-1 [Licenciement pour motif économique dans un groupe de société]

art. L. 1233-5 [Critères d'ordre des licenciements pour motif économique]

art. L. 1233-8 [Procédure de consultation du CSE en cas de licenciement collectif de moins de dix salariés]

art. L. 1233-11 s. [Entretien préalable des salariés licenciés dans des licenciements collectifs de moins de dix salariés]

art. L. 1233-15 s. [Notification du licenciement]

art. L. 1233-21 s. [Procédure de licenciement collectif de dix salariés et plus]

art. L. 1233-24-1 à L. 1233-24-4 [PSE]

art. L. 1233-30 s. [Procédure de consultation du CSE en cas de licenciement collectif de dix salariés et plus]

art. L. 1233-33 [Aménagement de la procédure de consultation par accord]

art. L. 1233-38 [Absence d'entretien individuel en cas de licenciement collectif de dix salariés et plus]

art. L. 1233-57 s. [Intervention de l'autorité administrative pour valider le PSE]

art. L. 1233-58 [Dispositions des licenciements économiques à respecter en cas de procédure collective]

art. L. 1233-59 [Inapplication des délais de notification des lettres de licenciement économique en cas de procédure de redressement ou de liquidation judiciaire]

art. L. 1233-60 [Information de l'autorité administrative en cas de licenciement économique en redressement et en liquidation judiciaire]

art. L. 1233-60-1 [Modification du contrat pour motif économique en cas de redressement et de liquidation judiciaire]

art. L. 1233-61 s. [Contenu du PSE]

art. L. 1233-65 s. [Contrat de sécurisation professionnelle]

art. L. 1233-75 [Congé reclassement]

art. L. 1233-84 [Obligation de revitaliser les bassins de l'emploi]

art. L. 1234-1 s. [Préavis à respecter en cas de licenciement]

art. L. 1234-5 [Indemnité compensatrice de préavis]

art. L. 1234-9 [Indemnité de licenciement]

art. L. 1234-20 [Reçu pour solde de tout compte]

art. L. 1235-2 [Procédure de demande de précision du motif de licenciement]

art. L. 1235-3 [Indemnité pour défaut de cause réelle et sérieuse]

art. L. 1235-10 [Sanctions des irrégularités relatives au PSE]

art. L. 1235-11 [Nullité du licenciement et réintégration du salarié en cas d'irrégularité du PSE]

art. L. 1235-16 [Conséquences de l'annulation de la décision de validation du PSE]

art. L. 1243-1 [Causes de rupture du CDD]

art. L. 1331-1 s. [Pouvoir disciplinaire de l'employeur]

art. L. 2242-10 [Négociation collective obligatoire dans l'entreprise]

art. L. 2411-1 s. [Licenciement des salariés protégés, dotés d'un mandat représentatif]

art. L. 3253-6 [Principe d'une assurance contre le risque de non-paiement des salaires en cas de procédure collective]

art. L. 3253-8 [Sommes garanties par l'AGS]

art. L. 3253-9 [Prise en charge des indemnités de rupture par l'AGS des salariés bénéficiant d'une protection relative au licenciement]

art. L. 3253-13 [Prise en charge des sommes versées aux salariés licenciés en vertu d'un PSE ou d'un accord collectif]

art. L. 5122-1 s. [Activité partielle]

art. L. 6222-18 [Rupture du contrat d'apprentissage]

• **C. trav.**

art. R. 1233-7 [Information de la Dreets du jugement d'ouverture]

art. D. 1233-2-1 [Contenu des offres de reclassement]

art. R. 1234-2 [Montant de l'indemnité de licenciement]

art. R. 2421-8 [Consultation préalable du CSE en cas de licenciement d'un salarié protégé]

art. R. 5122-1 s. [Activité partielle]

512.02 Jurisprudence de référence.

> Le contrat de travail n'est pas résilié du seul fait de la liquidation judiciaire

• **Soc. 20 juin 2001,** n° 99-43.793, NP

* V. ss n° 512.21

> Une femme enceinte bénéficie de la protection accordée par le Code du travail en cas de liquidation judiciaire et ne peut être licenciée pendant le maintien provisoire de l'activité pendant son congé maternité

• **Soc. 19 mars 2008,** n° 07-40.599, P V, n° 69

* V. ss n° 512.83

> Le jugement de liquidation judiciaire ne constitue pas un cas de force majeure autorisant le liquidateur à rompre par anticipation un CDD

• **Soc. 20 oct. 1993,** n° 91-43.922, P V., n° 240

* V. ss n° 512.101

> Le liquidateur peut rompre un contrat d'apprentissage sans demander la résiliation judiciaire après les 45 premiers jours, à condition d'indemniser l'apprenti

• **Soc. 23 mai 2000,** n° 97-45.187, P V, n° 192

* V. ss n° 512.102

512.03 Bibliographie indicative.

> Encyclopédie. *J.-Cl. Procédures collectives*, fasc. 2430 : Sauvegarde, redressement et liquidation judiciaires – Situation des salariés, par N. Vignal, 2021, mis à jour août 2022.

> Monographies. A. Boyer, *Protection des salariés et sauvetage de l'entreprise : quête d'un équilibre*, PUAM 2006.

> Contributions. N. Decoopman, « Entreprises en difficulté et droit du travail », *Entreprises en difficulté et droit du travail*, « Cepriscа », Puf, 2007 – L. Fin-Langer, « Le juge et les salariés d'une entreprise en difficulté », *Liber amicorum J.-L. Vallens*, éd. Joly 2017, p. 45 – L. Fin-Langer, « Négociation d'entreprise et entreprises en difficulté », *RJS* févr. 2025, p. 9.- D. Jacotot, « Quelques modifications intéressant les salariés », interv. Colloque Besançon 10 oct. 2014, *Gaz. Pal.* 31 déc. 2014, nos 365, 29 – D. Jacotot, « Droit social et droit des entreprises en difficulté. La rupture du contrat de travail », Ph. Roussel Galle (dir.), « Droit 360° », LexisNexis, 2012, p. 531

– C. Gailhbaud, « Le plan de sauvegarde de l'emploi en procédure collective », Journées d'études de la Colle/Loup, 15 et 16 juin 2017, *BJE* 2017. 380 – A. Mazeaud, « Faillite et droit du travail », *Le Code de commerce 1807-2007 : Livre du bicentenaire*, Dalloz, 2006, p. 561 – T. Météyé, S. Gorrias, A. Merly et F. Farmine, « Plan de sauvegarde de l'emploi et plan de cession », *BJE* nov. 2012, dossier 209, « Entreprises en difficulté : les bonnes pratiques des professionnels », congrès CNAJMJ La Colle/Loup 14-15 juin 2012 – P.-Y. Verkindt, « Procédures collectives et licenciements économiques », *Entreprises en difficulté et droit du travail*, « Ceprisca », Puf, 2007, p. 17.

> Articles.

Étude d'ensemble. A. Boyer, « Un droit social contre-productif dans les entreprises en difficulté », *Gaz. Pal.* 16-17 avr. 2010, n°s 106, 107, p. 8 – H. de Frémont, « Droit du travail et procédure collective : une réforme impossible ? », *BJE* mars 2014. 123 – M. Delteil et L. Lautrette, « Le sort des contrats de travail dans la loi de sauvegarde des entreprises », *LPA* 17 févr. 2006, n° 35, p. 42 – A. Donnette, « Droit des entreprises en difficulté et droit du travail : tentative de clarifications », *BJE* mai 2014. 203 – L. Driguez, « La sécurisation de l'emploi et les procédures collectives font-elles bon ménage », *BJE* juill. 2013, éclairage p. 207 – L. Fin-Langer, « Les risques subis par les salariés », *RPC* 2010/6, § 10, p. 93 ; « L'adaptation du droit du travail au droit des entreprises en difficulté », *RPC* janv./févr. 2018, dossier 11 – L. Fin-Langer et D. Jacotot, « La loi "Travail" et le droit des procédures collectives », *RPC* 2016, sept./oct. 2016, ét. 17, p. 17 – C. Gailhbaud, « Les dispositions relatives aux salariés dans l'ordonnance n° 2014-326 du 12 mars 2014 », *Gaz. Pal.* 6 avr. 2014, n° 96, p. 52 ; « Les dispositions concernant les salariés de l'ordonnance du 12 mars 2014 », – C. Gailhbaud et D. Jacotot, « Apports de la réforme du livre VI du Code de commerce en matière de droit du travail », *Gaz. Pal.* 5 oct. 2014, n° 278, p. 11 – D. Jacotot, « Le traitement des difficultés de l'entreprise à l'épreuve de la loi sur la sécurisation de l'emploi : adaptations à prévoir », *BJE* sept. 2013. 325 ; « Les apports de la loi de sécurisation de l'emploi applicables aux entreprises en difficulté », *RPC* 2013, ét. 24 ; « La nouvelle procédure de licenciement collectif : procédure simplifiée ou complexifiée », *BJE* sept.-oct. 2016. 371 – D. Jacotot et L. Fin-Langer, « La naissance d'un droit social des entreprises en difficulté ? », *RPC* 2014, dossier 24 ; « La loi Macron et le droit social », *RPC* 2015, ét. 17 – V. Leloup-Thomas et D. Jacotot, « Le droit social des entreprises en difficulté », *RPC* 2014, dossier 38 – P. Morvan, « Le droit social dans la réforme du droit des entreprises en difficulté », *JCP E* 2005, n° 1511 – D. Ronet-Yague, « Liquidation judiciaire et portabilité des couvertures de frais de santé et de prévoyance : les juges divisés », *Gaz. Pal.* 10 oct. 2017, n° 34, p. 45 – C. Saint-Alary Houin, « Le droit social dans les procédures collectives : entre inadaptation, idéalisme et dévoiement », résumé des interventions à la journée d'étude de l'*AJDE*, Toulouse 14 oct. 2011, *BJE* nov.-déc. 2011, comm. 163, p. 302 – B. Saintourens et Ph. Duprat, « Les droits des salariés dans l'ordonnance du 18 décembre 2008 portant réforme du droit des entreprises en difficulté », *Gaz. Pal.* 8-10 mars 2009, n° sp. p. 40 – F. Taquet, « Aperçu rapide des modifications en matière sociale résultant de l'ordonnance n° 2008-1345 du 18 décembre 2008 portant réforme du droit des entreprises en difficulté », *RPC* 2009/1, p. 96 – G. Teboul, « Le Code du travail : un divorce avec le droit des entreprises en difficulté ? », *LPA* 1er et 2 janv. 2008, n°s 1, 2, p. 7.

Licenciements. C. André-Hesse et H. Bourbouloux, « La loi Macron a-t-elle résolu le casse-tête chinois du périmètre de l'application des critères de l'ordre des licenciements », *Rev. dr. et affaires* 2016, 13e éd., p. 132 – I. Aufort-Duprat et Ph. Duprat, « Résiliation judiciaire du contrat de travail et procédures collectives », *RPC* 2012, dossier 3, p. 53 – P. Bailly, « Les licenciements et les procédures collectives », *Gaz. proc. coll.* 2008/4, p. 3 ; « De quelques ruptures du contrat de travail », *Gaz. Pal.* 2017, n° 43, p. 69 – A. Boyer, « Les conséquences sociales de l'arrêt de l'exécution provisoire de plein droit du jugement de liquidation judiciaire », *RPC* 2011, Alertes 11, p. 3 ; « La maternité et la liquidation judiciaire », *RPC* 2012, étude 14, p. 40 – Y. Chagny, « Quelques aspects de la garantie des créances résultant du licenciement pour motif économique par l'entreprise en difficulté », *Gaz. Pal.* 20-21 sept. 2002, Doctr. 56 – H. de Frémont, « Les licenciements et les procédures collectives : un compromis acceptable ? », *Gaz. proc. coll.* 2009/1, p. 11 – L. Driguez, « Un pas de plus vers la sécurisation des licenciements collectifs des entreprises en redressement et liquidation judiciaires », *BJE* 2015. 437 – L. Fin-Langer et D. Jacotot, « Les ordonnances du 22 septembre 2017 et la rupture des contrats de travail dans une entreprise en difficulté », *RPC* 2017/6, étude 21 – C. Gailhbaud, « La réforme du licenciement économique : analyse en regard du droit des procédures collectives », *Gaz. Pal.* 2018, n°s 15, 89 – *D.* 2014. 755 ; « La réforme du licenciement économique (analyse en regard du droit des procédures collectives) », *Gaz. Pal.*, 17 avr. 2018, n°s 15, 89 – « Licenciements économiques en redressement et en liquidation judiciaires : les difficultés persistantes et nouvelles après les réformes successives », *BJE* sept.-oct. 2019. 62 – « Le licenciement des salariés d'une composante d'un groupe en liquidation judiciaire : entre droit du travail et droit civil », *RPC* 2012, ét. 17, p. 15 ; « Licenciement économique : quelle évolution pour les entreprises en difficulté », *RPC* 2016, dossier 18 – M. Menjucq, « Modèles de lettres de licenciement et procédures collectives : quelle cohérence », *RPC* janv./févr. 2018, repère 1 – P. Morvan, « Le contrôle judiciaire des licenciements pour motif économique prononcés au cours d'une procédure collective », *DS* 1998. 443, n° 5 ; « Les grands licenciements collectifs au cours d'une procédure collective (loi du 14 juin 2013 et l'ordonnance du 12 mars 2014) », *BJE* 2014. 416 – F. Taquet, « Les nouvelles dispositions relatives au licenciement économique issues de la loi de cohésion sociale (Loi n° 2005-32 du 18 janvier 2005) », *RPC* 2005/2, p. 114 – J.-L. Vallens, « Le juge et le licenciement pour motif économique, les licenciements économiques et les procédures collectives », *Cah. dr. entr.* 2003, n° 6, p. 14.

Plan de sauvegarde de l'emploi. P. Bailly, « La sanction de l'insuffisance d'un plan de sauvegarde de l'emploi dans une procédure collective », *Sem. soc. Lamy* 6 févr. 2006, n° 1247 – A. Boyer, « Contenu et financement du PSE et nouvelles mesures d'accompagnement », *LPA* 22 avr. 2010, n° 80, p. 12 – C. Frouin et J.-Y. Frouin, « La sanction de l'insuffisance d'un plan de sauvegarde de l'emploi établi dans le cadre d'une procédure collective », *RJS* 2006. 251 – C. Gailhbaud et D. Jacotot, « Les plans et le maintien de l'emploi », *RPC*

2015, dossier 46, p. 89 – Ph. Pétel, « Groupes de sociétés et plan de sauvegarde de l'emploi », *JCP E* 2007, n° 1423, p. 33.

Reclassement. L. Fin-Langer, « L'obligation de reclassement à l'étranger », *RPC* 2009/1, 3, p. 13 – C. Gailhbaud, « le reclassement des salariés », *RPC* 2012, dossier 7, p. 64 – D. Jacotot, « Obligation de reclassement des salariés et liquidation judiciaire : les frontières entre le possible et l'impossible », *LPA* 18 juill. 2011, n° 141, p. 4 – J.-J. Savenier, « L'obligation de reclassement », *RPC* 2001, p. 224.

> Tables rondes. M. Sénéchal, H. Chriqui, Th. Météyé et A. Clerc, « Les procédures collectives et les droits des salariés », *RPC* 2011, table ronde 3, p. 65 – N. Kerouaz, Ph. Jeannerot, Th. Météyé, F. Legrand, M. Menjucq, « Les licenciements économiques dans les procédures collectives », *RPC* 2016, table ronde 1, p. 79 – N. Kerouaz, J. Cabooter, Th. Météyé, R. Pétavy, M. Menjucq, « Les conséquences des ordonnances relatives au droit du travail sur les procédures collectives », *RPC* janv./févr. 2018, table ronde 1.

512.04 Questions essentielles.

> La liquidation judiciaire entraîne-t-elle rupture des contrats de travail ?

* V. ss n° 512.21

> Le liquidateur ou l'administrateur doit-il demander l'autorisation du juge-commissaire pour licencier des salariés pour motif économique pendant le maintien provisoire de l'activité ?

* V. ss nos 512.22 s., 512.51 s.

> Doit-il respecter l'obligation de reclassement et le cas échéant l'obligation d'établir un PSE pendant le maintien provisoire de l'activité ?

* V. ss nos 512.33 et 512.43

> Une femme en congé maternité peut-elle être licenciée en cas de maintien provisoire de l'activité ?

* V. ss n° 512.83

> Les salariés protégés peuvent-ils être licenciés pendant le maintien provisoire de l'activité ?

* V. ss n° 512.91

> Le liquidateur peut-il rompre par anticipation un CDD ou un contrat d'apprentissage pendant le maintien provisoire de l'activité ?

* V. ss n° 512.101

> Le liquidateur doit-il respecter les obligations de négocier et de mise en place du CSE pendant le maintien provisoire de l'activité ?

* V. ss nos 512.121 s.

SECTION 1
PRÉSENTATION DU MAINTIEN PROVISOIRE DE L'ACTIVITÉ

512.11 Conditions de la poursuite provisoire d'activité après un jugement de liquidation judiciaire. Le maintien provisoire de l'activité peut être décidé, de manière exceptionnelle, alors qu'un jugement prononçant la liquidation judiciaire a été rendu. L'article L. 641-10 du Code de commerce, qui reprend les dispositions prévues par l'article 25 de la loi de 1967 permet au tribunal d'autoriser cette poursuite d'activité de manière exceptionnelle « si la cession totale ou partielle de l'entreprise est envisageable ou si l'intérêt public ou celui des créanciers l'exige ». Elle est alors d'une durée de trois mois, éventuellement prolongée de la même durée à la demande du ministère public.

Cette poursuite d'activité peut ainsi faciliter la cession, une entreprise n'ayant plus d'activité étant plus difficile à vendre ou permettre la poursuite d'un marché en cours, ce qui sera alors source de recettes pour l'entreprise, favorisant le désintéressement des créanciers.

512.12 Conséquences de la poursuite provisoire d'activité après un jugement de liquidation judiciaire. L'article L. 641-10 du Code de commerce prévoit aussi les conséquences du maintien provisoire de l'activité. L'entreprise est alors gérée par le liquidateur en vertu de l'alinéa 2 de l'article L. 641-10 du Code de commerce, complétant alors l'article L. 641-9 instaurant le dessaisissement du débiteur. Il lui revient de respecter les obligations de l'employeur en vertu de ce dessaisissement[1] et peut ainsi être condamné à délivrer les certificats de travail, les bulletins de paye et les attestations France Travail[2].

Il lui revient également d'intenter les actions en vue de préserver l'intérêt collectif des créanciers, comme éventuellement demander la nullité des contrats de travail qui auraient été conclus pendant la période suspecte précédant le jugement de liquidation, les règles prévues en cas de redressement judiciaire pouvant s'appliquer par renvoi de l'article L. 641-14[3].

Mais, il est parfois nécessaire de désigner également un administrateur, en vertu de l'article L. 641-10 du Code de commerce. Il faut que le maintien de l'activité soit décidé pour préparer la cession ou si l'intérêt public ou celui des créanciers l'exige, mais également que les seuils fixés à l'article R. 621-11 par renvoi de l'article R. 641-20, à savoir un chiffre d'affaires fixé à trois millions d'euros et un nombre de salariés de vingt soient dépassés. Ces deux conditions sont cumulatives[4]. Dans ce cas, l'article L. 641-

1. Soc. 24 janv. 1989, n° 87-42.944 ; *Bull. civ.* V, n° 53.
2. Soc. 24 janv. 1989, n° 87-42.944 ; *Bull. civ.* V, n° 53 – Soc. 17 oct. 1989, n° 87-45.033 ; *Bull. civ.* V, n° 594 – Soc. 23 sept. 2009, n° 08-41.929 ; *Bull. civ.* V, n° 196 ; *Act. proc. coll.* 2009, n° 256, obs. F. Taquet ; *Gaz. Pal.* 8-9 janv. 2010, p. 9, obs. C. Gailhbaud ; *RPC* 2010, n° 81, obs. G. Berthelot.
3. Sur l'action en nullité des périodes suspectes, v. ss n° 312.31.
4. Soc. 22 nov. 2023, n° 20-23.640 ; FS-B ; *Act. proc. coll.* 2024, n° 35, obs. L. Fin-Langer ; *JCP E* 2024, n° 1116, n° 2, obs. P. Pétel ; *D.* 2024. 186, obs. S. Vernac et Y. Ferkane ; *Leden* févr. 2024, p. 6, obs. G. Dedessus-Le Moustier.

10 indique que l'administrateur gère l'entreprise et c'est lui qui notifie les licenciements pour motif économique conformément à l'article L. 631-17.

L'article L. 641-10 prévoit également la fin du maintien provisoire de l'activité, à savoir l'arrêté d'un plan de cession totale, l'arrivée de la période fixée à trois mois ou enfin par une décision du tribunal, si ce maintien n'est plus justifié.

Ce maintien de l'activité peut justifier que tous les salariés ne soient pas immédiatement licenciés. Un renvoi aux dispositions de la période d'observation qui suit un jugement de redressement judiciaire a été mis en place, une autorisation du juge-commissaire étant nécessaire.

512.13 Portabilité de la protection sociale complémentaire. Selon l'article L. 641-11-1 du Code de commerce, les contrats ne sont pas rompus du seul fait de l'ouverture d'une procédure de liquidation judiciaire. Ce texte, inapplicable aux contrats de travail, a en revanche vocation à régir les contrats de protection sociale complémentaire conclus par l'employeur [1].

Cette disposition doit cependant être conciliée avec l'article L. 911-8 du Code de la sécurité sociale qui prévoit la portabilité de ces contrats, portant sur la santé ou la prévoyance : le salarié continue, après la rupture de son contrat de travail, à bénéficier des garanties de protection sociale complémentaire dans la limite de douze mois, et cela sans contrepartie de sa part. Cette portabilité est-elle interrompue du fait de la liquidation judiciaire ?

Au terme de plusieurs divergences, la Cour de cassation a finalement répondu par la négative : ce texte s'applique que l'entreprise soit *in bonis* ou qu'elle soit en liquidation judiciaire, à condition toutefois que le liquidateur n'ait pas résilié le contrat de protection sociale au moment du licenciement [2]. La question qui demeure réside dans le financement de ce dispositif, supporté pour l'instant par les compagnies ou les mutuelles, dans la mesure où le liquidateur ne va sans doute pas maintenir le contrat après le licenciement et notamment pendant les douze mois qui suivent.

Il faut noter qu'une ordonnance du 4 mai 2017 a supprimé la faculté donnée aux organismes de protection sociale de résilier ces contrats dans les trois mois qui suivent le jugement de liquidation judiciaire.

1. Le même problème se pose en cas de liquidation judiciaire sans maintien de l'activité, v. s[s] n° 511.111.
2. Civ. 2e, 5 nov. 2020, n° 19-17.164 ; *Act. proc. coll.* 2021. 1, O. Anfray ; *JCP S* 2020, n° 3112, note Ph. Coursier ; *SSL*, n° 1932, 7 déc. 2020, p. 15, obs. E. Morin ; *RDSS* 2021. 187, obs. F. Kessler ; *BJE* mars 2021. 21, note D. Krajeski ; *LPA* 27 janv. 2021, p. 19, note D. Ronet-Yague – Civ. 2e, 10 mars 2022, n° 20-20.898 ; *Act. proc. coll.* 2022. 114, et 122, obs. O. Anfray ; *JCP S* 2022, n° 1164, obs. Ph. Coursier ; *Leden* avr. 2022, p. 7, note H. de Frémont ; *BJT* janv. 2023, p. 46, note X. Aumeran.

SECTION 2

LICENCIEMENTS ÉCONOMIQUES EN CAS DE MAINTIEN PROVISOIRE DE L'ACTIVITÉ

§ 1

Nécessité d'une autorisation du juge-commissaire

512.21 Principe de continuation des contrats de travail en cours. Le principe de la continuation de plein droit du contrat de travail, spécialement posé par le législateur pour la période d'observation, peut également se vérifier pendant la liquidation judiciaire. La liquidation judiciaire n'entraîne en effet pas, par elle-même, résiliation des contrats de travail [3], fussent-ils à durée déterminée [4], pas plus d'ailleurs que des contrats d'apprentissage [5]. Les contrats ne sont pas résiliés du seul fait de la liquidation judiciaire, nonobstant la cessation d'activité [6].

Cette règle présente un intérêt pratique important lorsque le maintien de l'activité a été décidé par le tribunal : les salariés vont pouvoir continuer à exercer la prestation pour laquelle ils ont été recrutés. Certains salariés peuvent se voir proposer de travailler pour la cellule liquidative, le Code du travail et le Code de commerce restant cependant silencieux sur cette hypothèse, ce qui n'est pas sans poser problème [7]. La pratique consiste à trouver un accord entre les différentes parties, y compris avec l'AGS pour qu'elle prenne en charge les indemnités de licenciement qui seraient éventuellement notifiées après les délais légaux [8].

3. Civ. 1re, 7 juill. 1998, n° 96-15.280, NP – Soc. 24 mai 2000, n° 98-42.343, NP – Soc. 3 mai 2001, n° 99-41.387, NP ; *RPC* 2001, p. 258, n° 8, obs. F. Taquet – Soc. 7 juill. 2004, n° 02-43.382, NP ; *RPC* 2005/1, p. 48, n° 10, obs. F. Taquet – Soc. 1er mars 2006, n° 03-46.356, NP ; *RPC* 2006/3, p. 286, n° 20, obs. F. Taquet – Soc. 22 mars 2007, n° 05-44.591, NP ; *RPC* 2007/3, p. 148, n° 1, obs. F. Taquet – Soc. 26 nov. 2015, n° 14-19.263, NP – Soc. 26 nov. 2015, n° 14-14.822, NP ; *RPC* 2016, comm. 29, note F. Taquet.
4. Soc. 20 juin 2001, n° 99-43.793, NP ; *LXB*, n° A6366ATX.
5. Soc. 23 mai 2000, n° 97-45.187, P V, n° 192 ; *Gaz. Pal.* 27-29 janv. 2002, 35, note F. Dumont – Sur la rupture des contrats d'apprentissage, v. s[s] n° 512.102.
6. Sur le principe de cette continuation des contrats en liquidation judiciaire sans maintien de l'activité, v. s[s] n° 511.11 – Soc. 20 juin 2001, n° 99-43.793, NP ; *Act. proc. coll.* 2001/18, n° 240 – Soc. 19 mai 2016, n° 14-25.443, NP ; *RPC* sept.-oct. 2016, comm. 146, p. 45, L. Fin-Langer.
7. Soc. 7 juill. 2021, n° 18-19.031, NP ; *Act. proc. coll.* 2021, n° 207.
8. Pour un ex. : Soc. 5 janv. 2022, n° 20-14.410 ; *Act. proc. coll.* 2022, n° 38, L. Fin-Langer ; *Gaz. Pal.* 19 avr. 2022, p. 67, obs. G. Berthelot.

Cette poursuite des contrats de travail en cours est même indispensable, même si des licenciements sont possibles.

512.22 Renvoi aux dispositions applicables pendant la période d'observation suivant un jugement de redressement judiciaire. L'alinéa 3 de l'article L. 641-10 qui réglemente les licenciements pour motif économique pendant le maintien provisoire de l'activité renvoie à l'article L. 631-17 du Code de commerce pour procéder aux licenciements pour motif économique des salariés notifiés par le liquidateur ou par l'administrateur lorsqu'il est désigné. Il indique que « dans les conditions prévues à l'article L. 631-17, il - le liquidateur - peut procéder aux licenciements ». Ce texte suppose alors que le liquidateur demande l'autorisation au juge-commissaire de procéder aux licenciements qui sont urgents, inévitables et indispensables [1]. Ce renvoi n'a pas toujours existé.

Ainsi sous l'empire de la législation antérieure à la loi de sauvegarde des entreprises, l'article L. 622-10 du Code de commerce renvoyait uniquement au Code du travail et non aux dispositions du Code de commerce exigeant l'autorisation du juge-commissaire. Ce renvoi à l'article L. 631-17 opéré par la réforme de 2005 a suscité des interrogations [2].

Faut-il, dans ces conditions, exiger une intervention du juge-commissaire pour permettre d'opérer en liquidation judiciaire des licenciements économiques pendant la poursuite provisoire de l'activité ? L'examen des travaux parlementaires permet d'apporter une réponse affirmative à la question. Il est en effet indiqué que « le liquidateur disposerait de la faculté » de procéder à des licenciements dans les mêmes conditions que celles prévues en redressement judiciaire. Il pourrait ainsi mettre en œuvre un régime de licenciement pour motif économique simplifié lorsque les licenciements présentent un caractère « urgent, inévitable et indispensable » [3]. Il est donc clair que le législateur a entendu aligner purement et simplement sur le redressement judiciaire les licenciements pendant la poursuite d'activité de la liquidation judiciaire. L'habilitation du juge-commissaire supposera que ce dernier ait vérifié que les licenciements présentent un caractère urgent, inévitable et indispensable.

L'interprétation a été implicitement validée par la Cour de cassation, qui estime que le salarié licencié en vertu d'une autorisation du juge-commissaire est recevable à contester la cause économique de son licenciement lorsqu'il prouve que l'autorisation résulte d'une fraude. Il en est ainsi lorsque le dirigeant de la société employeur a été poursuivi et condamné pour banqueroute au motif notamment qu'il avait pris la décision de ne plus poursuivre l'activité de la société en transférant sa clientèle et plus de deux millions d'euros de chiffres d'affaires à une autre société qu'il avait créée [4].

L'autorisation du juge-commissaire n'est plus nécessaire si les licenciements interviennent après expiration de la période de poursuite provisoire de l'activité [5]. Il suffit que la notification intervienne après cette expiration, la procédure ayant donc pu commencer avant.

Il s'agit d'un régime doublement dérogatoire. Tout d'abord, ce texte prévoit des règles de licenciement pour motif économique dérogatoires au droit du travail. Cette autorisation judiciaire n'existe pas pour les entreprises *in bonis*. Par ailleurs, l'article L. 1233-58 du Code du travail précise les règles applicables dans ce contexte en écartant les règles de droit commun applicables aux entreprises *in bonis*. La procédure est en quelque sorte allégée. Sont ainsi écartés le congé reclassement [6] et l'obligation de revitaliser les bassins de l'emploi [7].

Il déroge également au régime des contrats en cours régi par l'article L. 641-11-1 du Code de commerce. Le VI de ce texte écarte expressément de son champ d'application les contrats de travail. À défaut de rompre le contrat de travail, le liquidateur pourrait engager sa responsabilité [8].

Ce dispositif ne concerne que la rupture des contrats à durée indéterminée [9]. Par ailleurs, il ne concerne que les licenciements pour motif économique [10].

512.23 Auteur de la procédure de licenciement économique. L'article L. 641-10 du Code de commerce prévoit que les licenciements pour motif économique prononcés conformément à l'article L. 631-17 sont notifiés par le liquidateur ou par l'administrateur, lorsqu'il est désigné [11]. Mais cette désigna-

1. Sur l'autorisation du juge-commissaire, v. s[s] n°s 322.31 s.
2. P. Morvan, « Le droit social dans la réforme du droit des entreprises en difficulté », *JCP E* 2005, n° 1511, 1751 s., sp. p. 1757, n° 35. Cet auteur considère qu'il s'agit sans doute d'une "bévue" du législateur : *Restructurations en droit social*, LexisNexis, 5e éd., 2020, n° 1532.
3. *Rapp. J.-J. Hyest*, n° 335, p. 378.
4. Soc. 4 juill. 2018, n° 16-27.922, P ; *Act. proc. coll.* 2018, comm. 237, note L. Fin-Langer ; *RPC* sept.-oct. 2018, comm. 155, note D. Jacotot ; *BJE* 2018. 452, note A. Donnette-Boissière ; *JCP S* 2018, n° 1321, note L. Fin-Langer ; *JCP* 2018, n° 1475, note G. Dedessus-Le Moustier.
5. CE 13 févr. 2019, req. n° 404556 ; *JCP S* 2019, n° 1122, note Y. Pagnerre ; *Leden* avr. 2019, p. 7, obs. G. Dedessus-Le Moustier.
6. C. trav., art. L. 1233-75.
7. C. trav., art. L. 1233-84.
8. Soc. 4 oct. 2011, n° 10-13.567 ; *Act. proc. coll.* 2011, n° 293.
9. Sur la rupture des contrats à durée déterminée, v. s[s] n° 512.101.
10. Sur le licenciement pour motif disciplinaire, v. s[s] n° 512.114.
11. C. com., art. L. 641-10, reprenant l'anc. art. L. 622-10 dans sa rédaction antérieure à la loi de sauvegarde des entreprises.

tion ne résulte pas du seul fait que la procédure de sauvegarde ou de redressement judiciaire est convertie en liquidation avec poursuite d'activité, ce qui a des conséquences sur l'auteur des licenciements, qui demeure, en l'absence de désignation effective, le liquidateur[1]. À défaut, ils incomberont naturellement au liquidateur en vertu de l'article L. 641-11.

§ 2
Démarches préalables à l'autorisation du juge-commissaire communes à tous les licenciements

512.31 Consultation préalable du CSE. Avant de demander l'autorisation au juge-commissaire, le liquidateur ou l'administrateur doit demander l'avis du CSE conformément à l'article L. 1233-58 du Code du travail[2] et cela quelle que soit la taille du licenciement. À défaut, le représentant des salariés devrait être consulté en vertu de l'article L. 641-1 du Code de commerce, modifié en ce sens par l'article 61 de l'ordonnance du 12 mars 2014[3]. Il devra joindre à sa demande cet avis, à défaut la demande d'autorisation auprès du juge-commissaire est irrecevable[4].

L'article L. 641-4 du Code de commerce qui décrit succinctement la procédure de licenciement pour motif économique en cas de liquidation judiciaire prend le soin d'envisager l'hypothèse de la poursuite provisoire d'activité autorisée en liquidation judiciaire. Le liquidateur devra respecter les articles L. 1233-60 et L. 1233-58 du Code du travail, comme c'était déjà le cas, du fait de l'application en ce cas des dispositions du redressement judiciaire[5], pour les licenciements intervenant au terme de la poursuite d'activité. Il précise que l'avis du CSE doit être rendu au plus tard douze jours après le jugement de liquidation ou après la fin du maintien provisoire de l'activité. Il faudra cependant, que conformément à l'article L. 631-17, cet avis soit rendu au plus tard le jour ouvré précédent l'audience du juge-commissaire.

512.32 Information de l'autorité administrative. Dès le lendemain du jugement de liquidation judiciaire, le liquidateur ou l'administrateur informe le Directeur régional de l'économie, de l'emploi, du travail et des solidarités en application de l'article R. 1233-7 du Code du travail.

Par ailleurs, l'article L. 1233-60 du Code du travail impose, en cas d'ouverture d'une liquidation judiciaire, au liquidateur ou à l'administrateur d'informer l'autorité administrative avant de procéder aux licenciements pour motif économique prévus par l'article L. 641-10 du Code de commerce. Elle est donc informée dès le début de la procédure des risques de licenciement pour motif économique pendant la période de maintien provisoire de l'activité.

512.33 Respect de l'obligation de reclassement. L'article L. 631-17 du Code de commerce applicable par renvoi de l'article L. 641-10 aux licenciements pendant le maintien provisoire de l'activité impose au liquidateur ou à l'administrateur de joindre, à l'appui de sa demande d'autorisation, de justifier de ses démarches en vue de « faciliter l'indemnisation et le reclassement des salariés ». Il doit donc faire cette démarche avant de demander l'autorisation.

Ainsi, il est de jurisprudence constante que l'obligation de reclassement préalable consacrée par l'article L. 1233-4 du Code du travail doit être respectée en cas de liquidation judiciaire, malgré les délais contraints pour notifier les licenciements[6]. Le non-respect est sanctionné par le défaut de cause réelle et sérieuse, qui donne droit aux indemnités désormais plafonnées par les ordonnances du 22 septembre 2017 et fixées à l'article L. 1235-3 du Code du travail. Le liquidateur pourrait éventuellement engager sa responsabilité en cas de manquement[7].

Cette obligation existe dans tous les licenciements pour motif économique, quel que soit le nombre de salariés concernés. Elle sera intégrée dans le PSE dans les licenciements de dix salariés dès lors que l'entreprise comporte cinquante salariés.

Certains aménagements ont été apportés, notamment par les ordonnances du 22 septembre 2017.

L'ordonnance du 22 septembre 2017[8] entend simplifier la procédure de reclassement car elle offre une alternative à l'employeur : soit il adresse de manière personnalisée les offres de reclassement à chaque salarié (le droit antérieur était en ce sens), soit il

1. Soc. 15 nov. 2011, n° 10-17.015, P V, n° 263 ; *D.* 2011. Actu. 2863, note A. Lienhard ; *BJE* mars 2012, comm. 45, p. 103, note D. Jacotot ; *Gaz. Pal.* 20 oct. 2012. 30, note Ph. Coursier ; *Act. proc. coll.* 2011/20, comm. 311
2. Sur l'évolution historique de la consultation du CSE pour les licenciements en période d'observation, v. s[s] n° 322.61.
3. Ord. n° 2014-326, 12 mars 2014 portant réforme de la prévention des difficultés des entreprises et des procédures collectives, *JO* 14 mars, n° 3.
4. Com. 5 nov. 2013, n° 12-25.362 ; *Bull. civ.* IV, n° 161 ; *D.* 2013. Actu. 2642 ; *Rev. sociétés* 2013. 732, obs. Ph. Roussel Galle ; *RDT* 2014. 37, obs. L. Driguez ; *Act. proc. coll.* 2013, n° 294, obs. L. Fin-Langer ; *RJDA* 2014, n° 50 ; *Gaz. Pal.* 12-14 janv. 2014, p. 36, obs. C. Gailhbaud ; *BJE* 2014. 21, note D. Jacotot ; *DP diff. entr. Bull.* n° 353, obs. J.-P. Rémery ; *Leden* déc. 2013, p. 3, obs. E. Mouial-Bassilana.
5. C. com., art. L. 641-10, al. 3, renvoyant à C. com., art. L. 631-17.
6. Soc. 10 mai 1999, n° 97-40.060 ; *Bull. civ.* V, n° 203 ; *D.* 2000, somm. 8, obs. F. Derrida.
7. Pour un ex. de contentieux dans l'affaire *Metaleurop* : Com. 18 mai 2022, n° 21-12.188 ; *Act. proc. coll.* 2022. 140.
8. Ord. n° 2017-1387, 22 sept. 2017 relative à la prévisibilité et la sécurisation des relations de travail, *JO* 23 sept., n° 33.

diffuse par tout moyen une liste des postes disponibles à l'ensemble des salariés. C'est cette pratique que l'on rencontrait fréquemment en présence notamment d'une entité en procédure collective, mais celle-ci était sanctionnée. Le décret du 21 décembre 2017 [1] fixe le contenu des offres de reclassement et valide désormais la pratique antérieure [2].

Qu'il s'agisse d'offres personnalisées écrites ou de la diffusion d'une liste des offres, elles précisent le poste, le nom de l'employeur, la nature du contrat, la localisation, la rémunération et la classification. L'imprécision ou le caractère incomplet est sanctionné comme un défaut de cause réelle et sérieuse [3].

Lorsqu'il s'agit d'une liste des offres, elle mentionne également les critères de départage entre les salariés qui postuleraient sur un même poste et le délai pour présenter sa candidature. Ce délai ne peut être inférieur à quinze jours, délai réduit à quatre jours francs à compter de la publication de la liste en cas de liquidation judiciaire [4]. Le silence à l'expiration du délai vaut refus des offres par le salarié. Il est donc important de fixer une date certaine à cette liste. Aucune sanction n'est prévue par les textes mais la jurisprudence applique le défaut de cause réelle et sérieuse, notamment en cas d'absence des critères de départage [5], considérant qu'il s'agit d'un manquement à l'obligation de reclassement.

Cette obligation est limitée au reclassement dit interne : c'est-à-dire dans l'entreprise mais aussi dans le groupe si l'entreprise fait partie d'un groupe. La Cour de cassation précise cependant que ce reclassement interne doit s'effectuer uniquement dans les entreprises dont les activités ou l'organisation ou le lieu leur permettent d'effectuer la permutation de tout ou partie du personnel [6]. Ce groupe de reclassement était apprécié largement et ainsi pu être reconnu par exemple entre des entreprises qui exploitaient un fonds de commerce sous la même enseigne [7], aucune condition de contrôle n'étant nécessaire.

L'article 16 de l'ordonnance du 22 septembre 2017 [8] ne consacre que partiellement cette jurisprudence : le groupe est défini par référence à l'article au I de l'article L. 2331-1 du Code du travail relatif au comité de groupe et renvoyant au Code de commerce. Il faut établir soit une détention majoritaire du capital [9] soit une détention des droits de vote par capital ou en raison d'un accord conclu avec d'autres associés voire résultant d'une situation de fait [10]. La Cour de cassation a fait une application anticipée de ce texte et a refusé de reconnaître l'existence d'un groupe pour un ensemble de sociétés dominé par une société de gestion de fonds commun de placement [11].

Parmi ces entreprises, il faut désormais limiter le périmètre du reclassement aux seules entreprises situées en France. En effet, l'art. L. 1233-4-1 qui organisait le reclassement à l'étranger est définitivement abrogé. Seuls des emplois disponibles en France peuvent ainsi être proposés. Cette absence de reclassement à l'étranger va simplifier les démarches des administrateurs. Enfin, il faudra vérifier uniquement les possibilités parmi les entreprises qui permettent une permutation du personnel.

Il ressort de la jurisprudence que si les organes de la procédure ne veulent pas voir engager leur responsabilité, il est prudent qu'ils prennent contact avec la société mère et qu'ils la sollicitent afin de savoir si de tels postes existent [12]. Une fois le périmètre bien déterminé, il revient alors de consulter toutes les sociétés, le liquidateur ou l'administrateur ne pouvant se contenter de contacter qu'un nombre conséquent [13].

Par ailleurs, la société mère peut engager sa responsabilité, si elle est reconnue co-employeur des salariés [14].

La Cour de cassation a indiqué que si la preuve de l'exécution de l'obligation de reclassement incombe à l'employeur, il appartient au juge, en cas de contestation sur l'existence ou le périmètre du groupe de reclassement, de former sa conviction au vu de l'ensemble des éléments qui lui sont soumis par les

1. Décr. n° 2017-1725, 21 déc. 2017 relatif à la procédure de reclassement interne sur le territoire national en cas de licenciements pour motif économique, *JO* 22 déc., n° 70.
2. C. trav., art. D. 1233-2-1.
3. Soc. 23 oct. 2024, n° 23-19.629 ; *Act. proc. coll.* 2024, n° 224 ; *JCP E* 2025, n° 1035, note M. N. Katchadourian ; *JCP S* 2024, n° 1393, note Th. Lahalle ; *RPC* janv. 2025, comm. 29, F. Taquet.
4. C. trav., art. D. 1233-2-1.
5. Soc. 8 janv. 2025, n° 22-24.724, P ; *Act. proc. coll.* 2025, n° 30 ; *D. actu.* 20 janv. 2025, obs. L. Malfettes ; *JCP S* 2025, n° 1066, note C. Terrenoire ; *Leden* févr. 2025, p. 6, obs. F. Joly.
6. Soc. 25 juin 1992, n° 90-41.244 ; *Bull. civ.* V, n° 420 ; *DS* 1992, p. 710 et 826, concl. R. Kessous ; *D.* 1992. 209 ; *DS* 1993, 272, note Q. Urban ; *JCP E* 1992. I. 197, n° 5, obs. Ph. Coursier.
7. Soc. 27 nov. 2013, n° 12-18.470, NP ; *RPC* mai 2014, comm. 72, obs. D. Jacotot.
8. Ord. n° 2017-1387, 22 sept. 2017.
9. C. com., art. L. 233-1.
10. C. com., art. L. 233-3.
11. Soc. 20 mars 2019, n° 17-19.595, P ; *RDT* 2019. 332 ; *JCP S* 2019, n° 1198, note Y. Pagnerre ; *Leden* mai 2019, p. 7, obs. G. Dedessus-Le Moustier ; *Gaz. Pal.* 16 avr. 2019, p. 40, note C. Berlaud ; *Act. proc. coll.* 2019, n° 108 ; *JCP E* 2019, n° 1279, note Fl. Aubonnet.
12. Com. 18 mai 2022, n° 21-12.188 ; *Act. proc. coll.* 2022. 140 ; *D. actu.* 25 oct. 2022, obs. C. Gailhbaud – Sur renvoi, la CA d'Amiens a confirmé la responsabilité du liquidateur (Amiens, 21 mars 2023, n° 22/03663).
13. Soc. 9 oct. 2024, n° 22-21.371 ; *RPC* nov. 2024, comm. 172, F. Taquet ; *JCP S* 2025, n° 1082, note E. Noirot et A. Lallement.
14. Sur la notion de co-employeur, v. s^s n°s 321.51 s.

parties[1]. Cette solution devrait s'appliquer au liquidateur.

§ 3
Démarches préalables à l'autorisation du juge-commissaire spécifiques aux licenciements de dix salariés et plus dans une entreprise de cinquante salariés et plus

512.41 **Consultation préalable du CSE.** Si le nombre de licenciements devant intervenir dans une même période de trente jours est supérieur ou égal à 10, l'obligation de réunion et de consultation des institutions représentatives du personnel se substitue à l'entretien préalable de licenciement, l'article L. 1233-38 écartant expressément cette exigence. Cela suppose toutefois que les institutions représentatives du personnel ne soient pas défaillantes[2]. La Cour de cassation a jugé qu'en l'absence d'élections et faute de procès-verbal de carence, les salariés licenciés sans consultation du CSE par le liquidateur sont indemnisés, cette irrégularité causant nécessairement un préjudice aux salariés, quand bien même le liquidateur n'aurait pas le temps d'organiser les élections[3]. Il faut noter qu'en présence d'un procès-verbal de carence de CSE, le représentant des salariés devra suppléer cette carence.

Le liquidateur ou l'administrateur doit consulter le CSE avant de demander l'autorisation au juge-commissaire de licencier, puisqu'il doit joindre cet avis à sa demande. En vertu de l'article L. 641-4, cet avis doit être rendu au plus tard douze jours après le jugement de liquidation ou au plus tard douze jours après la fin de la cessation d'activité. L'article L. 631-17 exige quant à lui que l'avis doit être rendu au plus tard le dernier jour ouvré précédant l'audience du juge-commissaire.

Le délai de transmission du procès-verbal du comité d'entreprise a été réduit à un jour par le décret du 12 avril 2016[4], en cas de liquidation en présence d'un grand licenciement économique. Rappelons que, en droit commun, ce délai de transmission à l'employeur est de quinze jours, ramené à trois jours en cas de grand licenciement économique. L'ancien article D. 2325-3-1 du Code du travail ne prévoyait cette exception que dans le cadre de l'application de l'article L. 1233-30 régissant la procédure de consultation du grand licenciement économique. La mise en œuvre du CSE ne changera pas la solution, puisque le nouvel article D. 2315-26 reprend exactement la même solution.

Reste une question relative aux articles L. 1233-21 s. du Code du travail. Dans ces licenciements, il est possible de conclure un accord qui va organiser la procédure de licenciement, les délais de consultation, le cadre du recours à une expertise. L'article L. 1233-33 prévoit qu'il ne peut pas déroger « aux règles de consultation applicables lors d'un redressement ou d'une liquidation judiciaire, prévues à l'article L. 1233-58 ». Comment interpréter cette disposition ? Est-ce à dire que l'accord qui aurait pu être conclu est totalement écarté en cas de procédure collective ? Ou est-ce à dire qu'il est applicable dès lors qu'il reste compatible avec l'article L. 1233-58 ? Cette deuxième interprétation pourrait compliquer la mission des liquidateurs ou des administrateurs mais peut apporter des solutions et fixer un calendrier plus précis notamment en cas de recours à une expertise.

512.42 **Possibilité pour le CSE de demander une expertise.** Les nouveaux articles L. 1233-34 et L. 1233-35 sont applicables en cas de procédure collective par renvoi de l'article L. 1233-58 du Code du travail. Dans les entreprises de plus de cinquante salariés et dès lors que le projet de licenciement concerne au moins dix salariés sur une période de trente jours, obligeant à mettre en place un PSE, le CSE peut décider de recourir à une expertise.

Ce droit existait déjà mais il porte désormais « sur les domaines économique et comptable ainsi que sur les effets potentiels du projet sur les conditions de travail », ce qui était discuté à propos de la consultation du CHSCT.

Ce recours supposera alors de réaliser deux consultations successives, dans la mesure où ce n'est qu'après la remise du rapport que l'avis pourra être donné sur le projet de licenciement.

L'article L. 1233-35 prévoit également la possibilité pour l'expert de demander des informations à l'employeur et encadre les délais à respecter. L'article L. 1233-58 renvoie à ce texte qui devrait donc s'appliquer. Selon ce texte, l'expert peut demander des informations à l'employeur dans les dix jours qui suivent sa désignation. L'employeur a huit jours pour répondre. Une nouvelle demande est possible dans les mêmes délais. Le rapport doit ensuite être remis au plus tard quinze jours avant l'expiration du délai mentionné à l'article L. 1233-30. Comment concilier ces dispositions avec le délai prévu par le Code de commerce, à savoir que l'avis doit être rendu au plus tard le jour ouvré précédent l'audience du

1. Soc. 31 mars 2021, n° 19-17.300 ; *Act. proc. coll.* 2021. 124.
2. A. Boyer, *Protection des salariés et sauvetage de l'entreprise : quête d'un équilibre*, PUAM, 2006, n° 66.
3. Soc. 9 juin 2021, n°s 20-11.796 et 20-11.798 ; *Act. proc. coll.* 2021. 166.
4. Décr. n° 2016-453, 12 avr. 2016 relatif à certaines modalités de déroulement des réunions des institutions représentatives du personnel, *JO* 14 avr., n° 26.

juge-commissaire ? Cela devrait avoir pour conséquence d'allonger en réalité la procédure préalable à la demande d'autorisation du juge-commissaire. Il est donc nécessaire d'anticiper cette possibilité. Le Conseil d'État a indiqué qu'effectivement, une deuxième réunion du CSE est nécessaire et que l'expert doit avoir un délai suffisant pour rendre son rapport, sous le contrôle de l'autorité administrative et en tenant compte de la procédure collective. En l'espèce, le délai entre les deux réunions de vingt-cinq jours a été jugé suffisant[1].

L'article L. 641-4 du Code de commerce indique cependant que l'absence de remise du rapport de cet expert n'a pas pour effet de reporter le délai de douze jours, dans lequel le CSE doit rendre son avis[2].

Le coût de l'expertise reste pris en charge par l'employeur en matière de licenciement économique. Il devrait s'agir d'une créance postérieure utile, née pour les besoins de la procédure collective. Il s'agit donc d'un coût supplémentaire pour l'entreprise en difficulté.

Cette possibilité de recourir à une expertise peut faire l'objet d'un recours[3].

512.43 Obligation de mettre en place un PSE. Si l'entreprise dispose d'au moins cinquante salariés, l'administrateur devra établir un Plan de sauvegarde de l'emploi, dit PSE en vertu de l'article L. 1233-58, II, du Code du travail.

Les conditions d'effectifs sont appréciées au niveau de l'entreprise par principe. Mais lorsqu'elle fait partie d'une Unité économique et sociale (UES) dont l'existence n'est pas discutée et que la décision de licencier est prise au niveau de l'UES, alors les effectifs sont calculés au niveau de l'UES[4].

Il a deux possibilités en théorie[5].

Il peut tout d'abord négocier un accord collectif avec les partenaires sociaux puis faire valider cet accord auprès de la Dreets. Il s'agit d'un accord spécifique, validé depuis 2013 à une majorité de 50 %, sans aucune autre forme de négociation subsidiaire possible.

Il peut aussi l'établir unilatéralement et ensuite le faire homologuer par la Dreets, le contrôle étant plus approfondi au-delà des règles de validité formelle. Elle va en effet vérifier le contenu du PSE en termes de reclassement interne et externe. L'administration doit vérifier, au regard de l'importance du projet, si les mesures sont concrètes et précises, et si elles peuvent satisfaire les objectifs de reclassement en fonction des moyens de l'entreprise et des efforts de formation et d'adaptation déjà réalisés par l'employeur[6]. Le PSE doit donc être consistant, pertinent et proportionné et comprendre toutes les mesures de reclassement possibles, sans que le reclassement externe soit une obligation[7]. Son absence pourra cependant être prise en compte pour apprécier son caractère suffisant. Il lui revient aussi de contrôler la conformité du PSE aux accords de branche imposant des règles particulières, en matière de reclassement externe par exemple[8].

Par ailleurs, il faut noter que le PSE doit contenir des mesures de nature différente à celle du reclassement. En effet, il est désormais acquis que l'entreprise doit rechercher systématiquement si ce projet de grand licenciement comporte des risques-psychosociaux et le cas échéant prévoir toutes les mesures pour y faire face, au nom de l'obligation de prévention des risques professionnels. La Dreets en vérifie désormais le respect, sous le contrôle du juge administratif. Cette démarche concerne également les cessations définitives d'activité, y compris en liquidation judiciaire[9]. Ce contrôle prévu au départ pour les PSE unilatéraux a été étendu aux PSE conclus par accord collectif[10]. En pratique, est mis à jour le document unique d'évaluation des risques professionnels (DUERP) et sont mise en place un numéro vert, une assistance psychologique ou le remboursement de séances.

1. CE 16 avr. 2021, req. n° 426287 ; *Act. proc. coll.* 2021. 137 et 133, obs. J. Béot-Rabiot ; *RPC* 2021, 140, note D. Jacotot ; *D. actu.* 10 mai 2021, obs. S. Norval-Grivet ; *Leden* juill. 2021, p. 7, H. de Frémont.
2. Sur le délai de consultation du CSE, v. s[s] n° 512.41.
3. Sur le recours, v. s[s] n° 322.82.
4. Soc. 28 sept. 2022, n°s 21-19.093 et 21-19.092 ; *Act. proc. coll.* 2022. 261, obs. L. Fin-Langer : la solution a été rendue alors que la société membre de l'UES était en liquidation judiciaire. Le liquidateur n'avait pas établi de PSE, car il n'avait pas tenu compte, dans son calcul des effectifs, de l'UES, en raison d'un recours pendant contestant la décision judiciaire l'ayant établie. V. déjà : Soc. 17 mars 2021, n° 18-16.947 ; *JCP S* 2021, n° 1109, note G. Auzero.
5. C. trav., art. L. 1233-24-1 s.
6. CE 22 juill. 2015, *Calaire Chimie*, req. n° 383481 ; *D. actu.* 24 juill. 2015, obs. D. Poupeau ; *AJDA* 2015. 1632, chron. J. Lessi et L. Dutheillet de Lamothe ; *AJDA* 2016. 1866, chron. L. Dutheillet de Lamothe ; *RDT* 2015. 514, concl. G. Dumortier ; *D.* 2016. Pan. 807, obs. P. Lokiec ; *RPC* janv. 2016, comm. 22, F. Taquet. Pour les entreprises *in bonis*, la Dreets contrôle aussi les moyens du groupe ou de l'UES.
7. CE 30 mai 2016, *Société Milonga*, req. n° 384114 ; *RDT* 2016. 456, obs. C. Dechristé ; *Leden* sept. 2016, p. 6, note G. Dedessus-Le Moustier.
8. CE 13 avr. 2018, req. n° 404090 ; *RDT* 2018. 452 ; *JCP S* 2018, n° 1207, note S. Poncet ; *Leden* juin 2018, p. 7, note H. de Frémont.
9. CE 21 mars 2023, req. n°s 460660 et 460924 ; *RDT* 2023. Controverse 377, note de L. Montvalon, Ph. Rozec et Th. Le Gall ; *RDT* 2023. 476, obs. L. de Montvalon ; *JSL* 2023, n° 564-2, obs. M. Hautefort ; *SSL* 2023, n° 2040, p. 5, concl. J.-F. de Montgolfier, obs. A. Stocki ; *JCP S* 2023, n° 1124, note B. Gauriau ; *D. actu.* 6 avr. 2023, obs. S. Norval-Grivet ; *RPC* juill. 2023, n° 70, obs. D. Jacotot ; *Act. proc. coll.* 2023, n° 136 ; *Gaz. Pal.* 19 sept. 2023, p. 66, obs. C. Gailhbaud ; *Leden* mai 2023, p. 6, obs. H. de Frémont.
10. CE 19 déc. 2023, req. n° 458434 ; *AJDA* 2023. 2369 ; *RJS* 2/2024, n° 86.

Reste à savoir s'il faudra aussi que le PSE envisage les conséquences environnementales de cette décision. En effet, la loi Climat et résilience du 22 août 2021 a modifié l'article L. 2312-8 du Code du travail relatif aux compétences générales du CSE dans les entreprises de 50 salariés et plus, mais n'a pas modifié ceux précisant cette compétence dans le cadre du licenciement pour motif économique, comme l'article L. 1233-31. Les juges administratifs sont pour l'instant divisés[1].

L'autorité administrative peut, pendant la procédure d'établissement du PSE, adresser des observations, faire des propositions afin que l'employeur prenne en compte les conséquences sur la santé physique et mentale des salariés de cette réorganisation. Il doit d'ailleurs fournir au CSE tous les éléments relatifs à l'identification et l'évaluation de ces conséquences et en leur présence, les actions entreprises pour arrêter ces conséquences. Par ailleurs, au moment de l'homologation du document unilatéral, l'autorité administrative va vérifier, sous le contrôle du juge de l'excès de pouvoir, le respect par l'employeur de cette obligation, ainsi que toutes les informations transmises au CSE et les mesures prises[2].

Le contrôle apparaît plus sévère pour les PSE unilatéraux. Le Conseil d'État admet ainsi qu'un accord collectif de PSE puisse prévoir, pour fixer des critères d'ordre, des considérations étrangères aux fonctions occupées par le salarié, alors qu'un PSE unilatéral ne peut les envisager[3]. Dans l'arrêt Fnac, il avait déjà admis le contrôle des critères d'ordre fixés dans le PSE unilatéral : ils doivent regrouper tous les salariés exerçant des fonctions de même nature supposant une formation professionnelle commune[4]. Quand ils sont fixés unilatéralement par l'employeur, le Conseil d'État vérifie alors qu'ils ont fait l'objet d'une information-consultation réelle[5].

Malgré ce contrôle renforcé, il est fort probable que ce soit le mode utilisé en cas de liquidation judiciaire pour plusieurs raisons, qui existaient déjà en redressement judiciaire[6]. Tout d'abord, il est difficile pour un liquidateur ou un administrateur, qui ne connaît pas l'entreprise et qui n'a pas nécessairement le temps pour mettre en place un tel processus, de négocier un accord avec les syndicats. Ensuite, en l'absence de syndicats représentatifs, il n'est pas prévu de négocier de tels accords. Enfin, le maintien provisoire de l'activité est limité à trois mois en principe et la négociation suppose un temps plus long, absent dans le contexte d'une liquidation judiciaire.

Cette décision administrative doit être communiquée au juge-commissaire avant de statuer sur la demande d'autorisation. Cette chronologie pose problème, car le PSE est réalisé sans savoir combien de salariés seront licenciés, le juge-commissaire fixant ce nombre, qui dépend aussi de la demande formulée par le liquidateur ou l'administrateur. Ensuite, on peut se demander si le juge-commissaire pourrait refuser d'autoriser des licenciements alors que le PSE a été validé ou homologué par la Dreets.

Si cette obligation est maintenue, elle fait cependant l'objet de plusieurs aménagements en raison de l'ouverture de la procédure de liquidation judiciaire.

Il importe de souligner tout d'abord la réduction des délais laissés à l'administration du travail pour valider l'accord majoritaire ou homologuer le plan de sauvegarde de l'emploi. Le délai de droit commun prévu par l'article L. 1233-57-4, alinéa 1, du Code du travail pour valider l'accord majoritaire[7] est de quinze jours à compter de la réception de l'accord collectif. Pour homologuer le plan de sauvegarde de l'emploi unilatéral, le délai de droit commun prévu par l'article L. 1233-57-4, alinéa 1 est de vingt-et-un jours à compter de la réception du document complet, mentionné à l'article L. 1233-24-4, élaboré par l'employeur. Le délai est réduit, à compter de la dernière réunion du CSE, à quatre jours en cas de liquidation judiciaire. Ce délai s'applique qu'il s'agisse d'un acte unilatéral ou d'un accord collectif. Le silence gardé par l'administration dans ce délai vaut acceptation.

En outre, il est prévu en liquidation judiciaire depuis l'ordonnance du 12 mars 2014 un moyen de sauver des PSE, lorsque l'entreprise n'a pas mis en place son CSE et qu'elle n'a pas établi un procès-verbal de carence. En principe, la procédure de licenciement devrait être irrégulière. Mais l'article L. 1233-58, II du Code du travail permet à l'autorité administrative de valider malgré tout le PSE de « manière exceptionnelle, au vu des circonstances », non précisées. Encore faut-il que la Dreets motive sa décision de couvrir cette irrégularité[8]. Ensuite, la Dreets ne contrôle plus les moyens du groupe, à la différence cependant du liquidateur ou de l'administrateur qui

1. TA Montreuil, 2 mai 2022, n° 2202445 : aucun obstacle à l'homologation du PSE – TA Cergy-Pontoise, 10 mars 2022, *RDT* 2023. 553 : solution contraire
2. CE 21 mars 2023, req. n° 460660.
3. CE 7 févr. 2018, req. n° 404077 ; *RPC* sept. 2019, comm. 146, note D. Jacotot ; *JCP S* 2018, n° 1087, note J. Y. Kerbourc'h ; *JCP S* 2018, n° 1086, note S. Poncet et F. Renaud.
4. CE 30 mai 2016, *Fnac*, req. n° 387798 ; *RPC* sept. 2016, comm. 142, note D. Jacotot ; *Leden* sept. 2016, p. 7, note H. de Frémont ; *RDT* 2016. 485 ; *JSL* 2016, n° 414-4, obs. M. Hautefort ; *AJDA* 2016. 1149 ; *AJDA* 2016. 1866, chron. L. Dutheillet de Lamothe et G. Odinet.
5. CE 7 févr. 2018, req. n° 403001 ; *RPC* sept. 2019, 146, note D. Jacotot ; *RDT* 2018. 213, note F. Géa ; *D.* 2018. 823, note P. Lokiec et J. Porta ; *JCP S* 2018, n° 1086, obs. S. Poncet et F. Renaud ; *SSL* 2018, n° 1803, p. 6, interview Piveteau ; *SSL* 2018. 9, concl. S.-J. Lieber.
6. Sur le PSE en procédure de redressement, v. s[s] n° 322.83.
7. Prévu à l'article L. 1233-24-1.
8. CE 8 déc. 2021, req. n° 435919 ; *Leden* janv. 2022, p. 6, H. de Frémont ; *RPC* mars 2022, n° 37, obs. D. Jacotot.

reste tenu par cette obligation. En effet, depuis la loi Macron du 6 août 2015, le PSE est désormais validé au regard des seuls moyens de l'entreprise, mais l'administrateur doit encore rechercher les moyens dans le groupe auquel l'entreprise appartient[1]. Le Conseil d'État a refusé de transmettre une QPC sur ce point[2].

La question que soulève alors cette disposition réside dans la détermination du juge compétent pour savoir si l'administrateur ou le liquidateur a ou non cherché les reclassements dans le groupe, dans la mesure où la Dreets ne fait pas ce contrôle.

Dans un arrêt du 1er juin 2022[3], le Conseil d'État répond à cette question, puisqu'il indique que la Dreets vérifie que le liquidateur a bien fait cette démarche, et donc que ce contentieux relève des juridictions administratives. Dans cette affaire, un liquidateur chargé d'établir un PSE unilatéral contacte l'autre entreprise du groupe, mais sans attendre sa réponse, demande l'homologation du PSE le lendemain. Il est à noter qu'elle connaissait aussi des difficultés. Ce PSE, même incomplet, a été validé, car cette démarche n'a pas eu finalement d'influence sur le contenu du PSE. Par ailleurs, le fait que les sociétés contactées n'aient pas donné de réponse n'était pas un obstacle à la poursuite de la procédure.

Le non-respect de cette obligation permet aux salariés d'être indemnisés[4].

Pour conclure, à l'appui de sa requête au juge-commissaire, le liquidateur ou l'administrateur, en vertu de l'article L. 631-17[5], applicable par renvoi de l'article L. 641-10, doit joindre l'avis recueilli du CSE et les justifications de ces diligences en vue de faciliter l'indemnisation et le reclassement des salariés, ainsi que la décision de l'administration validant ou homologuant le PSE.

§ 4 Demande d'autorisation au juge-commissaire

512.51 Contenu de l'ordonnance du juge-commissaire. L'autorisation doit être antérieure au licenciement. Le licenciement, qui intervient alors que l'ordonnance du juge-commissaire est postérieure, est privé de cause réelle et sérieuse et justifie, en conséquence, l'allocation de dommages et intérêts[6]. Peu importe en revanche que la procédure de licenciement ait été entamée avant l'autorisation du juge-commissaire, dès lors que la lettre de notification du licenciement est postérieure à l'ordonnance[7].

Le juge-commissaire va alors vérifier trois caractères cumulatifs, à savoir leur caractère « urgent, inévitable et indispensable » et uniquement pour l'entreprise, peu importe qu'elle fasse ou non partie d'un groupe[8]. Il peut d'ailleurs refuser d'autoriser les licenciements s'il estime ces critères non remplis[9].

L'article R. 631-26, alinéa 1, du Code de commerce[10] prévoit que l'ordonnance rendue par le juge-commissaire indique le nombre des salariés, dont le licenciement est autorisé, ainsi que les activités et catégories professionnelles concernées.

L'ordonnance, qui énonce nominativement les salariés licenciés sans préciser les activités et catégories professionnelles concernées est irrégulière[11]. Il s'agit d'une autorisation collective et non individuelle de licencier.

Est également irrégulière, l'ordonnance du juge-commissaire qui ne détermine pas elle-même le nombre de salariés dont le licenciement est autorisé, et les activités et catégories professionnelles concernées, mais se contente de renvoyer à une annexe[12].

Le dispositif de l'ordonnance doit absolument mentionner l'autorisation de licencier. À peine de nullité, elle doit aussi être signée par le juge-commissaire et porter l'indication de son nom. Elle doit enfin, comme toute décision, être motivée et expliquer en quoi ces licenciements sont urgents, inévitables et indispensables, conformément à l'article 455 du Code de procédure civile.

Il faut noter que le juge-commissaire doit rendre sa décision dans un délai raisonnable conformément à l'article R. 621-21 du Code de commerce. À défaut, le

1. C. trav., art. L. 1233-58.
2. CE 4 sept. 2019, req. n° 431463, QPC ; *RDT* 2019. 716, note A. Fabre ; *BJE* janv. 2020. 50, note E. Fabriès Lecea ; *Leden* oct. 2019, p. 6, note H. de Frémont.
3. CE 1er juin 2022, req. n° 434225 ; *RDT* 2022. 508, obs. M. Kocher ; *Leden* sept. 2022, p. 6, note G. Dedessus-Le Moustier.
4. Sur l'indemnisation des salariés en cas de non-respect de l'obligation de faire un PSE, v. ss n° 322.84.
5. L'article L. 631-17 reprend l'ancien article 63 du Décr. n° 85-1388, 27 déc. 1985 relatif au redressement et à la liquidation judiciaires des entreprises, *JO* 29 déc., p. 15281.
6. Soc. 3 mai 2001, n° 99-41.813, P V, n° 151 ; *JCP E* 2001. Pan. 1075.
7. Soc. 18 juin 1997, n° 96-40.279, P V, n° 226 ; *RPC* 1997, 352, obs. F. Taquet.
8. V. en matière de redressement judiciaire, ss n° 322.33.
9. TC Coutances, ord., 23 avr. 2021 ; *Act. proc. coll.* 2021, n° 123, note L. Fin-Langer.
10. Anct Décr. n° 2005-1677, 28 déc. 2005 pris en application de la loi n° 2005-845 du 26 juillet 2005 de sauvegarde des entreprises, *JO* 29 déc., p. 20324, art. 194, al. 1. Il reprend l'ancien article 63, alinéa 1 du Décr. n° 85-1388, 27 déc. 1985 relatif au redressement et à la liquidation judiciaires des entreprises, *JO* 29 déc., p. 15281.
11. Soc. 18 juin 1997, n° 96-40.279 ; *Bull. civ.* V, n° 226 ; *RPC* 1997. 357, obs. F. Taquet ; *D.* 1997. IR 162 ; *DS* 1997, 983, obs. R. Vatinet – Soc. 27 oct. 1998, n° 95-42.220 ; *Bull. civ.* V, n° 452 ; *D.* 1998. IR 247 ; *D.* 2000. 7, obs. F. Derrida ; *DS* 1999. 202, obs. R. Vatinet.
12. Soc. 23 mars 2016, n° 14-13.426, n° 14-22.950, NP ; *RPC* juill.-août 2016, comm. 131, note F. Taquet ; *RDT* 2016. 263, note A. Fabre ; *JCP S* 2016, n° 1179, note L. Fin-Langer.

tribunal peut être saisi par une partie pour suppléer la carence du juge-commissaire. C'est là le jeu classique de l'article R. 621-21, alinéa 2 du Code de commerce[1].

512.52 Communication de l'ordonnance du juge-commissaire. Sous l'empire de la législation de sauvegarde des entreprises, il est prévu que l'ordonnance autorisant les licenciements doit être transmise au ministère public et aux mandataires de justice[2], ainsi qu'aux représentants du personnel, ce que ne prévoyait pas la législation antérieure. En revanche, elle n'est pas notifiée aux salariés. Elle peut être contestée par le CSE ou ses membres lorsque l'entreprise a moins de cinquante salariés[3].

§ 5
Démarches subséquentes à l'autorisation du juge-commissaire

512.61 Respect de l'ordonnance. Le liquidateur ou l'administrateur doit s'en tenir strictement au contenu de l'ordonnance. Tout licenciement intervenant en marge de l'ordonnance est dépourvu de cause réelle et sérieuse. La solution a été posée à propos du licenciement d'une directrice, alors que seul était autorisé, par l'ordonnance, le licenciement de la directrice adjointe[4].

Il est recommandé au liquidateur ou à l'administrateur de ne procéder aux licenciements des dirigeants que sous réserve de la validité de leur contrat de travail au regard des règles de cumul du contrat de travail avec un mandat social[5].

Les licenciements notifiés sans demander l'autorisation peuvent être contestés devant la juridiction prud'homale : le salarié pourra demander des dommages-intérêts pour défaut de cause réelle et sérieuse[6]. Par ailleurs, le salarié pourrait engager la responsabilité de l'administrateur devant le tribunal judiciaire, anciennement le tribunal de grande instance[7].

1. Sur cette possibilité, P.-M. Le Corre, *Droit et pratique des procédures collectives 2025/2026*, 13ᵉ éd., « Dalloz Action », 2024, nº 331.81.
2. C. com., art. R. 631-26, al. 2.
3. Sur la contestation de l'ordonnance du juge-commissaire en redressement judiciaire, v. sˢ nº 322.42.
4. Paris, pôle 6, 11ᵉ ch., 30 sept. 2010, RG nº 06/12501 ; *RPC* 2011, comm. 6, note C. Lebel.
5. Ifppc 1999, recomm. nº 1040-6, p. 16.
6. Soc. 30 mai 1990, nº 89-42.075 ; *Bull. civ.* V, nº 258 ; *D.* 1990. IR 176 – Soc. 3 mai 2001, nº 99-41.813 ; *Bull. civ.* V, nº 151 ; *JCP E* 2001, nº 26, p. 1075 dans une procédure simplifiée.
7. Soc. 12 févr. 1992, nº 89-44.630, NP : responsabilité d'un liquidateur qui avait licencié un salarié sans respecter les délais. La solution est transposable au nom de l'obligation de prudence et de diligence incombant à l'administrateur dans l'exercice de sa mission.

512.62 Détermination des critères d'ordre. Pour la mise en œuvre des licenciements, une distinction s'impose, en application de l'article L. 1233-38 du Code du travail, selon que les licenciements économiques à intervenir sur une même période de trente jours, sont inférieurs à dix ou supérieurs ou égaux à ce chiffre. Pour les licenciements supérieurs à dix, la procédure a été réalisée en réalité en grande partie avant la demande d'autorisation du juge-commissaire. Lorsqu'un PSE a été mis en place, dans les entreprises de cinquante salariés et plus et pour des licenciements de dix salariés et plus, ces critères sont fixés dans le PSE. Une fois l'ordonnance rendue, le liquidateur ou l'administrateur n'a plus qu'à les appliquer pour ensuite notifier les licenciements aux salariés effectivement licenciés. En revanche, pour les licenciements concernant moins de dix salariés, la procédure doit être mise en œuvre après l'ordonnance du juge-commissaire.

L'ordonnance du juge-commissaire ne dressant pas de liste nominative mais ne mentionnant que le nombre et les catégories professionnelles des licenciements envisagés, il revient donc au liquidateur ou à l'administrateur de déterminer les salariés qui seront licenciés. Il devra alors fixer des critères d'ordre et appliquer l'article L. 1233-5 du Code du travail[8]. Pour les licenciements sans PSE et à défaut d'accord collectif les prévoyant[9], il revient au liquidateur ou à l'administrateur selon les cas de les déterminer après avoir consulté le CSE.

L'article L. 1233-5 du Code du travail cite les charges de famille, l'ancienneté du salarié, leur situation rendant leur réinsertion professionnelle difficile ou les qualités professionnelles, dont le contenu peut varier selon les catégories professionnelles[10]. Cette liste n'est pas limitative. Ont ainsi pu être ajoutés les sanctions disciplinaires[11] ou les résultats aux évaluations annuelles mises en place dans l'entreprise, mais non le fait que le salarié travaille à temps partiel[12] ou bien

8. Soc. 3 déc. 1996, nº 94-22.163 ; *Bull. civ.* V, nº 410 ; *JCP* 1997. II. 22786, note F. Duquesne ; *DS* 1997, 105, obs. J. Savatier ; *RJS* 1997. 28, nº 23 ; *RJS* 1997. 14, concl. A. Lyon-Caen ; *BJS* mars 1997, p. 232, obs. A. Arséguel et P. Fadeuilhe – Soc. 10 mai 1999, nº 96-19.828 ; *Bull. civ.* V, nº 202 ; *JCP* 2000. II. 10230, note F. Duquesne ; *D.* 1999. IR 157.
9. Un accord collectif peut fixer avant tout licenciement ces critères. Il ne s'agit donc pas nécessairement de l'accord majoritaire de PSE, mais un accord de droit commun d'entreprise ou de branche : CE 10 juill. 2017, req. nº 398256 ; *RDT* 2017. 701, concl. Dieu ; *CSBP* oct. 2017, p. 477, obs. Fl. Canut.
10. CE 31 oct. 2023, nº 456091 ; *Act. proc. coll.* 2024, nº 31 ; *JCP E* 2024, nº 1005, note C. Terrenoire ; *RPC* janv. 2024, nº 16, obs. D. Jacotot ; *Leden* févr. 2024, p. 7, obs. H. de Frémont.
11. Soc. 19 mai 2000, nº 09-40.103, NP ; *JCP S* 2010, nº 1345, note J.-F. Cesaro.
12. Soc. 4 juill. 2012, nº 11-12.045 ; *Bull. civ.* nº 211 ; *D.* 2012. 1894 ; *D.* 2013. 1026, obs. P. Lokiec et J. Porta ; *JCP S* 2012, nº 1407, note S. Béal et M. Marguerite ; *RPC* sept. 2012, comm. 151, F. Taquet.

encore l'existence d'un diplôme. Un de ces critères peut être privilégié, mais il faudra tenir compte également des autres[1]. Un système de pondération peut ainsi être instauré.

Ces critères s'appliquent à l'intérieur d'une catégorie professionnelle, qui regroupe des fonctions de même nature et supposant une formation professionnelle commune[2]. Le périmètre des catégories professionnelles peut être fixé par un accord collectif de droit commun, qui peut d'ailleurs être négocié pendant la période d'observation[3], mais plus difficilement pendant le maintien provisoire de l'activité en raison de l'urgence et de la brièveté du délai. Si l'intégralité d'une catégorie professionnelle est supprimée, ces dispositions n'ont pas à être respectées[4].

Le non-respect de ces dispositions n'a pas pour effet d'engendrer un licenciement sans cause réelle et sérieuse, mais elle cause un préjudice au salarié qui peut ainsi en demander la réparation[5].

512.63 Entretiens individuels : une étape parfois nécessaire. Si le nombre de licenciements devant intervenir dans une même période de trente jours est inférieur à dix, le liquidateur ou l'administrateur, selon le cas, devra convoquer les salariés dont le licenciement a été autorisé à un entretien individuel préalable[6].

Le salarié doit être convoqué à un entretien préalable et individuel par lettre recommandée avec accusé de réception ou par lettre simple remise en main propre contre décharge. Cependant, cette formalité n'est pas impérative. La Cour de cassation admet d'autres formes dès lors qu'elle permet d'éviter toute contestation sur la date de réception de la convocation, comme la convocation par Chronopost[7] ou la remise par voie d'huissier de justice[8].

La lettre de convocation doit préciser le lieu de l'entretien, qui est soit le lieu d'exécution du contrat soit le siège social de l'entreprise. Un autre endroit est possible à condition pour l'employeur de justifier d'un intérêt légitime[9]. Il est alors possible d'organiser ces entretiens dans les locaux des administrateurs ou des liquidateurs.

Est-il possible de remplacer l'entretien physique par une visio-conférence ? Cette question s'est notamment posée pendant la crise sanitaire du printemps 2020, car les déplacements étaient interdits. Ni le Code du travail ni les mesures Covid n'ont autorisé ce dispositif, alors que les délais des procédures de licenciement notamment pour motif économique n'étaient pas suspendus au titre de l'article 2 de l'ordonnance du 25 mars 2020[10]. Leur validité pose problème, car la Cour de cassation, suivie par certaines cours d'appel, refuse ce remplacement[11], contrairement à d'autres[12]. Il est donc nécessaire que le législateur prenne position et les encadre. Plusieurs contraintes sont à prendre en compte. Il faut ainsi s'assurer de l'identité des personnes présentes[13]. Il serait également souhaitable de demander l'accord du salarié, de vérifier qu'il a bien été informé de l'ensemble de ses droits. Reste posée la question de l'enregistrement de cet entretien et de l'exigence d'un motif légitime pour y recourir, comme un cas de suspension légitime du contrat de travail, le salarié étant dans l'impossibilité de se déplacer.

Elle indique également la date de l'entretien : l'employeur doit respecter un délai de cinq jours ouvrables minimum pour permettre au salarié de préparer sa défense et auquel le salarié ne peut renoncer[14]. Pour savoir si ce délai est respecté, il ne faut pas tenir compte de la date de présentation de la

1. Soc. 14 janv. 1997 ; *Bull. civ.* 1997, V, n° 16 ; *DS* 1997, 159, concl. Lyon-Caen, note J. Savatier ; *CSBP* 1997. 79 – Soc. 11 oct. 2006, n° 04-47.168 ; *Bull. civ.* V, n° 302 ; *JCP S* 2007, n° 1021, note P.-Y. Verkindt ; *JCP E* 2006, n° 2847, note S. Béal et C. Terrenoire ; *RDT* 2007. 32, obs. Ph. Waquet.
2. CE 30 mai 2016, *Fnac*, req. n° 387798 ; *Leden* sept. 2016, p. 7 ; *AJDA* 2016. 1866, chron. L. Dutheillet de Lamothe et G. Odinet ; *JSL* 2016, n° 414-4, obs. M. Hautefort ; *RPC* sept. 2016, comm. 142, D. Jacotot : reprenant la position de la Cour de cassation.
3. Par ex. : Accord de définition des catégories professionnelles, n° T01320008765.
4. Soc. 4 oct. 2023, n° 19-16.550 ; *RPC* janv. 2024, n° 6, obs. F. Taquet.
5. Soc. 14 janv. 1997, n° 95-44.366 ; *Bull. civ.* V, n° 16 ; *DS* 1997. 159, concl. A. Lyon-Caen, note J. Savatier ; *RJS* 1997. 92, n° 131 ; *CSBP* 1997. 79, arrêt Belkacem.
6. C. trav., art. L. 1233-11.
7. Soc. 8 févr. 2011, n° 09-40.027 ; *Bull. civ.* V, n° 45 ; *JCP S* 2011, n° 1199, note F. Dumont ; *CSBP* avr. 2011, p. 105, F.-J. Pansier ; *RPC* mai 2011, comm. 92, F. Taquet, *D. actu.* 3 mars 2011, C. Dechristé ; *D.* 2011. 599.
8. Soc. 30 mars 2011, n° 09-71.412 ; *Bull. civ.* V, n° 83 ; *JCP S* 2011, n° 1258, note F. Dumont ; *RPC* mai 2011, comm. 92, note F. Taquet ; *CSBP* mai 2011, p. 152, note F.-J. Pansier ; *LPA* 30 juin 2011, p. 11, obs. L. Cantois.
9. Soc. 9 mai 2000, n° 97-45.294 ; *Bull. civ.* V, n° 171 ; *D.* 2000. IR 157 ; *JCP* 2000. II. 10373, note D. Corrignan-Carsin ; *RJS* 2000, n° 650.
10. Ord. n° 2020-306, 25 mars 2020 relative à la prorogation des délais échus pendant la période d'urgence sanitaire et à l'adaptation des procédures pendant cette même période, *JO* 26 mars, n° 9.
11. Soc. 25 nov. 1991, n° 90-44.195, NP – Aix-en-Provence, Ch. 3-4, 14 févr. 2020, RG n° 17/10274 – Poitiers, Ch. soc. 2 déc. 2015, RG n° 14/03363 – Grenoble, Ch. soc., section A, 7 janv. 2020, RG n° 17/02442.
12. Versailles 4 juin 2020, n° 17/04940 ; *BJT* oct. 2020, p. 10 pour un salarié expatrié.
13. Bourges, ch. soc., 15 janv. 2019, RG n° 18/00201, Mme Le B. /c. Adef Résidences.
14. Soc. 20 déc. 2006, n° 04-47.853 ; *Bull. civ.* V, n° 396 ; *JCP S* 2007, n° 1349, note B. Bossu, *D. actu.* 5 févr. 2007, obs. J. Cortot – Soc. 3 juin 2015, n° 14-12.245 ; *D.* 2015. Actu. 1278 ; *RDT* 2015. 761, obs. M. Véricel ; *RJS* 8-9/2015, n° 574 ; *JCP S* 2015, n° 1311, note F. Dumont.

lettre de convocation[1]. Par ailleurs, l'employeur n'est pas tenu de reporter la date de cet entretien à la demande du salarié. En revanche, lorsqu'il le fait, le délai de cinq jours court à compter de la présentation de la première lettre[2]. Le non-respect de ce délai cause nécessairement un préjudice au salarié qui doit être réparé, même si ce dernier a décidé de ne pas venir à l'entretien[3]. Aucun aménagement de ce délai n'a été prévu dans le cadre des procédures collectives, y compris en liquidation judiciaire. Il convient donc de le respecter.

Elle doit enfin mentionner la possibilité pour le salarié de se faire assister soit par un personnel de son choix appartenant à l'entreprise et à défaut de représentant du personnel, par un conseiller inscrit sur une liste dont les coordonnées doivent être transmises au salarié. La présence du représentant des salariés ne suffit pas pour écarter cette disposition[4].

512.64 Proposition du contrat de sécurisation professionnelle. Il doit également proposer à tous les salariés licenciés pour motif économique pendant le maintien provisoire de l'activité qui suit un jugement de liquidation le contrat de sécurisation professionnelle en vertu des articles L. 1233-65 et suivants du Code du travail. Ce contrat doit être proposé par écrit au cours de l'entretien préalable ou après la notification de la décision de la Dreets validant le PSE dans les grands licenciements économiques depuis la loi Macron. Le salarié dispose de vingt-et-un jours de réflexion pour donner sa réponse dans lequel il doit être reçu par France Travail. Son acceptation emporte rupture du contrat et donne droit à l'indemnité de licenciement ou à toute indemnité conventionnelle qui lui aurait été due en cas de licenciement[5].

512.65 Notification des licenciements. Le liquidateur ou l'administrateur devra ensuite notifier les licenciements. Dans quel délai ?

L'article L. 1233-59 du Code du travail écarte les délais de notification des lettres de licenciement pour motif économique prévus à l'article L. 1233-15 en cas de redressement et de liquidation. Selon ce texte, le délai est de sept jours, porté à quinze pour les cadres, à compter de l'entretien individuel pour le licenciement individuel ou celui de moins de dix sur une période de trente jours. Aucun texte ne prévoit expressément une telle dérogation pour les licenciements de dix salariés et plus, le délai de trente jours étant prévu à l'article L. 1233-39. Faut-il également l'écarter ? La Cour de cassation, dans un arrêt du 17 mai 2023[6], y répond en cassant, pour violation des articles L. 1233-39, L. 3253-8, 2° et L. 631-17 du Code de commerce, un arrêt de Cour d'appel qui a condamné un employeur placé en redressement judiciaire à indemniser un salarié licencié pendant la période d'observation sur autorisation du juge-commissaire pour non-respect du délai de notification pour les grands licenciements économiques, faute de dérogation expresse dans l'article L. 1233-59 du Code du travail. Pour la Cour de cassation, il résulte de l'article L. 3253-8 organisant la prise en charge par l'AGS des indemnités de licenciement pour motif économique notifiés notamment pendant la période d'observation que « les délais prévus à l'article L. 1233-39 du Code du travail (...) ne sont pas applicables en cas de redressement ou de liquidation judiciaire ». La Cour, par cette interprétation extensive, évite une incompatibilité entre les différents textes, qui pourrait faire obstacle à la garantie AGS. L'article L. 3253-8, 2°, a du Code du travail prévoit un délai souple pour que la garantie de l'AGS puisse jouer, à savoir une notification pendant le maintien provisoire de l'activité. Elles doivent donc être effectuées avant la fin de cette période ou au plus tard quinze ou vingt-et-un jours quand un PSE est établi après la fin de cette période.

En cas d'entretien individuel[7], avant l'ordonnance du 24 juin 2004[8], le liquidateur ou l'administrateur, selon le cas, devait ensuite notifier par lettre recommandée avec avis de réception, leur licenciement aux intéressés, dans le délai d'un jour franc à compter de l'entretien préalable. Ce délai a été porté par l'ordonnance précitée à deux jours ouvrables. Les dispositions de l'article L. 1233-38 du Code du travail, qui imposent le respect de délais entre la date de l'entretien préalable et la date d'envoi de la lettre de licenciement sont désormais inapplicables en cas de liquidation judiciaire[9], car elles sont souvent inconciliables avec les délais de licenciement impartis pour la prise en charge par l'AGS des indemnités de rupture.

La lettre de licenciement devra, pour que le licenciement ne soit pas considéré comme étant sans cause réelle et sérieuse, impérativement viser l'ordonnance

1. Soc. 20 févr. 2008, n° 06-40.949 ; *Bull. civ.* V, n° 396 ; *D. actu.* 5 mars 2008, obs. M. Inès ; *JCP S* 2008, n° 1252, note J.-Y. Kerbouc'h.
2. Soc. 24 nov. 2010, n° 09-66.616 ; *Bull. civ.* V, n° 267 ; *JCP S* 2011, n° 1080, note L. Drai ; *D.* 2010. 2915.
3. Soc. 20 janv. 2015, n° 13-21.565, NP ; *RPC* mai 2015, comm. 54, F. Taquet ; *RPC* sept. 2015, comm. 156, F. Taquet.
4. Soc. 27 juin 2002, n° 00-41.893 ; *Bull. civ.* V, n° 233 ; *D.* 2002. IR 2234 ; *DS* 2002, 1073, note F. Petit.
5. Sur son application en redressement judiciaire, v. s[s] n° 322.92.
6. Soc. 17 mai 2023, n° 21-21.041 ; P ; *D. actu.* 2023. 1015 ; *Act. proc. coll.* 2023, n° 182, obs. L. Fin-Langer ; *RPC* juill. 2023, n° 69, obs. D. Jacotot ; *SSL* 2023, n° 2052, p. 1, obs. P. Bailly ; *JCP S* 2023, n° 1180, note B. Bossu.
7. Sur l'entretien individuel, v. s[s] n° 512.63.
8. Ord. n° 2004-602, 24 juin 2004 relative à la simplification du droit dans les domaines du travail, de l'emploi et de la formation professionnelle, *JO* 26 juin, n° 8.
9. C. trav., art. L. 1233-59.

du juge-commissaire[1], laquelle devra donc être antérieure. Le simple visa des formalités légales dans la lettre de licenciement ne vaut pas visa de l'ordonnance du juge-commissaire[2].

Sera irrégulier le licenciement notifié en visant une ordonnance à venir du juge-commissaire[3]. De même, le licenciement sera irrégulier si la lettre de licenciement se borne à faire état d'une autorisation du juge-commissaire, sans préciser sa nature, ni sa date[4]. Nécessaire, le renvoi à l'ordonnance du juge-commissaire ayant autorisé le licenciement est aujourd'hui suffisant[5].

En cas de licenciement notifié par le liquidateur ou l'administrateur, il lui revient d'établir et de communiquer aux salariés licenciés deux documents obligatoires, à savoir le certificat de travail et l'attestation France Travail. À défaut, il pourrait engager sa responsabilité. Il peut aussi lui délivrer un reçu pour solde de tout compte[6].

512.66 **Versement des indemnités de rupture.** Tout salarié licencié pour motif économique a droit à l'indemnité légale de licenciement dès lors qu'il a huit mois d'ancienneté depuis les ordonnances du 22 septembre 2017. Pour savoir si le salarié a droit à cette indemnité, il est tenu compte de son ancienneté au jour de la notification du licenciement.

Son montant sera calculé à l'expiration du délai de préavis, même s'il est dispensé de l'exécuter. Il faut cependant préciser que si le salarié commet une faute grave pendant cette période, cette faute interrompt le délai ainsi que l'ancienneté, car elle met fin au contrat[7].

Le montant est désormais identique depuis la loi du 25 juin 2008 pour le motif personnel et économique[8]. Elle est calculée en fonction de la rémunération brute moyenne des trois derniers mois ou sur celle des douze derniers mois, la somme la plus élevée étant retenue.

En contrepartie du plafonnement des indemnités pour défaut de cause réelle et sérieuse, la réforme du 22 septembre 2017 a prévu une revalorisation du montant de l'indemnité de licenciement, prévu par le nouvel art. R. 1234-2 issu d'un décret du 25 septembre 2017, applicable immédiatement à tous les licenciements notifiés après en entrée en vigueur. Elle a été revalorisée dans les termes suivants :

« L'indemnité de licenciement ne peut être inférieure aux montants suivants :

1° Un quart de mois de salaire par année d'ancienneté pour les années jusqu'à dix ans ;

2° Un tiers de mois de salaire par année d'ancienneté pour les années à partir de dix ans. »

Les accords collectifs peuvent l'augmenter[9], l'indemnité conventionnelle se substituant alors à l'indemnité légale sans pouvoir se cumuler.

Les parties peuvent également avoir mis en place des « golden parachute » qui sont des indemnités contractuelles de départ, d'un montant en général élevé. La Cour de cassation les valide sous réserve de ne pas faire échec à la faculté de résiliation unilatérale. À la différence des indemnités conventionnelles, les indemnités contractuelles peuvent alors être modifiées par le juge, même d'office, si elles sont d'un montant excessif sur le fondement de l'ancien article 1152 du Code civil, devenu avec la réforme de 2016, l'article 1231-5, la Cour les assimilant à une clause pénale[10].

Le liquidateur ou l'administrateur judiciaire qui procède au licenciement économique d'un salarié

1. Soc. 12 janv. 2000, n° 97-43.401, NP ; *RPC* 2000, 102, n° 4, obs. F. Taquet ; *Gaz. Pal.* 27-29 janv. 2002. 36, note F. Dumont – Soc. 22 févr. 2000, n° 97-43.780, NP ; *RPC* 2000, 102, n° 4, obs. F. Taquet – Soc. 28 mars. 2000, n° 97-43.923, NP ; *Gaz. Pal.* 27-29 janv. 2002. 41, note F. Dumont ; *RPC* 2001. 101, n° 2, obs. F. Taquet – Soc. 28 juin 2000, n° 98-42.969, NP ; *RPC* 2001, 101, n° 2, obs. F. Taquet – Soc. 26 juin 2001, n° 99-43.078, NP ; *Act. proc. coll.* 2001, n° 209 – Cass., ass. plén., 24 janv. 2003, n° 00-41.741, P, n° 1 ; *Act. proc. coll.* 2003/4, n° 47, note F. Taquet ; *Gaz. Pal.* jur. 21-22 févr. 2003, p. 33, note F.-J. Pansier ; *JCP E* 2003. Chron. 760, p. 853, n° 12, obs. Ph. Pétel ; *RPC* 2003, p. 158, n° 10, obs. F. Taquet ; *RJ com.* 2003. 1621, p. 274, note Courtier ; *LXB*, n° N5939AA9, note P.-M. Le Corre – Soc. 3 mars 2004, n° 02-43.415, NP ; *RPC* 2004, p. 251, n° 17, obs. F. Taquet ; *JCP E* 2004. Chron. 1639, p. 1779, n° 16, obs. P. Morvan – Soc. 31 mars 2004, n°s 03-40.703, 03-40.704, 03-40.705, 03-40.706, NP ; *RPC* 2004, p. 392, n° 7, obs. F. Taquet – Soc. 12 juill. 2010, n° 08-40.740, P V, n° 169 ; *RPC* 2010/5, comm. 191, note F. Taquet ; *LPA* 20 déc. 2010, n° 252, p. 15, note D. Jacotot – Lyon, ch. soc. C, 25 août 2009 ; *RPC* 2011. comm. 57, p. 61, note F. Taquet.
2. Soc. 19 mars 2003, n° 01-44.376, P V, n° 104 ; *Act. proc. coll.* 2003/8, n° 101.
3. Soc. 11 juill. 2000, n° 98-43.545, NP ; *Act. proc. coll.* 2000/16, n° 213.
4. Com. 4 juin 2003, n° 01-42.100, NP ; *RPC* 2003, p. 246, n° 5, obs. F. Taquet.
5. Soc. 27 janv. 2009, n° 07-42.680, NP ; *RPC* 2009/2, p. 25, n° 22, note F. Taquet – Sur son application en redressement judiciaire, v. s^s^ n° 322.93.
6. Sur le reçu pour solde de tout compte, v. s^s^ n° 322.95.
7. Soc. 11 sept. 2019, n° 18-12.606, P ; *JCP S* 2019, n° 1285, note L. Drai ; *D.* 2019. 1767 ; *DS* 2019, 981, obs. J. Mouly ; *RPC* nov. 2019, comm. 171, F. Taquet.
8. C. trav., art. L. 1234-9.
9. Par ex. : Soc. 17 oct. 2012, n° 10-28.006 ; *RDT* 2012. 669.
10. Soc. 18 déc. 1979, n° 78-40.996 ; *Bull. civ.* V, n° 1009 ; *D.* 1980. IR 352, obs. Ph. Langlois ; *DS* 1980. 370 ; *JCP* 1980. II. 19432, obs. A. Lyon-Caen – Par ex. : Soc. 5 mars 2014, n° 12-23.106 ; *Bull. civ.* V, n° 68 ; *D.* 2014. 671 ; *D.* 2014. 1115, obs. P. Lokiec et J. Porta ; *DS* 2014, 481, obs. J. Mouly ; *DS* 2014, 760, chron. S. Tournaux ; *JCP S* 2014, n° 1215, note G. François ; *CSBP* avr. 2014, p. 245, obs. J. Icard – Soc. 16 mars 2016, n° 14-23.861, P ; *D. actu.* 8 avr. 2016, obs. M. Inès ; *D.* 2016. Actu. 720 ; *DS* 2016, 470, note J. Mouly ; *JCP S* 2016, n° 1174, note G. François ; *CSBP* mai 2016, p. 235, J. Icard.

peut le dispenser d'exécuter son préavis [1], cette décision pouvant être utile en cas de liquidation judiciaire. Il devra alors lui verser une indemnité correspondant au salaire versé pendant cette durée s'il avait été exécuté [2].

Il devra également verser l'indemnité compensatrice de congés payés pour les congés restant dus [3]. C'est à l'employeur d'apporter la preuve que le salarié n'a pas été en mesure de prendre effectivement ses congés, qu'ils soient d'origine légale ou conventionnelle [4].

Les parties peuvent également avoir prévu une clause de non-concurrence qui produit ses effets après la rupture du contrat et qui oblige le salarié, en échange d'une contrepartie financière, à ne pas travailler pour une entreprise concurrente. La date de la rupture peut avoir des conséquences aussi sur la possibilité de renoncer unilatéralement à cette clause. Ainsi, si le préavis est exécuté, l'employeur peut y renoncer au plus tard à la date du départ effectif de l'entreprise, et donc à la fin du préavis exécuté. Si le préavis n'est pas exécuté, il faut regarder le délai prévu dans la clause. Si l'inexécution vient du fait du salarié, la renonciation peut se réaliser au cours du préavis [5].

La Chambre sociale, dans un arrêt du 16 juin 2010 rendu dans le cadre d'une liquidation judiciaire, considère que ces indemnités de rupture (indemnité légale de licenciement, de préavis et de congés payés) constituent des créances postérieures utiles et bénéficient donc du traitement privilégié [6].

512.67 **Prise en charge des indemnités de rupture par l'AGS.** Si, à la suite de la poursuite provisoire de l'activité autorisée en liquidation judiciaire un plan de cession est arrêté, les licenciements qui seraient effectués en exécution de ce plan devront intervenir dans le délai du mois du plan. La solution, qui résulte d'un amendement [7], a été alignée sur celle applicable pour les autres plans, et est dérogatoire à celle existant pour la liquidation judiciaire. L'AGS continuera à devoir sa garantie. Pour cela, la loi du 26 juillet 2005 a modifié l'article L. 143-11-1 du Code du travail, devenu L. 3253-6 et L. 3253-8, qui intéresse les créances garanties par l'AGS, en insérant à cet article un article L. 143-11-1 *bis*, devenu L. 3253-8, 3°.

Aucune règle spécifique n'était en revanche prévue, sous l'empire de la loi de sauvegarde des entreprises, dans sa rédaction antérieure à l'ordonnance du 18 décembre 2008 [8], si un plan de cession n'était pas arrêté. Il fallait donc appliquer la solution de principe selon laquelle, afin d'assurer une prise en charge des indemnités de rupture par l'AGS, les licenciements devaient intervenir avant expiration de la poursuite provisoire de l'activité. À défaut, l'AGS ne devait pas sa garantie [9]. La solution était pour le moins inconfortable pour les organes de la procédure collective. Les praticiens, soucieux d'éviter l'engagement de leur responsabilité, n'hésitaient sans doute pas à licencier préventivement, en anticipant sur le rejet du plan de cession [10]. Les délais de la procédure de licenciement étaient totalement inadaptés [11], du fait de la couverture de l'AGS. Il fallait toutefois relever l'opinion isolée d'un auteur, qui estimait que les formalités préalables de licenciement ne s'imposaient plus si le projet de plan de cession n'aboutissait pas ou qu'il était rejeté [12].

Pour tenir compte de ces difficultés, l'ordonnance de réforme du 18 décembre 2008 modifie le d du 2° et du 4° de l'article L. 3253-8 du Code du travail. Il est en conséquence prévu que la garantie de l'AGS, pour les créances résultant de la rupture des contrats de travail intervenant après une poursuite provisoire de l'activité en liquidation judiciaire, est due, lorsque les licenciements sont effectués soit avant l'expi-

1. Soc. 22 oct. 2008, n° 07-42.140, P V, n° 199 ; F-P+B ; *Gaz. proc. coll.* 2009/2, p. 37, n° 1, note B. Saintourens ; *Act. proc. coll.* 2009/2, n° 35.
2. C. trav., art. L. 1234-5.
3. C. trav., art. L. 3141-24 – Soc. 5 juin 2008, n° 06-46.366 ; *Bull. civ.* V, n° 125 ; *RDT* 2008. 608, obs. Canut ; *JCP S* 2008, n° 1423, note S. Brissy – Soc. 24 févr. 2009, n° 07-44.749 ; *Bull. civ.* V, n° 48 ; *D.* 2009. 816, obs. M. Inès ; *JCP S* 2009, n° 1230, note S. Brissy.
4. Soc. 21 sept. 2017, n° 16-18.898 ; *Bull. civ.* V, n° 159 ; *JCP S* 2017, n° 1358, note N. Chabrier et L. Chabaud ; *Act. proc. coll.* 2017, n° 290 ; *Gaz. Pal.* 6 févr. 2018, p. 47, note V. Orif : revirement.
5. Soc. 21 mars 2018, n° 16-21.021 ; *Bull. civ.* V, n° 42 ; *D.* 2018. 2326, obs. Centre de droit de la concurrence Yves Serra ; *DS* 2018. 653, étude S. Tournaux ; *RDT* 2018. 447, obs. C. Dupouey-Dehan ; *JCP S* 2018, n° 1183, note M.-N. Rouspide-Katchadourian ; *JCP* 2018. Actu. 422, obs. D. Carrignan-Carsin.
6. Soc. 16 juin 2010, n° 08-19.351 ; *Bull. civ.* IV, n° 140 ; *D.* 2010. AJ 1550, obs. A. Lienhard ; *D.* 2011. Pan. 2080, obs. P.-M. Le Corre ; *RPC* 2010, n° 245, obs. G. Berthelot ; *RPC* 2012, n° 47, obs. C. Saint-Alary-Houin ; *Gaz. Pal.* 15-16 oct. 2011, p. 27, obs. Henry ; *BJE* mars 2011. 25, obs. F. Macorig-Venier ; *RTD com.* 2011. 173, obs. A. Martin-Serf.
7. Amend. n° 560, mod. par sous-amend. n° 650, Interv. Bernard Pousset et Xavier de Roux, *JOAN CR*, 3e séance du 8 mars 2005, p. 1813.
8. Ord. n° 2008-1345, 18 déc. 2008 portant réforme du droit des entreprises en difficulté, *JO* 19 déc., n° 29.
9. Interv. Douhaire, « Séminaire sur les premiers mois d'application de la loi n° 2005-845 de sauvegarde des entreprises », Cour de cassation 23 juin 2006 [en ligne].
10. Interv. Douhaire, Séminaire sur les premiers mois d'application de la loi n° 2005-845 de sauvegarde des entreprises, Cour de cassation 23 juin 2006, www.courdecassation.fr – *Adde* : G. Teboul, « Le code du travail : un divorce avec le droit des entreprises en difficulté ? », *LPA* 1er et 2 janv. 2008, nos 1, 2, p. 7 s., sp. p. 9.
11. F. Pérochon et R. Bonhomme, *Entreprises en difficulté*, LGDJ, 7e éd., n° 445.
12. J.-L. Vallens, 2007, n° 3715.

ration de cette période, soit dans les quinze jours qui suivent la fin du maintien de l'activité.

Ces indemnités de rupture ainsi que la contrepartie de la clause de non-concurrence[1] sont garanties par l'AGS dans la limite des plafonds de garantie. Il faut cependant préciser que l'indemnité *supra*-légale de licenciement ainsi que toutes les sommes qui concourent à la réparation du préjudice subi par les salariés en raison de la rupture du contrat, prévue par un accord collectif conclu moins de dix-huit mois avant le jugement de liquidation ou celle fixée par le PSE pendant le maintien provisoire de l'activité ne sont désormais plus garanties par l'AGS[2]. En effet, la Cour de cassation a clairement inclus dans ces sommes indemnitaires l'indemnité *supra*-légale fixée par le PSE, sans forcément trancher le sort des autres sommes versées qui pourraient être prises en charge si elles sont considérées comme des mesures d'accompagnement, garanties, quelle que soit la date du PSE en vertu de l'article L. 3253-8, 4°, du Code du travail[3].

512.68 Délivrance des documents de fin de contrat. Le liquidateur ou l'administrateur doit délivrer le certificat de travail ainsi que l'attestation France Travail. Il peut aussi remettre un reçu pour solde de tout compte[4].

512.69 Recours à l'encontre de l'ordonnance autorisant les licenciements. Comme en matière de redressement[5], l'ordonnance doit être notifiée au CSE et, dans les entreprises ayant au plus dix salariés, au représentant des salariés[6]. Cette notification doit comporter les délais et les modalités des voies de recours conformément à l'article 680 du Code de procédure civile.

Ces derniers peuvent donc former à son encontre un recours devant le tribunal[7], encore que l'opinion contraire ait pu être émise[8], dans les conditions classiques, c'est-à-dire, notamment, dans le délai de dix jours. L'article R. 621-21, alinéa 4, du Code de commerce précise que ce recours est porté « par déclaration faite contre récépissé ou adressée par lettre recommandée avec demande d'avis de réception au greffe ».

Dans le cadre de ce recours, la discussion ne pourra porter sur les conséquences individuelles des licenciements, mais seulement sur la régularité de la procédure de licenciement au regard des dispositions de l'article L. 621-37 du Code de commerce[9], dans la rédaction antérieure à la loi de sauvegarde des entreprises, de l'article L. 631-17, dans la rédaction issue de la loi de sauvegarde des entreprises.

De même, les salariés, n'étant pas parties à l'ordonnance ne peuvent en conséquence la frapper de recours devant le tribunal, l'opinion contraire ayant toutefois été émise[10] avant semble-t-il d'avoir été abandonnée. Ils ne peuvent davantage former un appel à son encontre, encore que l'opinion contraire ait pu être soutenue[11]. En effet, l'ordonnance n'a pas à être notifiée aux salariés[12]. Ce qui peut *a priori* apparaître singulier est pourtant non seulement logique, mais aussi incontournable. En effet, l'ordonnance qui doit préciser le nombre de salariés dont le licenciement est autorisé ainsi que les catégories professionnelles concernées, n'a pas à viser nominativement les salariés[13]. Il en résulte qu'elle ne peut leur être notifiée[14].

Cette ordonnance peut faire l'objet d'un recours en interprétation, en omission de statuer et en rectification d'erreur matérielle sur le fondement des articles 461, 462 et 463 du Code de procédure civile.

Comment dans ces conditions garantir un recours effectif des salariés licenciés en vertu de cette ordonnance du juge-commissaire ?

Il a été affirmé depuis un arrêt du 3 octobre 1989 que le Conseil des prud'hommes restait compétent pour toutes « les demandes individuelles présentées

1. Soc. 20 juin 2006, n° 04-48.523 ; *Bull. civ.* V, n° 218 ; *DS* 2006, 1054, obs. C. Radé ; *JCP S* 2006, n° 1950, note R. Vatinet.
2. C. trav., art. L. 3253-13 – V. *contra* avant pour des indemnités *supra*-légales prévues par des PSE établis pendant la période d'observation : Soc. 30 sept. 2009, n° 08-42.076 ; *Bull. civ.* V, n° 213 ; *D.* 2009. AJ 2423 ; *JCP S* 2009, n° 1506, note P. Morvan ; *Act. proc. coll.* 2009, n° 262 ; *RPC* janv. 2010, n° 37, obs. F. Taquet ; *Leden* nov. 2019, p. 6, obs. S. Gorrias – Soc. 16 déc. 2020, n° 18-15.532 ; *Act. proc. coll.* 2021. 46, L. Fin-Langer ; *DS* 2021. 463, note D. Bondat ; *Gaz. Pal.* 9 mars 2021, p. 75, note D. Rognet-Yague ; *JSL* 2021, n° 514-5, obs. H. Nassom-Tissandier ; *JCP S* 2021, n° 1035, obs. L. Fin-Langer ; *Leden* mars 2021, p. 7, obs. G. Dedessus-Le Moustier.
3. Soc. 16 déc. 2020, n° 18-15.532 ; *JCP S* 2021, n° 1035, note L. Fin-Langer ; *Act. proc. coll.* 2021, n° 46, obs. L. Fin-Langer ; *Leden* mars 2021, p. 7, obs. G. Dedessus-Le Moustier ; *Gaz. Pal.* 9 mars 2021, p. 75, obs. D. Ronet-Yague ; *DS* 2021. 463, note D. Bondat – Sur la garantie AGS, v. s[s] n°s 721.11 s.
4. Sur les différents documents de fin de contrat, v. s[s] n° 511.32.
5. Sur le contentieux de cette ordonnance en redressement judiciaire, v. s[s] n° 322.42.
6. C. com., art. R. 631-26, al. 2 – Anc[t] Décr. 28 déc. 2005, art. 194, al. 2. D. 27 déc. 1985, art. 63, al. 2.
7. T. com. Paris, 14 janv. 1988 ; *Gaz. Pal.* 1989. I. 354, note P. Marchi qui a admis le recours du représentant des salariés.
8. Q. Urban, « Quelle est l'implication des institutions représentatives du personnel dans le traitement des difficultés des entreprises depuis la loi du 26 juillet 2005 ? », *RPC* 2008, p. 35 s., sp. p. 39, n° 30.
9. Anc[t] L. 25 janv. 1985, art. 45.
10. A. Jacquemont, *Droit des entreprises en difficulté*, 7e éd., LexisNexis, 2011, n° 1128.
11. M. Delteil et L. Lautrette, « Le sort des contrats de travail dans la loi de sauvegarde des entreprises », *LPA* 17 févr. 2006, n° 35, p. 42 s., sp. p. 46.
12. Soc. 5 mars 1997, n° 95-41.230, NP ; *D.* 1997. 522, note P. Bailly.
13. Soc. 18 juin 1997, n° 96-40.279, P V, n° 226 ; *DS* 1997. 983, note R. Vatinet.
14. AINSI : Versailles, 6e ch. soc., 20 févr. 2001 ; *Gaz. Pal.* Somm. 12-13 oct. 2001, p. 30.

par les salariés licenciés pendant la période d'observation sur autorisation du juge-commissaire »[1]. Cette décision reconnaît pour la première fois la possibilité d'un recours devant le Conseil des prud'hommes pour toutes les demandes individuelles[2], voire de la cause réelle et sérieuse.

Le Conseil des prud'hommes pourra évidemment allouer une indemnité aux salariés qui auraient été licenciés sans autorisation du juge-commissaire, pour défaut de cause réelle et sérieuse[3]. Il en sera de même si l'autorisation a été obtenue par fraude[4] ou si cette ordonnance est irrégulière[5]. Le montant des indemnités pour défaut de cause réelle et sérieuse est alors désormais encadré depuis les ordonnances du 22 septembre 2017 par l'article L. 1235-3 du Code du travail[6].

Il a également été admis que la faute de l'employeur, à l'origine de l'ouverture de la liquidation judiciaire, pouvait être invoquée par le salarié pour contester la cause réelle et sérieuse de son licenciement qui découlerait de l'ouverture de la procédure collective[7]. Si cette affirmation théorique a été posée, en pratique, elle a peu de chances d'aboutir, puisqu'il revient au salarié d'établir cette faute[8], mais peut malgré tout aboutir en cas par exemple de détournements frauduleux[9].

En revanche, une fois l'ordonnance passée en force de chose jugée, le caractère économique du licenciement ne pourra plus être discuté[10]. Le Conseil d'État adopte la même solution désormais pour les salariés protégés[11]. Le caractère économique du licenciement et la régularité de l'ordonnance ne peuvent être discutés devant l'administration[12], et cela même si le licenciement concerne un salarié protégé pour lequel l'autorisation administrative de licencier est en outre nécessaire.

Il faut enfin signaler que le recours contre le PSE devant les juges administratifs reste possible depuis l'entrée en vigueur de la loi du 14 juin 2013. Ainsi, cette ordonnance du juge-commissaire qui autorise les licenciements économiques, en énonçant les catégories professionnelles concernées, envisagés par le plan de sauvegarde, n'interdira pas de contester pour excès de pouvoir la légalité de la décision d'homologation du plan de sauvegarde par la Dreets[13]. L'ordonnance du juge-commissaire n'a pas autorité de chose jugée par rapport à la décision de la Dreets. Il n'y a pas identité de parties, la Dreets n'étant pas présente devant le juge-commissaire. Surtout, a-t-il été relevé[14], l'ordonnance du juge-commissaire et la décision de la Dreets n'ont pas le même objet. Le juge-commissaire ne statue pas sur la validité de la décision d'homologation de la Dreets, et donc des catégories professionnelles et ne tranche pas de litige.

La solution était identique sous l'empire du droit antérieur à la loi du 14 juin 2013. L'autorité de chose jugée attachée à cette ordonnance ne supprimait pas la possibilité pour un syndicat de rechercher, devant le tribunal de grande instance, la nullité d'un plan social. Cette compétence de droit commun doit être respectée, dès lors que le litige aurait pu naître indépendamment de l'ouverture du redressement judiciaire[15].

1. Soc. 3 oct. 1989, n° 88-42.835 ; *Bull. civ.* V, n° 559 ; *D.* 1989. IR 277 ; *RJS* 1989, n° 875, p. 521 ; *RPC* 1990, n° 3, p. 289.
2. Sur le contentieux prud'homal, v. s[s] n°s 821.11 s. – Soc. 6 mars 1990, n° 89-40.028 ; *Bull. civ.* V, n° 92 ; *D.* 1990, somm. 218, obs. A. Honorat ; *RPC* 1991, n° 2, p. 243, obs. E. Kerchove.
3. Soc. 30 mai 1990, n° 89-42.075 ; *Bull. civ.* V, n° 258 ; *D.* 1990. IR 176 – Soc. 3 mai 2001, n° 99-41.813 ; *Bull. civ.* V, n° 151 ; *JCP E* 2001, n° 26, p. 1075 dans une procédure simplifiée.
4. Par ex. quand le salarié a été immédiatement remplacé : Soc. 27 oct. 1998, n°s 95-42.220 et 95-42.221 ; *Bull. civ.* V, n° 452 ; *D.* 2000. 7, obs. F. Derrida ; *Dr. soc.* 1999. 203, obs. R. Vatinet ; *JCP E* 1999, n° 1721, note P. Coursier – Soc. 17 mars 2015, n° 13-26.617 ; *RPC* 2015, comm. 48 – Soc. 4 juill. 2018, n° 16-27.922 P ; *D.* 2018. Actu. 1487 ; *RPC* sept. 2018, comm. 155, note D. Jacotot ; *Act. proc. coll.* 2018, n° 237, obs. L. Fin-Langer ; *JCP S* 2018, n° 1321, note L. Fin-Langer ; *BJT* oct. 2018, p. 110, note J. Icard ; *BJE* 2018. 452, note A. Donnette-Boissière ; *JCP* 2018, n° 1475, note G. Dedessus-Le Moustier ; *Leden*, sept. 2018, p. 7, H. de Frémont ; *Gaz. Pal.* 31 juill. 2018, p. 44, obs. C. Berlaud : il s'agit d'une présentation erronée des faits à l'origine des difficultés économiques faite par le dirigeant de l'entreprise devant le juge commercial.
5. Soc. 23 mars 2016, n° 14-22.950 ; *Bull. civ.* V, n° 52 ; *D.* 2016. Actu. 701 ; *D. actu.* 22 avr. 2016, obs. M. Ines ; *RDT* 2016. 263, note A. Fabre ; *Act. proc. coll.* 2016, n° 124, obs. L. Fin-Langer ; *JCP S* 2016, n° 1179, note L. Fin-Langer ; *Leden* 5/2016. 5, obs. H. de Frémont ; *Gaz. Pal.* 28 juin 2016, p. 49, obs. C. Gailhbaud ; *RPC* 2016, n° 124, obs. F. Taquet.
6. Sur ce barème « Macron », v. s[s] n° 321.12.
7. Soc. 8 juill. 2020, n° 18-26.140 ; *Act. proc. coll.* 2020, n° 206 ; *RDT* 2020. 676, obs. V. Ilieva ; *Gaz. Pal.* 13 oct. 2020, p. 78, C. Gailhbaud ; *BJS* nov. 2020, p. 50, D. Baugard ; *Leden* oct. 2020, p. 6, obs. H. de Frémont ; *JCP S* 2020, n° 3010, note L. Fin-Langer ; *RPC* mars 2021, 43, obs. F. Taquet.
8. Soc. 16 déc. 2020, n° 19-11.125 ; *Act. proc. coll.* 2021, 49 – Toulouse, 4e ch. soc., 2e sect., 19 mars 2021, 19/02793 ; *Act. proc. coll.* 2021. 125 : illustration.
9. Soc. 29 mai 2024, n° 22-19.811, *RPC* sept. 2024, 135, obs. F. Taquet.
10. Soc. 9 juill. 1996, n° 93-41.877, P V, n° 268 ; *JCP* 1997. I. 4004, n° 9, obs. Ph. Pétel – Soc. 5 mars 1997, n° 95-41.230, NP ; *D.* 1997. 522, note Bailly – Soc. 26 mai 1999, n° 97-40.803, P V, n° 235 – Soc. 5 oct. 1999, n° 96-40.746, P V, n° 367, n° 3389-P.
11. CE 3 juill. 2013, *Élixens France (S[té])*, req. n° 361066, *Lebon T.* ; *AJDA* 2013. 2129 ; *RDT* 2013. 551, concl. G. Dumortier ; *RPC* 2014, comm. 54, note D. Jacotot.
12. Soc. 23 mars 2016, n°s 14-22.950, 14-22.960, 14-22.961, 14-22.963, P V ; n° 623 FS-P+B+I ; *Gaz. Pal.* 28 juin 2016, n° 24, p. 49, note C. Gailhbaud ; *Act. proc. coll.* 2016/9, comm. 124, note L. Fin-Langer ; *Gaz. Pal.* 14 juin 2016, n° 22, p. 67, note D. Ronet-Yague ; *RPC* juill.-août 2016, comm. 124, note F. Taquet.
13. CE 22 mai 2019, req. n° 407401 ; *Act. proc. coll.* 2019/15, comm. 212, note L. Fin-Langer ; *RJS* 7/2019, p. 519, concl. S.-J. Lieber.
14. L. Fin-Langer, note sous CE 22 mai 2019, n° 407401 ; *Act. proc. coll.* 2019/15, comm. 212.
15. Soc. 14 oct. 1997, n° 96-18.876, P V, n° 312 ; *JCP E* 1998. Chron. 32, n° 13, obs. Ph. Pétel ; *JCP E* 1998, n° 11, p. 424, note F. Duquesne.

512.70 Contentieux des licenciements. Comme en redressement judiciaire, le salarié peut contester la régularité du PSE. Mais la sanction a été aménagée par la jurisprudence puis par le législateur [1]. Le salarié peut recevoir une indemnité minimale de six mois de salaires en cas de nullité de la décision d'homologation ou de validation par les juridictions administratives [2].

La Cour de cassation a précisé que cela valait pour toutes les causes d'annulation du PSE : en l'occurrence le non-respect des règles relatives aux critères d'ordre [3]. Il s'agit d'une indemnité minimale, qui ne peut être assimilée à celle due pour défaut de cause réelle et sérieuse. Elle n'est donc pas soumise au plafonnement mis en place par les ordonnances du 22 septembre 2017. Elle permet ainsi au juge de tenir compte de l'ancienneté du salarié, de ses éventuelles difficultés à intégrer le marché du travail. En revanche, elle ne pourra pas se cumuler avec des indemnités qui répareraient la perte d'emploi injustifiée [4].

Comme en sauvegarde [5], en redressement judiciaire [6] ou en liquidation judiciaire sans maintien de l'activité [7], les salariés peuvent être tentés d'assigner la société mère si la société placée en liquidation judiciaire fait partie d'un groupe sur le fondement soit du co-emploi soit de la responsabilité délictuelle [8].

SECTION 3
RUPTURE PARTICULIÈRE DE CERTAINS CONTRATS DE TRAVAIL

§ 1
Rupture des contrats de travail suspendus

512.81 Maintien du régime de la suspension en liquidation judiciaire avec maintien de l'activité. Lorsque le contrat de travail est suspendu pour une cause légitime, telle que la maternité, la maladie, un congé parental, etc., des règles spécifiques sont parfois prévues pour encadrer sa rupture.

Aucun aménagement n'a été prévu dans le cadre des procédures collectives et ces règles spécifiques ont donc vocation à continuer à s'appliquer pour les licenciements prononcés pendant le maintien provisoire de l'activité, suivant un jugement de liquidation judiciaire.

Cela n'empêche pas leur rupture mais plusieurs précautions vont devoir être prises par le liquidateur ou l'administrateur chargé de procéder à ces licenciements.

Tout d'abord, l'ordonnance autorisant le licenciement de salariés ne peut fixer une liste limitative [9]. Par conséquent, le liquidateur ou l'administrateur doit respecter les critères d'ordre [10]. Si parmi les salariés concernés par ces licenciements, sont inclus des salariés dont le contrat est suspendu, il va devoir respecter également la procédure spécifique dépendant de la cause de la suspension, qui se cumule avec celle du licenciement pour motif économique.

512.82 Régime de la suspension pour accident du travail et maladie professionnelle. Ainsi, un salarié victime d'un accident du travail ne peut être licencié en vertu de l'article L. 1226-9 du Code du travail que pour une faute grave, inapplicable dans ce contexte, ou un motif étranger à l'accident du travail qui rend impossible la poursuite du contrat de travail. Le liquidateur ou l'administrateur doit donc vérifier cette impossibilité et ne peut se contenter de viser dans la notification du licenciement l'ordonnance du juge-commissaire [11], en sachant que le motif économique ne suffit pas pour caractériser cette condition [12]. En revanche, la cessation d'activité peut justifier son licenciement [13]. Toute la difficulté provient du fait qu'en l'espèce, l'activité est poursuivie mais de manière temporaire [14]. Il doit donc justifier que la poursuite de la relation de travail est impossible. À défaut de respecter cette réglementation, le salarié licencié peut demander la nullité de son licenciement. Ce licenciement ne prendra effet qu'à l'issue de la période de suspension [15].

1. Sur cette sanction particulière, v. s^s^ n° 322.84.
2. C. trav., art. L. 1235-10, L. 1235-11 et L. 1235-16.
3. Soc. 19 déc. 2018, n° 17-26.132, P ; *JCP S* 2019, n° 1030, note L. Fin-Langer ; *Act. proc. coll.* 2019, comm. 44, obs. C. Gailbhaud ; *Gaz. Pal.* 16 avr. 2019, p. 81, obs. B. Cheikh-Vecchioni ; *D.* 2019. Actu. 19 ; *Leden* mars 2019, p. 7, obs. G. Dedessus-Le Moustier.
4. Soc. 16 févr. 2022, n°s 20-14.969 et 20-21.516 ; *Act. proc. coll.* 2022, 92, obs. L. Fin-Langer ; *RPC* juill. 2022, n° 66, comm. D. Jacotot – Soc. 27 janv. 2021, n° 18-23.535.
5. Sur le contentieux en responsabilité en sauvegarde, v. s^s^ n°s 321.91 s.
6. Sur le contentieux en responsabilité en redressement, v. s^s^ n°s 322.141 et 322.152.
7. Sur le contentieux en responsabilité en liquidation, v. s^s^ n°s 511.131 s.
8. Sur l'aspect procédural, v. s^s^ n°s 822.25 s.
9. Sur le contenu de l'ordonnance du juge-commissaire, v. s^s^ n° 512.51.
10. Sur le respect des critères d'ordre, v. s^s^ n° 512.62.
11. Soc. 12 mars 1997, n° 95-40.514 ; *Bull. civ.* V, n° 102 – Soc. 30 avr. 2014, n° 13-10.152, NP – Soc. 23 mai 2017, n° 16-12.232, NP.
12. Soc. 21 mai 2008, n° 07-41.179 ; *Bull. civ.* V, n° 110 ; *D.* 2008. 1628, obs. L. Perrin ; *JCP S* 2008, n° 1376 ; *CSBP* nov. 2008, p. 351, note F.-J. Pansier.
13. Soc. 15 mars 2005, n° 03-43.083, NP ; *DS* 2005, p. 695, note J. Savatier.
14. Sur les conditions et les conséquences du maintien provisoire de l'activité, v. s^s^ n°s 512.11 et 512.12.
15. Cass., ass. plén., 28 janv. 2005, n° 01-45.924, *Bull.* n° 1 ; *D.* 2005. 581, note G. Couturier ; *D.* 2005. 2499, obs. B. Lardy-Pélissier et J. Pélissier ; *CSBP* avr. 2005, p. 186, note F.-J. Pansier ; *JCP* 2005. II. 10063, note D. Corrignan-Carsin ; *JCP E* 2005, n 659, note S. Béal et A. Giroud.

À la fin de la période de suspension, le liquidateur ou l'administrateur devra ensuite respecter l'obligation de reclassement en cas d'inaptitude constatée par le médecin du travail. Ce n'est que si le reclassement est impossible que le licenciement pourra être autorisé, le délai étant d'un mois après la déclaration d'inaptitude.

La Cour de cassation a nuancé sa jurisprudence en présence d'une liquidation judiciaire et considère que le licenciement est justifié, le reclassement étant impossible si l'entreprise a cessé définitivement son activité et qu'elle ne fait pas partie d'un groupe [1]. En effet, si elle fait partie d'un groupe, le liquidateur devra rechercher des offres de reclassement dans le groupe, mais uniquement sur le territoire français depuis l'entrée en vigueur de l'ordonnance du 22 septembre 2017. La notion de groupe est la même que celle désormais utilisée pour le périmètre de l'obligation de reclassement dans le licenciement économique [2]. Elle avait également jugé, à une époque où l'inaptitude devait être confirmée par un deuxième avis du médecin du travail, que le liquidateur dans les mêmes circonstances n'avait pas à réaliser cette deuxième visite médicale [3].

Toute la difficulté provient là encore du fait que l'activité est maintenue de manière temporaire et ne cesse donc pas définitivement. Elle a vocation à être reprise. Cette jurisprudence, applicable à la liquidation sans maintien de l'activité, semble plus difficile à appliquer en cas de maintien provisoire de l'activité. Il faudrait alors attendre la fin de cette période, alors que ce licenciement doit en principe intervenir dans le mois qui suit la déclaration d'inaptitude. L'articulation des deux règles et des délais pose ici difficultés.

L'article L. 3253-9 du Code du travail prévoit que les salariés bénéficiant d'un régime protecteur contre le licenciement sont couverts par l'AGS dès lors que le liquidateur ou l'administrateur manifeste son intention de licencier pendant le maintien de l'activité. Il en est ainsi d'un salarié victime d'un accident du travail qui bénéficie d'une protection particulière en matière de licenciement prévue à l'article L. 1226-9 nouveau du Code du travail. Le salarié est donc pris en charge si le liquidateur manifeste son intention de licencier dans ce délai de quinze jours porté à vingt-et-un jours en cas de PSE [4].

1. Soc. 9 déc. 2014, n° 13-12.535 ; *Bull. civ.* V, n° 280 ; *D. actu.* 13 janv. 2015, obs. M. Inès ; *Act. proc. coll.* 2015, 25, note L. Fin-Langer ; *RPC* janv. 2015, p. 7, F. Taquet ; *Leden* janv. 2015, p. 6, G. Dedessus-Le Moustier – Soc. 4 oct. 2017, n° 16-16.441, P ; *Act. proc. coll.* 2017, n° 291 ; *BJE* mars 2018. 128, obs. D. Jacotot ; *D. actu.* 19 oct. 2017, obs. W. Fraisse ; *D.* 2017. Actu. 2034 ; *JCP S* 2017, n° 1421, note L. Fin-Langer ; *Leden* févr. 2018, p. 6, note G. Dedessus-Le Moustier.
2. Sur la notion de groupe, v. s[s] n° 512.33.
3. Soc. 9 déc. 2014, n° 13-12.535, préc.

512.83 Régime de la suspension pour cause de maternité. Pour une femme enceinte, ce régime s'applique avant son congé maternité *stricto sensu* et après son retour, pendant une période de dix semaines depuis l'entrée en vigueur de la loi Travail du 8 août 2016, contre quatre semaines auparavant [5]. Cette période de dix semaines est désormais reportée à la reprise effective lorsque la salariée prend ses congés payés à la fin de son congé maternité [6], non en cas d'arrêt maladie [7]. La notification de son licenciement est possible mais uniquement pour les deux motifs précédemment évoqués. Comme pour le salarié en accident du travail, il faudra donc que le liquidateur ou l'administrateur explique en quoi son maintien dans l'entreprise est impossible [8]. La Cour de cassation a eu l'occasion d'indiquer que l'existence d'une ordonnance du juge-commissaire autorisant ces licenciements ne suffisait pas pour justifier la rupture du contrat de travail d'une salariée enceinte [9]. En revanche, il est possible de fonder le licenciement sur l'absence de reprise de l'activité en liquidation judiciaire [10]. Il s'agit d'une période de protection relative.

Mais le régime de protection est encore plus sévère pendant le congé maternité : non seulement, le motif réside dans une faute grave ou un motif étranger à la maternité rendant impossible la poursuite de la relation de travail, mais l'article L. 1225-4 du Code du travail interdit même toute notification du licenciement pendant le congé maternité. À défaut de respecter ces mesures, le licenciement est nul [11]. Il s'agit ici d'une période de protection absolue.

La Cour de cassation, s'appuyant sur le droit communautaire et pour éviter une éventuelle discrimination, a également interdit tous les actes préparatoires,

4. Soc. 2 oct. 2001, n° 99-45.346 ; *Bull. civ.* V, n° 295 ; *D.* 2001. IR 3090.
5. C. trav., art. L. 1225-4 et L. 1225-4-1.
6. Soc. 30 avr. 2014, n° 13-12.321 ; *Bull. civ.* V, n° 111 ; *D.* 2014. 1043 ; *D.* 2015. 829, obs. J. Porta et P. Lokiec ; *RDT* 2014. 547, obs. D. Gardes ; *JCP S* 2014, n° 1333, note D. Everaert-Dumont ; *CSBP* juin 2014, P. 361, note J. Icard ; *JCP E* 2014, n° 1358, note G. Vachet.
7. Soc. 8 juill. 2015, n° 14-15.979, P ; *D. actu.* 22 juill. 2015, obs. M. C. Peyronnet ; *D.* 2015. Actu. 1545 ; *SSL* 2015, n° 1687, p. 13, obs. A. Fabre ; *JSL* 2015, n° 394-1, obs. M. Hautefort ; *JCP S* 2015, n° 1365, obs. D. Everaert-Dumont.
8. Soc. 21 janv. 2009, n° 07-41.841 ; *Bull. civ.* V, n° 22 ; *D.* 2009. 435 ; *CSBP* mai 2009, p. 129, obs. F.-J. Pansier.
9. Soc. 28 sept. 2004, n° 02-40.055, NP.
10. Soc. 17 oct. 2012, n° 11-22.123, NP ; *Act. proc. coll.* 2012, n° 305.
11. Soc. 21 janv. 2009, n° 07-41.841 ; *Bull. civ.* V, n° 22 ; *D.* 2009. 435 ; *CSBP* mai 2009, p. 129, obs. F.-J. Pansier : la Cour rappelle l'obligation pour l'administrateur de motiver de manière spécifique le licenciement de la femme enceinte malgré l'autorisation donnée dans le jugement adoptant le plan de cession. L'arrêt ne dit cependant rien sur l'interdiction de procéder à ce licenciement pendant le congé maternité.

tels qu'un entretien individuel, pendant cette période[1]. Il faut cependant nuancer cette solution car la Cour a admis que n'était pas considéré comme un acte préparatoire le fait de préparer un plan de départ volontaire[2].

La Cour de cassation maintient cette règle malgré la liquidation judiciaire de l'entreprise sans maintien de l'activité[3], le liquidateur ne pouvant pas notifier le licenciement pendant le congé maternité et repousser sa prise d'effet à la fin du congé[4]. Cette mesure devrait cependant être écartée, car elle aboutit à une difficulté majeure : la salariée ne pourra plus travailler dans cette entreprise qui va cesser son activité, sauf en cas de reprise. Il est difficile de comprendre pourquoi aucune exception n'a été envisagée, d'autant que le juge-commissaire donne son autorisation pour les licenciements urgents. L'absence d'aménagement est également à déplorer pendant la période d'observation qui suit un jugement de redressement judiciaire[5]. Avant et après ce congé maternité *stricto sensu*, cela devrait être possible, la fermeture de l'entreprise ayant été jugé suffisant pour justifier l'impossibilité de maintenir le contrat de travail[6].

Cela n'empêchera pas la prise en charge par l'AGS dans la mesure où il suffit que le liquidateur ou l'administrateur manifeste son intention de la licencier pendant le maintien provisoire de l'activité, conformément à l'article L. 3253-9 du Code du travail. La jurisprudence communautaire et l'interdiction des actes préparatoires ne devraient pas s'appliquer dans ce cas dans la mesure où cela se retournerait contre la femme enceinte. En pratique, une lettre lui est envoyée mentionnant l'intention de la licencier, licenciement notifié et prenant effet après la fin de la période de protection. L'entretien n'est réalisé qu'à son retour car le faire avant risque d'être analysé comme un acte préparatoire au licenciement et il faudrait que le liquidateur lui propose le contrat de sécurisation professionnelle[7], cause de rupture du contrat en cas d'acceptation de la salariée[8].

512.84 Autres causes de suspension. Pour un salarié en arrêt maladie pour une raison non professionnelle, le Code du travail n'a pas prévu un régime spécifique. Une cause économique est donc possible, notamment en cas d'autorisation dans l'ordonnance du juge-commissaire. Il en est de même des autres causes de suspension, tel que le congé parental d'éducation, le congé pour création d'entreprise, etc.

§ 2
Rupture des contrats de travail des salariés titulaires d'un mandat

512.91 Salariés concernés par cette protection. Les salariés titulaires d'un mandat de représentation du personnel font également partie des salariés dits protégés.

Cette protection des salariés titulaires d'un mandat continue de s'appliquer en cas de procédure collective, comme le prévoit expressément l'article L. 2411-1 du Code du travail[9] et donc y compris en cas de licenciement notifié suite à l'autorisation du juge-commissaire rendue pendant le maintien provisoire de l'activité. Il revient donc au liquidateur ou à l'administrateur de demander l'autorisation de licencier à l'inspection du travail[10].

Cette demande d'autorisation a été présentée comme étant contre-productive[11], voire douteuse[12], pour ne pas dire extrêmement critiquable. La solution mériterait sans doute d'être repensée. À tout le moins, le maintien de la protection des salariés protégés devrait-il, en liquidation judiciaire, être limité au seul représentant des salariés.

Selon le Conseil constitutionnel, la disposition prévoyant que le licenciement d'un salarié exerçant un mandat de membre du conseil ou d'administrateur d'une caisse de sécurité sociale doit être préalablement autorisé par l'inspecteur du travail poursuit un but d'intérêt général. Par conséquent, cette disposition ne porte une atteinte disproportionnée ni à la liberté d'entreprendre, ni à la liberté contractuelle[13].

1. Soc. 15 sept. 2010, n° 08-643.299 ; *Bull. civ.* V, n° 182 ; *JCP S* 2011, n° 1005, note B. Bossu ; *RDT* 2011. 31, obs. M. Mercat-Bruns ; *D.* 2010. 2166, obs. L. Perrin ; *DS* 2010. 1256, obs. Fr. Favennec-Héry ; *CSBP* oct. 2010, p. 342, note F.-J. Pansier.
2. Soc. 14 sept. 2016, n° 15-15.943, P ; *CSBP* déc. 2016, p. 596, note J. Icard ; *D. actu.* 2016. 1864 ; *RJS* 11/2016, n° 685 ; *JCP* 2016, n° 1046, note G. Dedessus-Le Moustier ; *JCP S* 2016, n° 1382, note L. Dauxerre.
3. V. pour une étude globale : A. Boyer, La maternité et la liquidation judiciaire ; *RPC* mars 2012, ét. 14, p. 40 s.
4. Soc. 19 mars 2008, n° 07-40.599 ; *Bull. civ.* V, n° 69 ; *Act. proc. coll.* 2008, n° 162, obs. L. Fin-Langer ; *RDT* 2008. 383, note H. Tissandier ; *JCP S* 2008, n° 1306, note C. Puigelier ; *CSBP* juill. 2008, p. 299, note F.-J. Pansier ; *DS* 2008. 879, obs. J. Savatier.
5. Sur l'application à la suite d'un redressement judiciaire, v. s[s] n° 322.111.
6. Soc. 4 oct. 1995, n° 94-41.162, NP.
7. Sur le contrat de sécurisation professionnelle, v. s[s] n° 512.64.
8. A. Boyer, « La maternité et la liquidation judiciaire », *RPC* mars 2012, étude 14, p. 42.
9. Ce texte reprend l'ancien article 227 de la loi du 25 janvier 1985, n° 85-98, disposition non codifiée qui avait modifié les anc. Art. L. 412-18, L. 425-1 et L. 436-1 du C. trav. en vigueur avant 2008.
10. Sur cette procédure, v. s[s] n° 511.72.
11. Boyer, « Un droit social contre-productif dans les entreprises en difficulté », *Gaz. Pal.* 16-17 avr. 2010, n°s 106, 107, p. 8 s., sp. p. 9.
12. F. Taquet, obs. *RPC* 1996. 268.
13. Cons. const. 14 mai 2012, déc. n° 2012-242 QPC, *JO* 15 mai, p. 9096 ; *Rec.* 259 ; *Act. proc. coll.* 2012/14, comm. 210, note L. Fin-Langer ; *D.* 2012. 2622, obs. P. Lokiec et J. Porta ; *DS* 2012. 796, note J. Bonnet ; *Constitutions* 2012. 459, chron. C. de Radé ; *RSC* 2012. 871, obs. A. Cerf-Hollender.

La liste figure aux articles L. 2411-1 et suivants du Code du travail : il s'agit notamment des membres élus du CSE, les délégués syndicaux, des représentants de section syndicale, des représentants syndicaux au CSE, des représentants de proximité et du représentant des salariés [1]. Leur licenciement est subordonné à l'autorisation de l'inspection du travail.

Elle s'applique aussi aux salariés exerçant un mandat à l'extérieur de l'entreprise, comme des fonctions de conseiller prud'homal un conseiller du salarié figurant sur la liste établie par la préfecture [2].

Pendant de nombreuses années, cette protection s'imposait, alors même que les organes de la procédure ignoraient son existence, la protection du conseiller du salarié prenant effet à compter de son inscription sur la liste, indépendamment de la mesure de publicité qui doit en être faite [3].

Désormais, le salarié ne peut s'en prévaloir qu'à la condition qu'il prévienne le liquidateur au plus tard lors de l'entretien préalable [4], suite à une réserve d'interprétation du Conseil constitutionnel [5]. Un arrêt rendu en dehors des procédures collectives vient préciser le moment de cette connaissance, à savoir l'envoi de la convocation à l'entretien préalable [6]. Cette solution devrait être transposée aux entreprises en liquidation judiciaire avec maintien provisoire de l'activité. L'information sur le ou les mandats peut être fournie par le salarié ou par tout autre moyen. Il a ainsi été jugé que le liquidateur ayant eu connaissance du mandat prud'homal lors d'une réunion du comité d'entreprise ayant précédé son entretien préalable était informé de l'existence de ce mandat [7]. Si le liquidateur ou l'administrateur n'est pas informé préalablement, la protection ne joue plus [8]. Il a été jugé qu'il revient au salarié protégé d'apporter la preuve que l'administrateur était au courant de ce mandat, la solution rendue en période d'observation d'un redressement étant transposable en cas de maintien provisoire de l'activité [9].

Cette protection va parfois au-delà de l'exercice du mandat et peut concerner d'anciens représentants du personnel pendant les six mois qui suivent l'expiration du mandat, délai porté à douze mois pour les délégués syndicaux s'ils ont exercé leur mandat pendant au moins d'un an [10] ainsi que pour les candidats aux élections pendant les six mois qui suivent l'envoi de leur candidature. Dans les entreprises de moins de cinquante salariés, seul un délégué du personnel et désormais un membre élu titulaire du CSE peut-être désigné comme délégué syndical. Dans ce cas, il n'est protégé que pendant les six mois qui suivent la fin de son mandat [11]. Cette extension de la protection ne vaut pas pour le représentant des salariés, car ni l'article L. 662-4 du Code de commerce ni le Code du travail n'en font mention [12].

À quelle date s'apprécie la qualité de salarié protégé ? Dans un premier temps, la qualité avait été appréciée au jour où l'autorité administrative était amenée à statuer [13]. À la suite d'un revirement, il a ensuite été décidé de porter cette appréciation à la date de l'envoi par l'employeur de la convocation du salarié à l'entretien préalable au licenciement [14].

La question s'est posée de savoir quelle sanction trouve application lorsque le liquidateur ou l'administrateur omet de mentionner l'existence d'un mandat dans sa demande d'autorisation. La Cour de cassation répond que l'omission emporte annulation de la décision d'autorisation du licenciement. Cependant, elle ne place pas le salarié dans la situation d'un salarié licencié en l'absence d'autorisation administrative [15]. Le licenciement n'est donc pas nul. Il peut demander sa réintégration dans son emploi et, sous certaines conditions, dans son mandat. S'il ne le fait pas, il peut conserver ou obtenir les indemnités de licenciement et demander la réparation de son préjudice matériel et moral.

1. Sur le statut du représentant des salariés, v. s[s] n°s 223.11 s.
2. C. trav., art. L. 1232-4 et D. 1234-4 s.
3. Soc. 22 sept. 2010, n° 08-45.227, P V, n° 190 ; FS-P+B+R ; *Act. proc. coll.* 2010/18, n° 254, note L. Fin-Langer ; *D.* 2010. Actu. 2297 ; *Leden* nov. 2010, p. 7, obs. G. Dedessus-Le Moustier ; *JCP S* 2010, n° 1487, note J. Y. Kerbouc'h. La solution a été rendue en liquidation judiciaire mais elle avait vocation à s'appliquer au redressement judiciaire.
4. Soc. 14 sept. 2012, n° 11-21.307 ; *Bull. civ.* V, n° 230 ; *D.* 2012. 2179 ; *D. actu.* 27 sept. 2012, obs. J. Siro ; *RDT* 2013. 48, obs. Verdier ; *Constitutions* 2012, 624, obs. C. Radé ; *JCP S* 2012. 1468, obs. D. Boulmier ; *CSBP* oct. 2012, p. 303, note F.-J. Pansier – Soc. 26 mars 2013, n° 11-28.269 ; *Bull. civ.* V, n° 22 ; *Constitutions* 2012. 624, obs. C. Radé ; *JCP S* 2013, n° 1252, note D. Boulmier ; *CSBP* mai 2013, 110K0, note Canut.
5. C. const. 14 mai 2012, n° 2012-242, QPC ; *Act. proc. coll.* 2012, comm. 210, note L. Fin-Langer ; *D.* 2012. 2622, obs. P. Lokiec et J. Porta ; *DS* 2012. 796, note Bonnet ; *Constitutions* 2012. 459, chron. C. Radé, *RSC* 2012. 871, obs. Cerf-Hollender ; *JCP S* 2012, n° 1311, note D. Boulmier.
6. Soc. 13 janv. 2021, n° 19-17.489, P ; *D. actu.* 16 févr. 2021, obs. Cl. Couëdel ; *JCP S* 2021, n° 1047, note Th. Lahalle ; *BJT* mars 2021, p. 22, note G. Auzero ; *DS* 2021, p. 286, note F. Petit.
7. CE 4e et 1re ch. réunies, 24 juill. 2019, req. n° 411058 ; *Leden* oct. 2019, comm. 112u9, note F. Joly.
8. Soc. 1er juin 2017, n° 16-12.221, P V ; *Leden* oct. 2017, comm. n° 111a0, note H. de Frémont ; *RPC*2017, comm. 107, note F. Taquet – Soc. 7 nov. 2018, n° 16-24.089, NP ; *RPC* 2019/1, comm. 20, p. 42, note F. Taquet.
9. Angers, 4 févr. 2021, 17/00227 ; *Act. proc. coll.* 2021, 127.
10. C. trav., art. L. 2411-3.
11. Soc. 4 nov. 2020, n° 19-12.279, P ; *D. actu.* 23 nov. 2020, obs. L. Malfettes ; *BJT* janv. 2021, p. 34, G. Auzero.
12. Par ex. : Soc. 1er mars 2005, n° 02-44.293 ; *Bull. civ.* V, n° 74 – Sur le statut du représentant des salariés, v. s[s] n°s 223.11 s.
13. CE 28 févr. 1997, req. n° 153547.
14. CE 23 nov. 2016, req. n° 392059, *Lebon ; Leden* mars 2017, comm. 110n6, obs. H. de Frémont.
15. Soc. 3 févr. 2016, n° 14-17.886, P V ; *Act. proc. coll.* 2016/6, comm. 76, note L. Fin-Langer.

512.92 ***Vade-mecum* de la procédure de licenciement spécifique.** Cette procédure est un peu particulière et elle se cumule avec celle du licenciement pour motif économique. C'est ainsi, par exemple, que si le licenciement du salarié protégé intervient pendant la période d'observation, outre l'autorisation de l'inspection du travail, il faudra celle du juge-commissaire[1]. Cette solution est transposable au licenciement intervenant pendant le maintien provisoire de l'activité suivant un jugement de liquidation judiciaire par renvoi de l'article L. 641-10 à l'article L. 631-17 du Code de commerce.

Elle consiste en une consultation préalable du CSE pour les membres du CSE uniquement et en une demande d'autorisation de l'inspection du travail. Le même régime existait avant les ordonnances de 2017 pour les délégués du personnel et le comité d'entreprise. Il y a place à retrait de l'autorisation administrative de licencier si la consultation a lieu, alors que le mandat des représentants du comité d'entreprise est expiré sans prorogation expresse, peu important l'impossibilité matérielle d'organiser à temps de nouvelles élections[2].

À défaut de comité d'entreprise et désormais de CSE, ces textes indiquent que l'inspecteur du travail est saisi directement.

L'article R. 2421-8 précise par ailleurs que la consultation des représentants du personnel doit avoir lieu après l'entretien individuel du salarié. Cette disposition a fait l'objet d'une interprétation jurisprudentielle en cas de licenciement collectif, dans la mesure où en principe, il n'y a pas d'entretien individuel. Pourtant la Cour de cassation a estimé que cet entretien devait toujours avoir lieu, y compris dans les grands licenciements collectifs et malgré l'ouverture d'une procédure collective[3]. La Cour de cassation a cependant réduit la portée de cette jurisprudence aux seuls représentants élus et non aux candidats, non prévu dans le texte[4].

Le liquidateur ou l'administrateur va ensuite demander cette autorisation après avoir obtenu l'ordonnance du juge-commissaire. L'inspection du travail ne peut pas autoriser ce licenciement si le liquidateur ou l'administrateur le saisit après la fin du maintien de l'activité provisoire de l'activité, l'ordonnance rendue par le juge-commissaire n'ayant plus vocation à s'appliquer. En revanche, si le liquidateur ou l'administrateur le saisit avant la fin du maintien provisoire de l'activité, l'inspection du travail peut rendre sa décision après son terme[5]. Cela ne posera pas de problème pour la garantie AGS puisqu'en vertu de l'article L. 3253-9 du Code du travail, il suffit de manifester son intention de le licencier pendant ce maintien provisoire de l'activité.

L'inspecteur du travail va non seulement vérifier l'absence de motif discriminatoire, le respect de la procédure et de l'obligation de reclassement mais aussi le contenu de l'ordonnance. En revanche, il sera tenu par l'ordonnance du juge-commissaire quant à l'examen de la cause économique et la régularité de cette ordonnance : il ne peut donc pas exercer son contrôle sur la réalité d'une cause réelle et sérieuse[6]. De même, dès lors que le licenciement est autorisé par une ordonnance du juge-commissaire, qui ne peut prendre en compte que la situation économique de l'entreprise débitrice, non celle du groupe auquel elle appartient, l'inspecteur du travail ne peut apprécier le caractère économique du licenciement en se référant à la situation économique du groupe[7].

La Cour de cassation en a déduit que le juge administratif n'était pas compétent pour apprécier la régularité de cette ordonnance[8]. Dans cette décision du 23 mars 2016, la Cour admet la compétence du juge prud'homal en raison d'une irrégularité particulière de l'ordonnance, à savoir le fait que la précision des catégories concernées par les licenciements était indiquée non dans l'ordonnance mais dans l'annexe.

512.93 **Prise en charge des indemnités de rupture par l'AGS.** Il faut noter que dès lors que le liquidateur ou l'administrateur manifeste son intention de licencier le salarié protégé pendant le maintien provisoire d'activité qui suit le jugement de liquidation judiciaire, l'AGS prendra en charge les indemnités de licenciement en application de l'article L. 3253-9

1. E. Kerckhove, n° 515.
2. CE, ch. réunies, 9 mai 2011, req. n° 333241 ; *Act. proc. coll.* 2011/10, comm. 152.
3. Soc. 10 mai 1999, n° 97-40.510 ; *Bull. civ.* V, n° 207 ; *D.* 1999. IR 148 ; *JCP* 1999. II. 10137, note D. Corrignan-Carsin : solution rendue pour une entreprise *in bonis* mais transposable en procédure collective.
4. Soc. 6 avr. 2016, n° 14-12.724 ; *Bull. civ.* V, n° 66, *D. actu.* 3 mai 2016, obs. J. Cortot ; *JCP S* 2016, n° 1233, note P.-Y. Kerbourc'h ; *CSBP* mai 2016, p. 248, note Fl. Canut.
5. CE 12 juin 2019, *Sté Vitembal Tarascon*, req. n° 410987 ; *RJS* 10/2019, n° 580 et p. 687, concl. Dieu ; *RPC* sept. 2019, comm. 147, F. Taquet : la solution a été rendue pour la période d'observation suivant un jugement de redressement judiciaire, mais elle est transposable au maintien d'activité suivant un jugement de liquidation judiciaire.
6. CE 3 juill. 2013, *Sté Elixens France*, req. n° 361066 ; *RDT* 2013. 551, concl. G. Dumortier ; *RPC* 2014, 2104, comm. 54, D. Jacotot ; *Act. proc. coll.* 2014, n° 290, obs. D. Jacotot ; *BJE* nov. 2013, n° 110n3, obs. A. Donnette.
7. CE 3 juill. 2013, *Élixens France (sté)*, req. n° 361066, *Lebon ; Act. proc. coll.* 2013/20, comm. 290, note D. Jacotot ; *AJDA* 2013. 2129 ; *RDT* 2013. 551, concl. G. Dumortier.
8. Soc. 23 mars 2016, n° 14-22.950, P ; *D.* 2016. Actu. 701 ; *D. actu.* 22 avr. 2016, obs. M. Inès ; *RDT* 2016. 263, note A. Fabre ; *JCP S* 2016, n° 1179, note L. Fin-Langer ; *RPC* 2016, comm. 124, F. Taquet ; *Act. proc. coll.* 2016, 124, comm. L. Fin-Langer ; *Leden* mai 2016, 5, obs. H. de Frémont ; *Gaz. Pal.* 28 juin 2016, p. 49, obs. C. Gailhbaud – V. *contra* avant : Soc. 14 févr. 2007, n° 05-40.213 ; *Bull. civ.* V, n° 23 ; *DS* 2007, p. 557, note P.-Y. Verkindt et rapport P. Bailly ; *JCP S* 2007, n° 1319, note L. Dauxerre ; *JCP E* 2007, n° 1467, note F. Taquet.

du Code du travail. Encore faut-il qu'il le fasse[1]. Peu importe la date de notification. Peu importe également le refus de l'inspecteur du travail d'autoriser le licenciement[2].

512.94 Sanction du licenciement irrégulier d'un salarié protégé. À défaut de respecter cette procédure d'autorisation et faute de dispositions spécifiques, il convient d'appliquer les dispositions de droit commun. Le salarié protégé irrégulièrement licencié pourra invoquer la nullité de son licenciement et doit être en principe réintégré, si cette réintégration est possible, ce qui risque d'être peu probable en cas de cessation d'activité. En revanche, il pourrait demander sa réintégration en cas de plan de cession auprès du repreneur[3].

Le salarié peut également souhaiter ne pas être réintégré. En ce cas, il sera indemnisé du préjudice résultant de cette rupture irrégulière, à savoir une somme correspondant aux salaires dus entre son éviction et sa réintégration effective, sans déduction des revenus de remplacement[4].

Au plan pénal, il peut y avoir commission du délit d'entrave aux fonctions du comité d'entreprise ou des délégués du personnel[5] et désormais du comité social et économique en vertu de l'article L. 2317-1 du Code du travail.

512.95 Faute grave du salarié protégé. En cas de faute grave, la mise à pied immédiate peut être décidée dans l'attente de la décision de l'inspection du travail. En cas de refus, le salarié est réintégré, la mise à pied étant annulée[6].

512.96 Règles particulières au représentant des salariés. Le représentant des salariés[7] est au rang des salariés protégés. La solution résulte de l'article L. 2411-1 du Code du travail, qui prévoit que la protection contre le licenciement profite à un certain nombre de salariés, y compris lors d'une procédure de sauvegarde, de redressement ou de liquidation judiciaire. Cet article énonce les salariés concernés par cette protection. Au 11°, figure le représentant des salariés. Le texte précisait que cette protection s'appliquait lors d'un redressement ou d'une liquidation judiciaire. La précision, d'une part, faisait partiellement double emploi avec l'énoncé de principe, et, d'autre part, elle était incomplète. L'article 113 de l'ordonnance du 12 mars 2014[8] toilette le texte et supprime au 11° de l'article la précision « lors d'un redressement ou d'une liquidation judiciaire ».

Le représentant des salariés a été également rangé parmi les salariés protégés[9], en application de l'article L. 627-5, alinéa 2, du Code, dans la rédaction antérieure à la loi du 26 juillet 2005, celle de l'article L. 662-4, alinéa 2, dans la rédaction issue de la loi du 26 juillet 2005[10].

Il a d'abord été jugé que la réglementation protectrice ne s'appliquera qu'autant qu'il aura été régulièrement désigné[11] et seulement pendant la période de protection qui lui est accordée par la loi, ainsi que cela est expliqué ci-après. Il a ensuite été estimé que la protection joue même si sa désignation est irrégulière, pour être intervenue avant le jugement d'ouverture, dès lors qu'elle n'a pas été annulée[12].

La protection ne joue pas pour le simple candidat à l'élection de représentant des salariés[13]. Le licenciement de ce dernier n'est pas soumis à l'avis du CSE ni à l'autorisation de l'inspection du travail.

Le licenciement du représentant des salariés, qu'il émane de l'administrateur ou du liquidateur, suppose un avis du comité d'entreprise et désormais du CSE, en application de l'article L. 627-5, alinéa 1, du Code, dans la rédaction antérieure à la loi du 26 juillet 2005[14], de celle de l'article L. 662-4, alinéa 1, dans la rédaction issue de la loi du 26 juillet 2005. L'article 17 du décret du 27 décembre 1985[15], sous l'empire de la législation antérieure à la loi de sauvegarde des entreprises et l'article R. 621-16 du Code de commerce[16],

1. Soc. 18 déc. 1991, n° 89-42.188 ; *Bull. civ.* V, n° 591 ; *D.* 1992. IR 47 ; *CSBP* 1992, 45.
2. Soc. 13 déc. 2017, n° 16-21.773, P ; *Gaz. Pal.* 17 avr. 2018, p. 80, obs. L. Cheikh-Vecchioni ; *Leden* avr. 2018, p. 1, note F.-X. Lucas et G. Dedessus-Le Moustier ; *D.* 2018, actu 6 ; *JCP S* 2018, n° 1014, L. Fin-Langer ; *Act. proc. coll.* 2018, 11, L. Fin-Langer – Sur la garantie AGS, v. s[s] n° 722.57.
3. Sur le sort des salariés protégés en cas de plan de cession, v. s[s] n°s 431.38 s.
4. France Travail pouvait demander le remboursement de cette somme (Soc. 19 nov. 2014, n° 13-23.643 ; *Bull. civ.* V, n° 268 ; *JCP S* 2014, n° 1044, note J.-Y. Kerbouc'h ; *DS* 2015, p. 93, obs. J. Mouly ; *D.* 2014. 2412). Un arrêt du 4 novembre 2020 remet en cause cette action de France Travail : soc. 4 nov. 2020, n° 19-11.865, P ; *JCP S* 2020, n° 3099, note K. Pagani et J. Pellissier.
5. Crim. 17 mars 1992, n° 91-81.360, P n° 117.
6. C. com., art. L. 627-5, al. 3 du code, dans la rédaction antérieure à la loi du 26 juillet 2005, L. 662-4, al. 3, dans la rédaction issue de la loi du 26 juillet 2005.
7. Sur le représentant des salariés, v. s[s] n°s 221.11 s.
8. Ord. n° 2014-326, 12 mars 2014 portant réforme de la prévention des difficultés des entreprises et des procédures collectives, *JO* 14 mars, n° 3.
9. Ifppc 1999, recomm. n°s 2060-6, 6015-6, p. 53, 138.
10. Soc. 5 mai 1993, n° 92-40.835, P V, n° 127.
11. Soc. 12 févr. 2003, n° 00-45.764, NP ; *Act. proc. coll.* 2003/7, n° 80.
12. Soc. 23 sept. 2009, n° 08-40.603, P V, n° 197 ; n° 1804 FS-P+B ; *Act. proc. coll.* 2009/17, n° 257, note L. Fin-Langer.
13. Soc. 1er mars 2005, n° 02-44.293, P V, n° 74 ; *Act. proc. coll.* 2005/6, n° 67 ; *Bull. Ifppc* nov. 2005, n° 7, p. 9, note Tourmanoff.
14. L. n° 2005-845, 26 juill. 2005 de sauvegarde des entreprises, *JO* 27 juill., n° 5.
15. Décr. n° 85-1388, 27 déc. 1985 relatif au redressement et à la liquidation judiciaires des entreprises, *JO* 29 déc., p. 15281.
16. Anc[t] Décr. n° 2005-1677, 28 déc. 2005 pris en application de la loi n° 2005-845 du 26 juillet 2005 de sauvegarde des entreprises, *JO* 29 déc., p. 20324, art. 59.

sous l'empire de la législation issue de la loi de sauvegarde des entreprises, prévoient que le licenciement du représentant des salariés est régi par les dispositions des articles R. 2421-8, R. 2421-6 et R. 2421-14, R. 2421-15 du Code du travail.

512.97 Durée de la protection du représentant des salariés. La protection accordée au représentant des salariés cesse, par principe, lorsque toutes les sommes versées au liquidateur par l'AGS auront été reversées aux salariés [1].

Toutefois, si le représentant des salariés exerce également les fonctions du comité d'entreprise ou, à défaut, des délégués du personnel ou du CSE, la protection cesse au terme de la dernière audition ou consultation précédant l'adoption d'un plan de redressement [2].

Cette durée de protection doit être coordonnée avec celle prévue à l'alinéa précédent, qui concerne le versement des sommes par l'AGS : c'est la plus tardive des dates qui doit être évidemment prise en compte.

§ 3
Rupture des contrats de travail autres que le CDI

512.101 Rupture par anticipation des CDD. Aucune réglementation particulière n'a été posée pour les contrats à durée déterminée. L'article L. 641-11-1, VI, du Code de commerce écarte expressément du régime des contrats en cours tous les contrats de travail, sans préciser leur nature. Par conséquent, seules les règles prévues par le Code du travail ont vocation à s'appliquer.

Conformément au droit commun, il en résulte l'impossibilité pour l'employeur de leur rupture avant le terme, sauf dans les cas limitativement énumérés à l'article L. 1243-1 du Code du travail. Son alinéa 1 indique « Sauf accord des parties, le contrat de travail à durée déterminée ne peut être rompu avant l'échéance du terme qu'en cas de faute grave, de force majeure ou d'inaptitude constatée par le médecin du travail ». N'est pas citée expressément l'ouverture d'une procédure collective, y compris la liquidation judiciaire avec ou sans maintien de l'activité. Ce texte a été qualifié d'ordre public et il est impossible pour les parties de prévoir dans une clause du contrat d'autres causes [3].

Les liquidateurs ou administrateurs ont alors invoqué la force majeure justifiant la rupture anticipée du contrat à durée déterminée. Pourtant, pour la Cour de cassation, la liquidation judiciaire, quand bien même elle entraîne la liquidation de l'entreprise, ne constitue pas un cas de force majeure, au sens de l'article L. 1243-1 du Code du travail, autorisant leur rupture avant le terme [4]. La solution vaut pour tous les contrats à durée déterminée, y compris les contrats de qualification [5].

Le liquidateur ou l'administrateur ne peut pas non plus demander la résiliation judiciaire du CDD, ce mode de rupture étant réservé au salarié [6].

À défaut d'une telle possibilité, le contrat est rompu de manière anticipée pour une cause injustifiée. En vertu de l'article L. 1234-4 du Code du travail, le salarié peut donc obtenir une indemnité correspondant aux salaires qu'il aurait perçus jusqu'au terme du contrat, se cumulant avec l'indemnité dite de précarité.

Cette indemnité est-elle garantie par l'AGS ? La Cour de cassation admet cette prise en charge pour les ruptures anticipées antérieures au jugement d'ouverture [7]. Elle admet aussi la prise en charge des indemnités dues à un apprenti en cas de rupture anticipée [8]. L'article L. 3253-8 du Code du travail vise les ruptures des contrats de travail sans précision. La Cour de cassation exige cependant que le liquidateur ou l'administrateur, mais non le salarié, soit à l'origine de la rupture [9]. Il faut donc en déduire

1. C. com., art. L. 627-5, al. 4 du code, dans la rédaction antérieure à la loi du 26 juillet 2005, L. 662-4, al. 4, dans la rédaction issue de la loi du 26 juillet 2005.
2. C. com., art. L. 662-4, al. 2 – Soc. 30 janv. 2013, nº 11-22.979, P V, nº 23 ; nº 164 FS-P+B ; *Gaz. Pal.* 1er mai 2013, nº 121, p. 39, note Ph. Duprat ; *Act. proc. coll.* 2013/5, comm. 58, note D. Jacotot ; *RPC* 2013, comm. 33, note Ph. Roussel Galle.
3. Soc. 16 déc. 1998, nº 95-45.341 ; *Bull. civ.* V, nº 552 ; *JCP E* 1999, nº 1298, note J. Mouly ; *D.* 2000. 30, note F. Alaphilippe ; *DS* 1999, 397, obs. J.-P. Karaquillo ; *DS* 1999, 285, obs. C. Roy-Loustaunau.
4. Soc. 20 oct. 1993, nº 91-43.922 ; *Bull. civ.* V, nº 240 ; *Dr. trav.* 1993, nº 11, p. 10, § 509 – Soc. 16 oct. 2002, nº 00-40.869, NP ; *RJS* 1/03, nº 16.
5. Soc. 18 oct. 1994, nº 91-42.607, NP ; *RPC* 1995. 335, obs. F. Taquet – Soc. 6 mai 1998, nº 96-40.867 – F. Derrida, « La mise en redressement judiciaire ne constitue pas en soi un cas de force majeure », *D.* 2000. 5. La solution vaut également pour la liquidation judiciaire grâce à une interprétation a fortiori.
6. Soc. 15 juin 1999, nº 98-44.295 ; *Bull. civ.* V, nº 277 ; *D.* 1999. 623, note C. Radé ; *DS* 1999. 836, obs. C. Roy-Loustaunau – Soc. 4 déc. 2001, nº 99-46.364 ; *Bull. civ.* V, nº 369 ; *DS* 2002, 406, obs. C. Roy-Loustaunau ; *D.* 2002. 2361, note J. Mouly.
7. Soc. 12 mars 2002, nº 99-44.222 ; *Bull. civ.* V, nº 86 ; *D.* 2002. IR 1596.
8. Sur la rupture anticipée du contrat d'apprentissage, v. ss nº 512.102.
9. Soc. 20 déc. 2017, nº 16-19.517 ; *JCP S* 2018, nº 1072, note L. Fin-Langer ; *RDT* 2018. 209, note Bondat ; *RPC* 2018, comm. 46, obs. F. Taquet ; *D.* 2018, actu 6 ; *JCP E* 2018, nº 1159, nº 20, note Ph. Pétel ; *Leden* mars 2018, 7, obs. H. de Frémont ; *BJE* 2018. 126, note D. Jacotot ; *Act. proc. coll.* 2018, comm. 25 ; *Gaz. Pal.* 17 avr. 2018, p. 81, note L. Cheikh-Vecchioni – Soc. 19 avr. 2023, nº 21-20.651 ; *RPC* juill. 2024, nº 67, obs. D. Jacotot ; *Act. proc. coll.* 2023, nº 138 ; *Leden* juin 2023, p. 7, obs. F. Joly.

que dès lors que le CDD est rompu pendant le maintien provisoire de l'activité, le salarié a droit à cette prise en charge, y compris pour les ruptures anticipées injustifiées.

Il faut enfin rappeler que le liquidateur, tout comme l'AGS, ne peut demander la requalification d'un CDD en un CDI, ce droit étant réservé exclusivement au salarié[1].

512.102 Rupture par anticipation des contrats d'apprentissage. Le contrat d'apprentissage est un contrat de travail à durée déterminée très particulier, tant dans ses conditions de formation que dans ses modes de rupture. Ces derniers sont régis par l'article L. 6222-18 du Code du travail, qui admet la rupture unilatérale pendant les deux premiers mois d'apprentissage. Ce délai a été porté à quarante-cinq jours consécutifs ou non de formation pratique par la loi du 17 août 2015. Mais au-delà de cette période, jusqu'à l'ordonnance du 12 mars 2014, seuls un accord de rupture amiable ou, à défaut, une résiliation judiciaire pour manquement grave de l'une des parties à ses obligations ou pour inaptitude de l'apprenti pouvaient entraîner la rupture du contrat d'apprentissage. La Cour de cassation avait cependant écarté cette exigence et notamment l'obligation de recourir à la résiliation judiciaire en cas de jugement de liquidation[2]. L'AGS doit par ailleurs prendre en charge les créances dès lors que la rupture intervient dans les quinze jours du jugement de liquidation ou pendant le maintien provisoire de l'activité[3]. La Cour de cassation estime que la résiliation intervient au jour où le juge la prononce si le salarié ou l'apprenti est toujours au service de l'employeur, sans se fonder sur le nouvel article 1229 du Code civil qui donne plus de liberté au juge pour fixer cette date[4].

L'ordonnance du 12 mars 2014 a apporté une précision uniquement en cas de liquidation judiciaire au-delà de ce délai, en autorisant la rupture par le liquidateur moyennant le versement d'une indemnité correspondant aux salaires qui auraient dû être versés jusqu'au terme du contrat, consacrant ainsi une solution jurisprudentielle[5]. L'article L. 6222-18 précise cependant que cette faculté n'est possible qu'à défaut de maintien provisoire de l'activité ou à la fin de ce maintien. Il est donc inutilisable pendant la période de maintien provisoire de l'activité. Cette rédaction du texte contredit la position de la Cour de cassation qui avait assoupli cette règle avant 2014. En effet, elle avait indiqué que cette dispense de demander la résiliation judiciaire valait aussi pendant le maintien provisoire de l'activité[6]. L'ordonnance de 2014 est donc moins souple que la Cour de cassation.

La loi du 5 septembre 2018[7] a, de nouveau, modifié ce texte que l'entreprise soit *in bonis* ou non. Elle a écarté la résiliation judiciaire et prévu la rupture unilatérale pendant les quarante-cinq premiers jours puis, au-delà, la rupture par un accord écrit des parties ou à l'initiative de l'employeur pour force majeure, faute grave de l'apprenti et inaptitude, sous la forme d'un licenciement. La difficulté provient du fait que la liquidation judiciaire ne devrait toujours pas être considérée comme un cas de force majeure et faute d'accord écrit de l'apprenti, il devient impossible de rompre ce contrat. La Cour de cassation avait en effet jugé que la rupture par l'employeur en dehors des cas prévus par ce texte est sans effet[8].

SECTION 4
SORT DES SALARIÉS NON LICENCIÉS PENDANT LE MAINTIEN PROVISOIRE DE L'ACTIVITÉ

§ 1
Gestion des relations individuelles

512.111 Continuation du contrat de travail aux mêmes conditions. Le contrat de travail étant continué aux mêmes conditions conventionnelles et légales que celles existant avant le jugement d'ouverture, il en résulte l'obligation pour l'administrateur ou l'employeur, selon le cas, de respecter l'article L. 1222-6 du Code du travail relatif à la modification du contrat de travail pour un motif économique, s'il décide d'apporter des modifications.

En droit commun, l'alinéa 2 de l'article L. 1222-6 prévoit que la lettre de notification, qui contient la proposition de modification du contrat de travail, informe le salarié qu'il dispose d'un mois pour faire connaître son refus. Il a été observé que ce régime, compte tenu de la longueur des délais impartis pour la procédure de modification des contrats de travail, était inadapté aux exigences d'une entreprise en difficulté[9].

1. Soc. 23 nov. 2022, n° 21-16.221 ; *Act. proc. coll.* 2022, n° 266.
2. Soc. 23 mai 2000, n° 97-45.187 ; *Bull. civ.* V, n° 192 ; *TPS* 2000, comm. 260 ; *DS* 2000, p. 910, note R. Vatinet ; *D.* 2000. 179 – Soc. 20 févr. 2007, n° 06-41.443, NP – Soc. 7 juill. 2009, n° 08-40.879, NP ; *RJS* 10/09, n° 818.
3. Soc. 23 mai 2000, préc.
4. Par ex. : Soc. 20 oct. 2021, n°s 19-25.700 et 19-22.705 ; *Act. proc. coll.* 2021. 275.
5. Soc. 20 févr. 2007, n° 06-41.443, NP – Soc. 7 juill. 2009, n° 08-40.879, NP ; *RJS* 10/09, n° 818.
6. Soc. 23 mai 2000, n° 97-45.187 ; *Bull. civ.* V, n° 192 ; *TPS* 2000, comm. 260 ; *DS* 2000, p. 910, note R. Vatinet ; *D.* 2000. 179 – Soc. 7 juill. 2009, n° 08-40.879, NP ; *RJS* 10/09, n° 818.
7. L. n° 2018-771, 5 sept. 2018 pour la liberté de choisir son avenir professionnel, *JO* 6 sept., n° 1.
8. Soc. 4 mai 1999, n° 97-40.049 ; *Bull. civ.* V, n° 183 – Soc. 6 févr. 2001, n° 98-44.133 ; *Bull. civ.* V, n° 38.
9. A. Boyer, *Protection des salariés et sauvetage de l'entreprise : quête d'un équilibre*, PUAM, 2006, n° 131.

La remarque a été entendue et l'article 109 de l'ordonnance du 12 mars 2014[1] fait passer ce délai à quinze jours si l'entreprise est en redressement ou en liquidation judiciaire.

En droit commun, l'alinéa 3 de l'article L. 1222-6 du Code du travail précise que, à défaut de réponse dans le délai d'un mois, le salarié est réputé avoir accepté la modification proposée. L'article 109 susvisé raccourcit ce délai à quinze jours si l'entreprise est en redressement. C'est la seule particularité mise en place dans le Code du travail.

512.112 **Versement des salaires.** L'article L. 641-13 du Code de commerce prévoit le paiement à échéance des créances nées régulièrement après le jugement de liquidation en contrepartie d'une prestation fournie au débiteur pendant le maintien de l'activité ou en exécution d'un contrat en cours. À ce titre, il convient donc de payer les salaires dus aux salariés en contrepartie de la prestation de travail effectuée[2]. Tant que les salariés ne sont pas licenciés, ce paiement leur est dû, sauf si un cas de force majeure le dispense de respecter cette obligation. La Cour a ainsi cassé, pour violation de l'ancien article 1148 du Code civil, un arrêt de Cour d'appel qui avait retenu cette force majeure, suite à un retrait d'autorisation administrative nécessaire pour exercer une activité, retrait ayant conduit à la liquidation judiciaire. La Cour estime que la force majeure n'est pas caractérisée[3].

Par ailleurs, conformément à l'article L. 3253-8, 5°, d, l'AGS prend en charge les salaires pendant cette période de maintien provisoire dans la limite d'un mois et de demi de salaire[4].

À défaut de paiement à échéance, ces créances de salaires seront payées par priorité derrière le super-privilège des salaires et les frais de justice. Le nouvel article L. 641-13 issue de l'ordonnance du 15 septembre 2021[5] renvoie désormais à l'article L. 643-8 qui donne désormais priorité à d'autres créanciers antérieurs, les créances de salaires non garantis par l'AGS arrivant en 7e position et les sommes avancées par l'AGS en 10°[6].

Le liquidateur ou l'administrateur doit aussi fournir la prestation de travail aux salariés non licenciés, ces derniers pouvant éventuellement demander la résiliation judiciaire ou prendre acte de la rupture[7].

512.113 **Respect des dispositions spécifiques aux contrats suspendus.** Le liquidateur ou l'administrateur devra respecter les dispositions spécifiques au congé, comme une obligation de reclassement et de réintégration pendant ce maintien provisoire. Aucune dispense n'a été prévue dans le Code de commerce ou le Code du travail, sous réserve des assouplissements mis en place par la Cour de cassation[8].

512.114 **Maintien du pouvoir disciplinaire.** Le salarié doit donc fournir sa prestation de travail et respecter les consignes données par le liquidateur ou l'administrateur.

La rupture des contrats de travail n'est réglementée spécialement par le Code de commerce que pour les licenciements économiques, non pour les licenciements pour faute[9]. Un licenciement disciplinaire peut donc intervenir si un salarié ne respecte pas les obligations professionnelles qui lui incombent ou les consignes données.

Le liquidateur ou l'administrateur devra respecter la procédure disciplinaire prévue par les articles L. 1331-1 et suivants du Code du travail, à savoir convoquer le salarié à un entretien préalable, faire cet entretien dans un délai raisonnable et notifier la sanction dans un délai de deux jours minimal et d'un mois maximal, sous réserve des dispositions de la convention collective applicable à l'entreprise. Il devra aussi appliquer les dispositions conventionnelles applicables dans l'entreprise qui aménagent la procédure.

512.115 **Mesure d'activité partielle.** Les salariés sont placés en activité partielle lorsqu'ils subissent une perte de rémunération imputable soit à une fermeture temporaire d'activité soit à une réduction temporaire des horaires pratiqués dans l'entreprise. Cette réduction d'activité n'est possible que pour les causes limitativement énumérées à l'art. R. 5122-1 du Code du travail : conjoncture économique, difficultés d'approvisionnement, intempéries et sinistre comme un incendie, catastrophe naturelle, transformation, restructuration ou modernisation de l'entreprise ou toute autre circonstance exceptionnelle qui n'est plus nécessairement imprévisible.

Cette mesure doit présenter un caractère temporaire et doit concerner un groupe de salariés identifiés, comme les salariés d'un service. Cette mesure a donc une dimension collective. Les salariés perçoivent une indemnité horaire et l'entreprise est en partie

1. Ord. n° 2014-326, 12 mars 2014 portant réforme de la prévention des difficultés des entreprises et des procédures collectives, *JO* 14 mars, n° 3.
2. Sur le paiement des salaires en période d'observation, v. s^s^ n° 312.62.
3. Soc. 11 mai 2022, n° 20-18.372 ; *Act. proc. coll.* 2022, 169.
4. Sur la garantie AGS, v. s^s^ n°s 722.11 s.
5. Ord. n° 2021-1193, 15 sept. 2021 portant modification du livre VI du Code de commerce, *JO* 16 sept., n° 21.
6. P. Cagnoli, « Paiement des créanciers en cas de liquidation judiciaire (réalisations isolées) », *Act. proc. coll.* 2021, n° 230 – Sur le paiement des créances salariales, v. s^s^ n°s 622.11 s.
7. Sur ces solutions en redressement judiciaire, v. n° 312-322.
8. Sur le régime des contrats suspendus, v. s^s^ n°s 512.81 s.
9. AINSI : Soc. 28 mars 2012, n° 11-10.109, NP.

remboursée par une allocation dont le montant est fixé par décret.

512.116 Demande possible pendant le maintien provisoire d'activité. En procédure de liquidation, il semble possible d'utiliser ce dispositif, sous certaines conditions et de manière exceptionnelle, à la différence de ce qui existe en sauvegarde[1] ou en redressement[2]. En effet, cette mesure doit présenter un caractère provisoire. Or la liquidation judiciaire a pour finalité la cessation d'activité. Il en est autrement en cas de maintien de l'activité dans le but de trouver un repreneur. La baisse d'activité n'a donc pas vocation à durer mais à être limitée dans le temps, dans l'attente de cette reprise.

Le liquidateur devra respecter la procédure prévue aux articles L. 5122-1 s. du Code du travail.

Le liquidateur devait consulter le comité d'entreprise, ou à défaut les délégués du personnel en leur communiquant au préalable les raisons de ce recours, les salariés concernés, la durée prévisible de mise en activité partielle et depuis la loi de 2013 les actions de formation qui pourront être proposées pendant cette durée. Avec l'entrée en vigueur du CSE, ce sera le CSE pour les entreprises de cinquante salariés et plus uniquement[3]. En son absence mais aussi dans les entreprises de moins de cinquante salariés, le liquidateur doit informer les salariés.

Il doit ensuite faire une demande d'activité partielle au préfet du département au titre de l'aide publique avant le recours effectif au chômage partiel, sauf en cas d'intempérie ou de sinistre, la demande devant être présentée dans les trente jours qui suivent. Cette demande est faite auprès de la Dreets dont dépend l'établissement concerné au moyen d'un formulaire spécifique mentionne la raison, le nombre de salariés concernés, la durée de cette mise en activité partielle et doit être accompagnée de l'avis préalable des représentants du personnel. Depuis 2014, cette demande est nécessairement faite par voie dématérialisée[4]. Lorsque l'entreprise a déjà été placée en activité partielle au cours des trois années précédentes, il doit mentionner dans sa demande d'autorisation les engagements pris vis-à-vis des salariés en termes de garantie d'emploi, d'actions spécifiques de formation, en matière de GPEC ou visant à rétablir la situation de l'entreprise.

La Dreets a quinze jours pour notifier sa réponse et le silence vaut acceptation implicite de la demande depuis la loi du 14 juin 2013. La décision peut faire l'objet d'un recours gracieux ou hiérarchique auprès du Ministre. L'autorisation est accordée pour six mois, renouvelable. Ces délais peuvent sembler longs en cas de liquidation judiciaire.

La Dreets peut fixer des engagements dans la décision d'autorisation, vus comme des contreparties en termes d'emploi, de formation en tenant compte de la situation de l'entreprise, d'un accord collectif d'entreprise éventuel et des propositions faites. Elle contrôle aussi désormais le respect des engagements et peut demander le remboursement des sommes versées sauf si cela est incompatible avec la situation de l'entreprise. Le décret du 26 juin 2013 a supprimé l'obligation de l'employeur de conserver le personnel pendant une période égale au double de la durée de prise en charge, cette obligation étant souvent une des raisons du non-recours au chômage partiel. Ces contreparties peuvent être difficiles à obtenir en liquidation judiciaire.

Une fois l'accord obtenu, le liquidateur peut adresser à la Dreets une demande d'indemnisation au titre de l'allocation spécifique. Après la réponse indiquant la durée et le nombre d'heures indemnisées, le liquidateur doit afficher les nouveaux horaires dans l'entreprise et adresser une copie à l'inspection du travail.

Un décret du 26 juin 2020 permet le paiement de l'indemnité non pas dans les mains du salarié lorsque l'entreprise est *in bonis* mais dans celles du mandataire voire dans celles de l'AGS qui prend en charge le paiement d'une partie des salaires[5].

§ 2
Gestion des relations collectives

512.121 Maintien théorique des obligations de négocier. Contrairement à la liquidation sans maintien de l'activité, le liquidateur ou l'administrateur doit respecter les obligations de négocier non suspendues ni par le Code du travail ni par le Code de commerce en cas de maintien provisoire de l'activité, même si aucun texte prévoit que le liquidateur ou l'administrateur reste tenu par les obligations légales ou conventionnelles incombant au chef d'entreprise en cas de représentation, à l'instar de l'article L. 631-12 du Code de commerce applicable en redressement judiciaire. Le dessaisissement prévu par l'article L. 641-9 du Code de commerce peut justifier une telle conséquence[6]. En vertu de l'article L. 2242-10 du Code du travail, il semble cependant possible de prévoir une suspension de ces négociations en cas de liquidation judiciaire, dès lors que les délais maxima de négociations sont respectés[7].

1. Sur l'activité partielle en sauvegarde, v. s[s] n°s 311.91 s.
2. Sur l'activité partielle en redressement judiciaire, v. s[s] n°s 312.91 s.
3. C. trav., art. R. 5122-2.
4. C. trav., art. R. 5122-4.
5. C. trav., art. R. 5122-16.
6. Sur le rôle du liquidateur, v. s[s] n° 512.23.
7. Sur l'aménagement du calendrier des négociations obligatoires, v. s[s] n° 312.81.

Un certain nombre d'accords, de droit commun, peuvent également être conclus pour faciliter la cession ou à la demande d'un éventuel repreneur. Ainsi la société Doux placée en liquidation judiciaire, représentée par son DRH assisté des administrateurs judiciaires, a négocié un accord « de continuité économique et sociale » le 14 mai 2018, à la demande d'un potentiel repreneur qui a conditionné son offre de reprise à cette conclusion, pour permettre de renouer avec une compétitivité suffisante. Cet accord écarte une partie de la convention de branche pour donner plus de flexibilité en matière d'horaires de travail. Il précise aussi le futur statut régissant les relations professionnelles et le sort des accords de participation et d'intéressement. Il est conclu sous la condition suspensive de la reprise prononcée par le tribunal de commerce[1].

Il semble en revanche difficile de conclure un accord de rupture conventionnelle collective, l'ensemble des salariés devant à terme être licenciés[2] voire un accord de performance collective[3], la situation étant obérée. Ces accords présentent peu d'intérêt dans un tel contexte et semblent difficiles à conclure en raison de la brièveté de la période de maintien provisoire de l'activité.

512.122 Maintien des règles de fonctionnement des instances représentatives du personnel. Aucun aménagement du calendrier des élections n'est prévu ni dans le Code de commerce ni dans le Code du travail en cas du prononcé d'une liquidation judiciaire. L'ouverture d'une telle procédure n'est donc pas une cause de report des élections.

Par conséquent, le liquidateur ou l'administrateur seront tenus de mettre en place les élections professionnelles, lorsque les mandats du CSE arriveront à échéance pendant le maintien provisoire de l'activité et que les conditions d'effectifs sont réunies. Si les effectifs restent en dessous de onze salariés pendant douze mois consécutifs à l'expiration des mandats, il ne sera pas tenu de les organiser[4].

À défaut de les organiser, il risque d'engager sa responsabilité pour délit d'entrave. Par ailleurs, les procédures qui supposent cette information-consultation pourraient être considérées comme irrégulières[5]. Pourtant, en pratique, il semble impossible de les organiser, les délais prévus par le Code du travail encadrant ces élections semblant difficiles à respecter pendant la durée du maintien provisoire de l'activité. Cette impossibilité matérielle suffit-elle à exonérer l'administrateur ou le liquidateur de sa responsabilité ? Il faut rappeler qu'il s'agit d'une infraction intentionnelle[6], c'est-à-dire qu'il faut établir la volonté consciente d'enfreindre la loi pénale sans rechercher des mobiles particuliers[7]. Par ailleurs, l'article 122-2 du Code pénal exonère de responsabilité pénale celui a agi sous la contrainte ou en raison d'un cas de force majeure. Il a ainsi été jugé qu'en cas de fermeture prévue de l'entreprise à une date proche le dirigeant n'engageait pas sa responsabilité pénale pour ne pas avoir organisé le renouvellement de ces instances[8]. Cette jurisprudence pourrait s'appliquer en cas de maintien temporaire d'activité.

Même la négociation collective d'un accord reportant les élections, déjà contestée en redressement judiciaire[9] paraît impossible dans un tel contexte, la durée du maintien provisoire de l'activité étant très réduite.

Devant cette impasse et pour éviter ce risque de poursuite, il serait souhaitable d'envisager une réforme et de prévoir la suspension du processus électoral pendant ce maintien provisoire et la prolongation des mandats en cours, l'entreprise ayant de toute façon vocation soit à cesser son activité soit à être cédée.

En revanche, le liquidateur ou l'administrateur, selon le cas, devra respecter les informations-consultations ponctuelles du CSE présent, lorsque l'entreprise a cinquante salariés et plus, notamment liées à l'ouverture de la procédure de liquidation et notam-

1. Accord conclu au sein de la Société Doux, n° A05618004515.
2. Sur les accords de rupture conventionnelle collective, v. s^s n° 312.83 – Un arrêt de la Cour administrative d'appel de Versailles écarte d'ailleurs la possibilité de conclure un accord de rupture conventionnelle en cas de fermeture programmée d'un site : CAA Versailles, 20 oct. 2021, n° 21VZ02220, Union départementale des syndicats Force Ouvrière du Loir-et-Cher, *FRS*, n° 20, 2021, n° 4 ; *Act. proc. coll.* 2021. 274. Cette solution a été confirmée dans un arrêt du Conseil d'état : CE 21 mars 2023, req. n° 459626, *RPC* mai 2023, n° 52, obs. F. Taquet ; *RDT* 2023. 415, obs. F. Géa ; *JSL* 2023, n° 563-1, obs. M. Hautefort ; *SSL* 2023, n° 2040, p. 20, obs. H. Cavat ; *SSL* 2023, n° 2047, p. 10, note O. Duteillet de Lamothe ; *JCP S* 2023, n° 1123, note P. Morvan ; *Leden* mai 2023, p. 6, obs. G. Dedessus-Le Moustier.
3. Sur les accords de performance collective, v. s^s n° 312.82.
4. C. trav., art. L. 2323-10.
5. L'article L. 1233-58 II du Code du travail n'autorise un aménagement que pour la validité du PSE qui peut être homologué par la Dreets malgré l'absence de PV de carence. Cet alinéa ne précise pas les procédures concernées et peut donc s'appliquer en sauvegarde, en redressement et en liquidation judiciaire.
6. Crim. 22 mars 1994, n° 93-82.312, NP ; *DS* 1994, 967, note J. Savatier – Crim. 15 mai 2007, n° 06-86.896, NP ; *JCP S* 2007, n° 1723, note J.-Y. Kerbourc'h.
7. Le dol général suffit, et il n'est pas nécessaire d'établir un dol spécial : Crim. 6 févr. 2007, n° 06-82.744 ; *DS* 2007, p. 662, note F. Duquesne, « l'élément intentionnel du délit d'entrave à la mission du délégué syndical se déduit, non du but recherché par l'intéressé, mais du caractère volontaire du manquement constaté ».
8. Rennes, 19 avr. 1989, *JurisData* 1989-049626 – Crim. 4 oct. 1977 ; *Bull. crim.* 1977, n° 285.
9. Sur le report des élections en redressement judiciaire, v. s^s n° 312.72.

ment avant l'adoption du plan de cession ou en cas de licenciement pour motif économique en vertu de l'article L. 2312-53 du Code du travail, dressant la liste des hypothèses [1]. Là encore, le liquidateur ou l'administrateur risque d'être poursuivi pour délit d'entrave en vertu de l'article L. 2317-1 du Code du travail, au risque de réduire à néant le rôle du CSE dans les procédures collectives. Quant aux informations-consultations récurrentes du CSE, elles doivent en principe encore être réalisées. Une réforme pourrait là encore envisager de les suspendre dans un tel contexte.

1. Sur ces consultations, v. s^{s} n° 312.73.

LIVRE

6. CRÉANCES SALARIALES

Léa Vecchioni-Ben Cheikh
Docteur en droit privé

SECTION 0
ORIENTEUR

6.00 Sommaire du livre.

Titre	**61**	**Identification des créances salariales**
Chap.	611	Fait générateur des créances salariales
Chap.	612	Vérification des créances salariales
Titre	**62**	**Sort des créances salariales antérieures**
Chap.	621	Catégories de créances salariales antérieures
Chap.	622	Paiement des créances salariales antérieures
Titre	**63**	**Sort des créances salariales postérieures**
Chap.	631	Catégories de créances salariales postérieures
Chap.	632	Paiement des créances salariales postérieures

TITRE

61. Identification des créances salariales

SECTION 0

ORIENTEUR

61.00 **Sommaire du titre.**

Chap.	611	Fait générateur des créances salariales
Sect.	1	Primauté du fait générateur sur l'exigibilité de la créance consacré par le droit des entreprises en difficulté
Sect.	2	Naissance de la créance fixée au stade de l'exécution du contrat de travail
Sect.	3	Naissance de la créance fixée au stade de l'inexécution du contrat de travail
Sect.	4	Naissance de la créance fixée au stade de la rupture du contrat de travail
Chap.	612	Vérification des créances salariales
Sect.	1	Principe de vérification du passif social
Sect.	2	Établissement du relevé de créances salariales
Sect.	3	Visa du juge-commissaire
Sect.	4	Information du salarié
Sect.	5	Information des tiers

CHAPITRE

611. Fait générateur des créances salariales

SECTION 0 ORIENTEUR

611.00 **Sommaire du chapitre.**

Sect. 1 Primauté du fait générateur sur l'exigibilité de la créance consacré par le droit des entreprises en difficulté 611.11 à 611.14

Sect. 2 Naissance de la créance fixée au stade de l'exécution du contrat de travail 611.21 à 611.26

Sect. 3 Naissance de la créance fixée au stade de l'inexécution du contrat de travail 611.31

Sect. 4 Naissance de la créance fixée au stade de la rupture du contrat de travail 611.41 à 611.42

611.01 **Textes applicables.**

• **C. com.**

art. L. 622-7, I [Principe de l'interdiction du paiement des créances antérieures]

art. L. 622-21, I et II [Principe de l'interdiction des poursuites individuelles et des voies d'exécution]

art. L. 622-24 [Déclaration des créances antérieures]

art. L. 625-1 [Établissement du relevé des créances salariales]

art. L. 625-2 [Intervention du représentant des salariés dans l'établissement du relevé des créances salariales]

611.03 **Bibliographie indicative.**

> **Contributions.** D. Jacotot, « *Droit social et droit des entreprises en difficulté. Les créances salariales* », *in* P. Roussel Galle (dir.), *Entreprises en difficulté*, « Droit 360° », LexisNexis, 2012, p. 501.

> **Articles.** B. Amizet, « Le difficile traitement en liquidation judiciaire des créances issues d'un régime de retraite supplémentaire », *BJE* mars 2017. 162 – B. Amizet et L. Fin-Langer, « Le particularisme des créances salariales », *BJE* janv.-févr. 2017. 51 – J.-M. Sportouch, « Les créances salariales : quelles évolutions face aux difficultés actuelles », *BJE* oct. 2012, dossier 171, p. 332 – A. Saint-Alary-Houin, « La date de naissance des créances en droit des procédures collectives », coll. CEDAG Paris V, 25 mars 2004, *LPA* 9 nov. 2004, n° 224, p. 11 – R. Vatinet, « La date de naissance des créances en droit du travail », *LPA* 9 nov. 2004, p. 19 – F. Aknin, « Le droit social appliqué aux procédures collectives », *JCP S* n° 42, 24 oct. 2023, 1272.

611.04 **Question essentielle.**

> Comment qualifie-t-on une créance salariale d'antérieure ou de postérieure au jugement d'ouverture ?

* V. s^s n°s 611.13 et 611.14

SECTION 1 PRIMAUTÉ DU FAIT GÉNÉRATEUR SUR L'EXIGIBILITÉ DE LA CRÉANCE CONSACRÉ PAR LE DROIT DES ENTREPRISES EN DIFFICULTÉ

611.11 **Définition du fait générateur.** En droit des entreprises en difficulté, le fait générateur correspond à la date de naissance de la créance[1]. Autrement dit, il s'agit de l'évènement qui engendre la créance[2]. Selon la thèse matérialiste[3], le fait générateur des créances issues de contrats synallagmatiques[4] se trouve dans le contenu obligationnel du contrat.

1. Sur la notion de fait générateur, v. s^s n° 031.41.
2. A. Saint-Alary-Houin, *La date de naissance des créances en droit des procédures collectives*, coll. CEDAG Paris V, 25 mars 2004, *LPA* 9 nov. 2004, n° 224, p. 11.
3. C. Demolombe, *Traité des contrats ou des obligations conventionnelles en général*, t. II, 1876, n°s 581 s.
4. M. Behar-Touchais, *La date de naissance de la créance issue du contrat synallagmatique à exécution successive*, coll. CEDAG Paris V, 25 mars 2004, *LPA* 9 nov. 2004, n° 224, p. 41 ; R. Noirot, *Les dates de naissance des créances*, Thèse Paris V, 2013 ; M. Picq, *La distinction entre les contrats à exécution instantanée et les contrats à exécution successive*, Thèse Grenoble, 1994.

Il convient donc de s'attacher à l'exécution du contrat et non, à sa formation[1].

611.12 Définition de l'exigibilité. L'exigibilité signifie que la créance ne doit pas être affectée d'un terme suspensif. Elle correspond à la date à laquelle une personne est tenue d'exécuter une obligation. Ainsi, la créance est exigible lorsque son titulaire peut en réclamer l'exécution immédiate, sans attendre l'accomplissement d'une condition suspensive[2].

611.13 Importance du fait générateur en droit des procédures collectives. Le droit des entreprises en difficulté accorde une importance particulière au fait générateur de la créance puisque celui-ci permet de déterminer la nature antérieure ou postérieure de la créance par rapport au jugement d'ouverture. De cette caractérisation découlera des modalités de paiement distinctes et spécifiques à chaque catégorie de créance. En droit positif, il faut donc retenir que le critère déterminant est la date de naissance de la créance et non, celle de l'exigibilité.

611.14 Diversité du fait générateur des créances salariales. Contrairement à de nombreux contrats de droit civil[3], le contrat de travail est à l'origine d'une pluralité de créances. La relation de travail va, tout au long de son existence, produire des créances de natures différentes[4]. Certaines créances naissent dans le cadre de la relation individuelle de travail avec l'employeur, tandis que d'autres trouvent leur origine dans la relation collective.

Le contrat de travail, la loi, la convention collective, l'accord collectif, l'engagement unilatéral pris par l'employeur ou encore, les usages d'entreprises constituent les principaux fondements de la naissance des créances salariales. Il convient de retenir que les créances salariales naissent soit au fil du temps, soit résultent d'un évènement unique.

SECTION 2
NAISSANCE DE LA CRÉANCE FIXÉE AU STADE DE L'EXÉCUTION DU CONTRAT DE TRAVAIL

611.21 Salaires. L'obligation principale découlant d'un contrat de travail pour le salarié est la réalisation d'une prestation de travail pour le compte de son employeur[5]. L'accomplissement du travail par le salarié constitue le fait générateur de la créance de salaire[6]. Celle-ci naît quotidiennement, ce qui conduit à qualifier *prorata temporis* la créance de salaire, indépendamment de sa date d'exigibilité[7].

Naturellement, si le travail est effectué avant le jugement d'ouverture, la créance de salaire sera qualifiée d'antérieure. En revanche, si la prestation de travail est accomplie après le jugement d'ouverture, cette créance sera postérieure.

La naissance de la créance de salaire peut parfois être déconnectée de la prestation de travail accomplie. En effet, si l'employeur ne respecte pas son obligation de fournir du travail au salarié, la naissance de la créance n'est pas pour autant figée. La créance de salaire et ses substituts continueront de naître[8]. Ce principe est renforcé par l'idée que les salariés sont, la plupart du temps, rémunérés en fonction du temps de travail passé dans l'entreprise et non, au regard de la tâche effectuée[9]. La créance de salaire est donc la contrepartie de la mise à disposition de l'employeur de la force de travail du salarié.

Ce principe s'applique à la créance des arrérages de préretraites qui permettent à un salarié d'arrêter son activité professionnelle de manière anticipée tout en étant rémunéré. Ces derniers correspondent à un salaire de substitution qui naît *prorata temporis*.

611.22 Indemnité de congés payés et repos compensateurs. L'accomplissement du travail fait également naître une grande diversité de créances avec des périodicités différentes.

L'indemnité de congés payés est analysée par la Cour de cassation en un salaire différé, qui s'acquiert mois par mois au cours d'une période de référence[10].

1. Au contraire pour les tenants de la thèse volontariste, l'ensemble des droits et des obligations naissent au jour de la rencontre des volontés, seule l'exigibilité est reportée à une date décidée par les parties, J. Mestre, « *De la date de naissance des obligations contractuelles* », *RTD civ.* 1987, n° 5, p. 748 ; E. Putman, *La formation des créances*, Thèse Aix-en-Provence, 1987 ; P. Ancel, « *Force obligatoire et contenu obligationnel du contrat* », *RTD civ.* 1999. 799.
2. G. Cornu, *Vocabulaire juridique*, Puf-Association Henri Capitant, 14e éd., 2022.
3. Le contrat de vente au comptant est l'exemple le plus significatif, il se conclut et s'exécute de manière instantanée.
4. R. Vatinet, « La date de naissance des créances en droit du travail », *LPA* 9 nov. 2004, p. 19.
5. P. Lafarge, L. Serfati-Apter, T. Météyé, « Le nouveau régime de garantie des salaires », *Gaz. Pal.* 1986 ; doc. p. 299.
6. Com. 8 nov. 1988, n° 87-11.158 ; *D.* 1989. 36, note A. Honorat ; *JCP* 1989. II. 15468, n° 3, obs. M. Cabrillac ; Com. 19 mars 1991, n° 89-20.572, *Bull. civ.* IV, 1991, n° 108 ; *D.* 1999. 386, note A. Honorat.
7. F. Pérochon, avec le concours de M. Laroche, F. Reille, Th. Favario, A. Donnette, *Entreprises en difficulté*, 11e éd., « Manuel », LGDJ-Lextenso, 2022, n° 2713.
8. R. Vatinet, « La date de naissance des créances en droit du travail », *LPA* 9 nov. 2004, p. 19.
9. Soc. 3 juill. 2001, n° 99-43.361 ; *Dr. soc.* 2001. 1009, Ch. Radé.
10. Soc. 21 nov. 1989, *Bull. civ.* V, n° 674 ; *JCP* 1990. II. 15832, n° 17, 1° esp., obs. Ph. Pétel – Com. 19 mai 1992, n° 90-16.962 ; *JCP* 1992. I. 168, n° 19, obs. Ph. Pétel.

Cette créance naît donc au fur et à mesure des mois et sera qualifiée d'antérieure si elle correspond à des droits acquis avant le jugement d'ouverture[1] et ce, même si la période de prise des congés est postérieure au jugement d'ouverture.

La solution est identique pour l'indemnité due au titre de la réduction du temps de travail (RTT). Le salarié disposera d'une créance antérieure pour la période travaillée antérieurement à l'ouverture de la procédure collective ouvrant droit au RTT et d'une créance postérieure pour la période travaillée postérieurement.

Le fait générateur des jours placés sur un compte épargne-temps (CET) correspond, quant à lui, à la date à laquelle le salarié a décidé d'affecter ses droits sur ce compte.

611.23 **Primes.** Les primes naissent de manière variable. Il conviendra de se référer aux conventions collectives, accords collectifs ou usages de l'entreprise, ou encore au contrat de travail, pour déterminer leur date de naissance.

Par exemple, la prime de treizième mois est généralement versée aux salariés qui ont travaillé tout au long de l'année dans l'entreprise et qui étaient présents lors de son versement[2]. En ce sens, la Cour de cassation a tout d'abord décidé que cette prime prenait naissance au 31 décembre de l'année concernée[3]. Elle a ensuite jugé que cette prime n'était due qu'aux salariés présents dans l'entreprise à la date prévue pour son versement[4]. Ensuite, elle a précisé que la naissance de la prime de treizième mois varie en fonction du libellé de l'octroi de cette prime dans le contrat de travail[5]. Il faut donc se référer au contrat de travail liant l'employeur au salarié, à la convention collective ou à l'accord collectif pour apprécier la date de naissance de cette prime. En pratique, il peut être prévu un paiement proratisé de cette prime si la rupture du contrat de travail intervient avant la date de versement habituelle.

Les sommes dues au salarié au titre de la participation[6], de l'intéressement[7] et du plan d'épargne entreprise[8] sont des créances salariales si elles revêtent la forme d'un droit de créance direct sur l'employeur[9]. Il s'agit de primes liées aux résultats de l'entreprise qui peuvent être versées directement au salarié ou sur un plan d'épargne d'entreprise. La Cour de cassation a précisé que « les droits constitués au profit des salariés au titre de la participation aux résultats de l'entreprise en exécution du contrat de travail et du statut collectif qu'il implique revêtent la forme d'un droit de créance sur l'entreprise quel que soit leur emploi pendant le temps de leur indisponibilité »[10]. En revanche, la Haute juridiction est venue préciser que les sommes « qui, en application d'un accord de participation, ont été employées à l'acquisition de parts d'un fonds commun de placement dont les salariés sont devenus copropriétaires » ne constituent pas un droit de créance sur l'employeur[11]. Pour déterminer le fait générateur de telles primes, il faudra, ici encore, se référer à la convention collective, l'accord collectif ou au contrat de travail.

611.24 **Cotisations sociales.** La créance liée aux cotisations sociales peut être antérieure ou postérieure au jugement d'ouverture. Il convient de se référer à l'époque à laquelle le travail donnant lieu à rémunération a été accompli et non, à la date de versement des salaires[12], pour déterminer sa nature.

611.25 **Impôt sur le revenu.** L'impôt est dû chaque année à raison des bénéfices ou revenus que le contribuable réalise ou dont il dispose au cours de la même année[13]. Ainsi, le fait générateur de l'impôt sur les revenus résulte de l'expiration de l'année au cours de laquelle ces revenus ont été perçus[14].

611.26 **Clause de non-concurrence.** La Cour de cassation considérait traditionnellement que la contrepartie pécuniaire d'une clause de non-concurrence constituait une créance résultant de l'exécution du contrat de travail. Par conséquent, elle naissait mois par mois[15].

En cas de rupture du contrat de travail, la Cour de cassation estime que la contrepartie financière de la clause de non-concurrence née intégralement au jour la rupture[16]. Dans cette hypothèse, le fait générateur

1. Soc. 21 nov. 1989, n° 88-12.867, NP ; *Rev. proc. coll.* 1990-3, p. 289, obs. E. Kerchove.
2. Soc. 23 oct. 1991, n° 88-41.264 ; *Bull. civ.* V, n° 424 ; *JCP* 1992. I. 168, n° 20, obs. Ph. Pétel.
3. Cass., ass. plén., 5 mars 1993, n° 89-43.464, *Bull. civ. ass. plén.* 1993, n° 6 ; – Soc. 14 mai 1997, n°s 95-43.735, 95-43.776, P ; – Soc. 17 mars 1998, n° 95-45.489, NP ; *Act. proc. coll.* 1998, comm. 43.
4. Com. 14 déc. 1993, n° 92-11.720, *Bull. civ.* IV, n° 480 ; *RJDA* 1994, n° 579.
5. Soc. 28 oct. 2009, n° 08-40.842, NP.
6. C. trav., art. L. 3322-1.
7. C. trav., art. L. 3312-1.
8. C. trav., art. L. 3332-1.
9. Cette condition est imposée pour pouvoir déclencher la garantie de l'AGS (C. trav., art. L. 3253-10).
10. Soc. 30 sept. 2004, n° 02-16.439, P.
11. Soc. 28 nov. 2007, n° 05-45.354, P.
12. Com. 18 juill. 1989, n° 88-13.922, *Bull. civ.* IV, n° 224 ; – Com. 9 mars 1991, n° 89-20.572, *Bull. civ.* IV, n° 108 ; – Com. 19 mai 1992, n° 90-17.425, *Bull. civ.* IV, n° 124 ; – Com. 5 avr. 1994, n° 90-17.597, *Bull. civ.* IV, n° 141.
13. CGI, art. 12.
14. Com. 12 juill. 1994, n° 90-18.265, P ; – Com. 14 janv. 2004, n° 01-03.663, NP.
15. Soc. 6 mars 1997, n°s 95-43.166 et 94-42.699, P ; – Soc. 14 déc. 1999, n° 97-43.346, P ; – Soc. 18 févr. 2003, n° 01-40.194, NP.
16. Il en résulte que son paiement intégral doit être garanti par l'AGS, v. EN CE SENS : Soc. 29 janv. 2003, n° 01-40.123, NP ; – Soc. 20 juin 2006, n° 04-48.523, *Bull. civ.* V, n° 218.

de la contrepartie financière de la clause de non-concurrence résulte donc de la rupture du contrat de travail et naît au moment de celle-ci[1].

SECTION 3
NAISSANCE DE LA CRÉANCE FIXÉE AU STADE DE L'INEXÉCUTION DU CONTRAT DE TRAVAIL

611.31 Caractérisation du préjudice subi par le salarié. La Haute juridiction est venue préciser que « les dommages et intérêts alloués en raison de l'inexécution ou du retard dans l'exécution d'une obligation de faire ou de ne pas faire constituent une modalité d'exécution de cette obligation »[2]. Autrement dit, c'est au jour de l'inexécution fautive de l'employeur qu'il convient de se placer pour retenir la date de naissance de la créance. Le fait générateur de ces créances sera la date du préjudice subi par le salarié.

En outre, une jurisprudence importante et spécifique liée au préjudice subi par les salariés exposés à l'amiante a été développée. Dans ce cas spécifique, il convient de retenir que le fait générateur du préjudice d'anxiété prend naissance le jour de l'arrêté ministériel d'inscription de l'activité en cause sur la liste des établissements permettant la mise en œuvre de l'allocation de cessation anticipée d'activité des travailleurs de l'amiante[3].

SECTION 4
NAISSANCE DE LA CRÉANCE FIXÉE AU STADE DE LA RUPTURE DU CONTRAT DE TRAVAIL

611.41 Indemnités relatives à la rupture du contrat de travail. La rémunération correspondant au préavis exécuté par le salarié naît au fur et à mesure de son exécution, tandis que l'indemnité compensatrice de préavis, naît de la rupture du contrat de travail lorsque le salarié est dispensé de l'effectuer[4].

La même solution s'applique pour les congés : la Cour de cassation a jugé que l'indemnité compensatrice de congés payés « fait partie des créances résultant de la rupture du contrat de travail »[5]. Cette solution marque une distinction avec celle retenue pour l'indemnité de congés payés qui s'analyse comme un salaire différé acquis mois par mois[6]. Partant, la naissance de la créance d'indemnité compensatrice de congés payés éteint celle de la créance d'indemnité de congés payés acquise mois par mois avant le jugement d'ouverture.

L'indemnité de licenciement[7] prend naissance au jour de la notification de la rupture du contrat de travail[8]. De même, l'indemnité de départ en retraite a également pour fait générateur le départ du salarié de l'entreprise[9].

Il faut donc se placer au jour de la rupture du contrat de travail pour qualifier la créance. Si la rupture du contrat de travail intervient après le jugement d'ouverture, le salarié sera titulaire d'une créance postérieure[10] et inversement. La Cour de cassation a énoncé que les créances indemnitaires résultant de licenciements prononcés conformément au plan de cession de l'entreprise étaient nées après l'ouverture de la procédure de redressement judiciaire et relevaient à ce titre de l'article 40 de la loi du 25 janvier 1985[11].

611.42 Remise en cause de la rupture du contrat de travail. Le fait générateur des dommages et intérêts dus pour licenciement sans cause réelle et sérieuse, licenciement nul ou abusif se situe au jour de la rupture du contrat du travail même s'ils dépendent dans leur montant de l'évaluation faite par le juge[12].

1. Soc. 21 févr. 2007, n° 04-46.875.
2. Soc. 4 déc. 2002, n° 00-44.303, *Bull. civ.* V, n° 368.
3. Soc. 2 juill. 2014, n° 12-29.788, P ; – Soc. 25 mars 2015, n° 13-21.716, P.
4. Soc. 26 janv. 2005, n° 02-44.341, NP ; – Soc. 9 déc. 2015, n° 14-23.917, NP.
5. Com. 2 juin 1992, n° 89-44.415, P ; – Soc. 26 janv. 2005, n° 02-44.341, NP.
6. Soc. 21 nov. 1989, n° 88-11.556, P ; – Com. 19 mai 1992, n° 90-17.425, P.
7. Civ. 7 juill. 1998, n° 96-15.280, NP ; *Act. proc. coll.* n° 7, 1998.
8. Com. 2 mai 1990, n° 88-16.527, *Bull. civ.* IV, n° 127 ; – Com. 19 mai 1992, n° 90-16.962, P ; *JCP E*, 1992 I, 168, n° 19, obs. Ph. Pétel ; J. Vallansan et L. Fin-Langer, *Guide des procédures collectives*, LexisNexis, *2022*, n° 1073.
9. Soc. 19 déc. 1990, *Bull. civ.* V, n° 680 ; *Rev. proc. coll.* 1992, 204, n° 13, obs. E. Kerckhove.
10. C. com., art. L. 621-32 – Com. 19 mai 1992, n° 90-16.962, *Bull. civ.* IV, n° 193 ; *JCP* 1992. I. 168, n° 19, obs. Ph. Pétel ; – Soc. 2 juin 1992, n° 97-42.300, NP ; *JCP* 1992. I. 195, n° 14, obs. Ph. Pétel.
11. C. com., art. L. 622-17 – Soc. 2 oct. 2001, n° 97-21.827, *Bull. civ.* V, n° 290 ; *D.* 2001. AJ 3122 ; *Act. proc. coll.* 2001/18, n° 238 ; *JCP* 2001. 1750.
12. Soc. 13 mai 1981, n° 80-11.852, P.

CHAPITRE

612. Vérification des créances salariales

SECTION 0 ORIENTEUR

612.00 **Sommaire du chapitre.**

Sect. 1	Principe de vérification du passif social	612.11 à 612.14
Sect. 2	Établissement du relevé de créances salariales	612.21 à 612.22
Sect. 3	Visa du juge-commissaire	612.31 à 612.32
Sect. 4	Information du salarié	612.41
Sect. 5	Information des tiers	612.51

612.01 **Textes applicables.**

• **C. com.**

art. L. 625-1 [Vérification des créances salariales par le mandataire judiciaire]

art. L. 625-2 [Vérification des relevés de créances salariales par le représentant des salariés]

art. L. 625-6 [Retranscription des relevés sur l'état des créances]

art. R. 625-1 [Établissement des relevés]

art. R. 625-2 [Contenu des relevés]

art. R. 625-3 [Information des salariés et des tiers sur le contenu des relevés]

art. R. 631-32 [Application des articles R. 625-1 à R. 625-7 au redressement judiciaire]

612.03 **Bibliographie indicative.**

> **Encyclopédies.** *J.-Cl. Procédures collectives*, fasc. 2440 : Sauvegarde, redressement et liquidation judiciaires – Vérification des créances salariales, par L. Fin-Langer, 2016.

> **Articles.** J. Blanchard, « Le sort des créances salariales dans le cadre des procédures collectives », *Rev. proc. coll.* 2001, p. 242 – Ch. Gailhbaud, « *Le juge-commissaire et les créances salariales* », *Rev. proc. coll.* nov.-déc. 2019, Dossier 46, p. 95 – P.-M. Le Corre, « L'effet interversif de prescription attaché aux créances salariales figurant sur le relevé de créances salariales porté à l'état des créances », *JCP E* 2014. 1424 – P. Rossi, « La vérification des créances résultant d'un contrat de travail : les faux-amis », *LPA* 5 juill. 2002, n° 134, p. 18 – F. Aknin, « Le droit social appliqué aux procédures collectives », *JCP S* 2023, n° 42, 1272.

612.04 **Question essentielle.**

> Quelles sont les particularités de la procédure de vérification des créances salariales ?

* V. s^{s} n°s 612.12 à 612.13

SECTION 1 PRINCIPE DE VÉRIFICATION DU PASSIF SOCIAL

612.11 **Absence de déclaration des créances salariales.** La déclaration de créance est l'acte par lequel le créancier manifeste son intention d'être payé et fait reconnaître sa créance dans le cadre de la procédure collective[1]. Les créanciers antérieurs et certains créanciers postérieurs[2] doivent se manifester auprès du mandataire judiciaire pour lui indiquer, à titre individuel, les sommes qui leur sont dues.

Sous l'empire de la loi du 13 juillet 1967[3], les salariés étaient astreints à « produire » leurs créances auprès du mandataire judiciaire dans un délai de quinze jours. Les chances de préserver leurs droits de créances dans le cadre de la procédure collective étaient faibles. Avec la loi du 25 janvier 1985[4], le législateur

1. F. Pérochon, avec le concours de M. Laroche, F. Reille, Th. Favario, A. Donnette, *Entreprises en difficulté*, 11e éd., « Manuel », LGDJ-Lextenso, 2022, n° 2713.
2. Depuis l'entrée en vigueur de la loi de sauvegarde, les créanciers postérieurs dont la créance est née régulièrement mais qui ne sont pas éligibles au traitement préférentiel, sont traités comme des créanciers antérieurs par une fiction légale et doivent déclarer leurs créances (C. com., art. L. 622-24, al. 6).
3. L. n° 67-563, 13 juill. 1967 sur le règlement judiciaire, la liquidation des biens, la faillite personnelle et les banqueroutes, *JO* 14 juill., p. 7059, art 40 – F. Derrida, P. Godé, J.-P. Sortais, *Redressement et liquidation judiciaires des entreprises, Cinq années d'application de la loi du 25 janvier 1985*, 3e éd., Dalloz, 1991, n° 206. Le délai commençait à courir le lendemain de la publication du jugement d'ouverture au *Bodacc*.
4. L. n° 85-98, 25 janv. 1985 relative au redressement et à la liquidation judiciaire des entreprises, *JO* 26 janv., art. 50, al. 1er.

a voulu les protéger en créant un régime dérogatoire au droit commun des entreprises en difficulté concernant la déclaration de créance et la vérification du passif social. Les salariés bénéficient depuis cette date d'un traitement favorable puisqu'ils sont dispensés de déclarer leur créance au passif de la procédure collective.

Ce principe est posé par l'article L. 622-24 du Code de commerce qui indique que « tous les créanciers dont la créance est née antérieurement au jugement d'ouverture, à l'exception des salariés, adressent la déclaration de leurs créances au mandataire judiciaire dans les délais fixés par décret en Conseil d'État ».

Le choix du terme « salarié » conduit à penser que la faveur du législateur est accordée à titre personnel, en fonction de la qualité de la personne considérée comme vulnérable et non, en raison de la nature salariale de la créance [1]. Néanmoins, dans un arrêt du 11 mars 1993 [2], la Cour d'appel de Versailles a énoncé que la dispense de l'obligation de déclarer les créances salariales s'attache à la nature de la créance et non à la qualité du créancier. En effet, le débiteur peut parfois intentionnellement ne pas faire mention des créances dues à ses salariés afin de réduire le montant du passif.

En pratique, cela signifie que si un ancien salarié ou les héritiers d'un salarié décédé sont connus du mandataire judiciaire, ils n'auront pas à effectuer de déclaration de créance. À l'inverse, si les salariés détiennent une créance d'une autre nature que salariale, ils devront la déclarer [3].

612.12 **Fixation au passif spécifique des droits des salariés.** Contrairement aux règles traditionnelles applicables en droit des procédures collectives, la vérification des créances salariales concerne tant les créances antérieures, que postérieures au jugement d'ouverture.

Cette vérification s'impose dans tous les cas, même s'il y a dispense de vérification du passif chirographaire [4], et même dans la procédure de liquidation judiciaire simplifiée instaurée par la loi de sauvegarde des entreprises [5]. Cette solution s'explique par l'intervention de l'AGS. Cette institution ne fera d'avances que sur présentation d'un relevé de créances salariales [6], ce qui présuppose que le passif salarial ait été vérifié.

La Chambre sociale de la Cour de cassation juge qu'il importe peu que la créance ait été déclarée au passif. S'il s'agit d'une créance salariale, elle doit être vérifiée et le cas échéant, portée sur un relevé des créances salariales [7].

En revanche, la vérification ne porte que sur les créances ne faisant pas l'objet d'une instance en cours au jour du jugement d'ouverture [8]. L'existence d'une instance en cours au jour du jugement d'ouverture, interdit au mandataire judiciaire et au juge-commissaire de prendre position sur le bien-fondé des créances litigieuses.

612.13 **Compétence du mandataire judiciaire.** Les créances salariales font l'objet d'une procédure spécifique de recueil, d'analyse et de fixation au passif de la procédure collective. Plusieurs protagonistes jouent un rôle clé dans cette procédure, mais la fixation du passif social est principalement l'œuvre du représentant des créanciers, le mandataire judiciaire ou, en liquidation judiciaire, du liquidateur.

La vérification est faite à partir des documents remis par le débiteur, les salariés, l'administrateur et le représentant des salariés. En sa qualité d'employeur, le débiteur va devoir communiquer toutes informations ou pièces en sa possession sur l'effectif de l'entreprise, la nature des créances et leur montant. Si un administrateur judiciaire est désigné par le tribunal [9], ce dernier sera aussi sollicité pour transmettre des informations.

Le représentant des salariés est, quant à lui, l'interlocuteur privilégié du mandataire judiciaire au moment de la vérification du passif social. Il doit transmettre tous les éléments fournis par les salariés pour faciliter l'établissement des relevés de créances. Ce dernier sera ensuite convoqué par le mandataire judiciaire pour valider les relevés ou formuler des observations [10]. En contresignant les relevés de créances salariales, le représentant des salariés donne son approbation sur le principe et le montant de la créance salariale. Le mandataire judiciaire doit lui fournir tous documents utiles, notamment le livre de paye et le registre du personnel [11]. En cas de difficulté, il pourra se tourner vers l'administrateur ou saisir le juge-commissaire [12].

Le représentant des salariés signe les relevés de créances salariales, au besoin en apportant toutes

1. F. Pérochon, avec le concours de M. Laroche, F. Reille, Th. Favario, A. Donnette, *Entreprises en difficulté*, 11e éd., « Manuel », LGDJ-Lextenso, 2022, n° 2747.
2. Versailles, 11 mars 1993, *D.* 1993. IR 102.
3. Sur l'absence de déclaration des créances, v. ss nos 033.21 s.
4. C. com., art. R. 625-1, al. 1.
5. L. n° 2005-845, 26 juill. 2005 de sauvegarde des entreprises, *JO* 27 juill., p. 12187 ; – C. com., art. L. 644-3.
6. C. trav., art. L. 3253-20.
7. Soc. 12 juill. 2016, n° 15-10.811, NP ; *Rev. proc. coll.* sept.-oct. 2016, comm. 148, p. 48, note L. Fin-Langer.
8. Soc. 10 déc. 1996, n° 95-40.485, P V, n° 434.
9. Cette présence n'est pas obligatoire lorsque le débiteur emploie moins de vingt salariés et a un chiffre d'affaires de moins de trois millions d'euros hors taxes, C. com., art. L. 621-4, al. 4, R. 621-11.
10. C. com., art. L. 625-1.
11. C. com., art. L. 625-2 ; R. 625-1, al. 2.
12. C. com., art. L. 625-2.

observations ou réserves. En l'absence de signature de ce dernier, l'article R. 625-1, alinéa 2, du Code de commerce oblige le juge-commissaire à l'entendre, ce qui peut constituer un risque de blocage de la procédure de vérification des créances salariales et conduire à un ralentissement du paiement. Néanmoins, cette absence de signature du relevé de créances en amont pourrait éviter en aval, un contentieux devant la juridiction prud'homale.

En définitive, le représentant des salariés assiste le mandataire judiciaire pour recueillir les informations dont il a besoin afin de dresser les relevés de créances salariales.

612.14 **Cas particulier de la fin de la mission du mandataire judiciaire.** La mission du mandataire judiciaire peut avoir pris fin dans plusieurs hypothèses. L'alinéa 4 de l'article L. 3253-15 du code du travail prévoit que « lorsque le mandataire judiciaire a cessé ses fonctions, le greffier du tribunal ou le commissaire à l'exécution du plan [...] adresse un relevé complémentaire à l'AGS, à charge pour lui de reverser les sommes dues aux salariés et organismes créanciers ».

Il ressort de ce texte légal que, dans une première hypothèse, si un plan a été adopté par le tribunal, le commissaire à l'exécution du plan devra établir les relevés de créances salariales afin de pouvoir déclencher la garantie de l'AGS[1].

Il peut, dans une seconde hypothèse, arriver que le liquidateur sollicite la clôture de la liquidation judiciaire pour insuffisance d'actif, alors qu'une instance prud'homale est en cours[2]. Le liquidateur doit dans ce cas demander la désignation d'un mandataire *ad hoc* pour continuer l'instance. En effet, l'article R. 643-18 du Code de commerce prévoit que « le mandataire désigné est soumis aux mêmes obligations que celles qui auraient été applicables au liquidateur s'il avait poursuivi les instances en cours et réparti les sommes issues de celles-ci ».

S'il n'a pas procédé à cette demande de désignation, l'établissement du relevé de créances salariales incombera au greffier du tribunal pour que la garantie de l'AGS puisse être déclenchée[3].

Il peut encore arriver qu'un salarié saisisse la juridiction prud'homale après clôture de la liquidation judiciaire. L'action est recevable et l'AGS doit sa garantie pour les créances inscrites sur le relevé complémentaire de créance[4].

1. Sur le déclenchement de la garantie de l'AGS par le commissaire à l'exécution du plan, v. s^s n° 721.22.
2. C. com., art. L. 643-9, al. 3.
3. C. trav., art. L. 3253-15, al. 4.
4. Soc. 16 mars 2022, n° 19-20.658, F-P+B.

SECTION 2
ÉTABLISSEMENT DU RELEVÉ DE CRÉANCES SALARIALES

612.21 **Contenu des relevés de créances salariales.** L'article R. 625-2 du Code de commerce réglemente le contenu des relevés de créances salariales. Ces derniers doivent d'abord contenir certaines mentions relatives aux salariés. Devront être précisés l'identité du salarié, la nature de son contrat de travail, la date de son entrée dans l'entreprise, l'emploi occupé et sa qualification. Pour pouvoir porter une appréciation sur la validité du contrat de travail au regard des règles du cumul entre mandat social et contrat de travail, le relevé doit préciser si l'intéressé est mandataire social. Lorsqu'un associé et un dirigeant se présentent comme salariés, cette qualité ne leur sera pas reconnue en l'absence de production d'un contrat de travail, de déclaration unique d'embauche, et de la preuve de fonctions techniques distinctes[5]. Sera également précisée, le cas échéant, la date de rupture du contrat de travail de l'intéressé.

Les relevés doivent ensuite comporter des indications relatives aux créances. À cet effet, doivent être mentionnées les sommes encore dues et celles déjà versées. Le montant de ces sommes, qui sera établi non par référence au dernier mois de salaire, mais en s'appuyant sur une période de plusieurs mois avant le jugement d'ouverture et en intégrant les primes, avantages particuliers et accessoires que sur justification appropriée[6], doit toujours être calculé déduction faite des prélèvements légaux et conventionnels et ce, même pour les créances définitivement établies par décision de justice[7].

Les sommes versées par l'AGS doivent être déduites du montant des sommes dues aux salariés. En effet, si cette institution a procédé à des avances, un relevé de créances salariales a nécessairement été établi. Seul le reliquat non avancé pourra faire l'objet d'une fixation au passif[8].

Si aucune créance salariale n'est constatée, le représentant des créanciers – mandataire judiciaire ou le liquidateur selon le cas – dressera un état néant des créances salariales, qu'il fera publier, dans les conditions réglementaires[9].

5. Soc. 14 janv. 2015, n° 13-22.834, NP – Soc. 14 janv. 2015, n° 13-22.838, NP.
6. G. Bolard (dir.), *Diligences des mandataires de justice et recommandations*, IFPPC, 5e éd., 1999, recomm. nos 1130-2, 6016-2, p. 36, 141.
7. C. com., art. R. 625-2.
8. Soc. 9 oct. 2019, n° 17-11.649, NP.
9. G. Bolard (dir.), *Diligences des mandataires de justice et recommandations*, IFPPC, 5e éd., 1999, recomm. nos 1130-6, 6016-6, p. 37, 142.

612.22 Délais d'établissement des relevés de créances salariales. Les relevés de créances salariales fixent les droits des salariés. L'article L. 625-1, alinéa 1, du Code de commerce indique que cet établissement doit se faire dans les délais impartis par l'article L. 3253-19 du code du travail. Quatre catégories de créances sont visées, faisant chacune l'objet de délais d'établissement distincts.

Les deux premiers délais concernent les créances nées antérieurement au jugement d'ouverture.

Le premier délai d'établissement des créances salariales est de dix jours à compter du jugement d'ouverture. Ce délai est bref puisqu'il s'agit de vérifier les créances superprivilégiées visées aux articles L. 3253-2 et L. 3253-4 du Code du travail. Autrement dit, les rémunérations dues aux salariés pour les soixante derniers jours de travail, ainsi que les indemnités de congés payés, doivent rapidement faire l'objet d'un contrôle.

Le deuxième délai est de trois mois à compter du jugement d'ouverture. Il intéresse les autres créances dues à la date du jugement d'ouverture de la procédure collective. Cela vise notamment les créances assorties du privilège général des salaires, en ce compris les six derniers mois de salaires.

Les deux derniers délais s'appliquent aux créances postérieures au jugement d'ouverture.

Le troisième délai est de dix jours suivant l'expiration des périodes de garanties visées à l'article L. 3253-8, 5°, du code du travail.

Il convient de souligner que l'article L. 3253-19, alinéa 3 du Code du travail contient plusieurs erreurs de renvoi. En effet, sous l'empire de la loi du 2 août 1989[1], l'ancien article L. 143-11-7 du code du travail renvoyait au 3° et au dernier alinéa de l'article L. 143-11-1. Il visait précisément les sommes dues après le prononcé de la liquidation judiciaire (ancien 3°), ainsi que les salaires nés durant le délai de réflexion d'un salarié auquel il avait été proposé d'adhérer à une convention de conversion (ancien dernier alinéa). Le renvoi des alinéas visés à l'article L. 143-11-7 (nouvel article L. 3253-19) n'a jamais été modifié malgré les nombreuses évolutions législatives ayant transformé l'article L. 143-11-1 (nouvel article L. 3253-8) et la recodification à droit constant du code du travail opérée en 2008. Il faut donc comprendre que l'article L. 3253-19, 3°, du code du travail renvoie en réalité au 5° de l'article L. 3253-8 du code du travail en ce qui concerne les salaires et indemnités de congés payés garantis à la suite du prononcé d'une liquidation judiciaire.

Ensuite, le dernier alinéa de l'article L. 3253-8 du code du travail correspond actuellement au 3° de ce même article. Ce dernier vise les salaires dus pendant le délai de réponse du salarié, auquel un contrat de sécurisation professionnelle a été proposé.

Ces créances doivent être portées sur le troisième relevé dans la limite du plafond applicable aux créances superprivilégiées, mentionné aux articles L. 3253-2, L. 3253-4 et L. 7313-8 du Code du travail.

Le quatrième délai est de trois mois suivant l'expiration de la garantie due par l'AGS, pour les autres créances nées après le jugement d'ouverture. Il s'agira notamment des créances consécutives à la rupture du contrat de travail intervenue dans les périodes légales de garantie visées à l'article L. 3253-8, 2°, du code du travail.

Les cotisations et contributions sociales et salariales d'origine légale ou conventionnelle imposées par la loi doivent également figurer sur chaque relevé de manière distincte.

Ces délais servent à encadrer la procédure de vérification. À défaut de respecter ces délais, le mandataire judiciaire peut être assigné devant le conseil de prud'hommes. La Cour de cassation a décidé que si les délais imposés pour établir les relevés de créances sont dépassés, les salariés peuvent saisir directement la juridiction prud'homale aux fins d'obtenir la fixation de leurs créances, y compris celles qui sont nées postérieurement au jugement d'ouverture[2].

SECTION 3
VISA DU JUGE-COMMISSAIRE

612.31 Absence de valeur juridictionnelle. L'article R. 625-1, alinéa 3, du Code de commerce prévoit que le juge-commissaire, à la diligence du représentant des créanciers, doit viser les relevés de créances salariales. Il faut comparer la formulation ici utilisée avec celle employée par le législateur à l'article L. 624-2 du Code de commerce : « Le juge-commissaire décide de l'admission ou du rejet des créances ». Les deux formules sont très différentes. Alors que dans le domaine de droit commun de la vérification et de l'admission des créances, le juge-commissaire rend une véritable décision de justice, ici il ne fait qu'apposer sa signature sur des documents, sans avoir de pouvoir d'appréciation. Ce dernier n'est pas compétent pour statuer sur le sort d'une créance salariale[3].

1. L. n° 89-549, 2 août 1989 modifiant le code du travail et relative à la prévention du licenciement économique et au droit à la conversion, *JO* 8 août, p. 9954.

2. Soc. 26 févr. 2003, n° 00-46.174, *Bull. civ.* V, n° 69 ; *Act. proc. coll.* 2003, 100.

3. Com. 18 févr. 2003, n° 00-12.666, *Bull. civ.* IV, n° 23 ; *D.* 2003. AJ 1095 ; *Act. proc. coll.* 2003/7, n° 84, obs. J. Vallansan ; *RDBF* 2003/2, p. 101, n° 75, obs. F.-X. Lucas ; – Com. 19 mai 2004, n° 01-15.741, NP ; *Act. proc. coll.* 2004/12, n° 148, obs. C. Régnaut-Moutier ; – Com. 15 mars 2005, ▶

Celui-ci excède, en conséquence, ses pouvoirs à admettre au passif une créance salariale et la Cour d'appel, qui confirme la décision, commet elle-même un excès de pouvoir [1].

Son visa ne peut dès lors avoir de valeur juridictionnelle [2], le contraire ayant cependant été jugé par une Cour d'appel [3]. Il s'agit d'une mesure administrative de contrôle [4] qui a pour objectif de vérifier le bon déroulement de la procédure et d'approuver les créances salariales inscrites par le représentant des créanciers.

612.32 Conséquence de l'absence de valeur juridictionnelle. Le contentieux relatif aux créances portées sur un relevé [5] ne pourra commencer qu'après que le visa du juge-commissaire ait été apposé et devant une autre juridiction. Il a spécialement été jugé que le juge-commissaire n'est pas compétent pour statuer sur la prétention d'un salarié figurant sur le relevé à titre chirographaire, alors qu'il prétendait être privilégié [6].

Toutefois, dès lors que la créance du salarié est fixée au passif, l'employeur redevenu maître de ses droits après l'adoption du plan de redressement, peut se prévaloir de l'autorité de la chose jugée qui y est attachée pour s'opposer à une demande complémentaire présentée par un salarié, alors même qu'il n'aurait pas été appelé à l'instance en fixation de la créance [7]. Cette solution a été critiquée pour l'usage sans doute abusif qui a été fait de l'autorité de la chose jugée [8].

De même, l'admission de la créance d'un salarié au passif d'une société absorbée, laquelle n'était pas dissoute et liquidée au jour de l'ouverture des débats devant la juridiction prud'homale, était opposable à la société absorbante en raison de la fusion-absorption qui l'avait rendue ayant cause à titre universel de la société absorbée [9].

La Cour de cassation considère également que la retranscription du relevé de créances salariales sur l'état des créances entraîne la même conséquence que celle de l'admission au passif. Il résulte que, sous l'empire de la législation antérieure à la loi du 17 juin 2008 [10] réformant la prescription, les créances salariales en cause se prescrivent non plus par cinq ans, mais par trente ans [11]. Cette solution semble méconnaître la nature juridique et le rôle de l'état des créances. En effet, l'inscription du relevé de créances salariales à l'état des créances n'ajoute rien sur le

▶ n° 01-01.419, NP ; *Gaz. proc. coll.* 2005/2, p. 29, obs. P.-M. Le Corre ; – Com. 1er avr. 2008, n° 04-20.346, NP, n° 436 ; *Gaz. Pal.* 2008/3, p. 47, note E. Le Corre-Broly ; *Rev. proc. coll.* 2008/3, p. 59, n° 139, note F. Legrand ; – Com. 1er avr. 2008, n° 04-20.347, NP, n° 437 ; – Paris, 3e ch. B, 16 janv. 2004, RG n° 2003/01209 ; J. Vallansan, « Quelques observations sur les créanciers antérieurs dans les procédures de sauvegarde, de redressement et de liquidations judiciaires », *Rev. proc. coll.* 2008, p. 15 s., n° 27 ; – Com. 7 févr. 2006, n° 04-19.087, *Bull. civ.* IV, n° 29, n° 168 ; *RDBF* mars-avr. 2006, p. 24, n° 74, obs. F.-X. Lucas.

1. Com. 6 déc. 2011, n° 10-22.855, NP, n° 1247 F-D ; *BJE* mars 2012, comm. 44, p. 105, note A. Donnette ; – Com. 6 déc. 2011, n° 10-22.857, NP, n° 1248 F-D ; *BJE* mars 2012, comm. 44, p. 105, note A. Donnette ; – Com. 6 déc. 2011, n° 10-22.860, NP, n° 1249 F-D ; *BJE* mars 2012, comm. 44, p. 105, note A. Donnette ; – Com. 6 déc. 2011, n° 10-22.862, NP, n° 1250 F-D ; *BJE* mars 2012, comm. 44, p. 105, note A. Donnette.
2. Bordeaux, 3 janv. 2023, RG n° 22/03799, *Act. proc. coll.* 2023/6, comm. 72 – F. Pérochon, avec le concours de M. Laroche, F. Reille, Th. Favario, A. Donnette, *Entreprises en difficulté*, 11e éd., « Manuel », LGDJ-Lextenso, 2022, n° 2893P ; J. Vallansan, P. Cagnoli et L. Fin-Langer, *Difficultés des entreprises : Commentaire article par article du livre VI du code de commerce*, 6e éd., « Droit et professionnels », LexisNexis, 2012, 6e éd., p. 214 ; P. Le Cannu, *Droit commercial : Entreprises en difficulté*, refonte de l'ouvrage de M. Jeantin, 7e éd., « Précis », Dalloz, 2006, n° 525 ; C. Saint-Alary-Houin, avec la collaboration de C. Houin-Bressand et M. H. Monsèrié-Bon, *Droit des entreprises en difficulté*, 13e éd., « Domat », LGDJ-Lextenso, 2022, n° 818 ; Ripert G. et Roblot R., *Traité de droit commercial*, t. IV, *Effets de commerce et entreprises en difficulté*, par Ph. Delebecque, N. Binctin et L. Andreu, 18e éd., LGDJ-Lextenso, 2018, n° 737 ; *J.-Cl. Procédures collectives*, fasc. 2440 : Sauvegarde, redressement et liquidation judiciaires – Vérification des créances salariales, par L. Fin-Langer, 2016.
3. Agen, ch. soc., 17 mars 2015, RG n° 14/00577, *BJE* juill. 2015. 240, note P.-M. Le Corre.
4. sur cette question : C. Gailhbaud, « *Le juge-commissaire et les créances salariales* », *Rev. proc. coll.* nov.-déc. 2019, Dossier 46, p. 95 ; F. Pérochon, avec le concours de M. Laroche, F. Reille, Th. Favario, A. Donnette, *Entreprises en difficulté*, 11e éd., « Manuel », LGDJ-Lextenso, 2022, n° 2893 ; J. Vallansan, L. Fin-Langer (collab.), *Guide des procédures collectives 2022/2023*, LexisNexis, 2022, n° 1079 ; P. Le Cannu, *Droit commercial, Entreprises en difficulté, refonte de l'ouvrage de M. Jeantin*, 7e éd., Précis Dalloz, 2006, n° 525 ; C. Saint-Alary-Houin, avec la collaboration de C. Houin-Bressand et M. H. Monsèrié-Bon, *Droit des entreprises en difficulté*, 13e éd., « Domat », LGDJ-Lextenso, 2022, n° 818 ; *J.-Cl. Procédures collectives*, fasc. 2440 : Sauvegarde, redressement et liquidation judiciaires – Vérification des créances salariales, par L. Fin-Langer, 2016.
5. Sur le contentieux relatif aux relevés de créances salariales, v. s^s^ n°s 821.12 s.
6. Paris, 2 juin 1993, *D.* 1993. IR 245.
7. Soc. 7 févr. 2018, n° 16-13.732, P V ; n° 278 ; FS-P+B ; *Gaz. Pal.* 2018, n° 15, 83, note L. Ben Cheikh-Vecchioni ; *Act. proc. coll.* 2018, comm. 71, note P. Cagnoli.
8. P. Cagnoli, note s^s^ Soc. 7 févr. 2018, n° 16-13.732, *Act. proc. coll.* 2018, comm. 71.
9. Soc. 13 mai 2014, n° 12-29.012, P V, n° 114 ; FS-P+B ; *Rev. proc. coll.* 2014, comm. 101, note L. Fin-Langer.
10. L. n° 2008-561, 17 juin 2008 portant réforme de la prescription en matière civile, *JO* 18 juin, p. 9856.
11. Soc. 21 nov. 2012, n° 11-18.923, P IV, n° 300 ; n° 2358 F-P+B ; *D.* 2012. Actu 2798, note A. Lienhard ; *Gaz. Pal.* 18 janv. 2013, n° 18, p. 35, note C. Gailhbaud ; *Act. proc. coll.* 2012/20, comm. 300, note L. Fin-Langer ; *BJE* mars 2013, comm. 37, note A. Donnette ; *Leden* janv. 2013, comm. 009, obs. G. Dedessus-Le-Moustier ; Soc. 5 févr. 2014, n°s 12-29.189, 12-29.537, NP, n° 238 F-D.

plan juridictionnel, faute d'avoir permis à un juge d'exercer son office juridictionnel sur les relevés établis par le mandataire judiciaire.

SECTION 4
INFORMATION DU SALARIÉ

612.41 Modalités d'avertissement du salarié du sort de sa créance. Jusqu'à présent, les salariés ont été tenus à l'écart de la procédure de fixation de leurs créances. Ce n'est qu'une fois cette procédure terminée que le mandataire judiciaire doit informer les salariés, par tout moyen, de l'admission de leurs créances. Cela sera fait au moment du paiement[1].

Les créanciers, dont la créance est rejetée en tout ou en partie, doivent être informés par tout moyen de la nature et du montant des créances rejetées. Ils sont également avisés qu'ils disposent d'un délai de deux mois commençant à courir à compter d'une mesure de publicité de dépôt au greffe des relevés de créances salariales pour saisir le Conseil des prud'hommes, aux fins de contester la solution retenue à leur encontre[2].

SECTION 5
INFORMATION DES TIERS

612.51 Publicité du dépôt des relevés de créances salariales au greffe. La mesure la plus importante d'information tient à une publicité visée à l'article L. 625-1, alinéa 1, du Code de commerce et réglementée par l'article R. 625-3, alinéa 3, du Code de commerce. Il s'agit d'une publication dans un journal d'annonces légales du département dans le ressort duquel l'entreprise a son siège, ou, précise le décret du 28 décembre 2005, son adresse, ainsi que dans un journal d'annonces légales du département de chacun des établissements secondaires. Cette publicité prend la forme d'un avis selon lequel les relevés des créances salariales ont été déposés au greffe. Si les fonds disponibles ne permettent pas d'effectuer la publicité, le mandataire concerné demandera l'avance au Trésor public, dans les conditions de l'article L. 663-1 du Code de commerce.

Cette publication doit intervenir au plus tard trois mois après l'expiration de la dernière période de garantie de l'AGS.

Elle fait courir, pour les salariés, le délai de saisine du Conseil des prud'hommes si l'une de ces créances ne figure pas, en tout ou en partie, sur les relevés. À défaut de publicité, le délai de forclusion ne peut commencer à courir[3]. La solution a été posée sous l'empire de l'ancienne modalité de publicité consistant en un affichage à la porte des locaux de l'entreprise et, en cas d'impossibilité en mairie[4].

Rien n'interdira cependant de saisir le Conseil des prud'hommes avant la publicité. La solution, posée sous l'empire de l'article 78 du décret du 27 décembre 1985, dans sa rédaction d'origine, c'est-à-dire avant le décret du 21 octobre 1994[5], apparaît reconductible.

1. C. com., art. R. 625-3.
2. Sur le contentieux relatif aux relevés de créances salariales, v. s^s n°s 821.11 s.
3. Colmar, ch. soc., sect. A, 30 avr. 2020, RG n° 18/03500, *Rev. proc. coll.* juill.-août 2020, comm. 100, note F. Taquet.
4. Soc. 9 mars 1994, n° 92-41.080, NP ; *D.* 1994, jur. 455, note F. Derrida ; *JCP* 1995. I. 417, n° 16, obs. P. Pétel – Soc. 16 nov. 1995, n°s 94-40.743, 94-41.138, P V, n° 299 – Soc. 3 mai 2001, n° 98-45.326, NP ; *Act. proc. coll.* 2001/13, n° 166.
5. D. n° 94-910, 21 oct. 1994, préc. – Soc. 10 oct. 1990, n° 89-40.212, P V, n° 440 ; *D.* 1990. 532 ; *JCP* 1991. I. 46, n° 19, obs. P. Pétel.

TITRE

62. Sort des créances salariales antérieures

SECTION 0
ORIENTEUR

62.00 **Sommaire du titre.**

Chap. 621 Catégories de créances salariales antérieures
Sect. 1 Créances superprivilégiées
Sect. 2 Créances privilégiées
Sect. 3 Créances chirographaires
Chap. 622 Paiement des créances salariales antérieures
Sect. 1 Modalités de paiement des créances superprivilégiées
Sect. 2 Modalités de paiement des créances privilégiées
Sect. 3 Modalités de paiement des créances chirographaires

CHAPITRE

621. Catégories de créances salariales antérieures

SECTION 0
ORIENTEUR

621.00 Sommaire du chapitre.

Sect. 1 Créances superprivilégiées 621.11 à 621.15
Sect. 2 Créances privilégiées 621.21 à 621.26
Sect. 3 Créances chirographaires 621.31

621.01 Textes applicables.

• **C. com.**

art. L. 625-7 [Privilèges des créances salariales]

art. L. 625-8 [Paiement des créances superprivilégiées]

art. L. 625-9 [Garanties de paiement des créances salariales]

art. L. 631-18, al. 1 [Application des dispositions légales au redressement judiciaire]

art. L. 641-14, al. 1 [Application des dispositions légales à la liquidation judiciaire]

• **C. trav.**

art. L. 3253-2 [Superprivilège des salaires]

art. L. 3253-3 [Superprivilège des salaires]

art. L. 3253-4 [Superprivilège des salaires]

art. L. 3253-5 [Superprivilège des salaires – façonniers]

art. L. 7313-8 [Superprivilège des salaires – voyageurs, représentants ou placiers]

• **C. civ.**

art. 2331, 3° [Privilège des salaires sur les biens meubles]

art. 2377, 2° [Privilège des salaires sur les biens immobiliers]

621.02 Jurisprudence de référence.

> Domaine temporel du privilège général des salaires

• **Civ. 3e, 23 mai 1995,** n° 91-14.921, P III, n° 131

* V. s^s n° 621.24

« Le privilège général des salariés qui garantit les rémunérations pour les 6 derniers mois de salaires, ne peut avoir effet que si les rémunérations ont été acquises dans une période qui se situe nécessairement avant le jugement déclaratif. »

621.03 Bibliographie indicative.

> Encyclopédie. *J.-Cl. Procédures collectives*, fasc. 2450 : Sauvegarde, redressement et liquidation judiciaires – Privilèges des salariés et garanties de paiement, par A. Jacquemont, mis à jour par D. Jacotot, 2018.

> Articles. A. Boyer, « Un droit social contre-productif dans les entreprises en difficulté », *Gaz. Pal.* 16 et 17 avr. 2010, n°s 106, 107, p. 8 – C. Calomili, « L'efficacité du super privilège des salaires », *Colloque Sûretés réelles et droit des entreprises en difficulté*, Nice, 20 mars 2010, *LPA* 11 févr. 2011, n° 30, p. 20 – L. Fin-Langer, « Les risques subis par les salariés », *Rev. proc. coll.* 2010, § 10, p. 93 – P.-M. Le Corre, « Le créancier nanti sur comptes-titres bénéficiaire d'un paiement provisionnel confronté au super privilège des salaires », *Gaz. proc. coll.* 2009, 1re partie, n°s 303, 304, p. 27 ; « Cotisations sociales de retraite dues par un professionnel libéral et super privilège des salaires », *LPA* 13 mars 2012, n° 52, p. 3 ; « La règle du paiement à l'échéance des créanciers postérieurs méritants et l'obligation de payer le super privilège des salaires sur les premières rentrées de fonds », *Rev. proc. coll.* 2012, Dossier 10, p. 72 – B. Soinne, « À propos de la notion de fonds disponibles », *Rev. proc. coll.* 2001, p. 159 – B. Veyssière, « Les plans et la situation financière des salariés », *Rev. proc. coll.* 2015, dossier 45, p. 87 – C. Gailhbaud, « Le regard de l'avocat sur le sort des salariés dans les plans de sauvegarde et de redressement », *BJE* janv. 2024, n° 1, p. 51 – B. Amizet, F. Garreau, « Le regard du mandataire judiciaire sur le traitement de certaines créances », *BJE* janv. 2024, n° 1, p. 45 – C. Gailhbaud, « Sort de la contribution due par l'employeur au titre du contrat de sécurisation professionnelle et décodification du droit du travail » Dalloz Act. 23 janv. 2025 – F. Aknin, « Le droit social appliqué aux procédures collectives », *JCP S* 2023, n° 42, 1272.

621.04 Questions essentielles.

> Quels sont les bénéficiaires des privilèges afférents aux créances salariales ?

* V. s^s n°s 621.12 et 621.22

> Y a-t-il un plafond des sommes garanties par le superprivilège ?

* V. s^s n°s 621.14 et 621.15

SECTION 1
CRÉANCES SUPERPRIVILÉGIÉES

621.11 Fondement légal. Le décret-loi du 8 août 1935 a créé une garantie de paiement spéciale pour les créances salariales communément appelé « superprivilège des salaires ». Il constitue un renforcement important du privilège général des salaires. Institué spécialement pour l'hypothèse d'une procédure collective de l'employeur, le superprivilège ne garantit que des créances antérieures au jugement d'ouverture. La Cour de cassation a précisé que le superprivilège ne garantissait pas le versement de salaires dus pendant la période d'exploitation postérieure au jugement de redressement judiciaire[1].

Les articles L. 3253-2 à L. 3253-4 du code du travail délimitent les contours de ce privilège d'une efficacité redoutable en procédure collective.

621.12 Bénéficiaires. Le droit de préférence institué par le superprivilège est exclusivement réservé aux salariés. La loi assimile aux salariés, non seulement les apprentis, mais aussi les bénéficiaires d'un stage d'initiation à la vie professionnelle[2]. En outre, bénéficient de ces règles, les voyageurs, représentants ou placiers[3], les auteurs et compositeurs[4], ainsi que les artistes du spectacle[5].

L'article L. 3253-5 du code du travail prévoit également l'attribution du superprivilège des salaires aux façonniers, c'est-à-dire aux personnes qui effectuent des opérations de transformation ou d'assemblage sur des matières premières appartenant à un donneur d'ordre, dans des conditions identiques à celles des salariés mais d'un rang immédiatement inférieur. Il s'agit là de couvrir les sommes dues aux façonniers par leurs donneurs d'ordre lorsque ces derniers font l'objet d'une procédure collective. Ce superprivilège, a-t-il été dit, remplace le droit de rétention sur les objets « ouvrés »[6]. Cette mesure consiste à reconnaître à des professionnels indépendants des droits quasiment identiques à ceux des salariés[7].

Les dirigeants de sociétés, par cette seule qualité, ne sont pas exclus du bénéfice de ces règles. Il faut cependant qu'ils soient titulaires d'un contrat de travail régulier, ce qui suppose spécialement le respect des règles de cumul entre mandat social et contrat de travail[8]. L'associé de la société, fut-il indéfiniment et solidairement responsable du passif, peut également bénéficier du privilège s'il est lié à la société par un contrat de travail[9].

En revanche, s'agissant des cotisations des organismes de retraite, la Cour de cassation a jugé que ces organismes ne peuvent prétendre que leurs créances seraient assimilées à des créances privilégiées de salaires[10]. Si certaines cotisations prennent rang, en application de l'article L. 243-4, alinéa 1 du code de la sécurité sociale, qui reconnaît un privilège mobilier concurremment avec le privilège des salaires établi par les articles L. 625-7 et L. 625-8 du Code de commerce, il ne s'agit pas pour autant d'assimiler ce privilège au superprivilège des salaires, lequel porte tant sur les meubles que sur les immeubles. Le créancier social ne peut donc prétendre être payé sur les premières rentrées de fond[11].

Dans le même sens, une société cessionnaire ayant payé en lieu et place du cédant des créances salariales antérieures à la cession ne peut prétendre au superprivilège suite à l'ouverture de la procédure collective du cédant, même si ce dernier s'était préalablement engagé à rembourser lesdites créances[12].

Le superprivilège ne peut pas non plus être invoqué par les sociétés de travail temporaire ayant payé les salariés d'une société utilisatrice placée en procé-

1. Soc. 7 mai 1987, n° 84-14.068, *Bull. civ.* V, n° 285.
2. C. trav., art. L. 3253-2.
3. C. trav., art. L. 7313-8.
4. CPI, art. L. 131-8.
5. C. trav., art. L. 7121-2 à L. 7121-4, L. 7121-6 et L. 7121-7.
6. J. Vallansan, P. Cagnoli et L. Fin-Langer, *Difficultés des entreprises : Commentaire article par article du livre VI du code de commerce*, 6e éd., « Droit et professionnels », 6e éd., LexisNexis, 2012, p. 221.
7. RAPPR. : P. Morvan, « Le droit social dans la réforme du droit des entreprises en difficulté », *JCP E* 2005. 1511, p. 1751 s., sp. p. 1758, n° 38.
8. Sur le cumul entre un mandat de gestion et un contrat de travail, v. ss nos 713.32.
9. *J.-Cl. Procédures collectives*, fasc. 2450 : Sauvegarde, redressement et liquidation judiciaires – Privilèges des salariés et garanties de paiement, par A. Jacquemont, mis à jour par D. Jacotot, 2018.
10. Com. 9 juill. 2013, n° 12-20.649, P IV, n° 122 ; n° 746 F-P+B+I ; *D.* 2013, actu 1830, note A. Lienhard ; *Gaz. Pal.* 29 sept. 2013, n° 272, p. 34, note C. Gailhbaud ; *Rev. sociétés* 2013. 525, note Henry ; *JCP E* 2013, 1679, n° 18, obs. P. Delebecque ; *Dr. et pr.* 2013. 218, obs. Ph. Roussel Galle ; *JCP E* 2014,1020, n° 11, obs. P. Pétel ; *RTD com.* 2013. 808, n° 2, obs. A. Martin-Serf ; *Rev. proc. coll.* 2014, comm. 132, note C. Lebel ; *LXB hebdo* 19 sept. 2013, n° 351, note P.-M. Le Corre.
11. Com. 18 juin 2013, n° 12-14.493, P IV, n° 106 ; n° 646 F-P+B ; *D.* 2013, actu 1617, note A. Lienhard ; *Gaz. Pal.* 29 sept. 2013, n° 272, p. 29, note P. Roussel Galle ; *JCP E* 2013. 1472, note D. Ronet-Yague ; *JCP E* 2013, Chron. 1679, n° 18, obs. P. Delebecque ; *Rev. proc. coll.* 2013, comm. 123, note F. Legrand et M.-N. Legrand ; *BJE* nov. 2013. 368, note F. Macorig-Vénier ; *RTD com.* 2013. 808, n° 2, obs. A. Martin-Serf ; – Com. 9 juill. 2013, n° 12-20.649, P IV, n° 122 ; n° 746 F-P+B+I ; préc. ; – Pau, 2e ch., 1re sect., 29 avr. 2013, RG n° 12/02494, *Rev. proc. coll.* 2013, comm. 123, note F. Legrand et M.-N. Legrand.
12. Com. 3 nov. 2010, n° 09-14.744, *Bull. civ.* IV, n° 168 ; *D.* 2010. 2701, obs. A. Lienhard ; *JCP S* 2011, n° 1155, note L. Fin-Langer.

dure collective[1]. Il en est de même pour une association servant d'intermédiaire pour le placement de salariés[2]. Les salariés mis à disposition de la société débitrice par leur employeur ne peuvent prétendre au privilège des salaires dans la procédure du débiteur[3].

621.13 **Nature des créances.** L'article L. 3253-2 du Code du travail vise les rémunérations de toute nature dues aux salariés pour les soixante derniers jours de travail. Cet article doit être combiné avec l'article L. 3253-3 du Code du travail, lequel précise que les rémunérations comprennent, en premier lieu, les salaires, appointements ou commissions proprement dites et, en second lieu, les accessoires du salaire. Il pourra s'agir, par exemple, de la prime de treizième mois[4]. De même, l'indemnité due suite à la rupture du contrat de travail pour inaptitude du salarié consécutive à un accident du travail ou une maladie professionnelle, l'indemnité compensatrice de préavis, l'indemnité de fin de contrat d'un contrat à durée déterminée, ainsi que l'indemnité de fin de mission d'un contrat de travail temporaire, sont superprivilégiées.

L'article L. 3253-4 du Code du travail fait également bénéficier du superprivilège les indemnités de congés payés. La Cour de cassation retient la même solution pour l'indemnité compensatrice de congés payés[5].

La liste des créances bénéficiant du superprivilège des salaires est plus étroite que celle prévue pour le privilège général des salaires. Par exemple et contrairement au privilège général des salaires, l'indemnité de licenciement n'étant pas visée par les textes, est exclue du champ d'application du superprivilège[6].

Sont également exclues de la couverture, les indemnités liées à une résiliation abusive du contrat de travail[7] ou encore l'indemnité de clientèle due aux représentants de commerce[8].

Antérieurement à la recodification du Code du travail en 2008, la contribution versée à Pôle Emploi en cas d'adhésion du salarié à la convention de reclassement personnalisé bénéficiait du superprivilège puisqu'elle était visée par l'ancien article L. 143-10, alinéa 3 du Code du travail[9]. La référence à cette contribution a été supprimée de ce texte au moment de la recodification à droit constant du Code du travail. La notion de « droit constant » implique pourtant de ne renforcer ou d'atténuer aucune obligation ; de ne créer ou de supprimer aucun droit. Ainsi, bien que la lettre du nouvel article L. 3253-3 du Code du travail ne vise plus la contribution versée par l'employeur dans le cadre du contrat de sécurisation professionnelle, il convient de retenir que cette suppression a été faite par inadvertance par le législateur. Partant, cette contribution devrait, encore à ce jour, avoir un rang superprivilégié. D'autant plus que la contribution versée en cas d'adhésion du salarié au contrat de sécurisation professionnelle n'est autre que le versement par l'employeur (ou l'AGS) du préavis, créance ayant le caractère de substitut de salaire et donc superprivilégié[10].

Pour autant, il convient de souligner que la Cour de cassation a précisé que la contribution due par l'employeur au titre du financement du contrat de sécurisation professionnelle « n'est pas une créance de salaires due au salarié » de sorte que Pôle emploi (devenu France Travail) ne peut être admis pour cette créance à titre superprivilégié[11]. Cette solution n'est pas satisfaisante dans la mesure où la recodification à droit constant n'implique pas une modification du régime juridique préexistant. Une interprétation téléologique du texte codifié à droit constant aurait permis de considérer que le législateur n'a pas eu l'intention d'exclure la contribution due au titre de la CRP puis du CSP de l'assiette des créances superprivilégiées[12].

Le fait que la créance salariale fasse l'objet d'une procédure de paiement direct introduite par un créancier d'aliments ne change pas la nature privilégiée de la créance[13].

621.14 **Limite temporelle.** La couverture temporelle du superprivilège est posée par le code du travail. Il est tout d'abord prévu que le superprivilège couvre les soixante derniers jours de travail ou d'apprentissage[14]. Pour les représentants de commerce, l'article L. 7313-8 du code du travail porte la couverture à quatre-vingt-dix jours. La solution est identique pour les marins du commerce[15]. En outre, il est précisé,

1. Com. 12 juill. 1993, n° 89-21.255, *Bull. civ.* IV, n° 297 ; *D.* 1993. Somm. 369, note A. Honorat ; *JCP* 1994. 365, obs. P. Delebecque.
2. Rep. min. n° 61359, *JOAN Q* 15 mars 1993, p. 666.
3. Rouen, 2e ch., 5 avr. 2001, *RJDA* 2002/3, n° 282, p. 238.
4. Paris, 28 mai 1993, *JCP* 1993, pan. 1006.
5. Soc. 10 mars 2010, n° 09-41.170.
6. Ripert et Roblot, par Ph. Delebecque, N. Binctin et L. Andreu, *Effets de commerce et entreprises en difficulté*, 18e éd., LGDJ-Lextenso, 2018, n° 3247.
7. B. Soinne, *Traité des procédures collectives*, 2e éd., Litec, 1995, n° 2256.
8. Soc. 19 mars 1986, n° 84-16.118, P V, n° 108 ; *Rev. proc. coll.* 1989, p. 575, n° 5, obs. B. Soinne – Rouen, 10 janv. 1990, *JCP* 1992, prat. 2263, obs. P. Pétel.
9. C. trav., art. L. 3253-3 nouv.
10. Soc. 23 juin 1988, n° 85-44.158, *Bull. civ.* V, n° 383 ; – Soc. 16 nov. 1993, n° 91-45.573, *Bull. civ.* V, n° 277.
11. Com. 11 déc. 2024, n° 23-10.708, P ; *Leden* janv. 2025, n° 1, p. 5, obs. K. Lafaurie ; Dalloz Act. 24 janv. 2025, com. C. Gailhbaud.
12. C. Gailhbaud, *op. cit.*, *D. actu.* 24 janv. 2025.
13. Com. 29 avr. 2003, n° 99-21.674, NP ; *Act. proc. coll.* 2003/12, n° 163.
14. C. trav., art. L. 3253-2 et L. 3253-3.
15. C. trav., art. L. 742-6 anc., toujours applicable.

pour ces derniers, afin de tenir compte du fait que les salaires peuvent être versés pour des périodes relativement longues, que si la période de versement du salaire est supérieure à trois mois, cette dernière période est couverte.

Le superprivilège s'applique même si la période de travail ne précède pas immédiatement le jugement d'ouverture de la procédure collective[1]. Ce ne seront donc pas nécessairement les soixante ou quatre-vingt-dix derniers jours ayant précédé le jugement d'ouverture qui seront couverts, mais les derniers jours de travail effectif non payés[2]. Cette solution permet à l'intéressé ayant quitté l'entreprise avant jugement d'ouverture d'en bénéficier[3].

Si le salarié a perçu des acomptes, les sommes couvertes par le superprivilège sont calculées déduction faite des sommes reçues[4].

Il est important de noter que cette limite temporelle n'est posée que pour les créances visées aux articles L. 3253-2 et L. 3253-3 du Code du travail. Au contraire, l'article L. 3253-4 de ce même Code relatif à l'indemnité de congés payés ne fait référence qu'à un plafond, lequel doit être entendu uniquement en montant.

621.15 **Limite pécuniaire.** Les salaires versés aux salariés peuvent être conséquents. Le législateur en tient compte en plafonnant les sommes couvertes par le superprivilège. Les articles L. 3253-2 et D. 3253-1 du code du travail limitent le montant mensuel garanti. L'article D. 3253-1 du code du travail fixe ce plafond à deux fois le plafond retenu, par mois, pour le calcul des cotisations de sécurité sociale.

Une limite est également posée pour l'indemnité de congés payés, laquelle sera toujours l'indemnité légale et non l'indemnité conventionnelle. Elle sera garantie jusqu'à concurrence de deux fois le plafond de la sécurité sociale[5].

Il s'agit d'un plafond global de toutes les avances confondues au titre du superprivilège, salaires et indemnités.

1. Soc. 25 oct. 1972, n° 71-12.011, *Bull. civ.* V, n° 574 ; *D.* 1973, note G. Lyon-Caen.
2. L. n° 67-563, 13 juill. 1967 sur le règlement judiciaire, la liquidation des biens, la faillite personnelle et les banqueroutes, *JO* 14 juill., p. 7059 – Soc. 7 mai 1987, n° 84-14.068, P V, n° 285.
3. Soc. 25 oct. 1972, *Bull. civ.* 1972, V, n° 574 ; *D.* 1973. 218, note G. Lyon-Caen ; – Soc. 15 mars 1983, n° 82-11.348, P V, n° 159 ; *D.* 1983. Somm. 342, obs. A. Honorat ; – Limoges, 2 juill. 1974 ; *D.* 1975. 131, note A. Honorat.
4. C. trav., art. L. 3253-2 – Soc. 29 avr. 1975, n° 73-13.712, P V, n° 217 ; *D.* 1975, jur. 678, note F. Derrida.
5. C. trav., art. L. 3253-4 – B. Soinne, *Traité des procédures collectives*, 2e éd., Litec, 1995, n° 2258 ; *J.-Cl. Procédures collectives*, fasc. 2450 : Sauvegarde, redressement et liquidation judiciaires – Privilèges des salariés et garanties de paiement, par A. Jacquemont, mis à jour par D. Jacotot, 2018.

SECTION 2
CRÉANCES PRIVILÉGIÉES

621.21 **Fondement légal.** En vertu du caractère alimentaire de la créance, le législateur a attribué aux salariés un privilège dit « général » des salaires. Cette mesure protectrice a été mise en place afin qu'ils ne supportent pas le risque de non-paiement lié à l'insolvabilité de leur employeur.

Le privilège général des salaires est inscrit aux articles 2331, 3°, et 2377, 2°, du Code civil. Il repose donc sur le droit commun et ne dépend pas de l'ouverture d'une procédure collective. Les dispositions spéciales du Code du travail et du Code de commerce opèrent un renvoi à ces articles.

Ainsi, on peut lire à l'article L. 3253-1 du Code du travail que « les créances résultant du contrat de travail sont garanties dans les conditions prévues au 3° de l'article 2331 et au 2° de l'article 2377 du Code civil, relatifs aux privilèges sur les biens mobiliers et immobiliers du débiteur ». L'article L. 625-7 du Code de commerce reprend quasiment la même formule en précisant que « les créances résultant d'un contrat de travail sont garanties en cas d'ouverture d'une procédure de sauvegarde [...] par le privilège du 3° de l'article 2331 et du 2° de l'article 2377 du Code civil ».

621.22 **Bénéficiaires.** Les articles 2331 et 2377 du Code civil accordent aux salariés, auxquels il faut assimiler les apprentis, et aux gens de maison le privilège général des salaires sur les meubles et les immeubles du débiteur. La loi assimile aux salariés, les auteurs, compositeurs et les artistes du spectacle[6].

En revanche, ce privilège ne s'applique pas aux ouvriers des fournisseurs de matériaux, lesquels bénéficient du privilège dit de « pluviôse an II ». La jurisprudence a décidé que ce privilège était inapplicable à une prestation fournie par une entreprise de location de camions avec chauffeur[7] ou encore, à celui qui fournit des prestations immatérielles[8].

Seules des personnes physiques[9] peuvent bénéficier du privilège, du fait de la nécessité du lien de subordination[10]. Il a été jugé qu'une mutuelle ne

6. CPI, art. L. 131- 8 ; C. trav., art. L. 7121-2 à L. 7121-7.
7. Com. 19 déc. 2000, n° 98-12.288, P IV, n° 206 ; *JCP E* 2001, Chron. 756, n° 17, obs. M. Cabrillac ; *JCP E* 2001, Chron. 1860, n° 20, obs. P. Delebecque et A. Simler ; *Defrénois* 2001. 868, obs. Périnet-Marquet.
8. *Ibid.*
9. Exclusion des personnes morales : Req. 17 mars 1933 ; *Gaz. Pal.* 1933. I. 905.
10. T. com., Seine 27 juin 1952, *RTD com.* 1952. 640 – *Adde : J.-Cl. Procédures collectives*, fasc. 2450 : Sauvegarde, redressement et liquidation judiciaires – Privilèges des salariés et garanties de paiement, par A. Jacquemont, mis à jour par D. Jacotot, 2018.

bénéficie pas du privilège par subrogation, au titre de la part salariale de cotisations impayées[1], peu important que cet organisme de prévoyance ait accepté de faire bénéficier, en dépit des cotisations impayées, les salariés de la garantie.

Comme pour le superprivilège des salaires, les personnes titulaires d'un mandat social (non cumulé avec un contrat de travail), celles qui ont la qualité d'employeur (PDG, gérant majoritaire d'une SARL[2]...) ou encore le travailleur mis occasionnellement à la disposition d'une entreprise pour l'exécution d'une mission précise et temporaire, sans être sous la seule subordination juridique de la société les employant, ne peuvent revendiquer ce privilège[3].

Le tiers qui a payé contre quittance subrogative peut revendiquer ce privilège à condition que la subrogation soit expresse et effectuée au même moment que le paiement[4]. Il résulte de cette double condition que le banquier qui effectue une avance en trésorerie à l'employeur pour payer les salariés ne bénéficie pas du privilège général des salaires.

621.23 Rémunérations couvertes par le privilège général des salaires. Le Code civil énumère précisément les créances bénéficiant du privilège général des salaires. En premier lieu, l'article 2331, 3°, du Code civil vise les « rémunérations » pour les six derniers mois dues aux salariés et apprentis. Le terme rémunération est plus large que la notion de salaire. En effet, la rémunération est constituée « du salaire ou traitement ordinaire de base ou minimum et de tous les autres avantages et accessoires payés, directement ou non, en espèce ou en nature, par l'employeur au salarié en raison de l'emploi de ce dernier »[5]. Ainsi, non seulement les salaires sous toutes leurs formes sont assortis du privilège général des salaires, mais également les primes ou gratifications. Il faut tenir compte du caractère obligatoire du versement de la créance, de sa périodicité et de sa généralité pour une même catégorie de salarié pour pouvoir la considérer comme un élément du salaire[6].

Les redevances dues aux artistes à l'occasion de la vente ou de l'exploitation de leur œuvre par l'employeur ou par un autre utilisateur ne sont pas considérées comme des salaires par le Code du travail[7]. Celles-ci ne naissent pas du contrat d'artiste puisque la présence physique de celui-ci n'est pas requise et que ces sommes ne sont pas calculées en fonction du salaire perçu, mais à partir du produit de sa vente ou de son exploitation. D'évidence, la créance ne devrait pas pouvoir être rattachée à l'exécution du contrat de travail et bénéficier du privilège général des salaires. Pour autant, l'article 58 de la loi du 11 mars 1957[8] a précisé que les auteurs, compositeurs et artistes bénéficient du privilège général des salaires pour les redevances qui leur sont dues pour les trois dernières années, à l'occasion de la cession, de l'exploitation ou de l'utilisation de leurs œuvres. La Chambre sociale de la Cour de cassation a estimé que les redevances dues à un artiste interprète sont dues en exécution du contrat d'artiste[9], lequel est assimilé par la loi à un contrat de travail. Il faut donc retenir que ces créances bénéficient du privilège général des salaires.

La Cour de cassation précise que l'Adami n'a aucune qualité à agir sur le fondement de l'article L. 625-4 du code de commerce afin d'obtenir que les rémunérations complémentaires dues aux artistes-interprètes en contrepartie de l'exploitation de leurs prestations enregistrées soient garanties par l'AGS[10]. Autrement dit, les créances déclarées par l'Adami à la procédure collective d'une société de production au nom des artistes-interprètes dont elle défend les droits, représentent les redevances qui leur sont dues, non pas en exécution de leur contrat de travail, mais en contrepartie des droits cédés pour l'exploitation des enregistrements. Ainsi, cet organisme de gestion collective de la propriété intellectuelle, n'a aucune qualité à agir pour d'obtenir que ces rémunérations complémentaires soient garanties par l'AGS.

621.24 Limite temporelle pour les rémunérations. Alors que le superprivilège couvre les soixante ou quatre-vingt-dix derniers jours de travail, le privilège général des salaires garantit les six derniers mois de travail. Ces mois n'ont pas à précéder immédiatement le jugement d'ouverture de la procédure collective[11]. Ainsi, si le contrat de travail a été rompu avant cet événement, il s'agira des six derniers mois de travail effectif. Les créances seront nécessairement antérieures au jugement d'ouverture de la procédure collective[12].

1. Soc. 27 nov. 2007, n° 06-17.866, NP.
2. Com. 28 janv. 1974, *Bull. civ.* IV, n° 31 – Soc. 7 févr. 1979, *Bull. civ.* V, n° 122 ; D. 1979, obs. F. Derrida.
3. Soc. 29 oct. 2003, n° 01-12.129, *RJS* 2004, n° 48.
4. Versailles, 4 avr. 1979 ; *RJ com.* 1979. 363, note R. Perrot.
5. C. trav., art. L. 3221-3.
6. Soc. 11 juin 1969, n° 68-40.367, *Bull. civ.* V, n° 398.
7. C. trav., art. L. 7121-8 ; CE 23 sept. 1983, n° 29465.
8. L. n° 57-298, 11 mars 1957 sur la propriété littéraire et artistique, *JO* 14 mars, p. 2723. Aujourd'hui ce privilège est mentionné à l'article L. 131-8 du CPI.
9. Soc. 3 déc. 2008, n° 07-42.469, n° 2049 ; *Gaz. Pal.* 2009/2, p. 40, n° 5, note P. Duprat ; *BJE*, mars 2009, p. 221, note F.-X. Lucas.
10. Soc. 12 mars 2025, n° 22-17.960, *Leden* avr. 2025, n° 4, p. 3, obs. N. Binctin ; Dalloz Act. 9 avr. 2025, com. P. Dumortier.
11. Soc. 15 mars 1983, n° 82-11.348, P V, n° 159 ; *D.* 1983. IR 102, obs. A. Honorat.
12. Civ. 3e, 23 mai 1995, n° 91-14.921, *Bull. civ.* V, n° 285 ; *RTD civ.* 1996. 206, note P. Crocq. Soulignons que le jugement d'ouverture de la procédure collective rétroagit à zéro heure, ce qui signifie que tous les actes effectués le jour où le jugement est rendu lui sont postérieurs (C. com., art. R. 621-4).

Par dérogation, la limite de six mois est écartée pour les gens de services, ainsi que pour l'indemnité de salaire différé. Sont alors couvertes, l'année échue et l'année courante.

621.25 Indemnités couvertes par le privilège général des salaires. Au-delà des rémunérations précédemment visées, le Code civil précise que les indemnités suivantes sont éligibles au privilège général des salaires :

- indemnités de fin de contrat à l'issue d'un contrat à durée déterminée ou de fin de mission versée aux intérimaires ;
- l'indemnité prévue lors d'une rupture anticipée d'un contrat de travail à durée déterminée ;
- l'indemnité compensatrice prévue pour un contrat rompu pour inaptitude suite à un accident du travail ou une maladie professionnelle (L. 1226-14 du Code du travail) ;
- l'indemnité compensatrice de congés payés dépassant le superprivilège ;
- l'indemnité de préavis dépassant le superprivilège ;
- l'indemnité de licenciement dans la limite du plafond prévu ;
- l'indemnité allouée pour licenciement sans cause réelle et sérieuse ;
- l'indemnité pour inobservation de la procédure de licenciement ;
- l'indemnité pour rupture abusive du contrat de travail ;
- l'indemnité pour méconnaissance des obligations de réintégrer un salarié déclaré apte ou de reclasser un salarié inapte à la suite d'un accident du travail ou d'une maladie professionnelle.

A contrario, les indemnités qui n'ont pas été mentionnées, telle que l'indemnité de clientèle visée à l'article L. 7313-13 du Code du travail [1], ne peuvent être considérées comme des créances relevant de ce privilège [2].

La limite des six derniers mois posée pour le privilège des rémunérations n'est pas applicable aux indemnités [3]. Toutefois, une limite pécuniaire est posée pour l'indemnité de licenciement.

621.26 Limite pécuniaire de l'indemnité de licenciement. Une limite pécuniaire est posée par le Code civil pour l'indemnité de licenciement : celle-ci est privilégiée en totalité pour la portion inférieure ou égale au plafond visé à l'article L. 3253-2 du Code du travail (soit deux fois le plafond mensuel retenu pour le calcul des cotisations de sécurité sociale), et pour le quart de la portion supérieure audit plafond.

Les autres indemnités visées aux articles 2331 et 2377 du Code civil, seront privilégiées dans leur globalité. Aucune limite temporelle ou pécuniaire n'a été prévue par le législateur.

SECTION 3
CRÉANCES CHIROGRAPHAIRES

621.31 Pas de privilège sans texte légal. Les créances salariales non visées précédemment seront chirographaires. Il en est ainsi des rémunérations excédant les six derniers mois de travail. De même, les frais professionnels engagés par le salarié pour les besoins de son activité professionnelle et dans l'intérêt de l'entreprise n'ont pas la nature de complément de salaire [4]. Ces frais auront donc un rang chirographaire à défaut d'être visés par un texte spécial.

En raison de leur caractère aléatoire et facultatif, l'intéressement [5], la participation [6] et les plans d'épargne salariale n'ont pas le caractère d'élément de salaire pour l'application de la législation du travail et ne sont pas assortis du privilège général des salaires [7].

À défaut d'être visées expressément par un texte légal permettant l'octroi d'un privilège, les autres indemnités liées à la conclusion, l'exécution ou la rupture du contrat de travail seront également chirographaires.

1. Soc. 19 mars 1986, n° 84-16.118 ; *Rev. proc. coll.* 1989, p. 575, n° 5, obs. B. Soinne.
2. *J.-Cl. Procédures collectives*, fasc. 2440 : Sauvegarde, redressement et liquidation judiciaires – Vérification des créances salariales, par L. Fin-Langer, 2016.
3. Soc. 6 nov. 1968, *Bull. civ.* V, n° 484 – Soc. 17 juin 2009, n° 07-20.588.
4. La Cour de cassation opère une distinction entre les compléments de salaire et le remboursement des frais professionnels. Une prime de transport destinée à indemniser les frais de déplacement du salarié de son domicile à son lieu de travail, constitue un remboursement de frais et non un complément de salaire : Soc. 11 janv. 2017, n° 15-23.341, P ; *JCP S* 2017. 1040, note G. Vachet.
5. C. trav., art. L. 3312-4.
6. C. trav., art. L. 3325-1.
7. J. Vallansan, Fin-Langer (collab.), *Guide des procédures collectives 2022/2023*, LexisNexis, 2022, n°s 1073.

CHAPITRE

622. Paiement des créances salariales antérieures

SECTION 0 ORIENTEUR

622.00 **Sommaire du chapitre.**

Sect. 1 Modalités de paiement des créances superprivilégiées 622.11 à 622.42

§ 1 Paiement immédiat des créances superprivilégiées 622.11 à 622.13

§ 2 Concours des créances superprivilégiées avec les créances postérieures méritantes 622.21 à 622.22

§ 3 Absence de soumission des créances superprivilégiées aux délais du plan 622.31

§ 4 Classement des créances superprivilégiées avec les autres créanciers 622.41 à 622.42

Sect. 2 Modalités de paiement des créances privilégiées 622.51 à 622.74

§ 1 Interdiction de régler des créances salariales antérieures privilégiées 622.51

§ 2 Absence de soumission des salariés aux délais du plan 622.61

§ 3 Classement des créances privilégiées avec les autres créanciers 622.71 à 622.74

Sect. 3 Modalités de paiement des créances chirographaires 622.81 à 622.101

§ 1 Interdiction de régler des créances salariales antérieures chirographaires 622.81

§ 2 Soumission des salariés aux délais du plan pour les créances chirographaires 622.91

§ 3 Classement des créances chirographaires avec les autres créanciers 622.101

622.01 **Textes applicables.**

• **C. com.**

art. L. 622-7 [Principe de l'interdiction du paiement des créances antérieures]

art. L. 622-8 [Autorisation du paiement de certaines créances antérieures par le juge-commissaire]

art. L. 622-17 [Créances postérieures éligibles au traitement préférentiel en sauvegarde]

art. L. 625-7 [Privilèges des créances salariales]

art. L. 625-8 [Paiement des créances superprivilégiées]

art. L. 625-9 [Garanties de paiement des créances salariales]

art. L. 626-5 [Proposition de délais et remises pour l'élaboration du plan de sauvegarde]

art. L. 626-20 [Absence de soumission des salariés aux délais et remises du plan pour les créances privilégiées]

art. L. 626-22 [Répartition du prix vente d'un bien grevé d'une sûreté spéciale en période d'observation]

art. L. 626-23 [Répartition du prix de vente d'un bien grevé d'une sûreté spéciale en cas de cession partielle d'actifs]

art. L. 622-24 [Déclaration des créances antérieures]

art. L. 631-14 [Application des dispositions de la sauvegarde au redressement judiciaire]

art. L. 631-18 [Application des dispositions de la sauvegarde au redressement judiciaire]

art. L. 641-13 [Créances postérieures éligibles au traitement préférentiel en liquidation judiciaire]

art. L. 641-14, al. 1 [Application des dispositions de la sauvegarde à la liquidation judiciaire]

art. L. 642-12 [Répartition du prix vente d'un bien grevé d'une sûreté spéciale en liquidation judiciaire]

art. L. 643-8 [Classement des créanciers en liquidation judiciaire]

• **C. trav.**

art. art. L. 3253-2 [Superprivilège des salaires]

art. L. 3253-3 [Superprivilège des salaires]

art. L. 3253-4 [Superprivilège des salaires]

art. L. 3253-5 [Superprivilège des salaires – façonniers]

art. L. 7313-8 [Superprivilège des salaires – voyageurs, représentants ou placiers]

• **C. civ.**

art. 2331, 3° [Privilège des salaires sur les biens meubles]

art. 2332-1 [Primauté des privilèges spéciaux sur les généraux]

art. 2377, 2° [Privilège des salaires sur les biens immobiliers]

art. 2378 [Primauté des privilèges généraux sur le droit de préférence attaché au gage immobilier et à l'hypothèque]

622.02 **Jurisprudence de référence.**

> **Soumission des créances salariales antérieures à la discipline collective**

• **Soc. 10 mai 2006,** n° 04-42.076, P.B V, n° 167

* V. s[s] n° 622.51

« Les sommes dues par l'employeur en exécution du contrat de travail antérieurement au jugement ouvrant la procédure de redressement judiciaire restent soumises, même après l'adoption d'un plan de redressement, qu'il soit par cession ou par continuation, au régime de la procédure collective. »

622.03 **Bibliographie indicative.**

> **Encyclopédies.** *J.-Cl. Procédures collectives*, fasc. 2450 : Sauvegarde, redressement et liquidation judiciaires – Privilèges des salariés et garanties de paiement, par A. Jacquemont, mis à jour par D. Jacotot, 2018.

> **Articles.** A. Boyer, « Un droit social contre-productif dans les entreprises en difficulté », *Gaz. Pal.* 16 et 17 avr. 2010, n°s 106, 107, p. 8 – C. Calomili, « L'efficacité du super privilège des salaires », *Colloque Sûretés réelles et droit des entreprises en difficulté*, Nice, 20 mars 2010, *LPA* 11 févr. 2011, n° 30, p. 20 – L. Fin-Langer, « Les risques subis par les salariés », *Rev. proc. coll.* 2010, § 10, p. 93 – P.-M. Le Corre, « Le créancier nanti sur comptes-titres bénéficiaire d'un paiement provisionnel confronté au super privilège des salaires », *Gaz. proc. coll.* 2009, 1re partie, n°s 303, 304, p. 27 ; « Cotisations sociales de retraite dues par un professionnel libéral et super privilège des salaires », *LPA* 13 mars 2012, n° 52, p. 3 ; « La règle du paiement à l'échéance des créanciers postérieurs méritants et l'obligation de payer le super privilège des salaires sur les premières rentrées de fonds », *Rev. proc. coll.* 2012, Dossier 10, p. 72 – B. Soinne, « À propos de la notion de fonds disponibles », *Rev. proc. coll.* 2001, p. 159 – B. Veyssière, « Les plans et la situation financière des salariés », *Rev. proc. coll.* 2015, dossier 45, p. 87 – F. Aknin, « Le droit social appliqué aux procédures collectives », *JCP S* 2023, n° 42, 1272.

622.04 **Question essentielle.**

> Les créances salariales privilégiées peuvent-elles être soumises aux délais du plan ?

* V. s[s] n°s 622.31 et 622.61

SECTION 1 MODALITÉS DE PAIEMENT DES CRÉANCES SUPERPRIVILÉGIÉES

§ 1 Paiement immédiat des créances superprivilégiées

622.11 **Soumission des salariés à la discipline collective.** Les créances salariales antérieures sont soumises à la discipline collective[1], ce qui a pour conséquence d'interdire leur paiement. L'interdiction du paiement des créances antérieures est posée dans la procédure de sauvegarde par l'article L. 622-7, auquel renvoi, en redressement judiciaire, l'article L. 631-14, alinéa 1, et, en liquidation judiciaire, l'article L. 641-3, alinéa 1.

Sauf exception spécialement prévue par un texte, toutes les créances, quelle que soit leur nature, sont concernées. Quelles soient privilégiées ou non, il est interdit de les payer.

L'article L. 622-7 du Code de commerce prévoit une dérogation expresse à l'interdiction des paiements pour les créances alimentaires. La Cour de cassation a toutefois précisé que : « Les créances alimentaires soustraites à l'interdiction des paiements par l'article L. 622-7, I, alinéa 1, du Code de commerce sont celles qui sont issues d'une obligation alimentaire ; que les créances salariales, qui ne sont pas fondées sur une telle obligation de l'employeur, n'étant pas assimilables à des créances alimentaires au sens du texte précité »[2].

Si les créances salariales ont bien un caractère alimentaire, elles ne peuvent être assimilées aux créances de nature alimentaire et ne bénéficient donc pas de l'exception à l'interdiction des paiements des créances antérieures.

622.12 **Exception légale prévue pour le paiement des créances superprivilégiées.** L'article L. 625-8, alinéa 1 du Code de commerce prévoit néanmoins un paiement dérogatoire pour les créances superprivilégiées. Cet article indique que « nonobstant l'existence de toute autre créance, les créances que garantit le privilège établi aux articles L. 143-10, L. 143-11, L. 742-6 et L. 751-15 du code du travail doivent, sur ordonnance du juge-commissaire, être payées dans les dix jours du prononcé du jugement ouvrant la procédure par le débiteur ou, lorsqu'il a une mission d'assistance, par l'administrateur, si le débiteur ou l'administrateur dispose des fonds nécessaires ». Ce texte pose donc une exception au principe de l'interdiction du paiement des créances antérieures pour les créances superprivilégiées[3]. Ainsi, les créances salariales superprivilégiées sont soumises à la discipline collective mais peuvent sur décision du juge-commissaire être réglées de manière dérogatoire.

Avant de pouvoir effectuer le paiement des créances superprivilégiées[4], le juge-commissaire doit être saisi par le débiteur ou l'organe compétent (administrateur ou liquidateur). Ce n'est qu'une fois l'autorisation du juge-commissaire obtenue que le versement des sommes inscrites sur les relevés pourra interve-

1. Sur le principe de l'interdiction du paiement des créances salariales antérieures, v. s[s] n° 032.21.
2. Com. 3 mai 2016, n° 14-24.855, P.
3. Sur l'autorisation du paiement des créances superprivilégiées, v. s[s] n° 033.11.
4. Créances visées aux articles L. 3253-2 à L. 3253-4 du Code du travail.

nir. Par conséquent, le paiement des créances superprivilégiées suit le même régime que celui visé par l'article L. 622-7, II, alinéa 1, du Code de commerce pour le règlement de certaines créances antérieures au jugement d'ouverture de la procédure collective.

Si les créances superprivilégiées ne peuvent être précisément déterminées dans les dix jours suivant le jugement d'ouverture, l'alinéa 2 de l'article L. 625-8 du Code de commerce, ouvre la possibilité de se faire autoriser par le juge-commissaire à verser immédiatement un acompte, sur la base du dernier mois de salaire, sans pouvoir dépasser le plafond visé à l'article L. 143-10 du code du travail (L. 3253-2 nouveau).

622.13 Disponibilités des fonds pour régler les créances superprivilégiées. Le règlement des créances superprivilégiées suppose l'existence de disponibilités. C'est pourquoi, l'alinéa 3 de l'article L. 625-8 du Code de commerce complète le dispositif ci-dessus énoncé en précisant qu'« à défaut de disponibilités, les sommes dues en vertu des deux alinéas précédents doivent être acquittées sur les premières rentrées de fonds ».

L'article L. 625-9 du Code de commerce indique quant à lui que sont garanties par l'AGS les créances superprivilégiées lorsqu'une procédure de redressement ou de liquidation judiciaire est ouverte. L'ouverture d'une procédure de sauvegarde n'est pas visée puisque dans cette procédure aucune avance ne peut être effectuée au titre des sommes dues avant le jugement d'ouverture. En effet, dans cette procédure, le débiteur n'est pas en état de cessation des paiements et devrait donc disposer des fonds nécessaires pour régler les créances superprivilégiées.

Partant, soit l'employeur ou son organe représentatif dispose des fonds nécessaires au désintéressement des salariés, soit la garantie de l'AGS pourra être sollicitée pour le règlement de ces créances salariales.

§ 2
Concours des créances superprivilégiées avec les créances postérieures méritantes

622.21 Absence d'articulation des règles du Code de commerce. L'article L. 625-8 du Code de commerce prévoyant que les créances superprivilégiées doivent être « acquittées sur les premières rentrées de fonds » entre en conflit avec les articles L. 622-17 et L. 641-13 qui disposent que les créances postérieures éligibles au traitement préférentiel sont payées « à l'échéance ». Cette absence d'articulation des textes légaux génère une difficulté à laquelle les praticiens sont confrontés : le paiement des créances superprivilégiées antérieures au jugement d'ouverture prime-t-il celui du paiement des créances postérieures méritantes ?

622.22 Interprétations des règles de droit. Deux situations peuvent se présenter :

– les créances salariales superprivilégiées n'ont pu être réglées aux salariés faute de disponibilités. Se pose alors la question du paiement prioritaire des créances salariales ou des créanciers postérieures méritants ;

– les créances salariales superprivilégiées ont été avancées par l'AGS et il est ici question du remboursement des créances à cette institution.

Se prononçant sur le terrain du droit de préférence conféré au superprivilège des salaires, la Cour de cassation a considéré que les créanciers postérieurs pouvaient être payés alors que le superprivilège de l'AGS n'était pas remboursé.

Pourtant, comme l'indique le Professeur Le Corre [1], le conflit entre ces créanciers ne doit pas être étudié sous l'angle du droit de préférence, mais sur la disponibilité des fonds détenus par les organes de la procédure. La lettre de l'article L. 625-8 du Code de commerce indique que le superprivilège doit être acquitté sur « les premières rentrées de fonds ». Aucune distinction n'est effectuée entre le règlement de ces créances aux salariés ou à l'AGS, subrogée dans ses droits. Ainsi, il pourrait en être déduit une affectation immédiate de ces fonds au paiement des créances superprivilégiées et ce peu importe le créancier, salarié ou AGS. À l'image du créancier rétenteur, un droit exclusif de paiement sur ces fonds pourrait alors être retenu.

Retenir une indisponibilité desdits fonds pourrait toutefois être difficilement conciliable avec la poursuite de l'activité. En effet, considérer que ces fonds sont immédiatement affectés au paiement du superprivilège pourrait mettre en péril le sauvetage de l'entreprise. Une appréciation au cas par cas semble donc être louable.

Lorsque les créances postérieures méritantes ne sont pas payées à l'échéance mais par privilège, l'article L. 641-13 du Code de commerce, prévoit un règlement après les créances garanties par le privilège établi aux articles L. 3253-2, L. 3253-4 et L. 7313-8 du Code du travail. La solution clairement posée ne peut donc dans cette hypothèse donner lieu à discussion : il convient de retenir la supériorité du superprivilège sur les créances postérieures payées par privilège.

1. P.-M. Le Corre, « La règle du paiement à l'échéance des créanciers postérieurs méritants et l'obligation de payer le superprivilège des salaires sur les premières rentrées de fonds », *Rev. proc. coll.* n° 1, janv. 2012, doss. 10.

§ 3
Absence de soumission des créances superprivilégiées aux délais du plan

622.31 Interdiction d'imposer des délais et remises aux créances superprivilégiées. L'article L. 626-20 du Code de commerce, texte applicable en sauvegarde et par renvoi en redressement judiciaire, interdit de soumettre les créances superprivilégiées aux délais et remises du plan. En effet, comme il a été souligné précédemment, ces créances doivent être réglées sur les premières rentrées de fonds conformément aux dispositions de l'article L. 625-8 du Code de commerce.

§ 4
Classement des créances superprivilégiées avec les autres créanciers

622.41 Primauté du superprivilège. L'article L. 643-8 du Code de commerce précise « I. – Sans préjudice du droit de propriété ou de rétention opposable à la procédure collective et des dispositions des articles L. 622-17 et L. 641-13, le montant de l'actif distribuable est réparti dans l'ordre suivant :

1° Les subsides prévus à l'article L. 631-11 restés impayés ;

2° Les créances garanties par le privilège établi aux articles L. 3253-2, L. 3253-4 et L. 7313-8 du code du travail ; [...] ».

Partant, en cas de réalisation d'un actif mobilier ou immobilier, les créances superprivilégiées seront réglées ou remboursées à l'AGS en deuxième, après les subsides prévus à l'article L. 631-11 du Code de commerce restés impayés, ceux-ci ne pouvant constituer que des sommes modestes.

622.42 Création d'une mise en réserve pour les frais de justice prévisibles. Une disposition spécifique est également prévue par l'article L. 643-8, II, du Code de commerce pour mettre en réserve avant toute distribution « la part correspondant aux créances sur l'admission desquelles il n'aurait pas été statué définitivement et, notamment, les rémunérations des dirigeants sociaux tant qu'il n'aura pas été statué sur leur cas, ainsi que celle correspondant aux frais de justice prévisibles ». La création de cette réserve par l'ordonnance n° 11-93 du 15 septembre 2021 a pour objet de faire sortir certains frais du classement légal des créanciers et notamment de les mettre hors concours vis-à-vis des créanciers privilégiés.

On peut ainsi comprendre qu'il est possible de réserver le paiement des frais de justice utiles au bon déroulement de la procédure collective. De la sorte, par cette mise en réserve, ce paiement peut être assuré grâce à la règle du paiement à l'échéance, qui est expressément réservé par l'article L. 643-8 du Code de commerce, en indiquant que « le montant de l'actif distribuable est réparti dans l'ordre suivant : » mais cela « Sans préjudice du droit de propriété ou de rétention opposable à la procédure collective et des dispositions des articles L. 622-17 et L. 641-13 ». Par conséquent, le droit au paiement à l'échéance continue à l'emporter sur le classement, ce qui autorise, par le biais de la mise en réserve, un paiement préférentiel des créances garanties par le privilège des frais de justice et qui sont utiles au déroulement de la procédure collective.

Encore reste-t-il à déterminer ce que recouvre cette notion de frais de justice prévisibles. On peut penser aux intervenants de la procédure collective, ce qui couvre les honoraires des mandataires de justice, les frais de greffe, les honoraires des commissaires de justice, notaires, ainsi que les sommes dues aux avocats, techniciens et experts dont les services ont été sollicités pour assurer le bon déroulement de la procédure collective et protéger le gage commun des créanciers.

L'article L. 643-8 du Code de commerce classe au 3e rang, et donc après le désintéressement du superprivilège, « les frais de justice nés régulièrement après le jugement d'ouverture pour les besoins du déroulement de la procédure restés impayés à l'échéance ». Lorsque ces frais n'ont pas été mis en réserve ou réglés à l'échéance, ils seront payés après le paiement du superprivilège des salaires.

SECTION 2
MODALITÉS DE PAIEMENT DES CRÉANCES PRIVILÉGIÉES

§ 1
Interdiction de régler des créances salariales antérieures privilégiées

622.51 Soumission des salariés à la discipline collective. Les créances privilégiées sont soumises à la règle de l'interdiction des paiements posée par l'article L. 622-7 dans la procédure de sauvegarde[1]. Contrairement aux créances superprivilégiées, aucune exception ne permet de régler ces créances en priorité.

Les salariés étant soumis à l'arrêt des poursuites individuelles comme les autres créanciers du débiteur, ne pourront engager des voies d'exécution sur le patrimoine du débiteur. À ce titre, la Cour de

1. Article applicable par renvoi en redressement (C. com., art. L. 631-14) et en liquidation judiciaire (C. com., art. L. 641-3).

cassation a indiqué que « les sommes dues par l'employeur en exécution du contrat de travail antérieurement au jugement ouvrant la procédure de redressement judiciaire restent soumises, même après l'adoption d'un plan de redressement, qu'il soit par cession ou par continuation, au régime de la procédure collective »[1]. Les créances salariales privilégiées ne peuvent alors être réglées durant de la période d'observation et resteront soumises, après l'adoption du plan d'apurement du passif, à la discipline collective.

§ 2
Absence de soumission des salariés aux délais du plan

622.61 **Impossibilité d'imposer aux salariés les délais du plan pour les créances privilégiées.** L'article L. 626-20 du Code de commerce prévoit que « par dérogation aux dispositions des articles L. 626-18 et L. 626-19, ne peuvent faire l'objet de remises ou de délais qui n'auraient pas été acceptés par les créanciers :

1° Les créances garanties par le privilège établi aux articles L. 3253-2, L. 3253-4 et L. 7313-8 du code du travail ;

2° Les créances résultant d'un contrat de travail garanties par les privilèges prévus au 4° de l'article 2101 et au 2° de l'article 2104 du Code civil lorsque le montant de celles-ci n'a pas été avancé par les institutions mentionnées à l'article L. 3253-14 du code du travail ou n'a pas fait l'objet d'une subrogation ».

Cela signifie que, contrairement aux autres créances, le tribunal ne peut imposer des remises et des délais aux :

- créances garanties par le superprivilège des salaires ;

- créances garanties par le privilège général des salaires non avancées par l'AGS.

Une distinction est ici opérée selon la qualité du créancier : si le créancier est le salarié, il ne pourra se voir imposer de délais et remises dans le cadre du plan ; si le créancier est l'AGS, elle pourra être contrainte à des délais.

Les salariés peuvent toutefois être consultés sur les délais et remises qu'ils entendent consentir. S'ils acceptent les propositions, conformément à l'article L. 626-18, alinéa 1, du Code de commerce, le tribunal leur en donne acte. À défaut, ces créances doivent être réglées à l'arrêté du plan[2].

Des règles particulières ont été posées dans les procédures avec classes de créanciers[3]. Néanmoins, en vertu de l'article L. 626-30, IV, du Code de commerce les créances résultant du contrat de travail ne sont pas affectées par le plan et le vote forcé interclasse. Par conséquent, faute d'être des parties affectées par le plan, les salariés n'auront pas à être consultés puisque rien ne pourra leur être imposé[4].

§ 3
Classement des créances privilégiées avec les autres créanciers

622.71 **Absence de gage spécial affecté au paiement des créances salariales.** Les privilèges dont disposent les salariés vont s'appliquer sur le gage commun des créanciers soumis à la discipline collective. Il n'existe pas de gage spécial réservé aux créances salariales.

Le privilège général des salaires est issu du droit commun. C'est un privilège général qui porte sur l'ensemble des biens du débiteur et qui est soumis au principe de subsidiarité sur les immeubles[5]. De ce fait, le créancier devra être désintéressé par priorité sur la masse active mobilière. Ce n'est que dans l'hypothèse où le produit résultant de la vente des biens mobiliers est insuffisant que le créancier privilégié pourra exercer ses droits sur le bien immobilier. Les articles 2331 et 2377 du Code civil fixent l'ordre dans lequel doivent s'exercer les privilèges généraux.

622.72 **Répartition du prix de vente d'un bien cédé en période d'observation en vertu du jugement arrêtant un plan de sauvegarde ou de redressement.** Deux hypothèses peuvent se présenter lors de l'arrêté du plan :

- soit les créances salariales privilégiées sont réglées sur la trésorerie disponible du débiteur, aucun délai ou remise ne pouvant être imposé au salarié dans le cadre du plan ;

- soit les créances salariales privilégiées sont réglées dans le cadre de la répartition de la quote-part du prix de cession d'un actif.

Il convient alors, dans cette seconde hypothèse, de s'attacher aux règles régissant les répartitions.

1. Soc. 10 mai 2006, n° 04-42.076, P. B. V, n° 167, p. 161 ; – également, EN CE SENS : Soc. 6 juin 1989, n° 87-45.172, P ; Soc. 27 oct. 1998, n° 95-44.146, P ; Soc. 6 févr. 2002, n° 98-45.354, NP ; Soc. 12 févr. 2003, n° 99-42.985, P ; Soc. 26 mars 2003, n° 01-42.503, NP ; Soc. 16 févr. 2005, n° 02-43.094, NP ; Soc. 16 déc. 2008, n° 07-44.310, NP ; Soc. 3 déc. 2014, n° 13-24.379, NP ; Soc. 14 juin 2017, n° 15-26.954, NP ; Soc. 30 nov. 2017, n° 16-12.521, NP.

2. C. com., art. L. 626-20.
3. C. com., art. L. 626-29 à L. 626-34.
4. Sur le traitement de l'AGS dans les classes de parties affectées : V. s[s] n° 741.52.
5. C. civ., art. 2376.

Les fonds provenant de la vente d'un bien cédé en période d'observation ou dans le cadre du plan arrêté par le tribunal doivent être consignés avant d'être répartis.

Premièrement, l'article L. 622-8 du Code de commerce mentionne qu'« en cas de vente d'un bien grevé d'une sûreté réelle spéciale ou d'une hypothèque légale, la quote-part du prix correspondant aux créances garanties par ces sûretés est versée en compte de dépôt à la Caisse des dépôts et consignations. Après l'adoption du plan, les créanciers bénéficiaires de ces sûretés ou titulaires d'un privilège général sont payés sur le prix suivant l'ordre de préférence existant entre eux et conformément à l'article L. 626-22 lorsqu'ils sont soumis aux délais du plan ».

Deuxièmement, l'article L. 626-22 du Code de commerce indique qu'« en cas de vente d'un bien grevé d'une sûreté réelle spéciale ou d'une hypothèque légale, la quote-part du prix correspondant aux créances garanties par ces sûretés est versée en compte de dépôt à la Caisse des dépôts et consignations et les créanciers bénéficiaires de ces sûretés ou titulaires d'un privilège général sont payés sur le prix après le paiement des créances garanties par le privilège établi aux articles L. 3253-2 à L. 3253-4, L. 742-6 et L. 7313-8 du code du travail.

Ils reçoivent les dividendes à échoir d'après le plan, réduits en fonction du paiement anticipé, suivant l'ordre de préférence existant entre eux ».

Il convient donc de se référer à l'article L. 622-17 du Code de commerce pour déterminer cet ordre de préférence.

Le classement des différents créanciers s'opérera de la manière suivante si un actif mobilier est réalisé :

- le superprivilège des salaires[1] ;
- le privilège des producteurs agricoles[2], le cas échéant, si l'on admet que ce privilège a une portée absolument générale ;
- les frais de justice nés régulièrement après le jugement d'ouverture pour les besoins du déroulement de la procédure ;
- le privilège de conciliation[3] ;
- les créances postérieures méritantes visées à l'article L. 622-17 payés par privilège selon leur rang ;
- les créanciers titulaires d'une sûreté spéciale ;
- les créanciers titulaires d'un privilège général, dont le privilège général des salaires.

L'article 2332-1 du Code civil mentionne que « sauf dispositions contraires, les privilèges spéciaux priment les privilèges généraux ». Le privilège général des salaires succombera donc face à celui détenue par le créancier titulaire d'un privilège spécial, tel un gage ou nantissement. La quote-part consignée à la caisse des dépôts et consignation ne pouvant être supérieure au montant total de la sûreté spéciale inscrite sur le bien, le privilège général des salaires ne pourra être réglé dans cette hypothèse.

En revanche, si un actif immobilier est réalisé, la solution inverse doit être retenue. En effet, l'article 2378 précise que « les privilèges généraux priment le droit de préférence attaché au gage immobilier et à l'hypothèque ». Ainsi, le salarié titulaire du privilège général des salaires devra être désintéressé avant le créancier gagiste immobilier ou hypothécaire.

Avant d'arrêter le plan, le tribunal devra donc s'assurer que le règlement du privilège général des salaires a été pris en charge par l'AGS (cet organisme détenant ensuite un droit de récupération des avances effectuées) ou qu'il interviendra grâce aux disponibilités de l'entreprise actuelles ou futures liées à la réalisation des biens du débiteur.

622.73 Répartition du prix de vente d'un bien cédé en vertu du jugement arrêtant un plan de cession. En cas de vente d'un bien dans le cadre d'un plan de cession partiel ou total, il convient de se référer à l'article L. 642-12 du Code de commerce pour connaître le sort du prix de cession. Celui-ci précise que « lorsque la cession porte sur des biens grevés d'un privilège spécial, d'un gage, d'un nantissement ou d'une hypothèque, le tribunal affecte à chacun de ces biens, pour la répartition du prix et l'exercice du droit de préférence, la quote-part du prix, déterminée au vu de l'inventaire et de la prisée des actifs et correspondant au rapport entre la valeur de ce bien et la valeur totale des actifs cédés ».

Ainsi, le tribunal devra, pour chaque actif cédé, fixer une quote-part du prix de cession. La répartition de ce prix est régie par les articles L. 626-22 et L. 626-23 du Code de commerce.

Les créances salariales privilégiées pourront donc être réglées lorsque le débiteur disposera du prix de cession après déduction des quotes-parts ou dans le cadre des répartitions effectuées après la réalisation des biens mobiliers ou immobiliers du débiteur présentées ci-dessus.

622.74 Répartition des actifs en liquidation judiciaire. Dans le cadre d'une procédure de liquidation judiciaire, il faut commencer par distinguer les biens grevés de sûretés, de ceux qui ne le sont pas.

Ensuite, il convient de s'attacher aux règles spéciales posées par les articles du Code de commerce pour déterminer le rang des créanciers. Ces règles doivent en effet être articulées avec les articles 2331 et 2377 du Code civil.

L'article L. 643-8 du Code de commerce définit désormais clairement l'ordre de paiement des créan-

1. C. trav., art. L. 3253-2 à L. 3253-4 ;
2. C. com., art. L. 624-21.
3. C. com., art. L. 611-11.

ciers du débiteur. Celui-ci est rédigé de la manière suivante :

« I – Sans préjudice du droit de propriété ou de rétention opposable à la procédure collective et des dispositions des articles L. 622-17 et L. 641-13, le montant de l'actif distribuable est réparti dans l'ordre suivant :

1° Les subsides prévus à l'article L. 631-11 restés impayés ;

2° Les créances garanties par le privilège établi aux articles L. 3253-2, L. 3253-4 et L. 7313-8 du code du travail ;

3° Les frais de justice nés régulièrement après le jugement d'ouverture pour les besoins du déroulement de la procédure restés impayés à l'échéance ;

4° Les créances garanties par le privilège prévu par l'article L. 624-21 ;

5° Les créances garanties par le privilège de conciliation établi par l'article L. 611-11 ;

6° Les créances garanties par des sûretés immobilières classées entre elles dans l'ordre prévu au Code civil ;

7° Les créances de salaires restées impayées à l'échéance dont le montant n'a pas été avancé en application des articles L. 3253-6, L. 3253-8 à L. 3253-12 du code du travail, dans les conditions prévues à l'article L. 641-13 ;

8° Les créances garanties par le privilège établi au 2° du III de l'article L. 622-17 restées impayées à l'échéance et par le privilège établi à l'article L. 626-10 ;

9° Les créances résultant de l'exécution des contrats mentionnées au 3° du III de l'article L. 622-17 restées impayées à l'échéance ;

10° Les sommes dont le montant a été avancé en application du 5° de l'article L. 3253-8 du code du travail, dans les conditions prévues à l'article L. 641-13 ;

11° Les autres créances non soumises à l'interdiction énoncée au premier alinéa de l'article L. 622-7, restées impayées, selon leur rang ;

12° Les créances garanties par le privilège du Trésor établi à l'article 1920 du code général des impôts, à l'exception des créances de toutes natures en matière de contributions indirectes et de celles mentionnées à l'article 379 du code des douanes ;[1]

13° Les créances garanties par un nantissement, par le privilège du bailleur prévu à l'article 2332 du Code civil dans la limite de six mois de loyers et celles garanties par le privilège prévu aux articles L. 141-5 et suivants ;

14° Les créances de toutes natures en matière de contributions indirectes et celles mentionnées à l'article 379 du code des douanes ;

15° Les créances chirographaires, en proportion de leur montant.

Le tout sans préjudice des autres droits de préférence.

II – La part correspondant aux créances sur l'admission desquelles il n'aurait pas été statué définitivement et, notamment, les rémunérations des dirigeants sociaux tant qu'il n'aura pas été statué sur leur cas, ainsi que celle correspondant aux frais de justice prévisibles, est mise en réserve. »

Il ressort de ce texte que les créances privilégiées seront différemment réglées dans le cadre de la répartition des actifs mobiliers et immobiliers, leur rang étant plus favorable dans cette seconde hypothèse car primant notamment le créancier hypothécaire.

Il convient de préciser que ce classement ne tient ni compte de l'efficacité du droit de rétention[2], ni d'une attribution judiciaire autorisée par le juge-commissaire à un créancier gagiste avant la réalisation du bien sur lequel porte le gage[3].

SECTION 3
MODALITÉS DE PAIEMENT DES CRÉANCES CHIROGRAPHAIRES

§ 1
Interdiction de régler des créances salariales antérieures chirographaires

622.81 Répartition des actifs en liquidation judiciaire. De même que pour les créances superprivilégiées et privilégiées, les créances antérieures chirographaires sont soumises à la discipline collective et donc à la règle de l'interdiction des paiements.

§ 2
Soumission des salariés aux délais du plan pour les créances chirographaires

622.91 Possibilité de soumettre les créances salariales chirographaires aux délais du plan. S'agissant des créances salariales chirographaires, aucune dérogation n'est prévue par les textes. Les créances salariales non énumérées par l'article L. 626-20, I, du Code de commerce, c'est-à-dire celles qui ne sont garanties ni par le superprivilège, ni par le privilège général des salaires, sont traitées comme des créances classiques. En conséquence, il faut en déduire que

1. C. com., art. L. 642-20-1.

2. Sur l'efficacité du droit de rétention en procédure collective, v. ss nos 742.21 s.

3. Sur l'attribution judiciaire autorisée à un créancier gagiste, v. ss no 742.106.

l'ensemble des dispositions relatives au plan d'apurement du passif leur sont applicables [1].

Les salariés peuvent être consultés comme tout autre créancier conformément aux dispositions de l'article L. 626-5 du Code de commerce. Pourront leur être proposé des délais de paiement, des remises de dettes ou même des conversions de dette en capital.

Si le plan a déjà été arrêté sans que les salariés n'aient pu être consultés, des délais uniformes de paiement seront imposés par le tribunal [2]. Le législateur a donc prévu un règlement différent des créances salariales en fonction du privilège qui leur est attaché.

Cependant, si le plan est adopté avec des classes de parties affectées, puisque les salariés ne peuvent être des parties affectées par le plan, il est exclu de les consulter sur des délais ou des remises. Ce sera toujours le cas dans les sauvegardes accélérées.

§ 3
Classement des créances chirographaires avec les autres créanciers

622.101 **Absence de priorité de paiement.** Les créances chirographaires n'ont par définition pas de privilège et sont réglées après l'intégralité des créanciers disposant d'un tel privilège. Ainsi, l'article L. 625-8 du Code de commerce dispose que ces créanciers sont réglés en dernier.

Le fait que les créances chirographaires soient de nature salariales ne donne aucune priorité de paiement. Les chances de paiement de ces créances seront minces surtout en présence d'une liquidation judiciaire. Ici encore, l'intervention de l'AGS, sous réserve de l'application des plafonds de garantie, permet aux salariés d'avoir une sécurité de paiement qu'ils n'ont pas dans le cadre des répartitions. Le risque d'absence de paiement et de remboursement est donc supporté par l'externalisation du risque auprès de l'AGS.

1. F. Pérochon, avec le concours de M. Laroche, F. Reille, Th. Favario, A. Donnette, *Entreprises en difficulté*, 11e éd., « Manuel », Lgdj-Lextenso, 2022, no 1701.
2. C. com., art. L. 626-18.

TITRE

63. Sort des créances salariales postérieures

SECTION 0 ORIENTEUR

63.00 **Sommaire du titre.**

Chap. 631	Catégories de créances salariales postérieures
Sect. 1	Créances salariales éligibles au traitement préférentiel
Sect. 2	Créances salariales nées postérieurement à l'adoption d'un plan de sauvegarde ou de redressement judiciaire
Chap. 632	Paiement des créances salariales postérieures
Sect. 1	Modalités de paiement des créances salariales éligibles au traitement préférentiel
Sect. 2	Modalités de paiement des créances salariales nées postérieurement à l'adoption d'un plan de sauvegarde ou de redressement judiciaire

CHAPITRE

631. Catégories de créances salariales postérieures

SECTION 0 ORIENTEUR

631.00 **Sommaire du chapitre.**

Sect. 1 Créances salariales éligibles au traitement préférentiel 631.11 à 631.41

§ 1 Présentation du privilège de procédure 631.11 à 631.13

§ 2 Éligibilité des créances salariales au privilège de procédure 631.21 à 631.25

§ 3 Conséquences de l'absence d'éligibilité au traitement préférentiel 631.31

§ 4 Articulation des différents privilèges attribués aux créances salariales 631.41

Sect. 2 Créances salariales nées postérieurement à l'adoption d'un plan de sauvegarde ou de redressement judiciaire 631.51

631.01 **Textes applicables.**

• **C. com.**

art. L. 622-7 [Principe de l'interdiction du paiement des créances antérieures]

art. L. 622-8 [Autorisation du paiement de certaines créances antérieures par le juge-commissaire]

art. L. 622-17 [Créances postérieures éligibles au traitement préférentiel en sauvegarde]

art. L. 625-7 [Privilèges des créances salariales]

art. L. 625-8 [Paiement des créances superprivilégiées]

art. L. 625-9 [Garanties de paiement des créances salariales]

art. L. 626-5 [Proposition de délais et remises pour l'élaboration du plan de sauvegarde]

art. L. 626-20 [Absence de soumission des salariés aux délais et remises du plan pour les créances privilégiées]

art. L. 626-22 [Répartition du prix vente d'un bien grevé d'une sûreté spéciale en période d'observation]

art. L. 626-23 [Répartition du prix de vente d'un bien grevé d'une sûreté spéciale en cas de cession partielle d'actifs]

art. L. 622-24 [Déclaration des créances antérieures]

art. L. 631-14 [Application des dispositions de la sauvegarde au redressement judiciaire]

art. L. 631-18 [Application des dispositions de la sauvegarde au redressement judiciaire]

art. L. 641-13 [Créances postérieures éligibles au traitement préférentiel en liquidation judiciaire]

art. L. 641-14, al. 1 [Application des dispositions de la sauvegarde à la liquidation judiciaire]

art. L. 642-12 [Répartition du prix vente d'un bien grevé d'une sûreté spéciale en liquidation judiciaire]

art. L. 643-8 [Classement des créanciers en liquidation judiciaire]

• **C. trav.**

art. L. 3253-2 [Superprivilège des salaires]

art. L. 3253-3 [Superprivilège des salaires]

art. L. 3253-4 [Superprivilège des salaires]

art. L. 3253-5 [Superprivilège des salaires – façonniers]

art. L. 7313-8 [Superprivilège des salaires – voyageurs, représentants ou placiers]

• **C. civ.**

art. 2331, 3° [Privilège des salaires sur les biens meubles]

art. 2332-1 [Primauté des privilèges spéciaux sur les généraux]

art. 2377, 2° [Privilège des salaires sur les biens immobiliers]

art. 2378 [Primauté des privilèges généraux sur le droit de préférence attaché au gage immobilier et à l'hypothèque]

631.02 **Jurisprudence de référence.**

> Éligibilité des indemnités de rupture du contrat de travail au traitement préférentiel

• **Soc. 16 juin 2010,** n° 08-19.351, P V, n° 140 ; n° 1272 F-P+B

* V. s^s^ n° 631.23

« La Cour d'appel, qui a retenu que le licenciement de M. X... avait été prononcé par le liquidateur conformément à ses obligations dans le cadre de la procédure collective en cours, en a exactement déduit que les créances indemnitaires résultant de la rupture du contrat de travail étaient nées régulièrement après le jugement prononçant la liquidation judiciaire pour les besoins du déroulement de cette procédure, et qu'en conséquence, elles relevaient de l'article L. 641-13-I du Code de commerce, peu important que l'activité ait cessé immédiatement. »

631.03 Bibliographie indicative.

> **Encyclopédies.** *J.-Cl. Procédures collectives*, fasc. 2450 : Sauvegarde, redressement et liquidation judiciaires – Privilèges des salariés et garanties de paiement, par A. Jacquemont, mis à jour par D. Jacotot, 2018.

> **Articles.** A. Boyer, « Un droit social contre-productif dans les entreprises en difficulté », *Gaz. Pal.* 16 et 17 avr. 2010, n°s 106, 107, p. 8 – C. Calomili, « L'efficacité du super privilège des salaires », *Colloque Sûretés réelles et droit des entreprises en difficulté*, Nice, 20 mars 2010, *LPA* 11 févr. 2011, n° 30, p. 20 – L. Fin-Langer, « Les risques subis par les salariés », *Rev. proc. coll.* 2010, § 10, p. 93 – P.-M. Le Corre, « Le créancier nanti sur comptes-titres bénéficiaire d'un paiement provisionnel confronté au super privilège des salaires », *Gaz. proc. coll.* 2009, 1re partie, nos 303, 304, p. 27 ; « Cotisations sociales de retraite dues par un professionnel libéral et super privilège des salaires », *LPA* 13 mars 2012, n° 52, p. 3 ; « La règle du paiement à l'échéance des créanciers postérieurs méritants et l'obligation de payer le super privilège des salaires sur les premières rentrées de fonds », *Rev. proc. coll.* 2012, Dossier 10, p. 72 – B. Soinne, « À propos de la notion de fonds disponibles », *Rev. proc. coll.* 2001, p. 159 – B. Veyssière, « Les plans et la situation financière des salariés », *Rev. proc. coll.* 2015, dossier 45, p. 87 – F. Aknin, « Le droit social appliqué aux procédures collectives », *JCP S* 2023, n° 42, 1272.

631.04 Question essentielle.

> Les créances salariales sont-elles des créances postérieures méritantes ?

* V. ss nos 631.22 s.

SECTION 1
CRÉANCES SALARIALES ÉLIGIBLES AU TRAITEMENT PRÉFÉRENTIEL

§ 1
Présentation du privilège de procédure

631.11 Consécration légale d'un régime de faveur pour les créanciers postérieurs. Dès 1967, les créanciers postérieurs à l'ouverture du règlement judiciaire ou de la liquidation des biens bénéficiaient d'une priorité de paiement sur les créanciers chirographaires antérieurs. Avec la loi du 25 janvier 1985 et la création de l'article 40, le législateur a renforcé les droits des créanciers qui acceptaient de poursuivre des relations partenariales avec un débiteur placé en procédure collective. Ainsi, tous les créanciers dont la créance était née régulièrement après le jugement d'ouverture pouvaient prétendre à la règle du paiement « à l'échéance ». À défaut d'un tel paiement, ces créances étaient payées par priorité à toutes les autres, assorties ou non de privilèges ou de sûretés.

Le choix de sacrifier les créanciers antérieurs a été fait pour que l'entreprise en difficulté puisse avoir une chance de se redresser, la poursuite de son activité et la confiance de ses partenaires étant cruciales. Cependant, cette priorité de paiement a eu un effet pervers : les établissements bancaires se sont montrés récalcitrants dans l'octroi de crédit, faute pour eux de posséder des sûretés efficaces lors de l'ouverture d'une procédure collective. La loi du 10 juin 1994, puis la loi de sauvegarde de 2005, ont tenté de rééquilibrer les intérêts en présence. Tout d'abord, en faisant primer certaines sûretés réelles en cas d'ouverture d'une liquidation judiciaire, ensuite, en limitant fortement le bénéfice du traitement préférentiel des créanciers postérieurs.

631.12 Instauration d'un privilège de procédure. La loi de sauvegarde des entreprises a transformé le droit de priorité de paiement des créanciers postérieurs en un véritable privilège. Ce changement de terminologie aura un intérêt lorsque le plan de sauvegarde ou de redressement sera résolu puisque les créanciers conserveront leur privilège dans la seconde procédure ouverte. Le privilège de procédure est donc un privilège cadre[1] dans lequel s'inscrit un privilège spécifique, celui des créanciers postérieurs méritants non-payés à l'échéance.

631.13 Critères d'éligibilité des créances au traitement préférentiel. En droit positif, pour bénéficier des dispositions des articles L. 622-17, L. 631-14 et L. 641-13 du Code de commerce, il faut s'attacher aux trois critères cumulatifs suivants :

1) Le caractère postérieur de la créance : la créance doit être née postérieurement à l'ouverture de la procédure collective. Il convient de se référer à son fait générateur[2].

2) Le caractère régulier de la créance : la créance doit être née « conformément aux règles gouvernant les pouvoirs du débiteur ou de l'administrateur, et le cas échéant du juge-commissaire »[3]. À titre d'exemple, une créance née de la rupture d'un contrat de travail en période d'observation ne pourra naître régulièrement que si le licenciement a été autorisé par le juge-commissaire et notifié par l'administrateur selon la mission qui lui a été confiée par le tribunal[4]. De même, la conclusion d'un contrat de travail pourra être considérée comme un acte étranger à la gestion courante, les créances en résultant étant alors inopposable à la procédure[5].

1. L.-C. Henry, « La notion de privilège de procédure dans la loi de sauvegarde », *Rev. proc. coll.* n° 2, avr. 2008, étude 15.
2. Sur la notion de fait générateur des créances salariales, v. ss nos 611.11 s.
3. F. Pérochon, avec le concours de M. Laroche, F. Reille, Th. Favario, A. Donnette, *Entreprises en difficulté*, 11e éd., « Manuel », LGDJ-Lextenso, 2022, n° 1303.
4. C. com., art. L. 631-17.
5. Soc. 29 mai 2013, n° 11-22.834, NP ; – Soc. 26 nov. 2015, n° 14-19.680, NP – En sens contraire : Soc. 21 sept. 2005, n° 03-41.598, P.

3) Le rattachement de la créance à un critère téléologique : la créance doit être « utile » à la procédure. Plus précisément, elle doit être née pour les besoins du déroulement de la procédure, de la période d'observation ou de la poursuite d'activité, ou encore en contrepartie d'une prestation fournie au débiteur pendant cette période.

§ 2
Éligibilité des créances salariales au privilège de procédure

631.21 Nature des créances éligibles au traitement préférentiel. Plusieurs catégories de créances salariales nées postérieurement à l'ouverture de la procédure bénéficient d'un droit de paiement prioritaire, qualifié de paiement « à l'échéance », et d'un privilège général sur les meubles et les immeubles du débiteur.

631.22 Salaires et cotisations sociales. Il n'y a aucune difficulté à considérer que les salaires et les cotisations sociales salariales [1] répondent aux trois critères susvisés. En effet, les contrats de travail sont maintenus de plein droit nonobstant l'ouverture de la procédure collective [2]. De ce fait, des créances de salaire postérieures vont naître de la poursuite du contrat de travail.

Concernant la régularité de la naissance de la créance, il convient de noter que le contrat de travail n'est pas soumis aux dispositions applicables à la continuation des contrats en cours. Dès lors, les créances nées postérieurement au jugement d'ouverture seront bien régulières, sauf si le contrat de travail est conclu ou rompu au mépris des règles relatives au dessaisissement du débiteur.

Enfin, il y a lieu de s'attacher aux critères téléologiques posés par le Code de commerce. C'est ici l'utilité de la créance qui doit ici être pris en considération. Sous l'empire de la loi du 25 janvier 1985, il avait été précisé que les salaires nés postérieurement au jugement d'ouverture constituaient une dette de procédure couverte par l'ancien article 40 de cette loi [3]. Cette solution est tout à fait logique car la rémunération est versée en contrepartie de la prestation de travail réalisée par le salarié et la poursuite de l'activité serait rendue impossible s'ils cessaient de travailler.

Les primes et gratifications doivent être distinguées des libéralités ne présentant aucun caractère obligatoire. Il a été jugé que la prime de 13e mois obligatoire en vertu d'un contrat d'entreprise bénéficiait des dispositions de l'article 40 de la loi du 25 janvier 1985 et n'était pas concernée par le plan de redressement [4]. Il conviendra donc d'apprécier la nature de la prime et ses modalités de versement pour déterminer son éligibilité au traitement préférentiel.

631.23 Indemnités de rupture. Tout licenciement opéré après le jugement d'ouverture entraîne l'apparition d'une dette de procédure [5]. Statuant à propos d'indemnités résultant de la rupture de contrats de travail, la Cour de cassation a affirmé que ces créances étaient éligibles au traitement préférentiel réservé aux créances postérieures [6]. En l'espèce, même s'il s'agissait d'une procédure de liquidation judiciaire sans poursuite d'activité, la Chambre sociale de la Cour de cassation a eu recours à la notion autonome (c'est-à-dire non enfermée dans un délai) des créances nées pour les besoins du déroulement de la procédure pour faire bénéficier ces créances du traitement préférentiel. Elle retient une conception large du critère téléologique des créances relatives au bon fonctionnement de la procédure. Ainsi, que l'on soit en liquidation judiciaire ou dans le cadre d'une restructuration sociale opérée en sauvegarde ou en redressement destinée au sauvetage de l'entreprise, les créances relatives à la rupture du contrat de travail sont inhérentes à la procédure collective. Il s'agira essentiellement des indemnités de licenciement, indemnités compensatrices de préavis ou encore compensatrice de congés payés.

L'indemnité compensatrice de la clause de non-concurrence résultant d'une rupture du contrat de travail née avant l'arrêté du plan par la juridiction a également bénéficié des dispositions de l'article 40 de la loi du 25 janvier 1985 [7].

La question reste en revanche non tranchée pour les indemnités de rupture d'un contrat de travail à l'initiative du salarié et non autorisée par le juge commissaire ou le tribunal (démission, prise d'acte de la rupture du contrat de travail par le salarié, résiliation judiciaire du contrat de travail...). En effet, il paraît difficile de considérer que ces créances sont nées pour les « besoins

1. Soc. 5 nov. 1992, n° 91-43.670, NP ; *Rev. proc. coll.* 1993-3, p. 404, n° 5, obs. C. Saint-Alary-Houin.
2. C. com., art. L. 622-13.
3. Rép. min. 23 juill. 1990, n° 31903 ; *Rev. huiss.* 1990, 1490 ; *JO* déb. Ass. Nat. 3 déc. 1990 ; – Soc. 7 févr. 1990, n°s 87-40.780 et 87-40.782, *Bull. civ.* V, n° 43 ; *D.* 1990. Som. 217 ; *Gaz. Pal.* 1990. I. pan. 109.
4. Com. 23 oct. 1991, n° 88-41.264, P ; *LPA* 12 mai 1993, p. 16, note F. Derrida.
5. Com. 27 avr. 1993, n° 91-12.815, NP.
6. Soc. 16 juin 2010, n° 08-19.351, P V, n° 140 ; n° 1272 F-P+B ; *D.* 2010. Actu. 1550, note A. Lienhard ; *D.* 2011. Pan. 2080, note P.-M. Le Corre ; *Gaz. Pal. entr. diff.* 15-16 oct. 2010, p. 27, note L.-C. Henry ; *Rev. proc. coll.* 2010/6, comm. 245, note G. Berthelot ; *BJE* mars-avr. 2011. 25, note F. Macorig-Vénier ; *RTD com.* 2011. 173, n° 5, obs. A. Martin-Serf ; *Rev. proc. coll.* 2012, comm. 47, note C. Saint-Alary Houin ; *LXB hebdo* 22 juill. 2010, n° 404, note E. Le Corre-Broly.
7. Soc. 23 sept. 1992 ; *Rev. proc. coll.* 1993-1, p. 70, n° 10, obs. C. Saint-Alary-Houin.

de la procédure »[1] alors qu'elles ne sont pas à l'initiative de l'employeur ou des organes représentatifs. L'exclusion du traitement préférentiel pourrait également se justifier par l'absence de garantie de cette catégorie d'indemnités de rupture du contrat de travail par l'AGS[2].

631.24 Contribution au contrat de sécurisation professionnelle. Le fait générateur de la contribution au contrat de sécurisation professionnelle (CSP) est situé au jour de la rupture du contrat de travail. Cette créance peut être considérée comme régulière à partir du moment où l'employeur est tenu de proposer aux salariés le bénéfice du CSP à chaque salarié dont il envisage de prononcer le licenciement pour motif économique[3]. Ce dernier ne fait que respecter ses obligations légales.

L'adhésion au CSP emporte rupture du contrat de travail. Cette rupture ne comporte ni préavis, ni indemnité compensatrice de préavis puisque l'employeur contribue au financement de ce dispositif par le versement de l'équivalent de l'indemnité compensatrice de préavis à France Travail dans la limite de trois mois de salaire[4]. Par analogie à la solution retenue pour l'indemnité compensatrice de préavis, il convient de retenir que la contribution due au titre du contrat de sécurisation professionnelle est éligible au traitement préférentiel puisqu'elle est née pour les besoins de la procédure.

631.25 Mesures d'accompagnement dues en vertu d'un plan de sauvegarde. Lorsque l'entreprise comporte un effectif d'au moins cinquante salariés et qu'elle doit procéder au licenciement pour motif économique d'au moins dix salariés sur une période de trente jours, l'employeur doit élaborer un plan de sauvegarde de l'emploi contenant de telles mesures. Il s'agit d'une obligation légale[5]. Les mesures d'accompagnement mises en place dans le cadre d'un plan de sauvegarde de l'emploi naissent à la date de la décision de validation ou d'homologation dudit plan par la Direction régionale de l'économie, de l'emploi, du travail et des solidarités (Dreets). Dès lors que cette décision intervient postérieurement au jugement d'ouverture, les créances résultant de ces mesures sont nées régulièrement après le jugement d'ouverture de la procédure collective. Celles-ci sont destinées à favoriser le retour à l'emploi et non, à indemniser le salarié de son licenciement pour motif économique[6].

Conformément à la solution posée par la Cour de cassation pour les indemnités résultant de la rupture du contrat de travail[7], les mesures d'accompagnement peuvent être considérées comme des créances nées pour les besoins de la période d'observation si l'on est en redressement judiciaire car une restructuration sociale s'impose à l'employeur pour pouvoir assurer la poursuite de son activité. En liquidation judiciaire, ces créances seraient nées pour les besoins du déroulement de la procédure collective puisqu'elles sont consécutives à l'obligation de licencier qui pèse sur le liquidateur judiciaire. Il en résulte que ces mesures devraient pouvoir bénéficier du privilège de procédure posé par les articles L. 622-17, L. 631-14 et L. 641-13 du Code de commerce.

§ 3
Conséquences de l'absence d'éligibilité au traitement préférentiel

631.31 Traitement fictif des créances non méritantes en créances antérieures. Les créances salariales qui ne remplissent pas un des critères téléologiques susvisés ne peuvent bénéficier du traitement préférentiel. Elles seront traitées comme des créances nées antérieurement à l'ouverture de la procédure. Ainsi, elles bénéficient d'une dispense de déclaration de créance[8], le mandataire judiciaire devant toutefois en effectuer la vérification en vue de leur inscription au passif[9].

§ 4
Articulation des différents privilèges attribués aux créances salariales

631.41 Identification du privilège applicable aux créances salariales. Une même créance salariale peut

1. F. Pérochon, avec le concours de M. Laroche, F. Reille, Th. Favario, A. Donnette, *Entreprises en difficulté*, 11e éd., « Manuel », LGDJ-Lextenso, 2022, no 1336 : « Quant aux indemnités dues en cas de rupture du contrat de travail après le jugement d'ouverture, elles bénéficient du privilège dès lors que la rupture du contrat a été décidée dans le cadre de la procédure et pour les besoins de celle-ci ».
2. Sur l'absence de garantie de ces indemnités de rupture du contrat de travail par l'AGS, v. ss no 723.42.
3. C. trav., art. L. 1233-66.
4. C. trav., art. L. 1233-67 et L. 1233-69.
5. C. trav., art. L. 1233-61.
6. Les mesures d'accompagnement « s'entendent de toutes mesures d'un licenciement collectif pour motif économique concourant à accompagner le retour à l'emploi et donc la réinsertion sur le marché du travail des salariés licenciés pour motif économique en exécution d'un plan de sauvegarde de l'emploi ». V. Instruction DGEFP/DGT, no 2013/13, du 19 juillet 2013 relative à la mise en œuvre de la procédure de licenciement économique collectif.
7. Soc. 16 juin 2010, no 08-19.351, P V, no 140 ; no 1272 F-P+B ; *D.* 2010. Actu. 1550, note A. Lienhard ; *D.* 2011. Pan. 2080, note P.-M. Le Corre ; *Gaz. Pal. entr. diff.* 15-16 oct. 2010, p. 27, note L.-C. Henry ; *Rev. proc. coll.* 2010/6, comm. 245, note G. Berthelot ; *BJE* mars-avr. 2011. 25, note F. Macorig-Vénier ; *RTD com.* 2011. 173, no 5, obs. A. Martin-Serf ; *Rev. proc. coll.* 2012, comm. 47, note C. Saint-Alary Houin ; *LXB hebdo* 22 juill. 2010, no 404, note E. Le Corre-Broly.
8. C. com. L. 622-24.
9. C. com. L. 625-1.

être assortie de plusieurs privilèges. Les privilèges sont alternatifs et non cumulatifs. Ainsi, les salaires peuvent être superprivilégiés, privilégiés ou être éligibles au traitement préférentiel. Dans cette hypothèse, il conviendra, tout d'abord, d'apprécier si le fait générateur de la créance de salaire est antérieur ou postérieur au jugement d'ouverture. Ensuite, si le salaire est né antérieurement au jugement d'ouverture, il conviendra d'appliquer les plafonds spécifiques applicables à chaque privilège (soixante derniers jours, six derniers mois) pour pouvoir déterminer le privilège applicable. Au contraire, si la rémunération est postérieure au jugement d'ouverture, elle pourra être considérée comme une créance postérieure méritante. De cette analyse découlera des règles de paiement distinctes et à mettre en perspective avec le règlement des autres créanciers.

SECTION 2
CRÉANCES SALARIALES NÉES POSTÉRIEUREMENT À L'ADOPTION D'UN PLAN DE SAUVEGARDE OU DE REDRESSEMENT JUDICIAIRE

631.51 **Paiement immédiat des créanciers non soumis aux délais du plan.** L'éligibilité au traitement préférentiel ne peut être retenue pour les créances relatives aux indemnités de rupture nées dans le mois suivant l'arrêté d'un plan de sauvegarde ou de redressement puisque le débiteur, qui est redevenu *in bonis*, ne subit plus les contraintes générées par l'ouverture de la procédure collective. Il redevient maître de ses biens et ses créanciers ne sont pas soumis à la discipline collective. La Cour de cassation affirme ainsi que les créances nées après l'arrêté du plan de redressement n'ont, par principe, plus la qualité de créances postérieures [1].

1. Com. 3 avr. 1990, n° 88-19.807, *Bull. civ.* V, n° 113 ; *D.* 1990. 385, note M. Jeantin ; *JCP E* 1990. II. 15829, n° 4, obs. M. Cabrillac et P. Pétel.

CHAPITRE

632. Paiement des créances salariales postérieures

SECTION 0
ORIENTEUR

632.00 **Sommaire du chapitre.**

Sect. 1 Modalités de paiement des créances salariales éligibles au traitement préférentiel 632.11 à 632.31

§ 1 Paiement à l'échéance 632.11 à 632.12

§ 2 Paiement par privilège 632.21 à 632.23

§ 3 Paiement des créances postérieures non éligibles au traitement préférentiel 632.31

Sect. 2 Modalités de paiement des créances salariales nées postérieurement à l'adoption d'un plan de sauvegarde ou de redressement judiciaire 632.41

632.01 **Textes applicables.**

• **C. com.**

art. L. 622-7 [Principe de l'interdiction du paiement des créances antérieures]

art. L. 622-8 [Autorisation du paiement de certaines créances antérieures par le juge-commissaire]

art. L. 622-17 [Créances postérieures éligibles au traitement préférentiel en sauvegarde]

art. L. 625-7 [Privilèges des créances salariales]

art. L. 625-8 [Paiement des créances superprivilégiées]

art. L. 625-9 [Garanties de paiement des créances salariales]

art. L. 626-5 [Proposition de délais et remises pour l'élaboration du plan de sauvegarde]

art. L. 626-20 [Absence de soumission des salariés aux délais et remises du plan pour les créances privilégiées]

art. L. 626-22 [Répartition du prix vente d'un bien grevé d'une sûreté spéciale en période d'observation]

art. L. 626-23 [Répartition du prix de vente d'un bien grevé d'une sûreté spéciale en cas de cession partielle d'actifs]

art. L. 622-24 [Déclaration des créances antérieures]

art. L. 631-14 [Application des dispositions de la sauvegarde au redressement judiciaire]

art. L. 631-18 [Application des dispositions de la sauvegarde au redressement judiciaire]

art. L. 641-13 [Créances postérieures éligibles au traitement préférentiel en liquidation judiciaire]

art. L. 641-14, al. 1 [Application des dispositions de la sauvegarde à la liquidation judiciaire]

art. L. 642-12 [Répartition du prix vente d'un bien grevé d'une sûreté spéciale en liquidation judiciaire]

art. L. 643-8 [Classement des créanciers en liquidation judiciaire]

• **C. trav.**

art. L. 3253-2 [Superprivilège des salaires]

art. L. 3253-3 [Superprivilège des salaires]

art. L. 3253-4 [Superprivilège des salaires]

art. L. 3253-5 [Superprivilège des salaires – façonniers]

art. L. 7313-8 [Superprivilège des salaires – voyageurs, représentants ou placiers]

• **C. civ.**

art. 2331, 3° [Privilège des salaires sur les biens meubles]

art. 2332-1 [Primauté des privilèges spéciaux sur les généraux]

art. 2377, 2° [Privilège des salaires sur les biens immobiliers]

art. 2378 [Primauté des privilèges généraux sur le droit de préférence attaché au gage immobilier et à l'hypothèque]

632.02 **Jurisprudence de référence.**

> Domaine temporel du privilège de procédure

• **Com. 3 avr. 1990,** n° 88-19.807, *Bull. civ.* V, n° 113

* V. s^{s} n° 632.41

Les créances nées après le jugement arrêtant le plan de continuation de l'entreprise ne peuvent bénéficier des dispositions de l'article 40 de la loi du 15 janvier 1985.

632.03 **Bibliographie indicative.**

> Encyclopédies. *J.-Cl. Procédures collectives*, fasc. 2450 : Sauvegarde, redressement et liquidation judiciaires – Privilèges des salariés et garanties de paiement, par A. Jacquemont, mis à jour par D. Jacotot, 2018.

> Articles. A. Boyer, « Un droit social contre-productif dans les entreprises en difficulté », *Gaz. Pal.* 16 et 17 avr. 2010, n°s 106, 107, p. 8 – C. Calomili, « L'efficacité du super privilège des salaires », *Colloque Sûretés réelles et droit des entreprises en difficulté*, Nice, 20 mars 2010, *LPA* 11 févr. 2011, n° 30, p. 20 – L. Fin-Langer, « Les risques subis par les salariés », *Rev. proc. coll.* 2010, § 10, p. 93 – P.-M. Le Corre, « Le créancier nanti sur comptes-titres bénéficiaire d'un paiement provisionnel confronté au super privilège des salaires », *Gaz. proc. coll.* 2009, 1re partie, n°s 303, 304, p. 27 ; « Cotisations sociales de retraite dues par un professionnel libéral et super privilège des salaires », *LPA* 13 mars 2012, n° 52, p. 3 ; « La règle du paiement à l'échéance des créanciers postérieurs méritants et l'obligation de payer le super privilège des salaires sur les premières rentrées de fonds », *Rev. proc. coll.* 2012, Dossier 10, p. 72 – B. Soinne, « À propos de la notion de fonds disponibles », *Rev. proc. coll.* 2001, p. 159 – B. Veyssière, « Les plans et la situation financière des salariés », *Rev. proc. coll.* 2015, dossier 45, p. 87 – F. Aknin, « Le droit social appliqué aux procédures collectives », *JCP S* 2023, n° 42, 1272.

632.04 Question essentielle.

> Quel est le classement des créanciers postérieurs en cas de prononcé d'une liquidation judiciaire ?

* V. s^{s} n° 632.23

SECTION 1
MODALITÉS DE PAIEMENT DES CRÉANCES SALARIALES ÉLIGIBLES AU TRAITEMENT PRÉFÉRENTIEL

§ 1
Paiement à l'échéance

632.11 Fondement légal. Le traitement des créances postérieures est régi par les articles L. 622-17, L. 631-14 et L. 641-13 du Code de commerce. En présence d'une procédure de sauvegarde ou de redressement judiciaire, les créances postérieures « nées régulièrement après le jugement d'ouverture pour les besoins du déroulement de la procédure ou de la période d'observation, ou en contrepartie d'une prestation fournie au débiteur pendant cette période, sont payées à leur échéance ».

Dans le cadre d'une procédure de liquidation judiciaire « sont payées à leur échéance les créances nées régulièrement après le jugement qui ouvre ou prononce la liquidation judiciaire :

– si elles sont nées pour les besoins du déroulement de la procédure ou du maintien provisoire de l'activité autorisé en application de l'article L. 641-10 ;

– si elles sont nées en contrepartie d'une prestation fournie au débiteur pendant le maintien de l'activité ou en exécution d'un contrat en cours régulièrement décidée après le jugement d'ouverture de la procédure de sauvegarde ou de redressement judiciaire, s'il y a lieu, et après le jugement d'ouverture de la procédure de liquidation judiciaire ;

– ou si elles sont nées des besoins de la vie courante du débiteur, personne physique ».

Ces articles permettent aux créanciers postérieurs méritants d'échapper à la discipline collective imposée aux créanciers antérieurs. Il en résulte que ces créances ne seront pas soumises aux règles relatives à l'interdiction des paiements.

Les créances salariales répondant, aux critères téléologiques susvisés, peuvent ainsi prétendre à un paiement immédiat.

632.12 Conséquences de la règle du paiement à l'échéance. Le droit au paiement à l'échéance emporte plusieurs conséquences : Tout d'abord, le créancier doit être réglé immédiatement lorsque sa créance est échue. Ensuite, les créanciers postérieurs peuvent exercer des poursuites individuelles pour obtenir un titre exécutoire. Ils peuvent d'ailleurs être réglés nonobstant l'existence de créances superprivilégiées en cas d'exécution forcée.

À défaut de pouvoir régler les créanciers postérieurs méritants, la procédure de sauvegarde ou de redressement judiciaire doit être convertie en liquidation judiciaire.

Enfin, le paiement à l'échéance ne signifie pas une absence de concours des créanciers postérieurs méritants avec les autres créanciers du débiteur. En effet, les organes de la procédure collective ne peuvent disposer librement des fonds. Ils doivent s'assurer que les fonds utilisés pour le règlement des créanciers postérieurs sont disponibles. Autrement dit, ces fonds ne doivent pas être affectés au règlement d'un autre créancier titulaire d'un droit exclusif de paiement. Par exemple, le paiement du créancier rétenteur interviendra sans tenir compte de la supériorité de certains privilèges dans la procédure collective, tels que le superprivilège des salaires ou celui des créances postérieures éligibles au traitement préférentiel. Les créances salariales postérieures méritantes succomberont donc face au paiement d'un tel créancier.

§ 2
Paiement par privilège

632.21 Fondement légal. À défaut de pouvoir être réglées à l'échéance, les articles L. 622-17, L. 631-14 et L. 641-13 du Code de commerce prévoient un règlement des créances postérieurs méritants par privilège. Ce privilège dit « privilège de la procédure » est général et s'exerce sur l'ensemble des biens mobiliers et immobiliers du débiteur.

Deux classements doivent être distingués pour l'exercice de ce privilège : le classement interne qui classe les créanciers postérieurs entre eux, en ce compris les créances salariales, et le classement externe qui classe les créanciers postérieurs avec les autres créanciers du débiteur (créanciers antérieurs ou postérieurs non utiles et traités fictivement comme antérieurs).

632.22 Classement interne des créanciers postérieurs méritants. En procédure de sauvegarde et de redressement, l'article L. 622-17, III, du Code de commerce indique que les créanciers doivent être réglés dans l'ordre suivant :

« 1° Les créances de salaires dont le montant n'a pas été avancé en application des articles L. 3253-6, L. 3253-8 à L. 3253-12 du code du travail ;

2° Les créances résultant d'un nouvel apport de trésorerie consenti en vue d'assurer la poursuite de l'activité pour la durée de la procédure ;

3° Les créances résultant de l'exécution des contrats poursuivis conformément aux dispositions de l'article L. 622-13 et dont le cocontractant accepte de recevoir un paiement différé ;

4° Les autres créances, selon leur rang. »

Les créances salariales postérieures méritantes seront donc réglées en premières et prioritairement aux autres créances postérieures. L'objectif de cette disposition est de permettre au salarié qui n'a pu bénéficier de la garantie de l'AGS d'obtenir un rang favorable pour être désintéressé de sa créance. Par exemple, il pourra s'agir des salaires dus en période d'observation d'un redressement judiciaire, créances non garanties par l'AGS à défaut de conversion de la procédure en liquidation judiciaire.

En liquidation judiciaire, l'article L. 641-13 du Code de commerce opère un renvoi à l'article L. 643-8, article régissant le classement externe étudié ci-après.

632.23 Classement externe des créanciers postérieurs méritants. Ici encore il convient de distinguer les procédures de sauvegarde et redressement judiciaires, de la procédure de liquidation. Les créances salariales postérieures sont classées à des rangs distincts.

En procédure de sauvegarde et de redressement judiciaires, selon les articles L. 622-17 et L. 631-14 du Code de commerce, le classement sera le suivant :

- le superprivilège des salaires ;
- le privilège des producteurs agricoles, le cas échéant, si l'on admet que ce privilège a une portée absolument générale ;
- les frais de justice nés régulièrement après le jugement d'ouverture pour les besoins du déroulement de la procédure ;
- le privilège de conciliation ;
- les créances postérieures méritantes visées à l'article L. 622-17, III, payés par privilège selon leur rang.

Il ressort de ce classement que les créances salariales postérieures privilégiées seront réglées en cinquième position si leur paiement n'intervient pas à l'échéance.

En procédure de liquidation judiciaire, l'article L. 643-8 du Code de commerce précise que le classement des créanciers se fera dans l'ordre suivant :

« I. – Sans préjudice du droit de propriété ou de rétention opposable à la procédure collective et des dispositions des articles L. 622-17 et L. 641-13, le montant de l'actif distribuable est réparti dans l'ordre suivant :

1° Les subsides prévus à l'article L. 631-11 restés impayés ;

2° Les créances garanties par le privilège établi aux articles L. 3253-2, L. 3253-4 et L. 7313-8 du code du travail ;

3° Les frais de justice nés régulièrement après le jugement d'ouverture pour les besoins du déroulement de la procédure restés impayés à l'échéance ;

4° Les créances garanties par le privilège prévu par l'article L. 624-21 ;

5° Les créances garanties par le privilège de conciliation établi par l'article L. 611-11 ;

6° Les créances garanties par des sûretés immobilières classées entre elles dans l'ordre prévu au Code civil ;

7° Les créances de salaires restées impayées à l'échéance dont le montant n'a pas été avancé en application des articles L. 3253-6, L. 3253-8 à L. 3253-12 du code du travail, dans les conditions prévues à l'article L. 641-13 ;

8° Les créances garanties par le privilège établi au 2° du III de l'article L. 622-17 restées impayées à l'échéance et par le privilège établi à l'article L. 626-10 ;

9° Les créances résultant de l'exécution des contrats mentionnées au 3° du III de l'article L. 622-17 restées impayées à l'échéance ;

10° Les sommes dont le montant a été avancé en application du 5° de l'article L. 3253-8 du code du travail, dans les conditions prévues à l'article L. 641-13 ;

11° Les autres créances non soumises à l'interdiction énoncée au premier alinéa de l'article L. 622-7, restées impayées, selon leur rang ;

12° Les créances garanties par le privilège du Trésor établi à l'article 1920 du code général des impôts, à l'exception des créances de toutes natures en matière de contributions indirectes et de celles mentionnées à l'article 379 du code des douanes ;

13° Les créances garanties par un nantissement, par le privilège du bailleur prévu à l'article 2332 du Code civil dans la limite de six mois de loyers et celles garanties par le privilège prévu aux articles L. 141-5 et suivants ;

14° Les créances de toutes natures en matière de contributions indirectes et celles mentionnées à l'article 379 du code des douanes ;

15° Les créances chirographaires, en proportion de leur montant.

Le tout sans préjudice des autres droits de préférence.

II – La part correspondant aux créances sur l'admission desquelles il n'aurait pas été statué définitivement et, notamment, les rémunérations des dirigeants sociaux tant qu'il n'aura pas été statué sur leur cas, ainsi que celle correspondant aux frais de justice prévisibles, est mise en réserve. »

En liquidation judiciaire, les créances salariales postérieures payées par privilège seront réglées en septième position. Elles seront notamment primées par les créances garanties par les sûretés immobilières, qu'elles soient spéciales ou générales. Ainsi, cela risque de compromettre leur règlement.

Il ressort également de ce classement que le privilège général des salaires s'exerçant sur un bien immobilier devra être réglé avant le paiement des créances salariales postérieures bénéficiant du privilège de procédure. Il a pu être relevé qu'il est « curieux, pour un créancier, que l'octroi d'un second privilège – celui de la procédure collective – se fasse au détriment de celui dont il dispose lorsque son débiteur est *in bonis* »[1].

Les autres créances salariales visées au 10e rang du classement ne concerneront donc pas les modalités de paiement du salarié, mais seront relatives au remboursement des avances de l'AGS[2].

§ 3
Paiement des créances postérieures non éligibles au traitement préférentiel

632.31 Application des règles applicables aux créances antérieures aux créances postérieures non méritantes. Les créances qui ne remplissent pas un des critères téléologiques visés aux articles L. 622-7, L. 631-14 et L. 641-13 du Code de commerce ne peuvent bénéficier du traitement préférentiel. Elles seront traitées comme des créances nées antérieurement à l'ouverture de la procédure. Ainsi, elles suivront les modalités de paiement attachées aux créances antérieures.

SECTION 2
MODALITÉS DE PAIEMENT DES CRÉANCES SALARIALES NÉES POSTÉRIEUREMENT À L'ADOPTION D'UN PLAN DE SAUVEGARDE OU DE REDRESSEMENT JUDICIAIRE

632.41 Paiement immédiat des créances nées postérieurement au plan. Les créances nées après l'arrêté du plan de redressement n'ont, par principe, plus la qualité de créances postérieures[3]. Les modalités de recouvrement de ces créances sont donc régies par le droit commun et leur paiement est exigible immédiatement par les salariés. Par conséquent, en dépit de l'exclusion du bénéfice du privilège de procédure, la possibilité d'un paiement direct par l'employeur subsiste.

En pratique, l'AGS sera sollicitée pour prendre en charge les indemnités de rupture des contrats de travail résultant de l'adoption d'un plan de sauvegarde ou de redressement judiciaire[4].

1. Caen, 1re ch. civ., 7 avr. 2015, RG n° 13/00063, *Act. proc. coll.*, n° 9, mai 2015, al. 142, note P. Cagnoli.
2. Sur le remboursement des avances de l'AGS, v. ss nos 742.11 s.
3. Com. 3 avr. 1990, n° 88-19.807, *Bull. civ.* V, n° 113 ; *D.* 1990. 385, note M. Jeantin ; *JCP E* 1990. II. 15829, n° 4, obs. M. Cabrillac et P. Pétel.
4. C. trav., art. L. 3253-8.

LIVRE

7. GARANTIE DES CRÉANCES SALARIALES – AGS

LÉA VECCHIONI-BEN CHEIKH
DOCTEUR EN DROIT PRIVÉ

SECTION 0

ORIENTEUR

7.00 **Sommaire du livre.**

Titre 71 Présentation générale de l'AGS
Chap. 711 Missions de l'AGS
Chap. 712 Employeurs concernés par l'AGS
Chap. 713 Bénéficiaires de la garantie AGS
Chap. 714 Ouverture d'une procédure d'insolvabilité transnationale
Titre 72 Domaine de la garantie de l'AGS
Chap. 721 Intervention de l'AGS dans les procédures collectives
Chap. 722 Nature des créances couvertes par l'AGS
Chap. 723 Nature des créances exclues de la garantie de l'AGS
Titre 73 Modalités d'intervention de l'AGS
Chap. 731 Caractère subsidiaire des avances de l'AGS
Chap. 732 Refus par l'AGS d'intervenir en garantie
Chap. 733 Règlement des avances par l'AGS
Chap. 734 Plafonnement de la garantie des salaires
Titre 74 Remboursement des avances de l'AGS
Chap. 741 Nature des privilèges de l'AGS dans la procédure collective
Chap. 742 Mise en œuvre des privilèges de l'AGS dans la procédure collective

TITRE

71. Présentation générale de l'AGS

SECTION 0

ORIENTEUR

71.00 **Sommaire du titre.**

Chap. 711		**Missions de l'AGS**
Sect.	1	Historique et évolution de l'AGS
Sect.	2	Observations de l'AGS sur la désignation du mandataire et de l'administrateur judiciaire
Sect.	3	Désignation de droit de l'AGS en tant que contrôleur
Chap. 712		**Employeurs concernés par l'AGS**
Sect.	1	Assujettissement à la cotisation AGS
Sect.	2	Exclusion du versement de la cotisation AGS
Sect.	3	Application de la législation relative à l'AGS dans l'espace
Chap. 713		**Bénéficiaires de la garantie AGS**
Sect.	1	Titulaires d'un contrat de travail
Sect.	2	Contrats de travail spécifiques
Sect.	3	Statuts particuliers des salariés
Sect.	4	Ayants droit du salarié
Sect.	5	Absence de qualité de salarié
Chap. 714		**Ouverture d'une procédure d'insolvabilité transnationale**
Sect.	1	Législations applicables aux créances salariales en droit communautaire
Sect.	2	Législation applicable à la désignation de l'institution de garantie compétente en droit communautaire
Sect.	3	Désignation de l'AGS comme institution de garantie compétente en droit communautaire
Sect.	4	Ouverture d'une procédure d'insolvabilité transnationale en dehors de l'Union européenne

CHAPITRE

711. Missions de l'AGS

SECTION 0 ORIENTEUR

711.00 Sommaire du chapitre.

Sect. 1 Historique et évolution de l'AGS 711.11 à 711.15

Sect. 2 Observations de l'AGS sur la désignation du mandataire et de l'administrateur judiciaire 711.21 à 711.25

Sect. 3 Désignation de droit de l'AGS en tant que contrôleur 711.31 à 711.36

711.01 Textes applicables.

• **C. com.**

art. L. 621-4, al. 5 [Observations de l'AGS sur la désignation du mandataire et de l'administrateur judiciaire]

art. L. 621-10, al. 2 [Désignation de droit de l'AGS en tant que contrôleur]

art. L. 625-9 [Garanties de paiement des créances salariales]

art. L. 631-18, al. 1 [Application des dispositions légales au redressement judiciaire]

art. L. 641-1, II, al. 3 [Observations de l'AGS sur la désignation du liquidateur]

art. L. 641-14, al. 1 [Application des dispositions légales à la liquidation judiciaire]

• **C. trav.**

art. L. 3253-6 [Assujettissement des employeurs à la cotisation AGS]

art. L. 3253-7 [Indépendance du versement de la cotisation patronale et du droit à la garantie]

art. L. 3253-8 [Domaine d'application de la garantie]

art. L. 3253-9 [Aménagement de la garantie des indemnités de rupture du contrat de travail des salariés protégés]

art. L. 3253-10 [Couverture des sommes dues au titre de l'intéressement, de la participation des salariés aux fruits de l'expansion ou d'un fonds salarial]

art. L. 3253-11 [Couverture des arrérages de préretraite]

art. L. 3253-12 [Conditions d'intervention de l'AGS pour les créances mentionnées aux articles L. 3253-10 et L. 3253-11]

art. L. 3253-13 [Exclusion de la garantie de l'AGS des indemnités *supra* légales résultant d'un accord conclu ou d'une décision notifiée moins de dix-huit mois avant la date du jugement d'ouverture de la procédure ou postérieurement à ce jugement]

art. L. 3253-14 [Organisme gestionnaire de la mise en œuvre de la garantie]

art. L. 3253-15 [Modalités d'intervention de la garantie]

art. L. 3253-16 [Récupération des avances effectuées par l'AGS]

art. L. 3253-17 [Plafond des avances]

art. L. 3253-18 [Financement de l'AGS]

art. L. 3253-19 [Délais d'établissement des relevés de créances salariales]

art. L. 3253-20 [Principe de subsidiarité des avances de l'AGS]

art. L. 3253-21 [Modalités de paiement des créances par l'AGS]

711.02 Jurisprudence de référence.

> Action des contrôleurs en cas de carence du mandataire judiciaire

• **Com. 30 janv. 2019,** n°s 17-20.793 et 17-22.221, FS-P+B

* V. s[s] n° 711.36

Si le créancier nommé contrôleur peut agir dans l'intérêt collectif des créanciers, il ne peut le faire qu'en cas de carence du mandataire judiciaire ou du liquidateur. Le contrôleur n'a donc pas qualité pour former un recours contre une ordonnance rendue, à la demande du mandataire judiciaire ou du liquidateur, par le juge-commissaire.

711.03 Bibliographie indicative.

> **Encyclopédie.** *J.-Cl. com.*, fasc. 2450 : Privilège des salariés et garantie de paiement, par A. Jacquemont, 2007.

> **Articles.** A. Arséguel et Th. Méteyé, « Les aspects sociaux de la procédure de sauvegarde », *Rev. proc. coll.* 2008, p. 117 – B. Bezian, « La garantie des créances salariales dans le cadre d'une procédure de redressement judiciaire », *Dr. sociétés* 1991, 715 – A. Charbin, « La situation des salariés de l'entreprise en difficulté », *RJS* 1999. 743 – de H. Fremont, « Droit du travail et procédure collective : une réforme impossible ? », *BJE* mars 2014. 123 – L. Fin-Langer et J. Vallansan, « AGS et plan de redressement », *Rev. proc. coll.* mars/avr.

2019, Dossier 8, p. 74 – C. Gailhbaud, « L'AGS dans la procédure de sauvegarde » *LPA* 28 nov. 2008, n° 239, p. 3 ; « L'AGS face à l'exécution », *in Mesures d'exécution et procédures collectives*, « Procédures », Bruylant, 2012, p. 129 – D. Jacotot, « Résiliation judiciaire du contrat de travail et garantie de l'AGS », *Rev. proc. coll.* 2010, comm. 14 – F.-X. Lucas, « Quarante années de prise en charge des créances salariales dans les procédures collectives », *BJE* 2014. 409 – Th. Méteyé, « Garantie AGS : jusqu'où peut-on aller trop loin ? », *Dr. soc.* 2002. 972 ; « L'intervention de l'AGS dans les procédures de sauvegarde », *Gaz. proc. coll.* 2006, p. 3 ; « Loi de sauvegarde des entreprises : le point de vue de l'AGS », *LPA* 17 févr. 2006, n° 35, p. 48 ; « La place de l'AGS dans les procédures collectives », *Rev. proc. coll.* 2008, p. 11, n° 1 ; « L'évolution du champ d'intervention de l'AGS : de la sécurité juridique à l'insécurité juridique et économique », colloque de l'*AJDE*, Toulouse 10 sept. 2010, *Rev. proc. coll.* 2011, Dossier 4, p. 67 ; « Le droit social des entreprises en difficulté », *Rev. proc. coll.* 2014, Dossier 39 ; « Le traitement des créances salariales : l'AGS », *BJE* janv.-févr. 2017. 54 ; « La politique de labellisation de l'AGS : un partenariat gagnant-gagnant », *Rev. proc. coll.* janv./févr. 2018, Dossier 12 ; « *Quid* de l'AGS dans la problématique procédures collectives/sûretés réelles ? », *Rev. proc. coll.* juill./août 2018, Dossier 25, p. 96 – A.-L. Peries, « Intervention de l'AGS, l'expansion accrue du régime de garantie sous l'influence de la jurisprudence (1998-2001) », *JCP E* 2002, *Cah. Dr. soc.* (supplément), n° 10, 7 mars 2002 – P. Pétel, « L'AGS et la réforme des procédures collectives », *RJ com.* 2006/3, p. 174 ; « Les critères de prise en charge de la garantie AGS : quarante ans d'évolution », *BJE* 2014. 411 – C. Saint-Alary-Houin, « L'efficacité des garanties garantissant les créances salariales », *Dr. sociétés* 1987, 842 ; « L'évolution de la garantie de l'AGS, plus… toujours plus ! », *Rev. proc. coll.* mars/avr. 2019, Dossier 5, p. 62 – J.-C. Savignac et Th. Méteyé, « L'AGS, 40 ans de solidarité et d'engagement au cœur des enjeux des procédures collectives », *BJE* 2014. 407 – F. Taquet, « Le nouveau champ d'application de l'AGS – Article 177 de la loi n° 2005-845 du 26 juillet 2005 de sauvegarde des entreprises », *Rev. proc. coll.* 2005, p. 295 ; « L'intervention de l'AGS : état des lieux et réflexions… », *in Entreprises en difficulté et droit du travail*, Ceprisca, Puf, 2007, p. 77 – R. Vatinet, « Garantie de l'AGS et sort du contrat de travail en cas de procédure collective », *D.* 2003. Chron. 287- D. Ronet-Yague, « Les vicissitudes du contentieux de l'AGS en 2023 », *Gaz. Pal.* 5 déc. 2023, n° 40, p. 52 – F. Aknin, « Le droit social appliqué aux procédures collectives », *JCP S* 2023, n° 42, 1272.

> **Colloques.** « L'AGS au cœur du traitement des difficultés des entreprises », dir. scient. Ph. Roussel Galle, Paris, 5 déc. 2018, *Rev. proc. coll.* mars/avr. 2019, Dossier 3, p. 56 s.

711.04 Questions essentielles.

> Quel est le fonctionnement de l'institution de garantie des salaires ?

* V. s[s] n° 711.12

> Le tribunal est-il lié par les observations formulées par l'AGS sur la désignation des mandataires de justice ?

* V. s[s] n° 711.24

> Quelles actions l'AGS peut-elle engager en qualité de contrôleur ?

* V. s[s] n° 711.36

SECTION 1
HISTORIQUE ET ÉVOLUTION DE L'AGS

711.11 Création de l'AGS. Le maintien de l'emploi et la protection des créances salariales dans une entreprise en difficulté sont au cœur des préoccupations du législateur depuis de nombreuses années. Le régime de faveur accordé aux créances salariales s'est tout d'abord traduit par l'instauration du privilège général des salaires [1] et ensuite par la création du « superprivilège » des salaires [2]. Malgré ces privilèges, les salariés ne pouvaient espérer qu'un règlement partiel et tardif de leurs créances. En effet, une grande partie des créances salariales restaient impayées suite à l'ouverture d'une procédure de règlement judiciaire ou de liquidation des biens.

Les conséquences sociales désastreuses de l'affaire « Lip » qui éclata au mois de juin 1973, révéla l'insuffisance de la protection conférée aux créances salariales en cas d'insolvabilité de l'entreprise. Pour pallier cette déficience, le législateur prit l'initiative de créer une garantie de paiement, indépendante du patrimoine du débiteur. Il rendu alors obligatoire, pour les employeurs susceptibles de faire l'objet d'une procédure collective d'apurement du passif [3], une assurance contre le risque de non-paiement des créances salariales. Tel fut l'objet de la loi du 27 décembre 1973 [4] tendant à assurer en cas de règlement judiciaire ou de liquidation des biens le paiement des créances résultant du contrat de travail.

Cette loi créa un mécanisme de garantie efficace contre le risque de non-paiement des créances salariales en cas d'ouverture d'une procédure collective. Elle traduisit « une certaine socialisation des risques entraînés par la défaillance financière d'un cocontractant » [5]. Il était devenu socialement impératif de trouver un mécanisme pour garantir le risque de non-paiement des créances salariales. « La raison

1. Sur le privilège général des salaires, v. s[s] n°s 621.21 s.
2. Sur le superprivilège des salaires, v. s[s] n°s 621.11 s.
3. à savoir les commerçants et les personnes morales de droit privé, commerçantes ou non, sous l'empire de la L. n° 67-563, 13 juill. 1967 sur le règlement judiciaire, la liquidation des biens, la faillite personnelle et les banqueroutes, *JO* 14 juill., n° 1.
4. L. n° 73-1194, 27 déc. 1973 tendant à assurer, en cas de règlement judiciaire ou de liquidation de biens le paiement des créances résultant du contrat de travail, *JO* 30 déc., p. 14145 ; *D.* 1974, lég. 36.
5. Y. Guyon, *Droit des affaires*, t. II, *Entreprises en difficulté, redressement judiciaire, faillite*, 8e éd., « Droit des affaires et de l'entreprise », Economica, 2001, n° 1352.

profonde de la protection financière exceptionnelle des salariés dans la procédure collective tient au fait que, plus que pour toutes les autres créances, les conditions de règlement du passif salarial sont au cœur du processus de redressement de l'entreprise »[1]. La collaboration et la mobilisation des salariés sont déterminantes pour faciliter le sauvetage de l'entreprise, tandis qu'un climat social détérioré ne ferait qu'aggraver les difficultés[2].

Les dispositions relatives à ce mécanisme de garantie furent intégrées dans le Code du travail, aux articles L. 143-11 et suivants. À cette époque, seuls huit articles de loi régissaient le régime juridique de la garantie des salaires.

L'ancien article L. 143-11-2 du Code du travail indiquait que « le régime d'assurance prévue à l'article L. 143-11-1 est mis en œuvre par une association créée par les organisations nationales professionnelles d'employeurs les plus représentatives et agréée par le ministre chargé du travail ». Cette association fut ainsi créée par les organisations nationales professionnelles d'employeurs les plus représentatives, à savoir le Conseil National du Patronat Français[3], la Confédération des petites et moyennes entreprises (CGPME), la Confédération nationale de la Mutualité de la Coopération du Crédit agricole (CNMCCA).

L'« Association pour la gestion du régime de garantie des créances des salariés », communément appelée par abréviation « AGS », a ainsi pour mission de garantir les créances salariales que l'employeur n'est pas en mesure de payer au regard des fonds disponibles dont il dispose, après ouverture d'une sauvegarde, d'un redressement ou d'une liquidation judiciaire. Elle est devenue un personnage clé, sur lequel repose l'ensemble de l'architecture des procédures collectives[4]. Grâce à ces avances, le paiement des créances salariales d'une entreprise en difficulté ne suscite plus aujourd'hui les mêmes craintes. Au contraire, les préoccupations sont davantage tournées vers la protection du système de garantie des créances salariales.

Il convient de souligner que le 25 juin 2024, l'AGS et le Conseil national des administrateurs judiciaires et des mandataires judiciaires (CNAJMJ) ont signé au ministère de la Justice, en présence du garde des Sceaux, un « Pacte d'avenir au service des entreprises en difficulté »[5].

711.12 **Fonctionnement de l'AGS.** Par le biais d'une convention de gestion, signée le 26 février 1974 et révisée le 18 décembre 1993, le fonctionnement technique et financier de l'association « AGS » a été confié à l'Union nationale interprofessionnelle pour l'emploi dans l'industrie et le commerce (Unédic), à travers du réseau territorial de l'ASSEDIC. Le 1er septembre 1996, en accord avec les instances représentatives de l'AGS, un établissement rattaché à l'Unédic avait été créé : la Délégation Unédic AGS. La gestion du régime était assurée par cet établissement depuis plus de 25 ans, à l'exclusion du recouvrement des cotisations. En 2024, une nouvelle évolution de l'organisation de cette institution est mise en place avec le transfert des activités de la Délégation Unédic AGS à l'AGS[6].

Pour pouvoir exercer ses missions, l'AGS comporte quinze Centres de Gestion et d'Étude AGS (CGEA), dont treize sont répartis sur le territoire métropolitain et deux en outre-mer, le tout étant rattaché à une Direction nationale commune située à Paris. Ces centres assurent quotidiennement les missions légales définies par les articles L. 3253-6 et suivants du Code du travail qui incombent à l'AGS.

711.13 **Financement du régime de garantie.** L'AGS est financée par les cotisations des employeurs assises sur les rémunérations servant de base au calcul de cotisations d'assurance-chômage[7]. En raison de l'évolution de la conjoncture économique et du nombre de défaillance d'entreprises, le taux de la cotisation AGS a fluctué depuis sa création. Ce taux, qui avait été réduit à 0,10 % au 1er juillet 2008, a été fixé à 0,40 % au 1er octobre 2009, pour tenir compte de la dégradation financière de l'AGS, liée à l'importance de ses avances[8]. Il est désormais à 0,25 % depuis le 1er juillet 2024 sur décision du Conseil d'administration de cette institution. Il convient de noter que ce taux n'a pas de corrélation avec le secteur d'activité de l'entreprise. Il est le même pour tout employeur de droit privé. Seule une réduction du taux de cotisation à 0,03 % est prévue pour les sociétés d'intérim car celles-ci doivent obligatoirement souscrire à une garantie de paiement[9].

Du fait de la création de la Délégation Unédic AGS en 1996, l'ASSEDIC n'a plus la gestion techni-

1. C. Souweine, *Les créances résultant du contrat de travail dans le redressement et la liquidation judiciaires*, t. 1, 1992, p. 4.
2. Y. Guyon, *Le rôle des salariés dans les procédures de redressement et de liquidation judiciaires, in* « Les transformations du droit du travail », études offertes à G. Lyon-Caen, Dalloz 1989, p. 451-462.
3. Actuel Mouvement des entreprises de France (MEDEF).
4. A. Mazeaud, « Faillite et droit du travail », *Le code de commerce 1807-2007 : Livre du bicentenaire*, Dalloz, 2006, p. 561, sp. p. 567.
5. F.-C. Desprat, « Pacte d'avenir au service des entreprises en difficulté », *Leden* sept. 2024, n° 8, p. 5.
6. Site internet AGS – Rubrique « nous connaître – Histoire ».
7. C. trav., art. L. 3253-18.
8. Sur l'évolution du taux de cotisation : Rapp. activité Délégation Unédic AGS 2017-1018, rubrique « Les chiffres », p. 12.
9. C. trav., art. L. 1251-49. Information disponible sur le site internet de l'AGS : https://www.ags-garantie-salaires.org/

que du régime de garantie des salaires, mais conserve uniquement le recouvrement de la cotisation patronale. Lors de la fusion de l'ASSEDIC avec l'Agence Nationale pour l'Emploi (ANPE) et la création de Pôle Emploi, celui-ci a été chargé du recouvrement de la cotisation AGS, jusqu'à son transfert, en janvier 2011, à l'Agence centrale des organismes de sécurité sociale (ACOSS) [1]. C'est cet organisme qui effectue le recouvrement de la cotisation AGS par l'intermédiaire du réseau de l'URSSAF [2]. Les employeurs qui auraient cotisé à tort pourront agir en répétition de l'indu [3].

La cotisation patronale versée par les employeurs constitue l'essentiel du financement du régime de l'AGS, l'autre partie étant assurée par la récupération de ses avances. Pour l'année 202, le montant des sommes avancées était de 1,728 milliard d'euros, pour un montant de 353 millions d'euros de sommes récupérées et 986 millions d'euros de sommes cotisées [4].

711.14 Nature juridique de l'AGS. Les dispositions légales régissant la garantie de l'AGS se trouvent aujourd'hui aux articles L. 3253-6 à L. 3253-21 du Code du travail. Elles sont inscrites dans une sous-section du Code du travail dénommée « Assurance contre le risque de non-paiement ». Pourtant, déterminer la nature juridique de l'AGS n'est pas chose aisée. Les textes légaux visent aussi bien les termes « assurance », que « garantie » des créances salariales. La doctrine a pu qualifier cet organisme « d'assurance », de « garantie », de « sécurité sociale des salaires » [5], ou encore « d'organisme social de solidarité des entreprises » [6].

L'AGS a été créée au nom de la solidarité interprofessionnelle et en dehors de toute logique assurantielle. L'objectif du législateur, lors de la mise en place de cette institution, était de pallier l'insuffisance de protection des créances salariales par les différents privilèges généraux. Il s'agissait de mutualiser le risque de non-paiement des créances salariales en imposant aux employeurs de droit privé de verser une cotisation à une structure indépendante du patrimoine du débiteur. À ce titre, il est important de noter que si l'employeur n'est pas à jour du paiement de la cotisation AGS, cela n'aura pas pour effet de priver le salarié de son droit à la garantie. L'article L. 3253-7 du Code du travail prévoit en effet que le droit du salarié est garanti indépendamment de l'observation par l'employeur des obligations dont il est tenu envers l'AGS [7].

Au regard des règles légales qui gouvernent l'intervention de cette institution, sa nature juridique s'apparente davantage à celle d'un fonds de garantie [8]. Toutefois, à la différence de certains fonds, l'AGS n'a pas été constituée pour indemniser les salariés d'un préjudice subi. Elle intervient pour garantir un paiement rapide des créances salariales impayées en cas d'ouverture d'une procédure collective. Le soutien apporté aux chefs d'entreprise et aux salariés est d'ailleurs temporaire puisque les avances s'effectuent contre remboursement [9].

711.15 Évolution des sommes couvertes par l'AGS. La garantie de l'AGS a connu de nombreuses évolutions qui ont été impulsées aussi bien par le droit national, que par le droit communautaire. Plusieurs réformes sont intervenues pour élargir la mission de garant et les obligations qui pèsent sur cette institution.

À l'origine, le législateur avait limité la garantie de l'AGS aux seules sommes dues aux salariés avant le jugement d'ouverture de la procédure collective [10]. Puis, la loi du 25 janvier 1985 [11] a étendu la garantie à certaines créances nées après jugement d'ouverture. En 2005, la loi de sauvegarde [12] marque une rupture importante avec l'ancien régime puisqu'elle consacre l'intervention de l'AGS dans une procédure de type préventive, la sauvegarde. L'AGS peut ainsi être sollicitée alors même que le débiteur n'est pas en état de cessation des paiements. L'objectif est véritablement de prévenir les difficultés de l'entreprise et de limiter les conséquences sociales désastreuses en cas de prononcé d'une liquidation judiciaire.

La loi de sécurisation de l'emploi du 13 juin 2013 [13] est également une étape importante dans l'histoire

1. Circ. ASSEDIC, n° 2011-14, n° 2011-15, 9 mars 2011 ; *JCP S*, n° 12, mars 2011, act. 123.
2. Les modalités du recouvrement sont exposées dans la circulaire de l'Unédic n° 2011-14 du 9 mars 2011.
3. Soc. 3 mai 1995, n° 92-20.372, P V, n° 141 ; *Rev. proc. coll.* 1996, 119, obs. F. Taquet.
4. Rapp. activité Délégation Unédic AGS 2023, p. 31.
5. F. Derrida, « Commentaire de la loi du 27 décembre 1973 », *D.* 1974. Chron. 119.
6. A. Arséguel et Th. Méteyé, « Les aspects sociaux de la procédure de sauvegarde », *Rev. proc. coll.* 2008/2, p. 117 s., sp. p. 120, n° 17.
7. Soc. 8 janv. 2002, n° 99-44.220, P V, n° 1 ; Soc. 31 mars 1998, n° 95-44.333, P V, n° 183.
8. Sur la distinction entre les « fonds de garantie » et les « fonds d'indemnisation » J. Knetsch, *Le droit de la responsabilité et les fonds d'indemnisation*, « Bibliothèque de droit privé », LGDJ, t. 548, 2013.
9. Sur le remboursement des avances de l'AGS, v. s[s] n°s 742.11 s.
10. L. n° 73-1194, 27 déc. 1973 tendant à assurer, en cas de règlement judiciaire ou de liquidation de biens le paiement des créances résultant du contrat de travail, *JO* 30 déc., p. 14145 ; *D.* 1974, lég. 36.
11. L. n° 85-98, 25 janv. 1985 relative au redressement et à la liquidation judiciaire des entreprises, *JO* 26 janv., art. 133.
12. L. n° 2005-845, 26 juill. 2005 de sauvegarde des entreprises, *JO* 27 juill., art. 177.
13. L. n° 2013-504, 14 juin 2013 relative à la sécurisation de l'emploi, *JO* 16 juin, art. 18.

du régime de garantie des salaires puisque l'AGS garantit désormais des mesures tendant au retour à l'emploi des salariés. Il ne s'agit plus uniquement de couvrir des créances salariales nées au profit du salarié, mais d'anticiper le paiement de créances futures d'aide à la recherche d'un emploi ou d'une reconversion professionnelle.

Nonobstant ces multiples réformes, il n'existe pas de classification légale des créances salariales entrant dans le champ d'application de la garantie. La loi est insuffisante. De ce fait, il n'est pas aisé de déterminer les créances salariales couvertes par l'AGS. La jurisprudence a donc comblé ce vide juridique en interprétant les textes légaux. Une étude de casuistique des créances réclamées par le salarié a été faite pour appliquer ou refuser la garantie. Dans un souci de protection du salarié, la tentation est forte de faire prendre en charge le coût social de la procédure collective par un tiers solvable. D'une manière générale, on peut dire que l'AGS est « victime de son succès » car les décisions rendues tendent à gonfler l'assiette de la garantie en lui rendant opposable un très grand nombre de créances. L'objectif premier de cette institution, à savoir garantir le paiement des créances alimentaires, est dépassé depuis plusieurs années. Il a notamment été mis à sa charge certaines créances qui résultent d'obligations inexécutées ou de comportement fautif du débiteur principal, l'employeur [1].

SECTION 2
OBSERVATIONS DE L'AGS SUR LA DÉSIGNATION DU MANDATAIRE ET DE L'ADMINISTRATEUR JUDICIAIRE

711.21 Désignation des mandataires de justice. Outre le juge-commissaire, les mandataires de justice sont nommés par le tribunal soit à l'ouverture de la procédure collective, soit à son issue. L'article L. 621-4 du Code de commerce indique que le tribunal désigne dans le jugement d'ouverture, deux mandataires qui sont le mandataire judiciaire et l'administrateur judiciaire.

La désignation d'un mandataire judiciaire est toujours obligatoire lorsqu'une procédure collective est ouverte. En vertu de l'article L. 812-1 du Code de commerce, le mandataire judiciaire est chargé par décision de justice de représenter les créanciers et de procéder à la liquidation d'une entreprise. Les missions principales de cet auxiliaire de justice consistent à vérifier le passif déclaré [2], à défendre les intérêts collectifs des créanciers du débiteur et à exercer des actions pour leur compte [3]. Outre ces attributions, ils procèdent à la réalisation des actifs pour payer les créanciers dans le cadre d'une liquidation judiciaire.

La désignation d'un administrateur est quant à elle facultative. Elle ne devient obligatoire que dans les entreprises de tailles importantes, c'est-à-dire celles réalisant un chiffre d'affaires hors taxes de trois millions d'euros et ayant un effectif d'au moins vingt salariés [4]. Le tribunal peut toutefois désigner cet organe au cours de la procédure de sauvegarde si une demande est formulée par le débiteur, le mandataire judiciaire ou le ministère public. La désignation peut également intervenir d'office en présence d'un redressement judiciaire. La mission principale de l'administrateur judiciaire est plus ou moins étendue en fonction de la procédure collective ouverte. Ce dernier peut se voir confier une mission de surveillance ou d'assistance en présence d'une procédure de sauvegarde [5]. Il peut également détenir une mission de représentation en présence d'un redressement judiciaire [6].

Lorsque l'entreprise traverse des difficultés complexes, le tribunal a également la faculté de désigner plusieurs mandataires et administrateurs judiciaires. Dans ce cas, les mandataires de justice seront codésignés pour apporter leur soutien au débiteur.

711.22 Sollicitation de l'AGS pour émettre des observations. L'ordonnance du 12 mars 2014 [7] est venue renforcer la place de l'AGS dans les procédures collectives en élargissant les droits de cette institution. À cet effet, l'article L. 621-4 du Code de commerce prévoit que « lorsque la procédure est ouverte à l'égard d'un débiteur dont le nombre de salariés est au moins égal à un seuil fixé par décret en Conseil d'État, le tribunal sollicite les observations des institutions mentionnées à l'article L. 3253-14 du Code du travail sur la désignation du mandataire judiciaire » [8]. Le décret du 30 juin 2014 [9] a fixé ce seuil à cinquante salariés [10]. Seules les affaires aux enjeux économiques et sociaux importants sont donc concernées par cette mesure. La loi du 18 novembre 2016 [11], dite de modernisation de la justice du XXIe siè-

1. Sur l'élargissement du champ d'application des avances, v. s^s^ n°s 722.11 s.
2. C. com., art. L. 622-24 ; L. 624-1.
3. C. com., art. L. 622-20.
4. C. com., art. R. 621-11.
5. C. com., art. L. 622-1.
6. C. com., art. L. 631-12.
7. Ord. n° 2014-326, 12 mars 2014 portant réforme de la prévention des difficultés des entreprises et des procédures collectives, *JO* 14 mars, p. 5249.
8. L'article L. 621-4 est applicable par renvoi aux procédures de redressement et de liquidation judiciaires, C. com., art. L. 631-9 et L. 641-1.
9. Décr. n° 2014-736, 30 juin 2014 pris pour l'application de l'ordonnance n° 2014-326 du 12 mars 2014 portant réforme de la prévention des difficultés des entreprises et des procédures collectives, *JO* 1 juill., art. 29.
10. C. com., art. R. 621-2-1.
11. L. n° 2016-1547, 18 nov. 2016 de modernisation de la justice du XXIe siècle, *JO* 19 nov., art. 99.

cle, est venue compléter ce dispositif en prévoyant que les observations de l'AGS devaient également être sollicitées sur la désignation de l'administrateur judiciaire.

Hormis le créancier poursuivant dans le cadre d'un redressement judiciaire, l'AGS est le seul créancier du débiteur à pouvoir émettre des observations sur la désignation des mandataires de justice. À ce stade de la procédure, il convient d'ailleurs de souligner qu'elle n'aura pas encore avancé de fonds entre les mains du mandataire judiciaire puisque sa garantie est déclenchée postérieurement à l'ouverture de la procédure collective. En conséquence, elle ne sera pas encore titulaire d'une créance à l'encontre du débiteur. De manière inédite, le législateur a donc totalement déconnecté les droits de l'AGS dans la procédure collective de son droit de créance sur le débiteur. En effet, il n'est pas ici question de défendre l'application de la garantie ou le remboursement des avances.

La capacité que détient l'AGS à se prononcer en faveur des professionnels qu'elle estime les plus aptes à gérer le volet social de l'entreprise en difficulté a une valeur symbolique. Cette institution ne pouvait plus être considérée comme « une vache à lait universelle »[1] ou comme une simple « tirelire dans laquelle on peut puiser sans préalables »[2]. Par conséquent, ces réformes viennent rompre l'idée que l'AGS doit payer « sans sourciller »[3].

Le recueil des observations de cette institution sur la désignation du mandataire judiciaire se justifie par les missions majeures confiées à cet organe en matière sociale. Ce dernier vérifie le passif social et adresse les relevés de créances salariales à l'AGS, licencie les salariés et élabore parfois un plan de sauvegarde de l'emploi. Le mandataire judiciaire est l'interlocuteur privilégié de l'AGS. Il est le trait d'union entre les salariés et cette institution. Son rôle est capital puisque tout le mécanisme des avances de l'AGS repose sur les opérations réalisées par ce professionnel.

L'administrateur judiciaire a lui aussi des responsabilités en matière sociale. Selon la mission qui lui est confiée par le tribunal, il peut avoir la charge de conclure un contrat de travail, licencier les salariés ou d'élaborer un plan de sauvegarde de l'emploi dans le cadre de la procédure collective. Par conséquent, ses prises de décisions dans la restructuration sociale de l'entreprise sont susceptibles d'avoir un impact sur les engagements financiers de l'AGS.

L'intérêt est de taille pour l'AGS puisque toute son intervention dépend du traitement du volet social de l'entreprise en difficulté opéré par les mandataires de justice. De plus, dans certaines affaires, l'expertise du professionnel désigné peut éviter à l'AGS d'être mise en cause dans de nombreux contentieux, lesquels auraient des répercussions néfastes sur son équilibre financier.

711.23 Recueil des observations de l'AGS. L'article L. 621-4 du Code de commerce prévoit que les observations de l'AGS sur les mandataires judiciaires doivent être sollicitées lorsque le nombre de salariés est au moins égal à cinquante. Ce texte est applicable en cas d'ouverture d'une procédure de sauvegarde, de redressement ou de liquidation judiciaire[4]. L'AGS peut également demander la désignation d'une autre personne que le mandataire judiciaire précédemment en fonction, en qualité de liquidateur, lorsque la liquidation judiciaire résulte de la conversion d'une procédure de sauvegarde ou de redressement judiciaire[5]. La formule est ici différente puisque contrairement à l'émission d'observations, l'AGS effectue une demande auprès du tribunal, laquelle pourrait être analysée comme une véritable prétention au sens de l'article 4 et 31 du Code de procédure civile[6].

Il n'est pas prévu par les textes que l'AGS donne son avis sur la désignation du commissaire à l'exécution du plan. Ce professionnel n'étant en pratique autre que l'administrateur ou le mandataire judiciaire préalablement désigné, il n'était pas forcément utile que des observations soient réitérées au moment de l'adoption du plan de sauvegarde ou de redressement.

En outre, en vertu de l'article L. 621-7 du Code de commerce, le débiteur, le créancier, le contrôleur ou le mandataire de justice lui-même, peut demander au juge-commissaire de saisir le tribunal aux fins de remplacer l'administrateur ou le mandataire judiciaire. Lorsqu'il s'agit d'un professionnel libéral, l'ordre ou l'autorité compétente a la même faculté. Dans ce cas, l'AGS n'aura pas à communiquer d'avis sur la désignation du nouveau professionnel sauf si elle est désignée contrôleur. En effet, les dispositions prévues pour la désignation des mandataires de justice ne sont pas applicables, par renvoi, à leur remplacement.

1. F.-X. Lucas, « L'AGS : vache à lait universelle », note ss Colmar, 9 juin 2011, n° 10/2653 ; *Leden* nov. 2011, n° 191, p. 1.
2. A. Donnette, « Droit des entreprises en difficulté et droit du travail : tentative de clarifications », *BJE* mai 2014, n° 3.
3. C. Delattre, « Le rôle de l'AGS dans la désignation des organes de la procédure », *BJE* nov. 2016. 386.
4. C. com., art. L. 631-9 et L. 641-1.
5. C. com., art. L. 641-1, III.
6. P.-M. Le Corre, *Droit et pratique des procédures collectives 2025/2026*, 13e éd., Dalloz Action, 2024, n° 351.615 ; F. Pérochon, « L'AGS contrôleur, l'AGS et la désignation des administrateurs judiciaires et des mandataires judiciaires », *Rev. proc. coll.* mars-avr. 2019, n° 2.

Les modalités du recueil des observations de l'AGS ont été précisées par le décret du 30 juin 2014 à l'article R. 621-2-1 du Code de commerce. L'AGS est invitée par le greffe du tribunal à faire connaître la personne habilitée à la représenter à l'audience. Les observations de l'AGS peuvent également être établies par écrit. Dans ce cas, elles sont communiquées au débiteur et au ministère public par le biais du greffe. Ainsi, il appartient à la juridiction saisie de la demande d'ouverture de la procédure collective de rechercher si l'entreprise dispose d'un effectif au moins égal à cinquante salariés. Dans l'affirmative, le greffe devra recueillir les observations de l'AGS avant l'audience d'ouverture. Il appartiendra au ministère public de s'assurer que l'avis de l'AGS a bien été sollicité[1].

Il a été indiqué qu'avant de formuler un avis, l'AGS serait attentive à la capacité du professionnel à traiter le volet social de l'entreprise en difficulté au regard des négociations à mener. Il est notamment pris en considération la présence d'une cellule sociale spécialisée au sein de l'étude, l'absence de manquements répétés dans la mise en œuvre des licenciements pour motif économique, la maîtrise de l'élaboration des plans de sauvegarde de l'emploi et l'implication du professionnel dans le remboursement des avances de cette institution[2]. L'expérience tirée du traitement antérieur des difficultés similaires par les professionnels permet à cette institution de connaître les études dotées d'une cellule sociale efficace et celles qui ont une approche plus minimaliste[3]. Les observations formulées permettent ainsi d'éclairer la juridiction sur la capacité de gestion de l'aspect social de l'entreprise en difficulté des professionnels pressentis.

711.24 **Appréciation souveraine du tribunal dans la désignation des mandataires de justice.** Le tribunal de la procédure collective a une compétence exclusive pour nommer les mandataires de justice. Le choix de ces professionnels relève de son pouvoir souverain d'appréciation. Ainsi, si la juridiction est tenue de recueillir les observations de l'AGS, elle n'est absolument pas obligée de suivre les préconisations de cette institution. Contrairement au rejet de la proposition du ministère public qui doit être spécialement motivé par le tribunal[4], l'absence de prise en compte des observations de l'AGS ne donne pas lieu à motivation. Ainsi, la juridiction, aucunement liée par les avis formulés[5], décide seule et de façon indépendante, du nom et du nombre de professionnels désignés en raison de leur compétence et de la qualité des prestations effectuées.

La pratique a toutefois démontré que la plupart des juges consulaires et le ministère public ont porté une attention particulière aux arguments développés par l'AGS et à la connaissance par cette institution de la qualité des prestations attendues par les professionnels désignés.

711.25 **Absence de recours de l'AGS sur la décision du tribunal.** Les jugements ou ordonnances relatifs à la nomination ou au remplacement de l'administrateur et du mandataire judiciaires sont exécutoires de plein droit à titre provisoire[6] et ne sont susceptibles d'appel que par le ministère public[7]. Si le tribunal ne retient pas les organes en faveur desquels l'AGS s'était prononcée, celle-ci ne peut donc contester la décision rendue par le tribunal. En effet, elle ne peut ni interjeter appel, ni former tierce opposition à l'encontre du jugement d'ouverture pour contester la désignation des professionnels faite par la juridiction[8]. Par conséquent, si l'AGS dispose d'un droit propre de formuler des observations, le législateur ne lui a pas octroyé une voie de recours pour contester la décision du tribunal.

SECTION 3
DÉSIGNATION DE DROIT DE L'AGS EN TANT QUE CONTRÔLEUR

711.31 **Désignation des contrôleurs par le juge commissaire.** La désignation de créanciers dits « contrôleurs » existe depuis une loi du 4 mars 1889, mais leur rôle a considérablement évolué au fil des réformes du droit des entreprises en difficulté[9]. Le législateur a progressivement confié à ces créanciers bénévoles un droit d'intervention directe dans la procédure, ce qui a suscité un regain d'intérêt pour l'institution. Le contrôleur se différencie des organes de la procédure collective en ce qu'il n'est pas une per-

1. T. com. Valenciennes, 16 sept. 2014, n° 2014004899 – T. com. Marseille, 14 nov. 2014, n° 2014P01360 – T. com. Marseille, 28 nov. 2014, n° 2014P01421 – T. com. Coutances, 6 janv. 2015, n° 2014004802.
2. Th. Météyé, « La politique de labellisation de l'AGS : un partenariat gagnant-gagnant », *Rev. proc. coll.* janv.-févr. 2018, n° 1.
3. Th. Météyé, « Le droit social des entreprises en difficulté ? Le point de vue de l'AGS », *Rev. proc. coll.* n° 4, juill. 2014, doss. 39.
4. C. com., art. L. 621-4, L. 631-9, L. 641-10 ; Pau, 17 janv. 2013, RG n° 12/03006 ; *Rev. proc. coll.* 2013, ét. 9, note C. Delattre.
5. Com. 31 janv. 2012, n° 10-24.019 ; *Bull. civ.* IV, n° 19 ; *Act. proc. coll.* 2012/3, n° 6, note C. Delattre ; – T. com. Brest, 30 sept. 2014, 2014-003411 ; – T. com. Douai, 15 oct. 2014, 2014-3157, 2014-3158, note C. Delattre ; *Leden* nov. 2014, p. 4.
6. C. com., art. R. 661-1.
7. C. com., art. L. 661-6.
8. C. com., art. L. 661-7.
9. F. Derrida, « Du rôle des contrôleurs dans les procédures de redressement et de liquidation judiciaires », *Mél. Honorat*, Frison-Roche, 2000, p. 89-97.

sonne désintéressée en charge d'une mission concourant à l'exercice de la justice.

Les contrôleurs sont désignés dans les mêmes conditions dans les procédures de sauvegarde, de redressement et de liquidation judiciaires[1]. Il appartient au juge-commissaire, qui est chargé de veiller au bon déroulement de la procédure collective et à la protection des intérêts en présence[2], de désigner de un à cinq contrôleurs[3]. En principe, les créanciers doivent attendre l'expiration d'un délai de vingt jours suivant le jugement d'ouverture pour adresser une requête au greffe du tribunal, laquelle doit préciser le montant de leurs créances, ainsi que la nature des sûretés dont ils sont titulaires. La désignation de contrôleur n'est toutefois pas conditionnée à une déclaration de créance. Ainsi, un salarié, en tant que créancier du débiteur, peut être désigné contrôleur[4]. Néanmoins, il a été jugé que le paiement de sa créance par l'AGS mettait un terme à sa qualité de créancier et par voie de conséquence, à sa qualité de contrôleur[5].

711.32 Modalités de désignation de l'AGS. Dans les affaires importantes, l'AGS demandait fréquemment à être nommée contrôleur[6]. L'ordonnance du 12 mars 2014[7] a donné une assise juridique à cette pratique en prévoyant que « sont désignées contrôleur, si elles en font la demande, les institutions mentionnées à l'article L. 3253-14 du Code du travail ». Aucune condition liée au seuil d'effectif de l'entreprise n'est donc prévue en pareilles circonstances.

Des règles particulières ont été posées par le décret du 30 juin 2014[8] pour la désignation des créanciers publics et de l'AGS. Les modalités de leur désignation sont plus souples que celles des autres créanciers. L'article R. 621-24, alinéa 2, du Code de commerce prévoit qu'une déclaration ou une demande par lettre recommandée avec demande d'avis de réception, doit être transmise au greffe du tribunal. Ces derniers doivent indiquer uniquement le nom de la personne qui les représente dans ces fonctions. Cette qualité est donc attribuée par la loi à l'AGS sans qu'elle ait la qualité de créancier, contrairement aux autres contrôleurs désignés, excepté l'ordre professionnel ou les autorités compétentes.

711.33 Recours de l'AGS en l'absence de désignation. L'ordonnance rendue par le juge-commissaire sur la nomination des contrôleurs est susceptible d'un recours porté devant le tribunal dans un délai de dix jours à compter de sa notification au créancier[9]. La Cour de cassation est venue préciser que les dispositions de l'article L. 661-6, I, 1°, du Code de commerce n'ont ni pour objet, ni pour effet de fermer le recours de droit commun ouvert contre les ordonnances du juge-commissaire devant le tribunal de la procédure collective sur le fondement de l'article R. 621-1 du Code de commerce[10]. L'AGS peut donc former opposition à l'ordonnance rendue par le juge-commissaire si celle-ci tend à rejeter sa demande.

711.34 Missions des contrôleurs. Le contrôleur a deux principales missions dont va bénéficier l'AGS si elle se fait désigner : il assiste le mandataire judiciaire dans ses fonctions et le juge-commissaire dans sa mission de surveillance.

La mission d'assistance confiée au contrôleur doit se comprendre comme la faculté de seconder le représentant des créanciers et non comme un transfert partiel de pouvoir. Par exemple, le contrôleur peut

1. C. com., art. L. 621-10, L. 631-9 et L. 641-1 II al. 3.
2. C. com. L. 621-9.
3. La loi prévoit toutefois une liste de personnes ne pouvant pas être désignées comme contrôleur par le juge-commissaire (C. com., art. L. 621-10). Au-delà de ces incompatibilités, le juge-commissaire peut estimer que le caractère conflictuel des relations entretenues par le débiteur avec le créancier candidat à la fonction de contrôleur constitue une circonstance propre à fonder un refus de désignation, TC Nantes, 15 juill. 2015, RG n° 2014/011657, note F.-X. Lucas ; *Leden* nov. 2015, p. 1.
4. T. com. Paris, 7 juin 1996 ; *JCP E* 1996, pan. 1081 ; – T. com. Versailles, 27 mars 1997 ; *LPA* 4 juill. 1997, P. 27, note L. Gaudin ; – T. com. Créteil, 3 juin 2003 ; *Act. proc. coll.* 2003/15, n° 194. Le salarié peut être désigné contrôleur bien qu'il soit titulaire d'un mandat de représentation, TGI Metz, 26 mars 1996 ; *Gaz. Pal.* 1998. II. Somm. 571.
5. T. com. Paris, 7 juin 1996 ; *JCP E* 1996, pan. 1081 ; *Rev. proc. coll.* 1988, 72, n° 10, obs. B. Soinne.
6. Th. Météyé, « L'AGS au secours des entreprises en difficulté », *JCP E, cah. dr. entr.* 2007, n° 2, p. 27.
7. Ord. n° 2014-326, 12 mars 2014 portant réforme de la prévention des difficultés des entreprises et des procédures collectives, *JO* 14 mars, p. 5249.
8. Décr. n° 2014-736, 30 juin 2014 pris pour l'application de l'ordonnance n° 2014-326 du 12 mars 2014 portant réforme de la prévention des difficultés des entreprises et des procédures collectives, *JO* 1 juill., art. 40.
9. C. com., art. R. 621-21. Le refus par le juge-commissaire de nommer un créancier contrôleur ne constitue pas un excès de pourvoir même lorsque l'un des cinq postes prévus par la loi reste vacant – EN CE SENS : Com. 29 sept. 2015, n° 14-15.619 ; *Leden* 2015, comm. 159, note P. Cagnoli ; *JCP E* 2015. 1596, note T. Stephania ; *JCP E* 2016, chron. 1000, n° 1, note P. Pétel – Com. 16 mars 2010, n° 09-13.578 ; *Bull. civ.* IV, n° 57 ; *D.* 2010, chron. 113, obs. M.-L. Bélaval ; *Gaz. Pal.* 2-3 juill. 2010, n° 183, p. 22, note N. Fricero ; *RTD com.* 2010. 430, n° 10, note J.-L. Vallens ; *Procédures* 2010, comm. 190, obs. B. Rolland ; *Leden* mai 2010, p. 4, obs. O. Staes ; *Rev. sociétés* 2010. 195, note Ph. Roussel Galle ; *Rev. proc. coll.* 2011, comm. 26, p. 34, note P. Cagnoli – Com. 8 janv. 2013, n° 11-23.821 – Com. 13 mai 2014, n° 13-13.582 – Versailles, 22 sept. 2011, n° 10/06520, C. Delattre ; *Leden*, nov. 2011, p. 5.
10. Com. 21 févr. 2012, n° 11-40.100, QPC ; *Bull. civ.* IV, n° 48 ; *D.* 2012, actu 550, note A. Lienhard ; *Gaz. Pal.* 28 avr. 2012, n° 118, p. 26, note I. Rochart-Messager ; *Rev. proc. coll.* 212, comm. 61, note P. Cagnoli – Com. 20 mars 2012, n° 11-23.821, QPC, n° 412.

participer à la séance de vérification du passif, sans pour autant pouvoir contester la créance et saisir le juge-commissaire à cet effet. Monsieur le Professeur LUCAS estime que le contrôleur n'est pas « un supplétif du mandataire judiciaire avec lequel il est condamné à s'entendre » mais un « concurrent pour déclencher certaines actions dans l'intérêt collectif des créanciers et partant un aiguillon qui peut parfaitement porter un regard critique sur la façon dont est menée la procédure »[1].

La surveillance aux côtés du juge-commissaire s'interprète, quant à elle, comme le pouvoir d'observer avec une attention particulière le déroulement de la procédure et de pouvoir intervenir de manière pertinente. La loi de sauvegarde des entreprises du 26 juillet 2005[2] a accru les prérogatives des contrôleurs pour associer davantage ces créanciers au déroulé de la procédure collective. Le contrôleur peut exprimer son opinion à toutes les étapes de la procédure. Il transmet ses observations au mandataire de justice qui les communique au tribunal s'il n'est pas représenté à l'audience. Des demandes de remplacement des organes de la procédure collective ou d'injonction peuvent également être formulées auprès du juge-commissaire. Les contrôleurs exercent leur fonction en toute indépendance par rapport au débiteur contrôlé[3]. En outre, ils se distinguent des organes de la procédure collective puisqu'ils ne sont pas des parties à l'instance et que le droit d'appel leur est fermé, tout comme la tierce-opposition[4]. Le législateur n'a pas souhaité leur ouvrir ces voies de recours au regard du risque de ralentir fortement le cours de la procédure collective.

711.35 **Prérogatives de l'AGS désignée contrôleur.** Lorsque l'AGS se fait désigner contrôleur elle dispose de trois prérogatives importantes : un droit d'information, un droit de consultation et un droit d'intervention. Ces missions sont communes à l'ensemble des créanciers contrôleurs.

Tout d'abord, l'AGS a la faculté de prendre connaissance de tous les documents transmis aux mandataires de justice. Il s'agira notamment de l'ensemble des jugements rendus par le tribunal de la procédure collective. Elle pourra être informée des résultats de la période d'observation et obtenir la communication des offres de reprises de l'entreprise. Ceci lui permettra d'émettre un avis en faveur de l'offre préservant le plus d'emplois et d'anticiper les conséquences sociales liées à l'adoption d'un plan de cession. L'AGS pourra également se renseigner sur les contentieux prud'homaux en cours au jour du jugement d'ouverture afin de pouvoir évaluer le risque financier des litiges. La finalité de la transmission de ces informations est de permettre aux contrôleurs et donc à l'AGS, d'exprimer une opinion éclairée à l'autorité judiciaire.

Ensuite, le tribunal devra la consulter sur plusieurs étapes intéressant l'issue de la procédure collective. Ainsi, l'AGS sera rendue destinataire du bilan économique et social de l'entreprise et des rapports établis par l'administrateur judiciaire, lesquels préconisent les solutions les plus adaptées à la situation du débiteur. Il s'agit d'un accès privilégié aux informations relatives au déroulement et à l'issue de la procédure collective ouverte par le tribunal. Avant de statuer sur des demandes tendant à arrêter un plan de sauvegarde ou de redressement judiciaire, d'ordonner la cessation totale ou partielle de l'activité ou la liquidation judiciaire, le tribunal devra recueillir l'avis oral ou écrit des contrôleurs. Cette consultation permettra à l'AGS d'étudier les impacts des mesures de restructuration engagées durant la période d'observation, ainsi que des engagements pris en matière sociale dans les offres de reprises. En effet, elle pourra en amont obtenir des informations sur le transfert envisagé des contrats de travail en cours, ainsi que sur la prise en charge par le futur repreneur de plusieurs créances salariales (congés payés, primes, participation au financement du plan de sauvegarde de l'emploi). Ces données ont un lien direct avec la garantie de l'AGS puisqu'elles déterminent le montant des avances qui seront effectuées à la suite de l'adoption du plan de cession.

Il faut ajouter à ces communications et consultations obligatoires, que le juge-commissaire est tenu de recueillir les observations des contrôleurs lors des cessions d'immeubles, des ventes judiciaires ou de gré à gré des autres biens de l'entreprise dans le cadre de la liquidation judiciaire[5]. L'AGS sera ainsi consultée sur les propositions de règlement des dettes. Sa mission de contrôleur lui permettra de vérifier que les actifs ne sont pas cédés bien en deçà de leur valeur sur le marché et que l'ordre des privilèges est bien respecté par le liquidateur judiciaire lors des répartitions.

Les textes légaux ne prévoient pas de sanction à l'absence de consultation des créanciers contrôleurs. Le défaut de cette consultation impérative pourrait

1. TGI Paris, 12 févr. 2013 ; *Leden* 2013-6, n° 104, obs. F.-X. Lucas.
2. L. n° 2005-845, 26 juill. 2005 de sauvegarde des entreprises, *JO* 27 juill.
3. Les fonctions de contrôleur astreignent toutefois le créancier à une obligation de confidentialité et leur responsabilité peut être engagée en cas de faute lourde (C. com., art. L. 621-10).
4. Com. 9 déc. 1997, n° 95-16.206 ; *Bull. civ.* IV, n° 325 ; Com. 6 juin 2000, n° 97-20.932.
5. A. Sorensen, « Réforme des procédures collectives. Les contrôleurs : le toilettage d'une institution oubliée », *LPA* 25 août 1995, n° 102, p. 5.

être toutefois de nature à vicier et invalider les décisions qui doivent être prises par le tribunal[1].

Enfin, l'AGS a la faculté d'engager certaines actions dans l'intérêt collectif des créanciers. À ce titre, elle peut adresser plusieurs demandes au tribunal en vue de mettre fin à la période d'observation en cas de résiliation d'un contrat en cours pour défaut de paiement durant cette période, de prononcer la cessation partielle ou totale de l'activité ou encore la conversion de la procédure en liquidation judiciaire. Cependant, il convient de souligner que les contrôleurs n'ont pas pour mission de représenter l'intérêt collectif des créanciers, le représentant des créanciers conservant son monopole dans cette représentation[2] sauf en cas de carence.

711.36 Actions ouvertes aux contrôleurs en cas de carence du mandataire judiciaire. Sous l'empire de la loi du 25 janvier 1985[3], le mandataire judiciaire avait un monopole dans les actions à engager dans le cadre de la procédure collective puisque les contrôleurs n'étaient pas investis d'un droit d'agir au nom des créanciers. Leur rôle se limitait à des opérations de vérifications et de contrôles. Par la loi du 26 juillet 2005[4], les contrôleurs se sont vu attribuer un pouvoir de représentation collective[5]. Cette mission de défense de l'intérêt collectif ne peut cependant être mise en œuvre que subsidiairement. En effet, le législateur a conditionné certaines actions émanant des contrôleurs à la « carence » du mandataire judiciaire[6].

Afin que leurs actions soient recevables, l'article R. 622-18 du Code de commerce exige qu'une mise en demeure ait été adressée au mandataire judiciaire et qu'elle soit restée infructueuse pendant deux mois à compter de sa réception. Dans un arrêt en date du 30 janvier 2019, la Cour de cassation a rappelé que « tout créancier nommé contrôleur peut agir dans l'intérêt collectif des créanciers, mais seulement en cas de carence du mandataire judiciaire ou du liquidateur ». Elle en déduit qu'un contrôleur n'a pas qualité pour former un recours contre une ordonnance rendue, à la demande du mandataire ou du liquidateur, par le juge-commissaire sur le fondement de l'article R. 661-21 du Code de commerce[7].

Les actions engagées par les contrôleurs en cas de carence du mandataire judiciaire sont de diverses natures. Par exemple, il pourra s'agir d'une action en nullité de la période suspecte[8], comme celle susceptible de faire annuler un contrat de travail dans lequel les obligations de l'employeur excèdent notablement celles du salarié. La jurisprudence est abondante sur l'appréciation du déséquilibre des prestations réciproques dans le cadre d'un contrat de travail conclu avec le débiteur. Une étude casuistique sera faite par les juridictions du fond. Il a été retenu que des salaires excessifs par rapport à la prestation de travail fournie[9] ou par rapport à la qualification du salarié[10], un avenant au contrat de travail prévoyant une indemnisation importante en cas de licenciement[11] ou encore, la signature d'un contrat de qualification désavantageux pour l'employeur[12] étaient des contrats commutatifs déséquilibrés[13]. En revanche, si le salarié se voit attribuer une rémunération importante qui est en lien avec la prestation de travail réalisée et son expérience significative, le déséquilibre n'est pas caractérisé[14].

De même, les actions en responsabilité contre des tiers[15] ou en responsabilité pour insuffisance

1. J.-M. Calendini, « La revalorisation du rôle des contrôleurs », *LPA* 14 sept. 1994, n° 10.
2. C. Leguevaques, « Les pouvoirs limites des contrôleurs : surveiller sans punir ? », *LPA* 6 juin 1997, n° 68, p. 27.
3. L. n° 85-98, 25 janv. 1985 relative au redressement et à la liquidation judiciaire des entreprises, *JO* 26 janv.
4. L. n° 2005-845, 26 juill. 2005 de sauvegarde des entreprises, *JO* 27 juill.
5. C. com., art. L. 621-11, L. 622-20, L. 651-2, L. 651-3, al. 2, L. 653-7, L. 654-17.
6. La carence peut être caractérisée lorsque le mandataire ne répond pas ou qu'il répond par la négative selon R. Damman, « La carence du mandataire doit s'analyser comme une absence d'action, quelle que soit sa motivation », *BJE* mars 2014. 74.
7. Com. 30 janv. 2019, n°s 17-20.793 et 17-22.221 ; *Leden*, mars 2019, n° 112h1, p. 2, J. Cavelier ; *Rev. sociétés* 2019. 216, obs. Ph. Roussel-Galle ; *D. actu.* 1er mars 2019, obs. X. Delpech ; *Act. proc. coll.* n° 5, mars 2019, repère 58, note G. Amlon ; *Gaz. Pal.* 9 juill. 2019, n° 25, p. 64, note D. Boustani.
8. L'article L. 631-8 du Code de commerce dresse une liste limitative des personnes habilitées à engager ce type d'action. Il s'agit du mandataire judiciaire, du commissaire à l'exécution du plan, de l'administrateur et du ministère public. En règle générale, l'AGS n'a donc pas qualité pour exercer cette action, notamment si un contrat de travail déséquilibré a été conclu peu de temps avant l'ouverture de la procédure collective – EN CE SENS : Soc. 13 févr. 2008, n° 06-44.234 ; *RJS* 4/2008, n° 488 ; – Douai, 30 janv. 2015, RG n° 14/00617.
9. Soc. 21 nov. 2002, n° 98-42.014 ; *Rev. proc. coll.* 2002, p. 273, n° 2, obs. G. Blanc ; – Soc. 19 juin 2001, n° 99-42.738 ; *Rev. proc. coll.* 2002, p. 275, n° 5, obs. G. Blanc ; – Soc. 29 oct. 2002, n° 00-45.612 ; *Bull. civ.* V, n° 235 ; *JCP E* 2003. 1583, note L. Fin-Langer ; – Soc. 12 sept. 2012, n° 11-20.108 ; *Gaz. Pal.* 1er oct. 2012, n° 286, p. 34, note C. Gailhbaud.
10. Nancy, 6 nov. 2007 ; *Rev. proc. coll.* 2008, n° 155, note G. Blanc.
11. Soc. 14 mars 2000, n° 97-45.899 ; *Rev. proc. coll.* 2002, p. 275, n° 5, obs. G. Blanc.
12. Soc. 15 juin 2004, n° 02-41.623 ; *Bull. civ.* V, n° 163 ; *RTD com.* 2005. 416, n° 4, obs. A. Martin-Serf.
13. dans le même sens : Com. 11 avr. 2012, n° 09-12.431 ; *BJE* 2012, n° 117, note R. Bonhomme ; Douai, 31 oct. 2002 ; *Rev. proc. coll.* 2004, p. 70, n° 3, obs. G. Blanc ; Paris, 1er avr. 2010 ; *Rev. proc. coll.* 2011, n° 132, note G. Blanc.
14. Versailles 17 oct. 2006 ; *Rev. proc. coll.* 2007, p. 226, n° 2, obs. G. Blanc ; Versailles, 20 nov. 2014 ; *Rev. Proc. Coll.* 2015, comm. 2015, note G. Blanc ; Paris, 7 janv. 2010 ; *Rev. proc. coll.* 2010, n° 228, note G. Blanc.
15. Le contrôleur peut se constituer partie civile au titre d'une infraction, dont celle de banqueroute prévue à l'article L. 654-17 du Code de commerce.

d'actif[1] peuvent également être engagées par le mandataire judiciaire. Elles pourront être introduites par le contrôleur en cas de carence de cet organe. La Cour de cassation a admis également qu'une action en extension de la procédure collective pour confusion des patrimoines pouvait être exercées par les créanciers contrôleurs[2].

Lorsque les créanciers agissent en lieu et place du mandataire judiciaire, les sommes recouvrées entrent dans le patrimoine du débiteur[3] et accroissent le gage commun des créanciers. Les intérêts de l'AGS et celui des autres créanciers sont dans cette hypothèse convergents puisque les actions engagées tendront à reconstituer le patrimoine de l'entreprise ou à sanctionner les fautes de gestion. Le contrôleur se retrouve ainsi dans une situation hybride ayant les attributions d'un organe de la procédure collective, sans véritablement en être un[4].

1. C. com. L. 651-3.
2. Cass., avis, 3 juin 2013, n° 13-70.003 ; *BJE* juill. 2013. 197, obs. F. Pérochon ; *Leden* 2013-7, comm. 102, obs. F.-X. Lucas ; *Rev. proc. coll.* 2013, n° 117, obs. B. Saintourens ; *D.* 2013, pan. 2366, obs. Lucas ; Rev. soc. 2013, p. 520, obs. L.-C. Henry ; *Act. proc. coll.* 2013, n° 167, obs. P. Cagnoli ; *Gaz. Pal.* 1er oct. 2013, p. 7, note F. Reille ; *BJS* 20013, 578, note I. Prachkévova.
3. C. com., art. L. 622-20, al. 3.
4. Ph. Roussel Galle, « Les contrôleurs gardiens de l'intérêt collectif », *Gaz. Pal.* 10 sept. 2005, n° 253.

CHAPITRE

712. Employeurs concernés par l'AGS

SECTION 0
ORIENTEUR

712.00 **Sommaire du chapitre.**

Sect. 1 Assujettissement à la cotisation AGS 712.11 à 712.13
Sect. 2 Exclusion du versement de la cotisation AGS 712.21 à 712.22
Sect. 3 Application de la législation relative à l'AGS dans l'espace 712.31 à 712.33

712.01 **Textes applicables.**

• **C. trav.**

art. L. 3253-6 [Assujettissement des employeurs à la cotisation AGS]

art. L. 3253-7 [Indépendance du versement de la cotisation patronale et du droit à la garantie]

art. L. 3253-18 [Financement de l'AGS]

712.02 **Jurisprudence de référence.**

> **La détention par l'État de la majorité du capital social ne prive pas une société de droit privé de son obligation de verser la cotisation AGS**

• **Soc. 29 févr. 2000,** n° 98-13.264, P V, n° 78

* V. s[s] n° 712.13

Pour l'application de l'article L. 143-11-1, alinéa 1, du Code du travail en vertu duquel tout employeur ayant la qualité de commerçant, d'artisan, d'agriculteur ou de personne morale de droit privé occupant un ou plusieurs salariés doit assurer ses salariés contre le risque de non-paiement, en cas de procédure de redressement ou de liquidation judiciaire, des sommes qui leur sont dues en exécution du contrat de travail, la société Télévision du savoir, de la formation et de l'emploi, soumise par les articles 45 et 46 de la loi du 30 septembre 1986 modifiée par la loi du 1er février 1994 à la législation sur les sociétés anonymes, a la qualité de personne morale de droit privé.

712.03 **Bibliographie indicative.**

> **Encyclopédie.** *J.-Cl. com.*, fasc. 2450 : Privilège des salariés et garantie de paiement, par A. Jacquemont, 2007.

> **Colloques.** « L'AGS au cœur du traitement des difficultés des entreprises », dir. scient. Ph. Roussel Galle, Paris, 5 déc. 2018, *Rev. proc. coll.* mars/avr. 2019, Dossier 3, p. 56 s.

712.04 **Question essentielle.**

> Qui cotise au fonds de garantie des salaires ?

* V. s[s] n° 712.12

SECTION 1
ASSUJETTISSEMENT À LA COTISATION AGS

712.11 **Obligation légale.** La singularité de l'AGS est d'être majoritairement financée par des cotisations patronales, lesquelles sont assises sur les rémunérations des travailleurs servant de base de calcul des contributions au régime d'assurance chômage. Ces cotisations ont un caractère obligatoire[1] et permettent d'assurer en grande partie la stabilité financière du régime de l'AGS. La solidarité inter-patronale joue donc un rôle essentiel dans la stabilité économique de cette institution.

712.12 **Employeurs de droit privé.** L'article L. 3253-6 du Code du travail prévoit que tout employeur de droit privé, qu'il soit commerçant, artisan, agriculteur ou personne morale de droit privé (même non commerçante), doit assurer ses salariés contre le risque de non-paiement des sommes dues en exécution du contrat de travail.

La loi du 26 juillet 2005[2], modifiant l'article L. 143-11-1, alinéa 1 du Code du travail[3], étend l'obligation de cotiser à l'AGS à tous les professionnels indépendants, y compris aux employeurs profession-

1. C. trav., art. L. 3253-6.
2. L. n° 2005-845, 26 juill. 2005 de sauvegarde des entreprises, *JO* 27 juill., art. 177.
3. Devenu : C. trav., art. L. 3253-6.

nels libéraux, pour tenir compte de leur faculté de bénéficier d'une procédure collective.

712.13 Personnes morales ayant un statut particulier. Fort logiquement, au regard de l'objectif poursuivi qui est d'éviter le non-paiement des créances salariales dans la procédure collective ouverte contre l'employeur, les personnes non susceptibles de faire l'objet d'une de ces procédures avaient dans un premier temps été exclues du domaine de la garantie. Il en était ainsi des personnes morales de droit public, mais aussi semi-public, ce qui avait donné l'occasion à la jurisprudence d'exclure de l'assujettissement à la cotisation AGS, les sociétés Air France[1], la SNCF[2] ou encore la Seita[3], ainsi que celles en charge du service public de la radio ou de la télévision[4], dès lors que le seul actionnaire était l'État. Ensuite, la Chambre sociale de la Cour de cassation a opéré un revirement de jurisprudence concernant une société de télévision. Désormais, dès lors que la personne morale a la forme d'une société commerciale, elle devient soumise à l'obligation de cotiser à la garantie de l'AGS. Il est indifférent que le capital social soit majoritairement détenu par l'État ou par des personnes morales de droit public[5]. La solution a été posée notamment pour France Télécom[6], France 2 et RFO[7]. Il est tout aussi indifférent qu'elles remplissent des missions de service public, telle qu'une chaîne télévisuelle[8] ou l'URSSAF[9].

Le statut particulier de ces sociétés suscite des interrogations sur le bien-fondé de l'assujettissement à la garantie de l'AGS. En effet, si en théorie ces sociétés peuvent faire l'objet d'une procédure collective du fait de leur forme sociétale, le risque d'ouverture d'une telle procédure est pratiquement nul à cause de l'origine de leurs ressources[10]. La solution retenue par la Cour de cassation pourrait s'expliquer par le fait que l'État est associé majoritaire, mais qu'il n'est pas associé unique de ces sociétés[11]. Les entreprises transférées du secteur public au secteur privé, même si elles bénéficient d'un statut particulier, sont identiquement soumises à la cotisation à l'AGS[12]. Ainsi, si les personnes morales de droit public demeurent exclues de la cotisation AGS, les entreprises semi-publiques y sont assujetties.

SECTION 2
EXCLUSION DU VERSEMENT DE LA COTISATION AGS

712.21 Syndicats de copropriété. Si toutes les personnes morales de droit privé sont soumises au versement de la cotisation AGS, il faut excepter les syndicats de copropriétaires[13] puisqu'ils ne sont pas éligibles aux procédures collectives.

712.22 Employeurs du personnel de maison. En vertu d'une circulaire ACOSS du 19 avril 2011, prise en application du décret du 2 août 2010[14] fixant les modalités du recouvrement des cotisations, les employeurs de gens de maison ne sont pas soumis à la cotisation AGS. Cette circulaire précise que « ne sont pas assujettis à la cotisation AGS les personnes morales de droit public, les particuliers employeurs et les syndicats de copropriété ». Néanmoins, il a pu être jugé par deux Cours d'appel que les gens de maison pouvaient bénéficier de la garantie de l'AGS dès lors qu'ils sont titulaires d'un contrat de travail et sont subordonnés à un employeur de droit privé. Aucune distinction n'a été opérée entre l'activité salariale réalisée pour le compte du débiteur dans le cadre personnel ou professionnel[15].

SECTION 3
APPLICATION DE LA LÉGISLATION RELATIVE À L'AGS DANS L'ESPACE

712.31 Alsace-Moselle. L'obligation de cotiser à l'AGS s'applique aux entreprises qui se situent en

1. Soc. 16 déc. 1987, n°s 83-14.201, 83-14.202, P V, n° 731, 2 arrêts ; – Soc. 17 avr. 1991, n° 89-16.708, P V, n° 199 ; *Dr. soc.* 1991. 497, concl. Picca ; *Rev. soc.* 1991, p. 595, note M.-H. Maleville ; *D.* 1991. Somm. 240, obs. A. Honorat ; *Rev. proc. coll.* 1992, p. 196, n° 9, obs. E. Kerckhove.
2. Soc. 16 déc. 1987, n°s 83-14.201, 83-14.202, préc.
3. Soc. 6 nov. 1991, n° 88-17.869, P V, n° 476 ; *Rev. proc. coll.* 1992, n° 9, p. 198, obs. E. Kerckhove.
4. Soc. 16 déc. 1987, n°s 86-10.063 à 86-10.066, P V, n° 730.
5. Soc. 29 févr. 2000, n° 98-13.264, P V, n° 78 ; *D.* 2001. Somm. 117, obs. F. Derrida ; *JCP E* 2000, n° 13, p. 542 ; *Act. proc. coll. 2000*, comm. 79.
6. Soc. 7 sept. 2004, n° 02-21.384, P V, n° 224 ; *Act. proc. coll.* 2004, comm. 212.
7. Soc. 2 juill. 2014, n° 13-15.605, P V, n° 161 ; n° 1337, FS-P+B ; *Rev. proc. coll.* 2014, comm. 127, note F. Taquet ; *JCP E* 13 nov. 2014, n° 46, 1582, note L. Fin-Langer.
8. Soc. 29 févr. 2000, n° 98-13.264, P V, n° 78 ; *Dr. soc.* 2000. 560, obs. C. Radé ; *D.* 2001, somm. 117, obs. F. Derrida ; *Rev. proc. coll.* 2000. 107, obs. F. Taquet.
9. Soc. 21 avr. 1988, n° 85-14.659, P V, n° 245.
10. Soc. 2 juill. 2014, n°s 13-15.605 et 13-15.771 ; *JCP E* 13 nov. 2014, n° 46, 1582, note L. Fin-Langer.
11. Soc. 2 juill. 2014, n°s 13-15.605 et 13-15.771 ; *Rev. proc. coll.* sept. 2014, n° 5, comm. 127, note F. Taquet.
12. Lyon, 6e ch., 5 mars 2003, RG n° 02/00978.
13. Instr. Unedic n° 11-96, 21 févr. 1996 ; *JCP E* 1996, pan. 338.
14. Circ. ACOSS, n° 2011-0000044, 19 avr. 2011, prise en application du décret n° 2010-907, 2 août 2010 fixant les modalités de mise en œuvre anticipée du transfert du recouvrement des contributions d'assurance chômage et des cotisations AGS aux URSSAF ainsi que le seuil des contributions et cotisations ouvrant droit à la faculté de versement annuel, *JO* 4 août.
15. Douai 21 janv. 2013, RG n° 11/02343 ; – Poitiers, 29 févr. 2012, n° RG 10/02663.

France, y compris en Alsace-Moselle[1]. En effet, les salariés des employeurs domiciliés dans les départements du Haut-Rhin, du Bas-Rhin et de la Moselle relevant du régime local[2] peuvent prétendre à la garantie de l'AGS.

712.32 **Outre-mer.** La cotisation s'applique également aux départements d'outre-mer suivants : Guadeloupe, Guyane, Martinique, Saint-Pierre et Miquelon, Mayotte[3], La Réunion. En revanche, pour la Nouvelle-Calédonie, l'exclusion de la garantie résulte de l'article L. 930-1, 5°, du Code de commerce, pour la Polynésie française de l'article L. 940-1, 5°, du Code de commerce, pour Wallis-et-Futuna, de l'article L. 950-1, 6° du Code de commerce.

Néanmoins, la Cour de cassation a estimé que si l'employeur est immatriculé dans un territoire ou une collectivité territoriale d'outre-mer, l'exclusion de la garantie ne peut être opposée si, d'une part, le salarié exerce ou exerçait habituellement son travail en métropole ou dans un département d'outre-mer et si, d'autre part, la procédure collective à l'encontre de son employeur est ouverte ou exécutoire en France[4].

712.33 **Domiciliation dans l'Union européenne ou à l'étranger.** Pour pouvoir être assujetti à la cotisation AGS, l'employeur doit être établi en France métropolitaine ou dans un des départements d'Outre-mer susvisés. Ainsi, nonobstant l'application de la garantie aux salariés qui exécutent leur prestation en France[5], les employeurs de droit privé qui sont domiciliés au sein de l'Union européenne ou à l'étranger n'ont pas à cotiser à la garantie de l'AGS.

1. Soc. 12 janv. 1999, n° 96-42.585, P V, n° 9 ; *D.* 2001. Somm. 118, obs. F. Derrida.
2. C. com., art. L. 670-1.
3. Ord. n° 2016-1580, 24 nov. 2016 relative à la protection du salaire à Mayotte, au titre des privilèges et de l'assurance, *JO* 25 nov. ; Décr. n° 2016-1857, 23 déc. 2016 fixant les plafonds et les montants maximum garantis par l'association pour la gestion du régime d'assurance des créances des salariés pour les salariés relevant du code du travail applicable à Mayotte, *JO* 27 déc.
4. Soc. 5 janv. 2011, n° 09-69.035, P V, n° 2 ; *BJE* juill.-août 2011, comm. 87, p. 211, note S. Benilsi ; *LPA* 29 juill. 2011, n° 150, p. 15, note L.-C. Henry ; *Act. proc. coll.* 2011/4, n° 74.
5. Sur la mise en œuvre de la garantie dans les procédures d'insolvabilité transfrontalières, v. s[s] n°s 714.21 s.

CHAPITRE

713. Bénéficiaires de la garantie AGS

SECTION 0
ORIENTEUR

713.00 Sommaire du chapitre.

Sect. 1 Titulaires d'un contrat de travail 713.11 à 713.13

Sect. 2 Contrats de travail spécifiques 713.21 à 713.23

Sect. 3 Statuts particuliers des salariés 713.31 à 713.38

Sect. 4 Ayants droit du salarié 713.41

Sect. 5 Absence de qualité de salarié 713.51 à 713.56

713.01 Textes applicables.

• **C. trav.**

art. L. 3253-6 [Assujettissement des employeurs à la cotisation AGS]

art. L. 3253-7 [Indépendance du versement de la cotisation patronale et du droit à la garantie]

art. L. 3253-8 [Domaine d'application de la garantie]

art. L. 3253-18 [Financement de l'AGS]

713.02 Jurisprudence de référence.

> **Qualification d'une relation de travail subordonnée**

• **Soc. 17 avr. 1991**, n° 88-40.121, P V, n° 200.122

* V. s[s] n° 713.11

L'existence d'une relation de travail ne dépend ni de la volonté exprimée par les parties, ni de la détermination qu'elles ont donnée à leur convention, mais des conditions de fait dans lesquelles est exercée l'activité des travailleurs.

713.03 Bibliographie indicative.

> **Articles.** G. Auzero, « La difficile application du Code du travail aux gérants de succursales », BJT févr. 2025, n° 2, p. 52 – D. Ronet-Yague, « Les vicissitudes du contentieux de l'AGS en 2023 », *Gaz. Pal.* 5 déc. 2023, n° 40, p. 52.

> **Encyclopédie.** *J.-Cl. com.*, fasc. 2450 : Privilège des salariés et garantie de paiement, par A. Jacquemont, 2007.

> **Colloques.** « L'AGS au cœur du traitement des difficultés des entreprises », dir. scient. Ph. Roussel Galle, Paris, 5 déc. 2018, *Rev. proc. coll.* mars/avr. 2019, Dossier 3, p. 56 s.

713.04 Question essentielle.

> La qualité de salarié est-elle présumée pour faire jouer la garantie de l'AGS ?

* V. s[s] n° 713.11

SECTION 1
TITULAIRES D'UN CONTRAT DE TRAVAIL

713.11 Qualité de salarié. La qualité de salarié est indispensable pour pouvoir prétendre aux avances de l'AGS. L'article L. 3253-6 du Code du travail oblige les employeurs à assurer tous leurs salariés au régime de l'AGS. Ainsi, les personnes liées par un contrat de travail aux personnes physiques ou morales précitées [1] pouvant être déclarés en sauvegarde, en redressement et en liquidation judiciaires, peuvent prétendre à la garantie de l'AGS. Peu importe que leur contrat de travail soit à durée déterminée ou indéterminée, qu'il corresponde à un temps plein ou un temps partiel [2].

Sous l'empire de la législation antérieure à la loi du 26 juillet 2005, il avait été jugé que les salariés de l'exploitant d'une auto-école, lequel ne devrait pas pouvoir être déclaré en redressement ou en liquidation judiciaire, ne bénéficiaient pas de la garantie [3]. L'autorité absolue de la chose jugée attachée à la décision d'ouverture de la procédure ayant reconnu

1. Sur les personnes assujetties à la cotisation AGS, v. s[s] n°s 712.11 s.
2. G. Ripert et R. Roblot, *Traité de droit commercial*, t. IV, *Effets de commerce et entreprises en difficulté*, par Ph. Delebecque, N. Binctin et L. Andreu, 18e éd., LGDJ-Lextenso, 2018, n° 3101.
3. Reims, 18 juin 2003, RG n° 00/01199.

la qualité de commerçant de l'intéressé pourrait cependant interdire la remise en cause de l'application de la garantie AGS ultérieurement. La loi du 26 juillet 2005 [1] a étendu le bénéfice des procédures collectives à tous les professionnels indépendants, ce qui inclut les professionnels libéraux. En conséquence, les salariés de ces professionnels sont désormais couverts par l'AGS.

La question de fond est de savoir si un contrat de travail lie le débiteur à un salarié. Le contrat de travail n'est pas défini en tant que tel par la loi. L'article L. 1221-1 du Code du travail précise simplement que « le contrat de travail est soumis aux règles du droit commun. Il peut être établi selon les formes que les parties contractantes décident d'adopter ».

La jurisprudence a dégagé trois critères permettant de caractériser un contrat de travail. Ces trois éléments constitutifs sont la fourniture d'une prestation de travail, le versement d'une rémunération et l'existence d'un lien de subordination [2]. La Cour de cassation a affirmé le caractère d'ordre public du droit du travail et « l'impuissance de la volonté des parties à soustraire un salarié au statut social qui découle nécessairement des conditions d'accomplissement de son travail » [3]. Dans un arrêt du 17 avril 1991, elle a également précisé que l'existence d'une relation de travail ne dépend ni de la volonté exprimée par les parties, ni de la détermination qu'elles ont donnée à leur convention, mais des conditions de fait dans lesquelles est exercée l'activité des travailleurs [4]. Le travailleur bénéficie d'une présomption simple s'il est en possession d'un contrat de travail ou de documents attestant sa qualité de salarié. En effet, dans ce cas, il incombe à celui qui invoque le caractère fictif de ce contrat d'en apporter la preuve [5]. Le renversement de cette présomption pèse sur le mandataire judiciaire ou l'AGS dès lors que la contestation de la créance réclamée repose sur le fondement de l'absence de qualité de salarié et qu'un contentieux devant le conseil de prud'hommes est engagé par la suite.

713.12 Contrat de travail rompu avant le jugement d'ouverture de la procédure collective. S'agissant des anciens salariés, ceux dont le contrat a été rompu antérieurement à l'ouverture de la procédure collective, la nature de la créance va primer sur la qualité de la personne. Dès lors que la personne détient des créances de nature salariale, la garantie a vocation à s'appliquer. La Cour de cassation a précisé que même lorsqu'ils ont été licenciés avant le prononcé du jugement d'ouverture de la procédure collective, les salariés ne sont pas tenus de déclarer les créances résultant de leur contrat de travail au représentant des créanciers [6]. Ainsi, peu importe le mode de rupture du contrat de travail, la créance salariale reste opposable à la procédure collective et à l'AGS sur le fondement de l'article L. 3253-8, 1°, du Code du travail. La garantie sera toutefois exclue en cas d'ouverture d'une procédure de sauvegarde puisque dans cette procédure la prise en charge des créances nées antérieurement au jugement d'ouverture est exclue.

Même si le contrat de travail a été rompu plus de six mois avant le jugement d'ouverture et que des créances salariales liées à l'exécution ou à la rupture du contrat de travail sont encore dues au salarié, la garantie de l'AGS pourra être sollicitée. L'absence de prescription des créances invoquées par le salarié [7] devra toutefois être vérifiée par le mandataire judiciaire.

713.13 Contrat de travail conclu ou rompu après le jugement d'ouverture de la procédure collective. Aucune condition d'ancienneté n'est posée par les textes légaux pour pouvoir prétendre à la garantie de l'AGS. Ainsi, le salarié nouvellement embauché avant ou après l'ouverture de la procédure collective peut bénéficier des avances [8]. Néanmoins, la conclusion, tout comme la rupture, d'un contrat de travail postérieurement à l'ouverture de la procédure collective devra respecter les règles relatives à la répartition des pouvoirs. À défaut, la sanction de l'inopposabilité de l'acte à la procédure collective peut être soulevée devant le tribunal [9].

1. L. n° 2005-845, 26 juill. 2005 de sauvegarde des entreprises, *JO* 27 juill., p. 12187.
2. *Memento Social 2023*, éd. F. Lefebvre, n° 16360 – B. Bossu, F. Dumont, P.-Y. Verkindt, *Droit du travail*, Montchrestien, « Cours », 3e éd. 2011, n° 180 – Soc. 22 juill. 1954 ; *Bull. civ.* V, n° 922.
3. Cass., ass. plén., 4 mars 1983, nos 81-11.647, 81-15.290 ; *D.* 1983. 381. concl. Cabannes.
4. Soc. 17 avr. 1991, n° 88-40.121 ; *Dr. soc.* 1991. 156 ; Soc. 12 juill. 2005, n° 03-45.394 ; Soc. 28 avr. 2011, n° 10-15.573.
5. Soc. 18 juin 1996, n° 92-44.296 ; *Bull. civ.* V, n° 245.
6. Soc. 19 juin 1991 ; *RJDA* 1991, n° 1072, p. 899 ; *RJS* 1991, n° 1092, p. 572.
7. Trois prescriptions différentes s'appliquent aux créances salariales : les actions en paiement ou répétition du salaire sont soumises à la prescription de trois ans à compter du jour où le titulaire du droit a connu ou aurait dû connaître les faits lui permettant d'exercer son droit (C. trav., art. L. 3245-1). Les actions portant sur la contestation de la rupture doivent être exercées dans un délai d'un an à compter de la notification de la rupture (C. trav., art. L. 1471-1). Lorsque les salariés ont adhéré au dispositif du contrat de sécurisation professionnelle, le point de départ de l'action est fixé au jour de l'adhésion à ce dispositif (C. trav., art. L. 1233-67). Pour les actions portant sur l'exécution du contrat de travail, la prescription est de deux ans (C. trav., art. L. 1471-1).
8. Soc. 20 mai 1992, nos 91-41.516, 91-41.519, P V, n° 322 ; *JCP E* 1992, pan. p. 938.
9. Sur les sanctions liées au non-respect des règles relatives à la répartition des pouvoirs V. ss n° 311.21.

Si l'acte est déclaré inopposable à la procédure collective par la juridiction saisie, le contrat restera valable entre les parties, mais les créances qui en résultent ne seront pas prises en compte dans le cadre de la procédure collective. Cet acte de conclusion ou de rupture ne permettra pas au salarié de faire valoir ses créances auprès du représentant des créanciers et de bénéficier des avances de l'AGS.

SECTION 2
CONTRATS DE TRAVAIL SPÉCIFIQUES

713.21 **Contrats d'aide à l'emploi.** La garantie s'applique aux contrats dits « aidés » qui permettent à l'employeur de bénéficier d'aides étatiques pour diminuer le coût de l'embauche. Ainsi, peu importe leur dénomination (contrat unique d'insertion, contrat adultes-relais, contrat d'engagement jeune...), ces contrats restent des contrats de travail. Dès lors, dès qu'ils sont conclus avec un employeur de droit privé pouvant faire l'objet d'une procédure collective, les personnes titulaires d'un contrat aidé pourront prétendre à la garantie de l'AGS.

713.22 **Apprentis, Doctorants, voyageur représentant placier (VRP).** Les voyageurs représentants placiers [1], les titulaires d'un contrat de professionnalisation, les apprentis [2] bénéficient aussi de la garantie. Si le contrat d'apprentissage est jugé nul, le jeune travailleur peut en demander la requalification en un contrat de travail à durée indéterminée, ce qui l'autorisera à obtenir la garantie de l'AGS au titre d'une rémunération calculée au SMIC [3]. En revanche, la simple promesse d'embauche faite à l'apprenti ne peut suffire à mettre en œuvre la garante de l'AGS puisqu'aucun contrat de travail n'est conclu [4].

Il en est de même des personnes titulaires d'une convention industrielle de formation par la recherche (CIFRE) conclue entre un employeur et un doctorant chercheur. Si le contrat est conclu en CDD, les dommages et intérêts équivalant aux rémunérations que le salarié aurait perçues jusqu'au terme du contrat sont garantis [5].

1. Versailles 30 janv. 1989 ; *D.* 1989. Somm. 216, obs. A. Honorat.
2. Soc. 23 mai 2000, n° 97-45.187, P V, n° 192 ; *Gaz. Pal.* 2000, som., p. 225, *Cah. D. affaires* 2000, som. P. 118, obs. F. Derrida ; Soc. 6 juin 2000, n° 98-42.083, P V, n° 125 ; – Soc. 1er oct. 2003, n° 01-40.125, P V, n° 249 ; *Act. proc. coll.* 2003/19, n° 244, note J. Vallansan ; – Soc. 11 oct. 2006, n° 05-41.789, NP ; *Rev. proc. coll.* 2007/1, p. 53, n° 6, obs. F. Taquet ; – Soc. 22 mars 2007, n° 04-46.745, NP ; *Rev. proc. coll.* 2007/3, p. 148, n° 2, obs. F. Taquet.
3. Soc. 28 mai 2008, n° 06-44.327, P V, n° 118 ; *Gaz. proc. coll.* 2008/3, p. 56, note C. Duprat.
4. Lyon, ch. soc. C, 25 août 2009, RG n° 08/07513 ; *Rev. proc. coll.* 2011, comm. 69, p. 67, note F. Taquet.
5. Soc. 26 mars 2003, n° 01-40.124.

713.23 **Artistes du spectacle.** L'article L. 7121-3 du Code du travail établit une présomption de salariat pour les artistes. Cet article précise que « tout contrat par lequel une personne s'assure, moyennant rémunération, le concours d'un artiste du spectacle en vue de sa production, est présumé être un contrat de travail dès lors que cet article n'exerce pas l'activité qui fait l'objet de ce contrat dans des conditions impliquant son inscription au registre du commerce ». Ainsi, si l'artiste interprète remplit ses conditions, il pourra prétendre à la garantie de l'AGS [6].

La Cour de cassation écarte l'application de l'AGS dans les procédures collectives pour les créances attachées à la cession par les artistes-interprètes de leurs droits voisins au producteur d'une œuvre audiovisuelle qui les emploie. [7] Autrement dit, les créances déclarées par l'Adami à la procédure collective d'une société de production au nom des artistes-interprètes dont elle défend les droits, représentent les redevances qui leur sont dues, non pas en exécution de leur contrat de travail, mais en contrepartie des droits cédés pour l'exploitation des enregistrements. Ainsi, cet organisme de gestion collective de la propriété intellectuelle, n'a aucune qualité à agir pour obtenir que ces rémunérations complémentaires soient garanties par l'AGS.

SECTION 3
STATUTS PARTICULIERS DES SALARIÉS

713.31 **Associés.** La garantie est due aux salariés ayant le statut d'associé, peu important qu'ils soient tenus indéfiniment et solidairement au passif [8]. La solution vaut même pour l'associé unique, non gérant, ayant le statut de salarié [9], sauf démonstration de la qualité de dirigeant de fait.

La qualité d'associé unique d'EURL non gérant est incompatible avec le cumul d'un contrat de travail, dès lors que l'intéressé dispose du pouvoir de révoquer le gérant, ce qui exclut l'existence d'un lien de subordination [10]. Il faut cependant réserver le cas des associés de sociétés civiles ouvrières de production (SCOP) qui, par l'effet de l'article 17 de la loi du 19 juillet 1978 [11], sont de plein droit mandataires sociaux, et qui, dès lors qu'ils sont rémunérés, sont

6. Soc. 20 avr. 2005, n° 02-47.063 ; *Act. proc. coll. 2005*, comm. 145, obs. L. Fin-Langer.
7. Soc. 12 mars 2025, n° 22-17.960, *Leden* avr. 2025, n° 4, p. 3, obs. N. Binctin ; Dalloz Act. 9 avr. 2025, com. P. Dumortier.
8. Soc. 9 mars 2004, nos 02-41.851 à 02-41.853, 02-41.855 ; *Act. proc. coll.* 2004, n° 124, obs. L. Fin-Langer.
9. Soc. 11 juill. 2012, n° 11-12.161, NP ; *Gaz. Pal. entr. diff.* 13 oct. 2012, n° 286, p. 35, note C. Gailhbaud.
10. Soc. 16 janv. 2019, n° 17-12.479 ; *Rev. proc. coll.* juill.-août 2019, p. 20, comm. 106, note F. Taquet.
11. L. n° 78-763, 19 juill. 1978 portant statut des sociétés coopératives de production, *JO* 20 juill., p. 2878.

des salariés pouvant à ce titre bénéficier de la garantie de l'AGS.

713.32 Dirigeants. La qualité de dirigeant social n'est pas incompatible avec la garantie, mais ce n'est pas en cette qualité qu'elle est due. Le dirigeant devra être titulaire d'un contrat de travail régulier, spécialement au regard du droit des sociétés – on rappellera ici que le nouvel article L. 225-21-1 du Code de commerce[1] autorise un administrateur de société anonyme, si cette dernière est une PME, à devenir salarié[2] – et le travail accompli en qualité de salarié, outre qu'il devra être réel, devra surtout être distinct de la fonction de dirigeant, ce qui présuppose l'existence d'un lien de subordination à l'égard de la société débitrice[3].

La Chambre sociale de la Cour de cassation considère que le mandat social a pour effet de suspendre automatiquement le contrat de travail, qui retrouve pleine efficacité si l'intéressé abandonne ensuite son poste de mandataire social[4]. Toutefois, le contrat de travail, sauf convention contraire, n'est pas suspendu si le salarié ne cesse pas ses fonctions techniques après être devenu mandataire social[5]. L'assemblée plénière[6] prononce, pour sa part, la nullité du contrat de travail en cas de cumul irrégulier avec un mandat social et non pas sa suspension[7].

L'intéressé peut demander la prise en charge par l'AGS des créances salariales liées à l'exécution ou à la rupture de son contrat de travail. À l'inverse, il ne peut réclamer le paiement de sa rémunération de mandataire.

La garantie sera refusée au dirigeant de fait[8]. La direction de fait a pour conséquence d'entraîner la disparition rétroactive du contrat de travail puisqu'en réalité ce dernier était fictif[9]. Dans ces circonstances, la jurisprudence estime que faute de contrat de travail, aucune créance salariale n'est due par l'AGS[10]. Ainsi, une personne détenant la moitié des parts sociales, qui a une procuration illimitée sur le compte bancaire, dont la rémunération est largement supérieure au dirigeant de droit, qui est son concubin et qui au surplus a été embauchée pendant la période d'observation ne peut bénéficier de la garantie[11]. De même, les avances de l'AGS seront refusées à celui qui se présente comme gérant auprès des organismes sociaux et détenait la signature sur les comptes sociaux[12].

Pour certains titulaires de mandat social, la qualité de salarié doit être d'office rejetée. Il en va ainsi pour les gérants majoritaires de sociétés à responsabilité limitée[13], gérant associé unique d'entreprise unipersonnelle à responsabilité limitée[14], les Présidents-Directeurs Généraux dans les sociétés anonymes à Conseil d'administration ou les Présidents du Directoire et du Conseil de surveillance dans les sociétés anonymes à Directoire[15], ainsi que les Présidents d'une société par action simplifiée ou d'une association.

713.33 Conjoint. Le conjoint du chef d'une entreprise individuelle peut également prétendre à la garantie mais encore faut-il qu'il ait opté pour le statut de salarié et qu'il ne participe pas activement à la gestion de l'entreprise[16]. Il faut réserver le cas de la novation de la créance salariale en une créance civile ou commerciale[17].

713.34 Fonctionnaires mis à disposition d'un employeur de droit privé. Certains fonctionnaires peuvent être mis à disposition et placés sous la direction d'un organisme privé ou d'une personne morale de droit privé. À cet égard, la Cour de cassation a jugé que la qualité de fonctionnaire n'est pas incompatible avec l'existence d'un contrat de travail, ce qui ouvre droit à la garantie de l'AGS aux intéressés[18].

713.35 Détachés ou expatriés. L'obligation de garantie s'étend aux travailleurs salariés détachés à l'étranger ainsi qu'aux travailleurs salariés expa-

1. C. com., L. 225-21-1, red L. n° 2012-387, 22 mars 2012.
2. M. Roussille, « L'interdiction faite aux administrateurs de devenir salaries est supprimée », *Dr. sociétés* 2012, ét. 5 – B. Saintourens et P. Emy, « Nouvelle étape de "simplification" du droit des sociétés par la loi n° 2012-387 du 22 mars 2012 », *Rev. sociétés* 2012. 335 s., sp. p. 337, n° 7.
3. Soc. 28 févr. 2006, n° 05-40.953, NP ; *Rev. proc. coll.* 2006/3, p. 286, n° 18, obs. F. Taquet – Amiens, 5e ch. prud., 17 déc. 2020, RG n° 19/04749 ; *Rev. proc. coll.* mars/avr. 2021, comm. 37, note F. Taquet.
4. Soc. 8 oct. 2003, n° 01-43.556, P V, n° 253 ; *Act. proc. coll.* 2003/17, n° 221, obs. C. Régnaut-Moutier – Soc. 25 oct. 2006, n° 04-47.093, NP ; *Rev. proc. coll.* 2007/1, p. 54, n° 7, obs. F. Taquet.
5. Soc. 19 janv. 2011, n° 09-66.259, NP ; *Rev. proc. coll.* 2011, comm. 85, note F. Taquet.
6. Soc. 8 oct. 2003, n° 01-43.556, P V, n° 253 ; *Act. proc. coll.* 2003/17, n° 221, obs. C. Régnaut-Moutier.
7. Cass., ass. plén., 4 juin 1993, n° 90-43.862, P, n° 12 ; *D.* 1993. 166 ; *D.* 1993. jur. 501, concl. M. Jeol, note Chartier ; *RTD com.* 1993. 674, obs. D. Reinhard.
8. Soc. 10 janv. 2001, n° 96-42.985, NP ; *Act. proc. coll.* 2001/4, n° 57.
9. Soc. 30 nov. 2004 ; *Act. proc. coll.* n° 3, 2005, n° 32, note J. Vallansan.
10. Com. 19 déc. 1989 ; *Rev. proc. coll.* 1990-3, obs. E. Kerckhove.
11. Soc. 4 juill. 2007, n° 06-44.038, NP ; *Rev. proc. coll.* 2007/4, p. 231, n° 3, obs. F. Taquet.
12. Soc. 24 nov. 2021, n° 20-18.488, NP ; n° 1322 F-D.
13. Soc. 7 févr. 1979, n° 77-15.013 ; – Soc. 8 oct. 1980, n° 79-12.125 ; – Soc. 31 mars 1985, n° 81-10.448.
14. Comme pour les gérants majoritaires, ils ne peuvent se trouver dans un état de subordination.
15. Soc. 16 oct. 1991, n° 88-40.188 ; *RJS* 11/91, n° 1251.
16. Soc. 25 oct. 2000, n° 98-44.429, NP ; *Rev. proc. coll.* 2001, 104, n° 6, obs. F. Taquet.
17. Sur la novation de la créance, v. ss n° 723.33.
18. Soc. 28 janv. 1998, n° 95-44.451.

triés[1]. Il n'en est ainsi que si le salarié, travaillant à l'étranger, n'y a pas également été embauché[2]. De même, la demande d'admission au dispositif de désendettement des rapatriés n'a pas pour effet de priver les salariés du rapatrié du droit à la garantie de leurs créances salariales par l'AGS[3].

713.36 Travailleur en situation irrégulière. Les travailleurs qui ont été irrégulièrement employés en France peuvent prétendre à la garantie de l'AGS pour les sommes qui leur sont dues au titre de la période d'emploi illicite[4]. La dissimulation d'activité ou d'emploi caractérisée par une décision de justice permet également à la personne reconnue comme salarié de percevoir la garantie de l'AGS pour la période travaillée[5].

713.37 Salariés d'une entreprise de portage salarial. L'article L. 1254-1 du Code du travail précise qu'un contrat de travail est conclu entre l'entreprise de portage et un salarié désigné comme « le salarié porté », lequel est rémunéré par cette entreprise. Le salarié porté bénéficiant d'un contrat de travail peut prétendre à la garantie de l'AGS en cas d'insolvabilité de l'entreprise de portage et non, de l'entreprise cliente. En outre, tout comme les entreprises de travail temporaire, les entreprises de portage sont contraintes avant l'exercice de toute activité de souscrire à une garantie financière[6]. De ce fait, avant de pouvoir solliciter l'application de la garantie de l'AGS, l'entreprise devra faire appel à la garantie financière souscrite obligatoirement. Cette solution repose sur le principe de subsidiarité des avances de l'AGS posé par l'article L. 3253-20 du Code du travail[7]. La garantie n'aura vocation à jouer que sur justification de l'absence d'intervention de l'organisme de garantie financière indépendant.

713.38 Salariés d'un groupement d'employeurs. En cas de défaillance du groupement d'employeurs, les salariés de ce groupement ont droit à la garantie de l'AGS nonobstant la solidarité légale qui pèse sur les membres qui le compose. La Cour de cassation a en effet estimé que « l'obligation d'avancer les sommes nécessaires au règlement des créances salariales étant indépendante du statut et des obligations des membres qui composent le groupement d'employeurs, le fait qu'il existe d'autres garants n'est pas de nature à faire obstacle à l'application de la garantie de l'AGS sur le fondement de la subsidiarité »[8]. On notera que cette solution est contraire à celle retenue en cas de reconnaissance d'un co-employeur solvable[9] ou encore de la responsabilité de la société mère d'un groupe de sociétés[10].

SECTION 4
AYANTS DROIT DU SALARIÉ

713.41 Ayants droit du salarié. Le capital-décès est une indemnité versée en vertu d'un contrat de prévoyance[11] et non du contrat de travail, qui a pour objet de compenser la perte des ressources du défunt et de faire face aux dépenses liées aux obsèques du salarié. La demande de versement du capital-décès est adressée à la caisse primaire d'assurance maladie à laquelle l'assuré était affilié à la date de son décès[12].

Initialement, la Cour de cassation considérait que cette créance ne résultait pas de l'exécution du contrat de travail, mais d'une action en responsabilité contre l'employeur[13]. Puis, cette dernière a opéré un revirement de jurisprudence en estimant que cette créance résulte d'une obligation découlant de l'exécution du contrat de travail. La garantie de l'AGS joue donc pour la créance du capital-décès due aux ayants droits du salarié[14].

SECTION 5
ABSENCE DE QUALITÉ DE SALARIÉ

713.51 Indépendants. Le travailleur indépendant est celui qui effectue, moyennant rémunération, un travail pour autrui réalisé en toute indépendance et avec des moyens propres. Les critères utilisés par la jurisprudence pour apprécier si l'indépendance est réelle sont identiques à ceux qui permettent de caractériser un contrat de travail. En revanche, l'article L. 8221-6 du Code du travail pose une présomption de non salariat : dès lors que le travailleur est imma-

1. C. trav., L. 3253-6.
2. Paris, 26 nov. 1986 ; *D.* 1988. Somm. 41, obs. A. Honorat.
3. Soc. 7 juin 2006, n° 04-42.547, P V, n° 208 ; *Act. proc. coll.* 2006/12, n° 139.
4. C. trav., art. L. 8252-3 – P. Le Cannu, *Droit commercial : Entreprises en difficulté*, refonte de l'ouvrage de M. Jeantin, 7e éd., « Précis », Dalloz, 2006, n° 542 – B. Soinne, *Traité des procédures collectives*, 2e éd., Litec, 1995, n° 2269.
5. Soc. 6 févr. 2013, n° 11-2373 ; Soc. 18 févr. 2015, n° 11-10.892 – L'indemnité forfaitaire équivalente à six mois de salaire au titre du travail dissimulé ne sera due par l'AGS qu'en cas de rupture du contrat de travail et non, lorsqu'intervient un transfert dudit contrat au profit d'un cessionnaire : Soc. 17 déc. 2013, n° 12-13.503, P V, n° 307.
6. C. trav., art. L. 1254-26.
7. Sur le principe de la subsidiarité des avances, v. ss n° 731.52.
8. Soc. 9 mars 2004, n° 02-41.854.
9. Sur la responsabilité d'un co-employeur, v. ss n° 731.62.
10. Sur la responsabilité de la société mère, v. ss n° 731.63.
11. CSS, art. L. 361-1.
12. CSS, art. R. 631-4, al. 1.
13. Soc. 6 avr. 1994, n° 91-43.912 ; *Bull. civ.* V, n° 132 ; Soc. 8 nov. 1994, n° 93-11.239, *RJ com.* 1995, n° 1430.
14. Soc. 25 juin 1996, n° 93-41.917 ; *Gaz. Pal.* 1996. II. pan. 218 ; Soc. 8 juill. 1997, n° 94-42.555 ; *Bull. civ.* V, n° 248 ; Soc. 12 juill. 2016, n° 15-16.087.

tricule au titre de l'activité qu'il exerce et que son activité est conforme à celle déclarée, la qualité de travailleur indépendant est présumée. Lorsque ces conditions sont réunies, le travailleur indépendant et l'entreprise qui a recours à ses services sont présumés ne pas avoir conclu un contrat de travail, mais un contrat d'entreprise. Toutefois, le travailleur indépendant peut prouver l'existence d'un contrat de travail en démontrant que les obligations qui pèsent sur lui le place dans un lien de subordination juridique, comparable à celui existant entre un salarié et un employeur. Par exemple, l'existence d'un contrat de travail est établie dès lors que les artisans, immatriculés au répertoire des métiers, fournissent des prestations les mettant en état de subordination juridique par rapport au maître de l'ouvrage durant le temps d'exécution de leur tâche, même en l'absence d'un lien contractuel permanent[1].

713.52 La problématique des auto-entrepreneurs. L'auto entrepreneur est un travailleur indépendant ne relevant pas de la garantie de l'AGS. Mais encore faut-il que l'on soit en présence d'un véritable auto-entrepreneur. Statuant à propos d'un coursier ayant le statut d'auto-entrepreneur, mis en relation avec les clients par le biais d'une plateforme numérique et ayant sollicité avant l'ouverture de la procédure collective de la société la requalification de son contrat de prestation de services le liant à cette société en contrat de travail, la Cour de cassation a rappelé que l'existence d'un contrat de travail ne dépend ni de la volonté exprimée par les parties, ni de la dénomination donnée à leur convention, mais des conditions de fait dans lesquelles est exercée l'activité des travailleurs. Ainsi, elle a caractérisé un lien de subordination en relevant, d'une part, que l'application était dotée d'un système de géolocalisation permettant le suivi en temps réel par la société de la position du coursier et la comptabilisation du nombre de kilomètres parcourus par celui-ci et, d'autre part, que la société disposait d'un pouvoir de sanction à l'égard du coursier[2]. Il a ainsi été décidé de renverser la présomption de non-salariat lié au statut d'auto-entrepreneur[3].

En revanche, saisie sur avis de la Chambre criminelle, la Chambre sociale estime que les travailleurs du « clic », libres d'abandonner leur travail, ne recevant aucune consigne sur la façon de réaliser leurs prestations, et qui ne sont contrôlés qu'*a posteriori*, ne sont pas des salariés[4].

713.53 Stagiaires. Les stagiaires dont le lien de subordination ne résulte pas d'un contrat de travail, mais d'une convention de stage, ne peuvent bénéficier de la garantie. La solution a été posée pour les stages d'insertion à la vie professionnelle, dits SIVP[5].

713.54 Gérants mandataires et Gérants de succursales. L'exploitation d'un fonds de commerce ou d'un fonds artisanal peut faire appel à différentes techniques juridiques. Le gérant est soit un salarié placé par le contrat de travail sous la subordination juridique du propriétaire qui l'emploie, soit un mandataire placé par le contrat de mandat dans une situation d'autonomie, exclusive de toute subordination juridique. Alors que la gérance-salariée est soumise au droit du travail, la gérance-mandat relève du droit commercial. La distinction entre le gérant-salarié et le gérant-mandataire n'est pourtant pas aisée[6].

La loi du 2 août 2005[7] a créé un statut de gérant-mandataire de fonds de commerce ou de fonds artisanal destiné, selon le rapporteur du projet de loi, à « sécuriser la relation entre mandant et mandataire qui est parfois un peu floue » et, incidemment, à prévenir des risques de requalification de contrat de gérance-mandat en contrat de travail[8]. Les personnes qui répondent aux conditions posées par les articles L. 146-1 et suivants du Code de commerce sont titulaires d'un contrat de mandat gérance et non, d'un contrat de travail. Ils sont d'ailleurs immatriculés au registre du commerce et des sociétés et, le cas échéant au répertoire des métiers.

En outre, les articles L. 7321-1 et suivants du Code du travail tendent à assimiler les gérants de succursales à des salariés pour les faire bénéficier d'un statut protecteur[9]. À ce titre, la jurisprudence est intervenue pour affirmer la distinction entre les salariés titulaires d'un contrat de travail et les gérants de

1. Soc. 14 févr. 2006, *JS Lamy* 2006, n° 187-6.
2. Soc. 28 nov. 2018, n° 17-20.079, F-P-P+B+R+I ; *D.* 2019. 326, note Salomon ; *Gaz. Pal.* 15 janv. 2019, n° 2, p. 81, note L. Ben Cheikh-Vecchioni ; *Act. proc. coll.* 2019/1, comm. 4, note L. Fin-Langer – *Adde* : Soc. 4 mars 2020, n° 19-13.316, P ; FS-P+B+I.
3. Soc. 28 nov. 2018, n° 17-20.079, F-P-P+B+R+I ; *Gaz. Pal.* 15 janv. 2019, n° 2, p. 81, note L. Ben Cheikh-Vecchioni.
4. Soc. 15 déc. 2021, n° 20-81.775, NP.
5. Soc. 20 juin 1990, n° 88-19.551, P V, n° 301 ; *D.* 1991. Somm. 238, obs. Honorat ; *Rev. proc. coll.* 1991, 255, n° 9, obs. E. Kerckhove.
6. Soc. 18 févr. 2009, n° 07-42.224, les gérants-mandataires qui avaient une totale liberté d'arranger leurs propres horaires et conditions de travail, qui étaient pleinement responsables et libres de fixer les conditions d'hygiène et de sécurité dans leur établissement, étaient liés par un contrat de mandataires-gérants, et non par un contrat de travail. L'application de l'article L. 781-1, 2°, ancien du Code du travail a été écarté.
7. L. n° 2005-882, 2 août 2005, en faveur des petites et moyennes entreprises, *JO* 3 août.
8. N. Ferrier, « Le statut de gérant-mandataire issu de la loi du 2 août 2005, *LPA* mai 2006 », n° 105, p. 4.
9. Les gérants non-salariés de succursales peuvent se prévaloir des dispositions légales applicables aux institutions représentatives du personnel, Ass. Plén. 9 janv. 2015, n° 13-80.967 ; Rev. trav. 2015. 163, note N. Ferrier.

succursales assimilés à cette qualité. Les dispositions de l'article L. 7321-3 du Code du travail s'appliquent uniquement lorsque le propriétaire de la succursale fixe les conditions de travail du gérant[1]. La Chambre sociale de la Cour de cassation a d'ailleurs énoncé dans un arrêt du 15 janvier 2014[2] que si le mandataire gérant, remplissant les conditions prévues par l'article L. 781-1, 2° du Code du travail dans sa rédaction alors en vigueur, peut se prévaloir de la convention collective applicable à la relation de travail, il ne peut, en l'absence de lien de subordination, être assimilé à un cadre salarié et ne peut en conséquence prétendre à la qualification conventionnelle correspondante.

Ces deux régimes (gérant mandataire et gérant de succursale) distincts conduisent toutefois à une et même solution : l'absence de contrat de travail fait obstacle à la garantie de l'AGS.

En revanche, les salariés liés par un contrat de travail avec le gérant bénéficient, indépendamment des liens noués entre l'employeur gérant et une autre entité juridique, de la garantie de l'AGS au même titre que les autres salariés. En effet, l'autonomie des gérants-mandataires ou gérants de succursales pour embaucher du personnel constitue une des conditions essentielles de ce statut.

713.55 **Gens de maison.** L'article L. 7221-1 du Code du travail définit l'employé de maison comme un « salarié » employé par des particuliers à leur domicile privé pour réaliser des travaux à caractère familial ou ménager. Sur le fondement de ce texte, plusieurs Cours d'appel ont estimé que la garantie de l'AGS devait s'appliquer[3]. Une circulaire de l'ACOSS en date du 19 avril 2011[4], précise néanmoins que les particuliers employeurs ne sont pas assujettis à la cotisation AGS. Par conséquent, leurs employés ne devraient pas pouvoir bénéficier des avances de cette institution.

L'article L. 7221-2 du Code du travail dresse une liste limitative des dispositions du Code du travail applicables aux employés de maison, parmi lesquelles ne figurent pas les articles L. 3253-6 et suivants du Code du travail. Ce postulat est renforcé par le fait que les particuliers employeurs sont exclus de la procédure spécifique applicable au licenciement pour motif économique[5].

713.56 **Détenus de prison.** Dans un arrêt du 18 mars 2016[6], la Cour de cassation a considéré que les relations des personnes incarcérées ne font pas l'objet d'un contrat de travail. Il s'ensuit que l'article L. 1221-1 du Code du travail ne peut pas s'appliquer au support d'engagement conclu entre les sociétés extérieures, les chefs d'établissement de centre pénitentiaire et les détenus de prison. S'il est vrai que la société dispose du pouvoir de donner des ordres et des directives aux travailleurs détenus, de contrôler l'existence du travail fourni et de sanctionner les manquements, l'inapplicabilité des dispositions du Code du travail doit être retenue[7]. En effet, la loi pénitentiaire du 24 novembre 2009[8] a institué un « acte d'engagement », signé par le chef d'établissement et la personne détenue qui ne peut être assimilé à un contrat de travail. Ainsi, l'exclusion de la garantie de l'AGS doit être retenue eu égard à l'absence de caractérisation d'un contrat de travail.

1. Soc. 18 févr. 2009, n° 07-42.224.
2. Soc. 15 janv. 2014, n° 11-11.223.
3. Douai 21 janv. 2013, RG n° 11/02343 ; Poitiers 29 févr. 2012, RG n° 10/02663.
4. Circ. ACOSS, n° 2011-0000044, 19 avr. 2011, prise en application du décret n° 2010-907, 2 août 2010 fixant les modalités de mise en œuvre anticipée du transfert du recouvrement des contributions d'assurance chômage et des cotisations AGS aux URSSAF ainsi que le seuil des contributions et cotisations ouvrant droit à la faculté de versement annuel, *JO* 4 août.
5. Soc. 25 juin 1987, n° 84-45.550.
6. Soc. 18 mars 2016, n° 14-25.870.
7. Soc. 14 févr. 2018, n° 16-27.896.
8. L. n° 2009-1436, 24 nov. 2009 pénitentiaire, *JO* 25 nov.

CHAPITRE

714. Ouverture d'une procédure d'insolvabilité transnationale

SECTION 0 ORIENTEUR

714.00 Sommaire du chapitre.

Sect. 1 Législations applicables aux créances salariales en droit communautaire

Sect. 2 Législation applicable à la désignation de l'institution de garantie compétente en droit communautaire

Sect. 3 Désignation de l'AGS comme institution de garantie compétente en droit communautaire

§ 1 Désignation de l'AGS à titre principal

§ 2 Désignation de l'AGS à titre complémentaire

Sect. 4 Ouverture d'une procédure d'insolvabilité transnationale en dehors de l'Union européenne

714.01 Textes applicables.

• **C. trav.**

art. L. 3253-18-1 [Compétence de l'AGS dans les faillites transnationales]

art. L. 3253-18-2 [Définition d'une procédure d'insolvabilité en droit communautaire]

art. L. 3253-18-3 [Domaine d'application de l'AGS dans les procédures transnationales]

art. L. 3253-18-4 [Modalités d'intervention de l'AGS dans les procédures transnationales]

art. L. 3253-18-5 [Modalités de paiement des créances par l'AGS dans les procédures transnationales]

art. L. 3253-18-6 [Intervention d'une autre institution de garantie européenne]

art. L. 3253-18-7, al. 1 [Applications des dispositions des articles L. 3253-7, L. 3253-10 à L. 3253-13 et L. 3253-17 aux procédures transnationales]

art. L. 3253-18-7, al. 2 [Récupération des avances effectuées par l'AGS dans les procédures transnationales]

art. L. 3253-18-8 [Modalités d'intervention de l'AGS dans les procédures transnationales lorsque le syndic étranger a cessé ses fonctions]

art. L. 3253-18-9 [Partage d'informations des garanties octroyées aux salariés entre les institutions de garantie européennes]

714.02 Jurisprudence de référence.

> **Garantie complémentaire de l'AGS dans les procédures transnationales**

• **Soc. 11 avr. 2012,** n° 09-68.553, P V, n° 123 ; n° 1036 FS-P+B

* V. s^s^ n° 714.41

Le fait que le salarié de la société belge qui l'employait pour travailler en France ait déclaré sa créance salariale auprès du curateur à la liquidation des biens en Belgique et ait saisi le fonds de faillissement belge – équivalent de l'AGS – n'emportait pas renonciation à solliciter à titre complémentaire la garantie de l'AGS, puisque la garantie assurée par l'institution du pays d'établissement de l'employeur peut être complétée par celle du pays dans lequel le salarié accomplit son travail, dans la limite du plafond de garantie applicable.

714.03 Bibliographie indicative.

> **Encyclopédie.** *J.-Cl. com.*, fasc. 2450 : Privilège des salariés et garantie de paiement, par A. Jacquemont, 2007.

> **Articles.** L.-C. Henry, « La réforme oubliée, la protection des salariés face à l'insolvabilité de l'employeur », *D.* 2014. 2410 ; « La garantie des salaires dans les procédures transfrontalières », *BJE* 2014. 418 – F. Mélin, « La protection des salariés en cas d'insolvabilité de l'emploi : loi du 30 janvier 2008 transposant la dir. n° 2002/74/CE du 22 sept. 2002 », *JCP E* 2008, Act. 94 – Th. Météyé, « L'harmonisation : voie et degré de convergence entre les droits nationaux, européens et internationaux – La réglementation européenne sur l'insolvabilité et l'AGS », *in Le traitement des difficultés des entreprises dans le marché unique européen*, Coll., Bruxelles, 10 nov. 2005, *LPA* 19 oct. 2006, n° 209, p. 27 – P. Nabet, « Contrat de travail et procédure collective transfrontalière », *Rev. proc. coll.* sept./oct. 2021, Études 17, p. 23 – J.-C. Savignac et Th. Météyé, « L'AGS, 40 ans de solidarité et d'engagement au cœur des enjeux des procédures collectives », *BJE* 2014, 407 – Q. Urban, « La protection juridique incertaine des salariés dans une procédure collective transfrontalière », *JCP* 2006. I. 122 – Q. Urban, F. Jault-Seseke, « Insolvabilité de l'employeur : précisions et interrogations autour du transfert des contrats

de travail », *Rev. trav.* 2024, p. 283 – F. Jault-Seseke, « L'arrêt *Air Berlin* ou l'insuffisante protection des travailleurs dans le cadre des procédures d'insolvabilité européennes », *Rev. trav.* 2024, p. 417.

714.04 Question essentielle.

> Quelles sont les modalités de mise en œuvre de la garantie de l'AGS en droit communautaire ?

* V. s^s n° 714.31

SECTION 1
LÉGISLATIONS APPLICABLES AUX CRÉANCES SALARIALES EN DROIT COMMUNAUTAIRE

714.11 Règles minimales de protection des créances salariales. Des règles minimales de protection des créances salariales ont été prévues par le législateur européen en cas d'insolvabilité d'un employeur situé dans un État membre de l'Union européenne ou de l'Espace économique européen. Tous les salariés ressortissants d'un État membre sont susceptibles de prétendre aux avances de l'AGS en vertu du principe de non-discrimination [1].

Il existe une multiplication de lois applicables auxquelles les institutions de garantie européenne, dont l'AGS, sont confrontées dans les procédures transnationales [2].

714.12 Loi applicable à la procédure d'insolvabilité. Le règlement européen 1346/2000 [3], modifié par le règlement 2015/848 [4], ne régit que la loi applicable à la procédure d'insolvabilité. Pour ce qui est des conséquences de l'ouverture de la procédure d'insolvabilité sur la relation de travail, le règlement renvoie à la loi applicable au contrat de travail.

714.13 Loi applicable au contrat de travail. Pour déterminer la loi applicable au contrat de travail, il convient de se référer à la convention de Rome du 19 juin 1980 [5], remplacée par le règlement Rome I [6]. Ce dernier prévoit que les parties peuvent désigner la loi applicable au contrat de travail. À défaut, la loi du lieu d'exécution de la prestation de travail s'appliquera.

1. Soc. 21 nov. 1990, n° 89-41.892.
2. L.-C. Henry, « La garantie des salaires dans les procédures transfrontalières », *BJE* 1er nov. 2014, n° 6, p. 418, 111.
3. Règl. (CE) n° 1346/2000 du Conseil du 29 mai 2000 relatif aux procédures d'insolvabilité, *JO* L160, 30 juin.
4. Règl. (UE) n° 2015/848 du Parlement européen et du Conseil du 20 mai 2015 relatif aux procédures d'insolvabilité, *JO* L141, 5 juin.
5. Convention de Rome de 1980 sur la loi applicable aux obligations contractuelles, *JO* C027, 26 janv. 1998.
6. Règl. (CE) n° 593/2008 du Parlement européen et du Conseil du 17 juin 2008 sur la loi applicable aux obligations contractuelles (Rome I), *JO* L177/6, 4 juill.

714.14 Loi applicable à l'institution de garantie. Les directives européennes successives détaillées ci-dessous ont posé une règle de désignation de l'institution de garantie compétente. Une fois désignée compétente, cette institution appliquera ensuite ses modalités d'intervention en fonction de sa propre loi interne, la loi du for.

Ainsi, la loi du concours (loi de l'insolvabilité), la loi applicable au contrat de travail et la loi régissant le fonds de garantie compétent, peuvent être distinctes. Par exemple, si un salarié exécute sa prestation de travail en France, pour le compte d'un employeur déclaré insolvable en Allemagne et que les parties ont décidé que la loi belge régirait le contrat de travail, l'AGS se trouvera confrontée à la loi belge pour déterminer les créances résultant de la prestation de travail, aux modalités de récupérations prévues par le droit allemand, tout en faisant application des limites de sa garantie, lesquelles sont prévues par le droit français.

SECTION 2
LÉGISLATION APPLICABLE À LA DÉSIGNATION DE L'INSTITUTION DE GARANTIE COMPÉTENTE EN DROIT COMMUNAUTAIRE

714.21 Évolution des textes. Le législateur européen et la jurisprudence se sont rapidement intéressés à la situation des travailleurs. Par le biais d'une succession de directives, le droit communautaire a fixé des normes de protection minimales pour les salariés d'un employeur insolvable. L'interprétation de ces règles par la jurisprudence a joué un rôle primordial de clarification des principes directeurs de protection des créances salariales.

714.22 Directive européenne du 20 octobre 1980. La directive 987/80/CE du 20 octobre 1980 [7] a imposé aux États membres de l'Union européenne et de l'Espace économique européen de mettre en place un mécanisme de protection fondé sur la création d'institutions de garantie spécifiques, remplaçant l'employeur pour le paiement des créances salariales [8]. La France était un pays précurseur puisque la mise en place de l'AGS en 1973 satisfaisait déjà à cette obligation communautaire.

7. Dir. n° 80/987/CEE, 20 oct. 1980 concernant le rapprochement des législations des États membres relatives à la protection des travailleurs salariés en cas d'insolvabilité de l'employeur ; *JOCE* L 283.
8. La protection des créances salariales en cas d'insolvabilité par une institution de garantie a d'ailleurs une valeur universelle, avec l'adoption en 1992 de la convention OIT, n° 173, complétée par la recommandation n° 180.

Cette directive européenne ne régissait cependant pas les situations de faillites transnationales[1]. Elle imposait simplement à chaque pays membre de l'Union européenne de se doter d'un système similaire à celui de la France, en externalisant la couverture du risque de non-paiement des créances salariales à un organisme tiers par rapport à l'employeur. L'application et l'interprétation de cette directive a généré un contentieux important dans les situations de faillites transfrontalières, lequel a donné lieu à une série d'arrêts émanant de la Cour de justice des Communautés européennes (CJCE)[2]. En effet, la jurisprudence communautaire s'est efforcée de pallier l'absence de détermination de l'organisme compétent pour garantir les créances salariales lorsque les salariés de l'entreprise insolvable exercent leurs activités sur le territoire d'un autre État membre que celui sur le territoire duquel le débiteur est situé.

Tout d'abord, il a été jugé que le salarié résidant et travaillant dans un pays membre de la communauté relevait de l'institution de l'État sur le territoire duquel l'ouverture de la procédure collective avait été décidée ou la fermeture de l'entreprise ou de l'établissement constatée[3]. La Cour de cassation adoptait cette même solution en droit interne[4]. Ainsi, dès lors que l'employeur n'était pas installé sur le territoire du lieu d'exercice de l'activité salariale, il convenait de se référer à l'institution de garantie du lieu d'ouverture de la procédure d'insolvabilité.

La position de la Cour de Justice des Communautés Européennes en matière de règles de conflit de compétence a évolué. Dans l'affaire « Everson et Barrass »[5], elle est venue préciser que « lorsque les travailleurs victimes de l'insolvabilité de leur employeur exerçaient leur activité salariée dans un État membre pour le compte de la succursale d'une société constituée selon le droit de cet autre État membre, dans lequel cette société a son siège social et y est mise en liquidation, l'institution de garantie des salariés compétente est celle de l'État sur le territoire duquel ils exerçaient leur activité salariée ». La couverture de l'AGS était alors accordée au salarié qui travaillait dans l'établissement situé en France d'une société dont le siège social était situé dans un autre État membre de la communauté européenne[6].

714.23 Directive européenne du 23 septembre 2002. La directive 2002/74/CE du 23 septembre 2002[7] a remplacé la directive du 20 octobre 1980[8], notamment pour tenir compte des situations de faillites transnationales et de la jurisprudence rendue par la CJCE. À cet égard, elle précise que le critère de détermination de l'institution de garantie compétente est le lieu d'exécution du contrat de travail du salarié et non pas, le pays dans lequel la procédure de faillite a été ouverte. Toutefois, le nouveau texte européen va plus loin que le critère dégagé par la jurisprudence puisqu'il supprime toute référence à la présence d'une succursale ou d'une implantation durable de l'employeur insolvable dans l'État du lieu d'exécution du contrat de travail.

La nouvelle directive vise les activités de l'employeur. L'interprétation de cette notion a été apportée par la Cour de Justice des Communautés Européennes dans l'arrêt « Holmqvist ». Il suffit, pour qu'une entreprise établie dans un État membre soit considérée comme ayant des activités sur le territoire d'un autre État membre, dispose d'une présence économique stable, caractérisée par l'existence de moyens humains lui permettant d'y accomplir des activités. Il n'est pas nécessaire, en revanche, que l'entreprise dispose d'une succursale ou d'un établissement[9]. La notion de présence économique stable reste néanmoins très proche de celle d'un établissement. L'article 2, 10°, du règlement 2015/848 défini l'établissement comme « tout lieu d'opérations où le débiteur exerce ou a exercé au cours de la période de trois mois précédant la demande d'ouverture de la procédure d'insolvabi-

1. Une faillite peut être qualifiée de transnationale lorsqu'elle présente un élément d'extranéité, c'est-à-dire que le débiteur possède des actifs ou des établissements sur le territoire de plusieurs États membres. EN CE SENS : *J.-Cl. Droit international*, fasc. 572-90, par L.-C. Henry.
2. La Cour de justice de l'Union européenne (CJUE) a remplacé la Cour de justice des Communautés européennes (CJCE) depuis le Traité de Lisbonne du 1er décembre 2009.
3. CJCE 17 sept. 1997, aff. C-117/96, *Mosbaek/Lønmodtagernes Garantifond ; Rev. proc. coll.* 2001, 104, n° 11, obs. F. Taquet ; *JCP E* Chron. 202, p. 226, n° 11, obs. P. Pétel.
4. Soc. 20 janv. 1998, n° 93-43.577, P V, n° 25 ; *JCP E* 1998. II. 10086, note E. Kerckhove ; *LPA* 8 juin 1998, p. 17, note J.-L. Vallens ; *LPA* 14 juin 1999, n° 117, p. 22, note A. Honorat et L.-C. Henry.
5. CJCE 16 déc. 1999, aff. C-198/98, *Éverson et Barrass/Bell ; Rec. CJCE* 1999, I, p. 8903.
6. Soc. 2 oct. 2001, nos 99-44.808, 99-44.809, P V, n° 294 ; *Act. proc. coll.* 2001/18, n° 241, obs. C. Régnaut-Moutier ; – Soc. 2 juill. 2002, n° 99-46.140, P V, n° 228 ; *Act. proc. coll.* 2002/15, n° 196, obs. G. Vachet ; *JCP E* 2003, Chron. 446, p. 512, n° 6, obs. P. Morvan ; *JCP E* 2003, Chron. 231, p. 270, n° 11, obs. P. Pétel.
7. Dir. 2002/74/CE, Parlement et Conseil, 23 sept. 2002 modifiant la directive 80/987 du Conseil concernant le rapprochement des législations des États membres relatives à la protection des travailleurs salariés en cas d'insolvabilité de l'employeur, *JOCE L* 270, 8 oct., p. 10 ; *Act. proc. coll.* 2002/20, n° 265, obs. L. Fin-Langer ; *Rev. proc. coll. civ. et com.* 2002, p. 295 ; S. Dion-Loye, « Impact en droit français de la directive du 23 septembre 2002 relative à la protection des travailleurs salariés en cas d'insolvabilité de l'employeur », *LPA* 12 déc. 2003, n° 248, p. 42.
8. Dir. n° 80/987/CEE, 20 oct. 1980 concernant le rapprochement des législations des États membres relatives à la protection des travailleurs salariés en cas d'insolvabilité de l'employeur ; *JOCE* L. 283.
9. CJCE 4e ch., 16 oct. 2008, aff. n° C-310/07, *Bull. Joly* févr. 2009, § 34, p. 163, note R. Dammann et M. Robinet ; *RTD com.* 2010. 207, n° 25, obs. J.-L. Vallens.

lité principale, de façon non transitoire, une activité économique avec des moyens humains et des actifs ». La Chambre sociale de la Cour de cassation adoptait la même position que la CJCE sur l'appréciation d'une présence économique stable [1].

714.24 Codification de la directive européenne du 23 septembre 2002 et transposition en droit interne. La directive du 23 septembre 2002 [2] a fait l'objet d'une codification à droit constant par la directive 2008/94/CE du 22 octobre 2008 [3].

Ne relève pas du champ d'application de la directive du 22 octobre 2008 [4], une législation nationale selon laquelle l'employeur peut demander à l'État membre le versement des salaires échus durant la procédure de contestation d'un licenciement postérieurement au 60ᵉ jour ouvrable ayant suivi le dépôt du recours et selon laquelle, lorsque l'employeur n'a pas versé ces salaires et se trouve en état d'insolvabilité provisoire, le salarié concerné peut, par l'effet d'une subrogation, réclamer directement à cet État le paiement desdits salaires. La solution a été justifiée par la considération selon laquelle le droit ou l'obligation en cause ne trouve pas sa source dans des règles dérogatoires, spécifiques aux procédures d'insolvabilité, mais dans les règles communes du droit civil et commercial. On observe que le critère de rattachement au Règlement insolvabilité n'est pas le même que celui qui conditionne la compétence de la juridiction qui a ouvert la procédure collective, en droit français : action née de la faillite ou sur laquelle les règles de la faillite exercent leur influence.

La France a transposé tardivement la directive de 2002. La loi du 30 janvier 2008 [5], relative à la mise en œuvre des dispositions communautaires concernant le statut de la société coopérative européenne et la protection des travailleurs salariés en cas d'insolvabilité de l'employeur, a introduit les articles L. 3253-18-1 et suivants dans le Code du travail. Ces dispositions régissent le régime juridique de la garantie de l'AGS applicable aux situations de faillites transnationales.

1. Soc. 3 juin 2003, nº 01-41.697, P V, nº 183 ; *Act. proc. coll.* 2003/16, nº 216, obs. Dom ; *Rev. proc. coll.* 2003, p. 343, nº 13, obs. F. Taquet ; – Soc. 26 avr. 2006, nº 03-47.334, P V, nº 144 ; nº 1016 F-P+B – Soc. 16 janv. 2008, nº 06-43.030, NP ; *Act. proc. coll.* 2008/6, nº 97, note F. Mélin.
2. Dir. 2002/74/CE, Parlement et Conseil, 23 sept. 2002 modifiant la directive 80/987 du Conseil concernant le rapprochement des législations des États membres relatives à la protection des travailleurs salariés en cas d'insolvabilité de l'employeur, *JOCE L* 270, 8 oct., p. 10.
3. Dir. 2008/94/CE, Parlement et Conseil, 22 oct. 2008 relative à la protection des travailleurs salariés en cas d'insolvabilité de l'employeur, *JOUE L* 283, 28 oct., p. 36 ; *Act. proc. coll.* 2009/6, nº 92, note C. Neau-Leduc.
4. CJUE, 5ᵉ ch., 10 juill. 2014, *Julian Hernández*, aff. C-198/13 ; *Rev. proc. coll.* 2015, comm. 89, note T. Mastrullo.
5. L. nº 2008-89, 30 janv. 2008, *JO* 31 janv., p. 1808 ; F. Mélin, « La protection des salariés en cas d'insolvabilité de l'employeur : loi du 30 janvier 2008 transposant la directive 2002/74/CE du 23 septembre 2002 », *JCP E* 2008. 94.

SECTION 3

DÉSIGNATION DE L'AGS COMME INSTITUTION DE GARANTIE COMPÉTENTE EN DROIT COMMUNAUTAIRE

§ 1

Désignation de l'AGS à titre principal

714.31 Ouverture d'une procédure d'insolvabilité. L'AGS assure le règlement des créances impayées des salariés qui exercent ou exerçaient habituellement leur activité en France, pour le compte d'un employeur en état d'insolvabilité [6], qu'il s'agisse d'une personne morale ayant son siège social sur le territoire d'un autre État membre, ou d'une personne physique ayant son adresse ou son activité sur le territoire d'un autre État membre [7].

Comme en droit interne, la condition préalable à la protection de la créance salariale par l'AGS est l'ouverture d'une procédure d'insolvabilité [8]. Pour pouvoir apprécier l'état d'insolvabilité il convient, selon la directive du 23 octobre 2008, de se référer aux critères posés par l'article 1§ 1 du règlement européen nº 1346/2000. Les procédures dites d'insolvabilité entraînent un dessaisissement partiel ou total du débiteur, ainsi que la désignation d'un syndic. En droit interne, il s'agissait du redressement judiciaire avec nomination d'un administrateur et de la liquidation [9]. Le règlement du 20 mai 2015 a élargi cette liste en ajoutant les procédures de sauvegarde, sauvegarde accélérée, sauvegarde financière accélérée, redressement judiciaire et liquidation judiciaire dans l'annexe A [10]. Il n'est pas exigé pour que la garantie joue, que la cessation d'activité ait été ordonnée [11].

6. Th. Méléyé, « L'harmonisation : voie et degré de convergence entre les droits nationaux, européens et internationaux – La réglementation européenne sur l'insolvabilité et l'AGS », *Le traitement des difficultés des entreprises dans le marché unique européen*, Coll., Bruxelles, 10 nov. 2005 ; *LPA* 19 oct. 2006, nº 209, p. 27 ; L.-C. Henry, « La réforme oubliée, la protection des salariés face à l'insolvabilité de l'employeur », *D.* 2013. 2410.
7. Soc. 27 nov. 2013, nº 12-20.426, P IV, nº 293 ; *Leden* févr. 2014, comm. 029, note G. Dedessus-Le-Moustier.
8. C. trav., art. L. 3253-18-2.
9. V. annexe A du règlement européen, nº 1346/2000.
10. V. annexe A du règlement européen, nº 2015/848.
11. CJUE, 5ᵉ ch., 18 avr. 2013, aff. nº C-247/12 ; *Rev. proc. coll.* 2014, comm. 7, note T. Mastrullo.

Au sens de la directive 2008/94 du 22 octobre 2008, un employeur ne doit pas être considéré comme étant en état d'insolvabilité lorsqu'il a fait l'objet d'une demande d'ouverture d'une procédure d'exécution au titre d'un droit à réparation, reconnu par une décision de justice, mais que la créance a été déclarée irrécouvrable dans le cadre de la procédure d'exécution en raison de l'insolvabilité de fait de cet employeur. En l'absence de demande d'ouverture d'une procédure d'insolvabilité entraînant désignation d'un syndic et dessaisissement du débiteur, il n'y a pas insolvabilité de l'employeur au sens de la directive [1].

Lorsqu'une procédure d'insolvabilité a été ouverte sur le territoire d'un autre État membre, avant la prise d'acte de la rupture du contrat de travail [mode de rupture du contrat de travail à l'initiative du salarié en cas de manquement grave de l'employeur, par exemple le non-paiement des salaires], et que la faillite est à l'origine du non-paiement des créances salariales, la carence de l'employeur dans le non-paiement des salariés ne peut être fautive qu'avant l'ouverture de la procédure collective. Si cette période est de courte durée, il peut être estimé que ce manquement ne peut suffire à justifier la décision des salariés de prendre acte de la rupture de leur contrat de travail, alors que la garantie de l'AGS a été mise en œuvre [2]. La solution qui vaut en droit interne s'applique identiquement dans le Règlement CE du 29 mai 2000 [3].

La garantie de l'AGS s'appliquera même si l'employeur cotise auprès d'un autre organisme de garantie, en l'occurrence celui dans le ressort duquel il est établi.

714.32 Salariés concernés par la garantie de l'AGS. Tous les salariés exerçant leur prestation de travail sur le territoire français peuvent prétendre à la garantie de l'AGS. L'article 1er de la directive du 22 octobre 2008 [4] précise que les États membres peuvent, si une telle disposition est déjà d'application dans leur législation nationale, continuer d'exclure du champ d'application de la présente directive les gens de maison, occupés par une personne physique, ainsi que les pêcheurs rémunérés à la part. En outre, la directive ne s'oppose pas à une disposition nationale qui exclut un salarié de la garantie de paiement des créances impayées au motif qu'il détenait une part essentielle de l'entreprise et a exercé une influence considérable sur ses activités dans les six mois précédant l'ouverture de la liquidation judiciaire [5].

En revanche, la directive s'oppose à ce qu'une législation nationale refuse de considérer comme un travailleur salarié pouvant prétendre à une indemnité d'insolvabilité, le ressortissant d'un pays tiers à l'Union européenne, qui ne réside pas légalement dans l'État membre, dès lors qu'il est qualifié, en vertu des dispositions du droit civil de cet État membre, de travailleur salarié ayant droit à une rémunération pouvant faire l'objet d'un recours devant les juridictions nationales [6].

La garantie s'applique aux marins demeurant dans un État membre et engagés dans cet État par une société qui, tout en ayant son siège statutaire en dehors de l'Union européenne, a son siège effectif dans cet État membre. Ils doivent donc bénéficier de la protection instaurée par cette directive en ce qui concerne les créances salariales impayées qu'ils détiennent à l'égard de cette société lorsqu'elle est déclarée en faillite dans l'État membre où elle a son siège effectif. Peu importe la loi applicable aux contrats de travail de ces marins, que le navire batte pavillon de cet État tiers, les eaux maritimes sur lesquelles le navire navigue et les salariés travaillent, et enfin que l'État membre ne puisse exiger de contribuer au financement de l'organisme chargé de prendre en charge ces créances salariales [7].

714.33 Créances concernées par la garantie de l'AGS. Les créances garanties sont les mêmes que celles qui sont couvertes par l'AGS dans les procédures en droit interne [8]. Toutefois, les délais prévus à l'article L. 3253-8, 2° et 3°, du Code du travail sont portés à trois mois à compter de toute décision équivalente à une décision de liquidation ou arrêtant un plan de redressement.

La limite des plafonds de garantie, tout comme le principe de subsidiarité des avances, applicables en droit interne le sont également en cas de procédure d'insolvabilité.

714.34 Modalités de traitement des demandes d'avance. La demande d'avance doit être effectuée à l'AGS par le praticien de l'insolvabilité. Ce dernier devra dresser la liste des créances dues aux salariés en distinguant les cotisations et contributions sociales et salariales. L'établissement des relevés de créances,

1. CJUE 25 nov. 2020, aff. C-799/19 ; *Rev. proc. coll.* juill.-août 2021, comm. 94, note T. Mastrullo.
2. Soc. 14 oct. 2009, nos 08-40.723 à 08-40.736, 08-13.099 à 08-43.103, P V, n° 218 ; n° 2009 FP-P+B ; *D.* 2009. AJ 2549, obs. A. Lienhard ; *Act. proc. coll.* 2009/20, n° 308, note L. Fin-Langer ; *Gaz. Pal.* 8-10 janv. 2010, nos 8, 9, p. 37, note C. Gaihbaud ; *Rev. proc. coll.* 2010/6, p. 31, n° 221, note T. Mastrullo ; *RTD com.* 2010. 209, n° 29, obs. J.-L. Vallens.
3. Règl. (CE) n° 1346/2000, Conseil, 29 mai 2000 relatif aux procédures d'insolvabilité, *JOCE L* 160, 30 juin, p. 1.
4. Dir. 2008/94/CE, Parlement et Conseil, 22 oct. 2008 relative à la protection des travailleurs salariés en cas d'insolvabilité de l'employeur, *JOUE L* 283, 28 oct., p. 36.
5. CJUE 10 févr. 2011, *Andersson*, aff. C-30/10, *Rec.* I-00513 ; *Bull. Joly* mai 2011, § 185, p. 431, note F. Mélin.
6. CJUE, 5e ch., 5 nov. 2014, *Tümer*, aff. C-311/13 ; *Rev. proc. coll.* 2015, comm. 88, note T. Mastrullo.
7. CJUE, 4e ch., 25 févr. 2016, *Stroumpoulis e.a.*, aff. C-292/14.
8. C. trav., art. L. 3253-18-3.

propre au droit français, pose de réelles difficultés pratiques dans les procédures transnationales, puisque cette procédure de vérification est méconnue des autres États membres de l'Union européenne. En principe, les salariés adressent eux-mêmes leur demande au fonds de garantie compétent. L'AGS peine donc à récupérer ce relevé qui conditionne pourtant sa garantie conformément à l'article L. 3253-18-4 du Code du travail. Une spécificité est prévue lorsque le praticien de l'insolvabilité a cessé ses fonctions, la demande d'avance doit être adressée par le salarié à l'AGS sur présentation de pièces justifiant du montant de sa créance[1].

En revanche, à la différence du régime applicable en droit français, le versement des créances se fait directement entre les mains du salarié[2]. Afin d'éviter un double paiement des créances salariales dues au salarié, un échange d'informations est prévu entre les différentes institutions de garantie européenne[3]. En pratique, cela consistera pour l'AGS à interroger le fonds de garantie se situant sur le territoire duquel la procédure d'insolvabilité a été ouverte sur son absence de prise en charge des créances réclamées par le salarié.

Après avoir désintéressé le salarié de ses créances, l'AGS est subrogée dans les droits du salarié et sera confrontée à la *lex concursus* applicable à la procédure d'insolvabilité pour récupérer ses avances[4].

§ 2
Désignation de l'AGS à titre complémentaire

714.41 Principe de complémentarité de l'intervention de l'institution de garantie compétente. Saisie d'une question d'interprétation par la Cour de cassation[5], la CJCE a précisé que la directive du 20 octobre 1980 ne s'oppose pas à ce qu'une législation nationale prévoie qu'un travailleur puisse se prévaloir de la garantie salariale de l'institution nationale, à titre complémentaire ou substitutif, par rapport à celle offerte par l'institution désignée par l'application de cette directive, pour autant que cette garantie donne lieu à un niveau supérieur de protection du travailleur[6]. Ainsi, la CJCE reste prudente dans la mesure où elle conditionne la complémentarité à deux conditions : le caractère plus protecteur de la garantie du lieu d'établissement de l'employeur et la prévision par le droit national d'une garantie à titre complémentaire ou substitutive.

L'interprétation qu'en a fait la Chambre sociale de la Cour de cassation a été différente. Cette dernière a jugé que la garantie de l'AGS ne pouvait être refusée, même si le salarié exerçait habituellement son activité en Belgique, dès lors que son employeur n'y était pas établi et cotisait auprès de l'AGS[7].

L'entrée en vigueur de la directive du 23 septembre 2002, ayant posé pour unique critère le lieu d'exercice habituel de l'activité salariale pour déterminer l'institution de garantie compétente, aurait dû « sonner le glas » de cette jurisprudence rendue à l'occasion de faits antérieurs. La transposition en droit national français de cette directive ne prévoit pas non plus, la possibilité pour le salarié de choisir le régime le plus favorable. La solution résultant de la décision de la CJUE ne devait donc plus être d'actualité[8].

Pourtant, il a pu être estimé sur le fondement de l'article L. 3253-6 du Code du travail, que le fait que le salarié de la société belge qui l'employait pour travailler en France ait déclaré sa créance salariale auprès du curateur à la liquidation des biens en Belgique et ait saisi le fonds de faillissement belge – équivalent de l'AGS – n'emportait pas renonciation à solliciter à titre complémentaire la garantie de l'AGS, puisque la garantie assurée par l'institution du pays d'établissement de l'employeur peut être complétée par celle du pays dans lequel le salarié accomplit son travail, dans la limite du plafond de garantie applicable[9]. La même solution a pu être adoptée en présence d'un salarié exerçant son activité en Alle-

1. C. trav., art. L. 3253-18-8.
2. C. trav., art. L. 3253-18-5 – Soc. 6 mars 2019, n° 17-16.472, NP ; *Gaz. Pal.* 2019, n° 25, p. 71, note L. Ben Cheikh-Vechioni ; *Act. proc. coll.* 2019/8, comm. 110, note L. Fin-Langer.
3. C. trav., art. L. 3253-18-9.
4. C. trav., art. L. 3253-18-7.
5. Soc. 18 nov. 2009, n° 08-41.512 ; *Bull. civ.* V, n° 255, n° 2283 FS-D ; *Gaz. Pal.* 16 et 17 avr. 2010, n°s 106 et 107, p. 39, note C. Gailhbaud.
6. CJUE, 3e ch., 10 mars 2011, aff. n° C-477/09 ; *Gaz. Pal. entr. diff.* 1-2 avr. 2011, p. 41, note C. Gailhbaud ; *BJE* juill.-août 2011, comm. 82, p. 213, note F. Mélin ; *Rev. proc. coll.* 2011, comm. 171, note M. Menjucq ; *LPA* 3 janv. 2012, n° 2, p. 12, note L.-C. Henry – *Adde* : Colmar, ch. soc., sect. A, 9 juin 2011 ; *Rev. proc. coll.* 2011, comm. 172, note M. Menjucq.
7. Soc. 21 sept. 2011, n° 08-41.512, P V, n° 194 ; n° 1821 FS-P+B ; *D.* 2011, actu 2400, note A. Lienhard ; *Gaz. Pal. entr. diff.* 21 janv. 2012, n° 20, p. 41, note C. Gailhbaud ; *BJE* janv. 2012, comm. 5, p. 29, note A. Donnette ; *Act. proc. coll.* 2011/16, comm. 252, note L. Fin-Langer ; *JCP E* 2011, Chron. 1000, n° 12, obs. P. Pétel ; *Rev. proc. coll.* 2011, comm. 171, note M. Menjucq ; *Rev. proc. coll.* 2011, comm. 198, note F. Taquet.
8. C. Gailhbaud, note s^{s} CJUE, 3e ch., 10 mars 2011, *Defossez*, aff. C-477/09, *Rec.* I-01421 ; *Gaz. Pal. entr. diff.* 1-2 avr. 2011, p. 42.
9. Soc. 11 avr. 2012, n° 09-68.553, P V, n° 123 ; n° 1036 FS-P+B ; *Gaz. Pal. entr. diff.* 3 août 2012, n° 216, p. 34, note P. Duprat ; *Act. proc. coll.* 2012/10, comm. 140, note D. Jacotot ; *BJE* juill. 2012, comm. 124, note N. Tagliarino-Vignal ; *JCP E* 2012, Chron. 1508, n° 7, obs. P. Pétel ; *Rev. proc. coll.* 2012, comm. 188, note M. Menjucq.

magne[1]. Au visa de l'article 8 *bis* de la directive du 23 septembre 2002, la Cour de cassation reconnaît que l'institution de garantie compétente est celle du lieu d'exercice habituel de l'activité du salarié. Toutefois, elle considère en vertu du principe de faveur et de l'existence d'une alternative laissée au salarié par le droit national, que l'AGS doit intervenir à titre complémentaire.

Un arrêt postérieur semble marquer une rupture avec cette interprétation extensive de la directive européenne du 23 septembre 2002. En faisant application de l'article L. 3253-6 du Code du travail, la Cour de cassation a jugé que le salarié d'une société française, qui travaille exclusivement en Allemagne qui n'est ni expatrié ni détaché, ne peut choisir la couverture la plus favorable, et ne peut donc bénéficier de la couverture de l'AGS en cas d'ouverture d'une liquidation judiciaire de son employeur[2].

SECTION 4
OUVERTURE D'UNE PROCÉDURE D'INSOLVABILITÉ TRANSNATIONALE EN DEHORS DE L'UNION EUROPÉENNE

714.51 Ouverture d'une procédure d'insolvabilité transnationale en dehors de l'Union européenne. En dehors du droit communautaire, il avait été jugé pour que la garantie soit due, la procédure collective ne devait pas avoir été ouverte à l'étranger. En ce cas, les institutions compétentes pour garantir le paiement des salaires étaient celles du lieu d'ouverture de la procédure[3]. Il a ensuite été jugé que l'AGS devait sa garantie, si la décision étrangère d'ouverture de la procédure a fait l'objet d'une *exequatur* en France, dès lors que les salariés de sociétés étrangères exercent ou exerçaient leur travail habituellement en France[4].

L'*exequatur* est l'unique moyen d'assurer le développement des effets de la procédure étrangère en France[5]. Les créances salariales seront garanties par l'AGS conformément aux dispositions des articles L. 3253-6 et suivants du Code du travail. Néanmoins, l'AGS sera nécessairement confrontée, dans le cadre des récupérations, à la *lex concursus* de la procédure d'insolvabilité étrangère.

1. Soc. 4 déc. 2012, n° 11-22.166, P V, n° 317 ; n° 2592 FS-P+B ; *Gaz. Pal.* 1er mai 2013, n° 121, p. 9, note crit. C. Gailhbaud ; *BJE* mai 2013, comm. 35, note A. Donnette ; *Act. proc. coll.* 2013/2, comm. 15, note crit. C. Gailhbaud ; *Rev. proc. coll.* 2013, comm. 31, note M. Menjucq ; *JCP E* 2013, Chron. 1216, n° 10, obs. P. Pétel ; *Rev. proc. coll.* 2013, comm. 61, note F. Taquet ; – Paris, pôle 6, 6e ch., 3 févr. 2016, RG n° 13/03905 ; *Rev. proc. coll.* 2016, comm. 54, note F. Taquet.
2. Soc. 28 mars 2018, n° 16-19.086, FS-P+B ; *Gaz. Pal.* 9 oct. 2018, n° 34, p. 82, note L. Ben Cheikh-Vecchioni ; *BJS* 2018, 354, note R. Dammann et M. Guermonprez ; *Act. proc. coll.* 2018/9, comm. 123, note L. Fin-Langer – *Adde* : E. Fabriès-Lecea, « La Cour de cassation française au secours de l'AGS française dans les procédures collectives transnationales », *BJE* mai-juin 2019, 116y3, p. 70.
3. Soc. 2 oct. 2001, nos 99-44.808, 09-44.809, P V, n° 294 ; *Act. proc. coll.* 2001/18, n° 241, obs. C. Régnaut-Moutier – Rappr. : Soc. 20 janv. 1998, n° 93-43.577, P V, n° 25 ; *JCP E* 1998. II. 10086, note E. Kerckhove ; *LPA* 8 juin 1998, p. 17, note J.-L. Vallens : statuant sur l'hypothèse d'une procédure ouverte à l'étranger avec adhésion de l'employeur au système de garantie des salaires du pays d'ouverture de la procédure collective.
4. Soc. 3 juin 2003, n° 00-45.948, P V, n° 184 ; *D.* 2004. Somm. 58, obs. L.-C. Henry ; *JCP E* 2004, jur. 155, p. 180, note F. Mélin ; *Rev. proc. coll.* 2003, p. 342, n° 10, obs. F. Taquet ; *JCP E* 2004. 151, n° 11, P. Pétel ; Soc. 8 févr. 2005 ; *Rev. proc. coll.* n° 2, 2005, 11, obs. F. Taquet.
5. Civ. 1re, 28 mars 2012, n° 11-10.639 : *Leden* mai 2012, p. 7, obs. F. Mélin ; *D.* 2013. 2293, obs. L. d'Avout ; *D.* 2013. 1503, F. Jault-Seseke ; Rev. Sociétés 2012. 400, obs. Ph. Roussel Galle ; *JDI* Juill. 2012. 15, note L.-C. Henry.

TITRE

72. Domaine de la garantie de l'AGS

SECTION 0
ORIENTEUR

72.00 **Sommaire du titre.**

Chap. 721 Intervention de l'AGS dans les procédures collectives
Sect. 1 Nécessité d'ouverture d'une procédure collective
Sect. 2 Intervention différenciée selon les procédures collectives
Sect. 3 Aménagement de l'intervention de l'AGS pour les salariés protégés
Sect. 4 Intervention de l'AGS en cas de conversion de procédure
Sect. 5 Intervention de l'AGS en cas de résolution d'un plan de sauvegarde ou de redressement judiciaire
Sect. 6 Intervention de l'AGS en cas de cession d'entreprise
Sect. 7 Intervention de l'AGS en cas d'extension de la procédure collective
Sect. 8 Intervention de l'AGS en cas de clôture de la procédure collective pour insuffisance d'actifs

Chap. 722 Nature des créances couvertes par l'AGS
Sect. 1 Rappel des règles juridiques applicables
Sect. 2 Sommes dues en exécution du contrat de travail
Sect. 3 Créances résultant de la rupture du contrat de travail
Sect. 4 Aides au retour à l'emploi
Sect. 5 Créances indemnitaires résultant d'un contentieux

Chap. 723 Nature des créances exclues de la garantie de l'AGS
Sect. 1 Cadre juridique
Sect. 2 Créances extracontractuelles
Sect. 3 Sommes dues aux salariés non garanties
Sect. 4 Indemnités de rupture du contrat de travail non garanties
Sect. 5 Dettes de l'employeur dues à un organisme social

CHAPITRE

721. Intervention de l'AGS dans les procédures collectives

SECTION 0 ORIENTEUR

721.00 Sommaire du chapitre.

Sect. 1 Nécessité d'ouverture d'une procédure collective 721.11 à 721.14

Sect. 2 Intervention différenciée selon les procédures collectives 721.21 à 721.45

§ 1 Les sauvegardes 721.21 à 721.22

§ 2 Le redressement judiciaire 721.31 à 721.33

§ 3 La liquidation judiciaire 721.41 à 721.45

Sect. 3 Aménagement de l'intervention de l'AGS pour les salariés protégés 721.51 à 721.54

Sect. 4 Intervention de l'AGS en cas de conversion de procédure 721.61 à 721.71

§ 1 Conversion de la procédure de sauvegarde en redressement ou en liquidation judiciaire 721.61 à 721.65

§ 2 Conversion de la procédure de redressement en liquidation judiciaire 721.71

Sect. 5 Intervention de l'AGS en cas de résolution d'un plan de sauvegarde ou de redressement judiciaire 721.81

Sect. 6 Intervention de l'AGS en cas de cession d'entreprise 721.91 à 721.102

§ 1 Cession en redressement judiciaire 721.91 à 721.92

§ 2 Cession en liquidation judiciaire 721.101 à 721.102

Sect. 7 Intervention de l'AGS en cas d'extension de la procédure collective 721.111 à 721.112

Sect. 8 Intervention de l'AGS en cas de clôture de la procédure collective pour insuffisance d'actifs 721.121 à 721.122

721.01 Textes applicables.

• **C. com.**

art. L. 625-9 [Garanties de paiement des créances salariales]

art. L. 631-18, al. 1 [Application des dispositions légales au redressement judiciaire]

art. L. 641-14, al. 1 [Application des dispositions légales à la liquidation judiciaire]

• **C. trav.**

art. L. 3253-8 [Domaine d'application de la garantie]

art. L. 3253-9 [Aménagement de la garantie des indemnités de rupture du contrat de travail des salariés protégés]

art. L. 3253-10 [Couverture des sommes dues au titre de l'intéressement, de la participation des salariés aux fruits de l'expansion ou d'un fonds salarial]

art. L. 3253-11 [Couverture des arrérages de préretraite]

art. L. 3253-12 [Conditions d'intervention de l'AGS pour les créances mentionnées aux articles L. 3253-10 et L. 3253-11]

art. L. 3253-13 [Exclusion de la garantie de l'AGS des indemnités *supra* légales résultant d'un accord conclu ou d'une décision notifiée moins de dix-huit mois avant la date du jugement d'ouverture de la procédure ou postérieurement à ce jugement]

721.02 Jurisprudences de référence.

> En sauvegarde, l'AGS ne garantit pas les créances antérieures au jugement d'ouverture. En conséquence, elle n'a pas à garantir l'indemnité d'un licenciement intervenu avant le jugement d'ouverture de la sauvegarde

• **Soc. 10 mars 2009,** n° 07-45.326, P V, n° 65

* V. ss n° 721.21

> L'AGS doit sa garantie pour les créances nées avant le redressement judiciaire, même si ce dernier a été précédé d'une sauvegarde

• **Soc. 21 janv. 2014,** n° 12-18.421, P IV, n° 25

* V. ss n° 721.62

721.03 Bibliographie indicative.

> **Encyclopédie.** *J.-Cl. com.*, fasc. 2450 : Privilège des salariés et garantie de paiement, par A. Jacquemont, 2007.

> **Articles.** A. Arséguel et Th. Météyé, « Les aspects sociaux de la procédure de sauvegarde », *Rev. proc. coll.* 2008, p. 117 – B. Bezian, « La garantie des créances salariales dans le cadre d'une procédure de redressement judiciaire », *Dr. sociétés* 1991, 715 – A. Charbin, « La situation des salariés de l'entreprise en difficulté », *RJS* 1999. 743 – de H. Fremont,

« Droit du travail et procédure collective : une réforme impossible ? », *BJE* mars 2014. 123 – L. Fin-Langer et J. Vallansan, « AGS et plan de redressement », *Rev. proc. coll.* mars/avr. 2019, Dossier 8, p. 74 – C. Gailhbaud, « L'AGS dans la procédure de sauvegarde » *LPA* 28 nov. 2008, n° 239, p. 3 ; « L'AGS face à l'exécution », *in Mesures d'exécution et procédures collectives*, « Procédures », Bruylant, 2012, p. 129 – D. Jacotot, « Résiliation judiciaire du contrat de travail et garantie de l'AGS », *Rev. proc. coll.* 2010, comm. 14 – F.-X. Lucas, « Quarante années de prise en charge des créances salariales dans les procédures collectives », *BJE* 2014. 409 – Th. Méteyé, « Garantie AGS : jusqu'où peut-on aller trop loin ? », *Dr. soc.* 2002. 972 ; « L'intervention de l'AGS dans les procédures de sauvegarde », *Gaz. proc. coll.* 2006, p. 3 ; « Loi de sauvegarde des entreprises : le point de vue de l'AGS », *LPA* 17 févr. 2006, n° 35, p. 48 ; « La place de l'AGS dans les procédures collectives », *Rev. proc. coll.* 2008, p. 11, n° 1 ; « L'évolution du champ d'intervention de l'AGS : de la sécurité juridique à l'insécurité juridique et économique », colloque de l'*AJDE*, Toulouse 10 sept. 2010, *Rev. proc. coll.* 2011, Dossier 4, p. 67 ; « Le droit social des entreprises en difficulté », *Rev. proc. coll.* 2014, Dossier 39 ; « Le traitement des créances salariales : l'AGS », *BJE* janv.-févr. 2017. 54 – A.-L. Peries, « Intervention de l'AGS, l'expansion accrue du régime de garantie sous l'influence de la jurisprudence (1998-2001) », *JCP E* 2002, *Cah. Dr. soc.* (supplément), n° 10, 7 mars 2002 – P. Pétel, « L'AGS et la réforme des procédures collectives », *RJ com.* 2006/3, p. 174 ; « Les critères de prise en charge de la garantie AGS : quarante ans d'évolution », *BJE* 2014. 411 – C. Saint-Alary-Houin, « L'efficacité des garanties garantissant les créances salariales », *Dr. sociétés* 1987, 842 ; « L'évolution de la garantie de l'AGS, plus... toujours plus ! », *Rev. proc. coll.* mars/avr. 2019, Dossier 5, p. 62 – J.-C. Savignac et Th. Méteyé, « L'AGS, 40 ans de solidarité et d'engagement au cœur des enjeux des procédures collectives », *BJE* 2014. 407 – F. Taquet, « Le nouveau champ d'application de l'AGS – Article 177 de la loi n° 2005-845 du 26 juillet 2005 de sauvegarde des entreprises », *Rev. proc. coll.* 2005, p. 295 ; « L'intervention de l'AGS : état des lieux et réflexions... », *in Entreprises en difficulté et droit du travail*, Ceprisca, Puf, 2007, p. 77 – R. Vatinet, « Garantie de l'AGS et sort du contrat de travail en cas de procédure collective », *D.* 2003. Chron. 287 – C. Gailhbaud, « Le particularisme de l'autorisation administrative de licencier un salarié protégé dans l'entreprise en redressement ou en liquidation judiciaire », *Dr. soc.* 2024. 505 – D. Ronet-Yague, « Les vicissitudes du contentieux de l'AGS en 2023 », *Gaz. Pal.* 5 déc. 2023, n° 40, p. 52 – F. Aknin, « Le droit social appliqué aux procédures collectives », *JCP S* 2023, n° 42, 1272.

> **Colloques.** « L'AGS au cœur du traitement des difficultés des entreprises », dir. scient. Ph. Roussel Galle, Paris, 5 déc. 2018, *Rev. proc. coll.* mars/avr. 2019, Dossier 3, p. 56 s.

721.04 Questions essentielles.

> La garantie de l'AGS s'applique-t-elle dans les procédures préventives ?

* V. s[s] n° 721.11

> L'AGS garantit-elle les créances nées antérieurement à la procédure de sauvegarde en cas de conversion en redressement ou en liquidation judiciaire ?

* V. s[s] n° 721.62

> La mise en œuvre de la garantie de l'AGS est-elle possible nonobstant la clôture de la procédure collective pour insuffisance d'actifs ?

* V. s[s] n°s 721.121 et 721.122

SECTION 1
NÉCESSITÉ D'OUVERTURE D'UNE PROCÉDURE COLLECTIVE

721.11 Exclusion de la garantie AGS en présence d'un mandat *ad hoc* ou d'une conciliation. Les articles L. 3253-6 et suivants du Code du travail ne se réfèrent qu'aux procédures de sauvegarde, de redressement et de liquidation judiciaires, autrement dit aux procédures collectives. Par conséquent, la garantie de l'AGS ne peut être sollicitée lorsque le chef d'entreprise bénéficie d'une procédure amiable, mandat *ad hoc* ou conciliation. La solution se justifie car la survenance du risque de non-paiement des salariés dans le cadre de ces procédures est faible. Historiquement, la garantie était d'ailleurs réservée aux seules entreprises rencontrant des difficultés avérées (règlement judiciaire ou liquidation des biens). Ainsi, la garantie de l'AGS ne doit pas permettre aux employeurs de se dédouaner de leurs obligations principales, à savoir fournir du travail et verser une rémunération aux travailleurs.

La prévention des difficultés des entreprises, au cœur des préoccupations du législateur, interroge toutefois sur l'opportunité de consacrer l'intervention de l'AGS en procédure de conciliation, laquelle est conditionnée à un état de cessation des paiements de moins de quarante-cinq jours. Certains auteurs [1] considèrent qu'une innovation en ce sens pourrait être utile, spécialement pour prendre en charge le coût d'une restructuration sociale inévitable, sous réserves de l'homologation de l'accord de conciliation et de la mise en place de garde-fous nécessaires à la préservation de l'équilibre financier du régime de garantie des créances salariales. Cette intervention permettrait en effet de mieux protéger l'emploi et les salariés en anticipant des licenciements futurs plus importants et en participant activement dans les mesures prises pour faciliter le retour à l'emploi des salariés licenciés.

721.12 Application de la garantie AGS en présence d'une procédure de sauvegarde, redressement ou liquidation judiciaire. La garantie suppose l'ouverture d'une procédure collective par le tribunal. Elle

1. EN CE SENS : P.-M. Le Corre, « La conciliation homologable, outil pour la directive "Restructurations" ? », *Gaz. Pal.* 15 oct. 2019, n° 35, p. 41 ; F.-X. Lucas, « Le droit de la faillite à l'épreuve de la crise sanitaire », *in* Blog *Le club des juristes*, 26 mars 2020.

n'est donc pas applicable si une société d'assurance fait l'objet d'un retrait d'agrément, qui entraîne sa dissolution et sa liquidation au sens du droit des sociétés. Cette dernière, provoquée par le retrait d'agrément est distincte des procédures collectives d'apurement du passif[1]. De même si la société fait l'objet d'une dissolution au sens de l'article 1844-7 du Code civil, la garantie ne pourra être sollicitée.

L'absence de personnalité morale interdit l'ouverture d'une procédure collective. Il en est ainsi des sociétés en formation qui ne sont pas encore immatriculées au Registre du Commerce et des Sociétés, ou des sociétés en participation[2]. Par conséquent, la question de la garantie de l'AGS ne se pose pour de telles sociétés.

721.13 Recours à l'encontre du jugement d'ouverture. Selon l'article L. 661-1 du Code de commerce, le jugement prononçant l'ouverture de la procédure de sauvegarde, de redressement judiciaire ou de liquidation judiciaire est susceptible d'appel. Néanmoins, en raison du caractère exécutoire de plein droit du jugement d'ouverture, les organes désignés par ce jugement sont tenus de procéder aux diligences leur incombant, notamment aux licenciements des salariés pour pouvoir respecter les délais de garantie de l'AGS[3].

Tous les actes valablement réalisés entre le jugement d'ouverture de la procédure collective et, le cas échéant, son annulation ou sa réformation ne peuvent être annulés. De ce fait, les licenciements prononcés dans cette période sont bien valables[4]. Ces licenciements seront néanmoins considérés comme dépourvus de cause réelle et sérieuse si le jugement est annulé puisque celle-ci a pour effet de priver de fondement et d'effet les licenciements pour motif économique[5]. Il en va autrement que si le tribunal ouvre d'office, par la même décision, une procédure de liquidation judiciaire[6].

721.14 Suspension de l'exécution provisoire du jugement d'ouverture. En vertu de l'article R. 661-1 du Code de commerce, le premier Président de la Cour d'appel, statuant en référé, peut ordonner l'arrêt de l'exécution provisoire. L'ordonnance de référé arrêtant l'exécution provisoire n'a pas d'effet rétroactif et ne remet pas en cause les actes d'exécution accomplis[7].

À défaut de disposition spéciale prévue par les articles du Code de commerce, il faut considérer que si le liquidateur a déjà procédé au licenciement des salariés, l'acte de rupture du contrat de travail ne sera pas remis en cause[8]. Pour pouvoir poursuivre son activité, la seule solution pour le chef d'entreprise sera de conclure un nouveau contrat de travail avec les salariés dans l'attente de la décision de justice statuant sur le recours exercé. Deux inconvénients peuvent survenir en cas d'arrêt confirmatif. D'une part, le liquidateur devra procéder à nouveau au licenciement de ses salariés dans le délai de quinzaine pour que la garantie de l'AGS puisse jouer. D'autre part, si l'AGS a déjà avancé un mois et demi de salaires, les salaires non réglés seront exclus de la garantie. Il s'agira néanmoins de créances postérieures méritantes assorties du privilège prévu à l'article L. 641-13 du Code de commerce puisqu'elles sont nées en contrepartie d'une prestation fournie au débiteur.

SECTION 2
INTERVENTION DIFFÉRENCIÉE SELON LES PROCÉDURES COLLECTIVES

§ 1
Les sauvegardes

721.21 La procédure de sauvegarde classique. La loi du 26 juillet 2005[9] consacre l'intervention de l'AGS dans la procédure de sauvegarde. Celle-ci est limitée et encadrée puisque le débiteur n'est pas en état de cessation des paiements. L'AGS ne peut être appelée en garantie que pour les créances liées à la rupture des contrats de travail intervenue durant la période d'observation ou dans le mois suivant le jugement arrêtant le plan de sauvegarde. Non seulement la créance doit être née postérieurement à l'ouverture de la procédure de sauvegarde, mais aussi durant l'une des périodes visées à l'article L. 3253-8, 2°, du Code du travail.

Les créances nées antérieurement à l'ouverture de la procédure, ne sont pas couvertes[10]. Dans un arrêt

1. Soc. 13 sept. 2005, n° 03-45.786, P V, n° 245 ; *RJ com.* 2006/1, p. 52, note J.-P. Sortais ; *Act. proc. coll.* 2005, comm. 219.
2. C. civ. art. 1871 ; Com. 15 mai 2019, n° 18-10.336. Seuls les gérants ou les associés ayant accompli des actes de commerce peuvent être placés en procédure collective.
3. Com. 10 janv. 2012, n° 10-26.682 ; *JCP E* 2012, note J. Vallansan ; A. Boyer, « Les conséquences de l'arrêt de l'exécution provisoire de plein droit du jugement de liquidation judiciaire », *Rev. proc. coll.* n° 3, mai 2011, 11 ; « Le risque de l'exécution provisoire du jugement de liquidation (suite) », *Act. proc. coll.* n° 18, nov. 2013.
4. Soc. 28 juin 2006, n° 04-43.286.
5. Soc. 24 juin 2008, n° 07-41.972.
6. Soc. 16 déc. 2008, n° 07-43.285 ; *JCP S*, mars 2009, n° 12, note L. Fin-Langer.
7. Civ. 2e, 24 sept. 1997, n° 94-19.485 ; *Bull. civ.* 1997, II, n° 238 ; *Rev. proc. coll.* 1999, p. 28, n° 19, obs. M. Cadiou.
8. EN CE SENS : J.-L. Vallens, « L'exécution provisoire du jugement de redressement ou de liquidation judiciaire », *D.* 1997. 111 à 116, spéc. p. 115.
9. L. n° 2005-845, 25 juill. 2005, de sauvegarde des entreprises et son décret d'application n° 2005-1677 du 28 décembre 2005.
10. Soc. 28 sept. 2010, n° 09-65.438.

du 10 mars 2009, la Cour de cassation a cassé l'arrêt de la Cour d'appel ayant condamné l'AGS à garantir une indemnité de licenciement sans cause réelle et sérieuse au titre de la rupture du contrat de travail, prononcée avant l'ouverture de la procédure de sauvegarde[1].

Le salarié n'est pas protégé contre le non-paiement des salaires et accessoires, tant antérieurs que postérieurs dans cette procédure. Le risque de non-paiement des salaires devrait en pratique être marginal puisque l'entreprise n'est pas en état de cessation des paiements.

721.22 **Sauvegarde accélérée.** La sauvegarde financière accélérée avait été introduite par la loi du 22 octobre 2010[2], dite loi de régularisation bancaire et financière, et s'inspirait de l'institution nord-américaine du « prepack ». Il s'agissait d'une passerelle utile entre les procédures de prévention et les procédures de traitement des difficultés[3]. Étant nécessairement précédée d'une procédure de conciliation, son objectif était de résoudre la difficulté née du refus de quelques créanciers minoritaires de participer à l'accord de conciliation. De même, avec l'ordonnance du 12 mars 2014, le législateur avait créé une nouvelle procédure de prévention des difficultés des entreprises, définies par le livre VI du Code de Commerce. Il avait été institué une procédure de sauvegarde accélérée[4], dont l'ouverture est également conditionnée à l'engagement préalable d'une procédure de conciliation mais qui concerne l'ensemble des créanciers antérieurs.

L'ordonnance du 15 septembre 2021[5] marque une rupture avec le régime antérieur en fusionnant ces deux procédures. Désormais il n'existe plus qu'une seule « sauvegarde accélérée » régit par les articles L. 628-1 à L. 628-8 du Code de commerce.

Cette procédure est une variante de la procédure de sauvegarde, où l'AGS n'intervient que pour des créances résultant de la rupture du contrat de travail nées postérieurement au jugement d'ouverture[6]. En vertu de l'adage « là où la loi ne distingue pas, il n'y a pas lieu de distinguer[7] », les mêmes créances pourront être garanties par l'AGS. Ces procédures semblent toutefois incompatibles avec l'existence d'un passif salarial en raison de leur brièveté. C'est pourquoi, en pratique la garantie de l'AGS n'est pas sollicitée. De plus, la sauvegarde financière accélérée ne concerne que les créanciers financiers et donc pas les salariés. Cela devrait être de nature à faire obstacle à la sollicitation des avances de l'AGS.

§ 2
Le redressement judiciaire

721.31 **Créances salariales nées antérieurement au jugement d'ouverture.** L'article L. 3253-8, 1°, du Code du travail prévoit que les sommes dues aux salariés à la date du jugement d'ouverture d'une procédure de redressement ou de liquidation judiciaire sont garanties par l'AGS. Aucune distinction n'est faite entre les créances de nature salariales ou indemnitaires qui sont, toutes deux, couvertes par l'AGS.

Sous réserve des règles relatives à la prescription, aucune limite temporelle n'est fixée pour la garantie des créances antérieures. De ce fait, l'AGS pourra garantir les rémunérations se situant au-delà du privilège général des salaires, c'est-à-dire celles nées plus de six mois avant le jugement d'ouverture du redressement.

Il n'y a pas lieu de distinguer selon qu'un plan de redressement sera ou non arrêté. La Cour de cassation énonce que « les sommes dues par l'employeur antérieurement au jugement ouvrant la procédure de redressement judiciaire restent soumises, même après l'adoption du plan de redressement, qu'il soit par cession ou par continuation, au régime de la procédure collective ; que l'AGS doit dans tous les cas en faire l'avance à la demande du représentant des créanciers en l'absence de fonds disponibles »[8]. La solution a récemment été réaffirmée[9].

721.32 **Créances de salaire nées pendant la période d'observation.** Comme en sauvegarde, les créances de salaire nées postérieurement au jugement d'ouverture sont exclues de la garantie en redressement judiciaire[10]. En effet, le gel du passif doit

1. Soc. 10 mars 2009, n° 07-45.326, *Bull. civ.* V, n° 65, n° 463 ; *D.* 2009. AJ 807, obs. A. Lienhard ; *Act. proc. coll.* 2009/9, n° 136, note D. Jacotot.
2. L. n° 2010-1249, 22 oct. 2010 de régulation bancaire et financière, *JO* 23 oct.
3. T. Montéran, « Rapide aperçu de la sauvegarde financière accélérée », *Gaz. Pal.*, 15 et 16 oct. 2010, p. 10.
4. G. Jazottes, « La mise en place d'une "nouvelle" procédure de sauvegarde accélérée et le maintien de la sauvegarde financière accélérée », *Gaz. Pal.* 3 janv. 2015, n° 3, p. 9 ; F. Reille, « La sauvegarde accélérée issue de l'ordonnance du 12 mars 2014 », *Gaz. Pal.* 8 avr. 2014, n° 98, p. 10.
5. Ord. n° 2021-1193, 15 sept. 2021 portant modification du livre VI du Code de commerce, *JO* 16 sept. ; M. Menjucq et C. Peugnet, « La "nouvelle" procédure de sauvegarde accélérée », *Rev. proc. coll.* 2021, Doss. 7, p. 59.
6. Ph. Roussel Galle, « La réforme du droit des entreprises en difficulté par l'ordonnance du 12 mars 2014 », Rev. soc. 2014. 351.
7. « *Ubi lex distinguit, nec nos distinguere debemus* ».
8. Soc. 17 janv. 2001, n° 98-46.375, NP ; *Gaz. Pal.* 2001, pan. 25-27 févr., p. 22 – *Adde* : Soc. 13 juin 2001, n° 99-42.977, NP ; *Act. proc. coll.* 2001/15, n° 194.
9. Soc. 28 sept. 2022, n° 20-15.895, NP ; n° 991 F-D, *Leden* nov. 2022, DED201d9, obs. G. Ollu.
10. Soc. 7 févr. 1990, n°s 87-40.780, 87-40.782.

permettre au débiteur de régler les créances de salaire nées en période d'observation. La Cour de cassation a jugé qu'en l'absence de prononcé d'une liquidation judiciaire, l'AGS n'a pas à garantir le paiement des créances nées postérieurement au redressement judiciaire et résultant de la poursuite du contrat de travail[1]. Il faut donc retenir que l'AGS ne garantit que les créances résultant de la rupture du contrat de travail, non les créances de salaire, naissant pendant la période d'observation[2].

721.33 Créances résultant de la rupture du contrat de travail nées postérieurement au jugement d'ouverture. Comme dans la procédure de sauvegarde, l'AGS prend en charge les créances résultant de la rupture des contrats de travail intervenue durant la période d'observation[3] ou dans le mois suivant le plan de redressement judiciaire[4].

La Cour de cassation est venue préciser que la garantie joue aussi lorsqu'un jugement modifiant le plan de cession est rendu. Elle estime que la garantie de l'AGS s'applique aux créances résultant de la rupture des contrats de travail intervenue dans le mois suivant le jugement qui a modifié le plan de redressement de l'entreprise, lequel fait corps avec le jugement arrêtant ce plan. Elle en déduit que cette modification ouvre à nouveau un délai de licenciement d'un mois[5]. Pourtant la lettre du texte ne vise pas l'hypothèse d'une modification d'un tel plan. En effet, l'article L. 3253-8, 2°, du Code du travail vise « le mois suivant le jugement qui *arrête* le plan de sauvegarde, de redressement ou de cession ». De plus, le débiteur, redevenu *in bonis* dès l'arrêté du plan, devrait pouvoir supporter le coût des licenciements prononcés à la suite d'une modification du plan. À défaut, une résolution du plan, avec ouverture d'une autre procédure collective, devrait intervenir.

Si la rupture du contrat de travail intervient au-delà des délais visés à l'article L. 3253-8, 2°, du Code du travail, l'AGS ne doit plus sa garantie[6]. Cette solution a été posée pour les créances indemnitaires nées de la violation d'un engagement de maintenir l'emploi pendant une durée déterminée, pris dans un plan de cession[7].

1. Soc. 1er févr. 2012, nos 10-17.394, 10-17.591.
2. Soc. 23 févr. 2005, n° 03-41.466.
3. Soc. 20 mai 1992, nos 91-41.516, 91-41.519 ; *D.* 1992. 188.
4. Soc. 6 juill. 1999, n° 97-42.231.
5. Soc. 17 oct. 1990, n° 88-42.713 ; Soc. 3 avr. 1991, n° 90-41.566 ; Ph. Blaquier-Cirelli et C. Saint-Alary-Houin, « Le contentieux de la cession d'entreprise en difficulté », *Publications du Centre de droit des affaires*, 1992, p. 79.
6. Soc. 9 nov. 2005, n° 03-47.963 ; *Bull. civ.* V, n° 314 ; *Rev. proc. coll.* 2006/1, p. 70, n° 11, obs. F. Taquet.
7. Soc. 12 mai 2009, n° 07-44.960 ; *Rev. proc. coll.* 2009/4, 2e partie, nos 305 à 307, note C. Duprat.

§ 3
La liquidation judiciaire

721.41 Créances nées avant l'ouverture d'une liquidation judiciaire. Comme dans la procédure de redressement judiciaire, les salaires, ainsi que les créances résultant de la rupture du contrat de travail[8], nés antérieurement au jugement d'ouverture d'une procédure de liquidation judiciaire sont couverts par l'AGS sur le fondement de l'article L. 3253-8, 1°, du Code du travail sans limite temporelle.

721.42 Créances de salaires nées postérieurement au jugement d'ouverture. Sur le fondement de l'article L. 3253-8, 5°, du Code du travail, les sommes dues aux salariés au cours de la période d'observation d'une sauvegarde ou d'un redressement judiciaire, du maintien provisoire d'activité, des quinze ou vingt-et-un jours lorsqu'un plan de sauvegarde de l'emploi est élaboré, suivant la liquidation judiciaire ou la fin du maintien provisoire d'activité, sont garanties par l'AGS dans la limite d'un mois et demi de travail[9]. S'agissant de la poursuite de l'activité, il ne s'agit que d'un maintien légal prononcé par le tribunal et nullement d'un maintien purement factuel[10].

721.43 Créances détenues par le représentant des salariés. Le représentant des salariés bénéficie d'un régime plus protecteur car le délai de couverture de sa créance salariale est allongé à un mois après l'ouverture de la liquidation judiciaire, au lieu de quinze jours. Ce texte ne fait référence qu'au représentant des salariés et ne doit pas être appliqué à tous les salariés protégés, en vertu du principe d'interprétation stricte des textes spéciaux.

Cet allongement du délai d'un mois n'est applicable que dans l'hypothèse où la liquidation judiciaire est prononcée sans maintien provisoire de l'activité conformément à l'article L. 3253-8, 5°, c), du Code du travail.

721.44 Créances liées à la rupture du contrat de travail nées postérieurement au jugement d'ouverture. Les créances résultant de la rupture du contrat de travail seront également prises en charge si la rupture dudit contrat est intervenue dans les périodes visées à l'article L. 3253-8, 2°, du Code du travail. Cet article vise le maintien provisoire d'activité, les quinze ou vingt et un jours lorsqu'un plan de sauvegarde de l'emploi est élaboré, suivant le jugement d'ouverture de la liquidation judiciaire ou la fin du

8. Soc. 1er oct. 2003, n° 01-40.125 ; *Bull. civ.* V, n° 249, non versement du salaire à un apprenti ; Soc. 6 oct. 2004, n° 02-40.646 ; *RJS* 12/2004, n° 1291.
9. Soc. 19 avr. 2023, n° 21-24.655.
10. Soc. 20 mai 1992, nos 91-41.822, 91-41.849 ; *D.* 1992. 187.

maintien de l'activité. Au-delà de ces périodes, les créances ne sont pas garanties[1].

Le jugement d'ouverture de la liquidation judiciaire n'a pas pour effet de rompre les contrats de travail, mais il permet de fonder juridiquement le motif économique du licenciement[2]. Ainsi, la demande du salarié de dommages et intérêts pour défaut de motivation de la lettre de licenciement par le mandataire judiciaire est infondée, dès lors que cette lettre faisait référence au jugement qui prononce la liquidation judiciaire.

721.45 Créances liées au licenciement en dehors des périodes de garantie. La lettre de licenciement doit avoir été envoyée au salarié - ou la remise au salarié du contrat de sécurisation professionnelle doit intervenir - avant l'expiration du délai de quinze jours suivant le prononcé de la liquidation judiciaire et la simple convocation à l'entretien préalable ne suffit pas pour mettre à la charge de l'AGS les indemnités de rupture[3]. La rupture n'est pas opposable à l'AGS si la lettre de licenciement n'est pas envoyée à l'intéressé dans ce délai et ce, même si elle mentionne expressément que le licenciement prend effet au jour de la liquidation judiciaire[4].

La saisine du conseil de prud'hommes par le salarié aux fins d'obtenir des dommages et intérêts pour rupture abusive des relations contractuelles reste indifférente sur la procédure de licenciement devant être engagée par le liquidateur[5].

Le licenciement d'un salarié embauché à durée déterminée, mais dont le contrat s'est poursuivi après l'échéance de son terme, doit être effectué par le liquidateur car cet événement oblige à la requalification du contrat en contrat à durée indéterminée[6].

Le dispositif légal prévoyant que le contrat d'apprentissage qui a duré plus de deux mois ne peut être résilié que d'un commun accord des parties ou, à défaut pour l'une des causes visées à l'article L. 6222-18 du Code du travail (parmi lesquelles ne figure pas le licenciement économique), n'est pas applicable en liquidation judiciaire[7]. La Chambre sociale de la Cour de cassation rappelle que le liquidateur, qui doit mettre fin au contrat d'apprentissage dans le délai de quinze jours suivant la liquidation judiciaire, agit en exécution de ce jugement et n'a pas à demander la résiliation judiciaire au conseil de prud'hommes[8].

De la même manière, la date d'effet de la résiliation judiciaire du contrat de travail ne peut être fixée qu'au jour de la décision qui la prononce, dès lors que le contrat de travail n'a pas été rompu à cette date. Par conséquent, si le contrat de travail n'a pas été rompu avant le jugement d'ouverture ou par le liquidateur dans le délai de quinzaine, les indemnités de rupture du contrat de travail fixées judiciairement après ce délai n'auront pas à être prises en charge par l'AGS[9].

Le salarié ne peut invoquer la carence du mandataire judiciaire pour obtenir la garantie de l'AGS[10]. En revanche, la responsabilité civile professionnelle du mandataire judiciaire peut être mise en jeu si une faute est caractérisée et qu'elle ouvre droit à réparation[11]. Effectivement, l'administrateur, le mandataire

1. Soc. 21 nov. 1989, n° 88-43.446, P V, n° 672 ; *D.* 1990. Somm. 217, obs. A. Honorat ; – Soc. 24 janv. 1990, n° 89-40.868, P V, n° 25 ; *D.* 1990. Somm. 217, obs. A. Honorat ; – Soc. 8 janv. 1997, n° 94-41.821, NP ; *D.* 1997. IR 40 ; – Soc. 24 mai 2000, n° 98-42.343, NP ; *LXB*, n° A6306A4C ; – Soc. 3 mai 2001, n° 99-41.387, NP ; *Act. proc. coll.* 2001/13, n° 167 ; – Soc. 3 avr. 2002, n° 99-43.163, P V, n° 115 ; n° 99-43.492, P V, n° 116 ; n° 99-44.288, P V, n° 117, 3 arrêts ; *Act. proc. coll.* 2002/9, n° 114, obs. J. Vallansan ; *Rev. proc. coll.* 2002, p. 202, n° 2, obs. F. Taquet ; – Soc. 8 févr. 2005, n° 02-45.490, NP ; *Rev. proc. coll.* 2005/2, p. 147, n° 12, obs. F. Taquet ; – Soc. 20 avr. 2005, n° 03-43.399, NP ; *Rev. proc. coll.* 2005/4, p. 380, n° 10, obs. F. Taquet ; – Soc. 1er mars 2006, n° 03-46.356, NP ; *Rev. proc. coll.* 2006/3, p. 286, n° 20, obs. F. Taquet ; – Soc. 14 oct. 2009, n° 07-45.257, P V, n° 222 ; *Gaz. Pal.* 8-10 janv. 2010, nos 8, 9, p. 36, note C. Gaihbaud ; – Soc. 9 juill. 2015, n° 14-15.345, NP ; *Rev. proc. coll.* 2015, comm. 157, note F. Taquet et 2016, comm. 28, note F. Taquet ; – Soc. 16 juin 2016, n° 15-13.235, NP ; *Rev. proc. coll.* nov.-déc. 2016, comm. 194, note F. Taquet ; – Soc. 3 nov. 2016, n° 15-14.613 ; *Rev. proc. coll.* nov.-déc. 2016, comm. 195, note F. Taquet ; – Soc. 26 oct. 2017, n° 16-22.468, NP ; *Leden* févr. 2018, n° 111h7, note G. Dedessus le Moustier ; – Toulouse, 4e ch. soc. 2e sect., 24 août 2012, RG n° 10/03758 ; *Rev. proc. coll.* 2012, comm. 208, note F. Taquet ; – Soc. 5 févr. 2020, n° 18-18.086, NP ; *Rev. proc. coll.* mars/avr. 2020, comm. 40, note F. Taquet ; – Rouen, ch. soc., 9 juill. 2020, RG n° 18/00686 ; *Rev. proc. coll.* sept.-oct. 2020, comm. 131, note F. Taquet ; – Soc. 25 sept. 2024, n° 23-19.375 ; *Rev. proc. coll.* n° 6, Nov. 2024, comm. 173, obs. F. Taquet.
2. Com. 24 mars 2009, n° 08-12.620.
3. Soc. 9 nov. 2004, n° 02-42.868.
4. Soc. 14 mai 2003, n° 01-40.586 ; *Rev. proc. coll.* 2003, P. 340, n° 5, obs. F. Taquet.
5. Soc. 14 janv. 2004, n° 01-46.892.
6. Soc. 4 oct. 2011, n° 10-13.567.
7. Article modifié par Ord. n° 2014-326, 12 mars 2014 portant réforme de la prévention des difficultés des entreprises et des procédures collectives, *JO* 14 mars, p. 5249.
8. Soc. 19 déc. 2007, n° 06-45.396.
9. Soc. 11 janv. 2007, n° 05-40.626 ; – Soc. 25 avr. 2007, n° 04-47.848 ; – Soc. 14 oct. 2009, n° 07-45.257 ; – Soc. 31 oct. 2013, n° 12-16.981 ; – Soc. 21 mai 2014, n° 13-18.586 ; – Soc. 10 déc. 2014, nos 13-18.584 et 13-23.359 ; – Soc. 20 janv. 2016, nos 14-10.134, 14-10.136 ; – Soc. 2 mars 2016, n° 14-23.602 ; – Soc. 19 mai 2016, n° 14-25.443 ; – Soc. 16 juin 2016, n° 15-13.235 ; – Soc. 12 juill. 2016, n° 14-26.374 ; – Soc. 3 nov. 2016, n° 15-14.613 ; – Soc. 9 nov. 2016, n° 15-22.767.
10. Soc. 11 oct. 1994, n° 93-41.170 ; *Rev. proc. coll.* 1995, P. 377, obs. F. Taquet ; – Soc. 24 mars 2010, n° 09-40.147 ; – Soc. 30 sept. 2013, n° 12-12.122.
11. Com. 6 juill. 1993, n° 91-14.707 ; *Bull. civ.* V, n° 281 ; – Soc. 3 mars 1994, n° 90-46.000 ; *Rev. proc. coll.* 1995, p. 238, obs. F. Taquet ; – Soc. 24 mars 2010, n° 09-40.147 ; – Com. 27 sept. 2011, nos 10-24.909 et 10-24.910.

ou le liquidateur judiciaire sont tenus de respecter les obligations sociales incombant à l'employeur[1]. Il en sera ainsi, lorsque la procédure de licenciement[2] n'est pas respectée ou est jugée insuffisante[3], ou encore si la rupture du contrat de travail n'intervient pas dans les délais légaux de la garantie de l'AGS.

SECTION 3
AMÉNAGEMENT DE L'INTERVENTION DE L'AGS POUR LES SALARIÉS PROTÉGÉS

721.51 Salariés bénéficiant d'une protection particulière contre le licenciement. En droit du travail, certains salariés bénéficient d'une protection renforcée contre le licenciement. Outre le représentant des salariés, sont considérés comme salariés protégés tous les salariés soumis à une autorisation administrative de licenciement mentionnés à l'article L. 2411-1 du Code du travail. La rupture de leur contrat de travail nécessite une procédure plus longue car elle est soumise à l'autorisation de l'inspecteur du travail. C'est pourquoi, la loi du 25 janvier 1985[4] a mis en place un dispositif spécifique pour pouvoir concilier le droit du travail avec les délais de garantie de l'AGS. L'article L. 3253-9 du Code du travail dispose que « sont également couvertes les créances résultant du licenciement des salariés bénéficiaires *d'une protection particulière* relative au licenciement dès lors que l'administrateur, l'employeur ou le liquidateur, selon le cas, *a manifesté*, au cours des périodes mentionnées au 2 de l'article L. 3253-8, *son intention de rompre le contrat de travail* ».

La notion de salariés bénéficiaires d'une protection particulière n'est pas définie. Toutefois, il ressort des travaux parlementaires de la loi du 25 janvier 1985 que « l'article L. 143-11-2 (nouveau L. 3253-9) concerne les salariés qui, bénéficiant d'une protection particulière, ne peuvent être licenciés qu'à la suite d'une procédure particulière (...). Cette disposition vise non seulement les représentants du personnel, mais aussi les femmes en congé de maternité ou d'adoption, qui bénéficient d'une période d'interdiction de licenciement »[5]. On peut donc notamment englober dans cette notion les représentants des salariés, les conseillers prud'homaux, les délégués syndicaux, les élus du CSE, etc...

721.52 Protection de la grossesse, de la maternité et de l'adoption. La salariée enceinte bénéficie d'une protection variable contre le licenciement[6].

Elle bénéficie d'une protection dite « relative » avant son congé maternité *stricto sensu* et après son retour, pendant une période de dix semaines suivant l'expiration de la protection absolue liée à la maternité. En présence d'une protection relative, la rupture du contrat de travail est possible mais uniquement si le liquidateur explique en quoi son maintien dans l'entreprise est impossible. La Cour de cassation considère que de graves difficultés économiques[7], le prononcé d'un redressement[8] ou d'une liquidation judiciaire[9], ne constituent pas une impossibilité de maintenir le contrat. Il semble en revanche possible de fonder le licenciement sur l'absence de reprise de l'activité en liquidation judiciaire[10]. Ainsi, la manifestation de l'intention de rompre le contrat de travail dans les délais de garantie de l'AGS est possible si elle résulte d'une faute grave ou du maintien impossible du contrat de travail et que la lettre adressée à la salariée mentionne expressément que la rupture du contrat de travail repose sur une cause étrangère à la situation de protection.

La salariée bénéficie également d'une protection dite « absolue » contre le licenciement pendant le congé maternité[11] et durant les congés payés pris à la suite du congé maternité, ainsi que pendant les périodes d'arrêts de travail pour motif pathologique lié à la grossesse. En présence d'une protection absolue, le régime juridique est plus protecteur : non seulement le motif doit résider dans une faute grave ou un motif étranger à la maternité rendant impossible la poursuite de la relation de travail, mais aussi l'article L. 1225-4 du Code du travail interdit toute notification du licenciement pendant le congé maternité. La Cour de cassation va plus loin en interdisant, à la lumière du droit européen, tout acte préparatoire au licenciement d'une salariée protégée[12] À défaut de

1. Soc. 10 mai 1999, n° 97-40.060 ; – Soc. 28 sept. 2010, n° 09-41.406 ; – Soc. 6 oct. 2011, n° 11-40.056 ; *BJE* mars 2012, n° 2, p. 102, note A. Donnette ; – TGI Paris, 4 sept. 2014, n° 12/14423 ; *Leden* nov. 2014, n° 10, p. 7, obs. G. Dedessus-Le-Moustier.
2. H. de Frémont, « Les licenciements et les procédures collectives : un compromis acceptable ? », *Gaz. Pal.* 22 janv. 2009, n° 22, p. 11.
3. Com. 6 mars 2019, n° 17-26.450 ; *BJE* mai 2019, n° 3, p. 61, note C. Gailhbaud ; *Leden* mai 2019, n° 5, p. 7, H. de Frémont.
4. L. n° 85-98, 25 janv. 1985 relative au redressement et à la liquidation judiciaire des entreprises, *JO* 26 janv.
5. Rapport du député M. Gouzes à l'Assemblée nationale, n° 1872. Dans le même sens : Observations de Monsieur le député Belorgey faites au nom de la Commission des affaires sociales, n° 1872, annexe 16.
6. V. s[s] n° 511.63.
7. Soc. 21 janv. 2009, n° 07-41.841 ; – Soc. 25 mai 2011, n° 09-72.613.
8. Soc. 28 sept. 2004, n° 02-40.055.
9. Soc. 24 avr. 2013, n° 12-13.035, NP.
10. Soc. 4 oct. 1995, n° 94-41.162, NP ; – Soc. 17 oct. 2012, n° 11-22.123, NP ; *Act. proc. coll.* 2012, n° 305.
11. C. trav., art. L. 1225-4.
12. Soc. 1er févr. 2017, n° 15-26.250 : interprétation en droit interne de la directive 92/85/CEE du 19 octobre 1992 concernant la mise en œuvre de mesures visant à promouvoir l'amélioration de la sécurité et de la santé des travailleuses enceintes, accouchées ou allaitantes au travail.

respecter ces mesures, le licenciement est nul et les différentes indemnités sont alors garanties par l'AGS[1]. La Cour de cassation maintient cette règle malgré la liquidation judiciaire de l'entreprise, le liquidateur ne pouvant pas notifier le licenciement pendant le congé maternité et repousser sa prise d'effet à la fin du congé[2]. Si protectrice soit elle, cette mesure aboutit à une difficulté majeure : la salariée ne pourra plus travailler dans l'entreprise qui a cessé son activité.

Au regard de la protection très absolue dont bénéficie la salariée, le Conseil national des administrateurs judiciaires et des mandataires judiciaires a mis en place un imprimé type dont les liquidateurs peuvent se servir pour prévenir directement l'AGS[3]. En effet, en raison d'une procédure de licenciement allongée l'AGS couvre les indemnités de rupture des salariés protégés si le mandataire judiciaire a manifesté, dans les délais de garantie de l'AGS, son intention de les licencier. En pratique, le formulaire est donc adressé à l'AGS et non à la salariée bénéficiant d'une protection absolue[4]. Il faudra attendre que la salariée ne bénéficie plus d'une protection absolue pour pouvoir lui notifier le licenciement. Cela nécessite pour les praticiens d'avoir une visibilité précise sur les dates de périodes de protection. L'employeur ou la salariée elle-même peuvent être interrogés à ce titre. La salariée pourra bénéficier de la garantie AGS en vertu de l'article L. 3253-9 du Code du travail dès lors que le liquidateur a manifesté son intention de la licencier dans le délai de garantie en adressant le formulaire à l'AGS. À l'inverse, ses indemnités ne sont pas garanties si le liquidateur ne manifeste pas sa volonté de licencier dans ce délai[5].

Les parents en congé d'adoption bénéficient également d'une protection absolue contre le licenciement en vertu des articles L. 1225-37 et suivants du code du travail. Néanmoins, si la notification du licenciement est interdite pendant le congé, la manifestation de l'intention de rompre le contrat de travail auprès du ou de la salariée reste possible lorsque le licenciement est prononcé pour une faute grave non liée à l'adoption ou pour impossibilité de maintenir le contrat de travail pour un motif étranger à l'adoption[6].

721.53 Particularité du salarié victime d'un accident du travail ou d'une maladie professionnelle. Le salarié dont le contrat est suspendu en raison d'un accident du travail ou d'une maladie professionnelle bénéficie également d'une protection relative contre le licenciement[7]. Selon l'article L. 1226-9 du Code du travail, l'employeur ne peut rompre le contrat de travail d'un salarié dont le contrat est suspendu pour accident du travail ou maladie professionnelle, sauf à justifier d'une faute grave du salarié ou de l'impossibilité de maintenir ce contrat pour un motif étranger à l'accident ou à la maladie. Ainsi, cette catégorie de salarié peut-elle faire l'objet d'un licenciement immédiat. L'article L. 3253-9 du Code du travail ne devrait donc pas trouver application puisque la décision du juge-commissaire ou du tribunal autorisant le licenciement pour motif économique du salarié en procédure collective devrait constituer une impossibilité de maintenir le contrat. Néanmoins, la Cour de cassation apprécie strictement la notion « d'impossibilité de maintenir le contrat de travail »[8]. Elle considère que ni l'existence d'une cause économique, ni l'application des critères d'ordre des licenciements ne suffisent à caractériser une « impossibilité » de maintenir le lien contractuel[9]. En outre, elle impose que la lettre de licenciement soit soigneusement motivée. En revanche, « la cessation de l'activité d'exploitation d'une carrière à laquelle le salarié était exclusivement affecté »[10] et « la cessation de l'activité de l'entreprise résultant d'un jugement de liquidation judiciaire »[11] ont caractérisé une impossibilité de maintenir le contrat de travail.

En dehors de la cessation d'activité, il faut donc retenir que l'article L. 3253-9 du Code du travail s'applique aux salariés victimes d'accidents du travail ou de maladies professionnelles[12].

721.54 Contours de la manifestation de l'intention de licencier. L'objectif de l'article L. 3253-9 du Code du travail est de supprimer les incidences de la longueur d'une procédure de licenciement en garantissant le paiement des créances dont la décision de licencier a été prise au cours des périodes légales de garanties.

L'expression « manifestation de l'intention de licencier » s'entend de tout acte ayant été accompli par le mandataire de justice en vue de licencier le salarié.

1. Soc. 18 nov. 2020, n° 19-11.686, P ; – Soc. 26 janv. 2017, n° 15-26.877.
2. Soc. 19 mars 2008, n° 07-40.599 ; *Bull. civ.* V, n° 69 ; *Act. proc. coll.* 2008, n° 162, obs. L. Fin-Langer ; *RDT* 2008. 383, note H. Tissandier ; *JCP S* 2008. 1306, note C. Puigelier ; *CSBP* juill. 2008, p. 299, note F.-J. Pansier.
3. A. Boyer, « La maternité et la liquidation judiciaire », *RPC* mars 2012, étude 14, n° 6.
4. AGS, « Le guide pratique de la garantie des salaires », 2024, p. 20.
5. Soc. 18 déc. 1991, n° 89-42.188 ; *Bull. civ.* n° 591 ; *D.* 1992. IR 47 ; *CSBP* 1992. 45.
6. C. trav. art. L. 1225-39.
7. C. trav., art. L. 1226-7 s.
8. Soc. 17 janv. 2018, n° 16-23.126 ; *BJE* mars 2018, n° 2, p. 128, obs. D. Jacotot.
9. Soc. 7 sept. 2007, n° 08-40.885 ; – Soc. 21 oct. 2010, n° 98-42.509 ; *Bull. civ.* V, n° 381, p. 292 ; – Soc. 6 juill. 2017, n° 15-25.825.
10. Soc. 17 févr. 2010, n° 08-45.360.
11. Soc. 26 sept. 2012, n° 11-17.420.
12. Soc. 2 oct. 2001, n° 99-45.346 ; – Soc. 23 févr. 2005, n° 02-47.411.

La procédure de licenciement devra donc avoir débutée. Les arrêts rendus par la Cour de cassation font référence à la tenue de l'entretien préalable de licenciement par lequel l'employeur, l'administrateur ou le mandataire judiciaire, font part au salarié d'un licenciement éventuel [1]. Il suffit donc que la date de convocation du salarié à l'entretien préalable se situe dans les délais de garantie de l'AGS.

La Cour de cassation va plus loin en estimant que la garantie de l'AGS doit s'appliquer indépendamment de la décision d'autorisation de licenciement rendue par l'inspecteur du travail. À ce titre, elle précise que « c'est à bon droit qu'une Cour d'appel a retenu, après avoir constaté que de tels salariés avaient été convoqués à un entretien préalable au licenciement dans le mois suivant le jugement arrêtant le plan de cession, que l'AGS devait garantie, peu important, qu'à la suite d'un refus de l'inspecteur du travail, la demande d'autorisation de licencier l'un d'eux, dont il n'est pas allégué qu'elle portait sur des motifs différents, ait été réitérée » [2]. Dès lors que le mandataire de justice a manifesté son intention de licencier un salarié protégé dans les quinze jours suivant la liquidation judiciaire, la garantie de l'AGS est due, nonobstant le refus de l'inspecteur du travail d'autoriser le licenciement [3]. Par conséquent, même si la rupture du contrat de travail est finalement prononcée à la suite d'un autre mode de rupture du contrat de travail, tel qu'une résiliation judiciaire prononcée par le conseil de prud'hommes, la garantie de l'AGS devra jouer.

En présence d'un jugement de cession, il convient toutefois de noter que le refus de l'inspecteur du travail d'autoriser le licenciement entraînera le transfert automatique du contrat de travail au cessionnaire sur le fondement de l'article L. 1224-1 du Code du travail.

1. Soc. 8 déc. 2004, n° 02-44.080 ; *RJS* 2/2005, n° 127 ; – Soc. 23 févr. 2005, n° 02-47.411 ; – Soc. 18 mai 2005, n° 03-42.697 ; *RJS* 8/2005, n° 849 ; – Soc. 8 févr. 2012, n°s 10-12.906, 10-12.405, 10-13.521 ; *BJE* mai 2012, n° 3, p. 179, note L. Driguez ; *JCP S* avr. 2012, n° 14, 1153, note L. Fin-Langer ; – Soc. 13 déc. 2017, n° 16-21.773.
2. Soc. 8 févr. 2012, n° 10-12.906.
3. Soc. 19 oct. 2010, n° 09-65.560 ; – Soc. 6 juin 2007, n° 05-40.892 ; *Bull. civ.* V, n° 92 ; – Soc. 13 déc. 2017, n° 16-21.773 ; *Bull. civ.* V, 2017 ; *Act. proc. coll.* n° 1, janv. 2018, 11, note L. Fin-Langer ; *Leden*, 1er mars 2018, n° 3, p. 7, obs. G. Dedessus-Le-Moustier ; *Leden* avr. 2018, n° 4, p. 1, obs. F.-X. Lucas, G. Dedessus-Le-Moustier ; *Gaz. Pal.* 17 avr. 2018, n° 15, p. 80, obs. L. Ben Cheikh-Vecchioni. en sens contraire : Soc. 31 janv. 2007, n° 04-47.944.

SECTION 4
INTERVENTION DE L'AGS EN CAS DE CONVERSION DE PROCÉDURE

§ 1
Conversion de la procédure de sauvegarde en redressement ou en liquidation judiciaire

721.61 Hypothèses de conversion de la procédure de sauvegarde. La conversion peut avoir deux causes : le tribunal constate soit que la cessation des paiements préexistait à la procédure de sauvegarde, soit que la situation du débiteur s'est dégradée au cours de la période d'observation et que la cessation des paiements est apparue pendant cette période. Dans les deux cas, la procédure de sauvegarde doit être convertie en redressement ou en liquidation judiciaire [4].

721.62 Créances salariales nées antérieurement au jugement d'ouverture de la procédure de sauvegarde. Le jugement de conversion ne doit pas être assimilé à un jugement d'ouverture. Il s'agit de la suite de la procédure initialement ouverte. Il existe une réelle continuité entre la procédure convertie et la procédure postérieurement ouverte [5].

L'article L. 3253-8, 1°, du Code du travail vise expressément l'ouverture d'une procédure de redressement ou de liquidation judiciaire. Ainsi, en considérant, d'une part, que la conversion ne correspond pas à l'ouverture d'une nouvelle procédure collective et, d'autre part, que l'ouverture de la sauvegarde rend impossible la prise en charge des créances salariales antérieures, la garantie de l'AGS ne devrait pas s'appliquer aux sommes dues aux salariés avant l'ouverture de la sauvegarde [6]. Comme le soulignent certains auteurs [7], seule l'hypothèse où la conversion de la sauvegarde serait intervenue pour préexistence de la cessation des paiements devrait neutraliser l'ouverture de la procédure de sauvegarde. Le jugement d'ouverture ayant été rendu à tort, il conviendrait d'en faire abstraction pour accorder aux salariés la protection prévue dans la procédure collective successive.

4. C. com., art. L. 621-12 et L. 622-10, al. 2.
5. F. Pérochon, avec le concours de M. Laroche, F. Reille, Th. Favario, A. Donnette, *Entreprises en difficulté*, 11e éd., « Manuel », Lgdj-Lextenso, 2022, n°s 266 à 268.
6. P. Pétel, « À propos de la loi n° 2005-845 du 26 juillet 2005, L'AGS et la réforme des procédures collectives », *RJ com.* 2006. 174.
7. F. Pérochon, avec le concours de M. Laroche, F. Reille, Th. Favario, A. Donnette, *Entreprises en difficulté*, 11e éd., « Manuel », LGDJ-Lextenso, 2022, n° 1234 ; C. Gailbhaud, *LPA* 28 nov. 2008, p. 6 ; Ph. Pétel, *RJC* 2006-3, p. 174.

La Cour de cassation a pourtant affirmé le principe de la prise en charge par l'AGS de ces créances. Elle précise que « si c'est à tort que la Cour d'appel a retenu la garantie de l'AGS au titre d'une créance antérieure à l'ouverture de la procédure de sauvegarde de l'employeur, alors que cette procédure était toujours en cours, le redressement judiciaire de l'entreprise, prononcé le 11 avril 2012, rend le moyen sans objet, dès lors que la créance du salarié est née avant le jugement de redressement judiciaire et que la garantie prévue par l'article L. 3253-8, 1°, du Code du travail ne dépend que de la seule *ouverture* d'une procédure de redressement ou de liquidation judiciaire, sans qu'il y ait lieu d'établir de distinction entre les diverses causes d'ouverture de cette procédure [1] ». Au regard de cet attendu l'AGS doit garantir non seulement les créances nées antérieurement à la sauvegarde, mais également les créances nées au cours de la période d'observation. La rupture du principe d'égalité pourrait justifier cette solution, le salarié d'une entreprise placée directement en redressement ou en liquidation judiciaire étant mieux « traité » que celui d'une entreprise confrontée à un jugement de conversion. Il n'en reste pas moins que la position de la Haute juridiction est contestable en faisant une interprétation *contra legem* des textes légaux [2] et en assimilant un jugement de conversion à un jugement d'ouverture.

En pratique, les créances nées antérieurement au jugement d'ouverture de la sauvegarde sont couvertes par l'AGS dès lors qu'une conversion en redressement ou en liquidation judiciaire intervient [3]. L'objectif est de favoriser le recours à la sauvegarde.

721.63 Créances salariales nées durant la période d'observation. L'expression « ne dépend que de la seule *ouverture* d'une procédure de redressement ou de liquidation judiciaire, sans qu'il y ait lieu d'établir de distinction entre les diverses causes d'ouverture de cette procédure » utilisée par la Cour de cassation [4], peut laisser supposer que les créances de salaires nées en période d'observation devraient être supportées par l'AGS.

Pourtant, les jugements d'ouverture et de conversion n'ont pas la même nature juridique. La procédure de sauvegarde est une véritable procédure collective qui emporte arrêt des poursuites individuelles, interdiction des paiements, vérification des créances, revendication des meubles... De plus, il a toujours été admis que la conversion de procédure est une décision émanant du tribunal consistant à faire poursuivre les effets d'une procédure collective ouverte *ab initio*, mais dans un autre cadre juridique. Lorsque la sauvegarde est convertie en redressement judiciaire, le tribunal peut décider de modifier la durée de la période d'observation, ce qui implique que cette période d'observation ait débuté à partir du jugement d'ouverture de la procédure de sauvegarde [5] et qu'elle se poursuit. Bien que les créances soient antérieures au redressement judiciaire, la garantie de l'AGS ne s'applique pas à des créances nées antérieurement au jugement de conversion [6].

En cas de prononcé d'une liquidation judiciaire, la solution est différente. En effet, l'article L. 3253-8, 5°, fait référence au « prononcé » et non à l'ouverture d'une liquidation judiciaire. À ce titre, il est prévu, dans la limite d'un montant maximal d'un mois et demi de travail, que les sommes dues au salarié pendant la période d'observation seront prises en charge par l'AGS. Dès lors, les créances de salaires nées durant la période d'observation de la sauvegarde pourront être prises en charge par l'AGS uniquement si la procédure est convertie en liquidation judiciaire.

721.64 Particularité d'une conversion en redressement judiciaire sans cessation des paiements. L'ordonnance du 18 décembre 2008 a créé une nouvelle sortie de la procédure de sauvegarde pour le débiteur. Si l'adoption du plan de sauvegarde est manifestement impossible et que la clôture de la procédure doit conduire, de manière certaine et à bref délai, à la cessation des paiements, le débiteur peut demander au tribunal la conversion de la procédure en redressement judiciaire [7].

Cette conversion en redressement judiciaire sans cessation des paiements, réservée jusqu'à l'ordonnance du 12 mars 2014 au débiteur, peut maintenant être demandée par l'administrateur judiciaire, le mandataire ou le ministère public, lorsqu'aucun plan n'a pu être adopté par les comités. Il faut donc comprendre que dans cette procédure singulière, le débiteur va être placé en redressement judiciaire sans être en cessation des paiements. À titre d'illustration, ce type de procédure a été sollicité dans une

1. Soc. 21 janv. 2014, nº 12-18.421 ; *D.* 2014, actu. 270, note A. Lienhard ; *D.* 2014. pan. 2152, note F.-X. Lucas ; *Gaz. Pal.* 29 juin 2014, nº 180, p. 36, note C. Gailhbaud ; *Act. proc. coll.* 2014/3, comm. 45, note L. Fin-Langer ; *JCP E* 2014, Chron. 1173, nº 8, note P. Pétel ; *BJE* mai 2014. 165, note L. Driguez ; *Rev. proc. coll.* 2014, comm. 55, note D. Jacotot.
2. C. trav., art. L. 3253-8.
3. Site internet de l'AGS, Les modalités d'intervention dans la procédure de sauvegarde, févr. 2010 ; T. Météyé ; *Rev. proc. coll.* 2008-2, p. 120, nº 34.
4. Soc. 21 janv. 2014, nº 12-18.421 ; *D.* 2014, actu. 270, note A. Lienhard ; *D.* 2014. pan. 2152, note F.-X. Lucas ; *Gaz. Pal.* 29 juin 2014, nº 180, p. 36, note C. Gailhbaud ; *Act. proc. coll.* 2014/3, comm. 45, note L. Fin-Langer ; *JCP E* 2014, Chron. 1173, nº 8, note P. Pétel ; *BJE* mai 2014. 165, note L. Driguez ; *Rev. proc. coll.* 2014, comm. 55, note D. Jacotot.
5. C. com., art. L. 621-12 et L. 622-10.
6. Th. Météyé, « L'intervention de l'AGS dans les procédures de sauvegarde », *Gaz. Pal.* 2006/3, p. 3.
7. C. com., art. L. 622-10.

espèce où le débiteur ne pouvait supporter le coût d'un plan de sauvegarde de l'emploi homologué dans le cadre d'une procédure de sauvegarde[1].

La lettre du texte de l'article L. 3253-8 du Code du travail ne fait aucune distinction entre le redressement avec ou sans cessation des paiements. Néanmoins, la volonté du législateur de cantonner l'intervention de l'AGS dans la sauvegarde, procédure sans cessation des paiements, doit être étendue en cas de conversion en redressement judiciaire pour imminence de la cessation des paiements. De ce fait, seules les créances résultant de la rupture des contrats de travail notifiée pendant la période d'observation ou dans le mois qui suit l'adoption du plan de redressement ouvre droit à garantie. L'impact de la conversion de procédure en redressement sans cessation des paiements sur la mise en œuvre de la garantie de l'AGS est à ce stade quasi-inexistant puisque, durant la période d'observation du redressement judiciaire, cette institution ne garantit pas les salaires.

En revanche, les créances nées antérieurement au jugement de sauvegarde sont garanties comme dans l'hypothèse d'une conversion classique de la procédure de sauvegarde à un redressement judiciaire[2]. Une solution identique est appliquée aux mesures d'accompagnement résultant d'un plan de sauvegarde de l'emploi. Selon l'article L. 3253-8, 4°, du Code du travail, ces créances sont garanties lorsque le document unilatéral ou l'accord majoritaire contenant ledit plan a été validé ou homologué avant ou après l'ouverture de la procédure de redressement judiciaire. Bien que le texte ne vise que l'ouverture de la procédure, la garantie s'appliquera pour un plan de sauvegarde de l'emploi homologué avant l'ouverture de la procédure de sauvegarde du fait de la conversion de la procédure en redressement judiciaire.

Dans la situation envisagée, le débiteur qui fait l'objet d'un redressement judiciaire sans cessation des paiements devrait pourtant pouvoir supporter la charge du passif social, sauf à considérer que le tribunal s'est trompé sur l'appréciation de l'imminence de la cessation des paiements.

721.65 Particularité d'une conversion d'un redressement sans cessation des paiements en liquidation judiciaire. La mise en œuvre de la garantie de l'AGS est plus délicate lorsque la procédure de redressement judiciaire sans cessation des paiements est, à son tour, convertie en liquidation judiciaire.

La Cour de cassation a jugé que « quelles que soient les conditions dans lesquelles est intervenue l'ouverture de la procédure de redressement judiciaire, la conversion de celle-ci en une procédure de liquidation en application de l'article L. 631-15, II, du Code de commerce dans sa rédaction issue de l'ordonnance du 18 décembre 2008 applicable en la cause, n'impose pas la constatation de l'état de la cessation des paiements, seule l'impossibilité manifeste du redressement devant être caractérisée »[3]. Cette solution est justifiée au regard de la rédaction de l'article L. 640-1, alinéa 1, du Code de commerce dans sa rédaction issue de la loi de sauvegarde du 26 juillet 2005. En effet, ce texte vise uniquement le redressement manifestement impossible de l'entreprise et n'implique pas que soit caractérisé l'état de cessation des paiements, cet état devant être apprécié au moment de l'ouverture de la procédure de redressement judiciaire, ou encore, au moment de la conversion de la sauvegarde en redressement. Autrement dit, il s'agit d'une situation inédite où la procédure de sauvegarde peut aller jusqu'à la liquidation judiciaire, sans que l'état de cessation des paiements ne soit jamais constaté par le tribunal.

Au stade de la liquidation judiciaire, l'AGS est tenue de garantir au titre de l'article L. 3253-8, 5°, les sommes dues aux salariés, notamment les salaires de la période d'observation, dans la limite d'un mois et demi de travail. Toutefois, la prise en charge de ces créances semble devoir être strictement limitée à la période d'observation du redressement judiciaire. Effectivement, l'autorité de la chose jugée attachée au jugement de conversion du redressement judiciaire sans cessation des paiements, oblige à considérer que le débiteur était en capacité de payer les créances nées en période d'observation de la procédure de sauvegarde.

§ 2
Conversion de la procédure de redressement en liquidation judiciaire

721.71 Conversion de la procédure de redressement en liquidation judiciaire. L'article 3253-8, 5°, du Code du travail précise qu'en cas de « prononcé » d'une liquidation judiciaire, l'AGS couvre dans la limite d'un mois et demi de travail[4], les sommes dues au cours de la période d'observation ; des quinze jours ou vingt et un jours lorsqu'un plan de sauvegarde de l'emploi est élaboré, suivant le jugement de

1. T. com. Bordeaux, 5e ch., 30 sept. 2009, RG n° 2009/1826 ; *Rev. proc. coll.* 2010, comm. 50, p. 44, note B. Saintourens.
2. Sur la position prise par l'AGS, v. ss n° 721.62.
3. Com. 28 févr. 2018, n° 16-19.422 ; Com. 7 juill. 2009, n° 08-18.336 ; *Rev. proc. coll.* 2010/2, comm. 51, p. 44, note B. Saintourens ; Com. 23 avr. 2013, n° 12-17.189 ; *Bull. civ.* IV, n° 70 ; *D.* 2013. actu 1130, note A. Lienhard ; *D.* 2013. Chron. 2557, n° 6, obs. F. Arbellot ; *Gaz. Pal.* 12 juill. 2013, n° 193, p. 19, note D. Voinot ; Com. 10 mars 2015, n° 13-28.249.
4. Soc. 21 mai 2014, n° 13-11.707.

liquidation ; du maintien provisoire de l'activité autorisé par le jugement de liquidation et au cours des quinze jours ou vingt et un jours lorsqu'un plan de sauvegarde de l'emploi est élaboré, suivant la fin de ce maintien de l'activité.

Au-delà de la limite temporelle fixée à un mois et demi de travail, l'article D. 3253-2 du Code du travail fixe une limite en montant à ces créances. Il prévoit que « le montant maximal de garantie prévu au 4° de l'article L. 3253-8 est égal à : 1° trois fois le plafond retenu par mois pour le calcul des cotisations de sécurité sociale pour un mois et demi de salaire ; 2° deux fois ce plafond, pour un mois de salaire ». Le renvoi opéré par cet article au 4° de l'article L. 3253-8 est erroné puisqu'il n'a pas été modifié à la suite des modifications législatives successives. Il convient donc de retenir que ce plafond est applicable aux sommes avancées dans le cadre de l'article L. 3253-8, 5°, du Code du travail. La limite du mois et demi de travail s'entend donc en montant et en durée.

Il est à noter qu'en cas de conversion d'un redressement en liquidation judiciaire, la période d'observation ayant suivi le jugement d'ouverture ne peut être considérée comme une période suspecte et les actes conclus pendant cette période ne peuvent être annulés sur ce fondement, le jugement de conversion n'ouvrant pas une nouvelle procédure[1].

SECTION 5
INTERVENTION DE L'AGS EN CAS DE RÉSOLUTION D'UN PLAN DE SAUVEGARDE OU DE REDRESSEMENT JUDICIAIRE

721.81 **Impact de la résolution d'un plan de sauvegarde ou de redressement judiciaire sur la garantie.** En présence d'une résolution du plan de sauvegarde ou de redressement avec ouverture d'une nouvelle procédure, l'AGS devra garantir les créances nées antérieurement à la seconde procédure ouverte[2]. Cette solution tient à la nature du jugement rendu. Toutes les créances nées avant l'ouverture de la seconde procédure collective (excepté si le tribunal ouvre une nouvelle procédure de sauvegarde) sont garanties par l'AGS, puisqu'elles ont la qualité de créances antérieures au regard de la nouvelle procédure[3].

SECTION 6
INTERVENTION DE L'AGS EN CAS DE CESSION D'ENTREPRISE

§ 1
Cession en redressement judiciaire

721.91 **Salariés transférés.** Lors de la reprise de l'activité, les contrats de travail sont automatiquement transférés au cessionnaire, en application de l'article L. 1224-1 du Code du travail, sous réserve des éventuels licenciements pour motif économique autorisés par le plan de cession. Il convient toutefois de préciser qu'en vertu des dispositions dérogatoires de l'article L. 1224-2 du Code du travail et, sauf disposition contraire du plan de cession, le cessionnaire n'est pas tenu envers les salariés repris des dettes antérieures du cédant. Il est vrai qu'imposer au repreneur la prise en charge du passif social antérieur au transfert serait de nature à décourager les candidats à la reprise.

La garantie de l'AGS ne pourra, quant à elle, être sollicitée que pour les créances nées antérieurement au jugement d'ouverture du redressement judiciaire. En revanche, elle ne garantira pas aux salariés transférés les créances de salaire nées durant la période d'observation si la cession est intervenue en dehors d'une liquidation judiciaire.

721.92 **Salariés licenciés.** L'AGS couvrira, en plus des créances antérieures au jugement d'ouverture, les indemnités liées à la rupture du contrat de travail. Seuls les licenciements autorisés par le plan de cession seront pris en charge par cette institution, et non les licenciements prononcés postérieurement à ce plan par le repreneur[4]. Ces licenciements doivent intervenir dans le mois suivant l'adoption du plan de cession conformément à l'article L. 3253-8, 2°, du Code du travail. Dès lors, pour respecter ce délai, il est impératif que la procédure d'information-consultation des représentants du personnel soit achevée avant l'audience du tribunal qui statue sur le plan de cession[5].

La Cour de cassation a précisé que « les licenciements prononcés par le liquidateur dans le cadre du plan de cession sont privés d'effet lorsque les salariés

1. Soc. 6 déc. 2023, n° 22-15.580, F-B ; *RPC* janv. 2024, comm. 14, D. Jacotot ; *Act. proc. coll.* 2024, n° 102, obs. Fl. Petit ; *Gaz. Pal.* 19 mars 2024, p. 64, obs. J.-L. Vallens ; *Leden* mars 2024, p. 5, obs. G. Dedessus-Le Moustier ; *D. actu.* 10 janv. 2024, obs. A. Cerati ; *RTD com.* 2024, p. 173, obs. A. Martin-Cerf ; *BJE* mars 2024. 56, A. Donnette ; *JCP S* 2024. 1033, obs. S. Golshani et K. Pagani ; *RPC* mars 2024, n° 34, obs. F. Taquet.
2. A. Arséguel et T. Météyé, « Les aspects sociaux de la procédure de sauvegarde », *Rev. proc. coll.* 2/2008, p. 121.
3. Soc. 14 déc. 1999, n° 97-43.346 ; *Bull. civ.* V, n° 485 ; *Rev. proc. coll.* 2000, 63, n° 8, obs. F. Taquet.
4. Soc. 6 juill. 1999, n° 97-42.231 ; *Bull. civ.* V, n° 322 ; *D.* 2001, somm. 119, obs. F. Derrida.
5. G. Dedessus-Le-Moustier, « Licenciements et cession : de la préparation à l'exécution », *LPA* 29 mars 2016, p. 16.

sont effectivement passés au service de l'entreprise cessionnaire à l'égard de laquelle les contrats de travail se poursuivent, en sorte que, sauf collusion frauduleuse entre les employeurs successifs, les salariés ne peuvent prétendre à l'égard du cédant au paiement d'indemnités pour perte de leur emploi »[1]. Il résulte de cette solution que l'AGS n'aura pas à supporter les charges liées à la rupture des contrats de travail[2]. Si elle a déjà effectué des avances, elle disposera d'un indu à l'encontre des salariés.

§ 2
Cession en liquidation judiciaire

721.101 Hypothèse d'une cession d'entreprise en liquidation judiciaire. Les règles précédemment énoncées en présence d'un redressement judiciaire restent les mêmes lorsque la cession de l'entreprise est prononcée en liquidation judiciaire, à l'exception des créances de salaires qui pourront être prises en charge par l'AGS, dans la limite d'un mois et demi de travail, tant pour les salariés transférés (salaires à la charge du cédant avant cession), que pour les salariés licenciés.

721.102 Cession totale et fin du maintien provisoire d'activité. L'article L. 641-10 *in fine* du Code de commerce précise que la cession totale avant l'expiration du délai de poursuite provisoire d'activité imparti par le tribunal met fin au maintien provisoire de l'activité. Une fois le plan de cession arrêté, la raison d'être du maintien provisoire disparaît. Une articulation doit être faite des textes régissant la garantie de l'AGS. D'une part, l'article L. 3253, 2°, b), précise que la garantie de l'AGS s'applique pour les créances résultant de la rupture du contrat de travail intervenue dans le mois suivant le jugement qui arrête le plan de cession ; d'autre part, le d), de ce même article énonce que les licenciements peuvent intervenir dans les quinze ou vingt-et-un jours suivant ce maintien. Deux délais sont donc, dans ce cas précis, susceptibles de se chevaucher. Pour autant, ils ne peuvent être cumulés. De ce fait, les salariés dont le licenciement est autorisé par le jugement de cession totale devront être licenciés dans le mois suivant son arrêté. Les autres salariés devront être licenciés dans un délai plus court, soit dans les quinze ou vingt-et-un jours suivant la cession totale qui met fin automatiquement au maintien provisoire de l'activité. Les organes de la procédure collective devront donc être particulièrement attentifs au respect de ces délais.

1. Soc. 4 nov. 2015, n°s 14-22.193, 14-22.196, 14-22.199, 14-22.202 ; *Rev. proc. coll.* 2016, comm. 70, obs. L. Fin-Langer.
2. M.-H. Monsèrié-Bon, « Plan de cession et AGS », *Rev. proc. coll.* n° 2, mars 2019, dossier. 9.

SECTION 7
INTERVENTION DE L'AGS EN CAS D'EXTENSION DE LA PROCÉDURE COLLECTIVE

721.111 Hypothèses et effets de l'extension de procédure. Plusieurs personnes peuvent être soumises à une seule et même procédure collective par extension de celle initialement ouverte[3]. L'intérêt principal de l'extension de procédure est d'attraire dans le patrimoine du débiteur des actifs supplémentaires. Ce mécanisme, propre au droit des entreprises en difficulté, peut être initié sur demande de l'administrateur, du mandataire[4], du ministère public, du débiteur lui-même, ou encore d'office par le tribunal dans deux hypothèses. L'article L. 621-2, alinéa 2, du Code de commerce dispose que « la procédure ouverte peut être étendue à une ou plusieurs autres personnes en cas de confusion de leur patrimoine avec celui du débiteur ou de fictivité de la personne morale ». Le jugement d'extension a trois effets principaux : il entraîne en principe une unicité de procédure, de solutions, ainsi que de masses active et passive[5].

Si la réunion des masses active et passive conduit habituellement à augmenter l'actif de l'entreprise, une difficulté peut toutefois se présenter lorsque l'entreprise à laquelle la procédure est étendue possède des salariés et que ces derniers disposent de créances salariales non réglées ou doivent être licenciés. Du fait de l'extension, les dettes sociales accumulées par la société cible vont être intégrées au patrimoine commun. La Cour de cassation ne s'est jamais prononcée sur les conséquences sociales liées à l'extension de la procédure collective à une autre structure ayant des salariés et ne disposant pas d'actifs suffisamment importants pour régler l'intégralité du passif social.

L'unicité de procédure n'a pas pour effet de faire rétroagir le jugement d'extension au jour du jugement d'ouverture de la procédure collective[6]. Ainsi,

3. L'extension de la procédure collective a une origine prétorienne. Elle a ensuite été consacrée aux articles L. 621-2, al. 2, L. 631-7 et L. 641-1 du C. com.
4. En vertu de l'article L. 622-20 du Code de commerce les créanciers contrôleurs peuvent agir en cas de carence du mandataire judiciaire.
5. P.-M. Le Corre, « Le sort des créances en cas d'extension d'une procédure collective », *D.* 2002. chron. 1122 ; Com. 30 juin 2009, n° 08-15.715 ; *Gaz. Pal.* 2009/4, note F. Reille ; *Dr. soc.* 2009, n° 209, note P. Legros ; *Rev. proc. coll.* 2010/2, comm. 45, p. 40, note B. Saintourens ; Com. 8 nov. 1988, n° 87-11.233 ; *RJ com.* 1989. 236, obs. Ch. Gallet ; Com. 17 févr. 1998, n° 97-13.098 ; *Bull. civ.* IV, n° 58 ; *LPA* 12 juin 1998, n° 70, p. 22, note B. Soinne.
6. Com. 28 sept. 2004, n° 02-12.552 ; *Bull. civ.* IV, n° 170 ; *D.* 2004. AJ 2651, obs. A. Lienhard ; *D.* 2005 pan. 292 ; obs. P.-M. Le Corre ; *JCP E* 2005, chron. 31, p. 25, n° 1, obs. P. Pétel ; *Bull. Joly* 2005. 34, note Lucas.

le jugement d'extension ne produira ses effets que pour l'avenir. L'extension de procédure ne gomme pas les personnalités juridiques[1], sauf en cas de fictivité puisque la personne morale apparente n'existe pas. Après extension, deux ou plusieurs débiteurs se trouvent soumis à une seule et même procédure collective. Selon un auteur[2], lorsque l'extension de procédure est fondée sur la confusion des patrimoines, le maintien de la personnalité juridique des débiteurs fonde l'assimilation du régime juridique du jugement d'extension à celui d'un jugement d'ouverture de la procédure collective[3]. Le jugement d'extension produirait ainsi les mêmes effets qu'un jugement d'ouverture[4].

721.112 Impact sur la mise en œuvre de la garantie de l'AGS. Pour déterminer le domaine d'application de la garantie de l'AGS, il convient de distinguer à quelle structure les salariés sont rattachés. Cette dissociation aura un intérêt particulier sur le calcul des délais légaux de garantie, notamment lorsque la procédure étendue est une liquidation judiciaire. Il conviendra de se placer au jour de ce jugement pour calculer les délais de garantie de l'AGS. Seuls les salariés rattachés à la personne concernée par l'extension peuvent bénéficier d'un nouveau point de départ du délai de garantie puisque les organes de la procédure collective n'en avaient pas connaissance et que leur mandat initial ne leur permettait pas de procéder à de tels licenciements.

Ne rétroagissant pas au jour du jugement d'ouverture initial, le jugement d'extension n'emporte pas modification de la nature des créances. Il convient par conséquent d'opérer une distinction entre les créances antérieures et postérieures au jugement d'extension pour les salariés de la société cible. Cette distinction aura un impact sur la détermination des privilèges et sur les modalités de remboursement des créances avancées par l'AGS. À défaut de dispositions contraires, le régime juridique applicable à la procédure collective initialement ouverte reste identique dans le cadre de l'extension.

Une solution différente pourrait être retenue si l'on s'attache aux effets de l'extension de procédure pour fictivité. En effet, dans ce cas, la personnalité morale apparente de la structure à laquelle la procédure a été étendue n'existe pas. Si l'on considère en cas de confusion des patrimoines que c'est précisément le maintien de la personnalité qui permet l'assimilation du jugement d'extension à un jugement d'ouverture et donc l'application de la garantie de l'AGS, ce raisonnement ne pourrait s'appliquer en cas d'extension pour fictivité. Pourtant, une différence de solution en matière sociale au regard des causes de l'extension semble difficilement justifiable. En effet, les extensions de procédures pour confusion des patrimoines ou pour fictivité ont des effets similaires (unicité de procédure, de masses active et passive, de solutions).

SECTION 8
INTERVENTION DE L'AGS EN CAS DE CLÔTURE DE LA PROCÉDURE COLLECTIVE POUR INSUFFISANCE D'ACTIFS

721.121 Reprise des poursuites individuelles des salariés à l'encontre du débiteur. L'effet le plus important attaché à la clôture pour insuffisance d'actifs est l'absence de recouvrement par les créanciers de l'exercice de leurs actions individuelles contre le débiteur[5]. Ce principe contient toutefois des exceptions, notamment une intéressant les salariés. L'article L. 643-11, I, 2°, du Code de commerce prévoit la reprise des poursuites pour les créances qui résultent de droits « attachés à la personne » du créancier. En interprétant ce texte, la Cour de cassation a considéré que « la créance indemnitaire ou alimentaire du salarié licencié résulte de droits attachés à la personne, de sorte qu'en cas de clôture pour insuffisance d'actifs de la liquidation judiciaire de son employeur, il recouvre l'exercice individuel de son action contre le débiteur »[6].

Nonobstant la clôture de la liquidation judiciaire pour insuffisance d'actif, les salariés pourront agir contre le débiteur afin d'obtenir sa condamnation. Toutefois, l'action ne pourra conduire qu'à une condamnation personnelle du chef d'entreprise et non à une fixation au passif[7]. De ce fait, aucune créance ne devra être garantie par l'AGS puisque le débiteur n'est plus placé sous la protection du tribunal et n'est plus dessaisi.

721.122 Particularité d'un contentieux prud'homal en cours au jour de la clôture de la procédure collective. L'ordonnance du 12 mars 2014[8]

1. Com. 30 juin 2009, n° 08-15.715 ; *Gaz. Pal.* 2009/4, note F. Reille ; *Dr. soc.* 2009, n° 209, note P. Legros ; *Rev. proc. coll.* 2010/2, comm. 45, p. 40, note B. Saintoureins.
2. A. Bézert, *Les effets de l'extension de la procédure collective pour confusion des patrimoines*, thèse, Montpellier, déc. 2017.
3. L'auteur se fonde sur plusieurs solutions jurisprudentielles en droit interne et en droit communautaire – Com. 13 avr. 2010, n° 09-12.642 ; – Com. 28 sept. 2004, n° 02-12.552.
4. P.-M. Le Corre, *Droit et pratique des procédures collectives 2025/2026*, 13e éd., Dalloz Action, 2024, sp. n° 213.43.
5. C. com., art. L. 643-11.
6. Soc. 29 sept. 2010, n° 09-42.679 ; – Soc. 8 nov. 2011, n° 10-21.776 ; – Soc. 23 mai 1996, n° 93-11.621 ; *Bull. civ.* V, n° 204 ; *Rev. proc. coll.* 1997, 93, obs. F. Taquet.
7. V. en sens contraire : Versailles, 16 mai 2019, n° 16/02816.
8. Ord. n° 2014-326, 12 mars 2014 portant réforme de la prévention des difficultés des entreprises et des procédures collectives, *JO* 14 mars, p. 5249.

est venue modifier les conditions de la clôture pour insuffisance d'actif en admettant une clôture anticipée en dépit de la présence d'actifs résiduels et de contentieux en cours. À cet effet, elle prévoit la nomination du mandataire *ad hoc* lorsqu'intervient une clôture pour insuffisance d'actif et qu'un contentieux est en cours.

Le troisième alinéa de l'article L. 643-9 du Code de commerce permet au tribunal de prononcer la clôture « en désignant un mandataire ayant pour mission de poursuivre les instances en cours et de répartir, le cas échéant, les sommes perçues à l'issue de celles-ci lorsque cette clôture n'apparaît pas pouvoir être prononcée pour extinction du passif ». Il n'est pas indiqué par le texte que l'action doit poursuivre un but précis. Il faut donc en déduire que toutes les actions en cours au jour où la clôture est envisagée sont visées, y compris les instances prud'homales [1]. L'article R. 643-18 du Code de commerce précise que le mandataire désigné est soumis *aux mêmes obligations* que celles qui auraient été applicables au liquidateur judiciaire s'il avait poursuivi les instances en cours et réparti les sommes issues de celle-ci. À ce titre, les fonds doivent être placés à la Caisse des Dépôts et Consignations et les répartitions devront être faites, en suivant les règles de répartition applicables en liquidation judiciaire.

Puisque la personnalité morale de la société dissoute survit dès lors que des droits ou obligations à caractère social subsistent, la fixation d'une créance au passif de la procédure collective et l'opposabilité des sommes à l'AGS restent donc possibles [2]. Il s'agit bien de la même procédure qui se poursuit sous une autre forme, pour le confort du débiteur qui n'est plus dessaisi.

Si la procédure est clôturée, le liquidateur judiciaire ne sera plus en fonction. De ce fait, le relevé de créances salariales devra être dressé soit par le mandataire *ad hoc* qui est soumis aux mêmes obligations que le liquidateur judiciaire en vertu de l'article R. 643-18 du Code de commerce, soit par le greffier du tribunal de commerce ou de grande instance en vertu de l'article L. 3253-15, alinéa 4, du Code du travail. En effet, la loi du 25 janvier 1985 a complété l'ancien article L. 143-11-7 du Code du travail relatif à l'établissement des relevés de créances par le représentant des créanciers. Cet article précisait que l'AGS « avance les sommes correspondant à des créances définitivement établies par décision de justice même si les délais de garantie sont expirés », et ajoutait que « dans le cas où le représentant des créanciers a cessé ses fonctions, le greffier du tribunal ou le commissaire à l'exécution du plan, selon le cas, adresse un relevé complémentaire à l'AGS, à charge pour lui de reverser les sommes aux salariés créanciers ». Désormais l'article L. 3253-15 *in fine* reprend cette formule. Il faut donc comprendre que si la procédure collective est clôturée et qu'un contentieux prud'homal est encore pendant, la fin de la mission du liquidateur judiciaire n'empêchera pas l'établissement d'un relevé de créances salariales. Les avances seront versées par l'AGS entre les mains du mandataire *ad hoc* ou du greffier, à charge pour lui de les adresser au salarié créancier [3].

1. Soc. 14 déc. 2017, n° 16-21.026.
2. Versailles, 18 sept. 2019, n° 18/02938.
3. Soc. 16 mars 2022, n° 19-20.658 ; *D.* 2022. 562 ; *RDT* 2022. 440, obs. Thomas ; *RJS* 6/2022, n° 284 ; *JCP* 2022. 386, obs. Dedessus-Le-Moustier ; *Leden* avr. 2022, n° 4, p. 7, obs. F. Joly ; – Soc. 20 mars 2024, n° 22-10.332, *Leden* mai 2024, n° 5, p. 6, obs. F. Joly.

CHAPITRE

722. Nature des créances couvertes par l'AGS

SECTION 0 ORIENTEUR

722.00 **Sommaire du chapitre.**

Sect. 1 Rappel des règles juridiques applicables 722.11 à 722.21
§ 1 Loi 722.11
§ 2 Jurisprudence 722.21
Sect. 2 Sommes dues en exécution du contrat de travail 722.31 à 722.48
§ 1 Articulation de la garantie avec les procédures collectives 722.31 à 722.34
§ 2 Nature des sommes couvertes par l'AGS 722.41 à 722.48
Sect. 3 Créances résultant de la rupture du contrat de travail 722.51 à 722.65
§ 1 Articulation de la garantie avec les procédures collectives 722.51 à 722.57
§ 2 Nature des indemnités résultant de la rupture du contrat de travail couvertes par l'AGS 722.61 à 722.65
Sect. 4 Aides au retour à l'emploi 722.71 à 722.81
§ 1 Mesures d'accompagnement garanties dans le cadre d'un plan de sauvegarde de l'emploi 722.71 à 722.72
§ 2 Contrat de sécurisation professionnelle 722.81
Sect. 5 Créances indemnitaires résultant d'un contentieux 722.91 à 722.103
§ 1 Exécution fautive ou inexécution du contrat de travail 722.91 à 722.92
§ 2 Remise en cause de la rupture du contrat de travail 722.101 à 722.103

722.01 **Textes applicables.**

• **C. com.**

art. L. 625-9 [Garanties de paiement des créances salariales]

art. L. 631-18, al. 1 [Application des dispositions légales au redressement judiciaire]

art. L. 641-14, al. 1 [Application des dispositions légales à la liquidation judiciaire]

• **C. trav.**

art. L. 3253-8 [Domaine d'application de la garantie]

art. L. 3253-9 [Aménagement de la garantie des indemnités de rupture du contrat de travail des salariés protégés]

art. L. 3253-10 [Couverture des sommes dues au titre de l'intéressement, de la participation des salariés aux fruits de l'expansion ou d'un fonds salarial]

art. L. 3253-11 [Couverture des arrérages de préretraite]

art. L. 3253-12 [Conditions d'intervention de l'AGS pour les créances mentionnées aux articles L. 3253-10 et L. 3253-11]

art. L. 3253-13 [Exclusion de la garantie de l'AGS des indemnités *supra* légales résultant d'un accord conclu ou d'une décision notifiée moins de dix-huit mois avant la date du jugement d'ouverture de la procédure ou postérieurement à ce jugement]

722.02 **Jurisprudence de référence.**

> L'AGS doit sa garantie pour l'indemnité de rupture en cas de licenciement envisagé dans le mois du jugement arrêtant le plan de redressement

• **Soc. 2 oct. 2001,** n°s 99-45.346, 99-45.421, P V, n° 295

* V. s^s n° 722.57

« Viole les articles L. 143-11-2, L. 122-32-2 et L. 122-32-5 du Code du travail la Cour d'appel qui, pour décider que l'AGS ne garantit pas l'indemnité allouée au salarié pour licenciement sans cause réelle et sérieuse et en violation des dispositions de l'article L. 122-32-5 du Code du travail, retient qu'un délai de plus d'un mois s'est écoulé entre la date du jugement arrêtant le plan de cession de l'entreprise et la rupture effective du contrat de travail de l'intéressé, alors qu'elle relève que l'administrateur avait indiqué par écrit au salarié qu'une procédure de licenciement allait être engagée à son égard, d'où il résulte qu'il avait ainsi manifesté son intention de rompre le contrat de travail de l'intéressé dans le mois suivant le jugement arrêtant le plan de redressement, conformément à l'article L. 143-11-1, alinéa 2, 2°. »

722.03 **Bibliographie indicative.**

> Encyclopédie. *J.-Cl. com.*, fasc. 2450 : Privilège des salariés et garantie de paiement, par A. Jacquemont, 2007.

> **Articles.** A. Arséguel et Th. Méteyé, « Les aspects sociaux de la procédure de sauvegarde », *Rev. proc. coll.* 2008, p. 117 – B. Bezian, « La garantie des créances salariales dans le cadre d'une procédure de redressement judiciaire », *Dr. sociétés* 1991, 715 – A. Charbin, « La situation des salariés de l'entreprise en difficulté », *RJS* 1999. 743 – de H. Fremont, « Droit du travail et procédure collective : une réforme impossible ? », *BJE* mars 2014. 123 – L. Fin-Langer et J. Vallansan, « AGS et plan de redressement », *Rev. proc. coll.* mars/avr. 2019, Dossier 8, p. 74 – C. Gailhbaud, « L'AGS dans la procédure de sauvegarde » *LPA* 28 nov. 2008, nº 239, p. 3 ; « L'AGS face à l'exécution », *in Mesures d'exécution et procédures collectives*, « Procédures », Bruylant, 2012, p. 129 – D. Jacotot, « Résiliation judiciaire du contrat de travail et garantie de l'AGS », *Rev. proc. coll.* 2010, comm. 14 – F.-X. Lucas, « Quarante années de prise en charge des créances salariales dans les procédures collectives », *BJE* 2014. 409 – Th. Méteyé, « Garantie AGS : jusqu'où peut-on aller trop loin ? », *Dr. soc.* 2002. 972 ; « L'intervention de l'AGS dans les procédures de sauvegarde », *Gaz. proc. coll.* 2006, p. 3 ; « Loi de sauvegarde des entreprises : le point de vue de l'AGS », *LPA* 17 févr. 2006, nº 35, p. 48 ; « La place de l'AGS dans les procédures collectives », *Rev. proc. coll.* 2008, p. 11, nº 1 ; « L'évolution du champ d'intervention de l'AGS : de la sécurité juridique à l'insécurité juridique et économique », colloque de l'*AJDE*, Toulouse 10 sept. 2010, *Rev. proc. coll.* 2011, Dossier 4, p. 67 ; « Le droit social des entreprises en difficulté », *Rev. proc. coll.* 2014, Dossier 39 ; « Le traitement des créances salariales : l'AGS », *BJE* janv.-févr. 2017. 54 – A.-L. Peries, « Intervention de l'AGS, l'expansion accrue du régime de garantie sous l'influence de la jurisprudence (1998-2001) », *JCP E* 2002, *Cah. Dr. soc.* (supplément), nº 10, 7 mars 2002 – P. Pétel, « L'AGS et la réforme des procédures collectives », *RJ com.* 2006/3, p. 174 ; « Les critères de prise en charge de la garantie AGS : quarante ans d'évolution », *BJE* 2014. 411 – C. Saint-Alary-Houin, « L'efficacité des garanties garantissant les créances salariales », *Dr. sociétés* 1987, 842 ; « L'évolution de la garantie de l'AGS, plus… toujours plus ! », *Rev. proc. coll.* mars/avr. 2019, Dossier 5, p. 62 – J.-C. Savignac et Th. Méteyé, « L'AGS, 40 ans de solidarité et d'engagement au cœur des enjeux des procédures collectives », *BJE* 2014. 407 – F. Taquet, « Le nouveau champ d'application de l'AGS – Article 177 de la loi nº 2005-845 du 26 juillet 2005 de sauvegarde des entreprises », *Rev. proc. coll.* 2005, p. 295 ; « L'intervention de l'AGS : état des lieux et réflexions », *in Entreprises en difficulté et droit du travail*, Ceprisca, Puf, 2007, p. 77 – R. Vatinet, « Garantie de l'AGS et sort du contrat de travail en cas de procédure collective », *D.* 2003. Chron. 287 – D. Ronet-Yague, « Les vicissitudes du contentieux de l'AGS en 2023 », *Gaz. Pal.* 5 déc. 2023, nº 40, p. 52 C. Gailhbaud, « Répartition de la dette d'indemnité de congés payés entre employeurs successifs en plan de cession », *D. actu.*, 30 nov. 2023 – C. Gailhbaud, « Garantie AGS : revirement de la Cour de cassation et droit de l'UE », *Act. proc. coll.* nº 5, 7 mars 2025, rep. 52. F. Aknin, « Le droit social appliqué aux procédures collectives », *JCP S* 2023, nº 42, 1272.

> **Colloques.** « L'AGS au cœur du traitement des difficultés des entreprises », dir. scient. Ph. Roussel Galle, Paris, 5 déc. 2018, *Rev. proc. coll.* mars/avr. 2019, Dossier 3, p. 56 s.

722.04 Questions essentielles.

> Quelles sont les sommes dues aux salariés garanties par l'AGS ?

* V. s[s] nos 722.41 à 722.48

> Quelles sont les indemnités de rupture couvertes par l'AGS ?

* V. s[s] nos 722.61 à 722.65

> Les dommages et intérêts alloués au salarié peuvent-ils être garantis par l'AGS ?

* V. s[s] nos 722.91

SECTION 1
RAPPEL DES RÈGLES JURIDIQUES APPLICABLES

§ 1
Loi

722.11 Fondement textuel. Le domaine d'intervention de l'AGS est précisé par les articles L. 3253-8 et suivants du Code du travail. Ces textes visent à la fois des créances antérieures et postérieures au jugement d'ouverture de la procédure collective. La nature de la procédure collective ouverte est déterminante. Celle-ci conditionne la mise en œuvre de la garantie des salaires. En effet, une même catégorie de créances fait l'objet d'un traitement distinct en présence d'une procédure de sauvegarde, de redressement ou de liquidation judiciaire.

L'article L. 3253-8 du Code de travail, socle en la matière, indique que « l'assurance mentionnée à l'article L. 3253-6 couvre :

1° Les sommes dues aux salariés à la date du jugement d'ouverture de toute procédure de redressement ou de liquidation judiciaire, ainsi que les contributions dues par l'employeur dans le cadre du contrat de sécurisation professionnelle ;

2° Les créances résultant de la rupture des contrats de travail intervenant :

a) Pendant la période d'observation ;

b) Dans le mois suivant le jugement qui arrête le plan de sauvegarde, de redressement ou de cession ;

c) Dans les quinze jours, ou vingt et un jours lorsqu'un plan de sauvegarde de l'emploi est élaboré, suivant le jugement de liquidation ;

d) Pendant le maintien provisoire de l'activité autorisé par le jugement de liquidation judiciaire et dans les quinze jours, ou vingt et un jours lorsqu'un plan de sauvegarde de l'emploi est élaboré, suivant la fin de ce maintien de l'activité ;

3° Les créances résultant de la rupture du contrat de travail des salariés auxquels a été proposé le contrat de sécurisation professionnelle, sous réserve que l'administrateur, l'employeur ou le liquidateur, selon le cas, ait proposé ce contrat aux intéressés au cours de l'une des périodes indiquées au 2°, y compris les contributions dues par l'employeur dans le cadre de ce contrat et les salaires dus pendant le délai de réponse du salarié ;

4° Les mesures d'accompagnement résultant d'un plan de sauvegarde de l'emploi déterminé par un accord collectif majoritaire ou par un document élaboré par l'employeur, conformément aux articles L. 1233-24-1 à L. 1233-24-4, dès lors qu'il a été validé ou homologué dans les conditions prévues à l'article L. 1233-58 avant ou après l'ouverture de la procédure de redressement ou de liquidation judiciaire ;

5° Lorsque le tribunal prononce la liquidation judiciaire, dans la limite d'un montant maximal correspondant à un mois et demi de travail, les sommes dues :

a) Au cours de la période d'observation ;

b) Au cours des quinze jours, ou vingt et un jours lorsqu'un plan de sauvegarde de l'emploi est élaboré, suivant le jugement de liquidation ;

c) Au cours du mois suivant le jugement de liquidation pour les représentants des salariés prévus par les articles L. 621-4 et L. 631-9 du Code de commerce ;

d) Pendant le maintien provisoire de l'activité autorisé par le jugement de liquidation et au cours des quinze jours, ou vingt et un jours lorsqu'un plan de sauvegarde de l'emploi est élaboré, suivant la fin de ce maintien de l'activité.

La garantie des sommes et créances mentionnées aux 1°, 2° et 5° inclut les cotisations et contributions sociales et salariales d'origine légale, ou d'origine conventionnelle imposée par la loi, ainsi que la retenue à la source prévue à l'article 204, A, du Code général des impôts. »

Les notions de « sommes dues » aux salariés ou de « créances résultant de la rupture du contrat de travail » n'ont jamais fait l'objet d'une définition légale. Par conséquent, à l'image du droit anglo-saxon, la jurisprudence joue un rôle majeur pour délimiter les créances salariales garanties.

§ 2
Jurisprudence

722.21 Rôle majeur des juridictions sociales. Un grand nombre de contentieux prud'homal est initié chaque année par les salariés à l'encontre de leur employeur, débiteur en difficulté. L'AGS est la plupart du temps mise en cause devant le conseil de prud'hommes [1]. Au fur et à mesure, les décisions de justice ont permis de mieux cerner les contours de la garantie, en rendant les créances opposables ou non à l'AGS.

1. Sur la mise en cause de l'AGS dans les contentieux prud'homaux, v. s^s n°s 821.31 s.

Les créances salariales couvertes par cette institution sont de diverse nature. Elles peuvent néanmoins être regroupées en quatre catégories : les sommes dues en exécution du contrat de travail, les sommes dues suite à la rupture du contrat de travail, les aides au retour à l'emploi, les créances indemnitaires allouées au salarié par une décision de justice.

SECTION 2
SOMMES DUES EN EXÉCUTION DU CONTRAT DE TRAVAIL

§ 1
Articulation de la garantie avec les procédures collectives

722.31 Sommes dues aux salariés au jour du jugement d'ouverture. L'article L. 3253-8, 5°, du Code du travail fait d'abord bénéficier de la garantie de l'AGS les sommes dues aux salariés nées avant le jugement d'ouverture d'une procédure de redressement ou de liquidation judiciaire. *A contrario*, elle ne garantit pas ces créances lorsqu'une procédure de sauvegarde est ouverte, sauf dans l'hypothèse où une conversion de procédure est prononcée ultérieurement par le tribunal [2].

Il n'est pas nécessaire que la créance soit exigible à la date du jugement d'ouverture de redressement ou de liquidation judiciaire. Il suffit qu'elle soit née à cette date. La solution a été posée en présence d'une convention de rupture amiable du contrat de travail conclue trois ans avant le jugement d'ouverture et alors qu'à cette date, le contrat de travail était encore en cours [3].

L'indemnité de congés payés correspondant à un travail fourni avant jugement d'ouverture est garantie quelle que soit la date de son exigibilité [4]. Pour pouvoir être pris en charge par l'AGS, les congés payés devront être nés durant les périodes légales de garantie. Ainsi, l'AGS garantit les congés payés acquis au jour du jugement d'ouverture au fur et à mesure de leur prise par le salarié. L'indemnité compensatrice de congés payés due aux salariés licenciés avant le jugement d'ouverture de la procédure collective

2. Sur la prise en charge par l'AGS des créances salariales en cas de conversion de la procédure de sauvegarde, v. s^s n° 721.62.
3. Soc. 23 nov. 2004, n° 02-41.836, P V, n° 293 ; *Act. proc. coll.* 2005/1, n° 8, note J. Vallansan ; *JCP E* 2005, Chron. 639, p. 711, n° 13, obs. P. Pételׄ.
4. Soc. 21 nov. 1989, n° 88-11.556, P V, n° 674 ; *JCP E* 1990. 15832, obs. P. Pétel ; *Rev. proc. coll.* 1990, 295, obs. E. Kerckhove ; – Soc. 13 mai 2009, n° 07-40.094, NP ; n° 948 F-D.

est également garantie sauf en procédure de sauvegarde.[1].

Lorsqu'une cession d'entreprise intervient dans le cadre d'une procédure collective, les congés payés correspondant aux droits acquis auprès du cédant avant la cession ne peuvent être considérés comme une indemnité compensatrice de congés payés née de la rupture du contrat de travail par le nouvel employeur. La créance d'indemnité de congés payés doit être fixée au passif de l'ancien employeur et est couverte par l'AGS dans la limite de sa garantie[2].

De même, la prime va bénéficier de la garantie AGS dès lors que sa date de naissance intervient dans les périodes légales de garantie. Autrement dit, l'AGS ne peut être sollicitée que si la prime est née au jour du jugement d'ouverture de la procédure (Convention collective ou accord d'entreprise applicable, contrat de travail, usage). Si cette condition n'est pas remplie, c'est à la société en procédure collective de supporter le coût de la prime[3]. Cette créance peut également faire l'objet d'une avance dans le cadre de la prise en charge par l'AGS des sommes dues au titre de l'article L. 3253-8 5° du code du travail.

Les créances résultant d'une prime dite « de treizième mois », laquelle ne s'acquière généralement au 31 décembre de l'année de référence[4], ne peuvent donner lieu à garantie que si elles sont nées durant les périodes de garantie[5]. Cela signifie qu'elles doivent être nées avant le jugement d'ouverture d'une procédure de redressement ou liquidation judiciaire, ou encore en période d'observation si une liquidation judiciaire est ultérieurement prononcée.

En cas de rupture du contrat de travail, le paiement au prorata du temps de présence d'une prime n'est pas de droit, il doit être expressément prévu[6]. Il y a donc lieu de vérifier si une disposition dans la convention collective, l'accord d'entreprise ou dans un usage, prévoit un versement *prorata temporis* permettant à l'AGS de prendre en charge la prime non exigible dans son intégralité à la date de la rupture[7].

722.32 Sommes dues aux salariés durant la période d'observation. L'AGS garantit ensuite les sommes dues au salarié au cours de la période d'observation, mais à condition que soit prononcée ensuite une liquidation judiciaire. La garantie n'est pas due s'il n'y a pas liquidation judiciaire[8]. La garantie est ici limitée à un mois et demi de salaires[9]. Cette limitation, en montant et en durée, joue identiquement pour les indemnités journalières dues par l'employeur au cours de la période d'observation[10]. Elle vaut encore pour le rappel de salaires dus à un salarié mis à pied, ces sommes ne correspondant pas à des créances résultant de la rupture du contrat de travail[11].

722.33 Sommes dues aux salariés dans les quinze ou vingt-et-un jours suivant la liquidation judiciaire. L'AGS prend en charge les sommes dues au salarié dans les quinze jours suivant la liquidation judiciaire[12]. Au-delà de ce délai de quinzaine, l'AGS ne couvre pas les créances[13]. La loi du 14 juin 2013[14] a étendu la protection à vingt-et-un jours suivant le jugement de liquidation judiciaire, lorsqu'un plan de sauvegarde de l'emploi est mis en place. Cette couverture est portée par l'article L. 3253-8, 5°, du Code du travail à un mois pour le représentant des salariés qui ne peut parfois pas être licencié dans le délai de quinze jours suivant la liquidation judiciaire.

722.34 Sommes dues aux salariés durant le maintien provisoire d'activité et dans les quinze ou vingt-et-un jours suivant la fin de ce maintien. Sont couvertes, les sommes dues pendant la période de poursuite provisoire d'activité autorisée en liquidation judiciaire, ainsi que les sommes dues pendant les quinze jours suivant la fin de cette période. La loi du 14 juin 2013 a également porté la protection à vingt-

1. AGS, « Le guide pratique de la garantie des salaires », 2024, p. 17.
2. Soc. 8 nov. 2023, n° 21-19.764 ; *Leden* janv. 2024, n° 01, p. 6, obs. G. Dedessus-Le-Moustier ; *BJE* mars 2024, n° 2, p. 54, com. A. Donnette – C. Gailhbaud, « Répartition de la dette d'indemnité de congés payés entre employeurs successifs en plan de cession », *D. actu.* 30 nov. 2023 – Soc. 19 févr. 1992, n° 89-45.112, *Bull. civ.* V, n° 93 ; – Soc. 4 déc. 2002, n° 00-44.328.
3. AGS, « Le guide pratique de la garantie des salaires », 2024, p. 15.
4. Soc. 11 mars 1992, n° 88-43.447.
5. Soc. 14 mai 1997, n° 95-43.776, P V, n° 172.
6. Soc. ass. plén., 5 mars 1993, n° 89-43.464.
7. AGS, « Le guide pratique de la garantie des salaires », 2024, p. 16.
8. Soc. 6 juill. 1999, n° 97-42.231, P V, n° 322 ; *D.* 2001. Somm. 120, obs. F. Derrida ; – Soc. 7 juin 2000, n° 98-42.863, NP ; *Rev. proc. coll.* 2001, 43, n° 21, obs. F. Taquet ; – Soc. 12 mars 2003, n° 01-41.277, NP ; *Act. proc. coll.* 2003/11, n° 145 ; – Soc. 31 oct. 2007, n° 06-40.471, NP ; n° 2076 F-D ; *Gaz. proc. coll.* 2008/1, p. 63, note B. Saintourens ; – Soc. 1er févr. 2012, n° 10-17.591, P V, n° 49 ; n° 376 FS-P+B ; *Gaz. Pal.* 28 avr. 2012, n° 118, p. 38, note C. Duprat : sur un autre moyen ; – Soc. 31 janv. 2018, nos 16-19.861, 16-19.903, NP.
9. Soc. 10 oct. 2000, n° 98-40.935, NP ; *Act. proc. coll.* 2000/20, n° 259 ; – Soc. 12 mars 2003, n° 01-41.277, NP ; *Act. proc. coll.* 2003/12, n° 164 ; – Soc. 4 juin 2003, n° 01-40.585, NP ; *Rev. proc. coll.* 2003, p. 342, n° 12, obs. F. Taquet.
10. Soc. 21 févr. 2007, n° 05-40.364, NP ; *Act. proc. coll.* 2007/8, n° 94.
11. Soc. 3 mars 2021, n° 19-16.039, NP ; *Leden* avr. 2021, 114d9, note Joly.
12. Soc. 28 sept. 2011, n° 10-21.350, NP ; *Gaz. Pal. entr. diff.* 21 janv. 2012, n° 20, p. 43, note C. Duprat.
13. Soc. 23 sept. 2014, n° 13-19.074, NP.
14. L. n° 2013-504, 14 juin 2013 relative à la sécurisation de l'emploi, *JO* 16 juin, p. 9958.

et-un jours suivant la fin de cette même période lorsqu'un plan de sauvegarde de l'emploi est élaboré[1].

La limite d'un mois et demi de salaires s'applique pour les trois catégories de créances susvisées. Du fait du caractère global du plafond, si un mois et demi de salaires doit être avancé au titre de la période d'observation, les avances ne pourront plus avoir lieu au titre de la poursuite d'activité autorisée en liquidation judiciaire[2].

§ 2
Nature des sommes couvertes par l'AGS

722.41 **Salaires et accessoires.** Le terme « somme » qui désigne une quantité d'argent, se distingue du mot « créance », signifiant les liquidités dues à une personne. L'AGS couvre les rémunérations de toute nature dues au salarié. Il s'agit des salaires[3], appointements ou commissions, ainsi que des accessoires du salaire[4]. Si la créance est un substitut du salaire, il n'y a pas de difficulté à considérer que la garantie doit jouer, et ce, même si les créances ont fait l'objet d'une transaction[5]. La garantie n'est due que si les créances se rattachent à un contrat de travail non suspendu. Ainsi, les jours de grève ne peuvent pas faire l'objet d'une couverture par l'AGS puisque la grève suspend le contrat de travail[6].

Les heures supplémentaires, qui ont la nature juridique de compléments de salaires[7] doivent être garanties[8]. Sont également couverts les repos compensateurs, les jours de RTT (réduction du temps de travail)[9], ainsi que les congés payés[10] puisqu'ils ont la nature de salaire. L'indemnité compensatrice de congés payés a également le caractère d'un salaire[11]. À ce titre, elle est garantie par l'AGS et bénéficie du privilège général des salaires et du superprivilège[12].

L'indemnité de congés payés correspondant à un travail fourni avant jugement d'ouverture est garantie quelle que soit la date de son exigibilité[13]. Pour pouvoir être pris en charge par l'AGS, les congés payés devront être nés durant les périodes légales de garantie. Ainsi, l'AGS garantit les congés payés acquis au jour du jugement d'ouverture au fur et à mesure de leur prise par le salarié. L'indemnité compensatrice de congés payés due aux salariés licenciés avant le jugement d'ouverture de la procédure collective est également garantie sauf en procédure de sauvegarde.[14].

Lorsqu'une cession d'entreprise intervient dans le cadre d'une procédure collective, les congés payés correspondant aux droits acquis auprès du cédant avant la cession ne peuvent être considérés comme une indemnité compensatrice de congés payés née de la rupture du contrat de travail par le nouvel employeur. La créance d'indemnité de congés payés doit être fixée au passif de l'ancien employeur et est couverte par l'AGS dans la limite de sa garantie[15].

De même, la prime va bénéficier de la garantie AGS dès lors que sa date de naissance intervient dans les périodes légales de garantie. Autrement dit, l'AGS ne peut être sollicitée que si la prime est née, au regard des textes, au jour du jugement d'ouverture de la procédure (Convention collective ou accord d'entreprise applicable, contrat de travail, usage). Si cette condition n'est pas remplie, c'est à la société en procédure collective de supporter le coût de la prime[16]. Les créances résultant d'une prime dite « de treizième mois », laquelle ne s'acquière généralement au 31 décembre de l'année de référence, ne peuvent donner lieu à garantie que si elles sont nées durant les périodes de garantie[17]. En effet, le paiement au prorata du temps de présence d'une prime n'est pas dû de droit, mais doit être expressément prévu ou

1. C. trav., art. L. 3253-8, 5°, d.
2. Soc. 28 sept. 2011, n° 10-12.143, NP ; n° 1836 F-D.
3. Soc. 20 mai 1992, n° 90-43.286, P V, n° 321 ; – Soc. 6 mai 1997, n° 95-43.166 ; *RJS* 8/9/1997 ; – Soc. 12 juin 2002, n° 00-41.153 ; Soc. 30 oct. 2002, n° 00-46.779.
4. Soc. 28 oct. 1997, n° 94-42.272, P V, n° 338.
5. Soc. 3 avr. 2001, n° 99-42.183, P V, n° 116 ; *Act. proc. coll.* 2001/10, n° 126.
6. Soc. 26 janv. 2000, n°s 98-44.177, 98-44.182, P V, n° 37 ; *Rev. proc. coll.* 2001, 43, n° 20, obs. F. Taquet.
7. G. Duchange, F. Favennec-Héry, P.-Y. Verkindt, *Droit du travail*, LGDJ, 8e éd., 2022, n° 878.
8. Soc. 5 déc. 2006, n° 04-48.501.
9. L'absence de prise des jours de repos au titre de la réduction du temps de travail n'ouvre droit à une indemnité que si cette situation est imputable à l'employeur : Soc. 18 mars 2015, n° 13-16.369 ; – Soc. 31 oct. 2007, n° 04-17.096 ; – Soc. 8 avr. 2009, n° 07-44.068.
10. Soc. 21 nov. 1989, n° 88-41.012, n° 87-44.976, P V, n° 674 ; *JCP E* 1990. 15832, obs. P. Pétel ; *Rev. proc. coll.* 1990, 295, obs. E. Kerchove ; – Soc. 3 oct. 1990, n° 87-44.455 ; – Soc. 13 mai 2009, n° 07-40.094 – Sur les modalités de prise en charge de ces créances : AGS, « Le guide pratique de la garantie des salaires », janv. 2021, p. 17.
11. En revanche, cette créance née de la rupture du contrat de travail, laquelle doit intervenir durant les périodes de garantie – Soc. 10 déc. 2003, n° 02-41.210 ; *Rev. proc. coll.* 2004, p. 253, n° 27, obs. F. Taquet.
12. C. trav., art. L. 3253-4.
13. Soc. 21 nov. 1989, n° 88-11.556, P V, n° 674 ; *JCP E* 1990. 15832, obs. P. Pétel ; *Rev. proc. coll.* 1990, 295, obs. E. Kerckhove ; – Soc. 13 mai 2009, n° 07-40.094, NP ; n° 948 F-D.
14. « Le guide pratique de la garantie des salaires » p. 17, éd. 2024, site internet AGS.
15. Soc. 8 nov. 2023, n° 21-19.764 ; *Leden* janv. 2024, n° 01, p. 6, obs. G. Dedessus-Le-Moustier ; *BJE* mars 2024, n° 2, p. 54, com. A. Donnette ; – Soc. 19 févr. 1992, n° 89-45.112, *Bull. civ.* V, n° 93 ; – Soc. 4 déc. 2002, n° 00-44.328.
16. AGS, « Le guide pratique de la garantie des salaires », 2024, p. 15.
17. Soc. 14 mai 1997, n° 95-43.776, P V, n° 172.

relever d'un usage. Il y a lieu de vérifier si une disposition dans la convention collective, l'accord d'entreprise ou dans un usage, prévoit un versement *prorata temporis* permettant à l'AGS de prendre en charge la prime de 13e mois non exigible dans son intégralité à la date de la rupture[1]. L'absence de réclamation par un associé, antérieurement à l'ouverture de la procédure collective, du paiement de salaires motivée par le souci de permettre à l'entreprise de surmonter ses difficultés de trésorerie n'entraîne pas automatiquement la novation de la créance salariale en une créance commerciale empêchant de faire jouer la garantie de l'AGS[2].

Si la créance de salaire a fait l'objet d'une saisie-rémunération avant jugement d'ouverture entre les mains de l'employeur et que les sommes saisies n'ont pas été déposées au greffe du tribunal d'instance, la garantie doit jouer[3].

Au-delà du salaire, le concept de sommes dues au salarié permet la prise en charge de frais accessoires, tels que les frais professionnels[4], indemnités de transport ou primes de paniers[5].

Interprétant la formule « toutes les créances dues au jour du jugement d'ouverture », la Chambre sociale de la Cour de cassation a également estimé que sont visées toutes les créances se rattachant au contrat de travail. À ce titre, il a été jugé « qu'il résulte de l'article L. 762-1 du Code du travail que le contrat par lequel un producteur s'assure le concours d'un artiste en vue de sa production est présumé être un contrat de travail quels que soient le mode ou le montant de sa rémunération ». Il s'ensuit que la rémunération avant amortissement du film, qui restait due à un comédien avant la mise en liquidation judiciaire de la société de production, entre dans le champ de la garantie de l'AGS[6]. De même, les avances sur redevances dues en exécution du contrat d'artiste doivent être garanties[7].

722.42 Sommes couvertes au titre de l'activité partielle. Quel que soit le dispositif d'activité partielle[8], la garantie de l'AGS ne couvre pas les sommes dues aux salariés qui ont vocation à être compensées par l'allocation d'activité partielle versée à l'entreprise par l'État. L'AGS couvre en revanche le montant dû au salarié par l'employeur, qui ne serait pas compensé par l'allocation d'activité partielle, c'est-à-dire ce qui reste à sa charge. Cette quote-part, ayant la nature de salaire, est garantissable si elle est due, au regard des dispositions de l'article L. 3253-8 du code du travail[9]. Autrement dit elle pourra être garantie si la créance est née antérieurement à la procédure collective (redressement ou liquidation judiciaire) ou pendant la période d'observation en cas de prononcé d'une liquidation judiciaire.

722.43 Droits acquis sur un compte épargne-temps. En vertu de l'article L. 3151-4 du Code du travail, les droits placés dans un compte épargne temps par le salarié sont garantis dans les conditions de l'article L. 3253-8 de ce même Code. De ce fait, la garantie de l'AGS peut s'appliquer si le salarié sollicite l'utilisation des droits présents sur le compte épargne temps ou la conversion monétaire de ces derniers[10].

En présence de l'adoption d'un plan de cession, la Cour de cassation a considéré qu'en cas de transfert du contrat de travail au cessionnaire et dans le silence du plan de cession sur le sort des jours épargnés sur un compte épargne temps par les salariés repris, le versement d'une indemnité correspondant à la conversion monétaire de l'ensemble des droits acquis est garanti par l'AGS[11]. Cette solution est *contra legem* puisque l'article L. 3153-2 du Code du travail, qui traite spécialement de l'hypothèse du transfert des contrats de travail et du sort du compte épargne temps, prévoit qu'en l'absence de stipulation conventionnelle prévoyant les conditions de transfert des droits de l'employeur à un autre, le salarié peut percevoir, *en cas de rupture du contrat de travail*, la conversion monétaire de l'ensemble des droits qu'il a acquis[12].

722.44 Arrérages de préretraite. Les arrérages de préretraite dus à un salarié en application d'un accord professionnel ou interprofessionnel, d'une convention collective ou d'un accord d'entreprise, conclu au moins six mois avant le jugement d'ouverture

1. AGS, « Le guide pratique de la garantie des salaires », 2024, p. 16.
2. Soc. 24 mars 2010, n° 08-44.441, NP ; *Gaz. Pal. entr. diff.* 2-3 juill. 2010, nos 183, 184, p. 38, note C. Duprat.
3. Soc. 14 mai 1997, n° 95-12.785, P V, n° 173 ; *JCP G* 1997. IV. 1410.
4. Soc. 17 déc. 1991, n° 88-40.638 ; *JCP E* 1992, Pan. 283 ; *D.* 1992. IR 47 ; *Rev. proc. coll.* 1992, 211, n° 17, obs. E. Kerckhove.
5. La Cour de cassation estime que les primes de panier et les frais de déplacement n'ont pas la nature de salaire : Soc. 11 janv. 2017, n° 15-23.341.
6. Soc. 17 mai 2005, n° 02-47.541, P V, n° 166 ; *Act. proc. coll.* 2005/12, n° 145, note Fin-Langer.
7. Soc. 3 déc. 2008, n° 07-42.469, NP ; n° 2049 F-D ; *Gaz. proc. coll.* 2009/2, p. 40, n° 5, note C. Duprat ; *Bull. Joly* mars 2009, p. 221, note crit. F.-X. Lucas.
8. C. trav. art. L. 5122-1 à L. 5122-5 – Circ. DGEFP n° 2013-12, 12 juill. 2013 relative à la mise en œuvre de l'activité partielle.
9. AGS, « Le guide pratique de la garantie des salaires », 2024, p. 21.
10. C. trav., art. L. 3153-2 : il faut que le contrat de travail soit rompu pour que le salarié puisse prétendre à la conversion monétaire de ses droits.
11. Soc. 7 avr. 2010, n° 09-40.015, P V, n° 85 ; *Gaz. Pal.*, 2 et 3 juill. 2010, n° 183, p. 36, note C. Duprat ; *Act. proc. coll.* 2010/10, n° 141, note C. Neau-Leduc.
12. M.-H. Monsièrié-Bon, « Plan de cession et AGS », *Rev. proc. coll.* n° 2, mars 2019, doss. 9, sp. N° 10.

d'une procédure de sauvegarde ou de redressement judiciaire, sont couverts par l'AGS si la convention ou l'accord prévoit le départ en préretraite à cinquante-cinq ans au plus tôt[1]. Il convient de noter que l'article D. 3253-3 du Code du travail ne vise pas la liquidation judiciaire. Autrement dit, la garantie est exclue pour cette typologie de créances dans ce type de procédure.

En outre, les arrérages résultant d'une note ou d'un accord entre le comité d'entreprise et l'employeur[2] ou d'un engagement unilatéral de l'employeur[3] ne sont pas garantis, car ils ne résultent pas d'un véritable accord collectif d'entreprise.

722.45 Cotisations sociales. Les cotisations sociales obligatoires afférentes à la rémunération des salariés constituent des créances dues aux organismes sociaux et non, aux salariés. Par conséquent, elles ne devraient pas être prises en charge par l'AGS[4]. Toutefois, qu'elles soient d'origine légale ou conventionnelle, ces créances dérivent des créances salariales. Elles y sont intrinsèquement liées. En effet, le salarié est créancier à l'encontre de son employeur d'une rémunération brute. C'est pourquoi, la loi du 27 décembre 1996[5] de financement de la sécurité sociale est venue préciser que les sommes dues aux salariés et avancées par l'AGS incluent les cotisations et contributions sociales et salariales d'origine légale et conventionnelle imposées par la loi[6]. Seules les cotisations et contributions sociales salariales, qui se rattachent à une somme due au salarié et non réglée, doivent être couvertes. L'AGS ne peut intervenir pour régulariser des cotisations sociales de manière isolée. Il y a donc une créance principale qui est garantie, avec ses accessoires, les cotisations sociales salariales.

722.46 Prélèvement à la source. L'article L. 3253-8 du Code du travail a été modifié pour inclure dans la garantie le prélèvement d'impôt à la source que l'employeur n'est plus en mesure de reverser sur les sommes et créances mentionnées aux 1°, 2° et 5° de l'article L. 3253-8. Lors de l'ouverture de la procédure collective, l'administration fiscale doit déclarer ses créances auprès du mandataire judiciaire pour chaque salarié concerné. Après vérification du mandataire judiciaire, l'AGS pourra recevoir une demande d'avance au titre du salaire. Cette dernière règlera comme habituellement le montant brut de cette créance, en y incluant les cotisations sociales salariales et la retenue à la source.

En vertu de l'article L. 1671 *in fine* du Code général des impôts « lorsque la retenue à la source a été avancée par les institutions mentionnées à l'article L. 3253-14 du Code du travail (l'AGS), elle est garantie par un privilège de même rang que celui des revenus sur lesquels elle est précomptée ». Ainsi, ces créances pourront bénéficier du superprivilège, du privilège général des salaires, du privilège de l'article L. 641-13 du Code de commerce ou encore être chirographaires.

722.47 Intéressement et participation. Ces sommes ne sont pas la contrepartie d'une prestation de travail, mais la traduction d'objectifs collectifs atteints. Elles ne revêtent pas le caractère de salaire, pourtant elles sont couvertes par l'AGS si elles résultent d'un droit de créance sur l'entreprise[7]. En application des articles L. 3322-1 et suivants du Code du travail, les droits constitués au profit des salariés au titre de la participation aux résultats de l'entreprise en exécution du contrat de travail et du statut collectif qu'il implique revêtent la forme d'un droit de créance sur l'entreprise quel que soit leur emploi pendant le temps de leur indisponibilité[8].

Les articles L. 3253-10 à L. 3253-13 du Code du travail indiquent que ces deux types de créances sont garantis :

- lorsqu'elles sont exigibles à la date du jugement d'ouverture de la procédure ;
- lorsque, si un plan organisant la continuation de l'entreprise intervient à l'issue de la procédure, elles deviennent exigibles du fait de la rupture du contrat de travail, dans les délais prévus au 3° de l'article L. 3253-8 ;
- lors d'un jugement de liquidation judiciaire ou d'un jugement arrêtant le plan de cession totale de l'entreprise.

Le Code du travail conditionne ainsi l'application de la garantie de l'AGS à l'exigibilité de ces créances[9].

La solution est différente concernant les sommes épargnées par les salariés sur un plan d'épargne entreprise[10]. L'article L. 3323-2 du Code du travail dispose que l'accord de participation peut prévoir l'affectation des sommes constituant la réserve spéciale de participation aux investissements de l'entreprise sur ce compte spécial. Dans ce cas, les salariés ont sur l'entreprise un droit de créance égal au montant des sommes épargnées. La Cour de cassation a eu l'occasion de préciser que « l'article L. 143-11-3 du Code du travail (nouvel article L. 3253-10), d'une part, ne prévoit pas que la garantie de l'AGS s'applique

1. C. trav., art. L. 3253-11, D. 3253-3.
2. Soc. 10 avr. 1991, n° 88-45.688.
3. Soc. 2 nov. 1993, n° 90-42.661.
4. Soc. 10 juill. 1991, n° 88-41.704 ; Soc. 6 nov. 1991, n° 90-42.390.
5. L. n° 96-1160, 27 déc. 1996, *JO* 29 déc., p. 19369.
6. C. trav., art. L. 3253-8 ; Soc. 12 févr. 2003, n° 01-40.676, NP ; *Act. proc. coll.* 2003/7, n° 89.
7. Soc. 17 mai 1995, n° 93-46.441, NP ; *Rev. proc. coll.* 1996, 272, obs. F. Taquet ; G. Auzéro, « La détermination des créances garanties par l'AGS en matière d'épargne salariale », *RDT* 2009. 358.
8. Soc. 30 sept. 2004, n° 02-16.439, P V, n° 242.
9. C. trav., art. R. 3324-22, 6° et R. 3324-23.
10. C. trav. L. 3315-2 et L. 3323-2.

aux versements de sommes effectués par les salariés sur un plan d'épargne d'entreprise du seul fait de l'affectation de ces sommes à ce plan, d'autre part, ne fait bénéficier de cette garantie les sommes dues au titre de la participation des salariés aux fruits de l'expansion que si elles revêtent la forme d'un droit de créance sur l'entreprise, ce qui n'est pas le cas de celles qui, en accord de participation, ont été employées à l'acquisition d'un fonds commun de placement dont les salariés sont devenus copropriétaires »[1].

722.48 Capital décès. Le capital décès se rattache également au contrat de travail. Il en résulte que la garantie joue pour les ayants droit des salariés[2]. Les avances de l'AGS sont donc faites en fonction de la nature salariale de la créance et non du créancier, qui n'est pas un salarié de l'entreprise.

SECTION 3
CRÉANCES RÉSULTANT DE LA RUPTURE DU CONTRAT DE TRAVAIL

§ 1
Articulation de la garantie avec les procédures collectives

722.51 Règles applicables aux indemnités de rupture du contrat de travail nées au jour du jugement d'ouverture. Les créances résultant de la rupture du contrat de travail qui n'ont pas été réglées aux salariés avant l'ouverture d'une procédure de redressement ou de liquidation judiciaire sont couvertes par la garantie de l'AGS. En sauvegarde de telles créances ne sont pas prises en charge sauf si la procédure est ultérieurement convertie. Ces créances sont couvertes par l'AGS au titre des sommes dues aux salariés à la date du jugement d'ouverture du redressement ou de la liquidation judiciaire[3].

722.52 Règles applicables aux indemnités de rupture du contrat de travail nées après le jugement d'ouverture. L'article L. 3253-8, 2° du Code du travail prévoit que l'AGS doit sa garantie pour les créances résultant de la rupture des contrats de travail intervenant après le jugement d'ouverture d'une procédure collective, si la rupture intervient dans des périodes précisément déterminées. Notons que l'AGS devra sa garantie même dans la procédure de sauvegarde, puisqu'il s'agit ici de créances postérieures au jugement d'ouverture.

La Cour de cassation retient une conception restrictive du terme « rupture » puisqu'elle considère que les créances visées par l'article L. 3253-8, 2°, du Code du travail s'entendent d'une rupture à l'initiative de l'administrateur judiciaire ou du mandataire liquidateur[4]. La garantie de l'AGS n'est pas due si elle résulte d'une démarche volontaire du salarié[5]. Ainsi, la garantie a été exclue dans le cas d'un départ à la retraite au cours de l'une des périodes visées par cet article[6]. La solution est identique en matière de résiliation judiciaire, quand la rupture à la date du jugement de liquidation judiciaire ne résultait pas d'une initiative du liquidateur[7]. De même, la garantie de l'AGS a été exclue pour la prise en charge des créances résultant de la prise d'acte de rupture du contrat de travail par le salarié durant la période d'observation[8].

Cette solution a évolué en droit interne suite à une décision rendue en 2024 par la CJUE ayant jugé contraire au droit de l'Union cette interprétation visant à exclure de la garantie les indemnités dues au salarié en cas de prise d'acte. La prise d'acte, bien que décidée par le salarié, est imputable à l'employeur en raison de ses manquements graves à ses obligations. La CJUE place alors le salarié dans une situation comparable à celle d'un salarié licencié[9]. La Cour de cassation a suivi ce raisonnement et a opéré

1. Soc. 28 nov. 2007, n° 05-45.354, P V, n° 198.
2. Soc. 25 juin 1996, n° 93-41.917, NP ; *Gaz. Pal.* 1996. II. pan. 218 ; – Soc. 8 juill. 1997, n° 94-42.555, P V, n° 248.
3. C. trav., art. L. 3253-8, 1°.
4. Soc. 20 avr. 2005, n° 02-47.063, P V, n° 147 ; *JCP S* 28 juin 2005, n° 1 ; – Soc. 14 oct. 2009, n° 07-45.257, P V, 2009, n° 222 – La Cour de cassation a d'ailleurs refusé de transmettre une question prioritaire de constitutionnalité au Conseil constitutionnel en estimant que l'interprétation jurisprudentielle des dispositions de l'article L. 3253-8, 2° du Code du travail institue « une différence de traitement fondée sur une différence de situation en rapport direct avec l'objet de la loi » – EN CE SENS : Soc. 10 juill. 2019, n° 19-40.019.
5. Soc. 2 mars 2016, n° 14-23.602, NP.
6. Soc. 20 avr. 2005, n° 02-47.063, P V, n° 147.
7. Soc. 14 oct. 2009, n° 07-45.257, P V, n° 222 ; n° 2008 FP-P+B ; *Gaz. Pal.* 8-10 janv. 2010, nos 8, 9, p. 36, note C. Gaibhaud ; *Act. proc. coll.* 2009/19, n° 291, note L. Fin-Langer ; *Rev. proc. coll.* 2010/3, comm. 14, p. 32, note D. Jacotot ; Soc. 29 janv. 2020, n° 18-24.607, NP ; *Leden* mai 2020, 113j4, note F. Joly ; – Soc. 2 déc. 2020, n° 18-22.470, NP ; – Rouen, ch. soc., 1er oct. 2020, RG n° 17/03920 ; *Rev. proc. coll.* janv.-févr. 2021, comm. 21, note F. Taquet – Quand la demande en résiliation judiciaire du contrat de travail est formée par le salarié postérieurement à l'ouverture de la procédure de redressement judiciaire : Soc. 14 juin 2023, n° 20-18.397.
8. Soc. 20 déc. 2017, n° 16-19 ; 517, P V, 2017 ; *Gaz. Pal.* 2018, n° 15, 81, note L. Ben Cheikh-Vecchioni ; *JCP E* 2018, chron. 1159, n° 20, note P. Pétel ; *Rev. proc. coll.* janv.-févr. 2018, comm. 46, obs. Taquet ; *Leden* mars 2018, n° 111k2, note H. de Frémont ; *Cah. soc.* 1er févr. 2018, n° 304, note L. Bento de Carvalho ; *JCP S* 20 févr. 2018, n° 7, note L. Fin-Langer ; – Soc. 19 avr. 2023, n° 21-20.651 ; *RPC* juill. 2024, n° 67, obs. D. Jacotot ; *Act. proc. coll.* 2023, n° 138 ; *Leden* juin 2023, p. 7, obs. F. Joly.
9. CJUE 22 févr. 2024, C-125/23 ; *JCP S* 2024. 1117, obs. J.-Ph. Lhernould ; *BJE* mai 2024. 55, obs. A. Donnette ; *Europe* avr. 2024, p. 36, note L. Driguez ; *Act. proc. coll.* 2024, n° 81, obs. L. Fin-Langer.

un revirement de jurisprudence pour la prise d'acte et la résiliation judiciaire[1].

S'agissant d'une rupture d'un commun accord, se pose également la question de la prise en charge des indemnités par l'AGS. En effet, si la rupture a bien lieu pendant la période d'observation, la difficulté provient du fait que pour la chambre sociale de la Cour de cassation l'article L. 3253-8 du Code du travail ne concerne que les ruptures à l'initiative de l'administrateur et/ou du débiteur[2]. Qu'en est-il des ruptures d'un commun accord ? Pour l'instant, le doute reste permis, malgré la décision de la CJUE qui a jugé contraire au droit de l'Union cette interprétation visant à exclure de la garantie les indemnités dues au salarié en cas de prise d'acte[3].

722.53 Règles applicables aux indemnités de rupture du contrat de travail nées au cours de la période d'observation. La garantie de l'AGS sera due si la rupture du contrat de travail intervient pendant la période d'observation, y compris en procédure de sauvegarde[4].

722.54 Règles applicables aux indemnités de rupture du contrat de travail nées dans le mois suivant le plan de sauvegarde, de redressement ou de cession. L'AGS doit sa garantie si la rupture du contrat de travail intervient dans le mois suivant le jugement qui arrête le plan de sauvegarde, de redressement ou de cession[5]. Si le licenciement intervient au-delà du délai du mois courant à compter du jugement arrêtant le plan, l'AGS ne doit plus sa garantie[6]. Il a ainsi été jugé que l'AGS ne doit pas sa garantie pour les créances indemnitaires nées de la violation d'un engagement pris dans un plan de cession de maintenir l'emploi pendant une durée déterminée[7].

Seuls les licenciements réels seront pris en charge par l'AGS, non les licenciements suivis d'une reprise au même poste par le repreneur. Si ce dernier procède ensuite au licenciement non prévu par le plan de cession, il doit en assumer la charge, ce qui exclut l'intervention de l'AGS[8].

La jurisprudence assimile au jugement arrêtant le plan, le jugement le modifiant, le premier fait corps avec le second. Ainsi, sont couverts les licenciements intervenus dans le mois du jugement modifiant le plan[9].

722.55 Règles applicables aux indemnités de rupture du contrat de travail nées dans les quinze ou vingt-et-un jours suivant le jugement de liquidation judiciaire. Les créances résultant de la rupture du contrat de travail seront couvertes si cette rupture intervient dans les quinze jours du jugement de liquidation[10]. Le délai court à compter de la date du jugement et non de sa publication au *Bodacc*[11]. Peu importe qu'il y ait liquidation immédiate ou sur conversion d'une sauvegarde ou d'un redressement judiciaire. Ce délai a été porté à vingt-et-un jours par la loi du 14 juin 2013[12], si un plan de sauvegarde de l'emploi est élaboré.

« Seuls des actes positifs, hors toute idée de rupture *de facto*, peuvent fonder la garantie de l'AGS »[13]. Constitue un de ces « actes positifs », l'attestation Assedic, faisant état d'un licenciement, délivrée au salarié par le liquidateur[14].

Pour pouvoir procéder aux licenciements dans les délais, le liquidateur doit obtenir le nombre et les noms des salariés à licencier. Le liquidateur ne peut se réfugier derrière le fait qu'il a envoyé en la forme recommandée un courrier au débiteur, qui est resté sans réponse et une information sur la situation au procureur de la République pour prétendre avoir rempli ses obligations[15]. De même, l'envoi au débiteur d'une lettre recommandée pour lui fixer un rendez-vous ne peut être regardé comme une démarche suffisante, pour obtenir le nombre et les noms des salariés, alors que l'ouverture de la procédure collective est intervenue à la demande de l'Urssaf et que le rapport d'enquête préfaillite indiquait qu'il semblait que le débiteur employait ou avait employé des salariés dans le cadre de son activité[16]. En revanche, la déclara-

1. Soc. 8 janv. 2025, n°s 20-18.484 et 23-11.417 ; *Act. proc. coll.* 2025, n°s 52 et 55, obs. C. Gailhbaud ; *D. Actu* 22 janv. 2025, P. Dumortier ; *RDT* 2025. 175, note H. Nassom-Tissandier ; *JCP S* 2025. 1023, obs. J.-Ph. Lhernould ; *Leden* févr. 2025, p. 6, obs. H. de Frémont ; *BJT* mars 205, p. 26, obs. S. Riancho ; *BJE* mars 2025. 26, obs. A. Donnette ; *SSL* 24 mars 2025, n° 2131, obs. L. Fin-Langer ; *Gaz. Pal.* 25 févr. 2025, n° 7, p. 62, obs. G. Mégret.
2. Soc. 20 déc. 2017, préc.
3. V. s^s n°s 311.83, 312.83.
4. C. trav., art. L. 3253-8, 2°, a.
5. C. trav., art. L. 3258-2-b.
6. Soc. 9 nov. 2005, n° 03-47.963, P V, n° 314 ; n° 2427 F-P+B ; *Rev. proc. coll.* 2006/1, p. 70, n° 11, obs. F. Taquet.
7. Soc. 12 mai 2009, n° 07-44.960, NP ; n° 918 F-D ; *Gaz. proc. coll.* 2009/4, 2e partie, n°s 305 à 307, p. 33, n° 3, note C. Duprat.
8. Soc. 6 juill. 1999, n° 97-42.231, P V, n° 322 ; *D.* 2001. Somm. 119, obs. F. Derrida.
9. Soc. 3 avr. 1991, n° 90-41.566, P V, n° 165 ; *D.* 1994. Somm. 44, obs. F. Derrida ; *JCP E* 1991. I. 102, n° 16, obs. P. Pétel.
10. C. trav., art. L. 3253-8, 2°, c.
11. Soc. 27 mai 2020, n° 18-23.963, NP.
12. L. n° 2013-504, 14 juin 2013 relative à la sécurisation de l'emploi, *JO* 16 juin, p. 9958.
13. C. Chagny, « Quelques aspects de la garantie des créances résultant du licenciement pour motif économique par l'entreprise en difficulté », *Gaz. Pal.* 20-21 sept. 2002, Doctr. 56 s., sp. p. 61, n° 21.
14. Soc. 14 janv. 2004, n° 01-47.229, NP.
15. Com. 6 juill. 1993, n° 91-14.707, P IV, n° 281 – Soc. 24 mars 2010, n° 09-40.147, NP ; *Gaz. Pal. entr. diff.* 2-3 juill. 2010, n°s 183, 184, p. 36, note crit. Gailhbaud.
16. Com. 27 sept. 2011, n° 10-24.909, NP ; n° 896 F-D ; – Com. 27 sept. 2011, n° 10-24.910, NP ; n° 897 F-D.

tion mensongère faite par l'employeur au liquidateur, aux termes de laquelle il n'avait plus de salarié, sera exclusive de responsabilité[1].

Conformément aux solutions classiques en matière de responsabilité professionnelle des mandataires de justice, la responsabilité sera recherchée devant le tribunal judiciaire et non devant le Conseil des prud'hommes[2].

Il a été jugé que le fait que l'activité ait cessé au jour de l'ouverture de la procédure n'affectait pas l'obligation de procéder aux licenciements dans le délai de quinzaine[3]. Il en est de même de la résiliation du contrat de location-gérance, le fait que le liquidateur avise, dans le délai de quinze jours, le salarié de la rupture de ce contrat restant sans conséquence, faute de l'avoir expressément licencié[4].

En cas de résiliation d'un contrat de travail, la date d'effet de la résiliation judiciaire ne peut être fixée qu'au jour de la décision qui la prononce dès lors que le contrat n'a pas été rompu avant cette date. Elle ne peut être fixée à une date correspondant au jugement de liquidation judiciaire de l'employeur[5]. Puisqu'il n'avait pas été constaté que la résiliation avait été prononcée avant la liquidation judiciaire, il appartenait donc au liquidateur de procéder au licenciement dans les quinze jours aux fins de prise en charge des indemnités par l'AGS[6], la fermeture de l'entreprise avant l'ouverture de la liquidation judiciaire n'entraînant pas rupture du contrat de travail[7]. La solution vaut en cas de procédure collective d'un locataire-gérant, dès lors que la ruine du fond empêche le retour des contrats de travail au propriétaire du fonds, ce qui oblige donc au licenciement des salariés dans les délais aux fins de prise en charge par l'AGS[8].

Le fait que le salarié ait saisi le Conseil des prud'hommes pour obtenir des dommages et intérêts pour rupture abusive des relations contractuelles reste tout aussi indifférent[9]. La rupture n'interviendra pas dans le délai de quinze jours, si la lettre de licenciement n'est pas notifiée à l'intéressé dans ce délai, même si elle mentionne que le licenciement prend effet au jour de la liquidation judiciaire[10].

De même, si le salarié prend l'initiative de la rupture du contrat de travail, sur le fondement de l'article 1184 du Code civil (devenu 1217, 1224 s.[11]), la rupture interviendra à la date de la décision qui la prononce. Si elle est postérieure au délai de quinzaine du jugement ouvrant ou prononçant la liquidation, l'AGS ne doit pas prendre en charge les conséquences de la rupture[12].

Le licenciement dans le délai de quinzaine s'impose encore en présence d'un salarié embauché en contrat de travail à durée déterminée, lorsque le contrat est poursuivi après le terme. Cet événement oblige à requalifier le contrat en contrat à durée indéterminée et le liquidateur est tenu de licencier le salarié, alors même que l'activité aurait cessé au jour de la liquidation judiciaire[13].

La disposition s'applique au salarié qui bénéficie d'un congé parental d'éducation[14] ou au salarié qui a cessé son travail avant jugement d'ouverture pour raison de santé[15] ou dont le contrat de travail a été interrompu dans le délai de quinze jours de la liquidation judiciaire, à la suite d'un accident du travail[16]. Elle concerne aussi la rupture anticipée d'un contrat à durée déterminée, même si ce contrat n'a pas été exécuté. Elle s'applique encore à la rupture anticipée du contrat d'apprentissage. L'obligation posée par l'article L. 6222-18 du Code du travail, prévoyant que le contrat d'apprentissage qui a duré plus de deux mois ne peut être résilié que d'un commun accord des parties ou à défaut pour l'une des causes visées à ce texte parmi lesquelles ne figure pas le licenciement économique, est sans application en cas de liquidation judiciaire[17]. En revanche, l'indemnisation est due par l'AGS à l'apprenti qui a sollicité du Conseil des prud'hommes la résiliation de son contrat d'apprentissage pour faute grave de son employeur[18].

1. Paris, 3e ch. A, 9 déc. 2003, RG n° 2002/15744.
2. Soc. 19 janv. 2022, n° 19-19.313, P, n° 82 FS-B, *Leden* févr. 2022, n° DED2000o9, obs. H. de Frémont ; *Rev. proc. coll.* mars/avr. 2022, comm. 34, note Jacotot.
3. Soc. 14 janv. 2004, n° 01-46.239, NP.
4. Soc. 20 janv. 2016, nos 14-10.134, 14-10.136, NP ; *Rev. proc. coll.* 2016, comm. 61, note F. Taquet.
5. Soc. 19 mai 2016, n° 14-25.443, NP ; *Rev. proc. coll.* sept.-oct. 2016, comm. 146, p. 45, note L. Fin-Langer. Soc. 20 oct. 2021, n° 19-25.700, NP ; *Rev. proc. coll.* janv.-févr. 2022, comm. 12, note F. Taquet ; – Colmar, ch. soc., sect. A, 22 avr. 2021, RG n° 19/03845 ; *Act. proc. coll.* 2021/10, 126.
6. Soc. 21 mai 2014, n° 13-18.586, NP ; – Soc. 10 déc. 2014, n° 13-23.359, NP ; – Soc. 19 mai 2016, n° 14-25.443, préc.
7. Soc. 10 déc. 2014, n° 13-18.584, NP.
8. Soc. 20 oct. 2021, n° 19-25.700, NP.
9. Soc. 14 janv. 2004, n° 01-46.892, NP.
10. Soc. 14 mai 2003, n° 01-40.586, NP ; *Rev. proc. coll.* 2003, p. 340, n° 5, obs. F. Taquet.
11. Depuis le 1er oct. 2016 : Ord. n° 2016-131, 10 févr. 2016, portant réforme du droit des contrats, du régime général et de la preuve des obligations, *JO* 11 févr.
12. Soc. 14 oct. 2009, n° 07-45.257, P V, n° 222 ; n° 2008 FP-P+B ; *Gaz. Pal.* 8-10 janv. 2010, nos 8, 9, p. 36, note C. Gaihbaud ; *Act. proc. coll.* 2009/19, n° 291, note L. Fin-Langer ; *Rev. proc. coll.* 2010/3, comm. 14, p. 32, note D. Jacotot.
13. Soc. 4 oct. 2011, n° 10-13.567, NP.
14. Soc. 23 mars 2004, n° 02-40.598, NP.
15. Soc. 23 mars 2004, n° 02-40.448, NP ; *Rev. proc. coll.* 2004, p. 253, n° 28, obs. F. Taquet.
16. Soc. 23 févr. 2005, n° 02-47.411, NP ; *Rev. proc. coll.* 2005/2, p. 146, n° 9, obs. F. Taquet.
17. Soc. 23 mai 2000, n° 97-40.631, P V, n° 192 ; *D.* 2001. Somm. 118, obs. F. Derrida.
18. Soc. 1er oct. 2003, n° 01-40.125, P V, n° 249 ; *Act. proc. coll.* 2003/19, n° 244, note J. Vallansan.

La constatation de l'inaptitude médicale avant ou lors du licenciement économique suppose d'appliquer le régime juridique de l'inaptitude sauf en cas de liquidation judiciaire, ce qui conduit à ne pas exiger le second examen médical avant de procéder au licenciement afin de pouvoir respecter les délais de garantie de l'AGS [1].

Les règles posées pour le délai de quinze jours doivent être *mutatis mutandis* être transposées au délai de vingt-et-un jours en cas d'élaboration d'un plan de sauvegarde de l'emploi.

722.56 Règles applicables aux indemnités de rupture du contrat de travail nées pendant ou après le maintien provisoire de l'activité en liquidation judiciaire. Les conséquences du licenciement seront aussi couvertes par l'AGS s'il intervient pendant la poursuite provisoire de l'activité en liquidation judiciaire [2]. La continuation de l'activité devra cependant être régulière. À défaut, seul le licenciement opéré dans le délai de quinzaine courant à compter du jugement de liquidation judiciaire sera pris en charge par l'AGS [3].

L'ordonnance du 18 décembre 2008 [4] modifie le d du 2° de l'article L. 3253-8 du Code du travail, en prévoyant que la garantie de l'AGS, pour les créances résultant de la rupture des contrats de travail intervenant après une poursuite provisoire de l'activité en liquidation judiciaire, sera due, dès lors que les licenciements sont effectués soit avant l'expiration de cette période, soit dans les quinze jours qui suivent la fin du maintien de l'activité. La loi du 14 juin 2013 [5] modifie également la rédaction de l'article L. 3253-8, 2°, d, du Code du travail pour tenir compte de l'hypothèse où un plan de sauvegarde de l'emploi a été élaboré. Le délai de quinze jours devient alors un délai de vingt-et-un jours suivant la fin du maintien de l'activité.

722.57 Règles applicables aux indemnités de rupture des salariés protégés. L'article L. 3253-9 du Code du travail pose une règle particulière pour les salariés protégés, qui tient compte de formalités supplémentaires pour procéder à leur licenciement. Avant l'ordonnance du 18 décembre 2008 [6], le Code de commerce et le Code du travail n'avaient pas été coordonnés. Il était revenu à la jurisprudence d'assurer cette coordination. Ainsi, a-t-il été jugé que l'AGS devra sa garantie si l'organe compétent pour procéder au licenciement, c'est-à-dire selon le cas, l'administrateur judiciaire ou en son absence le débiteur, et en liquidation judiciaire, le liquidateur, a manifesté son intention de licencier le salarié protégé pendant l'une des périodes ci-après visées [7]. L'intention, qui devra être suffisamment claire [8], doit intervenir pendant la période d'observation, dans le mois qui suit l'arrêté du plan de sauvegarde, de redressement ou de cession. Dans la procédure de liquidation judiciaire, l'intention de licencier le salarié protégé devra être manifestée dans les quinze jours qui suivent la liquidation [9], pendant la poursuite provisoire d'activité ou encore, dans les quinze jours suivant la fin de cette poursuite.

L'ordonnance du 18 décembre 2008 vient mettre les textes du Code de commerce en adéquation avec ceux du Code du travail. Elle modifie les articles L. 631-19 et L. 642-5 du Code de commerce en insérant un nouvel alinéa disposant que « lorsque le licenciement concerne un salarié bénéficiant d'une protection particulière en matière de licenciement, ce délai d'un mois après le jugement est celui dans lequel l'intention de rompre le contrat de travail doit être manifestée ». L'ordonnance ne régit pas, en revanche, le licenciement du salarié protégé en période d'observation et dans la liquidation judiciaire, en dehors du plan de cession [10]. Le caractère interprétatif de l'ordonnance du 18 décembre 2008 sur la modification des textes ci-dessus indiquée doit aboutir à reconduire purement et simplement la jurisprudence rendue antérieurement dans ces deux phases de la procédure.

Ainsi, dès lors que l'intention de licencier a été manifestée dans les délais, les créances résultant de la rupture du contrat de travail seront prises en charge par l'AGS [11], nonobstant l'absence de notification

1. Soc. 9 déc. 2014, n° 13-12.535, P V, n° 280 ; n° 2271 P+B ; Dpde janv. 2015, 7, obs. M. Morand.
2. C. trav., art. L. 3253-8, 2°, d – Soc. 17 juin 2009, n° 08-40.659, NP ; n° 1324 F-D ; *Gaz. proc. coll.* 2009/4, 2e partie, nos 305 à 307, p. 37, n° 7, note C. Gailhbaud.
3. Soc. 20 mai 1992, n° 91-41.822, n° 91-41.849, P V, n° 320.
4. Ord. n° 2008-1345, 18 déc. 2008, portant réforme du droit des entreprises en difficulté, *JO* 19 déc., p. 19462.
5. L. n° 2013-504, 14 juin 2013, relative à la sécurisation de l'emploi, *JO* 16 juin, p. 9958.
6. Ord. n° 2008-1345, 18 déc. 2008, portant réforme du droit des entreprises en difficulté, *JO* 19 déc., p. 19462.
7. Soc. 3 oct. 2001, n° 99-44.354, NP ; *Rev. proc. coll.* 2002, p. 109, n° 14, obs. F. Taquet ; – Soc. 4 juill. 2006, n° 04-45.930, NP ; n° 1738 F-D ; *Rev. proc. coll.* 2006/3, p. 287, n° 21, obs. F. Taquet ; – Soc. 13 déc. 2017, n° 16-21.773, P V ; *Gaz. Pal.* 2018, n° 15, 80, note L. Ben Cheikh-Vecchioni ; *Act. proc. coll.* 2018, comm. 11, note L. Fin-Langer ; *Leden* mars 2018, n° 111k1, note Dedessus le Moustier et avr. 2018, comm. 111m6, note F.-X. Lucas ; – Soc. 12 sept. 2018, n° 17-12.604, NP ; *Rev. proc. coll.* nov.-déc. 2018, comm. 195, p. 36, note F. Taquet.
8. C. Saint-Alary-Houin, avec la collaboration de C. Houin-Bressand et M.-H. Monsèrié-Bon, *Droit des entreprises en difficulté*, 13e éd., « Domat », Lgdj-Lextenso, 2022, n° 1142.
9. Soc. 4 juill. 2006, n° 04-45.930, NP ; n° 1738 F-D ; *Rev. proc. coll.* 2006/3, p. 287, n° 21, obs. F. Taquet.
10. B. Saintourens et C. Duprat, « Les droits des salariés dans l'ordonnance du 18 décembre 2008 portant réforme du droit des entreprises en difficulté », *Gaz. Pal.* 8-10 mars 2009, n° sp. p. 40 s., sp. p. 43.
11. Soc. 2 oct. 2001, n° 99-45.346, n° 99-45.421, P V, n° 295 ; *Act. proc. coll.* 2001/18, n° 236.

au salarié protégé de sa lettre de licenciement[1]. Cette manifestation de volonté peut résulter de la convocation du salarié à l'entretien préalable[2]. En outre, le délai ne courra que du jour du jugement ayant autorisé les licenciements, lorsqu'un premier jugement sera rendu prévoyant les licenciements, sans les autoriser[3].

Au contraire, à défaut d'intention manifestée à l'intérieur de l'une de ces périodes, la garantie n'est plus due[4], ce qui est source d'engagement de la responsabilité de l'organe ayant en charge la mise en œuvre du licenciement de l'intéressé.

Il avait d'abord été jugé que l'intention de licencier le salarié protégé était dépourvue d'effet, dès lors que l'autorisation administrative de licencier avait été refusée[5]. Il a ensuite été estimé que l'AGS devait sa garantie, dès lors que le salarié avait été convoqué à un entretien préalable au licenciement, dans le mois suivant le jugement arrêtant le plan de cession, peu important que, à la suite du refus de l'inspecteur du travail, la demande d'autorisation de licenciement ait été réitérée[6]. Dans une autre espèce, il a été jugé que l'AGS devait sa garantie, dès lors que l'intention de licencier avait été manifestée par l'administrateur judiciaire dans le mois du jugement d'adoption du plan de cession, peu important le refus de l'inspecteur du travail d'autoriser le licenciement[7].

D'une manière souple, il a encore été jugé que l'AGS devait sa garantie, lorsque le licenciement du salarié protégé a été mis en œuvre non par l'administrateur judiciaire, mais par le directeur des ressources humaines qui avait agi pour l'exécution du jugement du tribunal ayant arrêté un plan de cession partiel sous la direction et le contrôle des administrateurs judiciaires, lesquels n'alléguaient pas d'excès de pouvoir sur ce point. Il y avait donc eu une délégation implicite de pouvoir par les administrateurs judiciaires et une ratification par eux des actes passés en exécution du jugement, les rendant ainsi opposables à l'AGS[8].

§ 2
Nature des indemnités résultant de la rupture du contrat de travail couvertes par l'AGS

722.61 Indemnités liées à la rupture du contrat de travail. L'expression « indemnité de rupture » est plus large que celle d'« indemnité de licenciement ». Ainsi, l'indemnité légale ou conventionnelle de licenciement[9] est prise en charge par l'AGS, comme l'indemnité compensatrice de préavis[10], ou encore l'indemnité due au titre de la rupture anticipée d'un contrat à durée déterminée[11]. Identiquement, l'indemnité compensatrice de congés payés est garantie si les salariés ont été mis, du fait de l'employeur, dans l'impossibilité de prendre leurs congés payés conventionnels[12]. Pour que l'AGS puisse prendre en charge l'indemnité compensatrice de congés payés due aux salariés licenciés, le contrat de travail doit être rompu dans les périodes légales de garantie[13].

Lorsqu'une cession d'entreprise intervient dans le cadre d'une procédure collective, les congés payés correspondant aux droits acquis auprès du cédant avant la cession ne peuvent être considérés comme une indemnité compensatrice de congés payés née de la rupture du contrat de travail par le nouvel employeur. La créance d'indemnité de congés payés doit être fixée au passif de l'ancien employeur et est couverte par l'AGS dans la limite de sa garantie[14].

Les indemnités de précarité d'emploi, celles allouées aux victimes de maladies professionnelles[15], ou encore de clientèle accordée à un VRP dans le cadre d'une transaction suite à une réduction du temps de travail, sont couvertes par l'AGS[16].

Les créances dues au titre de toute rupture sont garanties et non, uniquement celles dues en vertu d'un licenciement pour motif économique. Par conséquent, les indemnités allouées au salarié à la suite d'une demande de résiliation judiciaire du contrat de travail initiée avant le jugement d'ouverture sont

1. Soc. 6 juin 2007, n° 05-40.892, P V, n° 92 ; n° 1355-P ; *D.* 2007. AJ 1789, obs. A. Lienhard.
2. Soc. 8 févr. 2012, n° 10-12.906, P IV, n° 62 ; n° 301 P+B.
3. Soc. 13 févr. 2001, n° 98-45.901, NP ; *Act. proc. coll.* 2001/7, n° 92 ; *Rev. proc. coll.* 2001, p. 258, n° 9, obs. F. Taquet.
4. Soc. 18 déc. 1991, n° 89-42.188, P V, n° 591.
5. Soc. 31 janv. 2007, n° 04-47.944, NP ; *Rev. proc. coll.* 2007/2, p. 80, n° 8, obs. F. Taquet.
6. Soc. 8 févr. 2012, n°s 10-12.906, 10-13.405, 10-13.521, P V, n° 62 ; n° 301 F-P+B ; préc.
7. Soc. 12 sept. 2018, n° 17-12.604, NP ; *Rev. proc. coll.* nov.-déc. 2018, comm. 195, p. 36, note F. Taquet.
8. Soc. 8 févr. 2012, n°s 10-12.906, 10-13.405, 10-13.521, P V, n° 62 ; n° 301 F-P+B ; *D.* 2012. Actu 550, note A. Lienhard ; *Gaz. Pal.* 28 avr. 2012, n° 118, p. 38, note C. Duprat ; *Act. proc. coll.* 2012/5, comm. 74, note L. Fin-Langer ; *BJE* mai 2012, comm. 74, p. 179, note L. Driguez.
9. Soc. 12 juin 2001, n° 98-43.737.
10. Soc. 23 juin 1988, n° 85-44.158, P V, n° 383 ; – Soc. 16 nov. 1993, n° 91-45.573, P V, n° 277 ; – Com. 2 mai 1990, n° 87-45.148, P IV, n° 127.
11. Soc. 12 mars 2002, n° 99-44.222.
12. Soc. 10 déc. 2003, n° 02-41.210, NP ; *Rev. proc. coll.* 2004, p. 253, n° 27, obs. F. Taquet.
13. Soc. 8 mars 2023, n° 22-10.544 ; – Soc. 17 mai 2023, n° 22-10.640 – AGS, « Le guide pratique de la garantie des salaires », 2024, p. 17.
14. Soc. 8 nov. 2023, n° 21-19.764 ; *Leden* janv. 2024, n° 01, p. 6, obs. G. Dedessus-Le-Moustier ; *BJE* mars 2024, n° 2, p. 54, com. A. Donnette ; – Soc. 19 févr. 1992, n° 89-45.112, *Bull. civ.* V, n° 93 ; – Soc. 4 déc. 2002, n° 00-44.328.
15. Saint-Alary-Houin, *op. cit.*, 11e éd., n° 1140.
16. Soc. 4 oct. 2000, n° 98-41.462, NP ; *Rev. proc. coll.* 2001, 42, n° 19, obs. F. Taquet.

couvertes sous réserve que la date de rupture du contrat de travail soit fixée dans les périodes légales de garantie. La résiliation judiciaire du contrat de travail intervient au jour où le juge la prononce [1] si le salarié est resté à disposition de son employeur.

De même, la créance d'indemnité conventionnelle de départ à la retraite est garantie par l'AGS si, à la date du jugement d'ouverture, les salariés ont atteint l'âge de la retraite [2]. En revanche, cette indemnité n'a pas à être garantie si cet âge intervient après l'ouverture de la procédure collective [3].

En outre, l'AGS garantit les indemnités résultant d'un accord de rupture amiable du contrat de travail signé avant le jugement d'ouverture, même si elles ne sont pas encore exigibles [4]. La même solution est retenue pour une indemnité de rupture conventionnelle [5].

L'ordonnance n° 2017-1387 du 22 septembre 2017 a instauré une rupture conventionnelle collective par accord collectif majoritaire. Conformément à l'article L. 3253-13 du Code du travail, le différentiel entre l'indemnité prévue dans le cadre de la rupture conventionnelle et l'indemnité légale ne devra pas être garanti par l'AGS si l'accord a été conclu moins de dix-huit mois avant le jugement d'ouverture de la procédure collective.

La majoration de l'indemnité conventionnelle de licenciement pour motif économique prévue par un accord collectif de fin de conflit conclu avec les syndicats [6] et celle résultant d'un plan de sauvegarde de l'emploi [7] sont aussi garanties.

La garantie s'applique également à l'indemnité de licenciement même lorsqu'elle résulte d'un accord transactionnel [8], homologué par le juge prud'homal au cours d'une procédure de médiation, qui trouve son fondement dans l'ancien article L. 122-14-4 du Code du travail. L'AGS n'est recevable à contester un tel accord qu'à condition d'établir qu'il procède d'une fraude [9].

722.62 **Contrepartie financière d'une clause de non-concurrence.** Les créances représentatives de la contrepartie financière d'une clause de non-concurrence échues à la date du jugement d'ouverture sont couvertes [10]. La couverture joue aussi pour la contrepartie financière d'une clause de non-concurrence suite au licenciement intervenu dans les périodes de garantie après le jugement d'ouverture [11] et alors même que les échéances n'étaient pas exigibles [12].

722.63 **Indemnité liée à la rupture du contrat d'apprentissage.** La garantie est due aux apprentis, dès lors qu'il est mis fin à leur contrat dans les mêmes périodes que celles à respecter pour la rupture des contrats de travail après l'ouverture de la procédure collective. L'apprenti a droit à une indemnité égale aux rémunérations qu'il aurait perçues jusqu'à la fin de son contrat [13]. L'ordonnance du 12 mars 2014 [14] insère un alinéa 3 à l'article L. 6222-18 du Code du travail, pour faire siennes ces solutions. Il prévoit, d'une manière interprétative, que, en cas de liquidation judiciaire sans maintien de l'activité ou lorsqu'il est mis fin à ce maintien, le liquidateur notifie la rupture du contrat à l'apprenti. Cette rupture ouvre droit pour l'apprenti à des dommages et intérêts d'un montant au moins égal aux rémunérations qu'il aurait perçues jusqu'au terme du contrat.

722.64 **Indemnité de licenciement du salarié effectué par le locataire-gérant.** En cas de licenciement d'un salarié opéré par le locataire-gérant avant sa liquidation judiciaire, alors que le fonds a fait retour au propriétaire, le salarié irrégulièrement licencié du fait du transfert de l'entité économique a le choix de demander au repreneur – le propriétaire du fonds en l'occurrence – la poursuite de son contrat rompu ou de demander à son employeur – le locataire-gérant – une indemnisation. S'il opte pour l'indemnité, l'AGS doit couvrir cette créance puisqu'elle résulte d'une créance née antérieurement au retour du fonds de commerce à son propriétaire [15].

1. Soc. 14 oct. 2009, n° 07-45.257, P V, 2009, n° 222 ; *Rev. proc. coll.* 05/2009, D. Jacotot ; *JCP S* 2009. 1559, note F. Dumont.
2. Soc. 12 avr. 1995, n° 92-18.005, P V, n° 132 ; *D.* 1995. Somm. 307, obs. A. Honorat ; *Rev. proc. coll.* 1995, 499, obs. F. Taquet.
3. Soc. 12 avr. 1995, n° 92-18.005.
4. Soc. 23 nov. 2004, n° 02-41.836 ; *Act. proc. coll.* 2005-1, n° 8, obs. J. Vallansan ; *JCP E* 2005. 639, n° 13, obs. P. Pétel.
5. Celle-ci étant prévue à l'art. L. 1237-11 C. trav.
6. Soc. 12 juin 2001, n°s 98-40.936, 98-43.737, NP ; *Gaz. Pal.* 30 sept.-2 oct. 2001, pan. 19.
7. Soc. 25 mai 2004, n° 02-42.503, NP ; *Rev. proc. coll.* 2004, p. 394, n° 11, obs. F. Taquet.
8. Soc. 3 avr. 2001, n° 99-42.183, P V, 2001, n° 116 ; *Dr. soc.* 2001. 672, obs. C. Radé.
9. Soc. 25 janv. 2006, n° 03-45.444 ; *JCP S* 2006, note P. Morvan.
10. Soc. 9 févr. 1999, n° 96-45.271, NP ; *Act. proc. coll.* 1999/6, n° 83 ; – Soc. 27 oct. 1999, n° 96-43.941, P V, n° 416 ; *Gaz. Pal.* 4-5 févr. 2000, p. 9, note B. Boubli ; *Dr. soc.* 2000. 1233, note C. Radé ; Soc. 14 déc. 1999, n° 97-43.346, P V, n° 485 ; *D.* 2001. Somm. 121, obs. F. Derrida.
11. Soc. 7 févr. 2006, n° 03-47.542, NP ; *Rev. proc. coll.* 2006/3, p. 285, n° 17, obs. F. Taquet.
12. Soc. 20 juin 2006, n° 04-48.523, P V, n° 218 ; n° 1643 FS-P+B ; *D.* 2006. AJ 1889, obs. Lienhard ; *JCP E* 2007, Chron. 1004, p. 25, n° 15, obs. P. Pétel.
13. Soc. 22 mars 2007, n° 04-46.745, NP ; *Rev. proc. coll.* 2007/3, p. 148, n° 2, obs. F. Taquet ; – Soc. 7 juill. 2009, n° 08-40.870, NP ; *Act. proc. coll.* 2009/17, n° 261, note L. Fin-Langer ; – Soc. 23 nov. 2011, n° 10-26.918, NP.
14. Ord. n° 2014-326, 12 mars 2014 portant réforme de la prévention des difficultés des entreprises et des procédures collectives, *JO* 14 mars, p. 5249.
15. Soc. 28 janv. 2004, n° 01-47.356, P V, n° 28 ; *Act. proc. coll.* 2004/6, n° 73, note L. Fin-Langer.

722.65 Indemnités versées aux salariés en cas de constitution d'une société coopérative ouvrière de production (SCOP). S'agissant des salariés utilisant leurs indemnités de rupture pour reprendre l'entreprise débitrice (cas des SCOP), la Cour de cassation a entériné une exception prétorienne à l'application de l'article L. 1224-1 du Code du travail. La règle d'ordre public posée par cet article a pour conséquence de priver d'effet les licenciements économiques intervenus juste avant la modification de la situation juridique de l'employeur.

Légalement, ce transfert des contrats de travail est exclu uniquement à l'égard des salariés dont le licenciement a été autorisé dans le cadre d'un plan de cession, au cours de la période d'observation ou à la suite de l'ouverture une liquidation judiciaire[1]. Or, selon la Cour de cassation sont également exclus du champ d'application de l'article L. 1224-1 du Code du travail, les contrats de travail des salariés, qui à la suite d'une liquidation judiciaire, constituent une société et notamment une SCOP afin d'assurer la reprise de l'entreprise à l'aide de leurs indemnités de rupture[2]. Toute fraude à l'article L. 1224-1 du Code du travail est écartée lorsque la société cessionnaire a été constituée par les salariés eux-mêmes ou lorsqu'ils lui ont apporté leurs indemnités de rupture[3].

Si cette solution peut s'avérer louable d'un point de vue économique et social, elle n'apparait pas conforme aux dispositions du Code du travail. Le caractère définitif attaché à un licenciement ne peut dépendre d'un événement extérieur tenant à la qualité du repreneur, tiers ou salarié[4].

SECTION 4
AIDES AU RETOUR À L'EMPLOI

§ 1
Mesures d'accompagnement garanties dans le cadre d'un plan de sauvegarde de l'emploi

722.71 Conditions de prise en charge des mesures d'accompagnement. L'article L. 3253-8, 4°, du Code du travail, dans la rédaction que lui donne la loi du 14 juin 2013[5], prévoit que l'AGS doit garantir les mesures d'accompagnement résultant d'un plan de sauvegarde de l'emploi déterminé par un accord collectif majoritaire ou par un document unilatéral élaboré par l'employeur, dès lors qu'il a été validé ou homologué dans les conditions prévues à l'article L. 1233-58 avant ou après l'ouverture de la procédure de redressement ou de liquidation judiciaire.

722.72 Nature des mesures d'accompagnement. L'AGS garantit, dans certaines conditions, les mesures d'accompagnement concourant au retour à l'emploi de salariés licenciés dans le cadre d'un plan de sauvegarde de l'emploi.

L'article L. 3253-8, 4°, du Code du travail ne définit pas la notion de mesure d'accompagnement. Il vise les mesures d'accompagnement déterminées par un accord collectif majoritaire ou par un document unilatéral élaboré conformément aux articles L. 1233-24-1 à L. 1233-24-4 du Code du travail.

Une circulaire de la Délégation générale à l'emploi et à la formation professionnelle (DGEFP), n° 2013, du 13 juillet 2013 a précisé que les mesures d'accompagnement « s'entendent de toutes mesures d'un licenciement collectif pour motif économique concourant à accompagner le retour à l'emploi et donc la réinsertion sur le marché du travail des salariés licenciés pour motif économique en exécution d'un plan de sauvegarde de l'emploi ».

Face à ce vide juridique, l'AGS a élaboré « une doctrine interne » sur les contours de l'application de sa garantie[6].

L'intervention de l'AGS pour la prise en charge d'une mesure d'accompagnement est conditionnée à l'existence d'une mesure de reclassement externe, dont les modalités de financement doivent figurer dans le projet du plan de sauvegarde de l'emploi.

À ce jour, plusieurs « frais annexes » sont pris en charge par l'AGS[7]. Il s'agit des frais engagés à l'occasion d'une formation professionnelle ou de validation d'acquis d'expérience, des frais liés à la mobilité géographique du salarié, des frais liés à la préparation d'un projet de création ou de reprise d'entreprise. Chaque mesure d'accompagnement doit viser les bénéficiaires, son montant maximal et la durée pour laquelle l'AGS peut être sollicitée. Les textes ne prévoient pas de durée maximale, même si en règle générale la période de validité d'un plan de sauvegarde est de douze mois[8].

1. C. com., art. L. 626-1, L. 631-19, 631-22, L. 642-1 s.
2. Soc. 7 mars 1989, n° 86-40.424, P V, n° 180 ; – Soc. 12 nov. 1997, n° 95-42.533, n° 95-42.535, P V, n° 364 ; – Soc. 28 févr. 2006, n° 04-43.622 ; – Soc. 20 déc. 2006, n° 04-44.787, P V, n° 388 ; – Soc. 3 mai 2011, n° 09-70.813, n° 09-71.037, P V, n° 103 ; – CE 3 mai 2006, req. n° 277079.
3. Soc. 20 déc. 2006, n° 04-44.787 ; *JCP S* 2007, n° 1054, note P. Morvan.
4. Soc. 3 mai 2011, n° 09-70.813, n° 09-71.037, P V, n° 103 ; *Dr. soc.* 2011. 865, obs. A. Mazeaud.
5. L. n° 2013-504, 14 juin 2013 relative à la sécurisation de l'emploi, *JO* 16 juin, p. 9958.
6. D. Jacotot, « L'AGS et le plan de sauvegarde de l'emploi », *Rev. proc. coll.* n° 2, mars 2019, doss. 7.
7. AGS, « Le guide pratique de la garantie des salaires », janv. 2021, p. 25.
8. Ce délai court à compter soit de la date d'homologation/validation par la Dreets, soit de la date de dernière réunion du comité d'entreprise, soit celle de la notification des licenciements.

Il est aussi admis que l'AGS doit sa garantie pour la prime de création d'entreprise prévue par le plan de sauvegarde de l'emploi [1]. La justification semble devoir être trouvée dans l'idée que cette créance se rattache au contrat de travail en ce qu'elle est destinée à réparer les dommages consécutifs à sa rupture [2].

La créance d'indemnité de reclassement due en vertu d'un plan de sauvegarde de l'emploi établi postérieurement au jugement de redressement judiciaire, dans le cadre d'un plan de cession arrêté par le tribunal, est couverte par l'AGS [3].

En revanche, ne sont pas garanties les indemnités *supra* légales de licenciement fixées par un plan de sauvegarde de l'emploi, celles-ci n'ayant pas la nature de mesures d'accompagnement d'un plan de sauvegarde de l'emploi, au sens de l'article L. 3253-8, 4°, du Code du travail, mais de sommes concourant à la réparation du préjudice causé par la rupture du contrat de travail au sens de l'article L. 3253-13 du même Code [4].

§ 2
Contrat de sécurisation professionnelle

722.81 Créances résultant de l'adhésion du salarié au contrat de sécurisation professionnelle (CSP). Avant la loi du 28 juillet 2001 [5], étaient visées, les cotisations et contributions sociales d'origine légale, ou conventionnelle imposées par la loi [6]. Était aussi couverte la contribution due par l'employeur pour le financement des allocations de conversion lorsque la convention de conversion avait été conclue avant jugement d'ouverture. La même disposition prévoit que l'AGS garantit la contribution de l'employeur aux allocations de conversion [7], lorsque la convention de conversion a été conclue après jugement d'ouverture dans les périodes de garantie. La garantie s'applique également aux salaires dus aux salariés qui ont adhéré à la convention de conversion pendant le délai de réponse qui leur était imparti. En revanche, la garantie n'est pas due, dans ce cadre, au titre de l'indemnité de préavis due à l'Assedic [8]. L'ordonnance du 24 juin 2004 [9], en son article 13, I, a supprimé les conventions de conversion.

La loi de sauvegarde du 26 juillet 2005 réintroduit identiquement la couverture par l'AGS des créances résultant de l'adhésion par le salarié à la convention de reclassement personnalisée, puis la loi du 28 juillet 2011 [10], au contrat de sécurisation professionnelle. Ce contrat permet à tout salarié licencié pour motif économique de bénéficier d'un accompagnement personnalisé regroupant un ensemble de mesures favorisant un accès plus rapide vers un nouvel emploi durable.

L'article L. 3253-8, 3°, du Code du travail, dans la rédaction que lui donne la loi du 14 juin 2013 [11], prévoit que l'AGS doit avancer les sommes correspondant aux créances résultant de la rupture du contrat de travail en cas d'adhésion au contrat de sécurisation professionnelle. Ce contrat doit toutefois avoir été proposé aux intéressés par l'administrateur, l'employeur ou le liquidateur, selon le cas, pendant la période d'observation, dans le mois de d'adoption du plan de sauvegarde, de redressement ou de cession, dans les quinze jours qui suivent le jugement de liquidation (ou vingt-et-un jours en cas de plan de sauvegarde de l'emploi), pendant le maintien provisoire de l'activité en liquidation et dans les quinze jours suivant l'expiration de cette période (ou vingt-et-un jours en cas de plan de sauvegarde de l'emploi). Les contributions dues par l'employeur dans le cadre de ce contrat et les salaires dus pendant le délai de réponse du salarié sont donc couverts.

SECTION 5
CRÉANCES INDEMNITAIRES RÉSULTANT D'UN CONTENTIEUX

§ 1
Exécution fautive ou inexécution du contrat de travail

722.91 Dommages et intérêts pour compensation du préjudice subi. Alors que l'article L. 3253-6

1. Soc. 30 avr. 2003, n° 00-46.820, P V, n° 150 ; *Act. proc. coll.* 2003/13, n° 178, obs. L. Fin-Langer.
2. Soc. 30 avr. 2003, n° 00-46.820, P V, n° 150 ; *Act. proc. coll.* 2003/13, n° 178, obs. L. Fin-Langer.
3. Soc. 30 sept. 2009, n° 08-42.076, P V, n° 213 ; n° 1948 FS-P+B ; *D.* 2009. AJ 2423, obs. Lienhard – B. Soinne, « Les indemnités extralégales de licenciement et la responsabilité des mandataires de justice », *Rev. proc. coll.* 2010/1, veille 2, p. 5.
4. Soc. 16 déc. 2020, n° 18-15.532, F-P+B ; *Act. proc. coll.* 2021/4, comm. 46, note L. Fin-Langer.
5. L. n° 2011-893, 28 juill. 2011 pour le développement de l'alternance et la sécurisation des parcours professionnels, *JO* 29 juill., p. 12914.
6. Soc. 12 févr. 2003, n° 01-40.676, NP ; *Act. proc. coll.* 2003/7, n° 89.
7. Soc. 18 juill. 2000, n° 98-42.864, NP ; *Act. proc. coll.* 2000/16, n° 212.
8. Soc. 18 juill. 2000, n° 98-42.864, NP ; *Rev. proc. coll.* 2001, 42, n° 18, obs. F. Taquet.
9. Ord. n° 2004-602, 24 juin 2004 relative à la simplification du droit dans les domaines du travail, de l'emploi et de la formation professionnelle, *JO* 26 juin.
10. L. n° 2011-893, 28 juill. 2011 pour le développement de l'alternance et la sécurisation des parcours professionnels, *JO* 29 juill. 2011.
11. L. n° 2013-504, 14 juin 2013 relative à la sécurisation de l'emploi, *JO* 16 juin, p. 9958.

du Code du travail vise précisément les sommes dues en « exécution » du contrat de travail, il a été mis à la charge de l'AGS les sommes dues suite à « l'inexécution » ou à « l'exécution fautive » d'une obligation résultant du contrat de travail. C'est ainsi que seront couverts les dommages et intérêts dus au salarié pour retard de paiement des salaires[1] ou liés à une réduction unilatérale par l'employeur du salaire d'un salarié[2]. Sont également couvertes les indemnités dues en réparation du préjudice moral subi par le salarié lié au refus de l'employeur de lui payer un salaire correspondant à la classification de son emploi[3]. Dans le même sens, la diminution des droits aux prestations sociales pour paiement d'un salaire inférieur au minimum conventionnel[4] cause un préjudice au salarié couvert par l'AGS. Il en va également ainsi pour les dommages et intérêts dus pour absence de déclaration préalable à l'embauche[5], pour non-respect de l'obligation de déclaration du salarié aux organismes sociaux[6], ou encore pour prêt de main d'œuvre illicite[7].

La Haute juridiction estime de la même manière que les dommages et intérêts alloués en raison du non-respect de l'obligation d'information légale des salariés sur le repos compensateur[8] ou ceux issus de la violation de l'interdiction légale de faire travailler le personnel le dimanche[9], entrent dans le champ d'application de la garantie de l'AGS. Seront également couverts les dommages et intérêts dus au salarié qui devait bénéficier d'une convention de conversion et qui en a été privé par suite d'une transmission tardive des documents par le représentant des créanciers à l'AGS[10].

La Cour de cassation admet encore la couverture des dommages et intérêts dus aux salariés par le chef d'entreprise pour avoir laissé les salariés dans l'incertitude sur le sort de leur contrat de travail pendant sept mois et pour avoir tardé à payer les indemnités de rupture[11]. La couverture est encore assurée pour les dommages et intérêts dus aux salariés en cas de méconnaissance de la réglementation relative à la délivrance des bulletins de salaire, des certificats de travail et des attestations Assedic[12]. Spécialement, la délivrance tardive du certificat de travail et d'une attestation destinée à France Travail doit être indemnisée[13].

La couverture de l'AGS peut encore être sollicitée pour les dommages-intérêts dus au salarié pour défaut d'affiliation de celui-ci par l'employeur à un régime de prévoyance[14] et à une caisse de retraite complémentaire des cadres[15], pour défaut de paiement des cotisations à une caisse de retraite complémentaire[16] ou pour défaut de cotisation de l'employeur à l'assurance-chômage[17].

L'AGS garantit également les dommages et intérêts dus au salarié pour harcèlement moral de l'employeur[18]. Il en est de même des actes de harcèlement sexuel[19]. La Cour de cassation estime que ces dommages et intérêts sont en relation avec l'exécution du contrat de travail[20]. Bien que les faits de harcèlement puissent être commis sur le lieu de travail, la créance de dommages et intérêts n'est pas liée à l'exécution du contrat de travail ou à sa rupture. Ils viennent réparer le comportement fautif de l'auteur de l'acte. Il a encore été jugé que la créance résultant de l'inexécution de l'engagement d'étendre à une nouvelle période le bénéfice d'un contrat de solidarité est rattachée au contrat de travail[21].

En revanche, le manquement de l'employeur à l'obligation d'information et de consultation des instances représentatives du personnel n'est pas de nature à causer au salarié, agissant à titre individuel, un préjudice personnel et direct. Il y a donc lieu de déclarer irrecevable la demande d'un salarié en indemnisation d'un préjudice personnel résultant de l'absence de fonctionnement normal des institutions représentatives du personnel et de mettre hors de cause l'AGS[22].

Le droit à la réparation du préjudice subi par le salarié n'est pas contestable. Le salarié saisit le conseil de prud'hommes pour engager la responsabilité de son

1. Soc. 27 juin 2001, n° 99-42.984, NP ; *Act. proc. coll.* 2001/16, n° 208.
2. Soc. 6 oct. 2004, n° 02-42.300.
3. Soc. 13 mai 2009, n° 07-40.094, NP ; n° 948 F-D.
4. Soc. 17 oct. 2000, n° 98-45.139 ; *Act. proc. coll.* 2001/1, n° 11.
5. Soc. 12 févr. 2003, n° 01-40.722.
6. Soc. 21 janv. 2004, n° 01-42.801.
7. Soc. 9 nov. 2004, n° 02-45.048, P V, n° 280 ; *Act. proc. coll.* n° 3, 2005, n° 33.
8. Soc. 16 mars 1999, n°s 96-45.812, 96-45.813, P V, n° 114 ; Soc. 18 janv. 2000, n° 97-44.461 ; – Soc. 9 mai 2007, n° 05-46.029.
9. Soc. 8 juin 1999, n° 97-40.648, P V, 1999 ; *Dr. soc.* n° 9, 1999, obs. C. Radé.
10. Soc. 2 mars 1999, n° 96-43.604, P V, n° 89 ; *D.* 2001. Somm. 119, obs. F. Derrida.
11. Soc. 10 juill. 2001, n° 99-43.912, P V, n° 251 ; *Rev. proc. coll.* 2001, p. 259, n° 10, obs. F. Taquet.
12. Soc. 4 déc. 2002, n° 00-44.303, P V, n° 368 ; *JCP E* 2003, Pan. 181, p. 206 ; – Soc. 12 févr. 2014, n° 12-29.168, NP.
13. Soc. 1er avr. 2015, n° 14-12.246, NP ; *Rev. proc. coll.* 2015, comm. 150, note F. Taquet.
14. Soc. 17 nov. 2011, n° 10-20.051, NP.
15. Soc. 8 janv. 2002, n° 99-44.220, P V, n° 1 ; *Rev. proc. coll.* 2002, p. 108, n° 11, obs. F. Taquet.
16. Soc. 25 janv. 2005, n° 03-40.195, P V, n° 17 ; *Act. proc. coll.* 2005/6, n° 68, note S. Rétif.
17. Versailles, 15e ch., 25 nov. 2003, RG n° 01/03027.
18. Soc. 8 févr. 2005, n° 02-46.527, NP.
19. Soc. 15 déc. 2004, n° 02-46.973, NP ; – Soc. 14 juin 2006, n° 04-43.820.
20. Soc. 15 déc. 2004, n° 02-46.973.
21. Soc. 9 oct. 1990, n° 88-42.395, P V, n° 427.
22. Soc. 22 nov. 2023, n° 20-23.640.

employeur qui n'a pas respecté la législation du travail et obtenir un dédommagement. La problématique se trouve dans la substitution de l'AGS à l'auteur de la faute. Les sommes allouées par la juridiction prud'homale en raison du comportement fautif de l'employeur ne sont pas des sommes dues en exécution du contrat de travail. Elles correspondent à la réparation du préjudice subi. En faisant prendre en charge ce type de créance par l'AGS, la jurisprudence externalise la responsabilité personnelle de l'employeur.

722.92 Préjudice d'anxiété des salariés exposés à l'amiante. Le préjudice d'anxiété[1] lié à l'exposition aux poussières d'amiante découle selon la Cour de cassation du contrat de travail[2] sur le fondement juridique du manquement de l'employeur à son obligation de sécurité de résultat[3]. Ainsi, l'AGS doit couvrir l'indemnité réparant le préjudice d'anxiété des salariés exposés à l'amiante[4]. Mais il n'en est ainsi que si la créance indemnitaire de réparation du préjudice d'anxiété est antérieure au jugement d'ouverture. Or celle-ci naît, selon la Cour de cassation, des troubles psychologiques qu'engendre la connaissance du risque d'exposition à l'amiante, soit au jour de l'arrêté ministériel d'inscription de cette activité sur la liste des établissements permettant la mise en œuvre de l'allocation de cessation d'activité anticipée des travailleurs de l'amiante (Acaata)[5]. En conséquence, l'AGS ne doit pas sa garantie si les salariés ont eu connaissance du risque d'exposition à l'amiante postérieurement à l'ouverture de la procédure collective[6]. En outre, pour être indemnisés au titre du préjudice d'anxiété résultant de l'exposition à l'amiante, les salariés doivent avoir travaillé dans les conditions prévues par l'arrêté ministériel du 7 juillet 2000 fixant notamment la liste des métiers ouvrant droit au bénéfice des dispositions de l'article 41 de la loi du 23 décembre 1998. Tel n'est pas le cas des employés administratifs et d'une femme de ménage[7].

Les salariés dont le préjudice d'anxiété n'est pas garanti par l'AGS ne peuvent obtenir réparation en se plaçant sur le terrain du manquement à l'obligation de sécurité de résultat[8].

§ 2 Remise en cause de la rupture du contrat de travail

722.101 Contestation du licenciement pour motif économique. La procédure de licenciement pour motif économique fait l'objet d'une réglementation stricte. Quelques dérogations ont été prévues lorsque l'entreprise fait l'objet d'une procédure collective. Néanmoins, il n'est pas rare que des manquements soient soulevés par les salariés devant les juridictions sociales.

Le licenciement doit se justifier par une cause réelle et sérieuse. À défaut, le licenciement il pourra être requalifié en licenciement sans cause réelle et sérieuse ou en licenciement nul. Il a été jugé que l'AGS devait prendre en charge, les indemnités pour licenciement sans cause réelle et sérieuse[9], licenciement nul[10] ou encore considéré comme abusif[11] octroyées par la juridiction prud'homale. En outre, lorsque la procédure de licenciement n'est pas respectée, l'AGS doit garantir les indemnités liées à l'irrégularité de la procédure. Ainsi, elle prend en charge les créances dues à un salarié protégé dont l'autorisation de licenciement a été refusée par l'inspection du travail[12] ou a été annulée[13]. De la même manière, le seul fait que l'entreprise cesse totalement l'activité et que la liquidation judiciaire soit prononcée ne permet pas au

1. La jurisprudence estime que le seul préjudice réparable est le préjudice d'anxiété : Soc. 27 janv. 2016, n° 15-10.640.
2. Soc. 25 sept. 2013, n° 12-12.883, P V, n° 208 ; *Gaz. Pal.* 14 janv. 2014, n° 014, obs. C. Duprat ; *D.* 2013. 2658, obs. M. Bacache, A. Guégan-Lécuyer et S. Porchy-Simon ; *RTD civ.* 2013. 844, obs. P. Jourdain.
3. Soc. 25 sept. 2013, n° 12-20.912, *Cah. soc.* nov. 2013, n° 257, obs. J. Icard.
4. Soc. 25 sept. 2013, n° 12-20.912, P V, n° 202 ; *Gaz. Pal.* 12 janv. 2014, p. 38, note C. Duprat ; *Act. proc. coll.* 2013/17, comm. 258, note L. Fin-Langer ; – Soc. 25 sept. 2013, n°s 12-12.883, 12-13.307, P V, n° 307 ; *Act. proc. coll.* préc. ; – Soc. 25 sept. 2013, n° 11-20.948, P V, n° 212 ; *Act. proc. coll.* préc. ; – Soc. 25 sept. 2013, n° 11-20.949, NP ; *Act. proc. coll.* préc. ; – Soc. 25 sept. 2013, n°s 12-17.667 à 12-17.681, 12-17.685 à 12-17.706, NP ; *Act. proc. coll.* préc.
5. Soc. 2 juill. 2014, n°s 12-29.788 à 12-29.801, P V, n° 160 ; F-P+B ; *Act. proc. coll.* 2014/13, comm. 237, note L. Fin-Langer ; *Rev. proc. coll.* 2014, comm. 128, note L. Fin-Langer et *Rev. proc. coll.* 2015, comm. 111, note C. Saint-Alary-Houin.
6. Soc. 18 sept. 2024, n°s 23-17.333 à 23-17.342 ; Soc. 23 oct. 2014, n°s 13-22.348, 13-22.349, 13-22.350, 13-22.351, 13-22.354, NP ; *Gaz. Pal.* 18 janv. 2015, n° 18, p. 31, note C. Duprat ; – Soc. 25 mars 2015, n° 13-21.716, P V ; *BJE* juill. 2015. 256, note A. Donnette-Boissière ; *Rev. proc. coll.* 2015, comm. 66, note L. Fin-Langer ; *Leden* 2015, comm. 074, note G. Dedessus-Le-Moustier ; – Lyon, ch. soc. C., 17 oct. 2014, RG n° 14/00413, *JurisData* 025566.
7. Soc. 25 mars 2015, n° 13-21.716, P V ; *BJE* juill. 2015. 256, note A. Donnette-Boissière ; *Rev. proc. coll.* 2015, comm. 66, note L. Fin-Langer ; *Leden* 2015, comm. 074, note G. Dedessus-Le-Moustier.
8. Soc. 27 janv. 2016, n°s 15-10.640 à 15-10.726, P V ; *Leden* 2016, comm. 045, note G. Dedessus-Le-Moustier.
9. Soc. 20 mai 1992, n° 91-41.516, P V, 1992, n° 322 ; – Soc. 8 juin 1999, n° 97-40.659, P V, n° 266 ; *D.* 2001, somm. 120, obs. F. Derrida.
10. Soc. 8 juin 1999, n° 97-40.659.
11. Soc. 24 oct. 2000, n° 98-41.225 ; – Soc. 21 févr. 2006, n° 03-46.355.
12. Soc. 9 mars 2004, n° 02-40.351 ; – Soc. 4 févr. 2004, n° 01-44.962.
13. Soc. 16 nov. 1999, n° 97-42.069 ; *RJS* 1/2000, n° 45 ; – Soc. 18 juill. 2000, n° 98-42.866 ; *Act. proc. coll.* n° 16, 2000 ; obs. J. Vallansan.

liquidateur judiciaire de s'exonérer d'une demande d'autorisation de licencier un salarié protégé[1].

Les dommages et intérêts octroyés pour réparation du préjudice moral consécutifs à la rupture abusive de la période d'essai[2], aux circonstances vexatoires du licenciement[3], aux circonstances abusives dans la rupture du contrat de travail[4], au licenciement illégal de la salariée enceinte avant le jugement d'ouverture[5], ou encore à l'inexécution par l'employeur de son obligation de réintégration[6] ont été rendus opposables à l'AGS. De même, les dommages et intérêt du fait de la violation des critères d'ordre de licenciement[7], liés à la transmission tardive au salarié des documents nécessaires à l'adhésion à la convention de conversion[8], absence de mise en place ou pour défaut de renouvellement des institutions représentatives du personnel[9] devront également être supportés par l'AGS.

Outre les créances ci-dessus visées, l'AGS garantit encore les sommes dues au salarié dont le licenciement est annulé, entre son licenciement et sa réintégration[10].

L'AGS garantit aussi l'indemnité forfaitaire égale à six mois de salaire prévue en cas de travail dissimulé[11] si le salarié est licencié dans les délais de garantie[12]. Cette indemnité peut être cumulée avec d'autres indemnités de rupture[13], à l'exclusion de l'indemnité légale ou conventionnelle de licenciement.

722.102 Contestation du plan de sauvegarde de l'emploi (PSE). Au titre de l'article L. 3253-8, 4°, du Code du travail l'AGS est amenée à garantir les mesures d'accompagnement prévues dans un plan de sauvegarde de l'emploi. Or, le contenu et l'exécution des plans de sauvegarde de l'emploi peut donner lieu à un contentieux prud'homal et administratif.

Le tribunal administratif est exclusivement compétent pour apprécier le contenu du plan de sauvegarde de l'emploi. Ce n'est que dans l'hypothèse où une décision définitive d'annulation de la décision de validation ou d'homologation du Directeur régional des entreprises, de la concurrence, de la consommation, du travail et de l'emploi, émanant des juridictions administratives, que le salarié pourra réclamer une indemnisation devant le conseil de prud'hommes. Conformément aux dispositions de l'article L. 1233-58, II, du Code du travail, les dommages et intérêts octroyés au salarié, d'un montant minimum de six mois de salaire en cas d'annulation de la décision, devront être pris en charge par l'AGS[14] suite à la requalification du licenciement en licenciement sans cause réelle et sérieuse.

La garantie de l'AGS s'étend aux sommes prévues par le plan de sauvegarde de l'emploi pour favoriser le reclassement des salariés, y compris à l'extérieur de l'entreprise ou du groupe auquel elle appartient, ainsi qu'aux dommages et intérêts réparant l'inexécution d'un engagement tendant à ce reclassement[15].

722.103 Contestation de l'obligation de reclassement. L'accord national interprofessionnel (ANI) du 10 février 1969 sur la sécurité de l'emploi a institué des commissions paritaires (à l'échelle nationale et régionale) de l'emploi par branche professionnelle. Ces dernières doivent examiner les possibilités de reclassement lorsque des licenciements collectifs pour motif économiques sont envisagés.

Le manquement à l'obligation de reclassement était systématiquement caractérisé en cas d'absence de saisine des commissions territoriales de l'emploi, y compris lorsque l'employeur était placé en procédure collective. La Cour de cassation estimait que le simple défaut de saisine de la commission territoriale de l'emploi caractérisait un manquement à l'obligation de reclassement et que l'AGS devait supporter

1. Soc. 1 avr. 1992, n° 88-42.981.
2. Soc. 24 oct. 2000, n° 98-41.225 ; *RJS* 2001, n° 41, p. 28.
3. Angers, 13 mai 2014, RG 12/00904 ; – Soc. 29 janv. 2003, n° 00-42.630, P V, n° 26 ; *JCP E* 2003, pan. 439, p. 500 ; *Act. proc. coll.* 2003/7, n° 88 ; *Rev. proc. coll.* 2003, p. 155, n° 3, obs. F. Taquet ; – Soc. 21 févr. 2006, n° 03-46.355 ; *Rev. proc. coll.* 2006/3, p. 286, n° 18, obs. F. Taquet.
4. Soc. 24 oct. 2000, n° 98-42.742.
5. Soc. 29 janv. 2003, n° 00-46.048, P V, n° 25 ; *JCP E* 2003, pan. 438, p. 499 ; *Act. proc. coll.* 2003/7, n° 87 ; *Rev. proc. coll.* 2003, p. 154, n° 2, obs. F. Taquet.
6. Soc. 9 mars 2004, n° 02-40.351.
7. Soc. 27 nov. 2001, n° 99-43.380.
8. Soc. 2 mars 1999, n° 96-43.604 ; *Rev. proc. coll.* n° 4, 1999, p. 161, obs. F. Taquet ; *Dr. soc.* n° 5, 1999, p. 531, obs. C. Radé.
9. Soc. 16 mai 2013, n° 11-28.831.
10. Soc. 16 nov. 1999, n° 97-42.069, P V, n° 440 ; *Rev. proc. coll.* 2000, 62, n° 6, obs. F. Taquet.
11. Soc. 12 févr. 2003, n° 01-40.722 ; *Rev. proc. coll.* 2003, p. 250, n° 17, obs. F. Taquet ; – Soc. 16 mai 2007, n° 05-44.683 ; – Soc. 6 févr. 2013, n° 11-23.738 ; – Soc. 31 oct. 2013, n° 12-19.769, NP.
12. Soc. 18 févr. 2004, n° 02-40.561, NP ; *Rev. proc. coll.* 2004, p. 253, n° 29, obs. F. Taquet ; – Caen, ch. soc., 2e sect., 29 oct. 2020, RG n° 19/02923 ; *Rev. proc. coll.* janv.-févr. 2021, comm. 17, note F. Taquet.
13. Soc. 12 janv. 2006, nos 04-41.769, 04-40.991, P V, n° 13, 2 arrêts ; FP-P+B+I ; *Act. proc. coll.* 2006/6, n° 63, note L. Fin-Langer ; – Soc. 17 juill. 2007, n° 06-44.557, NP ; *Rev. proc. coll.* 2007/4, p. 233, n° 9, obs. F. Taquet ; – Soc. 24 févr. 2009, n° 07-43.479, NP ; *Rev. proc. coll.* 2009/2, p. 28, n° 30, note F. Taquet.
14. Ex. de l'affaire Molex où le montant des dommages et intérêts a atteint plus de 7 millions d'euros au titre des indemnités dues pour licenciement sans cause réelle et sérieuse : Toulouse, 9 août 2016, n° RG 14/03390.
15. Soc. 8 févr. 2012, nos 10-12.906, 10-13.405, 10-13.521, P V, n° 62 ; n° 301 F-P+B ; *D.* 2012. Actu 550, note A. Lienhard ; *Act. proc. coll.* 2012/5, comm. 74, note L. Fin-Langer ; *BJE* mai 2012, comm. 74, p. 179, note L. Driguez.

l'indemnité en résultant[1]. Cette jurisprudence a été réaffirmée[2] et précisée[3] avant de faire l'objet d'un revirement.

La Cour de cassation a précisé que l'accord national interprofessionnel du 10 février 1969 n'impose pas une saisine systématique des commissions territoriales de l'emploi. L'accord de branche doit, tout d'abord, avoir créé une commission territoriale de l'emploi dans le secteur considéré. En outre, cette commission doit avoir pour mission l'aide aux reclassements externes des salariés licenciés pour motif économique. De ce fait si la commission n'a pas pour attribut l'aide au reclassement, les mandataires de justice n'ont pas l'obligation de la saisir[4].

Si les mandataires de justice ont saisi en temps utile[5] la commission, ils n'ont pas l'obligation d'attendre sa réponse pour enclencher la procédure de licenciement[6].

1. Soc. 10 févr. 2009, n° 08-40.057.
2. Soc. 30 sept. 2013, n° 12-15.940.
3. Une saisine tardive de la commission paritaire territoriale de l'emploi produit les mêmes effets qu'une absence de saisine : Soc. 5 juin 2012, n° 11-22.052 ; – Soc. 18 déc. 2013, n° 12-30.164. En outre, si le mandataire, ès-qualités, se bornait à transmettre aux salariés visés par le licenciement les propositions d'emploi, sans vérifier l'adéquation de celles-ci avec les compétences des salariés, cette transmission ne constituait pas une offre de reclassement écrite, précise, concrète et « personnalisée » – EN CE SENS : Soc. 18 févr. 2014, n° 12-18.029.
4. Soc. 11 juill. 2016, n° 15-12.752.
5. Soc. 24 sept. 2013, n° 11-26.666.
6. Soc. 12 févr. 2014, n° 12-26.198.

CHAPITRE

723. Nature des créances exclues de la garantie de l'AGS

SECTION 0 ORIENTEUR

723.00 Sommaire du chapitre.

Sect. 1 Cadre juridique 723.11 à 723.12

Sect. 2 Créances extracontractuelles 723.21 à 723.22

Sect. 3 Sommes dues aux salariés non garanties 723.31 à 723.35

Sect. 4 Indemnités de rupture du contrat de travail non garanties 723.41 à 723.44

Sect. 5 Dettes de l'employeur dues à un organisme social 723.51 à 723.52

723.01 Textes applicables.

• **C. com.**

art. L. 625-9 [Garanties de paiement des créances salariales]

art. L. 631-18, al. 1 [Application des dispositions légales au redressement judiciaire]

art. L. 641-14, al. 1 [Application des dispositions légales à la liquidation judiciaire]

• **C. trav.**

art. L. 3253-8 [Domaine d'application de la garantie]

art. L. 3253-9 [Aménagement de la garantie des indemnités de rupture du contrat de travail des salariés protégés]

art. L. 3253-10 [Couverture des sommes dues au titre de l'intéressement, de la participation des salariés aux fruits de l'expansion ou d'un fonds salarial]

art. L. 3253-11 [Couverture des arrérages de préretraite]

art. L. 3253-12 [Conditions d'intervention de l'AGS pour les créances mentionnées aux articles L. 3253-10 et L. 3253-11]

art. L. 3253-13 [Exclusion de la garantie de l'AGS des indemnités *supra* légales résultant d'un accord conclu ou d'une décision notifiée moins de dix-huit mois avant la date du jugement d'ouverture de la procédure ou postérieurement à ce jugement]

723.02 Jurisprudence de référence.

> **L'AGS ne doit pas sa garantie pour l'indemnité de rupture en cas de licenciement mis en œuvre plus de quinze jours après le prononcé de la liquidation non assortie d'une poursuite d'activité**

• **Soc. 21 nov. 1989,** n° 88-43.446, P V, n° 672

* V. s^s n° 723.41

723.03 Bibliographie indicative.

> **Encyclopédie.** *J.-Cl. com.*, fasc. 2450 : Privilège des salariés et garantie de paiement, par A. Jacquemont, 2007.

> **Articles.** A. Arséguel et Th. Méteyé, « Les aspects sociaux de la procédure de sauvegarde », *Rev. proc. coll.* 2008, p. 117 – B. Bezian, « La garantie des créances salariales dans le cadre d'une procédure de redressement judiciaire », *Dr. sociétés* 1991, 715 – A. Charbin, « La situation des salariés de l'entreprise en difficulté », *RJS* 1999. 743 – de H. Fremont, « Droit du travail et procédure collective : une réforme impossible ? », *BJE* mars 2014. 123 – L. Fin-Langer et J. Vallansan, « AGS et plan de redressement », *Rev. proc. coll.* mars/avr. 2019, Dossier 8, p. 74 – C. Gailhbaud, « L'AGS dans la procédure de sauvegarde » *LPA* 28 nov. 2008, n° 239, p. 3 ; « L'AGS face à l'exécution », *in Mesures d'exécution et procédures collectives*, « Procédures », Bruylant, 2012, p. 129 – D. Jacotot, « Résiliation judiciaire du contrat de travail et garantie de l'AGS », *Rev. proc. coll.* 2010, comm. 14 – F.-X. Lucas, « Quarante années de prise en charge des créances salariales dans les procédures collectives », *BJE* 2014. 409 – Th. Méteyé, « Garantie AGS : jusqu'où peut-on aller trop loin ? », *Dr. soc.* 2002. 972 ; « L'intervention de l'AGS dans les procédures de sauvegarde », *Gaz. proc. coll.* 2006, p. 3 ; « Loi de sauvegarde des entreprises : le point de vue de l'AGS », *LPA* 17 févr. 2006, n° 35, p. 48 ; « La place de l'AGS dans les procédures collectives », *Rev. proc. coll.* 2008, p. 11, n° 1 ; « L'évolution du champ d'intervention de l'AGS : de la sécurité juridique à l'insécurité juridique et économique », colloque de l'*AJDE*, Toulouse 10 sept. 2010, *Rev. proc. coll.* 2011, Dossier 4, p. 67 ; « Le droit social des entreprises en difficulté », *Rev. proc. coll.* 2014, Dossier 39 ; « Le traitement des créances salariales : l'AGS », *BJE* janv.-févr. 2017. 54 – A.-L. Peries,

« Intervention de l'AGS, l'expansion accrue du régime de garantie sous l'influence de la jurisprudence (1998-2001) », *JCP E* 2002, *Cah. Dr. soc.* (supplément), n° 10, 7 mars 2002 – P. Pétel, « L'AGS et la réforme des procédures collectives », *RJ com.* 2006/3, p. 174 ; « Les critères de prise en charge de la garantie AGS : quarante ans d'évolution », *BJE* 2014. 411 – C. Saint-Alary-Houin, « L'efficacité des garanties garantissant les créances salariales », *Dr. sociétés* 1987, 842 ; « L'évolution de la garantie de l'AGS, plus... toujours plus ! », *Rev. proc. coll.* mars/avr. 2019, Dossier 5, p. 62 – J.-C. Savignac et Th. Méteyé, « L'AGS, 40 ans de solidarité et d'engagement au cœur des enjeux des procédures collectives », *BJE* 2014. 407 – F. Taquet, « Le nouveau champ d'application de l'AGS – Article 177 de la loi n° 2005-845 du 26 juillet 2005 de sauvegarde des entreprises », *Rev. proc. coll.* 2005, p. 295 ; « L'intervention de l'AGS : état des lieux et réflexions... », *in Entreprises en difficulté et droit du travail*, Ceprisca, Puf, 2007, p. 77 – R. Vatinet, « Garantie de l'AGS et sort du contrat de travail en cas de procédure collective », *D.* 2003. Chron. 287 – D. Ronet-Yague, « Les vicissitudes du contentieux de l'AGS en 2023 », *Gaz. Pal.* 5 déc. 2023, n° 40, p. 52 – C. Gailhbaud, « Garantie AGS : revirement de la Cour de cassation et droit de l'UE », *Act. proc. coll.* n° 5, 7 mars 2025, rep. 52 – F. Aknin, « Le droit social appliqué aux procédures collectives », *JCP S* 2023, n° 42, 1272.

> **Colloques.** « L'AGS au cœur du traitement des difficultés des entreprises », dir. scient. Ph. Roussel Galle, Paris, 5 déc. 2018, *Rev. proc. coll.* mars/avr. 2019, Dossier 3, p. 56 s.

723.04 Questions essentielles.

> Les créances résultant de la rupture du contrat de travail intervenue en dehors des délais de garantie sont-elles couvertes ?

* V. s^s n° 723.41

> L'AGS doit-elle garantir les créances résultant d'un accord conclu moins de dix-huit mois avant l'ouverture de la procédure collective ?

* V. s^s n° 723.44

> Les cotisations patronales sont-elles garanties par l'AGS ?

* V. s^s n° 723.51

SECTION 1
CADRE JURIDIQUE

723.11 Absence de fondement légal. Le domaine d'intervention de l'AGS est encadré par l'article L. 3253-8 du Code du travail. Ce texte ne précise que les créances couvertes par la garantie et ne mentionne pas expressément les créances qui sont exclues.

Pour que la garantie de l'AGS puisse être déclenchée, la créance doit prendre sa source dans le contrat de travail. De ce fait, une étude au cas par cas doit être faite par le mandataire judiciaire pour savoir si la créance demandée résulte du lien contractuel qui lie le salarié à l'employeur en difficulté.

723.12 Rôle de la jurisprudence. Les décisions de justice rendues en la matière sont importantes puisqu'elles permettent de délimiter les contours de la garantie de l'AGS et d'exclure certaines typologies de créances.

SECTION 2
CRÉANCES EXTRACONTRACTUELLES

723.21 Absence de contrat de travail. La loi vise principalement les sommes dues aux salariés et les créances résultant de la rupture du contrat de travail. De ce fait, Les dommages et intérêts liés à l'inexécution d'une promesse d'embauche ne sont pas garantis car le contrat de travail n'a pas été conclu[1], il s'agit d'une obligation précontractuelle[2]. En revanche, pour que la créance soit garantie il n'est pas nécessaire que l'exécution du contrat ait effectivement commencé[3].

723.22 Suspension du contrat de travail. La grève suspend le contrat de travail. Ainsi, la garantie ne couvre-t-elle pas les jours de grève non travaillés. Les sommes allouées à des salariés par décision de justice à titre de dommages-intérêts pour résistance abusive à leur demande dans le cadre d'une grève ne résultent pas de l'exécution du contrat de travail[4].

SECTION 3
SOMMES DUES AUX SALARIÉS NON GARANTIES

723.31 Créance ne découlant pas du lien contractuel avec l'employeur en difficulté. Les créances ne sont pas couvertes lorsque le contrat de travail est fictif ou qu'il n'a pas été conclu directement avec le débiteur. La somme allouée à un salarié par un autre employeur en réparation du préjudice né de la perte d'emploi ne peut être rendue opposable à l'AGS car cette institution ne couvre que les sommes dues en exécution du contrat de travail ayant existé avec le débiteur placé en procédure collective[5].

Pour qu'il y ait rattachement au contrat de travail, la créance doit, par principe, avoir son origine dans le contrat de travail. Tel n'est pas le cas, et la garantie n'a pas alors à jouer, si la créance est née d'une convention passée par l'employeur avec un tiers, telle

1. Soc. 19 janv. 1999, n° 96-45.176 ; – Caen 19 oct. 2007, n° 06/00717.
2. Versailles, 28 sept. 1993 ; *D.* 1994, somm. 180, obs. A. Honorat ; – Versailles 2 déc. 1994 ; *D.* 1996, somm. 87, obs. A. Honorat – Revirement : Soc. 22 mars 1995, n° 93-40.363 ; *Rev. proc. coll.* 1995, p. 497, obs. F. Taquet.
3. Soc. 22 mars 1995, n° 93-40.363 ; *Rev. proc. coll.* 1995, 496, obs. F. Taquet.
4. Soc. 26 janv. 2000, n°s 98-44.177, 98-44.182 ; *Bull. civ.* V, n° 37 ; *Rev. proc. coll.* 2001, 43, n° 20, obs. F. Taquet.
5. Soc. 15 janv. 2003, n° 00-44.461 ; *Act. proc. coll.* 2003/5, n° 58.

l'aide individuelle de réinsertion des travailleurs immigrés dans leur pays d'origine, cette somme étant due en vertu d'une convention passée entre l'employeur et l'office national de l'immigration[1].

Identiquement, l'AGS ne devra pas sa garantie pour la somme allouée à un salarié, au titre du solde d'une prime d'embauche, par un engagement de payer d'un dirigeant en réparation du préjudice né de la perte d'emploi qu'il occupait précédemment au service d'un autre employeur[2].

723.32 Créances résultant d'une autre source de droit que le contrat de travail. L'obligation ne doit pas résulter d'un autre contrat que le contrat de travail. À titre d'exemple, l'exclusion de la garantie a été retenue pour un contrat de prêt consenti à l'origine par l'employeur au salarié[3] ou un contrat d'apport en société[4].

Si la créance ne se rattache pas directement au contrat de travail, la garantie n'est pas due. Il en est ainsi lorsque la créance résulte de l'avantage conféré au titre du plan social, représentatif d'un revenu de remplacement pour le salarié licencié en fin de droit[5].

723.33 Novation de la créance salariale. L'article 1330 du Code civil dispose que « la novation ne se présume pas, la volonté de l'opérer doit résulter clairement de l'acte ». La Chambre sociale de la Cour de cassation cantonne la novation a des actes positifs émanant du salarié. De ce fait, l'absence de réclamation de paiement des salaires ne constitue pas un acte positif caractérisant la volonté de nover sa créance salariale en prêt[6]. Dans le même sens, l'absence de réclamation par un associé antérieurement à l'ouverture de la procédure collective du paiement de salaires, motivée par le souci de permettre à l'entreprise de surmonter ses difficultés de trésorerie, n'entraîne pas non plus la novation de la créance salariale en une créance commerciale[7]. Ainsi, les actes négatifs ne peuvent suffire à révéler un comportement anormal du salarié, lequel se comporte plutôt comme un associé ou un dirigeant de l'entreprise.

La dissimulation de créances commerciales en créances salariales a pour intérêt de faire jouer la garantie de l'AGS. Celle-ci n'est exclue que si la novation est clairement établie par des actes probants positifs. À titre d'illustration, la novation a été retenue à l'encontre de l'épouse du dirigeant qui avait, dans la perspective d'aider l'entreprise, renoncée au paiement des primes et des salaires[8].

723.34 Naissance d'une créance en dehors des délais de garantie. Si la créance litigieuse est un accessoire du salaire, il n'y a pas d'obstacle au jeu de la garantie. Cependant, si la créance née en dehors des délais de garantie elle ne sera pas couverte par l'AGS. La solution a été posée pour une prime de treizième mois née en période d'observation, soit au 31 décembre de l'année pour laquelle elle est due[9].

723.35 Frais de procédure liés à un contentieux prud'homal. Les sommes dues au titre des frais de procédure, tels que ceux dus en vertu de l'article 700 du Code de procédure civile[10], ceux résultant d'une astreinte prononcée par le juge[11], ou encore de frais d'huissier[12], ne sont pas pris en charge par l'AGS. Ces frais ne résultent pas du contrat de travail. Ces créances ne trouvent pas leur source dans le contrat de travail, elles sont liées au déroulement d'une procédure contentieuse et à la décision de justice qui les prononce. De même, la garantie ne sera pas due si la créance résulte d'une condamnation dans le cadre d'une action en responsabilité[13].

SECTION 4
INDEMNITÉS DE RUPTURE DU CONTRAT DE TRAVAIL NON GARANTIES

723.41 Non-respect du délai légal de rupture du contrat de travail par l'administrateur ou le liquidateur judiciaire. Il se peut que le contrat de travail ne

1. Soc. 24 févr. 1993, n° 89-42.863, P V, n° 65 ; *D.* 1993. Somm. 322, obs. A. Honorat.
2. Soc. 15 janv. 2003, n° 00-44.461, NP ; *Act. proc. coll.* 2003/5, n° 58.
3. Soc. 30 nov. 1999, n° 97-41.643 ; *RJS* 1/2000, n° 45.
4. Soc. 8 mars 2005, n° 03-42.885 ; *RJS* 5/2005, n° 524, dommages et intérêts réparant le préjudice subi par un salarié qui n'avait pas pu acquérir la qualité d'associé.
5. Soc. 25 mai 1993, n° 89-44.419, NP ; *D.* 1994. Somm. 80, obs. A. Honorat.
6. Soc. 29 juin 2006 ; *JCP S* 2005. 1260, obs. P. Morvan ; Soc. 7 déc. 2005 ; *JCP S* 2006. 1159, note P. Morvan.
7. Soc. 24 mars 2010, n° 08-44.441 ; *Gaz. Pal.* 2 et 3 juill. 2010, n°s 183 et 184, p. 38, note C. Duprat.
8. Soc. 29 juin 2011, n° 10-20.130, n° 10-20.131 ; *Gaz. Pal.* 7 oct. 2011, n° 280, note C. Gailhbaud. Dans le même sens V. 22 févr. 2006 ; *JCP S* 2006. 1441, note P. Morvan.
9. Soc. 14 mai 1997, n° 95-43.776, P V, n° 172.
10. Sauf si elle est condamnée à régler les frais de justice en sa qualité de demandeur ou défendeur : Soc. 2 mars 1999, n° 97-40.044 ; *Bull. civ.* V, n° 187 ; – Soc. 31 oct. 2000 ; *Act. proc. coll.* 2000/20, n° 60 ; – Soc. 28 sept. 2011, n° 10-12.278.
11. Soc. 10 juill. 1991, n° 88-41.704 ; *Bull. civ.* V, n° 351 ; – Soc. 12 janv. 1993, n° 92-40.163 ; – Soc. 21 févr. 1995, n° 93-44.143 ; – Soc. 7 nov. 1990, n°s 88-44.098, 89-43.895 ; – Soc. 26 janv. 2000, n°s 98-44.177, 98-44.182 ; – Soc. 8 oct. 2003, n° 01-43.263 NP ; *Act. proc. coll.* 2003/18, n° 231 ; – Soc. 26 juin 2013, n° 12-13.084 ; – Reims, ch. soc., 14 oct. 2020, n° 19/00966 ; *Rev. proc. coll.* janv.-févr. 2021, comm. 20, note F. Taquet.
12. Soc. 12 janv. 1999, n° 96-42.585 ; *Bull. civ.* V, n° 9.
13. Soc. 10 juill. 1991, n° 88-41.704, P V, n° 351 ; *D.* 1992. Somm. 386, obs. A. Honorat ; – Soc. 12 janv. 1993, n° 92-40.163, NP ; *Gaz. Pal.* 1993. I, pan. 48 ; – Soc. 21 févr. 1995, n° 93-44.143, NP ; *D.* 1995. Somm. 305, obs. A. Honorat ; – Paris, 7 avr. 1998, *D.* 1998. IR 135.

soit pas rompu à l'expiration des délais de garantie visés à l'article L. 3253-8 du Code du travail, surtout si l'entreprise est placée en liquidation judiciaire sans maintien provisoire d'activité. Dans ce cas, l'AGS ne devra pas sa garantie [1]. Cette solution vaut non seulement pour l'indemnité de rupture du contrat de travail, mais également pour l'indemnité compensatrice de préavis qui naît de la rupture du contrat de travail [2]. Il faut toutefois excepter l'hypothèse d'une condamnation *in solidum* au passif de la liquidation judiciaire de deux sociétés, l'employeur actuel, locataire-gérant, et l'employeur initial, loueur du fonds de commerce. Dans ce cas, l'AGS doit sa garantie même si le licenciement intervient plus de quinze jours après l'ouverture de la procédure collective de l'employeur initial puisque la créance sera née antérieurement à la seconde procédure collective ouverte [3].

Les difficultés pour le liquidateur à connaître l'existence des salariés restent indifférentes [4]. La force majeure peut toutefois justifier le dépassement du délai de licenciement, selon une solution implicite de la Cour de cassation [5]. En outre, il a pu être jugé qu'il n'y avait pas place à engagement de la responsabilité du liquidateur lorsque le dirigeant social a caché au liquidateur la situation exacte d'un salarié, en affirmant à plusieurs reprises que tous les salariés avaient été licenciés [6]. Or les mandataires de justice n'obtiennent parfois pas les renseignements sur les salariés faisant partie de l'effectif de l'entreprise débitrice, spécialement lorsque le chef d'entreprise ne se rend pas aux convocations ou ne répond pas. En outre, même si le chef d'entreprise coopère, il oublie parfois des salariés qui ne sont plus présents dans l'entreprise, par exemple parce qu'ils sont en congé parental ou en indisponibilité [7]. Cela sera source d'engagement de la responsabilité civile professionnelle du liquidateur [8]. Ce dernier sera mal fondé à soutenir que la liquidation judiciaire, sans poursuite provisoire d'activité, entraîne résiliation de plein droit des contrats de travail [9], alors que des dispositions spéciales réglementent les licenciements à opérer. Seules les sommes résultant de la perte de couverture par l'AGS doivent faire l'objet d'une indemnisation au titre de la responsabilité civile professionnelle du liquidateur [10]. Dans le même sens, si le licenciement intervient au-delà du délai du mois courant à compter du jugement arrêtant le plan, l'AGS ne doit plus sa garantie [11]. Il a ainsi été jugé que l'AGS ne doit pas sa garantie pour les créances indemnitaires nées de la violation d'un engagement pris dans un plan de cession de maintenir l'emploi pendant une durée déterminée [12].

Seuls les licenciements réels seront pris en charge par l'AGS, non les licenciements suivis d'une reprise au même poste par le repreneur. Si ce dernier procède ensuite au licenciement non prévu par le plan de cession, il doit en assumer la charge, ce qui exclut l'intervention de l'AGS [13].

L'AGS couvre les indemnités de licenciements même en cas de cession d'unité de production [14]. Aussi, s'il y a cession de l'unité de production, les

1. Soc. 21 nov. 1989, nº 88-43.446, P V, nº 672 ; *D.* 1990. Somm. 217, obs. A. Honorat ; – Soc. 24 janv. 1990, nº 89-40.868, P V, nº 25 ; *D.* 1990. Somm. 217, obs. A. Honorat ; – Soc. 8 janv. 1997, nº 94-41.821, NP ; *D.* 1997. IR 40 ; – Soc. 24 mai 2000, nº 98-42.343, NP ; *LXB*, nº A6306A4C ; – Soc. 3 mai 2001, nº 99-41.387, NP ; *Act. proc. coll.* 2001/13, nº 167 ; – Soc. 3 avr. 2002, nº 99-43.163, P V, nº 115 ; nº 99-43.492, P V, nº 116 ; nº 99-44.288, P V, nº 117, 3 arrêts ; *Act. proc. coll.* 2002/9, nº 114, obs. J. Vallansan ; *Rev. proc. coll.* 2002, p. 202, nº 2, obs. F. Taquet ; – Soc. 8 févr. 2005, nº 02-45.490, NP ; *Rev. proc. coll.* 2005/2, p. 147, nº 12, obs. F. Taquet ; – Soc. 20 avr. 2005, nº 03-43.399, NP ; *Rev. proc. coll.* 2005/4, p. 380, nº 10, obs. F. Taquet ; – Soc. 1er mars 2006, nº 03-46.356, NP ; *Rev. proc. coll.* 2006/3, p. 286, nº 20, obs. F. Taquet ; – Soc. 14 oct. 2009, nº 07-45.257, P V, nº 222 ; *Gaz. Pal.* 8-10 janv. 2010, nºs 8, 9, p. 36, note C. Gaihbaud ; – Soc. 9 juill. 2015, nº 14-15.345, NP ; *Rev. proc. coll.* 2015, comm. 157, note F. Taquet et 2016, comm. 28, note F. Taquet ; – Soc. 16 juin 2016, nº 15-13.235, NP ; *Rev. proc. coll.* nov.-déc. 2016, comm. 194, note F. Taquet ; – Soc. 3 nov. 2016, nº 15-14.613 ; *Rev. proc. coll.* nov.-déc. 2016, comm. 195, note F. Taquet – Soc. 26 oct. 2017, nº 16-22.468, NP ; *Leden* févr. 2018, nº 111h7, note G. Dedessus le Moustier ; – Toulouse, 4e ch. soc. 2e sect., 24 août 2012, RG nº 10/03758 ; *Rev. proc. coll.* 2012, comm. 208, note F. Taquet.
2. Soc. 9 déc. 2015, nº 14-23.917, NP ; *BJE* 2016. 126, note A. Donnette-Boissière.
3. Soc. 18 mars 2014, nº 13-11.259, NP ; *Gaz. Pal.* 29 juin 2014, nº 180, p. 37, note C. Duprat.
4. Soc. 30 sept. 2013, nº 12-12.122, NP ; *Gaz. Pal.* 12 janv. 2014, p. 38, note C. Duprat.
5. Soc. 30 sept. 2013, nº 12-12.122, NP ; préc.
6. Paris, pôle 5, 9e ch., 24 oct. 2019, RG nº 18/21628 ; *Gaz. Pal.* 14 janv. 2020, nº 2, p. 83, note C. Gailhbaud.
7. F. Legrand, *in* N. Kerouaz, Ph. Jeannerot, Th. Météyé, F. Legrand et M. Menjucq, « Les licenciements économiques dans les procédures collectives », *Rev. proc. coll.* 2016, Table ronde 1, p. 79 s., sp. p. 80.
8. Com. 6 juill. 1993, nº 91-14.707, P IV, nº 281 ; – Soc. 24 mars 2010, nº 09-40.147, NP ; *Gaz. Pal. entr. diff.* 2-3 juill. 2010, nºs 183, 184, p. 36, note crit. C. Gailhbaud ; – Com. 27 sept. 2011, nº 10-24.909, NP ; nº 896 F-D ; – Com. 27 sept. 2011, nº 10-24.910, NP ; nº 897 F-D.
9. Soc. 18 nov. 1992, nº 91-43.960, P V, nº 558 ; – Soc. 5 mai 2004, nº 02-41.214, NP ; *Rev. proc. coll.* 2004, p. 394, nº 12, obs. F. Taquet ; – Soc. 26 nov. 2015, nºs 14-19.263, 14-14.822, NP ; *Rev. proc. coll.* 2016, comm. 029, note F. Taquet ; – Soc. 5 févr. 2020, nº 18-18.086, NP ; préc.
10. Com. 27 sept. 2011, nº 10-24.909, NP ; nº 896 F-D ; – Com. 27 sept. 2011, nº 10-24.910, NP ; nº 897 F-D.
11. Soc. 9 nov. 2005, nº 03-47.963, P V, nº 314 ; nº 2427 F-P+B ; *Rev. proc. coll.* 2006/1, p. 70, nº 11, obs. F. Taquet.
12. Soc. 12 mai 2009, nº 07-44.960, NP ; nº 918 F-D ; *Gaz. proc. coll.* 2009/4, 2e partie, nºs 305 à 307, p. 33, nº 3, note C. Duprat.
13. Soc. 6 juill. 1999, nº 97-42.231, P V, nº 322 ; *D.* 2001. Somm. 119, obs. F. Derrida.
14. Soc. 27 nov. 2001, nº 99-43.380, P V, nº 358 ; *Rev. proc. coll.* 2002, p. 109, nº 13, obs. F. Taquet.

salariés repris, du fait du jeu automatique de l'article L. 1224-2 du Code du travail, ne peuvent être considérés comme ayant été licenciés. L'AGS n'a donc pas à couvrir leur licenciement réputé inexistant [1].

723.42 Rupture du contrat de travail à l'initiative du salarié. La Cour de cassation retient une conception restrictive du terme « rupture » puisqu'elle considère que les créances résultant de la rupture du contrat de travail visées par l'article L. 3253-8, 2°, du Code du travail s'entendent d'une rupture à l'initiative de l'administrateur judiciaire ou du mandataire judiciaire [2]. Ainsi, la garantie a été exclue dans le cas d'un départ à la retraite au cours de l'une des périodes visées par cet article [3]. La solution est identique en matière de résiliation judiciaire, quand la rupture à la date du jugement de liquidation judiciaire ne résultait pas d'une initiative du liquidateur judiciaire [4]. De même, la garantie de l'AGS a été exclue pour la prise en charge des créances résultant de la prise d'acte de rupture du contrat de travail par le salarié durant la période d'observation [5]. Cette solution a évolué en droit interne suite à une décision rendue en 2024 par la CJUE ayant jugé contraire au droit de l'Union cette interprétation visant à exclure de la garantie les indemnités dues au salarié en cas de prise d'acte. La prise d'acte, bien que décidée par le salarié, est imputable à l'employeur en raison de ses manquements graves à ses obligations. La CJUE place alors le salarié dans une situation comparable à celle d'un salarié licencié [6]. La Cour de cassation a suivi ce raisonnement et a opéré un revirement de jurisprudence pour la prise d'acte et la résiliation judiciaire [7].

S'agissant d'une rupture d'un commun accord, se pose également la question de la prise en charge des indemnités par l'AGS. En effet, si la rupture a bien lieu pendant la période d'observation, la difficulté provient du fait que pour la chambre sociale de la Cour de cassation l'article L. 3253-8 du Code du travail ne concerne que les ruptures à l'initiative de l'administrateur et/ou du débiteur [8]. Qu'en est-il des ruptures d'un commun accord ? Pour l'instant, le doute reste permis, malgré la décision de la CJUE qui a jugé contraire au droit de l'Union cette interprétation visant à exclure de la garantie les indemnités dues au salarié en cas de prise d'acte [9].

Cette solution s'impose en procédure de sauvegarde, de redressement et de liquidation judiciaires puisque l'article L. 3253-8, 2,° du Code du travail s'applique à ces trois procédures. La formule utilisée par la Cour de cassation est large et permet de l'appliquer à d'autres modes de rupture pris à l'initiative du salarié.

La Cour de cassation a été saisie d'une question prioritaire de constitutionnalité relative à « la portée effective que l'interprétation jurisprudentielle constante de la Cour de cassation confère à l'article L. 3253-8, alinéa 2, du Code du travail pour violation du principe d'égalité des citoyens devant la loi garantie par l'article 6 de la déclaration des droits de l'Homme et du citoyen ». Par arrêt en date du 10 juillet 2019 elle rappelle que « l'objet de la garantie prévue au 2° de l'article L. 3253-8 du Code du travail est l'avance par l'AGS des créances résultant des ruptures des contrats de travail qui interviennent pour les besoins de la poursuite de l'activité de l'entreprise, du maintien de l'emploi et de l'apurement du passif ; que tel est le cas des ruptures à l'initiative de l'administrateur judiciaire ou du mandataire liquidateur ou de l'employeur le cas échéant, intervenues au cours des périodes visées à cet article ». Elle en déduit que l'interprétation jurisprudentielle des dispositions de l'article L. 3253-8, 2°, du Code du travail institue « une différence de traitement fondée sur une différence de situation en rapport direct avec l'objet de la loi ». Par conséquent, la question prioritaire de constitutionnalité n'a pas été transmis au Conseil constitutionnel [10].

723.43 Rupture du contrat de travail pour force majeure. La loi du 17 janvier 2002 de modernisation sociale avait étendu la garantie de l'AGS aux créances de rupture du contrat de travail pour cause de force majeure. Ainsi, l'indemnité compensatrice au profit du salarié dont le contrat avait été rompu

1. Agen, 5 juin 1990, *Gaz. Pal.* 1991. II. 341, note Lagraula.
2. Soc. 20 avr. 2005, n° 02-47.063 ; *Bull. civ.* V, n° 147 ; *JCP S* 28 juin 2005, n° 1 ; – Soc. 14 oct. 2009, pourvoi n° 07-45.257 ; *Bull. civ.* V, 2009, n° 222 ; – Soc. 20 déc. 2017, n° 16-19.517 ; *Bull. civ.* V, 2017 ; *Cah. soc.* 1er févr. 2018, n° 304, note L. Bento de Carvalho ; *JCP S* 20 févr. 2018, n° 7, note L. Fin-Langer ; *Gaz. Pal.* avr. 2018, n° 15, p. 81, obs. L. Ben Cheikh-Vecchioni.
3. Soc. 20 avr. 2005, n° 02-47.063 ; *Bull. civ.* V, n° 147.
4. Soc. 14 oct. 2009, n° 07-45.257 ; *Bull. civ.* V, n° 222.
5. Soc. 20 déc. 2017, n° 16-19.517 ; *Bull. civ.* V, 2017 ; *Cah. soc.* 1er févr. 2018, n° 304, note L. Bento de Carvalho ; *JCP S* 20 févr. 2018, n° 7, note L. Fin-Langer ; *Gaz. Pal.* avr. 2018, n° 15, p. 81, obs. L. Ben Cheikh-Vecchioni. Le licenciement prononcé par le liquidateur judiciaire après la prise d'acte de la rupture du contrat de travail est considéré comme non avenu : Soc. 30 juin 2010, n° 09-41.456.
6. CJUE 22 févr. 2024, C-125/23 ; *JCP S* 2024. 1117, obs. J.-Ph. Lhernould ; *BJE* mai 2024. 55, obs. A. Donnette ; *Europe* avr. 2024, p. 36, note L. Driguez ; *Act. proc. coll.* 2024, n° 81, obs. L. Fin-Langer.
7. Soc. 8 janv. 2025, n° 20-18.484 et Soc. 8 janv. 2025, n° 23-11.417 ; *Act. proc. coll.* 2025, nos 52 et 55, obs. C. Gailhbaud ; *D. Actu* 22 janv. 2025, P. Dumortier ; *RDT* 2025. 175, note H. Nassom-Tissandier ; *JCP S* 2025. 1023, obs. J.-Ph. Lhernould ; *Leden* févr. 2025, p. 6, obs. H. de Frémont ; *BJT* mars 205, p. 26, obs. S. Riancho ; *BJE* mars 2025. 26, obs. A. Donnette ; *SSL* 24 mars 2025, n° 2131, obs. L. Fin-Langer.
8. Soc. 20 déc. 2017, préc.
9. V. ss nos 311.83, 312.83.
10. Soc. 10 juill. 2019, n° 19-40.019.

pour un cas de force majeure consécutif à un sinistre était couverte. La loi du 26 juillet 2005 a modifié la solution en prévoyant que seul l'employeur est tenu de supporter le paiement d'une indemnité compensatrice de ce type, qu'il soit *in bonis* ou non. En conséquence, la garantie de l'AGS est écartée.

723.44 Accord conclu moins de dix-huit mois avant l'ouverture de la procédure collective. Issu de la loi n° 2004-391 du 4 mai 2004, l'article L. 3253-13 du Code du travail pose une présomption de fraude spécifique permettant d'exclure la garantie de l'AGS pour certains avantages consentis aux salariés lors de la rupture de leur contrat de travail. Avant cette loi, les sommes dues en vertu d'un tel accord d'entreprise étaient prises en charge par l'AGS [1]. Néanmoins, dans une affaire où la loi du 4 mai 2004 n'était pas encore applicable, la Cour de cassation avait déjà admis qu'une créance, née d'un accord collectif antérieur au jugement d'ouverture d'une liquidation judiciaire, n'était pas couverte en présence d'une fraude commise au détriment de l'AGS [2]. La Haute juridiction interprétait strictement ce texte en admettant la couverture des créances résultant d'un accord d'entreprise conclu après le jugement arrêtant le plan de cession [3].

L'article L. 3253-13 du Code du travail prévoit actuellement que « l'assurance prévue à l'article L. 3253-6 ne couvre pas les sommes qui concourent à l'indemnisation du préjudice causé par la rupture du contrat de travail dans le cadre d'un licenciement pour motif économique, en application d'un accord d'entreprise ou d'établissement ou de groupe, d'un accord collectif validé ou d'une décision unilatérale de l'employeur homologuée conformément à l'article L. 1233-57-3, lorsque l'accord a été conclu et déposé ou la décision notifiée moins de dix-huit mois avant la date du jugement d'ouverture de la procédure de sauvegarde, de redressement ou de liquidation judiciaire, ou l'accord conclu ou la décision notifiée postérieurement à l'ouverture de la procédure de sauvegarde, de redressement ou de liquidation judiciaire ». Autrement dit, cette disposition permet à l'AGS de s'opposer à la prise en charge d'indemnités liées à la rupture du contrat de travail dites « *supra* légales » [4]. Cette présomption de fraude est irréfragable dans la mesure où la preuve de la bonne foi dans la conclusion de l'accord rapportée par le salarié ou l'employeur ne permettra pas de faire jouer la garantie de l'AGS [5].

La disposition a pour objet d'éviter les fraudes [6] et doit être rapprochée des nullités de la période suspecte connues en droit des entreprises en difficulté. Toutefois, en l'espèce l'accord n'est pas nul, il est seulement inopposable à l'AGS. Il reste opposable à l'employeur et les créances en découlant seront au passif de la procédure.

SECTION 5
DETTES DE L'EMPLOYEUR DUES À UN ORGANISME SOCIAL

723.51 Cotisations patronales. L'AGS ne couvre pas les cotisations patronales. La Cour de cassation a précisé que « la demande de paiement de la part patronale des cotisations dues à la caisse complémentaire de retraite des cadres ne constitue pas une créance du salarié mais une dette de l'entreprise dont l'AGS n'a pas à garantir le paiement » [7]. En effet, il s'agit de dettes dues par l'employeur ne bénéficiant pas d'une nature salariale [8].

La solution posée par la Cour de cassation a évolué car elle distinguait deux situations : l'action tendant à réparer le préjudice subi par le salarié en raison de l'absence de versement de cotisations sociales par l'employeur, de celle tendant à régulariser le paiement des cotisations sociales non versées. La première action générait une créance née de l'exécution du contrat de travail [9], alors que la seconde faisait apparaître une dette de l'entreprise [10], non couverte par l'AGS.

La Cour de cassation a finalement considéré [11] que la part « patronale » des cotisations dues au

1. Soc. 8 nov. 1994, n° 93-11.239.
2. Soc. 2 mars 1999, n° 97-40.044 ; *Bull. civ.* V, n° 187 ; – Soc. 31 oct. 2000 ; *Act. proc. coll.* 2000/20, n° 60 ; – Soc. 16 juin 2010, n° 09-42.114.
3. Soc. 30 sept. 2009, n° 08-42.076, P V, n° 213 ; n° 1948 FS-P+B ; *Gaz. Pal.* 8-10 janv. 2010, n°s 8, 9, p. 38, note C. Gaihbaud ; *Rev. proc. coll.* 2010/1, § 37, p. 48, note F. Taquet.
4. Sur les contours incertains de la notion de « sommes concourant à l'indemnisation du préjudice causé par la rupture du contrat de travail » ; v. D. Jacotot, « L'AGS et le plan de sauvegarde de l'emploi », *Rev. proc. coll.* mars 2019, n° 2, doss. 7.
5. Th. Météyé, « L'AGS et les actes passés en période suspecte et/ou en période d'observation », *Gaz. Pal.* 16 janv. 2018, n° 2, p. 49.
6. Rouen, ch. soc., 29 oct. 2020, n° 17/03888 ; *Rev. proc. coll.* janv.-févr. 2021, comm. 19, note F. Taquet.
7. Soc. 30 mars 1999, n° 96-44.332, NP ; *Dr. soc.* 1999. 646, note C. Radé ; – Soc. 28 mars 2000, n° 98-42.494, NP ; *D.* 2001. Somm. 119, obs. F. Derrida.
8. L'article L. 241-8 du code de la sécurité sociale prévoit que « la contribution de l'employeur reste exclusivement à sa charge, toute convention contraire étant nulle de plein droit ».
9. Soc. 30 mars 1999, n° 96-44.332 ; – Soc. 8 janv. 2002, n° 99-44.220 ; *Bull. civ.* V, n° 1 ; – Soc. 25 janv. 2005, n° 03-40.195 ; *Bull. civ.* V, n° 17.
10. Soc. 28 mars 2008, n° 98-42.494 ; – Soc. 21 janv. 2004, n° 01-46.231.
11. Une solution isolée avait déjà été rendue par la Chambre sociale de la Cour de cassation en ce sens le 12 févr. 2003, n° 01-40.676, mais ne semblait pas avoir été suivie.

titre d'un régime de retraite par capitalisation était pour l'employeur une obligation résultant de l'exécution du contrat de travail, et non une dette de l'entreprise[1]. Bien qu'il s'agisse d'une dette de l'entreprise envers un tiers, l'organisme social, le paiement de la régularisation doit être garanti par l'AGS[2].

Cette position est critiquable puisque le dernier alinéa de l'article L. 3253-8 du Code du travail vise expressément « les cotisations et contributions sociales et salariales d'origine légale, ou d'origine conventionnelle imposée par la loi ». La loi restreint donc la prise en charge des cotisations uniquement salariales et non patronales par l'AGS. Le rattachement au contrat de travail apparaît alors artificiel et va à l'encontre des concepts juridiques applicables en la matière.

723.52 Cotisations complémentaires. Les dettes de l'employeur envers certains organismes sociaux, tel que l'organisme de retraite complémentaire[3], ne sont pas prises en charge puisqu'elles ne constituent pas une créance de nature salariale. La Cour de cassation exclut également les sommes dites de revenu de remplacement ou de prestation sociale[4].

Les prestations de prévoyance qu'une compagnie d'assurance a versé entre les mains de l'employeur et que celui-ci n'a pas reversées au salarié bénéficiaire se situent en dehors du champ de la garantie de l'AGS[5].

1. Soc. 24 oct. 2006, n° 04-46.622 ; *Bull. civ.* V, n° 317 ; *D.* 2006. AJ 2790, obs. A. Lienhard ; – Soc. 17 juin 2009, n° 08-41.866 ; – Soc. 29 janv. 2014, n° 12-22.235 ; – Soc. 22 mars 2017, n° 16-11.490.
2. Soc. 17 juin 2009, n° 08-41.866 ; *Rev. proc. coll.* 2009/4, 2e partie, nos 305 à 307, p. 31, note C. Duprat. ; C. Néau-Leduc, « Cotisations sociales patronales et garantie de l'AGS : une assiette... sans fin », *Dr. soc.* n° 7/8, juill. 2010.
3. Soc. 30 mars 1999, n° 96-44.332 ; *Dr. soc.* 1999. 646, obs. C. Radé.
4. Soc. 25 mai 1993, n° 89-44.419, « *la Cour d'appel ayant considéré l'avantage conféré au titre du plan social ne constituait pas une indemnisation effective des dommages consécutifs au licenciement économique mais un revenu de remplacement du salarié en fin de droit et donc une prestation sociale, a à bon droit jugé que cet avantage ne relevait d'aucune des créances privilégiées visées par le Code civil ; que, s'agissant d'une somme qui n'était pas due en exécution du contrat de travail, la Cour d'appel a jugé exactement que la créance ne relevait pas du régime d'assurance des créances des salariés* ».
5. Soc. 22 févr. 1994, n° 03-42.885 ; – Soc. 15 mars 1994, n° 92-44.576 ; *RJS* 4/1994, n° 418.

TITRE

73. Modalités d'intervention de l'AGS

SECTION 0

ORIENTEUR

73.00 Sommaire du titre.

Chap. 731	Caractère subsidiaire des avances de l'AGS
Sect. 1	Principe de la subsidiarité des avances
Sect. 2	Subsidiarité des avances en cas de cession d'entreprise
Sect. 3	Subsidiarité en présence d'un tiers solvable responsable
Chap. 732	Refus par l'AGS d'intervenir en garantie
Sect. 1	Contestation du relevé de créances salariales
Sect. 2	Contestation des décisions de justice exécutoires
Sect. 3	Contentieux résultant du refus de l'AGS de procéder à des avances
Chap. 733	Règlement des avances par l'AGS
Sect. 1	Transmission des relevés de créances à l'AGS
Sect. 2	Paiement des salariés par le mandataire judiciaire suite aux avances de l'AGS
Sect. 3	Déclaration de créance de l'AGS
Sect. 4	Déclaration à l'administration fiscale des sommes versées par l'AGS
Chap. 734	Plafonnement de la garantie des salaires
Sect. 1	Consécration du plafond de garantie
Sect. 2	Mise en œuvre du plafond de garantie

CHAPITRE

731. Caractère subsidiaire des avances de l'AGS

SECTION 0 ORIENTEUR

731.00 **Sommaire du chapitre.**

Sect. 1 Principe de la subsidiarité des avances 731.11 à 731.32

§ 1 Notion d'insuffisance de fonds disponibles 731.11 à 731.12

§ 2 Subsidiarité des avances en présence d'une sauvegarde 731.21 à 731.22

§ 3 Subsidiarité des avances en présence d'un redressement ou d'une liquidation judiciaire 731.31 à 731.32

Sect. 2 Subsidiarité des avances en cas de cession d'entreprise 731.41 à 731.44

Sect. 3 Subsidiarité en présence d'un tiers solvable responsable 731.51 à 731.64

§ 1 Existence d'un tiers légalement tenu au paiement des créances salariales 731.51 à 731.52

§ 2 Reconnaissance judiciaire d'un tiers responsable du paiement des créances salariales 731.61 à 731.64

731.01 **Textes applicables.**

• **C. com.**

art. L. 625-1 [Vérification des créances salariales par le mandataire judiciaire]

art. L. 625-2 [Vérification des relevés de créances salariales par le représentant des salariés]

art. L. 625-4 [Contestation de relevé de créances par l'AGS]

art. L. 625-6 [Retranscription des relevés sur l'état des créances]

art. L. 625-9 [Garanties de paiement des créances salariales]

art. L. 631-18, al. 1 [Application des dispositions légales au redressement judiciaire]

art. L. 641-14, al. 1 [Application des dispositions légales à la liquidation judiciaire]

art. R. 625-1 [Établissement des relevés]

art. R. 625-2 [Contenu des relevés]

art. R. 625-3 [Information des salariés et des tiers sur le contenu des relevés]

art. R. 631-32 [Application des articles R. 625-1 à R. 625-7 au redressement judiciaire]

• **C. trav.**

art. L. 3253-8 [Domaine d'application de la garantie]

art. L. 3253-15 [Modalités d'intervention de la garantie]

art. L. 3253-19 [Délais d'établissement des relevés de créances salariales]

art. L. 3253-20 [Principe de subsidiarité des avances de l'AGS]

art. L. 3253-21 [Modalités de paiement des créances par l'AGS]

731.02 **Jurisprudence de référence.**

> La garantie ne peut être exclue pour des créances nées antérieurement au jugement d'ouverture même si l'entreprise bénéficie d'un plan de redressement et qu'elle dispose de fonds suffisants pour payer les créances salariales

• **Soc. 10 déc. 1996,** n° 95-40.485, P V, n° 434

* V. s^{s} n° 731.32

731.03 **Bibliographie indicative.**

> Encyclopédie. *J.-Cl. com.*, fasc. 2450 : Privilège des salariés et garantie de paiement, par A. Jacquemont, 2007.

> Articles. A. Arséguel et Th. Méteyé, « Les aspects sociaux de la procédure de sauvegarde », *Rev. proc. coll.* 2008, p. 117 – B. Bezian, « La garantie des créances salariales dans le cadre d'une procédure de redressement judiciaire », *Dr. sociétés* 1991. 715 – A. Charbin, « La situation des salariés de l'entreprise en difficulté », *RJS* 1999. 743 – H. de Fremont, « Droit du travail et procédure collective : une réforme impossible ? », *BJE* mars 2014. 123 – L. Fin-Langer et J. Vallansan, « AGS et plan de redressement », *Rev. proc. coll.* mars/avr. 2019, Dossier 8, p. 74 – C. Gailhbaud, « L'AGS dans la procédure de sauvegarde » *LPA* 28 nov. 2008, n° 239, p. 3 ; « L'AGS face à l'exécution », *in Mesures d'exécution et procédures collectives*, « Procédures », Bruylant, 2012, p. 129 – D. Jacotot, « Résiliation judiciaire du contrat de travail et garantie de l'AGS », *Rev. proc. coll.* 2010, comm. 14 – F.-X. Lucas, « Quarante années de prise en charge des créances salariales dans les procédures collectives », *BJE* 2014. 409 – Th. Méteyé, « Garantie AGS : jusqu'où peut-on aller trop loin ? », *Dr. soc.* 2002. 972 ; « L'intervention de l'AGS dans les procédures de sauvegarde », *Gaz. proc. coll.* 2006, p. 3 ; « Loi de sauvegarde des entreprises : le point de vue de l'AGS », *LPA* 17 févr. 2006, n° 35, p. 48 ; « La place de l'AGS dans les procédures collectives », *Rev. proc. coll.* 2008, p. 11, n° 1 ; « L'évolution du champ d'intervention de l'AGS : de la sécurité juridique à l'insécurité juridique et économique », colloque de l'*AJDE*, Toulouse 10 sept. 2010, *Rev. proc. coll.* 2011, Dossier 4, p. 67 ; « Le droit social des entreprises en difficulté », *Rev. proc. coll.* 2014, Dossier 39 ; « Le traitement des créances salariales : l'AGS », *BJE* janv.-févr. 2017. 54 – A.-L. Peries, « Intervention de l'AGS, l'expansion accrue du régime de garantie sous l'influence de la jurisprudence (1998-2001) », *JCP E* 2002, *Cah. Dr. soc.* (supplément), n° 10, 7 mars 2002 – P. Pétel, « L'AGS et la réforme des procédures collectives », *RJ com.* 2006/3, p. 174 ; « Les critères de prise en charge de la garantie AGS : quarante ans d'évolution », *BJE* 2014. 411 – C. Saint-Alary-Houin, « L'efficacité des garanties garantissant les créances salariales », *Dr. sociétés* 1987, 842 ; « L'évolution de la garantie de l'AGS, plus... toujours plus ! », *Rev. proc. coll.* mars/avr. 2019, Dossier 5, p. 62 – J.-C. Savignac et Th. Météyé, « L'AGS, 40 ans de solidarité et d'engagement au cœur des enjeux des procédures collectives », *BJE* 2014. 407 – F. Taquet, « Le nouveau champ d'application de l'AGS – Article 177 de la loi n° 2005-845 du 26 juillet 2005 de sauvegarde des entreprises », *Rev. proc. coll.* 2005, p. 295 ; « L'intervention de l'AGS : état des lieux et réflexions... », *in Entreprises en difficulté et droit du travail*, Ceprisca, Puf, 2007, p. 77 – R. Vatinet, « Garantie de l'AGS et sort du contrat de travail en cas de procédure collective », *D.* 2003. Chron. 287 – D. Ronet-Yague, « Les vicissitudes du contentieux de l'AGS en 2023 », *Gaz. Pal.* 5 déc. 2023, n° 40, p. 52. C. Gailhbaud, « Subsidiarité de la garantie de l'AGS en redressement et en liquidation judiciaires : *ubi lex distinguit* », *D. actu.* 13 juill. 2023 – C. Gailhbaud, « Intervention de l'AGS en redressement et en liquidation judiciaires : modalités d'application de la subsidiarité présumée », *Gaz. Pal.* 19 sept. 2023, n° 29, p. 64 – P. Rossi, « AGS : la jurisprudence souffle le froid et le... froid », *Gaz. Pal.* 19 sept. 2023, n° 29, p. 30 ; A. Donnette, « Subsidiarité de la garantie AGS », *BJE* sept. 2023, n° 5, p. 43 – G. Ollu, « Garantie de l'AGS : une insuffisance de fonds disponibles présumée en redressement et liquidation judiciaires », *Leden* sept. 2023, n° 8, p. 5 – D. Jacotot, « L'intervention de l'AGS en redressement », *Rev. proc. coll.* 2023, comm. 10 – F. Aknin, « Le droit social appliqué aux procédures collectives », *JCP S* 2023, n° 42, 1272.

> **Colloques.** « L'AGS au cœur du traitement des difficultés des entreprises », dir. scient. Ph. Roussel Galle, Paris, 5 déc. 2018, *Rev. proc. coll.* mars/avr. 2019, Dossier 3, p. 56 s.

731.04 Question essentielle.

> Comment apprécie-t-on la notion de fonds disponibles ?
* V. s[s] n°s 731.32

SECTION 1
PRINCIPE DE LA SUBSIDIARITÉ DES AVANCES

§ 1
Notion d'insuffisance de fonds disponibles

731.11 Fondement légal de la subsidiarité des avances. L'article L. 3253-20 du Code du travail indique que « si les créances ne peuvent être payées en tout ou partie sur les fonds disponibles avant l'expiration des délais prévus par l'article L. 3253-19, le mandataire judiciaire demande, sur présentation des relevés, l'avance des fonds nécessaires » à cette institution. Cet article pose le principe dit « de subsidiarité » des avances de l'AGS. L'adjectif subsidiaire, qui n'est pas expressément visé par le texte, signifie « qui a vocation à venir en second lieu (à titre de remède, de garantie, de suppléance, de consolidation) pour le cas où ce qui est principal, primordial, vient à faire défaut »[1]. Il faut alors déduire de ce texte que l'AGS est tenue de faire des avances uniquement dans l'hypothèse où les fonds disponibles de l'entreprise sont insuffisants pour régler les créances salariales.

731.12 Appréciation des fonds disponibles. L'expression « fonds disponibles » n'est pas définie par la loi[2]. L'ancien article L. 143-11-5 indiquait que lorsque le syndic ne peut, « faute de disponibilités », régler les créances salariales, il remet à l'AGS un relevé de ces créances précisant la qualité de salarié des créanciers concernés et le montant des sommes éventuellement versées. Le terme « disponibilité » renvoi *a priori* à une notion comptable et non juridique.

Contrairement à l'actif disponible, qui suppose une disponibilité à court terme, les fonds disponibles devraient pouvoir être utilisés immédiatement par le mandataire judiciaire. Ces fonds s'apparenteraient donc à une sous-catégorie d'actifs, composée des liquidités existantes dans la trésorerie de l'entreprise (soldes créditeurs des comptes bancaires, sommes en caisse...) et des réserves de crédit. Ils proviendraient soit de l'activité économique quotidienne de l'entreprise, soit de la réalisation de ses actifs. Au-delà de cet aspect comptable, certains concepts juridiques applicables dans le cadre des procédures collectives pourraient entrer en jeu. Ainsi, les fonds ne peuvent être considérés comme disponibles si la loi ou si une décision juridictionnelle vient préciser le contraire[3]. Par exemple, le produit de la vente d'un bien grevé d'une clause de réserve de propriété est indisponible si le créancier réservataire n'a pas été désintéressé. En revanche, la question est plus délicate de savoir si les fonds nécessaires au fonctionnement de l'activité de l'entreprise qui sont éligibles au

1. G. Cornu, *Association Henri Capitant, Vocabulaire juridique*, Puf, 14e éd., 2022.
2. B. Soinne, « À propos de la notion de fonds disponibles au sens de l'article L. 621-131 nouveau du Code de commerce », *Rev. proc. coll.* 2001, n° 2, p. 59-60 – Colmar, 3e ch. A, 9 avr. 2002, note F.-X. Lucas, J.-M. Delleci ; *Rev. droit bancaire et financier*, 1er juill. 2003, n° 4, p. 215.
3. F. Morel, P. Morvan, C. Croze, « Les enjeux de l'intervention de l'AGS en cette période de crise », Elf social, 26 janv. 2021.

traitement préférentiel et sur lesquels comptent les organes de la procédure collective, sont disponibles. Le critère qui pourrait alors être dégagé serait celui de l'impérieuse nécessité d'utiliser les fonds pour permettre la poursuite de l'activité.

En tout état de cause, le mandataire judiciaire a une première obligation : avant de pouvoir solliciter l'intervention de l'AGS, il doit apprécier la part du patrimoine dont le débiteur peut disposer librement et de façon immédiate pour régler les créances salariales. S'il dispose des fonds nécessaires pour désintéresser partiellement ou totalement les salariés, il ne devrait pas solliciter l'intervention de l'AGS. Le législateur a voulu qu'il en soit ainsi pour que le régime de garantie n'intervienne que dans les cas où cela est nécessaire et ce, dès sa création par la loi du 27 décembre 1973.

L'appréciation des fonds disponibles ne se fait pas au jour du jugement d'ouverture de la procédure collective comme c'est le cas pour l'état de cessation des paiements. Elle s'effectue au moment de l'établissement des relevés de créances salariales. Conformément à l'article L. 3253-19 du Code du travail, ces délais sont de dix jours ou de trois mois à compter soit du jugement d'ouverture, soit de l'expiration des délais de garantie de l'AGS.

§ 2 Subsidiarité des avances en présence d'une sauvegarde

731.21 Justification de la demande d'avance par le mandataire judiciaire. La loi prévoit que le mandataire judiciaire doit justifier à l'AGS que l'insuffisance de fonds disponibles est caractérisée lorsque la demande d'avance s'effectue dans le cadre d'une procédure de sauvegarde[1]. Le mode de justification n'est pas précisé par le texte légal. Il pourrait en pratique se faire par une attestation sur l'honneur ou par la production d'un bilan comptable.

La couverture par l'AGS des créances nées après le jugement d'ouverture dans la procédure de sauvegarde justifie la solution, car, par hypothèse, l'entreprise en sauvegarde n'est pas en état de cessation des paiements[2].

731.22 Contestation de la demande par l'AGS. L'AGS peut contester l'insuffisance des fonds disponibles, dans un délai fixé par décret[3]. L'avance des fonds doit alors faire l'objet d'une autorisation du juge-commissaire. L'octroi de cette contestation à l'AGS n'est pas anodin puisque le juge-commissaire devra se poser la question de savoir si l'absence de fonds disponibles ne sous-entend pas un état de cessation des paiements, justifiant alors la conversion de la sauvegarde en redressement judiciaire[4]. Ce dernier devra rendre une ordonnance pour autoriser ou non la délivrance des fonds au mandataire judiciaire.

§ 3 Subsidiarité des avances en présence d'un redressement ou d'une liquidation judiciaire

731.31 Intervention conditionnée à l'insuffisance de fonds disponibles. Comme dans le cadre de la procédure de sauvegarde, l'intervention de l'AGS est conditionnée à l'absence de fonds disponibles[5]. La jurisprudence a affirmé que l'existence de fonds nécessaires pour désintéresser les salariés prive d'objet sa garantie[6] et que la preuve de l'insuffisance des fonds n'incombe pas au salarié[7]. Cette règle justifie que si le représentant des créanciers a des fonds suffisants pour payer un salarié titulaire d'une décision définitive de condamnation de son employeur, il ne peut se réfugier derrière le fait qu'une décision postérieure ait pu limiter les droits du salarié envers l'AGS[8].

Toutefois, après avoir posé le principe de l'intervention subsidiaire de l'AGS, le législateur n'indique pas comment cette institution pourrait subordonner son intervention à la preuve de l'absence de fonds disponibles en présence d'un redressement ou d'une liquidation judiciaire. L'article L. 3253-20 du Code du travail n'accorde pas à l'AGS le droit de contester cette insuffisance devant le juge-commissaire comme dans une procédure de sauvegarde.

Pour autant, les premiers termes de l'article 5 de la loi du 27 décembre 1973, « lorsqu'il ne peut, faute de disponibilités, payer en tout ou partie... », ne sont

1. C. trav., art. L. 3253-20, al. 3.
2. Doc. parl., Sénat, Rapp. J.-J. Hyest, n° 335, p. 559.
3. C. trav., art. R. 3253-6 « le délai de contestation prévu au second alinéa de l'article L. 3253-20 est de dix jours à compter de la réception par l'organisme gestionnaire du régime d'assurance chômage mentionné à l'article L. 3253-14 de la demande de fonds par le mandataire judiciaire ».
4. A. Jacquemont, N. Borga et Th. Mastrullo, *Droit des entreprises en difficulté*, 12e éd., « Manuel », LexisNexis, 2022, n° 1176.
5. Soc. 1er déc. 1993, n°s 91-40.761 à 91-40.763 ; *Rev. proc. coll.* 1995, p. 243, obs. F. Taquet ; – Soc. 26 janv. 2000, n° 96-42.376 ; Soc. 15 juin 2010, n° 08-70.391.
6. F. Taquet, « L'existence de fonds disponibles de l'entreprise en redressement judiciaire justifie-t-il le refus d'intervention de l'AGS ? », *Rev. proc. coll.* 1999, n° 4, p. 161 ; – Soc. 20 nov. 2002, n° 00-45.373 ; – Soc. 10 mars 2009, n° 07-45.326 ; – Soc. 10 juin 2010, n° 09-42.114 ; – Soc. 14 sept. 2010, n° 08-44.180.
7. Soc. 21 oct. 1998, n° 96-19.865.
8. Soc. 20 mars 2001, n° 99-19.577, NP ; *Act. proc. coll.* 2001/11, n° 142.

pas dénués de conséquences juridiques. D'ailleurs, la Cour de cassation a très rapidement et, avant même que l'article L. 625-4 du Code de commerce ne soit créé par la loi du 25 janvier 1985, admis que l'AGS avait le droit de contester le principe et l'étendue de sa garantie[1]. En 1985, le rapporteur Thyraud indiquait « comme c'est le cas actuellement, le texte précise que si les fonds disponibles ne sont pas suffisants, l'AGS doit être saisie. C'est au représentant des créanciers de demander l'avance des fonds nécessaires si les créances salariales ne peuvent pas être payées avant l'expiration de ces délais »[2]. Ainsi, le mandataire judiciaire dispose de toute latitude pour apprécier cette insuffisance de fonds disponibles et n'a pas à en établir la preuve. Cependant, si l'AGS en a connaissance elle est en capacité d'opposer cet argument pour refuser de garantir les créances salariales.

Lors des travaux parlementaires relatifs à la loi de sauvegarde en 2005, il a été souligné que « l'AGS doit avancer les fonds nécessaires au paiement des créances, à la demande du représentant des créanciers, lorsque les fonds disponibles du débiteur ne le permettent pas dans les délais impartis. Cet état du droit ne pose pas de difficulté dans le cadre des procédures de redressement ou de liquidation judiciaires. En effet, le débiteur est, en ce cas, nécessairement en cessation des paiements et n'a donc plus de trésorerie »[3]. Il existe alors dans les procédures curatives une présomption[4] d'absence de fonds disponibles. Refuser de prendre en charge des créances salariales au motif que l'entreprise dispose d'une trésorerie au cours de la période d'observation ou que des sommes ont été encaissées dans le cadre des opérations de réalisation d'actifs pourraient mettre en péril l'activité de l'entreprise et les emplois qui y sont attachés.

731.32 Interprétations jurisprudentielles de l'insuffisance de fonds disponibles. La Cour de cassation interprète restrictivement le concept de l'insuffisance de fonds disponibles dans les procédures de redressement et de liquidation judiciaires, à tel point que le principe de subsidiarité a pu être qualifié d'illusoire[5]. En effet, le principe de subsidiarité devrait autoriser l'AGS à refuser ses avances sur démonstration que les fonds de l'entreprise suffisent. Telle n'est cependant pas la solution retenue par la Cour de cassation qui considère que la garantie ne peut être exclue pour des créances nées antérieurement au jugement d'ouverture même si l'entreprise bénéficie d'un plan de redressement et qu'elle dispose de fonds suffisants pour payer les créances salariales[6].

De même, le fait que les associés d'un groupement d'employeurs placé en liquidation judiciaire soient solidairement tenus du passif, n'est pas de nature à écarter l'intervention de l'AGS[7]. Il a également été jugé que l'AGS devait sa garantie même si un tiers s'était engagé à reprendre à son compte les contrats de travail et à garantir le paiement aux salariés[8]. Dans le même sens, il convient de retenir que les créanciers postérieurs méritants doivent être réglés à l'échéance, peu important que les créances soient pour partie garanties par l'AGS[9]. En effet, à défaut d'obtenir un paiement comptant, le créancier postérieur méritant peut exercer son droit de poursuite individuelle pour obtenir un titre exécutoire et le faire exécuter indépendamment de l'ordre dans lequel s'exercent les privilèges. De ce fait, si les fonds disponibles doivent être affectés au paiement d'un créancier postérieur méritant titulaire d'un titre exécutoire, l'AGS ne pourra refuser d'intervenir en garantie en se retranchant derrière le principe de subsidiarité des avances.

Ainsi, il n'appartient pas au mandataire judiciaire de justifier l'absence de fonds disponibles, celui-ci bénéficiant d'une présomption qui découlent, d'une part, de l'état de cessation des paiements et, d'autre part, du mandat qui est confié par le tribunal aux organes de la procédure collective qui seuls peuvent conclure à cette indisponibilité en prenant en compte la situation de l'entreprise dans sa globalité[10]. L'absence de fonds disponibles est donc présumée en redressement et liquidation judiciaires[11].

Ces différentes décisions tendent à nier le caractère subsidiaire des avances dans ces procédures et à consacrer que seul le mandataire peut librement apprécier si l'intervention de l'AGS est nécessaire ou non,

1. Soc. 3 mai 1978, n° 76-12.757 ; – Soc. 23 mars 1982, n° 81-11.032 ; – Soc. 1er févr. 1983, n° 81-16.114 ; – Com. 20 nov. 1984, n° 83-12.987.
2. Doc. parl., Sénat, Rapp. J. Thyraud, n° 332, t. I.
3. Doc. parl., Sénat, Rapp. J.-J. Hyest, n° 335, p. 559.
4. D. Arlie, « Les plafonds de garantie des créances salariales sous l'éclairage de quelques arrêts récents », *JCP E*, n° 31-35, 30 juill. 2015, spéc. n° 24.
5. L. Fin-Langer, « Les risques subis par les salariés », *Rev. proc. coll.*, n° 6, nov. 2010, doss. 10, spéc. n° 22.
6. Soc. 10 déc. 1996, n° 95-40.485, P V, n° 434 ; – Soc. 2 oct. 1998, n° 95-45.354 ; *Bull. civ.* V, n° 454 ; – Soc. 27 oct. 1998, n° 95-43.354 ; *Bull. civ.* V, n° 454 ; – Soc. 19 avr. 2000, n° 97-44.276, NP ; *Act. proc. coll.* 2000/11, n° 135 ; – Soc. 26 avr. 2007, n° 05-45.215.
7. Soc. 9 mars 2004, nos 02-41.852, nos 02-41.855, 02-41.853, 02-41.851, P V, n° 74 ; – Soc. 9 mars 2004, n° 02-41.854, NP.
8. Soc. 1er déc. 1993, n° 91-40.761, n° 91-40.763, P V, n° 297.
9. Paris 20 oct. 1999 ; *D.* 2001. 116, obs. F. Derrida.
10. Paris, pôle 5, 9e ch., 13 oct. 2022, RG n° 21/08986, *Leden* nov. 2022, DED201d8, obs. Ollu.
11. Com. 7 juill. 2023, n° 22-17.902 ; *D. actu.* 13 juill. 2023, obs. C. Gailhbaud ; *Gaz. Pal.* 19 sept. 2023, n° GPL453s8, com. P. Rossi ; *BJE* sept. 2023, n° *BJE201e4*, com. A. Donnette ; *Leden* sept. 2023, n° DED201t7, obs. G. Ollu ; – Com. 17 janv. 2024, nos 22-22.071 à 22-22.134, NP ; – Com. 17 janv. 2024, nos 22-20.509, 22-20.515 et 22-20.516, NP ; – Com. 17 janv. 2024, n° 23-12.283, *Gaz. Pal.* 5 mars 2024, ▶

cette dernière ne pouvant pas opposer ses conditions d'intervention.

En droit positif, le principe de subsidiarité des avances de l'AGS semble ainsi davantage réservé aux hypothèses dans lesquelles d'autres mécanismes peuvent permettre aux salariés d'être payés.

SECTION 2
SUBSIDIARITÉ DES AVANCES EN CAS DE CESSION D'ENTREPRISE

731.41 Distinction entre les créances antérieures et postérieures à l'adoption du plan de cession. Il résulte de l'article L. 1224-2 du Code du travail que le nouvel employeur est tenu à l'égard des salariés, dont les contrats subsistent, des obligations qui incombaient à l'ancien employeur. Le paiement des créances nées antérieurement au transfert du contrat de travail fait partie de ses obligations. Il y a donc une solidarité à l'égard des dettes sociales contractées par l'employeur initial[1]. Toutefois, ce principe est écarté lorsque le transfert intervient dans le cadre d'une procédure de sauvegarde, de redressement ou de liquidation judiciaire. Il s'agit d'un transfert sans dettes. En effet, dans les entreprises en difficulté, le montant du passif social dissuaderait d'éventuels repreneurs.

L'absence de transmission du passif social impose d'opérer une distinction entre les créances salariales incombant au cédant et au cessionnaire. Seules les créances nées antérieurement à la cession demeurent à la charge du cédant et devront le cas échéant, être supportées par l'AGS. À l'inverse, les créances nées postérieurement à la cession incombent au cessionnaire. Ainsi, il convient de se référer au fait générateur de la créance pour distinguer les dettes antérieures et postérieures au transfert des contrats de travail. À titre d'illustration, la Cour de cassation estime que l'indemnité compensatrice de congés payés n'est due par le nouvel employeur que pour la fraction postérieure au transfert[2]. Au contraire, les dommages et intérêts se rattachant à un manquement antérieur à la cession incombent au cédant[3].

Partant, la subsidiarité des avances de l'AGS doit s'appliquer pour toutes les créances pour lesquelles le cessionnaire pourrait être tenu au paiement. Ce principe aura nécessairement des répercussions sur le prix de cession proposé par le cessionnaire.

731.42 Incidence de la résolution du plan de cession. Lorsqu'un plan de cession est résolu, la Cour de cassation a affirmé que « les obligations du cessionnaire à l'égard des salariés passés à son service demeuraient à sa charge jusqu'au jour de la résolution du plan et que la modification dans la situation juridique de l'employeur étant intervenue dans le cadre d'une procédure de redressement judiciaire, le cédant ne pouvait être tenu des obligations qui incombaient au cessionnaire, à l'égard du personnel repris avant la résolution de la cession »[4]. Ainsi, lorsque le transfert des contrats de travail intervient, les charges financières résultant de la restructuration sociale sont partagées. L'AGS ne devra supporter que les créances qui sont à la charge du cédant placé en procédure collective et non, du cessionnaire[5]. Pour que la garantie de l'AGS puisse être déclenchée, la créance salariale devra ainsi être née durant les périodes légales de garantie visée à l'article L. 3253-8 du Code du travail.

731.43 Tempéraments au principe de l'absence de transmission du passif social au cessionnaire. L'absence de transmission du passif social au cessionnaire peut tout d'abord être écartée si, dans le jugement arrêtant le plan de cession de l'entreprise, le cessionnaire s'est engagé à reprendre des créances salariales incombant au cédant. L'AGS pourra se prévaloir des engagements pris par le cessionnaire dans son offre de cession si ces derniers ont été adoptés par le tribunal.

Ensuite, si les salariés ont été licenciés en vertu du plan de cession mais qu'ils ont ensuite été repris par le cessionnaire, la Cour de cassation considère que leur licenciement est privé d'effet et par voie de conséquence, qu'ils ne peuvent prétendre au paiement d'indemnités de rupture de la part de l'AGS. Ainsi, elle a précisé que « les licenciements prononcés par le liquidateur dans le cadre du plan de cession sont privés d'effet lorsque les salariés sont effectivement passés au

▶ nº 8, p. 50, note C. Siharath – Poitiers, 14 juin 2022, nº 21/01968 ; *Leden* juill. 2022, nº 07, nº 7, obs. G. Ollu ; – Toulouse 9 sept. 2022, nº 22/01754 ; – Paris, 13 oct. 2022, nº 21/08986 ; *Leden* nov. 2022, nº 10, p. 6, obs. G. Ollu ; *Act. proc. coll.* 2022, alerte 267 ; *Rev. proc. coll.* janv.-févr. 2023, comm. 10, note D. Jacotot ; – Toulouse, 20 janv. 2023, nº 22/02135 ; *Act. proc. coll.* 2023/4, comm. 48, note L. Fin-Langer ; – T. com. Paris, 11ᵉ ch., 27 oct. 2021, nº 2021043985 ; – T. com. Bobigny, 3ᵉ ch., 6 mai 2021, nº 2021L01170 ; *Leden* juin 2021, nº 06, p. 6, obs. C. Basse ; *Act. proc. coll.* 2021/13, comm. 164, note L. Fin-Langer ; *Rev. proc. coll.* sept.-oct. 2021, comm. 136, note F. Taquet ; – T. com. Paris, 11ᵉ ch., 27 oct. 2021, RG nº 2021043985, *Leden* nov. 2021, nº 200i8, note F.-X. Lucas.

1. Soc. 6 avr. 2011 ; *JCP S* 2011. 1327, obs. C. Puigelier.
2. Soc. 19 févr. 1992, nº 89-45.112 ; *Bull. civ.* V, nº 93 ; *RJS* 1992. 241, nº 411 ; – Soc. 14 mai 1997 ; *Bull. civ.* V, nº 171 ; *Dr. soc.* 1997. 748, obs. R. Vatinet ; – Soc. 9 oct. 2001 ; *Bull. civ.* V, nº 302 ; *D.* 2001. 3170.
3. Soc. 2 févr. 2006 ; *Bull. civ.* V, nº 54 ; *JCP S* 2006, nº 26, p. 32, note P. Morvan.
4. Soc. 4 juill. 2018, nº 17-14.587 ; *Act. proc. coll.* alerte 238, note L. Fin-Langer ; *JCP S* 2018. 1295 ; *JCP E* 2018. 1526, note L. Fin-Langer.
5. M.-H. Monsièré-Bon, « Plan de cession et AGS », *Rev. proc. coll.* mars 2019, nº 2, doss. 9.

service de l'entreprise cessionnaire à l'égard de laquelle les contrats de travail se poursuivent, en sorte que, sauf collusion frauduleuse entre les employeurs successifs, les salariés ne peuvent prétendre à l'égard du cédant au paiement d'indemnités pour la perte de leur emploi »[1]. Précisons néanmoins que la Cour de cassation ne reconnaît pas à l'AGS le droit de solliciter le transfert des contrats de travail en application de l'article 1224-1 du Code du travail[2]. Il s'agit en effet d'un droit attaché à la personne du salarié.

731.44 Particularité des salariés protégés non repris par le cessionnaire. Lorsqu'une cession totale d'entreprise est envisagée et qu'un projet de restructuration sociale est mis en place, certains salariés protégés peuvent être licenciés. Les licenciements sont autorisés par le jugement qui arrête le plan de cession. Une difficulté se présente si l'inspecteur du travail refuse la demande d'autorisation de licenciement qui lui est présentée car les salariés protégés ne peuvent plus être licenciés. Malgré la lettre de l'article L. 626-10 du Code de commerce qui dispose que « les personnes qui exécuteront le plan, même à titre d'associés, ne peuvent pas se voir imposer des charges autres que les engagements qu'elles ont souscrits au cours de sa préparation », les dispositions d'ordre public de l'article L. 1224-1 du Code du travail s'appliquent. Il ne s'agit pas d'un engagement pris par le cessionnaire, mais d'une obligation légale. La jurisprudence estime que les contrats de travail sont automatiquement transférés au cessionnaire[3]. Le refus de réintégration par le cessionnaire des salariés protégés pour lesquels l'autorisation de licenciement n'a pas été accordée est passible d'un délit d'entrave[4].

S'agissant des voies de recours, le Conseil d'État estime que l'administrateur est dessaisi de toute possibilité de contestation de la décision de refus de l'inspecteur du travail, puisqu'après le transfert il ne dispose d'aucun intérêt à agir. Il appartient, pour la juridiction administrative, au cessionnaire de tirer les conséquences de la décision de l'inspecteur du travail en procédant à la réintégration du salarié ou en assumant les conséquences financières de l'absence de réintégration[5]. Si la décision de refus d'autorisation de licenciement est par la suite annulée, le cessionnaire sera habilité à licencier le salarié en conservant le motif économique arrêté par le jugement de cession[6]. Pour autant, doit-il supporter les créances résultant de la rupture du contrat de travail ? En dehors d'une procédure collective, il incombe au repreneur de supporter la créance indemnitaire dans une telle situation[7]. La même solution doit trouver application en procédure collective, sauf si l'on considère que les créances étaient déjà nées au jour de la cession.

Dans un arrêt du 13 décembre 2017, la Cour de cassation a décidé que la manifestation de rompre le contrat de travail prévue par l'article L. 3253-9 du Code du travail d'une salariée protégée dans les délais de garantie suffit à engager la garantie de l'AGS, même en présence d'un refus de l'inspecteur du travail d'autoriser son licenciement[8]. Cette solution semble déconnecter la garantie de l'AGS de la rupture du contrat de travail. Toutefois, les faits de l'espèce étaient particuliers : la salariée avait saisi la juridiction prud'homale pour obtenir la résiliation judiciaire de son contrat de travail car elle n'avait été ni réintégrée, ni licenciée. Au regard de cet arrêt deux hypothèses semblent envisageables : soit le salarié protégé est réintégré automatiquement chez le cessionnaire et ce dernier doit supporter la charge des indemnités de rupture[9] ; soit le salarié n'est pas réintégré et dans ce cas, la garantie de l'AGS doit s'appliquer si la manifestation de l'intention de licencier est intervenue dans les périodes légales de la garantie visées à l'article L. 3252-8, 2°, du Code du travail.

SECTION 3

SUBSIDIARITÉ EN PRÉSENCE D'UN TIERS SOLVABLE RESPONSABLE

§ 1

Existence d'un tiers légalement tenu au paiement des créances salariales

731.51 Caisses de garantie des congés payés. Il existe dans certaines professions des caisses de garanties spécifiques. À titre d'exemple, la caisse des congés spectacles[10] est chargée de prendre en charge les congés payés des intermittents du spectacle, artistes et techniciens du spectacle, qui n'ont pas été occupés de manière continue chez un même employeur durant les douze mois précédant la demande de congé. Les indemnités sont financées par des cotisations patronales versées à cette caisse. De même, dans le secteur du bâtiment et des travaux publics,

1. Soc. 4 nov. 2015, n° 14-22.193, n° 14-22.199, n° 14-22.202 ; *Rev. proc. coll.* 2016, comm. 70, obs. L. Fin-Langer.
2. Soc. 8 déc. 2016, n° 14-28.401 ; *Act. proc. coll.*, comm. 46, obs. L. Fin-Langer ; *JCP S* 2017. 1032, obs. L. Fin-Langer ; *Leden* 2017-3, p. 7, obs. G. Dedessus-Le-Moustier.
3. Soc. 26 sept. 1990 ; *RJS* 1990. 568, n° 842 ; – Soc. 10 oct. 1990 ; *RJS* 1990. 568, n° 843 ; – Soc. 15 mars 2011, n° 09-70.801 ; – Soc. 17 oct. 2006, n° 04-13.058 ; – Nîmes 10 janv. 2017, RG n° 16/02499.
4. Crim. 17 mars 1992, n° 91-21.360 ; *Bull. crim.* n° 117 ; – Crim. 30 mai 1995, n° 94-80.355 ; *Bull. crim.* n° 198.
5. CE 9 nov. 2005, req. n° 257126.
6. Soc. 14 mars 2007, n° 05-45.458.
7. Soc. 13 nov. 2001, n° 99-42.467.
8. Soc. 13 déc. 2017, n° 16-21.773.
9. Aix-en-Provence 21 mars 2014, RG n° 11/05754.
10. Cette caisse est dénommée « Audiens ».

des caisses de congés payés assurent le versement des indemnités de congés payés aux salariés des entreprises adhérentes. Dès lors qu'une période est cotisée, elle est garantie par la caisse des congés payés. L'ensemble des salariés de l'entreprise du bâtiment et des travaux publics est concerné.

Par conséquent, en vertu du principe de subsidiarité, lorsque la mise d'une de ces caisses de garantie peut jouer, la garantie de l'AGS ne peut être sollicitée.

731.52 Garantie financière souscrite par les sociétés d'intérim et les entreprises de portage salarial. Certains domaines d'activité ont une réglementation stricte en vertu de laquelle les entreprises sont obligées de souscrire à une garantie financière en cas de défaillance de l'entreprise. Il en est ainsi des entreprises de travail temporaire [1] ou des entreprises de portage [2]. Ces garanties financières ont pour objet d'assurer le paiement des salaires et de leurs accessoires, des indemnités résultant de la relation de travail prévues par les dispositions du Code du travail, des cotisations obligatoires dues aux organismes sociaux.

En cas d'ouverture d'une procédure collective, la garantie financière obligatoire de l'entreprise ne doit pas être superposée avec celle de l'AGS. Cette garantie spécifique devrait régler les créances des salariés en vertu du principe de subsidiarité qui gouverne les avances de l'AGS [3]. Ces garanties financières ont toutefois un plafond déterminé chaque année par décret. Ainsi, l'AGS peut être sollicitée en cas de dépassement de la couverture financière ou lorsque les créances sollicitées n'entrent pas dans le domaine d'application de la garantie financière souscrite.

§ 2
Reconnaissance judiciaire d'un tiers responsable du paiement des créances salariales

731.61 Contentieux réservés aux salariés. Le principe de la subsidiarité des avances peut être soulevé à l'occasion de plusieurs types de contentieux. Rappelons que seul le salarié est compétent pour solliciter le paiement de ses créances par un tiers. La Cour de cassation a eu l'occasion de souligner que l'action en reconnaissance d'un co-employeur est une action attachée à la personne du salarié, que ni le mandataire judiciaire ni l'AGS ne peuvent soulever [4].

En revanche, lorsqu'un contentieux est engagé par les salariés, plusieurs acteurs peuvent être reconnus responsables du paiement de créances salariales. L'AGS peut être directement impactée par les décisions rendues par les juridictions sociales, civiles et administratives puisque si elle n'a pas encore procédé à des avances elle pourra judiciairement obtenir sa mise hors de cause sur le fondement du principe de subsidiarité des avances. En d'autres termes, les créances qui devront être supportées par un tiers ne lui seront pas rendues opposables.

La Cour de cassation estime que l'AGS peut obtenir le remboursement des sommes qu'elle a avancées aux salariés d'une association en liquidation judiciaire auprès d'une société tierce à la procédure collective sur le fondement de sa responsabilité extracontractuelle [5].

731.62 Théorie du co-emploi. Le co-emploi résulte d'une construction jurisprudentielle et n'a pas de fondement légal. Il s'agit de la situation dans laquelle un salarié peut revendiquer en justice à l'égard d'un autre employeur que celui qui l'a embauché, la qualité d'employeur conjoint [6]. À l'origine, la notion de co-emploi se caractérisait par l'existence envers le co-employeur d'un lien de subordination [7]. Sous l'influence de la jurisprudence européenne, la Cour de cassation s'est progressivement attachée à rechercher une triple confusion d'intérêts, d'activités et de direction [8].

La réunion de ces trois critères est plus strictement appréciée lorsque le co-emploi est invoqué au sein d'un groupe de sociétés. La triple confusion d'intérêts, d'activités et de direction doit se manifester comme une véritable « immixtion de la société mère dans la gestion économique et sociale de sa filiale » et doit aller « au-delà de la nécessaire coordination des actions économiques entre les sociétés appartenant à un même groupe et de l'état de domination économique que cette appartenance peut engendrer » [9].

Les juridictions administratives, et spécialement le Conseil d'État, ont une vision différente du co-emploi. Par un arrêt en date du 17 octobre 2016 [10],

1. C. trav. L. 1251-49.
2. C. trav. trav. L. 1254-26.
3. V. en sens contraire : Paris, 8 sept. 2009, n° 08/07350 ; *Act. proc. coll.* 2010/12, n° 175.
4. Paris 17 juin 2014, RG n° 12/06132.
5. Soc. 26 févr. 2025, n°s 21-13.056 et 21-13.057, *Lodon* avr. 2025, n° 4, p. 6, obs. E. Miglietta ; *Act. proc. coll.* n° 7, 4 avr. 2025, al. 78, obs. L. Fin-Langer.
6. B. Reynès, « Groupe de sociétés : la théorie du co-emploi », *JCP S* 3 juill. 2017, n° 27, n° 1292, p. 8.
7. Soc. 1er juin 2004, n° 01-47.165.
8. Soc. 19 juin 2007, n° 05-42.570.
9. Soc. 28 sept. 2011, n° 10-12.278 ; – Soc. 30 nov. 2011, n° 10-22.964 ; *Bull. civ.* V, n° 284 ; – Soc. 12 sept. 2012, n° 11-12.351 ; – Soc. 3 mai 2012, n° 10-27.461 ; – Soc. 16 mai 2013, n° 11-25.711 ; – Soc. 20 févr. 2013, n° 11-19.305 ; – Soc. 2 juill. 2014, n° 13-15.208 ; – Soc. 10 févr. 2015, n° 14-19.316 ; – Soc. 22 oct. 2015, n° 14-15.780 ; – Soc. 10 déc. 2015, n° 14-19.938 ; – Soc. 12 mai 2015, n° 13-25.364 ; – Soc. 23 sept. 2015, n° 14-16.538 ; – Soc. 4 févr. 2016, n° 14-20.584 ; – Soc. 6 juill. 2016, n° 15-15.481 ; – Soc. 13 juill. 2017, n° 16-13.699.
10. CE 17 oct. 2016, req. n° 386306.

il a été jugé que les juridictions administratives étaient compétentes pour statuer en matière de co-emploi lorsque les ruptures des contrats de travail sont intervenues dans le cadre d'un plan de sauvegarde de l'emploi. À cette occasion, il a été consacré la théorie de la « personne morale transparente »[1]. Pour déterminer le véritable employeur, le Conseil d'État s'attache à rechercher, au sein d'un groupe de sociétés, si une autre société que celle partie au contrat de travail n'aurait pas dû établir ou négocier le plan de sauvegarde de l'emploi établi en lieu et place du débiteur. Par conséquent, à la différence de la Cour de cassation qui considère que le co-employeur est solidairement responsable des dettes de l'employeur, le Conseil d'État recherche le « véritable » employeur des salariés.

Seul le débiteur peut être condamné *in solidum* ou solidairement avec le co-employeur. En pratique, cela signifie que si le débiteur fait l'objet d'une procédure collective, les créances devront être fixées au passif de la procédure collective en vertu de la règle de l'arrêt des poursuites individuelles.

Les délais relatifs à ce type de contentieux sont rarement compatibles avec ceux de la procédure collective. Pour autant, l'AGS est directement impactée par la reconnaissance d'un tiers responsable solvable. En effet, si le co-emploi est caractérisé, il s'agira d'une obligation plurale au total de la dette[2]. Plusieurs codébiteurs sont tenus d'un même objet ou d'une même prestation envers un créancier, le salarié.

L'AGS pourra réclamer sa mise hors de cause sur le principe de la subsidiarité des avances dès lors que le co-employeur est *in bonis*. Elle peut également obtenir le remboursement de ses avances de manière anticipée[3] puisque le lien juridique créé avec le co-employeur est rétroactivement reconnu. De ce fait, elle n'aurait pas dû avancer des fonds au mandataire judiciaire en lieu et place des véritables responsables. Le co-emploi permet alors de contrer des situations d'abus manifeste. Dans un arrêt du 14 février 2024, la Cour de cassation est venue préciser sur le fondement des articles L. 3253-16 et L. 3253-20 du code du travail, que les avances de l'AGS ne sont subsidiaires qu'au regard des fonds détenus par les organes de la procédure collective et qui pourraient être mobilisés pour le paiement des créances des salariés et non par rapport à des sommes qui pourraient être mobilisées par des tiers. Ainsi, l'AGS ne peut soulever le principe de subsidiarité pour refuser d'avancer les sommes dues aux salariés. Elle ne peut également obtenir un remboursement prioritaire du co-employeur condamné in solidum au détriment du classement légal des créanciers concernés par la procédure collective[4].

De plus, cette reconnaissance présente une réelle utilité pour les salariés, singulièrement dans le cadre de l'indemnisation, puisque les plafonds de l'AGS ne pourront pas être opposés par le co-employeur[5].

731.63 **Responsabilité de la société mère dans un groupe de sociétés.** Le droit des sociétés consacre l'autonomie des personnes morales qui constituent un groupe. Le lien contractuel avec le salarié n'est en principe établi qu'avec une seule société du groupe. Même si certaines obligations, notamment l'obligation de reclassement, sont appréciées au niveau du groupe[6], la société mère n'a pas à supporter la charge du passif social qui naîtrait d'une de ses filiales insolvables. Aucune obligation contractuelle ou extra-contractuelle ne pèse *a priori* sur elle.

Néanmoins, la responsabilité délictuelle de la société mère peut être soulevée par les salariés. Dans un arrêt en date du 22 mars 2005, la Cour d'appel de Rouen a retenu « le comportement déloyal et la légèreté blâmable de la société mère du groupe finlandais Aspocomp qui avait décidé, en dehors de toutes difficultés économiques, de ne pas soutenir sa filiale française »[7]. La Cour de cassation a confirmé cette ana-

1. H. de Frémont, « L'abandon du co-emploi par le Conseil d'État », *Leden*, déc. 2016, n° 11, p. 6, obs. s[s] CE 17 oct. 2016, req. n° 386306.
2. Pour un ex. de condamnation à parts viriles de deux sociétés en procédures collectives : Amiens 10 oct. 2024, RG n° 22/04607.
3. Paris, 1er oct. 2009, RG n° 07/07597 ; – Paris 1er oct. 2009, RG n° 07/06071 ; – Chambéry 20 nov. 2012, RG n° 12/0042, 12/00262, 11/02598 ; *Dr. Ouv.* 2013, p. 206.
4. Soc. 14 févr. 2024, n°s 22-15.178 à 22-15.190, NP ; *Leden* juin 2024, n° 6, p. 7, G. Dedessus-Le-Moustier ; *Sem. soc. Lamy* 18 mars 2024, n° 2084, com. P. Bailly.
5. R. Dammann, S. François, « Le droit social à l'épreuve de l'instrumentalisation des procédures collectives », *D.* 2012. 2212.
6. L'obligation de reclassement s'apprécie au niveau national. L'article L. 1233-4-1 du Code du travail qui prévoyait l'obligation de reclassement à l'étranger a été abrogé par l'ordonnance 2017-1387 du 22 sept. 2017 relative à la prévisibilité et la sécurisation des relations de travail, art. 16.
7. Rouen, 22 mars 2005, RG n° 04/02545 ; n° 04/02549 ; *Liaisons soc. Quotidien*, 31 mars 2005, n° 14351 ; A. Supiot, « Groupes de sociétés et paradigme de l'entreprise », *RTD com.* 1985. 622 ; M.-A. Moreau, « Des rattachements territoriaux à la transnationalité des normes du travail », *Sem. soc. Lamy* « L'interprétation autonome du droit international privé communautaire », *JDI* 2004. 789 ; F. Jault-Seseke, « Le sort des salariés dans les procédures de faillites transfrontalières », *L'effet international de la faillite*, Dalloz, « Thèmes et commentaires », 2004, p. 151 ; C. Rade, « Restructurations et délocalisations », *Dr. soc.* 2006. 289 ; M.-A. Moreau, *Normes sociales, droit du travail et mondialisation*, Dalloz, « À droit ouvert », 2006, sp. p. 286 ; D. Fasquelle, « Les faillites des groupes de sociétés dans l'Union européenne : la difficile conciliation entre approches économique et juridique », *Bull. Joly* soc. 2006, p. 151 ; P. Morvan, « Le licenciement des salariés d'une filiale (action Aspocomp) – Entre employeur et co-employeur », *JCP S* 12 oct. 2010, n° 41, 1407 ; P. Lokiec, S. Robin-Olivier, « Délocalisation d'activité et détermination de l'employeur dans un groupe de sociétés », note s[s] Soc. 19 juin 2007, n°s 05-42.551 et 05-42.570.

lyse en indiquant que la société mère du groupe « ne démontrait pas avoir procédé à une recherche sérieuse de reclassement ni avoir envisagé toutes les solutions alternatives au licenciement économique »[1]. Dans une autre affaire, la Cour d'appel de Versailles a considéré que la finalité des décisions des dirigeants de la société mère était de réorganiser, à moindre frais, les sociétés anglaises en s'exonérant des conséquences financières de la filiale française. La stratégie commerciale délibérée des sociétés britanniques à la tête du groupe visait à asphyxier la filiale française[2]. La responsabilité fautive de la société mère a eu pour effet de lui faire supporter la charge intégrale du passif social. Cette dernière, ainsi qu'une filiale anglaise ont été condamnées à rembourser à l'AGS la somme de 1 936 473 € au titre des avances qu'elle avait effectuées auprès de quatre-vingt-dix-sept salariés de la filiale française[3].

Récemment, la Cour de cassation a considéré que les agissements fautifs de la société mère, constitués par des remontées de dividendes manifestement disproportionnées ayant un impact sur les capacités d'autofinancement de sa filiale, ont causé les difficultés économiques à l'origine de la procédure de sauvegarde[4].

La responsabilité de la société mère a en revanche été écartée dans le cadre d'une cession de contrôle, la société cédante n'ayant aucune obligation de s'assurer de la viabilité du projet de reprise réalisée un peu plus d'un mois avant l'ouverture de la procédure collective de la société cible[5].

Comme en matière de co-emploi, si la responsabilité civile délictuelle de la société mère d'un groupe de société est reconnue par les juridictions sociales, l'AGS pourra solliciter sa mise hors de cause sur le principe de la subsidiarité des avances et demander le remboursement de ses avances. Cette responsabilité reste toutefois difficile à prouver, surtout lorsque la société dominante est située en dehors du territoire national.

731.64 **Responsabilité du dirigeant.** La société constitue un écran mettant les dirigeants à l'abri des actions initiées par les tiers engageant leur responsabilité. Ce principe ne cède qu'en cas de faute détachable des fonctions[6]. Selon la jurisprudence, la responsabilité personnelle du dirigeant à l'égard des tiers peut être retenue lorsque le dirigeant commet intentionnellement une faute d'une particulière gravité, incompatible avec l'exercice normal des fonctions sociales[7]. La faute séparable des fonctions a pu être qualifiée lorsque le dirigeant social commet volontairement des malversations destinées à faire échapper des biens au gage des créanciers[8]. En outre, elle a pu être retenue lorsque le dirigeant, par l'intermédiaire de sociétés du groupe qu'il dirigeait, a réduit à néant l'activité de l'une des sociétés de ce groupe, créant un préjudice à un cocontractant[9].

Les conséquences de la reconnaissance judiciaire de la faute détachable des fonctions du dirigeant qui conduit à la déconfiture de la société et au licenciement des salariés sont les mêmes que celles précédemment évoquées pour l'AGS : cette institution pourrait ainsi obtenir sa mise hors de cause devant les juridictions du fond, ainsi que le remboursement de tout ou partie de ses avances.

1. Soc. 19 juin 2007, n° 05-42.570.
2. Versailles, 31 oct. 2011, RG n° 10/00578 ; *RDT* 2012. 49, obs. E. Severin et T. Grumbach ; *Act. proc. coll.* janv. 2012, n° 1, 11, obs. L. Fin-Langer.
3. G. Dedessus-Le-Moustier, « La condamnation de l'instrumentalisation du droit des faillites en fraude des droits de l'AGS », *Leden*, févr. 2012, n° 2, p. 7, obs. s^s Versailles, 31 oct. 2011, RG n° 10/00578.
4. Soc. 24 mai 2018, n° 17-12.560.
5. Com. 1er mars 2023, n° 21-14.787, P ; *BJS* mai 2023, p. 33, obs. L. Fin-Langer ; *Rev. sociétés* 2023. 443, note N. Morelli ; *RDT* 2023. 333, chron. M. Kocher et K. Magnier-Merran ; *RTD civ.* 2023. 352, obs. H. Barbier ; *Leden* avr. 2023, p. 1, obs. F.-X. Lucas ; *Gaz. Pal.* 20 juin 2023, p. 54, obs. M. Caffin-Moi ; *Act. proc. coll.* 2023, n° 74 ; *Dr. sociétés* juin 2023, comm. 68, obs. R. Mortier ; *RPC* juill. 2023, Études 6, O. Debeine et G. Rupin.
6. M. Cozian, A. Viandier et F. Deboissy, *Droit des sociétés*, LexisNexis, LGDJ, 35e éd., n° 615.
7. Com. 20 mai 2003, n° 99-17.092 ; *Bull. civ.* IV, 2003, n° 84 ; *D.* 2003. AJ 1502, obs. A. Lienhard ; Jur. 2623, note B. Dondero ; *Bull. Joly* 2003. 786, note H. Le Nabasque ; *Defrénois* 2003. 1067, 37801, note M.-H. Maleville-Costedoat ; *RTD civ.* 2003. 509, n° 4, obs. P. Jourdain ; *Rev. proc. coll.* 6 févr. 2004, Jur. 22, note Clément ; *RTD com.* 2003. 741, n° 3, obs. C. Champaud et D. Danet ; – Com. 26 févr. 2008, n° 05-18.569 ; *Bull. Joly* 2008. 657, note P. Le Cannu ; – Com. 10 févr. 2009, n° 07-20.445 ; *Bull. civ.* IV, n° 21 ; *D.* 2009. chron. 1243, n° 5, note M.-L. Bélaval et R. Salomon ; *Gaz. Pal.* 2009/2, p. 48, n° 4, note T. Montéran ; *Rev. soc.* 2009. 328, note J.-B. Barbiéri ; *LPA* 11 sept. 2009, n° 182, p. 5, note J.-F. Quiévy ; *Dr. soc.* 2009, n° 143, note J.-P. Legros ; *Dr. soc.* 2009, n° 161, note D. Gallois-Cochet ; *RTD civ.* 2009. 537, n° 3, obs. P. Jourdain.
8. Com. 31 mars 2015, n° 13-19.432 ; *BJS* 2015, 363, note S. Messaï-Bahri.
9. Com. 26 juin 2007, n° 06-13.566 ; *RTD com.* 2008. 128, obs. P. le Cannu et B. Dondéro.

CHAPITRE

732. Refus par l'AGS d'intervenir en garantie

SECTION 0 ORIENTEUR

732.00 **Sommaire du chapitre.**

Sect. 1 Contestation du relevé de créances salariales 732.11 à 732.42
§ 1 Consécration du droit de refus de l'AGS 732.11
§ 2 Motifs de contestation ouverts à l'AGS 732.21 à 732.25
§ 3 Motifs de contestation fermés à l'AGS 732.31 à 732.36
§ 4 Modalités entourant la contestation de l'AGS 732.41 à 732.42
Sect. 2 Contestation des décisions de justice exécutoires 732.51 à 732.62
§ 1 Principe d'opposabilité des décisions de justice à l'AGS 732.51 à 732.52
§ 2 Contestation par l'AGS des décisions de justice rendues antérieurement au jugement d'ouverture de la procédure collective 732.61 à 732.62
Sect. 3 Contentieux résultant du refus de l'AGS de procéder à des avances 732.71 à 732.83
§ 1 Contestation judiciaire du refus de garantie opposé par l'AGS 732.71 à 732.73
§ 2 Issue de l'action engagée par le salarié 732.81 à 732.83

732.01 **Textes applicables.**

• **C. com.**

art. L. 625-1 [Vérification des créances salariales par le mandataire judiciaire]

art. L. 625-2 [Vérification des relevés de créances salariales par le représentant des salariés]

art. L. 625-4 [Contestation de relevé de créances par l'AGS]

art. L. 625-6 [Retranscription des relevés sur l'état des créances]

art. L. 625-9 [Garanties de paiement des créances salariales]

art. L. 631-18, al. 1 [Application des dispositions légales au redressement judiciaire]

art. L. 641-14, al. 1 [Application des dispositions légales à la liquidation judiciaire]

art. R. 625-1 [Établissement des relevés]

art. R. 625-2 [Contenu des relevés]

art. R. 625-3 [Information des salariés et des tiers sur le contenu des relevés]

art. R. 631-32 [Application des articles R. 625-1 à R. 625-7 au redressement judiciaire]

• **C. trav.**

art. L. 3253-8 [Domaine d'application de la garantie]

art. L. 3253-15 [Modalités d'intervention de la garantie]

art. L. 3253-19 [Délais d'établissement des relevés de créances salariales]

art. L. 3253-21 [Modalités de paiement des créances par l'AGS]

732.02 **Jurisprudences de référence.**

> L'AGS ne peut demander la requalification du contrat de travail présenté comme étant à durée déterminée en contrat à durée indéterminée, sauf fraude

• **Soc. 4 déc. 2002,** n° 00-43.750, P V, n° 367

* V. s[s] n° 732.32

732.03 **Bibliographie indicative.**

> Encyclopédie. *J.-Cl. com.*, fasc. 2450 : Privilège des salariés et garantie de paiement, par A. Jacquemont, 2007.

> Articles. A. Arséguel et Th. Méteyé, « Les aspects sociaux de la procédure de sauvegarde », *Rev. proc. coll.* 2008, p. 117 – B. Bezian, « La garantie des créances salariales dans le cadre d'une procédure de redressement judiciaire », *Dr. sociétés* 1991, 715 – A. Charbin, « La situation des salariés de l'entreprise en difficulté », *RJS* 1999. 743 – H. de Fremont, « Droit du travail et procédure collective : une réforme impossible ? », *BJE* mars 2014. 123 – L. Fin-Langer et J. Vallansan, « AGS et plan de redressement », *Rev. proc. coll.* mars/avr. 2019, Dossier 8, p. 74 – C. Gailhbaud, « L'AGS dans la procédure de sauvegarde » *LPA* 28 nov. 2008, n° 239, p. 3 ; « L'AGS face à l'exécution », *in Mesures d'exécution et procédures collectives*, « Procédures », Bruylant, 2012, p. 129 – D. Jacotot, « Résiliation judiciaire du contrat de travail et garantie de l'AGS », *Rev. proc. coll.* 2010, comm. 14 – F.-X. Lucas,

« Quarante années de prise en charge des créances salariales dans les procédures collectives », *BJE* 2014. 409 – Th. Méteyé, « Garantie AGS : jusqu'où peut-on aller trop loin ? », *Dr. soc.* 2002. 972 ; « L'intervention de l'AGS dans les procédures de sauvegarde », *Gaz. proc. coll.* 2006, p. 3 ; « Loi de sauvegarde des entreprises : le point de vue de l'AGS », *LPA* 17 févr. 2006, n° 35, p. 48 ; « La place de l'AGS dans les procédures collectives », *Rev. proc. coll.* 2008, p. 11, n° 1 ; « L'évolution du champ d'intervention de l'AGS : de la sécurité juridique à l'insécurité juridique et économique », colloque de l'*AJDE*, Toulouse 10 sept. 2010, *Rev. proc. coll.* 2011, Dossier 4, p. 67 ; « Le droit social des entreprises en difficulté », *Rev. proc. coll.* 2014, Dossier 39 ; « Le traitement des créances salariales : l'AGS », *BJE* janv.-févr. 2017. 54 – A.-L. Peries, « Intervention de l'AGS, l'expansion accrue du régime de garantie sous l'influence de la jurisprudence (1998-2001) », *JCP E* 2002, *Cah. Dr. soc.* (supplément), n° 10, 7 mars 2002 – P. Pétel, « L'AGS et la réforme des procédures collectives », *RJ com.* 2006/3, p. 174 ; « Les critères de prise en charge de la garantie AGS : quarante ans d'évolution », *BJE* 2014. 411 – C. Saint-Alary-Houin, « L'efficacité des garanties garantissant les créances salariales », *Dr. sociétés* 1987, 842 ; « L'évolution de la garantie de l'AGS, plus... toujours plus ! », *Rev. proc. coll.* mars/avr. 2019, Dossier 5, p. 62 – J.-C. Savignac et Th. Méteyé, « L'AGS, 40 ans de solidarité et d'engagement au cœur des enjeux des procédures collectives », *BJE* 2014. 407 – F. Taquet, « Le nouveau champ d'application de l'AGS – Article 177 de la loi n° 2005-845 du 26 juillet 2005 de sauvegarde des entreprises », *Rev. proc. coll.* 2005, p. 295 ; « L'intervention de l'AGS : état des lieux et réflexions... », *in Entreprises en difficulté et droit du travail*, Ceprisca, Puf, 2007, p. 77 – R. Vatinet, « Garantie de l'AGS et sort du contrat de travail en cas de procédure collective », *D.* 2003. Chron. 287 – D. Ronet-Yague, « Les vicissitudes du contentieux de l'AGS en 2023 », *Gaz. Pal.* 5 déc. 2023, n° 40, p. 52 – F. Aknin, « Le droit social appliqué aux procédures collectives », *JCP S* 2023, n° 42, 1272.

> **Colloques.** « L'AGS au cœur du traitement des difficultés des entreprises », dir. scient. Ph. Roussel Galle, Paris, 5 déc. 2018, *Rev. proc. coll.* mars/avr. 2019, Dossier 3, p. 56 s.

732.04 Question essentielle.

> L'AGS peut-elle contester sa garantie ?

* V. s^s n°s 732.21 à 732.25

SECTION 1
CONTESTATION DU RELEVÉ DE CRÉANCES SALARIALES

§ 1
Consécration du droit de refus de l'AGS

732.11 Fondement légal. La transmission des relevés de créances à l'AGS par le mandataire judiciaire ne confère pas un droit de paiement « automatique » aux salariés. Une distinction doit être opérée entre les droits reconnus aux salariés par les organes de la procédure collective (droit de créance à l'encontre du débiteur) et par l'AGS (droit à garantie). Cette dernière est un tiers à la relation contractuelle qui lie l'employeur au salarié. Elle dispose de ses propres règles d'intervention.

La jurisprudence[1], puis le législateur[2] ont très tôt reconnu à l'AGS un droit propre[3], celui de contester « le principe et l'étendue de sa garantie, dans tous les cas où les conditions de celle-ci ne paraissent pas remplies ».

La consécration légale de ce droit figure désormais à l'article L. 625-4 du Code de commerce, lequel précise « lorsque les institutions mentionnées à l'article L. 3253-14 du Code du travail refusent pour quelque cause que ce soit de régler une créance figurant sur un relevé des créances résultant d'un contrat de travail, elles font connaître leur refus au mandataire judiciaire qui en informe immédiatement le représentant des salariés et le salarié concerné ».

L'AGS a ainsi la possibilité de contester l'application de sa garantie, sans commettre de faute[4]. La contestation des relevés de créances salariales est soit spéciale, soit générale. Autrement dit, elle porte soit sur l'ensemble du relevé de créances transmis par le mandataire judiciaire, soit sur une seule créance inscrite sur ce relevé. En effet, le droit propre de l'AGS à contester l'application de sa garantie s'appuie sur divers motifs.

Lorsqu'un contentieux prud'homal est en cours au jour du jugement d'ouverture, l'AGS doit être mise en cause. La Cour de cassation indique qu'« il résulte de l'article L. 625-3 du code de commerce que l'AGS a un droit propre pour contester le principe et l'étendue de sa garantie, peu important que les organes de la procédure collective de l'employeur ne contestent ni le principe ni le montant des créances du salarié. Sauf admission définitive antérieure d'une créance au passif salarial, la décision qui, à la suite d'un refus de garantie opposé par l'AGS, statue sur l'existence et le montant d'une créance, produit tous ses effets dans la procédure collective. Il résulte de R. 3243-1 du code du travail que la date d'ancienneté figurant dans le bulletin de paie vaut présomp-

1. Soc. 3 mai 1978, n° 76-40.543 ; – Soc. 12 avr. 1995, n° 91-41.170 ; – Soc. 14 mars 2000, n° 97-45.335 ; *Bull. civ.* V, n° 102 ; – Soc. 6 févr. 2001, n° 99-40.022, NP ; *Act. proc. coll.* 2001/10, n° 125 ; – Soc. 13 juin 2001, n° 99-42.614, NP ; *Act. proc. coll.* 2001/15, n° 195.
2. L., n° 85-98, du 25 janv. 1985 relative au redressement et à la liquidation judiciaires des entreprises, *JO* 26 janv. 1985.
3. G. Cornu, *Association Henri Capitant, Vocabulaire juridique*, Puf, 14e éd., 2022. Il s'agit d'un droit exclusivement attaché à la personne, qui ne peut profiter qu'à son titulaire et qui est intransmissible.
4. Soc. 19 févr. 2002, n° 98-45.526, NP ; *Gaz. Pal.* 19-20 juill. 2002, pan. 24.

tion de reprise d'ancienneté sauf à l'employeur à rapporter la preuve contraire »[1].

§ 2
Motifs de contestation ouverts à l'AGS

732.21 Qualité du débiteur. La contestation peut tout d'abord porter sur la qualité du débiteur placé en procédure collective. Cependant, l'opposabilité à tous du jugement d'ouverture d'une telle procédure l'empêche, lorsqu'il est passé en force de chose jugée, de contester la qualité du chef d'entreprise pour lequel elle doit sa garantie. Cette solution a été posée à propos d'un exploitant d'auto-école, placé à tort en liquidation judiciaire[2].

732.22 Qualité du bénéficiaire. La contestation de l'AGS portera, le plus souvent, sur le bénéficiaire de la garantie. Lorsque l'AGS entend contester la qualité de salarié, la charge de la preuve est inversée. Il appartient à celui qui invoque le caractère fictif du contrat de travail et donc au mandataire judiciaire[3] ou à l'AGS, d'en rapporter la preuve[4]. La Cour de cassation a décidé « qu'en statuant ainsi, la Cour d'appel qui, alors qu'elle avait constaté que M. X avait été engagé le 1er juin 1999 suivant un contrat de travail à durée indéterminée et que celui-ci produisait des bulletins de salaire, n'a pas déterminé le caractère fictif de ce contrat, a inversé la charge de la preuve et violé les textes susvisés »[5]. La Haute juridiction a réaffirmé cette solution ultérieurement en estimant que si l'intéressé bénéficie d'un contrat de travail apparent, il appartient au liquidateur, ès-qualités et à l'AGS, qui invoquent le caractère fictif de ce contrat, d'en rapporter la preuve[6].

Cette preuve est établie lorsque le contrat de travail, conclu dans un contexte de grandes difficultés économiques pour l'entreprise, comporte des clauses de rémunération exorbitantes du droit commun et que la réalité d'un travail accompli pour le compte de la société n'est pas établie[7]. La solution vaut même pour un contrat irrégulièrement conclu au regard des textes de la fonction publique[8].

Le caractère fictif du contrat de travail a également été retenu lorsque le dirigeant conclut un tel contrat dans le but d'obtenir le statut de salarié, juste avant la mise en redressement judiciaire de la société[9]. Le statut de représentant des salariés ne tient pas en échec la contestation de cette qualité[10].

L'AGS peut établir la preuve d'une tentative d'escroquerie à sa garantie en démontrant que le contrat de travail était faux[11]. Tel sera le cas par exemple lorsque le contrat sera conclu frauduleusement aux fins de faire bénéficier un dirigeant ou un conjoint du statut de salarié[12]. Ces agissements frauduleux peuvent générer des poursuites pénales pour délit d'abus de biens sociaux et/ou escroquerie[13].

Si une décision de justice dénie à l'intéressé la qualité de salarié et permet ainsi à l'AGS de ne pas prendre en charge les indemnités de licenciement réclamées, ces créances ne pourront pas être fixées au passif de la procédure collective, du fait de l'autorité de chose jugée attachée à cette décision[14].

732.23 Absence de cumul entre un mandat social et un contrat de travail. L'AGS pourra soutenir que l'intéressé n'est pas salarié, mais seulement mandataire social. L'absence de contrat de travail résultera du fait que l'intéressé n'a pas de fonction technique distincte de celle qui résulte de son mandat social[15].

1. Soc. 17 janv. 2024, n° 21-18.356 – Sur la poursuite des instances en cours, v. s^s n°s 811.31, 811.51.
2. Soc. 6 juin 2000, n° 98-42.083, P V, n° 215 ; *Rev. proc. coll.* 2001, 42, n° 17, obs. F. Taquet.
3. Versailles, 11e ch. 30 avr. 2020, RG n° 18/02727 ; *Rev. proc. coll.* juill.-août 2020, comm. 99, note F. Taquet ; – Orléans, ch. soc., prud'hommes, 24 juill. 2020, RG n° 17/01739 ; *Rev. proc. coll.* sept.-oct. 2020, comm. 129, note F. Taquet ; – Versailles, 19e ch., 26 oct. 2022, RG n° 20/02801 ; *Rev. proc. coll.* nov.-déc. 2022, comm. 105, note F. Taquet.
4. Soc. 21 mars 2001, n° 99-42.006, NP ; – Soc. 18 juill. 2001, n° 99-44.121, NP ; – Soc. 18 juill. 2001, n° 99-44.121 ; – Soc. 7 nov. 2001 ; *Rev. proc. coll.* 2002, p. 291, n° 7, obs. F. Taquet ; – Soc. 8 juill. 2009, n° 07-44.591, P V, n° 174 ; *Rev. proc. coll.* 2009/5, p. 54, § 125, note F. Taquet ; – Soc. 11 janv. 2012, n° 10-10.439, NP ; – Soc. 7 mars 2012, n° 10-22.819, NP ; – Soc. 7 mars 2012, n° 10-21.757 NP ; – Civ. 2e, 14 mars 2013, n° 12-12.649, NP ; *Rev. proc. coll.* 2013, comm. 138, note F. Taquet ; – Soc. 10 avr. 2013, n° 12-12.994, NP ; *RPC* 2013, 138, obs. F. Taquet ; – Soc. 23 oct. 2013, n° 12-19.921, NP ; – Soc. 11 févr. 2015, n° 13-28.224, NP ; – Soc. 13 mai 2015, n° 13-28.918, NP ; *Rev. proc. coll.* 2015, comm. 147, note F. Taquet ; – Soc. 2 mars 2016, n° 14-23.602 ; – Soc. 20 oct. 2016, n° 15-17.199, NP ; *Rev. proc. coll.* nov.-déc. 2016, comm. 188, note F. Taquet ; – Soc. 26 janv. 2017, n° 15-22.860 ; – Soc. 11 oct. 2023, n°s 21-25.450 et 22-16.853 ; *RPC* janv. 2024, comm. 7, obs. F. Taquet.
5. Soc. 16 sept. 2009, n° 08-40.390.
6. Soc. 24 juin 2008, n° 07-43.268 ; – Soc. 7 juill. 2010, n° 08-45.629.
7. Soc. 26 janv. 2017, n° 15-22.860, NP ; *Rev. proc. coll.* mai-juin 2017, comm. 73, note F. Taquet.
8. Soc. 23 oct. 2013, n° 12-19.921, NP.
9. Soc. 29 nov. 2000, n° 98-43.116 ; – Soc. 9 mai 2001, n° 98-45.966, NP ; *Rev. proc. coll.* 2002, p. 108, n° 12, obs. F. Taquet ; – Soc. 9 nov. 2004, n° 02-45.442 ; – Soc. 30 nov. 2004 ; *Bull. civ.* V, n° 308 ; – Soc. 4 mars 2015, n° 14-10.194.
10. Soc. 30 nov. 2004, n° 02-43.515 ; *Bull. civ.* V, n° 308 ; *Act. proc. coll.* 2005/3, n° 32, note J. Vallansan.
11. Crim. 12 nov. 2015, n° 14-82.765.
12. Soc. 27 sept. 2017, n° 16-17.619.
13. Crim. 14 nov. 2007, n° 06-87.378 ; – Rennes 16 févr. 2017, n° 15-00.395 ; – Montpellier 25 sept. 2017, n° 15-01.1559.
14. Soc. 27 janv. 2010, n° 08-45.131, P V, n° 20 ; *Act. proc. coll.* 2010/4, n° 62.
15. Amiens, 5e ch. prud., 17 déc. 2020, RG n° 19/04749 ; *Rev. proc. coll.* mars/avr. 2021, comm. 37, note F. Taquet.

L'AGS pourra aussi utiliser l'argument tenant à l'absence d'autorisation préalable, dans les sociétés anonymes, du cumul entre mandat social et contrat de travail[1]. Effectivement la preuve de l'absence de salariat est plus facile à rapporter lorsque le salarié est titulaire d'un mandat social. Le cumul des fonctions de mandataire social et de salarié est en principe écarté, le contrat de travail étant suspendu durant l'exercice du mandat social[2]. Ainsi, il appartient au mandataire social de démontrer qu'il exerce des fonctions techniques, distinctes de celles relatives à la gestion de l'entreprise[3]. La Cour de cassation a énoncé que « lorsque celui qui prétend avoir été salarié d'une société exerçait un mandat social, la production de bulletins de salaire et la notification d'une lettre de licenciement sont à elles seules insuffisantes à créer l'apparence d'un contrat de travail »[4].

732.24 Inopposabilité du contrat de travail à la procédure collective. Lorsque le contrat est conclu en période d'observation, l'AGS pourra refuser d'avancer les sommes sur le fondement du non-respect des règles relatives à la répartition des pouvoirs entre le débiteur et l'administrateur judiciaire[5]. Ici il ne s'agit pas de contester la qualité de salarié du travailleur mais de soulever l'inopposabilité de l'acte conclu entre le débiteur et l'intéressé. L'inopposabilité trouve sa cause dans le non-respect d'une condition destinée à protéger les tiers au contrat. En effet, l'ouverture d'une procédure collective va avoir des répercussions sur la gestion de l'entreprise. La situation du débiteur et l'étendue de ses pouvoirs vont variés en fonction de la procédure ouverte et de la nomination d'un administrateur judiciaire par le tribunal[6].

Le licenciement disciplinaire, qui n'est pas un acte de gestion courante, prononcé sans l'assistance de l'administrateur judiciaire chargé d'assister le débiteur pour tous les actes de gestion est inopposable à la procédure collective, sauf s'il est ratifié par l'administrateur ou le liquidateur. La Cour d'appel, ayant constaté que le liquidateur avait adopté, à l'occasion du contentieux prud'homal, la même position que l'employeur et ne s'était pas prévalu de l'inopposabilité du licenciement à la procédure collective, avait implicitement ratifié le licenciement. Il en résulte une opposabilité des créances dues au salarié à la procédure collective et donc à l'AGS[7].

À l'inverse, la Cour de cassation a décidé qu'en cas de redressement judiciaire simplifié, sans désignation d'un administrateur judiciaire, le débiteur poursuit seul l'activité de l'entreprise et exerce les fonctions qui lui sont dévolues. Il conserve ainsi le pouvoir d'embaucher un salarié sans l'autorisation du juge commissaire, un tel acte ne constituant pas un acte de disposition étranger à la gestion courante de l'entreprise. Le contrat de travail est donc opposable à la procédure collective et à l'AGS[8].

Si le contrat de travail est déclaré inopposable à la procédure collective, aucune avance ne pourra être sollicitée pour le salarié. En revanche, le contrat de travail restera valable entre les parties.

732.25 Autres motifs de contestation. D'autres motifs peuvent également être à l'origine de la contestation des créances portées sur le relevé de créances salariales. Il s'agira de créances inscrites sur les relevés sans justificatifs (heures supplémentaires, primes), de créances non garanties (rupture du contrat de travail en dehors des délais de garanties, frais dus au titre de l'article 700 du Code de procédure civile, astreinte judiciaire), ou encore de créances réclamées alors que le plafond de garantie est atteint. De même, si l'AGS est informée que les fonds disponibles de l'entreprise suffisent à désintéresser les créances salariales, elle pourra refuser de verser les fonds au mandataire judiciaire en vertu du principe de la subsidiarité des avances.

§ 3
Motifs de contestation fermés à l'AGS

732.31 Tempéraments jurisprudentiels au droit de refus de l'AGS. Le droit de contestation de l'AGS n'est pas absolu, la jurisprudence est venue y apporter plusieurs tempéraments. En effet, certaines actions sont réservées aux salariés ou aux organes de la procédure collective.

732.32 Requalification d'un CDD en CDI. Initialement la jurisprudence avait reconnu à l'AGS la possibilité de demander la requalification d'un contrat à durée déterminée en contrat à durée indéterminée[9]. Puis, la Cour de cassation a considéré que

1. Soc. 28 janv. 2004, n° 01-46.794, P V, n° 30.
2. Soc. 14 juin 2005, n° 02-47.320 ; *Bull. civ.* V, n° 201.
3. Soc. 2 juill. 2007, n° 07-41.913.
4. Soc. 10 juin 2008, n° 07-42.165.
5. Sur la répartition des pouvoirs entre le débiteur et l'administrateur judiciaire V. s^s^ n° 311.41.
6. La désignation d'un administrateur judiciaire n'est obligatoire que dans les entreprises qui disposent de vingt salariés ou de trois millions de chiffre d'affaires : C. com., art. L. 621-4, al. 4 et R. 621-11.
7. Soc. 22 mars 2023, n° 21-21.315.
8. Com. 2 oct. 2024, n° 23-11.022 ; *Act. proc. coll.* 2024, n° 211 ; *Rev. sociétés* 2024. 744, note L. C. Henry ; *RPC* nov. 2024, comm. 169, F. Taquet.
9. Soc. 17 oct. 2000, n° 97-45.439 ; *Bull. civ.* V, n° 326 ; – Soc. 7 oct. 2000, n° 98-44.897 ; – Soc. 13 déc. 2000, n° 99-40.876 ; *Act. proc. coll.* 2001/5, n° 63 ; – Soc. 5 févr. 2001, n° 99-40.022 ; *Act. proc. coll.* 2001/10, n° 125 ; – Soc. 23 oct. 2001, n° 00-40.190 ; *Bull. civ*, V, n° 328 ; – Soc. 23 oct. 2001, n° 99-44.574, n° 99-44.578 ; *Bull. civ.* V, n° 329.

l'AGS n'était plus recevable, sauf fraude, à demander cette requalification[1]. Cette solution s'explique par la protection que la loi confère au salarié. Celui-ci a le choix de demander la requalification en contrat à durée indéterminée ou de réclamer des dommages et intérêts d'un montant au moins égal aux rémunérations qu'il aurait dû percevoir jusqu'au terme du contrat à durée déterminée[2]. En cas d'action en requalification par l'AGS cette option pouvait être anéantie. C'est pourquoi la jurisprudence est revenue sur sa position et a estimé que cette demande était réservée au salarié.

La garantie de l'AGS pourra donc être sollicitée pour le paiement de dommages et intérêts d'un montant au moins égal aux rémunérations que le salarié aurait perçues jusqu'au terme prévu par le contrat à durée déterminée[3]. Si cette solution est particulièrement préjudiciable au débiteur en alourdissant le passif de la procédure collective et au régime de garantie, elle se veut protectrice des droits du salarié. Le législateur n'a pas souhaité faire d'entorse aux règles du droit du travail même en présence d'une procédure collective.

732.33 **Accord transactionnel.** L'AGS ne peut également pas contester un accord transactionnel conclu au cours d'une procédure de médiation, homologué par le juge prud'homal et portant sur le paiement de dommages et intérêts pour licenciement sans cause réelle et sérieuse[4]. La garantie pourrait n'être que partiellement refusée, en considérant que ces créances ne sont pas couvertes par la garantie ou que les sommes réclamées dépassent le plafond.

1. Soc. 4 déc. 2002, n° 00-43.750 ; *Bull. civ.* V, n° 367 ; *Act. proc. coll.* 2003/2, n° 18, note F. Taquet ; *Rev. proc. coll.* 2003, p. 154, n° 1, obs. F. Taquet ; – Soc. 11 déc. 2002, n° 01-40.126 ; *D.* 2003. 373 ; – Soc. 26 mars 2003, n° 01-40.124 ; *Rev. proc. coll.* 2003, p. 249, n° 15, obs. F. Taquet ; – Soc. 2 avr. 2003, n° 00-46.200 ; *Act. proc. coll.* 2003/11, n° 146 ; – Soc. 4 juin 2003, n° 01-40.584 ; *Rev. proc. coll.* 2003, p. 342, n° 11, obs. F. Taquet ; – Soc. 3 mars 2004, n° 02-40.996 ; *Rev. proc. coll.* 2004, p. 254, n° 30, obs. F. Taquet ; – Soc. 7 avr. 2004, n° 02-40.231 ; *Bull. civ.* V, n° 106 ; *Act. proc. coll.* 2004/9, n° 115 ; *Rev. proc coll.* 2004. 254, n° 31, obs. F. Taquet ; – Soc. 6 juin 2004, n° 02-42.816 ; – Soc. 29 sept. 2004, n° 02-40.622 ; *Rev. proc. coll.* 2005/1, p. 48, n° 9, obs. F. Taquet ; – Soc. 9 févr. 2005, n° 03-40.431, n° 03-41.302, 2 arrêts ; *Rev. proc. coll.* 2005/2, p. 146, n° 10, obs. F. Taquet ; – Soc. 11 mai 2005, n° 03-44.022, n° 03-45.778, 2 arrêts ; *Rev. proc. coll.* 2005/4, p. 381, n° 11, obs. F. Taquet ; – Soc. 29 juin 2005, n° 03-47.642 ; *JCP S* 2006. 1262, obs. P. Morvan ; – Soc. 2 nov. 2005, n° 03-46.914 ; *Rev. proc. coll.* 2006/1, p. 70, n° 10, obs. F. Taquet ; – Soc. 18 oct. 2007, n° 06-43.848 ; *Bull. civ.* V, n° 162 ; – Soc. 23 nov. 2022, n° 21-16.221, NP ; *Rev. proc. coll.* nov.-déc. 2022, comm. 9, D. Jacotot.
2. Soc. 18 oct. 2007, n° 06-43.848.
3. Soc. 18 oct. 2007, n° 06-43.848, P V, n° 162 ; n° 2117 FS-P+B ; *Gaz. proc. coll.* 2008/1, p. 62, note B. Saintourens.
4. Soc. 25 janv. 2006, n° 03-45.444, P V, n° 22 ; *Act. proc. coll.* 2006/8, n° 90.

732.34 **Nullité du contrat de travail conclu en période en suspecte.** Aux termes de l'article L. 632-1, I, 2° du Code de commerce, sont nuls, lorsqu'ils ont été faits par le débiteur entre la date de cessation des paiements et celle du jugement d'ouverture, les contrats commutatifs dans lesquels les obligations du débiteur, excèdent notablement celles de l'autre partie. L'article 1108 du Code civil indique quant à lui qu'un contrat est commutatif « lorsque chacune des parties s'engage à procurer à l'autre un avantage qui est regardé comme l'équivalent de celui qu'elle reçoit ». Le contrat déséquilibré doit être frappé de nullité puisqu'il avantage un cocontractant au détriment des autres créanciers de l'entreprise. Il s'agit d'une nullité de droit, c'est-à-dire que la sanction de la nullité s'impose au tribunal. La nullité d'un acte juridique a un effet *erga omnes*. Elle remet les parties dans l'état dans lequel elles se trouvaient antérieurement à la conclusion de l'acte. Ce dernier est réputé inexistant.

Durant la procédure de vérification des créances salariales, le représentant des créanciers pourra saisir le juge-commissaire pour obtenir la nullité d'un contrat de travail déséquilibré conclu en période suspecte[5]. La jurisprudence a reconnu à plusieurs reprises la nullité d'un contrat de travail. La nullité a été retenue pour les salaires excessifs par rapport à la prestation de travail fournie[6], ou par rapport à la qualification du salarié[7]. Un avenant au contrat de travail prévoyant une indemnisation importante en cas de licenciement[8] ou encore, la signature d'un contrat de qualification désavantageux pour l'employeur[9] ont été qualifiés de contrats commutatifs déséquilibrés[10]. En pareille situation, seules les prestations que le travailleur a fournies pourront être indemnisées[11].

En revanche, le déséquilibre n'est pas caractérisé si le salarié se voit attribuer une rémunération impor-

5. Soc. 22 sept. 2011, n° 10-14.036.
6. Soc. 21 nov. 2000, n° 98-42.014 ; *Rev. proc. coll.* 2002, p. 273, n° 2, obs. G. Blanc ; – Soc. 19 juin 2001, n° 99-42.738 ; *Rev. proc. coll.* 2002, p. 275, n° 5, obs. G. Blanc ; – Soc. 29 oct. 2002, n° 00-45.612 ; *Bull. civ.* V, n° 235 ; *JCP E* 2003. 1583, note L. Fin-Langer ; – Soc. 15 juin 2004, n° 02-41.623 ; – Soc. 12 sept. 2012, n° 11-20.108 ; *Gaz. Pal.* 1er oct. 2012, n° 286, p. 34, note C. Gailhbaud.
7. Nancy, 6 nov. 2007 ; *Rev. proc. coll.* 2008, n° 155, note G. Blanc.
8. Soc. 14 mars 2000, n° 97-45.899 ; *Rev. proc. coll.* 2002, p. 275, n° 5, obs. G. Blanc.
9. Soc. 15 juin 2004, n° 02-41.623 ; *Bull. civ.* V, n° 163 ; *RTD com.* 2005. 416, n° 4, obs. A. Martin-Serf.
10. Dans le même sens : Com. 11 avr. 2012, n° 09-12.431 ; *BJE* 2012, n° 117, note R. Bonhomme ; – Douai, 31 oct. 2002 ; *Rev. proc. coll.* 2004, p. 70, n° 3, obs. G. Blanc ; – Paris 1er avr. 2010 ; *Rev. proc. coll.* 2011, n° 132, note G. Blanc.
11. Soc. 7 mai 2003, n° 01-42.337 – V. en sens contraire : Soc. 2 déc. 2009, n° 08-43.104 ; *Dr. soc.* 2010. 1160, note L. Gratton ; *JCP S* 2010. 1092, note A. Barège.

tante qui est en lien avec la prestation de travail réalisée et son expérience significative [1].

Le Code de commerce dresse une liste limitative des personnes habilitées à demander la nullité de l'acte. Il s'agit du mandataire judiciaire, du commissaire à l'exécution du plan, de l'administrateur, du liquidateur et du ministère public [2]. Ainsi, l'AGS ne peut agir à titre personnel pour dénoncer la nullité du contrat de travail conclu en période suspecte [3]. Il s'agit d'une action exercée dans l'intérêt collectif des créanciers. Néanmoins, en vertu de l'article L. 622-20 du Code de commerce, les créanciers contrôleurs peuvent agir en cas de carence du mandataire judiciaire [4]. En effet, les actions engagées dans l'intérêt collectif des créanciers, telle qu'une action en nullité de la période suspecte, sont recevables [5]. La défense de l'intérêt collectif a pour objet la protection, l'accroissement ou la mise en œuvre du gage commun [6]. La carence du mandataire judiciaire est constatée lorsqu'une mise en demeure d'agir adressée à ce professionnel est restée infructueuse pendant deux mois à compter de la réception de la lettre recommandée [7]. Passé ce délai, l'AGS sera recevable dans son action en nullité de la période suspecte en qualité de contrôleur [8].

Il est à noter qu'en cas de conversion d'un redressement en liquidation judiciaire, la période d'observation ayant suivi le jugement d'ouverture ne peut être considérée comme une période suspecte et les actes conclus pendant cette période ne peuvent être annulés sur ce fondement, le jugement de conversion n'ouvrant pas une nouvelle procédure [9].

732.35 Transfert du contrat de travail au cessionnaire. Le transfert des contrats de travail au repreneur d'une entité économique autonome est essentiel pour assurer la stabilité de l'emploi. Il peut s'opérer soit du fait de la loi, soit du fait d'une convention passée entre des parties. L'article L. 1224-1 du Code du travail dispose que « lorsque survient une modification dans la situation juridique de l'employeur, notamment par succession, vente, fusion, transformation du fonds, mise en société de l'entreprise, tous les contrats de travail en cours au jour de la modification subsistent entre le nouvel employeur et le personnel de l'entreprise ». Ces dispositions sont d'ordre public et s'appliquent de plein droit lorsque leurs conditions d'application sont remplies [10]. Ainsi, toute clause d'une convention de cession d'une entité économique autonome qui ne prévoit la reprise que d'une partie du personnel est réputée non écrite [11]. Ni les conventions conclues entre les exploitants [12], ni le contrat de travail lui-même [13], ne peuvent faire obstacle à l'application de ces dispositions.

La Cour de cassation est venue préciser que les licenciements effectués en violation des dispositions de l'article L. 1224-1 du Code du travail sont dépourvus d'effet [14]. Lorsqu'aucune modification substantielle du contrat de travail n'est envisagée par le cessionnaire, le salarié ne peut refuser son transfert. À défaut, le refus du salarié produirait les effets d'une démission [15].

La reconnaissance judiciaire du transfert du contrat de travail est une action attachée à la personne du salarié. Ce dernier ne doit pas se voir imposer un tel transfert suite à l'action initiée par un tiers. La Cour de cassation a affirmé qu'« en l'absence de fraude du salarié, l'AGS ne dispose d'aucun droit propre en reconnaissance d'un transfert des contrats de travail et qu'elle était irrecevable en ses demandes à ce titre » [16]. Cette solution avait déjà été retenue pour un syndicat, la Haute juridiction estimant que « l'action en contestation du transfert du contrat de travail est un droit exclusivement attaché à la personne du salarié, de sorte que l'action du syndicat est irrecevable » [17].

L'idée sous-jacente à ces solutions est là encore de laisser une option au salarié. Ce dernier a le choix

1. Versailles 17 oct. 2006 ; *Rev. proc. coll.* 2007, p. 226, n° 2, obs. Blanc ; – Versailles 20 nov. 2014 ; *Rev. proc. coll.* 2015, comm. 2015, note G. Blanc ; – Paris, 7 janv. 2010 ; *Rev. proc. coll.* 2010, n° 228, note G. Blanc.
2. C. com., art. L. 631-8.
3. Soc. 13 févr. 2008, n° 06-44.234 ; *RJS* 4/2008, n° 488.
4. Com. 30 janv. 2019, n° 17-22.221.
5. Sur les actions ouvertes aux contrôleurs en cas de carence du mandataire judiciaire, v. s^s n° 711.36.
6. P.-M. Le Corre, *Droit et pratique des procédures collectives 2025/2026*, 13e éd., Dalloz Action, 2024, n°s 611.31 s.
7. Décr. n° 2005-1677, 28 déc. 2005, pris en application de la loi n° 2005-845, 26 juill. 2005 de sauvegarde des entreprises, *JO* 29 déc., art. 93.
8. Sur les actions subsidiaires ouvertes à l'AGS en qualité de contrôleur, v. s^s n° 711.36.
9. Soc. 6 déc. 2023, n° 22-15.580, F-B ; *RPC* janv. 2024, comm. 14, D. Jacotot ; *Act. proc. coll.* 2024, n° 102, obs. Fl. Petit ; *Gaz. Pal.* 19 mars 2024, p. 64, obs. J.-L. Vallens ; *Leden* mars 2024, p. 5, obs. G. Dedessus-Le Moustier ; *D. actu.* 10 janv. 2024, obs. A. Cerati ; *RTD com.* 2024, p. 173, obs. A. Martin-Cerf ; *BJE* mars 2024. 56, A. Donnette ; *JCP S* 2024. 1033, obs. S. Golshani et K. Pagani ; *RPC* mars 2024, n° 34, obs. F. Taquet.
10. Soc. 13 juin 1990, n° 86-45.216 ; – Soc. 22 juin 1993, n° 90-44.705 ; – Soc. 14 déc. 2004, n° 03-41.713 ; – Soc. 23 nov. 2005, n° 03-46.944 ; – Soc. 10 oct. 2006, n° 04-40.325.
11. Cass., ch. mixte, 7 juill. 2006, n° 04-14.788.
12. Soc. 19 mai 2010, n°s 09-40.901 et 09-40.903.
13. Soc. 6 mai 1978 ; *JCP CI* 1978, I, 7287, p. 256, n° 6, obs. B. Teyssié et R. Descotte.
14. Soc. 11 mars 2003, n° 01-41.842 ; *Gaz. Pal.* 22 mai 2003, n° 142, note B. Boubli.
15. Soc. 6 nov. 2019, n° 17-28.002.
16. Soc. 8 déc. 2016, n° 14-28.401 ; *JCP S* 2017. 1032, note L. Fin-Langer ; *Leden* mars 2017, comm. 110n9, obs. G. Dedessus-Le-Moustier ; *BJE* mai-juin 2017. 232, note A. Donnette-Boissière ; *Rev. proc. coll.* mai-juin 2017, comm. 77, note D. Jacotot – V. en sens contraire : Soc. 22 avr. 1992, n° 90-44.566 ; – Soc. 28 mai 1997, n° 94-43.561.
17. Soc. 9 mars 2016, n° 14-11.862.

d'obtenir une indemnisation liée à la rupture de son contrat de travail par son ancien employeur ou d'agir en justice pour demander la poursuite dudit contrat avec le cessionnaire[1].

Pour pouvoir soulever l'application de l'article L. 1224-1 du Code du travail, il revient à l'AGS d'établir la fraude du salarié et non celle des employeurs successifs. En effet, la fraude résulte le plus souvent de l'intention du cédant de l'entité économique de livrer au cessionnaire une entreprise vidée de ses salariés, afin que celui-ci mette en place un nouveau personnel. Si le salarié ne réclame pas le transfert de son contrat de travail, l'AGS devra garantir les créances résultant de la rupture dudit contrat.

732.36 Exception en présence d'une fraude. Pour refuser sa garantie, l'AGS peut se fonder sur la fraude à ses droits. La fraude à la loi peut se définir comme l'utilisation de moyens réguliers pour agir de manière illicite et se soustraire à l'exécution d'une règle de droit obligatoire[2]. Il s'agit de faire sciemment échec à la loi.

Dès lors que les signataires d'un accord d'entreprise connaissaient l'impossibilité pour l'employeur de faire face aux obligations qu'il mettait à sa charge, causant nécessairement à l'AGS un préjudice, la fraude est caractérisée[3].

De même, l'augmentation substantielle de salaire et la prime de rendement accordées à la salariée excédant notablement les capacités financières de la société et n'ayant pour but que de lui consentir des avantages au détriment de l'AGS sont constitutives d'une fraude[4].

Il y a encore fraude lorsqu'une personne se présente comme un salarié licencié quelques mois avant la liquidation judiciaire, alors que le lien de subordination n'était pas établi, que l'intéressé avait créé plusieurs sociétés toutes placées en liquidation judiciaire et qu'il avait placé à la tête de la société débitrice, dans la procédure de laquelle il recherchait une prise en charge par l'AGS, deux maçons sans compétence réelle pour exercer les fonctions de gérant et nettement moins bien rémunérés que l'intéressé[5].

Le délai de prescription de cette action en reconnaissance est de 5 ans à compter de la découverte notamment de la fraude[6].

1. Soc. 20 mars 2002, n° 00-41.651.
2. H. Barbier, J. Ghestin, *Traité de droit civil, Introduction générale*, LGDJ, 5e éd., 2020, n° 816.
3. Basse-Terre, 13 mai 2013, RG n° 10/02508 ; *Rev. proc. coll.* 2015, comm. 122, note G. Blanc.
4. Nancy, 14 mars 2014, RG n° 13/01014 ; *Rev. proc. coll.* 2015, comm. 123, note G. Blanc.
5. Soc. 6 janv. 2021, n° 19-19.491, NP ; *Leden* févr. 2021, comm. 114a0, note Urbain.

§ 4
Modalités entourant la contestation de l'AGS

732.41 Information communiquée au mandataire judiciaire. Si l'AGS refuse sa garantie, elle doit le faire savoir au représentant des créanciers[7]. Elle n'était pas enfermée, pour cela, dans un délai de forclusion[8] mais la solution a été modifiée par un décret du 28 décembre 2005[9]. L'article R. 625-6, alinéa 1, du Code de commerce[10] prévoit désormais que l'AGS fait connaître au mandataire judiciaire son refus de régler une créance figurant sur un relevé, dans les mêmes délais que ceux qui sont prévus aux articles L. 3253-19 à L. 3253-21 du Code du travail, c'est-à-dire dans les délais impartis pour effectuer les avances[11]. Autrement dit, elle dispose de cinq jours suivant la réception des relevés pour les créances superprivilégiées et de huit jours pour les autres créances pour délivrer des fonds ou opposer un refus de garantie. La Cour de cassation a cependant écarté l'idée de sanction de l'inobservation du délai pour contester la créance, puisque la saisine de la juridiction prud'homale pour obtenir la fixation de sa créance et la garantie de l'AGS est à l'initiative du salarié[12].

732.42 Nature de l'information transmise. L'article R. 625-6 du Code de commerce oblige à faire connaître la nature et le montant de la créance refusée, ainsi que le motif.

Dans certaines hypothèses, après avoir analysé le relevé de créances salariales, l'AGS peut également solliciter auprès du mandataire judiciaire des pièces complémentaires avant de se prononcer définitivement. Toutefois, cette institution ne peut pas légalement mettre en suspens sa décision dans l'attente de la transmission desdites pièces. Elle devra, dans un premier temps, refuser l'application de la garantie dans les délais visés à l'article L. 3253-21 du Code du travail[13] et, dans un second temps, régler un nouveau relevé de

6. Soc. 15 janv. 2025, n° 23-11.765, P ; *Procédures* avr. 2025, comm. 91, A. Bugada ; *JCP S* 2025. 1073, note Y. Pagnerre ; *BJT* févr. 2025, p. 14, obs. S. Ranc.
7. C. com., art. L. 625-4.
8. Soc. 20 mai 1992, n° 90-41.061, P V, n° 323 ; *D.* 1993. Somm. 367, obs. crit. A. Honorat ; – Soc. 9 juin 1994, n° 93-41.083, NP ; *Rev. proc. coll.* 1995, 243, obs. F. Taquet ; – Soc. 1er févr. 2001, n° 97-45.009, P V, n° 35 ; *Act. proc. coll.* 2001/5, n° 62.
9. Décr. n° 2005-1677, 28 déc. 2005 pris en application de la loi n° 2005-845 du 26 juillet 2005 de sauvegarde des entreprises, *JO* 29 déc., p. 20324.
10. Anct Décr. 28 déc. 2005, art. 121, al. 1.
11. P. Le Cannu et D. Robine, *Droit des entreprises en difficulté*, 9e éd., « Précis », Dalloz, 2022, n° 536 – *J.-Cl. com.*, fasc. 2605 : Privilège des salariés et garantie de paiement, par A. Jaquemont, 2007, n° 42.
12. Soc. 20 mai 1992 ; *Bull. civ.* V, n° 323.
13. C. trav. R. 625-6.

créances salariales en cas de transmission de justificatifs complémentaires.

Le représentant des créanciers doit ensuite avertir le salarié concerné et le représentant des salariés du refus de l'AGS, en utilisant par précaution la forme recommandée[1].

SECTION 2 CONTESTATION DES DÉCISIONS DE JUSTICE EXÉCUTOIRES

§ 1 Principe d'opposabilité des décisions de justice à l'AGS

732.51 Règle d'appréciation du caractère définitif de la décision. L'ancien article L. 143-11-7 du Code du travail disposait que l'AGS « avance les sommes correspondant à des créances définitivement établies par décision de justice, même si les délais de garantie sont expirés ». Le Ministre des Affaires sociales a précisé que l'expression « créance définitivement établie par décision de justice » implique que la décision qui fixe la créance ne puisse faire l'objet d'aucun recours de quelque nature que ce soit[2]. Ainsi, les créances octroyées par des décisions revêtues de l'exécution provisoire, rendues en référé, ou frappées d'un pourvoi en cassation, n'avaient pas à être exécutées par l'AGS en raison de leur caractère non définitif[3]. En effet, la créance n'est pas définitivement établie puisque « la décision qui la fixe est susceptible d'être cassée dans un premier temps, puis, le cas échéant, infirmée »[4]. En dérogeant aux règles relatives à l'exécution des décisions de justice, le législateur entendait éviter les actions en répétition de l'indu[5]. La décision de justice devait donc être irrévocable.

La Chambre sociale de la Cour de cassation n'a pas retenue cette solution et a estimé que la décision de la Cour d'appel revêtue de la force de chose jugée s'impose à l'AGS[6]. Si celle-ci est devenue exécutoire, elle est opposable de plein droit à cette institution[7], peu important qu'elle n'ait pas été appelée à l'instance[8] et que ses délais de garantie soient expirés[9]. Le caractère définitif de la décision est apprécié de la même manière par les Chambres civile[10] et commerciale[11] de la Cour de cassation. Ainsi, il a pu être jugé que « la notion de décision définitive, qui peut être attaquée par une voie de recours, doit être distinguée de celle de décision irrévocable, qui ne peut plus être remise en cause par l'exercice d'une voie de recours ordinaire ou extraordinaire »[12]. Lorsque le jugement est exécutoire par sa notification ou signification et qu'il passe en force de chose jugée[13], il devient « définitif » et permet au créancier de se prévaloir de son exécution[14]. Le Conseil d'État retient également la même analyse en énonçant que « la décision d'une juridiction statuant en dernier ressort présentant un caractère définitif alors même qu'elle peut encore faire l'objet ou qu'elle a fait l'objet d'un pourvoi en cassation (...) »[15].

La loi du 17 juillet 2001[16] est venue donner une assise légale à ce principe jurisprudentiel en modifiant l'article L. 143-11-7 du Code du travail. La nouvelle rédaction de cet article, reprise aujourd'hui à l'article L. 3253-15 du Code du travail, est la suivante : l'AGS « avance les sommes correspondant à des créances établies par décision de justice *exécutoire*, même si les délais de garantie sont expirés ». Faute de distinction par le texte, l'exécution à titre provisoire et l'exécution à titre définitif sont concernées.

732.52 Opposabilité des décisions de justice exécutoires. Le jugement rendu par la juridiction prud'homale peut être assorti de l'exécution provisoire qui correspond au droit accordé par la loi ou par le juge à la partie bénéficiaire d'un jugement

1. G. Bolard (dir.), *Diligences des mandataires de justice et recommandations*, IFPPC, 5e éd., 1999, nos 1130-4, 6016-4, p. 37, 142.
2. Réponses ministérielles, *JOAN Q* 22 févr. 1988, p. 729 ; *JOAN Q* 15 avr. 1991, p. 1533 ; *JOAN Q* 24 août 1992, p. 3946.
3. Soc. 23 sept. 1992, n° 91-44.242 ; L.-C. Henry, « Les nouvelles règles de vérification et de paiement des créances salariales », *Dr. soc.* 1986. 678.
4. Rép. Min. n° 34918, *JO* déb. Ass. Nat. 22 févr. 1988, p. 789.
5. EN CE SENS : Grenoble 19 janv. 1989 ; *Rev. proc. coll.* 1989-4, p. 583, n° 17, obs. B. Soinne ; *D.* 1991, som. com. 109, obs. F. Derrida ; – V. également réponse à la question écrite au ministre de la Justice réitérant cette position : Déb. ass. nat., 6-10 août 1992, n° 52724 – Soc. 23 sept. 1992 ; *Rev. proc. coll.* 1993-2, n° 8, p. 324, obs. E. Kerckhove ; F. Taquet, « Les nouvelles règles relatives à l'opposabilité des décisions de justice à l'AGS », *Rev. proc. coll.* 1991, p. 244 ; J. Blanchard, « Le sort des créances salariales dans le cadre des procédures collectives », *Rev. proc. coll.* 2001, p. 242.
6. Cass., ord , 13 oct. 1991 ; *Dr. soc.* 1993, n° 9/10, p. 764 ; – Soc. 1er juin 1994 ; *Bull. civ.* V, n° 183 ; *D.* 1995. 76, note C. Souweine ; *Dr. soc.* 1994, n° 9/10, p. 814, obs. F. Derrida ; *RJS* 1994. 586, n° 991.
7. Soc. 5 juin 2012, n° 11-17.673 ; *Gaz. Pal.* proc. coll. 3 août 2012, n° 216, p. 33, note C. Gailhbaud.
8. Soc. 15 juin 1999, n° 96-43.750 ; *Bull. civ.* V, n° 278 ; – Soc. 18 nov. 2003, n° 01-43.735 ; – Soc. 27 janv. 2010, n° 08-45.131 ; – Soc. 27 nov. 2013, n° 11-28.585.
9. Soc. 18 nov. 2003 ; *RJS* 1/2004, n° 51.
10. Civ. 2e, 4 juill. 2007, n° 06-14.610 ; – Civ. 3e, 4 mai 2016, n° 15-14.892.
11. Com. 23 mai 2006, n° 05-11.989 ; – Aix-en-Provence, 10 mai 2013, n° 11/10293.
12. Civ. 2e, 8 juill. 2004, n° 02-15.893.
13. Selon l'article 500 du Code de procédure civile « a force de chose jugée le jugement qui n'est susceptible d'aucun recours suspensif ».
14. Com. 22 nov. 2011, n° 10-24.129.
15. CE 11 avr. 2014, req. n° 368401.
16. L. n° 2001-624, 17 juill. 2001 portant diverses dispositions d'ordre social, éducatif et culturel, *JO* 18 juill. 2001.

d'en poursuivre l'exécution malgré l'effet suspensif des voies de recours [1]. L'exécution provisoire est donc soit de droit, soit ordonnée par le juge. Dans le deuxième cas, le juge peut l'ordonner à la demande d'une partie ou d'office.

En vertu de l'article 524 du Code de procédure civile, l'AGS peut toutefois demander la suspension de l'exécution provisoire au premier Président de la Cour d'appel si elle est de nature à engendrer des conséquences manifestement excessives. À défaut, l'AGS devra, sur présentation d'un relevé de créances salariales, procéder à l'avance des sommes fixées par une décision de justice exécutoire. Elle risque d'être condamnée, en cas de résistance abusive, au paiement de dommages et intérêts. En effet, la Cour de cassation a précisé « qu'en se refusant à faire l'avance des fonds correspondant au montant d'une condamnation exécutoire par provision, l'AGS avait causé un trouble manifestement illicite au regard de ses obligations légales, auquel il devait être mis fin » [2].

En toute circonstance, le versement des fonds ne se fait jamais entre les mains du salarié. L'AGS avancera les sommes au mandataire judiciaire, au commissaire à l'exécution du plan ou au greffe, ces derniers étant en quelque sorte les commissionnaires du paiement de la créance au salarié [3]. De même, si la décision exécutoire est par la suite infirmée, les sommes auront été indûment versées. L'AGS devra se rapprocher du mandataire judiciaire afin qu'il recouvre les sommes perçues à tort par le salarié.

§ 2
Contestation par l'AGS des décisions de justice rendues antérieurement au jugement d'ouverture de la procédure collective

732.61 Recevabilité de la tierce opposition formée par l'AGS. Une décision de condamnation de l'employeur intervenue avant jugement d'ouverture, assortie de l'exécution provisoire, est opposable de plein droit à l'AGS [4]. Cependant, elle peut la frapper de tierce opposition, dès lors qu'elle a une incidence sur le principe ou l'étendue de la garantie [5]. En effet, l'article L. 3253-15, alinéa 2, du Code du travail doit être interprété à la lumière de l'article L. 625-4 du Code de commerce, selon lequel l'AGS dispose d'un droit propre à contestation. En raison de l'effet relatif des jugements, la décision n'est opposable qu'aux parties au procès. Ainsi, l'AGS qui ne pouvait pas être présente, ni représentée à l'instance antérieure à l'ouverture de la procédure collective, est recevable à former tierce-opposition [6].

732.62 Portée de la tierce opposition formée par l'AGS. Selon l'article 582 du Code de procédure civile, la tierce opposition « remet en question relativement à son auteur les points jugés qu'elle critique, pour qu'il soit à nouveau statué en fait et en droit ». Ainsi, lorsque l'AGS souhaite contester le principe de la créance allouée par la juridiction prud'homale (montant des dommages et intérêts, qualité de salarié, créance non justifiée), elle devra former tierce-opposition à l'encontre de la décision afin que le litige soit à nouveau tranché en fait et en droit.

La contestation n'est plus possible si une décision fixant les droits du salarié a été rendue opposable à l'AGS par la mise en cause de celle-ci dans le cadre de l'instance ayant conduit à la décision, dès lors que cette institution n'a pas soutenu que la créance pouvait être payée sur les disponibilités de l'entreprise [7].

En revanche, si la contestation ne porte que sur l'étendue de la garantie de l'AGS, celle-ci peut opposer un refus au mandataire judiciaire sans avoir besoin de former tierce-opposition à l'encontre de la décision exécutoire rendue antérieurement au jugement d'ouverture. En effet, cette décision ne pouvait statuer sur l'opposabilité des créances à l'AGS, faute d'ouverture d'une procédure collective et de mise en jeu de la garantie (exemple d'une créance se situant en dehors du champ d'application de la garantie).

SECTION 3
CONTENTIEUX RÉSULTANT DU REFUS DE L'AGS DE PROCÉDER À DES AVANCES

§ 1
Contestation judiciaire du refus de garantie opposé par l'AGS

732.71 Action personnelle du salarié contre l'AGS. Le mandataire judiciaire ne peut contester la décision de l'AGS. Son rôle se limite à retranscrire

1. C. proc. civ. art. 514 ; G. Cornu, *Association Henri Capitant, Vocabulaire juridique*, Puf, 14e éd., 2022.
2. Soc. 31 mai 2005, n° 03-43.767 ; – Soc. 5 juin 2012, n° 11-17.673.
3. P. Lafarge et Th. Méteyé, « L'AGS et le contentieux prud'homal dans la procédure de redressement en liquidation judiciaire des entreprises », *Gaz. Pal.* 1987. 391.
4. Soc. 5 juin 2012, n° 11-17.673, NP ; *Gaz. Pal. entr. diff.* 3 août 2012, n° 216, p. 33, note C. Gailhbaud.
5. Soc. 5 mars 2025, n° 23-20.065, *Act. proc. coll.* n° 7, 4 avr. 2025, al. 77 ; – Soc. 28 sept. 2011, n° 10-19.764, NP ; *Gaz. Pal. entr. diff.* 21 janv. 2012, n° 20, p. 42, note Ph. Duprat – Paris, 3 juill. 1992, *BICC* 1992, n° 1885.
6. Soc. 1er déc. 1999, n° 99-44.567 ; *Act. Proc. Coll.* n° 2, 2000, n° 20, obs. N. Fricero – Soc. 22 mars 2006, n° 03-46.097 ; – Soc. 28 sept. 2011, n° 10-19.764 – Soc. 27 nov. 2013, n° 11-28.585 ; – Bordeaux 11 janv. 2023, RG n° 19/05337, *BJE* juill. 2023, n° 4, p. 36, obs. B. Saintourens.
7. Civ. 2e, 21 sept. 2000, n° 98-14.151, P II, n° 130.

l'information au salarié titulaire de la créance. L'action en contestation de la décision de refus de l'AGS d'intervenir en garantie peut donc émaner uniquement du salarié[1]. Il s'agit d'une action strictement personnelle. Ainsi, lorsque le salarié a été averti par le mandataire judiciaire du refus de sa créance, il peut saisir la juridiction prud'homale pour contester la décision de l'AGS. Ce n'est qu'une faculté.

732.72 Nature de l'action. La jurisprudence refusait, avant l'entrée en vigueur de la loi du 25 janvier 1985, toute action directe des salariés contre l'AGS[2]. Une action directe a été cependant admise soit dans le cas d'une carence du syndic[3], soit dans le cas où la procédure ayant été clôturée par un concordat, le syndic avait cessé ses fonctions[4].

Désormais, l'action est dirigée directement contre l'AGS et non contre le mandataire judiciaire[5]. Le salarié qui entend contester la décision de l'AGS, peut alors agir contre elle, même si les créances fondant sa demande sont antérieures au jugement d'ouverture. L'AGS est un tiers au débiteur et le salarié n'est donc pas affecté par la règle de l'arrêt des poursuites individuelles. Dans ce type de contentieux, l'AGS n'est pas intervenante forcée, elle est partie à l'instance en tant que défendeur principal[6]. En effet, le litige ne porte pas sur les obligations de l'employeur à l'occasion de l'exécution du contrat de travail, mais sur l'application de sa garantie. De part cette procédure contentieuse spécifique, elle se distingue des organes de la procédure collective et des autres créanciers du débiteur[7].

732.73 Modalités procédurales entourant l'action. L'instance qui résulte d'une contestation de l'AGS s'inscrit dans le cadre de l'article L. 625-4 du Code de commerce et les modalités procédurales de ce type de contentieux diffèrent de celles résultant des articles L. 625-1 (contestation de la créance par le mandataire judiciaire) et L. 625-3 (instance en cours au jour du jugement d'ouverture) du Code de commerce. L'affaire est portée directement devant le bureau de jugement du conseil de prud'hommes, comme pour les contentieux visés à l'article L. 625-1 du Code de commerce[8]. Une assistance ou une représentation en justice du salarié par le représentant des salariés est possible[9].

Le salarié concerné par le refus peut saisir la juridiction prud'homale sans délai[10]. En effet, aucune forclusion n'a été prévue par le législateur dans cette hypothèse. La Cour de cassation a précisé que le délai de deux mois impartis au salarié qui conteste l'omission de sa créance sur le relevé de créances établi par le mandataire judiciaire, n'est pas applicable[11]. Ainsi, la prescription de droit commun doit recevoir application.

Le fait que la juridiction puisse être saisie par le salarié sans être enfermé dans un quelconque délai[12] autorise l'action même après la clôture de la liquidation judiciaire.

L'absence de contestation du relevé des créances salariales reste sans incidence sur le droit du salarié à contester le refus de prise en charge par l'AGS[13].

Le salarié devra assigner l'AGS, en mettant en cause le représentant des créanciers, ainsi que l'employeur ou l'administrateur, mais seulement si ce dernier a mission de représentation. En liquidation, il mettra en cause le liquidateur. Toutefois, l'absence de mise en cause de l'administrateur judiciaire ou du commissaire à l'exécution du plan n'est pas un motif d'irrecevabilité de l'action, laquelle est principalement dirigée contre l'AGS[14].

L'ancienne règle de l'unicité de l'instance[15] selon laquelle toutes les demandes liées au contrat de travail

1. Soc. 21 mars 1989, n°s 87-19.377, 88-10.219 ; *Bull. civ.* V, n° 233 ; *D.* 1991. 107, obs. F. Derrida.
2. Soc. 6 juill. 1981, n° 80-12.192 ; *Gaz. Pal.* 1982, Pan. 57 – Soc. 25 avr. 1984, n° 82-12.476 – Soc. 19 nov. 1987, n° 85-45.055 ; *D.* 1987. IR 246 ; *JCP G* 1988. IV. 36 ; *Gaz. Pal.* 1988. I. Pan. 26 ; *Gaz. Pal.* 1988, Pan. 26.
3. Soc. 23 mars 1982, n° 81-11.032 ; *Bull. civ.* V, n° 210.
4. Soc. 4 juin 1982, n° 81-12.455 ; *Gaz. Pal.* 1982. II. 320 ; *D.* 1983. IR 4, obs. F. Derrida ; *Bull. civ.* V, n° 372 ; *JCP Cl.* 1983. 11677, obs. M. Cabrillac et M. Vivant – Soc. 26 févr. 1986, n° 84-11.290 ; *JCP G* 1986. IV. 130 – *Gaz. Pal.* 1986. I. Pan. 16.
5. C. com., art. L. 625-4, L. 631-18 et L. 641-14.
6. Elle pourra donc être condamnée aux dépens de l'instance et à l'art. 700 C. proc. civ. : Soc. 22 oct. 2003, n° 01-45.731.
7. Soc. 2 juill. 1992, n° 90-40.581, P V, n° 441.
8. C. com., art. L. 625-5 – Soc. 21 mars 1989, n°s 87-19.377, 88-10.219, P V, n° 233 ; *D.* 1991. Somm. 108, obs. F. Derrida ; *JCP E* 1989. II. 15599, obs. P. Pétel ; – Soc. 4 juin 2003 ; *Bull. civ.* V, n° 188 ; *Act. Proc. Coll.* n° 13, 2003, n° 177 ; – Soc. 5 déc. 2006 ; *RJS* /2007, n° 376 ; – Soc. 23 oct. 2010 ; *JCP S* 2011. 1032 ; – Soc. 23 oct. 2012 ; *JCP S* 2013. 1039, note L. Fin-Langer. Le juge des référés reste toutefois compétent pour les demandes qui ne sont pas liées à l'application de la garantie de l'AGS.
9. À l'inverse lorsque le litige est en cours au moment du jugement d'ouverture, l'article L. 625-3 du Code du travail ne prévoit pas cette assistance ou représentation. En effet, le rôle du représentant des salariés n'intervient que dans le cadre de la procédure de vérification des créances puisqu'il doit signer les relevés de créances établis par le mandataire judiciaire.
10. Seul le salarié peut saisir la juridiction prud'homale : Soc. 21 mars 1989, n°s 87-19.377, 88-10.219 ; *Bull. civ.* V, n° 233 ; *D.* 1991. 108, obs. F. Derrida ; *Gaz. Pal.* 1989. I. Pan. 107 ; *BICC* 1989, n° 284, p. 5 ; *JCP E* 1989. II. 377.
11. Soc. 1er févr. 2001, n° 97-45.001 ; *Bull. civ.* V, n° 35.
12. Soc. 7 juill. 2021, n° 18-18.943, F-B ; *Act. proc. coll.* 2021, comm. 208, obs. L. Fin-Langer ; *Rev. proc. coll.* sept.-oct. 2021, comm. 137, note F. Taquet.
13. Soc. 7 juill. 2021, n° 18-18.943, F-B, préc.
14. Soc. 21 déc. 2006, n° 04-45.720 ; *Bull. civ.* V, n° 410 ; *D.* 2007, obs. A. Lienhard ; *Act. proc. coll.* 2007/3, n° 30, note C. Neau-Leduc.
15. Abrogée par Décr. n° 2016-660, 20 mars 2016, art 8, issu de la L. n° 2015-990, 6 août 2015 pour la croissance, l'activité et l'égalité des chances.

entre les mêmes parties font l'objet d'une seule instance est inapplicable lorsque le litige est fondé sur un refus de garantie de l'AGS[1].

Le jugement du Conseil des prud'hommes qui, par l'instance introduite par le salarié, est saisi du refus de l'AGS, quelle qu'en soit la cause, de régler une créance figurant sur un relevé de créances salariales, ne se prononce pas sur la compétence, mais statue sur le seul bien ou mal fondé de la décision de l'AGS. Il ne peut, en conséquence, être attaqué que par la voie de l'appel, non par la voie du contredit[2].

§ 2
Issue de l'action engagée par le salarié

732.81 **Portée de l'action.** L'action se limite à critiquer le refus d'avancer les fonds correspondant à une créance figurant sur le relevé transmis par le mandataire judiciaire. Le salarié ne peut formuler de nouvelles demandes. En effet, lorsque le litige s'inscrit dans le cadre des dispositions de l'article L. 625-4 du Code de commerce, le salarié ne peut pas réclamer le paiement d'une créance non inscrite sur le relevé ou d'un montant supérieur à celui retenu par le représentant des créanciers. Ce type de litige relève de l'application de l'article L. 625-1 du Code de commerce et non, de l'article L. 625-4 du même Code. La juridiction prud'homale ne peut que se prononcer sur le refus de l'AGS lié aux créances inscrites sur un relevé. À défaut, elle commettrait un excès de pouvoir.

732.82 **Absence de condamnation de l'AGS.** L'AGS ne peut être condamnée à verser directement les sommes entre les mains du salarié[3]. Il n'existe aucun lien juridique direct entre cette institution et le salarié. L'action prud'homale tend à faire reconnaître judiciairement que la créance litigieuse répond aux conditions d'intervention de l'AGS. Le jugement aboutira, le cas échéant, à l'opposabilité de la créance à l'AGS et à son obligation d'avoir à verser les sommes contestées entre les mains du mandataire judiciaire. En effet, le juge statue sur le bien-fondé du refus de l'AGS, quelle qu'en soit l'origine, et ne peut être attaqué que par la voie d'appel, même si le conseil de prud'hommes s'est déclaré incompétent[4].

L'AGS peut faire appel de la décision, à moins que le montant de la demande du salarié, qui seul doit être prise en compte pour la recevabilité de l'appel, ne soit inférieur au taux du ressort du Conseil des prud'hommes[5]. Le salarié, pour sa part, est recevable en son appel incident, sur un jugement réparant une omission de statuer[6].

732.83 **Exécution de la décision par l'AGS.** L'organe compétent (mandataire judiciaire, commissaire à l'exécution du plan ou greffier) devra transmettre à l'AGS un nouveau relevé de créances comportant les sommes qui lui sont rendues opposables afin de la contraindre à s'exécuter. Les avances seront ensuite effectuées entre les mains du représentant des créanciers, à charge pour ce dernier de désintéresser le salarié[7]. Cependant, rien n'interdit de condamner l'AGS aux dépens de l'instance et à l'article 700 du Code de procédure civile dans ce type d'instance[8].

1. Soc. 26 mai 2015, n° 14-10.579 ; *Gaz. Pal.* 20 oct. 2015, n° 291, p. 33, note P. Duprat.
2. Soc. 26 mars 2014, n° 12-27.138, P V, n° 83 ; n° 629 FS-P+B ; *Act. proc. coll.* 2014/8, comm. 163, note L. Fin-Langer ; *Gaz. Pal.* 25 mai 2014, n° 145, p. 43, note V. Orif.
3. Com. 20 nov. 2002, n° 00-45.373 ; Act. Proc coll. 2003/1, n° 9 ; Soc. 18 nov. 2020, n° 19-15.795 ; *Act. proc. coll.* 2021, n° 1, al. 8, comm. L. Fin-Langer ; *JCP E* 2020. 1383, note G. Dedessus-Le-Moustier ; *Leden* janv. 2021, n° 113y3, p. 7, note F. Joly ; *JSL* n° 513, note O. Philippot, H. Clément ; *Dr. soc.* 2021. 55, note D. Bondat ; *D. actu.* 14 déc. 2020, note C. Couëdel.
4. Soc. 26 mars 2014, n° 12-27.138 ; *Bull. civ.* V, n° 84 ; *Act. proc. coll.* 2014/8, comm. 163, note L. Fin-Langer ; *Gaz. Pal.* 25 mai 2014, n° 145, p. 43, note V. Orif ; *JCP S* 2014. 1391, note S. Brissy.
5. Soc. 23 mai 2006, n° 03-45.447, P V, n° 183 ; *Act. proc. coll.* 2006/12, n° 151.
6. Soc. 4 mars 2008, n° 06-45.221, P V, n° 44 ; *Act. proc. coll.* 20085/6, n° 104, note P. Cagnoli.
7. Soc. 30 mai 1990, n° 87-43.422 ; – Soc. 11 juin 1992, n° 89-43.138 ; – Soc. 26 janv. 2000, n° 96-42.376 ; – Soc. 16 déc. 2008, n° 07-16.446 ; – Soc. 2 juill. 2014, n° 13-11.948.
8. Soc. 22 oct. 2003, n° 01-45.731, NP.

CHAPITRE

733. Règlement des avances par l'AGS

SECTION 0
ORIENTEUR

733.00 **Sommaire du chapitre.**

Sect. 1 Transmission des relevés de créances à l'AGS 733.11 à 733.24
§ 1 Intervention conditionnée à la réception d'un relevé de créances salariales 733.11 à 733.13
§ 2 Versement des fonds entre les mains du mandataire judiciaire 733.21 à 733.24
Sect. 2 Paiement des salariés par le mandataire judiciaire suite aux avances de l'AGS 733.31 à 733.41
§ 1 Émancipation des salariés de la règle de l'interdiction des paiements 733.31 à 733.32
§ 2 Délai de paiement des créances salariales 733.41
Sect. 3 Déclaration de créance de l'AGS 733.51 à 733.62
§ 1 Créances concernées par la déclaration 733.51 à 733.52
§ 2 Délai de la déclaration de créances de l'AGS 733.61 à 733.62
Sect. 4 Déclaration à l'administration fiscale des sommes versées par l'AGS 733.71 à 733.72

733.01 **Textes applicables.**

• **C. com.**

art. L. 625-1 [Vérification des créances salariales par le mandataire judiciaire]

art. L. 625-2 [Vérification des relevés de créances salariales par le représentant des salariés]

art. L. 625-4 [Contestation de relevé de créances par l'AGS]

art. L. 625-6 [Retranscription des relevés sur l'état des créances]

art. L. 625-9 [Garanties de paiement des créances salariales]

art. L. 631-18, al. 1 [Application des dispositions légales au redressement judiciaire]

art. L. 641-14, al. 1 [Application des dispositions légales à la liquidation judiciaire]

art. R. 625-1 [Établissement des relevés]

art. R. 625-2 [Contenu des relevés]

art. R. 625-3 [Information des salariés et des tiers sur le contenu des relevés]

art. R. 631-32 [Application des articles R. 625-1 à R. 625-7 au redressement judiciaire]

• **C. trav.**

art. L. 3253-8 [Domaine d'application de la garantie]

art. L. 3253-15 [Modalités d'intervention de la garantie]

art. L. 3253-19 [Délais d'établissement des relevés de créances salariales]

art. L. 3253-21 [Modalités de paiement des créances par l'AGS]

733.02 **Jurisprudences de référence.**

> Le règlement des créances salariales doit être effectué entre les mains du mandataire judiciaire

• **Soc. 18 oct. 1989,** n° 88-44.174

* V. s^s n° 733.21

> L'AGS doit directement verser les sommes entre les mains du salarié en présence d'une procédure d'insolvabilité transnationale

• **Soc. 6 mars 2019,** n° 17-16.472

* V. s^s n° 733.22

733.03 **Bibliographie indicative.**

> Encyclopédie. *J.-Cl. com.*, fasc. 2450 : Privilège des salariés et garantie de paiement, par A. Jacquemont, 2007.

> Articles. A. Arséguel et Th. Méteyé, « Les aspects sociaux de la procédure de sauvegarde », *Rev. proc. coll.* 2008, p. 117 – B. Bezian, « La garantie des créances salariales dans le cadre d'une procédure de redressement judiciaire », *Dr. sociétés* 1991, 715 – A. Charbin, « La situation des salariés de l'entreprise en difficulté », *RJS* 1999. 743 – H. de Fremont, « Droit du travail et procédure collective : une réforme impossible ? », *BJE* mars 2014. 123 – L. Fin-Langer et J. Vallansan, « AGS et plan de redressement », *Rev. proc. coll.* mars/avr. 2019, Dossier 8, p. 74 – C. Gailhbaud, « L'AGS dans la procédure de sauvegarde » *LPA* 28 nov. 2008, n° 239, p. 3 ; « L'AGS face à l'exécution », *in Mesures d'exécution et procédures collectives*, « Procédures », Bruylant, 2012, p. 129 – D. Jacotot, « Résiliation judiciaire du contrat de travail et garantie de l'AGS », *Rev. proc. coll.* 2010, comm. 14 – F.-X. Lucas, « Quarante années de prise en charge des créances salariales dans les procédures collectives », *BJE* 2014. 409 – Th. Météyé, « Garantie AGS : jusqu'où peut-on aller trop loin ? », *Dr. soc.* 2002. 972 ; « L'intervention de l'AGS dans les procédures de sauvegarde », *Gaz. proc. coll.* 2006, p. 3 ; « Loi de sauvegarde des entreprises : le point de vue de l'AGS », *LPA* 17 févr. 2006, n° 35, p. 48 ; « La place de l'AGS dans les procédures collectives », *Rev. proc. coll.* 2008, p. 11, n° 1 ; « L'évolution du champ d'intervention de l'AGS : de la sécurité juridique à l'insécurité juridique et économique », colloque de l'*AJDE*, Toulouse 10 sept. 2010, *Rev. proc. coll.* 2011, Dossier 4, p. 67 ; « Le droit social des entreprises en difficulté », *Rev. proc. coll.* 2014, Dossier 39 ; « Le traitement des créances salariales : l'AGS », *BJE* janv.-févr. 2017. 54 – A.-L. Peries, « Intervention de l'AGS, l'expansion accrue du régime de garantie sous l'influence de la jurisprudence (1998-2001) », *JCP E* 2002, *Cah. Dr. soc.* (supplément), n° 10, 7 mars 2002 – P. Pétel, « L'AGS et la réforme des procédures collectives », *RJ com.* 2006/3, p. 174 ; « Les critères de prise en charge de la garantie AGS : quarante ans d'évolution », *BJE* 2014. 411 – C. Saint-Alary-Houin, « L'efficacité des garanties garantissant les créances salariales », *Dr. sociétés* 1987, 842 ; « L'évolution de la garantie de l'AGS, plus... toujours plus ! », *Rev. proc. coll.* mars/avr. 2019, Dossier 5, p. 62 – J.-C. Savignac et Th. Météyé, « L'AGS, 40 ans de solidarité et d'engagement au cœur des enjeux des procédures collectives », *BJE* 2014. 407 – F. Taquet, « Le nouveau champ d'application de l'AGS – Article 177 de la loi n° 2005-845 du 26 juillet 2005 de sauvegarde des entreprises », *Rev. proc. coll.* 2005, p. 295 ; « L'intervention de l'AGS : état des lieux et réflexions... », *in Entreprises en difficulté et droit du travail*, Ceprisca, Puf, 2007, p. 77 – R. Vatinet, « Garantie de l'AGS et sort du contrat de travail en cas de procédure collective », *D.* 2003. Chron. 287 – D. Ronet-Yague, « Les vicissitudes du contentieux de l'AGS en 2023 », *Gaz. Pal.* 5 déc. 2023, n° 40, p. 52 – F. Aknin, « Le droit social appliqué aux procédures collectives », *JCP S* 2023, n° 42, 1272.

> **Colloques.** « L'AGS au cœur du traitement des difficultés des entreprises », dir. scient. Ph. Roussel Galle, Paris, 5 déc. 2018, *Rev. proc. coll.* mars/avr. 2019, Dossier 3, p. 56 s.

733.04 **Questions essentielles.**

> De quelle manière la garantie de l'AGS est-elle déclenchée ?

* V. s[s] n° 733.11

> L'AGS doit-elle déclarer les créances avancées dans le cadre de la procédure collective ?

* V. s[s] n° 733.51

SECTION 1
TRANSMISSION DES RELEVÉS DE CRÉANCES À L'AGS

§ 1
Intervention conditionnée à la réception d'un relevé de créances salariales

733.11 **Délivrance des fonds conditionnée à l'action du mandataire judiciaire.** Après avoir obtenu le visa par le juge-commissaire, le mandataire judiciaire transmet les relevés de créances salariales à l'AGS s'il a sollicité son intervention. En effet, la garantie n'est actionnée que par la transmission d'un relevé de créances établit par le mandataire judiciaire[1]. Sans ce document, établi pour chaque salarié de manière individuelle, cette institution n'effectuera aucune avance.

D'ailleurs, lorsque le contentieux est porté devant la Cour de cassation, pour que le défendeur puisse solliciter la radiation du pourvoi pour non-exécution de la décision sur le fondement de l'article 1009-1 du Code de procédure civile, il convient de s'assurer que le représentant des créanciers ait bien respecté les diligences lui incombant en adressant à l'AGS un relevé de créances. À défaut, le Président de la Cour de cassation estime que l'AGS « se trouve dans l'impossibilité juridique d'exécuter la décision attaquée » si aucun relevé ne lui a été adressé[2].

733.12 **Règles applicables en droit communautaire.** L'article L. 3253-18-4 du Code du travail reprend la même solution qu'en droit national en prévoyant que l'AGS procède au versement des fonds « sur présentation par le syndic étranger ou par toute personne exerçant une fonction similaire à celle du mandataire judiciaire, de l'administrateur judiciaire ou du liquidateur, des relevés de créances impayées ».

Par conséquent, même si la procédure de vérification des créances salariales est propre à chaque droit national, la transmission d'un relevé de créances par le praticien de l'insolvabilité est une condition nécessaire au déclenchement de la garantie de l'AGS.

Dans la continuité de l'article L. 3253-15 du Code du travail, l'article L. 3253-18-8 prévoit que lorsque le syndic étranger a cessé ses fonctions, l'AGS versera les sommes dues au salarié sur présentation par celui-ci des pièces justifiant du montant de sa créance. Il est expressément mentionné que « dans ce cas, les dispositions relatives aux relevés des créances ne sont pas applicables ». En effet, en droit communautaire, le mandat de commissaire à l'exécution du plan ou

1. Sur l'établissement des relevés de créances salariales, v. s[s] n°s 612.11 s.
2. Ord., 2 juin 2022, n° 90-585.

la profession de greffier ne sont pas forcément connus. Il s'agit donc d'une exception à l'obligation de transmettre un relevé de créances pour déclencher la garantie de l'AGS.

733.13 Délais de transmission des relevés de créances salariales à l'AGS. L'article R. 625-1 du Code de commerce vient préciser que les relevés sont remis à l'AGS avant l'expiration des délais prévus à l'article L. 3253-19 du Code du travail. À la lecture de cet article, le mandataire judiciaire devrait en théorie, pour chaque catégorie de créances, recueillir les informations sur les éléments qui constituent le passif social, établir les relevés de créances, obtenir la signature du représentant des salariés et du juge-commissaire et les avoir transmis à l'AGS dans les dix jours ou trois mois suivant le jugement d'ouverture ou l'expiration des périodes de garantie.

La volonté d'accélérer le processus d'établissement et de transmission des relevés de créances est clairement affichée par le législateur, mais aucune sanction n'est prévue en cas de non-respect de ces délais.

Les demandes d'avances sont adressées aux centres de gestion et d'études (CGEA) de la Délégation Unédic AGS, lesquels traitent directement les relevés de créances salariales.

§ 2
Versement des fonds entre les mains du mandataire judiciaire

733.21 Destinataire des avances. Le règlement des créances salariales doit être fait, non entre les mains des salariés [1], mais entre celles du mandataire judiciaire ou du liquidateur. L'AGS n'avance donc pas les fonds directement au salarié car son principal interlocuteur est le mandataire judiciaire [2].

733.22 Dispositions spéciales applicables aux faillites transnationales. Les dispositions relatives aux faillites transnationales diffèrent de celles applicables en droit interne. L'article L. 3253-18-5 du Code du travail prévoit que les sommes figurant sur les relevés de créances restées impayées sont directement versées au salarié dans les huit jours suivant la réception de la demande d'avance.

La Cour de cassation veille à l'application de ses dispositions spéciales en décidant que le salarié ne doit pas être lésé de l'utilisation des fonds faite par le praticien de l'insolvabilité et de l'erreur commise par l'AGS sur le destinataire des avances. En constatant que cette institution « avait d'une part, remis les fonds constituant la créance salariale à un tiers qui n'était pas l'auteur du relevé des créances et non habilité à les transmettre et d'autre part, n'avait pas vérifié que les fonds allaient être réellement versés au salarié, la Cour d'appel en a exactement déduit que l'AGS [CGEA] avait commis une faute » [3]. Cette difficulté ne devrait plus se rencontrer puisque depuis la transposition en droit français de la directive européenne du 23 septembre 2002 par la loi du 30 janvier 2008, l'article L. 3253-18-5 du Code du travail prévoit que le versement des sommes figurant sur le relevé s'effectue directement entre les mains du salarié.

733.23 Délais pour effectuer les avances entre les mains du mandataire judiciaire. L'AGS est soumise à des délais très encadrés pour procéder au règlement de ses avances. La présentation des relevés de créances salariales est suffisante pour faire courir le délai légal du déblocage des fonds entre les mains du mandataire judiciaire, sans que le salarié ait à prouver, que l'entreprise ne dispose pas de fonds suffisants [4].

L'article L. 3253-21 du Code du travail précise que cette institution doit procéder à des avances dans les cinq ou les huit jours de la réception des relevés de créances salariales. Elle doit donc prendre position dans ce délai et ne peut suspendre le paiement dans l'attente de justificatifs complémentaires. Les créances super privilégiées doivent être réglées dans les cinq jours de la réception des relevés de créances salariales. Ces relevés doivent eux-mêmes être établis dans les dix jours du jugement d'ouverture. Ainsi le règlement devra être effectué dans les quinze jours du jugement d'ouverture.

L'AGS doit également avancer les sommes dues suite au prononcé de la liquidation judiciaire, ainsi que les salaires nés durant le délai de réflexion d'un salarié auquel ait proposé d'adhérer au contrat de sécurisation professionnelle dans les cinq jours.

Elle doit enfin mettre à disposition du mandataire judiciaire les fonds nécessaires pour payer toutes les autres créances couvertes par la garantie, notamment les créances salariales autres que les créances

1. Soc. 18 oct. 1989, nº 88-44.174, NP ; *JCP E* 1990. 15768, nº 6, obs. P. Pétel ; – Soc. 21 mars 1990, nº 87-41.404, P V, nº 133 ; – Soc. 30 mai 1990, nº 87-43.422, P V, nº 253 ; – Soc. 18 mars 2008, nº 07-13.472, NP ; *Gaz. proc. coll.* 2008/3, p. 55, note Ph. Duprat ; *Act. proc. coll.* 2008/7, nº 113.
2. Soc. 18 oct. 1989 ; *JCP E* 1990 ; 15768, obs. P. Pétel ; – Soc. 21 mars 1990 ; *D.* 1990. IR 102 (Interdiction du paiement directement aux salariés) ; – Soc. 12 févr. 1991, nº 88-42.353 ; – Soc. 26 juin 2000 ; *Rev. proc. coll.* 2000-3, p. 106, nº 13, obs. F. Taquet ; – Soc. 20 nov. 2002, nº 00-45.373 ; – Soc. 5 janv. 2005, nº 02-43.726 ; – Soc. 10 janv. 2006, nº 04-14.008 ; – Soc. 16 déc. 2008, nº 07-16.446 ; P. Morvan, « L'AGS ne paie pas directement les salariés », JCP S 2006, nº 23.
3. Soc. 6 mars 2019, nº 17-16.472 ; *Act. proc. coll.* avr. 2019, nº 8, 110, obs. L. Fin-Langer ; *Gaz. Pal.* 9 juill. 2019, nº 25, p. 71, obs. L. Ben Cheikh-Vecchioni.
4. Soc. 21 oct. 1998, nº 96-19.865, P V, nº 441 ; *D. Affaires* 1998, 1982, obs. C. Dechristé.

super privilégiées qui sont dues à la date du jugement d'ouverture, dans les huit jours de la réception des relevés de créances salariales. Ces relevés doivent eux-mêmes être établis dans les trois mois du jugement d'ouverture ou suivant l'expiration du délai de garantie. Ainsi le règlement devra-t-il être effectué dans un délai maximal de trois mois et huit jours.

En outre, second bénéfice accordé ici aux salariés, les créances définitivement établies par décisions de justice devront être avancées, même si les périodes de garantie sont expirées[1]. Il s'agit là des créances qui résultent de décisions de justice passées en force de chose jugée avant le jugement d'ouverture, peu important qu'elles soient frappées de pourvoi[2], le contraire ayant cependant été jugé[3].

Les délais légaux de règlement des avances protègent les salariés des aléas de la procédure collective. Toutefois, ici encore, il est à regretter qu'aucune sanction n'ait été prévue par le législateur en cas de non-respect de ces délais.

733.24 Contestation de l'état des créances par un tiers. L'article L. 3253-15 du Code du travail précise que l'AGS avance les sommes comprises dans le relevé établi par le mandataire judiciaire, même en cas de contestation par un tiers. Par cette mesure, les salariés sont protégés contre les longueurs de la procédure civile.

Si l'issue de la contestation leur est défavorable, les fonds indûment perçus devront être restitués à cet organisme. Si le salarié a connaissance d'un contentieux, il lui revient d'être vigilant dans l'utilisation des sommes perçues par l'AGS.

L'absence de lien juridique entre l'AGS et le salarié ayant reçu le paiement soulève des difficultés. En effet, cette institution ne peut agir directement en recouvrement de son indu. Seul le mandataire judiciaire peut demander aux salariés ou aux organismes sociaux la restitution des sommes avancées à tort[4]. En cas d'inaction de ce dernier, elle sera habilitée à agir sur le fondement de l'action oblique[5].

1. Soc. 1er juin 1994, nos 91-43.477, 91-43.479, P V, no 183 ; *D.* 1995, jur. 76, note C. Souweine ; *LPA* 12 oct. 1994, p. 18, note F. Derrida.
2. Soc. 1er juin 1994, nos 91-43.477, 91-43.479, préc.
3. Grenoble, 19 janv. 1989, *D.* 1991. Somm. 109, obs. F. Derrida.
4. Il lui incombe ensuite de restituer les fonds à l'AGS : Civ. 2e, 12 juill. 2012, no 11-19.080.
5. Soc. 17 oct. 2000, no 98-42.654 ; – Civ. 2e, 12 juill. 2012, no 11-19.080 ; – Paris, 9 sept. 2014, no 12-04.700.

SECTION 2
PAIEMENT DES SALARIÉS PAR LE MANDATAIRE JUDICIAIRE SUITE AUX AVANCES DE L'AGS

§ 1
Émancipation des salariés de la règle de l'interdiction des paiements

733.31 Autorisation du juge-commissaire pour régler les créances superprivilégiées. Les créances salariales n'échappent pas à la règle de l'interdiction des paiements. Si elles sont antérieures au jugement d'ouverture, il est interdit de les payer[6]. Une exception est toutefois prévue pour les créances couvertes par le superprivilège des salaires[7]. L'article L. 625-8 du Code de commerce indique que nonobstant l'existence de tout autre créance, les créances superprivilégiées doivent, sur autorisation du juge-commissaire, être payées dans les dix jours du prononcé du jugement ouvrant la procédure par le débiteur ou, lorsqu'il a une mission d'assistance, par l'administrateur, s'il dispose des fonds nécessaires.

En outre, avec l'autorisation du juge-commissaire et dans la limite des fonds disponibles, le débiteur ou l'administrateur doit verser immédiatement aux salariés à titre provisionnel, une somme égale à un mois de salaire impayé sur la base du dernier bulletin de salaire.

733.32 Absence d'autorisation du juge-commissaire en cas d'intervention de l'AGS. Si l'autorisation du juge-commissaire est nécessaire pour pouvoir régler les créances salariales sur les fonds disponibles de l'entreprise, cette autorisation n'est pas requise lorsque la garantie de l'AGS est sollicitée. En effet, l'interdiction des paiements ne vise que les paiements effectués par le débiteur et non par les tiers. Le patrimoine du débiteur n'est pas directement impacté par le recours à la garantie de l'AGS puisque ses avances ne font que transiter par le mandataire judiciaire. Elles n'intégreront pas l'actif de l'entreprise servant au désintéressement de l'ensemble des créanciers. Ainsi, le mandataire judiciaire peut solliciter l'intervention de l'AGS pour régler les créances antérieures au jugement d'ouverture de la procédure collective sans avoir à obtenir au préalable l'autorisation du juge-commissaire.

Peu important le rang de la créance antérieure, superprivilégiée, privilégiée ou chirographaire, la règle de l'interdiction des paiements ne pourra être opposée aux salariés lorsque les fonds proviennent des avances effectuées par l'AGS.

6. Sur le principe de l'interdiction des paiements, v. ss no 032.21.
7. Sur le paiement des créances superprivilégiées, v. ss no 033.11.

§ 2
Délai de paiement des créances salariales

733.41 Reversement immédiat des fonds perçus par l'AGS. Le mandataire judiciaire a la charge de reverser immédiatement les sommes qu'il a perçues par l'AGS aux salariés et organismes créanciers [1].

Une exception au principe de versement entre les mains des organes de la procédure est posée par l'article L. 3253-21 du Code du travail, qui résulte de la loi du 26 juillet 2005. Selon ce texte, par dérogation aux dispositions des trois alinéas précédents, l'avance des contributions de l'employeur au financement du contrat de sécurisation professionnelle est versée directement à France Travail. Les dispositions de l'article 24 de la loi du 26 juillet 2005 sont applicables aux accords mentionnés à l'article L. 1233-68 du Code du travail conclus à compter du 1er avril 2005 [2].

L'expression « immédiatement » doit s'entendre comme un paiement à bref délai, effectué sous la responsabilité du mandataire judiciaire [3]. Si le délai de paiement est estimé trop long par le salarié, ce dernier pourra saisir le juge-commissaire qui, le cas échéant, donnera injonction au mandataire de justice de régler les créances salariales. Le juge des référés est incompétent en la matière [4]. La responsabilité du mandataire judiciaire a été retenu pour un paiement intervenu trop tardivement [5]. Le mandataire judiciaire risque donc d'engager sa responsabilité professionnelle s'il conserve entre ses mains les avances effectuées par l'AGS au profit des salariés.

Le mandataire judiciaire doit également informer le représentant des salariés du paiement effectué au salarié. Cette obligation d'information se justifie au regard du rôle d'interlocuteur privilégié que joue le représentant des salariés.

Si l'AGS a fait l'avance de sommes qui, finalement ne seront pas versées aux salariés, il appartiendra aux organes de la procédure collective ayant perçu les avances de les lui restituer [6].

1. Soc. 25 avr. 1984, *D.* 1984. IR 397, A. Honorat ; – Soc. 20 nov. 2002 ; *Act. proc. coll.* 17 janv. 2003.
2. L. n° 2005-841, 26 juill. 2005 relative au développement des services à la personne et portant diverses mesures en faveur de la cohésion sociale, art. 36, VI.
3. G. Bolard (dir.), *Diligences des mandataires de justice et recommandations*, IFPPC, 5e éd., 1999, nos 1130-5, 6016-5, p. 37, 142.
4. Versailles, 10 janv. 1992, *Gaz. Pal.* 1992. I, Somm. 237.
5. Bordeaux, 13 avr. 2010, RG n° 08/07295.
6. C. com., art. R. 625-4.

SECTION 3
DÉCLARATION DE CRÉANCE DE L'AGS

§ 1
Créances concernées par la déclaration

733.51 Soumission de l'AGS à la discipline collective. Une différence de traitement est opérée entre les salariés et l'AGS. Contrairement aux salariés, l'article L. 622-24 du Code de commerce vient poser le principe de la déclaration de créances des avances effectuées par cette institution dans le cadre de la procédure collective.

Cette disposition légale indique que « les institutions mentionnées à l'article L. 3253-14 du Code du travail sont soumises aux dispositions du présent article pour les sommes qu'elles ont avancées et qui leur sont remboursées dans les conditions prévues pour les créances nées antérieurement au jugement ouvrant la procédure ». Pour pouvoir comprendre les contours de ce texte, il convient de se référer aux dispositions de l'article L. 3253-16 du Code du travail relatif à la subrogation de l'AGS dans les droits des salariés. Cet article distingue plusieurs hypothèses et neutralise les effets de la subrogation pour « les autres sommes avancées dans le cadre de ces procédures (redressement et liquidation judiciaires) ». Ces créances seront remboursées à l'AGS dans les conditions prévues par les dispositions du livre VI du Code de commerce pour le règlement des créances nées antérieurement au jugement d'ouverture de la procédure collective et bénéficieront des privilèges qui y sont attachés.

Il faut déduire de la combinaison de ces dispositions légales que l'AGS se soumet à la discipline collective, et donc à la déclaration de créances, pour une partie de ses avances.

Pleinement subrogée dans les droits des salariés, elle ne devra pas procéder à une déclaration de créances pour les avances effectuées dans le cadre d'une procédure de sauvegarde. Notons que dans cette procédure l'AGS n'avance pas de créances antérieures au jugement d'ouverture sauf en présence d'une conversion en redressement ou en liquidation judiciaire.

De même, la subrogation n'est pas neutralisée pour les créances superprivilégiées et les sommes dues suite au prononcé de la liquidation judiciaire dans la limite d'un mois et demi de travail, ce qui dispense l'AGS de déclaration. D'ailleurs, les créances avancées suite au prononcé de la liquidation judiciaire sont éligibles au traitement préférentiel et bénéficient du privilège de procédure prévu aux articles L. 622-17 et L. 641-13 du Code de commerce. Les créanciers postérieurs éligibles au traitement préférentiel ne sont pas soumis à l'obligation de déclaration des créances. Toutefois, depuis la loi du 26 juillet 2005, un véritable privilège de procédure leur a été conféré. Les dispositions du Code de commerce prévoient que ce privilège est perdu si les créanciers ne l'ont pas porté, dans le délai d'un an à compter de la fin de la période d'observation, à la connaissance du mandataire judiciaire et de l'administrateur lorsqu'il en a été désigné un[1]. Du fait de ce risque de perte, l'AGS est tenue de porter à la connaissance du représentant des créanciers les avances effectuées pour les créances nées au cours de la période d'observation. Pour autant, cette information n'est pas assimilable à une déclaration de créance. Les effets qui sont attachés à ces deux actes ne sont pas similaires. La déclaration de créance tend à fixer la créance au passif de la procédure collective afin de pouvoir participer aux répartitions, tandis que le privilège vise à obtenir une priorité de paiement.

En revanche, toutes les autres sommes, telles que les créances antérieures qui ne relèvent pas du superprivilège ou celles avancées suite à la rupture des contrats de travail en procédure de redressement ou de liquidation judiciaire doivent être déclarées.

En outre, l'AGS avance des créances résultant de la rupture des contrats de travail intervenue dans le mois suivant l'arrêté du plan de sauvegarde, de redressement ou de cession. Ces dernières ne sont pas des créances de la procédure collective puisque le débiteur est redevenu *in bonis*. Elles doivent être payées à l'échéance et, en conséquence, ne doivent pas faire l'objet d'une déclaration de créance.

En pratique et par précaution, la totalité des créances avancées au mandataire judiciaire font l'objet d'une déclaration, peu importante la nature antérieure ou postérieure des créances et les rangs y afférents.

733.52 Contenu de la déclaration de créances de l'AGS. L'article R. 622-21 du Code de commerce indique que l'AGS déclare les créances figurant sur les relevés prévus à l'article L. 625-1 du Code de commerce, y compris celles qu'elles refusent de régler pour quelque cause que ce soit. Ainsi, non seulement l'AGS doit déclarer les sommes pour lesquelles elle est devenue créancière du débiteur, mais aussi celles pour lesquelles elle s'oppose à une prise en charge des créances. Dans cette dernière hypothèse, seul le salarié conserve son droit de créance sur l'employeur.

En quelque sorte, le passif social sera scindé en deux : d'une part, les créances pour lesquelles un remboursement doit être opéré auprès de l'AGS en fonction des rangs dont elle dispose dans la procédure collective ; d'autre part, les créances salariales qui ont été vérifiées et admises par le mandataire judiciaire au profit du salarié, mais dont l'AGS a refusé d'effectuer une avance. Dans ce cas, le créancier principal restera le salarié qui n'a pas été désintéressé de sa créance.

1. C. com., art. L. 622-17.

§ 2
Délai de la déclaration de créances de l'AGS

733.61 Dérogation au délai de droit commun de la déclaration de créances. Les créanciers antérieurs doivent effectuer leur déclaration de créances dans un délai de deux mois à compter de la publication du jugement d'ouverture de la procédure collective au Bulletin officiel des annonces civiles et commerciales (*Bodacc*)[2]. Le point de départ de ce délai est reporté à la date d'exigibilité des créances pour les créanciers postérieurs non éligibles au traitement préférentiel[3].

L'article R. 622-21 du Code de commerce dispose que l'AGS bénéficie d'un délai spécial pour effectuer cette déclaration. En effet, le respect du délai de deux mois pour effectuer la déclaration de créances aurait été impossible à respecter au regard de la période où les avances sont sollicitées.

La production des créances doit être formalisée auprès du mandataire judiciaire dans le délai de quinze jours après l'expiration des délais de règlement prévus au 3° alinéa de l'ancien article L. 143-11-7 du Code du travail, L. 3253-21 nouveau[4].

Par conséquent, à compter de la réception des relevés de créances, l'AGS dispose d'un délai maximum de cinq jours + quinze jours, soit vingt jours pour déclarer les créances avancées figurant sur les relevés 1 et 3 visés à l'article L. 3253-19 du Code du travail. Elle a huit jours + quinze jours, soit vingt-trois jours pour déclarer les avances effectuées au titre des relevés 2 et 4.

733.62 Sanction liée à l'absence de déclaration de créances. Conformément au droit commun, la sanction liée à l'absence de transmission des bordereaux de déclaration est l'inopposabilité de la créance à la procédure collective. Autrement dit, le créancier conserve son droit de créance mais celui-ci est réputé ne pas exister à l'égard de la procédure collective. L'inopposabilité désigne une inefficacité de l'acte juridique vis à vis des créanciers et de leur représentant. De ce fait, l'AGS ne pourra pas bénéficier des dividendes prévus pour apurer le passif du débiteur ou des répartitions si elle ne déclare pas ses avances.

2. C. com., art. R. 622-24 – Ce délai ne court pas en cas d'erreur dans la publication ou en son absence, Com. 12 avr. 2005, n° 03-20.691 ; – Com. 9 janv. 2001, n° 98-11.002.
3. C. com., art. L. 622-24, al. 6 ; L. 631-14, I ; L. 641-3, al. 2. P. Pétel, « Les créanciers postérieurs », *Rev. proc. coll.* 2006/2, p. 142 s., n° 24.
4. C. com., art. R. 622-21, 4° – Cet article renvoi à l'article L. 143-11-7, al. 3 issu de la L. 25 janv. 1985.

Si elle arrive à démontrer que la défaillance n'est pas due à son propre fait, ce qui semble difficile à prouver en pratique, elle pourra solliciter un relevé de forclusion en adressant une demande auprès du juge-commissaire, dans un délai de six mois à compter de l'expiration du délai pendant lequel les créances résultant du contrat de travail sont garanties [1].

Les créances déclarées par l'AGS n'obéissent pas aux règles de droit commun et ne semblent pas être soumises au contrôle du juge-commissaire. La Cour d'appel de Paris a-t-elle ainsi pu souligner que « les créances déclarées par le CGEA [AGS], subrogé dans les droits des salariés sont de nature salariale et obéissent à la procédure de vérification instituée par les anciens articles L. 621-125 [L. 625-1 nouveau] et suivants du Code de commerce [...] ; qu'elle s'interroge dès lors sur le pouvoir juridictionnel donné en l'espèce au juge-commissaire ; que les débats seront donc rouverts afin de permettre aux parties [...] de s'expliquer sur la saisine du juge-commissaire et sur la compétence de ce dernier » [2].

La Cour de cassation a, quant à elle, précisé que « l'AGS qui a fait l'avance de sommes dues en vertu d'une décision exécutoire et qui est légalement subrogée dans les droits du salarié, n'est pas tenue de justifier, avant de déclarer sa créance, que la dette salariale de l'employeur résultant de cette décision a été portée sur l'état des créances » [3].

SECTION 4

DÉCLARATION À L'ADMINISTRATION FISCALE DES SOMMES VERSÉES PAR L'AGS

733.71 Principe légal de la déclaration. Toute somme versée par l'AGS doit être déclarée à l'administration fiscale, selon, l'article L. 622-19 du Code de commerce, texte de la procédure de sauvegarde applicable en redressement judiciaire [4]. Cette mesure s'applique également en liquidation judiciaire [5].

733.72 Auteur de la déclaration. Cette déclaration, précise l'article R. 622-17 du Code de commerce, incombe au débiteur en sauvegarde. La solution est adaptée en redressement judiciaire, l'obligation d'information est faite par l'administrateur judiciaire, s'il en a été désigné un avec mission d'administration, ou par le débiteur dans le cas contraire [6].

En liquidation judiciaire, elle incombe, selon l'article L. 641-8 du Code de commerce au liquidateur.

1. C. com., art. L. 622-26.
2. Paris, 8 nov. 2007, RG n° 06/20852, RG n° 06/20855 ; – Paris, 17 janv. 2008, RG n° 07/08977.
3. Soc. 13 juill. 2010, n° 08-20.736.
4. C. com., art. L. 631-14, al. 1.
5. C. com., art. L. 641-8.
6. C. com., art. R. 631-22, al. 1.

CHAPITRE

734. Plafonnement de la garantie des salaires

SECTION 0
ORIENTEUR

734.00 **Sommaire du chapitre.**

Sect. 1 Consécration du plafond de garantie 734.11 à 734.22

§ 1 Évolution du plafonnement des avances 734.11 à 734.14

§ 2 Conformité du mécanisme de plafonnement aux normes suprêmes 734.21 à 734.22

Sect. 2 Mise en œuvre du plafond de garantie 734.31 à 734.44

§ 1 Méthode d'appréciation du plafond individuel du salarié 734.31 à 734.35

§ 2 Assiette de calcul du plafond de garantie 734.41 à 734.44

734.01 **Textes applicables.**

• **C. com.**

art. L. 625-1 [Vérification des créances salariales par le mandataire judiciaire]

art. L. 625-2 [Vérification des relevés de créances salariales par le représentant des salariés]

art. L. 625-4 [Contestation de relevé de créances par l'AGS]

art. L. 625-6 [Retranscription des relevés sur l'état des créances]

art. L. 625-9 [Garanties de paiement des créances salariales]

art. L. 631-18, al. 1 [Application des dispositions légales au redressement judiciaire]

art. L. 641-14, al. 1 [Application des dispositions légales à la liquidation judiciaire]

art. R. 625-1 [Établissement des relevés]

art. R. 625-2 [Contenu des relevés]

art. R. 625-3 [Information des salariés et des tiers sur le contenu des relevés]

art. R. 631-32 [Application des articles R. 625-1 à R. 625-7 au redressement judiciaire]

• **C. trav.**

art. L. 3253-8 [Domaine d'application de la garantie]

art. L. 3253-15 [Modalités d'intervention de la garantie]

art. L. 3253-17 [Plafond des avances]

art. L. 3253-19 [Délais d'établissement des relevés de créances salariales]

art. L. 3253-21 [Modalités de paiement des créances par l'AGS]

734.02 **Jurisprudences de référence.**

> Les créances des organismes sociaux, qui par hypothèse ne sont pas des créances détenues par les salariés, ne sont pas prises en compte dans les plafonds

• **Soc. 2 juill. 2014,** n° 13-11.948, P V, n° 163

* V. s[s] n° 734.35

> Le plafond des avances de l'AGS s'entend de la totalité des créances salariales, en ce compris le précompte effectué par l'employeur en vertu de l'article L. 242-3 du Code de la sécurité sociale au profit des organismes sociaux

• **Soc. 8 mars 2017,** n° 15-29.392, P V

* V. s[s] n° 734.35

734.03 **Bibliographie indicative.**

> Encyclopédie. *J.-Cl. com.*, fasc. 2450 : Privilège des salariés et garantie de paiement, par A. Jacquemont, 2007.

> Articles. D. Arlie, « Les plafonds de garantie des créances salariales sous l'éclairage de quelques arrêts récents », *JCP E* 2015, ét. 1384 – A. Arséguel et Th. Météyé, « Les aspects sociaux de la procédure de sauvegarde », *Rev. proc. coll.* 2008, p. 117 – B. Bezian, « La garantie des créances salariales dans le cadre d'une procédure de redressement judiciaire », *Dr. sociétés* 1991, 715 – A. Charbin, « Plafond 13 ou plafond 4 », *JCP E* 1999, n° 1856 ; « La situation des salariés de l'entreprise en difficulté », *RJS* 1999. 743 – H. de Fremont, « Droit du travail et procédure collective : une réforme impossible ? », *BJE* mars 2014. 123 – L. Fin-Langer et J. Vallansan, « AGS et plan de redressement », *Rev. proc. coll.* mars/avr. 2019, Dossier 8, p. 74 – C. Gailhbaud, « L'AGS dans la procédure de sauvegarde » *LPA* 28 nov. 2008, n° 239, p. 3 ; « L'AGS face à l'exécution », *in Mesures d'exécution et procédures collectives*, « Procédures », Bruylant, 2012, p. 129 – F.-X. Lucas, « Quarante années de prise en charge des créances salariales dans les procédures collectives », *BJE* 2014. 409 – Lyon-Caen, « Le double plafond de l'AGS, mythe ou réalité », *Dr. soc.* 2 févr. 1999, p. 152 – Th. Météyé, « Garantie AGS : jusqu'où peut-on aller trop loin ? », *Dr. soc.* 2002. 972 ; « L'intervention de l'AGS dans les procédures de sauvegarde », *Gaz. proc. coll.* 2006, p. 3 ; « Loi de sauvegarde des entreprises : le point de vue de l'AGS », *LPA* 17 févr. 2006, n° 35, p. 48 ; « La place de l'AGS dans les procédures collectives », *Rev. proc. coll.* 2008, p. 11, n° 1 ; « L'évolution du champ d'intervention de l'AGS : de la sécurité juridique à l'insécurité juridique et économique », colloque de l'*AJDE*, Toulouse 10 sept. 2010, *Rev. proc. coll.* 2011, Dossier 4, p. 67 ; « Le droit social des entreprises en difficulté », *Rev. proc. coll.* 2014, Dossier 39 ; « Le traitement des créances salariales : l'AGS », *BJE* janv.-févr. 2017. 54 – A.-L. Peries, « Intervention de l'AGS, l'expansion accrue du régime de garantie sous l'influence de la jurisprudence (1998-2001) », *JCP E* 2002, *Cah. Dr. soc.* (supplément), n° 10, 7 mars 2002 – P. Pétel, « L'AGS et la réforme des procédures collectives », *RJ com.* 2006/3, p. 174 ; « Les critères de prise en charge de la garantie AGS : quarante ans d'évolution », *BJE* 2014. 411 – C. Saint-Alary-Houin, « L'efficacité des garanties garantissant les créances salariales », *Dr. sociétés* 1987, 842 ; « L'évolution de la garantie de l'AGS, plus… toujours plus ! », *Rev. proc. coll.* mars/avr. 2019, Dossier 5, p. 62 – J.-C. Savignac et Th. Méteyé, « L'AGS, 40 ans de solidarité et d'engagement au cœur des enjeux des procédures collectives », *BJE* 2014. 407 – F. Taquet, « Le nouveau champ d'application de l'AGS – Article 177 de la loi n° 2005-845 du 26 juillet 2005 de sauvegarde des entreprises », *Rev. proc. coll.* 2005, p. 295 ; « L'intervention de l'AGS : état des lieux et réflexions… », *in Entreprises en difficulté et droit du travail*, Ceprisca, Puf, 2007, p. 77 ; « Le montant des sommes garanties par l'AGS ou la saga de la jurisprudence », *Rev. proc. coll.* 2016, Dossier 19 – R. Vatinet, « Garantie de l'AGS et sort du contrat de travail en cas de procédure collective », *D.* 2003. Chron. 287 – D. Ronet-Yague, « Les vicissitudes du contentieux de l'AGS en 2023 », *Gaz. Pal.* 5 déc. 2023, n° 40, p. 52. F. Aknin, « Le droit social appliqué aux procédures collectives », *JCP S* 2023, n° 42, 1272.

> **Colloques.** « L'AGS au cœur du traitement des difficultés des entreprises », dir. scient. Ph. Roussel Galle, Paris, 5 déc. 2018, *Rev. proc. coll.* mars/avr. 2019, Dossier 3, p. 56 s.

734.04 Questions essentielles.

> Quel est le montant maximum des avances de l'AGS ?

* V. s^s n° 734.34

> Quelle est l'assiette du plafond de garantie ?

* V. s^s n°s 734.41 à 734.44

SECTION 1
CONSÉCRATION DU PLAFOND DE GARANTIE

§ 1
Évolution du plafonnement des avances

734.11 Genèse du plafonnement des avances. La loi du 29 décembre 1973 [1] créant le régime de garantie des salaires n'avait pas fixé de limite au montant des avances effectuées par l'AGS. Deux ans plus tard, l'équilibre financier de cet organisme est mis en danger car les avances sont trop nombreuses et surtout trop élevées par rapport à leur remboursement [2]. Les cotisations patronales obligatoires contribuant au financement de l'AGS ont d'ailleurs été multipliées par quatre [3] durant ce laps de temps.

Le sénateur Rabineau indiquait dans son rapport en 1975, « le régime de garantie des créances salariales institué par la loi de 1973 s'annonçait initialement comme financièrement peu coûteux. L'Association pour la garantie des créances des salariés (AGS) se contentait de faire l'avance des sommes dues par les entreprises en règlement judiciaire ou en liquidation des biens, le gros des sommes correspondantes devant donner lieu à récupération. Au vu de l'enquête effectuée par l'Inspection générale des affaires sociales, il apparaissait que des cotisations fixées à 0,02 % des salaires suffiraient à financer la différence entre les avances faites et les sommes effectivement récupérées. La réalité a déçu ces espérances ».

Prenant conscience des vicissitudes de ce système et des abus constitutifs de fraude [4], le législateur choisit de restreindre le montant des avances de l'AGS en adoptant un système de « plafonnement ». Il s'agit d'une limite pécuniaire applicable aux créances dues aux salariés par l'employeur. L'exposé des motifs du projet de loi en 1975 résume l'objectif du texte : « pour permettre à l'AGS de retrouver un meilleur équilibre financier et mettre fin à certains abus, il apparaît indispensable de ne faire jouer la garantie individuelle des créances que dans la limite d'un plafond ». Ce mécanisme sera ainsi mis en place par la loi du 27 décembre 1975 [5].

Les avances effectuées par l'AGS pour chaque bénéficiaire deviennent ainsi limitées par une somme préalablement définie et encadrée par la loi. En application du décret du 25 novembre 1976 [6], le montant maximum des avances effectuées aux salariés est calculé par référence au plafond mensuel retenu pour le calcul des contributions au régime d'assurance chômage.

734.12 Mise en place des plafonds 4 et 13. L'ancien article L. 143-11-8 du Code du travail prévoyait que « la garantie des institutions mentionnées à

1. L. n° 73-1194, 29 déc. 1973, tendant à assurer en cas de règlement judiciaire ou de liquidation de biens le paiement des créances résultant du contrat de travail, *JO* 30 déc. 1973.
2. Doc. parl., Sénat, Rapp. Rabineau, n° *156*.
3. Taux au 1er janvier 1974 : 0,05 % ; taux au 1er janvier 1975 : 0,2 %.
4. exemples : contrats de travail conclus juste avant l'ouverture de la procédure collective, augmentation des salaires alors que le bilan de l'entreprise est déficitaire.
5. L. n° 75-1251, 27 déc. 1975 modifiant certaines dispositions du chapitre III du titre IV du livre 1er du code du travail relatives au paiement des créances résultant du contrat de travail en cas de règlement judiciaire ou de liquidation des biens, *JO* 30 déc.
6. Décr. 25 nov. 1976, n° 76-1065, *JO* 27 déc.

l'article L. 143-11-4 est limitée, toutes créances du salarié confondues, à un ou des montants fixés par décret, en référence au plafond mensuel retenu pour le calcul des contributions du régime d'assurance chômage prévu à la section II du chapitre Ier du titre V du livre III du présent Code ». Ce texte devait être articulé avec l'article D. 143-2 (ancien) du même Code qui instituait deux plafonds distincts, en fonction de l'ancienneté du salarié par rapport au jugement d'ouverture. Il précisait que « le montant maximum de garantie prévu à l'article L. 143-11-6 du Code du travail est fixé à treize fois le plafond mensuel retenu pour le calcul des contributions au régime d'assurance-chômage lorsque les créances résultent de dispositions législatives ou réglementaires, ou des stipulations d'une convention collective et sont nées d'un contrat de travail dont la date de conclusion est antérieure de plus de six mois à la décision prononçant le redressement judiciaire ou la liquidation de biens. Dans les autres cas, le montant de cette garantie est limité à quatre fois le plafond mentionné au premier alinéa précédent ». Deux plafonds, 4 et 13, étaient applicables en fonction de la situation du salarié.

Le plafond 4 était le principe et le plafond 13, l'exception. Les deux conditions cumulatives, à savoir l'ancienneté du contrat de travail et l'origine de la créance, devaient être réunies pour que le plafond 13 puisse être appliqué.

734.13 **Généralisation du plafond 13.** La Cour de cassation a été saisie à plusieurs reprises pour se prononcer sur le plafond applicable aux créances détenues par le salarié. À l'origine, elle imposait que l'existence, mais aussi le montant de la créance, proviennent de dispositions législatives, réglementaires ou des stipulations d'une convention collective. Dès lors que le montant de la créance (salaires, indemnités) était librement fixé par l'accord des parties et ce, même si l'existence résultait d'une disposition susvisée, le plafond 4 était appliqué[1].

Ainsi, l'indemnité de clientèle dont le principe, mais non le montant, était prévu par l'ancien article L. 751-9 du Code du travail[2] n'a pas bénéficié de l'application du plafond 13 puisqu'elle a été librement débattue par les parties. De la même manière, la créance due au titre de la rupture anticipée d'un contrat à durée déterminée ayant pour fondement légal l'ancien article L. 122-38 du Code du travail relevait du plafond 4 dès lors que la somme correspondait à une rémunération fixée par l'accord des parties[3].

Un revirement de jurisprudence s'est opéré au cours de l'année 1998. Contrairement aux décisions précédemment rendues, la Cour de cassation a estimé que le « plafond 13 » s'applique dès lors que la créance trouve son fondement dans une loi, un règlement ou une convention collective, peu important que son montant soit fixé par l'accord des parties[4]. Retenant l'application du plafond 13 dans de nombreuses hypothèses, la Cour de cassation en a progressivement consacré sa généralisation. Ainsi, elle a précisé que ce plafond était applicable à la créance d'indemnité pour licenciement sans cause réelle et sérieuse[5], à l'indemnisation d'un salarié protégé licencié sans autorisation administrative[6], à la créance de dommages-intérêts pour rupture anticipée[7], aux indemnités de congés payés, de préavis et de licenciement[8]. La solution s'applique encore à la créance constituée de rappels de salaires[9] ou à la créance indemnitaire résultant du non-respect par l'employeur du droit des salariés au repos compensateur[10]. À la suite de cette évolution, la Cour de cassation a même admis que des salariés indemnisés sur la base du « plafond 4 » puissent solliciter un complément d'indemnisation[11]. En outre, si les créances relèvent pour partie du « plafond 4 » et pour partie du « plafond 13 », l'intégralité de la créance relèvera du « plafond 13 »[12]. Enfin, dans un arrêt en date du 5 février 2014[13], la Haute juridiction a utilisé le mécanisme de

1. Soc. 13 mai 1980, n° 78-16.452 ; *Bull. civ.* V, n° 421 ; *D.* 1981, obs. P. Langlois ; – Soc. 8 janv. 1997, n° 95-40.596.
2. Soc. 11 mars 1992, recueil *D.* 1992. 119, cité *in* Chauvet, Garantie des salaires : l'appréciation du niveau de plafond qui va s'appliquer à la créance salariale en cas de pluralité de plafonds applicables, *D.* 1994. 301.
3. Soc. 22 avr. 1992, n° 89-45.444.
4. Soc. 15 déc. 1998, n° 98-40.937 ; *Bull. civ.* V, n° 550 ; *D.* 1999, note C. Souweine ; concl. P. Lyon-Caen, « Le double plafond de l'AGS : mythe ou réalité ? », *Dr. soc.* 1999. 152 ; obs. F. Taquet ; *Act. proc. coll.* 1999, comm. 56 ; *JCP E* 1999, n° *204, p. 5* – Dans le même sens : Soc. 10 mai 1999, n° 96-45.270 ; – Soc. 30 nov. 1999, n° 96-40.686 ; *Bull. civ.* V, n° 463 ; – Soc. 29 févr. 2000, n° 97-45.608 ; – Soc. 20 févr. 2002, n° 00-40.532, NP ; *Gaz. Pal.* 19-20 juill. 2002, pan. 24 ; *Rev. proc. coll.* 2002, p. 202, n° 1, obs. F. Taquet.
5. Soc. 12 janv. 1999, n° 95-42.101, P V, n° 10 ; – Soc. 8 févr. 2000, n° 99-42.021, NP ; *Rev. proc. coll.* 2001, 102, n° 5, obs. F. Taquet ; – Soc. 30 avr. 2003, n° 01-40.460, P V, n° 151 ; *JCP E* 2003, pan. 1077, n° 981 ; *Rev. proc. coll.* 2003, p. 250, n° 16, obs. F. Taquet.
6. Soc. 3 avr. 2001, n° 99-40.758, P V, n° 120.
7. Soc. 30 oct. 2000, n° 98-44.663, NP ; *Act. proc. coll.* 2001/2, n° 24.
8. Soc. 5 oct. 1999, n° 97-42.819, P V, n° 362, n° 3385-P.
9. Soc. 5 oct. 1999, n° 96-40.746, P V, n° 367, n° 3389-P.
10. Soc. 18 janv. 2000, n° 97-44.461, NP ; *Act. proc. coll.* 2000/6, n° 65.
11. Soc. 26 nov. 2003, n° 01-45.189, NP ; *Act. proc. coll.* 2004/1, n° 8, obs. J. Vallansan.
12. Soc. 30 nov. 1999, n° 96-40.686, P V, n° 463 ; *Rev. proc. coll.* 2000, 62, n° 7, obs. F. Taquet ; *Dr. soc.* 2000. 222, note C. Radé ; – Soc. 12 juin 2001, n°s 98-43.737, 98-40.936, 2 arrêts, NP ; *Rev. proc. coll.* 2001, p. 258, n° 7, obs. F. Taquet ; – Soc. 3 oct. 2001, n° 99-44.289, NP ; *Gaz. Pal.* 19-20 déc. 2001, pan. 30.
13. Soc. 5 févr. 2014, n° 12-29.189, note P.-M. Le Corre, « L'effet interversif de prescription attaché aux créances salariales figurant sur le relevé de créances salariales porté à l'état des créances », *JCP E* 28 août 2014, n° 35.

l'interversion de la prescription pour que des joueurs professionnels du club de football des Girondins de Bordeaux puissent bénéficier du plafond 13. La problématique de cette affaire consistait à savoir si le relevé de créance visé par le juge commissaire, dans un premier temps, et porté sur l'état des créances, dans un second temps, avait une valeur juridictionnelle, de sorte que le mécanisme d'interversion de la prescription quinquennale en prescription trentenaire était applicable au cas d'espèce (lequel était soumis aux dispositions antérieures à la loi du 17 juin 2008 ayant abrogé ce mécanisme). Il a été souligné que « le relevé des créances salariales, qui n'avait fait l'objet d'aucune contestation en ce qui concerne ces salariés, est porté sur l'état des créances déposé au greffe du tribunal de commerce et que cette admission au passif du redressement judiciaire revêt un caractère irrévocable, ce dont il résultait qu'elle entraînait la substitution de la prescription trentenaire à la prescription quinquennale ». Or, ni le visa du juge commissaire sur le relevé des créances salariales qui a simplement une valeur administrative de contrôle, ni l'intégration de ce relevé à l'état des créances qui constitue une simple liste des créances et des relevés de créances salariales, n'ont de valeur juridictionnelle et ne confèrent aux salariés un titre exécutoire[1]. D'ailleurs, la Chambre commerciale de la Cour de cassation ne retient pas la même solution. Dans un autre arrêt rendu le 4 juillet 2018, elle a précisé que « la décision rendue par une juridiction après reprise régulière d'une instance en cours à la date du jugement d'ouverture, laquelle instance tend uniquement à la constatation de la créance et à la fixation de son montant dans le cadre de la procédure collective, à l'exclusion de toute condamnation du débiteur, *ne constitue pas un titre exécutoire* et ne peut, dès lors, servir de fondement à une mesure d'exécution forcée pratiquée par le créancier à l'égard du débiteur »[2]. Partant, si la décision d'admission au passif rendue par le juge commissaire ne peut être analysée en un titre exécutoire puisque son seul objet est de rendre la créance opposable à la procédure collective, le simple visa apposé sur les relevés de créances salariales ne peut pas non plus être constitutif d'un tel titre. Comme le précise l'article L. 625-6 du Code de commerce, les relevés de créances salariales et les décisions prud'homales rendues au cours de la procédure collective sont des éléments composant l'état des créances. La retranscription des relevés sur l'état des créances n'aura pas pour effet de conférer un titre exécutoire au créancier puisque précisément ce document n'est assorti d'aucune formule exécutoire au sens du Code des procédures civiles d'exécution[3]. Il constitue seulement l'élément clé à partir duquel le mandataire de justice procédera aux répartitions entre les créanciers. Ainsi, le « plafond 4 » n'avait plus guère l'occasion de s'appliquer qu'aux créances nées d'un contrat de travail d'une antériorité inférieure à six mois par rapport au jugement d'ouverture.

734.14 Réforme du mécanisme de plafonnement. Le décret du 24 juillet 2003[4] est venu modifier l'article D. 143-2 du Code du travail pour abaisser les plafonds de garantie. Cette réforme avait pour but de « juguler la dégradation financière de l'AGS[5] accentuée par la généralisation du plafond 13 au détriment du plafond 4 »[6], opérée par la jurisprudence. Le texte supprime toute référence à l'origine de la créance, peu important qu'elle soit légale, règlementaire, issue d'une convention collective ou du contrat de travail.

Le plafond 13 est supprimé par le nouveau texte. Il est remplacé par les plafonds 5 ou 6. Ainsi, le plafond 4 continue de s'appliquer aux salariés ayant moins de six mois d'ancienneté dans l'entreprise au jour du jugement d'ouverture de la procédure collective. Le plafond 5 concerne les salariés embauchés depuis plus de six mois et moins de deux ans par rapport au jugement d'ouverture. Le plafond 6 est réservé aux salariés ayant au moins deux ans d'ancienneté.

Les nouvelles règles applicables aux plafonds de garantie concernent les procédures collectives ouvertes après le 29 juillet 2003. Si en raison des dates différentes auxquelles sont nées les créances, les unes relèvent du plafond 13 et les autres du plafond 6, ces plafonds sont respectivement applicables dans la limite globale du plafond 13[7]. Cette application distincte du plafond de garantie de l'AGS a été reprise dans un arrêt en date du 31 mars 2015[8], dans lequel

1. Agen, 17 mars 2015, RG n° 14/00577 ; note P.-M. Le Corre, « La valeur juridictionnelle du relevé des créances salariales », *BJE*, 1er juill. 2015, n° 4, p. 240.
2. Com. 4 juill. 2018, n° 16-22.986 ; *Gaz. Pal.* 15 janv. 2019, n° 2, p. 71, obs. P.-M. Le Corre ; *BJE* nov. 2018, n° 6, p. 445, obs. C. Hugon – Dans le même sens : Com. 4 juill. 2018, n° 16-20.205 ; *Gaz. Pal.* 9 oct. 2018, n° 34, p. 53, obs. A.-S. Siew-Guillemin.
3. C. pr. civ. ex., art. L. 111-3.
4. Décr. n° 2003-684, 24 juill. 2003, modifiant l'article D. 143-2 du code du travail, pris en application de l'article L. 143-11-8 du code du travail, relatif aux plafonds de garantie des salaires en cas d'insolvabilité des entreprises, *JO* 27 juill., p. 12757.
5. SUR la question : B. Soinne, « L'AGS est-elle en faillite ? », *Rev. proc. coll.* 2003, p. 291.
6. C. Régnaut-Moutier ; *Act. proc. coll.* 2003/14, n° 182.
7. Soc. 3 mai 2011, n° 10-14.297 ; *Gaz. Pal.* juill. 2011, n° 190, p. 16, note C. Gailhbaud ; dans le même sens Soc. 8 nov. 2011, n° 10-14.501.
8. Soc. 31 mars 2015, nos 13-21.184, 13-22.901, P V ; *Gaz. Pal. entr. diff.* 21 juill. 2015, n° 200, p. 27, note P. Duprat ; *LPA* 4 déc. 2015, n° 242, p. 10, note Th. Méteyé ; *BJE* juill. 2015. 255, note A. Donnette-Boissière ; *Rev. proc. coll.* 2015, comm. 63, note L. Fin-Langer ; *Act. proc. coll.* 2015/8, comm. 125, note L. Fin-Langer ; *Leden* 2015, comm. 090, note G. Dedessus-Le-Moustier – *Adde* : Ph. Roussel Galle et D. Jacotot, « Quand un plafond prend l'eau : à propos des plafonds de garantie de l'AGS », *Rev. proc. coll.* 2015, ét. 3 et *JCP E* 2015. 1011.

la Cour de cassation énonce que « la Cour d'appel qui a, par des motifs propres et adoptés, retenu que si les créances salariales étaient dues dès 1996, les créances indemnitaires sont nées, le 15 février 2005, à la date du prononcé de la résiliation judiciaire du contrat de travail aux torts de l'association, a exactement décidé que le plafond 13 devait s'appliquer aux salaires et le plafond 6 aux créances indemnitaires ou consécutives à la rupture du contrat de travail, a par ce seul motif légalement justifié sa décision ».

Le plafond de garantie de l'AGS s'applique une seule fois à l'ensemble des créances du salarié pour une même procédure collective. La Cour de cassation a précisé que le montant maximum de la garantie de l'AGS s'entend du montant des avances versées pour le compte du salarié, peu important les remboursements perçus par cet organisme subrogé dans les droits du salarié[1]. Par conséquent, on ne peut déduire du montant du plafond de garantie les sommes ayant fait l'objet d'un remboursement à l'AGS.

§ 2
Conformité du mécanisme de plafonnement aux normes suprêmes

734.21 Conformité à la Constitution. La Cour de cassation a estimé non sérieuse la question prioritaire de constitutionnalité (QPC) portant sur l'instauration de ces plafonds au regard des articles 1, 6, 15 de la Déclaration des droits de l'Homme et du citoyen et de l'article 5 du préambule de la Constitution de 1946. Le demandeur soutenait que l'instauration de ces plafonds serait contraire à la Constitution en instaurant une inégalité de traitement entre les salariés en fonction de leur rémunération, de leur ancienneté dans l'entreprise et du stade de la procédure collective, et porterait atteinte au droit à l'emploi, à l'accès au juge et au principe de responsabilité. Pour rejeter cette QPC, la Chambre sociale de la Cour de cassation a estimé que l'instauration d'un plafond de garantie « ne crée pas une atteinte disproportionnée aux droits des salariés » et répond à un motif d'intérêt général consistant en la recherche d'un nécessaire équilibre entre les droits de salariés et les charges supportées par les entreprises assurant le financement exclusif de l'AGS[2].

734.22 Conformité au droit européen. La législation française relative au plafonnement des avances de l'AGS est conforme aux normes européennes, puisque la directive européenne 2008/94/CE du 20 octobre 2008 permet aux États membres de limiter leur garantie de deux manières. Tout d'abord, l'article 4, § 2 de la directive susvisée précise que les États membres « fixent la durée de la période donnant lieu au paiement des créances impayées par l'institution de garantie ». Ensuite, l'article 4, § 3 dispose que « les États membres peuvent assigner des plafonds aux paiements effectuées par l'institution de garantie. Ces plafonds ne doivent pas être inférieurs à un seuil socialement compatible avec l'objectif social de la présente directive ».

Dès lors, en limitant le système de garantie de l'AGS, la loi française n'entre aucunement en contradiction avec les normes européennes. Au contraire, tous les États membres de l'Union européenne ont fixé des plafonds de garantie, mais leurs modalités de calcul sont très différentes. Le niveau de garantie oscille entre 1 850 euros et 25 000 euros. La quasitotalité des institutions de garantie ont fixé un plafond de garantie inférieur à 10 000 euros. Le système français de la garantie de l'AGS est donc particulièrement généreux.

Signalons d'ailleurs une décision de la CJUE qui admet la possibilité d'un plafond particulier pour les salariés à temps partiel[3].

SECTION 2
MISE EN ŒUVRE DU PLAFOND DE GARANTIE

§ 1
Méthode d'appréciation du plafond individuel du salarié

734.31 Détermination du plafond de garantie. Pour déterminer le montant du plafond applicable, il faut raisonner en deux temps : Tout d'abord, définir la date à laquelle le contrat de travail a été conclu. Cela permettra de connaître l'ancienneté du salarié par rapport au jugement d'ouverture et d'apprécier lequel des trois plafonds est applicable (4, 5, 6). Ensuite, il faudra déterminer la dernière créance due au salarié car c'est cet évènement qui dicte le quantum maximal auquel le salarié a droit (le plafond 6 de l'année de 2022 n'est pas le même que le plafond 6 de l'année 2023).

734.32 Détermination du multiple applicable. Le plafond de garantie applicable dépend de la durée qui s'est écoulée entre la date de la conclusion du contrat de travail et le jugement d'ouverture de la procédure collective. La date de conclusion du contrat de travail doit être communiquée au mandataire

1. Soc. 9 avr. 2008, n° 07-41.418, D. avr. 2008, obs. L. Perrin.
2. Soc. 19 nov. 2014, n° 14-16.669 QPC, P V, n° 270 ; *Act. proc. coll.* 2015/3, comm. 34, note Th. Méteyé.
3. CJUE, ord., 3 mars 2021, aff. C-841/19, renvoi préjudiciel, *JOUE* n° C 228, 14 juin 2021, p. 10 ; *Act. proc. coll.* 2021/13, comm. 163, note L. Fin-Langer.

judiciaire. Si le contrat de travail a pris fin avant la date du jugement d'ouverture, la détermination du plafond applicable s'effectue en tenant compte de sa durée. Celle-ci s'apprécie en comparant la date de conclusion et la date de fin du contrat de travail. Le texte n'envisage pas l'hypothèse dans laquelle le contrat de travail a été conclu après le jugement d'ouverture. Dans cette hypothèse, il convient de retenir l'application du plafond 4 puisque le salarié sera un nouvel embauché et donc n'aura pas acquis six années d'ancienneté à la date du jugement d'ouverture.

Le plafond de garantie s'applique à l'ensemble des créances du salarié pour une même procédure collective. Cela signifie que si les salariés sont repris par un cessionnaire qui fait l'objet d'une procédure collective peu de temps après celle du cédant, un nouveau plafond de garantie devra s'appliquer.

734.33 Détermination de la dernière créance due au salarié. L'article D. 3253-5 du Code du travail précise que la date à retenir pour déterminer le plafond applicable est celle à laquelle la créance du salarié est due[1] et, au plus tard, à la date du jugement arrêtant le plan ou prononçant la liquidation judiciaire[2]. Cette précision est utile puisque le plafond de garantie est réévalué chaque année et que le salarié peut être titulaire de créances qui s'étalent dans le temps. Il suffit qu'une seule créance soit due à une date postérieure à celle à laquelle sont dues toutes les autres créances du salarié pour que le montant du plafond applicable à l'ensemble des créances, soit modifié. En revanche, si la créance due est postérieure aux jugements arrêtant le plan de sauvegarde ou de redressement ou encore prononçant la liquidation judiciaire, c'est la date de cet événement qui fixe définitivement le plafond de garantie applicable.

L'adjectif « due » laisse penser que la créance du salarié doit être exigible. L'exigibilité signifie que le paiement peut être immédiatement réclamé sans avoir à attendre un terme ou une condition. Généralement il convient de se référer à la loi, la convention collective, la convention conclue entre les parties ou encore l'usage pour la détermination de la date à laquelle les créances sont exigibles.

Malgré la clarté du texte, la Cour de cassation a considéré que le plafond de garantie s'appréciait à la date à laquelle la créance était née[3], sans considération de la date d'exigibilité, peu important que le montant en ait été fixé postérieurement. Ainsi, la détermination du plafond de la garantie s'apprécie-t-elle à la date à laquelle est née la créance du salarié et au plus tard à la date du jugement arrêtant le plan ou prononçant la liquidation judiciaire[4]. Si la créance est celle issue du licenciement prononcé antérieurement au jugement arrêtant le plan ou prononçant la liquidation, c'est à la date du licenciement qu'il faut se placer pour apprécier le plafond applicable[5].

734.34 Méthode de calcul du plafond de garantie. Les plafonds de garantie font l'objet d'une révision annuelle. Depuis sa création, une réévaluation à la hausse s'est opérée. En effet, le plafond est calculé par référence au plafond mensuel retenu pour le calcul des contributions au régime d'assurance chômage, lequel est assis sur la même assiette que celle retenue pour les cotisations de sécurité sociale. Ces cotisations sont limitées à quatre fois le plafond du régime général d'assurance vieillesse de la sécurité sociale visé par l'article L. 241-3 du Code de la sécurité sociale. Le plafond mensuel retenu pour le calcul des contributions au régime d'assurance chômage équivaut donc à quatre fois le plafond mensuel de la sécurité sociale. Celui-ci est fixé chaque année par décret, avec effet au 1er janvier de l'année civile.

Au titre de l'année 2025, le plafond mensuel retenu pour le calcul des cotisations de sécurité sociale est fixé à 3 925 euros. Le montant du plafond 4 de la garantie de l'AGS correspondra ainsi à ((4 × 3 925) ×4), soit 62 800 euros. Le plafond 5 sera de 78 500 euros et le plafond 6 de 94 200 euros.

734.35 Spécificité de Mayotte. Depuis 2016, la garantie de l'AGS s'applique à Mayotte. Toutefois, des plafonds spécifiques sont prévus pour ce territoire[6].

Un décret du 5 novembre 2010[7] relatif au plafond de la sécurité sociale applicable à Mayotte fixe son montant et indique que celui-ci est revalorisé tous les ans de la manière suivante : le taux de revalorisation du plafond de la sécurité sociale en métropole est augmenté de 5,1 %. L'indice de référence est donc plus bas qu'en métropole et dans les autres départements d'Outre-mer. Ainsi, les plafonds de garantie sont quasiment divisés par deux sur ce territoire.

1. Soc. 18 juill. 2000, n° 98-42.866 ; *Rev. proc. coll.* 2001, 104, n° 10, obs. F. Taquet ; *JCP S* 2005. 1010, note P. Morvan ; – Soc. 7 mars 2018, n° 16-20.650, NP.
2. Soc. 7 juin 2006, n° 04-46.675 ; *Bull. civ.* V, n° 207.
3. Soc. 4 févr. 1998, n° 95-43.324 ; Soc. 3 mai 2011, n° 10-14.297, NP ; *Gaz. Pal.* 9 juill. 2011, n° 189, p. 33, note C. Gailhbaud ; *Act. proc. coll.* 2011/10, comm. 155.
4. Soc. 31 mars 2015, nos 13-21.184, 13-22.901 ; *LPA* 4 déc. 2015, n° 242, p. 10 s., sp. p. 13, note Th. Méteyé.
5. Soc. 19 avr. 2005, nos 04-41.362 à 04-44.368, P V, n° 142, 2 arrêts.
6. Ord. n° 2016-1580, 24 nov. 2016 relative à la protection du salaire à Mayotte, au titre des privilèges et de l'assurance, *JO* 25 nov.
7. Ord. n° 96-1122, 20 déc. 1996 relative à l'extension et à l'adaptation à la collectivité territoriale de Mayotte des dispositions législatives du titre Ier du livre VII du code de la santé publique, au statut du personnel et au financement de l'établissement public de santé territorial de Mayotte ainsi qu'à la réforme du statut de la Caisse de prévoyance, *JO* 22 déc.

§ 2
Assiette de calcul du plafond de garantie

734.41 Assiette du plafond. Toute la difficulté réside dans la détermination des sommes à prendre en compte pour savoir si le plafond est atteint[1]. Difficulté sensible car elle est directement liée à ce que le salarié peut espérer concrètement percevoir[2]. Toutes les créances salariales avancées par l'AGS pour le compte d'un salarié doivent être prises en compte dans le montant global de la garantie. Ces sommes sont additionnées au fur et à mesure que les relevés de créances sont adressés par le mandataire judiciaire et que les avances sont effectuées par l'AGS.

734.42 Précompte salarial. La loi du 27 décembre 1996[3] met à la charge de l'AGS la garantie du précompte salarial à compter du 1er janvier 1997. Ainsi, l'AGS avance des sommes calculées en brut au mandataire judiciaire, à charge pour ce dernier de reverser les contributions et cotisations sociales aux organismes sociaux.

En 2014, la Cour de cassation a toutefois décidé que les créances des organismes sociaux ne devaient pas être prises en compte dans les plafonds[4]. Cette interprétation conduisait à un accroissement des avances de l'AGS qui a vivement été critiqué[5]. L'article L. 3253-17 du Code du travail a été modifié par la loi du 18 novembre 2016 pour contrer cette solution *contra legem*. Cette dernière vient repréciser que le précompte salarial, qui avait été mis à la charge de l'AGS depuis la loi du 27 décembre 1996, devait être pris en compte dans le calcul du plafond de garantie[6].

Opérant un revirement de jurisprudence, la Haute juridiction s'est alignée sur la volonté du législateur en décidant que le plafond des avances de l'AGS s'entend de la totalité des créances salariales, en ce compris le précompte effectué par l'employeur en vertu de l'article L. 242-3 du Code de la sécurité sociale au profit des organismes sociaux[7].

734.43 Prélèvement à la source. La loi du 29 décembre 2016[8] modifie également l'article L. 3253-8 du Code du travail pour tenir compte de la mise en place du prélèvement à la source. Il est précisé que la garantie de l'AGS s'appliquera à « la retenue à la source prévue par l'article 204, A, du Code général des impôts ». En fonction des éléments communiqués par le salarié et l'administration fiscale, le mandataire judiciaire devra ventiler cette nouvelle catégorie de créance sur les relevés transmis à l'AGS.

734.44 Contribution au contrat de sécurisation professionnelle. Une difficulté se présente pour l'inclusion dans le plafond de la contribution versée par l'employeur à France Travail consécutivement à l'adhésion d'un salarié au contrat de sécurisation professionnelle, la jurisprudence des juges du fond étant divisée[9].

Statuant à propos de l'adhésion d'un salarié à la convention de reclassement personnalisée, la Cour de cassation a jugé que le plafond de garantie des salaires de l'AGS comprend le montant de la contribution due par l'employeur dans le cadre de la convention de reclassement personnalisé à France Travail, laquelle équivaut au salaire qu'aurait perçu le salarié au titre du préavis[10]. La solution est la même pour la contribution versée à France Travail au titre du contrat de sécurisation professionnelle[11].

1. L.-C. Henry, « L'encadrement de la garantie de l'AGS : le calcul du plafond 13 », *Rev. soc.* 2014, p. 533.
2. Chauvet, « Garantie des salaires : l'appréciation du niveau de plafond qui va s'appliquer à la créance salariale en cas de pluralité de plafonds applicables », *D.* 1994. 301.
3. L. n° 96-1160, 27 déc. 1996 de financement de la sécurité sociale pour 1997, *JO* 29 déc.
4. Soc. 2 juill. 2014, n° 13-11.948, P V, n° 163 ; *Act. proc. coll.* 2014/14, comm. 260, note L. Fin-Langer ; *Rev. sociétés* 2014. 533, note L.-C. Henry ; *Rev. proc. coll.* 2014, comm. 129, note L. Fin-Langer ; *Leden* 2014, comm. 143, note G. Dedessus-Le-Moustier ; *JCP E* 2014. 1637, n° 10, note P. Pétel – D. Arlie, « Les plafonds de garantie des créances salariales sous l'éclairage de quelques arrêts récents », *JCP E* 2015, ét. 1384.
5. P. Pétel, obs. ss Soc. 2 juill. 2014, n° 13-11.948 ; *JCP E* 2014. 1637, n° 10 ; T. Météyé, « Le traitement des créances salariales : l'AGS », *BJE* janv. 2017, n° 114c6, 54.
6. L. n° 2016-1547, 18 nov. 2016 de modernisation de la justice du XXIe siècle, *JO* 19 nov. 2016.
7. Soc. 8 mars 2017, n° 15-29.392, P V ; *Gaz. Pal.* 27 juin 2017, n° 24, p. 67, note C. Gailhbaud ; *Leden* avr. 2017, n° 110q8, note H. de Frémont ; *BJE* mai-juin 2017. 231, note A. Donnette-Boissière ; *Act. proc. coll.* 2017/9, comm. n° 138, note L. Fin-Langer ; *Rev. proc. coll.* mai-juin 2017, comm. 75, note L. Fin-Langer ; *JCP E* 2017, chron. 1460, n° 16, note P. Pétel ; – Soc. 21 juin 2018, n° 17-15.031 ; – Soc. 21 juin 2018, n° 16-24.882 ; *Rev. proc. coll.* sept.-oct. 2018, comm. 158, note F. Taquet ; – Soc. 5 déc. 2018, n° 17-17.147 ; *Rev. proc. coll.* 2019/1, comm. 23, p. 45, note F. Taquet ; – Soc. 6 mars 2019, n° 17-19.442, NP ; *Rev. proc. coll.* juill.-août 2019, p. 21, comm. 107, note F. Taquet ; – Soc. 20 mars 2019, n° 17-29.011, NP. Orléans, ch. soc. A, 2e sect., prud'hommes, 30 avr. 2020, RG n° 16/04069 ; *Rev. proc. coll.* juill.-août 2020, comm. 101, note F. Taquet ; – Paris, pôle 6, 4e ch., 9 sept. 2020, RG n° 18/03770 ; *Rev. proc. coll.* janv.-févr. 2021, comm. 22, note D. Jacotot ; *Leden* déc. 2020, 113w4, obs. H. de Frémont ; – Toulouse, 4e ch., 2e sect., 16 oct. 2020, RG n° 17/03072 ; *Rev. proc. coll.* janv.-févr. 2021, comm. 18, note D. Jacotot.
8. L. n° 2016-1917, 29 déc. 2016 de finances pour 2017, *JO* 30 déc. 2016.
9. Pour la non-prise en compte pour évaluer le plafond : Douai 28 mars 2014, RG n° 13/01267 ; – Rouen, 23 janv. 2020, RG n° 17/03475 ; *Rev. proc. coll.* janv.-févr. 2021, comm. 22, note D. Jacotot – Pour la prise en compte : Paris, 10 avr. 2019, RG n° 17/08150 ; *Rev. proc. coll.* janv.-févr. 2021, comm. 22, note D. Jacotot.
10. Soc. 10 févr. 2021, n° 19-13.225, P, n° 200 FS-P, *D. actu.* 1er mars 2021, note Malfettes ; *Leden* avr. 2021, 114 e0, note F. Joly ; *Act. proc. coll.* 2021/7, 87, note L. Fin-Langer ; *Rev. proc. coll.* mai/juin 2021, comm. 73, note D. Jacotot.
11. Soc. 6 avr. 2022, n° 20-19.352, NP ; *Rev. proc. coll.* juill.-août 2022, comm. 68, note D. Jacotot.

TITRE

74. Remboursement des avances de l'AGS

SECTION 0

ORIENTEUR

74.00 **Sommaire du titre.**

Chap. 741	**Nature des privilèges de l'AGS dans la procédure collective**
Sect. 1	Principe de récupération des avances
Sect. 2	Subrogation de l'AGS dans les droits des salariés
Sect. 3	Neutralisation de la subrogation de l'AGS dans les droits des salariés
Chap. 742	**Mise en œuvre des privilèges de l'AGS dans la procédure collective**
Sect. 1	Absence de concours de l'AGS avec un créancier titulaire d'un droit de rétention
Sect. 2	Absence de concours de l'AGS avec un créancier titulaire d'une sûreté-propriété
Sect. 3	Concours de l'AGS avec les créanciers postérieurs méritants
Sect. 4	Concours de l'AGS avec les autres créanciers

CHAPITRE

741. Nature des privilèges de l'AGS dans la procédure collective

SECTION 0 ORIENTEUR

741.00 **Sommaire du chapitre.**

Sect. 1 Principe de récupération des avances 741.11 à 741.13

Sect. 2 Subrogation de l'AGS dans les droits des salariés 741.21 à 741.43

§ 1 Subrogation légale 741.21 à 741.23

§ 2 Subrogation de l'AGS dans la procédure de sauvegarde 741.31 à 741.34

§ 3 Subrogation de l'AGS dans les procédures de redressement et de liquidation judiciaires 741.41 à 741.43

Sect. 3 Neutralisation de la subrogation de l'AGS dans les droits des salariés 741.51 à 741.63

§ 1 Création d'une fiction juridique pour le remboursement des autres avances 741.51 à 741.53

§ 2 Avances concernées par l'absence de subrogation 741.61 à 741.63

741.01 **Textes applicables.**

• **C. com.**

art. L. 625-7 [Privilèges des créances salariales]

art. L. 625-8 [Paiement des créances superprivilégiées]

art. L. 625-9 [Garanties de paiement des créances salariales]

art. L. 631-18, al. 1 [Application des dispositions légales au redressement judiciaire]

art. L. 641-14, al. 1 [Application des dispositions légales à la liquidation judiciaire]

• **C. trav.**

art. L. 3253-2 [Superprivilège des salaires]

art. L. 3253-3 [Superprivilège des salaires]

art. L. 3253-4 [Superprivilège des salaires]

art. L. 3253-5 [Superprivilège des salaires-façonniers]

art. L. 3253-8 [Domaine d'application de la garantie]

art. L. 3253-15 [Modalités d'intervention de la garantie]

art. L. 3253-16 [Récupération des avances effectuées par l'AGS]

art. L. 7313-8 [Superprivilège des salaires – voyageurs, représentants ou placiers]

• **C. civ.**

art. 2331, 3° [Privilège des salaires sur les biens meubles]

art. 2377, 2° [Privilège des salaires sur les biens immobiliers]

741.02 **Jurisprudence de référence.**

> **Aux termes de l'article L. 3253-16, 2° du Code du travail, les sommes autres que les créances qu'il énumère, dont les institutions de garantie contre le risque de non-paiement des salaires en cas de procédure collective ont fait l'avance, leur sont remboursées dans les conditions prévues pour le règlement des créances nées antérieurement au jugement d'ouverture de la procédure collective et bénéficient alors des privilèges qui y sont attachés. Il en résulte que les créances correspondantes de ces institutions sont légalement réputées être des créances antérieures, sans distinction de date de naissance, et, lorsqu'elles bénéficient du privilège général des salaires, priment, en application de l'article 2376 du Code civil, les créances hypothécaires**

• **Com. 11 juin 2014,** n°s 13-17.997, 13-18.112, P IV, n° 103 * V. s[s] n° 741.53

741.03 **Bibliographie indicative.**

> **Encyclopédie.** *J.-Cl. com.*, fasc. 2450 : Privilège des salariés et garantie de paiement, par A. Jacquemont, 2007.

> **Articles.** A. Arséguel et Th. Méteyé, « Les aspects sociaux de la procédure de sauvegarde », *Rev. proc. coll.* 2008, p. 117 – L. Ben Cheikh-Vecchioni, « L'AGS et le remboursement de ses avances », *in Les grands concepts du droit des entreprises en difficulté*, Le Corre P-M. (dir.), « Thèmes & commentaires », Dalloz, 2018, 171 – B. Bezian, « La garantie des créances salariales dans le cadre d'une procédure de redressement judiciaire », *Dr. sociétés* 1991, 715 – C. Calomili, « L'efficacité du superprivilège des salaires », *in Colloque Sûretés réelles et droit des entreprises en difficulté*, Nice, 20 mars 2010, *LPA* 11 févr. 2011, n° 30, p. 20 – A. Charbin, « La situation des salariés de l'entreprise en difficulté », *RJS* 1999. 743 – H. de Fremont, « Droit du travail et procédure collective : une réforme

impossible ? », *BJE* mars 2014. 123 – L. Fin-Langer et J. Vallansan, « AGS et plan de redressement », *Rev. proc. coll.* mars/avr. 2019, Dossier 8, p. 74 – C. Gailhbaud, « L'AGS dans la procédure de sauvegarde » *LPA* 28 nov. 2008, nº 239, p. 3 ; « L'AGS face à l'exécution », *in Mesures d'exécution et procédures collectives*, « Procédures », Bruylant, 2012, p. 129 – D. Jacotot, « Résiliation judiciaire du contrat de travail et garantie de l'AGS », *Rev. proc. coll.* 2010, comm. 14 – P.-M. Le Corre, « Pour une clarification du traitement des créances de remboursement des avances de l'AGS », *D.* 2013, point de vue 379 ; « La récupération des avances de l'AGS à l'épreuve des autres créanciers », *Rev. proc. coll.* mars/avr. 2019, Dossier 6, p. 67 ; « Le créancier nanti sur comptes-titres bénéficiaire d'un paiement provisionnel confronté au superprivilège des salaires », *Gaz. proc. coll.* 2009, 1re partie, nos 303, 304, p. 27 ; « Cotisations sociales de retraite dues par un professionnel libéral et superprivilège des salaires », *LPA* 13 mars 2012, nº 52, p. 3 ; « La règle du paiement à l'échéance des créanciers postérieurs méritants et l'obligation de payer le superprivilège des salaires sur les premières rentrées de fonds », *Rev. proc. coll.* 2012, Dossier 10, p. 72 – F.-X. Lucas, « Quarante années de prise en charge des créances salariales dans les procédures collectives », *BJE* 2014. 409 – Th. Méteyé, « Le règlement des salaires et la subrogation de l'AGS dans les droits des salariés », colloque Toulouse 31 janv. et 1er févr. 1991, *LPA* 20 mai 1992, p. 42 ; « Garantie AGS : jusqu'où peut-on aller trop loin ? », *Dr. soc.* 2002. 972 ; « L'intervention de l'AGS dans les procédures de sauvegarde », *Gaz. proc. coll.* 2006, p. 3 ; « Loi de sauvegarde des entreprises : le point de vue de l'AGS », *LPA* 17 févr. 2006, nº 35, p. 48 ; « La place de l'AGS dans les procédures collectives », *Rev. proc. coll.* 2008, p. 11, nº 1 ; « L'évolution du champ d'intervention de l'AGS : de la sécurité juridique à l'insécurité juridique et économique », colloque de l'*AJDE*, Toulouse 10 sept. 2010, *Rev. proc. coll.* 2011, Dossier 4, p. 67 ; « Le droit social des entreprises en difficulté », *Rev. proc. coll.* 2014, Dossier 39 ; « Le traitement des créances salariales : l'AGS », *BJE* janv.-févr. 2017. 54 ; « *Quid* de l'AGS dans la problématique procédures collectives/sûretés réelles ? », *Rev. proc. coll.* juill./août 2018, Dossier 25, p. 96 – M.-H. Monsèrié-Bon, « Plan de cession et AGS », *Rev. proc. coll.* mars/avr. 2019, Dossier 9, p. 77 – A.-L. Peries, « Intervention de l'AGS, l'expansion accrue du régime de garantie sous l'influence de la jurisprudence (1998-2001) », *JCP E* 2002, Cah. Dr. soc. (supplément), nº 10, 7 mars 2002 – P. Pétel, « L'AGS et la réforme des procédures collectives », *RJ com.* 2006/3, p. 174 ; « Les critères de prise en charge de la garantie AGS : quarante ans d'évolution », *BJE* 2014. 411 – C. Saint-Alary-Houin, « L'efficacité des garanties garantissant les créances salariales », *Dr. sociétés* 1987, 842 ; « L'évolution de la garantie de l'AGS, plus… toujours plus ! », *Rev. proc. coll.* mars/avr. 2019, Dossier 5, p. 62 – J.-C. Savignac et Th. Méteyé, « L'AGS, 40 ans de solidarité et d'engagement au cœur des enjeux des procédures collectives », *BJE* 2014. 407 – F. Taquet, « Le nouveau champ d'application de l'AGS – Article 177 de la loi nº 2005-845 du 26 juillet 2005 de sauvegarde des entreprises », *Rev. proc. coll.* 2005, p. 295 ; « L'intervention de l'AGS : état des lieux et réflexions… », *in Entreprises en difficulté et droit du travail*, Ceprisca, Puf, 2007, p. 77 – R. Vatinet, « Garantie de l'AGS et sort du contrat de travail en cas de procédure collective », *D.* 2003. Chron. 287 – C. Gailhbaud, « Paiement définitif de l'*AGS* subrogée et distraction des frais et dépens de la liquidation judiciaire », *Act. proc. coll.* nº 2, 24 janv. 2025, rep. 15 – L. Fin-Langer, « Être ou ne pas être subsidiaire et subrogée, telle est la question posée à l'AGS ! », *Rev. trav.* 2023. 167 – P. Rossi, « AGS : la jurisprudence souffle le froid et le… froid », *Gaz. Pal.* 19 sept. 2023, nº 29, p. 30 – A. Donnette, « Subrogation de l'AGS et droit au remboursement des avances effectuées au titre du superprivilège : la chambre commerciale persiste et signe », *BJE* janv. 2025, nº 1, p. 29 – P. Rossi, « Priorité chronologique du paiement des créances superprivilégiées au profit de l'AGS » *Gaz. Pal.* 18 mars 2025, nº 10, p. 68 – D. Ronet-Yague, « Les vicissitudes du contentieux de l'AGS en 2023 », *Gaz. Pal.* 5 déc. 2023, nº 40, p. 52 – N. Borga, H. Bourbouloux, « Constitution des classes de parties affectées et communauté d'intérêt : d'une approche théorique à l'épreuve pratique », *BJE* mars 2024, nº 2, p. 60 – D. Valdman, S. Baudry, « Classes de parties affectées : l'émergence d'une nouvelle pratique sous le regard de la jurisprudence », *Gaz. Pal.* 19 mars 2024, nº 2, p. 47 – P. Coupeau, M. Sénéchal, F. Kopf, P. Sayer, F. Abitbol, C. Gralitzer, A. Bali, « L'anticipation de la restructuration », *BJE* sept. 2024, nº 5, p. 49 – F. Aknin, « Le droit social appliqué aux procédures collectives », *JCP S* 2023, nº 42, 1272.

> **Colloques.** « L'AGS au cœur du traitement des difficultés des entreprises », dir. scient. Ph. Roussel Galle, Paris, 5 déc. 2018, *Rev. proc. coll.* mars/avr. 2019, Dossier 3, p. 56 s.

741.04 Question essentielle.

> L'AGS est-elle subrogée dans les droits des salariés ?

* V. ss nos 741.21 s.

> L'AGS peut-elle exiger un remboursement sur les premières rentrées de fonds ?

* V. ss nº 741.42.

SECTION 1
PRINCIPE DE RÉCUPÉRATION DES AVANCES

741.11 Fondement légal. Les avances de l'AGS ne constituent pas un prêt d'argent[1] à l'employeur mais doivent être remboursées sur le fondement de l'article L. 3253-16 du Code du travail[2].

Le législateur a conféré à cet organisme un droit propre, celui de pouvoir récupérer les sommes qu'elle a avancées sur l'actif du débiteur. Par conséquent, lorsque l'AGS effectue des avances pour désintéresser les salariés, elle devient ensuite créancière du débiteur, l'employeur. À ce titre, l'AGS ne peut donc pas être condamnée au paiement, mais seulement à une avance[3]. Une fin de non-recevoir d'ordre public,

1. Le prêt est le contrat par lequel une personne remet à une autre, à titre précaire, un objet, du matériel, ou des matériaux, des marchandises, ou une somme d'argent, à charge de restitution au terme qu'elles conviennent. L'AGS et l'employeur ne concluent aucun contrat et les avances ne sont assorties d'aucun intérêt.
2. B. Saint-Geniest, « La récupération des avances par l'AGS », Droit social, 1987, p. 836 ; V. Dubœuf, Les recours de l'AGS ; *JCP* 1992. I, nos 560 s.
3. Soc. 11 juin 1992, nº 89-43.138, P V, nº 384.

qui doit être relevée d'office, s'oppose à la demande en paiement formée directement contre l'AGS [1].

741.12 Taux de remboursement des avances. Le recours à la garantie de l'AGS s'est considérablement renforcé depuis sa création, alors que le taux de ses récupérations reste faible car celles-ci ne se font pas de manière autonome, au détriment de la masse des créanciers [2]. Contrairement au créancier titulaire d'un droit exclusif de paiement, l'AGS, subrogée dans les droits des salariés, devient titulaire de privilèges et entre en concours avec les autres créanciers du débiteur. De plus, le remboursement des sommes avancées par l'AGS ne se fait pas de manière homogène. D'une part, seules certaines créances salariales sont assorties de privilèges, d'autre part, ces privilèges ne lui assurent pas la même priorité de remboursement.

En 2024, le montant des récupérations s'est élevé à 607,2 millions d'euros. Dans ces récupérations, au T4 2024 82,1 % sont des créances super privilégiées, 8,2 % des créances privilégiées, 9 % des créances bénéficiant du privilège des créances postérieures méritantes et 0,8 % de créances chirographaires [3].

741.13 Action en remboursement spécifique des avances indûment perçues. Avant comme depuis la loi de sauvegarde, l'AGS est recevable à exercer une action en remboursement de sommes indues contre un non-salarié, par voie oblique, en se substituant ainsi au liquidateur [4].

SECTION 2
SUBROGATION DE L'AGS DANS LES DROITS DES SALARIÉS

§ 1
Subrogation légale

741.21 Mécanisme de la subrogation personnelle. La récupération des avances repose sur le mécanisme de la subrogation. Le terme subrogation signifie remplacement [5] ou substitution [6]. Cette dernière peut être réelle ou personnelle. Elle est dite réelle lorsqu'un bien, soumis au même régime juridique qu'un autre bien va le remplacer [7]. Elle est en revanche personnelle lorsqu'une personne, le subrogé, remplace une autre, le subrogeant, à l'occasion d'un paiement [8]. Il y a dans ce dernier cas une transmission des droits au payeur, le créancier. L'obligation du débiteur initial n'est donc pas éteinte en raison de ce transfert de droit puisque le subrogé va pouvoir poursuivre personnellement le subrogeant. De plus, tous les accessoires [9] attachés au droit transmis au subrogé sont maintenus, telles que les sûretés ou actions en justice [10].

La subrogation est légale lorsqu'elle est posée par un texte de loi et qu'elle s'opère de plein droit. Elle génère une substitution dans le rapport d'obligation. La créance n'étant pas éteinte du fait du paiement du subrogé, tant que ce dernier n'est pas entièrement désintéressé, la subrogation perdure.

L'article L. 3253-16 du Code du travail fait bénéficier l'AGS de la subrogation personnelle pour les sommes qu'elle avance. Aucune formalité spécifique ne doit être accomplie, elle est subrogée de plein droit dans les droits des salariés dès la délivrance des fonds [11].

741.22 Spécificité de la subrogation de l'AGS. Par le biais de la subrogation, l'AGS aurait dû bénéficier de l'ensemble des droits accordés aux salariés, y compris des privilèges attachés à leur créance. Néanmoins, son régime juridique l'AGS est particulier : les effets traditionnels de la subrogation sont atténués dans le but de préserver la poursuite de l'activité du débiteur. Ainsi, dans certaines hypothèses l'AGS ne bénéficie pas des mêmes privilèges que le salarié.

L'article L. 3253-16 est rédigé de la manière suivante : « Les institutions de garantie mentionnées à l'article L. 3253-14 sont subrogées dans les droits des salariés pour lesquels elles ont réalisé des avances :

1. Soc. 12 févr. 1991, n° 88-41.373, P V, n° 59 ; *D.* 1991. IR 68 – Comp. : Grenoble, ch. soc. 30 oct. 2000, *D.* 2001. Somm. 122, obs. F. Derrida.
2. Anc. terme utilisé sous le régime de la loi du 13 juillet 1967. Cette masse avait une personnalité morale avec un patrimoine distinct de celui du débiteur. Malgré la suppression de la masse des créanciers avec la loi de 1985, les termes de représentation collective, d'intérêt collectif des créances ou encore d'inopposabilité à la procédure collective laissent penser que cette masse subsiste mais sous une autre forme.
3. AGS, « Les Chiffres AGS », 4e trim. 2024, n° 48, p. 11.
4. Civ. 2e, 12 juill. 2012, n° 11-19.080, NP ; n° 1321 F-D.
5. *J.-CL. Contrats distribution*, fasc. 95 : Transfert d'obligations, par R. Juan, n° 118 ; J. Mestre, « La subrogation personnelle », LGDJ, 1979, n° 3.
6. F. Terré, Ph. Simler, F. Chénedé, Y. Lequette, Droit civil, *Les obligations*, Dalloz, 13e éd. 2022, n° 1361.
7. H. Capitant, « Essai sur la subrogation réelle », *RTD civ.* 1919. 385 ; R. Demogue, « Essai d'une théorie générale de la subrogation réelle », Rev. crit. lég. et jur. 1901, p. 296 ; A. Henry, « De la subrogation réelle conventionnelle et légale », thèse Nancy, 1913 ; V. Ranouil, « La subrogation réelle en droit français », thèse Paris-II, 1985.
8. F. Terré, Ph. Simler, F. Chénedé, Y. Lequette, Droit civil, *Les obligations*, Dalloz, 13e éd. 2022, n° 1361.
9. Com. 15 mars 1988, n° 86-13.687 ; *Bull. civ.* IV, n° 106 ; – Com. 6 juill. 1993, n° 91-14.269 ; *Bull. civ.* IV, n° 285 ; *RTD civ.* 1994. 358, obs. J. Mestre.
10. Civ. 1re, 7 déc. 1983 ; *Bull. civ.* I, n° 291 ; *RTD civ.* 1984. 717, obs. J. Mestre ; – Civ. 1re, 15 mars 1983, n° 81-15.536 ; *Bull. civ.* I, n° 96 ; – Civ. 1re, 10 mai 1984, n° 82-15.306 ; *Bull. civ.* I, n° 155 ; *RTD civ.* 85. 174, obs. J. Mestre ; – Civ. 1re, 21 janv. 2003, n° 00-15.781 ; *Bull. civ.* I, n° 18 ; – Civ. 2e, 4 mars 2004, n° 02-13.278 ; *Bull. civ.* II, n° 89.
11. Civ. 1re, 11 juin 2008, n° 06-20.104 ; *Bull. civ.* I, n° 171 ; *RTD civ.* 2008. 480, obs. B. Fages.

1° Pour l'ensemble des créances, lors d'une procédure de sauvegarde ;

2° Pour les créances garanties par le privilège prévu aux articles L. 3253-2, L. 3253-4 et L. 7313-8 et les créances avancées au titre du 3° de l'article L. 3253-8[1], lors d'une procédure de redressement ou de liquidation judiciaire. Les autres sommes avancées dans le cadre de ces procédures leur sont remboursées dans les conditions prévues par les dispositions du livre VI du Code de commerce pour le règlement des créances nées antérieurement au jugement d'ouverture de la procédure. Elles bénéficient alors des privilèges attachés à celle-ci. »

La subrogation de l'AGS est donc partielle. Cette dernière est pleinement subrogée dans les droits des salariés en cas d'ouverture d'une procédure de sauvegarde et ne l'est que pour partie, lors d'une procédure de redressement ou de liquidation judiciaire.

741.23 Nature des privilèges de l'AGS. Le privilège est une sûreté réelle sans dépossession d'origine légale, accordé en raison de la nature de la créance. Il porte sur un ou plusieurs biens du débiteur[2] et confère à son titulaire un droit de préférence[3], c'est-à-dire la possibilité de se faire payer avant tout autre créancier chirographaire sur le prix du bien qui lui est affecté en sûreté. Il naît en même temps que la créance garantie[4]. Les privilèges octroyés aux salariés sont de plusieurs natures. Par voie de conséquence, ceux conférés aux créances réglées par cette institution le sont également. L'AGS est un créancier atypique dans la procédure collective puisque ses créances peuvent revêtir quatre natures distinctes : superprivilégiées, privilégiées, postérieures « méritantes »[5], ou chirographaires.

Le Code civil confère aux salariés, et par ricochet à l'AGS, un privilège général des salaires. Le terme « général » signifie que le privilège s'exerce sur l'ensemble des biens présents dans le patrimoine du débiteur, mobiliers et immobiliers.

Le décret-loi du 8 août 1935 renforce une fraction des sommes couvertes par le privilège général des salaires en créant un autre privilège, communément appelé « superprivilège ». Cette supériorité n'existe que dans le cadre d'une procédure collective. Contrairement au privilège général des salaires, le régime juridique applicable aux créances superprivilégiées se trouve dans le Code du travail et dans le Code de commerce.

Le privilège général des salaires et le superprivilège s'articulent entre eux. Il s'agit d'une seule et même sûreté à deux niveaux. Par exemple, les salaires, l'indemnité compensatrice de congés payés ou encore l'indemnité compensatrice de préavis bénéficient de ces deux types de privilèges. La fraction supérieure au plafond du superprivilège de ces créances sera privilégiée. Autrement dit, les sommes avancées au titre du superprivilège s'imputent sur le privilège général des salaires.

Les privilèges sont d'interprétation stricte. Conformément à l'adage « pas de privilège sans texte »[6], au-delà de la typologie de créances, des montants et de la temporalité, visés par les textes légaux, les créances seront chirographaires.

À côté de ces deux privilèges, le droit des entreprises en difficulté a institué un autre droit de priorité. Les créances postérieures qualifiées de « méritantes », trouvent leur origine dans la loi du 25 janvier 1985[7]. Le législateur a créé une priorité de paiement dont l'essence résulte de la procédure collective à laquelle est soumise le débiteur. La loi de sauvegarde du 26 juillet 2005 généralise ce droit de priorité aux trois procédures collectives et le transforme en véritable privilège[8]. Néanmoins, elle restreint son champ d'application. Les articles L. 622-17, L. 631-14 et L. 641-13 du Code de commerce fondent ce privilège inhérent à la procédure collective. L'article L. 622-17 du Code de commerce vise « les créances nées régulièrement après le jugement d'ouverture pour les besoins du déroulement de la procédure ou de la période d'observation, ou en contrepartie d'une prestation fournie au débiteur pendant cette période ».

En liquidation judiciaire, le texte fait référence aux « créances nées régulièrement après le jugement qui ouvre ou prononce la liquidation judiciaire :

– si elles sont nées pour les besoins du déroulement de la procédure ou du maintien provisoire de l'activité autorisé en application de l'article L. 641-10 ;

1. Le texte vise par erreur le 3° au lieu du 5°. En effet, une erreur de renvoi a été faite par le législateur lors de la recodification à droit constant du Code du travail opérée par la loi du 21 janvier 2008. L'ancien article L. 143-11-1, 3°, du Code du travail visait bien les salaires dus dans la limite d'un mois et demi de travail, prévu actuellement au 5° de l'article L. 3253-8.
2. C. civ. art. 2330 « les privilèges sont ou généraux, ou particuliers sur certains meubles ».
3. C. civ. art. 2324.
4. M. Cabrillac, S. Cabrillac, Ph. Pétel, Ch. Mouly, *Droit des sûretés*, LexisNexis, 11e éd., 2022 ; Ph. Simler, Ph. Delecque, Droit civil, *Les sûretés, La publicité foncière*, Dalloz, 8e éd., 2023 ; Ph. Malaurie, A. Aynès, L. Aynès, P. Crocq, *Droit des sûretés*, LGDJ, 16e éd. 2022.
5. Terme de P.-M. Le Corre *in* « Premiers regards sur la loi de sauvegarde des entreprises », *D.* 2005. 2297, n° 45 et relayé par une grande partie de la doctrine, pour distinguer les créances postérieures éligibles au traitement préférentiel de celles qui ne le sont pas – G. Berthelot, « Les créanciers postérieurs méritants (1re partie) », *Rev. proc. coll.* n° 3, mai 2011, doss. 35, (2e partie), n° 4, juill. 2011, doss. 37.
6. H. Roland, L. Boyer, *Adages du droit français*, 4e éd. Litec, 1999, n° 303.
7. Ils étaient régis par l'ancien article 40 de cette loi.
8. L.-C. Henry, « La notion de privilège de procédure dans la loi de sauvegarde », *Rev. proc. coll.* n° 2, avr. 2008, étude 15.

- si elles sont nées en contrepartie d'une prestation fournie au débiteur pendant le maintien de l'activité ou en exécution d'un contrat en cours régulièrement décidée après le jugement d'ouverture de la procédure de sauvegarde ou de redressement judiciaire, s'il y a lieu, et après le jugement d'ouverture de la procédure de liquidation judiciaire ;

- ou si elles sont nées pour les besoins de la vie courante du débiteur, personne physique ».

Contrairement aux créances privilégiées et superprivilégiées, ces articles ne visent que des créances postérieures au jugement d'ouverture. Au surplus, les dispositions légales conditionnent l'éligibilité au traitement préférentiel à des critères de temporalité, de régularité et de finalité.

Dans l'hypothèse où la créance répond aux trois critères légaux susvisés, elle confère à son titulaire plusieurs prérogatives : un droit au paiement à l'échéance en amont et un privilège en aval. Le principe du paiement à l'échéance permet au créancier postérieur méritant d'obtenir le paiement immédiat de sa créance dès son exigibilité, sans qu'il ne puisse lui être imposé des délais de paiement. À défaut d'être désintéressé de sa créance, il peut agir à l'encontre du débiteur puisqu'il n'est pas soumis aux règles relatives à l'interdiction des paiements et à l'arrêt des poursuites individuelles, applicables aux créanciers antérieurs ou postérieurs qui ne bénéficient pas du traitement préférentiel. Après avoir consacré le principe du paiement à l'échéance, le législateur envisage l'hypothèse dans laquelle le débiteur ne peut respecter cette obligation : « Lorsqu'elles ne sont pas payées à l'échéance, ces créances sont payées par privilège ». Depuis la loi de sauvegarde, les créanciers postérieurs ne pouvant être payés à l'échéance sont titulaires d'un véritable privilège et ont un rang spécifique dans la procédure collective.

Comme les autres créanciers du débiteur, les salariés peuvent bénéficier du traitement préférentiel institué par les articles du Code de commerce lorsque leurs créances répondent aux critères susmentionnés[1]. Du fait de la subrogation, certaines créances avancées par l'AGS en bénéficieront également.

§ 2 Subrogation de l'AGS dans la procédure de sauvegarde

741.31 Subrogation totale. Le régime du remboursement de l'AGS dans la procédure de sauvegarde est uniforme. Elle est subrogée dans les droits des salariés pour l'ensemble des avances qu'elle a effectuées à leur profit, conformément à l'article 3253-16 du Code du travail, et ce quelle que soit l'issue de la procédure de sauvegarde[2].

Il s'est agi d'améliorer le taux de récupération de l'AGS, la subrogation interdisant notamment d'imposer des délais de paiement pour rembourser les créances salariales, dans le cadre des plans de sauvegarde, ce qui obligera l'administrateur et le débiteur à négocier des délais avec l'AGS, sauf à rendre impossible l'exécution du plan de sauvegarde[3]. Mais rien n'interdira à l'AGS d'accepter ces délais de paiement, ce que précise d'ailleurs explicitement l'article L. 626-20, I, 1°, du Code de commerce, depuis l'ordonnance du 12 mars 2014[4], pour les créances superprivilégiées, la solution valant *a fortiori* pour les autres créances.

Lorsqu'une procédure de sauvegarde est ouverte, l'AGS garantit deux typologies de créances : les créances résultant de la rupture du contrat de travail intervenue pendant la période d'observation ou dans le mois suivant l'arrêté du plan de sauvegarde ; les créances résultant de la rupture du contrat de travail des salariés auxquels le contrat de sécurisation professionnelle a été proposé durant ces périodes, y compris les contributions dues par l'employeur dans le cadre de ce contrat et les salaires dus pendant le délai de réflexion du salarié. Il s'agit de créances postérieures au jugement d'ouverture.

741.32 Privilège des créances nées en période d'observation. Ces créances sont relatives à la rupture du contrat de travail et peuvent bénéficier du privilège de procédure de l'article L. 622-17, I, du Code de commerce, et ce malgré les termes plus restrictifs définissant l'étendue de ce privilège depuis la loi du 26 juillet 2005[5]. Il convient en effet de souligner que les avances faites par l'AGS correspondant à des créances indemnitaires consécutives aux licenciements prononcés au cours de la procédure collective, sont bien des créances nées régulièrement après le jugement d'ouverture.

Concernant les créances de la période d'observation, s'agissant des indemnités de rupture du contrat de travail, la condition supplémentaire pour bénéficier du privilège de procédure, aux termes de l'article L. 622-17-1 du Code de commerce, consistant dans l'obligation de démontrer que la créance est née pour les besoins du déroulement de la procé-

1. Sur les privilèges des créances salariales, v. s[s] n°s 621.11 s. et 621.21 s.

2. P. Pétel, « L'AGS et la réforme des procédures collectives », *RJ com.* 2006/3, p. 174 s., sp. p. 183, n° 23.

3. Th. Météyé, « L'AGS au secours des entreprises en difficulté », *Cah. dr. entr.* mars-avr. 2007, n° 2, p. 24 s., sp. p. 27.

4. Ord. n° 2014-326, 12 mars 2014 portant réforme de la prévention des difficultés des entreprises et des procédures collectives, *JO* 14 mars, p. 5249.

5. P. Pétel, « *L'AGS et la réforme des procédures collectives* », *RJ com.* 2006/3, n° 55, p. 176.

dure ou de la période d'observation, soit facile à démontrer dans l'hypothèse d'une restructuration destinée au sauvetage de l'entreprise.

Toute avance de ces créances faite par l'AGS, subrogée dans ce privilège, en bénéficiera. Elle peut, à ce titre, en exiger immédiatement le remboursement par l'employeur placé sous procédure de sauvegarde.

Depuis la loi de sauvegarde des entreprises ayant transformé le droit de priorité des créanciers postérieurs en véritable droit de préférence, il convient de retenir que le privilège des créanciers postérieurs n'est pas amoindri par l'ouverture subséquente d'une seconde procédure collective[1]. Il faut ici envisager l'hypothèse de la résolution du plan pour inexécution des engagements par le débiteur. Contrairement à la solution retenue par la jurisprudence sous l'empire des dispositions antérieures à la loi de sauvegarde[2], l'AGS créancière à titre privilégiée dans le cadre de la première procédure, le sera également dans la seconde[3].

741.33 Privilège des créances nées dans le mois suivant l'adoption d'un plan de sauvegarde. Dans cette hypothèse, l'AGS ne bénéficie pas du privilège de procédure puisque ce privilège est lié à la période d'observation. Celui-ci n'a plus d'utilité en dehors de la période d'observation, période où ce privilège est indispensable au déroulement de la procédure puisque le passif du débiteur est en principe gelé du fait de l'interdiction des paiements et de la suspension des poursuites individuelles. La Cour de cassation affirme ainsi que les créances nées après l'arrêté du plan de redressement n'ont par principe plus la qualité de créances postérieures[4].

En revanche, le jugement arrêtant le plan de sauvegarde a pour effet de rétablir le débiteur dans une situation relevant du droit commun. Ainsi, l'AGS n'en est pas gênée pour son recours puisque le débiteur est redevenu *in bonis* et que le remboursement peut donc être exigé sans délai, conformément au droit commun. Les créances liées au licenciement prononcé en exécution du plan de sauvegarde doivent en effet être payées à leur échéance.

741.34 Conversion de la procédure de sauvegarde en redressement judiciaire. Il importe de souligner que le bénéfice de subrogation est lié à la date des avances faites. En cas de conversion ultérieure de la procédure de sauvegarde en redressement ou en liquidation judiciaire, il est de principe qu'il n'y a pas ouverture d'une nouvelle procédure mais poursuite de la procédure initiale sous une autre forme.

Les créances nées en période d'observation de la sauvegarde conservent donc le bénéfice du privilège de procédure, dans la mesure où le mécanisme juridique de la subrogation implique sa prise d'effet à la date du paiement fait par le subrogé. Ainsi, l'AGS bénéficie de la subrogation dans ce privilège, ses droits étant définitivement acquis au jour du paiement de ses avances, peu importe à cet égard que le recours de l'AGS soit effectué ultérieurement alors que l'employeur est dans une procédure convertie en redressement ou liquidation judiciaire.

Toutefois, si du fait de la conversion, l'AGS garantie d'autres types de créances, le remboursement s'effectuera alors dans les conditions propres au redressement ou à la liquidation. Notamment, si la procédure est convertie en redressement judiciaire, elle pourra prendre en charge les créances nées antérieurement au jugement d'ouverture de la sauvegarde, qu'il s'agisse de créances de salaires ou indemnitaires[5]. Ces créances peuvent être superprivilégiées, privilégiées ou encore chirographaires. De ce fait, en fonction de la nature de la créance avancée, l'AGS bénéficiera des privilèges et des modalités de remboursement qui y sont attachés.

En outre, si la procédure de sauvegarde est convertie directement en liquidation judiciaire, l'AGS pourra être sollicitée pour prendre en charge les sommes dues dans la limite d'un mois et demi de travail sur le fondement de l'article L. 3253-8, 5°, du Code du travail. Par conséquent, elle pourra bénéficier des dispositions de l'article L. 641-13 du Code de commerce pour cette typologie de créance puisque l'article L. 3253-16 du Code du travail fait jouer la subrogation dans les droits des salariés pour ce type de créances.

Ainsi, lorsque la procédure collective est convertie, les créances avancées par l'AGS du fait de cet événement suivront le régime du remboursement prévu dans le cadre du redressement ou de la liquidation judiciaire.

1. EN CE SENS : Rapp. établi au nom de la commission des lois de l'Ass. Nat., X. de Roux, n° 2095, p. 219 ; F. Pérochon, avec le concours de M. Laroche, F. Reille, Th. Favario, A. Donnette, *Entreprises en difficulté*, 11ᵉ éd., « Manuel », Lgdj-Lextenso, 2022, n° 792 ; A. Lienhard, *Procédures collectives 2020/2021*, 9ᵉ éd., « Delmas », Dalloz, 2020, n° 76.58 ; C. Saint-Alary-Houin, avec la collaboration de C. Houin-Bressand et M. H. Monsèrié-Bon, *Droit des entreprises en difficulté*, 13ᵉ éd., « Domat », LGDJ-Lextenso, 2022, n° 602.
2. Soc. 13 mai 2009, n° 07-45.356.
3. Elle sera même dispensée de déclarer ses créances dans la nouvelle procédure : Com. 6 févr. 2009, n° 0719631 ; *JCP E* 2009. 1347, n° 3, obs. P. Pétel ; *GPC* 28 avr. 2009, p. 39, obs. P. Duprat.
4. Com. 3 avr. 1990, n° 88-19.807 ; *Bull. civ.* V, n° 113 ; *D.* 1990. 385, note M. Jeantin ; *JCP E* 1990. II. 15829, n° 4, obs. M. Cabrillac et Ph. Pétel.
5. Sur la prise en charge de ces créances par l'AGS, v. s[s] n° 721.62.

§ 3
Subrogation de l'AGS dans les procédures de redressement et de liquidation judiciaires

741.41 **Subrogation partielle.** Sous l'empire de la loi du 13 juillet 1967[1], l'AGS était subrogée systématiquement dans les droits des salariés qu'elle payait dans le cadre des procédures de redressement et de liquidation judiciaires. Depuis la loi du 25 janvier 1985[2], l'article L. 3253-16 du Code du travail vise précisément deux types de créances pour lesquelles l'AGS est subrogée : il s'agit des créances superprivilégiées et des créances postérieures avancées au titre de l'article L. 3253-8, 5°[3].

Les autres avances effectuées par l'AGS lui sont remboursées dans les conditions prévues pour le règlement des créances nées antérieurement au jugement d'ouverture.

741.42 **Superprivilège des créances nées avant le jugement d'ouverture.** La première catégorie de créances pour laquelle joue la subrogation personnelle est le superprivilège[4]. Il s'agit des créances nées antérieurement au jugement d'ouverture dans certaines limites fixées en montant et en durée[5]. Ainsi, l'AGS pourra bénéficier du superprivilège des salaires pour les avances qu'elle effectue au titre des rémunérations, des indemnités de congés payés ou encore de la contribution versée dans le cadre du contrat de sécurisation professionnelle[6] nées antérieurement au jugement d'ouverture d'une procédure de redressement ou de liquidation judiciaire. Il s'agit des avances effectuées au regard de l'article L. 3253-8, 1°, du Code du travail.

La Cour de cassation a précisé que la contribution due par l'employeur au titre du financement du contrat de sécurisation professionnelle « n'est pas une créance de salaires due au salarié » de sorte que Pôle emploi (devenu France Travail) ne peut être admis pour cette créance à titre superprivilégié. Cette solution n'est pas satisfaisante dans la mesure où la recodification à droit constant n'implique pas une modification du régime juridique préexistant. Une interprétation téléologique du texte codifié à droit constant aurait permis de considérer que le législateur n'a pas eu l'intention d'exclure la contribution due au titre de la CRP puis du CSP de l'assiette des créances superprivilégiées[7].

La subrogation au titre du superprivilège est redoutable[8] puisqu'elle entraine plusieurs conséquences. En premier lieu, l'article L. 625-8, alinéa 3, du Code de commerce, qui dispose que les créances superprivilégiées doivent être acquittées sur les premières rentrées de fonds bénéficie à l'AGS[9]. Par un premier arrêt en date du 22 février 2001 la Cour d'appel d'Orléans a précisé que « la créance de l'AGS entre dans les prévisions de l'article de l'article 76, 1°, de la loi du 25 janvier 1985, devenu l'article L. 621-78, 1°, du Code de commerce, et ne peut, en vertu de ce texte, faire l'objet d'un délai de paiement ; que cette disposition au contraire de celle du 2° du même article ne profite en effet pas seulement aux salariés mais aussi à ceux qui ont acquis leur créance, dont l'AGS subrogée dans leurs droits »[10].

La Cour de cassation a décidé en janvier 2024 que le droit au paiement sur premières rentrées de fonds n'est pas attaché à la personne des salariés. Il se transmet par subrogation à l'AGS avec le superprivilège des salaires qui doit recevoir un paiement sur les premières rentrées de fonds de la procédure collective[11]. Un autre arrêt du même jour consacre la même solution en affirmant en outre que le paiement reçu par l'AGS ne constitue pas un paiement provisionnel opéré sur le fondement de l'article L. 643-3, alinéa 1 du code de commerce. Cette dernière peut alors se prévaloir de cette subrogation pour recevoir un règlement qui, opéré sur les premières rentrées de fonds, ne s'analyse pas en un paiement sujet à répétition.[12]

1. L. n° 67-563, 13 juill. 1967 sur le règlement judiciaire, la liquidation des biens, la faillite personnelle et les banqueroutes, *JO* 14 juill., p. 7059.
2. L. n° 85-98, 25 janv. 1985 relative au redressement et à la liquidation judiciaire des entreprises, *JO* 26 janv.
3. le texte vise par erreur le 3°, le législateur n'ayant pas tenu compte des évolutions législatives et des modifications apportées à l'article L. 3253-8 du Code du travail.
4. Com. 6 juill. 1993, n° 91-14.269, P IV, n° 285 ; *D.* 1993, jur. 530, note M. Ramackers ; *JCP E* 1993. I. 298, n° 16, obs. M. Cabrillac.
5. C. trav., art. L. 3253-2 à L. 3253-4.
6. V. s^s n° 621.13.
7. Com. 11 déc. 2024, n° 23-10.708, P ; *Leden* janv. 2025, n° 1, p. 5, obs. K. Lafaurie ; *D. actu.* 24 janv. 2025, com. C. Gailhbaud.
8. Le superprivilège prime un grand nombre de créanciers, même les salariés lorsqu'ils sont titulaires d'une créance d'un rang inférieur.
9. T. com. Lyon, 28 sept. 2000 ; *Act. proc. coll.* 2001/3, n° 35, note E. Étienne-Martin et C. Nanterme ; *Act. proc. coll.* 2001/8, note B. Soinne – *Adde* : B. Soinne, « À propos de la notion de fonds disponibles au sens de l'article L. 631 nouveau du code de commerce », *Rev. proc. coll.* 2001, 59.
10. Orléans, 22 févr. 2001, RG n° 00/02818 ; *Act. proc. coll.* 2001, comm. 102, obs. B. Soinne ; B. Soinne, « À propos de la notion de fonds disponibles au sens de l'article L. 621-131 du Code de commerce », *Rev. proc. coll.* 2001, p. 59 – V. plus largement sur cette difficulté, N. Borga, A. Jacquemont, T. Mastrullo, *Droit des entreprises en difficulté*, LexisNexis, 12e éd. 2022, spéc. n° 991 ; P.-M. Le Corre, « La règle du paiement à l'échéance des créanciers postérieurs méritants et l'obligation de payer le superprivilège des salaires sur les premières rentrées de fonds », *Rev. Proc. coll.* janv.-févr. 2012, p. 72-74.
11. Com. 17 janv. 2024, n° 23-12.283.
12. Com. 17 janv. 2024, n° 22-19.451, P. n° 67 FS-B+R ; *Leden* févr. 2024, n° 2, p. 1, obs. F.-X. Lucas ; Dalloz act. 1er févr. 2024, note C. Gailhbaud.

Ainsi, la Cour de cassation en déduit que si une ordonnance du juge-commissaire autorise un paiement à un créancier susceptible de préjudicier au remboursement de l'AGS, celle-ci est recevable à former un recours contre l'ordonnance ayant affecté ses droits et obligations au sens de l'article R. 621-21, alinéa 3 du code de commerce[1].

Il en a pu en être déduit que le liquidateur ne pouvait obtenir restitution d'une partie des sommes versées prioritairement à l'AGS pour lui permettre de percevoir la totalité de ses émoluments.[2]

Ici la règle de l'interdiction de paiement des créances antérieures est tenue en échec. Ce principe pourrait conduire à absorber tout l'actif du débiteur si l'AGS n'était pas conciliante avec l'objectif de maintien de l'activité du débiteur[3]. Cette institution reste alors libre d'accorder ou non un échéancier au débiteur, ce dernier pouvant intervenir avant ou après l'adoption du plan de continuation.

Dans un arrêt du 4 octobre 2023, la Cour de cassation précise néanmoins les contours de l'article L. 643-7-1 et pose le principe selon lequel l'action en restitution contre un créancier qui a été indûment payé n'est pas réservée à la seule hypothèse d'une erreur dans l'ordre des privilèges, mais s'étend à celle d'une omission d'un créancier de meilleur rang de l'état de collocation[4].

En second lieu, les créances superprivilégiées de l'AGS doivent être payées avant toute autre créance, y compris celles nées postérieurement au jugement d'ouverture si elles ne sont pas payées à l'échéance[5].

En troisième lieu, du fait de la subrogation, l'AGS ne peut se voir imposer les délais du plan de continuation[6], lesquels sont sans application pour le paiement des créances salariales[7]. L'AGS peut toutefois accorder des délais de remboursement. L'ordonnance du 12 mars 2014[8] prévoit d'ailleurs explicitement la solution, en modifiant pour cela la rédaction de l'article L. 626-20, I, 1°, du Code de commerce. Il résulte clairement du texte que le tribunal ne peut lui imposer des délais en cas de refus des propositions de plan. En ce cas, s'ils ne sont pas respectés par le débiteur, l'AGS ne saurait se voir imposer par le juge des référés les délais de grâce de l'article 1244-1 du Code civil[9].

En quatrième lieu, la subrogation personnelle de l'AGS dans le super-privilège l'autorise aussi, en cas de vente d'un bien grevé d'un privilège spécial, d'un nantissement ou d'une hypothèque, en période d'observation ou en phase d'exécution du plan de continuation, à se faire payer par priorité absolue sur le prix de vente du bien[10].

La Cour de cassation a jugé que, en cas de succession de procédures, par suite de la résolution du plan, l'AGS subrogée dans le superprivilège le demeure dans la seconde procédure et se trouve, en conséquence, dispensée de déclarer sa créance au passif de la seconde procédure[11]. Il est en effet indiscutable que le privilège subsiste tant que la créance n'est pas payée, sauf disposition spéciale édictant une règle particulière de conservation ou d'extinction de ce privilège.

741.43 Privilège des créances nées postérieurement au prononcé de la liquidation judiciaire. La deuxième catégorie de créances pour laquelle joue, pour l'AGS, la subrogation personnelle dans les droits des salariés est constituée des créances salariales couvertes par le traitement préférentiel réservé aux créances postérieures et avancées par l'AGS lorsque le tribunal aura prononcé la liquidation judiciaire. Ces créances sont nées pour les besoins du déroulement de la procédure ou de la période d'observation.

1. Com. 6 mars 2024, n° 22-19.471, P ; *D. actu.* 2 avr. 2024, com. M. Guastella ; *BJE* juill. 2024, n° 4, p. 47, com. F. Macorig-Venier ; *BJE* juill. 2024, n° 4, p. 45, com. A. Donnette ; *Gaz. Pal.* 2 juill. 2024, n° 22, p. 34, note J. Théron ; *Leden* avr. 2024, n° 4, p. 2, obs. R. du Plantier ; *Act. proc. coll.* n° 7, 29 mars 2024, al. 82, com. L. Fin-Langer.
2. Com. 5 mars 2025, n° 23-23.284 ; *Leden* avr. 2025, n° 4, p. 5, obs. M. Guastella ; – Com. 15 janv. 2025, n° 23-19.653 ; – Com. 20 nov. 2024, n° 23-19.085 ; *Leden* déc. 2024, n° 11, p. 7, obs. G. Ollu ; *Act. proc. coll.* 2025, repère 15, note C. Gailhbaud ; *D. actu.* 4 déc. 2024, obs. L. Fin-Langer ; *BJE* janv. 2025, n° BJE201u0, note A. Donnette ; *Gaz. Pal.* 18 mars 2025, n° 10, p. 68, note P. Rossi.
3. A. Arséquel et Th. Méteyé, « *Les aspects sociaux de la procédure de sauvegarde* », *Rev. proc. coll.* 2002/2, p. 117, n° 23 ; B. Soinne, « Le remboursement de l'AGS », préc. n° 29, p. 686 – Sur la portée de la subrogation, en particulier face aux dispositions de l'ancien article 40 de la loi de 1985 : Aix-en-Provence, 21 mars 1989, n° 87/14107.
4. Soc. 4 oct. 2023, n° 22-15.456 ; *Act. proc. coll.* 2023, rep. 231, al. 242, note V. Leloup-Thomas.
5. Com. 6 juill. 1993, n° 91-14.269 ; *Bull. civ.* IV, n° 285 ; *D.* 1993. 530, note M. Ramackers ; P.-M. Le Corre, « La règle du paiement à l'échéance des créanciers postérieurs méritants et l'obligation de payer le superprivilège des salaires sur les premières rentrées de fonds », *Rev. proc. coll.* n° 1, janv. 2012, doss. 10.
6. Orléans, 22 févr. 2001, n° 00/02818 ; *Act. proc. coll.* 2001/8, n° 102.
7. C. com., art. L. 621-78 – Anc[t] L. n° 85-98, 25 janv. 1985 relative au redressement et à la liquidation judiciaire des entreprises, *JO* 26 janv., art. 76.
8. Ord. n° 2014-326, 12 mars 2014 portant réforme de la prévention des difficultés des entreprises et des procédures collectives, *JO* 14 mars, p. 5249.
9. Reims, ch. civ., 1re sect., 11 oct. 2010, RG n° 09/03150 ; *Act. proc. coll.* 2011/7, n° 111, note L. Fin-Langer.
10. C. com., art. L. 621-80 – Anc[t] L. n° 85-98, 25 janv. 1985 relative au redressement et à la liquidation judiciaire des entreprises, *JO* 26 janv., art. 78.
11. Com. 3 févr. 2009, n° 07-19.631, P IV, n° 13 ; n° 109 FS-P+B ; *Gaz. proc. coll.* 2009/2, p. 39, n° 4, note Duprat ; *JCP E* 2009. 1347, n° 3, obs. P. Pétel ; *RTD com.* 2010. 189, n° 5, obs. C. Saint-Alary-Houin ; dans le même sens : Poitiers, 22 avr. 1996, *D.* 1996. Somm. 284, obs. A. Honorat.

L'article L. 3253-16 du Code du travail vise par erreur le 3° de l'article L. 3253-8, au lieu du 5°. Il s'agit d'une erreur de renvoi qui s'est opérée lors de la recodification à droit constant du Code du travail en 2008. Ainsi, il faut retenir que la subrogation joue pleinement pour les salaires dus dans la limite d'un mois et demi de travail suite au prononcé de la liquidation judiciaire[1].

Sur le fondement de l'article L. 3253-8, 5°, du Code du travail, en cas de prononcé d'une liquidation judiciaire, l'AGS prend en charge les sommes qui sont nées au cours de la période d'observation, dans les quinze jours suivant le jugement de liquidation judiciaire (vingt-et-un jours en cas d'élaboration d'un plan de sauvegarde de l'emploi), dans le mois suivant le jugement de liquidation pour le représentant des salariés, pendant le maintien provisoire de l'activité autorisé par le jugement de liquidation et au cours des quinze jours (ou vingt-et-un jours) suivant la fin de ce maintien d'activité. Une limite correspondant à un mois et demi de travail[2] est fixée par les textes[3]. Il s'agit d'une limite en montant et en durée[4]. Le cumul des créances antérieures et postérieures à la liquidation judiciaire ne peut dépasser ce plafond[5].

Les sommes avancées en application de l'article L. 3253-8, 5°, du Code du travail par l'AGS seront éligibles au traitement préférentiel puisque cette institution est subrogée dans les droits des salariés. Ainsi, l'AGS bénéficiera du privilège de procédure posé par l'article L. 641-13 du Code de commerce.

SECTION 3
NEUTRALISATION DE LA SUBROGATION DE L'AGS DANS LES DROITS DES SALARIÉS

§ 1
Création d'une fiction juridique pour le remboursement des autres avances

741.51 **Énoncé de la règle juridique.** Le régime du remboursement de l'AGS repose sur une distinction entre les créances détenues par l'AGS. En effet, la subrogation de cette institution a été retouchée par la loi du 25 janvier 1985 pour être limitée. La loi reprend les termes de l'article 51 de la loi du 13 juillet 1967 en ce qui concerne le paiement prioritaire du superprivilège des salaires. Elle réaffirme que l'AGS est pleinement subrogée dans les droits des créanciers pour ce type de créances. La subrogation légale joue également pleinement pour les avances faites au titre des sommes dues postérieurement au prononcé d'une liquidation judiciaire. Elles doivent être payées à leur échéance lorsque l'activité est poursuivie.

En revanche, pour les autres créances avancées par l'AGS, le texte ne parle plus de subrogation mais de remboursement. En effet, les travaux parlementaires de la loi du 25 janvier 1985 indiquent clairement les deux conséquences qui résultent de la modification de l'ancien article L. 143-11-9 du Code du travail : « cela signifie d'abord que l'AGS perd le bénéfice de la subrogation en ce qui concerne le privilège mobilier et immobilier ; cela signifie ensuite que les sommes avancées par l'AGS pour les indemnités de licenciement intervenant pendant et après la période d'observation ne sont pas considérées comme des créances d'exploitation (...). L'AGS n'est pas subrogée dans les droits des salariés »[6].

Les nouvelles dispositions légales prévues à l'article L. 3253-16 du Code du travail reprennent cette solution en précisant que les autres sommes avancées par l'AGS lui sont remboursées dans les conditions prévues pour le règlement des créances antérieures au jugement d'ouverture. Ces sommes bénéficient alors des privilèges attachés aux créances antérieures. Cette mesure vise à créer une fiction juridique, laquelle consiste à énoncer une contre vérité juridique[7], pour créer un équilibre entre le redressement de l'entreprise en préservant ses actifs et la récupération des avances effectuées par l'AGS.

741.52 **Conséquences négatives de la règle juridique pour l'AGS.** La neutralisation de la subrogation de l'AGS dans les droits des salariés s'explique par des considérations économiques. Le législateur a voulu faciliter le redressement de l'entreprise en limitant les situations dans lesquelles l'AGS pouvait obtenir un paiement prioritaire.

Plusieurs effets sont attachés à cette fiction juridique. Premièrement, l'AGS doit se soumettre à la discipline collective, alors que les salariés y échappent. Elle aura une obligation propre, celle de déclarer les créances que la fiction légale aligne sur le sort des

1. Dans le même sens : L. Fin-Langer, J. Vallansan, « AGS et plan de redressement », *Rev. proc. coll.* mars 2019, n° 2, doss. 8.
2. Soc. 10 oct. 2000, n° 98-40.935 ; *Act. proc. coll.* 2000/20, n° 259 ; – Soc. 12 mars 2003, n° 01-41.277 ; *Act. proc. coll.* 2003/12, n° 164 ; – Soc. 4 juin 2003, n° 01-40.585 ; *Rev. proc. coll.* 2003, p. 342, n° 12, obs. F. Taquet ; – Soc. 19 avr. 2023, n° 21-24.655.
3. C. trav., art. L. 3253-8, D. 3253-2.
4. Circ. Unédic n° 35-86, 1er avr. 1986.
5. Soc. 28 sept. 2011, n° 10-12.143.
6. Rapp. Sénat, J. Thyraud, *Exposé général et examen des articles*, n° 332, sp. p. 177 et 181.
7. La fiction juridique est un artifice de technique juridique (en principe réservé au législateur souverain), un mensonge de la loi consistant à « faire comme si », à supposer un fait contraire à la réalité, en vue de produire un effet de droit ; G. Cornu, *Association Henri Capitant, Vocabulaire juridique*, Puf, 14e éd., 2022.

créances antérieures, dont elle est titulaire à l'encontre de l'employeur débiteur[1].

Deuxièmement, le défaut de subrogation conduit à refuser à l'AGS les prérogatives attachées aux créances salariales, notamment l'impossibilité d'imposer aux salariés des délais de paiement en cas de plan de continuation ou de redressement[2]. Elle contribue à financer le redressement de l'entreprise en acceptant les délais du plan de redressement proposés par les mandataires de justice.

Les classes de parties affectées[3], sortes de collèges électoraux des détenteurs de capital et de créanciers regroupés en fonction de leurs chances de répartition dans le cadre d'une cession de l'entreprise débitrice ou d'une liquidation judiciaire et classés selon une « communauté d'intérêt économique suffisante », méritent attention. En effet, l'article L. 626-30 IV du code de commerce précise que « les créances résultant du contrat de travail, les droits à pension acquis au titre d'un régime de retraite professionnelle et les créances alimentaires ne sont pas affectées par le plan ». Quelles conséquences pour l'AGS ? Une décision de la Cour d'appel de Versailles est éclairante sur la qualité ou non de partie affectée de l'AGS dans la mesure où la loi exclut expressément les créances salariales. À cet égard, la Cour d'appel de Versailles a infirmé l'ordonnance du juge-commissaire qui avait rejeté la contestation de l'AGS et a décidé que l'AGS était bien une partie non affectée pour les créances salariales superprivilégiées dont elle avait fait l'avance, mais qu'elle était une partie affectée pour le reste[4].

Une autre décision du TAE de Paris est venu préciser que « pour ses autres avances, c'est-à-dire celles relatives aux créances du salarié simplement privilégiées ou chirographaires, et celles relatives aux créances du salarié résultant de la rupture de contrat de travail après l'ouverture de la procédure, l'AGS bénéficie seulement d'un droit personnel à être remboursé des sommes avancées dans l'intérêt du débiteur. Il s'agit d'une créance personnelle de remboursement de l'AGS à l'égard du débiteur, et non d'une créance résultant du contrat de travail »[5]. Cette décision est complétée par une précision dont les répercussions devraient dépasser le cadre de ce litige. Étant une partie affectée, l'AGS ne peut être réglée que selon les modalités de règlement collectif du passif, sans possibilité, ajoute le tribunal, d'y déroger contractuellement. La qualité de partie affectée résultant de l'article L. 626-30, I, du Code de commerce relève donc de l'ordre public, ce qui interdit aux créanciers et aux mandataires de justice de transiger sur la question. Plus généralement, on voit là un argument imparable pour battre en brèche toute tentative d'organiser, au moyen d'accords inter-créanciers opposables à l'administrateur judiciaire, une exclusion expresse des classes de parties affectées[6].

Pourtant, la lecture du rapport au président de la République relatif à l'ordonnance n° 2021-1193 du 15 septembre 2021 portant modification du livre VI du Code de commerce[7] semble indiquait une position contraire : « Retenant une option offerte par la directive (article 1er [5 a] de la directive), le choix a été fait, au IV de l'article L. 626-30, d'exclure les créances résultant du contrat de travail du plan de restructuration soumis au vote des classes afin de préserver au mieux les droits des travailleurs. Il en résulte que l'association pour la gestion du régime de garantie des créances des salariés (AGS), subrogée dans les droits des créanciers bénéficiant d'une avance, n'est pas une partie affectée, ne participe pas aux classes de créanciers et ne peut donc être concernée par une application forcée interclasses ». Il est regrettable que la subtilité des créances pour lesquelles l'AGS est pleinement subrogée dans les droits des salariés et les créances pour lesquelles elle est fictivement traitée comme un créancier antérieur n'ait pas été anticipée. Le texte légal manque de clarté et aurait dû spécialement trancher cette difficulté[8].

Troisièmement, lorsque l'AGS ne sera pas subrogée dans les droits des salariés, elle ne sera pas traitée comme un créancier postérieur méritant. Cette mesure interdira à l'AGS d'exercer le droit de poursuite individuelle attaché aux créances postérieures. Elle devra alors par principe déclarer ses créances et sera soumise aux délais du plan éventuellement arrêté.

1. C. com., art. L. 622-24, al. 7 et R. 622-21.
2. C. com., art. L. 626-20.
3. C. com., art. L. 626-29 et s. et R. 626-52 – Sur les classes de parties affectées et le traitement des créances salariales : N. Borga, H. Bourbouloux, « Constitution des classes de parties affectées et communauté d'intérêt : d'une approche théorique à l'épreuve pratique », *BJE* mars 2024, n° 2, p. 60 ; D. Valdman, S. Baudry, « Classes de parties affectées : l'émergence d'une nouvelle pratique sous le regard de la jurisprudence », *Gaz. Pal.* 19 mars 2024, n° 2, p. 47 ; P. Coupeau, M. Sénéchal, F. Kopf, P. Sayer, F. Abitbol, C. Gralitzer, A. Bali, « L'anticipation de la restructuration », *BJE* sept. 2024, n° 5, p. 49.
4. Versailles 13 juill. 2023, RG n° 24/0400 ; *Leden* sept. 2023, n° 8, p. 5, obs. C. Gralitzer ; – T. com. Nanterre 19 juin 2023, n° 2022J00429 ; *Leden* juill. 2023, n° 7, p. 6, obs. C. Gralitzer ; P. Rossi, « AGS : la jurisprudence souffle le froid et le… froid », *Gaz. Pal.* 19 sept. 2023, n° 29, p. 30.
5. TAE Nanterre 14 févr. 2025, n° 2025M01057 ; *Leden* mars 2025, n° 3, p. 5, obs. C. Gralitzer ; *Act. proc. coll.* n° 7, 4 avr. 2025, al. 82, com. L. Fin-Langer.
6. C. Gralitzer, *op. cit.*
7. *Rapport au président de la République relatif à l'ordonnance n° 2021-1193 du 15 septembre 2021 portant modification du livre VI du Code de commerce, JO* 16 sept. 2021.
8. V. en ce sens, obs. C. Gralitzer ss Versailles 13 juill. 2023, RG n° 24/04003, *Leden* sept. 2023, n° 8, p. 5.

741.53 Conséquences positives de la règle juridique pour l'AGS. Un paradoxe résulte de cette fiction légale : dans certains cas l'AGS, va être placée dans une situation plus avantageuse que celle à laquelle elle aurait pu initialement prétendre. En effet, certaines créances répondent aux conditions de détermination des créances superprivilégiées[1], et pourraient, par cette fiction légale, être considérées comme telles. Par exemple, une indemnité compensatrice de préavis née antérieurement au jugement d'ouverture est une créance superprivilégiée. Si cette créance est née postérieurement au jugement d'ouverture, elle devrait être traitée comme une créance postérieurement méritante. Pour autant, du fait de la fictivité, cette créance va pouvoir bénéficier du superprivilège des salaires si le plafond de celui-ci n'est pas entièrement absorbé par les sommes déjà dues à la date du jugement d'ouverture. Ici, on fait totalement abstraction du critère de temporalité du superprivilège qui habituellement ne concerne que des créances antérieures. Dans cette hypothèse, le sort de l'AGS se trouve ainsi bien amélioré puisqu'elle ne peut être soumise aux délais du plan et doit être réglée prioritairement. Cette issue favorable n'est cependant pas si simple à mettre en œuvre dès lors que cette institution se trouve en conflit avec le paiement prioritaire d'autres créanciers.

Une situation identique peut être constatée lorsque l'entreprise en difficulté est en liquidation judiciaire et que son actif comprend un bien immobilier. Une indemnité de licenciement née postérieurement au jugement d'ouverture, traitée fictivement comme une créance antérieure, bénéficie du privilège général des salaires. Ce privilège est susceptible de s'exercer sur les immeubles. Ainsi, en cas de vente du bien immobilier par le liquidateur judiciaire, l'AGS devra être colloquée sur le prix de vente de l'immeuble, certes, après les créances superprivilégiées, les frais de justice postérieurs à l'ouverture de la procédure collective et les créances bénéficiant du privilège de conciliation, mais avant tous les créanciers postérieurs méritants et, le cas échéant, le créancier hypothécaire. C'est ce qu'a affirmé la Chambre commerciale de la Cour de cassation dans un arrêt rendu le 11 juin 2014[2].

1. Détaillées aux articles L. 3253-2 à L. 3253-4 C. trav.
2. Com. 11 juin 2014, n°s 13-17.997, 13-18.112, P IV, n° 103 ; P+B+R+I ; n° 605 ; *D.* 2014. actu 1270, note A. Lienhard ; *Gaz. Pal.* 5 oct. 2014, n° 278, p. 33, note D. Boustani ; *Act. proc. coll.* 2014/13, comm. 238, note P. Cagnoli et L. Fin-Langer ; *Rev. proc. coll.* 2014, comm. 130, note L. Fin-Langer ; *JCP E* 2014, chron. 1447, n° 9, obs. P. Pétel ; *RTD civ.* 2014. 696, n° 3, note P. Crocq ; *Rev. proc. coll.* 2015, comm. 26, note G. Berthelot ; *BJE* 2014. 303, note P.-M. Le Corre ; *LXB hebdo* 17 juill. 2014, n° 579, note P.-M. Le Corre.

§ 2
Avances concernées par l'absence de subrogation

741.61 Créances nées antérieurement au jugement d'ouverture. Au-delà des créances superprivilégiées, l'AGS peut détenir des créances privilégiées et chirographaires pour les avances qu'elle effectue au titre des créances nées antérieurement au jugement d'ouverture sur le fondement de l'article L. 3253-8, 1°, du Code du travail. Il pourra notamment s'agir des rémunérations se situant au-delà des soixante derniers jours de travail, ou encore d'une indemnité de licenciement due à un salarié licencié antérieurement au jugement d'ouverture. Pour ce type de créances, l'AGS n'est pas subrogée dans les droits des salariés. Elle devra déclarer ces créances au passif de la procédure collective et sera soumise aux délais et remises du plan de continuation.

741.62 Indemnités de rupture du contrat de travail nées postérieurement au jugement d'ouverture du redressement ou de la liquidation judiciaire. Les créances résultant de la rupture du contrat de travail intervenue pendant la période d'observation ou dans le mois suivant le jugement qui arrête le plan de redressement ou de cession sont fictivement traitées comme des créances antérieures au jugement d'ouverture. Partant, ces créances peuvent être superprivilégiées (par exemple une indemnité compensatrice de préavis), privilégiées (par exemple une indemnité de licenciement) ou chirographaires (par exemple la portion supérieure au privilège général des salaires de l'indemnité de licenciement).

741.63 Autres créances. Les mesures d'accompagnement prises en charge par l'AGS dans le cadre d'un plan de sauvegarde de l'emploi seront traitées fictivement comme des créances antérieures. À défaut d'être visées par un texte spécifique leur accordant un privilège, ces créances seront chirographaires.

De même, les indemnités de rupture traitées comme des créances antérieures et non visées par les articles du Code civil relatifs au privilège général des salaires, l'intéressement, la participation, ainsi que les arrérages de préretraite seront chirographaires.

Les dommages et intérêts rendus opposables à l'AGS dans le cadre d'un contentieux prud'homal le seront également. On mesure ainsi l'impact qui peut résulter de l'élargissement du domaine d'application de la garantie puisque l'AGS devra garantir ces sommes, tout en sachant qu'elles ne seront quasiment jamais récupérées dans le cadre de la procédure collective eu égard à leur rang chirographaire.

CHAPITRE

742. Mise en œuvre des privilèges de l'AGS dans la procédure collective

SECTION 0 ORIENTEUR

742.00 Sommaire du chapitre.

Sect. 1 Absence de concours de l'AGS avec un créancier titulaire d'un droit de rétention 742.11 à 742.23

§ 1 Créanciers titulaires d'un droit de rétention 742.11 à 742.15

§ 2 Efficacité du droit de rétention 742.21 à 742.23

Sect. 2 Absence de concours de l'AGS avec un créancier titulaire d'une sûreté-propriété 742.31 à 742.52

§ 1 Fiducie sûreté 742.31 à 742.32

§ 2 Clause de réserve de propriété 742.41 à 742.42

§ 3 Crédit-bail 742.51 à 742.52

Sect. 3 Concours de l'AGS avec les créanciers postérieurs méritants 742.61 à 742.83

§ 1 Paiement sur les premières de fonds du superprivilège face au paiement à l'échéance des créanciers postérieurs méritants 742.61 à 742.62

§ 2 Prix de la course entre créanciers postérieurs payés à l'échéance 742.71 à 742.73

§ 3 Classement des créanciers postérieurs payés par privilège 742.81 à 742.83

Sect. 4 Concours de l'AGS avec les autres créanciers 742.91 à 742.114

§ 1 Concours de l'AGS avec les salariés 742.91 à 742.92

§ 2 Concours du superprivilège avec les autres créanciers 742.101 à 742.106

§ 3 Concours du privilège général des salaires avec les autres créanciers 742.111 à 742.114

742.01 Textes applicables.

• **C. com.**

art. L. 622-7 [Principe de l'interdiction du paiement des créances antérieures]

art. L. 622-8 [Autorisation du paiement de certaines créances antérieures par le juge-commissaire]

art. L. 622-17 [Créances postérieures éligibles au traitement préférentiel en sauvegarde]

art. L. 625-7 [Privilèges des créances salariales]

art. L. 625-8 [Paiement des créances superprivilégiées]

art. L. 625-9 [Garanties de paiement des créances salariales]

art. L. 626-5 [Proposition de délais et remises pour l'élaboration du plan de sauvegarde]

art. L. 626-20 [Absence de soumission des salariés aux délais et remises du plan pour les créances privilégiées]

art. L. 626-22 [Répartition du prix vente d'un bien grevé d'une sûreté spéciale en période d'observation]

art. L. 626-23 [Répartition du prix de vente d'un bien grevé d'une sûreté spéciale en cas de cession partielle d'actifs]

art. L. 622-24 [Déclaration des créances antérieures]

art. L. 631-14 [Application des dispositions de la sauvegarde au redressement judiciaire]

art. L. 631-18 [Application des dispositions de la sauvegarde au redressement judiciaire]

art. L. 641-13 [Créances postérieures éligibles au traitement préférentiel en liquidation judiciaire]

art. L. 641-14, al. 1 [Application des dispositions de la sauvegarde à la liquidation judiciaire]

art. L. 642-12 [Répartition du prix vente d'un bien grevé d'une sûreté spéciale en liquidation judiciaire]

art. L. 643-8 [Classement des créanciers en liquidation judiciaire]

• **C. trav.**

art. L. 3253-2 [Superprivilège des salaires]

art. L. 3253-3 [Superprivilège des salaires]

art. L. 3253-4 [Superprivilège des salaires]

art. L. 3253-5 [Superprivilège des salaires-façonniers]

art. L. 3253-8 [Domaine d'application de la garantie]

art. L. 3253-15 [Modalités d'intervention de la garantie]

art. L. 3253-16 [Récupération des avances effectuées par l'AGS]

art. L. 7313-8 [Superprivilège des salaires – voyageurs, représentants ou placiers]

• **C. civ.**
art. 2331, 3° [Privilège des salaires sur les biens meubles]
art. 2332-1 [Primauté des privilèges spéciaux sur les généraux]
art. 2377, 2° [Privilège des salaires sur les biens immobiliers]
art. 2378 [Primauté des privilèges généraux sur le droit de préférence attaché au gage immobilier et à l'hypothèque]

742.02 **Jurisprudence de référence.**

> En cas de vente par le liquidateur du bien constitué en gage, le droit de rétention du créancier gagiste est de plein droit reporté sur le prix ; que dès lors, la Cour d'appel a décidé à bon droit que la banque, titulaire d'un droit de rétention fictif sur le véhicule litigieux, était fondée à suspendre la mainlevée du gage à l'attribution à son profit du produit de la vente effectuée par le liquidateur, peu important l'existence de créances superprivilégiées de salaires qui ne pouvaient faire échec au report du droit de rétention sur le prix

• **Com. 15 oct. 1991,** n° 90-10.784, *Bull. civ.* IV, n° 288
* V. s^s n° 742.23

> Le créancier bénéficiant du traitement préférentiel prévu à l'article L. 622-17 I du Code de commerce a le droit d'être payé à l'échéance et peut, dans l'exercice de son droit de poursuite individuelle, obtenir un titre exécutoire et faire exécuter ce titre indépendamment de l'ordre dans lequel s'exercent les privilèges

• **Com. 7 sept. 2010,** n° 09-66.595
* V. s^s n° 742.72

> L'attribution du gage n'est pas subordonnée à l'existence d'un droit de rétention, et que le droit d'attribution est indépendant des règles concernant l'ordre dans lequel s'exercent sur le prix les divers privilèges au cas de vente du bien nanti

• **Com. 12 févr. 1979,** n° 77-12.887, *Bull. civ.* IV, n° 58
* V. s^s n° 742.106

742.03 **Bibliographie indicative.**

> Encyclopédie. *J.-Cl. com.*, fasc. 2450 : Privilège des salariés et garantie de paiement, par A. Jacquemont, 2007.

> Articles. A. Arséguel et Th. Méteyé, « Les aspects sociaux de la procédure de sauvegarde », *Rev. proc. coll.* 2008, p. 117 – L. Ben Cheikh-Vecchioni, « L'AGS et le remboursement de ses avances », *in Les grands concepts du droit des entreprises en difficulté*, Le Corre P-M. (dir.), « Thèmes & commentaires », Dalloz, 2018, 171 – B. Bezian, « La garantie des créances salariales dans le cadre d'une procédure de redressement judiciaire », *Dr. sociétés* 1991, 715 – C. Calomili, « L'efficacité du superprivilège des salaires », *in Colloque Sûretés réelles et droit des entreprises en difficulté*, Nice, 20 mars 2010, *LPA* 11 févr. 2011, n° 30, p. 20 – A. Charbin, « La situation des salariés de l'entreprise en difficulté », *RJS* 1999. 743 – H. de Fremont, « Droit du travail et procédure collective : une réforme impossible ? », *BJE* mars 2014. 123 – L. Fin-Langer et J. Vallansan, « AGS et plan de redressement », *Rev. proc. coll.* mars/avr. 2019, Dossier 8, p. 74 – C. Gailhbaud, « L'AGS dans la procédure de sauvegarde » *LPA* 28 nov. 2008, n° 239, p. 3 ; « L'AGS face à l'exécution », *in Mesures d'exécution et procédures collectives*, « Procédures », Bruylant, 2012, p. 129 – D. Jacotot, « Résiliation judiciaire du contrat de travail et garantie de l'AGS », *Rev. proc. coll.* 2010, comm. 14 – P.-M. Le Corre, « Pour une clarification du traitement des créances de remboursement des avances de l'AGS », *D.* 2013, point de vue 379 ; « La récupération des avances de l'AGS à l'épreuve des autres créanciers », *Rev. proc. coll.* mars/avr. 2019, Dossier 6, p. 67 ; « Le créancier nanti sur comptes-titres bénéficiaire d'un paiement provisionnel confronté au superprivilège des salaires », *Gaz. proc. coll.* 2009, 1re partie, n°s 303, 304, p. 27 ; « Cotisations sociales de retraite dues par un professionnel libéral et superprivilège des salaires », *LPA* 13 mars 2012, n° 52, p. 3 ; « La règle du paiement à l'échéance des créanciers postérieurs méritants et l'obligation de payer le superprivilège des salaires sur les premières rentrées de fonds », *Rev. proc. coll.* 2012, Dossier 10, p. 72 – F.-X. Lucas, « Quarante années de prise en charge des créances salariales dans les procédures collectives », *BJE* 2014. 409 – Th. Méteyé, « Le règlement des salaires et la subrogation de l'AGS dans les droits des salariés », colloque Toulouse 31 janv. et 1er févr. 1991, *LPA* 20 mai 1992, p. 42 ; « Garantie AGS : jusqu'où peut-on aller trop loin ? », *Dr. soc.* 2002. 972 ; « L'intervention de l'AGS dans les procédures de sauvegarde », *Gaz. proc. coll.* 2006, p. 3 ; « Loi de sauvegarde des entreprises : le point de vue de l'AGS », *LPA* 17 févr. 2006, n° 35, p. 48 ; « La place de l'AGS dans les procédures collectives », *Rev. proc. coll.* 2008, p. 11, n° 1 ; « L'évolution du champ d'intervention de l'AGS : de la sécurité juridique à l'insécurité juridique et économique », colloque de l'*AJDE*, Toulouse 10 sept. 2010, *Rev. proc. coll.* 2011, Dossier 4, p. 67 ; « Le droit social des entreprises en difficulté », *Rev. proc. coll.* 2014, Dossier 39 ; « Le traitement des créances salariales : l'AGS », *BJE* janv.-févr. 2017. 54 ; « *Quid* de l'AGS dans la problématique procédures collectives/sûretés réelles ? », *Rev. proc. coll.* juill./août 2018, Dossier 25, p. 96 – M.-H. Monsèrié-Bon, « Plan de cession et AGS », *Rev. proc. coll.* mars/avr. 2019, Dossier 9, p. 77 – A.-L. Peries, « Intervention de l'AGS, l'expansion accrue du régime de garantie sous l'influence de la jurisprudence (1998-2001) », *JCP E* 2002, *Cah. Dr. soc.* (supplément), n° 10, 7 mars 2002 – P. Pétel, « L'AGS et la réforme des procédures collectives », *RJ com.* 2006/3, p. 174 ; « Les critères de prise en charge de la garantie AGS : quarante ans d'évolution », *BJE* 2014. 411 – C. Saint-Alary-Houin, « L'efficacité des garanties garantissant les créances salariales », *Dr. sociétés* 1987, 842 ; « L'évolution de la garantie de l'AGS, plus… toujours plus ! », *Rev. proc. coll.* mars/avr. 2019, Dossier 5, p. 62 – J.-C. Savignac et Th. Méteyé, « L'AGS, 40 ans de solidarité et d'engagement au cœur des enjeux des procédures collectives », *BJE* 2014. 407 – F. Taquet, « Le nouveau champ d'application de l'AGS – Article 177 de la loi n° 2005-845 du 26 juillet 2005 de sauvegarde des entreprises », *Rev. proc. coll.* 2005, p. 295 ; « L'intervention de l'AGS : état des lieux et réflexions… », *in Entreprises en difficulté et droit du travail*, Ceprisca, Puf, 2007, p. 77 – R. Vatinet, « Garantie de l'AGS et sort du contrat de travail en cas de procédure collective », *D.* 2003. Chron. 287 – C. Gailhbaud, « Le regard de l'avocat sur le sort des salariés dans les plans de sauvegarde et de redressement », *BJE* janv. 2024, n° 1, p. 51 – B. Amizet, E. Garreau, « Le regard du mandataire judiciaire sur le traitement de certaines créances », *BJE* janv. 2024, n° 1, p. 45 – D. Ronet-Yague,

« Les vicissitudes du contentieux de l'AGS en 2023 », *Gaz. Pal.* 5 déc. 2023, n° 40, p. 52 – N. Borga, H. Bourbouloux, « Constitution des classes de parties affectées et communauté d'intérêt : d'une approche théorique à l'épreuve pratique », *BJE* mars 2024, n° 2, p. 60 – D. Valdman, S. Baudry, « Classes de parties affectées : l'émergence d'une nouvelle pratique sous le regard de la jurisprudence », *Gaz. Pal.* 19 mars 2024, n° 2, p. 47 – P. Coupeau, M. Sénéchal, F. Kopf, P. Sayer, F. Abitbol, C. Gralitzer, A. Bali, « L'anticipation de la restructuration », *BJE* sept. 2024, n° 5, p. 49 – F. Aknin, « Le droit social appliqué aux procédures collectives », *JCP S* 2023, n° 42, 1272.

> **Colloques.** « L'AGS au cœur du traitement des difficultés des entreprises », dir. scient. Ph. Roussel Galle, Paris, 5 déc. 2018, *Rev. proc. coll.* mars/avr. 2019, Dossier 3, p. 56 s.

742.04 Questions essentielles.

> Quelle est l'efficacité du superprivilège en présence de créanciers hors concours ?

* V. s[s] n°s 742.11 s.

> Comment s'articule la règle du paiement à l'échéance des créances postérieures méritantes avec celle du paiement sur les premières rentrées de fonds du superprivilège ?

* V. s[s] n°s 742.61 s.

> Quel est le classement des créanciers en cas de liquidation judiciaire ?

* V. s[s] n°s 742.105 et 742.114

SECTION 1
ABSENCE DE CONCOURS DE L'AGS AVEC UN CRÉANCIER TITULAIRE D'UN DROIT DE RÉTENTION

§ 1
Créanciers titulaires d'un droit de rétention

742.11 Éviction de la règle du concours. Les trois privilèges conférés aux créances salariales devraient en principe permettre à l'AGS d'être remboursée facilement. La réalité est beaucoup plus nuancée. La récupération des avances est éminemment fonction de l'assiette sur laquelle s'exerce ces privilèges. La raréfaction des actifs disponibles, liée au développement de garanties nouvelles faisant échapper leurs bénéficiaires à la loi du concours[1], menace le taux de recouvrement des sommes avancées par l'AGS. Le créancier titulaire d'un droit de rétention ne sera pas soumis à la loi du concours car il dispose d'un droit exclusif sur le bien, efficace malgré l'ouverture d'une procédure collective.

742.12 Définition du droit de rétention. Qualifié par certains auteurs de droit réel[2] et par d'autres de sûreté réelle[3], le droit de rétention est la faculté pour un créancier de retenir un bien qu'il détient de son débiteur jusqu'à ce qu'il ait été intégralement payé. Autrement dit, c'est le droit d'empêcher le débiteur d'entrer en possession du bien tant que le paiement n'est pas intervenu. La loi confère à plusieurs créanciers un droit de rétention.

742.13 Créancier gagiste. L'article 2333 du Code civil définit le gage comme « la convention par laquelle le constituant accorde à un créancier le droit de se faire payer par préférence à ses autres créanciers sur un bien mobilier ou un ensemble de biens mobiliers corporels présents ou futurs ». Qu'il soit avec ou sans dépossession, le gage bénéficie du droit de rétention (réel ou fictif) sur le fondement de l'article 2286, 1° et 4°, du Code civil.

La loi du 4 août 2008[4] a modifié les dispositions du Code civil pour reconnaître un droit de rétention fictif au profit des gagistes sans dépossession. Ce droit de rétention fictif ne doit pas être confondu avec le gage avec dépossession fictive. Prenons l'exemple du gage sur véhicule automobile, il s'agit d'un gage qui investit le créancier gagiste de toutes les prérogatives attachées au gage avec dépossession, y compris du droit de rétention. Le créancier est réputé avoir conservé le bien remis en gage en sa possession[5]. Pour autant, le bien est entre les mains du débiteur et non du créancier rétenteur. Cette dépossession fictive fait l'objet d'un régime spécial et ne pourra être affectée par l'article L. 622-7 du Code de commerce qui procède par renvoi à l'article 2286, 4°, du Code civil relatif aux gages sans dépossession.

742.14 Créancier nanti. L'article 2355 du Code civil précise que « le nantissement est l'affectation, en garantie d'une obligation, d'un bien meuble incorporel ou d'un ensemble de biens meubles incorporels, présents ou futurs. [...] Le nantissement conventionnel qui porte sur les créances est régi, à défaut de

1. M. Sénéchal, *in* M. Sénéchal, H. Chriqui, Th. Météyé et A. Clerc, « Les procédures collectives et les droits des salariés », *Rev. proc. coll.* 2011, table ronde 3, p. 65 s., sp. p. 72.

2. A. Aynès, *Le droit de rétention unité ou pluralité*, Economica 2005, n° 303 ; A. Aynès, « La consécration légale des droits de rétention », *D.* 2006 ; M. Cabrillac, S. Cabrillac, Ph. Pétel, Ch. Mouly, *Droit des sûretés*, LexisNexis, 11e éd., 2022, n° 606 ; R. Rodière, note s[s] Civ. 1re, 22 mai 1962, n° 5812486, *D.* 1965 – Civ. 1re, 7 janv. 1992, n° 90-14.545 ; *Bull. civ.* I, n° 4, *RTD civ.* 1992, obs. P.-Y. Gautier ; *JCP G* 1992, n° 3583, obs. Ph. Delebecque ; – Com. 3 mai 2006, n° 04-15.262, *RTD civ.* 2006, obs. T. Revet ; *JCP G* 2006, n° 15, obs. Ph. Delebecque ; – Civ. 1re, 24 sept. 2009, n° 08-10.152 ; *Bull. civ.* I, n° 178 ; *JCP G* 2009, n° 44, note L. Aynès ; *JCP G* 2009, n° 48, n° 17, obs. Ph. Delebecque.

3. Ph. Simler, Ph. Delecque, *Droit civil, Les sûretés, La publicité foncière*, Dalloz, 8e éd., 2023, n° 582.

4. L. n° 2008-776, 4 août 2008 de modernisation de l'économie, art. 79, *JO* 5 août.

5. C. civ. art. 2351.

dispositions spéciales, par le présent chapitre. Celui qui porte sur d'autres meubles incorporels est soumis, à défaut de dispositions spéciales, aux règles prévues pour le gage de biens meubles corporels, à l'exclusion du 4° de l'article 2286 du Code civil ».

S'agissant du nantissement du fonds de commerce, dans un arrêt du 26 novembre 2013 [1], la Chambre commerciale de la Cour de cassation a estimé que le créancier n'était pas titulaire d'un droit de rétention. Elle a considéré d'une part, que l'article 2286 concerne uniquement les biens meubles corporels, ce qui exclut les nantissements, d'autre part, que l'article 2286, 4°, ne peut trouver à s'appliquer qu'à défaut de dispositions spéciales. Or, le nantissement du fonds de commerce fait l'objet de textes spéciaux. Par analogie, cette décision vaut pour tous les nantissements auxquels un droit de rétention n'est pas spécialement reconnu.

Concernant les nantissements, il semble que seul le créancier nanti sur des comptes-titres puisse être payé avant le superprivilège des salaires en vertu du droit de rétention effectif qu'il possède. En effet, en vertu de l'article L. 211-20, IV, du Code monétaire et financier, « le créancier nanti bénéficie en toute hypothèse d'un droit de rétention sur les titres financiers et sommes en toute monnaie figurant au compte nanti ». La solution est ici expressément consacrée par le législateur.

742.15 Créancier transporteur. Le Code de commerce octroie un privilège aux créances détenues par le transporteur [2]. Au-delà de ce privilège, l'article 2286 du Code civil confère un droit de rétention à « celui dont la créance impayée résulte du contrat qui l'oblige à la livrer ». Pour que le droit de rétention soit efficace, il faudra que le transporteur détienne encore matériellement les marchandises. Si tel est le cas, le paiement du créancier rétenteur interviendra en dehors de tout concours, au détriment du remboursement du superprivilège [3].

En outre, la loi du 6 février 1998 [4] tendant à l'amélioration des conditions d'exercice de la profession de transporteur routier a introduit dans le Code de commerce une garantie de paiement au profit du transporteur, lui permettant de réclamer le remboursement du prix de transport à l'expéditeur ou à son destinataire par le biais d'une action directe [5]. Le transporteur (voiturier) dispose alors de deux garants : l'expéditeur et le destinataire [6]. La règle de l'interdiction des poursuites individuelles lors de l'ouverture d'une procédure collective posée par l'article L. 622-21, I, du Code de commerce n'est pas applicable à l'action directe détenue par le transporteur. En effet, cette action autorise le créancier à poursuivre en paiement le débiteur de son propre débiteur [7]. L'ordonnance du 15 septembre 2021 [8] modifie l'article L. 622-7, II, pour tenir compte de cette hypothèse et permettre, avec l'autorisation du juge-commissaire, de payer le transporteur exerçant cette action directe.

§ 2
Efficacité du droit de rétention

742.21 Mise en œuvre du droit de rétention dans la procédure collective. Diverses techniques ont été mises en place par législateur pour que le créancier rétenteur puisse obtenir paiement de sa créance dans le cadre d'une procédure collective.

742.22 Technique du retrait contre paiement. Au cours de la période d'observation, il est précisé à l'article L. 622-7, I, du Code de commerce que « le juge commissaire peut aussi l'autoriser (le débiteur ou son organe représentatif) à payer des créances antérieures au jugement, pour retirer le gage ou la chose légitimement retenue [...], lorsque ce retrait ou retour est justifié par la poursuite de l'activité ». En cas d'adoption d'un plan de cession, la jurispru-

1. Com. 26 nov. 2013, n° 12-27.390 ; *BJE* mai 2014, n° 3, p. 156, obs. F. Macorig-Venier ; *Gaz. Pal.* 20 mars 2014, n° 79, obs. P.-P. Dumont-Lefrand ; *RD banc. fin.* 2014, comm. 51, obs. A. Cerles ; *RTD civ.* 2014. 158 s., obs. P. Crocq ; *JCP G* 2014, Doctr. 635, n° 20, obs. Ph. Delebecque ; *Adde* M. Julienne, « Le régime du gage : droit commun du nantissement ? », *RD banc. fin.* sept.-oct. 2014, p. 82, spéc. n°s 8 et 12.
2. C. com., art. L. 133-7.
3. Le mandataire judiciaire peut toutefois contester les ordonnances rendues par le juge-commissaire autorisant l'administrateur judiciaire à transiger avec le transporteur si la transaction porte atteinte à l'intérêt collectif des créanciers : Lyon, 5 avr. 2018, RG n° 17/01840 ; *Leden* juin 2018, n° 111, p. 4, obs. O. Staes.
4. L. n° 98-69, 6 févr. 1998 tendant à améliorer les conditions d'exercice de la profession de transporteur routier, *JO* 7 févr. 1998.
5. C. com., art. 132-8 – Cette action n'est applicable qu'aux contrats conclus après l'entrée en vigueur de la loi : Com. 10 mai 2005, n° 03-17.618 ; *Bull. civ.* IV, n° 100 ; *D.* 2005. AJ 1412.
6. Rouen 13 janv. 2003 ; *Act. proc. coll.* 2003/16, n° 202 ; *Rev. proc. coll.* 2003/1, p. 11, n° 7, obs. C. Lebel.
7. C. com., art. L. 132-8 – L'action n'est pas subordonnée à la déclaration de créance du transporteur au passif du commissionnaire : Com. 17 déc. 2003, n° 02-12.891 ; *Bull. civ.* IV, n° 209 ; *Act. proc. coll.* 2004/3, n° 29, note J. Vallansan et F. Petit ; *RTD com.* 2004. 367, n° 15, obs. B. Bouloc ; Rouen, 13 janv. 200 ; *Act. proc. coll.* 2000/16, n° 202 – De même l'expéditeur qui n'a pas réglé de créance au transporteur avant l'ouverture de la procédure collective au commissionnaire ne peut déclarer de créance : Com. 4 oct. 2005, n° 03-18.678 ; *Gaz. Pal.* 2006/1, p. 27, obs. Ph. Roussel-Galle – Le paiement du transporteur ne libère pas l'expéditeur et le destinataire de leur dette envers le commissionnaire, Com. 1er févr. 2011, n° 09-72.309 ; *Bull. civ.* IV, n° 14 ; *Act. proc. coll.* 2011/6, n° 103, note F. Petit ; *JCP E* 2011, chron. 1658, n° 8, obs. F. Petit ; *RTD com.* 2012. 613, n° 2, obs. A. Martin-Serf.
8. Ord. n° 2021-1193, 15 sept. 2021 portant modification du livre VI du Code de commerce, *JO* 16 sept., art. 15.

dence estime que le gagiste n'a pas à se satisfaire d'une simple quote-part du prix de cession[1]. Dès lors, le paiement complet de sa créance doit lui être attribué. Lors de l'ouverture d'une liquidation judiciaire, la technique du retrait contre paiement est également possible en vertu de l'article L. 641-3, alinéa 2, du Code de commerce. Ce retrait n'a pas à être justifié par la poursuite d'activité, mais la réalisation du bien devra être faite dans l'intérêt collectif des créanciers. Il en sera ainsi lorsque le retrait du bien permettra de le vendre à un prix supérieur à celui de la créance du rétenteur.

Le Code de commerce vise exclusivement le droit de rétention et il n'y a pas lieu de distinguer s'il est réel ou fictif. À défaut de ce droit, le juge-commissaire commettrait un excès de pouvoir, lequel nuirait aux intérêts des créanciers de rang supérieur[2]. Le paiement interviendra sans tenir compte de l'ordre des privilèges puisqu'il n'est pas ici question de conflit entre créanciers de rangs différents : « retenir et concourir ne vaut »[3]. Face à un créancier rétenteur, la supériorité de certains privilèges dans la procédure collective, tels que le superprivilège des salaires ou le privilège des créances postérieures éligibles au traitement préférentiel, n'est qu'un leurre[4].

Cependant, un tempérament à la portée du droit de rétention a été prévu par le législateur en matière de gage sans dépossession. Le jugement ouvrant la procédure « emporte, de plein droit, inopposabilité du droit de rétention conféré par le 4° de l'article 2286 du Code civil pendant la période d'observation et l'exécution du plan, sauf si le bien objet du gage est compris dans une cession d'activité décidée en application de l'article L. 626-1 »[5]. L'inopposabilité du droit de rétention du gagiste sans dépossession issu de l'article 2286, 4°, du Code civil cesse lors de la résolution du plan de sauvegarde ou de redressement et en cas de liquidation judiciaire.

Cette inopposabilité ne concerne pas le gage avec dépossession et les créanciers qui bénéficiaient déjà avant la loi de 2008 d'un droit de rétention fictif en vertu d'une disposition spéciale. Par exemple, le droit de rétention du gagiste sur véhicule automobile n'est pas concerné par l'inopposabilité. En revanche, elle s'applique au gage sur stocks.

L'inopposabilité du droit de rétention en période d'observation peut être avantageuse pour l'AGS si le bien est vendu. En effet, l'article L. 622-8 du Code de commerce pose la règle de la consignation de la quote-part du prix de vente d'un bien grevé d'un privilège spécial, d'un gage, d'un nantissement ou d'une hypothèque en période d'observation. La consignation ne concerne ici que la quote-part du prix grevé d'une sûreté. Les sommes consignées seront réparties selon les modalités des articles L. 626-22 et L. 631-19 du Code de commerce. Ces articles confèrent au superprivilège des salaires une priorité de paiement sur les créanciers titulaires de sûretés spéciales sur le bien vendu. L'excédent devra être intégré dans l'actif de l'entreprise et pourra notamment servir à régler les créanciers postérieurs. Il s'agit d'un actif disponible.

Une difficulté se présente si la procédure est convertie en liquidation judiciaire est que le produit du bien vendu au cours de la période d'observation n'a pas été distribué. L'atteinte portée à l'efficacité de la sûreté ne serait plus justifiée puisqu'elle ne vise pas à permettre le sauvetage de l'entreprise mais à répartir le produit des actifs entre les créanciers[6]. Néanmoins, l'article L. 642-20-1 du Code de commerce envisage la technique du report du droit de rétention sur le prix uniquement lorsque le bien est vendu par le liquidateur judiciaire. Or, dans l'hypothèse susvisée le bien a été vendu en période d'observation sur autorisation du juge-commissaire. Par voie de conséquence, le jeu de la subrogation réelle sur le prix de vente ne devrait pas pouvoir jouer. Cette question n'a pas été tranchée par les juridictions et sera particulièrement intéressante pour le remboursement du superprivilège de l'AGS.

742.23 **Technique du report sur le prix de vente.** L'article L. 642-20-1 du Code de commerce dispose qu'« en cas de vente par le liquidateur, le droit de rétention est de plein droit reporté sur le prix ». Cette technique est prévue en cas de liquidation judiciaire. Le juge-commissaire pourra soit autoriser le paiement du créancier rétenteur afin de récupérer le bien (technique du retrait contre paiement), soit autoriser la vente du bien retenu pour désintéresser le créancier (technique du report du droit de rétention sur le prix)[7]. À ce stade, tous les créanciers réten-

1. Com. 20 mai 1997, nº 95-11.915 ; *Bull. civ.* V, nº 126 ; *LPA* 22 oct. 1997, nº 127, p. 10 ; *LPA* 19 avr. 1999, nº 77, p. 10, note F. Derrida ; *D.* 1999, somm. 5, obs. F. Derrida ; *RJ com.* 1997. 308, *rapp. J.-P. Remery* et note C. Saint-Alary-Houin ; *JCP E* 1997. I. 681, nº 5, obs. M. Cabrillac.
2. Com. 4 janv. 2005, nº 02-10.511 ; *Bull. civ.* IV, nº 1 ; *D.* 2005, jur. 970, note L. Aynès ; *D.* 2005. AJ 430, obs. A. Lienhard ; *D.* 2005, somm. 2018, obs. F.-X. Lucas ; *Gaz. Pal.* 21 juin 2006, p. 45, note D. Robine ; *JCP E* 2005, chron. 639, p. 709, nº 8, obs. M. Cabrillac ; *JCP E* 2005, chron. 915, p. 1008, nº 20, obs. P. Delebecque ; *RTD com.* 2005, nº 6, obs. B. Bouloc ; *Rev. proc. coll.* 2005/2, p. 133, nº 18, obs. S. Gorrias.
3. EN CE SENS : P.-M. Le Corre, *Droit et pratique des procédures collectives 2025/2026*, 13e éd., « Dalloz Action », 2024, nº 633.33.
4. C. Calomili, « L'efficacité du superprivilège des salaires », *LPA* 11 févr. 2011, nº 30.
5. C. com., art. L. 622-7, I, al. 2.
6. EN CE SENS : P.-M. Le Corre, *Droit et pratique des procédures collectives 2025/2026*, 13e éd., Dalloz Action, 2024, nº 482.12.
7. C. com., art. L. 642-20-1.

teurs, même ceux visés par l'article 2286, 4°, du Code civil, peuvent bénéficier de cette mesure. En effet, l'inopposabilité du droit de rétention ne joue que pendant la période d'observation et celle d'exécution du plan. Elle ne joue ni en liquidation judiciaire, ni en plan de cession.

Ici encore la technique du report du droit de rétention sur le prix constitue une éviction de la règle du concours. Le créancier ne peut être primé par le superprivilège ou des créances postérieures méritantes[1].

SECTION 2
ABSENCE DE CONCOURS DE L'AGS AVEC UN CRÉANCIER TITULAIRE D'UNE SÛRETÉ-PROPRIÉTÉ

§ 1
Fiducie sûreté

742.31 Définition de la fiducie. En vertu de l'article 2011 du Code civil, le contrat de fiducie est translatif de propriété. En effet, cet article dispose que « la fiducie est l'opération par laquelle un ou plusieurs constituants transfèrent des biens, des droits ou des sûretés, ou un ensemble de biens, de droits ou de sûretés, présents ou futurs, à un ou plusieurs fiduciaires qui, les tenants séparés de leur patrimoine, agissent dans un but déterminé au profit d'un ou plusieurs bénéficiaires ». C'est une relation tripartite : le constituant, le fiduciaire et le bénéficiaire. Comme le gage, la fiducie peut être faite avec ou sans dépossession. On recourra, dans le premier cas, à la convention de mise à disposition, laquelle assure au débiteur l'usage ou la jouissance des biens transférés, pour la fiducie sans dépossession.

742.32 Efficacité de la fiducie dans la procédure collective. Lorsque la fiducie sûreté est avec dépossession, elle n'est pas neutralisée et peut être réalisée à n'importe quel stade de la procédure collective. Les biens transférés dans le patrimoine fiduciaire ne se trouvent pas entre les mains du débiteur constituant, de sorte qu'aucune restriction aux droits du bénéficiaire n'est prévue par le droit des entreprises en difficulté. L'article L. 622-7 du Code de commerce, qui pose la règle du retrait contre paiement en matière de gage, vise aussi le retour des biens transmis dans un patrimoine fiduciaire.

Au contraire, lorsque la fiducie est sans dépossession (hypothèse dans laquelle les biens virtuellement transférés dans un patrimoine fiduciaire sont en réalité restés entre les mains du débiteur) le législateur a paralysé le jeu de la fiducie-sûreté. En période d'observation ou en phase d'exécution du plan de sauvegarde ou de redressement judiciaire, la fiducie-sûreté est neutralisée. Cette neutralisation ne dispensera pas le propriétaire des biens[2] (fiduciaire ou bénéficiaire) de procéder à leur revendication s'il s'agit de biens mobiliers. En dehors des phases précédemment visées, c'est-à-dire en cas de résolution du plan de sauvegarde ou de redressement judiciaire, ou encore en liquidation judiciaire, le jeu de la fiducie-sûreté reste pleinement efficace. Il convient cependant de souligner que la valeur des biens qui excède la créance du bénéficiaire devra être restituée à la procédure collective, l'objet d'une sûreté n'étant pas d'enrichir le créancier, mais de le désintéresser intégralement de sa créance.

Une hypothèse particulière mérite d'être mentionnée : celle de la résolution d'un plan de sauvegarde avec ouverture d'une nouvelle procédure de redressement judiciaire. L'article L. 631-14 du Code de commerce opère un renvoi à l'article L. 626-27 de ce même Code pour faire jouer la fiducie. Il faut en déduire que la neutralisation de la fiducie-sûreté opérée dans le cadre de la période d'observation et en phase d'exécution du plan de sauvegarde de la première procédure collective ne perdurera pas dans le cadre de la deuxième procédure collective ouverte. En effet, la convention de mise à disposition ne sera plus soumise à la règle de continuation des contrats en cours. Consciemment, le législateur a « neutralisé la neutralisation »[3] de la fiducie-sûreté dans cette hypothèse précise. Les récupérations de l'AGS seront impactées par cette technique puisque les biens et droits grevés dans le cadre de la fiducie sûreté échapperont au gage commun des créanciers.

§ 2
Clause de réserve de propriété

742.41 Définition de la clause de réserve de propriété. La clause de réserve de propriété est une garantie qui subordonne le transfert de propriété au paiement intégral du prix. L'article 2329 du Code civil indique que « les sûretés sur les meubles sont la propriété retenue à titre de garantie » et à l'arti-

1. Com. 15 oct. 1991, n° 90-10.784 ; *Bull. civ.* IV, n° 288 ; *RDT com.* 1992, 464, obs. A. Martin-Serf ; *JCP E* 1992. I. 138, n° 25, obs. M. Cabrillac et P. Pétel ; Banque 1992. 102, obs. J.-L. Rives-Lange ; *Rev. proc. coll.* 1992, 102, obs. B. Dureuil.

2. V. sur ce point la qualité de la personne habilitée à revendiquer, fiduciaire ou bénéficiaire, P.-M. Le Corre, *Droit et pratique des procédures collectives 2025/2026*, 13e éd., « Dalloz Action », 2024, n° 633.51.

3. P.-M. Le Corre, *Droit et pratique des procédures collectives 2025/2026*, 13e éd., Dalloz Action, 2024, n° 633.57.

cle 2367 que « la propriété ainsi réservée est l'accessoire de la créance dont elle garantit le paiement ».

La clause peut porter sur n'importe quel bien meuble, y compris les meubles incorporels tels que le fonds de commerce, des actions, ou encore des logiciels. Le créancier titulaire d'une clause de propriété va pouvoir introduire une action en revendication ou en restitution sur les biens meubles existants en nature dans le patrimoine du débiteur à la date du jugement d'ouverture.

742.42 Efficacité de la clause de réserve de propriété dans la procédure collective. Estimant que ce droit de reprise pouvait porter préjudice au maintien de l'activité du débiteur, le législateur a prévu la possibilité de payer la créance antérieure du vendeur réservataire, à hauteur des sommes lui restant dues. L'article L. 624-16 du Code de commerce précise « qu'il n'y a pas lieu à revendication si, sur décision du juge-commissaire, le prix est payé immédiatement ». La solution posée en procédure de sauvegarde est applicable en redressement[1] et en liquidation judiciaire[2]. La propriété réservée permet, comme en matière de rétention, de tenir en échec la règle de l'interdiction des créances antérieures et offre à son titulaire l'opportunité d'obtenir un paiement immédiat. Ainsi, le créancier disposant d'une clause de réserve de propriété pourra être désintéressé avant le remboursement du superprivilège de l'AGS.

§ 3
Crédit-bail

742.51 Définition du crédit-bail. Lorsqu'un contrat de crédit-bail arrive à son terme après l'ouverture de la procédure collective et que des mensualités n'ont pas été payées avant le jugement d'ouverture, la levée d'option d'achat est impossible. Or, si le locataire veut conserver le bien utile à la poursuite d'activité, il doit lever cette option pour éviter que le propriétaire effectue une demande de restitution du bien.

742.52 Efficacité du crédit-bail dans la procédure collective. Du fait de ce blocage, l'ordonnance du 18 décembre 2008 autorise le paiement des mensualités prévues au contrat de location, alors même qu'elles sont soumises à la discipline collective, pour lever l'option d'achat du contrat de crédit-bail en période d'observation, lorsque celle-ci est justifiée par la poursuite de l'activité[3]. Cette technique est également possible en liquidation judiciaire « lorsque le paiement à intervenir est d'un montant inférieur à la valeur vénale du bien objet du contrat [...] »[4]. Le crédit-bailleur peut ainsi être réglé avant que le superprivilège des salaires ne soit remboursé.

1. C. com., art. L. 631-18, I.
2. C. com., art. L. 641-14.
3. C. com., art. L. 622-7, II.

SECTION 3
CONCOURS DE L'AGS AVEC LES CRÉANCIERS POSTÉRIEURS MÉRITANTS

§ 1
Paiement sur les premières de fonds du superprivilège face au paiement à l'échéance des créanciers postérieurs méritants

742.61 Absence d'articulation des règles du Code de commerce. Le conflit entre la primauté du remboursement des créances superprivilégiées et le paiement à l'échéance des créanciers postérieurs méritants est lié à l'absence d'articulation des règles du Code de commerce. En premier lieu, il est précisé à l'article L. 625-8 du Code de commerce que les créances superprivilégiées doivent être « acquittées sur les premières rentrées de fonds ». En second lieu, les articles L. 622-17 et L. 641-13 disposent que les créances postérieures éligibles au traitement préférentiel sont payées « à l'échéance ».

Le créancier postérieur méritant n'est pas soumis à la règle de l'arrêt des poursuites individuelles. De ce fait, si un impayé survient postérieurement au jugement d'ouverture, le créancier pourra obtenir la condamnation du débiteur au paiement de sa créance. S'il est titulaire d'un titre exécutoire, il ne saurait se voir opposer un refus de paiement, fondé sur l'existence d'autres créances postérieures.

742.62 Interprétation jurisprudentielles des règles de droit. Se prononçant sur le terrain du droit de préférence conféré au superprivilège des salaires, la Cour de cassation a considéré que les créanciers postérieurs pouvaient être payés alors que le superprivilège de l'AGS n'était pas remboursé. Comme l'indique le Professeur Le Corre, l'AGS ne pouvait que succomber sur ce terrain puisque le créancier postérieur méritant n'est *a priori* pas soumis à l'ordre dans lequel s'exercent les privilèges[5]. Le conflit entre ces créanciers ne doit pas être étudié sous l'angle du droit de préférence, mais sur la disponibilité des fonds récupérés par les organes de la procédure. Pour être considérés comme disponibles, les fonds ne doivent pas être affectés au paiement prioritaire d'un créancier. La

4. C. com., art. L. 641-3.
5. P.-M. Le Corre, « La règle du paiement à l'échéance des créanciers postérieurs méritants et l'obligation de payer le superprivilège des salaires sur les premières rentrées de fonds », *Rev. proc. coll.* n° 1, janv. 2012, doss. 10.

lettre de l'article L. 625-8 du Code de commerce indique que le superprivilège doit être remboursé sur « les premières rentrées de fonds ». Ainsi, il pourrait en être déduit une affectation immédiate de ces fonds au remboursement de l'AGS, subrogée dans les droits des salariés. Le représentant des créanciers ne serait pas titulaire d'une option puisque les fonds deviendraient par principe indisponibles. Un droit exclusif de paiement sur ces fonds pourrait alors être reconnu.

Néanmoins, considérer que les premières rentrées de fonds sont des sommes indisponibles, affectées exclusivement au remboursement du superprivilège, pourrait mettre en péril la poursuite de l'activité, sauf si l'on considère que l'AGS est tenue de trouver un consensus avec le débiteur pour le remboursement du superprivilège. Or, si la pratique permet de démontrer certains aménagements [1], aucune obligation ne pèse sur cet organisme.

L'AGS a tenté d'invoquer les dispositions de l'article L. 625-8 du Code de commerce pour être remboursée sur les premières rentrée de fonds disponibles. Mais ce droit lui a été refusé [2], cependant qu'une juridiction lui a reconnu [3]. La solution peut être fondée sur le fait que la subrogation ne transmet pas à son bénéficiaire les droits personnels attachés à la personne du créancier, ce qui, a-t-il été soutenu, peut être le cas du droit au paiement immédiat [4].

§ 2
Prix de la course entre créanciers postérieurs payés à l'échéance

742.71 Créances postérieures méritantes de l'AGS. Certaines créances de l'AGS répondent aux critères d'éligibilité posés par les articles L. 622-17 et L. 641-13 du Code de commerce. Il en va ainsi pour les avances effectuées en période d'observation de la sauvegarde et celles issues de l'article 3253-8, 5°, du Code du travail.

742.72 Énoncé de la règle juridique. Les créanciers postérieurs méritants doivent être payés lorsque leurs créances sont échues. Si plusieurs créances arrivent à échéance le même jour, elles devront être réglées concomitamment. En l'absence de fonds suffisants, il est toutefois fréquent que le débiteur ou l'administrateur ne paie pas immédiatement les créanciers postérieurs. Le créancier postérieur impayé pourra alors exercer son droit de poursuite individuelle pour obtenir paiement de sa créance [5]. En effet, toutes les actions tendant à obtenir un titre exécutoire [6], une procédure d'exécution ou une saisie-attribution [7] sont recevables. La règle de l'arrêt des poursuites individuelles ne s'applique qu'aux créanciers antérieurs ou aux créanciers postérieurs non éligibles au traitement préférentiel.

Le paiement s'opère donc au « prix de la course » entre les créanciers postérieurs méritants. La Cour de cassation rappelle que ce créancier est en droit d'obtenir un titre exécutoire et de le faire exécuter « indépendamment de l'ordre dans lequel s'exercent les privilèges » [8]. Ainsi, le créancier doit être « le premier payé, quel que soit l'ordre de sa créance, peu important l'existence, éventuellement d'autres créances bénéficiant d'un rang préférable dans l'ordre de classement » [9].

742.73 Portée de la règle juridique. En premier lieu, le superprivilège des salaires non réglés sur les premières rentrées de fonds doit donc céder face au créancier postérieur payé suite à l'exécution de son titre [10]. En second lieu, si l'AGS possède des créances postérieures méritantes pour les salaires avancés dans la limite du mois et demi de travail à la suite du prononcé de la liquidation judiciaire, il lui appartiendra de réclamer le paiement une fois que la créance de salaires sera échue. Le paiement sera effectué entre les mains du plus rapide si plusieurs créances postérieures méritantes doivent être réglées. À défaut d'être remboursée à l'échéance, les créances postérieures méritantes de l'AGS seront classées avec les autres créanciers postérieurs méritants payés par privilège.

§ 3
Classement des créanciers postérieurs payés par privilège

742.81 Introduction du privilège de post money modifiant le rang du remboursement des créances

1. Rapp. Ricol, « Mission AGS/AJMJ », avr. 2021.
2. Toulouse, 20 janv. 2023, RG n° 22/02135 ; *Act. proc. coll.* 2023/4, comm. 48, note L. Fin-Langer.
3. Rennes, 7 juin 2022, RG n° 21/07704.
4. L. Fin-Langer, note s[s] Toulouse, 20 janv. 2023, RG n° 22/02135, préc.
5. Com. 20 juin 1989 ; *Bull. civ.*, n° 196 ; *JCP E* 1990. II. 15658, obs. M. Cabrillac et Ph. Pétel ; *RTD com.* 1990. 106, n° 3, obs. A. Martin-Serf ; *Rev. proc. coll.* 1990, n° 3, p. 237, n° 3, note C. Saint-Alary-Houin ; Com. 10 juill. 1990, *JCP E* 1991. II. 140, p. 89, obs. M. Cabrillac ; Com. 8 déc. 1998 ; *Act. proc. coll.* mars 1999, n° 22 ; Com. 25 juin 1996, n° 94-20.852 ; *D.* 1996, jur. p. 615, note F. Derrida.
6. Com. 13 oct. 1998 ; *LPA*1999, n° 221, p. 18, obs. G. Teilliais.
7. Com. 26 avr. 2000, *Bull. civ.* IV, n° 85 ; Com. 8 févr. 1994 et 3 mai 1994 ; *Rev. proc. coll.* 1995, p. 304, obs. C. Saint-Alary-Houin ; Com. 7 juill. 1992 ; *RTD com.* 1995. 575.
8. Com. 7 sept. 2010, n° 09-66.595 ; *Rev. proc. coll.* 2012, n° 51, p. 77, obs. C. Saint-Alary-Houin ; *D.* 2010. 2428, obs. A. Lienhard ; *Leden* oct. 2010, p. 2, obs. E. Mouial-Bassilana.
9. Com. 11 févr. 1997, n° 94-21.784.
10. Com. 13 mai 2003 ; *Rev. proc. coll.* 2004, n° 8, p. 245, note C. Saint-Alary-Houin.

postérieures de l'AGS payées par privilège. L'ordonnance du 15 septembre 2021[1] prolonge les mesures de l'ordonnance du 20 mai 2020[2] en pérennisant en droit positif le privilège dit de « post money » applicable aux procédures de sauvegarde et de redressement judiciaire[3]. Il s'agit d'un dispositif similaire à la « new money » prévu en matière de procédure de conciliation et ayant pour objet de faciliter le financement des entreprises en difficultés.

Le privilège de post money est applicable, selon les articles L. 626-10 et L. 626-26 du Code de commerce, aux apports de trésorerie réalisés au cours :

- de la période d'observation afin de financer la poursuite d'activité durant cette période ;
- de l'exécution du plan de sauvegarde ou de redressement, sous réserve que ces apports soient mentionnés distinctement dans le plan ;
- d'une modification substantielle du plan.

Ce privilège bénéficie d'un rang avantageux dans le classement interne des créanciers postérieurs, à savoir en 3e rang en procédure de sauvegarde et de redressement judiciaire[4] et en 8e rang en procédure de liquidation judiciaire[5], sous réserve d'avoir été autorisé par le juge-commissaire et d'avoir fait l'objet d'une publicité. Il est précisé que ce privilège ne bénéficie pas aux apports consentis par les actionnaires et les associés du débiteur dans le cadre d'une augmentation de capital et directement ou indirectement aux créanciers au titre de leurs concours antérieur à l'ouverture de la procédure. Les créances garanties par ce privilège ne peuvent faire l'objet de remises ou de délais qui n'auraient pas été acceptés par leur titulaire[6].

Ce nouveau privilège a un impact sur le remboursement des créances de l'AGS puisque les créanciers qui en bénéficient seront désintéressés avant le paiement des créances postérieurs payées par privilège de cette institution et ce, peu importe la procédure collective ouverte.

742.82 Classement interne des créanciers postérieurs en sauvegarde et redressement judiciaire. Le remboursement des créances avancées par l'AGS en sauvegarde est prévu par l'article L. 622-17, III, 4°[7], lequel indique le paiement des « autres créances, selon leur rang ». Ainsi, l'AGS entre en concours avec les divers créanciers, notamment ceux titulaires de sûretés spéciales régulièrement prises par des créanciers postérieurs et les privilèges généraux dont bénéficient certains créanciers comme l'URSSAF ou le Trésor public. Par exemple, lorsqu'elle fait l'avance d'une créance résultant de la rupture du contrat de travail née au cours de la période d'observation d'une procédure de sauvegarde, cette créance est éligible au traitement préférentiel. Néanmoins, si elle ne peut être réglée à l'échéance, elle sera payée par privilège et l'AGS sera classée pour cette créance au 4° de l'article L. 622-17, III, du Code de commerce.

742.83 Classement interne des créanciers postérieurs en liquidation judiciaire. L'article L. 641-13, II du Code de commerce, dans sa version issue de l'ordonnance du 15 septembre 2021[8] opère désormais un renvoi aux dispositions de l'article L. 643-8. L'AGS est classée en 10e position pour le remboursement des avances effectuées au titre de l'article L. 3253-8, 5°, du Code du travail qui ne seraient pas réglées à l'échéance.

SECTION 4 CONCOURS DE L'AGS AVEC LES AUTRES CRÉANCIERS

§ 1 Concours de l'AGS avec les salariés

742.91 Énoncé de la règle juridique. Il faut ici envisager l'hypothèse dans laquelle l'AGS a effectué des avances à hauteur du plafond maximum pour un salarié et que ce dernier a été partiellement désintéressé de sa créance. Comment régler le conflit entre ces deux créanciers, l'un subrogé, l'autre subrogeant ? L'article L. 3253-16 du Code du travail fait bénéficier l'AGS d'une subrogation légale dans les droits des créanciers. Néanmoins, l'article 1346-3 du Code civil indique que « la subrogation ne peut nuire au créancier lorsqu'il n'a été payé qu'en partie ; en ce cas, il peut exercer ses droits, pour ce qui lui reste dû par préférence à celui dont il n'a reçu qu'un paiement partiel ». Il ressort de cet article que si la créance du salarié n'a été payée qu'en partie, ce dernier devra primer celui qui a effectué le paiement partiel. La solution n'est pas si simple puisqu'il doit s'agir de créances similaires. Or, la nature de la créance se définit par ses caractéristiques et ses accessoires, notamment les sûretés et privilèges.

1. Ord. n° 2021-1193, 15 sept. 2021 portant modification du livre VI du Code de commerce, *JO* 16 sept.
2. Ord. n° 2020-596, 20 mai 2020 portant adaptation des règles relatives aux difficultés des entreprises et des exploitations agricoles aux conséquences de l'épidémie de covid-19, *JO* 21 mai.
3. C. Favre-Rochex, « Une nouvelle réforme du livre VI du Code de commerce », *BJE* sept. 2021, n° 5, p. 37.
4. C. com., art. L. 622-17, III, 2°.
5. C. com., art. L. 643-8, I, 8°.
6. C. com., art. L. 626-30, I, 4°.
7. L'article L. 631-14 du Code de commerce applicable en redressement procédant par renvoi à l'article L. 622-17.
8. Ord. n° 2021-1193, 15 sept. 2021 portant modification du livre VI du Code de commerce, *JO* 16 sept.

742.92 **Portée de la règle juridique.** Par conséquent, plusieurs solutions peuvent être retenues : Tout d'abord, si les deux créanciers sont titulaires de créances de même rang, le reliquat de la créance détenue par le salarié devra être payé en premier. À défaut, cela reviendrait « à nuire » au salarié désintéressé pour partie et irait à l'encontre de l'adage « *nemo contra se subrogasse viedtur* »[1]. À ce sujet, certains auteurs ont écrit que « le *solvens* qui a partiellement acquitté la créance a, en quelque sorte, un rang *bis* par rapport au créancier »[2]. En revanche, si le salarié détient des créances privilégiées, les créances avancées par l'AGS au titre du superprivilège et pour lesquelles elle est subrogée dans les droits du salarié, pourraient être remboursées en priorité.

Il faut donc d'abord étudier si le *solvens* et l'accipiens sont titulaires des mêmes droits, pour ensuite observer si ces droits viennent au même rang. Cette observation permettra ensuite de déterminer qui de l'AGS ou du salarié doit être payé ou remboursé en priorité. La question ne semble toutefois jamais avoir été tranchée par les juridictions.

§ 2
Concours du superprivilège avec les autres créanciers

742.101 **Primauté du remboursement du superprivilège.** L'article L. 625-8 du Code de commerce précise que les créances superprivilégiées doivent être payées, sur ordonnance du juge-commissaire, dans les dix jours suivant le jugement d'ouverture. À défaut de disponibilités, elles devront être réglées sur les premières rentrées de fonds sans qu'une autorisation du juge-commissaire ne soit nécessaire. Lorsqu'elles ne sont pas réglées sur les premières rentrées de fonds, les créances superprivilégiées doivent tout de même être remboursées avant les créanciers postérieurs méritants payés par privilège et les créanciers titulaires de sûretés spéciales sur un bien vendu au cours de la période d'observation.

L'article L. 626-20 du Code de commerce, texte applicable en sauvegarde et par renvoi en redressement judiciaire, interdit également de soumettre les créances superprivilégiées aux délais et remises du plan. L'AGS va donc bénéficier de cette disposition[3] puisqu'elle est pleinement subrogée dans les droits des salariés. En pratique, elle peut cependant accepter des délais pour échelonner le remboursement des avances effectuées au titre du superprivilège sous certaines conditions.

742.102 **Vente d'un bien grevé d'une sûreté en période d'observation ou suite à l'arrêté d'un plan de sauvegarde ou de redressement.** Lorsqu'un bien grevé d'une sûreté est vendu en période d'observation ou dans le cadre d'une cession d'actif isolée suite à l'adoption d'un plan de sauvegarde ou de redressement, le produit de la vente constitue des sommes insaisissables consignées et échappant au droit de poursuite individuelle. La répartition de ces sommes s'effectuera après l'adoption du plan[4]. À ce titre, l'article L. 626-22 du Code de commerce précise qu'« en cas de vente d'un bien grevé d'un privilège spécial, d'un gage, d'un nantissement ou d'une hypothèque, la quote-part du prix correspondant aux créances garanties par ces sûretés est versée en compte de dépôt à la Caisse des dépôts et consignations ».

Les créanciers titulaires de sûretés spéciales ou d'un privilège général sont donc payés sur la quote-part du prix, après paiement des créances garanties par le superprivilège. Ainsi, il appartiendra au commissaire à l'exécution du plan de procéder à la répartition de la quote-part du prix de cession en respectant l'ordre des privilèges, tel que prévu par l'article L. 622-17 du Code de commerce. En vertu de ces dispositions, les créanciers postérieurs devront être réglés avant les créanciers titulaires de sûretés spéciales ou d'un privilège général mais après les créances superprivilégiées.

La Cour de cassation a toutefois considéré « qu'après l'arrêté du plan de continuation et sauf disposition contraire de celui-ci, le débiteur, redevenu maître de ses biens, peut disposer de ceux-ci ainsi que de leur prix, sans avoir à solliciter l'autorisation du tribunal ou du juge commissaire, ses créanciers étant réglés selon les modalités du plan »[5]. Le plan de sauvegarde ou de redressement devra donc précisément viser les biens devant être vendus suite à son prononcé afin que le produit de la vente puisse être consigné ou les biens faisant l'objet d'une inaliénabilité nécessitant l'autorisation du tribunal pour pouvoir être vendus[6]. À défaut, le droit commun s'appliquera.

742.103 **Adoption d'un plan de cession.** Le plan de cession est une opération de réalisation globale de tout ou partie des actifs du débiteur. Il peut être arrêté à différent stade de la procédure collective. Plusieurs situations sont donc à distinguer.

1. « Nul n'est censé avoir subrogé contre lui-même ».
2. F. Terré, Ph. Simler, F. Chénedé, Y. Lequette, *Droit civil, Les obligations*, Dalloz, 13e éd. 2022, n° 1384.
3. Orléans 22 févr. 2001, n° *00/02818 ; Act. proc. coll.* 2001, n° *102, note B. Soinne ;* – Reims, 11 oct. 2010, RG n° 09/03150 ; *Act. proc. coll.* 2011, n° *7, obs. L. Fin-Langer.*
4. Com. 22 mai 2007, n° 05-21.936 ; *Bull. civ.* IV, 2007, n° 138 ; *D.* 2007, note A. Lienhard ; *Rev. proc. coll.* 2007/3, n° 7, obs. C. Lebel ; *RTD com.* 2007, n° 7, obs. A. Martin-serf ; – Com. 22 mai 2007, n° 06-10.632.
5. Com. 21 févr. 2006, n° 04-10.187.
6. C. com., art. L. 626-14.

Tout d'abord, le plan de cession peut être couplé à l'arrêté d'un plan de sauvegarde ou de redressement judiciaire. Dans cette hypothèse, le tribunal devra fixer une quote-part du prix de cession pour chaque bien grevé d'une sûreté spéciale s'il est intégré au plan[1]. Si les biens vendus comprennent des biens grevés, le tribunal affectera une quote-part du prix à chaque bien grevé pour la répartition du prix et l'exercice du droit de préférence. Les créanciers titulaires de sûretés spéciales exerceront leur droit sur cette quote-part, qui représente la valorisation du bien dans le prix de cession (par exemple la quote-part du prix du fonds de commerce pour le créancier nanti sur ce fonds). Les règles de répartition du produit de la vente seront identiques à celles étudiées lorsque la vente du bien grevé intervient au cours de la période d'observation. Cette affectation ne porte pas atteinte à l'ordre général des privilèges. De ce fait, le rang du superprivilège ne se trouve pas infériorisé. Néanmoins, il convient d'indiquer que le droit de rétention fictif prévu à l'article 2286, 4°, du Code civil retrouve son efficacité et sera opposable à tous les créanciers du débiteur[2], en ce compris l'AGS.

Ensuite, un plan de cession peut être arrêté dans le cadre d'un redressement judiciaire, sans qu'un plan d'apurement du passif ne soit simultanément adopté par le tribunal. Dans ce cas, le prix de cession sera consigné jusqu'à ce qu'un plan de redressement soit arrêté, ou que la procédure soit convertie en liquidation judiciaire. Si une liquidation judiciaire est prononcée, il conviendra d'appliquer les dispositions de l'article L. 641-13 du Code de commerce, et ce peu important que le plan de cession ait été arrêté au cours de la procédure du redressement judiciaire. Le liquidateur reçoit et distribue le prix lié à la cession des actifs de l'entreprise. Ainsi, il y aura autant de répartitions que de quotes-parts affectées aux biens précédemment vendus et une répartition différente pour la partie non affectée du prix de vente des biens.

742.104 **Transfert de la charge sûreté.** En application de l'article L. 642-12, alinéa 4, du Code de commerce la charge des sûretés immobilières et mobilières spéciales garantissant le remboursement d'un crédit consenti à l'entreprise pour lui permettre le financement d'un bien sur lequel porte ces sûretés est transmise au cessionnaire. Celui-ci est alors tenu d'acquitter entre les mains du créancier les échéances convenues avec lui et qui restent dues à compter du transfert de la propriété ou, en cas de location-gérance, de la jouissance du bien sur lequel porte la garantie. Il s'agit d'une faveur législative accordée au créancier ayant consenti un crédit au débiteur puisqu'il est ici question de faire prendre en charge une partie du passif par le cessionnaire. Dès lors que le bien est intégré dans le plan de cession, la charge de la sûreté s'imposera au cessionnaire. La règle ne vaut que pour les échéances échues après le transfert de la propriété du bien grevé de la sûreté.

Par la mise en œuvre de ce mécanisme, la situation du créancier va considérablement être améliorée puisqu'il échappera, sur les sommes postérieures au transfert, au concours avec les créanciers de rangs préférables, notamment les créanciers superprivilégiés. Les sommes à verser par le cessionnaire au titre de la charge de la sûreté ne feront pas partie du plan de cession. De ce fait, le repreneur sera amené à diminuer le prix de son offre de reprise pour tenir compte de cet engagement qui le lie automatiquement au créancier.

Le nouvel article L. 642-12, alinéa 4, du Code de commerce[3] prévoit la libération du débiteur pour les échéances futures, étant précisé qu'il pourra être dérogé à ces dispositions « par accord entre le cessionnaire et les titulaires de sûretés ». La libération est donc protectrice du débiteur, et apparaît d'autant plus justifiée que le titulaire de la sûreté se voit déjà accorder un traitement exorbitant, en bénéficiant d'un nouveau débiteur – le repreneur –, et en s'affranchissant donc, pour les échéances futures, des répartitions potentiellement désavantageuses auxquelles il aurait dû, en l'absence d'un tel transfert, participer[4].

Les chances pour l'AGS de récupérer ses avances seront ainsi réduites puisque le prix de cession pourra être révisé à la baisse par le repreneur ayant connaissance de sûretés sur les biens compris dans la cession.

742.105 **Répartitions en liquidation judiciaire.** À défaut d'être réglées sur les premières rentrées de fonds, les créances superprivilégiées sont en concours avec les autres créanciers. Qu'il s'agisse de la répartition de fonds libres[5] ou du produit de la réalisation des actifs, le superprivilège des salaires devra être remboursé en priorité.

Premièrement, l'article L. 641-13 du Code de commerce précise que les créances privilégiées des créanciers postérieurs méritants sont payées après les créances garanties par le privilège établi aux articles L. 3253-2, L. 3253-4 et L. 7313-8 du Code du travail. La solution clairement posée ne peut donc donner lieu à discussion : il convient de retenir la supériorité du superprivilège sur les créances postérieures payées par privilège.

1. C. com., art. L. 642-12.
2. C. com., art. L. 622-7 et L. 642-12.

3. Ord. n° 2021-1193, 15 sept. 2021 portant modification du livre VI du Code de commerce, *JO* 16 sept.
4. C. Favre-Rochex, « Les répartitions en liquidation judiciaire après la réforme du livre VI du Code de commerce » *BJE* nov. 2021, n° 06, p. 49.
5. Il s'agit des fonds provenant de biens non grevés. Le débiteur n'est pas ou plus dans un lien d'obligation sur les biens.

Deuxièmement, en cas de réalisation d'un actif mobilier ou immobilier, les créances superprivilégiées seront remboursées en deuxième, après les subsides prévus à l'article L. 631-11 du Code de commerce restés impayées. L'AGS prime l'ensemble des autres créanciers du débiteur, sauf en présence d'un droit exclusif de paiement[1].

Troisièmement, une disposition spécifique est prévue par l'article L. 643-8, II, du Code de commerce pour mettre en réserve avant toute distribution « la part correspondant aux créances sur l'admission desquelles il n'aurait pas été statué définitivement et, notamment, les rémunérations des dirigeants sociaux tant qu'il n'aura pas été statué sur leur cas, ainsi que celle correspondant aux frais de justice prévisibles ». La création de cette réserve par l'ordonnance du 15 septembre 2021[2] a pour objet de faire sortir ces frais du classement légal des créanciers et notamment de les mettre hors concours vis-à-vis des créanciers privilégiés, en ce compris le superprivilège de l'AGS. Ce remboursement serait donc plus aléatoire et plus rare.

Il a pu être souligné que cette disposition confère aux professionnels une grande latitude dans le prélèvement des sommes qu'ils voudront affecter au frais de justice (rémunération des professionnels, frais d'expertise, frais de greffe, honoraires d'avocats...). Or ces frais, comme le soulignait René Ricol[3] dans son rapport, manquent totalement de transparence et de contrôle : aucune limite n'est posée et de nombreux frais ne sont pas réglementés comme le sont par exemple la rémunération des mandataires de justice[4].

Avant cette réforme, la Cour de cassation a pu décider que la distraction des frais et dépens de la liquidation judiciaire avant la distribution du montant de l'actif n'autorise pas le prélèvement de l'ensemble des frais de justice sur le prix de vente d'un immeuble hypothéqué en méconnaissance du classement organisé par l'article L. 641-13, I et III, du Code de commerce[5]. Ainsi, les frais et dépens de la liquidation judiciaire sont forcément des créances postérieures. Toutefois, ils ne doivent pas se confondre avec « les frais de justice nées régulièrement après le jugement d'ouverture pour les besoins du déroulement de la procédure » visés à l'article L. 641-13, II, du Code de commerce[6]. La Haute juridiction adopte une lecture restrictive des frais et dépens de la liquidation judiciaire, sans pour autant donner d'éléments permettant de les déterminer précisément.

La doctrine considérait d'ailleurs que ces frais sont liés au bien dont il est question de répartir le prix de la réalisation. En effet, il a été souligné que les dispositions de l'article L. 643-8 du Code de commerce visent « tous les frais spécifiques au bien considéré que la procédure doit assumer et à défaut desquels aucune répartition n'aurait pu avoir lieu : frais de conservation (entretien, gardiennage, assurance) et frais de réalisation (rémunération de l'agent de la vente, droit proportionnel du liquidateur)[7] ». En résumé, entreraient dans la limite des frais et dépens de la liquidation judiciaire, les honoraires du liquidateur judiciaire dus au titre de la réalisation de l'actif, des intervenants ayant participé aux opérations de cession, tel que le commissaire-priseur, les frais de greffe relatifs à la réalisation ou encore les frais engagés pour préserver la valeur de l'actif à réaliser. « La formule employée par la Cour de cassation doit conduire à admettre la possibilité de prélever sur le prix de vente de vente du bien réalisé, les frais et dépens correspondant aux frais exposés pour cette réalisation. Il en ira ainsi des honoraires de réalisation en cas de vente par le liquidateur, et de distribution, que doit percevoir ce même liquidateur, au titre de l'opération portant sur le bien en question[8] ».

En définitive, trois critères pourraient être dégagés pour définir les frais pouvant être mis en réserve : la nature de la dépense, la qualité de l'auteur effectuant la dépense (il doit s'agir d'une personne tenant de la loi ou d'une décision de justice le mandat d'administrer les biens du débiteur), l'utilité de la dépense engagée pour désintéresser les créanciers. Si

1. C. com., art. L. 643-8.
2. Ord. n° 2021-1193, 15 sept. 2021 portant modification du livre VI du Code de commerce, *JO* 16 sept.
3. Rapp. Ricol, « Mission AGS/AJMJ » avr. 2021.
4. C. Nibourel, « Régime de garantie des salaires (AGS) : Le président de la Délégation aux entreprises inquiet des conséquences de l'ordonnance du 25 septembre 2021 sur le superprivilège des créances salariales », communiqué de presse du Sénat, disponible sur le site internet du Sénat.
5. Pour une appréciation restrictive de cette notion : Com. 11 juin 2014, n° 13-17.997 ; *Bull. civ.* IV, n° 103 ; *D.* 2014. 1270, note A. Lienhard ; *Gaz. Pal.* 5 oct. 2014, n° 278, p. 33, note D. Boustani ; *Act. proc. coll.* 2014/13, comm. 238, note P. Cagnoli et L. Fin-Langer ; *JCP E* 2014, chron. 1447, n° 9, obs. P. Pétel ; *Rev. proc. coll.* 2014, comm. 130, note L. Fin-Langer ; *RTD civ.* 2014. 696, n° 3, note P. Crocq ; *Rev. proc. coll.* 2015, comm. 26, note G. Berthelot ; *BJE* 2014. 303, note P.-M. Le Corre ; *LXB hebdo* 17 juill. 2014, n° 579, note P.-M. Le Corre.
6. F. Pérochon, avec le concours de M. Laroche, F. Reille, Th. Favario, A. Donnette, *Entreprises en difficulté*, 11e éd., « Manuel », LGDJ-Lextenso, 2022, n° 1321 : « Dans une lecture minimaliste, il pourrait signifier que sur le prix de chaque bien vendu, seul peut être prélevé par priorité le montant des frais et dépens afférents à ce bien, et non les autres frais et dépens de la liquidation judiciaire ».
7. Ph. Pétel, F. Legrand, Liquidation judiciaire – Répartition des fonds ; *Rev. proc. coll.* nov. 2015, n° 6, fiche pratique n° 4, A.-1° ; F. Pérochon, avec le concours de M. Laroche, F. Reille, Th. Favario, A. Donnette, *Entreprises en difficulté*, 11e éd., « Manuel », LGDJ-Lextenso, 2022, n° 1321 ; M. Cabrillac et C. Mouly, *Droit des sûretés*, LexisNexis, 10e éd., par S. Cabrillac et Ph. Pétel, n° 1047.
8. P.-M. Le Corre, *Droit et pratique des procédures collectives 2025/2026*, 13e éd., « Dalloz Action », 2024, n° 456.58.

les frais engagés profitent à l'ensemble des créanciers du débiteur et se situent dans le cadre de l'administration du patrimoine du débiteur, ils pourront primer la créance superprivilégiée de l'AGS sur le produit issu de la réalisation du bien.

L'article L. 643-8 du Code de commerce classe d'ailleurs au 3e rang « les frais de justice nés régulièrement après le jugement d'ouverture pour les besoins du déroulement de la procédure restés impayés à l'échéance ». Ces frais restent réglés après le remboursement du superprivilège des salaires.

La Cour de cassation a précisé que le superprivilège des salaires n'est pas exclusivement attaché à la personne des salariés et est transmis à l'AGS, laquelle bénéficie ainsi du droit à recevoir un paiement qui, opéré sur les premières rentrées de fonds de la procédure collective, est hors le classement des différentes créances sujettes à admission et ne constitue pas un paiement à titre provisionnel[1] pouvant donner lieu à répétition[2].

742.106 Attribution judiciaire du gage. Lorsque le débiteur est placé en liquidation judiciaire, l'attribution judiciaire permet au créancier gagiste de réaliser sa sûreté sans être primé par les créances superprivilégiées des salariés ou de l'AGS, subrogée dans leur droit de créance et accessoire[3].

L'attribution judiciaire est une prérogative notamment accordée au créancier gagiste par l'article 2347 du Code civil, lequel dispose que « le créancier peut aussi faire ordonner en justice que le bien lui demeurera en paiement ». L'article L. 642-20-1 du Code de commerce permet aux créanciers gagistes et nantis[4], s'ils ont déclaré leur créance avec indication de leur sûreté[5], de solliciter auprès du juge-commissaire cette attribution avant la réalisation de leur bien. Si la valeur du bien excède le montant de la créance dont dispose le créancier, il devra restituer au débiteur le reliquat. L'attribution du bien évite ainsi tout concours avec les autres créanciers puisque la Cour de cassation souligne qu'elle « est indépendante des règles concernant l'ordre dans lequel s'exercent sur le prix les divers privilèges en cas de vente du bien nanti »[6]. Ainsi, le mécanisme d'attribution judiciaire du bien permet de tenir en échec le remboursement du superprivilège des salaires.

§ 3
Concours du privilège général des salaires avec les autres créanciers

742.111 Énoncé de la règle juridique. Les privilèges de droit commun institués par le droit des sûretés doivent être articulés avec le droit des entreprises en difficulté. L'article 2332-1 du Code civil indique que « sauf dispositions contraires, les privilèges spéciaux priment les privilèges généraux », alors que l'article 2376 du Code civil précise que les créanciers titulaires de privilèges généraux qui n'ont pu être réglés sur l'actif mobilier priment les privilèges spéciaux immobiliers. L'article L. 643-8 du Code de commerce met, quant à lui, en place un classement pour l'ensemble des créanciers du débiteur, à l'exception de ceux hors concours.

Les créanciers privilégiés devront être remboursés prioritairement aux créanciers chirographaires et ce, peu important que leurs privilèges soient issus du Code civil ou du Code de commerce.

L'AGS dispose de créances privilégiées dans les procédures de redressement et de liquidation judiciaires car elle avance des créances nées antérieurement au jugement d'ouverture. Par principe, la procédure de sauvegarde n'est donc pas concernée sauf en présence d'une conversion ultérieure.

742.112 Adoption d'un plan de redressement. L'article L. 626-5 du Code de commerce impose à l'administrateur de communiquer les propositions de délais et remises au mandataire judiciaire. Ce dernier recueille ensuite individuellement ou collectivement l'avis des créanciers ayant régulièrement déclaré leur créance. L'AGS va être interrogée pour les sommes mentionnées à l'article L. 622-24 du Code de commerce même si elles ne sont pas encore déclarées. Il s'agit des sommes qui lui sont remboursées dans les conditions prévues pour les créances nées antérieurement au jugement ouvrant la procédure collective. À défaut de réponse, elle sera présumée avoir accepté les délais et remises proposées par le mandataire judiciaire.

La décision arrêtant le plan de redressement judiciaire ne met pas fin à la suspension des poursuites individuelles[7]. Les salariés et l'AGS, subrogée dans leurs droits, resteront donc soumis à la discipline

1. C. com. art. L. 643-3, al. 1.
2. Com. 17 janv. 2024, n° 22-19.451 ; *Leden* févr. 2024, n° 2, p. 1, obs. F.-X. Lucas ; – Com. 20 nov. 2024, n° 23-19.085 ; *Leden* déc. 2024, n° 11, p. 7, obs. G. Ollu ; – Com. 5 mars 2025, n° 23-23.284 ; *Leden* avr. 2025, n° 4, p. 5, obs. M. Guastella.
3. Com. 6 janv. 1998, n° 95-17.399 ; *Bull. civ.* IV, n° 9 ; *LPA* 1999, n° 27, p. 15, note G. Teillais ; *RTD com.* 1998. 689, obs. A. Martin-Serf.
4. Sauf disposition légale contraire, par exemple, pour le nantissement sur fonds de commerce : art. 8 de la L. 17 mars 1909 – Com. 13 oct. 1998, n° 94-20.560 ; *Bull. civ.* IV, n° 233 ; *D. Affaires* 1998, 1805, obs. A. Lienhard ; – Com. 6 mars 1990, n° 88-16.036 ; *Bull. civ.* IV, n° 67 ; *D.* 1990. 311, note F. Derrida.
5. Com. 1er févr. 2000, n° 97-17.772.
6. Com. 12 févr. 1979, n° 77-12.887 ; *D.* 1979. 354, note F. Derrida ; – Com. 6 janv. 1998, n° 95-17.399.
7. Com. 29 avr. 2014, n° 12-24.628.

collective pour les créances privilégiées et chirographaires. En effet, la Cour de cassation a précisé que « les sommes dues par l'employeur en exécution du contrat de travail antérieurement au jugement ouvrant la procédure de redressement judiciaire restent soumises, même après l'adoption d'un plan de redressement, qu'il soit par cession ou par continuation, au régime de la procédure collective »[1]. Ainsi, les créances privilégiées et chirographaires de l'AGS sont soumises à l'interdiction des paiements car nées antérieurement ou traitées fictivement comme telles. De ce fait, elles devront être réglées dans le cadre du plan de redressement.

La création de classes de créanciers par l'ordonnance du 15 septembre 2021[2] soulève une difficulté mise en avant par un auteur[3]. Certains créanciers sont tenus à l'écart des classes de parties affectées. Le IV de l'article L. 626-30 interdit ainsi au plan de restructuration soumis au vote des classes d'affecter « les créances résultant du contrat de travail, les droits à pension acquis au titre d'un régime de retraite professionnelle et les créances alimentaires ». Le rapport au président de la République[4] en déduit « que l'AGS, subrogée dans les droits des créanciers bénéficiant d'une avance, n'est pas une partie affectée, ne participe pas aux classes de créanciers et ne peut donc être concernée par une application forcée interclasses ». Cette exclusion ne va pas de soi pour la totalité des créances détenue par cette institution. En effet, l'AGS peut être soumise aux délais du plan de redressement pour les créances privilégiées ou chirographaires ou, celles traitées fictivement comme telles. Ainsi, un régime similaire à celui antérieur à la réforme pourrait être retenu, à défaut de quoi il ne sera plus possible de soumettre aux délais du plan les avances qu'elle aura réalisées pour financer le coût des licenciements.

Une décision de la Cour d'appel de Versailles est éclairante sur la qualité ou non de partie affectée de l'AGS dans la mesure où la loi exclut expressément les créances salariales. À cet égard, la Cour d'appel de Versailles a infirmé l'ordonnance du juge-commissaire qui avait rejeté la contestation de l'AGS et a décidé que l'AGS était bien une partie non affectée pour les créances salariales superprivilégiées dont elle avait fait l'avance, mais qu'elle était une partie affectée pour le reste[5].

Une autre décision du TAE de Paris est venu préciser que « pour ses autres avances, c'est-à-dire celles relatives aux créances du salarié simplement privilégiées ou chirographaires, et celles relatives aux créances du salarié résultant de la rupture de contrat de travail après l'ouverture de la procédure, l'AGS bénéficie seulement d'un droit personnel à être remboursé des sommes avancées dans l'intérêt du débiteur. Il s'agit d'une créance personnelle de remboursement de l'AGS à l'égard du débiteur, et non d'une créance résultant du contrat de travail »[6]. Cette décision est complétée par une précision dont les répercussions devraient dépasser le cadre de ce litige. Étant une partie affectée, l'AGS ne peut être réglée que selon les modalités de règlement collectif du passif, sans possibilité, ajoute le tribunal, d'y déroger contractuellement. La qualité de partie affectée résultant de l'article L. 626-30, I, du Code de commerce relève donc de l'ordre public, ce qui interdit aux créanciers et aux mandataires de justice de transiger sur la question. Plus généralement, on voit là un argument imparable pour battre en brèche toute tentative d'organiser, au moyen d'accords inter-créanciers opposables à l'administrateur judiciaire, une exclusion expresse des classes de parties affectées[7].

Il est regrettable que la subtilité des créances pour lesquelles l'AGS est pleinement subrogée dans les droits des salariés et les créances pour lesquelles elle est fictivement traitée comme un créancier antérieur n'ait pas été anticipée. Le texte légal manque de clarté et aurait dû spécialement trancher cette difficulté pour éviter des contentieux ultérieurs[8].

742.113 Cession d'actifs isolés. En matière de cession d'actifs isolés, le liquidateur judiciaire doit être autorisé à vendre le bien sur ordonnance du juge-commissaire. S'agissant des cessions d'actifs immobiliers, le greffier doit notifier par ordonnance aux créanciers bénéficiant d'un privilège général immobilier l'ordonnance autorisant la vente du bien. L'AGS sera donc informée de cette vente et pourra demander une copie de l'état de collocation établi et déposé au greffe par le mandataire judiciaire. Cet état de collocation est publié au *Bodacc* et peut faire l'objet d'une contestation dans le délai de trente jours à compter de la publication.

742.114 Répartition en liquidation judiciaire. Le privilège général des salaires est issu du droit com-

1. Soc. 10 mai 2006, n° 04-42.076.
2. Ord. n° 2021-1193, 15 sept. 2021 portant modification du livre VI du Code de commerce, *JO* 16 sept.
3. F.-X. Lucas, « Les plans de sauvegarde et de redressement adoptés par les classes de parties affectées », *BJE* janv. 2022, n° 01, p. 45.
4. Rapp. au Président de la République relatif à l'ordonnance n° 2021-1193, 15 sept. 2021 portant modification du livre VI du Code de commerce.
5. Versailles 13 juill. 2023, RG n° 24/04003 ; *Leden* sept. 2023, n° 8, p. 5, obs. C. Gralitzer ; – T. com. Nanterre 19 juin 2023, n° 2022J00429, *Leden* juill. 2023, n° 7, p. 6, obs. C. Gralitzer.
6. TAE Nanterre 14 févr. 2025, n° 2025M01057, *Leden* mars 2025, n° 3, p. 5, obs. C. Gralitzer.
7. C. Gralitzer, *op. cit.*
8. En ce sens, obs. C. Gralitzer s[s] Versailles 13 juill. 2023, RG n° 24/04003, *Leden* sept. 2023, n° 8, p. 5.

mun. C'est un privilège général qui porte sur l'ensemble des biens du débiteur et qui est soumis au principe de subsidiarité sur les immeubles[1]. De ce fait, le créancier devra être désintéressé par priorité sur la masse active mobilière. Ce n'est que dans l'hypothèse où le produit résultant de la vente des biens mobiliers est insuffisant que le créancier privilégié pourra exercer ses droits sur le bien immobilier. Les articles 2333 et 2377 fixent l'ordre dans lequel doivent s'exercer les privilèges généraux.

En outre, l'article L. 643-8 du Code de commerce définit quant à lui désormais clairement l'ordre de paiement des créanciers du débiteur en quinze rangs distincts :

« I – Sans préjudice du droit de propriété ou de rétention opposable à la procédure collective et des dispositions des articles L. 622-17 et L. 641-13, le montant de l'actif distribuable est réparti dans l'ordre suivant :

1° Les subsides prévus à l'article L. 631-11 restés impayés ;

2° Les créances garanties par le privilège établi aux articles L. 3253-2, L. 3253-4 et L. 7313-8 du Code du travail ;

3° Les frais de justice nés régulièrement après le jugement d'ouverture pour les besoins du déroulement de la procédure restés impayés à l'échéance ;

4° Les créances garanties par le privilège prévu par l'article L. 624-21 ;

5° Les créances garanties par le privilège de conciliation établi par l'article L. 611-11 ;

6° Les créances garanties par des sûretés immobilières classées entre elles dans l'ordre prévu au Code civil ;

7° Les créances de salaires restées impayées à l'échéance dont le montant n'a pas été avancé en application des articles L. 3253-6, L. 3253-8 à L. 3253-12 du Code du travail, dans les conditions prévues à l'article L. 641-13 ;

8° Les créances garanties par le privilège établi au 2° du III de l'article L. 622-17 restées impayées à l'échéance et par le privilège établi à l'article L. 626-10 ;

9° Les créances résultant de l'exécution des contrats mentionnées au 3° du III de l'article L. 622-17 restées impayées à l'échéance ;

10° Les sommes dont le montant a été avancé en application du 5° de l'article L. 3253-8 du Code du travail, dans les conditions prévues à l'article L. 641-13 ;

11° Les autres créances non soumises à l'interdiction énoncée au premier alinéa de l'article L. 622-7, restées impayées, selon leur rang ;

12° Les créances garanties par le privilège du Trésor établi à l'article 1920 du Code général des impôts, à l'exception des créances de toutes natures en matière de contributions indirectes et de celles mentionnées à l'article 379 du Code des douanes ;

13° Les créances garanties par un nantissement, par le privilège du bailleur prévu à l'article 2332 du Code civil dans la limite de six mois de loyers et celles garanties par le privilège prévu aux article L. 141-5 et suivants ;

14° Les créances de toutes natures en matière de contributions indirectes et celles mentionnées à l'article 379 du Code des douanes ;

15° Les créances chirographaires, en proportion de leur montant.

Le tout sans préjudice des autres droits de préférence.

II – La part correspondant aux créances sur l'admission desquelles il n'aurait pas été statué définitivement et, notamment, les rémunérations des dirigeants sociaux tant qu'il n'aura pas été statué sur leur cas, ainsi que celle correspondant aux frais de justice prévisibles, est mise en réserve. »

Ainsi, les créances bénéficiant du privilège général des salaires de l'AGS se situent au 6e rang en cas de réalisation d'un actif immobilier et 14e rang en cas de réalisation d'un actif mobilier.

1. C. civ. art. 2376.

LIVRE

8. LES INSTANCES PRUD'HOMALES

LAURENCE FIN-LANGER
PROFESSEUR AGRÉGÉ

SECTION 0
ORIENTEUR

8.00 **Sommaire du livre.**

Titre	81	Les instances prud'homales en cours au jour du jugement d'ouverture
Chap.	811	Particularités des instances prud'homales
Chap.	812	Conséquences de l'ouverture de la procédure collective sur les instances prud'homales en cours
Titre	82	Les instances prud'homales ouvertes après le jugement d'ouverture
Chap.	821	Contentieux portant sur le relevé des créances et sur le refus de garantie de l'AGS
Chap.	822	Autres contentieux ouverts après le jugement d'ouverture

TITRE

81. Les instances prud'homales en cours au jour du jugement d'ouverture

SECTION 0

ORIENTEUR

81.00 **Sommaire du titre.**

Chap. 811 Particularités des instances prud'homales
Sect. 1 Particularités des instances prud'homales au regard de la procédure civile
Sect. 2 Particularité au regard des autres instances en cours au jour du jugement d'ouverture
Chap. 812 Conséquences de l'ouverture de la procédure collective sur les instances prud'homales en cours
Sect. 1 Conditions de la poursuite régulière de l'instance prud'homale en cours
Sect. 2 Effets de la décision prud'homale rendue

CHAPITRE

811. Particularités des instances prud'homales

SECTION 0 ORIENTEUR

811.00 **Sommaire du chapitre.**

Sect. 1 Particularités des instances prud'homales au regard de la procédure civile 811.11 à 811.23

§ 1 Précisions sur la compétence du Conseil des prud'hommes 811.11 à 811.14

§ 2 Règles de procédure spécifiques au Conseil des prud'hommes 811.21 à 811.23

Sect. 2 Particularité au regard des autres instances en cours au jour du jugement d'ouverture 811.31 à 811.51

§ 1 Existence d'une règle dérogatoire 811.31

§ 2 Conditions de l'absence d'interruption des instances prud'homales en cours 811.41 à 811.42

§ 3 Conséquences de l'absence d'interruption des instances prud'homales en cours 811.51

811.01 **Textes applicables.**

• **C. com.**

art. L. 622-22 [Interruption des instances en cours]

art. L. 622-23 [Conditions de la reprise des instances en cours]

art. L. 625-1 [Contentieux des relevés des créances salariales]

art. L. 625-3 [Poursuite des instances prud'homales en cours]

art. L. 625-4 [Contentieux du refus de l'AGS de prendre en charge les créances salariales]

art. L. 625-5 [Dispense de conciliation préalable]

art. L. 625-6 [Inscription des décisions prud'homales sur les relevés des créances]

art. L. 631-18 [Application par renvoi au redressement judiciaire des textes relatifs à la sauvegarde]

art. L. 641-14 [Application par renvoi à la liquidation judiciaire des textes relatifs à la sauvegarde]

art. R. 625-5 [Information par le débiteur des instances prud'homales en cours]

art. R. 631-32 [Information par le mandataire de l'AGS des instances prud'homales en cours]

• **C. trav.**

art. L. 1411-1 s. [Compétence matérielle du Conseil des prud'hommes]

art. L. 1454-1-1 [Orientation par le BCO]

art. L. 1454-1-2 [Ordonnance de clôture des débats]

art. L. 625-5 [Dispense de conciliation préalable]

art. L. 625-6 [Inscription des décisions prud'homales sur les relevés des créances]

art. R. 1412-1 [Compétence territoriale du Conseil des prud'hommes]

art. R. 1453-2 [Liste des personnes pouvant assister ou représenter les parties devant le Conseil des prud'hommes]

art. R. 1453-3 [Oralité de la procédure prud'homale]

art. R. 1453-6 [Unicité d'instance]

art. R. 1454-14 [Liste des pouvoirs juridictionnels du BCO]

• **C. pr. civ.**

art. 53 [Naissance de l'instance]

art. 70 [Recevabilité des demandes nouvelles en première instance]

art. 369 [Interruption d'instance suite à un jugement d'ouverture]

art. 372 [Sanction du non-respect de l'interruption d'instance]

art. 481 [Dessaisissement du juge]

art. 531 [Interruption des délais pour faire appel en cas de jugement d'ouverture]

art. 564 s. [Recevabilité des demandes nouvelles en appel]

811.02 **Jurisprudence de référence.**

> L'instance prud'homale en cours au jour du jugement d'ouverture ne fait l'objet ni d'une interruption ni d'une suspension

• **Soc. 17 sept. 2003,** n° 01-43.029, P V, n° 235

* V. s^{s} n° 811.31

> La poursuite de l'instance prud'homale en cours au jour du jugement d'ouverture ne pourra pas conduire à la condamnation de l'employeur au paiement

• **Soc. 6 juin. 1989,** n° 87-45.172, P V, n° 424

* V. s^{s} n° 811.51

811.03 Bibliographie indicative.

> **Encyclopédie.** *J.-Cl. Procédures collectives*, fasc. 2430 : Sauvegarde, redressement et liquidation judiciaires – Situation des salariés, par N. Vignal, 2021, mis à jour août 2022, n°s 46 s.

> **Contributions.** L. Fin-Langer, « Le juge et les salariés d'une entreprise en difficulté », *Mélanges en l'honneur de Jean-Luc Vallens*, éd. Joly, 2017, p. 45 – A. Margraff, « Le juge face à la procédure collective de l'une des parties : l'instance prud'homale », *in Le juge face à la procédure collective de l'une des parties, Les incidences procédurales de l'ouverture d'une procédure collective sur l'instance civile, prud'homale ou pénale*, « Colloques », Ceprisca, 2017, p. 69 – B. Veyssière, « L'instance prud'homale et la garantie AGS », *in Le juge face à la procédure collective de l'une des parties, Les incidences procédurales de l'ouverture d'une procédure collective sur l'instance civile, prud'homale ou pénale*, « Colloques », Ceprisca, 2017, p. 91.

> **Articles.** A. Arseguel, « Aspects généraux du contentieux prud'homal relatif aux créances salariales depuis la loi du 25 janvier 1985 », *DS* 1987, 807 – O. Bell'Assinot., « Le redressement judiciaire et la procédure prud'homale », *Gaz. Pal.* 1986. II. doct. 590 – O. Dell'Asino, « La compétence matérielle du Conseil des prud'hommes dans le contentieux de la vérification des créances salariales », *JCP S* 2017, n° 1018 – L. Fin-Langer, « Le particularisme des instances prud'homales dans les procédures collectives », *RPC* 2012, dossier 5, p. 56 – V. Ilieva, « De l'autorité de la chose jugée au commercial sur le social ; À propos du contrôle juridictionnel des licenciements pour motif économique dans l'entreprise en difficulté », *RDT* 2019. 618 – P. Lafarge et Th. Météyé, « L'AGS et le contentieux prud'homal dans la procédure de redressement judiciaire des entreprises », *Gaz. Pal.* 1987. I. 391 – N. Maggi-Germain, « La dualité contentieux tribunal de commerce – Conseil des prud'hommes dans le règlement des défaillances d'entreprise », *LPA* 12 août 1998, p. 8 – F. Taquet, « Les nouvelles règles relatives à l'opposabilité des décisions de justice à l'AGS », *RPC* 2001, p. 244.

811.04 Question essentielle.

> Un salarié peut-il continuer, après jugement d'ouverture d'une procédure collective, une instance prud'homale introduite antérieurement ?

* V. s^{s} n°s 811.31 s.

SECTION 1

PARTICULARITÉS DES INSTANCES PRUD'HOMALES AU REGARD DE LA PROCÉDURE CIVILE

§ 1 Précisions sur la compétence du Conseil des prud'hommes

811.11 Compétence matérielle du Conseil des prud'hommes. La compétence du Conseil des prud'hommes est fixée aux articles L. 1411-1 et suivants du Code du travail.

Il dispose ainsi d'une compétence exclusive pour les contentieux individuels nés de la relation de travail, qu'ils portent sur le recrutement, l'exécution du contrat, sa suspension, sa modification ou sa rupture. Peu importe en revanche la nature du contrat de travail, dès lors qu'il est de droit privé. Il peut ainsi statuer sur la requalification d'une relation contractuelle en contrat de travail si les critères du contrat de travail (prestation de travail, rémunération et lien de subordination) sont réunis[1].

Il est également compétent pour tous les contentieux accessoires au contrat de travail dès lors qu'ils ne relèvent pas de la compétence exclusive d'une autre juridiction[2].

Cette compétence est maintenue malgré l'ouverture d'une procédure collective[3].

811.12 Compétence territoriale du Conseil des prud'hommes. Contrairement au droit commun, l'article R. 1412-1 du Code du travail prévoit une règle spécifique pour déterminer la compétence territoriale du Conseil des prud'hommes : il s'agit de celui dans le ressort duquel est situé l'établissement où est effectué le travail. Le principe n'est donc pas celui du domicile du défendeur. Par ailleurs, le texte instaure une option lorsque le salarié est demandeur : il peut saisir non seulement celui désigné précédemment mais également celui dans le ressort duquel l'engagement a été conclu ou celui dans le ressort duquel l'employeur est établi. Cette option n'existe pas lorsque c'est l'employeur qui est demandeur. Lorsque le travail est effectué en dehors de tout établissement, le Conseil des prud'hommes compétent est celui dans le ressort duquel est

1. Par ex. : Soc. 28 nov. 2018, n° 17-20.079, NP ; *D. actu.* 12 déc. 2018, obs. M. Peyronnet ; D. 169, avis C. Courcol-Bouchard, obs. M. C. Escande-Varniol ; *LPA* 31 janv. 2019, M. Richevaux ; *Leden* 1er févr. 2019, p. 7 ; G. Dedessus-Le-Moustier ; *Gaz. Pal.* 15 janv. 2019, p. 81, L. Ben Cheikh-Vecchioni ; *BJT* janv. 2019, p. 7, S. Msadak ; *RDT* 2019. 36, note M. Peyronnet ; *SSL* 2018, n° 1848, notes P. Lokiec, p. 10, et L. Gomez, p. 6 ; *JCP S* 2018, n° 1398, note G. Loiseau, avis C. Courcol-Bouchard ; *JCP S* 2019, n° 1026, N. Anciaux ; *JCP E* 2019, n° 1031, note B. Bossu ; *JCP* 2019, n° 46, note Roche ; *Act. proc. coll.* 2019, comm. 4, L. Fin-Langer ; AJ *Contrat* 2019. 46, obs. L. Gamet ; *Dr. soc.* 2019. 185, tribune C. Radé – Soc. 4 mars 2020, n° 19-13.316 ; *D.* 2020. 490.
2. Par ex. : Soc. 21 mai 2008, n° 07-15.462, P ; *RDT* 2008. 472, obs. T. Grumbach et E. Serverin ; *RTD com.* 2008. 555, obs. F. Pollaud-Dulian ; *JCP S* 2008, n° 1428, note G. Blanc-Jouvan ; *CSBP* nov. 2008, 363, note F. J. Pansier – Soc. 9 juill. 2008, n° 06-45.800 ; *Bull. civ.* V, n° 150 ; *JCP S* 2008, n° 1638, note B. Boubli ; *D.* 2008. 2228 ; *D.* 2008. 2009. 191, obs. Centre de recherche en droit social de l'Institut d'études du travail de Lyon (Cercrid), Université Jean Monnet de Saint-Étienne.
3. Soc. 3 oct. 1989, n° 88-42.835 ; *Bull. civ.* V, n° 559.

situé le domicile du salarié. Enfin, en cas de pluralités de défendeurs, la Cour de cassation a permis au salarié demandeur de choisir entre les conseils des prud'hommes dans le ressort duquel est situé le domicile de l'un d'entre eux en application de l'article 42 du Code de procédure civile, faute de disposition spécifique dans le Code du travail[1].

811.13 Compétence matérielle des juridictions judiciaires. Les conflits collectifs relèvent de la compétence du tribunal de grande instance, devenu tribunal judiciaire à compter du 1er janvier 2020. Toute la difficulté est de déterminer le critère de distinction entre les conflits collectifs et ceux individuels. Il faut analyser l'objet de la demande, sans tenir compte de la portée de la décision ou du moyen invoqué[2]. Est ainsi un conflit collectif le conflit portant sur la demande d'un syndicat pour obtenir l'application d'une convention collective, sans aucune prétention individuelle[3]. Cette juridiction est également compétente pour statuer sur l'action en responsabilité délictuelle intentée par des salariés contre la société mère de leur employeur dans le cadre des licenciements pour motif économique[4]. Le TJ de Paris dispose également d'une compétence spécifique pour le contentieux de la rémunération accordée à un salarié par ailleurs inventeur[5].

Le tribunal d'instance, devenu également tribunal judiciaire depuis le 1er janvier 2020, a une compétence exclusive pour les contentieux électoraux portant sur la mise en place des élections des représentants du personnel (CSE) mais aussi sur la désignation des représentants syndicaux comme le délégué syndical et du représentant des salariés, organe très particulier de la procédure collective[6].

Le tribunal des affaires de sécurité sociale, devenu pôle social du tribunal de grande instance puis pôle social du tribunal judiciaire, est compétent quant à lui pour le contentieux relevant de la sécurité sociale, notamment pour celui de la prise en charge des accidents du travail, ou pour celui relatif aux cotisations sociales versées à l'URSSAF.

811.14 Compétence matérielle des juridictions administratives. Les juridictions administratives interviennent également de plus en plus fréquemment en droit du travail. Les juridictions administratives sont compétentes pour le recours contre la décision de l'inspection du travail portant sur l'autorisation de licencier les salariés protégés[7], tel que le représentant des salariés[8].

Depuis la loi du 14 juin 2013[9], le tribunal administratif est également compétent pour apprécier la validité de la décision de la Dreets validant ou homologuant les plans de sauvegarde de l'emploi, mis en place en cas de licenciement économique, y compris en présence d'une procédure collective[10].

Cela concerne non seulement le contrôle du plan de sauvegarde de l'emploi, la régularité de la procédure de consultation, mais aussi l'obligation de reclassement préalable intégrée au PSE[11], y compris lorsqu'elle est prévue par un accord collectif[12] ou les injonctions voir les avis de la Dreets[13] ou l'obligation de rechercher un repreneur, condition désormais imposée pour valider le PSE[14] ou pour le contentieux des critères d'ordre quand fixés dans le PSE[15] ou pour vérifier les conditions relatives aux conditions de signature de l'accord de PSE[16]. Il est également désormais prévu que la Dreets sous le contrôle du juge de l'excès de pouvoir vérifie que l'employeur a respecté son obligation de préven-

1. Soc. 16 févr. 2011, n° 10-16.423, P ; *JCP S* 2011, n° 1191, note S. Brissy ; *D.* 2011. 685 ; *CSBP* avr. 2011. 108, note F. J. Pansier.
2. Soc. 23 juin 1960 ; *Bull. civ.* IV, n° 688.
3. Soc. 21 nov. 2012, n° 11-15.057, P ; *JCP S* 2013, n° 1094 ; *Procédures* 2013, comm. 153, A. Bugada ; *D.* 2012. 2809.
4. Soc. 13 juin 2018, n° 16-25.873, P ; *JCP S* 2018, n° 1291, note A. Bugada ; *D.* 2018. Actu. 1308 ; *Rev. sociétés* 2018. 740, note A. Couret ; *Dr. sociétés* 2018, comm. 196, J. P. Legros.
5. Soc. 23 oct. 2024, n° 22-19.700, P ; *Act. proc. coll.* 2024, comm. 223, L. Fin-Langer.
6. Sur le représentant des salariés, v. ss nos 221.11 s.
7. C. trav., art. L. 2422-1.
8. Sur le licenciement du représentant des salariés, v. ss nos 223.31, 223.32, 321.136, 322.126, 411.96, 421.96, 511.76.
9. L. n° 2013-504, 14 juin 2013, relative à la sécurisation de l'emploi, *JO* 16 juin, n° 1. Avant cette loi, le contentieux du plan social relevait soit du Conseil des prud'hommes lorsqu'il s'agissait d'un contentieux individuel intenté après la notification du licenciement soit du tribunal de grande instance lorsqu'il s'agissait d'un conflit collectif avant cette notification.
10. C. trav., art. L. 1235-7-1 donnant une compétence exclusive au tribunal administratif à l'exclusion des autres recours – R. Vatinet, « Sur le devenir des contentieux des PSE », *JCP S* 2013, n° 1210 – Sur le licenciement économique en cas de procédure collective, v. ss n° 321.47.
11. Soc. 21 nov. 2018, n° 17-16.766, P ; *RDT* 2019. 41, note S. Ranc ; *Dr. soc.* 2019. 353, M. Galy ; *RPC* 2019, com. 41, F. Taquet ; *JCP S* 2018, n° 1418, note A. Bugada ; *JCP S* 2018, n° 1305, note G. Dedessus-Le Moustier.
12. Soc. 25 mars 2020, n° 18-23.692, P ; *D. actu.* 7 mai 2020, obs. L. Malfettes ; *D.* 2020. 1746, obs. A. Prache ; *JCP S* 2020, n° 2056, note L. Fin-Langer ; *JCP E* 2020, n° 1368, note Y. Pagnerre.
13. Soc. 14 déc. 2022, n° 21-14.304, P ; *Act. proc. coll.* 2023, n° 34 ; *RDT* 2023. 114, note F. Géa ; *JCP S* 2023, n° 1011, note P. Morvan.
14. Soc. 16 janv. 2019, n° 17-20.969, P ; *RDT* 2019. 252, note F. Géa ; *D. actu.* 21 févr. 2019, obs. M. Ines ; *D.* 2019. 963, obs. P. Lokiec et J. Porta ; *JCP S* 2019, n° 1052, note Th. Meiers.
15. Soc. 20 avr. 2022, n° 20-20.567, P ; *D. actu.* 18 mai 2022, obs. L. Malfettes ; *RPC* sept. 2022, comm. 85, F. Taquet.
16. CE 6 avr. 2022, req. n° 444460, *Imprimerie du Midi* ; *RDT* 2022. 307, note F. Géa.

tion des risques professionnels à l'occasion d'un licenciement, y compris en cas de cessation d'activité résultant d'une liquidation judiciaire[1]. La solution rendue au départ pour les PSE unilatéraux a été étendue aux PSE établis par accord collectif[2].

Il en est de même pour les expertises demandées par les représentants du personnel[3]. Le conseil d'État a écarté la procédure en référé du comité d'entreprise devant le juge administratif : le comité doit s'adresser à la Dreets qui ensuite enjoindra l'employeur de communiquer les documents en question et cela dans un délai de cinq jours. Si les informations ne sont pas communiquées, le comité d'entreprise et aujourd'hui le CSE pourra ensuite contester la décision d'homologation, à condition que cette irrégularité ait porté grief. Reste à savoir si l'expert-comptable peut lui-même faire cette demande auprès de la Dreets puisqu'il n'est pas visé par l'article D. 1233-12 du Code du travail. Cela a été confirmé par la Chambre sociale qui a également écarté la compétence du juge des référés judiciaire[4].

En revanche, le Conseil des prud'hommes reste compétent pour se prononcer sur l'indemnisation individuelle des salariés licenciés de manière irrégulière suite à cette décision administrative ou pour le contentieux de la cause réelle et sérieuse, la mise en œuvre des critères d'ordre. Il l'est également pour statuer sur les risques psychosociaux induits par la mise en place d'un PSE[5]. Il l'est enfin pour le contentieux relatif à la violation de l'article L. 1224-1 du Code du travail et pour obtenir des dommages-intérêts pour un licenciement sans effet en raison d'une fraude à ce texte[6]. Il faut cependant préciser que cette décision a été rendue sous l'empire des textes antérieurs à la loi Travail du 8 août 2016. Or cette loi a modifié l'article L. 1233-61 et prévoit désormais que le PSE doit contenir des mesures visant au transfert de l'entreprise en cas de fermeture d'un établissement. Par ailleurs, la Dreets qui valide le PSE doit vérifier la présence de ces mesures[7].

1. CE 21 mars 2023, req. n°s 460660 et 460924 ; *RDT* 2023. Controverse 377, note de L. Montvalon, Ph. Rozec et Th. Le Gall ; *RDT* 2023. 476, obs. L. de Montvalon ; *JSL* 2023, n° 564-2, obs. M. Hautefort ; *SSL* 2023, n° 2040, p. 5, concl. J.-F. de Montgolfier, obs. A. Stocki ; *JCP S* 2023, n° 1121, note B. Gauriau ; *D. actu.* 6 avr. 2023, obs. S. Norval-Grivet ; *RPC* juill. 2023, n° 70, obs. D. Jacotot ; *Act. proc. coll.* 2023, n° 136 ; *Gaz. Pal.* 19 sept. 2023, p. 66, obs. C. Gailhbaud ; *Leden* mai 2023, p. 6, obs. H. de Frémont.
2. CE 19 déc. 2023, req. n° 458434 ; *AJDA* 2023. 2369 ; *RJS* 2/2024, n° 86.
3. Soc. 28 mars 2018, n° 15-21.372, P ; *D. actu.* 14 mai 2018, obs. M. Ines ; *JCP S* 2018, n° 1164, obs. A. Bugada ; *Act. proc. coll.* 2018, 124 – CE 25 sept. 2019, req. n° 428510 ; *RDT* 2019. 785, obs. F. Géa.
4. Soc. 30 sept. 2020, n° 19-13.714, P ; *Act. proc. coll.* 2020, n° 243.
5. Soc. 14 nov. 2019, n° 18-13.887, P ; *D.* 2019. Actu. 2253 ; *Act. proc. coll.* 2020, n° 9 ; *D. actu.* 3 déc. 2019, obs. H. Ciray ; *JCP S* 2019, n° 1355, note P. Morvan.
6. Soc. 10 juin 2020, n° 18-26.229, FS-P+B ; *RDT* 2020. 541, note M. Korcher ; *JCP S* 2020, n° 2094, note A. Bugada.
7. C. trav., art. L. 1233-57-2 et L. 1233-57-3.

§ 2
Règles de procédure spécifiques au Conseil des prud'hommes

811.21 **Représentation non obligatoire en première instance.** Devant le Conseil des prud'hommes, la représentation n'est pas obligatoire. En raison du caractère oral de la procédure, prévu à l'article R. 1453-3 du Code du travail, les parties devaient être présentes à l'audience et la représentation n'était possible qu'en présence d'un motif légitime.

Depuis le décret du 20 mai 2016[8], les parties peuvent, si elles le souhaitent et sans avoir à justifier d'un motif légitime, se faire assister ou représenter[9] par les personnes énumérées limitativement à l'article R. 1453-2 du Code du travail[10].

La représentation est en revanche devenue obligatoire devant la Cour d'appel statuant en matière prud'homale depuis un décret du 20 mai 2016. L'article R. 1461-1 du Code du travail impose cette représentation soit par un avocat soit un défenseur syndical, instauré par la loi Macron du 6 août 2015[11].

811.22 **Recevabilité des demandes nouvelles.** Pour toutes les instances introduites avant le 1er août 2016 était applicable la règle de l'unicité d'instance prévue à l'article R. 1452-6 du Code du travail et abrogée par le décret du 20 mai 2016. Cette règle, fortement contestée en doctrine[12] et pourtant déclarée conforme à l'article 6 de la convention européenne de sauvegarde des droits de l'homme[13], obligeait les parties à concentrer leurs demandes relatives à un même contrat de travail au sein d'une même instance. À défaut, le demandeur se voyait opposer une fin de non-recevoir, qui n'était pas d'ordre public et n'avait donc pas à être relevée d'office par le juge[14] : sa saisine du Conseil des prud'hommes était déclarée irrecevable.

8. Décr. n° 2016-660, 20 mai 2016 applicable aux instances introduites depuis le 1er mai 2016, *JO* 25 mai, n° 30.
9. C. trav., art. R. 1453-1.
10. Soc. 11 mai 1993, n° 88-44.230, NP ; *CSPB*, 1993, 161, B. 82.
11. L. n° 2015-990, 6 août 2015 pour la croissance, l'activité et l'égalité des chances économiques, *JO* 7 août, n° 1.
12. Par ex. : V. Orif, « Les pièges persistants de la règle de l'unicité d'instance », *Dr. soc.* 2014. 64 ; P. Bailly, « Vertus et périls de l'unicité d'instance », *RJS* 2005. 327.
13. Soc. 24 juin 2009, n° 08-40.323, NP – CEDH 23 oct. 2007, n° 17779/04, *Beauseigneur c/ France*.
14. Soc. 1er févr. 2011, n° 08-44.568, NP ; *Procédures* 2011, n° 33, note R. Perrot.

Pour assouplir les dangers de cette solution, la Cour de cassation avait opéré un revirement de jurisprudence en 2010 en indiquant que « la règle de l'unicité d'instance n'est applicable que lorsque l'instance précédente s'est achevée par un jugement au fond [1] ». Cette règle présentait cependant un avantage très précieux en cas de procédure collective : les demandes nouvelles étaient recevables sans être soumises aux conditions posées par le Code de procédure civile tant que l'instance était en cours devant le Conseil des prud'hommes ou devant la Cour d'appel. Cela permettait de faire évoluer le litige y compris en appel sans saisir à nouveau le Conseil des prud'hommes, dès lors que le fondement de la prétention était né avant la clôture des débats.

Le décret du 20 mai 2016 a abrogé cette règle datant de 1907. Elle reste applicable pour toutes les instances introduites avant le 1er août 2016 [2]. Désormais, les demandes nouvelles sont régies par les règles de droit commun, ce qui n'est pas sans soulever un certain nombre d'interrogations [3].

En première instance et en application de l'article 70 du Code de procédure civile, elles sont recevables si elles se rattachent par un lien suffisant aux prétentions originaires. Cette notion relève de l'appréciation souveraine des juges du fond [4]. La Cour de cassation a apporté un certain nombre de précisions, le simple fait d'être rattachées au même contrat de travail ne suffisant pas [5]. Cette condition vaut aussi bien pour les demandes additionnelles que celles reconventionnelles [6]. Elles peuvent être présentées oralement ou dans les dernières conclusions écrites réitérées verbalement à l'audience lorsque la partie est assistée ou représentée par un avocat [7]. Une nouvelle saisine du Conseil des prud'hommes est désormais possible, avec une demande de jonction des instances en cours.

En appel, il faudra vérifier les conditions posées aux articles 563 et suivants dudit Code. Par principe, elles sont irrecevables, l'instance étant soumise à une quasi-immutabilité en appel. Elles sont par exception recevables. La Cour d'appel est tenue de vérifier, même d'office, si la demande est nouvelle et si elle est recevable au regard de chacune des exceptions [8]. Il est ainsi possible d'invoquer en appel des moyens nouveaux, de produire de nouvelles pièces ou preuves [9]. Elles sont aussi recevables si elles ont pour objet d'opposer la compensation, de faire écarter les prétentions adverses ou de faire juger les questions nées de l'intervention d'un tiers comme l'AGS ou celles relevant de la survenance d'un fait nouveau [10]. L'ouverture d'une procédure collective pourrait être considérée comme un tel fait [11]. Elles sont recevables également quand elles ne sont pas considérées comme nouvelles, c'est-à-dire quand elles tendent aux mêmes fins que celles soumises au premier jugement, même si leur fondement est différent [12]. Il en est ainsi par exemple quand la salariée invoque en première instance un défaut de cause réelle et sérieuse permettant d'obtenir une indemnisation et en appel une indemnisation sur le fondement d'un licenciement nul pour non-respect du statut lié à la maternité [13]. Il est également possible d'ajouter aux prétentions soumises au premier juge les demandes qui en sont l'accessoire, la conséquence ou le complément nécessaire [14]. La Cour de cassation a ainsi rejeté la demande faite en appel en rappel d'heures supplémentaires justifiée par l'exécution déloyale du contrat de travail, fondement invoqué devant le Conseil des prud'hommes pour contester

1. Soc. 16 nov. 2010, n° 09-70.404, P ; *JCP S* 2010, n° 1517, note I. Pétel-Teyssié ; *RDT* 2011. 55, obs. E. Serverin ; *Dr. soc.* 2011. 432 ; *D.* 2011. 227, obs. C. cass., note V. Orif ; *D.* 2011. 265, obs. N. Fricero ; *RTD civ.* 2011. 173, obs. V. Perrot ; *Procédures* 2011, comm. 15, A. Bugada.
2. Soc. 1er juill. 2022, n° 18-24.180, P ; *Gaz. Pal.* 2020, n° 38, p. 48, obs. V. Orif ; *D. actu.* 20 juill. 2020, obs. de L. Montvalon.
3. J. Vidal, « La recevabilité des demandes additionnelles en procédure prud'homale », *JCP S* 2024, n° 1189 – L. Fin Langer, « Quand l'unicité d'instance rimait avec simplicité et mutabilité du litige », *SSL* 2 déc. 2024, n° 2116.
4. Civ. 2e, 12 avr. 2018, n° 17-14.779, NP.
5. Soc. 10 juill. 2024, n° 23-15.453, *D. actu.* 13 sept. 2024, note J. M. Albiol ; *RDT* 2024. 528, note J. M. Albiol et H. Ahtouch, *JCP S* 2024, n° 1295, note J. Vidal ; *BJT* déc. 2024, p. 40, note V. Orif.
6. Soc. 10 juill. 2024, n° 23-15.453, *D. actu.* 13 sept. 2024, note J. M. Albiol ; *RDT* 2024. 528, note J. M. Albiol et H. Ahtouch, *JCP S* 2024, n° 1295, note J. Vidal ; *BJT* déc. 2024, p. 40, note V. Orif.
7. Soc. 19 oct. 2022, n° 21-13.060, P ; *RDT* 2022. 727, note F. Guiomard ; *Gaz. Pal.* 7 mars 2023, p. 62, obs. V. Orif ; *JCP S* 2022, n° 1297, note S. Brissy.
8. Soc. 14 févr. 2024, n° 22-20.634 – Soc. 2 mai 2024, n° 22-18.450, P, *SSL* n° 2095 – Soc. 2 mai 2024, n° 22-12.415, NP – Soc. 12 juin 2024, n° 23-13.975, P, *Act. proc. coll.* 2024, n° 172 ; *RDT* 2024. 516, obs. M. Rivolier ; *SSL* 2024, n° 2104, obs. M. Morand ; *JCP S* 2024, n° 1250, note B. Desaint et N. Gholami-Bavil.
9. C. pr. civ., art. 563.
10. C. pr. civ., art. 564.
11. Cass., ass. plén., 11 mars 2005, n° 03-20.484, *Bull. ass. plén.*, n° 4 ; *RTD civ.* 2005. 455, obs. R. Perrot ; *D.* 2005. 2368, note E. Fischer – *contra* : Civ. 2e, 11 févr. 2021, n° 18-16.535, P.
12. C. pr. civ., art. 565.
13. Soc. 1er déc. 2021, n° 20-13.339, P ; *RDT* 2022. 55, obs. F. Guiomard ; *D. actu.* 4 janv. 2022, note Cl. Couëdel ; *JCP S* 2022, n° 1006, note L. Dauxerre ; *RTD civ.* 2022. 204, obs. N. Cayrol – V. AUSSI : Soc. 14 févr. 2024, n° 22-20.634 – Soc. 13 mars 2024, n° 21-25.827, P ; *D. actu.* 28 mars 2024, obs. S. Bloch et O. Seydi ; *RDT* 2024. 347, obs. F. Guiomard ; *JCP S* 2024, n° 1167, note S. Brissy ; *BJT* mai 2024, p. 41, obs. M. Galy – Soc. 10 juill. 2024, n° 22-16.805, *D. actu.* 13 sept. 2024, note J. M. Albiol – Soc. 18 sept. 2024, n° 22-17.737, *D. actu.* 14 oct. 2024, obs. J. M. Albiol ; *Procédures* nov. 2024, comm. 246, obs. S. Amrani-Mekki.
14. C. pr. civ., art. 566.

le licenciement pour insuffisance professionnelle. Ce rattachement ne suffit pas[1]. Enfin, la Cour de cassation a posé une contrainte procédurale : les parties doivent présenter l'ensemble de leurs demandes, y compris celles nouvelles, dès le premier jeu de conclusion. À défaut, elles seront irrecevables sur le fondement de l'article 910-4 du Code de procédure civile[2].

811.23 Préalable de conciliation obligatoire devant le bureau de conciliation et d'orientation. La mission initiale du Conseil des prud'hommes est de concilier les parties. À cette fin, est institué un bureau de conciliation devenu le bureau de conciliation et d'orientation, dit BCO, avec la loi Macron du 6 août 2015. Le non-respect de cette étape est sanctionné par la nullité de la procédure qui peut être invoquée pour la première fois devant la Cour de cassation.

Depuis le décret du 20 mai 2016, la représentation est désormais possible sans motif légitime. Lorsque la conciliation aboutit, le BCO établit un procès-verbal de conciliation, qui a pour effet d'éteindre l'instance par désistement et de rendre irrecevable toute demande nouvelle des parties. Ce procès-verbal ne peut faire l'objet d'un appel. En cas d'échec de la conciliation, il a désormais une nouvelle mission visant à préparer la seconde phase devant le bureau de jugement : il doit prendre une décision d'orientation, considérée comme une mesure d'administration judiciaire et doit assurer la mise en état des affaires[3].

Depuis la loi du 6 août 2015, le BCO peut renvoyer soit devant le bureau de jugement en formation restreinte lorsque les parties sont d'accord et que le litige porte sur un licenciement ou une demande de résiliation des parties[4], soit devant le bureau de jugement échevіné présidé par le juge départiteur, si les parties le demandent ou si la nature du litige l'exige[5], soit devant le bureau de jugement dans sa formation complète, ce qui suppose la présence ou la représentation des parties et que l'affaire soit en mesure d'être jugée[6].

Il est à noter que le BCO dispose aussi de pouvoirs juridictionnels dont la liste est dressée à l'article R. 1454-14 du Code du travail. Il peut ainsi décider du versement de provision sur salaires ou indemnités de rupture ainsi qu'ordonner la délivrance des documents de rupture du contrat, comme le certificat de travail ou l'attestation France Travail.

1. Soc. 25 mai 2022, n° 21-11.478, P ; *D. actu.* 16 juin 2022, obs. L. Malfettes ; *Procédures* oct. 2022, 226, A. Bugada – V. AUSSI : Soc. 11 sept. 2024, n° 23-11.771 – Soc. 6 nov. 2024, n° 22-17.335, *JCP S* 2025, n° 1009, note J. E. Maes-Audebert.
2. Soc. 28 févr. 2024, n° 23-10.295 ; *D. actu.* 14 mars 2024, obs. M. Barba ; *JCP S* 2024, n° 1132, note S. Brissy.
3. C. trav., art. L. 1454-1-2.
4. C. trav., art. L. 1454-1-1.
5. C. trav., art. L. 1454-1-1.
6. C. trav., art. R. 1454-17.

SECTION 2
PARTICULARITÉ AU REGARD DES AUTRES INSTANCES EN COURS AU JOUR DU JUGEMENT D'OUVERTURE

§ 1
Existence d'une règle dérogatoire

811.31 Absence d'interruption des instances prud'homales en cours. Les instances en cours au jour du jugement d'ouverture sont soumises à des règles spécifiques, dès lors qu'elles sont soumises à l'arrêt des poursuites individuelles. Sont ainsi reprises, après déclaration de la créance et mise en cause des organes[7], les instances en cours devant un juge du fond qui tendent à obtenir la condamnation du débiteur au paiement d'une somme d'argent[8]. L'article L. 622-23 du Code de commerce prévoit une autre règle pour les instances qui ne tendent pas au paiement d'une créance : elles sont poursuivies après mise en cause du mandataire et de l'administrateur lorsqu'il a une mission d'assistance.

L'article L. 625-3[9] du Code de commerce prévoit, pour sa part, pour les instances prud'homales, un système différent par sa nature, constitutif d'une exception à la règle de l'arrêt des poursuites individuelles, même s'il est comparable dans ses effets, dans la mesure où le titre obtenu par le salarié ne lui permettra pas l'exécution sur l'employeur[10].

Son alinéa 1 indique que « les instances en cours devant la juridiction prud'homale à la date du jugement d'ouverture sont poursuivies en présence du mandataire judiciaire et de l'administrateur lorsqu'il a une mission d'assistance ou ceux-ci dûment appelés ». Cette règle a été édictée par la loi du 25 janvier 1985, simplifiant le régime antérieur. En effet sous l'empire de la loi de 1967, la Cour de cassation avait décidé que

7. C. com., art. L. 622-21 et L. 622-22 et L. 641-13.
8. Com. 14 mars 2000, n° 96-21.222 ; *Act. proc. coll.* 2000, n° 103 – Ainsi, une instance en référé qui tend à obtenir une condamnation provisionnelle n'est pas concernée par l'article L. 622-22 C. com. – Elle est alors définitivement arrêtée : Com. 19 sept. 2018, n° 17-13.210 ; *Gaz. Pal.* 15 janv. 2019, p. 70, obs. D. Boustani ; *BJE* janv. 2019. 21, note M. Houssin ; *RTD com.* 2019. 213, obs. A. Martin-Serf ; *Leden* 2018-10, p. 3, obs. F. Mélin.
9. C. com., art. L. 625-3, réd. issue de L. n° 2005-845, 26 juill. 2005 – L. 621-126 réd. antérieure à L. n° 2005-845, 26 juill. 2005 – Anc^{t}. L. n° 85-98, 25 janv. 1985, art. 124.
10. P. Le Cannu et D. Robine, *Droit des entreprises en difficulté*, Dalloz, 9e éd., n° 633.

toutes les instances en cours, sans exception, étaient suspendues jusqu'à l'expiration de la procédure de vérification des créances[1]. Lorsque sa créance était rejetée, le salarié devait d'abord former une réclamation auprès du juge-commissaire qui devait surseoir à statuer et renvoyer à la juridiction prud'homale. Ce mécanisme allongeait les délais de procédure, ce qui pouvait bloquer la garantie de l'AGS tant que la créance n'était pas fixée définitivement.

Il est ainsi prévu une poursuite de l'instance prud'homale en cours, non une reprise de celle-ci. Il n'y a, en effet, ni interruption ni suspension de l'instance. La Cour de cassation a donc également écarté les articles 369 et 372 du Code de procédure civile, qui prévoient l'interruption de l'instance et ses conséquences en raison de l'effet d'un jugement qui prononce la sauvegarde, le redressement ou la liquidation judiciaire et sa sanction, à savoir le caractère non avenu de la décision[2]. Celle-ci se poursuit de plein droit. La solution est logique dès lors qu'il peut être observé que, dans le système posé par l'article L. 622-22[3] du Code de commerce, l'instance interrompue ne peut être reprise qu'après déclaration par le créancier de sa créance, technique ici impossible, puisque les créanciers salariaux sont dispensés de déclaration de créance[4] en vertu de l'article L. 625-1[5]. Ce texte prévu pour la sauvegarde s'applique aussi au redressement judiciaire par renvoi de l'article L. 631-18 et à la liquidation judiciaire par renvoi de l'article L. 641-14.

Cette règle concerne toutes les instances prud'homales, quel que soit leur objet, y compris la demande de paiement d'une créance et s'applique aussi en appel. Cette règle a le mérite d'éviter la péremption d'instance, risque encouru par les autres créanciers s'ils ne réalisent pas les modalités pour permettre la reprise de l'instance avant l'expiration d'un délai de deux ans[6].

1. Com. 5 mars 1974, nº 72-13.776 ; *D.* 1974. 475, note A. Honorat et F. Derrida – Soc. 14 déc. 1976, nº 75-40.562 ; *D.* 1977. IR 117, obs. A. Honorat.
2. Soc. 17 sept. 2003, nº 01-43.029, P V, nº 235 ; *Act. proc. coll.* 2003/16, nº 210, note G. Blanc ; *JCP E* 2004, Chron. 473, p. 517, nº 6, obs. P. Morvan – Soc. 17 sept. 2003, nº 01-41.255, P V, nº 234 ; *D.* 2003. AJ 2376 ; *JCP E* 2004, Chron. 473, p. 517, nº 6, obs. P. Morvan – Paris, 3e ch. A, 2 mars 2004, RG nº 2002/18513 – Soc. 7 juill. 2004, nos 02-47.653, 02-47.654, P V, nº 201 – Soc. 1er juill. 2015, nº 14-12.980, NP ; *Leden* 2015, comm. 123, note G. Dedessus-Le-Moustier – Soc. 16 mai 2018, nº 17-18.658, NP.
3. Réd. L. nº 2005-845, 26 juill. 2005 – L. 621-41 réd. antérieure à L. 26 juill. 2005.
4. Soc. 11 oct. 2000, nº 98-45.144, NP ; *Act. proc. coll.* 2000/19, nº 243.
5. C. com., art. L. 622-22, réd. L. nº 2005-845, 26 juill. 2005 – art. L. 621-125 réd. antérieure à L. nº 2005-845, 26 juill. 2005 – Anct. L. nº 85-98, 25 janv. 1985, art. 123.
6. C. pr. civ., art. 386.

§ 2
Conditions de l'absence d'interruption des instances prud'homales en cours

811.41 **Nécessité d'une instance devant le Conseil des prud'hommes.** Cette absence d'interruption s'applique aux instances devant le Conseil des prud'hommes.

Les autres juridictions susceptibles d'intervenir dans le contentieux social, comme les tribunaux judiciaires qui ont remplacé au 1er janvier 2020 le tribunal de grande instance, compétent pour les conflits collectifs, le tribunal d'instance, compétent pour le contentieux électoral et le TASS intervenant dans le contentieux de la sécurité sociale, ne sont pas concernées par cette disposition. Elles sont alors soumises à l'article L. 622-22 du Code de commerce lorsqu'elles ont pour objet la condamnation du débiteur au paiement d'une somme d'argent.

En revanche, lorsque l'objet est différent, l'instance n'est concernée ni par la règle de l'interruption des instances ni par celle de l'arrêt des poursuites. Il convient alors d'appliquer l'article 369 du Code civil et l'article L. 622-23 du Code de commerce[7] : elles sont poursuivies après mise en cause du mandataire et de l'administrateur lorsqu'il a une mission d'assistance ou après une reprise d'instance à leur initiative[8].

811.42 **Nécessité d'une instance en cours.** Pour que cette règle s'applique, il faut qu'une instance soit en cours au jour du jugement d'ouverture. L'instance, lien juridique entre les parties, naît de la demande initiale des parties[9] et s'éteint en principe avec le jugement[10]. Cependant, cette notion d'instance en cours fait l'objet d'interprétations différentes selon les règles applicables. Ainsi, l'interruption des instances en raison d'une procédure collective prévue par l'article 371 du Code de procédure civile, applicable aux autres créanciers, ne s'applique plus après l'ouverture des débats[11]. La Cour de cassation a parfois retenu un autre critère pour les autres créanciers, à savoir la clôture des débats, grâce à l'audience des plaidoiries[12].

7. J. Vallansan, *Guide des procédures collectives 2025/2026*, LexisNexis, 2025, nº 834.
8. Pour un ex. : TASS Paris, 15 mai 1995 ; *RPC* 1998, 90, obs. P. Canet : pour la nullité d'une contrainte délivrée par l'Urssaf.
9. C. pr. civ., art. 53.
10. C. pr. civ., art. 481 : le prononcé du jugement dessaisit le juge – J. Héron, Th. Lebars et K. Salhi, *Droit judiciaire privé*, 7e éd., « Précis Domat », LGDJ, 2019, nº 130.
11. Com. 14 févr. 1995, nº 93-14.198 ; *Bull. civ.* IV, nº 44 ; *D.* 1995, somm. 217, obs. A. Honorat – Civ. 2e, 18 déc. 2003, nº 02-10.765 ; *Bull. civ.* II, nº 399 ; *Act. proc. coll.* 2004, comm. 17.
12. C. pr. civ., art. 371 – Civ., 2, 18 déc. 2003, nº 02-10.765 ; *Bull. civ.* II, nº 399.

Pour appliquer la règle de l'unicité d'instance spécifique à la procédure prud'homale jusqu'au décret du 20 mai 2016, c'était la clôture des débats qui était prise en compte [1]. Il est vrai que la clôture des débats met un terme aux rôles des parties : le procès est en principe en mesure d'être tranché par le juge, le seul à conserver son rôle.

La loi Travail du 8 août 2016 a d'ailleurs prévu pour le Conseil des prud'hommes la possibilité de prendre une ordonnance de clôture des débats, vue comme une mesure d'administration judiciaire [2], sa révocation étant désormais possible depuis un décret du 10 mai 2017 [3].

Après cette ordonnance, il n'est plus possible, en principe, de produire aux débats ni de conclure sous peine d'irrecevabilité. Il existe cependant des exceptions : l'article 445 du Code de procédure civile permet de prendre en compte les notes en délibéré pour répondre aux arguments développés par le ministère public dans ses conclusions et lorsque le président invite les parties à le faire pour apporter des explications qu'il juge nécessaires.

Est-il possible d'utiliser ce dispositif lorsque les organes de la procédure collective préviennent le Conseil des prud'hommes après la clôture des débats de l'existence d'une telle procédure ? La Cour de cassation a estimé que le juge pouvait écarter cette note en délibéré, même s'il s'agissait de mettre en cause les organes de la procédure collective selon des textes d'ordre public [4]. Il n'existe donc aucune obligation de rouvrir les débats. L'instance n'est alors plus en cours.

En revanche, si l'affaire est pendante devant la Cour d'appel, elle est toujours considérée comme étant en cours [5]. *Quid* de l'intervention d'un jugement d'ouverture pendant le délai pour interjeter appel, délai d'un mois en principe ? L'article 531 du Code de procédure civile, modifié par un décret du 6 mai 2017 applicable à compter du 1er septembre 2017, indique que « Ce délai (pour faire appel) est également interrompu par l'effet du jugement qui prononce la sauvegarde, le redressement judiciaire ou la liquidation judiciaire dans les causes ou il emporte assistance ou dessaisissement du débiteur. »

Ce texte a-t-il vocation à s'appliquer à la matière prud'homale ? Faute de texte dérogatoire dans le Code de commerce, on peut répondre par l'affirmatif, l'instance n'étant plus en cours et rien n'oblige les parties à interjeter appel. Un nouveau délai d'un mois court à compter de la notification du jugement aux organes de la procédure.

1. Soc. 25 sept. 2013, n° 12-13.965, P ; *D.* 2014. 64.
2. C. trav., art. L. 1454-1-2.
3. C. trav., art. R. 1454-19-3.
4. Soc. 17 avr. 2019, n° 17-28.567, NP ; *Act. proc. coll.* 2019, 152, comm. L. Fin-Langer.
5. Com. 8 avr. 2015, n° 14-10.172 ; *Bull. civ.* V, n° 64.

§ 3 Conséquences de l'absence d'interruption des instances prud'homales en cours

811.51 Effets de l'absence d'interruption des instances prud'homales en cours. Faute de reprise, la juridiction prud'homale n'a pas à vérifier les conditions de la reprise [6].

L'article L. 625-3 [7] du Code de commerce ne précise pas la portée de la poursuite de l'instance. Comme en matière de reprise des instances en cours par application de l'article L. 622-22 [8], la poursuite de l'instance ne pourra pas conduire à la condamnation de l'employeur au paiement [9], ou à celle de l'employeur, de son liquidateur et de l'AGS [10].

La solution est également posée en cas demande de remboursement formée par l'AGS contre l'employeur, alors qu'elle avait indemnisé le salarié, dont le licenciement pour faute grave avant le jugement d'ouverture avait été ensuite contesté. L'AGS ne pouvait que faire fixer sa créance au passif [11].

Cela a également pour conséquence, faute d'aménagement spécifique, de maintenir tous les délais de procédure, notamment en appel. Les délais prévus par un décret du 6 mai 2017 [12] continuent de s'appliquer. Ainsi, il est nécessaire de respecter les délais pour constituer un avocat, pour déposer ses conclusions, les sanctions s'appliquant de manière automatique. L'ouverture de la procédure collective n'a aucune incidence sur ces délais de procédure applicables à la procédure prud'homale en cours.

6. Soc. 5 janv. 2022, n° 19-25.873.
7. C. com., art. L. 625-3, réd. L. n° 2005-845, 26 juill. 2005 – art. L. 621-126, réd. antérieure à L. n° 2005-845, 26 juill. 2005 – Anc^{t}. L. n° 85-98, 25 janv. 1985, art. 124.
8. C. com., art. L. 622-22, réd. L. n° 2005-845, 26 juill. 2005 – art. L. 621-41, réd. antérieure à L. n° 2005-845, 26 juill. 2005.
9. Soc. 6 juin. 1989, n° 87-45.172, P V, n° 424 – Soc. 27 oct. 1998, n° 95-44.146, P V, n° 454 ; *D.* 2001. Somm. 114, obs. F. Derrida – Soc. 6 févr. 2002, n° 98-45.354, NP ; *Act. proc. coll.* 2002/7, n° 86 – Soc. 12 févr. 2003, n° 99-42.985, P V, n° 50 ; *Act. proc. coll.* 2003/8, n° 99 – Soc. 26 mars 2003, n° 01-41.503, NP ; *Act. proc. coll.* 2003/11, n° 147 – Soc. 16 févr 2005, n° 02-43.094, NP – Soc. 16 déc. 2008, n° 07-44.310, NP ; *Gaz. proc. coll.* 2009/2, p. 39, n° 6, note Ph. Duprat – Soc. 4 juill. 2012, n° 11-12.573, NP – Soc. 3 déc. 2014, n° 13-24.379, NP ; – Soc. 14 juin 2017, n° 15-26.954, NP – Soc. 30 nov. 2017, n° 16-12.521, NP.
10. Soc. 5 janv. 2005, n° 02-43.726, NP.
11. Soc. 18 nov. 2009, n° 08-41.512, P V, n° 255 ; *Act. proc. coll.* 2010/3, n° 40.
12. Décr. n° 2017-891, 6 mai 2017 relatif aux exceptions d'incompétence et à l'appel en matière civile à la procédure d'appel, *JO* 10 mai, p. 113.

CHAPITRE

812. Conséquences de l'ouverture de la procédure collective sur les instances prud'homales en cours

SECTION 0 ORIENTEUR

812.00 **Sommaire du chapitre.**

Sect. 1 Conditions de la poursuite régulière de l'instance prud'homale en cours 812.11 à 812.32

§ 1 Information du Conseil des prud'hommes de l'existence d'une procédure collective en cours 812.11

§ 2 Mise en cause des organes de la procédure 812.21 à 812.25

§ 3 Mise en cause de l'AGS 812.31 à 812.32

Sect. 2 Effets de la décision prud'homale rendue 812.41 à 812.52

§ 1 Absence de condamnation au paiement 812.41 à 812.42

§ 2 Exécution de la décision prud'homale 812.51 à 812.52

812.01 **Textes applicables.**

• **C. com.**

art. L. 622-22 [Interruption des instances en cours]

art. L. 622-23 [Conditions de la reprise des instances en cours]

art. L. 625-1 [Contentieux des relevés des créances salariales]

art. L. 625-3 [Poursuite des instances prud'homales en cours]

art. L. 625-4 [Contentieux du refus de l'AGS de prendre en charge les créances salariales]

art. L. 625-5 [Dispense de conciliation préalable]

art. L. 625-6 [Inscription des décisions prud'homales sur les relevés des créances]

art. L. 631-18 [Application par renvoi au redressement judiciaire des textes relatifs à la sauvegarde]

art. L. 641-14 [Application par renvoi à la liquidation judiciaire des textes relatifs à la sauvegarde]

art. R. 625-5 [Information par le débiteur des instances prud'homales en cours]

art. R. 631-32 [Information par le mandataire de l'AGS des instances prud'homales en cours]

• **C. trav.**

art. L. 1411-1 s. [Compétence matérielle du Conseil des prud'hommes]

art. L. 1454-1-1 [Orientation par le BCO]

art. L. 1454-1-2 [Ordonnance de clôture des débats]

art. L. 625-5 [Dispense de conciliation préalable]

art. L. 625-6 [Inscription des décisions prud'homales sur les relevés des créances]

art. R. 1412-1 [Compétence territoriale du Conseil des prud'hommes]

art. R. 1453-2 [Liste des personnes pouvant assister ou représenter les parties devant le Conseil des prud'hommes]

art. R. 1453-3 [Oralité de la procédure prud'homale]

art. R. 1453-6 [Unicité d'instance]

art. R. 1454-14 [Liste des pouvoirs juridictionnels du BCO]

• **C. pr. civ.**

art. 53 [Naissance de l'instance]

art. 70 [Recevabilité des demandes nouvelles en première instance]

art. 369 [Interruption d'instance suite à un jugement d'ouverture]

art. 372 [Sanction du non-respect de l'interruption d'instance]

art. 481 [Dessaisissement du juge]

art. 531 [Interruption des délais pour faire appel en cas de jugement d'ouverture]

art. 564 s. [Recevabilité des demandes nouvelles en appel]

812.02 **Jurisprudence de référence.**

> À défaut d'information du Conseil des prud'hommes et du salarié, de la part du représentant des créanciers ou du liquidateur, sur l'intervention du jugement d'ouverture, l'instance prud'homale se poursuit valablement et la décision rendue sera opposable au représentant des créanciers ou au liquidateur et à l'AGS

• **Soc. 17 sept. 2003,** n° 01-41.255, P V, n° 234

* V. s[s] n° 812.11

> La juridiction, informée de l'ouverture de la procédure collective, est tenue d'appliquer les dispositions d'ordre public (à savoir la mise en cause des organes de la procédure) et de convoquer les organes de la procédure ainsi que l'AGS selon les modalités prévues aux articles R. 1454-19 du Code du travail ou 937 du Code de procédure civile, afin de les mettre en cause dans l'instance prud'homale en cours

• **Soc. 9 mars 2011,** n° 09-67.312, P V, n° 71

* V. s[s] n° 812.23

> La poursuite de l'instance prud'homale en cours au jour du jugement d'ouverture ne pourra pas conduire à la condamnation de l'employeur au paiement

• **Soc. 6 juin. 1989,** n° 87-45.172, P V, n° 424

* V. s[s] n° 812.41

812.03 **Bibliographie indicative.**

> Encyclopédie. *J.-Cl. Procédures collectives*, fasc. 2430 : Sauvegarde, redressement et liquidation judiciaires – Situation des salariés, par N. Vignal, 2021, mis à jour août 2022, n°s 46 s.

> Contributions. L. Fin-Langer, « Le juge et les salariés d'une entreprise en difficulté », *Mélanges en l'honneur de Jean-Luc Vallens*, éd. Joly, 2017, p. 45 – A. Margraff, « Le juge face à la procédure collective de l'une des parties : l'instance prud'homale », *Le juge face à la procédure collective de l'une des parties, Les incidences procédurales de l'ouverture d'une procédure collective sur l'instance civile, prud'homale ou pénale*, « Colloques », Ceprisca, 2017, p. 69 – B. Veyssière, « L'instance prud'homale et la garantie AGS », *Le juge face à la procédure collective de l'une des parties, Les incidences procédurales de l'ouverture d'une procédure collective sur l'instance civile, prud'homale ou pénale*, « Colloques », Ceprisca, 2017, p. 91.

> Articles. A. Arseguel, « Aspects généraux du contentieux prud'homal relatif aux créances salariales depuis la loi du 25 janvier 1985 », *DS* 1987. 807 – O. Dell'Asino, « Le redressement judiciaire et la procédure prud'homale », *Gaz. Pal.* 1986. II. doct. 590 – O. Dell'Asino, « La compétence matérielle du Conseil des prud'hommes dans le contentieux de la vérification des créances salariales », *JCP S* 2017, n° 1018 – D. Bondat, « De l'utilité de la tierce opposition pour l'AGS », *Dr. soc.* 2020. 177 – L. Fin-Langer, « Le particularisme des instances prud'homales dans les procédures collectives », *RPC* 2012, dossier 5, p. 56 – V. Ilieva, « De l'autorité de la chose jugée au commercial sur le social ; À propos du contrôle juridictionnel des licenciements pour motif économique dans l'entreprise en difficulté », *RDT* 2019. 618 – P. Lafarge et Th. Météyé, « L'AGS et le contentieux prud'homal dans la procédure de redressement judiciaire des entreprises », *Gaz. Pal.* 1987. I. 391 – N. Maggi-Germain, « La dualité contentieux tribunal de commerce – Conseil des prud'hommes dans le règlement des défaillances d'entreprise », *LPA* 12 août 1998, p. 8 – F. Taquet, « Les nouvelles règles relatives à l'opposabilité des décisions de justice à l'AGS », *RPC* 2001, p. 244.

812.04 **Question principale.**

> Quelles sont les conséquences procédurales de l'ouverture d'une procédure collective sur les instances prud'homales en cours au jour du jugement d'ouverture ?

* V. s[s] n° 812.11

SECTION 1
CONDITIONS DE LA POURSUITE RÉGULIÈRE DE L'INSTANCE PRUD'HOMALE EN COURS

§ 1
Information du Conseil des prud'hommes de l'existence d'une procédure collective en cours

812.11 **Information du salarié partie à l'instance et du Conseil des prud'hommes.** Le débiteur doit donner toutes les informations utiles au mandataire et à l'administrateur sur l'existence de ces instances en cours[1].

Le débiteur en sauvegarde[2], le mandataire judiciaire en redressement[3] et le liquidateur en liquidation judiciaire[4], devra informer la juridiction saisie de l'instance et les salariés qui y sont parties de l'intervention du jugement d'ouverture, dans les dix jours du jugement[5].

Pour cela, l'article 81, alinéa 1, du décret du 27 décembre 1985[6] prévoyait l'obligation à la charge de l'administrateur et du débiteur d'une communication au représentant des créanciers des informations utiles sur les instances prud'homales en cours au jour du jugement d'ouverture.

Sous l'empire de la loi de sauvegarde des entreprises, la solution est reprise en redressement judiciaire par l'article R. 631-32 du Code de commerce[7]. L'article R. 625-5 du Code de commerce[8] prévoit égale-

1. C. com., art. R. 625-5.
2. C. com., art. R. 625-5.
3. C. com., art. R. 631-32.
4. C. com., art. R. 641-34.
5. C. com., art. L. 625-3 – IFPPC 1999, recomm. n°s 1140-1, 6017-1, p. 40, 144. Il s'agit d'une obligation ancienne qui était déjà prévue par l'article 124 de la loi du 25 janvier 1985 et confortée par la Cour de cassation (Soc. 13 juill. 1999, n° 97-43.014 ; *Act. proc. coll.* 1999, n° 188).
6. Décr. n° 85-1388, 27 déc. 1985, préc.
7. Anc[t]. Décr. n° 2005-1677, 28 déc. 2005, art. 200.
8. Anc[t]. Décr. n° 2005-1677, 28 déc. 2005, art. 123.

ment, dans la procédure de sauvegarde, cette obligation d'information à la charge du débiteur. En liquidation judiciaire, cette même obligation incombe au liquidateur[1].

Quelle est la conséquence de ce défaut d'information ? Les textes sont restés silencieux sur cette hypothèse.

Dans un premier temps, la Cour de cassation a considéré que la procédure collective était inopposable aux salariés voir que l'arrêt rendu était dépourvu d'effet[2]. Cette solution leur était préjudiciable puisqu'ils ne pouvaient pas se prévaloir de la garantie AGS.

Désormais, à défaut d'information du Conseil des prud'hommes et du salarié, de la part du représentant des créanciers - mandataire judiciaire - ou du liquidateur, sur l'intervention du jugement d'ouverture, l'instance prud'homale se poursuit valablement et la décision rendue sera opposable à ces organes et à l'AGS[3].

Par ailleurs, faute d'avoir été informée, la juridiction prud'homale pourra valablement prononcer un jugement de condamnation au paiement[4].

§ 2
Mise en cause des organes de la procédure

812.21 Mise en cause du représentant des créanciers, du mandataire judiciaire ou du commissaire à l'exécution du plan. La poursuite de l'instance prud'homale en cours suppose que le représentant des créanciers - mandataire judiciaire - soit mis en cause[5]. Il s'agit d'une condition de régularité de la poursuite de l'instance.

La jurisprudence a évolué sur la question de savoir ce qu'il advient si la décision n'est pas intervenue au jour de l'arrêté du plan de sauvegarde ou de redressement et sur la mise en cause du commissaire à l'exécution du plan.

Dans une première phase, il a été jugé qu'il y avait lieu de mettre en cause le commissaire à l'exécution du plan, qui continuait l'action, aux lieu et place du représentant des créanciers - mandataire judiciaire -, mais aussi de l'administrateur judiciaire, conformément aux dispositions de l'article L. 621-68[6], alinéa 2, du Code de commerce[7], devenu l'article L. 626-25, alinéa 2, depuis la loi de sauvegarde des entreprises du 26 juillet 2005, disposition de la procédure de sauvegarde applicable également en redressement judiciaire[8].

La solution a ensuite été abandonnée. Saisie pour avis par la Chambre sociale de la Cour de cassation, la Chambre commerciale a énoncé que les dispositions de l'article L. 626-25, alinéa 3, du Code de commerce, suivant lesquelles les actions introduites avant le jugement qui arrête le plan et auxquelles l'administrateur ou le mandataire judiciaire est partie sont poursuivies par le commissaire à l'exécution du plan, ne concernent pas les instances qui étaient en cours à la date du jugement d'ouverture du redressement judiciaire. Il en résulte qu'après le jugement arrêtant le plan de redressement, l'action en paiement engagée contre le débiteur avant le jugement d'ouverture est poursuivie contre ce dernier redevenu maître de ses biens, le commissaire à l'exécution du plan n'ayant pas qualité pour poursuivre l'instance[9]. La Chambre sociale a suivi l'avis demandé et a estimé que le commissaire à l'exécution du plan n'avait pas qualité pour poursuivre l'instance engagée avant le jugement ouvrant la procédure collective. Elle prévoit cependant une exception, non retenue en l'espèce, à savoir le caractère indivisible du litige[10]. Par une interprétation *a contrario*, il sera nécessaire de le mettre en cause pour les instances ouvertes après le jugement d'ouverture.

La Cour de cassation a également indiqué qu'il fallait aussi mettre dans la cause le mandataire judi-

1. C. com., art. R. 641-34 – Anc[t]. Décr. n° 2005-1677, 28 déc. 2005, art. 245.
2. Soc. 13 juill. 1999, n° 97-43.014, NP ; *Act. proc. coll.* 1999, n° 188 – Soc. 29 févr. 2000, n° 97-45.669 ; *D.* 2000. IR 100 ; *Dr. soc.* 2000. 562, note C. Radé – Soc. 21 mars 2002, n° 00-40.270, NP ; *Act. proc. coll.* 2002, n° 124.
3. Soc. 21 mars 2002, n° 00-40.270, NP ; *Act. proc. coll.* 2002/10, n° 124 – Soc. 17 sept. 2003, n° 01-43.029, P V, n° 235 – Soc. 17 sept. 2003, n° 01-41.255, P V, n° 234 ; *Act. proc. coll.* 2003/16, n° 210, note G. Blanc ; *JCP E* 2004, Chron 473, p. 517, n° 6, obs. P. Morvan – Soc. 7 juill. 2004, n°s 02-47.653, 02-47.654, P V, n° 201 – Soc. 24 nov. 2004, n° 02-45.126, P V, n° 300 ; *RTD com.* 2005. 174, n° 9, obs. J. L. Vallens – Soc. 23 févr. 2005, n° 02-41.205, NP – Soc. 12 avr. 2005, n° 03-40.573, P V, n° 132 – Paris, 3e ch. A, 2 mars 2004, RG n° 2002/18513 – Soc. 28 févr. 2018, n° 15-24.856, FS-P+B ; *JCP S* 2018, n° 1128, note L. Fin-Langer ; *Leden* mai 2018, p. 7, obs. H. de Frémont.
4. Soc. 28 févr. 2018, n° 15-24.856, FS-P+B ; *JCP S* 2018, n° 1128, note L. Fin-Langer ; *Leden* mai 2018, p. 7, obs. H. de Frémont.
5. Soc. 14 mai 2003, n° 01-40.110, P V, n° 166 – Soc. 1er juill. 2015, n° 14-12.980, NP ; *Leden* 2015, comm. 123, note G. Dedessus-Le Moustier.
6. Anc[t]. L. n° 85-98, 25 janv. 1985, art. 67.
7. Soc. 30 sept. 1997, n° 94-44.943, P V, n° 297 – Soc. 29 mai 2002, n° 00-42.770, NP ; *Act. proc. coll.* 2002/16, n° 211 – Soc. 20 juin 2002, n° 00-45.094, NP ; *Act. proc. coll.* 2002/15, n° 192.
8. C. com., art. L. 631-19, I.
9. Com. 25 sept. 2019, n° 17-25.744, NP.
10. Soc. 22 janv. 2020, n° 17-25.744, F-P+B ; *Act. proc. coll.* 2020/4, comm. 95, note L. Fin-Langer ; *Leden* 3/2020, p. 2, note G. Dedessus-Le-Moustier ; *RPC* mai 2020, comm. 58, obs. D. Jacotot ; *JCP S* 2020, n° 1051, note S. Brissy ; *JCP* 2020, n° 159, note G. Dedessus-Le-Moustier ; *D.* 2020. Actu. 213 ; *RTD com.* 2020. 486, obs. H. Poujade ; *DP diff. entr., Bull.* n° 423, obs. L. C. Henry.

ciaire malgré l'adoption du plan de redressement, si sa mission de vérification et d'établissement définitif du passif n'est pas terminée. Une Cour d'appel ne peut se contenter d'exclure cette mise en cause au motif que le plan a été adopté. La solution rendue pour le plan de redressement vaut évidemment pour le plan de sauvegarde[1].

Que devient l'instance si la décision n'est pas intervenue au jour de la clôture de la liquidation judiciaire ? Une Cour d'appel a cru devoir juger qu'il n'existe plus d'état des créances et que la demande de fixation de créance au passif de la liquidation judiciaire du débiteur est irrecevable[2].

Cette solution ne nous semble pas pouvoir être suivie. L'instance ne prend pas fin. Comme le juge la Chambre sociale de la Cour de cassation, elle peut se poursuivre avec désignation d'un mandataire *ad hoc* chargé de représenter la société débitrice, la Cour d'appel devant inviter la partie qui y a intérêt à faire procéder à cette désignation[3].

Si la décision, qui fait suite à une véritable instance prud'homale en cours, intervient sans que la mise en cause n'ait été effectuée, elle pourra être tenue pour non avenue, ce qui obligera le salarié à saisir le Conseil des prud'hommes s'il ne figure pas sur le relevé des créances salariales[4]. Mais la solution ne vaudra que pour autant que le mandataire judiciaire aura informé de l'ouverture de la procédure de la procédure collective, dans les dix jours de son intervention, les salariés et la juridiction saisie. S'il ne procède pas à cette information, il ne pourra valablement se prévaloir d'une inopposabilité de la décision rendue[5].

812.22 Mise en cause des organes de représentation ou d'assistance du débiteur. L'article L. 625-3 du Code de commerce prévoit la mise en cause du mandataire judiciaire et de l'administrateur lorsqu'il a une mission d'assistance. La mise en cause de l'administrateur dépend ainsi des fonctions qui lui seront attribuées dans le jugement d'ouverture et du type de procédure collective. Ces mises en cause obligatoires constituent une condition de régularité de l'instance, qui ne peut plus être dirigée contre le débiteur.

En sauvegarde, l'administrateur n'est plus mis en cause en cas de simple mission de surveillance. La solution résulte clairement de l'article L. 625-3, alinéa 1, dans la rédaction que lui a donnée l'ordonnance du 18 décembre 2008. Il ne l'est qu'en cas de mission d'assistance.

Il s'agira en redressement judiciaire de l'administrateur ayant reçu mission d'assistance. *A fortiori*, il en sera de même en cas de mission de représentation[6].

En liquidation judiciaire, il sera nécessaire de mettre en cause le liquidateur, du fait du dessaisissement atteignant le débiteur. Si un administrateur judiciaire est en fonction, en liquidation judiciaire, il devait également, sous l'empire de la loi de sauvegarde des entreprises[7], dans sa rédaction d'origine, être mis en cause[8]. La solution a été modifiée par l'ordonnance du 18 décembre 2008[9]. Le nouvel article L. 641-14, alinéa 3, du Code de commerce supprime cette obligation. Désormais et en raison de la règle du dessaisissement, « le liquidateur judiciaire exerçant pendant toute la durée de la liquidation judiciaire les droits et actions du débiteur relatifs à son patrimoine par suite du dessaisissement de ce dernier de l'administration et de la disposition de ses biens, ce mandataire de justice a qualité pour défendre seul à l'action engagée par d'anciens salariés pour contester leurs licenciements »[10]. En cas de liquidation judiciaire, le débiteur n'a plus qualité pour défendre. Tous les actes de procédure doivent donc être faits par le liquidateur qui a seul qualité[11]. S'il ne réalise pas les diligences nécessaires, l'affaire sera alors radiée[12].

812.23 Modalités procédurales de mise en cause des organes. La mise en cause des organes de la procédure se fait par une citation selon les règles applicables à la juridiction. Devant le Conseil des prud'hommes, la citation se fait par la convocation du greffe[13]. Dans un arrêt rendu le 9 mars 2011, la Cour de cassation a donc précisé « que la juridiction, informée de l'ouverture de la procédure collective, est tenue d'appliquer les dispositions d'ordre public (à savoir la mise en cause des organes de la procédure) et de convoquer les organes de la procédure »[14]. Le salarié

1. Soc. 2 oct. 2024, n° 23-11.582, FS-B ; *Act. proc. coll.* 2025, comm. 32, note L. Fin-Langer ; *D. actu.* 10 oct. 2024, obs. L. Malfettes ; *JCP S* 2024, n° 1355, note Th. Lahalle ; *RPC* févr. 2025, comm. 53, obs. K. Lafaurie.
2. Versailles, 7 déc. 2016, 19e ch., RG n° 15/01494.
3. Soc. 14 déc. 2017, n° 16-21.026, NP.
4. Soc. 16 déc. 1998, n° 96-43.794, P V, n° 568 ; *D.* 2001. Somm. 115, obs. F. Derrida – Soc. 29 févr. 2000, n° 97-45.669, P V, n° 80 ; *D.* 2001. Somm. 115, obs. F. Derrida ; *Dr. soc.* 2000. 562, note C. Radé – Sur le relevé des créances salariales, v. ss nos 612.21 s.
5. Soc. 17 sept. 2003, n° 01-43.029, P+B.
6. Soc. 3 févr. 2021, n° 19-14.498, NP.
7. L. n° 2005-845, 26 juill. 2005, préc.
8. C. com., art. L. 641-14, al. 3.
9. Ord. n° 2008-1345, 18 déc. 2008 portant réforme du droit des entreprises en difficulté, *JO* 19 déc., p. 19462.
10. Soc. 28 sept. 2010, n° 09-41.243, NP ; *RJS* 12/10, n° 897 ; *JCP S* 2010, n° 1518, note S. Brissy.
11. Soc. 10 nov. 2009, n° 08-40.926, NP ; *RPC* 2010, comm. 84, obs. G. Berthelot.
12. Soc. 28 sept. 2010, n° 08-45.325, NP.
13. C. trav., art. R. 1452-4 et R. 1452-5.
14. Soc. 9 mars 2011, n° 09-67.312, FS-P+B+R+I ; *JCP S* 2011, n° 1251, note L. Fin-Langer ; *RDT* 2011. 376, note G. Dedessus-Le Moustier ; *JCP E* 2011, n° 1596, n° 3, note Ph. Pétel ; *RJDA* 2011, n° 642 ; *BJE* 2011. 281, note C. Neau-Leduc.

n'a même à formuler la demande, qui serait à première vue recevable en application de l'article 70 du Code de procédure civile[1]. Elle facilite les démarches du salarié, d'autant que la représentation n'est pas obligatoire en première instance et lui permet de préserver ses droits sans frais. Elle suppose cependant qu'elle soit informée de l'existence de la procédure collective.

Dans la décision rendue le 9 mars 2011, la solution valait aussi devant la Cour d'appel. À l'époque, la procédure était celle d'une procédure orale sans représentation obligatoire. Depuis l'entrée en vigueur du décret du 20 mars 2016, la représentation est désormais obligatoire en appel[2]. La solution rendue en 2011 a donc vocation à changer. En vertu des articles 68 et 551 du Code de procédure civile, l'intervention forcée en appel se fait par voie d'assignation. Le salarié doit donc *a priori* formuler cette demande nouvelle qui devrait être recevable sur le fondement des articles 554 et 555 du Code de procédure civile. La personne ne doit avoir été ni partie ni représentée et son intervention est justifiée par l'évolution du litige, à savoir l'ouverture d'une procédure collective, survenance d'un fait nouveau. Par ailleurs, l'intervenant a trois mois pour conclure à compter de la date à laquelle la demande a été notifiée[3]. La réforme de l'appel en matière prud'homale devrait conduire à faire évoluer cette solution rendue en 2011.

Faut-il rouvrir les débats lorsque la procédure collective est ouverte après leur clôture pour permettre cette mise en cause ? La réponse est négative pour la Cour de cassation[4]. Le Conseil des prud'hommes n'aura donc pas à tenir compte d'une note en délibéré. Par conséquent, l'employeur pourra être condamné au paiement, comme cela est le cas du débiteur assigné en paiement par un créancier, lorsque les débats ont eu lieu avant l'ouverture de la procédure collective. Mais la règle de l'arrêt des voies d'exécution interdira l'exécution de la condamnation. Le Conseil des prud'hommes, informé de la procédure collective, peut-il alors se contenter de fixer la créance au passif salarial ? Par ailleurs, le président de la juridiction peut-il rouvrir les débats sur le fondement de l'article 444 du Code de procédure civile ?

812.24 Conséquences de la mise en cause des organes. Dès lors que les organes de la procédure collective sont mis en cause, ils deviennent partie au litige. Il s'agit d'une intervention aux fins de jugement commun. La décision aura alors autorité de la chose jugée à leur égard. Ils pourront exercer les voies de recours.

Par ailleurs, la décision rendue sera prise en compte dans la procédure collective, le montant de la condamnation étant porté sur l'état des créances[5]. Un arrêt du 7 février 2018 a également précisé que dès lors que cette mise en cause a été réalisée, la décision fixant la créance salariale sur l'état des créances a autorité de la chose jugée y compris à l'égard de l'employeur, même s'il n'a pas été régulièrement mis dans la cause[6].

812.25 Conséquences de l'absence de mise en cause des organes. Se pose la question des conséquences à défaut de mise en cause des organes de la procédure, les textes étant silencieux.

Dans un premier temps, la Cour de cassation a considéré la décision comme non avenue, car cette mise en cause est une condition de régularité de la procédure en se fondant sur l'article 372 du Code de procédure civile[7]. Cette solution n'est cependant pas très favorable aux salariés.

La Cour de cassation a ensuite opéré un revirement de jurisprudence : elle considère que malgré l'absence de mise en cause, la décision reste opposable au mandataire, puisque c'était à lui de prévenir le Conseil des prud'hommes et les salariés de l'existence de la procédure collective[8]. Par ailleurs, la juridiction peut alors condamner au paiement[9].

Par ailleurs, en application de l'article L. 3253-15 du Code du travail, elle est de plein droit opposable à l'AGS dès lors qu'elle est exécutoire. L'AGS devra alors la prendre en compte pour déterminer sa prise en charge.

§ 3 Mise en cause de l'AGS

812.31 Assignation en intervention forcée de l'AGS. Le mandataire judiciaire et, en cas de carence de sa part, le créancier salarial devra assigner, dans

1. Sur la recevabilité des demandes nouvelles devant le Conseil des prud'hommes, v. s^s^ n° 811.22.
2. C. pr. civ., art. 901 – Sur la représentation des parties en matière prud'homale, v. s^s^ n° 811.21.
3. C. proc. civ., art. 910.
4. Soc. 17 avr. 2019, n° 17-28.566, NP ; *Act. proc. coll. 2019/11*, comm. 152, note L. Fin-Langer – Soc. 17 avr. 2019, n° 17-28.567, NP ; *Act. proc. coll. 2019/11*, comm. 152, note L. Fin-Langer.
5. Sur l'absence de condamnation au paiement, v. s^s^ n° 812.41.
6. Soc. 7 févr. 2018, n° 16-13.732, P ; *Act. proc. coll.* 2018. 71, obs. P. Cagnoli ; *Gaz. Pal.* 17 avr. 2018, p. 83, obs. L. Cheikh-Vecchioni ; *Leden* avr. 2018, p. 7, obs. H. de Frémont ; *JCP S* 2018, n° 1128, note L. Fin-Langer.
7. Soc. 29 févr. 2000, n° 97-45.669, P ; *DS* 2000, p. 562.
8. Soc. 17 sept. 2003, n° 01-41.255, P ; *Act. proc. coll.* 2003-16, n° 210, obs. G. Blanc – Soc. 24 nov. 2004, n° 02-45.126, P ; *RTD com.* 2005. 174, note J. L. Vallens – Soc. 12 avr. 2005, n° 03-40.573, P ; *CSBP* 1er juill. 2005, n° 172, p. 331.
9. Soc. 28 févr. 2018, n° 15-24.856 ; *Leden* mai 2018, p. 7, obs. H. de Frémont ; *Act. proc. coll.* 2018, n° 99, *JCP S* 208, n° 1128, note L. Fin-Langer.

les dix jours d'ouverture du redressement ou de conversion de la sauvegarde en redressement, en intervention forcée l'AGS afin que la décision à intervenir lui soit opposable. L'article L. 631-18 du Code de commerce attribue donc un rôle précis.

En liquidation judiciaire, l'article L. 641-14 confie cette mission au liquidateur et à défaut aux salariés d'assigner l'AGS également dans les dix jours qui suivent le jugement de liquidation.

Pourtant, la Cour de cassation a admis qu'à défaut, il revenait au greffe du Conseil des prud'hommes ou de la Cour d'appel de mettre en cause l'AGS. Cela évitera une éventuelle tierce-opposition de sa part et donc un allongement des délais[1]. En revanche, un syndicat ne peut mettre en cause l'AGS[2]. La réforme de la procédure d'appel dans les instances prud'homales devrait modifier cette solution, comme pour la mise en cause des organes[3].

Sous l'empire de législation antérieure à la loi de sauvegarde des entreprises, l'article 81, alinéa 2, du décret du 27 décembre 1985[4] prévoyait depuis le décret du 21 octobre 1994[5], que le représentant des créanciers devait communiquer à l'AGS toutes informations sur l'objet et les circonstances du litige, ainsi que tout justificatif. Cette obligation ne fait que préciser et mettre en œuvre le respect du contradictoire.

La loi du 26 juillet 2005[6] a conservé le système antérieur. Pour les procédures de redressement et de liquidation judiciaires, les solutions posées par l'article 81, alinéa 2, du décret du 27 décembre 1985 sont reprises par l'article R. 631-33 du Code de commerce[7], pour la procédure de redressement judiciaire, par l'article R. 641-34 du Code de commerce[8], pour la procédure de liquidation judiciaire.

Avant la loi de sauvegarde, la décision obtenue par le salarié devait être communiquée en expédition, par ses soins, au greffier du tribunal (D. 27 déc. 1985, art. 85), qui la portait sur l'état des créances[9], ce qui avait des conséquences sur l'exercice des voies de recours à son encontre de la part des tiers. La loi du 26 juillet 2005[10] a conservé ce système antérieur, l'article L. 621-129 du Code de commerce étant devenu l'article L. 625-6.

Cependant, la loi de sauvegarde du 26 juillet 2005 n'a pas étendu le dispositif à la procédure de sauvegarde. La commission des lois du Sénat a en effet estimé qu'« il ne serait pas justifié de faire supporter à l'AGS les condamnations auxquelles le débiteur pourrait s'exposer à raison des litiges relatifs au contrat de travail en cours au jour du jugement d'ouverture. Ainsi serait évité tout effet d'aubaine à l'égard de débiteurs dont le seul but serait de mutualiser les coûts résultant de ces litiges alors même que leur trésorerie peut les prendre en charge »[11]. L'assignation en intervention forcée de l'AGS ne s'impose donc pas pour la poursuite des instances prud'homales en cours en cas d'ouverture d'une procédure de sauvegarde[12].

Si l'AGS est assignée, elle doit être mise hors de cause, dès lors qu'elle n'a pas, en sauvegarde, à avancer les créances antérieures[13]. Ne peut être réservée, dans une telle instance, l'hypothèse d'une défaillance postérieure de l'entreprise, dont les conséquences auraient à être prises en charge par l'AGS[14]. La mise en cause de l'AGS lui aurait permis de faire valoir ses droits lors de l'instance en cours et de contester son éventuel appel en garantie. À défaut de mise en cause, la décision produira ses effets. Elle pourra cependant former une tierce-opposition contre elle, pour préserver ses intérêts[15].

La mise en cause de l'AGS suppose cependant de respecter le principe du contradictoire, le salarié devant communiquer ses conclusions à l'avocat de l'AGS[16].

812.32 Transaction avec l'AGS. Si le mandataire judiciaire ou le liquidateur, selon le cas, envisage avec le salarié une transaction, il prendra soin de faire systématiquement intervenir l'AGS, sauf à faire renoncer le salarié à la garantie due par cet organisme[17]. La transaction emportera ainsi, même à l'égard de l'AGS, autorité de chose jugée, exclusive de toute instance ultérieure dans laquelle l'AGS pourrait refuser sa garantie. La transaction devra respec-

1. Soc. 9 mars 2011, n° 09-67.312, FS-P+B+R+I ; *JCP S* 2011, n° 1251, note L. Fin-Langer ; *RDT* 2011. 376, note G. Dedessus-Le Moustier.
2. Soc. 31 oct. 2000, n° 98-45.752, NP ; *Act. proc. coll.* 2000/20, n° 261.
3. Sur les modalités pratiques de la mise en cause des organes, v. s^s n° 812.23.
4. Décr. n° 85-1388, 27 déc. 1985, *JO* 29 déc., p. 15281.
5. Décr. n° 94-910, 21 oct. 1994, *JO* 22 oct., p. 15019.
6. L. n° 2005-845, 26 juill. 2005, préc.
7. C. com., art. R. 631-33 – Anc^t. Décr. n° 2005-1677, 28 déc. 2005, *JO* 29 déc., p. 20324, art. 201.
8. C. com., art. R. 641-34 – Anc^t. D. 28 déc. 2005, art. 245.
9. C. com., art. L. 621-129 – Anc^t. L. 25 janv. 1985, art. 127.
10. L. n° 2005-845, 26 juill. 2005, préc.
11. Doc. parl., Sénat, Rapp. J.-J. Hyest, n° 335, p. 250.
12. Soc. 8 nov. 2011, n° 10-14.357, NP – Soc. 15 janv. 2015, n° 13-18.587, NP – Soc. 19 mai 2016, n°s 15-10.072 à 15-10.078, NP ; *RPC* sept. oct. 2016, comm. 147, p. 46, note L. Fin-Langer – Soc. 7 déc. 2017, n°s 16-17.898, 16-17.908, NP – Soc. 16 mai 2018, n° 17-10.590, NP – Soc. 7 juin 2018, n° 17-10.985, NP.
13. Soc. 9 avr. 2015, n° 13-27.185, NP – Soc. 12 juill. 2016, n° 15-14.362, NP ; *RPC* sept.-oct. 2016, comm. 147, p. 46, note L. Fin-Langer.
14. Soc. 12 juill. 2016, n° 15-14.362, NP.
15. D. Bondat, « De l'utilité de la tierce opposition de l'AGS », *Dr. soc.* 2020. 177.
16. Soc. 23 nov. 2022, n° 20-20.632 ; *Act. proc. coll.* 2022, n° 268.
17. Ifppc 1999, recomm. n°s 1140-5, 6017-5, p. 41, 145.

ter les règles en la matière. La transaction ne s'impose cependant que dans la mesure où elle doit faire les avances. L'intervention de l'AGS, dans la procédure de sauvegarde, ne s'imposera donc que si la transaction a pour objet des créances postérieures au jugement d'ouverture.

SECTION 2
EFFETS DE LA DÉCISION PRUD'HOMALE RENDUE

§ 1
Absence de condamnation au paiement

812.41 Inscription de la condamnation sur l'état des créances. L'action n'a pas pour objet la condamnation de l'employeur au paiement. Elle a seulement pour objet de fixer définitivement la créance au passif[1]. Il s'agit d'une jurisprudence constante[2].

Il est seulement exigé que l'instance soit en cours au jour du jugement d'ouverture. Aucune référence à une autorité de chose jugée n'est posée par les textes. Il semble en résulter que même les instances en cours devant la Cour de cassation peuvent être soumises au dispositif établi[3]. Deux raisons expliquent cette absence de condamnation.

Tout d'abord, les salariés sont soumis à l'arrêt des poursuites comme tous les créanciers antérieurs en vertu de l'article L. 622-21 du Code de commerce. Ils ne peuvent donc, par exemple, pratiquer une saisie-attribution pour obtenir le paiement de leurs créances antérieures[4]. Cette règle aurait cependant pu être remise en cause lors de la transposition de la directive 2019/1023 du 20 juin 2019, puisque son article 6.5 prévoit une exception à l'arrêt des poursuites pour « les salariés, si et dans la mesure où, ils veillent à ce que le paiement de ces créances soit garanti dans des cadres de restructuration à un niveau de protection[5] ». Le législateur français n'a cependant pas modifié l'article L. 622-21 dans ce sens, les salariés restant concernés par le principe de l'arrêt des poursuites.

Par ailleurs, l'article L. 625-6 du Code de commerce prévoit que « les décisions rendues par les juridictions prud'homales sont portées sur l'état des créances ». Ce texte ne semble pas faire de distinction entre les créances antérieures et celles postérieures au jugement d'ouverture.

Cette règle reste applicable après l'adoption d'un plan de sauvegarde, de redressement ou de cession. Dès lors qu'il s'agit de créances antérieures au jugement d'ouverture, la décision du Conseil des prud'hommes ou de la Cour d'appel intervenant après le plan ne peut que fixer au passif et ne peut condamner au paiement le débiteur[6].

Lorsque le salarié a introduit l'instance avant le jugement d'ouverture, il avait formulé une demande en paiement, qui devrait donc devenir irrecevable en raison de cette règle d'ordre public[7]. Pourtant, la Cour de cassation a rendu une solution très favorable aux salariés, puisqu'elle a admis que cette demande restait recevable et qu'il revenait au juge d'examiner cette demande afin de la fixer au passif. Il lui revient donc de modifier l'objet de la demande, si le salarié ne le fait pas[8]. Cette modification de la demande serait recevable sur le fondement de l'article 70 du Code de procédure civile devant le Conseil des prud'hommes ainsi qu'en appel sur le fondement de l'article 564, en raison de la survenance d'un évènement nouveau[9].

Saisie pour avis par la Chambre sociale de la Cour de cassation[10], la Chambre commerciale de la Cour de cassation a estimé que le mandataire judiciaire peut seul faire appel d'une décision condamnant le débiteur à payer une certaine somme, fût-ce à tort. Toutefois, il doit mettre en cause le débiteur devant

1. Soc. 30 nov. 2017, nº 16-12.521, NP – Soc. 21 nov. 2018, nº 17-27.091, NP ; *Act. proc. coll.* 2019, comm. 5.
2. Soc. 6 juin 1989, nº 87-45.172, P – Soc. 8 avr. 1992, nº 89-43.284, *Bull.* nº 252 ; *D.* 1992. IR 187 – Soc. 15 juin 1995, nº 93-44.602 ; *RPC* 1996, 121, obs. F. Taquet – Soc. 27 oct. 1998, nº 96-40.024 ; *D.* 2001, somm. 114, obs. F. Derrida – Soc. 8 févr. 2020, nº 18-11.172, NP ; *Leden* 01/04/2020, p. 5, obs. F. Joly – Soc. 13 mars 2024, nº 22-11.708, P ; *Act. proc. coll.* 2024, nº 128 ; *JCP S* 2024, nº 1152, note K. Pagani et Ph. Rozec – Soc. 10 juill. 2024, nº 22-12.315 ; *Act. proc. coll.* 2024, nº 178.
3. Grenoble, 19 janv. 1989 ; *D.* 1991. Somm. 109, obs. F. Derrida.
4. Com. 3 mai 2016, nº 14-24.855, P ; *D. actu.* 24 mai 2016, obs. X. Delpech ; *RTD com.* 2016. 552, note A. Martin-Serf ; *RPC* sept. 2016, comm. 150, L. Fin-Langer ; *Act. proc. coll.* 2016, com. 121, L. Fin-Langer ; *JCP E* 2016, nº 1387, note D. Ronet-Yague ; *JCP E* 2016, nº 1465, nº 12, obs. Ph. Pétel ; *Leden* 7/2016. 7, obs. G. Dedessus-Le-Moustier ; *BJE* 2016. 262, note L. Le Mesle ; *RJDA* 2016, nº 707 ; *Gaz. Pal.* 18 oct. 2016, D. Boustani.
5. *Act. proc. coll.* 2019, nº 197, obs. L. Fin-Langer.
6. Soc. 27 oct. 1998, nº 96-40.024, *D.* 1998. IR 259 ; *JCP E* 1999, nº 17, p. 774 – Soc. 10 mai 2006, nº 04-42.9076, P ; *D.* 2006. AJ 1529 ; *Gaz. Pal.* 6-7, oct. 2006, p. 24, obs. A. Lienhard – Soc. 30 nov. 2017, nº 16-12.521, NP ; *Act. proc. coll.* 2018, nº 9 – Soc. 16 déc. 2020, nº 19-12.967, NP ; *Act. proc. coll.* 2021, nº 48.
7. Étant une fin de non-recevoir d'ordre public, elle doit être relevée d'office sur le fondement de l'article 125 du C. pr. civ. : Com. 8 mars 2023, nº 21-20.738 ; *Act. proc. coll.* 2023, nº 105 ; *RTD com.* 2023. 736, obs. A. Martin-Serf.
8. Soc. 10 nov. 2021, nº 20-14.529, P ; *Act. proc. coll.* 2021, nº 278, obs. L. Fin-Langer ; *Leden* déc. 2021. 7, obs. F. Joly ; *RPC* janv. 2022, nº 11, obs. F. Taquet ; *RPC* mars 2022, nº 36, obs. D. Jacotot ; *JCP S* 2021, nº 1308, note L. Fin-Langer ; *D. actu.* 29 nov. 2021, obs. B. Ferrari ; *JCP E* 2022, nº 1163, nº 12, obs. A. Tehrani – Soc. 2 févr. 2022, nº 20-15.520, NP ; *Act. proc. coll.* 2022, nº 93.
9. Sur la recevabilité des demandes nouvelles, v. s[s] nº 811.22.
10. Soc. 18 déc. 2018, nº 17-17.606, NP ; nº 1862 F-D.

la Cour d'appel. À défaut son appel est irrecevable. En raison de l'indivisibilité entre le créancier, le débiteur et le mandataire judiciaire, au titre d'une instance en cours qui concerne le passif du débiteur, celui doit être intimé par l'appelant au moyen d'une déclaration d'appel. La solution s'impose même en liquidation judiciaire du débiteur, du fait de son droit propre de contester son passif salarial. L'article 552, alinéa 2, du Code de procédure civile précise que l'intimation peut avoir lieu après expiration du délai d'appel. En application de l'article 554 du même Code, la voie de l'intervention forcée du débiteur par l'appelant comme celle de l'intervention volontaire du débiteur n'est pas valide, cette voie étant réservée à la mise en cause de tiers [1].

La créance d'un salarié fixée au passif d'une société, qui n'était pas encore dissoute au jour des débats devant la formation de référé, est opposable de plein droit à la société absorbante, en raison de la fusion-absorption qui l'avait rendue ayant cause à titre universel de la société absorbée [2].

812.42 Absence de condamnation au paiement de l'AGS. L'action ne peut pas non plus avoir pour objet la condamnation de l'AGS. En effet, aucune n'est versée dans les mains des salariés, mais elles le sont dans celles du mandataire qui ensuite les reverse aux salariés concernés [3].

Il en est de même lorsque la décision prud'homale est rendue après la clôture de la liquidation judiciaire. Ces créances, qui restent prises en charge par l'AGS [4], seront inscrites par le greffier sur un relevé complémentaire transmis directement à l'AGS pour permettre cette garantie [5].

§ 2
Exécution de la décision prud'homale

812.51 Exécution possible. Dans un arrêt non publié et par une substitution de motifs, la Cour de cassation a affirmé que « l'exécution d'une décision est paralysée en cas d'ouverture d'une procédure collective, fût-elle assortie de l'exécution provisoire » [6]. Cette décision rendue dans le cadre d'un contentieux relatif à la révocation abusive d'un mandat d'administrateur, a vocation à s'appliquer aux instances prud'homales en raison de l'arrêt des poursuites visant à obtenir le paiement d'une somme d'argent. Mais, le salarié, en fonction de la nature de sa créance, pourra éventuellement se faire payer par le mandataire et, à défaut de fonds disponibles, obtenir l'avance de ces sommes par l'AGS, malgré l'absence de condamnation au paiement.

L'article L. 3253-15 du Code du travail prévoit que « Elles avancent également les sommes correspondant à des créances établies par décision de justice exécutoire, même si les délais de garantie sont expirés. Les décisions de justice sont de plein droit opposables à l'association prévue à l'article L. 3253-14. ». Le législateur le 17 juillet 2001 a modifié l'ancien critère qui prévoyait une prise en charge pour « les créances définitivement établies par décision de justice ». Désormais, la garantie est assez large. Peu importe que les délais de garantie soient expirés [7]. Peu importe également que la décision ait été ou non notifiée à l'AGS [8].

La règle vise aussi les décisions exécutoires à titre provisoire, comme les décisions prises par le BCO [9] ou les jugements ou arrêts dotés de l'exécution provisoire malgré l'exercice de la voie de recours.

812.52 Tierce-opposition de l'AGS. Les conditions de la tierce-opposition sont posées à l'article 583 du Code de procédure civile. Il s'agit d'une voie de recours ouverte à toute personne qui a un intérêt et qui n'a pas été représentée ou partie au litige. Le délai pour exercer cette voie de recours est de deux mois.

Par conséquent, si l'AGS a été mise en cause, elle ne peut pas exercer la tierce-opposition, puisqu'elle est partie au litige [10]. En revanche, elle peut exercer cette voie de recours, lorsqu'elle n'est pas partie à l'instance prud'homale [11]. C'est le cas en sauvegarde, ou pour les jugements rendus avant le jugement d'ouverture alors qu'ils sont de plein droit opposables à l'AGS en vertu de l'article L. 3253-15 du Code du travail [12] ou lorsqu'elle n'a pas été mise en cause, alors qu'elle devrait l'être.

Si le juge admet la tierce-opposition, le juge rétracte la décision ou réforme le jugement attaqué que sur les chefs préjudiciables au tiers opposant, même si les autres parties ont été appelées à l'instance. Cet effet est écarté en cas d'indivisibilité [13].

1. Com. 29 mai 2019, n° 17-17.606, NP ; avis n° 9011 F-D.
2. Soc. 13 mai 2014, n° 12-29.012, P V, n° 114 ; FS-P+B ; *Act. proc. coll.* 2014/11, comm. 11, note L. Fin-Langer.
3. C. trav., art. L. 3253-21.
4. Soc. 16 mars 2022, n° 19-20.658, P ; *Act. proc. coll.* 2022, n° 94.
5. C. trav., art. L. 3253-15.
6. Com. 21 févr. 2012, n° 10-26.066, NP.
7. Soc. 5 juin 2012, n° 11-17.673, NP ; *Act. proc. coll.* 2012, n° 161 ; *Gaz. Pal.* 2012, n° 217, p. 22.
8. Soc. 27 nov. 2013, n° 11-28.585, NP ; *Act. proc. coll.* 2013, n° 293 : pour une décision rendue avant le jugement de liquidation judiciaire.
9. Sur les décisions juridictionnelles que peut prendre le BCO, v. s^s^ n° 811.23.
10. Civ. 2e, 21 sept. 2000, n° 98-14.151, P.
11. D. Bondat, « De l'utilité de la tierce opposition pour l'AGS », *Dr. soc.* 2020. 177.
12. Soc. 5 mars 2025, n° 23-20.065, NP ; *Act. proc. coll.* 2025, n° 77.
13. C. pr. civ., art. 584 et 591.

La Cour de cassation a estimé qu'il n'y avait aucune indivisibilité entre la décision établissant définitivement une créance et celle fixant l'étendue de la garantie de l'AGS [1]. Par conséquent, la Cour d'appel ne pouvait pas fixer les créances du salarié au passif de la société pour un montant autre que celui retenu par le jugement du Conseil des prud'hommes, objet de la tierce-opposition, car la réformation ne concerne que l'AGS.

1. Soc. 27 nov. 2019, n° 18-10.929, P ; *JCP S* 2019, n° 1005, note S. Brissy ; *Gaz. Pal.* 28 janv. 2020, Chron. 61, obs. V. Orif ; *RPC* 2020. Comm. 13, obs. F. Taquet.

TITRE

82. Les instances prud'homales ouvertes après le jugement d'ouverture

SECTION 0

ORIENTEUR

82.00 **Sommaire du titre.**

Chap. 821 Contentieux portant sur le relevé des créances et sur le refus de garantie de l'AGS

Sect. 1 Présentation générale

Sect. 2 Particularités du contentieux portant sur le relevé des créances salariales

Sect. 3 Particularités du contentieux portant sur le refus de garantie de l'AGS

Chap. 822 Autres contentieux ouverts après le jugement d'ouverture

Sect. 1 Présentation générale

Sect. 2 Difficultés procédurales

CHAPITRE

821. Contentieux portant sur le relevé des créances et sur le refus de garantie de l'AGS

SECTION 0 ORIENTEUR

821.00 **Sommaire du chapitre.**

Sect. 1 Présentation générale 821.11 à 821.23

§ 1 Compétence du Conseil des prud'hommes prévue par le Code de commerce 821.11 à 821.12

§ 2 Règles de procédures aménagées par le Code de commerce 821.21 à 821.23

Sect. 2 Particularités du contentieux portant sur le relevé des créances salariales 821.31 à 821.52

§ 1 Parties au litige 821.31

§ 2 Délai de forclusion 821.41 à 821.42

§ 3 Voies de recours 821.51 à 821.52

Sect. 3 Particularités du contentieux portant sur le refus de garantie de l'AGS 821.61 à 821.81

§ 1 Parties au litige 821.61

§ 2 Délai de prescription 821.71

§ 3 Voies de recours 821.81

821.01 **Textes applicables.**

• **C. com.**

art. L. 622-22 [Interruption des instances en cours]

art. L. 622-23 [Conditions de la reprise des instances en cours]

art. L. 625-1 [Contentieux des relevés des créances salariales]

art. L. 625-3 [Poursuite des instances prud'homales en cours]

art. L. 625-4 [Contentieux du refus de l'AGS de prendre en charge les créances salariales]

art. L. 625-5 [Dispense de conciliation préalable]

art. L. 625-6 [Inscription des décisions prud'homales sur les relevés des créances]

art. L. 631-18 [Application par renvoi au redressement judiciaire des textes relatifs à la sauvegarde]

art. L. 641-14 [Application par renvoi à la liquidation judiciaire des textes relatifs à la sauvegarde]

art. R. 625-5 [Information par le débiteur des instances prud'homales en cours]

art. R. 631-32 [Information par le mandataire de l'AGS des instances prud'homales en cours]

• **C. trav.**

art. L. 1411-1 s. [Compétence matérielle du Conseil des prud'hommes]

art. L. 1454-1-1 [Orientation par le BCO]

art. L. 1454-1-2 [Ordonnance de clôture des débats]

art. R. 1412-1 [Compétence territoriale du Conseil des prud'hommes]

art. R. 1453-2 [Liste des personnes pouvant assister ou représenter les parties devant le Conseil des prud'hommes]

art. R. 1453-3 [Oralité de la procédure prud'homale]

art. R. 1453-6 [Unicité d'instance]

art. R. 1454-14 [Liste des pouvoirs juridictionnels du BCO]

• **C. pr. civ.**

art. 53 [Naissance de l'instance]

art. 70 [Recevabilité des demandes nouvelles en première instance]

art. 369 [Interruption d'instance suite à un jugement d'ouverture]

art. 372 [Sanction du non-respect de l'interruption d'instance]

art. 481 [Dessaisissement du juge]

art. 531 [Interruption des délais pour faire appel en cas de jugement d'ouverture]

art. 564 s. [Recevabilité des demandes nouvelles en appel]

821.02 Jurisprudence de référence.

> Le bureau de jugement a une compétence exclusive pour statuer sur le contentieux portant sur le relevé des créances salariales, ce qui exclut la compétence du juge des référés

• **Soc. 17 juin 1992,** n° 89-43.338, *Bull. civ.* V, n° 406
* V. s^s n° 821.22

> Le salarié ne peut pas obtenir une condamnation au paiement, mais seulement une inscription sur le relevé des créances, y compris lorsque l'entreprise bénéficie d'un plan dès lors qu'il s'agit d'une créance antérieure

• **Soc. 17 juin 1992,** n° 89-43.338, *Bull. civ.* V, n° 406
* V. s^s n° 821.23

> Cette absence de condamnation au paiement vaut aussi pour les créances postérieures

• **Soc. 8 avr. 1992,** n° 89-43.284, *Bull. civ.* V, n° 252
* V. s^s n° 821.23

> Le délai de forclusion de deux mois pour contester les relevés des créances salariales ne s'applique que si le mandataire a donné toutes les informations nécessaires à l'exercice de ce recours au salarié

• **Soc. 7 févr. 2006,** n° 03-47.937, *Bull. civ.* V, n° 62
* V. s^s n° 821.41

> Le simple fait d'introduire l'instance devant le Conseil des prud'hommes vaut demande implicite mais nécessaire de relevé de forclusion. Par ailleurs, ils n'ont pas à motiver leur demande, contrairement aux autres créanciers

• **Soc. 26 mars 2003,** n° 01-41.747, *Bull. civ.* V, n° 118
• **Soc. 24 janv. 2018,** n°s 16-16.503 et 16-16.504, *Bull. civ.* V, n° 10
* V. s^s n° 821.42

821.03 Bibliographie indicative.

> Encyclopédie. *J.-Cl. Procédures collectives*, fasc. 2430 : Sauvegarde, redressement et liquidation judiciaires – Situation des salariés, par N. Vignal, 2021, mis à jour août 2022, n°s 46 s.

> Contributions. L. Fin-Langer, « Le juge et les salariés d'une entreprise en difficulté », *Mélanges en l'honneur de Jean-Luc Vallens*, éd. Joly, 2017, p. 45 – A. Margraff, « Le juge face à la procédure collective de l'une des parties : l'instance prud'homale », *Le juge face à la procédure collective de l'une des parties, Les incidences procédurales de l'ouverture d'une procédure collective sur l'instance civile, prud'homale ou pénale*, « Colloques », Ceprisca, 2017, p. 69 – B. Veyssière, « L'instance prud'homale et la garantie AGS », *Le juge face à la procédure collective de l'une des parties, Les incidences procédurales de l'ouverture d'une procédure collective sur l'instance civile, prud'homale ou pénale*, « Colloques », Ceprisca, 2017, p. 91.

> Articles. A. Arseguel, « Aspects généraux du contentieux prud'homal relatif aux créances salariales depuis la loi du 25 janvier 1985 », *DS* 1987, 807 – O. Dell'Asino, « Le redressement judiciaire et la procédure prud'homale », *Gaz. Pal.* 1986. II. doct. 590 – O. Dell'Asino, « La compétence matérielle du Conseil des prud'hommes dans le contentieux de la vérification des créances salariales », *JCP S* 2017, n° 1018 – L. Fin-Langer, « Le particularisme des instances prud'homales dans les procédures collectives », *RPC* 2012, dossier 5, p. 56 – L. Fin-Langer et D. Ronet-Yague, « Juge de la procédure collective et contentieux social », *RPC* 2023, Dossier n° 38, p. 58 – V. Ilieva, « De l'autorité de la chose jugée au commercial sur le social ; À propos du contrôle juridictionnel des licenciements pour motif économique dans l'entreprise en difficulté », *RDT* 2019. 618 – P. Lafarge et Th. Météyé, « L'AGS et le contentieux prud'homal dans la procédure de redressement judiciaire des entreprises », *Gaz. Pal.* 1987. I. 391 – N. Maggi-Germain, « La dualité contentieux tribunal de commerce, Conseil des prud'hommes dans le règlement des défaillances d'entreprise », *LPA* 12 août 1998, p. 8 – F. Taquet, « Les nouvelles règles relatives à l'opposabilité des décisions de justice à l'AGS », *RPC* 2001, p. 244.

821.04 Questions principales.

> À quelles conditions un salarié peut-il contester les relevés des créances salariales établis par le mandataire judiciaire ?
* V. s^s n°s 821.11 et spéc. s^s n°s 821.21 à 821.51

> À quelles conditions un salarié peut-il contester le refus de l'AGS de prendre en charge des créances salariales ?
* V. s^s n°s 821.12, 821.21 à 821.23 et spéc. s^s n°s 821.61 s.

SECTION 1 PRÉSENTATION GÉNÉRALE

§ 1 Compétence du Conseil des prud'hommes prévue par le Code de commerce

821.11 Compétence du Conseil des prud'hommes pour le contentieux du relevé des créances salariales. L'article L. 625-1 du Code de commerce[1] prévoit que le salarié peut contester le relevé des créances salariales établi par le mandataire judiciaire en saisissant le Conseil des prud'hommes dont la compétence est donc expressément reconnue.

En vertu de ce texte, le Conseil des prud'hommes est donc compétent pour statuer sur la demande du salarié tendant à l'inscription sur ces relevés des créances relatives à l'intéressement[2].

Il s'agit là d'une règle spécifique. Si les autres créanciers disposent également de ce droit, les modalités en sont plus contraignantes. Ils ont trente jours pour faire connaître leurs explications à compter d'une information du mandataire mentionnant les réserves ou les discussions émanant du débiteur sur les créances déclarées[3]. À défaut de réponse dans ce délai, ils ne peuvent plus contester la proposition du mandataire confirmée par le juge-commissaire, sauf si la discussion porte sur la régularité de la déclara-

1. Anc. art. 124, de la L. 25 janv. 1985, n° 85-98.
2. Soc. 19 mars 1997, n° 96-40.094 ; *D.* 1997. IR 94.
3. C. com., art. L. 622-27.

tion. Ils perdent ainsi leur droit d'interjeter appel contre la décision du juge-commissaire conforme à la proposition du mandataire[1]. La procédure n'est donc pas contentieuse à ce stade et est enfermée dans un délai très court. Pour éviter cet effet, la Cour de cassation apporte des solutions pragmatiques, imposant au mandataire de préciser la lettre qu'il envoie pour faire partir le délai de trente jours[2].

Ces conditions procédurales n'existent pas pour les salariés. Le Conseil des prud'hommes pourra ainsi se prononcer sur l'existence d'une créance, son montant, voir sur son caractère privilégié, sur son fait générateur et donc sa date de naissance, sur son caractère utile au regard des articles L. 622-17 et L. 641-13 du Code de commerce, sur le fondement de l'article 49 du Code de procédure civile[3], mais non sur l'ordre de paiement des créanciers, cette question relevant de la compétence exclusive de la juridiction ayant ouvert la procédure collective[4]. Cette compétence du Conseil des prud'hommes s'explique en réalité par l'absence de pouvoir juridictionnel du juge-commissaire dans la vérification des créances salariales[5].

Il faut cependant préciser que l'article L. 625-6 du Code de commerce prévoit une autre forme de recours contre les relevés des créances salariales et les décisions rendues par le Conseil des prud'hommes intégrées à ces relevés au profit des tiers, comme les autres créanciers de l'entreprise. Il s'agit d'un recours spécifique fermé aux salariés, au débiteur, à l'administrateur, au mandataire et à l'AGS. Cette réclamation, qui concerne les personnes intéressées autres que les parties, doit être faite dans un délai d'un mois à compter de la publication de l'état des créances par le greffe du tribunal de commerce, même si ce point de départ n'est pas mentionné à l'article R. 625-7 du Code de commerce[6]. Cette réclamation ne devrait pas faire obstacle à l'intervention de l'AGS.

821.12 Compétence du Conseil des prud'hommes pour le contentieux du refus de garantie de l'AGS. L'article L. 625-4 du Code de commerce[7] prévoit que le salarié peut saisir le Conseil des prud'hommes lorsque l'AGS refuse de garantir les créances.

Cette compétence n'était pas évidente au regard de l'article L. 1411-1 du Code du travail, dans la mesure où il ne s'agit pas directement d'un litige opposant le salarié à son employeur mais d'une demande concernant un tiers, l'AGS. Il faut d'ailleurs rappeler que l'AGS ne verse pas directement les sommes auprès des salariés mais entre les mains du mandataire. Cette règle présente cependant l'avantage de concentrer le contentieux devant le Conseil des prud'hommes.

L'AGS peut ainsi refuser sa garantie parce qu'elle remet en cause l'existence d'un contrat de travail, le montant d'une créance, les conditions de sa prise en charge. En application de l'article R. 625-6 du Code de commerce, l'AGS indique au mandataire la nature et le montant de la créance refusée ainsi que les motifs du refus de prise en charge, dans les mêmes délais que ceux prévus pour le paiement. Le mandataire avertit ensuite le salarié concerné. L'AGS a un droit propre de contester sa prise en charge. Elle peut ainsi invoquer le la nullité d'une clause de non-concurrence pour ne pas garantir la contrepartie financière[8] ou caractère fictif d'un contrat de travail[9]. Il revient alors à l'AGS d'en apporter la preuve[10]. Le rôle du bureau de jugement consiste alors uniquement à se prononcer sur le refus de l'AGS de garantir les sommes dues sans pouvoir se prononcer sur sa compétence[11]. En revanche, son droit n'est pas total, puisque certaines actions ne peuvent être intentées que par le salarié, comme celle consistant à deman-

1. C. com., art. L. 624-3.
2. Com. 13 mai 2014, n° 13-14.357, P ; *Act. proc. coll.* 2014, n° 185 ; *D.* 2014. Actu. 1148, obs. A. Lienhard ; *D.* 2014. 2147, obs. P.-M. Le Corre et F.-X. Lucas ; *JCP* 2014. Doctr. 999, n° 5, obs. Ph. Pétel ; *Gaz. Pal.* 5-7 oct. 2014, p. 38, obs. P. M. Le Corre – Com. 27 oct. 2012, n° 11-23.773, NP ; *Act. proc. coll.* 2013, n° 3 ; *BJE* 2013. 95, note E. Le Corre-Broly – Ainsi le courrier demandant des informations supplémentaires (Com. 16 mars 2010, n° 08-17.316, NP) ou l'existence d'un titre exécutoire pour les créances de cotisations sociales (Com. 31 janv. 2017, n° 15-17.296, P ; *JCP E* 2017, n° 1164, n° 11 ; *Act. proc. coll.* 2017, n° 53) ne vaut pas lettre de contestation, faisant partir ce délai. Cette sanction ne s'applique pas en présence d'une instance en cours, le courrier du mandataire faisant simplement référence à un défaut de reprise de l'instance faute de mise en cause régulière des organes (Com. 13 févr. 2019, n° 17-28.749, P ; *Act. proc. coll.* 2019, n° 65 ; *RTD com.* 2019. 761, A. Martin-Serf ; *D. actu.* 11 avr. 2019, Delpech).
3. Com. 1er déc. 2015, n° 14-20.668 ; *Bull. civ.* IV, n° 165 ; *D.* 2015. Actu. 2558, obs. A. Lienhard ; *D.* 2016. Pan. 1899, obs. F.-X. Lucas ; *Rev. sociétés* 2016. 396, obs. Ph. Roussel Galle ; *RTD com.* 2016. 203, obs. A. Martin-Serf ; *JCP E* 2016, n° 1058, note Stefania ; *JCP E* 2016, n° 1198, n° 16, note Ph. Pétel ; *Leden* janv. 2016. 3, obs. T. Favario ; *Gaz. Pal.* 12 avr. 2016, p. 63, obs. D. Boustani.
4. Soc. 3. oct. 1989, n° 87-44.686 ; *Bull. civ.* V, n° 557 ; *D.* 1990. Somm. 126.
5. C. Gailhbaud, « Le juge-commissaire et les créances salariales », *RPC* nov. 2019, dossier n° 46, p. 95, n° 9, n° 21.
6. P. Le Cannu et D. Robine, *Droit des entreprises en difficulté*, 8e éd., « Précis », Dalloz, n° 807.
7. Anct. L. n° 85-98, 25 janv. 1985, art. 125, devenu C. com., art. L. 621-125, avant la L. n° 85-98, 25 juill. 2005.
8. Soc. 13 juin 2001, n° 99-42.614, NP ; *Dr. soc.* 2001. 891, note C. Radé.
9. Soc. 10 avr. 2013, n° 12-12.994, NP ; *RPC* 2013, 138, obs. F. Taquet.
10. Soc. 10 avr. 2013, n° 12-12.994, NP ; *RPC* 2013, 138, obs. F. Taquet – Soc. 11 oct. 2023, nos 21-25.450 et 22-16.853 ; *RPC* janv. 2024, comm. 7, obs. F. Taquet.
11. Soc. 26 févr. 2025, n° 23-13.920 ; *Act. proc. coll.* 2025, n° 76.

der la requalification d'un CDD en un CDI[1] ou à soulever le transfert d'un contrat de travail au repreneur. L'AGS ne retrouverait son droit qu'en présence d'une fraude du salarié[2]. Ainsi, une décision du Conseil des prud'hommes qui fixe une créance au passif du débiteur et qui a acquis autorité de la chose jugée entre le salarié et le liquidateur, n'empêche pas un recours du salarié contre l'AGS qui refuserait sa garantie, l'objet de la demande étant différent[3].

L'AGS peut-elle invoquer l'insuffisance de fonds disponibles devant le Conseil des prud'hommes comme motif de refus de prise en charge ? La réponse est négative en sauvegarde, en raison d'une règle spécifique. Selon l'article L. 3253-20 du Code du travail, le mandataire doit, en effet au moment de la demande de prise en charge, justifier de l'insuffisance de fonds disponibles[4]. Il peut s'agir d'une attestation sur l'honneur voire de documents plus précis, comme des informations comptables, qui accompagneront la transmission des relevés des créances salariales. L'AGS peut donc demander des données plus complètes. Une contestation est alors possible, avant la prise en charge, devant le juge-commissaire dans un délai de dix jours à compter de la demande d'avance[5]. Le juge-commissaire statue ensuite et donne son autorisation à la prise en charge des créances par l'AGS. Il s'agit donc d'un recours spécifique relevant de la compétence du juge-commissaire, excluant ainsi celle du Conseil des prud'hommes.

En redressement et en liquidation, la règle est différente, dans la mesure où d'une part, le mandataire n'a pas à justifier de l'insuffisance des fonds disponibles, cette insuffisance pouvant être présumée en raison de l'état de cessation des paiements et d'autre part, le recours devant le juge-commissaire n'est pas prévu. Ce recours est-il malgré tout possible sur le fondement de l'article L. 621-9 du Code de commerce ? Ce texte indique qu'il est « chargé de veiller au déroulement rapide de la procédure et à la protection des intérêts en présence ». L'AGS peut-elle ainsi invoquer ce motif devant le Conseil des prud'hommes en cas de recours exercé par le salarié ? Il nous semble que cela ne puisse pas relever de la compétence du Conseil des prud'hommes qui est chargé de trancher les litiges individuels nés de la relation de travail[6]. Il a d'ailleurs été jugé que l'AGS ne peut invoquer, pour refuser de prendre en charge certaines créances, le principe de subsidiarité et le fait qu'un tiers puisse garantir les dettes sociales du débiteur[7]. Ce motif de refus, s'il est recevable, ne devrait pouvoir être tranché que par le juge-commissaire, qui a accès à ces informations. Cette question a été discutée devant les juges du fond[8]. La Cour de cassation[9] vient d'affirmer, dans un arrêt du 7 juillet 2023, que la possibilité de contestation immédiate de l'insuffisance des fonds n'était prévue qu'en sauvegarde et est donc inapplicable en redressement judiciaire. La solution a été confirmée par des arrêts du 17 janvier 2024[10].

§ 2
Règles de procédures aménagées par le Code de commerce

821.21 Assistance et représentation par le représentant des salariés. Devant le Conseil des prud'hommes, la représentation, sans être obligatoire est possible par l'une des personnes mentionnées de manière limitative par l'article R. 1453-3 du Code du travail.

Ce texte ne cite pas le représentant des salariés désigné suite à l'ouverture de la procédure collective, quel que soit l'effectif de l'entreprise[11].

L'article L. 625-1 du Code de commerce prévoit que le salarié peut se faire assister ou représenter devant la juridiction prud'homale par le représentant des salariés. La même règle est prévue pour le contentieux du refus de l'AGS de garantir les créances

1. Soc. 18 oct. 2007, nº 06-43.848 ; *Bull. civ.* V, nº 162 ; *Act. proc. coll.* 2007, 229, obs. L. Fin-Langer ; *RJS* 2007, nº 1251 ; *Dr. soc.* 2008, 742, obs. C. Roy-Loustaunau ; *Gaz. Pal.* 23 24 janv. 2008, p. 61, obs. B. Saintourens ; *CSBP* janv. 2007, p. 30, obs. C. Charbonneau ; *JCP S* 2008, nº 1116, note F. Bousez – Soc. 23 nov. 2022, nº 21-16.221, NP ; *Act. proc. coll.* 2022, nº 266 ; *RPC* janv. 2023, comm. 9, D. Jacotot : le liquidateur ne peut pas non plus demander cette requalification.
2. Soc. 8 déc. 2016, nº 14-28.401 ; *JCP S* 2017, nº 1032, note L. Fin-Langer ; *Act. proc. coll.* 2017, alerte 46, obs. L. Fin-Langer ; *RPC* mai 2017, comm. 77, obs. D. Jacotot ; *BJE* mai 2017. 232, obs. A. Donnette-Boissière ; *Leden* mars 2017, p. 7, obs. G. Dedessus-Le Moustier ; *D.* 2016. Actu. 2577.
3. Soc. 22 juin 1993, nº 91-40.448 ; *Bull. civ.* V, nº 172.
4. Soc. 10 mars 2009, nº 07-45.326 ; *Bull. civ.* V, nº 65 ; *Leden* 2009, nº 2, obs. F.-X. Lucas ; *Act. proc. coll.* 2009, nº 136, note D. Jacotot – Sur la prise en charge des créances par l'AGS en procédure de sauvegarde, v. ss nos 721.11 s.
5. C. trav., art. R. 3253-6.
6. Sur la compétence matérielle du Conseil des prud'hommes, v. ss nº 811.11.
7. Not. : Soc. 1er déc. 1993, nº 91-40.761 ; *Bull. civ.* V, nº 297 – Soc. 9 mars 2004, nº 02-41.852 ; *Bull. civ.* V, nº 74 ; *Act. proc. coll.* 2004, nº 124 – Soc. 10 déc. 1996, nº 95-40.485 , *Bull. civ.*, V, nº 434 – Soc. 27 oct. 1998, nº 95-45.354 ; *Bull. civ.* V, nº 454 ; *RPC* 1999, nº 162, obs. F. Taquet – Soc. 19 avr. 2000, nº 97-44.276, NP ; *Act. proc. coll.* 2000, nº 135.
8. L. Fin-Langer, « Être ou ne pas être subsidiaire et subrogée, telle est la question posée à l'AGS », *RDT* mars 2023, p. 167 – Pour une opinion contraire : P. Morvan, « La garantie de l'AGS est-elle subsidiaire ? Consultation pour l'AGS », *DS* oct. 2022, p. 799.
9. Com. 7 juill. 2023, nº 22-17-902, P ; *D. actu.* 13 juill. 2023, note C. Gailhbaud ; *Act. proc. coll.* 2023, nos 174 et 181, obs. L. Fin-Langer, *JCP E* 2023, nº 1306, nº 24, note P. Pétel, *D.* 2023. 1357 ; *Rev. sociétés* 2023. 547, obs. L.-C. Henry ; *RDT* 2023. 628, obs. V. Ilieva et A. Mittelette.
10. Com. 17 janv. 2024, nos 22-20.515, 22-20.516, 22-20.071, 23-12.283, P ; *D. actu.*, 1er févr. 2024, obs. C. Gailhbaud, *Act. proc. coll.* 2024, nº 36.
11. Sur la désignation du représentant des salariés, v. ss nº 221.11.

salariales par l'article L. 625-4 du Code de commerce. Cette règle semble cependant peu appliquée, car le contentieux est souvent plus global. Par ailleurs, un certain nombre de procédures collectives fonctionne sans que cette désignation soit effective. L'existence d'un procès-verbal de carence n'est en effet pas un obstacle à la poursuite de la procédure collective.

821.22 Dispense de conciliation préalable devant le bureau de conciliation et d'orientation dit BCO. L'article L. 625-5 du Code de commerce[1] apporte une dérogation à une règle très importante de la procédure prud'homale, à savoir le principe de conciliation préalable[2]. Il le prévoit non seulement pour le contentieux relatif à la contestation des relevés des créances salariales, mais aussi pour celui relatif au refus de l'AGS de prendre en charge certaines créances.

L'objectif de cette dérogation est de permettre un traitement plus rapide du contentieux, d'autant que les chances de conciliation sont peu nombreuses. La Cour de cassation a en déduit une compétence exclusive du bureau de jugement[3], excluant ainsi la compétence du bureau de conciliation, du juge commissaire[4], et de la formation des référés pour obtenir le paiement d'une provision[5].

Cette formation des référés reste compétente, en revanche, pour prendre des mesures conservatoires pour faire cesser un trouble manifestement illicite[6] ou pour accorder une provision pour des sommes qui ne sont pas prises en charge par l'AGS[7], et cela même en présence d'une contestation sérieuse. Cette formation peut toujours être saisie pour prendre des mesures provisoires, sans que cela ne remette en cause la règle spécifique prévue par l'article L. 625-5 du Code de commerce. Il faudra alors vérifier les conditions applicables au référé prud'homal fixées aux articles R. 1455-5 et R. 1455-6 du Code du travail.

821.23 Absence de condamnation au paiement. Le salarié ne peut obtenir une condamnation au paiement du mandataire ou de l'AGS. Il ne peut obtenir, conformément à l'article L. 625-6 du Code de commerce, que l'inscription sur l'état des créances des sommes, dont l'existence est reconnue.

Cette règle ne fait qu'appliquer la règle plus générale prévue pour tous les créanciers à l'article L. 622-21 du Code de commerce : le jugement d'ouverture interdit, dès l'ouverture et pendant toute sa durée, toute action judiciaire tendant à la condamnation et à l'exécution du paiement d'une somme d'argent. Sont également interdites les actions visant à obtenir la résiliation du contrat de travail pour non paiement des salaires antérieurs au jugement d'ouverture. Les autres actions sont en revanche possibles. Il est ainsi possible de demander la résiliation pour non-respect des règles relatives aux visites médicales[8].

Elle s'applique aussi à l'AGS, dans la mesure où les sommes ne sont pas versées dans les mains du salarié. Le mandataire demande sa prise en charge et l'AGS lui avance ces sommes, reversées ensuite par le mandataire aux salariés concernés conformément à l'article L. 3253-21 du Code du travail. Si le salarié demandait une condamnation au paiement de l'AGS, sa demande serait irrecevable et le juge ne pourrait modifier l'objet de sa demande[9].

Cette règle continue d'ailleurs de s'appliquer, comme en droit commun des procédures collectives, alors que la décision est rendue par le Conseil des prud'hommes après l'adoption du plan de redressement, qu'il soit par cession ou par continuation, alors que l'entreprise est redevenue *in bonis*[10]. Les créances dues avant le jugement d'ouverture restent soumises aux règles de la procédure collective et l'adoption du plan ne met donc pas un terme à l'arrêt des poursuites.

Si le mandataire judiciaire refuse l'inscription sur le relevé des créances salariales reconnues par une décision prud'homale, le salarié peut à nouveau saisir le Conseil des prud'hommes pour obtenir cette ins-

1. Anc. art. 126 de la L. n° 85-98, 25 janv. 1985.
2. Sur le principe de conciliation obligatoire devant le BCO, v. s^{s} n° 811.23.
3. Soc. 4 juin 2003, n° 01-41.791 ; *Bull. civ.* V, n° 189 ; *D.* 2003, inf. rap. 1603 ; *RPC* 2003, 343, obs. F. Taquet ; *CSBP* 2003, n° 153 S. 357, obs. Pansier ; *Act. proc. coll.* 2003, comm. 176 – Soc. 23 oct. 2012, n° 11-15.530 ; *Bull. civ.* V, n° 272 ; *JCP S* 2013, n° 1039, note L. Fin-Langer ; *Act. proc. coll.* 2012, 299, note L. Fin-Langer.
4. Soc. 4 juin 2003, n° 01-41.791, P ; *Act. proc. coll.* 2003, n° 176 ; *RPC* 2003, p. 343 ; *CSBP* 2003, n° 153 S. 357, obs. F. J. Pansier.
5. Soc. 17 juin 1992, n° 89-43.338 ; *Bull. civ.* V, n° 406 – Soc. 3 mars 1993, n° 90-45.752, NP.
6. Soc. 3 mars 2015, n° 13-22.411 ; *Bull. civ.* V, n° 37 ; *Act. proc. coll.* 2015, 126, obs. L. Fin-Langer ; *Procédures* juill. 2015, comm. 235, obs. A. Bugada ; *JCP S* 2015, n° 1197, note S. Brissy ; *CSBP*, avr. 2015, p. 213, note Fl. Canut ; *Leden* avr. 2015, p. 6, note G. Dedessus-Le Moustier.
7. Soc. 7 oct. 1998, n° 97-44.552 ; *Bull. civ.* V, n° 412 ; *JCP E* 1998, n° 52, p. 2068, obs. Ph. Pétel ; *D.* 1998, inf. rap. 235 ; *D.* 2001. 114, obs. F. Derrida.
8. Soc. 1er juill. 2020, n° 18-24.023, NP ; *Act. proc. coll.* 2020, n° 201.
9. Soc. 18 nov. 2020, n° 19-15.795, P ; *D. actu.* 14 déc. 2020, obs. Cl. Couëdel ; *D.* 2020. 2341 ; *Dr. soc.* 2021. 55, note D. Bondat ; *Act. proc. coll.* 2021, 8, note L. Fin-Langer ; *Dr. soc.* 2021. 55, note D. Bondat ; *Gaz. Pal.* 13 avr. 2021, L. Ben Cheikh-Vecchioni ; *Leden* janv. 2021, p. 7, note F. Joly ; *JCP E* 2020, n° 1383, note G. Dedessus-Le Moustier ; *BJE* mars 2021. 55, note A. Donnette-Boissière ; *Rev. proc. coll.* mars 2021, comm. 39, note D. Jacotot.
10. Soc. 27 oct. 1998, n° 95-44.146 ; *Bull. civ.* V, n° 454 ; *D.* 1998. IR 259 ; *JCP E* 1999, n° 17, p. 774 – Com. 14 mars 2000, n° 98-45.319 ; *RJDA* 2000, n° 697 ; *Act. proc. coll.* 2000, n° 130 – Soc. 10 mai 2006, n° 04-42.076 ; *Bull. civ.* V, n° 167 ; *D.* 2006. Actu. 1529, obs. A. Lienhard ; *Gaz. Pal.* 6-7 oct. 2006, p. 24, obs. Ph. Roussel-Galle – Com. 29 avr. 2014, n° 12-24.628, NP ; *D.* 2014. 1094, obs. A. Lienhard ; *RTD com.* 2014. 683, obs. B. Bouloc.

cription sur le fondement de l'article L. 625-1 du Code de commerce. La Cour de cassation a d'ailleurs précisé pour une instance antérieure au 1er août 2016 qu'on ne pouvait pas lui opposer la règle de l'unicité d'instance[1]. Cette solution fondée en partie sur l'article L. 625-6 et sur l'arrêt des poursuites a vocation à s'appliquer aussi bien pour les créances antérieures[2] que pour les créances postérieures au jugement d'ouverture, le texte ne faisant aucune distinction.

Par ailleurs, la condamnation au paiement aurait des conséquences sur l'ordre des paiements, ce qui ne relève pas de la compétence du Conseil des prud'hommes. La Cour de cassation a d'ailleurs confirmé cette solution dans un arrêt en date du 8 avril 1992[3].

Une fois la décision portée sur l'état des créances salariales, cela ouvre aux salariés les droits à l'assurance contre le risque de non-paiement des sommes qui leur sont dues en exécution du contrat de travail[4].

Par ailleurs, la Cour de cassation avait admis l'interversion de prescription, permettant de substituer le délai de prescription de droit commun à un délai de prescription spéciale. Ainsi la Cour avait admis que la prescription trentenaire (de droit commun) se substituait à la prescription quinquennale (applicable à l'époque aux créances salariales) pour les sommes portées sur le relevé des créances salariales dès lors que celui-ci ne fait l'objet d'aucune contestation en ce qui concerne ces salariés, qu'il est porté sur l'état des créances déposé au greffe du tribunal de commerce et que cette admission au passif de la liquidation judiciaire revêt un caractère irrévocable[5]. Cette solution n'a cependant plus vocation à s'appliquer, puisque la loi du 17 juin 2008 relative à la prescription a abrogé cette interversion de prescription. Par ailleurs, la Chambre commerciale a jugé que la décision fixant la créance au passif ne vaut pas titre exécutoire, faute de condamnation au paiement[6]. Le délai de prescription dépendra ainsi de la nature de la créance et pourra relever de la prescription triennale des salaires prévue par l'article L. 3245-1 du Code du travail[7].

1. Soc. 16 déc. 1998, n° 96-43.794 ; *Bull. civ.* V, n° 568 ; *D.* 2001. Somm. 115, obs. F. Derrida ; *JCP E* 1999, n° 18-19, p. 812, obs. Ph. Pétel.
2. Soc. 21 nov. 2018, n° 17-27.091, NP – Bordeaux, ch. soc., sect. B, 27 oct. 2011, n° 10/04832.
3. Soc. 8 avr. 1992, n° 89-43.284 ; *Bull. civ.* V, n° 252 ; *D.* 1992, inf. rap. 187.
4. Soc. 14 mars 2000, n° 97-45.335 ; *Bull. civ.* V, n° 102 ; *RPC* 2000. 108, obs. F. Taquet ; *D.* 2001. 121, note F. Derrida.
5. Soc. 21 nov. 2012, n° 11-18.923 ; *Bull. civ.* V, n° 300 ; *D.* 2012. Actu. 2798, obs. A. Lienhard ; *Act. proc. coll.* 2012, n° 300, obs. L. Fin-Langer ; *Leden* 1/2013. 5, obs. G. Dedessus-Le Moustier ; *Gaz. Pal.* 18-19 janv. 2013, p. 35, obs. C. Gailhbaud ; *BJE* 2013. 111, note A. Donnette ; *JCP S* 2013, n° 1059, note Y. Guyot.
6. Com. 4 juill. 2018, n° 16-22.986, NP ; *D.* 2018. 1829, obs. F.-X. Lucas et P. Cagnoli ; *Rev. sociétés* 2018. 536, obs. L. C. Henry ; *Gaz. Pal.* 15 janv. 2019, p. 71, note P.-M. Le Corre ; *BJE nov.* 2018. 445, obs. C. Hugon ; *Gaz. Pal.* 11 déc. 2018, p. 24, note J. J. Ansault ; *Act. proc. coll.* 2018, comm. 215, P. Cagnoli.

SECTION 2
PARTICULARITÉS DU CONTENTIEUX PORTANT SUR LE RELEVÉ DES CRÉANCES SALARIALES

§ 1
Parties au litige

821.31 Détermination des personnes à mettre en cause. Le salarié qui conteste le relevé des créances salariales agit contre le mandataire judiciaire ou le liquidateur, qui est le défendeur principal à l'instance[8]. Le demandeur doit cependant mettre en cause le débiteur et l'administrateur lorsqu'il a une mission d'assistance en application de l'article L. 625-1 du Code de commerce, et lorsqu'il a une mission de représentation redressement judiciaire. En liquidation judiciaire, il s'agira du liquidateur. Comme pour les instances en cours, se pose la question du sort de l'instance en l'absence de mise en cause prévue par le Code de commerce[9]. Faute de sanction, il est fort probable que la décision reste opposable à la procédure collective.

Le mandataire doit également mettre en cause l'AGS pour lui rendre opposable la décision, ce qui a pour effet de lui fermer ensuite la tierce-opposition. Malgré l'absence de mise en cause de l'AGS, la décision lui sera opposable en vertu de l'article L. 3253-15 qui ne distingue pas selon les instances en cours ou les nouvelles instances. Le risque est qu'elle puisse faire une tierce-opposition pour faire valoir ses intérêts propres[10].

§ 2
Délai de forclusion

821.41 Délai de deux mois. Les salariés, en cas de contestation des relevés des créances salariales, peuvent saisir le Conseil des prud'hommes, dans les deux mois à peine de forclusion[11], à compter de la

7. Délai réduit de cinq à trois ans par L. n° 2013-504, 14 juin 2013.
8. Soc. 14 janv. 1991, n° 87-42.899 ; *Bull. civ.* V, n° 14 – Soc. 16 déc. 1992, n° 89-43.900 ; *Bull. civ.* V, n° 596.
9. Sur les conséquences de l'absence de mise en cause, v. s^s^ n° 812.25.
10. Sur la tierce-opposition de l'AGS, v. s^s^ n°s 732.61, 732.62, 812.31, 812.52 et 821.52.
11. Soc. 22 juin 1993 ; *Bull. civ.* 1993, V, n° 173 ; *Dr. sociétés* 1994, n° 71, obs. Y. Chaput ; *RPC* 1994, p. 63, obs. E. Kerckhove – Soc. 29 janv. 2003, n° 00-46.763, NP.

publication des relevés dans un journal d'annonces légales[1].

Pour éviter cette conséquence préjudiciable aux salariés non soumis à une obligation de représentation devant le Conseil des prud'hommes[2], la Cour de cassation a apporté des solutions très favorables aux salariés. Ce délai de deux mois ne s'applique que si le mandataire judiciaire a informé précisément les salariés des modalités de recours, à savoir l'existence du recours, son point de départ, le journal dans lequel la publicité a été effectuée, la juridiction compétente et la modalité de la saisine[3]. Il doit également informer le salarié sur la nature et le montant de la créance rejetée pour que le délai puisse partir, puisqu'il s'agit de l'objet du litige. L'indication d'un montant global ne suffit pas[4]. Si le mandataire ne fournit pas une explication complète, le délai ne court pas quand bien même la publicité aurait été effectuée[5].

La Cour a également indiqué que ce délai de forclusion était inopposable au salarié lorsque les relevés des créances n'ont pas été établis par le mandataire judiciaire dans les délais fixés par l'article L. 3253-19 du Code du travail[6]. Il ne l'est pas non plus si les mesures de publicité n'ont pas été effectuées[7].

821.42 Action en relevé de forclusion de la part du salarié. Passé ce délai de deux mois, les salariés peuvent demander à être relevés de forclusion dans un délai de six mois, délai qui était d'un an sous l'empire de la loi du 25 janvier 1985[8]. Il est à noter que le relevé de forclusion bénéficie à l'AGS en vertu de l'article R. 625-3 du Code de commerce.

Il s'agit d'un délai préfixe, insusceptible de suspension ni d'interruption[9], qui court à compter de la publication du jugement d'ouverture.

Comme pour l'application du délai de deux mois, la Cour de cassation a rendu plusieurs décisions très favorables aux salariés.

Le simple fait d'introduire l'instance devant le Conseil des prud'hommes vaut demande implicite mais nécessaire de relevé de forclusion[10]. Par ailleurs, les salariés n'ont pas à motiver leur demande, contrairement aux autres créanciers. Ces derniers ont en effet une obligation de motiver leur demande de relevé de forclusion, conformément à l'alinéa 1 de l'article L. 622-26 du Code de commerce, en justifiant que leur défaillance n'est pas due à leur fait ou qu'elle résulte d'une omission dans l'établissement de la liste établie par le débiteur.

Pourtant la chambre sociale de la Cour de cassation a écarté cette exigence, car l'article R. 625-3 du Code de commerce ne renvoie pas à cet alinéa[11].

Il faut noter aussi qu'avant l'abrogation de la règle de l'unicité d'instance[12], le salarié pouvait présenter à l'occasion d'un litige portant sur une autre question une demande incidente portant sur le relevé des créances salariales après l'expiration du délai de deux mois, contrairement aux règles de procédure civile[13]. À l'inverse, une action introduite dans le délai de deux mois permettait de présenter d'autres demandes grâce à la règle de l'unicité d'instance[14]. Toutes les demandes étaient recevables au cours de la même instance et la saisine du Conseil des prud'hommes pour cette demande nouvelle irrecevable.

Désormais, les demandes nouvelles ne sont recevables en première instance que si elles présentent un lien suffisant avec la demande initiale et sous réserve de respecter les délais de prescription. À défaut, il est désormais possible de saisir à nouveau le Conseil des prud'hommes de cette demande à condition, là encore, de respecter les délais de prescription. La saisine du Conseil des prud'hommes permet en principe d'interrompre les délais de prescription et de forclusion en vertu de l'article 2241 du Code civil, repris à l'article R. 1452-1 du Code du travail. Mais l'effet interruptif de la prescription résultant de cette

1. C. com., art. L. 625-1.
2. Sur la représentation des parties au procès prud'homal, v. s[s] n° 811.21.
3. Soc. 7 févr. 2006, n° 03-47.937 ; *Bull. civ.* V, n° 62 ; *D.* 2006. 579, obs. A. Lienhard ; *RPC* 2006, p. 287, obs. F. Taquet ; *CSBP*. mai 2006, p. 211, note F. J. Pansier.
4. Soc. 22 mars 2023, n° 21-14.604, P ; *JCP S* 2023, n° 1106, note L. Fin-Langer ; *D. actu.* 21 avr. 2023, obs. C. Gailhbaud ; *Leden* 4/2023. 7, obs. G. Dedessus-Le-Moustier ; *Act. proc. coll.* 2023, n° 98, obs. L. Fin Langer ; *RPC* 2023, n° 66, obs. D. Jacotot.
5. Soc. 25 juin 2002, n° 00-44.704 ; *Bull. civ.* V, n° 210 ; *RTD com.* 2003. 568, obs. A. Martin-Serf ; *Act. proc. coll.* 2002, n° 181, obs. C. Regnaut-Moutier ; *JCP E* 2002, n° 39, p. 1526, obs. Ph. Pétel ; *RPC* 2002, 289, obs. F. Taquet – Soc. 26 févr. 2013, n° 11-28.543, NP ; *Act. proc. coll.* 2013, n° 79, obs. L. Fin-Langer.
6. Soc. 26 févr. 2003, n° 00-46.175, NP ; *RJS* 2003, n° 612.
7. Soc. 9 mars 1994, n° 92-41.080, NP ; *D.* 1994. 455, note F. Derrida.
8. Décr. n° 85-1388, 27 déc. 1985, art. 78, al. 2 – C. com., anc. art. L. 621-46.
9. Com. 1er juill. 1997, n° 95-13.602, NP ; *D.* 1998. 96, obs. A. Honorat ; *RTD com.* 1998. 417, obs. A. Martin-Serf.
10. Soc. 26 mars 2003, n° 01-41.747 ; *Bull. civ.* V, n° 118 ; *Act. proc. coll.* 2003, n° 165, obs. P. Cagnoli ; *JCP E* 2003, n° 40, p. 1574, obs. Ph. Pétel ; *RTD com.* 2003. 569, obs. A. Martin-Serf – Soc. 12 avr. 2005, n° 03-43.262 ; *Act. proc. coll.* 2005, comm. 120 – AUSSI : Soc. 1er oct. 2003, n° 01-44.470, NP.
11. Soc. 24 janv. 2018, n°s 16-16.503 et 16-16.504, P ; *Act. proc. coll.* 2018, n° 70, obs. L. Fin-Langer ; *JCP S* 2018, n° 1078, note S. Brissy ; *D.* 2018. Actu. 239 ; *Leden* 4/2018. 7, obs. G. Dedessus-Le Moustier ; *BJE* 2018. 222, note D. Jacotot ; *Gaz. Pal.* 17 avr. 2018, p. 82, L. Ben Cheikh-Vecchioni.
12. Sur la recevabilité des demandes nouvelles et l'abrogation de l'unicité de l'instance, v. s[s] n° 811.22.
13. Soc. 9 nov. 2005, n° 03-47.963 ; *Bull. civ.* V, n° 314 ; *Act. proc. coll.* 2006, n° 17, obs. C. Regnaut-Moutier ; *JCP S* 2006, n° 1073, note P. Morvan ; *RPC* 2006, 70, obs. F. Taquet.
14. Soc. 9 nov. 2005, n° 03-47.963 ; *Bull. civ.* V, n° 314 ; *JCP S* 2006, n° 1073, note P. Morvan.

action ne s'étend pas en principe à une autre action, distincte de la première dans son objet ou par sa cause. *A contrario*, si l'objet ou la cause sont identiques, alors l'effet interruptif joue. La Chambre sociale fait une interprétation large de cet effet interruptif, il en est autrement lorsque deux actions, bien qu'ayant une cause distincte, tendent à un seul et même but, de sorte que la seconde est virtuellement comprise dans la première[1]. Grâce à cette interprétation, la solution rendue avant l'abrogation de l'unicité de l'instance a vocation à perdurer.

§ 3
Voies de recours

821.51 **Appel.** La Cour de cassation a jugé que la décision statuant sur le contentieux du relevé des créances salariales peut faire l'objet d'un appel par l'une des parties au litige, car la demande par laquelle le salarié conteste ces relevés présente un caractère indéterminé. La Cour de cassation fait ainsi respecter le double degré de juridiction en application de l'article 40 du Code de procédure civile[2].

Ce droit est ouvert au débiteur, au salarié, au mandataire judiciaire, au liquidateur, à l'administrateur s'il a une mission d'administration et à l'AGS, suite à leur mise en cause dans le litige.

821.52 **Tierce-opposition.** Pour d'autres personnes, l'article L. 625-6 du Code de commerce ouvre la tierce opposition aux tiers intéressés[3]. Il pourrait s'agir de l'AGS à défaut de mise en cause. En cas de rétractation de la décision suite à cette tierce-opposition, cette rétractation ne porte que sur les chefs préjudiciables au tiers opposant comme l'AGS. Ainsi si cette dernière obtient une rétractation en raison de limites à sa garantie, cela ne remet pas en cause la décision prud'homale fixant une somme due aux salariés au passif de l'employeur, les deux décisions n'étant pas indivisibles.

Le Conseil des prud'hommes saisit de la tierce opposition ne peut ainsi pas modifier les sommes dues aux salariés par le liquidateur : cette solution fondée sur le Code de procédure civile permet de préserver à la fois les droits de l'AGS et ceux des salariés[4].

De même, un dirigeant condamné pour insuffisance d'actif peut utiliser cette voie de recours extraordinaire à l'encontre d'un arrêt de Cour d'appel, statuant en matière prud'homale, ayant reconnu la qualité de salarié de la société à un tiers et fixé sa créance au passif de la liquidation judiciaire dans un délai d'un mois à compter de la publication au *Bodacc* de l'insertion indiquant que l'état des créances salariales a été déposé au greffe du tribunal de commerce[5]. Même si la demande initiale portait sur la reconnaissance de la qualité de salarié, le contentieux est nécessairement relatif à la contestation d'un relevé des créances salariales.

Le délai pour faire cette tierce-opposition n'est pas de dix jours conformément à l'article R. 661-1, alinéa 2, mais d'un mois en vertu des articles R. 624-8 et R. 625-7 dudit Code, depuis l'entrée en vigueur du décret du 28 décembre 2005[6].

SECTION 3
PARTICULARITÉS DU CONTENTIEUX PORTANT SUR LE REFUS DE GARANTIE DE L'AGS

§ 1
Parties au litige

821.61 **Déterminations des personnes à mettre en cause.** L'article L. 625-4 du Code de commerce indique que l'action est intentée par le salarié contre l'AGS. Doivent alors être mis en cause le mandataire judiciaire, le débiteur et l'administrateur lorsqu'il a une mission d'assistance ou d'administration. En cas de liquidation judiciaire, ce sera le liquidateur qui sera mis en cause. Le défaut de mise en cause notamment du commissaire à l'exécution du plan ne rend pas l'action irrecevable, si le représentant des créanciers et un mandataire *ad hoc* étaient dans la cause[7].

1. Soc. 10 juil. 2024, n° 23-14.372 et n° 23-14.373 ; *RDT* 2024, p. 538, note J.M. Albiol ; *JCP S* 2024, n° 1302, note S. Brissy.
2. Soc. 18 févr. 2004, n° 02-45.730, NP ; *RPC* 2004, 254, obs. F. Taquet.
3. N. Fricéro, « Tierce-opposition et procédures collectives », *LPA* 28 nov. 2008, n° 239, p. 26 ; J.-L. Vallens, « Les recours des tiers en matière de procédures collectives : la problématique de la tierce opposition », *RTD com.* 2017. 698.
4. Soc. 27 nov. 2019, n° 18-10.929, P ; *RPC* 2020, n° 13, obs. F. Taquet ; *Leden* janv. 2020, p. 7, obs. F. Joly ; *Gaz. Pal.* 28 janv. 2020, p. 61, obs. V. Orif ; *JCP S* 2020, n° 1005, note S. Brissy.
5. Soc. 17 mai 2017, n° 14-28.820, P ; *D.* 2017, actu 1117 ; *Act. proc. coll.* 2017, n° 187, obs. L. Fin-Langer ; *Leden* sept. 2017, n° 7, obs. G. Dedessus-Le Moustier ; *BJS* 2017, 547, B. Saintourens ; *Dr. sociétés* 2017, n° 171, note J. P. Legros ; *JCP S* 2017, n° 1218, note S. Brissy ; *Gaz. Pal.* 31 oct. 2017, p. 71, note V. Orif – Cette décision a été rendue par suite d'un avis demandé à la Chambre commerciale : Cass., avis, 18 janv. 2017, n° 14-28.820, P ; *BJE* mai 2017. 239, obs. A. Donnette-Boissière.
6. Décr. n° 2005-1677, 28 déc. 2005. Il était auparavant de quinze jours (anc. art. 83, Décr. n° 85-1388, 27 déc. 1985).
7. Soc. 21 déc. 2006, n° 04-45.720 ; *Bull. civ.* V, n° 410 ; *Act. proc. coll.* 2007, n° 30, obs. C. Néau-Leduc.

Les règles de procédure s'appliquent alors aux parties et il revient ainsi à l'AGS de bien respecter les règles de procédure civile, prévoyant notamment que le dispositif des conclusions doit être précis : ainsi, si le dispositif ne reprend pas le fait que la demande en garantie est limitée par exemple dans la limite d'un mois et demi de salaire pour les sommes dues en cas de période d'observation, cette demande ne sera pas prise en compte [1].

Le salarié qui a le droit d'agir en justice ne peut cependant pas en abuser et il peut être condamné à une amende civile en cas de fraude aux droits de l'AGS [2].

§ 2
Délai de prescription

821.71 **Délai de prescription non prévu par le Code de commerce.** L'article L. 625-4 du Code de commerce, à la différence de l'article L. 625-1, ne prévoit aucun délai de prescription particulier pour l'action en contestation du refus de l'AGS de garantir les créances. La Cour de cassation a affirmé qu'aucune forclusion n'était opposable au salarié, car le délai de deux mois ne concerne que le contentieux du relevé des créances salariales [3]. Cette règle continue d'ailleurs de s'appliquer après la clôture de la procédure collective, alors qu'il n'est plus possible de mettre en cause les organes de la procédure [4]. Par ailleurs, même si le mandataire a cessé ses fonctions, le greffier établit un relevé des créances complémentaire en vertu de l'article L. 3153-15 du Code du travail et c'est lui également qui reverse les sommes aux salariés.

On peut en déduire qu'il convient d'appliquer le délai de prescription de droit commun de cinq ans [5].

§ 3
Voies de recours

821.81 **Appel possible.** Avant la suppression du contredit par le décret du 6 mai 2017 [6], la Cour de cassation a estimé que la seule voie de recours possible contre la décision statuant sur le refus de l'AGS de prendre en charge une créance était l'appel [7] et non le contredit de compétence, car le juge statue au fond et non sur sa compétence. Elle écarte ainsi l'article 80 du Code de procédure civile. Le délai est alors d'un mois à compter de la notification du jugement et l'appel a un effet dévolutif. Ce droit est cependant réservé aux parties au litige. Cette solution devrait donc être maintenue depuis l'entrée en vigueur de ce décret.

La tierce-opposition devrait être possible pour les tiers au litige selon les conditions de droit commun [8].

1. Soc. 11 sept. 2019, n° 17-28.597, NP ; *RPC* 2019, n° 170, obs. D. Jacotot.
2. Soc. 6 janv. 2021, n° 19-19.491, NP ; *Act. proc. coll.* 2021, n° 45.
3. Soc. 1er févr. 2001, n° 97-45.009, P ; *Bull. civ.* V, n° 35 ; *RPC* 2001, n° 154, obs. F. Taquet.
4. Soc. 7 juill. 2021, n° 18-18.943, P ; *JCP S* 2021, n° 1246, note L. Fin-Langer ; *RPC* 2021. Comm. 137, obs. F. Taquet ; *Dr. soc.* 2021. 1054, obs. D. Bondat ; *Act. proc. coll.* 2021, n° 202, obs. L. Fin-Langer.
5. C. Gaillard, « Répertoire de procédure civile », Prud'hommes, mai 2017, n° 683.
6. Décr. n° 2017-891, 6 mai 2017 relatif aux exceptions d'incompétence et à l'appel en matière civile, *JO* 10 mai, p. 113.
7. Soc. 26 mars 2014, n° 12-27.138, P ; *D.* 2014, actu 822 ; *Leden* mai 2014, 7, obs. G. Dedessus-Le Moustier ; *Act. proc. coll.* 2014, n° 163, note L. Fin-Langer ; *JCP S* 2014, n° 1391, note S. Brissy.
8. C. pr. civ., art. 583.

CHAPITRE

822. Autres contentieux ouverts après le jugement d'ouverture

SECTION 0
ORIENTEUR

822.00 **Sommaire du chapitre.**

Sect. 1 Présentation générale 822.11 à 822.27

§ 1 Typologie des autres contentieux possibles 822.11

§ 2 Maintien de la compétence du Conseil des prud'hommes 822.21 à 822.27

Sect. 2 Difficultés procédurales 822.31 à 822.52

§ 1 Présentation du problème 822.31

§ 2 Application des aménagements procéduraux prévus par le Code de commerce 822.41 à 822.43

§ 3 Refus d'appliquer les aménagements procéduraux prévus par le Code de commerce 822.51 à 822.52

822.01 **Textes applicables.**

• **C. com.**

art. L. 622-22 [Interruption des instances en cours]

art. L. 622-23 [Conditions de la reprise des instances en cours]

art. L. 625-1 [Contentieux des relevés des créances salariales]

art. L. 625-3 [Poursuite des instances prud'homales en cours]

art. L. 625-4 [Contentieux du refus de l'AGS de prendre en charge les créances salariales]

art. L. 625-5 [Dispense de conciliation préalable]

art. L. 625-6 [Inscription des décisions prud'homales sur les relevés des créances]

art. L. 631-18 [Application par renvoi au redressement judiciaire des textes relatifs à la sauvegarde]

art. L. 641-14 [Application par renvoi à la liquidation judiciaire des textes relatifs à la sauvegarde]

art. R. 625-5 [Information par le débiteur des instances prud'homales en cours]

art. R. 631-32 [Information par le mandataire de l'AGS des instances prud'homales en cours]

• **C. trav.**

art. L. 1411-1 s. [Compétence matérielle du Conseil des prud'hommes]

art. L. 1454-1-1 [Orientation par le BCO]

art. L. 1454-1-2 [Ordonnance de clôture des débats]

art. R. 1412-1 [Compétence territoriale du Conseil des prud'hommes]

art. R. 1453-2 [Liste des personnes pouvant assister ou représenter les parties devant le Conseil des prud'hommes]

art. R. 1453-3 [Oralité de la procédure prud'homale]

art. R. 1453-6 [Unicité d'instance]

art. R. 1454-14 [Liste des pouvoirs juridictionnels du BCO]

• **C. pr. civ.**

art. 53 [Naissance de l'instance]

art. 70 [Recevabilité des demandes nouvelles en première instance]

art. 369 [Interruption d'instance suite à un jugement d'ouverture]

art. 372 [Sanction du non-respect de l'interruption d'instance]

art. 481 [Dessaisissement du juge]

art. 531 [Interruption des délais pour faire appel en cas de jugement d'ouverture]

art. 564 s. [Recevabilité des demandes nouvelles en appel]

822.02 **Jurisprudence de référence.**

> Le Conseil des prud'hommes ne peut apprécier le caractère économique et l'existence de la cause réelle et sérieuse du licenciement dès lors que l'ordonnance du juge-commissaire autorisant le licenciement est devenue définitive

• **Soc. 9 juill. 1996,** n° 93-41.877, *Bull. civ.* n° 268

* V. s^{s} n° 822.22

> Le tribunal de la procédure collective n'a vocation à intervenir que pour des actions spécifiques qui ne peuvent exister sans la procédure collective, comme les nullités de la période suspecte ou la fixation de l'ordre de paiement des créanciers

• **Soc. 12 juin 2019,** n° 17-26.197, P – **Soc. 3 oct. 1989,** n° 87-44.686, *Bull. civ.* V, n° 557

* V. s^{s} n° 822.23

> Le TGI est compétent pour statuer sur la responsabilité de la société mère invoquée par des salariés, excluant ainsi la compétence du Conseil des prud'hommes et celle du tribunal de la procédure collective

• **Soc. 13 juin 2018,** n° 16-25.873, P

* V. s[s] n° 822.25

> Le bureau de jugement du Conseil des prud'hommes est seul compétent pour statuer sur une demande d'indemnisation suite à un licenciement pour motif économique, appliquant largement les textes du Code de commerce écartant la dispense préalable de conciliation

• **Soc. 23 oct. 2012,** n° 11-15.530, *Bull. civ.* V, n° 272

* V. s[s] n° 822.42

> Le délai de forclusion de deux mois imposé pour saisir le Conseil des prud'hommes en cas de contestation du relevé des créances salariales ne s'applique pas aux autres demandes du salarié

• **Soc. 4 juill. 2000,** n° 98-40.765, *Bull. civ.* V, n° 266

* V. s[s] n° 822.51

822.03 Bibliographie.

> Encyclopédie. *J.-Cl. Procédures collectives*, fasc. 2430 : Sauvegarde, redressement et liquidation judiciaires – Situation des salariés, par N. Vignal, 2021, mis à jour août 2022, n°s 46 s.

> Contributions. L. Fin-Langer, « Le juge et les salariés d'une entreprise en difficulté », *Mélanges en l'honneur de Jean-Luc Vallens*, éd. Joly, 2017, p. 45 – A. Margraff, « Le juge face à la procédure collective de l'une des parties : l'instance prud'homale », *Le juge face à la procédure collective de l'une des parties, Les incidences procédurales de l'ouverture d'une procédure collective sur l'instance civile, prud'homale ou pénale*, « Colloques », Ceprisca, 2017, p. 69 – B. Veyssière, « L'instance prud'homale et la garantie AGS », *Le juge face à la procédure collective de l'une des parties, Les incidences procédurales de l'ouverture d'une procédure collective sur l'instance civile, prud'homale ou pénale*, « Colloques », Ceprisca, 2017, p. 91.

> Articles. A. Arseguel, « Aspects généraux du contentieux prud'homal relatif aux créances salariales depuis la loi du 25 janvier 1985 », *DS* 1987, 807 – O. Dell'Asino, « Le redressement judiciaire et la procédure prud'homale », *Gaz. Pal.* 1986. II. doct. 590 – O. Dell'Asino, « La compétence matérielle du Conseil des prud'hommes dans le contentieux de la vérification des créances salariales », *JCP S* 2017, n° 1018 – L. Fin-Langer, « Le particularisme des instances prud'homales dans les procédures collectives », *RPC* 2012, dossier 5, p. 56 – V. Ilieva, « De l'autorité de la chose jugée au commercial sur le social ; À propos du contrôle juridictionnel des licenciements pour motif économique dans l'entreprise en difficulté », *RDT* 2019. 618 – P. Lafarge et Th. Météyé, « L'AGS et le contentieux prud'homal dans la procédure de redressement judiciaire des entreprises », *Gaz. Pal.* 1987. I. 391 – N. Maggi-Germain, « La dualité contentieux tribunal de commerce – Conseil des prud'hommes dans le règlement des défaillances d'entreprise », *LPA* 12 août 1998, p. 8 – F. Taquet, « Les nouvelles règles relatives à l'opposabilité des décisions de justice à l'AGS », *RPC* 2001, p. 244.

822.04 Questions principales.

> Le Conseil des prud'hommes reste-t-il compétent pour trancher les litiges individuels nés de la relation de travail malgré la procédure collective ouverte à l'encontre de l'employeur ?

* V. s[s] n°s 822.21 s.

> Les aménagements prévus par le Code de commerce en matière de contentieux de relevé des créances salariales et du refus de l'AGS de garantir les sommes sont-ils applicables aux autres contentieux ?

* V. s[s] n°s 822.31 s.

SECTION 1
PRÉSENTATION GÉNÉRALE

§ 1
Typologie des autres contentieux possibles

822.11 Multitude de contentieux. Outre le contentieux portant sur le relevé des créances salariales et sur le refus de l'AGS de garantir les créances[1], le salarié peut assigner son employeur pour de multiples raisons liées ou non à la procédure collective. Il conserve en effet son droit d'agir en justice malgré l'existence de la procédure collective.

Il faut cependant rappeler que comme tous les créanciers dont la créance n'est pas considérée comme une créance postérieure privilégiée, il est soumis à l'arrêt des poursuites prévu par l'article L. 622-21 du Code de commerce, applicable au redressement judiciaire par renvoi de l'article L. 631-14 et à la liquidation judiciaire par application de l'article L. 641-3 du Code de commerce. Ainsi sont interdites toutes les actions en justice tendant à la condamnation du débiteur au paiement d'une somme d'argent ou visant à la résolution d'un contrat pour défaut de paiement d'une telle somme. Si la demande de résiliation est fondée sur un autre motif, comme le non-respect des règles relatives aux visites médicales, le salarié peut demander la résolution de son contrat de travail[2].

Dans le cadre d'une procédure collective, il peut être amené à contester son licenciement pour motif économique, que ce soit la cause réelle et sérieuse, la procédure suivie, les obligations de reclassement, les critères d'ordre, l'auteur du licenciement[3]. La procédure étant complexe, les motifs de litiges restent nombreux. Il peut aussi contester les consé-

1. Sur le contentieux relatif à la contestation des relevés des créances salariales et du refus de garantie par l'AGS, v. s[s] n°s 732.71 s., 821.11 s.
2. Soc. 1er juill. 2020, n° 18-24.023, NP ; *Act. proc. coll.* 2020, n° 201.
3. Sur les procédures de licenciement pour motif économique, v. s[s] n°s 321.11 s., 322.11 s., 411.21 s., 411.31 s., 511.11 s., 512.21 s.

quences de la cession de l'entreprise[1]. Il peut aussi engager la responsabilité des organes de la procédure ou celle de la société mère pour obtenir une indemnisation en cas de préjudice subi.

§ 2
Maintien de la compétence du Conseil des prud'hommes

822.21 Compétence matérielle du Conseil des prud'hommes pour les actions intentées par les salariés malgré la procédure collective. La compétence du Conseil des prud'hommes est fixée par les articles L. 1411-1 et suivants du Code du travail. Il dispose ainsi d'une compétence exclusive pour les contentieux individuels nés de la relation de travail[2]. La question posée est de savoir s'il conserve sa compétence lorsqu'il existe une procédure collective.

En effet, l'article R. 662-3 du Code de commerce instaure une prorogation de compétence au profit du tribunal de la procédure collective pour « tout ce qui concerne la sauvegarde, le redressement ou la liquidation judiciaires ». La Cour de cassation a interprété ce texte comme visant « toutes les instances nées de la procédure collective ou si cette dernière a une influence juridique sur le contentieux »[3].

Cela fait l'objet d'un contentieux abondant. La Cour a ainsi précisé que le simple fait d'évoquer une règle de la procédure collective, comme le dessaisissement, ne suffit pas pour caractériser cette influence, sans indiquer le critère positif retenu[4].

Il pourrait s'agir de l'objet de la demande, le Conseil des prud'hommes, ayant une compétence exclusive, reste compétent dès lors que l'objet de la demande porte sur une contestation qui existe indépendamment de l'existence de la procédure collective.

La Chambre sociale a ainsi jugé que l'action en annulation d'un plan social par un syndicat existait indépendamment de la procédure collective et relevait donc de la compétence du TGI[5]. Cette solution a vocation à perdurer et ce contentieux relève, depuis 2013, des juridictions administratives.

Il en sera de même du contentieux portant plus généralement sur le licenciement pour motif économique par exemple ou pour l'application de l'article L. 1224-1 du Code du travail qui prévoit le transfert des contrats de travail en cas cession d'entreprise. Cette solution vaut aussi pour le salarié protégé dont le licenciement a été autorisé par l'inspecteur du travail qui invoque une violation de l'article L. 1224-1 suite à une ordonnance de cession intervenue après la décision de l'inspection du travail. Le délai de prescription est alors de deux ans[6].

822.22 Contentieux résiduel de la cause réelle et sérieuse du licenciement économique en raison d'une décision du juge de la procédure collective. Une des particularités de la procédure du licenciement pour motif économique en cas de procédure collective est l'existence d'une autorisation judiciaire de licencier.

Il peut s'agir d'une ordonnance du juge-commissaire lorsque le licenciement intervient pendant la période d'observation qui suit un redressement judiciaire[7] ou pendant le maintien provisoire de l'activité décidé après un jugement de liquidation judiciaire[8].

Il peut également être question d'un jugement du tribunal adoptant le plan de redressement ou de cession[9].

Pour éviter les contradictions, il est de jurisprudence constante que le Conseil des prud'hommes ne peut apprécier le caractère économique et l'existence de la cause réelle et sérieuse du licenciement dès lors que l'ordonnance du juge commissaire est devenue définitive[10] et que l'administrateur y fait référence dans la lettre de notification de licenciement[11].

1. Sur la cession d'entreprise, v. ss nos 431.11 s. et 432.11 s.
2. Sur la compétence matérielle du Conseil des prud'hommes, v. ss n° 811.12.
3. Req. 29 oct. 1888 ; *D.* 1889. 13 – Com. 17 juin 1956 ; *D.* 1956. 266, I, b, note R. Houin – Com. 8 juin 1993, n° 90-13.821 ; *Bull. civ.* IV, n° 23 ; *Rev. huiss.* 1994, 72, note Vidal.
4. Com. 3 avr. 2019, n° 18-10.469, P ; *D.* 2019. Pan. 1906, obs. P. Cagnoli ; *Rev. sociétés* 2019. 423, obs. L. C. Henry ; *JCP E* 2019, n° 1375, n° 2, note A. Tehrani ; *Act. proc. coll.* 2019, n° 130, obs. J. Théron ; *RPC* 2019, n° 62, obs. P. Cagnoli ; *Leden* 7/2019. 2, obs. P. Rubellin ; *BJS* 7-8/2019. 56, note L. Fin-Langer ; *BJE* 2019. 44, note O. Staes ; *RJDA* 2019, n° 571 ; *RDBF* 2019, n° 136, obs. C. Houin-Bressand.
5. Soc. 14 oct. 1997, n° 96-18.876 ; *Bull. civ.* V, n° 312 ; *D.* 1997. IR 229 ; *JCP E* 1998, n° 1-2, p. 32, obs. Ph. Pétel ; *JCP E* 1998, n° 11, p. 424, note F. Duquesne ; *DS* 1997, p. 1106, note R. Vatinet ; *RPC* 1998/1, 106, n° 6, obs. F. Taquet.
6. Soc. 21 avr. 2022, n° 20-17.496, P ; *Act. proc. coll.* 2022, n° 150, note L. Fin-Langer ; *JCP S* 2022, n° 1186, note F. Gabroy ; *RPC* 2022, comm. 65, *D.* Jacotot ; *D. actu.* 16 mai 2022, obs. Cl. Couëdel.
7. C. com., art. L. 631-17 – Sur le licenciement pendant la période d'observation, v. ss nos 322.11 s.
8. C. com., art. L. 641-4 – Sur le licenciement pendant le maintien provisoire, v. ss nos 512.11 s.
9. C. com., art. L. 642-5 – Sur les licenciements prononcés après l'adoption du plan de redressement, v. ss nos 421.21 s.
10. Soc. 9 juill. 1996, n° 93-41.877 ; *Bull. civ.* V, 268 ; *D.* 1997. 60, note P. Bailly ; *JCP E* 1997. II. 915, note J.-J. Serret – Soc. 26 juin 2001, n° 99-43.078, P – Soc. 10 mai 2005, n° 03-40.623, NP – Le Conseil d'État a statué dans le même sens : CE 3 juill. 2013, req. n° 361066 ; *RPC* 2014, n° 54, obs. D. Jacotot – CE 4 et 1re Ch. 12 juin 2019, req. n° 410987 ; *RPC* 2019, n° 147, obs. F. Taquet.
11. Sur le licenciement prononcé pendant la période d'observation qui suit un redressement judiciaire, v. ss nos 322.11 s.

Il en est de même pour les licenciements autorisés par les différents plans [1] ou suite à un jugement de liquidation judiciaire [2].

Les décisions rendues par le juge-commissaire ou le tribunal ont donc une autorité de la chose jugée, limitée cependant à la cause économique du licenciement. Elle doit cependant autoriser expressément les licenciements dans son dispositif et non dans une annexe. Elle doit être signée par le juge commissaire, et préciser le nombre et la liste des catégories professionnelles : une annexe non signée ne pourra pas y suppléer [3]. Cette ordonnance est notifiée au représentant du CSE mais non aux salariés : seul le CSE peut donc exercer une voie de recours contre cette ordonnance.

Le contentieux apparaît à nouveau si l'ordonnance du juge-commissaire a été obtenue par fraude [4]. Certains juges du fond admettent aussi la remise en cause des licenciements y compris notifiés dans le cadre d'une liquidation judiciaire, en présence d'une faute de l'employeur, par exemple à l'origine du dépôt de bilan [5]. Cette analyse a été confirmée par la Cour de cassation, même si dans cette affaire, la faute légère n'a pas été reconnue [6].

En revanche, en procédure de sauvegarde, aucune autorisation n'est à demander. Il s'agit alors du contentieux de droit commun, car les difficultés permettant l'ouverture d'une sauvegarde ne sont pas nécessairement celles justifiant un licenciement pour motif économique [7]. Ainsi, un licenciement est dépourvu de cause réelle et sérieuse lorsque les difficultés résultent d'une faute de l'employeur, caractérisée par exemple par des remontées de dividendes dans des proportions anormales [8].

Une autre question peut se poser relative cette fois-ci aux catégories professionnelles. En effet, le juge-commissaire, lorsqu'il autorise les licenciements pendant la période d'observation fixe les catégories professionnelles concernées par les licenciements futurs. L'administrateur met en œuvre ensuite la procédure en établissant le cas échéant le plan de sauvegarde de l'emploi soumis au contrôle administratif. Quelle est alors la valeur de la décision du juge-commissaire pour le juge administratif ? A-t-elle autorité de la chose jugée pour le juge administratif ? Le Conseil d'État a répondu par la négative : le juge administratif reste juge de la validité de ces critères d'ordre, ce qui peut avoir une incidence sur la décision du juge-commissaire [9]. Il est à noter cependant que la Cour de cassation n'a pas la même réponse. En effet, elle a jugé que le Conseil des prud'hommes ne peut se prononcer sur la légalité des catégories professionnelles définies par la juridiction adoptant le plan de cession, en raison de l'autorité de la chose jugée [10].

822.23 Compétence résiduelle du tribunal de la procédure collective. L'article R. 662-3 du Code de commerce a cependant vocation à s'appliquer pour certaines actions, telles que les nullités de la période suspecte qui relèvent de la compétence exclusive du tribunal de la procédure collective [11] et qui peuvent concerner certains contrats de travail conclus pendant cette période et qui seraient déséquilibrés.

La Chambre sociale s'est ainsi rallier à cette position dans le cadre d'une demande d'annulation d'une transaction conclue pendant la période suspecte par un salarié licencié [12].

1. Soc. 9 juill. 2008, n° 06-40.945 ; *Bull. civ.* V, n° 156 ; *RDT* 2008. 664, note R. Frouin – Sur les licenciements prononcés après l'adoption du plan de redressement, v. s^s n°s 421.21 s.
2. Soc. 2 mars 2004, n°s 02-41.931 et 02-41.932 ; *Bull. civ.* V, n°s 66 et 67 ; *Act. proc. coll.* 2004, n° 104 ; *JCP E* 2004, n° 1779, note P. Morvan ; *JCP E* 2004, n° 37, p. 1390, obs. Ph. Pétel.
3. Soc. 23 mars 2016, n°s 14-22.950, 14-22.960, 14-22.961, 14-22.963, P ; *RDT* 2016. 263, note A. Fabre ; *Act. proc. coll.* 2016, n° 124, obs. L. Fin-Langer – Sur les licenciements prononcés après le jugement de liquidation, v. s^s n°s 511.11, 512.11 s.
4. Soc. 27 oct. 1998, n 95-42.220 ; *Bull. civ.* V, n° 452 : à propos du licenciement d'un salarié immédiatement remplacé – pour une hypothèse proche : Soc. 17 mars 2015, n° 13-26.617, NP ; *RPC* 2015, comm. 48 – Soc. 4 juill. 2018, n° 16-27.922, P ; *JCP S* 2018, n° 1321, note L. Fin-Langer ; *JCP* 2018, n° 1475, note G. Dedessus-Le Moustier ; *BJE* nov. 2018. 452 : fraude caractérisée par une présentation erronée des difficultés économiques par le dirigeant – Soc. 1er févr. 2023, n° 21-18.789 ; *Gaz. Pal.* 18/4/2023, p. 72, obs. C. Gailhbaud.
5. Rouen, 28 juin 2018, n° 16/05555 ; *BJT* oct. 2018, p. 101, obs. L. Fin-Langer – AUSSI : Soc. 20 sept. 2018, n° 17-11.602, P ; *D.* 2018. Actu. 1870 ; *RPC* janv. 2019, comm. 21, obs. D. Jacotot ; *RJS* 11/2018, n° 682 ; *JCP S* 2018, n° 1382, obs. Y. Kerbourc'h ; *Act. proc. coll.* 2018, 276 – Soc. 6 mars 2019, n° 17-31.149, NP ; *Act. proc. coll.* 2019, n° 109 ; *Leden* juin 2019, p. 7, obs. H. de Frémont ; *Gaz. Pal.* 9 juill. 2019, p. 70, obs. C. Gailhbaud.
6. Soc. 8 juill. 2020, n° 18-26.140 ; *JCP S* 2020, n° 3010, note A. Fin-Langer ; *D.* 2021. 370, chron. A. Prache ; *RDT* 2020. 676, obs. V. Ilieva.
7. C. trav., art. L. 1233-3, mod. par L. n° 2016-1088, 8 août 2016.
8. Soc. 24 mai 2018, n° 17-12.560, P ; *Act. proc. coll.* 2018. 185 ; *JCP S* 2018, n° 1252 ; *Leden* juill. 2018, p. 7, obs. H. de Frémont ; *RDT* 2018. 570, note A. Fabre ; *RDT* 2018. 523, note S. Vernac ; *JCP S* 2018. Actu. 167, obs. G. Loiseau ; *Rev. sociétés* 2018. 602, note A. Couret ; *D.* 2018. 1158.
9. CE 22 mai 2019, req. n° 407401 ; *Act. proc. coll.* 2019, n° 212, obs. L. Fin-Langer ; *RJS* 7/2019, p. 519, concl. S.-J. Lieber.
10. Soc. 18 mai 2022, n° 20-10.953, NP ; *Act. proc. coll.* 2022, 171 ; *RTD com.* 2022. 874, note C. Saint-Alary-Houin.
11. Com. 7 avr. 2009, n° 08-16.884, P ; *D.* 2009. AJ 113 ; *Act. proc. coll.* 2009, n° 150, obs. Bl. Rolland ; *Leden*, juin 2009, p. 2, obs. O. Staes ; *Gaz. Pal.* 26-28 juill. 2009, p. 31, obs. Ph. Roussel Galle ; *RJDA* 2009, n° 982.
12. Soc. 12 juin 2019, n° 17-26.197, P ; *Leden* sept. 2019, p. 4, obs. F. Joly ; *BJT* sept. 2019, p. 21, obs. G. Duchange ; *BJE* sept. 2019. 46, obs. Donnette-Boissière ; *JCP E* 2019, n° 1446, note D. Jacotot ; *JCP S* 2019, n° 1217, note L. Fin-Langer ; *Act. proc. coll.* 2019, n° 211, obs. L. Fin-Langer ; *RPC* 2019, n° 127, obs. P. Cagnoli ; *RPC* 2019, n° 142, obs. F. Taquet ; *RTD com.* 2019. 996, note A. Martin-Serf.

Il en est de même pour la fixation de l'ordre de paiement des créanciers[1], la procédure collective ayant nécessairement une incidence sur ce contentieux. Il faut d'ailleurs signaler que le Conseil des prud'hommes n'a pas les informations nécessaires pour trancher ce litige qui dépend de la solution adoptée par le tribunal de la procédure collective et des autres créanciers, inconnus de la juridiction prud'homale.

822.24 Compétence du tribunal judiciaire pour les actions intentées par les salariés en responsabilité contre les organes de la procédure. L'article R. 662-3 du Code de commerce prévoit une exception à la prorogation de compétence attribuée à la juridiction de la procédure collective, pour les actions en responsabilité civile à l'encontre de l'administrateur, du mandataire judiciaire, du commissaire à l'exécution du plan ou du liquidateur relevant de la compétence du tribunal de grande instance, devenu à compter du 1er janvier 2020, tribunal judiciaire[2].

Cette règle concerne aussi les actions intentées par les salariés à l'encontre de l'un de ces organes de la procédure sur le fondement des articles 1240 et 1241 du Code civil[3]. La chambre sociale de la Cour de cassation a ainsi admis cette action[4].

Le Conseil des prud'hommes n'est pas non plus compétent pour statuer sur la demande incidente en responsabilité formulée par le salarié à l'encontre du liquidateur, dans une action intentée en vue de l'inscription au passif d'une créance salariale[5].

L'action se prescrit par cinq ans en application de l'article 2224 du Code civil issu de la loi du 17 juin 2008. Il commence à courir du jour où le titulaire du droit a connu ou aurait dû connaître les faits lui permettant de l'exercer. Le tribunal territorialement compétent est soit celui du domicile du défendeur soit celui du fait dommageable, le mandataire ou l'administrateur pouvant cependant invoquer le bénéfice de l'article 47 du Code de procédure civile en raison de sa qualité d'auxiliaire de justice, lui permettant d'être attrait devant le tribunal limitrophe de celui devant lequel il exerce habituellement ses mandats.

Le salarié doit alors établir, une faute caractérisée par un manquement à ses obligations, un préjudice et un lien de causalité. Il incombe ainsi à l'administrateur ou au liquidateur de respecter les diverses obligations résultant du droit social[6], comme la convocation des représentants du personnel[7], la délivrance des documents de rupture ou des bulletins de paie, le versement des cotisations sociales[8], l'obligation de reclassement[9], etc. Cette obligation lui incombe également lorsqu'il n'a qu'une mission de surveillance[10].

Il faut cependant noter que depuis l'ordonnance du 18 décembre 2008, cette obligation a été écartée en procédure de sauvegarde lorsqu'il n'a qu'une mission de surveillance.

Ont ainsi été reconnus responsables des administrateurs ou des liquidateurs qui n'avaient pas notifié les licenciements dans les délais requis pour obtenir la garantie de l'AGS[11]. Ils ne peuvent s'exonérer en établissant les difficultés qu'ils avaient de connaître l'existence des salariés[12], difficultés fréquentes en pratique faute d'avoir les informations en temps et en heure notamment. Leur responsabilité est alors engagée à hauteur des sommes résultant de la perte de couverture de l'AGS[13].

Leur faute a été écartée dans le contentieux Metaleurop[14]. La Cour d'appel de Douai avait considéré qu'ils étaient fautifs dans la mesure où ils n'avaient pas sollicité la société mère, co-employeur, au titre de

1. Soc. 3 oct. 1989, n° 87-44.686 ; *Bull. civ.* V, n° 557 ; *D.* 1990. Somm. 216 : la décision a été rendue sous l'empire de la loi de 1985 mais a vocation à perdurer sous l'empire du droit positif.
2. Décr. n° 85-1388, 17 déc. 1985, anc. art. 174 – Par ex. : Com. 5 déc. 2018, n° 17-20.065, P ; *D.* 2018. Actu. 2358 ; *JCP E* 2019, n° 1119, note C. Lebel ; *RJDA* 2019, n° 112 ; *RPC* 2019, n° 3, obs. P. Cagnoli – S. Atsarias et C. Saint-Didier, « La responsabilité civile professionnelle du mandataire judiciaire », *RPC* janv. 2020, dossier 8, p. 69, spéc. n° 14 en droit social.
3. C. civ., anc. art. 1382 et 1383.
4. Soc. 12 févr. 1992, n° 89-44.630, NP.
5. Soc. 19 janv. 2022, n° 19-19.313, P ; *Act. proc. coll.* 2022, n° 41 ; *D. actu.* 8 févr. 2022, obs. Cl. Couëdel ; *Leden* févr. 2022, n° 3, obs. H. de Frémont ; *RPC* 2022, n° 34, obs. D. Jacotot ; *RDT* 2022. 257, obs. S. Mraouahi ; *Dr. sociétés* 2022, n° 68, note P. Legros ; *Gaz. Pal.* 19 avr. 2022, p. 56, obs. G. Berthelot.
6. Sur la question : *RPC* 2003, p. 130, n° 16, obs. Soinne – C. com., art. L. 622-1, III, depuis la L. n° 2005-845, 26 juill. 2005, reprenant l'ancien art. L. 621-22, III.
7. P. Morvan, « Le droit social dans la réforme du droit des entreprises en difficulté », *JCP E* 2005, n° 1511, p. 1751, spéc. p. 1754.
8. Com. 15 nov. 2016, n° 14-28.071, NP ; *RPC* mars 2017, comm. 21, note C. Lebel.
9. Soc. 6 mars 2019, n° 17-26.450, NP ; *BJE* mai 2019. 61, obs. C. Gailhbaud ; *RPC* sept. 2019, comm. 149, obs. D. Jacotot ; *RPC* mai 2019, comm. 60, obs. J. Vallansan ; *Leden* mai 2019, p. 7, obs. H. de Frémont.
10. Com. 15 nov. 2016, n° 14-28.071, NP ; *Gaz. Pal.* 10 janv. 2017, n° 2, p. 60, note Bidan ; *RPC* mars 2017, comm. 21, note C. Lebel.
11. Com. 6 juill. 1993, n° 91-14.707 ; *Bull. civ.* IV, n° 281 – Soc. 10 juill. 2002, n° 00-42.340 ; *Bull. civ.* V, n° 242 ; *D.* 2002. Actu. 2678, obs. A. Lienhard – Soc. 24 mars 2010, n° 09-40.147, NP ; *Gaz. Pal. entr. diff.* 2 juill. 2010, n° 183, p. 36, obs. C. Gailhbaud – Com. 27 sept. 2011, n° 10-24.909, NP – Com. 27 sept. 2011, n° 10-24.910, NP.
12. Soc. 30 sept. 2013, n° 12-12.122, NP ; *Gaz. Pal.* 12 janv. 2014, p. 38, note Ph. Duprat.
13. Com. 27 sept. 2011, n° 10-24.909, NP – Com. 27 sept. 2011, n° 10-24.910, NP.
14. Com. 18 mai 2022, n° 21-12.188, NP ; *D. actu.* 25 oct. 2022, note C. Gailhbaud ; *Act. proc. coll.* 2022. 140.

son obligation de reclassement[1]. Ils pourraient aussi s'exonérer en établissant un cas de force majeure, selon une solution implicite de la Cour de cassation[2].

Ils pourraient aussi engager leur responsabilité à l'égard de l'AGS, en cas de non-respect de la procédure de licenciement ou de reclassement[3], dans la mesure où l'AGS prendra en charge les dommages-intérêts dus aux salariés.

Si les dommages et intérêts liés aux manquements à l'obligation de reclassement sont fixés par une juridiction en l'absence de l'administrateur judiciaire à l'instance, l'administrateur, non partie à la décision fixant les dommages et intérêts, ne peut être condamné au titre de sa responsabilité à indemniser la différence entre cette somme et la part de ces dommages et intérêts prise en charge par l'AGS. Il appartient au contraire à la juridiction entrant en voie de condamnation contre l'administrateur judiciaire d'évaluer concrètement le préjudice résultant pour le salarié des manquements de l'administrateur à son obligation de reclassement en le mesurant à la chance qu'aurait eu le salarié concerné de retrouver un emploi si cette obligation avait été correctement remplie[4].

822.25 Compétence du tribunal judiciaire pour les actions intentées par les salariés en responsabilité contre la société mère. Le TGI devenu tribunal judiciaire depuis le 1er janvier 2020 est également compétent pour statuer sur une demande des salariés la responsabilité de la société mère dans un groupe de sociétés[5]. La Cour de cassation a apporté cette précision dans un arrêt important du 13 juin 2018[6]. Elle a indiqué qu'il s'agissait d'une action en responsabilité délictuelle fondée sur les articles 1240 et 1241 du Code civil. N'étant pas l'employeur des salariés, le Conseil des prud'hommes n'est pas compétent. Par ailleurs, le tribunal de la procédure collective ne l'est pas non plus en vertu de l'article R. 662-3 du Code de commerce, cette action existant indépendamment de l'ouverture du redressement puis de sa liquidation judiciaire.

La Cour de cassation considère qu'il ne faut pas prendre en compte le préjudice subi par les salariés, à savoir la perte de leur contrat suite à la liquidation judiciaire mais l'existence de fautes antérieures à l'ouverture de la procédure collective.

Sur le fond, pour engager la responsabilité de la société mère, il faut caractériser la faute, le préjudice et le lien de causalité[7]. La faute de la « grand-mère », actionnaire indirect de la société placée en liquidation judiciaire, a pu être reconnue dans l'arrêt Lee Cooper France[8], en raison de prêts injustifiés, de transfert à titre gratuit de licence, factures non acquittées par les autres sociétés du groupe, constitution de garantie pour des dettes d'autres sociétés[9]. Elle a en revanche été écartée dans le cadre d'une cession de contrôle, la société cédante n'ayant aucune obligation de s'assurer de la viabilité du projet de reprise réalisée un peu plus d'un mois avant l'ouverture de la procédure collective de la société cible[10].

Dans tous les cas, cette action reste pourtant difficile. Par ailleurs, la réparation ne doit concerner que le préjudice et non aller au-delà. Ne peut ainsi pas être réparée la perte injustifiée de l'emploi par les dommages-intérêts, dès lors que les salariés ont pu obtenir les indemnités pour défaut de cause réelle et sérieuse[11].

822.26 Compétence du tribunal de commerce pour les actions intentées par le liquidateur en res-

1. Douai, 10 déc. 2020, 18/05669 ; *Act. proc. coll.* 2021, n° 27, F. Petit.
2. Soc. 30 sept. 2013, n° 12-12.122, NP ; *Gaz. Pal.* 12 janv. 2014, p. 38, note Ph. Duprat.
3. Paris, 13 oct. 2015, RG n° 14/19455 ; *Leden* 2015, comm. 167, F.-X. Lucas.
4. Soc. 6 mars 2019, n° 17-26.450, NP ; *BJE* mai 2019. 61, obs. C. Gailbhaud ; *RPC* sept. 2019, comm. 149, obs. D. Jacotot ; *RPC* mai 2019, comm. 60, obs. J. Vallansan ; *Leden* mai 2019, p. 7, obs. H. de Frémont.
5. G. Loiseau, « Le coup de grâce », *JCP S* 2018. Actu. 167 – Y. Pagnerre, « Une mère indigne », *JCP S* 2018. Actu. 252 – A. Fabre, « De la faute retrouvée dans la contestation des suppressions d'emplois », *RDT* 2018. 570.
6. Soc. 13 juin 2018, n° 16-25.873, *DMI*, P ; *Dr. sociétés* nov. 2018, comm. 196, Legros Ph ; *JCP S* 2018, n° 1291, note A. Bugada ; *Procédures* n° 8-9, août 2018, comm. 259, note B. Rolland ; *Act. proc. coll.* 2018, 188, note L. Fin-Langer ; *Leden* sept. 2018, p. 7, obs. G. Dedessus-Le Moustier ; *BJT* oct. 2018, p. 113, note J. Icard.
7. E. Schlumberger, « La responsabilité délictuelle de l'entité dominante du groupe à l'égard de ses salariés » ; *BJS* mars 2019, p. 46.
8. Soc. 24 mai 2018, n° 16-22.881, P ; *D.* 2018. 1158 ; *Rev. sociétés* 2018. 604, note A. Couret ; *D.* 2018. 1158 ; *BRDA* 13/18, n° 2 ; *RJDA* 11/2018, n° 839 ; *JCP E* 2018, n° 1434, note J. Grangé, Fl. Aubonnet et Fl. Terroux-Sfar ; *Dr. sociétés* n° 11, nov. 2018, comm. 195, obs. Ph. Legros ; *BJS* 2018/9, p. 552, note E. Mouial-Bassilana ; *RPC*, sept. 2018, comm. 156, note D. Jacotot.
9. V. pour un autre exemple de faute : avoir déclaré au passif d'une filiale une créance, correspondant au financement d'un PSE adopté dans un redressement qui a été par la suite converti en liquidation : Soc. 1er juin 2023, n° 21-22.857, P ; *D. actu.* 21 juin 2023, obs. L. Malfettes ; *Gaz. Pal.* 2023, n° 20, p. 26, obs. C. Berlaud ; *JCP S* 2023, n° 1183, note J.-Y. Kerbourc'h ; *RPC* sept. 2023, n° 83, obs. F. Taquet ; *Act. proc. coll.* 2023, n° 194, obs. L. Fin-Langer ; *Leden* sept. 2023, p. 6, obs. H. de Frémont ; *BJS* sept. 2023, p. 20, obs. G. Auzero.
10. Com. 1er mars 2023, n° 21-14.787, P ; *BJS* mai 2023, p. 33, obs. L. Fin-Langer ; *Rev. sociétés* 2023. 443, note N. Morelli ; *RDT* 2023. 333, chron. M. Kocher et K. Magnier-Merran ; *RTD civ.* 2023. 352, obs. H. Barbier ; *Leden* avr. 2023, p. 1, obs. F.-X. Lucas ; *Gaz. Pal.* 20 juin 2023, p. 54, obs. M. Caffin-Moi ; *Act. proc. coll.* 2023, n° 74 ; *Dr. sociétés* juin 2023, comm. 68, obs. R. Mortier ; *RPC* juill. 2023, Études 6, O. Debeine et G. Rupin.
11. Soc. 24 mai 2018, n° 16-18.307, NP ; *RPC* nov. 2018, comm. 196, F. Taquet.

ponsabilité contre la société mère. La Cour de cassation a également affirmé que sont compétentes les juridictions de droit commun lorsque c'est le liquidateur qui assigne la société mère en responsabilité[1]. Le litige ne relève pas du Conseil des prud'hommes faute de contrat de travail et de l'indépendance des deux litiges. Étant un litige entre deux sociétés commerciales le plus souvent, le tribunal de commerce est alors compétent. En vertu de l'article 49 du Code de procédure civile, ce sera celui du lieu du fait dommageable ou celui dans le ressort duquel le dommage a été subi. Le dommage peut ainsi être constitué par la liquidation judiciaire d'une filiale, suite à une faute de la société mère. Le tribunal compétent sera alors celui du siège social de la filiale.

822.27 **Compétence en cas de faillite internationale.** En cas de faillite communautaire, deux séries de textes sont susceptibles de s'appliquer : d'une part, le règlement CE n° 44/2001 du 22 décembre 2000 remplacé par le règlement n° 1215/2012 du 12 décembre 2012, entré en vigueur le 10 janvier 2015, concernant la compétence judiciaire, la reconnaissance et l'exécution des décisions en matière civile et commerciale qui définissent les règles de conflit de juridictions, notamment en matière de contrat de travail ; d'autre part, le règlement CE n° 1346/2000 du 29 mai 2000 relatif aux procédures d'insolvabilité, remplacé aujourd'hui par le règlement UE n° 2015/848 du 20 mai 2015 posant des règles de conflit de juridictions spécifiques dans ce domaine. *A priori*, la ligne de partage est claire, puisque les articles 1 des règlements du 22 décembre 2000 et du 12 décembre 2012 excluent la faillite de leur champ d'application. En sont également exclues les décisions qui dérivent directement de la procédure d'insolvabilité et qui s'y insèrent étroitement[2].

La Cour de cassation a précisé que le litige relatif à la rupture du contrat de travail du salarié et aux créances salariales ne relève pas de la procédure d'insolvabilité, ainsi que cela résulte des articles 4 et 10 du règlement CE n° 1346/2000 du 29 mai 2000 relatif aux procédures d'insolvabilité. La compétence juridictionnelle pour connaître de ce litige doit être déterminée en application de l'article 19 du règlement CE n° 44/2001 du 22 décembre 2000 concernant la compétence judiciaire, la reconnaissance et l'exécution des décisions en matière civile et commerciale, malgré l'ouverture de la procédure collective à l'encontre de l'employeur[3]. Par conséquent, il ne s'agit pas d'un contentieux dérivant de la procédure collective. N'est donc pas compétente la juridiction ouvrant la procédure collective, ce contentieux relevant de la juridiction du lieu d'exécution principale de la prestation de travail.

Il en est de même du contentieux intenté par un salarié qui soulevait le non-respect des règles relatives au transfert d'entreprise[4]. La Cour de cassation s'attache ainsi au fondement invoqué pour écarter la compétence de la juridiction de la procédure collective et pour exclure la qualité de litige connexe.

SECTION 2
DIFFICULTÉS PROCÉDURALES

§ 1
Présentation du problème

822.31 **Aménagements procéduraux limités par le Code de commerce aux contentieux des relevés des créances salariales et du refus de garantie de l'AGS.** Un régime particulier a été édicté par le Code de commerce pour deux contentieux précis : celui de la contestation des relevés des créances salariales[5] et celui du refus de l'AGS de garantir les créances[6]. Ces aménagements ont pour objectif d'accélérer la procédure afin de fixer au plus vite le passif salarial, qui sera ensuite pris en compte pour trouver une solution la plus globale possible.

Il faut cependant indiquer que l'existence d'une contestation portant sur certaines créances n'est pas un obstacle à l'adoption du plan, qui prévoit le règlement des créances déclarées, même si elles sont contestées. Le juge saisi de la demande d'arrêté du plan de sauvegarde ou de redressement ne peut pas statuer

1. Soc. 22 janv. 2020, n° 17-31.266, P ; *Gaz. Pal.* 21 avr. 2020, p. 86, note C. Gailhbaud ; *Leden* mars 2020, p. 6, note F. Joly ; *JCP E* 2020, n° 1117, note S. Brissy.
2. CJCE 22 févr. 1979, aff. 133/78, *Gourdain c/ Nadler ; Rev. crit. DIP* 1979. 657 – Cons. UE, règl. (CE) n° 1346/2000, 29 mai 2000, consid. 6 – JCl. Europe Traité, fasc. 3000, « Convention de Bruxelles / Conventions de Lugano. Règlement (CE) n° 44/2001 / Règlement (UE) n° 1215/2012 – Généralités et champs d'application », par J.-P. Beraudo et M.-J. Beraudo, n°s 105 s.
3. Soc. 28 oct. 2015, n° 14-21.319, P ; *JCP S* 2015, n° 1477, note L. Fin-Langer ; *RPC* 2016, n° 53, obs. L. Fin-Langer ; *RPC* 2016, n° 175, obs. M. Menjucq ; *Rev. crit. DIP* 2016. 534, note F. Jault-Seseke ; *D.* 2016. 1045, obs. H. Gaudemet-Tallon et F. Jault-Seseke – déjà : Paris, 30 mars 1990 ; *JDI* 1992. 187 et pour une solution implicite : Soc. 27 nov. 2013, n° 12-20.426, P ; *JCP S* 2014, n° 1155, note A. Piacitelli-Guedj.
4. Soc. 8 déc. 2021, n° 20-13.905, P ; *JCP E* 2022, n° 1163, n° 2, note B. Tehrani ; *Act. proc. coll.* 2022, n° 23, obs. V. Legrand ; *BJS* 2/2022. 41, note D. Robine et F. Jault-Seseke ; *RPC* 2022, n° 35, obs. D. Jacotot ; *RPC* 2022, n° 69, obs. T. Mastrullo.
5. C. com., art. L. 625-1 – Sur le contentieux des relevés des créances salariales, v. s^s^ n°s 821.11 s.
6. C. com., art. L. 625-4 – Sur le contentieux du refus de garantie par l'AGS, v. s^s^ n°s 732.11 s., 821.11 s.

sur la créance ni différer sa décision [1]. Cette solution rendue pour une créance non salariale a vocation à s'appliquer aux créances salariales.

La question qui se pose est de savoir si ces dérogations concernent tous les litiges dès lors que l'employeur est en sauvegarde, en redressement ou en liquidation judiciaire ou s'il convient d'appliquer uniquement les règles de la procédure prud'homale. Certaines solutions ont été apportées par la Cour de cassation, conduisant soit à une extension de certains mécanismes soit à une application stricte des dérogations ; d'autres en revanche restent en suspens.

§ 2
Application des aménagements procéduraux prévus par le Code de commerce

822.41 Mise en cause des organes de la procédure et de l'AGS. Il semble nécessaire de mettre en cause les organes de la procédure ainsi que l'AGS, sauf s'il s'agit d'une procédure de sauvegarde, comme pour les contentieux en cours au jour du jugement d'ouverture [2].

822.42 Dispense du préalable de conciliation. Le Code de commerce a écarté une règle importante de la procédure prud'homale, à savoir le préalable obligatoire de conciliation. Dès lors les contentieux relatifs aux relevés des créances salariales et au refus de l'AGS de les garantir sont portés directement devant le bureau de jugement [3]. Qu'en est-il des autres contentieux ?

La Cour de cassation a répondu à cette interrogation en interprétant largement cette exception. Elle a ainsi appliqué la dispense de conciliation pour une demande de condamnation au versement de dommages-intérêts suite à un licenciement pour motif économique irrégulier [4].

Elle a été plus loin puisqu'elle a admis également que le bureau de jugement est saisi directement d'une demande d'indemnisation dirigée non pas seulement contre le débiteur mais également contre le cessionnaire désigné en vertu d'un plan de cession [5]. La Cour indique que : « le bureau de jugement du conseil de prud'hommes est seul compétent pour connaître des litiges relatifs aux créances qui doivent figurer sur le relevé des créances salariales dès lors que le salarié entend obtenir la mise en œuvre de la garantie de l'AGS ; que la dispense du préliminaire de conciliation s'applique aussi à la demande en paiement formée contre la société cessionnaire dans la même instance et pour la même créance indemnitaire ». La Cour, dans ces décisions, affirme que le bureau de jugement est non seulement compétent mais également qu'il est le seul. Le BCO ne peut donc pas être saisi.

Par ailleurs, la portée de ces décisions est très large puisqu'elles visent tous les litiges relatifs aux créances qui doivent figurer sur un relevé et résultant d'un contrat de travail. Il s'agit potentiellement de tous les contentieux qui peuvent aboutir au versement d'une somme, quelle que soit sa nature (salaire, indemnité, dommages-intérêts, participation, etc.). Elle nuance cependant son propos en indiquant que le salarié entend obtenir la mise en œuvre de la garantie AGS.

822.43 Absence de condamnation au paiement. L'article L. 625-6 du Code de commerce indique que « les décisions rendues par la juridiction prud'homale sont portées sur l'état des créances déposé au greffe ». Il ne fait donc aucune distinction selon la date d'ouverture de l'instance et concerne donc toutes les décisions, même celles qui seraient rendues pour des instances ouvertes après le jugement d'ouverture. Cette solution s'applique y compris lorsque l'entreprise est redevenue *in bonis* suite à l'adoption d'un plan de sauvegarde, pour une créance d'indemnisation suite à une faute antérieure au jugement d'ouverture [6]. La Cour a d'ailleurs indiqué que cette absence de condamnation au paiement concernait aussi les créances postérieures au jugement d'ouverture [7].

§ 3
Refus d'appliquer les aménagements procéduraux prévus par le Code de commerce

822.51 Refus d'étendre le délai de forclusion de deux mois aux autres demandes. Le délai de deux

1. Com. 20 mars 2019, n° 17-27.527, P ; *RPC* mai 2019, obs. M. H. Monsérié-Bon ; *Act. proc. coll.* 2019, comm. 90, obs. P. Cagnoli ; *D.* 2019. 637 ; *Rev. sociétés* 2019. 426, obs. Ph. Roussel-Galle ; *D.* 2019. Pan. 1912, obs. F.-X. Lucas ; *RTD com.* 2019. 762, obs. A. Martin-Serf ; *JCP E* 2019, n° 1375, n° 9, note Ph. Pétel ; *Leden* juin 2019, 6, obs. E. André ; *RJDA* 2019, n° 449 ; *BJE* juill. 2019 21, note H. Poujade.
2. Sur la mise en cause de l'AGS dans les instances prud'homales en cours, v. ss n° 812.31.
3. Sur la dispense de conciliation dans les contentieux en contestation du relevé des créances salariales et du refus de garantie de l'AGS, v. ss n° 821.22.
4. Soc. 23 oct. 2012, n° 11-15.530 ; *Bull. civ.* V, n° 272 ; *Gaz. Pal.* 19 janv. 2013, note C. Gailhbaud ; *Act. proc. coll.* 2012, n° 299, obs. L. Fin-Langer ; *JCP S* 2013, n° 1039, note L. Fin-Langer ; *Leden* déc. 2012, obs. G. Dedessus-Le Moustier, p. 7 ; *CSBP*, déc. 2012, obs. F. J. Pansier.
5. Soc. 29 oct. 2010, n° 08-43.202, NP ; *JCP S* 2011, n° 1032, note S. Brissy.
6. Soc. 8 janv. 2020, n° 18-11.172, NP ; *Act. proc. coll.* 2020, n° 49 ; *Leden* avr. 2020, p. 5, obs. F. Joly.
7. Soc. 8 avr. 1992, n° 89-43.284 ; *Bull. civ.* V, n° 252 ; *D.* 1992. IR 187 – Sur l'absence de condamnation au paiement, v. ss n° 812.41.

mois, prévu à peine de forclusion pour le contentieux du relevé des créances salariales par l'article L. 625-1 du Code de commerce n'a pas fait l'objet d'une interprétation extensive de la part de la Cour de cassation, qui l'a cantonné à ce seul contentieux même si cette demande aboutit de manière accessoire à une modification du relevé des créances salariales.

Elle a ainsi refusé de l'appliquer au contentieux de l'indemnisation liée aux irrégularités de forme ou de fond du licenciement pour motif économique[1] ou en raison d'une insuffisance du plan de sauvegarde de l'emploi[2]. Dans ces décisions, la Cour de cassation a précisé que les salariés ne pouvaient se voir opposer cette forclusion, quand bien même ils auraient directement saisi le bureau de jugement de leurs demandes et auraient donc invoqué des dispositions spécifiques du Code de commerce.

Il s'agit désormais d'une jurisprudence constante[3], rendue dans un souci de favoriser les salariés, puisqu'elle écarte un délai court, prévu à peine de forclusion au profit des délais de prescription applicables en dehors des procédures collectives. Ces délais n'ont pas cessé d'être réformés au fur et à mesure des réformes successives, dans le sens d'une réduction.

Ainsi, le délai prévu pour les actions en paiement ou répétition des salaires a été réduit de cinq à trois ans[4]. Elle semble ne concerner que les salaires *stricto sensu* mais non les actions portant sur le paiement de prime[5]. La Cour affirme désormais que « La durée de la prescription étant déterminée par la nature de la créance invoquée, l'action en paiement d'un rappel de salaire fondée sur l'invalidité d'une convention de forfait en jours est soumise à la prescription triennale prévue par l'article L. 3245-1 du Code du travail »[6].

L'action portant sur la rupture du contrat, quelle qu'elle soit, est désormais enfermée dans un délai d'un an, à compter de la notification du licenciement ou de la rupture[7]. Les actions relatives à l'exécution du contrat sont soumises à délai de prescription de deux ans[8].

En matière de discrimination et de harcèlement, le délai est de cinq ans[9]. Enfin, la dénonciation du reçu pour solde de tout compte est réalisable dans un délai de six mois.

Ces différentes règles peuvent donner lieu à des discussions et des solutions divergentes, notamment pour l'action en requalification d'un CDD en CDI, la jurisprudence utilisant plusieurs délais de prescription[10], le délai finalement retenu est celui de deux ans relatif à l'exécution du contrat[11].

À défaut de délai particulier, il convient d'appliquer le délai de droit commun, à savoir 5 ans (C. civ., art. 2224), comme en matière de reconnaissance de la qualité de co-employeur[12].

Par ailleurs, la plupart de ces délais peuvent faire l'objet d'aménagement par une clause du contrat de travail[13].

Il faut également noter que le point de départ du délai de prescription peut être flottant : le délai court à compter du jour où le titulaire du droit a connu ou aurait dû connaître les faits lui permettant d'exercer

1. Soc. 4 juill. 2000, n° 98-45.502, NP.
2. Soc. 11 oct. 2006, n° 04-47.950 ; *Bull. civ.* V, n° 304 ; *D.* 2006. IR 2624 ; *Act. proc. coll.* 2006, n° 244, obs. L. Fin-Langer ; *JCP S* 2007, n° 1023, note J. F. Césaro.
3. Soc. 4 juill. 2000, n° 98-40.765 ; *Bull. civ.* V, n° 266 ; *Act. proc. coll.* 2000, comm. 185 – Soc. 20 févr. 2002, n° 99-46.267, NP ; *Act. proc. coll.* 2002, comm. 125 – Soc. 15 janv. 2003, n° 00-46.150, NP – Soc. 4 juin 2003, n° 01-41.515, NP – Soc. 31 mars 2004, n° 02-41.753, NP ; *RJS* 2004, n° 695 – Soc. 25 janv. 2005, n° 02-42.727, NP ; *RJS* 2005, n° 387 – Soc. 14 juin 2005, n° 03-46.065, NP ; *RJS* 2005, n° 848 – Soc. 10 janv. 2006, n° 03-46.449, NP.
4. C. trav., art. L. 3245-1.
5. Soc. 20 nov. 2019, n° 18-20.208, P ; *D.* 2019. 2305 ; *Act. proc. coll.* 2020, n° 8 ; *JCP S* 2019, n° 1372, note F. Dumont ; *RPC* janv. 2020, comm. 11, obs. F. Taquet.
6. Soc. 30 juin 2021, n° 18-23.932, P ; *D. actu.* 20 juill. 2021, obs. Cl. Couëdel ; *JCP S* 2021, n° 1219, note Y. Guyot – Soc. 30 juin 2021, n°s 19-10.161, 19-14.543, 20-12.960, P ; *D. actu.* 20 juill. 2021, obs. Cl. Couëdel ; *Dr. soc.* 2021. 853, obs. C. Radé ; *RDT* 2021. 577, note D. Baugard ; *RPC* 2021. Comm. 133, note F. Taquet.
7. C. trav., art. L. 1471-1, L. 1237-14, L. 1235-7, L. 1233-67 et L. 1237-14.
8. C. trav., art. L. 1471-1.
9. C. trav., art. L. 1134-5 et L. 1152-1 et L. 1153-1.
10. Pour des décisions appliquant le délai de droit commun (cinq ans) : Soc. 22 nov. 2017, n° 16-16.561 ; *Bull. civ.* V, n° 199 ; *RDT* 2017. 812, obs. F. Guiomard ; *JCP S* 2018. 1036, note F. Bousez ; *Act. proc. coll.* 2018, n° 10 ; *Procédures* janv. 2018, comm. 13, A. Bugada ; *CSBP* juin 2018, p. 291, obs. J. Icard ; *D.* 2018. 813, obs. P. Lokiec et J. Porta ; *Dr. soc.* 2018. 209, obs. J. Mouly – Soc. 18 mai 2004, n° 01-45.622, NP – Soc. 9 avr. 2014, n° 12-29.418, NP – Pour des décisions appliquant le délai de deux ans relatif à l'exécution du contrat de travail : Soc. 31 janv. 2018, n° 16-23.602, NP – Soc. 3 mai 2018, n° 16-26.437, FSPB ; *D. actu.* 22 mai 2018, obs. Cl. Couëdel ; *Dr. soc.* 2018. 765, obs. J. Mouly ; *JCP E* 2018, n° 49, p. 34, note L. Dauxerre ; Lexbase Hebdo, éd. soc., 17 mai 2018, obs. C. Rade ; *CSPB* juin 2018, p. 291, obs. J. Icard ; *Procédures* 2018, comm. 215, obs. A. Bugada ; *RPC* sept. 2018, comm. 163, F. Taquet.
11. Soc. 29 janv. 2020, n° 18-15.359, P ; *JCP S* 2020, n° 1081, note F. Bousez ; *Dr. soc.* 2020. 847, ét. Bento de L. Carvalho s. Tournaux ; *RDT* 2020. 114, obs. D. Baugard ; *D. actu.* 27 févr. 2020, obs. L. Malfettes ; *Gaz. Pal.* 24 mars 2020, n° 12, p. 21, comm. C. Lefer ; *RPC* mars 2020, F. Taquet.
12. Soc. 15 janv. 2025, n° 23-11.765, P ; *Procédures* avr. 2025, comm. 91, A. Bugada ; *JCP S* 2025, n° 1073, note Y. Pagnerre ; *BJT* févr. 2025, p. 14, obs. S. Ranc.
13. Soc. 22 nov. 2017, n° 16-16.561 ; *Bull. civ.* V, n° 199 ; *RDT* 2017. 812, obs. F. Guiomard ; *JCP S* 2018, n° 1036, note F. Bousez ; *Act. proc. coll.* 2018, n° 10 ; *Procédures* janv. 2018, comm. 13, A. Bugada ; *CSBP* juin 2018, p. 291, obs. J. Icard ; *D.* 2018. 813, obs. P. Lokiec et J. Porta ; *Dr. soc.* 2018. 209, obs. J. Mouly.

l'action[1]. Le point de départ peut aussi être fixe, comme en matière de contentieux relatif à la rupture du contrat, le point de départ étant la notification de la rupture[2]. Cela a été confirmé pour le contentieux résultant d'une indemnisation des salariés suite à une annulation de la décision administrative d'homologation du PSE, alors que le salarié n'était pas partie au contentieux administratif[3]. La nouvelle rédaction des textes issue de la réforme du 22 septembre 2017 va d'ailleurs dans ce sens, tous les textes concernant la rupture étant rédigés de la même manière[4].

Par ailleurs, le délai butoir de vingt ans s'applique à la matière sociale et court à compter de la naissance du droit[5]. Mais la Cour de cassation en fait une interprétation favorable au salarié en se fondant sur l'article 6 de la Convention européenne de sauvegarde des droits de l'homme : ce délai ne peut priver le salarié de son droit d'agir en justice. Par conséquent, en matière de retraite, le salarié ne peut agir en justice qu'à compter de la liquidation de ces droits à la retraite. Le délai butoir ne peut donc pas être opposé au salarié[6].

822.52 Assistance et représentation par le représentant des salariés. Lors du contentieux portant sur le relevé des créances salariales et sur le refus de l'AGS de garantir certaines créances, le salarié peut se faire assister ou représenter par le représentant des salariés. Qu'en est-il des autres contentieux ?

La difficulté provient de l'article R. 1453-2 du Code du travail qui dresse une liste jugée limitative des personnes habilitées à assister ou à représenter les parties dans un procès prud'homal. Or, il ne fait aucune référence à ce représentant. On peut imaginer qu'il pourrait jouer ce rôle dans les autres contentieux, non pas en cette qualité, mais en tant que salarié appartenant à la même branche d'activité. La question n'a pas été tranchée par la Cour de cassation à notre connaissance.

1. Soc. 14 nov. 2013, nº 12-17.049, NP ; *JCP S* 2014, nº 1069 – Soc. 25 sept. 2013, nº 12-17.409 ; *Bull. civ.* V, nº 271 ; *Act. proc. coll.* 2013, nº 256 ; *D.* 2013. 2703 ; *RDT* 2014. 475, obs. G. Pignarre ; *JCP S* 2014, nº 1069, note H. Guyot.
2. Soc. 6 déc. 2017, nº 16-10.220 ; *Bull. civ.* V, nº 205 ; *RDT* 2018. 392, obs. J. Morin ; *D.* 2017. Actu. 2540 ; *RJS* 2/2018, nº 106 ; *JCP S* 2018, nº 1005, note G. François ; *CSBP* janv. 2018, p. 25, obs. L. Bento De Carvalho – Soc. 11 sept. 2019, nº 18-18.414, P ; *D. actu.* 8 oct. 2019, obs. V. Ilieva ; *D.* 2019. Actu. 1766 ; *SSL* 2019, nº 880, p. 11, obs. S. Tournaux ; *Act. proc. coll.* 2019, nº 255 ; *RPC* nov. 2019, comm. 172, obs. F. Taquet ; *Leden* nov. 2019, p. 7, obs. F. Joly : ce point de départ s'applique y compris pour les demandes d'indemnisation résultant d'une annulation d'un PSE après une action en justice intentée devant les juridictions administratives par un autre salarié.
3. Soc. 8 juill. 2020, nº 18-25.352, FS-P+B ; *Act. proc. coll.* 2020, nº 205 ; *RPC* 2020, Comm. 134, obs. F. Taquet.
4. C. trav., art. L. 1471-1, art. L. 1235-7, art. L. 1237-14.
5. C. civ, art. 2232.
6. Soc. 3 avr. 2019, nº 17-15.568, P ; *D.* 2019. 339, note I. Ta ; *D.* 2020. 353, obs. M. Mekki ; *RTD civ.* 2019. 596, obs. H. Barbier ; *RDT* 2019. 401, note A.-S. Ginon ; *JCP E* 2019, Doctr. 749, obs. G. Loiseau.

Principales abréviations utilisées

	signifie
A.	arrêté
a.	autres
Act. proc. coll.	*Actualité des procédures collectives*
Adde	ajouter
aff.	affaire
AGS	Association de garantie des salaires
AJ	partie « Actualité juridique » (recueil *Dalloz*)
al.	alinéa
ALD	*Actualité législative Dalloz* (anct *Bulletin législatif Dalloz*)
amend.	amendement
anct	anciennement
art.	article(s)
Avis	Cour de cassation, avis
Banque	*Banque*
Banque et droit	*Banque et droit*
BDE	Bibliothèque de droit des entreprises
bibl.	bibliothèque
BICC	*Bulletin d'information de la Cour de cassation*
BJE	*Bulletin Joly – Entreprises en difficulté*
BJS	*Bulletin Joly – Sociétés*
BO	*Bulletin officiel*
Bodacc	*Bulletin officiel des annonces civiles et commerciales*
BRDA	*Bulletin rapide de droit des affaires*
bull.	bulletin
Bull. IFPPC	*Bulletin de l'Institut français des praticiens des procédures collectives*
Bull. civ.	*Bulletin des arrêts des chambres civiles de la Cour de cassation*
Bull. Joly	*Bulletin Joly* (mensuel d'information des sociétés)
C. civ.	Code civil
C. com.	Code de commerce
C. pén.	Code pénal
C. pr. civ.	Code de procédure civile
C. trav.	Code du travail
c/	contre (Dupond c/Durand)
CAA	cour administrative d'appel
Cass.	Cour de cassation
Cass. ch. mixte	Cour de cassation, chambre mixte
CCH	Code de la construction et de l'habitation
CE	Conseil d'État
CEDH	Cour européenne des droits de l'Homme
CGI	Code général des impôts
ch.	chambre
ch. civ.	chambre civile
ch. soc.	chambre sociale
chron.	chronique, aussi partie « Chronique » (dans divers recueils et revues)
Circ.	circulaire
Civ.	Cour de cassation, chambre civile (jusqu'en octobre 1952)
Civ. 1re	Cour de cassation, première chambre civile
Civ. 2e	Cour de cassation, deuxième chambre civile
Civ. 3e	Cour de cassation, troisième chambre civile
CJCE	*Cour de justice des Communautés européennes*

CJUE *Cour de justice de l'Union européenne*
COJ Code de l'organisation judiciaire
coll. collection
Com. Cour de cassation, chambre commerciale
comm. commentaire
Comp. comparer (avec)
concl. conclusion(s)
Cons. const. Conseil constitutionnel
Contra en sens contraire
conv. convention
Corri comité régional de restructuration industrielle
CPI Code de la propriété intellectuelle
Crim. Cour de cassation, chambre criminelle
crit. critique(s)
cts consorts

D. Affaires *Dalloz Affaires*
D. *Dalloz* (recueil)
D. décret
déb. débats
Defrénois *Répertoire du notariat Defrénois*
DH *Dalloz hebdomadaire*
DPDE *Dictionnaire permanent Difficultés des entreprises*
(dir.) sous la direction de
Dir. directive communautaire
doc. adm. documents administratifs (du *Journal officiel,* AN ou Sénat)
doctr. partie « Doctrine » (dans divers recueils et revues)
DP *Dalloz périodique*
Dr. et patr. *Droit et patrimoine*
Dr. et proc. *Droit et procédures*
Dr. ouvrier *Droit ouvrier*
Dr. soc. *Droit social*
Dr. sociétés *Droit des sociétés*

éd. édition
esp. espèce

fasc. fascicule

Gaz. Pal. *Gazette du Palais*
Gaz. proc. coll. *Gazette des procédures collectives*

IFPPC Institut français des praticiens des procédures collectives
instr. instruction
interv. intervention
IR partie « Information rapide » (dans le recueil Dalloz)

J.-C. Juge-commissaire
J.-Cl. Com. *Juris-Classeur Commercial*
J.-Cl. Procédures collectives *Juris-Classeur Procédures collectives*
J.-Cl. Travail Traité *Juris-Classeur Travail Traité*
JCP CI *Juris-Classeur périodique*, édition commerce et industrie (jusqu'en 1984)
JCP E *Juris-Classeur périodique*, édition entreprise (depuis 1984)
JCP G *Juris-Classeur périodique*, édition générale
JCP N *Juris-Classeur périodique*, édition notariale
JDI *Journal du droit international* (Clunet)
Jex juge de l'exécution
JO *Journal officiel*
JOAN CR / JO Sénat CR *Journal officiel* (débats parlementaires et réponses ministérielles à questions orales)
JOAN Q / JO Sénat Q *Journal officiel* (réponses ministérielles à questions écrites)
JOCE *Journal officiel des Communautés européennes*
JOUE *Journal officiel de l'Union européenne*
jur. partie « Jurisprudence » (dans divers recueils et revues)
JurisData *Juris-Data* (banque de données juridiques)

L. loi
L. fin. loi de finances
LAMY AFFAIRE *Lamy droit des affaires*
Leden *L'essentiel Droit des entreprises en difficultés*
lég. partie « législation » (dans divers recueils et revues)
LPA *Petites affiches* (Les)
LXB / LXB hebdo Lexbase / Lexbase hebdo

Me Maître
Melle Mademoiselle
Mme Madame
min. ministre (ministère)
mod. par modifié par

MSA Mutualité sociale agricole
NP Arrêt non publié au *Bulletin des arrêts de la Cour de cassation* ou au *Recueil Lebon*
n$^{o(s)}$ numéro(s)

obs. observation(s)
obs. approb. observations approbatives
obs. crit. observations critiques
ord. ordonnance
ord. juge instr. ordonnance du juge d'instruction
ord. réf. ordonnance de référé

p. page(s)
P. publié au *Bulletin des arrêts de la Cour de cassation*
pan. partie « Panorama » (dans divers recueils et revues)
préc. précité

Quot. jur. *Quotidien juridique*

Rapp. rapport
rappr. rapprocher de
Rec. *Recueil des décisions du Conseil constitutionnel*
Rec. N *Recueil numérique de la jurisprudence de la Cour de justice de l'Union européenne*
recomm. recommandation
réd. rédaction
réf. référés
réf. cit. références citées
RÉP. COM. *Encyclopédie Dalloz,* Répertoire de droit commercial
rép. min. réponse ministérielle
Req. Cour de cassation, chambre des requêtes
req. requête
Rev. crit. DIP *Revue critique de droit international privé*
Rev. huissiers *Revue des huissiers de justice*
Rev. proc. coll. *Revue des procédures collectives* (devenue en 1999, *Revue des procédures collectives civiles et commerciales,* même abréviation)
RSC *Revue de science criminelle et de droit pénal comparé*
Rev. sociétés *Revue des sociétés*
RG numéro d'inscription d'une affaire au registre du greffe
RJ com. *Revue de jurisprudence commerciale*
RJDA *Revue de jurisprudence de droit des affaires*
RJS *Revue de jurisprudence sociale*
RTD civ. *Revue trimestrielle de droit civil*
RTD com. *Revue trimestrielle de droit commercial*

s. suivants (et —)
S. *Sirey*
SA société anonyme
Sarl société à responsabilité limitée
sect. section
sect. civ. section civile
Soc. Cour de cassation, chambre sociale
somm. partie « Sommaire » (dans divers recueils et revues)
spéc. spécialement
s^{s} sous (voir sous —)
sté société

t. tome
T. com. tribunal de commerce
th. thèse

v. voir
Vie jud. *Vie judiciaire*
V^{o} (V^{is}) *Verbo (Verbis)*

Index alphabétique

A

Absence d'interruption des instances prud'homales en cours au jour du jugement d'ouverture
- conséquences, 811.51
- énoncé du principe, 811.31
- nécessité d'une instance devant le conseil des prud'hommes, 811.41
- nécessité d'une instance en cours, 811.42
- ▶ V. aussi *Conditions de la poursuite régulière de l'instance prud'homale en cours*

Accord conclu moins de 18 mois avant l'ouverture de la procédure collective
- créance non couverte par l'AGS, 723.44

Accord de conciliation
- constat, 022.24
- échec, 022.23
- homologation, 022.25
- inexécution, 022.26

Accords collectifs
- mise en cause, 431.71

Acte de gestion courante
- conclusion du contrat de travail en redressement judiciaire, 312.41
- conclusion du contrat de travail en sauvegarde, 311.41
- correctif, 032.43
- licenciement pour faute en redressement judiciaire, 312.61
- licenciement pour faute en sauvegarde, 311.61
- notion, 032.43
- sanction en redressement judiciaire, 312.21
- sanction en sauvegarde, 311.21

Action en responsabilité contre la société mère
- absence de procédure collective ouverte à l'encontre de la société mère, 321.103
- action en indemnisation, 511.132
- action préférable au co-emploi, 321.101
- compétence du tribunal de commerce pour l'action intentée par le liquidateur, 822.26
- compétence du tribunal judiciaire l'action intentée par les salariés, 322.152, 822.25
- conditions de fond, 321.102
- subsidiarité de l'intervention de l'AGS, 731.63

Action en responsabilité contre les organes de la procédure intentées par les salariés, 822.24

Action en responsabilité contre les tiers
- action individuelle du salarié, 034.21
- action tendant à la défense de l'intérêt collectif des créanciers, 034.15, 034.16
- défense de l'intérêt collectif des créanciers, 034.11 s.
- gage commun, 034.12 s.
- mandataire judiciaire agissant dans l'intérêt collectif des créanciers, 034.11
- préjudice non personnel, 034.33
- préjudice personnel, 034.31, 034.32
- situation générale des créanciers, 034.11

Action individuelle en responsabilité civile du salarié
- préjudice non personnel, 034.33
- préjudice personnel, 034.31, 034.32

Action tendant à la défense de l'intérêt collectif des créanciers.
- action en responsabilité contre les tiers, 034.11
- caractère attitré, 034.13
- préjudice non personnel, 034.33

Action tendant à protection d'un créancier ou d'un groupe de créanciers
- irrecevabilité de l'action du défenseur de l'intérêt collectif, 034.14

Activité partielle
- couverture AGS, 722.42
- redressement judiciaire, 312.91, 312.92
- sauvegarde, 311.91, 311.92

Administrateur judiciaire
- gestion de l'entreprise en redressement judiciaire, 312.11
- gestion de l'entreprise en sauvegarde, 311.51
- gestion des salariés pendant la période d'observation de la sauvegarde, 311.11, 311.21
- gestion des salariés pendant la période d'observation du redressement judiciaire, 312.11, 312.21
- mission en sauvegarde, 311.11
- obligations en redressement judiciaire, 312.11, 312.51, 312.62, 312.71
- obligations en sauvegarde, 311.51, 311.62, 311.71

AGS
- absence de condamnation dans le cadre d'une instance prud'homale en cours au jour du jugement d'ouverture, 812.42
- Alsace-Moselle, 712.31
- assignation en intervention forcée pour la poursuite de l'instance prud'homale en cours au jour du jugement d'ouverture, 812.31
- clôture de la liquidation judiciaire pour insuffisance d'actif, 721.121, 721.122
- conciliation, 721.11
- contact du débiteur et de l'administrateur judiciaire pendant la préparation du plan de redressement, 421.26
- contact du débiteur et de l'administrateur judiciaire pendant la préparation du plan de sauvegarde, 411.14
- contrôleur, 711.32 s.
- conversion de la procédure de redressement en liquidation judiciaire, 721.71
- conversion de la procédure de sauvegarde, 721.61 s.
- création, 014.12, 711.11
- désignation des mandataires de justice (observations sur la –), 711.21, 711.22, 711.23, 711.24
- évolution des sommes couvertes, 711.15
- extension de procédure, 721.111, 721.112
- financement, 711.13
- fonctionnement, 711.12
- intervention au profit des salariés transférés, 431.60
- intervention en liquidation judiciaire, 511.101, 511.102
- intervention en redressement judiciaire, 312.82, 312.83, 322.41, 322.93, 322.94, 322.112, 322.122, 322.123, 322.131
- intervention en sauvegarde, 311.82 s., 311.83, 321.11, 321.31, 321.62, 321.64, 321.71, 321.122, 321.123, 321.132, 321.133, 321.141
- mandat *ad hoc*, 721.11
- mise en cause pour le contentieux du refus de garantie, 822.41
- mise en cause pour le contentieux du relevé des créances salariales, 822.41
- nature juridique, 711.14
- Outre-mer, 712.32
- plan de cession, 721.91, 721.92, 721.101, 721.102
- prise en charge des indemnités de rupture en cas de poursuite provisoire de l'activité en liquidation judiciaire, 512.67
- recours sur la demande de désignation en qualité de contrôleur, 711.33
- recours sur la désignation des mandataires de justice (absence de –), 711.25
- répartition des pouvoirs entre débiteur et organes (non-respect), 032.42
- résolution du plan de redressement, 721.81
- résolution du plan de sauvegarde, 721.81
- tierce opposition contre la décision rendue dans le cadre de l'instance en cours, 812.52
- transaction dans le cadre de l'instance prud'homale en cours au jour du jugement d'ouverture, 812.32

► V. aussi *Avances de l'AGS, Bénéficiaire de la garantie AGS, Concours de l'AGS avec les créanciers postérieurs méritants, Créances couvertes par l'AGS, Créances exclues de la garantie de l'AGS, Déclaration de créance de l'AGS, Désignation de l'AGS comme institution de garantie compétente en droit communautaire, Employeurs concernés par l'AGS, Intervention de l'AGS dans les procédures collectives, Plafond de garantie de l'AGS, Procédure d'insolvabilité transnationale en dehors de l'Union européenne, Refus d'intervention de l'AGS, Remboursement des avances de l'AGS, Subsidiarité de l'intervention de l'AGS*

Aides au retour à l'emploi, 722.71, 722.72

Amiante (préjudice d'anxiété lié à l'exposition à l'–), 611.31

Appel contre la décision en matière de relevé de créances salariales, 821.51

Appel contre la décision statuant sur le refus de garantie de l'AGS, 821.81

Arrérages de préretraite, 611.21, 722.44

Arrêt des poursuites individuelles
- énoncé de la règle, 032.51
- entrepreneur individuel, 032.52

Arrêt des voies d'exécution
- entrepreneur individuel, 032.63
- présentation de la règle, 032.61
- salariés, 032.62

Arrêt du cours des inscriptions de sûretés, 031.23 s.
- application, 032.72
- présentation, 032.71

Arrêt du cours des intérêts
- énoncé de la règle, 032.81
- entrepreneur individuel, 032.83
- salariés, 032.82

Audition des représentants du comité social et économique
- cas prévus par le Code de commerce, 213.22
- cas prévus par le Code du travail, 213.21
- modalités d'audition au cours de la procédure collective, 213.32
- modalités d'audition lors de l'ouverture de la procédure collective, 213.31
- remplacement de la formule « comité d'entreprise ou à défaut, délégués du personnel » par « comité social et économique », 213.12
- sanction de l'obligation d'audition, 213.31, 213.41, 213.42
- sens de l'ancienne formule « comité d'entreprise ou à défaut, délégués du personnel », 213.11
- toilettage des textes, 213.11, 213.12

Autorité administrative
- information pour les licenciements en cas de poursuite provisoire de l'activité en liquidation judiciaire, 512.32

Avances de l'AGS
- contestation de l'état des créances par un tiers, 733.24
- déclaration à l'administration fiscale des sommes versées, 733.71, 733.72
- délais de mise à disposition des fonds, 733.23
- destinataires des avances, 733.21, 733.22

- paiement des salariés par le mandataire judiciaire suite aux avances, 733.31, 733.32, 733.41
- réception obligatoire d'un relevé de créances salariales, 733.11
- reversement immédiat des fonds perçus par l'AGS, 733.41
- ▶ V. aussi *Déclaration de créance de l'AGS*, *Plafond de garantie de l'AGS*

B

Bénéficiaire de la garantie AGS
- apprentis, 713.22
- artiste du spectacle, 713.23
- associé, 713.31
- auto-entrepreneur, 713.52
- ayants-droit du salarié, 713.41
- conjoint, 713.33
- contrat CIFFRE, 713.22
- contrat d'aide à l'emploi, 713.21
- contrat de travail conclu après le jugement d'ouverture de la procédure collective, 713.13
- contrat de travail rompu après le jugement d'ouverture de la procédure collective, 713.13
- contrat de travail rompu avant le jugement d'ouverture de la procédure collective, 713.12
- détenu de prison, 713.56
- dirigeant, 713.32
- doctorants, 713.22
- fonctionnaire mis à disposition d'un employeur de droit privé, 713.34
- gens de maison, 713.55
- gérant de succursale, 713.54
- gérant mandataire, 713.54
- qualité de salarié, 713.11
- salarié d'un groupement d'employeurs, 713.38
- salarié d'une entreprise de portage salarial, 713.37
- salarié détaché, 713.35
- salarié expatrié, 713.35
- stagiaire, 713.53
- travailleur en situation irrégulière, 713.36
- travailleur indépendant, 713.51
- voyageur représentant placier (VRP), 713.22

C

Capital-décès
- créances couvertes par l'AGS, 722.48

Cause réelle et sérieuse du licenciement économique
- absence de contentieux en plan de cession, 431.41
- compétence résiduelle du tribunal de la procédure collective, 822.23
- contentieux possible en sauvegarde, 411.32
- contentieux résiduel en raison d'une décision du juge de la procédure collective, 822.22

Cession d'entreprise
- mécanismes incitatifs en vue de favoriser la reprise d'une entreprise en difficulté, 432.21
- reprise d'entreprise par les salariés, 432.72
- ▶ V. aussi *Cession d'un fonds de commerce ou d'éléments d'actifs en liquidation judiciaire*, *Plan de cession*

Cession d'un fonds de commerce ou d'éléments d'actifs en liquidation judiciaire
- cession des contrats de travail, 432.43
- cession légale (absence de réunion des conditions de –), 432.61, 432.62
- mécanismes incitatifs à la reprise des entreprises par les salariés, 432.71

Cession d'unité de production
- transfert des contrats de travail, 432.41

Cession des contrats de travail en plan de cession
- cession judiciaire (absence de –), 042.21
- date du transfert, 042.23
- modification du contrat (absence de –), 042.24
- périmètre, 042.22

Cession isolée d'actifs
- cession des contrats de travail, 432.42

Cession légale du contrat de travail, 432.11
- conditions non réunies, 432.61
- conséquences de l'absence de cession légale du contrat de travail, 432.62

CHSCT
- remplacement par le comité social et économique, 111.11 s.

Classes de parties affectées, 023.15
- créances salariales, 031.33, 032.92
- délais du plan, 033.52
- évolution de la législation, 014.23

Clause de non-concurrence, 722.62
- fait générateur, 611.26

Clôture de la liquidation judiciaire pour insuffisance d'actif
- absence de reprise des poursuites individuelles (principe d'–), 033.41
- contentieux prud'homal en cours au jour de la clôture, 721.122
- présentation générale, 023.74
- reprise des poursuites individuelles des salariés à l'encontre du débiteur, 033.42, 721.121

Clôture de la procédure de liquidation judiciaire par extinction du passif exigible
- présentation générale, 023.74

Co-emploi
- action en indemnisation, 511.131
- compétence du juge judiciaire, 321.95
- évolution des critères, 321.93
- faillite internationale, 321.94
- indices classiques, 321.92
- subsidiarité de l'intervention de l'AGS, 731.62

Comité d'entreprise
- remplacement par le comité social et économique, 111.11 s.

Comité social et économique
- absence d'aménagements sur la mise en place du conseil en sauvegarde, 311.72, 311.73
- attributions dans l'entreprise d'au moins cinquante salariés, 111.21, 111.22
- conséquences du transfert en plan de cession, 431.73
- consultation dans la préparation du plan de cession, 431.13
- consultation dans la préparation du plan de redressement, 421.13, 421.24
- consultation dans la préparation du plan de sauvegarde, 411.13
- consultation en liquidation judiciaire dans les entreprises de 11 salariés et plus, 511.28
- consultation pour les licenciements de moins de 50 salariés, 511.43
- consultation pour les licenciements en cas de poursuite provisoire

de l'activité en liquidation judiciaire, 512.31
- élections en redressement judiciaire, 312.72
- élections en sauvegarde, 311.72
- évolution de la législation, 014.22
- fusion du comité d'entreprise, des délégués du personnel et du CHSCT, 111.13
- information consultation en redressement judiciaire, 312.73, 322.61, 322.63, 322.81
- information consultation en sauvegarde, 311.73, 321.72, 321.81, 321.82
- information dans le cadre des attributions consultatives, 112.12
- information et consultation en procédure collective, 214.11, 214.21, 214.22, 214.23, 214.31
- information sur l'ouverture de la sauvegarde, 023.13
- licenciements de 10 salariés et plus dans une entreprise de 50 salariés et plus en cas de poursuite provisoire de l'activité en liquidation judiciaire, 512.41
- loi Florange, 432.21
- obligation de mise en place, 111.14
- remplacement des délégués du personnel, 111.11, 111.12
- remplacement du CHSCT, 111.11, 111.12
- remplacement du comité d'entreprise, 111.11, 111.12
- rôle en liquidation judiciaire, 511.91
- sanction de l'obligation de mise en place, 111.15
- suppléance par le représentant des salariés, 222.31 s.
- voies de recours sur le plan de cession, 431.17

► V. aussi *Audition des représentants du comité social et économique, Désignation du ou des représentants du comité social et économique, Droit d'alerte du comité social et économique, Information du Comité social et économique*

Compétence du conseil des prud'hommes

► V. *Conseil des prud'hommes*

Compétence du tribunal de commerce
- action en responsabilité contre la société mère intentée par le liquidateur judiciaire, 822.25

Compétence du tribunal judiciaire
- action en responsabilité contre les organes de la procédure, 822.24
- compétence du tribunal judiciaire, 822.25

Compétence en cas de faillite internationale, 822.27

Compte épargne-temps (droits acquis sur un –), 611.22, 722.43

Conciliation (procédure de –)
- absence d'accord, 022.23
- confidentialité, 022.27
- déroulement, 022.22
- exclusion de la garantie de l'AGS, 721.11
- information et consultation du comité social et économique, 121.13, 121.32
- justification de la dérogation à l'obligation d'information et de consultation du comité social et économique, 121.22
- limitation de l'information du comité social et économique au contenu de l'accord, 122.11
- prepack-cession, 022.31, 022.32
- présentation générale, 022.21
- salariés, 022.27, 022.28

Conciliation préalable devant le bureau de jugement
- dispense pour le contentieux de l'indemnisation du salarié, 822.42
- dispense pour le contentieux du refus de prise en charge par l'AGS, 821.22
- dispense pour le contentieux du relevé des créances salariales, 821.22

Concours de l'AGS avec les créanciers postérieurs méritants
- classement interne des créanciers postérieurs en liquidation judiciaire, 742.83
- classement interne des créanciers postérieurs en sauvegarde et redressement judiciaires, 742.82
- concours de l'AGS avec les salariés, 742.91, 742.92
- paiement sur les premières rentrées de fonds du superprivilège, 742.61, 742.62
- privilège de post money modifiant le rang du remboursement des créances postérieures de l'AGS payées par privilège, 742.81
- prix de la course entre les créanciers postérieurs payés à l'échéance, 742.71 s., 742.72 s., 742.73 s.

► V. aussi *Concours du superprivilège avec les autres créanciers*

Concours du privilège général des salaires avec les autres créanciers
- adoption d'un plan de redressement, 742.112
- cession d'actifs isolés, 742.113
- efficacité du privilège général des salaires (présentation générale de l'–), 742.111
- répartitions en liquidation judiciaire, 742.114

Concours du superprivilège avec les autres créanciers
- adoption d'un plan de cession, 742.103
- attribution judiciaire du gage, 742.106
- primauté du paiement des créances superprivilégiées, 742.101
- répartitions en liquidation judiciaire, 742.105
- transfert de la charge de la sûreté, 742.104
- vente d'un bien grevé d'une sûreté en période d'observation ou suite à l'arrêté d'un plan de sauvegarde ou de redressement, 742.102

Condamnation au paiement
- absence de condamnation de l'AGS dans le cadre d'une instance prud'homale en cours au jour du jugement d'ouverture, 812.42
- absence de condamnation de l'AGS dans le cadre du contentieux du refus de la garantie, 821.23, 822.43
- absence de condamnation de l'employeur dans le cadre d'une instance prud'homale en cours au jour du jugement d'ouverture, 812.41

- absence de condamnation de l'employeur dans le cadre du contentieux du relevé des créances salariales, 821.23, 822.43

Conditions de la poursuite régulière de l'instance prud'homale en cours
- assignation en intervention forcée de l'AGS, 812.31
- conséquences de l'absence de mise en cause des organes de la procédure collective, 812.25
- conséquences de la mise en cause des organes de la procédure collective, 812.24
- information du conseil des prud'hommes, 812.11
- information du salarié partie à l'instance, 812.11
- mise en cause des organes de la procédure collective, 812.21, 812.23
- mise en cause des organes de représentation ou d'assistance du débiteur, 812.22
- transaction avec l'AGS, 812.32

Congés payés
- fait générateur, 611.22

Conseil des prud'hommes
- compétence matérielle pour le contentieux du refus de garantie de l'AGS, 821.12
- compétence matérielle pour le contentieux du relevé des créances salariales, 821.11
- compétence matérielle pour les actions intentées par les salariés après l'ouverture de la procédure collective, 822.21
- compétence matérielle pour les instances prud'homales en cours au jour du jugement d'ouverture, 811.12
- compétence territoriale pour les instances prud'homales en cours au jour du jugement d'ouverture, 811.12
- contentieux postérieur au jugement d'ouverture (diversité des –), 822.11
- contentieux résiduel de la cause réelle et sérieuse du licenciement économique en raison d'une décision du juge de la procédure collective, 822.22
- information pour la poursuite régulière de l'instance prud'homale en cours, 812.11
- préalable de conciliation, 811.23, 822.42

Constitution de partie civile
- représentant des salariés, 222.42

Contentieux prud'homal en cours au jour de la clôture de liquidation judiciaire pour insuffisance d'actif, 721.122

Contentieux résultant du refus de l'AGS de procéder à des avances
- absence de condamnation de l'AGS, 732.82
- action personnelle du salarié contre l'AGS, 732.71 s., 732.81
- exécution de la décision par l'AGS, 732.83

Contestation par l'AGS des décisions de justice exécutoires
- principe d'opposabilité des décisions de justice à l'AGS, 732.51, 732.52
- tierce opposition formée à l'encontre d'une décision de justice antérieure, 732.61, 732.62

Contestation par l'AGS du relevé des créances salariales
- accord transactionnel, 732.33
- autres motifs de contestation, 732.25
- cumul entre un mandat social et un contrat de travail, 732.23 s.
- droit propre, 732.11
- fondement légal, 732.11
- fraude, 732.36
- information communiquée au mandataire judiciaire, 732.41, 732.42
- inopposabilité du contrat de travail à la procédure collective, 732.24
- motifs de contestation fermés à l'AGS, 732.31 s.
- nullité du contrat de travail conclu en période suspecte, 732.34
- qualité du bénéficiaire, 732.22
- qualité du débiteur, 732.21
- requalification d'un CDD en CDI, 732.32
- transfert du contrat de travail au cessionnaire, 732.35

Continuation des contrats en cours
- inapplication des règles au contrat de travail, 041.11

Continuation du contrat de travail en plan de redressement, 421.21

Continuation du contrat de travail en plan de sauvegarde, 411.31

Contrat CIFFRE, 713.22

Contrat d'aide à l'emploi, 713.21

Contrat d'apprentissage
- AGS, 713.22, 722.63
- rupture en liquidation judiciaire, 511.81, 511.83
- rupture en période d'observation, 321.142, 322.132
- rupture en plan de redressement, 421.102
- rupture en plan de sauvegarde, 411.102

Contrat de sécurisation professionnelle
- AGS, 722.81, 734.44
- contribution, 631.24
- liquidation judiciaire, 511.29
- période d'observation, 321.31, 321.32, 322.92
- plan de redressement, 421.45
- plan de sauvegarde, 411.44
- poursuite d'activité en liquidation judiciaire, 512.64

Contrat de travail
- absence de prise en charge des créances antérieures au transfert, 431.58
- cession en cas de cession d'un fonds de commerce ou d'éléments d'actifs en liquidation judiciaire, 042.11, 042.13, 432.43
- cession en cas de cession isolée d'actifs, 432.42
- cession en cas de reprise de fait de l'activité de l'entreprise en difficulté, 432.44
- cession en dehors de la cession du fonds de commerce en liquidation judiciaire, 042.12
- cession légale, 432.11, 432.44, 432.51
- conditions de cession légale non réunies, 432.61
- conséquences de l'absence de cession légale, 432.62
- contentieux de la cession légale, 432.44
- continuation aux mêmes conditions, 041.12
- continuation en liquidation judiciaire, 041.14
- continuation en période d'observation, 311.51, 312.51

- continuation en plan de redressement, 041.13, 421.21
- continuation en plan de sauvegarde, 041.13, 411.31
- engagements supplémentaires du repreneur vis-à-vis des salariés repris, 431.59
- inapplication des règles de la continuation des contrats en cours, 041.11
- licenciement pour faute en période d'observation, 311.61
- licenciements impossibles à l'occasion du transfert du contrat, 432.52
- obligation pour l'employeur de respecter le contrat de travail, 311.62, 312.62
- obligation pour le salarié de respecter son contrat de travail, 311.61, 312.61
- principe de continuation en liquidation judiciaire, 511.11
- principe de continuation pendant la poursuite provisoire de l'activité en liquidation judiciaire, 512.21
- transfert au repreneur des accessoires au contrat de travail, 431.57
- transfert automatique de tous les contrats de travail en cours au jour de la cession, 432.51
- transfert de plein droit en plan de cession, 431.51, 431.54
- transfert en vertu d'un plan de cession partielle, 431.52
- transfert légal dans le cadre d'une gestion temporaire, 431.53
- transfert subordonné à l'accord du salarié en l'absence des conditions de la cession légale du contrat, 432.81

▶ V. aussi *Documents de fin de contrat*, *Modification du contrat de travail*, *Suspension du contrat de travail*

Contrat de travail à durée déterminée
- rupture en liquidation judiciaire, 511.81, 511.82
- rupture en période d'observation, 321.141, 322.131
- rupture en plan de redressement, 421.101
- rupture en plan de sauvegarde, 411.101

Contrat de travail déséquilibré
- nullités de la période suspecte, 822.23

Contrat de travail suspendu
- accident du travail, 512.82
- garantie AGS, 723.22
- maintien du régime de la suspension en cas de poursuite provisoire de l'activité en liquidation judiciaire, 512.81 s.
- maintien du régime de la suspension en liquidation judiciaire, 511.61 s.
- maintien du régime de la suspension en plan de redressement, 421.81 s.
- maintien du régime de la suspension en plan de sauvegarde, 411.81 s.
- maternité, 512.83
- plan de cession, 431.38
- respect des dispositions spécifiques pendant la poursuite provisoire de l'activité en liquidation judiciaire, 512.113
- rupture, 511.61 s.

▶ V. aussi *Période d'observation*, *Suspension du contrat de travail*

Contrepartie financière d'une clause de non-concurrence
- créance couverte par l'AGS, 722.62

Contrôleurs
- actions ouvertes aux contrôleurs en cas de carence du mandataire judiciaire, 711.36
- AGS, 711.32, 711.33, 711.35
- désignation par le juge-commissaire, 711.31
- missions, 711.34

Conversion de la procédure de redressement en liquidation judiciaire
- intervention de l'AGS, 721.71

Conversion de la procédure de sauvegarde
- intervention de l'AGS, 721.61 s.

Cotisations patronales
- AGS, 723.51

Cotisations sociales
- absence d'assimilation aux créances salariales, 032.31
- complémentaires non couvertes par l'AGS, 723.52
- créances couvertes par l'AGS, 722.45
- créances postérieures au jugement d'ouverture cotisations, 631.22
- fait générateur, 611.24
- reprise des poursuites individuelles après clôture de la liquidation judiciaire pour insuffisance d'actif en cas de manœuvres frauduleuses, 511.122

Cours des inscriptions de sûretés, 031.23

Créances couvertes par l'AGS
- accessoires du salaire, 722.41
- activité partielle, 722.42
- aides au retour à l'emploi, 722.71, 722.72
- arrérages de préretraite, 722.44
- capital-décès, 722.48
- compte épargne-temps (droits acquis sur un –), 722.43
- contestation de l'obligation de reclassement, 722.103
- contestation du licenciement pour motif économique, 722.101
- contrat de sécurisation professionnelle, 722.81
- contrepartie financière d'une clause de non-concurrence, 722.62
- cotisations sociales, 722.45
- dommages et intérêts pour inexécution ou exécution fautive du contrat de travail, 722.91
- fondement légal, 722.11
- indemnité de licenciement du salarié effectué par le locataire-gérant, 722.64
- indemnité liée à la rupture du contrat d'apprentissage, 722.63
- indemnités de rupture des salariés protégés, 722.57
- indemnités de rupture du contrat de travail (notion d'–), 722.61
- indemnités de rupture du contrat de travail nées après le jugement d'ouverture, 722.52 s.
- indemnités de rupture du contrat de travail nées au cours de la période d'observation, 722.53
- indemnités de rupture du contrat de travail nées au jour du jugement d'ouverture, 722.51
- indemnités de rupture du contrat de travail nées dans le mois suivant le plan de cession, 722.54
- indemnités de rupture du contrat de travail nées dans le mois suivant le plan de redressement, 722.54

- indemnités de rupture du contrat de travail nées dans le mois suivant le plan de sauvegarde, 722.54
- indemnités de rupture du contrat de travail nées dans les 15 ou 21 jours suivant le jugement de liquidation judiciaire, 722.55
- indemnités de rupture du contrat de travail nées pendant ou après le maintien provisoire de l'activité en liquidation judiciaire, 722.56
- indemnités versées aux salariés en cas de constitution d'une société coopérative ouvrière de production, 722.65
- intéressement, 722.47
- interprétation des textes légaux par la jurisprudence, 722.21
- participation, 722.47
- plan de sauvegarde de l'emploi (contestation du –), 722.102
- préjudice d'anxiété des salariés exposés à l'amiante, 722.92
- prélèvement à la source, 722.46
- salaire, 722.41
- sommes dues aux salariés au jour du jugement d'ouverture, 722.31
- sommes dues aux salariés dans les 15 ou 21 jours suivant la liquidation judiciaire, 722.33
- sommes dues aux salariés durant la période d'observation, 722.32
- sommes dues aux salariés durant le maintien provisoire d'activité et dans les 15 ou 21 jours suivant la fin de ce maintien, 722.34
- sommes dues en exécution du contrat de travail, 722.31 s.

Créances exclues de la garantie de l'AGS
- absence de contrat de travail, 723.21
- absence de fondement légal, 723.11
- cotisations complémentaires, 723.52
- cotisations patronales, 723.51
- créance ne découlant pas du lien contractuel avec l'employeur, 723.31
- créance née d'un accord conclu moins de 18 mois avant l'ouverture de la procédure collective, 723.44
- créance née en dehors des délais de garantie, 723.34
- créances résultant d'une autre source de droit que le contrat de travail, 723.32
- frais de procédure liés à un contentieux prud'homal, 723.35
- interprétation jurisprudentielle, 723.12
- non-respect du délai légal de rupture du contrat de travail par l'administrateur ou le liquidateur judiciaire, 723.41
- novation de la créance, 723.33
- rupture du contrat de travail à l'initiative du salarié, 723.42
- rupture du contrat de travail pour force majeure, 723.43
- suspension du contrat de travail, 723.22

Créances postérieures éligibles au traitement préférentiel
- critères d'éligibilité au régime de faveur des créances salariales, 631.13

Créances postérieures non éligibles au traitement préférentiel
- créances salariales, 632.31

Créances salariales
- arrêt du cours des intérêts, 032.82
- déclaration (absence de –), 033.21, 611.11
- délais du plan de sauvegarde et de redressement, 032.92, 033.51, 033.52
- interdiction des paiements, 032.21
- postérieures (possibilité de payer la créance –), 032.41, 032.44, 032.45, 032.46
- rétablissement professionnel, 024.25

▶ V. aussi *Créances salariales antérieures au jugement d'ouverture, Fait générateur des créances salariales, Paiement des créances salariales antérieures privilégiées, Paiement des créances salariales antérieures superprivilégiées, Vérification des créances salariales*

Créances salariales antérieures au jugement d'ouverture

▶ V. *Créances salariales chirographaires antérieures au jugement d'ouverture, Paiement des créances salariales antérieures privilégiées, Paiement des créances salariales antérieures superprivilégiées*

Créances salariales chirographaires antérieures au jugement d'ouverture
- absence de garantie, 621.31
- délais du plan de redressement, 622.91
- délais du plan de sauvegarde, 622.91
- discipline collective (soumission à la –), 622.81
- rang, 622.101

Créances salariales postérieures au jugement d'ouverture
- consécration légale d'un régime de faveur, 631.11
- contribution au contrat de sécurisation professionnelle, 631.24
- cotisations sociales, 631.22
- créances postérieures non éligibles au traitement préférentiel, 632.31
- critères d'éligibilité au régime de faveur, 631.13
- indemnités de rupture, 631.23
- mesures d'accompagnement dues en vertu d'un plan de sauvegarde de l'emploi, 631.25
- multiplicité de privilège, 631.41
- nature des créances, 631.21
- paiement à l'échéance, 632.11, 632.12
- paiement immédiat des créances nées postérieurement au plan, 632.41
- paiement immédiat des créanciers non soumis aux délais du plan, 631.51
- paiement par privilège, 632.21 s.
- privilège, 631.12, 632.21
- salaires, 631.22
- traitement fictif des créances non méritantes en créances antérieures, 631.31

Créances superprivilégiées

▶ V. *Superprivilège des salaires*

Créanciers postérieurs
- concours avec le superprivilège des salaires, 622.21, 622.22
- créance née irrégulièrement, 031.42
- créance postérieure non éligible au traitement préférentiel, 031.43

▶ V. aussi *Concours de l'AGS avec les créanciers postérieurs méritants, Créances salariales postérieures au jugement d'ouverture*

Critères d'ordre des licenciements économiques
- période d'observation, 321.63, 322.101
- poursuite provisoire de l'activité en liquidation judiciaire, 512.62

D

Débiteur
- liquidation judiciaire (critères d'éligibilité à la –), 023.71
- redressement judiciaire (critères d'éligibilité à la –), 023.31
- sauvegarde (critères d'éligibilité à la –), 023.11

Décisions des juridictions administratives
- jurisprudence (sources de –), 012.21

Décisions des juridictions constitutionnelles
- jurisprudence (sources de –), 012.31

Décisions des juridictions judiciaires
- jurisprudence (sources de –), 012.11

Déclaration à l'administration fiscale des sommes versées par l'AGS, 733.71, 733.72

Déclaration de créance
- créances salariales (absence de déclaration des –), 033.21, 033.22, 612.11
- remplacement par le relevé des créances salariales, 033.23

Déclaration de créance de l'AGS
- absence (sanction de l'–), 733.62
- contenu, 733.52
- délai, 733.61
- soumission de l'AGS à la discipline collective, 733.51

Délai de forclusion de deux mois
- absence d'application aux demandes autres que celles intéressant le relevé des créances salariales, 822.51
- contestation des relevés de créances salariales, 821.41

Délais du plan de sauvegarde ou de redressement
- créance salariale, 032.92, 033.51, 033.52
- énoncé de la règle, 032.91

Délégués du personnel
- remplacement par le comité social et économique, 111.11 s.

Désignation de l'AGS comme institution de garantie compétente en droit communautaire
- créances concernées par la garantie de l'AGS, 714.33
- modalités de traitement des demandes d'avance, 714.34
- ouverture d'une procédure d'insolvabilité, 714.31
- principe de complémentarité de l'intervention de l'institution de garantie compétente, 714.41
- salariés concernés par la garantie de l'AGS, 714.32

Désignation du ou des représentants du comité social et économique
- application du droit commun de l'obligation d'information et de consultation, 214.32
- application par défaut des règles de décision propres au comité, 212.42
- avis du greffe au représentant légal de la personne morale débitrice ou au débiteur, 212.11
- désignation avant qu'il ne soit statué sur l'ouverture de la procédure collective, 212.12
- désignation d'un seul représentant, 212.33
- désignation parmi les membres du comité, 212.41
- entreprise appartenant à une unité économique et sociale, 212.23
- entreprise composée d'établissements distincts, 212.22
- modalités, 212.41, 212.42
- périmètre, 212.21 s.
- pluralité de représentants (possibilité d'une –), 212.31
- pluralité de représentants (précaution à prendre en cas de –), 212.32
- pluralité de représentants (sens d'une –), 212.32

► V. aussi *Information du comité social et économique*

Désignation du représentant des salariés
- contentieux., 221.31, 221.32, 221.33
- issue, 221.14
- modalités, 221.13
- moment, 221.11
- périmètre, 221.12
- remplacement, 221.21

Discipline collective
- AGS, 733.51
- arrêt du cours des inscriptions de sûretés, 031.23 s., 032.71
- arrêt du cours des intérêts, 032.81 s.
- concept, 031.11
- contenu, 031.21
- créances antérieures, 031.41
- créances concernées, 031.31
- créances postérieures nées irrégulièrement, 031.42
- créances postérieures non éligibles au traitement préférentiel, 031.43
- créances salariales, 031.41
- créances salariales chirographaires antérieures au jugement d'ouverture, 622.81
- déclaration de créance (absence de – pour les salariés), 033.21
- droits de créance (fixation des –), 031.21
- entrepreneur individuel, 031.32
- gage commun des créanciers, 031.11
- intangibilité de la créance, 031.22, 031.23
- interdiction des paiements, 031.22 s., 032.11
- interdiction des poursuites individuelles, 032.51, 032.52
- interruption des poursuites individuelles (inapplication de l'– aux salariés), 033.31
- objet, 031.21
- présentation générale, 031.11
- procédures concernées, 031.31
- sauvegarde accélérée, 031.33
- soumission de principe des créances salariales à la discipline collective, 622.11

Documents de fin de contrat
- liquidation judiciaire, 511.32 s.
- plan de redressement, 421.49
- plan de sauvegarde, 411.47

Dommages et intérêts
- fait générateur, 611.31

Dommages et intérêts pour inexécution ou exécution fautive du contrat de travail
- AGS, 722.91
- information en liquidation judiciaire, 511.24
- information en redressement, 421.26
- information en sauvegarde, 411.14

Droit d'alerte du comité social et économique
- conditions de déclenchement de la procédure d'alerte, 112.23
- confidentialité des informations, 112.26
- contrôle juridictionnel du recours à l'alerte, 112.24
- définition, 112.21
- déroulement de la procédure d'alerte, 112.25
- domaine, 112.21
- sanction de l'alerte, 112.27
- titulaire, 112.22

E

Effacement des dettes dans la procédure de rétablissement professionnel, 024.25

Employeurs concernés par l'AGS
- Alsace-Moselle, 712.31
- domiciliation dans l'Union européenne ou à l'étranger, 712.33
- employeurs de personnel de maison, 712.22
- obligation légale d'assujettissement à la cotisation, 712.11
- Outre-mer, 712.32
- personnes morales ayant un statut particulier, 712.13
- syndicat de copropriété, 712.21

Entrepreneur individuel
- arrêt des mesures d'exécution, 032.63
- arrêt des poursuites individuelles, 032.52
- arrêt du cours des inscriptions de sûretés, 032.73
- arrêt du cours des intérêts, 032.83
- créanciers concernés par la discipline collective, 031.32
- interdiction des paiements, 032.13
- interdiction des poursuites individuelles, 032.52

Évolution historique
- Histoire de la législation, 014.11 s.

Exigibilité de la créance salariale, 611.12

Expertise dans les entreprises de 50 salariés et plus dans les licenciements de 10 salariés et plus, 421.25

Extension de procédure
- intervention de l'AGS, 721.111, 721.112
- liquidation judiciaire, 023.81
- redressement judiciaire, 023.61
- sauvegarde, 023.18

F

Faillite internationale
- avances de l'AGS, 733.12, 733.22
- co-emploi, 321.94
- compétence en cas de litige intéressant le droit social, 822.27
- loi applicable à l'institution de garantie, 714.14
- loi applicable à la procédure d'insolvabilité, 714.12
- loi applicable au contrat de travail, 714.13
- règles minimales de protection des créances salariales, 714.11
- ▶ V. aussi *Législation applicable à la désignation de l'institution de garantie compétente en droit communautaire*, *Procédure d'insolvabilité transnationale en dehors de l'Union européenne*

Faillite internationale en dehors de l'Union européenne, 714.51

Fait générateur des créances salariales
- arrérages de préretraite, 611.21
- clause de non-concurrence, 611.26
- congés payés (indemnité de –), 611.22, 611.41
- cotisations sociales, 611.24
- définition, 611.11
- diversité, 611.14
- dommages et intérêts, 611.31
- exigibilité, 611.12
- importance en droit des procédures collectives, 611.13
- impôt sur le revenu, 611.25
- indemnité compensatrice de congés payés, 611.41
- indemnité compensatrice de préavis, 611.41
- indemnité de départ à la retraite, 611.41
- indemnité de licenciement, 611.41
- indemnités relatives à la rupture du contrat de travail, 611.41, 611.42
- intéressement (prime d'–), 611.23
- participation (prime de –), 611.23
- préavis, 611.41
- préjudice d'anxiété lié à l'exposition à l'amiante, 611.31
- primes, 611.23
- réduction du temps de travail, 611.22
- remise en cause du contrat de travail, 611.42
- salaires, 611.21

Fonctions du représentant des salariés
- absence de suppléance du comité social et économique en l'absence fautive d'institutions représentatives du personnel, 222.34
- assistance dans le cadre d'une instance prud'homale, 222.41
- constitution de partie civile, 222.42
- demande de publicité des débats devant le tribunal de la procédure collective, 222.43
- exclusion de la qualité d'institution représentative du personnel, 222.11
- suppléance du comité social dans la procédure collective, 222.33
- suppléance du comité social et économique, 222.31 s.
- suppléance du comité social et économique dans l'exercice des voies de recours, 222.32
- vérification des créances salariales, 222.21

G

Gage commun des créanciers
- discipline collective, 031.11

Gens de maison, 713.55

Gérant de succursale, 713.54

Gérant mandataire, 713.54

Gestion des salariés pendant la période d'observation de la sauvegarde
- compétence résiduelle de l'administrateur judiciaire, 311.11
- organe chargé de la gestion du personnel, 311.11, 311.21
- sanction du non-respect des règles de répartition des pouvoirs entre débiteur et administrateur judiciaire, 311.21

Gestion des salariés pendant la période d'observation du redressement judiciaire
- implication de l'administrateur judiciaire, 312.11
- organe chargé de la gestion du personnel, 312.11, 312.21

Groupe de sociétés
- périmètre d'appréciation du motif économique du licenciement, 321.13
- périmètre de l'obligation de reclassement, 321.23
- pertinence d'un plan de sauvegarde de l'emploi, 321.42, 321.43
- ► V. aussi *Action en responsabilité contre la société mère*, *Co-emploi*

I

Impôt sur le revenu, 611.25

Indemnité compensatrice de congés payés, 611.41

Indemnité compensatrice de préavis, 611.41

Indemnité de départ à la retraite
- fait générateur, 611.41

Indemnité de licenciement
- créance salariale postérieure, 631.23
- fait générateur, 611.41

Indemnités de rupture des salariés protégés, 722.57

Indemnités de rupture du contrat de travail
- créance salariale postérieure, 631.23
- notion, 722.61
- versement en plan de redressement, 421.48
- versement en plan de sauvegarde, 411.46

Indemnités de rupture du contrat de travail nées après le jugement d'ouverture
- créances couvertes par l'AGS, 722.52

Indemnités de rupture du contrat de travail nées au cours de la période d'observation
- créances couvertes par l'AGS, 722.53

Indemnités de rupture du contrat de travail nées au jour du jugement d'ouverture
- créances couvertes par l'AGS, 722.51

Indemnités de rupture du contrat de travail nées dans le mois suivant le plan de cession
- créances couvertes par l'AGS, 722.54

Indemnités de rupture du contrat de travail nées dans le mois suivant le plan de redressement
- créances couvertes par l'AGS, 722.54

Indemnités de rupture du contrat de travail nées dans le mois suivant le plan de sauvegarde
- créances couvertes par l'AGS, 722.54

Indemnités de rupture du contrat de travail nées dans les 15 ou 21 jours suivant le jugement de liquidation judiciaire
- créances couvertes par l'AGS, 722.55

Indemnités de rupture du contrat de travail nées pendant ou après le maintien provisoire de l'activité en liquidation judiciaire
- créances couvertes par l'AGS, 722.56

Indemnités versées aux salariés en cas de constitution d'une société coopérative ouvrière de production

, 722.65

Information du comité social et économique
- (droit autonome à l'–), 112.11
- autonomie du droit à l'information en prévention, 121.21
- conciliation, 121.13, 121.32, 122.11
- confidentialité de la conciliation, 122.21
- confidentialité du mandat *ad hoc*, 122.21
- confidentialité ou secret des informations, 112.15
- consultation, 112.12
- justification de la dérogation à l'obligation d'information et de consultation en conciliation, 121.22
- justification de la dérogation à l'obligation d'information et de consultation en mandat *ad hoc*, 121.22
- mandat *ad hoc*, 121.12, 121.31
- modalités d'exercice du droit à l'information, 112.13
- moyens donnés au CSE pour la compréhension de l'information, 112.14
- prévention, 121.11, 121.21
- sanction de l'obligation d'information en prévention, 121.33
- sanction du droit à l'information du comité social et économique, 112.16, 121.33

Inscriptions de sûretés (cours des –), 031.23

Instance prud'homale
- assistance du représentant des salariés, 222.41

Instances prud'homales en cours au jour du jugement d'ouverture
- absence de condamnation de l'AGS, 812.42
- absence de condamnation de l'employeur, 812.41
- compétence matérielle des juridictions administratives, 811.14
- compétence matérielle des juridictions judiciaires, 811.13
- compétence matérielle du conseil des prud'hommes, 811.11
- compétence territoriale du conseil des prud'hommes, 811.12
- conciliation préalable devant le bureau de conciliation et d'orientation, 811.23
- condamnation au paiement (absence de –), 812.41
- demandes nouvelles (recevabilité des –), 811.22
- exécution de la décision prud'homale, 812.51
- représentation non obligatoire en première instance, 811.21
- retranscription de la décision sur l'état des créances, 812.41
- tierce opposition de l'AGS contre la décision rendue dans le cadre de l'instance en cours, 812.52
- unicité d'instance, 811.22
- ► V. aussi *Absence d'interruption des instances prud'homales en cours au jour du jugement d'ouverture*, *Conditions de la poursuite régulière de l'instance prud'homale en cours*

Institutions représentatives du personnel
- évolution de la législation, 014.22, 211.11, 211.12
- maintien des règles de fonctionnement en cas de poursuite provisoire

de l'activité en liquidation judiciaire, 512.122
► V. aussi *Comité social et économique*

Intention de licencier (manifestation de l'–), 721.54

Interdiction des paiements de créances antérieures
– créances salariales, 032.21, 032.41
– discipline collective, 031.22
– énoncé de la règle, 032.11
– entrepreneur individuel, 032.13
– nature de la créance (indifférence de la –), 032.12

Interdiction des poursuites individuelles
– énoncé de la règle, 032.51
– entrepreneur individuel, 032.52

Intéressement
– créances couvertes par l'AGS, 722.47

Interim (sociétés d'–), 731.52

Interruption des poursuites individuelles
– état des créances, 032.52
– retranscription de la décision objet d'une instance en prud'homale en cours au jour du jugement d'ouverture, 812.41

Interruption des poursuites individuelles en cours au jour du jugement d'ouverture
– absence d'interruption des instances prud'homales, 811.31
– énoncé de la règle, 032.51
– entrepreneur individuel, 032.52

Intervention de l'AGS dans les procédures collectives
– clôture de la liquidation judiciaire pour insuffisance d'actif, 721.121, 721.122
– conversion de la procédure de redressement en liquidation judiciaire, 721.71
– conversion de la procédure de sauvegarde, 721.61 s.
– créances détenues par le représentant des salariés, 721.43
– créances liées au licenciement en liquidation judiciaire dehors des périodes de garantie, 721.45
– créances résultant de la rupture du contrat de travail nées postérieurement au jugement d'ouverture du redressement judiciaire, 721.33
– créances résultant la rupture du contrat de travail nées postérieurement au jugement d'ouverture d'une liquidation judiciaire, 721.44
– créances salariales nées antérieurement au redressement judiciaire, 721.31
– créances salariales nées avant l'ouverture d'une liquidation judiciaire, 721.41
– créances salariales nées pendant la période d'observation du redressement judiciaire, 721.32
– créances salariales nées postérieurement au jugement d'ouverture, 721.42
– exclusion de l'intervention de l'AGS en conciliation, 721.11
– exclusion de l'intervention de l'AGS en mandat *ad hoc*, 721.11
– extension de la procédure collective, 721.111, 721.112
– intention de licencier (manifestation de l'–), 721.54
– liquidation judiciaire, 721.12
– plan de cession en liquidation judiciaire, 721.101, 721.102
– plan de cession en redressement judiciaire, 721.91, 721.92
– recours à l'encontre du jugement d'ouverture, 721.13
– redressement judiciaire, 721.12, 721.31
– résolution du plan de redressement, 721.81
– résolution du plan de sauvegarde, 721.81
– salariés protégés, 721.51, 721.52, 721.53, 721.54
– sauvegarde, 721.12
– sauvegarde accélérée, 721.22
– sauvegarde classique, 721.21
– suspension de l'exécution provisoire du jugement d'ouverture, 721.14
► V. aussi *Avances de l'AGS*, *Refus d'intervention de l'AGS*, *Remboursement des avances de l'AGS*, *Subsidiarité de l'intervention de l'AGS*

J

Juge-commissaire
– autorisation des licenciements en cas de poursuite d'activité en liquidation judiciaire, 512.51, 512.52, 512.61, 512.69
– visa du relevé des créances salariales, 612.31, 612.32

Juridictions administratives
– compétence matérielle pour les instances prud'homales en cours au jour du jugement d'ouverture, 811.14

L

Législation applicable à la désignation de l'institution de garantie compétente en droit communautaire
– codification de la directive européenne du 23 septembre 2002 et transposition en droit interne, 714.24
– directive européenne du 20 octobre 1980, 714.22
– directive européenne du 23 septembre 2002, 714.23
– évolution des textes, 714.21

Licenciement pour faute
– redressement judiciaire, 312.61
– règles générales, 043.11
– représentant des salariés, 322.126
– sauvegarde, 311.61, 321.111

Licenciements économiques
– absence de cause réelle et sérieuse, 611.42
– cession légale du contrat de travail, 431.11, 431.52, 432.61
– couverture par l'AGS de la contestation du –, 722.101
– évolution de la législation, 014.24
– indemnité de licenciement (fait générateur de l'–), 611.41
– indemnité de licenciement abusif, 611.42
– indemnité de licenciement nul, 611.42
– indemnité de licenciement sans cause réelle et sérieuse, 611.42
– licenciement nul, 611.42
– licenciements impossibles, 432.52
– non-respect du délai légal de rupture du contrat de travail par l'administrateur ou le liquidateur judiciaire, 723.41
► V. aussi *Licenciements économiques avec mise en place*

d'un plan de sauvegarde de l'emploi, Licenciements économiques en période d'observation de la sauvegarde, Licenciements économiques en période d'observation du redressement judiciaire, Licenciements économiques en plan de cession, Licenciements économiques en plan de redressement, Licenciements économiques en plan de sauvegarde, Représentant des salariés

Licenciements économiques avec mise en place d'un plan de sauvegarde de l'emploi
- entreprises concernées, 511.51
- expertise (possibilité pour le comité social et économique de recourir à une –), 511.53, 512.42
- licenciements concernés, 511.51
- obligation d'établissement d'un plan de sauvegarde de l'emploi, 511.52
- procédure, 511.51 s.
- sanction du défaut de plan de sauvegarde de l'emploi, 511.54

▶ V. aussi *Licenciements économiques en cas de poursuite provisoire de l'activité en liquidation judiciaire, Licenciements économiques en liquidation judiciaire*

Licenciements économiques en cas de poursuite provisoire de l'activité en liquidation judiciaire
- auteur, 512.23
- autorisation du juge-commissaire, 512.51, 512.52, 512.61, 512.69
- consultation préalable du comité social et économique, 512.31
- contentieux, 512.70
- contrat d'apprentissage, 512.102
- contrat de sécurisation professionnelle, 512.64
- contrat de travail à durée déterminée, 512.101
- contrat suspendu, 512.81 s.
- critères d'ordre, 512.62
- documents de fin de contrat, 512.68
- entretiens individuels, 512.63
- indemnités de rupture (versement des –), 512.66
- information de l'autorité administrative, 512.32
- licenciements de 10 salariés et plus dans une entreprise de 50 salariés et plus, 512.41
- notification, 512.65
- obligation de reclassement, 512.33
- plan de sauvegarde de l'emploi, 512.42, 512.43
- présentation générale, 043.62
- prise en charge des indemnités de rupture par l'AGS, 512.67
- recours à l'encontre de l'ordonnance autorisant les licenciements, 512.69
- renvoi aux dispositions applicables pendant la période d'observation suivant un jugement de redressement judiciaire, 512.22
- représentant des salariés, 512.96, 512.97
- salariés protégés, 512.91 s.

Licenciements économiques en liquidation judiciaire
- AGS (intervention de l'–), 511.101, 511.102
- auteur, 511.22, 512.23
- cause, 511.13
- consultation du comité social et économique dans les entreprises de 11 salariés et plus, 511.28
- contrat de sécurisation professionnelle, 511.29
- contrat suspendu, 511.61 s.
- dispositions du Code du travail écartées, 511.23
- documents de fin de contrat, 511.32
- indemnités de rupture (versement des –), 511.31
- information de la Dreets, 511.24
- lettre individuelle, 511.30
- licenciements sans mise en place d'un plan de sauvegarde de l'emploi, 511.43
- obligation de reclassement préalable, 511.25, 511.26, 511.27
- présentation générale, 043.61, 511.12
- présentation générale des procédures, 511.21
- procédure de licenciement dans les entreprises dépourvues de CSE et de représentant des salariés, 511.42
- procédure de licenciement sans mise en place d'un PSE, 511.41
- procédure de licenciements de moins de 50 salariés dans les entreprises dotées d'un CSE ou d'un représentant des salariés, 511.43
- renvoi aux dispositions applicables pendant la période d'observation suivant un jugement de redressement judiciaire, 512.22
- représentant des salariés, 511.76, 511.77, 511.92
- salariés protégés, 511.71 s.

▶ V. aussi *Licenciements économiques avec mise en place d'un plan de sauvegarde de l'emploi*

Licenciements économiques en période d'observation de la sauvegarde, 321.51
- application du droit commun, 411.33
- auteur, 321.61
- autorisation du juge-commissaire (non), 321.11
- cause réelle et sérieuse (contentieux possible de la –), 321.12
- contentieux, 321.12, 321.47
- contrat de sécurisation professionnelle, 321.31 s.
- critères d'ordres, 321.63
- documents de fin de contrat, 321.65
- droit commun (application du –), 321.11, 321.12
- entretiens individuels, 321.71, 321.72
- fin de la période d'observation, 321.14
- groupe de sociétés, 321.13 s., 321.23, 321.42, 321.43
- indemnités de rupture (versement des –), 321.64
- information de l'autorité administrative, 321.71, 321.72
- licenciements de 10 salariés et plus, 321.81, 321.82
- licenciements de moins de 10 salariés, 321.71, 321.72
- notification, 321.62
- obligation de reclassement, 321.21 s., 321.22 s.
- périmètre d'appréciation du motif économique du licenciement (modification du –), 321.13
- plan de sauvegarde de l'emploi (PSE), 321.41 s., 321.45 s., 321.46 s., 321.82
- présentation générale, 043.21

– procédure, 321.71 s.
– représentant des salariés, 321.136
– salariés protégés, 321.131 s., 321.134 s.

Licenciements économiques en période d'observation du redressement judiciaire
– administrateur judiciaire, 322.21, 322.91
– auteur, 322.21, 322.22
– autorisation du juge-commissaire, 322.11 s., 322.31, 322.41, 322.42, 322.51
– caractère urgent, inévitable et indispensable, 322.33
– co-emploi, 322.141
– congé reclassement (mise à l'écart du –), 322.96
– consultation du conseil économique dans les licenciements de 10 salariés au moins sur une période de 30 jours, 322.81
– consultations préalables des institutions représentatives du personnel, 322.61, 322.62
– consultations préalables du conseil social et économique, 322.63
– contentieux, 322.42, 322.141, 322.151, 322.152
– contrat à durée déterminée, 322.131
– contrat d'apprentissage, 322.132
– contrat suspendu, 322.111 s.
– convention de sécurisation professionnelle, 322.92
– critères d'ordres, 322.101
– documents de fin de contrat, 322.95
– entretiens individuels, 322.102
– expertise dans les entreprises de 50 salariés et plus dans les licenciements de 10 salariés et plus, 322.82
– groupe de sociétés, 322.152
– indemnités de rupture (versement des –), 322.94
– information de l'autorité administrative, 322.71
– notification, 322.93, 322.102
– obligation de reclassement, 322.72
– obligation de revitaliser les bassins de l'emploi (mise à l'écart de –), 322.96
– ordonnance du juge-commissaire, 322.41, 322.42, 322.51, 322.91
– plan de sauvegarde de l'emploi (PSE), 322.83, 322.84, 322.151
– présentation générale, 043.31
– procédure, 322.61 s.
– proposition de convention de sécurisation professionnelle, 322.92
– reclassement préalable (recherche de –), 322.72
– représentant des salariés, 322.126, 322.127
– respect de l'ordonnance par l'administrateur judiciaire, 322.91
– salariés protégés, 322.121 s., 322.122 s., 322.124 s.
– sanction du non-respect de l'ordonnance du juge-commissaire, 322.51
– sanction du non-respect des règles de répartition entre administrateur judiciaire et débiteur, 322.22

Licenciements économiques en plan de cession
– autorisation, 431.31
– cause réelle et sérieuse du licenciement (absence de contentieux de la –), 431.41
– contrat suspendu, 431.38
– critères d'ordre, 431.33
– garantie légale au paiement des créances antérieures (absence de –), 431.22
– licenciements et transfert d'entreprise, 431.21
– licenciements prononcés avant l'adoption du plan, 431.43
– organe chargé de procéder aux licenciements en plan de cession, 431.32
– plan de cession partielle, 431.39
– présentation générale du plan de cession, 043.51
– priorité de réembauchage, 431.37
– salariés protégés, 431.38
– salariés repris, 431.56
– sanction des licenciements irréguliers, 431.42

Licenciements économiques en plan de redressement
– consultation préalable des instances représentatives sur le projet de licenciement avant l'entrée en vigueur du comité social et économique, 421.23
– consultation préalable du comité social et économique, 411.13, 421.24
– contrat de sécurisation professionnelle, 421.45
– contrat suspendu (maintien du régime de la suspension), 421.81 s.
– critères d'ordre, 421.44
– documents de fin de contrat, 421.49
– droit commun (mise à l'écart du –), 421.42
– entretiens individuels, 421.52
– expertise dans les entreprises de 50 salariés et plus dans les licenciements de 10 salariés et plus, 421.25
– indemnité de rupture (versement des –), 421.48
– jugement adoptant le plan (respect du –), 421.43
– notification, 421.46, 421.47
– obligation préalable de reclassement (maintien de l'–), 421.51
– organe chargé de procéder aux licenciements en plan de sauvegarde, 421.41
– présentation générale, 043.41, 421.22
– procédure avec mise en place d'un PSE, 431.35
– procédure sans mise en place d'un PSE, 431.34
▶ V. aussi *Contrat d'apprentissage*, *Contrat de travail à durée déterminée*, *Représentant des salariés*, *Salariés protégés en plan de sauvegarde*

Licenciements économiques en plan de sauvegarde
– aménagement des délais relatifs au plan de sauvegarde de l'emploi, 411.34
– cause réelle et sérieuse (contentieux possible de la –) en plan de sauvegarde, 411.32
– contrat de sécurisation professionnelle, 411.44
– contrat suspendu (maintien du régime de la suspension), 411.81 s.
– critères d'ordre, 411.43
– documents de fin de contrat, 411.47
– indemnité de rupture (versement des –), 411.46
– licenciement d'un seul salarié (procédure de –), 411.51
– licenciements de 10 salariés et plus dans une entreprise de 50 salariés et plus (procédure de –), 411.62

- licenciements de 2 à 9 salariés (procédure de –), 411.52
- notification, 411.45
- obligation préalable de reclassement (maintien de l'–), 411.42
- organe chargé de procéder aux licenciements en plan de sauvegarde, 411.41
- ▶ V. aussi *Contrat d'apprentissage*, *Contrat de travail à durée déterminée*, *Représentant des salariés*, *Salariés protégés en plan de sauvegarde*

Liquidation judiciaire
- arrêt de l'activité, 043.61
- clôture, 023.74, 033.42
- contrat de travail (continuation du –), 041.14
- critères d'éligibilité, 023.71
- extension, 023.81
- fonctionnement général, 023.73
- saisine, 023.72
- ▶ V. aussi *Licenciements économiques en liquidation judiciaire*, *Poursuite d'activité en liquidation judiciaire*

Locataire-gérant
- indemnité de licenciement, 722.64

Loi Florange, 432.21

M

Mandat *ad hoc*
- exclusion de la garantie de l'AGS, 721.11
- information et consultation du comité social et économique, 121.12, 121.31
- justification de la dérogation à l'obligation d'information et de consultation du comité social et économique, 121.22
- présentation générale, 022.11
- salariés, 022.12

Mandataires de justice
- action en responsabilité intentée par les salariés, 822.24
- AGS (observations de l'– sur la désignation), 711.21, 711.22, 711.23, 711.24
- recours de l'AGS sur la désignation (absence de –), 711.25

Mécanismes incitatifs en vue de favoriser la reprise d'une entreprise en difficulté, 432.21

Mise en œuvre des privilèges de l'AGS dans la procédure collective
- clause de réserve de propriété (éviction du concours pour le vendeur sous –), 742.41
- créanciers titulaires d'un droit de rétention (efficacité du –), 742.21 s.
- créanciers titulaires d'un droit de rétention (éviction du concours pour les –), 742.11 s., 742.12 s.
- créanciers titulaires d'un gage, 742.13
- créanciers titulaires d'un nantissement, 742.14
- crédit-bail (éviction du concours pour le bailleur), 742.51, 742.52
- fiducie-sûreté (efficacité), 742.32 s.
- fiducie-sûreté (éviction du concours pour le bénéficiaire d'une –), 742.31 s.
- report du droit de rétention sur le prix de vente du bien retenu ou gagé, 742.23
- retrait contre paiement, 742.22, 742.42
- transporteurs, 742.15
- ▶ V. aussi *Concours de l'AGS avec les créanciers postérieurs méritants*

Modification du contrat de travail
- plan de cession, 431.55
- redressement judiciaire, 312.64
- sauvegarde, 311.64

N

Négociation collective
- accord de performance collective en redressement judiciaire, 312.82
- accord de performance collective en sauvegarde, 311.82
- accord de rupture conventionnelle en redressement judiciaire, 312.83
- accord de rupture conventionnelle en sauvegarde, 311.83
- en période d'observation d'un redressement judiciaire, 311.81 s.
- en période d'observation d'une sauvegarde, 312.81 s.
- négociation obligatoire en redressement judiciaire, 312.81
- négociation obligatoire en sauvegarde, 311.81

Neutralisation de la subrogation de l'AGS pour certaines créances
- conséquences négatives de la règle pour l'AGS, 741.52
- conséquences positives de la règle pour l'AGS, 741.53
- créances concernées, 741.61 s.
- créances nées antérieurement au jugement d'ouverture, 741.61
- énoncé de la règle de principe, 741.51
- indemnités de rupture du contrat de travail nées postérieurement au jugement d'ouverture du redressement ou de la liquidation judiciaire, 741.62

Nullité de certains actes
- nécessité d'une période suspecte, 044.11

Nullité de droit de la période suspecte
- ▶ V. *Nullité de droit du contrat commutatif déséquilibré*

Nullité de droit du contrat commutatif déséquilibré
- absence de déséquilibre, 044.25
- appréciation du déséquilibre, 044.24
- effets de la nullité, 044.41
- éléments constitutifs des déséquilibres, 044.23
- fréquence des déséquilibres, 044.22
- nullité du prêt de main-d'œuvre à but lucratif, 044.31
- règles générales, 044.21
- résiliation d'un contrat de location-gérance et prise en charge du coût du licenciement des salariés, 044.33
- transfert au débiteur d'un fonds de commerce et support des charges liées au licenciement des salariés attachés au fonds de commerce, 044.32

Nullité facultative de la période suspecte
- du paiement reçu, 044.51

Nullités de certains actes
- période suspecte, 044.12

Nullités de la période suspecte
- compétence du tribunal de la procédure collective, 822.23
- effets de la nullité des paiements, 044.52
- inapplication en sauvegarde, 311.31
- recrutement en redressement judiciaire, 312.31

O

Obligation de reclassement
- couverture par l'AGS de la contestation, 722.103
- évolution de la législation, 014.25
- licenciements économiques en cas de poursuite provisoire de l'activité en liquidation judiciaire, 512.33
- licenciements économiques en liquidation judiciaire, 511.25 s., 511.26, 511.27
- période d'observation, 321.21 s., 321.22, 322.72
- plan de redressement, 421.51
- plan de sauvegarde, 411.42

Ordonnance n° 2021-1193 du 15 septembre 2021, 014.23

Ordre des licenciements
- période d'observation, 321.63, 322.101
- plan de cession, 431.33
- plan de redressement, 421.44
- plan de sauvegarde, 411.43

Organismes sociaux
- reprise des poursuites individuelles après clôture de la liquidation judiciaire pour insuffisance d'actif en cas de manœuvres frauduleuses, 511.122

P

Paiement des créances salariales antérieures au jugement d'ouverture
- soumission de principe à la discipline collective, 622.11
- ▶ V. aussi *Créances salariales chirographaires antérieures au jugement d'ouverture*, *Paiement des créances salariales antérieures privilégiées*, *Paiement des créances salariales antérieures superprivilégiées*

Paiement des créances salariales antérieures privilégiées
- délais du plan de redressement, 622.61
- discipline collective, 622.51

Paiement des créances salariales antérieures superprivilégiées
- concours avec les créances postérieures, 622.21, 622.22
- délais du plan de sauvegarde ou de redressement (absence de –), 622.31
- disponibilité des fonds, 622.13
- modalités de –, 622.12, 622.13

Paiements
- nullité facultative de la période suspecte, 044.51

Participation
- créances couvertes par l'AGS, 722.47

Période d'observation
- issue, 023.14
- négociation collective en sauvegarde, 311.81 s.
- ▶ V. aussi *Gestion des salariés pendant la période d'observation de la sauvegarde*, *Licenciements économiques en période d'observation de la sauvegarde*, *Licenciements économiques en période d'observation du redressement judiciaire*

Période suspecte
- nécessité pour la remise en cause de certains actes, 044.11

Plafond de garantie de l'AGS
- assiette, 734.41
- conformité à la Constitution, 734.21
- conformité au droit européen, 734.22
- contribution au contrat de sécurisation professionnelle, 734.44
- détermination (règles générales de –), 734.31
- détermination de la dernière créance due au salarié, 734.33
- détermination du multiple applicable, 734.32
- généralisation du plafond 13, 734.13
- genèse, 734.11
- Mayotte, 734.35
- méthode de calcul, 734.34
- mise en place des plafonds 4 et 13, 734.12
- précompte salarial, 734.42
- prélèvement à la source, 734.43
- réforme du mécanisme de plafonnement, 734.14

Plan de cession
- absence de prise en charge des créances antérieures au transfert, 431.58
- accords collectifs (mise en cause des –), 431.71
- adoption, 431.12
- conséquences du transfert sur les instances représentatives du personnel, 431.73
- contenu, 431.15
- engagements supplémentaires du repreneur vis-à-vis des salariés repris, 431.59
- finalités, 431.11
- inexécution (sanctions alternatives à la résolution du plan), 431.83
- information consultation du conseil économique et social, 431.14
- information des salariés, 431.13, 431.14
- intervention de l'AGS en liquidation judiciaire, 721.101, 721.102
- intervention de l'AGS en redressement judiciaire, 721.91, 721.92
- modification, 431.55
- notification, 431.36
- plan de cession partielle, 431.39
- règlement intérieur (transfert du –), 431.72
- règles générales, 023.51
- résolution, 431.81, 431.82
- rôle, 431.11
- transfert au repreneur des accessoires au contrat de travail, 431.57
- transfert de plein droit des contrats de travail, 431.51, 431.54
- transfert des contrats de travail en cession d'unité de production, 432.41
- transfert en vertu d'un plan de cession partielle, 431.52
- transfert légal dans le cadre d'une gestion temporaire, 431.53
- voies de recours des salariés, 431.16, 431.17
- ▶ V. aussi *Licenciements économiques en plan de cession*, *Prépack-cession*

Plan de cession partielle
- licenciements économiques, 431.39

Plan de redressement
- adoption, 421.31
- AGS, 421.26

- consultation des créanciers, 023.33
- consultation préalable du comité social et économique, 421.13
- contrat de travail, 041.13
- créances de salaires privilégiées, 622.61
- créances salariales chirographaires, 622.91
- créances superprivilégiées de salaires, 622.31
- délais du plan, 032.91, 032.92, 033.51, 033.52
- exécution (contrôle de l'–), 421.71
- inexécution (sanctions de l'–), 421.72, 421.73
- information et consultation du comité social et économique Règlement européen insolvabilité, 214.23
- nature juridique, 421.33
- présentation générale, 421.11
- projet de plan, 421.12
- règles générales, 023.41
- résolution, 023.42, 043.52, 421.73
- voies de recours, 421.34
- volet social, 421.32

Plan de sauvegarde
- adoption, 023.16, 411.21
- AGS, 411.14
- consultation du comité social et économique dans la préparation du plan, 411.13
- continuation du contrat de travail, 411.31
- contrat de sécurisation professionnelle, 411.44
- contrat de travail, 041.13
- contrôle de l'exécution, 411.71
- créances chirographaires, 622.91
- créances privilégiées de salaires, 622.61
- créances superprivilégiées de salaires, 622.31
- délais du plan, 032.91, 032.92, 033.51, 033.52
- Dreets, 411.14
- inexécution (sanctions de l'–), 411.72, 411.73
- information et consultation du comité social et économique, 214.23
- présentation générale, 411.11
- résolution, 023.17, 411.73
- voies de recours, 411.23
- volet social, 411.22
- ► V. aussi *Licenciements économiques en plan de sauvegarde*

Plan de sauvegarde accélérée, 023.15
- sauvegarde accélérée, 023.21 s.

Plan de sauvegarde de l'emploi
- aménagement des délais en plan de sauvegarde, 411.34
- couverture par l'AGS de la contestation, 722.102
- entreprises concernées, 511.51
- évolution de la législation, 014.25
- expertise, 511.53, 512.42
- licenciements concernés, 511.51
- licenciements économiques en liquidation judiciaire, 511.51 s.
- licenciements économiques portant sur 10 salariés et plus dans une entreprise de 50 salariés et plus, 411.61
- mesures d'accompagnement, 631.25
- obligation d'établissement, 421.61, 511.52, 512.43
- plan de cession, 431.35
- redressement judiciaire, 322.83, 322.84, 322.151
- sanction du défaut d'établissement, 421.62, 511.54
- sauvegarde, 321.41 s., 321.45, 321.46, 321.82
- *vade-mecum*, 511.55

Portabilité des garanties de mutuelle et de prévoyance d'entreprises
- liquidation judiciaire, 511.111
- poursuite provisoire de l'activité, 512.13

Poursuite d'activité en liquidation judiciaire
- activité partielle (mesure d'–), 512.115, 512.116
- autorisation judiciaire, 043.62
- conditions, 512.11
- conséquences, 512.12
- continuation du contrat de travail aux mêmes conditions, 512.111
- contrat d'apprentissage, 512.102
- contrat de travail (principe de poursuite des –), 512.21
- contrat de travail à durée déterminée, 512.101
- contrat suspendu (respect des dispositions spécifiques), 512.113
- instances représentatives du personnel (maintien des règles de fonctionnement des –), 512.122
- maintien théorique des obligations de négocier, 512.121
- portabilité de la protection sociale complémentaire, 512.13
- pouvoir disciplinaire (maintien du –), 512.114
- renvoi aux dispositions applicables pendant la période d'observation suivant un jugement de redressement judiciaire, 512.22
- versement des salaires, 512.112
- ► V. aussi *Licenciements économiques en cas de poursuite provisoire de l'activité en liquidation judiciaire*

Poursuites individuelles (absence de reprise des -)
- Clôture de la procédure de liquidation judiciaire pour insuffisance d'actif, 033.41

Pouvoirs du débiteur
- répartition des pouvoirs entre les organes et le débiteur (non-respect), 032.41

Préavis (indemnité compensatrice de –), 611.41

Préjudice d'anxiété des salariés exposés à l'amiante, 611.31, 722.92

Prélèvement à la source, 722.46

Prépack-cession
- incertitudes quant au sort des salariés, 432.33
- mise en place, 432.32
- présentation générale, 022.31, 022.32, 432.31

Prévention
- information et consultation du comité social et économique, 121.11, 121.12, 121.13, 121.22
- portée de l'obligation de confidentialité, 122.21
- sanction de l'obligation d'information du comité social et économique, 121.33

Prime d'intéressement, 611.23

Prime de participation, 611.23

Priorité de réembauchage
- plan de cession, 431.37

Privilège de post money, 742.81

Privilège des créanciers postérieurs
- classement externe, 632.23
- classement interne, 632.22
- fondement légal, 631.21
- multiplicité de privilège, 631.41
- privilège de procédure, 631.12

Privilège général des salaires
- bénéficiaires, 621.22
- créances garanties, 621.25
- fondement légal, 621.21
- généralité du privilège, 622.71
- indemnités couvertes, 621.25

- limite pécuniaire, 621.26
- limite temporelle, 621.24
- quote-part du prix de cession, 622.73
- rang en cas de vente d'un bien grevé en période d'observation, 622.72
- rang en cas de vente d'un bien grevé en plan de sauvegarde ou de redressement, 622.72
- rang en liquidation judiciaire, 622.74
- ▶ V. aussi *Concours du privilège général des salaires avec les autres créanciers*

Procédure d'insolvabilité transnationale en dehors de l'Union européenne, 714.51

Projet de plan de redressement et de sauvegarde, 023.15

Q

Qualité exigée pour l'ouverture de la procédure collective
- liquidation judiciaire, 023.71
- redressement judiciaire, 023.31
- sauvegarde, 023.11

Question prioritaire de constitutionnalité
- jurisprudence (sources de –), 012.31

R

Recrutement
- avant le jugement d'ouverture d'un redressement, 312.31, 312.32
- avant le jugement d'ouverture d'une sauvegarde, 311.31
- en période d'observation d'un redressement, 312.41, 312.42
- en période d'observation d'une sauvegarde, 311.42

Redressement judiciaire
- critères d'éligibilité, 023.31
- déroulement général, 023.33
- extension, 023.61
- issues, 023.34
- plan de cession, 023.51
- plan de redressement, 023.41, 023.42
- saisine, 023.32
- ▶ V. aussi *Gestion des salariés pendant la période d'observation du redressement judiciaire, Licenciements économiques en période d'observation du redressement judiciaire*

Refus d'intervention de l'AGS
- ▶ V. *Contentieux résultant du refus de l'AGS de procéder à des avances, Contestation par l'AGS des décisions de justice exécutoires, Contestation par l'AGS du relevé des créances salariales*

Refus de garantie de l'AGS
- absence de condamnation de l'AGS dans le cadre du contentieux du refus de la garantie, 821.23
- AGS (mise en cause de l'–), 822.41
- aménagements procéduraux, 822.31
- assistance et représentation par le représentant des salariés, 821.21
- compétence matérielle du conseil des prud'hommes, 821.12
- conciliation préalable devant le bureau de conciliation et d'orientation (dispense de –), 821.22
- délai de prescription de l'action en contestation du refus, 821.71
- parties au litige, 821.61
- voie de recours, 821.81

Règlement intérieur (transfert en plan de cession du –), 431.72

Relations collectives du travail
- absence d'aménagements en redressement judiciaire, 312.71 s.
- absence d'aménagements en sauvegarde, 311.71
- absence d'aménagements sur la mise en place du conseil économique et social, 311.72, 311.73, 312.72, 312.73
- poursuite en redressement judiciaire, 312.71 s.
- poursuite en sauvegarde, 311.71 s.

Relevé des créances salariales
- absence de condamnation de l'employeur dans le cadre du contentieux du relevé des créances salariales, 821.23
- action en relevé de forclusion du salarié, 821.42
- AGS (mise en cause de l'–), 822.41
- aménagements procéduraux, 822.31
- assistance et représentation par le représentant des salariés, 821.21
- compétence matérielle du conseil des prud'hommes, 821.11
- conciliation préalable devant le bureau de conciliation et d'orientation (dispense de –), 821.22
- délai de forclusion en cas de contestation des relevés, 821.41
- délais, 612.22
- entrepreneur individuel, 033.24
- établissement, 612.21, 612.22
- évolution de la législation, 014.22
- fin de la mission du mandataire judiciaire, 612.14
- greffier du tribunal, 612.14
- information du salarié, 612.41
- parties au litige, 821.31
- publicité du dépôt au greffe, 612.51
- représentant des salariés, 612.13
- retranscription sur l'état des créances, 612.32
- signature des relevés par le représentant des salariés, 612.13
- transmission des relevés à l'AGS, 733.11, 733.13
- visa du juge-commissaire, 612.31, 612.32
- voies de recours, 821.51
- ▶ V. aussi *Contestation par l'AGS du relevé des créances salariales*

Relevé des créances salariales-substitut à la déclaration de créance, 033.23

Remboursement des avances de l'AGS
- action spécifique en remboursement des avances indûment perçues, 741.13
- fondement légal, 741.11
- taux de récupération des avances, 741.12
- ▶ V. aussi *Subrogation de l'AGS dans les droits des salariés*

Répartition des pouvoirs entre débiteur et organes (non-respect)
- conséquence du non-respect à l'égard de l'AGS, 032.42
- conséquence du non-respect à l'égard de la procédure collective, 032.42

Représentant des salariés
- assistance et représentation dans le cadre des autres contentieux, 822.52
- assistance et représentation dans le cadre du contentieux du refus de garantie de l'AGS, 821.21
- assistance et représentation dans le cadre du contentieux du relevé des créances salariales, 821.21
- durée de la protection du représentant des salariés en période d'observation, 321.137, 322.127
- durée de la protection en cas de poursuite provisoire de l'activité en liquidation judiciaire, 512.97
- durée de la protection en liquidation judiciaire, 511.77
- durée de la protection en plan de redressement, 421.97
- durée de la protection en plan de sauvegarde, 411.97
- évolution de la législation, 014.22
- fonction de suppléance, 222.31 s., 511.92
- licenciement en cas de poursuite provisoire de l'activité en liquidation, 512.96
- licenciement en liquidation, 511.76
- licenciement en plan de redressement, 421.96
- licenciement en plan de sauvegarde, 411.96
- licenciement en redressement judiciaire, 322.126
- licenciement en sauvegarde, 321.136
- procédure spéciale de licenciement, 223.32
- protection contre le licenciement, 223.31, 223.32
- signature des relevés de créances salariales, 612.13

▶ V. aussi *Désignation du représentant des salariés, Fonctions du représentant des salariés, Statut du représentant des salariés*

Représentants du personnel

▶ V. *Voies de recours exercées par les représentants du personnel*

Représentation collective des salariés dans les procédures collectives
- consécration avec la loi du 25 janvier 1985, 211.11
- évolution, 211.11, 211.12
- information du représentant du CSE désigné à la procédure collective, 214.41
- information et consultation du comité social et économique, 214.11, 214.21, 214.23
- Information et consultation du comité social et économique (Code du travail), 214.31
- information et consultation du comité social et économique en période d'observation, 214.22
- modalités d'information et de consultation du comité social et économique, 214.42
- présentation des organes créés par la loi du 25 janvier 1985, 211.12

Reprise d'une entreprise en difficulté
- mécanismes incitatifs en vue de favoriser la –), 432.21
- reprise de fait de l'activité de l'entreprise en difficulté, 432.44
- risques encourus par le cédant, 432.22
- salariés, 432.72, 432.73

▶ V. aussi *Plan de cession*

Reprise des poursuites individuelles après clôture de la liquidation judiciaire pour insuffisance d'actif
- organismes sociaux, 511.121, 511.122
- salariés, 511.121

Résolution du plan de redressement
- intervention de l'AGS, 721.81

Résolution du plan de sauvegarde
- intervention de l'AGS, 721.81
- présentation générale, 023.17

▶ V. aussi *Action en responsabilité contre la société mère*

Rétablissement professionnel
- critères d'application, 024.21
- déroulement général, 024.22
- effacement des dettes, 024.25
- enquête, 024.23
- résultat de l'enquête, 024.23
- salarié (absence de –), 024.24
- solution choisie, 024.23

Rupture conventionnelle
- application du droit commun en sauvegarde, 321.111
- collective en sauvegarde, 321.112

Rupture conventionnelle collective
- période d'observation redressement judiciaire, 322.12

Rupture du contrat de travail à l'initiative du salarié
- AGS, 723.42

Rupture du contrat de travail pour force majeure
- AGS, 723.43

S

Salaires
- créance postérieure, 631.22
- fait générateur, 611.21

Salarié d'un groupement d'employeurs, 713.38

Salarié d'une entreprise de portage salarial, 713.37

Salarié détaché, 713.35

Salarié expatrié, 713.35

Salariés
- action individuelle en responsabilité civile du salarié, 034.31 s.
- appréhension générale par le droit des entreprises en difficulté, 021.03 s.
- après clôture pour insuffisance (inapplication aux salariés), 033.42
- arrêt des mesures d'exécution, 032.62
- arrêt des poursuites individuelles, 032.51
- arrêt du cours des intérêts, 032.82
- association aux procédures collectives, 021.11
- délais du plan de sauvegarde et de redressement, 032.92
- enjeux du droit des entreprises en difficulté, 024.00 s.
- évolution de la législation, 014.22, 014.23
- interdiction des poursuites individuelles, 032.51
- interruption des poursuites individuelles (inapplication de l'– aux salariés), 033.31
- mandat *ad hoc*, 022.12
- reprise d'entreprise grâce aux indemnités de rupture, 432.72, 432.73
- reprise des poursuites individuelles après clôture de la liquidation judiciaire pour insuffisance d'actif, 511.121
- résolution du plan de cession, 043.52
- rétablissement professionnel, 024.24, 024.25

- sauvegarde accélérée, 024.13
- voies de recours sur le plan de cession, 431.16, 431.17
- ▶ V. aussi *Action en responsabilité contre la société mère*, *Co-emploi*, *Gestion des salariés pendant la période d'observation de la sauvegarde*, *Gestion des salariés pendant la période d'observation du redressement judiciaire*, *Instances prud'homales en cours au jour du jugement d'ouverture*, *Institutions représentatives du personnel*, *Licenciements économiques*, *Licenciements économiques avec mise en place d'un plan de sauvegarde de l'emploi*, *Licenciements économiques en cas de poursuite provisoire de l'activité en liquidation judiciaire*, *Licenciements économiques en liquidation judiciaire*, *Licenciements économiques en période d'observation de la sauvegarde*, *Licenciements économiques en période d'observation du redressement judiciaire*, *Licenciements économiques en plan de cession*, *Licenciements économiques en plan de redressement*, *Licenciements économiques en plan de sauvegarde*, *Privilège général des salaires*, *Relevé des créances salariales*, *Représentant des salariés*, *Représentation collective des salariés dans les procédures collectives*, *Superprivilège des salaires*, *Vérification des créances salariales*

Salariés protégés
- absence de reprise du contrat de travail par le cessionnaire, 731.44
- domaine de la protection, 512.91
- faute grave, 512.95
- indemnités de rupture prise en charge par l'AGS, 722.57
- licenciement en redressement judiciaire, 322.121 s., 322.122, 322.124
- licenciement en sauvegarde, 321.131 s., 321.134
- licenciement pour faute, 322.125, 512.95
- licenciement spécifique, 512.92
- licenciement spécifique (sanction), 512.94
- plan de cession, 431.38
- prise en charge des indemnités de rupture par l'AGS, 512.93
- ▶ V. aussi *Salariés protégés en liquidation judiciaire*

Salariés protégés en liquidation judiciaire
- domaine de la protection, 511.71
- faute grave, 511.75
- licenciement spécifique, 511.72
- prise en charge des indemnités de rupture par l'AGS, 511.73
- sanction du licenciement irrégulier, 511.74

Salariés protégés en plan de cession, 431.38

Salariés protégés en plan de redressement
- domaine de la protection, 421.91
- faute grave, 421.95
- licenciement spécifique, 421.92
- prise en charge des indemnités de rupture par l'AGS, 421.93
- sanction du licenciement irrégulier, 421.94

Salariés protégés en plan de sauvegarde
- domaine de la protection, 411.91
- faute grave, 411.95
- licenciement spécifique, 411.92
- prise en charge des indemnités de rupture par l'AGS, 411.93
- sanction du licenciement irrégulier, 411.94

Sanction de l'information et la consultation du comité social et économique en procédure collective
- information avant l'ouverture de la procédure collective, 214.51
- information et consultation au cours de la procédure collective, 214.52

Sauvegarde
- critère d'éligibilité, 023.11
- déroulement, 023.13
- entrepreneur individuel, 023.12
- extension, 023.18
- information du CSE sur l'ouverture, 023.13
- intervention de l'AGS, 721.12, 721.21
- issue de la période d'observation, 023.14
- licenciements économiques (application du droit commun), 043.21
- plan de sauvegarde (projet de –), 023.15
- ▶ V. aussi *Gestion des salariés pendant la période d'observation de la sauvegarde*, *Licenciements économiques en période d'observation de la sauvegarde*

Sauvegarde accélérée, 721.22
- critères d'application, 024.11
- fonctionnement général, 024.12
- salariés, 024.13
- ▶ V. aussi *Action en responsabilité contre la société mère*

Sources
- conséquences sur l'ouvrage, 021.12

Stagiaire, 713.53

Statut du représentant des salariés
- cumul de mandats, 223.11
- durée de la protection contre le licenciement, 223.31
- exercice des missions, 223.12
- exercice du mandat, 223.11 s.
- fin de mission, 223.21
- procédure spéciale de licenciement, 223.32
- protection contre le licenciement, 223.31, 223.32
- sanction des fonctions, 223.13

Subrogation de l'AGS dans les droits des salariés
- conversion de la procédure de sauvegarde en redressement judiciaire, 741.34
- mécanisme de la subrogation personnelle, 741.21
- nature des privilèges de l'AGS, 741.23
- privilège des créances nées dans le mois suivant l'adoption d'un plan de sauvegarde, 741.33
- privilège des créances nées en période d'observation de la sauvegarde, 741.32
- privilège des créances nées postérieurement au prononcé de la liquidation judiciaire, 741.43
- spécificité de la subrogation, 741.22
- subrogation partielle dans la procédure de redressement ou de liquidation judiciaire, 741.41
- subrogation totale en sauvegarde, 741.31
- superprivilège des créances nées avant le jugement d'ouverture, 741.42
- ▶ V. aussi *Mise en œuvre des privilèges de l'AGS dans la procédure collective*, *Neutralisation de la subrogation de l'AGS pour certaines créances*

Subsidiarité de l'intervention de l'AGS
- caisses de garantie des congés payés, 731.51
- cession d'entreprise, 731.41, 731.42, 731.43
- co-emploi, 731.62
- dirigeant responsable, 731.64
- fondement légal de la subsidiarité des avances, 731.11
- garantie financière souscrite par les sociétés d'intérim et les entreprises de portage salarial, 731.52
- intervention en procédure de sauvegarde, 731.21, 731.22
- intervention en redressement et en liquidation, 731.31, 731.32
- notion de fonds disponibles, 731.12
- reconnaissance judiciaire d'un tiers responsable du paiement des créances salariales, 731.61 s.
- société-mère responsable, 731.63
- tiers solvable responsable, 731.51, 731.52

Superprivilège des salaires
- autorisation de payer, 033.11
- bénéficiaires, 621.12
- créances garanties, 621.13
- fondement légal, 621.11
- frais de justice (concours), 622.42
- limite pécuniaire, 621.15
- limite temporelle, 621.14
- paiement sur autorisation du juge-commissaire, 733.31
- paiement sur les premières de fonds, 742.61, 742.62
- rang, 622.41, 622.42
- subrogation de l'AGS, 741.42
- versement, 033.11
- ▶ V. aussi *Concours du superprivilège avec les autres créanciers*

Suspension de l'exécution provisoire du jugement d'ouverture
- AGS, 721.14

Suspension du contrat de travail
- accident du travail, 321.122, 322.112, 411.82, 421.82, 511.62
- autres causes, 321.124, 322.114, 411.84, 421.84, 511.64, 512.84
- maintien du régime en liquidation judiciaire, 511.61
- maintien du régime en sauvegarde, 411.81
- maladie professionnelle, 411.82, 511.62
- maternité, 321.123, 322.113, 411.83, 421.83, 511.63
- redressement judiciaire, 312.63
- rupture du contrat suspendu en redressement judiciaire, 322.111 s.
- rupture du contrat suspendu en sauvegarde, 321.121 s.
- sauvegarde, 311.63

T

Tierce opposition contre la décision en matière de relevé de créances salariales, 821.52

Tierce opposition contre la décision statuant sur le refus de garantie de l'AGS, 821.81

Tierce opposition de l'AGS contre la décision rendue dans le cadre de l'instance en cours, 812.52

Transaction
- conclusion en période d'observation du redressement judiciaire, 312.11
- conclusion en période d'observation en sauvegarde, 311.65
- nullité de la période suspecte, 312.11, 822.23

Transfert d'entreprise en difficulté
- risques encourus par le cédant, 432.22
- ▶ V. aussi *Plan de cession*

U

Unicité d'instance
- instance prud'homale en cours au jour du jugement d'ouverture, 811.22

V

Vérification des créances salariales
- absence de déclaration des créances salariales, 612.11
- caractère obligatoire, 612.12
- domaine, 612.12
- intervenants, 612.13
- représentant des salariés, 222.21

Voies d'exécution
- ▶ V. *Arrêt des voies d'exécution*

Voies de recours exercées par les représentants du personnel
- justification de l'habilitation à exercer des voies de recours, 215.31
- voies de recours contre les ordonnances du juge-commissaire, 215.21, 215.22
- voies de recours du représentant des salariés par suppléance du comité social et économique, 222.32
- voies de recours fermées contre les jugements de la procédure collective, 215.12
- voies de recours nullité, 215.13
- voies de recours ouvertes contre les jugements de la procédure collective, 215.11

Voies de recours sur le contentieux du refus de garantie de l'AGS, 821.81

Voies de recours sur le contentieux du relevé des créances salariales, 821.51, 821.52

Voyageur représentant placier (VRP), 713.22

PHOTOCOMPOSITION
SCM • Toulouse

PEFC/10-31-1895

724098 - (I) - OFM - P 60g - Alfonso (LC)
Achevé d'imprimer en septembre 2025 sur les presses de limprimerie Chirat
Dépôt légal : octobre 2025 - N° 2001648

Imprimé en France